Nuovo Dizionario Dei Sinonimi Della Lingua Italiana, Volume 1

Niccolò Tommaseo

Nabu Public Domain Reprints:

You are holding a reproduction of an original work published before 1923 that is in the public domain in the United States of America, and possibly other countries. You may freely copy and distribute this work as no entity (individual or corporate) has a copyright on the body of the work. This book may contain prior copyright references, and library stamps (as most of these works were scanned from library copies). These have been scanned and retained as part of the historical artifact.

This book may have occasional imperfections such as missing or blurred pages, poor pictures, errant marks, etc. that were either part of the original artifact, or were introduced by the scanning process. We believe this work is culturally important, and despite the imperfections, have elected to bring it back into print as part of our continuing commitment to the preservation of printed works worldwide. We appreciate your understanding of the imperfections in the preservation process, and hope you enjoy this valuable book.

NUOVO

DIZIONARIO

DEI SINONIMI

NUOVO DIZIONARIO DEI SINONIMI

DELLA LINGUA ITALIANA

DI

NICCOLÒ TOMMASÉO

QUARTA EDIZIONE MILANESE
ACCRESCIUTA E RIORDINATA DALL'AUTORE

MILANO
PER GIUSEPPE REJNA, LIBRAJO-EDITORE
M.DCCC.LVIII

COI TIPI DI G. BERNARDONI.

7274.22

1863. Sept'r 6
$7.36

AVVERTIMENTO

La presente ristampa, che non so s'io abbia a dire la sesta o la decima o più, perchè non tutte conosco le furtive già fatte in vensett'anni di tempo, si distingue dalle altre, e anco dall'ultima del signor Rejna, per l'ordine più conforme alla serie delle idee, nel quale i vocaboli trovansi distribuiti. Di qui viene che alcune ripetizioni, rese più evidenti dall'accostamento delle voci già sparse, son tolte via; ed alcune contraddizioni che sorgevano dalla varia sentenza di varii autori, conciliate. Non già che il lavoro s'abbia a stimare perfetto, nemmeno di quella perfezione che è conceduta alle opere umane; e io, forse più ch'altri, ne sento i difetti. Sento come sia cosa difficile definire con pochi termini e precisi, e poi con dichiarazioni ed esempii spiegare per modo che l'idea principale, contenuta nella definizione o nella distinzione prima, non venga offuscata. Del resto, gli esempii e le dichiarazioni particolareggiate a me parvero e pajono necessarie; sì perchè pochi da poche parole astratte possono raccorre le più sottili differenze; sì perchè le differenze sono non di rado più d'una; sì perchè conviene per debito di coscienza (la quale anco in fatto di sinonimi dee avere il suo impero), conviene dar luogo a certe eccezioni notabili, confessare cioè, che le voci di significato distinto possonsi talvolta promiscuamente adoprare. Per questo il Diderot voleva un lavoro da sè: meglio forse, nell'atto dell'accennare le differenze, toccare insieme delle conformità; chè l'una cosa con l'altra s'illustra e si tempera.

E però io, non loquace, mi sono in quest'opera lasciato andare ad inusitata lunghezza, e gli articoli che sono in essa, compilati dalle opere altrui, anche per questo col nome dell'autore ho distinti; perchè quell'unica distinzione io reputavo per lo più insufficiente.

La presente edizione fregiano delle cure e del nome loro il p. Francesco Frediani immaturamente rapito alle lettere toscane e agli amici; e degli antichi cooperatori benevoli il marchese Capponi e Giuseppe Meini. Nuovi s'aggiungono i professori Bianciardi, Bindi, Conti; i signori Fanfani e Guasti; i professori Paganini e

Pendola; ai quali il lettore sentirà meco debita molta riconoscenza. E altri, spero, nel corso dell'opera si aggiungeranno, non indarno invocati. Per quel che concerne le cure mie, questa ristampa porta illustrate di nuovo più centinaja di voci, oltre a quelle che, toccate in corpo agli articoli, non erano registrate nell'indice a uso degli studiosi; e in questa saranno. Non c'è pagina che non contenga più giunte, non capoverso che non abbia correzioni di pensiero, di stile, di lingua: e nondimeno mi sono ingegnato di risparmiare lo spazio, levando del superfluo, e facendo la maggiore brevità servire a più certa evidenza. Se le forze abondassero, io vorrei specialmente arricchito il mio Dizionario in esempii, tolti e da vecchi Italiani e da viventi, e da Latini e da Greci, e da altri di lingue moderne, in quelle voci o usi di voci che ormai sono a tutto il mondo colto comuni. Ma oltre alle voci più comuni nell'uso ad ogni ordine di persone, gioverebbe definire e distinguere in lavori speciali quelle che particolarmente concernono tale o tal disciplina. E ciò gioverebbe massimamente per quel che spetta alle arti e a' mestieri, i linguaggi de' quali sono fuor di Toscana o diversi, come d'altrettante lingue e d'altrettante nazioni, o sono poveri, o zeppi di modi barbari, foggiati ad arbitrio e a caso, o non ci sono punto; e laddove l'idioma toscano ha fiume abondante e puro, qualch'altro dialetto, non dico tutti, ha poche gocciole e torbe. Ma di ciò ragionare per le generali non giova oramai. I Toscani decidano la questione col fatto; diano dizionarii d'arti e mestieri, di cose famigliari; diano opere di simil genere, e loro proprie e tradotte; purghino il loro stile da' modi esotici, che il popolo ignora, e dagli ineleganti, che non si sa donde e' li abbiano attinti; alla ricchezza della lingua, che è dono di natura, aggiungano lo studio e il lavoro dell'arte, che è debito di coscienza e di dignità; si facciano, come i grandi avi loro, ispiratori ed emancipatori meglio che maestri.

PREFAZIONE

I. COME DELLA RICCHEZZA DELLE LINGUE S'ABUSI.

Fra le molte tribolazioni che ingombrano la via degli autori, non è la minima vedere i proprii intendimenti o non compresi o presi al rovescio; sentire da qualche interrogazione, più strana che la famosa del Cardinale, escire una lode più amara d'ogni censura più acre.

Io scrivente, per esempio, sentii più d'una volta, a proposito di quest'opera, rammentarmi, come cosa non dissimile, il dizionario del Rabbi. Dimostrare a costoro come e perchè il Dizionario del Rabbi sia misfatto più grave che il Rimario del Ruscelli, e come il mio lavoro intendesse appunto allo scopo contrario, era buttar le parole; onde stimavo meglio rispondere con mansuetudine: Questa è cosa un po' differente.

Nè quella buona gente diceva sproposito tanto strano quanto pareva all'orgoglio mio. Fatto è che il dizionario del Rabbi è come l'ultima conseguenza di quello che gran parte de' nostri scrittori da gran tempo e pensano e fanno. Ai quali la varietà de' suoni par cosa più desiderabile che la proprietà e l'evidenza del dire; e ad occhi chiusi scambiano l'un modo con l'altro affine, pure perchè men volgare, a quel ch'essi dicono, o perchè 'l numero lo richiede (come chi dicesse in grazia della rima), o per non ripetere la medesima parola, ch'è vizio dagli umanisti con severità biasimato.

Nè questa è già malattia di tale o tal uomo letterato, di tale o tal parte dell'educazione letteraria. Vedete nelle edizioni a uso del serenissimo Delfino di Francia fatte da' Gesuiti (parecchi de' quali nelle cose di questo mondo e dell'altro misero la rettorica, quasi condimento di sapor zuccherino, cioè fiacco, lassativo e stucchevole), vedete consumato un sacrilegio, appetto a cui le bestemmie de' romantici sono giaculatorie; vedete tradotti i poeti latini in prosa ladra, e l'oro delle parole proprie scambiato col piombo d'altre sinonime; come chi'nsegnasse, tirando nel bersaglio, a non imbroccare nel segno.

Il qual sacrilegio è dei commentatori mestiere, trastullo e gloria; e per commetterlo i più di loro si credono messi al mondo. Non parlo del Biagioli nè dei pari suoi, morti o viventi in odore di pedanteria; ma nessuno vorrà dir pedante Enrico Stefano. Or volete voi sapere come lo Stefano interpreti l'ovidiano bellissimo:

. . . . Grande doloris
Ingenium est? . . . . . .

Ecco: *Majus doloris quam gaudii est ingenium* (1).

Di tutti poi, o quasi tutti i dizionarii, è peccato accumulare vocaboli di senso variissimo per dichiarare i significati di un voca-

---

(1) The

bolo solo. E non era necessità che il Monti ed altri lo rinfacciassero alla Crusca, siccome a sola colpevole, se lo Stefano non n'è franco, nè quella sana mente del buon Forcellini. Il primo dei quali ἀβελτερία vi spiega con *stoliditas, stultitia, amentia, vesania*; il secondo, *animadversio* con *attentio, consideratio, notatio*; poi *animadversor, qui animadvertit et attente observat*; poi *animadversus, animadversio, castigatio*; poi *animadversus, consideratus, perspectus, cognitus*; poi *animadverto, animum adverto, attente considero, cognosco*. La qual diversità di spiegazioni porta con sè quattro mali: superfluità, improprietà, confusione, contraddizione. O le voci dichiaranti quella di cui si tratta hanno (che non può essere) tutte il medesimo senso, e moltiplicarle non giova; o hanno senso diverso, e fate di ciascuno di quelli un distinto paragrafo. Questo che par lieve difetto, e a' provetti non nuoce, guasta le menti inesperte, avvezza a quell'uso promiscuo di voci, da cui tanti stili verbosi, ampollosi, falsi, e donde alla fine lo spossamento e la corruzion della lingua. Di qui venne in parte a noi (sebbene non paja) la smania di quello stile aulico, che, non appropriando la dizione al soggetto, ma dai comuni usi de' vocaboli, come da trivial cosa, aborrendo, non può nella sua cortigianìa non essere tanto affettato e impotente quant'è superbo. Di qui l'opinione che belle possan essere le parole e pieno lo stile, nella difformità de' concetti e nella vacuità del pensiero.

II. FALSA RICCHEZZA.

Le idee a poco a poco si vengono in più particolari suddividendo, e ciascuna suddivisione ampliando. Laddove l'occhio nudo non vede che una via lattea, l'armato di lente discerne schiera innumerata di stelle; laddove all'occhio inesercitato non apparisce che un punto, l'esercitato conosce moltiplicità, varietà, discontinuità, opposizione. Que' gradi, già inosservati, d'un'idea, formano col tempo scienze e vocabolarii e mondi novelli.

Or quando ciascuno anello della lunga catena d'enti e di relazioni corporee, intellettuali, morali, ha un nome suo proprio, incomunicabile e noto, la lingua è ricca. Ma che m'importa ch'io possa adombrar un'idea in dieci modi, se dieci altre idee mi mancano d'un nome lor proprio, e m'è forza significarle con uno dei dieci modi che servivano a denotare quell'una? Quando la coltura degl'ingegni sia parte accattata di fuori, parte ristretta in poca gente divisa tra sè e dal resto della nazione, allora s'ha questa falsa ricchezza di cui parliamo.

A denotare le più tra le comuni idee della vita, gl'Italiani hanno dovizia di frasi gaje, modeste, possenti. Anco la lingua delle arti adulte già innanzi il secolo decimosettimo è in buona parte determinata in Toscana, siccome presso quel popolo che dopo la civiltà rinnovata fu dei primi a fiorire nell'opere della mano. Dell'arti e delle scienze modernamente salite a grandi incrementi non possiam dire altrettanto. Ma l'un de' modi di bene determinare il linguaggio nuovo, gli è non viziare con nuovi abusi l'antico, e proporre a sè questa norma, ch'è ancor più morale e civile che filologica: « finattanto che du'idee si potranno significare con due promiscui vocaboli entrambe, s'avrà sempre un linguaggio pieno d'equivoci, d'errori, di discordie. » Presentatemi du'idee in due nomi promiscui; io mi crederò d'averne tre delle idee: le significate da' due nomi, e la terza, della promiscuità d'esse idee da nomi promiscui significate. La terza idea, per lo meno, sarà erronea; l'errore si moltiplicherà per il numero e degli usi e degli usanti. E la lingua col tempo si renderà inetta a trattare segnatamente quelle materie dove un equivoco costa troppo.

Certamente la copia delle voci è ricchezza; ma la copia non consiste nel numero, ricchezza inerte d'avari. S'altro non hanno le voci di differente che il suono, e non la maggiore o minore latitudine o determinazione del concetto, le sono ingombro della memoria, non agevolezza all'arte del dire (1). Quando, per esempio, il signor Gamba consiglia che si registri nel dizionario *arrugare*, intende, io spero, d'ascriverla al numero delle voci morte o mezzo morte (2), perchè non veggo uso alcuno di quel verbo dove non cadano i più comuni *corrugare*, *increspare*, *raggrinzare*, *raggrinzire*, *aggrinzare*, *avvizzire*, *appassire*, *ammencire*. Poi, se volete *leccume* (direbbe il Cesari) d'eleganze, troverete *accrespare* che in Toscana non è morto ancora, e *crespare* che non ha esempii, ma è padre legittimo del tuo *crespamento*, o Francesco da Buti commentatore; e *avvizzare*, se non vi dispiace, o, se meglio vi garba, *appassare*, son pronti ai vostri servigi.

Il Girard paragona le voci superflue a piatti vuoti: ma i piatti vuoti son buoni per mutare, giovano a pulizia; dove le voci superflue fanno confusione, e la confusione è sudicia cosa.

III. CHE LE RIPETIZIONI NON SONO CONTRO NATURA.

" Si dirà che la copia delle voci risparmia le nojose ripetizioni: ma la noja (risponde il Girard) viene dalla ripetizione dell'idea ben più che del suono. Se la medesima voce, ritornando, dispiace, dispiace non per l'uguale impressione che ne riceve l'orecchio, ma per quella che n'ha la mente. I pronomi, che pur si vengono ripetendo a ogni tratto, non annojano perchè necessarii; ripetonsi gli articoli e le preposizioni spessissimo, che, destinate a indicare una relazione della cosa, non hanno valore determinato di per sè; e però quella indicazione, a ogni nuovo oggetto a cui s'applichi, si rifà nuova. "

Il numero, sia poetico sia oratorio, dev'essere dall'idea dominato, non già dominare. E cotesta timidità del ripetere, dove occorra, la medesima voce, è condannata dall'esempio de' grandi scrittori. Ma i grandi scrittori sono del numero di quella sguajata gente che

Dice le cose sue semplicemente (1);

che non cerca, ma trova, uno stile di colore sano, di forma snella, d'abito conveniente al soggetto; gente che non conosceva punto gli artifizii de' tanti chiarissimi d'oggidì.

Non accade cercar tropp'addentro per rinvenire con che pensata (se così posso dire) e maestrevole noncuranza gli scrittori grandi adoperassero le medesime voci più volte in breve periodo di discorso, dovunque le credessero acconcie. Giova recare esempii di poeti, siccome di quelli a cui più larghe licenze vengono concedute, sebbene i poeti più grandi ne usassero meno di quel che i prosatorelli moderni facciano.

Apriamo la Commedia di Dante; ed eccoti nel primo canto *via* ripetuto ben quattro volte (2). Oh gran padre Allighieri, non sapevate voi dunque che la nostra lingua bellissima aveva pure e *strada* e *sentiero* e altre voci significanti a un bel circa il medesimo, che potevano fiorire il vostro stile di variata eleganza?

E *paura*, questa brutta parola che tanti coraggiosi d'oggidì non fanno sentire, ma sentono tanto bene, *paura* nel primo della Commedia cinque volte ritorna (3). Non aveva egli in pronto l'inesperto poeta *terrore*, *timore*, *spavento*, *pavento*, *tema*, *temenza*, *dotta*, *dottanza*, e altri assai? Ma al poeta inesperto *paura* piacque, e in diciannove versi lo mise tre volte, e cinque in cinquantadue, e due (cosa orribile!) in cinque. E questo medesimo *cosa* non lo ripete egli in sei versi due volte (4)? E tra *ritrovare* e *trovare*, ci corr'egli più che di cinque versi (5)? Nulla dico di

---

(1) GIRARD, *Pref.*
(2) Serie dei testi di lingua.

---

(1) BERNI.
(2) V. 3. *Chè la diritta via* — V. 12. *Chè la verace via* — V. 29. *Ripresi via* — V. 95.... *per la sua via*.
(3) V. 6. ... *rinnova la paura* — V. 15. ... *di paura compunto* — V. 19. ... *fu la paura... queta* — V. 44. ... *paura non mi desse* — V. 53. ... *la paura ch'uscia*.
(4) V. 4. ... *cosa dura* — V. 9. ... *altre cose*.
(5) V. 2. *Mi ritrovai* — V. 8. ... *ch'i' vi trovai*.

volgersi che ricorre tre volte (1); nulla di *vista*, che due (2); nulla di *perdere*, ripetuto con semplicità scolaresca in tre versi (3). Ma come tacere di quella *bestia* (4)? Come di quel *luogo*, triviale parola, la cui ripetizione è sì triviale (5)? E dal luogo venendo al tempo, come non s'accorgere che il primo canto della città senza tempo, di questi *tempi* n'ha quattro (6)?

E il Petrarca, scrittore sollecito de' minuti ornamenti, e schivo de' minuti difetti, il Petrarca ristrinse in vie minor numero di parole il suo linguaggio poetico, nè dalle ripetizioni aborrì. Prendiamo la Ballatetta (7) da Gian Giacopo citata (8) (ch' è non piccolo onore): e troveremo in quattordici versi due volte *vedere* (9), *desiare* due volte (10) non lontan da *desio*, *be'* due volte (11); poi *morta* e *morte* (12), *amore* e *amoroso* (13) quasi accosto; due volte *velo*, e *velati* lì presso (14). E chi potrebbe numerare le ripetizioni ineleganti di cui pecca il Petrarca, e che i nostri innumerabili maestri avrebbero con avveduta severità tolte via?

L'Ariosto? Peggio. Qui non cade dover notare della ripetizione delle rime, altra Cariddi che i nostri nocchieri insegnano ad evitare (15).

Ma quanto a ripetere modi e voci, oh il povero scrittore ch'era messer Lodovico (1)! Sarebbe troppo crudele oltraggio alla fama sua, e troppo offesa al gusto fine de' nostri Longini moltiplicare gli esempii.

E il più doloroso si è che i grandi scrittori in questa, come in altre cose, tengono il modo del popolo ignorante, o, per meglio dire, della vilissima plebe; la qual non teme di ripetere tante volte il medesimo vocabolo quante le fa di bisogno per significare la medesima idea. Perchè 'l popolo non ha sinonimi; e le voci di senso affine serbano nel quotidiano commercio del parlare differenza di valore ben ferma. Il qual difetto popolare richiama alla mente un altro errore grossissimo; che norma della scritta è la lingua parlata; vale a dire, che gli uomini scrivono e parlano per far intendere il lor pensiero; o, per dirla altrimenti, che scambiare i segni degli oggetti egli è uno scambiare gli oggetti stessi. Dal qual errore seguirebbe che l'uomo del volgo ha idee, nel suo cerchio, più chiare che non abbiano molti letterati chiarissimi, onore della penisola; assurdità manifesta.

IV. DE' SINONIMI.

Quintiliano l'aveva notato già: « Non semper hæc inter se idem faciunt: nec, sicut de intellectu animi recte dixerim *video*, ita de usu oculorum *intelligo*; nec, ut *mucro gladium*, sic *mucronem gladius* ostendit (2). »

E quella gran mente di Tommaso d'Aquino (3): « Sinonimi diconsi i vocaboli che

---

(1) *Si volge all'acqua* — *Si volse 'ndietro* — ... *più volte volto*.
(2) *La vista che m'apparve* — ... *di sua vista*.
(3) ... *perdei la speranza* — ... *perder lo face*.
(4) ... *bestia senza pace* — *Vedi la bestia* — *Chè questa bestia*.
(5) ... *basso loco* — ... *luogo selvaggio* — ... *luogo eterno*.
(6) *Tempo era* — ... *ora del tempo* — ... *giunge 'l tempo* — *Al tempo degli Dei*.
Non parlo di *fare* ripetuto otto volte. *M' han fatto cercar* — ... *m' han fatto onore*...
(7) P. I. Ball. 1.
(8) Nouv. Hél. P. I.
(9) ... *non vi vid' io* — *Vidivi*.
(10) ... *il gran desio* — ... *desiando morta* — ... *ch' i' più desiava*.
(11) ... *be' pensier* — ... *be' vostr' occhi*.
(12) ... *la mente*... *morta* — ... *per mia morte*.
(13) *Ma poi ch' Amor* — *l' amoroso sguardo*.
(14) *Lassare il velo* — ... *capelli*... *velati* — ... *mi governa il velo*.
(15) Nelle prime trenta ottave abbiamo ripetuto le rime *ato, agna, aldo, ata, ei, ia, iva, oco, oi, olse, one, orse,*

osse; era tre volte; *ano*, quattro. E vuol dire una ripetizione a ogni copia d'ottave. Se i pedanti recano autorità per ristringere i confini dell'arte, e a noi sia lecito all'autorità ricorrere per allargarli.
(1) St. 3. — E *darvi* sol può l'umil servo vostro.
Nè, che poco io vi *dia*, da imputar sono;
Chè quanto io posso *dar*, tutto vi dono.
St. 13. — E per la *selva* a tutta briglia il caccia.
Di su, di giù, per l'alta *selva* fiera.
Ivi. — La più sicura e miglior *via* procaccia.
Lascia cura al destrier che la *via* faccia.
(2) Instit. X. E II. 3.
(3) Som. I, 1, 3. — « Noi possiamo dire che ogni parola è una sintesi, giacchè assai di rado una parola si-

significano affatto il medesimo. Tali vocaboli uniti insieme rendono il dire inetto. Notisi però che sinonimi veri son quelli che significano una cosa medesima secondo la medesima ragione dell'essere di quella; ma quelli che denotano le varie ragioni dell'essere di una cosa non significano per l'appunto il medesimo. »

Se fossero sinonimi veri, in una lingua sarebbero due lingue; perchè trovato il segno denotante un'idea, non se ne cerca altro più. E l'uso di tutti i popoli, per licenzioso che paja e vagante a caso, mai (nota il Dumarsais) non si parte da questa norma; nè mai dà luogo a parole che dicano per l'appunto il medesimo d'altre parole, senza proscrivere la vecchia, o senza assegnarle alcuna varietà, non foss'altro, di grado.

Non è dunque a credere che le voci sinonime abbiano in sul primo denotata per l'appunto (come vuole il Boinvilliers) la medesima cosa; poi, sentita la necessità di parlare chiaro, essersene venute determinando le differenze. Non mai così forte, come ne' primordii della civiltà, gli uomini sentono il bisogno di parlare chiaro; e, meglio che la chiarezza, si coglie da' parlanti altamente persuasi e veracemente commossi la prima condizione della bellezza vera del dire, l'evidenza. Così (per trarre esempio da cosa apparentemente più notabile, ma non più importante dell'umano linguaggio) le civili costituzioni in sul principio, perchè non materialmente determinate e scritte su un foglio di carta, si credono essere state ondeggianti all'arbitrio delle passioni e del caso; e pure non è legge più forte del tacito, universale e quasi ispirato consenso.

Il signor Laveaux, considerando che sinonimi veri la lingua non ha (1), intitolò la sua opera, *Dizionario sinonimico;* ma e' non fece altro che coniare una voce non bella, senza togliere l'improprietà. Meno male attenersi all'antico; giacchè non si corre, usandolo, rischio alcuno d'errore. Ognuno sa che *sinonimo* è voce così inadeguata come sono *metafisica, fisica, matematica;* ma ognuno intende chiarissimo che significhi. Io non ho voglia per ora di cercare e affaticarmi a persuadere ch'altri l'accetti, un titolo più proprio, che piaccia a tutti, e piaccia anco a me.

V. UTILITÀ IDEOLOGICA DELLO STUDIO DE' SINONIMI.

Nella scelta che molti scriventi fanno de' vocaboli, la proprietà è la ragione a cui meno si bada; bensì l'essere tal vocabolo adoperato da scrittore stimato, il parere più dolce all'orecchio o più nobile, l'essere meno usitato o più strano. Quindi rimescolate nell'uso nauseose anticaglie; quindi cacciate, fuor di tono, nella prosa le frasi della poesia; quindi posto il pregio dello stile in ciò che più s'allontana dal semplice e dall'evidente. Quindi l'improprietà del linguaggio scientifico; quindi l'impopolarità, anco in opere di mero diletto.

Bene osservava il Campanella che « le equivocazioni e sinonimità fanno doglia ai savii che veggono non potersi sapere, superbia a' sofisti che mettono il sapere nelle parole, ignoranza a tutti (2). » E il Loke: « Uomo che adopra voci alle quali non dà chiaro senso e determinato, inganna sè stesso ed altrui. »

Dalle idee, sottintendendo male intese (avverte il Guizot), vengono le contese in fatto d'arte, di scienza, di negozii privati e pubblici: questo è grave impedimento alla co-

---

gnifica un concetto solo, come scorgesi de' sinonimi, i quali convenendo in un concetto principale, ne risvegliano tant'altri che difficilmente s'osservano, se non da' più sagaci osservatori, e pur si sentono dal comune degli uomini, i quali s'accorgono unanimi se nell'uso delle parole pur manchi qualche cosa alla proprietà del parlare, nè però sanno dire con distinzione che cosa manchi; e se vogliono dirlo, talora sbagliano, e se vogliono scrivere, mancano alla proprietà essi medesimi. I vocaboli adunque prestano, fra gli altri, quest'ufficio al pensiero di dare unità a certe pluralità di concetti, la qual pluralità non essendo un reale, ha bisogno d'un segno reale per essere ritenuta e denotata. » — ROSMINI.

(1) Parigi, 1826.
(2) Note alle proprie poesie, ripubblicate dal sig. Orelli per i tipi del Ruggia.

gnizione del vero; questa è pericolosa arme in mano de' tristi. Una disputa di parole inceppa sovente il commercio delle idee e degli affetti, e le più sane menti vediamo averne danno molesto. Perchè la confusione de' significati (ben dice il Roubaud) è come un saggio della confusion de' linguaggi.

La proprietà (dice il Girard) levando via le parole superflue, condensa il concetto e lo fa più potente; dà chiarezza al discorso e delicatezza; sgombra i modi approssimativi, de' quali gli uomini sì nel parlare e sì nel pensare s'appagano malamente; agevola lo studio e l'insegnamento delle scienze, e di queste assicura il cammino. La proprietà viene dal sentire e dal far sentire le idee che sono da ciascun vocabolo significate; e le più principali più vivamente.

Or quanti sono i vocaboli di senso o non bene o mal noto? Coloro che più sanno, con più modesta franchezza confesseranno la propria ignoranza. E il significato persin de' vocaboli più comuni è talvolta o dimenticato o forzato dai più dotti e più diligenti scrittori.

VI. UTILITÀ ESTETICA DI DETTO STUDIO.

« Se giovi badare alle differenze de' si-
» gnificati » (diceva un critico troppo indul-
gente a me) « possono dubitare soli coloro
» che dettano in uno stile scompigliato, con
» frasi squarciate alla francese o alla set-
» trionale, senza evidenza, senza proprietà.
» I quali poi lo sconcio stile pretendono one-
» stare coll'abusato nome di libertà, e col
» professare di non voler ridurre il pensiero
» servo alla parola. Ma nel fatto è pigrizia
» indegna; è un non vedere come sien tut-
» t'uno pensar bene e scriver bene (1). »

Per non conoscere le sottili differenze de' significati, quante proprietà delle lingue morte passano inavvertite ai più; quante bellezze (osserva il Roubaud) perdute ai nostri occhi, perchè le menome pieghe e le gradazioni de' colori ci sfuggono, e l'artifizio dagli antichi posto nella scelta delle parole è sì rado compreso da noi! Come ci compiangerebbero quella buona gente, a vedere, non dico le nostre prose e' versi latini, ma le traduzioni nostre e i commenti!

Un uomo che ben sapeva le difficoltà e gli artifizii dello stile, nota che tra tutte le forme atte ad esprimere un'idea, una forma è la meglio; non sempre la si trova, ma sempre la c'è; e fuor di quella, ogni altra è impotente (1).

Di qui l'utilità del ben dichiarare ciascun vocabolo della nostra presente lingua, per agevolarne a noi l'uso, ai posteri l'intelligenza.

Non solamente alla storia della lingua lo studio dei sinonimi giova, ma esercita grandemente la sagacità dell'ingegno; e di difficile ch'era in prima, riesce poi agevole e grato sopra ogni dire. E facendosi testimone e interprete dell'uso, siffatto studio l'uso stesso conferma e rischiara.

Insegnare l'uso (avverte il Guizot) della ricchezza che abbiamo tra mano, gli è più che creare ricchezza nuova. E il Boinvilliers: Un trattato di sinonimi è alle opere degli scrittori grandi, come un trattato de' colori è a' dipinti de' sommi maestri. Nè questo crea il pittor grande, nè quello il grande scrittore; ma giovano.

E per conoscere come dalla scelta de' vocaboli appropriati sieno avvivate le imagini, e reso colorato e potente il dire, basta notare che ne' tempi, quando le lettere vengono decadendo, allora segue e l'abuso de' sinonimi, e l'uniformità che proviene dall'abusata varietà (2). Cicerone, che in sua gioventù s'addestrava a rendere in altre parole i concetti dei buoni scrittori, s'accorse poi quanto vizioso fosse siffatto esercizio; non però che nelle opere sue più consumate non si conosca talvolta lo spirito del retore confuso all'anima dell'oratore.

---

(1) CANTÙ, Indicatore Lombardo, T. II, f. 3.

(1) LA BRUYÈRE.
(2) NIZARD. Études II, 343.

Io non intendo che la distinzione dei vocaboli sia l'unica via di sentire e di conseguire quella proprietà efficace ch'è il suggello d'ogni potente parola; dico che la sinonimia anch'essa può non essere senza giovamento a raddrizzare l'espressione delle idee e le idee stesse, cioè l'educazione di questa povera e dolorosa famiglia umana.

VII. PREDECESSORI DEL PADRE RABBI.

Per sinonimi intendevansi un tempo sole le voci scientifiche denotanti la medesima cosa per l'appunto; e ne' codici antichi, di tali sinonimie ne rincontriamo parecchie, le quali potrebbero forse illustrare la storia della scienza: se non che in queste stesse è da notare una qualche differenza, non foss'altro, del maggiore risalto che l'uno di questi vocaboli dava più dell'altro a un'idea o principale o accessoria, secondo le opinioni degli autori che l'hanno usato, e de' luoghi e de' tempi (1). Ma più vecchia origine e più trista ha il mal vezzo dal quale fu dettata l'indegna opera del padre Rabbi. E in Isidoro di Siviglia vediamo precedere alle distinzioni delle voci affini (lavoro non accuratissimo, ma pregevole per quel tempo) il misfatto filologico che dal frate nostro fu ingrossato in un intero volume. Or ecco come incomincia Isidoro:

« Venne tempo fa alle mie mani una cedola di Cicerone che chiaman *sinonimo*, la cui forma m'indusse a scrivere una certa lamentazione, attenendomi, non allo stile di lui, ma all'affetto mio proprio.

» Anima mea in angustia est; spiritus meus aestuat; cor meum defluctuat; angustia animi possidet me; angustia animi affligit me: circumdatus sum enim malis, circumseptus aerumnis, circumclusus adversis; oblitus sum miseriis, opertus infelicitate, oppressus angustiis. Non reperio uspiam tanti mali profugium, tanti doloris non invenio argumentum... (1). »

E tira via su questo tenore. La ragione, non meno loquace del dolore, gli risponde con la medesima copia. Non so veramente qual cedola abbia Isidoro trovata e di che grammatico, dove le frasi di Cicerone, e d'altri e ben altri, saranno state a questo modo infilate; ma per avverso che uno sia a Marco Tullio, si può ben dire che di lui certamente questo reo moltiloquio non era. E sant'Isidoro poteva passar meglio il suo tempo.

Ma prima ancora che la civiltà, maturandosi, avesse prodotta la *Regia Parnassi*, e fatto d'una montagna bella di nevi e d'allori una corte (la colpa è d'Omero, anzi di Crise sacerdote, che si divertì nel dolore a gridare sulla riva del mare: Apollo re; sebbene tra ἄναξ e βασιλεὺς sia, in origine, differenza quanta forse da *superiore* a *maestà*), prima della *Regia Parnassi* l'esempio d'Isidoro era stato da altri valorosamente seguito; ond'io trovo in un codice antico questi fioretti di linguaggio poetico, degni che se ne facciano ghirlande da appendere alle tombe d'Alberto Lollio e del Bembo:

Abundantia — Fertile cornu — Fertilitas — et laeta cornu prodit amplo Copia — Copia ruris honorum opulenta benigno cornu manabit ad plenum tibi — Pleno copia larga sinu — Fertilitatis opes (2).

E per venire all'Italia, precursore del padre Rabbi abbiamo (oltre ai tanti Tesori) un Giovanni Pasquale, che in simile modo si pensò di mostrare al mondo le bellezze della lingua italiana (3); e se volete saggio del suo lavoro, eccolo:

« Cesare stabilì di passar nelle Gallie, ovveramente determinò, risolvette, statuì, fermò

---

(1) Vedi, per esempio, nella Riccardiana di Firenze, Ms. 807, Sinonimi di Simone da Genova. Tali sarebbero quelli che un medico m'indicava:
Abdome, Pancia, Ventre, Bassoventre.
Angina, Schinanzia, Laringite, Flogosi, Laringea.
Anodino, Calmante, Leniente, Sedativo, Antiflogistico, Refrigerante, Rinfrescante, Controstimolante, Debilitante.

---

(1) *De homine et ratione deflente, et de homine et ratione consolante.*
(2) Riccardiana, Cod. 994.
(3) Bellezze della lingua italiana, di G. Pasquale. Torino.

propose, deliberò, dispose, divisò, fece o propose consiglio, divisamento, risoluzione, proposta. »

Se Cesare potesse leggere le bellezze del Pasquale, direbbe non più: venni, vidi, vinsi; ma: son venuto, giunto, arrivato, capitato; ho veduto, mirato, scorto, adocchiato; ho vinto, rotto, sbaragliato, sconfitto. *Abiit, excessit, evasit, erupit.*

Del resto, a Giovanni Pasquale e a tutti i chiarissimi della sua immortale famiglia potrebbesi ripetere il motto antico: non potevi bella, e l'hai fatta gonfia.

Divitias miseras! (1).

VIII. DE' SINONIMISTI GRECI E LATINI.

Nello studio del comparare i sensi dei vocaboli e del distinguerli, i moderni, così come in quasi tutte le cose, ebbero predecessori gli antichi. De' sinonimi aveva già scritto lo stoico Crisippo (2), dacché segnatamente alla severità stoica tale precisione piaceva, di che gli dà lode Girolamo che nella eleganza infuse la dottrina, e la virtù riscaldò con l'affetto. E Platone, il qual deride le cure soverchie spese da' sofisti nel comparare i vocaboli (3), con l'abuso della cosa ne mostra già il frequente uso; ma, scrittore corretto egli stesso, ci porge esempii non pochi di vocaboli e modi che i mediocri adoprano senza discrezione, e che allo stile di lui, usati con proprietà più severa, aggiungono chiarezza e efficacia. In età più tarda un Seleuco alessandrino trattò de' sinonimi. Non altro a noi venne d'opere tali che un opuscolo d'Ammonio (4) colle distinzioni sparse nelle nomenclature di Tommaso Maestro, d'Emmanuele Moscopulo, di Frinico, e d'altri (5).

Il trattatello d'Ammonio grammatico d'Alessandria, vissuto, al dire del Fabrizio, sulla fine del quarto secolo, fu da altri lodato siccome pieno di preziose notizie; altri (fra' quali Enrico Stefano, definitore infelice, come abbiam visto) lo spregiò forse troppo (1). Vero è che Ammonio spese talvolta le cure in distinguere voci di senso chiaramente diverse, talvolta frantese le sentenze degli autori citati; ma queste macchie non coprono tutti i pregi del suo lavoro; nè sarebbe falsa scusa imputarne almen parte ai copisti. Lavoro di grammatico, non già di filosofo, è il suo; ma il senno non manca; e buone osservazioni vi si rinvengono, e tradizioni dell'uso importanti. Altri si fecero belli dell'opera sua; segnatamente Eustazio, che mai nol rammenta, ed Erennio Filone, il cui trattatello è quasi una copia dell'ammoniano. Il sig. Pillon, recatolo in francese, l'arricchì di sue osservazioni ed esempii; v'aggiunse distinzioni tolte da altri grammatici, e offerse modestamente il suo lavoro come saggio del molto che resta a fare intorno a' sinonimi greci.

Anco i Latini conobbero l'utilità di indagini tali. Sono distinzioni di voci affini in Varrone, in Seneca, in Quintiliano. E Cicerone aveva già detto: « Sebbene i vocaboli pajano quasi del medesimo valore, pure, perchè le cose differiscono, vollesi che nei vocaboli fosse altresì differenza (2). »

E degli apparenti sinonimi da Cicerone appunto adoprati, Asconio ed altri notarono le differenze. S'aggiungono le distinzioni di Festo, di Nonio Marcello, di Donato, di s. Isidoro; poi del Vavasseur, dello Scioppio, di Enrico Stefano e d'altri; fra' quali è a rammentarsi il Brissonio (3), il Brown e l'Eberhard, al cui lavoro sta in fronte un discorso intorno alla teoria de' sinonimi. Un de' primi e de' più noti si fu Ausonio Popma, che, nato in Frisia, morì sul finire del secolo XVI, o nell'incominciar del seguente. Il Seybold ai sinonimi aggiunge gli omonimi, cioè le voci

---

(1) HORAT. Sat. II. 8.
(2) ATENEO VI.
(3) PROTAGORA.
(4) Περὶ ὁμοίων καὶ διαφόρων λέξεων.
(5) SUIDA.

---

(1) WALKENAER, *Praef. in Amm.*
(2) Top. VIII.
(3) Delle formole solenni del popolo romano, 1739. Delle parole che al diritto appartengono, 1743.

uguali di pronunzia o d'ortografia, differenti di senso. Ma l'opera del Gardin Dumesnil, perfezionata da molti poi, merita più speciale commemorazione di lode.

IX. DE' FRANCESI.

« Autor moderno (disse lo Zannoni) che
» tratti di proprietà di vocaboli attenenti ad
» antiche e morte lingue, non può preten-
» dere speranza di far perfetto il suo lavoro:
» i libri d'esse fino a noi pervenuti non le
» contengono intere; e se anche le conte-
» nessero, mancherebbe la scienza dell'uso
» che, presso che tutta, s'apprende dai par-
» lanti. Adunque, rispetto solo alle lingue vi-
» venti può con pieno profitto scriversi dei
» vocaboli affini (1). »

I lavori intorno ai sinonimi dell'Adelung e degli altri Tedeschi, l'ignoranza della lingua a me tiene celati. E il simile deve la mia modestia confessare del trattato dei sinonimi turchi del fu Ismaele Akki Effendi, stampato a Costantinopoli non è molto. Quanto agl'Inglesi, il Blair toccò delle sinonimie nel Corso suo, e ne recò qualche esempio. I fratelli Piozzi (ch'altri mi dice essere una Inglese moglie d'un Italiano) ne diedero un libro, e due volumi ne uscirono tradotti in francese. Al Portogallo diede un buon trattatello il san Luigi vescovo di Coimbra, pulito scrittore e dicitore facondo, già preside del parlamento. De' sinonimisti francesi dirò un po' più a lungo.

I germi dell'opera che i buoni studii debbono all'abate Girard (2), erano già nelle distinzioni fatte dal Bouhours, dal Menagio, dall'Andry de Beauregard, e dal La Bruyère. Ma conveniva trattar di proposito l'argomento; e ciò fece il Girard in modo nuovo e con senno raro. Disse il Voltaire (3) che quel libro vivrà quanto la lingua francese, e che ad essa lingua varrà a conservare la vita. E i Francesi moderni, fin de' più celebri, farebbero bene a rileggerlo di tanto in tanto.

L'Enciclopedia non neglesse i sinonimi; e molte distinzioni vi s'incontrano del d'Alembert. Debole al paragone l'opera del Beauzée. E de' sopra nominati nessuno comprovò con esempii le distinzioni additate, sebbene il Beauzée consigliasse altrui questa cura.

Nel 1780 l'Accademia francese coronò l'opera dell'abate Roubaud, già coronata dalla pubblica lode. Il quale a prova delle argute sue distinzioni, non isceglie gli esempii più gai, ma i più calzanti; nè varietà però, nè calore gli manca. Nato povero, egli ebbe dall'ingegno e pane e fama; nè la povertà lo fece cupido o vile; ma visse franco amico del bene, e alla forza non giusta s'oppose talvolta con animoso coraggio. N'ebbe in premio l'esilio; e nell'esilio scrisse i Sinonimi. E gli uffizii in terra straniera proffertigli rifiutò, per amore di libera vita (1).

L'opera di lui volse a tale studio l'attenzione di molti; e parecchi libri su questo argomento uscirono, fin di donne. Cominciavasi a sentire più chiaro che mai, come la parola non sia cosa a caso, ma porti in sè un sacro suggello che umano arbitrio non può cancellare.

Le distinzioni dei tre nominati godono continuo l'onore della ristampa, a una delle quali il signor Guizot prepose un suo discorso, e d'alcune nuove distinzioni l'arricchì (2). La signora Faure pensò di fare i sinonimi occasione a morali e piacevoli insegnamenti; e ottenne, mi pare, l'intento (3). Il signor Boinvilliers ristampò con poche giunte e mutazioni la raccolta del Guizot; ma ci appose le etimologie meno dubbie, e premise, quanto alle distinzioni generali ch'hanno lor ragione nella desinenza e nelle particelle annesse al vocabolo, alcune assai buone avvertenze (4).

---

(1) Antologia di Firenze, 1830, dicembre.
(2) La prima edizione è del 1718, col titolo: *Justesses de la langue française*.
(3) Secolo di Luigi XIV.

(1) Ed. 1796. Préf. de l'éd.
(2) Ed. 1822.
(3) Ed. 1828.
(4) Ed. 1826.

X. DEGL' ITALIANI.

In Italia, prima del Soave (1), nessuno aveva, ch'io sappia, espresso il desiderio di tale lavoro; anzi il Varchi nell'Ercolano, il Bembo nelle prose, e il Cesari in quelle ch'egli per eufemia chiamò *Grazie*, avevano coll'esempio consigliato il contrario. Poi rinnovò il desiderio, nella *Biblioteca Italiana*, l'Acerbi, o piuttosto chi scriveva per esso (2).

Nel 1821 uscì il breve saggio del Grassi, pulitamente scritto e assai saviamente pensato. E' propose le differenze più palpabili, le illustrò con esempii quasi sempre opportuni e con diffuse dichiarazioni; condì le distinzioni con qualche utile sentenza; agevolò ai successori la via. E quel lavoro piacque sì che le ristampe moltiplicarono più che a lavoro filologico non sia dato sperare. Parecchi articoli postumi in una recente ristampa uscirono in luce, distinti de' medesimi pregi.

L'opera dell'abate Romani è qual poteva essere d'uomo digiuno delle eleganze e delle proprietà della lingua, mal curante e dell'autorità degli scrittori buoni e dell'uso migliore. Gran parte del suo libro è spesa in dimostrare che le voci affini, dalla Crusca apposte a quelle che le occorre di spiegare, non sono sinonime; ma egli le differenze di quelle voci il più delle volte trovare non sa. Ora si ferma a distinguere cose evidentemente diverse, o a cercare distinzioni laddove non sono, o a porne di false là dove ce n'è di reali; ora s'appoggia a etimologie fallaci, ora a esempii non valevoli o non bene intesi; offusca con le molte e improprie parole le distinzioni più chiare. E il peggio si è ch'e' vuol raffazzonare la lingua a suo modo; onde saviamente fu detto di lui: « Cosa veramente
» nuova, che per determinare il significato
» delle parole non s'abbia più da ricorrere
» all'uso, ma alle regole stabilite dall'abate
» Romani. Egli non ha posto mente, che lo
» scriver bene non istà nel riformare la lingua, ma nel servirsi bene della già formata (1). » Scegliere dalla lingua, formata già, l'uso migliore; mettersi alla testa, non alla coda, dell'uso (come un profondo filosofo, e a me caro, molt'anni fa mi diceva), certamente è l'uffizio del buono scrittore; ma voler combattere l'uso a petto a petto è pazzia simile a quella d'un capitano che facendo a calci co' proprii soldati, sperasse avanzare terreno e ottenere vittoria.

Non però che il lavoro del Romani s'abbia a credere inutile. Dopo aver detto che la lingua da lui raffazzonata è un po' la lingua di Casalmaggiore (della qual terra egli non uscì mai se non a gite brevissime), un po' certo gergo non parlato da mortale nessuno; egli è mio debito aggiungere ch'io del suo libro ho profittato più volte, e che sovente lo cito, correggendo senza contraddire, ampliando senza ostentare le giunte, e a lui il merito attribuendo.

All'abate Romani successe o precesse di poco, con i sinonimi inseriti nel suo dizionario, l'abate Nesi, a ben discernere ajutato spesso dall'uso della lingua toscana, sua natìa. Poi l'abate Gatti (i sinonimi pajono fatica gradita a' preti e a' santi): l'abate Gatti e i successori di lui, signori Rocco e Volpicella, nel Dizionario di Napoli, il signor Ambrosoli, nel dizionario dell'Alberti, compendiarono, depurarono, corressero le distinzioni del Romani, troppo più concedendo loro talvolta d'autorità che non si meritassero, ma il più sovente adoprando il senno e l'acume del loro ingegno. Altre distinzioni aggiunsero essi del proprio, delle quali a suo luogo approfittai. Della traduzione in Parigi stampata dei sinonimi del Girard e del Beauzée, in due volumi, senz'ordine d'alfabeto e senz'indice, parlerei se traduzione fosse, e non un misto fra italiano e francese, inesplicabile a me che poco intendo ora le lingue miste; ma perdonabile all'intenzione buona.

---

(1) Trad. del BLAIR; Istituzioni di logica e metafisica.
(2) Proem. all'ann. 1819.

(1) FORNACIARI. Disc. della trasposizione.

XI. VARIE SPECIE DE' SINONIMI.

I sinonimi della lingua italiana riduconsi (nota il Romani) alle specie seguenti:

Derivati dal greco o dal latino, che hanno nell'italiano la voce corrispondente; come *coscienza* e *sinderesi*, *cavallo* e *destriero*.

Voci da varii dialetti, o dall'uso della lingua de' dotti, o da altri usi speciali passate nella lingua comune: *capo* e *testa*, *ventre* e *pancia*, *seviziale* e *cristero*.

Voci figurate od onomatopeiche, corrispondenti ad altre che dipingono meno: *loquace* e *cicalone*, *gineprajo* e *inviluppo*.

Le voci dunque più veramente sinonime sono quelle che in diversi luoghi o tempi denotarono il medesimo oggetto, e ora denotano quel medesimo senza aggiunzione o detrazione di significati notabile. Ma quivi pure (ben dice il Guizot) le delicatezze dell'uso, la collocazione, la varietà degli stili, cioè delle materie ragionate e degli uomini a cui si ragiona, inducono qualche tenue varietà.

De' sinonimi meno intimamente affini, e però più necessarii a distinguere, ecco le fonti:

Quando al vocabolo generale si sostituisce il significante la specie o l'individuo: *albero* a *pianta*; a *cavallo*, *bucefalo*.

Quando si scambiano i gradi d'intensità: *contento*, *gioja*, *tripudio*.

Quando non si bada alla varietà della cagione o del modo, ma piuttosto alla conformità dell'effetto, come: *sorpreso*, *attonito*; *creazione*, *generazione*; *nettare*, *mondare*.

Quando le materie differiscono: *lastricare*, *acciottolare*;

O le forme: *colmo*, *cima*;

O i luoghi: *regione*, *provincia*;

O gli oggetti: *idoneo*, proprio all'uomo; *atto*, all'uomo e alle cose;

O le relazioni: *reggere*, *governare*;

O gli usi: *albergo*, *ospizio*;

O le impressioni corporee: *agro*, *brusco* (1).

Altre sinonimie vengono dalle desinenze; altre dalle particelle annesse al vocabolo (di che dirò poi); altre dal vocabolo che originò quello del quale si tratta; altre da una circostanza accessoria, indicata comechessia dall'uno dei due vocaboli affini; altre consistono nel porre, in luogo del verbo, una frase intera, - dell'avverbio, la frase avverbiale, - della voce semplice, una composta; altre vengono al linguaggio dall'uso traslato (1); altre finalmente da quelli che pajono (ma non sono) capricci dell'uso.

Più importanti a distinguere, perchè d'ordinario più complesse, sono le idee comprese ne' verbi, poi quelle de' nomi, ultimi i nomi proprii. E nè pur questi si possono sempre scambiare a caso. Non solo il *ciuco* non sarà potuto chiamare *cavallo*, sebbene si dica *corsiere* per ironia, e sebbene dicasi *a caval d'un ciuco*; ma *Alcide* per *Ercole* (nota il Dumarsais) sarebbe in molti luoghi affettato.

XII. DELLE MAGGIORI O MINORI AFFINITÀ.

L'idea comune a due o più vocaboli, i quali non variano, se non per essere gradazioni e determinazioni di quella, è l'idea principale. Ne' vocaboli *confratello*, *collega*, *socio*, la principale si è l'idea di vincolo morale; le accessorie sono: in *confratello*, l'idea religiosa; in *collega*, l'idea d'uffizio o di occupazioni comuni; in *socio*, l'idea di utile.

E in ciò si fonda la distinzione tra le parole decenti e le indecenti, negata da' Cinici, appunto perchè non badavano alle idee accessorie che l'uso può congiungere alla principale, innocente per sè. Poi (nota il Roubaud) dalla indifferenza delle voci e' passavano a quella degli atti, e nessuno atto indecente riconoscevano, di nessuno arrossivano. Il qual sofisma adduceva scherzando un vecchio poeta

---

(1) ROMANI. Teorica. In questa pagina è compendiato l'intero trattato.

(1) QUINTILIANO. « Alia quæ, etiamsi propria rerum aliquarum sint nomina, τροπικῶς tamen ad eumdem intellectum feruntur, ut *ferrum* et *mucro*. Plurima vero mutatione figuramus: ut *scio*, et *non ignoro*; et *non me fugit*, *non me præterit*; et *quis nescit? nemini dubium est*. »

francese, per dimostrare come sia lecito il nominare le più sudicie cose

    Proprement et communément,
    Pour croitre notre entendement (1).

Dunque, per meglio determinare le cose dette, notiamo col Guizot, che le idee da' sinonimi espresse, sono o subordinate una all'altra, o coordinate sulla medesima linea. Le prime si recano tutte all'idea principale, e con varie gradazioni la rendono; le seconde contengono un'idea comune, poi altre, proprie a ciascuna di loro. La prima specie di sinonimie fu negata dal Fischer; ma non a ragione.

Più l'idea generale è prossima alla particolare in cui consiste la differenza, e più l'affinità delle due voci è grande. Ma se l'idea generale comune a entrambe è lontanissima dalle accessorie proprie a ciascuna delle due voci, e'non saranno sinonimi veramente. *Mare* e *fiume* non sono sinonimi, perchè l'idea comune *acqua* è tanto lontana per ampiezza, che non si può confondere a quelli; ma *fiume* e *corrente* sono sinonimi, perchè l'idea comune d'*acqua* che corre, è più prossima.

Certamente: e è cosa più facile discernere le particolarità che un vocabolo speciale aggiunge a un vocabolo generale, del vedere le differenze de' vocaboli esprimenti idee collocate quasi nella medesima linea (2).

Fu già toccato che que'che trattarono de'sinonimi, sovente presero come tali, parole che l'uso notissimo ben distingue. Su questo non è regola generale da porre. Laddove l'uso della lingua è noto a pochi, o mal noto, si può nelle distinzioni allargare la mano. La sinonimia allora diventa un pretesto d'indicar cose buone a sapere, un mezzo di rendere più comune il linguaggio, cioè di stringere fra le intelligenze e le anime umane vincoli nuovi.

Il simile sia detto de'sinonimi scientifici e de'poetici. In lingua sì ricca, com'è l'italiana, giova d'ogni maniera d'usi e d'affinità dare un saggio, a fine di rendere aperte a ogni maniera d'esercizio le menti. Giova notare sin le varietà di pronunziare e di scrivere che alla medesima età, ne'varii luoghi d'Italia, e ne'varii scrittori s'incontrano, per conoscere qual fosse il più comune uso, e per indagar le ragioni di tale varietà; per distinguere quelle che vengono da corruzione della favella, quelle che da inesperienza o licenza degli scrittori; e se l'inesperienza sia novità dell'arte o ignoranza, se la licenza sia ambiziosa, se grave o leggiera e per modo di celia. Giova distinguere le varietà che la poesia o la prosa poetica indussero per servire al metro o al numero od alla così detta eleganza; e le varietà rese necessarie dai costumi nuovi, che più specialmente si possono chiamare storiche: e dico più specialmente, perchè tutte servono ad illustrare la storia degli umani concetti e costumi.

XIII. NORME DEL DISTINGUERE. — L'USO.

Il lettore domanderà: quali norme vi siete voi prefisse nella distinzione de' vocaboli affini? Vi siete voi attenuto all'etimologia più remota, o alla più prossima? Alle analogie grammaticali, o alle onomatopeiche? All'autorità degli scrittori, oppure della lingua parlata? E tra gli scrittori, quali a voi sono più autorevoli, gli antichi o i moderni? E tra gli antichi, i trecentisti, o i cinquecentisti, o i migliori del secento? Tra' moderni, i più severi o i più liberi, gli scienziati o i retori? Avete voi fatto alcun conto dell'autorità dei Latini? Avete voi temuto d'accostarvi a' Fran-

---

(1) JEAN DE MEUNG. Roman de la Rose.
(2) Di qui l'importanza del coordinare convenientemente le serie dei vocaboli da distinguere, conosciuta da un vecchio autore di un tesoro di sinonimi ebraico-caldaico-rabbinici-talmudici-cabalistici, pubblicato nel 1644; dico il vescovo Giovanni de Plantevigné de la Bause: « E pluribus vocibus sectionem unam componentibus, capitaliorem ac latius patentem in caput ejus electam fuisse... In quo summum studium adhibere mihi necesse fuit. » — Io che miravo segnatamente ai bisogni dell'uso, e a quelle parti della lingua che fuor di Toscana sono men note, non m'attenni all'ordine ragionato, come in un'opera meramente scientifica si converrebbe; non però ch'io creda inconciliabili le due cose, e non isperi che a questo non provveggano i miei successori.

cesi? Avete sdegnati affatto i poeti? E quanto all'uso vivente, siete voi ligio a quelli che altri chiama eleganze, altri idiotismi toscani? Siete voi curante dell'uso de' varii dialetti d'Italia? E tra i dialetti stessi di Toscana non iscorgete voi varietà nessuna, e tra le varietà non fate voi scelta? In queste interrogazioni si raccolgono tutte quasi le questioni riguardanti la lingua, e le difficoltà che si parano innanzi a chi pone lo studio in siffatti lavori.

L'uso più generale e più ragionevole: ecco la principal regola ch' i' mi son posta nel mio. Quando la lingua scritta, e antica e moderna, quando la parlata, e di Toscana e di tutta Italia, quando l'etimologia e la ragione concorrono nell'assegnare a una voce il medesimo significato, i' abbraccio questa conformità come una lieta novella. Ma quando sono condotto a dovere scegliere tra l'autorità degli antichi e l'uso vivente, io sto sempre per l'uso vivente; se non là dov' esso apparisca manifestamente cattivo e incerto, e possibile a riformare.

La lingua parlata in altre parti d'Italia rade volte s'oppone direttamente all'uso della lingua parlata in Toscana; se non che, dove quella si tace, questa ha sovente una buona norma da dare. Non è colpa mia se in Toscana le differenze d'alcune voci sono più acutamente osservate; se alle gradazioni varie d'un'idea corrisponde la varietà d'appropriati vocaboli; se molti di quelli che fuor di Toscana son giudicati arcaismi, qui vivono tuttavia. Giova, io credo, agl'Italiani, impararli piuttostochè disprezzarli, poichè significano acconciamente idee che negli altri dialetti non hanno espressione equivalente, o l'hanno men propria, meno conforme alle analogie della lingua scritta, meno gentile, men nota. E come negare ora di fare cosa che gli avi nostri, ben più superbi e rissosi di noi, e a' quali almeno era potenza di rissare e pretesto di insuperbire, fecero già? Come mai dimenticare che gli scrittori toscani furono a tutta Italia esempio di ornato parlare; e che fin gl'idiotismi della toscana pronunzia furono, o come regola o come eccezione, adottati dalla lingua scritta d'Italia? (1).

Mi si conceda insistere un poco su questo argomento: e si creda che non amore vano di disputa mi fa parlare, ma carità dell'Italia, da sì diuturne contese e sì misere lacerata.

XIV. DELL'UNITÀ DELLA LINGUA.

Un egregio scrittore, onorando d'amorevole commemorazione l'opera mia, diceva: « Come ne' sinonimi, così in tutte le altre » questioni riguardanti la lingua, cotesto si- » stema (dell'uso più generale e più ragio- » nevole) invocato già da gran tempo dal » buon senso di tutta la nazione, avvalorato » dall'esempio di alcuni scrittori giudiziosi, » abusato dalla intemperanza di molti, que- » sto sistema dovrà all'ultimo prevalere; o » l'Italia non avrà mai lingua comune, po- » polare, corrente (2). » Soggiungeva poi: « V'hanno in questo dizionario » (parlando del mio) « alcune voci o distinzioni di voci » che nella maggior parte delle provincie » italiane non sono, nè saranno mai forse, po- » polari; perchè le gradazioni delle idee e » le modificazioni del sentimento non pos- » sono essere sempre perfettamente uniformi » in una nazione, che sotto un nome comune » abbraccia popoli differenti d'origine e di » carattere, con abitudini e tradizioni diver- » se. Ma questo che importa? Uno scrittore » il quale debbe sempre aspirare ad essere » inteso da tutta la nazione, potrà qualche » volta con buon giudizio esprimere con due » o tre voci un'idea, che in qualche provin- » cia esprimerebbe forse felicemente con una » sola, nè alcuno avrà diritto di censurarlo. » Ma quando egli vuole adoperare quest'u- » nica voce, in tal caso chi dirà ch'egli non » debba usarla in quel senso in cui l'usa la » provincia dov'essa è popolare?. »

Troppo è vero che questa mirabile insie-

---

(1) *Avea, dovea, ambasciadore, be', de',* ed altri tanti.
(2) Bibl. Italiana.

me e deplorabile varietà d'origine, d'indole, di costumi, di sorti, la qual corre tra popolo e popolo italiano, gravemente contrasta con la tanto predicata unità della lingua comune; unità dalla quale meno si scostarono gli scrittori che più fedelmente s'attennero alla toscana. Ben dice il valent'uomo: lingua veramente comune l'Italia non ha. Per giungere più vicino che si possa a quest'alto fine, giova ingegnarsi di rendere più generale l'uso ch'è già più comune, ch'è meno difficile a diventar generale, e che, per buona ventura, è tutt'insieme il più ragionevole. Giacchè, quanto al voltare in perifrasi idee che richieggono ed hanno nella lingua parlata di ciascun dialetto un vocabolo solo, ognun vede come ciò nuocerebbe alla proprietà ed alla forza, renderebbe intollerabili molti libri, e molti trattati d'arte o di scienza impossibili.

Con questa mira appunto diedi luogo nel mio dizionario a vocaboli e a modi toscani, che al resto d'Italia son poco noti; e se più noti per l'opera mia divenissero, i' sarei lieto d'aver in alcuna piccola parte ajutato a questo bene inestimabile, e che tant'altri inchiude in sè; l'unità della lingua.

Dalla sgarbatezza del pronunziare e del leggere e del recitare, alla ben più deplorabile diversità di scrivere, di pensare e di sentire, ogni cosa ci mostra la necessità urgente di ridurre queste sì disgregate membra in bella e potente unità. Ma a cotesto bene non ci meneranno certo nè coloro che dicono: « la pronunzia dei Fiorentini potrebbe farli » credere strettissimi parenti dei popoli di » Valcamonica (1); » nè coloro le cui scaramucce letterarie intorno alla lingua versano sul campo di una erudizione sempre facile, sovente importuna.

E qui (volgendo il discorso a tutt'altri che all'autore sopra rammentato) mi sia concesso dir cosa nella quale tutti, spero, vorranno convenire; giacchè mi par tempo oramai di guardare questa e altre questioni di letteratura e di più gravi argomenti, dal lato dove più le opinioni s'accostano, che da quello dove si allontanano più.

Ognuno vorrà, spero, concedere che all'espressione di ciascuna idea basti un solo vocabolo; ognuno vorrà concedere che il vocabolo più analogo alle forme della lingua scritta merita d'essere agli altri prescelto. Or quand'anco altri dialetti d'Italia avessero, per significare certe idee, voci e modi più belli di quel che siano i toscani; se questi modi, se queste voci non siano stampati del conio della lingua comune, se l'uso più autorevole non li renda facilmente accettabili a tutti gl'Italiani, se dicono nulla più e nulla meno di quel che dice la voce toscana corrispondente, non veggo ragione d'introdurre o di conservar nella lingua cotest'oziosa ricchezza. Se un dialetto, qualunque sia, ha un buon vocabolo da presentare, che denoti idea da altri vocaboli non denotata, lo presenti nel nome di Dio, e ogni savio scrittore l'accetterà; ma voler travasare nella lingua comune le inutili sinonimie de' dialetti, sarebbe un moltiplicare le difficoltà del bene scrivere e del ben intendere, senz'accrescere nè ricchezza alla lingua nè precisione alle idee.

Si dirà che tale trasfusione da nessuno è tentata. E tanto meglio. Giacchè nessuno la tenta, nessuno si vanti di volerla o poterla operare. E si confessi che dal meglio di tutti i dialetti insieme sbattuti non uscirà mai lingua comune, che sia tollerabile, che sia intelligibile. Buona quantità di voci son comuni, sì, a tutta Italia; ma quand'anco tutte coteste voci s'adoperassero per tutta Italia nel senso medesimo (che non è), questa tale quantità non è sufficiente a formare una lingua.

XV. DELLA LINGUA PARLATA.

Per disegnare certe gradazioni delle idee, certe particolarità degli oggetti, forza è venire alla lingua parlata, e saperne cogliere, non il triviale e il guasto, ma il bello ed il necessario. Ma quanto alle turpitudini del

---

(1) COMPAGNONI. Dell'arte della parola, considerata ne' varii modi della sua espressione, sia che si legga, sia che in qualunque modo si reciti.

parlare plebeo, sono oramai chiare a tutti e oramai giudicate le esagerazioni del Perticari; il quale insegnava a chi aveva la bontà d'ascoltarlo, che « la mala forza della plebe » è tale che tutto l'edificio grammaticale » sprofonda »; che « la plebe non conosce » il bisogno di significare il proprio concetto » con precisione e rigore; oggi guasta quello » che jeri creò; non sa nè di regola nè di » freno, non istà mai nelle stesse vestigia (1). » Diresti che il valent'uomo intenda parlare della plebe de' marchesi e de' conti, poich'egli stesso altrove confessa che « i nomi prima » escono dalla loro natura che dalla memoria » de' popoli; e che ne' monti e nei campi » rimane la parte più antica del comune lin» guaggio. »

Chi è che ignori oramai, negl'idiomi popolari essere deposto il germe del vero; e la scienza non essere ad altro buona che a ritrovarlo ed a svolgerlo, quando pure sia degna di tanto? E fin nelle lingue de' selvaggi fu già notata una regolarità, una sapienza, emulatrici delle più colte favelle che noi conosciamo.

Que' popoli dunque hanno sugli altri vantaggio, dove la lingua scritta è più prossima alla parlata. « I Sassoni sono i più colti po» poli della Germania, i Toscani dell'Italia; » e la nazione francese è la più colta di tutta » Europa, generalmente parlando, perchè » la lingua delle leggi, dei libri, delle istru» zioni non è diversa da quella che sa par» lare il popolo più abietto (2). » Se la Francia sia la più colta nazione d'Europa, non so; ma certo la coltura è più facile a lei, per la ragione dall'autore accennata. Quanto al popolo *abietto*, rammentiamo che il Napione era conte: Galeani Napione di Cocconato!

Noi che conti non siamo, terremo in migliore stima il popolo abietto; e avremo dalla nostra un gentiluomo (3) nel credere che là dove la lingua scritta s'accosta alla parlata, debb'essere più potente, perchè di necessità meglio determinata e più chiara; perchè nel parlare l'uomo non corrotto è guidato da certe norme sapientissime di natura, che sono l'umana ragione stessa. Ed è pure la terribile cosa dover confutare chi le disprezza!

Prendiamo esempio da un altro conte piemontese, l'Alfieri; il quale alle vive ricchezze toscane attingeva, e i modi dalla plebe parlati notava ammirando (1). I quali modi se i Toscani volessero nel comune dizionario registrare, è fare di pubblico diritto quella necessaria parte di lingua che all'Italia colta ancor manca, farebbero eloquente risposta alle ciance dei pochi (se pur ve n'è) che tuttavia si compiacessero in controversia oziosa e importuna, fomentatrice de' municipali orgogli che furono sventura d'Italia. Egli è ben vero che alcuni de' modi che l'Alfieri notava non sono colti nel vero lor senso; sbagli non infrequenti a chi non è nato Toscano, sbagli de' quali le *fronde dell'insalata* posson essere un saggio, e il *far del seco* è l'ideale supremo. Or se uomini ingegnosi e periti cadono in isbagli siffatti, che sarà della greggia? Che sarà degli autori di lessici e di grammatiche? i quali dagli antichi sempre traggono le autorità, su quelle fondano i loro precetti, senza dire, e sovente senza sapere, se l'uso corrente a tali autorità contraddica, o faccia eccezione; ch'anzi danno quisquilie sovente per gemme. Poi, corretti, risbagliano. Di che vo' citare un esempio del Biagioli. Egli aveva avvertito che gl'infiniti sostantivati nel plurale non s'usano più; ma un Toscano gli ebbe a notare che dall'uso non pajono banditi modi simili a questo: « egli ha de' *fari* che non mi piacciono. » E così *parlari*, e qualch'altro. Il Biagioli generalizzando (come fa chi non conosce l'uso da sè), disse in una ristampa della grammatica, che tali infiniti *peuvent plaire aux connaisseurs de la langue*.

---

(1) Apol. di Dante.
(2) NAPIONE.
(3) G. B. NICOLINI. Discorso in cui si ricerca qual parte aver possa il popolo nella formazione di una lingua.

---

(1) Voci e modi toscani, raccolti da V. ALFIERI. Torino, 1827.

XVI. AUTORITÀ ED ESEMPI.

Un altro Piemontese giova citare al proposito nostro. Giuseppe Grassi, scrivendo del suo Dizionario militare a Gian Pietro Vieusseux, diceva: « Ecco il lavoro più difficile e
» più importante (più importante, notate) di
» tutta l'opera mia; lavoro che non si può
» condurre nè cogli autori nè co' vocabolarii,
» ma ch'è tutto delle officine toscane: è que-
» sto una minuta nomenclatura di tutti i fer-
» ramenti, strumenti, e parti diverse delle ar-
» tiglierie, per le quali ogni Stato italiano ha
» le sue voci proprie desunte dal proprio
» dialetto. Quindi la necessità di ridurle sotto
» *una lingua comune che sia norma* e regola
» a tutti i dialetti particolari; nè questa lin-
» gua comune può rinvenirsi altrove che in
» Toscana. »

Il qual desiderio del Grassi non è stato adempiuto. Gioverebbe che quella parte di lingua militare che in Toscana si conserva vivente, e (a supplire alle mancanze di lei) quella che vive in altre italiane provincie, fosse accuratamente raccolta. Gioverebbe in quel dizionario fermare quali vocaboli convenga rimettere o ritenere nell'uso, quali sbandire come sinonimi inutili, o come impropri; senza le quali avvertenze l'opera del Grassi non farà che aggravare l'incertezza e la confusione, invogliando i mediocri a scegliere fra le parole ivi notate le meno conformi all'uso moderno, e così a screditare la lingua nativa, e rendere quasi desiderabile l'uso vergognoso sì, ma uniforme e costante, de' modi stranieri.

Ogni incertezza, del resto, sarebbe tolta via se le milizie piemontesi, napoletane, parmigiane, modenesi, romagnole accettassero il linguaggio militare toscano; e per quelle voci che al toscano mancano, scegliessero o dagli altri dialetti o dall'uso antico, per poterne espellere le francesi. Allora soltanto fra la lingua parlata e la scritta non sarebbe discordanza dannosa alla diffusione delle discipline strategiche, e all'intelligenza di quella parte di storia che alle cose di guerra appartiene. E questo adduco qui per esempio di tutte le altre arti e discipline, che di lavori e di provvedimenti simili avrebbero di bisogno.

D'un altro Piemontese erudito ci giovi sentire l'opinione sopra tale argomento (1): « Quella nazione che prima ebbe ed in mag-
» gior numero volgari scrittori, impresse alla
» lingua da loro adoperata un suggello suo
» proprio; e fece in guisa che ne' tempi che
» vennero poi, chi volle mirar per entro le
» secrete ragioni della lingua, o per ingen-
» tilirla o per ripurgarla o per ampliarla,
» nelle antichissime scritture de' suoi, anche
» più rozzi cittadini, e nel dialetto del volgo
» dovesse attentamente studiare... Vano ed
» ingiusto sarebbe negare alla nobilissima na-
» zione toscana le prerogative acquistate col
» numero e con la qualità de' suoi scrittori;
» vano ed ingiusto affermare che la popolare
» favella in sull'Arno non avanzi in bellezza
» e dignità tutti i dialetti d'Italia. Però, senza
» torre affatto a questi il privilegio di con-
» tribuir, dove possono, ad accrescere di
» qualche rara aggiunta la ricchezza e mae-
» stà della lingua, diremo che nel popolo
» di Toscana son da cercare principalmente
» le foggie con cui vestire i nuovi pensieri
» e le novelle cose, le quali o fra noi na-
» scono o ci sono d'oltremonte recate; e che
» nel popolo di Toscana sono eziandio da cer-
» care quelle locuzioni le quali, perchè de-
» stinate a significare certe particolarità della
» vita domestica, s'incontrano troppo di rado
» ne' libri, e sono generalmente ignorate;
» nè dai dialetti ond'usano le altre provin-
» cie, si potrebbero lodevolmente derivare.»
Quest'è il punto pratico della questione, questo il solo che importa.

Del resto gli spregiatori dell'uso toscano non possono non condannare col fatto il proprio disprezzo. Taluni di loro son anzi ligi seguaci de' modi toscani; se non che l'uso vivo confondono col morto; tra le varietà

---

(1) CIBRARIO. Pref. al citato opuscolo *Voci e modi*.

degli stili una sola forma conoscono e imitano, e con quella trattano tutta sorte argomenti. Altri poi, che l'uso toscano non degnano, vediamo cadere nel fiacco, nello sguajato, nel ruvido, ch'è una pietà. Non vi parlo del Cesarotti o de' seguaci di lui; ma prendete cosa più antica, prendete il dialogo di Pierio Valeriano intorno alla lingua, il qual dialogo non manca di sale, e di quel buon senso ch'è più raro assai dell'ingegno. Ivi egli afferma che quanto ha di bello il toscano, è lingua comune; e il toscano dispregia col pretesto solito degl'idiotismi; quasichè l'uso toscano sia tutto idiotismi; quasichè la grammatica non basti a correggerli quando bisogna; quasichè ai non Toscani basti la grammatica e il loro dialetto a farli parlatori eleganti. Ora vedete con che sorte di lingua e di stile il Valeriano difenda la sua lingua comune: « Per mia fè, Colozio, jeri sera vi » portaste bene: promettesti venir a cena » con noi: non solo non veniste, ma pur non » mandaste a dire che non venivate. Noi » aspettassimo fino a notte e le vivande sva- » nivano, in modo che Messer Mario rinne- » gava le stelle. »

E il traduttore del Volgare Eloquio, l'inventore dell'Omega, l'autore dell'Italia Liberata, sapete voi come scrive? Leggete la sua lettera alla Pia Sanseverina, nella quale le insegna ch'essa è nata uomo, d'animo e di corpo *composta*, e che la prudenza è tra le *operazioni* per le quali la donna può acquistare *immortalissima* fama; e che « Gneo Pom- » peo, il qual fu *virilissimo uomo*, fu calun- » niato come effeminata persona per grat- » tarsi il capo con un dito solo. »

Ma gli esempii dell'Ariosto e dell'Alfieri parlano chiaro assai. E quando il signor Gamba attesta che il Savonarola scrisse assai meglio dopo aver fatto soggiorno lungo in Firenze, difinisce in modo assai chiaro la lite.

XVII. NECESSITÀ DELLA LINGUA INSIEME E DELLA CIVILTÀ NOSTRA.

Coloro che meglio scrivono, in tanto scrivono meglio in quanto attinsero a' Toscani, o ad altri che da quella fonte derivano. E se più vi s'attingesse, molti difetti dello stile italiano si verrebbero dileguando: e quella prolissità che pare fatta compagna indivisibile alla gravità e all'eleganza; e que' latinismi inutili; e que' modi indeterminati e impotenti in cui molti pongono l'eleganza e la gravità; e quelle bellezze con tanta cura raccolte, con tanto stento commesse, che sono come i fiori secchi del botanico accanto a fiori ingemmati dall'aurora nascente; son quasi mummie venerabili per antichità in mezzo a un coro di giovani donne danzanti e belle. Non s'avveggono che un modo tanto più dev'essere accetto, quant'è più comune; che il più comune, in fatto di lingua, come in molte altre cose, è quasi sempre il più bello; che non nell'uso di vocaboli reconditi, ma nella scelta e nella collocazione dei noti a' più, è posto il pregio della vera eleganza (1). La forza scompagnano dall'eleganza; delle quali due doti la congiunzione è sommo pregio dell'arte e dono rarissimo di natura: e a congiungerle ajuta appunto la norma dell'uso, dalla quale apprendesi quella virile schiettezza ch'è il linguaggio della matura verità. Per non ricorrere alla norma d'un determinato uso vivente, la lingua nostra dall'una parte è sopraccarica d'ornamenti, dall'altra è ignuda o rattoppata di cenci stranieri.

Il bisogno di ben parlare, in modo chiaro si fa sentire specialmente nelle traduzioni de' libri trattanti, non cose generiche, ma scienze; dove a ogni tratto è forza cercare vocaboli che rendano le idee così spiccate e a rilievo, come sono nella lingua da cui si traduce. Scrittori gravissimi, e terribili di maestà, qui v'aspetto. Scrivetemi con la vostra lingua aulica un trattatello agronomico, tecnologico; e se da quella trarrete tanto tesoro di modi da esprimere tutte le cose della natura e dell'arte con proprietà, con franchezza, con uniformità, cederemo alla vostra eloquenza.

---

(1) Cic. Brut.

E il medesimo dicasi de' libri destinati al popolo ed a' fanciulli. Un uomo d'ingegno non volgare, non ben conosciuto dagl'Italiani, scrisse a uso de' fanciulli parecchi libri, per il suo tempo, assai buoni; e li scrisse, non senza cura d'inserirvi alla meglio i modi famigliari toscani; ma ignaro siccom' egli era dell'uso vivente, propose molti modi antiquati, che renderebbero oscuro e ridevole il dire di chi nel famigliare discorso li adoperasse (1). Qui, ripeto, si sente il vuoto delle questioni con tanta acrimonia agitate tra noi. Citare passi di Jacopone da Todi e di Ciullo d'Alcamo; fabbricare ipotesi per ispiegare in qual modo l'Italia si creasse una lingua scritta senza ricorrere alla Toscana, dove tuttora vive la maggior parte della lingua usata nel trecento e ne' secoli susseguenti; ridersi del Burattello; vantare la lingua dei Volta e dei Piazzi, come se il Volta ed il Piazzi scrivessero più elegante del Galileo, come se i dizionarii scientifici compongano intera una lingua: son belle prove d'ingegno; chi dice di no? Ma tutto cotesto non insegnava al Taverna a non chiamare *ribrezzo* il brivido della febbre. E il Taverna è scrittore accurato; e quanti di ribrezzi simili abbia lo stile moderno, chi potrà numerare? c'è da far rimbrividire davvero.

Il Perticari nella sua Apologia ha dimenticato di citare un trattato di mercante o d'orefice o di pittore lombardo da potersi contrapporre a quelli del Vasari, del Cellini e del Pandolfini, cioè dell'Alberti. E me ne duole per la sua lingua cortigiana. Raffrontate la traduzione toscana del Viaggio di Marco Polo con la lingua illustre del veneto Ramusio; dove, da poche parole in fuori, ogni cosa è in grammatica; e vedrete che dalla facil cura di ridurre a grammatica le desinenze e il costrutto, al dono della vera eleganza, è lunghissimo l'intervallo.

---

(1) TAVERNA. Novelle morali e racconti storici ad istruzione de' fanciulli.

XVIII. OBIEZIONE GRAVE.

Diranno: e i Toscani scrivon eglino tutti in modo esemplare? Pochi, rispond'io, scrivono in modo tollerabile; in modo degno de' loro maggiori e della lingua da quelli redata, pochissimi. Ben sorge una generazione che, ornata di nobili intendimenti ed affetti, s'ingegna di ritemprare nelle correnti della più schietta lingua viva lo stile (1). Ma i più de' maturi sono scrittori cattivi, appunto perchè non approfittano della lingua parlata, perchè credono che un dotto scrivente, una persona per bene, debba stampare il suo pensiero rabberciato in tutt'altro modo da quel che si parla. Anzi taluni pajono d'opinione, che siccome un valent'uomo non deve parlar come pensa, così non debba scrivere come parla. Ecco ragione di più perchè gl'Italiani, de' quali taluni intendono così bene l'artificio dello stile, vogliano imitare l'esempio del buon Manzoni, e facciano miglior uso che i Toscani stessi non degnano delle toscane ricchezze. E così fa il Lambruschini che, nato in Genova, dimorante in Val d'Arno, scrisse trattatelli agrarii, dai quali si vede la incomparabile bellezza del toscano parlato oggidì. Paragoninsi gli scritti di lui a quelli dell'Aporti: paragonisi l'opera del Dandolo col libretto del Lambruschini sui bachi da seta; e si giudichi. In siffatte cose un esempio, ed esempio tale, ad ogni uomo ragionevole è assai.

Più delle dispute e de' precetti e delle grammatiche e de' dizionarii varrebbero certamente gli esempii. « Se la Toscana (diceva
» il Cantù dietro al Manzoni) avesse prodotto
» a' tempi nostri il Goldoni, deh quanto
» avrebbe vantaggiato la lingua comune il
» trovare vivo ne' loro scritti quel parlare
» che debbesi andar cercando sulle rive del-
» l'Arno! Quanto vantaggerebbe se colà si

---

(1) Fra gli altri Pietro Thouar, fiorentino. E s'egli da alcune poche forestieraggini purga il suo dire, e con lo studio degli scrittori grandi lo fa serrato e numeroso, l'Italia lo mostrerà come il più nobile dicitore che di cose famigliari abbia scritto da tre secoli in quà.

» stampasse qualche cosa di simile all'Enci-
» clopedia o al Giornale delle cognizioni utili,
» ove i compilatori non avrebbero che a dire
» nella lingua usuale tante cose il cui nome
» proprio, a chi non è di colà, è sì faticoso
» a trovare! »

Facciano certi letterati toscani a senno loro; ma per malandato che scrivano, non vieteranno a me d'ammirar quella lingua che fin gli annunzii di gazzetta può fare eleganti. Nel numero XXXVIII della Gazzetta fiorentina del corrente anno (1) si legge:

« In questa città di Firenze ed in via Maf-
» fia si appigiona una vasta e comoda scu-
» deria lastricata e in volta, per ventiquat-
» tro cavalli, lunga braccia quarantaquattro,
» larga braccia quindici, circondata di man-
» giatoje, colonnini, battifianchi, pila grande
» di pietra, e sua tromba di piombo; due
» stanze, e stanzini per i finimenti e biada,
» con comoda scala di pietra che serve per
» salire al fenile, e con ribalta, puleggia, e
» burbera per comodamente portare sopra
» il fieno. »

Chi questo annunzio scrisse, non è un letterato, di certo; lo giuro per l'ombra di Benvenuto Cellini.

XIX. DEL PADRE CESARI E DI COSE SIMILI.

I Toscani, scrivendo una lingua barbara e non parlata che dai servitori di piazza o da qualche gentiluomo infrancesato; i non Toscani, adoprando a sproposito le toscane eleganze, nocquero alla fama del caro idioma.

Al senno dello scrittore spetta rigettare le parole non convenienti al suo stile, cioè al suo concetto; a lui spetta, con parsimonia e accorgimento, rimettere nell'uso della lingua viva le buone locuzioni della lingua scritta, cioè quelle che furono un tempo ne' più fortunati paesi d'Italia parlate. Cotesto è dello scrittore esperto e diritto e dovere; ma dovere ben raro. Il fondo della lingua dev'essere comune, com'è comune quest'aria che respiriamo; perchè la parola è il respiro della intelligenza. Ma certe anime buone, per amore della semplicità del trecento, perdettero la semplicità; ed affettarono quella schiettezza il cui principal pregio è non essere punto affettata.

Il Cesari, benemerito degli studii italiani, e fornito d'ingegno più desto e di più sodo sapere che dagli scritti suoi non paresse, il Cesari diede pretesto a molte e non troppo ingegnose facezie contro le toscane eleganze. Egli che non solo il Perticari, ma il Monti stesso diceva (me presente) scrittori privi di naturalezza, egli si sarà creduto di scrivere naturale dicendo: « Ho riso anche non poco
» di quei molti oppositori, i quali peccato
» che siano Italiani; ma egli *sono troppo, che*
» *dovevano essere Vandali ed Ostrogoti* (1). »

A divenire scrittore, non grande, ma più che comune, non altro mancava al Cesari che imparare a distinguere la viva dalla lingua morta; chè, quanto al mescolare ne' gravi soggetti modi famigliari, questo può essere talvolta men difetto che pregio (2). Ma il Cesari confondeva gli stili, confondeva i linguaggi de' secoli diversi; e per amore della mal conosciuta proprietà, scriveva assai volte improprio. Di che noi demmo prova dieci anni fa, recando di lui una lettera di Cicerone tradotta, e notando le mende. La qual dimostrazione, alquanto men severa, e meglio fondata nell'uso, gioverà qui ripetere.

Metello a Cicerone.

« Se sei sano, sta bene (3). Io credea già

---

(1) 1837.

(1) Lettera al signor Lissoni in fronte alla Frasologia da lui stampata nel 1827.
(2) Al Cesari, fra le altre disgrazie, toccarono lodi più terribili d'ogni scherno. Uno de' suoi amatori: « Ma se personalmente il valente Cesari io mai non vidi, affermar tuttavia io posso e debbo che da un ritratto di lui che m'occorse di vedere in un frontispizio d'un'opera sua, ben potei conoscere che ventidue be' pollici di circonferenza aveva il suo cranio. Due ampi e scintillanti occhi abbellivano oltracciò il suo sereno volto, e mostravano quanto mai fosse grande la possa e la fervenza del suo magno cerebro ». (*Esortazioni di L. Angeloni*, p. 466.)
(3) Ognun vede l'equivoco tra *sei sano* e *sta bene*.

« che per lo nostro amor (1) vicendevole e
» per la riconciliazione nostra, tu non do-
» vessi così fare strazio (2) di me lontano:
» nè il fratel mio Metello (3), per una sua (4)
» parola, dover essere nella vita e nelle for-
» tune (5) da te oppugnato. E se la bontà (6)
» di lui poco poteva fargli scudo (7), certo (8)
» la dignità della casa nostra, e l'opera (9)
» mia per te (10) posta e per la repubblica
» dovea metterti in buon riguardo (11). Or
» ecco lui circonvenuto e me deserto (12) da
» cui meno si conveniva. Io dunque (13) vivo
» in lutto e in tristezza (14), standomi al
» governo d'una provincia e d'un esercito,
» e tuttavia (15) in guerra. Nel che essendo
» tu uscito dalla ragione (16) e dalla cle-
» menza de' nostri maggiori, non maravi-
» glia (17) se te ne pentirai (18). Io non mi
» aspettava da te un animo tanto volubile
» verso (19) me e i miei. Tuttavia, nè que-
» sto dolor di famiglia, nè ingiuria di chic-
» chessia, mi storrà dalla repubblica (20).
» A dio (21). »

E questo buon Cesari, dopo sepolta la vita sua nelle miniere del secolo decimoquarto, non sapeva distinguere l'oro dal piombo; e si lasciò ingannare alla meschina contraffazione intitolata *Storia di Semifonte*, e da altre ancora. E nel giudicare la bontà degli scrittori si confondeva in misero modo. A credere a lui, noi avremmo, tra imbalsamati e fradici, un'infinità di classici da fare spavento; tanto che, non pure una biblioteca compiuta, ma sarebbe difficile averne il catalogo.

E nell'interpretare e nello stampare cotesti classici, quanti granchi il valent'uomo non prese? Ma l'arte del pubblicare i vecchi testi, che dopo sì lungo esercizio dovrebb'essere perfezionata in Italia, aspetta anch'essa il regno di quel senso comune che in tutte le cose umane pretende autorità: tanto gli è importuno e tiranno. Intanto di queste semplicità tripudiano i nemici della pedanteria, e col nome di pedanteria notano ogni studio ch'abbia per fine la fedele e potente espressione delle idee e degli affetti. Non porgiamo a costoro occasione, a proposito di testi, di passare con l'associazione delle idee, ch'è in costoro sì rapida, da' *testi* a' *cocci*. E in verità quale freddura, qual rimprovero, quale dispetto non sarebbe almeno in parte scusato da questa profana superstizione che la voce *testo* (comunemente indicante la parola ispirata da Dio, e originariamente non altro denotante che la tessitura del periodo) osa consacrare agli scritti di un secolo solo per elegante ch'e' sia; quasi che tutti i modi che in quelli s'incontrano, debbano presso gli scriventi avere autorità simile a quella che presso i credenti ha l'evangelista Giovanni e il legislatore Mosè?

XX. DEI SEGUACI DEL PADRE CESARI E DEI SEGUACI DEL CONTE PERTICARI.

Pochi seguaci ebbe il Cesari, ma coraggiosi. E per saggio del loro coraggio recherò qui d'uno di essi, defunto, un frammento della vita di Licurgo; frammento non molto laconico, ch'io accorcerò per offrire ai lettori pura e semplice la vecchia eleganza.

« Si cominciò dal bucinare agli orecchi,

---

(1) Metello dice *animo*. Dalla lettera si comprende che *amore* non c'entra.
(2) *Laesum iri* non è *strazio*.
(3) *Metello, fratel mio*, convien dire, per dare al costrutto la forza e il senso legittimo.
(4) *Sua* c'è di più. Quell'aggiungere parole inutili toglie famigliarità e dà allo stile il tono d'un comento, o di cosa più nojosa, se c'è.
(5) *Fortune* è egli italiano?
(6) *Pudor* qui non vale *bontà*.
(7) *Scudo*: perchè questa figura che sì mal si conviene con *poco*? perchè non *difendere*?
(8) *Certo* scema la forza di quello che segue.
(9) *Studium* è altra cosa.
(10) Non *te*, ma *voi*.
(11) Il lat. *sublevare*. *Mettere in buon riguardo* è frase languida.
(12) Antiquato.
(13) *Dunque* sa d'argomentazione.
(14) *Squallore* non è *tristezza*; e *tristezza* è men di *lutto*.
(15) *Tuttavia*, soperchio.
(16) Ambiguo.
(17) *Non erit mirandum*: qui vale: *non paja strano*.
(18) *Ve ne pentirete*, dice Metello.
(19) *Volubile verso*, modo non proprio.
(20) *Storrà dalla repubblica*, non è bello.
(21) Massime così diviso non conviene a scrittore pagano.

» indi a far de' cerchietti su pe' canti, per
» ultimo a dire sbarbazzato quanto fosse za-
» roso lasciare lo re nato in mano di cui
» tanto caleva lo spegnerlo. Il bolli bolli si
» fu levato sì forte, che Licurgo veggendo
» la mala parata, dovette prender confino.
» Ma Sparta in breve stanca delle domestiche
» dissensioni, mandò più volte a pregarlo
» che piacergli dovesse a tornare, come unico
» soprattieni de' mali dello Stato. Dopo molte
» preghiere e fregagioni, Licurgo calò; e
» poco stante si fu trasmutato in Sparta. —
» Mandò consultando la Pizia, la quale, poscia
» ch'ebbesi alquanto rimescolata sul trep-
» piede, e stata in tentenne, chiamar doves-
» selo mortale o nume... Nume Licurgo,
» esclamò... Ma in una sommossa levatasi
» per rispetto d'una legge che andava a
» dirittura contro i ricchi, ei fu colto da un
» colpo di pietra che l'occhio gli spiccò netto
» dall'occhiaja: e tale fu la pazienza ch'egli
» fece apparire nella sua infermità, che Al-
» candro stesso, il suo offenditore, l'agrume
» e l'aloè gittando dalla rustica ed aspera
» sua natura, mutò l'odio in amore. »

Diranno che dall'aver io raccozzate queste frasi sparse in discorso più lungo, apparisce maggiore che in sè non sia la loro stranezza. Ma facciamo simil saggio sopra stile diverso da questo, fondato sull'uso più generale e più ragionevole; e tranne qualche leggiera inconvenienza, che potrà venire da compendio di siffatta maniera, non ci sarà punto da ridere.

Tutti coloro che dall'uso si partono (o scelgano i modi più comici o i più dignitosi), danno sempre un po' nello strano e sono pedanti. E quando un altro anonimo, seguace della maniera del conte Perticari, ci dice: « Allorquando *incontra* vedere cosa moderna « che *renda imagine* del sovrano sapere de- » gli antichi, » subito viene alla mente il dantesco:

.... com'egli incontra
Ch'una rana rimane (1);

e l'altro:

Tale imagine appunto mi rendea
Ciò ch'io udiva, qual prender si suole
Quando a cantar con organi si stea (1).

E quando egli esclama:

« Quanti affetti ne incuora!.... »

e' ci fa tornare a memoria:

...... Lo tuo ver dir m'incuora
Buona umiltate, e gran tumor m'appiani (2).

Fra il *rimescolarsi della Pizia* sul *treppiede* e l'*incuorar degli affetti*, è minore distanza di quel che a taluni paja.

XXI. DEL CONTE PERTICARI SUDDETTO.

Il Perticari stesso (alla cui graviloquenza gli artifizii del Bartoli sono come un riccio di contadinella a una parrucca incipriata), il Perticari che deride il Salviati dell'aver chiamato *déi casalinghi i Penati*, sapete voi con quali parole lo biasimi? « Quasi che, dice, quegli déi fossero *dell'ordine de' colombi*(3).» Io non so veramente se sia cosa più nuova associare all'idea de' penati quella de' colombi, o all'idea de' colombi quella de' frati.

Giova osservare che la straordinarietà del linguaggio, la quale dà talvolta allo stile cert'aria di dignità, è pregio tutto posticcio che non compensa il difetto di pregi più intrinseci. Molti si credono di essere scrittori non comuni, allorchè rinvolgono un'idea comune in abito straordinario; ma converrebbe in quella vece, sotto forme comuni, rendere accessibile e, quasi direi, perdonabile la straordinarietà dell'idea. La forza, la grazia, la nobiltà si dovrebbero collocare nella semplice espressione d'un vero e gentile concetto. La parola allora sarebbe bella, non d'ornamenti accattati, ma della sua vergine nudità.

Disputand'io, or fa dieci anni, della necessità di lasciare alla lingua poetica alcune

---

(1) Inf. XXII.

(1) Purg. IX
(2) Purg. XI.
(3) Degli scrittori del trecento.

voci e frasi sue proprie, m'intesi da un gran poeta rispondere: « Non conviene che la poesia venga a disturbare le cose di questo mondo. » Risposta che a molti parrà bestemmia; ma piena di senno, e degna di vero poeta. Con cotesto principio d'una lingua poetica da sè, non solamente la poesia diventò gergo, ma la prosa stessa ebbe a raccattarne il contagio; e cominciò ad affettare certi modi che, se fossimo meno preoccupati da abiti pedanteschi, ci moverebbero a riso.

E' sarebbe ormai tempo d'accorgersi che all'uso, siccome al popolo, prima di farci degni di comandare, bisogna sapergli ubbidire; che l'efficacia de' grandi scrittori è dovuta appunto a questo rispetto delle forme comuni, al disprezzo d'ogni rettorica smania di singolarità. Del quale rispetto ci siano esempio i tre più insigni scrittori di Roma, Cesare, Virgilio, Cicerone; ci siano testimonianze le acerbe e non ingiuste censure da molti antichi mosse agli arcaismi di Tucidide e di Sallustio.

Ciò che fu detto (e non so se a ragione) d'una quasi sconosciuta traduzione di Cesare (1), parmi il più invidiabile elogio dello scrittore: « In questo lavoro non parole nuo-
» ve nè recondite, non sentenze perverse,
» non traslati inusitati troverai, ma parole
» piane e lucide, sentenze composte e ordi-
» nate, e finalmente forme di dire da molti
» consumatissimi uomini usate. » Dunque, non affettata gravità, non vezzi mendicati, non armonia, oltre a quel che il soggetto richiede, artifiziosa, son qualità del bello stile; ma l'uso di quelle vive eleganze che dalla natura ispirate a' popoli, risultano dal comune consenso, dalla comune esperienza. Non siano le parole quasi manto larghissimo che ricopra un'idea squallida e vieta; non si preponga il luccicante allo splendido, il vezzoso al bello, l'ampio al grande, il magnifico al conveniente, la maschera al volto vero.

La lingua della Commedia di Dante era tutta (tranne i termini scientifici e qualche latinismo raro) parlata in Toscana; le voci e i modi che in Dante ci pajono de' più strani, si trovano usati in altre opere di famigliare linguaggio. Da ciò non viene che il linguaggio di Dante sia prosaico; ma sì che la sua lingua poetica non era diversa da quella dell'umile prosa. Quello che rende poetico il dire dell'Allighieri è, non la stranezza de' vocaboli, ma la scelta e la collocazione rispondenti alla poesia del concetto. Giova lavare alla fine quel grande poeta dalla taccia d'audace licenza e di stranezza affettata, che molti gli appongono tuttavia, come lode; taccia che troppo sarebbe vera, se le locuzioni che agli ignoranti del vecchio linguaggio vengono inaudite, avesse egli osato di proprio arbitrio coniare.

XXII. DELL'USO PIÙ RAGIONEVOLE.

Abbiam veduto che l'uso della lingua parlata è unica norma alla scritta; che l'uso toscano è il meno ignoto alle altre parti d'Italia, quello la cui autorità è più consentita nel fatto, e da molti anco in parole; il più facile a diventar generale, il più acconcio al fine a cui dobbiam tutti tendere, l'unità della lingua. Abbiam veduto come chiunque dall'uso si diparte, va nell'assurdo; e tanto meno è visibile l'assurdità, quanto meno patentemente alla legge dell'uso è fatto oltraggio. Ma io sul primo, alla condizione dell'uso più generale un'altra ho soggiunta: « e più ragionevole. » Di che mi facevan carico uomini rispettabili, e non toscani, quasichè, dicevano, all'arbitrio degli umani ragionamenti debba lasciarsi rimpastare la lingua. Atteniamoci, seguitavano, all'uso toscano, e avremo lingua comune; e questo ci basti.

Certamente il toscano è da prescegliere, per la ragione assai valida, ch'e' fu sempre, a dispetto de' litiganti, e dai più savii de' litiganti stessi prescelto; e anch'io lo dissi lingua più che dialetto. Aggiunsi però ch'egli era da prescegliere, perchè più gentile. Questa è ragione che, unita a quell'altra, ha il suo peso. Nè l'uso è venerabile, se non perchè sulla natura delle cose si fonda, il più delle

---

(1) Dell'Aldobrandi.

volte, e nelle materie più gravi. Ma a giudicare la convenienza e la proprietà de' vocaboli, l'uso per sè solo non basta; se pure non si voglia il criterio del La Mennais anco alla letteratura applicare, come facevano i settatori delle idee del Bonald nel tempo che il La Mennais col Bonald andavano per la medesima via. Contro la piena dell'uso, buono o reo ch'egli sia, forza, è vero, d'ingegno non vale; ma si può moderarne l'impeto, antivenirne i traviamenti, cansarli almeno in parte; si può tra due usi scegliere il meglio. Questo si fa comparando la voce o il modo con le analogie della intera lingua, per vedere se sia conforme a quelle; cercando se il traslato (poichè tutta quasi la lingua in origine si compon di traslati) sia dedotto da relazioni troppo lontane, o accidentali, o false, o distrutte dal tempo.

Ripetiamo: il toscano è da prescegliere, perchè stato sempre dagli scrittori adoprato come principal norma; sta bene. Ma è egli cotesto un caso? Io non credo. Io credo che in queste cose della lingua, così come in tutte, la Provvidenza abbia la parte sua; e che quand'anco cotesto dialetto non sia stato prescelto perchè migliore, si è trovato, e si può dimostrare, che gli uomini non si potevano risolvere a scelta migliore. Il fatto si è (e questo pure è fatto) che guardando alle tre norme con le quali si può giudicare la bellezza d'una lingua, dico l'etimologia più prossima e d'evidenza irrecusabile, - l'analogia filosofica e la grammaticale, - l'armonia musicale e l'onomatopeica; guardando alle tre dette norme, si vede che cotesto caso il quale sposò l'italiano pensiero alla favella toscana, è caso sapiente; che questa necessità di presceglierlo e di sempre più fedelmente amarlo, è provvida e bella necessità.

Dunque, se, dopo avere affermato che un dialetto fra tanti dev'essere agli scriventi principal norma, perchè senz'esso non s'ha lingua nè una nè ferma nè intelligibile, io soggiungo, che cotesta norma, anco per altre ragioni, merita che sia seguita, non mi par di dire bestemmia.

XXIII. DEL COME INTERROGARE L'AUTORITÀ DELL'USO.

Ma nel conoscere l'uso, nel condurre ad evidenza que' fatti stessi de' quali i sensi ci son testimoni, sorgono inaspettate difficoltà che richieggono dottrina e, massime, docilità. Noi vediam tutto giorno uomini di studio e d'ingegno che visitano la Toscana, che vi dimorano, partirsene o viverci insensibili alle bellezze di quella soave lingua. E questo perchè non hanno mai esercitata la penna sopra argomenti ne' quali le ricchezze della lingua viva si fanno, più ch'altrove, sentir necessarie; perchè, non nel popolo e nelle campagne, ma nelle conversazioni e negli alberghi hanno costoro cercata la toscana eleganza. Nè a quegli stessi che la cercano là dov'ell'è, riesce facil cosa conoscerla per intero, e offrirne ai lontani giusto concetto. Molte voci in Firenze ignote, suonano famigliarissime in altre toscane città; molte vivono, come appiattate, in qualch'angolo del contado. In una città medesima, a un ordine di persone tal voce sarà famigliare, che sarà ignota all'altro. Domandate a un uomo del popolo se tale o tal modo sia in uso: dirà che no; poi lasciatelo un po' parlare, e quel modo stesso che gli sonava nuovo, troverà nel suo discorso un cantuccio dove adagiarsi con grazia. Anco vivendo in Toscana, e Toscano essendo, non è facil cosa potersi accertare che l'uso d'un modo o d'un vocabolo sia spento in tutto. Io domandavo a un agronomo valente, il qual convisse a lungo co' campagnuoli, se *appiccarsi* dicessero del seme affidato alla terra. — No. — Esco fuor di porta, e a un contadino domando: « Quando il seme piglia, come dite voi? — Ch'e' s'appicca. » Un altro Toscano usava, parlando, *pauroso* per atto a far paura, l'usava per mostra d'erudizione, accennando al verso di Dante; e da me, non toscano, apprendeva usarsi in Toscana *pauroso* a quel modo.

Questo appunto ci mostra la necessità del ragionamento nell'interpretazione dell'uso; che per essere degno di sentire, e di far sentire altrui tutte per l'appunto le idee e i sentimenti de' quali una moltitudine d'anime ragionevoli ha voluto fare interpreti certi suoni, vuolsi, oltre alla volontà dell'apprendere, l'abito dell'osservare, e l'esercizio sovente dello scrivere, e quel senso del conveniente che con parole non si definisce. Di che, per ammaestramento de' lettori e per trastullo mio, vo' recare (sebbene tratto da lingua morta) un esempio.

Un ampliatore del lessico forcelliniano, il quale non dubitò di scrivere fra le voci latine *adoneus* per *idoneus*, e *agnasco* per *agnosco*, menò poi rumore perch'io nell'oraziano:

Jam te premet nox, fabulæque Manes (1),

invece d'interpretare *manes quæ sunt fabulæ*, che a me parrebbe modo forzato ed insolito, feci *fabulæ* aggettivo, sul fare dell'altro oraziano:

..... quæ loca fabulosus
Lambit Hydaspes (2);

e *manes* feci femminino, difeso dall'autorità di Lilio Gregorio Giraldi, che ne sapeva più di molti seminaristi di Padova, e che scrisse *dii deæque Manes;* difeso dalla forma grammaticale della voce, che ambedue i generi comporta, siccome *immanis* e simili. Or quand'ebbero di questa non conosciuta femmina (modestamente scopertasi a me giovanetto) levato il rumore grande que' buoni seminaristi, eccoti che ritrovano in una antica iscrizione infemminite le Mani. Ma lasciamo stare i morti, e torniamo al proposito nostro.

Se un modo toscano antiquato ha nella lingua vivente toscana un sinonimo più noto, o più facile a diventare generalmente noto, e più degno di ciò; quand'anco l'antiquato viva in un dialetto toscano, o d'altra parte d'Italia, al più recente sarà buono attenersi. Ond'io non vorrei (come vuole un egregio critico benevolo a me) riporre nel commercio degli scriventi certe maniere lombarde, non per altra ragione, se non perchè nel Sacchetti o in altro antico se ne trovano esempii. Se al toscano d'oggidì mancassero modi equivalenti, se i modi lombardi potessero in alcuna cosa giovare alla più efficace manifestazione del pensiero, non bisognerebbe a raccomandarli l'autorità del Sacchetti. Ma con un esempio alla mano (senz'altro) io potrei far passare nella lingua troppe e troppo strane cose.

Indizio, rade volte fallace, della ragionevolezza dell'uso e della sua generalità, è la costanza. L'uso costante ha il suggello della tradizione, ch'è tra le consuetudini la più venerabile, ch'è più potente assai della legge. L'uso segna alle lingue il cammino, non l'impedisce; nè vieta si vengano ogni dì più svolgendo, secondo l'indole loro e il bisogno de' tempi. Ma l'uso parziale, momentaneo, arbitrario, giova saperlo distinguere, evitare, imperargli chi può. La misera smania di novità che oggidì ci possiede; il colpevole disprezzo delle vecchie e delle patrie cose, disprezzo sovente originato da grossa ignoranza; ci fanno imaginare necessità di nuove parole ad esprimere le idee che noi abbiamo o quelle che i Francesi e i Tedeschi hanno per noi; ovvero idee mozze e confuse che, a ricompierle e a sbrogliarle, troverebbero espressione assai conveniente nell'italiano delle buone avole nostre. Non temo che queste parole sian prese come un tributo ch'io voglia rendere alla pedanteria di certi scolari, e a quella ancor più cocciuta e perversa di certi maestri; Iddio sa se mia intenzione sia lusingare la caponaggine di costoro. Ma dico che l'errore contrario è non meno pedantesco nella sua licenza, e più barbaro. E questi sùbiti amori che d'ogni cosa ci pigliano, noi generazione volubile e languida, sono indizio d'antiche e non facilmente sanabili malattie. Dunque al fugace uso del parlare, così come alle servili novità del vestire e del pensare, non ci abbandoniamo leggermente; perchè non è cosa che più delle inutili o mal condotte novità faccia retrocedere e i linguaggi e le istituzioni. Rammentiamo che gli usi più antichi sono sovente e

---

(1) I. 4.
(2) I. 23.

più schietti; e la schiettezza aggiunge, non che detrarre, alla forza.

Per quel mirabile consenso ch'è fra tutte le cose buone e le belle di questo mondo, si trova che l'uso de'meglio parlanti in Italia è 'l più antico; e che insieme esso ha ragioni buone, le quali nelle sue più minute particolarità lo difendono; sicchè le anòmalie stesse vanno soggette a norme generali degnissime di meditazione, e che immediatamente dipendono dalle sovrane leggi moderatrici dell'umano pensiero.

XXIV. DEL COME INSEGNARLO.

L'uso degli scriventi in tanto è autorevole, in quanto sull'uso de'parlanti si fonda, e non fa che ragionevolmente ampliarlo. La lingua parlata dev'essere norma perpetua alla scritta, e perchè più ricca, e perchè più sicura.

Tutto quant'ha la lingua del popolo (purchè non difforme inutilmente da grammatica e non rappresentante imagini sconce, le quali del resto più abondano nel linguaggio delle città) prendasi a piene mani; delle idee che al popolo non son comuni, l'espressione domandisi a quell'ordine di persone che più in esse è versato; se la Toscana non la dà (cosa rara, ma certo possibile), la si cerchi nei dialetti men dal toscano lontani, poi mano mano negli altri; se la lingua parlata ne manca, ricorrasi a' libri; se i libri tacciono, sull'analogia delle voci note voce nuova si formi.

L'uso della lingua parlata in presente, non solo raccogliesi da'meglio parlanti, ma anco da'parlanti men bene ha conferma, non foss'altro per la ragion dei contrarii. Quanto alla parlata in altri tempi, l'uso deducesi da' lessici, dalle grammatiche, dalle memorie storiche, dalle lettere, dalle commedie, da' proverbi; poi dagli scritti di stile e soggetto meno comune; poi dalle analogie (cautamente consultate) della lingua madre con le derivate da quella. Gli scrittori testificano i mutamenti delle lingue, li compiono, sovente li esagerano. Talvolta in due scrittori della medesima età si rincontra la medesima voce in due significati diversi, e fatta sinonimo a due serie diverse di vocaboli, perchè l'uno autore l'adopra nell'uso più antico, l'altro nel più recente; ma questo segue il più sovente in tempi retorici e critici, quando lo studio predomina l'ispirazione e la spegne.

Per conoscere appieno gli usi e di lingue morte e di vive, giova interrogare i buoni libri e i non buoni. Ben dice il Mastrofini: « Io non ho mai potuto comprendere come, » trattandosi d'opere di lingua, niente si tien » per buono in alcuni; e in altri tutto si tiene » per ottimo(1). » Poi tra gli esempii da citarsi giova scegliere quelli dove l'autore non ad altro mirò che ad esprimere con semplicità il suo pensiero; e quelli là dov' e' parla di cose meglio da lui sapute.

Appunto per dare a conoscere intero l'uso della lingua toscana, i vecchi accademici abondarono in citazioni, che a molti pajono soverchie e ridicole, d'autori e chiarissimi e oscurissimi; ma che nella storia della lingua quasi tutte apportano qualche luce. E se il Monti e altri badavano a ciò, forse avrebbero men duramente assalita quella benemerita gente. Vero è che a' dì nostri convien fare altrimenti; molti esempii inutili giova dal dizionario tor via, molti aggiungere necessarii; le parole cadute dall'uso o nell'uso rarissime, distinguere con un segno; trarre giunte quasi innumerabili dall'inesausta miniera del vivo linguaggio toscano.

Nell'uso, prime a notarsi sono le affinità de' vocaboli; ma più delicate, e tanto più degne di nota sono le differenze, per avvertire le quali si badi al significato delle voci più ovvio; il quale determinato, le gradazioni si possono, come a regola ferma, raffrontare. Il significato più ovvio fornisca la prima dichiarazione; perchè rinchiudere, come taluni pretendono, in una definizione sola tutti i significati del vocabolo, è voglia d'uomini poco esperti. Certo è che nella dichiarazione prima deve quasi sempre essere il germe e la ragione delle più tra le dichiarazioni che se-

---

(1) Teorica, p. 998, ed. di Milano.

guono; perchè quel senso della voce è primieramente notabile che desta per primo l'idea comune a tutti o quasi tutti i significati di lei.

Percorrendo (nota il Guizot) tutti i significati, e ordinandoli, si conosce in qual d'essi la voce di cui si tratta, venga ad essere affine ad un'altra voce, in quale a più; distinguonsi delle dette voci le parentele; s'impara a comporre gli articoli della sinonimia, collocando sotto una rubrica le voci più direttamente affini e in più d'un'idea combaciantisi, le affinità più oblique in altri articoli registrando.

XXV. DELL'ETIMOLOGIA, COME NORMA ALLE DISTINZIONI.

Lo studio etimologico, considerato in sè, ci ajuta a conoscere la sapienza e la poesia nascosta nelle radici e nelle desinenze, a cercare nelle lingue i monumenti delle consuetudini antiche e delle credenze. « Perchè, » dice il Grassi, la storia delle parole è pur » quella de' fatti d'una nazione; e nelle mac» chie fatte alla lingua d'un popolo son chiare » a vedersi l'insolenza del vincitore e la ver» gogna del vinto. » Le lingue madri, anche morte, possono su quelle che vengono succedendo, appunto come delle nazioni spente rivive alcuna parte nelle nazioni che ne derivarono, o scesero dalla medesima fonte.

Siccome le origini delle voci illustrano la storia civile e la intellettuale de' popoli, così questa quelle. Le leggi dell'analogia grammaticale, e altre cagioni, possono far sì che non sempre la natura del popolo si rifletta evidente in ogni particella del suo linguaggio; ma alcuna qualità se ne riflette pur sempre. Nelle età più maschie e più schiette la lingua suona più evidente, spedita; poi si carica d'artifizii, poi imbarbarisce, poi, ultima peste, diventa affettata. Onde la storia de' costumi e de' vocaboli a vicenda s'illustrano.

Per recare alcuno esempio della fecondità maravigliosa di tale studio, vediamo nella lingua greca quanto bello quell'ἀβακέω, che dall'ignoranza del parlare viene a significare povertà della mente; quanto bello l'ἀβίωτος βίος contrapposto al *vita vitalis* di Tullio, dagli autori cristiani applicato segnatamente alla vita de' sensi; quanti pensieri non desta il confronto delle idee che ad ἀβλαβής congiungevano i Greci, i Latini ad *innocens*, noi a *innocente;* quante lezioni di morale e di politica nel significato di ἀβλεπτέω, che vale e *non vedere e peccare;* quanti pensieri nascosti in ἀβασίλευτος, *senza re*, che ne' più antichi ha senso buono, in Plutarco equivale a *senza governo*, ne' cristiani riacquista la sua dignità, anzi l'accresce, e significa *libero;* onde Clemente alessandrino lo numera fra gli attributi della divinità: ὁ Θεὸς, ὁ παντοκράτωρ, ὁ μόνος ἀγέννητος, καὶ ἀβασίλευτος - τὸν μόνον ἀγέννητον, καὶ ἄναρχον, καὶ ἀβασίλευτον, καὶ ἀδέσποτον. Come si compiace il buon padre in questi aggiunti significanti libertà! Come pare li contrapponga a quel Giove servo del fato, schiavo all'ire di Giunone e alle carezze di Tetide!

E in tutte le voci, fino ne' nomi proprii, la scienza delle origini è feconda di belle conseguenze. E fu già notato come certi cognomi abbiano segreta corrispondenza con la natura di que' che li portano. Sebbene molte origini pajano casuali o arbitrarie, in molte abbian parte le anomalie del linguaggio popolare; pur giova conoscere che quelle stesse anomalie non sono, com'altri miseramente declama, dettate da capriccio, ma dalle leggi dell'eufonia, o da ancora più alte. Ed è singolar cosa appunto notare come la pronunzia toscana, ne' difetti stessi, conservi le vestigia della lingua madre, e sia, se così posso dire, pronunzia etimologica.

XXVI. DELL'ETIMOLOGIA, COME CONFERMA DELL'USO.

Ciascuna voce (dice il Roubaud) ha la ragione sufficiente di sè nella natura dell'intero linguaggio. Nè il trasmutarsi delle lingue può mai traviare tutte quante le voci dall'origine loro.

E queste variazioni stesse di suono e di senso son cosa importante a conoscere, perchè ciascuna variazione di senso, oltre al denotare le mutate idee, genera tra le voci sinonimie nuove; e quand'anco un degli affini cada in disuso, sempre gli altri ritengono dell'antica analogia qualche traccia, quasi sempre rimane alla voce un po' del colore de' significati per cui venne passando.

Aggiungo che l'uso, se nella significazione di ciascuna voce da sè fornisce norma assai chiara, negli accoppiamenti delle voci e ne' traslati, ne' quali consiste lo stile, non dà sempre lume sufficiente; e qui l'etimologia può giovare tanto più, quant'ella è più prossima. Per esempio: *derivare la stirpe*, perchè, domand'io, non sarà buon modo di dire? Perchè rigettata dall'uso? Ma l'uso ammette *derivare* e *stirpe*; perchè dunque l'accoppiamento di que' due vocaboli sarà men bello? Lo dice il senso originario delle due voci; l'uno riguardante acqua che corre, l'altro pianta che cresce. Se avesse all'etimologia posto mente, non avrebbe il Rousseau cominciato un suo libro da queste parole: *je forme une entreprise;* ch'è una delle rare ineleganze di quello stile non meno elaborato che ardente.

Se noi potessimo dimenticare le origini tutte, e se, potendo, dovessimo; allora la legge dell'uso rimarrebbe sola regina del dire; ma poichè tale ignoranza non ci è concessa, ci giova profittare di quest'altra norma delle origini; cioè della tradizione, ch'è venerabile sempre, ch'è parte anch'essa dell'uso, che sovente ne dà la ragione, sovente lo conferma, lo illustra, mostrando come e per quali vie venisse il vocabolo dalla sua sorgente ingrossando d'idee, o deviando dal primo significato.

Al qual fine giova massimamente comparare gli usi della lingua propria co' corrispondenti della greca e della latina, sue fonti precipue, e anco delle viventi che alla latina son figlie.

Io non dico dunque che s'abbia a rifondere tutt'intera la lingua, per ricondurre le parole ai significati dell'antica origine; impresa che, fosse pur possibile (o, grazie al cielo, non è), toglierebbe al linguaggio il suo prezioso uffizio di rendere come specchio le tradizioni e i costumi dei popoli; nè farebbe un gergo non intelligibile se non ai pochi iniziati alla scienza etimologica; e da ultimo tornerebbe vana, perchè tra non molti anni il corso prepotente delle cose ricondurrebbe quelle medesime deviazioni (o simili a quelle) che, guardate coll'etimologia sotto gli occhi, pajono tanto strane. Ond'io non vorrei accettata se non per metà la sentenza del Vico, uomo di scienza più divinatoria che induttiva, là dove dice: « Tanto importano » i parlari de' quali sieno stati autori i sa- » pienti uomini, che ci fanno risparmiare » lunghe serie di raziocinii. » E di che parlari son eglino mai stati autori i sapienti uomini? Non mancherebbe altra sventura che questa alla povera umanità. I sapienti uomini creatori di parlari sapienti sono gl'ignoranti illuminati dall'amore e dal dolore, cioè dall'Altissimo.

XXVII. QUALE DELLE DUE NORME PRESCEGLIERE?

Insufficiente norma, e spesso fallace, poneva dunque alle sue indagini il Grassi, e tale insufficienza egli medesimo confessava: « L'autorità più universalmente ammessa è » l'uso; sopra questo solo fondarono le loro » belle trattazioni i francesi Girard, Voltaire, » d'Alembert, l'inglese Blair, ed alcuni al- » tri: ma sarebbe stata presunzione, anzi » temerità, ad uno scrittore non toscano » dettar canoni sull'uso corrente delle voci » italiane, lontano da quella felicissima con- » trada nella quale, per giusto privilegio di » circostanze fisiche e morali, scaturiscono » perenni le purissime fonti della lingua par- » lata, e si conservano le vive testimonianze » della scritta. » Onde, lasciando da parte l'uso, il Grassi s'attiene all'etimologia delle voci; la quale ben giova a conferma, e talvolta a temperata correzione o rinnovazione dell'uso; non è mai norma da seguire ove all'uso contrasti.

Nè (così mi ragionava un degno uomo) sarà vietato da *clamo* il *chiamare a bassa voce,* nè da *senior* il dire a un bambino *gnor sì.* Falso è che la natura delle voci non sia *mai soggetta a cambiamenti:* nè pare a me che « l'entrare coraggiosamente nel labirinto » delle etimologie, sia unico modo di pro- » cedere con sicurezza all'inchiesta del va- » lore intrinseco delle voci. » Tanto incerta è la strada per questo labirinto, che al Grassi convenne « ridurre, com'egli dice, a certezza » storica quelle origini che furono finora tra- » visate o da strane congetture o da inge- » gnose finzioni; » gli convenne, in somma, fondare il certo sull'incerto; e se l'impresa gli sia sempre riuscita bene, non so. Ma da questo proposito stesso il lettore lo giudichi.

Siccome la scienza etimologica, sola per sè, non basta a dimostrare evidentemente un'origine storica o una filosofica verità, così non basta a governare l'uso della lingua, e a tenere le veci di quello. Chi dalle origini sole volesse dedurre la definizion de' vocaboli, darebbe a ogni passo contro l'evidenza del senso comune. Dalle origini finalmente non si deducono sempre, nè tutte, le vere differenze dei vocaboli affini; e il Grassi stesso non l'ha sempre osato tentare; e s'egli avesse a più larghi limiti steso il lavoro, se ne sa- rebbe, savio com'era, avveduto ben presto. Ma e' non s'appigliava al più lontano anello della catena, se non perchè disperava di te- nere il più prossimo, ch'è il miglior uso vi- vente. E questa confessione onora la lealtà dell'uomo, non meno che il senno.

Anco al Roubaud fu rimproverata, non senza ragione, la smania di fondare le distin- zioni sopra etimologie mal certe e remote; le quali la verità delle distinzioni, anzichè confermare, farebbero dubitabile. Ma talvolta le etimologie gli giovano a dimostrare la ra- gionevolezza dell'uso. A cotesto non aveva pensato il Girard, la cui opera, più grade- vole a leggere, manca talvolta di solido fon- damento. Il Boinvilliers, rigettando le mal'au- daci etimologie del Roubaud, che le trasse dal troppo noto *Court de Gibelin,* offre le più ovvie e probabili. Le quali, se non sem- pre necessarie a illustrare la sinonimia, inu- tili affatto non sono mai.

Le etimologie ch'io adduco nel lavoro mio, non son molte; e mai non le pongo principal fondamento alle distinzioni; acciocchè, se l'etimologia paresse a taluno dubbia o fal- lita, fallite o dubbie non pajano le distinzioni fondate su quella. Così potess'io in ogni cosa fuggire la servilità e la licenza di quella che un antico chiamava *perversa gramma- ticorum subtilitas.*

XXVIII. DELLE DESINENZE COME NORMA ALLE DISTINZIONI.

Il Romani e il Boinvilliers e il Guizot no- tarono come dalla desinenza prendesse varietà il significato de' vocaboli; e quantunque il Romani tentasse questa prova senz'esperienza dell'uso, e senza delicatezza di sentir filolo- gico, pure dell'intenzione e dell'esperimento è da sapergli grado.

Non a caso, ripetiamo, furono costituite le lingue, ma con divina sapienza; onde cia- scuna inflessione, così come ciascuna parti- cella, non può non avere avuto il valore suo proprio. Delle particelle lo vediamo chiaris- simo tuttavia; e similmente le desinenze non avrebbero potuto variare il significato della voce, se un significato non avessero avuto in sè. Onde nulla vieta pensare che i diminutivi e le altre parole derivate non siano che pa- role composte, il che si vede in certe fami- glie di vocaboli. Perchè nessuno negherà che la desinenza in *fizio,* per esempio, venga da *fare.* E la nostra avverbiale in *mente* non è che *mente* sostantivo, accoppiato ad un par- ticipio o a forma simile; e così forse *amerò* non è che *ho ad amare,* onde gli antichi To- scani fecero *amar-abbo,* e i Napoletani tut- tora *amar-aggio.* Che se di tutte le desinenze noi non indoviniamo l'origine, e di talune la sbagliamo, la nostra ignoranza non è buona ragione a negare il principio, confermato non solo dalle alquante analogie che son no- te, ma ancora dall'ordinario procedere della umana mente. Ho detto *sbagliamo* di talune, perchè non è a credere ogni sbaglio evitabile in simili studii. Ma cotesto non ci deve condurre a disprezzare, come taluni fanno in cose di lingua, le osservazioni generali, senza le quali nessuno studio è possibile; le quali rigettare (ben dice il Guizot) gli è un perdere il frutto delle esperienze raccolte e de' tentati lavori.

Tutto quanto i detti filologi dissero su questo soggetto di più ordinariamente vero (apparato alla meglio, e ampliato) riducesi, se non erro, alle cose seguenti.

Desinenze de' sostantivi.

À	Dice qualità	*Vivacità*
	Stato, cioè complesso di qualità più o meno costanti	*Dignità*
Aggio	Cose riguardate come appartenenti a una specie	*Erbaggio*
	Atto per lo più efficace o come che sia notabile	*Vantaggio*
Aglia	Moltitudine dappoco	*Ciurmaglia*
	Azione alquanto intensa	*Battaglia*
Aja	Di tale o tal luogo: luogo di piante	*Sparagiaja*
Ajo	Professione o arte	*Fornajo*
	Abito	*Parolajo*
	Luogo destinato ad un uso	*Granajo*
Ale	Cosa o persona destinata ad un uso	
	— Cosa	*Serviziale*
	— Persona	*Servigiale*
Anda	Cosa da fare o che si fa	*Lavanda*
Enda		*Faccenda*
Ano	Mestiere	*Magnano*
		Cortigiano
	Ordine, posto	*Anziano*
Anza	Atto o stato considerato nel presente	*Sostanza*
	Quindi sentimento	*Speranza*
Enza		*Reticenza*
		Temenza
Arca	Dal greco, che val comandare	*Monarca*
Ario	Professione	*Antiquario*
	Cosa fatta o destinata all'uso ch'è indicato dalla voce stessa	*Calendario*
Erio o Ero		*Battisterio*
Irio		*Collirio*
Orio		*Mortorio*
Aro	Professione	*Macellaro*
Asmo	Sentimento abituale e forte	*Entusiasmo*
Esmo		*Tenesmo*
Ata	L'atto compiuto	*Cannonata*
	Atto prolungato o ripetuto	*Chiacchierata*
Ato	Azione, in quant'è consumata (1)	*Peccato*
	Uffizio	*Cavalierato*
	Persona fornita d'uffizio	*Magistrato*
Cida	Da *cædo, tagliare*	*Parricida*
Cidio	L'atto	*Parricidio*
Cipio	Da *caput*	*Principio*
	Da *capio*	*Participio*
Cordia	Da *cor*	*Concordia*
Edine	Qualità abituale o proprietà	*Acredine*
Idine		*Libidine*
Udine		*Longitudine*
Ere	Abito	*Ciarliere*
	Mestiere	*Droghiere*
	Strumento	*Brachiere*
	Libro	*Novelliere*
Erio	Atto o serie d'atti	*Adulterio*
Ero		*Ministero*
Esimo	Dottrina	*Cristianesimo*
Ezza	Astrazione delle qualità più durevoli	*Bellezza*
Fago	Dal gr. *mangiare*	*Antropofago*
Fizio	Da *fare*	*Malefizio*
Fora	Dal gr. *portare*	*Metafora*
Getto	Da *jacio*	*Oggetto*

---

(1) Senso simile hanno talvolta le desinenze *eto, ito, uto, otto, tto,* se particìpii sostantivi.

Ia	Atti considerati nella loro generalità (talvolta però significa e l'abito e l'atto)	Furfanteria	Ule	Cosa ad uso (varietà d'ale)	Grembiule
			Uolo	Mestiere	Fruttajuolo
			Ura	Effetto dell'azione	Creatura
	Proprietà o uso di persone	Infanteria		Tempo e modo dell'azione	Acconciatura
	Proprietà o uso di cose	Artiglieria		Qualità o senso non leggiero	Arsura
	Luoghi dove s'esercita una specie d'atti	Stamperia			
	Scienza	Idropatia		*Aggettivi.*	
	Stato non abituale	Frenesia			
Igia	Qualità per lo più non buona	Alterigia	Abile	Che può essere (imaginato)	Imaginabile
			Ibile	(fatto)	Fattibile
Ina	Luogo destinato ad un uso	Cucina	Ebile		Indelebile
			Obile		Mobile
Ismo	Modo di dire o fare	Atticismo	Ubile		Volubile
		Fanatismo	Evole		Cedevole
	Dottrina o metodo	Giansenismo		Che dev'essere	Amabile
Ista	Professione o dottrina	Deista			Terribile
	Mestiere	Ebanista			Flebile
Ita	Abito	Stilita			Indissolubile
Izia	Affine a ezza	Pigrizia			Lagrimevole
Loco	Dal gr. *discorso*	Dialogo	Ace	Qualità potente	Vivace
Loquio	Da *loquor*	Colloquio	Aceo	Materia	Erbaceo
Mente	Avverbio	Divinamente	Ale	Che appartiene a... (ai costumi)	Morale
Mento	Atto o oggetto producente un effetto	Ragionamento		Degno di... (di bestia)	Bestiale
Odo	Dal gr. *via*	Metodo	Avo	Appartenenza (1)	Umano
Oja	Recipiente destinato ad un uso	Tettoja		Di dottrina	Cartesiano
				Di patria	Veneziano
Ojo	Il simile. Luogo	Abbeveratojo	Asco		Bergamasco
	— Strumento	Accappatojo	Ante	Che è nell'atto di...	Amante
One	Azione	Manifestazione	Ente		Scrivente
	Stato dall'azione prodotto	Perfezione		Che è per abito pronto all'atto	Penetrante
Ore	Agente più o meno abituato	Autore			Veggente
	Qualità avente varii gradi	Splendore	Ardo	Qualità intensa	Gagliardo
Orio	Luogo o strumento destinato ad un uso			Però talvolta non buona perchè eccessiva	Codardo
	— Luogo	Dormentorio	Are	Che appartiene a...	Consolare
	Strumento	Sospensorio		Però conforme a...	Regolare
	Adunanza	Uditorio			
Scopio	Dal gr. *guardare*	Microscopio			
Sidio	Da *sedeo*	Presidio			
Stizio	Da *sto*	Solstizio			

(1) Nell'appartenenza comprendesi ogni cosa: pure, per più chiarezza, suddivido.

Ario	Abito	*Mercenario*
	Quindi qualità più abituale	*Ordinario*
	Quindi più rilevata	*Plenario*
	Quindi uffizio o relazione civile	*Locatario*
	Quindi derivazione	*Imaginario*
Ato	Qualità più ferma d'evole	*Sensato*
Ero	Qualità abituale	*Lusinghiero*
Ere	(Simile: meno usit.)	*Leggiere*
Ese	Derivazione	*Francese*
		Borghese
Ento	Qualità intensa	*Violento*
Fero	Dal lat. *fero*	*Fruttifero*
Fico	Da *facio*	*Magnifico*
Ico	(sdrucciolo) Appartenenza	*Angelico*
	Dottrina	*Platonico*
	Professione	*Ottico*
Ido	Qualità	*Candido*
Ile	Appartenenza	*Civile*
	(sdrucciolo) Possibilità	*Duttile*
	Facilità	*Rettile*
Ingo	Abito per lo più non rumoroso	*Casalingo*
Ino	Patria	*Parigino*
Ito	Participio add. ch'ha sempre qualcosa del passato	*Inaudito*
Ivo	Ch'ha efficacia di...	*Negativo*
Ondo	Qualità abondante	*Facondo*
	Quindi forte	*Furibondo*
Orio	Ch'ha per fine o per effetto	*Illusorio*
Oso	Qualità abituale	*Virtuoso*
	Quindi non leggiera	*Gravoso*
Urno	Durata	*Diurno*
Uto	Qualità che si dà frequentemente a conoscere	*Nerboruto*
Vago	Da *vagor*	*Girovago*
Voro	Da *voro*	*Carnivoro*

Le significazioni accennate convengono a parecchi de' vocaboli al modo medesimo desinenti, non mica a tutti; onde, a volerle allargare soverchio, si risica di farne, più che non bisogni, dubitabile l'autorità. Chiaro è che ne vanno esclusi tutti i vocaboli più o men primitivi, i più prossimi cioè alla radice monosillaba; nè per avere *cura* e *dura* la desinenza di *creatura*, s'ha a cercare in que' bissillabi il senso dalla desinenza indicato.

Badisi inoltre che una desinenza medesima può, come abbiam già veduto, denotare due cose. E per vederlo più chiaro, prendiamo una delle più semplici, in *ore*. Che, quand'anco significhi persona che fa, può avere due sensi, l'atto e l'abito: quand'indica l'atto, ell'è affine al participio in *ente*; quando l'abito, ha senso più proprio suo. Per esempio, *amatore* può significare e chi di presente ama persona o cosa, e chi per abito è disposto ad amare una specie di persone o di cose. Or tali differenze in buon dizionario giova che siano specificate. Giova sopratutto, che la definizione del lessicista non falsi il significato che la desinenza c'insegna.

Non mi si rechi dunque colpa s'io mi fermo talvolta a notare differenze di vocaboli, le quali dalla desinenza sembrano nettamente assegnate; perchè non sempre le differenze, che indica essa desinenza, si osservano in quelle lingue stesse che sono più obbedienti alle norme dell'analogia; e quando pure s'osservassero, giova, per chiarezza de' meno esperti, la norma generale a qualche caso specificatamente applicare.

XXIX. DE' DIMINUTIVI.

Quanto alle desinenze accrescitive, peggiorative, dispregiative, ognun le rammenta. Delle diminutive darò la nota, per dimostrare la ricchezza e l'efficacia della lingua.

1.	Acciga	*Filaccica*
	Acchia	*Cornacchia* (1)
	Acchino	*Lupacchino*
	Acchiotto	*Lupacchiotto*
	Acchiuolo	*Sbirracchiuolo*

---

(1) *Cornacchia* da *cornicula*. Non è diminutivo adesso; ma era. E i verbi in *acchiare* sono attenuanti l'azione.

6.	Accina	Donnaccina (1)	26.	Colo	Libercolo (1)
	Acciolino	Turacciolino		Ecchia	Orecchia (2)
	Acciolo	Strofinacciolo		Ecola	Bazzecola
	Acciotto	Omacciotto		Ella	Acetosella
	Acciuolo	Buacciuolo		Ello	Monello
	Accola	Donnaccola		Elletta	Faldelletta
	*Agna, Agno	*Rigagna* (2), Rigagno		Ellettino	Uccellettino
	Agnolo	Rigagnolo		Ellina	Catinellina
	Agnoletto	Rigagnoletto		Ellinuccio	Uccellinuccio (3)
	Arella (3)	Sommarella		Ellotto	Porcellotto
	Astrello	Polpastrello		Elluccia	Gonnelluccia
	Atella	Fossatella (4)		Elluzzo	Cattivelluzzo
	*Attello	*Lupattello*		Erattolo	Bucherattolo
	*Attino	*Lupattino*		Erello	Stenterello (4)
	Atto	Lepratto		Erellino	Bucherellino
	Attolo	Bugigattolo (5)		*Erognolo	*Verderognolo*
	Azza	Signorazza (6)		Erottolo	Pianerottolo
	Azzuolo	Pretazzuolo		Erottolino	Bamberottolino
	Cello	Giovincello (7)		Erozzo	Bacherozzo
	Cine	Cercine (8)		Erozzolo	Bacherozzolo
				Erozzolino	Bacherozzolino
				*Eruccio	Scapperuccio
				Erugio	Matterugio
				Erugiola	Acquerugiola
				*Eruzzo	*Forteruzzo*
				Esco	Fresco (5)
				Etto	Visetto
				Ettino	Giovanettino

(1) Il peggiorativo attenuato, e quasi ingentilito! Dieci vocaboli ammontati non saprebbero dire altrettanto.
(2) Le voci disusate indico con carattere diverso; alle forme meno usate prepongo un asterisco.
(3) Noto da sè, come varietà di forme diminutive, le desinenze dove qualche lettera è levata o aggiunta alla forma ordinaria. Qui l'ordinaria sarebbe *ella* (sommella); od *erella*, ch'è più gentile, perchè l'*e* è più leggiero dell'*a*. Il simile dicasi di *pesciarello* ed altri. Quella tenue varietà porta dunque nel sentimento una differenza sottile sì ma notabile.
(4) Qui ripeto l'osservazione della nota precedente: chè 'l comune sarebbe *fossella*. E così *pescello*, non già *pesciatello*.
(5) Nè sconverrebbe *attolino*, come *barattolino*. Lo pongo in nota, perchè questa voce non mi pare abbia la forma del triplice diminutivo *atto, olo, olino*; ma solo del doppio *olo, olino*. Altri esempi parmi se ne debbano trovare acconci; ma ora non mi sovvengono. Poi potrei anco notare *atulo*, con la forma disusata di *catulo*, che non è l'ordinario diminutivo di *canis*. Basti averla accennata; e così *catello*, *catellino*.
(6) Signora di poca rendita, più ricca di memorie che d'altro. Che sia una specie di diminutivo (sebbene poco rispettoso) lo prova *malazzato*.
(7) Alle forme note in *ello*, *etto*, *ino*, aggiunge agilità e risonanza la *c* che rimbalza soave sull'*enne*, e per così dire, scatta. Aggiungi *e cetto e cino*: *bocconcetto, cordoncino*.
(8) Varietà di *cerchio*, diminutivo anch'esso di *circus* padre di *circulus*.

———

(1) Così *patercolo, pulviscolo*, e simili. Aggiungi *coletto, colino, coluccio*; *libercoletto, libercolino, libercoluccio*.
(2) *Auricola*. Diminutivo l'attestano *sonnecchiare*, e simili. Potrei aggiungere cogli esempi dei derivati di *vecchio, ecchiccio, ecchicciuolo, ecchino, ecchiotto, ecchiuccio, ecchiarello, ecchietto*; ma altri potrebbe opporre che *vecchio* non è a noi così diminutivo com'era a' Latini; onde basti avere accennata quella forma la quale ha forse altri esempi, ch'ora non mi vengono a mente; e certo con lo svolgersi della lingua ne avrà. Dico il simile di *secchiellino* e di *secchiolina*, a' quali potrebbesi opporre che *secchio* e *secchia* non sono diminutivi, sebbene *situla* paja avere tal forma.
(3) Potrei aggiungere *uccellinuzzo*, disusato. Ma direbbero che *uccella*, sebben derivato da *avicella*, non è nella lingua nostra così evidente diminutivo, com'è nella madre.
(4) Quest' *er* aggiunto dà leggerezza, ed è come un tenue superlativo al diminutivo.
(5) Da *frigidiusculus*, tronco come *rossigno*, *raperonzo*, e simili; contratto, come *freddo* da *frigidus*, come *gensore* da *generosiore*. Avrei da notare i sotto diminutivi *freschetto, freschino, freschino, freschuccio*; ma il cenno basti.

84. *Ettine (f. pl.)	Libréttine	88.	Iglioncino	Bariglioncino
Ettolo	Fochettolo		Igliuolo	Fondigliuolo
Ettoncino	Cassettoncino		Igno	Vitigno
Ettuccio	Librettuccio		Ignolo	Comignolo (1)
Ettuolo	Birbettuolo		Ignoletto	Lucignoletto
Ezza	Orezza (1)		Ignolino	Lucignolino
Icchio	Nasicchio		Illetta	Pupilletta
Icchietto	Spicchietto (2)		Illettino	Spillettino
Iccio	Rossiccio		Illino	Arzillino (2)
Icciattola	Opericciattola (3)		Illo	Codicillo
Iccica	Molliccica (4)		Ino	Visino (3)
Iccino	Miccino		Inello	Bambinello
Icciotto	Salsicciotto		*Inelluzza	*Berghinelluzza*
Iccioluzzo	Vermiccioluzzo (5)		Inetto	Tavolinetto
Icciuola	Besticciuola		Inino	Piccinino
Icciuolino	Muricciuolino		Inuccio	Tavolinuccio
*Icciuzzo	*Orlicciuzzo*		Inuzzo	Uccellinuzzo (4)
*Icciuzzino	*Orlicciuzzino*		Ipola	Casipola
Icello	Solicello		Isco	Asterisco
Icellino	Navicellino		*Iscello	*Ramiscello* (5)
Iciattola	Febbriciattola		Ischio	Nevischio
Icina	Porticina		*Isino	*Fantisino* (6)
Ico	Spizzico (6)		Istio	Nevistio (7)
Icola	Pellicola		*Istuolo	*Palchistuolo*
Icoletta	Particoletta		Itello	Capitello
Icolino	Articolino		Itolo	Capitolo
Icoluccio	Fascicoluccio		Itoletto	Capitoletto
Iculo	Folliculo		Itolino	Gomitolino (8)
*Igatto	Bugigatto (7)		Izzo	Rubizzo (9)
Igattolo	Bugigattolo		Occetto	Bamboccetto
Igia	Cinigia		Occhia	Ranocchia
*Igino	*Fantigino* (8)		Occhiella	Ranocchiella
Iglia	Fanghiglia		Occhietto	Pinocchietto (10)
Iglietto	Vermiglietto (9)			

---

(1) Non sarebb'egli quasi lo stesso che *auretta*, come *amarezzare* è *amaricare*? Domando.

(2) *Spiculum* da *spicum*. Che sia diminutivo lo dice *nasicchio*; ma per generosità non noterò *spicchiettino*.

(3) Distinguo *icciattola* da *iciatola*; quello è più spregiativo.

(4) Potrei aggiungere *briccichino*, *briccicuccia*.

(5) Aggiungi e *icciolino* e *icciolotto*, che debbono avere esempi.

(6) *Fumicante*, *noricante* e simili lo dimostrano diminutivo.

(7) Ripeto la voce recata ad esempio d'*attolo*, perché triplice in essa è la forma diminutiva: *buco* farebbe *bucattolo*, se non avesse che le due *ùtto* ed *olo*.

(8) Mutato il *c* in *g*, come in *gabbia*.

(9) Da *vermiculus*. Potrei aggiungere *vermigliuzzo*.

---

(1) *Cuhnen*, quasi *colmignolo*.

(2) Da *arens*. Così diciamo *secco*, *asciutto*, *adusto*.

(3) Aggiungasi la desinenza in *ina* nel plurale, varietà gentile assai: *ossicina*, *braccina*.

(4) Ripeto la voce recata a *ellinuzzo*, perch'altra non me ne sovviene; non è però men buona la prova, dal più forte al meno.

(5) Il comune sarebbe *ramicello*, o *ramocello*, o *ramoscello*.

(6) Corrotto d'*icino*, come *camisia* e simili.

(7) Idiotismo. Quindi *cincistiare*, e *Barbistio*, terra toscana.

(8) *Glomus*, *glomulus*.

(9) Varietà dell'*iccio*; la *c* trasmutarsi nella *z*, è notissimo.

(10) *Pinocchio* dimostrano diminutivo gli affini usati in varii dialetti toscani: *pinuolo*, *pinuoli*.

121. Occhino	Pinocchino	139. Uca	Pagliuca
Occino	Fantoccino	Uccia	Bambinuccia
Occio	Bamboccio	Uccica	Vetturuccica
Occo	Anitrocco	Uccino	Lettuccino
Occolo	Anitroccolo	Ucciolo	Cucciolo (1)
Occolino	Bernoccolino (1)	*Ucello	*Ramucello*
Ogno	Giallogno	*Ucino	*Barbucino*
Ognolo	Verdognolo	Ucola	Finestrucola
Ola	Bambola	Ucolina	Pagliucolina
Oletto	Scampoletto	Ugio	Calderugio (2)
Olettina	Lodolettina	Ugiola	Acquerugiola
Olino	Fessolino	Uglio	Cespuglio (3)
Olinetto	*Sassolinetto*	Uglietto	Cespuglietto
Oluzza	Allodoluzza	Ugliolo	Rivendugliolo
Oncello	Sabbioncello (2)	Ullo	Citrullo (4)
Oncino	Sacconcino (3)	Ulletto	Fanciulletto
Oncellino	Bottoncellino	Ullino	Fanciullino
Onchio	Ballonchio (4)	Ulluzzo	Fanciulluzzo
*Onco	*Barlonco*	Ulo	Modulo
Onzo	Raperonzo	Uletta	Capsuletta
Onzolo	Pretonzolo	Uncolo	Pedunculo
Ore	Gróppore (5)	Uncula	Caruncula
Oretto	Maggioretto (6)	Unculo	Furunculo
Orino	Giallorino	Unculetta	Carunculetta
Oscello	Arboscello	Uola	Spesuola
Oscellino	Arboscellino	Uolina	Camiciuolina
Otto	Giovanotto	Uoletto	Bigonciuoletto
Ottella	Pagnottella	Uolinetto	*Figliuolinetto*
Ottino	Passerottino	Uoluccia	Bestiuluccia
Ottolo	Viottolo	Upola	Casupola (5)
Ottolina	Pallottolina	Uscolo	Corpuscolo
Ottoletta	Pallottoletta	Uscoletto	Maiuscoletto
Ottuccio	Salottuccio	Usculo	Minusculo
Ozzo	Predicozzo	Uscello	Ramuscello
Ozzola	Gallozzola	Ustio	. . . . . (6)
Ozzolina	Gallozzolina		
Ozzoletta	Gallozzoletta		
Scello	Vascello (7)		

(1) Da *nodo, nocchio, nocciolo, nocciolino,* gli è un diminutivo tergemino.
(2) Sull'accrescitivo annestato il diminutivo.
(3) Aggiungi *oncetto, onciolto; cannoncello, connoncioito.*
(4) Così *carbonchio,* da *carbunculus; centonchio* da *centunculus.*
(5) Nome di paese, per *Groppoli.* Così *Capannori* per Capannoli.
(6) Il comparativo col diminutivo; e s'aggiunga *maggiorino,* e l'inusitato oggidì *maggiorello.*
(7) Il comune sarebbe *vasello.* Aggiungasi *vascelletto* e *vascellino.*

(1) Sinc. di *can... ucciuolo.* Aggiungasi *cuccioletto* e *cucciolino.*
(2) Risponde a *cardello, cardellino,* e la forma *er* indica il diminutivo.
(3) Quasi *cespuculus,* come da *acus, acucola;* e i nostri *aguglia.*
(4) Nel latino ha forma diminutiva evidente. *Unus, ullus; satur, satullus.*
(5) Puoi farne *casupoletta, casupolina,* sebbene gli esempi manchino.
(6) Non mi viene a mente desinenza di nome; ma *abbrustiare* (dal latino *ustolare*) prova che quella è forma diminutiva.

194. Uzza	Letteruzza
Uzzino	Ferruzzino
Uzzola	Pietruzzola
197. Uzzolino (1)	Minuzzolino

XXX. Osservazioni generali sui diminutivi.

Quel che taluni, e Toscani, m'opposero, dell'avere io registrate fra diminutivi parole che tali non pajono, non mi muove a accorciare la serie; dacchè io bado all'origine e al senso; e quanto più il diminutivo è latente, tanto più merita che sia riguardato, e più talvolta, come tutte le cose modeste, ha bellezza e valore. Io noto anco le varietà che alla forma medesima vengono da una lettera aggiunta o levata, giacchè la non è più la medesima forma; e ognun sa quanto possa una lettera a mutare talvolta anco il senso. Non intendo che tutte queste forme varie varìino il senso altresì; e ben so che parecchie sono di mera eufonia; ma le non attestano però meno la pieghevolezza e soavità della lingua, e quella ricchezza che vorrei dire morale, cioè accomodata ai delicati bisogni del sentimento; ricchezza ch'è parte intrinseca della verità metafisica e della bellezza ideale. E più spesso che non paja segue che le differenze più tenui portino nell'uso del diminutivo quella diversità ch'è dal vezzo alla goffaggine, dalla carezza all'impertinenza; siccome può, per contrario, talvolta seguire che le desinenze più diverse, fin quelle dal diminutivo all'accrescitivo o al peggiorativo, vengano quasi a suonare lo stesso.

Dalle dugento forme notate detragansi le disusate oggidì, detragansi quelle che posson parere troppo tenui varietà d'altre forme; ne rimarranno pur tante, quante non so se lingua vivente possegga. E s'altri volesse, celiando, opporre, questo essere indizio di piccolezza, noi celiando diremmo ch'è di grandezza, perchè le cose piccole non discerne, se non chi è più grande di loro. Ma sul serio affermiamo, questa varietà denotare senso sicuro del conveniente, del delicato, del leggiadro; e ricca armonia, e amore e bella necessità di segnare i gradi e le misure delle cose, e vaghezza, non tanto d'impiccolire per dispregio, quanto d'attenuare per vezzo. Perchè i diminutivi per vezzo sono in assai maggior numero che que' di dispregio.

E tra le forme diminutive non ho computato se non le evidenti, molte aggiungendo in nota, che forme positive per certo non sono, molte omettendo; quali *scriociolo, chiaccherino, mingherlino, giammengola, combriccola, corbezzola, boccicata, saltabeccare* e simili, senza dire de' diminutivi indiretti, che risultano dalla desinenza in *aglia*, e da particelle variamente accoppiate, quali *subacido, sogghignare, sottoridere, biscantare*, e altri non pochi.

Or la forma diminutiva, sebbene non sia nell'ultima sillaba, ha pure la medesima o simil virtù; e poterla quasi inviscerare al vocabolo, è ricchezza vera. E siccome l'un diminutivo abbiam veduto sopra l'altro ammontarsi, e, o l'imagine farsi più tenue, o alla piccolezza unirsi il dispregio o il vezzo o la pietà, e il dispregiativo e l'accrescitivo al diminutivo accoppiarsi; così da queste medesime congiunzioni operate dentro in corpo alla voce, escono ancor più varii accozzamenti d'idee, ed espressione potente ed agile di sentimenti delicatissimi. Quindi le incommutabili parole: *vivacchiare, furbacchiuoleria, fratacchione, sfilacciare, biancastrone, malazzato, rinvecchignito, salterellare, porcellone, animalettucciaccio, donnettuccia, pazzerellone, schiantettare, bezzicare, scricchiolare, fatticione, appiastricciare, piccinaccio, navicellajo, ammonticellare, piovigginare, bambinajo, abballinare, scalducciare, bacicchiare, accucciolarsi, scodinzolare, spruzzolatina;* e simili senza numero.

I nomi proprii anch'essi dal diminutivo acquistano convenienza, snellezza, espressione nuova; e il lungo *Bartolomeo* si trasmuta in *Bartolo, Meo, Meino, Meuccio;* e *Leopoldo* e *Leonardo* e *Bonaventura* in *Poldo,*

---

(1) E forse *uzzoletto*, se *spruzzoletto* si conta per triplice diminutivo.

in *Naldo*, in *Naldino*, in *Tura*; e *Ambrogio* in *Brogio* e in *Gino*: *Pietro* fa *Pierino, Pierotto, Pietruccio*; *Maria* fa *Marietta* e *Mariuccia*; *Giuseppe* fa *Geppe, Beppe, Geppino, Geppetto, Beppino, Gioseffina, Giuseppina*, ch'esprimono col vario suono varietà di giudizii e di sentimenti.

Tutte quasi le desinenze di vocaboli abbiam veduto comportare uno od altro diminutivo, e così tutte le forme grammaticali; il participio, che fa *sbarbatello, malatuccio, assennatino* (e più radi *turbatetto, affamatuzzo*); l'avverbio, che fa *tardetto, adagino, maluccio, a chetichelli, solettamente;* l'addiettivo esprimente quantità non piccola, come *moltetto*, e in qualche dialetto (suono inelegante, ma che dice altra cosa) *moltotto;* il superlativo, del quale abbiamo un esempio scherzevole in *corbellissimo*, esempio che può diventare fecondo. Fino a' nomi di patria attenuano in diminutivo, e ne fanno *lucchesino, francesina;* fino al peggiorativo ingentiliscono a questo modo, e per *annataccia affamata* i contadini vi diranno *annatina*. Che mirabile disposizione d'animo e di mente indichi questa *annatina* che attenua il dolore e ingentilisce il bisogno, io non potrei dire, senza parere a taluni esageratore e matto. Poi, del diminutivo fanno dispregiativo, pure infemminendo: *padronella, favetta;* all'incontro il femminino immaschito è lode: *donnino*. Ne' nomi proprii de' luoghi, da ultimo, è, per più varietà, scambiato, oltre al genere, il numero: *Monte Carelli, Gianella, Bisticci, Citille, Casole, Montefioralli, Panzalla, Istia*, e simili. E i nomi proprii ci danno altre forme diminutive, oltre alle notate, e le incerte confermano: *Botronchio, Fucecchio, Navacchio, Voltiggiano, Vallico, Vicarello*.

Spiegare in brevi parole le tenui differenze che tra le differenze numerate pon l'uso, sarebbe impossibile. Dirò solamente così per le generali, e senza contare le eccezioni, e senza colorire le sfumature, che *acchio* e *accola* e *anghera*, co'derivati, sono alquanto spregiativi, e l'*ino* aggiuntovi appena li tempera un po'; che i diminutivi i quali si schierano intorno ad *accio* sono ancora più spregiativi; che *agno* è meno gentile d'*agola;* che *arella* non ha colore proprio, nè *itella*, e tutti que' che pajon tenere del participio, ma pronunziansi brevi nella sillaba che questo ha lunga; che *astro* dice qualità non buona e non forte; che *atto* e i sottodiminutivi suoi hanno del meschino; ch'*ello* e gli analoghi spesso vezzeggiano, raro ammiseriscono; che questo fa *erello* più spesso, *etto* talvolta, il quale è però vezzeggiativo leggiadro anch'esso; che *icchio* dice meschinità; *iccio*, approssimazione, e i diminutivi nipoti suoi ingentiliscono, tranne *iccico;* e così fanno sempre *icino* e *icello;* che *icolo*, co' suoi e con *illo*, impiccolisce, non altro; *igno* dice tra l'approssimazione e la somiglianza, men gentilmente denotate da *ognolo; iglio* appena diminuisce, e molto s'accosta al positivo; *ino* sovente abbellisce, e più i derivati di lui; che *occhio, occio, onzo, otto, ozzo*, vezzeggiano poco o punto, poco impiccoliscono, sono tra il diminutivo e il positivo (ma i diminutivi di *otto* impiccoliscono); che *olo* sdrucciolo e *uolo* muta significati, senza norma generale; che *oncino* è determinato dall'accrescitivo suo; che *uccio* ed *uzzo* ammiserisce nell'impiccolire, esprime ora pietà ora dispregio, talvolta affetto; *uccica* e *ucola*, dispregio; *ucciolo, uccino, ucciuolino* ingentiliscono. Ma solo l'uso può queste cose insegnare per l'appunto.

Il latino, certamente non così ricco, è men povero però di quel che pare in sul primo; e sebbene tutte le sue desinenze diminutive si possano ridurre a quattro, *ulus, olus, ullus, isper* (oltre alle due prette greche *ion, iscus*), pur queste poche si diramano in assai varii modi: — *Aculus, eculus, iculus, oculus, uculus*, contratti talvolta in *acla, icla*, e simili; *edulus, idulus; anculus, unculus; asculus, esculus, isculus, osculus, usculus; atulus, etulus, itulus, utulus; ellus, illus, ollus, ullus; ellulus, illulus; eolus, iolus; erculus, orculus, urculus; erion, irion, urion; iscus, isper; ultus*, che se non diminuisce, attenua almeno.

Nè manca il latino di diminutivi doppiati e a più doppi: *sedes, sella, sellula; ancula, ancilla, ancillula; parum, paullum, pauxillum, pauxillulum*, ch'è il quarto grado. Negli avverbi egli è forse più ricco dell'italiano per le tre desinenze in *e, um* ed *o*, che l'italiano non soffre sì spesso. Ma la ricchezza appar maggiore ne' verbi, i quali più minutamente significano il graduare dell'atto: — *Acubo, accumbo, aocubito; addormio, addormisco; ægreo, ægresco, ægroto; ago, agito, actito; albeo, albesco, albicasco, albico; amo, amaturio; aperio, aperto; appello, appellito; assalio, assilio, assalito, salto, assulto; eo, ito; fumo, fumigo; cieo, cito; canto, cantico, cantito, cantisso, canturio; cedo, cello; colluco, colluceo, collucesco; comedo, comessor; mordeo, morsico; prehendo, prenso, prensito; uro, ustulo, ambustulo*. Gran numero di verbi, e fecondi, ammette tre gradazioni, e fin quattro; dal verbo così finemente variato poteron poi nascere le gradazioni sì varie de' derivati, che fanno potente, delicato, numeroso, pieghevole, snello, animoso lo stile.

E per toccare da ultimo dell'origine dei diminutivi nostri: *acchio, accola* ed *ecchio*, da *aculus, eculus; icchio, iccio, igno*, da *iculus, iceus, ineus*; i quali due, con la desinenza aggettiva di derivato e col suono, attenuano il senso, attenuato viepiù da *uccio*, sul fare d'*ullus, uculus, unculus*, onde gl'Italiani fecero *occhio, oncio, onchio, onzo* ed *occola*. Da *ulus, olo* ed *uola*; da *iculus, icolo* e *iglio* ed *igio*; da *atulus* e dalla forma de' verbi frequentativa, *atto*, quindi *etto* e *otto*. *Astro, ello, ullo, ercolo, iscalo, ico, ulo, ucola*, latini pretti. *Ino*, piuttostochè dal tedesco, lo vorrei figliato dall'aggettivo, denotante origine ch'è nel latino e nell'illirico, e quindi dipendenza, quindi qualità ed importanza minori; ma s'altri lo vuole tedesco, e se più antico non è, pazienza.

XXXI. DELLE PARTICELLE AFFISSE, COME NORMA DI DISTINZIONI.

Le particelle accoppiate a' vocaboli ne allargano anch'esse e restringono con varietà inenarrabili il senso. Rechiamone alcune.

A, AB. Direzione	Accostare
Intensivo	Abondare (1)
Separazione	Astenere
Negativo	Abisso
Superfluo	*Apostumo*
Idiotismo	*Affeminato*
AD	Adnata
AF, dal gr. ἀπο,	Aferesi
AL, ALL, gr. ἄλλος, lat. *alius*, alcuno	Allegoria
Articolo e segnacaso	Almeno
Articolo arabo	Algebra
Idiotismo per *ar*	*Albore, Albero*
AM Intorno	Amputare
AN per *a*	Anarchia
ANA, greco. Per	Anatomia
Da sè	Anacoreta
Su	Anagogico
Indietro	Anacronismo
ANFI, ἀμφί. D'una ed'altra parte	Anfiteatro
Incirca	Anfibologico
ANTE, ANZI, *ante*, Avanti,	Anziano, Antivedere, Anteriore
ANTE, ANT, Contro κατά,	Antagonista, Anticristo
ANT A vicenda	Antifona
Invece	Antonomasia
APO, da ἀπό	Apocalisse
Lontananza	Apogeo
Derivazione	Apostolo
Intensivo	Apologia
ARCH Antichità	Archeologo
ARCH, ARC Primato	Archimandrita, Arcivescovo
AVAN, AVVANT, *ante*	Avanzare, Avvantaggio
AU, AL Idiotismo	*Autezza, Altezza*
BI Due volte (2)	Bidente

---

(1) Per lo scambio delle lettere l'*a*, sia in senso di *ad* sia d'*ab*, diventa *acc, aff, add, abb, agg, all, amm, ann, app, arr, ass, att, avv, azz*; e il simile, con le varietà debite, dicasi d'altre particelle parecchie.

(2) Perchè molte particelle s'usano avverbialmente, e gli avverbi acquistano forza di particelle, per questo alcuno di tali avverbi aggiungo alla nota.

Bis	Bisavolo	Eq, eg; æque	Equidistante
Quindi di molto	Bisunto	Estra, *extra*	Estraneo
Male	*Biscantare*	Eu, *εὐ*. Bene	Eufonia, Evangelo
Cata, χατά. Sotto	Catacomba	Fra, *infra, intra*	Frapporre
Su	Cataplasma	Fuor	Fuoruscite
Di faccia	Catottrica	Ign, in e simili	Ignorante
Contro	Catapulta	Riemp.	Ignocco
Per	Catalogo	In Intensivo	Infatuato
Circo, circ	Circostanza	Negativo	Innocente
Cis Di qua	Cispadano	Inf, *infra*	Inferno
Co, con, cum	Cooperare	Inter, *intra, intro*	Interregno
Co Riemp.	*Cotanto*	Intra A traverso	Intravvedere
Contro, contra	Contraddizione	Iper Sopra, ὑπὲρ	Iperbole
Da far le veci	Contracchiave	Ipo, ὑπό. Sotto	Ipocrisia
Da Di luogo	Dappiè	La, *illac*	Laddove
Di tempo	Dacchè	Long, lung, lon, *longe*	Lontano, Lunghesso
Qualità	Dabbene	Ma, mal	*Mafatto*
De, di, lat. *de*	Divertire	Mia	Madonna
Giù	Depresso	Μὰ διά gr. escl.	*Madiesi*
Intensivo	Declamare	Ma, mag, *magis*	Maestro, Magistrato
Di, dis, δύο	Dilemma, Distico	Mis Male	Misfatto
Do, di	Domandare	Ne, ni Negazione	Nettare, Niuno
Dia, διά gr. Per	Diagonale	Ob, oc e simili	Obbietto, Oggetto
A traverso	Diafano	Oltre Di là	Oltremare
Verso	Diatesi	Eccesso	Oltraggio
Contro	Diavolo	Om, ὁμοῦ. Insieme	Omelia
Intorno	Diadema	Palin Di nuovo, πάλιν	Palingenesi
Da	Diagnosi	Indietro	Palinodia
Differenza	Diallage	Para Accanto	Paragrafo
E, ex, es Moto da luogo	Evocare, Estrarre	Con	Paroco
Intensive	Ebollizione	A	Parenesi
Ec, ne' sensi dell'*ex*, e		Di faccia	Parallelo
dell'ἐx	Eclettico	Contro	Paralogismo
Et	Eccetera	Intorno	Parafrasi
Eg, ἐx	Egloga	Oltre	Paralipomeni
Ef, ἐπί. Per	Efemeride	Pen Quasi *pene*	Penisola
Sopra	Eforo	*Penitus*	Penetrare
Em, in	Empiere	Per Passaggio	Peregrinare
Emi Mezzo	Emisfero	Obliquità	Perverso
En, ἐν, in	Enfasi	Continuità	Perseverare
Epi, ἐπί. Per	Epidemia	Appartenenza	Pertenere
A	Epistola	Ragione	Però
Presso	Epiteto	Peri, περί. Intorno	Periferia
Sopra	Episcopato	Po, post	Pomeridiano, Postumo
Nel traslato	Epilettico	Pre Innanzi	Prefazione
Dopo	Epilogo	Dinanzi	Presente
Fra	Episodio	Prin Primo	Principotto

Paster Oltre	Preterito
Pro Per	Propugnare
Dinanzi	Proporre
Innanzi	Profeta
Oltre	Progresso
Invece	Pronome
Prop, **pross**, *prope*	Propizio, Prossimo
Pros, πρὸς. A	Proselito
Re, **ri**, **rab**, e simili	
Ripetizione	Rifare
Intensivo	Riposare
Contrario	Ribattere
S Negazione	Sproposito
Intensivo	Sbalordito
Saz, **sat**, **sad**, *salis*	Sazio, *Satisfare*
Se Separazione	Sedurre
Sob, **sub**, e simili, *sub*	Sobbollire
Sil, **sim**, **sin**, e simili	
σὺν, Insieme	Sillogismo, Simbolo
Sper, per Obliquo: traslato, di similit.	
	Spergiuro
Stra, *extra*	Stravagante
Superl.	Stragrande
Super	Superbo
Tra, **tras**, *trans*	
Oltre	Traslazione
Fuori, *extra*	Travasare
Eccesso	*Trasalire*
Ter, **tri**	Trino
Un, *una*	Unanime

XXXII. OSSERVAZIONI GENERALI SULLE PARTICELLE.

Le desinenze e le particelle danno, se non la distinzione intera e netta, assai volte il germe della distinzione de' più tra' vocaboli componenti la lingua, giacchè de' vocaboli i più sono derivati o composti. E questa delle particelle specialmente è materia importante, perchè il senso loro c'è più noto, più facilmente determinabile, più costante forse nell'uso, che quello che le desinenze significano. Poi lo studio delle particelle è studio insieme di lingua e di stile, perchè se vero è che ne' modi, più che nelle parole, è la ricchezza dei linguaggi e la potenza del dire; le particelle che tengono quasi il mezzo tra la voce ignuda e la frase, congiungendo le parole tra loro, o, congiunte ad una di quelle, dandole senso quasi d'una frase intera; le particelle, dico, son come i muscoli e le giunture del discorso, il quale senz'esse è cadavere a cui la vita

Omnibus e nervis atque ossibus exsolvatur (1).

Onde se le particelle male s'intendano o non bene s'adoprino, avremo facondia slogata e fiacca, o rigida e pigra.

Ho detto che il senso loro è più costante nell'uso. E qui noterò negligenza frequente ne' grammatici e ne' lessici, che le particelle trasmutano a mille significati diversi o contrarii, quando potrebbero spiegare ogni cosa con uno o due sensi primitivi, da' quali dedurre gli altri tutti, mostrando l'associazione delle idee che mano mano si son venute come incorporando a quel suono. E per trarre un esempio di ciò dallo Stefano, egli vuole che *A* significhi talvolta κακὸς, come in ἄβουλος e in ἀβουλία; ma questa particella di privazione non vorrà mai dire *cattivo*; e se ἀβουλία disse Sofocle per κακοβουλία, lo disse, per indicare che mal volere è quasi mancanza di volere, è un ripudiare che fa l'uomo il pieno uso della propria libertà. Così se il medesimo disse ἄδωρα δῶρα, non intese κακόδωρα, interpretazione prosaica ancor più che falsa; intese che dono non buono non è da chiamare dono, a quel modo che diciamo insensata la sapienza dell'uomo che dubita d'ogni cosa. Il medesimo dicasi di d'ἄξεινος, che non significa già κακόξεινος, ma inospito, come rendono fedelmente i Latini; e d'altri simili dove l'*A* non ha senso altro che negativo, e comprende in una lettera quella sublime dottrina, che il male non è cosa positiva, ma privazione del bene.

Vero è che tutte le lingue sogliono dare a qualche parola due sensi diversi o contrarii. Così tra' Latini *incinctus* valeva e cinto e non cinto; *investigabilis*, e che si può e che non

---

(1) LUCREZIO.

si può investigare (1). Nell'italiano s'aggiunge nuova cagione di tali varietà; perchè i segnacasi confondendosi apparentemente con le preposizioni, portano ambiguità agli studiosi. Ma poi, ben guardando, si vede come i varii sensi d'una preposizione e di voce qualsiasi abbiano un vincolo segreto fra loro, e l'uno dall'altro derivino, sì che le deviazioni stesse dell'uso non sono ad arbitrio.

Altro è però scoprire l'armonia delle idee ch'è tra' varii significati; altro è in un solo significato voler materialmente costringere ciascun vocabolo, come il Biagioli fa, di dantesca e pedantesca memoria (2).

XXXIII. Delle radici più feconde.

Veduto del valore ordinario delle desinenze e delle particelle prefisse, resta (per facilitare le distinzioni, e avere il franco uso de' più tra' vocaboli) conoscere le radici, segnatamente latine e greche, dalle quali più varii spuntarono italiani germogli. Le quali radici, profondamente cercate, darebbero l'ideogonia dell'italiana nazione, le cagioni e le ragioni della civiltà nostra passata e presente, i presagi della futura. Giova qui presentare talune delle meglio feconde.

AGERE - Attivo, cogitativo, attore, agente, coattivo, agitare, atto, redattore, ambiguo, tracotante.

Βάλλειν (3) - Balistica, palla, problema, balestra, sbalestrato, simbolo, emblema, parabola, parolajo, ballerino.

CADERE - Casuale, caduta, cascata, caduco, accadere, ricadere, incidenza, accidentato, cascamorto, occidente.

CAPERE - Usucapione, concetto, concezione, ricettacolo, suscettivo, accettabile, mentecatto, precetto, accattare, mancipio.

---

(1) ROSMINI. Note alla vita di san Girolamo. Rovereto, 1825.
(2) Gram. e Com. di Dante.
(3) Scrivo in caratteri greci non tutte le voci derivate dal greco, ma sole quelle che non hanno l'immediato corrispondente latino.

CAPUT - Principio, occipizio, capone, capitolo, precipite, capitello, capocchia, capoccia, scapato, caporione.

CAVERE - Causa, cosa, precauzione, accusatore, scusa, ricusante, causalità, cauzione, causidico, cosaccio.

CERNERE - Discernimento, discreto, segreto, concernente, cerna, criterio, critica, crisi, crivello, segreteria.

CREDERE - Credenza, credenzina, credito, credenziale, accreditato, credo, creditore, screditare, miscredente, credulo.

DARE - Dono, dose, dedito, addizione, rendimento, resa, recondito, editore, dote, sudditanza.

DICERE - Interdetto, dettato, dizione, predire, ridire, contraddetto, editto, addetto, dittatore, disdetta.

DIES - Meridiana, diana, giovedì, diuturno, soggiorno, meriggiare, addì, giornaletto, giornataccia, giornalista, quattriduano.

FACERE - Faccenda, fazione, fattura, fatta, fatto, facilità, effetto, facoltoso, infezione, refettorio.

FERRE - Referendario, illazione, traslatare, differente, offerta, ablativo, relativo, metafora, soffrire, prelato.

Γεννάω - Genere, Genio, teogonia, generalità, gentilità, ingegno, congegnare, ingegnere, genía.

GERERE - Congestione, digerire, ingerirsi, gestione, gesto, suggeritore, armigero, gestazione, suggestivo, belligerante.

GRADIOR - Ingresso, gradinata, graduale, congresso, aggressione, centigrado, graduato, ingrediente, progresso, retrogrado.

GRATIA - Grado, gradire, aggraziato, sgradevole, ingratitudine, disgrazia, graziare, ringraziare, gratificazione, disgrazia, gratis.

HABERE - Abito, abitare, *abbiente*, inabile, abituro, debito, proibizione, coibente, dovere, abilità.

JACERE - Oggetto, soggettaccio, rigettare, giaculatoria, objezione, soggezione, congettura, projettile, abietto, jattanza.

IRE - Uscio, esito, giterella, esitare, coito, transito, adito, subitaneo, esizio, sedizione.

Λέγειν - Diligenza, scelta, raccolta, lezione, colletta, leggio, egloga, dialogo, elezione, dilezione.

Ligare - Collegato, obbligato, legacciolo, legatura, ligamento, lega, allegare, religione, alleato, legame.

Λύειν - Paralisi, analisi, soluzione, scioltezza, dissoluto, risoluzione, prosciogliere, solvente, assoluto, scioglimenti.

Mens - Mentale, divinamente, dimenticare, rammentare, menzione, comento, demenza, commentizio, comentario, mentecatto.

Mittere - Ammettere, dimesso, messale, mettiloro, missionario, rimessa, omettere, manomettere, commissario, commessura.

Modus - Comodità, smodato, modulare, modello, modificare, moderare, raccomodare, moderno, incomodato.

Noscere - Ignoto, cognizione, conoscenza, agnizione, notizia, nobile, ignorantaccio, ignaro, riconoscente, conoscitore.

Opus - Adoprare, operajo, opuscolo, opificio, scioprare, opra, inoperoso, operativo, cooperatore, scioperato.

Parare - Separato, apparecchio, comparazione, paramento, comparativo, paraggio, apparato, disparato, imperatore, compratore.

Parte - Partecipe, participio, partitamente, partita, particolare, partenza, compartimento, particola, parziale, partito.

Pendere - Spendere, spesa, ponderato, ponderoso, pensata, spensierato, impensato, soprapensiero, pensatore, pesante.

Posse - Possa, potere, possanza, podesteria, podere, potenziale, *potissimo*, onnipotente, podestà, impotente (1).

Quaerere - Chiesta, squisito, requisito, inquisitore, questione, richiedere, acquisto, questura, conquista, questuare.

Regere - Retta, ergere, dritto, sorgente, porgere, scorta, accorgimento, correggere, re.

Salire - Saliscendo, saliente, sagliente, assalire, insulto, sussulto, risultare, consiglio, risalto, esule, salto.

Sapere - Sapore, sapienza, saviezza, saggio, assaggiare, savore, sciapido, saccente, saputello, insipido.

Sequi - Esecuzione, conseguire, proseguire, seguito, sequela, secondo, *sezzo*, esequie, ossequio, persecutore.

Signum - Disegno, segnalato, segnatamente, insigne, rassegnazione, suggello, assegnamento, contrassegno, insegnare, sigillo.

Sonus - Consonante, assonanza, risonare, dissonanza, sonoro, sonatina, persona, impersonale, sonaglino, sonetto.

Spicere - Speciale, speziale, aspetto, aspettare, dispettoso, cospettaccio, prospettino, ispettore, sospettoso, spettacolo.

Stare - Circostanza, astante, stazione, stagione, istante, sostanza, restare, prestante, armistizio, stupido (1).

Tendere - Attenzione, distesa, contendere, intenso, intento, inteso, proteso, tentare, pretensione, stentare.

Venire - Avvento, avventura, avvenimento, convento, convegno, conventicola, evento, diventare, convenienza, avvenenza.

Vertere - Diversione, conversione, divertimento, diverticolo, diverso, versato, avversità, rovesciare, avversione, perverso.

Via - Sviato, avviare, andar via, viottolo, ovvio, previo, convoglio, ravviatino, inviato, traviato.

Videre - Avviso, avvedersi, improvviso, provveduto, visione, visita, visivo, provvidenza, revisore, invidioso (2).

Conchiudiamo. — I vocaboli derivati il cui significato è dato parte dalla desinenza, parte dalla prefissa, parte dal senso della radice

---

(1) Nota che *posse* è derivato di *esse*, e pensa all'immensa famiglia d'idee che da questo verbo si genera.

(1) Da *sto*, *sisto*, padre anch'esso di famiglia ricchissima. Nota che i Francesi non hanno più il verbo *stare*. Oh perchè?

(2) Aggiungi: *amor*, *anima*, ἀρχή, *bene*, χάρις, *caedere*, *cor*, *crescere*, *eruo*, *currere*, *domus*, *ducere*, *fari*, *fides*, *finis*, *flare*, *fluere*, *gratia*, γράφειν, *lex*, *lux*, *male*, *manus*, *mori*, *movere*, *nasci*, *oculus*, *parere*, *pati*, *pellere*, *ponere*, *prehendere*, *premere*, *putare*, *rumpere*, *sacer*, ὅδος, *scandere*, *scribere*, *serere*, *simulare*, *spirare*, *tempus*, θεόν, *terra*, *velle*, *vis*, *vivere*, *vox*, e altri siffatti, e in dugento vocaboli circa avrai la chiave delle più tra le idee d'un popolo, e della civiltà di più secoli.

loro, non sarà (nei casi ordinarii) di bisogno dichiararli con definizioni e corrispondenti latini e greci, come finora si è fatto. Ivi solo cadranno le speciali dichiarazioni in acconcio, dove le norme dette non danno intero e netto il senso che alla voce è assegnato dall'uso.

XXXIV. DEL LAVORO MIO.

Qui mi sia lecito notare alcune cose intorno al debole lavoro mio.

Dell'avere distinto parole che giovano alla varietà degli stili, ancorchè nell'uso sovente si confondano, non saprei, dico schietto, pentirmi, quando le distinzioni son vere, come fra *latrare* e *abbajare*. Confesserò piuttosto il difetto contrario, l'aver distinto vocaboli che pajono di significato evidentemente diverso. A ciò m'indusse talvolta il desiderio d'indicare l'uso non ben noto di qualche parola opportuna, o il dovere in un articolo abbracciare più voci che tutte a un'idea comune, più o meno direttamente, accennavano. Certo non sono vocaboli affini *amante* e *sposo*; ma mettendo insieme *damo*, *sposo* ed *amante*, io do meglio a conoscere come *damo* sia affine ora ad *amante* ora a *sposo*. Le due voci, non sinonime tra loro, sono sinonime ad una terza; a questo titolo insieme notate.

Avrei voluto che le distinzioni da me poste fossero, nè tanto comuni, da giungere superflue; nè tanto insolite, da parere arbitrarie. Ambizioso desiderio, del quale non potevo io stesso al giudizio mio, non che all'altrui, soddisfare. Alcune delle dichiarazioni che sono nelle edizioni precedenti o troppo sottili, o troppo generali, o speciali troppo, o non vere, saranno in questa o temperate o dilucidate od omesse.

Recando a conferma della distinzione un passo di moderno o d'antico, non intendo d'offrire a modello tutto intero il costrutto. Talvolta m'è forza citare passi, dove la voce o la locuzione ch'io esamino non è adoprata in modo incolpabile. Talvolta per commemorazione d'affetto, o in segno di stima, reco esempii tratti da scrittori viventi, e non da tutti creduti autorevoli; nè intendo che l'autorità loro sola sia legge.

E ho detto già che nessuna autorità di scrittore, per sè sola, è legge. Io non credo per altro col Grassi che « molti fra i trecentisti » stravolgessero le vere significazioni delle » voci, e deturpassero la faccia (com'egli » dice) della favella, per solo amore di no- » vità. » L'ignoranza può avere indotto taluni a prescegliere il modo triviale; l'inusitato, no mai. Non sempre seppero scegliere tra le ricchezze offerte dall'uso, ma l'uso non violarono; ed è questa la fonte della loro eleganza, questa la condanna di coloro che pecorescamente li seguono.

Noi dobbiamo studiar negli antichi l'espressione di quella parte segnatamente dell'indole della nazione, che cogli anni si vien dissipando. Non la lingua, come lingua, bisogna ritirare a' principii (locuzione politica del Machiavelli, che da cinquant'anni quasi ogni giorno vengono ripetendo i pedanti ingegnosi e stupidi), non la lingua, come lingua, ma come indizio d'affetti e di costumi migliori. Semplicità, proprietà, brevità sono i pregi del dire antico. Dalla semplicità venne loro la grazia, dalla proprietà l'evidenza, dalla brevità l'efficacia. E noi moderni cerchiamo spesso il grazioso nel manierato; l'evidente, nello sguajato e nel prolisso; il forte, nel contorto, se non nell'oscuro. Delle tre qualità dette, due specialmente, la proprietà e la concisione, ci mancano.

Io credo che i trecentisti alla differenza de' vocaboli affini ponessero mente più che i moderni, non per raziocinio, ma per istinto. Certamente non è filosofo il popolo, nel senso che noi sdegnosi uomini diamo a quest'amorosa parola, ma in altro più nobile assai. Se i trecentisti errano, il più delle volte errano nella parte della lingua, là dove gli errori sono più facilmente correggibili; per esempio, nel tradurre. E nondimeno quelle antiche traduzioni molto giovano a determinare l'origine e il senso vero di molte voci.

Talvolta, per cura del numero, o per la chiarezza, due voci (in quel luogo che le usan essi) affatto sinonime, i trecentisti accoppiano insieme; e in quel luogo io noto l'inutilità del pleonasmo. In altri, ove alcuna differenza è da segnare, segnai.

Citai Latini e Francesi, per argomento d'analogia, non per prova, e sempre avendo rispetto all'uso nostrale. Alle distinzioni dagli Italiani miei predecessori proposte, se a me pajono men che accettabili, non contraddico; m'ingegno soltanto di confermare, come meglio posso, le mie. Nè il lettore si corruccerà meco s'io qui m'astengo da cosa che avevo minacciata ai lettori. Dicevo che per dar saggio del come io compendio, correggo, o rifaccio le distinzioni da altri date, porrei a rincontro alcuni dei loro articoli a' miei, e in brevi note additerei le ragioni del mio fare altrimenti. Ma, ripensandoci, tale raffronto vidi dover riuscire tedioso e superfluo. Lo feci, nell'annunziare, sett'anni or sono, il mio lavoro; misi allato le mie distinzioni a quelle del Grassi, vivente lui (1), notando i suoi sbagli, o quelli che a me tali parevano. E questo feci, non per offendere l'uomo, ma per rammentare ai letterati chiarissimi che l'impero di Napoleone aveva legati all'Italia, rammentare, dico, che gli sbarbatelli (come il Grassi chiamava noi altri), se non ammiravano tutte, adorando, le innumerabili glorie della generazione barbata, ci avevano qualche ragione. Ma non giova ormai rinnovare la nojosa prova.

Qui basti dire che tutte le distinzioni dagl'Italiani sinonimisti date, sono nella presente ristampa compendiate da me, ritoccate, illustrate, rimpastate talvolta; che mio intendimento si fu (troppo forse ambizioso) far sì che il libro mio potesse a' lettori o pigri o non ricchi risparmiare lo studio e l'acquisto degli altri libri italiani intorno alla medesima materia versanti. Si noti però, che sebbene le altrui distinzioni io m'ingegni di ridurre il meglio ch'io possa alla norma dell'uso, non sempre però le reputo sufficienti alla piena trattazione del soggetto, e molte osservazioni dovrei spesso aggiungere, se l'articolo avessi a rifare di mio. Quel ch'io notò di loro, è lodevole, per quanto al mio tenue giudizio ne pare; ma non dice tutto. Ond'è ch'agli articoli non interamente miei (sebbene rettificati o arricchiti o rimpastati di mio) appongo il nome dell'autore dal quale li trassi, o la lettera — A. (che dice *Anonimo*), sì per gratitudine e sì per discarico. Nè dare ad altrui più del suo mi parve prodigalità soverchia, in questo tempo tanto miseramente avaro di lode ai benemeriti predecessori.

Del Dizionario della Crusca approfittai grandemente; ma da esso pure dissento talvolta; senz'animosità però, e con rispetto sincero a quegli uomini « che recarono immenso bene » alle nostre lettere, sì che sarebbe invi- » diosa ingiustizia il negarlo (1). » Grandissimo bene; e necessario, soggiungo; onde non si saprebbe intendere come un atto di carità letteraria potesse provocare biasimi tanto severi, se gli esempii dell'ingratitudine umana non fossero troppo frequenti.

Nelle opere filologiche segnatamente, è massime ne' Dizionarii, le omissioni, le superfluità, gli sbagli del dichiarare o del citare, i falli d'ordine e anche di massima, sono inevitabili alla più solida scienza, alla diligenza più sollecita e più paziente. In sole due facce del Dizionario Forcelliniano altri potrebbe scoprire tante piccole macchie, quant'altri non ha notate in dugento facce del Dizionario della Crusca; ma che perciò? Il lessico del Forcellini rimarrà sempre un de'meglio pensati lavori filologici che la letteratura abbia dati fin qui.

Se poi si considera che nel Dizionario fiorentino non poteva già il senno della intera Accademia esaminare a una a una le definizioni, le dichiarazioni, gli esempii, le citazioni (2); ogni severità, non che ingiusta, divien puerile.

---

(1) Nuovo Ricoglitore, 1830.

(1) MONTI. Proposta, vol. I, pag. XXVII, ediz. di Mil.
(2) « Diverses expressions ayant passé dans cet ou-
» vrage à la pluralité des voix, non de quarante aca-
» démiciens, mais de ceux qui étaient présents ce jour là
» aux assemblées de l'académie, il est arrivé quelques fois
» que les autres étaient d'un avis contraire.... » BOUHOURS.

Ma il tempo delle batracomiomachie filologiche dovrebb'essere finito oramai. Agevoli ciascuno, secondo il poter suo, la conoscenza della lingua comune, senza consumare il tempo in beffare o pur riprendere chi fa men bene o chi pensa altrimenti.

XXXV. DE' DIFETTI DELL'OPERA MIA.

Ripeto: in opere filologiche i difetti sono, men ch'in altre, evitabili. Difficile conoscere l'uso di ciascuna voce, ancora più difficile discernere le menome gradazioni dell'uso; difficile adagiare l'una voce su l'altra, e vedere dove combacino, dove no; dove sia maggiore il rilievo, dove più delicati i contorni: trovar parole sì sottili e sì calzanti che rendano con evidenza le differenze tenui, senza ingrossarle, difficilissimo.

La definizione non serve. E poi, quante definizioni son buone, quante non disputabili, quante possibili? Meglio dichiarare esemplificando; coniare tante sentenzuole entro alle quali, come figura entro a medaglia, sia rilevato il vocabolo da illustrare. Così nella storia della lingua si dà la storia de' costumi; e le forme varie inculcano l'idea vostra negl'intelletti variamente educati; e l'autore stesso, nell'esemplificare la differenza, la rende più chiara ai proprii occhi, e fa di migliorare il lavoro. Per distinguere *equità* da *giustizia*, non vale tanto definire le due voci, quanto mostrare quali atti insegni la giustizia, quali l'equità. Gioverebbe che ciascun articolo fosse il sunto di quanto si sa finora intorno a quella materia; e che, per esempio, dai sinonimi riguardanti le cose morali venisse un trattatello di morale compiuto. Di tale lavoro i' ho dati pochi e deboli saggi; altri potrà fare più e meglio.

Del resto, fosser anco in siffatte opere evitati i difetti, non resterebbe men largo il campo alle critiche. Io posso con la ragione, con l'uso, con gli esempii confermare la mia distinzione; esce uno, e mi reca in contrario un testo di lingua. Gli autori che fanno testo son tanti, tanto diversi d'età, di patria, tanto disuguali d'eleganza, di senno, che non v'è stranezza in fatto di lingua, la quale con la loro autorità non si possa difendere. L'uso più generale, più conforme a ragione, più evidente, più certo, ha le sue eccezioni, chi nega? Ma l'uomo che delle eccezioni tenesse conto, siccome di regole, non solo non potrebbe compilare libro nessuno, ma non saprebbe più a quali norme, scrivendo o pensando, attenersi.

Io posso ben dire che *superbo* non ha senso buono; mi si citerà il petrarchesco:

.... vista sì dolce superba;

ma qualche raro uso di poesia o pur di prosa non deve far dubitabile la significazione generale di quella voce. S'io dico che *albergo* è luogo ove l'uomo non ha ferma dimora; mi si citerà:

Ove alberga onestate....,

e simili; ma rimarrà sempre vero che nell'uso comune le case di Alessandro Manzoni, e di Antonio Rosmini, e di Gino Capponi non si direbbero alberghi. Certamente, in fatto di traslati, agli ardimenti che a sè concede l'affetto, non sono da porre limiti ingiuriosi; ma gli esempii di tali ardimenti non fanno legge.

Con ciò non intendo soffocar le censure; ch'anzi le invoco, e ringrazio chi me n'è stato cortese; e n'ho approfittato, e n'approfitterò a correzione in luoghi non pochi. E quelle censure mi saranno più care le quali mi mostrino dov'io abbia ignorato o franteso l'uso toscano, o fattogli forza.

XXXVI. ANCORA DE' DIFETTI DELL'OPERA MIA; POI UN POCHINO DE' PREGI.

Mi sono a mio potere guardato dalle distinzioni prestabilite; ho badato che dal fatto le mie scendessero come conseguenze, interpretassero l'uso, lo dirigessero. Ma ch'io abbia sempre e appieno ottenuto l'intento, sarebbe vanità lo sperarlo.

Quale ingegno mai, quale esperienza da tanto? Quale memoria sì ferma, da ritenere tutti gli usi di tutto il linguaggio parlato e scritto? Qual giudizio sì fine, da sempre attenersi all'uso migliore? Qual colorito e sicurezza di stile tanta, da far sentire altrui quel che l'uomo sente in sè, e non può sempre ragionare il proprio sentimento? Io, che dalle fasce all'età di quattordici anni non attinsi che ad un ruscello del dialetto veneto, quale è la lingua parlata nelle città marittime della Dalmazia (linguaggio meno impuro di molti delle altre città più illustri d'Italia, e men lontano dalla lingua comune, ma povero); io, che dai quindici ai venticinque non altro udii sonarmi all'orecchie che diciture padovane, veneziane, vicentine, veronesi, trentine, lombarde; che poi poco più di sei anni ho passati in Firenze, e poco visitai la Toscana, e non tanto conobbi di quella incomparabile bellezza quanto il desiderio e il bisogno mio richiedevano; io, cui già nocque la lettura di libri francesi, e la necessità di parlare francese e d'udirlo e di scriverlo; io, che nel mio povero stile ogni dì più riconosco tante macchie e tanti vizii, e mi veggo tanto lontano pur da quella mediocre altezza a cui salgono gli occhi miei: come potre' io pensare d'aver sempre in sì delicato lavoro colto nel segno? E però stiano in guardia i lettori; e se alcuna cosa trovano lodevole nel libro mio, l'attribuiscano al grande amore col quale cercai le norme dell'uso; e ai consigli e agli avvisi che con istanza ho chiesti ad amici, ad ignoti, a dotti, a villici, a donne.

So quanto facile sia, distinguendo, abusar dell'ingegno, e come una distinzione arguta possa talvolta ingannare. In questa, siccome in altre cose, o lettore, giova non s'acquetare al detto altrui; giova saper dubitare dell'idea nostra propria; sostener la fatica della disamina; vedere se nelle distinzioni proposte le eccezioni sian troppe, se tali da infermare o no l'osservazione generale. Molti, dice il Roubaud, che approvavano la distinzione data dal Girard, lette le osservazioni mie, convenivano meco ch'ell'era sbagliata, e si maravigliavano del non se n'essere accorti da sè.

Se la dichiarazione de' vocaboli, ciascuno di per sè, occupa nel dizionario italiano dieci volumi, il confronto e la distinzione dovrebbe almeno occuparne altrettanti. E non parlo de' vocaboli innumerabili che il dizionario non nota; non parlo nè delle frasi nè dei traslati, ciascuno de' quali crea nuove affinità con nuove serie di voci e di modi. Onde non mi si apponga a colpa (com'altri già fece alla mia prima edizione, quasi che in quella stessa non fossero veramente illustrati già più vocaboli che in altro simile trattato italiano), dico che non mi si appongano a colpa le omissioni di tale o tale sinonimia; critica troppo facile, fra le tante più opportune che questo lavoro presenta. Chi vuole imbandigione più lauta, cuocia da sè. Ma per molto che si faccia, rimarrà sempre da fare. In tali studii, così come in altri, giova indirizzare e addestrare la mente del giovane scrittore; e a lui lasciare il diletto del misurar co' suoi passi qual parte e quanta gli piaccia del vario cammino.

XXXVII. COME USARE DI QUESTO LAVORO.

Il presente dunque non è che un ajuto, un indirizzo agli esercizii che deve lo scrittore fare da sè, per rendersi signore della parola, cioè del concetto proprio. Perchè, giova il dirlo, chi alle sinonimie non bada (o per istinto o per uso o per istudio), non sarà mai scrittore. E all'istinto ed all'uso sopraggiungere lo studio, non nuoce. Dirò collo Stefano: « Miretur forsan aliquis me has mi-
» nutias tam accurate persequi, et subtilius
» fortasse quam par sit, examinari a me ista
» arbitretur: sed sciat quasdam esse grammaticas nugas quæ ad seria nos ducant. Quas-
» dam, dico: quippe qui, alioqui, multas

» grammaticorum plane nugatorias minutias
» tanto persequar odio ut majore nullus. Dum
» vero in illis sunt occupati, alia quæ ad se-
» ria ducere nos possunt, vel omnino præter-
» mittunt vel oscitanter tractant. »

Non sarà più, speriamo, che la letteratura italiana si divida in due schiere, di barbari e di pedanti. E questo dobbiamo sperare; perchè le sorti della lingua sono le sorti della nazione. L'unità del vocabolo unifica il sentire di dieci, di mille; le diversità del dire fanno quasi uomini di natura diversa (1).

Difendere la lingua nostra (maltrattata e gloriosa come la nazione che la creò) contro l'ignoranza superba che all'uso spurio s'inchina, e guasta l'uso legittimo; contro la perifrasi, morte dell'evidenza, della poesia, dell'affetto; contro l'iperbole che, le delicate idee soffocando, falsifica e il linguaggio e le menti; contro l'affettazione che sdegna chiamare le cose col proprio nome, e parla a modo d'enimma; contro la barbarie dotta, e la titolata, che da cinquanta e più anni s'infangano di francesismi e d'altre lordure: quest'è uno degl'intendimenti dell'opera mia. La perifrasi è il nostro Satana, che seduce gl'ingegni vani e gl'inetti, beati di facile e fiacca loquacità. Se non che la modestia, la dottrina e il senno dalla perifrasi aborrono; perchè la modestia, il senno e la dottrina amano, non il luccicante, ma il luminoso, non il sorprendente, ma il vero. E il sorprendente agli occhi de' mediocri e de' corrotti è l'insolito, l'ingegnosetto. Ma per dire non meno e non più di quel che l'uomo sente, e per saper quel ch'e' dice, vuolsi forza e d'ingegno e di virtù.

In questa parte desidero che il mio lavoro non torni inutile affatto. L'opera del Napione ha giovato, forse quanto l'esempio dell'Alfieri, a diffondere nel Piemonte l'amore del bene scrivere italiano. Non sola la forza dell'ingegno creatore, non sole le ricchezze della meditata dottrina giungono a meritare riconoscenza, ma anco la coltura modesta di verità menome in apparenza, purchè allo scrivente sia lume l'amore della patria e dell'onesto; purchè a scopo de' suoi studii egli prenda una di quelle tante parti del sapere, ove resti cosa buona o da scoprire o da determinare o da diffondere almeno. Ed è notabile indizio del tacito, ma non insensibile progresso della verità, questo insinuarsi che fa un nuovo spirito fecondatore fin negli studii, i quali da' generosi sensi parevano più disgiunti.

XXXVIII. USI PIÙ SPECIALI.

A' Toscani il lavoro mio tornerà men proficuo che ad altri, a loro che gran parte di queste notizie succiano col latte materno; ma gioverà a rammentare a loro stessi quello che sanno, e a che scrivendo non pensano; gl'invoglierà, spero, a custodire con più religione e far meglio fruttare il tesoro dell'uso alle lor mani affidato. Che s'e' lo lasciano sotterra, o con pravi usi lo falsificano, ne avranno terribile, più che non credano, il danno, e vituperosa, nel giudizio de' posteri, la vergogna.

Parecchi de' lettori toscani che sortì 'l mio lavoro (ed è gran ventura, e quasi prodigio, che un dizionario abbia lettori), trovarono da lodare la distinzione de' vocaboli che appartengono a idee morali, quelle che meno io reputo necessarie. In Lombardia,

---

(1) « Ho dati sicuri per affermare, che chi volesse rac-
» cogliere nel regno di Napoli tutti i *nomi* e le differenze
» de' pesi e delle misure, raccoglierebbe qualche *migliajo*
» *di voci*, molte delle quali hanno più *centinaja* di si-
» gnificati di diverso valore. Chi poi volesse in tavole
» comparative registrare le differenze, e il ragguaglio
» correspettivo di tutti i pesi e di tutte le misure, io
» penso che più volumi ne verrebbe componendo, e più
» anni occorrerebbero per *apprenderne la nomenclatura*
» ed il valore integrale e differenziale... Quindi confu-
» sione e difficoltà d'intendersi in tutti gli affari, nella
» compra e nella vendita delle minime cose, di quelle
» delle quali tutti hanno bisogno, ed in tutti i giorni. »
MATTEO DE AUGUSTINIS. Progresso XXXV. Peggio dunque in Italia che nella China! Ahi terra non mai d'un cuore e d'un labbro! La tua grandezza, del pari che la sventura, è un miracolo.

per contrario, il libro fu letto con le intenzioni con le quali io lo scrissi; e questo m'è vero piacere. Gran parte dunque delle voci ch'io prendo a dichiarare, o riguardano oggetti corporei (come quelle che sono men note, e pur necessarie perchè lo scrittore dica di sapere davvero la lingua), o appartengono allo stile famigliare, ch'è altra cosa dal triviale e furbesco. Se alcune di quelle voci pajono a qualche grave uomo indegne della letteraria maestà, io non saprei nè dolermene nè sdegnarmene: a tale censura ero già preparato.

Non però ch'io sbandisca dal mio lavoro i vocaboli denotanti affezioni morali; ma sempre ho badato che qualche nuova particolarità dell'uso vivente fosse in quelle distinzioni notata. Da certe osservazioncelle morali non mi seppi astenere, perchè vorrei di tali fecondato ogni tema. « E lo studio de' sino» nimi, dice la signora Faure, con la morale » si stringe, per la potenza ch'hanno le idee » cogli affetti. Molte false ed incerte opinioni » che girano nel commercio sociale circa » quelle voci in cui si compendiano gli umani » diritti e doveri, forza è che nocciano al» l'esercizio potente di que' diritti, di que' » doveri alla potente osservanza. Ma impri» mendo ne' giovani cuori la distinzione de' » vocaboli per via di qualch'utile verità, di » qualche memorabile esempio, si viene dal» l'insegnamento a dedurre raddoppiato il » vantaggio. »

Il direttore d'un lodevole istituto d'educazione mi domandava del modo di rendere a' giovanetti proficuo l'uso del libro mio. Pochi cred'io essere i libri che un fanciullo sappia leggere e usare; i più de' libri d'educazione sono per i maestri. Conviene pertanto che il maestro, notate da sè le differenze di que' vocaboli, o con esempli d'autori le faccia evidenti al fanciullo, o gli dia un tema tale che i due vocaboli cadano da dover adoprare, ciascuno nel senso proprio, e poi lo corregga, s'egli erra. E' può talvolta proporre a modo di dubbio, o per soggetto di famigliare colloquio, la differenza di due vocaboli affini, cioè delle cose da loro significate: può tal'altra mostrare quali equivoci, dubbii e liti provengano dal confonderli: insomma, l'insegnamento variare al bisogno. Quando il giovane ingegno sia bene avviato per queste indagini, saprà da sè scartabellare i libri opportuni, e correggerli se bisogna; saprà a nuove cose l'appresa norma applicare.

Io vorrei che questo lavoro cominciasse, in parte almeno, a soddisfare ai bisogni di lingua sì varia com'è la nostra. E son due: determinare il significato di ciascuna voce viva: e togliere dall'uso le voci che non significano idea nè gradazione d'idea la qual non sia più chiaramente significata da altre voci più note. Doppio è dunque l'uffizio di tali lavori: dare le differenze delle voci ancor vive; e delle morte, o viventi languida vita ed inutile, celebrare la sepoltura. Perchè quella nojosa incertezza in cui sono e comincianti e provetti di gran parte d'Italia, se tale modo ch'e' trovano negli antichi sia eleganza da usarla a' dì nostri, o quisquilia; se l'astenersi da un modo che pare inusitato sia evitare l'affettazione, o piuttosto privarsi di viva ricchezza, sì che ne scapiti la proprietà e la grazia del dire: questa incertezza, la qual tiene in sospeso l'ingegno e fredda l'affetto, non può non ritardare l'avanzamento della nostra civiltà.

Determinato il significato di ciascun vocabolo nella lingua comune, sarebbe più facile ne' dizionarii de' dialetti la voce vernacola recare alla comune che le corrisponde; e una sola e medesima voce, e viva, tradurrebbe le varie dei dialetti, senza che s'accumulino intorno a ciascuna di queste, quattro o cinque; il che non segue senza improprietà e senza sbaglio.

Il detto inconveniente da un dizionario universale della lingua sarebbe ancor più potentemente sanato. Ma il dizionario de' sinonimi (perfezionato da altri e corretto) può alla compilazione appunto del grande dizionario giovare, sia per le definizioni, o piuttosto dichiarazioni de' vocaboli; sia per la distinzione de' vocaboli in bene ordinati paràgrafi; sia per la giunta de' significati nuovi, che dal distinguere i già noti risultano più evidenti, e in numero grande. La sinonimia insegna qual sia il significato più ovvio che dev'essere il primo; quale il più antico da cui, come da ceppo, gli altri tutti si vennero diramando; insegna quali gli usi meramente poetici, quali i comuni, necessaria certezza al lettore inesperto; testifica ai posteri quale, nel secolo in cui il dizionario fu fatto, fosse la parte viva della lingua e quale la morta. L'utilità ideologica di tali lavori e la storica sono di perenne importanza; e quel che a taluno de' presenti par frivolo e minuto, diventa, per le nuove applicazioni che se ne fanno, notabile agli avvenire. Se a noi (dice il Beauzée, del quale e degli altri predecessori miei ho qui fuse, citando, le prefazioni), se a noi fosse giunto un dizionario tale della lingua di Demostene o della lingua di Tacito, molte cose sapremmo che nè la grammatica nè i lessici possono al certo insegnare. Così queste ch'ora pajono compilazioni filologiche, diventano storici monumenti. Giova da certe affinità dedurre documenti alla storia delle lingue, alla storia delle razze. Giova notare quali proprietà, quali relazioni ciascun popolo particolarmente osservasse nelle cose, e nel linguaggio significasse.

XXXIX. LAVORI CHE RIMANGONO A FARE IN QUESTA MATERIA.

Per fare compiuto un dizionario de' sinonimi converrebbe notare più per minuto che io e i miei predecessori non abbiam fatto, non solamente in che differiscano i modi della lingua, ma in che si convengano, come il Diderot accennava (1). A questo io forse, un po' più che gli altri (salvo la modestia), badai.

Gioverebbe ancora, con la norma delle intrinseche differenze de' vocaboli, giudicare e i moderni scrittori e gli antichi, e vedere a prova come li rispettino i più caldi e i più veri, come gli artifiziosi e i parolai se ne facciano gioco.

Distinguere i sensi e gli usi de' quali è capace un verbo, e le frasi a esso verbo corrispondenti (1); distinguere le varietà che vengono dagli epiteti, e dalla loro collocazione, e dalla collocazione in genere di voce qualsiasi; dalla varietà dei tempi e de' modi e del numero; dal prescegliere la parola più famigliare alla più recondita, o questa a quella: son lavori de' quali i' mi sono ingegnato di dare qualche piccolo saggio, ma da fornire ciascuno un buon trattato da sè; senza dire de' sinonimi scientifici, il cui studio è alla storia della rispettiva scienza intimamente congiunto. Che se di ciascuna pianta o animale, o oggetto reale o ideale che sia, no' potessimo esaminare tutte le denominazioni dategli in tutti i tempi e gl' idiomi, ciascun vocabolo darebbe materia ad opera maravigliosa.

Ma per iscendere da queste altezze al dizionario de' sinonimi usuale, gioverebbe gli articoli suoi ordinare secondo l'ordine delle idee; a questo modo ciascuna scienza avrebbe col tempo il suo dizionario de' sinonimi; e ciascuna voce del dizionario della lingua sarebbe il titolo e il germe d'un grande dizionario enciclopedico che con le generazioni formerebbesi a poco a poco.

Così potrebbersi dirimpetto alle voci, filosoficamente ordinate, dell'un dialetto o idioma, collocare le voci degli altri idiomi, e vedere quali idee siano nell'uno significate, che nell'altro non sono; dove stia la ricchezza, e di qual sorta ricchezza; se di locuzioni concernenti oggetti corporei o intellettuali o morali.

E tutte queste voci potrebbersi numerare; e potrebbe il medesimo numero rappresentare la voce corrispondente in tutte le lingue

---

(1) Art. *Encyclopédie*.

(1) Amare, essere, diventare amante; essere innamorato, in amore; innamorarsi; sentir amore, l'amore, dell'amore, un amore, e simili in infinito.

(assegnando alle voci che corrispondente non hanno un segno di frazione o un segno composto); il qual numero da ciascun lettore sarebbe tradotto nella lingua propria; e se ne avrebbe una lingua universale di cifre, comoda assai. Questo pensiero fu messo in parte ad effetto da un uomo di raro ingegno e sapere, il portoghese Pinheiro. Il quale le voci dinotanti idee morali dispose in ordine, e numerò, e a ciascuna di loro pensa porre di contro la corrispondente portoghese, italiana, latina e greca; lavoro che pare di poco momento, ma la posterità potrà per esperienza conoscerne i frutti.

Un altro lavoro mostravami l'egregio uomo potersi fare intorno a' sinonimi: numerare le idee ch'entrano in ciascun dei vocaboli affini, ciascuna idea segnare con un numero, e ridurre a numeri le sinonimie. Allora vedrebbesi ancor più chiaramente, in che le voci s'accostino, in che si disgiungano. Poniamo: *amore, affezione, affetto, benevolenza, amorevolezza, dilezione;* nell'una o nell'altra delle quali parole s'inchiudono le idee: 1. Desiderio o odio; 2. Desiderio solo; 3. Desiderio invincibile di natura; 4. Intellettuale; 5. De' bruti; 6. Turpe; 7. Desiderio del bene altrui; 8. Del bene de' nemici; 9. Desiderio abituale; 10. Vivo; 11. Men vivo; 12. Interno; 13. Significato di fuori; 14. Di minore a maggiore; 15. Di maggiore a minore.

Or ecco come definire con cifre i notati sinonimi. L'affetto, essendo e desiderio del bene e odio del male, comprendendo e il desiderio interno e i segni di quello, essendo per l'ordinario non vivissimo, e così di maggiore a minore come di minore a maggiore, l'affetto porterà i numeri 1, 10, 12, 13, 14, 15. L'affezione, siccome quella ch'è desiderio del bene, e può essere abituale; desiderio interno; non vivo; e così di minore a maggiore, come di questo a quello, ma più di maggiore a minore, appunto perchè non molto vivo; ch'è intellettuale, e per estensione si dice anco de' bruti, lo segneremo co' numeri 2, 4, 5, 9, 10, 11, 12, 14, 15 (15 più che 14). L'amore, come desiderio ora dell'oggetto, ora del bene dell'oggetto (ma di questo non sempre); ora abituale, ora no; ora interno tutto, ora manifestato con segni; per lo più vivo; che non bada a disuguaglianze di grado; talvolta desiderio invincibile di natura; ora spirituale, ora turpe, ora proprio de' bruti, sarà distinto da' numeri 2, 3, 4, 5, 6, 7, 9, 10, 12, 13, 14, 15; vale a dire che or l'una or l'altra di quelle cifre, indicanti idee contrarie, gli converrà. La benevolenza, per essere desiderio interno del bene altrui, abituale, non fortissimo, e di minore e di maggiore, e intellettuale più che animale, avrà i numeri 2, 4, 7, 9, 11, 12, 14, 15. L'amorevolezza, ch'è segno di desiderio, non vivo, del bene altrui, e per lo più di maggiore a minore, avrà i numeri 2, 7, 11, 13, 15. La dilezione, desiderio del bene de' nemici, tutto spirituale, ora interno, ora manifestato con segni, abituale per lo più, ci darà i numeri 2, 4, 8, 9, 12, 13.

Il qual modo non si potrebbe, è vero, tenere sempre con effetto buono, nè facilmente, o da pochi, ma tentarlo gioverebbe per un soprappiù; e ne uscirebbero, anco incompiuto ch'e' fosse, vantaggi parecchi. L'ordine stesso de' numeri variamente trasposti, mostrerebbe quali le idee principali in ciascun vocabolo, quali le dipendenti, quali le più rilevanti, e quali le più leggermente adombrate.

XL. MEMORIE DI RICONOSCENZA E D'AFFETTO.

E qui sento il debito di rammentare con senso di riconoscenza coloro a cui quest'opera deve la sua non infelicissima riuscita. Innanzi di pubblicarla consultai per significati e per differenze de' vocaboli G. B. Zannoni, Gaetano Cioni, e il padre Mauro Bernardini, censore delle stampe, arguto e mite, ornatissimo di latine eleganze. L'ab. Zannoni immaturamente rapito alla scienza archeologica, autore di commedie popolari che sono tuttora con diletto ascoltate dall'ingegnosa plebe fiorentina, uomo cortese a molti, fu a me cortesissimo, a me giovane sconosciuto o mal conosciuto, e da buoni giudici e da tristi, or con giusta or con crudele severità giudicato. Possano gli amici di lui (se amici restano ad uomo morto) leggere queste parole commemoranti il suo nome, con quella dolcezza con ch'io (infelice uomo, ma lieto degli ispirati e de' provati affetti) le scrivo.

Egli, lo Zannoni, e i due valentuomini nominati, additandomi con rara perizia le proprietà e le ricchezze dell'uso, m'agevolarono la difficile via. E qui, se la religione dell'affetto non mel vietasse, dovrei, tra' benemeriti del mio lavoro, nominare una donna, una donna povera e ignota, ne' cui colloquii attinsi dolcezza e di nobili sentimenti e d'elegante linguaggio. Suo, nella miglior parte, è il presente lavoro.

Stampatolo, ebbi correzioni ed avvisi amorevoli da Cesare Cantù, giunte con esempii opportuni dai signori avvocato Mancurti d'Imola, Filippo Polidori di Fano, e da Lorenzo Neri di Empoli. Il signor Francesco Antolini la mia prima edizione di Firenze fornì d'un indice diligente, stampato a Milano, che le mancava. Le querele di lui circa i vizii tipografici di quella edizione, son vere; ma non sapeva l'egregio uomo che quell'edizione fu dovuta compire a spese del povero autore, che in poco più di due anni (senza contare gli studii di preparazione, durati quattr'anni circa), in poco più di due anni scrisse il libro, lo stampò, lo vendè.

Aveva l'autore a parecchi librai d'Italia offerto il lavoro, e n'ebbe, al solito, dure ripulse, e da taluno sleali; poi messosi a stampare di suo, provò (pagando a contanti e anticipato) gl'indugi superbi dello stampatore, e dovette a un terzo del lavoro mutar tipografia; provò le angherie dei librai. Quindi, uscito il libro, uscirono annunzi di ristampa, uscirono ristampe scorrette e monche, ultimo compenso alle sostenute fatiche e durezze. Questo sia detto non a scorare gli scrittori amici del bene (che da nessuna noja o pericolo si lasceranno scorare mai), ma sì a togliere dalla mente loro certe fallaci speranze, che l'esperienza delle cose fanno più dura.

Alla ristampa fiorentina molti invocai la onorassero d'alcuna giunta; e da parecchi uomini cortesi e di chiara fama ne ottenni. Paziente e amoroso censore, anzi cooperatore (se la parola non è superba) mi fu Gaetano Cioni, uomo di varia dottrina, la quale non portò, per la miseria dei luoghi e dei tempi, i suoi frutti; a fornirmi giunte pregevolissime prestarono sè infaticabili il rammentato signor Polidori e il signor Giuseppe Meini. Cortesi di giunte e d'osservazioni mi furono ancora l'avvocato Aubert di Nantes, Giovita Scalvini, Angelo Frignani, Pietro Leopardi; ed altri parecchi. Possa la nuova ristampa fruttarmi nuove obbligazioni, delle quali io non ho cosa più cara.

A me poi questo della lingua è studio da molt'anni diletto. Fin dal 1826, non compiuti i ventiquattr'anni, io disegnavo un giornale di mera filologia italiana, dove esaminare, rispetto alla lingua, le opere principali che uscissero; fermarsi sulle edizioni de' classici, i nuovi testi, i comenti, le grammatiche, i dizionarii, le opere trattanti filosoficamente la lingua, italiane o no; stampare testi inediti, ristampare i malconci; illustrare i luoghi oscuri degli scrittori vecchi; proporre correzioni e giunte al dizionario nostro; preparare materia per un dizionario de' sinonimi e uno etimologico; accumulare osservazioni intorno alla lingua delle scienze e delle arti; studiare i dialetti; agitar le questioni allora viventi intorno alla lingua cortigiana, e chiamare ad esame i libri antichi e moderni che ne trattavano; raccogliere notizie per la storia della lingua comune e de' dialetti; cercare le affinità delle antiche con la nostra; tradurre dal latino e dal greco con l'intendimento di trasportare nell'italiano le greche e le latine eleganze; ingegnarsi di diffondere la conoscenza dell'uso buono; a' filosofici sottoporre gli studii grammatici. Certo: un giornale di lingua può riuscire importante; e a proposito di parole, discorrere di tutte quante le cose. Ma il giornale ideato da me non si fece; nè io a quell'età ero sufficiente a tale opera.

Quattr'anni dopo intendevo percorrere la Toscana e fare il dizionario di tutti i suoi dialetti, ne' quali si vedrebbe essere tuttavia molta parte di lingua che chiamasi morta, e senza il sussidio de' quali non si avrà mai buon dizionario universale; incoare un dizionario, veramente toscano, delle arti e de' mestieri (opera senza la quale è vano sperare che si diffonda equabile e chiara la cognizione delle arti medesime); raccogliere quella parte di lingua ch'è vivo documento de' costumi di popolo così singolare, costumi che il tempo viene a poco a poco disperdendo: questo io 'ntendeva di fare, ma la mia proposta andò a vuoto.

Per ritornare ai sinonimi, il suffragio de' buoni è sovrabbondante premio d'ogni e passata e presente fatica mia. E a tutti coloro che questo dizionario degnarono di lode, giusto è ch'io manifesti il piacere che ricevei dalle loro parole; perchè, l'intendimento del libro essendo un po' più che filologico, chiunque concorre a favorirlo, diventa, agli occhi miei, cooperatore a quel fine al quale i' ho consacrati l'ingegno e la vita.

Finisco con le parole dell'autore dei Sinonimi rammentato, il vescovo Plantevigne: « Volumen hoc quod multis lucubrationibus » a juvenilibus annis mente concepi, ætate » crescente subsecivis horis absolvi, et senescente jam corpore, animo vero virescente » parturii, eo lubentius, lector accipe, quo » ex interiori meo affectu manavit. »

NICCOLÒ TOMMASÉO.

DIZIONARIO DEI SINONIMI

PARTE PRIMA

AVVERTENZA

La lettera A (—A.) *denota lavori d'anonimi varii, e distingue inoltre gli articoli che, composti d'osservazioni del signor Tommaséo e d'altri, a nessuno appartengono in proprio.*

Gli articoli senza nome sono tutti del signor Tommaséo. Quando nel medesimo articolo il suo finisce e comincia l'altrui, la separazione è segnata da una lineetta (—) al capoverso e da un'altra alla fine.

A questo si badi per non confondere insieme gli autori.

DIZIONARIO DEI SINONIMI

DELLA LINGUA ITALIANA

A

1.

ABBANDONARE, LASCIARE.
ABBANDONARSI, LASCIARSI ANDARE.

Abbandonare più determinato, e però, d'ordinario, più forte. *Lasciare* comprende tutte le idee più o meno contrarie all'idea di tenere e di prendere: *abbandonare* dice l'atto di lasciare con volontà deliberata, per lungo tempo, per sempre; in modo notabile, o perchè ingiusto o perchè inaspettato. In una novella di scrittore moderno Giulio Vacallo, ch'è innamorato della Caterina e che deve cacciarla via come strega, esclama: « che farò io senza di questa donna? dovrò dunque lasciarla? abbandonarla per sempre? »

Si lascia un discorso spiacevole, si abbandona un'impresa onorevole. Un padre lascia i figliuoli poveri; un marito abbandona la moglie per seguire la femmina altrui. I nemici mi spogliano e mi lasciano ignudo; i falsi amici mi veggono ignudo e m'abbandonano. Le donne talvolta sono incostanti, e lasciano gli uomini per timore d'essere abbandonate; le men buone sono infedeli, e abbandonano per timore d'esser lasciate.

Quando diciamo: lasciatelo stare, andare, dire...; non si potrebbe: abbandonatelo.

Lasciare presenta più direttamente idea negativa: gli è il non far quello che si faceva o si poteva o doveva fare; il non rimaner dove si doveva essere o si poteva; il non ritenere persona o cosa.

Nel *lasciare* può essere inavvertenza; *abbandonare* è più libero (1): io ho lasciato senz'avvedermene un mio foglio da voi; questa madre ha abbandonato il suo figliuolo nella pubblica via. Io lascio anche mio malgrado; abbandono, per lo più, di mio arbitrio.

Posso lasciare uno allontanandomi da lui, o permettendo che s'allontani egli da me. *Abbandonare* dice azione mia propria.

Madamigella Faure: « La sposa abbandonata dallo sposo, lo vede per l'ultima volta, e lo lascia con le lagrime agli occhi. »

La differenza si fa meglio sentire nella frase *lasciare in abbandono*. - Boccaccio: « Lasciata la camera in abbandono. » Caro: « Lasciare ogni cosa in abbandono. » Bartoli: « Lasciando disertate in abbandono le case. » Redi: « Li lascia in abbandono a beneficio di fortuna. » Questa locuzione indica che *lasciare* è generico, e che l'*abbandonare* è un de' modi moltissimi di lasciare. Arianna abbandonata, dice a un dipresso il signor Grassi, è locuzione che dà senso intero: Arianna lasciata, non dice nulla, se non vi si agglungano le circostanze del luogo o altre.

Similmente, *lasciarsi andare* è meno che *abbandonarsi*: il primo indica un moto del corpo o dell'animo quasi passivo; il secondo dipinge un'azione, e non leggera. Così nel traslato: lasciarsi andare a un moto di collera, è debolezza; abbandonarvisi, è colpa. Altro è lasciarsi andare a un fallo; altro è abbandonarsi ad un vizio.

Di due che camminano o corrono, l'uno si lascia addietro l'altro: nessuno direbbe che l'abbandona, se non corresse appunto per questo, o se il lasciato non fosse o paresse abbandonato a dolore o a pericolo. Un padre morendo lascia tre figli, e due abbandona ignudi alla miseria, lasciando tutto il suo al primogenito (1). Si può un giorno lasciar di fare qualch'atto di pietà, ma non però abbandonarne l'uso (2). Giova ed è necessario talvolta lasciar fare i malvagi, non mai abbandonarli al malefico impeto (3). Licurgo lasciò detto a' suoi concittadini che tornerebbe; e avuto da loro il noto giuramento, abbandonò la patria per amore (4). Si lascia ad altri la cura d'una faccenda, senza tralasciare d'invigilarvi; la s'abbandona ad altri, senza più prenderne cura. I governi violenti temono di lasciare; e poi nel più importante

---

(1) Questa differenza ponevano i Latini tra *relinquere* e *deserere*.

(1) BOCCACCIO: *Mio padre mi lasciò ricco uomo.* - *A loro, siccome a legittimi suoi eredi, ogni suo bene lasciò.*
(2) ALAMANNI: *Non lasci O di cenere immonda o di letame Porgergli ajuto.*
(3) BOCCACCIO: *Lasciami vedere come...* - LASCA: *Lasciami andare* - BOCCACCIO: *Lasciami, non mi tener più.*
(4) CRON. VELLUT.: *Lasciò (in testamento) si rendesse l'usura.* - SACCHETTI: *Lasciò (detto) che se il giovane venisse... gli dicessono che...*

abbandonano (1). Si lascia nella penna, o per dimenticanza, o fingendo dimenticanza, un'idea (2); abbandonasi un pensiero che prima s'era vagheggiato, e più non si tiene opportuno. L'uomo si lascia talvolta cadere nella sventura per improvidenza (3); vi si abbandona per follia d'animo depravato.

Abbandonarsi alla gioja, abbandonato di forze (4), abbandonarsi sopra una seggiola, o in altro modo sconcio (5).

Gli usi talvolta si scambiano; e il sentimento che, secondo le circostanze, dà varie gradazioni alla medesima idea, può far sì che mentre chi lascia non si crede che di lasciare, il lasciato si creda abbandonato. Nell'ottavo dell'Inferno dice Virgilio a Dante: « Io non ti lascerò nel mondo basso. » E Dante nel verso seguente soggiunge: « Così sen va, e quivi m'abbandona Lo dolce padre. »

2.

ABBANDONARSI, DARSI.

Darsi dice affetto più o men vivo; *abbandonarsi*, abito passionato e senza ritegno, o con poco. Tanto gli è vero che *darsi* è meno, che per determinare il grado dell'affetto, diciamo: darsi con amore, darsi disperatamente, e simili. *Abbandonarsi* dice troppo da sè.

3.

ABBANDONARSI, DARSI IN PREDA.

Il primo è men forte. S'abbandona un'anima facile a essere vinta o dal piacere o dal dolore. *Darsi in preda* sottintende volontà più determinata, e ha senso sovente men buono. L'anima s'abbandona alla gioja, alla tristezza, all'amore; s'abbandona a un amico, a Dio. Nelle cose umane giova non si abbandonare mai; chè chi si abbandona diviene, secondo la potente frase latina, *impotens*. L'uomo si dà in preda ai vizi, alla voluttà, alla disperazione. *Abbandonarsi* vale: cedere al volere altrui, porre in altri intiera fiducia. *Darsi in preda* fa pensare che l'oggetto a cui l'uomo si dà, ne faccia mal governo.

4.

ABBANDONARSI, CASCAR LE BRACCIA, IL FIATO, IL PAN DI MANO.

Ai più coraggiosi, in certi momenti, cascan le braccia; ma guai a chi s'abbandona. A Mosè cascavan le braccia, e se le fece reggere.

Abbandonarsi è quasi darsi alla disperazione dell'inerzia, la più terribile delle disperazioni. Una piccola contraddizione, un disinganno che non vi tocchi sul vivo, vi fa cascar le braccia. State a sentire de' versi, alla prima strofa vi cascano le braccia subito.

Far cascare il pan di mano ha senso talvolta simile; ma dicesi, per lo più, di cosa che rechi maraviglia, o dolore improvviso (6). Far *cascare il fiato* è più.

— Far cascare il pane di mano ha pure un altro senso, cioè di troppo languida impressione o troppo diversa da quella che si aspettava: quella donna è bella, ma, a discorrerci, la fa cascare il pan di mano. — MEINI.

5.

ABBANDONATAMENTE, PERDUTAMENTE.

Fra *abbandonatamente* e *perdutamente* è il divario ch'è tra *perdita* ed *abbandono*. Tu ami abbandonatamente, cioè t'abbandoni interamente; perdutamente, cioè nell'amare ti perdi, o risichi di perderti, o non temeresti di perderti.

— *Perdutamente* può indicare il capriccio, la cecità in amore; l'altro, l'espansione dell'anima che tutta si riposa nell'oggetto amato. Il primo ha più spesso sinistro senso. — MEINI.

6.

ABBANDONO, SINCERITÀ, TENEREZZA, ESPANSIONE, EFFUSIONE.

Non paja strano questo accozzamento di voci tanto diverse nel senso; ma la lingua infrancesata di taluni ha confusi gli usi così, che dall'idea del sentire e parlare e fare abbandonatamente si trapassò a dire *con abbandono*; e così di chi dimostra nelle parole e negli atti sincerità o tenerezza o altro simile sentimento. Ma a quel modo improprio e generico giova sempre porre invece i più speciali denotanti l'affetto del quale si tratta, e dire: abbandonarsi alla tenerezza, operare abbandonatamente, parlare con abbandonata libertà. In senso simile dicesi *espansione* ed *effusione*: il primo significa meglio l'ampiezza del sentimento; il secondo, l'abbondante espressione di quello. Meglio però che da sè sole, soneranno accompagnate da altra voce che le determini; come: espansione di cuore, effusione di tenerezza.

7.

ABBASSAMENTO, BASSEZZA.

— Nel traslato, l'*abbassamento* volontario può essere di poco tempo; la *bassezza* è atto o abito inconciliabile con l'onore. L'abbassamento del tono nello scrivere rende lo stile talvolta più gradevole, perchè più vario; la bassezza dello stile non è pregio mai. — BEAUZÉE.

Abbassamento di calore, della cateratta, d'una stella, sono locuzioni della scienza fisica, medica ed astronomica.

Nel traslato, l'abbassamento del potere e della fortuna è quello talvolta che rialza dalla morale bassezza. Ma in questo senso *bassezza* può saper di francese; ed è da usare non senza avvedimento.

8.

ABBASSAMENTO, SBASSO, RIBASSO.

— *Abbassamento* è anche vocabolo della scienza, per significare la diminuzione del calore atmosferico. *Sbasso* è termine solamente commerciale; significa l'abbassare del prezzo nella vendita delle cose, che dicesi, più comunemente, *ribasso*: vendere col venti per cento di sbasso; dare al mezzano uno sbasso, e simili. — A.

9—16.

ABBASSARE, CHINARE, PIEGARE.
CHINO, BASSO.
BASSETTO, BASSINO, BASSOTTO.
CHINO, CURVO, PIEGATO, DECLIVE.
INCLINATO, DECLINATO, DECLIVE, ACCLIVE.
INCHINARE, RINCHINARE.

9.

Abbassare, Chinare.

— *Abbassare* è diminuire l'altezza, o togliere da luogo

---

(1) ARIOSTO: *Lascia la cura a me... Ch' io guarisca costui.*
- LIVIO: *S'infinse d'esser folle, e abbandonò al re sè e' suoi beni.*
(2) F. BARBERINO: *D'ingrati... Che non è vizio da lasciarlo in penna.*
(3) STOR. BARLAAM: *Ti se' lasciato cadere in totale disonore.*
(4) CINO: *Gli abbandonati spiriti miei.*
(5) CASA: *Non si conviene l'abbandonarsi sopra la mensa.* - ARIOSTO: *Con la spada addosso A Sacripante tutto s'abbandona.* - LAMPREDI: *Nè s'abbandona al vento il lieve ragno.*
(6) Quando a noi venga taluno come per annunziarci qualche gran cosa, che poi risolvasi in una bagattella, sogliamo dirgli: mi facesti cascar il pan di mano. - A.

più alto. Il *chinare* è una specie dell'abbassare: si china, d'ordinario, piegando.

Abbassare, come più generale, ha traslati più varii: abbassare la superbia, il grado, il prezzo. — ROMANI.

10.
Chinare, Piegare.

— Si *china* piegando in giù; *piegasi* in ogni verso. — GATTI.

11.
Chino, Basso.

— *Chino* denota superficie pendente all'ingiù, o dalla parte della base o dalla cima; perchè altro è la china del monte, altro il chinare del capo. *Chino*, insomma, è contrario d'*erto* o d'*eretto*; *basso*, d'*alto*. Quel che si china dalla cima, s'abbassa. Diciamo: capo chino e capo basso; ma non ogni cosa bassa è china, nè ogni cosa china potrebbesi dire bassa. — ROMANI.

12.
Bassetto, Bassino.

Bassino, per vezzo, non tanto di statura d'uomo, quanto d'attitudine o di misura di cosa: stare bassino, come rittino, a bambino. Casa, stanza bassina. In questo senso, *bassetto* dice piuttosto il difetto.

13.
Bassetto, Bassotto.

Bassetto, e di persona e di cosa (1); *bassotto*, di persona soltanto.

Detti ambedue alla persona, differiscono in ciò, che *bassotto* dice, d'ordinario, uomo ben tarchiato, di forte e non esile corporatura (2); *bassetto* si congiunge sovente all'idea di un'esile persona. *Bassetto*, inoltre, ha bisogno di una frase che lo accompagni e sostenga (3); *bassotto* sta da sè (4).

14.
Chino, Curvo, Piegato, Declive.

— *Piegato* è affine a *chino* quando la cosa è piegata all'ingiù. E così *curvo*. Ma può la cosa essere curva e piegata, e non china; nè ogni corpo chino è curvo o piegato. — ROMANI.

— Le linee curve non sempre chinano in giù. *Chino* opposto a *diritto*; *curvo*, a *retto*.

Un declivio è una china; ma là dove non è un'estensione di terreno che gradatamente discenda d'erta in pianura, declivio non è. Capo chino non è declivio per certo. — GATTI.

15.
Inclinato, Declinato, Declive, Acclive.

Declive, d'inclinazione naturale e non leggiera; *inclinato*, d'inclinazione minore, anche fatta dall'arte (5). Il declivio non si dà che ne' monti, nei colli, nelle alture; l'inclinazione, in qualunque corpo non iscenda a perpendicolo. Piano inclinato, non declive (6).

Declinato non è mai aggettivo assoluto, ma sempre participio del neutro. I traslati d'*inclinato* sono noti.

---

(1) FAV. ESOP.: *Alberi bassetti*. - MAESTRUZZO: *Voce bassetta*.
(2) CECCHI: *Con buona pancia un tal bassotto*.
(3) SACCHETTI: *Bassetto di sua persona*.
(4) CECCHI: *Che uomo è questi? Un tal bassotto*.
(5) MANZONI: *Quelle due salite laterali, inclinate regolarmente*.
(6) *Declive*, in alcuni esempi dalla Crusca recati ha altro senso; ma contro l'uso comune.

— *Acclive* dice il salire del clivo, cioè d'altura naturale non piccola, ma non erta. Quel che è acclive guardato o montato di sotto in su, sceso o misurato dall'alto è declive. — CAPPONI.

16.
Inchinare, Rinchinare.

— Il secondo è quasi sempre neutro passivo, e ha uso traslato; e *rinchinarsi* vale: piegarsi dinanzi ad altrui, umiliandosi.

Inchinare ha, come ognun sa, sensi ed usi varii. — A.

17 - 25.
ABBASSARE, AVVILIRE, UMILIARE.
ABBASSARSI, UMILIARSI, DEGRADARSI, AVVILIRSI.
OSCURO, UMILE.
VILE, BASSO, ABIETTO.
ABIETTEZZA, ABIEZIONE.
DEGRADARE, DIGRADARE, DISGRADARE.
DEGRADAZIONE, DEGRADAMENTO, DIGRADAMENTO.
DEGRADARE, DEPRIMERE.
DEGRADARE, DEPORRE.

17.
Abbassare, Avvilire, Umiliare.

Abbassare, dall'idea di scemare l'altezza visibile, venne a indicare scemamento della dignità, del valore, del merito.

Avvilire è gettare in abiezione vergognosa; rendere, o tentar di rendere disprezzabile.

Umiliare è mettere in istato tale che l'uomo senta la propria debolezza.

Abbassare è, più spesso, meno di tutti. Conviene che voi v'abbassiate verso coloro che non si possono alzare insino a voi.

— L'uomo grande può essere umiliato, ma non avvilito. Tutto c'invita ad umiliarci, perchè tutto ci parla di grandezze maggiori che la nostra non sia; niente ci obbliga ad avvilirci. — ROUBAUD.

18.
Abbassarsi, Umiliarsi.

Humilis da *humus*. L'umile si rammenta che la terra è comune madre nostra; che dalla terra tutti siam tratti, e alla terra ritorneremo. La virtù predicata da Cristo è dunque una sublime ricognizione dei limiti dell'umana natura; e in questi limiti comprendendo gli uomini tutti, li fa tutti uguali; e, nel deprimere, innalza l'umanità. Che se l'ebraica origine di Adamo è la voce TERRA (*limus terræ*), umiltà e umanità avranno dunque la medesima origine; e questa per tutti i rispetti sarà virtù essenziale all'umana natura.

Umiliarsi ha, talvolta, senso men buono; ma allora pure è men forte dell'altro. Umiliarsi ai potenti è men reo che abbassarsi. I poveri si umiliano per un pane; i ricchi s'abbassano per un ciondolo.

19.
Abbassarsi, Degradarsi, Avvilirsi.

Abbassarsi è meno di *degradarsi*, *degradarsi* è men di *avvilirsi*. Il potente che s'abbassa ad intendere e a sperimentare le miserie del povero, non si degrada punto, anzi si nobilita e si sublima.

Anche in mal senso, *abbassarsi* è meno. Con una parola, con una preghiera l'uomo s'abbassa; non si degrada se non con atti più gravi. Infelici coloro che credono degradarsi abbassandosi a sostenere la pena de' falli commessi! (1)

C'è degli atti colpevoli ma non vili: l'uomo si può degradare senz'avvilirsi. Patteggiare con l'iniquità è un degradarsi; servirle, è un doppiamente avvilirsi.

Le tre voci possono denotare non l'atto volontario, ma lo stato più o men dipendente da precedente volontà. Anche in questo senso conservano la gradazione segnata. Uno Stato può trovarsi abbassato dalla sua florente grandezza senz'esserne degradato, senza rimanerne avvilito (2).

Così, parlando d'uomo, l'abbassamento può riguardare le sole cose esteriori; la degradazione e l'avvilimento vanno all'anima sempre. Il sensuale è degradato dalla sua dignità d'uomo; lo schiavo volontario è avvilito.

Di azioni vituperevoli o ignobili, dicesi: le son cose che degradano; e in questo senso non si direbbe, assolutamente, che abbassano o che avviliscono, ma converrebbe reggere con un quarto caso il costrutto.

20.
Oscuro, Umile.

Voi potete essere d'umile condizione od origine, e chiaro per virtù, per ingegno. Illustri famiglie decadute sono in condizione umile, non oscura.

L'oscurità, nel pregiudizii del mondo, suole avere non so che di sospetto; perché il superbo sovente, là dove vede sventura, sospetta male.

21.
Vile, Basso, Abietto.

— Quel ch'è abietto è bassissimo. Può dirsi: basso e abietto, perché questo secondo rinforza.

Quel che è basso, è non elevato; quel che è abietto, si getta via, è da rigettare (3).

Professione bassa, che è abbandonata al povero volgo; abietta, che abbassa l'uomo al disotto di sè, e lo sforza a umiliazioni indegne; vile quella che è infame, o che si esercita da uomini i quali la società tiene come spregevoli. — ROUBAUD.

Vile, cosa di poco pregio; e si oppone a *caro*. *Vile*, dunque è meno d'*abietto*. Vita di s. Ant.: « Foste da persone tanto vili e così abiette accusato. » D. G. Celle: « La semplicità della coscienza, la quale gl'ingiusti dispregiano come cosa vile ed abietta. »

— *Abietto* non ha senso altro che figurato: servitù abiettissima; abiezione d'animo e di costumi. *Vile*, è nel traslato e nel proprio: vil prezzo, vil merce, panno, frutto, moneta, soldato, affetto (4).

Perchè si sogliono gettar via le cose che si reputano di nessun valore nè uso, però l'abiezione può riguardarsi come effetto dell'avvilimento o della viltà della cosa. — ROMANI.

22.
Abiezione, Abiettezza.

La seconda è adoperata dal Segneri solo; ma, quand'anco io ne avessi l'autorità, non l'oserei espellere dalla lingua. *Abiezione* dice lo stato; *abiettezza*, la disposizione dell'animo. L'uomo oppresso dalla ingiustizia geme nell'abiezione; questa, però, non penetra nel suo spirito, non vi genera l'abiettezza del sentimento. Ma come faremo noi a indicare l'animo abietto di un potente fortunato? La sua non è abiezione, è abiettezza (1). Insomma, la prima di queste voci può significare sventura; la seconda, colpa (2). E quand'anco parte dell'esterna abiezione entrasse nell'animo dell'infelice, la sua non sarebbe pure abiettezza: tra l'una e l'altra correrebbe la differenza che è tra *avvilimento* e *viltà*, tra *abbassamento* e *bassezza*.

Altri dirà che in tal caso il senso della voce *abiettezza* può essere espresso dalle altre voci più note: *bassezza, viltà*; ma l'abiettezza è più profonda, più volontaria, più rea.

23.
Degradare, Digradare, Disgradare.
Degradazione, Degradamento, Digradamento.

Degradare, privare del grado; *digradare*, scendere di grado in grado, scemare a grado a grado, a poco a poco. *Disgradare*, modo non vivo, ch'io sappia, se non nella lingua scritta, è affine a *vincere*; quasi abbassar di grado alcuna cosa, soperchiandola: naso da disgradare la torre di Babele; fedeltà di traduttore da disgradare la salviniana.

Da *degradare* si fa *degradamento*, ch'è l'atto; *degradazione*, ch'è l'atto e lo stato. L'atto del degradare un soldato, un magistrato pubblico, è degradazione, non degradamento. Lodar chi ti paga, quand'anche non ti paghi per esser lodato, lodarlo anco per veri suoi meriti, è degradamento della propria dignità; e, se si fa per vizio, degradazione. Degradazione, diciamo, di mobili, di poderi, di case: modo non so quanto proprio. Da *digradare* si fa *digradamento*; *digradazione* sarebbe inutile e improprio, perché lo scemare, o lo scendere a gradi, non è nè azione nè stato.

24.
Degradare, Deprimere.

Deprimesi col giudizio, colla parola, coll'atto; si degrada col fatto, con fatto autorevole, giusto o no. *Deprimere* può denotare pure il desiderio o lo sforzo di nuocere; *degradare* indica atto efficace.

Può l'uomo per umiltà deprimere talvolta sè stesso, i meriti proprii; degradarsi non deve mai.

25.
Degradare, Deporre.

Si depone da carica; degradasi da dignità. Il *degradare* suppone il *deporre*, ma non viceversa. Si può deporre un magistrato dal suo uffizio, e lasciargli gli onori di prima; il degradarlo è togliergli non solo gli onori, ma l'onore, al quale egli ha rinunziato con le proprie azioni. Si degrada un militare, un ecclesiastico (3); si depone un impiegato, sia in uffizii civili, sia in ecclesiastici, o in altro. Il deporre, insomma, è pena anch'esso, ma non tanto grave.

---

(1) MART.: *Abbassare il grado vostro.*
(2) GIAMBULLARI: *Abbassamento degl'infedeli.* - G. VILLANI: *Molto abbassato di suo stato e signoria.*
(3) *Ab-jacio.*
(4) Dicesi anco assolutamente: il pane è vile, o simile, cioè a non caro prezzo.

(1) SEGNERI: *Le ubbidisce per timore di pena, perchè questo è abiettezza.*
(2) I Latini denotano ambedue queste cose con sola *abjectio*.
(3) DAVANZATI: *Crammero, arcivescovo di Conturbia, fu degradato e dato al braccio secolare.* - MAESTRUZZO: *Il vescovo non può restituire il degradamento, ma il solo papa.*

26—30.

ABBASSARSI, DECLINARE, DECADERE.
DECLINARE, DECHINARE.
DECLINARE, DECRESCERE.
DECLINARE, DEVIARE.
DECLINAZIONE, DECHINAMENTO.

26.
Abbassarsi, Declinare, Decadere.
— *Declinare* indica degradazione lenta: *decadere* è dunque più. Altro è che il commercio declini, altro è che decada.
Decadenza indica lo stato di ciò che si dispone a cadere; *declinazione*, lo stato di ciò che si dispone a abbassarsi. — ROUBAUD.
— *Abbassarsi* è meno di *decadere*, più di *declinare*. Ma, nel proprio, l'abbassarsi si fa d'alto in basso; nel declinare può essere d'un punto in altro: declinazione dell'ago magnetico. — ROMANI.

27.
Declinare, Dechinare.
Declinare è più comune: ma *dechinare* ha qualch'uso suo proprio. Declina una famiglia, uno Stato, un uomo, quando scema del lieto esser suo (1). Di chi, per vecchiezza o per infermità o per passioni, abbia dato giù di molto, si dice: quanto egli è declinato. — Dechina, non declina, una superficie di terreno che vien grado grado scendendo (2). Declina un corpo dalla direzione presa (3); l'uomo, dalla rettitudine de' suoi andamenti. La febbre declina (4). I grammatici declinano un nome.

28.
Declinare, Decrescere.
Cosa che *declina*, va pendendo verso il suo fine: cosa che *decresce*, va diminuendo di quantità discreta o continua. Il sole declina, i giorni decrescono; un movimento declina, un fiume decresce. Di grandezza che secondo l'ordine solito ha misurato il suo corso, dicesi che declina; di grandezza che per causa qualsiasi perde della propria intensità, che decresce. La grandezza romana doveva, dopo Cesare, declinare; la grandezza delle italiane repubbliche doveva per molte ragioni rapidamente decrescere e perdersi.

29.
Declinare, Deviare.
1.° *Declinare* dice deviazione più leggiera che *deviare*.
2.° Di cammino arduo, sarà più proprio.

30.
Declinazione, Dechinamento.
Declinazione s'applica e alla grammatica, e al corso degli astri e della febbre (5). *Declinamento* non s'usa nè *dechinazione*; ma sì *dechinamento*, che non è però assai comune.

_____

(1) GUICCIARDINI: *Sostener la riputazione declinata.* - SALVINI: *La declinante età.* - ARIOSTO: *Declina il mondo, e peggiorando invecchia.*
(2) DANTE: *La valle onde Bisenzio si dichina.* - *Dechinare*, co' suoi derivati, è disusato oggidì.
(3) MAGALOTTI: *Il primo conservò perfettissima la sua figura circolare, l'altro declinò ad ellissi.*
(4) LIB. CUR. MAL.: *Nel declinamento della febbre.* Più comunemente: *declinazione della febbre.*
(5) SERDONATI: *Fecero le tavole delle declinazioni, delle quali oggi si servono i marinari a trovare la latitudine.* - Questa il Galileo chiama *dechinazione*; ma il linguaggio de' moderni prescelse *declinazione*.

31.
ABBASSARSI A, ABBASSARSI DINANZI.
Abbassarsi a cosa vile; *abbassarsi dinanzi* all'altrui grandezza. Il primo è colpa; il secondo, dovere. Chi s'abbassa dinanzi a Dio, sa poi non s'abbassare cogli uomini ad atti indegni.

32—33.
ABBASTANZA, A SUFFICIENZA, ASSAI, SUFFICIENTEMENTE, QUEL CHE OCCORRE.
BASTANTEMENTE, ASSAI ASSAI, ASSAISSIMO.

32.
Abbastanza, A sufficienza, Assai, Sufficientemente, Quel che occorre.
Il primo riguarda più propriamente la quantità che si vuole avere; il secondo, quella che si vuole adoprare. L'avaro non ha mai abbastanza; il prodigo, mai a sufficienza. Diciamo *abbastanza*, quando della cosa non ne vogliamo più; *a sufficienza*, quando ne abbiamo quanto fa all'uopo nostro. In certi casi *abbastanza* indica maggior quantità: perchè dicendo *abbastanza*, gli è come dire che un di più sarebbe troppo; e dicendo *a sufficienza*, gli è come dire che il di più apporterebbe abondanza, ma non riuscirebbe soverchio. Si dice di rendita mediocre, che se n'ha a sufficienza, non abbastanza.
— Chi ha abbastanza di una cosa, ha già più di *quel che gli occorre*. — NERI.
— *Assai* riguarda piuttosto la quantità in sè; *a sufficienza*, la quantità che serve all'effetto (1). Questo secondo è più proprio laddove trattisi appunto di fare. Ma perchè il servire appena appena all'effetto voluto è sovente grettezza, e la virtù, la previdenza, l'ingegno debbono mirare più là; però *sufficientemente* venne a significare quasi *mediocremente*. — GATTI.

33.
Bastantemente, Assai assai, Assaissimo.
Bastantemente è talvolta un po' meno di *abbastanza*, ma sempre un po' più di *sufficientemente*. Quest'ultimo, talvolta, denota una mediocrità che poco dista dalla insufficienza.
Assai assai si avvicina più al senso di *molto*, che a quel d'*abbastanza*, e val quasi: tanto da far dire due volte *satis*. *Assaissimo* è ancor più prossimo a idea di quantità non piccola che di semplice sufficienza.
Più comunemente i Toscani dicono *averne assai* d'una cosa, non solamente per non ne volere di più, ma anzi di meno o punto.
Di lettura molesta, di divertimento nojoso dicesi: n'ho assai, per poco che ne abbiamo assaggiato. *Abbastanza* par che voglia indicare prova più lunga: forse perchè *bastare* risveglia idea di durata.

34—38.
ABBOZZARE, SCHIZZARE, DIGROSSARE.
ABBOZZARE, DELINEARE.
DISEGNARE, DELINEARE, ADOMBRARE.
LEVARE LA PIANTA, FARE LA PIANTA.
PIANTA, ALZATO.

34.
Abbozzare, Schizzare, Digrossare.
— *Abbozzare*, disegnare in digrosso opere d'arte. *Schizzare*, accennare il disegno con poche linee, quasi poche

_____

(1) *Sub-facio.*

gocciole di liquore spremute, che schizzino; onde anco il traslato d'*esprimere* (1). *Schizzo*, il primo pensiero dell'opera. L'*abbozzare* è un cominciare a dar forma. *Digrossare* dicesi di qualsivoglia lavoro d'arte bella, o pur d'altra. — GATTI.

35.
Abbozzare, Delineare.

— *Delineare*, disegnare i lineamenti de' corpi. Si fa con più cura e fedeltà che *abbozzare*. S'abbozza anco un lavoro di scultura; non si delinea. — A.

36.
Disegnare, Delineare, Adombrare.

Il *disegno* può essere più elaborato; il *delineare* può essere un semplice disegnare a contorno (2), più distinto però di *adombrare*. Quest'ultimo riguarda più direttamente la fedeltà, la verità del disegno. Nel disegno appena adombrato non si conosce la rassomiglianza degli oggetti naturali così chiara e distinta come dovrebbesi (3), ovvero non si vede netto il pensier dell'artista. Nel delineare è la precisione, ma non tutte le qualità richieste a un disegno.

Nel traslato, *delineare* è segnar quelle tracce che poi siano seguite dall'altrui o dal proprio lavoro. Spetta al critico delineare con tratti franchi l'ordine delle idee d'un autore. L'enciclopedista, non potendo disegnare l'immenso quadro dello scibile, ne viene delineando i contorni.

Adombrare è più indeterminato, e talvolta confuso. I pensieri e i sentimenti d'un uomo singolare non possono da penna umana essere descritti, ma appena con l'imaginazione adombrati (4).

Disegnare, come ognun sa, è più preciso. Innanzi di scrivere un discorso, un dramma, un'ode, il vero creatore sente il bisogno di disegnare nettamente le parti; non fa come coloro cui pare ispirazione il gettare idee a mala pena adombrate.

Disegnare ha un senso suo proprio: proporre a sè stesso un partito da prendere, un'impresa da compire, e vedere de' mezzi che a quella conducono.

37.
Levare la pianta, Fare la pianta.

— Si *leva la pianta* lavorando sopra il luogo, prendendo gli angoli, misurando le linee, conservandone le dimensioni, per potere poi con que' segni e quelle note *fare* la pianta. *Fare la pianta* è disegnare al pulito sopra una carta o sopra altro, le linee già tirate sul luogo del quale si è levata la pianta; di modo che la figura disegnata abbia misura proporzionale alla misura del luogo che si vuol disegnare. — ENCICLOPEDIA.

38.
Pianta, Alzato.

— *Pianta* o *disegno in pianta* gli è un modo speciale di disegnare gli oggetti, il quale si fa col dar loro quella figura che avrebbero, veduti d'alto in basso (a volo d'uccello), o, in altri termini, sbattuti (projetti) sopra un piano orizzontale. La *pianta*, dunque, è projezione fatta da linee verticali (o piombi) sopra un piano orizzontale; e si distingue dall'*alzato*, ch'è projezione verticale, cioè fatta da linee orizzontali su un piano verticale. — LAMBRUSCHINI.

39.
ABBOZZARE, DIGROSSARE, SBOZZARE, DIROZZARE, SGROSSARE.

Digrossare, dar la prima mano alla forma d'un lavoro, che poi si deve compire (1); è levar via dall'oggetto la parte più grossolana, per poi meglio ripulirlo. Si digrossa un arnese, una statua. Gli scultori, per lo più, fanno agli scarpellini digrossare il marmo, per poi dargli l'ultima mano (2). Tale operazione chiamano, con nome più proprio, *sbozzare*. Se si potesse questo fare in certe opere d'erudizione, sarebbe cosa pur comoda; ma, d'ordinario, per dare al lavoro unità e vita, conviene al grand'uomo e raccoglierne le materie da sè, e ordinarle, e abbellirle.

Abbozzare, propriamente, de' lavori d'arte; poi di qualunque opera incominciata e ancora imperfetta. S'abbozza e in pittura e in scultura; si digrossa in scultura (3). Di quest'arte parlando, l'abbozzare è sempre maggior cosa che il digrossare; perchè quello è cominciare a fare del proprio; nè le statue abbozzate dal Buonarroti si direbbero digrossate o dirozzate. Può però darsi arnese abbozzato, il quale sia ancora più imperfetto che se sol dirozzato (nè d'arnese ordinario direbbesi *digrossare*). Così nelle opere dell'ingegno, un romanzo abbozzato è appena concepito e tracciatene le prime linee; digrossato non si direbbe il lavoro, se non quando gli si togliessero i più gravi difetti o superfluità (4).

Digrossare e *sgrossare*, che valgono lo stesso, pajon più rari nell'uso. Il primo dei due, inutile. *Sgrossare* può servire forse al lavoro, propriamente più grosso, del togliere i più materiali difetti o pecche, le quali s'interpongono quasi corpo opaco tra il lavoro e l'idea. C'è degli artisti e scrittori che, o per eletta natura o per arte eletta, fin dal primo gettano e formano così felicemente il lavoro, che da sgrossare non c'è.

Non d'opere, ma d'ingegno o d'anima grossolana, potrebbesi dire, forse: digrossarla per educazione o per coltura e per abiti buoni; e se trattassesi di grossezza ancora più goffa e meno innocente: sgrossarla. Gente grossa diconsi gl'ignoranti o piuttosto gli inscienti (5). L'ignoranza semplice ed umile ha di bisogno di essere digrossata; ma la cocciuta e con pregiudizii e fantasie torbide e passioni dotte, è da sgrossare (6).

---

(1) DANTE, Inf. XXXII: *Premerei di mio concetto il suco Più pienamente.* Par. IV: Usa *spremere*, che ora più non si dice, nel traslato d'*esprimere*.
(2) PLINIO: *Arrepto carbone... imaginem in pariete delineavit.*
(3) LUCREZIO: *Sed quasi adumbratim paulum simulata videntur.*
(4) PETRARCA: *Tanto più bella il mio pensier l'adombra.* - CICERONE: *Rerum quasi adumbratas intelligentias animo et mente concipere.*

(1) LIB. SONETTI: *Digrossato coll'ascia, e non compiuto.*
(2) SACCHETTI: *Ferramenti con che digrossava e intagliava que' crocefissi.*
(3) *Gli scultori*, dice l'Alberti, *abbozzano le figure colla sabbia; i modellatori, colla pettinella e cogli stecchi.*
(4) ALLEGRI: *Digrossando in parte, come sarebbe a dire dagli errori più grossi nettandolo.* - BARTOLI: *Digrossare un diamante.*
(5) DANTE, Inf. XXXIV, e Purg. XI: *Etati grosse, i secoli d'ignoranza.*
(6) DANTE, Par. I: *Tu stesso ti fai grosso Col falso imaginar, sì che non vedi Ciò che vedresti se l'avessi scossa.*

Si digrossa un lavoro dell'ingegno; si dirozza l'ingegno stesso. Si dirozza anco il costume, il tratto. Di questo potrebbe anco dirsi *digrossare*; *sgrossare* non direi.

40.

ABBOZZO, Schizzo, Bozzo.

— *Abbozzo,* la prima forma dell'opera; *schizzo,* un disegno incompiuto dell'opera stessa, un pensiero.

Schizzo, segnatamente della pittura; *bozzo,* e di pittura, e di scultura, e di ogni disegno.

Bozzo e *bozzetto,* in pittura, è più che lo *schizzo*: è come un saggio dell'opera in piccolo sì, ma in colori.

Vasari: « Quei disegni che son tocchi leggermente ed appena accennati con la penna o altro, chiamano schizzi. Quelli poi che hanno le prime linee intorno, sono chiamati profili, dintorni (1) o lineamenti... (2). Gli schizzi chiamiamo noi una prima sorte di disegni, che si fanno per trovar il modo delle attitudini, o il primo componimento dell'opera: e sono fatti in forma di una macchia, ed accennati solamente da noi in una sola bozza del tutto. E perchè dal furor dell'artefice sono in poco tempo, con penna, o con altro disegnatoio, o carbone, espressi, solo per tentar l'animo di quel che gli sovviene, perciò si chiamano schizzi. Da questi vengono poi rilevati in buona forma i disegni (3). »

Abbozzo è più generale, e indica ora lo schizzo stesso, ora lavoro incominciato e non compiuto, ora lavoro informe. Vasari: « Feci il cartone, e dopo abbozzai di colori la tela (4). » — Altrove: « Chi non volesse far cartone, disegni con gesso da sarto, bianco, sopra la mestica, ovvero con carbone di salcio... Seccata questa mestica, lo artefice va calcando il cartone, o con gesso bianco da sarti disegnando, l'abbozza; il che alcuni chiamano imporre (5). » — Altrove: « Le figure di bronzo, le quali col campo di terra gialla e gesso s'abbozzano, e con più scuri di quello, nero, rosso e giallo si fondono, e con giallo schietto si fanno i mezzi, e col giallo e bianco si lumeggiano (6). » Nel traslato il simile: « Dopo diciassett'anni ch'io presentai quasi abbozzate a V. E. le Vite..., elle vi tornano innanzi, non pure del tutto finite, ma... (7). » — A.

41—48.

ABBRUCIARE, Accendere, Bruciare, Infiammare, Avvampare, Ardere, Infuocare.

Ardore, Accendimento, Combustione, Conflagrazione, Bruciamento, Ignizione, Infuocamento, Arsione, Infiammazione, Infuocato, Ignito.

Affocare, Infuocare.

Ardente, Rovente, Arroventato, Arroventito, Bollente.

Ardore, Ardenza, Arsione, Arsura.

Arroventare, Infiammare, Ardere, Infiammarsi.

Focoso, Infocato, Ardente, Affocato, Focato.

Infiammazione, Flogosi, Flogostosi.

Punta, Pleurisia, Polmonia.

(1) Ora *contorni.*
(2) Pag. 300, Tom. I, edizione milanese.
(3) Pag. 360.
(4) Pag. 97.
(5) Pag. 323, 324.
(6) Pag. 330.
(7) Pag. 185.

41.

Accendere, Abbruciare, Infiammare, Avvampare, Infuocare, Ardere, Bruciare.

Ardore, Accendimento, Combustione, Conflagrazione, Bruciamento, Ignizione, Infuocamento, Arsione, Infiammazione, Infuocato, Ignito.

— *Accendere,* produrre il fuoco, che scaldi o illumini; *spegnere* è il suo contrario. Si accende il fuoco e i corpi; si accendono i corpi al fuoco (1).

Abbruciare, consumare o in tutto o in parte al fuoco; e denota anco gli effetti del dolore o della distruzione dal fuoco portati. Ha pure uso di neutro.

Infiammare non si dice se non là dov'è fiamma. S'accende il lume, il carbone; s'infiamma ogni corpo dalla fiamma compreso. Se la fiamma meni vampa, abbiamo *avvampare.* Se il fuoco, con fiamma o no, penetri un corpo duro e lo investa del calore e colore, abbiamo *infuocare.* L'azione del fuoco continuante sulla cosa accesa, è denotata da *ardore*; ma ardore può esserci anco senza fuoco. L'*accendimento* dà una specie di combustione: perchè, secondo i chimici, ogni congiungersi che fa l'ossigeno ai corpi, con fuoco o senza, con calore o no, è *combustione.* Acceso, il corpo s'infiamma; infiammazione piena è *conflagrazione*; conflagrazione continuata è *bruciamento.* Nel linguaggio scientifico usan anco *ignizione*; ma *infuocamento* lo rende inutile quasi.

Senonchè, *ignito* non è affatto spento, e non dice il medesimo che *infuocato.* Di splendore vivissimo senza che sia fuoco proprio, l'usa Dante (2). Viso infuocato, direbbe semplicemente d'un rosso acceso. Parlare infocato (3), infocate parole, cuore, affetto, non si direbbero igniti.

Il bruciamento continuato dicesi pure (ma non nel comune uso) *arsione.* — GATTI.

— *Ardere,* intransitivo per lo più, può anche farsi attivo. Dino Compagni: « Arson più di mille nove cento magioni. Il fuoco arse molte case. » *Bruciare,* se significa incendio, è sempre intransitivo. Diremo dunque: brucia, è bruciato il teatro della Fenice; e non: abbrucia, è abbruciato. — CIONI.

42.

Affocare, Infuocare.

Il primo è meno usitato, ma dice cosa che l'altro non dice quando significa mettere fuoco. Dante dice che il drago sulle spalle di Caco « affuoca qualunque s'intoppa », cioè gli getta fuoco di contro (4).

---

(1) Boccaccio: *Il torchietto accese a un lume.* - Petrarca: *Il ciel accende le sue stelle.* - Dante: *Fiamme accese. - La gente ch' entro v'era incesa.*

— *Incendere* e *inceso* rimangono nell'uso vivo di qualche parte della Toscana per alcuni significati speciali. Quando comincia a martellare un dito infiammato, mettono molti il dito nell'acqua ardente, e tosto ne lo ritirano, e ciò fanno più volte; e allora si dice: incendere un dito. Così le nostre donne incendono una tela, quando vi buttano su dell'acqua bollita per torglierle la salda. Incendono anche nell'acqua bollita la roba di colore, perchè in bucato la non iscolorisca. — ANG. CONTI.

(2) Par. XXIV.
(3) P. G. 118: *Ignitorum eloquium.*
(4) Dante: *Un punto vidi che raggiava lume Acuto sì, che il viso, ch' egli affuoca, Chiuder conviensi per lo forte acume.*

Infocato vale penetrato dal fuoco. Vapore infocato, dice Matteo Villani, non affocato: infocare gli occhi, la mente; infocato nella collera; infocato in viso.

43.

Ardente, Rovente, Arroventato, Arroventito, Bollente.

— *Ardente* fiaccola; non rovente: ferro *rovente*. *Ardente* ha traslati suoi: ardente desiderio, amore. — NERI.

Ferro *rovente*, da *rubens*, il suo colore; *ardente* anche può dirsi quando mette scintille; e *bollente* lo dice Dante dal suono che manda (1). Di corpo naturalmente infiammato, che renda somiglianza di metallo, dicesi *rovente*; *arroventato* denota azione per aver quell'effetto.

Dicesi altresì *arroventito*: e se pur si volesse porre una qualche varietà, pare che questo denoti un po' meno l'opera dell'uomo, e possa dirsi di cosa che si venga, quasi da sè, facendo rovente. Ma tale differenza non è proprio dell'uso; e qualch'altra ne avrà forse l'uso. L'analogia me la detta ed il suono.

44.

Ardore, Ardenza, Arsione, Arsura.

Nel traslato, *ardore* vale la continua od almen prolungata intensità dell'affetto: *ardenza*, l'intensità momentanea. Nell'ardenza dell'ira anco l'uomo più mite può lasciarsi andare ad eccessi; l'ardor dell'amore trasporta ad atti sconvenevoli anco i più saggi.

Più: *ardore* è anco di sentimenti nobili e puri (2); l'*ardenza* è un momento che ha del pericoloso, per lo meno, e del soverchiamente vivace. L'ardore dell'amor puro, messo al cimento, si trova talvolta in certo stato d'ardenza che non è tutto platonico: egli è perciò che conviene evitar l'occasione.

L'*arsione* è nella gola; viene da sete difficile a vincersi o dal calor della febbre: l'*arsura* è ne' campi; vien dalla calda stagione.

45.

Arroventare, Infiammare.
Ardere, Infiammarsi.

— *Arroventato* è corpo, per lo più, solido, che per fuoco diventi rosso. Un liquore, un fluido aeriforme s'infiamma, non s'arroventa. D'uomo accaldato, o febbricitante, o arrabbiato diciamo: infiammato nel viso. E molti altri traslati di questa voce, arroventato non li ha. — GATTI.

— Il corpo arroventato, o rovente, non è sempre infiammato, perchè può non levare fiamma: anzi diconsi roventi, o arroventite, le cose che ardono senza fiamma. — LAMBRUSCHINI.

— Si può infiammare un corpo, e può non ardere; può ardere senza levare fiamma. Nel traslato, l'infiammazione differisce dall'ardor della febbre. — ROMANI.

46.

Focoso, Infocato, Ardente.
Affocato, Focato.

Focoso, pien di fuoco; per lo più nel traslato. *Infocato*, preso, circondato, riscaldato, rovente dal fuoco: o nel proprio, e nel traslato talvolta. *Ardente*, ciò ch'è preso dal fuoco in modo da splenderne, e sovente da esserne in tutto o in parte consumato.

Il corpo ardente brucia; l'infocato, non sempre. Nel traslato, *ardente* è più di *focoso* perchè indica forza attiva e presente: dove l'altro dice meglio la potenza.

Focoso, d'uomo facile all'ira segnatamente, ed all'impazienza, principio dell'ira; *ardente*, e dell'ira e dell'amore e di tutte le passioni vive. L'uomo focoso, a una parola piglia fuoco; l'ardente, non si accenderà così presto, ma, acceso, sarà più fervido, più operoso.

Gli ingegni ardenti rado pajon focosi.

— *Focoso*, che tiene delle qualità del fuoco: desiderio, amore, impeto, corso, stile, gioventù, cavallo, anima. *Ardente*, che arde di fuoco, che ha il fuoco con sè, e può comunicarlo ad altrui. Però il fuoco stesso diciamo ardente, ardenti i raggi, il sole, una lampada. — GATTI.

— *Affocato*, che ha toccato, sentito il fuoco, e ne serba le impronte; *focato*, d'un colore acceso, o simile al fuoco. E anche aggettivamente: rosso focato. — CAPPONI.

47.

Infiammazione, Flogosi, Flogostosi.

— *Flogosi*, infiammazione in genere; *flogostosi*, infiammazione delle ossa. *Infiammazione* è vocabolo più usuale, e ha sensi più varii. — MOJON.

48.

Punta, Pleurisia, Polmonia.

— *Pleurisia* o *pleuritide*, infiammazione della pleura; distinta da *polmonia*, o *peripneumonia*, ch'è infiammazione de' polmoni. *Punta* è la voce usuale significante *pleurisia*. — MOJON.

49—50.

ABBRUSTOLIRE, ABBRUCIACCHIARE, ABBRONZARE, ARROSTIRE, BRUCIARE, RISECCHIRE, TOSTARE, STRINARE, ROSOLARE.

ROSOLARE, CANZONARE.

TOSTATO, TOSTO, TORRIDO, TORREFATTO, FRANCO, SICURO.

49.

Abbrustolire, Abbruciacchiare, Abbronzare, Arrostire, Bruciare, Risecchire, Tostare, Strinare, Rosolare.
Rosolare, Canzonare.

Abbrustolire, porre le cose al fuoco sì che secchino, e non ardano nè si cuociano, ma si riscaldino e abbronzino. Denota l'effetto non solamente del fuoco ma e d'un forte calore. Si abbrustolisce il pane, che si dice anco *arrostire*; se troppo arrostito, egli è *bruciato*; se appena messo sul fuoco, è anche abbronzato, gli è *risecchito*. Si abbrustolisce il caffè; il dicesi anco, con vocabolo più appropriato, *tostare*. Il fuoco, il sole abbrustoliscon le carni.

Abbruciacchiare è bruciare le estremità più tenere; come degli uccelli, quando, pelati, si mettono alla fiamma per tor via quella peluria che riman loro dopo levate le penne; così delle ragne di seta che i bachi lasciano nei mannelletti dov'han fatto il bozzolo. *Abbruciacchiare* in alcune parti di Toscana si dice *strinare* (1); ma lo strinare denota in particolare l'abbruciamento de' peli (sien

---

L'occhio, nel quale esso punto getta il suo fuoco, a infuocare quasi esso occhio.
(1) Par. I.
(2) BUONARROTI: *Questo possente mio nobile ardore Mi solleva da terra.*

---

(1) *Strinare* è, con un solo esempio, nella Crusca del Cesari, in senso consimile.

di qualunque specie): ond'è men generale di *abbruciacchiare*.

Abbronzare, voce anch'essa dell'uso vivente, denota l'effetto del primo abbruciare che fa 'l fuoco la superficie delle cose; quel colore tra il bruno e il rosso.

Rosolare, definisce la Crusca, far che le vivande, per fuoco, prendano quella crosta che tende al rosso. Dunque differisce da *abbronzare*: 1.° perché il rosolare è condizione della cottura (1); l'abbronzare è, per lo più, difetto, male. 2.° Nell'abbronzare non si suppone la crosta che fa il rosolare. 3.° L'effetto di questo è graduato; di quello, può essere quasi a un tratto. 4.° Si rosola al fuoco; s'abbronza anco al sole (2).

— *Rosolare* ha un traslato. Famigliarmente: L'ho rosolato bene, dicono in Firenze; e intendono: L'ho bene canzonato, l'ho bene acconcio; e dicesi di parole e di fatti. Ma il canzonatore rosola adagino adagino. — MEINI.

50.

Tosto, Tostato, Torrido, Torrefatto, Franco, Sicuro.

— *Torrido* denota gli effetti del sommo calore; *tostato* e *tosto*, un effetto del calore del fuoco. *Tostato*, di corpi abbrustoliti; *tosto*, d'arrostiti o abbronzati: zona torrida; caffè tostato; carne tosta. Nel traslato: faccia tosta, come sarebbe faccia tanto abbronzata dal sole, che non esprime col mutar degli affetti, ma dice soltanto sicurtà. Senonché: sicurtà, di per sé, è buona cosa; la faccia franca, già sente d'audacia; la tosta, accusa impudenza. Dicesi il vero con fronte sicura; gli imbroglioni chieggono con faccia franca; a negare fanno faccia tosta i bugiardi.

Torrefazione è della scienza; dice l'azione del fare, o l'effetto dell'essere reso torrido. — A.

51—54.

ABILE, CAPACE, ATTO, ADATTO, DISPOSTO, ADATTATO, IDONEO, ACCONCIO, APPROPRIATO.

ACCONCIO, ATTO.

MALACCONCIO, MALCONCIO, SCONCIO.

INETTO, INCAPACE, INSUFFICIENTE, INABILE.

51.

Abile, Capace, Atto, Adatto, Disposto, Adattato, Idoneo, Acconcio, Appropriato.

— *Abile*, dicesi in italiano, per lo più, di persona intelligente; e indica le facoltà che lo pongono in grado di fare tale o tale operazione alquanto complicata e continua.

Capace, propriamente, dice idoneità a contenere, per forma, per estensione. In senso figurato, attitudine a capire, a comprendere.

Atto denota relazione generica di convenienza, tanto delle cose quanto delle persone: tempo, luogo atto alle insidie; mezzi atti al fine; uomo atto a tale o tale opera.

Adatto (3), anco di cose, dice un po' più. *Adattato*, reso atto. Onde diciamo: discorso adattato, citazione adattata, perché l'uomo li adatta al proposito. Ma, come tanti altri participii passivi, talvolta significa non l'azione prossima dell'adattare, bensì attitudine tale che par preparata da una volontà intelligente, par fatta apposta. Però è sempre un po' più d'*adatto*. Senonché l'opera può non riuscire, può adattarsi in maniera che non ne segua attitudine; e allora *adattato*, non solamente è meno, ma può denotare quasi incongruenza.

Disposto dice l'inclinazione a cose anco semplicissime, alle quali né abilità né attitudine è necessarie: disposto a venire, a correre. — GATTI.

— La disposizione (dice il Guizot) fa fare, l'attitudine fa riuscire. *Disposizione* è il primo grado di *attitudine*. Molti hanno disposizione a far versi; attitudine, pochissimi. — BONVILLIERS.

Abile è più che *capace*. Si può essere capace di comandare; ma prima di diventare abile a comandare, conviene aver comandato più volte (1). — ENCICLOPEDIA.

Abile, di persona; *capace*, di persona e di cosa (2).

Idoneo, specialmente delle persone; *atto*, e di persone e di cose.

L'attitudine suppone, d'ordinario, un atto o serie di atti non molto complicata; l'idoneità, molto più. Atto, diremo, non: idoneo a portare un peso; idoneo a sostenere un uffizio. Quindi è che *idoneo* s'usa specialmente di funzioni, di cariche.

Atto esprime disposizione men prossima, e talora non sufficiente allo scopo; *adatto* è più. Il primo è nel possibile, il secondo più in atto.

L'uomo atto alla cosa ha alcune delle qualità necessarie; l'adatto ha le qualità, e i mezzi ancora. Chi è atto a insegnare, ha delle cognizioni buone a ciò, e delle disposizioni, se vuolsi; ma può tuttavia non essere adatto. A ciò giova l'esercizio e l'esperienza. Talvolta que' che paiono teoricamente più atti al governo dei popoli, in pratica sono a ciò meno adatti.

Adatto, insomma, denota l'attitudine immediata, sperimentata.

— *Acconcio*, per lo più, di disposizione venuta dall'arte (3). Poi il tempo, la circostanza diconsi acconci, non abili; talvolta, atti o adatti; idonei, più rado: *appropriato* è ancora più. — ROMANI.

52.

Acconcio, Atto.

Acconcio ha più chiara l'idea dell'ordine; *atto*, della efficacia. Cosa atta è più o meno appropriata, cosa acconcia è appropriata in modo conveniente (4): metro acconcio; cavallo atto al corso; sella acconcia al cavallo.

Atto ha mal senso, *acconcio* no, se non fosse ironia: anima adulatrice è atta a ogni viltà; gli ornamenti semplici sono più acconci a vera bellezza.

Quand'anche *acconcio* non sottintenda idea d'eleganza, indica attitudine vie maggiore (5).

53.

Malacconcio, Malconcio, Sconcio.

Malconcio, non bene acconcio, parlando di cosa condita: insalata malconcia.

Malacconcio, non acconciamente fatto, d'operazione parlando (6); ma non è comune nell'uso.

---

(1) BUONARROTI, Fiera: *Per rosolarsi una gentil sfogliata.*
(2) LIB. CUR. MAL.: *Abbronzamento del sole.*
(3) Quasi atto ad. MALMANTILE: *A far la riverenza Aveva il corpo a maraviglia adatto.*

TOMMASEO, *Diz. dei Sinonimi.*

(1) *Habeo, habitus.*
(2) *Capio.*
(3) *Como.*
(4) *Comptus.*
(5) CRESCENZIO, V, 97: *Luogo acconcio da potersi adacquare.*
(6) SALVINI: *L'essere mal servito non viene per lo più dalla malacconcia maniera di servire.*

Malconcio, di persona, ridotto a mal partito o da malattia, o da caduta, o da ferite, o da busse (1); o nel morale, dalla fortuna, dall'insolenza degli uomini, dall'amore, dai vizii (2). Dicesi anche di cosa.

Sconcio, molto inconveniente, e però spiacevole: atto sconcio, sconcio vestire, stare sconcio, sconce parole (3); corpo sconcio, mal fatto (4).

Sostantivamente: seguire uno sconcio, uno scomodo, un danno (5), un male anco grave; e *sconciare* per guastare, abortire; e *sconciatura*, cosa imperfetta, mal fatta (6).

In società si perdona men facilmente una malaccóncia maniera di stare o di presentarsi, che le maniere sconce. L'uomo malconcio dall'altrui malignità non acquista però il diritto di maledire altrui in modo sconcio. Questo è errore di molti, che aggravano così la propria sventura e l'altrui.

54.
Inetto, Incapace, Insufficiente, Inabile.

Spieghiamoli dai contrarii. *Atto*, più o meno appropriato a fare (7); *capace*, che può accogliere, concepire, apprendere, abbracciare, che sono agevolezze a far bene; *sufficiente*, che ha le facoltà bastanti a operare (8); *abile*, atto a fare con facilità, sì che la cosa è, o pare in lui divenuta abito, o poter divenire. Per lo contrario: *inetto*, che non ha disposizione; *incapace*, che non ha intelligenza, nè quella pratica che da essa viene; *insufficiente*, che non ha mezzi assai; *inabile*, che non ha l'abito. L'inetto vegga se l'inettitudine viene da natura o da poco esercizio; l'incapace eserciti l'intelligenza; l'insufficiente acquisti il di più che gli manca; l'inabile s'addestri e impari facendo.

— *Insufficienza* è sproporzione tra i mezzi e lo scopo; *incapacità*, mancanza di mezzi; *inettitudine*, impossibilità o grave difficoltà d'acquistarli. Si può talvolta supplire all'insufficienza; all'incapacità si può riparare talvolta; all'inettitudine, quasi mai. — BEAUZÉE.

55—56.
ABILITÀ, ATTITUDINE, CAPACITÀ, DESTREZZA.
ATTITUDINE, ATTEZZA.

55.
Abilità, Attitudine, Capacità, Destrezza.

Attitudine è disposizione, talvolta lontana; *abilità* è potenza di fare, più prossima. Può l'uomo essere atto da natura ad un'arte, e non abile, per difetto d'esperienza o di studio, o per sopravvenutigli impedimento. Anco i naturalmente non atti, a forza d'esercizio, vengono acquistando una qualche abilità.

— La *capacità* riguarda più propriamente il comprendere, il sapere; l'*abilità*, l'operare, le relazioni pratiche dell'uomo alle cose (1). Ma l'esperienza ajuta ad intendere, e però l'abilità accresce la capacità; e l'intendere facilita l'operare, e però la capacità è principal condizione d'abilità vera. La capacità giova a bene imprendere; l'abilità, a ben riuscire.

La *destrezza* riguarda non solo le faccende, ma gli atti, dove *abilità* non andrebbe: destrezza di camminare, non abilità; abilità di o a cantare, non destrezza. — GIRARD.

56.
Attitudine, Attezza.

Attezza, meglio di cose; *attitudine*, e di persone e di cose. Questa è attezza più piena. Soffre il plurale meglio dell'altro. Le attitudini intellettuali e morali vengono in parte dall'attezza degli organi. *Attezza* non è d'uso comune; ma serve a più propriamente denotare la semplice astrazione dell'aggiunto *atto*.

Attitudine, in senso proprio ad atteggiamento di persona o di cosa, differisce chiaro da *attezza*. Ma le attitudini belle, di natura o d'arte, nel garbo o della persona o delle imagini, nascono anch'esse dalla forma esterna ed interna e dal vigore vitale delle membra ben atte.

57.
ABITARE, DIMORARE.

Abitare, per tempo più lungo; *dimorare*, per meno. Cicerone: « *Commorandi natura diversorium nobis, non habitandi dedit.* »

— *Abitare* risveglia l'idea d'un ricovero; *dimorare* non indica altro che permanenza più o men lunga in luogo qualsiasi. — ROMANI.

— *Dimorare*, anco di cosa; *abitare*, più spesso di persona. In questa stagione il sole dimora più a lungo sull'orizzonte. Ove *dimorare* intendesi di persona, ognun vede che si può dimorare in un luogo, e non v'abitare. — ROMANI.

58.
ABITARE, STARE, STAR DI CASA.

Stare, come ognun vede, è generalissimo; ma nel senso di abitazione indica per l'appunto il sito del paese dov'uno abita; ch'è più distintamente indicato da *stare di casa*. Può l'uomo stare gran parte della giornata in un luogo, e di casa in altro. Famigliarmente diciamo: non sapere ove stia di casa il buon senso, la buona creanza.

59.
ABITAZIONE, CASA.

L'*abitazione* può essere una spelonca, una carcere, un ospedale, un tempio, un palazzo, una stanza. L'abitazione de' ladroni può essere di gente simile, non è casa. I Greci distinguevano δῶμα da δόμα: il primo, la casa abitazione; l'altro, la casa edifizio. C'è delle case disabitate o inabitabili.

— La mia casa, non è sempre lo stesso che: la mia

---

(1) DAVANZATI: *L'esercito malconcio dal temporale.*
(2) SALVINI: *Malconcio dal vino. - Malconcio* ha valore di participio; *malacconcio* e *sconcio*, d'aggettivo.
(3) BOCCACCIO: *Sconce parole. - Opere sconce.*
(4) BERN. - *Gente sconcia* in DANTE, Inf. XXX, inferma di sconcia idropisia e lebbra e pustole, sconcia a vedere, e malconcia in sè, e sconciata dal tormento.
(5) CASA: *Sono l'indugio, lo sconcio e 'l disagio di tutta la compagnia.* - G. VILLANI: *Molto si sconciò il buono stato di Genova.* - NOVELLINO: *Acconciate li fatti vostri e non isconciate gli altrui.*
(6) CASA: *Saranno i tuoi ragionamenti parto e non isconciatura.*
(7) Ἀπτειν, toccare, quasi combaciare.
(8) *Facio.*

---

(1) *Se habere ad.* I Latini lo dicevano con proprietà e delle cose. VIRG. Æn. I: *Humeris de more habilem suspenderat arcum.* XI: *Habilis lateri clypeus loricaque tergo est. - Telum... Huic natam... Implicat, atque habilem mediæ circumligat hastæ.* Abilità delle cose, a qualche modo direbbesi anco in italiano, ma riguardate in certa guisa come persone operanti.

abitazione. C'è delle case dove il padrone non abita. — A.

60—61.
ABITAZIONE, SOGGIORNO, DIMORA, STANZA, STAZIONE, DOMICILIO.
RESIDENZA, DOMICILIO, DIMORA.

60.
Abitazione, Soggiorno, Dimora, Stanza, Stazione, Domicilio.

— *Abitazione* è luogo in genere da abitare, ma che talvolta non si abita; il *soggiorno* non è di lunghissima durata; il *domicilio* è fisso in un luogo; la *dimora* è ovunque rimangasi per certo tempo. — ENCICLOPEDIA.

Quando Dante adoprava il bel modo: « Però è buon pensar di bel soggiorno », e' non faceva che abbellire il suo verso d'un modo popolare, vivo tuttavia nel parlar de' Toscani. Di casa ben arieggiata, ben soleggiata, allegra e sana, dicesi tuttodì: gli è un bel soggiorno. E non è lo stesso che dire: bella abitazione; perchè *abitazione* in questo senso indica piuttosto le qualità del luogo ove si abita; *soggiorno* indica il bene stare di chi ci abita, l'effetto delle dette qualità. L'abitazione può essere bella e splendida, e non sano e non buono il soggiorno.

— La dimora è più lunga (1) o più breve; il soggiorno dev'essere d'un giorno almeno. Non si soggiorna, propriamente, nè più anni, nè un'ora sola.

Stanza, per atto di stare, è quasi meramente poetico omai; ed è generico; non indica propriamente nè il tempo nè l'abitudine del dimorare.

Stazione significa l'atto e il luogo di fermata lungo le strade; ovvero nelle chiese, dove innanzi agli emblemi della Passione si fermano i fedeli a pregare. — ROMANI.

61.
Residenza, Domicilio, Dimora.

Residenza, il luogo dove l'uomo si sa che risiede; *domicilio*, propriamente la casa, o il luogo dov'è la casa ch'egli abita; *dimora*, or l'uno or l'altro.

— *Residenza* è dimora stabile; *domicilio*, dimora conosciuta in faccia all'autorità; *dimora*, luogo dove l'uomo si ferma per poco, o per molto, o anco per sempre. Le persone che una carica od un uffizio ritiene in un luogo, quivi hanno la residenza; non è però necessario che sempre dimorino in quella. I minori o i pupilli altro domicilio non hanno in faccia alla legge, che quello del padre o del tutore; e forse in quello non dimorano mai.

Si può avere la residenza in un luogo, il domicilio in altro, la dimora in un terzo. La residenza d'un giudice di villaggio può essere in un paese, il suo domicilio nel paese vicino, la dimora in una delle circostanti campagne.

Residenza, dunque, dicesi per lo più di persone che esercitano un pubblico ministero; *domicilio* è voce quasi giuridica, e acquistansi con esso i diritti di cittadino. — ROUBAUD.

62.
ABITAZIONE, ABITACOLO, ALBERGO, RICETTACOLO.

— *Abitazione* indica e il luogo ove s'abita e il modo. *Abitacolo* è quasi disusato, tranne nello stile biblico. *Albergo* è ora, per lo più, luogo pubblico, e ricetto de' viaggiatori che pagano. *Ricettacolo* è qualunque sia luogo ricevente persona o cosa. — GATTI.

63.
ABONDANTE, ABONDEVOLE.

Sebbene le due voci sovente si scambino, sebbene la desinenza in *evole* indichi nell'italiano talvolta non la possibilità nè la potenza, ma l'atto; giova nondimeno rammentare, dovunque si possa, l'originaria significazione della desinenza; e qui, per esempio, notare che talvolta *abondevole* vale propriamente: abondante più in potenza che in atto; o, se in atto, vale: potente (per dir così) ad abondare. Il Boccaccio: « dei beni della fortuna convenevolmente abondante. » E il Varchi: « cosa che faccia più bella e più abondevole la città. » Nel primo mai suonerebbe *abondevole*, nel secondo sarebbe meno efficace *abondante*.

Abondevole (più raro) pare talvolta più indeterminato; talvolta meglio s'accomoda a significazioni morali.

Diremo: abondante di ricchezze, lagrime abondanti, abondante allegrezza (1), meglio che: abondevole; ma diremo col Boccaccio: « città di varie maniere e di nuove genti... abondevole. » Fiume abondante, annata abondante; terreno abondevole (2). *Abondante* può avere mal senso; l'altro non tanto. Abondante di guai, meglio che abondevole. Questo non senza ragione. L'uscita in *ante*, limitandosi al presente, lascia spaziar meno il pensiero; e la Provvidenza vuole che il male sia men diffusivo del bene.

64.
ABONDANTE, VANTAGGIATO, ARDITO, GAGLIARDO, ALLEGRO.

Di misura, segnatamente in lunghezza, dicesi *ardito* quel che passa alquanto ciò che fa per l'appunto: tre braccia ardite.

— *Abondante*, come ognun vede, comprende ogni quantità, e può essere più o meno d'*ardito* in questo senso. *Vantaggiato* denota un'abondanza di soprappiù, ma che ammette l'idea di vantaggio, cioè del superare utilmente un'altra misura. Farsi un vestito vantaggiato, che o possa servire per quando la persona crescerà, cioè sia fatto in crescenza; o, quando sia logoro da qualche banda, possa col suo soprappiù rimettersi in parte a nuovo; o semplicemente che sia comodo all'uso, più lunghetto e larghetto dello stretto bisogno. *Gagliardo*, come ardito, di estensione computata in numeri per lo più. *Allegro*, di somma alla necessità sopravanzi. *Allegro*, in genere, ha il doppio senso e di sentire allegria, e di ispirare allegria, come qui. Doloroso, che tante volte e tanta allegria debba farsi e sperarsi da' quattrini!

65.
ABONDANZA, QUANTITÀ.

Quantità è voce indeterminata, e ha di bisogno d'un aggiunto che dica se grande o piccola; pure nell'uso ponesi *quantità* assolutamente, e intendesi quantità grande. È sempre però men d'*abondanza*: primieramente, perchè l'abondanza determina subito quantità grande; poi, perchè denota più che sufficiente al bisogno. Si può stampare li-

---

(1) DANTE: *Fece in Alba sua dimora per trecent'anni e più.*

(1) Boccaccio.
(2) CRESCENZIO, V. 14: *Diverrà l'arbore più abondevole e più allegro*; 11. 17: *Cotal corteccia di terra è abondevole di que' frutti che non ficcano in profondo loro radici.*

bri in quantità, e non ve n'essere ancora abondanza: prima, perché la quantità non è grandissima; poi, perché molto il bisogno di quelli.

La differenza è indicata ancor meglio nell'esempio del Boccaccio: « mosche e tafani in grandissima quantità abondanti. » Cade bene a proposito di libri.

Abondanza diremo, non quantità d'amore (1), d'affetto, di gioja. Non diremo nè quantità, nè abondanza di fede.

66.

ABONDANZA, Macca, A ufo.

A macca, in altri dialetti, vale l'*a ufo* toscano (2). E nella montagna vicentina dicesi e l'uno e l'altro; ma l'*a ufo* ha più forza.

Io prescegllierei sempre questo, serbando *macca* a quello che pare il primitivo suo senso nel toscano, cioè d'abondanza (3). E perché di cose che si trovano in abondanza se n'ha quasi a ufo, se n'ha, cioè, con piccolissima spesa, però si scambiarono in alcuni dialetti i due sensi.

Macca, del resto, per *abondanza*, è voce famigliare, di cose comprabili, per lo più da mangiare: macca di polli, di frutte. Io non crederei si potesse dire: macca di vino o di donne.

Più cresce la macca de' cibi necessarii al vitto, e più cresce talvolta il numero di coloro che vorrebbero mangiare a ufo: perché l'abondanza de' beni corporei irrita i desiderii, i quali non han posa finché non si volgano a quegli oggetti che vincono il desiderio stesso.

67—69.

ABONDANZA, Affluenza, Dovizia, Copia.

67.

Abondanza, Affluenza.

Affluenza, abondanza che da molte parti conviene e quasi fluisce in un luogo; abondanza da varie parti, e facile molto. L'*affluenza* suppone movimento, concorso; l'*abondanza* denota meglio il trovarsi ordinario di molte persone. In certe pubbliche solennità v'è affluenza di curiosi e d'oziosi e d'uomini che nel tumulto amano fare le faccende loro; nelle grandi città è sempre abondanza di gente siffatta.

Affluenza delle cose altresì: affluenza di merci a una piazza. Differisce da *abondanza* e da *copia* nel rispetto notato, che suppone l'atto dell'affluire, del venire, non il perpetuo abondare.

Affluenza, inoltre, può talvolta denotare più grande abondanza.

68.

Abondanza, Dovizia.

— *Abondanza*, propriamente gran quantità d'umore (4); ma poi, di qualunque cosa sì in bene e sì in male. *Dovizia*, voce vivente, può essere talvolta meno di *abondanza* (5) e ha usi più ristretti; nè si direbbe in sinistro senso, se non a mo' d'ironia. Abondanza di miseria, di guai, dovizia di miseria, e simili, sarebbe an-

---

(1) Lo disse Dante, ma non si direbbe ora.
(2) Lippi: *Dal compagno a ufo il dente sbatte*.
(3) Burchiello: *Sarà gran macca di starnoni*. - Lippi: *Al buon mercato, a quella macca*.
(4) *Undo*.
(5) G. Villani: *Fue dovizia e abondanza di vittuaglia*.

tifrasi. La dovizia è carestia: proverbio toscano; e significa che quando c'è abondanza di qualche cosa, non si bada al risparmio (1). — Meini.

69.

Abondanza, Copia.

Copia è meno. Ci può essere copia d'una cosa senza abondanza. La voce *abondanza* sta di per sè, ed ha efficacia; *copia*, perché acquisti peso uguale all'altra, ha bisogno dell'aggiunto di *grande, grandissima*. Per questa ragione diremmo col Boccaccio: abondantissima copia; ma non potremmo: copiosa abondanza (2).

L'essere più generico e men forte dà a *copia* un qualche vantaggio. Ed è, che *abondanza* può prendersi in senso più facilmente sinistro che *copia* (3). Copia di parole, senz'altro, non indica mai difetto; abondanza di parole, piuttosto (4). Questa differenza, in alcuni casi vera, viene dall'origine: *copia*, da *co-opes*; *abondanza*, da *ab-undo*. La gran quantità di liquidi può essere molesta e nociva. E così si dimostra ancora perché *copia* abbia quasi sempre buon senso, dove *abondanza* può dirsi anco d'errore o di male; perché l'*opes* latino non aveva mai senso.

L'abondanza è più relativa; è più assoluta la copia. Anche il poco è abondanza a chi ha pochi bisogni; ma questa abondanza non si potrebbe dir copia (5). Un villico nuota nell'abondanza, possedendo tanta quantità di cose, con quante sarebbe poverissimo un magistrato. Ma quand'io dico *copia*, astraggo (per quanto la idee di quantità è possibile astrarre) dal maggiore o minore bisogno, e intendo indicare notabile quantità.

70.

ABONDANZA, Ricchezza, Opulenza.

— *Ricchezza* l'abondanza degli averi; *opulenza* lo stato più agiato e più splendido che può fornir la ricchezza. Dunque, non ogni ricchezza è opulenza; ma tale diventa quando l'uomo gode, o crede godere, de' beni che possiede, nelle delizie, nel fasto del vivere e nella potenza. *Abondanza* denota il numero grande dei beni, s'abbia o no la facoltà di goderne; *ricchezza* suppone cotesta facoltà; *opulenza* ne indica l'esercizio.

Abbiamo notato *abondanza* come sinonimo alle altre due, perché comunemente suol dirsi: vivere nell'abondanza, e simili. *Abondanza* però dicesi, più d'ordinario, delle cose soltanto; *ricchezza*, di persone e di cose; *opulenza*, di sole persone. Paese abondante è il paese che produce molto; paese ricco può essere tanto un paese che molto produce, o potrebbe produrre, quant'uno che ha

---

(1) Ovvero: che chi più ha, è più ne brama. O ancora: che il troppo avere fa meno atti e men degni a bene usare. Ed è il contrario di quel brutto: *chi ha, è*. Anzi, chi più ha, spesso meno è.
(2) Cicerone: *Et rerum copia, et literarum varietate abundantissimus* - *Abundare copia orationis*. Pare pleonasmo quell'altro: *Omnium rerum quas natura desiderat, abundantia et copia*. Se non che *abundantia* può dire la quantità; *copia*, la qualità.
(3) Boccaccio: *Copia di ragionare*. - Passavanti: *Iddio renderà abondantemente, a buona misura, tormento e pena*. Ma *a buona misura*, dopo quell'altro, torna languido; e la sentenza del frate non è giusta.
(4) Anche questa però può avere buon senso, massime a modo di avverbio o di aggettivo, come in Cicerone: *Copiose et abundanter loqui*.
(5) Varchi: *Ti farò copia di tutte quante cose*. - Boccaccio: *Convenevolmente abondante de' beni della fortuna*.

molti abitanti ricchi. Paese opulento non si direbbe comunemente; ma sì: famiglia opulenta, o simile.

Si può vivere nella ricchezza propria senza punto goderna; si può vivere nell'abondanza de' beni altrui senza esserne possessore. All'opulenza è necessario e la proprietà e il godimento; o se molto la proprietà (che sarebbe un troppo chiedere), almeno il possesso. — GUIZOT.

Abondanza può avere mal senso, *ricchezza* non l'ha che per ironia, *opulenza* neanco per ironia. Abondanza di guai, di miserie; ricco di debiti. Ma le due voci, assolutamente da sé, non riguardano male o danno o dolore. Senonchè, non in senso buono, *ricchezza* e *abondanza* possonsi accoppiare coll'*in*, il *di*, l'*a* e simili: *opulenza* sta sempre da sé.

71.

ABONDANZA, RICCHEZZA, OPULENZA, DOVIZIA, UBERTÀ.

— L'abondanza d'una miniera sta nel molto metallo che da quella si trae, la ricchezza, nel valore di esso metallo. L'abondanza può produrre ricchezza. — LAVEAUX.

Abondanza, gran quantità di cose di specie qualsiasi; *ricchezza*, possessione di danari non pochi, e di beni che servono agli usi del vivere; *opulenza*, quantità d'agi e di potere, forniti da larga ricchezza. L'abondanza può essere nociva, la ricchezza inutile, l'opulenza è sempre goduta. In paese privo di commercio e d'industria, l'abondanza delle miniere non è per anche ricchezza. L'avaro è ricco ma non opulento.

— Ricche, e le persone e le cose; opulente, sole le persone, o le città e i regni, guardati come persone.

Si può godere una cert'abondanza, e non essere ricco; può il ricco stentare, e non vivere in abondanza. — BOINVILLIERS.

— *Dovizia* è quantità che serve appieno all'uso, e ne sopravanza alquanto. *Ubertà* è abondanza dei doni della terra e degli animali che l'agricoltura educa ed alimenta. Ha qualche traslato. — GATTI.

72—78.

ABROGARE, ABOLIRE, CASSARE, ANNULLARE, ESTINGUERE.

CASSARE, CANCELLARE, SCANCELLARE, RASCHIARE, GRAFFIARE.

CASSATURA, CASSAZIONE, CASSAMENTO.

DEROGARE, OBROGARE.

NULLITÀ, RESCISSIONE, RISOLUZIONE.

ANNULLARE, ANNIENTARE, RIDURRE AL NIENTE, ANNICHILARE, DISTRUGGERE.

ANNULLAMENTO, ANNULLAZIONE, ANNIENTAMENTO.

72.

Abrogare, Abolire, Cassare, Annullare, Estinguere.

Si *abolisce* e una legge e una consuetudine e un ordine religioso o altro istituto. *Abrogare* riguarda le leggi; ed è annullarle del tutto. Basta il cessare dall'uso per l'abolizione; l'abrogare è più espresso.

L'*abrogare* è atto più o meno legale; l'*abolire* non sempre ha questa idea. Il tiranno abolisce le buone leggi più sovente di quel che osi abrogare.

La legge abrogata non ha più vigore; chi abolisce la legge, tende a cancellarla dall'animo e dalla memoria degli uomini (1).

Si dirà dunque, e abolire e abrogare una legge (2),

---

(1) *Ab-oleo*. Toglierne fin l'odore.
(2) SEGNERI: *I precetti cerimoniali che furono aboliti da Cristo nella sua legge.* - SVETONIO: *Abolitionem legis.*

con la differenza notata; ma abrogare una consuetudine, non si direbbe. Può legge abrogata non rimanere abolita, ma per consuetudine spontanea, o in tutto o in parte, osservarsi. La potestà abroga, il libero volere abolisce.

Annullare è più generale di *abolire*, e degli altri; si applica alle leggi, alle convenzioni, agli atti pubblici, e a tutte le cose che sono ridotte e si riducono a nulla, quasi che a nulla. S'annulla un testamento, un decreto, un contratto, una scritta. S'annulla una obbligazione o dall'autorità, o dal consenso di quelli che la contrassero, o dal fatto.

L'*abrogare* è atto d'autorità; l'*abolire* può essere atto d'autorità ed effetto delle circostanze e del tempo, ma è quasi sempre più lento dell'abrogare. *Annullare* è effetto per lo più istantaneo, prodotto o da poter superiore o dal consenso d'entrambe le parti.

Cassare è traslato dall'atto di cancellare sul foglio una parola od un nome. Si cassano gli atti pubblici, le sentenze, i decreti; si cassano le persone, come magistrati, impiegati, soldati. *Cassare* suppone un potere assoluto od almeno inappellabile; e quando si tratti di persona, ha congiunta seco idea di disonore, talvolta d'infamia. Non si cassa una legge, una consuetudine; si cassa un decreto, e in tal modo se ne annullano le conseguenze. L'annullamento qui diventa un effetto della cassazione; ma c'è, senza quel di cassare, altri mezzi d'annullare sentenza od atto.

Estinguere dicesi più sovente di consuetudini, che di leggi o istituzioni; ma per traslato si può anco di queste. Poi dicesi specialmente de' debiti e degli affetti. Per potersi dire estinta, conviene che la cosa sia stata un po' viva. C'è delle usanze delle quali non dirai proprio che s'estinguono, perché furono sempre quasi morte.

73.

Cassare, Cancellare, Scancellare, Raschiare, Graffiare.

Cassare, di cosa scritta o segnata, è affine a *cancellare*; ma ne differisce, I.° perché si cassano anco cose incise sul marmo o altra materia dura; più propriamente, cancellansi le scritte sul foglio (2). II.° Si cassano non solo parole o lettere, ma imagini ancora (3); queste non si cancellano (4). III.° Si cassano sullo scritto le parole anche col temperino o altro ferro appuntato o affilato, ovvero con liquore corrosivo; si cancellano con la penna, o simile. IV.° Sotto le cancellature si può talvolta discernere qualche traccia della scrittura, talvolta rilevarla chiaro; come ne' codici palimsesti, men difficili a dicifrare di certe anime piene di raschiature e di rabeschi, ben altro che tavole rase. La differenza è confermata dall'origine della voce. *Cancellare* è della non aurea latinità, e viene dal tirar sullo scritto linee che s'incrocichiano a guisa di cancelli. Anche quando la cassatura è debole, par sempre più. V.° D'una parola o di poche si dirà meglio *cassata* che *cancellata*, per la ragione che ho detto. Nei ma-

---

(1) GUICCIARDINI: *Cassati li capitani vecchi.*
(2) VITE SS. PADRI: *Cassare questa scritta e questo titolo ch'è sopra la porta.*
(3) Perché, propriamente, *cassare* è radere via, e *cancellare* è coprire o nascondere, almeno in parte, lo scritto con altri segni.
(4) VIVIANI: *Trascrivendo colla serittura, non solo le figure anco fregate e cassate, ma ogni linea, ogni punto e quasi ogni scorbio.*

noscritti dell'Ariosto, e d'altri poeti e scrittori insigni, si trovano, ad ammaestramento e a confusione nostra, moltissime cassature. V'è certi manoscritti che non si possono correggere se non dando di penna, e cancellando di pianta.

In senso estensivo, se non traslato, si cassa una sentenza, non si cancella; cioè si dichiara non fondata sul diritto e sul vero, e però nulla (1). Si cassa una persona da un ruolo; per esempio, un militare, un impiegato. In questo senso *cancellare* non s'usa; ma ben dicesi: cancellare uno dal numero degli amici, de' cittadini. La differenza dunque sta in ciò, che *cassare* è termine particolare e tecnico; *cancellare*, più generale e più nobile (2). Nessuno direbbe che Dio cassa i traditori della patria, i quali in degno modo il sacrilegio non ammendino, dal numero degli eletti (3).

Così diciamo: cancellare una macchia, un peccato, dove non ha luogo *cassare* (4).

74.
Cassatura, Cassazione, Cassamento.

Cassatura ha senso proprio; *cassazione*, traslato: cassatura dello scritto, cassazione d'una sentenza, d'un decreto, d'un atto (5). Il cassare persona da un ruolo, sarà *cassamento*. Questa voce non dice che l'atto (6), giacchè *cassatura* è esso segno.

75.
Derogare, Obrogare.

Derogare, scemare qualcosa all'effetto, all'estensione, alla sostanza della legge; detrarre qualcosa alla sua generalità o intensità con eccezioni o con restrizioni. *Obrogare* (e questa non è ormai che voce storica) valeva ai Romani portare un'altra legge con fine d'infermare la prima (7).

L'origine di queste due voci viene dalla consuetudine romana di rogare il popolo innanzi di sancire, o perchè fosse sancita una legge.

───────

(1) In senso più generale il Villani: *Cassò tutte le sue operazioni, e fece eleggere un altro papa.*
(2) E in generale parlando, *cancellare* è quasi sempre più nobile. Nel verso di Dante: *Ma tu che sol per cancellare scrivi,* non avrebbe bel suono *cassare*.
(3) CAVALCA: *Mi cancella dal libro della vita.*
(4) Anche *cassare* però in un senso traslato usasi; e vedesi da questo esempio dell'autore del NUOVO SAGGIO SULL'ORIGINE DELLE IDEE: *Non curato questo piccolo elemento, come si trasanda l'infinitesimo in matematica, e come si cassa dal numero degli uomini il poverello da' grandi... In questo senso cassare è più di cancellare;* aggiunge un'idea o di noncuranza totale, o di biasimo. *Cassare,* infatti, nella bassa latinità valeva *cassum reddere.*

Differenze analoghe nota l'Enciclopedia tra l'*effacer, raturer, rayer, biffer.* La lingua francese, che, a detta d'alcuni, è più povera della nostra, in questo caso ci uguaglia, se non ci supera di ricchezza. Dico ci uguaglia; perchè al *raturer* corrisponde *raschiare,* che in italiano non è compiuto e non ottiene l'effetto, e si dirà anco *graffiare.* L'italiano ha di più *scancellare,* ch'è tutt'uno con *cancellare;* se non che in certi luoghi ove si tratti di esprimere la cosa con maggior forza, può venire più a taglio.

(5) STAT. MERC.: *Facesse contro i sopradetti ordini... correzioni, cassazioni e dichiarazioni.*
(6) SALVINI: *Così questo punto per segno di cassamento.... come... se v'avesse quelle lettere scritte il copista per errore.* Non si potrebbe dire: *per segno di cassatura.*
(7) CICERONE: *Huic legi nec obrogari fas est, nec derogari ex hac aliquid licet, neque tota abrogari potest. - Abrogare, derogare, obrogare sine fraude sua non liceat.*

Oggidì si deroga a una legge non solo con altra legge che ne scemi l'estensione, ma con un decreto, con una permissione, con una eccezione, con una consuetudine.

Derogare, in oltre, sta in genere per *detrarre, scemare*; si deroga a patti, a una regola generale.

76.
Nullità, Rescissione, Risoluzione.

— Ogni atto manifestamente invalido dalla sua origine, perchè riprovato dalle leggi, dicesi *nullo*. *Nullità*, adunque, è voce astratta che denota l'inefficacia originaria e manifesta d'un atto. Si applica così alle convenzioni ed agli atti di ultima volontà, come alle forme di procedura ne' giudizii; se non che, nel primo caso dicesi nullità di fondo o di cosa; nel secondo, nullità di forma.

La *rescissione* dice l'annullamento d'una convenzione qualunque che, sebbene apparentemente giusta, nondimeno era infetta di qualche vizio, la cui invalidità non era in origine manifesta. Le cagioni che possono far rescindere una convenzione sono: I.° il dolo, II.° l'errore, III.° la violenza, IV.° la lesione. Quest'ultima cagione però non produce rescissione, se non ne' contratti di compravendita e nelle divisioni del patrimonio comune seguite tra i coeredi; eccetto se si tratti de' minori, in favor dei quali la legge vuol che la lesione rescinda qualunque specie di convenzione.

Dicesi *risoluzione* lo scioglimento di una convenzione qualsia, o per inadempimento de' patti, o per l'avveramento d'una condizione risolutiva inserita in essa, o per volontà degli stessi contraenti. — DE TOMMASIS.

77.
Annullare, Annientare, Ridurre al niente, Annichilare, Distruggere.

Annientare è il più proprio per dire l'atto di far tornare nel niente la cosa ch'esiste. Si questiona, se Dio, consumati i tempi prefissi, annienterà l'universo; i più autorevoli affermano che non ne sarà annientato nemmen particella. Solo Iddio ha il potere d'annientare, come quel di creare.

Pure, quando un oggetto si distrugge da quel che era, per modo che non ne resti l'intero in cui consisteva la sua vita, per approssimazione diciamo *annientare* (1). La vicenda de' tempi ha annientati tanti popoli e imperii che avranno forse promessa a sè l'immortalità dell'onore e della grandezza; e molte generazioni che noi crediamo annientate ringrandiranno col tempo ad alti destini.

Ridurre al niente non ha che un significato approssimativo. Onde diciamo: ridurre al niente eredità, facoltà, e simili, per indicarne lo sperperamento quasi totale; non però da alcuna cosa tuttavia non resti.

Annichilare non ha altro senso che traslato. Nel senso religioso vale, per forza d'umiltà abbassarsi tanto da riguardar sè quasi nulla; o per forza d'amore rendere sè medesimo quasi nulla, al paragone della naturale convenevole grandezza (2). Ma in tale annichilamento è la vera grandezza.

───────

(1) SACRI: *Rotta che annientasse l'esercito.* - BARTOLI: *Qualche cosa doveva essere il Dio e la legge de' Cristiani, cui nè la sapienza de' bonzi, nè l'autorità e la forza de' principi avevan potuto, non che abbatterla o annientarla ma impedirne il corso. Meglio era annientarla o abbatterla.*
(2) SEGNERI: *Ridotto ad uno stato d'umiliazione che si può*

Annichilare, inoltre, ha il senso di disperdere sì che la cosa paja quasi ridotta al niente; in questo senso è affinissimo agli altri notati; se non che fa sentir meglio la violenza con cui l'oggetto è ridotto al niente. Si può annientare (in senso approssimativo) adagio adagio; ad annullare basta la forza delle cose; una mano superiore, una mano vendicatrice è che annichila (1).

Annullare, nel traslato, rendere quasi nulla, quasi non esistente, legge, decreto, contratto, e simili (2). Abbiamo esempi ne' quali *annullare* dicesi del potere, della gloria: in tal caso è meno d'*annientare*; perché s'annulla una maniera d'essere, s'annienta la stessa esistenza. S'annienta un popolo, la sua grandezza s'annulla. Le invasioni barbariche, le turpitudini intestine han potuto annullare la grandezza dell'Italia; ma non annientarne il germe sì che non ripullulasse più fecondo che mai.

Distruggere è, come ognun vede, assai men d'*annullare*. Di ciò che è distrutto, rimane vestigio.

78.
Annullamento, Annullazione, Annientamento.

Annullazione ha senso passivo; d'una legge, d'un patto; non si fa da sé, ma è fatta dagli uomini. *Annullamento*, nel passivo, dice quasi il presente dell'essere annullato; nell'attivo, l'atto quasi presente dell'annullare; nel riflessivo, è l'atto o lo stato del venirsi annullando, dell'essere quasi nullo. L'annullamento della forza morale di certe leggi accade talvolta prima della annullazione loro espressa; anzi senz'esso la materiale annullazione non vale, e rimangono consuetudini o vizi, cioè più forti che leggi. L'annullamento di forze intellettuali o morali o civili, l'annullamento spontaneo che fa l'uomo di sé per umiltà generosa o per disperazione superba, annullazione non è.

Annientamento abbiamo, non annientazione; dicesi e nel traslato e nel proprio, e per approssimazione e per assoluto.

79.
ABROGAZIONE, Derogazione, Surrogazione, Rivocazione, Dispensazione.

« La *derogazione*, dice il Beauzée, lascia viver la legge, la tempera; l'*abrogazione* le toglie ogni vigore. »

« La *rivocazione*, dice il Gatti, ritrae una legge appena uscita, e talora non peranche sancita. Si revoca inoltre il potere dato di parlare o fare in nome altrui. »

— Quando si sospende l'effetto della legge in un caso o in pochi, quella è dispensazione; se qualche clausola ci si aggiunga, surrogazione. — A.

80.
ACCETTARE, Accogliere, Ricevere, Ammettere.

— *Accettare* è significazione dell'animo disposto a ricevere, o in parole o in atti.

---

quasi dire come annichilato. - PASSAVANTI: *Gesù Cristo, il quale per noi s'annichilò, come dice l'Apostolo.*

(1) *Annichilire* usasi da taluni per indicare vergogna o confusione tale che l'uomo non sappia ove sia, non riconosca sé stesso, non senta quasi d'esistere. Barbaro.

Dico barbaro nel senso moderno di confusione estrema, non già nel quasi biblico che ad *annichilare* davasi nel trecento, e che corrisponde all'*exinanire* di Paolo. Ma in questo e in altri *annichilire* rimarrebbe tuttavia inutile, come *annientire*.

(2) GUICCIARDINI: *Annullate le confiscazioni.* Si può annullare anco cosa che a qualche modo tenga del negativo, come un divieto, una proposizione appunto che nega. *Annientare* ha nel senso l'idea positiva dell'ente.

Quel ch'io ho *ricevuto*, l'ho già; quel che ho *accettato*, ho dimostrato che sono disposto a riceverlo, posso però non l'avere ancora.

Accettare, in alcuni modi, ha senso più speciale.

Accettare le cambiali è promettere di pagarle; accettare una commissione, promettere di eseguirla.

Si riceve anco a mal grado; accettasi mostrando almeno di non isgradire. — ROUBAUD.

— Si può ricevere bene e male; e così accogliere; ma *ricevere* non istà tanto da sé senz'alcuna determinazione, così come *accogliere*. E quando *accogliere* è solo, indica accoglienza buona. — LAVEAUX.

— *Ammettere* è più spontaneo, e talvolta più intimo; *ricevere* ha più dell'estrinseco: ammettere alla familiarità; ricevere in casa. — GIRARD.

81-86.
ACCETTARE, Ricevere, Accogliere, Prendere.
Accogliere, Raccettare, Ricettare.
Raccetto, Ricetto.
Ricusare, Rifiuto.
Ricevimento, Ricezione, Ricevuta.
Recezione, Percezione.

81.
Accettare, Ricevere.

— Riceviamo quel che ci si dà o ci si manda; accettiamo, d'ordinario, quel che ci si offre. Ricevesi una grazia; s'accetta un servigio.

Ricevere esclude solamente il rifiuto, e nè anche questo sempre; *accettare* suppone approvazione più espressa. Si può ricevere un libro, e non ne accettare la dedica. Si può ricevere un dono mandato; e ricevuto, rimandarlo, senza volerlo accettare.

È dovere ricevere le ingiurie con pazienza; non sempre è dovere accettarle come dono di Dio. Siate riconoscenti de' beni ricevuti; non rifiutate cosa la quale abbiate accettata. — GIRARD.

— *Ricevere* indica quasi la possessione della cosa; *accettare* indica il consenso con cui si disporrebbe di essa. Si può accettare e non ricevere; e ciò segue spesso. Si riceve anco il male; non si accetta che il bene; o il male accettasi, in quanto credesi bene proprio o altrui. — ROUBAUD.

82.
Accogliere, Ricevere.

— *Accogliere* indica meglio il modo del ricevere, la manifestazione de' sentimenti che si hanno, o si simulano alla persona o alla cosa. *Ricevere* denota talvolta le cerimonie del ricevimento, come quando è ricevuto un accademico da' suoi soci, o un ambasciatore in estera corte. — FAURE.

Con modo francese, ma non improprio né anco nell'italiano, dicesi semplicemente *ricevere* dell'accogliere in tal giorno e ora persone a crocchio o a visita o a udienza.

83.
Ricevere, Accettare, Accogliere.
Rifiutare, Ricusare.

— *Accettare* riguarda l'intenzione di chi consente a ricevere: accettare promessa, consiglio, preghiera, dono. *Ricevere* riguarda l'atto di chi conseguisce, o prende, o è forzato a prendere o a soffrire: ricevere dono, ferita, lettera, insulto. S'accetta la pace, s'accetta l'ufficio d'un tale a pro nostro o altrui. Ad *accettare* opponesi ricusare o rifiutare; e il secondo è più forte. Il ricevere suppone il dare; l'accettare, l'offrire.

Accogliere ha varii sensi: o vale fare accoglienza a chi viene, ed è più del *ricevere* e dell'*accettare*; o vale ricevere semplicemente, e dicesi allora di luogo ricevente in sé la cosa che accoglie (1). — ROMANI.

Accogliere, però, è un ricevere in modo speciale, sì che la cosa sia contenuta nello spazio, o tutta o in quantità sufficiente all'intento, e vi stia non di forza né a disagio. L'origine dà e conferma la differenza: *ricevere* da *capere*, che può essere anco violento o in piccola parte; *accogliere* da *con-legere*, che dice adunamento, e porta idea d'ordine. Traslatamente, anco gli indocili e i caparbi ricevono nella mente e nell'animo il vero e il bene; i migliori l'accolgono; e non l'agevolezza a ricevere, ma la disposizione ad accogliere fa la virtù e la scienza.

— Di persona parlando, si riceve anco per forma, per cerimonia. Nell'accogliere, per lo più, entra un po' d'affetto. L'amico accoglie l'amico; i prepotenti, i ricacci ricevono, non accolgono. Infatti *ricevere*, in questo senso, appartiene all'alta società, come la chiamano. *Accogliere* non ha tale significato. — MEINI.

84.
Ricevere, Prendere.

— *Prendere*, colle proprie mani; *ricevere*, dalle altrui; l'uno, in greco, λαβεῖν; l'altro, δέχασθαι. — A.

85.
Ricevimento, Recezione, Ricevuta.
Recezione, Percezione.

Ricevimento è l'atto presente; *recezione* l'azione; *ricevuta*, d'ordinario, il foglio che attesta il ricevimento di somma o altra cosa di qualche valore. Nel traslato, per celia, fare la ricevuta d'affronto patito, confessarsi e lasciarne documento; o, ironicamente, renderlo o impegnarsi a renderlo. Taluni dicono fare il *ricevo*, come i Toscani dare il *mi rallegro*; ma non è, come questo, dell'uso. Quella che i Francesi chiamano *recezione*, del solennemente accogliere in accademia o altra società un novello collega, forse meglio direbbesi *ricevimento*. Nel traslato potrebbesi *recezione* d'un'impressione sensibile, d'un'imagine, d'un'idea, ch'è il primo passo alla *percezione*.

86.
Accogliere, Raccettare, Ricettare.
Raccetto, Ricetto.

Raccettare, più comune nella lingua parlata che *ricettare*. Ma *ricettare* ha qualche traslato che all'altro manca. La poesia direbbe (2): ricettare nell'animo vili affetti. E anco in prosa diremmo: Siccome il mare ricetta nel suo seno tutta sorta acque, che non mutano la sua natura; così a tutte le fonti deve il genio ricevere incremento e quasi tributo, senza detrarre alla propria innata fecondità.

Raccettare è più comune, ripeto. *Accogliere* riguarda piuttosto il modo di ricevere bene o male; *raccettare* riguarda l'ospizio, il ricovero, il luogo dato: raccettare in casa persone sospette; raccettare un bandito, un povero (1); dar raccetto a gente di mal affare (2).

Raccetto non ha che questo senso di ricevimento; *ricetto* denota anco il luogo che riceve o persone (3) o cose ancora (4).

87.
ACCETTARE, GRADIRE, AGGRADIRE.
AGGRADITO, GRADITO.

Nell'*accettare* è sovente un segno di gradimento; in questo è compiacimento e quasi gratitudine, come dice il *saper grado*. Accettansi le disgrazie come avviso del cielo, come salutare gastigo; sola l'altissima virtù le gradisce come dono d'amore.

Fra *aggradire* e *gradire* sono tenuissime le differenze; questo più comune in sé e ne' derivati *gradimenti, gradito, graditissimo*.

Aggradito è, più sovente, participio; *gradito* può stare da sé come aggiunto affine a *grato, piacente*, e simili.

Aggradire ha, più sovente, senso attivo, con piacere, o con mostra di piacere, persona o cosa; *gradire* ha e questo senso e l'altro, d'essere grato e di piacere. Se una persona vi gradisce, da quella aggradite anco cose che da altri v'offenderebbero.

88.
ACCETTO, ACCETTEVOLE, ACCETTABILE.

— *Accetto*, bene accolto; *accettevole*, atto a essere bene accolto; *accettabile*, degno di ciò, da potersi, da doversi accettare (5). *Accettabile* ha poi senso biblico: *tempus acceptabile*. — GATTI.

89.
ACCEZIONE, ACCETTAZIONE.
ACCEZIONE, SENSO.

Accettazione, l'atto e l'azione dell'accettare, è chiaramente distinto da *accezione*, affine a *senso* di voce o modo di dire. Si dirà anche, che una voce o un modo è accettato nell'uso di pochi o di molti o di tutti; e denota l'accoglierlo nell'uso che si fa appunto nell'uso più o meno deliberatamente. *Accezione* è, più propriamente, non il senso che ha la voce in sé, ma quello che le si dà in tale o tal caso; il *senso* in quant'è così e così ricevuto. L'accezione è la parte dell'uso arbitraria; e dico arbitraria, non capricciosa, perché la natura umana, anco guasta, obbedisce a certe norme, come la natura corporea fin ne' mostri.

90.
ACCONCIAMENTO, ACCONCIATURA, ACCONCIME.

Acconciamento, l'atto, in genere, dell'acconciare. *Acconciatura*, o la fattura dell'acconciamento, o in particolare l'atto dell'acconciare il capo, specialmente le donne, o gli stessi ornamenti che servono a tale acconciatura. *Acconcime*, il riattamento di case e poderi. In certe acconciature di certi capi amieni si spende più di quanto basterebbe all'acconcime di più case.

---

(1) PETRARCA: *Qual cella è di memoria in cui s'accolga Quanta vede virtù... Chi gli occhi mira?*
(2) PETRARCA: *E tu... mio cor..., che fere scorte Vai ricettando!*

(1) FIRENZUOLA: *Le leggi vietano poter raccettare gli altrui fuggitivi schiavi.* - SALVINI: *Raccetti di mezza notte chi m'ha rubata la roba mia.*
(2) DAVANZATI: BUONARROTI.
(3) BART. S. CONCORDIO: *Il monte fosse loro ricetto.*
(4) CRESCENZIO: *Ricetto d'acqua.*
(5) BART. S. CONCORDIO: *Il grave dire è più accettevole.* - Vita di s. Ant.: *Consiglio molto accettabile.*

91-94.

ACCONCIARE, Aggiustare, Applicare, Apporre, Adattare.
Acconciare, Condire.
Acconciarsi, Aggiustarsi.
Congegnare, Mettere insieme.

91.
Acconciare, Aggiustare, Acconciarsi, Aggiustarsi,
Acconciare, Condire.

Nell'*acconciare* è più ordine, e più bellezza talvolta; l'*aggiustare* può essere un semplice riparare disordine o guasto (1). S'acconcia per far la cosa più adorna; s'aggiusta per farla andare o stare. Acconciare, non aggiustare i capelli.

Di differenze parlando, *acconciarsi* dice più. L'*aggiustarsi* suppone rottura o seguita o quasi seguita; ma talvolta le parti acconciano le loro ragioni, e fanno patti per antivenir la rottura. E quando in ambedue si tratti di differenza seguita, *aggiustarsi* non dice riconciliazione sì piena, tranquilla, benevola.

Quando *acconciare* ha senso più affine all'altro, e vale raccomodare cosa disordinata, dice più; significa un aggiustamento più intero e migliore.

Acconciare, in senso affine a *condire*, ha usi suoi proprii; e dicesi, per lo più, delle frutte che si pongono nell'aceto o in altro liquore da conservarle (2). *Condire* è più squisito; e dicesi anco del sovrapporre a vivande già preparate cosa che le faccia più saporose. Pare che dicasi più comunemente: condire l'insalata, e insalata acconcia, che: acconciare l'insalata, e insalata condita. Anco assolutamente senza il nome poi: fa condire; avete condito? non così l'altro. Nel traslato: condire di sale un discorso, condirlo d'eleganze, spesso scipite.

Acconciarsi con alcuno vale promettergli un qualche servigio, per lo più con mercede.

92.
Adattare, Aggiustare.

— *Adattare* è più; dice convenienza più intera. Si può aggiustare due cose alla meglio; ma più difficile far che s'adattino l'una all'altra. — A.

93.
Applicare, Apporre.

— *Applicare* dice accostamento maggiore (3). S'appone cosa a cosa, mettendo semplicemente, distendendo, aggiungendo.

Nel traslato, *applicare* vale assegnare, appropriare (ma badisi che non sia gallicismo); *apporsi*, indovinare; *applicarsi*, attendere, darsi. Anco i traslati dimostrano *apporre* essere il più leggero dei due. — GATTI.

94.
Congegnare, Mettere insieme.

A *congegnare* vuolsi cura attenta, per porre ogni cosa in modo che commetta, combaci, entri là dove è il suo luogo.

Si può *mettere insieme* accostando, ammontando; *congegnare* richiede più cura d'ingegno e d'arte; né mai

---

(1) La differenza è comprovata dall'origine *juxta*. Io direi questo aver radice comune con *justus*; ma non oso affermarlo.
(2) CRESCENZIO, V. 19: *Queste ulive certi con sale e aceto acconciano, certi con solo aceto*.
(3) *Plico. Pono.*

TOMMASEO, *Diz. dei Sinonimi*.

senza ingegno è arte vera. Mettesi insieme una somma, un buon patrimonio, un mucchio di pietre. Mette insieme parole chi parla e scrive a casaccio; le congegna il buon dicitore. Altr'è mettere insieme citazioni, altr'è congegnarle, che provino, dilettino, ispirino.

Mettere insieme di molti figliuoli dicesi per celia di chi li vengono procreando, più occupati a generarli, che a mantenerli e educare.

95-99.

ACCONCIARE, Assettare, Accomodare, Racconciare, Rabberciare, Riabberciare, Rattoppare, Raccenciare, Raccomodare, Ripigliare, Rappezzare, Rimendare, Rammendare, Rinfrinzellare, Rassettare.
Rinnestare, Rispittire, Risquittire.

95.
Assettare, Acconciare, Accomodare.

— *Assettasi* collocando le cose nel posto lor proprio, con cura (1). *Acconciasi* migliorando in varie maniere (2). S'*accomoda* rendendo l'uso della cosa più comodo, agevolando i modi di bene adoperarla (3). — GATTI.

96.
Racconciare, Rabberciare, Riabberciare, Rattoppare, Raccenciare, Raccomodare, Ripigliare, Rappezzare, Rimendare, Rammendare, Rinfrinzellare, Rassettare.

Si *rabbercia* vestito o panno vecchio (4), non buono. Nel traslato, si rabbercia una composizione alla meglio, raffazzonandola qua e là; ma ci si vede il misero e il vano (5). Di qualunque cosa raccomodata come a Dio piace, dicesi rabberciata alla meglio (6). I Toscani pronunzian anco *riabberciare*, che direbbe meglio la ripetizione dell'atto.

Si *rattoppa* mettendo una toppa; gli è un modo di rabberciare, ma non è la medesima cosa (7). Si rattoppano vestiti, scarpe, panni. Uno va rattoppato, cioè con abiti che hanno toppe (8); non si dice che va rabberciato. Un verso si chiamerà rattoppato, quando la parola postavi è cacciata per servire al numero o alla rima, è una toppa (9). Il verso intero può essere una toppa, e così un'intera scena, o una cattiva ragione che adducasi.

Raccenciare è più umile ancora che *rabberciare*. Si raccencia, rattoppando, rabberciando de' cenci. Si può rattoppare anche panno non misero.

Rappezzare dicesi dei panni, ma non delle scarpe, come direbbesi *rattoppare*. E de' panni parlando, quando si rattoppano, la toppa v'è messa sopra alla peggio; quando si rappezzano, il pezzo è messo a costura con più diligenza. Quindi è che *rappezzare* non ha senso

---

(1) Forse da *sedeo*. Onde *assettarsi* in più dialetti è *sedere*. *Sied*, in questo senso, a' Francesi è comune.
(2) *Como*.
(3) *Modus*.
(4) SALVINI: *Mantel non rabberciato Di vecchio, ma levato dalla pezza Di taglio*.
(5) DAVANZATI: *Ragunava poetuzzi novellini; metteva loro innanzi e faceva levare, porre, rabberciare i versi suoi*.
(6) VARCHI: *Prese Firenzuola e Scarperia..., le quali avendo egli rabberciate e rimpiastrate un poco, piuttosto che fortificate...*
(7) SERDONATI: *Rattoppare la vela.* - FIRENZUOLA: *Vesticciuola rattoppata con più di mille pezzi*.
(8) VARCHI: *Se non ignuda, stracciata o rattoppata*.
(9) LIB. SONETTI.

quel dispregiativo; e non si direbbe: andar tutto rappezzato, come: tutto rattoppato (1).

Certo, un vestito rappezzato non vale come un nuovo; e anche il rappezzo può essere fatto più o meno bene; ma sempre men male della rattoppatura. Si rappezza poi un discorso mettendovi dei pezzi che lo racconcino o peggiorino, ma che lo riempiano a qualche modo (2). Quanti di tali rappezzi abbia ne' suoi canti l'Iliade, non c'è critico che lo possa accertare.

Un *rappezzo* dicesi una scusa magra, un cattivo pretesto, una falsa e non soddisfacente ragione posta lì per ripiego. E l'abito di quella donna che chiamasi urbanità, è quasi tutto rappezzi.

— *Rappezzo* (in Toscana *repezzo*) chiamano gli stampatori quell'aumento di alcune lettere che loro mancano per completare un carattere, affine di poter servirsi di quelle che soprabondano. E si dice così anco quando si aumenta del tutto, portandolo a maggiore quantità. Molte volte sono maggiori i rappezzi che le prime commissioni che fannosi ai fonditori. — A.

Racconciare ha senso ben più generale. Si racconciano non solo vestiti e scarpe, ma tutte le cose che si possono ridurre a migliore stato. Si racconcia un istrumento, un arnese (3); racconciansi in uno scritto parola o male scritta o di non chiara scrittura (4); si racconcia un muro, un edifizio, una fortezza (5). Si racconciano gli affari d'una famiglia, d'uno Stato (6): si racconcia una qualunque faccenda. Dante grida inutile che Giustiniano colle sue leggi racconciasse il freno all'Italia, se la sella era vuota. Egli non pensava che odiosi cavalieri potessero un giorno montarvi.

Si racconcia una composizione correggendola e raffazzonandola così alla meglio (7), ma senza molt'arte. Se il Monti non avesse altro merito che d'avere ingentilito, come taluni affermano, Dante, cioè d'aver racconciato con le frasi dantesche il suo stile, o racconciate al suo stile le frasi dantesche, la posterità non glien' avrebbe grand'obbligo.

Si può racconciare, del resto, un vestito senza rappezzarlo né rattopparlo; e il racconciare è sempre men gutto del rabberciare e del rattoppare. In altro senso traslato, si racconciano persone che avevano tra sé inimicizia o collera o sdegno (8).

27.

Raccomodare, Rassettare.

Si *raccomoda* un vestito, non tanto rappezzandolo, quanto adattandolo meglio alla persona che deve portarlo. Si raccomoda un verso, un periodo, riducendolo meglio di quel ch'era; e qui *raccomodare* ha più nobile ed acconcio uso di *racconciare*.

Rassettasi quel ch'è disordinato, quel che è rotto; rassettasi rimettendo in assetto comunque sia. Una persona si rassetta vestendosi e componendosi come può meglio (1); si rassetta la biancheria quando vien dal bucato, riguardandola, ricucendo dove occorre, ripiegandola. Quel ch'è arruffato rassettasi; si rassettan le calze che ragnano; di che rammenterete il sonetto del duro allobrogo. Nè sarebbe forse improprio: rassettare negozii scompigliati, cioè, ricomporli, ordinarli.

— Si rassettano panni; si raccomodano oriuoli, arnesi. Si rassetta unendo due o più pezzi separati, e coprendo il buco; si raccomoda rimettendo le parti nel posto conveniente, o disponendole in modo opportuno a nuovo uso. Si raccomoda vestito nuovo fatto per uno, acciocchè serva ad un altro; vestito vecchio rassettasi. — NERI.

28.

Rimendare, Ripigliare, Rinfrinzellare.

Ripigliansi nelle calze, o in altri lavori simili, le maglie cadute; si rimendano non solo le calze, ma qualunque altra roba, sia di maglia o no, dov'è rotta o stracciata (2). Nel *ripigliare* son proprio le maglie che a una a una si ripigliano; nel *rimendare* si tura il buco con filo; si rimenda coll'ago; si ripiglia coi ferri (3). Il rimendo non è da confondere col rappezzo, colla toppa, colla rassettatura; sebbene il rimendare sia uno de' modi del rassettare. V'è poi il mestiero del rimendatore, ch'è unire due pezzi o più d'un tessuto, specialmente di lana, in modo che la loro riunione non apparisca.

Dicono anche *rammendare*, ma gioverà forse serbar questa voce a denotare l'atto del togliere le mende morali, del nuovamente emendare. In questo senso non è della lingua parlata, ma è bello ed acconcio (4).

Quando il rimendo o la cucitura fatta per rassettare alla meglio non è fatta bene, si chiama famigliarmente *frinzello*; e *rinfrinzellare* è il verbo.

29.

Rinnestare, Rispittire, Risquittire.

— Dal rinnestare le penne agli uccelli di rapina quando le hanno rotte, il Burchiello e altri trasportarono *risquittire* al rassettare; altra cosa. Il sostantivo *risquitto*, ora *rispitto*, vale riposo; come *ristoro* vale e riparazione e conforto: idee sempre associate nella vita dell'umanità misera. *Rispitto* ora s'usa di pezzi rotti, uniti insieme di modo che sieno quasi cuciti. *Rinnestare* è ricongiungere cose rotte o divise: rinnestare le penne. Poi *rinnestare* per annestare di nuovo le piante: e innestare alla meglio cosa con cosa, si che l'accoppiamento non sia molto acconcio né felice. — NERI.

Rinnestare potrebbe ben dirsi delle operazioni della meloplastica, cioè del complere una parte che manca con carne d'altra parte che quivi prenda quasi radice e nuovi uffizii di vita.

---

(1) SACCHETTI: *Fece rappezzar meglio una sua gonnella.* - S. AGOSTINO: *Rappezzar le rotture.*

(2) REDI: *Quell'omelia è un rappezzamento e un ricucimento di varii passi di più omelie del Santo.*

(3) BOCCACCIO: *Far racconciare il filatojo.*

(4) SALVIATI.

(5) G. VILLANI: *Ogni guernimento che bisognava a racconcio della bastìa.*

(6) CAVALCA: *Voler racconciare lo mondo a suo modo, come s'egli avesse più senno.*

(7) SALVINI.

(8) BUTI: *Da indi a mill'anni non si racconceranno le parti.* - G. VILLANI: *Parlamentò con lui per racconciarlo con Carlo.*

---

(1) PANDOLFINI; GELLI; MACHIAVELLI.

(2) ALLEGRI: *Rimendar le tovaglie.*

(3) L'usa il Buonarroti.

(4) S. AGOSTINO: *La sua nuova vita rammendasse la nostra invecchiata ne' peccati.*

100-108.

ACCORDARE, CONCILIARE, CONCERTARE, COMBINARE.
RACCONCIARSI, RICONCILIARSI, RABBONACCIARSI, RAPPATTUMARSI, RAPPACIFICARSI, PACIFICARSI.
FAR LE PACI, RIFAR LA PACE, RABBONIRSI, RAPPACIARSI.
RICONCILIARE, CONCILIARE, ACCORDARE, ACCOMODARE, COMPORRE.
RIMPACIARE, IMPACIARE, IMPATTARE, PACIFICARE, APPACIFICARE, RAPPACIFICARE.
AGGIUSTAMENTO, TRANSAZIONE.
TRANSIGERE, PATTEGGIARE.
FAR MONTE, FAR TACCIO.
TACCIO, COTTIMO.
FARE UN TACCIO, FAR TUTTO UN MONTE.

100.
Accordare, Conciliare.

Accordare, nel figurato, dice convenienza più piena; *conciliare*, meno. Conciliarsi due opinioni, due proposizioni, mostrando che le non si contraddicono; ma per accordare due opinioni o due sentenze, conviene far sì ch'entrino, almeno in parte, l'una nell'altra, onde appajano scendere da principii medesimi, o mettere alle medesime conseguenze.

Due cose che si accordano, stanno bene unite, due cose che si conciliano, stanno a qualche modo insieme. La conciliazione è talvolta un avviamento all'accordo. L'accordo, oltre al togliere gli ostacoli, tende all'armonia; la conciliazione non fa che toglier di mezzo gli ostacoli. Conciliate gli animi se volete che nelle deliberazioni e' s'accordino. I cuori si conciliano con la soavità delle parole e de' modi; s'accordano con l'uniformità de' pensieri e dei sentimenti.

101.
Concertare, Combinare.

— *Combinare* (1), mettere due o più cose insieme, trovare il termine di relazione fra loro: combinare numeri, persone, sostanze chimiche, avvenimenti, calcoli, ragionamenti. Talvolta *combinare* ha senso affine a *incontrare, trovare*; come quando diciamo: lo combinai al passeggio, ch'è uso da non seguire. S'usa ancora col *si*, come: sceglietevi per moglie una le cui idee si combinino colle vostre, ch'è un po' men barbaro, ma inelegante tuttavia; perchè le idee non sono due, nè s'accoppiano a due a due.

Concertare, vocabolo segnatamente musicale, significa metter d'accordo più voci o più istrumenti perchè ne risulti un'armonia; e, in senso più ristretto, chi fa i così detti *soli*, si dice che concerta; onde: parte di concerto chiamasi la assegnata a chi fa i *soli*. Metaforicamente, *concertare*, conferire insieme per preparare l'esecuzione d'un disegno, per iscegliere i mezzi di riuscire in affare qualunque. Allora la differenza parmi stia in ciò: che *combinare* dice un'operazione più leggera, più estrinseca; *concertare* non so che di più pensato, di più recondito, di men facile. Poi, quando si parli di congiure, di ribellione, di attentato qualunque, diremo che i complici si concertarono, non che si combinarono (2). Finalmente, in *combinare* domina molte volte l'idea di casualità, che nell'altra non entra mai. Ma ambedue son da usare con parsimonia. — MEINI.

102.
*Racconciarsi, Riconciliarsi, Rabbonacciarsi,
Rappattumarsi, Rappacificarsi, Pacificarsi, Far le paci,
Rifar la pace, Rabbonirsi, Rappaciarsi.
Riconciliare, Conciliare, Accordare,
Accomodare, Comporre.
Rimpaciare, Impaciare, Impattare,
Pacificare, Appacificare, Rappacificare.*

Due persone bisticciatesi, si rabbonacciano; due, già nemici, si rappattumano. Il *rappattumarsi* può supporre discordia più grave (1).

Si rabbonacciano e persone e movimenti; si rappattumano persone soltanto. E quando il Lasca dice: « Vo' rappattumare, racconciare ogni cosa, fare ognun contento », qui l'*ogni cosa* è modo neutro, e s'intende *persona*. Il *rabbonacciarsi* può durare un istante, e poi la burrasca imperversare più fiera; il *rappattumarsi* può essere più o men breve.

Racconciare è un po' più stabile; dicesi e di persona e di cosa. Quando si racconciano tra amici e amici, può l'amicizia rinnovata prendere forza novella.

Riconciliare è il più nobile e il più sincero di tutti. La virtù sola genera le riconciliazioni veraci; gl'interessi racconciano; gli umori si rabbonacciano; la viltà rappattuma. Però diciamo: riconciliarsi con Dio (2), con la Chiesa (3), con le persone che s'amano (4). E *riconciliarsi*, segnatamente, vale, nell'uso, il confessarsi, innanzi la comunione, dei peccati veniali che si sono commessi dopo la confessione ultima, o che in questa si sono dimenticati.

Rabbonirsi è, propriamente, *placarsi*. Il rabbonirsi è il primo passo al rappattumarsi o al riconciliarsi; ma voi potete rabbonirvi senza rappattumarvi, o perchè la passata collera non era tale da rompere la buona corrispondenza, o perchè l'essersi quetata l'esterna dimostrazione della collera non toglie il rancore. Molti si rabboniscono per paura; e la stessa paura li consiglia a rappattumarsi.

Il rabbonirsi, dunque, è molto affine al rabbonacciarsi; se non che, di ragazzi parlando o di persone inquiete, querule, uggiose, meglio si dirà *rabbonire*. Il *rabbonacciarsi* è propriamente cessazione di collera; il *rabbonirsi*, cessazione d'inquietudine qualsiasi.

Il *rappacificarsi* suppone anteriore ostilità. Voi vi riconciliate con chi eravate in collera; vi rappacificate con chi eravate in guerra più o meno aperta. Talvolta gli usi si scambiano; perch'ogni collera è una specie di guerra; e perchè, finita la collera, si dice di tornare in pace. Ma di due popoli o Stati, sarà meglio detto *rappacificati*.

Il *rappacificarsi*, inoltre, può denotare la causa del

---

(1) Dal latino *combina, bina jungo*. - SIDONIO: *Obsequia combinans numeris*.

(2) BOTTA, seguito dal Guicciardini, lib. 21: *Un'iniqua trama fu ordita per suggestione dell'inquisitore Tasmiera, di concerto co' nobili ed il viceré. Fecero una congiura per condurre il Guisa in un'insidia*.

---

(1) DAVANZATI: *Mise Arrigo in pensiero di rappattumarsi con Carlo*.
(2) MED. ALB. CRUCE; BOCCACCIO.
(3) M. VILLANI.
(4) BOCCACCIO: *Riconciliarsi pienamente col suo Tedaldo*.

riconciliarsi. L'uomo si rappacifica (1) quando dopo moti di sdegno entra in calma. Lo rappacificano le preghiere, le parole, la vista sovente della persona che aveva destata la sua stizza; vista che sia tale da mettere compassione o rispetto od amore (2).

Rappaciare è anch'esso dell'uso toscano e del còrso; torna buono al verso; e nella prosa ancora significa meglio il quetarsi di moltitudine agitata (3), il quetarsi d'un movimento (4): rappaciare un tumulto, non rappacificarlo, diremo.

Pacificare par ch'abbia sensi più varii. Si pacificano gli affetti irritati dell'animo (5); si pacifica un popolo (6), un regno, portandovi pace; si pacifica un nemico coll'altro (7). Ama piuttosto l'attivo. Nè si dirà così comunemente: si sono pacificati, come: rappacificati. Non si dirà viceversa: coscienza rappacificata, come: pacificata. Per pacificare un popolo, cominciate dal promuovere quegli affetti che valgono a rappacificare l'animo dei privati; perchè non è pace pubblica senza privata concordia.

Far le paci è modo più famigliare, e s'adatta meglio alle collere de' bambini e degli amanti.

Rifar la pace direbbesi di due che fossero corrucciati, piuttosto che gravemente irati; e però cade segnatamente laddove trattasi di guerricciuole che si rinnovino, e di stizze frequenti.

103.

Conciliare, Riconciliare, Rappattumare, Accordare.

— *Concilia* chi compone le differenze; *riconcilia* chi compone le inimicizie. *Rappattumare* è conciliazione alquanto forzata e non piena. S'accordano e si mettono d'accordo anco persone che non erano prima nemiche. — ROMANI.

Chi accorda o mette d'accordo, crea certa conformità d'opinioni o di voleri, fa che le parti rinunzino, almeno in parte, alle antiche pretese; chi concilia, non sempre accorda gli animi, ma compensa gli utili e i danni.

Si conciliano due passi d'autori, dimostrando che nulla è in loro di contraddittorio; mettere d'accordo due opinioni che non sieno naturalmente conformi, è impossibile.

Cose o persone che s'accordano, stan bene insieme, s'avvengono; cose che si conciliano, vuol dire che possono stare insieme, che non fanno a' calci.

Le soavi maniere conciliano l'affetto; di lì viene l'accordo degli animi. Le virtù s'accordano tra loro; le passioni talvolta si conciliano insieme.

104.

Conciliare, Accomodare, Comporre.

— Le due parti si possono accomodare da sè; a conciliarle, d'ordinario, ci vuole un terzo, o persona o fatto.

---

(1) VITE SS. PADRI: *Pregn' Iddio che mi trasse quell'ingiuria dalla mente, e rappacificassemi il cuore.*

(2) BOCCACCIO: *Se tu mi credi con tue carezze infinte lusingare e rappacificare.*

(3) LIVIO: *Rappaciare il popolo.*

(4) M. VILLANI: *La cosa fu rappaciata dentro e di fuori.*

(5) FRUTT. LINGUA.

(6) VIT. SS. PADRI: *Hai sì pacificato lo tuo popolo, che non trovi questioni nè divisioni tra loro.*

(7) BOCCACCIO: *Tanto seppe fare, ch'egli pacificò il figliuolo col padre.* Modo però non frequente.

Si compone, quasi sempre, cedendo ciascuno parte della propria pretesa. — LAVEAUX.

105.

Rimpaciare, Impaciare, Impattare, Pacificare, Appacificare, Rappacificare.

— *Rimpaciare*, far tornare in pace due che erano adirati, suppone più lieve sdegno di *rappacificare*. S'usa piuttosto nel neutro passivo. *Impaciare* non dicesi che del giuoco. La s'impacia, per esempio, a primiera, quando le primiere sono uguali, o quando le poste vinte sono tante per uno. Di gioco parlando, abbiamo anco *impattare*, più noto al resto d'Italia. E quando si tratta dell'esito del giuoco alla fine, *impattare*, anco in Firenze, ci cade. Ma quando diciamo che con certa gente non si può nè vincerla nè impattarla, per significare che non c'è da uscirne a bene, allora non si dice *impaciare* (1).

Pacificare è più serio. Si pacifica uno Stato, non si rimpacia. *Appacificare* (più rado) è meno; s'avvicina al senso di *calmare*. Due letterati, dopo essersi dette molte impertinenze, come due donnaccie, si sono appacificati insieme. In questo caso chi dicesse *pacificati*, parrebbe pigliar troppo sul serio la cosa, o che uno de' due avesse pacificato l'altro; chi *rappacificati*, farebbe pensare che fossero stati in pace altre volte. Parranno sottili tali differenze, ma le indica l'uso. — MEINI.

106.

Transazione, Aggiustamento.

— Nella transazione le due parti litiganti convengono, cedendo un poco delle pretese loro. La *transazione* suppone la causa cominciata, o già sul cominciare; l'*aggiustamento*, non sempre.

Ogni transazione è una specie d'aggiustamento; ma non viceversa.

Gli aggiustamenti tra popolo e popolo (2), transazioni non sono. — A.

107.

Transigere, Patteggiare.

Di *transazione* e di *transigere*, si fa nella lingua moderna uso e abuso; e hanno, per lo più, senso di scusa, se non di lode; o almeno attenuano la turpitudine. E in verità certe transazioni sono transizioni, anzi salti e rompicolli; certe transizioni sono transazioni peggio che mercantili e forensi. Quello che i Francesi *transigere* colla coscienza è simile, italianamente direbbesi *patteggiare col rimorso*, *venire a patto col male*, e altri somiglianti più proprii ed efficaci. Il nome ha più forma italiana del verbo transigere, che sa più di francese oramai che di latino, come *redigere*. Raro è anco *esigere*.

108.

Far Monte, Far taccio.

Taccio, Cottimo.

Fare un taccio, Far tutto un monte.

Si fa monte al gioco delle carte quando si smette il gioco incominciato e si rifanno le carte, o perchè date male o per altro (3). Per similitudine, d'altra faccenda;

---

(1) *Impattare* dicono anco il distendere paglia o altro per il letto delle bestie, il quale si chiama *impatto*. Ha altra origine, comune a *pattume*: forse πυγνύω.

(2) ESP. VANG.

(3) BURCHIELLO.

e l'imagine è tolta da questo, che in cose ammontate non si discerne più l'una parte dall'altra; e che dal monte fatto si prendono, o possonsi prendere, a nuova distribuzione ed accordo.

Far tutto un monte, non ha, d'ordinario, il senso del giuoco; e di faccende dice più. *Far tutto un monte*, quando le parti del dare o dell'avere, del diritto o del torto, non si stanno a riguardare, e *si fa*, come volgarmente i Toscani dicono, *un taccio*. Se non che il taccio non ha senso così generale (1).

Si fa monte nel giuoco; si manda a monte è il giuoco è un affare; va a monte e il giuoco troncato (2), e faccenda che non si continua. Vanno a monte da sè certi maneggi politici per cui si è versato tanto sangue; e degli altri per farli andare a monte, si versa il sangue e ammontansi cadaveri umani.

— Il taccio si fa anco nel determinare il prezzo d'un lavoro da farsi; ed è quando non si calcola per la minuta, o a ragione di tempo o a ragione di cose fatte, ma si attribuisce un valore al lavoro così in massa.

Cottimo ha somiglianza con *taccio*, in quanto ch'è prezzo di lavoro non calcolato a opre, cioè a tempo. Ma nel *cottimo* si dà un valore particolareggiato alle cose. Un contadino piglia a taccio a fare uno scasso; un muratore piglia in cottimo a fare un muro, tanto il braccio.

Fare un taccio diesi, per similitudine, d'altre cose. Sul prezzo, non determinato avanti, di lavoro già fatto, sui crediti non liquidati, sulle pretensioni qualunque, si fa un taccio. Si *fa tutt'un monte* quando di crediti e debiti non si parla più. — LAMBRUSCHINI.

109-120.
ACCORDARSI, ESSERE D'ACCORDO, CONVENIRE.
ANDARE D'ACCORDO, METTERSI D'ACCORDO, FARE UN ACCORDO.
CONSENTIRE, ACCONSENTIRE.
CONSENSO, ASSENSO.
CONSENTIRE, CONVENIRE.
ACCOSTARSI, ACCEDERE, ACCONSENTIRE.
ADERIRE, STARSENE.
VOTO, SUFFRAGIO, ACCESSO.
AFFERMARE, PROPRIARE.
AFFERMARE, CONFERMARE, ASSERIRE, ASSEVERARE, ASSICURARE.
APPROVARE, CONFERMARE, RATIFICARE.
DIRE DI SÌ, AFFERMARE.
DIRE DI SÌ, ACCONSENTIRE.
DIRE DI SÌ, DIRE CHE SÌ.

109.
Accordarsi, Essere d'accordo, Convenire.
Andar d'accordo, Mettersi d'accordo, Fare un accordo.

— L'uomo si deve *accordare* al volere di Dio, accordare il proprio al volere divino. *Essere d'accordo* qui non cade; questo esprime lo stato, quello, l'atto per il quale si viene a tale stato. Ma con Dio non si direbbe; perchè l'imagine del venire essendo reciproca, qui a Dio non s'addice. E però anco l'*esser d'accordo*, parlando di Dio, suonerebbe irriverente. Son d'accordo nel male; appunto per questo non sanno accordarsi al bene. *Convenire* riguarda e l'atto e lo stato. — NERI.

Si è d'accordo in massima, si *va d'accordo* ne' fatti e nelle determinazioni. Si va d'accordo, o per esservisi messi, o perchè naturalmente ci si era. L'*andare* dinota il continuare e procedere dell'azione; insegna l'esperienza che è molto più facile essere o mettersi d'accordo in massima, ne' principii, che andar poi d'accordo ne' fatti. Si mettono gli uomini d'accordo colle cose, quando prima erano discordanti, o potevasi temere che fossero. *Accordarsi* denota convenienza più piena, come quella di strumenti che debbano suonare insieme. *Fare un accordo* pare voglia significare il mettersi d'accordo in un punto solo, o per un dato tempo, o per una speciale occorrenza. Così a un dipresso il signor Zecchini.

110.
Consentire, Acconsentire.

— *Acconsentesi* a domanda fatta; e non sempre *acconsentire* attesta sentimenti conformi; è atto talvolta di mera condiscendenza. *Consentire* s'usa anco nel senso medesimo; ma più spesso vale unione di sentimenti, concordia degli animi. — A.

111.
Consenso, Assenso.

— L'*assenso* inchina, o cede all'altrui volontà, e approva il detto o il fatto da altrui; il *consenso* è approvazione più piena, più intera conformità coll'altrui sentimento. — GATTI.

112.
Consentire, Convenire.

Convenire può essere casuale. Due consultori convengono, senza sapere un dell'altro, nel proporre lo stesso rimedio; due scrittori convengono in un concetto. Egli è però che i Romani adoperavano *convenire* impersonalmente, per indicare che l'accordo talvolta non viene da deliberato volere (1).

Anche quando l'accordo non è casuale, *convenire* l'esprime men pieno, men sentito. Poi: *convenire* s'applica, talora, soltanto alle cose da fare: e si può convenire nella pratica senza consentire nelle massime e ne' sentimenti. Convenire alla peggio, e per poco.

113.
Accostarsi, Accedere, Acconsentire, Aderire, Starsene.

Qui riguardiamo *accedere* e *accostarsi* nel traslato (2). Accostarsi, diciamo, a opinioni o a partiti; accedere a trattative o a condizioni. *Accostarsi* può non supporre alcuna differenza antecedente; *accedere* suppone che da certa quasi distanza di sentimenti l'una delle parti si avvicini alle proposizioni o sentimenti dell'altra.

Acconsentire si reca non tanto a opinioni, quanto a sentimenti; non a principii, ma ad atti pratici, in ciò differisce da *accostarsi*. Differisce da *accedere* in quantochè non suppone di necessità un'anteriore differenza d'interessi o di sentimenti. Si acconsente anche di libero moto alla prima richiesta. Ma quando l'avversario, o per

---

(1) CECCHI: *Fare un taccio secco, e dargli il manco che si può*.
(2) DAVANZATI: *Gli ordini nelle civili discordie vanno a monte*.
- CECCHI: *E' ne va via, e 'l parentado a monte*. Il giocatore stesso dicesi che va a monte. - LASCA; BERNI.

(1) CICERONE: *Mihi cum illo convenit*.
(2) Tutti gli esempi della Crusca ad *accedere* gli danno il senso corporeo di *accostarsi*, quasi ripudiato dall'uso. Nel senso in cui lo riguardiamo noi, disse il CARO: *Gli altri veggendo la cosa così ristretta, per paura accederono*.

istanchezza, o per l'esperienza presa delle forze della parte contraria, o per timore o per altro, comincia ad avvicinarsi a poco a poco e venire a una specie di conciliazione, allora si dice che *accede*. Non cede, non acconsente ancora, ma si mostra non dissenziente del tutto.

— *Aderire* è unirsi d'opinione o di fatto a tal uomo, a tal parte; *starsene* è approvare quanto fu operato o asserito. Il cittadino aderisce a questo partito piuttosto che a quello; il padrone se ne sta al fatto o alle proposizioni del suo agente. — NESI.

Acconsentire è della volontà; *aderire*, dell'intelletto e dell'animo (1); *starsene*, della fiducia. Io acconsento concedendo, aderisco abbracciando, me ne sto rimettendomi. Nell'acconsentire s'esercita un atto di elezione; nello starsene, un atto di confidenza nell'altrui fede, e nell'altrui fedeltà (2). Guardatevi dall'acconsentire ai disegni dei superbi, non vi trarranno che a male; dall'aderire al partito dei declamatori, perderanno sè, voi e la causa; dallo starvene alle narrazioni degl'interessati, v'ingannerannno anche senza volerlo.

114.
Voto, Suffragio, Accesso.

— *Voto* è l'interno volere; *suffragio* era ai Latini la manifestazione d'esso, forse per via di cortecce piegate, o con altro segno (3). Il Caro (4): « L'elezione del Papa intendo che si suol fare con due sorta di suffragi: l'uno domandano *voto*, l'altro *accesso*. Or co'voti or cogli accessi si vanno uccellando. » Quest'ultima è voce de' conciavi soltanto, e significa un mezzo suffragio, un voto di propensione piuttosto che di deliberata volontà; qualcosa di simile, in somma, a quello che, parlando de' premii accademici, con troppo latino vocabolo si suol chiamare l'*accessit*. — POLIDORI.

115.
Affermare, Propriare.

— *Affermare* è il contrario di *negare*; *propriare* o *propiare*, è affermare con insistenza che la cosa sia propriamente come diciamo. Questo verbo non è della Crusca, ma l'usano comunemente nelle campagne toscane, e non ne conosco altro che dica altrettanto.

Si afferma quando si dice che la cosa è vera, o che la è semplicemente. Il *propriare*, oltre all'essere più fermo, è più circostanziato. Nel propriare appar sempre un po' d'ostinazione: e' vuol propriare e non sa bene come la cosa è andata. — MEINI.

116.
Affermare, Confermare, Asserire, Asseverare, Assicurare.

— *Affermare*, contrario di *negare* (5). *Confermare*, ripetere cosa affermata da noi o da altri, e ridirla vera.

Si *afferma* e si *conferma* anco con fatti; si *asserisce* con sole parole. L'*asseverare* si fa pur con parole, ed è più; è un asserire con forza (1), un asserire più certo.

Quando l'affermazione è diretta a far sicuro chi dubita o teme, cade il vocabolo *assicurare*; e non col terzo caso, ma col quarto; chè col terzo sa di francese. E non solo l'affermazione, ma atto qualsiasi. — GATTI e ROMANI.

117.
Approvare, Confermare, Ratificare.

— *Approvare* esprime semplice giudizio, in generale, significato con parole, con fatti, o col silenzio. *Confermare* è approvare, affermando la verità delle parole o la validità dell'atto. *Ratificare* è confermare in modo più conforme alle cerimonie volute dalla legge o dalla consuetudine, sì che l'atto sia rato. — A.

118.
Dire di sì, Affermare.

Si dice di sì, interrogato; s'afferma anco da sè. Si dice di sì attestando un fatto, senza guarentirlo; s'afferma di propria autorità, e almeno con più asseveranza. *Affermare* può essere un atto della mente, un interno giudizio; *dire di sì* non si può, senza pronunziare questa parola (ch'è divenuta quasi l'emblema della italiana favella), e almeno fare il cenno che corrisponde a essa parola.

119.
Dire di sì, Acconsentire.

Si dice di sì anco per forza, per indulgenza, senza acconsentire di cuore, senza sentimento spontaneo. Dice di sì chi promette; cotesto, acconsentire non è. Il *dire di sì* è un segno dell'*acconsentire* più o meno fallace, come son tutti i segni. Quanta differenza corra tra questi due modi, le mal maritate lo sanno.

120.
Dire di sì, Dire che sì.

Dire di sì ha senso e di affermare e di acconsentire; *dire che sì*, d'affermare. Io chieggo un favore, voi mi dite di sì; io vi domando se la tal notizia s'è verificata, voi mi dite di sì: ma questo secondo potrebbe anche dirsi che sì, non il primo.

Un testimone interrogato se sia pronto a dire la verità, dice di sì; interrogato se sia vero il tal fatto, dice che sì.

Questa seconda maniera, sebbene non frequente nell'uso, può in parecchi casi essere necessaria per evitare ambiguità (2).

121.
ACCORDO, ACCORDAMENTO, ACCORDATURA.
ACCORDAMENTO, ACCOMODAMENTO.

— *Accordo*, parlandosi di campane; si dirà: quel doppio ha un bell'accordo. Per gli strumenti a corda e a fiato adoprasi *accordatura*. *Accordo*, al figurato, si usa per l'*accomodamento* in disparità d'opinioni, ed anche del convenire pacificamente in una cosa. Ne' quali casi non si direbbe *accordatura*. Ben si dice: andarsene in accordature, per non venire a capo di nulla. *Accordamento* si usa più volontieri parlando di liti; onde si ode di frequente: le due parti verranno a qualche accordamento, che dice un po' più del semplice *accomodamento*. Accor-

---

(1) DAVANZATI: *Aderivano a quella fazione.* - MAGALOTTI: *Quelli che aderivano alla (opinione della) pressione dell'aria.*

(2) Nel seguente, dal Varchi, lo *starsene* è adoperato con leggiera varietà, ma notabile. *D'uno il quale non s'intenda o non voglia impacciarsi della cosa, assistendovi solo per bel parere e rimettendosene agli altri, si dice: se ne sta a letto.*

(3) Onde i suffragi pe' morti; cioè il favore, gli ajuti che lor si danno con le preghiere.

(4) Lettera a B. Varchi.

(5) DANTE: *Che senza distinzion afferma o niega.* - PASSAVANTI: *Non deve pertinacemente affermare o negare.*

---

(1) MAGALOTTI: *Mi pare di potere asseverare con qualche maggiore fundamento di sicurezza.*

(2) In senso simile il sig. Bellucci nel Giornale agrario: *La pratica m'ha insegnato che no certamente.*

danza, ne' significati che gli dà il vocabolario, oggidì non si sente. — GUASTI.

122-124.
ACCORDO, CONVENZIONE, PATTO.
PATTO, CONTRATTO.
LEGA, CONFEDERAZIONE, ALLEANZA.

122.
Accordo, Convenzione, Patto.

— La *convenzione* precede all'*accordo*; non sempre questo segue a quella. — ENCICLOPEDIA.

— La convenzione, pare talvolta abbia più dell'arbitrario; e non ogni convenzione è patto.

Si può convenire di cose meramente teoriche, le quali non chieggono atto da eseguire né dall'una né dall'altra parte.

La convenzione può anche riguardarsi come l'atto di convenire a tale o tale risoluzione; e il *patto*, come la cosa di cui si conviene. In questo senso, a ogni patto precede convenzione; e il patto la consolida. — A.

123.
Patto, Contratto.

— Ogni *contratto* è *patto*, ma non a vicenda. Il *contratto* è patto legale, civile; si fa tra uomini singoli e società; i *patti*, anco fra nazioni. — FAURE.

124.
Lega, Confederazione, Alleanza.

— *Alleanza*, vincolo d'amistà cooperatrice ove bisogni, stabilita con trattati fra nazioni o governi. *Lega*, unione di forze tra nazioni o governi per eseguire un'impresa o più; quasi sempre determinata. *Confederazione*, unione di popoli o di Stati, con vincoli più stretti che l'alleanza o la lega; vincoli di politica società, dove si promette vie più che cooperazione o soccorso, si fa causa comune, s'hanno più o meno istituzioni comuni.

Alleanza e *lega* può avere altri sensi; *confederazione* l'ha meramente politico. — GATTI.

La Confederazione Svizzera; La Lega Lombarda; la Lega di Cambray; la Santa Alleanza.

Lega, nell'uso comune, ha senso, talvolta, più tristo: lega di scellerati. Nella confederazione era un vincolo religioso, onde dicevasi *sancire fœdus*. Virgilio: « Jovis ante aram... Stabant et... Jungebant fœdera. »

125.
ACCORDO, PATTO, CONDIZIONE.

— La *condizione* è parte del patto. Il *patto* contiene una o più condizioni che lo limitano o determinano. Dal patto accettato nasce l'*accordo*. — VOLPICELLA.

126.
ACCORDO, PATTO, CONDIZIONE, CONVENZIONE.

— Si conviene, venendo insieme nel medesimo sentimento. Si conviene nel fare una cosa, nel promettersela reciprocamente. Quest'ultimo è il senso di *convenzione*, che è un concorso delle parti nell'accettare, e nell'obbligarsi a tale o tal cosa. La convenzione ha poi le sue condizioni o patti. Il *patto* è una convenzione speciale più stretta, e meglio determinata. Il *patto* determina la convenzione, la *condizione* la limita. Però diciamo: convenire a condizione che...

Accordo è convenzione la quale, talvolta, suppone anterior differenza (1). — ROMANI.

(1) VILLANI: *Avendo tenuto in prigione alquanto il papa e i cardinali, fu accordo da lui al papa....*

127.
ACCORDO (D'), D'AMORE E D'ACCORDO.

Il secondo concerne la volontà; il primo, e la volontà e l'intelletto. Il secondo dice più del primo. In una questione filosofica è difficile andar veramente d'accordo fra due che nella vita civile non sanno vivere d'amore e d'accordo. Le varietà d'opinioni derivano dalle varietà dell'affetto. Ambedue i modi dicono e l'accordo abituale e quello che ha luogo in tale o tal caso di convenzione, di adesione; ma *d'amore e d'accordo* ha questo secondo significato assai più d'ordinario.

128-130.
ACCORDO (D'), IN BUONA ARMONIA, DI CONCORDIA, IN CONCORDIA.
CONSENTIRE, CONCORDARE.
DISCORDANZA, DISCREPANZA, DISPARERE.
DISCORDIA, DISSENTIMENTO, DISSENSIONE, ZEPPA, ZIZZANIA.

128.
D'accordo, In buona armonia, Di concordia, In concordia.

Il secondo dice un po' più; non solo la pace esteriore, ma l'affetto degli animi. Appunto come due strumenti possono essere insieme accordati, e non rendere però buona armonia; così due persone possono non trovar che ridire tra loro, e può tuttavia mancare alcuna cosa a quella contentezza che viene dalla conformità delle opinioni e de' sentimenti. Molti letterati che stanno in apparenza d'accordo, che non si offendono a viso, non si creda per questo che vivano in buona armonia; perché né le opinioni filosofiche, né le religiose, né le politiche, e né pure le letterarie, né gli abiti sociali, son loro conformi. Anche tra fratelli che stanno d'accordo, son pochi quelli che vivono in buona armonia, senza la quale non è famiglia, né società vera. Nelle società moderne badasi allo stare apparentemente d'accordo, anche quando le opinioni e gli animi son divisi; e certa gente, tanto nemica dell'ipocrisia, è ipocrita assai sovente.

Si può, viceversa, vivere in buona armonia, e non andare d'accordo sopra tale o tale opinione, o partito da prendere. Questo comprova che l'accordo sta spesso nelle opinioni e nel linguaggio, nel cuore l'armonia.

Però dicesi anche: passare, passarla, passarsela d'accordo; ma non si direbbe: passarsela in buona armonia.

Di concordia s'applica non ai sentimenti, né alle opinioni, ma per lo più agli atti. Si fa di concordia un movimento, un grido (1). Di sentimenti abituali, diciamo *in concordia*, della quale effetto è la buona armonia.

129.
Consentire, Concordare.

— Andare ordinariamente d'accordo col cuore, con la volontà, è *concordare. Consentire* è essere in tale o tal caso del medesimo sentimento. Il primo è più. — A.

130.
Discordanza, Discrepanza, Disparere, Discordia, Dissentimento, Dissensione, Zeppa, Zizzania.

Disparere riguarda la mente; *discordia* il cuore (2). Può il disparere suscitare discordia; ma può e deve (come

(1) BOCCACCIO: *Di concordia dov'egli era n'andarono.* - LIPPI: *Tutti di concordia Si messero a gridar misericordia.*
(2) SEGNI: *Ebbero qualche disparere se si dovessero fuor della terra fortificare o rinchiudere dentro.* - FIOR DI VIRTÙ: *Discordia si è ne' cuori di coloro che non vogliono l'uno quel dell'altro.*

ben dice il Manzoni) più strettamente obbligare l'uomo virtuoso a sensi e a significazioni d'affetto. Può discordia essere negli animi, senza disparere nelle credenze o nelle dottrine. *Discordia* è abito, vizio; onde si personifica, e le si dà crine vipereo, e bende tinte nel sangue.

Discrepanza, alla lettera, suono diverso, non armonico; e dicesi tanto delle opinioni, quanto dei sentimenti. Non è disparere sempre grave; ed è alienazione d'animo molto men grave che la discordia. Più atto che abito.

— *Discordanza* dicesi e di cose corporee e d'idee: discordia d'affetti; discordanza d'opinione; discordia civile. Anche quando la prima voce riguarda il volere e l'amore, differisce dall'altra in quanto è men forte. — A.

— La *discordia* è più del *dissentimento*: quella, abito; atto, questo. Il dissentire riguarda talvolta non tanto il sentimento propriamente detto, quanto l'opinione, che i Latini chiamavano *sententia*, nel qual senso usasi *sentimento* tuttavia. La *dissensione* riguarda più propriamente gli animi, e gli animi di molti; in che, differisce dalla *discordia*, che può essere anche tra due (1). *Discordia*, per traslato, anco di cose inanimate (2); *dissensione*, d'ordinario, no. Si può dissentire da uno, e non discordare, quando cioè si abbia qualche opinione o sentimento diverso, senza turbare del resto la buona armonia che fosse tra i dissenzienti; caso raro nel mondo, in cui ciascuno ha la superbia di creder vera la sua opinione, ed ha per nemico chi non s'uniforma a quella. — MEINI.

— *Discrepanza*, anco di cose (3); e talora *discordia*, ma con più ardita metafora. *Disparere*, non mai. — ROMANI.

— *Zeppa*, nel figurato, non credo si direbbe solo, ma sì col verbo *mettere*. Una donna di servizio, essendo troppo brava per mettere zeppe fra il padrone e la padrona, fu licenziata. La zeppa si mette, la zizzania si semina; quella divide, questa avvelena. *Zizzania* rammenta la parabola evangelica. — BIANCIARDI.

131—132.

ACCUSA, ACCUSAZIONE.
ACCUSARE, IMPUTARE.
IMPUTABILITÀ REITÀ.

131.
Accusa, Accusazione.

Accusazione è rado nell'uso, ma può denotare l'atto presente, o il biasimo dell'atto; può comportare il diminutivo, e dirsi, p. es., che certe accusazioncelle a mezza voce, in un orecchio, possono avere gravità di calunnia con peggiore viltà. Atto d'accusa, mettere in accusa, muovere accusa, e simili. In senso quasi traslato, le obbiezioni più gravi che incolpano quasi una dottrina, un libro, un autore, in certi casi, chiamerebbersi forse meglio accusazioni che accuse.

132.
Accusare, Imputare.
Imputabilità, Reità.

Accusasi e l'uomo e l'atto; s'*imputa* all'uomo colpa o di fatto o d'intenzione. L'uomo dicesi anco imputato, secondo l'analogia di reputato; onde non è modo barbaro.

---

(1) CICERONE: *Discordia est ira acerbior, intimo odio et corde concepta. - Dissensiones atque discordiæ.*
(2) OVIDIO: *Discordia ventorum.*
(3) *Crepito* è legger suono. E molte discrepanze finiscono in crepito.

L'*imputazione* può farsi in pensiero e in parola privata e in giudizio; quest'ultimo è uso della scienza. *Imputabilità* è il demerito che viene dall'abuso del libero arbitrio; e può essere meramente morale e intrinseco, o anco civile e degno di pubblica pena. L'imputabilità civilmente dovrebbesi misurare giusta la morale reità; ma non tutte le leggi giudicano più imputabili gli atti più rei; e nessun giudizio umano può commisurare per l'appunto la pena all'imputabilità, ch'è un arcano dell'intima coscienza.

133—135.
ACCUSA, QUERELA.
ACCUSARE, TACCIARE, INCOLPARE.

133.
Accusa, Querela.

— L'*accusa* è privata o pubblica, solenne o no, sotto forma di denunzia o di delazione, chiede o non chiede la pena. La *querela* (se non sia semplice lamento) riguarda cose criminali, è portata in giudizio; *querela* dovrebb'essere propriamente quella dell'offeso in modo diretto o indiretto, ch'ha a lagnarsi dell'uomo o dell'atto accusato. — GATTI.

134.
Accusare, Tacciare.

Tacciare indica che l'accusa data, la colpa o la macchia apposta, sono, almeno in parte, date od apposte a torto, o con soverchia acrimonia, ch'è confessione di torto.

135.
Accusare, Incolpare.

Accusare è atto più formale, più ostile, più diretto e più forte. S'incolpa taluno anco di leggier fallo, s'accusa di grave. L'*incolpare* può essere di congettura; in termini incerti ed ambigui; privatamente, oppure in pensiero.

— *Incolpare*, credere, o finger di credere alcuno reo, a qualche modo anche indirettamente, di colpa o di partecipazione alla colpa.

Accusare, denunziare apertamente alcuno come colpevole o complice. — ROUBAUD.

136—137.
ACCUSARE, DAR COLPA, FAR CARICO, FARSI CARICO, DARSI CARICO.
RENDERSI IN COLPA, CHIAMARSI IN COLPA, CONFESSARSI COLPEVOLE, DICHIARARSI COLPEVOLE.

136.
Accusare, Dar colpa, Far carico, Farsi carico, Darsi carico.

Dar carico è tra l'*accusare* e il *dar colpa*; è meno del primo, e più del secondo. Si dà la colpa di mali anche leggieri; non s'accusa, d'ordinario, che di delitti; si dà carico di opinioni o di fatti o di vizii non lievi. Si può dar la colpa d'un fallo, anco nella semplice opinione interiore, senza manifestare detta opinione, od esprimendola a pochi e modestamente; l'accusa si fa, d'ordinario, in pubblico, in modo formale e con intenzione di tirare addosso all'accusato una pena o un castigo; si dà carico con parole pronunziate innanzi a più d'uno, con intenzione di divulgarle e con fine di nuocere o detrarre alla fama o all'estimazione altrui (1).

---

(1) ARIOSTO: *Mi vorranno dar colpa che da principio non li abbia bene informati. - Ingiuriare un uomo dabbene pubblicamente, e dargli carico.*

Si può dare altrui la colpa anco di mali gravissimi; non dar carico di mali leggieri. Si dà sempre la colpa e si accusa d'un fatto o d'una omissione; si dà carico anco d'un'intenzione, di un abito reo.

L'*accusare* può farsi anche fuor di giudizio; può versare anco sopra colpe non dimostrabili innanzi alla pubblica autorità; ma non è questo il senso più proprio della voce.

De' mali di cui non conoscon l'origine, molti danno temerariamente la colpa al primo che viene loro alla mente. Quei mali che potrebbero riparare con tacita cura, molti s'affrettano ad aggravarli col darne carico a questo o a quello; e così aggiungono al danno di prima un nuovo male di scandali e di sospetti. C'è di quelli che si credono d'adempire un dovere, accusando innanzi all'autorità disordini, che l'autorità non può nè riparare nè punire; e così non fanno se non darle pretesto d'immischiarsi sempre più nelle faccende private.

Far carico è più di *dare*. Questo una imputazione, quello una più o meno formale sentenza. L'avvocato dà carico al reo di circostanze talvolta indifferenti; un privato dà carico; un giudice, una legge fa carico; chi parla, riporta, mormora, ma senza autorità o potere, dà carico.

Non mi *do carico* di ciò, vale: non ne voglio rispondere; non me ne *fo carico*, vale: non ho (se non erro): Io fo senza timore di caricare la mia coscienza. Pur l'uno e l'altro valgono talvolta: non m'impongo, non credo di dovermi imporre quest'obbligo; e anche qui, *fare* par che dica un po' più.

137.
Rendersi in colpa, Chiamarsi in colpa,
Confessarsi colpevole, Dichiararsi colpevole.

— I. Chi *si rende in colpa*, si dichiara colpevole in faccia agli uomini. Ma l'uomo può confessarsi colpevole anco in segreto, in faccia a Dio e alla propria coscienza. II. Nel *rendersi in colpa* è compresa l'idea di assoggettarsi alla pena, o di umiliazione o di privazione, che la colpa trae seco; il *confessarsi colpevole* non ha questo senso direttamente. Molti che son rei di colpe gravi verso la società, si credono franchi d'ogni obbligo quando si son confessati colpevoli innanzi a Dio. Non è questa sempre l'umiliazione che costi più.

Chiamarsi in colpa sta di mezzo tra *rendersi* e *confessarsi*; può essere più pubblico del secondo, men forte del primo. L'uomo può chiamarsi in colpa, senza assoggettarsi alla pena; può chiamarsi in colpa per fallo men grave.

Chi si dichiara colpevole, vuole che non resti dubbio in altri di ciò. — MEINI.

138.
ACCUSATORE, DENUNZIATORE, DELATORE.

— L'*accusatore* si presenta, o come parte offesa o in nome dell'offesa società, al tribunale, e domanda giustizia. Il *denunziatore*, vindice della legge, svela ai magistrati la colpa nascosta e il colpevole; non è tenuto a provare, e lascia la cura a chi tocca d'accertare il male o di ripararlo. Il *delatore* rapporta di soppiatto, per prezzo o per isperanza di prezzo, quanto i privati uomini dicono o fanno che sia sospetto o possa parere sospetto, o quanto non sia o non paja in tutto conforme ai comandi o a' capricci altrui.

Per accusare conviene essere certo del fatto, recarne le prove, volere la pena; scoperto a qualche modo un misfatto, la cui impunità sarebbe pericolosa alla patria, bisogna denunziarlo; ma il delatore è un traditore vigliacco che sa dar sembianza di colpa anco ad atti o parole innocenti, e non trova udienza se non in governi deboli o rei. L'accusatore parla o per isdegno o per diritto; il denunziatore, per dovere; il delatore, per brama di premio o per servile malvagità. — GIRARD.

139—144.

ACERBO, AUSTERO, ACIDO, AGRO, ASPRO, FORTE, ACRE, BRUSCO.

ACERBETTO, ASPRINO, ASPRIGNO.

ASPRETTO, ASPRIGNO, ASPRINO, AFRO, AFRICOGNO, AROMATICO.

AMAREZZA, AMARITUDINE, AMARO.

AMAROGNOLO, AMARETTO, AMARINO, AMARUCCIO.

ACREDINE, ACRIMONIA.

139.

Acerbo, Austero, Acido, Agro, Aspro, Forte, Acre, Brusco.

Austero è men d'*aspro*; e nelle campagne di Toscana dicesi specialmente del vino quando non tira al dolce (1). L'austero è astringente, ma senza disgusto (2).

Vino *brusco* pare un po' più d'austero, nè di cattiva qualità (3). Parlando di qualunque altro sapore che abbia molto del piccante, per *austero*, nell'uso comune, dicesi *brusco*, che si prende e in buono e in mal senso.

Acido è definito chiaramente non pur dalla scienza ma dall'uso; e la sua differenza dall'*agro* è ben nota. Il limone è agro, non acido, sebbene anche quello del limone sia un acido (4); ma coll'agro del limone s'inacidisce un'altra bevanda. Acido alquanto astringente è agro.

Delle cose che non hanno acidità ma fortume soltanto, l'aglio o simili, dicesi ch'hanno sapore forte. Il *forte* differisce dal *brusco*. Si può fare una salsa dolce e forte, senza che si possa dir dolce-brusca. Il forte è più gradevolmente piccante. Il sapore di cosa macerata nell'aceto è forte, non brusco. Ma quando si accompagna con certi verbi, può significar cosa al gusto e all'odorato assai spiacevole. Prendere il forte, saper di forte, dicesi del vino e della farina e del latte e simili, quando son guasti.

Acerbo è il sapore di frutta immatura. Allora la frutta è aspra perchè acerba, non per propria natura (5).

Acre è tutt'altro che *aspro*: l'acre ha dell'acuto, che può venire da molti sali; l'aspro è più astringente e spiacevole. L'acre è quasi mordente, l'aspro è quasi ruvido.

Nel traslato, *austero* suol destare idea di severità; *acerbo*, d'immaturità o di durezza; *acre*, di forza spiacente; *aspro*, di ruvidezza, salvatichezza, fierezza; *brusco*, il contrario di soavità, di dolcezza.

140.
Acerbetto, Asprino, Asprigno.

Acerbetto ha senso di leggier biasimo, e anche di lode e di vezzo. *Asprino* dice asprezza leggiera e quasi pia-

---

(1) PLINIO: *Quae sunt communia et pomis omnibusque succis, saporum genera tredecim reperiuntur: dulcis, suavis, pinguis, amarus, austerus, acer, acutus, acerbus, acidus, salsus...*
(2) REDI: *Vino non dolce e che pende gentilmente nell'austero.*
(3) CRESCENZIO.
(4) REDI: *Tutti i liquori acidi e i sughi di tutti gli agrumi.*
(5) CRESCENZIO: *Uve per acerbezza aspre.* — LIB. CUR. MAL.: *L'asprume delle frutta acerbe.*

cento; *asprigno* peggiora, quasi, più che sminuire. Questi due d'ordinario in senso proprio; *acerbetto* anco in traslato. *Acerbetta poma* dicono i poeti del seno di giovanette, quello che i canti greci, *due limoni in un ramo*. Acerbetta la giovanetta stessa; onde Orazio: *mox tibi lividos distinguet autumnus racemos Purpureo varius colore*; dove il *livido* non è gentile, e fa rammentare con desiderio il virgiliano: *Duceret apricis in collibus uva colorem*, e: *alte Mitis in apricis coquitur vindemia saxis*, e: *glebasque jacentes Pulverulenta coquat maturis solibus aestas*. Acerbetti i modi ritrosi, le parole insoavi.

141.
Aspretto, Asprino, Asprigno, Afro, Africogno, Aromatico.

— *Aspretto*, di sapore e di altre cose; *asprigno*, di sapore soltanto. L'Ariosto disse *via aspretta*; ma non avrebbe detto *asprigna*. *Asprigno* è qualcosa meno di *aspretto*. *Afro* non esce dei cancelli del Vocabolario. *Africogno* non s'usa. Ci è un'uva bianca nel Pistojese detta *fricogna*, che fa vino acidoso e cattivo. Di qui forse, d'un vino che tenga un po' dell'aspro si dice che ha il *frignolo* (1). *Aromatico*, del vino che, come il vermutte, abbia droghe, o sembri come drogato. — FREDIANI.

142.
Amarezza, Amaritudine, Amaro.

Amaritudine non è comune, ma neanche morto; e dicesi di dolori dell'animo amari; ammette il plurale, e così sta da sè. *Amarezza*, e del sapore, e del dolore, e de' segni di quello, e dello sdegno, e de' suoi gradi e segni. Il plurale *amarezze* corrisponde comunemente ad *amaritudini*, e denota sensi dolorosi dell'animo. Anco nel singolare direbbesi: provare una viva amarezza, non m'attendevo questa amarezza; qui manco *amaritudine* ci cadrebbe. Poi parlare, sorridere, e anco operare, con amarezza, cioè per far provare altrui questo senso.

Amaro, sostantivo, è l'astratto del sapore e, per traslato, del sentimento. Nel primo senso diciamo: mi piace l'amaro; e anco: gli amari, cibi cioè e bevande amare. Direbbesi nel secondo: l'amaro dell'ira, meglio che del dolore.

Tornando al proprio, in un sapore ci può essere dell'amaro misto ad altri sapori; ma quando diciamo *amarezza*, intendesi che questo sapore o sia il solo, o sensibile più di tutti, e più ingratamente sensibile. Il simile nel traslato. Anco la gioja ha il suo amaro.

Sopra la voce *amaro* scherzano non solo i poeti, accostandola a *amore*, come *donna a danno*, ma anco la vecchia Noemi, che aveva poco voglia di ridere (2). I giuochi di parole sono un istinto, leggermente abusato, ma che dipende dalle leggi eterne dell'analogia.

143.
Amarognolo, Amaretto, Amarino, Amaruccio.

Il primo dice amarezza non molta, come direbbe *amaruccio*, ma non piacevole; il secondo, non molta e gustosa; il terzo, ancora meno, ma può dire e pregio e difetto. Quest'ultimo, usato avvedutamente, potrebbe aver senso traslato, come anche *amaruccio*; gli altri no. *Amaruccio* riguarderebbe più la intensità che l'effetto sul senso.

---

(1) Par voce di suono imitativo, come *brivido, fremito, strider de' denti*.
(2) Ruth. I.

— *Amaretto* è una grazia del vino (1): l'*amarino* non è gustoso; l'*amarognolo*, un pochettino più, ma non rinisce. — E. BINDI.

144.
Acredine, Acrimonia.

— *Acredine*, d'un sapore, degli umori: *acrimonia*, degli umori; e acrimonia dell'umore, del temperamento, dell'animo, delle parole, dello stile. — A.

145—146.
ACERBO, AMARO, ACRE, ASPRO, AMARULENTO (in senso traslato).
SAPER D'AMARO, PARERE AGRO, AMARO, ACERBO.
ESACERBARE, ESASPERARE, ESULCERARE.
ESACERBARE, INACERBIRE.
ESASPERARE, INASPRIRE.

145.
Acerbo, Amaro, Acre, Aspro, Amarulento
(in senso traslato).
Saper d'amaro, Parere agro, amaro, acerbo.

Sdegno ci porta a parlare con acrimonia; ma acrimonia non è asprezza. L'*acrimonia* è più propriamente nell'animo, l'*asprezza* ne' modi: l'acrimonia, nelle cose che si dicono; l'asprezza, nella forma del dirle.

Acerbo è più d'*acre* e d'*aspro*. Una riprensione può essere acre e aspra, e pur dettata da fini retti e amorevoli; una parola acerba, foss'anche detta soavemente, ha qualcosa di tristo.

Amaro è ancor più d'acerbo. Amara riprensione dice nel riprensore risentimento più forte, più rivolto a offendere, d'offesa tale che amareggia, non solo chi la riceve, ma l'animo da cui viene. Questo significato inchiude una terribile ed utile verità.

Amarulento è ancor più d'amaro; denota più profondo rancore, e dicesi di satira o simile; ma nella lingua parlata non ha luogo.

Quando poi si tratti d'impressione che fa sull'offeso un altrui detto acre, aspro, acerbo o amaro, s'usa *parere agro, acerbo, amaro*; parere acre, nè aspro, non si direbbe. Parere agro è men di parere acerbo. Quand'io dico che la tal cosa mi parve agra, confesso d'essermene parte doluto e parte offeso; nè si direbbe di offesa fattaci da inferiore, o di disgrazia che venga dalla fortuna, ma di cosa della quale si conosca dall'un lato la insoavità, dall'altro un po' di giustizia, e specialmente un poter prevalente, o materiale o morale che sia.

Ognun vede poi che, anche quanto all'impressione prodotta nell'animo dell'offeso, *essere amaro* è più di *essere acerbo*. Un amico vi tratta improvvisamente in modo strano, e vi tiene discorsi che vi giungono acerbi; un figlio vi getta un rimprovero amaro.

— *Saper d'amaro* vale: provar pentimento, dispiacere di cosa. Sogghigno amaro è riso insultante, che s'eccita nelle acri passioni, come nell'ira superba; amaro pianto, è pianto che l'animo conturba e amareggia, a differenza del pianto d'allegrezza, o anco di doglia leggiera, oppur simulata. Sogghigna amaramente il tiranno nella gioja feroce della vendetta; versa amaro pianto la madre che vede cacciato il figliuolo in terre lontane. — MEINI.

---

(1) *Amaretti*, in qualche dialetto, diconsi certi dolci che hanno un leggier sapore d'amaro che fa il dolce essere più gradito.

146.

Esacerbare, Esasperare, Esulcerare.
Esacerbare, Inacerbire.
Esasperare, Innasprire.

S'*esacerba* una ferita, la febbre (1); s'esacerba un cuore, irritandolo con dolore pungente (2).

Esasperare, piuttosto della lingua scritta, non ha che il traslato, ed è più che *esacerbare*. S'esacerba con un dolore che irrita; s'esaspera con irritazione più violenta ch'ecciti ira, odio, fremito, che accresca l'asprezza di prima: non esacerbate l'infelice, non esasperate il potente: dolore lungamente esacerbato, si esaspera (3).

Esulcerare, oltre al dirsi delle piaghe, dicesi dell'animo ancora; è più d'*esacerbare*, e or più or meno d'*esasperare*. Un cuore esulcerato da lunghe e immeritate sventure, non conoscerà la vendetta; ma se voi dentro a' cuori esulcerati spargete ancora i semi del disprezzo e dell'odio, il renderete più infelici e più rei, non più forti. A questo pensino coloro ch'altro non fanno se non attizzare negli oppressi un'ira inconsiderata e impotente.

Innasprire è assai più comune di *esasperare*; ma dice un po' meno. Anche un passeggero gastigo non meritato, anche una breve ingiuria innasprisce gli animi; non gli esaspera. L'esasperazione è più visibile, e più facilmente conduce ai fatti (4). All'odio lungamente esasperato si può aggiungere qualche nuovo innasprimento, che sebbene leggiero, lo faccia trascendere. Pensino a questa verità gli oppressori e gl'ingiusti.

La febbre s'esacerba, diciamo, non s'innasprisce.

Innasprire, finalmente, può non denotare che gli esterni segni di risentimento e di collera, senza interiore profondo mal essere (5); onde: innasprire la voce, le maniere.

Inacerbire ha volontieri senso proprio, di rendere più acerbo il sapor della cosa. Ma quando l'ha traslato, è meno di *esacerbare*, come *innasprire* è meno di *esasperare*; dice risentimento doloroso più momentaneo, meno profondo, men forte. Inacerbire, inoltre, tiene un po' più del risentimento; esacerbare tiene un po' più del dolore: cuor di donna non buona s'inacerbisce per poco (6); cuor di donna delicato e tenero, a lungo andare si esacerba. Ma in questo senso, ripeto, *inacerbire* è raro.

Inacerbire, finalmente, come *innasprire*, denota meglio il principio del male; gli altri due corrispondenti esprimono meglio lo stato e l'effetto. Quindi è che diciamo *innasprirsi* o *inacerbirsi*, di persona parlando (7);

esacerbarsi e esasperarsi, più rado. Queste due voci, oltre all'essere più spesso usate attivamente, s'applicano non tanto alla persona quanto al male, al temperamento, al cuore, alla passione, all'affetto.

147.

ACETATO, ACETOSO.

Acetato (raro nell'uso), che ha preso il sapore dell'aceto; *acetoso*, che ha sapore d'aceto, o con aceto è condito (1). *Acetato*, sostantivo, voce di scienza.

148—149.

ACIDITÀ, ACIDUME.
AGRESTO, AGRESTATA, AGRESTUME.

148.

Acidità, Acidume.

Acidità è la qualità; *acidume*, il sapore soverchio.

149.

Agresto, Agrestata, Agrestume.

— *Agresto* è l'uva non anche matura e il liquore che se ne cava. *Agrestata* è bevanda fatta con agresto e con zucchero. *Agrestume*, tutto quello che ha dell'agresto, ed anche ciò che resta di quell'uva, cavatone l'umore.
— GUASTI.

150—153.

ACQUISTARE, GUADAGNARE, LUCRARE, ENTRARE IN DANARI.
GUADAGNO, PROFITTO, EMOLUMENTO.

150.

Guadagnare, Acquistare.

S'*acquista* cosa il cui ottenimento costa ricerca più o men faticosa (2), com'indica l'etimologia della voce (3).

Il *guadagnare* può esser più pronto (4).

Il guadagno può essere illecito, o almeno troppo maggiore del tempo, dell'opera e del capitale postovi (5). L'acquisto ha, d'ordinario, più del legittimo.

Mettere a guadagno i danari vale: metterli a interesse; e questo può essere più o meno proporzionato ed onesto (6).

• *Guadagno*, dice il Romani, è ogni sorta d'utilità, che si ottenga per causa accidentale o premeditata, con mezzi onesti o no, da qualunque sia fonte, stabili, mobili, opera (7), capitali. L'acquisto ci dà cosa, la qual si può non sapere se ci abbia a rendere guadagno o danno. Si acquistano beni per via di compera, d'eredità, di donazione; i guadagni si traggono o da cose acquistate o dall'opera propria o da altrui generosità. »

I miei guadagni, vale: tutto quello ch'io mi son guadagnato (8); e per lo più in moneta o in valore simile a moneta; i miei acquisti, vale: tutto quello ch'io ho

---

(1) TASSO: *Piaghe esacerbate.* - REDI: *Con febbre irata, la quale ogni sera fa la sua esacerbazione verso le ventitré ore.*

(2) VARCHI: *Più sicuro andarlo addolcendo con le parole che esacerbarlo co' fatti.*

(3) CAVALCA: *Esasperando troppo quelli che hanno fallato, li fanno cadere in odio, in bugie... -* GIAMBULLARI: *Esasperati da questa ingiuria. I Latini più antichi congiungevano ad exasperare un senso d'ira più forte; in Plinio il giovane trovo la voce significante un altro che acerbo dolore.*

(4) GIAMBULLARI: *Esasperato fuor di misura, sempre crudele e ingordo del sangue umano, non perdonò la vita a persona.* - CASA: *Da questo fatto, che in vista è spiacevole, innasprii.*

(5) LIPPI: *Grida innasprito in suo parlar soriano.*

(6) BOCCACCIO: *Con alcuna cosa più dilettevole rammorbidare gli inacerbiti spiriti.*

(7) Nei seguenti esempi si verifica la distinzione posta da noi, che i due verbi in ire indicano meglio il principio e la progres-

sione dell'incomodo affetto. - G. GOZZI: *In cotal guisa innasprendosi i Trojani. -* GIAMBULLARI: *Andò la cosa innasprendo sempre.*

(1) SODERINI: *Invasella in botte acetata. -* BOCCACCIO: *Cosa acetosa o agra.*

(2) BART. S. CONCORDIO: *L'acquistamento delle ricchezze si trova pieno di fatica.*

(3) Ad-quæro, quiro.

(4) DANTE: *... i subiti guadagni, Orgoglio e dismisura han generata, Fiorenza, in te.*

(5) FRA GIORDANO: *Ricchezze fatte con illeciti guadagnamenti.* - M. VILLANI: *Guadagnando ingordamente. -* Si dice per altro: *mal acquisto poco dura.* Ma l'acquisto è illecito in quanto è ingiusto il guadagno che sovr'esso si fa.

(6) DAVANZATI: *Ha tanti danari a guadagno.*

(7) BOCCACCIO: *Servendo (gli appestati), sè molte volte col guadagno perdevano.*

(8) FRA JACOPONE: *Di tanto guadagno quant'io congregai.*

acquistato; e per lo più in beni immobili. Molti piccoli guadagni, radunati, danno i modi di fare un grande ed utile acquisto.

Tutto quello che non si perde, che si risparmia, dicesi talvolta *guadagno*. Il risparmio è certamente un de' migliori guadagni, quand'è frutto di previdente virtù.

Il guadagno può essere tenuissimo (1); l'acquisto suppone, d'ordinario, un più alto valore. Quando si pensa quanto siano in alcuni paesi più facili gli acquisti del ricco che i guadagni del povero, sentesi alquanto ingiusta la distribuzione di certo potere e di certi diritti.

Si guadagna al giuoco, al lotto; non s'acquista. Si guadagna vincendo una scommessa; si guadagna un posto, una salita, occupandola con qualche vantaggio (2). Si guadagna una preda (3), una vittoria (4). Una preda acquistasi, se grande; non una vittoria.

Tanto diciamo: guadagnare la grazia, l'affetto d'un potente, quanto: acquistarla; ma questo pare più stabile (5). Guadagnare il cuore, dicesi poi più comunemente che acquistarlo. Guadagnarsi uno, meglio che acquistarselo; se non quando trattasi proprio di possederlo.

Guadagnarsi (per ironia diciamo) un malanno, una disgrazia: e perchè nel guadagno è più diretta che nell'acquisto l'idea del vantaggio, però l'ironia è più manifesta. Ed è pur troppo comune nel mondo il dire dell'uomo al quale è sopravvenuta una disgrazia: ben gli sta! se l'è guadagnata.

Mandar le bestie a guadagno (e dicesi anche a frutto) vale: mandare a farle coprire che figlino; qui l'acquisto non entra (6).

Non guadagnar l'acqua da lavarsi le mani, è tutto proprio di questo verbo (7).

Guadagno ha diminutivi: *guadagnetto* e *guadagnuccio* e *guadagnerello; acquisto*, no.

Tendere al guadagno, non amar che il guadagno, far tutto per un vile guadagno, modi dell'uso (8).

Acquistare ha usi più propri: s'acquista un bene; si acquista la possibilità di goderne; si acquista la salute, il Cielo (9).

Acquistare s'usa assoluto, e sottintende forza, potere, o simile, secondo il contesto (10); ma sempre in buon senso. Più la religione è liberata da seguaci infedeli che da lei si allontanano per guerreggiarla all'aperto, e più acquista. Più la verità è discussa, e più acquista.

S'acquista un paese con le negoziazioni o coll'armi; non si guadagna (1).

S'acquista, coll'umiltà, elevatezza; con l'annegazione, grandezza; col dolore, virtù: qui *guadagnare* non s'avverrebbe sì bene (2). Si acquista dottrina, esperienza (3).

S'acquista un amico; si guadagna con la generosità il cuore degli stessi nemici.

151.
Guadagnare, Lucrare.

I.° *Lucro* è, per lo più, guadagno di danaro.

II.° Il lucro, d'ordinario, è molto. Io posso guadagnarmi sol quanto basta alla vita; non è lucro cotesto.

III.° Si guadagna anche con lunghi sudori; il lucro pare il più sovente ottenuto con meno fatica (4).

IV.° Il lucro, talvolta, è mezzo del guadagno; *guadagno* è l'effetto del lucro. La professione d'avvocato è tanto lucrosa (5), che alcuni ci guadagnano centomila franchi all'anno. È ella questa una ragione per accrescere proporzionatamente le paghe de'giudici, come volevano certi deputati di Francia? No davvero.

V.° Il lucro, inoltre, sembra, in certi casi, più regolare del guadagno. Onde: lucro cessante; nè si direbbe: guadagno cessante (6).

VI.° *Lucro* ha senso più materiale; *guadagno* ha traslati che lo nobilitano o intristiscono (7).

VII.° *Lucro* ha l'aggettivo *lucroso*, e *lucrosamente*, che mancano all'altro.

Causa lucrativa chiamavano i giureconsulti romani la causa d'acquisizione gratuita, non accompagnata da danno o debito; come donazione, eredità e simili.

I Romani avevano gli Dei lucrii che presiedevano al lucro.

152.
Guadagnare, Entrare in danari.

Entra in danari chi non ne aveva, e ne riscuote o ne prende comechessia. Il debitore risponde al creditore: com'entro in denari, vi pagherò. La riscossione non essendo un guadagno, nè guadagno essendo tanti altri mezzi d'entrare in danari, ognun vede qual sia ne'due modi la differenza. Il secondo non indica che la precedente mancanza, non già dei mezzi di sussistere, ma di danaro da contare; il primo si può fare anche già possedendone molto. Egli è anzi più facile a chi ha già di molto, guadagnar sempre più, che non entrare in danaro a chi si trova già sbilanciato. Mercante che aspetta d'entrare in danaro per fare gli affari suoi, non è il più avveduto degli uomini.

---

(1) Boccaccio; *Guadagnando assai sottilmente, la vita reggevano.* - Tratt. Gov. Fam.: *Ogni vile guadagnuccio.*

(2) Davanzati: *Parte entrassero ne' boschi, parte guadagnassero l'argine.* Dicesi anco *acquistare*, ma più rado, e in senso di vantaggio non così ostile. - Dante: *Pur su al monte dietro a me acquista.*

(3) G. Villani: *Preda guadagnata.* - Ariosto: *Spoglie.*

(4) Redi: *Vittorie guadagnate dalle galere di S. A.*

(5) Segneri: *Paolo il quale, non guadagnato dalle predicazioni di Stefano, ne fu guadagnato dalle orazioni.* (Qui non cadrebbe *acquistato*.) - Firenzuola: *Si guadagnò la grazia del santo uomo.*

(6) Alamanni: *Menar sì bell'asino a guadagno.* - Vite ss. Padri Cavallo di guadagno.

(7) Lib. Sonetti: *L'acqua con che noi ci laviam le mane Non guadagniam. . . .*

(8) Petrarca: *La turba al vil guadagno intesa.* - Albertano: *Lo sozzo guadagno fuggi come danno.*

(9) Boccaccio: *Si credea ciascuno a sè medesimo salute acquistare.* - Il seguente del Petrarca è uso poetico, ma degno di vita: *De' miei gravi sospiri Che acquistan fede alla penosa vita.*

(10) Segneri: *Più che si avanza nel suo viaggio, più si avvalora, più acquista.*

---

(1) Dante: *Di nuovo acquisto e sì d'amici pieno.* - G. Villani: *Del paese acquistatosi.*

(2) Ovid. Pist.: *Acquistator delle virtudi.* - Dante: *L'operazion della virtù... acquistatrice d'amici.*

(3) Dante: *. . . se quantunque s'acquista Giù (nel mondo) per dottrina fosse così 'nteso, Non v'avria luogo ingegno di sofista.*

(4) Simile differenza ai Latini tra *quaestus* e *lucrum*.

(5) Boccaccio: *Non a' lucrativi studi... si dispose, ma ad una laudevole vaghezza di perpetua fama.*

(6) Fra Giordano: *L'ozio è accompagnato dal lucro cessante e dal danno emergente.*

(7) Fra Jacopone: *Lucrare il paradiso;* traslato non dell'uso comune. Simile al *Christum lucrifaciam.*

153.

Guadagno, Profitto, Emolumento.

— Il *guadagno* può esser casuale; il *profitto* par più regolare e sicuro; l'*emolumento* si trae dalle cariche, dagl'impieghi, così da pensioni fisse come da quelli che chiamano incerti. — GIRARD.

Il *profitto* può essere e di lucro pecuniario, e di guadagno d'interessi, e d'acquisto di mobili; e della mente (1), del cuore (2), dell'incivilimento, e in qualunque siasi cosa che l'uomo faccia con qualche pro (3). Tutto ciò che fa bene, è proficuo (4). Chiunque opera o parla senza ottenere quel che desidera, diciamo che non ne trae alcun profitto (5). Cose profittevoli anco quelle che non recano immediato guadagno, ma lo preparano (6). Ogni guadagno è profitto, non viceversa. Un leggiero sollievo a grave malattia ottenuto da qualche medicina, è profitto, ma non è acquisto di sanità. Molte volte in politica e in economia si confondono l'acquisto e il profitto; errore dannoso.

Emolumento non è dell'uso volgare; ma l'amano i legali e i preti che se la dicono più col latino. Par meno di *lucro*, e guadagno, vantaggio ottenuto per vie ordinarie, non per caso o per modi inonesti. Riguarda specialmente il danaro, o cosa che facilmente in danaro si computi.

154—156.

ACQUISTO, COMPRA, PROVVISTA.
ACQUISTARE, COMPRARE.
PROVVISTA, SPESA.

154.

Acquisto, Compra, Provvista.

Acquisto dicesi specialmente d'immobili o di cose di certa importanza.

Compra riguarda l'atto, per dir così, materiale o il contratto; *acquisto* dinota l'effetto, l'accrescimento dei nostri beni o piaceri o poteri.

Acquistare ha più sensi traslati; se traslati si possono dire, e non piuttosto i sensi proprii di questa voce s'hanno a chiamare più varii di quelli della voce affine: acquistare un nome, la fama, la gloria, esperienza, cognizione, forze, virtù.

Orazio: «Nuoce la voluttà comprata col dolore.» E similmente diciamo: onori comprati a caro prezzo; comprare l'altrui pace col proprio dolore.

— *Provvista*, delle cose che servono all'uso, o da rivendere, non immobili: provvista di roba da mangiare, di biancheria, di vestiti, di mobilia. — A.

155.

Acquistare, Comprare.

Chi compra, acquista; non chiunque acquista, compra. Si *compra* a danaro, si *acquista* per via di permutazione, di donazione, d'aumento, di lavoro, di frode, di forza.

---

(1) ANDREINI: *Poter approfittar molto in quella scuola.*
(2) SALVINI e SEGNERI: *Proficiente nella virtù.* È frase anco di Seneca.
(3) *Pro facio.*
(4) REDI: *Pietruzze... molto profittevoli a coloro che patiscono di renella.*
(5) BOCCACCIO: *A cura delle quali infermità.... nè consiglio di medico parea che facesse profitto.*
(6) BOCCACCIO: *Penitenza profittevole.*

156.

Provvista, Spesa.

Per fare una *provvista* si spende, non ogni *spesa* è provvista; ma c'è delle spese che, senza essere provviste, sono provvidi acquisti e lucri, guadagni morali, conquiste de' cuori, della gloria terrena ed eterna.

157.

ACQUISTO, CONQUISTA, CONQUISTO.

— *Conquista* (1) è sempre per forza d'arme; e, per estensione, potrebbe dirsi d'ogni altra sorta di prepotenza; effetto necessario, ma non sempre durevole, dell'occupazione. *Acquisto* è per diritto, per dono, per compra, per trattato, o per altre pratiche oneste o malvage. Anche quando l'acquisto viene da guerra, non è troppo rapido nè immediato come la conquista; termine più usitato di *conquisto*, che è quasi meramente poetico. — POLIDORI.

158.

ACUME, ACUTEZZA.

Acume, fuor di poesia, quasi sempre ha senso figurato; *acutezza* può applicarsi anco a cose corporee: acume della mente; acutezza d'un angolo, d'un sapore, della vista (2).

Inoltre, *acutezza* s'applica anco alla pratica; *acume* riguarda specialmente le cose dell'intelletto. Acuto (ma non comunissimamente) chiamiamo un uom destro. Molti che son dotati negli studi di finissimo acume, non hanno nel commercio sociale quel tanto d'acutezza che basta a distinguere le celie dalle beffe, e il vero dal falso.

159—162.

ACUMINATO, ACUTO, APPUNTATO, AFFILATO, AGUZZO, APPUNTITO, ARROTATO.
AFFILATO, TAGLIENTE.
ACUIRE, AGUZZARE.
AFFILARE, ARROTARE, ASSOTTIGLIARE, RINFERRARE, RINSEGOLARE.
AGUZZARE, ASSOTTIGLIARE, ATTENUARE.

159.

Acuminato, Acuto, Appuntato, Affilato, Aguzzo, Arrotato, Appuntito.
Acuire, Aguzzare.

— *Acuto* è d'acutezza, per lo più, naturale; *aguzzo*, per lo più, d'artificiale: un corno è acuto, un ferro è aguzzo.

Aguzzo talvolta significa più acutezza che *acuto*. Dante chiama la frode «la fiera con la coda aguzza.» *Acuta*, non avrebbe lo stesso vigore. La ragione parmi sia nell'idea, sempre sottintesa, dell'arte. Aguzza una cosa, acuta tanto che pare aguzzata (3). Quindi un corpo acuto per sè, si può ancora aguzzare: acuto un angolo, non aguzzo.

E perchè, d'ordinario, s'aguzza a fine di conficcare o simile, perciò *aguzzare* può avere mal senso che *acuire* non ha. Diremo dunque piuttosto: acuire l'ingegno al

---

(1) *Conquiste amorose* ha senso sinistro. Non è però che talvolta, per estensione, *conquista* non lo possa aver buono; come *conquistare la fama, il cielo*.
(2) *Acume della vista, dell'occhio* è men frequente, e direbbe più l'atto che la qualità.
(3) Ciò si comprende anco dall'analogia del francese. *Aguzzare* corrisponde a *aiguiser*, che vale *rendere acuto*.

vero, aguzzarlo al male (1). Si dirà bene talvolta *aguzzare* anche in senso buono (2); ma viceversa, *acuire* in senso tristo, non si dirà, ch'io vegga, con tanta proprietà.

Aguzzo, per le accennate ragioni, ha, d'ordinario, senso più materiale d'acuto. Diremo: acuta febbre, sapore, dolore, voce, ingegno, argomento; non: aguzzo.

Appuntato vale: e armato di punta e che finisce in punta. Può essere punta non aguzza, né manco acuta. Un cappello a tre punte è appuntato alle tre estremità, non acuto. La piramide è appuntata nell'alto, non acuta. La punta, insomma, può essere grossissima. L'estremità ultima d'un corpo appuntato può essere acuta, senza che acuta però possa dirsi tutta la punta. E in questo senso potremo dire: l'acume della punta. *Punta da pungo*; quindi a questa voce è congiunta talvolta idea di dolore che in *acume* non è. — A.

Dicesi anco *appuntito*, e pare meno. Un viso troppo tondo, il pittore, per donargli del suo, lo fa un po' appuntito nel mento. Non fa già un viso aguzzo, che sarebbe difetto del corpo, e anco come indizio dell'animo e dell'ingegno. Men male, allora, i musi di luna.

L'idea d'*acuto* è semplice, fa pensar che all'acume; d'*appuntato*, un po' meno; d'*aguzzo*, d'ordinario, è doppia, e include il fine per cui la cosa è aguzzata, e fa pensare all'effetto dell'essere aguzzo. Un omicida che, meditando il misfatto, dicesse al compagno: le armi sono aguzze, direbbe troppo; acute, non aguzze.

Acuminato non è della lingua parlata, e s'applica, d'ordinario, alle forme architettoniche e simili. Ferro che ha molto lunga la punta, si dirà acuminato; ma non dal popolo.

S'aguzza l'estremità; s'affila la superficie. Si aguzza un ferro per conficcarlo; s'aguzza la punta d'un coltello. S'affila per lo lungo un temperino, un rasojo; assottigliasi loro il taglio (3).

Nel traslato diciamo: viso affilato, e muso aguzzo. Questo secondo indica mento ristretto che termina quasi in punta, quale il muso del Voltaire; viso affilato, estenuato, allungato dal patimento o per naturale magrezza. Quindi è che, più volentieri, *aguzzo* s'accoppia con *muso*, *affilato* con *viso*; e si dirà: muso aguzzo, ma non muso affilato. Diciamo anche muso affilato, viso aguzzo; ma nell'uso ordinario l'osservazione è vera.

Arrotare indica un modo artificiale dell'affilare. Si può arrotar male, e allora non s'ottiene l'effetto di bene affilare.

160.

Affilato, Tagliente.

Un'arme può essere tagliente da sè; coll'affilarle, si fanno taglienti le spuntate, o alle taglienti si dà miglior tempera. Può un coltello essere affilato e non molto tagliente (4); scalpello tagliente, meglio si dirà che affilato (5).

Un naso, un viso affilato, non son taglienti. In musica, una voce acuta senza morbidezza, è tagliente. Nella pittura usan dire: ombre, contorni taglienti (1). Stile tagliente potrebbe dirsi lo stile arguto, conciso, efficace, che colpisce il concetto, dividendolo quasi. Al tagliente s'oppone il morbido; a Tacito, Cicerone. Ma qual de' due stili è più potente sui più?

161.

Affilare, Arrotare, Assottigliare, Rinferrare, Rinsegolare.

— *Arrotare* è passare alla ruota; *affilare* è dare il filo, passando i rasoi o temperini alla pietra, per levar loro quel riccio che lascia la ruota (e si chiama filo morto), oppure per avvivare il taglio.

Le vanghe non si arrotano, ma si *rinferrano*, cioè vi si accresce a bollore dell'acciaio che poi si *assottiglia* a dovere. I vomeri si rinferrano quando ne han di bisogno, oppure si assottigliano; e si assottigliano zappe e zapponi facendole arroventire e battendole sull'incudine. Le falci a mano si rinsegolano, cioè si rifan loro i denti a modo di seghetta. La falce fienaja si affila con una pietra (muovendo la pietra invece del ferro) e si batte con un martello. — LAMBRUSCHINI.

162.

Aguzzare, Assottigliare, Attenuare.

Per aguzzare, s'assottiglia; ma non ogni cosa sottile è aguzza. Nel traslato, aguzzare l'ingegno, indica più sforzo; assottigliarlo, è più nobile, meno materiale, più franco. S'aguzza l'ingegno e al male e al bene; s'assottiglia piuttosto al bene.

Attenuare è un assottigliare troppo e, d'ordinario, in modo importuno. Attenuare l'ingegno è difetto, assottigliarlo è pregio; l'uno l'indebolisce, l'altro lo rinforza o l'addestra. S'attenua una colpa scemandone la gravità.

163—164.

ACUTEZZA, ARGUZIA, ARGUTEZZA, FACEZIA.

163.

Acutezza, Arguzia.

L'*acutezza* s'esercita nelle piccole e nelle grandi cose; l'*arguzia* nelle piccole, per lo più. L'acutezza, nel penetrare, nel vedere l'interno, il lontano; l'arguzia, nel disputare, nel sofisticare, nel mordere. Onde talvolta arguzia ha mal senso. Vico: « Impegnino pure i nostri ingegni tutta la loro acutezza, o piuttosto arguzia, per poter mantenere riputazione alla nostra memoria, di già persuasa di ciò: che il governo romano sotto i re fu monarchico mescolato di libertà popolare (2). »

Acuto filosofo lo Scoto, scrittore arguto il Voltaire; acuto ragionatore, censore arguto.

164.

Arguzia, Argutezza, Facezia.

— *Argutezza* dice meglio la qualità, l'abito; *arguzia*, e l'abito e l'atto: dire un'arguzia, compiacersi nell'arguzie.

La *facezia* è arguzia piacevole; può l'arguzia essere austera. — GATTI.

Può l'*argutezza* essere pregio del pensatore in quanto la mente, acuta per natura, s'addestra coll'abito a argomentare per la verità, o redarguire l'errore, o arguire da una notizia più prossima altre notizie più remote.

Siccome Dante disse *faccia arguta*, d'uomo che ne' linea-

---

(1) *Acuire* non è nella Crusca, ma in Dante (Paradiso, XXXI) molti codici lessero: *acuirà lo sguardo*; meglio che *acconcerà*.
(2) DANTE: *Aguzza qui, lettor, ben gli occhi al vero*.
(3) ALAMANNI: *Che mai barbier v'affileria rasojo*. — MORGANTE: *Spada affilata*.
(4) BOCCACCIO: *Tagliente unghione*. - CRESCENZIO: *Il becco dell'aquila diventa così tagliente...*
(5) CRESCENZIO.

---

(1) GALILEO: *Taglientissimamente e crudamente... i lumi co-terminano con le ombre*.
(2) Lib. 2, c. 7. Scienza nuova, ediz. prima.

menti esprime la sottigliezza della mente, molto più potremmo dire occhio arguto; e tale qualità argutezza, arguzia no.

165—168.

ADAGIARSI, Coricarsi, Stendersi, Giacere, Sdrajarsi, Sdrajato, Sdrajone.

Stendersi, Distendersi.

Stendere, Distendere, Estendere.

Estensione, Stendimento, Distendimento, Distesa, Disteso.

Allettarsi, Andare a letto, Mettersi a letto, Coricarsi.

165.

Adagiarsi, Coricarsi, Stendersi, Giacere, Sdrajarsi, Sdrajato, Sdrajone.

— Chi si *sdraja* distende gran parte del corpo; chi si *corica*, lo distende tutto. S'*adagia* e chi si corica e chi si siede; chiunque, insomma, si mette a miglior agio di prima: sdrajato sopra un canapè; coricato nel letto; adagiato sopra un sedile.

Dunque l'idea del giacere è meno inchiusa nell'adagiarsi che nello sdrajarsi; meno nello sdrajarsi che nel coricarsi. — ROMANI.

Sdrajato dipinge positura non molto nobile, e più comoda che bella: sdrajarsi per terra, sdrajarsi sull'erba (1).

Stare sdrajone (2) dice questa positura un po' più prolungata, e forse un po' più sconveniente.

Si sdrajano anco le bestie (3). *Sdrajato* si dice, per estensione, anche qualunque corpo il quale, di ritto che era, si pone a terra o molto inclinato. Scale che non sian ripide, si dice che hanno più o meno sdrajo; corpo non perpendicolare è a sdrajo.

Sdrajare soffre talvolta anche l'attivo; *coricare*, meno. Comunemente diciamo coricarsi, e non io l'ho coricato. La poesia l'adopra attivamente, senza taccia di stranezza. Nel far cadere un albero che si tagli, convien badare di sdrajarlo giù bene, si che non precipiti per il declive, o non faccia male cadendo addosso a persona.

166.

Coricarsi, Adagiarsi, Stendersi.

La persona si corica ordinariamente nel letto (4); e quando diciamo assolutamente: stanotte non mi son coricato, o simile, non intendiamo che del letto.

Coricarsi diciam delle bestie altresì, ma in senso differente da *sdrajarsi*. L'animale si sdraja buttandosi tutto per terra; si corica chinandosi (5), accoccolandosi.

S'adagiano e uomini e bestie (6) e cose. Chi non è bene coricato non s'adagia; chi giace sdrajato in positura incomoda, non si adagia; chi giace o si sdraja o siede agiatamente, è adagiato (7). Ma l'agio e la comodità è cosa relativa. Un povero si trova meglio adagiato su poche foglie, che un sibarita sopra un letto di rose (1). E guai se ai poveri non restasse l'appetito, il sonno, la temperanza e il senso comune!

Adagiare ha senso attivo e neutro passivo: io adagio una cosa in un luogo, sicchè vi stia bene: io m'adagio.

Adagiarsi ha, poi, senso traslato. L'uomo che tenta adagiarsi nel dubbio come in istato di tranquillità, non sa quel che si voglia; e con ciò solo viene a confessare la necessità della fede.

Per isdrajarsi bisogna stendersi, ma non accade stendersi tutto; e uno si può stendere senza sdrajarsi. Questa seconda voce esprime atteggiamento, ripeto, più comodo che gentile. Poi, si può stendere una parte del corpo e non tutto: la mano (2), un dito (3), un piede (4).

Si stende una nube per l'aria; un corpo si stende, più o meno, in altezza o in lunghezza.

167.

Stendersi, Distendersi, Stendere, Distendere, Estendere. Estensione, Stendimento, Distendimento, Distesa, Disteso.

Distendersi dice talvolta un po' più. Cadere, gettarsi, gettare, rimanere lungo disteso; no steso.

Nel distendersi può esser più sforzo, anche sforzo doloroso; e allora pare che la particella *di* denoti quasi principio di separazione, o il *dis*, atto difficile e contrario o a natura o a uso. In questo senso, *disteso* tiene più del *distentus* che dell'*extensus*. Onde con proprietà Dante: del crocefisso: «In terra con tre pali... era disteso in croce Tanto vilmente»; e poco prima: «E a tal modo il suocero si stenta In questa fossa.» Perchè anche *stentare* da *tendo*.

Dante stesso, della profondità dell'inferno: «tanto quanto la tomba si distende»; e di estensione di grado diverso: «nel quanto, tanto non si stenda la vista.» Anco nell'attivo, dunque, *distendere* dice talvolta più con la stessa sua maggiore lunghezza. Nel senso contrario, *attendere*, antiquato, non si direbbe *stendere*.

Estendere denota meglio la misura in genere d'uno spazio, onde i sensi fisici e filosofici di estensione. *Stendimento* è l'atto dello stendere o estendersi; *distendimento* dice sforzo; *stesa* è meno usitato che *distesa*, e questo dice uno spazio occupato da un qualche corpo, come la distesa de'cieli. Così il Diodati traduce *firmamento*; ma questa è imagine più complessa, più feconda d'idee e di dottrine. *Distesa* non è dunque l'estensione in astratto; nè *distesa* delle idee direbbesi, come estensione.

Disteso, un bel disteso, dicono i Toscani scritto acconciamente dettato, massime a uso di faccenda o per conseguire un intento. Il verbo più proprio a lode mi pare *stendere*; *distendere* già comincia a indicare prolissità. Il dicitore si stende in un argomento, anco riempiendo il suo dire di cose tutte sode e che fanno al caso; si distende uscendo del tema o in inutilità; può adagiarvisi, se lo tratta tranquillamente e con certa quasi signoria; se ci si sdraja, guai!

168.

Allettarsi, Andare a letto, Mettersi a letto, Coricarsi.

— Si va a letto per dormire, per riposarsi: s'alletta l'am-

---

(1) REDI: *Si sdrajaron sull'erbetta Tutti colti.*
(2) BUONARROTI.
(3) LIPPI.
(4) BOCCACCIO.
(5) TESORO: *Quando l'uomo li vuole caricare (i cammelli), elli si coricano in terra.*
(6) BOCCACCIO.
(7) BART. S. CONCORDIO: *Chi a coloro che mal fanno studia d'adulare, quasi pone guanciali sotto il capo del giacente; sicchè quelli che della colpa dovea essere corretto, in essa si pone adagiato.*

---

(1) PETRARCA: *O casetta o spelunca Di verdi frondi ingiunca: Quivi senza pensier s'adagia e dorme.*
(2) DANTE.
(3) BOCCACCIO.
(4) BOCCACCIO.

malato, l'infermo: allettato, diciamo, da un anno; s'è allettato, e non s'è più levato di lì. — A.

Mettersi a letto è, più propriamente, l'atto del *coricarsi*. Di chi s'è ritirato nella sua stanza, anco se non si sappia se sia a letto già, dicesi: è andato a letto. Per modo di celia o di scherno, per disfarsi di taluno, o per troncare i suoi discorsi, diciamo: caro voi, sarà meglio che andiate a letto.

169.

AFFANNATO, Ansioso, Ansante, Ansio, Anelante. Ansima, Ansamento.

Ansante ha senso corporeo; non si dice che della difficoltà o dell'acceleramento del respiro, prodotto o dal corso o da simil cagione. *Ansioso* non ha senso se non traslato, ed esprime gran desiderio (1).

Ansio è d'uso quasi affatto poetico, ma insieme differisce da *ansioso* in quanto ch'esprime ansietà mista di dolore, ansietà di desiderio disperato (2). L'Alfieri: «... Io vengo ansio, anelante alle tue stanze.»

Anelante è più d'*ansante*. Legger moto può far ansare, non anelare. Gli anelitti, diciamo, non l'ansar della morte. Ma quello che nella poesia dicesi *anelante*, in prosa, d'ordinario, dicesi *ansante*, anche quando l'ansare è forte; onde la differenza tra *ansimare* ed *ansare*. Il primo non viene da stanchezza, ma da difficoltà del respiro (3); e perciò denota: *ansima*, la difficoltà del respiro; *ansamento*, l'atto dell'ansare per istanchezza o per causa simile (4). Soverchio poi l'avvertire che l'*ansima* si distingue dall'*asma*; questo è malattia, quello incomodo passeggero.

Affannato è più generico. L'affanno può venire dall'ansia, dall'anelito, da malattia, da turbamento dell'animo. Si può essere anelante e non affannato; affannato e non anelante (5). Si può essere insieme ansioso, ansio e ansante. Una madre è ansiosa di rivedere il figlio che torna dalla mischia, ansia sull'esito del conflitto, ansante nel correre che gli fa incontro. Si può essere insieme ansante e affannato. Buonarroti: «Par che intanto respirino affannati, tutti ansanti.»

170.

AFFANNO, Afa.

Afa, così la Crusca, affanno che per gravezza d'aria o soverchio caldo per render difficile la respirazione. *Affanno* qualunque o impedimento o affrettamento o gravità di respiro. Non ogni affanno è afa; afa è affanno non forte. Un caldo gravissimo fa afa da prima, e da ultimo, affanno; ma questo può venire da infermità, dalla foga del correre, dal turbamento dell'animo.

171—172.

AFFANNO, Ansia, Ambascia, Angoscia. Ansia, Ansietà.

171.

Affanno, Ansia, Ambascia, Angoscia.

— L'*ansia* è desiderio ardente, e con dubbio doloroso. Non ogni affanno è ansia. *Affanno* è ogni sorta di dolor

---

(1) Vasari: *Ansioso di vedere.* - Redi: *Ricercando ansiosamente.*
(2) Manzoni: *Sgombra, o gentil, dall'ansia Mente i terrestri ardori.*
(3) Magalotti: *Un uccelletto, appena era fatto il vuoto, che cominciò subito a boccheggiare e quasi ansimando ricercar l'aria.*
(4) Redi: *Con frequenti ansamenti e tremiti andava, quasi balordo, movendosi in giro. Qui è più che l'ansima.*
(5) Boccaccio: *Non gli fosse ancora il polso e il battimento del cuore, per lo durato affanno, potuto riposare.*

---

vivo che si comunichi al corpo, e renda la respirazione men facile. — Gatti.

— *Ambascia* è più d'*affanno*; *angoscia* pare ancora più. — Romani.

172.

Ansia, Ansietà.

Nell'*ansia* è più del corporeo; l'*ansietà* può essere tutta interna. L'ansia è mista di desiderio e di dubbio, e può avere poco dolore; nell'ansietà può essere più timore che desiderio, e mal essere più continuo o più forte. Può l'ansietà essere principalmente nei pensieri, l'ansia è più negli affetti. Anco il forte e il virtuoso può patire ansietà; ma egli sa rattenersi dall'ansia. *Ansietà* soffre meglio il plurale; ma potrebbe forse dirsi anco: le ansie dell'amore materno, o simile; senonché le ansietà, riguardando specialmente i pensieri, possono essere quasi momenti sparsi; le ansie comprendono, ciascuna di loro, tutto il tempo che dura quel penoso sentimento.

173—180.

AFFLIGGERE, Accorare, Trafiggere, Contristare, Attristare, Addolorare, Addogliare, Tribolare, Rattristare, Intristire.
Attristarsi, Attristirsi.
Tristezza, Tristizia.
Tristo, Triste.
Tristo, Furbo.
Tristarello, Furbettuolo, Furbacchiuolo.
Dolore, Duolo, Doglia.
Dolore, Male.
Dolore, Travaglio.
Dolente, Doloroso.

173.

Affliggere, Accorare, Trafiggere, Contristare, Attristare, Addolorare, Addogliare, Tribolare, Rattristare, Intristire.

— *Accorare* è ferire il cuor di dolore; ed è più intenso d'*affliggere* e anche di *contristare*. *Contristare*, talvolta, dice tristezza più lunga e più intera, per dir così, che *attristare* (1). *Trafiggere* è più che *affliggere*; gli è un dolore che passa l'anima. Può essere però più breve. — Romani.

Tribolare, da *tribolo* (pianta spinosa), pungere con dolori frequenti. Tribolato dicono in Toscana l'uomo ch'ha pochi quattrini, perché a costui si fa triboli sotto i piedi l'arena del mondo. Poi questa voce ha i noti sensi religiosi.

Io posso essere *addolorato*, non *afflitto*; quest'ultimo è più. Non si dirà: l'afflizione m'addolora; ma sì: il dolore m'affligge, m'abbatte l'anima.

Afflitto ha sensi corporei: affliggersi di penitenze, di digiuni; afflitto di freddo; le virtù della vita corporea afflitte (2). *Addogliare* è voce poetica. Potrebbesi fra esso e *addolorare* porre la differenza che tra *doglia* e *dolore*:

---

(1) Villani: *Colla giunta del dolore e della morte di M. Piero, s'accorò duramente l'animo.* - Boccaccio: *Se alcuna malinconia o gravezza di pensieri gli affligge.*
(2) Petrarca. - Villani: *Avendo la lega di Lombardia molto afflitta la città di Parma.* - Crescenzio, III, 8: *La fava è da sarchiare quando è grande quattro dita sopra la terra; della qual sarchiagione non si affligge, anzi fa pro.*

che l'*addogliare* indicasse dolore più abituale e talvolta più ascoso (1).

174.
Rattristare, Contristare.

— *Rattristare* è meno. Il mal tempo rattrista; le sventure contristano. Un temperamento malinconico si rattrista facile; una passione tradita contrista la vita. — GIRARD.

175.
Rattristare, Intristire.

Il primo suona tristezza; il secondo, tristizia, malignità. Una parola severa vi rattrista; una molle v'intristisce. Le cose che meno rattristano sul primo, son quelle che spesso poi più deplorabilmente intristiscono.

176.
Attristarsi, Attristirsi.
Tristezza, Tristizia.
Tristo, Triste.
Tristo, Furbo.
Tristarello, Furbettuolo, Furbacchiuolo.

Attristirsi pare che indichi meglio il passaggio da stato lieto, o almeno tranquillo, a tristezza; che indichi i primi passi nella tristezza si fa. L'*attristarsi* pare che giovi ad esprimere tristezza più lunga.

Poi, attivamente, più comune è *attristare* che *attristire*. E di cose corporee parlando, dice delle piante il Vettori, che s'attristiscono, divengono triste, languide; più comunemente: intristiscono.

Senonchè, l'*attristire* di pianta può essere il primo perdere di sua piena vita; e l'*intristire* allora sarebbe più. Di bambino, o anco d'adulto, dicesi che intristisce della salute, e lo dimostra all'aspetto. L'*attristire* può essere più nascoso, e può più venire da cause morali; essere in parte effetto dell'attristarsi.

Là dove Dante dice : « Che la vostra avarizia il mondo attrista Calcando i buoni e sollevando i pravi », indica non solo la tristezza de' mali ma anche un po' la tristizia del male; giacchè tristizia ha ora più senso contrario a bontà, tristezza ad allegrezza. *Tristizia* in ciò corrisponde a *tristo*; che di non buono non si direbbe mai *triste*. *Triste*, per *non lieto*, non è della lingua parlata, che sempre dice *tristo*. E così chiama anco il *furbo*; perchè l'ingegno abusato attrista all'ultimo e patisce l'insidie e chi le fa, e onesti e furfanti. Tristo, dicesi in questo senso anco di fanciullo, e se ne fa *tristerello; tristanzuolo* è antiquato. D'uomo, è peggio tristo che furbo; anche di bambino è men grave dirlo furbo; onde si fa *furbettuolo*, che è pur meno di *furbacchiuolo*, e lo dice anche il suono. Ma da questo si fa *furbacchievoleria*, derivato che agli altri manca; tant'è vero che i peggio figliano spesso più. Ragazza furbetta può non essere trista, nè anco nel senso più mite; ma dirla furbettuola è più biasimo; e questo è uno di quei diminutivi che peggiorano.

177.
Dolore, Duolo, Doglia.

— *Duolo* è più vicino di *dolore* al significato morale (2). Quando ambedue hanno senso affatto corporeo, il duolo

---
(1) PETRARCA: *Vita che m'addoglia.*
(2) PASSAVANTI: *Porò la mano dall'un lato all'altro con molto duolo e pena.*

TOMMASEO, *Diz. dei Sinonimi.*

è più forte. Il dolore, a chi sa trarne profitto, è scuola salutare, perchè ci rende più sensitivi a' mali altrui; pur d'ordinario accade che gli uomini stati disgraziati, quando son giunti a miglior condizione, non credono e non curano i dolori altrui.

Doglia ha quasi sempre senso corporeo affatto. Nel numero del più l'usano a significare i dolori del parto. Nel comune linguaggio non si direbbe duolo, e molto meno doglia de' peccati, come dolore. — MEINI.

178.
Dolore, Male.

— A *dolore* s'oppone *piacere*; e bene a *male*. Quando ambedue dicono mal essere del corpo, la distinzione sta in questo, che *male* è più generico, *dolore*, più vivo. Il dolore è l'effetto del male. — GIRARD.

179.
Dolore, Travaglio.

— *Travaglio* denota il mal essere della macchina intera; e può essere senza dolore ad alcuna parte del corpo. Così diciamo: il travaglio della febbre, che dolore propriamente non è. Il latino *laborare* corrisponde al *travagliare* nostro. Terenzio: *Laborat e dolore misera*. I Greci, nota Cicerone, non distinguono le due idee con due voci; in questo il latino è più ricco. Parlando dell'animo, il travaglio è dolore vivo che agita tutto l'uomo e lo tormenta. Può essere altresì agitazione, tempesta di pensieri, d'affetti, senza che possa propriamente chiamarsi dolore. Si dirà: travagliato da mille cure. — A.

180.
Dolente, Doloroso.

— *Dolente*, che si duole, che sente dolore; *doloroso*, ch'è pien di dolori. Però fu chiamata madre dolorosa la Vergine. *Doloroso* vale talvolta: ch'è cagione di dolori, cattivo, malvagio (1); e in questo senso l'ho sentito usare più volte in Firenze, e nel contado fiorentino. — MEINI.

181—187.
AFFLIZIONE, DOLORE, CURA, TRISTEZZA, DESOLAZIONE.
TRISTEZZA, MESTIZIA, LUTTO.
TRISTEZZA, MALINCONIA, IPOCONDRIA.
UMORE CATTIVO, CATTIVO UMORE.
MAL UMORE, CATTIVO UMORE.
MALI UMORI, CATTIVI UMORI.
MALINCONICO, IMMALINCONITO.
MALINCONIA, MELANCOLIA, MELANCONICO, MALINCONOSO.

181.
Afflizione, Dolore, Cura, Tristezza, Desolazione.

— *Dolore*, e del corpo e dell'animo; gli altri, dell'animo. La cura (ma in questo senso è locuzione latina) può essere tutta interna; la *tristezza* si vede di fuori, più o meno. La tristezza può essere nel temperamento, o comechessia; può essere abito; la cura è pensiero grave che sempre non dura.

Afflizione è più di *tristezza*; *desolazione*, ancora più. Parlando d'un popolo, o di moltitudine d'uomini, non si dice tristezza, d'ordinario, nè cura. — A.

182.
Tristezza, Mestizia, Lutto.

— *Lutto* è più; viene, d'ordinario, da recente sventura. La *mestizia* può essere o da guai antichi, o da

---
(1) MACALOTTI: *Tra i buoni figliuoli e i cattivi la differenza si riduce a questo, che i buoni aspettano che il padre muoja, i cattivi lo desiderano, i dolorosi poi gli danno in testa.*

continuo mal essere, o da mal umore senza ragione evidente. Sallustio: *Varie per omnem exercitum lætitia, maeror, luctus atque gaudia agitabantur*. Siccome *gaudium* è più vivo di *lætitia*, così *luctus* di *maeror*.

La mestizia può essere tutta dentro; la tristezza si dissimula meno. Plauto: *Quid vos maestos tamquam tristes esse conspicor.* — POPMA.

183.
Tristezza, Malinconia, Ipocondria.

— *Tristezza* è più forte: la tristezza non sente diletto; la malinconia si diletta in pensieri non lieti. La tristezza fugge lo spettacolo della gioia; la malinconia trova in ogni cosa sorgente di lacrime o di tenerezza.

La tristezza ha più spesso una cagione più o meno avvertita; la malinconia è inesplicabile talvolta, è un indeterminato bisogno d'intenerirsi sopra sè o sopra altrui.

Tristi le tenebre fitte, il canto del gufo; malinconico l'autunno, il lume di luna. — FAURE.

— Temperamento, dicesi, malinconico: carattere ipocondriaco. L'ipocondria è più profonda e, d'ordinario, più lunga; può essere malattia. — NERI.

184.
Umore cattivo, Cattivo umore.

Il secondo riguarda l'animo; l'altro il corpo: bisogna scacciare dal corpo gli *umori cattivi*, e il *cattivo umore* dall'animo. Molti si credono ottenere il primo col tabacco; il secondo, col vino: il primo, colla dissolutezza bestiale; il secondo, con un amore più bestiale ancora, perchè più crudele in sè stessi e in altrui.

Gli umori cattivi vinconsi con la temperanza del corpo; il cattivo umore, con quella dell'animo.

Con un avverbio tra mezzo, *cattivo* si può posporre ad *umore* e aver senso morale, non già corporeo: oggi siete d'un umore ben cattivo.

185.
Mal umore, Cattivo umore.
Mali umori, Cattivi umori.

Fra due o più persone è *mal umore*, che dicesi, in questo senso, più comunemente dell'altro; e dice più, perchè *malo* è più di *cattivo*. *Mal umore* accoppiasi all'un e ad altri aggiunti: un gran mal umore, forte mal umore; *cattivo* sta meglio da sè. Poi, *cattivo* dice differenza con dispiacere; *mal* dice e discordia, e ira, e minaccia.

Nel senso di *malinconia*, dicesi altresì *mal umore*, ed è spedito, e, talvolta, par che dica meno, al rovescio del sopra notato. Nel plurale, *cattivi umori* dicesi più comunemente del corpo, *mali umori* in translato. Mali umori, par che denoti più propriamente le discordie e gli odii; mali umori, gli elementi non buoni nel corpo dello Stato. Le discordie diransi anche mali umori; ma nella sentenza del Machiavelli, che i mali umori dello Stato vogliono aver uno sfogo (sentenza parte vera, parte falsa), reggerebbe anco *cattivi umori*; ma *mali* dice due cose, e i non sani e i discordanti.

186.
Immalinconito, Malinconico.

Immalinconito denota, primieramente, il passaggio che fa l'uomo da uno stato dell'anima meno disaggradevole a malinconia (1); poi, esprime malinconia che minaccia o comincia essere abito o stato (1). Altro è quel pensiero che sorge nella mente e la immalinconisce; altro è quella serie di pensieri, d'affetti, di sventure che immalinconisce l'anima e la chiude alla serenità della gioia.

Quand'io dico *malinconico*, a queste cose non penso; penso allo stato presente, non alla durazione di esso, nè al passaggio da stato più lieto.

V'è degli uomini malinconici per natura; v'è di quelli che, lieti all'eccesso, per una parola, per un cenno, per un segno che veggano di fuori e che loro versi nell'anima quasi una corrente d'idee diverse, immalinconiscono a un tratto. Uomini tali non sono nè altamente virtuosi nè tristi; il mondo non li può conoscere, e, fraintendendoli, li calunnia.

Sangue immalinconito, diciamo; e vale: rallentato nel suo corso e ingrossato, non più così leggiero ed agile e sano com'era. Così degli umori.

L'etimologia comprova la proprietà di quest'uso; giacchè, second'essa, *melancolia* ha senso corporeo.

187.
Malinconia, Melancolia.
Melancolico, Malinconoso.

Melancolia non è dell'uso toscano; e sarebbe storpiatura anch'esso del greco, il qual forse sarà ritenuto nella scienza medica in senso corporeo. Nell'uso comune, tant'è attenersi al comune. Le altre storpiature sono ancora più inusitate. *Malinconoso* vive nel dialetto di Corfù, e forse in altri; e dice sentimento dell'anima, per solito più lungo e intenso.

188—192.
AFFLIZIONE, CORDOGLIO.
DOLORE, CONTRIZIONE, ATTRIZIONE.
PENTIMENTO, CONTRIZIONE, RIMORSO.
PENTITO, DOLENTE.
PENTIMENTO RIMORSO.

188.
Afflizione, Cordoglio.

— Il *cordoglio* è più forte; insinua il dolore nell'intima parte dell'animo, che figuratamente s'intende per cuore. Le afflizioni abbattono l'animo, il cordoglio viene logorando la vita. — GATTI.

189.
Dolore, Contrizione, Attrizione.

— Passavanti: « *Contrizione* è il dolore perfetto e volontario che nasce dall'amore di Dio....; *attrizione* è dolore imperfetto, per il quale l'uomo teme patire pena, o perdere premio; o nasce da sì tiepido e difettoso amore, che non agguaglia la misura della gravezza del peccato. E questo mostra la significazione dei nomi; che, come contrizione dice uno tritamento minuto, quanto a tutte le parti insieme, fatto perfettamente, non rimanendo veruna intera e salda (la qual cosa fa il dolore intimo e il dispiacere perfetto del peccato); così l'*attrizione* dice un rompimento in grosse parti non perfettamente trite, la qual cosa fa il dolore e il dispiacere del peccato, difettuoso e imperfetto. » Solo del linguaggio religioso son proprie queste due voci. — MEINI.

190.
Pentimento, Contrizione, Rimorso.

— *Contrizione* è dolore vivo e volontario dell'avere,

---

(1) SEGNERI: *Notte che v'immalinconichisca con le sue tenebre.* - *Immalinconisca* sarà più comune e più svelto.

(1) VITE SS. PADRI: *Incominciò molto a immalinconire; e non supera egli stesso che si fare.*

peccando, offeso Dio, in quanto Dio è buono e amabile; *pentimento* è dolore pensato d'avere errato con opera o con omissione, ed è, per lo più, un desiderio di riparare. *Rimorso* è il rimprovero che al reo fa la coscienza dell'avere commessa colpa grave.

La contrizione è ispirata dalle credenze religiose, e in ispecial modo dalle cristiane. Il pentimento riguarda ogni specie di male e di sbaglio; la riflessione e l'esperienza lo destano. Il rimorso è figlio del male fatto.

La contrizione ci torna al buon sentiero; il pentimento vi ci ravvia; il rimorso ci fa sentire quanto ne siamo lontani.

Il rimorso può condurre, e può non condurre al pentimento. Il pentimento, talvolta, è frutto d'orgoglio, e non sale a contrizione, la quale ha sempre ragioni sopra natura.

Il bene fatto può, talvolta, destar pentimento; non mai rimorso. — ROUBAUD.

191.
Pentito, Dolente.

— Il pentimento è sempre dolore; il dolore di aver commesso cosa non buona o dannosa, è pentimento. Il pentimento è, dunque, dolore riguardante il passato.

Può l'uomo essere *dolente* delle conseguenze della propria azione, e non n'essere però *pentito*. C'è poi un certo pentimento quasi razionale, che poco o punto partecipa del dolore. — ROUBAUD.

192.
Pentimento, Rimorso.

Rimorso, il rimprovero doloroso che ci fa la coscienza per legge morale violata; *pentimento*, dispiacere più o meno vivo di cosa o riprovevole o semplicemente dannosa. Io mi posso pentire d'aver fatto una passeggiata: cotesto non è rimorso. I vili si pentono anco del bene; rimorso non n'hanno.

193—198.
AFFLIZIONE, PENA, DISPIACERE, DISPIACENZA, DISGUSTO, DISTURBO, MORTIFICAZIONE, TRISTEZZA, MESTIZIA, DOLORE.

193.
Pena, Afflizione.

— *Pena* è l'impressione del dolore più o men forte; *afflizione*, l'abbattimento che viene da pena assai viva (1). Le pene son piccole o grandi, secondo la sensibilità; l'afflizione è grave o leggiera, secondo la forza dell'animo. Non sempre l'afflizione è in ragion delle pene. La pena è sovente effetto di fantasia: prendersi pena. — FAURE.

194.
Dispiacere, Pena.

— *Pena* ha senso corporeo e morale; l'altro, morale soltanto. Del cuore parlando, la pena è più viva. Corneille: *Et puis par ce partage épargner les soupirs, Qui naîtront de ma peine, ou de ses déplaisirs.* — A.

195.
Pena, Disturbo.

— *Pena* è più di *disturbo*: sentirsi una pena al petto; stare in pena per alcuno, cioè temere che non gli accada del male. Vedere la virtù ed il merito astutamente depressi da chi più dovrebbe rispettarli, fa pena. *Disturbo* è più improvviso, ma meno forte e meno durevole; *pena* è più grave, e può durare a lungo. — MEINI.

196.
Afflizione, Tristezza, Mortificazione.

— L'*afflizione* è dolore vivo, per tale o tal causa determinata. La *tristezza* è, sovente, di mali men prossimi, meno speciali.

Mortificazione è dispiacere venuto o da fallo commesso, o da onta, o da cosa insomma che pungano l'amor proprio. Le critiche mortificano l'autore debole; il pensiero d'aver mortificato un autore affligge il critico onesto. — GIRARD.

197.
Mestizia, Dolore.

— La *mestizia*, sovente, non ha motivo determinato; è un senso ingrato dell'animo. La mestizia si conosce a più chiari segni. — A.

— Il *dolore* è del corpo e dell'animo; la *mestizia*, tutta dell'animo.

La mestizia è più prolungata; il dolore può essere d'un istante. — ROMANI.

— Chi è molto *scontento* suol essere *mesto*; ma può l'uomo esser mesto, e non avere determinata cagione di scontentezza; e può essere scontento per causa leggiera, non mesto. — VOLPICELLA.

Mesto vale anco che reca mestizia: giorno, luogo mesto; mesta in Dante la selva vivente de' suicidi. Così *doloroso* è anco quel che reca dolore; e in senso simile Dante dice luogo dolente: ardito modo, ma potrebbe a suo luogo comportarlo la prosa.

198.
Dispiacenza, Dispiacere, Disgusto.

La *dispiacenza* è talvolta più viva, più intima. Ogni piccola contrarietà, fosse pur d'un istante, fa dispiacere; tutto ciò che, pur contentando, non appaga in tutto, è leggier dispiacere. Dispiacenze diciamo le amarezze del cuore che durano. Diciamo: ricevere da taluno continue dispiacenze, ch'è cosa quasi vicina ad offesa.

La dispiacenza ci vien di fuori e ci penetra; il dispiacere può essere causato a noi da noi stessi, essere un mero effetto della nostra non buona disposizione di corpo o di spirito. Molte cose, anco innocue, ci fanno dispiacere nel mondo; quelle che mirano, o pare che mirino, a spiacerci, ci recano dispiacenza.

Dispiacere ha, talvolta, senso più forte; *dispiacenza* non l'ha mai tanto tenue quanto l'altro comporta.

— *Disgusto*, e morale e corporeo; *dispiacere*, dell'animo solamente. — ROMANI.

199—200.
AFFLIZIONE, PENA, DOLORE, TRAVAGLIO, TORMENTO. TORMENTARE, VESSARE.

199.
Afflizione, Pena, Dolore, Travaglio, Tormento.

— *Dolore* è il sentimento che viene dal male del corpo e dell'animo. *Pena*, dolor vivo e lungo (1). *Afflizione*, dolore che abbatte; più dell'animo che del corpo. *Travaglio*, fatica dolorosa di corpo o di spirito. *Tormento*,

---

(1) *Ad-fligo*. Traslato propriissimo, che rende al mondo corporeo imagine chiestagli in prestito dal morale, è quello che colse il P. Giuliani di bocca a un villanello toscano: ... *Venne un freddo cocente, che li volle distruggere affatto (gli olivi); sono afflitti_tuttavia, e si lasciano sfogare a capriccio.*

(1) BOCCACCIO: *Morendo mi sviluppi da questa pena.* PETRARCA: *Trarrebbe a fin quest'aspra pena e dura.*

dolore che scontorce ed agita le membra o l'animo (1).
— ROMANI.

200.
Tormentare, Vessare.

Vessare non può parere affine a *tormentare*, se non nel traslato; poichè il senso materiale di *vessare* non l'abbiamo nell'uso comune.

Nel traslato, dunque, *vessare* è meno di *tormentare*, in intensione; ma, in estensione, può essere più. Dico che il tormento è più forte; ma la vessazione si può imaginare più lunga. *Vessare* è frequentativo di *veho*: e il frequentativo denota, come tutti sanno, atti moltiplicati. *Tormentare*, da *torqueo*. Vessazione forte può essere causa di lungo tormento; breve tormento non è vessazione.

Poi, *vessare*, più propriamente, dice l'atto; *tormentare*, l'effetto. Voi vessate un innocente, perchè intendete di farlo patire; ma egli può non sentire se non parte del dolore che voi gl'imponete. L'uomo tormentato patisce in verità.

201.
AFFLIZIONE, CROCE.

— Croce è del linguaggio cristiano. Ogni afflizione che si considera come mandata da Dio, per provarci e acquistarci merito, è croce. — LAVEAUX.

202.
AFFLUENZA, AFFLUSSO.

Affluenza, concorso, abbondanza di persone o di cose. *Afflusso*, concorrimento di umore in alcuna parte (2). Nel primo, *affluire* ha senso traslato, nel secondo l'ha proprio.

— Potrebbesi forse anche nel proprio dire *affluenza*; e avrebbe senso non morboso, anzi buono. Affluenza del latte, d'umori nutritivi alle radici della pianta. — A.

203.
AFFLUENZA, RIDONDANZA.

Affluenza, che nel proprio vale: concorso abbondante d'un fluido; nel traslato vale: quantità di cose o persone che vanno ad un punto da varie vie, o da una sola.

Ridondanza è quantità che soprabbonda, e quasi superflua. Dicesi di cose piuttosto che di persone.

204—208.
AFFLUENZA, MOLTITUDINE, CONCORSO, TURBA, FOLLA, CALCA, PRESSA, SERRA, FROTTA, FREQUENZA.
FREQUENZA, MONDO.
AFFOLLARE, AFFOLTARE.

204.
Concorso, Affluenza, Moltitudine, Folla.

— *Concorso*, è di persone e di cose; e differisce da *affluenza* in quanto che l'idea di corso più espressamente v'è unita. Inoltre, *concorso* par che signifìchi moto più volontario, e talvolta più rapido.

Moltitudine è più generale, e non ha seco l'idea di moto. Nè *folla* l'ha; ma solo ha quella di enti, per lo più animati, in assai quantità, stretti in ispazio non largo all'uopo loro. — GATTI.

— *Concorso* indica il moto comune a comune meta. *Moltitudine* dice la quantità. *Affluenza*, numerosa adunata; *folla*, l'incomodo o la strettezza della gente adunata. Folla è nel luogo ove molta gente sta o va fitta; affluenza, ovunque molta gente riesce. Perchè sia concorso, basta che più persone corrano o vadano insieme a un luogo. La moltitudine può distendersi sopra uno spazio qualunque, sia accolta o sparsa. *Folla* e *moltitudine* non inchiudono, necessariamente, nè l'idea di moto nè l'idea di riposo: *affluenza* e *concorso* inchiudono l'idea di moto. — GUIZOT.

— La fiera richiama concorso grande; alla fiera è affluenza di forestieri e di merci; nella piazza del mercato è folla. — BOINVILLIERS.

205.
Moltitudine, Turba.

— *Moltitudine*, gran numero d'uomini o di cose; *turba*, moltitudine d'enti animati, per lo più agitata. Così distinguevano i Greci πλῆθος da ὄχλον. — A.

— *Folla*, in senso traslato (e nella lingua parlata specialmente), significa quantità grande di chechessia: essere occupato in una folla di affari; aver la testa oppressa da una folla di pensieri. Quindi il Filicaja: « Non tanta folla, entrate a poco a poco... » Parla a' proprii pensieri. — MEINI.

206.
Calca, Turba, Folla, Pressa, Serra, Frotta.

— *Calca*, moltitudine di popolo stretto insieme.

Turba, confusa moltitudine, ma non tanto, nè sempre fitta. Dicesi anche di bestie (1).

Folla è affinissimo a *calca*, ma porta forse più l'idea dell'afa che viene da una moltitudine stretta, che non dell'incomodo o del pericolo di calcarsi (2).

Pressa differisce da *calca*, perchè questo significa disagiata posizione di molti che possono urtarsi; quello, l'effettiva pressione, urto, spinta. La pressa è quasi l'effetto della calca. La calca può star ferma in un luogo; *pressa* desta l'idea di popolo che si muova, più o meno (3).

Serra è calca che impedisce d'uscire (4), che serra il passo; onde: rimaner nella serra. — ROMANI.

— *Calca* è anche moltitudine di cose (di certe cose però) che si calchino, si premano a vicenda. *Folla*, quantità di oggetti fitti, ma non accalcati. La *pressa* può venire dalla fretta più che dalla moltitudine; nella *folla* la gente è più fitta: *frotta* è gente che viene o va insieme in certa quantità. La frotta va, o sta per andare; la folla si può imaginar rinchiusa. — GATTI.

207.
Affollare, Affoltare.

— Ad *affollare* va congiunta l'idea di moto; ad *affoltare*, di quiete. Onde si dirà benissimo che la gente si affolla alla chiesa, al teatro, per accennare che vi accorre in folla; non mai che vi si affolta. Per contrario, si dirà che la chiesa e il teatro sono affoltati di gente; non già, che ne sono affollati. — PREDIANI.

208.
Frequenza, Mondo, Turba.

Può essere frequenza senza turba, cioè concorso senza

---

(1) DANTE: *Nuovi tormenti e nuovi tormentati* (nell'inferno).
(2) REDI.

---

(1) Boccaccio: *Turba de' cani. Turbæ* i Latini per *confusione*.
(2) COM. INF.: *Folla de' cibi.* - Onde *affollarsi*, per mangiar troppo e presto. Ed anche di cose immateriali: folla di faccende, di cure.
(3) SEN. PIST.: *In quella pressa ciascuno si studiava di discendere alla riva del fiume.*
(4) VARCHI: *Intorno all'uscio mio era si grande la serra, che pareva che alla mia casa fosse la sagra.*

troppo affollamento, concorso di gente tranquilla, e negli atti composta, e sparsa per uno spazio qua e là.

Turba è frequenza con disordine; e perché il disordine non diletta, dicesi più volentieri di persone o di cose che rechino molestia: turba di monelli, d'oziosi, d'importuni. Il Berni, scherzevolmente, d'assai schifi animali; Cicerone, sul serio: *Stultorum turba*; e il Petrarca: «Infinita è la turba degli sciocchi.»

Frequenza è anche latinismo, non però strano, ma che può cadere opportuno per contrapposto di *solitudine*. Nella frequenza si sperdono gli affetti che la solitudine può raccogliere; ma può questa lasciarli inerti, e la frequenza eccitarli. In questo senso direbbesi anco: frequenza del mondo; ed è a un dipresso quel che i Francesi dicono il mondo. Ma nell'uso italiano, come nel Vangelo, questo aveva, e giova che ritenga, significato men buono.

Frequenza del polso dicono i medici quand'è più dell'ordinario accelerato; e può dirsi di qualsia movimento.

209—213.

AGGIUNGERE, Aumentare.
Crescere, Aumentarsi.
Crescimento, Crescenza, Accrescimento, Ingrandimento.
Accrescimento, Crescimento, Ingrandimento, Aggrandimento, Aumento, Augumento.
Accrescimento, Incremento.

209.

Aggiungere, Aumentare.

— S'aggiunge cosa a cosa; s'aumenta la cosa. S'aggiungon anco cose diverse, e si possono aggiungere in modo che sieno distinte; s'aumenta, d'ordinario, in modo che la cosa aggiunta sia un tutto col resto. S'aggiunge una misura ad un'altra misura; s'aumenta l'avere.

Aggiungere è attivo; *aumentare* può essere anco neutro assoluto. — A.

— *Aggiungere* dicesi della quantità discreta e della continua; *aumentare*, della continua meglio. S'aggiunge cosa a cosa; aggiungendo, s'aumenta. Ma può la cosa aumentare per intima crescenza senz'aggiunzione. — ROMANI.

210.

Crescere, Aumentarsi.

— Le cose crescono per intimo svolgimento e nutrizione delle parti; si aumentano per addizione d'altre cose simili, od omogenee. Le biade crescono; si aumenta la rendita. Più si coltiva il terreno, e più crescon le piante, più le grasce aumentano.

Crescere dice, talvolta, l'ingrandimento, senza che il pensiero si fermi alla causa; *aumentarsi* dà più diretta l'idea di apposizione di cose simili. Si dirà: l'ambizione cresce coll'aumentare de' beni di fortuna; nè sarà ben detto: si aumenta.

Crescere è quasi addizione intrinseca; *aumentarsi* è estrinseca, e non sempre graduata. — GIRARD.

Crescere denota l'innalzarsi, l'ingrossarsi, lo allungare, il rinforzare; *aumentarsi*, l'aggiungere di cosa a cosa in altezza, in lunghezza, in volume, in numero, in quantità. Questo indica dimensione resa maggiore; quello, dimensione resa maggiore con certe leggi e forme determinate dalla natura o dall'uso.

Crescere, dunque, è un ingrandire, o per conversione d'una in altra sostanza, o per produzione di nuova sostanza nella cosa stessa. *Aumentarsi* è acquistare una quantità di più, per giunta o per mistione o per congiunzione.

Crescere ha senso di per sè più determinato e compiuto; *aumentarsi* ha più di bisogno di essere circostanziato nell'ordine del discorso.

Tutto ciò che cresce, s'aumenta in altezza, o grossezza, o solidità. Gli animali, le piante crescono, e crescendo aumentano di grandezza e di forza. Nel crescere è, d'ordinario, più regolarità: i giorni, la luna crescono, decrescono; il freddo, il caldo aumentano, diminuiscono. — ROUBAUD.

211.

Crescimento, Crescenza, Accrescimento, Ingrandimento.

— *Crescimento* indica il natural crescere. *Crescenza* ha suo proprio modo: tagliare un vestito a crescenza, cioè abbondante, tanto che il fanciullo o il giovine, anche crescendo, gli basti. *Accrescimento* indica e il crescimento naturale, e l'accrescere che altri fa la cosa con azione diretta. *Ingrandimento* è cosa più notabile. S'ingrandisce una città (1), un impero, un disegno già non piccolo; s'accresce una dimensione anco di pochi pollici. — GATTI.

212.

Accrescimento, Crescimento, Ingrandimento, Aggrandimento, Aumento, Augumento.

Il *crescimento* è l'atto del crescere; l'*accrescimento* è sì l'atto dell'accrescere o del far crescere, come l'effetto della forza accrescente. Gli accrescimenti, dunque, delle cose e delle potenze si veggono; il crescimento non sempre è sensibile nelle gradazioni sue minime. *Ingrandimento* è accrescimento o crescimento non piccolo. *Aggrandimento* e *aggrandire*, voci meno usitate; ma se si avessero ad usare, il senso loro è meglio traslato che proprio. Un corpo è ingrandito, una potenza aggrandita. *Ingrandire* ha anche il traslato, e deve averlo s'egli è il vocabolo vivente nell'uso.

Aumento dicesi di quantità, di valore e di prezzo.

Nel popolo toscano è rimasto *augumento*; e le donne dicono *agumentare*, assolutamente e senz'altro, l'accrescere co' risparmi e con l'industria gli averi. Ma se si avesse a tradurre il titolo del libro di Bacone (2), non mi pare sarebbe assai proprio il dire accrescimenti, incrementi, e neppure aumenti; io per me non dubiterei di dire augumenti.

213.

Accrescimento, Incremento.

L'*accrescimento*, *incremento* visibile. Gli accrescimenti appositizii, che non s'innestano, per così dire, alla natura della cosa accresciuta, o a quella non si recano, incrementi non sono.

Il virgiliano *Jovis incrementum* non si potrebbe rendere con l'altra voce.

214—216.

AGGIUNTA, Giunta, Aggiunzione, Aggiungimento, Addizione, Somma.
Giunterella, Addizioncella, Sommarella, Sommetta.
Giunta, Appendice, Supplemento.

214.

Aggiunta, Giunta, Aggiunzione, Aggiungimento, Addizione, Somma.

Aggiunta ha senso più generale di *giunta*. Qualunque cosa s'aggiunga ad altra è aggiunta. *Giunta* dicesi in certi casi

---

(1) VILLANI: *Ingrandì molto Roma.*
(2) DE AUGUMENTIS SCIENTIARUM.

L'aggiunta si fa, d'ordinario, all'intero; la giunta è un soprappiù che con l'intero non ha congiunzione immediata.

L'aggiunta può essere tanto grande quanto la cosa stessa sopra la quale si fa; la giunta, d'ordinario, è minore; e il modo: più la giunta che la derrata, denota caso straordinario.

L'*aggiunta*, per ultimo, ha seco l'idea, se non di utilità, nè anco d'inopportunità assoluta; *giunta* può avere mal senso (1). Quando in traslato diciamo: per giunta, intendiamo, sovente, di cosa che ci segue o dolorosa od incomoda.

Si fa l'aggiunta d'un'ala a un palazzo, non la giunta. Si dà la giunta, non l'aggiunta, di un tanto sulla quantità della cosa venduta.

Aggiungimento è l'atto; *aggiunzione* è l'azione dell'aggiungere. Si disputa in un parlamento dell'aggiunzione da farsi di alcuni articoli alla costituzione dello Stato. Questa non si potrebbe veramente chiamare aggiunta, se non dopo fatta.

Addizione è latinismo serbato alla prima delle operazioni aritmetiche, che con noi nota dicesi *somma*. Se non che *somma* denota l'applicazione dell'operazione a una serie di numeri; *addizione* denota l'operazione in sè stessa. L'addizione è il modo di far bene una somma. Se vorrò numerare le operazioni aritmetiche, comincerò dal nominar l'addizione, non la somma; se vorrò commettere ad uno che mi riunisca insieme una serie di numeri, gli dirò che ne faccia, non l'addizione, ma la somma.

Questa voce pertanto ha perduto il generale suo senso, e non ha più, se non forse per caso d'eccezione, l'idea d'aggiunta, come aveva già.

215.
Giunterella, Addizioncella, Sommarella, Sommetta.

Aggiunta non ha voce diminutiva; ma bensì dicesi *giunterella*. *Addizione*, nel senso affine a *somma*, potrebbe fare *addizioncella*, trattandosi d'operazione che facciasi per esercizio o simile. *Sommarella* (che par più usitato di *sommerella*) è reale quantità di danaro. *Sommetta* è men piccola; e può, quasi per vezzo, dirsi anco di non leggiera somma: s'è fatto una bella sommetta. L'avaro vezzeggia il denaro, fa all'amore col morto.

216.
Giunta, Appendice, Supplemento.

— Le *giunte* possono farsi e nel corpo dell'opera, o in altro volume, e in note sparse. L'*appendice* è alla fine dell'opera o di parte importante di quella, per illustrare le cose in essa trattate o toccate. *Supplemento* dicesi non solo di libri ma d'ogni altra cosa, che per essere compita ha bisogno di giunta non grande. Ma il supplemento in un'opera, non è appendice, è parte più o men necessaria. — A.

217—218.
AGGIUNTO, Epiteto.
Epiteto, Aggettivo.

217.
Aggiunto, Epiteto.

— L'aggettivo denota tanto gli attributi essenziali, quanto gli accidentali; ma quando denota gli essenziali, si chiama *epiteto*; e quando gli accidentali, *aggiunto*. — COLOMBO.

---

(1) Boccaccio: *A giunta degli altri suoi mali.* - G. Villani: *Colla giunta del dolore*, più comune per giunta, anche assoluto.

218.
Epiteto, Aggettivo.

— Quando dico: il tal vocabolo è *aggettivo*, lo riguardo in sè stesso; quando lo chiamo *epiteto* o *aggiunto*, lo riguardo in rispetto al suo sostantivo. Come definizione grammaticale non reggerebbe il dire, che *bello*, *buono*, e simili, sono epiteti o aggiunti. — CAPPONI.

L'aggiunto comprende e l'aggettivo e l'epiteto; ed è parola meno tecnica, meno pesante. Da *aggettivo* si fa *aggettivamente*, *aggettivare*; e abbiamo i sostantivi *aggettivati*. *Aggettivo* è voce di per sè e sostantiva e aggettiva, e tanto dicesi: un aggettivo, quanto un nome aggettivo. Un nome aggiunto, un nome epiteto, non si dice. Da questo si fa *epitetare*; e nelle scuole c'insegnavano a fare le maraviglie sul maraviglioso epitetare d'Orazio, il qual pure ha epiteti oziosi e svogliati, ben più di Virgilio che, non facendo le viste di ricercare l'efficacia nella parola, la trova nell'anima. Ma perchè questa è voce rettorica, però diciamo: un bel epiteto; nè direbbesi: bell'aggettivo; ma sì: aggiunto appropriato, conveniente, o simili; perchè in quest'ultima voce comprendesi e la relazione meramente grammaticale, e l'ideale altresì.

— C'è degli epiteti oziosi, non degli aggettivi che possano dirsi tali; perchè l'aggettivo, quand'è aggettivo proprio, è necessario all'idea.

Togliete a una proposizione l'aggettivo, e, o non avrà senso, o l'avrà differente in alcuna parte; togliete l'epiteto, e, s'era calzante, la proposizione sarà meno evidente, men viva. Uomo irritabile la rompe di leggieri con tutti; l'aggettivo *irritabile* è necessario. La pallida morte picchia e al palazzo e alla capanna; *pallida* si può omettere. L'aggettivo, insomma, determina il senso del sostantivo; l'epiteto lo conferma. — ROUBAUD.

219.
AGGOMITOLARE, Aggrovigliare, Raggomitolare.

S'*aggomitola* ripiegando a tondo, ravvolgendo; s'*aggroviglia* attorcendo. « Gli è, dice la Crusca, l'effetto che fa il filo quand'è troppo torto. » Allora, cioè, il filo si piega, e i due pezzi formati dalla piega si avvoltano uno sull'altro. Questi groviglioli non arruffano il filo, ma arruffano la matassa. L'aggrovigliamento si avvicina più allo scompiglio (1).

Nel traslato, il dire d'un animale che s'aggomitola, vale che si ritorce in sè stesso; che si aggroviglia, vale che a qualunque modo s'intreccia, s'attorce a una cosa (2).

Raggomitolare, oltrechè significa aggomitolare di nuovo, meglio s'applica, nel traslato, a indicare l'avvolgimento della persona sopra sè stessa, o per paura o per dolore o per malattia. In questo senso, *raggomitolato* pare che dica quasi aggomitolato.

Inoltre, *aggomitolato* vale: non ravvolto a modo di gomitolo, ma composto in forma di gomitolo, o sia un corpo solo o siano più corpi attaccati insieme (3). In questo senso non si userebbe *raggomitolato*.

---

(1) Redi: *Un lunghissimo filo che si avvolge in molti e molti giri, e s'intriga a foggia di una scompigliata matassa di refe aggrovigliato.*
(2) Redi: *L'altro canale con essa s'attacca, s'intreccia e, per così dire, s'aggroviglia.*
(3) Crescenzio: *Le pecchie a modo d'un grappol d'uva aggomitolate pendono.*

220—222.

AGGUINDOLARE, Dipanare, Annaspare, Aggomitolare.
Arroccare, Appennecchiare, Inconocchiare.
Capecchio, Stoppa.

220.

Agguindolare, Dipanare, Annaspare, Aggomitolare.

Queste voci sono tanto chiaramente distinte nell'uso della lingua parlata, che superfluo sarebbe segnarne le differenze, se queste fossero note del pari nella scritta.

Annaspare, avvolgere il filato in sul naspo per formar la matassa. *Agguindolare*, porre la matassa, dopo annaspata, in sul guindolo. *Dipanare*, svolgere il filo dalla matassa. *Aggomitolare*, il filo dipanato ravvolgere in gomitolo.

Agguindolare, dunque, non è propriamente, come la Crusca pare che dica, formar la matassa; ma collocarla, già formata, sul guindolo, per dipanarla, sebbene l'una cosa sottintenda l'altra. E *dipanare* non è il medesimo che *aggomitolare*; perchè al filo dipanato si può dare altra forma che di gomitolo.

Agguindolare si dirà, dunque, anco il mettere la matassa sull'arcolajo. Se non che il guindolo è un arcolajo di forma più antica, piantato sopra un quadrato di legno; l'arcolajo è più leggiero, e con una piccola vite si ferma dove torna più comodo (1). Nel Val d'Arno superiore però anche il guindolo chiamasi arcolajo.

Diciamo anche *annaspo*; e annaspando si porta il filato dai fusi sull'annaspo, per formar la matassa. E si dipana in due modi: portando il filo da un gomitolo all'altro, e svolgendo il filo già posto sull'arcolajo.

221.

Arroccare, Appennecchiare, Inconocchiare.

— *Appennecchiare*, mettere sulla rocca il pennecchio, che è una porzione di stoppa, la quale alla rocca medesima si sostiene con un cartoncino formato a guisa di cono mozzo nella punta, il quale si chiama pergamena; ma non è più di pergamena, come pare che fosse.

Inconocchiare è avvolgere la mannellina o lucignolo di lino attorno attorno alla rocca. Differisce da *appennecchiare*, perchè s'appennecchia la stoppa ponendola sulla rocca senza svolgerla, ma facendone un batuffoletto; s'inconocchia il lino svolgendolo e ponendolo come a strati attorno alla rocca; e quando il lino vi è così accomodato sopra, si dice che torna ad aver fatto la conocchia, o avere inconocchiato. *Sconocchiare* è l'opposto; e vale per l'appunto, filare tutta una conocchia; e si usa intransitivo. Dicono le donne in Toscana: prima di andare a cena voglio sconocchiare, cioè voglio filare tutta la conocchia del lino.

Arroccare è poco usato, e pare che significhi, in generale, metter sulla rocca la canapa o il lino da filarsi. E appennecchiando e inconocchiando si arrocca. *Arroccare* sarebbe il comune; *appennecchiare* e *inconocchiare*, due modi di arroccare. — MEINI.

222.

Capecchio, Stoppa.

Capecchio, materia grossa e liscosa che si trae dalla prima pettinatura del lino avanti alla stoppa; detta *capecchio* perchè si leva da' due capi del lino, cioè barbe e cime. Il capecchio è *stoppa* più grossolana e piena di lische. In alcuni arnesi, come seggiole, sofà e simili, la parte inferiore s'empie di capecchio; e sopra, di lana o di crino o d'altra materia men vile.

223.

AGI, Ricchezze.

— *Agi*, le comodità che si godono, o le cose materiali che ci forniscono queste comodità, in quanto godute. *Ricchezze*, il mezzo con che gli agi si son procacciati o possonsi procacciare. — LAMBRUSCHINI.

224.

AGI, Comodità.

Comodità si limita ai mezzi dell'agevolare una o più operazioni, del rendere men grave la vita. L'uomo delicato ama gli agi; lo studioso ha di bisogno di certe comodità. — Ma se non sa farne senza, non sarà nulla di grande mai, nè di buono.

225.

AGIO (DAR), Dar comodo, Dar comodità.

Dar comodo non è meno. Un nemico non pronto dà comodo al vinto di fuggire, o di ripararsi in luogo sicuro. Il primo può essere involontario; il secondo, no (1).

Certe forme di processo lentissime *danno comodo* al reo di preparar le sue macchine. Certe forme politiche *danno comodità* all'usurpatore d'invadere lentamente i più sacri diritti.

Dar agio, sebbene tanto affine a *dar comodo*, in certi casi non ci si potrebbe sostituire. Anche un breve momento lasciato, può dar comodo a far molto, non agio. Nella guerra, un nemico inesperto dà comodo al valente capitano di tentare di gran colpi; ma se gliene desse agio, sarebbe, ben più che inesperto, inetto o traditore.

226—229.

AGIO, Comodo.
Agiatezze, Agi.
Incomodo, Incomodità, Scomodo, Sconcerto.
Incomodo, Scomodo.
Incomodato, Scomodato.

226.

Agio, Comodo.

— *Comodo*, ciò che soddisfa convenientemente a' bisogni; *agio*, anco a certi piaceri (2). — ROMANI.

— *Agio* è più; v'entra un po' di superfluo. *Comodo* è tutto quello che dà modo di fare più agevolmente, più presto e meglio.

E altresì, quanto al tempo dell'operare, *agio* lo indica, d'ordinario, più lungo. — GATTI.

227.

Agio, Comodo, Agiatezza, Agi.

— In senso più spirituale, *agio* è tempo che basti pienamente a fare una cosa; *comodo*, comprende, oltre alle circostanze esterne, le interiori disposizioni. Si può avere agio a una faccenda e non essere in comodo per occuparsene; ch'è condizione più indefinita e complessa, e può dipendere dalla volontà.

---

(1) Guindolo la Crusca definisce per aspo, ma è cosa diversa.

(1) ARIOSTO: *Che non tardi Criton troppo e dia comodo A... di nascondere.... Le robe. - Della comodità che qui mi è data* (parla de' suoi ozii amorosi) *Io povero Medor ricompensarvi D'altro non posso, che d'ognor lodarvi.* - BEMBO: *Per dar agio a Filippo suo figliuolo che trovare il potesse, ritornò alquanto addietro.*

(2) Boccaccio: *Negli agi e negli ozii.*

Agi, agiatezza sono, propriamente, quelle condizioni della vita, per le quali avanza il tempo a far nulla; sono i riposi del vivere delicato. Fare una cosa a bell'agio, vuol dire scegliendo le opportunità; e cammina agiatamente chi passeggia, non che senza affrettarsi, ma senza quasi desiderare la meta. — CAPPONI.

228.
Incomodo, Incomodità, Scomodo, Sconcerto.

Incomodità è leggiero disagio, specialmente di male stare; *incomodo*, e della salute, e di tutte le cose. L'incomodo può essere più o men grave; onde se ne fa *incomoduccio*.

Sconcerto è più: lo sconcerto disordina e turba; lo *scomodo* indispone, disagia. Segneri: « Ogni piccolo impedimento che si attraversi alle loro assidue influenze, ci riesca di scomodo e di sconcerto. »

— Si scomoda l'ente animato; si sconcertano anco le cose. — A.

229.
Incomodo, Scomodo.
Incomodato, Scomodato.

Diciamo: dare un *incomodo*, pigliarselo, levare l'incomodo; nè qui *scomodo* entra. Ben dice il signor Zecchini che cotesto modo di chi se ne va: vi levo l'incomodo, giudica quel che siano le visite de' più e più. Uomo pien d'incomodi, incomodi di salute, sono locuzioni proprie a questa voce. *Incomodato*, assolutamente, intendesi della salute; *scomodato*, d'ogni altro stato o condizione.

230-239.
AGIO (AD), A BELL'AGIO, A MIO AGIO, A MIO BELL'AGIO, A GRANDE AGIO, A TUTT'AGIO.
ADAGIO, BEL BELLO, ADAGIO ADAGIO, PIANO, PIAN PIANO, PIANINO, PIAN PIANINO, SOMMESSAMENTE.
ADAGIO, LENTAMENTE.
AGIATO, POSAPIANO.
ADAGIO ADAGIO, A POCO A POCO.

230.
A bell'agio, Ad agio, A mio agio, A mio bell'agio.

Si può camminare, operare ad agio, per isbadataggine, per piacere, per necessità, contro voglia; si cammina, si opera a bell'agio, per proprio volere, per comodo: un gottoso cammina ad agio; un sano ch'esce al passeggio, cammina a bell'agio.

Anche quando *ad agio* s'accompagna ai pronomi *mio, suo,* ec., anco allora differisce un po' da *a bell'agio*: questo ultimo dinota sempre lentezza comoda; l'altro, una qualunque lentezza. Se dirò: questo lavoro vo' farlo a mio bell'agio, intenderò: vo' farlo quanto mi porterà il genio, farlo con amore; se dirò: vo' farlo a mio agio, intenderò di volerlo fare non subito, ma quando che sia, senza essere pressato, senza prendere impegni. Operajo negligente lavora a suo agio, cioè svogliato e rimesso, non a suo bell'agio; perchè il lavoro quantunque lento, gli è incomodo, e se in lui stesse, non moverebbe punto a faticare le braccia. Un mio lavoro va innanzi ad agio, perchè varie altre occupazioni me ne distolgono; non lo fo per questo a mio bell'agio, anzi frastornato, abbattuto.

231.
A grande agio, A tutt'agio.

Il divario apparisce da sè. *Tutto* è più di *grande*; *grande* aggiunge al semplice *ad agio*. Ma *a bell'agio* può denotare più difetto, e suonare ironia.

232.
Adagio, Bel bello, Adagio adagio, Piano, Pian piano, Pianino, Pian pianino, Sommessamente.

Le differenze di questi modi sono sì tenui, che allo scrittore tocca piuttosto sentirle, che al filologo esemplificarle. In un caso avrà luogo una differenza, nell'altro, non più quella ma un'altra; tutti i casi è impossibile determinare. Ma da questi apparenti quasi ondeggiamenti dell'uso, non viene che nessuna differenza corra fra' modi che pajono più affini.

233.
Bel bello, Adagio, Piano.

Bel bello s'applica al moto o all'azione; *adagio*, al moto ed all'azione e alla voce; *piano*, al moto, alla voce, e a ogni specie di suono. Si dirà: camminare bel bello, fare le cose bel bello, non parlare bel bello; se non quando quest'ultimo s'applichi alla lentezza del pronunziare, non al suon della voce più alto o meno. Si dirà: e camminare, e fare, e parlare adagio. Si dirà: parlare piano, camminare piano, non tanto per denotare la lentezza del discorso, del moto, ma il più o men rumore che movendo o parlando si fa; giacchè si potrebbe camminare adagio e non piano; come chi va con le grucce, o chi, strascicandosi a stento, si fa sentir di lontano col fruscio dei piedi per terra.

234.
Adagio, Adagio adagio.

E qui si notino alcune singolarità dell'uso da non trascurare. 1.° *Adagio*, come abbiam detto, è dell'andare e del fare e del parlare; *adagio* del parlare non si direbbe altrimenti. II.° A chi parla forte lo dirò: faccia adagio; ma se dicessi: faccia adagio adagio, s'intenderebbe di andare, non già di parlare men forte.

235.
Piano, Pian piano.

Così, s'io dirò: *piano*, s'intenderà, più ordinariamente, del suon della voce; se dirò: *pian piano*, della lentezza del passo. In poesia la differenza non si osserva; ma nell'uso comune *pian piano*, della voce o d'altro suono; sarebbe un po' insolito.

Adagio adagio, oltre la differenza notata, non è lo stesso che *adagio*, perchè dice un po' più, come *pian piano* più di *piano*.

236.
Adagino, Pianino, Pian pianino.

Esprimono, l'uno l'agiatezza, gli altri due la delicatezza dell'andare. Differiscono dal modo positivo, come i diminutivi sogliono. Inoltre, *adagino* dicesi a modo di celia, per indicare a colui col quale si parla, che non precipiti tanto i suoi ragionamenti. L'altro diminutivo non ha questo senso. *Pianino*, inoltre, dicesi e della voce e del passo; *pian pianino*, del passo soltanto.

Ora, tornando alle differenze generali tra *bel bello*, *adagio* e *piano*, notiamo che il primo indica azione non celere, ma che nella sua lentezza consegue sovente l'intento. Però diremo: la natura non precipita le sue operazioni, e bel bello produce mirabili effetti; l'uomo anche in ciò deve imitar la natura. Le buone innovazioni si sono eseguite bel bello. Diremo parimente: insinuarsi bel bello nell'animo d'uno, innamorare bel bello, e simili; per denotare posatezza assennata, efficacia sicura.

Adagio può denotare anche difetto; o per lo meno non indicare la bontà o l'utilità dell'azione o del movimento.

Fare le cose così adagio, andare tanto adagio, o simili, senton di biasimo. Quando si tratterà d'indicare effetto inaspettato più in male che in bene, *adagio adagio* avrà allora il suo luogo: adagio adagio colui s'è saputo impadronir del suo cuore, e corromperla; adagio adagio adulando, vociferando, prostituendo la propria dignità, colui è giunto a farsi uno stato e una fama. In questo senso *bel bello* non avrebbe altrettanta proprietà, se non a mo' d'ironia.

C'è degli esempi in cui le notate proprietà si scambiano, ma gioverebbe che questo non fosse.

237.
Piano, Sommessamente.

— Il parlare *sommesso* è chiaro; chi parla *piano*, il più delle volte s'intende appena. Sommessi accenti, dice il Tasso, ch'è vezzo non già difetto.

Si parla piano, per non essere udito dal vicino; si parla sommessamente, anco per riverenza. — NERI.

238.
Adagio, Lentamente, Agiato, Posapiano.

Tanto è vero che *adagio* può dinotare difetto, che *agiato* dicesi chi per temperamento o per abito fa le cose men presto di quel che dovrebbe. L'*agiato* è men grave del *posapiano*; in questo è più della disposizione naturale, dove nell'*agiato* può essere deliberazione e quasi arte. Non ogni agiato è lento; sì perchè agiatamente può farsi senza biasimo di lentezza, sì perchè nella lentezza può avere più parte la fibra che la riflessione. Del parlare, del pensare, del credere (1), dell'amare, meglio *lento* che *agiato*. Occhi lenti (2), lenta mano, meglio che agiata.

Agiati que' che posseggono tanto e gli agi della vita, e spesso il tristo privilegio di fare le cose non pure adagio, non pur lenti, ma di non le fare per nulla.

239.
Adagio adagio, A poco a poco.

La differenza è colta da Cosimo Ridolfi in un articolo che impreziosisce il Giornale Agrario toscano: « Conviene in questi lavori guadagnare *a poco a poco*; il che non vuol dire *adagio adagio*, ma poco e spesso. »

Diremo che nella via de' miglioramenti morali, letterarii, civili, a poco a poco si fa grandi avanzamenti; e chi vuol tutto in una volta, nulla ottiene, o peggio che nulla; diremo de' molti di coloro a cui spetta l'operare, confondono l'*a poco a poco* coll'*adagio adagio*, e la prudenza pongono nella lentezza, e per timore di tentar troppo, non osano cosa alcuna. Gli equivoci delle parole si congiungono al tristo andamento delle cose.

240—242.
AGRESTE, AGRARIO, CAMPESTRE, CAMPAGNUOLO.
CAMPESTRE, RUSTICO.
CASA CAMPESTRE, CASA DI CAMPAGNA, VILLA, CASA DI CAMPAGNUOLI.

240.
Agreste, Agrario, Campestre, Campagnuolo.

— *Campagnuolo*, chi vive ne' campi, li coltiva, li ama. Diciamo anco: costumi campagnuoli, e vita; ma non diremmo virtù, bensì, semplicità campagnuola, e simile.

Campestre, delle cose, de' luoghi, dei lavori, degli usi. *Agrario* è affine a *campestre*, ma d'uso più scientifico e teoretico. — GATTI.

— *Campagnuolo*, per ordinario, di soggetti animati; *campestre*, di cose: buon campagnuolo; fungo campestre. *Agrario*, tutto ciò che riguarda i campi: legge agraria; strumento, giornale agrario. — ROMANI.

— *Agreste* ha mal senso: di troppo rustico, di contrario a culto dell'arte (1); campestre non spira altre idee che di semplicità e d'innocenza. — A.

241.
Campestre, Rustico.

In casa campestre è semplicità, talvolta elegante; casa rustica è alquanto rozza. Le occupazioni campestri possono garbare anco al cittadino; la vita rustica chiede abitazione continua nelle campagne. — FAURE.

242.
Casa campestre, Casa di campagna, Villa, Casa di campagnuoli.

Campo e *campestre* sveglia idea di coltura; *campagna* s'usa come contrapposto a città. *Casa campestre* è, dunque, abitazione con le attinenze necessarie alla coltura de' campi; *casa di campagna* è abitazione con gli agi di gente che viene di città, e troppo vi porta gli abiti cittadini. Alla prima, la corte, l'orto, l'aja, la stalla, il pollajo e simili; alla seconda, la rimessa, il giardino, il cortile, i viali, il parco, se occorre.

Villa a' Latini era la casa de' campagnuoli; e la *casa di campagnuoli* può essere ancora più povera della *casa campestre*. Poi *villa* fu detta la casa di campagna, anco di ricchi signori; onde *villa* per *città* non solo nel francese, ma nell'Italia del trecento. La villa era l'*urbs*, il sito materiale, diverso da *civitas*. Villa adesso è casa di campagna più simile a palazzo che ad altro; e può essere tanto vicina a città da non si poter quasi dire casa di campagna. Così la Villa Borghese, che col doppio titolo rammenta i borghigiani e i villani, e la comune madre.

243.
AGRICOLTORE, AGRICOLA, AGRONOMO.

Agricoltore, in generale, coltivatore dei campi. *Agricola*, benchè valga, in origine, *agricoltore*, s'applica a denotare quelle nazioni che si danno alla coltura de' campi, per distinguerle da quelle che si danno alla pastorizia, alla caccia, alle arti, al commercio. *Agronomo*, quegli che studia, conosce le teorie dell'agricoltura, le leggi che ne governano l'esercizio. Così il Gatti, a un dipresso.

L'uomo è agricoltore, non agricola; un popolo è agricola e agricoltore; uno che non ha mai coltivato di sua mano i campi, può essere valente agronomo. Un popolo agricola, un agricoltore possono non conoscere la scienza agronomica. Popolo agricola può contare tra' suoi non pochi che d'agricoltura non sappiano punto. L'Italiano è popolo agricolo, e pure gli agricoltori son pochi al bisogno, e pochissimi gli agronomi (2).

---

(1) DANTE: *A creder lento.*
(2) DANTE: *Gli occhi miei che a mirar erano intenti... Volgendosi ver lui non furon lenti.*

(1) Ager, ἄγριος.
(2) Direi, *popolo agricola: vita agricola* mi saprebbe più di francese. E anco nel primo senso, che più tiene del sostantivo, meglio l'amerei nel maschile: anzi *popolo* che *nazione agricola*.

244—246.

AGRICOLTORE, Coltivatore, Colono.
Colonico, Coloniale.
Coltivazione, Coltura.

244.
Agricoltore, Coltivatore, Colono.

— *Agricoltore*, in generale, chiunque coltiva campi. *Coltivatore* ha bisogno d'una specificazione della cosa coltivata: di fiori, di semplici, di piante esotiche.

Colono, lavoratore di campi dipendente da un padrone, e che fa a mezzo secco, o con altri patti. Altro sono i coloni, altro gli agricoltori in grande e del proprio; altro è l'agricoltore perito, altro il colono ignaro. Poi *coloni*, come ognun sa, gli abitanti delle colonie. — GATTI.

245.
Colonico, Coloniale.

La prima differenza è visibile a tutti. *Colonico* da *colono; coloniale* da *colonia*. Patti colonici quelli che si stringono tra il contadino e il padrone del campo; generi coloniali, i prodotti naturali delle colonie. Ma anche *colonico* potrebbe derivar da *colonia*; come nel sottoposto esempio del Borghini (1). Ove si tratti di colonie antiche, meglio *colonico*; ove di moderne, *coloniale*. Per esempio: la fratellanza colonica che le colonie legava alla madre patria e fra loro; e: le relazioni coloniali, il commercio coloniale tra San Domingo e la Francia. Meglio sarebbe però riserbar *coloniale* a tutto ciò che spetta a colonia, e *colonico* a quanto tiene all'idea di colono d'un campo (2). Nelle legislazioni coloniali è ben difficile che i patti agrari e colonici sien fatti tra i nuovi e gli antichi abitanti, tra i vari ordini degli stessi coloni con la dovuta equità. Quindi le differenze delle quali, parlando delle colonie italiche, tocca il Niebuhr.

246.
Coltivazione, Coltura.

Coltivazione, della terra soltanto; *coltura*, e dei terreni e della mente e del cuore. La buona coltivazione della terra porta seco e suppone certa coltura dell'uomo stesso. Quindi è che ne' popoli depravati la coltivazione scema per mancanza di braccia.

Coltivazione dicesi anco d'una parte della coltura del terreno; coltivazione, più sovente che coltura, delle viti, degli alberi, e simili.

Coltivazione è l'atto, o astrattamente o praticamente considerato; *coltura* è l'atto più pratico, e l'effetto di quello. Si fa un libro della coltivazione de' campi; si giudica dalla buona coltura lo stato d'un popolo (3). I principali libri antichi della coltivazione son d'autori toscani, o in toscano tradotti.

247—255.

AGRICOLTORE, Villano, Contadino, Villico, Lavoratore.
Contadino, Contadinesco.
Villano, Rustico, Rusticano, Villico.
Villano, Bifolco, Villanaccio, Villanzone.
Zappaterra, Zappatore, Guastatore, Villanaccio.
Villano, Villanesco, Villereccio.
Villano, Grossolano, Incivile.

247.
Agricoltore, Villano, Contadino, Villico, Lavoratore.

— *Villano*, uom della villa; voce ch' ha preso senso ingiustamente spregevole. Il *contadino* s'imagina men rozzo, e men lontano dalla città. V'è dei contadini che vengono a dormire nella città stessa. Chi vive in contado, del resto, è propriamente *contadino*, e può non essere lavoratore de' campi (1). Borghini: «Contadino è tutt' altra cosa; sebbene, da pochi anni in qua, una gran parte de' nostri, abusandola, la pigliano per lavoratore.»

Il *villico* può essere povero o ricco, colto o incolto, padrone o colono, purché viva in villa (2). *Agricoltore* riguarda la coltura in grande delle biade e dei frutti. Un villano può essere bifolco, pastore, tagliaLegne, boscaiuolo; un contadino può essere padrone, fattore; un villico può, per diporto o per uffizio, attendere all'orto, alla greggia, all'api, ai bachi, alla stalla. L'agricoltore semina, pianta, innesta, coglie, raccoglie.

Lavoratore è voce generica; ma, d'ordinario, s'applica alla campagna, e al lavoro a giornata. — ROMANI.

— Il *contadino* è lavoratore in quanto lavora il podere; ma il suo mestiere è il mestier del contadino.

Contadino, per traslato, persona rozza, inurbana. Ha anche il femminino *contadina*, e l'astratto *contadinata*, azione, sgarbo da contadino. — MEINI.

248.
Contadino, Contadinesco.

Il primo ha sempre buon senso; il secondo può averlo dispregiativo: vita contadina; fare contadinesco d'un conte.

249.
Villano, Rustico.

— *Rustico*, nel traslato, è men di *villano*. Anco un uomo di maniere gentili può dire o fare una villania. La rusticità è nell'umore, ed è continua; ma senza voglia d'offendere, o men volontaria. — ROMANI.

— Lo stile rustico, in architettura, è quello che si conviene agli edifizi villerecci. Non osserva le regole degli ordini più gentili, ma suole adornarsi di bozze non levigate. — CAPPONI.

250.
Rustico, Rusticano.

— *Rusticano*, che appartiene a' rustici, agli abitanti della villa, presa questa voce in senso non di dispregio. Vestimenti rusticani, vale: portati da rustici; vestimenti rustici potrebbe voler dire: degni d'un rustico.

Uomini rustici, e non rusticani; perché questo secondo è proprio delle cose. — ROMANI.

Rusticano ha senso di men biasimo o spregio, e tiene del *rus* nel più puro significato: vita, attrezzi rusticani. Nel vivere rusticano può essere non solo il candore dell'innocenza, ma la soavità elegante che spira dal candore verace. Anche *rustico* può avere buon senso, mai però sì gentile, e sovente contrario di gentile. Il primo è sempre aggettivo, questo è anco sostantivo; e il rustico vale l'uomo che non abita città né terra, e nè anco campagna coltivata con arte e con agi. Un rustico, un rusticaccio, un

---

(1) *Mutare una città di grado colonico a stato municipale.* Anco i Latini usavano *colonicus* nel doppio senso.
(2) *Coloniale* (questo sia detto per i puristi) non è voce più barbara di *essenziale*, *materiale*, e simili; è fondata sulla medesima analogia.
(3) VETTORI: *Il nostro Alamanni nel primo della sua Coltivazione.* - DANTE: *...s'avvedrà dalla ricolta Della mala coltura.*

---

(1) G. VILLANI: *Ventotto fra cittadini e contadini, nobili e buoni popolani, senza più altra minuta gente.*
(2) A' Latini era come il fattore della villa.

uomo rustico (nè senza perchè, dicesi per lo più de' maschi), anco un bambino rustico, che non si affiata, duro ne' modi o almeno insoave.

Architettura rustica può avere la sua bellezza. Legatura di libro alla rustica, senza fregi e con meno cura, in cartone più usuale. Non dovrebbe il men prezzo portare meno cura quanto alla solidità, cioè alla probità del lavoro.

251.
Villano, Villico.

Villano, oramai ha mal senso; e pure l'abitante della villa in molte cose (e nelle più importanti) è meno incivile di molti cittadini, e men grossolano. Ma poichè l'uso volle così, a indicare gli uomini di campagna, quelli che diciamo contadini diremo, talvolta, nello stile erudito *villici*; a indicare gli uomini grossolani della città e i lor costumi, diremo *villani*. Questa voce acquisterebbe un senso traslato o di catacresi, a similitudine della voce *astuto*.

252.
Villano, Bifolco, Villanaccio, Villanzone.

Bifolco, uomo goffo all'aspetto, di grossolana imperizia a tale o tal cosa. I difetti del *villano* danno meno all'occhio, e si conciliano anco con certa pulitezza di vestire e coltura d'ingegno. C'è de' conti che per poca delicatezza del sentire si meritan titolo di *villanacci*. *Villanzone* (più raro nell'uso) è proprio quel di campagna.

253.
Zappaterra, Zappatore, Guastatore, Villanaccio.

— *Zappaterra* indica il mestiere che la parola significa; non è troppo usato (1) e porta un non so che di basso, e avvilitivo; *zappatore* è semplicemente colui che zappa, e, nell'uso assai frequente, quel militare che meglio dicesi *guastatore*; *villanaccio* è peggiorativo di villano e si usa per rozzo, zotico, ignorante, scortese. Ho conosciuto qualche zappaterra di animo gentilissimo, e credo che ci siano dentro più villanacci in guanti bianchi che colle mani screpolate e callose. — BIANCIARDI.

254.
Villano, Villanesco, Villereccio.

Villano, solo de' tre, può essere sostantivo, e dirsi: gli è un villano; anco aggettivo, denota durezza di sentire e di modi. Anima villana, contrario di nobile, di gentile; ma la nascita e la dimora non fanno nobiltà o villania. Può marchese e principe non solamente fare atto villano, ma avere villana l'anima. E l'origine della voce attesta insieme nobiltà e ignobiltà; chè ville erano anche i palazzi de' ricchi in campagna, e così diconsi tuttavia; onde: *villeggiare, villeggiante, villeggiature*.

Villanesco ha più spregio; e non si direbbe di cuore o d'anima o di sentimento. Gli atti sconvenienti de' villani proprio diranno si villaneschi. Non vestire villano, ma villanesco, rozzo cioè e da villano.

Villereccio ha buon senso: vivere, costumi villerecci, semplici, modesti, tranquilli, lieti. Abito villereccio può essere più avvenente che quel delle veneri cittadine. Alla vita di città contrapponesi la villereccia. Il senso più mite è confermato dall'uso della forma *er*, che suol essere quella di diminutivi parecchi: da *acqua, acquerugiola* e simili.

— *Villanesco*, di villano; *villano*, degno di villano. Drappi villaneschi; maniera villana, anima, atto villano. — A.

255.
Villano, Grossolano, Incivile.

— *Incivile*, meno di *grossolano* e di *villano*. L'incivile non ha maniere civili, cioè degne di uomini viventi in comune cittadinanza con uguali doveri e diritti; il grossolano ha maniere spiacenti. Il primo ha poca educazione; il secondo, cattiva. — GIRARD.

256.
AJUTANTE, AJUTATORE, COADJUTORE, COOPERATORE.

Ajutasi non solo a compire un'opera, ma in qualunque bisogno; si coadjuva chi in un'impresa dove il coadjuvato opera anch'egli direttamente. L'ajuto suppone debolezza; il coadjuvamento (se la parola è lecita) non suppone che accrescimento, concorso di forza. E però s'aggiungono coadjutori ad uomini tutt'altro che deboli. *Coadjutore*, inoltre, non ha senso altro che morale; *ajutatore*, è morale e materiale ancora. S'ajuta a sostenere un peso, a fuggire un pericolo; si coadjuva in un uffizio, in una operazione dove lo spirito ha più parte assai che la mano (1).

Certi uffizii hanno il loro ajutante, come: ajutante di campo, di studio. Questo però non fa le veci del principale, come il coadjutore all'occorrenza può fare; perchè l'*ajutante* non è propriamente coadjutore se non in certi casi fissati dall'uso; e tali casi possono forse non seguir mai. *Coadjutore* è voce generica che s'applica non solo agli uffizii civili, ma a tutte le operazioni dove può concorrere l'opera di più d'un uomo.

Nell'idea di *coadjutore* però è sempre quella d'uffizio subalterno; il *cooperatore* sta alla pari, è non è punto sottoposto a colui col quale coopera. 1.° Quello di coadjutore può essere e può non essere un posto; quello di cooperatore non è mai tale: gli è un uffizio che rendesi spontaneo. 2.° Inoltre, coadjutore al male non si direbbe, perchè ajuto e male, danno e giovamento, si contraddicono; ma ben si direbbe cooperatore a un misfatto, ad un tradimento. 3.° La cooperazione può essere un ricambio di servigi e d'opere, più che concorso diretto (2). 4.° *Cooperare*, inoltre, dicesi anco di cosa; *coadjuvare*, per lo più, di persona (3).

257—258.
AJUTO, ASSISTENZA, SOCCORSO.
AJUTARE, SOSTENERE.

257.
Ajuto, Assistenza, Soccorso.

« *Soccorrere*, dice il signor Roubaud, da *sub currere*, correre verso qualcuno, porsi quasi sotto a lui, o al mal che l'opprime, sostenerlo, sollevarlo. *Ajutare*, da *adjutare, adjuvare*, congiungere o aggiungere le proprie forze a quelle d'un altro per giovargli, per secondare le sue operazioni, i suoi fini. *Assistere*, da *adsistere*, essere presente, stare accanto, fermarsi presso ad uno, vegliare su lui per soddisfare a' suoi bisogni, a' suoi desiderii.

---

(1) È ne' Canti toscani; segno che il popolo in qualche luogo l'adopera. Ha senso di spregio, ma meno di *villanaccio*.

(1) GIAMBULLARI: *Coadjutore dell'imperio.* - SEGNERI: *Il patriarca e i due coadjutori.* (Il parroco in certi paesi ha un coadjutore o più.) - SEGNERI: *Grazia coadjuvante.*

(2) SEGNERI: *Grazia cooperante, arbitrio cooperante.* Vale la grazia di Dio, e la cooperazione che l'uomo presta alla grazia.

(3) REDI: *A questa esperienza possono cooperar molto... i gradi del fuoco.* - PROSE FIOR.: *Virtù cooperatrici di tanto bene.*

Secondo l'etimologia, per soccorrere s'accorre; ajutando si giova; per assistere, si sta presso, si sopravveglia.

« Nel *soccorso* comprendonsi le idee di grande cura, di fretta, o che al vostro zelo la fretta paja necessaria, o che sia veramente: nell'*ajuto* è l'azione di secondare l'opera altrui, di parteciparvi, di alleggerirla; nell'*assistenza* è il desiderio di conoscere il male altrui, di attendere allo stato dell'uomo che soffre, di sollevarlo con la presenza, con l'opra. Il soccorso è sollecito, salutare; l'ajuto, cooperativo, utile; l'assistenza, prossima, tutelare. Spetta al potente soccorrere gli sventurati; al forte, ajutare i deboli; all'amico, al congiunto, all'uomo caritatevole, assistere il povero, l'addolorato, l'infermo. »

Un Anonimo aggiunge: « L'atto di soccorrere suppone imminente il pericolo; vuol essere pronto, coraggioso: la morte, il dolore, la miseria urgente richieggon soccorso. L'atto di ajutare suppone il concorso di due forze; l'atto d'assistere suppone la presenza costante o almen prolungata.

Si può dunque ajutare, senz'assistere alle miserie altrui; si può assistere, senza saperle o poterle ajutare. L'assistenza è piuttosto una serie di piccoli ajuti continui che atto di grande soccorso.

C'è delle infelicità che non chieggono ajuto, che non han di bisogno se non d'assistenza. Ma l'assistenza è il più difficile degli ajuti; perchè richiede non solo pietà, ma costanza; perchè non consiste nel commiscerare soltanto, ma nel compatire, non solo nel fare, ma e nel soffrire. L'umanità spinge a soccorrere; la virtù, la bontà del cuore muovono ad ajutare; soli la religione e l'amore possono insegnarci ad assistere.

Così assistesi col pensiero, non solamente ai dolori altrui, ma anco alle gioje; non si assiston le gioje. Assistesi a un sacerdote nelle sue cerimonie prendendoci parte; e taluna di queste cerimonie può farsi per assistere moribondi.

Assistito è deforme participio da evitare, come gli altri de' verbi originati da *sistere*; perchè nel latino il passato fa *stiti*, e la figlia, per quanto paja dipartirsene, rimane, più che non si creda, fedele all'andare e agli atti, nonchè all'indole della madre.

258.
Ajutare, Sostenere.

— Non ogni ajuto è *sostegno*. Può il sostegno esserci porto da cosa; nè quello, in senso traslato, è *ajuto*.

Di persona parlando, chi ajuta giova direttamente, coopera più o meno; chi sostiene fa che l'uomo, la cosa, l'opera, non cada o non vada a fine non buono. S'io non posso portare un gran peso, altri m'ajuta, sostenendone parte. — LAVEAUX.

259—260.
AJUTO, SOCCORSO, SOVVENIMENTO, SOVVENZIONE.
SOCCORRERE, SOVVENIRE, SUSSIDIARE, ASSISTERE UNO, A UNO.

259.
Ajuto, Soccorso, Sovvenimento, Sovvenzione.

Si ajuta ne' pericoli, così come si soccorre e si sovviene; se non che il *sovvenire* indica ajuto meno immediato; il *soccorrere*, ajuto rapido e quasi accorrente. Questa idea di maggiore tranquillità congiunta all'*ajutare*, fa ch' e' si usi più spesso parlando appunto di persone, di oggetti presenti o vicini (1). Quindi è che si dice:

---

(1) DANTE: *O Muse, o alto 'ngegno, or m'ajutate*. Nessuno di-

ajutarsi da sè; nè si direbbe: sovvenirsi, soccorrersi (1).

Inoltre, nell'*ajutare* abbiamo l'idea di cooperazione, che non è nel *soccorrere* e nel *sovvenire*; i quali non riguardano se non l'atto mostrante la forza e l'intenzion di giovare, e solo indirettamente indicano il giovamento recato dall'atto. Ond'è che diciamo: ajutare uno a fare la tal cosa; nè potremmo dire, così propriamente: soccorrerlo (2). Altra differenza sarà dunque, che *ajutare* non suppone sempre l'immediato bisogno; indica accrescimento di forza, contribuzione di mezzi. L'ajuto, insomma, può venire o quando le nostre forze mancan del tutto, o quando son deboli, o quando, per grandi che siano, riescono o credesi che riescano insufficienti.

Quindi la differenza tra *ajutare uno* e *ajutare a uno*: il primo indica ajuto ragguardevole, essenziale; il secondo, semplice cooperazione. Nel primo senso diciamo: ajutare l'amico ne' suoi bisogni; nel secondo: ajutargli a lavorare, a sbrattare, e simili.

Guizot: « L'*ajuto*, principalmente a operare; il *soccorso*, principalmente a uscir di pericolo (3): la religione soccorre contro le passioni, ajuta a virtù.

« L'ajuto, inoltre, può essere abituale; il soccorso è istantaneo. Si soccorre, pascendo, il famelico; si ajuta giornalmente il povero il quale non ha di che vivere. »

Sovvenire, suppone bisogno più che pericolo. Si ajuta il debole, si sovviene l'indigente, si soccorre il naufrago (4). Quindi il vocabolo *sovvenzione* destinato a significare, più comunemente, gli ajuti in danaro.

E qui si noti differenza tra *sovvenzione* e *sovvenimento*: questo è voce generale, e denotando l'astratto di *sovvenire*, ne ha tutti i significati; *sovvenzione*, ripeto, s'applica principalmente a sovvenimenti in danaro (5). Coloro che non han di bisogno di sovvenimento, perchè indigenti non sono, possono aver di bisogno di sovvenzione per impresa onorevole ed utile.

Ma il verbo *sovvenire* s'applica talvolta a quei piccoli servigi e giovamenti che non si possono dire ajuti (6).

---

rebbe al proprio ingegno: *soccorrimi*. La memoria soccorre, perchè molte volte quel che ridesta l'imagine della cosa, viene o par che venga di fuori. Quando poi dicesi con modo antiquato: *mi soccorre alla memoria, gli soccorse che...*, allora ha altro senso, e il pensiero corre quasi sotto per entrar nella mente. Nel *correre alla memoria* vedesi la prontezza delle idee; nell'*occorrere* (latinismo raro), l'affacciarsi quasi di contro; nel *soccorrere*, l'entrare meno osservato, o quasi insinuarsi più o meno agilmente.

(1) CRON. MON. *Operano bene e ajutansi meglio.*
(2) Così nel latino: *Adjuvat*, dice il Seybold, *ille solum qui est particeps laboris et operis.* - TERENZIO: *Ilis onera adjuta.* - GELLIO: *Operam mutuo dent, et messem hanc nobis adjuvent.*
(3) È ben vero che l'uomo in gran pericolo grida *ajuto*; ma viceversa, l'uomo che avesse bisogno di posare un peso non chiamerebbe *soccorso*, se non quando il peso minacciasse far male a lui o ad altri.
(4) PASSAVANTI: *Come l'uomo vuol essere sovvenuto ne' suoi bisogni, così dee sovvenire ai bisogni del prossimo.*
(5) G. VILLANI: *Denari ricolti di decime e di sovvenzioni.* - LAMBRUSCHINI: *Sosteniamo colle nostre sovvenzioni questa scuola. La religione vuol che il povero sia sovvenuto, ma sovvenuto in que' modi che non contrastino agli alti disegni della Provvidenza. In questa seconda sentenza si comprendono non sole le sovvenzioni in danaro, ma d'ogni genere sovvenimenti.*
(6) Dante patteggia con frate Alberigo, il quale lo pregava di levargli dagli occhi il ghiaccio incrostato: *... se vuoi ch'i' ti sovvegna, raccontami il tuo misfatto.*

è poi più generale dell'*ajutare*; onde il Boccaccio: «sovvenire d'opportuno ajuto (1). »

Il *soccorrere*, infine, come fu detto, è istantaneo; il *sovvenire*, come l'*ajutare*, può essere abituale, continuo (2).

260.
Soccorrere, Sovvenire, Sussidiare, Assistere uno, a uno.

Sussidiare non porta l'*a* dietro sè; dell'*ajutare a* s'è già detto. *Sovvenire*, in senso affine a *ajutare*, nell'uso odierno porta di rado l'*a*, e allora vale l'atto della memoria: mi sovviene un passo del libro di Ruth; mi sovviene che ho promesso di raccomandare un orfanello, e così sovvenirlo. *Sovvenire* senza l'*a* pare improprio secondo l'origine della voce; ma anco nel trecento dicevasi *sovvenire* il invece con *al*; e può intendersi, anco stando all'origine, che il nome s'accoppii virtualmente col *sub* unito al verbo, e facciasi uno di que' composti di chimica ideale pe' quali sono maravigliose le lingue.

Soccorrere uno, porta meglio la cosa con cui si soccorre, come: soccorrere di danari, di consigli, di preghiere tacite, ignote alla persona soccorsa. *Soccorrere a* non porta così acconciamente il *di* seco. Pare inoltre che l'*a* meglio cada negli urgenti bisogni. Soccorrete a me, par che chiami opera più pronta, indicando il luogo a cui deve indirizzarsi il soccorso. Io posso soccorrere un debole anco con opera meno affrettata ma più continuata, più affine all'ajuto. Da ultimo, soccorresi al male, al bisogno; soccorresi il bisognoso, l'aggravato o minacciato dal male. Soccorrere il male, mi suonerebbe strano, e parrebbe quasi voler dire giunta al male anziché rimedio.

Assistere a dice meglio la presenza personale, più continuata. Si può assistere un tale quasi in senso traslato, ajutandolo, non solamente collo stargli sempre appresso, ma andando e venendo. La suora di carità assiste all'ammalato; il medico, non sempre presente, lo assiste; il benefattore, anche lontano, lo assiste. Si assiste al letto dell'infermo, non il letto: ma qui è senso ancora più proprio.

261—262.
AJUTO, Sussidio.
Sussidio, Presidio.

261.
Ajuto, Sussidio.

Sussidio è ajuto prestato non tanto con l'opera diretta, quanto con altri mezzi; in roba, in danari, in vitto, in soldati. Anche l'*ajuto* si può talvolta prestare in modo simile; ma il sussidio porta più frequente con sè quest'idea. Quindi è che il *sussidio* è specialmente estrinseco; l'*ajuto* può essere tutto di consigli, di protezione, di cure, di amore. Il Caro: «... d'ajuto scarsa non ti sarò nè di sussidio. »

Inoltre, il sussidio suppone bisogno ben più che l'ajuto; e in ciò s'avvicina al sovvenimento; è meno però del soccorso. Si danno sussidii a' deboli, ajuti a tutti.

Ma l'idea del sussidio, anche quando è vicina all'idea dell'ajuto, ha sempre non so che di parco. Il sussidio par ch'abbia per fine supplire al bisogno, e nulla più. Ogni piccolo ajuto è sussidio; non ogni sussidio è tale da porgere ajuto. Con tutti i sussidii della carità, il povero ha sempre bisogno che la società lo ajuti coll'occupar le sue braccia. Il sussidio, insomma, è parte d'ajuto.

Altra differenza: l'ajuto tien sempre della beneficenza, della benevolenza; anche quando è dovere, nella forma conserva non so che di liberale che lo rende virtù. Il sussidio può essere di mero dovere o di convenienza o di moda, senza che virtù c'entri punto.

Più: l'ajuto è dato da maggiore a minore (minore almeno nell'istante del pericolo), o da uguale a uguale; il sussidio può essere dato anco dal minore al maggiore; e l'idea di debolezza si concilia bene con l'idea di parsimonia ch'è unita alla voce *sussidio* (1).

Ultima differenza: l'ajuto prestasi, d'ordinario, a chi ne ha di bisogno nell'atto; il sussidio preparasi per un bisogno lontano. Il sussidio, dice Isidoro, serbasi nel caso che l'ordinario ajuto non basti (2). »

262.
Sussidio, Presidio.

— Il *presidio* è a custodia e a difesa. Diciamo guarnigione di presidio quella che risiede in una fortezza, in una città. Il *presidio* previene il pericolo; il *sussidio* provvede al pericolo, al bisogno, alla fatica, e li scema. — A.

263.
ALBERGARE, Alloggiare.

Si *alberga* per tempo anche più lungo che non sia l'alloggio (3). L'*alloggio* può essere tanto breve da non comprender la notte (4). Quindi *alloggiamento* per accampamento militare. Albergansi, propriamente, i passeggeri.

264.
ALBERGATORE, Oste, Ostiere, Ospite.

Oste è il più comune nell'uso; ma in senso storico, *ostiere* ci cadrà tuttavia. Non fa però *ostiera* femminile, ma *ostessa*.

Dove non si dà che bere non si dirà che *oste*; dove anco alloggio, *ostiere*.

Albergatore, talvolta, men basso d'*oste*, perchè l'albergo può essere ricco e magnifico. *Oste* è mestiere, *albergatore* non sempre. Quand'è per lucro, non pare che porti il femminino *albergatrice*; ma questo può dirsi di chi alberga non a prezzo; e può avere traslato. *Ospite* è parola storica, solenne e quasi sacra; e il contrarsi suo in *oste* indica la contrazione de' cuori.

---

(1) Virgilio nel I del Purgatorio narra a Catone il perchè e il come Dante sia penetrato fin là: *Donna scese dal ciel, per li cui preghi Della mia compagnia costui sovvenni.* Poi: *Dall'alto scende virtù che m'ajuta Condurlo a vederti, e a udirti.* Nel primo si tratta di sovvenire a un bisogno, nel secondo di ajutare a un'impresa.

(2) Stazio dice a Virgilio d'essere stato celatamente cristiano e di avere amato i Cristiani: *E mentre che di là per me si stette Io ti sovvenni.*

(1) Boccaccio: *A coloro che infermavano niun altro sussidio rimase che o la carità degli amici... o l'avarizia de' serventi.* - Plauto: *Apollo, quæso, subveni mihi atque adjuva.* - Gellio: *Prætor, subveni et succurre.*

(2) *Aita* è vivo tuttora nelle campagne toscane.

(3) Per estensione il Petrarca: *A qualunque animale alberga in terra.* - Dante: *In monti di Luni, dove ronca Lo Carrarese, che di sotto alberga.*

(4) Boccaccio: *A te conviene stanotte albergarci.* - *Sono le notte poi stato in buon luogo e ben albergato.* - Vita di S. Girolamo: *Vedendosi in sulla sera, non sapendo in che luogo s'albergasse la notte.* - G. Villani: *Le donne nei casamenti d'intorno erano ordinate e alloggiate a vedere.*

265—270.

ALBERGO, ALBERGHERIA, ALLOGGIO, ALLOGGIAMENTO, OSPIZIO, RICOVERO.

OSTERIA, TAVERNA, BETTOLA.

CANTINA, CANOVA, CANTINIERE, CANOVAJO, VINAJO.

OSTERIA, TAVERNA, ALBERGO, TRATTORIA, LOCANDA, BETTOLA, ROSTICCERIA.

OSPIZIO, OSPEDALE, INFERMERIA.

265.
Albergo, Alberghería, Alloggio, Alloggiamento, Ospizio, Ricovero.

Albergo è qualunque luogo dove si passa la notte, dove si soggiorna, di passaggio, per uno o più dì. In un albergo qualsiasi si dà, si riceve alloggio; si va ad alloggio in un ospizio, in una casa qualunque.

Ma in senso più particolare, *albergo* vale quella casa che alloggia i forestieri per danaro.

Dall'uso primitivo viene che *albergo* ha molti sensi traslati che *alloggio* e *ospizio* non hanno; sensi quasi poetici, ma da non rigettare (1).

Alberghería, voce storica, era l'albergo, al dire del Dufresne, dato per dovere a certi uffiziali pubblici, ovvero ai pellegrini e a' bisognosi, per istituto. Borghini: « Era l'alberghería l'alloggio che si dava a' marchesi e potestà, e a simili uffiziali, quando andavano riveggendo le loro judicarie. »

Alloggio può indicare, in generale, qualunque luogo dove si stia per alcun tempo; più sovente corto che lungo (2). Ma in senso più stretto, *alloggio* quel de' soldati (3); e differisce da *alloggiamento* in ciò, che l'alloggio si dà, d'ordinario, per le case de' privati, l'alloggiamento è il luogo dove tutti i soldati alloggiano insieme; l'alloggio è nell'abitato, l'alloggiamento può essere in aperta campagna (4).

Alloggio indica anche il modo dell'albergare, dallo stare; un albergo, un ospizio, può essere un cattivo alloggio. Quindi il proverbio: Chi tardi arriva male alloggia. E questo di qualunque dimora.

L'*ospizio* è luogo dove si raccolgono a più o men lunga dimora i pellegrini o i bisognosi di abitazione, senza ricompensa nessuna (5): l'ospizio del San Bernardo, l'ospizio de' poverelli. L'ospedale è un ospizio; sono ospizi i conventi, quand'è loro istituto accogliere il passeggero. I conventi principali hanno un ospizio nella città o vicino; e i fratelli per breve tempo possono avervi ricetto. Qualunque casa offra ospitalità è allora un ospizio.

Il *ricovero* può essere e di breve e di lungo soggiorno; e edifizio, e qual sia luogo coperto che scampi da pericolo o da disagio, o lo risparmi o attenui: ricovero dalla pioggia, dal nemico; ricovero pe' mendichi.

---

(1) PETRARCA: *Dove alberga onestate e cortesia.*
(2) VILLANI: *Passaro in paesi forestieri, per acquistar sito dove si potessero alloggiare.* Questa è eccezione; nè qui avrebbe luogo *albergare*.
(3) CECCHI: *E s'abbia a alloggiare soldati per le case.*
(4) GUICCIARDINI: *Una parte de' Tedeschi, solo per aver più grossi alloggiamenti, aveva passato il fiume del Po.* - DAVANZATI: *Tre legioni stavano insieme negli alloggiamenti della state* (castris aestivis).
(5) Da *hospes*.

266.
Osteria, Taverna, Bettola.

Nella *taverna* non si dà, d'ordinario, che il vino; nell'*osteria*, è mangiare e dormire, sebbene si chiami *osteria* il luogo pure dove si mangia e non si dorme. Ma sempre *taverna* è più basso.

— Oggi che i ristoranti e i caffè e i buffè (non approvo la prima nè l'ultima voce) servono al bisogno delle persone più agiate, le altre alla comodità, e troppo spesso alla corruzione de' poveri, e di quelli che, non per affetto ma per vizio, cercano la compagnia de' poveri. Nell'osteria principalmente si mangia; nella taverna si beve principalmente. In una taverna non si dorme. — POLIDORI.

— *Bettola*, ove si vende il vino a minuto; *taverna*, ove si vende e si beve. Le taverne di Londra son più nobili che le bettole. — ROMANI.

267.
Cantina, Canova.

Canova, dove si vende il vino a minuto. *Canava* dicevasi in Toscana altresì dove vendevasi il pane a conto del governo (1). La *cantina* è, d'ordinario, sotterra (2), non da vendere, ma da riporre il vino e altro; sebbene la cantina possa anco servire da canova.

268.
Cantiniere, Canovajo, Vinajo.

Il *cantiniere* ha cura della cantina; il *canovajo* sta a vendere il vino. *Cantiniere*, nelle case dei privati, era un titolo; *canovajo*, è impiego, è mestiere (3).

269.
Osteria, Taverna, Albergo. Trattoria, Locanda, Bettola, Rosticceria.

Taverna, luogo da bere; *osteria*, da mangiare, da dormire. L'*albergo* è più nobile dell'osteria; dico più nobile nel senso comune del vocabolo; v'è però alberghi più ignobili delle osterie. All'osteria e si dorme e si mangia; in certi alberghi v'è letto, non tavola.

— Alla *trattoria* si mangia e si beve. E il padrone della trattoria si chiama, alla francese, *trattore* (4): prendere il desinare dal trattore. Trattare uno, trattarsi bene, buono o cattivo trattamento, nell'uso moderno, s'intende principalmente del mangiare e del bere. Le cucine italiane, così come le botteghe di mode, rigurgitano di gallicismi. Alla *locanda*, oltre a mangiare, si dorme ancora; e in ciò differisce dalla trattoria. Anche all'osteria si dorme; ma *osteria* s'intende di luogo dove i concorrenti stanno più alla buona: i vetturali all'osteria.

Taverna ha senso di spregio, sovente, non meno di *bettola*; e tutt'e due son raddotti di bevitori, più ch'altro, e di crapuloni.

Rosticceria, luogo dove si vende arrosto e frittura, sopratutto; poi anche arista e altre carni fredde. Ma nella rosticceria non si mangia.

Osteriuccia, non *tavernuccia*, perchè questo ha ormai

---

(1) Questo secondo significato della voce è storico, e viene dall'essersi chiamate *canove* quelle dove si riponeva ogni specie di grascie. Onde *Canova* era detto il magistrato stesso dell'abbondanza, di che si vegga la Crusca.
(2) *Cantina* dicesi anco qualunque luogo sotterraneo, così per similitudine; e di luogo umido, che pare una cantina.
(3) Per *cantiniere* si usa alcuna volta *canoviere*. Invece di *canovajo*, in Toscana è più frequente *vinajo*. — CAPPONI.
(4) *Traiteur*. Dovrebbe farsene *trattatore*, secondo l'origine.

senso più basso; e il primo ritiene qualcosa della nobile origine dell'ospitalità. *Osteriaccia*, però, e *tavernaccia* e *bettolaccia* e *locandaccia* e *locanduccia*, non *bettoluccia*, perchè è più dispregiativo anche questo.

Taverna e *taverniere* non sono dell'uso toscano, ma d'altri dialetti. *Oste, ostessa, locandiere, locandiera, trattore, rosticciere* (i padroni de' luoghi); *bettoliere* e *bettolante* (chi pratica bettole), son tutti dell'uso. E dell'uso il noto proverbio: fare i conti innanzi all'oste, o senza l'oste, che vale risolver le cose prima d'avere in mano tanto da poterle fare, o prima di sentire il parere di chi ci ha voce. Nel qual caso segue che chi fa i conti innanzi all'oste, gli convien farli due volte. — MEINI.

Locandiera la donna, non *bettoliera*; perchè la lingua, coll'istinto morale ch'è in lei, pare che interdica da cotesto luogo le donne.

270.
Ospizio, Ospedale, Infermeria.

Spedale per i malati e gl'infermi; *ospizio* per gl'infermi, i convalescenti, i gettatelli, i poveri, gli orfani, i vecchi. Può un ospizio essere insieme spedale, cioè una o più stanze dell'ospizio essere destinate a uso di spedale. Ma l'ospizio de' pellegrini, l'ospizio de' frati in città, il doloroso ospizio (come Dante chiama l'inferno), e l'ospizio di Cesare sempre guardato dagli occhi putti della meretrice antichissima, non sono spedali (1).

Lo *spedale* è luogo pubblico che raccoglie gratuitamente i malati e gl'infermi; l'*infermeria* è nei conventi, ne' collegi, nelle case di comunità, per que' che ammalano.

271.
ALTERELLO, ALTETTO, ALTICCIO, ALTINO.

— *Alterello* e *alticcio* sono di uso rarissimo. Di un giovine si dirà che per l'età sua è piuttosto altetto o altino, non mai alticcio (2), nè *alterello* per non lo scambiare col diminutivo d'*altero*. — GUASTI.

Altino, per lo più, di persona; *altetto*, e di persona, anco non bambina, e di cosa.

272—276.
ALTEZZA, ALTURA.
PROMINENZA, ELEVAZIONE, RIALTO, SPORTO, SPALDO, SPALTO, CIGLIO.
SPORGERE SUL, DAL, NEL.
ELEVAZIONE, ELEVAMENTO, ELEVATEZZA.
LEVATURA, LEVATA.

272.
Altezza, Altura.

Altezza è misura; *altura* è luogo. L'*altezza* è una delle tre dimensioni del corpo solido; è la distanza dal basso all'alto; è idea astratta che non determina il luogo. Altro è salire a un'altura o in altura o su un'altura; altro è salire a un'altezza. L'altura può non essere di grande altezza; l'altezza può essere non sopra un'altura, ma in aria. Sedere in cima a una casa è stare a grande altezza, non sopra un'altura. Si dirà: l'altezza di un albero, d'un uomo, d'un triangolo; *altura* non dicesi che di monte, di colle, di poggio (3). Il Bartoli adopra *altura* nel senso geografico del francese *hauteur*: « I venti, opportunamente diversificando secondo le varie alture, dove.... » E talvolta nel medesimo senso usa *altezza*; ma giova attenersi a quest'ultimo fermamente.

273.
Prominenza, Rialto, Sporto.

— *Prominenza*, quel che sporge fuori della superficie d'un corpo orizzontalmente o a perpendicolo, per lo più in forma aguzza. Se sale, è *rialto*; ma s'è orizzontale, non si può chiamar con quel nome. Il rialto può essere regolare di forma; la prominenza, d'ordinario, meno (1). Prominenza da' lati è *sporto*; e dicesi, per lo più, d'edifizii; e suppone dinanzi a sé uno spazio vuoto (2). — ROMANI.

274.
Prominenza, Elevazione, Rialto, Sporto. Spaldo, Spalto, Sporto, Ciglio.

— *Elevazione* esprime propriamente l'azione; e torcerlo a dire luogo elevato, è forse francesismo; *rialto* è la parte del suolo più alta; *prominenza* è tutto ciò che sporge in fuori, dal suolo o da un corpo, piccolo o grande, in alto o dalle bande, e men grande del piano onde esce: prominenza d'un monte, del naso.

Sporto, parte dell'edifizio che sporge in fuori da' lati. È, per lo più, fabbricato per mano d'uomo. — VOLPICELLA.

— *Spaldo* è sporto di muro o di torri; lo *sporto* può essere del muro e d'altro; lo *spalto* è muro quasi intero a pendio che arriva a terra o quasi a terra. — NERI.

— L'altro giorno guardavo, con un contadino quì de' contorni, i lavori che si vanno facendo per la nuova strada ferrata da Firenze a Arezzo: ed egli, additandomi un argine, o rialto di terra fatto per livellare il suolo, mi disse: Guardi che bel *ciglio*! — BIANCIARDI.

275.
Sporgere sul, dal, nel.

Sul dice più prominenza in alto; *dal* in superficie; *nel* in lunghezza: uno scoglio sporge nel mare, una finestra sul tetto, un rilievo dalla parete.

276.
Elevazione, Elevamento, Elevatezza. Levatura, Levata.

Elevazione in senso di *elevatezza* sa di francese; nè direi: elevazione d'animo, d'ingegno, di stile. *Elevamento* è l'atto, *elevazione* può esser l'effetto. L'elevazione insensibile del terreno è altra da quella che si fa per subito elevamento. *Elevatezza* è la qualità costante; ma ama meglio il traslato. *Levatura*, il più sovente dell'ingegno e delle naturali disposizioni più che de' pregi acquisiti; uomo, ingegno di poca, di piccola, di gran levatura. Ama il *di* dietro a sè. Può l'ingegno essere di gran levatura, e non elevato lo spirito, per inerzia e per sensi abietti. Uomo di piccola levatura può essere anima elevata per nobili intendimenti e per modesta virtù. Quindi è che *levatura* dicesi dell'ingegno, non della mente; parola di più nobili sensi.

Levata, l'atto o il tempo del levarsi da letto. Di prima levata lo fo; di levata mi capita questa pittima.

---

(1) In Toscana: *spedale* e *arcispedale*, *spedalino*, *spedaliere*; non *ospedale*. — A.

(2) Valeva alquanto alterato dal vino. Chi è un po' più che brillo, già non tocca terra, finchè da ultimo non ci caschi.

(3) LIVIO: *Non scendeano dal monte, ma si guarnivan in quell'altura.* - BOCCACCIO: *Montagnette di non troppa altezza*.

---

(1) MAGALOTTI: *Superficie piana senz'alcuna prominenza.* - FIRENZUOLA: *Monte non arricciato nè aguzzo, ma tondo, e colorito nel suo rialto di un colore vermigliato.*

(2) BOCCACCIO: *Sotto il quale sporto andarsi a stare insino al giorno.* - Oggi più comunemente, *sportico*, e *sportici* al plurale. Ma forse non bene, perchè confonde gli sporti co' portici. — A.

277—285.

ALTO, Eccelso, Elevato, Sublime, Eminente, Grande, Grandioso.
Giganteo, Gigantesco.
Superno, Supremo, Sovrano.
Sommo, Sovrano.
Sovranità, Supremazia.

277.
Alto, Eccelso.

Eccelso, più raro nell'uso, è più che *alto*. Boccaccio: « gli alti palagi e le eccelse torri. » Quindi è che forse il Berni non dubitò di congiungere insieme *alto* ed *eccelso*: « all'alte eccelse cime »; modo non imitabile, ma serve a mostrare ch'e' non sono affatto il medesimo.

Alto ha molti usi non proprii d'*eccelso*; è idea relativa che riceve determinazione dalle altre che la circondano. Si dirà testa alta, non eccelsa; il sole è alto, non eccelso (1). *Eccelso*, essendo idea più assoluta, non soffre gradazioni; non ha diminutivo; il suo superlativo è fuori dell'uso. Nè si dirà: più o meno eccelso, come dicesi: più o men alto.

Altezza vale anche profondità; senso non proprio di quell'altra voce.

278.
Alto, Elevato.

Guizot: « Il primo indica la posizione di un oggetto al di sopra degli altri; il secondo, la misura dell'altezza maggiore o minore.

« Casa elevata quaranta piedi sopra terra non è alta, perchè molte case hanno elevazione maggiore. L'altezza si determina, d'ordinario, dalla comparazione che si fa d'un oggetto con altri oggetti vicini o simili. Perciò chiamasi *altura* una parte di terra che vediamo elevarsi sensibilmente, e senza molte gradazioni, sopra del circostante terreno. Quella che diciamo elevazione di terreno è meno sensibile, sebbene talvolta più grande. Una collinetta, un poggetto, è un'altura; i piani d'America giungono grado grado all'elevazione di duemila tese al di sopra del mare. »

Elevato può, dunque, essere e più e meno che *alto*; specialmente quando si considera come participio, gli è meno. Un corpo può essere elevato da terra di poche linee; può essere elevato in alto, non alto però esso medesimo (2). Come participio, ognun vede che questo vocabolo può denotare l'atto dell'essere stato elevato; idea che il suo affine non ha. « L'elevazione, dice il Romani, è altezza operata o dalla natura o dall'arte. »

279.
Alto, Eccelso, Sublime.

Isidoro: « *Alto* è misura sì d'alto in basso, come di basso in alto; *eccelso* riguarda sempre il di sopra; *sublime* vale eccelso con dignità: alto mare, alto monte, eccelsa torre, tempio sublime. »

Cosa dappoco, per quanto alta sia, sublime non si dirà: per meritar questo nome vuol essere un'altezza ch'ecciti appunto il senso del sublime. La zucca che nelle satire dell'Ariosto monta sublime, è sublime per celia.

280.
Alto, Eccelso, Sublime, Eminente, Elevato.

Romani: « *Eccelsi* i Latini dicevano, d'ordinario, gli oggetti alti insieme e diritti; dovrebbe perciò significare, per lo più, elevazione eretta, maggiore dell'altezza ordinaria.

« *Sublime* è più assoluto d'*eccelso* (1). *Eminente* vale soprastante ad altri oggetti; nozione non indicata chiaramente da *alto* (2).

In un'altezza può essere un'eminenza, o più, da cui meglio vedere le cose lontane; anco in bassura od in piano io posso figurare qualche punto eminente, che propriamente non si può chiamar alto.

Anco nel traslato *eccelso* è più d'*alto*. Boccaccio: « Sì alti, sì eccelsi, sì nobili ragionamenti. » Mente od anima eccelsa, eccelsa virtù, eccelsa gloria, dice più.

I traslati d'*alto*, per profondo, non sono proprii d'*eccelso* (3).

Amare altamente, altissimo poeta, alte furfanterie, alto dolore, alta voce; qui non ha luogo *eccelso*.

Elevato dicesi e di posto e d'ingegno (4) e di pensiero e di cuore e di stile. C'è degli alti ingegni che non sono elevati; la natura li fece alle grandi cose, ma eglino non si seppero collocare nella debita altezza. C'è de' posti elevati nella società, ai quali manca la corrispondente altezza morale.

Eminente non dicesi che di dignità, di meriti, di virtù, d'ingegno (5). Si può godere d'un alto uffizio, che non sia per altro eminente. V'è però degli uffizii eminenti che non son punto alti. Questa è un'eccezione alla regola, ma frequente pur troppo.

Sublime è più di tutti (6): mente, stato (7), stile, uffizio, parola, pensiero, atto, cenno sublime. Qualunque cosa s'alzi a tale altezza da destare, in chi la considera, un senso sublime. Non ogni altezza sublima; non ogni elevatezza poggia tant'alto; non ogni eminenza apre agli occhi un sì ampio orizzonte.

Atto elevato, cenno eccelso, spettacolo eminente non si direbbe, come: cenno, parola, spettacolo, atto sublime. Stile eccelso o eminente non s'usa, ma elevato e sublime. E qui rechiamo le distinzioni dell'abate Girard.

« *Elevato* riguarda la scienza e la natura della cosa trattata; *sublime*, il modo di trattarla e d'esprimerla. Un discorso filosofico può essere molto elevato senz'essere sublime; il sublime può trovarsi in una favola, in uno scherzo.

---

(1) Crescenzio: *Tagliare in convenevole altezza. D'altezza d'uomo.* — Pare che ai Latini *altus* fosse più, giacchè Cicerone più d'una volta lo pospone ad *excelsus*.

(2) Varchi: *Non essendo l'artiglieria elevata, ma al piano dell'orizzonte.* — Cenn. Pure.... *Considerando l'elevazione dei segni e de' suoi occasi.* — Redi: *Queste (pallottoline) son situate in modo ch'hanno la loro elevazione dall'una e dall'altra banda della foglia.*

(1) Apuleio: *Se nubium tenus altissime sublimavit.* — Ovidio: *Sublimius altum Attolit caput.* Sebbene per gli antichi *sublimis* avesse men sublime senso che per noi.

(2) Firenzuola: *Andatosene in un luogo eminente, dond'e' potesse essere inteso e veduto da tutto il popolo.*

(3) Petrarca: *Altamente confitto in mezzo al core.* — Dante: *Alto sonno.* — Virgilio: *Alta silentia. — Alta quies.*

(4) Cellini: *Di elevatissimo ingegno.*

(5) Cavalca: *Eminente carità.* — Grassi: *Matematico sopra molti eminente.*

(6) Ovidio: *Mens tua sublimis supra genus eminet ipsum.*

(7) Segneri: *Il matrimonio elevato allo stato sublimissimo di sacramento.*

« Lo stile elevato sente talvolta d'affettazione, di fatica; un discorso, per essere sublime, convien che sia naturale. Le parole pellegrine, i dotti ragionamenti, gli arguti concetti fanno il discorso elevato; la proprietà, la semplicità, l'evidenza dell'espressione, congiunte all'altezza e alla fecondità del pensiero, danno il sublime. Non tutte le opere possono essere scritte in istile elevato, tutte possono aver del sublime. Eppure il sublime è tanto più raro! »

I.° *Elevato* è contrario di *famigliare:* lo stile elevato può sostenersi dall'un capo all'altro del discorso; il sublime non è dello stile che a tratti; non appartiene, propriamente, allo stile, ma al concetto, all'idea.

II.° Elevato può essere il discorso per la materia che tratta; ma, in questo senso ancora, *sublime* è più. Una materia scientifica è di sua natura elevata; un soggetto religioso è sublime. Non c'è soggetto il quale, ben trattato, non debba parere elevato agli occhi del saggio. Molti si credono sublimi trattando le materie sublimi in istile elevato. Molti si credono con lo stile rendere elevato il soggetto.

III.° Stil sublime talvolta ha senso di giocosa ironia; e vale, che affetta l'esser sublime colla stranezza e ampollosità e oscurità de' vocaboli.

281.
Grande, Grandioso, Elevato, Sublime.

— *Grande,* che passa la misura ordinaria nell'estensione; *grandioso,* che la passa nella proporzione delle parti sue, e nell'effetto che viene da esse proporzioni; *elevato,* che, moralmente o intellettualmente, con la sua grandezza innalza l'anima umana (ma gli è francesismo talvolta); *sublime,* che la trasporta a una grande unità. — PINHEIRO.

282.
Giganteo, Gigantesco.

— *Giganteo,* che spetta a giganti; *gigantesco,* simile in forma a gigante: guerra gigantea (1); gigantesca statura, opera gigantesca. — ROMANI.

283.
Supremo, Sovrano, Superno.

Supremo riguarda l'ordine, la collocazione (2), il tempo; *sovrano,* la dignità (3); *superno,* il luogo (4), e, per estensione, dicesi delle cose che riguardano il cielo: la superna Gerusalemme; l'amore, la luce superna.

Ogni cosa ch'abbia cert'altezza, ha un punto supremo; ogni cosa che ha gradi o va per gradi, ha un supremo grado. Ogni distinzione di potere e dignità che ascendano a certa altezza ha un grado sovrano.

Se io dico: potenza suprema, intendo altro che superna. La suprema indica il grado; la superna, l'origine. La superna viene dall'alto; la suprema è quella, oltre la quale non è potenza più alta. La potenza superna è da Dio o dagli spiriti mossi da lui; la suprema può anco essere una potenza terrena, quando in quell'ordine di cose non ve n'abbia una maggiore. E s'io uso questa voce del potere divino, ne indico la sommità, non il luogo dal quale e' si parte; ne indico l'assoluta forza, non la relazione ch'essa ha con me che gli sono di sotto. Così, quand'io dico: la potenza superna, posso intendere non solamente la suprema, ma quelle ancora che dalla suprema son mosse, purché vengano d'alto.

Sovrano, ripeto, dice la dignità. Uno solo è il potere supremo, ed è incomunicabile; il potere sovrano si può dividere, o, per dir meglio, distribuire in molte persone; può essere rappresentato, può essere soggetto ad un altro potere supremo. Parecchi sono gl'ingegni sovrani, una è la mente suprema.

Supremo, nell'uso, ha senso talvolta più angusto. I tribunali inferiori sono soggetti al supremo; il supremo ha sopra sè la suprema autorità del sovrano; ma questi sono modi improprii di dire. Il tribunale supremo dovrebb'essere l'ultimo, inappellabile: quello di Dio.

284.
Sommo, Sovrano.

— *Sommo* importa grandezza; *sovrano,* nobiltà, dignità. La distinzione è di Marco Forcellini, dove commenta quel verso del Casa (1): « Rege del mondo e mio, sommo e sovrano. » Qui però *sovrano* sta in vece di *supremo.*

Sommo non contiene, come *supremo,* l'idea di confronto; nè quella di luogo, come *superno. Sommo* vale: alto o grande d'assai; e come dicesi le eminenze, diciamo ancora al plurale le sommità. *Sovrano* è chi sovrasta agli altri, non però a tutti della sua specie. « Quegli è Omero poeta sovrano; » e Omero, dopo Dante e lo Shakspeare, è sovrano ancora; non più solo. — POLIDORI.

285.
Sovranità, Supremazia.

Supremazia (non bella parola) di qualsiasi dignità suprema nell'ordine religioso e civile, e morale e intellettuale; *sovranità,* nel civile più propriamente. Sovranità d'una razza di regnanti, del popolo, della legge su tutti. In altro senso sarebbe forse non illecito dire: sovranità dell'ingegno.

286.
ALZAMENTO, ALZATURA, RIALZAMENTO.
ALZARE, TIRARE I MANTICI.

— *Alzamento* per l'atto di alzare un muro, una casa o simile, non si potrà scambiare con *alzatura.* Dalle bocche del popolo e dalle note delle sagrestie, sono ricordate le spese per l'alzatura de' mantici; nè in questo senso si ode mai o si legge *alzamento.* Giova però osservare che se siano altri mantici, come di fabbro, ec., allora si dice *tirare* non *alzare i mantici.* Anche parlando d'un fiume si dice che le sponde non lo possono più capire per via dell'alzamento del letto suo, non per l'alzatura. Ma più volentieri il popolo usa, anche in questo caso, *rialzamento.* — FREDIANI.

287–289.
ALZARE, ALZARSI, SORGERE, LEVARSI.
SORGERE, EMERGERE.

287.
Alzare, Alzarsi.

Alza il pane ben lievitato; alza un'impiallacciatura, messovi sopra qualcosa di caldo; alza un argine o simi-

---

(1) ORAZIO: *Giganteo triumpho.*
(2) BOCCACCIO: *Mai da me in sì supremo grado non fu meritata.*
(3) PETRARCA: *Sovrano onore.*
(4) PETRARCA: *Le parti superne Erano avvolte d'una nebbia.*

(1) Son. 1.

..., cioè sorge più o meno da terra. S'alza un corpo nell'aria, e simili. *Alzare*, insomma, indica sollevamento di superficie; *alzarsi*, il sollevarsi da una superficie (1).

288.
Sorgere, Levarsi.

— Si *leva* un corpo anco di poche linee; il *sorgere* è, per lo più, levarsi a più nobile altezza. — A.

289.
Sorgere, Emergere.

— *Emergere*, nel proprio, vorrebbe dire sorger dall'acqua, contrario d' *immergere*; nel traslato, è sorgere in modo visibile, di nascosta che la cosa èra prima. *Emergere* è una specie di *sorgere*; non indica grande elevazione, ma apparimento (2). — ROMANI.

290—296.
ALZARE, INNALZARE, ELEVARE, ERIGERE, FONDARE, SOLLEVARE, ESALTARE, LEVARE.
FONDAMENTA, FONDAMENTI, FONDAMENTO.
SOLLEVAMENTO, SOLLEVAZIONE.
INNALZAMENTO, ALZAMENTO.
ESALTAMENTO, ESALTAZIONE.
MAGNIFICARE, SUBLIMARE, ESALTARE.

290.
Alzare, Innalzare, Elevare, Erigere, Fondare.

— *Alzare* accenna direttamente all'idea di alto; *innalzare*, piuttosto a quella di grande. S'alza un muro mediocre dove prima non era; s'alza una casa che pareva troppo bassa al bisogno. *Innalzare* diecesi di moli più o meno grandiose; e dell'opera già fatta, *elevare*. S'innalza un tempio, un palagio, un teatro, un arco da trionfo. *Erigere* dicesi anche d'edifizii di non molta altezza: un altare, un sepolcro, fors'anco una semplice iscrizione. — POLIDORI.

— *Fondare*; porre le basi di edifizio, d'istituto che duri. Si *erige* anco su cosa fondata già, ampliandola come che sia. Per un esempio del traslato: Parigi fu eretto in arcivescovado nel mille secenventidue. — GIRARD.

291.
Elevare, Erigere, Sollevare, Esaltare, Levare.

— Non tutto ciò che s'alza, si direbbe *elevato*. S'alza un coperchio, s'alzan le vele, s'alza un vestito; nè l'*elevare* ha qui luogo (3). *Erigere* dice innalzamento verticale: s'erigono monumenti, colonne.

Sollevare è levare sorreggendo di sotto. *Esaltare* è sempre traslato.

Levare indica meno di tutti e ha sensi dove gli altri verbi accennati non reggono (4). — ROMANI.

---

(1) L'anonimo Commentatore di Dante, del precinto delle bolgie infernali dice: *Alza dall'una delle parti, perocchè scende dall'altra*. Ma in questo significato si direbbe anco *alzarsi*; non così nei due precedenti.

(2) Sembra però neologismo inutile, in luogo del quale abbiamo *apparire*, *farsi manifesto*, e altri modi belli, puri, viventi. — LAMBRUSCHINI.

Più barbaro è l'assoluto *emergere* che taluni dicono di ragione, di verità, che prima non era punto nascosta, onde si possa imaginare come cosa che, sommersa già, esca fuori e si mostri. In senso corporeo, ma pure traslato, si potrà dire che il sole o altro astro emerge dalle acque, dalle nuvole, che un corpo emerge dalle tenebre dov'era tuffato.

(3) Boccaccio: *Ad alcuno onore elevati*.

(4) Boccaccio: *Da giacere non aveva il capo levato*. - *Me l'arrei levato di dosso*.

292.
Levare, Alzare, Elevare.

— Si *leva* togliendo, tirando la cosa di là dov'ell'era. La s'*alza* portandola a un grado più su nella linea a perpendicolo o prossima a quella. Perciò è, che *levare* non altro significa, sovente, che togliere una cosa di su da un'altra, staccar una parte dal tutto, senz'alcuna idea di collocare più alto, ch'è l'idea propria dell'*alzare*.

Ma quand'anco *levare* diventa più affine ad *alzare*, ne differisce in ciò, che denota quasi sempre l'altezza naturale, ordinaria del corpo; dove *alzare* può dire un grado d'altezza aggiunto. Uno si leva da sedere, e s'alza in punta di piedi; nel primo la sua misura non cresce, nell'altro sì. — ROUBAUD.

— Si leva una cosa dirizzandola; elevarla, è collocarla in luogo più eminente di prima. — A.

293.
Fondamenta, Fondamenti, Fondamento.

— I fondamenti della religione non sono la stessa cosa che le fondamenta d'un edifizio materiale: casa, palazzo o altro. — ZECCHINI.

Il *fondamento* può essere l'atto, il lavoro, lo spazio. Poi, può essere il complesso della materia su cui l'edifizio s'innalza, o il suolo naturale; dove le *fondamenta* e i *fondamenti* possono riguardare la materia discreta, e sempre sottintendono più o men lavoro d'arte o fatto o da farsi.

Non parlo di *fondamento* che accenna a una parte del corpo umano. Ma quando nel traslato diciamo: uomo, discorso, impresa, cosa che non ha fondamento; parlare con fondamento e simili; il plurale non cade. Anco *le fondamenta* può avere traslato; ma quasi sempre accennando a cosa che ha imagine d'edifizio: le fondamenta della chiesa cristiana, le fondamenta del regno, o della repubblica: *romanam condere gentem*.

A Venezia, *la fondamenta*, dicesi, coll'infemminire il plurale neutro, come *la mobilia*; e vale il suolo passeggiabile tra l'acqua e la casa, suolo che par faccia parte delle fondamenta di questa; gli è il *quai* francese. A Pisa e a Firenze, *lungarno*, che fa il plurale *lungarni*; come a Venezia stessa dicesi *il s. Marco*, la piazza, *sul s. Marco*, i dintorni di quella.

294.
Sollevamento, Sollevazione, Innalzamento, Alzamento.

Sollevazione non è che traslato: il levarsi di moltitudine non piccola a rumore per isdegno cruccioso. Il primo moto della sollevazione potrebbesi dire *sollevamento*; ma questo ha poi senso proprio: sollevamento di terreno, di superficie qualsiasi. Sempre però è l'idea di forza che spinge di sotto in su, e anco per questo differisce da *innalzamento*, che per lo più rende imagine di maggiore altezza. Chi crede innalzarsi, oppur sollevarsi, sollevando altrui a sè, prepara a sè e ad altri caduta e giacere più grave. Non sollevate le moltitudini, ma innalzatele. *Innalzamento* è nel proprio o nel traslato; *alzamento* nel proprio.

295.
Esaltamento, Esaltazione.

Esaltamento è l'atto; *esaltazione* indica meglio l'effetto. Molti fanno molte cose a esaltamento del loro nome, che poi non riescono a esaltazione. Gli uomini tendono all'esaltamento loro proprio; Dio ha per fine l'esaltazione degli umili (1). Nel momento della loro esaltazione certi uomini appajon più piccoli; e allora non pochi de' loro seguaci si pentono di quello che per il loro esaltamento operarono (2): esaltazione al trono.

Quando *esaltare* vale lodare, meglio, forse, si dirà *esaltamento*: quel discorso non fu che un continuo esaltamento delle piccolezze de' suoi protettori.

Esaltazione della s. Croce è una festa della Chiesa.

Esaltazione (dicesi, ma sa di francese) è della febbre e dello spirito; nè forse mal si direbbe anche esaltamento, con la differenza notata. Passaggero esaltamento; esaltazione continua.

296.
Magnificare, Sublimare, Esaltare.

Magnificare è ampliare per lode, non mai per biasimo (3). Differisce da *esaltare* e da *sublimare*, in quanto che si magnifica con parole; si esalta e con parole e con fatti; con fatti si sublima anziché con parole. *Esaltare* è meno di *sublimare*. Jacopone da Todi: « Tua profonda bassezza Sì alto è sublimata; » nè ben si direbbe: sublimemente esaltata (4).

Cosa esaltata non sempre è alta; cosa sublimata, è fatta sublime.

297.
AMANTE, Amatore.

Amatore riguarda, d'ordinario, l'amore di cose. Di persona (se si eccettui l'uso poetico) non si direbbe più che in un senso, cioè per indicare amore universale, pronto ad abbracciare tutte le persone d'un ordine. Allora potrebbe forse convenire: grande amatore di donne; e a certi filantropi amatori meno infaticabili che faticosi del genere umano.

Quando ambedue queste voci s'applicano a cosa, o esprimono un affetto che propriamente non può dirsi amore, *amatore* indica affezione più in atto; *amante*, semplice inclinazione. L'amatore di pittura ne sa un quel che poco, non ignora i principii dell'arte; l'amante di pittura se ne compiace, la gusta, ma non ci ha cognizioni di teoria nè di pratica, o non ci pretende.

298.
AMANTE, Amoroso.

Amoroso, dice e la disposizione e l'atto; *amante*, l'atto. Anco un cuore non naturalmente amoroso, può divenire amante; e in costoro, talvolta, l'amore ha non so che di feroce e selvaggio; tiene dell'odio.

299.
AMANTE, Damo, Sposo.

Amante è voce che comprende e l'affetto umano e il divino, e alle persone e alle cose, e agli altri e a sè; il puro amore e l'impuro, a donna libera ed a legata.

---

(1) Boccaccio: *Tutti per lo suo esaltamento pregando.* - Sacchetti: *Fare quello che sia bene e esaltamento della vostra patria.*
(2) Boccaccio: *Fue la gran festa della sua esaltazione.* - Maestruzzo: *Si contrista dell'esaltazione del nemico suo.*
(3) Boccaccio: *Niuna cosa fu mai tanto onorata, tanto esaltata, tanto magnificata quanto voi.*
(4) Dante: *La verità che tanto ci sublima.*

Damo chi amoreggia ragazza, e (almeno in apparenza) con fini non rei. Egli tende ad essere *sposo*. Ma a'giorni nostri fin le ragazzucce hanno il damo, che non è nè amante nè sposo; hanno tanti dami, che finisce che non hanno mai sposo. E può fanciulla scegliere per isposo uno che non sia mai stato suo damo, ma o che l'abbia chiesta e ottenuta a un tratto, o che l'abbia conosciuta senza però amoreggiarla. Buonarroti: « Innanzi che tu m'abbia avuto amore, A un tratto damo e sposo mi ti fai. » Buon damo può essere cattivo marito (1).

Damo, ne' ceti della società che si tengono più alti, non ha uso; figliuola d'un contadino, d'un artigiano, d'un artefice, d'un impiegatuccio, ha il damo.

300.
AMANTE, Vago, Innamorato.
Il Bello, Il cascamorto.

Quando di donna si dice: quello è il suo vago (2), s'intende amante, amante corrisposto.

Vago e *vaga* in alcuni dialetti toscani ha il senso di *damo* e *dama*. *Amante* è voce generale; e si riferisce a persona o a cosa, ha buono e mal senso, esprime passione ed affetto, smania crucciosa o placido desiderio.

L'*innamorato* d'una donna non sempre ne è il *vago*; le dimostra amore, ma non sempre fa all'amore con lei. Potrebb'essere il suo *vago*, senz'esserne *innamorato*.

Fa *il bello* l'uomo alla donna e la donna all'uomo, facendo buon viso, carezze, per piacere, per lusingare, d'ordinario per fine d'utilità. Fa *il cascamorto* l'uomo alla donna per destare in lei o amore o quella specie di noja che in certe donne conduce se non al sentimento, almeno alle prove d'amore.

Tra gli amanti il cascamorto è più finto, e però sovente il più creduto. Un cascamorto non è mai innamorato davvero.

Di vecchio galante, di galante sgarbato, si dirà: il cascamorto, no il vago.

301.
AMANTE, Innamorato, Amoroso, Amasio, Amico, Ganzo, Drudo.

L'*innamorato*, per lo più, chi non ha colti ancora i frutti materiali dell'amore. Ha buono e mal senso; ma oggidì l'ha sovente ridicolo, perchè ridicolo pare chi confessa l'amore; confessare l'odio è cosa più nobile a molti.

Amoroso, in molti dialetti, l'innamorato o il damo; ma nel toscano non ha questo senso comunemente, e serbasi solo alle parti teatrali: primo amoroso, secondo amoroso.

Il *ganzo* può essere vecchio o giovane, bello o brutto, purchè sia stromento d'illecito piacere o di lucro turpe. Questo i Latini chiamavano *amasio*. Questo, con vocabolo più forte, noi chiamiamo *drudo*; che aveva senso innocente in antico, ora l'ha di dispregio.

Amico, voce nobilissima, acquistò, in tempi miseri, senso affine a *ganzo* e a *drudo*. E in certe città non è quasi vergogna dire di donna: ha l'amico.

---

(1) *Dama* dicesi in senso analogo, e non è da confondere cogli altri usi di questa voce.
(2) Petrarca.

302.

AMANTE, AMICA, AMATA, AMATRICE.

Amica, ove non si tratti di semplice amicizia scevra d'amore, da donna a uomo, ha quasi sempre mal senso (1). L'uso vivente conferma la distinzione d'*amica* da *amante*: *amante* esprime la semplice idea d'amore, puro o no; e può perciò ricevere innocentissimo senso. Ma *amante* dicesi più spesso d'uomo che di donna.

Amata ognun sente che concerne la donna. Converrebbe dire: l'amata del Petrarca, non: l'amante; l'amante di Leandro; l'amica di Raffaello.

Amatrice ha il senso medesimo che *amatore* nell'articolo che s'intitola dalle voci *amante*, *amatore*; denota o un affetto generale o un affetto che non può dirsi amore: amatrice della musica, della pittura, e simili. E differisce da *amante* in quanto richiede più pratica cognizione della cosa che s'ama (2).

— Quanto al significato buono o reo d'*amica* e d'*amico*, li determina l'articolo, determinante o no, che li accompagni; e più quando segua pronome possessivo. Chi ti porta i saluti di un'amica, è semplice conoscente d'ambedue; chi ti porta i biglietti dell'amica, è mezzano. La donna che dice: un mio amico, non offende altri orecchi che dei malignì; colei che osa pronunziare: il mio amico, è una sfacciata, che fa pompa del suo peccato, o molto infelice. — POLIDORI.

303.

AMARE, VOLER BENE, AVERE A CUORE, ESSERE INNAMORATO.
STAR NEL CUORE, PREMERE.
AVER GENIO, AVER GENIO A, ESSER VAGO.
FAR GENIO, AVER L'AMORE.
ESSER VAGO, ESSERE IL VAGO.

— Il popolo non *ama* quasi mai, se non Dio; ma *vuol bene*; e il *non solum diligere verum etiam amare*, l'esprime col *voler bene* e l'*aver nel cuore*. L'*avere a cuore* è un'altra cosa; è il *curae esse*, il *premere*; e di rado o quasi mai un contadino dice che le faccende gli stanno a cuore, ma che gli *stanno sul cuore* e più spesso, che gli *premono* (3). E se ama di conversare con una persona, dice che *ci ha genio*; e se ama in particolare certe cose, dice che *ci ha genio*, o che gli *fanno genio*, o che ne è *vago*: « Colla ciccia di porco ci ho genio io. — Mi fa più genio la minestra sullo stinco, che sul cappone. — Io poi non ne son vago, ve'l d'ir giostroni, o di star tutta la giornata in sulla via (4). *A me de' dami non me ne fa aschero*. E là! s'i' ne volessi non avrei a cercare! Basterebbe ch'i' mi degnassi di fare un po' po' l'occhio pio... tu vorresti vedere... come tanti merlotti qua... »

Aver l'amore di sentesi di rado, nondimeno un bel gio-

___

(1) *Amorosa*, in altri dialetti, è quella che nel toscano dicesi *dama*, cioè la fanciulla che fa all'amore con un giovanotto, e, supponesi, per buon fine. Ma gli si dà pure senso d'amica.
(2) BOCCACCIO: *Di moglie d'un re divenire amica d'un castellano. - Dov'ella disonestamente amica ti fu, ch'ella onestamente tua moglie divenga.*
(3) Ma il *premere* può essere o di mera fretta, o di necessità tiranna; lo *star sul cuore* può esser cosa dolorosa; l'*avere a cuore*, ha più dell'affetto.
(4) Uno è vago di persona e di cosa, e d'atto e d'abito. L'uomo è il vago della donna, più o meno innocentemente e affettuosamente.

vinottino che abbia l'amore di tutte le donne, si trova anche in campagna; e vuol dire che tutte le donne gli voglion bene, ma non già che ne sono innamorate. Perché fra contadini, a voler essere innamorati non basta voler bene, non basta amare, e nemmeno aver nel cuore, ma bisogna andare a veglia, e discorrere col damo o colla ragazza. L'innamorato solitario non lo conoscono. — E. BINDI.

304 – 306.

AMARE, AMAR D'AMORE, AMAR PER AMORE.
INNAMORARSI, IMBARCARSI, INVAGHIRSI.
INNAMORARSI, AMARE, INVAGHIRSI.

304.

Amar d'amore, Amar per amore.

— *Amar d'amore, amar per amore*, usati dai nostri antichi, ora non più denotano amor sensuale. — POLIDORI.

305.

Innamorarsi, Imbarcarsi, Invaghirsi.

Heu quoties fidem Mutatosque Deos flebit et aspera Nigris aequora ventis Emirabitur... Qui nunc te fruitur credulus aureâ! Tra mare e amore fu sempre trovato analogia. È egli cotesto una satira dell'amore o un elogio del mare? È l'uno e l'altro.

I.° *Imbarcarsi*, dunque, in senso d'*innamorarsi*, è dello stil famigliare; ma l'arte dello scrittore e la circostanza potrebbero nobilitarla.
II.° Indica amore non fausto o non convenevole (1);
III.° Amore già preso sul sodo;
IV.° Amore che porta seco conseguenze ed impicci;
V.° Amore di donna, non degli altri oggetti a cui questo affetto si può rivolgere. Per non v'imbarcar male in amore, innamoratevi, prima che d'una donna, d'un principio.

— *Imbarcarsi*, d'amori parlando, oggi è poco dell'uso. S'adopra piuttosto nel senso d'imprendere affari di esito mal sicuro; e sempre in cattivo senso, quasi alludendo alla barca che va a sfidare un mar di pericoli.

Invaghirsi manca alla Crusca, ma è d'uso; denota piuttosto il primo desiderio, non sempre costante, che l'amore stesso. Chi s'innamora di donna pregevole, può in essa trovar sollievo ai mali della vita, e rinfrancare le forze dell'ingegno; chi se ne invaghisce, troppo spesso tira a godere, e nulla più. Quegli è più fermo; questi vaga, per così dire, attorno all'oggetto desiderato, finché non abbia ottenuto l'intento, poi si volge altrove (2). Quindi *vagheggino* porta idea di volubilità, di capriccio. Può, talora, *invaghirsi* aver senso innocuo; e di bambino che piangendo chiede un balocco, in Toscana diranno: se n'è invaghito. *Invaghirsi*, diremo, anco degli studii, di nobile impresa. Ma un po' di capriccetto vi trapela quasi sempre, o almeno il desiderio non par tanto forte. — MEINI.

306.

Innamorarsi, Amare, Invaghirsi.

— *Innamorarsi*, quando dinota soltanto il principio dell'amare, è molto affine ad *invaghirsi*; ma può significare anco l'infiammarsi nell'amore, come accade a chi troppo scherza col fuoco. Può significare il concepir di subito un desiderio passionato. Botta: « In quell'età...

___

(1) CASA: *Non t'imbarcare colla Padovana, e comincia da questo a mostrare che tu hai qualche temperanza.*
(2) *Vagus* dicevano i Latini di chi teneva dietro a diversi amori: Marziale, Orazio, Properzio.

nella quale non solo il buono par buono, ma bello, ed in cui l'uomo non solo ama, ma s'innamora. » — POLIDORI.

307—308.
AMATO, BENVOLUTO, DILETTO, PREDILETTO.
BENIAMINO, CUCCO.

307.
Amato, Benvoluto, Diletto, Prediletto.

Vedremo più sotto le differenze tra *amore* e *benevolenza*, che cadono rispettivamente anche qui; senonchè *benvoluto* ha un uso suo proprio, affine al senso del latino *gratia*, e denota la benevolenza di molti verso uno. Dicendo assolutamente: egli è benvoluto, intendiamo di tutti coloro de' quali si parla. *Benvoluto* da un solo o da pochi, sarebbe meno comune; nè potrebbesi usare da sè senz'altre parole che lo determinino. E perchè l'amore può essere più vivo, però da *amato* facciamo *amatissimo*; no *benvolutissimo* nè *benissimo voluto*.

Sebbene *dilezione* sovente sia meno d'*amore*, *diletto* talvolta è parola più soave di *amato*; sì perchè l'origine dice la *elezione*, sì perchè il suono stesso è più gentile; e il suono è parte intima del senso, e va al sentimento. Abbiamo *dilettissimo*, non *predilettissimo*, perchè la particella significa il comparativo, esclude il superlativo; denota, cioè, uno più diletto d'un altro o d'altri parecchi. E, così come *diletto*, ha uso di sostantivo: il mio diletto (1), il prediletto della madre.

Amato, sostantivo, più d'ordinario nel femminino.

308.
Beniamino, Cucco.

— *Cucco*, voce bambinesca, come *pappo*, *dindi*, *lette* (2), significa uovo. E siccome l'uovo è boccone ai bambini gradito, così questa voce venne a significare il figlio prediletto. La differenza tra *cucco* e *beniamino*, parmi: I.º Che *cucco* dicesi, tanto nel maschile che nel femminile, più rado. II.º La voce *cucco* suppone spesso più cecità d'affetto ne' genitori, perchè di solito nelle famiglie il cucco è il più vizioso; laddove il beniamino suole avere in sè de' pregi da vincere l'affetto del padre o della madre (3). III.º *Cucco* dicesi anche di qualsiasi persona prediletta, fino del ganzo; *beniamino*, non parmi. — MEINI.

Prediletto può dirsi di cosa, e ne' sensi più gravi. *Beniamino* e *cucco*, famigliari, segnatamente l'ultimo; e di persone soltanto.

309.
AMATO, BENVOLUTO, BENVEDUTO.

— *Benveduto* e gradito è un ricco forestiero che capita in una città, perchè se ne spera utile; se sarà cortese ed umano, sarà anche *benvoluto*; se liberale e benefico, *amato*. — G. BINDI.

310.
AMATORIO, AMOROSO.

Amatorio, ciò che riguarda l'amore, che lo serve, lo provoca; *amoroso*, che sente amore, che lo indica. Questo e di persona e di cosa; quello, di cose soltanto:

---

(1) DANTE: *Del primo Padre E del nostro diletto* (Gesù). La Cantica: *Dilectus meus mihi*.
(2) MAGALOTTI: *Accennandoci il lette che dimena la coda*.
(3) Anche l'origine della voce conferma questa differenza

bevanda amatoria (1), sguardo amoroso, padre amoroso. Poesie amatorie, che trattano in generale di cose d'amore (2); amorose, dettate da amore a tale o tale persona. Lettera amatoria, lettera d'amore, scritta da un poeta, da un romanziere, per esprimere i sensi d'un amore imaginato; amorosa, scritta da un vero amante o che tale si dimostri. Dal chiamarsi che fa il Boccaccio in una lettera latina *spurcissimum Dionæum*, per uomo lascivo, il Ciampi ingegnosamente deduce che quel Dioneo, il quale nel Decamerone racconta le novelle di argomento amatorio, fosse l'autore stesso. E siccome il Ciampi chiama amatorie le novelle dette da Dioneo, così le poesie d'amori lascivi meglio si diranno amatorie che amorose.

311.
AMATORIO, EROTICO, AFRODISIACO.

Nel senso notato, *amatorio* è latinismo ormai raro; più frequente *erotico*, che però dice un po' più. Poesia erotica può essere più licenziosa dell'amatoria. I filtri amatorii non si direbbero erotici. *Afrodisiaco*, che fomenta desiderii di piacere amoroso; non di beveraggi quasi magici, ma di cibi e bevande comuni.

312.
AMICHEVOLE, AMICABILE.

Amichevole, che riguarda l'amicizia, che spira amicizia; *amicabile*, contrario ad *ostile*: accoglienza amichevole, corrispondenza amichevole; accomodamento amicabile (3). Tra due che si odiano può per la mediazione d'amici finire amicabilmente una lite, non: amichevolmente (4).

313.
AMICIZIA, AMORE.

Ognun vede, a un dipresso, le differenze che corrono tra l'amicizia e l'amore, anche quando le non sono differenze di sesso. Può esservi amicizia, e innocente, tra uomo e donna; amore tra donna e donna, uomo e uomo. Se non che, l'*amore* può essere affetto naturale di padre a figliuolo o a figliuola, di madre a figliuola o a figliuolo; l'*amicizia* non è da natura nell'uomo, ma la conciliano la simpatia e l'abitudine. Più: l'*amore*, dove non sia la natura, può comportare certa disuguaglianza; l'*amicizia* richiede conformità d'opinioni e di stato (5). Un tutore, in parte almeno, ama il suo pupillo; un vecchio prende ad amare un bambino: cotesta non si dirà certo amicizia. Tra vecchi e giovani, tra superiore e inferiore, essa è quasi impossibile. Così, nell'amore di sesso diverso, tra moglie povera e marito ricco, tra uomo colto e donna rozza, sarà viva la corrispondenza dell'amore, ma difficile potrà stringersi vera amicizia. Così, anco nelle affezioni naturali, è raro che il figlio divenga veramente amico di suo padre.

Inoltre l'amicizia è più stabile; l'amore può scemarsi, spegnersi, mutarsi in orrore. La vera amicizia, anche

---

(1) BUONARROTI: *Poculi amatorii*. - PLINIO: *Amatoria veneficia*.
(2) CICERONE: *Anacreontis tota poesis amatoria est*.
(3) GUICCIARDINI: *Questa differenza si trattasse per via di giustizia, e d'amicabile composizione*.
(4) *Amicabile*, in senso d'*amichevole*, ha un esempio nella Crusca, ma non da imitare.
(5) SALVINI: *La vera amicizia è onesta comunione di volontà perpetua*.

cessata, lascia dietro a sè, quasi a guardia del tempio abandonato, l'affetto.

314.

AMICIZIA, Amistanza, Amistà.

Amistanza è voce dell'uso; indica quelle amicizie di conversazione, di famigliarità, per lo più poco durevoli, che s'esercitano in qualche confidenza di ciarle, o in cose più ignobili ancora. Può essere buona l'amistanza, può dar luogo col tempo all'amicizia; ma è ben distinta da quella. Lo indica anco il modo: fare amistanza. Fare amicizia, non si direbbe che di relazione biasimevole tra persone di sesso diverso. In altro significato adoperasi volgarmente, ma è improprio, è quasi un controsenso morale. L'*amicizia* si stringe, si ha, si mantiene; l'*amistanza* si fa, perch'è cosa presto fatta. Si potrebbe però dire anco: stringere amistanza, quando questa sia un po' più intrinseca e meno leggiera.

Amistà è dell'uso vivente anch'essa; è men forte dell'*amicizia*, meno leggiera dell'*amistanza*: è corrispondenza di società, d'interessi, d'affezioni più che d'affetti.

315.

AMICIZIA, Famigliarità, Intrinsichezza, Dimestichezza.

I tre ultimi sono effetti ordinarii dell'amicizia; ma possono stare senz'essa; e può l'amicizia conciliarsi con modi non sempre famigliari.

L'amicizia politica tra popoli, principi, uomini di parte è altra cosa.

— Può la dimestichezza precedere all'amicizia o all'amore. Il Boccaccio (1): «Fecero la dimestichezza, non solamente amichevole, ma amorosa divenire.» POLIDORI.

316.

AMORE, Carità.

L'*amore* è onesto, ed è turpe; la *carità* sempre bella. L'amore può essere moto naturale e sentito anco da' bruti; da soli gli uomini la carità. L'amore è talvolta voluttà, utilità, vizio talvolta; la carità è virtù pura. L'amore, più impetuoso; la carità, più salda e più ragionevole.

La carità è amore ordinato; onde l'Apostolo disse che Dio è carità. La carità perfetta si stende agli avversarii, ai nemici; e, fin nella necessità del combatterli, gli ama.

317—326.

AMORE, Affetto, Affezione, Affezionarsi, Prendere affetto, Benevolenza, Benvolere, Voler bene, Amorevolezza, Dilezione.

Affetto, Passione.
Affetto, Inclinazione.
Affetto, Attacco, Attaccamento.

317.

Affetto, Affezione.

L'*affetto* nasce tanto dall'odio del male, quanto dal desiderio del bene. Tanto dunque può dirsi affetto l'ira, quanto l'amore (2). Ma perchè l'uomo è più commosso dalle impressioni che portano imagine vera o falsa di bene, perciò questa voce s'usa per lo più in buona parte; e denota quasi il primo grado dell'amore. Ciò non toglie che non si possa dire: affetto d'amore.

Affezione denota sentimento più in atto; e quantunque anch'essa sia vocabolo generale da potersi talvolta prendere per un'impressione qualunque, anche corporea (onde le affezioni morbose e simili) (1), è più particolarmente destinata a significare un grado di amore.

Affetto, inoltre, riguarda più i segni esterni; *affezione*, l'interno senso. Si abbraccia, si parla affettuosamente; si cerca affettuosamente un oggetto, non affezionatamente.

Affetto è talvolta più d'*affezione*. L'amore, anche ardente, può chiamarsi affetto, meglio che *affezione*. Così quando diciamo: le affezioni patrie, domestiche e simili intendiamo vincolo meno stretto, che se dicessimo: affetto.

Affetto, per ultimo, è più generale: cuore affettuoso, vale pieno d'affetti, naturalmente portato all'affetto; animo affezionato, esprime particolare affezione verso tale o tale persona. Egli è anco per ciò che degli animali diciamo che si affezionano, non che rendono affetto.

318.

Affezionarsi, Prendere affetto.

Prendere dice i primi momenti, *affezionarsi*, il cominciare a formarsi dell'abito. Ma *affetto* potendo essere più d'*affezione*, il *prendere affetto* può significare più dell'*affezionarsi*; nè questo propriamente direbbesi d'affetto reo.

319.

Affetto, Passione.

— L'*affetto* è men forte, e lascia l'anima più attiva, più libera. — GATTI.

320.

Affetto, Inclinazione.

— L'*inclinazione* non è stato fermo; è una pendenza, come il vocabolo dice, una disposizione all'affetto, la qual viene da alcuna qualità piacente veduta nell'oggetto; ma può divenire e affetto e amore impetuoso. L'inclinazione o passa, o si trasmuta in sentimento più vivo, o almeno più fermo. — GIRARD.

321.

Affetto, Attacco, Attaccamento.

Le due ultime voci s'usano in senso d'affezione intima, colla differenza, che l'*attaccamento* è innocente, l'*attacco* non tanto; questo ha della passione, quello ha dell'affetto: attaccamento al proprio dovere, alla propria famiglia, a un amico, a donna onesta che si stima; attacco a donna di mal affare, al giuoco, al danaro. L'attaccamento può condurre al sacrifizio; l'altro tien quasi sempre del vizioso amore di sè.

Anche l'attaccamento può essere biasimevole, quando non è moderato dalla ragione; ma è meno ostinato e men grave. Così l'abate Girard.

E l'abate Roubaud: «L'*attacco* viene da qualunque sia causa; l'*attaccamento*, dal cuore. Dall'oggetto, a cui s'ha dell'attacco, uno non si sa dipartire; l'oggetto, al quale egli ha dell'attaccamento, se l'ama. Il semplice atto della passione genera l'attacco; la conformità degli animi, l'attaccamento. Persone di cuore buono possono avere un attacco, senza attaccamento sincero. Per poter dire con Marziale: non posso vivere nè senza te, nè con te, e' ci vuole un attacco forte, e dell'attaccamento poco. Uno de' mali del vizio si è che, anco cessato l'attaccamento, l'attacco resta. Voi non amate più quella persona, e pure non ve ne sapete staccare.»

---

(1) Giornata 2, novella 7.
(2) DANTE: *Secondo che ci affiggon li desiri E gli altri affetti.*

(1) Ben la dice il Rosmini, mezzo tra la sensione e la passione.

— L'*affetto* è un principio d'attaccamento; *attaccamento* è affetto forte. Si può avere affetto anco ad estranei. — LAVEAUX.

322.
Affetto, Affezione, Benevolenza.

Benevolenza è, come suona la voce, quel sentimento che fa volere il bene d'alcuno. Tale sentimento è prodotto anco dall'amore, ma non n'è, a dir così, che una parte (1). Onde l'Ariosto: «..... non che da porre incontro Sien questi amori; è l'un fiamma e furore, L'altro benevolenza più che amore (2). »

Così la differenza che corre in meno tra *benevolenza* e *affezione*, mi par che risulti non solo dall'uso, ma anco da quest'esempio di Dante. Nel Purgatorio s'incontra Virgilio con Stazio suo ammiratore, e gli dice: «... dall'ora che fra noi discese Nel limbo dello 'nferno Giovenale, Che la tua affezion mi fe palese, Mia benvoglienza inverso te fu quale Più strinse mai di non vista persona. » Alla affezione di Stazio Virgilio corrisponde con la benevolenza. I minori sogliono alla benevolenza loro dimostrata dai grandi corrispondere con affezione sincera, perchè gl'infelici sono sempre più disposti ad amare (3).

Se *benevolenza* è meno d'*affezione*, gli è inutile notare che dev'essere ancor meno di *affetto*. C'è degli uomini naturalmente disposti a certa universale benevolenza; non è perciò che sien facili a prendere affetto. Quant'hanno il cuore più buono, la mente più illuminata, tanto nel consorzio degli affetti sono più delicati, più cauti.

323.
Ben volere, Voler bene.

Il primo dice affetto di semplice benevolenza; il secondo, affetto d'amore. Il primo, la buona disposizione ch'ha verso voi la maggior parte di un certo numero di persone; il secondo, d'un solo. L'uomo virtuoso e ben educato è ben voluto da tutti (4). L'uomo d'ingegno grande non è quasi mai ben voluto; pochi sono che gli vogliano bene di cuore; ma l'amore di questi pochi compensa in intensità que' volgari affetti che non meritano nè il titolo d'amicizia, e neppur quello di stima.

324.
Affetto, Amore.

L'*amore* è più attivo, più forte. C'è sentimenti da non chiamarsi che *amore*. Quel della madre, del padre, è amore. Una moglie può essere affettuosa, e non essere amante.

Tra i fratelli l'affetto è più facile che l'amore. Si direbbe che l'affetto è ora principio d'amore, ora supplemento all'amore.

L'*amore*, inoltre, può talvolta riguardarsi come più intimo, l'*affetto* come più esteriore; in questo senso si possono nel discorso unire insieme *amore* ed *affetto*. C'è chi ama, e non dimostra affetto. L'amore solo, o umano o divino, può fare assistere ad un infermo con vero affetto. I modi affettuosi sono ora il veicolo, ora l'indizio dell'amore.

L'*amore*, per ultimo, siccome più forte, può prendere nobiltà o turpitudine, che non son dell'affetto. Tanto dicesi amore il divino, quanto il carnale. L'affetto è in una sede di mezzo; non si direbbe: affetto verso Dio, nè affetto il desiderio voluttuoso (1).

325.
Affetto, Amore, Amorevolezza.

Amorevolezza è come il segno dell'amore, della benevolenza, dell'affetto; segno che può essere più o meno evidente e sincero. La voce *amorevole*, per esempio, indica gli atti esterni di un sincero amore; ma c'è poi, in sostantivo, gli *amorevoli sciocchi* e le *amorevolezze svenevoloni*, modi antiquati del Firenzuola. Si noti in genere, che l'amorevolezza ha sempre dell'esteriore; che perciò è men d'*affetto*, anche quando l'affetto non è che esteriore, perchè questa voce non può perdere la prima sua forza, ch'è tutta nell'animo. Onde altro è: accogliere amorevolmente, altro accogliere con affetto.

L'amorevolezza inoltre è, più d'ordinario, da superiore a inferiore, l'affetto tra pari (2).

Può però anco l'amorevolezza essere tra pari, così come l'affetto. Può anco l'amorevolezza essere nell'indole dell'uomo; ma sempre è tale, che cerca spandersi in atti estrinseci, anzi la vera amorevolezza cristiana vien sempre dal cuore; e non è amor cristiano l'amore che si dimostra in atti duri, violenti e non amorevoli.

326.
Affetto, Dilezione.

Dilezione è latinismo restatoci per esprimere quella specie d'affetto che il Vangelo non pur ci consiglia, ma comanda d'avere ai nostri nemici. *Diligite....* Ecco l'alta radice che tien viva dopo diciotto secoli una voce la quale omai nell'uso vivente è perita (3). Nè in questo senso a *dilezione* potrebbesi sostituire *amore*, perchè l'amore è tutto nel cuore, la dilezione nella mente insieme e nell'animo. L'amore è in certa guisa anco de' bruti, onde d'una bestia diciamo ch'è amorosa; la dilezione è dell'uomo. L'amore, venendo dal cuore, è più forte; la dilezione, come contraria sovente agl'impeti della natura, è più ragionevole (4). Quando il Vangelo c'insegna: *Dili-*

---

(1) STOR. BARL.: *Io non sono tuo amico nè tuo benvogliente.* - GIAMBULLARI: *Non molto amico o benvogliente.* - BOCCACCIO: *Compare o amico o benvogliente.* - LIB. CUR. MAL.: *Venga sempre l'infermo benevolmente guardato dal medico.* (Qui non è nè amore nè affezione nè amorevolezza; è un misto d'affezione, di compassione e di carità.)

(2) I Latini facevano simile distinzione: *benevolenza*, secondo essi, era dilezione civile e ufficiosa; *amore* veniva più dall'animo ed era più tenero. - CICERONE: *Nil est quod studio et benevolentia, vel amore potius, effici non possit.*

(3) Negli *Anabattisti* del Vanderveldo, Elisa, l'amica d'Alf, già moglie al re di Munster, rincontrando il primo suo sposo, comincia dal dirgli: *Io ho sempre avuto per te una grande affezione.* Qui arrossisce; e ritrattandosi, aggiunge: *E quando sarò seduta sul trono di Sion, puoi essere certo della mia benevolenza.*

(4) VARCHI: *Piace la virtù per sua natura; ed è benvoluta e favorita tanto, che infino gli uomini rei approvano naturalmente le cose buone.*

---

(1) Ecco in questo esempio dell'Alfieri chiaramente distinto l'affetto dall'amore... *Se del mio cor tu parli E del mio amore e de' privati affetti, Di me qual parte non ti diedi io tutta?*

(2) ALLEGRI: *Mio padrone amorevolissimo.* - CASA: *L'amorevolissima lettera di V. S.* - VARCHI: *Non richiederò il benefizio a persona, se non da chi me lo vorrà fare amorevolmente.*

(3) Qui non si tratta degli altri derivati dal latino *diligere*, come *diletto*, aggettivo, e simili.

(4) I Latini ponevano appunto una tal differenza: - CICERONE: *Clodius valde me diligit, vel, ut emphaticoterом dicam, valde me amat.* - *Quis erat qui putaret ad eum amorem quem erga te ha-*

gite inimicos vestros, ci comanda un sentimento più alto dell'affetto, dell' affezione, della benevolenza; sentimento che, posto in atto, basterebbe a cangiare la faccia del mondo (1).

327—328.
AMORE, Tenerezza.
Tenerezza, Affetto.

327.
Amore, Tenerezza.

Tenerezza, disposizione per cui l'animo cede alle impressioni di benevolenza, d'amore, di compassione; e talvolta allenta più che il dovere non chiegga.

Tenerezza è sovente l'esterna dimostrazione di vivo affetto; e dicesi anco in plurale, le *tenerezze*.

— La tenerezza ammollisce l'anima, ora temperandola a pietà buona, a buono amore, or flaccandola troppo. È, o pare, tutta pura d'interesse, e versasi abbandonatamente sull'oggetto della pietà o dell'amore. Si manifesta con la gioia, con le lacrime, col venir meno. Può l'amore non essere tenero; può la tenerezza essere compassione, e non propriamente *amore*. — GIRARD.

328.
Affetto, Tenerezza.

Tenerezza è affetto soave, mesto talvolta, che in modo soave s'esprime. L'*affetto* può essere contenuto, e un po' severo.

Ma c'è della tenerezza di mera cerimonia; e più l'affetta chi ha meno affetto. Coloro che son sempre teneri, o l'affetto non sentono, o lo sentono mollemente.

329.
AMORE, Affetto, Cordialità, Tenerezza, Sviscératezza.

— *Cordialità* è affetto, e sincero, che dal cuore si parte. Differisce da *amore* e da *tenerezza*, in quanto esprime, più che altro, schiettezza d'affetto. Ed è però che, anche in senso tristo: nemico cordiale (2), diremo; odiare cordialmente; cordialmente seccato; pittima cordiale, cioè persona che ha radicata nel cuore l'avarizia.

Sviscératezza è più dei precedenti, è l'ultimo grado dell'amore; pare ai più accenni quella dolce commozione delle viscere che proviamo verso di persona sommamente cara. Il bel modo scritturale: « per le viscere della misericordia del Signore » ci rammenta la quasi materna misericordia di Dio verso le sue creature. Di affetti mondani parlando, i genitori amano sviscératamente i figliuoli; s'amano sviscératamente due veri amici. — MEINI.

330.
AMOREGGIARE, Fare all'amore, Far l'amore, Fare all'amore a, Fare all'amore con.

Il secondo è più famigliare. Poi dice amore talvolta un po' più leggiero, ma verso determinata persona; dove, di chi è inclinato a mostre d'amore in genere, potrà dirsi assolutamente che *amoreggia*. Poi il *fare* porta col dietro a sè; *amoreggiare*, direi che sta, come vezzeggiare e simili, anco con *il*. Egli amoreggia la tale.

In più dialetti dicono *far l'amore*; e l' ha il greco moderno; non so se preso dagli Italiani, ma non crederei. *Fare il*, pare cosa più seria; *fare al sa di giuoco*, e rammenta *il fare alla palla*, *a capo a nascondere*, ed altri.

Fare all'amore, per estensione, è mostrar brama viva di cosa: fare all'amore a un cavallo, a una casa, alla dote; e per la dote fare all'amore con la ragazza. L'altra locuzione par che stia meglio con l'*al* ripetuto.

331.
AMOREGGIARE, Amorevoleggiare.

— Il primo, fare all'amore; l'altro, fare amorevolezze (1): non è parlato, ma bello. Senonchè risica d'avere senso ironico, o di leggiera riprensione; e ciò perchè l'amorevolezza, come s'è detto, è, il più, cosa estrinseca. — A.

Il Padre Giuliani racconta come un contadino di fuor di Firenze, dicendogli lui che certe pianticelle in terreno umido non piglierebbero, rispondesse: « Che? quando avranno un poco amoreggiata la terra, le verranno su. Anco le piante vogliono i lochi, e se non ci si abbada, sdilinguiscono. » E reca quei di Dante: « Le piante hanno amore a certo luogo più manifestamente, secondo che la complessione richiede... Se si trasmutano, o muoiono del tutto o vivono quasi triste, siccome cose disgiunte dal loro amico » (2). E soggiunge: « Io non temo d'affermare che *sdilinguiscono*, benchè tenga della vieta rusticità, ha più forza ed evidenza che non *vivono quasi triste*. » Ad ogni modo la parola del contadino è buon commento a quelle del poeta; e già per intendere la lingua di Dante, bisogna ascoltare questo popolo autore di essa lingua, e costante nel mantenerla. Avvisarono taluni che certi vocaboli un poco strani l'Allighieri li producesse per obbligo della rima e con indebita licenza; pur que' vocaboli discorrono tuttora per le varie genti della Toscana.

332.
AMORINO, Amoretto, Amoruccio.

Amorino, nome di fiore; e imagine d'uno spiritello d'amore, dipinto o scolpito o adombrato in parole. Certi amorini sono meno carnali dei cherubini rappresentati da certi pittori.

Amoretto, amore di donna leggiero, e sovente non tutto spirituale. *Amoruccio*, affetto meschino, o in persona meschina, o reputata tale da colui che parla. Può essere meno ignobile dell'*amoretto*; perchè certi diminutivi son peggio de' peggiorativi nel fatto.

333.
AMOROSETTO, Amorosello.

Il secondo più rado; ma ci cadrebbe tuttavia parlando di persona e d'amore leggiero. *Amorosetto*, di cosa o di qualità. Il Petrarca: *Amorosetti e pallide viole*. Direbbesi: pallore amorosetto, parole, lettera, e simili. Anco di per-

---

bebam posse aliquid accedere? Tantum accessit ut mihi nunc denique amare videar, antea dilexisse. - Eum a me non diligi solum, verum etiam amari.

(1) L'anonimo autore di un trattato della lingua toscana, che sta nella Riccardiana al N. 2946, *Fuvvi*, dice, *chi si pensò, e così lo scrisse, che noi non avessimo altro che un vocabolo il quale rispondesse a questi latini: « amor, dilectio, benevolentia, charitas, voluntas, pietas, indulgentia, studium. »* Si potrebbe dire all'incontro che le voci *affetto* (nel senso italiano), *amorevolezza, tenerezza*, non hanno corrispondente proprio nella lingua latina; e i due primi nè anco nella francese.

(2) Dino Compagni.

---

(1) Guittone: *Cortesemente amorevoleggiano cogli amici.*

(2) Virgilio: *Bacchus amat colles*, è quell'altro più bello, scritto forse prima che Virgilio venisse in Roma a dimora, forse a Mantova, forse a Milano: *Astrum quo segetes gauderent frugibus.*

sona, ma, a modo quasi aggettivo, amorosetto direbbesi chi troppo pende a far all'amore anziché a sentirlo davvero.

334.
ANDAMENTO, MOVIMENTO.
— Il moto si oppone alla quiete, e l'andare allo stare. *Andare è una specie di muoversi.* — ROMANI.

335.
ANDAR BENE, CAMMINAR BENE.
— D'affari, si dice che *vanno* e che *camminano bene*. Il secondo dipinge progressione più sensibile: la convalescenza va bene; i negozii camminano bene. — A.

336.
ANDATO, STATO.
— *Andato* vale: s'è mosso da un luogo per andare ad un altro; *stato* vale: tornato dal luogo ov'era già ito, tornato o nel luogo di prima o in altro. È andato alla guerra, dice idea semplice; è stato alla guerra, vale che ci è andato e che n'é ritornato. — GIRARD.
— *Andato* dice il cammino fatto; *stato*, la presenza nel luogo del quale si tratta, e il non v'essere più. È andato a Parigi, non dice se vi sia arrivato, se quivi rimanga; è stato a Parigi, vuol dire ch'egli ha fatto il suo viaggio, che adesso non è più là. Sono stato al teatro; ci sono andato alle sette. — LAVEAUX.
— I due usi talvolta si scambiano; ma la differenza, d'ordinario, è vera. — ANDRY.

337.
ANDATURA, ANDAMENTO, ANDARE.
Andamento dice la direzione in cui l'oggetto va; *andatura*, il modo come l'animale cammina. Il primo, della maniera di procedere di qualunque sia cosa; il secondo, del movimento della bestia o dell'uomo. Diciamo: l'andamento degli affari, delle negoziazioni politiche; l'andamento e gli andamenti, cioè il contegno morale e sociale dell'uomo. E diciamo: alla brutta andatura di molte persone potrebbero rimediare gli esercizii ginnastici (1).
Andare è più generico (2). Onde diciamo: a grande andare, a tutto andare, di questo andare, la finirà malamente; a lungo andare, non può durare così; quando sono fangose le strade, gli è un brutto andare, e simili.

338.
ANDATURA, ANDATA, MARCIA, PASSO.
MARCIA, MARCIATA.
— *Andata*, l'atto dell'andare; *andatura*, il modo; *passo*, l'atto del muovere piede innanzi piede. Ogni animale ha un andare; i forniti di piede hanno e fanno i passi. *Marcia*, l'andare de' soldati in ischiera.
Altri concede che si dica *marciare* e *marciata*, che forse viene dalla voce germanica, come dire: procedere fino a un tal punto, quasi confine del moto, giacché le marciate fannosi, d'ordinario, ad un luogo determinato; ma non vuole la *marcia*, che ha altro senso, e la fugge come cosa schifosa. Senonché, molte sono le voci di senso tutto diverso, come fine, mezzo, via, che pure la lingua comporta. *Marciata* direbbe e marcia non breve, e tutto l'atto e il tempo del marciare; *marcia*, il modo; come lenta, agiata, affrettata. — VOLPICELLA.

---
(1) VILLANI: *Sapere gli andamenti di Manfredi.* - BOCCACCIO: *Non altra andatura facendo che soglia fare novella sposa.*
(2) CAVALCA: *Rendette l'andare al zoppo e il lume al cieco.* - VILLANI: *Di buono andar di galoppo si ridusse a Serravalle.*

TOMMASEO, *Diz. dei Sinonimi.*

339.
ANNETTO, ANNATINA.
Di persona non più tanto giovane: ha i suoi *annetti*. Segnatamente di donna; né fino ai trent'anni, né di talune forse fino ai quaranta, suol dirsi così. Quando gli anni cominciano, non dico a pesare sulla persona (donne leggiere diventano tanto più leggiere quanto più crescono), ma ad apparire e lasciare, se non solco, traccia; allora ci cade quel diminutivo malaugurato, e sta invece del peggiorativo. Come un vecchierello poveretto del Pesciantino, sulla fine del verno, toccandomi con quasi ilare rassegnazione dell'indigenza patita, diceva: l'è stata un'annalina grave.
Annataccia, di trista annata, direbbesi; non *annaccio*.

340—341.
ANNI (ALL'ETA' DI SESSANT'), DI SESSANT'ANNI.
DECENNE, DECENNALE.

340.
All'età di sessant'anni, Di sessant'anni.
— Il secondo indica solamente età; l'altro, il tempo della vita nel quale alcuna cosa seguì.
Diremo, per esempio: egli è uomo di sessant'anni; e diremo: si maritò all'età di sessant'anni; all'età di sessant'anni morì.
Potremmo ben dire: morto, ammogliato, di sessant'anni; ma non diremmo: uomo all'età di sessanta, per dire ch'e' n'ha sessanta. Dell'età, piuttosto; ma sarebbe, in assai casi, pesante e inutilmente prolisso. — A.

341.
Decenne, Decennale.
Decenne, che dura dieci anni, da dieci anni; *decennale*, che ricorre ogni dieci anni: decenne sete (1). E così di *quinquenne*, e degli altri. I *decennali*, e altri simili, usava anco a modo di sostantivo.

342—343.
ANNO, ANNATA.
QUEST'ANNO, UGNANNO.

342.
Anno, Annata.
Anno è la misura del tempo; l'*annata* qualifica gli avvenimenti dell'anno. Buon anno, è modo d'augurio; buon'annata, vale annata fertile, o comechessia fortunata. Diciamo: pagare l'annata, che vale pagare quel tanto di danaro ch'è pattuito o dovuto, a qualunque titolo, per un anno.

343.
Quest'anno, Ugnanno.
Da *hoc anno, ugnanno*; come da *hodie, hoc die,* oggi. Vive in qualche parte di Toscana tuttavia, ed è più spedito; ma, volesse anco scriversi, rimarrebbe del linguaggio famigliare. Tali scorci tornano comodi, come l'*hornus* latino, e quella voce serbica che, sola di per sé, dice tutt'insieme *di jersera;* per esempio: acqua da jersera attinta.
Quando trattisi di misurare lo spazio dell'anno, quasi capacità entro la quale sia corso e seguito qualcosa, cadrà meglio *in quest'anno*.

344.
ANNUO, ANNUALE, ANNALE.
Annuale, che ricorre ogni anno; *annuo*, che riguarda un anno, ciascun anno: festa annuale, annua rendita.

---
(1) DANTE.

Festa annua, si direbbe; rendite annuali, non sarebbe sì proprio (1).

Annale non s'userà, in plurale per lo più, che nel senso di storia o simile, scritto per anni. E giacchè *annali* in origine non era che aggettivo, non sarà inconveniente, io credo, dire al bisogno: storie annali, libri annali (2); chè qui annuali nè annui non reggerebbe.

345.

ANTIMONIO, STIBIO.

— *Stibiate*, non *antimoniate*, le preparazioni dov'entra antimonio. *Stibio*, da sè, è latinismo non usitato. — MOJON.

346 – 347.

APPARENZA, APPARISCENZA, ASPETTO.
VISTA, ASPETTO.

346.

Apparenza, Appariscenza, Aspetto.

Appariscenza è della lingua scritta, o della parlata più scelta, e forse vive nel contado (3); vale: bella, grande apparenza. Tutte le cose visibili hanno un' *apparenza*, più o meno conforme alla sostanza; se l'apparenza è splendida e piacente, si dirà *appariscenza*. L'appariscenza della bellezza, degli onori, sovente non è che apparenza; ma può essere anco fedele. Molte cose che sono di poca appariscenza nell'apparenza loro, hanno nell'intrinseco e bellezza e valore.

Tanto diciamo: di bell'aspetto, quanto: di bella apparenza; ma non è il medesimo. Di bell'aspetto, diciamo più comunemente delle persone che delle cose; ma quando s'applicano ambedue queste frasi a persona, differiscono in ciò: che uomo di bell'aspetto vale di forme piacevoli, d'aria manierosa, riguarda, insomma, più il corporeo che il morale; uomo di bell'apparenza, o meglio di belle apparenze, riguarda piuttosto il morale, e fa pensare che le apparenze siano migliori della sostanza, e che sotto all'esteriore bontà e gentilezza si copra un'anima fredda e maligna.

Così, quelle poche volte che la frase: *di bell'aspetto*, s'applicasse alle cose, differirebbe dall'altra in ciò, che dall'apparenza si suppone dissimile la realtà, laddove l'*aspetto* non esprime se non l'impressione che fa la cosa sul senso. Così diciamo: facciata di bell'aspetto; ma questo modo, così adoperato, poco ricorre nell'uso.

347.

Vista, Aspetto.

— *Vista* è l'esercizio della facoltà del vedere, in genere; *aspetto*, il modo con cui si presenta l'oggetto alla vista. Si dice: la vista del paese è piacevole; quell'edifizio ha un magnifico aspetto; dalla mia finestra godo la vista della campagna, ma questa ha ora un aspetto sì mesto ch'io non ci fermo la vista.

Brutta casa, in bel sito, può aver bella vista e pessimo aspetto.

Aspetto indica, talvolta, punti di vista particolari. La vista d'una valle, d'un monte, dà varii aspetti; la vista del mare, dalla medesima riva, è sempre la stessa; ma non è tutt'uno l'aspetto del mare in calma, e del mare in tempesta. — A.

348.

APPARENZA, SEMBIANZA, ASPETTO.

— *Apparenza*, la qualità dell'oggetto che si presenta ai sensi, e quale si presenta; più o meno corrispondente alla realtà delle cose. *Sembianza* è quel che l'oggetto sembra, quello a che l'oggetto somiglia; ed è, d'ordinario, men fallace dell'apparenza. *Aspetto*, ciò che si mostra e si vede, la parte di fuori; apparente sì, ma denotante reali qualità. — GATTI.

349.

APPARENZA, PARVENZA, FENOMENO.

Parvenza, in antico, valeva oggetto reale che apparisce ai sensi (1); *apparenza* non vale l'oggetto stesso, ma l'impressione di quello o sui sensi o nella mente; e può dirsi d'oggetti spirituali. *Parvenza* corrisponde, in parte, a *fenomeno*, e nel significato e nell'origine della voce. Il fenomeno ammette realtà, può essere l'effetto di quella. Gli scienziati ne traggono *fenomenico* e *fenomenale*; men brutto il primo. Senonchè, *fenomenale* intendesi di fenomeno più notabile e strano; francesismo barbaro agli Italiani, che possono dire, secondo i casi, *singolare, straordinario, mostruoso*.

350.

APPARENZA, MOSTRA.

— *Mostra* è l'apparenza delle cose mostrateci. Nella mostra è, quasi sempre, più l'apparente che il vero; ma può l'oggetto far mostra di quello ch'egli è, non di più. Nulladimeno, quando diciamo: far le cose per mostra, o simili, vogliamo indicare apparenza maggiore del fatto. — GATTI.

351.

APPARENZA, ILLUSIONE.
ILLUSIONI, CHIMERE.

— All'*apparenza* si oppone la *sostanza*, all'*illusione* la *realtà*. Le ricchezze son beni apparenti; la camera ottica illude l'occhio. — NERI.

— L'*illusione* è giudizio che viene dal primo aspetto, o piuttosto, occasione di falso giudizio; la *chimera* è un'idea senza base di vero, neppur verisimile. *Chimera*, ciò che non esiste, come la chimera della favola greca; *illusione*, falsa veduta di quel ch'è. *Chimera* riguarda la cosa in sè, in quanto la non può essere; *illusione*, l'effetto che in noi viene dal vedere la cosa ingannevole. La chimera è nel dominio della fantasia; l'illusione riguarda anco le cose sensibili. Onde, le illusioni ottiche.

Le illusioni sono quasi sempre piacevoli; le chimere possono essere spaventose. A illusione van soggette fin le menti più sane; la chimera è vera malattia. La gioja spesso si nutre d'illusioni; la pazzia, di chimere. — GUIZOT.

352.

APPARIMENTO, APPARITA, APPARIZIONE.

— Dice il popolo l'*apparita* del giorno, l'*apparimento* d'una persona, l'*apparizione* d'una paura; e molto credo alle apparizioni il volgo. Alcune volte, usa *apparita* per vista, *prospectus*. Almeno dove sto io c'è un'aria che mai; e che bella apparita! Dicesi ancora: una grande

---

(1) DANTE: *Annual gioco* (il palio di s. Giovanni). - GUICCIARDINI: *Provvisione annua*. - DAVANZATI: *Ne avesse l'annual cura* (delle feste).
(2) SENECA, Pist.: *Non avendo libri annali, computerò gli anni*.
(3) Lo attesta del tempo suo il MS. citato dalla Riccardiana, ch'è del secolo XVII.

---

(1) DANTE: *Cominciar per lo ciel nuove parvenze* (a vedersi le stelle).

apparita di gente; un campo che ha una bella apparita di grano; un assetto che fa bella apparita; all'apparita dell'uva, quando comincia ad apparire. E in tutti questi casi non direbbesi mai *apparizione*, molto meno *apparimento*, che sentesi di radissimo nella bocca del popolo. — E. BINDI.

353.
APPARIRE, PARERE, SEMBRARE.

— *Sembrare*, da *sembiare* (*simulare*); *parere*, da *appareo*. Le differenze de' due vocaboli sono tenuissime; pur v'è qualche caso in cui giova osservarle. Quand'io giudico dietro a paragone di somiglianza, dirò meglio *sembra*; quando dietro ad apparenze, *pare*. *Sembrare* s'oppone, in certo modo, a *differire*; *parere*, ad *essere* (1). — ROUBAUD.

Sembrare ha verità fondata sulla somiglianza, e però non sicura; *parere* è talvolta men lontano dal vero. Un corpo è quadrato, e in lontananza apparisce tondo; un cavallo è sì ben dipinto che sembra vivo; persona veduta in lontananza par quella che aspettasi, ed è veramente dessa. Quand'io incontro uno ch'io giudicava alla lontana essere appunto lui, dico: mi pareva fossi te, non già: mi sembrava.

Parere, assai volte, ha i sensi d'*apparire* e di *sembrare*; ma non a vicenda.

Quando i tre verbi s'applicano a cose intellettuali, le differenze son simili. Ad uomo preoccupato da altri pensieri, apparisce che il tale operi per tal fine, mentr'opera per tutt'altro. Ad uomo che si regola secondo l'analogia, vale a dire per casi simili, sembra che il tal fatto appartenga alla tale categoria, non ad altra; e la cosa può non essere, può non essere. Ad uomo che ha bene pensata una cosa, pare di poter conchiudere in tale o in tal modo; e il suo parere può essere conforme al vero. Chi non vuole asseverare troppo francamente, dice: mi pare; chi trova fra due o più idee alcuna analogia, dice: mi sembra; chi vuol indicare soltanto l'impressione che su lui fa la cosa, senza giudicarla, anzi dimostrandosi dubbioso della veracità della impressione, dirà: m'apparisce.

Quando *apparire* ha senso di visione sopra natura, allora è chiaramente distinto.

354.
APPARIRE, AVER SEMBIANTE.

— *Apparire* è più generico; è tanto delle cose come delle persone; l'*aver sembiante*, meglio di queste che di quelle. Come non si dice: il sembiante d'una fabbrica; così, nè che una fabbrica ha sembiante d'un tempio. — E. BINDI.

355—358.
APPARIRE, COMPARIRE.
SPARIRE, DILEGUARSI.
SPARIRE, SCOMPARIRE.
SCOMPARITO, SCOMPARSO.

355.
Apparire, Comparire, Scomparire.

— *Apparire*, di oggetti naturali o soprannaturali (2): persona o altro; *comparire*, far bella e buona figura; il contrario di *scomparire*, in senso di far trista figura. Diciamo: ho promesso, non voglio scomparire (1). — A.

356.
Sparire, Dileguarsi.

— *Sparire* è più rapido. Il corpo *si dilegua* anco dissolvendosi a poco a poco, e separandosi parte da parte. — A.

357.
Sparire, Scomparire.

— Come *apparire* differisce da *comparire*, così *sparire* da *scomparire*. Quando l'uomo s'invola quasi in un tratto, sparisce, non già scomparisce; e il dire: scomparve da un luogo, è male adoperato; dicasi sparve o disparve. Di persona però, che più non si trova, e non si sappia da quanto tempo si sia partita, nè dove sia, direbbesi bene: è scomparso.

Scomparire, perder di pregio o di bellezza alcuna cosa a paragone dell'altra (2); ed ha pure l'altro senso suo particolare di non far buona comparsa, o di farla cattiva. — A.

358.
Scomparito, Scomparso.

Il comune dell'uso vivente è *scomparso*; ma del perdere decoro o autorità non si direbbe; e allora forse (volendo usare di questo vocabolo in forma di participio) sarà forza dire: è *scomparito* per troppo voler comparire.

359.
APPARIZIONE, APPARITA, APPARIMENTO.

Il luogo di dove cominciasi, venendo verso Firenze, a vedere la città, dicesi l'*Apparita*, perchè di là Firenze appare; come in Virgilio: *Apparet domus intus*, e altrove più volte; e in Dante: « Ne apparve una montagna bruna Per la distanza. » In senso simile userei *apparita*, che non è apparizione. *Apparimento* è il semplice atto in cui l'oggetto apparisce; *apparizione*, anco le cose che appariscono. Raccontasi un'apparizione, no un apparimento: questo concerne, seguatamente, gli oggetti corporei; apparizione, anco i soprannaturali.

360.
APPARIZIONE, COMPARSA.

— L'*apparizione* ha del soprannaturale, o almeno dello straordinario. La *comparsa* è un apparire decente o piacente, o comechessia curato con arte. Vale talvolta il semplice apparire; ma, in questo senso, non è bel modo. *Comparse*, nel dramma, i personaggi del seguito che non parlano. — GATTI.

361—363.
APPARIZIONE, VISIONE.
VISTA, VEDUTA, VISIONE.

361.
Apparizione, Visione.

— Nella *visione* appariscono anche cose meramente dell'ordine naturale; nell'*apparizione*, cose sopra natura: visione di Faraone; apparizione dell'Angelo. — ROMANI.

— L'*apparizione* ha dell'improvviso. Apparisce un fenomeno, un'ombra, uno spettro. *Visione* può significare l'atto semplice del vedere, o la facoltà.

Ma vale ancora il vedere che fa la mente un'imagine

---

(1) Onde il proverbio: *parere e non essere, gli è come filare e non tessere*. — MEINI.
(2) BOCCACCIO: *Cominciò ad apparire l'aurora*. — *Macchie nere in ciascuna parte del corpo apparivano*. — DANTE: *Se cosa n'apparisce nuova*.

(1) BOCCACCIO: *Portate tre ricche e belle robe per comparire orrevole*. — PASSAVANTI: *Comparire tra gli altri cavalieri*.
(2) SALVINI: *Vedete ora come il sonetto, che a prima vista faceva qualche comparsa, è scomparito e ridotto al niente*.

non vera e fantastica. Poi, vale il vedere cose sopra natura. Onde: la visione beatifica di Dio in cielo. — GATTI.

— La *visione*, in questo senso, è atto interiore; l'*apparizione*, al di fuori: san Giuseppe fu da una visione avvertito di fuggire in Egitto; la Maddalena da un'apparizione conobbe che Gesù era risorto. — GIRARD.

— L'*apparizione*, d'ordinario, è o credesi più fondata nel vero; la *visione* può essere tutta di fantasia. Quindi le visioni poetiche; quindi *visionario*, chi si crede vedere quel che non vede. — A.

362.
Vista, Veduta, Visione.

Vista, il senso del vedere o l'atto del vedere, o talor'anco la cosa o le cose viste; *veduta*, più comunemente, l'aspetto e il prospetto d'un luogo; *visione*, più comunemente, veduta in sogno o in modo sopranaturale, o simile a quello.

363—368.
APPIASTRICCIARE, IMPANICCIARE, IMPACHIUCARE, IMPIASTRICCIARE, IMPIASTRICCICARE, APPIASTRICCICARE, APPIASTRARE.

APPIASTRARE, IMPIASTRARE.

IMPASTARE, IMPASTOCCHIARE.

IMPASTARE, RIMPASTARE.

IMPASTICCIARE, IMPASTOCCHIARE.

IMPASTICCIARE, RIMPASTICCIARE.

363.
Appiastricciare, Impanicciare, Impachiucare, Impiastricciare, Impiastriccicare, Appiastriccicare, Appiastrare.

S'*impaniccia* la farina molle, che si raggrumi e raccolga; s'*impaniccia* tutto ciò che in forma somiglia, o che, infradiciato, si ammucchi o si guasti. Di pappa o riso troppo cotto e tritato, o di fichi o frutte simili sgualcite e ammassate, si fa una paniccia.

Impachiucare vien da *pachiuca*, minestra o cosa simile che sia ita a male; o da *pachiuco*, che vale qualunque sia intruglio da cucina o di altro. Nel leggere e stampare un testo antico, si fa un pachiuco sproposítato. Nel dialetto veneto di Dalmazia, *pachiuco* dicesi a persona; specialmente bambino; ed è rimprovero di carezza o di celia. Quel verbo si applica altresì a cosa che insudici, ma densa e aggrumata (1). Con roba impanicciata può uno impachiucarsi le mani.

Impiastricciare vale imbrattare, ma con cosa tenace; idea che al verbo predetto non è congiunta. L'*impachiucare* è di materia umida; l'altro, anco d'asciutta (2). Le donne, un tempo, s'impiastricciavano di belletto. Mota impiastricciata al vestito.

Impiastriccicare è diminutivo ed anche frequentativo (3): impiastriccicare le mani, i fogli d'inchiostro. È più famigliare ancora dell'altro: roba impiastriccicata di colla, d'amido.

Appiastricciare dinota meglio l'apporre un piastriccio,

una materia tenace non pulita, a bella posta (4). Ma non sarebbe forse mal detto: parole appiastricciate insieme, il cui suono, cioè, non è tale da poter pronunziarsi spiccato, scolpito; e l'una con l'altra, per certa cedevole tenacità, nel pronunziarle, si appiccicano (2). Di cosiffatti periodi appiastricciati, i cinquecentisti ne hanno non pochi; e certi moderni ancora più. Cibo che si appiastriccia in bocca, dicesi, per lo più, di cibo farinoso, che non abbia consistenza e che mal si possa spiccicare dal palato (3). Certi dolci così si appiastricciano, e mi pajono il simbolo di certe smaccate lusinghe che piacciono al palato di molti.

Appiastricciare, come ho detto d'*impiastriccicare*, è più famigliare; e col suono stesso richiede d'essere adattato a cose minute e dappoco.

Appiastrare dice anch'esso, e ancor meglio di *appiastricciare*, azione che si fa a bello studio; *appiastrarsi*, diciamo parlando di mota seccata, o altro sudiciume fortemente attaccato ad un corpo.

Ognuno vede, poi, che quando *impiastriccicare* ha senso traslato (4), e vale: confondere insieme cose che anderebbero separate, non gli si possono confondere gli altri.

364.
Appiastrare, Impiastrare.

Si può, del resto, *appiastrare* e non *impiastrare*; stendere la materia tenace sopra tela, legno o checchessia, e non la attaccare al luogo al quale è destinata. Davanzati: « La cotenna per la botte distendi, e colle mani appiastra, e sopra la cotenna impiastra cenerata. » Si appiastra un unguento sopra un pezzo di taffettà, poi s'impiastra sulla parte malata (5).

Levato lo impiastro, parte della materia appiastrata sul panno resta appiastricciata, appiastriccicata sulla carne.

Impiastrare ha *impiastro*; *impiastriccicare* ha *piastriccio*; gli altri non hanno sostantivi analoghi.

365.
Impastare, Impastocchiare.

Impastare il pane; impastare, intridere, o coprire con pasta; impastare, attaccare con pasta fogli, o simile. *Impastocchiare* non è che traslato, almeno oggidì. Dicesi di chi maneggia cose e le ammucchia e le rimpasta senza ordine e senza grazia. Poi, di chi dà pastocchie, cioè tende a persuadere altrui con un miscuglio di false ragioni (6). Bene o male impastato, di chi ha robusta o debole complessione; figliuolo male impastato, che nasce da un vecchio; pastocchione, un goffo di corpo e di spirito.

366.
Impastare, Rimpastare.

Rimpastare, impastar di nuovo; ma per lo più nel traslato: rimpastar un libro, una poesia, un lavoro; rimaneggiarlo, rifonderlo (7).

---

(1) Per similitudine il CINO: *Che le carte non schiccheri e impachiuche*. Non è di bel suono, ma, appunto per questo, è onomatopeico.

(2) BOCCACCIO: *Tutto impiastricciato di non so che cosa si secca, che io non ne posso levar coll'unghie.*

(3) DAVANZATI: *Ceneri arsicciate, impiastriccicate di sangue, e altre malie.* — SALVINI: *Impiastriccicare le margini de' libri di non poche postillature.*

---

(1) L'*a*, di che e' si compone, ce l'indica.

(2) CART. FIOR.: *Dove non ha lo spiacevol suono, ovvero l'appiastricciamento in queste parole.*

(3) ALLEGRI: *Fava senz'olio o con la morchia sciocca, Che s'appiastriccia in bocca.*

(4) LIPPI: *E fatto di parole un gran piastriccio, Esser dicendo astrologo e indovino.*

(5) TES. POVERI: *Foglie d'enula impiastrate tiepide in sul pettignone.*

(6) BUONARROTI: *Quante pastocchie, panzane e fandonie.*

(7) BUONARROTI: *Il Terenzio restò in mano al librajo, Che gli voleva rimpastar l'Eunuco.*

Per mutare certi uomini, converrebbe rimpastarli (1). Chi è di buona pasta, può ben provare le sventure e l'umana malizia; rimarrà sempre qual'era. Molti libri di religione dottissimi, ma non più adattati all'età nostra, converrebbe o rimpastarli in nuova forma, o darne il succo ed il fiore.

367.
Impasticciare, Impastocchiare.

Impasticciare, di qualunque cosa si raffazzona alla meglio, s'intruglia, s'imbroglia; di qualunque tra quelle tante cose, e corporee e morali, alle quali può darsi il basso, ma non ineloquente titolo di pasticcio.

Impastocchiare, se si usasse parlando di manipolazione di materia, avrebbe senso più disprezzativo. Si può impasticciare, e dare alla cosa almeno una buona apparenza.

Parlando di cose intellettuali, si dirà: impasticciare una commedia, un discorso; non: impastocchiarlo.

Di cose morali, l'*impasticciare* può dinotare confusione soltanto; l'altro, confusione che tira a ingannare. Molti impasticciano anco le buone ragioni, in modo da farle parer cattive. Coloro che tentano d'impastocchiare il prossimo, lo fanno, d'ordinario, in modo più gentile e più regolare; e i loro discorsi e scritti sono, assai volte, tutt'altro che impasticciati.

368.
Impasticciare, Rimpasticciare.

Rimpasticciare, oltre al dire ripetizione, dice qualcosa di più artifizioso, di più penoso. Molti impasticciano le cose senza saperlo; taluni rimpasticciano le vecchie obbiezioni opposte alle verità religiose, e le condiscono con qualche insolenza o con qualche facezia, che sarebbe scipita se non sapesse un po' di calunnia. Poesia senza idee né sentimento, rimpasticciatela quanto vi piace, sarà sempre cattiva.

369—370.
APPICCARE, ATTACCARE, APPICCICARE, APPICCIARE.
ATTACCATURA, ATTACCO.

369.
Appiccare, Attaccare, Appiccicare, Appicciare.

Appiccare, nell'uso urbano, non è frequente; e in molti de' suoi significati si dice *attaccare*. Attaccare un male; attaccare la zuffa; attaccare d'una pianta; attaccare discorso, amicizia.

C'è però de' casi dove *appiccare* torna molto opportuno. S'appicca il fuoco, appiccansi le uve ai tetti; e di baci, si dirà, in senso scherzevole, che s'appiccano. In somma, dove si tratti d'indicare, non la coesione di due superficie, ma il congiungimento dell'una all'un punto dell'altra, o la sospensione (2), ovvero, nel traslato, un attaccarsi non naturale e non perfetto, *appiccare* sarà forse più proprio.

Inutile, inoltre, osservare che *attaccare*, come più generico, ha sensi traslati che *appiccare* non ha.

Appiccicare, dell'appiccarsi cose viscose o simili. Si appiccica un corpo untuoso, non s'appicca, non s'attacca,

─────────

(1) BUONARROTI: *Nelle spente ceneri patrizie Si vogliono rimpastare e farsi belli.*
(2) BARTOLI: *Portarne le venti o trenta teste insieme appiccate a lunghe pertiche, spenzolone per quella cioccia di capelli che i Giapponesi portano in cima al capo.*

a parlare con proprietà. Nel traslato, s'appiccica uno schiaffo; a un discorso contro tale o tale opinione letteraria s'appiccica qualche ingiuria contro questa o quella persona. Molte volte, nel traslato, *appiccicare* è un attaccare quasi per soprappiù (1).

Appicciare, nella lingua parlata, esprime una particolar guisa d'attaccatura; come di due pani che, cotti insieme, rimangono dall'una parte appicciati; onde l'unione siffatta di due pani dicesi *piccia*. I fichi compressi stanno insieme appicciati.

— *Appicciare i ceri* vale: ardere il lucignolo quando è nuovo, e separare l'uno dall'altro que' fili onde è composto, perché all'occorrenza si possa accendere più facilmente. — MEINI.

370.
Attaccatura, Attacco.

— *Attaccatura* è il punto nel quale due oggetti sono attaccati; l'*attacco* è il loro stesso congiungimento. — E. BINDI.

371.
APPICCARE, APPENDERE, SOSPENDERE, IMPICCARE.

S'appende a un luogo, alla parete, alla croce. Questo verbo fa pensare alla superficie lungo la quale il corpo appeso si stende. *Sospendere* fa pensare al punto da cui la cosa è sospesa (2); ed ha traslati che ad *appendere* mancano. *Appiccare*, comune, nel senso d'*impiccare*, non è bandito affatto dalla lingua parlata; e i contadini dicon tuttavia: appiccare a un chiodo, e simili. S'appicca appendendo, e s'appicca attaccando, congiungendo con checché sia. Si sospende a uno o a pochi punti; s'appicca è a uno e a più.

372.
APPICCAR FUOCO, METTER FUOCO, DAR FUOCO.

— *Appiccar fuoco* a una casa, a una catasta di legne, per lo più, per mal fare. *Metter fuoco*, nel senso stesso: e inoltre, propriamente: metter fuoco a una fornace da calcina, da stoviglie, da fusione, indicando il principio dell'operazione di cuocere, di fondere, e simile. *Dar fuoco*, nei sensi sopra indicati; ma più propriamente: dar fuoco a una mina, a un fuoco artifiziato. Ariosto:
« Come colui che dà fuoco alla mina; » né con altrettanta proprietà direbbesi: mettere o appiccar fuoco a una mina, o simile. — CIONI.

373.
APPICCASI, SI APPICCA.
APRESI, SI APRE.

La particella preposta o posposta può, nell'uso toscano, mutare il senso. Posposta, lo fa impersonale: s'appicca il fuoco da sè, appiccasi dagli uomini; si apre una voragine, una piaga, apresi in luogo pubblico a tale o tal'ora. In certi luoghi l'ambiguità può esser grave. In una scrittura accurata io leggevo: *si uccisero tremila uomini, si picchiarono*... e via. Così non sai se altri li abbia uccisi o picchiati, o loro da sè, o tra sè; *uccidersi* era più chiaro. Altro è *impiccossi il tale*; e altro s'è *impiccato*. Appigionasi una casa; una donna si appigiona, appigiona sè stessa.

─────────

(1) BARTOLI: *Il dittongo non sofferire che consonante veruna gli si appiccichi alle spalle.*
(2) *Ad*, *sub*.

374.

APPICCO, Presa.

ATTACCAGNOLO, APPICCAGNOLO, APPIGLIO, ATTACCO, ATTACCAMENTO.

— *Appiglio* si usa sempre in traslato, e manca al Vocabolario. Nel proprio, forse, meglio direbbesi *presa*. Un vaso che non ha presa, non ha onde si possa pigliare; che non ha appiglio, nol direi. Al morale, un uomo che non ha presa, può significare due cose: o che gli è un uomo difficile, e, come si dice qua, *senza manico*; ossivero ch'e' non si può gabbare: anche qui l'*appiglio* non istarebbe bene. L'*avvisar sua presa* di Dante, mi pare che starebbe bene anco nel traslato; e che il *quaerere faciles aditus et mollissima fandi tempora*, sia appunto un *avvisar sua presa*. *Appiccagnolo* corre nel traslato e nel proprio; ed anche *attaccagnolo*; ma è meno nobile. — L'*attaccagnolo* della rocca (ch'è un fiocchetto di cordicella o di nastro, fermato alla petturina sotto il braccio dritto) le filandaje lo chiamano il *pensiero*; forse da *pensum*.

Attacco è la cosa che si porge da potervisi attaccare, attenere, ec.; onde ben si dice: farsi attacco di una cosa, per attenervisi; e s'è piccola: farsene attaccagnolo, ch'è quasi un attaccarsi all'intonaco; e si usa cogli altri, anco nel traslato. I Cavalocchi si fanno attacco d'ogni frase, e attaccagnolo d'ogni virgola. Anco dove la ragione è potente i Mozzorecchi trovano sempre qualche attaccagnolo (ragione di lite).

Egli era così innocente di vita che, non che attacco, non dava nemmeno appiglio alla maldicenza; e qui non direi nè appiccagnolo, nè appiccagnolo, che sono troppo bassi. Ma parlando degli affetti, l'attaccamento a una donna non è male; ma se v'è attacco, l'affare non è liscio. L'attacco al peccato, al danaro, al mondo (almeno in lingua) sta bene, ma non l'attaccamento. L'amore di figlio verso del padre può anco chiamarsi *attaccamento*, ma non *attacco*. Là è affetto: qui è passione. — E. BINDI.

375.

APRIMENTO, Apertura, Aperta.

— Virgilio comanda l'aprimento di molte fosse, volendo piantar vigna in collina; e i pratici dicono che quanto più larga apertura esse avranno, meglio vi proverà la vite. I Trojani comandarono l'aprimento della mura, e per apertura di essa fecero passare il famoso cavallo. — La sezione d'un cadavere è *aprimento*, non *apertura*, sebbene la Crusca citi in contrario un esempio del Cocchi. — *Apertura*, per *cominciamento*, nol direi, ma piuttosto *aprimento*; così: l'aprimento del congresso, dell'accademia. Vero è che sì l'uno come l'altra è utile che abbiano molte aperture a cagione dell'afa e del fumo. Un giovane di mente chiara e schietta si dice che ha apertura, non aprimento. Anche: avere apertura o entratura ad uno o con uno.

Aperta ha, nell'uso del popolo, ristrettissimo significato, e vale il tratto che è da una mano all'altra, tenendo distese le braccia, che equivale a una misura di tre braccia. — Una brava ragazza che abbia il capo lì, può fare fino a sette aperte il giorno, di treccia. Ma quando un contadino dice: domani all'aperta voglio essere in città, intende ch'e' ci vuol essere all'aprir della porta. Non conosco altri usi di questa voce. — E. BINDI.

376.

APRIMENTO, Apertura, Apritura.

Apertura, qualunque vacuo fatto da natura, o per arte, in corpo continuo. Significa anco l'operazione dell'aprire. *Apritura* differisce da apertura in quanto fa pensare certa volontà, e fors'anco artifizio nell'aprire; parlo dell'uso odierno. *Aprimento*, oltre al non aver senso di fenditura come i precedenti, pare che più direttamente denoti l'atto dell'aprire.

Diremo dunque: le aperture frequenti che veggonsi nelle fabbriche moderne dimostrano poca solidità; la giusta apritura della bocca, nella musica vocale, è cosa importante. Molti maestri vi diranno: aprite la bocca, ma non v'insegneranno qual sia la vera apritura, secondo l'espressione della poesia e della musica; molti credono istruirsi col continuo aprimento di libri (1) per passatempo, senza considerare maturamente quel che in essi sta scritto.

Nel figurato (ma sovente sa di francese) diciamo *apertura* il cominciamento di certe cose, come: l'apertura dell'assemblea, l'apertura della caccia. *Apertura* vale ancora la prima proposizione intorno a qualche affare, come: apertura d'un trattato, e simili. Talvolta *apertura* (e questo è pur italiano) esprime ingenuità, schiettezza; onde diciamo: apertura del cuore; gli ho risposto con apertura, cioè alla bella libera, francamente. In ultimo, *apertura di mente*, nella lingua parlata, vale: mente facilmente capace di cognizioni.

377.

APRIRE, Schiudere, Disserrare, Spalancare.

— *Disserrare* e *schiudere* sono del verso più che della prosa, non però che tra questi e *aprire* non sia alcun divario. *Aprire* è il più generale. S'apre quel ch'è chiuso, s'apre quel ch'è serrato, s'apre quel che non è nè serrato nè chiuso; come una finestra in un muro o una porta, laddove non era nè porta nè finestra. S'aprono gli occhi, aprendoli un po' più di prima, senza che prima fossero chiusi. *Schiudere* è, propriamente, aprir quel ch'è chiuso; *disserrare*, aprire quel ch'è serrato. Si può disserrare una porta, e non l'aprire; levare cioè i serrami e lasciarla accostata. L'idea di *disserrare* è togliere un ordigno che teneva la cosa meglio chiusa, o che la faceva esser chiusa. — ROMANI.

Cosa non serrata, se s'apra, non si sarà disserrata. Un fiore, a dir proprio, non si disserra.

— *Spalancare*, come ognun vede, è più di *aprire*. Oltracciò, molte cose si aprono che non si possono spalancare. S'apre pur socchiudendo, pur fendendo; s'apre un cadavere, s'apre un forellino. Di molti traslati d'*aprire* quasi nessuno è proprio a *spalancare*. — GATTI.

378.

APRIRE, Dissigillare.

Se la lettera non ha sigillo, ma è chiusa in qualunque altro modo, ognun vede che non si *dissigilla*, ma s'*apre*. Si può dissigillar senza aprire; rompere cioè il sigillo esteriore, ma lasciar tuttavia il foglio chiuso. Si lascia una lettera dissigillata, senza lasciarla aperta, quando la si ripiega sì, ma senza apporvi il sigillo. Una lettera può dissigillarsi da sè, non aprirsi. Si dissigilla

_____

(1) OTTIMO COMMENTO.

un collo di roba per veder che contiene; non s'apre però. Molto lettere dissigillate per caso, non è da credere che sieno state aperte. C'è degli uomini che si credono presi di mira, esplorati, temuti, e si fanno gloria d'angherie imaginate. V'è tante maniere d'illudersi!

379.

ARATRO, VOMERO.

— *Aratro* (i contadini *aratolo*), istromento noto per lavorare la terra; formato: 1.° del *ceppo* che ne è la base; 2.° del *vomero* o *vomere* (i contadini *bombere*), ferro fatto a lancia, il quale penetra nel terreno, lo fende, e con i suoi lati (che dallo spigolo o costola di mezzo pendono verso terra) comincia a sollevare ed arrovesciare la fetta; 3.° della *stegola* o delle *stegole* (lat. *stiva*), che è un manichio, o scempio o biforcato in due corna, sulle quali si appoggia il bifolco per tenere l'aratro in piano, sicché non si rizzi di dietro, e colla punta del vomere non *capofichi*; 4.° della *stanga* o *bure*, alla quale sono attaccati i buoi, per mezzo del *chiovolo* o *campanella* che è nel giogo; 5.° del *profume*, cioè puntello confitto nel mezzo del ceppo, che sostiene la stanga, incastrata poi la sua estremità posteriore o nel ceppo o nella stegola (la stanga può essere alzata e abbassata sul profume; e così l'aratro si *tempera*, cioè allargando o restringendo l'angolo che la stanga fa col terreno, si fa penetrare più o meno profondamente la punta del vomere nella terra); 6.° di due *orecchi* o *ale*, cioè due superficie più o meno spirali, secondo che sono meglio o peggio lavorate, le quali servono ad arrovesciare la fetta di terra che il vomere ha sollevata, ha spezzata in due e ha cominciato a voltare. — LAMBRUSCHINI.

380—381.

ARATRO, COLTRO, PERTICALE.
ZAPPA, ZAPPONE, VANGA, MARRA.
PICCONE, ZAPPETTA, SARCHIELLO.

380.

Aratro, Coltro, Perticale.

— Il *coltro* si potrebbe definire un *mezzo aratro*, munito anteriormente di coltello (*culter*). Infatti il coltro ha il vomere con un solo lato, cioè a mezza lancia; ha un solo orecchio, ma più ampio e più accuratamente lavorato. Nel resto è simile all'aratro; solamente ha nel dinanzi un coltellaccio, il quale fende verticalmente la fetta del terren sodo, mentre che il vomere la taglia orizzontalmente.

L'*aratro* parte la fetta in due, e ne getta mezza a diritta, mezza a sinistra; il *coltro* non la divide, la manda da un sol lato, e l'arrovescia meglio. L'aratro manda una parte della terra smossa sul terreno sodo; il coltro la manda tutta dalla parte del campo già lavorata, e non lascia nessuno spigolo di terra non rotta fra la prima e la seconda fetta. L'*aratro* è più adatto ad assolcare che a lavorare; il *coltro* è buono solamente per lavorare.

Il *perticale* è un coltro mal fatto, che in vece dell'orecchio ben conformato ha un'asse, la quale manda la terra smossa da parte, ma non l'arrovescia. — LAMBRUSCHINI.

381.

Zappa, Zappone, Vanga, Marra.
Piccone, Zappetta, Sarchiello.

— Colla *zappa*, ch'è larga e corta e tiene qualche sembianza dell'ascia o asce, si lavora il terreno già messo a coltura, che si è un poco assodato; e si usa piuttosto nei terreni in collina. Per iscassare il terreno sodissimo e tutto sassi (o come dicono in maremma *dicioccare*) occorre lo *zappone*, che della zappa è più stretto e lungo, e grosso, e quasi a punta. Se poi si tratti di guastare un selciato, e smuovere o scassinare le lastre che lo compongono, ci vuole il *piccone*, ch'è uno zappone più grosso. Volendo spezzar le pietre si usa la *piccozza* o *mazza*: questo vocabolo è certo nell'uso; ma *piccozza* non l'ho mai sentito dire. Evvi poi in alcuni luoghi della Toscana una specie di zappone a due denti, che i contadini chiamano *ubbidiente* (corrotto forse da *bidente*); e serve a buttar giù i greppi e riempire, o, come dicono, ritirare le fosse. *Marra* credo sia lo stesso che *zappa*; ed ambedue, oltre l'uso suindicato, valgono pure ad appianare o ricoprire le *porghe* (che in certi luoghi chiamano *maregge* (1); forse da *mareggiare*, perchè rigonfie, a guisa di onde) quando nel terreno assolcato è già sparso il seme.

Da *zappa* viene *zappare*; da *marra*, *marreggiare*; e dicesi pure: *marrettare* e *zappettare*, da *marretta* o *zappetta*, piccola zappa che usano gli ortolani. Evvi pure il *sarchiello*, zappettino, crede, più largo della marretta. — BIANCIARDI.

382.

ARATRO, SEMENTINO.

— Vi è una specie di aratro, destinato particolarmente ad aprire i solchi nei campi seminati, e sollevarne la terra in porghe ben rotondate; e si chiama *sementino*. Differisce dall'*aratro* per il vomere più piccolo, e per gli orecchi più lunghi, foggiati a spirale molto allungata; gli è anche in ogni sua parte men grosso e men solido dell'aratro.

Dovendosi contrapporre il vomero, di ferro, a tutte le altre parti dell'aratro, che son di legno, si dà a queste, con significato più ristretto, il nome di *aratro*. In questo senso disse Annibal Caro: «Io metterò... l'aratro, tu il vomero e il pungetto.» — LAMBRUSCHINI.

383.

ARGENTATO, INARGENTATO.

Argentato non è comunissimo, ma giova a significare ornato d'argento (2); *inargentato*, tutto coperto d'argento. Uno scudo si potrà forse dire argentato, se ha borchie d'argento; sarebbe inargentato, se una lamina d'argento lo vestisse tutto, sì ch'e' paresse argento vero.

384 — 385.

ARGENTEO, ARGENTINO.
PIOMBATO, PIOMBINO, PLUMBEO.

384.

Argenteo, Argentino.

Argenteo, di argento, o del color dell'argento; *argentino*, che ha qualcosa di simile al colore o ad alcuna qualità dell'argento: vasi argentei, argentea luna, voce argentina; colore argentino, che somiglia a quel dell'argento, ma dell'argento non è.

385.

Piombato, Piombino, Plumbeo.

— *Piombato*, dov'entra piombo; ora più comunemente, *impiombato*. *Piombino*, di colore simile al piombo.

---

(1) Nel Veneto *vanezze*, che corrispondono alla forma toscana; e questa direi l'origine vera, quasi vani tra i due rialzi. In Dante *vaneggiare* vale: essere o lasciar vuoto.

(2) DAVANZATI: *Armi ricche, argentate.* - LIVIO: *Argentati milites.*

386.

ARGENTIERE, Argentario.

Argentiere, artefice che fa lavori d'argento. *Argentario* non si direbbe che in senso storico, nel senso che gli davano i Romani, cioè di banchiere o di cassiere o di cambia-monete. Le voci antiche spettanti a luoghi, ad uffizi, a consuetudini o simili, giova tradurle alla lettera. Chi traducesse pretore per podestà, argentario per cassiere, potrebbe, al medesimo modo, far parlare a' Gentili de' due *Credi* e dell'uovo di pasqua.

387.

ARGENTO, Argenti, Argenteria.

— *Argenti* è più generico, più comprensivo di *argenteria*, che ordinariamente s'intende quella da tavola. Direi: gli argenti dell'altare, non l'argenteria. Il Paravia, se non erro, ha usato felicemente argenti per ricchezze.

« Chè città non saresti al mondo sola,
« Se gli avi tuoi sprecavano gli argenti
« Dietro gl'incanti d'un'esperta gola. »

Dove non si potrebbe dire argenteria. Gli ori e gli argenti (gli oggetti d'oro e d'argento), non: gli ori e l'argenteria. — E. BINDI.

388.

ARMATA, Esercito.

— Il secondo è sempre di terra; l'altra, più propriamente, di mare. Paruta, *Discorsi politici*: « La città di Roma... fondò il suo Stato più con gli eserciti che con le armate. » — POLIDORI.

— Figuratamente, esercito, quantità grande di persone o simili, come: sulla piazza v'era un esercito di gente; tavola ingombrata da un esercito di mosche. — MEINI.

389.

ARMATA, Flotta, Naviglio, Convoglio.

— Quella scorta di navi armate ch'è alla difesa di navi mercantili o da trasporto, è *convoglio*. Le navi mercantili stesse possono essere a sè difesa, e fare convoglio (1). La *flotta* è quantità, d'ordinario, più grande, di navi più grandi, o da commercio o da guerra, ma da guerra per lo più; e comprende, nell'uso, tutte le navi che sono del medesimo Stato; e se lo Stato è grande, tutte quelle che battono un medesimo mare.

Armata è quantità di navi guernite d'armi e d'uomini, e apparecchiate alla guerra.

Naviglio dicevasi un tempo un numero di navi; ma ora è della lingua scritta, non frequente. — ROMANI.

390.

ARMATA, Squadra.

— Se le navi di linea, non comprese le fregate, sono meno di ventisette, la non è *armata*, ma *squadra* (2). — STRATICO.

391.

ARMETTA, Armicella.

Armetta, diminutivo d'*arme*, per impresa o di famiglia o di popolo (1); *armicella* (non dell'uso), arme di poco pregio.

392 – 406.

ARMI, Armatura.
Elmo, Cimiero.
Usbergo, Corazza, Corsaletto, Lamiera, Giaco, Lorica.
Gambale, Coscialetto, Gambiera.
Dardo, Freccia, Saetta, Giavellotto.
Saettare, Dardeggiare.
Saettato, Assaettato.
Lancia, Alabarda.
Mannaja, Scure, Accetta, Bipenne, Pennato, Azza, Ascia.
Spada, Brando, Ferro, Acciaro, Gladio, Ghiado.
Spadina, Spadino.
Acciaro, Acciajo.
Spada, Sciabola, Scimitarra.
Stilo, Stiletto, Pugnale, Passante.
Stilo, Stile.
Elsa, Guardia, Manico, Pomo.
Fucile, Schioppo.
Acciarino, Focile.
Sacro, Gerfalco, Colubrina.

392.

Armi, Armatura.

— *Armi*, tutto ciò che serve o per difendersi o per assaltare il nemico; l'*armatura* consiste, specialmente, negli arnesi che servono per difesa da' colpi nemici, o a tutto il corpo o a una parte. In questo secondo senso, diciamo: armatura del capo, del petto. Nè in plurale si direbbe: le *armature*, come dicesi: le *armi*, se non parlando della difesa di più persone. L'armatura era d'uso specialmente nella tattica antica; nella moderna, l'uso della polvere la rende inutile quasi. — GIRARD.

393.

Elmo, Cimiero.

— *Cimiero* è il sommo dell'*elmo*, guarnito di divisa o di piume. G. Villani: « Manfredi, mettendosi l'elmo in testa, un'aquila d'argento, che v'era su per cimiero, gli cadde in sull'arcione. » — POLIDORI.

— *Cimiero* fu detto altra volta un ornamento muliebre del capo (2). — A.

394.

Usbergo, Corazza, Corsaletto, Lamiera, Giaco, Lorica.

— *Usbergo*, dice il Vossio *res saxonica; proprieque significat thoracem ferreum, sive armaturam colli et pectoris; ab Hals, collum, et Bergen, tegere.*

La *corazza* difendeva il petto soltanto; e in ciò differisce da usbergo, che copriva il collo. Più: se vero è che corazza viene da *corium*, quando si trattasse di difesa di cuojo, più proprio sarebbe corazza.

Il *corsaletto* pare un po' più leggero. Il *giaco* era di maglia di ferro. *Lamiera* è difesa di grossa lama da mettere al tergo, alla fronte e al collo. Onde il Berni: « Chi senza usbergo e chi senza lamiera, Chi senza elmetto si vide venire. »

Lorica, voce latina, non s'usa che in modo storico; appunto dove gli scrittori latini dicono o avrebbero detto

---

(1) Forse da *convoi*, e questo da *voie, via*. Se ciò fosse, la voce nella sua formazione non osserverebbe l'analogia della lingua italiana.

(2) *Squadra* ha poi altro senso nella milizia terrestre.

(1) BORGHINI: *Con un'armetta del popolo.* — SACCHETTI: *Con quelle povere armicelle, colle quali voi mi vedete al presente.*
(2) CHIABRERA, *Rim. Amor.* 83.

lorica. Differisce poi dagli accennati, in quanto la lorica difendeva le spalle, i fianchi ed il tergo. — ROMANI.

395.
Gambale, Coscialetto, Gambiera.

Gambale, parte dello stivale che veste la gamba. Dicesi anco così quel che indossano i corrieri, i postieri, i cavalcanti per non isciupar troppo il vestito sottoposto andando a cavallo. Questi diconsi altresì *coscialetti*; ma i coscialetti pare non scendano tanto in giù.

Gambiera è della lingua scritta; quell'armatura che difende la gamba (1), come *coscialetto*, quello che serve a difesa delle coscie (2).

396.
Dardo, Freccia, Saetta, Giavellotto.
Saettare, Dardeggiare.

Il *dardo* si scagliava e con mano, e con l'arco, e con la balista; la *freccia*, con l'arco. Anco il *giavellotto* era dardo.

— *Saetta* (di quelle che son fatte dagli uomini) è dardo a freccia leggiera, da gettare con l'arco, e guarnita di penne. Il Caro, nell'Eneide: « Allor che 'l tergo e il fianco Ne van (i capri) di dardo o di saetta infissi. » — POLIDORI.

Lasciando stare le *saette folgori* (come le chiamavano gli antichi, per distinguerle dalle terrene), di gran velocità o dirittura dicesi: andare come saetta; pare una saetta; cogliere, come saetta, nel segno. Di qui si fa *saettamento*, che, nel Boccaccio, è quantità di saette avventate: « poich'ebbero il loro saettamento saettato; » si fa *saettia*, nave, così detta dalla velocità.

Saettare le freccie; e per traslato: saettare un motto, una calunnia; saettare la persona od il luogo. Dante: « Lamenti saettaron me diversi; » che rammenta il Virgiliano: *gravior ne nuntia aures vulneret. Dardeggiare* è meno frequente; e dicesi anco della luce: di che *saettare* disse Dante: « Da tutte parti saettava il giorno Lo sol, ch'avea con le saette conte Di mezzo il ciel cacciato il Capricorno. » — Ed è quel di Lucrezio: *Lucida tela diei.* Ma del sole, *dardeggiare* sarebbe imagine piccola; piuttosto degli occhi: e qui pure *saettare* dice più forza e più piaga. *Frecciare* ha senso solamente traslato, e dichiarasi altrove.

397.
Saettato, Assaettato.

Saettato, participio, è il corpo lanciato per saetta; e il percosso da saetta: saettare uno strale, i raggi; Ajace saettato allo scoglio; venne saettato da calamità. *Assaettato*, quasi aggettivo, modo famigliare iperbolico, quasi versione del superlativo: magro assaettato; caro assaettato: che costa moltissimo, che è magro allampanato. Da sé non ista. All'incontro *saettare* regge anco senza il caso obbliquo; e direbbesi: Giove saettante, occhi che saettano; saettatore di dardi, d'epigrammi, d'epigrafi laudative. Quell'altro modo intende assomigliare la cosa di cui parlasi alle qualità e effetti tristi delle saette. Quando *saetta* adoprasi nelle imprecazioni troppo note, i Toscani ci mettono *saèppola*; come *per mio* invece di *per Dio*. E saèppola è imagine rustica; prova che l'*eufemismo* è trovato dal pio colono.

---

(1) VARCHI: *Le calze si portano soppannate al ginocchio, e con cosciali soppannati di taffettà.*

(2) Boccaccio: *Sopra le calze gli mise le gambiere lucenti e un pajo di cosciali.*

398.
Lancia, Alabarda.

— *Lancia*, ferro appuntato in cima a legno lungo o ad asta, del medesimo o d'altro metallo. *Alabarda*, ecco come la definisce il Giovio, descrivendo l'entrata di Carlo VIII in Roma: « *Quarta ferme eorum (Germanorum) pars, ingentibus securibus, quarum e summo quadrata cuspis prominebat instructa. Has cæsim punctimque feriendo, ambabus manibus regebant: alabardæque eorum lingua vocabantur* (1). » Cluverio: « *Hallebard nihil aliud significat quam securim palatinam, quâ regum nunc principumque satellites et custodes armantur. Halle quippe est atrium palatii, veteri Germanorum sive Celtarum vocabulo: et Bard, securis* (2). » Vossio: « *Longobardi a longis bardis, hoc est bipennibus* (3). » — MENAGIO.

399.
Mannaja, Scure, Accetta, Bipenne, Pennato, Azza, Ascia.

— *Mannaja*, strumento o di beccajo o di carnefice. La *scure* serve per tagliare la legna; ha forma piatta, triangolare, in un lato tagliente, e dall'altro finisce in un grosso occhio ove si fa entrare il manico. *Accetta* ha gli usi medesimi della scure. Ma le scuri consolari de' Romani non si direbbero accette.

Bipenne era a' Latini scure a doppio taglio. Quintiliano: « *A penna, quod est acutum, securis utrinque habens aciem, bipennis* . . . . » Se ne servivano i sacerdoti ai sacrifizii.

Il *pennato* è torto; serve per potare le viti e anco per tagliare la legna.

L'*azza* era un'arma lunga tre braccia circa, con ferro in cima, a traverso, dall'una parte appuntato e dall'altra a foggia di martello. *Ascia*, da falegname o da muratore. — ROMANI.

400.
Spada, Brando, Ferro, Acciaro, Gladio, Ghiado.
Spadina, Spadino.
Acciaro, Acciajo.

Spada è il comune di tutti gli stili, il più chiaro e il più nobile. Quando si riguardi o la materia o qualche speciale qualità del metallo, come durezza, o lunghezza, o freddezza; e che di lì venga un nuovo atteggiamento, colorito, o anco valore intrinseco, all'idea o al sentimento: allora, fino in prosa, sarà lecito, e forse debito, dire *ferro*; e, dove trattisi della tempera o d'altra proprietà speciale, anco *acciaro*, come ori e argenti diconsi gli arnesi composti di cotesti metalli. *Acciajo*, la materia del metallo; *acciaro*, l'arme e l'armatura; e così *ferro* e l'armatura e l'arme.

Spada, l'arme soltanto. E come simbolo di guerra, sta per ogni arme, e per l'arte e l'opera della guerra stessa. Il guerriero è una buona spada; ed è storica la spada d'Italia. — Ora però converrebbe dire non più buona spada, ma buona bomba, o simile. Diritto, lesto come una spada; lingua, penna, ch'è spada. Combattere a spada tratta, anco senz'arme e con ciarle. E altri traslati senza numero. Se ne fa *spadino* e *spadone*. Spadino sa talvolta di celia, più che spadina.

Gladio, vindice di libertà, è morto; e non ha di vivo

---

(1) Hist. II.
(2) Ant. Germ. C. XLIV.
(3) De vet. serm.

che il figliuolo suo *gladiatore*, schiavo; e gli antichi dicevano *ghiado*.

Brando è voce nordica, troppo bene, e a troppo caro costo imparata. Ma spada che, per qualsia causa, non si possa brandire, non si dirà forse brando. L'idea del maneggiare l'arme, e del servirsene al nuocere, par che sia inchiusa in questo vocabolo. Onde il Manzoni al re Longobardo fa dire al re de' Franchi, quasi invidiando alla costui potestà, che il suo popolo è *D'un sol voler, saldo, gettato in uno, Siccome il ferro del suo brando, e in pugno, Come il brando, lo tiene*. Nelle quali parole è molta filosofia della storia; il segreto di molte sventure italiane.

401.
Spada, Sciabola, Scimitarra.

Superfluo distinguere la *scimitarra* turca (e anco i Medi avevano l'*acinace*; e sarebbe da studiare le eredità e le migrazioni delle armi e delle armature) dalla comune *sciabola*, che fa *sciabolotto* e *sciabolone*; e non so se ad altri paja troppo francese (ma a me non parrebbe) *sciabolare* e *sciabolatore*.

402.
Stile, Stiletto, Pugnale, Passante.
Stilo, Stile.

L'origine di *stile* dice la sottigliezza e l'acutezza; *stiletto*, che n'è il diminutivo, fa però *stilettare* e *stilettata*, che non diminuiscono se non gli anni di vita e l'orrore di chi maneggia gli stili. Forse nel verso direbbesi *stilo*. E *stilo* l'antico arnese da scrivere; la maniera dello scrivere e dell'operare sempre *stile*. Il *pugnale*, coll'origine sua, dice d'avere la punta più prossima al pugno; e se ne fa *pugnaletto*, *pugnalare*, *pugnalata*. Un canto popolare lucchese (non saprei se romano in origine) ha *passante*, sostantivo, che dice l'uso della cosa e si sbriga.

403.
Elsa, Guardia, Manico, Pomo.

— *Elsa*, solamente di spada, o squadrone; *manico*, di pugnale, coltello, stocco, temperino, pennato, roncolo, e di mille cose pacifiche usuali; *guardia* o *guardamano*, propriamente, quella parte dell'elsa nella quale, impugnando la spada, si mette la mano, onde sia difesa. Dicesi anche comunemente per tutta l'elsa. *Pomo* è quello che, in forma rotonda, sta in cima a una mazza, col quale la si tiene in mano; termina anche spesso il bastone degli ombrelli. Il bastone degli uomini gravi ha un bel pomo in cima, e una forte *ghiera* in fondo. — BIANCIARDI.

404.
Fucile, Schioppo.

— *Fucile*, da milizia; *schioppo*, da caccia. Poi: fucile, come ognun sa, è una parte dello schioppo; l'ordigno per cui si dà fuoco alla polvere. — ROMANI.

405.
Acciarino, Focile.

— L'*acciarino* non può non essere d'acciajo, o almeno di metallo; *focile* è qualunque sia corpo che tragga dalla pietra scintille, foss'anco un'altra pietra.

Focile ha traslati (1); non l'altro. — A.

406.
Sacro, Gerfalco, Colubrina.

— Nomi di pezzi d'artiglieria. • *Presi un mio gerfalco, il quale pezzo si è maggiore e più lungo d'un sacro, quasi come una mezza colubrina*. — CELLINI (1).

407.
ARMIGERO, ARMATO.

Armato, chi porta arme; *armigero*, pronto all'arme, intrepido, marziale. Nel sostantivo, *armigero* vale: uomo d'armi. C'è armigeri non armati, e armati non armigeri. Il soldato mercenario, quand'anco sia armigero di natura, perde a lungo andare gran parte del naturale coraggio.

408.
ARMISTIZIO, TREGUA.

La *tregua* è comunemente più lunga. Si danno tregue di diecine d'anni. Poi, la tregua può essere per tacito patto, o involontaria o forzata; l'*armistizio* è pattuito tra i belligeranti, sia che si domandi o no. *Tregua*, per semplice cessazione d'offese, voluta dai casi o dall'impotenza di continuar la guerra, è impropriamente usato, scambiandosi colla causa l'effetto.

— *Armistizio*, dal latino, fermata dell'armi; *tregua*, dall'alemanno, data fede. Il primo non ha traslati; l'altro varii e frequenti. — POLIDORI.

409—410.
ARTE, MESTIERE.
MESTIERE, MESTIERO, MESTIERI.

409.
Arte, Mestiere.

— *Arte* ha amplo significato; quindi: arti belle, poesia, musica, pittura, scultura; arte meccanica, ma che vuole l'esercizio di gran parte d'ingegno, come il fare oriuoli, macchine. Arte è pure il fabbricare tessuti di lana, la tintoria, la farmacia. *Mestiere* è l'esercizio manuale d'un'arte, del fabbro, del falegname, del tessitore. — CIONI.

410.
Mestiere, Mestiero, Mestieri.

— In senso affine ad *arte* diciamo *mestiere*, e più raro *mestiero*; non *mestieri*. Nella frase *è di mestieri*, *mestiero* non s'usa più. — VOLPICELLA.

411.
ARTE, PROFESSIONE, MESTIERE.

— *Mestiere* riguarda la materiale fatica; *professione*, lo stato a cui l'uomo si dedica, con intendimento più nobile che quello del materiale lavoro; *arte*, l'abilità o l'attitudine. Il mestiere fa l'operaio; la professione colloca l'uomo in tale o tal ordine sociale; l'arte fa l'artigiano, l'artista, l'uomo abile, esperto.

Nel mestiere sono lavori di mano; nella professione, fatiche della persona, della mente, e prove di virtù; nell'arte, il lavoro della mano insieme e dello spirito, o dello spirito solo: mestiere del falegname; professione dell'avvocato; arte del magnano, dello scultore; arte poetica ed oratoria.

La voce *mestiere* può essere nobilitata dall'accompagnamento, come: il mestiere dell'armi. La voce *professione* ha dall'origine sua senso più largo, e indica qualunque dottrina o setta o principio l'uomo apertamente professi: far professione d'incredulità, e simile. *Arte* indica qualunque siasi perizia o abilità (2), come: l'arte d'amare. — ROUBAUD.

---

(1) PETRARCA: *Il tacito focile D'amor.*

(1) Vita I, pag. 105, ediz. Bettoni.
(2) *Arte* significa anche l'opera; e allora *arte* è diversa da

— *Mestiere* aveva, in antico, senso più nobile; comprendeva i significati di *ministero*, dal quale deriva (1). E quando s'applica ad arte non manuale, abbassa l'idea: fare l'avvocato per mestiere; fare il mestiere della spia, o della donna venale; far quel mestiere, son modi di spregio. — GRASSI.

Carrer: « A distinguere alcune arti da alcune altre, che più propriamente si chiamerebbero mestieri, fu dato a quelle il nome d'arti liberali, o, meglio, d'arti belle. Vogliamo vedere se sia dato all'uomo, e per quali mezzi, innalzare alcuna volta il proprio mestiere alla dignità dell'arte; come accade, pur troppo! assai spesso, d'abbattersi in chi abbassa l'arte propria fino a ridurla mestiere (2).

— Le arti sono meccaniche e liberali; le prime, propriamente *mestiere*. Quando l'arte trattasi meccanicamente, è mestiere. La professione suppone scienza: professione del medico, dell'avvocato. Così professori si chiamano gl'insegnanti di scienze. — ROMANI.

412.

ARTICELLA, ARTICINA, MESTIERUCCIO.

Professione, nell'uso toscano non porta diminutivo, appunto perchè riguardata come cosa più grave e non in relazione co' lucri; ma non direi che non possa mai cadere opportuno *professioncella*, come quella di un povero maestrino de' primi elementi che non sia maestruccolo e non lo faccia per mestiere. Anche non porta, comunemente, peggiorativo; nè so se mai potrebbe cadere *professionaccia*, se non per celia o in atto d'impazienza quasi comica; imponendo al vocabolo la sua origine che rispetti sè stesso. Il professore dovrebbe avere del confessore, nel senso cristiano affine a martire; ma quella dei professori sibariti e asiatici è davvero professionaccia. *Mestieraccio* si dice, e ci cade pur troppo.

Mestieruccio, di poco pregio e di poco guadagno; *articella* è del trecento: arte manuale povera; nè a veruna arte bella si converrebbe tal nome (3). Malamente esercitata, la si fa *mestiere, uccio, o accio*. *Articina*, dice il Salvini (4), per piccolo e sottile artifizio, in senso quasi di vezzo; e gioverebbe adoprarlo.

413.

ARTIFIZIARE, ARTEFARE.

— *Artifiziare* ha, talora, senso più innocuo che *artefare*, il quale dà per lo più l'idea di un vizio. Molte volte nel canto conviene artifiziare la voce, o per dare alla musica una maggiore espressione, o per nasconderne qualche difetto. Artefare la voce è sempre difetto, e fa mala impressione. Molti musicanti confondono questo con quello. — MEINI.

414.

ARTIFIZIOSO, ARTIFIZIALE, ARTIFICIATO, ARTEFATTO.

Artifiziale, che è d'arte, non di natura; *artificiato*, che ha tale artifizio che cambia e altera la natura; *artifizioso*, che ha molto artifizio: fuoco artifiziato (che propriamente nel 500 dicevasi *lavorato*, e potrebbesi tuttavia), liquori artificiati, discorso artifizioso. Non si direbbe: canale artifizioso, se non per notare l'artifizio col quale è costrutto. Stile artifizioso, è una lode; stile artificiato, dice artifizio affettato, troppo visibile (1). *Artifizioso*, anco di persona (2).

Artefatto ha senso molto affine ad *artificiato*, ma più forte. Cosa artefatta, non solo è fatta molto risaltare dall'artifizio, ma è tutta d'artifizio. Stile artefatto, artifiziale non si direbbe.

415-418

ARTIGIANO, OPERAJO.

OPERAJO, LAVORATORE, LAVORANTE, MERCENARIO, MANUALE, MANIFATTORE.

MESTIERANTE, BRACCIANTE.

415.

Artigiano, Operajo.

— L'*artigiano* esercita un'arte meccanica; l'*operajo* fa a prezzo un'opera materiale qualunque sia; è dunque più generale. L'agricoltura non ha artigiani, ha operai; in una bottega d'artigiano sono molti o pochi operai. — ROUBAUD.

— Nel traslato, operai diciamo que' della vigna del Signore, dalle parole forse di Gesù: « Molta è la messe, gli operai pochi; pregate dunque il padrone che mandi operai nella messe sua. » - GATTI.

416.

Operajo, Lavoratore, Lavorante, Mercenario.

— *Operajo*, chi esercita a prezzo tutta sorta lavori di mano alquanto laboriosi; *lavoratore*, d'opere rustiche specialmente; *lavorante*, di lavori meccanici; ma sempre il lavorante riguardasi come subordinato, idea non così chiaramente indicata da *operajo*.

Mercenario, che lavora o serve per certa mercede; onde comprende e l'operajo e il lavoratore e il lavorante ed il servo. Anco un lavoro dell'ingegno può essere mercenario. — ROMANI.

— *Operajo* anco chi presiede all'opera, nel senso sopra toccato; e anco l'amministrator di conventi di monache, e simili. — CIONI.

417.

Manuale, Manifattore, Lavorante, Lavoratore.

— *Manuale*, più comune assai che *manovale*, chi serve al muratore portando calcina, mattoni e quel che occorre per murare. *Manifattore* è più generico; qualunque artefice di lavori usuali. Avere i manifattori in casa, dicono: il legnajolo, il tappezziere, e simili; non il muratore nè il manuale, perchè allora dicono: avere i muratori.

Lavorante, sostantivo, garzon di bottega. Quelli delle sartorie specialmente, lavoranti, e il principale li paga un tanto ogni capo di roba. *Lavoratore*, propriamente, di terra; poi, di qualunque altra cosa, ma accoppiato ad un aggettivo. Anche di mercante, cancelliere, copista, scrittore, erudito instancabile, si dice: gran lavoratore; non lavorante. — MEINI.

418.

Mestierante, Bracciante.

Chiunque fa un mestiere, campi o no di quello, è

---

mestiere in questo, che richiede maggior cognizione, e porta maggiore esercizio di mente.

(1) *Quod ministerium fuerat* (del cuoco), *ars haberi cœpta*.
(2) Leggasi tutto quello ingegnoso scritto che comincia colla pag. 336 del terzo volume delle Prose e Poesie di Luigi Carrer. Venezia, 1838.
(3) VITE SS. PADRI: *Imparò a fare una sua articella, dalla quale vivendo sottilmente....*
(4) « *Una di quelle articine famigliari al buon Socrate* »

(1) Boccaccio: *Nè naturalmente, nè artificialmente. Bellezza non artificiata. Canaletti artificiosamente fatti. Muovere artificiosamente gli occhi*. - MAGALOTTI: *Artificiali agghiacciamenti*.
(2) NOVELLINO: *Donzella artificiosa*.

mestierante: il *bracciante* vive delle braccia, e può far fatiche tanto materiali che non costituiscano un mestiere, ma che servano a più mestieri. Chi esercita arte o professione con intendimenti o in modi inuguali alla dignità di quella, chiamasi *mestierante*. Pittore il qual non badi che al lucro o al piacere degli occhi, anche senza suo lucro; verseggiatore che cura con arte soverchia la parola senza nè concetto nè affetto, è mestierante, tuttochè perito dell'arte.

419 — 422.
ARTIGIANO, ARTEFICE, ARTISTA, ARTIERE, BRACCIANTE.
ARTEFICE, MAESTRO.
MAESTRO, PADRON DI BOTTEGA.
MAESTRO, MURATORE.
MAESTRI, MAESTRANZE.

419.
Artigiano, Artefice, Artista, Artiere, Bracciante.

L'*artista* professa un'arte liberale e gentile: lo scultore, l'architetto, il poeta, artisti (1). L'*artefice* esercita arte meccanica, ma con più intelligenza e con men servile lavoro dell'artigiano. L'*artigiano* è esecutore di lavori meccanici, come segare, murare: l'orefice, l'oriolajo, artefici più che artigiani. Quindi *artefice* ha traslati: artefice d'inganni, o simile; nè si direbbe: artigiano. L'artefice congegna, compone, ordina, abbellisce, inventa; l'artigiano, affatica, affacchina (2).

Anco l'artefice talvolta chiamasi *artista;* ma sempre imaginasi nell'artista ancor più intelligente lavoro.

Artiere, propriamente, per opposizione a chi vive non d'un'arte, ma d'entrata o d'altra industria. Chi vi domanda che faccia il tale, se sia mercante o impiegato, voi non gli direte: è artefice, ma: artiere. E denota esercizio men basso d'artigiano (3). Differisce insomma da artefice come l'abito dall'atto: l'artiere ha un'arte; l'artefice, con l'arte che ha, compie un lavoro. Si può essere artefice e non artiere; cioè lavorare per genio, non per mestiere.

— *Artiere* chi fa lavorare manualmente gli artigiani; e potrebbe anco in qualche caso essere mercante. È artiere un fabbricante e venditore di tessuti di lana, di seta e di altro, un farmacista, un venditore di droghe.
— CIONI.

420.
Artiere, Bracciante.

In senso affine ad *artiere* dicesi nel volgar toscano *bracciante;* ma differisce da quello, perchè denota più direttamente il sostentamento guadagnato con la fatica delle braccia. *Artiere* ha senso meno meccanico. Inoltre, *bracciante* dicesi d'esercizi che propriamente non si possono chiamare arti, come portar pesi o simili.

421.
Maestro, Artefice.
Maestro, Padron di bottega.
Maestro, Muratore.

Di arti manuali specialmente, *maestro* (4); *artefice*, anco d'arti più nobili (1): maestro legnajuolo, muratore, stipettajo, magnano. Quel che lavora a tanto la giornata, non si dice maestro, ma sì quel ch'ha bottega da sè (2); ovvero quello che, sebbene non abbia bottega, soprastà all'altrui lavoro, prende un lavoro in cóttimo, o paga dei suo gli operai. Il muratore, per esempio, è maestro; non padron di bottega.

Dep. Decamerone: « Dissero... maestro il padrone di bottega. » Ma non ogni padron di bottega è maestro; e viceversa. Il padrone può non lavorare; il maestro lavora anch'egli. I muratori però tutti chiamansi maestri, per distinguerli da' manuali; il capo è capo maestro. Ne' grandi lavori i capi maestri stan molti, gli altri hanno sempre le medesime condizioni a un dipresso. Senza ricorrere alla democrazia, non si potrebb'egli intanto trovar la maniera che chi ha meno danaro, ne possa guadagnare un po' meno duramente; e che chi ne ha più, non abbia a impinguarne facilmente a discapito altrui? La soluzione della questione è morale più che politica.

Parlando di muratore, ripeto, in Toscana dicesi, assolutamente, *maestro* (3). L'è una specie di figura rettorica della quale non rammento più il nome (e ne benedico la mia poca memoria); simile all'altra che a bottegajo in Firenze dà il senso di pizzicagnolo, come se quella fosse la bottega per eccellenza. Ma è d'uso poi anche *maestro muratore*.

Il Segneri distinse le due cose anche troppo là dove disse: « Cerca maestri e muratori, e fa chiuder ben tosto il foro della muraglia. » Per chiudere un foro bastava un maestro, o un muratore che vogliamo chiamarlo. Ma qui intendere muratori per tutti i lavoranti, e maestri pei capi.

Maestro, in somma, è titolo d'onore per gli artieri, e ad ogni oprante suol dirsi maestro, a modo di complimento.

E, per gentilezza, anche a non giovanetto dicesi *maestrino;* che, come suole, acquista senso di cella o d'ironia.

I Greci moderni chiamano il muratore *màstoras;* e non solo al maestro di scuola, ma al professore, al dotto, al savio, nel senso socratico ed evangelico, la povera gente dice *didàscale*.

422.
Maestri, Maestranze.

Maestri, che esercitano arte materiale, e anche bella; *maestranze* i primi, quando in numero attendono ad un lavoro. Le maestranze, in antico, facevano società; e la società grande componevasi d'altre minori viventi una vita; e però viveva essa stessa.

Maestranze poi sono, specialmente, i maestri d'arte edificatoria in atto di lavoro (4): pagare le maestranze, invigilare al lavoro delle maestranze. I San-Simonisti propongono di convertire le città in tanti corpi di maestranze, intese a fabbricar ponti e strade di ferro e canali, a innalzar monumenti. L'idea ha un lato bello; ma guai

---

(1) BOCCACCIO: *Qual filosofo, quale artista*.
(2) Simile differenza i Greci fra τεχνίτης e βάναυσος.
(3) CASTI CARR.: *Onde li vostri artier rovineranno. Artefici o artigiani*, non sarebbe proprio; perchè *artiere*, oltre l'esercizio nell'arte, indica indirettamente il frutto che se ne trae.
(4) CAVALCA: *Crediamo ad ogni maestro di pietra o di panni*...

pur pensando che noi non ce n'intendiamo e egli è maestro, lasciamo fare.

(1) *Maestro*, per celia, in Toscana anco il boja. Un mestiere anche quello; e non il più ignobile.
(2) BOCCACCIO.
(3) FRA GIORDANO: *Il maestro quando hae fatto la casa, sì non v'adopera più*.
(4) BUONARROTI: *L'arsenale... Scórse, e le maestranze e gli artifizii*.

se gli uomini si dessero a sperare tutta quanta la felicità dalle strade di ferro!

423.

ASPETTARE, ATTENDERE, ASPETTARSI.

— *Aspettare* (1) è, propriamente, guardare verso la parte donde si crede che debba arrivare persona o cosa aspettata. *Attendere* è più (2): indica desiderio vivo dell'oggetto, o che l'oggetto aspettato è in sè desiderabile (3). Quando Dante prega Virgilio a volergli concedere di fermarsi ad aspettare le due fiamme ove erano chiusi Ulisse e Diomede, usa preghiera così efficace da dover credere ch'e' desiderasse ciò sommamente, ed è serve della voce *attendere* « ... assai ten priego, E ripriego che ii priego vaglia mille, Che non mi facci dell'attender niego. » Quando descrive il servo aspettato dal padrone, non usa il vocabolo *attendere*, ma sì *aspettare*, perchè tra servo e padrone non v'è, di solito, intrinseca corrispondenza d'affetto. « E non vidi giammai menare streggia Da ragazzo aspettato dal signorso. »

Inoltre, aspettasi o per dovere o per convenienza; si aspetta anco desiderando che l'oggetto aspettato non venga; *attendere*, accenna sempre desiderio. Il reo che sente batter l'ora, aspetta il carnefice, non l'attende. Una sposa affettuosa attende il ritorno del marito. Non è già che non s'usi *aspettare* anche d'oggetto desiderato; ma allora si suole accompagnarlo con parole che manifestino il desiderio di chi aspetta, come: aspettare a gioia, aspettare ansiosamente; perchè l'aspettazione è sempre meno vivace di per sè. Quindi il proverbio: Chi la fa, l'aspetti, non si potrebbe scambiare; e quando a qualcuno minacciando diciamo: aspetta! non gli diremo: attendi; Parlandosi di bestie, useremo *aspettare*, meglio che *attendere*. Onde ben disse della vaccherella il Menzini: « Le nari allarga in alto, e sì le giova Aspettar l'acqua che non è lontana. » — MEINI.

Aspettare si può, senz'attendere; e si può attendere con l'animo, senz'aspettare in vista, o senza fermarsi per aspettare. Onde il Baldi: « In corseggiar contrada... Cangia uom fortuna; e in region lontana Trova tesor che nel paterno nido Avria forse *aspettando atteso* indarno (4). »

La donna attende il ganzo, e non s'aspetta il marito (5).

Aspettarsi indica male; *aspettare* disegna e male e bene.

Aspettare denota sovente l'atto materiale dello stare a vedere, dello stare, senza relazione al desiderio dell'oggetto. Dante vede nella pece bollente uno che aspettava, così come avviene che una rana guizza via e l'altra rimane (6). Il dannato aspetta, sta a bada, a suo danno, e certo non aspetta il rampino di Graffiacane. Non è cotesto l'attendere intelligente di Virgilio, del quale è detto: « Colui, che attende là, per qui mi mena (7). »

Infatti *attendere* ha comune origine con *intendere*; e

---

(1) *Ex-spectare.*
(2) *Tendere ad.*
(3) OTTIMO: *Il desio, il quale segue sollecitudine e attendimento di perfetto effetto.*
(4) NAUTICA 68. — PETRARCA: *Ogni soccorso di tua man s'attende.*
(5) BOCCACCIO: *Dai loro amanti chiamate e aspettate.* — DANTE: *.... vidi un'ombra che aspettava In vista; e se volesse alcun dir: Come? Lo mento, a guisa d'orbo, in su levava.*
(6) Inferno 21.
(7) Altrove: *Qui m'attendi, e lo spirito... conforta... di speranza.*

attenzione è sua figlia. A chi vuole andare, o coi piedi o col discorso, diciamo: aspetta, no attendi (1). S'aspetta che l'altro finisca di dire, per rispondere subito. Ma se si desidera ch'egli seguiti, anco finito ch'egli abbia, s'attende (2). Il viaggiatore attende una scorta che lo guidi (3), perchè nel cammino s'aspetta un incontro di masnadieri. Il pellegrino, impaziente del ritorno, attende l'alba per rimettersi in via (4).

L'aspettare pertanto può non essere che un indugio (5); l'attendere è sempre più. L'aspettare ha talvolta senso più vivo (6); l'attendere non l'ha più debole quasi mai. Onde la virtù divina della speranza fu dipinta da Dante, uno attendere (7), non, uno aspettare. Non me l'aspettavo; che poss'io aspettarmi altro che pianto (8)? Aspetta! in atto di minaccia; aspetta, per dire; bada; modi comuni.

Aspettante è più comune che *attendente*, che non è però inusitato. Ma i padri nel Limbo diconsi aspettanti, e aspettanti le generazioni che precedettero il Mansueto.

Aspetta che gli si dica (9), diciamo di chi non sa o non vuol fare da sè. L'attendere non ha luogo in questo aspettare, ch'è anzi talvolta effetto di disattenzione e di sbadataggine, o almeno di soggezione grande.

Tenere in aspettare (10), diremo, non in attendere.

424.

ASPETTARE, SPERARE.

— Si *spera* il bene; *aspettasi* il male e il bene. Del bene parlando, si spera anche non prossimo; si aspetta, d'ordinario, un po' più prossimo, e, a quel che pare, più certo. — A.

— L'aspettazione è a tempo, per lo più, determinato; non così la *speranza*. — INTERPRETE DI TERENZIO.

425.

ASPETTATIVA, ASPETTO, ASPETTAZIONE, ATTENDIMENTO.

— *Aspetto* non s'usa se non appoggiato ad un verbo: stare in aspetto, o simile. E convien badare che non faccia equivoco con l'aspetto che viene da *adspicio*. *Aspettazione* è il più generale. *Aspettativa* è l'aspettazione di tale o tal cosa: d'un'eredità, d'un fatto che deve seguire. — GATTI.

Non è bella parola; ma quella dell'eredità o simile, usa che si dica così (11). Nel senso generale però, sarà meglio *aspettazione*. Così: avere, destare, ingannare, vincere

---

(1) DANTE: *Aspetta, e poi secondo il suo passo procedi.* — *Aspetta Tanto ch' i' torni.* — *Aspetta Sì ch' i' esca d'un dubbio... Poi mi farai, quantunque vorrai, fretta.*
(2) DANTE: *Un poco attese; poi, da ch' ei si tace, Disse il Maestro a me: non perder l'ora, Ma parla...*
(3) DANTE: *Perchè assiso Qui ritta se'? Attendi tu iscorta?*
(4) DANTE: *Quivi il nuovo giorno attenderemo.*
(5) DANTE: *D'aspettare indugio. — Aspettando non tarde.* E comunemente: *Non posso aspettare; Chi ha tempo non aspetti tempo.*
(6) DANTE: *Con ardente affetto il sole aspetta, Fiso guardando, pur che l'alba nasca (d'un uccello però).*
(7) DANTE: *Speme è un attender certo Della gloria futura.* — PETRARCA: *Non ho tanti capelli in queste chiome, Quanti vorrei quel giorno attender anni (il giorno d'avere Laura meno sdegnosa).*
(8) BOCCACCIO: *Non sappiendo che aspettar si dovessero se non misera vita sempre.*
(9) DANTE: *Quella, ond' io aspetto il come e il quando Del dire e del tacer si sta; ond'io... fo ben se non dimando.*
(10) Boccaccio.
(11) DAVANZATI.

l'aspettazione (1); e: giovine di grande aspettazione, e simili (2). *Attendimento* è più rado. *Aspettatore e aspettamento* (3), più comune di *attendimento*; e ancor più comune *stare in aspetto* (4).

426.
ASPETTAZIONE, Attesa, Aspetto, Aspettanza, l'Aspettare.

La sala dove i viaggiatori aspettano per montare le carrozze della strada ferrata, dicesi in certi luoghi *sala d'aspetto*. Fa equivoco con altri sensi, e non è bello, ma è conforme allo *stare in aspetto*; e nessuno direbbe: *sala d'aspettazione*. Nel verso il Grossi usò l'antico *aspettanza*, chiaro e di bel suono, ma inusitato; e Dante, e lo stesso Petrarca, usano nel verso astratti che finiscono in *zione*. E a chi questo non piacesse, potrebbe l'infinitivo *aspettare*, al modo che Dante, non con tutta evidenza: « L'ascoltar chiedea con mano... - Avran di consolar l'anime donne. »

Un Toscano, non del popolo però, parlando, foggiava l'infinitivo a plurale, come gli *abbracciari* del Boccaccio, e i *fari* del popolo tuttavia; e diceva: *certi aspettari di cerimonia che seccano*. Non si direbbe in plurale *aspettazioni*, o *aspetti*, in questo senso, o *attese*, ma qualche volta *aspettative*, e forse *aspettanze*.

Aspettazione, assoluto, ha uso proprio a denotare il molto che da molti s'aspetta in bene da uomo o da cosa; e Cicerone, se non isbaglio, disse l'aspettazione nemica più che l'invidia, e disse sapientemente; può dirsi il simile della grande fama. Di persone, diremo ch'egli è l'aspettazione nostra, come, la consolazione: il Messia, aspettazione de' secoli. Usasi: in attesa di risposta, o simile; nè direbbesi: in aspettazione. Vero è che potremmo più semplice e più elegante: *aspetto risposta*; ovvero, *aspettando*, o altri simili. Se non che, quando l'aspettare è proprio un attendere secondo le differenze notate, *attesa* ci tornerebbe.

427.
ASSAGGIARE, Assaporare.

— *Assaggiasi* per distinguere il sapore, per sapere se la cosa piace, se è buona all'uso; *assaporasi* cosa di cui ci gusti il sapore. — ALBERTI.

428.
ASSAGGIARE, Saggiare, Assaporare.
Saggiatore, Assaggiatore.
Saggiuolo, Mostra.

— *Saggiare*, di metalli piuttosto; così *saggiatore*, non *assaggiatore*. Di vivande, di vini, sempre *assaggiare*: saggiate questo vino, a Firenze suonerebbe strano. Di vini parlando, *saggiuolo* è piccolo fiaschettino che si porta per assaggio al compratore. Di grano, di caffè o altro, si dice *mostra*.

Assaggiare ha pure il senso di: provare, tentare. — Assaggiare le lodi; assaggiare un letterato per sentir quanto vale; qui *saggiare* non sta. Ma ben chiameremo Leopoldo I, per esempio, esperto saggiatore d'uomini (5); cioè, che ben sapeva conoscerli. Qui *assaggiatore* sarebbe pesante.

---

(1) FIRENZUOLA.
(2) DAVANZATI.
(3) BARTOLOMEO S. CONCORDIO.
(4) MATTEO VILLANI.
(5) BARTOLI.

Dar *buon saggio*, e, assolutamente: *dar saggio di sè*, de' fatti suoi, significa farsi conoscere per buono con le azioni. Dare un *saggio* ha altro senso dichiarato altrove.

Assaporare, nel proprio e nel traslato, è più di *assaggiare*; vale: fermarsi a sentire il sapore della cosa, e sentirlo più buono che no. All'assaggiare si riferisce più immediatamente l'idea di qualità; all'assaporare, quella del sapore più o men buono. — MEINI.

429.
ASSAGGIARE, Gustare.
Io gusto, Mi gusta.

Gustare, in genere, esercitare il senso del gusto, riceverne l'impressione, anco passivamente, senza deliberato volere, o senza riflessione poi. L'assaggio si fa più determinatamente a fin di gustare e di sapere quel che si gusta; o almeno denota che dell'impressione provata abbiam tratto un sentimento riflesso, un'idea, un principio d'esperienza. Quindi è che *sapio* ai Latini valeva in traslato: sentir rettamente, e quindi il senso dell'italiano *sapere* che ci dà sè vale dottrina retta, e il prevalere della sapienza sopra la scienza.

Il gustare è il primo atto e la continuazione di quello; *assaggiare* dicesi segnatamente di quel tanto esercizio dell'organo che richiedesi ad acquistare conoscenza distinta dell'impressione. Si può assaggiare senza seguitar poi a gustare.

Gustasi anco sapore tristo. Ma perchè il gustare è la voce generica del sentimento, e i sentimenti naturali sono in sè più bene che male, però *gustare* assoluto vale: gustar cosa piacevole, prender gusto. Altr'è però: io *gusto un cibo*; altro è: *mi gusta*. Col primo io denoto un giudizio più pieno; col secondo, l'impressione che il cibo fa sul mio senso. Così nel traslato: non mi gusta lo stile d'un autore, anco senza ch'io me ne renda ragione, o ch'io ce l'abbia o voglia averla. *Non gusto* dice ch'io non lo voglio stimar buono, che di questo mio cosiffatto gusto ho le mie ragioni, e le penso, e le tengo care, e potrei dichiararle. Gli uomini di buon gusto gustano il buono stile; a tutti, esperti o no, può gustare o non gustare un'opera d'arte. Ma i così detti buoni gustai sono spesso quelli che hanno il gusto men sano.

In senso letterario, e in traslato, di qualsiasi bellezza o convenienza, sarà più italiano dire *buon gusto*, che semplicemente *gusto*; chè però non è barbaro, giacchè *mente* dicesi per buona e molta mente, e simili. Gusto retto o corretto, non sarà proprio, perchè l'imagine di rettitudine non s'avviene ai sapori.

430.
ASSAGGIATURA, Sbocconcellatura.
Sbreccato, Smussato.
Assaggiatura, Assaggiamento, Avanzo, Rifiuto.

— *Assaggiatura* è il vestigio dell'assaggio, come *morsicatura* del *morso*; ed è, supergiù, il medesimo che *sbocconcellatura*. Se non che questa ha un uso più esteso; dicendosi *sbocconcellato*, non solo ciò che è da mangiare, ma qualunque oggetto che sia, per qualche offesa ricevuta, *sbreccato* (1), come dice il nostro volgo, cioè, che

---

(1) Il veneto *sbregar* è affine a *stracciare*; e dicesi di panno, di foglio, d'ogni cosa rotta o intaccata. Pare voce di suono imitativo, e ha forse comune origine con *sbriciolare*, e *briciola* col francese *bribe*.

abbia riportato qualche tacca o nell'angolo o dovecchessia. Anzi quel volgare *sbreccato* credo che, per corruzione, sia invece di *sboccato*; e che voglia significare proprio l'offesa dell'angolo. In qualche parte si avvicina a *smussato*, se non che la sbreccatura gli è effetto dell'accidente, e la smussatura, della volontà dell'artefice. Ma, tornando al primo, se dai a serbare un berlingozzo a un bimbo, gli è un miracolo s'e' non te lo rende con qualche assaggiatura. Ed è ancora un altro uso bellissimo, che spiegherò con un esempio. Allorchè sei a mensa e ti è posto il tondino delle frutta, egli è inciviltà l'augnarle a una a una, scegliendo quella che ti par più matura e più dolce; perchè così pare che tu voglia dare ad altri le tue assaggiature. Dove non istarebbe bene il dire *sbocconcellature*, che sono della bocca, e nemmeno *assaggiamenti*, che significano l'atto; né *assaggi*, nè *saggi*; piuttosto *avanzi*, o meglio *rifiuti* (1).
— E. BINDI.

431-433.
ASSALIRE, AFFRONTARE, INVESTIRE, ASSALTARE.

431.
Assalire, Assaltare.

— *Assaltare*, talvolta, è un po' più d'*assalire*; par che dica più impeto, più accanimento; perchè *salto* è frequentativo e però può divenire intensivo di *salire*. Un male leggiero v'assale, un violento v'assalta; v'assalgono con ischerni, v'assaltano coll'armi alla mano; assaltare con beffe, non si direbbe. « Il dolore assale, » disse Dante; ed è meglio che, assalta. — GATTI.

432.
Assalire, Investire.

— *Investire* è assalire in modo che il nemico sia, o paja, da ogni parte circondato dalla forza che mira a domarlo. — GATTI.

433.
Assalire, Affrontare.

— *Affrontare* è assalire a fronte; per lo più in modo subito. S'assale anco a lato, o di dietro. S'affronta poi assalendo anco con soli oltraggi. — GATTI.

434.
ASSALIRE, ASSALTARE, DARE ADDOSSO.

DARE ADDOSSO, DISFAVORIRE, NIMICARE, TIRARLA GIÙ, DARE TRA CAPO E COLLO.
TIRARLA GIÙ, LAVARSI LA BOCCA, RISCIACQUARSELA.
DARE ADDOSSO, ANDARE ADDOSSO, ANDARE ALLA VITA.
DARE ADDOSSO A UN LAVORO, TIRARGLI IL COLLO.

— *Assalire* si può anco stando alla posta, all'agguato, ed è il latino *aggredior*. Assalire si può anco con parole, *incessere verbis, conviciis*; ma non già *assaltare*, che non solo significa (nell'uso) l'impeto della volontà, ma sì della persona che si lanciasi e si avventa, ed è l' *impetum facere*.

Anche *dare addosso* si può con parole e con fatti. Dà addosso chi dà il torto, chi aggrava altrui. A chi si ha in uggia, sempre, o in un modo o in un altro, gli si dà addosso: «bada all'occasione, fammi spalla, non mi dare addosso;» e qui è *disfavorire*. Talvolta è *nimicare*. «Vedete lì, eccolo lì, sempre mi dà addosso!» Ma chi dice così, talvolta lo dice per ischerzo, laddove non ischerzerebbe dicendo: sempre mi nimica. Dov'è da notare che il popolo dice, per lo più, *dimicare* non *nimicare*, che non credo mala pronunzia, ma vera derivazione dal latino, volendo dire: sempre mi combatte e mi martella.

Ma il dare addosso non è tanto quanto il *tirarla giù*, il *tirarla* o il *darla tra capo e collo*, che significano uno sparlare più sbrigliato, uno straparlare; un *lavarsi*, un *risciacquarsi* proprio *la bocca* (1) dei fatti altrui. Non si dà addosso solo colla lingua, ma e colle pugna e col bastone. Per altro, non sempre chi dà addosso ad uno, lo arriva colle percosse; perocché, poni il caso che gli corra dietro per dargli, anche quello, sebbene non lo arrivi, è un dare addosso: *premit, urget...* «si mise correndo a dargli addosso». Ma alla fine chi dà addosso può allappare quattro o sei ciurioni o bastonate; ed anche, se vuol, darne delle sudice, e contentarsi lì: laddove chi *dà alla vita*, ne vuol veder la fine, ed è un brutto caso, perchè non se n'esce senza il prete.

Chi *va addosso* ha sempre cattive intenzioni; ma finchè non dà, può essere il male di trafelarsi fuggendo; chè per lo più, chi dà addosso, e' c'è già sopra e mena. Ma quando si dice: è un'uggia pigliarsi chi va sempre addosso; non c'è male di sorta. Se dà addosso la fame, il caldo, il freddo, la povertà, son sempre brutte faccende. Ma *dare addosso* ha pure molti usi innocenti ed anche gustosi, come: dare addosso a un pasticcio.

— Dare addosso ad un lavoro, è *instare operi*; e tirargli il collo (2), è come chi dicesse *opus conficere*; e dicesi altresì, in alcuni luoghi, del menare lavoro a opera qualsiasi le lunghe.

Anco chi *va alla vita*, può essere amico di pace, e trattiene altrui che non dia, abbracciandolo alla vita: egli voleva dare, ma io ve', gli andai alla vita e lo tenni lì. Ma tal'altra è un arrabbiato che attanaglia alla vita un pover uomo e te lo sbatacchia di qua e di là, lottando di mettersolo sotto. Se poi va alla vita con un coltello, per il caso è diverso e più serio. — E. BINDI.

435.
ASSALIRE, ABBORDARE.

Abbordare, accostarsi a barca, per assalire o per nuocere come che sia. D'assalto terrestre non si dice. In traslato, *abbordare uno*, dicono, per accostarglisi anco senz'atto nemico; ma è francesismo inutile. Peggio l'abbordare un discorso, un soggetto, per prendere a trattarlo, entrare di quello. Sempre però, anco il francese, suppone in questi traslati certa vivacità o quasi impeto. Ma siccome dal mare e dalle barche anco gli Italiani traggono traslati parecchi, non sarà illecito l' *abbordare* in senso d'*assalire*, per nuocere, e anco per dar noja, che non è il minimo de' nocumenti. Un pugolone vi abborda per levarvi di sotto qualcosa; un piagnone, per ricantarvi i suoi piagnistei; un letterato, per leggervi, invocando consigli, cioè lodi. In questi sensi, *abbordare* ha uso quasi di celia, mai tanto grave quanto l'altro.

---

(1) *Rifiuti* è peggio di *avanzi*.

(1) *Darla tra capo e collo*, oltre all'esser più forte del *tirarla giù*, si suol dire non di maldicenza, ma di giudizii o civili o sociali o letterarii, pronunziati con autorità o apparenza di autorità, ma senza giudizio vero, nè senso di umanità o di convenienza. *Risciacquarsi la bocca* è più del *lavarsela*; ma è forse più comune e più spedito dire, per esempio, d'un miserabile che, dopo vilmente lusingata una donna, l'abbandona vilmente, e la strazia con parole che fanno calunniosa la verità stessa: ch'e' se ne lava la bocca.

(2) *Tirargli il collo*, oltre che è più famigliare, dice la fretta del tirar via e definirla.

436.

ASSALTO, ASSALIMENTO.

— *Assalimento* dice l'atto; *assalto* è l'atto e l'effetto di quello. Poi, *assalto* ha molti traslati suoi proprii: l'assalto della febbre, della tentazione, dell'ira, della calunnia. E nel proprio ancora: pigliar per assalto (diciamo), dar l'assalto, e simili; e non: assalimento. — A.

437 – 439.

ASSALTO, ATTACCO, AGGRESSIONE.
DARE ASSALTO, DAR L'ASSALTO.
ATTACCARE, ATTACCARLA.
ATTACCARLA, ACCOCCARLA, FARLA.

437.

Attacco, Assalto, Aggressione.

— Può essere *attacco* senz'assalto. Laddove trattasi di salire, ivi *assalto* sta meglio. Si dà l'assalto a una città, a una fortezza, a un bastione; gli assaliti attaccano sì vivamente gli assalitori che li ributtano indietro. — GATTI.

— *Aggressione*, diciamo, a mano armata quella dell'assassino, del ladro, del rapitore; e l'aggressione pare più subita e, d'ordinario, più frodolenta dell'attacco. Di due eserciti che attaccano la zuffa, non aggressione, ma attacco diremo. — LAVEAUX.

438.

Dare assalto, Dar l'assalto.

Dar l'assalto ha senso proprio e militare; *dare assalto* l'ha traslato e morale. Un capitano dà l'assalto a una fortezza; un affetto dà grande assalto ad un cuore. Mentre che i Galli davano l'assalto a Roma, a Tarpea dava assalto una cupidigia più vile che quella degli stranieri invasori; e Tarpea è il simbolo di quella maledizione che, sotto diversi pretesti, strascinò sempre il nemico entro alle mura italiane (1).

Dar l'assalto ha però un senso traslato. Di chi, con artifizii e con vezzi, o con promesse e seduzioni, tenta di vincere l'altrui lealtà, si direbbe che le ha dato l'assalto. Il seduttore dà l'assalto al cuore della donna debole; la donna dà l'assalto al cuore d'un uomo che le promette d'essere comodo e paziente marito. Chi vuol danaro a prestito (e ognun sa che significhe il prestito), vi dà l'assalto con le più belle maniere del mondo. *Dare assalto* è sempre violento, e non si dice che delle passioni interne dell'animo. Intanto che quell'oppressore vigliacco tenta, con l'oro o con le minacce, di dare l'assalto alla generosità de' pochi che si oppongono alle sue mire, ben altri affetti danno assalto al lor animo esulcerato.

439.

Attaccare, Attaccarla, Accoccarla, Farla.

Tanto diciamo *attaccare uno*, quanto *attaccarla con uno*, per indicare aggressione, provocazione, o personale o reale o morale o civile o letteraria, che spesso è delle più incivili. Ma i due modi sono bene distinti. *Attaccarla* sottintende lite, guerra, questione, o simili; e cel prova il *con* che gli segue. Chi dunque dice *attaccarla con uno*, intende provocazione che dà principio a una serie o reale o possibile d'ostilità. Quindi denota malignità, odio, o almeno intenzione non buona; denota quasi la scelta che fa l'assalitore d'un uomo fra gli altri, col quale ha segnatamente prurito d'entrare in discordia. Il vile non osa attaccarla coi più forti, perché sa che i più forti non si lasciano attaccare indifesi; ma se la piglia col debole.

Attaccare non denota che un atto d'ostilità, sia nel principio dell'inimicizia o della dissensione, sia nel processo; atto diretto, o contr'uno o contro molti, a fine o d'offendere o pur di difendersi. *Attaccarla* indica risoluzione determinata di cominciare la lotta con uno, per ragione o pretesto qual siasi. Due Stati vicini vivono in pace; l'uno per giusti o ingiusti motivi attacca l'altro con negoziazioni sleali o atti ostili; l'attacco può dar luogo a un trattato, e può cagionare una guerra. Posto che si venga all'armi, lo Stato offeso dal primo attacco del nuovo nemico, può anch'egli dal suo lato attaccarlo con incursione, o simile. Il nemico attaccato può improvvisamente attaccare l'esercito incursore; può volger l'attacco contro un drappello sbandato. Tutti cotesti attacchi s'esprimono con *attaccare*, no colla frase *attaccarla*. Così nella vita civile. Un tale v'attacca nell'onore; voi o per vendetta attaccate lui dal medesimo lato, o l'attaccate in faccia ai tribunali, chiedendo riparazione; egli, per liberarsi da ogni via legale, vi attacca con l'armi alla mano. Questi attacchi s'esprimono con *attaccare*.

Veniamo alla frase sinonima. Uno Stato debole, vicino a uno più forte, ha l'imprudenza d'attaccarla seco; di provocarlo all'un modo o all'altro. Una potenza più forte vuole invadere lo Stato vicino; cerca un pretesto per attaccarla, per cominciare le ostilità; vuole attaccarla, per poi venire all'attacco. Roma si lasciava talvolta attaccare dagli Stati vicini, per avere il pretesto di attaccarla con essi e di soggiogarli. Nella conversazione, un tale, per soverchieria o per amor di litigio, vuole attaccarla con questo e con quello; coglie il destro delle piccole contraddizioni, delle piccole irritazioni; non attacca, ma cerca egli di essere attaccato, per attaccarla meglio. Molti letterati s'attaccano apertamente senza pudore; molti cercano di attaccarla con uno o con un altro per sofisticherie, per inezie (1).

Raccogliendo le cose dette, ecco le differenze: I.º *Attaccarla* indica ostilità incipiente, talvolta il solo desiderio dell'ostilità; *attaccare* è la prima aggressione e qualunque siasi di quelle che vengono dopo. II.º *Attaccarla* indica mal animo, spontaneità; *attaccare* può non indicare che l'atto, o voluntario o necessario che sia. III.º *Attaccarla* indica non so che di minuzioso, di cavilloso, di frodolento; *attaccare* è atto di forza aperta, di valore o di violenza. Però, anche quando l'attacco è giusto, il cercar d'attaccarla indica animo non dominato dall'amore della giustizia e della verità (2).

Badisi che *attaccare*, sovente, può saper di francese; e s'adopri là solo, dove l'assalto sia prossimo o molesto, e renda imagine del senso proprio di questa parola. In altro senso, *attaccarla a uno* vale quel che già dicevasi *accoccargliela*, tolta l'imagine dalla cocca delle saette; ma questo dicevasi anco di dolore o di danno violentemente apportato; dove nell'*attaccarla* ha più luogo la

---

(1) DAVANZATI: *Avendo invano dato l'assalto, incomincia l'assedio.* - BENTIVOGLIO: *Presa la risoluzione di dar l'assalto alla piazza.* - PETRARCA: *E sogni e pensier negri Mi danno assalto.*

(1) FRA GIORDANO: *Non volere attaccarlo bruscamente e con violenza.* - DAVANZATI: *Cercossi occasione per attaccarla cogli Edui.*

(2) Alcuna delle differenze qui notate pone il Roubaud tra i modi *attaquer quelqu'un, s'attaquer à quelqu'un.*

frode quasi furtiva, l'abuso dell'ingegno e dell'arte. In senso simile, diciamo altresì *fargliela*; ma questo anco di danno minimo, anco di beffe e di celia. Ah! te l'ho fatta, esclameremmo per chiasso; te l'ho attaccata, sarebbe pesante.

440.
ASTRO, STELLA, PIANETA, COSTELLAZIONE.

— *Astro*, nome generico di tutti i corpi celesti, che conviene al sole, alla luna, alle stelle, ai pianeti ed alle comete. Trovasi anche usato a dinotare un aggregato di stelle, che più propriamente chiamasi *asterismo*, *costellazione*. — ERNESTO CAPOCCI DI BELMONTE.

— *Astro* è, delle quattro, la meno comune. E nello stile scelto, dice piuttosto una stella sola, o un solo pianeta; talvolta *costellazione*, ossia certo numero di stelle che ci si presentano quasi sotto certa unità di figura (1). — POLIDORI.

— *Stella*, corpo celeste che brilla di propria luce. Si è dato però anche ai pianeti ed alle comete. Si è usato pure per *costellazione*. — ERNESTO CAPOCCI DI BELMONTE.

— La *stella* è fissa, o pare; il *pianeta* si move nell'orbita sua. Le stelle splendono di luce propria; i pianeti d'altrui. — A.

— *Pianeta*, nome di corpi celesti erranti. Invero tutti gli astri potrebbero dirsi erranti, ma il nome di *pianeta* si è dato più particolarmente a quelli che si muovono visibilmente, per la prestezza del corso. Perciò anche il sole s'è detto pianeta anziché stella, benché sia corpo luminoso per sè, ed una vera stella, ma assai più vicina dell'altre. — ERNESTO CAPOCCI DI BELMONTE.

441.
ASTRO, STELLA, COSTELLAZIONE.
STELLATO, SERENO, STELLETTA, STELLINA.
STELLINA, ASTERISCO.

Dante: «Un astro Della costellazion che lì risplende.» Il poeta vero non teme, per parole lunghe o per forma d'astratti, parere prosaico. Egli dice *stella* anco il sole; e *stellone* in Toscana tuttavia il sole ardente. L'angelo è da lui comparato a stella mattutina: e di donna bella dicesi ch'è una stella. Non l'uomo; sebbene in Virgilio Pallante si è comparato alla stella Diana, senza nominarla però. Ma c'è bellezze che pajono, anziché stelle, lune. Un *bello stellato*, dicesi, inteso cielo. Il cielo stellato, all'antica astronomia, veniva ultimo dopo i pianeti, e poi il cielo empireo. Può un bel *sereno* notturno non essere un bello *stellato*, perché stelle poche o abbacinate.

I traslati: *andare, portare alle stelle, cader dalle stelle* per maraviglia, *veder le stelle* per dolore acuto, son tutti dell'uso.

Fregi o abbigliamenti in forma di stella con raggi d'intorno, sogliousi dire *stelle*. Abbiamo anche le dame della croce *stellata*. *Stelletta*, anco stella del cielo piccola; *stellina*, cosa in forma di stella, e anche *asterisco*; ma questo è segno soltanto della scrittura.

442.
ASTROLOGARE, STROLOGARE.
STROLOGARE, ALMANACCARE.

Dell'esercitare sul serio (e ce n'era; e qual cosa da burla non fu mai presa in sul serio?) l'astrologia, non solo per dire l'occulto e il futuro, ma anco per semplicemente osservare i moti celesti, secondo l'astronomia di que' tempi, si dirà *astrologare*. È danno che *astrologia* degenerasse a indicare abuso di scienza e insceinza ciarlatanesca; giacché la forma della voce è più appropriata di *astronomia*, che par voglia imporre agli astri la legge, o almeno conoscere tutte le leggi che reggono i mondi. *Strologare* è voler indovinare, o farne le viste, le cose incognite e le avvenire. Dicesi altresì: *strologare uno*, dirgli la sua ventura, leggergli ne' lineamenti del viso e nelle linee della mano quel ch'egli sente in sé inavvertito, e quel che non sa presentire di sé.

Strologare è anco andar facendo pensamenti malcerti e vani, tra la congettura e la fantasia; ed è più astratto di *almanaccare*, sovente più indeterminato e più falso.

I Toscani usano *strolago*, i Veneti *strolego*, i Friulani *strolic*; che col comune *astrologo* trasmuta questa povera voce per quattro delle cinque vocali.

443.
ATTRIBUIRE, ASCRIVERE, APPORRE, SCRIVERE.

S'ascrive un oggetto a una classe, una qualità ad un soggetto; si attribuisce un'azione, una qualità ad un oggetto, ma non un soggetto ad un altro. S'ascrive un tale alla cittadinanza, gli si ascrive a colpa un fatto suo, gli si attribuisce un'azione; ma non viene egli stesso attribuito ad una classe, così come ci viene ascritto.

Quando *ascrivere* s'applica, non a classe, ma a qualità, differisce da *attribuire* in ciò, che quello un giudizio, e questo dice semplice opinione. Il mondo ascrive talvolta ad infamia azioni ch'egli dovrebbe onorare; questo è un falso giudizio. I dotti attribuiscono talvolta a nomi celebri opere indegne di loro; questa è una falsa opinione. Onde diciamo: attribuire a sé un merito, non ascriverselo.

Diremo dunque: attribuire al tale un'azione, e ascrivergliela o a merito o a colpa; attribuirgliela a colpa, è più rado (1).

Quanto ad *apporre*, ascoltiamone il Varchi: «dire che uno abbia detto o fatto cosa, la quale egli non abbia nè fatta nè detta; il che i Latini dicevano *conferre aliquid in aliquem*, o *conferre culpam*.» Si appone colpa non vera; si attribuisce, d'ordinario, cosa che, in parte almeno, sia vera. Inoltre, si attribuisce anco un merito; non s'appone che la colpa.

Non è già che chi appone sappia sempre d'apporre colpa non vera; ma la colpa apposta, d'ordinario, è non vera, anco se colui che l'appone, vera la creda.

Talvolta s'adopra *scrivere* in luogo d'*ascrivere* (2). Ma *scrivere*, in questo senso, è una memoria piuttosto che un giudizio; è una dichiarazione del giudizio interiore. Un maligno scrive a reità gli atti più innocenti; il tiranno scrive ad offesa fin l'eccesso delle adulazioni e delle viltà, che certamente è offesa non delle meno crudeli.

444.
ATTRIBUIRE, AGGIUDICARE.
ATTRIBUZIONE, ATTRIBUIZIONE.

Aggiudicare non è comune nell'uso, ma proprio dell'attribuire in giudizio un diritto, o, per estensione,

---

(1) Nell'uso italiano, inutile forse parrebbe il pleonasmo di CICERONE: *Bonos exitus adscribere et attribuere Diis immortalibus.* Ma il secondo determina più.

(2) CASA: *Non si serve parte di essi a cortesia, ma tutto a vizio e lussuria.*

---

(1) VIRGILIO: *Orbem per duodena regit sol mundi aureus astra.*

TOMMASEO, *Diz. dei Sinonimi.*

di giudizio rilevante e seguito da *effetto*. *Aggiudicazione* è atto legale che non si direbbe altrimenti.

Attribuzione male adoprasi per facoltà attribuita a persona in uffizio, facoltà composta insieme di doveri e diritti; invece di che si può dire, uffizio, competenza, e altro, secondo i casi. L'atto e l'azione dell'attribuire in genere, per l'ambiguità che farebbe con quest'uso moderno, non sarebbe forse da dire *attribuzione*; nè *attribuizione* suonerebbe bene; men male *attribuimento*. Quando però necessità di chiarezza lo richiedesse, non è da fuggirli.

445.
ATTRIBUIRE, IMPUTARE, ACCAGIONARE.

— S'attribuisce e il bene e il male è cosa indifferente; s'imputa il male. S'attribuisce, non solo per dare merito o demerito della cosa, ma pure per assegnare l'autore, la cagione; s'imputa per darne carico. Dunque *imputare* è men generale d'*attribuire*, e più determinato però.

Accagionare, attribuire a taluno la cagione d'un male; e dicesi, per lo più, di persone o d'atti che vengono, o s'imagina che vengano da persona ragionevole. S'imputa e alle persone e alle cose. — GATTI.

Ognun sa che *imputare* ha sempre mal senso, e *attribuire*, buono per lo più; ma quando ambedue s'applicano a colpa, differiscono in ciò, che nell'imputare è qualche animosità, l'attribuire può essere mera affermazione. Poi, s'imputa, d'ordinario, con parole; si può attribuire pur col pensiero.

446—450.
ATTRIBUIRSI, APPROPRIARSI, ARROGARSI.
PRETENDERE, ASPIRARE, TENDERE.
PRETENSIONE, PRESUNZIONE.
PETULANTE, PROCACE, PROTERVO.
ARROGANTELLO, ROGANTINO.

446.
Attribuirsi, Appropriarsi, Arrogarsi.

Appropriarsi è pigliare per sè, ritenere, riguardar come proprio un oggetto, a torto, e talor anche a diritto; *arrogarsi* è richiedere, pretendere, con orgoglio, con insolenza, ciò che non è a voi dovuto, o più di quello che a voi sia dovuto; *attribuirsi* è darsi d'autorità propria una cosa. L'uomo avido o impaziente s'appropria, il petulante s'arroga, il geloso de' suoi pretesi diritti si attribuisce; nel primo entra principalmente l'interesse, nel secondo l'audacia, nell'ultimo l'amor proprio. Il tale attribuisce a sè un'invenzione, un esito fortunato, del quale il merito non è suo; s'arroga titoli, preminenze, privilegi; s'appropria un campo, un arnese. È cosa frequente che l'uomo s'approprii oggetti che non sa certo di chi siano; s'arroghi come diritto i servigi e gli omaggi rendutigli; s'attribuisca un buon successo a cui non ha cooperato che in parte. Così l'abate Roubaud.

L'*appropriarsi* è sovente accompagnato con fatti; l'*attribuirsi* può essere semplice opinione; l'*arrogarsi*, pretesa vana. *Attribuirsi*, propriamente de' meriti; *arrogarsi*, de' diritti; *appropriarsi*, della proprietà, sia di beni visibili, sia di cose incorporee (1). L'*attribuirsi* può essere legittimo; l'*appropriarsi* può essere giusto; l'*arrogarsi* è sempre inconveniente (1). Ma anche quando l'*attribuirsi* ha mal senso, è meno odioso dell'*arrogarsi*.

— Poi, *appropriare* ha senso d'accomodare in modo proprio, cioè convenientissimo. Così diciamo: termine, titolo appropriato; sentenza, citazione bene appropriata al caso. — GATTI.

447.
Pretendere, Aspirare, Tendere.

— S'aspira col desiderio; si pretende per diritto, vero o imaginato, titolo, diritto, bene qualsiasi, anche non vivamente desiderato.

Si pretende, talvolta, la ragione delle forze, perchè la forza a taluni è diritto. L'ambizioso che aspira alla corona, quando si sente più forte, pretende.

S'aspira e in palese e in segreto; pretendesi in palese. — GUIZOT.

Pretendere, dimostrazione del desiderio con opinione ferma.

Tendere è men d'*aspirare*; ogni moto dell'animo verso l'oggetto, è tendenza. Ma talvolta il *tendere*, con l'idea di tensione che gli è associata, significa moto men regolare e più affannoso. Aspirasi più sovente al bene, o che bene si creda; tendesi e al male, e alla propria rovina. *Tendere* ha altresì senso meramente corporeo: temperamento che tende a infiammazione, a tisi, o simile.

448.
Pretensione, Presunzione.

— La *pretensione* è meno assai della *presunzione*; e non è, come questa, dell'abito, ma talvolta d'un atto solo e determinato. La pretensione di fare una cosa può essere o no ragionevole. — CAPPONI.

449.
Petulante, Protervo, Procace.

Petulante, impronto a chiedere (2), che non ha riguardo a far conoscere i suoi capricci, con arroganza, con presunzione, con disprezzo d'altrui. *Protervo*, che dimostra inclinazione di arroganza in modo spiacevole (3). *Procace*, che offende col pretendere; i cui desiderii sono anch'essi un'offesa (4).

La petulanza è nell'aria, nelle maniere, ma specialmente nelle parole; la protervia, meno nelle parole che nei movimenti e negli sguardi; la procacità, nei discorsi, negli atti. La procacità è cupida, la petulanza sfacciata; la prima manca di discrezione, l'altra, di rispetto. La petulanza ha luogo segnatamente da inferiore a superiore; la procacità, con tutti. Questi difetti dispiacciono talvolta più dell'intima malignità, della libidine e dell'orgoglio, perchè i detti vizii possono starsi nascosti; ma la petulanza, la protervia, la procacità si mettono in mostra, e però pajon forse più gravi di quel che sono.

450.
Arrogantello, Rogantino.

Da *presuntuoso* può farsi *presuntuosello*; da *arrogante*, *arrogantello*, e dicesi, per lo più, di giovane o di debole; non di donna. E neanco il positivo pare proprio di lei,

---

(1) ARIOSTO: *E che le chiavi s'arroghi d'avere Del cielo e dell'abisso in suo potere* (trattasi di diritto.) — VITA DI S. GIROLAMO: *A lui ne abbiamo a render ragione, e a noi non possiamo appropriare niente.* (Trattasi d'una specie di proprietà.) — PASSAVANTI: *Non dee attribuire superbamente a' suoi meriti qualunque bene abbia.*

(1) CICERONE: *Ego tibi tantum tribuo, quantum mihi fortasse arrogo.*
(2) Peto.
(3) Dante chiama Beatrice regalmente *proterva*; che, oggidì non sarebbe gran lode, nè di donna beata nè di re serenissimo.
(4) *Procor.*

la cui natura aborre da presunzione e da arroganza, quand'anco, corrotta che sia, abbia vizii peggiori. *Rogantino*, che pare abbia la stessa radice, è la nota maschera del debole spaccone, e dicesi anco in Toscana. I rogantini formicolano.

451.

AVARIZIA, SPILORCERIA, SORDIDEZZA, SUDICIERIA, GRETTEZZA, TENACITÀ.
GRETTO, MISERO.

L'*avarizia* nelle piccole cose è *spilorceria* (1). La sordida e sudicia, sì nel senso morale e sì nel corporeo, è *sordidezza*. Nel materiale, più specialmente, diciamo *sudicieria*; e anco nel morale, se inonestà, o cose simili a inonestà, l'accompagnino.

La *grettezza* è principio d'avarizia; vale: meschinità nello spendere. Gli avari sono gretti; non ogni gretto è avaro. In questo senso diciamo anche *misero*; ma non così comunemente *miseria*, come *grettezza*. È misero è ancor più di gretto. Il misero con le sue grettezze patisce e fa patire.

La *tenacità*, anch'essa, ora viene da avarizia consumata, ora è il troppo amore del proprio; ma non tanto vizioso, che si possa chiamare avarizia. Quando trattasi d'averi, *tenacità*, solo per sé, dice assai; se si trattasse della tenacità d'opinioni o d'altro, vuolsi determinazione più espressa.

452—457.

AVARO, SORDIDO, MISERO, SPILORCIO, TENACE, STRETTO, INTERESSATO, INTERESSOSO, TIRATO, AVIDO, INGORDO.

452.

Avaro, Sordido.

— L'*avaro* teme di spendere; il *sordido*, per non ispendere, tiranneggia sé stesso. All'avaro può sfuggire qualche atto generoso, al sordido non mai. — FAURE.

453.

Avaro, Misero.

— *Avaro*, in nostra lingua, è ancor colui che per rapina desidera d'avere; *misero* chiamiamo quello che troppo s'astiene dall'usare il suo (2). — MACHIAVELLI.

454.

Sordido, Spilorcio, Tenace.

— La *tenacità* può non essere sudicia (3); può essere prudenza soverchia, o timore di spendere oltre le forze. La *sordidezza*, anco nel povero, è vizio manifesto. La *spilorceria* è sudicia insieme e meschina; dicesi specialmente spilorcio chi può spendere e non vuole (4).

Chi è tenace, a momenti, può dimenticare il suo vizio e spendere; chi è sordido, nella stessa magnificenza si dà a divedere quel ch'è; chi è spilorcio, si mostra tale in ogni cosa, e più nelle minime. — ROMANI.

455.

Avaro, Stretto.

— *Stretto* è meno assai (5); gli è il contrario di *largo*. L'avaro, per non ispendere, sta a patti di soffrire; lo stretto vuole spender poco. Gli avari non son molti; ma gli uomini stretti son pur tanti e in tante cose! — MEINI.

456.

Avaro, Interessato, Interessoso, Tirato.

— L'*avaro* ama acquistare, e non sa far uso dell'acquisto; l'*interessato* ama il guadagno, fa nulla per nulla. L'avaro si priva, più che può, d'ogni cosa che costi; l'interessato non bada a quello che non gli può rendere. Pensa a pigliare, ma non sempre a tenere. — GIRARD.

— *Interessoso* indica vizio più abituale d'*interessato*; quindi il peggiorativo *interessosaccio*, che l'altro non ha. *Tirato*, che va troppo a rilento nello spendere, nel pagare; è meno degli altri due; quindi il diminutivo *tirattino*, non bello, ma dell'uso. Sì l'interessato come l'interessoso vagheggiano il guadagno; ma il secondo è più bassamente cupido; il tirato squarterebbe lo zero: i primi due tirano a guadagnare; questo a risparmiare. L'avaro è un disgraziato che ama l'oro come metallo, non come mezzo di fare l'altrui bene e il proprio; e' vuol patire piuttosto che manomettere il gruzzolo. Per un capriccio frequente delle umane passioni, si vede che i vecchi sono più avari de' giovani. — MEINI.

457.

Avido, Ingordo.

Di danaro, l'*ingordigia* apparisce più, e fino in cose minime; l'*avidità* può celarsi, e ingojare tesori. Guadagno ingordo, diciamo, non, avido.

458.

AVVEDERSI, ACCORGERSI.
AVVEDUTO, ACCORTO, AVVISTATO.
AVVEDUTEZZA, AVVEDIMENTO.
ACCORTEZZA, ACCORGIMENTO.

Avvedersi è più facile, più pronto. Noi ci avvediamo, propriamente, di cose sensibili, o tanto chiare che quasi cadono sotto i sensi; ci accorgiamo di cose men ovvie indicateci da ragionamenti o da indizii. Io posso avvedermi che due amanti si guardano, e non mi accorgere per questo che s'amano (1). Nell'*accorgersi* entra più il riflettere; e, perché v'ha luogo induzione, può aversi più luogo errore (2). L'*avvedersi*, essendo come il primo riconoscere della sensazione, non va, in certa guisa, soggetto a sbaglio. L'amante s'avvede di mutazione avvenuta nelle maniere dell'amata sua; s'accorge di mutazione nel cuore di lei. Il Manzoni: « Don Abondio (il lettore se n'è già avveduto) non era nato con un cuor di leone; ma fino da' primi suoi anni egli aveva dovuto accorgersi che la situazione la più impacciata a quei tempi era.... » Non si potrebbe senz'improprietà cambiar posto a queste due voci.

Quindi è ancora che *avveduto* è meno d'*accorto*. L'uomo

---

(1) Forse da *pilus* o da *expilo*.
(2) Il Machiavelli, in questo luogo, fa *misero* contrapposto di *donatore*.
(3) COMM. INFERNO: *Le ricchezze mondane non fanno l'uomo esser liberale, ma tenace.* — PANDOLFINI: *Non liberali, non larghi, ma tenaci e stretti.*
(4) LIPPI: *Il duca per la sua spilorceria Ognor vieppiù tenevalo a stecchetto.*
(5) COCCHI: *E' diventò avaro non che stretto.*

(1) BOCCACCIO: *Cominciò a fare i più nuovi atti del mondo, tali e tanti che se ne sarebbe avveduto un cieco.* (Accorto non direbbe tanto nè così chiaro.) — DANTE: *Ben s'avvide il poeta che lo stava stupido tutto al carro della luce.* — *Vassene il tempo, e l'uom non se ne avvede.* (Qui trattasi di cose facili a raccogliersi.) Lo stesso: *Non v'accorgete voi che noi siam vermi?* — *S'accorge che la sua virtude avanza.* — *Ma quel padre verace che s'accorse Del timido voler che non s'apriva.* (Qui di meno evidenti.)

(2) Quindi Dante lo unisce col *se*: *Se ben m'accorsi nella vita bella.*

avveduto discerne con facilità quel che importa all'uopo suo; l'uomo accorto, da' segni che gli si porgono deduce la parte incognita di quello che l'uomo avveduto discerne. Nell'avvedutezza è l'intuizione della cosa; nell'accortezza, ripeto, è l'induzione. L'avveduto vede il bene ed il male; l'accorto scopre i mezzi di procacciar quello, e questo fuggire (1). Quindi è che *avveduto* ha quasi sempre buon senso; *accorto* può essere vicino ad *astuto* (2). Però non saprei se sia imitabile nel Boccaccio questa collocazione delle due voci: «Qual filosofo, quale artista mai avrebbe potuto o potrebbe mostrare quegli accorgimenti, quegli avvedimenti...?»

E poichè siamo all'*accorgimento*, diremo la differenza ch'è tra esso e l'*accortezza*: questa è la qualità, quello è l'atto; questa è nella mente, quello nell'azione; questa è una disposizione naturale addestrata dall'esperienza, quello un artifizio adoprato in tale o tal caso. L'accortezza si distende per una serie d'azioni; l'accorgimento si restringe segnatamente a un fine particolare a cui tendere. Anco l'uomo di non molta accortezza può in qualche occasione parlare con accorgimento, usare un accorgimento felice per uscire d'impaccio (3). Accorgimento si dirà talvolta anco dell'abito; *accortezza*, d'un solo atto, no.

Il simile è di *avvedimento* e di *avvedutezza*: questa è l'abito; quello, l'atto. Inoltre, l'avvedutezza meglio s'applica al fare; l'avvedimento, al conoscere. Nelle cose letterarie c'è più luogo d'esercitare l'avvedimento che l'avvedutezza; nelle mercantili, nelle politiche, e l'uno e l'altra. Le discussioni logiche richieggono avvedimento, e lo formano; le esercitazioni pratiche mettono a prova l'avvedutezza dell'uomo (4).

Avvistato, in senso affine a *avveduto*, si applica specialmente a' bambini, agli animalini che mostrano prontezza e brio (5). *Avvistato* diremmo anco d'adulti; ma di bambini, *avveduto*, non così acconciamente. E fa per vezzo *avvistatino*.

459.
AVVEDERSI, ADDARSI.

Addarsi (che s'approssima all'*apporsi*) denota un accorgersi quasi per indovinamento, non per indizii certi (6). Così nella lingua parlata. Ma nell'*addarsi* è induzione meno remota; non s'usa, per lo più, che nel passato men prossimo: *si addiede*; ma *tu ti addai*, *io m'addava*, *egli si addarà*, suonerebbe quasi barbaro.

460—465.
AVVEDUTO, SAGACE, DESTRO, ACCORTO, ASTUTO, FURBO, SCALTRO, TRISTO, MALIZIOSO.
TRISTO, TRISTE.
FURBACCIO, FURBACCHIONE, ASTUTACCIO.
FURBETTO, MALIZIOSETTO, TRISTARELLO.
MALIZIETTA, MALIZIUCCIA, FURBERIUOLA.
ACCORTO, DESTRO, DISINVOLTO, FRANCO, SVEGLIATO, PRONTO.
ASTUZIA, ASTUTEZZA.

460.
Avveduto, Sagace, Destro.

— *Avveduto*, che vede il vero nel suo lume, e a tempo; *sagace*, che lo sente da lontano, lo presagisce; *destro*, che cerca e trova i modi più agevoli per cogliere l'intento. — A.

— *Sagace* è colui che opera con saggezza; nè prevede soltanto, ma paragona e riflette; ed è insieme avveduto e cauto e ingegnoso.

Sagace differisce da *avveduto* in quanto che: 1.° comprende, non il solo pronto conoscimento delle cose, ma altri atti intellettuali, come il riflettere, il paragonare, lo scegliere, il prevedere; 2.° include qualche cosa di pratico. — LAMBRUSCHINI.

461.
Accorto, Destro, Astuto, Sagace, Scaltro.

— *Accorto* ha senso più spirituale che *destro*. *Destro*, e del corpo e dell'ingegno; *accorto*, dell'intelletto principalmente, e della pratica della vita: amante malaccorto, giocatore mal destro; cavalcatore mal destro, non già malaccorto. Giocatore accorto, dice più e meglio che destro; quest'ultimo potrebb'essere un giocator di vantaggio. — A.

— *Astuto*, che prevede gl'inganni, e saprebbe ordirli; *sagace*, che sa discernere il vero e il buono, e con questo discernimento operare (1).

Scaltro ha buono o mal senso; *sagace*, sempre buono; *astuto*, men buono di tutti (2). Lo scaltro ha esperienza delle cose; e perchè questa esperienza di rado s'acquista senza troppo immischiarsi in esso, la scaltrezza rasenta l'astuzia.

Accorgersi è venire al conoscimento d'una cosa con l'ajuto di un'altra. L'accortezza dunque è il primo passo della sagacità. — ROMANI.

462.
Astuto, Furbo, Scaltro, Tristo, Destro, Malizioso, Avveduto, Triste.

— Che tristo senso abbia *furbo*, lo dice la lingua furbesca. L'urbanità raffinata (3) crea l'*astuzia*; la cautela

---

(1) BOCCACCIO: *La fante, scendendo meno avvedutamente, smucciandole il piè, cadde.* (Non si direbbe scendere con accortezza. Dante però disse l'accorto passo in caso più grave.)

(2) BART. S. CONCORDIO: *Dio, il quale nel dar lo bene avvedutissimamente lo sa scegliere.* (Qui ha buon senso; ma non so se di Dio si convenga.) E così nel Boccaccio: *La donna savia e avveduta lietamente rispose....*

(3) DANTE: *Gli accorgimenti e le coperte vie i' seppi tutte...* (Qui trattasi d'artifizii alla spicciolata.) - PETRARCA, Uomini illustri: *Con molta accortezza insegnando.* (Qui di qualità costante.)

(4) TRATT. SEGR. COS. DONNE: *Si mostrano dotati di avvedutezza.* (Qui è qualità.) BOCCACCIO: *Il vostro senno più che il nostro avvedimento ci ha guidate.*

(5) *Avvistato*, definisce la Crusca: *di bella apparenza*; e tal senso ha in due vecchi esempi, e corrisponde in parte al moderno *vistoso*; ma nel terzo del Varchi, parmi, ha il senso della lingua viva: *E come egli era avvistato! non fu mai il più bel bambino.*

(6) CA. MORELLI: *I Pisani... presero sospetto e addironsi del fatto.* - LIVIO: *Perocchè la gente meno s'addasse della lor cupidigia, eglino biasimavano....*

---

(1) MOR. S. GREGORIO: *L'astuto avversario (il demonio non si direbbe sagace).* - C. SANTI PADRI: *I pensieri che vengono nel cuore, con sagace discernimento disaminare.* -MOR. S. GREGORIO: *Sagacissimamente guarda di non passare i termini della giustizia.*

(2) F. VILLANI: *Piuttosto scaltrito e astuto che saggio.*

(3) Ἄστυ.

intelligente, la *scaltrezza* (1); le intenzioni buie e nere (2) e rapaci (3), la *furberia*. — GRASSI.

— Le opere del *furbo* nuociono altrui, o tendono a nuocere; quelle dell'*avveduto* talvolta giovano. Il *furbo* è uomo di sé; l'*avveduto* può essere affettuoso. — SCALVINI.

— *Astuto*, abile a trovare ripieghi, sovente ingannevole; *furbo*, vilmente scaltro a danno altrui; *scaltro*, chi nell'operare usa prudentemente l'ingegno; *destro*, chi sa schermirsi dai raggiri, dai pericoli, che sa usare la mano e il corpo tutto e la mente.

Il *tristo* è sovente malvagio più del *furbo*, se non s'applichi a tenera età. Ragazzo *tristo*, sogliono dire le mamme, in luogo di avveduto. *Triste* ha senso di mesto. Da *triste* si fa *tristezza*, più comunemente; da *tristo*, *tristizia*. Anco il mesto però dicesi *tristo*, e *tristizia* la tristezza; ma questo secondo più rado; nè mai *tristo* ha senso peggiorativo di *furbo*.

Malizioso, che vede acuto, e tira a male ogni cosa; indaga, sorprende parole, pensieri, fatti; ha acume più che ingegno, e più scienza del male che del bene, o almen voglia di tale scienza. — NERI.

La furberia pesa in falso: è accortezza abusata; l'accortezza può star paga al difendersi dall'altrui furberia. L'uomo onesto non ama e non merita mai la vergognosa lode di furbo, ambita dai rinnegati di ogni colore. Gli sciocchi si vantano d'essere astuti ed accorti.

463.
Furbaccio, Furbacchione, Astutaccio.
Furbetto, Maliziosetto, Tristarello.
Malizietta, Maliziuccia, Furberiuola.

Dei notati, que' che hanno peggiorativo sono il *furbo*, l'*astuto*, il *malizioso*. *Tristaccio* suonerebbe strano; e nè anco *astutaccio* è frequente. Ma qui il peggiorativo passa quell'astuzia sottile che può essere quasi innocua, e che è come l'urbanità raffinata. Il *furbaccio* è sguaiato, e porta alla tristizia la furberia; il *furbacchione* è meno maligno, e si contenta della goffaggine.

Maliziosetto e *furbetto*, di fanciullo, di donna; e anco d'uomo che eserciti in piccolo e quasi meschinamente la furberia e la malizia. Ma dicesi talvolta *furbetto* più per dispregio che per attenuazione, intendendo cosa più grave. E così *tristarello* non ha il senso innocente di bambino vivo e accorto, ma tocca già la malizia. Maliziosetti e furbetti anco gli occhi e gli atti, che non si direbbero astuti o tristi. *Astuzia* e *furberia* non sopporta il peggiorativo tanto, come *maliziaccia*. Il diminutivo *maliziuccia* dicesi, mi pare, più del vizio abituale che di quest'atto o di quello. *Malizietta*, e dell'atto e dell'abito; e ha senso più mite. Maliziuccia può essere anco la malignità meschina di vecchio inerpicato nella frode; malizietta, di bambino. Certi occhi di fanciulla innocente esprimono certa malizietta, che è forse tutta negli occhi di chi la guata. I retori in verso e in prosa si pavoneggiano di certe loro maliziette di stile e di lingua, che perdono l'arte grande.

Furberiuola, e l'abito e l'atto, ma più questo che quello. *Furberiuccia* non suonerebbe bene.

---

(1) Forse il barbaro *calterire* viene da *caulus*, come l'antico *altore* da *auctor*. Già le due lettere si commutano: così l'*autel* de' Francesi da *altare*.
(2) *Furvus.*
(3) *Fur.*

464.
Accorto, Destro, Disinvolto, Franco, Svegliato, Pronto.

— *Destro*, nel traslato, indica più agilità di mente che *accorto*; *accorto*, più senno che *destro*. *Disinvolto*, meglio significa l'attitudine spedita a operare: destro, al cogliere, e pensando e operando, il più diritto modo d'operazione. — ROMANI.

Franco, accorto e destro, che in parole ed in atti non si sgomenta, e così meglio ricopre i suoi fini, apparendo sincero, più che non sia; la franchezza, nell'avveduto, è dunque più che la disinvoltura. Questa fa parere l'uomo non impacciato; quella, libero. In questo senso usasi anco *francone*.

Svegliato indica vivezza d'ingegno; riguarda la facoltà intellettiva.

Pronto, nel significato affine ai notati, dicesi e della maniera e della mente; ed indica più agilità che *disinvolto*, quanto alle maniere; quanto all'idee, può l'avveduto e l'accorto non essere pronto, o non voler parere, per meglio giungere al fine.

465.
Astuzia, Astutezza.

L'*astuzia* è l'atto, l'*astutezza*, l'abito. L'*astuzia* è un pensiero, un'operazione; l'*astutezza*, disposizione, qualità. Si dirà che le donne posseggono di molte astuzie per far creder d'amare senza dire bugia; non si dirà che hanno molte astutezze. Ben si dirà: la naturale astutezza di certi popoli, di certe persone.

Ma in questo senso di abito, di qualità, di disposizione, si dice astuzia del par che astutezza. Allora la differenza, parmi, sta in ciò: che l'astutezza è più generale, l'astuzia, più pratica. L'astutezza può starsi chiusa in sé, e quasi in guardia al bisogno; l'astuzia tende ad operare, a simulare, a ingannare. Del resto, e l'una e l'altra si applicano tanto agli accorgimenti diretti a bene, quanto alle frodi malvage.

466—468.
AVVENIMENTO, AVVENTURA, ACCIDENTE, CASO.
ACCIDENTE, CONTINGENTE, CONTINGENZA.
ACCIDENTALITÀ, INCIDENZA.
SOSTANZA, SOSTANZIALITÀ.
ACCIDENTATO, COLTO DA ACCIDENTE.

466.
Avvenimento, Accidente, Avventura, Caso.

Avvenimento, di checchè avvenga in pubblico o in privato; l'*accidente* è avvenimento tristo, d'ordinario, o almeno che ha più del casuale e dell'indeterminato; *avventura*, avvenimento, per lo più, lieto, o almeno che ha dello straordinario e del singolare (1): avventure amorose, soldato avventuriere; brutto, strano accidente.

Caso può avere senso più tristo d'accidente. Boccaccio: « novelle piacevoli, e aspri casi d'amore, e altri fortunati avvenimenti (2). » In Firenze dicesi: *suonare a caso*, quando il suono della campana della Misericordia annunzia disgrazia avvenuta a taluno.

C'è però de' luoghi dove caso s'adopra in senso indifferente, dove cioè trattasi di fatti così leggeri, che

---

(1) BOCCACCIO: *Un pietoso accidente, anzi sventurato. - Il tuo misero accidente.* - ALAMANNI: *Narrerò di Giron l'alte avventure.*
(2) PETRARCA: *La notte che seguì l'orribil caso.*

avvenimento, avventura, accidente non ci cadrebbe. Si sente comunemente intuonare un discorso: sentite caso che mi segue! e il caso non è che una delle solite frivolezze che seguono a cento persone in un giorno.

467.
Accidente, Contingente.

— *Contingente*, ciò che non è necessario, ma che segue per cause antecedenti, più o men conosciute; *accidente*, ciò che pare avvenga per caso. Seneca: *Intuere, quid sint res nostræ, non quid vocentur; et scies, plura mala contingere nobis, quam accidere.* — FORCELLINI.

468.
Accidente, Contingente, Contingenza.
Accidentalità, Incidenza.
Sostanza, Sostanzialità.
Accidentato, Colto da accidente.

Contingente s'oppone a *necessario*; *accidente*, in altro senso, a *sostanza*. Ragionasi de' contingenti futuri, delle contingenze, cioè, o del possibile ad avvenire, o di quello che veramente avverrà, ma che, dipendendo dal libero arbitrio, non si può assoggettare a legge di necessità. Questa è voce di senso relativo all'umano vedere; dinanzi a Dio non c'è contingenti (1); Dio stesso vede, e ben meglio dell'uomo, quello che nelle cose è sostanza, e quel ch'è accidente. *Contingenza* ha sovente senso fausto (2); *accidente* ha spesso mal senso: onde *accidentaccio, accidentucciaccio.*

Quindi *accidente di gocciola*, o assoluto *accidente*, quel che dicesi *colpo*. È *accidentato*, non solo chi ne è colto, ma chi ne rimane infermo.

Il francesismo *accident di terreno*, *terreno accidentato*, è barbaro a noi, nè alcuna analogia lo rende accettabile; vale: inuguale, variato di forma, declinante, sporgente; e vocaboli speciali sono più adatti a dipingerlo.

Accidentalità non è bello; ma può cadere opportuno a significare l'astratto (parlando di fatti, non di particolari) dell'oggetto contrapposto alla sostanza. In questo secondo senso, alla lingua scientifica potrebbe forse qualche volta giovare *accidenza*, in contrario di *sostanzialità*, ch'è l'astratto di sostanza, e però non dice il medesimo.

469.
AVVENIRE, FUTURO.

— *Futuro* è termine grammaticale, o scolastico; la grammatica ha il tempo futuro; la scolastica, i futuri contingenti. — GIRARD.

— *Futuro* dà più diretta l'idea dell'essere delle cose nel tempo che sarà; *avvenire*, l'idea della serie loro. — BEAUZÉE.

— *Futuro* talvolta indica tempo più prossimo: il futuro sposo, che sarà sposo a giorni; i figli avvenire, diciamo, perché non si sa se saranno. — ROUBAUD.

— *Futuro* riguarda il tempo ch'ha a essere, astrattamente considerato; *avvenire*, le cose che si effettueranno nel tempo: i secoli futuri, le guerre avvenire. — SCALVINI.

470—471.
AVVERTIMENTO, AVVISO, AVVERTENZA, CONSIGLIO, AMMONIZIONE.
AMMONIZIONE, MONITORIO.
CONSIGLIO, CONSULTO, CONSULTA.

470.
Avvertimento, Avviso, Avvertenza,
Consiglio, Ammonizione.

« L'*avvertimento* ha per fine il volgere l'attenzione a cose da notare, da non trascurare. *Avviso* dicesi solamente del far nota cosa che uno non sappia, o che mostri di non sapere. L'autore pone un avvertimento al suo libro; la spia dà un avviso. L'avvertimento può essere assennato o inetto; l'avviso, vero o falso. Io ricevo l'avviso d'essere insidiato; è questo avvertimento ch'io badi a difendermi. » Fin qui il d'Alembert e il Girard.

Il Guizot: « L'avvertimento, d'ordinario, suppone notizia più importante a chi la riceve; l'avviso può essere di cosa che nulla rilevi.

« L'avvertimento può essere indeterminato; l'avviso è più chiaro. Cesare, avvertito da molti segni della congiura tramatagli, non volle da ultimo prestar fede nè anco all'avviso ch'e' n'ebbe da uno de' congiurati. Si bada a un avvertimento, si crede a un avviso. »

Madamigella Faure: « L'avvertimento può richiamare, in generale, l'attenzione a una serie d'idee, alle quali importa por mente; l'avviso è quasi un avvertimento particolare, dato a un fine più determinato. » Non solo è più determinato in sè, ma riguarda un oggetto meglio specificato. Avvisasi, dunque, di cosa ignorata, s'avverte di cosa anche cognita; avvisasi col dichiarare il fatto (1), s'avverte col rivolgere l'attenzione (2); avvisasi del passato, s'avverte e del passato e del presente e dell'avvenire (3). Chi mi sta accanto, per fargli osservare una cosa, io non lo avviso, lo avverto. L'avviso cade sui fatti; l'avvertimento, anche sulle astrazioni, sulle massime. Ogni avviso, a uomo saggio, è utile avvertimento; l'avvertimento troppo generale non equivale alle particolarità dell'avviso. I tiranni chieggono avvisi dal delatore, non avvertimenti. C'è una scienza miseramente superba, che non solo rifiuta gli avvertimenti, ma sdegna gli avvisi; i fatti le dann'ombra, o le pajono inutili.

Avvertenza, per tutti i conoscitori della lingua, è chiaramente distinta da *avvertimento*; ma avviene di trovarli promiscuamente adoprati. L'avvertimento è dato da altri; l'avvertenza è una cura che prende da sè chi opera o pensa (4). Non si dovrebbe dunque usar mai: dare una avvertenza, nè: operare con tale o tale avvertimento; ben dicesi: vi fo un'avvertenza, perchè son io che la fo prima da me per farla poi fare ad altri.

---

(1) DANTE:
La contingenza che fuor del quaderno
Della vostra materia non si stende,
Tutta è dipinta nel cospetto eterno.
Necessità però quindi non prende....

Nel suo profondo vidi che s'interna,
Legato con amore in un volume,
Ciò che per l'universo si squaderna;
Sustanzia e accidente, e lor costume,
Tutti conflati insieme....

(2) DANTE: *Se mai continga che 'l poema sacro.... vinca la crudeltà.* - ORAZIO: *Ubi quid melius contingit.*

(1) M. VILLANI: *Avvisarono messer Loderigo del fatto.*
(2) Ad-verto.
(3) BOCCACCIO: *Per prevenire i dubbiosi casi che possono avvenire, t'ho avvertito.*
(4) FIRENZUOLA: *Se io con un poco d'avvertenza fossi andata togliendone....*

L'*ammonizione* e anch'essa una specie d'avvertimento; ma la differenza sta in ciò: che s'avverte per rammentare, per far riflettere; s'ammonisce per correggere, per mettere in cuore un pensiero utile e serio. L'ammonizione è un avvertimento più grave, più autorevole, molte volte severo. L'amico avverte, il maestro ammonisce; si avverte il distratto, s'ammonisce l'errante (1).

« Il *consiglio* è più determinato anch'esso dell'avvertimento: questo può riguardare il da pensarsi; il consiglio riguarda il da farsi. Io posso dare un avvertimento senz'aggiungere un consiglio; posso dare un consiglio ad uomo avvertito già. » Così madamigella Faure.

E l'abate Roubaud: « Non è consiglio che non contenga un qualche avvertimento; e non è avvertimento che, implicitamente almeno, non si possa tenere come consiglio. La differenza sta nelle circostanze e nel modo: il consiglio è più schietto, dato con aria d'autorità, o di superiore o d'amico, o d'uomo almeno che in quel caso ne sappia o creda sapere meglio; l'avvertimento è consiglio celato quasi sotto forma d'avviso. Inoltre: nel consiglio si può contenere più di un avvertimento; gli avvertimenti possono essere tante parti d'un consiglio, o come mezzi indicati per operare la cosa consigliata, o come ragioni del consiglio stesso. C'è, da ultimo, avvertimenti dati, non da chi consiglia, ma da chi comanda e insegna. Il magistrato dà avvertimenti agl'impiegati minori; lo scienziato dà gli avvertimenti necessari a compiere le operazioni pratiche della scienza. »

Date le vostre ammonizioni sotto forma di consigli, i consigli sotto forma d'avvertimenti, gli avvertimenti sotto forma d'avvisi, e faranno migliore effetto. Ma c'è degli uomini che non sanno avvertire senz'ammonire, e vorrebbero dare fino al semplice avviso la gravità del consiglio. Dispiace a molti, ancor più del consiglio, l'ammonizione; perché l'autorità che s'assume chi consiglia,

---

(1) VARCHI: *Mediante l'ammonizione il padre corregge molte volte il figliuolo.* - DANTE: *Lui che di poco star m'avea ammonito.* - URBANO: *Ragionando colla figliuola, avvisandola e ammonendola.*

se è inconveniente, muove a riso; ma la pretensione di cui fa mostra l'uomo che tende a ammonire altrui, fa dispetto.

471.
Ammonizione, Monitorio.
Consiglio, Consulto, Consulta.

Monitorio ha senso storico e ufficiale d'ammonizione severa, che vien da legittima autorità, scritta per lo più. Dicesi anco di parlata, ma per estensione o per ironia o per celia.

Abbiamo *ammonizioncella*; gli altri non portano diminutivo. Se non che: *avvisuccio* direbbesi un avviso stampato dell'editore o simile; *consiglietto*, forse per contrapposto a *maggior consiglio* adunato di più persone. Questo ognun vede essere senso proprio di quella voce; e ognun sa che il *consiglio* può essere anche di privati, la *consulta* d'uomini di Stato o di magistrati. Il *consulto* è legale o medico; più che *consiglio*, perché conchiude e dispone il da farsi; e si domanda e si dà acciocché sia seguito. Ma certi consulti medici fannosi per aver un consiglio o un avvertimento sul partito da prendere circa l'eredità.

472-473.
AVVERTIRE, INFORMARE.
INFORMARE, FAR SAPERE.

472.
Avvertire, Informare.

— *Avvertire* è volgere l'attenzione della persona a un oggetto. *Informare* è dare più o meno compiuta notizia. Si ascolta un avvertimento; si prendono informazioni.

Un oggetto inanimato può talvolta avvertirci; l'informazione ci vien da persona. — GUIZOT.

473.
Informare, Far sapere.

— *Informare* è far conoscere alla persona cosa che gli può a qualche modo importare. *Far sapere* non ha questa idea così espressa; si fa sapere anche cosa di mera curiosità. L'amico fa sapere all'amico una cosa, l'ajo informa i genitori dell'andamento del figliuolo.

Non è sempre bene informare la gente di cose che possono dispiacere. — GIRARD.

B

474.
BACCHETTA, SCUDISCIO, SCAMATO, VETTA.

Bacchetta, sottil mazzettina, per lo più di legno o di giunco; ma può essere anco di altra materia. *Scamato*, la bacchetta dei tappezzieri per batter la lana (1), che chiamasi anco *vetta*, forse dalla forma e sottigliezza sua; se non che, *vetta* par comune e allo scamato e al coreggiato da battere il grano. *Scudiscio*, la bacchetta da stimolare al corso i cavalli (1), e con cui battonsi, o battevansi i fanciulli; nel qual caso ancora può differir da *bacchetta*, in quanto che questa può essere men leggiera. Bacchetta grossettina, non si dirà, parmi, scudiscio; il primo dunque è il vocabolo generale. Lo scamato è, d'ordinario, più grosso dello scudiscio; nodoso talvolta; e serve anche a battere i panni per ripulirli.

Fa il camáto 'l servizio. Gli altri usi di questo vocabolo sono antiquati.

(1) CRESCENZIO: *Se temesse di passare (il cavallo), non si deve costringere cogli sproni e con lo scudiscio.*

(1) Dicesi anco *scamáto*, ma l'altro è più comune. — CATTI CARR.: *E se pur scardassare Ci bisogna talor lana ch'ha vizio,*

475.

BACCHETTA, Verga.

Verga è più della lingua scritta che della parlata. *Verga*, nello stile scelto, l'istrumento che usavasi per picchiare (oggi più comunemente *nerbo*, che è per solito un nervo di bue), o per istimolare al corso animali (1); non mai per altri usi, come la *bacchetta*; o per quella de' tappezzieri, come lo *scamáto*.

Da *verga*, *vergata*, colpo di verga. Inoltre, questo ha traslati che *bacchetta* non ha, o si riguardi come segno d'autorità o di dominio, per esempio, le verghe consolari (2), o come strumento di correzione (3). Un tempo, dicevan anche: bacchetta del comando; ma non è più dell'uso. Resta il modo: comandare a bacchetta, con piena autorità, quasi con la bacchetta alla mano, per punire chi disobbedisce, stimolare chi è lento (4).

476—478.

BACCHETTA, Bastone, Mazza.
Bastone, Bordone.
Bastoncello, Bastoncino, Bastoncetto.

476.

Bacchetta, Bastone, Mazza.

— *Bacchetta*, verga di legno o di ferro sottile, lunga, diritta, tonda. *Mazza*, bastone più o meno grosso, dalla clava d'Ercole alla mazzettina dei damerini; nodosa, o no; men grossa da piè che da capo; ferrata o no nella punta. Serve a picchiare, a sostegno, a varii usi nelle arti. Il *bastone*, d'ordinario, grosso; per reggere o per bastonare. — MEINI.

477.

Bastone, Bordone.

Bordone, una specie di bastone; quello che usavano i pellegrini in viaggio; e quindi vocabolo a cui va congiunto non so che di religiosa tradizione e di storica proprietà.

478.

Bastoncello, Bastoncino, Bastoncetto.

— Il *bastoncino* pare più piccolo di tutti. Sottile e lungo, lo direi *bastoncello*. Sottile e corto, *bastoncino* (5). *Bastoncello* è più dei precedenti; un bastone manesco, corto e grossotto, si chiamerà *bastoncetto*. — MEINI.

479—480.

BACCHETTA, Flagello, Visibilio, Sterminio.
Flagello, Sferza, Frusta, Staffile, Scudiscio, Disciplina, Verga.
Bacchettina, Mazzettina, Frustino, Flagelletto, Scudiscietto.
Bacchetta, Bacchio.
Sferza, Ferula.
Sferza del sole, Sollione.

Flagellazione, Frustata, Staffilata, Scudisciata, Sferzata, Sbacchettata, Le vergate.
Verghe, Vergoni, Bacchette.
Vergheggiare, Sbacchettare, Sferzare, Frustare, Staffilare.
Bastone, Randello, Battocchio.

479.

Sferza, Flagello, Frusta, Staffile, Scudiscio, Bacchio, Bacchetta, Disciplina, Verga, Visibilio, Sterminio, Frustino, Scudiscietto, Flagelletto, Bacchettina, Mazzettina, Ferula, Sferza del sole, Sollione.
Flagellazione, Frustata, Staffilata, Scudisciata, Sferzata, Sbacchettata, Le vergate.
Verghe, Vergoni, Bacchette.
Vergheggiare, Sbacchettare, Sferzare, Frustare, Staffilare.

— *Sferza* da percuotere, fatta d'una o più strisce di cuojo o funicelle, o simili. Adoprasi pe' fanciulli, e ad altro uso (1). *Flagello*, agli antichi era una coreggia, o fascio di coreggie di cuojo, col quale percuotevano il corpo nudo dei servi, pena più grave che verghe. Cicerone: *Porcia lex virgas ab omnium civium romanorum corpore amovit, hic misericors flagella retulit.* — *Liber fustibus cæditur, servus flagellis cædi et domino reddi jubetur.* Dec. Quintiliano: « Da questo lato le verghe, da quello le flagella si portavano. » Per lo più *flagello*, oggidì nel traslato (2), per gastigo grande. La *frusta* somiglia alla sferza, ma differisce nell'uso; questa per i fanciulli, quella pe' malfattori (3). *Frusta*, inoltre, è quella da percuotere o incitare i cavalli e altri animali.

Staffile è affine a *flagello* (4). *Staffilata* ha talvolta il traslato. È strumento di cuojo a più capi, attaccati all'estremità da un manico di legno; e n'usavano gli aguzzini per battere gli schiavi (5). Gli è sempre più grave della frusta, a qualunqu'altr'uso s'adopri. Ma, nel traslato, *frustata* e *frustare* par ch'abbia più avvilimento o dolore.

Scudiscio, sottil bacchetta da percuotere. *Disciplina*, mazzo di funicelle o d'altro, con cui gli uomini si percuotevano per mortificare la carne. Il Berni congiunge acconciamente due delle voci notate. « Con una disciplina si frustava. » — ROMANI.

— Nel traslato, la *verga* corregge; la *sferza* incita o punge col biasimo; la *frusta* gastiga, o umilia; il *flagello* strazia. — CAPPONI.

Flagellazione, senz'altro, è quella di Cristo alla colonna; e dicesi: dipingere una flagellazione. Una flagellazione, il dipinto stesso, che pagasi, mettesi in mostra, in vendita; destino oramai comune ai martiri odierni.

Un *flagello*, dicesi di qualunque cosa apporti dolore, o anche noja; e perché la quantità soverchia è spesso

---

(1) PETRARCA: *Io fuggo lei come fanciul la verga.* - S. GIO. CRISOSTOMO: *Battuto a verghe.* - BART. S. CONCORDIO: *Lo nobile cavallo con l'ombra della verga si regge.*

(2) PETRARCA: *Poi che se' giunto all'onorata verga, Con la qual Roma e'suoi erranti correggi* (a Cola di Rienzo).

(3) Lo stesso: *Verga di disciplina.*

(4) BUONARROTI: *Questa madonna Eufrasia che governa La padrona a bacchetta.*

(5) È ben vero che nell'uso toscano vivente *bastoncelli* si chiamano certe paste, dice la Crusca, son zucchero e anici, in guisa di bastoncelli.

(1) PETRARCA: *Nè per ferza è però madre men pia.* - BUONARROTI: *Pedagogo con la sferza.* - L. SENECA: *Sferza per far girare il paleo.* - DANTE: *Ferza (in rima) de' dì canicolari.*

(2) DANTE: *Attila che fu flagello in terra.* - BERNI: *Fu de' Cristiani proprio un flagello.*

(3) BOCCACCIO: *Frustato e poi appiccato per la gola.* - LATINI: *Frustavano i cittadini che avevano misfatto.*

(4) *Staffile* è, propriamente, quella striscia doppia di cuojo che regge la staffa. Di qui, per somiglianza, *staffile*, le strisce di cuojo con che si batté qualcuno. — LAMBRUSCHINI.

(5) BUONARROTI: *Un aguzzin bestiale sarà il medico vostro: Uno staffil salubre medicina.*

dolorosa, o, che è peggio, nojosa, *un flagello* vale anco grandissima quantità; ed è più forte che *un visibilio*, meno che *uno sterminio*.

Frusta è quella del boja; *frusta* è quella del Baretti, che non s'accorgeva di fare il boja, e la cui audacia fu più animosa che non coraggiosa. Però, far frustare, e frustare, accenna a vitupero, se non nell'effetto, nell'intenzione.

Frustino è quel de' galanti, che del cavalleresco ritengono gli atti più leggieri e più provocanti; e tale è il progresso della razza, che il frustino s'è fatto segno di sfida, invece del guanto, il qual rammentava almeno la mano; talché da un simbolo umano siamo trapassati a un simbolo bestiale. *Staffile* non ha diminutivo usitato; da *scudiscio* potrebbesi *scudiscioletto*; da *flagello*, ma soltanto in senso affine a disciplina, *flagelletto*. Se non che, anco diminutivo, par che rimanga più doloroso della *disciplina*. *Bacchetta* fa *bacchettina*, e in senso affine a mazzettina che portasi in mano per via, e in senso di bacchetta da panie o altro ramicello lungo, sottile e diritto. La mazzettina leggiera nel Veneto dicesi *bagolina*, anch'essa da *baculus*, come *bacchetta* e *bacchio*; ma il bacchio è più grosso e più lungo della bacchetta, se serve a dare negli alberi per farne cadere le frutte.

Sferza non ha diminutivo, se non se il latinismo *ferula*, che dicesi solamente della sferza de' pedanti, o maestri in iscuola, o critici peggio che scolari fuor di scuola; ed è vocabolo pedantesco *ad hominem* o *ad ferram*. La *sferza del sole*, modo vivo, è meno che il *sollione*, che dice più propriamente la stagione quand'è in leone il sole, e quindi i caldi, segnatamente, di quella.

Da *verga* si fa *verghetta*, e *vergoni* quelli degli uccellatori; e il verbo *vergheggiare*, percuotere di molto con verghe, che è dunque frequentativo. *Sferzare, frustare*, può essere d'uno o di pochi colpi. *Staffilare* e *sbacchettare*, per solito, di più. Sbacchettasi un vestito, un tappeto, battendo per iscuoterne la polvere.

Da *sferzata* e da *frustata* si fa *sferzatina* e *frustatina*. *Scudisciata, staffilata, sbacchettata* non comportano tanto il diminutivo. *Vergata* par che ami il plurale: dar le vergate, punire con le vergate.

Questa desinenza in *ata* dice qui, come altrove sovente, un solo atto, e la ripetizione dell'atto: tanto, dare una sferzata, una staffilata, e simili, d'un colpo solo; quanto, dare una buona frustata, cioè sonare di molti e forti colpi di frusta. *Scudisciata* e *staffilata* pare che abbia meno diretto il senso di questa ripetizione.

Sferzasi anco con una parola, e non diretta, in forma non nimichevole; lo staffilare è più grave e nell'intenzione e nel fatto; il frustare ancora più. La sorte, l'ira degli uomini, la giustizia di Dio ci flagellano. Noi siamo flagelli, più che disciplina, agli altri e a noi stessi.

480.
Bastone, Randello, Batocchio.

— *Bastone*, fusto o ramo d'albero rimondo, e per lo più rotondato, di varie lunghezze e grossezze, secondo l'uso: bastone dell'uscio, della granata. Se serve ad appoggiarsi (1) camminando, allora è lungo proporzionevolmente alla persona, e di tal grossezza che possa facilmente tenersi in mano. Anzi, perché la palma della mano non sia offesa, nella testata si suol guernire con osso, avorio, argento, e simili. Questa voce ha traslati che mancano all'altre: bastone della vecchiaja, dicesi un figlio (1), o altri quasi figlio, quasi sostegno dei genitori cadenti; dar bastoni invece di danari, pagar di minaccie; accennar in coppe e dar bastoni, fingere una cosa e farne un'altra: due metafore tolte dal gioco delle minchiate. E nel gergo furbesco, bastone, un giovane che faceva di sè guadagno disonesto. Bastone del comando, non altrimenti.

Randello (2) è bastone da ciechi per farsi strada. Propriamente però *randello* dicesi un bastone più grosso di quello de' ciechi, ma più corto (nell'uso di Toscana chiamasi *tortore*, forse da *attorcere*), di cui si servono i facchini per avvolgere e stringere le funi con cui legano le balle; dicesi *arrandellare*, e dal volgo anche *attortare*.

Nella lingua parlata, *randello* dicesi per dispregio a chi è troppo lungo e mal conformato della persona.

Batocchio è anch'esso bastone da ciechi, ma più grosso e, d'ordinario, nocchieruto; forse dal batterlo in terra, come usano i ciechi, acciò li cansi dal pericolo d'inciampare. *Batocchio*, il battaglio della campana. Scherzosamente, *batocchio* dicesi a chi è ben tarchiato e piccolo molto.

Le differenze dunque sono: che *bastone* è il più generico; *randello*, bastone da ciechi e da facchini; *batocchio*, bastone da ciechi soltanto, ma più grosso e più rozzo del randello. — MEINI.

481.
BACIAMANO, BACIABASSO.

Il *baciamano* (fuori che a corte) è saluto famigliare che si fa alzando una mano, o movendo festevolmente le quattro minori dita strette insieme. *Baciabasso*, atto di umiliazione ancora più che di adulazione: a chi richiede le adulazioni altrui, e delle altrui umiliazioni trionfa, tocca da ultimo fare de' baciabassi che si poteva risparmiare.

482-483.
BACINO, BACIOZZO, BACIUCCHIO.
BACIUCCHIARE, BACICCHIARE.

482.
Bacino, Baciozzo, Baciucchio.

Bacino, piccol bacio gentile; *baciozzo*, bacio di cuore, sodo, sonoro, alla rustica; *baciucchi* (3), que' mezzi baci dati in fretta, e quasi affollati da tenerezza impaziente e talvolta svenevole. Quindi è che questa voce s'usa, d'ordinario, nel plurale. Non si domanderebbe un baciucchio, ma un bacino; i contadini non danno bacini, ma baciozzi; i vecchi baciucchiano.

483.
Baciucchiare, Bacicchiare.

In alcuni luoghi di Toscana usa *bacicchiare*; che se volessesi ammettere nella lingua scritta, potrebbe differire dall'altro in ciò, che *baciucchiare* par ch'esprima baciucchi affollati, insistenti; *bacicchiare*, anche pochi mezzi baci, dati a fior di labbra o alla sfuggita. - *Ba-*

---

(1) βαστόν, ovvero βαστές; onde βαστάζω.

(1) Boccaccio.
(2) MENAGIO: *Ramus*. Gli antichi Italiani *ramitello, ramisello*. Di lì forse *randello*.
(3) Potrebbesi anco *baciuzzo*, non *baciucco*, nè *bacietto*; e il *baciuzzo* non è tanto bacio meschino o ammezzato, quanto piccolo semplicemente, senza la tenerezza e la grazia del *bacino*.

ciucchio (uno di que' vocaboli che il popolo sa creare per indicare frequenza dell'atto), esprime con qualche disprezzo il ripetuto baciucchiare; nè direbbesi *bacicchio*.

484.
BACIONE, BACIOZZO.

Il primo è più sonoro e più grosso; il secondo è un diminutivo condito di peggiorativo, tra il forte e il goffo. Ma può nei baciozzi di gente alla buona essere affetto schietto. Il *bacione* non riguarda che la qualità materiale dell'atto. Un bacio sonoro sulla mano si dirà *bacione*, non a quell'altra maniera; e c'è della gente che vestono la servilità co' segni dell'affezione, e ingannano così sè stessi più ch'altri.

485.
BACIUCCHIARE, SBACIUCCHIARE, ABBRACCICARE, ABBRACCICUCCHIARE.

In alcuni dialetti usa anco il secondo; giusta l'analogia della lingua che a parecchi verbi prepone la *s*, per denotare ripetizione dell'atto; di rado però in senso di lode. Lo spesso baciare importuno o inconveniente direbbesi *sbaciucchiare*. Si può *baciucchiare* con pochi baci, timidi e languidi.

Nelle lettere del B. Colombini leggesi, se pure è ben letto, *abbraccicare*, quasi frequentativo diminutivo d'abbracciare; ed è analogo a brancicare e altri. Non è tutt'uno con *abbraciucchiare*, che direbbe, per disprezzo o per beffa, abbracciare d'affetto lezioso, o fiacco. Un bimbo abbraccica la sua mamma; due sposi novelli s'abbraccicucchiano in presenza di gente, per mostra di tenerezza svenevole, mostra spesso d'augurio sinistro. Quando i Greci vecchioni, i combattenti del Chistavo e dell'Olimpo, videro Ottone Re Bavaro andare incontro alla moglie e nel cospetto di tutti baciarla, esclamarono: *siam perduti*.

486–490.
BAGAGLIO, FARDELLO, FAGOTTO, EQUIPAGGIO, TRENO.
BAGAGLIE, IMPEDIMENTI.
FAGOTTO, INVOLTO, FARDELLO.
INFAGOTTARE, AFFAGOTTARE.
FAGOTTINO, INVOLTINO, FARDELLINO, FARDELLETTO.
VALIGIA, BOLGIA, BOLGETTA, BAULE.
BAULETTO, BAULINO.

486.
Bagaglio, Fardello, Fagotto, Equipaggio, Treno.

— *Bagaglio*, robe o arnesi che porta seco il soldato; e anco de' privati attrezzi. *Fardello*, l'insieme di robe e d'arnesi per il viaggio, portate in ispalla o sotto braccio dal viaggiatore, o condotte altrimenti, specialmente di panni. L'*equipaggio* comprende e le robe e gli arnesi opportuni al viaggiare, e le vetture e i cavalli, se ce n'è; nè solamente al viaggiare, ma a gita qualsiasi. E, per estensione, dicesi delle cose di cui l'uomo ha più di bisogno in fatto di vestire, o delle comodità della vita, viaggiando. In questo senso adoprasi: bene equipaggiato; ma non è punto elegante.

Il *treno* è di lusso: vetture, cavalli, robe, persone; e nel senso militare: cavalli, artiglierie, armi, arnesi.

Fagotto è più semplice dell'equipaggio e del bagaglio e del fardello. Il fagotto d'un viaggiatore può stare in una pezzuola. — GATTI.

487.
Bagaglie, Impedimenti.

— Tra *bagaglie* e *impedimenti*, militarmente, è questa differenza: che il primo indica le cose di fornimento usuale e necessario; il secondo anche le superflue, o non ordinarie, e che apportano incomodo più che ajuto (1). Questo latinismo, raro nell'uso, può anche estendersi alle persone imbelli, o come che sia inutili alla guerra. Leggo in una lettera di Guido Rangone, famoso capitano del secolo XVI: « Mandai alle bagaglie ed impedimenti, che se ne andassero a Pavia. » E nel Davila, citato nel Vocabolario del Grassi: « Entrò l'esercito... nella Francia carico di bagaglie e d'impedimenti, non solo per la quantità dei carriaggi, che, secondo il costume de' Tedeschi, aveva seco, ma anco per la grossa preda fatta. » — POLIDORI.

488.
Fagotto, Involto, Fardello.
Infagottare, Affagottare.

Il *fagotto* si fa, d'ordinario, per trasportare da luogo a luogo; l'*involto* non ha quest'idea così direttamente associata.

Il *fagotto* è, d'ordinario, di roba; l'*involto*, anco di fogli: un involto di cioccolata, diremo, non un fagotto. E, di checchè sia, è meno grande, per l'ordinario, del fagotto (2). Di vestito che sgonfi troppo in un luogo, che non accosti bene, dicesi che fa fagotto; e di chi se ne va mal ravvolto in vestito siffatto, ch'è infagottato.

Infagottare ha cotesto traslato; *affagottare*, no. Questo secondo non si dice che del raccogliere cose in fagotto, e disordinatamente per lo più. Nell'infagottare si può supporre minor negligenza.

Ma *affagottare* ha un altro traslato, suo proprio. Di ragazzi che saltano l'un sopra l'altro e fanno il chiasso, si dirà che si affagottano insieme, o che si raffagottano. Traslatamente, potrebbesi forse anco dire *affagottate*, d'idee mal composte insieme, o di istituzioni civili in disordine.

Tornando all'*involto*, questo ha più varie forme del fagotto. Si può involtare semplicemente o a più doppi, involtare qualcosa in un foglio, involtare un braccio in un panno, e simili. Il fagotto, in questo aspetto, diventa una forma, una specie d'involto; onde il Redi: « I libri potrà involtarli in un fagotto. »

Fagotto ha pure senso affine a *fardello*; ma il fardello è più regolare di forma (3). Il fardello, inoltre, è solamente da viaggio (4); il fagotto ha varii usi, com'ho accennato. Far fardello, diciamo, e vale: disporsi al viaggio, raunar la roba per andarsene; e diciamo altresì: far fagotto; ma è modo scelto; e quando significa, per celia, morire, è perciò stesso men rispettoso e meno amico.

489.
Fagottino, Involtino, Fardellino, Fardelletto.

Involtino, anco di lettere o di pochi fogli, o di cose di più e men pregio, ma di non gran volume; per lo più fatto con certa cura, che, o chiuda, o almeno tenga.

---

(1) CICERONE: *Obviam fit ei Clodius expeditus, in equo, nulla rheda, nullis impedimentis, nullis græcis comitibus.... sine uxore..; cum hic... cum uxore veheretur in rheda, penulatus, magno, et impedito, et muliebri ac delicato ancillarum puerorumque comitatu.*

(2) REDI: *Fagottino di polvere. - Legherò in un fagottino due di quei cartocci di crazie.*

(3) SACCHETTI: *Assettato fardellino.*

(4) LIPPI: *Le porge un fardellin piccolo e poco Di robe che laggiù le faran giuoco.* - MAURI: *Finito di raccomodare il suo fardelletto.*

Il *fagottino* è più grande; e per lo più di robe, e con meno cura. In senso quasi traslato, siccome dicesi *fagotto* ogni insieme di cose non bene composto, o che sgonfi in modo inuguale, potrà similmente usarsi il diminutivo; ma più rado però. Il *fardelletto* è di cose di qualche più valore che il fagottino; e *un buon fardelletto* può essere più di vezzo che d'altro, e denotare non piccola quantità. Questa è meglio indicata da *fardellino*. Anche *fardelluccio* può cadere; ma gli altri due non riescono né in *etto* né in *uccio*. Qualche dialetto fa *fagottello*; ma suona male, perché le due uscite *otto*, *ello*, quasi contrarie di senso, così accoste, stuonano. C'è sempre, anco del più inesplicabile, una ragione segreta, e il sentimento la coglie.

490.
Valigia, Bolgia, Bolgetta, Baule.
Bauletto, Baulino.

— *Bulga*, al dire di Festo, era un sacco di cuoio, o d'altro, che tenevasi sospeso al braccio nelle peregrinazioni. *Bolgia*, in Lombardia, è una tasca di pelle o d'altra materia, dove gli artefici tengono i loro attrezzi e strumenti. *Bolzeri* o *bolgiai* dicevasi a Venezia l'arte dei valigiai. *Bolgia* è poco usato fra noi. Ma di chi ha le tasche gonfie di roba, dicono che gli ha le bolge; e di chi mangiando s'empie la bocca di molto cibo alla volta, ch'e'. fa le bolgie colle gote. *Bolgetta*, in Toscana, è quella delle lettere che mandansi per la posta. *Bolgetta* è anche quella dove i capi d'uffizio tengono fogli, memorie, suppliche. — A.

— La *valigia* è di pelle conciata, per lo più, a forma di rotolo per poterla trasportar meglio; ed è più grande della bolgia. I soldati portano ciascuno la loro valigia dietro le spalle, e ci tengono il necessario al viaggio.

Il *baule* è cassa di legno con coperchio, che si suol guarnire di pelle con pelo a difesa della pioggia. Ordinariamente, il coperchio è fatto a schiena d'asino, perché nel baule c'entri più roba.

Nel traslato: *viaggiare come i bauli*, cioè, senza punto istruirsi: *essere* (1), *entrare in valigia* (2), cioè, adirarsi, pigliarci, il cappello; modi dell'uso. Direbbesi anco: *avere la sua valigia di brighe, di colpe, o simili*.

Valigeria, la bottega ove si fanno valigie, bauli e simili; *valigiajo*, chi le fa. Da *valigia*, *valigietta*; da *baule*, *bauletto* e *baulino*; il secondo forse più piccolo ancora.
— MEINI.

491.
BAGAGLIO, EQUIPAGGIO, CORREDO.

Equipaggio, provvisione di ciò che bisogna per viaggiare; il *bagaglio* è più semplice. Quello de' militari, de' viaggiatori pedestri è bagaglio; quello d'un signore, equipaggio (3).

Corredo dei vestiti, de' drappi, degli ornamenti che porta la sposa andando a marito (4); e de' vestiti ch'ha seco, o che deve avere il giovane ch'entra in collegio, o in comunità religiosa. Ma parlando anco d'una nave, le cose necessarie all'uso di quella potrannosi dire *corredo* (1).

Corredo poi ha un suo traslato, quando diciamo: discorso corredato di buone ragioni, di citazioni, di documenti, di note. Molti si credono di corredar meglio il loro dire con passi d'autori che con argomenti; e, parlando a certa razza di gente, non hanno il torto (2).

— *Corredo*, che ha nel proprio un senso ristretto, nel traslato è più generico. Ogni accompagnamento di cose che sieno alla principale strumento o mezzo o sostegno, si dirà *corredo*; quelle che servono di peso o d'ingombro, più famigliarmente *bagaglio*. Risponde alquanto alla prima voce il latino *instrumenta*; alla seconda, *impedimenta* risponde bene. — CAPPONI.

492.
BAGAGLIO, BAGAGLIE.
MOBILI, MOBIGLIA.
TRENO, TRAINO.
TRENO, POMPA.

Anco i militari diconsi *bagagli*; ma non quelli de' viaggiatori *bagaglie*. Quelli di ciascun milite sempre direi *bagagli*; quelli di tutto insieme l'esercito, *bagaglie*; con distinzione simile a quella ch'è tra *mobili* e *mobiglia*. Il secondo è termine collettivo; il primo può riguardare anco due soli arredi o arnesi. E però nel traslato in singolare diciamo: *un cattivo mobile*.

Siccome *bagaglio* e *bagagli* sono la voce stessa con uso differente; così *treno* e *traino*. *Traino*, è di carri e d'ogni cosa che, attaccata ad un mobile, ne è tratta dietro. *Treno*, in origine, era *traino* pomposo di cocchi e cavalli, o forse di vestimenti con strascico; e di gente che segue il potente, come lo strascico della veste i passi di chi va, e tiene intanto e spazza la polvere e la mota de' piedi. Per estensione, *treno* ogni pompa; ma più propriamente di cose e d'uomini che non istanno, ma vanno. Anco *pompa*, secondo l'origine greca, rende imagine di movimento, ma ha usi suoi proprii: *pompa di ragioni, di parole, di virtù, anco di vizii*; non *treno*. E nel traslato e nel proprio *treno* è sovente più.

493—507.
BAGNARE, AMMOLLARE, IMMOLLARE, METTERE IN MOLLE.
TENERE IN MOLLE, AMMOLLIRE, INFRADICIARE, INFRACIDARE, INFRACIDIRE, INUMIDIRE, UMIDIRE, UMETTARE.
UMIDITÀ, UMIDEZZA, UMORE, UMIDO.
UMIDUCCIO, UMIDETTO, UMIDICCIO.
UMIDETTO, UMIDICCIO, MOLLICCIO, FRADICIO.
INNAFFIARE, ANNAFFIARE, INZUPPARE, IMPREGNARE.
SPRUZZARE, ASPERGERE, IRRORARE, ANNAFFIARE, SBROFFARE, ADACQUARE, ANNACQUARE, IRRIGARE.
FRADICIO, MOLLE, BAGNATO.

493.
Immollare, Ammollare, Mettere in molle,
Tenere in molle.

Immollare è men comune d'*ammollare*, nella lingua parlata; è però parlato il proverbio: *ogni acqua lo immolla*, di chi trovasi in tale stato di salute che ogni minima cosa gli porta danno.

Immollare, nella lingua scritta; può forse cadere nel

---

(1) MACALOTTI.
(2) LIPPI.
(3) *Equipaggio*, forse da *equus*.
(4) FIRENZUOLA: *Una donna vestita di drappi nobilissimi, che porta addosso tutto il suo corredo*.

(1) BOCCACCIO: *Nave ben corredata*.
(2) REDI: *Vescichetta, corredata anch'essa di mille ramificazioni sanguigne*. (Qui non è forse bello.)

senso di *mettere in molle* (1). Certo non si direbbe mettere a immollare, come mettere ad ammollare, o mettere in molle.

Ma si può *mettere e tenere in molle* un corpo solido (2) senza che s'ammolli però. L'ammollare par che indichi alterazione che l'umore induce, nella tenacità, o nel colore, o in quel che dicesi corpo della cosa.

Traslatamente, mettere *il becco in molle* vale: entrare in una faccenda; quasi cominciare a assaggiarla (3).

Tenere in molle non ha altro senso che proprio; ma, per estensione o per cella, dicesi talvolta tenere, mettere il becco in molle, per bere (4). Ognun vede che in questo senso *tenere in molle* dice meglio l'abito o l'atto continuato.

494.
Ammollare, Ammollire.

Ammollare è far molle con umore qualunque. Si può, ripeto, tenere in molle o immollare, senza ammollare; si può ammollare, senza tenere o mettere in molle.

Ammollire dice effetto (5). S'usa non solo attivo, ma neutro assoluto (6).

Per ammollare ci vuole certa quantità d'umore. Anche un corpo solido ha virtù d'ammollire; quindi gli ammollienti de' medici (7). Ma questo è senso quasi traslato. Ammollir la durezza del cuore, ammollire la tempra robusta dell'animo (8). Badate che quelle istituzioni con cui si procura d'ammollire la fibra di tanta parte d'umanità, non riescano ad ammollirla sì che non abbia l'elasticità necessaria a sostenere il dolore e il bene stesso. Ammollire il suono della voce; ammollire l'asprezza del verno; ammollir la rozzezza dello stile, l'acerbità del dolore, dell'ira; ammollire un'espressione alquanto brusca; ammollire la pena: son frasi da' Latini adoprate; e proprie, e non comuni ai vocaboli affini (9).

495.
Infradiciare, Infracidare, Infracidire.

Infradiciare, corrotto di *infracidire* (10), dovrebbe esser affine soltanto a *putrefare*, *corrompere*; ma perché la corruzione è prodotta o ajutata dall'umidità, però *infradiciare* venne, nella lingua toscana parlata, ad esprimere l'effetto d'umore versato sopra un corpo.

Ben serberemo però *infracidare* a denotare corruzione (1); *infradiciare*, bagnamento (2): s'infradicia la terra d'acqua; uno è tutto fradicio dalla pioggia; è per terra un gran fradicio; è nella stanza un gran fradiciume. S'infradicia un corpo senza metterlo in molle.

D'olio, d'acqua forte o d'altri liquori simili, *infradiciare* non si dirà, credo.

496.
Immollare, Bagnare, Inumidire.

Bagnare, se stiamo all'etimologia, non dovrebbe significar altro che porre in un bagno; una specie sola, cioè, e un solo modo d'immollare (3): bagnarsi, entrare in un bagno, fare un bagno (4). Poi, per estensione, si disse che il mare, un fiume bagnano le tali provincie (5), o campagne, o coste, o rive.

Bagnar di lagrime il viso (6), di sudore la fronte (7); bagnarsi la bocca con qualcosa di umore per ristorare l'arsura (8); bagnar la bocca d'un infermo, d'un moribondo; e in senso di cella, bagnarsi la bocca, per bere del vino anche di molto: modi dove nè *infradiciare* nè *immollare* nè altro avrebber luogo.

Bagnato, poi, non suppone umore sudicio, malsano o incomodo, quanto *fradicio*; e in ciò ritengono ambedue dell'origine.

Ho accennato il modo: bagnarsi la bocca. Quando si tratta di ristorare l'arsura, diciamo altresì *inumidirsela*; ma non quando s'usa per cella, in senso di bere del vino, e berne più che non si richiegga a bagnarne propriamente la bocca.

Negli altri sensi, *inumidire* è sempre meno, non solo di *bagnare*, ma e degli altri notati. S'inumidisce un corpo spruzzandolo pur leggermente d'umore (9); s'inumidisce da sè, s'è di quelli che i chimici dicono deliquescenti.

Nota il Romani: « Si può bagnare senza nè ammollare nè immollare; si può inumidire senza bagnare. » Quindi il diminutivo *umidetto*, e l'approssimativo *umidiccio*, che agli altri mancano (10).

497.
Immollare, Umidire, Umettare.

Umidire è anch'esso dell'uso. Nella lingua scritta, mi parrebbe conveniente il serbarlo, ad indicare l'umore che copre o investe il corpo, senza che vi concorra l'opera diretta dell'uomo. Diremo dunque: trovare un foglio non si sa come umidito; zucchero, grano umidito (11).

Umettare è latinismo, nel linguaggio delle scienze fi-

---

(1) DANTE: *O cieca cupidigia.... Che sì ci sproni nella vita corta, E nell'eterna poi sì mal c'immolle!* (In un lago di sangue.)
(2) CELLINI: *Mettere lo smalto in molle in tanta acqua forte.*
(3) ALLEGRI: *Non vi muor la lingua in bocca quando mettete il becco in molle a favor degli amici.* - Qui la faccenda in che s'entra, gli è il parlare a favor degli amici. Abbiamo poi mettere il becco in molle in un discorso, e vale: entrarci, prenderci parte, per lo più impertinentemente, o a contrattempo. — A.
(4) LORENZO MEDICI: *Volontier dee tenere il becco in molle.* - LIPPI: *Chiese da bere: e poi ch'egli ebbe in molle Posto il becco....*
(5) SODERINI: *Tenendo la marza in un bicchier d'acqua fresca, chiara ad ammollare.*
(6) CRESCENZIO: *Per troppo umore... troppo ammolla.*
(7) LIB. CUR. MAL.: *Medicamenti ammollienti.* - CRESCENZIO: *Gli spinaci.... ammolliscono il ventre.* Dicesi anche *emollienti*; e l'usa il Redi, ed è vivo. Par dica un po' meno.
(8) BOCCACCIO: *Amore che ammollisce i duri cuori.*
(9) PLINIO: *Favonii molliunt cœlum.* - VELL. PATERC.: *Plebis dissensiones coërcitione magis quam pœna mollivit.* - OVIDIO: *Molliat... Mutati pœnam conditione loci.* - QUINTILIANO: *Mollire vocem deliciis.*
(10) Fracco, Francesco.

(1) PALLADIO: *Viti le quali infracidano il frutto.* - VITE SS. PADRI: *Non possono infracidire i corpi de' ricchi se non s'involgono in seta?*
(2) S'avverta che *infradiciare* s'usa parlando anco d'una suppurazione al dito od altrove. Dicesi anco: l'infradiciar d'un cadavere. Meglio *infracidire*.
(3) *Balneum.*
(4) BOCCACCIO: *Deliberaron di volersi bagnare.* - E in senso affine il BUONARROTI: *Novanta volte l'anima sua fuce Ha 'l sol nell'ocean bagnata.*
(5) Boccaccio.
(6) Boccaccio.
(7) DANTE.
(8) BOCCACCIO: *Almeno un bicchier d'acqua.... ch'io possa bagnarmi la bocca.*
(9) REDI: *Vescica alquanto inumidita.*
(10) GELLI: *Esca umidetta.* - LASCA: *Terreno umidiccio.*
(11) L'usa il Giamboni e il Lib. cur. mal.

siche assai frequente: i canali della digestione umettati d'un liquore che la rende più pronta e più facile (1), e simili. *Umettato* però dinota sempre, non umidità, ma umidimento leggero (2). *Umido* è anch'esso un po' meno che *inumidito*: il vapore umidisce; inumidisce una pioggerella il terreno.

Umido è il corpo che di sua natura contien dell'umore, o pure se l'attrae di fuori e lo ritien come suo. *Bagnato* è ciò che nell'umore s'immerse o che dell'umore è asperso in copia, ma più alla superficie che dentro: luogo umido, mano bagnata. Terra umida è quella che ha l'umore in sè; terra bagnata, quella che l'ha ricevuto dalla pioggia. Terreno umido poi è ben più che inumidito; e vale, sparso d'acque che lo rendono incomodo o insalubre (3). Le *umide* vie, nei poeti, gli è il mare (4). Stagione umida, notte umida, giornata umida, ognun sa che vogliano dire (5). Umidi gli occhi di pianto (6), è il medesimo che bagnati; sebbene esprima un po' meno, perchè la lagrima che spunta appena sull'occhio, lo inumidisce, e nol bagna. C'è un dolore pudico e più forte, che si ripiega in sè medesimo, ed è a sè stesso alimento insieme e sollievo. Umido vapore, diciamo, e nessuno direbbe inumidito o bagnato (7). Difendersi, guardarsi dall'umido; modi proprii di questo aggettivo sostantivato. Siccome l'umido nuoce più del freddo, così certa mollezza dell'anima è più colpevole della freddezza (8).

Fradicio ha sempre mal senso; la cosa fradicia non serve così bene al suo fine come se fosse asciutta. Poi, ha un traslato suo, quando diciamo famigliarmente: innamorato fradicio, briaco fradicio, tisico fradicio (9), filippista fradicio.

Molle, oltre ai significati chiarissimamente distinti da quelli che qui esaminiamo, vale anco: bagnato o ammollato o infradiciato, sì che abbia perduta la durezza di prima. *Ammollito* esprime l'effetto; *molle*, lo stato. *Molle* poi dicesi anco di corpo non ammollito dall'umore, ma più o meno stillante, come: occhi molli di pianto; od anche asperso, come: mani molli di saponata. Il terreno molle, del resto, è. più che il terreno umido, sì riguardo al manco di consistenza e sì riguardo alla quantità dell'umore. Chi va sul terreno umido, può camminarvi franco; chi va sul terreno molle, vi si regge appena. Il Redi unisce i due epiteti, posponendo per altro *molle*; nè mai l'avrebbe proposto. « Terreno un poco più umido e molle. » E il Cellini ancor più chiaramente: « Rena non molle, ma alquanto umidetta.

498.
Umidità, Umidezza, Umore, Umido.

Umidità è certa quantità, non d'umore qualunque, ma d'umori acquei segnatamente (1). Quindi: l'umidità delle muraglie dei pian terreni; riparare l'umidità, attrarla (2), vincerla; mali che dall'umidità sogliono derivare.

Dove si voglia indicare, non la quantità dell'umore, ma la qualità dell'essere umido, *umidezza*, parmi cada meglio (3); ma gli è poco usitato.

Umido, sostantivo, è l'umidità guardata piuttosto ne' suoi effetti, onde diciamo: difender un arnese dall'umido (4); strumento che sente l'umido (5); l'umido della terra, e simili.

Traducendo l'ovidiano *humentia siccis* nella descrizione del caos, io direi: l'*umido al secco*, non altrimenti.

Da *umido*, inoltre, facciamo *umidaccio*; sostantivo anch'esso. *Umidità* non ha derivato.

Umore è la cagione dell'umido, e ognuno conosce i sensi varii di questo vocabolo. Umore acqueo (6), umore del corpo animale. *Umore*, poi, in senso di temperamento, di disposizione d'animo (7): umor bisbetico, malinconico (8), tetro; mutar umore (9), buon umore, umoraccio (10), umoretto (11).

499.
Umiduccio, Umidetto, Umidiccio.

Umidetto è più gentile; *umidiccio*, inconveniente, difetto. Umidetti gli occhi di pianto, i fiori di rugiada, la cute di sudore, l'istrumento d'acqua a uso di un esperimento o d'opera d'arte; umidiccio un terreno, una stanza. L'umidità crea più mali dell'asciutto; egli è forse perciò che certuni si studiano d'esser tanto secchi e tanto seccanti!

Umiduccio direbbesi un luogo, e il tempo alquanto umido.

500.
Umidetto, Umidiccio, Molliccio, Fradicio.

Umidetto ha del vezzo. Begli occhi umidetti di lagrime, più gentile di quel di Catullo: *Flendo, turgiduli rubent ocelli*, dove il rosso e il gonfio non son belli a vedere.

Umidiccio, può dire anche umore di molto, e importuno o nocivo. *Molliccio*, non ha il senso affine a bagnato, ma è contrapposto a *sodo*, e denota più difetto che pregio. *Fradicio* non ha, nell'uso, uscita simile per il mal suono; ma può averlo *fracido*, come opposto a *sano*, *intero*.

Umido, di tempo o stagione parlando, e aggettivo e sostantivo; può fare *umidaccio*.

---

(1) Redi: *Siroppi umettanti, espettoranti*. - *La stitichezza desidera gli emollienti e gli umettanti*. - Ricett. fior.: *I frutti forestieri si confettano prima umettandogli e cocendogli...* Comm. Purg.: *Disseccati d'ogni umore umettativo gli organi della voce*. - Firenzuola: *Quel puro liquore col quale gli occhi stanno sempre umettati*.
(2) Fedele all'etimologica desinenza: *humecto*.
(3) Vite ss. Padri: *Umidità della terra*.
(4) *Humida* dicevano assolutamente i Latini. Virgilio: *Humida regna*.
(5) Boccaccio: *L'umida ombra della notte*. - Quintiliano: *Humidus dies*.
(6) E anche assolutamente il Petrarca: *Aver l'anima trista, Umidi gli occhi sempre*. - *Lasciai gli occhi tuoi molli*.
(7) Dante: *Quell'umido vapor che in acqua riede*. - L'*umida serpe* usò l'Alamanni, per abitante in luoghi umidi.
(8) Ricett. fior.: *Ove non sia umido o fumo*. - *In humido, in humidis*, per *in terreno umido*, è de' Latini.
(9) Firenzuola: *Innamorato fracido*. - Oggidì *fracido* suonerebbe strano in questo senso.

---

(1) Vite Plutarco; Vite ss. Padri.
(2) Fra Jacopone.
(3) Varchi: *Le qualità che si chiamano da' filosofi qualità prime, il calore, la freddezza, la secchezza e l'umidezza*.
(4) Ricettario fiorentino.
(5) Boccaccio.
(6) Crescenzio.
(7) Berni.
(8) Firenzuola.
(9) Berni.
(10) Segneri.
(11) Segneri, ma in altro senso.

501.
Innaffiare, Annaffiare, Insuppare, Impregnare.

Innaffiare o *annaffiare*, come dicono i Fiorentini (1), vale: distribuire acqua in buon dato al terreno o alle piante; però chi si trova o da pioggia o da acqua gettatagli addosso bagnato ben bene, suol dirsi annaffiato.

Inzuppare, poi, è bagnare o immollar tanto un corpo che l'umore lo penetri e n'empia i pori (2). Può essere bagnato un corpo senza inzupparsi; la cosa è chiara.

Impregnarsi, diciamo, anche d'umore: aria pregna di vapori; corpo impregnato di liquore odoroso e dell'odore stesso; occhi pregni di lagrime (3). Il corpo impregnato d'umore non è stillante, non mostra l'umore che in sè tiene, quanto lo mostra quello che n'è inzuppato e bagnato.

502.
Spruzzare, Aspergere, Irrorare.

Aspergere è men di *spruzzare*, in quantità e in veemenza. *Irrorare*, nel proprio, spargere di rugiada; per estensione: spargere leggermente e non copiosamente, di dolce e benefico.

503.
Irrorare, Annaffiare.

Irrorare, spargere di rugiada; *annaffiare*, gettare acqua, per lo più, con un vaso a ciò. Nel traslato, *irrorare* è più nobile; perché vien da alto.

504.
Spruzzare, Sbruffare.

— Il passo che qui reco del Magalotti, nelle Lettere scientifiche, gioverà a far risaltare alcune differenze. « Il fine, poi, dello sbruffarlo, piuttosto che spruzzarlo, o semplicemente irrorarlo, pare assai verisimile che possa essere, perché tra l'impeto del mandarlo fuori, e l'ajuto del viscoso della scilla che vi si mescola nel rigirarselo per la bocca, s'attacchi meglio e faccia miglior presa. » *Sbruffare*, dunque, è spruzzare il liquore colla bocca e con qualche forza. — MEINI.

505.
Adacquare, Annacquare, Aspergere, Spruzzare, Annaffiare, Bagnare.

— Si adacqua un prato, s'annacqua il vino. Si *annacqua* mescendo acqua a un altro liquore, s'*adacqua* irrigando.

Aspergere è *spruzzare*, con più determinata direzione, un determinato oggetto. — GATTI.

— Gli spruzzi son più minuti; non bastano ad *annaffiare*. Si spruzza ogni liquore, e con ogni liquore; annaffiasi, specialmente, con acqua (4).

Bagnare è più generale. — ROMANI.

506.
Adacquare, Annacquare, Annaffiare, Irrigare.

— S'adacqua e s'annacqua un liquore per temperarne con acqua la forza. S'adacqua un campo, non s'annaqua.

---

(1) Non è più strano quest'idiotismo di *annerire*, e mille altri siffatti. Viene da *affo*: umore gettato quasi soffiando.

(2) MAGALOTTI: *Striscetta appiccata con cera lacca a fine di sfuggire l'insuppamento dell'umida. - Cilindro di legno benissimo imbevuto d'olio e sego, perché non avesse a inzupparsi.* - REDI: *Un'agugliata di refe inzuppata di quell'olio.*

(3) PETRARCA: *Di lagrime pregni sien gli occhi miei.* - G. VILLANI: *Essendo la città pregna dentro del veleno delle sette.* - MAGALOTTI: *Venti pregni d'umido.*

(4) PALLADIO: *Vi si spruzzi su il vino vecchio. - Spruzzarci un poco di mele.*

Figuratamente, s'annacqua una frase, un'idea, dilungandola con molte parole, e stemperandola. L'adacquare de' campi i Toscani dicono *annaffiare*. S'annaffia gittando l'acqua con annaffiatojo, e la pioggia annaffia il terreno. S'*irriga* facendo correre l'acqua a rivi e in canali. — ROMANI.

507.
Fradicio, Molle, Bagnato.

— Dicesi fradicio, bagnato, molle un corpo, un panno con questa gradazione: *Molle*, asperso, per lo più esternamente, d'acqua o d'altro liquido; *bagnato*, quando sia come tuffato in acqua, senz'essere penetrato dall'acqua; *fradicio*, penetrato nella sua sostanza e tessitura; e accrescitivamente: fradicio mezzo (1). In istile famigliare dicesi: briaco fradicio, quasi inzuppato di vino. — CIONI.

508.
BAGNO, BAGNATURA, BAGNATINA, INFRADICIATA.

Bagno il luogo, e *bagno* una immersione sola. *Bagnatura* un seguito di bagni: tempo delle bagnature, buona o cattiva bagnatura, secondo gli anni. Poi, si dà una o più bagnature ad una tela per tingerla, e a un panno perché rientri; e diciamo: pigliarsi, toccare una buona bagnatina, la quale è più lunga, benché spesso non tanto violenta come una *infradiciata*. *Ammollata* non si dice; ma uno si ammolla di piccola e breve pioggia.

509.
BAGNUOLO, BAGNETTO, BAGNETTINO.

Bagnetto, per lo più, non l'atto, ma il luogo dov'uno si bagna (2).

Il *bagnettino* è picciol bagno che si fa tuffando tutto o gran parte della persona in acqua o in altro liquore; *bagnuolo* è liquore qualunque con cui si bagna la parte lesa, d'ordinario, applicandovi un corpo che ritenga l'umore (3).

510-511.
BALLO, DANZA, CAROLA, CORDACE, SICINNIDE.

510.
Ballo, Danza, Carola.

— *Danza* è ballo ordinato con più arte; ma il mimico dicesi *ballo*; e comunemente: ballerino, festa da ballo. Ma in un ballo comico o tragico, quello che chiaman ballabile sono appunto le danze. *Carola* era ballo tondo con canto. — GATTI.

511.
Cordace, Sicinnide.

Il primo era ai Greci una specie di ballo comico e lascivo; il secondo, altro ballo usato in quelle rappresentazioni che avevano nome da' Satiri (4).

512.
BALLONZARE, BALLONZOLARE.

Ballonzolare, più raro, è ballare alla peggio; ballonzolare è anche far salti che somiglino, a qualche modo, a quelli che si fanno nel ballo. Chi ballonza, balla, o bene o mal che lo faccia. Si può ballonzolare anche stando con parte del corpo fermi. Un bambino tenuto

---

(1) LIPPI: *In vederlo così fradicio mezzo.*

(2) TANTINI: *Una sorgente la quale somministra acqua in copia a molti bagnetti.*

(3) BUONARROTI: *Facciasi de' bagnuoli, Proveggasi l'aceto.* - Boccaccio: *Cotte acqua d'erbe gran quantità per un bagnuolo.*

(4) κόρδαξ, σικιννίς.

tra le braccia, si fa ballonzolare. Diciamo, inoltre: ballonzolare, fare un ballonzolo, in senso di fare un balletto, con la differenza che passa tra la più o meno gentilezza dell'atto.

Ballonzare non si dice che delle persone; *ballonzolare*, per similitudine, anco di cose.

513.

BALZELLARE, SALTELLARE.
BALZELLONI, SALTELLONI.

Balzellare è chiaramente distinto da *saltellare*; ma *balzelloni* è affinissimo a *saltelloni*. Differiscono ne' seguenti rispetti: I.° Che *balzellare* indica far salti un po' più alti; balzella la lepre nel primo suo muoversi. II.° *Saltellare*, talvolta, è più violento e d'animale più grosso. Dante, di toro ferito mortalmente: « Che gir non sa, ma qua e là saltella. » III.° Saltellando si può andare innanzi per la sua via, come quando i rustici misurano per giòco a saltelloni un tratto del campo. IV.° Corpo che balzella, talvolta par che accenni di cascare; non così quel che saltella. V.° Taluni hanno il passo saltellante; ed a sì fatta andatura un uomo non meno virtuoso che eloquente indovinava l'animo di Giuliano. V.° Saltellano e balzellano corpi senza vita, ma possono balzellare riadendo pure sul medesimo sito; il saltellare dice progressione. A ogni modo, l'andar saltelloni e balzelloni è sempre un andare; il balzellare può essere di corpo rinchiuso in un altro o attenentesi a un altro. VI.° Il Buonarroti, d'un suono di tromba, dice: « ... che si saltelloni Suona come campana che rintocchi; » e anco ne' suoni delle parole, sì in prosa come in verso, può esserci del saltellante. *Balzellare*, *andar balzelloni*, dicesi dell'ordine delle idee, quando saltansi i trapassi logici più naturali; o quando da idea a idea non c'è passaggio neppur sottinteso. Taluni pongono l'eloquenza in cotesto andar balzelloni, e si credono ispirati per essere infatuati.

514.

BAMBINA, RAGAZZA, FANCIULLA.

Fin quasi agli anni della pubertà la bambina resta *bambina*; poi diventa *ragazza*; poi, passata bene la pubertà, ell'è *fanciulla*. Diciamo anco di vergine non più tenera: onesta fanciulla; e di vecchia: che è rimasta fanciulla. Ragazzetta di tredici anni non si dice fanciulla.

Nella lingua scritta, le due voci si confondono spesso; ma io amerei si rispettasse questa norma dell'uso vivente (1).

515—518.

BAMBINO, INFANTE, BAMBOLO, BAMBOLETTO, PARGOLETTO, FANCIULLO, RAGAZZO, GARZONE.
RAGAZZETTO, RAGAZZINO, RAGAZZACCIO.
FANCIULLA, ZITELLA.
INFANZIA, PUERIZIA, ADOLESCENZA.
INFANTILE, PUERILE.
GIOVENTÙ, ADOLESCENZA, GIOVANEZZA.

515.

Bambino, *Infante*, *Bambolo*, *Bamboletto*, *Pargoletto*, *Fanciullo*, *Ragazzo*, *Garzone*.
Ragazzetto, *Ragassino*, *Ragazzaccio*.
Fanciulla, *Zitella*.

— L'*infante* è bambino che ancora non parla, o parla non bene; il *pargoletto* è bambino piccino (2); sopra a sei anni non si chiamerà più così. *Bambino* si dice anco un fanciullo; talora anco un giovanetto; e a giovane donna, per vezzo, *bambina*; e, quasi per celia, anco a non giovane. Ma la fanciullezza è l'età tra l'infanzia e l'adolescenza; se non che nell'uso, ha senso più largo. E la pubertà nelle donne dicesi divenire *fanciulla*. La fanciulla può non esser vergine; non così la *zitella*. *Ragazzo*, mascolino, è men nobile di *fanciullo*, e aveva già senso di servo. Ma i diminutivi *ragazzetto* e *ragazzino* nel linguaggio famigliare non mancano di gentilezza. *Ragazzaccio* diciamo, per altro, non già *fanciullaccio*. *Garzone*, nella poesia, vale giovane fatto; nell'uso comune, chiamasi così chi apprende un'arte, e chi fa i servigi della bottega. — GATTI.

— *Bambolo* pare che dica età più tenera che *bambino*. *Bamboletto*, vezzeggiativo piuttosto che diminutivo di *bambolo*. *Pargoletto*, molto usato dai poeti, anche colla significazione di addiettivo (1), che manca agli altri. — A.

516.

Infanzia, *Puerizia*, *Adolescenza*.

— L'*infanzia* ai Latini finiva col settim'anno; la *puerizia*, col decimoquarto; l'*adolescenza*, col ventottesimo, quando cioè l'uomo finiva di adolescere, di crescere, di svolgere le membra e l'animo suo (2). Ora l'infanzia s'intende durare a un dipresso fino al tempo che l'uomo comincia a sciolatemente parlare; la puerizia, al duodecimo anno; l'adolescenza è il primo stadio della gioventù. — A.

517.

Infantile, *Puerile*.

— Nel proprio, hanno il divario che è tra *infanzia* e *puerizia*. Per estensione, atto o detto infantile denota poco senno; atto o detto puerile denota inezia. Chi commette atti infantili, non conosce quasi punto il vero delle cose; chi cade in puerilità, non sa distinguere il grande dal piccolo. Inoltre, *infantile* riguarda più direttamente il soggetto che fa; *puerile*, il modo o l'atto: maniere infantili, voce infantile; indica portamenti o modi o voce d'infante; discorso puerile vale: discorso leggero e immaturo, quale lo farebbe un fanciullo. Con un tono di voce infantile si possono dir cose non puerili punto, e le donne ne danno l'esempio. Possono le puerilità uscire d'una bocca stentorea. — GIRARD.

518.

Gioventù, *Adolescenza*, *Giovanezza*.

— L'*adolescenza* segue alla puerizia; all'adolescenza la *gioventù*. La prima cominciava dai tredici e andava ai vent'anni. Anticamente l'adolescenza si stendeva più là: Sallustio chiama adolescente Giulio Cesare già d'anni trentasei.

Gioventù vale e l'età giovanile, e moltitudine d'uomini giovani. *Giovanezza* ha il primo significato soltanto. Così differivano *juventa* e *juventus*. — POPMA.

519.

BAMBOCCIATA, RAGAZZATA, FANCIULLAGGINE, BAMBINAGGINE, BAMBINERIA.
FANCIULLEZZA, FANCIULLAGGINE.

La *ragazzata* è più impertinente che puerile; e ram-

---

(1) BOCCACCIO: *Più le fanciulle che le donne attempate.*
(2) *Parvulus.*

(1) PETRARCA: *Pargolette membra.* — BERNARDO TASSO: *Fonte eterno e vivo, Che con l'onda sua pura Fa un pargoletto rivo.* Ma non è da ridire; e forse il Tasso scriveva *parvoletto*.
(2) CICERONE: *Adolescens, vel puer potius. — Citius adolescentiæ senectus, quam pueritiæ adolescentia obrepit.*

menta i due sensi di *ragazzo*, cioè quel di servo o simile a servo, e quel di giovane non tenerello. Anco i vecchi, anco gli uomini gravi ne fanno delle ragazzate. E dicesi più del fare che del dire.

Bambocciata è più degli atti che de' fatti o delle parole. Onde i pittori di bambocciate, i quali sono forse più storici che non si pensin essi e chi si ride de' quadri loro. La bambocciata ha del ridevole, la ragazzata può portare conseguenze ree.

Fanciullezza è l'età; *fanciullaggine* è fatto o parola o idea più da fanciullo che di fanciullo, o abito di farne o dirne di tali. Il vocabolo suonando dispregio, non si dirà quasi mai di fanciulli d'età, i quali non possono non far cose all'età accomodate. *Fanciullaggine* dicesi e l'abito e il difetto, e anche tale o tale atto; *bambinaggine* è piuttosto l'abito; l'atto, *bambineria*. E anche questo, non de' bambini proprio, ma di chi fa cose che i bambini farebbero, o piuttosto cose ch'e' non farebbero.

520.
BAMBOCCIONE, Fantoccione.

Quando *fantoccio* s'usi nel senso più ovvio, cioè figurina, fatta per lo più di legno o di cencio (1), il suo accrescitivo non ha molta affinità a *bamboccione*. Ma quando *fantoccio* significa o sciocco o uomo di goffa statura, allora il suo accrescitivo diventa più prossimo all'altro, con queste due differenze:

I.° Che nel fantoccione, preso in senso di persona goffa, supponesi mole, d'ordinario, maggiore. Non è già che fantoccione non si chiami anche un bambino ben grosso; ma se dirò bamboccione, non penserò tanto alla mole, quanto alla forma badiale di lui (2).

II.° Che, in senso d'uom grossolano o inetto, il bamboccione par che sia più inesperto; il fantoccione, più triviale. Il bamboccione regge un poco alla celia; il fantoccione è più duro. Difficile imaginare un bamboccione senza un bel visone lustro; nè il fantoccione senza una forte ossatura, anche secco ch'e' sia.

521.
BAMBOLA, Bambina, Bambolina, Bimba.
Bimbo, Bambocciuo, Bamboccio.

Bambola, in Toscana, quel fantoccino che serve di balocco a' fanciulli. Gioverebbe destinar questa voce al detto uso, riservando *bambolina* a creaturina vivente, sempre però più tenera di *bambina*, che dicesi anco di personcine che son per diventare ragazze. *Bimba* (e *bimbo* nel mascolino) dicesi e della bambolina e della bambina, ma tiene non so che di vezzeggiativo. Un bambolino grassoccio e vispo dicesi anco *bamboccio* e *bamboccino*; le quali parole, accompagnate con qualche epiteto, acquistano buon senso affatto, specialmente la seconda; e questo s'intenda de' femminini ancora, *bamboccina* e *bamboccia*; se non che il secondo è meno gentile. Un bambolino esile e stento non si chiamerebbe con questi due nomi; nè un bambino fuor delle fasce.

---

(1) Buonarroti: *Figurette e fantocci semoventi Ed operanti.*

(2) Lippi: *Anch'ella, con gran gusto del marito, Stampò due bamboccioni d'importanza.* Qui non indica la grandezza, ma una certa bellezza.

522—523.
BARBARISMO, Voce barbara.
Neologia, Neologismo.

522.
Barbarismo, Voce barbara.

I.° Il barbarismo può consistere nel giro della frase; può non essere, insomma, una voce.

II.° *Barbarismo*, quando si dice d'un vocabolo solo, denota vocabolo evidentemente vizioso. C'è all'incontro de' casi che è lecito introdurre nel discorso una voce barbara, o per adattarsi all'intelligenza altrui, o perchè l'uso l'ha quasi resa domestica. C'è infatti molte voci che prima eran barbare, e ora non sono più barbarismi, perchè accettate ormai dall'uso, arbitro delle lingue. I puristi chiamano barbare molte voci che non son barbarismi, adottate ormai nella lingua parlata, e significanti cosa ch'altro vocabolo non significa così per l'appunto.

III.° La *voce barbara* sovente apparisce tale nel suono disanalogo e strano; il *barbarismo* osserva le forme dell'analogia, ma non è men condannabile. *Arrangiare, frisore*; voci che riescono al modo italiano, son tuttavia barbarismi.

523.
Neologia, Neologismo.

— *Neologia*, uso di nuovi vocaboli, o nuova applicazione de' vocaboli noti. *Neologismo*, abuso o affettazione di tal novità. Ad ogni sopravvenire cosa nuova, un nuovo segno richiedesi; e questa neologia è necessaria; il neologismo è ridicolo. Ed è neologismo non solo usar parole nuove fuor di bisogno, ma creare anco le necessarie senza rispetto alle norme dell'analogia. — ROUBAUD.

524.
BARBARISMO, Solecismo.

Il *barbarismo* è ne' vocaboli, il *solecismo* nel senso. Questo pecca nella giuntura, quello nella scelta. Il barbarismo va contro l'uso della lingua; il solecismo va contro le leggi della grammatica generale applicate all'uso particolar d'una lingua. *Solecismi* gli errori di sintassi, cioè la confusione o lo scambio de' generi; lo sbaglio ne' modi, nelle persone, ne' tempi de' verbi; le sconcordanze del verbo col nome; la mala applicazione delle preposizioni e delle congiunzioni, o simile. *Barbarismi*, le voci e i modi tratti da lingua o gergo diverso, e difformi dall'uso e dall'analogia della lingua in cui si trasportano.

C'è delle sconcordanze che non son solecismi, perchè già adottate dall'uso, e perchè l'uso, a ben riguardare, è fondato sopra qualche nascosta ragione; avvi certi vocaboli stranieri che non son barbarismi, perchè già adottati da tutti o perchè necessarii; ma questi son pochi. Il barbarismo può essere solecismo ad un tempo, quando d'offende e l'uso della lingua, e le leggi della grammatica; un solecismo può essere barbarismo quand'è preso d'altro popolo che in simile o diverso modo l'adopra. Il neutro plurale col verbo singolare è proprietà in greco, solecismo sovente in latino. *Coramizzare* è barbarismo, sebbene provenga da *coram*, perchè l'uso ragionevole lo ripudia, e a diritto.

525.
BARBARO, Barbero.

In Toscana tutti sanno che *barbero* è il cavallo destinato alla corsa del palio; quella specie di cavallo segnatamente ch'è di razza di Barberia (1). Ma questi cavalli fuor di Toscana, in molti luoghi si chiamano *barbari*; giova dunque avvertire che *barbero*, parlando d'uomo o di popolo, è voce antiquata; *barbaro*, parlando di cavallo, è modo equivoco e non degno dell'uso (2). Diremo che quella dei barberi stimolati al corso dalle pungenti perette che li trafiggono, è consuetudine barbara, e che basterebbe lasciare a quo' poveri animali il pungolo della emulazione, acutissimo in essi.

— Di qui la lingua parlata trae un modo vivace. *Barbero* vale: molto bravo nella cosa di cui si tratta; e s'usa anche colla negazione: quel vecchio è ancora molto barbero colle donne; quel letterato e' non è mica tanto barbero quanto credi. Tra gli amanti e tra' letterati i barbari son più de' barbori. — MEINI.

526.

BARBARO, BARBARICO, BARBARESCO.

Barbaro, ch'è di luogo o di nazione straniera alla nostra civiltà, o che non, è, o che non pare conforme alla natura di una certa civiltà, immaginata o vera che sia. *Barbarico*, che appartiene a' barbari o a coloro che tali sono stimati (3).

Una parola è barbara, non barbarica; l'accento nel pronunciare si dirà barbarico piuttosto che barbaro. Una voce può essere barbara, senz' appartenere a lingua di barbari (4); ma tale può chiamarsi perché non conforme all' indole della lingua in cui viene innestata. Una lingua intera può dirsi barbara, in quanto è guasta di barbarismi; in quanto è lingua di popoli barbari, non è barbara, ma barbarica (5). Molte delle lingue che i Greci e i Romani avrebbero chiamate barbariche, eran tutt'altro che barbare.

Anche quando la barbarie sia vera, non tutte le cose che spettano a' barbari sono da dire barbare, ma piuttosto barbariche. I costumi barbari, per esempio, non sono tutt'uno coi costumi barbarici. Tra i costumi barbarici ce n'è degl' ingenui (6), forti, magnifici; i costumi barbari son rozzi o fieri. Alcuni usi barbarici possono essere meno barbari d' altri usi di nazioni civili. Il vestito orientale, un poeta del secolo scorso l'avrebbe chiamato barbarico, ed è tutt'altro che barbaro; molte delle nostre mode sono barbare molto più.

Barbaresco dicesi primieramente di ciò che appartiene a quella costa d'Africa che chiamiam Barberia; poi (e in questo senso è molto affine ai due notati) dicesi di quanto appartiene a' popoli che chiamiamo barbari, ma differisce da *barbarico* in ciò: 1.° Che *barbaresco* può indicare semplice analogia; onde il Salvini: « Porcellane barbarescamente storiate » (dove *barbaricamente* non reggerebbe). II.° Che *barbaresco* è più famigliare, onde talvolta ha senso di celia. III.° Che in certi casi particolari, impossibili a determinare con norma assoluta, l'uno non si potrebbe scambiare con l' altro. Per esempio, architettura barbaresca, è l'architettura che tiene del saracino, e non si chiamerebbe barbarica. Accento barbarico, si dirà meglio che barbaresco; questo per celia.

Diremo dunque: popolo barbaro; chiameremo barbarica una schiatta che da barbari discenda, sebbene non barbara affatto; e, razza barbaresca diremo per dispregio a generazione d'uomini o semi-barbari, o di civiltà rozza, o di ributtanti apparenze. Barbara sarà una pittura degna di popoli barbari; barbarica, pittura di popoli barbari, o buona o cattiva che sia, e può essere non priva di grazia; barbaresca sarà pittura o rappresentante costumi de' barbari, o imitante le forme e le pratiche di alcuni popoli a cui sogliam dare il nome di barbari.

527.

BARBARO, SELVAGGIO.

I popoli non inciviliti chiamansi da noi ora *selvaggi* ora *barbari*. Barbare chiamavano i Greci e i Romani tutte le nazioni straniere, per indicare ch'essi godevano il più puro lume di ragione e di libertà.

Il selvaggio vive nelle selve, in istato più prossimo alla bruta natura; i barbari possono avere e case e città (1). Quindi è che nazioni barbare diciamo, non nazioni selvagge (2), perché la nazione suppone fondamento d'istituzioni salde.

In un senso, dunque, il selvaggio è sopra al barbaro; in un senso è sotto. Sopra, in quanto la selvatichezza può essere stato d'ignoranza innocua, di pacifica solitudine; questi popoli noi chiamiamo selvaggi, e tali a noi pajono; ma tali forse non sono. È sotto, in quanto la barbarie può essere congiunta a qualche coltura; può essere riputata tale, rispetto a un grado di civiltà fiorente; può consistere solamente in certi pregiudizii, in certe consuetudini.

L'idea di barbaro, a ogni modo, par ch'abbia, in generale, non so che più ributtante; perché la barbarie, quand'anche sia meno incolta, suol cercare gli uomini per offenderli; la selvatichezza li fugge per non essere offesa, o, se offende, lo fa per timore, o per quel sospetto ch' è indivisibile dall' ignoranza. Il selvaggio è l'uomo della natura abbandonata a sè stessa; il barbaro è l'uomo della natura più profondamente abbassata. L'ignoranza del selvaggio è sovente temperata da un senso di umanità; il vanto del barbaro è tutto nel vincere questo senso salutare e soave. C'è dei selvaggi barbari, e dei selvaggi non barbari; c'è dei barbari quasi selvaggi, e de' barbari prossimi a incivilimento. Di selvaggi narransi atti di gentilezza rara; i primi invasori dell'America erano forse più barbari di quegl'infelici selvaggi.

Madamigella Faure: « Nel senso di *barbaro* prevale l'idea di ferocia; di *selvaggio*, l'idea d'ignoranza (3). Un navigatore rincontra nella Nuova Olanda uno degli abitanti col quale egli aveva fatta conoscenza, e gli domanda:

---

(1) È l'uomo che mena il *barbero* dicesi *barberesco*. — LAM MARCCHINI.
(2) DAVANZATI: *Più palii di barberi si corressero.*
(3) PETRARCA: *Barbarico sangue.* - OVIDIO: *Barbarica manu.*
(4) CICERONE: *Si, grammaticam professus, quispiam barbare loquatur.*
(5) SVETONIO: *Barbarica nomina.* È altro che nomi barbari.
(6) CAPIT.: *Barba propre barbarice demissa.*

TOMMASEO, *Diz. dei Sinonimi.*

---

(1) AUBERT DU PETIT THOUARS: *Nous avons vu la civilisation rétrograder par l'invasion des peuples du nord, qui renversèrent l'empire romain: mais l' état de barbarie dans le quel il fut plongé était bien différent de celui des peuples que nous regardons comme sauvages.*
(2) VILLANI: *Conquistò Inghilterra e deliberò di diverse e barbare nazioni che la signoreggiavano.*
(3) Dante usa *selvaggio* per *ignaro*, con ardire non imitabile, ma non irragionevole e non inusitato al suo tempo: *Selvaggia del luogo.*

« Dov'è tua moglie? — Io mi sentivo fame, » risponde. Ecco il barbaro!

« Mungo-Parck, abbandonato nelle regioni interne dell'Africa, stava per morire di fame, quando una povera negra viene a soccorrerlo, e canta: sovveniamo l' uomo bianco, solleviamo i suoi mali; egli non ha qui nè la moglie nè la madre che gli porga una stilla di latte, che gli appresti il suo pane. Ecco il selvaggio! »

Anco in senso quasi traslato, queste differenze conservano il loro valore. Selvaggio chiamiamo in società l'uomo che sfugge gli uomini; barbaro, chi non ha umanità. Ed è da notare che tra gli uomini che la società chiama civili, gli atti di barbarie sono più frequenti, che non tra quelli che vivono in modo da meritarsi, per iperbole di spregio, titolo di selvaggi.

528—532.
BARBARO, Feroce, Crudele, Inumano, Spietato.
Barbarie, Crudeltà, Ferocia.
Crudele, Truce, Atroce, Terribile, Immane.
Fierezza, Ferità, Ferocia.
Fiero, Feroce, Ferino.

528.
Barbarie, Crudeltà, Ferocia.
Barbaro, Crudele, Feroce.

« La *barbarie*, dice il signor Guizot, è nell'abito dell'animo; la *crudeltà*, nella voglia; la *ferocia*, nella natura. Però diciamo: bestie feroci. Non si dirà che la bestia è barbara; perchè la bestia non può avere quelle idee e que' sentimenti che, depravati, fanno la barbarie. La tigre è crudele perchè uccide, anco sfamata che sia; gli animali carnivori son quasi tutti feroci (1), perchè carnivori.

« La barbarie in alcune cose, può stare con certa bontà in alcune altre. È barbaro quel selvaggio che uccide il padre; ma in altre cose e' può essere umano.

« *Barbaro* non si dice che di persone, o d'atti loro; *feroce*, d'animali, o d'atto ad animali attribuito; *crudele*, e di persone e di animali e di cose. »

Se si guardi alla gradazione delle idee, pare a me che *feroce* dica un po' più che le altre. Avvi degli atti che pajon crudeli, e che sono necessarii, o necessarii si credono. C'è cose che stimansi barbare e non sono; ond'è che nell'uso questa voce acquistò senso iperbolico; come quando chi riceve un torto esclama: la è barbara! (2) o quando un amante chiama barbaro l'oggetto della sua tenerezza. E certi autori di *libretti d'opera* lo sanno meglio di me.

Ma la ferocia gode dell'altrui patimento. Timoleone che uccide il fratello, commette atto barbaro, non feroce. Crudeli que' padroni che per una soddisfazione stolta, per pompa vana, fanno penare i disgraziati costretti a servirli; ma e' non sono ancora feroci (3). Un discorso, una parola sola può essere, in tai casi, crudele, senz'essere però feroce. L'uomo talvolta è crudele con sè stesso, negando a sè quel che la sua natura giustamente richiede; cercando a tutto costo il suo danno (4). Anco nell'esercitare un diritto possiamo essere crudeli agli altri (1). Ferocia suppone male più grave, più evidente dall'un canto, e dall'altro volontà più deliberata, più iniqua, di cagionare questo male, o di mantenerlo e d'accrescerlo. Ciò s'intenda quando tutte e tre queste voci diconsi dell'uomo, perchè certo alla bestia feroce non sono imputabili i dolori e la morte che fa soffrire all'uomo o agli altri animali. Crudeli però diconsi anco le fiere.

Dirò, parlando d'azione tirannica: cotesta è una barbarie! una crudeltà! Ma non dirò: è una ferocia.

Riguardate le prime due voci come atto, non come natura o abito, giova notare che *crudeltà* è men di *barbarie*. C'è tante ingiustizie che possono chiamarsi crudeli, ma delle quali esclamar non si può: che barbarie!

Riguardate *crudeltà* e *ferocia* come natura o abito, notasi: I.° Che, come abbiamo accennato, la ferocia è più profonda. II.° Che, per lo più, si legge negli atti, nel volto, nelle parole. III.° La ferocia è più abituale della crudeltà, la quale può mostrarsi di rado, e quando è irritata. C'è de' popoli abitualmente feroci; i popoli più gentili in certi casi peccarono d'abbominevole crudeltà.

Può un'azione essere in sè crudele, senza che provenga da animo disposto a crudeltà. Ed è però che anco a cose che da umana malvagità non dipendono, applichiam questa voce, e diciamo: crudel dolore, crudele infermità, e simile (2).

529.
Barbaro, Inumano, Feroce, Crudele.

È *inumano* chi manca all'umanità; ora, si può mancarvi senza taccia di crudele, di barbaro, di feroce. Chi conosce le miserie del povero e non sovviene, è inumano; può però cotesta inumanità essere più o men grave; può trascendere fino alla crudeltà, ma può restare al di sotto. Da ciò consegue, che quando l'inumanità è gravissima, questa voce diventa affinissima all'una o all'altra delle tre accennate (3); ma che non però essa in tutti i casi è tutt'uno. Un infelice vi chiede parte di ciò che avanza, non ai vostri bisogni, ma ai capricci; voi gliela negate: inumano! Lo vedete languire, e sostenete la sua miseria senza commovervi: crudele! Lo lasciate penare sotto i vostri occhi, nell'infermità, nell'ignominia, nel misfatto, e gettate il vostro alle bestie piuttosto che soccorrere un vostro simile: barbaro! Se a tali ingiustizie aggiungeste il disprezzo, l'insulto, la persecuzione: sarebbe ferocia la vostra.

530.
Barbaro, Spietato.

Cuore che non par crudele, potrà pure mostrarsi spietato; chi alle apparenze è tutt'altro che feroce, può nell'animo suo aver sì compresso ogni moto di pietà, da vedere l'altrui patimento e rovina senza un sospiro. I cuori dalla ricchezza corrotti, inariditi dalla scienza, dalla potenza gonfiati, non si chiameranno crudeli, ma sapranno essere abbominevolmente spietati.

---

(1) Firenzuoli: *Ferocissimi lioni.* - Boccaccio: *Ferocissimi animali.*
(2) Quindi è che questa voce s'unisce al *parere*.
(3) Dante chiama *crudeltà* quella de' suoi concittadini che lo rispingeva nell'esilio.
(4) Vit. ss. Padri: *Fu tanto austero e crudele di sè medesimo.*

(1) Latini: *Quegli è crudele che non ha misura in condannare quand'egli ne ha cagione.* - Boccaccio: *Crudel sentenza.*
(2) Boccaccio: *Morte crudele.*
(3) S. Agostino, De Civ. Dei: *Strucci li corpi dei morti, e cerchi inumanamente nelle carni.* - Anche qui però l'idea d'umanità ha principal luogo, perchè si tratta, violando i sepolcri, di violare l'umanità in un de' suoi sentimenti più sacri.

Può dunque, in certi casi, la spietatezza esser compagna alle altre qualità sovraccennate; e può essere semplice negazione della pietà, più o meno biasimevole, secondo le circostanze più o meno gravi.

Ma, per celia, chiamiamo spietato chi ne conquide col recitarci i suoi versi. C'è degli amanti spietati, che certo non son feroci; cerimoniosi spietati, che certo non son crudeli; filantropi spietati, che per eccesso d'umanità succederebbero tutte le borse; oratori spietati, che fanno di tutto per non essere barbari. E chi sa che la lunghezza di quest'articolo non paja più dell'usato spietata?

531.
Crudele, Truce, Atroce, Terribile, Immane.

Truce, specialmente, nel viso, negli atti; *crudele*, nelle parole, nelle intenzioni e nelle opere.

— *Atroce* accenna a barbarie, o reità, o dolore grande (1). *Crudele* è meno. *Terribile*, che apporta terrore. Può il fatto, o l'uomo, o la cosa, essere terribile, e non atroce o crudele. — ROMANI.

— L'*immanità* è crudeltà grave, ma non tanto orribile forse quanto l'atrocità (2). Se non che *atroce* possiamo dirlo del pensiero, dello sguardo, della parola, degli atti; *immane*, delle opere solamente, e meglio d'una serie o dell'abito d'azioni crudeli, che d'un'azione da sè: se non quanto quest'una è indizio dell'animo e del costume; ma raro nell'uso.

Atroce, poi, di colpo, di sventura, d'oltraggio, di notte (3), di giorno; *immane*, no.

Immane, da ultimo, indica talvolta, latinamente, grandezza enorme, o gran quantità. — A.

532.
Fierezza, Ferità, Ferocia.
Fiero, Feroce, Ferino.

Ferità, più raro, e più affine a selvatichezza, od a ferocità. *Fierezza* può avere buon senso, o almeno più mite: di fanciullo arditamente vivo, diremo *fierezza*; fierezza di pennello, di stile; fierezza michelangiolesca, dantesca; fierezza d'ingegno, d'animo. La fierezza dell'animo è altera, insofferente pur dell'ombra d'ogni viltà; e questo, non tanto per senso di dignità, quanto d'orgoglio. La ferità dell'animo non compiange all'altrui dolore, nol cura, lo aggrava. La ferità del viso esprime qualcosa di truce; la fierezza può essere piacente, e può stare colla bellezza.

Ferocia dice forza e disposizione a nuocere. C'è della gente fiera, ma non malefica; fiera ma debole. C'è altresì delle fiere non forti al nuocere.

— *Fiero*, in origine, non domato, non civile, non pieghevole agli usi e a' comodi altrui. *Feroce* è più.

Ferino, da *fiera*, è peggio di *feroce*. — ROMANI E A.

533.
BARBETTA, BARBETTINA, BARBICINA, BARBOLINA.

I primi due, alla barba dell'uomo o d'altro animale; gli altri, alle barbe delle piante. Non si dirà *barbettina* una piccola radice, nè *barbolina* una piccola barba d'uomo.

Se si volesse porre differenza tra i due tanto affini, *barbicina* e *barbolina*, potrebbesi notare: che la prima indica meglio la piccolezza delle barbe; l'altra, la lor sottigliezza. Io direi: le barboline di una pianta di viole a ciocche; e, le barbicine (che son quasi appendice alle grosse radici) di pianta robusta. Ma questa distinzione non è chiaramente nè costantemente data dall'uso (1).

534-536.
BARBETTA, BARBETTINA, BARBINO.
BARBACCIA, BARBONE.
BASETTE, BAFFI, MOSTACCHI, PIZZI, PIZZO, MOSCHETTA.
RIDERE SOTTO I BAFFI, SOGGHIGNARE.

534.
Barbetta, Barbettina, Barbino.

Barbetta può essere vezzeggiativo più che diminutivo: barba non piccola. *Barbino* pare talvolta diminutivo di celia. Dall'altro può farsi *barbettina*, barba non grande ma non bella, rada, di brutto colore, setolosa, arruffata.

535.
Barbaccia, Barbone.

Il *barbone* è sempre più o men lungo e folto; *barbaccia* può dirsi anco barba non fatta, ma che si suole e devesi fare; o in genere il colore e la qualità della barba, senza riguardo a misura.

536.
Basette, Baffi, Mostacchi, Pizzi, Pizzo, Moschetta.
Ridere sotto i baffi, Sogghignare.

Ci sia lecito indicare che le *basette* son meno de' *baffi*, questi men de' *mostacchi*. Le prime posson essere un velo di tenue lanugine (2); i secondi abbracciano soltanto la parte superiore del labbro; gli ultimi vanno più in là, e son, per lo più, arricciati (3). Le prime possono averle anco le donne; i secondi sono ai nostri giorni di moda; li usa certe nazioni.

In alcuni dialetti *baffi* vale *pizzi*, quel pelo cioè che scende dalle tempie giù lungo le gote. Ma quest'uso va contro gli esempi della lingua scritta; ed è però da preferirgli il toscano, che con la voce *pizzi* distingue insieme due cose in sè distinte, e dipinge la forma di quella che vuolsi indicare.

I *pizzi* scendono lungo le gote; il *pizzo* è quello del mento a uso spagnuolo; s'è piccolo, diciamo *moschetta*. *Basettina* e *Baffettino*, son d'uso. Proverbio giocoso è: *Donna colla basette, Dio ti guardi e le saette*. Modo proverbiale: *ridere sotto i baffi*, e, credo anche, ne' baffi; sorridere di nascosto con gioja maliziosa, di cosa che ad altri non sia piacere nè onore, e che, palesata, offenderebbe. Il *sogghignare* può essere più maligno e oltraggioso; ma è anche più aperto. Ride sotto i baffi anche un amico, o chi non abbia cagione nè d'affetto nè d'odio; il sogghigno può essere di nemico.

537.
BARBETTO, PEZZETTA.

— Quel pezzuolo di pannolino al quale, nel far la barba, si netta il rasojo si chiama *barbetto o pezzetta*. Ma *pezzetta*, perchè troppo generico, non si direbbe fuorchè proprio in quell'atto: molto meno poi si scriverebbe in

---

(1) DAVANZATI: *Caso, uomo atroce*. - FIRENZUOLA: *Atroce risposta*. Da *ater*.

(2) L'immanità è sragionata e ha del bestiale; ma l'atrocità è l'estremo grado del male che l'uomo, secondo natura, può fare o patire. — CAPPONI.

(3) ALFIERI.

---

(1) Il signor Lapo de' Ricci chiama *barboline* quelle del frumento.

(2) MENZINI: *Basettin di topo*.

(3) BUONARROTI: *Mostacchi arronciglati*. - Minzoni in un sonetto eroicomico dipinge Caronte, *Che nei mostacchi arronciglati sbuffa*.

una nota di bucato, o in un inventario; per via che si potrebbe scambiare con quelle *pezzette* che si mettono sulle piaghe, per soprapporvi le fascie; o che, inzuppate in varii liquori medicinali, servono a fare delle fomenta o dei bagnolini alla parte offesa. *Barbetta* in questo senso non lo vedo nel vocabolario, e neanche *fomenta* e *bagnolino*; ma le son voci vivissime quà. — FREDIANI.

538.
BARBIERE, PARRUCCHIERE.

Barbiere, da uomo; *parrucchiere*, e da uomo e da donna.

Ognun vede che, parlando di donna, parrucchiere è ormai la voce inevitabile; quanto agli uomini, io per me, quello che viene a farmi la barba lo chiamerei *barbiere*; e quando lo riguardassi in atto di tagliare i capelli, o di acconciare una parrucca, o di farla, lo direi *parrucchiere*. In alcune botteghe v'è il barbiere, e v'è il parrucchiere; dovendo dargli un nome generico, presceglierei sempre il secondo, poiché così è ormai voluto dall'uso. Parlando però di costumi di popoli, dove la civiltà della moda non fa sfoggio di sè, direi sempre *barbiere*: i barbieri di Turchia; Figaro, il barbier di Siviglia.

539—540.
BARILE, BARILOTTO, BARIGLIONE, BARLETTA, CARATELLO,
BOTTE, BOTTICELLA, BOTTICINO, BOTTICINA.
BARILETTO, BARLETTA.

539.
Barile, Botte, Barilotto, Bariglione, Barletta, Caratello, Botticella, Botticino, Botticina.

— Queste voci indicano vasi fatti di doghe di legno, quasi cilindrici, tenuti insieme con cerchi o di legno o di ferro, ora in maggiore ora in minor numero, un poco rigonfiati nel mezzo dell'altezza, e con fondi piani. Servono per contenere liquidi, ed hanno piccola apertura nel corpo, ed alcuni piccolissima apertura in uno dei fondi.

Sono tutti diminutivi di *botte*, e servono generalmente a contenere vini di maggior pregio, o liquori spiritosi, come rosolii, spirito di vino, e simili. *Barile* è pure un vaso della stessa forma, destinato specialmente al vino e all'olio. Distinguesi il barile da vino da quello da olio, per essere il primo di maggiore capacità.

Queste voci indicano pure le quantità del contenuto; così diciamo botte, botticino, caratello di vino, d'acquavite, ecc. Lo stesso dicasi di *barile*, il quale serve anco di misura legale e, d'ordinario, è più piccolo del caratello. Il *caratello* è, per lo più, lungo e stretto.

Ma *botticino* è anche il nome del vaso. Infatti si dice la stanza de' botticini; e sono *botticelle* dove si fa il vin santo, che tengonsi in una stanza alta e ariosa, non nella cantina.

Barilotto e *barletta*, un vaso più piccolo di barile, e dicesi anche *barlotto*, che i vetturali sogliono a cintola con la porzione del vino da bere per viaggio.

Bariglione è vaso in forma di botte, ora più grande, ora più piccolo, secondo il pregio della merce che vi si contiene; ed è specialmente da salumi o pesci in salamoja, in olio. Così, bariglione di aringhe, di acciughe, di tonno, dice la quantità del contenuto; e se questi vasi si destinano ad altro uso, diconsi bariglioni da tonno, da acciughe, da aringhe.

I bariglioni, propriamente detti, possono essere molto grandi, e chiamansi *botti*. Così: botti di zucchero e di altre droghe. Ma sono costruite in forma diversa da quella delle botti da vino, e di doghe o fondi più sottili.

I bariglioni apronsi levando uno de' fondi, e non hanno aperture nel corpo; così tengonsi in piedi, nè si fanno posare sulla pancia, come i barili, le botti, i caratelli. —A.

540.
Bariletto, Barletta.

La seconda è definita dalla Crusca: piccolissimo barile da portare a cintola per cammino. E non solo a cintola, ma e sulle spalle e altrimenti.

Differisce dall'altro in ciò ch'è più piccolo. *Barlette* diconsi infatti quelle che, con acquavite o con altro, vanno portando le donne che tengon dietro a un esercito. Il bariletto non si trasporta così facilmente.

541—551.
BATTAGLIA, COMBATTIMENTO, FATTO D'ARMI, GIORNATA,
PUGNA, MISCHIA, ZUFFA, FAZIONE, SCARAMUCCIA.
PUGNARE, OPPUGNARE, ESPUGNARE, IMPUGNARE.
ZUFFA, RISSA, BARUFFA.
ABBARUFFARSI, ACCAPIGLIARSI, ACCIUFFARSI.
GIOSTRA, TORNEAMENTO.
GIOSTRARE, FAR LA GIOSTRA.
GIOSTRONE, GIOSTRONI.

541.
Battaglia, Combattimento.

Il Girard: « *Combattimento* riguarda più l'azione attuale; *battaglia*, l'intero fatto. » Potrebbe dirsi che alla tale battaglia il combattimento fu caldo e ostinato.

Il Grassi: « *Battaglia* è quando uno almeno dei due eserciti ha molte delle sue forze raccolte alla difesa o all'assalto. *Combattimento* è meno; non decide la somma delle cose. La guerra dei Francesi in Italia, nella primavera del 1800, s'aprì col combattimento alla Chiusella, e terminò colla battaglia di Marengo. » Il Varchi: « Dopo molti, piuttosto affronti e combattimenti che battaglie e giornate. » Bentivoglio: « Durò molte ore questo combattimento, maggiore assai di semplice scaramuccia, ma inferiore, e di molto, al termine di battaglia. »

Il Romani: « Il combattimento, come nota il Girard, può essere l'atto e lo sforzo della battaglia. » Onde Fra Giordano: « Se non sai combattere, non andar a battaglia. »

Il combattimento, inoltre, può essere di pochi, o anco di soli due"(1).

Insomma: I.° la battaglia è più; II.° è tra più; III.° è in campo, con armi. Il colonnello Pepe: « Napoleone nella sua Iliade fra l'Adige e la Brenta affoltava in quattro mesi dieci battaglie, trenta combattimenti. » Segue un combattimento, si dà una battaglia (2); e seguir battaglia diremmo, non dare combattimento. Grande combattimento può divenire battaglia; anche una scaramuccia è combattimento. In una battaglia si possono usare varie maniere di combattimento. — Così, nel traslato, si dirà combattimento d'azioni, di parole, d'utili, d'affetti, se si tratta di poco; se di molto, battaglia: combattimento di ciancie; battaglia d'ingiurie. Le lotte sillogistiche erano combattimenti; le lotte della letteratura moderna sono talvolta battaglie. Una cura che occupi in modo tra doloroso e tedioso, dicesi assolutamente combattimento; e così *combattere* vale: o occupare grave-

---

(1) G. VILLANI: *Combattere a corpo a corpo col re.*
(2) PETRARCA: *Quando amor cominciò darvi battaglia.*

mente, o dar noja e stizza pur di parole. Il *Combattimento spirituale* dello Scupoli non è battaglia.

542.
Battaglia, Fatto d'armi.

Il Grassi: « *Fatto d'armi* è voce generica, sempre in significato onorevole, d'azione che abbia del singolare. La difesa dei trecento alle Termopili è il più bel fatto d'arme dell'antichità; il combattimento dei tredici a Trani è uno dei più bei fatti d'arme della storia italiana moderna. »

Tanto un combattimento tra pochi, quanto una battaglia può essere fatto d'armi, purché vi si scorgano prove di valor grande o di rara militare scienza. In questo senso, la voce *fatto* ha i più nobili significati del *facta* latino. Nè si direbbe, a parer mio, fatto d'armi disonorevole, fatto d'armi dappoco (1).

543.
Battaglia, Giornata.

Perchè le grandi battaglie, nelle quali si decide, o par che decidasi, la sorte de' regni e delle nazioni e della civiltà universale, sogliono combattersi tutto o gran parte del giorno, perciò *giornata* significa campale battaglia. Machiavelli: « Zuffe campali, chiamate nei nostri tempi, con vocabolo francese, giornate. » Giambullari: « Venutogli incontro sul fiume Trebbia, cinque miglia presso Piacenza, fu a giornata con essoluì; la battaglia fu sanguinosa. » *Giornata*, insomma, è la battaglia campale: la giornata d'Arbella, di Farsalia, di Waterloo.

544.
Battaglia, Pugna.

Pugna è latinismo, in prosa raro. Ma, o nella poesia o nella prosa, chiamare pugna una battaglia la qual si combatta da lontano con macchine guerresche, con cannoni o fucili, a' dì nostri sarebbe improprio. Nella pugna lottasi a corpo a corpo, o almeno in gran vicinanza.

Pare, inoltre, che un combattimento debole e quasi svogliato non possa meritar questo nome. La pugna pare voglia essere violenta, se non sanguinosa (2).

Nel traslato, *pugna* può essere sostenuto dalla prosa ancora: in senso, cioè, di contraddizione, di renitenza, o simile. Pugnare contro l'intimo senso, è vizio frequente dei filosofi sistematici, che tutto pospongono alla loro idea (3).

545.
Battaglia, Mischia.

Mischia, per la natura del vocabolo, dovrebbe accennar moltitudine confusa insieme, e quasi mischiata, per qualsiasi cagione; e perchè nel combattere la mischia divien folta e terribile più che mai, *mischia* divenne sinonimo a *combattimento* o a *battaglia*. Ma ne differisce I.° perchè non ogni mischia è combattimento o battaglia (4); II.° perchè non ogni battaglia o combattimento dà luogo alla mischia; quando cioè si combatte da lontano, o anche dappresso, ma senza molto turbare gli ordini; III.° perchè *battaglia* indica il fatto generale, e l'effetto di quello; *mischia* non indica che una parte o un modo o un luogo della battaglia. Non chiameremo dunque *mischia* una battaglia navale a distanza. Diremo: gettarsi nella mischia; diremo che gran tempo dopo incominciata la battaglia si attaccò la mischia.

Mischia, in senso traslato, per contesa, o simile, non pare proprio, sebbene abbia esempi.

546.
Battaglia, Zuffa.

Anche *zuffa* è generico come *mischia*; se non che: I.° la mischia suppone certa moltitudine; la zuffa s'attacca anco tra due; II.° nella mischia è confusione, come il vocabolo suona; la zuffa ha più diretta l'idea dell'offendere (1).

Ma quand'anche *zuffa* valesse *battaglia*, ne differisce: I.° perchè dice anch'essa, come *mischia*, combattimento prossimo (2); II.° perchè tanto lo suppone tra pochi, quanto tra molti; III.° perchè lo dice accanito, ma, per lo più, non lungo.

547.
Battaglia, Fazione, Scaramuccia.

— *Scaramuccia*, combattimento, per lo più, breve e non forte, tra picciol numero di soldati, staccatisi, per qualunque cagione, da esercito. *Fazione*, quasi fatto di guerra, è combattimento di qualche rilievo; meno però solenne del fatto d'arme, per le conseguenze. Bentivoglio: « Fu convertita presto la scaramuccia in fazione, e la fazione poi in battaglia. » — POLIDORI.

548.
Pugnare, Oppugnare, Espugnare, Impugnare.

— Si *pugna* assalendo e difendendosi contr'uomini, bestie, cose; s'*impugna* assalendo uomini, per lo più; s'*oppugna* assalendo in modo da voler vincere o prendere, per lo più, luoghi. Pugnano due eserciti; due uomini pugnano di ragioni. S'impugna (quasi sempre in senso traslato) un'opinione, un principio. S'oppugna una città, un castello, una torre; o, nel traslato, s'oppugna un'opinione, o anco chi la sostiene.

Delle controversie parlando, s'impugnano i fatti, si oppugnano le asserzioni altrui; si propugnano le nostre, si pugna per quella che noi crediamo verità. — A.

— *Impugnare*, far contro; *oppugnare*, assalire luogo o persona; *espugnare*, vincer pugnando (3). — ROMANI.

549.
Baruffa, Zuffa, Rissa.

— *Baruffa*, zuffa in parole acri e ingiuriose, ed in fatti; la *rissa* è di parole oltraggiose, e di fatti più o meno gravi; la *zuffa*, di fatti; ed ha senso meno ignobile, secondo il giudizio degli uomini. In regolata battaglia è zuffa; anco nella baruffa i contendenti s'azzuffano, ma non sempre. — GATTI.

550.
Abbaruffarsi, Accapigliarsi, Acciuffarsi.

Acciuffare ha per primo senso l'attivo, e vale, come ognun sente, pigliare per il ciuffo, o, per estensione, af-

---

(1) Anticamente *fatto d'arme* comprendeva qualunque specie di combattimento, fosse battaglia o duello; ora non più, come nota il Grassi.
(2) ORAZIO: *Pugnavit... Dicenda musis praelia.*
(3) DANTE: *Contra miglior voler, voler mal pugna.* — ORAZIO: *Pugnantia secum Frontibus adversis componere.* — ROSMINI: *Il sistema medio del Degerando è così pugnante con sè medesimo, come è pugnante il dire che i due sia l'uno.*
(4) M. VILLANI: *Cominciarono mischia con quelli cittadini.*

---

(1) BOCCACCIO: *Una gran zuffa stata v'era; di che molti v'erano stati feriti.*
(2) CINUFFO: *Partir la zuffa.*
(3) REDI: *Impugnano le opinioni mie.* — FRA GIORDANO: *Oppugnare le mura di Jerico.* — ARIOSTO: *Espugnar Biserta.*

ferrare; *accappigliarsi* s'usa sempre nel riflessivo soltanto. Dunque di due che, venendo a fatti, si prendono, si dirà che s'acciuffano, anche quando non si piglino pe' capelli; dove l'*accappigliarsi* ha più nettamente e più costantemente il senso proprio. Ovvero: quando si tratti d'indicare il semplice atto di pigliar pe' capelli, per cella o per altro, senza venire a contesa; o quando l'atto del pigliare si fa dall'una parte sola, e l'altro non è che il paziente, allora si dirà meglio *acciuffare*; e si serberà l'*accappigliarsi* al caso in cui si mette mano davvero a' capelli, per cominciare la zuffa, e quando nella zuffa il capo è il principale bersaglio.

— *Accappigliarsi* usiamo, in traslato, per venire in contesa pur di parole. Due accademici s'accappigliano stando ciascuno al suo posto. — A.

Abbaruffarsi è più generale e più forte (1). Dicesi di due e di più. Per abbaruffarsi non accade che la zuffa cominci da' capelli. Nelle lotte di sangue i combattenti si abbaruffano, non s'accappigliano.

551.
Giostra, Torneamento.
Giostrare, Far la giostra.
Giostrone, Giostroni.

Dante: « Ferir torneamenti e correr giostra. » Il Buti: « I torneamenti si facevano quando si convenivano volonterosamente i cavalieri a combattere dentro d'uno palancato per acquistare l'onore; nel quale torneamento l'uno ferisce l'altro a fine di morte, se non si chiama vinto. » Altrove il medesimo: « *Giostra* è quando l'uno cavaliere corre contro l'altro con l'aste...; dove non si cerca vittoria se non dallo scavallare; e in questo è differente dal *torneamento*, dove si combatte a fine di morte. »

Il Landino ne dà quest'altra distinzione: *Torneamento* è quando le squadre vanno l'una contro l'altra, e rappresentano una specie di battaglia; *giostra* è quando l'uno va contro l'altro a corpo a corpo, e rappresenta la battaglia singolare. » E con lui sta il Machiavelli (2), il quale, d'un torneamento ordinato per pubblica festa nel 1465, dice: « Così chiamavano uno spettacolo che rappresenta una zuffa d'uomini a cavallo. » E più tardi, Enrico II re di Francia moriva in un torneamento; ma per disgrazia, non perchè la sua nè l'altrui intenzione fosse quella di combattere a fine di morte. — POLIDORI.

— Finiti i torneamenti e le giostre, disparve la voce *torneamento* e *torneare*; e solo *giostra* rimase nell'uso, col suo verbo *giostrare*, padrona del campo, ma in vesti più vili. *Giostrare*, nella lingua parlata, significa andar girando in qua e in là; far gite lunghe e frequenti, per divertimento, per ispensieratezza o per altro (3). E di chi rigira spesso attorno a un luogo, si dice ch'e' ci *fa la giostra*; e chi va *giostroni* per le vie, gli è un *giostrone*. — MEINI.

---

(1) BUONARROTI, Fiera: *Quelle acciuffaro, e come tra gli ugnoni Gliele rapiro.* - BOCCACCIO: *Cosa intervenuta per riotta o per questione, siccome è l'essersi l'uno uomo acciuffato con l'altro* (l'accappigliamento è sempre reciproco). - DAVANZATI: *Sani con feriti, moribondi con boccheggianti si abbaruffano in ogni strana attitudine.*
(2) Istor. Fior., lib. 7, XII.
(3) LIPPI: *Vorrei che mi dicesse un di costoro Che giostran tutta notte per le vie, Che gusto c'è.*

552.
BATTAGLIA (DARE), DAR LA BATTAGLIA.

In senso proprio, dicesi e *dar battaglia* e *dar la battaglia*; nel traslato dicesi *dar battaglia*. Intanto che Cesare dava la battaglia al suo genero, credete voi che nessun rimorso gli desse dentro battaglia? (1)

553.
BATTAGLIATORE, BELLICOSO, BATTAGLIERE.

— *Bellicoso*, avvezzo alla guerra, amico dell'armi; dicesi e d'uomo e di popolo. Bellicosi carmi, diranno i poeti, e bellicoso squillo della tromba, e simili. *Battagliere*, non tanto di popolo, quanto d'uomo uso e inclinato a battaglia. Può l'uomo e il popolo essere bellicoso, e non aver mai viste grandi battaglie.

Battagliatore (poco usato), che cerca battaglie o risse, anco fuori di luogo. E, per estensione, battagliatori i contradditori importuni, i letterati rissosi. — GATTI.

554.
BATTEZZATORE, BATTEZZIERE.

Il primo indica l'atto; il secondo, l'uffizio. *Battezziere* è il sacerdote cui tocca per un certo tempo battezzare i bambini portati al sacro fonte (2); *battezzatore* può essere, al bisogno, anche un laico (3).

Per cella, battezziere del vino, il rivenditore che vi mesce dell'acqua.

555.
BATTISTERO, FONTE BATTESIMALE.
RIBATTEZZARE, RIMBATTEZZARE.
RIBATTEZZARE, RIBENEDIRE, ASSOLVERE.

Battistero può essere un intero edifizio, come il famoso di Pisa; può essere parte dell'edifizio, o dentrovi, o attigua, come l'elegantissimo di Sebenico, mia patria. *Fonte battesimale* è la vasca dove già tuffavansi, e i Cristiani d'Oriente tuffano tuttavia a battezzare; e il luogo proprio ove tengonsi i vasi occorrenti al battesimo, e l'acqua che si versa sul capo al bambino. Quindi la più estensione di questo secondo; e Dante promette a sè *sulla fonte del suo battesimo* la corona di poeta cristiano.

Ribattezzare, ripetere la cerimonia, come gli Anabattisti, e come in certi casi volevano certi padri, che ritrattandosi, fecero prova di virtù e di sapienza. A chi ci muta nome scrivendo o parlando, per isbaglio o per cella, direbbesi, per cella altresì: *non mi rimbattezzate, di grazia*.

Per estensione, *ribattezzare* è riammettere a una società, dalla quale, per indegnità, fosse l'uomo escluso; che quando trattisi di levare interdetto o scomunica, dicesi *ribenedire*. Per estensione, e anco per cella, *ribenedire*, in genere, è riaccogliere in grazia, o lo faccia una società, o una persona sola. *Assolvere* è proprio del giudice o del confessore; ma ha poi altri sensi, sempre più generali dell'altro. Assolvesi la taccia qualunque, da qualunque vincolo; l'uomo assolve sè stesso. Inutile farsi ribenedire, se non vi assolva la coscienza vostra; e Dio può assolvere gli scomunicati dagli uomini.

556.
BELLEZZA, LEGGIADRIA.

— *Bellezza* sta nella proporzione e nell'ordine delle parti, e nel colorito; *leggiadria*, nel moto o nella mossa

---

(1) G. VILLANI: *Dando alla terra continue battaglie e assalti.* - PETRARCA: *Quando amor cominciò darci battaglia.*
(2) ALF. PAZZI: *Il Varchi è diventato battezziere.*
(3) COMM. INF.: *Quel Giovanni primo battezzatore.*

o nell'atteggiamento e nella convenienza piacevole. Il bello è regolare; il leggiadro, non sempre, ma fornito di grazia. Il bello desta in noi maraviglia, talvolta; il leggiadro, piacere. — GATTI.

— Ecco perchè gli epiteti *bello* e *leggiadro* si vedono sì spesso accompagnati in certi poeti. Petrarca: « Santa, saggia, leggiadra, onesta e bella. » Casa: « Quella leggiadra Colonnese e saggia E bella e chiara. » — POLIDORI.

557 – 559.

BELLEZZA, VAGHEZZA, BELLURIA.
IMBELLIRE, RIMBELLIRE, ABBELLIRE, RABBELLIRE, RIABBELLIRE.
ABBELLARSI, ABBELLIRSI.

557.

Bellezza, Vaghezza, Belluria.

— *Vaghezza* è bellezza che trae a sè lo sguardo, ma può non avere tutte le condizioni della bellezza vera. La vaghezza è più relativa; onde sentirete dire d'una donna: la non è bella, ma ha un non so che di vago che mi piace. E *svagare*, in senso affine a *piacere*, è comune; e dice piacere più superficiale, tanto che distragga un po' dalla noja: costei mi svaga poco; oh questa sì che la mi svaga!

Persona o cosa veramente bella, la si chiama *una bellezza*: Maria Stuarda era una bellezza; un figliuolo che vien su bene, lo dicono una bellezza; la campagna, in certi mesi, è una bellezza. Di persona parlando, si fa l'accrescitivo, non gentile certo, *bellezzona*; e il vezzeggiativo, *bellezzina*.

Bellezza, per quantità grande e bella, è dell'uso. C'è la bellezza della roba in una bottega. E dove c'è la bellezza della roba, c'è da *abbellirsi*, cioè da scegliere com'un vuole; chè tal significato ha pure questo verbo nell'uso. La passi, signore, che la troverà da abbellirsi; la s'abbellisca (1) come le piace, dicono i venditori al compratore (2).

Belluria, bellezza d'apparenza, d'ornamento più che di sostanza. Son fiori di belluria, ma non sanno di nulla, mi diceva l'altro giorno mia madre, parlando di certi fiori esotici. E di tutte le cose che avventano agli occhi, ma che non hanno pregio intrinseco, vi diranno in Toscana: le son cose di belluria; perchè pare sentano che la bellezza vera deve andar congiunta colla bontà.

Questa voce non trovo ne' dizionarii; ma è comune tra noi, e mi pare espressiva. — MEINI.

558.

Imbellire, Rimbellire, Abbellire, Rabbellire, Riabbellire.

Imbellire, diventar bello, nell'uso vivo, dicesi d'ente animato soltanto; *rimbellire*, ridivenir bello. Bambinuccia estenuata da soverchia mollezza, può con un po' d'esercizii, e anco di patimenti, rinforzando, imbellire. Ragazzuccia stenta ed esile, giunta all'età dell'amore, per forza dell'affetto, si svolge e imbellisce: singolar potere del sentimento sul senso! Dopo una malattia, dopo un parto, può donna rimbellire. Questo dicesi anco di cose (1).

Abbellire è attivo, e nell'uso moderno non ha altro senso che di rendere bello o adoprarsi a far parere bello. Una donna tenta abbellirsi con istranii ornamenti, i quali, non che abbellirla o rimbellirla, la deturpano più che mai (2). La terra s'abbellisce di verzura; il discorso, d'ingenua eleganza (3); la virtù, di pudore; l'ingegno, di modestia (4); l'universo, della vivifica luce (5). S'abbellisce una città, un teatro, una stanza.

Abbellimento è dell'uso, non già *imbellimento*. Ed usasi *abbellitore*.

Riabbellire, abbellire di nuovo. Ciò ch'era deturpato o scadente, si rabbellisce (6). Una donna rimbellisce ridiventando bella; si riabbellisce con adoperare abbellimenti che la facciano, almeno agli occhi suoi, parere bella. Rimbelliscono specialmente enti animati; si riabbellisce qualunque cosa a cui si possa, in senso proprio o traslato, adattare l'idea di bellezza.

Rabbellire, non solo significa abbellire di nuovo (e in ciò non differisce da *riabbellire*, che nell'essere più opportuno alla poesia(7)), ma vale anco: abbellire a qualche modo, alla meglio (8); come *raggiustare* significa e l'atto replicato, e l'atto non tanto intero e compiuto quanto è quel che denotasi con l'asoluto *aggiustare*. La particella *ri*, unita a' verbi, dà loro tre sensi: di ripetizione, d'intensione, d'approssimazione; e questo, perchè la ripetizione ora porta più pieno l'effetto, or dimostra impotenza a portarlo pieno. Molti si credono riformare le cose del mondo col rabbellirle al di fuori; e illudono altri e sè stessi.

559.

Abbellarsi, Abbellirsi.

— *Abbellarsi* non è affatto fuori d'uso; e forse può nella lingua scritta star bene a suo luogo, nel senso di ornarsi o giovarsi di tale o tal cosa, e farsene bello. Quanti scrittori meschini oggi non s'abbellano di modi danteschi, o di qualche parola un po' strana, che sia novellamente messa in voga da un grande scrittore! — CAPPONI.

560 – 561.

BELLINO, BELLUCCIO, BELLOCCIO.
BELLONE, BELLOCCIO.

560.

Bellino, Belluccio, Belloccio.

Bellino, è di persona e di cosa; gli altri due, per ordinario, di persona soltanto. Si dirà *bellina* una casa, un discorso, una cella e simili, non *belluccia* o *belloccia*.

---

(1) Esp. PATERNOSTRO: *Quest'albero rinverdisce e rimbellisce.*
(2) GUITTONE: *Per lo nuovo vestito suo, molto abbellito.* - TRATT. SEGR. COS. DON.: *Nuove abbelliture delle vesti.* - BOCCACCIO: *Questo suo abbellirsi con tanta sollecitudine.*
(3) SALVINI: *Aver dato al dialogo tanto lustro e finimento che, non abbellitore, ma ritrovatore ne sembra.*
(4) ALBERTANO: *Abbellisca la vergogna (verecondia) i detti e i fatti tuoi.*
(5) DANTE: *S'abbellivan... con mutui rai.*
(6) SEGNERI: *Infonde nell'anima la grazia santificante, e, riabbellendola, la fa sposa degna di Dio.*
(7) POLIZIANO: *E rabbellirsi il mondo.*
(8) SALVIATI: *I quali (moti dell'animo), aggiustati con qualche miglior forma e rabbelliti, volentieri s'inurbano.*

---

(1) *Abbellare e abbellire per piacere*, in Dante e ne' Provenzali: affine al senso di *svagare*.
(2) *Abbellirsi*, nel solo infinito intransitivo, suol dirsi da chi offre in vendita o in dono cose in qualità o in generi diversi, per invitare a una scelta confacente all'altrui desiderio; e il modo è: qui c'è da abbellirsi come ognuno vuole. — CIONI.

Di persona tutti e tre, differiscono in ciò: che *belluccio* ha non so che di celia (1), e non si dice mai di fattezze; *belloccio* non si dice se non di persona piena e fresca (2). Personcina snella e asciutta non si direbbe *belloccia*; nè corporatura grave e ben tarchiata, *bellina*.

L'idea di *belloccio*, inoltre, può stare con bellezza non regolare affatto. C'è di molte donne belloccie; delle belline ce n'è meno; il primo può stare anche con la troppa pinguezza, con un colore non assai delicato, con qualche difetto di proporzione; quindi è che a una donna non si direbbe sul viso *belloccia*, che non sarebbe assai. *Belloccio*, insomma, indica la freschezza, la pienezza, non so che di giovereccio nell'insieme; *bellino*, l'eleganza, la grazia, la venustà. Vero è che *bellino* può talvolta indicar la scarsezza di questi pregi; cioè quando s'usi come semplice diminutivo, come dire: non abbastanza bello.

C'è delle donne belloccie che a certi gusti pajono ributtanti; le belline, anche quando non destano amore, non dispiacciono. Ma gli eccitati dalle belloccie sogliono essere amori più forti e meno trattabili degli amori che ispirano le belline.

Bellino, finalmente, ha senso ironico che agli altri due manca. Quando taluno vuol canzonare la grazia affettata o la vanità svenevole o altro simile difetto, suol dire, con tuono di voce derisorio: bellino. E anche di cosa.

561.
Bellone, Belloccio.

Di bellezza d'uomo, non di femmina, e anche d'uomo grosso e che più tiene del tondo, dicono il primo, tra per carezza e per celia, ripetendo a mo' d'esclamazione: bellone bellone. L'uomo belloccio dev'essere più giovane che la donna, la quale, anco un po' matura, può dirsi *belloccia*. E perchè la bellezza nell'uomo avventa meno, ed è meno richiesta, però *belloccio* dicesi, quasi attenuando il senso, chi si vuol collocare tra il bello e il non bello; ma alla donna, perchè le si addica quel titolo, vuolsi qualcosa di più.

562.
BELLO, AVVENENTE.

Avvenente, della bellezza umana in ispecial modo, e della parte più spirituale, e però più piacente della bellezza; di quella che tocca il senso della convenienza.

Avvenente, da *avvenirsi*, indica avvenienza leggiadra e piacente di parti e di moti. L'avvenenza è sempre corporea; ed è relativa talvolta, ma non affatto. Certe donne non si potrebbero chiamare belle, ma sono avvenenti; non perfette hanno le forme, ma piacente l'intero. Le forme venuste non bastano per fare l'avvenenza; perchè l'avvenenza è convenienza che piace: gli è il πρέπον de' Greci.

563.
BELLO, VAGO.

— Dal vagare che fa il desiderio intorno alla cosa voluta, *vago* venne a significare desideroso; e dall'essere gli oggetti leggermente e leggiadramente moventisi, tali da arrecare desiderio e diletto, *vago* venne a significare desiderabile e bello.

Vaghezza, dunque, è bellezza attrattiva, inducente desiderio di sè. Può esserci vaghezza, senza tutte le condizioni della bellezza; perchè il moto leggiadro e il desiderio di chi guarda bastano a rendere l'oggetto vago.

---

(1) REDI: *Ariannuccia vaguccia, belluccia.*
(2) LASCA: *Oh come ell'era frescoccia e belloccia.*

La bellezza è intrinseca alla cosa, la vaghezza riguarda il desiderio destato. — GRASSI.

564—573.

BELLO, LEGGIADRO, ELEGANTE, VENUSTO, GENTILE, GALANTE.
ELEGANTE, LINDO, ATTILLATO, GALANTE (del vestire).
ELEGANTE, COLTO, PURO, BELLO (del parlare).
ELEGANTE, PURA, BELLA (locuzione).
ELEGANTE, LEGGIADRO, BELLO, VENUSTO, COLTO, PURO, FORBITO, TERSO, ORNATO (dello stile).
ELEGANTE, VENUSTO, BELLO (dello stile).
COLTO, PURO, FORBITO, TERSO, LEGGIADRO, ORNATO (dello stile).
SQUISITEZZA, SQUISITUDINE.

564.
Bello, Leggiadro, Elegante, Venusto, Gentile, Galante.

Bello dà idea più compiuta, sentimento più pieno. C'è una bellezza tant'alta o profonda, severa o modesta, quieta o veemente, inarrivabile al senso, o anco al sentimento de' più, per relativa grandezza o piccolezza, che non le si appropri l'attributo, non che di galante o venusta, ma neppur di gentile o leggiadra o elegante. Queste sono o condizioni speciali di bellezza, o sue parti o aspetti; ma chi in queste ripone o ricerca l'intera bellezza, sbaglia, e forse fa errare altrui; e se lo fa pertinacemente, anche pecca.

565.
Elegante, Leggiadro.

L'eleganza è più scelta, più accurata della leggiadria (1); la leggiadria è un'eleganza più naturale, più svelta. Nelle maniere eleganti si vede lo studio; quando nelle maniere si vede lo studio, non v'è più leggiadria vera. Una mossa elegante si può imaginare posata; una mossa leggiadra dev'essere alquanto leggera (2).

Leggiadro, quindi, dicesi più spesso del moto (3); *elegante*, e del moto e delle forme: corpo elegante (4), elegante capigliatura, meglio si dirà che leggiadra.

È nella vita virile un confine, oltre al quale non è più dato avere lode di leggiadria. Si dirà leggiadro un fanciullo, non un bambino lattante; perchè la leggiadria stessa (soavissima e tutta italiana parola) richiede, se non sempre un po' d'arte, almeno una natura arrendevole, e nel suo fiore.

566.
Elegante, Venusto.

Venusto, latinismo più raro nell'uso. Dice eleganza più fine, più amabile; una venere che spira dalle forme, dagli atti (5).

---

(1) *Elegans* da *eligo*. Nel primitivo senso latino, l'eleganza appunto consisteva in certa scelta delle cose piacevoli.
(2) GALILEO: *Non è altro leggiadria che una cotale quasi luce, che risplende dalla convenevolezza delle cose, che sono ben composte e ben divisate l'una con l'altra e tutte insieme...* - FIRENZUOLA: *La leggiadria non è altro che una osservanza d'una tacita legge, data e promulgata dalla natura a voi, donne, nel muovere, portare, adoperare così tutta la persona insieme...*
(3) BERNI: *Tutta giojosa, leggiadretta e bella, Salì 'l destriero e non toccò la sella.* - BUTI: *La donna prestamente e leggiadramente si volse inverso lui.*
(4) VITE SS. PADRI: *Di corpo elegante e piacevole, ma secco e magro.*
(5) FIRENZUOLA: *Venustà, nella donna, sarà uno aspetto nobile, casto....* La voce *venere* nell'origine nulla ha di lascivo: il verbo *venio*, che ha figliato anco il bellissimo nostro *avvenente*.

Quanto alle forme del corpo, l'eleganza può essere in una parte soltanto; la venustà è nell'intero (1). Io veggo una bocca elegante in viso invenusto; veggo una fronte elegantissima, un tondeggiare delicato di guancie, ogni cosa pregevole a parte a parte; e il tutto non mi dà quell'aria di venustà che piace all'anima e la rasserena (2).

La venustà, al dir di Tullio, è più propria alle donne.

567.
Elegante, Gentile, Venusto.

Venusto, d'oggetti senz'anima, meno spesso che *elegante* e *gentile*. In questo senso, gentile si oppone a rozzo (3), o simile; dice dunque idea relativa. C'è cose che possonsi chiamare gentili, e che non sono eleganti; per esempio, il grano, i fichi (4).

Ma anche quando *gentilezza* ha senso più eletto, è un po' meno. Tutti quasi i fiori hanno in sè del gentile; non tutti hanno forme eleganti (5).

Colore elegante (6), se grazioso e appropriato al luogo; e, elegante, se pallidetto. Lavoro gentile, un tessuto, un intarsio, ogni cosa che abbia in sè un'eleganza minuta. Potrebb'essere gentile per la minuta esattezza, o per il pensiero e l'intendimento, o perchè lavoro di persona gentile; ma non per questo elegante.

D'uomo, similmente, *gentile* è contrario di *villano*, di *rucido*. Fisonomia gentile, non aspra, non burbera, non strana; e può essere gentile la forma della persona, senza che si possa chiamare elegante. Mano gentile, vale: bianca, morbida, delicata. La mano elegante (se pure questo modo non displace) è non solo delicata, ma nelle proporzioni sue, bella. Complessione gentile, carni gentili (7); e non diremmo: eleganti.

Gentilezza, poi, dicesi e de' movimenti del corpo e di quelli dell'animo; l'eleganza non arriva fin là (8).

568.
Elegante, Galante.

Galante, parlando, non di vestito, non di sociale commercio di gentilezze o d'inezie o di seduzioni, ma di cose inanimate, è affinissimo ad *elegante*. Dicesi, per lo più, di lavori d'arte: cosa galantina, arnese galante, e ogni cosa bellina, ch'è una galanteria.

In ciò che è galante, non si considera con le rigide norme del gusto la proporzione, la grazia, come nell'eleganza; si guarda a certa piacevolezza e comodità che contenta. Molte cose pajono galanti, che non son punto eleganti; ma chiamansi con quel nome, perchè, paragonate con altre di simil genere, appariscono meno pesanti, più snelle.

569.
Elegante, Lindo, Attillato, Galante (del vestire).

L'eleganza del vestire può, deve anzi essere congiunta a semplicità; senza la quale in nessuna cosa è mai vera eleganza. *Lindo*, così il Romani, dice la pulitezza ed eleganza che viene da molt'arte o cura; *attillato*, eleganza per l'appunto, non senza mostra d'artifizio ed industria; *galante*, eleganza, vera o falsa, volute dall'uso corrente.

Attillato è, propriamente, ciò che veste o copre con precisione, e senza nascondere le forme del corpo. Attillato è tale o tal vestito; attillato è il vestire; attillata, la persona così vestita o coperta.

Elegante, insomma, ha seco idea di bellezza; *lindo*, di pulitezza; *attillato*, di aggiustatezza; *galante*, di moda. C'è una galanteria tutt'altro ch'elegante, e tutti lo sanno; c'è una lindura, meno galante che gretta: in quelli, per esempio, che affettano il vestir bene, e non n'hanno i modi. Un nastro, una piega, un'acconciatura di capelli possono spirare eleganza; la lindura sta nei vestiti (1); l'attillatura, nei vestiti e nelle calzature (2); la galanteria, nella forma, più che nella qualità delle robe.

Un galante non par mai ridicolo ai pari suoi; un attillato sovente fa ridere, sebbene in sè men ridicolo del galante, perchè ci si vede l'affettazione e la cura soverchia. E fors'anco per questo, *attillato* dicesi più degli uomini che delle donne.

Anche *lindo*, dicendo qualità alquanto delicata e schizzinosa, può denotare più difetto che pregio; *elegante*, non mai (3).

570.
Elegante, Colto, Puro, Bello (del parlare).

Parla *colto* chi mostra d'avere avuta una certa educazione intellettuale; parla *puro* chi non frammischia parole e modi barbari e improprii; parla *elegante* chi delle parole sa scegliere le più acconce a significare con evidenza e con semplicità il suo concetto; è *bel* parlatore chi la copia congiunge alla convenienza del dire.

Molti si credono parlare colto, violando la purità della lingua nativa; molti si credono che l'eleganza consista nell'affettazione delle parole strane e disusate; i be' parlatori sono men rari de' parlatori eleganti. La purità e l'eleganza (in Italia) non è che nel popolo delle campagne, lontane da quella che chiamasi civiltà. In altre nazioni è più facile trovare fra le persone colte dicitori eleganti; perchè l'esercizio della parola in materie gravi è più frequente e più vivo.

571.
Elegante, Pura, Bella (locuzione).

Frase colta, nè leggiadra, nè forbita, nè venusta, nè tersa, non si direbbe, parmi, almeno nell'uso ordinario; giacchè quelle voci pare che appartengano all'intero dello stile; bensì: pura, bella, elegante.

Pura è la frase se appartiene alla lingua nella quale si parla o si scrive; *elegante*, se acconcia al soggetto, e significa fedelmente e con grazia l'idea; *bella*, se non solo la significa, ma la dipinge o scolpisce; se con l'idea porta nel cuore una scintilla d'affetto; se chiama un'associazione naturale e rapida d'idee piacevoli e importanti.

---

(1) BOCCACCIO: *Giovane di venusta forma.*
(2) PLINIO: *Elegantia capilli, venustas oris.* Non si potrebbe scambiare.
(3) Gentile da *gens*. Agli antichi Italiani valeva *nobile*, contrario di *plebeo*; quasichè le genti, gli antenati di uomo tale (*gens genus*), perchè conosciuti, gli meritassero questo nome.
(4) Quindi il REDI: *Medicine gentili, vini gentili.* E *gentilmente* per *adagio adagio*.
(5) PLINIO: *Herba ex omni parte singulis foliis rotundis eleganter vestita.*
(6) PLINIO: *Coloris gratia elegantioris.*
(7) *Gentile* qui esprime quasi una fragile debolezza. — A.
(8) DANTE: *Cor gentile.*

TOMMASEO, *Diz. dei Sinonimi.*

---

(1) LIPPI: *Un lindo guardinfante.* - ANDREINI: *Lindura delle vesti.*
(2) FIRENZUOLA: *Scarpa sottile, stretta, attillata.* - DAVANZATI: *Calzari snelli ed attillati.* - FRANZESI: *Cappa attillata.*
(3) *Lindo*, d'altre cose. REDI: *Libri legati lindamente.*

C'è delle frasi belle che non pajono eleganti, ma che, appunto per l'associazione delle idee che risvegliano, fanno un'impressione profonda, sì che non è più possibile dimenticarle. Gli epiteti di Virgilio son belli, quelli d'Orazio spesso non sono ch'eleganti; e pure Orazio è grandemente lodato per la efficacia degli epiteti. *Rura quæ Liris quietà Mordet aquá taciturnus amnis* non è che elegante; *Athesis... propter amœnum* è bello. Bisogna avere veduto l'Adige per sentire quanta poesia si nasconda in quell'aggettivo.

572.
Elegante, Leggiadro, Bello, Venusto, Colto, Puro, Forbito, Terso, Ornato (dello stile).

La gradazione, a parer mio, è: *colto, puro, forbito, terso, leggiadro, ornato, venusto, elegante, bello*. Ma la gradazione può, secondo i casi e i gusti, variare.

573.
Elegante, Venusto, Bello (dello stile).

Lo stile *elegante* è non solo sempre colto e puro, ma scelto nella sua purità. Non ogni scrittore puro è da stimare elegante. I puristi confondono due cose, che basta leggerli per vedere quanto siano distinte.

Lo stile elegante non è sempre forbito, non sempre terso, perché sa meglio nascondere l'arte; ma c'è più grazia, più finezza, più vita. L'eleganza vera è propria solo dei grandi scrittori. Dante non è forbito, ma nelle sue stesse durezze e inuguaglianze, elegante. Il Machiavelli è men terso di molti altri storici, ma più elegante di loro. Virgilio, elegante e terso quasi sempre; il Petrarca, terso assai volte. L'eleganza è più posata della leggiadria; ma se questa s'accoppia all'eleganza, pare doppiamente leggiadra.

L'eleganza è di tutti i generi: grave, faceto, drammatico, narrativo, famigliare; delle traduzioni ancora, senza badare al pregio della cosa tradotta. La scelta dei modi più acconci a significare il concetto: ecco la vera eleganza. Può quindi congiungersi con somma severità e parsimonia; anzi la parsimonia è condizione dell'eleganza vera.

La coltura riguarda l'abito dell'arte; la purità, più direttamente la lingua; la forbitezza, la forma e il giro de' periodi; la tersezza, le locuzioni; la leggiadria, l'andamento e i concetti. L'eleganza riguarda e la lingua e il periodo, e il tono e la frase, e l'andamento e l'idea. Quindi è che i matematici lodano una formula elegante; i chimici, un elegante processo: bellissima maniera ch'io sentivo sovente con voluttà dalla bocca del Gazzeri, il più corretto e sicuro parlatore ch'io mi conosca in fatto di scienza.

La venustà dello stile è più appariscente e piacevole della eleganza. Soli i soggetti ameni la comportano; né un trattato d'astronomia può dettarsi in modo venusto. Può lo stile essere puro e secco; forbito e pesante; terso, ma senza vita; elegante, ma parco e austero: s'egli è venusto, deve allettare ed appagare del pari l'intelletto che il senso. La leggiadria stessa è meno visibile della venustà: ma la leggiadria può aver luogo in argomenti dimessi; la venustà, perché stia bene, il richiede insieme piacenti e dignitosi.

Bello abbraccia ogni pregio, e v'aggiunge. Nel bello stile, non sarà tanto visibile l'una o l'altra qualità delle rammentate, ma il tutto soddisfa la mente e l'anima; e si conchiude ch'è bello. Tutte le altre qualità insieme possono non dare bellezza, perché manca la proporzione, l'unità, l'armonia. *Ponere totum* è il segreto del bello. Molti chiamano *bello* lo stile puro o forbito od elegante o leggiadro. Più alto sta la bellezza; cotesti ne son gli elementi; comporli insieme, senza che l'uno all'altro sia danno od inciampo, è il difficile.

574.
Colto, Puro, Forbito, Terso, Leggiadro, Ornato (dello stile).

Nello stile *colto* si vede un qualche esercizio di pensare e di scrivere, una qualche pratica dell'arte. Ma e' può essere colto, con locuzioni non buone, e non meritare titolo di *forbito*, di *bello*. Val più, per altro, uno stile sufficientemente colto, d'uno che la purità vada mendicando ne' vecchi libri, anziché trarla dalla inesauribile miniera dell'uso. In Francia lo stile colto è di parecchi; molti in Italia affettano (poveretti!) lo stile puro.

Lo stile *ornato* dev'essere colto; e non ogni coltura è ornamento. La coltura è sempre pregio; l'ornatura, non sempre. Taluni per affettare l'ornato, escono nell'incolto. Alla coltura è necessaria la naturalezza, la parsimonia, la grazia; l'ornamento soverchio può essere affettato, abborracciato, pesante. Si può far consistere l'ornamento in cose contrarie alla vera coltura, come nella lezìosità o negli sforzi del numero, nella vetustà de' vocaboli, nell'affollamento delle voci della sinonime. Così tra' Latini, *colto* riguardava la cura della persona; *ornato*, la cura di abbellirla, celandone la bruttezza, o trasformandone le bellezze native. Tertulliano: *Habitus fœminæ duplicem speciem circumfert: cultum et ornatum. Cultum dicimus quem mundum muliebrem vocant; ornatum, quem immundum muliebrem convenit dici. Ille in auro et argento, gemmis et vestibus deputatur; iste in capillorum et cutis et earum partium quæ oculos trahunt. Alteri ambitionis crimen intenditur; alteri prostitutionis.*

Quello è stile *puro* che non ammette, senza buone ragioni, frasi estranee alla lingua in cui si scrive; che le frasi della lingua adopera in modo regolare, e senza inutilmente dipartirsi dall'uso. Ma chiamare *puro* uno scrittore, perché non adopra altri modi che del trecento, e anche questi talvolta a sproposito, è tale pregiudizio che tra tutte le lingue viventi sola l'italiana ne porge l'esempio; e che non sarebbe mai caduto in mente a un Romano o ad un Greco. Che cosa si sarebbe detto di Luciano s'e' si fosse pensato di scrivere i suoi Dialoghi con sole, a un dipresso, le frasi d'Erodoto o d'Aristofane?

Dello stile *forbito* è principal pregio l'uguaglianza; quel non trovar nulla che faccia intoppo, che interrompa quasi la piana superficie del dire, è bellezza desiderabile e rara. Gli antichi conoscevano meglio quest'arte di noi moderni, ineguali in tutto, e disarmonici in molte cose. Specialmente ne' versi, certa forbitezza soddisfa mirabilmente l'orecchio; e il Petrarca n'è modello sovrano. Da questo pregio è inseparabile un po' di monotonia; ma gli è pure un bel pregio!

Anco una lingua può dirsi più forbita dell'altre, quand'è più dolce, più piana, più uguale, più conforme alle regole dell'analogia, ch'è norma preziosa in tutte le operazioni dell'umano intelletto (1); e quando non sia insudiciata a bella posta, come si fa da taluni.

---

(1) Salvini: *La forbitissima toscana favella*.

Terso denota forbitezza, più o meno lucente, come il vocabolo dice; nè ogni stile forbito è ben terso. I cinquecentisti son più forbiti che tersi; terso il Petrarca, Tibullo tersissimo. Nella tersezza dello stile si riflette un raggio dell'anima. Alla forbitezza ci arriva anche l'arte; alla tersezza comincia a farsi sentire il bisogno del genio. Lo stile forbito è pianura verdeggiante; il terso, pianura fiorita.

Nella *leggiadria*, come ho detto, è idea di moto, e suppone agilità, speditezza. Una maniera di narrare posata, agiata, minuziosa non è mai leggiadra. Quindi è che ne' soggetti i quali non comportano questo pregio, la leggiadria non ha luogo. Non si dirà leggiadro lo stile d'una dissertazione, d'un poema, d'un dramma tragico; o sarebbe biasimo più che lode. Leggiadro è Anacreonte, non Pindaro; leggiadro talvolta è il Metastasio, non Sofocle (1). Molti negli argomenti gravi vogliono mostrare leggiadria, e la sbagliano. Tali erano i gesuiti.

La leggiadria può star disgiunta dalla purità dello stile, ma non da certa forbitezza. Il Metastasio è più forbito che puro; ma chi negherà leggiadria a certe su' arie e canzonette (2)?

La leggiadria è nel concetto non meno che nella forma (3); le altre qualità dette risiedono più nella forma e nell'esteriore ornamento.

575.
Squisitezza, Squisitudine.

— *Squisitezza* e *squisitudine*: l'una significa eccellenza e finitezza di qualche cosa; l'altra, una vana e ricercata mostra d'eccellenza. Nei versi e nelle prose de' valentuomini, che sanno scrivere elettamente e semplicemente, ci ha squisitezza; nello stile dei pedanti che scimiotteggiano, e stanno sempre in gala, ci ha squisitudine. Il Caro l'adoperò nell'Apologia per falsa e sofistica sottigliezza di critica. Questa voce, molto bella, manca nel Vocabolario (4). — ANG. CONTI.

576.
BELL'E ITO, Ito.

L'aggiungere *bello*, quasi a modo di avverbio, accresce forza; giacché all'idea di bellezza è sempre sottostante l'idea di forza; e forza e bellezza sono entrambe due gradi di perfezione. Quel modo denota atto più interamente compiuto; e chi dice *bell'e fatto*, intende più che il semplice *fatto*, che può essere o non interamente fatto, o malamente.

Suona anche ironia, come: *bell'e morto, bell'e finita*. Meglio troncarlo coll'apostrofo, che paja quasi con la seguente una sola parola, come *stragrande, onnipotente, noncurante*, e altri tali.

---

(1) DANTE: *Rime d'amore... Dolci e leggiadre.* - DEP. DECAM.: *Prosa dolcissima e leggiadrissima.*
(2) VARCHI: *Scrive Ovidio leggiadrissimamente.* (Ovidio non è degli scrittori più puri.)
(3) SALVINI: *Leggiadrissimo epigramma.* - Boccaccio: *Leggiadro molto.*
(4) È di quelle che gli scrittori formano sul modello d'altre simili usitatissime, per esprimere una gradazione d'idea o di sentimento. Quindi la differenza in italiano tra *altezza* e *alterigia*, tra *bellezza* e *belluria*; in francese tra *sensibilité* e *sensiblerie*.

577—578.
BENE, MOLTO, MOLTO VOLENTIERI, BEN VOLENTIERI.

577.
Bene, Molto.

Molto afferma; *bene* aggiunge quasi un atto d'ammirazione: c'è della gente molto balorda in questa valle di sbadigli! la Provvidenza è ben grande! Quando i due avverbii s'adoprano ad ironia, *molto* indica meglio difetto; e *bene*, eccesso: se v'atterrete ad Aristotele, avrete delle poesie originali di molto; per tenere le regole come puntelli necessarii all'ingegno, e' bisogna essere ben modesto.

— *Bene* esprime la qualità e la intensità, in quanto l'uomo la sente. — A.

578.
Molto volentieri, Ben volentieri.

— Il secondo è men del primo: questo può essere anche espressione di cerimonia; quello viene più direttamente dal cuore. Domandate un favore a un potente da voi adulato, vi dirà di farvelo *ben volentieri*; fate la stessa domanda al vostro amico: *molto volentieri*, vi risponderà. Poi, parlandosi di assiduità mentale o corporea, *molto volentieri* verrà più a proposito dell'altro. Ben volentieri s'incominciano degli studii difficili, perché sovente la difficoltà è sprone della volontà, e perché l'ardore è grande nei principii; ma pochi sono coloro che il tirino a fine molto volentieri; anzi costoro finiscono con dir male di ciò a che per la loro infingardaggine non possono pervenire. Inoltre, *molto volentieri* può accoppiarsi colla negativa; l'altro, no. Una fanciulla chiesta da voi in sposa, aderisce in principio ben volentieri alla vostra domanda; quindi, conosciutovi più addentro, diventa vostra sposa o molto volentieri, o non molto volentieri. — MEINI.

579.
BENE, BEN BENE, BENE BENE, PER BENE.

Ben bene, come ognun vede, è intensivo. Famigliarmente dicesi *bene bene*; ma questo secondo può accoppiarsi a negazione. Come state? Non bene bene. — Qui *ben bene* non cade.

In senso simile, dicesi anco *per bene*: mangiare per bene, picchiare per bene; modo famigliare, ma più efficace, e che denota la sufficienza al fine col desiderio; dove *ben bene* può non indicar che la forza, ancorché inuguale all'intento. Lavorar *ben bene*, non è tutt'uno col fare un lavoro *per bene*.

Questo modo ha altri due usi. Oltre al comune, che significa *per fin di bene*, in Toscana dicesi: uomo per bene, uomo di garbo, piacente e degno di lode; lavoro per bene, quello in cui non c'è da riprendere. E porta anco il diminutivo *per benino*, quasi tutt'una voce, come *peròcché*, e simili. Non sempre il cercare le cose per benino, le personcine per benino, è un far quelle bene, uno scegliere buone queste.

580.
BEN ALTO, ALTO BENE.

Il primo modo indica grande altezza; il secondo, altezza sufficiente. Quand'io dico: questo edifizio è ben alto, intendo d'usare un come superlativo; quando dico: questo muro è alto bene, intendo tant'alto quanto basta all'uso a che è fatto.

E il medesimo dicasi di altri simili aggiunti. Una donna che, mal corrisposta, cominciava ad apprezzare secondo il giusto valore e certi amori e certi amanti, al sentirsi dire: vo' avete un cuore ben freddo! rispose: ma ancora non l'ho freddo bene. Ma non sempre ha luogo la differenza.

581—582.
BEN DETTO, Detto bene.
Ben parlare, Parlar bene.

581.
Ben detto, Detto bene.

Ben detto è lode che riguarda la sostanza; *detto bene*, la forma. Io sento una risposta vera, pronta, ingegnosa, ed esclamo: ben detto! Sento una facezia che mi si vuol far passare per un argomento, più arguta che giusta e persuasiva, e rispondo: la cosa è detta bene, ma... C'è delle cose ben dette quanto a opportunità e a verità, che non son dette bene quanto a eleganza o a grazia. Per far entrare le verità grandi e severe, convien saperle dir bene; perchè la goffaggine è la cosa che più difficilmente perdonasi da certa gente ad un moralista.

Ben dici è dello stile più scelto; *tu dici bene* (1), del più famigliare. Se non che, *dici bene* ha un senso che l'altro non ha. Quand'io voglio concedere o in tutto o in parte la verità generale d'una proposizione, ma ho poi delle obbiezioni, delle eccezioni da farle, rispondo: voi dite bene, ma se sapeste!... *Ben dite* non ha questo senso.

Ben volevo dire, usano, quasi a modo di esclamazione, i Toscani, ove trattasi di cosa sentita o veduta, che è così come da noi si aspettava, e come doveva essere, al parer nostro. Ben volevo dire che quell'uomo positivo facesse un atto di generosità, senza il suo fine segreto. Anco senza il *che* e il compimento del costrutto, dicesi assolutamente com'ellissi efficace: *Ben volevo dire!* In altri dialetti: volevo *ben dire!* Ma il *ben* posposto è meno elegante ed è ambiguo; perchè par si possa intendere in senso come di concessione, affine a *sebbene*; cioè: Io avevo, sì, voglia di dir qualcosa, ma....

582.
Ben parlare, Parlar bene.

Con qualche leggiera differenza, corre proporzione simile tra *ben parlare* e *parlar bene*. Il ben parlare è lode che va all'arte del dicitore, e però si fa sostantivo; e sta un grado sotto al bel parlare, ma potrebbe eziandio essere uno e più gradi sopra. Io per me lo collocherei sopra, perchè il bel parlare mi fa paura. Può l'uomo, senza l'arte del ben parlare, parlar bene questa volta o quella; parlar bene riguardo alle cose più che alla forma. A un cortigiano novizie scappò detto un giorno: questa volta S. A. ha parlato bene.

583.
BEN ESSERE, Buon essere.

Ben essere, più propriamente, di persone; *buon essere*, e di persone e di cose. Una casa, un campo, un arnese si trova in buon essere; cotesto non è ben essere certamente.

Ma quando e l'uno e l'altro è di persona, allora la prima indica stato più compiutamente buono che non la seconda. Chi è sano e ha di che vivere, si trova in buon essere; ma al ben essere molto ancora gli manca: gli mancano o i diletti della vita, o certi agi, o, soprattutto, la contentezza del cuore. Felici gli uomini che nel buon essere sanno trovare il ben essere! Ma la cosa par che proceda in contrario: il ricco, il potente (che certo è in buon essere) non è quasi mai contento nè di sè nè degli uomini nè delle cose; il ben essere sospirato gli fugge. Il povero, debole, bisognoso, ma pio, ma innocente, non è in buon essere; ma nella moderazione dei desiderii, nell'umiltà, nella speranza dell'ajuto celeste ritrova il ben essere. Così dei popoli e degli Stati. L'uno di questi due beni comprasi assai volte con la perdita dell'altro o colla diminuzione.

Insomma, il *buon essere* ha più del negativo, e consiste nell'assenza di certi mali; il *ben essere* è positivo, e consiste non tanto nel godimento d'un bene, quanto nel sentimento dell'animo che da tale godimento proviene.

584—585.
BEN FATTO, Fatto bene.
Mal fatto, Fatto male.

584.
Ben fatto, Fatto bene.

I.° Ambedue hanno significato e morale e corporeo. Del corpo d'un animale, e segnatamente della donna o dell'uomo, diciamo e *fatto bene* e *ben fatto*: il primo pare indichi meglio la giusta proporzione d'una parte del corpo; il secondo, l'intera armonia delle parti, la totale bellezza. Così si dice: fatta bene nel petto, ne' fianchi; e assolutamente: uomo, donna ben fatta.

II.° Parlando d'opera meccanica, adoperiamo parimente entrambi que' modi; se non che, *fatto bene* indica la precisione del lavoro; *ben fatto*, la vaghezza. Macchina fatta bene è fatta in modo da soddisfare al suo fine, gioca bene, non ha mancamenti; macchina ben fatta, è con tale artifizio da appagare l'occhio, è nel suo genere bella. Un arnese, dunque, può essere di fuori ben fatto, e non essere fatto bene; può avere bell'apparenza, e non servire acconciamente al suo uso. Viceversa, può essere fatto bene, quanto a solidità e a utilità, ma sì rozzo di forma da non meritar lode di ben fatto.

III.° Così de' lavori intellettuali. Un libro dotto, elaborato, ch'esaurisce il suo tema, è fatto bene; ma se per ordine, per chiarezza, per certa eleganza di logico disegno non è commendevole, non potrà dirsi ben fatto. Questo titolo può convenire anche a un trattato superficiale, incompleto, e in parte erroneo, purchè piacevole e scritto con garbo. Non è facile congiungere l'un pregio e l'altro ne' lavori di mano, nè in que' della mente.

IV.° Allorchè queste due voci s'applicano alle azioni, la prima significa approvazione più o meno forte, la seconda è lode. Mi si racconta un atto e se ne chiede il parer mio: se dirò *fatto bene*, intenderò, d'ordinario, di non biasimare, di stimare la cosa irreprensibile; se dirò *ben fatto!* intenderò dargli approvazione piena. Il primo è un giudizio, più o meno favorevole, secondo il contesto del discorso, secondo il tono di voce; l'altro è quasi un'esclamazione di lode.

V.° Quando *ben fatto* dicesi dell'anima, del cuore, ognun vede che non si può scambiare con *fatto bene*. Nessuno dirà: cuore, anima fatta bene.

Differenze analoghe, con piccole varietà, possonsi notare in molti de' vocaboli congiunti all'avverbio bene. Noi ne

---

(1) Senza il pronome, ai Toscani suonerebbe strano e quasi barbaro; e quest'è da osservare spessissimo, quasi sempre. Dicon anche: tu di' bene; che di' tu? E non intendo perchè noi dobbiamo privarci di queste varietà del buon uso, se sono viventi.

recammo alcuni per saggio, acciocché si vegga quanto questa delle sinonimie sia materia delicata e feconda, e come riesca impossibile tutte in un dizionario abbracciarle.

585.
Mal fatto, Fatto male.

Così, *mal fatto* dicesi della forma di corpo umano o d'altro; e dell'opera che produsse quella forma non buona o non bella. Non si dirà cuore, animo *mal fatto*, come *ben fatto*. Ma quand'uno, per iscusare col temperamento o con l'abito il proprio difetto, o di sentimento o d'opinione o di costume, dice: io son fatto così; altri risponde: lei è fatto molto male.

Nell'esempio recato, *io son fatto così*, è più chiaro e efficace, parlando appunto delle abituali qualità d'animo o di mente; dove *egli è così fatto*, dicesi di qualsivoglia proprietà o condizione d'uomo o di cosa.

D'azione parlando, più comune è *fatto male*, perché sul male, da ultimo, si pigia più. Ci si può aggiungere un avverbio tra mezzo, *molto male*, o simile, che aggravi la cosa. Quando però diciamo assolutamente *mal fare*, intendiamo, più di solito, mal morale più grave, e che quasi s'avvicina al misfatto; dal che *malfattore*. E anche per questo, *far male*, in certi casi, ha più mite senso. Di semplice sbaglio o inconvenienza, anco di parola importuna, anco di omissione o d'opera non fatta con tutta la cura debita, si dirà: ho fatto male.

Di fattura, similmente, *mal fatto* è più biasimo. Bisogna che non ci sia quasi punto di pregio o d'utilità al fine a cui si destina, per dire che la cosa è mal fatta. Basta talvolta che la si faccia non in tutto bene, perch'altri abbia a dirla fatta male. *Mal fatto*, col suono più reciso e più brusco, non foss'altro, disapprova un po' più.

586.
BEN TENUTO, Tenuto bene.

Il primo alle cose; alle persone il secondo: arnese, casa, campo, bestia *ben tenuta* (1); bambino, donna *tenuta bene*. Il primo indica la custodia, la diligenza; il secondo, le comodità della vita e le cure morali. Acciocché la famiglia sia tenuta bene, abbi cura che la casa e tutte le cose domestiche siano ben tenuti al possibile. C'è chi bada a avere i cavalli ben tenuti, più che a tener bene i figliuoli. C'è chi spera farsi amabile alle donne, avendole ben tenute, anziché col tenerle moralmente bene.

587.
BEN VENUTO, Venuto bene.

Ognun sa che il primo è augurio, complimento; il secondo, le qualità del venire: dare il benvenuto; siate il benvenuto; siete voi venuto bene col vapore?

Ben venuto non dicesi che di persona; *venuto bene*, anco di cosa. Un cattivo poeta, non molto avvezzo a essere contento di sé, sebbene apparisca contentissimo, confesserà la propria mediocrità e insieme la coscienza che egli n'ha dentro, dicendo: questo sonetto m'è venuto bene. E vuol dire che quel po' di buono che c'è, e' non l'ha fatto ma gli è venuto. Ma questa può anch'essere espressione di modestia in bocca a scrittore di vaglia.

---

(1) Firenzuola: *Gli stalloni di quella mandra, per esser ben tenuti e ben pasciuti e non durare fatica alcuna, erano gagliardi.*

588—589.
BENEFICARE, Far del bene.
Ben fare, Far bene, Far il bene, Del bene.

588.
Beneficare, Far del bene.

Si può far del bene, senza che questo bene meriti nome di benefizio. Anche il malvagio è talvolta costretto a far del bene altrui, o per non far male a sé stesso, o per procacciarsi un vantaggio. L'uomo interessato fa del bene per traffico; il debole, per stanchezza; il superbo, per boria; l'ipocrita, per trarre altri in inganno: cotesti non son degno di tal nome beneficii. Non è degno di tal nome neppure il bene fatto dall'uomo onesto, quand'egli lo fa così per consuetudine, e quasi sopra pensiero. Il rispetto sincero del beneficato (il quale, per quanto spregevole paja, merita sempre rispetto), l'annegazione d'ogni soverchio sentimento di sé, la diretta volontà di adempire un dovere, e di ajutare altrui ad adempire i proprii: ecco le condizioni del benefizio.

Poi, il *beneficare* versa sopra cosa di maggiore importanza. Chi fa un'elemosina, fa del bene al povero; ma non si può dire che lo benefichi. Il benefizio promove più direttamente e più costantemente il ben essere altrui. Quindi è che, secondo le circostanze, anco i piccoli favori si possono considerare come gran benefizii, e i beni apparentemente più grandi non meritan questo nome. Chi dona cento, dugento, mille, non benefica forse tanto, quanto chi ricupera al povero, tramortito dal freddo, l'unica veste impegnata nelle mani del crudele usurajo.

In terzo luogo, *far del bene* riguarda una serie, quasi abituale, di beni più o meno grandi, che, considerati ciascuno da sé, non si possono chiamar benefizii. Chi prende a educare un orfanello, comincia dall'istruirlo a poco a poco, dal nutrirlo fors'anco scarsamente, dal fargli ogni giorno del bene; compiuta ch'egli ne avrà l'educazione e' sarà benefattore di lui.

In quarto luogo, una parola, una visita, una preghiera, un silenzio, talvolta, è un bene fatto; i benefizii riguardano o l'opera o il dono. Anche l'uomo che non può beneficare persona, può fare a tutti del bene; ed è però che questo a tutti gli uomini è dovere, perché non è impossibile in nessuna condizione della vita.

589.
Ben fare, Far bene, Far il bene, Far del bene.

— *Ben fare* è assoluto; nel *fare il bene* son gradi; questo bene può essere più o meno grande. — FAURE.

Il *ben fare* è mosso da sensi d'onestà e di virtù; *far bene* dicesi d'ogni azione. Si può, con l'intenzione di ben fare, non far bene; si può far bene il male: e pur troppi sono i buoni che non fanno bene il bene, e i non buoni che fanno benissimo le faccende loro.

Si fa bene una riverenza, un quadro, un'ambasciata, un madrigale, e questa locuzione porta il superlativo *benissimo*. Il *ben fare* è assoluto. La virtù appena crede poter adempire il suo dovere.

Fare il bene differisce dal *ben fare*: il primo indica una pratica; il secondo un atto, o una serie d'atti. Per fare il bene bisogna potere, a ben fare serve la volontà. I potenti, facendo il bene, insegnerebbero a tutti a ben fare. Fare il bene è operare; anco soffrire o tacere o pregare a Dio è ben fare.

Taluni fanno il bene, ma non a fine di ben fare: bene esterno e ipocrita.

Far del bene è fare un qualche bene; e ha due sensi: o vale beneficare altrui, o adempiere un qualche dovere. Chi soccorre il prossimo, fa del bene; chi prega Iddio, fa del bene. Questo modo dice un po' meno di *ben fare* e di *fare il bene*. Non c'è uomo, per ozioso che sia, il qual non faccia del bene. Si può far del bene altrui per ostentazione, o per altro umano motivo, senza fare il bene. Si può far del bene esercitando alcuna pratica del culto, ma senza il vero spirito della religione; nè cotesto è ben fare.

590.

BENEFICATO, Beneficiato, Beneficiata, Beneficiate.

— *Beneficato*, a chi fu reso un benefizio; *beneficiato*, chi gode d'un beneficio ecclesiastico. *Beneficiata*, la serata d'un attore o d'altri, della quale il frutto è a suo pro. *Beneficiate*, certe polizze del lotto che guadagnano di certo qualcosa. — GATTI.

591.

BENIGNITA', Clemenza.

La *benignità* è nell'animo e anche negli occhi e negli atti; la *clemenza*, nell'animo e nelle opere. La clemenza s'astien dal punire quando potrebbe; la benignità vuol giovare, e giovando, piacere.

Benignità dei superiori agl'inferiori. *Clemenza* perfetta è solo quella di Dio; perchè in lui solo è il poter di punire efficacemente e di pienamente perdonare.

592—596.

BENIGNITA', Bontà, Umanità, Bonarietà, Benevolenza, Beneficenza.

Benigno, Benevolo, Mite, Umano, Dolce.

Mansuetudine, Dolcezza.

592.

Benignità, Bontà, Umanità, Bonarietà,
Benevolenza, Beneficenza.

Benignità, disposizione d'animo a giovare altrui. Suppone superiorità di grado o di forza o d'ingegno.

Umanità è sentimento di affetto agli altri uomini, come a fratelli, di compassione a' loro mali, di compatimento a' loro difetti, di desiderio di scemar questi e quelli, o, non potend'altro, di partecipare ai mali, i difetti tollerare.

La *bonarietà* è schietta, semplice; giudica e opera senza malizia, e senza sospetto di malizia altrui. C'è una bonarietà che viene da bontà d'animo; c'è una bonarietà che viene da natura fredda e non curante, o da amore di sè; c'è, all'incontro, una bonarietà accorta, prudente, guardinga, acuta a respingere il male a discernerlo, così come a indovinare e a promuovere il bene.

— *Bontà* è amore e abito del bene: se risiede nella volontà, è *benevolenza*; se nelle azioni, *beneficenza*; se nel contegno dolce, facile, generoso, *benignità*. *Benignità* è bontà benefica nelle azioni, graziosa negli atti. La bontà cede, perdona; la benignità cerca le vie del perdono. La bontà può essere contegnosa, alquanto severa; la benignità è sempre dolce, aperta, amorosa. Conviene saper congiungere con la bontà la giustizia, con la benignità la fermezza. — ROUBAUD.

593.

Benigno, Benevolo.

— Ambedue riguardano l'animo; ma *benigno* più intimamente esprime l'amore del bene altrui, che viene da intera e stabile volontà. — ROMANI.

— *Benevolo* può dirsi di chi soltanto desidera il bene; *benigno* non direbbesi se non di chi, almeno in parte, lo fa. — A.

594.

Mite, Benigno.

— *Benigno,* chi è tale per moto deliberato dell'animo; *mite,* chi non cede alla collera, all'orgoglio, o ad una anche giusta severità. Dante: « E 'l signor (Pisistrato) mi parea benigno e mite Risponder lei con viso temperato. »

Benigno, dunque, è più: è cosa più stabile; *mite* può essere, o mostrarsi, qualche volta, anche l'uomo crudele o malvagio. — POLIDORI.

595.

Umanità, Bontà.
Umano, Dolce, Benigno.

— La *bontà* si dimostra in tutti gli istanti, negli atti, nel viso; l'*umanità,* in certe occorrenze più specialmente.

L'umanità solleva il misero e lo compiange; la bontà lo consola. — A.

— *Benigno,* chi vuol bene e fa bene altrui; *dolce,* chi non offende altrui con parole o modi bruschi; *umano,* chi sente i mali altrui in sè. La vera benignità, nel volere; la dolcezza, nella natura; l'umanità è nel sentimento. — NESI.

596.

Bontà, Mansuetudine, Dolcezza.

— Nella mansuetudine entrano dolcezza e bontà, ma non sole: *mansuetudine* è bontà perfezionata dal costante esercizio; dolce, eguale, benigna, pronta al bene, a indulgenza, a pietà; moderata, sofferente. La *dolcezza* è parte anch'essa di mansuetudine: è bontà trattabile, che previene gl'impeti dell'ira e della impazienza. La mansuetudine è costante uguaglianza d'animo fondata in sincera bontà, condita di sapiente dolcezza; che sopporta il male necessario, e l'utile, con la forza stessa con che opera il bene. — ROUBAUD.

597—599.

BESTIA, Bruto, Animale, Fiera, Belva.

597.

Bestia, Animale.

« *Animale* è più generale. L'uomo ha un'anima: alcuni filosofi l'hanno negata alle bestie. *Animale* è voce che conviene a tutti gli enti organici che hanno vita senziente. » Così l'Enciclopedia. « *Animale,* un de' tre ordini d'enti che compongono il regno della natura, per contrapposto al minerale ed al vegetabile. » Così l'abate Roubaud.

« *Bestia,* per lo più, de' quadrupedi di qualche grandezza, come: tra le mansuete, i buoi, i cavalli, gli asini; tra le feroci, gli orsi, i leoni. » Così l'abate Romani.

Insomma: 1.° tra gli animali è anche l'uomo, onde Dante si fa dire da Francesca: grazioso animale (1); ma l'uomo non è bestia, se non per modo di dire iperbolico, come tutte le insolenze. II.° L'animale irragionevole differisce da *bestia* in ciò, che 1.° i serpenti e altri rettili, con alcuni insetti, si chiamano, più d'ordinario, *bestie. Animale* si dirà d'un serpente, ma, congiungendolo ad un epiteto, come: animal velenoso. 2.° Gli uccelli son, d'ordinario, compresi nel titolo di animali; e si distinguono gli animali volatili dagli acquatici, dai terrestri; nè si direbbe: bestie volatili, e simile. Ben si direbbe d'un canarino:

---

(1) *Animal genus hominis et bestiæ dicimus. Animal est totum cujus essentia, nempe substantia corporea animata, ad bestiam et hominem communiter attinet.* Ramée, Dial.

cara bestiolina; e per compiangere la sua morte: povera bestia!

598.
Bestia, Bruto.

« *Bruto*, così l'abate Roubaud, denota la bestia più priva di sentimento, più serva al grossolano istinto, a differenza di quelle che mostrano certa intelligenza e sentimento, che par che somigli quasi all'umano. » Però questa voce non s'usa, se non quando si tratti di far contrapposto fra l'umana spiritualità o moralità, e la stupidità delle bestie più dure (1). Un filosofo disse che tra uomo e uomo è maggiore distanza che tra l'uomo e il bruto. La sentenza non è vera; ma indica il senso che suol darsi al vocabolo. Ancora, per la detta ragione, il Boccaccio disse: animal bruto.

599.
Bestia, Fiera, Belva.

C'è delle bestie domestiche o, per indole, mansuete. C'è delle bestie che di lor natura fuggono l'umano consorzio; queste sono le fiere. E però diciamo: fiera bestia (2), fiero animale. E il Crescenzio intitola un suo capitolo: « Del prendere le bestie e le fiere. »

Ma non tutte le fiere son feroci, non tutte terribili. *Fiera*, in poesia specialmente, anch'un cervo (3). La belva è animale, non solo non mansueto, ma, per lo più, feroce e di forte grandezza. Entra nel numero delle fiere, in certa guisa, anco la volpe, anco il gatto ha della fiera: è belva il leone, il lupo, la tigre (4).

Questa voce è più dell'uso poetico, ancorchè non convenga sbandirla dalla prosa, poiché possiede un significato che nelle altre affini non è contenuto.

600—601.
BESTIA, BRUTO, ANIMALE, FIERA (in senso traslato).
BESTIALE, BRUTALE, ANIMALESCO, FERINO.
IMBESTIALIRE, IMBESTIARSI.

600.
Bestia, Bruto, Animale, Fiera (in senso traslato).
Bestiale, Brutale, Animalesco, Ferino.

Animale, nota il Roubaud, dicesi per ingiuria chi ha qualche difetto o imperfezione simile agli animali irragionevoli; come l'essere grossolano, rozzo, sudicio nelle maniere e negli atti. *Bestia*, d'uomo stolido, inetto. *Bruto*, d'uomo che non si lasci dominare dalla ragione, stupidamente feroce, sfrenatamente violento.

Chi, senza riguardo agli altri e a sè, vive nel sudiciume, vi si crogiola, usa nell'indecenza come una pompa di grossolanità e di goffaggine, è un animale; e andando più in là nel biasimo, un bruto. Quel nobile gonfio de' suoi natali e de' titoli, che crede lecita a sè qualunque impertinenza e sciocchezza, e che, per mostrare l'ampiezza de' suoi diritti, si dispensa dal dover di pensare, è una bestia. Chi non sa adempire i più facili uffizii della vita sociale e della propria professione, e pure vuol esser tenuto per abile in tutto, è una bestia. Insomma, questo titolo viene a qualunque uomo inetto insieme e superbo. La sola inettitudine, nè la boria sola, non bastano per fare quel che si chiama una bestia.

Animale, talvolta, non dice che la goffaggine; e allora è affinissimo a *bestia*, ma sempre un po' meno. Berni: « Donde diavol cavò quell'animale, Quella bestiaccia...? »

Colui che si lascia vincere alle passioni da non serbar più quasi favilla della ragione da dalle bestie lo distingue, è un bruto. Questo titolo si dà specialmente ove si tratti di passioni sensuali, quelle che l'uomo ha comuni coi bruti.

Colui che si lascia vincere all'ira da trascendere in rabbia feroce, si dice che è, che pare una fiera; anche d'uomo vinto da dolore profondo, da disperazione estrema, purchè in tali sentimenti sia eccesso di rabbia.

Gli aggettivi corrispondenti ai quattro nomi variano in parte di senso. E *animalesco* e *bestiale* e *brutale* e *ferino* dicono il biasimevole eccesso d'appetiti o di passioni, per cui l'uomo si fa simile agli enti senza ragione. *Animalesco*, dunque, non dice, come *animale*, la goffaggine; nè *bestiale*, come *bestia*, quello stato di mente ch'è poco più o poco meno della sciocchezza. *Animalesco* dicesi, propriamente, trattandosi di concupiscenza e di carnalità (1); *bestiale*, trattandosi e d'ira e d'impeto cieco, e di sentimento o d'atto sconvenevole in genere; *brutale*, trattandosi o di libidine o di ferocia o di fierezza; *ferino*, o di selvatichezza o di crudeltà.

Vivere animalesco, è dell'uomo che nulla sa negare a sè stesso, che agl'incentivi corporali soddisfa senza freno, come un animale farebbe. Ira bestiale (2), diciamo, e: bestiale proposito, e: atto bestiale, cioè non guidato da prudenza o ragione. Uomo brutale, atto brutale (son meglio d'atto che d'uomo; perchè d'uomo parlando, troppo sa di francese), cioè uomo che non sa vincere le tentazioni di libidine più sfacciata; atto che offende o il pudore o l'umanità. Finalmente: vivere vita ferina, è vivere senza moderamento di leggi sociali, senza le dolcezze e l'utilità dell'umano consorzio. Cuore ferino è quello in cui non possono sensi di compassione o d'amore (3).

La corruzione che nasce di certa civiltà, conduce gli uomini a un vivere animalesco, e li avvicina, in certi atti, allo stato ferino. Il secondare gli animaleschi appetiti rende l'uomo a poco a poco brutale. Colui che si mostra bestiale nell'amore, è forse più da temere di colui che nell'ira.

---

(1) DANTE: *Fatti non foste a viver come bruti, Ma per seguir virtute e conoscenza.* - *Brutus* infatti de' Latini applicavasi anco alle cose. - ORAZIO: *Bruta tellus.* - E noi pure: *Materia bruta.* Quindi che bruto, quando non s'usi in senso generico affatto, nel quale abbraccia tutti gli animali, indica bestia non piccola, come uccelli od insetti. Onde il Borghi in un inno: *L'alato gregge, il muto, Della foresta il bruto Sempre a quel fin rispondono Che il tuo voler fermò.*
(2) Questa distinzione è anco nel giureconsulto Ulpiano. - CORNELIO: *Feram bestiam captam ducere.*
(3) Virgilio e Fedro chiamano *ferus*, sostantivato, un cervo. Non è modo italiano; ma indica la ragione della differenza che da noi qui s'accenna.
(4) Nella *belua*, così il Forcellini, è notabile la grandezza. - SVETONIO: *Immanium belluarum ferarumque membra praegrandia.* - CICERONE: *Fera et immanis bellua.* - SALLUSTIO: *Avaritia bellua fera, immanis.*

(1) *L'intelletto già istupidito dal vivere animalesco.* In altri esempi del SEGNERI, che la Crusca reca, *animalesco* è in senso d'*animale*. Vegga il lettore se con proprietà.
(2) DANTE: *Ira bestial.* - BOCCACCIO: *Proponimento bestiale.* - DANTE: *Vita bestial mi piacque, e non umana.* - ZIBALD. ANDR.: *Trattano bestialissimamente e senza ragione.*
(3) BOCCACCIO: *Il cuore ove tu non regni, piuttosto ferino è che umano.*

Si noti che *animalesco* e *ferino*, a differenza di *brutale* e *bestiale*, hanno un senso proprio; e valgono: appartenente agli animali così propriamente detti, alle fiere; dove *brutale* e *bestiale* non significano se non: simile alla bestia, e avente qualche qualità o atto del bruto. Così diciamo: istinto animalesco (1); e direbbesi: ferino vitto, per: vitto da fiere (2).

601.
Imbestialire, Imbestiarsi.

— L'uomo imbestialisce per ira o altro moto violento; imbestia e s'imbestia per passione qualsiasi, che lo degradi dall'umana dignità. L'*imbestialire* è più subitaneo; l'*imbestiare*, graduato: il primo è male acuto; il secondo, mai cronico.

Certe razze fiacche e materialone rade volte imbestialiscono, ma si vengono imbestiando ogni dì più. — SCALVINI.

602—603.
BESTIA, STUPIDO, SCIOCCO.
IMBESTIALIRE, IMBUIRE, INASINIRE.

602.
Bestia, Stupido, Sciocco.

Girard: « La *bestia* intende poco e non bene: lo *stupido* non intende, non sente quasi niente. Una bestia può credere d'aver dello spirito; e son queste le bestie che mettono a tortura le persone di senno. Lo stupido non si cura di parere ingegnoso, e non cerca in altri quello di che non ha idea veruna. »

Guizot: « La *bestia* intende poco; lo *sciocco*, male. La bestia ha idee corte; lo sciocco, idee false. La bestia, ristretta nella sua angusta sfera, può rimaner sempre bestia. E madama Geoffrin chiamava costoro *bêtes tout court*. Ma la bestia risica di diventar facilmente uno sciocco; basta ch'egli esca del suo piccolo cerchio. Una bestia che parla di quel che non sa, dice di grandi sciocchezze. Se parlasse di quel che sa bene, potrebbe dire qualcosa di buono.

« Si può essere sciocco senz'essere bestia, quando, avend'anche molte idee, le sono mal congegnate, o le si credono più importanti di quello che sono. È difficile farsi intendere da una bestia, e farsi ascoltar da uno sciocco. »

Lo sciocco si manifesta, per lo più, nelle parole; la bestia, e nelle parole e ne' fatti.

In italiano, *bestia*, talvolta, par più di *sciocco*, per la gravità dello sbaglio o degli sbagli che fa; ma *sciocco*, a guardar bene, è sempre cosa più fonda. L'uomo si dà della bestia da sè, nessuno chiama sè sciocco.

Ma basti di tali differenze. Gioverebbe che cotesti titoli di spregio fossero smessi dal linguaggio delle oneste persone, ma nello stil comico e' possono qualche rara volta aver luogo, senza danno della carità.

---

(1) Chi volesse tradurre: *Animalis homo non percipit ea quæ sunt spiritus* (dove *animalis* ha senso affine ad *animalesco*, ma più temperato), dovrebbe forse ritenere l'adiettivo *animale*. Nè *uomo animalesco* direbbesi.

(2) In senso d'*appartenente agli animali* usasi anco l'adiettivo *animale*; e diciamo *la vita animale, gli spiriti animali*, per contrapposto alla vita vegetabile o ad altra simile idea. *Animalesco*, dunque, riguarda l'animale per contrapposto all'uomo; *animale*, lo riguarda come contrapposto ad un oggetto degli altri due regni della natura.

603.
Imbestialire, Imbuire, Inasinire.

— *Imbestialire* è farsi bestia di stupidità, e anco d'impeti stravaganti; *imbuire*, farsi ignorante, dico di quella ignoranza che si fabbrica con arte, e fin con dottrina; *inasinire*, più ignorante e insieme più rozzo, grossolano e aguzzato. — A.

604—605.
BESTIA, ASINO, BUE.
BESTIOLINA, BESTIUCCIA.
BUACCIOLO, ASINELLO.
ASINELLO, CIUCHINO.
CIUCO, SOMARO.
ASINACCIO, SOMARACCIO.
CIUCONE, ASINONE.
BUAGGINE, ASINAGGINE, ASINITÀ.
BUE, BUFALO, MANZO, TESTA DI BUE.

604.
Bestia, Asino, Bue.
Bestiolina, Bestiuccia, Buacciolo, Asinello, Ciuchino.
Ciuco, Somaro.
Asinaccio, Somaraccio, Ciucone, Asinone.
Buaggine, Asinaggine, Asinità.

Bestia, per titolo di dispregio, essendo più generale nel proprio, nel figurato può, appunto per ciò, essere più o men forte, secondo i casi. Quando uno dà a sè della bestia, può intendere quasi di carezzarsi con quel rimprovero, e prevenirne di più gravi da altri. Si può dare anco ad altrui della bestia; e con la voce e con gli atti e con le parole, che accompagnano il titolo, attenuarlo. Per attenuarlo, senza carezza, può dirsi altresì *bestiolina*. *Bestiuccia* non ha che il senso proprio, di vera bestia piccola e meschina. Nel proprio, *bestiolina* diminuisce con vezzo, nè si dirà di bestia piccola insieme e brutta.

L'uomo *bestia* ha poco intelletto, o usa poco della ragione, anco avendone assai facoltà, o per sbadataggine o per passione. Può essere o mostrarsi bestia in tale o tal caso soltanto, con una parola, con una goffaggine d'inavvertenza. L'asino, il bue, è sempre asino e bue.

Da questo si fa *buacciolo*, non di ragazzo soltanto, ma d'uomo fatto. *Asinello* non ha traslato simile. Il bue, il buacciolo, è tardo per un o meno stupidità; l'asino ha i suoi estri, le sue ispirazioni, massime quella della caparbietà, per la quale principalmente egli è asino.

Ma può l'*asinità* essere di mera ignoranza, e allora è meno della *buaggine*. L'ignoranza è più segnatamente denotata da *ciuco*; la goffaggine del tollerare, senza merito, i difetti proprii e le prepotenze altrui, da *somaro*. *Somaro* non ammette idea o senso di vezzo. Pur troppo c'è *somaraccio*, massime nel traslato; *asinaccio*, e nel traslato e nel proprio. Lo screanzato è *asinaccio*, e la *asinità*; il dotto balordamente schiavo può essere *somaraccio*. *Somaro*, nel proprio, usano tuttavia i ragionieri in Toscana ne' saldi; non *ciuco* nè *asino*. *Somarino* altresì, nel proprio. *Somaro*, nel traslato, denota segnatamente villania congiunta a ignoranza. Lo screanzato rozzo e goffo è *somaro*: si può essere cortesemente e nobilmente *asini*. *Ciuco* ha diminutivo quasi di vezzo; e *ciuchino* in Toscana usa più d'*asinello*, nel proprio; ma nel traslato pare più raro, appunto perchè non è da vezzeggiare quella ignoranza che imputasi al povero asino, dagli uomini più somari di lui. Nondimeno a bambino, e famigliarmente anche a uomo fatto, non per dargli dell'ignorante, ma per riprenderlo di non saper dire o fare qualcosa, potrà dirsi *ciuchino*. C'è poi *ciucone*, affine a *ciucaccio* (questo secondo non ho udito mai); e suona men dispregio d'*asinone*. Questo dicesi, per lo più, d'ignoranza della mente; *asinaccio*, anco d'ignoranza morale, non senza colpa.

Buaggine, credo sia meno usitato, e dice la qualità abituale; *asinità* e *asinaggine* dicono e la natura e anco gli atti, ciascuno da sè; ma questi li dice più propriamente *asinità* che *asinaggine*. Possonsi commettere asinità in società anco da chi disprezza l'altrui asinaggine. Detto natura e dell'abito, questo secondo è più grave, come significa il suono stesso.

Inasinire, *imbuire*, *imbestiare*, *imbestialire* son anco attivi. Certa rettorica inasinisce; certa logica imbuisce; certa medicina o altra scienza, se incredula, imbestia; certa educazione dura con maniere provocatrici, e certa politica imbestialisce. Nell'intransitivo, si dirà e *inasinire* e *imbuire*; *imbestialire*, più comunemente, nel senso d'entrare in bestia per ira furibonda. *Imbestiare*, più rado; ma se collocato con chiarezza, può giovare, acciocchè denoti il venir via via, quasi inavvertitamente, prendendo abiti men degni dell'uomo. Con la soverchia cura dell'ordine materiale, non meno forse che col disordine, uomini e popoli imbestiano.

Nel riflessivo, l'uomo imbestia sè stesso, e anco s'imbestialisce: nel primo, facendosi quasi bestia; nel secondo, facendosi bestiale per violenti appetiti. Inasinire sè, imbuire sè, non si direbbe che per iperbole, di chi nello studio spropositato e nella scienza sciocca si viene disnaturando.

605.
Bue, Bufalo, Manzo, Testa di bue.
Parole di spregio, delle quali gioverebbe che anco nella lingua famigliare fosse rarissimo l'uso. E di simili modi la lingua italiana troppo, a dir vero, abonda. *Bue* indica uno stupido, un ignorante; *bufalo*, un uomo d'agresti e sproporzionate forme, un goffo. Il primo insulto riguarda lo stato della mente; il secondo, le esteriori apparenze. C'è due maniere d'esser bue: non saper nulla di nulla; e non sapere, per tardità d'ingegno, approfittare delle cognizioni acquistate. In questo senso, anco qualche letterato può essere un bue.

Testa di bue, *Testtu di buoi*, son altre forme di spregio. E s'ha *bracciolo* e *imbuito*, divenuto un po' bue. *Bufalo*, dice la goffaggine; in altri dialetti, un uomo grosso delle forme e non gentile de' modi chiamasi *manzo*.

606.
BESTIA GRANDE, GRAN BESTIA, BESTIONE.
— *Bestia grande* significa vera bestia di grande struttura; *gran bestia* e, più di frequente, *bestione*, vagliono: uomo ch'ha molto in sè della bestia. *Gran bestia* dicesi altresì per antonomasia un qualche animale mezzo favoloso nominato ne' racconti che tengono del mirabile. —A.

607.
BESTIACCIA, BESTIONE.
ANIMALACCIO, ANIMALONE.
— *Animalone*, uomo sciocco; *animalaccio*, uomo rozzo, goffo, sudicio. D'animali veri parlando, dicesi *animalaccio*, non l'altro. *Bestiaccia*, di vere bestie, è peggiorativo; *bestione*, accrescitivo. Una grossa bestia è un bel bestione; una mala bestia è bestiaccia. — GATTI.

TOMMASEO, *Diz. dei Sinonimi*.

608—617.
BESTIAME, GREGGIA, ARMENTO, MANDRA.
MANDRIANO, PASTORE.
SERRAGLIO, AGGHIACCIO, SERRA, CHIUSO.
MANDRA, OVILE, STALLA, PRESEPE, PRESEPIO, CANILE.
MANGIATOJA, GREPPIA, RASTRELLIERA.
MANGIATOJA, GREPPIA, PRESEPE.
BUE, BOVE, MANZO.
VACCA, MUCCA, GIOVENCA, VITELLA.
VITELLINA, VITELLETTA.
VACCHERELLA, VACCHETTA.
PECORINO, PECORESCO.
MONTONE, ARIETE.

608.
Bestiame, Greggia, Armento, Mandra.
Bestiame, che pure dovrebb'essere voce generalissima, dicesi specialmente di quelle bestie che si raccolgono in greggia o in armento, ma denota qualcosa di più generale che *armento* o *greggia*; poi, fa riguardare l'armento e la greggia come parte della proprietà di tale o tale persona. Inoltre, il bestiame comprende animali domestici di varie specie, bovi, pecore, capre, majali, cavalli. Varie specie di detti animali fanno insieme il bestiame posseduto da alcuno, e possono non essere in numero da fare o greggia o armento.

Queste due voci s'applicano anco a animali selvatici, o ad altre specie che le nominate.

Diciamo: rubare il bestiame, cioè parte, e anche piccola, della greggia e dell'armento. Similmente: mi è mancato di molto bestiame; mortalità di bestiame.

Greggia è il bestiame minuto, pecore, capre. L'*armento* è d'animali grossi, bovi, cavalli (1). *Mandra*, il luogo dov'era rinchiusa la greggia; e poi venne a dirsi e dell'armento e del gregge. Un branco di bestiame dov'entrano animali e grossi e minuti si dirà bene *mandra*; e non è nè greggia nè armento. La greggia e l'armento posson esser piccoli branchi; la mandra pare che abbia ad essere più numerosa. La mandra poi è il gregge pasciuto e custodito. Mandra (diremo) di pecore; mandra di vacche; non di agnelli nè di giovenchi, e neppure, ch'io creda (o non frequentemente almeno), di capre.

Nel traslato, usiamo e *mandra* e *greggia* e *armento*: *bestiame*, no. *Mandra* e *armento* hanno, quasi sempre, mal senso; *gregge*, non sempre. *Gregge* diciamo le anime affidate a un pastore che le pasce, o pascere le dovrebbe, del vero. E anche quando ha mal senso, *greggia* esprime piuttosto abiezione da far pietà, che viltà da eccitare disprezzo. Così diciamo: gregge di schiavi, non tanto per vituperare gli schiavi, quanto per volgere la riprovazione contro colui che tratta gli uomini come greggia. Mandra di schiavi, denoterebbe meglio schiavitù colpevole e volontaria.

Anche *mandra*, peraltro, può avere senso non del tutto vile, se dice la cieca obbedienza e la docilità soverchia di moltitudine non affatto corrotta.

Armento è più raro, nel traslato, ma può cadere in acconcio. E perchè armento è branco d'animali grossi,

---

(1) VIRGILIO: *Hoc satis armentis: superat pars altera curæ, Lanigeros agitare greges... Quinque greges illi balantum, quina redibant Armenta*. OVIDIO: *Mille greges totidemque armenta per herbas Pascebant.*

ne' quali non pare abbia a essere neppure il merito della docilità, perciò può avere senso di maggiore dispregio. Si dirà che gli eserciti mercenarii vanno come armenti al macello; non come mandre, né come gregge, perchè non sono così fiacchi e hanno ugna o corna. Si dirà che gli ammiratori sinceri, ma irragionevoli, degli antichi sono la mandra de' letterati; che gl'imitatori, non imperiti, ma timidi, sono la greggia degli scrittori; che i retori o i critici cavillosi sono l'armento de' pedanti.

E *gregge* e *greggia* sono dell'uso: nel proprio, più comunemente, il secondo; nel traslato, il primo pare talvolta che cada meglio.

609.
Mandriano, Pastore.

— *Mandriano*, il custode di mandrie intere; *pastore*, anco di poche bestie. Quel delle bestie grosse si dirà meglio *mandriano* (1) che *pastore* (2). Questa seconda è voce propria esprimente l'uffizio, il genere di vita, il mestiere; la pastorizia è uno stato. — ROMANI.

— *Mandria* è quantità o branco grosso di pecore, o anco d'altre bestie. I pastori d'una mandria debbono essere regolati da un pastore in capo. Quindi, forse, il nome di *mandriano*, che invigila sui pastori, e non è egli stesso vero pastore. — LAMBRUSCHINI.

610.
Serraglio, Agghiaccio, Serra, Chiuso.

— *Agghiaccio* è il luogo dove i pecorai rinchiudono il gregge per passarvi la notte. E tuttavia nel Pistoiese si dice *agghiacciare* il passar la notte con le pecore all'aperto.

Serraglio è quel di fiere vive o d'animali rari; *serraglio*, quello de' Turchi. Quello ove si tengono le piante è *serra* o *stanzone*. — ROMANI.

— *Chiuso*, nel senso dantesco (3), è nell'uso: è quella cinta di rete che nelle maremme Senesi chiamano *mandria*; e dove le pecore, come là si dice, stanno all'*agghiaccio*, o *diaccio* (forse da *diacere*, perchè vi pernottano). — BIANCIARDI.

611.
Mandra, Ovile, Stalla, Presepe, Presepio, Canile.

S'è detto che *mandra*, in origine, è il luogo dove il bestiame s'accoglie, e per estensione, il bestiame stesso; come (perdóno alla comparazione) diconsi *camera* i deputati e *gabinetto* i ministri. *Ovile* è proprio il luogo delle pecore, ma, per privilegio, ci stanno anco le capre e i loro mariti. Nel traslato, *mandra* ha senso di spregio; *ovile*, no: un ovile e un pastore, è il sospiro de' secoli. Dante vuol ritornare al bello ovile; ma rammentando tuttavia i lupi ai quali *nemico dormi* (e chi gli diceva di dormire?), si mostra meno agnello insieme e men mutato di voce che non vorrebbe parere. E da ultimo, Firenze gli apparisce il contrario di *popolo giusto e sano*.

———

(1) CRESCENZIO: *Dee il mandriano rimovere dall'armento le vecchie e le sterili.*
(2) DANTE: *Quali si fanno ruminando manse Le capre.... Guardate dal pastor che in su la verga Poggiato s'è... E quale il mandrian, che fuori alberga, Lungo 'l peculio suo queto pernotta.* Qui non apparisce chiara la differenza; ma forse *mandria* e *mandriano di capre* non si dirà così proprio come *di pecore*.
(3) *Le pecorelle escon dal chiuso.* Ma il chiuso può essere un recinto in mezzo a' campi, e può, cred'io, anco una stalla. *Agghiaccio* è all'aperto.

Stalla, di bestie grosse: onde *le regie stalle* del cantore del duca, e gli *stalloni* e gli *stallieri*, e lo *stallatico*, che fa rima collo spillatico delle marchese.

Presepe è latinismo della poesia: ma *presepio* ha il noto senso sacro e storico.

Da *stalla*, *stallaccia*; il peggiorativo agli altri manca. Nè suonerebbe strano *stalletta* e *stalluccia*. Casa o stanza sudicia e disordinata è una stalla; bugigattolo stretto e sudicio, *canile*. Anco dimora mal difesa, e troppo aperta alle intemperie, è una stalla: il canile è fin troppo chiuso.

612.
Mangiatoja, Greppia, Rastrelliera.

— Tra *greppia* e *mangiatoja* l'uso del contado non pone differenza. Ben è diversa da ambedue la *rastrelliera*, che sta sopra la mangiatoja, e si usa solamente pe' cavalli. È composta di regoli paralleli a forma di cancello, e serve a scuotere dal fieno la polvere, nell'atto che il cavallo al di sotto lo tira a sé per mangiarlo. — LAMBRUSCHINI.

Mangiatoja ha qualche traslato di spregio. Non badare che alla mangiatoja; non levare il capo dalla mangiatoja, si dirà, per esempio, l'impiegato che nell'uffizio suo non vede e non cura che il salario. *Greppia* potrebbe forse avere un uso traslato, per denotare uomini chiusi e legati per la pastura; gl'incomodi di quella servitù che s'acquista per soverchio amore de' comodi.

613.
Mangiatoja, Greppia, Presepe.

— *Mangiatoja*, arnese o luogo ove si mette il mangiare alle bestie: mangiatoja di asini, di cavalli, di buoi, di majali. *Greppia*, recipiente appoggiato al muro nelle stalle de' cavalli e de' buoi, dove mettesi il fieno, la paglia e simili; è dunque una specie di mangiatoja.

Presepe, la stalla, e, per restrizione, la mangiatoja ch'è nella stalla. Voce d'uso poetico. — ROMANI.

614.
Bue, Bove, Manzo.

Bue, *bove* sono una medesima voce, ma c'è de' casi in cui non è lecito scambiarle. Conducensi i bovi al mercato, si menano i buoi al carro. Nel primo, il più comune è *bove*; nel secondo, *bue*: sebbene anche quelli da giogo dicansi bovi (1). Il *manzo* è, propriamente, il bue destinato al macello, o macellato per edso. Carne di manzo, diciamo, e, nel linguaggio famigliare, è più naturale che: carne di bove o di bue. Una libbra di manzo, non di bove. — Manzo buono, non bue buono (2).

615.
Vacca, Mucca, Giovenca, Vitella.
Vitellina, Vitelletta.
Vaccherella, Vacchetta.

La *giovenca* è, come ognun sa, non ancor madre, e può essere non ancor domata da giogo (3); la *mucca* è vacca di color nero, e *mucco* il giovenco di tal colore. *Mucca*, in generale, la vacca che dà il latte o è destinata a darne. Un lattajo tiene una, due o più mucche; si computa

———

(1) Nelle campagne diconsi *manzi* i buoi da lavoro, quando son giovani.
(2) LORENZO DE' MEDICI: *Metta nel suo desco certi manzi.*
(3) BOCCACCIO: *Cadmo seguito la non domata giovenca.* - ALAMANNI: *Il fero rival... Che all'amata giovenca intorno pasce.*

quanto può fruttare in capo all'anno una mucca. *Vacca*, quella che figlia, che ha figliato (1).

Più comunemente di *giovenca*, che però vive in Toscana anch'esso, suol dirsi *vitella*. M. Villani: « Novecento vacche, vitelle assai. » E specialmente di bestia ammazzarsi per mangiarsi, questo è il vocabolo proprio. Un pezzo di vitella; vitella allesso, arrosto; brodo di vitella: modi comuni in Firenze.

Più, la vitella di latte (2) non si chiamerebbe *giovenca*; giovenchi non sono i vitellini appena nati. Orazio: « *Tener... vitulus relicta Matre, qui largis juvenescit herbis.* » Quand'è bue giovane, allora è giovenco. Ond'è che da *vitella* si fa *vitellina*; *giovenca* diminutivo non ha. Lib. Viaggi: « Come la vacca sente il suo vitellino (3). » Varrone: « *In bubulo genere aetatis gradus dicuntur quatuor: prima vitulorum, secunda juvencorum, tertia boum novellorum, quarta taurorum. — In prima vitulus et vitula, in secunda juvencus et juvenca, in tertia et quarta taurus et vacca.* » Fino al prim'anno, ai Latini, eran vitelle e vitelli; giovenche e giovenchi, poi: non sempre però si osservava tal differenza. E Virgilio parla di vitella ch'ha due vitellini: cose che seguono.

E si noti che quando diciamo *vitellina*, intendiam tenerissima; quando *vitelletta*, un poco più fatta.

Vacca ha traslati. *Vacche*, i bachi da seta, che, istristiti per malattia, non lavorano (4); onde *invaschire*, di persona, essere sfruttato o floscio; *vacche*, quei lividori o macchie che vengono alle donne quando tengono il fuoco sotto in tempo di verno. E a proposito di donne, questa parola ha un altr'uso traslato, che tutti rammentano; uso doppiamente ingiurioso e volgare.

Da *vacca*, *vaccherella* (5), *vacchina*, *vacchinaccia*, *vaccaccia*, *vaccona*. *Vacchetta* dicesi il cuojo del bestiame (6).

Vaccina, carne vaccina (7). E che sia il *vaccino*, i *vaccinati* e i *vaccinanti*, chi mai l'ignora? Sarebb'egli vero che nel morale, così come nel corporeo, certi innesti prevengono i mali?

616.
Pecorino, Pecoresco.

— *Pecorino*, di pecora; *pecoresco*, simile a pecora. Latte, pelle, lana pecorina; stupidità pecoresca. — ROMANI.

617.
Montone, Ariete.

— Nel proprio, *montone* è comune; *ariete*, più raro. Nell'astronomia è più comune ariete. Nel militare altresì; onde, *arietare*. L'ariete, macchina idraulica, non si dirà *montone*; né un buon montone (nel traslato noto) si dovrà dire *ariete*. Carne di montone, pelle di montone, e salto del montone, come i cavallerizzi dicono. — VOLPICELLA.

Da *montone*, *montoncino*; e viso di montoncino quelli che sono tra il raccolto, l'imbronciato, il mansueto, e il capone: care donne, per l'ordinario, ma un po' mattuccie.

---

(1) CRESCENZIO.
(2) BOCCACCIO: *Le vitelle di latte, le starne.* - OVIDIO: *Lactantes vituli.*
(3) LASCA.
(4) REDI.
(5) SANNAZZARO; MENZINI.
(6) CARO: *La stivale è d'una grossa vacchetta.*
(7) ARIOSTO: *Cucina pur così alla grossa Un poco di vaccina di montone.*

618—621.

BIANCASTRO, BIANCHETTO, BIANCHICCIO, BIANCOLINO, BIANCUCCIO.
SBIANCATO, PALLIDO, SMORTO, SPARUTO.
PALLIDO, SBIADITO, SMORTO, SPENTO.
PALLIDUCCIO, PALLIDETTO, PALLIDINO, PALLIDICCIO.

618.
Biancastro, Bianchetto, Bianchiccio, Biancolino, Biancuccio.

Biancastro o è un bianco sudicio o un bianco sfacciato (1). *Biancolino*, bianco bello e gentile (2). Il *bianchiccio* tira al bianco, non è bianco affatto (3). Il *biancuccio* è, d'ordinario, un bianco povero. Il *bianchetto* è un bianco non molto lampante (4), ma chiaro.

Bianchetto è semplice diminutivo; *biancuccio*, diminutivo d'un grado più sotto; *bianchiccio*, diminutivo approssimativo; *biancolino*, diminutivo vezzeggiativo; *biancastro*, quasi dispregiativo: onde si fa *biancastrone*.

Biancastro dicesi di persona e di cosa: volto biancastro, roba biancastra; mani biancoline, e biancolina, diciamo di donna. Questo dicesi anco della neve, ma, per lo più, è serbato a colore animale.

Bianchiccio e *bianchetto*, più sovente di cosa che di persona; *biancuccio*, e di persona e di cosa.

De' liquidi non si direbbe comunemente né *biancastro* né *biancuccio*, ma *bianchiccio*, *bianchetto* (5).

619.
Pallido, Smorto, Sparuto, Sbiancato.

— *Smorto* e *sparuto* non dicesi che di enti animati; *sbiancato* e *pallido*, d'ogni cosa. *Pallido* è men di *sbiancato*. *Sbiancato* dice meglio il pallore che viene da causa accidentale; *pallido*, il pallor naturale.

Sparuto dipinge, non solo il pallore, ma e la magrezza, e il mutarsi dell'apparenza del viso per male o per altro. *Smorto* è pallore simile a quello di corpo morto, o morente, o a cui manchi quel vigore che rende imagine della vita. La gradazione dunque è: *pallido, sbiancato, sparuto, smorto*. — ROMANI.

620.
Pallido, Sbiadito, Smorto, Spento.

Di colore fatto men vivo da quel ch'era o avrebbe a essere, dicesi *sbiadito*: e può essere sbiadito da sé, comparato ad un altro più vivo, senza sbiadire. Non si dice, cred'io, di viventi: *pallido*, e di questi e d'ogni altra cosa. Ma *pallido* dice ogni vivezza di tinte quasi spenta; *sbiadito*, diminuita.

Nel traslato, di discorso o simile, dicesi in italiano più *sbiadito* che *pallido*; ma questo non mi pare gallicismo interdetto; e denota sempre di più. Il primo non soffre diminutivo; e però in questo senso converrà dire, per esempio: ode, sonetto o poesia pallidina, se debole ma non senza garbo; pallidiuccia, se col vigore manchi altresì la bellezza.

Smorto è più di *pallido*. Può il viso essere di natura

---

(1) REDI: *Canaletto sottile, carnosetto, biancastro.*
(2) FIRENZUOLA: *Manine biancoline.*
(3) REDI: *Liquore bianchiccio, più sottile e men viscoso di quella chiara che si trova nell'uova de' volatili.*
(4) PALL. e CRESCENZIO: *Liquore di color bianchetto.*
(5) Vedi gli esempi delle note di sopra.

pallido, o per infermità; smorto, o per subita passione (1), o per male grave. *Pallida* una luce men forte del solito; *smorta*, che vien meno, o par voglia morire. Del colore di altri corpi, *smorto* è più difetto; *spento*, fa pensare che sia già stato più vivo, e non dice totale estinzione, ma più o men debolezza. Occhi, per mal essere, spenti, non vale: chiusi o abbujati per morte.

621.
Palliduccio, Pallidetto, Pallidino, Pallidiccio.
Pallidetto, anco di cose inanimate: erba (2), fiore, colore.
Di persona, *pallidetto* è diminutivo gentile; *pallidino*, meglio si dirà di bambino; e non si direbbe di vecchio o d'uomo robusto, ma di persona giovane e gracilissima.
Palliduccio denoterà pallore morboso (3); *pallidiccio*, è mezzo pallore, e pallore non bello.
Il colore pallidetto del viso è talvolta indizio e incitamento d'amore; un bambino nel crescere è pallidino, ma quella non è pallidezza da far paura; le labbra di certe donne, anche belle, le vedi pallidicce sempre come di chi beve aceto. Donna sbattuta dal male è palliduccia per lungo tempo, sebbene rinsanicata.
Pallidetto può denotare pallidezza passeggera, momentanea: pallidetta per improvviso timore.

622.
BIANCHEGGIARE, SBIANCARE, SBIANCHEGGIARE, IMBIANCARE, IMBIANCHIRE.
Biancheggiare vale: rendere il color bianco, mostrarsi bianco, tendere al bianco. La campagna dopo la nevata biancheggia; biancheggia il mare spumante; biancheggia il cielo tra l'alba e l'aurora (4). Questo è sempre neutro assoluto.
Sbiancare: divenir bianco, mutar di colore, perdere il colore vivo di prima (5). Differisce dunque da *biancheggiare*, in quanto che *biancheggiare* dice la causa costante della impressione che fa sopra l'occhio il color bianco; dice il color naturale; *sbiancare* dice mutazione più o meno rapida di colore. Anch'esso è neutro assoluto.
Sbiancheggiare dice, del par che *sbiancare*, la perdita del colore primo, che, scemando di vivezza, comincia a tendere al bianco; e in ciò differisce da *biancheggiare* non meno che l'altro. Differisce da *sbiancare*, in quanto che la mutazione da questo indicata può essere momentanea; la mutazione indicata da *sbiancheggiare* è assai più durevole. Si fa il viso sbiancato dalla paura; la luce dell'alba fa parere sbiancate le stelle; un vestito di color gajo, quando comincia a esser trito, sbiancheggia. Neutro assoluto anche questo.

Imbiancare, nell'uso vivente, è, più d'ordinario, attivo: imbiancare il panno, i panni, il rete, il lino, la seta, la paglia, le case (1).
Può essere anco neutro passivo, come: all'apparire dell'alba il cielo s'imbianca. In questo senso, *imbiancarsi* differisce da *biancheggiare* in ciò, che il secondo denota semplicemente l'impressione del bianco avvertita dall'uomo; il primo, la gradazione per la quale passa il colore da più bujo a più chiaro, fino a parere bianco. L'oggetto dunque che viene a poco a poco imbiancandosi, imbianca, tanto che apparisce poi biancheggiante tutto (2).
Quindi è chiara la differenza tra *imbiancarsi* e *sbiancare*. Ciò che s'imbianca, muta colore di men vivo in più vivo; ciò che sbianca, muta colore di più vivo in men vivo. La luce crescente imbianca; il colore decrescente rende l'oggetto sbiancato.
Imbianchire è assai raro nell'uso (3); non oserei però proporre il bando assoluto. I capelli, per esempio, dell'uomo attempato io non direi, in prosa, che sbiancano, che s'imbiancano, che sbiancheggiano; ma direi che imbianchiscono, quando volessi denotare il diventar bianchi; quando l'avanzata bianchezza, direi che biancheggiano. Ma per usi sì rari non oserei proporre generale e indubitabile differenza.
Insomma, *biancheggiare* dice lo stato, l'effetto del colore sul senso; *imbiancarsi*, gradazione ascendente; *sbiancare*, gradazione di scemamento; *sbiancheggiare*, gradazione durevole. *Imbiancare*, attivo, ha senso evidentemente diverso.

623.
BIANCHIRE, IMBIANCARE.
IMBIANCAMENTO, IMBIANCATURA, BIANCHIMENTO.
IMBIANCATORE, IMBIANCHINO.
— Ambedue i verbi dicono operazione per la quale una superficie, che tale non è, divenga di color bianco. Il che si fa in maniere diverse, e in qualche modo contrarie. Imbiancare il lino, i panni, è toglier loro quel colore che copre il bianco; imbiancare una casa, una parete, è vestirla di materia di color bianco, a fine di coprir con questa una superficie che non è bianca.
Imbiancare uno squittinio, disapprovarlo; ciò risultando dal numero maggiore delle palle bianche (4).
Bianchire, termine dell'oreficeria, è togliere ai metalli, in ispecie all'oro e all'argento, la superficie non metallica che hanno acquistata nell'infocarli. Cellini: « Si devono bianchire con acqua, crema e sale. » E questo miscuglio di sostanze, e l'atto e l'effetto indicati da questo verbo, diconsi *bianchimento*. — CIONI.
Imbiancamento è l'atto del divenire bianco; *imbiancatura* è l'operazione del far divenire bianco. *Imbianca-*

---

(1) DANTE: *Diventai smorto Come fa l'uom che spaventato agghiaccia.* - VIRGILIO: *Si fa di pietà tutto smorto.*
(2) POLIZIANO: *Si gira Clizia pallidetta al sole.* - ALAMANNI: *La pallidetta salvia.*
(3) TRATT. SEGR. COS. DONN.: *Così pallidiucce, non perdono il bello.*
(4) DANTE: *Vede la campagna Bianchegiar tutta (di brina).* - OVIDIO, Epistole: *Biancheggian l'acque.* - GUIDO GIUD.: *La faccia dei muri non biancheggiava.*
(5) DAVANZATI: *Col viso smorto e le carni sbiancate.* (Il latino: *membris in pallorem albentibus.*) - BORGHINI: *A stringere colle dita la cimatura, n'esca il colore, e la cimatura bianchi.* - *Sbiancare*, nel linguaggio dell'arti, togliere il bianco soverchio a' corpi, e ridurne il colore a quel grado che l'uso richiede.

---

(1) BOCCACCIO: *Imbiancar miei veli.* - FIRENZUOLA: *Imbiancare due muri.*
(2) DANTE: *Del lume suo poco s'imbianca. E s'usa anco neutro assoluto: La vigna Che tosto imbianca se il vignajo è reo. Tosto* non esclude gradazione e alcun corso di tempo.
(3) Dico e nell'uso della lingua parlata e in quel della scritta. La Crusca non ne ha che un esempio del Varchi; giacchè quello del Caro porta imbiancare, non imbianchire.
(4) In Toscana, *imbiancare uno* (per esempio il medico) dicesi per non eleggerlo, ch'è il termine proprio dell'approvazione o elezione. - LAMBRUSCHINI.

mento, naturale, come dei corpi al sole; *imbiancatura*, artificiale, come del refe, d'un muro.

Imbianchino, l'imbiancator di muraglie; *imbiancatore*, di seta, di refe, di panni, di lino.

624—625.

BIANCO, CANDIDO.
CANDORE, ALBORE.

624.

Bianco, Candido.

— *Candido* è un bianco più vivo. Posso imaginare un bianco pallido, non un candido smorto. — A.

— *Candore* è bianchezza pura; *bianco* dice il colore; *candido*, la perfezion del colore. Il bianco può andare nel pallido, e un po' nel gialliccio; il candore è lucente, smagliante (1). Firenzuola: « Candida è quella che insieme con la bianchezza ha un certo splendore; e bianca è quella che non risplende (2). » Candido chiamavano il sole i Latini; bianco, un viso di morto o di malato; bianco, lo stagno.

Bianco ha senso corporeo; *candido*, anche morale: anima candida, bianco viso; stile candido, carta bianca; vita, costumi candidi. — GRASSI.

625.

Candore, Albore.

— *Albo*, bianco pallido; *candido*, bianco lucido. I primi albori non sono per anche l'aurora. Dante dice che, per lo difetto degli occhi, le stelle gli parevano d'alcun albore ombrate. *Albo* dicono i Toscani il vin torbido. — A.

Il Tevere dicevasi, in antico, *albula* dal colore gialliccio. Orazio: *Flavum Tiberim*. Virgilio: *suo cum gurgite flavo*. Egli stesso: *amisit verum vetus Albula nomen*. E altrove: *Sulfurea Nar albus aqua*. Ecco dunque nel vivente toscano serbato il senso del latino antichissimo, e i vinai commentare Virgilio.

626—627.

BIANCO, CANUTO.
CANUTEZZA, CANIZIE.

626.

Bianco, Canuto.

I.° *Canuti* propriamente i capelli; i peli delle ciglia, i pizzi dirannosi meglio *bianchi* (3). II.° Uno o pochi peli bianchi, di mezzo a un pelame tutto nero o biondo, non si diranno canuti. III.° I capelli di quella specie che diconsi *albini*, si diranno meglio bianchi che canuti. IV.° Alcuni traslati son tutti propri a *canuto* (4).

627.

Canutezza, Canizie.

I.° *Canizie*, tutti o la maggior parte de' capelli canuti; *canutezza*, non il complesso de' capelli, ma il loro colore. Giacobbe addolorato a' suoi figli: « Voi trarrete la mia canizie alla tomba. » Non si direbbe: venerabile canutezza. II.° La canizie è più assoluta; la canutezza può essere un cominciamento di canizie. I capelli brizzolati sono annunzio di canutezza vicina; alla canizie può

mancare ancora un buon poco. III.° Nella canizie è implicitamente l'idea di vecchiezza: c'è dei giovani ne' quali è notabile la canutezza prematura (1).

628—629.

BIANCO, CHIARA, ALBUME DELL'UOVO.
CHIARA, CHIARATA.

628.

Bianco, Chiara, Albume.

Se l'uovo è cotto si dirà meglio, il *bianco*; la *chiara*, se crudo. La ragione n'è chiara: il colore della parte albuminosa dell'uovo, se crudo, è più chiaro che bianco; se cotto, più bianco che chiaro. Quand'anche *bianco* si volesse adoprare nell'uno e nell'altro caso, l'*albume* d'uovo già cotto e assodato non si direbbe la *chiara*. *Chiara*, inoltre, s'adopera anco nel plurale; *bianco*, non mai.

Albume è da lasciarsi alla scienza, se pure la scienza sarà sì modesta da voler accettare una voce che gli soli scienziati intendono, quando ce n'è due intese da tutti e non men degne dell'uso. I Latini avevano quattro sinonimi, a quel che pare, perfetti: *albumen, albumentum, albamen, albamentum*; ma la prima era la sola voce del buon tempo, la seconda è di Vegezio, le due altre, d'Apicio. Non imitiamo, per pietà, i Vegezii e gli Apicii con coteste incomode sinonimie.

629.

Chiara, Chiarata.

La *chiarata* è la *chiara* d'uovo applicata a ferite o a percosse, e nella quale intingesi, per lo più, stoppa o altro. Lib. cur. mal.: « Per fare la chiarata, sbatti bene le chiare dell'uova. »

630—635.

BIASIMARE, VITUPERARE, CENSURARE, CRITICARE, SINDACARE, RIPRENDERE, DISAPPROVARE, RIPROVARE, CONDANNARE.
CRITICA, CENSURA.
SATIRA, PASQUINATA.

630.

Biasimare, Vituperare, Censurare, Criticare, Sindacare, Riprendere.

Biasimare, giudicar non buona, non ben fatta una cosa, o non lodare chi la fa. *Vituperare* è più forte. Biasimare senz'ira, senz'astio, senz'orgoglio, è difficile, ma si può: vituperare è sempre biasimevole.

Censurare riguarda gli uomini e gli atti (2) e gli scritti; *criticare*, più propriamente, gli scritti, le opinioni, il modo di dire (3), o l'uomo per cose tali. La *censura* indica il male, per toglierlo o per correggerlo; la *critica* riprende la falsità delle idee o delle narrazioni, l'inconvenienza del dire, la stranezza delle invenzioni, l'inutilità o il danno de' metodi. La critica più feconda loda il bene, indica il vero. *Sindacare* è considerare per minuto, con occhio severo e autorevole (4), come di giudice che cerca la somma giustizia.

Riprendere è più di *censurare*, meno di *vituperare*. Per riprendere, si prende quasi di mira l'atto o l'uomo;

---

(1) Simile differenza i Latini tra *albus* e *candidus*.
(2) DIAL. BELL. DONN. T. II. Op., pag. 183.
(3) Laddove il PETRARCA dice: *Vecchierel canuto e bianco*, il secondo pare vada al pallore del viso.
(4) Il PETRARCA, con modo ardito che in un moderno direbbesi oltremontano e secentistico: *Pensier canuti*. - Ed altri: *Canuto senno*. - TASSO: *L'alpi gelide e canute*. - Età canuta, non bianca.

(1) *Canutiglia*, nel solo senso che gli dà la Crusca di argento filato sottilissimo come un capello, è ancor vivente.
(2) Dall'uffizio de' Censori romani.
(3) Cerno, Κρινω.
(4) Δίκη.

prendesi, per ritirarlo da quel che non è bene o bello, per poi scorgerlo al meglio.

631.
Disapprovare, Riprovare.

— *Disapprovare* è poco più che non approvare; *riprovare*, condannare altamente. Si disapprova quello che pare non buono, non conveniente; si riprova quel che pare cattivo, perverso.

Si disapprova con una parola, con un cenno, col silenzio; si riprova con espressa condanna. Aristide disapprova il consiglio di Temistocle; il popolo lo riprova. L'uomo semplice e modesto, al più, disapprova; l'arrogante riprova. — ROBAUD.

Riprovare, disapprovare con avversione o disprezzo, anche manifestato di fuori. Si disapprova cosa che non s'approvi: questa è opinione. Si riprova, non solo disapprovando, ma condannando, interdicendo, proscrivendo. Quindi il senso di *reprobo* (1).

632.
Biasimare, Condannare.

Il *condannare* (privatamente) è biasimo forte. Si può biasimare un atto e non lo credere condannabile. Si biasima il portamento, o il discorrere affettato d'alcuno; non si condanna.

633.
Censurare, Criticare, Biasimare, Sindacare, Vituperare.

— *Censura*, più propriamente, de' costumi; *critica*, delle opinioni, delle opere dell'ingegno. *Sindacare*, esaminare con esattezza, e sovente più con animo di censurare, di criticare, di condannare, che altro (2). Non è questo il senso originario (3); ma quand'anche il sindacato è giusto, e libero di passione, ha sempre non so che d'inflessibilmente o minuziosamente severo. — ROMANI.

— La *censura* è disapprovazione palese; il *biasimo* può essere tacito.

La censura si suppone, per lo più, venga da persona autorevole, e non sia immoderata. — BOINVILLIERS.

— *Sindacare* vale, esaminare i fatti o anche le intenzioni altrui, minuto, insistente, e con desiderio di trovar l'uomo in fallo.

Vituperare aggiunge al biasimo il vilipendio, l'ingiuria, ed è biasimo più generale, e meno sovente ristretto a una sola azione. — CAPPONI.

634.
Critica, Censura.

— *Critica*, più propriamente, delle opere letterarie; *censura*, delle dottrine, delle credenze, degli atti morali. — ENCICLOPEDIA.

— *Critica* è l'esame ragionato d'un'opera; *censura*, la riprensione ponderata di proposizione o d'azione che offende, o si crede o si vuole che offenda, una verità od una legge.

Affermare che un sistema è falso, o mal connesso, che un libro è cattivo, questa è censura; dimostrarlo a dovere, è critica. Censurate con moderazione; criticate con senno. — BEAUZÉE.

---

(1) VILLANI: *Libro riprovato.* - GIORDANO: *Disapprovare le più virtuose opere.*
(2) BELLINCIONI: *Ti morde e vuolti sindacare.*
(3) Da δίκη.

— La critica può, talvolta, risolversi in lode; la censura importa riprensione, più spesso. Quando ambedue sono avverse, nella prima è sottigliezza e non di rado pedanteria; nella seconda, mal animo o soverchia severità. — POLIDORI.

635.
Satira, Pasquinata.

Ognuno sa che gli scritti satirici a Roma attaccansi alla statua chiamata Pasquino; ma la *pasquinata* è più bassa della *satira*, più breve, d'ordinario, più mordente, e men volta a scopo morale. Non già ch'lo creda doversi dalla morale insegnare con satire; ma perché certi satirici ebbero in mira, se non di reprimere, di riprovare il vizio, o que' difetti che, adulati o scusati, diventano vizio.

636 - 647.

BIASIMO, RAMPOGNA, RIPRENSIONE, RIPRESA, RIPIGLIO, RABBUFFO, RIMPROVERO, IMPROPERIO, RAFFACCIO, RIMBROTTO, RIMBROTTOLO, LAVATA DI CAPO, SPROLOQUIO, RIVELLINO, PATERNALE, SGRIDATA, RAMANZINA, ROMANZINA.

RINFACCIARE, RIMPROVERARE, RAMPOGNARE, RACCEFFARE, RINCEFFARE, RIMBROTTOLARE, RIBROTTOLARE.

RIMPROVERARE UNO, A UNO.

GARRIRE, RIPRENDERE.

GARRIRE A UNO, CON UNO.

SGRIDATA, GRIDATA.

GRIDATA, GRIDA, GRIDIO.

GRIDARE UNO, A UNO.

GRIDARE ADDOSSO, LA CROCE ADDOSSO, IN CAPO.

636.
Rabbuffo, Rimprovero, Improperio.

Il *rabbuffo* è rimprovero forte (1), per lo più fatto a voce e con aria di superiore (2).

Il *rimprovero* può essere più o men grave (3). C'è il rimprovero dell'ira e quel dell'amore; e il secondo è più forte.

Si rimprovera la persona d'un fallo, e si rimprovera alla persona il fallo commesso (4). Il secondo, sovente, è più grave; e affine al *raffaccio*.

L'*improperio* è molto più forte del *rimprovero*, è rimprovero con villania, con insulto. E il potente, talvolta, più che il povero, confonde i rimproveri con gl'improperi (5).

637.
Rimbrotto, Rimbrottolo.

Rimbrotto, non tanto comune, non è però fuor dell'uso. Esprime rimprovero più acre che dolce, e versante sopra

---

(1) Il Berni usò *dolce rabbuffo*; ma il suono stesso de' due vocaboli par che faccia contrasto. Il Berni pure: *Far rabbuffi e dirvi villanie.* Accenna o ai buffi del vento (onde Dante rabbuffatore per la vita, e anche un po' rabbuffato: *Questo tuo grido farà come vento*), o a buffa, usato da Dante stesso, ch'è beffa grave, tuttoché madre della leggiera buffoneria.
(2) DAVANZATI: *A' quali... il questore del principe, a nome di quello, diede un rabbuffo, ch'e' non badavano alle faccende pubbliche.*
(3) BEMBO: *Più gravi rimproveramenti e querele vi si adoprarono.*
(4) BOCCACCIO: *Rimproverando al suo abate quella medesima colpa.*
(5) Dante ha *rimpròperio*, rimprovere grave, che segna il passaggio tra i due sensi: *In rimpròperio del secol selvaggio.*

cose non gravi; il rimbrottare tiene un poco del borbottare (1).

Rimbrottolo è ancor più famigliare. Salvini: « Tanti rimbrottoli, tanti rimproveri glie n'ebbi a fare. » I rimproveri domestici o tra amici, se siano con un po' di stizza, bene si chiameranno *rimbrottoli*, nello stile famigliare.

638.
Rinfaccio, Lavata di capo, Rampogna.

E *rinfacciare*, dicono i Toscani, e *rinfacciare*. Questo secondo è, come ognun sa, più comune: da *raffacciare* si fa *raffaccio*; e *rinfaccio* suonerebbe più strano. Il *raffacciamento* è l'atto del raffacciare; il *raffaccio* è, talvolta, la cosa stessa raffacciata. I raffacci dell'uomo che si dice pulito sono men grossolani, ma più insopportabili che quelli dell'uomo della plebe. Chi raffaccia un benefizio, potrà divenire virtuoso, ma ancora non è.

E *raffacciare*, insomma, e *rinfacciare* differiscono da *rimproverare* in questo, che il raffaccio è rimprovero di cosa umiliante (2); e non solo di colpa (3), ma pur di sventura, perché la sventura agli occhi di molti è la più rea delle colpe.

Inoltre, si raffaccia anche senza rimproverare; una parola, un cenno, possono essere, ad uomo che intenda, raffacci amari. Cavalca: « Non lo rinfaccia rimproverando. »

Insomma, il raffaccio è rimprovero oltraggioso, quasi cosa che gettisi altrui contro la faccia; il rimprovero può farsi per necessità, per utilità, per buon fine. Chi crede correggere gli errori altrui rinfacciandoli, erra più gravemente.

Lavata di capo è modo famigliare; è rimprovero forte fatto a minore di sè, per mortificarlo e correggerlo. Si possono rimproverare de' falli agli assenti indirettamente; la lavata di capo e il rabbuffo si danno a' presenti, o per lettera come a chi si parla. Si fanno rabbuffi e si danno lavate di capo anche in istampa, ma perchè quegli di cui parliamo lo sappia. All'incontro, in società voi rimproverate, a chi non vi sente, cose delle quali tra poco in sua presenza sareste disposti a lodarlo. Gli altri non portano il diminutivo; famigliarmente direbbesi: una lavatina di capo.

Rampogna non è della lingua parlata, almeno in Firenze. Vale: rimprovero forte, men forte però di rabbuffo, e forse più grave. La rampogna può essere un raffaccio, una riprensione; può essere di semplici rimproveri o con improperii; ma certo la non può andare disgiunta dal biasimo. Può farsi da uguale ad uguale, da minore a maggiore, e senza quella veemenza o quell'aria di superiorità che, per lo più, accompagna il rabbuffo.

639.
Riprensione, Rimprovero, Ripiglio, Ripresa.

Riprendere, alla lettera, è prendere chi va troppo innanzi, è rattenerlo; insomma, è un ammonire con biasimo, siccome ben definisce la Crusca. Può la riprensione essere più o meno amorevole.

Rimprovero è un modo di riprensione, non però l'u-

nico. E si può riprendere senza rimproveri. Livio: « Con più gravi rimproveri riprendeva i suoi. »

Ognun vede che *improperio* non è riprensione; e che *riprensione* accompagnata d'improperii, è più dannosa che buona. Cavalca: « Riprendono a furore e con improperii, sicchè guastano e non racconciano. »

Riprendonsi in un lavoro dell'arte un'imagine, un verso, una mossa (1).

E *riprensione*, ai Latini, era una figura rettorica.

Abbiamo anco *ripresa*. Fare una buona ripresa (2), è più famigliare che riprensione, ma molto più raro. Quell'ammonizione severa che dà uno scrittore maturo a scrittore più leggero e ardito, che dà un'autorità rispettabile a chi senza ragione buona offende, meglio *riprensione* si dirà che *ripresa*. Questo pare un po' più. La riprensione può essere in due parole, quasi sottintesa; un cenno, un silenzio può essere riprensione. La ripresa è più lunga e diretta, è più acre; e richiede, d'ordinario, un aggiunto che ne determini il senso.

Da *riprendere* si fa *riprensibile* (3), *irriprensibile* (4) e *riprensore* (5), fors'anco *riprensioncella*; da *rimproverare* si farebbe, al più, *rimproverabile*: gli altri non hanno derivati analoghi.

Irreprensibile, meglio forse che *irriprensibile*; non però *reprensione* o *reprendere*.

In senso di *riprendere* dicesi altresì *ripigliare* (6), o, più comunemente, *fare un ripiglio*. Ma il ripiglio è ammonizione più mite; la riprensione è sempre congiunta con biasimo. C'è di molte azioni riprensibili che il mondo soffre ed onora; a queste azioni, riprensibili perchè ree, un semplice ripiglio sarebbe poco.

640.
Riprensione, Biasimo.

— La *riprensione* è fatta con più aria di superiorità che il biasimo. Ma il *biasimo* suol essere più assoluto, più forte. Si biasima con un sentimento d'avversione, se non alla persona, alla cosa; si può riprendere con un sentimento d'affetto alla persona.

Il biasimo può essere tutto interno; la riprensione è significata di fuori; il biasimo può essere indeterminato affatto; la riprensione è determinata. — FAURE.

Il biasimo è contrario alla lode (7); la riprensione è una specie di biasimo, ma che tende a correggere o a moderare l'altrui difetto. Dino: « Essendone biasimati e ripresi, rispondeano.... »

Si biasimano le cose; le cose non si riprendono (8); onde il proverbio: Chi biasima vuol comperare (9); proverbio ch'è vero talvolta, anche laddove par falso.

Il biasimo cade non solo sulla persona, in quanto ella ha commesso cosa non lodevole, ma in quanto l'atto

---

(1) Boccaccio: *Il dì e la notte molestato e afflitto dai rimbrotti della moglie.*
(2) Comento Purg.
(3) Fra Giordano: *Non curano il rinfacciamento che vien loro fatto di quelle enormi tadi commesse.*

---

(1) Svetonio: *Scripta alicujus reprehendere.*
(2) Rime ant.
(3) Compagni; Gelli; Tasso.
(4) Guittone; Cavalca; Passavanti.
(5) Boccaccio; Cavalca; Gelli.
(6) Albertano: *Lasceràti ammonire volentieri, lasceràti ripigliare con sofferenza. Se con ragione ti ripiglierà alcuno, sappi che fece prode; se senza ragione, volle far prode.*
(7) Albertano: *Loda temperatamente, più temperatamente biasima.*
(8) Salvini: *In Teognide si trova la povertà biasimatissima.*
(9) Allegri.

o gli atti da lei commessi spargono sulla intera sua vita un tristo colore (1); il biasimo, insomma, può essere, non solo il sentimento, il giudizio d'un solo, ma l'opinione di molti, di tutti. Onde le frasi: acquistare (2), riportar biasimo (3).

641.
Rinfacciare, Rimproverare, Rampognare.

— Si rinfaccia il bene fatto, o si rinfaccia imputando cosa da far arrossire. *Rampogna* è rimprovero forte e severo. Ma si può rimproverare anco con affettuose parole. — VOLPICELLA.

642.
Racceffare, Rinceffare, Rinfacciare, Rimbrontolare, Ribrontolare.

— *Racceffare*, voce delle campagne toscane, è più acre e più dispettoso di *rinfacciare*. Le voci *faccia* e *ceffo*, onde nascono tali verbi, confermano la differenza. Si rinfaccia più o meno bruscamente; si può rinfacciare anco con un gesto, con una parola: racceffando, si spiattella più villanamente sul muso, e s'insiste un po' più; la par quasi una ceffata. Da *racceffare* si fa *racceffo*, dell'uso anch'esso. Il Fagiuoli osò *rinceffare*, ch'io non ho mai sentito; ma, trattandosi di forti raffacci reciproci, forse ci può cadere.

Rimbrontolare, comune anch'esso, dicesi, più ch'altro, di donne e bambini, e vale: rinfacciar brontolando. Non è brontolare di nuovo, che, nel caso, direbbesi *ribrontolare*. È più mite assai de' precedenti. In questa voce non è tanto l'idea di stizza, quanto nelle altre. — MEINI.

643.
Paternale, Sgridata, Rivellino, Sproloquio, Lavata di capo.

Paternale, riprensione fatta con autorità quasi paterna; *sgridata*, ammonizione severa e rumorosa, da superiore a inferiore; *sproloquio*, parlata lunga, e che può essere e non essere risentita; *rivellino* (dice il Ferrario), un ammonimento sopra capo, quale fanno i rivellini quando difendono le porte assalite.

Paternale, sgridata, sproloquio, lavata di capo non sono nel vocabolario; ma l'uso gli ha accettati. Invece di *lavata di capo*, la Crusca ha *lavacapo*, chè così dicevasi anticamente (4).

La paternale suppone, ordinariamente, affezione e desiderio, o sincero o affettato, del bene di colui al quale si fa. *Rivellino* è più forte di *sgridata*, e fa pensare più grave la colpa di colui al quale è diretto: scolaro che va tardi alla scuola, tocca una sgridata dal maestro; voi fate un rivellino a un ciarlone maledico che assalta voi o altri nell'onore. Ma da certa gente co' rivellini e colle sgridate si ottien poco o nulla, perchè dicono che « le parole non fanno lividi. » Nel rivellino riguardasi segnatamente la stizza e il sentimento dell'offesa; nella sgridata, l'idea d'autorità risentita; nella lavata di capo, la vergogna che in altrui si mette o si vuol mettere del male operato.

---

(1) DANTE: ... *libito fe' licito in sua legge, Per tòrre il biasmo in che era condotta.* Il popolo dice tuttavia *biasmare*, per biasimare.
(2) PETRARCA; BOCCACCIO.
(3) SEGNI.
(4) Anco a' Greci πλύνω valeva e *lavare* e *rampognare*.

Sproloquio è, come ho detto, parlata lunga. È meno di tutti i precedenti. Si può fare uno sproloquio, cioè, sfogarsi parlando a lungo con persona, senza ch'ella ci abbia offesi; si può fare uno sproloquio parlando d'un terzo, o raccontando le proprie disgrazie in aria di rammarico, per destare commiserazione, o per ottenere chechessia, o anco per far pompa d'ingegno. Onde il Mariani, nel dramma rusticale *Le Nozze di Maca*: « Gli ho fatto più sproloqui e più sermoni, Che que' che accattan tozzi per le vie. » I letterati fanno sproloqui; per questo son messi al mondo. Le altre voci, oltre al non avere quest'ultimo senso, fanno pensar presente la persona a cui la riprensione è diretta; giacchè, anco scrivendo o stampando, ci figuriamo di stare a tu per tu.

644.
Ramanzina, Romanzina, Sgridata.

— *Ramanzina*, e più comunemente *romanzina*, sgridata più lunga, e talvolta più ragionevole (1). La *sgridata* sarà più rumorosa della ramanzina; ma quando diciamo di voler fare una bella ramanzina a qualcuno, intendiamo rabbuffo con più ragione fatto, e tale da ritrovare le costure. Chi fa una sgridata si lascia più pigliare dall'ira; persuaso d'aver ragione, si sfoga a gridare e rimbrottare. La ramanzina è meno furiosa, ma più insistente e autorevole. — MEINI.

645.
Garrire, Riprendere.

— Ha del leggero e del petulante il *garrire*, e si fa più per insofferenza che a fine buono; il *riprendere* è cosa grave; si fa anco per umanità, per dovere. — PASGNANI.

646.
Garrire a uno, Garrire con uno.

— *Garrire a uno*, o anche *garrire uno*, è sgridarlo (2); *garrire con uno* è litigare di parole; ma sempre nel garrire è qualcosa d'intempestivo e di triviale. — CAPPONI.

647.
Sgridata, Gridata.
Gridata, Grida, Gridìo.
Gridare uno, a uno.
Gridare addosso, la croce addosso, in capo.

Si può fare o dare una gridata senza rivolgerla come rimprovero ad altri; può la gridata essere una serie di grida articolate in parole, più o meno sensate, esprimenti dolore crucciso, indegnazione impaziente contro le cose o i casi, fin contro sè stesso, o anche contro gli uomini, non per riprenderli ma per mandarli a quel paese. Il *grido* e le *grida* non fanno *gridata* se non quando sian acri e stizzose, e continuate o con poco intervallo. Certe tragedie sono una catena di gridate, sonanti e strascicate appunto come catena di schiavi. Certa eloquenza si fa forte di gridate, non sempre diretta a sgridar questo o quello.

Ma dicesi altresì *gridare uno* in senso affine a *sgridarlo*; e allora *gridare* e *gridata* vale un po' meno. La madre grida il suo bambino anco con poche parole, e non gravi, anzi temperate d'affetto. Lo sgridare è più avverso; e gioverebbe aver l'arte di gridare chi mal fa

---

(1) MALMANTILE: *Dopo un'alta rammanzina*. Oggi *rammanzina* con un'm sola.
(2) BOCCACCIO: *La donna garrito alla gatta ....*

senza troppo sgridarlo, perché cotesto stesso è già mal esempio.

Dicesi anco *gridare a uno* in senso affine a *sgridarlo* (e qui pure è più breve, ma un po' più forte che se si dicesse *gridarlo*), e in senso più generico, d'imprecazione, o di persecuzione o simile.

Gridare addosso è ancora più accanimento; peggio ancora *gridare la croce addosso*; che non so se sia preso dal latino *abi in malam crucem*, ma crederei piuttosto dalle crociate, che facevansi, grazie a Dio, anche contro Cristiani. Gridasi addosso e a uno e a di molti, per fargli male o dargli noja, o anco per imputargli male che vogliasi fatto da esso; gridasi la croce addosso in segno o minaccia di persecuzione, o almen d'odio più grave.

Gridare in capo a uno non so se sia modo vivente, ma è chiaro, e corrisponde a quell'altro dell'uso: *far tanto di capo*. Denota piuttosto la molestia dell'intronamento, che il danno che possa venire dai rimproveri e dalle grida; e dice meno animosità che il *gridare addosso*, e men voglia di nuocere che il *gridare la croce addosso*.

Gridatina, si dirà, e *sgridatina*. *Gridataccia*, non nel senso affine a rimproveo, ma al gridata sguajata in genere. *Gridio* non è che il frequentativo di *grido* e non ha che fare con *gridata*; *rimbrontolio* potrebbesi dire il ripetuto e minuto rimbrontolare.

648.

BICCHIERE, TAZZA, GOTTO.

Bicchiere d'acqua, di vino; *tazza* di cioccolata, di caffè. La *tazza*, al dir della Crusca, è vaso di forma piatta col piede di diverse maniere. Oggigiorno c'è delle tazze senza piede e non piatte; e questa notizia, che tutti sanno, giova rammentarla, per poterne conchiudere che gli esempi addotti sotto questo vocabolo non fanno autorità, e che le differenze debbono essere cercate nell'uso.

Gotto, in Toscana, è bicchierone di forma più grande dell'ordinario (1); negli Stati veneti, è il bicchiere. Che tale non fosse in origine, lo prova l'esempio delle Vite di Plutarco: « Coppe, gotti, bicchieri d'ariento (2). »

649—659.

BICCHIERE, NAPPO, COPPA, CALICE, TAZZA, GIARA, CIOTOLA, PISSIDE.
CIOTOLA, SCODELLA.
CANTINETTA, CANTINUCCIA, CANTIMPLORA.
CUCCUMA, CAFFETTIERA, BRICCO.
FIASCO, FIASCA, BOCCIA, BOCCALE.
BOTTIGLIA, ORCIO, ORCIUOLO, BOMBOLA, ANFORA, BORRACCIA, BROCCA, IDRIA.
CARAFFA, FOGLIETTA, AMPOLLINA, ALBERELLO.
BROCCA, MEZZINA.
BOCCETTINA, BOCCETTINO, BOTTONCINO.
BACILE, BACINO.

---

(1) Il prof. Tantini chiama *gotto* quello di porcellana, di cui si servono ai bagni, per prendere le acque medicinali.
(2) Il toscanissimo Redi sta contro l'uso toscano, e dice: *Gotto* vale lo stesso che *bicchiere*, ed è voce pigliata in presto da' Veneziani; e deriva non da *guttus*, ma da *cyatus*. Sia detto con pace del dott. Redi, ma l'etimologia di *gotto* pare che sia *guttus* non *cyatus*; e il *gotto* non è preso in prestito da' Veneziani, se *guttus* avevano anco i Latini; e *gotto* non è lo stesso che *bicchiere* a' di nostri, com'era forse ai tempi del Redi.

TOMMASEO, *Diz. dei Sinonimi.*

TAFFERIA, FARINAJUOLA.
CATINELLA, CATINO.
CATINELLINO, CATINETTO.

649.

Nappo, Coppa, Bicchiere, Tazza, Giara, Calice, Ciotola, Pisside.

— *Nappo*, della lingua scritta, è vaso da bere; *coppa*, e da bere e da altro (1).

Coppa, oggidì, non ha altro uso se non quando un vero galantuomo chiamasi coppa d'oro; e nei derivati: sottocoppa, e coppiere.

Il *bicchiere* è da tavola; la *tazza* è da caffè; la *giara*, da sorbetto. La tazza non è di vetro come il bicchiere. — ROMANI.

— Il *nappo* ha varie forme, non grande il più; voce quasi istorica. La *coppa* è per lo più tonda, non fonda di molto, e larga di bocca.

Il comune è *bicchiere*, ch'è, per lo più, di vetro o cristallo cilindrico; il nappo o la coppa possono essere di metallo, di legno.

Calice, nel moderno uso, è quello de' preti; d'usi romani parlando, starà per bicchiere non inelegante; abbiam poi il calice de' fiori. E dalle parole: « passi via da me questo calice, » venne il modo quasi proverbiale: calice d'amarezza, di dolore; vuotare il calice sino alla feccia.

La *tazza* è con manico, o senza, cilindrica, o dilatantesi in su, con piedestallo o no. Serve per il caffè, per il brodo. Ma quelle del brodo, se più larghe e grandette, sono *ciotole*. — VOLPICELLA.

— *Pisside*, anticamente, picciol vaso; oggi, vaso in cui si conserva il Sacramento dell'altare. La pisside è più bassa del calice, ma ha tazza più larga, e coperchio a cui è legato un velo che tutta la copre, in segno di rispetto. Il calice, nell'incruento sacrifizio; la pisside, nell'amministrare il viatico e nella comunione. — MEINI.

650.

Scodella, Ciotola.

— La *ciotola* è da brodo, con manichi o senza; la *scodella* è da minestra, un po' più fonda del piatto (2). — ROMANI.

651.

Cantinetta, Cantinuccia, Cantimplora.

— *Cantinuccia*, piccola o disagiata cantina. *Cantinetta*, definisce la Crusca, vaso ove si pongono dentro bocce piene di vino, per rinfrescarle col ghiaccio che vi si mette attorno. Dicendo il Redi: « Cantinette e cantimplore siano in pronto a tutte l'ore, » pare che faccia una distinzione tra le une e le altre; ma nel descrivere queste ultime, fa vedere che a' suoi giorni le cantimplore erano diverse da quelle che oggidì sono in uso (3).

---

(1) BOCCACCIO: *Fattosi il prence venire una grande e bella coppa d'oro, e messo in quella il cor di Guiscardo.* - REDI: *E colmane per me Quella gran coppa là.*
(2) BERNI: *Una minestra Che non la può capire ogni scodella.*
(3) REDI: *In Toscana la cantimplora è un vaso di vetro che, empiendosi di vino, ha nel mezzo un vano nel quale si mettono pezzi di ghiaccio o di neve per rinfrescarlo.* E poi: *Alla corte si chiamano cantimplore quei vasi d'argento o d'altro metallo che, capaci d'una o più bocce di vetro, servono per rinfrescare il vino e le acque col ghiaccio.* - MAGALOTTI: *Vuotata la cantinetta, e messo nuovo ghiaccio con sale, si fece il secondo agghiacciamento dell'acqua.*

Cantimplora adesso è una gran boccia di stagno, con gran corpo basso e schiacciato, e con collo lungo e largo da passarvi il pugno; serve solamente per rinfrescare l'acqua. Si pone in fondo a un mastello che essa piglia quasi tutto, e ripiena d'acqua, si copre il corpo e si circonda il collo di ghiaccio. Una palla vuota e di stagno, poco minore del diametro del collo della boccia e forata di sotto, porta di sopra un cannello dello stesso metallo cui è unito un disco che serve di coperchio al collo della boccia, ed ha un piccolo foro. Immersa la palla nella boccia, dal foro inferiore si empie d'acqua; e chiudendo col pollice il piccolo foro superiore del cannello, si cava fuori. Alzando il pollice che chiudeva il piccolo foro, l'acqua esce dal foro inferiore, e si versa in bocce, in bicchieri, o dove occorre. — CIONI.

652.
Cuccuma, Caffettiera, Bricco.

— *Caffettiera*, vaso in cui si fa bollire il caffè tostato e in polvere, per farne bevanda. Oggi, in questo senso, è voce disusata in Firenze, ove comunemente intendesi il femminino di caffettiere. Invece di *caffettiera* dicono *cuccuma* e *bricco*; le quali due voci differiscono per questo: che il bricco è sempre di rame stagnato, e serve più particolarmente per il caffè; la cuccuma può essere, non solo di rame, ma anche di terra, ed ha usi più varii, come per bollir acqua, per fare il tè, e simili. Poi il bricco suole avere un canaletto chiamato *beccuccio*, onde versare il liquido; la cuccuma, no. Nel traslato, diciamo: rompere la cuccuma, per importunare, annojare; e: aver sulla cuccuma, cioè dove mi bolle. — MEINI.

653.
Fiasco, Fiasca, Boccia, Boccale, Bottiglia, Orcio, Orciuolo, Bombola, Anfora, Borraccia, Brocca, Idria.

— Il *fiasco* è, d'ordinario, per il vino. In Firenze è di vetro, impagliato o no, e contiene tre bottiglie circa o dieci bicchieri; ma può essere d'altro che di vetro. È panciuto, tondo, base piana, collo stretto e lunghetto.

La *fiasca* è schiacciata, di vetro per lo più. Può essere più piccola e più grande del fiasco; serve per viaggio, e a contenere vino e altro. La fiasca da olio è della forma del fiasco, or più grande or più piccola, ma di vetro più grosso e di differente impagliatura.

La *boccia* è di vetro; tonda, senza piede; si restringe nel collo più gradatamente che non fa la bottiglia; più panciuta della bottiglia, serve per il vino e per l'acqua; è d'uso comune nelle tavole, nelle stanze.

Boccale, vaso di terra più o men fine, con piede tondo e panciuto; rientrante un po' più in su del mezzo; poi si dilata alla bocca con labbra rovesciate e bocca sporgente, e con manico.

La *bottiglia* è di vetro, per lo più verdastro, e di pareti grosse e resistenti, cilindrica, decrescente in collo più o meno lungo; da vino e da liquori. Non serve di misura, come in altre parti d'Italia il boccale, e il fiasco in Firenze; in ciò somiglia alla boccia e alla fiasca.

L'*orcio* e l'*orciuolo* son di terra, e da olio.

La *bombola*, voce viva in Toscana, è di vetro, per lo più con collo torto, da vino o altro liquore; vien forse da *bombare*, bere. È più piccola della boccia, e credo più panciuta.

Anfora è voce storica; ai Romani era vaso fittile con due manichi, ed era anco misura.

Borraccia, fiasca di legno, o di latta, o di pelle, schiacciata di forma, da portare in viaggio acqua o vino.

Brocca, di terra, di metallo, a varia forma, con becco e con manico. Da bere, da serbar acqua, ad altri usi.

Idria, voce storica, vaso da acqua. — GATTI.

654.
Caraffa, Foglietta, Ampollina, Alberello.

— *Caraffa*, di vetro, più piccola, per lo più, della boccia e della bottiglia; da acqua, da bevande dolci, e da medicina. *Foglietta*, misura di vino, e vaso che la contiene. *Ampolline*, quelle di chiesa, varie di forma secondo i paesi, ma quasi tutte con cannello dal quale si mesce. *Alberello*, vasettino di terra o di vetro, da unguenti, da medicine semiliquide, di varia forma. — ROMANI.

655.
Brocca, Mezzina.

— Queste due voci s'usano spesso promiscuamente; se non che, la *brocca* è piuttosto di terra cotta; la *mezzina*, di rame. Quella che si tiene accanto ai lavamani, per esempio, è brocca piuttosto. Possono, inoltre, differire un po' nella forma; perchè la brocca suol avere un cannelletto da versar l'acqua; la mezzina, per lo più, ha due lati opposti, l'orlo un po' arrovesciato e prolungato a guisa di labbro sporgente, che chiamano il beccuccio. — MEINI.

656.
Boccettina, Boccettino, Bottoncino.

L'uso determina che *boccettino* sia più piccolo ancora di *boccettina*. Io credo che quest'uso giovi conoscerlo e rispettarlo; perchè, posta la vita di due voci, giova renderle utili ambedue col distinguerne, al possibile, il senso.

— A significare *boccettina* ancora più piccola di *boccettino*, in Toscana e altrove dicesi *bottoncino*. — LAMBRUSCHINI.

657.
Bacile, Bacino.

— Quello del barbiere, è *bacile* e *bacino*; ma dicesi proverbialmente: tenere il bacile alla barba, non il bacino. Quand'è men fondo, e serve o a contenere altri vasi, o a ricevere il danaro, *bacile* non si dice. *Bacino*, d'acqua; bacino, voce anatomica e geologica. Qui non ha luogo scambio. — ROMANI.

Da *bacile* potrebbesi *bacilletto*; ma non è guari usitato. *Bacinetto* è poi una specie di difesa del capo; e i due sensi li raccosta ne' Sermoni il Sacchetti: « Il sole dando su' bacini, o rilucendo su' mille cavalieri co' bacinetti forbiti. » Viene dalla forma di tale celata; e anche don Chisciotte lo sa.

658.
Tafferia, Farinajuola.

La *tafferia*, più comunemente *farinajuola*, è di legno, e serve nelle cucine per posarvi la farina da infarinar la frittura; altro senso vivo non ha. In altri tempi era cosa più nobile, se in materia di vasi entra la nobiltà. E perchè no?

659.
Catinella, Catino.
Catinellina, Catinetto.

Catinella, vaso più piccolo del *catino*; a uso, per lo più, di lavarsi le mani. Il Salvini: « Catinella è quasi piccolo catino. » La catinella, di terra cotta, od anche di majolica; il catino è più ordinario; non solo di terra cotta, ma di legno (1) o di metallo; e serve per lavar le stoviglie, pulire gli attrezzi di cucina, risciacquar l'erbe, e simile. La differenza è comprovata anco dai diminutivi: l'uno fa *catinellina* nell'uso, l'altro fa *catinetto*; *catinettino*, nè simile, non si direbbe. In tempi antichi il catino avrà fatto le veci di catinella; e me lo prova l'uso di molti dialetti d'Italia, che quello da lavarsi le mani chiaman *catino*. La ricchezza della lingua può essere un segno anche d'altro che della ricchezza delle idee.

660—661.

BICCHIERINO, Bicchieretto, Bicchieruccio.
Tazzetta, Tazzina, Tazzettina, Scodelletta, Scodellina, Scodellino, Ciotoletta, Ciotolina, Ciotolino, Calicetto, Coppettina, Coppetta, Coppella, Tazzone, Calicione, Ciotolone.

660.

Bicchierino, Bicchieretto, Bicchieruccio.

Bicchierino, diminutivo; *bicchieretto*, vezzeggiativo. Piccolo bicchiere, pieno o vuoto che sia, è *bicchierino*; bicchiere, o grande o piccolo, ma pieno e vagheggiato dal bevitore, o in pensiero o in atto, con aria di amorosa tenerezza, sarà *bicchieretto*. A chi piace il bicchieretto, non ama gran fatto i bicchierini.

Ma *bicchieretto* può pure essere semplice diminutivo. E allora l'uso ci dice che il bicchierino è sempre più piccolo (2). Quello da liquori è *bicchierino*; bicchiere da tavola non grande, *bicchieretto*.

Se poi non si riguarda la piccolezza assolutamente, ma o la piccolezza sproporzionata, o la miseria o la viltà della materia, o la ineleganza della forma; quando, insomma, al diminutivo s'aggiunge dispregio, s'userà *bicchieruccio*.

661.

Tazzetta, Tazzina, Tazzettina,
Scodelletta, Scodellina, Scodellino,
Ciotoletta, Ciotolina, Ciotolino, Calicetto,
Coppettina, Coppetta, Coppella,
Tazzone, Calicione, Ciotolone.

Da *tazza* si fa *tazzina, tazzetta, tazzettina*: e la *tazzina* pare possa essere più piccola; la *tazzetta*, denotare non solo il contenente, ma anco la quantità contenuta. *Nappo*, siccome non è dell'uso, così non ha diminutivo usitato. *Coppa* potrebbe fare *coppettina*; ma *coppette* son le ventose, e *coppella* è ad uso degli orefici. Da *calice*, *calicetto*, anco di quello de' fiori. E *ciotolina* e *ciotoletta* e *ciotolino*; e *scodellina* e *scodelletta* e *scodellino*. Quest'ultimo, del fucile altresì. La *scodelletta* e la *ciotoletta* e la *tazzetta*, possono non tanto diminuire quanto denotare, per attenuazione di vezzo o di celia, vaso che contenga buona quantità di bevanda che piaccia, o essa medesima quantità. Il ciotolino può essere ancora più piccolo della ciotolina, e il Cellini lo fa servire a usi dell'arte sua.

Tazzone, tazza propriamente ben più grande di quelle che così chiamansi in Torino a uso del caffè e latte e simili. Il *ciotolone* era, un tempo, da vino; e *calicione*

usa il Redi per cella a uso de' gran bevitori; erudizione romana che lì ci cadeva.

662.

BICCHIERINO, Beverino.

— *Bicchierino*, se di vetro, e *beverino*, se di terra; segnatamente quello che si tiene nelle gabbie per gli uccelli quando sono appannati, cioè avvezzi al panico della gabbia; perchè c'è di quelli che, rinchiusivi, non vogliono mangiare nè bere, e alla schiavitù prescelgono la morte: tanto è cara la libertà a quelle innocenti bestioline! Talora le due voci, in questo senso, usansi promiscuamente; ma non si dirà forse mai: empire il beverino al cardellino; e più proprio: ch'egli ha insudiciato il beverino. — MEINI.

663.

BILANCIA, Stadera.

— La differenza materiale è evidente; ma giova segnarla nel senso traslato, nel quale *bilancia* ha significazione di maggiore finezza. Onde il Salvini (1): « Pone giustamente alle cose i pesi e le misure, non con la stadera del volgo, ma con la bilancia del savio. » — CANTÙ.

664—665.

BILANCIA, Equilibrazione.
Equilibrare, Librare.

664.

Bilancia, Equilibrazione.

Equilibrazione è l'azione del mettersi o del mettere in equilibrio (2); e noto questa voce, non perchè la differenza non ne sia chiara, ma perchè la voce mi par necessaria. Le equilibrazioni politiche tra potentato e potentato a nulla giovano, quando l'equilibrio morale manca.

— *Bilancia politica* fu ed è parola solenne tra' politici d'Europa: pretesto di guerre e paci, cominciando da Carlo V. Quel far crescere uno Stato, non perchè t'importi di lui, ma per opporlo, come argine, ad un altro Stato di cui tu abbi temenza, il Guicciardini lo disse un tempo, con bella e italiana voce, *contrappesare* (3). La *bilancia economica*, un tempo non men famosa, è bandita dal vocabolario degli economisti moderni. — CAPPONI.

665.

Equilibrare, Librare.

Librare non è della lingua parlata, ch'io sappia. Ma quand'anco affettato paresse in prosa il petrarchesco, ripetuto dal Galileo: librar su giusta bilancia, nessuno vorrà bandir dalla lingua i modi belli e necessarii: librarsi sull'ali; gli astri librati nel gran vano dello spazio; una fionda, un dardo librato, innanzi che si scagli, si vibri (4). Ove si tratti d'equilibrio, che si mantenga senza punti di contatto che al disotto lo reggano, *librare* allora pare il vocabolo proprio; ove si tratti d'equilibrio ch'abbia sopra terra una base o un fondamento, converrà meglio l'altro.

---

(1) Disc. Ac. 46.
(2) GALILEO: *Equilibrazione fatta con gran tardità.*
(3) Napoleone donò la Luigiana; per *contre-poiser* la potenza americana all'inglese. E il Barbé Marbois nota questo italianismo, pieno di politica italiana, nella bocca dell'uomo che essere Italiano non seppe, per sua sventura, e non volle.
(4) TASSO: *E si librò sull'adeguate penne.* - GALILEO: *Il sole, corpo di figura sferica, sospeso e librato circa il proprio centro.* - BUONARROTI: *Sopra l'aureo letto Librata stassi in aria.* - OVIDIO: *Nec circumfuso pendebat in aëre tellus, Ponderibus librata suis.* - VIRGILIO: *Summa telum librabat ab aure.*

---

(1) CRESCENZIO: *Dal legno del salcio si fanno scodelle, catini...*
(2) M. BUT., Burl.: *Quei bicchierin che come campanelle Vanno sonando.... Son da fanciulli e da donne novelle.*

666.

BILANCIA (IN), IN EQUILIBRIO, IN BILICO.

Il primo e l'ultimo dicono due particolari maniere d'essere *in equilibrio*; il secondo è la più generale. Due pesi che stanno *in bilancia*, stanno certamente in equilibrio; ma questo è l'equilibrio proprio de' pesi sulla bilancia, o di cosa che a bilancia somigli. Un corpo che sta sopra un altro, toccandolo in un punto solo, e che, così stando, non pende nè dall'una parte nè dall'altra, sta anch'esso in equilibrio; ma gli è un equilibrio che dicesi *bilico* (1).

Per estensione, direbbesi anco: bilicarsi su una gamba, quando il punto d'appoggio su cui la gamba riposa non sia troppo fermo. *Bilico*, quello degli usci quando posano su quel mezzo cerchio che li fa girare agilmente.

Altri molti sono i modi dell'equilibrarsi; come di due liquidi in due tubi d'un vaso, di due solidi che sostengono un altro corpo, di due uomini che portano un peso, e simili.

Equilibrio, nel traslato, dicesi degli umori, del calore, delle ragioni: nel giusto equilibrio degli umori sta la salute; questi due argomenti pare che s'equilibrino; equilibrio economico; due corpi di temperatura diversa, avvicinati, s'equilibrano a poco a poco; l'elettricità tende a mettersi in equilibrio; non le grandi forze sociali fanno potenza, ma il loro equilibrio è che rende lo Stato atto alle grandi e difficili cose.

Bilancia ha altri sensi traslati suoi: le bilancie omeriche, su cui Giove appende i destini dell'uomo (2); le bilancie della giustizia; stare in bilancia (della moneta ch'ha il suo giusto peso); dare il tracollo alla bilancia, cioè dar l'impulso decisivo in una risoluzione, in uno avvenimento; bilanciar le ragioni; bilanciare il male col bene; bilanciar le partite.

Si noti che *equilibrare* è quasi sempre neutro passivo, sebbene nulla vieti, a parer mio, usar questo verbo attivamente, nel senso di fare, stare, o di mettere in equilibrio. *Bilanciare*, specialmente nel traslato, è attivo più spesso: bilanciando due partiti diversi, veggo che le loro utilità si equilibrano; in tal caso io scelgo il più semplice (3).

Anche *bilico* ha traslati suoi proprii; e: star in bilico, dicesi di chi sta sospeso o appoggiato a un sol punto, sicchè un leggero impulso, un leggero disequilibrio lo farebbe cadere; non solo nel materiale, ma nel politico, nell'economico, e simile (4). Le cose che stanno in bilico, stanno in equilibrio non perfetto, momentaneo o pericoloso di molto. *Bilicare* ha uso attivo quasi sempre.

667—669.

BOCCHINA, BOCCHINO, BOCCUCCIA, BOCCUZZA.
BOCCHETTA, BOCCHETTINA, BORCHIA.
LABBRA, LABBRI, LABBIA.
LABBRINO, LABBRUCCIO.

667.

Bocchina, Bocchino, Boccuccia, Boccuzza.

Bocchina è diminutivo; *bocchino*, talvolta, vezzeggiativo. Bocca di bambino si dirà *bocchina*, bocca gentile di donna, *bocchino* (1). Diciamo: fare il bocchino, non la bocchina (2): *bocchino*, in questo senso, sa di celia o di biasimo, e indica affettazione.

Boccuccia, anch'esso di piccola bocca di persona non piccola. I.° In certi luoghi, dove *bocchino* forse non suonerebbe sì bene, si pone *boccuccia* (3). II.° Questa, inoltre, può avere senso non di vezzo, ma quasi di spregio. Un brutto bocchino io non posso figurarmelo; boccuccia non bella, sì. III.° Di persona delicata che non appetisce ogni sorta di cibi, ma li vuole scelti, si dice: è boccuccia. IV.° Nei modi: fare il bocchino da ridere, e simili, non si potrebbe sostituire *boccuccia*. V.° Le boccucce de' vasi linfatici, o d'altri simili meati, non si diranno altrimenti.

Boccuzza è più rado; ma in certe parti di Toscana questa forma di diminutivo è usitata; e non pare che abbia il senso di spregio che ha *boccuccia*, nè che denoti difficile delicatezza di gusto. La boccuzza è non brutta; si ha, non si fa, come talvolta il bocchino.

Bocchetta, quella lamina di metallo che si mette a' cassettoni o ad altri arnesi, per vestire il buco di dov'entra la chiave; e così *bocchette*, quelle degli usci e simili, che pel loro ornato esteriore si chiamano talvolta anche *borchie*.

Ma la *borchia*, di sua natura, non ha che fare colla *bocchetta*; perchè questa denota l'uso a cui quella è destinata, dovendo dar passaggio a una chiave od altro; quella è più generale di senso. Le borchie ai lati del cassettone non sono bocchette. Inoltre, una bocchetta rozza e misera non si direbbe borchia. Certe armature avevano borchie. Da *borchia* può farsi *borchiettina*.

Bocchettina è piccola bocchetta; ma non si direbbe di piccola bocca d'uomo.

668.

Labbra, Labbri, Labbia.

— *Labbia* è poetico; ma in poesia pure nessuno direbbe: le labbia d'una vergine. *Labbra* è più delicato. *Labbro* fa labbra e labbri, labbrino, labbrina (plurale), labbraccio, labbrone. *Labbia*, in questo senso, non ha singolare nè derivati. — A.

— *Labbri*, anche d'un vaso; *labbra*, propriamente, dell'uomo; *labbia*, spesse volte, degli animali (4). *Labbra*, singolare, per volto, anco ne' versi, antiquato. — POLIDORI.

669.

Labbrino, Labbruccio.

Labbrino, labbro piccolo e raccolto, anco di persona adulta; *labbruccio*, di bambino (5). Da labbrino di delicata donna, pare a molti impertinente un discorso di religione o di politica; ma se le donne non parlano di religione e di politica, chi mai saprà educare a fede religiosa e politica i figli nostri?

---

(1) DAVANZATI: *Uno strumento sospeso in bilico, che di repente abbassato, tirava su uno o più de' nemici.*

(2) Ecco le due parole insieme: PETRARCA: *Ov' è chi morte e vita insieme spesse Volte in frale bilancia appende e libra.*

(3) Non so se possa dirsi: *due pesi si bilanciano.*

(4) VARCHI: *Stando le cose di Firenze tutte in bilico.*

(1) FRA JACOPONE: *Mettendosi la poppa Entro la sua bocchina.*

(2) BERNI: *Innanzi a lui si fa con un bocchino Che par che il capo gli sia stato rotto.* - LIPPI, parlando d'una zitella: *E' con un suo bocchin da sciorre aghetti Chiede da bere.*

(3) BOCCACCIO: *Con una boccuccia piccolina, le cui labbra parevano due rubinetti.*

(4) ARIOSTO (dell'orsa): *A spiegar l'ugne, e insanguinar le labbia.*

(5) FRA JACOPONE: *Poppava lo bambino con le sue labbruccia.*

Labbruccio poi, per labbro soverchiamente o non elegantemente piccolo; *labbrino*, è sempre di vezzo.

670.

BOCCONCELLO, Bocconcino, Bocconcetto.

Bocconcello è sempre diminutivo; *bocconcino* può chiamarsi anco un boccone non piccolo, ma squisito: c'è de' ghiotti a cui non piacciono i bocconcelli, ma i bocconcini. *Bocconcetto* è boccone più misero ancora di *bocconcello*; di cosa più ordinaria, meglio quello che questo: un bocconcello di carne, un bocconcetto di pane.

671—672.

BOCCONE, Boccata, Morso.
Abbocconare, Sbocconcellare, Sminuzzare.
Fare in bocconi, in pezzi.

671.

Boccone, Boccata, Morso.

Boccata, definisce la Crusca: « tanta materia quanta si può in una volta tenere in bocca; » *boccone*: « tanta quantità di cibo quanta in una volta si mette in bocca. » Il boccone può non riempire la bocca; la boccata, per esser tale, dev'empierla, o quasi. Può il boccone essere così grande, da non si potere mandar giù in una volta; si possono in una boccata contenere in bocca più bocconi.

Boccata d'aria, dicesi inoltre, cioè tant'aria quanta se ne può, aprendo bocca, in un tratto spirare. Prendere una boccata d'aria, vale andare a mettersi in luogo dove poter respirare aria più libera. Traslatamente, non temerei di dire: andrei volentieri in Toscana, a prendermi in mezzo a quel popolo di campagna una boccata di civiltà e d'eleganza.

Morso, ben definisce la Crusca: « quella quantità di cibo che spiccasi in una volta co' denti. » D'un morso si può fare un boccone, e più. *Boccata*, è di solido e di fluido; *boccone*, sempre di cosa solida; *morso*, di più solida ancora. I bocconi possono esser tagliati e stare ciascuno da sè; il morso è parte staccata da un tutto. Vero è che tanto diciamo un boccone, quanto un morso di pane; ma allora la differenza sta in questo, che un morso è più misero (1). D'altre cose, specialmente se squisite, dicesi più *boccone* che *morso*: buon' bocconi, boccone ghiotto. Traslatamente, anco di persona o di cosa che paja desiderabile; ma per lo più a non regolato appetito. D'uomo avido o potente a mascelle, o di bestia, dicesi: che d'altra bestia o di persona o di parte d'un cibo, ne farebbe un boccone, tutt'un boccone; d'uomo forte e iracondo: che di colui contro chi e' l'ha, vorrebbe farne o ne farebbe un boccone. I conquistatori così fanno di provincie e di regni.

672.

Abbocconare, Sbocconcellare, Sminuzzare.
Fare in bocconi, in pezzi.

Nella cacciata del Duca d'Atene, il Villani dice d'uno de' scellerati ministri di lui, che fu abbocconato dal popolo: *fatto in bocconi, più minuti che pezzi*. Non so se viva; ma affermerei quasi che sì, e i Toscani di certo l'intenderebbero. *Fare in bocconi*, nel traslato, di persona o di bestia o di cosa tagliata in piccoli pezzi, o che vorrebbesi disfare per rabbia. La locuzione composta ha più vigore: lo farebbe in bocconi. L'han fatto in bocconi, direbbesi forse anco del malmenare fieramente con giudizi ingiuriosi, e con la lingua, più pugnale che spada.

Abbocconare direbbesi anco del ridurre in due o tre bocconi, per meglio mangiare un morsello non grande di cibo. *Fare in* ne suppone più.

Sbocconcellare è vivo, e si spiega col suono. Nel traslato non si dice tanto; o almeno, non solamente del fare in bocconi o pezzetti piccoli per rabbia, ma dell'essere o del trovarsi la cosa troppo minutamente divisa. L'Italia, appunto perchè sbocconcellata, nessuno se l'è potuta mangiare tutta; i minuzzoli scappavano via dalla forchetta e dalle dita; il cucchiajo non s'è ancora trovato, se non forse in qualche miniera d'Australia o dei monti Urali.

Sminuzzare è ancora più. Dicesi delle idee, del discorso, del costrutto, de' suoni, de' numeri.

673.

BOJA, Carnefice.

Boja è il titolo dell'uffizio; *carnefice* denota più direttamente l'atto dello esercitarlo. Il boja è boja anche quando non ammazza nessuno; nell'esercizio delle sue funzioni è, più propriamente, carnefice.

V'è molti carnefici che boja non sono. Il boja, oltre alla pena estrema, altre ne infligge dolorose, o infamanti. Il carnefice uccide o strazia.

Al titolo di *boja* è congiunta l'idea di abiettezza; al titolo di *carnefice* l'idea di ferocia. Viso di boja, non vuol dire soltanto sinistro e truce, ma bassamente truce; viso di carnefice, dice atrocità.

Anco laddove si tratta della pena di morte, i modi non dolorosi, o che tali si reputano, quelli dove l'opera del boja è meno diretta, sono men proprii al carnefice. La forca, la mannaja, la ruota son vere carnificine.

674.

BOJA, Manigoldo, Carnefice.

Carnefice suona meno ignobile di *boja*; dico suona, e non altro. *Manigoldo* indica esecutore di tormenti spietato; quindi *manigoldo* si chiama uomo di cuor feroce e abietto, e negli atti suoi goffamente barbaro; è manigoldo anco chi batte spietatamente, senz'essere boja.

Alla parola *manigoldo* si congiunge l'idea della ferocia con la quale s'esercita l'uffizio o di togliere la vita o anco d'infliggere altri tormenti. Nell'uso: faccia di boja, vale faccia abiettamente torva (1); faccia di manigoldo, dice fisonomia atrocemente crudele.

Quando *carnefice* non è affine a *boja*, vale uomo che esercita carnificina, che si fa reo della strage d'uno, o, più spesso, di molti suoi simili. Chi comanda supplizii ingiusti o, ancorchè giusti, crudeli, sia capitano o imperante, è *carnefice*; se vi assiste e presiede, se anco di lontano se ne compiace, quasi come ci mettesse le mani, è *boja*, è *un boja*. Gli Slavi non hanno a cotesto mestiere parola propria; l'hanno appresa pur troppo da' Turchi.

La moglie del boja, o chi ne parrebbe degna, è *bojessa*. Di donna crudele, nel proprio o nel traslato, potrebbesi dire (non è comune però): la *carnefice*, una carnefice. Aggettivamente, una campagnola del Lucchese di-

---

(1) Fra Giordano: *Avete voi mai dato un morso di pane per amor mio?*

(1) Dicesi anco *boja*, così assolutamente, a persona di cuor duro e di faccia spiacente. Il volgo l'applica pure a cose; per esempio: il gioco è il boja di quel capo di famiglia; vale a dire che il gioco lo rovina. - Meini.

ceva: l' ho un cuor carnefice (che per troppo sentire mi tormenta).

675.

BOJA, MANIGOLDO, TORMENTATORE.

Quando il *boja* non era proprio un impiego pubblico, dicevasi *tormentatore*; ai Latini *tortor*. Orazio, di Regolo: *sciebat quæ sibi barbarus tortor pararet*. Un inno cristiano: *Armata sævit unguis Tortoris insani manus*. I ministri delle torture giudiziali distinguevansi dal boja, anche quando il mestiere era bell'e trovato e matricolato. Traslatamente, *tormentatore* è men di *carnefice*. L'affetto importuno, più curante di sè che d'altrui, può essere tormentatore.

Un maestro bastonatore è *manigoldo*: e se bastonasse a sangue, salirebbe quasi alla dignità di sotto boja; un maestro pesante e pedante, per cerimonioso che sia, può essere tormentatore.

676—680.

BOLLARE, SEGNARE, MARCARE.
BOLLO, MARCHIO, SIGILLO.
MARCA, MARCO, MERCO, MARCHIO.
IMPRESSIONE, IMPRONTA, SEGNO.
STIGMA, STIMATE.
SUCCHIELLARE, SUCCHIELLINARE, BUCHERARE, BUCHERELLARE, PICCHIOLETTARE.
STIGMATIZZARE, MARCHIARE, BOLLARE.
IMPRESSIONE, IMPRONTA, CONIO, EFFIGIE.
IMPRESSIONE, IMPRONTA.

676.

Bollare, Segnare, Marcare.
— *Segnare* è il genere; la *marca* e il *bollo* sono specie di segni; ma ce n'è d'altra sorta. — ROMANI.

677.

Bollo, Marchio, Sigillo.

Il *bollo* contrassegna, il *sigillo* chiude; l'uno è segno d'autenticità, l'altro a difesa: dopo sigillata la lettera, la posta ci appone il suo bollo. In alcuni dialetti, sigillare una lettera si dice *bollarla*, ma improriamente.

Il *marchio* è segno di distinzione, impronta d'onore o d'infamia; più comunemente il secondo (1). È una specie particolare di bollo; onde il Lippi: « Lo bolla, marchia, e tutto lo suggella. »

Marchio, oggidì, pare s'intenda segnatamente quel che è impresso per fuoco, o con altro segno durevole e profondo.

678.

Impressione, Impronta, Segno.
Marca, Marco, Merco, Marchio.
Stigma, Stimate.
Succhiellare, Succhiellinare,
Bucherare, Bucherellare, Picchiolettare.
Stigmatizzare, Marchiare, Bollare.

Ognun vede che l'*impressione* è l'atto, l'*impronta* l'effetto; che il *marchio* è una specie di *segno*, per distinguere l'oggetto in bene o in male, e renderne più facile il riconoscimento. *Imprenta* dicevasi in antico l'impronta; e pare suono francese, ma non è; perchè s'attiene meglio all'origine *premo*, *pressi*, che negli antichi dialetti italici sarà stato *premsi*. *Segno*, dunque, è il vocabolo più generale; e ogni minima nota di natura o d'arte o d'arbitrio, o sia costante o serva in tale o tal caso ad un solo, può essere segno.

Marca, più propriamente, quella delle merci, per distinguerne la fabbrica e l'origine, o per attestare che libero ne è il passaggio, per aver quella pagato ciò che impone lo Stato. Il *marco*, agli antichi era lo strumento del marcare, distinto dal marchio. *Marchio*, quello del boja, non marco. In certe anime è impresso un marchio potente, ed esse ne marchiano la parola e atti loro, sì che il riconoscerla (anco quando la persona e il nome si celi) è inevitabile quasi. Questa è la vera originalità, spontanea e non ricercata; ben distinta da quelle marche ufficiali o mercantili di cui certi mediocri si muniscono, per far passabili e legittime le opere loro.

Marco è altresì nome storico d'una moneta, dall'imagine impressavi. Perchè, siccome nelle lingue teutoniche questa voce dall'idea di confine passò a denotare il paese chiuso entro a certi confini (al modo appunto del *fines* latino); così, essendo i confini distinti da un segno, *marca* e *marco* vennero a significare il segno stesso e il corpo segnato e quello che segna.

Non so se in alcuna parte di Toscana o d'Italia, per indicare l'uffizio, usi *marcatore*; e non credo; ma in un libro di antichi statuti c'è il marchiatore di panni; e questa forma potrebbe distendersi a chiunque appone marchii o marche di qualunque sia specie.

Il Virgiliano: *Aut pecori signum aut numeros impressit acervis*, il Salvini traduce: « o marchia il gregge, oppur le taglie fa per il frumenti. » Non credo che qui siano le taglie, ma proprio un segno di numeri; e quanto alle bestie, giova notare che nella Maremma Toscana cotesto dicesi *mercare*, e l'operazione *merco*; per il noto scambio delle due lettere, come in *senza* e *sanza*, *doglienza* e *doglianza*. Qui l'idiotismo è ricchezza logica; perchè determina, come in *cancro*, *chanchero*, *granchio*; *primarco*, *primiero*; e tanti altri.

La povera voce *stigma*, in pena dell'aver malamente segnati servi e soldati e operai e condannati (giacchè fu tempo che la milizia romana era una così dura condanna, da dover marchiare sulla carne viva i coscritti, che non scappassero), fu anch'essa storpiata in modi crudeli e diversi; e se ne fece, *stimma* e *stimate* e *stimite*. Dal passo dell'Apostolo, che traslatamente disse: *io porto nel corpo mio le stimate del mio Signore Gesù*, vennero le *stimate* di Francesco d'Assisi, di cui Dante: *Da Cristo prese l'ultimo sigillo Che le sue membra due anni portarno*. Propriamente dicesi sigillo: segno impresso con fuoco d'amore. La voce è dal greco, che vale *pungere*; ma gli stigmi antichi facevansi e a lavoro di punta e con marchio a un tratto; da imprimere e questo e quello figure o lettere nella carne. Quel che i Francesi dicono *tatonage*, in uso non solo ai selvaggi, ma e a' popoli greci e slavi e agli Italiani in certe campagne, è una specie di stigma. Questa voce (mancando altre più schiette e usuali) (1) potrebbe servire a questo senso e a usi scientifici; *stimate* al religioso. *Far le stimite*, modo

---

(1) BELLINCIONI: *Che marchiar, dico, un dì vi possa il boja -* SERDONATI: *Notando di un proprio marchio lui e la progenie sua, lo separò dagli altri* (parla d'Abramo).

(1) *Succhiellare, succhiellinare, bucherare, bucherellare* non dicono l'impressione che resta, ma il vuoto soltanto. - *Picchiolettare*, si approssimerebbe di più.

toscano, che non so se viva, viene dall'imagine del contemplante; il quale nelle mani alzate riceve l'impressione d'un dolore che dalla vision della mente gli passi nell'anima, e dall'anima gli si rifugga nel corpo; e denotava, per cella, un'attitudine di passione affettata. Che avrebbe detto di tali volgarità di linguaggio e di sentimento l'autore della Commedia, il cantore del Poverello poeta?

Nel francese, *stigmatizzare* ha altro senso: di segnare con parole o atti di spregio o d'infamia. Senso troppo conforme all'origine; giacché in Petronio troviamo nel passo medesimo congiunte le voci *stigma* e *epigramma*, che ai Francesi è facezia ormai troppo prosaica, e della quale si servono come di marchio. Ma in questo senso a noi basta, se non è troppo, *marchiare* e *bollare*. *Bollare* denoterebbe meglio lo spregio; *marchiare*, l'infamia.

679.
Impressione, *Impronta*, *Conio*, *Effigie*.

— *Impressione*, da *premer dentro*, è la causa; *effigie*, l'effetto. Ma non ogni effigie è da impressione; così l'effigie sopra tela, per via di pittura o di ricamo. *Impronta* differisce da *effigie*: perché l'impronta è l'effetto dell'impressione, cioè il concavo o il rilievo descritto da quella; l'effigie è quanto è rappresentato da questo concavo o rilievo. Poi, non ogni impronta offre un'effigie; per esempio, le impronte che si fanno da' fanciulli sulla creta. *Conio*, si usa e per l'impronta, e per l'istromento che la produce; ma è vocabolo di specie, e l'impronta è di genere. È lecito usar *impronta* per *conio*, di rado viceversa. — NERI.

680.
Impressione, *Impronta*.

— *Impressione* è l'atto; *impronta* è l'effetto. L'impronta morale di certe idee negli animi umani, può venire e da subita e forte impressione, e da lenta insinuazione continua; non ogni impressione lascia impronta. Si può imaginare un'impronta senza la materiale impressione; tale l'impronta di Dio in ogni opera sua. — A.

— *Impressione*, nel traslato, dice l'interno sentimento; *impronta*, i segni esteriori di esso. La tristezza, la pallidezza del volto sono impronte della passione che il cuore soffre, per l'impressione fattavi da un oggetto desiderato e difficile a conseguirsi. — POLIDORI.

— La fisonomia è l'impronta dell'anima, la quale impronta è ad ogni tratto variata in qualche parte dalle nuove impressioni delle cose interne ed esterne. — ROUBAUD.

681—682.
BOLLICELLA, BOLLICINA.
SPUMA, SCHIUMA, STUMMIA, BAVA.

681.
Bollicella, *Bollicina*.

Bollicella, piccola bolla d'acqua o d'aria; *bollicina*, piccola vescichetta o rigonfiamento che si fa sulla pelle degli animali e degli uomini, per ribollimento di sangue o malignità d'umori. Non si direbbe, nell'uso: bollicella nel viso, né bollicina che sorge dall'acqua sciaguattata (1).

---

(1) MAGALOTTI: *Dopo fatto il vuoto, apparve (nell'acqua) una pioggia di bollicelle minutissime.* — VOLG. MESUE: *Nella bocca sua saranno bollicine o esulcerazioni.*

682.
Spuma, *Schiuma*, *Stummia*, *Bava*.

— *Stummia* (idiotismo), quell'escremento che nel bollire manda di sopra una pentola, o altro vaso con carne dentro: *stummiare* la pentola, meglio però schiumarla. Stummia dicesi del bollore soltanto. *Schiuma*, quell'insieme di bollicelle ripiene d'aria, che fa nei liquidi messi al fuoco, o anche sciaguattati forte. Nel traslato: schiuma e stummia di furfanti; il secondo è più volgare.

Spuma è più gentile: la spuma della cioccolata. La spuma che, nel mescerlo, fa il vino generoso (1), chi la chiamerebbe schiuma? Vino spumoso, e non già schiumoso. Vero è che talvolta *schiuma* e *spuma* si confondono; ma il primo, quasi sempre, significa spuma più densa e più sudicia. Del mare, però, più comunemente diremo *spumante*.

Bava, saliva densa e viscosa che cola dalla bocca. I bambini e i vecchi se la dicono colle bave. La bava d'un rettile, d'un idrofobo. — *Bava*, nel traslato, filo, drappo, e simili, floscio, senza nerbo. Un contadino al quale diedi mangiare del pane bianco, mi disse che gli pareva bava. E avendogli io domandato cosa intendesse dire: non ha sapore e non fa comparita, mi disse. — MEINI.

683.
BOLLIRE, SOBBOLLIRE, RIBOLLIRE.

Dopo bollito il brodo e intintovi il pane, se si mette a bollire, questo, in alcuni luoghi, chiamasi *sobbollire*, a quel che sento. Il calore sobbolle a' bambini, e dà fuori alla pelle; sobbolle sotto la gola dal sudore; e quel calore che viene, chiamasi *sobbollito*. Sensi traslati, nell'uso, questa voce non ne ha; ma non sarà forse illecito dire: sobbollimento dell'ira (2), che celatamente si conuoce nel fondo del cuore.

Ribolle il sangue; cotesto non è sobbollire (3). Ribolle il vino o altro liquore, e per il caldo si guasta. Ribolle il cacio, quando per calore va a male. *Ribollire* vale, poi, bollire di nuovo (4); e cosa ribollita, è bollita due volte (5). Nel traslato: ribolle il sangue nelle vene, per isdegno, per ira (6), per concupiscenza. La mi ribolle, dicesi comunemente di cosa che, ripensandoci, ridesta lo sdegno e le furie; e *ribollimento* direbbesi anco d'altri affetti, purché non tranquilli (7). Agli uomini doppi e maligni la non gli ribolle mai, perché covano sempre e senza posa il rancore.

Talvolta *ribollire* par ch'abbia il senso del semplice *bollire*; ma d'una pentola al fuoco, del caffè o simile, non si dirà che ribolle, bensì, che bolle, che leva il bollore, che bolle di nuovo. Ribolle anche cosa il cui movimento non è propriamente quel bollore che sorge per l'avvicinamento del fuoco, sebbene in tutti i casi la causa d'esso movimento sia uno svolgersi di calore (8).

---

(1) MAGALOTTI.
(2) DAVANZATI.
(3) LIB. CUR. MAL.: *Cagionò ribollimento di sangue per tutta la vita.*
(4) SACCHETTI.
(5) PULCI: *Di capi, di peducci e d'altro ossame Un certo guazzabuglio ribollito.*
(6) M. VILLANI: *Bollendo e ribollendo la città in questo stato dubbioso e sospetto.*
(7) MANZONI: *Le rimaneva un ribollimento, una sollevazione di pensieri e d'affetti.*
(8) REDI: *La pietra... polverizzata produce con lo spirito di*

Ribollire ha uso attivo e neutro, come *bollire* (1). Il vino ribolle quando fermenta per la seconda volta (2). Si bolle dal caldo, diciamo, non si ribolle (3). Il sangue bolle nella gioventù naturalmente (4); ribolle il sangue o per disposizione morbosa, o per cagione straordinaria che l'alteri. Bolle a scroscio un liquore, quando bolle forte.

Qualcosa bolle in pentola, dicesi d'affare che si sta segretamente trattando, operando (5). — È proverbio: ognun sa quel che bolle nella sua pentola; i suoi segreti danni e malanni l'uomo sa meglio di chi gli si rallegra o lo invidia, o, figurandoselo fortunatissimo, non se ne dà per inteso. — Farla bollire e mai cuocere, dicesi di chi fa o fa far cosa che poi non riesca (6). — La bolle forte, vale: è molto da credere che la tal cosa avvenga. Io non so se Michele e' compagni vinceranno; ma la bolle forte. Più spesso ha senso sinistro.

684—688.

BOLLORE, Ebollizione, Effervescenza, Fermentazione, Bollimento, Bollitura, Bollori, Bolli bolli, Escandescenza.

Fervore, Fermento.
Lievito, Fermento.
Cocitura, Cottura, Scottatura, Cottoja.
Decozione, Decotto.
Decozione, Infusione.

684.

Bollore, Ebollizione, Effervescenza, Fermentazione, Bollimento, Bollitura, Bollori, Bolli bolli, Escandescenza.

« *Ebollizione* è il movimento del liquido riscaldato; *effervescenza*, il movimento eccitato in due sostanze da nuova azione chimica che in esse si operi, come di acido che si versi sopra una terra, sopra un alcali; *fermentazione* è il movimento interno che si desta in un corpo da sé medesimo, onde gli elementi di quello si scompongono, o s'alterano nelle loro proporzioni, per formare nuovi composti. L'acqua scaldata entra in ebollizione; il ferro nell'acido nitrico produce effervescenza; la birra, il vino, fermentano. » Così l'Accademia francese.

— La fermentazione svolge, per lo più, del calore; in ciò somiglia all'effervescenza: e delle bolle; in ciò somiglia all'ebollizione. — ENCICLOPEDIA.

I.° L'ebollizione ha luogo nei liquidi, così come ne' solidi, purché fusi (7); fermenta il pane; entra in effervescenza un metallo posto a contatto d'un acido. II.° L'ebollizione, perché segua, richiede certo determinato grado di calore, secondo la natura de' corpi; l'effervescenza svolge del calore; la fermentazione ne richiede per seguire, e, seguita che sia, ne manda. III.° Una sola è la forma dell'ebollizione e dell'effervescenza; i chimici distinguono più specie di fermentazione: la vinosa, l'acetosa, la putrida. IV.° La fermentazione ha luogo anco nelle materie animali; l'altre due, più comunemente negli altri due regni.

L'*ebollizione* è lo stato del corpo; il *bollimento* è l'atto dell'ebollizione (1) che dicesi, più comunemente, *bollore*. Non si direbbe però: acqua a bollimento, caffè che ha levato il bollimento; come dicesi: è al bollore, ha levato il bollore (2).

Bollitura è l'atto del bollire, considerato nell'effetto che produce sul corpo. Differisce da *cocitura*, in quantoché la bollitura è la causa del cuocersi. Si potrà dunque dire che il tal cibo richiede lunga bollitura e cocitura; ma non è già che una lunga bollitura basti sempre alla cocitura perfetta: tanto più che *cocitura* s'applica anco all'arrosto, sebbene più rado assai di *cottura*.

Nei bollori (3) del caldo, diciamo, non altrimenti. Alcuni dicono: ebollizione del sangue, quando il sangue ribolle, e manda fuori sulla cute le bolle o puntoline di calore. Le persone malsane hanno nel sangue stesso un fermento di corruzione, che conviene toglier via per guarire (4).

— *Effervescenza*, nel traslato, è l'ardore subitaneo degli animi per causa qualunque; *fermentazione* è quell'agitazione degli spiriti più o meno manifesta, che suol precedere ai moti popolari. In questo senso l'effervescenza può essere senza fermentazione, ma non viceversa. — BEAUZÉE.

L'effervescenza, d'ordinario, precede alla fermentazione. A tutte le rivoluzioni suol preoccorrere un'effervescenza d'idee che poi cagiona la fermentazione de' sentimenti; succede da ultimo un vero bollore di passioni e di movimenti. Basterebbe saper moderare quella effervescenza, per render benefica la detta fermentazione e per evitare un pericoloso bollore (5). Le due prime voci diconsi, per lo più, delle moltitudini; il bollore, anche dell'uomo individuo. Diciamo nel bollore dell'ira; bollente di guerriero coraggio, bollente gioventù.

Bolli bolli è modo famigliare che s'applica a gran numero di gente, non ad uno o pochi uomini; e indica bollor che incomincia; il tumulto, il rumore, il disordine di simile stato (6). Può essere nel popolo un bolli bolli senza che vi sia ancora bollor di passioni veementi.

---

vetriolo quello stesso ribollimento... - MAGALOTTI: *La tintura di rose per poche gocciole dello spirito di zolfo ribolle tutta in una schiuma vermiglia.* - LAMBRUSCHINI: *Dopo aver mangiato foglia ribollita, non è raro che i bachi si veggano intristire e morire....*

(1) CRESCENZIO: *Se l'acqua piovana si bolle...* - BERNI: *M'adatto a bollire un bucato.* - CECCHI: *Pan bollito.*
(2) CRESCENZIO.
(3) PETRARCA: *Non bolle la polver d'Etiopia Sotto 'l più ardente sol, com' io...*
(4) CAON. MORELLI.
(5) AMBRA: *I' veggio che qualcosa bolle in pentola.* - VARCHI: *Per tutto si facevano de' capannelli; e gran cose bollivano in pentola.*
(6) VARCHI: *Quando non riesciva loro alcuna impresa nella quale si fussero impacciati, si diceva tra 'l popolo: e' la fanno bollire e mal cuocere.*
(7) GAZZERI: *Scaldando in un crogiuolo il clorato di potassa entra in fusione, quindi in ebollizione.*

---

(1) MAGALOTTI: *La gentile osservazione del bollimento dell'acqua tepida nel vôto.*
(2) SACCHETTI: *Rimette l'acqua... tanto che ella levò il bollore.*
(3) Con potente brevità Dante dice *bollore* il sangue e la pece bollenti: *Lungo la proda del bollor vermiglio Si ritraean sotto i bollori.* Il plurale, e qui e parlando di caldo, dice più che il bollore. - VIRGILIO: *Mediis fervoribus.*
(4) REDI: *Vi si guasti per cagione de' cattivi fermenti stagnanti nell'utero, ed alcuni de' suoi vasi sanguigni e linfatici.*
(5) VILLANI: *Essendo la città di Firenze in tanto bollore.* - SENECA, Pist. : *Questo schiamazzo e bollore.*
(6) VARCHI: *Si levò per Firenze un bolli bolli, e si serrarono così le botteghe come le porte.* Il latino, in senso più generale e in uso più grave: *Opere omnis semita fervet.* - *Littora fervere late Prospiceres.* - *Fervet opus.* Virgilio.

Il popolo abbandonato a sè stesso non è, d'ordinario, capace che del primo; il bollore che lo rende sì terribile, viene spessissimo da istigazioni straniere.

— *Fermentazione*, detto delle moltitudini, indica tale stato che non è ancora effervescenza, ma la prepara, quasi nascostamente. Ma ciò non direbbe la voce sola senza un aggiunto: lenta, cupa, interna fermentazione accompagna sovente anche il silenzio d'un popolo.

Escandescenza, nel proprio, non s'usa; direbbesi invece *candescenza*, che però è troppo latino. Gli scienziati: *incandescente, incandescente*; che Dante *candente*. Dare in escandescenza, o nelle escandescenze, vale pigliar collera violenta, subitanea, clamorosa. — CAPPONI.

Notisi che *ebollizione*, derivato dal latino, agli Italiani venne però dalla chimica francese; e che fuori degli usi semplicemente chimici, quando si possa dire *bollimento, ribollimento, bollitura, bollore*, meglio sarà. E forse anco l'uso scientifico potrebbe mutarsi che per forza di scienza e correttezza di dicitura acquistassero autorità. Similmente i traslati di *effervescenza* e *fermentazione* sovente sanno d'esotico; barbari non sono però. Può, talvolta, ben dirsi *fervore* e *fermento*; ma il fervore può essere di un animo solo, e il fermento altresì; l'effervescenza e la fermentazione son cose di molti; e, inteso di molti, il fervore e il fermento dicono piuttosto lo stato; l'effervescenza e la fermentazione, il cominciare dell'atto.

685.
Lievito, Fermento.

— *Fermento* è o il corpo che, misto con altro, v'eccita un moto (1) intestino, e ne altera il sapore o altre qualità, lo gonfia e dilata; o è l'atto di detto moto. Questo secondo è il senso originario. *Lievito*, è un acido particolare (2) che fa fermentare la pasta (3). *Fermento* è il genere; si dirà: pane fermentato, per lievitato; ma non sangue lievitato, in senso di fermentato. — ROMANI.

686.
Cocitura, Cottura, Scottatura, Cottoja.

Cocitura, è del tempo necessario al cuocere, e dell'atto del cuocere o del cuocersi (4). *Cottura* è il grado, la qualità della cocitura. Dopo un certo tempo di cocitura la vivanda è alla cottura giusta (5). Cocitura, non cottura, del pane.

Scottatura ha due sensi: è un primo grado di cottura, appena levato il bollore, dopo cui si ritira il corpo dal fuoco e destinasi a altri usi; e l'acqua in cui sia fatta bollire erba o simile. Nel primo senso: scottare un pollo, per più facilmente arrostirlo, o perchè non si guasti; scottare un'erba, per toglierne l'amarezza o il forte sapore soverchio. Nel secondo: scottatura di tiglio, o simile. Nel primo, scottatura è cottura leggera, breve cocitura (1).

Cottoja è l'attitudine al cuocersi; e se ne forma adiettivo. Così dicesi: ceci cottoi; fave di buona cottoja, e simili.

— *Cottura*, de'mattoni, della calcina, dello zucchero, del gesso, e non *cocitura*. Cottura è lo stato della cosa cotta; cocitura, l'operazione per aver la cottura. Cosa non cotta quanto dovrebb'essere, non ha avuto bastante cocitura. C'è delle cose che vogliono una cocitura più o meno lunga, più o meno continuata. — CIONI.

687.
Decozione, Decotto.

Decozione è l'atto; *decotto*, quel che ne riesce. Il Gazzeri: « Si fa bollire più o meno lungamente l'acqua sopra il vegetabile. Questa operazione si chiama *decozione*, e il suo prodotto, *decotto*. » Si dice, è vero, prendere una decozione; ma l'atto del prepararla non si direbbe *decotto*.

Il signor Zecchini propone che quando *decozione* usasi per *decotto*, quella che fatta appena si prende possa dirsi così; la soffredda o riscaldata, *decotto*. Cotesto avrebbe ragione, non nell'uso, ma nella forma de'due vocaboli; e di ciò faccia l'uso. Certo è che *decotto* è più spedito e meno pesante; e si dirà sempre meglio, massime in plurale: prendere due, tre, dieci decotti. Il diminutivo *decottino*, che pur s'usa, non suona però così bene come *decozioncella*, tuttochè troppo lungo; e a ogni modo, questo dirà operazione breve o facile.

688.
Decozione, Infusione.

— Per fare un'*infusione* mettesi l'erba o il fiore nell'acqua bollente, levandola dal fuoco; o si versa l'acqua così bollente sull'erba aromatica o sul fiore; *infusione* perciò potrebb'essere l'atto del farla, ma anco l'acqua così impregnata delle parti medicinali. — ZECCHINI.

689 — 690.
BORBOTTARE, TAROCCARE, BRONTOLARE.
BORBOTTARE, MORMORARE.
BOFONCHIARE, FIOTTARE.

689.
Taroccare, Brontolare, Borbottare, Mormorare.

Taroccare è con ira (2); *brontolare*, può di semplice mal umore.

Taroccone, chi s'impazientisce e rimprovera; *brontolone*, chi aspramente e istantemente si lamenta (3). C'è chi brontola quasi sempre; il taroccare non può essere tanto continuo.

Brontolasi, per lo più, contro a'presenti; *mormorasi*, per lo più, de'lontani. Anco in presenza si può mormorare; ma allora gli ha senso più di malcontento che di detrazione, e malcontento sovente più serio. Si brontola per malcontento; si mormora per maldicenza. I nostri vecchi brontolavano; noi mormoriamo.

Il *borbottare* si può pensar più sommesso del *brontolare*. Si borbotta, del resto, anche per difetto o per precipitazione di pronunzia; si brontola sempre con animo mal disposto.

---

(1) REDI: *Fermentare il cibo. - Fermenti rattenuti nell'utero.*
(2) CANTI CARN.: *Fatto il pane, Si vuol porre a lievitare.*
(3) O piuttosto una sostanza, che dopo aver sofferto la fermentazione panaria, è passata alla fermentazione acetosa, e diviene eccitamento di nuova fermentazione. Si dice *lievito*, da *levare* in senso di alzarsi, gonfiare, che si dice anco levare in capo. — LAMBRUSCHINI.
(4) SALVINI: *Carni di spedita cocitura.*
(5) RICETT. FIOR.: *I legni e le radici secche hanno molta cottura...: l'erbe ed i fiori hanno poca cottura.* Simile differenza si può in molti casi osservare tra *cocito* e *cocitura*.

TOMMASEO, *Diz. dei Sinonimi.*

---

(1) Superfluo avvertire che *scottatura* ha un altro senso distinto affatto dagli altri notati.
(2) LIPPI.
(3) BOCCACCIO.

Si brontola a bassa voce (1); si brontola or più or meno chiaro. Brontola anche un bambino.

Dai tre verbi suddetti si fa: *brontolone, taroccone, borbottone* (2); *brontolamento, brontolio, borbottamento* (3), *borbottio* (4). La desinenza in ento, come dico altre volte, dice l'atto; in io, la frequenza dell'atto.

— Brontola chi, non contento, si lagna con basso mormorìo di parole; borbotta chi si sdegna o s'impazientisce; e può borbottare tra sè senza esprimere i suoni, con voce sommessa e confusa (5). — ROMANI.

— Si può borbottare e brontolare insieme. Si può brontolare senza borbottare; cioè parlare a bassa voce, ma chiaro. — GATTI.

Diciamo che l'aria brontola, quando tuona senza scoppio.

690.

Brontolare, Mormorare (delle cose).
Fiottare, Bofonchiare.

Mormora un corpo che fa un qualsiasi rumore, basso e cupo, e con la voce e con altro; *brontola* la voce soltanto.

Il mormorare, della voce, pare un po' più intelligibile del brontolare. Nel proprio, mormoran le colombe (6), le acque, il vento, il bosco (7); non brontolano. Il Foscolo disse: il brontolare del tuono, per ritrarre il βροντάω, senza pensare che il frequentativo e diminutivo delle desinenze *olare*, dà al verbo italiano senso più famigliare e più temperato; come in *vagolare, giocolare*, e simili.

— E taroccando e mormorando e brontolando e borbottando si mandano fuori suoni più o meno articolati.

Bofonchiare s'intende di voci inarticolate, per lo più, con cui vogliamo esprimere malcontento. Comunque sia, *bofonchiare* è sempre più sommesso, e accenna sempre a disgusto. E io ho sentito questa voce anco parlando di bambini, allorchè accennano di voler piangere; nel qual caso nessuno degli altri ci starebbe.

Fiottare, nell'uso, è parlar fortemente, con ira tempestosa, e anche lamentarsi non tanto forte con impazienza. E di chi fiotta dimolto, si dice che egli è un fiottone, ch'e'fa un fiottio. E chi fiotta dimolto, è meno a temersi di chi sta sempre zitto. — MEINI.

691—695.

BORBOTTARE, TARTAGLIARE, BALBETTARE, BARBUGLIARE, SCILINGUARE.
BALBO, BALBETTANTE, BALBUZIENTE, BLESO, BISCIOLO.
MASTICAR LE PAROLE, BIASCIARLE, AMMEZZARLE, MANGIARLE, INGOJARLE.

691.

Tartagliare, Scilinguare.

Si *tartaglia* ripetendo la prima sillaba della parola, prima di poter seguitare (8). Si può tartagliare un poco per confusione di mente o d'animo, per momentanea debolezza o turbamento, senza meritare il titolo di tartaglione (1), che suol darsi anco a chi parla dimolto e confuso. Gli altri non hanno uscita simile a tartaglione, nel senso di semplice difetto degli organi. E di questo si fa il soprannome *Tartaglia*.

Scilinguare è un pronunziare a stento e non iscolpite le parole, senza ripeterle; s'usa, per lo più, adiettivo. Lo scilinguato (2) fa pena; il tartaglione dà noja, o fa ridere. Il Lippi accoppia le due voci: « tartaglia e scilingua. »

Scilinguare è difetto fanciullesco (3), e rimane a quelli che col crescer degli anni seguitano a essere, e voler essere trattati come bambini. La mollezza soverchia rimbambisce l'uomo; ed è però che i fortunati del mondo ondeggiano tra il bambino e il matto.

Scilinguagnolo è, come ognun sa, quel filetto o legamento membranoso di sotto della lingua, che la tien quasi ferma, e che si taglia, perchè alle volte impedisce il parlare. Quindi: aver rotto lo scilinguagnolo (4), vale: essere pronto a dir le ragioni sue, parlare dimolto e franco (5).

692.

Balbettare, Borbottare, Barbugliare.

Balbettare, pronunziare le lettere labiali più spesso che le altre, e fuori di luogo. Verbo originato dalla lettera b, che delle labiali è la più facile; e lo prova il linguaggio de' bambini: babbo, bua, bimbo, bombo, e simili.

Si balbetta, dunque, non solo per non aver forza di pronunziare spiccata la intera parola, ma per pronunziare certe lettere piuttosto che altre; per iscambiare pronunziando una nasale in una labiale, o troppo accostare le labbra per difetto de' denti. Si può non essere scilinguato, e balbettar tuttavia.

Ma il balbettare è, più comunemente, quasi proprietà de' bambini (6) e de' vecchi (7).

Si balbetta, del resto, non solo per vecchiaja ma per grossezza di lingua, per commozione che tolga poter scolpire la parola. Si balbetta per ira (8), per confusione, per un colpo d'accidente, per febbre. Balbetta le proprie scuse chi non osa o non sa dirle chiaro (9). *Barbugliare* è parlare in gola con parole interrotte.

---

(1) MACHIAVELLI.
(2) DAVANZATI.
(3) VARCHI.
(4) JAC. DA CESSOLE.
(5) BOCCACCIO: *Col marito ne brontolava.* - PULCI: *Nella mente borbotta.*
(6) DANTE.
(7) VIRGILIO: *Nemorum increbrescere murmur* - *Ventosi murmuris.*
(8) VARCHI: *Di coloro i quali per vizio naturale o accidentale* non possono proferire la lettera, si dice tartagliare. E infatti nel vocabolo ripetesi il ta.
(1) BERCHIELLO.
(2) GUIDO GIUDICE.
(3) VARCHI: *Ond'è che in tua presenza Non so, Nape gentil, sciogliere la lingua; E, sciolta poi, non parla, ma scilingua.*
(4) VARCHI.
(5) Lo scilinguagnolo, nel Lucchese e nelle campagne pisane si chiama *sollingolo*, ch'è più etimologico, da *sub* e *lingua*. - ORAZIO: *Os tenerum pueri balbumque poeta figurat.*
(6) SEGNERI: *Qual è il parlar de' bambini? Un parlar balbettante, tronco, stentato.*
(7) ST. BARLAAM: *Uomo molto vecchio, ch'aveva.... i denti caduti; sicchè molto balbettava.* - ORAZIO: *Balba senectus.*
(8) TESORO: *Il cuore ch'è infiammato d'ira, batte fortemente, lo corpo trema, la lingua balbetta.*
(9) MON. S. GREGORIO: *A modo de' bambini, quasi come balbettando alcuna cosa, secondo la debilità del nostro ingegno ne ragioniamo.*

Non convien mai balbettare, quando la coscienza comanda parlar chiaro ed alto. Perché la poesia a' giorni nostri è sì fiacca, sì misera l'eloquenza? Balbettano (1).

Credete voi necessario balbettare co' fanciulli per amore, contraffarli per vezzo? In generale, giova egli condiscendere ai difetti altrui? e lo scrittore e l'adulatore e l'uomo di Stato, dev'egli infanciullirsi co' fanciulli, rimbambire co' rimbambiti, bestemmiare cogli empi, per farseli amici?

693.
Balbettante, Balbo, Balbuziente.

Balbo indica il vizio (2); *balbettante*, l'atto; ma il primo non è che della lingua scritta. *Balbuzie* non è voce d'uso (3), ma forse necessaria per denotare l'abituale difetto.

Balbuziente, non ignoto ai Toscani, è ad altre provincie comunissimo. Il bambino si dirà meglio *balbuziente* che *balbo*; questo è vizio dell'adulto (4).

694.
Balbo, Bleso, Bisciolo.

— Più comune di *balbo* è *bleso* (5); e ci si può trovare differenza. *Bleso*, chi non può pronunziare schiette certe consonanti; per esempio l'erre, l'esse; *balbo* chi, per non poter parlare spedito, moltiplica le labiali a sproposito. Demostene, da giovine, era bleso. *Bisciolo* è dell'uso anch'esso, per indicare difettosità di pronunzia nel concorso di quelle consonanti specialmente che si appoggiano ai denti inferiori. Da *bisciolo: bisciolone* e *bisciolona*, soprannomi. — MEINI.

695.
Masticar le parole, biasciarle, ammezzarle, mangiarle, ingojarle.

Il Varchi: « Coloro i quali favellano sconsideratamente, si dicono *masticar le parole* prima che parlino; quelli che non le esprimono bene, *mangiarsele*; e quelli che peggio, *ingojarsele*; quelli che penano un pezzo, come i vecchi sdentati, *biasciarle*; e quelli che, per qualunque cagione avendo cominciate le parole, non le finiscono e non le mandano fuori, *ammezzarle*. »

Chi mastica le parole non vuole (6) o non sa pronunziarle; ha qualche cagione o impedimento dello spirito che lo rattiene dall'esprimerle schietto; chi le biascia, non può pronunziarle per impedimento degli organi. Un vecchio biascia le parole (7); un fanciullo trovato in fallo le mastica, per iscusarsi alla meglio. Si può dunque e masticare le parole e biasciarle.

Chi parla in fretta, mangia di necessità le parole; ma c'è di quelli che o per impazienza o per timidità o per vizio contratto, recitando, le ingojano. Ciò segue specialmente nelle lingue che abbondano d'aspirate.

Ammezzansi, ben dice il Varchi, le parole per qualunque siasi ragione (1). Chi le biascia (2), può ammezzarle per difetto di denti; chi le mangia, le ammezza per fretta o per altro; ne mangia quasi una metà; chi le ingoja, anch'egli, nell'ingojarne parecchie, può ammezzarne taluna; chi le mastica, le ammezza, o perché assorto nel pensiero di ciò ch'egli ha a dire, o perché sopraffatto dalla vergogna o da altro affetto (3). Un improvviso terrore vi fa ammezzar le parole, o idea improvvisa che vi sopraggiunga, o una sorpresa, o un dolore, o la morte. Beniamino Constant, stringendo la mano dell'amico: « Après (gli diceva) après douze ans de popularité justement acquise... oui, justement acquise... » e nell'ultima voce ammezzata finiva di vivere; quasi per indicarci con quest'ultime parole le amarezze che attendono l'uomo il qual fonda negli uomini la sua speranza.

696.
BORGO, BORGATA, BORGHETTO, BORGUCCIO, BORGHETTINO.

I.° Nel *borgo* le case son più accoste; e ha più forma di paese; nella *borgata* le case possono essere qua e là sparpagliate.

II.° Il borgo può essere vicino a città (4), e dentro (5); la borgata n'è, d'ordinario, lontana.

III.° Quindi all'idea di borgata si congiunge, sovente, quella di miseria (6); dove il borgo si può immaginare ricco, e quasi città. E abbiamo città dette *borghi*.

Il *borghetto* è piccol borgo; ma differisce dalla *borgata*, in quanto esso è più raccolto, e può esser men povero. Parecchi paesi in Italia hanno il nome di *borghetto*.

Borguccio è borgo piccolo e misero, ma più raccolto di *borgata*; se non che questa può contare più case, sebbene sparpagliate qua e là. Si fa *borgucciaccio, borghettaccio, borgaccio*.

Borghettino indica, d'ordinario, l'amenità del piccolo borgo. Brutto borghettino, suonerebbe pur male.

697.
BORGO, VILLAGGIO, CASALE.

— *Villaggio*, unione di case in campagna, senza recinto di mura.

Nel *casale* le case sono più rade, più sparse. Nel *borgo* son case e botteghe più a uso cittadino. — ROMANI.

---

(1) CICERONE: *Academici balbutire desinant aliquando, aperteque et clara voce audeant dicere.*

(2) DANTE.

(3) LIB. CUR. MAL.: *Così avviene a chi ha balbuzie naturale.*

(4) DANTE: *E tal balbuziendo ancor digiuna, Che poi divora, con la lingua sciolta, Qualunque cibo.*

(5) PINDARO tradotto dall'Adimari: *Bleso parlar.* - βλαισός, blæsus.

(6) CASA: *Se tu profferirai le lettere e le sillabe... non le masticherai né inghiottirale appiccate e impiastricciate l'una con l'altra.*

(7) VARCHI: *Eziandio che per la molta vecchiaja biasciando sempre, non potesse appena favellare.*

(1) Quindi il SALVINI: *Il concetto e la parola, eziandio ammezzata, d'un verso in altro trapassasse.* Come in quel d'Orazio, che con le due prime sillabe di *omnium* conchiude l'una, e l'ultima fa elidere dalla vocale del verso seguente; e in quel di Dante che ammezza l'avverbio *differentemente*, per collocare in un verso l'una metà, l'altra nell'altro.

(2) *Biasciare*, assoluto, senza *le parole*, o simile, vale: non tanto esprimere imperfettamente i suoni, quanto i sentimenti e le idee, o per non ne avere di ben fermi e ben chiari, o per non voler chiaramente significarli, o per poco contentamento di quel che si sente da altri.

(3) *Masticar le parole* si dice anche di colui ch'è sopra pensiero, o vuol parere, vezzo sguajato di certi dottori che si credono sentenziosi. - CAPPONI.

(4) BORGHINI: *Borghi, a' nostri antichi importa strada fuori di città, e per lo più risponda o che cominci alle porte.*

(5) VILLANI: *Per la borgora di Pinti*. Pinti era allora fuor di città. Que' tratti d'abitato rinchiusi poscia da mura, non perdettero il nome di *borghi*.

(6) MALESPINI: *Sulla cima fondarono certe casette e capanne intorno al ponte, e chiamavasi quella borgata Villasarnina.*

698—699.

BORGO, PAESE, LUOGO.
IL TUO LUOGO, I TUOI LUOGHI, LASSÙ.
PAESELLO, PAESETTO, PAESUCCIO, PAESUCOLO, LUOGUCCIO.
LUOGHETTO, LUOGHICCIUOLO.

698.

Borgo, Paese, Luogo.
Il tuo luogo, I tuoi luoghi, Lassù.

Paese e luogo son più generali, ma di per sé; paese vale o cittadella o borgo o anche meno di borgo; e detto anche di città non piccola, è voce modesta. Un Parigino, un Veneziano, della propria città non diranno: il mio paese; ma intenderanno così piuttosto tutta la nazione o patria, francese o italiana. Così l'infelice Stuarda, quasi presaga nel partirsi di Francia, cantava: *Adieu, plaisant pays de France*. Così nel Petrarca: « Udrallo il bel paese; » onde un gentil uomo d'un'isola italiana (non vo' dir quale) cercava sulla carta il paese di Udrallo.

Quando poi dicesi: andare al paese, o simile, senza aggiunto o pronome, intendesi ancora più chiaro, paese piccolo e di campagna. *Il luogo, il mio luogo*, ha altresì senso modesto; ma a dire: il luogo natio, o con altro aggiunto simile, muta valore. Parlando ad altri, *al suo luogo*, può aver senso quasi di spregio, e molto più *ne' suoi luoghi*; quasi rammentasse *loca nocte silentia, loca turbida, loca senza situ*, tutte parafrasi del cupo di Dante, e dell' *aides* d'Omero. In nome proprio uno non direbbe forse: *i miei luoghi*; ma: *ne' luoghi dove son nato, dove sto io*, o simile. Altro modo quasi di spregio è ai Toscani *lassù*; e lo dicono di paese lontano, anco che non sia in alpe, ignoto a loro; perché l'ignoranza è spesso ragione e di maraviglia e di spregio. Così s'ha a intendere il verso del Petrarca: *Che 'l furor di lassù, gente ritrosa, Vincerne d'intelletto, Peccato è nostro*; verso sofisticato dai dotti commentatori, taluni de' quali, in *lassù* veggono il cielo, ed è nome geografico; non vo' dir quale.

699.

Paesello, Paesetto, Paesuccio, Paesucolo, Luoguccio,
Luoghetto, Luoghicciuolo.

Paesello, piccolo paese vero (1); *paesetto*, paese e naturale e dipinto (2). Non ogni bel paesello che piaccia, è tale da doversi dipingere; come non ogni fatto che paja poetico, è da poesia.

Paesuccio, paese meschino; non per poca bellezza, ma per povertà, per iscarsezza di abitanti o di cose opportune alla vita. Di paese dipinto meschinamente potrebbesi dire *paesuccio*; *paesucolo* non mi pare.

— *Paesucolo*, dell'uso, è l'infimo tra tutti; cioè paese piccolo, povero e non bello. *Paesucciaccio* è peggiorativo vivo anch'esso, come *luoguccio* e *luogucciaccio*. E quando diciamo: *luogucciaccio*, e simili, vogliamo accennare, non tanto la meschinità e bruttezza del luogo, quanto il pericolo dello starvi, o per cattiva natura degli abitanti o per altra ragione. — MEINI.

Direbbesi in questo senso anco *luoghetto* e *luoghicciuolo*. Il primo può esser bellino; l'altro, piccolo e povero, ma non tristo.

---

(1) BEAM.
(2) REDI: *I paesetti a penna sono da me stimati un tesoro.*

700—704.

BREVE, CORTO.
INGEGNO CORTO, PICCOLO.
ESSERE CORTO A, TENERE CORTO.
ACCORCIARE, SCORCIARE, SCORTIRE, SCORTARE, RACCORCIARE.
SCORCI, SCORTI, ACCORCIAMENTO, SCORCIO.
ALLE CORTE, A FARLA CORTA, TAGLIAR CORTO, IN BREVE, INSOMMA.
ABBREVIARE, ACCORCIARE, TAGLIARE, TARPARE, RACCORCIARE, SCORTIRE.

700.

Breve, Corto.
Ingegno corto, piccolo.
Essere corto a, Tenere corto.

Breve è più pregio che difetto; *corto*, più difetto che pregio. L'origine della voce latina è forse da una greca, che vale *recidere*. Sii breve e arguto, si fa a dire Dante. Il corto non può essere arguto. *Breve*, assoluto, vale persona che parla con brevità; *corto*, assoluto, di persona, vale di piccola statura o di piccolo ingegno. Dicesi, ancorché non sia comune, breve statura o persona; corto, in questo senso, par che ami meglio stare da sè. L'uomo d'ingegno corto, dunque, dicesi anche uomo corto; e l'ingegno corto differisce dal piccolo. C'è degli ingegni nella piccolezza quasi compiuti, che fanno lavori piccoli ma finiti, la cui piccolezza pare a taluni grandezza; l'ingegno corto non fa cosa alcuna per bene, e non bene intende.

Essere corto a denari, tenere corto uno, nel non gli lasciar licenza di spendere e di dire o di fare; brevità qui non cade. Così, vista corta, braccia corte. E perché questa è idea più relativa, congiungesi all'*a*. Dice Dante che mille anni è all'eternità spazio di tempo più corto che un batter d'occhi al più lento giro de' cieli. Una grandezza può essere corta al paragone d'un'altra.

701.

Raccorciare, Scorciare, Scortare, Scortire, Accorciare.

— *Raccorciare*, nella lingua viva, vale *accorciare* una seconda volta. Io ho udito un contadino, montato a cavallo, dire ad un suo compagno: accorciami un po' le staffe; e avendole tuttavia lunghe, soggiugnere: raccorciamele un altro poco. *Scorciare*, più spesso, per abbreviare la strada, il cammino: ho scorciato la via; ho scelto strada che mi ha condotto più in breve. *Scortare* è di poco uso in città, più spesso in campagna, e nel popolo minuto. *Scortire*, delle vesti. *Accorciare* è generale, indica diminuzione di ogni lunghezza. — T. PENDOLA.

702.

Scorci, Scorti, Accorciamento, Scorcio.

Il pittore scorcia la figura, fa *scorci*; dicesi anco *scorti*; ma questo più rado, e soffre meno il singolare; e non si direbbe parlando d'attitudine di persona viva. E nella figura vivente, e nella dipinta, lo *scorcio* può essere goffo e violento; *scorti* par che si serbi a partiti d'arte più destra. Ma ognuno distingue lo *scorcio* dall'*accorciamento* del dì, o del discorso. E di discorso parlando, *scorciare* par che dica maggiore brevità d'*accorciare*.

703.

In breve, Alle corte, Tagliar corto, A farla corta,
Insomma.

Quando diciamo *in breve*, intendiamo che le cose da dirsi saranno accennate senza parole superflue e per sommi capi. *Alle corte* è ingiunzione quasi impaziente, fatta a sè o ad altri di stringere o finire il discorso. Quindi il modo *tagliar corto*. Questo *alle corte* può suonare insulto o minaccia. *A farla corta*, è segnatamente di chi espone una cosa, e promette di non si allungare. *Insomma*, può essere cenno di brevità; può non essere moto d'impazienza, ma semplicemente annunziare la conclusione delle cose dette, la sostanza, la somma.

704.
Abbreviare, Accorciare, Tarpare, Tagliare, Raccorciare, Scortire.

Il B. Colombini, nelle lettere, usa, in senso simile, assolutamente, *per abbreviare*; ed è modo vivo, e diciamo: *abbreviate*, intendendo altra cosa da *accorciate*. Abbreviasi lasciando a suo luogo le idee principali, ma raccogliendole più fitto; accorciasi tralasciando qualcosa anco della sostanza; non però tanto da *tarpare* o *tagliare*, che sono più; e l'ultimo più che l'altro.

Raccorciare, dice accorciare più ancora, e nel neutro assoluto: *farsi più corto*. I giorni raccorciano; Dante alla nobiltà della schiatta dice: manto che presto raccorcia, se non vi si aggiunga con opere virtuose. D'un vestito o simile che facciasi più corte apposta, dicono attivamente *scortire*.

705—715.
BREVE, CORTO, SUCCINTO, CONCISO, LACONICO, PRECISO, ESATTO.
ABBREVIAZIONE, ABBREVIATURA, ABBREVIAMENTO.
COMPENDIO, ESTRATTO.
ESTRATTO, COMPENDIO, EPITOME, SOMMARIO.
COMPENDIO, SUNTO, EPILOGO, RISTRETTO.
STRETTO, ANGUSTO.
STRETTIRE, RISTRINGERE, RISTRETTIRE.

705.
Breve, Corto, Succinto.

— *Lungo* è l'opposto de' due primi; *diffuso*, del terzo: vita breve, abito corto, dicitore succinto. — GATTI.

— *Breve*, comunemente, del tempo; *corto*, e del tempo e dello spazio: abito corto, vita corta; *succinto*, del dire. Quel ch'è breve, si prolunga; quel che è corto, si allunga e si prolunga; quel ch'è succinto, può estendersi. — GIRARD.

706.
Succinto, Preciso, Conciso.

— *Preciso* riguarda le cose; *conciso*, il modo. La precisione va al fatto; la concisione lo narra in poche parole. Il discorso preciso toglie via le idee estranee; il conciso, le parole soprabondanti. Le digressioni nociono alla precisione; alla concisione, le circonlocuzioni. La precisione è sempre utile, la concisione può essere difetto, quando sia fuor di luogo. — GIRARD.

— *Succinto* riguarda le idee. Quel ch'è succinto, è breve; quel ch'è preciso, può essere lungo, non mai prolisso.

Lo stile conciso, coll'evitare l'espressioni inutili, trova le proprie ed efficaci. — BEAUZÉE.

707.
Preciso, Conciso.

— Non può essere scrittore conciso chi non è preciso, perchè non avendo cognizione esatta delle cose, errerà sempre nella proprietà delle voci, dalla qual viene la brevità e la chiarezza, quel bello stile, al quale, senza che perda di pregio, nulla può essere aggiunto nè tolto.

L'Alfieri è scrittore conciso, ma non preciso; perch'egli non si accorse, che la brevità o lunghezza degli scritti non dee misurarsi dal numero delle parole, ma dal tempo necessario a comprenderle, ed essere falsa quella brevità che sta solamente sulle carte (1). Nel Metastasio si trovano concisione e precisione. — G. B. NICOLINI.

708.
Preciso, Succinto.

— Lo stile *preciso* ammette certa abbondanza, talvolta; lo stile *succinto* è più spedito e più semplice. — ROMANI.

709.
Laconico, Conciso.

— *Laconico* è il dicitore, lo scrittore, il suo detto, il suo scritto; *conciso* è, più propriamente, non l'uomo, ma la dizione di lui.

Laconico dice brevità più assoluta; *conciso*, più relativa. Chi adopera le parole necessarie alla piena intelligenza della cosa, dice o scrive conciso; ma la cosa può richiedere tante parole che quel discorso non si possa dire laconico. Può un'opera essere lunga e scritta in istile conciso; ma una risposta, una lettera non possono essere insieme lunghe e laconiche.

Laconico esprime un abito, talvolta un difetto; *conciso*, una qualità, più sovente un pregio. — ENCICLOPEDIA.

710.
Abbreviazione, Abbreviatura, Abbreviamento.

Le *abbreviature* dello scrivere sono abbreviazioni di fatica. Il condannato chiede l'abbreviazione della pena. La via agevole, sebbene obliqua, porta un abbreviamento di cammino sopra la via diritta, ma disagiata. *Abbreviazione* è l'azione dell'abbreviare; *abbreviamento* è il fatto dell'abbreviare. Quando l'abbreviare è naturale, si dirà meglio *abbreviamento* (2): l'abbreviamento, non l'abbreviazione dei giorni; l'abbreviazione, non l'abbreviamento di un'opera.

711.
Compendio, Estratto.

Nel *compendio* si raccoglie in breve tutta la materia d'uno scritto; nell'*estratto* se ne traggono le idee principali, o talora alcuni passi per intiero. Compendiansi, dunque, anco i discorsi a voce; l'estratto, comunemente, non si fa che di scritti.

712.
Estratto, Compendio, Epitome, Sommario.

— Si possono dall'opere *estrarre* le cose migliori soltanto, o l'essenza più fine. Il *compendio* abbrevia, ma tocca la sommità d'ogni cosa.

Epitome è termine letterario, e mai non usato se non per titolo di alcuni libri, specialmente latini.

Il *sommario* tocca con poche parole il soggetto trattato in ciascuna parte dell'opera; è come la tavola di ciascun dei capitoli. — A.

713.
Compendio, Sunto, Epilogo, Ristretto.

— *Ristretto* è generico a qualunque cosa possa ridursi in breve spazio di luogo o d'idee. *Compendio* è parola

---

(1) L'Alfieri, nella ricercata concisione, è spesso più lungo del Metastasio; ha epiteti meno necessarii, per volerli avere più calzanti e incalzanti.

(2) BR. LATINI: *Per lo abbreviamento delle notti, e per l'accrescimento del dì.*

letteraria principalmente. *Sunto* non è il compendio; è la comprensione delle idee principali e dell'ordine di un'opera o d'un discorso; il compendio abbrevia il tutto. *Epilogo* (1) è la recapitolazione delle cose dette, che fa, d'ordinario, lo stesso autore o dicitore alla fine del discorso o d'una parte di quello. — ROMANI.

714.
Stretto, Angusto.

— *Angusto* riguarda l'apertura (2) o l'ambiente; *stretto* ha senso più vario (3). — ROMANI.

715.
Strettire, Ristringere, Ristrettire.

— *Strettire* è termine proprio in certi mestieri: voi vi fate strettire la tesa del cappello che nessuno dice *ristringere*. In questo caso diremmo pure *rimpiccolire*; ma è men calzante. *Strettire* riguarda sola la larghezza. *Ristrettire*, dell'uso anch'esso, è strettire di nuovo o di più. Talvolta è promiscuo. — MEINI.

716—719.
BUCCIA, GUSCIO, BACCELLO, CORTECCIA, CROSTA, SCORZA, SANSA, MALLO, NOCCIOLO, SILIQUA.
CORTECCIA, SUPERFICIE DEL SUOLO, FACCIA DELLA TERRA.
SGUSCIATO, SGRANATO, SGRANELLATO, SBACCELLATO.
OCCHI SGRANATI, SPALANCATI, SBARRATI.

716.
Buccia, Corteccia, Scorza.

— *Buccia*, la superficie esterna delle frutte, dell'uva, e anco quella dei rami sottili dei virgulti, e simili. L'Ariosto chiamò *crespa buccia* il viso della vecchia Gabrina. *Buccia buccia*, avverbio (superficialmente). « Dottor, ma il suo saper fu buccia buccia, » disse il Lippi. Però, nel traslato, contrapponesi alla sustanza e verità delle cose. Il Savonarola in una canzonetta giovanile di metro metastasiano, con cui proludeva ai canti e ai sermoni di quella sua ardente popolarità: *Ciascun fa la bertuccia: Di fuori han bella buccia, Midolla entro non c'è.*

Corteccia, la superficie, per lo più legnosa, di piante. Corteccia della china, della cannella, e di altri alberi, quando non sia molto grossa; *corteccia* la superficie del pane, e anco *crosta*; ma la crosta pare, sovente, più forte e più dura.

Scorza è la corteccia più scabra, grossa, ineguale di alcuni alberi, come la querce, il pino, la sughera; che non si chiamerà nè buccia, nè corteccia. Nell'uso, scorza e buccia di limone, del cedro, e non corteccia; la buccia pare più fina. — CIONI.

— *Corteccia*, del tronco; *scorza*, di certe radici e frutte. — GATTI.

— Nel traslato, *scorza*, cosa più grossolana, sempre più rea o più vile della corteccia: scorza di rozzezza, corteccia di civiltà; dove nessuno scambierebbe i due termini: scorza di ruvidi costumi, di rozze maniere. *Scorzone*, uomo siffatto. Qui non si parla delle eccezioni poetiche (4).
— POLIDORI.

---

(1) PASSAVANTI: *Alla fine del trattato, quasi per modo di epilogo, ricogliendo in breve quello che sopra lungamente è scritto.*
(2) DANTE: *Angusto vaglio* (non *stretto*).
(3) BOCCACCIO: *Viso lungo e stretto* (non *angusto*). - SACCHETTI: *Valicavasi il fosso per un'asse assai stretta di faggio* (non *angusta*).
(4) PETRARCA: *La bella scorza Che ricopria le pargolette membra.* Le due parole nel latino son una: *cortex*; ma il suono di *corteccia* è men aspro e sente del diminutivo.

717.
Guscio, Baccello, Mallo, Sansa, Nocciolo, Siliqua.

— *Guscio*, l'involucro dei semi; o legnoso, come delle noci, delle nocciole, dei pinocchi; o più o men duro, quasi pietroso, come delle ova, delle testuggini, delle chiocciole, delle ostriche; o coriaceo, come delle castagne. Si potrebbe dir *guscio* anco quello delle mandorle, delle pesche; ma chiamasi *nocciolo*, finchè intero.

Baccello, il guscio delle civaje, fave, fagiuoli, piselli. È in linguaggio scientifico, anco *siliqua*, con voce latina.

Buccia anco la sottile pellicina che sotto il guscio resta nelle noci, nelle mandorle, nei pinocchi, nelle castagne.

Mallo, ciò che ricopre il guscio delle noci verdi, e delle mandorle. Ma tal voce è destinata solo a significar ciò che i Latini chiamavano *putamen*, cosa da gettarsi via. Chiamasi *polpa* e non *mallo* ciò che ricopre il nocciolo delle olive; al quale non converrebbe il nome di *mallo*, essendo il più prezioso prodotto dell'olivo.

Sansa, il nocciolo dell'oliva quando sia carbonizzato e ridotto in brace, bruciato nei forni da cuocere il pane.
— CIONI.

718.
Corteccia, Superficie del suolo, Faccia della terra.

La corteccia del suolo è *superficie*, ma alquanto soda; dove anco il suolo delle acque ha la sua superficie, non che terreno pantanoso e acquitrinoso. Però la parte esteriore del terreno, acciocchè sia *corteccia*, deve avere almeno alcune linee di profondità soda.

Faccia della terra, dicesi più dell'aspetto che della dimensione, e comprende gran tratto; dove *superficie*, e molto più *corteccia*, può dirsi d'ogni minimo spazio.

719.
Sgusciato, Sgranato, Sgranellato, Sbaccellato.
Occhi sgranati, spalancati, sbarrati.

Si *sbaccellan* le fave (1), i piselli, que' legumi la cui siliqua comunemente si chiama *baccello*. Diciamo invece: fagiuoli sgranati, uva sgranata.

Si *sgranano* anche i baccelli. Onde il Burchiello: « Baccei che s'aveva a sgranare. » E il Medici stesso: « Sgranar baccelli. » Ma i piselli si sgranano, non si sbaccellano; quello è almeno il modo comune.

Dell'uva di cui spiccansi gli acini o granelli dal grappolo, da' picciuoli, dicesi altresì *sgranellare* (2). *Sgranato* ha un traslato: occhi sgranati, quelli che pajono uscire dall'orbita, si sono rilevati e con tal forza si muovono. Gli *occhi sgranati* non sono spalancati per moto, volontario o no; ma naturalmente e abitualmente pronti a tenersi aperti e girare. Nell'*occhio spalancato*, che Dante dice *sbarrato*, figurasi, per lo più, l'immobilità o dell'attenzione, o della insensibilità.

Sgusciare è levare dal guscio. Si sgusciano non sol le fave (3), ma le noci, le mandorle ed altri semi. Nel neutro assoluto: sguscia un pulcino dall'uovo; sguscia tutto ciò che, preso, scappa via e fugge (4): sguscia un uccellino di mano; sguscia un fanciullo ac-

---

(1) LOR. MEDICI.
(2) SODERINI: *Eleggerai uva della migliore, sgranellata, senza spremerla.*
(3) LOR. MEDICI.
(4) SERDONATI: *Lottando fra varie prese, e sgusciare in esse.*

chiappato. Certi uomini, presi alle strette, vi sgusciano con un mezzo termine, per ricantare le medesime cose che avete già combattute. Chiunque non istà a patti, alla fede data o in lui posta, vi sguscia; e a un di costoro i Fiorentini dicono per soprannome: il *dottore Anguilla*. *Mille adde catenas: Effugiet tamen hæc sceleratus vincula Proteus*.

720.
BUCCIA, MEMBRANA, TUNICA.
— *Membrana*, organo di materia sottile, floscia, trasparente, incallita, molle, mucosa, sierosa, vascolare: membrana dello stomaco, de' polmoni, del cervello.

Tunica, nel linguaggio anatomico si usa rado. Tuniche, ai botanici, le squame dilatate e sugose di certi bulbi, come della cipolla. Queste non sono membrane.

Buccia dicono gli entomologi l'involucro epidermico di cui si spogliano in certi tempi gl'insetti ed anco le serpi: ed è anco la corteccia liscia e sottile di piante giovani, o di rami piccoli. — A.

721—730.
BUCCIA, MEMBRANA, PELLICINA, TUNICA, INTEGUMENTO.
SPELLARE, SBUCCIARE.
SCORTICARE, ESCORIARE.
SCORTICARE, SCORTECCIARE.
PELLE, CUTE, COTENNA, CUOJO.
CARTAPECORA, PERGAMENA, MEMBRANA.
PELLE, COTENNA, CUTE.
COTENNA, COTICA.
SCAGLIA, SQUAMA.
PELLE, CUOJO.

721.
Buccia, Membrana, Pellicina, Tunica, Integumento.
— La *membrana* è un tessuto del corpo umano, conformato e disposto in lamine; e ce n'è di più sorte, e hanno più fini. Servono a rinvolgere e secernere un muco, ad agevolare con la lubricità loro il passaggio de' corpi e il movimento delle parti. *Membrana* è quella che va fino al polmone, quella del peritoneo, quella dell'uretra. Possono anche le aponevrosi, in certo senso, dirsi *membrane*; anche la pelle esterna, una specie di membrana.

Tunica dicesi la membrana dei testicoli, e talvolta sta per membrana in generale; ma non è termine tecnico.

Pellicina, degli animali; *buccia*, e di questi e di quelli; ma de' vegetabili più sovente (1). La pellicina, del resto, è sempre esterna; e in ciò differisce dalla membrana. Può essere formata da causa straordinaria; essere quasi superflua.

Integumento è più generico; qualunque cosa sottile serva a coprire un'altra; ma dicesi specialmente de' corpi organici (2). — ROMANI.

722.
Spellare, Sbucciare.
Spellare levar via la pelle, ma senza fare nè scorticatura nè escoriazione. Si spella un dito, cioè se ne leva quella pellaccia più grossa, o si trova già sotto bell'e fatta la pellicina giovane. Si spella da sè, in certe malattie, tutto il corpo (3).

---

(1) MAGALOTTI: *La buccia d'un cedrato acerbo*.
(2) REDI: *Tra' muscoli e gl'integumenti esterni*.
(3) Non si confonda, di grazia, lo *spellare* con lo *spelare*.

Sbucciare, propriamente, levar la buccia. Si sbuccia un legno (1); si sbuccia un di quegli animali che hanno integumento simile a buccia (2); si sbuccia un uovo; si sbuccia anco la pelle del corpo (3); ed allora differisce da *spellare*, perchè non s'intende pur della pelle propriamente detta, ma sì della cuticola.

723.
Scorticare, Escoriare.
Escoriato è voce medica, ma parlata anche comunemente in Toscana; esprime, contro l'etimologia (4), qualunque leggera detrazione di pelle o cute o cuticola, detrazione morbosa per lo più. *Scorticato* non ha bisogno di spiegazione; e quand'anco non significhi la violenta detrazione di tutta quanta la pelle che copre il corpo o parte di quello, dice sempre escoriazione violenta, e non mai di cute, ma quasi sempre di pelle (5).

Ne' contratti, ne' negozii, nelle liti, e in simili cose, *scorticare*, per levar di sotto danari o sostanze, son sensi non proprii d'*escoriare*. Diremo: un avvocato scortica i suoi clienti.

724.
Scorticare, Scortecciare.
Scorticare un albero, per levargli parte della corteccia (6); dicesi meglio *scortecciare*.

725.
Pelle, Cute, Cotenna, Cuojo.
— *Cute* è generico; ma si dice generalmente della pelle dell'uomo.

Cotenna è quella del majale, e quella dell'uomo ove sia più grossa; e dicesi, per lo più, della pelle che copre la parte posteriore del collo: far buona cotenna, o grassa cotenna.

Pelle è pur generico, ma la diremo di animali piccoli; così, pelle d'agnello, di capretto, di lepre, d'anguilla, di cappone; e la chiamiamo pelle d'agnello, quand'anco la sia conciata.

Cuojo è pelle di animali grossi, e più grossa e più dura della pelle di piccoli: cuoi di cavallo, d'elefante, di bove. Pure diciamo: pelle d'orso, pelle di leone. — *Cuojo*, poi, quando sia conciata per uso. — CIONI.

726.
Cartapecora, Pergamena, Membrana.
— *Cartapecora* è pelle conciata per scrivere o dipingervi; e si dice pure *pergamena*; e *membrana* singolarmente dà l'adiettivo, come: codice membranaceo, per distinguerlo da cartaceo.

Giocosamente il Lippi: Scritto in carta di cotenna. — CIONI.

---

(1) SODERINI: *Raschiando il legno, sbucciato prima con coltello tagliente*. - CRESCENZIO: *Le verghe del brillo si sbucciano, e se ne fanno corbe*.
(2) REDI: *Uno dei quattro lombrichi cominciò a sbucciarsi della cuticola*.
(3) BUONARROTI: *Le gote scolorite, e le mani sbucciate*.
(4) *Corium*.
(5) CRESCENZIO: *Escoriazion di budella*. - REDI: *Escoriazione ne' lembi delle palpebre*. - CRESCENZIO: *Rotture ovvero scorticamenti nel dosso del cavallo*.
(6) PALLADIO: *Il pesco... scorticato un poco lungo la terra*. - *Scorticare* infatti da *cortex*.

727.
Pelle, Cotenna, Cute.

Cotenna è, propriamente, la pelle del porco (1). Nè *cotenna* per *pelle* umana, è più d'uso, bensì: far cotenna, dicesi, per ingrassare.

Cute è la pelle più sottile, la quale copre il corpo animale; non di tutti gli animali però. La pelle ruvida dell'elefante, quella del serpe, qualunque pelle vellosa, non si chiamerà, parmi, con questo nome (2). D'uomo, *cute* è più tecnico, e a' medici famigliare, i quali ci parlano delle malattie cutanee, del sistema cutaneo (3).

728.
Cotenna, Cotica.

— *Cotica* e *cotenna*, la pelle del porco; ma *cotenna*, non *cotica*, diciamo la parte superiore del grumo del sangue. E *cotenna* ha traslati proprii suoi. — GATTI.

729.
Scaglia, Squama.

— *Scaglia*, de' pesci; *squama*, de' pesci e dei serpenti. *Scaglie* è meno; e però dicesi anco di dura pelle dell'uomo (4). — ROMANI.

730.
Pelle, Cuojo.

1.° Dell'uomo dicesi *pelle*, non *cuojo*; e solo per ischerzo talvolta: distender le cuoja, tirar le cuoja (5). Per iperbole diciamo: esser pelle ed ossa; e in altri sensi traslati: non capir nella pelle; scampare o salvare la pelle; scherzar sulla pelle altrui; a chi salva la pelle, la carne rimette; in pelle in pelle, e simili — dove *cuojo* non ha punto luogo.

2.° Degli animali dicesi *pelle*, ove la si consideri attaccata all'animale stesso, o staccata col suo pelo sopra; *cuojo*, della pelle conciata (6); talvolta anche di quella che è appena staccata e da mandarsi alle conce.

731.
BUONA (ALLA), ALLA SEMPLICE, ALLA CARLONA.

Alla buona, senz'affettazione, senz'ornamento, senz'ambizione; *alla carlona*, trascuratamente, un po' goffamente; *alla semplice*, un po' più che alla buona, e tuttavia molto meno che alla carlona. Chi veste alla buona, non ha fronzoli intorno né sfarzo di lusso; chi veste alla semplice, non solo non è sfarzoso, ma tiene più del povero che del ricco; chi veste alla carlona, veste male, anco quand'abbia indosso robe ricchissime e di molti ornamenti. I fondatori degli ordini religiosi vestivano alla semplice, per umiltà; un grande veste alla buona, per modestia; qualche letterato veste alla carlona, per orgoglio. Trattare *alla semplice*, senza malizia; *alla buona*, senza complimenti; *alla carlona*, senza garbo né grazia. Parlare *alla semplice*, senza ricerca d'arte; *alla buona*, senza pretensione d'eloquenza; *alla carlona*, senza sugo né sale. Alcuni grandi spregiano il fare alla buona, come se fosse alla carlona; alcuni tra' piccoli credono che il fare alla carlona sia un fare alla semplice. C'è degli scrittori che rifuggono dal parlare alla buona in argomenti da poco; ce n'è che si credono di parlare alla semplice, quando parlano alla carlona: quelli son goffi per ambizione, questi per semplicità. Il parlare alla semplice soffre, anzi richiede le grazie dello stile.

732.
BUONA FAMIGLIA, FAMIGLIA BUONA.

Buona famiglia, e in senso di moralmente buona, e in senso di benestante, di solida, di onorevole, di non oscura. *Famiglia buona* dinota meglio la morale bontà. Gli usi talvolta si scambiano; ma meglio sarà conservarli distinti.

Non tutte le buone famiglie sono da credere famiglie buone. I padri cercano per le figliuole un collocamento in buona famiglia, senza cercare se cotesta famiglia veramente sia buona. Molti, e segnatamente negozianti, per giungere a formare una buona famiglia, cominciano dal farla cattiva.

733.
BUONA SERA, BUONA NOTTE.

— La prima è formola di saluto che usa sul cader del giorno o sul far della notte (1); l'altra, a notte avanzata. Questo nasce dal diverso valore, che ognun sente, delle parole *sera* e *notte*. Ma l'uso di Toscana, ove i predetti due termini mai non si confondono come altrove, pone tra essi un'altra notabile differenza. *Buona notte* dicesi, anche poco dopo le ventiquattr'ore, ai conoscenti che per quel dì non si spera di rivedere; a chiunque se ne va di un luogo senza dover più tardi ritornarvi; *buona sera*, a chi viene anche a ora tardissima; a chi si parte d'una casa ove la notte medesima rientrerà. Questo è dunque augurio, per lo più, di accoglienza; quello sempre di commiato (2). — POLIDORI.

734.
BUONA NOTTE, ADDIO.

ADDIO, ADDIO A POI, A RIVEDERCI.

Quando si vuol troncare un discorso, farla finita di disputa o di faccenda, raccontare o annunziare la fine di cosa qualsiasi, diciamo *buona notte* piuttosto che *buona sera*, appunto perché l'idea di *notte* è più finale, estremo il saluto. Il Manzoni, ragionando della invenzione e della storia, suppone che nel poeta ci sia la potenza e di sentire e di far sentire la verità; e soggiunge che, se questa potenza non c'è, *buona notte*. Sentenza più terribile non si poteva pronunciare in parole più semplici.

---

(1) CRESCENZIO: *Cotenna di porco.*

(2) Questa pelle degli animali più duri non sarebbe impropriamente detta anche *cuojo*.

(3) Anche i Latini destinavano *cutis* a denotare pelle viva. Onde GIOVENALE: *Deformem pro cute pellem*. Questa voce ha nella Crusca un solo esempio del Redi. Un trecentista inedito, Francesco da Vanozzo, in una sua canzone a Cane della Scala, gli dà per compagna *Costanza bella dalla soda cute*. L'uso della voce non è molto proprio, ma ne dimostra l'antichità; e serve a provare quanto sia fallace il giudizio che intorno all'età delle voci si trae dalla mancanza d'esempii.

(4) PULCI: *Lingua scagliosa*. Dante disse: *squama dell'uomo*; ma è men comune.

(5) Dicesi anche *lasciar la pelle*, per *morire*. L'una frase non differisce dall'altra se non per essere quella più bassa.

(6) Boccaccio: *Vestito d'un cuojo*. Ed è tutt'altro che *una pelle*. Boccaccio: *Coperto di pelli di vaj*. Anche nel latino distinguevasi *corium* da *pellis*. - VARRONE: *Dicimus scortea ea quæ ex corio et pellibus sunt facta*. Sebbene non vi si osservassero le medesime differenze.

(1) Il popolo, e gli uomini del contado specialmente, dicono *buona sera* per saluto o per buon augurio, anche appena passato il mezzo giorno.

(2) Onde, chi va la sera in un luogo per istarvi sol pochi momenti, suol far conoscere alla brigata la sua intenzione, dicendo d'un fiato, *buona sera e buona notte*.

Quando trattasi di separazione o di persone, o di cose che riguardinsi come personificate, segnatamente se c'era cagione di doglianze, e che così vogliasi tagliare corto e finirla, diciamo, *addio*. - Lo pago; e addio. - Se voi intendete le cose a cotesto modo, addio; non c'è più da discorrere. Quindi il motto del Cesari, al Villardi che gli notava non so che difetto di Dante: « Se non vi fa neanco Dante, *addio, sozio*. »

735—736.
BUON UOMO, UOMO BUONO.
BONARIETÀ, DABBENAGGINE, SEMPLICITÀ.

735.
Buon uomo, Uomo buono.

Uomo buono, benevolo, giusto, sincero; *buon uomo*, senza malizia, innocente; talvolta in senso ironico. L'uomo buono è semplice, ma non è semplicemente semplice; nel buon uomo la semplicità è la qualità dominante.

L'uomo buono è tale per virtù; il buon uomo, per indole; il primo è buono, perchè vuol essere; il secondo è buono, anche quando vorrebbe parer cattivo.

L'uomo buono nel mondo, è sovente chiamato buon uomo; ma viene il tempo che l'ironico titolo di *buon uomo* è troppo più acconciamente appropriato all'uomo che si chiama *di mondo*.

L'uomo buono talvolta pare cattivo, cioè duro e severo; il buon uomo non ha mai siffatte apparenze. Il buon uomo può essere tutt'altra cosa che un uomo buono. Quella bonarietà può essere apparente o fredda, cioè crudele e maligna. Il buon uomo si dimostra tale nelle maniere e ne' discorsi; l'uomo buono, in tutta la vita.

Del resto, il titolo di *buon uomo* varia secondo le circostanze, e i modi del proferirlo. Tante volte si dice: egli è un buon uomo, per iscusare taluno. Alle prime, colui che ci pare burbero, sospettoso, sdegnoso, cavilloso, maledico, a conoscerlo da vicino, si dice: con tutti i suoi difetti, gli è poi un buon uomo. Talvolta, dire: gli era un buon uomo, è un elogio ch'esclude ogni altra sorta di meriti. D'uno che s'è lasciato troppo facilmente ingannare, si dirà: quel buon uomo. Qui comincia l'ironia, ma temperata come da un senso di pietà. Ad uno presente che si voglia riprendere di soverchia credulità o di difetto simile, si dice in amicizia: tu se' pure un buon uomo! Il gran buon uomo che vo' siete!

736.
Bonarietà, Dabbenaggine, Semplicità.

L'aggiunto *dabbene* denota, in origine, qualità buona dell'animo, ma la desinenza *aggine* lo degrada. La *dabbenaggine*, dunque, è di coloro che per troppo buona fede s'ingannano, e si lasciano facilmente ingannare.

Bonarietà non è disprezzativo che in un senso più lontano o più fine; e dice bontà di natura e d'abito, innocua e benigna.

Semplicità vale: o inesperienza, ch'è contrario d'accortezza; o troppa ingenuità, ch'è contrario di malizia; o sincerità lodevole d'intenzioni e di parole, ch'è contrario di doppiezza, o d'affettazione, o d'artifizio soverchio. Ha sensi più varii e più gentili di *bonarietà*; e se talvolta s'usa in male, è il più mite di tutti.

Ma l'uomo vorrebbe piuttosto essere chiamato *bonario* che *semplice*, perchè la bonarietà proviene dalla dolcezza del cuore; la semplicità, da scarso intelletto, o da inesperto. C'è per altro una semplicità di costumi,

TOMMASEO, *Diz. dei Sinonimi*.

un abito di vita semplice che ben s'accompagna co' grandi intelletti. — CAPPONI.

737.
BUON'UOMINI, BUONI UOMINI, UOMINI BUONI.

Buono, nel plurale, talvolta troncasi: per tutti i *buon'* rispetti; i *buon'* uomini, uffizio di carità in Firenze, altra cosa da' *buoni uomini*, ch'è generico di persone più semplici che buone; e da *uomini buoni*, che dice vera bontà.

738—746.
BURLA, BEFFA, BAJA, CELIA, SCHERZO, MOTTEGGIO.
GIOCO, SCHERZO.
CELIARE, FARE UNA CELIA.
CELIA, FACEZIA.
LUDIBRIO, SCHERNO, FAVOLA, GIUOCO.
ESSERE SCHERNO, LUDIBRIO, ESSERE LO SCHERNO, IL LUDIBRIO.
FAVOLA, GIOCO.
PRENDERE, PIGLIARE A GIOCO.
CELIARE, FAR CELIA, SCHERZARE.
FAR CELIA, FARE UNA CELIA.
CANZONARE, FAR CELIA.
FAR CELIA, FAR CHIASSO, FARE IL CHIASSO.

738.
Burla, Beffa, Baja, Celia, Scherzo, Motteggio.

Baja oggidì non usa, se non nel modo: dare la baja, ch'è un burlare taluno schiamazzandogli dietro; o, per estensione, burlarlo forte, per vedere se s'arrabbia. *Beffa* è più grave; e nel far le beffe, nello sbeffare è non so che di più amaro; è il disprezzo misto con l'odio. La *burla* è meno acerba, ma può essere grave talvolta negli effetti; e c'è delle burle che costano. Il sostantivo s'usa sempre parlando di fatti o d'atto; il verbo *burlare*, e di atti e di motti. *Celia* anch'esso è d'atti e di parole; ma sempre innocente e leggiera. *Scherzo*, al pari di *burla*, può aver senso e leggerissimo e grave. E d'un'arme da fuoco, d'una malattia, d'un nemico, si dice che vi fa un brutto scherzo. *Motteggio*, come il vocabolo suona, è di mere parole, e ha del pungente più che non porti la celia.

Lo scherzo può essere amichevole. Si fa una burla anco a gente non nota od estrania, per trastullare sè e la brigata. Si dà la baja burlando apertamente, è quasi abbajando dietro a uno (1). Le beffe sono men clamorose, ma possono essere più insultanti ed acerbe. *Burla* è men grossolana di *baja*. A *da burla* s'oppone *da vero* (2).

739.
Gioco, Scherzo.

Il *gioco* è puerile o no; più o meno ingegnoso. Lo *scherzo* può essere indecente, osceno, ragazzesco; può essere poetico, assennato, quasi grave.

Scherza co' fanti e lascia stare i santi, diciamo, e cose simili; dove *giocare* non va. Diciamo: gioco di mano; cosa che mi fa gioco; pigliare a gioco. - Pigliare in ischerzo, altresì, non: in: scherzo.

Il gioco di parole può essere non faceto, ma rettorico, come negli epigrammi, ne' versi anfibologici, negli anagrammi, negli acrostici e simili trastulli di gente serva

---

(1) FIRENZUOLA: *Per dar la baja, come fanno i fanciulli quando veggono le maschere.*
(2) VARCHI: *Favellando da burla.* - BUONARROTI: *Fra la burla e 'l vero.*

e oziosa. Ma il gioco di parole può altresì dare un concetto scherzevole, e talora profondo.

740.
Celiare, Fare una celia.
Celia, Facezia.

Si *celia* parlando; si *fa una celia* anco senza parlare. Si *fa* o si *dice* per celia; *dire per facezia*, non usa.

La *facezia* è sempre in parole, e può essere più nobile e più delicata della *celia*. Si posson trattare facetamente i più serii argomenti; ma non è buono volgerli in celia.

741.
Favola, Gioco.
Prendere, Pigliare a gioco.

Essere, diventare la *favola* del paese, modo usitato tuttavia e tramandatoci da' Latini (1). Si può esser *gioco* d'un solo, di pochi, per breve momento; l'altro dice non so che più divulgato e durevole.

Inoltre, le sole ciarle, accompagnate o no che siano di scherni, fanno divenir l'uomo *favola del mondo*; e l'umana malignità trova anzi modo, sovente, di confondere il serio al ridicolo, e la calunnia allo scherno, in guisa che si potrebbe dire stolta, se non fosse crudele. Convien confessare però che la debolezza degli uomini a questa specie di maldicenza troppo sovente dà luogo.

Favola non s'accoppia che coll'*essere* e col *divenire* o con verbi simili. Ma ben diciamo: farsi gioco; pigliarsi, prendersi giuoco; pigliare, prendere a giuoco. *Prendere* è più eletto, *pigliare* è più famigliare; e par che possa significare, talvolta, più irriverenza e ancor meno carità. Ma nell'altro modo, *prendersi gioco* pare più comune e più proprio di *pigliarselo*.

Gioco, e di persona e di cosa; *favola*, di persona soltanto (2), o di cosa personificata.

742.
Ludibrio, Scherno, Favola, Gioco.
Essere scherno, ludibrio, Essere lo scherno, il ludibrio.

Anco *ludibrio* e *scherno* dicesi, non solo dell'atto con cui s'illude o schernisce, ma dell'oggetto di tali atti. *Ludibrio de' venti*, dice Virgilio le foglie, Orazio la nave; ed è proprio, nel traslato, in quanto che il vento pare che de' corpi leggieri faccia suo gioco. Però nel senso morale, essere ludibrio della sorte o degli uomini, suona men forte che essere scherno. L'articolo aggiunto, *essere il ludibrio, lo scherno*, aggrava il senso perché lo determina, e fa pensare non vi sia altro oggetto di ludibrio o di scherno che quello, o almeno che il principale sia quello.

Gioco è anche men di *ludibrio*, il quale col suono stesso denota più insulto. *Favola* non si dice che delle parole di scherno o di disprezzo o di biasimo, non de' fatti. Anco per reità troppo seria può l'uomo diventar la favola del paese senza esserne gioco; diventarne, non che il ludibrio e lo scherno, ma il terrore e lo spettro.

743.
Celiare, Far celia, Scherzare.

Celiare, di parole soltanto, e specialmente di quelle che abbiano, o intendano avere, una qualche arguzia, qualcosa che tenga un po' dell'ingegno; s'approssima al *plaisanter* de' Francesi. Si può fare una celia, o far celia anco in semplici parole, ma così breve e dappoco che non ci cada con proprietà il *celiare*. Lo scherzo può essere più maligno o più grave. Il Petrarca: *Del Bavarico inganno Che, alzando il dito, con la morte scherza*. Può lo scherzo essere di semplici cenni, come dice l'esempio recato. Può essere puerile. I bambini scherzano; e solo allor che incomincia l'esercizio ragionato dell'ingegno, prendono a celiare. Né cotesto è dell'ingegno il migliore esercizio, sebbene solletichi noi, e noi col nostro sorriso lo venghiamo nel fanciullo fomentando e quasi irritando (1).

744.
Far celia, Fare una celia.

Si *fa celia* in parole, si *fa una celia* in atti. Detta una cosa che l'altro si sia avuta a male, soggiungesi, per abbonirlo: fo celia, ho fatto celia. Coll'ingannare, collo spaurire, si fa una celia, che può essere seria; onde diciamo: una brutta celia. E perché le celie o dette o fatte possonsi prendere a male in un momento di malumore anco da buoni e da disinvolti, per garbate che le pajano, è da scansarle sempre noi altri, e saperle sostenere da altrui.

745.
Canzonare, Far celia.

Che? mi canzona? — Che? mi fa celia? Modi nel parlare toscano frequentissimi; e i Toscani il scrivono per lo più attaccando il *che* a quel che segue, senza alcun segno di mezzo; ma a me pare ci sia l'interrogazione e nell'accento e nel senso, e che cotesto senso non signifìchi né *perché*, né *che cosa*, né *quale celia*. Si notino, del resto, i varii sensi che a questa interiezione *che* danno appunto con l'accento i Toscani, ad esprimere meglio che l'*ah* e l'*eh* e l'*ih* e l'*oh* e l'*uh* tutta sorta sentimenti, e la maraviglia, e il dispregio, e quello che si sottintende e quello che non s'intende, e il dubbio e l'affermazione.

Che? mi canzona? Dice che quello di cui parlasi è cosa seria; ma la serietà che vuol dargisi, può anco essere ironica, e vera canzonatura. Che? Mi fa celia? ha senso simile, ma meno ironico, e nel serio è più gentile; appunto come la celia può essere più fina della canzonatura.

Al sentire cosa che ci faccia maraviglia, o vogliam fare le viste di maravigliarcene, esclamiamo: Che! La non mi canzona? cioè: Dice ella proprio davvero? L'altro modo non mi pare che in questo senso s'accoppii così agilmente col *non*.

746.
Far celia, Far chiasso, Fare il chiasso.

Dicono i Toscani, *fare* e *dire per chiasso*, anco di semplici parole dette da burla e senza grave rumore, che è il più comune senso di *chiasso*. E quando vediamo altri recarsi ad offesa un nostro detto, ci affrettiamo a soggiungere: facevo per chiasso. Se non che, in questo senso, *far celia* è più modesto e gentile. E meglio dicesi, mi pare, fo celia, che fo per celia. Quando poi la celia diventa burla rumorosa, *chiasso* ci cade. E ognuno sa che

---

(1) PETRARCA: *Al popol tutto Favola fui gran tempo.* - *Fabula* da *for*; dunque, secondo l'origine, *divenir favola* è dar materia a ciarlare di sé.

(2) ORAZIO: *Asinæque paternum Cognomen vertas in risum et fabula fias.*

---

(1) DANTE: *La spera Che sempre a guisa di fanciullo scherza.*

si può fare il chiasso senza far celie, divertendosi in atti, saltando, gridando. *Fare il chiasso* ha questo senso di trastullarsi con più o meno rumore; *far chiasso*, o, *un gran chiasso*, o simile, non si dice, per solito, che del far rumore, massime se ci sia un aggettivo.

747 — 748.

BURLARE, BEFFARE, BEFFEGGIARE, SBEFFEGGIARE, SBEFFARE. BEFFARE, BEFFARSI, FARSI BEFFE.

747.

Burlare, Beffare, Beffeggiare, Sbeffeggiare, Sbeffare.

Il primo è un po' men del secondo; il secondo è un po' meno del terzo. Il *beffare* può consistere in un atto, in una parola, in un cenno; il *beffeggiare* è men forte, ma più continuo; è quasi frequentativo, come la forma del vocabolo mostra. Lo *sbeffeggiare* è accompagnato da odio, da invidia, da rabbia, da insulto amaro; giacché la *s* aggiunta, come l'*ex* de' Latini, dice intensione, e sovente eccesso.

Inoltre, i due primi comportano la forma del neutropassivo; non gli altri: burlarsi, beffarsi d'uno, non: beffeggiarsi, né: sbeffeggiarsi.

Chi teme d'esser beffato e vuol vendicarsi delle beffe avute, o sarà odiato, o più che mai beffeggiato. Il ricco si beffa sovente del povero; il povero, per ricattarsi, beffeggia il ricco.

Il beffare può sapere di celia, può farsi con leggerezza e senza profonda malignità; il beffeggiare è più superbo; lo sbeffeggiare più amaro. Si beffa quel che si crede ridicolo; si beffeggia quel che si reputa vile; si sbeffeggia anco quel che nell'intimo della coscienza sentesi degno di rispetto, ma che per passione qualunque si vorrebbe avvilire. Rispettate l'uomo ch'è beffato dagli sciocchi; sostenete l'uomo ch'è beffeggiato dagli alteri; difendete, liberate lo sbeffeggiato da' vili.

Si beffeggia, si beffa, d'ordinario, l'uomo; uno si fa beffe e sbeffeggia e l'uomo e la cosa. Quindi diciamo: farsi beffe d'ogni verità più santa, d'ogni dovere, d'ogni giustizia; sbeffeggiare una religione, una dottrina.

Ho serbato qui all'ultimo la voce *sbeffare*, per rendere queste distinzioni meno involute ch'io possa. *Sbeffare*, è un mostrare disprezzo in qualunque modo si faccia. Alle altre voci si congiunge l'idea d'irrisione o di derisione o d'insulto; a questa non così (1). Il compratore sbeffa al venditore una merce per averla a patto migliore. Non s'accoppiano gli altri coll'*al*. Ma quando nello sbeffare sia insulto a persona, pare un po' meno del beffeggiare, non che dello sbeffeggiare; pare un insulto un po' men diretto.

748.

Beffare, Beffarsi, Farsi beffe.

I.° *Beffarsi* può non esprimere che la semplice non curanza (2). II.° *Farsi beffe* è più amaro di *beffare*. Si può beffare per poco, rispettando, fino a un certo segno, la cosa in sé. Chi si fa beffe mostra non solo il disprezzo ne' modi, ma l'interno disprezzo. III.° Chi beffa, beffeggia o sbeffeggia, ama di chiamar altri in parte del suo riso, del disprezzo, dell'odio; chi si fa beffe, non bada che a sfogare un suo proprio sentimento, senza badare a trasfonderlo in chi lo ascolta o lo legge.

L'uomo che, per secondare uno sregolato appetito, non teme le minacce della religione, par che si beffi di lei. L'incredulo che ne tratta come di cosa a cui non dà verun peso, e senza la smania di voler fare proseliti all'opinione sua, se ne fa beffe così per suo conto. L'uomo che la sbeffeggia, si fa l'apostolo dell'empietà, usa quest'arme perché vuole assalire l'altrui credenza; ed egli, amico della tolleranza, comincia dal porger l'esempio di intolleranza importuna. Luigi XI si beffava della religione anche quando dava segno di venerarla; il Rabelais se ne fa beffe; il Voltaire la sbeffeggia.

749 — 756.

BURLARE, BEFFARE, UCCELLARE, SBERTARE, BERTEGGIARE, DAR LA BERTA, FARE UNO SBERTO, SBERTEGGIARE, SBERTUCCIARE, SGUALCIRE.
SBERTUCCIARE, MALMENARE, MACOLARE.
MACOLARE, MACCHIARE.
DILEGGIARE, DERIDERE.
DERIDERE, SCHERNIRE, BEFFARE.
SCHERNO, LUDIBRIO.
DELUDERE, SCHERNIRE.
CUCULIARE, UCCELLARE, BURLARE, COCCARE, ACCOCCARE, MINCHIONARE.
CANZONARE, METTERE IN CANZONE, METTERE IN BURLA, BURLARE, METTERE IN BARZELLETTA, IN RIDICOLO.
BEFFARE, DARE IL GIAMBO, LA CIANCIA, LA CENCIATA.

749.

Uccellare, Sbertare, Fare uno sberto,
Dar la berta, Berteggiare, Sberleggiare,
Sbertucciare, Sgualcire.

Uccellare, nel traslato, allettare altrui a cader nell'inganno; inganno di parole o di fatti. I semplici (1), gl'inesperti, i vani, vengono più facilmente uccellati. Le donne hanno l'arte dell'uccellare meglio che gli uomini (2). Nell'uccellare è un inganno (3), ma preceduto da allettamento (4); l'uccellato da ultimo resta burlato, ma non se n'avvede sul primo.

L'*uccellare*, dunque, è sul primo meno sensibile dello *sbertare* (5); si sberta con derisione manifesta. Si sberta e con parole e con atti oltraggiosi; e nello sbertare è disprezzo.

Si *fa uno sberto* e a persona e a cosa, ripeto, con atti; si dà *la berta* a persona, burlandola (6), per lo più, con parole.

Berteggiare sembra frequentativo di *sbertare*; ma s'applica sempre a persone, non a cose; può esprimere meno dispregio, e si restringe, d'ordinario, anch'esso a paro-

---

(1) CANTI CARN.: *Sempre da amore sbeffati e schernili.* - LAMBRUSCHINI: *Il povero contadino che si vede sbeffare i suoi bozzoli bianchi... In questi due esempi alcuna delle altre voci non si potrebbe adoprare con garbo. Che se in altri esempi sbeffare par tutt'uno con sbeffeggiare, questi io non istimerei degni d'imitazione, perché, confondendo la parte e l'uso dell'una voce con l'altra, le rendono inutili tutte e due.

(2) BOCCACCIO: *E, di ciò che avveniva, ridersi e beffarsi, essere medicina certissima a tanto male.*

---

(1) BOCCACCIO: *Pajoti io fanciullo da dover esser uccellato?*
(2) BOCCACCIO: *Ella che avveduta si era del guatar di costui, per uccellarlo guatava lui, alcun sospiretto gittando.*
(3) BOCCACCIO: *Uccellato dagl'inganni del suo Coridone.*
(4) BORGHINI: *Hanno cotali adulazioni sciocche per una specie di uccellamento.*
(5) Per estensione dicono *farsi uccellare*; e vale: far cose che attraggono lo scherno altrui non immeritato affatto.
(6) BERNI.

le (1). *Sberteggiare* è un po' più, ed è anco un po' più comune.

Sbertucciato, dicesi famigliarmente persona scomposta o ne' capelli o negli abbigliamenti. Due che s'accapigliano un po', si sbertucciano. Questa voce ha, insomma, senso affine all'un de' notati di *sbertare*.

— Si sberta con parole, d'ordinario; si sberta biasimando, disprezzando; lo sbertucciare riguarda i fatti. Maneggiando una cosa con poca cura, la si sbertuccia. Cappello sbertucciato gli è più che sgualcito. Infatti *sgualcire* dicesi di cose più fini, come gale inamidate, vestiti di seta. — MEINI.

750.
Sbertucciare, Malmenare, Macolare.
Macolare, Macchiare.

Malmenare è più di *sbertucciare*; un leggier disordine basta per questo, a quello vuolsi un po' più di tempo e di forza. Anco senza che sia malmenata, una persona può andare sbertucciata quasi da sé. Ma si può malmenare strapazzando la cosa, senza che la paja tanto sbertucciata di fuori. Malmenasi un uomo trattandolo male in parole o in fatti, perseguitandolo, biasimandolo, calunniandolo, anche sbeffandolo; in questo rispetto, *sbertucciare* è una delle maniere di malmenare, non delle più gravi. Malmenasi un nome, una dottrina, uno scritto; malmenasi anche lodando, ammirando, traducendo, vagheggiando.

Cosa, o persona malmenata o collo sbertucciare o altrimenti, può esserne macola, se guasta. Ognun vede potersi macchiare, senza *macolare*, lisciando; e così macolare, senza *macchiare*. Guai se il male che gli uomini intendono farci di fuori, penetrasse nell'anima e nell'onore! Non penetra se non quello che ci mettiamo da noi.

751.
Dileggiare, Deridere.

Dileggiare è parlato anch'esso. Non è il medesimo che *uccellare*, sebbene il Varchi: « Se fa ciò per vilipendere o pigliarsi gioco ridendosi d'alcuno, s'usa dire: beffare, sbeffare, dileggiare, uccellare. »

Il dileggio è più grave della semplice beffa, è congiunto con disprezzo più altero (2); disprezzo d'uomo che manca a una qualche legge (3), foss'anco di semplice convenienza (4). Si fanno dileggi e con parole e con atti (5); ma dileggiando non si tende a ingannare, come uccellando. Anche il dileggio però è indizio, sempre, d'anima vile.

La *derisione* può essere più leggera e meno superba del dileggio; può essere crudele e sanguinosa (6) e iniqua. Si deridono i fanciulli tra loro; un empio deride quant'ha di più augusto la coscienza dell'uomo (7), quant'ha di più venerabile la sventura. Si deride un difetto (1), si deride un vizio (2), si deride una virtù, si deride un ordine intero di persone (3), si deride un'opinione, una maniera di stile (4). La derisione si fa sempre o con parole (5) o con atti. Con bella proprietà, derisori chiama Orazio gli adulatori.

752.
Deridere, Schernire, Beffare.
Ludibrio, Scherno.

Cavalca: « Derisioni e ischernimenti di Cristo. - Derisi e scherniti nelle lor pene, debbono, per confortarsi, pensare alle derisioni che furono fatte a Cristo. » Passavanti: « Derisori, cioè schernitori dei giusti. » Da questi esempii non v'è da raccapezzare differenza; ma osserviamo un po' meglio.

Scherno è derisione oltraggiosa, sempre grave, più grave talvolta del dileggio, ma non tende all'inganno; idea compresa, come ho detto, nel senso d'*uccellare*, verbo, del resto, che ha in sé non so che di faceto. All'incontro, lo scherno è cosa grave sempre, e più grave che gli uomini non la credano, sebben lo temano tanto. Si schernisce un vizio (6), si schernisce a qualunque sia titolo. Amante (7) schernito, è più forte che burlato, uccellato; aspettazione schernita, è più che delusa (8); titolo di scherno, è più che titolo di scherzo o di beffa (9). Avere a scherno, dicesi del non curare, del non temere; e metaforicamente anco parlando di cose (10).

Tra *beffare* e *schernire* la distinzione è data dal Casa: « Le beffe si fanno per sollazzo, e gli scherni per istrazio, comecchè nel comune favellare e nel dettare si prenda assai spesso l'un vocabolo per l'altro; ma chi schernisce, sente contento della vergogna altrui; e chi beffa, prende dell'altrui errore, non contento, ma sollazzo...- Lo scherno è un prendere che facciamo la vergogna altrui a diletto, senza pro alcuno di noi. Egregiamente distinto: lo schernire è una misera gioja; il beffare, un tristo sollazzo; lo schernire è accompagnato da vergogna; la beffa, da errore.

Può nello scherno entrar la beffa. Dante: « Per noi Sono scherniti, e con danno e con beffa Sì fatta.... » Nel beffare c'è un po' di ridicolo (11). C'è chi sa uccellare, ma ch'ha la prudenza o la temperanza di non beffare, sicchè l'uccellato non rimane confuso. Il Casa: « Beffardi, cioè coloro che si dilettano di dar beffe e d'uccellare ciascuno, non per ischerno nè per disprezzo, ma per piacevolezza. » Maestruzzo: « Il beffardo è derisore in gioco. » Se non che, *beffardo* oggidì ha senso più grave di *beffatore*; e *beffatore* è anch'esso più di *scherzevole* o *burlone*, ch'era il senso antico di *beffardo*, a quello che pare.

---

(1) FIRENZUOLA: *Voi berteggiate me a dir..... -* AMBRA: *Colla quale m'è lecito ciarlare e berteggiare.*
(2) PULCI: *Lo dileggiava, e chiamava codardo.* - SEGNERI: *Noè che fu dileggiato (innanzi il diluvio).*
(3) Vuolsi che dileggiato venga da *legge* quasi *exlex*.
(4) PANDOLFINI: *A donna degna di riverenza troppo par sozzo, con la bocca contorta, con gli occhi turbati esser veduta dalla vicinanza, biasimata, dileggiata.* - SEGNERI: *Si finse matto per incontrar più nojosi i dileggiamenti.*
(5) PULCI: *Per dileggion gli sputa in faccia.*
(6) MED. ALB. CROCE: *Que' cani arrabbiati di crudeltà e di furia, suoi mortali derisori.*
(7) M. VILLANI: *In derisione della santa Chiesa.*

(1) PETRARCA: *Deridendo la tardezza del compagno.*
(2) FRA GIORDANO: *Deriditori di tanta avarizia.*
(3) MEZZINI: *Metter... la nobiltà in deriso.*
(4) BUONARROTI.
(5) BUTI: *Derisoria esclamazione.*
(6) VITA DI S. GIO. BATT.
(7) BOCCACCIO: *Le mie schernite fiamme con vicendevole amore sieno da me vendicate.*
(8) BOCCACCIO.
(9) BOCCACCIO: *Quasi per ischerno era chiamato Cimone.*
(10) PETRARCA: *Un pensier... Che la tempesta e 'l fin par ch'abbia a scherno.* - BUONARROTI: *Di Giove i folgori Abbia a scherno.*
(11) BOCCACCIO, ed altri.

Scherno mi pare più grave di *ludibrio*; ma *ludibrio* ha non so che di più insultante, che più avvilisce e mortifica. C'è degli uomini i cui diritti sono scherniti impunemente, le cui stesse virtù son ludibrio de' vili. *Ludibrio*, d'ordinario, dicesi dell'oggetto insultato.

Anco delle cose inanimate, l'uomo o altre cose, chiamansi ludibrio o scherno (1).

753.
Deludere, Schernire.

— Nel *deludere* è inganno, giuoco; nello *schernire*, oltraggio, disprezzo. Si delude anco nascostamente; apertamente si schernisce. Si può deludere senza scherno, e schernire senza delusione. Siamo spesso delusi senz'avvedercene; delusi dalle cose o dalla nostra propria credulità. Ci schernisce un uomo; e sebbene s'usi la frase: scherno de' venti, della sorte, non si usa però, in questo senso, il verbo *schernire*. — A.

754.
Cucullare, Uccellare, Minchionare, Burlare, Coccare, Accoccare.

— Vogliono che la voce *cucullare* sia derivata da una conversazione di letterati fiorentini, chiamata dei *cucullani*, perchè si radunava presso il Canto alla Cuculia, in casa del celebre Carlo Dati; e ciò potrebbe comprovarsi dal vedere che questa voce non si trova usata se non che a' tempi del Redi, cioè del Dati. Noi noteremo che siccome i Greci da σκώψ, sorta di civetta, fecero σκώπτειν e σκώμμα; così gl'Italiani da *cuculio* possono aver fatto *cucullare* (2); la qual voce dice qualcosa più di *burlare*, perchè si può burlare per celia, per allegria, in vero un po' piccante, ma non tanto diretta ad offendere, quanto fa chi cuculia. Chi burla vuol divertirsi alle spalle altrui; chi cuculia vuol riprendere, scorbacchiare. Può il burlato non s'adontare della burla; il cucullato, è più offeso nell'amor proprio. Poi, burlasi con parole o con fatti, con cenni; si cuculia con parole o accenti d'offesa.

Uccellare è tessere inganni a qualcuno, per farcelo rimanere, tolta la metafora dagli uccelli; e però diciamo: uccellaccio, un uomo semplice e sciocco. *Minchionare* è un po' men forte, perchè non porta direttamente idea d'inganno, come l'altro; quindi *minchioneria*, per cosa di pochissimo conto. Minchionare la fiera, e, minchionare la mattia, modi bassi tuttora viventi, che valgono quanto il solo *minchionare*.

Coccare, in senso affine di *burlare*, *beffare*, è dell'uso fiorentino; ma il volgo dice *cuccare*; e significa: circonvenire alcuno con parole, per dargli ad intendere falsità, o perchè faccia o tal cosa, od eccitare le risa della brigata; è men forte delle precedenti. Vive pure la voce *accoccare* in senso analogo delle suddette, ma dice qualcosa più di *coccare*. Poi, *coccare* s'usa col quarto caso; *accoccare*, col terzo. Accoccarla a qualcuno, vale fargli una beffa un po' amara: accoccargli uno schiaffo, un pugno; darlo con forza. Un Fiorentino voleva dare la baja a un suo amico, e cominciava il discorso dalla lontana per non mover sospetto veruno; ma quegli, accortosi della ragia, lo interruppe, dicendo: no, caro mio, tu non mi cucchi (cocchi); cioè, non mi ci pigli, non mi ci chiappi (1). — MEINI.

755.
Canzonare, Mettere in canzone, Mettere in burla, Burlare, Mettere in barzelletta, Mettere in ridicolo.

— Si *canzona* in famigliare discorso; si *mette in canzone* anche in modo più pubblico e più solenne. Per canzonare, bastano poche parole; per mettere in canzone, ci vuole uno scritto o discorso prolungato o un rumore che spargasi e che torni in derisione della persona. Il *canzonare* è atto di leggerezza, più che di malignità; il *mettere in canzone* è un fare studio per avvilire altrui; cosa sempre spregevole, e che, il più delle volte, torna in disonore ed in danno.

Si *canzona* per celia, si *burla* con celia che può aver dell'ostile; si canzona deridendo, si burla deludendo in prima, e poi deridendo più o meno. Ma la *burla* può essere talvolta semplice delusione; onde la frase: rimanere burlato, e simili. Rimaner canzonato, non pare comune nell'uso; ma piuttosto: farsi canzonare, lasciarsi, essere. Molti si offendono più dell'essere canzonati, che dell'essere burlati; e questa debolezza ha la sua ragione.

Burlare una persona è farle credere cosa non vera; ma per ischerzo, e talvolta per malizia. *Burlare*, intransitivo, è affine di *scherzare*. Chi burla si confessa, dicesi di chi per far credere il contrario, ironicamente dice il vero. *Mettere in burla* si dice di cosa, di fatto, di discorso, di consuetudine; e c'è sempre, ora più ora meno, mal animo.

È talvolta cosa prudente *mettere in barzelletta* un motto pungente che vi sia diretto, invece di farne rumore e offendersene, e così farlo cadere, mostrandone non curanza. *Mettere in ridicolo* è più grave, perchè tende, non tanto a far ridere sulle cose o su qualità non sostanziali della persona, ma rendere ridicola la persona stessa o la cosa, in quanto è da certe persone stimata o amata. Nel mettere in ridicolo è sempre dell'ignobile, sovente del crudele, talvolta del goffo. — MEINI.

756.
Dare il giambo, Beffare, Dar la ciancia, Dar la cenciata.

— Il primo e gli affini: dar la burla, la berta, la ciancia (2), la baja, indicano burlare, senza schernire; il secondo è più forte. Vedansi le dichiarazioni che ne fa, e gli esempi che ne reca la Crusca. Il Bandello scrisse: « Se non vogliamo, per riverenza di questi due personaggi eccellenti, dire che il nostro pittore li beffasse, almeno diremo che diede loro il giambo. »

Dar la ciancia è deludere con parole o promesse vane; *dar la cenciata*, deridere amaramente, e con segni visibili di disprezzo. — POLIDORI.

757.
BURLESCO, BURLEVOLE.

Burlesco dicesi di cosa; *burlevole*, e di cosa e di persona: scritto burlevole, uomo burlevole, affare burlesco. Ma quando ambedue diconsi di cosa, differiscono in

---

(1) ORAZIO. - FRA GIORDANO: *Qual nave in alto mare, è ludibrio de' venti.*

(2) Abbiamo pure, da *gufo*, il verbo *sgufare*, e di più *sgufoneare*, usato dal Magalotti, e non registrato nel vocabolario. « Non lasciò già S. A., quando glielo chiesi (l'anello), di sgufonearmi. » Ma queste voci non vivono.

(1) *Cuccare* è anche nel Veneto; ma forse è altro d'*accoccare* e ha comune origine con *cucullare*. Codesto gridare cucù era fin dai tempi d'Orazio modo volgare di *baja*. Sat. 1. 8. *Expressa arbusto regerit convicia; durus Vindemiator et invictus cui sæpe viator Cessisset magna compellans voce cuculum.*

(2) *Dare il giambo e dar la ciancia*, oggi son fuori d'uso.

questo, che *burlesco* dice più. Un motto, un frizzo, un cenno può essere burlevole; una serie di motti, di frizzi, rende il discorso burlesco. La prima qualità tiene dell'innocente e leggera facezia; la seconda, della sguajata e mordente allegria. Cotest'allegria può esser tale da far sorridere, non della cosa detta, ma del modo di dirla; quindi è che *burlesco* ha senso equivoco, e diventa talvolta quasi affine a *ridicolo* (1).

Burlevole, come più modesto, è più rade volte preso in sì mala parte. Questa voce, inoltre, si limita alle burle pronunziate o fatte nella conversazione; e il Vasari, nell'esempio citato in nota (2), l'usa con grazia parlando di scherzi pittorici. *Burlesco* s'applica non solo ai casi accennati (nei quali differisce dall'altro d'intensità), ma ancora a una specie di scritti (3).

758.
BURLESCO, Bernesco, Faceto, Giocoso, Piacevole, Buffonesco.

Le dette voci non le riguardiamo, se non come applicate a composizioni scritte.

Tanto fedelmente seppe quel bell'umore del Berni ritrarre la particolar maniera d'allegria fiorentina che dominava nel suo secolo, che meritò che alle poesie giocose si desse per antonomasia il suo nome. Ma perchè l'allegria del Berni ha una particolare sua indole, della quale è quasi smarrita ogni traccia; perciò, non solo, trattandosi di poesie giocose moderne, le non si chiameranno più *bernesche*; non solo gli scritti d'altre lingue non avran questo nome: ma nella stessa poesia del cinquecento, non a tutte le rime piacevoli si potrà convenientemente applicare. Alla facezia, per esempio, del Bellincioni non ispetta il titolo di *bernesca*; ma sì quelle piacevoli del Baretti, perchè tengono un po' dello spirito del Berni; e così a quelle del Berlendis, vicentino.

Bernesco non s'applica, d'ordinario, che alla poesia; *burlesco*, a ogni sorta di scritti. Ed è più di *faceto*, di *piacevole*, di *giocoso*; dice un fare più gajo, più spensierato; esprime l'umore d'uomo che bada più a ridere egli stesso, che a far sorridere gli altri. E del burleschi e dei berneschi il tempo, grazie al cielo, è passato.

Ma restano le poesie giocose, le prose facete, le rime piacevoli. D'autore già morto, potrà l'editore apporre agli scritti di questo il titolo di *piacevoli* e di *faceti*; ma se l'autore è egli stesso che li manda alla luce, io lo consiglierei a contentarsi del titolo di *giocosi*, giacchè a lui non ispetta di giudicare se le cose sue sieno veramente facete, e molto meno vaticinare che saranno piacevoli. *Lettere piacevoli, se piaceranno*, intitolò un uomo d'ingegno un suo libro; e fece, senz'accorgersene, la satira di molti fra gli scritti piacevoli ch'escono e usciranno alla luce.

C'è dunque delle rime giocose, che son poco piacevoli e che non son punto facete. C'è, d'altra parte, degli scritti che non si possono chiamare giocosi, perchè l'argomento trattatovi non è da gioco, sebbene la trattazione sia sparsa di qualche facezia. C'è molti più scritti piacevoli che non son propriamente faceti, la cui piacevolezza non è che una famigliare urbanità, una grazia serena, una ingenuità sapiente, ma senza frizzi, senza acrimonia nessuna.

Gli scritti *giocosi* vengono da uno spirito che ama scherzar col suo tema; gli scritti *faceti*, da uno spirito che ama rallegrare il suo tema; gli scritti *piacevoli*, da uno spirito che non saprebbe dare al suo tema tono più grave, meno schietto ed amabile. Gl'Italiani contano poemi giocosi, dove il burlesco è misto al faceto, e il piacevole all'epico. Molti epigrammi son facezie, piuttosto che poesie giocose o piacevoli. Le commedie e altri scritti di simil genere hanno per qualità la facezia (1). Il romanzo del Manzoni contiene molte parti facete, sebbene l'autore non faccia mai pompa di facezia, e dipinga i suoi personaggi con intenzione tutt'altro che burlesca e giocosa.

Di queste voci, *faceto* è la più generale; onde può più sovente scambiarsi con l'altre.

Lo scritto *buffonesco* è di un burlesco sguajato, non mira che a far fare le risa grasse. Nel poema del Pulci v'è dei tratti meramente buffoneschi, per far ridere Lorenzo de' Medici e la carnascialesca sua corte. Questa voce non denota quasi punto il pregio letterario della facezia, nè l'effetto, ma semplicemente lo scopo. Facezia buffonesca può essere leggiadra e vera; può essere goffa, e cadere in falso.

759—760.
BURLONE, Burlevole, Buffone.
BUFFONE, Giullare, Giocolare, Giocoliere.

759.
Burlone, Burlevole, Buffone.

All'uomo *burlevole* piace il dire, il far qualche buria; il *burlone* ha il vizio di dirne di grosse, di farne di brutte; e' pecca d'eccesso. La prima voce risveglia l'idea di piacevolezza innocente; la seconda, d'intemperanza, d'importunità. I vecchi sono burlevoli; i giovani, piuttosto burloni. Gli uomini antichi si dilettavano di essere innocentemente burlevoli: e quelle burle al mondo d'oggidì, parte più svegliato e parte più malizioso, pajono scipite; ma esso ne ha di più insulse ancora.

Burlone, s'usa a modo di sostantivo; *burlevole*, aggettivamente. La differenza è indicata anche dalla desinenza del vocabolo in *one*.

Buffone è quel burlone che ad altro non pensa, se non a far ridere altrui. Non solo il buffone buria gli altri o si burla degli altri, ma si lascia burlare perch'altri rida.

760.
Giullare, Giocolare, Giocoliere, Buffone.

— *Giullare, giocolare, giocoliere*, chi intertiene le brigate con giuochi di mano e canti e suoni; *buffone*, chi con facezie e atti ignobili (2). Dapprima il giullare era più rispettato, poi si fece sinonimo di *buffone*. — CAMPI.

— *Giullare* è voce ormai storica, a cui è soltentrato *buffone*, ch'ha acquistato più ampio senso. Perchè, non sempre è buffone chi cerca far ridere le brigate, ma

---

(1) Buonarroti: *Burleschi vanti*.
(2) Vasari: *Molte così fatte bizzarrie, scherzi e invenzioni spiritose e burlevoli*.
(3) Redi: *I sonetti colla coda sono per lo più burleschi e famigliari*.

(1) Salvini: *Facetissimo dialogo di Luciano*. - Cant. Carn.: *Commedie facete*.
(2) Sacchetti: *Per altro non son detti buffoni, se non che sempre dicono buffe. - Sono detti giocolari che di continovo giocano con nuovi giochi.*

spesso anche colui che a tutt'altro intende. Un pedante acciglato, un vecchio galante, un impotente borioso, son buffoni; eppure s'avrebbero a male che di loro si ridesse. E' vi son tante maniere di fare il buffone!

Buffone dicesi anco delle bestie; e ognun rammenta la favola del gatto buffone. — MEINI.

761—764.

BURLONE, PIACEVOLONE, BUFFONE.
BUFFONATA, BUFFONERIA.
BUFFONESCO, BUFFO.
CAPO AMENO, CAPO SCARICO.

761.

Burlone, Piacevolone, Buffone.

Il *piacevolone* usa spesso, fin troppo spesso, piacevolezze, che non sono nè molto gentili nè troppo goffe; per lo più di parole; e vi esercita, o si crede esercitarvi, un poco d'ingegno.

Il *burlone* ama, spesso anche troppo, le burle, che possono esser d'atti o di fatti, e non di parole; e avere più astuzia che ingegno, o farsi la fedelissima millionesima ripetizione di burle fatte da altri, che sono ridicole ma non fanno ridere. Può il piacevolone non offendere, se non quanto ristucca; anzi il suo fine è di piacere, come suona il vocabolo. Il burlone, tendendo a far qualche piccolo inganno, per innocente e amichevole che sia, risica di dar noja più.

Il *buffone* si sforza di far ridere con atti che offendono ancora più la sua che l'altrui dignità; far ridere, non per dar piacere ad altri, ma utile o soddisfazione a sè stesso. Gli è una razza d'adulatore e d'altri e di sè; e il riso ch'e' vuol provocare non è che un mezzo al suo fine, uno de' mezzi. Anzi c'è de' buffoni che si guardano dal far ridere. E perchè cotesta è una maschera che l'uomo assume a ricoprire i moti del naturale suo volto,

però chiamasi *buffone* chi dice e disdice, finge e disinfinge, anco in cose serie e sul serio.

762.

Buffoneria, Buffonata.

Buffoneria è l'abito, il mestiere; anzi taluni ne fanno professione liberale e arte bella. *Buffonata* è tale o tale atto di buffone o da buffone; nè direbbesi dell'abito, ma *buffoneria* sì talvolta dell'atto; e allora suona meno dispregio di *buffonata*, e ha qualche uso suo proprio. Le buffonerie di certe commedie, o altri simili componimenti, buffonate non sono, se non in quanto offendono il senso morale; e finchè rimangono buffonerie, possono avere la sua lepidezza. Certe tragedie, all'incontro, son buffonate, e così certi discorsi da parlamento e da pulpito.

763.

Buffo, Buffonesco.

Buffo è men forte di *buffonesco*; l'opera buffa è un genere che può avere la sua grazia; e la musica italiana se n'è ispirata in maniera originale, sì che a sentire la melodia senza le parole, voi v'accorgete del genere. Uomo, discorso, cosa buffa è men di *ridicolo*, altro che *buffonesco*. Per celia amorevole dicesi senza offendere: voi siete buffo!

764.

Capo ameno, Capo scarico.

Il *capo ameno* può divertirsi a dire e far delle burle, ma può compiacersi anco in piacevolezze più ingegnose, e più serie, può farsi notare per bizzarrie più o meno stravaganti, con tutt'altra voglia che di far ridere. Il *capo scarico* ha più capricci e più avventataggine; non diverte tanto, ma bada a divertirsi da sè.. C'è de' capi ameni, pregni di pensieri gravi.

C

765.

CADENTE, CASCANTE, CADUCO.

— *Cascante*, di sonno, di debolezza; *cadente*, per gli anni; cascante di vezzi stomachevoli, decrepitezza delle anime affettate e pedanti. Delle vecchie cadenti insieme e cascanti di vezzi, gli esempii non sono rari in questo secolo della *progenies ringiovanita*.

Mal caduco, il morbo sacro, l'epilessia; del resto la voce ha senso traslato. — MEINI.

766—773.

CADERE, CASCARE, CAPITOMBOLARE, TOMBOLARE, PRECIPITARE, ROVINARE, TRABOCCARE, TRACOLLARE, PIOMBARE, STRAPIOMBARE, STRAMAZZARE.
ROTOLARE, RUZZOLARE.
ROTOLONI, RUZZOLONI.
PRECIPIZIO, ABISSO.
INABISSARE, NABISSARE, SOBBISSARE.
CADUTA, CASCATA.
RICADUTA, RECIDIVA.
RIVOLTOLONE, CAPITONDOLO, CAPITOMBOLO, CAPRIOLA.

TOMBOLO, CAPITOMBOLO.
TOMBOLA, TOMBOLO.
DAR LA VOLTA, DARE UN CAPITOMBOLO.
FARE, DARE UN CAPITOMBOLO.

766.

Cadere, Cascare, Capitombolare, Tombolare, Precipitare, Rovinare, Traboccare, Tracollare, Piombare, Strapiombare, Stramazzare.

Cadere è generico; dice semplicemente la scesa del mobile dall'alto al basso. *Cascare* accenna più direttamente al luogo dal quale il mobile scende o sul quale scende; ed è sovente un cadere più grave. *Tombolare*, diciamo attivamente, una scala. *Capitombolare* è cadere col capo all'ingiù.

Precipitare è, propriamente, o cadere in un precipizio, o cadere in maniera precipitosa, ancorchè, nell'origine, il *precipitare* (da *caput*) corrispondesse più al *capitombolare*. *Rovinare*, cader con rovina, con fracasso o con danno de' corpi circostanti.

Traboccare, cader fuori dalla bocca, segnatamente di

liquidi che si versano superando l'orlo o la bocca d'un vaso. *Traboccare*, anco della bilancia. *Tracollare*, cader fuori di equilibrio; forse da *collo*, che valeva ogni altezza (1).

Piombare, cadere a piombo, cioè di forza e sovente con suono; ed è quasi opposto a *strapiombare*, ch'è cadere per essere uscito fuori del proprio centro di gravità.

Stramazzare, cadere senza potersi riparare, e non dicesi che di persona: l'altro, e di persona e di cosa (2).

— Dante, degli affamati che muojono: « vid'io cascar li tre. » Qui *cadere* sarebbe poco.

Cascare è più comune nell' usuale linguaggio: cascar morto dalla fatica, dalla fame, dal sonno, dalla noja; uomo, cosa, discorso da cascare morto. Quando cascherò morto, si dice per celia; per dire: quando morrò. Fare il cascamorto, cascare il fiato, le braccia, il pan di mano, le brache. Cascar malato, è più rado però di cadere. *Ricadere*, poi, e *ricaduta*, son soli proprii.

Nel morale, *cascare* ha del famigliare quasi sempre; *cadere* indica fallo e danno più grave: finalmente ci è cascato il merlotto; a dir male del prossimo ci si casca facile; cadere in errori, in misfatti, in follia. — MEINI.

— Nel *capitombolare*, l'idea di capo è più espressa. Non capitombolano se non animali o figure aventi capo o forma somigliante; *tombola* ogni cosa che vada giù volgendosi rapidamente sopra sè stessa.

Piomba cosa che cada così grave, come se piombo fosse. Corpo leggero non piomba, nè corpo che cade facendo ruota. *Stramazza* corpo animato che non si può ajutare nè rattenere, e che cade con tutto il suo peso (3).

Tracollare è un cadere simile a quello di chi col collo sporge in fuori troppo, e non si può più reggere colla persona. — GATTI.

767.
Rotolare, *Ruzzolare*.
Rotoloni, *Ruzzoloni*.

Se il corpo ha forma prossima a quella della ruzzola, cioè alla tonda, sia sferico o no, ben si dice che *ruzzoli*, che *si fa ruzzolare*, che *si ruzzola*, forse attivamente. Per estensione, anco una persona può ruzzolar da una scala. *Rotolare* è di corpi tondi o d'altra forma, per lo più con rumore; dipinge le ruote, cioè i capitomboli che fa 'l corpo cadendo. Andare a rotoli le cose, diciamo, quando precipitano. Anco una famiglia, un negozio, uno Stato va a rotoli.

Rotoloni e *ruzzoloni*, avverbiali, son d'uso anch'essi.

768.
Precipizio, *Abisso*.

— *Abisso*, profondità grande e buia; *precipizio*, profondità formata da altura scoscesa, d'onde è pericolo cadere giù. L'abisso, soventi, è velato dall'acqua o da altro; il precipizio, d'ordinario, si vede. Abissi del mare; via piena di precipizii. Il fondo d'un vulcano è un abisso; la profondità fatta dalle ripide altezze dell'alpi son precipizii. — LAVEAUX.

— Cado nel precipizio; nell'abisso mi profondo. *Precipizio* dà l'idea di luogo scosceso di dove cadere è facile, salire difficile; *abisso*, d'immensa profondità, di dove non è quasi mai speranza di sorgere. — GIRARD.

769.
Inabissare, *Nabissare*, *Sobbissare*.

— Se guardiamo agli esempii che la Crusca reca di que' verbi, sembra che tutti e tre possano, senza distinzione, adoperarsi nel significato attivo e neutro di *sprofondare*. È però evidente che *inabissare* dice altro da *sobbissare* (1); bastando a questo che la cosa cada rovinosamente dall'alto al basso, quand'anco resti lì visibile sul suolo; bisognando all'altro che la sia inghiottita e nascosta. Così, al mio credere, è da spiegarsi quello del Botta: « Abissi aperti, città sobbissate od inabissate, monti scondiscesi, valli colmate. »

Nabissare ha pure il senso intransitivo d'*imperversare*, *infuriare*, che gli altri non hanno. E da quello la lingua famigliare derivò *nabisso*, a denotare fanciullo irrequieto e facinale; ma potrebbesi e d'uomo. Da *sobbissare*, *sobbisso*, per quantità grande che copra una superficie, sì che questa sparisca, e quasi paja sobbissata (2). — POLIDORI.

770.
Caduta, *Cascata*.

La *cascata* è quasi sempre più forte. Un passo mal posto fa fare una *caduta* ch'eccita più il riso che altro; la *cascata* è più da alto, o è più grave e pericolosa.

Non si direbbe: la cascata d'un sasso, o simile, come, caduta. Questo di tutti i gravi è il termine proprio nella scienza.

La prima ha il diminutivo *cascatella*, trattandosi d'acqua; l'altra, non mai.

L'altra ha i noti traslati: caduta d'imperii, di re.

771.
Ricaduta, *Recidiva*.

— *Ricaduta*, più spesso, del male del corpo; ma dell'animo, non sarebbe improprio. *Recidiva*, e del corpo e dell'animo; ma più di questo. Nel corporeo, la ricaduta è più grave; la recidiva ne è talvolta che il tornar nel pericolo del male, soffrirne i primi sintomi.

La ricaduta, inoltre, par ch'indichi, talvolta, tra la prima e la seconda caduta un tempo più lungo. Si può andare soggetto alla recidiva nel corso della medesima malattia, quando una falsa convalescenza c'illude. — ROUBAUD e VOLPICELLA.

Recidivo, l'ammalato o il reo che ricade. Non sempre i recidivi sono i più meritevoli di più grave pena.

772.
Rivoltolone, *Capitondolo*, *Capitombolo*, *Capriola*.

— *Rivoltolone* è della lingua famigliare, e denota l'atto

---

(1) DANTE: *Lascisi il collo, e sia la ripa scudo. Natura Che al sommo pinge noi di collo in collo.*

(2) DAVANZATI: *In quel terreno di sangue lordo e di loto molliccio davano stramazzate.* - FIRENZUOLA: *Alzatolo così un poco in aria, gli fe' dare il più bello stramazzone in terra.*

(3) Forse da *stramazzo*, che così chiamasi in certi dialetti la materassa; e vale: cadere come corpo che non ha consistenza, che non può stare ritto. Fors'anco dal bue che, percosso dal mazzapicchio del macellajo, cade giù morto a un tratto; e questo sembra essere piuttosto il significato primitivo; ma e in questo e in altri sensi la voce può essere originata da *sterno*, *stravi*, *stramen*. - VIRGILIO: *Sternitur exanimisque, tremens procumbit humi bos.*

---

(1) E perchè questo possa denotare il tuffarsi e sparire anche in piccolo spazio e a piccola profondità; e che l' *inabissare*, presentando più chiara l'imagine dell'abisso, figuri maggiori ampiezza e cupezza. Oltre a ciò, *inabissare*, quando è detto degli abissi del vero e del bene infinito, può comportare senso buono; *insubissarsi* è sempre ruina.

(2) Più comune *subisso*. — A.

del rivoltarsi in giro comechessia. Un cibo nauseante fa fare un rivoltolone allo stomaco. Nel mondo seguono di gran rivoltoloni. La paura fa fare de' rivoltoloni; e parecchie rivoluzioni hann'avuto dietro a sé questa rima.

Capitondolo e *capitombolo* la Crusca li dà come sinonimi; e tali sono qualche volta; pure, l'uso ci pone spesso differenza. Si fa un capitondolo sur un prato, mettendo il capo a terra e descrivendo un semicerchio colle gambe all'aria, per rizzarsi o stendersi dalla parte opposta; il capitombolo è caduta col capo all'ingiù. Ragazzo che fa un capitondolo per chiassata, non intende di fare un capitombolo. Un capitombolo può dar morte. Nel traslato, un ministro ha fatto un capitombolo; non un capitondolo. Ministro *decaduto*; ministro *caduto*. Caduto a un tratto, con vergogna, o vera, o che pare tale a' nemici di lui, o anche agli amici che non conoscono lui né i tempi. — MEINI.

Capriola, in Firenze, quella che fanno i saltatori, o forzisti che siano; ed è capovoltarsi con molta sveltezza, e per lo più per traverso, mettendo le mani dove posano ordinariamente i piedi, e questi rimettendo all'aria, per poi ritornare, colla stessa agilità, nella posizione assegnataci dal Creatore. E i ragazzi del popolo, che imitano a puntino questa ginnastica da piazza, rotano *capriolando* per lungo tratto di via, facendo più strada di chi va dritto e con senno pel fatto suo. Ma, per estensione, diconsi *capriole* anco certe mosse de' ballerini; e, traslatamente, *far capriole*, in fatto d'opinioni politiche, non è agilità ambita da uomini gravi. E certi scrittori che dello stile si fanno un gioco, per isfoggiare o scienza della parola, o arte del numero, o piccole vivezze d'ingegno nelle minuzie, pare non già che camminino, ma che facciano capriole. La parola, ognun sente, sa di capriolo e di capra.

773.
Tombolo, *Capitombolo*.
Tombola, *Tombolo*.
Dar la volta, *Dare un capitombolo*.
Fare, *Dare un capitombolo*.

Quello che in altri dialetti dicesi: fare una tombola, o delle tombole, come sogliono i saltimbanchi o i ragazzi, in Toscana è *tombolo*; e la *tombola* è il giuoco noto, ragazzesco anch'esso e ciarlatanesco talvolta, e fratello carnale d'altri giuochi che fanno dar la volta alle teste e il capitombolo alle povere famiglie.

Dar la volta può essere un solo giro, o un mezzo giro, in qualunque sia verso, altro che di tombolare. Altr'è dar la volta al cervello, altr'è fare un capitombolo dal posto o dalla condizione dov'uno era prima. Ma l'una cosa è talvolta cagione dell'altra, talvolta effetto.

Capitombolo dipinge più chiaramente il moto del capo in giù; e dice sovente caduta meno da giuoco e più grave (1).

L'Angeloni, con quella sua eleganza più buffa che del Biagioli e del Cesari, mostrava i re *tombolare dalla regia scranna*. Ma questa voce, per estensione, può meglio dell'altra indicare una caduta che non sia punto simile a *capitombolo*, come il *tomber* de' Francesi.

---

(1) Il signor Barellai, nel *Convito di Senofonte*, dice però propriamente d'un giocoliere: *fare dei capitomboli tra le spade*.

Si dirà: *fare un tombolo*, forse meglio che *darla*; del capitombolo, e *fare* e *dare*. Il primo più grave; men volontario il secondo.

774.
CADERE A PIOMBO, PIOMBARE.
A PIOMBO, A PERPENDICOLO.

Piombare ha traslati, non proprii dell'altra locuzione. Vi piomba addosso un fulmine, una malattia, una disgrazia, un rimprovero, una calunnia, un titolo, una visita, o altra simile cortesia. Può un corpo, violentemente mosso, piombare su voi senza cadere a piombo. Le palle dei cannoni ritti di molti gradi da terra cadono a piombo sugli edifizii lontanissimi dell'assediata città.

Cade a piombo anche un corpo che sta, e con la sua positura riguarda diritto un corpo o luogo soggiacente. Questo disse Dante *piombare*, e potrebbesi tuttavia dire, anco fuori del verso. « Già eravamo alla seguente *tomba Montati* dello scoglio in quella parte *Che appunto sovra il mezzo fosso piomba.* » E qui giova notare che *mezzo fosso* per il *bel mezzo del fosso* era modo comune del tempo, non latinismo affettato; che *tomba*, per *rialzo* e nel senso generale di *tumulo*, in Corsica vive; e che al *piomba* di Dante corrisponde il Virgiliano *imminere* (1), non dipinge così. Del resto, *cadere a piombo*, in questo senso, è più comune e più chiaro.

E *cadere*, dicesi, e *stare* e *essere a perpendicolo*; ma questo è modo più scientifico, e anche più generale. La perpendicolare è verseggiata da Dante nel *cader della pietra*.

775–776.
CADERE, DECADERE, ROVINARE.
ROVINA, DECADENZA.

775.
Cadere, *Decadere*, *Rovinare*.

Decadere ammette gradi. Famiglia *caduta* in miseria è oramai misera; famiglia *decaduta* può serbare dell'avito splendore. Cade in miseria anche famiglia povera; non *decade* che una ricca e potente. Può una grandezza, un'opulenza, una gloria essere decaduta, e mantenersi tuttavia rispettabile, terribile e grande. *Decadono* lentamente le forze a un vecchio, a un ammalato di male cronico; *cade* improvvisamente il vigore all'uomo percosso da mal violento. In questo senso, la seconda frase è più rara nell'uso. Il primo è forse necessario, acciocché gli uomini conoscano i mezzi di prevenire il pericolo, e la fonte dei mali.

— *Cadere* è meno di *rovinare*; *decadere* è un po' men di *cadere*. La decadenza dell'impero, dopo Teodosio, preparò la sua totale rovina. — GATTI.

776.
Rovina, *Decadenza*.

— La *decadenza* prepara talvolta la *rovina*; può essere lenta rovina, ma non sempre è. — ENCICLOPEDIA.

---

(1) Ci corrisponde piuttosto quell'altro, arditamente bello: *Speluncæque tegant et saxa procubet umbra*. Altrove variato, con mirabile proprietà: *Nigrum Ilicibus patulis sacra nemus accubet umbra*. E abbiamo altrove il cadere: *Majoresque cadunt altis de montibus umbræ*. Tradotto dal Petrarca: *E cade Dagli altissimi monti maggior l'ombra*. Dante, non la lascia soltanto cadere, ma con l'impeto suo la getta come saetta di luce: *Il poggio l'ombra getta*.

777.

CADUCO, MOMENTANEO.

— *Momentaneo*, che dura poco; *caduco*, che finisce e cade presto. Molte cose caduche durano più d'uno o pochi momenti. — AMBROSOLI.

— Momentaneo dolore, diciamo, e grandezza caduca; non già: caduco dolore, grandezza momentanea, se dura poco e svanisce senza cadere. Certe cose caduche durano a lungo, appunto perché reputate caduche, e non si cura combatterle con la debita forza. — VOLPICELLA.

778.

CADUTA, CADENZA.

— *Cadenza* nel canto, nel suono, nell'armonia del discorso, nella pronunzia. Cadenza cattiva o falsa o languida o importuna è *caduta*, tanto più grave, che la non ci cadeva; *poterat duci quia coena sine istis*. — MEINI.

779 – 785.

CALDAJA, PAJUOLO, CALDEROTTO.
PADELLETTA, PADELLINA, PADELLINO.
PENTOLA, OLLA, PIGNATTA.
MESTOLO, RAMAJOLO, RAMINO.
AVERE IL RAMAJOLO, IL MESTOLO IN MANO.
MESTARE, FARE ALTO E BASSO.
TEGAME, TEGLIA.
COCCI, TESTI.

779.

Caldaja, Pajuolo, Calderotto.

— La *caldaja*, più grande; il *pajuolo*, più piccolo: ma tutti e due han la medesima forma, cioè diametro ampio, sponde piuttosto basse, bocca più larga del fondo, e coperchio che non sigilla, o senza coperchio. Il *calderotto* è più alto che largo, ha la bocca più stretta del fondo, un coperchio che tura per l'appunto, ed è più piccolo del pajuolo. — LAMBRUSCHINI.

780.

Calderotto, Pajuolo.

Di rame ambedue (1): il primo, tondo, e largo così nel fondo come nel disopra; il secondo, si ristringe un po' nella bocca. Servono ai medesimi usi: scaldar l'acqua, far la polenta, il bucato, e simili. Ambedue possono essere più o men grandi.

Pajuolo ha derivati: *pajuolino*, *pajuolone*, *pajuolata*, cioè quanto ne cape in un pajuolo: pajuolata di castagne, di rape. E in questo senso dicesi anco: un pajuol di roba (2), non mai: calderotto.

Abbiamo, da ultimo, il proverbio: - Disse la padella al pajuolo: fatti in là, ché tu mi tingi (3), - di chi, macchiato d'una colpa o difetto, osa riprenderne altrui. Questo proverbio, comune in Toscana, ha per origine un apologo greco; tanto le tradizioni s'innestano tenacemente nel popolo, e ripullulan sempre verdi di secolo in secolo!

781.

Padelletta, Padellina, Padellino.

Padelletta, *padellina*, seguono la regola generale dei diminutivi: *padelletta*, un po' più di *padellina*. Mutando il genere, non è più la padella vera e propria, quella da friggere. *Padella* bensì è anche quella per illuminare.

---

(1) M. VILLANI: *Pajuoli ed altri vasi di rame.*
(2) BUONARROTI: *Un pajuol di rannata.*
(3) BUONARROTI.

E certe illuminazioni e altre feste pubbliche fannosi da gente che frigge a grandezze già belle e fritte.

782.

Pentola, Olla, Pignatta.

— *Olla* è voce antiquaria e storica ormai. L'olla aveva, oltre al cuocere, altri usi; onde le olle cinerarie, da riporvi le ceneri de' defunti, che non si direbbero *pentole*.

La *pentola* è sempre di terra; la pignatta può essere di rame. — ROMANI.

783.

Mestolo, Ramajolo, Ramino.
Avere il ramajolo, il mestolo in mano.
Mestare, Fare alto e basso.

— *Ramajolo*, caldaja di ferro ove si strugge pece, catrame, o altro, per ispalmare i bastimenti; *ramino*, vaso di rame a guisa d'orcioletto, per riscaldar acqua (1). Poi, *ramajolo* (e più comunemente *romajolo*) è strumento da cucina, di ferro stagnato o di legno, quasi a forma di cucchiajo, ma più grande e più concavo; per cavar brodo, fagioli e altro dalla pentola. Una romajolata di roba è quanta ne sta in un *romajolo*: una romajolata di minestra. *Romajolata* è anche un colpo dato col romajolo. Nel traslato: avere il romajolo in mano, avere autorità e potestà di fare grazie, e però di fare anco del male; che dicesi anco: avere il mestolo in mano. Alcuni di quelli che hanno il romajolo in mano, nel senso figurato, anderebbero fatti passare al senso proprio. — MEINI.

Avere il mestolo in mano è più comune, forse, nell'uso; ed è più spedito a dire, e par ch'indichi maggiore arbitrio di fare; e risveglia l'idea del *mestare*, che significa altresì il fare ad arbitrio, e per lo più in senso sinistro. *Fare alto e basso* ha pure senso simile, non buono e di cella; ma dice forse potestà e arbitrio maggiore.

Nel proprio, il mestolo è di legno, e più grande o meno; ma sempre men grande del romajolo. Quello è attrezzo di cucina; col mestolo e si schiuma la pentola, e si cava roba da quella, e s'assaggia la roba che bolle, e si mangia. Della sua forma più grande o meno, fa prova l'accrescitivo *mestolone*, e il diminutivo *mestolino*. Onde il modo proverbiale, di chi fa le viste di non volere, e fa smorfie, e muor di voglia, e fa più degli altri o più d'altri prende; come: - Meino, che non voleva la pappa, e mangiò anche il mestolino. - Le quali semplicità della lingua parlata le raccolgo con divozione; e mi diano pure del superstizioso e di testa piccola i filosofi grandi.

Torniamo al *mestolo*. *Mestolata* è quanto ci cape in un mestolo, ed è colpo dato col mestolo. *Mestolaja* è la donna che vende mestoli, forchette di legno e arnesi simili.

784.

Tegame, Teglia.

— *Teglia*, vaso di rame stagnato, dove si cuociono torte, migliacci, e simili; *tegame*, vaso di terra piatto con due orli alti e due manichi, per cuocere carne ed altro. — ROMANI.

785.

Cocci, Testi.

— I *testi* son vasi di terra interi; *cocci*, anco rotti. *Testo*, in Firenze, specialmente il coperchio del pentolo. — A.

---

(1) LIB. CUR. MAL.: *Cava dal ramino l'acqua bollente.*

CALDAJA, Vagello.

Vagello non ha più il senso generale di *caldaja*, ma è caldaja che serve a uso de' tintori. Di che giova sentire la definizione d'uomo esperto dell'arte, interrogato da me:

« Il *vagello* è della forma d'un uno, metà di rame e metà di legno; la parte inferiore è incassata nel terreno a smalto, l'altra è di bandone di rame, dove il fuoco circola a spirale, facendo tre giri, e poi riesce in un tubo con valvola, per la separazione del fumo quando è scaldato fortemente. Si rimuove con un pilo di legno, sollevando la pasta ch'è nel fondo, e quindi si lascia in riposo. In alcune tintorie usa il vagello di legno, e si travasa il bagno in una caldaja dove scaldarsi; modo difettoso e poco comune.

» Il *vagellino* è tutto di rame, molto più piccolo del vagello, e di figura ovale; quasi la metà n'è incassata nel terreno, l'altra metà rimane esposta nel fornello, dove si suol riscaldare con la sola carbonella accesa, che si depone nel piano del fornello.

» C'è i vagelli a freddo, più specialmente chiamati tini a freddo, che sono tutti di legno e di figura tonda come una vasca; si trattano con guado, indaco e calce. »

Vagello dicesi anco una tinta; e qui pure riporterò la definizione riferitami da persona delle più valenti in quest'arte.

« Il *vagello* è un composto d'indaco e di guado (in francese *pastel*), che per mezzo dell'alcali, oppure della calce, si mette in fermentazione; e dopo ciò l'indaco passa allo stato di perfetta soluzione, ed è in grado di tingere.

» Molti colori hannosi dal vagello. Se si vuole il violetto, si dà un fondo di rosso; se si vuole il verde, si dà un fondo giallo; e così a proporzione de' fondi, s'hanno tutte le gradazioni, tanto ne' colori più chiari, quanto ne' più cupi.

» Il *vagellino* è composto d'alcali, crusca e indaco; ed è in uso nelle piccole tintorie. »

CALDANO, Braciere, Caldanino, Scaldino, Veggio, Cassetta, Scaldaletto, Trabiccolo, Ciecia.

— *Caldano*, vaso di metallo, di terra o di pietra, ove accendesi fuoco, per scaldarsi; tondo o d'un quadro bislungo. Il *braciere* può servire e a scaldarsi e a riscaldare. Nè questo nè quello si possono tenere in mano. Quelli delle sagrestie e delle anticamere degli uffizii sono *caldani*; i più grandi, *bracieri*.

Caldanino, vaso o di rame o d'ottone, di forme diverse, portatile, e da tenersi fra le mani o fra le gambe; dicesi anco *veggio*; e *ciecia*, quando è di terra. Serve anco per scaldare i letti, appeso a un ordigno per lo più mezzo sferico, formato di stecche di legname, detto *scaldaletto* o *trabiccolo*. Ma trabiccolo è l'ordigno così detto; e *scaldaletto* può essere un caldanino tondo e piatto con manico lungo, il quale, mosso adagio, e ad ora ad ora posato su le lenzuola, scalda il letto in modo più spiccio.

La *ciecia* è più povera ancora del veggio; ed è voce più umile; nè ha tanto comuni i derivati come l'altro, da cui si fanno: *veggino*, *veggiuccio*, *veggione*.

Scaldino è voce generica; ma, d'ordinario, gli è men grande del veggio. Lo scaldino delle signore, ch'è di metallo con coperchio traforato, e due pezzi di legno per posarvi i piedi, si chiama *cassetta*. — Meini.

CALDETTO, Calduccio, Calduccino.

· Tenui differenze. Di cosa che comincia farsi calda, io direi *caldetto* (1); di cosa mediocremente calda, *calduccio*; di cosa dolcemente calda, *calduccino*. *Caldetto* è, più d'ordinario, un diminutivo, ma in crescere; *calduccio*, o diminutivo in difetto, o prossimo al positivo (2); *calduccino*, vezzeggiativo sempre. La stagione, in aprile, comincia a farsi *caldetta*; letto mediocremente caldo, è *calduccio*; caldo convenientemente da ristorare le membra, *calduccino*. Questa voce non dice mai scarso di calore.

Anche sostantivo, *calduccino* e *calduccio*: il primo dice sempre calore piacevole; il secondo può denotare e calore piacevole, e, in generale, calore men forte.

Di persona, direbbesi: caldetta di temperamento; non già, calduccina o calduccia.

CALDEZZA, Caldura.

— *Caldura* ha senso proprio; *caldezza*, traslato. Proverbio antico è: San Lorenzo, gran caldura. Caldezza (diremo) della passione, dello stile. — Gatti.

CALDO, Calore, Calorico, Dar calura.
Calorino, Caloruccio.
Tepidezza, Tepore.
Tepido, Soffreddo.
Intepidire, Rattepidire.

Caldo, Calore, Calorico, Dar calura.

Il *calorico* è la sostanza così detta, semplice e imponderabile, della quale è effetto il *calore*: calorico latente, raggiante; misurare il calorico, e simili. Nel linguaggio usuale, quando si può senza ambiguità dir *calore*, è affettazione da lasciar ai medici; a taluni dei quali il linguaggio arcano è parte non piccola del mestiere, come agli avvocati, e come a certi predicatori i passi latini.

Il *calore*, a un certo grado, produce il senso del *caldo*. Si può sentir calore, senza che faccia caldo. Il calore eccitato dal sole fa il caldo estivo. *Calore* ha più traslati di caldo.

— *Dar calura* dicesi del concimare il terreno spossato; accennando la caldezza ch'esso riceve dal concime. — Cioni.

Calorino, Caloruccio.

Calorino ha sempre buon senso; *caloruccio* può valere o calore insufficiente, o piccol calore incomodo e nocivo (3). Il calorino d'un fuoco moderato; il caloruccio della febbre lenta. I tisici pigliano per segno di forza quel caloruccio che li consuma, simili in ciò a molti ammalati nell'anima.

Tepidezza, Tepore.

Tepidezza è la qualità, lo stato; *tepore*, ora lo stato e il senso prodottone.

Poi: *tepidezza*, più sovente, è negativo, e vale: non caldo; *tepore* è positivo, e val: più che freddo. Si riscalda

---

(1) Neri: *Acqua caldetta.*
(2) Lippi: *Bevanda calduccia.*
(3) Redi: *Le cagioni de' suoi travagli vengano... da qualche caloruccio introdotto nelle viscere.*

un liquido sino al tepore, non fino alla tepidezza; il tepore, non la tepidezza, di primavera.

Però, nel traslato, *tepidezza* è difetto. I primi moti dell'affetto sono un tepore leggero, che poi diventa calore; la tepidezza è dell'amore che scema.

793.
Tepido, Soffreddo.
Intepidire, Rattepidire.

Il *tepido* è calore non grande, ora in crescere ora in calare; il *soffreddo*, in calare sempre. Io metto un liquore al fuoco, al sole, che intepidisca (1); levo dal fuoco minestra o liquore, e lascio che si soffreddi, per meglio poterne mangiare o bere o fare altr'uso.

Intepidire, per lo più, del calore che cresce; *rattepidire*, che scema.

Fra *tepido* e *tiepido*, non morti nè l'uno nè l'altro (se non che *tepore* diciamo sempre, non mai *tiepore*), gioverebbe alla fine scegliere; e che la morte dell'uno, all'altro sia più viva. Coteste ricchezze di dubbio conio, che fanno incerta la lingua, e però le anime, quanta tepidezza spargano nel parlare, e però nel sentire, chi sente forte lo sa.

794 — 797.
CALDO, CALDANA, CALDURA.
RISCALDATO, ACCALDATO.
INFREDDATURA, IMBECCATA, RAFFREDDORE, INFREDDAGIONE, ATTACCO DI PETTO, MAL DI PETTO.
PIGLIARLA, PRENDERLA.
RISCALDAMENTO, RISCALDO.

794.
Caldo, Caldana, Caldura.

— *Caldana*, nell'uso presente, è il riscaldamento o morboso o incomodo che viene all'uomo o da veloce corso o da qualunque cagione perturbi o renda forzata la traspirazione. Diciamo inoltre: venir le caldane alla testa; tanto in senso proprio, quanto in figurato, nel quale significa: sentirsi alterato da qualunque impressione veemente, o d'ira o di dispetto o d'amore, o simile. Quando si tratta di esprimere solamente il tedio, il fastidio, si dice che la tal persona o la tal cosa fa caldo.

Caldura, d'ordinario, è il caldo della stagione; caldo soverchio (2).

Caldana, in Firenze, stanza posta sopra al forno ove cuocesi il pane. — CIONI.

795.
Riscaldato, Accaldato.

Riscaldato dal sole, dal fuoco, da altro calore. Ha senso generale ed innocuo, e traslati parecchi (3).

Accaldato, nell'uso vivente, vale: riscaldato assai; e tanto da porsi a rischio di pigliar un'imbeccata, un'infreddatura, un mal di punta.

Si diviene accaldato per malattia, per soverchia agitazione del corpo (4). Parecchi dialetti d'Italia, per quest'idea, altra voce non hanno che la generica *riscaldato*.

---

(1) Lo slavo *teplo*, vale *caldo*, ma non troppo; onde le acque di Tepliz.

(2) CRESCENZIO: *Fonte dove bagnarsi nel tempo della gran caldura*.

(3) PETRARCA: *Poi che sormonta riscaldando il sole.* — ACCAD. DEL CIM.: *Stanza, l'aria della quale sia notabilmente riscaldata da fuochi.*

(4) SALVINI: *I febbricitanti e accaldati che mutano spesso i lenzuoli ed i panni.*

796.
Infreddatura, Imbeccata, Raffreddore, Infreddagione, Attacco di petto, Mal di petto.
Pigliarla, Prenderla.

Imbeccata è più famigliare; *infreddatura*, di tutti gli stili.

Imbeccata s'accoppia con *pigliare* (1), e simili, nell'uso comune; nè si direbbe assolutamente: stagione da imbeccate, come dicesi: da infreddature (2); nè: avere un'imbeccata, come: un'infreddatura o un raffreddore. Il *pigliare* o questo o quella dice, o mal più grave, o più subitano del *prendere*.

Quello ha della sua famiglia *infreddare*, *infreddato*, *infreddagione*; *imbeccata* è solo. *Infreddagione* pare piuttosto l'atto o il primo venire; *infreddatura*, l'effetto e il male che dura; e però soffre meglio il plurale (3).

Imbeccata, poi, ha un senso suo proprio, e dicesi: aver preso l'imbeccata, da chi è stato da altri imbeccherato e non parla di suo.

Il *raffreddore* par più forte e più durevole; l'*infreddatura* può esser breve e leggera (4). Dal raffreddore si passa all'*attacco di petto*; da questo, al *mal di petto*, alla tisi.

797.
Riscaldamento, Riscaldo.

Dall'essere accaldati può venire un *riscaldo*; ma può da cagione più lenta e meno avvertita. Il sangue è riscaldato; la persona è accaldata. Il sangue, la macchina, la persona stessa si riscalda, non si accalda; questo non è riflessivo, ma quasi passivo; nè ha sostantivo analogo. Il *riscaldo*, poi, differisce dal *riscaldamento*, in quanto che quello può essere l'indisposizione o la malattia; questo è l'atto che può preparare il male, ma può anche non essere morboso punto. Così nel traslato: riscaldo di testa, di fantasia, di passione, può essere abituale, ed è quasi sempre più continuato e più lungo di *riscaldamento*.

Riscaldamento, d'un ambiente, d'un corpo senza vita; non *riscaldo*. Così *riscalducciato*, corpo alquanto scaldato o per la prima volta o di nuovo. Traslatamente: amicizia, amore riscalducciate; imagini poetiche ardenti in chi prima le vide e diede a vedere; poi freddate nelle menti e nelle anime de' successori; poi riscalducciate per simulare vita e vigore d'affetto.

798.
CALDO, CALIDO, CALOROSO.

Calido è termine quasi medico, che non si adatta ad altro che al temperamento (5). *Caldo* è termine generico; applicato al temperamento, ha senso più morale che altro. Uomo *caldo*, che facilmente va in collera che si lascia trasportar ad affetti impetuosi (6); uomo *calido*,

---

(1) ALLORI: *Si piglia spesso un'imbeccata o qualche doglia.* — CECCHI: *Cogliere l'imbeccata. Ma nella lingua parlata cogliere suonerebbe strano.*

(2) BOCCACCIO: *Il più del tempo stava infreddata.* — LIB. CUR. MAL.: *Gli accalorramenti, che infreddature sono appellati.*

(3) Nel dialetto lucchese, per *infreddare*, dicesi *infrigidire*.

(4) In altri dialetti, per *infreddare*, dicesi *raffreddare*. Gioverebbe serbare questa voce agli altri usi noti.

(5) LIB. CUR. MAL.: *Hanno ottenuto dalla natura un temperamento calido e secco.*

(6) Quindi le frasi a sangue caldo; testa calda.

che ha di molti calori, e che patisce di quegl'incomodi, che di tale costituzione sono, più o meno evitabili, conseguenze.

« Se (nota il Cantù) *calido* è lo stesso che *caldo*, dunque dirò: giornata calida, tinta calida; e, che le droghe son calde ». Non si potrebbe indicare il diverso uso de' due modi con più concisa evidenza.

Caloroso, anch'esso del temperamento; voce meno tecnica di *calido* e più comune. C'è un'altra differenza: quand'io dico *caloroso*, non intendo che del naturale temperamento; quando dico *calido*, intendo ancora di quella specie di calore ch'esalta le passioni del senso, e tende a sfogarle. Con questa intenzione, la voce *calido* acquista significato quasi di cella.

— *Caloroso*, del temperamento, indica una condizione quasi morbosa, o inclinante a quelle malattie che provengono da riscaldo. Ma *caloroso* dicesi più frequente de' cibi ch'eccitano tali malattie, come droghe e simili. — CAPPONI.

Caloroso, nel traslato, è affine a *caldo*, quando dicesi di discorso o simile. Le differenze son queste: che diremo bensì calda preghiera, raccomandazione, ma non calorosa. L'Alfieri voleva calde, non calorose le sue tragedie. Stile caloroso, piuttosto che stile caldo; perchè questo secondo dice l'atto, il primo l'abito. Affettasi lo stile caldo; si vuol tale a ogni costo; e però non si risparmiano esagerazioni, esclamazioni, figure retoriche. La calorosa eloquenza può essere nel principio modesta e tranquilla, e venire a poco a poco infondendo negli animi il calor dell'affetto.

799.
CALZERONE, CALZEROTTO.

Significano ambedue calza grossa; il secondo, non di cotone o di refe, ma di lana e ordinaria. Il *calzerone*, inoltre, è più grande; è accrescitivo di calza; il *calzerotto* o si soprappone alle calze per tener caldo, o per uso di caccia; ovvero fa le veci di calza sotto gli stivali, e passa di poco la noce del piede.

800.
CALZETTA, CALZINO.

Calzetta (diminutivo di suono, non di senso) calza, ma di materia più fine, come seta, stame o simile; *calzino* (vero diminutivo) quella mezza calza che taluni adoprano o per risparmio o per comodo, la quale non passa la metà dello stinco.

801—802.
CALZONI, BRACHE, BRACHESSE, MUTANDE, BRACHINE, BRACHINO, BRACONE.
BRACARE, SBRACARE.
CALZONCINO, BRACHETTA, BRACUCCIE, BRACHINE.

801.
Calzoni, Brache, Brachesse, Mutande, Brachine.
Brachino, Bracone.
Bracare, Sbracare.

Brachesse, voce di cella; e s'applica, d'ordinario, a quelle che portan le donne; *calzoni* è più comune nell'uso; *brache* ha quasi sempre anch'essa significato di cella: se non che, laddove si voglia indicare o un paio di calzoni ordinari, o molto larghi, si potrà anche sul serio nominare le brache. E questa, che par voce bassa, potrà ricevere significazione istorica, dove indicasse que' calzoni che i Latini chiamano *braccæ* o *bracæ* o *brachæ*; ed era allora la veste de' popoli d'oriente e del setten-

trione, simile a' calzoncioni de' Turchi e de' Greci moderni. Questi calzoni possonsi pure chiamare brache; e per dispregio lo udii un Toscano chiamare i Turchi *calzoncioni*; voce che, più comunemente, direbbesi, non della persona che la porta, ma de' calzoni stessi, se grandi.

— Le *mutande* sono strette, corte, da tenersi sotto i calzoni, o sotto la gonnella, o sotto abito lungo. Quelle del padre abate, che il Boccaccio dice brache, ora sono mutande. Le *brache* sono, d'ordinario, più larghe, buone anco da mettersi scoperte, e più lunghe.

Nel traslato: *cacar le brache*, aver paura. Nel traslato pure: *saper le brache e le brachine*, è ridire i minuti secreti di casa; e *brachino* e *bracone*, chi di tali cose è sollecito. *Bracone*, più dispregiativo che *brachino*, il quale è tra il dispregio ed il vezzo. *Sbracare*, un po' più di *bracare*; ma forse, in questo senso, la voce ha altra origine e viene da *bracco*, onde *braccare* o *braccaggiare*, che vale: cercare, quasi fiutando, la cosa. Né sia maraviglia che la voce possa perdere una c, dacchè in Dante *Baco* abbiamo in luogo di *Bacco*, e altri simili di più comune uso. — NERI.

802.
Calzoncino, Brachetta, Bracuccie, Brachine.

Calzoncini può essere e diminutivo e di vezzo, segnatamente parlando di bambini; così *brachine*, *bracuccie* è dispregio. *Brachetta*, il dinanzi de' calzoni che si abbottonava a modo di sportello, innanzi che la bottonatura prendesse altra forma.

Quando *braca* e *brachina* è nel singolare, non vale che piccolo pettegolezzo, notiziuola tra la ciancia e la ciarla. *Brachesse* non ha singolare. Quando dicesi delle donne che si mettono le brachesse, che l'uomo le lascia portare i calzoni, il primo è più famigliare, e dice uno spadronare con meno merito e più abuso.

803.
CAMARLINGO, CELLERARIO.

Il *camarlingo* tien custodia del danaro d'una comunità; il *cellerario*, delle comunità monastiche. Le monache hanno la celleraria; camarlingo, tra loro, ha pure il femminino. Ma il cellerario di certi conventi chiamasi camarlingo.

Camarlingo è anche una dignità di corte. Fare il camarlingo a qualcuno, è voler sopravvedere agli interessi di lui, misurargli le spese.

804—805.
CAMERA, STANZA, GABINETTO.
SALA, STANZA, SALOTTO, SALETTA, SALOTTINO, SALONE,
CASA, AULA.

804.
Camera, Stanza, Gabinetto.

Camera, propriamente, la *stanza* da letto. Si dirà che un appartamento è di quattro stanze, di sei; non di quattro o sei camere (1). In certi dialetti, *camera* è qualunque stanza; ma quest'uso non pare imitabile, perchè renderebbe inutile l'una delle due voci.

Entrando in un albergo, domandasi una o due stanze; e in tal caso *stanza* si chiama anco quella da letto. Nelle barche non v'è propriamente stanze, ma camere o camerette, più o men disagiate (2).

---

(1) DANTE: *A mostrar ciò che in camera si puote*; parlando di turpi lascivie.

(2) BOCCACCIO: *Sopra una nave montati, data loro una came-*

Ognun sa che cosa sia *incamerare*, e la Camera Apostolica, e il Voltaire gentiluomo di camera. Il modo: *fare la camera*, per sbrattare, spazzare, rifare il letto, assettare ogni cosa, pare francese; ed è del beato Colombini Senese; di quella gente che Dante, con odio soverchio, comparava a quest'altra per tutto dispregio.

— *Gabinetto*, stanza interna, da scrivere, studiare, conservare cose preziose. Gabinetto fisico, letterario; corriere di gabinetto, modi mezzo stranieri, ormai fatti comuni. — ROMANI.

Camera del cuore, disse Dante il segreto dell'anima, e oggidì non sarebbe che cella. Il modo: *in camera charitatis*, che dicesi, per lo più, dell'ammonire o dare consigli non piacevoli, ma affettuosi e a buon fine, potrebbesi anche voltare in italiano, chi lo sapesse con garbo.

805.

Stanza, Sala, Salone, Saletta, Salotto, Salottino, Casa, Aula.

— *Stanza* è il nome comune delle parti abitabili in che è divisa la casa: casa di quattro, sei, dieci stanze. *Sala*, stanza più grande, per lo più la prima del quartiere, dopo quella d'ingresso; ed anco questa, se spaziosa, e quella dove si desina. *Salone* è l'accrescitivo; *saletta*, il diminutivo di *sala*: ma *salone* significa una gran sala destinata a pubbliche adunanze. A Firenze nel palazzo della Signoria è il salone dei cinquecento, che però dicesi anco la *sala* dei cinquecento; e *sala d'udienza*, quella dei tribunali. *Saletta*, piccola sala d'ingresso, che introduce nella sala, o anche in diversi appartamenti. *Salotto* è la stanza ove si ricevono le persone che vengono a far visita, e a conversare; ed è di maggior riguardo della sala, onde lo dicono *salotto buono*, cioè ornato di mobili più eleganti: *salottino* è un salotto piccolo.

Casa ha presso i contadini un significato speciale, che pare strano. E' danno questo nome alla cucina, che per solito è la prima ove si entra nelle case loro (1). — LAMBRUSCHINI.

— *Aula*, per lo più, sala dell'università, dei palazzi vescovili, o sale ove i canonici fanno riunioni capitolari. Si dice pure *aula regia*; ma non è modo comune, mentre l'adjettivo *aulico* è usato tuttora dal popolo toscano, il quale dà il nome di aulico all'uomo di maniere sostenute, e di fare pomposo (2). — PENDOLA.

806—807.

CAMERETTA, CAMERELLA, CAMERINO, CELLA.
CAMERELLA, ZANZARIERE, LETTO PARATO.
CELLETTA, CELLULA.

806.

Cameretta, Camerella, Camerino, Cella.
Camerella, Zanzariere, Letto parato.

Cameretta, piccola camera in genere; *camerino*, nella lingua parlata, d'ordinario, per eufemia, dov'è il cesso, sebbene possa aver senso affatto generale; ma più piccolo che *cameretta*. *Camerino* è pur quello de' teatri ove gli attori si vestono.

Camerella è, nella lingua viva, quel chiuso di drappi o simili robe che si fa intorno al letto; che non è però da confondere con lo *zanzariere*, le cui cortine sono a perpendicolo del letto stesso e non iscendono fino a terra; nè col *letto parato*, che consiste nel drappo sovrapposto al letto, a modo di cielo o di cupola, che viene fino a una certa altezza, senza però ricoprirlo.

Ed ecco altro uso gentile di questa voce nelle lettere che della lingua toscana scrisse con amore il P. Giuliani: « Sarà d'assai, se di trenta *camerelle* la spiga n'avrà piene una ventina. Poco pane ci si potrà cavare, poco al bisogno. » — È un contadino che parla.

Cella, la camera del romito, del religioso, o del solitario in genere. C'è però delle così dette celle che sono camere comodissime; il cambiamento de' costumi fa diventare improprie e mentir le parole.

807.

Celletta, Cellula.

Celletta, piccola cella da abitare; e traslatamente, piccolo ricettacolo. Nel linguaggio anatomico e nel medico, *cellula* è il più comune; e quand'anco si dicesse *celletta*, rimarrebbe il derivato: tessuto, malattia *cellulare*.

808—809

CAMPANELLA, CAMPANELLO, CAMPANETTA, CAMPANELLINO, CAMPANUCCIA.
SCAMPANIO, SCAMPANATA.
SCAMPANELLIO, SCAMPANELLATA.
SCAMPANATA, URLATA.

808.

Campanella, Campanello, Campanetta, Campanellino, Campanuccia.

Campanella. I.° Quel cerchio, per lo più di ferro, a forma d'anello, che appiccasi all'uscio per picchiare (1). II.° Que' cerchietti che tengono, per lo più, le donne agli orecchi. III.° Quel cerchietto di fil di ferro attaccato alle portiere, alle tende, e simile, per farle scorrere, e aprire e chiudere.

Campanello, propriamente, il diminutivo di campana. *Campanello*, quel che dalla porta d'una casa corrisponde nell'interno degli appartamenti, o dall'uno all'altro appartamento, o dall'una camera all'altra; e suonasi per chiamare, o dar segno che s'apra. Andare a suon di campanello, vale a ore fisse, e simili. *Campanello o campanellino*, quel che nelle chiese dà il segno dell'elevazione, o d'altri sacri riti (2).

Piccolo vaso che ha forma di campana, si dirà, non *campanello* nè *campanella*, ma sì *campanetta*. Nelle operazioni chimiche accadrà spesso di nominare una campana o una campanetta di vetro.

Campanuccia è poco dell'uso, nella lingua parlata, e molto men *campanuzzo* o *campanuzza*. Il primo nondimeno può servire a indicare campana, non piccola quanto un campanello, ma meschina di forma e di suono.

---

retta nella poppa. Camera infatti i Latini chiamavano un soffitto a vòlta, qual è nelle navi.

(1) Forse perchè *casa* era ai Latini *capanna*; e la forma della cucina con camino tiene della capanna.

(2) *Camera aulica, consigliere aulico*, modi austro-italici. In Padova: *aula magna* quella dei dottorati, e dove insegnò Galileo; *salone della ragione*, magnifica sala che rammenta altri tempi, dovrebbe cioè rammentarli.

---

(1) Quindi i proverbii famigliari: *attaccare i pensieri alla campanella dell'uscio*; *baciare la campanella, che son vivi tuttora. Qualunque cosa abbia forma di campanella, sogliamo chiamare con questo nome; onde i fiori a campanelle, e simili.

(2) VIT. S. ANT.: *Al suono di quel campanellino che si suona all'altare, all'elevazione del Signore*.

809.

Scampanìo, Scampanata.
Scampanellio, Scampanellata.
Scampanata, Urlata.

— *Scampanata*, l'atto; *scampanio*, il suono. Lo scampanio pare più importuno e lungo o frequente. Differenze analoghe porrei tra *scampanellio* e *scampanellata*.

Scampanata anco dicesi quel che i Francesi *charivari*; ma se di schiamazzi senza suono; o di strumenti discordanti o rumorosi, o di padelle e pajuoli e arnesi somiglianti, sarebbe *urlata* o simile. Il senso intero e proprio e storico del francese *charivari* agl'Italiani manca, che lo fanno più per burla da chiasso, che non per beffa vituperosa. Ed è povertà onesta e bella. — A.

810.

CAMPANONE, CAMPANACCIO.

Il primo, grossa campana; il secondo, quel campanello, più o men grosso, che mettesi al collo delle bestie nelle gregge e negli armenti. Nel traslato, un cicalone che mai non finisce di dire, si suole chiamar *campanaccio*.

In un concerto di più campane suol esserci il *campanone*. Suonare il campanone, è far rumore di jattanza o d'altro, importuno. In Piemonte è diventato voce storica quasi come lo statuto.

811.

CANCRENA, CANCHERO.

Canchero o *cancro* è, propriamente, il tumore o l'ulcere; *cancrena* è, ben dice la Crusca, tutta la parte mortificata intorno all'ulcere o al tumore, la quale va sempre più dilatandosi.

In traslato, *canchero*, *cancherino*, *cancheraccio*, uomo o donna pien di malanni, o fastidioso e incomodo; e di strumento, come d'oriuolo, p. e., che valga poco e serva male, dicesi ch'egli è troppo canchero, ch'egli è un cancherino.

Diciamo *cancrena* le ulcerose malattie dell'anima, ed anche gl'interni vizii che rodono le società. La corruzione di quelli che governano è cancrena allo Stato.

812—813.

CANCRO, CANCHERO.
GRANCHIO, GAMBERO.

812.

Granchio, Gambero.

I.° Il *gambero* è più piccolo del *granchio*. Gamberi, certi piccoli crostacei d'acqua dolce o marina, che granchi non sono (1).

II.° Rosso come un gambero (2); far come il gambero, che dà sempre addietro (3), son modi vivi, dove famigliarmente non si dice granchio.

III.° *Gambero* può avere il diminutivo *gamberetto*, che *granchio* non ha. Ben si potrebbe dir *granchiolino* (4).

IV.° Nel traslato: *pigliare un granchio*, commettere uno sbaglio; *pigliar de' granchi*, avere il granchio al borsellino, esser avaro (5); *farsi un granchio a secco*, stringersi un dito tra legno e legno, tra sasso e sasso, o altrimenti, sì che vi rimanga un segno; o *pigliare un granchio a secco*, pigliare sbaglio non leggero; che è dunque più del semplice *prender un granchio*.

V.° *Granchio*, quell'intormentirsi che fa mano o piede. Senso non proprio di *gambero*.

VI.° Il Cecchi usò *granchiessa*, che non è della lingua vivente, ma che può venir necessario; nè sarebbe inutile *gamberessa*. E nella favola nota della madre che rimprovera al gambero figlio di non camminare a dovere, ci cadrebbe.

In letteratura e in politica tutti possono pigliare de' granchi; ma c'è di quelli che assumono per uffizio di ridurre gl'ingegni e le faccende alla similitudine de' gamberi; e costoro non sono nè i meno onorati, nè i meno ingegnosi.

813.

Cancro, Canchero.

Cancro è un de' segni celesti. E *cancro* è la nota malattia; più comunemente *canchero*.

814.

CANNELLA, CANNELLO, CANNELLE.

Cannella è il piccolo doccione de' condotti (1); *cannella* è il legno bucato a guisa di bucciuolo di canna, per attingere il vino dalla botte (2). *Cannello* dicesi di varie cose che hanno forma di bucciuolo di canna, e anco differente (3); come: cannello di china, di cannella, d'argento (4), di carbone (5), di zolfo, di nitro. *Cannello* è anco quel pezzuolo di vera canna che, tagliato tra l'un nodo e l'altro, serve a diversi usi ne' lavori di drappi o di panni; per esempio: per tessere, al cannello s'avvolge il filo, e si va mano mano svolgendolo, nell'atto di mandare la spola.

Cannelle, quelle per le fognature, da fognare terreno acquitrinoso; piccole e grandi, secondo che sono maestre le fogne o no. Il nome italianissimo attesta che la cosa era qui nota innanzi che ci venisse lo straniero *drainage*. E a cosa simile accenna Virgilio, con bellezza di suoni e di numeri che infonde vita di spirito nella corporea natura: *Aut lapidem bibulum, aut squallentes infode conchas: Inter enim labentur aquæ, tenuisque subibit Halitus, atque animos tollent sata.*

815.

CANNICCIO, GRATICCIO, STUOJA.

— Il *canniccio* non è propriamente tessuto; le son cannucce di padule legate una accanto all'altra, e che, essendo così dinoccolate, si rotolano. Nè questo ha telajo. All'opposto, quando le vere canne si stiacciano, si aprono e si tessono, si forma la *stuoja*; la quale, se si adopra per l'allevamento de' bachi, si intelaja di legno. Può dirsi: cannicci di stuoje.

Il *graticcio* è tessuto differentemente dalla stuoja; questa a spina, il graticcio alla piana; cioè in modo che il

---

(1) Il granchio si chiama, nella storia naturale, *cancer*, e il gambero *astacus*; in francese, il primo *crabe*; *écrevisse* il secondo.
(2) LIPPI: *Pareva in viso un gambero arrostito*.
(3) TRATT. EQ.: *Ritorna addietro, e fa come il gambero*.
(4) È del Pulci e del Cano; non dell'uso, ma bello.
(5) FRANZESI: *Ma s'e' granchi non ha nella scarsella, Troverà... da darne una satolla*.

---

(1) PALLADIO: *Una cannella di piombo, per la quale vi si metta l'acqua*.
(2) VARCHI: *Cavare le cannelle delle botti*. - Il Firenzuola paragona i capezzoli delle poppe alle cannelluzze d'un vaso.
(3) Per esempio, il Magalotti parla d'un cannello a chiocciola.
(4) SEGNI: *Un cannelletto d'argento, da schizzare acqua per giuoco*. - MAGALOTTI: *Il cannellino del termometro*.
(5) Del carbone dicesi *cannella* e *cannello*; ma questo è più comune nell'uso.

tessuto passa sempre sotto e sopra un solo filo dell'ordito, mentre che nell'opera a spina il tessuto s'incrocia sempre con due fili dell'ordito, e non i medesimi a ogni filare.

Il graticcio non si fa mai di canne, ma di sbrocchi di castagno, di vitalba e altre piante sarmentose e flessibili, o di rami sottilissimi (1). — LAMBRUSCHINI.

— *Graticci* son anco quelli sui quali il tappezziere batte la lana. — A.

— Di persona secca secca, dicesi, che l'è, o che la pare un graticcio. — MEINI.

Graticci anco quelli che a uso militare si fanno fortemente tessuti di vinco, da porre in terreno mal fermo per sopra edificarvi luogo di batterie.

816.
CANNONCELLO, CANNONCINO.
CANNONCETTO, CANNONCIOTTO, CANNONCIONE.
CANNONCINO, BORDONCINO.

Cannoncello, d'ordinario, piccolo tubo di terra o di piombo, che serve da condotto; *cannoncino*, tubettino molto più piccolo, di canna o altra materia. Diremo i cannoncelli, non i cannoncini d'un doccione; diremo il cannoncino, non il cannoncello d'una penna (2).

Cannoncetti, paste che si fanno in minestra, bucate in mezzo a modo di cannoncelli. Se più grosse, diconsi *cannonciotti* e *cannoncini*; e quest'ultimo diventa quasi sinonimo a *cannelloni*.

Le pennine degli uccelli hanno i lor *cannoncini*; questi cannoncini, quando cominciano a spuntare appena, diconsi *bordoncini*.

817.
CANTANTE, CANTORE, CANTATORE.
CANTANTE, CANTATRICE.
CANTERINO, CANTERINA, CANTAJUOLO.

Cantante, d'ordinario, chi fa professione o mestiere dell'arte del canto. *Cantore* non ha questo senso; ma o nel traslato significa poeta (3), o nel proprio, coloro che cantano in coro (4). C'è de' buoni cantori di coro che sul teatro riescono cattivi cantanti. Negli usi, specialmente poetici, chiunque canta è un cantore; né la prosa stessa rifuggirebbe dal dire: cantore buono, cattivo, esperto, inesperto.

Di chi si compiace nel canto, che ha il prurito, la smania di cantare, si direbbe, quasi per ironia, ch'egli è un gran *cantatore*. Non è voce della lingua parlata, ma non mi pare si debba sbandir dalla scritta.

Anche nel femminino s'usa *cantante*; ma non più *cantatrice*; *cantatrice* bensì. Questa voce ha il senso generico di *cantore* senz'averne i particolari, come quel di poeta o di cantore del coro. Ma a quelle donne, per esempio, che non ne' teatri, ma per le fiere e pe' mercati e nelle vie vanno cantando, converrà questo nome (5). Alcune cantatrici hanno voce più grata di qualche celebrata cantante.

Canterino e *canterina*, modi di cella, e in parte di vezzo; dicesi di chi ama cantare, per lo più senz'arte, e come la natura e l'affetto dell'animo detta. Quelli di per le strade diconsi altresì *canterini* e *canterine*.

Cantajuolo, l'uccello che si tiene al paretajo acciocchè alletti gli altri col canto; e li accecano; e qualche volta s'è fatto il simile de' poeti.

818.
CANTERELLARE, CANTICCHIARE, CANTACCHIARE, CANTILLARE, CANTUCCHIARE.

Il primo, più gentile; e s'userà meglio nello stile più colto. Inoltre, si canterella anche cantando o a bassa voce o alla spezzata, ma non senz'arte; il *canticchiare* è un canto quasi abbozzato, quasi una prova di cantare. Finalmente, in traslato, il cantar cose da poco, ma non male, diremo *canterellare* meglio che *canticchiare*. Molti poeti moderni canterellarono con grazia sopra argomenti di cui non avrebbero degnato di scrivere in prosa (1); alcuni tuttora canticchiano informi note sopra soggetti di cui non intendono l'importanza (2).

— *Canterellare*, cantare con voce sommessa e a riprese; *canticchiare*, cantar poco e con poc'arte; *cantillare*, voce latina non viva, usata già da Apulejo, e di cui si servì il Menzini (3) per canto di nissun pregio, peggio del canticchiare. — MEINI.

Questo *cantillare* è da lasciare che muoja. Se non vivo tal quale nell'uso, è vivo almen nella forma (e tutti lo intenderebbero) *cantacchiare*; suonerebbe: cantare male, e spesso di cose dappoco, come *pensacchiare*, e simili. Canterella la madre o la balia al bambino; il bambino canterella da sè; a sentir *canterellare* così per ispasso scopronsi di belle voci, e rivelasi l'istinto musicale. *Canterellare* è più proprio all'uomo; *canticchiare*, anco agli uccelli, segnatamente se a voce non ispiegata. Ma anche degli uccelli può dirsi *canterellare*, quand'è spiegato e più vispo. Canticchiano i verseggiatori meschini, i goffi cantacchiano. Nè sarebbe forse improprio *cantucchiare*, non però nel traslato, ma di canto d'uomo o di uccelli, quasi ammezzato, quasi principio di canto.

819—820.
CANTICO, CANTICA.
POEMA, POESIA.

819.
Cantico, *Cantica*.

Il *cantico* è più breve: cantico quel di Mosè, quel di Debora (4); *cantica*, quella di Salomone (5). Il cantico, inoltre, è più enfatico, più lirico; la cantica può essere narrativa, può discendere allo stile dimesso. Cantiche, quelle di Dante.

Ebbi con meco cantatrici e tutti i delicamenti dei figliuoli degli uomini.

(1) ALLEGRI: *Canterellar di Flora e Fille.*
(2) A *canterellare* corrisponde il *cantillo* d'Apulejo; a *canticchiare*, forse il *canturio* di Petronio.
(3) SATIRE.
(4) *Cantico* ha un altro senso tutto storico; ed era la parte nelle antiche commedie cantata da un solo, a differenza del *diverbio* e del *coro*.
(5) Questa voce italiana venne da un equivoco del volgo, che, trovando nel latino *Cantica canticorum*, lo prese per femminino; e al modo stesso si fece *maraviglia*, *mobilia*, e simili.

---

(1) BERNI: *Rami insieme sottil d'olmo compose E fe' di lor, come dire, un graticcio.* - BURCHIELLO: *Graticcio da seccar lasagne.*
(2) CRESCENZIO: *Si meni per condotto murato o per cannoncelli di piombo.* - LIB. CUR. MAL.: *Cannoncino di canna.* - LIB. PRED.: *Di paglia.*
(3) DANTE: *Il gran cantor de' bucolici carmi.*
(4) MAESTRUZZO: *Il soddiacono, ovvero lettore, ovvero il cantore.* - G. VILLANI: *Cantori cherici che uffiziavano.*
(5) BUONARROTI: *O va a voler rapir le cantatrici.* - ALBERTANO:

820.
Poema, Poesia.

Poesia, è l'arte e la facoltà e la qualità del componimento più o meno corrispondente alla natura e al fine dell'arte, e il componimento stesso; *poema*, quest'ultimo.
— *Poema*, un tempo, era anco poesia non lunga; ora dicesi o d'epico o di didascalico o d'eroi-comico. La *poesia* è, per lo più, lirica, o satirica, o simile. Poema drammatico, rado si dice, ma non è punto improprio. Scene sparse o cantate a dialoghi, chiamerei poesie drammatiche, acconciamente. Da *poema: poemetto*; da *poesia: poesiuccia, poesiaccia.* — A.

821—825.

CANTILENA, CANTO.
CANZONE, ARIA, ARIETTA.
CANZONETTA, CANZONCINA.
CANZONETTA, CANZONCINO.
ZAMPOGNA, SIRINGA, CORNAMUSA.

821.
Cantilena, Canto.

Quando la prima s'adopra in senso dispregiativo, è chiaramente distinta dall'altra; ma *cantilena* talvolta significa *canto*, non nojoso nè vile, ma semplice e un po' monotono, quali i canti pastorali, o quelli di voci non modulate dall'arte (1). In tal senso la cantilena è una specie di canto.

Questo de' suoni; se poi s'intende delle parole e dei versi, anche allora *cantilena* differisce da *canto* nella semplicità del numero e delle idee. Il canto può essere più o meno dimesso; la cantilena non tocca mai nè il patetico nè il sublime (2). Quelle della Tancia, di Menicone, di Cecco da Varlungo, si potevano chiamar cantilene. Certe rustiche cantilene che s'odono per le campagne toscane vagliono forse più di certi canti che alcuni poeti sudano per comporre, e i benevoli per esaltare.

822.
Canzone, Aria, Arietta.

Aria, ha due sensi: la musica che accompagna le parole cantabili quali che siano; e in questo senso diciamo: l'aria d'una *canzone*, bell'aria a belle parole. *Aria*, poi, vale la parte cantabile del dramma musicale, cantata per una voce sola, o con intermezzo di cori o senza; a distinguerla dal così detto *recitativo*. In questo senso, comprende la musica e le parole.

Arietta, dicesi non della musica da sè, ma della musica con le parole. Aria di dramma tragico non si direbbe arietta. Le ariette veneziane appartengono alla storia della musica come gli oratorii ed i salmi.

823.
Canzonetta, Canzoncina.

Canzoncina è più leggiadro; *canzonetta* è vocabolo profanato. Quelle che si cantano per le strade, son canzonette (3); e piaccia al cielo che non siano canzonetacce e canzonacce. Un poeta gentile fa una canzoncina degna d'Anacreonte. Questa voce non soffre peggiorativo. V'è delle canzonette facete, satiriche; le canzoncine sono d'un genere più delicato. Farebbe opera di buon cittadino chi invece delle insulse o sudicie canzonette dal volgo cantate per le pubbliche vie, gli mettesse sulle labbra qualche affetto gentile, qualche nobile verità, o piuttosto lo ispirasse e incuorasse ad esprimere in sue proprie parole quelli che sente di suo. *Canzonetta*, non riguarda direttamente la lunghezza; c'è delle canzonette non brevi; canzoncina lunga par non si possa imaginare. Quando io dico *canzonetta*, sottintendo, per lo più, l'aria che l'accompagna (4); idea che non è tanto compresa nell'altro vocabolo.

Siccome famigliarmente dicesi, di chi dice cose importune, massime se le ripete, che canta una canzone, in senso simile potrebbesi: voi mi ridite sempre la medesima canzonetta; ha intonato una certa canzonetta...., qui *canzoncina* non pare ci cada.

824.
Canzonetta, Canzoncina, Canzoncino.

Canzoncino, non è, a quel ch'io sappia, della lingua parlata, ma è voce leggiadra da non rifiutare. Par non si dica, se non di piccola canzone cantata; e in ciò pare ch'abbia senso più determinato e più particolare di *canzonetta* (2). Inoltre è diminutivo più gentile; ancor più gentile *canzoncina*. Opera d'arte si dirà *canzoncina*; la popolare non forse così acconciamente. Al gusto dello scrittore spetta sentire e far sentire la sottile differenza che l'opportunità viene a porre tra vocaboli così affini.

825.
Zampogna, Siringa, Cornamusa.

— *Zampogna*, sufolo di canna. *Siringa* (noto abbastanza, ma usato poco, perchè poco s'usa l'istromento) è composta di più tubetti di canna, di differente altezza e diametro, e perciò di vario suono. *Cornamusa*, l'istromento di pelle coi piffari che suonano i montanari. — LAMBRUSCHINI.

826—827.

CANTO, CANTONATA.
CANTONE, ANGOLO, COCCA.
ANGOLARE, ANGOLOSO.

826.
Canto, Cantonata.
Cantone, Angolo, Cocca.

Canto, un angolo qualunque; *cantonata*, l'angolo esteriore d'un edifizio, specialmente nelle città (3); giacchè in un luogo deserto o solo affatto, io non so se si direbbe: la cantonata d'una casa o d'una fortezza. Il canto, dunque, è tanto interno quanto esterno, in qualunque siasi oggetto, in qualunque siasi spazio, o grande o piccolo (4); la *cantonata* è I.° in un canto esterno; II.° delle fabbriche; III.° e non di tutte.

---

(1) Il Buonarroti, nella *Fiera*, chiama *cantilene* quelle delle mamme alla culla.
(2) *Cantilena* chiama Dante i canti celesti; modo non imitabile, ma che ha ragione, nel senso non ignobile del *cantilena* latino.
(3) G. VILLANI: *Allora per questa ragione si fece una canzonetta, che disse....* Qui canzonetta popolare.

TOMMASEO, *Diz. dei Sinonimi.*

(1) BOCCACCIO: *Alcune canzonette dalle donne cantate.* - FIRENZUOLA: *Strofinandomi gli occhi per armargli alle veglie, e trastullandomi con alcuna canzonetta.*
(2) Vedi gli esempi della Crusca.
(3) BUONARROTI, Fiera: *Si pubblichi l'editto, e là s'attacchi Dove fan cantonata le prigioni.*
(4) BOCCACCIO: *In un canto della camera. Canto* dicesi inoltre il capo di strada; onde in Firenze si sente a ogni tratto: al canto agli Aranci, al canto alle Rondini, al canto agli Alberti, dalle strade così nominate.

Abbiam detto che il *canto* è un *angolo*; ma *canto* può indicare in generale un lato, una banda qualunque (1); e allora n'è chiaramente distinto. Poi, *angolo* dice meglio la forma del canto; *canto*, lo spazio dell'angolo. Diremo che due muri fann'angolo, non fanno canto (2). Diremo: ritirata in un canto; e sebbene si dica anco: ritirata in un angolo, la prima voce è più popolare, più semplice e più comune ne' buoni scrittori.

C'è però de' casi che *angolo* è da prescegliere a *canto*, come quando diciamo: nell'angolo d'un paese, d'una provincia, che non si direbbe, nel canto (3). Così: libro appiattato in un angolo della biblioteca; composto chimico dimenticato in un angolo del laboratorio; ove *angolo* significa luogo fuor della vista.

Cantone, in alcuni luoghi dicesi invece di *canto*; ed ha esempli d'autori. Ma questo accrescitivo non mi pare il più proprio nè il più elegante del mondo; quando si può dire *canto*, nel senso di angolo interno; e d'esterno, *cantonata*. Se però si volesse nell'uso famigliare ritener questa voce, certo non ispregevole, si potrebbe destinarla ad uso un po' differente da quello delle altre due nominate.

Chi sta ritirato verso un angolo d'una stanza o d'altro luogo, diremo che sta in un canto; chi vi sta proprio nell'angolo stesso vicino al muro, in un cantone. Onde il traslato: esser messo in un cantone; che vale: essere trascurato, posposto, disprezzato, come avviene d'ordinario ai poveri vecchi, alle suocere. Si mettono al cantone i ragazzi insolenti. *Canto* può dirsi anco dell'angolo esterno; *cantone*, di spazio dove non sia angolo, o di spazio alquanto lontano dall'angolo, non si direbbe.

Cantoni, in altro senso, diconsi que' sassi grandi, collocati o da collocare nelle cantonate delle muraglie (4).

Cocca è l'angolo che fanno i panni piegati. Le estremità di una giubba son cocche. Quando in una pezzuola si ripone qualcosa, s'accostano per portarla le quattro cocche di quella, che dicesi appunto *accoccare*.

827.
Angolare, Angoloso.

Angolare, ch'ha uno o più angoli, o ch'è posto in angolo; *angoloso*, che presenta molti angoli: forma angolare; pietra angolare; corpo angoloso. - Corpo angolare non si direbbe, nè forma angolosa.

828—829.
CANTUCCIO, CANTUCCINO, ANGOLETTO, CANTINO.
TOCCARE UN CANTINO, UN TASTO, UNA CORDA.
CANTUCCIO, ORLICCIO.
CROSTELLO, CROSTINO.

828.
Cantuccio, Cantuccino, Angoletto, Cantino.
Toccare un cantino, un tasto, una corda.
Cantuccio, Orliccio.

Cantino è la corda del violino o altri strumenti, posta in ultimo luogo, di suono acutissimo. Nel traslato: toccare un *cantino*; ed è simile a *toccare un tasto*: entrare cioè in una materia che risvegli certa impressione nell'animo altrui. Toccare un tasto, è meno famigliare dell'altra, e più generale; toccare un cantino, è toccare un tasto più delicato. Chi fa cenno d'un fatto, d'un oggetto qualunque, si dice che tocca un tasto o un tono bene, più o meno a proposito; l'altro modo riguarda, abbiam detto, l'impressione che quel cenno risveglia, il motivo ch'esso dà a nuovi fatti e discorsi. In questo senso dicesi anche *toccare una corda*, ed è più nobile; ma non esprimerebbe così al vivo la cosa, quando si trattasse d'indicare l'effetto d'irritazione e di stizza prodotto da un discorso nell'animo altrui. Ben si direbbe trattandosi di un'impressione di dolore, di malinconia, di pietà, di terrore. Non già che sia improprio dire: toccare una corda, ove parlisi di sentimento acre; ma toccare un cantino, di sentimento malinconico, non si direbbe.

Cantuccio può essere semplice diminutivo di *canto* o d'*angolo*. Dicesi anche *cantuccino*; se non che questo secondo, di spazii più piccoli. Si dirà: confinato nel cantuccio d'un paese (1); stretto in un cantuccino d'una casa, d'uno stanzino. *Cantuccio*, in Toscana e altrove, dicesi l'oriccio del pane; se non che l'*orliccio* può essere in altra parte che nel cantuccio. Certi dolci da inzuppare affettansi e si biscottano; e quelli dai due canti direbbersi bene *cantucci*; ma, tranne questo significato particolare, quando si tratti d'esprimere la parte angolosa di corpo non grande, gioverà dire *angoletto*.

— *Cantino* dicesi ancora famigliarmente l'angolo prediletto di una stanza, ove ad alcuno piaccia, quasi per vezzo, rincantucciarsi. La gentil femminetta, per farsi più desiderare dalla compagnia, andrà a porsi in un cantino; la vecchierella siede abbandonata in un cantuccio. — CAPPONI.

829.
Crostello, Crostino.

— *Crostello*, di pane asciutto; e fa *crostellino*. *Crostino*, di pane arrosto, e con gli uccelli, e co' tartufi; o solo, per intingere. — A.

830—831.
CAPELLI, CAPIGLIATURA, CAPELLIERA, CHIOMA, CHIOME, CRINIERA, CRINO, CRINE, CRINI.
CRINE, CRESTA, VETTA.

830.
Capelli, Capigliatura, Capelliera, Chioma, Chiome, Criniera, Crino, Crine, Crini.

Capelliera dice la foltezza della capigliatura; *capigliatura*, la qualità della capelliera. Chi ha molti capelli e lunghi ha una bella capelliera (2); chi gli ha fini e lucenti, ha bella capigliatura (3). I capelli tosati non fanno capelliera; ma anche così mozzi sono una capigliatura più o meno gentile.

---

(1) Onde diciamo: dall'un canto, dal canto mio, accanto, e simili. Deriva da *canthus*, cerchio della ruota; che poi venne a indicare qualunque estremità; poi qualunque lato.
(2) G. VILLANI: *Ivi il muro fa.... angolo.* Non si parla del senso matematico d'angolo; perchè troppo chiaramente distinto.
(3) DAVANZATI: *In quest'angolo di Britannia.* - CICERONE: *Angulo Italiae.*
(4) Nè solo le pietre, ma così si chiamano anco i mattoni da porsi ne' canti, e certi parallelepipedi formati di calcina e ghiaja minuta; che è quello che lo Zannoni, nell'ingegnosa sua illustrazione del marmo puteolano, trova che in latino si chiamava *cæmenta*.

(1) LIB. VIAG.: *Confina con un cantuccio alla Giudea.*
(2) STORIA AJOLF.: *Uomo tutto peloso, con una capelliera e gran barba.* I Latini avevano *capillamentum* e *capillago* e *capillatio* e *capillitium* e *capillatura*.
(3) La Crusca non nota il vivente *capigliatura*, ma *capellatura*, antiquato.

I capelli son proprii dell'uomo; il *crine*, di certe bestie; *chioma*, e di certe bestie e dell'uomo. *Crine*, in poesia, anche dell'uomo; ma non in prosa; e nel verso ancora, dov'è possibile evitarlo, meglio è.

Capelli, inoltre, ha usi suoi proprii: mettersi le mani ne' capelli, strapparsi i capelli, pigliarsi pe' capelli, aver le mani ne' capelli a uno, tirar pe' capelli, arricciarsi i capelli; dove, nell'uso ordinario, non si suol porre nè *chioma* nè *crine*; perchè ne' modi notati, non si riguarda quel complesso de' capelli che forma la chioma, ma si riguardano quasi alla spicciolata. *Chioma* è l'insieme de' capelli tutti (1); onde il Maestruzzo: « Nutricava la chioma e portava i capelli lunghi. » E il Petrarca: « Non ho tanti capelli in queste chiome. »

Altro è dunque recidersi la chioma, altro tagliarsi i capelli. Questo fa chiunque li abbia lunghi; quello, le monache, certi frati, i Turchi, le ebree.

Chioma, inoltre, ha traslati suoi proprii (2).

Capelliera è affine a *chioma*; *capigliatura*, a *capelli*. Ma non si direbbe: recidersi la capelliera; nè bella chioma esprime la foltezza e la lunghezza così bene come bella capelliera. E similmente, sebbene si possa dire: una bella capigliatura, e bei capelli; pure la prima ha non so che di più generale. Dirò, per esempio, che una persona ha i capelli assai fini; e dirò che in certi popoli la qualità della capigliatura è indizio della razza (3). Così i modi notati sopra, in cui s'usa *capelli*, non soffrirebbero l'altro affine.

Chioma e *chiome* parrebbe tutt'uno, salvo la differenza dell'uso poetico; e certo il secondo è da lasciarsi alla sola poesia, quando si tratti d'una sola persona. Pure nella poesia stessa c'è de' casi in cui *la chioma* non è promiscuo con *le chiome*. Non si direbbe, io credo: recider le chiome, così comunemente come dicesi: le bionde chiome; e i petrarchisti lo sanno, che nelle chiome ponevano gran parte della bellezza muliebre, non tanto forse perchè così sentissero, ma perchè così l'imitazione imponeva. Parlando d'un albero solo, si dirà meglio *la chioma*; ma ben chiamò il Martelli la messe: « Le bionde chiome dell'aperte campagne (4). »

Chioma, e del leone e del cavallo e dell'uomo. *Crine*, e del cavallo (5), e, per estensione, anche d'altri animali (6). *Crino*, in Toscana, è il crine di cavallo staccato e adoperato in varii usi. *Crine*, singolare, può denotare e un solo pelo del capo (7), e tutti; *crini*, plurale, può denotarne e pochi e tutti insieme.

Criniera è l'insieme dei crini del cavallo o d'altro animale che in ciò gli somigli; e differisce da *crine*, come *capelli* da *chioma*. E se *crine*, talvolta, dicesi poeticamente dell'uomo, *criniera* non mai, se non forse per celia.

831.
Crine, Cresta, Vetta.

In Toscana dicono: i crini de' poggi. La *cresta* è più alta sommità; e par si figuri sola una. Le vette posson essere più; e vestite o ignude; e più erte e acute de' crini, più larghe delle creste. *In vetta*, diciamo, e *sulla vetta*. Poi questo ha altri sensi.

832—840.
CAPELLIERA, Zazzera, Treccia.
In zazzera, In zucca, In capelli.
Zazzerone, Parruccone.
Riccio, Ricciolo, Cirro, Zazzera, Chioma, Capigliatura,
Arricciare, Arricciolare.
Ciuffo, Ciuffetto, Ciocca.
Ciuffo, Ciocca, Anella, Cernecchio.
Codino, Codina.
Cuffia, Cuffino, Cresta, Berretta.
Berretta, Berretto, Berrettone.

832.
Capelliera, Zazzera, Treccia.

— *Zazzera*, capelli lunghi e folti. La parrucca può essere zazzera; capelliera non è. — GATTI.

— E la *treccia* e la *zazzera* possono essere posticce; è naturale la capelliera. Si può aver bella zazzera, bella treccia, e non però bella capelliera; perchè si può non aver molti capelli sul davanti del capo, ed essere li anche del tutto calvi (1). — POLIDORI.

833.
In zazzera, In zucca, In capelli.

— *In zazzera* dice una foggia di portare i capelli che fu comune ai nostri antichi, e adesso de' preti, e d'altri pochissimi. *In zucca*, a capo scoperto; e dicesi degli uomini (2). *In capelli* vale il medesimo; ma è proprio delle donne, e denota anche un modo di acconciarsi il capo con molt'arte, sì che appaja tutta la bellezza, vera o accattata, della capigliatura. — POLIDORI.

834.
*Riccio, Ricciolo, Cirro, Zazzera,
Chioma, Capigliatura.
Arricciare, Arricciolare.*

— *Zazzera* è quantità di capelli che discendono non senz'arte; la *capigliatura* non sempre è artifiziosa nè sempre sì lunga; è quantità di capelli che discendono naturalmente su tutte le parti della testa. *Cirro*, non della lingua parlata, è lo stesso che riccio. La zazzera e la capigliatura non son sempre ricciute. *Chioma*, d'ambedue i sessi; *zazzera*, dell'uomo; *chiome*, degli animali; *chiome*, degli alberi. *Chiome*, i raggi anteriori degli astri; *chioma*, la capellatura o lunga o corta, intiera o no; così chioma de' vecchi canuti, meglio che *capigliatura*. — NERI.

— Invece di *riccio*, anche *ricciolo*, da cui *ricciolino*. Ma l'*arricciarsi* de' capelli per timore, stupore o malattia, non si dirà *arricciolare*, come il raccogliersi della capigliatura in riccioli per natura o per arte. — A.

---

(1) Servio dice che *coma*, propriamente, era i capelli non tagliati; questa proprietà non s'osserva comunemente; ma che *chioma* dica l'insieme de' capelli, par che l'indichi il passo di Cicerone: *Madenti coma*, composito capillo.

(2) Villani: *Chioma d'una cometa*. - Dante: *Chioma degli alberi. Chioma della rocca.*

(3) Boccaccio: *Riconoscere alla crespa capellatura.*

(4) Ovidio: *Gelidusque comas arrexerat horror.* - Columella: *Telluris coma.*

(5) Boccaccio: *Toccandole i capelli, disse: Questi siano belli crini di cavalla.* - Tasso: *Scherzan sul collo i crini.*

(6) Dante, delle Furie: *Serpentelli e cerasle avean per crine.* -*Chioma* del leone è usato da Gellio.

(7) Petrarca: *Di quella bionda testa svelse morte Un aureo crine.* - Virgilio: *Flavum vertice crinem abstulerat.*

---

(1) *Treccia* è una parte della capelliera: un ciuffo intrecciato di lunghi capelli. *Trecce*, poeticamente, l'intera capigliatura di donna. - A.

(2) Davanzati: *Senatori in zucca.*

835.
Zazzerone, Parruccone.

— *Zazzerone* è semplicemente aumentativo di *zazzera*; *parruccone* si potrebbe usare anche per lunga capigliatura naturale, ma sarebbe un po' forzato, e rammenterebbe, anche senza volere, il significato suo proprio nell'uso, che è di persona grave, di vecchio magistrato, di vecchio signorone; e si adopera sempre con un po' di sapore di burla o di beffa: dacché tu hai cominciato a salir le scale di Palazzo vecchio, e bazzicare con que' parruconi, hai messo il pelo nel cuore, fu detto a un giovane impiegato. — BIANCIARDI.

836.
Ciuffo, Ciuffetto.
Ciuffo, Ciocca.

Ciuffetto può essere voce più di vezzo o di celia. Poi, quella parte di capelli che, per qualunque siasi ragione e in qualunque modo si legano, non sulla fronte, in cima al capo, in forma di ciuffetto, non si chiameran *ciuffo*, se non siano ben molti (1). Alcuni popoli si lasciavano un gran ciuffo dinanzi, per coprirsene e apparir più terribili nella ruffa; altri si fanno un ciuffetto sul cocuzzolo del capo. *Ciuffo*, non *ciuffetto*, nelle piante, si dice una ciocca, per lo più, sulla vetta del ramo o del gambo.

La *ciocca* de' capelli può essere e più o meno del ciuffetto; ma è men del ciuffo; può cadere da' lati. Da *ciocca*: *ciocchettina*; suona meglio che *ciocchetta*. Da *ciuffetto*: *ciuffettino*, meglio che *ciuffino*.

Prendere per il ciuffo, per estensione, è prendere, in genere, per i capelli; ma, per lo più, in modo non carezzevole, se già non si facesse per chiasso; chè a certuni il malmenare è carezza; onde segue l'aversi a male e l'abbaruffarsi davvero. Nel figurato, *prendere per il ciuffo*, se non si dice della Fortuna, ha senso d'assalto e d'offesa. E già la Fortuna stessa, quale ce la fingiamo, è nemica nostra, più da temersi allorché arride più.

837.
Ciuffo, Ciocca, Anella, Cernecchio.

— *Ciocca*, mucchietto di capelli o di peli o di foglie; ha senso più largo di *ciuffo*, ch'è una o più ciocche nella parte anteriore del capo (2).

Cernecchio è la ciocca che pende dalle tempia agli orecchi, e, per lo più, indica capelli brutti e incolti. Sul capo di bella donna cernecchi non sono; ma quando gli anni lo han dispogliato, non vi resta che due miseri cernecchi.

Ciocca è un qualche gruppetto di capelli in qualunque parte del capo. La ciocca, inoltre, è di ogni sorta di peli; anco di bestie, per traslato, di piante; il cernecchio non così. La ciocca può essere distesa e liscia; le *anella* de' capelli son sempre raccolti in quella forma che il nome dice. Qualunque sia chioma ha ciocche; non ogni chioma è inanellata. De' peli degli animali, per attortigliati che stano, non si direbbero *anella*.

Cernecchio include l'idea di arruffato. Le ciocche delle tempie pettinate e acconciate non si direbbero *cernecchi*, se non per disprezzo. — LAMBRUSCHINI.

---

(1) LIB. SON.: *In capo un berrettin rotto nel letto, Che dal cocuzzo uscisse un buon ciuffetto.*

(2) BOCCACCIO: *I biondi capelli con vezzose ciocche sparsi per le candide spalle.*

838.
Codino, Codina.

I.º *Codino* è più del linguaggio faceto. II.º Può essere più corto; un fil di capelli, per poco che sia, fa *codino*. Coda non grande di bestia, si dirà meglio *codino*: codina di cavallo, codino d'uccello. Se l'uso, che qualche vecchio conserva tuttavia del codino, sia indizio di costanza e di antica semplicità, o di pertinacia e di grettezza di mente, sarebbe quistione difficile a ben decidere.

III.º La piccola coda dei porri, delle vesti, si dirà piuttosto *codina*, o fors'anco *codetta*. *Codino*, d'uomo, è voce storica del 1848, e non è la più bella creazione di quell'anno che tante cose disfece, e nessuna da vero creò.

839.
Cuffia, Cuffino, Cresta, Berretta.

— *Cresta*, de' polli; cresta, de' cimieri; per metafora, *cresta* di monti, e cresta per superbia. *Cresta*, abbigliamento delle donne con gala; onde *crestaja* chi lavora di berretti e cappelli da donna. Ma *cresta*, in questo senso, è disusato, e si direbbe per celia o per disprezzo. L'abbigliamento del capo, a Firenze, dicesi *berretta*; e ve n'è con gala e senza, di varia e più o men fine materia, con più o men fronzoli o nastri. In antico, la berretta senza gala e di panno o d'altra roba ordinaria, dicevasi *cuffia*. Oggidì *cuffia*, a Firenze, è il velo che, appeso alla berretta o alla tesa del cappello, scende sul viso, o può essere gittato dietro le spalle o da banda. In altri dialetti toscani, *cuffino*. La berretta usata dalle nostre avole si dirà sempre *cuffia*, nel vecchio senso a cui corrisponde ora *berretta*. E così si dice in molte provincie d'Italia.

Cuffia, poi, dicono il calice de' muschi. Ed: uscire per il rotto della cuffia, è frase dell'uso. — NERI.

840.
Berretta, Berretto, Berrettone.

La *berretta*, a' dì nostri, è, più d'ordinario, quella delle donne e de' preti; il *berretto*, da uomini: berretta di trine; berretta la notte. Quel de' giudici è pure *berretto*; quelli che portansi per viaggio, che si annodano e si abbottonano sotto il collo, che son di pelle, o di velluto, o di panno, secondo la grossezza, la forma e la qualità, son berretti o berrettoni. *Berrettone*, quel de' soldati, nell'uso toscano.

841—842.
CAPELLUTO, CRINITO, CHIOMANTE, CHIOMATO, SCHIOMATO. CODUTO, CODATO.

842.
Capelluto, Crinito, Chiomante, Chiomato, Schiomato.

Chiomante, d'alberi o d'altre piante (1); *chiomato*, specialmente degli uomini, e non son voci dell'uso comune, ma di senso chiarissimo (2).

Capelluta (3) si potrà dire anco una parrucca, nè si direbbe *chiomata*. *Chiomate* anco certe bestie, non già *capellute*.

Crinito, d'uomini, è men comune; ma *stella crinita*

---

(1) SALVINI: *Lauro e mirto, sempre verde e chiomante.* - VIRGILIO: *Sera comantem Narcissum. - Puberibus caulem foliis et flore comantem Purpureo.*

(2) *Chiomato*, ai botanici, una sorta di pappo, come quel dell'albero della seta.

(3) *Lodola capelluta* dicesi per forma di similitudine, che nel caso nostro non fa eccezione.

diciamo, e anche *chiomata*, e le Furie *crinite di serpi*, o *anguicrinite*. Alcune nazioni gli antichi intitolarono *chiomate*; e *chiomato sire* chiama Carlo Magno il Manzoni.

Schiomato chi ha perduta tutta la chioma o parte; gli altri non hanno simile contrapposto.

842.
Coduto, Codato.

— *Codato*, che ha la coda; *coduto*, che l' ha grande o folta. Il secondo non è parlato, ma dice cosa dall'altro non detta così per l'appunto. — ROMANI.

843—846.
CAPO, TESTA, TESCHIO.
CAPO GROSSO, CAPONE, GRAN TESTA, TESTONE.
COLLO, CERVICE, NUCA, OCCIPITE.
COLLO, CERVICE, COLLOTTOLA.
NUCA, COLLOTTOLA.

843.
Capo, Testa, Teschio.
Capo grosso, Capone, Gran testa, Testone.

— *Testa*, la parte anteriore, che comprende la fronte. Un contadino, domandato da me se gli doleva il capo: no (disse) mi duole la testa. Altri li confondono quanto al dolore; ma di percossa o ferita, nessuno direbbe: ho battuto il capo, mi son ferite nel capo, se la parte offesa è dinanzi. Gli è perchè la parte anteriore del capo (cioè la fronte e quella parte del cranio che suol divenire calva) somiglia a un vaso di terra veduto dalla parte di fuori. — LAMBRUSCHINI.

— *Testa* suole riguardarsi come la sede del pensiero; chi dice *capo*, sembra considerare il posto di esso in cima al corpo, o la preminenza sugli altri membri. Anche i traslati di *capo* o stanno per indicare una estremità qualunque (capo di matassa; andare, stare in capo al mondo); o indica autorità (capo di famiglia, parte). Quest' ultimo senso è anche ne' derivati: *capitale*, *caporione*, *capoccia*, *capitano*, e simili. Un *capo grosso* è di mole oltre l'ordinaria; *capone* (di persona) ha senso morale, ma denota la qualità di mente piccola. Uomo di mente comprensiva si chiamerà una *gran testa*; e, nel linguaggio più famigliare, alcuna volta un *testone*; che però può dire il contrario. *Capo* si piglia anche per mente o indole, ma sempre bensì con intenzione di spregio e di celia: capo ameno, bizzarro, ed altri di questa fatta. Il pittore ha una bella testa; il parrucchiere, un bel capo. *Capitazione* è censimento d'uomini; ma questi si contano per teste; gli animali e le cose, per capi; però, *testatico* quella tassa che pagasi secondo il numero delle teste. E udii l'altro giorno, che per certo desinare veniva assegnato un pollo a testa, e i polli costavano un tanto per capo. *Capo*, nel linguaggio mercantile, è un pezzo di manifattura, una cosa posta in vendita. Uno di quei mercanti famosi che alimentano con le galanterie parigine l'uggiosa inerzia de' signori, dirà, mostrando la più grottesca tra le rarità della bottega: questo è un bel capo, un capo da par suo (1). — CAPPONI.

— Ha il capo vuoto chi dal gran dolore non se lo sente

---

(1) *Capi di roba*, anco quelli che non son da comprare o da vendere. Tanti capi di roba dati in bucato, tanti da fare per gli usi di casa.

più quasi, a chi il capo non dice il vero; ha la testa vuota chi ha poco giudizio, chi non connette gran cosa, chi in quel tal momento non ha le idee o le parole pronte.

Testa dà più diretta l'idea d'una parte del corpo; *capo*, d'una estremità. La testa è il tutto, dal collo in su; il capo può non essere se non la parte superiore della testa. Così diciamo: mettere in capo, sottintendendo il cappello. *Teschio* è, d'ordinario, testa divisa dal busto, o testa di morto (1). — ROMANI.

— Pel nostro popolo, la parola *capo* significa il tutto. La parte anteriore la chiamano la *testa*; la posteriore, la *memoria*. D'un bambino che casca e batte la nuca, dicono: ha *battuto la memoria*. — LAMBRUSCHINI.

844.
Collo, Cervice, Nuca, Occipite.

— Da *occipite* (2) deriva l'osso occipitale; *nuca* è più comune nell'uso. *Cervice* è la parte posteriore del collo sotto la nuca. — MOJON.

Cervice (3) ormai è del verso. Se non che l'uso l'ammette nel modo biblico: « Popolo di dura cervice. »

845.
Collo, Cervice, Collottola.

La *collottola* è la parte di dietro del *collo* sotto la nuca, e dicesi specialmente d'uomo; *cervice*, anco di bestia. Diciamo: far collottola, per ingrassare; perchè segno della grassezza del corpo tutto è la maggior pienezza di quella parte del collo.

846.
Nuca, Collottola.

— *Nuca*, la fossetta dietro fra il capo e il collo. *Collottola*, la parte di dietro del collo; ma s'usa soltanto in senso scherzevole; così diciamo: egli è andato in campagna a far collottola. Che belle collottole hanno quei frati di S. Marco! non l'aveva sì bella il Savonarola.

La gola col pomo d'Adamo, la canna della gola, la fontanella, sono le parti davanti del collo. — BIANCIARDI.

847—848.
CAPO, TESTA (al traslato).
CAPO, SOPRACCAPO.

847.
Capo, Testa (al traslato).

— Nel traslato, *testa* s'associa meglio a idee di posto, d'ordine; *capo*, di superiorità e dipendenza. Essere alla testa, non è sempre tutt' uno che essere il capo, o a capo.

Testa esprime la precedenza materiale; *capo*, la direzion virtuale. Il capo d'un partito mette sovente alla testa delle faccende un uomo più coraggioso che cauto. Egli intanto va operando in secreto. — GIRARD.

— *Testa* par ch'indichi spazio alquanto maggiore. Diciamo: testa, e capo del ponte; ma non diremo: sedere in testa del ponte, sibbene: al capo, o in capo del ponte. Non diremo: guadagnare, combattendo, il capo del ponte, ma sì: la testa.

---

(1) DANTE: *Il teschio misero* (di Ruggieri). - BOCCACCIO: *Un teschio d'asino in su un palo*.
(2) *Occipizio*, che pur è voce quasi da scherzo. - MINZONI: *Pregate almen che dentro all' occipizio Mi resti un centellino di giudizio*.
(3) Anco a' Greci αὐχήν era la cervice; δέρη il collo, o δειρή.

Così diciamo: capo del letto, capo di scala, perché lo spazio non è grande, e perché in que' due modi si vuole indicare piuttosto l'estremità che la parte d'un tutto. — ROMANI.

848.
Capo, Sopraccapo.

Capo denota meglio superiorità estrinseca, ricompensata, talvolta (quasi direi) materiale; *sopraccapo*, direzione, vigilanza, anco mera custodia, virtuale, morale. Anco i capi han di bisogno d'un sopraccapo; e guai se di tale necessità non s'accorgono, se non lo soffrono. Il sopraccapo può essere un vostro pari, uno o di molti minori, la moltitudine de' soggetti. C'è de' capi che non sanno fare l'uffizio di sopraccapi; c'è de' corpi che possono più o men lungamente vivere senza capo, ma il sopraccapo è più necessario ad essi. Il fanciullo, il giovane, la donna che non ha sopraccapo, cioè un'autorità alla quale inchinarsi, senza timore ma con riverenza, risicano d'errare o di traviare. Al sopraccapo non sempre è necessario obbedire, come al capo; basta essere disposto ad ascoltarlo all'occorrenza; basta sapere che c'è. In molte delle società moderne gli artieri hanno capi, non hanno sopraccapo; quindi il pericolo sempre più minaccioso. *Sopraccapo* ha sempre buon senso; potesse così averlo *capo*!

849.
CAPO (SENZA), SENZA TESTA, ACEFALO, ERME.

— *Acefalo* è il nome scientifico. Feto acefalo, insetto acefalo, cioè, che tale apparisce. Gli altri due modi han senso traslato. Uomo *senza testa*, che ha poco senno; esercito, repubblica *senza capo*. — A.

— *Erme* dicevansi le antichissime e informi statue di Minerva e di Mercurio, senza braccia e senza gambe; quelle di Mercurio piantavansi anche in terra per termini. — ZECCHINI.

Gli antichi, agli usi della vita congiungevano imagini di religione e di bellezza; questa nobilitavano con quella, quella con questa insinuavano più gradevolmente negli animi.

850.
CAPO, CAPITOLO, CAPITOLETTO.

Quelle divisioni in cui sono distribuite, molte volte a sproposito, le orazioni di Cicerone, si chiamano *capi*, non *capitoli*; e in capi, non in capitoli, distribuisce le sue prediche il Segneri. Tutte coteste divisioni, usitate specialmente nelle edizioni de' classici, diconsi *capi*.

Ma negli scritti moderni tanto si dicono *capi* quanto *capitoli*; anzi il secondo pare oggidì più comune. Certi romanzieri italiani, fedeli al fare dello Scott, crederebbero di peccare non dividendo un romanzo in capitoli. Dice il Fielding che un libro non distribuito in capitoli, o in altre simili divisioni, apparisce come un mar senza rive, uguale, e quasi terribile.

Quelle divisioni nelle quali s'articola testamento, scritta, convenzione qualunque, si dicono più propriamente *capitoli*.

Una composizione in terza rima soleva un tempo chiamarsi *capitolo*.

Nel diminutivo converrà necessariamente dire *capitoletto*; giacché *capino* e *capetto* hanno altro senso.

Finalmente, delle divisioni d'uno scritto, quand'anco in principio di esse fosse scritto *capo*, converrà in certi luoghi dir *capitolo*. Non si dirà: questo è un bel capo, ma: un bel capitolo; non si dirà: questo capo esaurisce la materia proposta, e simili.

Quando diciamo: dividere il tema in certi capi, non intendiamo allora della divisione materiale de' capitoli, ma prendiamo la voce in senso traslato. Anzi si può notare che molti scrittori, accuratissimi a dividere il discorso in capitoli e a suddividerli in paragrafi, non hanno però ridotte ai generali capi le idee dell'argomento; e però nell'apparente ordine della trattazione rimangono avviluppati e confusi.

Un amico de' più cari ch'io m'abbia, crede potersi restringere le notate differenze in questi termini: *capitoli*, quelli che hanno rubrica o titolo distinto, e pe' quali il discorso si rinnova; *capi*, le meno espresse partizioni della materia.

851.
CAPO, CAPORIONE.

Caporione, prima aveva senso militare o civile, ed era affinissimo a *capo*, sebbene men generale; oggidì *caporione* è il capo d'una brigata, o di atto qualunque che si faccia da molti. Tra' fanciulli che fanno il chiasso, tra gli uomini che fanno chiassate, non punto più giudiziose, ma ben più funeste di quelle de' fanciulli, c'è uno o più caporioni. *Caporione*, parlandosi di comando tranquillo, non si direbbe sul serio che in rarissimi casi (1).

852.
CAPOLINO, CAPINO, CAPUCCIO, CAPUCCIACCIO, CAPETTO, CAPETTINO, CAPETTACCIO.

Far capolino, affacciarsi per vedere altrui e che difficilmente uom possa esser veduto; così la Crusca. Ma si fa capolino, o per celia o per altro, senza l'idea di non volere esser visto.

Non di piccolo capo d'animale, ma dell'estremità di certi corpi, come di pianticelle (2), o simili, *capolino* non sarà sconveniente (3).

Capino è, nella lingua viva, il diminutivo di *capo*; *capuccio* (anch'esso dell'uso), capo sconvenientemente piccolo. Il capino di un uccellino; e il capuccio schiacciato d'una selvaggina. Questa voce può avere altresì senso traslato, come quando diciamo d'uomo strano e un po' bizzarro: un capuccio ameno, o simili.

Capucciaccio, come ognun sente, è peggiorativo: un capo bizzarro; ma più amabilmente suol dirsi anco *capuccio*, accompagnando la voce con l'epiteto conveniente. Simil senso hanno *capetto* (4) e *capettino*, che possono talvolta cadere opportuni. Così d'uno la cui bizzarria non si sfoga in leggerezze innocenti, ma suol farne di belle, *capetto* e *capettino* non sarebbe mal detto.

E c'è *capettaccio*; *capino*, insomma, par ch'indichi meglio la bizzarria leggera; *capuccio*, la bizzarria gretta o strana; *capetto*, la bizzarria impaziente e inquieta. Di donna diremo meglio *capino*; di ragazzo insolente e di-

---

(1) *Caporione* sembra essere stato in origine *capo di rione*, e che a denotar capo di popolo fosse da principio adoperato in Roma, dove la città è divisa in rioni o regioni. — A.

(2) PALLADIO: *Si semina col capolino del seme in giù*.

(3) Anzi *capolino* è usato da' botanici per dinotare i fiorellini aggregati in cima allo stelo che pajono un fiore solo, come la gaggìa, certi trifogli, e simili. — LAMBRUSCHINI.

(4) TOUAR: *Gran miseria aver che fare con certi capetti* (parlasi d'una padroncina capricciosa).

scolo un poco, *capetto*; d'uomo strano e un po' capone, *capuccio* (1).

853.
CAPPELLACCIO, Cappellone.

Il *cappellaccio* può non essere grande, ma goffo, sudicio o trito. Il *cappellone* è sempre grande; e può essere nuovo, buonissimo e non senza eleganza (2).

L'accrescitivo di cappella, affine a *oratorio*, è cappellone, nell'uso toscano.

854.
CAPPELLETTO, Cappellino, Cappelluccio.

Bel cappello, non grande, o anche, se grande, di roba gentile, si dirà *cappellino*; quei delle donne di città chiamansi così per distinguerli da que' delle campagnuole che portano cappelli da uomo: cappellino di paglia (3), di seta, e simili. Cappello troppo piccolo o di poco pregio, *cappelluccio* (4). Cappello di cui non si voglia additare se non la piccolezza, senza idea di eleganza e di pregio, si dirà *cappelletto*, ma sì di rado. E questo si può destinare piuttosto ad alcuni traslati, come a significare il piccolo cappello d'un aguto, o il coperchio d'un vaso distillatorio. Anzi, cappelletti chiamavansi alcune bullette, quelle specialmente delle scarpe (le più grossolane diconsi oggi pure *cappellotti*); e *cappelletti* alcune paste di simile forma.

855.
CAPPELLIERA, Cappellinajo.

La prima è la custodia dove i cappelli si ripongono; l'altro, l'arnese al quale s'appende cappelli ed altri abiti. L'uno, di truciolo o di cartone, l'altro, di legno o di ferro; l'uno, pe' soli cappelli, l'altro, per altri abiti ancora.

856.
CARATTERE, Scritto, Scrittura.
Mano di scritto, Lettera.

Con ambedue questi nomi s'indica la maniera di scrivere; tanto diciamo bel *carattere*, quanto bello *scritto*. Se non che il primo s'applica non solo ai caratteri della stampa, ma agli scolpiti od incisi o rilevati nei monumenti (5), od in qualunque sia luogo. E quand'anco *carattere* vale *scritto*, c'è una piccola differenza: che il carattere indica più propriamente la forma delle lettere più o meno spiccate, più o meno eleganti; lo scritto indica il modo di scrivere, e l'impressione che all'occhio ne viene. Si dirà dunque: scritto fitto, carattere elegante; scritto secondo la maniera francese, carattere gotico; scritto intralciato, carattere tondo. Si badi che certi metodi di scritto moderni non riducano i caratteri tanto simili, da rendere troppo facili le contraffazioni.

Scrittura dicevasi anco la forma dello scritto; e parlando di codici antichi, la diventa una voce propria della bibliografia storica. In alcuni dialetti, ne' quali conservansi le antichissime proprietà de' linguaggi, e maniere forse anteriori alla lingua di Roma, per dire una *bella mano di scritto*, dicesi *bella lettera*. Lo scritto è l'effetto; la mano di scritto è l'abito e l'arte. Anco chi non abbia una bella mano di scritto, può con pazienza fare lo scritto facilmente leggibile e bello a vedere.

Degli altri sensi di *scrittura* e di *scritto* non è qui luogo a parlare.

857.
CARATTERE, Indole.

Indole riguarda l'animo intimo (1), quale natura lo fece; *carattere*, secondo l'origine, è impressione, segno; e indica la più rilevata parte de' sentimenti e degli atti e degli abiti. Ha senso e morale e corporeo. *Indole* ha pure qualche senso materiale; ma sempre accenna all'intimo della cosa; e *carattere*, le più rilevanti qualità, o il complesso di quelle: l'indole maligna del morbo; l'indole de' vizii, delle virtù.

Dal primo si fa *caratteraccio*, che dice animo e tempera trista, o almeno difficile nel convivere sociale. *Indole* non ha derivato simile; anzi giova notare che meglio accoppiasi con parole di lode che non di biasimo; e questo fa onore all'umana natura.

858.
CARATTERIZZARE, Qualificare.

Qualificare è attribuire a un soggetto tale o tal qualità (2), affermarlo fornito di essa qualità. *Caratterizzare* è attribuire a un soggetto tale o tal carattere; dipingerlo, dimostrarlo fornito d'esso carattere. La prima voce riguarda soltanto le qualità; l'altra, il complesso delle più rilevanti qualità. Chi dalla società è qualificato per pazzo, non è già sempre con questa denominazione caratterizzato a dovere. Ma v'è degli epiteti che qualificano e caratterizzano insieme; per esempio: quel di buon diavolo, quel d'uomo d'onore; titoli che denotano caratteri variissimi, secondo l'intelligenza o l'animo di chi parla. Il popolo, ch'è sempre il più sovrano de' creatori, perché crea credendo, ha un istinto mirabile di trovar di quelle parole che qualificano insieme e caratterizzano. Il linguaggio delle scienze moderne qualifica piuttosto che caratterizzare gli oggetti; ne denota una qualità, una circostanza, piuttosto che ritrarne il carattere.

Egli è facile qualificare un oggetto; basta non errare in quella tal qualità che gli si appone; ma sebbene in società gli uomini si sogliano a prima vista caratterizzare l'un l'altro per furfanti, per onesti, spesso sono quanto difficili, tanto avventati siffatti giudizii.

Una parola, un'azione caratterizzano l'uomo stesso che la dice o la fa; ne dimostrano il suo carattere. *Qualificare* non ha questo senso.

Qualificazione, diciamo; l'altro verbo non ha astratto simile, che avrebbe mal suono.

Quando diciamo: persona qualificata, cioè di qualità, e ragguardevole nell'ordine sociale, lo intendiamo in senso diverso dall'altra voce (3).

---

(1) I Latini solo *capitulum*.
(2) Lasca: *Cappelloni grandi alla spagnuola*. - Pulci: *Ed aveam pure le strane armadure E i più stran cappellacci*. - Cinuffo: *Cappellaccio di bronzo che pareva una campana*. Cavare un cappellaccio a uno, per - inventare cosa che gli faccia vergogna -, modo toscano, famigliare, e vien forse dall'uso di porre in capo un segno di disonore a chi volevasi vituperare.
(3) Buonarroti, Fiera: *Quel cappellin di paglia Con quel suo pennacchio*.
(4) M. Villani: *Con vil cappelluccio*. - Segni: *Cappelluccio di feltro*.
(5) Ciò si conferma dall'origine χαράσσω, scolpire, imprimere, incidere.

---

(1) *In-olesco*.
(2) Salvini: *Udite come sonoro e bravo (che io non so qual'altra qualificazione dargli) riesce il ternario*. - Segneri: *Sentite come costoro qualificati ci vengono dall'Apostolo*.
(3) Firenzuola: *Persona qualificata, discreta, di grand'ingegno*.

859-860.

CARBONE, Brace, Bracione, Carbonella, Carboncino. Sansa, Brasca.

859.

Brace, Bracione, Carbone, Carbonella, Carboncino.

— *Brace* è carbone fatto di legna dolci e minute. *Carbone*, è di legna grosse e in pezzi.

La brace si fa ne' forni, nelle fornaci e in altro modo, bruciando legna sottili con fiamma, cessata la quale spegnesi soffocandola, senza lasciarla consumare e andare in cenere. Il carbone si fa di legna grosse, forti e in pezzi, bruciandole chiuse nelle carbonaje. *Bracione* è brace di legna un poco più grosse. *Bracione* chiamasi pure quel carbone sminuzzato che per qualunque cagione non si conserva in pezzi. *Carbonella*, carbone trito e minuto.

Carboncino, un pezzetto sottile di brace o di carbone, o un piccolo carbone. Così *brace e carbone*, detto assolutamente, intendesi sempre spento. — A.

— *Brace* è sempre della massa. Per indicare una parte di questa non si direbbe *una brace*; ma i pezzetti de' quali è composta si chiamano *carboncini*. Lib. cur. mal.: «Un carboncino di brace acceso»; dove *carboncino* si prende per picciol tizzo, ossia per un pezzetto di materia, simile nella forma a un pezzetto di carbone. — CIONI.

— *Carboni, braci*, plurale di *brace* e di *carbone*, pare che sottintendano lo stato d'ignizione. — A.

860.

Brasca, Sansa.

Brasca, la polvere di carbone più o meno grossa, che alle fucine dei fabbri circonda, contorna e forma il fondo del luogo ove brucia il carbone animato dal soffio del mantice, e dicesi anco *polverino*. Soppressa e *pillata*, come dicono i ferrazzuoli, forma la cavità dei fuochi delle ferriere, dette anche crogioli, ove si raffina il ferro per ridurlo malleabile. La voce *brasca*, simile al francese *brasque*, è in uso da lunghissimo tempo. Di brasca s'intonacano di dentro oggidì i crogioli in alcune operazioni di metallurgia.

Sansa, il nocciolo dell'uliva, comunemente ridotto in carbone nei forni ove cuocesi il pane, e adoprasi a uso di brace.

In traslato, si diranno: occhi di braci ardenti, quelli d'un furibondo. Dante: «Caron dimonio con occhi di bragia» (1). - Cader dalla padella nelle braci; non) si direbbe: nei carboni.

861.

CARDARE, Scardassare, Carminare, Pettinare.

— Si *pettinano* i capelli dell'uomo e i crini dell'animale, e i peli, e il lino e la lana e la canapa. La lana, i filaticci di seta, il cotone, si pettinano co' pettini che sono appuntati; si *scardassa* con gli scardassi, che sono uncinati; il che si dice anco *cardare*. Ma questo ha altro senso quando si dice de' panni; e vale levar loro il pelo. *Carminare* è, propriamente, pettinare la lana; anch'esso dell'uso. — ROMANI.

Traslatamente: uomo, scritto pettinato, vale: uomo ripulito, scritto ordinato. Voci pettinate, disse Dante nel Volgare Eloquio, le non rozze.

Cardare, cavare il pelo soverchio a' panni col car-

___

(1) *Bragia* vive in qualche dialetto toscano.

do; strumento diverso dal pettine. *Scardassare*, ripassare la lana sullo scardasso; arnese armato di denti appuntati e lunghi, che, quasi uncini, rispondono i superiori a quelli di sotto.

— *Scardassare* vale anco dire o scriver male d'alcuno. E anco *pettinare* ha questo senso, ma alquanto più mite. — VOLPICELLA.

Quasi per ironia dicesi, di censore o di riprensore: l'ha pettinato bene. E questo può essere abituale. Un educatore duro, un maestro austero, pettina per bene i suoi allievi o scolari. *Scardassare*, sempre, è più ostile e più violento.

862.

CARDO, Carducci, Cardone.

Dal *cardo* spinoso ebbe nome il *cardellino*; e questa pianta è segno di luogo sterile o incolto (1).

— *Cardo*, pianta che fa una pannocchia spinosa, colla quale si cava fuori il pelo ai panni lani. E si chiama pure con questo nome quello strumento con punte di sottile fil di ferro, col quale si carda la lana per poterla filare. Si dà pure questo nome, nel Pistojese e in altri luoghi ove si raccolgono castagne, all'involucro spinoso che le contiene, e che con nome più comune dicesi *riccio* (2).

Cardone, la pianta del cardo che si riseppellisce nel terreno perché diventi bianca e tenera, per cibo. Anche *cardoni*, e più comunemente *gobbi*, le piante dei carciofi, che s'imbiancano e si rendono tenere nella stessa maniera.

Carducci, le piccole piante rimesticce dei carciofi, che presso alcuni si conoscono sotto il nome di *cardi*. — CIONI.

863.

CARNAGIONE, Carne.

Carnagione, ben definisce la Crusca, è il colore e l'esterna apparenza della carne, propriamente dell'uomo. *Carne* è il vocabolo generale. Si ha la carnagione bianca, bruna, chiara, terrea, bella, brutta, più o meno gentile. *Carnagione* non direbbesi il color della carne d'un cane, d'una scimmia. Persone che hanno poca carne, possono avere la carnagione bella.

Il plurale, *le carni*, diventa più affine a *carnagione*. Se non che, le carni morbide o asciutte, che manifestano lo stato dell'infermo, non si dicono *carnagione*.

864.

CARNE, Carni.

Dell'umana, dicesi che: strappata o recisa la pelle, rimane scoperta la carne; che certi vestiti lasciano vedere le carni più che non si avvenga, e che non vorrebbero anche i ghiotti di carnalità. Le carni sono morbide per sudore o per naturale qualità del tessuto; questo in genere; ma della qualità in tale o tal parte del corpo, si dirà forse meglio *la carne*. La persona è in carne, se non magra, e neanco carnosa troppo.

Carne della mia carne, disse Adamo alla donna; Dante d'un re avaro, mercante della figliuola: *che non si cura*

___

(1) VIRGILIO: *Pro molli viola... Carduus.*
(2) Il signor Baroni del Lucchese: *Si videro ingiallire le foglie de' castagni; e, venuto l'ottobre, trovaronsi i cardi per circa una metà vuoti.* Il così chiamarsi e la nota pianta spinosa e il riccio spinoso, fa arguire che in origine *cardo* col suono stesso dicevasi ogni pianta ruvida, come *arduo* ogni altezza e di monte e d'aria e di persona.

della propria carne. E dei mercanti di carne umana ce n'è di diverse e crude genie. *Carne da cannone*, disse Napoleone, *il suddito minchione*; e aveva ragione. I figliuoli d'Ugolino al padre: *Tu ne vestisti Queste misere carni, e tu le spoglia*. Napoleone non ha vestite poche, e spogliate di molte, egli che creò la parola *spoliateur*, registrata in un dizionario d'allora con la sua autorità in questa forma: Spoliateur. *Napoléon*. Chiamato il compilatore, rispose: *Napoleone fa testo*. Il Gigli nel suo Dizionario scriveva: Gabelle. *Vedi Granduca* — Granduca. *Vedi Gabelle*. Ma insomma, per ritornare in Inferno, nel luogo dell'Ugolino non si potrebbe: *questa misera carne*.

Lo spirito è pronto, la carne inferma. Dove la si contrappone allo spirito, o vale il corpo mortale, sempre ell'è singolare. *Il Verbo fatto carne*, l'incarco della carne d'Adamo (1), peccati di carne. Ogni condiscendenza al senso è peccato di carne; la carnalità è vizio che si sfoga in opere laide; senonchè talvolta i più austeri chiamano carnalità anco quell'indulgenza al piacere lecito, ch'è via agl'illeciti lubrica.

Di bestie diciamo, come degli uomini, che la carne si scopre, si vede. Di carne da mangiare dicesi, in genere, che in tal paese le carni son buone, a vil prezzo; in ispecie, che la carne di manzo si vende tanto; domandasi una porzione di carne arrosto, richiedesi che la sia buona. Mangiar carne è il contrario del mangiare di magro. In questi usi il singolare e il plurale non si confondono.

865—866.

CARNE, Ciccia.

Cicciolo, Ciccioletto.

865.

Carne, Ciccia.

I.° *Ciccia* è voce infantile, come pappa, e simili. II.° È voce di cella, in luogo di *carne*. In questo senso, si dice di persona molto grassa o carnosa, ch'ha di *molta ciccia*, o *cicciuto*.

866.

Cicciolo, Ciccioletto.

Cicciolo, ben dice la Crusca, è l'avanzo dei pezzetti di carne, dopo che se n'è tratto lo strutto, che in Firenze si vendono per le strade; cibo, a dir vero, non molto gentile, e l'ingentiliscono col bel nome di *ciccioletti* (2).

867.

CARNOSO, Carnuto, Carneo, Carnaccioso, Carnacciuto.

Carnato, Incarnato, Incarnatino, Carnicino.

Di carne, Carnale.

Carnoso, Grasso.

Carneo, latinismo usato dal Buti, sul fare d'altri molto più viv'in uso; e presso lui è in senso di carne, come contrapposta allo spirito (3). Nella Bibbia: *carneum* contrapponesi in quella voce a cuore di sasso; come sogliam dire: sono anch'io fatto di carne, cioè sento il piacere e il dolore. Ma in questo senso diremo comunemente

---

(1) Dante.

(2) Dicesi anche *sicciolo*. Per la commutazione delle due lettere, e nell'antico romano e in più dialetti, financo in Toscana. Ma il primo s'attiene meglio all'origine. *Cicciolo*, poi, è anco escrescenza di carne che nasce sulle ferite, o si forma per malattia. — A.

(3) *In questo cosiffatto corpo l'uomo è passibile come nel corpo carneo.*

Tommaseo, *Diz. dei Sinonimi*.

appunto, *di carne*; che non dice vizio, e neanco pendenza viziosa, come *carnale*, che fa *carnalaccio* e *carnalissimo*.

Carnoso, che ha carne, non troppa, ma il suo giusto, conforme a natura. Le parti carnose si definiscono da sé. Dove della carne ce n'è troppa, o in tutta la persona o in una parte, meglio cadrebbe *carnuto*, per il consueto valore di questa desinenza; segnatamente se nel rincrescere della carne sia disposizione morbosa. Nell'uso comune, *carnoso* dice anco il troppo; e *carnosità*, anco quelle che sono effetto di male; ma che possa avere buon luogo, ce l'indica *carnosetto*.

Sebbene *carnaccia* sia usato nel senso e di trista carne da mangiare, e di carne umana brutta, floscia, viziata, e di corpo tendente a *carnalità*; *carnacciuto* non so che sia d'uso, ma direbbe, nel senso corporeo, sovrabbondanza del tessuto muscolare, la qual sia grave a portare e a vedere, o non sana.

Carnaccioso, nel Crescenzio, è il vinacciuolo al qual rimane attaccata della parte grassa del chicco; e forse potrebbesi semplicemente *grasso*. Ma quanto al corpo umano, ognun vede che la carnosità non è per l'appunto grassezza, che c'è delle parti grasse e non carnose, delle carnose, e anco carnacciute, non grasse.

Color di carne, è più generico e meno gentile che *incarnato*. C'è de' corpi troppo grossolani, il cui colore di carne non si direbbe incarnato; e molto meno incarnatino. Il *carnato* del Caro, in Toscana forse usa, ma rado, e nel senso non tanto del colore, quanto di tutte insieme le qualità della carnagione.

Carnicino dicesi più propriamente il color delle cose, tra il bianco e il roseo; *incarnato e incarnatino*, segnatamente della pelle umana; anche a modo di sostantivo: l'incarnato delle guancie, e no il carnicino.

868.

CARRETTA, Carretto, Baroccio, Carrettone, Carruccio, Carroccio, Cestino.

La *carretta* è più grande (1), e tirata, per lo più, da animali (2); il *carretto*, per lo più, a mano. La carretta può essere a quattro ruote; il carretto ne ha due. La carretta serve a trasportare il pane per la città; il carretto, a trasportare le merci. Quella con cui pe' campi portasi ne' luoghi opportuni il concio, è *carretta*, non *carretto*: carretta di rena, carretto di libri. Il carretto, d'ordinario, è più piccolo del *baroccio*, perchè in molti casi gli si fa corrispondere e si sostituisce il diminutivo *baroccino*.

Carrettone, accrescitivo di *carretta*, non di *carretto*, è carro che serve per domare e esercitare i cavalli. Molte delle case che tengono scuderia, sogliono averlo; e le scuderie militari (3). Poi, *carrettoni*, grandi carrette, che servono a portar via le immondizie dalle strade. E quello de' morti. I *vagoni* potrebbersi forse chiamare *carrettoni*; ma quelli dei primi posti non so se ci si accomodereb-

---

(1) Nell'antico, *carretta* valeva *cocchio*. Vedi la Crusca. - Bartolomeo da S. Concordio: *Le correnti carrette*. Così il diminutivo *curriculum* stava per *currus*.

(2) Quindi il proverbio: *Mangiar col capo nel sacco, come il cavallo della carretta*. - E l'altro: *Fare come il cavallo, che finisce col tirar la carretta*.

(3) E' ce n'è che son fatti di giunchi e senza ruote; e il loro nome è *cestino*. — A.

20

bero; e pure spesse volte sanno più quelli di morticino, e mandano altre tanfate: non so quel che l'uso farà. La lingua italiana è tacciata di troppo plebea; ma ora attende a rimpulzirsi con gualdrappe straniere.

Carruccio, arnese di legno con quattro girelle ove si mettono i bambini che imparino a andare; così, propriamente, la Crusca.

Carroccio, alle antiche repubbliche italiane, il carro sul quale portavansi, in battaglia, le insegne del comune; onde il perderlo era gran disonore. Portavasi sovente anco la campana detta *Martinella*, acciocché fossero uniti i sensi di religione e di patria; come gli antichi Lari che sono sì gran parte dell'Eneide, e dimostrano la civiltà italica più intima della greca. I Lari congiungevano religione, patria, famiglia.

869.
CARRETTA, Baroccio, Biroccio, Calesse, Carriola.

La *carretta* è, d'ordinario, a quattro ruote; il *baroccio*, a due. La carretta può essere coperta; il baroccio, più di rado.

Il *baroccio* è vettura o da contadini o da portar roba qua e là. Il *biroccio* è vettura più signorile.

— Il *biroccio* è una specie di calesse; ma differisce in questo, che si compone d'una pura seggiola posta sopra un barocino, e i piedi si posano sulle corde di esso coperte di stuoini. Il *calesse* ha la pedana attaccata al sedile, e sotto non è che il carro, senza corde né altro. — LAMBRUSCHINI.

— *Carriola*, baroccio, ma assai più piccolo e più basso, che si conduce a mano. Invece delle due ruote laterali, che sono nel baroccio e negli altri, ha una sola ruota in fondo, posta in mezzo alla traversa, che tiene unite le stanghe, di sotto alle quali, dalla parte opposta, scendono fino a terra due legnetti, perché possa reggersi nel fermarla; la *brouette* dei Francesi. Al baroccio, alla carretta e al biroccio, si può attaccare il cavallo; alla carriola, no. Poi, quando il baroccio e gli altri si muovono, le stanghe precedono; la carriola, quand'è carica, non si può trarre dietro a sè, ma bisogna spingerla innanzi, per difficoltà di tenerla equilibrata su quell'unica ruota. Della carriola si servono specialmente i muratori, per rena o altro; e i contadini, per trasportare erbaggi e simili; anche quella degli arrotini è carriola. — MEINI.

870.
CARRO, Carrata.

Carrata, quanto di roba è in una volta portato da un carro. Ma il *carro* può essere preso come misura: per esempio, quando diciamo tante carra di roba. La carrata è quella tal quantità, non avuto riguardo a misura determinata (1). Inoltre, quand'io dico, per esempio: un carro di letame, lo suppongo pieno; quando dico: carrata, posso supporre anco un carro non pieno affatto; all'idea di *carrata* può bastare che certa quantità di roba sia trasportata in un carro, o possa o no riempirlo (2).

Carri falcati; tre carra e tre carri di roba. In antico il plurale, in generale, era *carra*, da *carrum* latino.

871.
CARRI (A), A carrate.

Roba a carri, per denotare gran quantità, non si direbbe ora *a carra*. *A carrate*, non so s'io sbagli, ma mi pare che in certi casi possa dire di più; e questo, perché di due o pochi carri da riempierne, potrebbesi dire *a carri*; *a carrate*, par che denoti il potere quasi indefinitivamente ripetere la mandata della stessa misura. E fors'anco perché *carrata*, più lungo, pare che più riempia lo spazio, come la bocca.

Carrate, specialmente di roba; di persone o bestie molte par che se ne possa dire che vengono *a carri*, segnatamente adesso che li traina il vapore. Dicendo *a carrate*, par che si riguardino come materia.

872.
CARRO, Cocchio, Basterna.
Fiaccheri, Vettura a nolo.

— Il *carro* serve a trasportare grasce, vino, dalla campagna alla città. È a due ruote, e il limone si posa sul giogo de' bovi. È nome generico. — CIONI.

— *Cocchio*, il carro a due ruote degli antichi, oggidì carro ornato, carrozza (1). — GATTI.

— Uguccione da Bagnone, citato da Pietro di Dante: « *Basterna* era un carro coperto e decorato di panni. » Il P. Abate di Costanzo, nelle annotazioni al Codice cassinese, si accorda con Pietro di Dante. — CAMPI.

873.
CARROZZATA, Cocchiata, Scarrozzata, Scampagnata, Asinata.

Cocchiata, serenata che i cantanti e i suonatori, in Firenze, andavano a far in cocchio la notte; di che si vegga la *Monaca di Monza*. Oggidì, *cocchiate*, le serenate in genere. L'uso antico si spense, e la voce rimase. L'uso però non pare imitabile in questo senso moderno.

L'insieme delle persone che vanno in una carrozza, o per piacere o per altro, in viaggio o in città, dicesi *carrozzata*.

Scarrozzata è passeggio in carrozza fatto fuori di città da uno o da più. Diciamo: era tutta una carrozzata; si fece una scarrozzata. Ma non direi che non si possa fare una scarrozzata, se lunghetta e a diporto, anco dentro città o lungo le mura.

Quando la si fa fuori, e si rimane in campagna o a desinare o a mangiucchiare qualcosa, e passarci per diletto almen parte della giornata, *partem solido demere de die*, o anche più di, allora la è *scampagnata*. Senonché la scampagnata richiede che si smonti e si dimori alquanto in campagna. La scarrozzata si può farla soli; la scampagnata par voglia compagnia, e la si può fare su una carretta, a piedi, a cavallo, sul ciuco. Quindi l'*Asinata* del Bondi, dove i ragazzi del collegio (dopo più similitudini che pigliàn sei versi, del vento e del fulmine, e d'altre velocità) comparisono Tali... *ma tali no, ché un po' più lenti*; ed è parodia di quel di Virgilio, a cui delle api scappa detto, non so come: *Ut, nervo pulsante, sagittæ*.

---

(1) È però da avvertire, che in molti luoghi di Toscana chiamano *carro* quello ove si porta il concio, e *carrata* la quantità che vi cape, tenendola per misura. Il concio, in fatti, si paga tanto la carrata. — LAMBRUSCHINI.

(2) Quando si tratti del carico d'una carretta, dicesi *carrettata*.

(1) I *fiaccheri* stanno bell'e attaccati sulle piazze. *Vettura a nolo*, la si piglia per un viaggio, o per uno o pochi giorni; a tempo lungo si chiama *fitto* più comunemente: tenere carrozza di fitto. *Vettura a nolo* si contrappone alle carrozze di case private che i Veneziani, parlando di gondola, dicono di *casata*. — A.

874—875.
CARROZZIERE, Carradore, Carrajo, Cocchiere, Guidatore. Stalliere, Baccalare.

874.
Carrozziere, Carradore, Carrajo, Cocchiere, Guidatore.

Il *carradore* e il *carrajo* fa carri; il *carrozziere*, carrozze.

Carrozziere anco chi guida la carrozza, o a nolo o ad altro patto, o è al servizio di una casa. Questi, più comunemente, *cocchiere*. Degli antichi *guidatori*, di tempi cioè anteriori all'uso delle carrozze, *cocchiere*, come ognun vede, è il proprio. *Guidatore*, chiunque guida, sia il signore o il servitore. Di costoro, che nel saper guidare pongono gran parte della lode e beatitudine loro, il d'Elci scriveva: « E ha giudizio che basta a sei cavalli. »

875.
Stalliere, Baccalare.

— Una volta, smontato da una timonella, il fiaccherajo mi disse: *se l'ha bisogno non mi faccia torto.*
— Sì; ma quando non sei qui sulla piazza, dove ho a venire a trovarti?
— La ne dimandi al *baccalare*, e glielo dirà.

Il baccalare, secondo la spiegazione che costui mi fece, è quella specie di *stalliere*, acquajolo, cibajolo o facchino che serve d'acqua e di mangiare i cavalli delle vetture da città, le quali stanno in luoghi assegnati (piazza del Duomo, del Granduca, di S. Maria Novella, di S. Firenze, di S. Felice, di S. Marco, di Barbano) ad aspettare l'avventore. Credei sulle prime che il vetturino, cellone di sua natura, scherzasse; ma poi ho potuto assicurarmi che quel tale mestiere ha questo nome. — BIANCIARDI.

876.—877.
CARTEGGIO, Corrispondenza. Corrispondenza di lettere, Commercio di lettere.

876.
Carteggio, Corrispondenza.

La *corrispondenza* suol essere più intima, o almeno più regolare. Tra due sconosciuti, per un affare qualunque, tra due nemici talvolta, può esserci più o men lungo carteggio; la *corrispondenza* è carteggio, non di poche lettere né fra estranei, ma fra persone ch'hanno qualche relazione fra loro. Quella di due amici è *corrispondenza* più proprio. Un negoziante vostro corrispondente, non è semplicemente un uomo col quale tenete carteggio. I carteggi diplomatici non meritano il nome di *corrispondenza*, quando non vi sia conformità di principii. Seguito un breve carteggio, la corrispondenza può cessare o può mantenersi per altro mezzo. Le donne lo sanno.

C'è dunque varie specie di corrispondenza; e in questo senso la detta voce è più generale dell'altra, e si può scambiare con *carteggio*, come il generale talvolta si scambia col particolare, perché lo comprende. Nel tempo che l'uso della scrittura non era comune, tra potentati, tra popoli, tra negozianti, tra amici, v'era una qualche corrispondenza di messaggi, di doni, di simboli, di contratti; quello non era carteggio.

— *Carteggio* indica, per lo più, maggior frequenza di lettere, anche per un solo affare. — CAPPONI.

877.
Commercio, Corrispondenza di lettere.

Il *commercio di lettere* è più intimo e più regolare tra gli amici o tra quelli che hanno affari frequenti, e non ostili. Quando *corrispondenza* si usa assolutamente, allora indica ben più che *commercio*, come si è detto.

878.
CARTELLA, Busta.

La *cartella* può chiudere o contenere fogli e quaderni e anche libri; e può stringersi e assicurarsi con nastri o da' capi o da lato, o anche solo da una banda, e può farne senza; semplicemente per deporvi, a custodia o a miglior ordine, fogli scritti o bianchi, e tenerla sul tavolino senza portarla fuori. Può essere elegante e di lusso, oggetto di regalo, memoria del cuore. *Cartelle*, quelle de' ragazzi che vanno alla scuola; e le posano, per fare i birichini, o anche fanno questa parte tenendole a armacollo, o in ispalla a uso di valigia soldatesca; e così fanno in Piemonte, dove tante cose hanno aria militare. *Cartella* (il passaggio è lirico, non logico), potrebbesi dire il portafoglio del ministri.

La *busta* è di cartone sodo, quadrata, con lati che rialzano e combaciano, e chiudesi con gangherelli o altrimenti.

879.
CARTELLA, Cartello, Cartellino, Cartellone.

Cartello, pezzo di carta o altra materia, non grande, dove qualcosa si scriva per avviso altrui. Si pone un *cartellino* ad un uscio, a una bottega, in un erbario, ad un vaso; che corrisponde al francese *étiquette*. *Cartello* e *cartellone* è quel de' librai, quel de' teatri. Il *cartello* può essere pure di marmo. *Cartello*, anco di sfida.

Cartella, custodia o coperta dove si ripongono fogli, o disegni, o simili. *Cartella*, non *cartello*, quella del lotto o della tombola; *cartella*, quella dote che si trae a sorte per le fanciulle povere; *cartella*, del monte di pietà, o dei presti. *Cartella degli obblighi* quel foglio che si tiene appeso nelle sacrestie, per nota degli obblighi che ha la chiesa di messe e di simili funzioni. *Cartella* è la nota de' benefattori o de' soci di confraternite: cartella delle indulgenze; cartella d'incanto. Cartella d'associazione, quel cartellino su cui i soscrittori ad un'opera mandano il proprio nome.

880.
CARTELLONE, Affisso.

— Ogni cartellone affisso al muro è *affisso*; ma non ogni affisso è *cartellone*. Quelli de' teatri, quelli de' librai, *cartelloni*; quei dell'autorità, leggi, editti, o simili, *affissi*. — A.

881.
CARTOLAJO, Cartajo. Cartoleria, Cartiera.

Cartajo, che fa carta; *cartolajo*, che la vende; *cartoleria*, il negozio; *cartiera*, la fabbrica.

882—885.
CASA, Casamento. Lari, Penati. Palagio, Palazzo. Palazzetto, Palazzina, Palazzuccio, Palazzotto.

882.
Casa, Casamento.

La *casa* può essere grande e piccola; il *casamento* è, per lo più, grande; può comprender più case, vale a dire abitazione distinta per più famiglie. Anzi, per indicare tutte le persone di famiglie diverse, ch'abitano in casa grande, s'usa il traslato: *tutto il casamento*.

883.
Lari, Penati.

— I *Lari* erano comuni a tutte le case (1); i *Penati* ciascuno li aveva di proprio. Ai Lari sacrificavasi al focolare; ai Penati, nell'atrio o nella parte inferiore della casa (2). — A.

Il *Lare* era altresì singolare; non il *Penate*. E forse non era in origine che il primo fondatore della casa, il patriarca della famiglia, la cui memoria e gli avanzi veneravansi dapprima con riverenza d'affetto, poi con adorazione superstiziosa. Forse *lar, heros*; che in alcuni dialetti commutavasi in *a*; e altre parole di dominazione e d'origine, hanno la radice stessa.

884.
Palagio, Palazzo.

Palagio, rimasto alla poesia o alla prosa più scelta, vive in Firenze nel titolo d'una contrada che dicesi *Via del palagio*; perchè i nomi delle contrade e de' luoghi conservandosi per lungo corso di secoli, conservano le vestigia della lingua, della storia, delle tradizioni, delle consuetudini antiche.

Del resto, anco nella lingua scritta, ognun vede che i derivati di *palazzo: palazzina, palazzuccio, palazzone, palazzotto* (parola resa memorabile da un'opera di scrittore milanese, più che dalla storia del Guicciardini), a *palagio* non si converrebbero. Nè il maestro del palazzo (3), nè il conte del sacro palazzo, nè l'andare a palazzo (al tribunale), si può scambiare con *palagio*.

Del resto, se il gentile Boccaccio, se il gentilissimo Petrarca non rifuggirono dall'usare *palazzo*, io crederei migliore attenermi, anco in poesia, all'uso più generale.

885.
Palazzetto, Palazzina, Palazzuccio, Palazzotto.

Il primo è palazzo piccolo; il secondo, casa, non grande ma elegante; il terzo, palazzo meschino. Al primo s'associa l'idea di piccolezza, e può associarvisi o no l'idea d'eleganza; il secondo non è, veramente, palazzo nemmen piccolo, ma è casa bella; il terzo è palazzo, ma piccolo e gretto, o per forma o per povertà d'ornamenti.

Palazzina è d'uso moderno. Il tempo dei palazzi è passato; ora in molte cose si amano i diminutivi e femminini.

Il *palazzotto*, come ognun sa, non è nè bello nè grande; men piccolo del *palazzetto*, e tiene più del *palazzaccio* che del *palazzuccio*.

886—888.
CASA, FAMIGLIA, STIRPE.
LA MIA FAMIGLIA, LA MIA GENTE.
CAPO DI CASA, PADRE DI FAMIGLIA.

886.
Casa, Famiglia, Stirpe.

— *Casa* è, nel senso che gli dà certa gente, più nobile di *famiglia*: famiglia ricca; casa regnante; nato di famiglia onesta, di buona casa. Ogni consorzio di persone, congiunte con vincolo di sangue, è *famiglia* (1); ma per similitudine, i conviventi in comune consorzio concorde, dicesi che fanno famiglia. Le *case* sono distinte per titoli o per dignità, continuate per parecchie generazioni. — GIRARD.

— *Casa*, nel linguaggio del commercio, quella che dà il nome alla ditta, o ragione commerciale: casa ricca, accreditata, pericolante. — CAPPONI.

— *Stirpe* si reca alla nobiltà o alla ignobilità dell'origine; *famiglia*, allo stato in generale, antico o presente, civile o domestico, delle persone che vivono insieme congiunte di sangue. — A.

887.
Famiglia, Gente.
La mia famiglia, La mia gente.

— *Famiglia*, abbraccia, propriamente, gli agnati, e specialmente i più prossimi; *gente*, anco i più lontani cognati. Così nel latino, la gente Giulia conteneva due famiglie: i Giulii ed i Cesari. Svetonio: « *Ex gente domitia duæ familiæ claruerunt: Calvinorum et Ænobarborum.* » Livio: *P. Scipio Nasica habuit orationem plenam veris decoribus, non communiter Corneliæ gentis, sed propriæ familiæ suæ.*

In Toscana, gli uomini del popolo, anzi che *la mia famiglia*, dicono *la mia gente*; e includono le sorelle maritate, i fratelli divisi, i parenti insomma non costituenti famiglia. — A.

888.
Capo di casa, Padre di famiglia.

Il *capo di casa* è il principal della casa, che dirige e sopravveglia e pensa ai bisogni di tutti; il *padre di famiglia* è il capo di casa, ammogliato, con figli. Uno può, dunque, esser capo di casa, senz'essere padre di famiglia. Di tre fratelli che non hanno nè genitori nè figli, uno è il capo di casa. Il padre di famiglia può non essere presentemente il capo di casa. Poniamo che, o per vecchiezza o per malattia o per altro, il padre di famiglia lasci a un de' suoi figli la direzione de' negozii; il capo di casa è questi. È capo di casa anche una donna. Fra' contadini toscani, il capo di famiglia, l'ammogliato, non è, per solito, il capo di casa.

Dover principale del capo di casa è sopravvegliare al buon andamento delle cose domestiche; suo primo scopo tiensi che sia l'utile; l'ordine non è che un mezzo. Dovere del padre di famiglia è sopravvegliare alla condotta di ciascuno di casa; suo primo scopo è la felicità vera de' suoi, più che il materiale benessere. C'è de' buoni capi di casa, che son cattivi padri di famiglia; pensano a ingrandire la casa, più che a rendere la famiglia migliore. C'è de' buoni padri di famiglia, che son cattivi capi di casa; perchè non pensano ai materiali vantaggi della famiglia; e quando l'hanno amata, mantenuta tranquilla, morigerata, concorde, e fornitole il necessario in presente, non pensano nè ai bisogni avvenire, nè alle impreveduto disgrazie. Buon capo di casa dovrebb'essere amante come un padre di famiglia; ma oggidì, specialmente nelle città grandi, è men difficile a trovare un buon capo di casa, che un buon padre di famiglia.

---

(1) *Penati* e *Lari* furon già termini (e sono ancora per molti), termini, dico, e ornamenti squisitissimi della nostra poesia. Ma *patrii Lari* significava, propriamente, la patria; *patrii Penati* non sarebbesi detto; piuttosto *suoi* (o altro pronome possessivo), intendendo non la città, ma la casa di colui del quale è discorso. E in Virgilio *patrios Penates* vale *paterni*. — POLIDORI.

(2) *Ego mihi alios Penates deos persequor alium Larem.*

(3) VARCHI. —MASSEI: *Questi favori dal palazzo* (corte romana).

(1) E in questo senso, *famiglia* porta seco idea più ampia che *casa*; quella, accennando alla parentela; questa, soltanto alla convivenza. Nerli, proemio de' Commentarii: « Quelle case grandi che allora si dicevano di famiglia.» — POLIDORI.

889-890.
CASA, STIRPE, LIGNAGGIO, FAMIGLIA.
CASATO, CASATA.

889.
Casa, Stirpe, Famiglia, Lignaggio.

Stirpe indica la prima origine; *lignaggio*, una serie di figli o di nipoti; *famiglia*, quelli che sono allevati insieme, e vivono sotto il medesimo capo, il medesimo tetto.

Stirpe suppone un ceppo comune; *lignaggio*, comune discendenza; *famiglia*, parentela vicina, e convivenza, per lo più; *casa*, comuni titoli. *Stirpe* risveglia l'idea dell'autore, del fondatore; *lignaggio*, de' figli; *famiglia*, del capo o dei membri; *casa*, dell'antichità, dell'uffizio del lustro avito.

La stirpe degli Eraclidi ha per ceppo Ercole; de' Capetingi, il Capeto: lignaggio nobile; famiglia onorata; casa d'Austria, di Lorena.

Oggi le vere famiglie son rade; il padre dal figliuolo, il fratello dal fratello, il marito dalla moglie vivon separati, di stanze, di consuetudini, di conversazione, d'affetti.

C'è delle stirpi nobili e ignobili, antiche e recenti; il lignaggio suppone serie alquanto lunga.

890.
Casato, Casata.

— *Casato*, oggi è il cognome della famiglia; in antico prendevasi per la famiglia stessa, ma sempre in senso tanto largo da comprendervi le più lontane aderenze. *Casata*, che valeva lo stesso, è voce storica più che altro; ma potremo bene usarla, per iscansare l'equivoco, a indicare complessivamente gli usciti da un ceppo medesimo, e insieme legati da parentela o da consorteria. Una casata poteva distinguersi per differenti casati; ma non però il comune vincolo reputavasi disciolto. A noi, sinora, i nostri congiunti una polizza da visita ce li ricordava (e nemmen tutti) a capo d'anno. Ora s'è trovato modo per non ricordarsene più mai. — CAPPONI.

891-892.
CASALINGO, DOMESTICO, FAMIGLIARE.
DOMESTICO, DIMESTICO, SERVITORE.

891.
Casalingo, Domestico, Famigliare.

Domestico, che appartiene in generale alla casa, alla famiglia; *casalingo*, che sta in casa, che si fa in casa, che ama la casa: pane casalingo, donna casalinga; non: pane o donna domestica. Animal domestico, contrario di salvatico; casalingo, avvezzo a dimorar sempre in casa.

Tanto diciamo: virtù domestiche, quanto: virtù casalinghe; ma, affezioni casalinghe, non si direbbe, come, domestiche. E quando ambedue le voci si applicano, per esempio, a virtù, differiscono in ciò: le virtù domestiche comprendono l'adempimento di tutti i doveri di padre, di madre, di figlio di famiglia; le virtù casalinghe comprendono, principalmente, l'adempimento degli uffizii di economia e di socievolezza domestica. Questo è modo di senso più stretto, e men nobile (1). Si può avere le virtù casalinghe, e non le domestiche: le prime può anco un servitore, anco un avaro; le seconde meritano, più propriamente, la lode dovuta alla vera virtù.

Cure casalinghe, quelle che riguardano l'andamento, specialmente economico; domestiche, anco il morale. Educazione casalinga, che avvezza ad amare la casa, a far le faccende di casa; domestica, che si dà in casa, ed è contrapposta alla pubblica. Ogni uomo può essere considerato nella sua vita domestica, perchè tutti gli uomini hanno una casa dov'abitano, e qualche persona con cui vivono in relazione. Vita casalinga, è propria di quelli che il più del tempo passano in casa, o che amano passarlo in casa, o almeno quella in cui si riguardano gli uffizii e le occupazioni più materiali di casa.

Quando dico: gli affari famigliari, vi comprendo le relazioni interne ed esterne della famiglia: gli affari domestici, riguardano più direttamente la vita privata (1). Gli affari famigliari ci chiamano talvolta in lontano paese; nè questi si chiamerebbero domestici, molto meno casalinghi.

— *Famigliari*, le cose che appartengono alle persone d'una famiglia medesima, benchè non abitanti insieme nella medesima casa. Le *domestiche* riguardano quei soli che convivono insieme. A *casalingo*, per la diversità appunto dell'oggetto, meglio *cure* che *cose* si accompagna. — LAMBRUSCHINI.

892.
Domestico, Dimestico, Servitore.

— *Dimestico*, non vive, ch'io sappia, in Toscana. Gli antichi lo usavano in tutti i sensi che son dati a *domestico*. Oggidì, nella lingua scritta, quando si voglia indicare famigliarità, *dimestico* pare più comunemente usitato. Diremo bene e *domestichezza* e *dimestichezza*; ma non diremo: vivere alla domestica, come diciamo: alla dimestica (2).

Animale dimestico, vale: non foresto; animale domestico, che suole abitar nelle case. Può un animale non domestico di natura, diventare dimestico; può un animale naturalmente domestico, non essere assai dimestico. — A.

893-894.
CASATO, STIRPE, RAZZA, SCHIATTA, LIGNAGGIO, LINEA, PROGENIE, FAMIGLIA, PROSAPIA, GENERAZIONE.
GENERE, SEME, CASATO.
DEGENERARE, DIRAZZARE, IMBASTARDIRE, TRALIGNARE.

893.
Casato, Stirpe, Razza, Schiatta, Lignaggio, Linea, Progenie, Famiglia, Prosapia, Generazione.
Genere, Seme, Casato.

— Il *lignaggio* riguarda specialmente gli ascendenti della famiglia; ma s'intende, per lo più, famiglia cospicua (3).

---

(1) D'ordinario i latinismi più puri, cioè che conservano l'antico lor senso, sono più nobili. Or, *casa*, in latino, è tutt'altro che *domus*.

(1) Le due voci pajon sinonime nel seguente di CICERONE: *Quis unquam in luctu domestico, quis in funere familiari cænavit cum toga pulla?* Eppure chi trasponesse le voci, e dicesse: *Luctu familiari e funere domestico*, non ne avrebbe la medesima impressione. *Funus familiare* denota la morte d'alcuno della famiglia; *luctus domesticus*, il dolore che per isventura accaduta viene alla casa. Una qualche differenza si potrebbe notare altresì nell'altro del medesimo autore: *Res domesticas ac familiares nos melius tuemur, rem vero publicam nostri majores*.

(2) Non si direbbe oggi *cure domestiche* per *cure famigliari*, nè *i miei domestici* per significare gli amici. *Domestico*, nel senso di *servitore* (che la civiltà del secolo approva), non ammette lo scambio. — POLIDORI.

(3) BOCCACCIO: *D'alto lignaggio vedendosi nata.* - *Lignaggio gentile.*

Questa voce non riguarda, così direttamente, i progenitori come progenitori, ma come formanti una linea da cui dipende la nostra condizione, più o meno onorata nel mondo.

Linea può riguardare gli ascendenti e i discendenti e i collaterali.

Stirpe è traslato preso dalle piante, e vale l'origine; e in ciò differisce dal *lignaggio*, che il lignaggio è tutta la linea ascendente.

Schiatta non è così nobile come *stirpe*, ma è più generico, e può abbracciare più d'una famiglia. Talvolta si dice d'una specie di persone (1), e anco di bestie.

Progenie ha senso più angusto di stirpe, e comprende gli ascendenti più prossimi (2). E si noti che *lignaggio* riguarda, propriamente, gli ascendenti; *stirpe*, *schiatta*, *progenie*, e gli ascendenti e i discendenti.

Della prima origine d'una famiglia, ben si direbbe: la stirpe, non la progenie o la schiatta.

Non tutte le famiglie han lignaggio; ma tutte hanno progenie, e fan delle schiatte.

Prosapia differisce da *stirpe*, perchè non si usa se non che in senso di certa dignità (3).

Non si direbbe: lignaggio reale, come si dice: reale prosapia, perchè *lignaggio* è la linea intera degli ascendenti, i quali tutti potevano non essere re. Ma perchè uno si possa dire di reale prosapia, basta che in quella casa ci fosse più re, ed anche un solo dal quale costui direttamente discenda.

Nè direbbesi: disceso di schiatta reale, perchè *schiatta* riguarda i discendenti; ma bensì direbbesi, ch'uno è di schiatta reale.

Così: progenie reale, non direbbesi che in senso di discendenza reale; non mai di prosapia.

Famiglia prendesi, talvolta, in senso affine ai notati; ma riguarda sempre il presente, più che il passato (4).

Possono essere più famiglie d'una medesima schiatta, qual più qual meno note. Appartengono alla famiglia reale, in certa guisa, anco i figli del principe non legittimi, anco le figlie di principi maritate a privati; ma non si dicono però di reale prosapia.

Famiglia abbraccia, come *linea*, discendenti, ascendenti, collaterali, se uniti in vincolo di parentela non lontanissimo. La *linea* abbraccia anco i più lontani; ma non tutti a un tempo, come *famiglia*. Convien dire: la linea ascendente, la discendente, e simili; *famiglia* non ha bisogno d'aggiunti.

Casato abbraccia tutte le famiglie che portano lo stesso cognome e vengono da una stirpe comune. Gran parte del lignaggio può essere, nelle famiglie del medesimo casato, diversa, per essersi quelle da gran tempo diviso. La voce *casato* denota, particolarmente, la nobiltà o ignobilità attaccata al cognome. C'è de' casati illustri, e non vantano nobiltà di lignaggio quanta altri casati men celebri.

Casato può essere men generico di *schiatta*, in quanto comprende sole quelle famiglie che portano lo stesso cognome; dove la schiatta comprende tutte quelle ch'hanno stirpe comune, sia pure il cognome diverso.

Casato differisce, poi, da *progenie*, perchè il casato può non dipendere dalla generazione; e molte famiglie assunsero e assumono, per eredità o per altro titolo, il cognome d'un casato non meno illustre del proprio.

Casato reale, non si direbbe, come, prosapia; ben si direbbe che una famiglia reale, anche prima della suprema autorità, era d'illustre casato, e che la nobiltà del suo lignaggio era anteriore alla dignità della prosapia sua.

Generazione pare, talvolta, sinonimo a razza o a *stirpe*; ma gli ha senso più largo. Diremo: animali, uomini, anco piante, d'ogni generazione; dove non si potrebbe porre nè *stirpe* nè *schiatta*, che indicano particolarmente la derivazione gentilizia; mentre la generazione, assolutamente presa, indica, ripetiamo, la specie.

Così, quando si dicesse: animali e uomini di tutte le razze; razza sarebbe men generico di *generazione*, perchè *razza* indicherebbe più suddivisioni della *generazione*. Si dirà dunque acconciamente: animali d'ogni generazione; asini d'ogni razza.

Genere, come ognun sa, non si dice che dell'intiera generazione degli uomini: il genere umano. Poi, nella scienza: generi delle piante.

Razza, per lo più, delle bestie; o degli uomini in senso dispregiativo (1).

Parlando d'animali, *razza* indica o alcune costanti variazioni della medesima specie, come: il barbone è una razza di cane; o un numero d'individui di tale o tal razza, come: tener razza di cavalli normanni; o la derivazione dell'animale da tale o tal razza, come: cavallo di razza spagnuola. Così diciamo: razza d'asino, razza di cane, per modo figurato, e ignobile il più delle volte.

Ma non sempre, parlando d'uomini, *razza* ha senso di spregio. E si potrà dire: nell'invasione de' Longobardi, la forte razza del Settentrione congiunta alla delicata italiana, diede il bel sangue lombardo. Così, per denotare l'unione di varie famiglie in vincoli d'affinità, o la progenie che ne deriva, si potrà dire: il mescolarsi delle razze ha conseguenze anco politiche; bisogna nella scelta delle mogli, badare alle razze; e simili. Dove *razza* indica le qualità morali e corporee, infuse, per così dire, nel sangue di quelli che discendono da una stirpe comune. In questo senso, *razza* differisce dall'altre parole dichiarate; perchè quelle indicano solamente l'origine prima e la linea di discendenza, o la nobiltà del sangue, o il vincolo dell'attenenza; ma *razza* indica le qualità che da tale attenenza e discendenza derivano. Se non che, in assai casi, specialmente ne' meno materiali e nel parlare più eletto, invece di *razza* potrà dirsi *schiatta*.

Seme, si stende ad uomini, a bruti, a piante. Come sinonimo all'altre, indica or la prima origine, ora la discendenza (2). Differisce dalle voci notate, perchè riguarda,

---

(1) DANTE: *Oltracotata schiatta*. - BOCCACCIO: *Esser di schiatta di can botolo*.
(2) DANTE: *E progenie discende dal ciel nuova*. - CASA: *Con la sua serenissima progenie*.
(3) BOCCACCIO: *Discesa di reale prosapia*. - FAZIO: *Se di tal prosapia scrivi..., Dirai com'essa escio di Germania*.
(4) BOCCACCIO: *Famiglia tra le romane assai orrevole*.

---

(1) BERNI: *Una razza di gente Che, coll'autorità dell'anticaglia, Vuol esser ladra, poltrona, insolente*.
(2) MORELLI: *Morì il fanciullo, sì che di lei non rimase seme*. - DANTE: *Bestemmiavano Iddio e' lor parenti, L'umana specie, il luogo, il tempo, il seme Di lor semenza e di lor nascimenti*. - Dove il seme della semenza indica l'origine prima; il seme del nascimento, l'origine immediata: quello, la più lontana stirpe; questo, la più prossima generazione.

non tanto la gentilizia, quanto la corporale origine. — ROMANI.

Razza, dicendosi spesso di bestie, ha, a proposito di uomini, il peggiorativo *razzaccia*, che agli altri manca. *Famigliaccia* forse direbbesi, per denotare le triste qualità morali e sociali della famiglia.

894.

Degenerare, Dirazzare, Imbastardire, Tralignare (1).

Degenerare non s'usa, comunemente, che in senso morale (2). Il figlio degenera da' suoi genitori, non in quanto non somiglia loro nella fisonomia e nella struttura, ma in quanto non ha i loro costumi e le virtù.

Dirazzare ha senso e morale e corporeo; e buono e cattivo. Dirazza il figlio, se più o men robusto de' genitori, se più o men buono, ingegnoso, gentile. Dirazza una bestia, se mostra disposizioni e abitudini non comuni alla sua razza. *Dirazzare*, anco in meglio. D'uomo nato in paese ch'abbia, a qualunque siasi titolo, cattivo nome, per distinguerlo da' suoi concittadini si dirà: ma questo dirazza. Pindaro dirazzava da' Tebani; Democrito, dagli Abderiti.

Tralignare dicesi, con proprietà, delle piante (3); ma anco degli uomini, e sempre in mal senso. Differisce da *degenerare*, in quanto suppone, d'ordinario, corruzione più profonda. Poi, *tralignare* s'applica anco all'intelletto; *degenerare*, all'animo più propriamente. Si traligna, non solo per viltà, ma e per ingiustizia e per orgoglio e per depravato costume; si degenera, più propriamente, per abiettezza di cuore, e per la intera obliterazione dell'antica grandezza (4). *Degenerare* è male negativo; *tralignare*, per dir così, positivo. C'è delle nazioni degenerate che non son tralignate; ce n'è di tralignate che non si potrebbero chiamare degeneri. Gli italiani del secolo presente, al dire degli stranieri meno nemici, son degeneri dall'antica grandezza; al dire de' più severi, son già tralignati.

Dicesi *tralignante* e *tralignato*; *degenerato* e *degenerante* e *degenere*; *dirazzare* non ha derivati analoghi. Ma *degenerato* non è il medesimo che *degenere*: il primo suppone degenerazione compiuta; l'altro, avviata. Diremo: figlio degenere, popolo degenerato. Può un popolo in qualche atto esser degenere da' suoi grand'avi, non degenerato però; questo è lo stato forse della povera Italia, in parte almeno. *Degenerante* è ancor meno di *degenere*; in un solo atto può l'uomo trovarsi degenerante dall'avito valore, senza che si possa tacciar di degenere. Il simile dicasi di *tralignante* e di *tralignato*: il primo è l'atto più o men prolungato (5); il secondo, lo stato (6). Delle piante però meglio si dirà *tralignato*, perchè in esse non si può, d'ordinario, scorgere, quanto a questo, azione progressiva; non si vede, del tralignamento, che l'ultimo effetto.

Imbastardire ha mal senso anch'esso. Il cambiamento di clima fa imbastardire certe piante e certi animali. Una razza di popoli imbastardisce, imbastardisce una lingua, una voce. La pianta imbastardisce a poco a poco; traligna con peggioramento più sensibile. L'imbastardire può non essere male tanto grave, quant'è il tralignare; e i frutti delle piante imbastardite possono avere e sapore e bellezza.

Imbastardiscono gli animali, quando perdono la finezza della pelle o del pelo, o altra qualità che li rendea pregiati. L'imbastardimento è sempre un inconveniente, ora più grave ora meno.

Imbastardisce una razza di famiglia o di nazione, quando il nuovo clima, il nuovo terreno che ell'abita, i nuovi matrimonii che contrae, inducono nella sua corporea costituzione qualche alterazione notabile. E se queste alterazioni corporee portassero o nell'ingegno o nelle morali abitudini qualche novità grave e durevole, l'imbastardimento allora intenderebbesi essere intellettuale o sociale o morale.

Imbastardisce una lingua (1), quando una mescolanza notabile di voci estranee ne cambia in parte il carattere, e quella che fino allora chiamavasi purità. In questo senso, anco d'una sola voce può dirsi imbastardita (2).

Non è, insomma, peggioramento sempre quello ch'è espresso dal detto verbo, ma alterazione più o meno grave. L'imbastardimento però, preso nel senso materiale, cioè l'accozzamento di razze diverse, senza legge nè freno, o per cieca libidine, o per brutale violenza, fa sempre che i popoli dirazzino, degenerino, tralignino per l'affatto; perchè altera le abitudini, corrompe i costumi, sbatte il rilievo del carattere umano.

Insomma, nell'*imbastardire* o nel *dirazzare* entrano più le forze della natura; nel *tralignare* (presa questa voce nel traslato), l'abuso dell'uomo (3).

895.

CASATO, COGNOME, SOPRANNOME.

— *Cognome*, accompagnamento del nome; così: Cicerone è cognome di M. Tullio; Torquato, di T. Manlio. *Casato* è il nome della casa donde uno è uscito, e talora la famiglia stessa. *Soprannome*, aggiunto al nome del battesimo o del casato, è sovente nome di scherzo, di spregio, posto ad alcuno per indicare un difetto morale o corporeo. Lasca: «.... gli avean posto nome Falananna... ed erasi così per Camaldoli divulgato questo soprannome, che pochissimi lo conoscevano per Mariot-

---

(1) I Latini avevano *degenerare*, per tutti i sensi denotati dalle quattro parole italiane.
(2) Ma non sarebbe barbaro rendere in italiano quel di Virgilio, Georg. II: *Pomaque degenerant succos oblita priores*.
(3) Da *lignum*. CRESCENZIO: *Il melo nella sua vecchiezza incattivisce e traligna*.
(4) L'uomo *degenera* da sè stesso, per corruzione della natura; *traligna* dalla sua razza. E un popolo, a cui rimangono la lingua, le istituzioni, le forme di società medesime, *degenerato* direbbesi piuttosto che *tralignato*. — CAPPONI.
(5) BOCCACCIO: *Come valoroso cavaliere non tralignante da' suoi antichi*.
(6) BEMBO: *Ahi secol duro! Ahi tralignato seme!*

---

(1) SALVINI: *Lontani dallo imbastardimento della nostra favella*.
(2) Il Salvini, con acconcio traslato, dice d'un vocabolo: *Matematico*, presso i Greci, non quel che presso i Latini, con vergognoso tralignamento, vale astrologo giudiziario... *ma dottrinato*. Applicato a' vocaboli: *tralignare* si dirà bene del senso; *imbastardire*, del suono, della formazione grammaticale; *degenerare*, del significato, viziato dalla viziatura delle idee e de' costumi.
(3) Il Crescenzio accoppia tutte e tre le voci: *I semi più avaccio degenerano, imbastardiscono e tralignano ne' luoghi umidi, che ne' secchi*. Ognun vede che in tali sinonimie non istà il bene scrivere. Ma forse e' ci avrà posta taluna delle differenze notate. *Dischiattare* è antiquato.

to. » Talora però dicesi in buon senso. Dante, Purg. 16:
« Per altro soprannome i' nol conosco. » Parla d'un Gherardo, che per le sue virtù meritò il soprannome di Buono. — MEINI.

896—898.
CASIGLIANO, PIGIONALE, AFFITTUARIO, AFFITTUALE, AFFITTAJUOLO, INQUILINO, LOCATARIO, PIGIONANTE, FITTUALE, FITTERECCIO.
APPIGIONARE, AFFITTARE, ALLOGARE.
APPIGIONASI.
PIGIONALE, AFFITTUALE.
AFFITTUARIO, FITTAJOLO.

896.
Pigionale, Casigliano, Affittuario, Affittuale, Affittajuolo, Inquilino, Locatario, Pigionante, Fittuale, Fittereccio.

Que' che abitano la medesima casa, in qualche parte di Toscana, chiamansi col secondo di questi nomi: il mio, la mia casigliana. *Pigionale* può essere di terreni, o di case, che non abita chi le prende a pigione; può un pigionale avere tutta la casa; ma quando in un casamento c'è più pigioni, quelli son *casigliani*. Il padrone della casa, parlando di quello con cui si fa il contratto, dice: il mio, la mia pigionale; l'altra voce concerne la relazione de' pigionali tra loro, e riguarda appunto il consorzio sotto il medesimo tetto; però col suono stesso dice d'essere voce più domestica e intima. Le case oramai sono divise in appartamentini che sminuzzano i sentimenti e dividono le anime. Il trovarsi così vicini parrebbe dover più conciliare concordia tra i non congiunti di sangue; ma spesso il casigliano è rivale e nemico, ha il gemino senso di *hostis*.

Pigionale dicesi altresì de' poderi, quasi contrapposto a *mezzajuolo*, o altri patti. *Pigionante*, che vive in qualche dialetto ed è pur nella Crusca, denoterebbe più determinatamente l'atto e la condizione di colui che in testa sua prende il podere a pigione, nè direbbesi bene della famiglia che è seco, nè de' pigionali di casa. Quel de' poderi dicesi altresì *affittajuolo*, o *fittajuolo*, e pare che il primo segnatamente denoti anco affitti in grande, e una condizione di coltivatori speciale.

Affittuario è inutile; nè già si direbbe se non di casa. *Locatario* non è della Crusca, ma dell'uso legale, ed è superfluo anch'esso. *Inquilino* è pur voce legale, ma abbraccia e chi fa il contratto di casa e chi di podere, e chi abita nella casa e chi nel podere; e anco in genere, ai Latini, chi abitava in terra non sua.

Affittuale può essere aggettivo; e *fittereccio* può cadere opportuno in senso storico, come dice il Borghini dello stajo, dovuto, pare, a titolo d'affitto rurale.

897.
Appigionare, Affittare, Allogare.
Appigionasi.
Pigionale, Affittuale.

Appigionasi una casa smobiliata; s' *affittano* appartamenti forniti. S' *appigionano* case; s' *affittano* anco terreni (1). Il contratto d'affitto è diverso dall'impegno della pigione; una pigione raffermata per iscritta certo numero d'anni, è contratto d'affitto.

Allogare è dare ai contadini un podere o a fitto o a mezzeria. Ma dicesi anco di casa, ed è più generico d'*affittare*, onde la frase *allogare a fitto*. M. Villani: « Allogò al Comune di Firenze, per certo fitto annuale. - Allogagione a fitto. »

Credo che giovi serbare come tecnico a' legisti il verbo *locare*, scritta di locazione, non di appigionamento. Inoltre, casa appigionata per poco tempo, terreno affittato a cattive condizioni, non si direbbero forse propriamente allogati.

I Toscani, con quella potenza creatrice che solo il popolo possiede, fanno d'*appigionasi* un nome, e dicono: Ci ha messo alla casa l'appigionasi. A lettera d'*appigionasi*, vale: a lettere grandi. Dicesi anco del parlare, del farsi intendere in modo chiaro.

Pigionali quelli che stanno a pigione ne' diversi piani e appartamenti della casa. Il padrone, parlando di quello a chi ha appigionato la casa, dice: il mio pigionale. L'*affittuale* degli altri dialetti è men bello. Ma *pigionale* comprende e la pigione e l'affitto.

Affitto è il più comune; *fitto* non si dice se non accompagnato coll'*a*: chè sarebbe pesante dire *ad affitto*. Bensì dicesi anco *in affitto*; ma *a fitto* è più snello.

898.
Affittuario, Fittajolo.

— *Affittuale* non l'ho mai sentito nella bocca del nostro popolo; ma che una volta vi fosse, mel fa credere il trovare spesso in antichi libri di ragione dell'Archivio, *affittali*, *mezzajoli*, ec. *Affittali a tempo*; *affittali perpetui*, ec. Il popolo dice ora andantemente: *Affittuario, affittajolo, fittajolo, fittuario,* nè vi mette divario alcuno (1).
— E. BINDI.

899.
CASINA, CASINO, CASELLINO, CASETTA, CASELLA, CASUCCIA, CASUPOLA.

Casina, piccola casa; *casino*, casa di piacere in campagna, o casa di sociali adunanze (2) in città.

Casina, più gentile di *casetta*. Questa ha più del diminutivo; quella, del vezzeggiativo: casetta (3) povera; bella casina.

Casellino ha senso traslato; dicesi di quegli scompartimenti ne' quali, o con la mente si riguarda, o nel fatto si trova qualche cosa rinchiuso e distribuito (4). De' quadratelli aritmetici, o rubriche simili, più proprio *caselle* (5).

La *casetta* può essere piccola, ma non tanto disagiata

---

(1) VARCHI: *Uno che tagliasse i frutti del suo podere, non avrebbe obbligato colui a chi egli affittato l'avesse per contratto.* Differenza simile pongono i Francesi tra *affermer* i beni di campagna, e *louer* case, utensili.

---

(1) Ma *affittuario* è più tecnico; *affittajolo*, più comune.
(2) SEGNERI: *Apertamente nelle loro combriccole e ne' loro casini ne discorrono fra di loro.*
(3) PETRARCA: *O casetta o spelunca Di verdi frondi ingiunca.*
(4) REDI: *Tre o quattro bachi rinchiusi ne' loro casellini distinti.*
(5) *Casella* traduce il Targioni quel che i botanici chiamano *capsula*; ed è quel serbatojo dei semi che non è follicolo, nè concettacolo, nè citino, nè lomento, nè siliqua, nè baccello, e che nel seccarsi si apre in diverse maniere ed in più parti, e lascia uscir fuori i semi. E in altro senso trovo la detta voce nel passo seguente: *I semi del pomo non sono serrati nè in follicolo, nè in concettacolo, ec., ma bensì tra certe caselle cartilaginose.... vicino all'asse del pericarpio.* Quest'è che il Redi dice *casellini*; ma *casellini* può forse esser più piccolo.

quanto la *casuccia*, nè tanto misera quant'è la *casupola*. Nelle città grandi fa pena vedere accanto a palazzi magnifici casucce meschine (1); ma sarebbe il più delle volte prepotenza voler ridurre tutte le case a un livello, e non permettere ch'anco nelle città s'innalzino casette e casettine, purché pulite e decenti.

Le *casucce* son grette; le *casupole*, misere. Quelle de' contadini, in gran parte d'Europa, son tuttavia casupole, se non capanne. Quanto spazio resta ancora alla civiltà da misurare in questo misero mondo!

Casuccia, casucciaccia, casuccina, casettina, casettuccia, voci tutte dell'uso, si distinguono con l'analogia delle già dichiarate (2).

900-902.
CASOLARE, CAPANNA, TUGURIO.
CAPANNA, CAPANNELLA, CAPANNELLO, CAPANNETTA, CAPANNETTO, CAPANNO, CAPANNONE, CAPANNUCCIA, CAPANNUCCIO.
CAPANNONE, FIENAJA, FIENILE.
CAPANNELLO, CERCHIO, CORONA.

900.
Casolare, Capanna, Tugurio.

— *Tugurio*, casa povera e contadinesca (3), per lo più. Non ogni casa contadinesca è tugurio. E per estensione, *tugurio* anco povera casupola di città (4).

Ai Latini de' tempi bassi, *tugurio* e *capanna* era il medesimo. Isidoro: « *Tugurium parvula casa est; rustici, capannam vocant.* » E le Vite de' SS. Padri: « Quel tugurio, ovvero capannetta. » Ma differiscono talvolta in ciò, che la *capanna* è in luogo campestre (5); il *tugurio*, non sempre. Poi, il tugurio ha idea di disagio più espressa: può la capanna esser pulita, e, in piccolo, comoda assai. Finalmente, il tugurio è ad abitazione d'uomini; la capanna anco o per ricovero, o per le bestie (6).

Casolare, tugurio o capanna o casupola, per lo più abbandonata, senza serrami, senza pavimento, con pareti e un tetto alla meglio. — ROMANI.

901.
Capanna, Capannella, Capannello, Capannetta, Capannetto, Capanno, Capannone, Capannuccia, Capannuccio.
Capannone, Fienaja, Fienile.

La *capanna* è più grande; è casupola, non solo di frasche e di paglia, ma di legno o d'altra materia, purché rustica.

Capannella, piccola capanna; e così *capannetta*; ma la prima è un po' meno usata. A indicare ancor più piccolezza, abbiamo *capannuccia*; ma questa ha altro senso ancora; e così chiamasi quella che si fa nelle chiese o per le case, per la solennità del Natale, in memoria della capanna ove nacque Gesù.

Capannetto è picciol capanno; tra questa e le due notate corre, in proporzione, la differenza ch'è tra capanna e capanno. Questo diminutivo par più comune, nell'uso, di *capannuccio*.

Capannello, ristretto d'uomini che discorrono fra loro, per lo più in disparte, raccolti in cerchio, e accostino quasi il capo l'un l'altro, per concertar qualche cosa, o che almeno pajano discorrere a questo fine. Onde la frase: far capannelli (1).

— *Capanno*, per lo più, di frasche, piccolo e basso, da starvi appena uno o pochi uomini seduti; e suol piantarsi in mezzo ai campi. È ricovero dei contadini che badano all'uva o altre frutte, o stanno a guardia delle sementi; ed è nascondiglio dei tenditori di reti. *Capanni* quelli del paretajo, e dell'uccellare (2).

Capannone, oltre che grande e rozza capanna, significa, propriamente, grande magazzino da fieno. Le case de' contadini hanno la capanna per gli strami del podere; le fattorie dove si raccoglie gran fieno da' prati, hanno il capannone; e così chiamasi anche quello che serve alle stalle di città. Un capannone men vasto ha nome di *fienaja*, ed è meno custodito del *fienile*; nome che si dà, per estensione e per dispregio, a ogni luogo sudicio e negletto. — CAPPONI.

902.
Capannello, Cerchio, Corona.

Il *capannello* suol essere più ristretto, e o segreto o almeno con aria un po' più furtiva; il *cerchio* è più largo e più alla scoperta. I ciarlatani cercano di fare cerchio intorno a sé, ma ce n'è di quelli che prima si provano col capannelli. Fanno il capannello quanti vi si radunano; fanno il cerchio i raccolti in giro, e chi li attrae e raduna lo fa; e il cerchio si fa quasi da sé. Fanno cerchio anche cose; l'altro, persone sempre.

Corona è più eletto; può essere più o men ristretta, e riguarda più direttamente la persona o l'oggetto intorno a cui la si fa. *Cerchio* in piazza, in una bettola; *corona*, d'uditori attenti con riverenza ed amore a cose meritevoli d'udienza (3).

I difensori armati fanno corona alle mura (4), le quali fanno cerchio alla città; e intanto fanno capannelli di sotto gli oziosi imbroglioni. Il cerchio figurasi più continuo; può esserci al cerchio delle mura una corona di torri o altre difese (5).

903.
CASO (A), A CASACCIO, ALLA VENTURA, A FANFERA, AL BACCHIO.

A caso e *a casaccio* non differiscono, come ognun sente, che dal meno al più. A ognuno vien detto o fatto qualcosa a caso; gli spensierati dicono e fanno a casaccio. L'uomo a caso è un poco astratto, non riflette gran cosa; l'uomo a casaccio è uno scapato, un arfasatto, o uno stravagante, che non fa nulla a garbo.

Si fa, si dice *a caso; alla ventura* si opera piuttosto, o si parlano cose che sono da contar come fatti. Si può operare alla ventura, senza operare a caso; quando cioè

---

(1) MANZONI: *Casucce, abitate per lo più da' lavandai.*
(2) I Latini non avevano che *domuncula* e *casula*.
(3) POMPONIO: *Tugurii appellatione omne ædificium quod rustica magis custodia convenit quam urbanis ædibus, significatur.*
(4) BUONARROTI: *Un picciol tugurietto, un'umil casellina.*
(5) F. GIORDANO: *Capannella sulla costa di quel monte.* - VALERIO MASSIMO: *Vile capannella campestre.*
(6) *Tugurio* denota l'interna ristrettezza; *capanna*, l'apparenza esterna. E capanna è anche proprio nome di que' luoghi coperti dove si tiene lo strame. — CAPPONI.

TOMMASEO, *Diz. dei Sinonimi.*

---

(1) In questo senso la Crusca nota: *far capannelle*; che non è dell'uso.
(2) DAVANZATI: *Nel mezzo, la capanna colla bertesca sopra; e capannuccio, dove l'uccellatore stia a vedere.*
(3) CATULLO: *In corona,* dell'uditorio raccolto a sentir gli oratori.
(4) VIRGILIO: *Rara muros cinxere corona.*
(5) DANTE: *Montereggion di torri si corona.*

o di necessità o di proposito si lasci, almeno in parte, alla ventura l'esito del proprio operato. Chi ha perduta ogni speranza, va alla ventura a cercare in altro paese sorti migliori. E non lo fa a caso; considera prima qual paese gli potrà meglio convenire; ma qualunque e' prescelga, vede già di doversi mettere alla ventura (1).

A fanfera (2) è meno che *a caso*; vale: senza la debita meditazione e cautela. Chi fa a caso, ci pensa poco; chi a fanfera, non quanto dovrebbe (3).

Al bacchio, anch'esso dello stil famigliare, e denota, non solo spensieratezza, ma avventataggine; però si riferisce, d'ordinario, alle azioni piuttosto che alle parole; è più forte di *a caso* e di *a casaccio*, perché, ripetiamolo, queste due non indicano che due gradi di spensieratezza; e differisce particolarmente da *a casaccio*, in quanto che più d'ordinario s'applica solo a' fatti (4). Pare quindi un po' più forte di *a fanfera*, e molto più forte di *alla ventura*, giacchè questa, come abbiam detto, può non escludere qualche considerazione.

904.
CASO (IN), AL CASO, NEL CASO.

— *Al caso* determina più; *in caso* è più indefinito ed incerto, e suppone varii casi possibili. Il primo modo riguarda quel tal caso che contempli nel discorso. Pensando a più avvenimenti, direte *in caso*; pensando ad un solo, *al caso*. Quando diciamo: in caso di disgrazia, ne possiamo imaginar parecchi. E perchè più indefinito, *in caso* indica meglio avvenimento più lontano; l'altro è più prossimo e più naturale. *Nel caso*, è più determinato ancora. — A.

905—906.
CASOTTO, BARACCA.
Casotto, Capanno.
RIZZAR BARACCA, METTERSI A REPENTAGLIO, ALLO SBARAGLIO.

905.
Casotto, Baracca, Capanno.

— *Casotto*, stanza posticcia di legno, a varii usi; per esempio: sulle rive de' fiumi, per comodo del navalestro; a capo a un ponte, per riscuotere il pedaggio; a difesa del soldato che sta in sentinella. Casotti, quelli de' giocolatori e de' burattinai; casotto la piccola capanna o il *capanno* de' campi che non sia di frasche; casotto de' cani, de' polli, e simili. La *baracca* non ha pareti, d'ordinario, o almeno l'idea principale che questa voce risveglia, è l'idea del coperto. Serve per difendere le mercanzie che si vendono all'aria aperta, e a simili usi. Baracche quelle de' soldati nel campo. Nel traslato, baracca vale: edifizio mal costrutto; impresa male commessa; mole di cose disadatte (5). — ROMANI.

906.
Rizzar baracca, Mettersi a repentaglio, allo sbaraglio.

Rizzar baracca vale: mettersi a contendere forte e sfrontatamente, come chi espone sè e le sue cose in luogo quasi aperto e con poca difesa. Di risico o pericolo, con idea più d'imprudenza che di sfacciataggine, più d'impazienza che d'ira, con nocumento talvolta di sè e non d'altrui, diciamo: *metter a repentaglio*, quasi in luogo repente, di dove poco manca a cadere e precipitare. Mettersi a repentaglio; mettere a repentaglio l'avere, la vita, l'onore, la patria, i suoi cari. Questo può farsi talvolta con intenzione buona, ancorchè incauta; ma nel rizzar baracca è sempre passione ignobile. Chi la rizza così, vuol far rumore a ogni costo, e più nel chiasso cerca soddisfazione che in altro.

Mettersi allo sbaraglio, e metterci le cose, è più biasimo che, *a repentaglio*, ancorchè il pericolo sia talvolta men grave. Chi si mette allo sbaraglio litigando rumorosamente, fa più che rizzare baracca. Questo può dirsi di contesa che non abbia effetti tristi, se non di scandalo. E c'è de' vigliacchi pronti a rizzare baracca con chi par loro più debole, che si guarderebbero bene dal mettersi allo sbaraglio.

907.
CASSA, SCRIGNO, FORZIERE.

— *Cassa*, arnese, per lo più quadro, da riporvi varia sorta cose: cassa da morto, cassa per il danaro, cassettone di biancheria. Lo *scrigno* è per il danaro; meglio chiuso e più custodito, più piccolo, non sempre quadro. *Forziere* è da riporvi danaro o fogli di conto, più difeso della cassa, non nascosto quanto lo scrigno, men piccolo, e forse più alto (1). — GATTI.

908.
CASSA, CASSAPANCA.

Cassapanca, cassa a foggia di panca. La *cassa* può essere stretta, bassa, di varie forme; essere tale da tenersi sotto un letto, sopra un altro arnese. La cassapanca è più lunga e più stretta della cassa; è alta, da potervi seder sopra; e ha per coperchio una tavola che s'alza e s'appoggia al muro. Buonarroti: « E casse e cassapanche. »

909.
CASSA, MADIA.

— *Madia* è cassa che ha forma sua particolare, più stretta nel fondo che nell'apertura, che serve a far la massa, ossia per impastarvi la farina, per poi ridurla in pane.

Madia, quando è più grande e ha forma di credenza, contiene e la cassa suddetta, e uno o più palchetti, dove, oltre al pane, al fior di farina, e simili, si tengono altri commestibili per l'uso giornaliero. — A.

910.
CASSETTA, CASSETTINA, BOSSOLO.

Oltre all'essere *cassettina* un sottodiminutivo, nel che differiscono chiaramente, egli è da notare che alcuni oggetti si chiamano col primo nome soltanto. *Cassetta*, l'arnese di legno con manico alto, aperto dinanzi, dove si mette la spazzatura, dove si raccolgono altre immondizie, per buttarle via a miglior agio. *Cassetta* è arnese di legno che si pone nel letto o nella zana, per cura di non soffocare i bambini nati di poco (2). *Cassetta*, quella

---

(1) MANZONI: *Andare alla ventura, cercando un luogo di sicurezza*.
(2) La Crusca nota: *a bambera, a vanvera, a fanfera*; quest'ultimo è più comune nella lingua parlata.
(3) DAVANZATI: *Corrono a combattere alla impazzata, tirando a vanvera nel bujo*. - ALLEGRI: *Non usavano i vecchi nostri far le cose a vanvera*. - FRANZESI: *In queste rime a vanvera dettate*.
(4) C'è qualch'esempio di questo modo applicato a' discorsi, ma non pare dell'uso. Viene forse dal dare col bacchio sui rami, che il frutto ne caschi; che di rado si fa senza danno e delle frutte e dell'albero.
(5) Da *casotto, casottino*; l'altro non so che abbia derivati usitati.

---

(1) Da *cassa: cassone, incassare*, e gli altri che accenneremo; dagli altri due: *scrignetto*, forse *scrignettino; forzierino*.
(2) Questa dicesi anche comunemente *arcuccio*, e meglio.

parte della carrozza dove siede il cocchiere, per guidare i cavalli. In questi tre casi non ha luogo *cassettina*, la quale altro non è che il sottodiminutivo di *cassa*. *Cassetta*, anche quel piccolo arnese di legno o di ferro, per accattar la limosina, che ha forma quadra ed è più grande del bossolo; questa, non sarebbe forse sconveniente, in certi casi, chiamar *cassettina*.

Il *bossolo*, oltre all'essere tondo, più piccolo, e per lo più di metallo, differisce in ciò: che di quello, d'ordinario, si servono gli accattoni; di questa, i frati e i preti, nelle chiese o fuori. Se, prima di gettare un quattrino in un bossolo o in una cassetta, voleste computare tutti gli abusi che si posson fare della vostra piccola carità, voi sareste troppo freddamente ragionevole, e talvolta spietatamente sospettoso.

Bossoletto è semplice diminutivo; *bossolotti*, quelli de' giocolieri. E taluno, anco disputando del bilancio dello Stato, e facendo a un tratto sparire nella manica i debiti, e con la speranza della verisimiglianza, della possibilità di nuove entrate, mostrando già bell'e riscosse coteste entrate fantastiche, e da potersi già spendere, giuoca a' bossolotti.

911.

CASSETTINA, CASSETTINO.

Cassettina è più comune, ove si tratti d'indicare cassetta piccola qualunque, nel senso di semplice diminutivo di *cassa*, non nei più speciali sopra numerati; *cassettino*, quelle cassette più segrete, e per lo più da chiudere a chiave, che fanno parte d'un tavolino, o d'uno stipo, o simili. Se si tratti di un cassettone, le piccole cassette d'esso si diran *cassettine*. Nei cassettini di certi letterati si rinchiude più vanità, che nelle cassettine di certe civette. E gli uni e le altre servono miseramente alla moda: quelle fanno mercato della bellezza; questi, di cosa più sacra, l'ingegno.

912.

CASSETTONE, CASSONE.

Cassone, cassa grande; come: cassone da biada. *Cassettone*, masserizia di legname più alta della cassa, dove son collocate cassette che tiransi per dinanzi, ad uso di riporvi chechessia.

913.

CAVA, CAVO.
  CAVO, CAVITÀ.
  CONCAVO, CONCAVITÀ.
  CAVO, INCAVO.
  CAVAMENTO, CAVATURA.
  SCAVO, SCAVI.
  CAVAR L'ACQUA, ATTINGER ACQUA.
  CAVARE, RICAVARE.
  CAVARE IL SEGRETO DI BOCCA, LEVARLO.

Nella *cava*, può essere più o meno la cavità; possono essere più cavità. *Cavità* dice e lo spazio vuoto e la misura di capacità d'esso spazio, e la forma delle pareti o delle linee che intorno lo limitano. *Cavo* dice più proprio il vano tra le due pareti sporgenti e lo spazio di sotto depresso: nel cavo della mano, diremo, non nella cavità. Altr'è la cavità d'una rupe, che può insinuarsi in quella sino alla cavernosità; altr'è il cavo d'un sasso o altro corpo, cavo che può formarsi da una bassura di poche linee; onde potrebbesi, sottilizzando, dire: un cavo di maggiore o minor cavità. Però quello può essere fatto ad arte, e a uso momentaneo darsi a una parte del corpo siffatta forma. Il simile di *concavo* e *concavità*; *concavità* è la qualità, per esempio, d'una lente, e la misura di quella specie d'estensione; il *concavo* è della lente. Nel concavo la forma è meglio determinata che nel *cavo*, e meglio abbraccia le linee da' lati.

Incavo riguarda, non tanto il vano, quanto la differenza tra l'inferiore o l'interiore del corpo, e le parti piane che, sebben piane, risaltan da quella. Quindi, lavorare a incavo, contrario di rilievo; e, bell'incavo della vita nelle parti più tondeggianti in rispetto alle più rientranti. Qui non si riguarda il vano interposto; ma il paragone dell'una coll'altra forma. *Incavatura* si dirà meglio dell'operazione dell'incavare ad arte, non la naturale struttura.

Cavatura è l'atto presente e l'operazione del cavare cosa di dentro a cosa; *cavamento*, il semplice atto.

Scavo è l'atto del cavar di sotterra cose nascoste d'un qualche valore. L'atto può dirsi altresì *scavamento*; ma comunemente: tanto costa lo scavo; soprintendente agli scavi. Il plurale dice anco le cose scavate, segnatamente se opere d'arte.

Di *cavare* il linguaggio moderno fa uso e abuso, come se qualunque sia spazio, qualunque sia cosa spirituale da cui possa trarsi o dedursi o aversi cosa, debbasi concepire come una cavità, una buca. Non so se tale traslato indichi menti più profonde che bugie, o capaci che cupe. Quando, per esempio, può dirsi: attinger acqua, non veggo perché *cavare*; quando, per averla, non si faccia proprio una cavità. E: cavar l'acque da un campo, è nel Davanzati liberarnelo, derivandole per fognatura o altrimenti. In genere, allora *cavare* ci cade, quando l'idea può recarsi all'imagine denotata dall'origine del vocabolo stesso; come: testa vuota, non se ne cava nulla; anima chiusa, non c'è da *cavargli il segreto di bocca*. Agli schietti e ai semplici non si cavano i segreti, si *levano*.

Anco di *ricavare* si abusa, nel senso di trarre profitto; e se ne fa il non bello *ricavo*, per danaro o simile, avuto da vendita o da lavoro o da altro patto. Ma allora sarà proprio *ricavare*, quando il guadagno o compenso di cui si tratta sia costato fatica, e segnatamente quando non corrisponda al merito e all'aspettazione. Del resto, la particella *ri*, non dice ripetizione, ma corrispondenza, come il *re* de' Latini in *recipere* e in altri. Il doppio senso, che par tanto diverso, della particella, ha ragione logica in questo, che il corrispondersi i due atti, unificando in certo rispetto gli agenti, viene a fare di due simili, e conciliare il vario coll'uno.

914.

CAVALCANTE, CAVALCATORE, CAVALIERE, CAVALLERIZZO.

Cavalcante, quando non è participio ma sostantivo, chi guida la prima coppia de' cavalli delle mute, stando sull'un de' cavalli; e anche il domestico che a cavallo segue il cavallo del padrone al passeggio.

Cavalcatore indica, d'ordinario, la qualità e la perizia di chi cavalca: buono o cattivo cavalcatore (1); nel qual senso usiamo anco: bravo cavalcante. Di chi lo fa per arte e con certa eleganza e dignità, *cavalcatore* mi parrebbe più proprio. *Cavalcatore*, poi, in alcuni luoghi di Toscana, quegli che ha perizia e destrezza per ben do-

---

(1) SERDONATI: *Maravigliosi cavalcatori*. - FIOR. CRON. IMP.: *Perfetto cavalcatore*.

mare alla cavalcatura i cavalli. Dante chiama l'Imperatore *cavalcatore delle volontà;* e ad Alberto rimprovera che non inforchi gli arcioni d'Italia.

Cavaliere può essere riguardato come contrapposto a *pedone* (1), oltre i sensi traslati ch'ha questa voce. N'esce *cavalierino.*

Cavallerizzo, chi possiede e insegna l'arte del cavalcare; o, per estensione di senso, cavalcatore valente. *Cavallerizzo,* anche titolo di corte, quel che soprantende a' cavalli del principe. In questo senso, può esserci de' cavallerizzi non eccellenti cavalcatori; come c'è de' dottori che non hanno grande amicizia con alcuna specie di dottrina.

915.
CAVALIERA, CAVALLERESSA.

Di moglie di cavaliere diremo, per celia, *cavaliera;* nè più l'adopreremo, se non per burla, come fa il Davanzati (2). *Cavalleressa,* a' nostri, avrebbe senso di dignità e di grandezza, un po' ridicola anch'essa; e si converrà meglio allo scherzo e anche all'ironia (3).

916.
CAVALLINO, PULEDRINO, PULEDRO.
PULEDRUCCIO, PULEDROTTO, CAVALLUCCIO.

Puledro, giovane cavallo e mulo non domato; il *cavallino* può essere anche domato. E perchè il puledro è più generale, però, bene il Tesoro: « Puledri di cavalli. »

All'idea di *puledrino* sempre si congiunge quella di tenerezza (4) novella, di fresca età. Ond'è che a puledro suol paragonarsi il giovanetto vivace, inesperto ancor della vita, cioè del dolore.

Puledrino, puledrina (5) (ma più raro); e *cavallino* e *cavallina.*

Puledruccio (6) non è inusitato, e *puledrotto* (7), sebbene più raro; *cavalluccio* anche, ma non *cavallotto.*

917.
CAVALLINO, CAVALLETTO, CAVALLUCCIO, CAVALLACCIO, BRENNA, CAROGNA, ROZZA.
CAVALLETTO, ECULEO.

— Il *cavallaccio* può essere grosso e forte, ma pigro, brutto, e anco di cattiva indole, e non addestrato.

Cavallino, un cavallo piccolo; e s'anco non tanto piccolo, snello, gentile, addomesticato per lo più. Cavallo piccolo, misero e meschino si dirà *cavalluccio.*

Cavalletto, per piccolo cavallo, raro. Chiamasi così quel congegno di travatura destinato a sostenere una tettoja molto larga; come pure una specie di capra o cavallo di legno a cui si addestrano i giovani alla cavallerizza (8).

---

(1) Quest'uso aveva la voce, specialmente in antico; e perchè quelli che potevano mantenere di suo uno o più cavalli eran gli uomini di condizione più onorata; però *cavaliere* venne col tempo a essere un titolo.

(2) ANN. VI: *Il padre e l'avolo furono consoli; la famiglia, cavaliera.* Ora diremmo *equestre,* o simile.

(3) Boccaccio: *Io aspettava essere la maggior cavalleressa che mai in quell'isola fosse.*

(4) LIB. CUR. MAL.: *Puledrino che sia nato di trenta giorni.*

(5) Anco positivo. - MONTI: *Ove amor d'erbe o di puledre il tira.*

(6) FIRENZUOLA.

(7) VARCHI.

(8) *Cavalletto* dicono, ne' paesi dov'è tuttora in uso, l'*eculeo;* che riman voce storica, traducendo dall'antico o accennando ad antichi fatti.

Così: saltare il cavalletto. *Cavalletto* è pure quello su cui pongono i pittori i lor quadri, o pongonsi altre macchine a sostenere altre cose.

Brenna, cavallo magro, debole, stento, che appena si regge. Per traslato, d'uomo o donna ch'abbia tali difetti; e se ne fa *brennaccia,* e così *cavallucciaccio.*

Carogna, animale tristo e inguidalescato e poltrone. Anco di donna di costumi non buoni, sudicia, stenta. Notiamo, del resto, a onore del sesso, che anche l'uomo può essere carogna (1).

Rozza, animale da soma o da cavalcare, che sia pieno di difetti. — CIONI.

918—921.
CAVALLO, PALAFRENO, DESTRIERO, CORSIERO, CORRIDORE, RONZINO, GINNETTO.
PALAFRENIERE, STAFFIERE.
CAVALLO, CAVALCATURA.
RABICANO, MORELLO, BAJO, SCURO, ROVANO O ROVANELLO, STORNELLO.
IMBRIGLIARE, TENERE IN BRIGLIA.
IMBRIGLIARE, FRENARE, RAFFRENARE, INFRENARE.

918.
Cavallo, Palafreno, Destriero, Corsiero,
Corridore, Ronzino, Ginnetto.
Palafreniere, Staffiere.
Cavallo, Cavalcatura.

— *Cavallo* è la specie (2). Un cavallo può essere destriere, corsiere, ronzino; ma un destriere non è corsiero, un ronzino non è palafreno. Queste differenze erano più chiare ne' tempi vecchi.

Destriere era il buon cavallo condotto a mano dallo scudiero, che il cavaliere potesse salirvi al momento della battaglia. Ricchi e grossi cavalli li chiama Gio. Villani, perchè alle barde d'acciajo, di rame, aggiungevasi l'armatura del cavaliere, le mazze e le accette appese agli arcioni ferrati; e con questo peso dovevano i destrieri mostrarsi agili alla battaglia o alla giostra. Però erano con cura serbati a quest'uso; e adopravansi nei viaggi, per il trasporto della roba o della gente di servizio, i corsieri, i palafreni, i ronzini.

I *corsieri,* dunque, servivano al corso, a' viaggi; ma perchè anch'essi dovevan essere forti e generosi, però adopravansi anco in battaglia. Quindi lo scambio delle due voci; non però da i più diligenti scrittori non facciano distinzione al bisogno. L'Ariosto: « Avea.... un destrier.... Ch'era buon da battaglia e da cammino, » con le qualità di destriere e di corsiere. E altrove: « Armato il paladino varca Sopra un corsier.... Grande e possente assai più che leggero: Però ch'aveva, quando si mise in barca, In Bretagna lasciato il suo destriero. » Dovendo il corsiero servirgli da destriero, il poeta avverte ch'esso è più grande e più forte che non sian d'ordinario i corsieri.

Palafreno, detto già *palafredo* dal barbaro *palaveredus,*

---

(1) MENZINI: *Un altro avere una zitella agogna In moglie, e 'l ciel ne prega, e poi conosce, Ch'ella infatti non è che una carogna.*

(2) Onde il proverbio toscano: - a caval donato non si guarda in bocca -, il vuol dire che la roba regalata non si esamina con tanta sottigliezza, ma si piglia com'è; e anco che ogni cosa che venga di soprappiù, e quasi gratuita, non vuol essere rifiutata. — MEINI.

cavallo di posta (1). Tali cavalli erano, al tempo de' Romani, disposti lungo le strade militari e consolari con un carro (*rheda*), acciocchè i corrieri mandati nelle provincie potessero cambiare, e far presto. Quindi, nel medio evo, *palafreno* significava cavallo da tiro, da soma o da comparsa, non da battaglia o da corso. L'Ariosto quel d'Isabella e d'Angelica chiama *palafreno* (2), ma Rabicano, Brigliadoro, Bajardo, *corsieri* o *destrieri*, perchè cavalli da corso e da guerra.

Brunetto, nel Tesoro: « *Il y a chevaux de plusieurs manières : à ce que li un sont destrier grant pour le combat, li autre sont palefroy pour chevaucher à l'aise de son cors.* »

Quanto all'uso presente, *destriere*, nella poesia o in qualche raro luogo di prosa, sarà sempre cavallo più nobile; *corsiero* porta con sè l'idea di corso veloce. — GRASSI.

— *Palafreno* è un buon cavallo al sol uso di cavalcare comechessia (3). Boccaccio: « Trovarono, in luogo de' loro ronzini stanchi, tre grossi palafreni e buoni. » Quindi *palafreniere* (voce rimasta nell'uso), il servo che attende ai cavalli da maneggio (4).

Seneca : « Con tutti i suoi palafreni e destrieri e suoi corsieri. » Fra Iacopone : « A prova di destriero Non correrà ronzino. » Boccaccio : « Comandò che i cavalli fosser menati, e fatto montare Chichibio (il servitore) sopra un ronzino.... » Ceffi : « Gli rubò due leggiadri palafreni e tre destrieri da battaglia. » — ROMANI.

Palafreniere, il servitore che va a cavallo dietro al padrone o alla corte. *Staffiere* (5), quello che nell'atto di scendere o di salire in carrozza o a cavallo, stende, prepara, e al bisogno regge la staffa.

Palafreno non s'userà più, se non come voce storica, parlando d'antichi cavalieri; e perchè il palafreno antico non trovasi mai a tirar cocchio, quelli dei cocchi e delle carrozze si chiameranno alla buona *cavalli*. *Corsieri* e *destrieri* saranno, per lo più, voci poetiche e storiche. Corsieri e destrieri, quelli del sole, e anche cavalli; non mai palafreni. Dove si tratti di dipingere celerità di corso, *corsiere* sarà il proprio (7); non però nella lingua comune, se non con gran parsimonia.

Destriero legherà meglio con idea di grandezza (8), di bellezza, di forza.

— *Cavallo* è generico; ha femminino, diminutivi, peggiorativi. Le altre voci non ne hanno; ma trovasi negli scrittori *destriera*.

Corsiere è cavallo bello, nobile, veloce, a uso di battaglia, di carri, e simile. *Corridore*, specialmente adattato alla corsa; ma per uso eziandio militare.

Palafreno, cavallo grosso e di gran forza, da portare e la propria armatura, e cavalieri gravemente armati, e anco altra persona in groppa (1).

Destriero, ripetiamo, cavallo nobile e da battaglia. Il Petrarca mette al carro d'Amore « Quattro destrier vie più che neve bianchi. » Il Manzoni, nel Carmagnola: « Oh! mio destrier! » Tre di queste voci possonsi usare aggettive, perchè tali in origine : *caval destriero, cavallo corsiero, caval corridore*. *Destriero* e *corsiero* pajono un po' più comuni che *destriere* e *corsiere*, massime se aggettivi.

Ronzino, cavallo di poca grandezza (che direbbesi : fra le due selle), specialmente destinato a cavalcare, per lo più di vettura, e non di gran pregio (2).

Ginnetto, cavallo spagnuolo. — CIONI.

Da cavallo : cavalcante, cavalcatore, cavalcatura, cavalcioni, cavalleggeri, cavaliere, cavalierino, cavalierato, cavalier servente, cavalleresco (3), cavalleria, cavallerizzo, cavallerizza (e l'arte e il luogo destinato agli esercizi di quella) (4), cavallino, cavallaccio (5), mosca cavallina (6) (anche in senso di persona molesta); scorrere la cavallina (e vale sfogarsi nei piaceri del mondo, goderlo, farne esperienza, anch'in male) (7); cavalcare (nel senso di far viaggio a cavallo, di fare scorrerie a cavallo (8), di maneggiare il cavallo), e cavalcata (per l'atto del cavalcare, del fare una scorreria militare (9), per moltitudine di persone a cavallo) (10): tutti usi vivi.

Cavallo ha poi il suo femminino, che agli altri manca. Caval da vettura (11), da razza, da carrozza, da nolo, da corsa, da carretta. Cavallo di Troja, cavallo degli scacchi (12). Essere a cavallo, che vale: avere il vantaggio, essere giunto al suo intento; sapere quanto corra il cavallo d'alcuno, conoscerne l'abilità; dare un cavallo, nerbare o comechessia battere alcuno sulla parte che tutti sanno (14); le mosche si posano addosso a' cavalli magri, giacchè i più deboli sono i più perseguitati (15); medicine da cavallo, spropositi da cavallo (16): modi anch'essi usitati, e li notiamo per distinguerli dagli altri che la Crusca nota, e che l'uso d'oggidì non conosce.

Distinguiamo, finalmente, *cavallo* da *cavalcatura*. *Cavalcatura* è il cavallo da cavalcare. Si ha (17), è prestata,

---

(1) *Paratus*, pronto; *veredus*, caval di posta. *Destriero*, da *dextrarius*.

(2) *La donna il palafreno addietro volta.*

(3) Boccaccio: *Donatigli danari e un palafreno, nel suo piacere rimise l'andare e lo stare.*

(4) BOCCACCIO; VARCHI.

(5) BERNI; PULCI; ARIOSTO.

(6) DANTE: *Pria che 'l sole Giunga li suoi corsier sott' ultra stella.*

(7) PETRARCA: *Seguimmo il suon delle purpuree penne De' volanti corsier.* — REDI: *Sovra un velocissimo corsiere a tutta carriera se ne veniva alla volta nostra.*

(8) G. VILLANI: *Montati su grandissimi destrieri.* — TAV. RITONDA: *Tristano acconcia sè e il buon destriere.* — TASSO: *Destrier che dalle regie stalle Ove all'uso dell'armi si riserba.*

(1) VELLUTI: *Un bellissimo palafreno, de' più belli di Francia.*

(2) BOCCACCIO: *Sur un cattivo ronzino a vettura.... - Al più misero ronzino.*

(3) BOCCACCIO.

(4) STOR. AIOLFO.

(5) REDI.

(6) CARO.

(7) VARCHI. - LIPPI: *Scorse 'n Firenze ognor la cavallina Ne' lupanari con gran pompa e fasto.* - Anche *correre*, se non erro, e direbbe forse un po' meno.

(8) G. VILLANI: *Baldanzosamente cavalcavano il paese, e mantenevano loro assedio.*

(9) DINO: *Pene imponeva e cavalcate contra nemici.*

(10) FIRENZUOLA: *Come viene una cavalcata di forestieri.*

(11) CRESCENZIO.

(12) VARCHI.

(13) CRON. MORELLI.

(14) ALLEGRI; PULCI.

(15) VARCHI.

(16) LIPPI: *Error che non lo farebbe un cavallo.*

(17) BOCCACCIO: *Vestir si potesse e fornir di cavalcatura.* — G. VILLANI: *Si partì accompagnato da tutti i cittadini ch' avieno cavalcature.*

è pagata (1) la cavalcatura; si ha una buona, una pessima cavalcatura. Anche quella d'un asino, d'un bove, d'un mostro alato (2) è cavalcatura; e può non essere cavallo.

919.
Rabicano, Morello, Bajo, Scuro, Rovano o Rovanello, Stornello.
— Dicono qualità diverse del pelame de' cavalli.

Rabicano è manto di cavallo bajo, scuro o morello, che abbia peli bianchi sparsi qua e là per tutto il corpo. *Morello*, cavallo di color nero. *Bajo*, di color dorato, con gamba, testa e coda nera; ma vi si aggiunge: chiaro, oscuro, castagno, bruciato, secondo le sue differenze. *Scuro*, tutto di tinta baja, sì nel corpo come nella testa, gambe e coda. *Rovanello* o *rovano*, manto di color del cece. *Stornello*, misto di color bianco e nero. — T. PENDOLA.

920.
Imbrigliare, Tenere in briglia.
— *Tenere in briglia* è più d'*imbrigliare*, sì nel proprio e sì nel traslato. Imbrigliasi mettendo la briglia, o colla briglia rallentando la foga del corso; si tiene in briglia, quasi segnando il grado della velocità da noi voluta, e colla briglia sorreggendo e ajutando il camminar del cavallo. Quest'ultimo indica attenzione maggiore, e quindi azione più continuata.

Si tiene in briglia alcuno, usando della propria autorità, per regolarne gli andamenti. Imbrigliar le passioni i propri appetiti, è insegnamento sublime che in sé racchiude la vera felicità. — MEINI.

921.
Imbrigliare, Frenare, Raffrenare, Infrenare.
Si può *imbrigliare* il cavallo (3) senza *frenarne* le mosse; mettergli, cioè, la briglia, e non l'adoprare. Si può anche imbrigliarlo adoprandola, ma non con tal forza che il cavallo possa dirsi frenato. Si dirà: il tempo d'imbrigliare i cavalli per domarli, non già, di frenare (4).

Frenasi, non s'imbriglia, il corso delle acque (5); s'imbrigliano e si frenano le passioni, l'impeto dell'uomo. Si frena l'ira (6), la lingua (7), l'appetito (8), il pensiero (9), uno stato (10), un abuso (11). Si tiene imbrigliato una persona, un popolo, per frenarlo al bisogno; se n'ha il potere, ma non sempre il potere s'adopra (12).

Raffrenare ha, più d'ordinario, senso traslato. Si frena la passione, tenendola sempre, in modo che non si possa abbandonare al suo impeto; si raffrena nell'atto che s'era già abbandonata (1). La religione insegna a frenare le passioni per tempo; la filosofia, a raffrenarle. L'utilità del primo sforzo è meno visibile, e appunto perciò più potente.

Le due voci, del resto, si confondono facilmente nell'uso. Meglio però mi suonerebbe *raffrenare* che *frenare* il dolore (2). E diciamo assolutamente: frenarsi, sapersi frenare.

— *Infrenare* ha senso e proprio (3) e traslato; però antico alquanto. Né di passione che gravi l'anima dentro, senza fare empito al di fuori, direbbesi così bene, come *frenare* e *raffrenare*. — POLIDORI.

922 — 927.
CAVALLO (A), A CAVALLUCCIO, A CAVALCIONI, A CAVALIERE,
  A CAVALLO, SUL CAVALLO.
IN GROPPA, A BISDOSSO, A PELO.
SCHIENA, GROPPA.
SELLA, ARCIONE.
SELLA, SELLINO.
BARDATURA, FINIMENTO.
ACCAVALCIARE, ABBACCARE.

922.
A cavallo, A cavalluccio, A cavalcioni, A cavaliere.
A cavallo, Sul cavallo.

Gli atti che questi modi denotano nella lingua de' Toscani, altro non ne hanno in parecchi altri dialetti d'Italia che il generico *a cavallo*.

A cavallo denota il senso proprio. *A cavalluccio*, col verbo *portare*, o simili, vale: portare altrui sulle spalle (così la Crusca) con una gamba di qua e una di là dal collo.

A cavalcioni, non solo dello stare addosso a persona, ma sopra qualsivoglia cosa, con una gamba dall'una parte e una dall'altra (4); né di persona soltanto, ma anco di cose (5). Quindi la differenza di *cavalcare* da *accavalciare*: il primo vale, non solo andare a cavallo, ma adoprare a simili uso altro animale, o anche (per celia o per puerile trastullo) canna o simile che renda l'imagine del cavallo; il secondo, non *andare*, ma *stare* sopra una cosa, inforcandola con le gambe.

Ma quando e *a cavalcioni* e *a cavalluccio* riguardano persona, quale la lor differenza? Queste due: prima, che *a cavalluccio* si va, *a cavalcioni* si sta; seconda, che *a cavalluccio* si sta sulle spalle, *a cavalcioni* anco in altro modo.

A cavaliere, co' verbi *essere* o *stare*, o simili, vale nel proprio: stare al di sopra, e dicesi di luogo che domini l'altro e gli stia quasi addosso, a cavallo (6); locuzione dell'uso.

— « Qui noteremo la differenza che può correre tra *a cavallo*, ch'è il modo comune, e *sul cavallo*, che può

---

(1) CASA: *Bisogna accettare le cavalcature.* - MASSEI: *Mentre cominciava a invecchiare, costretto a servirsi di cavalcatura.*
(2) COM. INFERNO.
(3) SERDONATI.
(4) LIB. MASCALCIA: *Quando lo puledro arriva al tempo dell'imbrigliatura.*
(5) VIRGILIO: *Glacie cursus frenaret aquarum.* - PETRARCA (al Rodano): *Il tuo corso non frena Né stanchezza né sonno.* - VIVIANI: *Con caduta frenata dalla pescaja dell'uccello.*
(6) PETRARCA.
(7) M. VILLANI; Boccaccio: *Porre freno alle parole.*
(8) BUTI: *Sfrenato appetito.*
(9) PETRARCA.
(10) PETRARCA: *Voi cui fortuna ha posto in mano il freno Delle belle contrade (d'Italia)... Che fan qui tante peregrine spade?*
(11) G. VILLANI: *I buoni popolani vi misero freno e fecero decreto.*
(12) DAVANZATI: *L'Egitto, colle forze che lo imbrigliano, è stato retto... da cavalieri romani invece di re.*

---

(1) PETRARCA: *L'anima al dipartir presta raffrena.*
(2) SENECA: *Refrenatio doloris.*
(3) PALLADIO: *Il cavallo che non vuole il freno, affamisi, e dopo... s'infreni.*
(4) VARCHI: *Li portarono a cavalluccio sopra le spalle* - SACCHETTI: *Lo fece salire sulla botte a cavalcioni. A cavalcioni* è più comune nell'uso che *a cavalcione.*
(5) MALMANTILE: *Un par d'occhiali... sopra il naso... pose a cavalcioni.*
(6) DAVANZATI: *Il suo palagio, ch'era a cavaliere alla piazza.*

cadere opportuno. Si va, si viaggia, si monta a cavallo; ma chi tra la folla non può vedere una cosa, monta sul suo cavallo per vederla; ci monta o a cavaliere o ritto. Si mette un cadavere, un sacco, o simile, sul cavallo, non a cavallo. » — LAVEAUX.

923.
In groppa, A bisdosso, A pelo.
Schiena, Groppa.

— Il secondo, senza sella o altro, sulla schiena del cavallo (1), a cavallo nudo; il primo, non sulla schiena, ma sulla groppa del cavallo (2). Horat.: *Post equitem sedet atra cura* (3). Ciò per la differenza tra *schiena* e *groppa*: quella è dal collo a tutto il dosso; questa, dalla fine del dosso in poi, sin sopra le anche. — CIONI.

— *A bisdosso* vive in Toscana; e significa: senza basto o sella; *a bardosso* non l'ho mai udito; dicesi bensì cavalcare *a pelo*. — BIANCIARDI.

924.
Sella, Arcione.

Arcione, parte della *sella* o del *basto*, fatto a guisa d'arco. Federigo imperatore (4): *Ponat pedem in stafa sellæ, accipiens arcum sellæ anteriorem cum manu sua* (5).

925.
Sella, Sellino.

— *Sella*, con arcioni o senza, ma sempre da potervi sedere sopra. *Sellino*, parte del finimento da tiro, che sta nel luogo della sella, ma sul quale non si siede. — CAPPONI.

926.
Bardatura, Finimento.

— *Bardatura*, del cavallo quando si va a sella, più specialmente. *Finimento*, quando si attacca alla carrozza. Il finimento si compone d'altri pezzi che la bardatura, come dell'imbraca, del sottopancia, delle tirelle, e simili.

Finimento si dice di tutto un servito, o di chicchere, o di piatti, o di seggiole, o di tovagliuoli, o di posate. Finimento da tavola, da letto. — MEINI.

927.
Accavalciare, Abbaccare.

Questa seconda è voce di qualche dialetto toscano, e dice un modo di accavalciare; onde, quand'anche gli scrittori non volessero farne uso, servirebbe a dimostrare la ricchezza e la proprietà della lingua popolare. Nè, per esserne ignota l'etimologia, dobbiamo sprezzarla. Quante non sono le voci illustri e, come direbbe il Trissino, *pettinate*, di cui l'origine ignoriamo, o che troviamo da quella affatto degeneri e disformate!

Accavalciare un fosso, a ben pensarci, non è proprio; non s'accavalcia sul vano nè in luogo basso. Nel contado di Lucca, e sul Pisano, si dice *abbaccarlo*.

---

(1) BERNI: *Che sopra un gran corsier viene a bisdosso*. - REDI: *Cavalcando a vitroso e a bisdosso*.
(2) BOCCACCIO: *Accostossi (col cavallo), ed essa gli si gittò vistosamente in groppa*.
(3) ANONIMO: *E del destriero Si asside in groppa, dietro al cavaliero*.
(4) *De aucupio*.
(5) Che il Boccaccio, più brevemente: *Attenendosi all'arcione*. - E il MACHIAVELLI: *Selle arcionate*; e DANTE (perchè gli arcioni son due): *Dovresti inforcar li suo' arcioni*. - Sella senz'arcioni, a quanto io ne so, oggi si chiama *sella inglese*. — POLIDORI.

928—930.
CAVARE, TRARRE, ESTRARRE, SPREMERE.
SPREMERE, STRIZZARE.
SPREMERE, ESPRIMERE.

928.
Cavare, Trarre, Estrarre, Spremere.

— *Cavare*, alla lettera, estrarre o levare da luogo cavo; ma s'allarga ad altri sensi, come quando diciamo: cavarsi il cappello, ch'è però meglio detto: levarsi.

Trarre indica una certa forza nel moto; e dicesi tanto del trarre *da un luogo*, quanto *ad un luogo*. *Estrarre* ha il primo de' due sensi soltanto. — GATTI.

— Si può *cavare* altrimenti che *spremendo*; e tra questi due è talvolta la differenza che in latino è tra *haurire* ed *exprimere*, il secondo de' quali ha sempre maggior forza. Cicerone nella Miloniana: « *Non scripta sed nata lex, quam non didicimus, accepimus, legimus; verum ex natura ipsa arripuimus, hausimus, expressimus*; » che il Bonfadio traduce: « dalla natura stessa l'abbiamo presa, cavata ed espressa. » — POLIDORI.

Dante dice *spremere* anco l'espressione del pensiero in parole, dove: « *Piccarda quello spreme*. » Ed altrove ne spiega quasi l'origine: « *Io premerei del mio concetto il suco Più pienamente*. » Adesso *esprimere* è più traslato che proprio, ma anco nel proprio talvolta s'usa, tuttochè inutile. *Spremere* non è mai traslato da sè, per parlare, se non quando altre parole lo accompagnino, che ne facciano una metafora delle solite. Nel proprio, si preme e passando leggermente su un corpo, e spingendo, e pigiando, e calcando, e spremendo; quello è dunque assai più generale.

Strizzare è un modo di spremere; ma si può spremere, anco senza strizzare; e si può strizzare, senza spremere nulla; come accade di certi discorsi sapientissimi. Strizzansi i panni torcendoli, che ne sgoccioli l'umore, e per metterli ad asciugare; strizzasi una buccia di limone. A chi rimane un dito fra uscio e uscio, o stretto altrimenti, dice: me lo sono strizzato. Il dito strizzato, se ha fatto sangue, per ispremerlo si strizza. Strizzare l'occhio, dichiarasi altrove.

929.
Spremere, Strizzare.

— *Strizzare* è spremere con più forza. Si spreme un limone, un'erba; e dopo spremuti, si strizzano, per cavarne fin l'ultima stilla.

Di discorsi inconcludenti, di critiche insulse, diciamo: spremi spremi, e' non esce sugo. Ed a chi si spacciasse per vostro protettore e non facesse mai nulla per voi, potreste dirgli co' Fiorentini: be' discorsi; ma, strizza strizza, non c'è una stilla di sugo. Il secondo è più famigliare e più forte (1).

Spremere ha traslati più varii. — MEINI.

930.
Spremere, Esprimere.

— Ognun sa il traslato d'*esprimere*. Ma nel proprio, si spreme premendo il corpo, acciocchè n'esca l'umore, e si spreme l'umore dal corpo premuto. *Esprimere*, in quella vece, dicesi dell'umore ch'esce, meglio che del corpo ond'egli esce. — GATTI.

---

(1) Viene forse da *stringere, strictus*; e n'è quasi frequentativo. I Veneti, *struear*, che, dato all'u un suono più acuto, come *lacruma* e *lacryma*, torna il medesimo.

931—941.

CAVERNA, Cavo, Antro, Grotta, Speco, Spelonca, Tana.
Scavare, Scavernare.
Covo, Covile, Covacciolo, Cuccia, Canile, Tana.
Covo, Nido.
Cucciare, Accucciarsi, Accovacciarsi, Accovacciolarsi.
Accovacciare, Accovacciolare.
Rintanarsi, Intanarsi.
Cava, Miniera.
Incavernato, Incavato, Infossato, Scavato.
Infossare, Affossare.
Cavernoso, Cavo.

931.
Tana.
Intanarsi, Rintanarsi.

La *tana* è di fiere più o men grosse: tana di leone, di volpe, del porcospino (1). *Tana*, qualunque fossa o buca (2); *tana*, un grande sdrucio, nelle calze, nelle fodere, in qualunque vestito.

Nel traslato, dice Vanni Fucci che Pistoja gli fu degna tana; vale a dire che Pistoja era tana da bestie. Ora le cose sono cambiate di molto; e se alle città si dovessero oramai applicare queste metafore, sempre false, non è già Pistoja che dovrebbesi chiamar tana.

Si *rintanano* non solo le fiere, ma qualunque persona o cosa si stia raccolta e rinchiusa in modo non dignitoso o decente: tiranno rintanato nella sua reggia; ladrone nel suo nascondiglio.

Rintanarsi significa, inoltre, ripetizione dell'atto. Poi *intanarsi*, talvolta, è meno dispregiativo; e di coniglio (3), di volpe, si dirà meglio *intanato*. In generale, di bestie non grosse, d'uccelli non gentili (4), di bachi (5), meglio *intanarsi*. - Io m'intano nella mia solitudine, dirà un galantuomo di sé; non già, mi rintano. Anche per timidità, uno s'intana (6); si rintana, il più delle volte, per riescir a far male.

Alcuni usarono *intanare*, assoluto, per *intanarsi* (7); uso non comune, ma che a *rintanarsi* non è proprio mai.

932.
Covo, Covile, Covacciolo, Cuccia, Canile, Tana.

— *Covo*, della lepre, d'uccelli e d'altri animali; la *tana* è più larga: tana di volpi, di lupi. *Covo*, dicesi anco per letto, quasi cellando. *Cuccia*, letto de' cani. *Canile*, luogo ove stanno i cani, o qualunque siasi dimora angusta, sudicia o misera.

Covacciolo, degli uccelli, o d'altri animali piccoli. *Covile*, di fiere grosse e selvagge. *Covile*, per similitudine, lettaccio sudicio e disordinato, e stanzaccia da dormire angusta e indecente. — Romani e Gatti.

933.
Covo, Nido.

— *Nido*, d'uccelli; *covo*, e d'uccelli e di bestie più grandi; e non solo dove posano i parti loro, ma e dove dormono. — Romani.

---

(1) Crescenzio; Ariosto.
(2) Palladio.
(3) Fazio.
(4) Caro, del gufo.
(5) Redi.
(6) Davanzati: *Fuggitore codardo, intanato nella selva Ercinia.* - Redi: *Il nemico che dentro alle trincere se ne stava intanato.*
(7) Davanzati: *Voltate le spalle, intanano nel castello.*

934.
Cucciare, Accucciarsi, Accovacciarsi, Accovacciolarsi.

— *Cucciare*, usato attivamente, in antico valeva *distendere*; oggi s'usa come neutro passivo, e significa, stare a cuccia; specialmente de' cani: va cuccia; cuccia lì. *Accucciarsi*, mettersi a cuccia. Il primo denota uno stato; l'altro, un'azione. *Accovacciarsi*, quasi porsi nel covaccio. Può l'animale cucciare o accucciarsi sopra una seggiola (1), sopra un'asse, anche sulla nuda terra; quando si dice s'accovaccia, s'intende in un luogo proprio a lui destinato, ove possa starci men disagiato. *Accovacciolarsi*, specialmente di volatili, come galline, uccelli, e altri piccoli animali. Le prime tre voci usansi per cella anco d'uomo che sta o si pone a letto; l'ultima, non credo. — Meini.

935.
Accovacciare, Accovacciolare.

I.º *Accovacciolare* si dirà, d'ordinario, degli animali più piccoli. Non già che un uccello non possa dirsi *accovacciato*; ma un leone, per esempio, non si direbbe *accovacciolato* (2).

II.º Nel traslato, d'ordinario, meglio *accovacciare* (3), perchè *accovacciolare* par troppo minuto.

936.
Antro, Spelonca.

L'*antro* non così selvaggio come si può imaginar la spelonca (4).

La *spelonca* può essere profondissima (5), buja (6), orribile (7); può essere amena nell'orrore (8), non però gaja.

Il Boccaccio: « Spelonca è caverna di monte dove si sogliono appiattare li malandrini e li rubatori, per non esser veduti e per aspettare il mercatanti che passino. » La definizione non è propria; ma certo all'idea di spelonca s'associano quelle di solitudine (9), d'orrore.

Quindi, brutta città, brutta casa, una brutta stanza, un luogo brutto qualunque sia, suol chiamarsi *spelonca*. Spelonca di ladroni (disse Gesù Cristo a coloro che vendevano nel tempio) faceste della mia casa, casa di preghiera; e quel rimprovero suona ancora terribile, suona terribile il suo flagello. Le mura, dice Dante, che solevano esser badia, son fatte spelonche (10).

Antro non ha derivati; *spelonca* ha *spelonchetta* (11), e *speloncaccia*, al bisogno.

---

(1) Magalotti: *Salga moglio moglio sopra una sedia e cucciato più.*
(2) È vero che *covacciolo*, nella Crusca, dicesi anco la tana della fiera; ma ciò forse per evitare il brutto suono della voce *covaccio*. Nel verbo poi che di cotesta voce si compone, torna a farsi sensibile il valore del diminutivo.
(3) Buonarroti: *Dove amor s'accovaccia (che non è bello amore).*
(4) Virgilio: *Viridi prefectus in antro.* - Properzio: *Antra roscida jugis muscosis.* - *Antrum hederosum.*
(5) Cicerone: *Spelunca infinita altitudine; quâ Ditem patrem ferunt repente cum curru exstitisse.*
(6) Virgilio: *Atra.*
(7) Virgilio: *Spelunca alta..., vastoque immanis hiatu.*
(8) Ovidio: *Fons sacer.... speluncaque pumice pendens.*
(9) Boccaccio: *Le deserte spelonche.*
(10) G. Villani: *Calese, ricetto di corsari, e spelonca di ladroni.*
(11) Vit. S. Onofrio.

937.
Speco, Grotta.

Speco è poetico. Più (1) o men selvaggio (2), più o meno grande (3), più o meno bujo (4); ma meno sempre della spelonca, e non ha i suoi traslati.

Gli *spechi infernali* (5), usavano per altro i Latini, piuttosto che le *spelonche*; e caverna artificiale, canale, chiamavano, non *spelonca*, ma *speco* (6).

La *grotta*, sebbene anch'essa si possa immaginare cupa e selvaggia, può, più sovente, ricevere senso di ameno ritiro. Quindi è che ne' giardini così detti inglesi, artificialmente costruisconsi grotte. E può essere cosa tutta artificiale (7); onde le grotte vinarie degli antichi (8). Quelle del mare, *grotte* più comunemente che *caverne* o *spelonche*.

La grotta di Napoli (9), la così detta grotta del Cane, non si direbbe *spelonca*.

Grotte, poi, segnatamente in plurale, luoghi dirupati e deserti; *grotte*, quelle del Purgatorio chiamò Dante. Quindi, per estensione, diciamo, che delle grotte e della solitudine ove la tirannide nascose i primi cristiani, uscì la libertà del mondo rinato, e la sua civiltà. Perchè il mondo rinasca, una nuova segregazione è necessaria della società decrepita dalla novella.

Da *grotta* venne forse: pittura grottesca (10). Ha il diminutivo *grotticella* (11), e fors'anco *grotticina*.

938.
Caverna, Cava, Miniera.

— *Caverna*, più direttamente, concavità, gran vuoto, capacità grande. *Grotta* dipinge luogo cavo, o luogo di ritiro, non cupo però come l'antro, nè così vuoto e vasto com'è la caverna. — ROUBAUD.

Quelle nel profondo della terra, *caverne* (12); e quelle nel seno de' monti. Un suolo, una tomba, uno spazio (13), sono più o men cavernosi.

Caverna, per estensione, qualunque gran cavità: le caverne del cavallo trojano (14); piaga diventata caverna.

Da *caverna*, *cavernetta* (15) e *cavernoso*. L'acqua o altro corpo s'incaverna, quando una caverna, per lo più sotterranea, l'inghiotte (16).

Cava, qualunque luogo un po' incavato nella terra; ed è men di *caverna* (17). Fannosi cave per porre le mine (18): cava di metalli, di pietre, di marmi. Quella delle pietre e de' marmi non è *miniera*. Quanto a' metalli, può esservi una miniera non conosciuta o non tocca. Miniera cominciata a cavare, è *cava*. Passavanti: « Trovar tesoro o nelle proprie cave e miniere, o in sepolcro. »

939.
Incavato, Incavernato, Infossato, Scavato.

Siccome *cava* è men di *caverna*, così *incavernato* è più d'*incavato*: occhi incavernati, dice ben più che *incavati*; quelli d'uno spettro sono *incavernati*; d'un malato, *incavati*, o meglio *infossati* (1). Ma gli occhi posson essere di natura infossati un poco; incavati diventano per malessere.

Albero (2), legno incavato (3), non già incavernato (4). Bella incavatura di vita, dicono a Firenze, quando tra il petto e i fianchi, i fianchi e la schiena, l'incavo e il risalto siano in armonica proporzione.

Da *incavare* si fa, dunque, *incavo* (5); *incavernare* non ha l'analogo.

Similmente, *scavare*, è altra cosa da *scavernare*. Si scaverna ciò ch'era incavernato; si scava una fossa (6), l'alveo d'un fiume (7), il terreno (8). Il fiume stesso coll'impeto dell'acque correnti scava le rive (9); un animale scava la terra coll'ugne (10).

Si scava anche una caverna, una grotta; cioè, s'ingrandisce con lo scavo. Si fanno scavi per iscoprire antichità; e questo è bene; ma altre cose ben più importanti rimangono da scavar nel passato.

940.
Infossare, Affossare.

Affossare, non comune dell'uso, cinger di fossa; *infossare*, mettere in fossa, o in qualsia luogo cavo; o, nel neutro passivo, ascondersi in luogo cavo, e simile a fossa (11): occhi infossati.

941.
Cavernoso, Cavo.

Cavo dice la forma più in genere: la e le cavernosità d'una piaga, la cavità del petto (12). Poi, questa suppone qualcosa di più irregolare (13). Ne' denti guasti si formano cavernosità che mandano alito ingrato. A molti piacciono in bel viso quelle piccole cavità delle guance che diconsi *pozzette* (14).

942.
CAVICCHIO, CAVIGLIA, CAVIGLIUOLO.

Cavicchio, pezzo di legno dall'una parte appuntato a guisa di chiodo. Piantasi un cavicchio nel muro per

---

(1) ARIOSTO. - OVIDIO: *Specus... tenebroso excus hiatu.*
(2) OVIDIO: *Specus... virgis ac vimine densus, Efficiens humilem lapidum compagibus arcum, Uberibus fæcundus aquis.*
(3) VIRGILIO: *Specus ingens Exesi latere in montis.*
(4) LIVIO: *Opacus.* - GELLIO: *Latebrosa.*
(5) VIRGILIO; SENECA.
(6) VIRGILIO; SVETONIO; VARRONE.
(7) TASSO: *Cava grotta s'apria nel duro sasso, Da lunghissimi tempi innansi fatta.* - In questo senso è anco nel Boccaccio.
(8) VITRUVIO.
(9) SENECA.
(10) SERDONATI.
(11) FRANZESI; ALLEGRI; VARCHI.
(12) CICERONE: *Magna vis terræ cavernis continetur caloris.*
(13) BERNI.
(14) VIRGILIO.
(15) GUARINI.
(16) GALILEO.
(17) DANTE. - CRESCENZIO: *I conigli rimossi dalla lor cava.*
(18) DINO; G. e M. VILLANI.

---

(1) PLINIO.
(2) REDI.
(3) ALAMANNI; VIRGILIO.
(4) M. ALDOBRANDINO.
(5) GALILEO; MAGALOTTI.
(6) REDI.
(7) REDI.
(8) PALLADIO.
(9) CRESCENZIO.
(10) VIRGILIO.
(11) G. VILLANI: *Affossarono la città.* - CRESCENZIO: *Orto intorno affossato.* - GUITTONE: *Il grano lo infossano.*
(12) LIB. CUR. MAL.: *Marcia covante nelle cavernosità delle piaghe.* - REDI: *Cavità delle viscere.*
(13) PLINIO: *Radix polypodii acetabulis cavernosa.*
(14) Un trecentista le chiama *cavernuzze*; che non è il più bel diminutivo del mondo.

attaccarvi una cosa qualunque; si fora con cavicchio la terra per piantarvi cavolo od altro.

Caviglia, specie di cavicchio. Quella, per esempio, de' setajoli, per iscernere la seta e ammatassarla; de' merciai, per avvolgere il refe; de' tintori, per avvolgervi il filo. È anche una specie di giuoco. E si fa sedendo due a terra con le piante de' piedi l'uno all'altro appuntati, e tenendo una caviglia con tutte e quattro le mani, e fanno a chi leverà l'altro da terra.

Caviglia, nel linguaggio marinaresco, ha più sensi: se ne servono a commettere insieme i legni che formano il corpo della nave, per risparmio de' chiodi di rame, necessarii, del resto, in certa quantità, a congiungere più fortemente; se ne servono per ritenere i cappii scorsoi; inoltre, come d'istrumento per fare arnesi marinareschi, come raccapezzare corde spezzate e simili.

Cavigliolo è quella *caviglia* che piantasi negli armadii per sospendervi vestiti o altro. In alcuni dialetti così si chiamano i legni che attraversano le seggiole dappiedè, cioè le traverse. La caviglia, dunque, e il cavigliuolo sono meno ordinarii del cavicchio, e ad un uso speciale.

Caviglia, inoltre, è la parte sotto il malleolo o la noce del piede (1).

943—944.
CELESTE, CELESTIALE.
CIELO, PARADISO.

943.
Celeste, Celestiale.

— *Celestiale*, d'ordinario, vale: degno del cielo. - Bellezza celestiale; grazia, innocenza, virtù celestiale. *Celeste* ha e questo senso, e altri meramente corporei: colore celeste, celesti campi. — GATTI.

944.
Cielo, Paradiso.

— *Cielo*, il luogo altissimo della gloria; *paradiso*, il luogo desiderabile della gioja. Il cielo è il tempio, il tabernacolo della divinità; il paradiso è la felicità degli eletti. Per esprimere gioja o amenità grande, diciamo: mi pareva d'essere in paradiso, stanza che pare un paradiso, imparadisare. Per denotare lode, gloria, altezza, diciamo: levato al terzo cielo, levare a cielo, i cieli dei cieli, e simili (2). In altro senso: cielo del letto, della carrozza. — GATTI.

945.
CELESTE, GLAUCO, AZZURRO, TURCHINO, CELESTINO, CILESTRO, CILESTRINO, CERULEO, CERULO, AZZURRINO, AZZURRICCIO, AZZURRIGNO, AZZURROGNOLO.

Glauco è latinismo che la lingua scritta non ammette, se non rade volte (3). Il glauco è un celeste verdognolo.

---

(1) *Caviglia*, secondo la Crusca, l'osso che dal collo del piede va sino al ginocchio, detto anche *fusolo*. In questo senso, non è voce dell'uso nè questa nè quella. Il MONTI adopra nell'Iliade *caviglia* nel senso da noi notato: ..... *Il percosse alla diritta Tibia presso il tallone... Franse ambidue i nervi e la caviglia, L'improbo sasso* (il greco: σφυρὸν; il latino: *malleolus*). Inteso *caviglia* come la parte infima dello stinco, io non saprei come dire altrimenti.

(2) κοῖλος, cavo; παράδεισος, giardino.

(3) Si usa in botanica per indicare quel verde bigio su certe foglie o frutti, quando sono coperte d'una polverina bianca, chiamata dai contadini *rugiada*, e dagli scienziati conosciuta per *cera*. — LAMBRUSCHINI.

Glauco, ai Latini, era il colore dell'uliva, degli occhi di nottola, di leone, di gatto, del mare e dei fiumi (1).

Il *celeste* è il colore del cielo, il dolce colore d'orientale zaffiro. Occhi di color celeste, diciamo; glauco è più intenso e men puro (2). Occhi celesti esprimono men ardore dei neri; ma indicano forse più fuoco d'affetto? Non so.

Celestino è un bel celeste, un celeste modesto. Non si direbbe: occhi celestini, ma un vestito piuttosto (3).

Cilestro e cilestrino non sono dell'uso, ma la poesia può giovarsene parcamente (4).

Il Boccaccio dà la differenza tra *azzurro* e *cilestro*: « La luce aveva già l'ottavo cielo d'azzurrino in color cilestro mutato. »

Ceruleo è, in poesia, il color del mare, degli occhi, ed è meno inusitato di *glauco*. Diciamo: carta cerulea, quella che in altri dialetti perlina, azzurra; color ceruleo, d'una inverniciatura, o simile (5).

Cerulo, dice Frontone, è il color naturale, *ceruleo*, l'artefatto. In questa distinzione, ch'è falsa, è per altro parte di vero; chè *cerula* non si direbbe la carta, ma *ceruli* gli occhi, in poesia; non cerula una veste (6), ma cerula l'acqua d'un fonte (7).

Il *turchino* è più cupo dell'azzurro, del ceruleo, del celeste (8); ha l'approssimativo *turchiniccio* (9), e dà il nome a una pietra preziosa detta turchina.

L'*azzurro* può essere talvolta tutt'uno col turchino, ma può essere assai più chiaro, e dirsi del cielo, degli occhi. Ma il cielo azzurro è men chiaro del dolce color celeste; e così gli occhi azzurri.

Il turchino ha più gradi, un de' quali il blu, ch'è un turchino più fine e tendente al bruno.

Azzurrino, azzurro chiaro e gentile; *azzurriccio*, che s'avvicina all'azzurro; *azzurrigno*, alquanto azzurro; *azzurrognolo*, azzurro non pieno e non bello. I più comuni sono *azzurrino* e *azzurrognolo*; gli altri rari. Occhi azzurrognoli, non si direbbe; ma, nubi, piuttosto; azzurrini occhi o vesti (10).

Azzurreggiare usa il Borghini sul far di *bianchegiare*, e simili. Gli altri non potrebbero avere verbo da sè derivato.

946.
CENCIAJA, CENCIATA, CENCERIA, CENCIUME.

Cenciaja, cosa vile come cencio, o massa di cenci. Cen-

---

(1) L'usa il Crescenzio.

(2) VIRGILIO: *Ardentes oculos intorquens lumine glauco.* (Proteo, Dio marino.)

(3) L'usa il Sacchetti, ma scrive *celestrino*, come *listra* per *lista*.

(4) LORENZO MEDICI: *Una cordella a seta cilestrina.* - BERNI: *Aquila bianca nel campo cilestro.*

(5) Il ceruleo dei Latini passava per varii gradi, dal più chiaro al più fosco.

(6) PETRARCA: *Purpurea veste d'un ceruleo lembo.*

(7) VITTORELLI: *I fonti ceruli. Il mare però e ceruleo e cerulo.*

(8) La definizione del Borghini, recata dalla Crusca, non mi pare la vera.

(9) REDI: *Punti che talvolta appariscon neri e talvolta come turchinicci.*

(10) FRA GIORDANO: *Bende di color azzurrognolo.* - CRESCENZIO: *I fiori sono azzurrini.* - VARCHI: *Occhi azzurrini.* - NERI: *Il cristallo sempre tira all'azzurrigno. - Bleu* o, come dicono i Toscani, *blu*, non so se passerà nella lingua nostra, o se rimarrà con *doré*, con *tané* ed altri simili.

ceria, massa di cenci, anche portati per vestito, o di altre cose di poco valore. *Cenciata* s'usa in una frase: dar la cenciata, per gettare o sbacchiare altrui nel viso un cencio intriso d'inchiostro o d'altra lordura, o per far qualunque atto di scherno solenne. *Cenciume* è più che *cenceria*: entrare (si direbbe) in una casa, e trovarvi di gran cenciume. Il cenciume del povero può mandare innanzi a Dio odore più grato delle morbide vesti del ricco.

947.
CENCIO, CANAVACCIO, CENERACCIOLO, STRACCIO.
CENCINO, CENCIUCCIO, CENCIUOLO.

Canavaccio (1), panno di lino, o di tela, grosso e ruvido, per lo più, da cucina, da spolverare, o altri usi simili (2). Un *cencio* può fare da canavaccio; ma c'è de' canavacci nuovi o sodi, che non si possono chiamare cenci. Questa è voce più generica, e abbraccia qualunque specie di panno o di lino o di lana, reso ormai guitto e trito dall'uso. E per essere questo secondo di senso più generale, diciamo tanto: un cencio di vestito, quanto: un cencio di canavaccio. *Ceneracciolo* è quel canavaccio che copre i panni sudici che sono nella conca del bucato, e sul quale si mette la cenere.

I.° *Cencio* è straccio di panno lino o lano consumato; *straccio* è panno di qualunque genere. II.° *Straccio* può esprimere un pezzo della roba stracciata: il cencio può essere intero. III.° Lo straccio può essere meno consumato del cencio. IV.° Nel cencio, talvolta, si guarda non altro che un panno che ha perduto il corpo o il colore, insomma l'appariscenza; onde dicesi di cosa mencia e sbiadita o guitta, che pare un cencio; e di donna rinfrachisecchita, ch'è un cencio. *Straccio* non ha questo senso. V.° In modo che tiene dell'iperbolico, dicesi de' vestiti non ricchi, tanto *stracci* quanto *cenci*. Gli stracci, in questo senso, sono vestiti più grossolani; i cenci possono, nella loro povertà, esser puliti e ben tenuti; nel qual senso s'adopera anco il diminutivo *cencini*. VI.° *Straccio*, quand'esprime la rottura che resta nella cosa stracciata, ovvero la seta de' bozzoli stracciata col pettine o cardo di ferro, ognun vede quanto differisca da *cencio*. VII.° *Cencio* ha il diminutivo (3) e il peggiorativo; *straccio*, no. *Straccione* dicesi, non: cencione; *cencioso*, non: cenciato; *stracciato*, non: straccioso.

948-949.
CENERE, CINIGIA.
INCENERIRE, INCENERARE.

948.
Cenere, Cinigia.
Cinigia, la cenere calda, tra cui son faville di fuoco (4).

949.
Incenerire, Incenerare.
— *Incenerire*, incenerirsi, divenir cenere; *incenerare*, spargere, coprir di cenere. In antico, questo aveva il senso del primo; ora non più. — ROCCO.

---

(1) Dicesi anche *cenovaccio*; ma il primo sembra più conforme all'origine, che pare essere *canapa*.
(2) *Canavaccio* dicesi anco quella tela grossa che i sarti mettono per fortezza ne' soprabiti, nelle giubbe e altri tali vestiti.
(3) Anzi n' ha più. *Cencino* e *cenciuccio* e *cenciuolo*. Il primo indica povertà linda; il secondo, la semplice povertà; l'ultimo è quasi vezzeggiativo.
(4) CELLINI: *Mettasi l'opra sopra la cinigia o veramente sopra un poco di brace accesa.*

950.
CENERE, CENERATA.
IL CENERE, LA CENERE, LE CENERI.

Cenerata, acqua con cenere, per il bucato e ad altri usi; e serviva anco a quelli d'oreficeria.

La cenere, nel proprio, quel che resta del legno arso; e non solo, perché i corpi bruciavansi, furon detti cenere gli avanzi della spoglia umana, ma perché cenere e polvere sono imagini che si commutano. Onde, il dì delle ceneri, spargendo cenere in capo, il prete dice: *sei polvere*. Quello è il Mercordì delle ceneri; plurale sempre. Chi sa che le tradizioni della scienza, recondite nelle lingue, non accennassero alla verità fisico-chimica, che ogni vita è combustione? Direbbesi anco: le ceneri di molti eroi, de' martiri; non: la cenere, come Catullo con ardire, forse moralmente improprio, disse: *Troja, virûm et virtutum omnium acerba cinis*. In questo senso, anco *il cenere*, singolare; riguardati tutti quegli avanzi o reliquie, come una memoria comune di corpi animati da uno spirito solo. D'un solo, il cenere; nè d'uno o di molti, i ceneri mai. Nel sacco e nella cenere, nella cenere e nel cilicio; modi biblici, a significare lutto di penitenza o d'altro dolore; come i popoli slavi proverbialmente dicono: morir sulla cenere, non da guerriero sul campo; e i Clefti greci ne' brindisi s'auguravano *una buona palla* (alla lettera, *piombo di buono*).

951.
CENERINO, CENEROGNOLO, CENERICCIO, CENEROSO.

Il *cenerognolo* non è affatto *cenerino*, ma ci tende. C'è de' drappi d'un bel color cenerino, che sarebbe un avvilirlo chi lo chiamasse cenerognolo. Le nuvole ammassate talvolta hanno un color cenerognolo, che non si dirà cenerino.

Inoltre, il color cenerino si avvicina più al color della cenere vera. Il cenerognolo vi tira più o meno, e spesso è più cupo.

Cenericcio è tra questi due; men gentile di *cenerino*, e men grosso di *cenerognolo*.

Ceneroso, sparso o coperto di cenere, sull'analogia di *fangoso*, *motoso*, e simili (1).

952—959.
CERCARE, INDAGARE, INVESTIGARE, RICERCARE, FRUGARE, SCRUTINARE, RIMUGINARE, SCRUTARE, ESPLORARE, RINVERGARE, RIBUSCOLARE, RIFRUSTARE, VISITARE, VEDERE.

RICERCA, INDAGINE, INVESTIGAZIONE, PERQUISIZIONE, INQUISIZIONE.

ESPLORARE, STARE ALLA VEDETTA.

ESPLORARE, SPIARE, ESSERE SPIA, FAR LA SPIA.

SPIA, SPIONE, DELATORE.

SPIONE, SPIACCIA.

952.
Cercare, Indagare, Investigare, Ricercare, Frugare, Scrutinare, Rimuginare.

— *Indagare*, cercare con diligenza cose non sempre evidenti e prossime (2). *Investigare*, cercare l'oggetto

---

(1) I Latini avevano *cinereus, cineraceus, cinericius, cinerosus*; tutti indicanti color di cenere, o simile a quello. *Cineraceus* corrisponde a *cenerognolo*; *cinericius* a *cenerino*; *cinereus* non ha equivalente nella lingua nostra, e convien che diciamo: color di cenere; se pur non s'osasse *cinereo*, come *stereo*.
(2) SEGNERI: *Indagare tutti i difetti intimissimi.*

dietro a' suoi vestigii o tracce o indizii o imagini ch'e' lascia di sè.

Ricercare, vale, ora cercare con più cura, ora cercare di nuovo, ora cercare indentro. *Frugare* è cercare ne' ripostigli, con cura minuta, ajutandosi o della mano, o di strumento che arrivi nelle più segrete parti del luogo (1). L'uomo si fruga addosso e si cerca, non s'indaga e non s'investiga.

Scrutinare è cercare con esame attentissimo l'intimo valor delle cose. Scrutinansi le cose già trovate, le qualità loro.

Rimuginare, voce famigliare, è cercare con attenzione, con ansia, mettendo sottosopra le cose; e nel traslato, dicesi delle cose più sottili e più intime; come: rimuginare nella propria mente; rimuginare un pensiero. — A.

— *Indagare*, i Latini dicevano propriamente de' cani e de' cacciatori cercanti la preda (2); denota ricerca sollecita, attenta, laboriosa. — GATTI.

953.
Indagare, Scrutinare.

Scrutinare, cercare e ricercare per minuto, attentissimamente. *Indagare*, cercare per varie vie (3), con varii artifizii: scrutinare le cose segrete, indagare le nascoste, o lontane. Lo scrutinio ha per iscopo il giudicare, il conoscere a fondo, il conchiudere; l'indagare ha per iscopo il trovare, il cogliere. S'indagano le verità non cognite; si scrutinano le da giudicare. Lo scrutinio cade in fatto d'elezione morale, di deliberazione politica; l'indagine, in fatto di fisica, di psicologia, di filologia, di statistica, di polizia.

954.
Scrutare, Cercare.

— Si *scrutano* le cose occulte; si *cerca* o cosa perduta o anche non veduta mai, sia facile a trovare o no. — POLIDORI.

955.
Visitare, Vedere.

Visitare è più uffizioso, o più rispettoso. Si visita persona ragguardevole, o che tale è creduta; si *vede* un amico. Taluni fanno visita, per vedere; gente o sciocca o maligna.

Si visita un ammalato, che è opera di misericordia, so non pagata, e non interessata per altro; perché non con solo il danaro si paga. Le visite di certi medici sono tutt'altro che opera di misericordia; assai volte vendono la paura, il dolore, e peggio d'ogni male, la falsa speranza (4).

Altro è andare a vedere un carcerato per cagione qualsiasi; altr'è visitare i carcerati. Altro è vedere la piaga; altro è visitarla. Il chirurgo la visita. Il medico visita l'ammalato; l'amico manda a vedere come egli stia.

Vo a vedere una campagna per diporto; vo a visitarla o per conoscere come vadano le faccende, o per venerazione a qualche dolce e cara memoria.

---

(1) BOCCACCIO: *Frugando in quelle parti, ove sapeva che i pesci si nascondevano.* - DAVANZATI: *Nemico frugato e fatto sbucare delle tane.*
(2) *Indu* (in) - *ago*.
(3) *Ago*.
(4) Simile differenza ai Latini tra *videre* e *visere*.

956.
Ricerca, Indagine, Investigazione, Perquisizione, Inquisizione.
Ricercare, Indagare, Esplorare, Scrutinare, Scrutare.

— Il desiderio del bene muove alla ricerca del vero; ma si può cercare una verità speciale procedendo a caso, senza norma; ed allora *ricerca* non si potrebbe mettere invece d'*investigazione*, perchè l'investigazione suppone traccia già segnata nel sentiero da percorrersi. Onde *investigazione* non si direbbe la ricerca del carbon fossile, fatta senza sorta alcuna d'indizii, o di esperienze precedenti. L'*indagine* è più lenta, cauta, tacita, in mezzo a ostacoli, e talvolta un po' fraudolenta. Così fra le tenebre l'assassino indaga i passi del viaggiatore; ed alcuni sozzi ipocriti indagano tra le tortuose vie del cuore le intenzioni men rette, e le imaginano anco laddove non sono. Ma *esplorare*, *scrutinare* e *scrutare*, in questo caso, hanno più forza. Anco *esplorare* può avere mal senso; *scrutinare* è ricerca minuziosa; *scrutare* è più nobile, e dicesi anco di Dio. Dunque, *indagare* differisce da *ricercare* in più aspetti; perchè ha un oggetto più determinato in certi casi, per lo più, da poco, e desta in altrui sdegno, o almeno sospetti. *Ricercare* ha anche di suo: cercar due volte; e: domandare a uno un servizio o un officio. Spesso un tristo parassito dice d'un ricco: Io non m'offersi, lui mi ricercò. Si ricercano e cercano cose e persone perdute. Qui non s'userebbe *indagine* nè *investigazione*, se alla ricerca non s'accompagnino questi altri atti speciali; e non si possono accompagnare, se la cosa perduta non ha lasciato vestigio, e se per cercarla non si tengono certe vie che si sa conducevoli al fine. *Esplorare* ha un uso noto, e quasi sempre vile, e per sventura delle colte nazioni, troppo frequente.

Perquisizione ed *inquisizione* sono proprie del foro. La seconda è più grave ne' suoi effetti, comprende la ricerca, non solo delle cose, ma di tutte le prove e gl'indizii. Differiscono, anche perchè *perquisizione* può essere ricerca più diligente. Di più, *perquisizione* è ricerca per mezzo a molte cose; *inquisizione*, ricerca addentro a una cosa, o a più insieme che facciano un tutto reale o imaginato. — NERI.

957.
Ribruscolare, Rifrustare, Rinvergare, Rimuginare.

— Queste voci, che vivono in Firenze e nel contado fiorentino, possono tornar opportune allo stil famigliare, ch'è forse il più difficile a imparare.

Ribruscolare, da *bruscolo*, raccattare cose minute, cercando con attenzione. Scriveva a questi giorni il proto d'una tipografia di Firenze: « Eccole poche pagine che abbiamo potuto comporre, ribruscolando un po' di carattere ne' cassettini. » Or andate a ribruscolar l'eleganza tra la polvere delle biblioteche!

Rifrustare, traslato, è ricercare in ogni parte, in ogni angolo più segreto. È distinto dall'altro, I.° perchè non ha l'idea diretta del *radunare*, che l'altro porta; II.° perchè l'idea dice ricercare con più recondito, più ansioso e un po' violento. Frusta e rifrusta (dicono in campagna), l'ho trovato alla fine quel ch'io volevo.

Rinvergare differisce da' precedenti, perchè vale: raccapezzare investigando. Si può rifrustare e non rinver-

gare (1). Inoltre, *rinvergare* si dice piuttosto di fatti, d'intrighi, di cose immateriali insomma; *rifrustare*, di materiali piuttosto. Ricercando gli archivii più segreti, si verrebbero a rinvergar cose da portar luce sulla storia degli uomini illustri o creduti illustri; mal si scrive la storia d'un personaggio istorico senza conoscerne la vita privata.

Rimuginare, ricercare con attenzione e diligenza grande. Ha uso piuttosto figurato. Poi, si rimugina un concetto, esaminandolo or da un lato or dall'altro per raccapezzarsi (2); non si rifrusta. Taluni hanno la smania di scrivere così oscuro, che, per quanto uno si vada rimuginando in testa i loro concetti, difficilmente se ne rinverga il senso; pensino costoro che primo pregio del dire è l'evidenza. — MEINI.

958.
Esplorare, Stare alla vedetta.

— Chi *sta alla vedetta*, esplora di lontano, dall'alto; ma *esplorare* si può anco da vicino; e non con l'occhio soltanto, ma e coll'orecchio, e col tatto, e col pensiero. — A.

959.
Esplorare, Spiare, Essere spia, Far la spia.
Spia, Spione, Delatore.
Spione, Spiaccia.

Esplorare ha sensi varii e morali; e vuolsi un aggiunto di vitupero o un accenno ironico perché *esploratore* significhi spia; e se la spia piglia quest'altro titolo, lo fa per nobilitare o mascherare sè stessa, come tanti altri titolati, de' quali taluni s'illudono nell'illudere. Quel che gallicamente chiamasi *spionaggio*, tanto necessario all'arte militare, quant'è o di lusso o di pericolo all'arte del governare, ben dicesi *esplorazione*; esploratori chi fanno le esplorazioni militari, se pure non servono a doppio, come accade spesso, e allora son peggio che spie. Ma può altri, e lo stesso capitano dell'esercito, esplorare il nemico, e i siti dove il nemico o egli stesso verrà a collocarsi. Esploransi luoghi e cose e persone e intenzioni; esplorasi la natura; nè mi parrebbe improprio dire che l'uomo esplora sè stesso e i suoi sentimenti, quando non li conosca alla prima, e li osservi per assicurare sè stesso e per meglio governarsi.

Spia aveva buon senso, come *masnadiere* e *cortigiano*; onde in Dante Virgilio, per dimostrare che l'uomo è a sè libera cagione di male, e principalmente i rettori (o, come li chiama il Sacchetti, *rattori*) ai loro soggetti, incomincia: *E io te ne sarò or vera spia*. E segue, di Dio Creatore, e dell'anima pargoletta innocente, e del re che dovrebbe discernere la torre del bene, e del pastore *che non ha l'ugne fesse*. Direbbesi tuttavia in senso innocente, che il dotto spia i segreti della scienza (e denoterebbe più minuto studio e più intenso che *esplorare*, e talvolta più inutile); direbbesi che un fatto o della natura o degli uomini ci è spia, cioè indicatore, di cosa ignorata; e per celia diciamo, che un amico fa all'altro amico la spia per sapergli scoprire cose che a lui giovano e non nocciono ad altri. Ma, assolutamente: *far la spia* è quel mestiere che sapete; (domando scusa)

---
(1) Stor. Semif.: *La quale terra, da chi che si fusse stata edificata, o in qual tempo, non l'ho mai, per più diligenze fatte, potuto rinvergare.*
(2) MAGALOTTI: *Quanto più io vo' rimuginando questo concetto..., tanto più strano lo trovo.*

che non sapete. E pochi sul serio lo sanno; e di qui i grossi granchi che pigliano e fanno pigliare; di qui il canchero de' governi e de' popoli. *Spione* ha sempre un mal senso, ed è accrescitivo peggiorativo; meno però di *spiaccia*. I bambini si danno per gran dispregio l'uno all'altro titolo di spione; ma l'uso della lingua, riverente in questo alle donne, strapazzate in tante altre cose, non ama *spiona*.

La delazione può non essere mestiere, ma può essere cosa più vile, perchè fatta per odio della persona o per amor della cosa turpe. La povertà, la paura, altri riguardi tentano l'uomo debole a farsi spione; e tal delatori ricoprono l'infamia sotto colore di zelo e di patria carità.

Essere spia, una spia, la spia del tale, dice l'abito, l'arte bella e liberale ed umana; *spiare* uomo o cosa; *fargli la spia*, può non dire che l'atto, senza intenzione di poi rifischiare. Ma c'è delle spie salariate che non fanno la spia a chi le dove sono chiamate; intascano il soldo, e o dormono, o sognano segreti da riferire, tanto per non parer di mangiare il pane a ufo; e anche fanno la spia a chi li paga, per riferire alla parte contraria, o almeno per tenersi pronta ne' casi estremi un'arme e uno scudo. La delazione è l'atto, più che l'abito, del rapportare cose vere o credute vere, perchè ne segua condanna e pena; con qualche frangia, se così piace, ma il fondo dev'essere storico. Il *delatore* è tale anche per solo un atto, che, se non espiato, è macchia di tutta la vita. Vedete un po' quanto ci corra tra *espiare* e *spiare*.

960 - 961.
CERCARE, SCANDAGLIARE.
SCANDAGLIARE, MISURARE.
SCANDAGLIO, PIOMBINO.

960.
Cercare, Scandagliare.
Scandagliare, Misurare.

Cercasi (secondo l'origine e il suono del vocabolo) più propriamente in cerchio, cioè intorno a sè, e girasi per trovare; ma poi, *cercare* in tutti i versi, e per estensione, e perchè anco materialmente il cerchio piglia su è giù, e ugualmente da tutte le parti. Ma *scandagliare* è più proprio del fondo; nè scandagliasi l'altezza d'una montagna, ma le acque del mare. Gli è dunque una misura, fatta con uno speciale strumento e in speciale maniera. Si può scandagliare, e non subito trovar la misura. Così, nel traslato, dicesi dei pensieri intimi, delle opinioni altrui non note, dei segreti e dell'altrui e del proprio cuore e della coscienza. Si può scandagliare, e non ritrovare il fondo, perchè nel cuore umano c'è correnti che lo portano via il filo, cioè intoppi che fermano lo scandaglio; e tu credi d'aver toccato l'ultimo suolo delle acque, e hai di sotto altri abissi. Onde la terribile interrogazione, e la preghiera consolatrice: *delicta quis intelligit? Ab occultis meis munda me*.

961.
Piombino, Scandaglio.

— In alcuni esempii dalla Crusca recati le due voci si confondono; ma troppo sono distinte. Lo *scandaglio* serve a misurare l'altezza dell'acque, od altro luogo profondo; il *piombino*, a regolare la dirittura verticale de' muri o di corpi simili. — ROMANI.

— *Piombino* è anche quello che serve a ripulire i canali sudici dell'acqua, o le latrine domestiche; d'onde il verbo *spiombinare*. — A.

962.

CERCARE, Rovistare, Frugacchiare, Frugolare, Frugolino, Trottolino, Scricciolino.

Rovistare non son sicuro che sia vivente in Toscana, ma credo che sì. Certo che in tutta Italia, nel linguaggio letterario, è inteso; e fin troppo spesso leggesi, rovistare ne' fogli, i fogli. Sta dunque e col nome che segue all'attivo, e assolutamente, quasi sottintendendo esso nome. Ma e negli esempii che la Crusca reca, e nell'uso, vale: cercare, mettendo sossopra e le cose tra le quali si cerca, e il luogo ove cercasi; gli è un cercare, più con impaziente voglia, che con cura attenta; e lo dice il nome frequentativo *rovistio*, che, se non isbaglio, una donna toscana non letterata m'attestò essere vivo. *Rifrustare* è più grossolano; nè direbbesi della ricerca di cose minute, come l'altro; ambedue però significano ricerca, senza la diretta idea del trovare.

Frugasi e più adagio e più addentro; e ha il frequentativo quasi diminutivo, ma che tien del dispregio, *frugacchiare*; che può farsi però con men garbo e più a scosse, e con meno esito del frugare. Ha poi il semplice diminutivo *frugolare*, che direbbesi anco del pur andare armeggiando o movendosi qua e là, senza intenzione di cercare nè altra. Onde *frugolo* e *frugolino*, il bambino che e per la vivacità e per la piccolezza può ficcarsi in ogni cantuccio e frugare per tutto, o par sempre in atto di frugolare e cercar cosa che gli manchi; e invero gli manca sempre una cosa, e la desidera sempre: sapere di più. Il bambino che gira qua e là, con ancor meno intenzione del frugolino, e con meno mente ma con più agilità, è un *trottolino*.

Scricciolo, nel proprio, è l'uccellino, che pur dicesi *forasiepe*, piccolo e vispo; e così chiamasi ogni personcina esile e piccola; ma specialmente di bambino, purchè non sia paffutello e grossotto, si dirà *scricciolo* e *scricciolino*, in quanto la sua piccolezza lo fa agile ad ogni moto. Lo scricciolo può muoversi ratto; il trottolino si muove, si muove in tondo, e gira quasi sopra di sè; il frugolino si muove come per frugolare, per dare un po' di noja a uomini e a cose.

963-964.

CERCHIO, Circolo.
Rotondo, Tondo.

963.

Cerchio, Circolo.

Circolo è la parola geometrica, sebbene talvolta vi si sostituisca *cerchio*. Si dirà comunemente: cercare la quadratura del circolo.

Gli oggetti ch'hanno forma circolare, si chiaman *cerchii* piuttosto che *circoli*. - Cerchio di botte, cerchio di mura; girare il cerchio intorno.

Delle adunanze dicesi e *cerchii* e *circoli*; ma il circolo è più solenne; non lo diciamo che delle scelte conversazioni. Poi, *circolo* diciam quello di corte e i popolari; *cerchio*, qualunque ragunata d'uomini in cerchio disposti (1).

964.

Rotondo, Tondo.

— *Rotondo* par che richieda certa esattezza matematica; tondo, può essere grossolanamente tale. Un cocomero

---

(1) Varchi: *Cerchii e capannelli facendo.*

è tondo, non rotondo, perchè la figura del cocomero non è per l'appunto circolare.

Tondo, usa anche a modo di sostantivo, più che l'altro. — A.

965-966.

CERCHIO, Circonferenza, Circuito, Giro.
Circuito, Giro, Orbe, Orbita.

965.

Cerchio, Circonferenza, Circuito, Giro.

La *circonferenza* è la linea descritta dal cerchio. Onde il Buti: « La circonferenza del cerchio. » E il Varchi: « È contenuto lo spazio d'un cerchio da quella linea che lo circoscrive, cioè lo circonda e serra intorno intorno, la qual per questo si chiama circonferenza. »

Quando questa voce s'usa in senso più lato, a significare, non una linea matematica, ma uno spazio circolare o supposto tale, anche allora differisce da *cerchio* e nel significato e nel modo d'usarsi. *Cerchio* è la figura; *circonferenza*, la linea esteriore che la definisce. Diciamo: colli disposti in cerchio; cerchio di mura; diciamo: dentro la circonferenza di un terreno, d'un paese; di luogo qualunque.

Circuito serve ancor più direttamente a segnare il limite dello spazio: una città ha tante miglia di circuito. Io dirò dunque: nel cerchio delle nostre mura non abbia luogo la vile delazione, nè le politiche insidie; il circuito delle nostre mura è di tante leghe; la circonferenza del territorio abbraccia tante leghe quadrate. In questo senso, *cerchio* indica una cinta, un chiuso; *circuito*, una misura, uno spazio riguardato in una sola dimensione, cioè di larghezza; *circonferenza*, un'estensione in larghezza e in lunghezza (1).

— *Giro*, la linea che descrive, lo spazio che si percorre seguendo parti d'un corpo, d'uno spazio, in modo da ritornare al punto da cui s'è mosso il cammino, o a un di presso a quel punto. *Circonferenza*, la curva descritta e formata dalle parti di un corpo, o dai limiti d'uno spazio. *Circuito*, la linea entro cui son limitati e racchiusi un corpo o uno spazio, che non siano in linea retta, ma che formino uno o più seni.

Io fo il giro del giardino, i bastioni fanno il giro della città. Non si fa la circonferenza d'un corpo; il corpo ha una circonferenza descritta dalle estremità de' suoi raggi. Non si fa già il circuito di una cosa; ma la cosa, lo spazio hanno un circuito.

Giro ha però senso più vario e più largo. Si fa il giro della città; si fa un giro, senza dover sempre tornare ai medesimi punti, ma percorrendo buon tratto della città o dello spazio, qual che si sia, e anche ritornando sulle orme sue. *Circonferenza* è termine geometrico: propriamente del circolo; ma poi di tutte le figure irregolari, curve, rientranti in sè o no.

Si fa un giro di dentro allo spazio, e si fa di fuori per misurare il circuito. Il circuito abbraccia anco la linea esterna, ch'è limite alla circonferenza. Diremo che una città ha tante leghe di circuito, e che la sua circonferenza è molto ineguale. Il primo denota lo spazio; il secondo, la forma della linea chiudente lo spazio. — ROUBAUD.

---

(1) In questo senso, può riguardarsi, non solo come limite, ma come contenente altresì. SACCHETTI: *È questo peccato che per desiderio di signoria, ha guasto tutto il circuito della terra.*

966.

Circuito, Giro, Orbe, Orbita.

— *Circuito* è lo spazio intorno ad un corpo; e non sempre esso corpo, del cui circuito ragionasi, è circolare (1). *Giro* suppone più chiara l'idea del moto (2). *Orbe* dicesi di circolo o di figura circolare astronomica (3). *Orbita* il giro de' pianeti (4), o di corpo rotondo (5). — ROMANI.

967.

CERCHIO, CERCHIA.

— *Cerchia*, oggidì, è termine della caccia. Degli uomini e anche de' cani che si pongono intorno a un animale selvatico per rinchiuderlo, si dice che fanno la cerchia. E può dirsi *cerchia* uno steccato che facciasi per usi diversi. — A.

Quando vale giro delle mura di città, ha per lo più senso storico. Essendosi in varii tempi ampliata Firenze e circondata di nuove mura, le antiche che rimanevano dentro alla città, si chiamano: le cerchie vecchie (6); ed anco: il primo e il secondo cerchio.

968.

CERCHIO, CERCINE.

In alcuni paesi, il *cercine* ha il generico nome di *cerchio*. Cercine è, propriamente, un ravvolto di panno in tondo che si pongono in capo coloro che portan pesi, per alleviare l'impressione che immediatamente verrebbe alla testa dalla loro soverchia gravezza; o è quel berrettone, vuoto di sopra e imbottito giro giro, che mettesi a' fanciulli per parare le loro frequenti cadute.

969.

CERTA (È), È CERTO.

La prima è più famigliare; differisce inoltre dalla seconda in questo: che *è certa* si applica, d'ordinario, a realtà pratiche; *è certo*, a verità di ragione. Diremo: È certa che una donna la quale tutt'a un tratto cambia aria di volto e contegno, e d'ardita divien timida o di timida ardita, o sente l'amore o sta per sentirlo. - È certo che l'effetto deve aver sempre una causa.

Scambiare non si potrebbe, senza che un gusto delicato ne rimanesse offeso.

970.

CERTO, Già, Così è.

Modi di confermare il detto altrui. *Certo*, è la confermazione più forte. *Già*, è l'elissi di: già s'intende, si sa; suppone cosa evidente. Talvolta è confermazione ironica, o di cerimonia, o di sbadataggine, oppure per non contendere, o perché l'altro tiri innanzi più speditamente il discorso, massime quando si ripeta *già già* due o tre volte. Se non esprime impazienza di discorso nojoso o troppo evidente, esprime ironia.

Così è afferma più deliberatamente, e però più pensatamente; non è tanto assoluta manifestazion di certezza quanto il primo, ma significa che noi riconosciamo la verità della cosa.

Così è s'usa specialmente laddove si tratta d'un fatto; certo, di verità generale; già ha usi promiscui.

971—972.

CERTO, CERTAMENTE, AL CERTO, PER CERTO, DI CERTO, SENZA FALLO, SENZA DUBBIO.
INDUBITATO, INDUBITABILE.

971.

Certo, Certamente, Al certo, Per certo, Di certo, Senza fallo, Senza dubbio.

Là dove può aver luogo errore o sbaglio, meglio è *senza fallo*; là dove dubbio, meglio è *senza dubbio*. Nelle cose di ragionamento, il secondo è più proprio; in cose di fatto, il primo e il secondo. Senza dubbio la verità è una; ma chi può vantarsi di coglierla senza fallo (1)? A chi mi domanda il numero d'una quantità d'oggetti, e poi m'interroga se veramente sian tanti, io risponderò, non: senza dubbio, ma: senza fallo (2). A chi mi domanda: ci verrete voi alla tal'ora? Sì, senza fallo (3). E anche: senza dubbio, se dubbio è o può essere nel domandante o in altri.

Certo esprime meglio la certezza di chi parla; gli altri due modi hanno più della certezza assoluta, oggettiva. *Certo*, inoltre, non inculca la proposizione così fortemente.

Di certo si usa, d'ordinario, parlando d'un fatto (4).

Certamente ha un senso suo proprio: credere certamente, provare certamente, sostenere certamente; qui certo non entra (5).

Poi, *certamente*, quand'è sinonimo affatto a *certo*, può meglio convenire al periodo o anche al verso, e può con la sua stessa lunghezza parere fornito di maggiore efficacia. *Certo*, come più spedito, cade meglio nel dialogo (6).

Per certo, par ch'abbia forza maggiore; ma ciò dipende dai casi e dalla collocazione. Per certo s'usa però, d'ordinario, con un verbo che quasi lo regga: credere per certo, o simile (7).

Al certo è anch'esso dell'uso; e l'articolo che lo precede lo rende più morbido, e però, talvolta, è più atto a essere collocato alla fine; dov'ha più risalto. E dicesi di fatto, forse meglio che d'idea (8).

---

(1) ANTICO: *Le pupille nel cui circuito...* - MAESTRUZZO: *Spazio privilegiato nel circuito della chiesa.*
(2) DANTE: *Lasciando il giro pria cominciato.*
(3) GALILEI: *Comete più alte dell'orbe lunare.*
(4) PULCI: *Il sole il qual non va per l'orbita sua.*
(5) DANTE: *La rota Che fa l'orbita sua con minore arco.*
(6) DANTE; VILLANI.

(1) GRADI DI S. GIROLAMO: *E se noi faremo ciò che Dio ci comanda, noi arcmo senza fallo ciò che noi gli chierremo.* - MANZONI: *Li impiccheranno davvero? Sì, senza fallo.*
(2) FAZIO: *Non minor di Rifeo senza alcun fallo.*
(3) BOCCACCIO: *Senza fallo io m'ingegnerei di venirvi.*
(4) G. VILLANI: *E di certo, se papa Giovanni fosse più lungamente vivuto, egli avrebbe operato ogni abbassamento de' Fiorentini.*
(5) BRUNETTO, Tesoro: *Che la luna sia minore della terra, è provato certamente.* - DANTE: *Io veggio certamente* dice un po' più di *certo*, dice la certezza intellettuale che segue alla certezza dell'impressione esteriore.
(6) BOCCACCIO: *Come? disse Andreuccio; non sai che io mi dica? Certo, sì sai. - A cui la donna rispose: Certo ch'egli non m'offese mai. - Con falso riso disse: Certo tu di' 'l vero.* - SEGNERI: *E non poteva egli santamente gloriarsi nella sapienza del suo Signore? Certo che sì.* - BOCCACCIO: *Credi tu, marito mio, ch'io sia cieca degli occhi della testa, come tu se' cieco di quelli della mente? Certo no. Certo congiungesi più sovente col che.*
(7) BOCCACCIO: *Centomila creature umane si crede per certo, dentro alle mura di Firenze essere state di vita tolte.*
(8) BUONARROTI: *Gli ha paglia in becco al certo.*

972.

Indubitato, Indubitabile.

— *Indubitabile*, che non può, non dev'essere posto in dubbio; *indubitato*, che non è, sebben forse possa. Molte cose indubitabili son dubitate dagli stolti o da' superbi; altre cose indubitate son false, come il moto solare. Ma *indubitato*, talvolta, ha il senso dell'altro. — NERI.

973—977.

CERTO, CERTAMENTE, SICURO, SICURAMENTE.
SICURTÀ, SICUREZZA.
ASSICURARE, RASSICURARE, AFFIDARE.
ASSICURARE, RACCERTARE, ACCERTARE, CERTIFICARE, CERZIORARE.
SAPERE DI CERTO, PER CERTO.
IN SICURO, AL SICURO.
CERTIFICATO, ATTESTATO, TESTIMONIANZA.
SON CERTO, SONO CERTIFICATO, MI SONO CERTIFICATO.

973.

Certo, Certamente, Sicuro, Sicuramente.
Sapere di certo, per certo.
In sicuro, Al sicuro.

— *Certo* (di cosa parlando) par che meglio convenga alle cose di ragionamento, laddove può l'evidenza aver luogo. I principii matematici sono certi; tuttociò che la ragione dimostra chiaramente e fortemente, è certo. *Sicuro* torna meglio parlando di cose pratiche (1). Le regole di morale assoluta son sicure; sicuro ciò che l'esperienza comprova. L'assoluta certezza negli umani ragionamenti è ben rara; voler camminare sempre al sicuro, sente o di timidità o di soverchio amore di sè.

Si noti differenza nel complesso delle idee abbracciate da *certo*, quando s'applica a persona, e quando a cosa. La cosa certa è tale perch'è vera; l'uomo certo può sentire certezza, anche di ciò che assolutamente vero non sia. (2). — GIRARD.

— *Certe*, le cose che possono accertatamente affermarsi; *sicure*, quelle delle quali si può l'uomo fidare. Si dirà: la notizia è certa, perchè mi viene da fonte sicura - Quello storico è un testimone sicuro, perchè non afferma che fatti ben certi. Non si direbbe, comunemente; testimone certo. — A.

— *Certo* riguarda l'intelletto; *sicuro*, lo stato o l'animo (3). — ROMANI.

Può l'uomo essere mentalmente certo della cosa, e non ne sentire quella sicurezza che rende l'azione franca, efficace. *Sicuro*, in questo senso, è più di *certo*. Onde il modo comune: certo e sicuro, che troviamo nel Trattato della Coscienza di san Bernardo: « Quanto la persona più spessamente e più fortemente s'affligge de' suoi peccati per dolore interiore, tanto diventa più certa e più sicura della perdonanza. » Genovesi: « I principii certi e sicuri della giustizia. » Manzoni: « Conosceva quella casa, quanto bastasse per essere certo che Lucia vi era invitata a buona intenzione, e che vi sarebbe sicura dalle insidie... »

---

(1) MOR. S. GREGORIO: *Daratti ferma sicuranza di vero riposo.* - BOCCACCIO: *Ne' bisogni gli ci raccomandiamo, sicurissimi d'essere uditi.*

(2) Si direbbe, è vero: *questa cosa è certa per me*, ma in generale, regge la distinzione accennata. - BUTI: *Delle cose non certe è opinione; delle certe è scienzia.*

(3) FR. BARBERINO: *Sicuranza nel cor.*

Io son certo che il mondo non avrà pace, finchè l'esercizio di tutti i naturali doveri non sia reso, al possibile, del pari sicuro a tutti gli uomini; ma non sono sicuro del quando, nè della via meno pericolosa per giugnere al fine. Anche gli uomini più deboli son certi del bene; ma non hanno la sicurezza necessaria a degnamente operarlo.

Io affermo con certezza cosa (1) di cui sono ben certo; c'è degli uomini che con sicurezza spacciano l'incerto o il falso. Questa differenza è comprovata, e forse originata dall'etimologia delle voci. *Certus da cerno* (2), cosa distintamente veduta, e però da non lasciar luogo a dubbio. *Securus da se-cura, sine cura*, che non ha, non lascia luogo a sollecitudine penosa.

La mente, per la via del dubbio, tende sempre a certezza; dubita perch'ha bisogno di conoscere il certo delle cose; cerca le più certe prove del vero (3), e in esse si rassicura. La certezza è il possesso della verità bene determinata; e però la fede è tanto consolante, perch'è il grado supremo dell'umana certezza (4).

Là dove non è certezza, non può essere sicurezza vera; e però è che gli scettici non possono avere nè coraggio nè forza d'animo. Ma può darsi, fino a un certo segno, certezza di mente, senza sicurezza di cuore. Dalla quasi incertezza, che è talvolta congiunta all'idea di *certo*, viene che questa voce acquista senso indeterminato corrispondente al *quiddam* latino; senonchè i Latini distinguevano *quiddam* da *certus*, e il secondo denotava oggetto meglio determinato.

Di cose parlando, *sicuro* può dirsi, in quanto la cosa è tale da ispirar sicurezza, o da non destar dubbio o diffidenza. Io, per altro, a chi mi domandasse: Credete voi che la civiltà d'Europa tra cinquant'anni sarà tutt'altra cosa? risponderei: Sì certamente, non: sicuramente (5). Quindi i *di certo, per certo*, modi più comuni che *di sicuro*.

Allora solo crederei potersi usare *sicuramente*, quando la mia affermazione certa è diretta a rassicurare qualcuno. S'ha egli a incontrare un pericolo per amor della patria? Sicuramente (6). Poss'io fidarmi di lui? Ma sicuro (7). Quindi è che suonerebbe strano: no sicuramente, perchè la negazione pare contrasti col senso di tale avverbio, se non quando sia un'implicita affermazione.

Conoscere certamente (8), avere per certo (9), saper di certo (10).

---

(1) DINO: *Altri più certamente ne scriverà.* - LIVIO: *Certius explorata referam.*

(2) Quindi a' Latini *certus* aveva senso di *chiaro, evidente*.

(3) TESORO: *È provato certamente che....* (non direbbe sicuramente).

(4) ESP. PATERNOSTRO: *Crederannomi eternalmente e certamente.*

(5) CICERONE: *Alterum fieri profecto potest, alterum certe non potest....*

(6) BOCCACCIO: *Sicuramente e senz'alcun fallo ne venisse.* - *Sicuramente gli promettesse che....*

(7) MANZONI: *Agnese confermava quelle ragioni con altrettanti: Sicuro, sicuro.*

(8) BOCCACCIO.

(9) BOCCACCIO: *Ebbe per certissimo, quello essere il cuor di Guiscardo.* - Diciamo anco *avere per sicuro*; e vale certezza che assicuri.

(10) PASSAVANTI: *Le cose non si sanno per certo. Saper di*, denota certezza, d'ordinario, più fondata nel vero; *sapere per*, può essere opinione.

Il medico è certo della natura del male, e però appunto non può all'ammalato ispirar sicurezza d'esito buono. Quindi è ancora che: sapere il certo d'una cosa (1), riguarda il vero in sé; tenersi al sicuro, riguarda la pratica. Onde i modi: essere, trovarsi in sicuro, e simili. L'uomo è certo del male e del bene; sicuro del bene, piuttosto; perchè la certezza del male non può non essere senza sollecitudine (2).

Sicuro, ripetiamo, riguarda le cose che possono rassicurare, e il sentimento dell'animo. Nel primo senso diciamo: voce sicura, luogo sicuro (3), sicuro dagli assalti (4); sicuramente mandare, conservare (5); rimedio, spediente sicuro (6); stare al sicuro, mettere al sicuro (7), in sicuro (e l'*in* dice più piena e vera sicurezza che *al*); andare sul sicuro (8); ozii (9), viaggi (10), sonno (11), quiete (12), vento sicuro (13). Nel secondo: prendere sicurtà (14), rassicurarsi del passato timore (15).

Sicuro, in poesia, ha senso di coraggioso, fermo incontro a' pericoli (16); e in simil senso usarono questa voce i Latini. E perchè la cura non è solamente paura o tema, ma ogni pensiero grave, segnatamente se con dubbio; però, *sicuro* dicesi, non solo il non timido, ma chi fa, dice, pensa senza esitazione, spedito o per franchezza o per naturale agevolezza; onde il Manzoni: *Di quel sicuro il fulmine Tenea dietro al baleno.*

974.
Sicurtà, Sicurezza.

E perchè la distinzione fra *sicurtà* e *sicurezza* potrà giovarci a render più limpide quelle che abbiamo proposte, non vogliam tralasciarla.

Operare con sicurezza, con sicurezza promettere. Assai volte la sicurezza dei discorsi e dello spirito viene, non da forza dello spirito stesso, ma dalla eventual sicurezza del posto in cui l'uomo trovasi collocato. C'è un coraggio poco dissimile dalla viltà. L'uomo che ha la sicurezza d'un mondo migliore, in mezzo alle più gravi incertezze del suo destino vive tranquillo e sereno.

Sicurezza (diremo inoltre) delle maniere, degli atti, de' movimenti. - Sicurezza di mano, di pennello, di stile.

Sicurtà è la sicurezza che vien data da un altro, o con parole (1) o con cauzione; ond'è che *sicurtà* venne a significare *cauzione* (2). Società corrotta cerca la sicurezza nelle sicurtà che presta e riceve; sicurtà tutta di materiali interessi. Ma non è guarentigia legale che valga a ispirare e mantenere la civil sicurezza.

La differenza tra la sicurtà estrinseca e la sicurezza ch'è l'effetto di quella, ma che può star senza quella, è indicata dal passo seguente. Cron. Morelli: «Non t'obbligare, se prima non se' sicuro, e la sicurtà sia sufficiente.»

In plurale, *le sicurtà* vale le cauzioni o precauzioni atte, o credute atte, a dar sicurezza, in fatto, per lo più, d'utili materiali. *Le sicurezze*, direbbesi, dell'effetto di queste tali sicurtà; e poi, più propriamente, di oggetti materiali che tengono a posto e conservino un corpo, acciocchè serva al suo uso. Le sicurezze, per esempio, d'una porta, d'un muro.

975.
Assicurare, Rassicurare.

— Al verso del Corneille: «*Un oracle m'assure, un songe me travaille*,» Voltaire fa questa critica, e giusta: «*M'assure ne signifie pas me rassure; et c'est me rassure que l'auteur entend. Je suis effrayé: je doute d'une chose; on m'assure qu'elle est ainsi.*»

La particella *ri* indica o raddoppiamento o accrescimento d'azione. Si *assicura* chi non è ben fermo, non ben risoluto, chi non ha forza o fiducia abbastanza; si *rassicura* chi teme o trema, chi ha di bisogno d'essere riconfortato. Si assicura chiunque si sia; si rassicura uomo smarrito.

Ma perchè *ri* denota altresì accrescimento e ripetizione, perciò *rassicurare* vale anco: assicurare vie meglio, assicurare di nuovo. — ROUBAUD.

Io v'assicuro che il vostro desiderio sarà compiuto; e se voi ne dubitavate, questa mia affermazione vi rassicura (3). Promessa fermamente fatta assicura. Chi afferma sicuramente una cosa, dicesi che l'assicura, sebben forse non ne sia sicuro egli stesso; e ciò segue sovente nel mondo. Io m'assicuro di un tale, e questa frase ha due sensi; o significa: io acquisto sicurezza di lui, delle intenzioni sue (4); o: io mi pongo in sicuro da lui, togliendogli i mezzi di nuocermi.

Chi vi dà sicurtà vi assicura. Quindi l'assicurare capitale, credito, dote, sopra un fondo, una cauzione, o simile (5). Quindi le compagnie d'assicurazione (6) contro incendii, naufragii e simili disastri; compagnie buone in sé, e ancor più buone per la speranza che danno di nuove compagnie d'assicurazione di più sacri diritti tra cittadini e cittadini e tra popoli e popoli.

In senso materiale, s'assicura un uscio, un arnese

---

(1) G. VILLANI.
(2) DANTE: *Certo fui, Che quest'era la setta de' cattivi A Dio spiacenti...* - SVETONIO: *Certus damnationis.* - CICERONE: *Certissimum crimen.* - ORAZIO: *Certus dolor.*
(3) BOCCACCIO. - MANZONI: *Ricovero sicuro.*
(4) DANTE: *Securo già da tutti i vostri schermi.* - DAVANZATI: *Ciascuna casa ha sua piazzuola intorno, per sicurezza del fuoco.*
(5) BOCCACCIO: *Acciocchè i mercatanti e le mercatanzie sicure stessero.*
(6) REDI: *Antidoto sicurissimo.*
(7) PASSAVANTI: *Ti pongono al sicuro di queste infermità.*
(8) LIPPI: *Volendo andare in sul sicuro, Non a perdita più che manifesta.*
(9) OVIDIO.
(10) PLINIO: *Securitatem itinerum.*
(11) PETRONIO.
(12) VIRGILIO; OVIDIO.
(13) PLINIO.
(14) CARO.
(15) SEGNERI.
(16) DANTE: *Una figura Maravigliosa ad ogni cuor sicuro.*

---

(1) DANTE: *O caro duca mio, che più di sette Volte m'hai sicurtà renduta.*
(2) BOCCACCIO: *Poichè la sicurtà ricevuta ebbe, fece una bella nave apprestare.* - CRON. MORELLI: *Fammi sicurtà.*
(3) MANZONI: *Non si può dire che cosa non avrebbe fatto per rassicurarlo* (parla di don Abbondio e dell'Innominato).
(4) G. VILLANI: *Avevan tanto misfatto al re Carlo, che di loro si poteva ben sicurare.* - Ma *sicurare* è antiquato.
(5) BOCCACCIO: *Assicurerebbe la mercatanzia che aveva in dogana.*
(6) SACCHETTI: *L'uno mercatante assicura il naviglio dell'altro per danari.*

qualunque, fermandolo, sostenendolo a qualche maniera, sicché non si squilibri, non cada, non prenda posizione diversa da quella che deve. Un muro minaccia di far pelo, e io l'assicuro.

Assicurare la vela, dicono i marinari, e vale: calare l'antenna perché la vela prenda meno vento, per sicurezza del vascello. Così la Crusca.

S'assicuri è anche modo d'affermare asseverantemente cosa di cui vorremmo ch'altri andasse ben persuaso (1).

976.
Affidare, Assicurare.

— *Affidare* è meno, perché *fiducia* è meno di *sicurezza* (2). *Affidarsi*, riflessivo, è più comune nell'uso. — ROMANI.

977.
Raccertare, Accertare, Certificare, Cersiorare.
Certificato, Attestato, Testimonianza.
Sono certo, Sono certificato, Mi sono certificato.

Raccertare par indichi dubbio anteriore (3) a cui siegue certezza. Per indicare l'accertarsi di nuovo, io direi *riaccertarsi*.

Quanto ad *accertare*, le medesime differenze lo distingueranno da *rassicurare*, che abbiamo notate tra *certo* e *sicuro*. L'accertare, cioè, riguarda la mente.

Accertare ha un senso suo proprio, non molto comune: conoscere il certo della cosa (4). In questo senso, potrebbesi dire che il dubbio stesso può essere, in qualche guisa, accertato. Giova, nelle cose della scienza, accertare il più possibile, la parte evidente, e con certezza distinguerla dall'oscura; che non si fa quasi mai, più per inerzia che per mala fede.

Certificarsi s'usava e s'usa in senso di: acquistare certezza; ed è un po' più d'*accertarsi*; è certezza che viene o da fatto o da prova ben chiara. La si accerti, diremo a fine di persuadere uno. La si certifichi, sarebbe consiglio, dato acciocché il tale trovi maniera di accertarsi da sè.

Certifica, poi, chi attesta la cosa essere certa, chi lo prova (5). Quindi l'uso comune del *certificato*; che, del resto, è prova, sovente, tutt'altro che certa.

Chi dice: io son certo, non distingue se la certezza sia naturale, antica, spontanea; chi: io sono certificato, intende che uomini o cose l'han fatto certo, per lo più, da non troppo tempo; chi: mi sono certificato, intende che ha preso egli cura e posta attenzione per acquistare certezza. Chi pretende certificarsi da solo sè, non giunge mai a essere certo tanto, quanto chi accetta e invoca tutti i sussidii di morale certezza.

Cersiorare, termine de' legisti, vale: avvertire le persone idiote dell'importanza dell'atto giuridico che intendono fare. Lo fa il tribunale medesimo, o il giudice di propria autorità.

978—979.
CESPUGLIO, MACCHIA.
MACCHIA, FRATTA, SIEPE, STERPO.
MACCHIARELLA, MACCHIETTA.
STAR SODO, FORTE, ALLA MACCHIA, AL MACCHIONE.
MACHIONE, ACQUACHETA, SUSORNIONE.
SPINO, SPINE.

978.
Cespuglio, Macchia, Fratta, Siepe, Sterpo.
Macchiarella, Macchietta.
Star sodo, forte, alla macchia, al macchione.
Machione, Acquacheta, Susornione.

— *Macchia*, d'alberi o d'arboscelli; *cespuglio*, d'erbe o virgulti. — ROMANI.

— La *fratta* è meno incolta; fatta al modo e uso medesimo della *siepe*, voce poco usata in Toscana, ma negli Stati romani frequentissima (1). — A.

BUTI: « *Sterpi*, sono pruni e altri piccoli arboscelli folti e involti insieme, che si chiamano macchie. » La macchia può, dunque, esser più forte della siepe, più larga e più fonda (2). La siepe si fa per difendere il campo; la macchia si fa o si lascia crescere, o per riparo o per amenità o per cultura o per altro.

Si fa una siepe e con piante vive e con pruni; la macchia ha sempre radici vive nel suolo (3).

Macchia ha il diminutivo *macchiarella* (4), ch'io lascerei sempre a questo senso della voce, serbando *macchietta* a indicare piccola macchia d'abito o d'altro, col noto senso pittorico. *Macchiarella* non è comunissimo, ma è bello e gentile.

Macchia fa *immacchiarsi* (5), nascondersi nella macchia; e *smacchiarsi* e *smacchiare*, neutro assoluto, escir della macchia. *Smacchiare*, cavare o scacciare dalla macchia, e togliere le macchie da un vestito o da simile. *Siepe* non ha che *assiepare*, chiuder di siepe; voce viva (6), e agli scrittori necessaria.

Macchia ha un senso traslato: libro stampato *alla macchia*, cioè furtivamente, contro comando o legge che lo proibisce (7). Figliuolo nato *alla macchia*, cioè illegittimamente. Il traslato viene da ciò che stando nascosto dentro a una macchia a riparo, l'uomo è difeso dagli sguardi altrui.

Non tutti i libri stampati alla macchia son letti con avidità; e non tutti i libri stampati *superiorum permissu et privilegio* sono innocenti.

Star sodo al macchione, forte al macchione, vale: non si mover di luogo, non si scrollare, per cosa ch'uno

---

(1) TASSO: *S'assicuri ch'io vorrei esser di molto valore, non men per suo servizio, che per mia riputazione.*
(2) PETRARCA: *Che s'ella mi spaventa, Amor m'affida.* - DANTE: *Coscienza m'assicura.* Nel primo, assicura non andrebbe, perché lo spavento ci s'accosto. Nel secondo, non reggerebbe affida, che sarebbe poco.
(3) DANTE: *A guisa d'uom che in dubbio si raccerta, E che muti in conforto sua paura, Poi che la verità gli è discoverta.*
(4) LIB. ASTROLOGIA: *Tutti questi fatti non s'accertan bene, se non quando l'astrolabio è ben compiuto.*
(5) FRA GIORDANO. - Il certificato è più dell'*attestato*; l'attestato, più della *testimonianza*.

(1) L'usa il CARO in *Dafni e Cloe*.
(2) *Macchia*, quindi, si prende quasi per piccolo bosco; anco nel singolare. BUTI: *Le fiere desiderano li boschi e le macchie fondate, dove non possono essere vedute e cacciate.* Nel Val d'Arno superiore, *macchia* è la *siepe*; la qual parola ivi non s'usa.
(3) COLUMELLA: *Vivam sepem structili prætulerunt.*
(4) LORENZO MEDICI: *Vienine.... Appiè dell'orto in quella macchiarella.*
(5) ARIOSTO.
(6) CRESCENZIO: *Vuole essere il luogo assiepato intorno.*
(7) REDI: *In Cosmopoli, alla macchia hanno stampata la Ciceeide.*

oda o senta, per cosa che avvenga (1). Di qui forse *machione*, in Toscana, è chi sotto apparenze tranquille copre falsità e furberie e pensieri torbidi. Ed è un po' più d'*acquacheta*; e differisce da *susornione*, in quanto che il machione ricopre l'intimo suo, e par più simile a tutti gli altri, e la furberia sua può versare in cose men gravi. Pronunziasi con una *c* sola, ma ciò non prova che non abbia l'origine stessa.

Nel traslato, non male si direbbe: agli occhi di certi potenti, gli adulatori e i soldati fan siepe, o l'assiepano, sì che non veggano le miserie dei popoli (2). Nel proprio, diremmo: tessere una siepe (3), cingere (4), chiuder (5) di siepe; né si direbbe, forse: di macchia.

979.
Spino, Spina.

— *Spino* è la pianta; *spine*, le punte di questa, e d'altre piante distinte con altri nomi, o delle loro frutte. — A.

980—983.
CESPUGLIO, Cespo, Cesto, Cespite.
Piota, Zolla.
Grumolo, Cesto.
Grumetto, Grumoletto.
Cavolo, Cappuccio.

980.
Cespuglio, Cespo, Cesto, Cespite.
Piota, Zolla.

Anche *cespo* è dell'uso toscano; ma il più comune è *cespuglio*. Il cespo però par si debba imaginare più piccolo e più erboso del cespuglio. Appiattarsi in un cespuglio, non: in un cespo (6). Questo parrebbe contrario all'analogia delle voci, giacché *cespuglio* ha forma di diminutivo; senonché questo che pare diminutivo, ha il diminutivo esso stesso, e cespo non l'ha. *Cespuglietto* è dell'uso.

Cesto si dice solo dell'erbe che si dilatano, a modo di cespuglietto: cesto di lattuga, e simili (7). Di pianta arborea, *cesto* non si direbbe oggidì.

Il grano accestisce, fa *cesto*, che non è né cespuglio né cespo. In Virgilio, dove Andromaca fa, in memoria d'Ettore, il tumulo, rialzo sacro *viridi cespite* con due are, nel cespo è un insieme di *piote* verdeggianti; a differenza delle *solle*, più piccole e riguardate da sè, senza il verde che le fa vive. Così Laura si posa sopra un verde cespo, tuttoché non si possa vedere com'essa lo prema *col seno*, se non imaginandola boccone, e il Petrarca ritto in piè ad ammirare la parte opposta del viso. In Dante, quello del suicida che geme sangue è cespuglio; ma poi quando l'anima parla, prega che raccolganai le fronde svelte *al piè del tristo cesto*. Qui pare tutt'uno; ma forse *cespuglio* dipinge meglio l'intero e l'alto de' rami; *cesto*, il fitto delle fronde, massime più accosto alla terra. E suonerebbe male: *fece un gruppo di sé e del cesto, Menommi al cesto che piangea*.

— *Cespite*, secondo Festo, è, propriamente, pezzetto di terra, con dell'erba attaccatavi; molto simile a *piota*. Allora differisce evidentemente da *cesto* e da *cespuglio*, perché questi due possono essere composti di virgulti e di foglie; l'altro no. Ma in questo senso è latinismo disusato. Quando poi ha senso affine a *cesto*, è da lasciare al verso soltanto. E il Manzoni, nell'*Adelchi*, l'usò gentilmente: « Come rugiada al cespite Dell'erba inaridita » (1). In traslato, si dice per celia: essere un bel cesto, d'uomo che si tenga per bello. L'altre voci non hanno traslati, ch'io sappia. — MEINI.

981.
Grumolo, Cesto.

Il *grumolo* non è il *cesto*; gli è il centro di quello. Ma il cesto abbraccia tutte insieme le foglie, anco le non buone a mangiare. Poi, v'è dell'erbe che han grumolo e non cesto; il sedano, per esempio.

982.
Grumetto, Grumoletto.

Grumetto non è il medesimo che *grumoletto*. Grumolo è la parte più interna e più morbida del cavolo, della lattuga, del sedano, e d'altre erbe tali (2).

983.
Cavolo, Cappuccio.

Cappuccio, aggiunto di una specie di cavolo, e dicesi: cavolo cappuccio; ha color bianco, e il cesto sodo e raccolto a modo di palla. Questa non è però da confondere con la palla del cavolo fiore; il quale non è così sodo, è più gentile, ha sapore diverso, ed è circondato da foglie d'altro colore, come ognun sa.

— I termini proprii del cavolo sono i seguenti: *Pianta* o *Piantina*, cioè la pianta intiera con le sue barbe, che si *pone*, si *trapianta*.

Grumolo, il germoglio nel mezzo, con tutte le foglie che lo circondano, buone a mangiarsi.

Palla è il grumolo de' cavoli che hanno le foglie accartocciate e strette in una palla, per esempio, le *cavolette*; e anche *palla*, quella del cavol fiore, cioè l'unione de' rametti e dei rudimenti de' fiori. La palla e il grumolo sono, rispetto al cavolo, quello che nella lattuga si dice un *cesto*.

Pollezzole, i rimessiticci di qualche specie di cavolo, dopo che è stato tagliato il grumolo. — LAMBRUSCHINI.

Dicesi anco *lattuga cappuccia* quella che fa il cesto simile al cavolo cappuccio; e *cappuccio*, nell'uso toscano, è anco un fiore che accestisce in modo non dissimile, come viole cappuccie.

---

(1) VARCHI: *Star sodo alla macchia, ovvero al macchione, è... lasciar dire uno quanto vuole, il quale cerchi cavarti alcun secreto di bocca; e non gli rispondere, o rispondergli di maniera che non sortisca il desiderio suo*. — Al macchione è più familiare, e in certi casi potrebbe forse denotare più tenacità. *Star forte*, pare potersi usare in sensi più dignitosi che *sodo*.

(2) BUTI: *Lo ventre ti fa siepe innanzi agli occhi, che non ti lascia vedere i tuoi piedi* (spiegando un passo di Dante). - SVETONIO: *Sepsit custodiâ militum*. - ORAZIO: *Juga montium.... sitoe rupesque inviae sepiunt*.

(3) VIRGILIO.
(4) PLINIO.
(5) COLUMELLA.
(6) BOCCACCIO: *Sopra i nudi cespi menare i lievi sonni*. Qui non reggerebbe *cespugli*.
(7) CRESCENZIO: *Le cipolle gran cesto fanno*. - VARCHI: *Un cesto di lattuga vendevasi tre o quattro crazie*. I Latini *caespes* è il cespuglio e il cespo.

(1) E qui pure *cespite* dice erba minuta più che *cespuglio*. In Virgilio, laddove il padre di Camilla svelle *gramineo de cespite* l'asta, alla quale affidava la cara vita, il *cespite* è un che di mezzo tra l'erba folta e il cespuglio che incomincia a essere macchia.

(2) Prose fior.: *Grumoletti di tenera e bianca lattuga*.

984.

CESPUGLIOSO, Cespugliato.

Cespugliato, sparso di cespugli; *cespuglioso*, che ne ha di molti. Ho sentito la prima voce parlata; anche la seconda è utile, e conforme alla buona analogia.

985.

CESTACCIA, Cestone.

Cestaccia, in generale, vecchia cesta, cesta vile, sformata; *cestone*, cesta da someggiare, che si mette una dall'una parte del somiero e l'altra dall'altra. Così la Crusca con l'uso; e così gli esempi dalla Crusca recati.

986.

CESTINO, Cestella, Cestello, Cestellino, Cesterello.

Voci dell'uso. Tra esse corre la differenza ch'è indicata dai gradi del diminutivo.

Ma *cestino* indica, segnatamente, o quel piccolo cesto dove covano i colombi, o quello dove portasi il pesce; o quell'arnese di vimini, nel quale si mettono i bambini, perché si reggano sulle gambe e imparino a andare, strascinandolo penosamente col petto. In questi due sensi gli altri affini non s'usano.

987.

CESTO, Cesta, Cavagno.

Nel toscano, *cesta* è il comune; *cesto* è raro. In altri dialetti, la *cesta* suol essere più larga e aperta; il *cesto* meno grande, e, d'ordinario, coperto di sopra. Anco in Toscana il *cestone* ha forma diversa dalla cesta. Accogliendo questa differenza, si verrebbe a distinguere il *cestello* e il *cestellino*, dalla *cestella* e dalla *cesterella*; serbando queste due a significare cesta piccola e aperta, e i due precedenti, un piccolo cesto coperto, o di forma in qualche modo differente.

Cesta, inoltre, in Toscana, è quell'arnese fatto di vimini, da portar robe, posto su due stanghe (1) con due ruote e tirato da un cavallo. Vi si mette l'erbaggio, i fiaschi di vino, e simili cose.

Cavagno, in qualche dialetto toscano, è cesta da riporvi le foglie; fatta di vimini, con altri vimini disposti sotto a guisa di raggi, e si stringe di sopra per impedire alle foglie l'uscita. Non è dunque vero che *cavagno* sia voce lombarda, e che Dante abbia avuto bisogno dell'esilio per trovare la frase del *ringavagnar* la speranza. Non è l'esilio che faccia scoprire di cotesti cavagni.

988—989.

CHIAMARE, Nominare.

Nominare, Intitolare, Appellare, Denominare, Nomare.
Appello, Chiama.
Appellazione, Appello.

988.

Chiamare, Nominare.

— Si *nomina* per distinguere un oggetto dagli altri; si *chiama* per far venire o per volgere l'attenzione altrui all'oggetto. Si può chiamare, senza nominare; si può nominare, senza chiamare.

Chiamare diventa ancor più affine all'altro quando vale: dire il nome di persona o di cosa, o: dare un nome. E perchè chiamando, quasi sempre, si nomina la persona o la cosa chiamata, però pajon sinonimi. Se non che, si può chiamare, non per il nome proprio, ma per soprannome, o per alcuna special qualità, o con un grido, o pur con un cenno. Si nomina Tiberio, e chiamasi un mostro. Gli antichi, nominando taluno, lo solean chiamare il figliuol del tale; e così fanno tuttora certi popoli. *Nominare* vale anche *rammentare*, non altro. Nell'esame, un colpevole nomina un de' suoi complici, non lo chiama; il giudice glielo nomina, per poi chiamarlo.

Diremo: come vi chiamate voi? non già: come vi nominate? — ROUBAUD.

— Siccome *titolo* differisce da *nome*, così *intitolare* da *nominare*. — ROMANI.

989.

Chiamare, Nominare, Denominare,
Appellare, Nomare.
Appello, Chiama.
Appellazione, Appello.

— *Appellare*, nel senso di *chiamare* o *nominare*, è poetico. Non altri usi gli rimangono che quello del nome appellativo e d'appellazione, in senso d'indicazione della cosa (1), e quello del tribunale d'appello, e d'appellare da sentenza riputata non giusta (2). *Nominare* è porre il nome alla cosa, o pronunziare esso nome. Di qui passò a significare elezione, giacchè, per eleggere il tale convien nominarlo. *Nomare* è del verso; ma neppur lì ha senso di *eleggere*. *Chiamare* è pronunziare il nome di persona o di cosa, ed è far segno ad alcuno che venga o dia retta; si fa colla voce (3), ma si può fare e con cenno e per iscritto. Si può chiamare, senza nominare; si può chiamare ad invocazione; si può chiamare, non dicendo che la persona venga, ma traendola a sè. In questo caso diciamo: Dio l'ha chiamato (4).

Denominare, è nominare la cosa da tale o tale persona, qualità o circostanza (5). — GATTI.

990—991.

CHIAMARE, Invitare.

Chiamare, Invitare a pranzo, Offrire da pranzo.

990.

Chiamare, Invitare.

Si *chiama* a desinare, a cena un amico; si chiama un inferiore; due poveri si chiamano vicendevolmente alla frugale lor mensa. L'*invito* suppone un po' più d'apparato. S'invita, inoltre, e non si chiama a una festa, a un pubblico trattenimento, e simili. Nelle società corrotte s'invita, non si chiama, talvolta con la speranza e la certezza che non terranno invito: tutto è apparenza, boria. Il vero affetto si divide da quelle che

---

(1) In altro senso, e la cesta e la cestella non sono di vimini, ma di stecche di castagno. La cesta con ruote può avere la sedia, e anche la coperta, e divenire una specie di calesse o baroccio da condurre uomini. — A.

(1) COMMENT. INF.: *Nell'appellazione del padre e nell'appellazione del figliuolo si contengono i nepoti.*

(2) Dal chiedere nuovo giudizio a giudice superiore, la lingua parlata dice, di una cosa in ogni cosa trova da ridire e da opporre: e' trova da appellarla in ogni cosa; e' ci trova sempre il suo appello; e' l'appellerebbe a non so chi. L'appello militare è cosa diversa. *Rispondere all'appello, mancare all'appello*, quando sono chiamati, per veder se nessuno manchi. Meglio *chiama*, che in Toscana dicesi degli scolari dal professore chiamati, per riconoscere se sono presenti. — MEINI.

(3) *Clamo.*

(4) DANTE: *Se innanzi tempo Grazia a sè non chiama.*

(5) ORAZIO: *Aeli, vetusto nobilis ab Lamo (Quando et priores hinc Lamias ferunt Denominatos...)* - SACCHETTI: *Da chi sono denominati.*

un tempo erano dimostrazioni d'affetto, e ch'ora han perduto l'antico significato (1).

991.
Chiamare, Invitare a pranzo,
Offrire da pranzo.

— *Chiamare* è più famigliare e meno solenne d'*invitare*, e chiede meno apparecchio. Si *offre da pranzo* a chi si trova nell'occasione prossima di accettare; si *chiama a pranzo* col proposito di aspettare il chiamato. Se all'ora del vostro pranzo un amico si trova da voi, gli *offrite*; se glielo mandate dicendo, o lo trovate per istrada, lo *chiamate*. Invitare per iscritto, non si dirà proprio *chiamare*. — BEAUZÉE.

992.
CHIAVETTA, CHIAVICINA, CHIAVINA, CHIAVETTINA.

Chiavicina, piccola chiave da aprir serrami; *chiavetta*, da sturare o turare orifizii, e corrisponde in certo modo al *robinet* de' Francesi (2). Quella dell'oriuolo però dicesi e *chiavicina* e *chiavetta* (3). E *chiavetta*, anco d'alcune chiavi da aprire, ma più di rado. Se più piccola, non sarà forse improprio *chiavina*; e *chiavettina* direbbe forse ancor più piccolezza, segnatamente se di *robinet*.

993.
CHIAVISTELLO, PALETTO, CATENACCIO.

— *Catenaccio*, palo tondo di ferro, che correndo per gli anelli confitti nelle due imposte d'una porta, le tiene insieme congiunte e serrate. Il *paletto* ha forma piana; e suol mettersi negli usci più piccoli, e lavorati con più artifizio. — CAPPONI.

— *Catenaccio* dicesi anco *chiavistello*; ma questo può essere meno grosso. — A.

Paletto vale e piccolo palo (4), e strumento di legno o di ferro che mettesi agli usci per chiudere, come fa il chiavistello (5); se non che, il chiavistello è tondo; il paletto è quadro, o almeno schiacciato, ben dice la Crusca, a guisa di regolo. Il chiavistello è sempre di ferro; il paletto, ripetesi, anche di legno.

994.
CHIAVISTELLO, CHIAVACCIO.

Sebbene *chiavaccio* sia, d'ordinario, tutt'uno con *chiavistello*, chiavistello piccolo non si direbbe propriamente *chiavaccio*; e questo inoltre, essendo vocabolo di suono men grato, non è di tutti gli stili. Poi, nel traslato, al modo: baciare il chiavistello, non si porrebbe *chiavaccio*.

995-1000.
CHIUDERE, SERRARE.
SERRATO, BREVE.
CLAUSURA, CHIUSURA, SERRATA, SERRAME, SERRATURA.
SERRAME, SARACINESCA.
SALISCENDO, NOTTOLA.

---

(1) Sebbene i Latini *invitare* dicessero anche di chiamate amichevoli, come fra noi, il *vocare* era di più confidenza. Vedi *Forcellini*.
(2) MAGALOTTI: *Fatto il voto nel vaso, e voltata la chiavetta che apre la palla.* – Il professor Gazzeri, nelle sue lezioni di chimica, usa anch'egli *chiavetta* in questo senso.
(3) Usa anco *chiavina*, ma men frequente.
(4) CRESCENZIO: *Paletto fitto in terra.*
(5) AMBRA: *Fuori c'è il paletto onde serrasi la camera di fuori.* A Siena il chiavistello si chiama *pestio*, alla latina; e mettere il chiavistello all'uscio, *impestiare*; che non ha l'equivalente in Firenze. — MEINI.

TOMMASEO, *Diz. dei Sinonimi*.

RICHIUDERE, RACCHIUDERE, RINCHIUDERE, INCHIUDERE, INCLUDERE.
INCLUSIVO, INCLUSIVAMENTE, INCLUSIVE.
ACCOSTARE, SOCCHIUDERE, ABBATTERE.
ACCOSTATO, ACCOSTO.

995.
Chiudere, Serrare. Serrato, Breve.
Clausura, Chiusura, Serrata, Serrame, Serratura.

Serrare è porre un ostacolo maggiore all'adito. Si chiude un campo con siepi, nè quello è serrare. Dante: « e l'un l'altro si rode Di quel che un muro e una fossa serra. » Che non è più vero dell'Italia d'adesso, come tutti veggono. Un fosso chiude il campo; una fossa serra la città, aggiuntovi muro munito. Città inerme è chiusa di mura, non serrata. Chiudo una porta col saliscendo; la serro a chiave (1).

Serrare ha men traslati; non ha quello di *terminare*. Si chiude un discorso, un'udienza, un'adunanza, una festa.

Ma dicesi: serrare l'argomentazione, per istringerla a conclusione calzante; e: discorso serrato, per pieno di cose. Non sempre il *breve* è *serrato*; può esser una brevità vuota d'idee, parolaja. Il dire *serrato* può essere con copia di parole, purché ci sia copia di cose, che insieme si reggano e provino. Siffatto dire conchiude; ma molti sono che al chiudere del discorso non sanno, non osano conchiudere nulla.

La *clausura* de'conventi è un mezzo traslato, e rammenta uno simile: la *serrata* del grande consiglio di Venezia. E lo serrarono proprio, perchè diviserolo in due la città; se non che, a ben guardare, troverebbesi che la linea di divisione era già segnata dalle tradizioni e dalle opinioni; che l'esclusione o ammissione al governo non fu fatta a capriccio. In questo senso, alla voce storica non si potrebbe mettere invece *chiusura*, che dicesi d'adunanza, di conferenza, e simili. La chiusura, talvolta, è una maniera di dissoluzione; n'ha i pericoli senza i vantaggi, o i vantaggi senza i pericoli.

Serrata altro senso non ha. Ma in consimile, a Venezia, dicevasi *serrare le arti* il chiudere il libero esercizio ad altri che a certe persone e con certe condizioni; onde, per contrario, fin dal secolo scorso proponevasi d'*aprire l'arti*, per riparare la loro languida vita. In una relazione di quel tempo trovo la locuzione potente: *mestiero serrato in arte*.

Serrame, in Toscana, dicesi, come già da Dante, quello che altrove *serratura*, d'usci e porte; se non che *serratura* potrebb'esser l'atto; onde l'altro è più proprio, e più conforme al valore delle voci latine uscenti in *men*. Quindi è che in qualche dialetto del Regno di Napoli il *serrame* è detto *serrima*.

Io chiudo la mano quando non tengo distese le dita, ma le raccosto alla palma; serro la mano, stringendo il pugno. Chiudo la mano per abbrancare una cosa; la serro, perch'altri non mi pigli la cosa presa (2). Così: chiuder gli occhi, è men di serrarli. Serrati, non veggono lume; ma ne'chiusi può penetrare alcun raggio. Può forza di lume o d'altro far chiudere gli occhi; volontà ce li serra. L'uomo debole chiude gli occhi al vero che spiace; l'ostinato li serra.

---

(1) FAV. ESOP. *Si serrò la casa dentro con buona serratura.*
(2) Quindi forse: *Serre ai Francesi l'artiglio.*

996.
Serrame, Saracinesca.

— *Saracinesca*, specie di *serrame* a colpo. Una stanghetta confitta in una delle imposte dell'uscio ha attaccato a sè un monachino, il quale entra in un buco della toppa confitta nell'altra imposta. Il monachino, nell'entrare, alza da sè un ferro a molla che, sollevato, ricade sul monachino stesso; onde la porta non s'apre di fuori. — LAMBRUSCHINI.

997.
Saliscendo, Nottola.

— Il *saliscendo* è di ferro; la *nottola*, di legno, e più grossa. Nel saliscendo un lato solo alza; la nottola può girar tutta quanta, perchè, d'ordinario, è imperniata nel mezzo; ovvero la è confitta in una parte dell'uscio o della finestra, dall'altro s'infila nel monachetto, e chiude. La nottola, dunque, e il nottolino servono anche per le finestre, specialmente nelle case rustiche; il saliscendo, no. — A.

998.
Richiudere, Racchiudere, Rinchiudere.
Inchiudere, Includere.
Inclusivo, Inclusivamente, Inclusive.

Richiudere, chiuder di nuovo (1). In Dante: « se Dio t'ha in sua grazia richiuso; » *richiuso* vale: più strettamente e quasi amorosamente chiudere, secondo il valore intensivo del *ri*; nè io direi che, laddove il modo fosse ben chiaro, e' non potesse diventare efficace. *Inchiudere*, chiudere dentro, in... S'inchiude una lettera in un'altra, un foglio in un piego (2). È dell'uso anco *includere*; ed è inevitabile nelle parole *inclusivo, inclusivamente*; che anco nel parlar famigliare dicesi alla latina *inclusive*, senz'aria di pedanteria, dacchè l'usano fin le donne, al modo d'altri latinismi ormai fatti volgari. E ha un senso che non è proprio quel d'*inclusivamente*, quando significa, non solo che c'entra la cosa nominata, ma che c'entra fin quella: *inclusive* gli ha dato dell'asino. Io quanto a me vorrei astenermene. A ogni modo, nel più de' sensi e proprii e traslati, *inchiudere* torna, e gioverebbe appigliarcisi costantemente.

Altri dicono *occludere* e *accludere* e *acchiudere*: il primo, inutile in ogni senso. Solo *acchiudere* potrebbe forse avere qualche uso; ma io non oserei nemmeno specificarlo, per non sopraggravare la lingua di voci poco usitate, e facili a confondersi col significato d'altre affini; ricchezze pericolose ed incomode.

Traslatamente, un'idea è inchiusa in un'altra. Nell'idea del particolare non è inchiusa l'idea generale; non essendovi inchiusa, la non se ne può astrarre; l'astrazione non crea dunque le idee generali.

Racchiudere ha senso, talvolta, più largo di *chiudere*. I popoli (diremo) racchiusi in una valle, meglio che: chiusi. *Racchiudere* suppone idea di capacità, piuttostochè di chiusura. Il liquore racchiuso in un vaso può non esservi chiuso (3). Talvolta però *racchiudere* ha il senso insieme di capacità e di chiusura (4).

Rinchiudere par ch'esprima chiusura in luogo angusto (1). Rinchiudersi nella solitudine è talora necessario; ma c'è una solitudine operosa ed amante; c'è la solitudine dell'inesperienza e del troppo amore di sè. Rinchiudere in una prigione, avrà più efficacia di: chiudere (2). Altro è aria chiusa, che non ha sfogo, che non si può rinnovare, che fa afa a respirarla; altro è aria rinchiusa in una macchina pneumatica, in vaso qualunque (3).

999.
Rinchiudere, Racchiudere.

— Il primo: chiudere dentro, talvolta. L'altro: chiudere intorno. — NERI.

1000.
Accostare, Socchiudere, Abbattere.
Accostato, Accosto.

L'uscio che non si ferma nè col saliscendi nè con altro mezzo, ma che si adagia più o meno combaciato all'imposta, tanto che paja chiuso e non sia, quell'uscio, in Toscana, dicesi *accostato*; e certamente *socchiuso* non è. Così la finestra. Si socchiudono gli occhi (4); si socchiude un armadio.

— *Accostare* è chiudere senza fermare; *socchiudere* porta o finestra spalancata, è: girarla in modo che vi rimanga uno spiraglio d'aria o di luce; *socchiudere*, perciò, è meno che *accostare*. *Abbattere*, anche meno; porta o finestra si abbatte, per non essere direttamente colpiti dal vento o dal sole. — CAPPONI.

Ognuno vede che altro è l'uscio o la finestra accostata, cioè presso a essere chiusa; altro l'uscio o la finestra *accosto*, cioè molto presso alla persona o al luogo del quale si parla.

1001.
CHIUDERE, TURARE, TAPPARE.

Si *chiude*, o con serrame, o accostando le due parti del corpo, o con altro corpo che prenda tutta l'apertura, o gran parte. Si *tura* inserendo o adattando un corpo che empia l'apertura tutta, e commetta con essa.

Si chiude in piccolo e in grande; si turano, d'ordinario, i fori men grandi. Si tura un pertugio: si chiude un uscio.

Chi co' vestiti si copre e difende dall'aria, principalmente se parte del viso, diciamo che si *tura*, che va turato bene (5). *Tappato*, ancora più, e più famigliare.

1002.
CHIUSA, CLAUSULA.

Clausula, quando vale particella del discorso che racchiude in sè un sentimento, e, d'ordinario, una modificazione alla proposizion generale che precede (e ha luogo, per lo più, ne' contratti, nelle scritte, negli atti insomma notariali e legali), ha senso evidentemente distinto da *chiusa*; ma l'ha molto affine, quando significa quella parte con cui si conchiude il periodo. Così diciamo: clausula armoniosa, scadente, artifiziosa, affettata, e simili. Se non che, questa voce s'applica solo a

---

(1) BOCCACCIO: *Apri ed entrò dentro, e l'uscio richiuse.*
(2) REDI: *Saprà meglio da sè esplicarsi nell'inclusa.*
(3) MAGALOTTI.
(4) REDI: *Delle vergini severe Che racchiuse in sacro loco Han di Vesta in cura il foco.*

(1) BOCCACCIO: *In quelle case ricogliendosi, e rinchiudendosi dove niuno infermo fosse.* - VITE SS. PADRI: *Rinchiuditi nella cella.*
(2) BOCCACCIO.
(3) MAGALOTTI.
(4) GUIDO GIUDICE.
(5) *Turare* ha forse l'origine stessa di θύρα; come *serrare*, di *sera*.

senso retorico; riguarda le qualità, l'ordine o l'armonia delle parole con cui si esprime una proposizione (1); *chiusa* riguarda le cose, e, piuttosto che d'un periodo, dicesi dell'intera orazione o di una principal parte di quella. Bella chiusa di sonetto, d'ode, di panegirico; e: clausula d'un periodo, o, talvolta, d'un membro solo. Gli antichi retori badavano molto alle clausule; molti sonettisti non badavano che alla chiusa. Il Petrarca non bada gran fatto alle chiuse, né Demostene alle clausule.

1003.
CHIUSO, PARCO, BANDITA.

— *Bandita* è conservato, come proprio, nel Senese, a qualche podere, e altro possesso; io conosco un podere chiamato la *banditaccia*. Fa bandita, ora, un possidente che inibisce, col mezzo del giornale ufficiale, ad ogni estraneo di andare a caccia in un suo possesso; il quale, per ciò appunto, prende il nome di *bandita*.

Chiuso, nel Senese, non vive. Mi dicono che nel Valdarno signifìchi uno spazio, cinto di palizzata, ove si tiene raccolto a cielo scoperto il bestiame, che in maremma direbbero *mandria* (2).

Parco, termine signorile, per bosco di piacere. Il parco è il bosco annesso alla villa, per andarvi a caccia i signori, a sfoggiare la perizia venatoria, contro bestie che non posson fuggire. — BIANCIARDI.

1004–1007.
CIABATTA, PANTOFOLA, PIANELLA, BABBUCCIA.
SCARPETTA, SCARPINO, SCARPINA, SCARPUCCIA, SCARPETTINA, SCARPONCELLO.
TACCO, TACCONE.
TOMAJO, QUARTIERE, ORECCHIE, SUOLO, SUOLETTA, TOPPA, VANTAGGINO.
TACCO, TACCHEGGIARE.
SANDALO, ZOCCOLO.

1004.
Ciabatta, Pantofola, Pianella, Babbuccia.

Ciabatta, scarpa vecchia; *babbuccia*, pianella da state, o pianella de' Turchi; *pantofola*, da camera, per lo più di cimussa, foderata di pelo o no; *pianella*, scarpa da casa, usata una volta, senza il quartiere dietro, con un tacchettino com'usa le Orientali (3). Una ciabatta può servir di pantofola, ma impropriamente; la pantofola può essere e nuova, ma sempre da camera. La pianella è gentile; la babbuccia, per noi, non è che da casa, e più semplice della pantofola, di forma s'approssima alla pianella; si porta d'ordinario la state, e le son di vario colore (4).

Didimo Chierico soleva dire, che le pantofole del marito sono un gran nemico dell'onestà della moglie. La sentenza è vera, nel mondo in cui viveva Didimo Chierico; ma in società meno guaste, le pantofole sono conciliatrici d'amore.

---

(1) CICERONE: *Clausulae quae numerose et jucunde cadunt.*
(2) In Corsica, *chioso* è il podere.
(3) SACCHETTI: *Pianelle aperte.* - Le pianelle, in alcuni dialetti, si chiaman *babbucce*; ma la stessa origine della prima di queste due voci significa la *forma*; e però è da serbare l'uso toscano. In più dialetti e nel greco moderno e nello slavo, *babbuccia* invece della b ha la p le due volte; come a' Greci il nome è *pappos*, che consuona al *babbo* nostro. E forse il vocabolo della calzatura, viene dal portarlo le vecchie.
(4) BUONARROTI, Fiera: *In pantofole, in pianelle, in trampoli.*

1005.
Scarpetta, Scarpino, Scarpina, Scarpuccia, Scarpettina, Scarponcello.

Scarpetta, per lo più, leggera e da donna; *scarpino*, leggero, e da uomo e da donna; *scarpina*, scarpa di piede piccolo, e così *scarpettina*; *scarpuccia*, anche non piccola, ma gnitta o trita; *scarponcello*, scarpa forte e che chiude più, non ancora *stivaletto*.

In qualche dialetto, il calzolajo (congiunto in origine dell'imperatore Caligola) è *scarparo*; altrove, per eleganza di lusso esotico, la bottega del calzolajo dicesi sublimemente *stivaleria*. Il Villani c'insegna che nella republica di Firenze l'arte si partiva in calzolai, pianellai, zoccolai. E nella repubblica delle lettere?

1006.
Tacco, Taccone.
Tomajo, Quartiere, Orecchie, Suolo, Suoletta, Toppa, Vantaggino.
Tacco, Taccheggiare.

Tacco è la parte che rialza il suolo della scarpa e dello stivale; se più alto, è *taccone* (1). Mettere sotto un tacco una cosa, vale: non ci pensare, non aver paura. Battere il tacco, il taccone, i tacchi, è andarsene; vedere i tacchi d'uno o di più, gli è il non li vedere che andati già, non il poter raggiungere.

E poiché siamo a parlare di scarpe, diciamo che il *tomajo* è la parte superiore (2); il *quartiere*, quella di dietro; le *orecchie*, là dove si lega il nastro; il *suolo*, di sotto (3); la *suoletta*, il suolo più morbido dentro alla scarpa; che rompendosi una scarpa da una parte, le si mettono i *vantaggini*; rompendosi di sopra, vi si cuce una *toppa*, una *toppettina*. Son queste le voci usitate in Toscana, che gioverebbe accettare nella lingua scritta, e perchè più note a un dipresso; e perchè, le più, già state usate da qualche scrittore; e perchè son proprie in sé stesse; e perchè l'unità, in tutte le cose del mondo, è bella e desiderabile.

— Si mette un tacco sotto i fogli che sono per essere impressi dal torchio, per togliere le disuguaglianze del piano sottoposto, e far sì che l'impressione cada uguale su tutte le parti del foglio. Quest'atto da alcuni dicesi *taccheggiare*.

1007.
Sandalo, Zoccolo.

— *Sandali*, specie di scarpa senza tacco e senza quartiere, che si fermano sul davanti con strisce di pelle. Li usano i cappuccini, ed altri ordini di religiosi ed i fratelli di alcune compagnie laicali.

Zoccolo è scarpa scollata, con pianta e tacco alto di legno; anch'ella senza quartiere. Si usa, per difendersi dall'umido, dagli stallieri per lo più, dai baccalari, e da certe donne in Toscana che portano l'acqua, e che perciò si chiamano *acquajuole*. Zoccoli sono pure quei pezzi di carne secca per fare le frittate. Onde: frittate con gli zoccoli. Farsi gli zoccoli, si dice di chi, passando

---

(1) Nel passo del Buonarroti, che la Crusca cita, io credo che *taccone* abbia questo senso, non l'altro di *toppa*; senso ormai disusato.
(2) SERDONATI: *Scarpette o pianelle senza tomajo... a guisa di sandali.*
(3) CRESCENZIO: *Cuoja ottime per far suola (plurale) di calzari.* In altri dialetti italiani usa *la suola, la tomaja*.

per un campo umido, raccoglie ai tacchi delle scarpe tanta mota, da parere che abbia un altro tacco più alto, come quello dello zoccolo. — MEINI.

1008.

CIABATTINO, CIABA.

La seconda è dell'uso più famigliare, e non converrebbe per indicare sul serio il mestiere di *ciabattino*. Essa, inoltre, non ha plurale (1), e non ha traslati. D'artefice dappoco, di scrittore che acciabatta, diciamo, non ch'egli è un *ciaba*, ma un *ciabattino*. Si racconta di Gian Gastone de' Medici che, dopo aver fatto assaporare a' suoi cortigiani il medesimo vino chiuso in diverse bottiglie come altrettanti liquori l'uno più prelibato dell'altro, chiamò il ciaba alla sua mensa, e fece a lui sentenziare qual fosse il gusto delle persone di corte.

1009.

CIARLATANO, SALTIMBANCO.

Il *saltimbanco* è ciarlatano da piazza, più sfacciato, e men dotto nelle delicatezze dell'arte. Il *saltimbanco* salta sul banco; il *ciarlatano* sa e saltare e ballare e sedere in cattedra e sdrajarvisi; e fingere di dormire, ch'è seguo elettissimo della coscienza ch'uno ha della propria grandezza. È anche ciarlataneria squisita l'affettare disprezzo del ciarlatanesimo.

Il secolo non ama i saltimbanchi, come odiatore d'ogni specie di franchezza; i ciarlatani deride, e ha bisogno d'essere illuso. Abbiamo tuttavia numero di saltimbanchi sufficiente; ve n'è tra i professori di Sorbona. Il saltimbanco ciarla più assai del ciarlatano; il quale, se ha bene appresa l'arte sua, sa tacere, e campa di monosillabi.

1010.

CIARPA, CIARPE.

CIARPA, CIARPAME, CIARPUME.

Ciarpa, arnese vile; e in genere, qualunque roba di poco prezzo, e male atta all'uso (2); *ciarpame*, quantità di ciarpa e di ciarpe. *Ciarpe*, dicesi, anche parlando di cose non materiali; *ciarpame*, non tanto. In una raccolta di libri si trova di molta ciarpa; in un giornale, di gran ciarpa. D'altro che di cenci o di roba di poco prezzo, non si direbbe, parmi, ciarpame.

Un autore, per modestia, dirà che ha fatto stampare le sue ciarpe; se lo credesse, non lo direbbe, e non le avrebbe fatte stampare. Le raccolte che un tempo usavansi per nozze o per simili occasioni, quasi sempre eran ciarpe. Tra le discussioni erudite v'è di molta ciarpa. Il plurale comprende nel titolo di dispregio tutta la cosa della quale si tratta (3); il singolare, una certa quantità.

1011—1012.

CIARPONE, ABBORRACCIONE, CIABATTONE, ARROCCHIONE, STRAFALCIONE.

ACCIABATTARE, ABBORRACCIARE, AFFASTELLARE, ARROCCHIARE, ACCIARPARE.

---

(1) Nell'esempio del SACCHETTI: *Questo ciabattino che vedete qui ha trattato di torvi la signoria*; non si potrebbe dir ciaba.

(2) COMP. MART.: *Con cenci e ciarpe per la via.* — CARO: *Pasquino quest'anno ha detto di molta ciarpa.* — Dicesi pure *ciarpume*, ma più di rado, e pare un po' più disprezzativo.

(3) *Ciarpe* si dicono comunemente anche le frutta acerbe e poco sane, di che i ragazzi si dilettano. — A.

STRAFALCIONE, SPROPOSITO.
STRAFALCIARE, TIRAR GIÙ COLL'ASCIA.

1011.

Ciarpone, Abborraccione, Ciabattone, Arrocchione.
Acciabattare, Abborracciare, Affastellare, Arrocchiare, Acciarpare.

Voci viventi nell'uso toscano, e pur troppo opportune alla lingua scritta. *Affastellare*, ridurre in fastelli: affastellare il fieno. Per metafora: confondere più cose insieme, operare alla rinfusa, ch'è la maniera di non concludere nulla.

Abborracciare intendesi più spesso d'un lavoro alla volta, ma fatto precipitosamente e senza cura. Dagli *abborracciatori* non v'è da aspettarsi nulla di buono. E'non vedono, o non si curano di vedere quei difetti che l'ingegno retto scorge, e non può soffrire.

Poi viene *arrocchiare, acciarpare, acciabattare*. Può talvolta l'uomo, o per sollecitudine, o per bisogno, essere sforzato ad abborracciare, ad arrocchiare; ma *acciarpare, acciabattare* dipingono incuria e precipitanza abituale; quella smania inquieta di levarsi il lavoro dalle mani: un pretucolo scagnozzo, mal conoscendo la dignità del suo ministero, abborraccia la messa, arrocchia l'uffizio.

— Non già ch'anche d'un legnajuolo, per esempio, non si potesse dire *abborraccione, arrocchione*; ma viceversa, nell'esempio di sopra non darebbe luogo *acciarpare, acciabattare*. Quindi *ciarpone* e *ciabattone* denotano uomo trasandato in tutto, anco nel vestito, nel vivere; laddove *abborracciare, arrocchiare*, riguardano azione ch'abbia un po' più dell'intellettuale (1). — MEINI.

1012.

Abborraccione, Strafalcione.
Strafalcione, Sproposito.
Strafalciare, Tirar giù coll'ascia.

— *Strafalcione*, chi opera a sbalzi, e senza considerazione; *abborraccione*, chi tira via lavoro per pur finirlo, bene o male non gl'importa. *Strafalciare* e *abborracciare* sono i verbi analoghi; dell'uso anch'essi. — MEINI.

S'è detto che l'uno viene da *borra*, come dire: riempiere il lavoro alla peggio di quel che viene alle mani, non eleggendo la materia, e così trascurando le elette forme. *Strafalciare*, da *falce*, quasi menarla a vanvera, recidendo più su o più giù del dovere. E di qui venne che, al tempo del Varchi, *strafalciare* valeva: dir cose strane per falsità o inverisimiglianza; quindi *strafalcione* lo *sproposito*, ma quello sproposito che viene da avventataggine, dal non curar di conoscere; onde l'altra imagine usitata del *tirar giù coll'ascia*, che dicesi, per lo più, di giudizii temerarii nella forma, audaci e non ragionati.

1013—1014.

CINGERE, AVVOLGERE.

ACCINTO, PRECINTO, SUCCINTO.

1013.

Cingere, Avvolgere.

— Avvolgendo, si cinge cosa intorno a cosa; ma non ogni cingere è avvolgere. — ROMANI.

---

(1) Il Varchi nell'Ercolano: *Quando alcuno in favellando dice cose grandi, impossibili, o non verisimili.... se fa ciò senza cattivo fine, s'usa dire: egli lancia, o scaglia, o sbalestra, o strafalcia, o arrocchia.* Tal sarà stato il vero significato d'*arrocchiare* a' tempi del Varchi. Oggi però ha quello d'operare in furia, e senza considerazione; oltre l'altro, nell'uso retto, di ridurre in rocchi, avvoltare. Arrocchiare un pezzo di carta pesora.

— Si *cinge*, per lo più, con un sol giro, con una rivolta soltanto; si *avvolge* con molte (1). Può una cosa avvolgersi intorno a sè stessa; cingersi non può. — POLIDORI.

1014.
Accinto, Precinto, Succinto.

— Nel proprio, chi è *accinto*, ha le vesti bene accomodate alla persona; s'è finito di vestire, per far lavoro o cammino. Chi è *succinto*, ha le vesti levate in su, per camminare più spedito. *Precinto* non è dell'uso; e non ha traslato, fuorchè l'evangelico: « *Estote præcincti.* »

Succinto, siccome intende, nel vestire, a speditezza, così nel traslato si riferisce sempre a brevità. *Accinto* vale: pronto, apparecchiato; accingersi ad una cosa, è disporvisi. — CAPPONI.

1015—1016.
CINGERE, CERCHIARE, CIRCONDARE.
INTORNO, ATTORNO, D'ATTORNO, ALL'INTORNO.

1015.
Cingere, Cerchiare, Circondare.

— *Cingere* è più generico; *cerchiare*, cingere in cerchio o con cerchio; *circondare* può dirsi d'un cingere più largo e men regolare. Cingere con fascia; circondare una fortezza; cerchiare una botte. — ROMANI.

1016.
Intorno, Attorno, D'attorno, All'intorno.

— *Attorno* ritrae meglio il moto (2); *intorno*, e moto e quiete; *d'attorno* ha il *di* seco, e però vale moto *da*. Venire da luoghi d'attorno (3); levarsi uno d'attorno; ed è anche traslato, che vale: liberarsene o per poco, o per sempre.

Attorno, talvolta, preposizione; *all'intorno* è sempre avverbio. — A.

1017—1024.
CINGERE, CHIUDERE.
TRINCERARE, SBARRARE.
CAMPO, LIZZA, TRINCEA.
BARRIERA, CANCELLO, STECCATO, VALLO, SERRAGLIO, BASTITA, BATTIFOLLE.
SBARRA, BARRA, SERRAGLIO, BARRICATA.
ABBARRARE, SBARRARE, ASSERRAGLIARE.

1017.
Cingere, Chiudere.

— Si può *cingere*, senza *chiudere*, quando nel recinto s'entra liberamente, facilmente. Diciamo, e cinto, e chiuso di mura. Ma si può cingerne parte e non tutte; cotesto non è chiudere. Si può cingere d'un cerchio che non chiuda. — A.

1018.
Trincerare, Sbarrare.

— Il primo è solo della milizia, e di grandi costruzioni; il secondo può essere generale a ogni sbarra posta per impedire il passo. La differenza è la stessa che tra *sbarra* e *trincea*. — A.

1019.
Campo, Lizza.

— *Lizza*, termine storico in più d'uno de'suoi sensi, è steccato fatto in mezzo al *campo*; steccato entro al quale cavalieri o duellanti combattevano. Segni (1): « Erano fatti due campi con brevi lizze, e attorniati e distinti l'uno dall'altro; nell'uno de'quali doveva combattere il Bandini e Lodovico, e nell'altro Dante e l'Aldobrando in un medesimo tempo. » — POLIDORI.

1020.
Trincea, Lizza.

Trincea, riparo militare; *lizza*, riparo di legno per luogo di tornei e di giostra (2). — ROMANI.

1021.
Cancello, Barriera, Steccato, Vallo.

Barriera, chiusa di sbarre, per lo più in luogo grande; *steccato*, riparo d'accampamento, e di città munita (3) o luogo chiuso dove s'esercitano i combattenti (4). In antico valev'anco: chiusura campestre (5). *Cancello*, specie di sbarra di ferro o di legno, che si mette a qualche porta o scala o apertura per difenderne l'entrata.

— *Vallo*, argine di terra innalzato sopra la sponda interna d'una fossa, e circondante il luogo munito, l'estremità della quale sponda si guarniva di pali grossi, fitti, appuntati. Sicchè differisce da *steccato*. Onde il Malespini: « Uscirono fuori della città, e vennero al vallo dello steccato (6). » — ROMANI.

1022.
Steccato, Serraglio.

— Può lo *steccato* essere parte del vallo; può essere altrove che nel vallo, cioè può non avere una fossa all'intorno.

Serraglio è generico; a uso e d'animali e d'uomini, più o men bene chiuso. *Steccato* è recinto, per lo più, militare e forte. Può essere da un sol lato del campo; il *serraglio* gira tutt'all'intorno. — GATTI.

1023.
Bastita, Battifolle.

— *Bastita*, ne'tempi di mezzo, era steccato con fosso e terrapieno, forse più largo del romano vallo (7). *Battifolle* era bastita, non solo a difesa, ma anco ad offesa (8). — ROMANI.

1024.
Sbarra, Barra, Serraglio, Barricata.
Abbarrare, Sbarrare, Asserragliare.

Sbarra, di legno o di ferro, e serve a sbarrar la porta, o la finestra.

Abbarrare non credo sia nell'uso toscano. *Barra* di ferro è grossa verga.

— *Barricata* non lo credo nativo di Toscana, e mi dà idea d'un'attraversata, non di barra, ma che fa uffizio di molte barre unite insieme. — BIANCIARDI.

---

(1) DANTE: *Cignesi con la coda tante volte... Qui tante volte* spiega l'avvolgera.
(2) PETRARCA: *Il cuor che mal suo grado attorno mando.*
(3) DINO: *Con que' paesani d'attorno venuti.*

(1) Stor. Lib. IV.
(2) ARIOSTO: *Fu la lizza fatta Di brevi legni, d'ogni intorno chiusa.*
(3) VILLANI: *Attorniarono di fossi e di steccati Chinzica.*
(4) VARCHI: *Glie le voleva provare con l'armi in mano in isteccato.*
(5) CRESCENZIO: *Circondare la corte di muro, ovvero di convenevole steccato.*
(6) MACHIAVELLI: *I Romani facevano forte il luogo co'fossi, co' valli e cogli argini.*
(7) VILLANI: *Cominciato una bastita, ovvero una nuova terra. - La quale bastita teneva più di sei miglia il piano.*
(8) CRESCENZIO: *Guarnimenti di muri, ovvero di palancati o steccati, con torri ovvero battifolli.* - DAVANZATI: *Un battifolle rizzò più vicino al nemico, per batterlo con sassi, dardi e fuoco.*

Quel che adesso *barricata*, dicevasi *serraglio*, e *asserragliare* le vie, e qualsiasi passo; ed è forse più proprio. Si può sbarrare con una semplice sbarra il cammino, o, per estensione, col tender le braccia, senza però asserragliarlo.

Abbarrare dicevano anco gli antichi, giacchè *sbarrare* può anco valere: levar le sbarre; e Dante lo dice dell'occhio per aprirlo bene a guardatura attenta. Se volessesi rinfrescare nell'uso, *abbarrare* sarebbe sempre un opporre sbarre nel senso proprio; nè mai si direbbe dello sbarrare il cammino con mano o con armi o con ostacolo facile a vincere.

1025.

CINTO, CINTURA, CINGOLO, CORDIGLIO, CINTOLO, CINTOLINO, CINTOLA.

Cintura è la voce più comune nell'uso.

Il *cingolo* è degli abiti sacerdotali, che oggi in Toscana chiamasi *cordiglio*. E *cingolo* ancora, degli abiti militari; ma in senso storico (1).

Militare, non sacerdotale, è il *cinto*. Dicesi poi: il cinto, non: la cintura di Venere.

Cintolo, cintolino quel delle calze.

Cintola, la parte del corpo dove l'uomo si cinge. Portare un oriuolo in cintola, diranno le donne; due pistole in cintola.

1026.

CINTOLINO, CINTURINO, LEGACCIOLO, LEGACCIO, CINTURA.

Cintolino è diminutivo di *cintolo*.

Il *legacciolo* (o *legaccio*, ch'è di suono men bello) è cintolo più semplice; un pezzo di spago può servir da legacciolo (2). Tale non è il cintolo o il cintolino elastico.

Cinturino è voce generica di qualunque cosa cinga o la vita, o la veste ai polsi, o i calzoni alle ginocchia, o le scarpe. Quando il cinturino è alla vita, differisce dalla *cintura* in quanto ogni abito ha il suo cinturino; ma la cintura si soprappone, o per meglio stringere la vita, com'usa le donne, o per tenere più raccolta la vesta, come soglion i preti.

1027-1029.

CINTURA, CINGHIATURA, FASCIA, FASCIATURA.
FASCETTA, FASCETTINA, FASCIOLINA, FASCETTINO.
FASCIARE, AFFASCIARE.

1027.

Cintura, Cinghiatura, Fascia, Fasciatura.

Cintura, quel giro di roba con cui la persona si cinge intorno; *cinghiatura*, parte del corpo del cavallo o d'altra bestia, dove si pone la cinghia (3).

— La *cintura* si suppone più stretta e più forte della *fascia*; la cintura stringe in un punto solo; la fasciatura talvolta ricopre, rinvolge. *Fasciatura* è anche l'atto e l'effetto del fasciare; significato che l'uso non attribuisce a *cintura*. — CAPPONI.

---

(1) Vedi FORCELLINI.
(2) Quel delle scarpe dicesi anco *legacciolo*, e nel plurale *legaccioli*. — A.
(3) Nell'uso antico, *cinghiare* valeva il generico *cingere*. Tale è cinto d'alloro o d'altro, che andrebbe cinghiato. Qui cade il motto di Luigi XIV a quel cortigiano che, viaggiando, avea imparato a *penser*. Il re, alludendo a *panser*, domandò: *les chevaux?* Ma il cortigiano poteva rispondergli: Maestà, cotesto vi tarebbe più comodo.

1028.

Fascetta, Fascettina, Fasciolina, Fascettino.

Fasciolina, diminutivo di *fascia*; *fascettino*, di *fascio*. Nessuno confonderà un fascettino d'erbe (1) con una fasciolina di pannicino.

Fascetta, nell'uso toscano, è quella che in luogo dell'antico busto portan oggi le donne, aperta di dietro, e con una stecca sul davanti, per reggersi meglio sulla persona; e il suo diminutivo sarà *fascettina*. Una piccola fascia per bambini, qui non si chiamerebbe *fascetta*, ma *fasciolina*; giacchè *fasciuola* non è più dell'uso. Le donne antiche non avevan bisogno di fascetta, e offrivano all'arte più be' modelli che le nostre non possano. Bellezza, forza e virtù son sorelle.

1029.

Fasciare, Affasciare.

— *Affasciare*, fare fascio, ridurre in fasci (2). *Fasciare*, circondare con fascia. Il primo non molto comune. — A.

1030-1031.

CIRCUIRE, CIRCONDARE, ACCERCHIARE, GIRARE, AGGIRARSI.

1030.

Aggirarsi, Girare.

— *Aggirarsi*, che in antico aveva uso attivo, ora l'ha intransitivo, ed è un girare qua e là; nè ha il semplice senso di volgere, com'ha *girare* ne' modi: girare gli occhi, la spada a tondo, e simili. Attivo, *aggirare* è affine a *ingannare*, e sotto questa rubrica non cade. — GATTI.

1031.

Girare, Circuire, Circondare, Accerchiare.

— *Girare* non indica moto circolare sempre e per l'appunto; *circuire*, piuttosto. Si può girare in su, in giù; si circuisce andando attorno. E *circuire* ha usi men varii.

Circondare non è propriamente andare attorno, ma cingere intorno, abbracciare intorno; non indica però sempre forma, nè giro circolare. *Accerchiare*, piuttosto. — ROMANI.

1032.

CIRCUIRE, CIRCONVENIRE.

Il primo è più comune nell'uso. Hanno senso affine a *ingannare* ambedue; ma il *circuire* ha più dell'ignobile. La seduzione, l'avarizia, l'adulazione circuiscono; la fina astuzia circonviene. Un principe è circuito da cortigiani malvagi; circonvenuto da un ambasciatore straniero.

Un'intera nazione può essere circonvenuta; non si dice che sia circuita (3). Il circonvenire, inoltre, può essere più aperto e più franco. Si può circonvenire, dichiarando lo scopo al quale si tende; chi circuisce è più astuto, come suol essere il cortigiano che ha più da arrossire. Si circonviene con aperte preghiere, con diretti consigli; si circuisce con suggestioni, con lusinghe, con lodi. Le donne si lasciano più facilmente circonvenire che circuire; gli uomini, viceversa. Perchè le donne

---

(1) LIB. CUR. MAL.: *Cogli la ruta, e fattone un fascettino, legalo con una bendella rossa.*
(2) SANNAZZARO: *I mietitor le biade affascino.*
(3) GUICCIARDINI: *Circonvenutolo spesso con varie arti, totalmente dal re di Spagna dipendea.*

sono accorte, ma deboli; gli uomini sono fermi, ma non veggono con occhio tanto sicuro l'artifizio e il pericolo.

1033—1034.

CIRCUIRE, Circonvenire, Aggirare, Raggirare, Rigirare.

Raggiro, Rigiro.

Raggiratore, Rigiratore.

1033.

Circuire, Circonvenire, Aggirare, Raggirare.

Aggirare è il più comune, dice più frode, e dice l'intento, almeno in parte, ottenuto. Chi *circonviene*, ronza quasi intorno; chi *circuisce*, vorrebbe circondare altrui di sè e delle sue arti, e togliergli ogni adito a conoscere il vero; chi *aggira* ha già cominciato a travolgere l'animo altrui o la mente. *Raggirare* è ancor più, e dicesi specialmente d'interessi, o di cose più sacre, che però gli uomini trattino quasi come interessi.

1034.

Raggiro, Rigiro.
Raggiratore, Rigiratore.
Raggirare, Rigirare.

— Uomo che sa rigirare il danaro, cioè, farlo fruttare; uomo che ha dei rigiri, cioè pratiche di donne per vizio. - Rigiro delle carrozze, corso in su e in giù; e parlando di un luogo stretto, si dice che: le carrozze non ci si rigirano. In una calca si sta tanto pigiati che non c'è modo di rigirarsi. In questi sensi *raggiro* non sta. Ma quando usiamo *rigiro* in senso di negoziato coperto, allora diventa più affine a *raggiro*. Se non che, il raggiro è più occulto, più imbrogliato, più tenebroso. La stessa differenza tra rigiratore e raggiratore. Il rigiratore, con la sua ciarla, colle sue manierine cerca d'abbindolarvi, e se siete gonzo vi dà a intendere bianco per nero; il raggiratore non procede così all'aperta, ma va preparando nelle tenebre le sue macchine. Si dice d'un ricco, ch'egli, com'egli, sarebbe buono; ma ha tanti favoriti intorno che lo rigirano a modo loro, sicchè non c'è da sperare di gran belle cose. *Rigirare* fa pensare a quella versatilità de' cortigiani, per cui la gente sa pigliare tutte le vie. Quindi, *rigiratore* ha il diminutivo *rigiratorello* (1), che l'altra voce, come più grave, non ammette. Il rigiratore, adunque, è più disinvolto; gli è un furfante aggraziato. *Raggiratore* ha sempre mal senso; *rigiratore* può, talvolta, averlo non tanto cattivo. — MEINI.

1035.

CITTADELLA, Cittadetta.

Quando il contesto del discorso è tale, che possa cader dubbio che il vocabolo *cittadella* sia in senso di fortezza, allora per indicare piccola città si dirà *cittadetta*, ancorchè la non sia voce comune nell'uso. C'è delle cittadette o fornite di cittadella o che son cittadella esse stesse. C'è qualche terra che con nome proprio chiamasi *Cittadella*.

1036—1038.

CITTADELLA, Castello, Rocca, Fortezza.

Castelletto, Castellina, Castelluccio.

1036.

Cittadella, Castello, Rocca, Fortezza.

— « *Rocca* tanto è dire, quanto luogo alto, che per la sua altezza è sicuro da nemici. » Il Buti. *Fortezza*, luogo cinto di forti mura per difendere sè dal nemico,

(1) Salvini.

in altura o in piano, in terra o in mare; d'ordinario, è più ampio della rocca. La fortezza può essere nella città, e può la città tutta essere una fortezza (1).

Cittadella, fortezza nella città, o vicino, e assai grande.

Castello, luogo chiuso e forte; e tanto si dice di paesetto cinto di mura, quanto di più edifizii, o d'un solo e bene munito.

Il castello è ad abitarsi, ordinariamente, più comodo, e può essere tutto consacrato ad uffici di pace. — ROMANI.

1037.

Castello, Fortezza, Rocca.

Può un *castello* non essere fortezza; può essere *fortezza* un'intera città.

Rocca, la torre del castello; la più alta e meglio difendibile della fortezza.

1038.

Castelletto, Castellina, Castelluccio.

Castelletto, piccolo castello, nel senso proprio della voce. C'è de'castelletti cui non si conviene il nome di *castellucci*. *Castelluccio*, castello di poco conto. *Castellina*, mucchio di tre nocciuoli con uno sopra, è gioco da fanciulli (2).

— Nel traslato, dicesi: far castellucci, assolutamente, e: far castellucci in aria, ch'è tutt'una. Più comunemente: far castelletti, e: far castelletti o castelli in aria, figurarsi nella mente cose impossibili o difficili ad avvenire. — MEINI.

1039.

CITTADINESCO, Civile.

— *Civile*, appartenente ad atti o a vita sociale, e non barbara; ovvero l'opposto di *militare*, d'*ecclesiastico* o di *criminale*. *Cittadinesco*, riguardante o somigliante i modi o i costumi degli abitanti in città. — ROMANI.

1040.

CITTADINO, Urbano.

Urbs riguardava la materiale convivenza degli uomini in luogo cinto di mura; *civitas*, la convivenza civile sotto le medesime leggi. Può essere *civitas*, senza *urbs*, ne'paesi poveri e sani di cuore. Può essere *urbs*, senza *civitas*, città senza cittadinanza; e ne'popoli ricchi ma corrotti è così. I costumi *urbani* sono contrapposti ai villici; i *cittadini*, agli eslegi e a'servili. La polizia urbana provvede alla materiale salubrità e decenza e bellezza della città; i diritti civici riguardano la sociale dignità della vita. Anco ne'paesi piccoli, e nelle terre, può essere urbanità vera. Non tutto quel ch'è cittadino, è urbano. È nel fare di certi cittadini un'urbanità prossima a villania. Così distinguevano i Greci πολίτης da ἀστικός.

1041—1043.

CIVILE, Cortese, Affabile.

Complimenti, Cerimonie.

Cerimonia, Cerimonie.

Cerimonioso, Complimentoso.

Malacreanza, Increanza.

Malcreato, Screanzato, Increante.

―――

(1) *Fortezza*, astratto di qualità, venne a indicare il luogo dotato di tale qualità; come nei vestiti, *fortezza* è la materia che serve a farli più sodi. Se forse quello non sia il plurale di *fortilitium*.

(2) Oggi invece di *castellina* dicono altresì *cappe*; come: giocare alle noci disposte a cappe; e in modo più spiccio: fare alle noci o a' nocciuoli di cappe. — MEINI.

1041.
Civile, Cortese, Affabile.

— *Affabile*, che si lascia parlare, e parla in modo umano ed amabile; *cortese*, che ha modi obbliganti e piacevoli, che dimostra le sue buone disposizioni e con parole e con fatti. E ha pure senso prossimo a *liberale*. — A.

— L'uomo *civile* rende a ciascuno le debite dimostrazioni d'onore; l'uomo *cortese* n'abbonda. La civiltà non sia importuna, nè la cortesia faccia pompa di sè. La civiltà è dovere; la cortesia, pregio. — GIRARD.

1042.
Complimenti, Cerimonie.
Cerimonia, Cerimonie.
Cerimonioso, Complimentoso.

Le *cerimonie* son più solenni, e, in molti casi, più serie. Nelle solennità ecclesiastiche e civili usa cerimonie che appartengono al rito, che rappresentano costumi o principii. *Complimento* non ha questo senso.

Anche in senso più famigliare la *cerimonia* ha più del grave. Le persone all'antica, certi preti, certi nobili, sono *cerimoniosi*; chi dicesse *complimentosi*, direbbe un po' meno. Tra i cerimoniosi ce n'è di sinceramente attaccati alle loro consuetudini, e che considerano quelle forme come buona moneta, rappresentante vera riverenza od affetto. Costoro convien compatirli, finchè se ne spenga la razza. I complimenti non son d'ordinario, tanto sinceri; si tengono come palliativo dell'interna indifferenza o disprezzo, come merce di cambio, con cui poter guadagnar qualcosa di più solido e meno fumoso.

E cerimonie e complimenti si fanno e con parole e con cenni; ma i secondi, per lo più, con parole; con atti le prime. Gl'inchini, i baciabassi, e simili dimostrazioni affettate, son più cerimonie che complimenti. Si dice una parola di congratulazione o di lode così per complimento; si fa un complimento; si mandano, per ambasciata, de' complimenti. *Cerimonia*, in questo rispetto, non ha mai senso sì buono (1).

Cerimonie, in senso di complimento, non ammette singolare. Quand'io dico: *la cerimonia*, intendo parlare d'un rito, d'un atto solenne. Diciamo: la cerimonia dello sposalizio; la cerimonia dell'incoronazione. In un atto pubblico, in una cerimonia, possono poi aver luogo più cerimonie.

Complimento, e nel plurale e nel singolare. *Complimentare* si dice; *cerimonia* non ha l'analogo derivato.

— I complimenti si fanno dall'uomo all'uomo; le cerimonie sono quell'apparecchio di solennità col quale si accompagnano gli atti esteriori. — CAPPONI.

1043.
Malacreanza, Increanza.
Malcreato, Screanzato, Increante.

Malacreanza è atto (2); *increanza*, atto ed abito: usar delle malecreanze e delle increanze. - Peccar d'increanza; non, di malacreanza. L'increanza, sovente, è quella che nota più volontieri le malecreanze altrui; la creanza, talvolta, consiste nel non ci badare. La vera creanza è virtù, e non leggiera, perchè ne suppone altre molte più grandi.

Malcreato è chi commette malecreanze, non solo per vizio d'educazione, ma per animo non gentile; *screanzato*, chi ne commette per mancanza d'educazione o per negligenza. *Increante* pare un po' meno; anche un solo atto non convenevole, potrà tirarvi addosso il titolo d'increante; per dare dello screanzato, par che si richiegga un po' più.

Malcreato, talvolta, ha senso più grave, affine a *malnato*; è della lingua scritta, ma strano non parmi (1).

1044.
CIVILE, INCIVILITO, RINCIVILITO.
CIVILTÀ, INCIVILIMENTO.

Incivilito dice talvolta soli i segni della civiltà, sovente ingannevoli; *civile* dice la civiltà vera e pratica, trapassata nelle leggi o (meglio) ne' costumi.

Non sempre i popoli più inciviliti sono i più civili; e ve n'è d'inciviliti ch'han costumi e leggi barbariche.

L'*incivilimento* può essere nelle cognizioni; la *civiltà* è negli animi e nelle consuetudini. L'incivilimento, talvolta, abusa delle qualità naturali; la civiltà lo previene, con l'equità delle istituzioni. Nei popoli civili, i costumi perfezionano le leggi e le compensano; nei popoli inciviliti, lo sforzo della civiltà è quasi tutto speso, talvolta, in eluder le leggi.

Gente scostumata si dirà *incivilita*, non mai *civile*. L'incivilimento molte volte è superficiale; è, per esempio, in Pietroburgo, dove civiltà vera non è.

Di persone parlando, le due voci hanno altro senso. La persona civile è di buona nascita, di buona educazione, e lo mostra alle azioni ed al tratto; l'incivilito, o (peggio) il *rincivilito*, è d'origine e d'animo ignobile, salito per caso più che per merito, e mostra nelle maniere il salto fatto, e il desiderio di far dimenticare l'origine sua.

1045.
CIVILTÀ', POLITEZZA.

— « La civiltà, scompagnata dalla virtù, è un liscio disteso sulla putredine, un artificiale bagliore che attrae ed incanta le luci dei fanciulli, ma che nessun solido bene racchiude e mantiene. La virtù è l'interno, il solido della civiltà, essa è la civiltà stessa.

» Si distingua dunque la *civiltà* dalla *politezza* de' popoli, e si conosca che questa non è che la vernice di quella e l'ultimo finimento; che si danno degli uomini e delle genti civili, e non ancora polite; e che si danno degli uomini e delle genti polite, e tuttavia non civili; che, come la virtù poteva essere praticata dagli uomini in tutti i tempi, in tutti i tempi poteva essere la civiltà; che la sola politezza esteriore è quella che richiede una lunga successione di secoli e di esperimenti a perfezionarsi, perchè solo col tempo si possono inventare e perfezionare le arti che soddisfanno ai comodi della vita; che la politezza soddisfà ai bisogni esteriori, ed ancora li crea, li moltiplica; ma che, all'incontro, la civiltà risponde ai supremi bisogni dell'intelligenza e della moralità. » — ROSMINI.

---

(1) CASA: *Sono le cerimonie una vana significazione d'onore e di riverenza verso colui a cui si fanno, posto ne' sembianti e nelle parole d'intorno a' titoli e alle profferte.*

(2) BUONARROTI: *Le malecreanze Che al mio paese omai fatta han tanto la presa.*

(1) DANTE: *Mal creata plebe* (dei traditori dannati). In questo senso ne farei due voci distinte.

1046—1048.

COLMO, Cima, Sommità, Sommo, Vertice, Fastigio, Comignolo, Pinnacolo, Apice, Punta, Cuspide, Cocuzzolo.

1046.

Colmo, Cima, Sommità, Vertice, Fastigio, Comignolo, Pinnacolo, Apice, Punta, Cuspide, Cocuzzolo.

— *Colmo*, tutto ciò che sovrasta in forma di figura conica alquanto depressa, tanto se l'interno del corpo sia pieno, quanto se vuoto. Se la forma conica o piramidale, o come che sia, d'un corpo si riguarda nell'estremità sua, dicesi *cima* (1).

Il punto ultimo della cima, ne' corpi di forma acuta, o non molto ottusa, è *vertice*; se più sottile, talvolta *apice*. E apice dicesi anco di piccoli oggetti. In lingua scientifica: il vertice degli angoli della piramide.

Sommità è il sommo punto d'un'altezza, qualunque forma ella s'abbia; *fastigio*, l'estremità d'un edifizio che sorge da larga base. Il fastigio è più largo del vertice, e ha forma più particolare della cima e del colmo.

Comignolo, la più alta parte dei tetti (2); ma, per similitudine, ha altri usi.

Pinnacolo, l'estrema punta in cui finivano antichi edifizii, specialmente templi (3).

Cuspide, propriamente, dell'asta; ma dicesi anco di piramide molto aguzza.

Cocuzzolo è, in senso proprio, la sommità del capo, e dicesi della parte superiore del cappello da uomo e da donna.

Punta differisce da *cima*, sì perché c'è delle cime che punte non sono, sì perché non ogni punta è in cima.

Nel traslato, *colmo* dice compimento, pienezza, anziché elevatezza; *cima* dice altezza; *sommità*, altezza ancora maggiore; *apice*, altezza insieme e sottigliezza, o sottigliezza soltanto. — A.

1047.

Sommità, Cima.

— *Sommità*, di tutto quello ch'è alto, in qualunque forma si termini. *Cima*, sommità più o meno acuta o degradante nell'alto. Anco i corpi non alti hanno cima. — ROUBAUD.

1048.

Sommo, Colmo.

Sommo, nel traslato, ha buon senso; *colmo* può averlo anche tristo, perché dice *misura*; e la misura può essere anco del male: per colmo di dolore, di vergogna; gloria, grandezza giunta al sommo. Quando *colmo* ha senso buono, dice meno di *sommo*; e può indicare termine di là del quale le cose, in luogo di crescere, decadono.

1049.

COLMO, Colmata, Colmatura.

Per colmo, Per giunta.

Colmata non è l'atto, in genere, del colmare, ma l'operazione del colmare le valli o altre parti concave del terreno; sgretolando, col mezzo dell'acqua ben diretta, le prominenze attigue, e così conducendo la terra, che l'acqua seco trascina, a riempiere le cavità sottoposte. Questa parola richiama al pensiero i begli scritti di Cosimo Ridolfi sulle colmate di monte.

Colmo è generico di qualunque sommità s'innalzi sopra un corpo e lo riempia o lo copra, sia una parte del corpo stesso, sia un composto o ripieno di materia estranea.

Colmatura, ben dice la Crusca, la parte di ciò ch'empie il vaso, la quale rimane sopra la bocca di quello (1). La colmatura, inoltre, non è un'altezza, come potrebbe essere il colmo, non una forma; ma è una parte di materia, quella che serve a riempiere affatto un recipiente. La colmata è un'operazione; la colmatura, una parte della materia; il colmo, un'altezza, un luogo, una forma (2). *Colmo* ha traslati ch'all'altre mancano (3).

1050.

COLOMBELLA, Colombina.

A colombella, A piombo.

Colombella non è della lingua parlata; ma nello stile più scelto può suonar meglio di *colombina*; ma nessuno potrebbe vaticinare i futuri destini di questa parola famigliare sì, ma gentile. *Colombina*, piccola e giovine colomba; e così chiamerassi una giovinetta pura e innocente. *Colombina*, usò il Firenzuola per celia, parlando d'amica. *Colombina*, a Firenze, il fuoco d'artifizio che acceso scorre sopra una corda, quasi volando come colomba, per andare a incendiare altri fuochi artifiziati in distanza. *Colombina*, inoltre, *fimus columbinus*; ed è voce, in Toscana, usitatissima.

Di sasso o altro dicesi *a colombella* quando cade giù a perpendicolo. Corpo gettato nell'aria e fatto cadere dall'alto in punto determinato, cade a colombella; traslato, forse preso dal volo diritto d'animale alato. Ma in questo modo riguardasi la precisione del moto; in *a piombo*, l'empito della forza di gravità.

1051.

COLOMBO, Palombo.

Palombo non ha più senso, oggidì, di colombo selvatico (4); ma così chiamasi un pesce della razza de' cani marini, che, per lo più, si fa lesso (5).

— Nel traslato, *palombo*, uomo grasso e mezzo addormentato, come sogliono essere i grassi disfatti. — A.

1052—1057.

COLORE, Colorito.

Colorare, Colorire.

Colorato, Colorito.

Imbellettato, Fucato.

Scolorare, Scolorire.

Scolorire, Stingere.

Scolorire, Smontare, Sbiadire.

Sbiadato, Sbiadito.

---

(1) COMPAGNI: *Cime delle torri.* - BOCCACCIO: *Degli alberi.* - CRESCENZIO: *Dell'onde.*
(2) CRESCENZIO: *A modo d'un comignolo di casa di paglia.*
(3) CAVALCA: *Condotto sul pinnacolo del tempio di Gerusalemme.* - MACHIAVELLI: *L'altissima sommità del tempio di S. Reparata fu da un fulmine con tanta furia percossa, che gran parte di quel pinnacolo rovinò.*

(1) BORGHINI: *La parola mezzo mostra che porti seco un po' più che la colmatura.*
(2) DANTE: *Colmo del ponte.* - BOCCACCIO: *Colmo d'una montagnetta.*
(3) Impudenza giunta al colmo; per colmo di dolore. E anco assolutamente *per colmo*, sottintendendo quello di che s'è già toccato: ed è più che *per giunta*.
(4) Latino, *palumbes*. In questo senso, oggidì, in più luoghi d'Italia, il femminino *palomba*. — A.
(5) REDI.

1052.
Colore, Colorito.

— *Colorito*, effetto che viene dalla forza e dalla qualità del *colore*, o dal misto di più colori contemperati e alternati. L'impressione ch'allora essi fanno sul senso, e quindi sul sentimento, distinta dalle particolari sensazioni di tale o tal colore, quest'è il colorito. Il colorito è a' colori quel che il numero a' suoni.

L'arte di ben temperare i colori diede a Tiziano il suo colorito mirabile. — BEAUZÉE.

1053.
Colorare, Colorire.
Colorato, Colorito.

La luce *colora* (1), il pittore *colorisce*. La bellezza del colorire dipende assai volte dalla qualità e virtù de' corpi che la natura ha vagamente colorati, e che il pittore sa poi contemprare con arte. *Coloritore* si dice, non coloratore. Il Repetti afferma che buoni coloritori ebbe la scuola senese, perché i naturali colori forniti dalle vicine montagne eran ottimi.

Colorito, participio, ha senso un po' diverso; anche d'oggetto ove l'arte non pose mano, dicesi ch'è ben colorito (2). Fiore, viso più o men colorito.

Colorato ha, per lo più, senso metaforico, e vale: ricoperto con simulazione o scusa o altra arte: quella donna che pare sì ingenua, sarà più trista dell'altre, perché saprà colorare le sue menzogne con sottile artifizio; non convien credere ben coloriti tutti que' visi che appariscono tali (3). Anche, *colorire* direbbesi del ricoprire con altro colore le intenzioni ed i fatti; e pare ch'abbia men tristo senso. In altro traslato dicesi: colorire con la parola i concetti e l'imagini, ch'è arte, non lecita solamente, ma debita.

1054.
Imbellettato, Fucato.

— *Fucato* è dell'uso letterario; e nel proprio non ha luogo; ma nel traslato è men forte dell'altro. *Imbellettato* tiene dell'implastro, *fucato* tien del dipinto: imbellettato lo stile del Roberti; fucato, del Bartoli. Fucata cortesia diremmo; non già imbellettata. — SCALVINI.

Un autore, ch'io non vo' additare di che scuola sia, disse, a lode, non a biasimo: *murice probitatis inficere*.

1055.
Scolorare, Scolorire.

Scolorare, attivamente, torre il colore; neutro passivo, perder il colore, che più comunemente diciamo *scolorire*. Anche attivamente, *scolorire* è più usuale. Poi, questo, colla uscita in *ire*, meglio accenna il principio o il progresso dell'azione; l'altro accenna azione più intera. Viso *scolorito* dal dolore, dalla .smania d'affetto prepotente, è più comune e più gentile a dire (parmi) che non *scolorato* (4). Scolorito dall'età, dalla morte;

un drappo scolorisce, è scolorito; non altrimenti. La poesia presceglie talvolta *scolorare*, sia per la differenza sopra accennata, sia perché questo in alcune sue uscite è più breve (1).

1056.
Scolorire, Stingere.

Stingere è più; è perdere la tinta e il colore. Cosa che scolorisce, può serbare traccia del colore che vien meno; se stinge, non ne serba nessuna, o quasi nessuna.

1057.
Scolorire, Smontare, Sbiadire.
Sbiadato, Sbiadito.

— *Smontare*, del colore che non tiene il suo primo fiore e vivezza (2); *sbiadire* è più; diventar di colore slavato, smorto. E qui si noti la differenza tra sbiadato e sbiadito: sbiadato è colore di natura sua poco appariscente, languido; sbiadito, smorto, ma diventato tale per alterazione patita. Talvolta però si confondono.

Nel traslato diremo: le correzioni minuziose possono scolorire lo stile. — Quel che è scritto non si stinge; modo vivo, per significare che bisogna badare a quel ch'uno scrive o firma. Certi scrittori, peraltro ingegnosi, hanno stile sbiadito, impotente, perché più badarono alla mente che al cuore. — MEINI.

1058.
COLORE, TONO, TINTA.

— *Tono*, intensità d'un colore o d'un effetto di chiaroscuro; in una stampa il tono debole o vigoroso sorge dall'intensità maggiore del nero o del bianco. Il *tono* risulta dalla tinta generale dell'opera; e perciò non dee confondersi col *colore*, né colla *tinta* propriamente detta, perché non è se non l'intensità dell'accordo, l'effetto della tinta. — L. BOSSI.

1059—1064.
COLPIRE, COLPEGGIARE.
BACCHIARE, ABBACCHIARE, ABBATACCHIARE, SBATACCHIARE, SBACCHIARE, SCHIAFFARE, BATACCHIARE, SBATTERE.
SBATTERE, DIBATTERE, SCIAGUATTARE, SCIABORDARE.

1059.
Colpire, Colpeggiare.

— *Colpeggiare*, dar molti e frequenti colpi, e non sempre forti; però è assoluto. L'altro, e sta da sé e si congiunge con altri casi; colpire *il, in*. — MEINI.

1060.
Abbacchiare, Bacchiare.

S'abbacchia un frutto sull'albero, acciocché caschi, battendo con un bacchio sui rami (3). Il Giornale Agrario

---

(1) GUIDO GIUDICE: *Mandava fuori fummo, e colorava l'...aere di.... vermiglio*.
(2) M. ALDOBR.: *Pratora belle, e colorite di fiori*.
(3) BOCCACCIO: *Con varie cagioni colorando l'andate* (cioè trovando scuse del frequente passare dalla casa dell'amata donna). — BERNI: *Fu questa cosa sì ben colorata Dal.... Che 'l conte appunto ogni cosa gli crede*. Così diciamo: *sotto colore di...*; e in alcuni casi corrisponde al χρῶμα de' retori greci, e al *color* de' Latini.
(4) TASSO: *Faccia scolorita*. - BERNI: *Viso*.

---

(1) PETRARCA: *Era il giorno che 'l sol si scoloraro Per la pietà del suo Fattore i rai*. - *Amor m'assale, ond'io mi discoloro*. - *Discolorare e discolorire* non sono parlati. - DANTE: *Gli occhi ci sospinse Quella lettura, e scoloroccì 'l viso*. - *Scoloricci* faceva mal suono.
(2) BARTOLI: *La lana vergine tinta scarlatto in grana, più non ismonta*. - È dell'uso.
(3) Da bacchio, *baculus*. Nota il signor Bastianello che, in Toscana, *abbacchiare* dicesi delle frutta col mollo; dell'altre, *bacchiare e abbatacchiare*. In qual parte di Toscana, non so, ma certo *abbacchiare* dicesi delle ulive altresì; e *abbatacchiare* ha uso più generale. Nè so se sarebbe distinzione a capriccio il porre che *bacchiare* sia l'atto del percuotere con bacchio rami o altro; *abbacchiare*, del gettar giù, dando sui rami, le frutte. Se ciò fosse, potrebbesi bacchiare senza abbacchiare; potrebbesi bacchiar di molto e abbacchiare poco.

toscano dimostra i danni dell'abbacchiare le ulive, flagellando gli alberi per risparmio di cure e di tempo; onde le scosse, le fratture, le contusioni, le escoriazioni; sì che il danno dell'abbacchiatura si stende talvolta a un triennio.

Abbacchiato, traslatamente, chi cade di morte immatura (1); e *abbacchiare* (più comunemente *bacchiare*), o *fare un abbacchio*, vale: vender per vil prezzo e a rotta le cose, quasi frutta che gettasi a terra, senza riguardo alla sua maturità e all'utile maggiore che se ne potrebbe avere poi.

Abbacchio dicono a Lucca l'agnello da vendere, quasi: abbacchiato innanzi tempo.

Bacchiare è anch'esso dell'uso, ma non ha, nella lingua parlata, tutti i traslati e derivati dell'altro. Ben dicesi: fare o parlare al bacchio (2); dare al bacchio, cioè dare senza sapere a chi, né come si dà; in un bacchio baleno, in un lampo; ma questi sono significati lontani dalla idea d'*abbacchio*.

1061.
Abbatacchiare, Sbatacchiare, Abbacchiare, Sbacchiare, Schiaffare.

Tra *abbatacchiare* (3) e *sbatacchiare* (4), la differenza par questa: che il primo (non molto usitato però) si fa d'un colpo solo, gettando o a terra o contro il muro o in qualunque altro modo, checchessia; il secondo, d'ordinario, con più colpi, percuotendo il corpo che si sbatacchia alla terra o altrove, dimenandolo, urtandolo in qua e in là (5).

Si sbatacchia anche non volendo, o per necessità: il vento sbatacchia una finestra. Si sbacchia deliberatamente, per dispregio, per rabbia. Sbacchiar qualche cosa nel viso, diremo, meglio che, sbatacchiare; e in questo senso *schiaffare* è ancora più forte. Ma trivialmente dicono: qui ci schiaffo un quadro, una tenda, intendendo: ce la metto. E certi scrittori davvero schiaffano prose, versi, eleganze.

L'*abbacchiare*, nel proprio, conviene quasi unicamente alle frutte; lo *sbatacchiare*, l'*abbatacchiare*, lo *sbacchiare*, a qualunque altra cosa. I traslati d'*abbacchiare*, gli altri verbi non li hanno. L'*abbatacchiare*, d'ordinario, si fa percuotendo; l'*abbacchiare*, battendo perché il corpo caschi; lo *sbatacchiare*, urtando, dimenando; lo *sbacchiare*, slanciando.

1062.
Batacchiare, Sbattere.

Batacchiare è anch'esso usitato, e vale semplicemente: percuotere (6); e *batacchiata* è percossa (7). Il *batacchio* dicesi oggidì quel della campana, ma per estensione, piuttosto che in senso proprio.

Per conoscere la differenza di questi vocaboli che pajono tutti una medesima cosa, basta notare che nel più de' casi non è lecito lo scambiarli, e che nessuno direbbe: sbacchiar l'uscio, ma sbatacchiarlo, nè: batacchiare un frutto, ma, abbacchiarlo; nè: abbacchiare una cosa in faccia, ma, sbacchiarla; nè: bacchiare una cosa gettandola in terra, ma, abbatacchiarla, e così discorrendo. Molti ingegni in certa guisa sbatacchiati dall'impeto delle umane vicende, cadono innanzi tempo abbacchiati; ma quelli che resistono all'urto raddoppiano vigore e vita.

Sbattere non è il medesimo che *sbatacchiare*. Sbattonsi le uova, non si sbatacchiano, se non forse scuotendo il vaso che le contiene. Si sbatacchia una imposta, non si sbatte (1). Negli altri usi di *sbattere*, dalla Crusca notati, sbatter l'ali, la coda, lo sbattimento è sempre men forte dello sbatacchio. Quando poi diciamo: occhi sbattuti, cioè languenti (2) e tristi; viso sbattuto, cioè pallido e di male, la differenza è più evidente che mai.

1063.
Sbattere, Dibattere, Sciaguattare.

Dibattere s'usava in senso di *sbattere*; ma giova attenersi all'uso di scrittori stimabili e della lingua parlata, che *sbattere* dicono d'uova, o d'altra materia, parte liquida e parte solida, che con lo sbattimento s'agiti e si mescoli insieme (3).

Dibattere dicesi, propriamente, degli animali quando s'agitano in vario modo. Un animale si dibatte, o per dolore, o per inquietudine, o per volersene fuggir via. Negli uccelli altro è sbatter l'ale, altro è il dibatterle: si sbattono sempre nel medesimo verso d'alto in basso; si dibattono in varie maniere e per vario fine (4).

Sciaguattare è de' liquidi, quando si diguazzano ne' vasi non affatto pieni, scuotendo il vaso stesso, o scommovendo il liquido con la mano, o in qualunque sia modo (5). Si sciaguattano, inoltre, i panni nell'acqua per pulirli, diguazzandoli e insieme battendoli un poco (6).

1064.
Sciaguattare, Sciabordare.

— Si *sciaguatta* con men forza che non si sciaborda. *Sciabordare* non è della Crusca, ma lo trovo nel Vocabolario di Padova; ed è comune nelle campagne fiorentine e in Firenze.

I tintori, i lanajuoli sciabordano un panno, sbattendolo di forza in un truogolo, in un fiume, o per levargli il ranno, o per ismontarne un poco il colore soverchio; in questo senso è voce tecnica. Agitando un fiasco, si sciaguatta e si sciaborda il vino che v'è dentro; ma *sciabordare*, ripeto, è più forte. — MEINI.

---

(1) Il Davanzati in senso simile usa *bacchiare*; l'altro è più comune.
(2) V. *Fanfera*.
(3) BERNI.
(4) Scriverli con sola una *t* ha ragione nell'origine *batuere*; onde *battaglio* e *batacchio*, come *sbatacchiare* e *battere*, come *anello* e *annulare*.
(5) DAVANZATI: *Con le spade ignude s'avventano a' centurioni e per terra li sbatacchiano.* — BUONARROTI: *Chiappole per le code, le sbatacchio Per quegli scogli...* (qui non cadrebbe nè *abbatacchiare* nè *sbacchiare* nè altro).
(6) SACCHETTI: *Quando sentono la mazza, pigliano le loro, e cominciansi a batacchiare.*
(7) PULCI: *Toccò più d'una batacchiata.* — SACCHETTI: *Con la bracciajuola gli diede una grande batacchiata sulle spalle.*

---

(1) V. *Dibattere*.
(2) FIRENZUOLA.
(3) SODERINI: *Piglia l'albume di tre uova..., avendole sbattute prima, sicché facciano la schiuma.* - TESOR. POV.: *Albume d'uova bene sbattuto.* - SODERINI: *Intridendo una poltiglia col loto della fornace ben pesto e sbattuto.* - GAZZERI: *Panna agitata e sbattuta.*
(4) LATINI: *Quando de' piovere; le cornacchie fanno un grande sbatter d'ali.* - POLIZIANO: *Sbatton le code..... i fier leon.*
(5) Il liquido si sciaguatta scuotendo il vaso; si sbatte tenendo il vaso fermo, e agitando il liquido stesso un po' più forte.
(6) LIPPI: *Si sciaguatta i calzoni in quella gora.*

1065—1068.

COLPIRE, DARE.
  DARE, DAR DENTRO.
  DARE, DARE ADDOSSO.
  DÀGLI, DÀGLI DÀGLI.
  DARE, BATTERE (del sole).
  RIFLETTERE, RIPERCUOTERE.
  PICCHIARE, ZOMBARE.

1065.
Colpire, Dare.
Dare, Dar dentro.
Dare, Dare addosso.
Dàgli, Dàgli dàgli.

Non pare bello che *dare* valga *colpire*; ma peggio il francese *donner*; se non che i colpi anche essi, chi voglia, posson essere dono.

In questo senso, *dare* ha doppio uso. Dannosi busse, percosse, e simili complimenti; se ne danno, le si danno, sottinteso il sostantivo, facile a sottintendere per la frequenza d'atti tali, de' quali è fitta la storia privata e pubblica.

Tanta è la notorietà della cerimonia, appartenente davvero alla storia universale, che può tralasciarsi financo l'articolo; e chi dice: gli ha dato, ti do, è inteso a meraviglia (1). Così assoluto, è più risoluto, ma con esercizio appunto d'assoluta signoria; così secco, è cosa più grossa.

Dare, senz'altro, vale spesso: picchiare di molto. Si dà a uno in tale o tal parte del corpo, senza prendere la mira dove si voglia colpire, ma qualcosa si colpisce (2).

Quindi l'altro uso di *dare*, del cogliere in un punto: dare in pieno, in fallo. In questo senso, anco le cose danno; e non solo per colpire o per nuocere, ma semplicemente per cogliere, e anco per giovare o piacere.

Dar dentro, è più. Si può cogliere o colpire da un lato, in pelle in pelle, senza dar nel mezzo e dentro. Questo, poi, ha altro senso quando diciamo: dà dentro nella rete, o simile, e per ellissi: ci ha dato dentro, e in questo o nell'altro senso.

Dare addosso ha pure la sua differenza. Si può dare addosso facendo l'atto, dimostrando l'intenzione, senza ottenere l'effetto. Si dà addosso a persone, o ad oggetti che figurinsi come persone. Così: dàgli addosso, è meno efficace del semplice *dàgli*; esclamazione d'invettiva troppo nota. E ripetesi, *Dàgli dàgli!* Dàgli al cane che è rabbioso!

E ha uso più generale e ben distinto, quando diciamo: e *dàgli!* per mostrare impazienza di cosa ripetuta da altri (3). Dàgli, dàgli, due volte, suona: a rifare il medesimo, se ne ha tale o tale effetto: dàgli, dàgli, la forza abusata si fa fiacchezza, e l'astuzia dabbenaggine.

1066.
Dare, Battere (del sole).

Tanto diciamo d'un luogo, che *ci dà*, quanto che *ci batte* il sole; ma il secondo si dirà meglio di vibrazione più diretta e continua. Il riflesso del sole non è, propriamente, un battere del sole; nè in luogo dove il sole dà un po' sull'aurora, e sulla sera, si dirà ch'el ci batte.

---

(1) SACCHETTI: *La saetta dà a un uomo e uccidelo.*
(2) DANTE: *Glie ne diè cento, e non sentì le dieci.*
(3) In senso simile dicesi: e due! - e cinque! - e dodici! - secondo che cade o che frutta.

Colpo di sole, cioè il male stare che viene dall'essere per alcun tempo rimasti sotto il sole, non mi pare modo improprio; e rammenta le frecce d'Apollo e di Diana, e le *saette conte* nel secondo del Purgatorio, men bello che il lucreziano *Lucida tela dici*. Più bello ancora in Ennio: *Candida se radiis dedit icta foras lux.*

1067.
Riflettere, Ripercuotere.

— Di luce, il secondo denota luce più viva, riflessione più forte. Tutti i colori son riflessi di luce; ma il corpo che la ripercuote, la riflette o tutta, o i raggi più potenti sul senso. — ROMANI.

— *Riflettere* dicesi de' raggi, quand'urtano in corpo terso e solido che li rimanda; *ripercuotere* ha usi più varii; dice in certa guisa la reazione del corpo percosso sul percotente. — VOLPICELLA.

1068.
Picchiare, Zombare.

Zombare è picchiare non leggero, con rumore, per ira, e non senza voglia di far sentire il dolore. La zombata è ancora più delle busse; nè dicesi di ciascun colpo da sè, ma dell'insieme di tutte le busse.

Il marito zomba la moglie, il capo-mastro il garzone, due monelli si zombano nella strada; ma il padre e la madre, se non siano snaturati, il maestro, se non sia un aguzzino, non zombano. Due ragazzetti si possono picchiare, o anco bussare insieme; zombata quella non è. L'uso è insegnato dal suono che rima con *piomba*, con *romba*.

1069—1081.

COLPO, PERCOSSA, BATTITURA, BUSSA, PACCA, BOTTA, BOTTO, BOTTATA, PICCHIO, PICCHIATA.
  COLPETTO, COLPETTINO, PACCHETTA, PACCHINA, PACCHETTINA, PICCHIETTINO, PICCHIOTTOLO, PICCHIOTTOLINO, MARTELLO, BATTENTE.
  BATTERE, BUSSARE.
  BUSSA, BUSSE, BUSSO, BUSSAMENTO, BUSSATA, BUSSATURA, PICCHIATINA.
  PERCUOTERE, URTARE.
  URTARE, SPINGERE, IMPELLERE.
  IMPULSIONE, IMPULSO.
  SPINGERE, SOSPINGERE, RESPINGERE.
  URTARE, DAR DENTRO.
  DI COLPO, DI BOTTO, BOTTO BOTTO, TOCCO, RINTOCCO.
  UN TOCCO, IL TOCCO.
  FORBOTTARE, ABBALLOTTARE, SORBOTTARE.
  DARE, SONARE (le ore).
  BATACCHIO, BATTAGLIO, BATTENTE.

1069.
Pacca, Botta, Bottata.

Pacca è famigliare, e l'ha il toscano con altri dialetti (1); esprime, d'ordinario, colpo alquanto sensibile. Quindi, nel traslato: aver le pacche, vale: rimaner vinto, sfrattato. E: dar le pacche, usano i Toscani, per: cacciar via, vincere, sgarare. Nelle guerre napoleoniche, un uomo aveva o dava le pacche; migliaja d'uomini, per darle, morivano. Si danno le pacche, una pacca, una pacchettina, una pacchina, sul dosso, sul viso, sul capo, in qualunque parte del corpo.

---

(1) LIPPI.

Botta è più generale. Si danno le pacche a persona vivente, e persona le riceve; si dà una botta anco in corpo inanimato; si riceve una botta urtando forte in sasso, in uscio od in altro. La botta par ch'abbia non so che più pronto, più istantaneo (1): in una botta ammazzare, ammaccare, stroncare (2).

Il sovrapposto esempio dice che la botta suol essere più grave che la pacca: questa si può dar per celia; e anco davvero, può essere più lo strepito che il pericolo. La botta può essere reciproca di persone o cose che s'urtino (3); le pacche, chi le dà e chi le riceve.

Nel traslato, *botta* è molto pungente. I Toscani dicon anche *bottata*; ma la bottata è un rimprovero, un raffaccio; la botta può essere un'offesa, e anco uno scherzo. Quindi: botta risposta, replica pronta, non solo ad insulto, ma a celia, o a discussione qualunque sia. La smania delle botte risposte è più pruriginosa in chi ha meno spirito.

1070.
Bussa, Botta, Battitura.
Battere, Bussare.

Bussa è ancor più generale di *botta*. Voi bussate a un uscio che v'aprano (4); e bussate un ragazzo insolente; e vi bussate con un altro, il quale con una botta vi fa di molto male, e dal quale in ultimo avrete le pacche (5). I corpi inanimati non bussano però, né si bussano.

Botta ha singolare e plurale: una bussa, non si direbbe; bensì: una bussata. E di grave malattia e grave perdita, diciamo: avere una buona bussata.

La botta può darsi non volendo; le busse son sempre date per nuocere (6), o almeno per correggere.

Averne (7), toccarne, delle busse, sottomettervisi (8); curar le busse, temerle; aver busse e corna, cioè, perderla da tutte le parti; modi che *botta* non ha.

Battere è più generale di *bussare*; ma *battitura* non ha tutti i sensi del verbo. E perché più generale, sta bene nel Maestruzzo: « Colui che batte il cherico, è iscomunicato, imperciocché cotali busse, avvegnaché non sieno violente, è nondimeno cosa ingiuriosa. »

Si batte in campo un nemico, o nell'arena letteraria (in tutti i sensi arena), un avversario. Ma speriamo che se la pace universale non vuol venire pe' re, venga almeno per i letterati.

E anche nel proprio, il dar delle spinte, il gettare a terra con uno spunzone, può chiamarsi *bussare*, non *battere*.

Essere battuto, e simili, assolutamente, son più comuni che: esser bussato, e altri tali (9).

Battere col remo, con la sferza (10), col bastone (11); più comune assai che: bussare. Ma: avere, toccar le busse, meglio che le battiture. Almeno è più spedito e più d'uso.

---

(1) BERNI: *Si diero una gran botta tanto presta...*
(2) ARIOSTO: *Trenta n'uccise: e furo in tutto diece Botte...*
(3) MAGALOTTI.
(4) LIB. VANGELI; SACCHETTI.
(5) CIRIFFO CALVANEO.
(6) BOCCACCIO: *Diedergli tante busse che tutto il ruppero.*
(7) CRON. MORELLI: *Come dal suo maestro avesse avuto busse.*
(8) MAESTRUZZO.
(9) BOCCACCIO: *Conosciuto 'l suo inganno, è battuto e poi preso.* — *Minacciògli forte di batterti, se...*
(10) DANTE.
(11) G. VILLANI.

Si battono, non si bussano, cose inanimate, il ferro (1); la lana (2), il grano (3); si batte il fuoco (4); batte il sole in un luogo (5). La batte (6) in due o tre minuti (di differenza). Vediamo dove costui vuol battere (7) (a che tende). Battere il tacco (8), e: battersela (9), per: andarsene; battere la capata, morire; battere il pallone, giuocando; battere i denti per freddo (10); battere una fortezza, una torre (11); batter la cassa, far sonare il tamburo; battere il ceppo, che fanno i bambini a Natale, perché n'esca qualcosa; batter l'ali (12); battere del polso (13); batter d'occhi (14); batter moneta; battere una cosa ad altri nel viso (scagliargliela (15), o nel traslato, rimproverargliela); battere il tempo, in senso musicale (16): modi tutti dell'uso, non proprii a *bussare*.

Due si battono in duello, in campo (17); si dan delle busse in una rissa, senza le solite cerimonie guerriere, che, per la gran potenza delle cerimonie, sono arrivate a nobilitare una delle più prosaiche cose del mondo, la guerra.

Uno si batte la testa, il viso, il petto; queste non sono né busse né pacche. Le molto forti son botte. Ma coloro che in chiesa si battono il petto, sanno farle sonare quelle battute, senza farsi gran male.

1071.
Bussa, Busse, Busso, Bussamento, Bussata,
Bussatina, Picchiatina.

Busso viene da *pulso*, onde fratello carnale d'*impulso* e di *polso*; e la *repulsione* è una delle loro sorelle. E perché il sospingere si fa, per lo più, con rumore; e però *busso*, che non è morto in Toscana, vale rumore anco di corpi inanimati (18). Un busso alla porta è più d'un picchio.

La *bussa* è colpo che si dà, o almeno ricevesi, da persona. Dico ricevesi, perché anco un corpo che ci urti, o cada sopra, direbbesi che dia una bussa, mi pare. Le *busse* son sempre di persona a persona, per far male, o almeno per avvilire, che è peggio; ma possono non essere forti come le *pacche*. Aver le busse è traslato di qualsia perdita.

Bussamento è l'atto del bussare, del battere con rumore, atto anche continuato; ma direbbesi piuttosto di cose. *Bussata*, quando non s'intenda d'uscio o di porta, e vale il bussare notabile per veemenza e continuità, pare che accenni meglio a persone. Toccare una

---

(1) VITE PLUTARCO.
(2) BOCCACCIO.
(3) BOCCACCIO; BUONARROTI.
(4) LASCA; LIPPI.
(5) MAGALOTTI.
(6) ALAMANNI.
(7) LIPPI; SALVINI.
(8) LIPPI.
(9) BUONARROTI; LIPPI.
(10) BOCCACCIO.
(11) BEMBO; DAVANZATI; TASSO.
(12) PETRARCA; DANTE.
(13) BOCCACCIO; ALAMANNI.
(14) PETRARCA.
(15) VARCHI.
(16) FIRENZUOLA.
(17) LIPPI.
(18) Oltre agli esempi che n'ha la Crusca, ci sarebbe questo del Sacchetti, nei Sermoni: *Uno va a caccia e sente un busso in un cespuglio; crede sia o lepre o cavriolo, tira l'arco e saetta.*

buona bussata; è, traslatamente, per danno non leggero o di sanità o d'interessi. *Bussatina* parrebbe diminutivo che attenua in apparenza, per significare, quasi ironicamente, il contrario. *Picchiatina* è piuttosto semplice diminutivo.

1072.
Colpo, Percossa, Botta.

Si batte e forte e piano, e a buon fine e a cattivo; percuotesi sempre con certa forza, sovente con ira. Boccaccio: « Presa una pietra, con troppo maggior colpi che prima, fieramente cominciò a percuoter la porta. »

Si colpisce, dice il Romani, in un determinato luogo: con un sasso colpir nella testa, colpir con la spada nel cuore. La botta può essere l'effetto del colpo della percossa, della battitura.

L'Ariosto: « Sull'elmo in guisa percotea, Che lo potea stordire all'altra botta. » Non tutte le percosse son botte e fanno botta, ma quelle che colgono in pieno.

Percuotono anche corpi insensibili. Nave percossa dall'onde (1); albero, dalla scure; quercia, dal fulmine (2); luogo, dai venti (3); aria, dall'impulso eccitatore del moto e del suono (4). La nave percuote allo scoglio (5), nello scoglio. Cetra dolcemente percossa da mano maestra (6); ma quest'ultimo è modo poetico. Un suono forte percuote gli orecchi (7); gli occhi sono da troppa viva luce percossi (8); la luce viva, il calore percuote i corpi (9); un dolore percuote chi ne soffre (10): traslati non comuni nella lingua che si parla, ma belli. Iddio percuote l'uomo di piaga, di dolore, di cecità; modo biblico. Nè improprio sarebbe dire: percosso di grave ferita (11), d'amore (12), d'affanno (13), da grave calamità (14).

Colpo non è solamente percossa; può essere battitura e ferita. Si ferisce anco d'una botta; ma il *colpo* dice meglio l'atto del dar la botta, che l'effetto di quella. Poi, da *colpo*, si fa *colpire*; derivato che *botta* non ha. E si colpisce anco con strale, coltello, stile (15); botte non sono queste; senonchè d'un duello o simile affronto, dicesi: dare, parare la botta. Anco un animale può colpire con la coda velenosa, col corno, coll'ugna (16).

Si colpisce per l'appunto nel luogo che si mirava (17). Onde, nel traslato: colpire nel segno (18), nell'intenzione altrui. La botta è più piena, non tanto esatta: colpo mortale, colpo da maestro (1); non: botta mortale, maestra. Colpo d'eloquenza; discorso che fa colpo; colpo che percuote Stato, città, famiglia (2). Colpo di fulmine, d'accidente. - Fare un bel colpo, ottenere (3) comechessia una vittoria, un guadagno; condurre a buon fine una cosa. Tanto è vero che l'idea del proprio utile si congiunge spessissimo a quella dell'altrui danno.

I proverbii: dare un colpo al cerchio e uno alla botte (4); al primo colpo non cade l'albero (5); render colpo per colpo (6), son tutti usitati, nè altro ci si suol mettere in vece.

Di primo colpo, alla prima (7); a un colpo, tutt'insieme (8); di colpo, sull'atto (9); modi vivissimi.

1073.
Percuotere, Urtare.

— L'urto può essere e più e men leggero della *percossa*. Poi, quando traslatamente diciamo: urtare un'opinione, essere in urto con qualcuno, e simili; quivi non cade *percuotere*. — ROMANI.

1074.
Urtare, Spingere, Impellere.
Impulsione, Impulso.

— *Urtare*, attivo, è: spinger di forza; intransitivo: dar dentro di forza. *Impellere* è meno d'*urtare*, e talvolta meno di *spingere*. Può l'*impulsione* essere tenuissima. Ogni comunicazione di moto è *impulso*. *Impellere*, verbo, ha uso rado; *impulsione* ha senso, ordinariamente, corporeo; *impulso*, e corporeo e morale. — GATTI.

1075.
Spingere, Sospingere, Respingere.

— Si spinge innanzi, indietro, in ogni verso. *Spingere* comprende e il *sospingere* e il *respingere*; e quel che i Latini dicevano *impingere*, e quello che *pingere* i trecentisti, e in Toscana il popolo tuttavia. *Sospingere* è, più comunemente, lo spingere innanzi. Lo spingere può essere leggero; il sospingere è più forte, e dà movimento non tanto breve. — A.

1076.
Urtare, Dar dentro.

— Si può *dar dentro* con meno forza; poi, si dà dentro, propriamente, in cose che abbiano sinuosità, abbiano una parte da potersi dire interiore; si *urta* anche in superficie liscia e perpendicolare. Diremo: urtare in una parete; dar dentro in un laccio. — A.

— Si può urtare, e passar via; *dar dentro* suppone inciampo più forte.

Dar dentro vale anche, in traslato, cogliere nel segno. Chi s'appone d'una cosa, o delle cagioni d'una cosa, dirà: ci ho dato dentro. — CAPPONI.

---

(1) PETRARCA. - PROPERZIO: *Cymba percussa procellâ.*
(2) CICERONE; SILIO.
(3) GIAMBONI.
(4) GELLIO: *Non percussus aër, sed plaga ipsa atque percussio vox est.* - OVIDIO: *Aër percussus pennis.*
(5) BOCCACCIO; DANTE.
(6) OVIDIO: *Percussam saxa sequuta lyram.*
(7) DANTE; PROPERZIO; SENECA.
(8) DANTE; SENECA.
(9) OVIDIO: *Percussus solibus arcus* (l'iride).
(10) CASA: *Le chiragre, che par mi percuotano più volentieri le dita che alcun'altra parte.*
(11) PROPERZIO.
(12) ORAZIO.
(13) SILIO; VAL. FLACCO.
(14) CICERONE.
(15) OVIDIO: *La timida mano alzò il coltello per te colpire.*
(16) REDI: *Gli animali colpiti da quello scorpione.*
(17) ARIOSTO: *Colpiscelo il danese a mezzo il petto.*
(18) STOR. SEMIFONTE.

---

(1) FIRENZUOLA; VARCHI.
(2) COMPAGNI: *Il quale colpo fu la distruzione della nostra città.*
(3) FIRENZUOLA.
(4) GELLI.
(5) BOCCACCIO; CECCHI.
(6) BOCCACCIO.
(7) CECCHI.
(8) SEN. PIST.: *Acquista tutti i beni a un colpo.*
(9) DANTE: *Di che ciascun, di colpo, fu compunto.* - DAVANZATI: *Tronchi la guerra di colpo.*

1077.
Di colpo, Di botto, Botto botto.
Botto, Tocco, Rintocco.

Affine a *di colpo* è *di botto*; ma questo secondo, più propriamente, dicesi di cosa che colpisca men forte: risponder di botto, ferire di colpo; partir di botto, di colpo cadere; aprire di botto, chiuder di colpo. Insomma, *di botto* denota meglio subitaneità meno veemente e men dispiacevole (1). Gli usi si scambiano, ma non sarà male tenerli distinti.

Botto botto vale: spesse volte; denota atto ripetuto con certa frequenza. Botto botto vincere delle partite, l'una cioè dopo l'altra (2).

Fuori di questi due usi, altri non ne ha di viventi la voce *botto*; chè nel senso di percossa o di colpo è antiquato. In alcuni dialetti, *botto* chiamasi il tocco dell'orologio pubblico che suona l'ore. Ma *tocco* è la voce più propria; e l'atto del risuonar le ore la seconda volta, è *rintocco*. Quando dicesi il *tocco*, senz'altro, intendesi l'un'ora dopo il mezzogiorno. Altro è, dunque, che suoni il tocco, altro è che la campana, foss'anco quella dell'oriuolo, dia un tocco.

1078.
Colpo, Picchio, Picchiata,
Colpetto, Colpettino, Pacchina, Pacchettina,
Picchiettino, Picchiottolo, Picchiottolino, Martello, Battente.

Il colpo che si dà agli usci, per farsi aprire, è *picchio* (3): un picchio, due picchi, un *picchiettino*.

E qui noterò che, delle voci spiegate, colpo ha per diminutivo *colpetto, colpettino*; pacca ha *pacchina, pacchettina*, e più famigliare, anzi di cosa; le altre, nulla. Ma *pacchina* può valere pacca non tanto leggiera; come, in senso simile, famigliarmente suol dirsi: fare un bel colpetto, massimamente di cosa che riesca a bene dove non abbia luogo l'altrui nocumento. *Colpettino* non ha questo senso.

In senso di: battere all'uscio, diciamo anco: bussare, ma può esser più forte; e si bussa anche con mano o con pugno. Si picchia collo strumento di ferro, che diesi martello, battente, picchiottolo, picchiottolino; o con le nocca delle dita (4). Nè di un picchiettino leggero si dirà propriamente ch'è stato bussato.

Ma *picchiare* non significa solamente: battere all'uscio. Picchiarsi il petto, diciamo, per lo più, di coloro che lo fanno in chiesa, per farsi vedere e credere pieni di compunzione e di religioso fervore (5).

Picchiare, inoltre, vale: dar colpi, busse; ma la *picchiata* pare, d'ordinario, men forte. Si picchia un ragazzo anco dandogli leggermente con mano.

E *picchiata* (6), giova notarlo, è l'atto di dar colpi più o meno leggeri: *picchio* è l'atto del battere all'uscio, per farsi aprire; o l'atto di picchiare nel muro o in terra con colpi ripetuti una cosa, acciocchè vi rimanga confitta (1). Altro è, dunque, dare una buona picchiata a un ragazzo; altro è dare un picchio a un uscio. Altro è sentire i picchi fatti nel muro da chi vi batte qualcosa, altro è sentir la picchiata ch'altri fa sulle spalle altrui.

1079.
Abballottare, Forbottare, Sorbottare.

— Nell'uso odierno, più comunemente che *forbottare* uno, dicono *sorbottarlo*, cioè: picchiarlo, percuoterlo. È voce, come ognun vede, propria soltanto dello stile faceto.

Abballottare (2) (da *ballotta*, voto, suffragio), propriamente: mandare a partito; e in questo senso vive in Toscana. Nelle comunità ecclesiastiche, quando i capi s'adunano per conferire qualche benefizio vacante, o per eleggere alcuno ad uffizio qualsisia, si dice ch' e' l'abballottano; cioè ch'e' lo mandano a' voti; ma in sul serio non s'userebbe. Nel senso affine, *abballottare* differisce in questo: che chi sorbotta, picchia davvero; chi abballotta, lo fa per celia, il solito; o piuttosto stuzzica, scuote, non picchia. Di leggiadro bambino, che tutti i circostanti toccano, accarezzano, baciano, si dice ch'e' l'abballottano. — MEINI.

1080.
Dare, Sonare (le ore).

— Suonano le tre all'oriuolo da torre, o da tavolino; o una campana le suona; ma guardo l'oriuolo da tasca, e mi *dà* le tre. — A.

Me le dà, indicandomele; nel senso latino: *Ille Deus qui sit da, Tityre, nobis*. Ma l'oriuolo, suonando, dà tale o tal ora: son date le tre; e qui non suona il tocco; son già date le cinque. Nel futuro diremo: quando saranno date le cinque, meglio che: quando daranno.

1081.
Batacchio, Battaglio, Battente.

Battaglio, ferro dentro nella campana, che quando è mossa, in battendo, la fa suonare (3). Questo si dice anco *batacchio*, e in alcuni dialetti, *batocchio*; ma *batacchio* non si dice che delle grosse campane; e anche il campanello ha il suo *battaglino*.

Battente è quel che suona le ore negli orologi.

— *Battente* è anco quella parte dei pietrami o del telajo d'una finestra o d'un uscio, sulla quale, la finestra e l'uscio si applicano (battono) quando si chiudono. Si dice dunque: il battente d'un uscio o d'una finestra. — LAMBRUSCHINI.

— *Battente* è anche un involto di più fogli ben compressi, con cui il maestro di cappella muove il tempo musicale, spartendo le battute; e ciò dicesi: battere il tempo. — MEINI.

1082—1083.
COLPO (LASCIAR ANDARE UN), DARLO, SONARLO, APPOGGIARLO, APPICCICARLO, APPLICARLO, BARBARLO, CONSEGNARLO.

1082.
Lasciar andare un colpo, Darlo, Sonarlo, Appoggiarlo,
Appiccicarlo, Applicarlo.

Lasciar andare è famigliare, e indica la prontezza e

---

(1) MONCANTE: *Sorna di botto una botte*. — DANTE: *L'anitra di botto, Quando il falcon s'appressa, già s'attuffa*.
(2) LIPPI: *Ad ogni po' di giunta, botto botto Faceano un vengo addosso a chi sta sotto*.
(3) BOCCACCIO: *Fattosi alla finestra, disse: Chi picchia laggiù?*
(4) *Picchiar co' piedi* vale, in Toscana e altrove: *andare a casa d'alcuno con presenti*; onde essendo le mani impicciate, è necessario picchiar co' piedi.
(5) BOCCACCIO; CRON. MORELLI; VARCHI.
(6) SCADONATI: *Toccarono molte picchiate*. — PULCI: *E dà picchiate, ti so dir, villane*.

---

(1) MAGALOTTI: *A picchiare al muro il cilindro di legno, non era possibile farlo andar più addentro un capello*.
(2) BERNO, e altri dialetti: *ballottare*.
(3) *Battaglino de' campanelli*. — ZECCHINI.

talvolta la veemenza del colpo; più, la disinvoltura con cui vien dato (1): lasciar andare un pugno, un ceffone.

Dare è più nobile, ma più languido; due qualità che vanno spesso accoppiate. *Dare*, usa assolutamente, sottinteso il quarto caso (2): darne tante (3); darsi da sè schiaffi, pugni; darsi nel viso, nel petto (4); modi che *lasciar andare* non ha. Un caporale che dà le bastonate, un maestro che dà le nerbate, non le lasciano andare, le danno con tutta solennità.

Sonare un pugno, uno schiaffo, dicesi di colpi in qualche modo sonori; nè s'userebbe propriamente: sonare un calcio, come: lasciarlo andare, o darlo (5).

Appoggiare esprime meglio la forza e l'aggiustatezza del colpo. Appoggiare un pugno: appoggiare un colpo con arme da taglio, si dirà; non: sonarlo. E non è francesismo, anzi l'usa quella parte di popolo toscano che non è infrancesata in senso nessuno.

Appiccicare dicesi degli schiaffi, meglio che d'altro: modo vivace nella famigliarità, perchè dipinge la mano percotitrice appoggiata al viso altrui con tal forza, che par vi s'appiccichi. S'usa però, talvolta, e di pugno, e di bastonata.

Applicare è quasi ironico. S'applica veramente, un impiastro o cosa simile; ma come dicesi: conciar bene, per: bastonare; così s'è venuto a dire: applicar un colpo, per: darlo, e forte; come se i colpi fossero medicina.

1083.
Barbare un colpo, Consegnarlo.

— *Barbare un colpo* indica maggior veemenza de' precedenti; è darlo così solenne come se dovesse barbicare nella parte percossa. *Consegnarlo* è modo ironico; denota maestria e superiorità in chi percuote. Modo famigliare che tiene del prepotente, perchè suppone che il paziente debba quasi accomodarsi a ricevere il colpo, come fanno i cani che s'accucciano per toccarne. Ma badiamo che, trattandosi d'uomini, la mula potrebbe rivoltarsi al medico. — MEINI.

1084.
COLPO (D'UN), Di un colpo.

— Se il modo è avverbiale, l'apostrofo è più necessario: l'impeto *di un colpo*; far la cosa *d'un colpo*. — A.

1085.
COLPO (D'UN), Di netto.

Si può tagliare *d'un colpo*, senza tagliare *di netto*, questo secondo dice colpo più sicuro, più destro, più preciso (6). Si può tagliare d'un colpo, ma rompendo, stracciando, guastando; di netto si taglia, quando si fa taglio liscio, e le due parti appariscono, non tronche, ma separate.

D'un colpo, s'applica non solo al tagliare, ma al frangere e allo schiantare e al percuotere; *di netto*, al taglio o a ciò che taglio somiglia.

1086—1087.

COME, QUALE.

TALE QUALE, TAL QUALE.
TAL QUALE, CERTO.

1086.
Quale, Come.

Quale è formola di comparazione, non solamente poetica (1). E comunemente diciamo: le donne son tali, quali gli uomini le fanno, e gli uomini son quali li fanno le abitudini.

Come riguarda il modo, la maniera d'essere o d'operare; *quale* denota, come il vocabolo stesso dice, la qualità della cosa. Diremo dunque: narrar le cose come seguirono, è non meno difficile del dipingere gli uomini quali sono. L'uso viziato confonde talvolta i due modi, e dice, per esempio: dipingere gli uomini come sono. Io non so se questo sia francesismo marcio, ma so che l'altro è più proprio ed elegante. Ben direi: dir la cosa com'è, perchè in questa locuzione s'abbraccia non solo la qualità della cosa, ma il modo suo d'essere o di operare. I maldicenti si vantano di dire le cose come le stanno; ma certo non le veggono tali quali le sono, perchè il maldicente è quasi per necessità malveggente.

Usiamo non meno: amare qual figlio, che: amar come figlio. Il secondo è ben più comune. E parrebbe ancora più strano dire: amiamo qual cosa propria le altrui, e le cose nostre ci saranno più floride ed abbondanti. *Come*, qui, suona meglio.

Ove si tratti di paragonare l'una cosa all'altra, nella prosa *qual* sarebbe affettato. Nel verso stesso, ove si voglia additare similitudine di qualità, sarà più acconcio *quale*; ove si parli di modo d'essere, *come*. Dante: « E caddi come corpo morto cade. - D'onrata impresa lo rivolve, Come falso veder bestia quand'ombra. » In questo luogo l'altro modo sarebbe inconveniente affatto. Ma là dove dice: « Quale i fioretti dal notturno gelo Chinati e chiusi, poi che 'l sol gl'imbianca, Si drizzan tutti aperti in loro stelo; Tal mi fec'io di mia virtute stanca, » sta bene, perchè qui tratasi quasi d'una qualità dell'uomo, che di timido diventa animoso; e' non è un modo d'operare che cangi, è una parte dell'essere.

Così ne' seguenti: « E quale è quei che volentieri acquista, E giunge 'l tempo chè perder lo face, Che 'n tutti i suoi pensier piange e s'attrista; Tal mi fece la bestia senza pace. - E come quei che con lena affannata, Uscito fuor del pelago alla riva, Si volge all'acqua perigliosa e guata; Così l'animo mio che ancor fuggiva, Si volse indietro.... » Nel primo è un mutamento seguito nell'uomo che si vuol dipingere; nel secondo, è un atto. « Un tumulto il qual s'aggira Sempre in quell'aria..., Come la rena quando 'l turbo spira » (non avrebbe detto: quale la rena).

1087.
Tale quale, Tal quale.
Tal quale, Certo.

Tal quale dice più intima somiglianza, e quasi uguaglianza, non pure di qualità, ma di natura; e prendesi

---

(1) BUONARROTI: *Mi lasciò andare un sì fatto tempione...*
(2) BOCCACCIO: *Presomi per la cappa... tanto mi diè, che tutto mi ruppe.*
(3) BOCCACCIO: *Ti darem tante d'uno di questi pali sopra la testa, che noi ti forem cader morto.*
(4) DANTE: *Nel petto tre fiate mi diedi.*
(5) *Sonare uno*, dicesi altresì, per *picchiarlo*. Crusca, num. 18.
(6) BERNI: *Di netto col capo innanzi il gittò. - Proprio lo giunse nel corpo ferrato, E glie l'ha tutto di netto tagliato.*

---

(1) BOCCACCIO: *Di tal moneta pagati, quali erano state le derrate vendute. - Divenuta nel viso qual è la molto secca terra.* - PETRARCA: *I miei sospir sien quali Spera il Tevere e l'Arno.*

quasi come un vocabolo solo, sì che potrebbesi scrivere unito; tanto più che nel plurale fa tal quali. In certe parti d'Italia, par che dicano e intendano tale e quale, riempitivo come in tutti e due; e le donnicciuole che, come certi letterati amano far sapere di sapere il latino, sogliono tradurlo: taliter et qualiter. Una ragazzetta in Toscana, con più originale dottrina, ne creava un astratto, e faceva talqualezza, per denotare piena somiglianza; tanto potente è l'istinto dell'astrarre e del generalizzare.

Tale quale può dire, quasi, piuttosto divario che somiglianza. Giudicare gli uomini tali quali appariscono al primo colloquio, è un calunniarli spesso, anche quando giudichinsi in bene e in bello, perchè poi bisogna detrarre, e nel detrarre eccedesi.

Tal quale è anco affine a quidam, nel modo: una tal quale libertà o simile; ma richiede l'un dietro a sé; ed è più indeterminato del certo, che ha usi anche più varii. Il servo rétore del Molière dipinge certe onde d'una certa maniera: certains flots de certaine façon; sublime parodia delle descrizioni di certi poeti che fanno certe tal quali poesie, e anco di certe argomentazioni, di certi filosofi. Ed ecco in quest'esempio accoppiato il certo al tal quale, e ci sta.

1088.

COME, SICCOME.

Tuttochè promiscuo spesse volte sia l'uso, c'è dei casi che l'uno s'ha a prescegliere. Quando, per esempio, al come vien preposto il così, non ci reggerebbe il siccome, chè, esso medesimo, è composto di un sì (1).

Quando il come s'accoppia ad altre particelle, non, pur, e simili, non ci quadrerebbe siccome; troppo lungo direbbe e pesante (2).

Nel sublime precetto: «ama il prossimo come te stesso» non si direbbe: siccome. E nella seguente sentenza: «l'uomo è spesso malcontento, non perchè non può fare quello che a lui piace, ma perchè non può farlo come gli piace»; non entrerebbe il siccome. E in generale, l'altro, come più spedito, è prescelto dalla lingua parlata; e nella scritta stessa, lo stil famigliare l'ha sempre più caro.

Ne' luoghi d'interrogazione, di sospensione, di dubbio (3), di ammirazione (4), il siccome non trova posto. Il come si congiunge a aggettivo, e ne accresce l'intensità (5); si congiunge a verbo, e, tra gli altri modi, è affine a qualmente (6). Si pospone a sostantivo significante modo o spediente; e allora ha senso affine a nel o col quale (1).

Come se; come, per mentre o poco appresso (2); modi che a siccome non sono comuni.

Siccome, i moderni lo pigliano per poichè; l'adoprano ad indicare, non già la somiglianza, ma la ragion della cosa. E diranno: siccome i popoli sentono il dolore, perciò si lamentano; - siccome la religione è abusata da taluni de' suoi ministri, altri credono falsamente che tutta la religione sia effetto e causa d'abuso. In queste frasi il siccome non entra; qui non c'è cosa da paragonare; si tratta di dichiarare una cosa con altra. Bensì, quando la somiglianza delle cose è essa medesima una ragione dell'esser loro, il siccome avrà luogo. E diremo: siccome il buon governo insegna ai popoli la soggezione, così la indocilità de' sudditi è alla tirannide scuola e pretesto. Siccome i popoli e i re si corrompono scambievolmente, così scambievolmente si fanno migliori.

1089.

COME, QUALMENTE.

Qualmente, nell'uso odierno, non si riferisce che a narrazioni, ad esposizioni, a discorsi. Come è dunque più generale. Berni: «il libro insegnerà, com'io v'ho detto, Qualmente... a governar v'abbiate.»

Nella lingua parlata s'uniscono, e dicesi: come qualmente. Ma solo allo stil famigliare si converrebbe. S'ha un bel dire e ridire con gravi sentenze e con citazioni inesorabili, come qualmente il diritto sta nelle mani al più forte. Sentenze più gravi e citazioni più inesorabili sono pronte a dimostrare il contrario.

Ripetere le cose come le si sono sentite, non è sempre amore di verità. Narrare per l'appunto come i peli della barba d'un eroe si siano mossi quand'egli parlava, non è sempre un rappresentare al vivo le cose. In questi e simili modi, non ha luogo qualmente.

1090.

COME TU, COME TE.

Il come unito al pronome possessivo, ora porta il quarto caso, ora il primo: alto come me; fate come me; un uomo come te. Ma chi al pronome accoppiasse una particella, e dicesse, per esempio: fate com'io qualche volta; non avrebbe a dir come me, perchè qui si sottintende: com'io fo qualche volta.

Nel caso accennato, il te si sostituisce al tu; in altri due, viceversa, il tu al te. Stare a tu per tu; dar del tu (3). Dare del tu è cosa oggidì tanto facile quanto fare amistanza; e il fare amistanza è tanto facile quanto il romperla. Tutto va in proporzione.

1091.

COMECHESSIA, COME SI SIA, COMECHÈ, COMUNQUE, CHECCHÈ, IN QUALUNQUE MODO, IN QUALUNQUE MANIERA, COME, COMUNQUE.

Comunque è più spedito, e però torna meglio, il più delle volte. Comunque sia, comunque si sia (4), è modo che sta da sè; volendo usar l'altro, converrebbe dire

---

(1) Boccaccio: Così ne' moderni tempi come negli antichi. - Vit...: ...Come il servo, e così molto maggiormente noi.

(2) ....: Non come. - Borghini: A come se ne mostra amorevole, par che voglia emendar quest'errore. Notisi il comodo accoppiamento coll'a. Il come senza via, che fa il dire svelto, ed all'italiano la facoltà di quegli idiomi che fanno sostantivi e verbi fin delle particelle. Così nel Boccaccio e nell'uso: Il come ho io ben veduto.

(3) Fra Giordano: È grande maraviglia come possono stare in tanta nettezza. Boccaccio: Come andrò io? - Petrarca: Come, non so. - P. Pit.: E come? non potre' io partire? - Sacchetti: Vostro marito come ha nome?

(4) Boccaccio: Deh come ben facesti!

(5) Boccaccio: Ricordar ti dei, quanti e quali e come enormi mali... egli abbia coll'onde del fonte della sua vera pietà lavati. - Sai come Calandrino è avaro.

(6) Boccaccio: Scrivendo come tornato era.

TOMMASEO, Diz. dei Sinonimi.

---

(1) Boccaccio: Trovar modo come tu esca di qua entro.

(2) Dante: Com' io tenea... in lor le ciglia, E un serpente con sei piè si stancia Dinanzi all'uno.

(3) Caro.

(4) Tesoro: Dico che, comunque si sia, egli ha tant' ore la notte quante il dì.

spiattellatamente: in qualunque modo sia la cosa. Dai misfatti di Manfredi, altri detrae il parricidio, altri il fratricidio; ma, comunque andasse di ciò la cosa, certo è che i peccati di Manfredi furono orribili, e Dante lo dice (1); Dante che non adopra la voce *orribile* così facilmente come noi altri moderni.

In senso affine usiamo *checché*; anzi taluni scambiano; ma *checché* riguarda l'essenza o la qualità della cosa (2); *comunque*, il modo. Di fatto del quale io o altri dubita, dirò: checché di ciò sia; di fatto certo, ma di cui si dubita come e' sia passato, dirò: comunque. Checché sia di certe verità, o in male o in bene, giova parlarne.

Comunque, dall'altro lato, è affine a *come*: comunque vogliate; come volete. Ma il primo richiede, più d'ordinario, il soggiuntivo dopo di sè; l'altro, l'indicativo (3). Poi, dicendo *come*, non s'intende dare alla proposizione quella latitudine che ha l'altro modo. *Come vi piace* risponde all'altrui richiesta o pretesa; non già *comunque*. Ben diremo: il regolarsi come e comunque impongano le circostanze mutabili della vita, è tutt'altro che prudenza od astuzia. E pure la prudenza e l'astuzia sono in ciò poste dai più!

Come, del resto, è più semplice; e perchè più breve, si convien meglio al verso (4).

In qualunque modo è la parafrasi di *comunque*, e non differisce in altro, se non nell'essere più pesante, e nel non si potere adoprare convenientemente in luogo di *comunque sia*. Chi dicesse invece: in qualunque modo sia la cosa, non direbbe nè elegante nè proprio.

In qualunque maniera ha un uso suo particolare da non disprezzare. Quando vogliamo indicare che, non ostante le difficoltà e le opposizioni e gl'inconvenienti, la cosa si farà o seguirà, diciamo: in qualunque maniera l'ha a essere. Gli errori dei governanti e de' governati possono pur quanto vogliono congiurare contro le reciproche utilità; ma in qualunque maniera, il pubblico bene, dai loro errori medesimi, deve da ultimo guadagnarci. - Contendete, secondate; calunniate, adulate; gridate, tacete: in qualunque maniera la vostra causa è cattiva, e perirà (5)

C'è qualcuno che con affettata famigliarità, sciptamente imitando la modesta naturalezza del popolo o degli scrittori grandi, usa, in argomenti serii e in luoghi difficili, *sia come si sia*; ch'è trivialità inconveniente, quando si tratta, non di saltar sopra alla quistione, ma di agevolarne la soluzione a qualche modo. E dovunque non si accenni alla qualità della cosa o al modo del fatto, ma all'essenza, è anche improprio.

Comechessia (6) non è della lingua parlata, ma può tornare comodo. Un governo o debole o violento o comechessia non curante de' proprii doveri, che son la chiave dei diritti, alterna la violenza con la debolezza; perchè ogni atto non debole in chi è debole par violento; e ogni atto non violento in chi è violento, par debole. In questo esempio non ci cadrebbe nè *comunque*, nè *in qualunque modo*, nè altro.

Comechè usavano gli antichi nel senso d'*utcumque*, in poesia; e poteva forse applicarsi ne' luoghi dove *comunque* non sarebbe sembrato opportuno. Ora non lo soffrirebbe che il verso.

1092—1093.
COMMOVENTE, Tenero.
Intenerirsi, Imbambolarsi.

1092.
Commovente, Tenero.

— *Commovente* è più. La *tenerezza* è principio di commozione. Parole tenere escono da cuore commosso. C'è una tenerezza tanto a fior d'acqua, che non commove. Poi, nel commovere è più immediata l'idea di mestizia. La tenerezza può essere anche d'affetto lieto. — FAURE.

1093.
Intenerirsi, Imbambolarsi.

— *Imbambolarsi* non vive; fa pensare a qualche segno esterno di commozione, non disgiunto da leziosaggine o smorfie. Uno s'intenerisce riconcentrandosi anche in sè solo, se una memoria o un pensiero lo tocca. S'imbambolano gli occhi, s'intenerisce il cuore. — MEINI.

1094.
COMMOVENTE, Patetico.

Il *patetico* dispone al pianto; il *commovente* può destare anche un senso di dolorosa tenerezza, di compassione amara. Il patetico richiede, d'ordinario, più lungo discorso; commovente può essere una parola, un silenzio, uno sguardo. Il commovente richiede semplicità di dizione; il patetico ammette l'eloquenza del dolore, l'abbondanza de' segni. Ecco perchè di molti predicatori il dire è patetico, di pochi commovente (1). Un discorso patetico può ispirare misericordia e sdegno insieme del male; un discorso commovente non ispira che affetto.

Patetico non si dice che del discorso, del suono, degli sguardi, degli atti; *commovente*, anco delle cose e degli avvenimenti in sè stessi.

1095.
COMMOVERE, Muovere.

Muovere è meno. Un moto primo può appena essere avvertito dall'anima; alla commozione l'anima tutta risponde. Un'impressione qualsiasi muove più o meno; perchè commozione segua, conviene che s'ecciti un sentimento d'interno affetto. Può la cosa medesima muovere d'ammirazione, e commovere di pietà.

Quando *commovere* si reca ad altri affetti che di pietà, è sempre più del suo affine. Commovere a sdegno è un po' più di muovere; così degli altri.

1096.
COMMOVERE, Toccare.

— Sebbene talvolta s'abusi di questo *toccare* in senso di *commovere*, non è da negare che in certi casi sia propriamente detto; specialmente se non è affatto solo, come: toccare il cuore, e simili. Ciò posto, ecco la diffe-

---

(1) BONGHINI: *Comunque che si passasse la cosa*. Il *che* qui è inutile e disadatto.
(2) BOCCACCIO: *Checché egli oda o vegga.* - *Mai non morii, checché voi ed i miei fratelli si credano.*
(3) Gli esempi contrarii non sono conformi all'uso presente.
(4) DANTE: *Giri fortuna la sua ruota Come le piace.*
(5) *Qualunque*, sottinteso il verbo, non è ineleganza moderna.
DANTE: *Prendendo il cibo da qualunque ostello Divora... Qualunque cibo per qualunque luna.*
(6) BEMBO.

---

(1) Πάθος. — Ed ecco ancora perchè *patetico* è divenuto, in alcune provincie, termine di scherno, sinonimo di *svenevole*, *sdolcinato*, *affettato*. Potrebbe farsene *pateticume*, ch'è il tisicume del tempo. — POLIDORI.

renza. *Commovere* è più, siccome nel proprio, così nel traslato; *toccare* non dice che un'impressione la quale, prolungata, può dar commozione; non sempre però. Toccano il cuore le parole, le opere, l'aspetto dell'uomo; commovono anco le bellezze della muta natura. — ROUBAUD.

1097—1102.

COMMOVERE, Turbare, Agitare, Travagliare, Inquietare, Alterare, Perturbare, Conturbare.
Perturbatore, Agitatore.
Perturbazione, Conturbamento.

1097.
Turbare, Inquietare, Travagliare.

— *Turbare* (prese queste voci nel traslato) indica: alterazione, commovimento, scompiglio; *inquietare* è togliere la quiete; d'ordinario, è men di *turbare*; ma *turbare* riguarda, più propriamente, effetto di dolore; *inquietare*, di sdegno o di sentimento che susciti impazienza. *Travagliare* è più di questo e di quello. — ROMANI.

1098.
Commovere, Agitare, Turbare.

— *Commosso* può denotare un sol movimento; *agitato*, successione di movimenti diversi o contrarii; *turbato*, un movimento con più disordine. L'agitazione è l'effetto della commozione; il turbamento è l'effetto dell'agitazione. Il mare è commosso al levarsi del vento; agitato, al furiare della tempesta; turbato, quando il movimento rimescola i flutti e l'arena.

L'animo è *commosso* da un semplice movimento di compassione, di sdegno, di gioja; *agitato*, da affetti varii, come speranza mista a timore; *turbato*, dal disordine che questa battaglia mette nelle sue facoltà. La commozione è piacevole o no, secondo l'affetto che n'è causa; l'agitazione è alquanto penosa sempre; il turbamento o è grandemente penoso, o grandemente piacevole. Il turbamento può essere più o men grave, e talvolta non giungere all'agitazione.

Quando i cittadini sono mossi o commossi da passione, la moltitudine spesso s'agita, lo Stato è turbato. — GUIZOT.

— L'agitazione è dello spirito e delle membra; il turbamento, è di quello e del volto; la commozione, più propriamente, è del cuore. Ci commoviamo anche gli altrui mali; ci turbano, d'ordinario, e ci fanno agitare i nostri proprii, o gli altrui in quanto fannosi nostri. — POLIDORI.

1099.
Turbare, Alterare.

— *Alterato* è meno; ogni leggier mutamento può dirsi così. Poi, il turbamento che viene da affetti di benevolenza e miti, alterazione non si chiamerà; ch'è più propria ai movimenti violenti, o che violenti minaccino divenire. — A.

Il diminutivo *alterazioncella* può cadere, parlando d'alterazioni e dell'animo e del polso e di certe parti del corpo. *Agitazioncella* potrebbesi forse dire, ma in senso morale soltanto. Gli altri, pare non soffrano simile forma.

1100.
Perturbare, Turbare.

Perturbare dice un po' più; dice: turbamento diffuso per tutto l'animo o il corpo, o per la moltitudine de' turbati. A perturbare vuolsi un'azione alquanto più forte.

Il turbamento può essere dolce; la perturbazione ha del violento. Altro è il turbamento di tenerezza destato in una moltitudine, altro le perturbazioni che vengono da discordia. Quindi, i tante volte maledetti e bastonati, e non mai cheti bene, perturbatori dell'ordine.

1101.
Perturbatore, Agitatore.

— L'*agitatore* eccita timori nell'una parte; nell'altra, speranze tumultuose; il *perturbatore* vuole proprio il tumulto, gli scandali aperti, il disordine. L'agitatore opera e in segreto e in pubblico, col consiglio, con l'opera; il perturbatore non mira che a far rumore. L'O' Connell fu agitatore; perturbatori taluni degli avversarii di lui. — LAVEAUX.

1102.
Perturbazione, Conturbamento.
Turbare, Conturbare.

— Il secondo ha senso più volentieri morale; il primo, e morale e corporeo. Nel morale, *conturbamento* è meno di *perturbazione*; l'affetto, la compassione conturbano; l'ira, la cupidigia violenta, perturbano. — A.

Conturbare, del resto, è più del semplice *turbare*; significa il movimento totale delle parti in cui si riguarda distinto l'oggetto, o delle sue forze. L'ira turba, non conturba; ma sì gli affetti che tengono del valoroso.

1103.
COMMOVIMENTO, Commozione.

— *Commovimento* ha più volentieri senso corporeo. *Commozione* riguarda gli animi più sovente. — GATTI.

1104—1105.
COMPAGNIA, Società.
Associare, Aggregare, Ascrivere, Scrivere, Annumerare.

1104.
Compagnia, Società.

— *Società*, voce di più generale significato: società civili, religiose, letterarie, commerciali. *Compagnia*, in quanto affine a *società*, non ha, per lo più, senso altro che commerciale.

Contratto di società, diciamo, non: di compagnia; società collettiva, in accomandita, e simili. Questo è termine più legale. Socio non si dice, d'ordinario, se non parlando di società di commercio.

Ma *compagnie* si chiamano certe grandi società, come quella dell'Indie. — ROMANI.

1105.
Associare, Aggregare, Ascrivere, Scrivere, Annumerare.

— *Associare* a un'impresa, *aggregare* ad un corpo morale. Associare, per avere un ajuto, per dividere un utile; aggregare, per accrescere un numero con più o men buona scelta. I negozianti s'associano; i letterati sono aggregati a università, ad accademie. — GIRARD.

• Associare a una comunità regolata o formata già, o che allora allora si formi; aggregare a moltitudine talvolta ordinata, ma che deve essere sempre raccolta già. L'aggregare non comprende idee né d'intima unione, né d'ordine. • Così l'abate Roubaud.

Associare, dunque, suppone l'ammettere a cooperazione personale o reale, a divisione d'uffizii, d'utili. *Aggregare* non vale che: ammettere a moltitudine, qualunque sia (1). Aggregare, si dirà, non: associare alla cittadi-

---

(1) MORALI S. GREGORIO: *Aggregato alla pace cattolica.* - CICERONE: *Aggregare in numerum amicorum.* Ma aggregare al nu-

nanza; un'accademia aggrega a sè nuovi membri; altri, che non vi sono aggregati, può associarli alle proprie imprese. Anche i non aggregati alle società letterarie dovrebbero associarvisi con i loro lavori, per amore del vero; ma sovente ambizioni che accompagnano simili aggregamenti son cagione di dissociazioni e di guerra. *Aggregare* ritiene dell'origine sua latina (1), ed è voce, talvolta, quasi di spregio; *associare*, no.

Quindi la differenza tra *aggregare* ed *ascrivere*, che, oltre all'essere più nobile, s'applica a cose dove *aggregare* non regge. La posterità ascrive al numero dei grandi scrittori quelli che giungono con l'eleganza dello stile la solidità delle idee. La chiesa ascrive al numero de' santi, non solo quelli che vissero senza macchia, ma quelli ancora che col pentimento emendarono i passati errori. L'ascrivere può non essere che un giudizio, un atto (2); l'aggregare, un fatto. *Aggregare*, inoltre, dicesi delle cose (3).

Invece di *ascrivere*, diciamo anco *scrivere*; atto meno solenne e men regolare. Un tale è *scritto* tra gl'invitati a una festa, tra gli appaltati a un teatro; non: *ascritto* (4).

Annumerare, talvolta è sinonimo d'*ascrivere*; perchè non si può ascrivere a quantità collettiva una persona o un oggetto, senza annumerarvelo; ma questo ha senso più generale, e dice il semplice aggiungere ad un numero uno o più nuovi oggetti.

Annumerando alla somma dei piaceri tutti i momenti della vita che son senza dolore, la somma de' veri diletti crescerà grandemente. Voce d'uso non molto frequente.

1106-1107.
COMPAGNIA, BRIGATA, DRAPPELLO, TORMA, TURMA, TURBA, STORMO, TREGENDA.
CIURMA, MASNADA.

1106.
Compagnia, Brigata, Drappello, Torma, Turma, Turba, Stormo, Tregenda.

— *Brigata*, propriamente, truppa di soldati, e deriva dal latino barbaro *briga*, cioè: lite, contesa. Le brigate, ai tempi della repubblica fiorentina, erano unioni di più persone che, vestite in un particolar modo, armeggiavano e danzavano in occasioni solenni, o per sollazzo. Poi, si chiamarono *compagnie* e *potenze*. In questo senso, *brigata* è voce storica. Oggi vale: compagnia di persone adunate per divertirsi. Differisce da *compagnia*, per-

---

mero degli amici, con pace di Cicerone, non è modo degno. L'aggregare alla pace cattolica regge, perchè conviene con l'idea del gregge cristiano e del Pastore buono. E così l'esempio del Colli, che la giustizia è un aggregato di tutte le virtù, non è da imitare, perchè da questa parola non è destata l'imagine bella del gregge; è solo da tenersene da conto, per saggio del come si possa adoperare la voce *aggregato*. Del resto, *gregge* ai Latini non aveva senso di spregio. Orazio, raccomandando un suo conoscente ad un grande: *Scribe tui gregis hunc, et fortem crede bonumque.*

(1) *Grex.*
(2) PANDOLFINI: *I buoni e virtuosi vogliamo ascrivere nel numero degli amici.*
(3) REDI: *Aggregamenti di atomi.*
(4) M. VILLANI: *Si facevano cassare per essere con lui; e egli li faceva scrivere.* – BOCCACCIO: *Quegli che alla nostra compagnia scritti sono.*

chè in questa voce l'idea di divertimento può non aver luogo. Poi diciamo: una brigata di starne, una compagnia di soldati.

Tregenda, nell'opinione delle persone idiote, è compagnia d'anime dannate, o diavoli che vanno fuori la notte, per spaurire la gente; ma significa moltitudine di persone dappoco e confuse.

Torma e *turma*, anticamente significava moltitudine di soldati a cavallo; oggi, qualunque quantità di persone, più piccola però che *turba*. Torma dicesi pure un branco di bestie grosse; di cavalli specialmente.

Stormo, anticamente, adunanza d'uomini per combattere; quindi: suonare a stormo; accorrere a stormo; oggi, più comunemente, degli uccelli. Differisce da *drappello* in quanto che quello dice moltitudine di persone in confuso; questo, uomini congregati sotto alla bandiera; poi, per estensione, qualunque scelta riunione. Onde il Magalotti nelle poesie: « Di spiriti eletti un bel drappello. » Ma drappello di spiriti non è bello, per fino che sia il drappo, e gli spiriti grossolani. — MEINI.

1107.
Ciurma, Masnada.

— *Ciurma*, nel proprio, è: rematori condannati, o schiavi di galera. *Masnada*, la torma che seguiva i cenni e il volere d'un grande. Poi ebbe mal senso, e valse: torma di malfattori, o almeno gente vile e non buona. E *ciurma* significa moltitudine confusa di gente da poco. — GATTI.

1108-1111.
COMPAGNIA, TRUPPA, SQUADRA, BANDA, SCHIERA, STUOLO, TORMA, BATTAGLIA, BATTAGLIONE, REGGIMENTO, COORTE, FALANGE, CATERVA.
RASSEGNA, MOSTRA.

1108.
Compagnia, Truppa, Squadra, Banda, Schiera, Stuolo, Torma, Battaglia, Battaglione, Reggimento, Coorte, Falange, Caterva.

— Alcuni di questi vocaboli appartengono alla storia, nè si potrebbero, senza affettazione, adattare alla milizia moderna; altri, al linguaggio del verso, nè potrebbesi usarli in prosa con garbo.¹

Truppa, per lo più, numero non piccolo d'armati in campo, o in cammino, o in stazione. *Squadra*, se non ha uso poetico, nel comune è piccola quantità d'armati (1), anco non militi, posti a tutela, o mandati a esplorazione, o ad assalto, o a compiere un atto di giustizia, o della giustizia. *Squadra*, diciamo, anco di birri. *Squadra*, inoltre, dà l'idea di gente in moto, o presta al moversi. La *banda*, per il numero, può essere più o men ragguardevole; ma è quasi sempre una parte divisa o distinta da corpo maggiore.

Schiera, numero d'uomini, armati o no, disposti in certa ordinanza. Da *exclarare*; il che prova l'idea d'ordine essere indivisibile da questa voce. Schiera (dicesi poi anco) di donne e di cose.

Torma, ai Latini, era: schiera d'armati a cavallo;

---

(1) GUICCIARDINI: *Cento squadre d'uomini d'arme, contando venti per isquadra.*
(2) DAVANZATI: *Fra squadre di soldati.* – *Se altre squadre che di soldati non fossero, non l'avrebbe aggiunto.*

ogni forma n'aveva trentadue (1). *Torma*, oggidì, vale: quantità di gente, armata o no, non bene ordinata.

Stuolo, dicevasi, in prima, di forze marittime. Ora, nel senso militare, vale: numero non piccolo di gente, per lo più, pronti a combattere; nel che differisce da *truppa*. Ma poi ogni quantità non confusa di gente, è stuolo.

Battaglia, in antico, valeva la schiera armata al combattere. Quindi *battaglione*, ch'è meno di *reggimento* e più di *compagnia*.

Coorte, voce istorica, o del verso (2). Così, *falange* era una schiera di pedoni, disposta in quadro, o in forma di cuneo, strettissima. A chi non è nota la falange macedone? Facetamente si potrebbe dire: falange, coorte di spropositi, e simili.

Caterva, moltitudine non piccola, armata o no, e non molto ordinata. Latinismo omai rado; ma pur diciamo, in senso quasi di spregio: caterva di cortigiani, di dottori, di gente. — ROMANI.

1109.
Truppa, Banda.

— La *truppa* è più numerosa; la *banda* sta da sè. Negli eserciti, segue che qualche banda si stacchi dall'esercito intero. La guerra per bande non vuol truppe, ed è più terribile se di nazione. Dicesi anco: banda d'assassini. — ROUBAUD.

1110.
Torma, Legione.

— *Torma*, distingue Servio, di cavalieri; *legione*, di fanti. Anche Dante per dire *cavalla*, disse « donna della torma; » ma l'uso d'oggidì non osserva tal differenza. *Legione* è poi voce della storia romana; e conteneva da quattro a seimila pedoni, e qualche centinajo di gente a cavallo. Nel traslato, diciam *legione*, per dire gran numero; e *torma*, per moltitudine alquanto confusa. — A.

1111.
Rassegna, Mostra.

La *rassegna* facevasi, per riconoscere se le compagnie fossero nel numero debito e con le debite armi; e però facevasi più per minuto, uomo per uomo, riguardando ai segni della persona notati, che allora dicevansi semplicemente *segni*, e ora goffamente diconsi *connotati*; e questo facevasi, acciocchè i capi delle compagnie, o conestabili, non rubassero nel numero o nella qualità de' soldati. La *mostra*, come dice il vocabolo, era più a pompa e a far prova degli esercizii militari. Tale distinzione potrebbesi osservare tuttavia, quanto portano gli usi mutati. L'ispezione sarebbe *rassegna*; la parata, *mostra*. Nel Vicentino è rimasto, dal tempo de' Veneziani, il nome di *piano della mostra* al campo dove i militi paesani esercitavansi in armi.

1112—1113.
COMPAGNIA, COMITIVA, CORTEGGIO, CORTEO.
SEGUITO, CODAZZO, TURBA.

1112.
Compagnia, Comitiva, Corteggio, Corteo.

— La *compagnia* può essere d'una o di poche persone; la *comitiva* è di più. La compagnia può essere fortuita o libera: la comitiva non è a caso, ed è sovente addetta a chi la conduce. Tale la comitiva de' principi. La compagnia può condurre; la comitiva, più d'ordinario, è condotta. La comitiva non è mai senz'alcuna pompa; la compagnia può essere a pompa, a diporto, ad ajuto, ad esplorazione, a custodia.

Corteggio è comitiva più eletta de' principi, o quasi principi, per far loro corte. La *comitiva* può essere addetta o data a gran signore, a rappresentante di principe o di repubblica. In repubblica vera dev'essere non intelligibile la voce *corteggio*.

Corteo è la comitiva che accompagna la sposa, e anco la pompa e l'accompagnatura del bambino al battesimo. — ROMANI.

1113.
Seguito, Codazzo, Turba.

— *Codazzo*, di persona, d'ordinario, non ragguardevole per virtù, ma accompagnata per riverenza o per affettazione di riverenza o per pompa. Può il *seguito* essere di pochi, e non per ossequio, ma o per amore di parte o per curiosità o anche per ischerzo: codazzo di sgherri che van dietro a un signore codardo; seguito di scolari. Il seguito numeroso e confuso è *turba*; ma la turba precedente o accompagnante o seguitante per nuocere, non è *seguito*. Senonchè, c'è certe specie di seguito che perseguitano. — NERI.

1114—1115.
COMPAGNIA (TENER), ACCOMPAGNARE.
ACCOMPAGNATURA, ACCOMPAGNAMENTO.
ACCOMPAGNAMENTO, SCORTA, GUIDA.

1114.
Tener compagnia, Accompagnare.

S'accompagna chi va; si tiene compagnia a chi va o a chi sta. Si accompagna pure andando vicino e dietro; si tiene compagnia discorrendo, ajutando, confortando. Lo sbirro accompagna, ma non tiene già compagnia. La spia vi tiene compagnia, ed è peggior dello sbirro.

1115.
Accompagnatura, Accompagnamento.
Accompagnamento, Scorta, Guida.

Accompagnatura, che il garzone gabelliere fa delle merci; *accompagnamento* musicale; gli usi qui non si scambiano. Accompagnatura de' carcerati fatta dagli uomini della giustizia; accompagnamento alle spose.

Scortasi a guardia, a difesa. La *scorta* può essere accompagnamento magnifico o modesto; ma ha sempre seco l'idea della forza occorrente a difendere lo scortato o ad impedire che fugga. Scorta di danaro e di robe, dicesi; perchè cotesta, al tempo che corre, è sovente, o è tenuta, delle più valide forze. Scorta ha pure senso prossimo a *guida*, secondo l'origine, *scorgere*, *corrigere*, *regere*; ma ci sta sempre sotto, più o meno evidente, l'idea della forza.

1116.
COMPAGNIA (TENER), FAR COMPAGNIA.

Tenere non è sempre *far compagnia*; la si tiene anche stando in silenzio, anco in disparte o invisibile. Lo Spirito custode dell'uomo gli tiene compagnia ovunque egli vada; la servente tiene compagnia alla padrona ammalata, o di convulsioni o di boria, e non prende parte al colloquio, se non per ubbidire al comando. L'amico fa compagnia, assistendo con la parola e con l'opera. Intanto che un seccatore vi si appiccica tenacemente, per

---

(1) VEGEZIO: *Come tra i pedoni la schiera divisa s'appella centuria, e contubernio ovvero manipolo; così tra' cavalieri è detta turma, ed ha in una turma trentadue cavalieri.*

(2) MACHIAVELLI: *I Romani dividevano la loro legione, ch'era composta di cinque in sei mila uomini, in dieci coorti.*

tenervi compagnia, voi ricorrete ai vostri pensieri, che vi facciano compagnia dentro.

1117.

COMPAGNO, Camerata, Compagnone, Compare, Collega, Confratello, Sodale.

Compagno è più generale ; *camerata* è il compagno militare. *Compagnone* si unisce, per lo più, a qualche epiteto, come *buono, gioviale,* o simile ; e dice appunto, un compagno che sa reggere alla celia, tener desta la brigata (1). Buon compagnone in conversazione, può essere un tristo compagno in viaggio. Fra i camerati si risica di trovare quello che moralmente si chiama un cattivo compagno.

— A significare persona che vivasi in famigliare eguaglianza, il popolo dice anco *compare*. *Comare* dicono tra loro le donne nel medesimo senso ; ma quando un uomo dice : la comare, par che dica qualcosa di più e di troppo. — CAPPONI.

— *Confratello,* più propriamente, di corpi religiosi ; *collega,* di chi è chiamato ad operare, o a vivere insieme con altri : confratello, d'una confraternita ; collega, in un collegio, in una scuola, nella scienza, nella deputazione e nei magistrati. — BEAUZÉE.

Sodale è latinismo inusitato. Dante usò *sodalizio,* che rimase, in senso di confraternita religiosa, o avente del religioso ; ma anche così, rado assai. Del resto, notate come quel *sodalis,* che ai Romani aveva senso sovente di ignobile famigliarità, nel verso di Dante acquisti nobiltà quasi divina : « O sodalizio eletto alla gran cena Del benedetto Agnello! » E così le parole *eletto, cena, benedetto, agnello,* e tant'altre dal cristianesimo ricreate.

1118—1122.

COMPENSARE, Ricompensare, Risarcire. Rimunerare, Ricambiare, Rimeritare, Retribuire, Guiderdonare.

1118.

Ricompensare , Ricambiare , Rimeritare , Rimunerare , Retribuire , Guiderdonare.

— *Ricompensare,* rendere l'equivalente (2) a chi ha prestato servizio, o fatto piacere, o ha per noi sofferto (3) incomodo (4) o danno (5). La ricompensa suppone certa esattezza; suppone merito vero; suppone il potere di ricompensare; suppone compenso reale a reale servigio.

Si *ricambia,* anche con odio, con isconoscenza; o si ricambia in modo inuguale; si ricambiano anco le menome gentilezze, le apparenze del favore; si ricambia e in bene e in male. L'idea di *cambio* è più generale.

Rimeritare non ha senso altro che buono; suppone il merito d'azione piacevole od utile. Si rimerita dando altrettanto, a un dipresso. Il *rimunerare* è più gratuito. Si può ricompensare il merito, senza sentirne la parte inestimabile, ch'è l'intenzione e l'affetto; si può ricambiare un favore, senza quasi conoscerlo, con mere cerimonie; per rimeritarlo, conviene conoscerlo veramente, e avere i modi di degnamente *retribuirlo.*

Guiderdonare è meno usitato. Si guiderdona anche un atto che non è in servigio di chi dà il guiderdone; gli è piuttosto un premio, che ricompensa, o compenso. Si guiderdona con certa soprabbondanza, e anche con modi diversi affatto dalla natura dell'atto guiderdonato. — ROMANI.

1119.

Rimunerare, Rimeritare.

— Nella *rimunerazione* la ricompensa pare, ordinariamente, maggiore (1) del merito; nel *rimeritare* è più parità tra l'atto e la ricompensa. La potestà giusta rimerita ; la clemente, rimunera. — A.

1120.

Ricompensare, Compensare.

— Si *ricompensa,* più propriamente, il merito, si *compensa* il danno; ma gli usi si scambiano. Nondimeno ci si può stabilire differenza. Dicendo: ricompensare d'un danno, d'un incomodo, intendo che tale danno o incomodo sia quasi un merito degno di ricompensa; intendo, inoltre, che nella ricompensa il compenso sia soddisfacente, compiuto.

Diciamo: ricompensare, e la persona e la cosa; compensar la persona, no, ch'io sappia.

Che il compenso sia talvolta inadeguato, lo prova la frase *per compenso,* che vale: precaria e inegualissima sostituzione. — ROMANI.

1121.

Ricompensare , Risarcire.

— Si *ricompensa* la fatica, l'opera anco piacevole, l'intenzione buona; *risarciscesi* il danno. — VOLPICELLA.

1122.

Risarcire, Compensare.

— Si *risarcisce* danno o ingiuria; si *compensa* danno, ingiuria, incomodo, noja, servigio. *Risarcire* è più legale, più secondo il diritto. Il risarcimento soddisfà alla legge o all'opinione; il compenso può essere insufficiente, e può essere soprabbondante. — ROMANI.

1123—1128.

COMPENSAZIONE, Compenso. Premio, Guiderdone. Portare il premio, Riportarlo, Ottenerlo. Ottenere, Conseguire. Premio, Mercede. Premio, Taglia.

1123.

Compensazione, Compenso.

— La *compensazione* è l'atto; il *compenso,* è l'atto, e la cosa data o ricevuta per restituire la mancante uguaglianza. Poi, *compenso* ha altri sensi: rimedio, riparo, e simili. — GATTI.

1124.

Premio, Guiderdone.

— Il Testi, in quel memorabile poemetto che ha scritto in fronte: L'Italia: « Forse i titoli vani onde son piene Le mie città, l'ampie promesse in cui Fondano i forsennati ogni lor spene, Miei guiderdoni estima e premii sui? » *Guiderdone,* fa pensare più direttamente a chi lo riceve. — POLIDORI.

---

(1) CRON. MOREL.: *Era compagnone da godere, lieto e di buona condizione.*

(2) *Con-penso, pendo.*

(3) BOCCACCIO: *Compensare l'ingiuria fatta con onori e con doni.*

(4) FRA GIORDANO: *Ricompensa delle fatiche.*

(5) ALAMANNI: *Come potrei ricompensarvi mai Del mal che in voi dal mio fallir deriva?*

(1) *Munus.*

— Guiderdone può essere *premio* più in grande; un meschino guiderdone par non si possa immaginare; onde abbiamo *premiuccio*, nella lingua parlata, che manca all'altra voce. Più, parlando di premii o affatto materiali, o non irreprensibilmente assegnati, *guiderdone* non cadrebbe bene, cred' io. Al palio, si dà un premio di tanti zecchini al padron del cavallo che vince; quello non si direbbe guiderdone. Il guiderdone deve corrispondere al merito; e quando, d'un malvagio colpito dal gastigo, diciamo: gli ha avuto il premio ch'e' meritava, nessuno porrebbe l'altra voce; che, del resto, è men frequente. — MEINI.

1125.
Portare il premio, Riportarlo, Ottenerlo.
— Si *porta il premio*, la palma, anco senza rivali; si *riporta* là dove è concorso. Elena portò la palma della bellezza, ed era da tutti lodata come la più vaga dell'età sua. Pindaro, dicono, porta la palma su tutti i lirici dell'antichità; Corinna riportò sopra Pindaro stesso la palma.
Ottenere il premio, dicesi, per lo più, di chi l'abbia riportato, con la fatica almeno. È locuzione più modesta, e però dove si tratti dei premii della virtù, più propria. — FAURE.

1126.
Ottenere, Conseguire.
— *Ottenere* riguarda cosa chiesta o desiderata; *conseguire* pare più generale. — ROMANI.
Conseguire può essere più speculativo. Si ottiene una cosa anco appena chiesta; *conseguirla*, indica, talvolta, più lunga ricerca (1). Un chimico fa un'esperienza, e ottiene i tali risultamenti; qui *conseguire* non entrerebbe. Si può pregare un terzo che ci ottenga tal cosa da un potente, interponendo la sua autorità; non si direbbe: pregare uno che ci consegua una grazia. — MEINI.

1127.
Premio, Mercede.
Il *premio* si dà, non a compenso di fatica, ma a ricognizione di merito; la *mercede*, al lavoro. E anche quando *mercede*, per estensione, acquista senso più affine a *premio*, sempre ne differisce un po', in quanto che la mercede, sempre più simile al pagamento, fa l'uomo indenne, per dir così; il premio, anzichè retribuire, compensa onorando. La lode è premio per sè sola; il bene altrui, al buono, ampia mercede d'ogni fatica e d'affanno. Dice Iddio all'uomo: I' son tua mercede ampia assai.

1128.
Premio, Taglia.
La *taglia* è il prezzo che si promette o si paga a chi ammazza o prende assassini o ribelli (2), o bestie nocive. Talvolta chi riceve la taglia è più assassino di quello sul cui capo essa è imposta. Taglia è, dunque, una specie di *premio*. C'è de' premii (anche accademici) tanto disonorevoli, che meritano quasi il nome di *taglia*.

1129.
COMPENSO, RIPIEGO.
— *Compenso* è risarcimento o riparo di danno, passato o presente, ed anco avvenire; *ripiego* è per prevenire il male futuro, o per togliere via il presente. *Ripiego* non riguarda, propriamente, come *compenso*, il passato. — ROMANI.

1130.
COMPENSO, ESPEDIENTE, RIPIEGO.
— *Espediente*, qualunque cosa giovi (1) a vincere un impedimento, ad agevolare l'atto, il discorso, il pensiero. *Ripiego*, ciò che giova ad eludere il male, o a cansarlo. — GATTI.
— *Espediente*, quel che conviene, per trarsi d'impaccio, per andar più spedito alla meta; *ripiego*, quel che serve a vincer l'ostacolo o ad evitarlo, piegando da un'altra parte. L'espediente vince la resistenza; il ripiego torce il cammino, per non la incontrare. — AMBROSOLI.
— Notiamo tuttavia che l'uso più comune suole allargare alquanto il significato della prima voce, e restringere quello della seconda. *Espediente* dicesi ogni cosa che giovi allo scopo. *Ripieghi*, d'ordinario, si chiamano quegli artifizii del discorso, o quei partiti che si adoperano a ricoprir un errore, o pronunziato o commesso, e a temperarne gli effetti.
Affine a *ripiego*, ma che più si accosta al valore di *rimedio*, è ciò che i Toscani chiamano *compenso* (2). Buono, cattivo compenso; trovare o pigliar de'compensi, son modi d'uso frequentissimo. — CAPPONI.

1131.
COMPORRE, FORMARE.
— Si *forma* o dando forma all'oggetto, o riducendo più oggetti in uno, sotto certa forma; si *compone*, riducendo più oggetti in uno, congegnando insieme più corpi o più persone o più idee con un certo fine. *Comporre* è più generale; si compongono, non si formano, dei medicamenti e dei versi. — ROMANI.
— Di più cose si compone una; si compone congiungendo elementi varii. Si forma anco senza comporre. — GATTI.

1132.
COMPOSIZIONE, COMPOSTO, COMPOSTA.
— *Composizione*, e dell'atto del comporre, e della cosa che n'esce; e dell'opera intellettuale, e della manuale; e di quella che la natura fa, e di quella che l'arte. *Composto* ha senso più materiale che altro. *Composta*, dicesi, di commestibili, frutta e simili, condite o conservate nello zucchero o in liquore dolce. — GATTI.

1133.
COMPOSIZIONE, COMPONIMENTO, ACCORDO.
Composizione ha senso e intellettuale e corporeo; *componimento*, letterario soltanto: composizione chimica, medicinale; composizione musicale. *Composizione*, parte essenziale della pittura e della scultura. Composizione in versi e in prosa; e questo dicesi pure componimento. *Composizione*, per accordo, ha senso evidentemente distinto; e dicesi anche *componimento*, che meglio significa l'atto d'accordarsi, dove *composizione* significa anche l'effetto. — A.

1134.
COMPRENDERE, ABBRACCIARE.
Una provincia *comprende* tali e tali città, non le abbraccia; una città *abbraccia* tante miglia, non le com-

---

(1) SEGNERI: *La conseguissero a forza di mille prove.*
(2) SACCHETTI; VARCHI.

(1) *Expedit*, contrario d'*impedit*.
(2) L'idea di *compenso* non inchiude soltanto il rifare e lo scemare del danno, ma ogni specie, se così posso dire, di contrappeso, e al danno e all'incomodo e al dolore e alla noja.

prende. Un trattato abbraccia più scienze; una scienza comprende i sommi principii dell'altre. Sotto la voce *governare* io comprendo l'educare e il non fare. L'idea di sovranità abbraccia le idee di dovere, ancor meglio che le idee di diritto.

1135.

COMPRENDERE, CONCEPIRE.

— Diremo che *concepisce* il poeta i suoi fantasmi; non: che li *comprende*. — NESI.

1136—1137.

COMPRENDERE, INTENDERE, CONCEPIRE.
INCOMPRENSIBILE, NON INTELLIGIBILE.

1136.

Intendere, Comprendere, Concepire.

— *Intendere* riguarda, più specialmente, il significato delle parole; *comprendere*, la natura delle idee; *concepire*, l'intero, l'ordine, le conseguenze: intendere una allusione; comprendere una dottrina; concepire un disegno. S'intendono le lingue; si comprendono le teorie scientifiche. È difficile intendere scienze oscure, comprendere principii astratti, concepire l'ordinamento di un libro confusamente scritto. Per bene intendere, vuolsi ingegno acuto; per ben concepire, intelletto regolato. L'uomo esperto del mondo intende il linguaggio delle passioni; l'uomo versato ne' libri comprende le più ardue dottrine, ma non sempre sa concepire il disegno d'un libro piacevole. Non tutti intendono le cose delicate, né comprendono le sublimi, né concepiscon le grandi. — A.

1137.

Incomprensibile, Non intelligibile.

— L'espressione *non è intelligibile*, o perchè oscura, o perchè imperfetta, o perchè non è pronunziata o scritta in modo chiaro. L'espressione, il discorso, la cosa è *incomprensibile* per l'insufficienza della mente a comprendere. Il primo è difetto; l'altro può essere pregio sommo. — BEAUZÉE.

1138.

COMPRENDERE, INTENDERE, CONOSCERE, PERCEPIRE.

— *Comprendere* è più d'*intendere*; *conoscere* è or meno, ora più d'esso *intendere*. Si conosce la cosa tanto da distinguerla dalle altre simili, e da potere alla impressione, rinnovata o per il senso o per la parola, ricorrere alla serie d'idee nella quale la si trova per noi collocata.

Percepire non dice se non il ricevere (1) che fa l'intelletto la cognizione, la comprenda o no appieno. — ROMANI.

1139—1141.

COMPRENDERE, CAPIRE.

CAPIRE, INTENDERE.
CAPISCE? CAPISCE LEI?
CAPISCE LEI? INTEND'ELLA?
INTENDIMENTO, INTELLIGENZA.
INTENDO, HO INTESO.
CAPIRE IL, IN.
CAPE, CAPISCE.
CAPIRE, ENTRARCI, ARRIVARCI.
CI ENTRO, MI ENTRA.
PENETRARE, SFONDARE.
PENETRAZIONE, CONOSCENZA.
AL FONDO, A FONDO, IN FONDO.

---

(1) *Capio.*

1139.

Comprendere Capire.

— *Capire* è ricevere in sè le idee che altri ti presenti: si capisce una dimostrazione, un discorso.

I verbi affini denotano tutti una seconda operazione; quella che immedesima l'altrui pensiero col nostro, e che lo feconda. — CAPPONI.

1140.

Capire, Intendere.
Capisce? Capisce lei?
Capisce lei? Intend'ella?
Intendimento, Intelligenza.
Intendo, Ho inteso.
Capire il, in.
Cape, Capisce.

Capire è più famigliare; e però, in certi casi, men riverente. Dire a uno, dopo avergli parlato, *capisce?* non è bel complimento. Meglio: *intende?* che può riguardare, non la capacità della mente di chi ascolta, ma il senso quasi corporeo ricevuto dalle parole, onde non è insolenza domandare se le siano intese. Quando poi dicesi: *Capisce lei?* allora suona o rimprovero o avvertimento severo, e fors'anco minaccia. E di qui vedesi la necessità del non ismettere né l'*ella* né il *lei*; perchè dire *intend'ella* non è punto insolente; ma unirci il *lei*, anco all'*intende*, sebben sia un po' meno che il *capisce*, è già una mezza bravata.

Quando assolutamente diciamo *non capisce*, neghiamo a quel tale capacità di mente a ricevere qualsiasi cosa, almeno di quel genere di cui si ragiona; *non intende*, riguarda segnatamente tali o tali parole o senso di quelle. Ed è men biasimo e spregio, anche per questo, che nell'intendere ha parte l'azione, cioè la volontà; onde il negare l'*intendimento* di tale o tal cosa non è sempre un negare l'*intelligenza*; dove il negare che altri capisca, è un dire che il vaso è angusto e mal formato, un fare quasi disperata la cosa.

E però, più modesto è dire *capisco, ho capito*, che *intendo*. Anche *ho inteso* è più modesto d'*intendo*, perchè pare riguardi più il suono che il senso, più il senso ovvio che il riposto; pare riguardi più l'intelligenza di quello che si tratta, che non in genere l'intendimento.

Il Petrarca: *Mio ben non cape in intelletto umano*. Altr'è che la grandezza dell'idea sia tale da non poter nella mente capire; altr'è che la mente, per angustia e non sempre senza colpa, o di negligenza o d'ignoranza vincibile, non capisca quel che altre menti capiscono comodamente, e che essa stessa potrebbe e ha potuto.

Capisce, dicesi oggidì in senso affine ad *intende*. *Cape*, in più d'un dialetto, o *contiene*, o piuttosto *essere contenuto*. Non si dice che il tal capo cape in tal altro, ma che questo in quello.

1141.

Capire, Entrarci, Arrivarci.
Ci entro, Mi entra.
Penetrare, Sfondare.
Penetrazione, Conoscenza.
Al fondo, A fondo, In fondo.

Arrivarci, del pervenire e ad intendere e a dire e a fare; presa l'imagine dal raggiungere un punto, o con la naturale statura, o con arte e sforzo. Quando si tratta dell'arrivar colla mente, gli è meno che *entrarci*, perchè pare dipinga punto men prossimo, e il semplice raggiungere l'oggetto in un punto; dove l'*entrarci* dice da sé intelligenza più intima. *Capire* è più famigliare, ripeto, e dice or più or meno, secondo i casi e l'accento del profferirlo. A certe grandezze, come a certe piccolezze, non ci si arriva; anco certa bestialità è inarrivabile; a certe dottrine può arrivarcisi, ma per entrarvi, richiedesi studio e tempo; molti arrivano, pochi entrano; taluni si credono d'essere entrati, e danno del capo negli spigoli.

La cosa m'entra, vale: io la capisco, in modo da poterne poi essere persuaso. Gli è il principio della persuasione. *Io ci entro*, vale: comincio a vedere più che la superficie dell'oggetto.

Penetrare, con l'imagine stessa, denota di più. Ma taluni abusano della voce *penetrazione*, per indicare, non l'atto dell'intelligenza ma la facoltà e l'abito dell'intendimento. Io direi: ingegno penetrante, non: penetrazione dell'ingegno, e molto meno: dell'uomo. Direi: penetrazione delle dottrine, de' segreti, cioè l'attuale conoscenza alquanto intima, e l'atto del prenderla.

Questo i Francesi chiamano *approfondir*; e certi Italiani (che poi tacciano i Francesi di leggerezza) fedelmente ripetono *approfondire*, che non è bello, perchè lungo, perchè l'uscita in *ire* men propria, perchè par che dica non andare a fondo, ma far più profondo. Il popolo toscano dice *sfondare*; ed è bello, in bocca di gente semplice, questo veramente profondo significato. Una povera femminetta vi dirà di quell'uomo; che non isfonda; cioè leggiero ne' suoi discorsi e di mente e di lingua.

Dante disse: *Color che ragionando andaro al fondo*. Ma ora *al* direbbesi piuttosto, in senso corporeo, del fondo di uno spazio pieno o vuoto; *a*, piuttosto, in senso spirituale, quando non si comprenda il costrutto, dicendo, per esempio: al fondo della dottrina, o simile. Se non che, quando il moto non tocca il fondo, ma s'indirizza verso quello, *a* cade meglio, onde Dante: *Per ficcar lo viso a fondo... non vi discernea veruna cosa*. Non lo ficca al fondo dacchè non vi discerne nè il fondo nè altro. *In fondo*, sovente, dicesi della fine. Andar fino in fondo di un discorso, d'un libro, d'operazione qualsiasi.

1142.
COMPRENDERE, RACCOGLIERE.

Il *comprendere*, può essere quasi immediato; il *raccogliere* è un comprendere, dopo aver messo insieme le circostanze, le notizie, le parti dell'idea da comprendere. D'idea semplicissima non diremo *raccogliere*. Chi cerca di comprendere o di far comprendere lo stato d'un popolo, senza raccogliere dagli scritti del tempo quelle minute notizie che la storia finora, troppo superbamente, ebbe a sdegno, e'inganna e inganna.

1143 - 1150.
COMPRIMERE, PREMERE, PIGIARE, PESTARE, AMMACCARE, ACCIACCARE, SCHIACCIARE, STRINGERE, CALCARE, CALZARE.
PESTO, PESTATO.
PESTO, MACOLATO, MACOLO, MAGAGNATO.
MAGAGNA, MARACHELLA.
PIGIARSI, AFFOLLARSI, CALCARSI, ACCALCARSI, PREMERSI.

1143.
Comprimere, Premere, Pigiare, Pestare, Ammaccare, Acciaccare, Schiacciare, Stringere.

— *Comprimere*, premer con forza; *pigiare*, premer or più or men leggermente. Si pigiano gli uomini, in una folla; si pigia un uscio, un corpo molle, un dito; si pi-

giano l'uve co' piedi, per farne vino. Si pigiano cose anche molli; si *pestano* cose dure. Si pesta per tritare, si pesta per battere.

Si *ammacca* quando si guasta la superficie d'un corpo (1), e quando la s'infrange (2). Si *acciacca* ammaccando di forza, facendo piatta la superficie, scomponendo la mole (3).

Schiacciare esprime la forte compressione di corpo solido sopra altro corpo men duro, il quale dal peso e dalla forza maggiore perde la prima figura, e si slarga in parte o in tutto (4). — ROMANI.

— *Premere* ha sensi più varii di *comprimere*. Si può comprimere in un punto solo; si preme, d'ordinario, largamente, e con tutto il peso: gli affanni, le cure premono l'animo. *Comprimere* ha meno traslati; ne ha uno politico, troppo noto.

Pigiare significa, d'ordinario, compressione più lunga. Lo ammaccare può far visibile il suo effetto in un sol punto della esteriore configurazione; l'*acciaccare* l'altera tutta quanta; *schiacciare* la distrugge. Quindi: schiacciare le noci; schiacciarsi il capo, e simili; che, ne' traslati, è: infrangere con forza grande e irreparabile. — CAPPONI.

— Si *stringono* le cose compresse, le pestate e le ammaccate, talvolta: l'uva pigiata si stringe allo strettoio. — LAMBRUSCHINI.

1144.
Acciaccare, Ammaccare.

— *Acciaccare* è più forte. Per ammaccare corpo non sodo, basta pigiare un po'; poi, s'ammacca un corpo a poco a poco, per cause insensibili. Onde: gli acciacchi dell'età. *Acciaccare*, talvolta, è l'effetto del forte ammaccare. — A.

1145.
Acciaccare, Pestare.

Acciaccare, infrangere, soppestare, dividere alla grossa, bricciolare col mazzuolo o nel mortaio col pestello, qualche materia piuttosto dura, come lo zuccaro, il pepe, il sale, i cui frantumi si vogliono lasciare grossetti anziché no. Dicesi pure: acciaccare le noci, le mandorle, le pine, o sfacciarle; ed è quell'infrangerne il guscio con mazzuolo o con altro, per cavarne il gheriglio, l'anima, o il seme.

1146.
Calcare, Calzare.

— Il primo è far forza, premendo, per lo più, d'alto in basso; l'altro, in ogni verso, e anche di sotto in su: calcare il cappello sul capo; calzare un paio di scarpe. Poi, si calca, perchè un corpo, cedendo o ristringendosi, possa capire in un altro; si calza, affinchè e' si dilati, e dia luogo a quello che deve riceverlo. Calcasi il tabacco nella scatola. — POLIDORI.

— *Calzare* ha significati ove non andrebbe *calcare*. Nel neutro: una scarpa calza bene, sta bene. Nel traslato: questa parola ci calza; l'argomento calza, è calzante. *Calzare* si usa anco per: frammettere un sasso o un legno (una calzatoja) fra un piano e un corpo rotondo,

---

(1) BOCCACCIO: *Tanti pugni le diede, che il viso le ammaccò.*
(2) REDI: *Due grosse radiche... si ammaccano gentilmente tra due pietre.*
(3) RICETTARIO FIOR.: *Il seme nel navone l'acciacchiamo nel mortajo.*
(4) MAGALOTTI: *La palla venuta dall'alto si troverà meno schiacciata dell'altra.*

come ruota o botte, perchè non giri o rulli da sè. — LAMBRUSCHINI.

1147.
Pesto, Pestato.
— Il primo riguarda più lo stato; il secondo, l'atto: occhi pesti, viso pesto, carta pesta, carne pesta; erba pestata nel mortajo. — VOLPICELLA.

1148.
Pesto, Macolato, Macolo, Magagnato.
Macolato, fortemente pesto, e dicesi anche *macolo*; come *pestato* e *pesto*, *rincontrato* e *rincontro*. Chi è macolato, è pesto in modo da sentirsene addosso il dolore: uno ritorna tutto macolo da una gran folla che l'ha mezzo schiacciato. Frutta macolate, quelle che per grandine o pioggia veemente, o caduta o colpo, si trovano alquanto guaste al di fuori.

Pesto è più generale. Si pesta tritando, ammaccando, battendo, scalpitando, sbacchiando (1). Tutto pesto, chi si senta tutto indolorito nella vita, o per reuma o per colpo d'aria o per istanchezza; macolato, solamente da busse o da urti.

Magagnato dice guasto interiore. La frutta è macola se cade; è magagnata se ha il baco (2). Pianta magagnata, che nelle radici o nel tronco non è qual dovrebbe per fare buon frutto (3). Uomo tutto magagnato vale: malsano dentro, sebbene di fuori non paja (4).

E appunto perchè magagna è male nascosto, perciò diciamo: scoprire l'altrui magagne (5), curare, e simili. Chi ama palesare le magagne altrui, state certo che in qualche parte è magagnato egli stesso.

1149.
Magagna, Marachella.
D'una persona sola, dicesi che ha le sue *marachelle*; scoprirgliele, e simili; sempre in senso morale, e civile in quanto morale. *Magagna* si stende a ogni macula e difetto de' corpi, e degli spiriti e della fama; e ha più derivati, ed è meno famigliare.

1150.
Pigiarsi, Affollarsi, Calcarsi, Accalcarsi, Premersi.
In moltitudine fitta, cose e persone si *pigiano*, pur che si tocchino, in maniera da impedire l'una all'altra il movere per ogni verso; e si pigiano anche più strettamente; e l'una pigia l'altra.

Può esserci *folla* di persone (questa, di persone specialmente) senza che si pigino; e possono anco due corpi pigiarsi o l'un dei due pigiare senza essere pigiato, senza che ci sia moltitudine. Può la folla essere senza calca.

La *calca* è d'uomini o d'animali. Uomini e animali che s'accalcano, si pigiano più o men forte, e s'impediscono massime dalla parte de' piedi. Possono accalcarsi senza calpestarsi; questo è un mettere o risicar di mettere il piede o il calcagno o il calcio dell'uno sopra o contro quello dell'altro. Si calcano l'una con l'altra anco cose.

Premersi è men famigliare di *pigiarsi*, e ha più traslati. Nel proprio, si fa e in una folla e fuori di folla. Quanto alla forza, la pressione può essere or più or meno. Degli altri, il solo *affollarsi* ha traslati usitati.

1151.
COMUNE, PUBBLICO.
— *Pubblico* è l'opposto di *privato*; *comune*, di *proprio*. Può la cosa essere pubblica e non comune; come una nuova, uno scritto. E anche quando si tratta di proprietà, *comune* differisce da *pubblico*. Un fondo pubblico può essere all'uso dello Stato, e però non comune. La cosa può essere comune a molti, non pubblica. — ROMANI.

Della cosa comune l'uso è per tutti; la proprietà, in quanto all'uso, è di tutti. Comune l'aria, l'acqua, de' fiumi, e simili. Pubblico è ciò che si trova nel comune uso o dominio di tale o tal città, che non può da nessuno de' cittadini occuparsi; come: pubblico teatro, tempio, via, piazza. Le cose pubbliche sono comuni, non già a tutti gli uomini, ma ai cittadini. Delle cose pubbliche l'uso è più limitato che delle comuni: voi potete far pascolare i vostri animali nel campo comune; non potete levare i ciottoli della strada pubblica, le statue d'una pubblica piazza.

1152.
COMUNE, COMUNITÀ.
— *Comune*, più spesso del corpo civile, del municipio, della repubblica; *comunità*, e del corpo civile, e di società religiose. *Comunità* dicesi quello, non queste comuni. — GATTI.

1153—1154.
COMUNICAZIONE, COMUNIONE.
RACCOMUNARE, ACCOMUNARE, COMUNICARE.

1153.
Comunicazione, Comunione.
Il secondo è più. La *comunicazione* può essere di piccola particella; la *comunione* è del tutto, o quasi del tutto. Altro è la comunione de' beni, altro la comunicazione che si fa della ricchezza, per via del lusso e de' vizii de' ricchi. Altro è la comunione delle donne, altro la comunicazione de' segreti amorosi tra donna e uomo.

Nella comunione eucaristica è la più intima e compiuta comunicazione dello spirito colla divinità in questa terra.

1154.
Raccomunare, Accomunare, Comunicare.
— *Accomunare*, mettere a comune le cose di parecchi; si accomunano le forze, i beni. *Raccomunare*, tornare a far comune quello ch'era divenuto particolare o dei particolari; si raccomunano anche le persone, quando si riuniscono insieme: « fecionvi due ricetti, a modo di due castella; e poi, crescendo gli abitatori, si raccomunarono insieme (1). »

Comunicare, far comune qualche cosa con altri, e divenir partecipe o entrare a parte di qualche cosa. E noi possiamo far comuni altrui i nostri pensieri, le cognizioni; dar notizia di qualche cosa ad altri; praticare con

---

(1) DANTE: *Perchè mi peste?* (coi piedi) - RICETTARIO FIOR.: *Rose allora peste*.
(2) PROVERBIO TOSCANO: *Essere come la castagna; buona di fuori e dentro ha la magagna*.
(3) CARACENZIO: *Quando metti la pianta dentro alla fossa, taglierai dalle radici quello che troverai magagnato. - Il loro granello sia trasparente; e se alcuno ve n'avesse magagnato, se ne tragga.*
(4) LIB. CUR. MAL.: *Fievoli per magagnatura delle viscere affaticate.*
(5) DANTE: *Uomini ... pien d'ogni magagna. - Vedi l'oppressura De' suoi gentili, e cura lor magagne. - LIPPI: Scopre la di lui magagna.*

(1) PECORONE.

persone diverse: e in tutti questi casi diciamo *comunicare*. — T. PENDOLA.

1155.

COMUNIONE, SOCIETÀ, PROMISCUITÀ.
COMPASCUO, SERVITÙ DI PASCOLO.

— La *società* è un contratto col quale una o più persone consentono di porre qualche cosa in comune, col fine di partire fra loro il guadagno.

La *comunione*, o comunanza, consiste nel dominio o possesso di cosa che sia comune fra due o più persone, senza che vi sia stato fra loro contratto. Più fratelli che dopo la morte paterna continuano a possedere indiviso il patrimonio comune, non si vuol dire che sian socii, ma che vivono in comunione.

La *promiscuità* è una comunione anche essa; ma questa voce è usata a denotare il godimento in comune dei pascoli, de' boschi, e delle terre demaniali, fra gli abitanti di due o più municipii.

Compascuo dice la comunanza del pascolo fra tutti gli abitanti d'uno stesso comune, sulle terre loro. Il *compascuo* differisce dalla *servitù di pascolo* (*jus pascendi*), in ciò: che il compascuo è reciproco; e la servitù del pascolo è attiva dalla parte di colui che ne gode, e passiva in colui che la soffre. — DE TOMMASIS.

1156—1161.

CONDURRE, GUIDARE, MENARE, DIRIGERE, INDIRIZZARE.
DIREZIONE, GUIDA, SCORTA.
SCORTARE, ACCOMPAGNARE.
RICONDURRE, RIMENARE.

1156.

Condurre, Guidare, Menare, Dirigere, Indirizzare.
Direzione, Guida.

— *Guidare* è insegnare la via, e rischiararla; *condurre*, accompagnare in cammino, o precedere di poco, trarre a sé o con sé chi ci va; *menare*, condurre per mano, o far andare, farsi seguire, trarre con sé. Guida chi dirige il moto; conduce chi lo governa; mena chi ha in signoria la cosa o il movimento di lei. Si conduce e col comando, e coll'insegnamento, e coll'accompagnatura; si mena coll'autorità, colla forza. *Condurre* toglie talvolta da *guidare* l'idea dell'insegnamento; da *menare*, l'idea dell'impero. La ragione ci guida mostrando il da farsi; ci conduce, facendoci fare, accompagnandoci nell'opera nostra. — ROUBAUD.

— Quando dico che la ragione deve *indirizzare* i nostri affetti, intendo della prima mossa, la quale debb'essere retta. Quando dico che la ragione deve *guidare* le nostre operazioni, intendo della parte che deve prendere la ragione in ogni atto della volontà nostra, in tutti i particolari dell'opera.

Un consiglio è *direzione*, quando segna la linea da seguire; i consigli ci guidano, quando a ogni nuovo bisogno, a ogni, se così posso dire, svoltata, sono presenti per nuovamente dirigerci. La *direzione* insegna la via; la *guida* la rende meno o più dilettevole, o agevole, o sicura. Una carta geografica dirige il viaggiatore; un itinerario gli è guida. — FAURE.

1157.

Guida, Scorta.

— La *scorta*, sovente, a difesa (1). Una persona sola basta a guidare; a scortare, di rado; e quando la scorta guida, lo fa, non solo per insegnargli il cammino, ma per assicurarlo e alleggerirne la pena (1).

Nell'idea di *guida* è l'idea di superiorità, in quanto la guida sa quello che il guidato ignora o sa male. Nell'idea di *scorta* è piuttosto l'idea di compagnia soccorrevole e subordinata. — ROMANI.

— Si può prendere scorta, anche quando non s'ha bisogno di guida. — GHIGLIONE.

1158.

Guidare, Condurre.

— La *guida*, ripeto, mostra la via; chi *conduce* può anco non la mostrare, o il condotto non aver bisogno di chi gliela mostri, o non volere chi tanto faccia per lui; come chi è condotto in prigione. — GHIGLIONE.

1159.

Guidare, Dirigere.

— Si *guida* accompagnando: si *dirige* uno anche senza muoversi, con la voce, con lo scritto, co' cenni.

Dirigesi un istituto, non si guida. *Dirigere* ha comune origine con *rettitudine*; laddove non è rettitudine, direzione non è. — NERI.

1160.

Scortare, Accompagnare.

— S'*accompagna*, per onore, per affetto, per genio di stare insieme, per complimento, per caso, per guardia; Si *scorta*, propriamente, per guardia, per sicurtà. — GIRARD.

1161.

Menare, Ricondurre, Rimenare.

— *Menare*, quasi condurre a mano. Menare un ragazzo, un cieco, dicesi meglio che: condurre. I due derivati conservano simile differenza.

Riconduzione, poi, è nuovo affitto di podere; ed è anco il trasportar che si fa, ne' Monti, un pegno da una ad altra condotta, pagati i frutti, senza sborsare il capitale. Nel traslato, *ricondurre* è più comune dell'altro: ricondurre il pensiero; ricondurre a virtù.

Rimenare, per: dimenare qua e là, o molte volte, è dell'uso. — NERI.

— *Menare* è sempre più materiale; però ha meno traslati. — A.

1162—1163.

CONDURRE, ADDURRE, RECARE, PORTARE.

1162.

Condurre, Addurre, Recare, Portare.

— *Addurre*, per la particella *a*, determina meglio il luogo al quale la cosa è recata, condotta; ma nel senso di *condurre* ha uso quasi meramente poetico (2). Ben diciamo traslatamente: addurre un esempio, un fatto, un'autorità, un argomento; e s'adduce, quasi conducendolo al proposito del quale si tratta.

Recare, nel proprio, è portare quasi sopra sé, condurre con sé; onde diciamo: recarsi addosso, in ispalla, e simile. *Recare* ha sensi suoi proprii, parecchi. *Recare*, per ridurre, per attribuire: recarsi ad offesa, a noja, a mente;

---

(1) DAVANZATI: *Rimandi gli ambasciatori con iscorta di cavalli stranieri.*

(1) DANTE: *Come s'affigge Chi va dinanzi a schiera per iscorta, Se trova novitate.*

(2) PETRARCA: *L'anima a cui vien manco Consiglio, ove il martir l'adduce in forse.* - DANTE: *Quel che'l tempo seco adduce.* In questi esempii però non è il medesimo che *condurre*.

recar d'una lingua in altra. E, nel proprio: recarsi in braccio, recarsi le mani al petto, recarsi sopra di sè.

Condurre include più chiare le idee di compagnia e di guida; e quindi di cagione o di causa: condurre, di buono stato in miseria; condursi a dover morire; condurre ad onore la giovinezza delle pulzelle (1); condursi a tale: in questi usi non cade nè *recare*, nè *addurre*. E così, *condursi* nel senso d'*indursi*; così: condurre una pratica, un lavoro; condurre ad effetto.

Si adduce ad un luogo; si conduce, anco senza determinato scopo; si reca sopra di sè. Si adduce, anco senza guidare; si conduce, badando più o meno. — A.

Quando la cosa si porta con qualche strumento o veicolo, si conduce. Le persone si conducono, non si portano, se non si piglian di peso, in braccio, in seno, sul dorso, reggendo, sostenendo. L'asino porta il basto; il re, la corona; il carrettone da morti, un cadavere.

1163.
Recare, Portare.

— Si *porta* addosso, e sopra una lettiga, e sopra un giumento; si *reca* addosso, in collo.

Portare è sostenere alcuna cosa, averne il peso. Si reca di luogo in luogo, dall'una all'altra persona. Chi porta può anche star fermo; nel *recare* è l'idea del trasferire: e però diciamo: recarsi a Roma. Diciamo: recarsi in collo un bambino, ch'è un sollevarlo da terra; e almeno quest'atto è atto di moto. — A.

1164.
CONDURSI, RECARSI, PORTARSI, ANDARE.
CONDURSI, GOVERNARSI, MANEGGIARSI, CONTENERSI.
PORTAMENTI, CONDOTTA, CONTEGNO.
PORTAMENTI, PORTAMENTO.

L'uomo si conduce quando va da sè, per lo più, a un luogo o fine determinato (2); chi è di corta vista, può tuttavia condursi da sè, per vie note. Nel traslato, oltre ai notati modi, del: condursi a credere, a fare; del: condursi a tale o a tal passo o a partito; lo diciamo anco in senso di *governarsi, maneggiarsi, contenersi*; in senso simile usiamo anche *portarsi*. Quindi *portamenti* nel senso di condotta morale o civile; che sa di francese, tutto che molto usitato anco fra noi.

I portamenti, in questo significato, è plurale sempre; *portamento*, non si dice che del modo di portar la persona andando, stando. Ma pare che *i portamenti* riguardino piuttosto gli atti, presi ciascuno da sè; *la condotta*, l'intero. *Il contegno* accenna piuttosto alle forme esteriori e al non fare che al fare.

Governarsi, nel senso affine, si applica alle cose più gravi; *maneggiarsi*, ad operazioni dove abbia luogo industria e fatica e di mano e di mente.

Quanto al *portarsi*, in senso meramente corporeo, per *andare*, io non lo direi francesismo, se *fertur* hanno in simile uso i Latini, e se in Dante la lezione: *Ben mille passi e più ci portamm'oltre*, non è da credere in tanti codici errata. Ma è da usare con parsimonia; e laddove possa intendersi che l'uomo, o per fatica che sostenga, o per altro, porti quasi sè stesso da luogo a luogo. Più semplice sarà il *recarsi*; ma più schietto l'*andare* alla buona, o simile. Il *trasferirsi* è goffo.

---

(1) DANTE.
(2) DANTE: *E, come vivo, par che si conduca*.

1165.
CONFESSARE, PROFESSARE.

— Si *confessa* contro sè; si *professa* per sè, rispetto a sè. La confessione è sovente forzata o almeno non piacevole. Si confessa una colpa; professasi un principio, una credenza, un'arte; questo, dunque, può essere più abituale. Cicerone: « *Confitetur, atque ita libenter confitetur, ut non solum fateri sed etiam profiteri videatur. - Hoc ego non solum confiteor, verum etiam profiteor*. » — POPMA.

— Si *professa* l'arte dello scrivere, si *confessa* di scrivere in fretta.

I martiri confessavano la loro fede; perchè, tenuta dal re e da' grandi quasi misfatto, non era senza pericolo il professarsene credente. Ma poi, *confessore* fu detto quasi a distinzione da martire, intendendo di coloro che la fede confessavano con l'opera e non col sangue; al che pur richiedevasi coraggio in un mondo di calunnia e di scherno. Ma dove cessa il pericolo e la contraddizione, e non resta che l'utile e l'onoranza, ivi la professione della fede stessa risica di farsi mestiere. — A.

1166.
CONFESSORE, DIRETTORE SPIRITUALE.

Non ad ogni confessore può convenir questo nome; coloro che si confessano per mera formalità, non voglion direttore. Qualche persona pia ha il direttore spirituale, oltre al suo confessore; il primo la dirige nella via della perfezione, ed è consultato ne' casi dubbii, quando i consigli del confessore non si crede che bastino.

1167.
CONFONDERE, MESCOLARE, DISORDINARE.

— Non sempre la *mescolanza* fa quella *confusione* che si chiama *disordine*; ma chi mescola cose liquide o minute, non può non le confondere (1) insieme. Si può mescolare con arte, con bella varietà; non così confondere. — GATTI.

1168—1171.
CONFONDERE, MESCOLARE.
MESCOLANZA, CONFUSIONE.
RIMESCOLAMENTO, MISTIONE.
TAGLIARE, TEMPERARE, INTRUGLIARE, MESCERE, DAR BERE.
MISTO, MISTURA, MESTURA.
GUAZZABUGLIO, GUAZZERONE, BUGLIONE.
INTRUGLIONE, IMBROGLIONE.

1168.
Confondere, Mescolare.
Mescolanza, Confusione.
Rimescolamento, Mistione.

— Dov'è *confusione* è *mescolanza*; non sempre viceversa; si mescolano cose insieme che non si possono dire confuse; idee confuse, diciamo, non già mescolate. La mescolanza può esser difetto e non essere. *Confondere* dice più; *mescolamento* ha più sensi traslati. — ROMANI.

— *Mescolanza*, oltre al senso generale di cose mescolate insieme, dicesi, segnatamente, una bevanda composta di più liquori spiritosi, come acquavite anaciata, rosolii e simili, che si vende nelle mescite e da' tabaccai. *Mistione* è l'atto di mescere insieme più cose senz'ordine. *Rimescolamento* dicesi, specialmente, quella turbazione che viene da paura e sbigottimento subiti, da cosa che faccia rimescolare il sangue. — VOLPICELLA.

---

(1) *Fundo*.

1169.
Tagliare, Temperare, Intrugliare.
Mescolare, Mescere.
Intruglione, Imbroglione.
Mescere, Dar bere.

Si *taglia* un liquore con un altro, d'ordinario, per renderlo men forte. Si *tempera* il vino con l'acqua; s'*intruglia* il vino o vi si fanno degl'intrugli, mescolando un vino con l'altro, mettendovi sostanze o non pulite o non sane, per dargli un sapore o un colore che naturalmente e' non ha (1). Si *mescola* insieme qualunque sorta di liquido, o anche più sorta di solidi (2). Certe miscellanee letterarie sono mescolanze più grossolane e più insalubri dell'acquavite che beve la povera gente.

Questo è *mescolare*; il *mescere*, poi, è l'atto di versar da un vaso nel bicchiere o nella tazza un liquido da bere. Si mesce il caffè, il vino, un bicchier d'acqua (3): e dicesi assolutamente: *mescetemi*, sottinteso il resto; e *mescitore*, disse il Monti. Chi *mesce*, dà bere; ma si può *dar bere* senza mescere.

1170.
Misto, Mistura, Mestura.

— *Misto* è più generale; dice un composto, qualunque siasi, di due cose o più, messe insieme, con un fine o senza; *mistura* è il composto di due cose o più, fatte a un fine: misto d'odori nell'aria; mistura di vini. — A.

— Nel proprio, *mestura*; nel traslato, *mistura* piuttosto. Così l'uso odierno. L'Alfieri, parlando della famiglia d'Edipo: « Di nomi orribile mistura E di morti e di sangue. » Orribile mestura, suonerebbe strano. — MEINI.

1171.
Guazzabuglio, Guazzerone, Buglione.

— *Guazzerone* (da *guazzo*, luogo pieno di acqua), mescolanza di cose liquide, per lo più. Magalotti: « Guazzeroni di brodi alterati e d'acque. » In questo senso manca alla Crusca. *Guazzabuglio*, come più usitato, ha senso più vario, e dicesi di qualunque confusione di cose (4). Uno scritto confuso, un affare imbrogliato, gli è un guazzabuglio; il mondo è pieno di guazzabugli; i guazzabugli politici.

Buglione dice confusione di oggetti grandi e di persone. Poi, vale anche il luogo dove confusione si trova. — MEINI.

1172–1174.
CONFONDERE, DISORDINARE, RIMESTARE, SCOMPIGLIARE, SCONVOLGERE, SOVVERTIRE.
PERTURBAZIONE, DISORDINE, SCOMPIGLIO.

1172.
Confondere, Disordinare, Rimestare, Scompigliare.

— Abbiam detto che non ogni *confusione* è *disordine*. E si può avere disordine senza confusione, disordine in oggetti sparsi qua e là, uno lontano dall'altro; e può in tale distanza consistere appunto il disordine.

Si *scompiglia*, disordinando, pigliando, maneggiando, buttando le cose in altro verso e modo da quei che conviene.

Le cose si *rimestano* buttandole di sotto in su, o al contrario; c'è delle cose che giova così rimestare, per renderle atte all'uso loro; ma quand'anco ciò non sia, *rimestare* è meno di *scompigliare*. — GATTI.

1173.
Sconvolgere, Sovvertire.

— Si *sovverte* movendo, per lo più, sotto (1); si *sconvolge* in qualunque sia modo, buttando da dritta a sinistra, di su in giù, di giù in su, turbando come che sia l'ordine della cosa. Cosa sovvertita è più difficile a ricomporsi.

Sconvolgere dicesi e de' liquidi e de' solidi e d'ogni cosa; *sovvertire*, di quelle ch'hanno uno stabile fondamento. Nello sconvolgere è più espressa l'idea di voltare in genere; nello scompigliare, quella di pigliare con mano o con altro, per mutare disordinatamente di luogo; onde lo scompiglio è, per lo più, o pare, opera dell'uomo più diretta; ma per ciò stesso, forse, lo sconvolgimento è più grave talvolta. Si sconvolge il cuore, lo stomaco; non si sconvolge. — ROMANI.

1174.
Perturbazione, Disordine, Scompiglio.

— *Perturbazione* è *disordine* più sentito e più forte. *Scompiglio*, disordine, riguardato più direttamente nella sua causa. — GATTI.

— Può esser nelle cose disordine senza scompiglio; può esservi scompiglio e disordine, senza perturbazione. — POLIDORI.

1175 — 1179.
CONFUSIONE, DISORDINE, TRAMBUSTO, SCOMPIGLIO, TAFFERUGLIO, PARAPIGLIA, BARUFFA, BARABUFFA.
DISORDINARE, SCOMPORRE, TURBARE.
DISORDINE, DISORDINAMENTO.
SCOMPIGLIATO, ARRUFFATO.

1175.
Tafferuglio, Trambusto, Scompiglio.
Scompigliato, Arruffato.

Tafferuglio è di persone e di cose; vale confusione cagionata, sovente, tra persone, da rissa o da soverchio rumore (2); tra cose, dall'averle o tenerle abbaruffate, in disordine.

Il *tafferuglio* è men del *trambusto*. Anche facendo il chiasso, si fa tafferuglio; il *trambusto* è confusione più grave (3), ancorché, talvolta, men clamorosa (4). Quel della guerra è trambusto, non tafferuglio; anco una sola persona agitata, soverchiamente occupata, è in trambusto; il tafferuglio è di molti (5).

---

(1) Trasilatamente: s'intrugliano affari. L'*intruglione* è una specie di *imbroglione* più materialaccio.
(2) BOCCACCIO: *Il Pattolo, mescolante le su' acque piene d'arena d'oro, colle marine.* - CRESCENZIO: *Consolida maggiore... con l'albume d'uovo e buona quantità di farina si mesculi.*
(3) FAZIO: *A chi ha sete è buon ch'uom mesca.*
(4) LIPPI: *E ora pane e cacio e vin procaccia: E fatto un guazzabuglio in una sporta.*

---

(1) *Sub-verto.* MON. S. GREGORIO: *La terra è sovvertita dal fuoco.* - VITE SS. PADRI: *Che il castello non si sovvertisse dall'impeto dell'onde.*
(2) DAVANZATI: *Nerone, per le vie, taverne e chiassi, travestito da schiavo, con mala gente.... faceva tafferugli sconosciuto, sì che ne toccava anch'egli, e ne portò 'l viso segnato.* - VARCHI: *Si trovava, benché vecchio, a' tafferugli, in giuochi e in tresche con giovani.*
(3) BUONARROTI: *Avvezzo alle burrasche ed ai trambusti.*
(4) DAVANZATI: *Essendo la casa del principe in trambusto, per ordine ad Agrippina la morte* (latino: *commotâ principis domo*).
(5) LIPPI: *Gettava gocciolon di questa posta, Per lo trambusto grande ch'ell'ha avuto.*

Nel trambusto, si suppone, non solo agitazione di corpi, ma quella ancora degli animi. Sono le passioni (e talvolta le passioni più molli) che cagionano i più forti trambusti (1). Anco trambusto, però, dicesi di cose; sempre, del resto, è più grave: *tafferuglio* di opinioni letterarie; *trambusto* di religiose e politiche (2).

Scompiglio denota meno disordine che *trambusto*, ma talvolta più serio che *tafferuglio*. Si scompiglia un regno (3), quando l'ordine antico degli uomini e delle cose comincia a turbarsi; una famiglia è tutta in iscompiglio, non solo per cosa che la turbi (4), ma per faccende insolite ch'abbia; una casa è in iscompiglio, quando ogni cosa è sossopra, le robe, gli arnesi non sono al debito luogo; è in iscompiglio un cuore agitato; si mette in iscompiglio un esercito che comincia a essere sbaragliato (6); una mente, una fantasia, si scompiglia per confusione d'idee (7); si scompiglia una matassa e qualunque cosa si possa seco stessa imbrogliare (8). Ma nella matassa *scompigliata* è meno disordine che nell'*arruffata*. Si scompigliano i segni in un libro, le lettere nella cassa d'un compositore di stampe, i fogli in una cartella.

Non solo quel ch'è disordinato dicesi *scompigliato*, ma quel che comincia a perdere l'ordine, quel che non ha di molt'ordine. Quindi: argomentazione, discorso, lettera scompigliata (9); e lo scompiglio della testa rende scompigliato lo stile.

1176.
Scompiglio, Confusione, Disordine.

— *Scompigliare* è un modo di disordinare. Si scompiglia, nel proprio, con l'atto delle mani (10) e de' piedi; si *confonde*, propriamente, con l'infusione; si *disordina* in tutti i modi. Si scompigliano i solidi, e specialmente le materie composte di varie fila, le quali s'intrichino insieme e perdano la loro ravviatura.

Il *disordine* differisce dalla *confusione*, in quanto che molte cose si disordinano senza confonderle, come arredi di stanza; e molte cose si confondono senza disordinarli, come due liquidi, due significati di vocaboli, due utilità. La confusione, da ultimo, quando è disordine, è disordine grave. — ROMANI.

Scompiglio si trova, talvolta, unito a *confusione* negli scrittori. Firenzuola: «Ogni cosa è confuso, intricato, avviluppato e scompigliato». La collocazione non è delle meglio. Segue uno scompiglio, quando, per ingiurie o di parole o d'atti, gli animi s'irritano; quando le faccende, comechessia, si perturbano; *confusione*, in questo senso, non si direbbe. Bensì d'un mescuglio di discorsi, d'interessi, d'idee, sogliam dire: è una confusione! che confusione! Questo senso di biasimo *scompiglio* non l'ha.

Chi scrive confusamente, scrive in modo da mostrar d'avere confuse le idee, e però risica confonderle in altri (1). La confusione può essere in un membro di periodo, in una proposizione da sé (2), in un'idea; lo scompiglio è nella serie delle idee e delle sentenze.

Non ogni confusione è disordine. Nel presente sconvolgimento della società, la confusione d'opinioni e d'interessi cova sotto sé un ordine tutto nuovo di cose. In una città, la confusione degli ordini, dice Dante, è principio di male, come l'indigestione nei corpi dell'uomo; massima aristocratica, la qual dimostra come il ghibellinismo di Dante non era il più liberale del mondo.

Confusione d'affetti (3), di voleri; confusione nella mente, nell'animo; confusione derivata da vergogna (4), da timidezza, da paura, da scorno (5); da non poter rispondere agli avversarii argomenti (6). Confusi suoni (7), bisbigli, sogni (8); confusione nell'udire, nel vedere (9); vista confusa da soverchio splendore (10).

Non si confondere, vale: non istar a impazzare sopra cose che non meritan tanta cura. — Non bisogna confondersi. Che giova confondersi? La non si confonda, ecco l'avvertimento che si suol sentire troppo spesso in Toscana. E col non si confondere di nulla, da ultimo si confonde ogni cosa.

Quando *confondere* adoprasi unito al *con*, questo è uso più visibilmente differente dagli altri affini: il male non viene tanto dall'errore mero, quanto dal falso confuso col vero.

Che Dio lo confonda! è modo antico d'imprecazione (11); e giova lasciarlo antiquato.

I desiderii, gli affetti, i pensieri disordinati (12) scompigliano la mente e l'animo. Il disordine può essere in un solo affetto; la confusione, in parecchi. Atti disordinati, diremo, non già, scompigliati (13). Disordine della mente vale, talvolta, stato più o men prossimo a mania; cotesto non è scompiglio, è assai più. Il disordine della vita (14), nelle spese (15), nel mangiare (16), nel modo di vivere (17), producono scompigli, ma scompigli

---

(1) VARCHI: *Firenze era in incredibile trambusto e travaglio.*
(2) *Trambusto di stomaco è quella nausea dolorosa che, per lo più, finisce col vomito; ed è più di sconvolgimento.* — CAPPONI.
(3) G. VILLANI: *Per la morte del re si scompigliò tutto il regno.*
(4) G. VILLANI.
(5) PULCI.
(6) BERNI.
(7) GALILEO: *Questi uccelli che ad arbitrio volano innanzi o indietro e rigirano in mille modi, mi scompigliano la fantasia.*
(8) SALVINI; REDI.
(9) CARO: *Scompigliatamente vi scrivo questa.*
(10) Da *pigliare*.

---

(1) BUTI: *Scritto per siffatto modo che s'intenda confusamente.* - REDI: *Questo è quanto ho saputo dire a V. S. così confusamente.*
(2) VARCHI: *La proposizione debb'essere un poco confusetta.*
(3) PETRARCA: *Confusion torbida, e mista Di doglie certe e d'allegrezze incerte.*
(4) DANTE.
(5) DANTE: *Una donna apparve santa, e presta.... per far colei confusa.* - BOCCACCIO: *Confonde con un bel detto la malvagia ipocrisia.*
(6) MOR. S. GREGORIO.
(7) TASSO: *Confusamente si bisbiglia... Del caso reo...*
(8) PETRARCA.
(9) DANTE.
(10) DANTE.
(11) SENECA, Pistole.
(12) PASSAVANTI. - BUTI: *Ama disordinatamente.* - BOCCACCIO: *Appetiti disordinati.*
(13) AMMAESTR. ANTICHI.
(14) AMMAESTR. ANTICHI.
(15) DAVANZATI.
(16) SEGNERI. - DAVANZATI: *Il cibo e il vino disordinatamente presi.*
(17) GELLI: *Non sete tanto gagliardi che, per ogni piccolo disordine che voi facciate, voi non dobbiate temer d'ammalare.*

non si chiamano. Un esercito in disordine (1) può non essere ancora scompigliato affatto; e talvolta può il disordine denotare l'estremo grado dello scompiglio. Disordine dei capelli (2), si dirà; non, trambusto. Lo scrivere disordinatamente è meno dello scrivere scompigliatamente (3). Fare un disordine, in qualunque faccenda, vale: far del male, del danno (4).

Essere in disordine, s'intende d'interessi economici. Egli è poi proverbio bellissimo e degno della sapienza cristiana, questo: d'un disordine nasce un ordine.

1177.
Tafferuglio, Parapiglia, Baruffa, Barabuffa.

— *Barabuffa, tafferuglio, parapiglia,* tutte e tre dell'uso. *Barabuffa,* disordinata moltitudine di persone e di cose: di persone, dice, tumulto, confusione, in cui, per lo più, si viene alle mani, al sangue; di cose, scompiglio, farragine, ove c'è del buono e del cattivo, ma il tutto così mal disposto, ch'anche il buono pare cattivo. È più di *baruffa,* in quanto che suppone maggior quantità di persone; dove per far baruffa due bastano. Di bestie, *baruffa,* non *barabuffa:* due mastini si abbaruffano, non fanno barabuffa.

Tafferuglio, contesa di molte persone in confuso, ove ognuno vuol dir la sua opinione, buona o cattiva che sia, pronto anche a sostenerla con la forza. Due cialtroni s'abbaruffano in pubblico; molti di quelli che passano pigliano parte o per l'uno o per l'altro: ecco una barabuffa; poi si viene agli urli, agli schiamazzi, alle percosse: ecco un tafferuglio. E' può essere anco confusione leggera, e con poco rumore; anche controversia rumorosa, ma alquanto imbrogliata.

Parapiglia denota la confusione, l'andare, il venire il pigliare, il parare di molti; ma, per lo più, senza ricorrere all'armi; anzi vi è un parapiglia di gioja, di festa. Ci fu in Italia un potente bastardo che si dilettava delle barabuffe e dei tafferugli, simile a Nerone che la notte andava per Roma in cerca di' tali avventure. Spesso i popoli esultano e fanno un parapiglia per avvenimenti che da ultimo li fanno piangere. — MEINI.

1178.
Disordinare, Scomporre, Turbare.

Scomporre, disgiungere le parti che componevano un tutto; *disordinare,* turbare un ordine qualunque siasi: si scompone con l'analisi chimica un corpo; si disordinano o le parti d'un corpo, o la posizione di più corpi, uno rispetto all'altro. Si scompone una macchina, levandone i pezzi; si disordina, anco lasciandoli insieme, ma sì che non servano bene all'uso. Ciò che non è in atta disposizione allogato, è scomposto. Per il disordine ci vuole di più.

Può essere *turbamento,* senza disordine, come nel turbamento di un liquido, o nel turbamento dell'animo; ma dal turbamento grave viene il disordine.

1179.
Disordine, Disordinamento.

— *Disordinamento,* l'atto in cui, o per cui, la cosa è disordinata, o si disordina. *Disordine* è l'atto o lo stato.

(1) GIAMBULLARI.
(2) OVIDIO, Pistole.
(3) REDI.
(4) VETTORI: *Fanno questo disordine, e spezzano que' rami giovani.*

Fare dei disordini, dei disordinacci nel cibo, o in altro, ognun sa che sia. Porterebbe fors'anche il diminutivo *disordinuccio;* come forse *confusioncella.* Gli altri non pare possano averne di simili.

1180—1182.
CONFUSO, INTRICATO.

ABBARUFFATO, RABBARUFFATO, RIABBARUFFATO, RABBUFFATO, ARRUFFATO.

1180.
Confuso, Intricato.

Intricato dice inviluppo minuto (1), e confusione non facile a scernere. Confusi (diremo) i negozii d'uno Stato, intricate le negoziazioni di Corte; confuse le relazioni sociali, intricate certe relazioni amorose.

La confusione del dire sta, per lo più, nelle idee, negli affetti; l'intrico o l'intricamento, nell'ordine dello stile, nel costrutto. Molti che pare non abbiano idee confuse, parlano e scrivono in modo intricato, perchè non sanno la lingua, o non hanno esercitato lo stile. E perchè la lingua non sanno, hanno veramente idee confuse, sebben paja che l'abbiano chiare.

La confusione può essere in due sole idee; onde nel linguaggio filosofico diciamo (non molto propriamente, a dir vero) d'una sola idea: idea confusa, e sottintendiamo, confusa con altre, ma d'un'idea sola non diremo: intricata.

La confusione è, talvolta, non nelle cose, ma nel modo di vederle e trattarle: io posso confondere nel mio giudizio due oggetti chiaramente distinti; la lontananza fa all'occhio debole parere confusi gli oggetti; all'ignorante pajon confuse le cose ch'e' non intende. *Intricato,* al contrario, ha senso più assoluto; e indica vero inviluppo di cose, o concetti, o parole.

1181.
Abbaruffato, Rabbaruffato, Riabbaruffato, Rabbuffato.

S'abbaruffano uomini e bestie, venendo alle prese, effetto del quale assalto è lo scompigliarsi l'un l'altro; due donne s'abbaruffano (2); s'abbaruffano due eserciti (3). Nel traslato: s'abbaruffano due scrittori, e si dicono cose che le donnaccine di per le strade non avrebbero cuore di dirsi.

Rabbaruffarsi non denota già l'atto dell'abbaruffarsi di nuovo, che si direbbe *riabbaruffarsi,* quando pur si volesse prescegliere questo vocabolo a tutti gli altri. Ma il rabbaruffarsi è un abbaruffarsi di molto; e non riguarda tanto l'atto del venire o dell'essere alle prese, quanto la confusione che risulta da questo o simili atti (4). Io non dirò *rabbaruffarsi* quel di due donne, o di due duellanti, o di due letterati; ma esprimerò lo stato di donne o di ragazzi che si siano abbaruffati, o abbian fatto gazzarra, col vocabolo *rabbaruffato* (5). Può, dunque, la persona o l'animale trovarsi rabbaruffato, per essersi abbaruffato con alcuno (6); può questa voce de-

(1) *Trica.*
(2) BUONARROTI: *Sono imbufonchiate: Sta a veder ch'elle s'enno abbaruffate.*
(3) PULCI: *Tutto 'l campo s' abbaruffa.* — DAVANZATI: *Sani con feriti, ec., si abbaruffano in strane attitudini.*
(4) GELLI: *Lo accapigliarsi d'uomo con l'altro; per la qual cosa ci si rabbaruffa alcuna volta ancora insino a' vestimenti.*
(5) BUONARROTI: *Ragazzi... Rabbaruffati, malconci e calpesti.*
(6) FIRENZUOLA: *I peli della coda per la trascurataggine rab-*

notare non altro che grande disordine, e quindi applicarsi anco a cose.

Attivamente: voi abbaruffate il tale picchiandolo, malmenandolo; il vostro picchiare, il vento o altro checché sia, gli rabbaruffa indosso i vestiti, o altro. Voce non comunissima, ma vivente in Toscana.

1182.
Rabbuffato, Arruffato.

Rabbuffato dicesi, più comunemente, de' capelli e de' peli (1). Si rabbuffa l'uomo, o può anche l'animale, quando comincia a dimostrarsi turbato, specialmente di collera; si rabbuffa il tempo, quando comincia a farsi nero (2); l'uomo rabbuffa l'uomo, allorché lo rimprovera un po' forte (3); l'ammalato soffre un forte rabbuffo, quando il suo male gli dà una scossa più violenta del solito.

Nell'abbaruffarsi, uomini e bestie cominciano dal rabbuffarsi, poi vengono rabbuffandosi sempre più. Il rabbuffamento è una specie, una parte di quel disordine che si esprime col verbo *rabbaruffare*; ma il rabbaruffare s'intende del disordine di tutta la persona; e il rabbuffarsi, oltre al potersi dire di soli i capelli, o del viso, può significare turbamento dell'animo solamente.

I rabbuffi letterarii sono principii di baruffe; ma si può non ci badare, ed è il meglio.

Arruffato non è *rabbuffato*. I capelli rabbuffati sono scompigliati, irti, orribili a vedere; i capelli arruffati sono semplicemente in disordine (4). Possono i capelli chiamarsi arruffati, o perché mal pettinati, o perché tenuti negligentemente, o, insomma, perché non disposti nella linea di loro dirizzatura; son rabbuffati per spavento, per ira, per passione grave del corpo o di spirito.

S'arruffa una matassa, un filo, e qualunque cosa possa in simile modo intricarsi. Barba arruffata, meglio che rabbuffata (5); commedia, composizione arruffata: confusa, imbrogliata, senz'ordine, senza grazia.

1183.
Confuso, Perplesso.

Perplesso dice, segnatamente, dubbio; *confuso*, riguarda i sentimenti e l'idee. Il più facondo oratore può rimanere perplesso, talvolta, del modo come prendere il suo tema; ma quegli ch'ha idee più confuse, sovente è il meno perplesso a buttarle fuori.

1184.
Confuso, Sconcertato.

— *Sconcertato* è men forte. *Confuso* vale: turbato nelle idee o negli affetti o negli atti; turbato, in questi due

---

baruffati... li pulirò. - GAMBA: *Con una parrucca mezzo rabbaruffata, che non ti parea punto disgiunta da un gran pajo di sopracciglia folte e rilevate.*

(1) BOCCACCIO: *I capelli con disordinato rabbuffamento occupavano parte del viso.* - *Le apparve nel sonno pallido e tutto rabbuffato.* - *Tutto pelato e tutto rabbuffato, ricolto il cappuccio suo, e levatosi...* - *Uno cinghiale tutto spumoso e con rabbuffato pelo.* - RET. TULLIO: *Cogli occhi arzenti e col capo rabbuffato.* - ARIOSTO (di due cani): *Con aspri ringhi e rabbuffati dossi.*

(2) ESP. PATERNOSTRO.
(3) DAVANZATI.
(4) VITE SS. PADRI: *Arruffammoci il capo, spargemmo li capelli.* - BUTI: *Portava i capelli molto arruffati.* - POLIZIANO: *Colla chioma arruffata e polverosa, E d'onesto sudor bagnato il volto.*
(5) PULCI.

---

ultimi, o per vergogna o per pentimento o per amore o per odio o per gioja. Lo sconcerto viene da cause men forti o meno intime, e sempre spiacevoli. Lo sciocco non è mai confuso; lo sfacciato non si lascia mai sconcertare.

Lo sconcerto può essere più sùbito della confusione; io posso, dopo lunghi pensieri, anzi allora più mai, trovarmi confuso; solo un turbamento improvviso può sconcertarmi. Io posso sentir confusione dell'essermi lasciato sconcertare. — GUIZOT.

1185-1190.
CONTENDERE, DISPUTARE, CONTRADDIRE, QUESTIONARE, TENZONARE, ALTERCARE, LITIGARE, TINCIONARE, BISTICCIARE.
LITIGONE, LITIGATORE, LITIGIOSO, LETICHINO, LITIGHINO.
LITE, CAUSA, CONTROVERSIA, RISSA.
LITIGIOSO, CONTROVERSO.
LITIGARE, LITIGARSI.
LITIGARE CONTRO, LITIGARE INSIEME.

1185.
Contendere, Disputare, Contraddire, Questionare, Tenzonare, Altercare, Litigare.

— *Disputare* è difendere l'opinione propria per via di ragioni; *contendere* è più: abbraccia parole e fatti; all'idea di contrasto congiungesi, più o meno, l'idea di sforzo; né nel contendere han sempre luogo le ragioni.

Contraddire è, come il vocabolo suona, un semplice dir contro al detto da altrui. Si può contraddire senza venire né a disputa né a contesa; ma disputando e contendendo, quando il contendere non sia solo di fatti, certo si contraddice.

Questionare è disputare sopra un punto determinato, per cercare (1) cosa che non si sappia, o che l'uno dei due non sappia, o sia creduto dall'altro non sapere, o non ben sapere. Può la questione degenerare in contesa; ma non sempre degenera.

Tenzonare, voce ormai poetica, è più che *contendere*, sebbene abbia l'origine stessa (2). Si tenzona in battaglia; ma una forte contesa di parole potrebbesi, credo, almeno nel verso, dir *tenzone*.

Altercando, non si cerca il vero come nella questione, non si cerca tranquillamente come nella disputa; quivi la contesa è viva, continua, vicendevole (3). — ROMANI.

Si disputa con parole; si contende e con parole e con fatti. Disputerai una questione, una causa; non puoi contenderla. Contenderai a' nemici un passo, un luogo; *disputare*, in questo senso, è inutile gallicismo. Un filosofo disputa per conoscere il vero e il bene; un avvocato contende in giudizio contro la parte avversaria. *Contendere* val, quasi sempre, *contrastare* (4), cercar d'impedire, per via di fatti o per via di parole; il disputare sta sempre nei termini dell'opinione e del ragionamento. Il contendere è sovente scortese, anco quando si contende con sole parole. Il nostro *disputare* corrisponde al *discuter* de' Francesi: *contendere* a *disputer* (5). — GRASSI.

---

(1) Da *quæro*.
(2) *Contentio*.
(3) VARCHI: *Altercandosi assai, e nulla risolvendosi.*
(4) In Dante: *Di giunger lui ciascun contende*, ha senso disusato di sforzarsi, al modo latino.
(5) BARTOLOMMEO DA S. CONCORDIO: *Siccome lo posato ragionamento suole ammaestrare, così la contenzione disfà tutto, la*

— Si *contende*, per avere, e per impedire altrui. Un'opinione si *disputa*. Nè d'opinione diremo impropriamente che la si contende. Un passo, un luogo, un diritto è conteso all'avversario, cioè vietato, negato. — GATTI.

Si *litiga* contendendo per vincere; nella contesa non è sempre esplicita quest'idea; ma lite condotta o mollemente, o quasi amichevole (le son rade, ma ce n'è, o almeno ce ne può essere), va senza contesa. Quando, fuor del tribunale, due persone si litigano, bisticciandosi per cose dappoco o per celia, e presto smettono, non è contesa quella. Chi contende con fatti, senza parole, o le parole suonano miti in mezzo alla contenzione de' fatti, non litiga.

1186.

Tincionare, Tenzonare, Litigare, Bisticciare.
Litigone, Litigatore, Litigioso, Letichino, Litighino.

— « Che vuol dir *tincionare*? - Vuol dir *leticare*. - Ma perchè quando due persone di per le strade s'abbaruffano, no' diciamo ch'e' litigano, e non diremmo ch'e' tincionano? - *Tincionare* è meno di *rissa*. » Questo discorso seguiva a questi giorni tra me e una campagnuola, donna di buon senso e madre affettuosa, dalla cui bocca m'è delizia ascoltare il nostro linguaggio, bello di sua natia semplicità. Anticamente dicevano *tencionare*(1); si *tinciona*, dunque, con parole un po' risentite. *Litigare*, è più forte; e alle volte col litigare si viene a' fatti. Si litiga dinanzi a' tribunali; si litiga in iscritto, non si tinciona. Chi litiga molto; è un *litigone*(2); *litigioso* non si dice che di liti giudiziarie, e così *litigatore*. *Litigone*, specialmente delle contese a voce o a mano; *letichino* (meglio *litighino*), un arrogantello che l'attacca sulle più piccole cose. E per me i letichini son più fastidiosi de' leticoni. *Litighino* è anche d'altri dialetti in simile senso; e scrivendo sarà meglio che *letichino*. — MEINI.

— Famiglia poco ben condotta sta in continuo *bisticciare*, che è inquieto litigar di congiunti, senza però venir ad eccessi (3). Uomo presuntuoso di sè, bisticcia con tutti, non è mai contento d'alcuno; e bisticcerebbe, potendo, anco con la Provvidenza. — A.

1187.

Lite, Causa, Controversia, Rissa.

Lite è l'azione o la serie d'azioni mosse innanzi ai giudici. Si ha una lite; si fa, si sostiene, si tratta, si difende una causa. Si sostiene una causa, recandone le ragioni favorevoli; si sostiene una lite, facendo gli atti e le spese da essa richieste.

Lite non sostenuta innanzi ai tribunali, come quelle dei letterati e delle donnaccine di strada, causa non è. Qualunque assunto morale, o civile, o anche intellettuale, sostengasi anche senza lite o contesa, dicesi *causa*; e non è gallicismo, tuttochè i Francesi l'adoprino. Ne'Salmi abbiamo: *Discerne causam meam*; se non che, il troppo usarlo può essere affettato ed improprio.

---

quale, lasciato lo conoscer del vero... - CICERONE: *Differentium inter se reprehensiones non sunt vituperandæ; maledicta, contumeliæ, tum iracundiæ, contentiones, concertationesque in disputando pertinaces, indignæ mihi philosophia videri solent.*

(1) GRADI S. GIROLAMO / AMMAESTR. ANTICHI.
(2) Volgarmente *leticone*, con gli altri derivati, col solito scambio dell'*i* nell'*e*, della *g* nella *c*.
(3) SEGR. FIOR.: *Io veggo Eustachio e Pirro che si bisticciano: ve' be' morditi che si preparano a Clizia!*

TOMMASEO, *Diz. dei Sinonimi*.

— La *lite* o è giudiziaria, o, se fuor di giudizio, è affine alla *rissa*. La *controversia* è più pacata. In una lite giudiziaria possono essere più controversie. — A.

— Litigano gli uomini; la cosa viene in controversia. Venire in lite non si direbbe; ma, a lite. — FRONTONE.

1188.

Litigioso, Controverso.

Litigioso, della persona che suole amare e cercare le liti forensi, e del soggetto sul quale cade, o può cadere, la lite. Possono in una lite essere più punti litigiosi; e la legge vieta accumularne in una azione di quelli che non siano tra sè collegati; ma non sin debbono neanco sminuzzare le cause, e qui, come altrove, la logica insieme e la coscienza debbono illuminare la lettera della legge.

Punto *controverso* è quello su cui principalmente s'aggira, e quasi s'imperna la questione; e può non essere questione giuridica, ma qualsivoglia; non attuale; ma meramente possibile. A cogliere il vero punto controverso, la questione è già mezzo sciolta; e vuolsi occhio logico, che è, come l'occhio medico, dono di natura e merito d'esperienza.

1189.

Litigioso, Litighino, Litigone.

Litigioso è il punto e l'uomo. L'uomo litigioso non è così invizzato nè così accattatore di brighe, come il *litigone*. Nè il *litighino*, quel delle liti che non sono forensi, direbbesi *litigioso*. Questa voce ha uso, non solo più eletto, ma più generale. Certi paesi sono più litigiosi che certi altri; e non sempre sono i peggiori. Non sempre il numero degli avvocati è misura della litigiosità dei paese.

Anche fuor di giudizio, uno che va all'accatto di brighe serie nella minuziosità, si dirà *litigone*; anco in giudizio uno che ha il vizio delle piccole liti meschine, si dirà *litighino*.

1190.

Litigare, Litigarsi.
Litigare contro, Litigare insieme.

Litigare, assoluto, far lite in giudizio, fare gli atti dalla lite richiesti; fuor di giudizio, contrapporsi, con parole più o meno importune, all'altrui opinione, o al volere. In giudizio non litiga un solo, deve esserci una parte avversaria; sebbene certi litiganti siano invasati da tale smania, che non avendo con chi, litigherebbero seco stessi. Ma fuor di giudizio uno può litigare, e l'altro o gli altri tacere, o scansare la contraddizione; anzi dir parole di pace e d'affetto; e allora è che certi litighini imbizziscono più che mai. Però, quando son due o più a litigare: fuori del foro, dicesi che *si litigano*; nel foro, che litigano, semplicemente, o che *litigano* l'un *contro* l'altro. *Litigare insieme* potrebbe voler dire, che due o più fanno causa comune contro di uno o di più.

1191—1197.

CONTESA, CONTROVERSIA, DISPUTA, ALTERCAZIONE, RISSA, DIBATTIMENTO, DISCUSSIONE, CONTESTAZIONE.
DIBATTERE, DISCUTERE, AGITARE, AGITARE IN MENTE, MEDITARE, CONTEMPLARE.
AGITAMENTO, AGITAZIONE, ATTITAZIONE.

1191.

Altercazione, Contesa, Disputa.

— *Altercazione*, in parole; *contesa*, in parole e in fatti.
Altercazione, ai Romani, era il contrasto delle ragioni

contrarie nel foro; *contesa*, come suona il vocabolo, è tensione violenta. *Contese* chiama, non *altercazioni*, il Borghini le discordie d'Italia. La *disputa* è più modesta; è il raffronto, più che la lotta, delle questioni varie; se passa i limiti, o è fatta a altro fine che l'amore del vero, diventa *altercazione* o *contesa*. — GRASSI.

— L'alternare delle risposte e delle repliche, che non sono tanto argomenti quanto rimbeccate e ripicchi, l'impazienza del sentirsi contraddetto, e un po' di disordine, ma senza rissa; tale è l'*altercazione*. In altercazione finiscono molte dispute che si dicono cominciate per amore del vero. — ROUBAUD.

1192.
Disputa, Dibattimento, Contestazione, Contesa, Controversia.

— Nella *disputa* ciascuno difende l'opinione propria, lo faccia o no per amore del vero. Nel *dibattimento* entra, più sovente, l'amore di parte, e la cocciutaggine; le obbiezioni e le risposte sono più vive e spesso più molte. — ROUBAUD.

— La *contestazione* è disputa, per lo più, giudiziaria. Il *dibattimento* è disputa viva, nella quale si confrontano le ragioni dell'opinare diverso, o contrario. La *controversia* può essere a voce; cade intorno a opinioni, e intorno a interessi. La *contesa* è passionata (1), e si stende non solo alle opinioni, ma alle cose da fare (2). — A.

1193.
Rissa, Altercazione.

— *Altercazione* è l'alternar di parole risentite; è disputa, non di ragionamenti, ma di motti, di contraddizioni, di grida, di piccole offese. La *rissa* è altercazione d'ingiurie, talora con gesti insultanti e con percosse. — ROUBAUD.

— L'*altercazione* è a parole; la *rissa* può essere anco di fatto. E nella rissa, le parole più accese e più forti. — ROMANI.

1194.
Contesa, Rissa, Disputa.

— Scrive il Tagliazucchi, trattando degli stati oratorii, nel Ragionamento intorno alle umane lettere: « Se il padre chiama il servo per convincerli (*i figli*), e il servo deponga che contendevano e rissavano, ed essi confessino che contendevano di cose letterarie, ma non rissavano; nasce lo stato definitivo, cercandosi se la contesa abbiasi a chiamar rissa. Il servo ha confusa l'una con l'altra; essi definiscono che la *rissa* è venire alle mani; e la *contesa*, disputare. »

Ma può essere contesa anche dove non è disputa, se si contende anco colle azioni, senza che i contendenti si parlino; *contesa* può dirsi anche una gara d'affetti, anche l'emulazione nel bene. — POLIDORI.

1195.
Dibattimento, Discussione.

— *Dibattimento*, giudiziario, politico, di negozii economici; *discussione*, in genere. — GATTI.

1196.
Dibattere, Discutere.

— *Discutere* chiede più forza di riflessione; *dibattere* porta più calore. Dibattesi cosa nella quale ciascuno

(1) CASA: *Gli animi nella contesa riscaldati.*
(2) BOCCACCIO: *Dopo lunga contesa, Minghino tolse la giovane a Giannolo.*

crede averci ragione; si discute una questione pur per vederla schiarita. *Dibattere* riguarda, d'ordinario, affari; *discutere*, cose astratte. I litiganti dibattono; i giudici, poi, discutono.

E quando s'usa *dibattere* d'un principio, vuol dire che si fa con assai più calore. E quando d'interessi si dice *discutere*, vuol dire ch'e' si fa con pacatezza d'animo, per non cercare che il vero e il giusto. — GUIZOT.

1197.
Discutere, Agitare, Agitare in mente, Meditare, Contemplare.
Agitamento, Agitazione, Attitazione.

— Si *discute* per iscernere in una materia la parte vera e accettabile dalla rigettabile e falsa (1); si *agita* per menare a fine. S'agita una lite, e s'agita un negozio in tutta pace (2). In questi due sensi, *agitare* distinguesi chiaro assai da *discutere*. Ma s'agita e si discute una questione filosofica; e allora la differenza sta in questo, che la discussione pare più regolare. Si può molto agitare, menare in qua e in là una questione, senza scuotere, a così dire, il vero in essa racchiuso.

— *Agitare* è più continuo e men forte; *discutere* è il momento più operoso, più decisivo dell'agitare. — POLIDORI.

1198.
CONTESA, CONTENZIONE, CONTENDIMENTO.
CONTENZIONE, TENSIONE, INTENSIONE.
ALTERCAZIONE, ALTERCO.
DISPUTAZIONE, DISPUTA.
DISPUTAZIONCELLA, QUESTIONCELLA.

Contenzione, a' latini oratori, era la parte del discorso rivolta ad argomentare contro l'avversario, e a conformare l'assunto. Tranne questo senso retorico, non mi pare che la possa, nell'uso, acquistarne uno affine a *contesa*, ma piuttosto a quel conato, non senza sforzo, che è causa o effetto di tensione. Non sarà dunque improprio: contenzione di nervi, di muscoli, di tutta la macchina; e traslatamente, della mente, dell'animo. Nel proprio, la contenzione, ripeto, è causa o effetto della tensione, e comprende l'intero; nel traslato, è troppo materiale cotesta *tensione* troppo usitata oggidì, che lo sforzo sembra meno conato, e più naturale esercizio della ingenita intensità.

Contendimento, raro, è l'atto del contendere; dove la contesa è il fatto stesso con le sue circostanze, e le conseguenze.

Alterco, non bellissimo, ma analogo a tanti altri simili e belli, è usitato e inteso; e come più corto, può tornare più comodo; e nell'uso ha talvolta senso più grave. *Altercazione* può essere dottrinale, quasi amichevole, corta. Gli *alterchi* si pensano più rumorosi e con più tristi effetti.

---

(1) *Dis-cutio, quatio.*
(2) *Ago.* OVIDIO: *Hæc ego dum summis agitarem mente tabellis.* Qui gli è un pensiero di *meditazione* attiva, senza agitazione di mente, non che d'animo. Chi *agita in mente* un pensiero, lo rivolge da più lati per meglio conoscerlo. Il contemplatore non agita: piuttosto il dialettico. Quest'atto, se avesse a farsene un nome, direbbesi *agitamento*, non *agitazione*. Così fors' anco *agitamento* della lite, che non è la giuridica *attitazione*.

Disputa è il più comune, segnatamente di cose religiose: il quadro della Disputa del Sacramento; dispute tra dottori cattolici e protestanti; disputa a uso di catechismo. *Disputazione* filosofica; anco in iscritto. Ha senso più grave, se non l'ha d'ironia. Può farsene *disputazioncella*, come *questioncella*; ma questo secondo nel senso di *questo*, piuttosto che affine a *disputa* o a *lite*. Vive anco *quistione*; ma sarebbe da smettere, come quello che è men comune, e ha men derivati.

1199—1202.

CONTINUARE, SEGUITARE, PROSEGUIRE, SEGUIRE, PERSEVERARE, PERSISTERE.

PERSEVERANZA, CONTINUITÀ.

PERSEVERANTE, PERTINACE.

1199.

Continuare, Seguitare, Proseguire, Perseverare, Persistere.

— *Continuare* è più generale; *perseverare* è continuare nel bene, con fermo proposito di non mutare; *persistere* è durar con costanza, talvolta ostinata, nel bene o nel male, senza che ci s'inchiuda il proposito di non mutar mai. Si continua anche per abito, o per altra ragione o cagione; si persevera per deliberata volontà; si persiste per passione o affetto. — BEAUZÉE.

— Si continua cosa non terminata; si seguita anco un lavoro, le cui parti possono stare ciascuna da sè. — ENCICLOPEDIA.

— *Continuare* indica più continuità nell'azione; *proseguesi* cosa anco da lungo tempo interrotta. *Perseverare* indica continuazione ben lunga e ben ferma. — ROMANI.

— La *perseveranza* è della volontà, e può essere tutta interiore. Una macchina a vapore, un orologio, hanno continuità di moto, non perseveranza. La *continuità* è nel moto, teoricamente considerato. — CAPPONI.

1200.

Seguire, Seguitare.

— Si scambiano spesso; ma ci si può trovare una differenza; ed è, che *seguitare* pare includa volontà più deliberata. E, talvolta, in *seguitare* trapela un po' di premura, d'affetto, come: « E qui Calliopea, alquanto surga, Seguitando 'l mio canto. » — MEINI.

1201.

Perseverare, Persistere.

— *Perseverare*, seguitare con lunga costanza le cose incominciate; *persistere*, sostener con fermezza ciò che si è risoluto o affermato. Perseverare, propriamente, delle azioni buone; *persistere*, e delle azioni e delle opinioni e de' detti. Si persevera in un genere d'occupazione o di vita; si persiste nella propria opinione, nella risoluzione presa, nella proposizione detta. Diremo: nella fatica, nello studio si persevera, meglio che: si persiste. Nel sostenere le cose testificate persistesi. Persevera chi opera sempre a un modo; persiste chi parla o crede o vuol sempre a un modo.

Perseverare denota progresso; *persistere*, stato. Perseverare, per questo, ha più buon senso che cattivo; *persistere*, più cattivo che buono; e ciò perchè la perseveranza nel male è cosa impossibile. Così la persistenza nel bene è, per altra ragione, impossibile anch'essa, perch'ha della immobilità; e il bene tende di natura sua ad avanzare. La persistenza è inflessibile, e il bene si lascia da cento lati, attemperare alle circostanze de' luoghi e de' tempi (1). — ROUBAUD.

— *Persistere*, anco di cose corporee; *perseverare*, tutto morale. — ROMANI.

1202.

Pertinace, Perseverante.

— *Pertinace*, nel male, più spesso; denota istanza, più ostinata e superba che virile e virtuosa, e non così lunga come *perseverante*. Può l'uomo essere pertinace qualche tempo, e poi cedere.

Perseverante ha poi senso cristiano; nè la perseveranza nell'amore di Dio si dirà pertinacia. — ROMANI.

— Può la pertinacia essere anco bene; ma tiene un po' dell'ostinazione, e non è tanto pura, nè ferma. — A.

1203.

CONTINUO, CONTINOVO.

E in buoni scrittori e nell'uso toscano vivente abbiamo *continovo*; e lo scrissi anche io molte volte, come forma viva, non come anticaglia elegante. Ma veggo che meglio sarebbe attenersi al più comune e più conforme all'origine; tanto più che in tutti i luoghi *continuo* sta bene, non in tutti l'altro.

In Dante stesso suona meglio: Ma la pioggia *continua* converte. Nè potrebbesi sopportare in quell'altro; E altra andava *continuamente*; dove *continovamente* fa sentire più la penosa continuità di quel correre. Ma quand'anco ritengasi l'altro modo, allorché si ragiona di quantità continua, per distinguerla dalla discreta, non si dirà mai *continova*.

1204.

CONTINUO, CONTINUATO.

CONTINUAMENTE, CONTINUATAMENTE.

Opera continuata può avere qualche piccola interruzione; continua, no. *Continuato* par ch'indichi la lunghezza della durata, sebbene ad intervalli e a riprese; *continuo*, l'unità dell'azione, senza relazione al più o meno tempo. Piogge continuate, quelle che duran più giorni, sebbene non piova sempre sempre.

— La *continuità* è nello spazio, e quindi nel tempo; la *continuazione*, nel tempo e nell'azione. Gli è un rumore continuato anche quel del martello sull'incudine, se dura un pezzo; non è continuo, perch'è tra l'un colpo e l'altro breve intervallo. — BEAUZÉE.

Continuatamente. Non si direbbe: parlare, camminare continuatamente; bensì chi dicesse che la corruzione in certi paesi meno inciviliti, viene *continuatamente* crescendo, senza trovar compensi o ripari nel crescimento proporzionale delle cognizioni popolari, direbbe forse meglio che *continuamente*.

Ciò che cresce *continuamente*, ad ogni momento dello spazio riceve un qualche accrescimento; ciò che cresce *continuatamente*, non cresce ad ogni momento, ma non desiste però mai; avanza, più o meno adagio, ma non retrocede. La civiltà, in tutti i paesi del mondo anco i più barbari, continuatamente avanza, perchè l'uomo dappertutto è perfettibile, e la corruzione sua stessa lo guida al bene; ma non è però che la civiltà avanzi continuamente, se non per certo tempo, in poche contrade più benedette dal cielo. La distinzione non è data chiaramente dall'uso, ma non è irragionevole.

---

(1) La radice *verere* comprova anch'essa la bontà originaria del significato.

1205-1207.
CONTINUO (DI), CONTINUAMENTE.
CONTINUAMENTE, SEMPRE.
OGNI SEMPRE, SEMPRE.

1205.
Di continuo, Continuamente.

Di continuità vera, come quella d'una material superficie, useremo *continuamente*; di frequenza d'atti o avvenimenti, tale da potersi, per iperbole ormai usitata, paragonare alla continuità, diremo, *di continuo*. Diremo che: il tale oratore ha parlato continuamente per un'ora senza curarsi di sapere se altri lo intendesse; che: il tal ciarliere parla di continuo, senza curarsi di sapere se altri lo ascolti. Non già che queste differenze sieno sempre osservate; ma c'è degli esempi che insegnano a rispettarle; c'è de'casi in cui non si potrebbero senza improprietà violare (1).

1206.
Continuamente, Sempre.

— Quello che si fa *sempre*, si fa d'ogni tempo; quel che *continuamente*, senza interruzione. Per giovare, conviene parlar sempre a proposito, non già parlare continuamente. Se io dico: il tale mi secca sempre, intendo ch'e' mi secca ogni qualvolta lo rintoppo; non è mai ch'io lo vegga, ch'el non mi secchi. Quando dico: mi secca continuamente, intendo che non mi lascia respiro.

Sempre suppone certa estensione di tempo; *continuamente*, lunga o corta durata, ma piena, dell'azione della quale si tratta. — GIRARD.

1207.
Ogni sempre, Sempre.

— *Ogni sempre* è vivo nelle campagne fiorentine, e anco in Firenze; vale: sempre sempre, sempre mai (2). È dunque più del solo *sempre*. E quando si tratti di cosa che si venga ripetendo fittamente, o in dati tempi, o in modo simile, *ogni sempre* ci cade. Mi diceva un pover uomo: quando si va a chiedere qualche cosa a certa gente, ogni sempre si speranzano bene, ma non si conclude mai nulla. — MEINI.

1208-1209.
CONTINUO, ASSIDUO, INCESSANTE.

1208.
Assiduo, Continuo, Incessante.

Può essere *assidua* la diligenza, e non propriamente *continua*, cioè non seguitare in tutti i momenti del tempo: febbre continua, non: assidua. Quindi il proverbio toscano: la febbre continua ammazza l'uomo, nel senso proprio e nel figurato.

Continuo si applica, propriamente, allo spazio (3); e dallo spazio trasportasi al tempo e alle azioni. *Incessante* è proprio dell'azione; o, ch'è lo stesso, del moto. Nella continuità può essere rallentamento; nel moto incessante è sempre la medesima forza. Il moto dell'oriuolo è continuo; degli astri, incessante. Febbre continua, non: incessante. *Incessante* suppone lungo tratto di tempo,

---

(1) FIRENZUOLA: *Di continuo maltrattata*. - PANDOLFINI: *Provedendo di continuo a ciò che bisogna*. - G. VILLANI: *Combatteano continuamente di dì e di notte*. - DANTE: *E altra andava continuamente*. - *Camminare, combattere di continuo*, avrebbero altro senso. *Provvedere continuamente*, nessuno direbbe.

(2) TANCIA: *Ogni sempre m'è drieto*.

(3) TENCO.

continuo, anche brevissimo. Onde diciamo: ha parlato per un quarto d'ora continuamente, o, continuo.

1209.
Continuo, Assiduo.

— *Assiduo* s'oppone a *non costante* (1); *continuo*, a *interrotto*. *Assiduo* denota l'applicazione, l'intensità degli atti; *continuo*, la serie loro, o la molta frequenza. — GATTI.

— *Assiduo*, è di persone e di cose; *continuo*, più volentieri di cose; e di persone soltanto in modo figurato: uomo assiduo allo studio. Il continuo godimento dei piaceri, oltre che infiacchisce l'anima, altera anco la delicatezza de' nervi; quindi è che molti, e specialmente i ricchi, per troppo godere, godono poco o nulla. — MEINI.

1210.
CONTRADDITTORIO, RIPUGNANTE.

Il primo è più. Può essere tra due cose ripugnanza, non contraddizione. La *ripugnanza* può essere nelle relazioni; la *contraddizione* è nella sostanza; la prima può riguardare la convenienza, la seconda riguarda la verità.

Nelle verità essenziali, *ripugnante* e *contraddittorio* è tutt'uno, se non che la contraddizione cade nella formola più chiaramente.

1211-1212.
CONTRARIO, CONTRADDITTORIO, AVVERSO.
AVVERSO, AVERSO.

1211.
Contrario, Contraddittorio, Avverso.

— *Contrario* dice, in generale, opposizione diretta, reale o ideale, corporea o logica. *Contraddittorio* indica contrarietà ne' termini della proposizione, del discorso, o di due o più proposizioni o discorsi. *Avverso* denota opposizione di luogo; ma dicesi, nel traslato, di opposizione nemica, o che tale sembri. Parte avversa, chiamano popolarmente il diavolo. Tempi avversi, animo avverso. — GATTI.

1212.
Avverso, Averso.

— Sinonimia che appartiene alla storia della lingua. *Averso* è latinismo disusato, e vale: rivolto da, voltato altrove; viene da *averto* (2). *Avverso* da *adversus*, volto di contro, contrario, nemico. Il primo s'unisce al *da*, l'altro all'*a*. — CIAMPI.

1213.
CONTRARIO, AVVERSO, NEMICO, OSTILE.

Contrario denota opposizione di qualità o di natura; *avverso*, opposizione di moti e di sentimenti. Inimicizia è avversione che fugge, o cerca, per nuocere: il freddo è contrario alla traspirazione; l'acido, avverso ai bachi; il gatto, nemico al topo.

La contrarietà è disposizione naturale. L'avversione è naturale anch'essa, ma ha luogo tra enti animati, o da ente animato a ente senz'anima; sebbene, per traslato, si allarghi a altri sensi. L'inimicizia è più facilmente vincibile dell'avversione, perchè la volontà ci ha più parte, men la natura. Parlando di relazioni tra enti ragionevoli, la contrarietà può significare semplice opposizione d'interessi o di pareri; e quand'anco s'applica ai sentimenti, è men viva dell'avversione. Questa è, per

---

(1) Scdro.

(2) DANTE: *Se gli occhi miei da lui fossero aversi*.

lo più, un natural movimento di ripulsione; l'inimicizia è avversione pensata.

L'umor gioviale è naturalmente contrario al malinconico; l'uomo malinconico ha certa avversione all'uomo d'umor gioviale; l'avaro pena poco a diventare nemico a quanti s'oppongono a' suoi vantaggi. I dissapori cominciano da una certa avversione; cominciano quando si comincia a sentire certa contrarietà d'opinioni, d'umori o d'interessi; finiscono, talvolta, in inimicizia tenace.

— *Ostile*, opposto a *pacifico*; *avverso*, a *favorevole*; *nemico*, ad *amico*. — VOLPICELLA.

1214—1215.
CONTRARIO, AVVERSARIO, NEMICO.

1214.
Contrario, Avversario.

Contrario, e dell'uomo e delle cose; *avversario*, d'enti ragionevoli o personificati. Parlando d'uomo, può uno essere contrario al parer nostro, e non però nostro avversario; ma la sospettosa ambizione ci fa tenere per avversarii quanti contrariano il voler nostro, in ogni menoma cosa. Si può, viceversa, essere avversario di taluno, senza mostrarsi contrario ai voleri e atti suoi; questo è proprio degli avversarii molto generosi, o dei molto vili.

1215.
Nemico, Avversario.

— Il *nemico* odia, mira a nuocervi; l'*avversario* mira a vincervi; e però talora v'impedisce il cammino, e vi nuoce anco, ma più per orgoglio che per odio mero: Cesare nemico di Pompeo; Cicerone avversario d'Ortensio. — GIRARD.

1216—1217.
CONTRARIO, OPPOSTO.
CONTRARIETÀ, OPPOSIZIONE.

1216.
Contrario, Opposto.

Contrario è più; i contrarii tendono a distruggersi, o ad infermarsi mutuamente.

1217.
Contrarietà, Opposizione.

— Anco chi si difende, s'*oppone*; chi *contraria*, fa più che opporsi. — ROMANI.

Nemico vile non sempre si oppone a chi egli vuol contrariare; spesse vòlte cerca nuocergli col secondarlo. — POLIDORI.

1218.
CONTRARIO (AL), ALL'OPPOSTO.

Siccome due cose possono essere opposte di sito e non contrarie nell'atto; così, *all'opposto* è meno dell'altro.

1219—1221.
CONVENIENZA, DECENZA, DECORO.
INDECENTE, INDECOROSO.
INCONVENIENTE, DISCONVENIENTE.

1219.
Convenienza, Decenza, Decoro.

— Una donna è vestita decentemente, se l'abito non è immodesto nè sudicio; convenientemente, se l'abito s'addice alla persona, al tempo. La *decenza*, dunque, è una per tutti; chè non c'è varie specie di pudore o di modestia; la *convenienza* s'accomoda a' casi. Quindi diciamo: la decenza, e non: le decenze; le convenienze, sì. — ROUBAUD.

— La *decenza* regola i discorsi, le azioni, gli atti, secondo le leggi della civile onestà; il *decoro* li regola secondo la condizione dell'uomo, e li fa nobili e delicati, come si conviene a chi sente la propria dignità; la *convenienza* si regola secondo le persone e le circostanze; ha più del variabile a seconda degli usi. — GATTI.

1220.
Indecente, Indecoroso.

Il primo è più. Atto indecoroso ad uomo grave, in grave adunanza, può non essere per sè stesso indecente. Parola di sdegno non giusto, è indecorosa; indecente non è. La vera virtù sente necessità del decoro insieme e della decenza; li concilia senza sforzo.

1221.
Disconveniente, Inconveniente.

Disconveniente, che non ha convenienza, o poca; *inconveniente*, non solo che non ha convenienza, ma propriamente il contrario. Disconveniente può esprimere dissomiglianza, disarmonia; *inconveniente*, disordine, offesa. Molte cose disconvengono a tale o tal uomo, o sono disconvenienti tra loro, che in sè inconvenienti non sono. È disconveniente, in discorso grave, una parola troppo famigliare; è inconveniente, parola che presenti idea di cose spiacevoli o turpi. La disconvenienza riguarda il bello, il decoro; l'inconvenienza, il buono, il decente. Il secondo si fa sostantivo; e riguarda, non tanto gli atti umani, quanto gli avvenimenti e le cose.

1222—1226.
CONVENIRE, QUADRARE, STAR BENE, CADERE, TORNARE, CALZARE, AFFARSI, CONFARSI, ADDIRSI, AVVENIRSI, CONVENIRSI.
STA BENE, BEN GLI STA.
CONFÀ, SI CONFÀ.
CONFACENTE, CONFACEVOLE.

Modi che facilmente, e non sempre impropriamente, si scambiano. Notiamone le più tenui e le più visibili differenze.

1222.
Quadrare, Cadere.

Quadrare par ch'indichi convenienza di proprietà. Un soprannome quadra bene a un tale; e l'istinto del popolo è maraviglioso nella creazione de' nomi (1). Una parola quadra bene nel tal luogo, serve alla proprietà, all'armonia (2), alla chiarezza (2). Un ripiego, un artifizio quadrano bene al bisogni di colui che l'adopera.

Cadere indica piuttosto convenienza di opportunità: discorso che cade a proposito, che cade in acconcio; risposta che non ci cadeva. Non basta, conversando, dir cose piacevoli, ma conviene che le ci cadano; e questo i più dimenticano volentieri, perchè le loro facezie sono elaborate, san di lucerna, se non di peggio (3). *Cade* di domandare, di rammentare, di fare.

1223.
Tornare, Calzare, Quadrare.

Diciamo: discorso che torna, se viene a proposito; e ironicamente: questo è un discorso che torna, per dire:

---

(1) FIRENZUOLA: *E mi fu posto nome Sparecchia...; ed invero che chi mel pose non dormiva, perch' ei mi quadra molto bene.*

(2) VARCHI: *In quel modo che meglio quadri al verso, e lo renda più leggiadro.*

(3) La Crusca del Cesari reca due esempi di Fra Giordano in senso simile; ma l'uso della voce a quel modo sarebbe antiquato.

le vostre parole non hanno nulla che fare al proposito nostro. Ironia che in molte dispute letterarie cadrebbe di dover ripetere troppo spesso, e la ci quadrerebbe proprio.

Ma *tornare* ha poi degli altri usi. Torna bene un conto, o *torna* assolutamente, quando, rifacendolo, si trova in che siansi spese le somme, o piccole o grandi che siano, e che il resto che ci rimane, con quel che si è speso, torna per l'appunto alla quantità che prima avevamo (1). Quindi, *tornar conto* venne a significare utilità (2), perchè quando c'è danno, i conti non sono mai chiari; sebbene un ministro francese insegnasse l'arte di chiarirli a forza di *grouper les chiffres*. Quindi il modo: *le torna?* con cui il parlante domanda a chi ascolta se il suo discorso sia compreso, e sia giudicato tale da cavarne un costrutto. Variante dell'*avete capito?* dell'*intend' ella?* del *vous concevez?* con qualcosa più. Così dicesi *tornar bene*, di cosa utile (3). Torna bene anco un vestito che stia bene indosso.

Calzare, di discorsi, d'argomenti, di motti, di voci. Ciò che calza, non solamente viene a proposito, ma accosta, stringe, ha efficacia (4): gli epiteti dei Greci son più calzanti che quelli dell'Alfieri, perchè nell'Alfieri si vede lo sforzo; l'eloquenza di Demostene è men ampia, e però più calzante che quella di Tullio; la maniera di Cesare è più calzante che quella di Sallustio, sebbene paja abbandonata, e quasi direi svogliata. Parlando a certa gente, accumulate molti argomenti insieme e presentateli così raggiunti; parlando a cert'altra, scegliete tra gli argomenti il più calzante, e via il resto (5). *Quadrare*, insomma, denota la proprietà; *calzare*, la forza. Negli scrittori timorati, gli epiteti quadrano per l'appunto ai nomi; negli scrittori potenti, parranno strani, ma sono calzanti. La figura è tolta dall'assettare che fa al piede una calza, una scarpa, e dalla comodità che viene da questo; ond'è poi che di qualunque vestito suol dirsi, ma non sempre acconciamente, che: calza bene.

1224.
Addirsi, Avvenirsi, Convenirsi.

Addirsi s'appropria e alle parole ed a' fatti, ma più sovente a quelle. Io, del resto, non direi: qui s'addice questa parola; ma piuttosto: non ogni discorso s'addice a ogni bocca, come non ogni abito ad ogni persona; non s'addice al povero quello ch'è lecito e leggiadro nel ricco. L'*addirsi* riguarda convenienza, di decoro, di decenza, più che d'opportunità o d'utilità o d'efficacia. E i discorsi s'addicono o non s'addicono, non in quanto vengono più o meno a proposito, ma in quanto più o meno convengono o par che convengano a chi li fa. Aggiungo *pare*, perchè nel giudizio di ciò che s'addice o no, pessimissimo il mondo commette sbagli, non affatto innocenti.

Avvenirsi riguarda convenienza di eleganza, di bellezza, di piacevolezza, piuttosto che d'altro, e lo prova il derivato *avvenente*; voce che meriterebbe s'apprendesse apposta una lingua per intenderla e per sentirla. Di persona che fa tutto con grazia, che sparge di grazia tutto ciò che la circonda, suol dirsi: le si avviene ogni cosa (1). A una donna s'avviene un colore, a un'altra un altro; e s'avvengono anche certi vestiti che non s'addicono. Non ogni eleganza è desiderabile. Molti scrittori veggono che certe parole s'avvengono a cert'altre (2), e fanno soave suono; non badano se ci calzino, nè se ci quadrino, nè se s'addicano al personaggio che parla; ma contorcono tanto il discorso, che lo fanno a forza tornare nel punto dove poter collocare quel loro giojello. Certi ornamenti di stile non s'avvengono a certi soggetti; quest'è che molti dimenticano. Certe grazie del tratto non s'avvengono a certe fisonomie (3).

I verbi sopra spiegati esprimono tante particolari specie di convenienza; ve n'è dell'altre ancora che qui non è luogo a esaminare; ma *convenire* le abbraccia tutte. Tutto ciò che deve unirsi a una parte, a un fatto, a un'idea, a relazione qualunque, e seco accorda, conviene. La proporzione dei numeri o delle forme è una specie di convenienza; è una specie di convenienza la bellezza, la virtù, la verità; o, per dir meglio, non c'è convenienza senza la verità, la virtù, la bellezza.

Conviene o non conviene adoperare una parola, una frase, un vestito; fare un discorso, un gesto, un'azione qualunque sia: non solo perchè la parola quadra o non quadra, perchè il discorso torna o non torna, perchè l'argomento calza più o meno, perchè il vestito più o meno s'addice o s'avviene; ma perchè le convenienze morali o le sociali lo vietano o impongono. Conviene o non conviene amare di certo amore una persona, dimostrarle amore, dimostrarglielo in un modo piuttosto che in altro. Questa sorta di convenienza è di molto più alta delle espresse nell'altre voci notate.

Tante cose che non quadrano, non calzano, non tornano, conviene pur dirle, perchè lo comandano certe consuetudini, alle quali ribellarsi è più male che bene. Certi vestiti che non s'avvengono punto alla persona, e nemmeno s'addicono alla condizione, taluni li portano perchè credono che convenga così. Certe convenienze sociali non sono meno strane delle convenienze teatrali, che potrebbero dar soggetto ad una commedia migliore che quella dell'avvocato Sugrafì. Cert'altre convenienze son gravi come doveri (4). Altre volte, *convenire* esprime quasi assoluta necessità (5).

Convenirsi, talvolta, diciamo di due cose che insieme hanno punti di somiglianza e d'accordo (6). A certe malattie conviene uno special trattamento; a certi stoma-

---

(1) Borghini: *Nell'anno di Roma DCCCI, segnato coll'olimpiade CCVII, che torna appunto conforme al conto nostro.*
(2) Segneri: *Non ti torna conto recare all'anima tua un minimo pregiudizio.*
(3) Bartoli: *Scrisse quello che a' suoi interessi tornava bene di far credere.* - Varchi: *Sono grati perchè torna loro bene così.*
(4) Gelli; Firenzuola; Allegri.
(5) Redi.

---

(1) Firenzuola: *S'ella va, ha grazia; s'ella siede, ha vaghezza...: finalmente e' se le avviene ogni cosa maravigliosamente.* - Rime Antiche: *Ogni suo membro par dipinto; Formasi e grandi quanto a lei s'avviene, Con un colore angelico di perla.*
(2) Bembo.
(3) Allegri: *Ad una disadatta bestiaccia non s'avviene lo star su bello.*
(4) Petrarca: *Inchinar a Dio... conviene Le ginocchia e la mente.*
(5) Boccaccio: *Di fame... tra i vermini del morto corpo convenirgli morire.*
(6) Boccaccio: *Quantunque in molt'altre cose male insieme di costumi si convenissero, in una tanto si convenivano, che amici n'erano diventati.*

1225.

Affarsi, Confarsi, Star bene.
Sta bene, Ben gli sta.

In quest'ultimo senso usiamo *affarsi* e *confarsi*: eccone le differenze. *Affarsi* esprime insieme e convenienza e utilità o piacere; ma quella utilità o quel piacere che viene appunto dalla convenienza. Gli antichi usavano il detto verbo nel senso di *convenire*, assoluto, o di *addirsi*; ma gioverà forse destinarlo a questo significato, men semplice ma più distinto. Quand'io dico: la tal persona s'affà al mio umore, intendo che c'è armonia tra il suo umore e il mio, che quindi io provo piacere a vivere seco (2). Quando dico che: il tal cibo s'affà al mio stomaco, intendo non solo che gli conviene, ma che mi conferisce e fa prò. In questo senso *confarsi* dice qualcosa più.

I Toscani dicon anco *acconfarsi*, che non è necessario, se abbiamo *affarsi* dall'un lato e *confarsi* dall'altro. Da *confarsi* deriva *confacente* e *confacevole* (3); derivati che *affarsi* non ha.

Confarsi ha usi più varii. Un colore in una tintura si confà più con l'altro (4); un clima si confà meglio a un temperamento; un genere di vita si confà meglio al tal uomo; un governo monarchico è più confacente alla pubblica felicità in un tempo, in altro, il democratico (5). C'è de' complimenti che non si confanno se non a certe occasioni, e che gl'inesperti usano promiscuamente in tutte (6); alla dignità dell'uomo nessun'altra occupazione si confà così degnamente, come lo studio e la diffusione della verità religiosa (7).

Star bene ha parecchi usi affini alle voci di cui s'è detto. Una roba che sta bene indosso, non è nè troppo larga nè troppo stretta, nè troppo lunga nè troppo corta; è comoda, decente, ben fatta; ma può star bene, e non si avvenire al colorito, al viso, alla struttura della persona. Può il sarto far la roba che stia bene, ma v'è delle donne e degli uomini a cui nulla s'avviene; e il garbo non si compra a nessuna bottega, nè si fabbrica a mano. Può un vestito star bene della misura e anche del garbo, e non istar bene per altro verso, perchè non s'addice alla persona. Quindi il bel proverbio toscano, vivo tuttora: una ghirlanda vale un quattrino, e non istà bene in capo a tutti (8). Una parola sta bene in un periodo, in un verso; ma può tuttavia mancar molto perchè la ci calzi (9); potrebbe tornarci, caderci, e non istar bene.

Star bene ha pur senso affinissimo a *convenire*, trattandosi di convenienza morale; ma s'adopera anche coll'*in* (1); e *convenire* vuol sempre l'*a*. Inoltre, quando diciamo negativamente: non istà bene, sogliamo indicare biasimo più forte che se dicessimo: non conviene (2). Certi atti inurbani non istanno bene; certe urbanità non sempre convengono. Di chi non si perita molto a parlare, e parla fuor de' denti e anche un po' troppo franco, diciamo che: gli sta bene la lingua in bocca.

Sta bene, da ultimo, è formola d'approvazione, comunissima nel discorso, per condiscendere o concedere o fare intendere che basta così (3). Di qualunque lavoro, di qualunque cosa del mondo, in questo senso, diciamo: sta bene. Voi volete che ogni franchigia de' popoli sia pericolosa; sta bene! ma pericoloso è anche il libero arbitrio, e Dio non si pensò di levarcelo. Qui è una specie di concessione, non altro.

Poi, di bene o male meritato, diciamo: gli sta bene (4); e di male parlando: ben gli sta (5), che non si direbbe di bene.

1226.

Affarsi, Confarsi.
Confà, Si confà.
Confacente, Confacevole.

L'*affarsi* non si può mai dividere dalla particella, nè dire: la tal cosa mi affà. L'altro può starne senza; ma, dicendo che un cibo mi si confà, mi par d'intendere ch'e' mi faccia più prò, che dire semplicemente: mi confà. Da questo deriva *confacente* assoluto, e *confacevole*, che par dica meglio un'attitudine meno prossima e più in potenza, e però, talvolta, meglio s'applica a cose dell'intelletto e dell'animo. Cibo confacente; educazione confacevole a certi ingegni o condizioni di vita.

Affarsi dice, inoltre, talvolta, piuttosto la convenienza di sentimento e di opinione, che di giovamento. Mi si affà quello stile; mi si confà questo clima. Non sempre gli studii che più si affanno al nostro gusto, si confanno meglio agli usi nostri.

1227.

CONVENIRE, Fare.

Non fa per me, è molto affine a: non mi conviene. Ma *non fare* esprime meglio non convenienza d'utilità, od uso; *non convenire*, non convenienza di decoro, o d'altro riguardo simile. Uno scrittore venale, propostogli lavoro turpe e poco lucroso, risponde: non fa per me. Uno scrittore onorato, propostogli lavoro lucroso ma turpe, risponde: non mi conviene. Per uomo che sente la convenienza, il *non fare* e il *non convenire* (6) è tut-

---

(1) Cresceszio: *È convenientissimo nutrimento delle piante il letame.*
(2) Vite Plutarco.
(3) Comm. Dante.
(4) Bembo.
(5) Salvini: *Ciò ch'è onesto, e alla pubblica felicità, e di ciascuno in particolare, dicevole e confacente.*
(6) Salvini: *È una sorta d'inno a quella inesplicabile natura confacentissimo.* - Boccaccio: *Quelle grazie rendute al re che a cotanto dono si confaceano.*
(7) Petrarca: *Sforzomi d'esser tale Quale all'alta speranza si confàce.*
(8) Cecchi.
(9) Boccaccio: *Comecchè a ciascuna persona stea bene (la compassione), a coloro è massimamente richiesto....*

---

(1) Boccaccio: *Avendo studiato a Parigi per saper la ragion delle cose e la cagione di esse, il che sta bene in gentile uomo.* E *star bene* e *convenire* usansi però assolutamente, senza alcuna particella.
(2) Boccaccio: *Bene non istà a lei il dirlo. - A povera damigella da casa sua sconosciuta, com'io sono, non istà bene l'attendere ad amore.*
(3) Boccaccio: *Avvegna ch'egli mi stea molto bene; che io non la dovea mai lasciar salire.*
(4) Sacchetti.
(5) Boccaccio: *Acconcerò i fatti vostri e i miei in maniera che starà bene.*
(6) Petrarca: *Non fa per te lo star fra gente allegra, Vedova sconsolata in veste negra.*

t' uno; per chi la convenienza non è che un nome, i due modi hanno senso anche troppo distinto.

Non fanno per una donna d'onore certi ornamenti superiori al suo stato; non fanno e non le convengono. Donna d'animo diverso, d'un vestito modesto che più le converrebbe, risponde: non fa per me. Fa per costei quel che men le conviene.

1228.

CONVENIRE, COMPETERE.

— La cosa *compete* di diritto; *conviene* per ragioni più o meno intrinseche.

Non conviene, dice più che la semplice negazione, dice *disconvenire; non competere* dice negazione semplice. Quand'io dico: cotesto non mi compete, intendo: cotesto non è del mio diritto, dell'uffizio mio; quando dico: cotesto non mi conviene, posso intendere che la cosa, non solo non è per me, ma contraria alle convenienze mie. — A.

1229.

COPPIA, PAJO, PARO, PARIGLIA.
PAJUCCIO, COPPIETTA.
COPPIA, COPULA.
APPAJARE, ACCOPPIARE.

— *Coppia*, di due persone o cose che si riguardano come unite, non per la necessità del loro uso, ma per cagione estrinseca o caso qualunque sia; *pajo*, di due cose che vanno insieme necessariamente, come: pajo di scarpe, di guanti, di manichini, di stivali, d'orecchini, di calze (1), di gladiatori (2); o si dice di cosa necessariamente composta di due parti destinate all'uso medesimo, come: pajo di forbici, di calzoni, d'occhiali.

Allorché *coppia* e *pajo* diconsi d'animali, la coppia non indica che il numero; il pajo v'aggiunge l'idea d'unione, o conveniente o necessaria ad un fine (3). — BEAUZÉE.

— *Coppia* si riferisce a congiunzione; *pajo*, a somiglianza. *Coppia* di persone e di cose. *Coppia* e *pajo*, di bestie e di cose; *e non*: pajo di sposi.

Coppia di cavalli, si dice di due che, diversi di forma, servono a' lavori o alla propagazione; *pariglia*, se simili, e però più atti a cert'usi.

Pajo di forbici (4), d'occhi (5); non: coppia. Solo ironicamente s'adopra, parlando di persone, *pajo* per *coppia*, quando diciamo: un pajo di furfanti, di pazzi (6). — GRASSI.

Il Romani: *accoppiare* non richiede intera uguaglianza, come *appajare*. Due cavalli, benché differenti di colore e di forma, posson fare una coppia; due scarpe di forma o colore dissimile non fanno un pajo. Un pajo di capponi (7); un pajo d'uova (8); un pajo d'anni (9);

---

(1) CICERONE.
(2) SENECA.
(3) Ciò è tanto vero, che in Toscana di due persone conformi d'animo e di pensieri, vi diranno: son una coppia e un pajo. Dove coppia riguarda il numero; *pajo*, la somiglianza o l'unione. E questo *essere una coppia e un pajo*, ha, per lo più, senso sinistro. — MEINI.
(4) BOCCACCIO.
(5) FIRENZUOLA: *Egli ha un par d'occhi che pare spiritato*.
(6) ORAZIO, ironicamente: *Par nobile fratrum*.
(7) BOCCACCIO. - OVIDIO: *Par columbarum*.
(8) FRA GIORDANO.
(9) CRON. MORELLI.

un pajo di cintolini (1), di molle, di cardi, per cardare la lana, gli stracci della seta, il cotone. *Paro* è dell'uso lucchese, non d'altri dialetti toscani; ma comune è il tronco *par*: par d'occhi, di piccioni. Pane a coppie; roba a coppiette (2); andare, disporre a coppia (3). Bella coppia d'amanti (4); cavallo che suona coppie di calci (5). *Coppie*, d'uomini, è più comune. Questo è un altro pajo di maniche, vale: questo è altra cosa; qui l'affar muta specie. Aver tre pani per coppia, vale: aver in un affare vantaggio soprabbondante.

Da *pajo*, *pajuccio*, pajo meschino, e *pajaccio*: un pajuccio di calze, di scarpe trite. Da *coppia*, *coppietta*, che non è veramente diminutivo.

I derivati *appajare* e *accoppiare* danno ancor più chiara la distinzione dei detti due nomi. Iddio li fa e poi li appaja, diciamo di due scimuniti o pazzi o furfanti (e i furfanti hanno insieme detto scimunito e del pazzo) che si trovano uniti o in matrimonio o comecchessia; proverbio che non è sempre vero; perché l'appajarsi di certa gente vien da tutt'altra mano che da quella di Dio. Meglio dunque il Salvini: «Dio fa gli uomini, ed e' s'appajano.» *Accoppiare* ha sensi più varii. S'accoppiano due persone per via (6), in una carica (7), in matrimonio; s'accoppiano le idee per trarne una conseguenza (8); s'accoppiano uova, fiori e oggetti materiali di tutte le specie (9). Dal gentile accoppiamento delle parole risalta la novità del concetto; quest'è l'arte di Virgilio sovrana (10).

Non so se sia necessario avvertire, che il latinismo *copula* non è rimasto se non nel linguaggio grammaticale, e anche quivi rarissimo; che le particelle copulative (11) sono il contrario delle disgiuntive; e copule son tutte le particelle che legano insieme l'un membro o inciso del periodo con l'altro (12). *Copula* carnale è propriamente brutto (13).

1230—1231.

COPPIA (A) A COPPIA, A DUE A DUE, DI COPPIA.
A UNO A UNO, L'UN DOPO L'ALTRO.

1230.

A coppia a coppia, A due a due, Di coppia.

I.° Il primo suppone una fila più o meno lunga; il secondo può indicare anco due coppie sole.

---

(1) BOCCACCIO.
(2) SALVINI: *Molti han quasi ridotto a legge d'ottava il sonetto, con comporre i quadernarii a coppiette e distici*.
(3) FRA GIORDANO.
(4) PETRARCA.
(5) ALLEGRI: *Trenta coppie di calci*.
(6) G. VILLANI: *Andando per la terra, ballando accoppiati con ordine*.
(7) G. VILLANI: *Ordinaro che fossero otto priori, accoppiandoli insieme in questo modo*.
(8) DANTE: *Se ben s'accoppia Principio e fine con la mente fissa*. - CICERONE: *Honestatem cum voluptate, tamquam hominem cum bellua, copulare*.
(9) BERNI: *Io non v'accoppierò come le pere E come l'uova fresche*. - G. VILLANI: *Fregi di perle e di bottoni d'argento dorati, spessi, a quattro o sei fila accoppiate insieme*.
(10) CARO: *Nè anco queste due dizioni trovo accoppiate*. - CICERONE: *Vim verborum simplicium et copulatorum*.
(11) SALVINI.
(12) SALVIATI.
(13) APULEJO: *Nuptialis copula*.

II.° Il secondo può indicare coppie l'una dall'altra distanti; il primo, non necessariamente, ma d'ordinario, dipinge una serie più continua. Quando diciamo *a coppie*, plurale, allora anco questo modo dice serie continua (1).

III.° *A due a due* dipinge due persone che vengono dopo due altre, e così via via; *a coppia a coppia* possono venire, per esser posto persone o cose, non l'una dopo l'altra coppia in fila, ma tutte sulla medesima linea, o in altro modo qualsiasi.

IV.° Talvolta, *a coppia a coppia* esprime congiunzione, non ordine solamente: i cavalli a coppie; gli uomini in processione a due a due. E tale appajamento d'uomo ad uomo rende la cerimonia più solenne che non se fossero quattro o dieci nella medesima fila; e questo ha la sua ragione segreta.

Di coppia, dicesi de' gemelli: bambini di coppia. *A coppia* e *in coppia*, stanno anco da sè, e non ripetuti.

1231.
A uno a uno, L'un dopo l'altro.

— Il secondo esprime più determinatamente la successione degli atti. Raccogliere le eleganze del dire *a uno a uno*, indica l'atto in sè; raccogliere *una cosa dopo l'altra*, indica breve intervallo tra il raccogliere di cose e cose. — LAVEAUX.

1232—1235.
COPRIRE, COPERCHIARE, COVERTARE.
SCOPRIRE, SCOPERCHIARE.
SCOPRIRE, DISCOPRIRE.
SCOPRITURA, SCOPRIMENTO, SCOPERTA.

1232.
Coprire, Coperchiare, Covertare.

— *Coprire* ha usi più generali e più varii; *coperchiare*, mettere il coperchio, come a orci, a caldaje, e simili; *covertare* non è della lingua parlata, ma può, se parcamente s'usi, cadere opportuno nella scritta, significando un modo di coprire non denotato dagli altri affini; cioè, coprire con coperta. Berni, Orlando Innamorato, C. 53: « Col caval fino in terra covertato. » *Coprire* ha molti traslati; *coperchiare* e *covertare*, pochissimi. — MEINI.

1233.
Scoprire, Scoperchiare.

— Si *scoperchia* quel ch'ha un coperchio: tomba, o simile; si *scopre* un'imagine, il viso, qualunque cosa coperta o da coperchio o da velo o da corpo qualsiasi. — ROMANI.

1234
Scoprire, Discoprire.

Scoprire ha traslato che ormai non ha *discoprire*. Scopresi un metallo, un paese, un pianeta; scopresi una congiura, un segreto. Scopresi in due modi: e a sè stesso, accorgendosene; e agli altri, additando. *Discoprire* non è frequente nemmeno nel proprio; ma pare che dica atto più deliberato o scoprire più intero: scoprire il viso, discoprirsi tutto. Gli antichi dicevano *scovrire* e *discovrire*, che restano in altri dialetti, i quali hanno anche

aurire. I dialetti co' loro idiotismi sono più logici delle lingue che chiamansi cortigiane.

1235.
Scopritura, Scoprimento, Scoperta.

Scoperta non ha senso che traslato: scoperta d'arte, di scienza; *scoprimento* l'ha proprio, ed è l'atto dello scoprire; *scopritura*, il lavoro: tanto fu speso per la scopritura d'una casa, che dicesi anche: scoperchiare; scoprimento di arnesi nascosti. *Scoprimento* può dirsi anco l'atto che mette a una scoperta d'arte o di scienza: lo scoprimento di paese nuovo non è scoperta veramente, se il paese non sia visitato, o se non se ne tenga di conto. Nello scoprimento di piccole novità vedere il germe delle grandi scoperte, questa è opera degl'ingegni grandi.

1236.
CORPACCIUTO, CORPULENTO.

— *Corpacciuto* è più. Può la *corpulenza* essere molle senza pinguedine, e non difforme; il corpacciuto ha un grosso ventrone, e il resto, più sovente, in proporzione di quello. — GATTI.

D'imagini che troppo tengano del materiale più che non si convenga al soggetto e al fine, dicesi: *corpulente*.

1237.
CORPICCIUOLO, CORPICINO, CORPUSCOLO.

— *Corpicciuolo*, piccolo corpo d'uomo, o piccolo corpo in genere; *corpicino*, corpo d'uomo soltanto, o anche diminutivo di ventre; *corpuscoli*, atomi o particelle di corpi. Se ne fa l'aggettivo corpuscolare. — GATTI.

1238.
CORPORALE, CORPOREO.

— *Corporeo*, ch'è di corpo, ch'è corpo, che non è dello spirito; *corporale*, che riguarda il corpo umano: pena corporale; sostanza corporea. — GATTI.

1239.
CORPORATURA, STRUTTURA.

Corporatura riguarda il volume; *struttura*, la forma e la compagine delle membra e la forza loro. Si può avere piccola corporatura, e forte struttura; forte corporatura, e cattiva struttura, perchè, o il collo corto, o le gambe torte, o i visceri mal disposti. Dalla corporatura, l'apparente bellezza e forza; dalla struttura, il nerbo vero e la sanità.

1240.
CORPORATURA, CORPULENZA, CORPOREITÀ.

— *Corporatura* è il complesso di tutto il corpo; ell'è grande o piccola, grossa o no. *Corpulenza* è la qualità di corpo grosso; *corporeità* (non usato ma utile), la qualità dell'essere corpo, contrapposta alla spiritualità. — GATTI.

1241—1242.
CORREGGERE, EMENDARE.
EMENDARE, RIMENDARE.

1241.
Correggere, Emendare.

— *Emendare* (1) è dare alle cose forma migliore; toglierne via le parti difettuose (2). *Correggere*, propriamente, render diritte le cose torte, e curvate (3). Cor-

---

(1) DANTE: *Ventiquattro seniori, a due a due, Coronati venian di fiordaliso.* - FRA GIORDANO: *Buoi, pecore ed altri, che, quando venne il diluvio, ci furono messi a coppia a coppia.* In questi due esempii abbiamo le tre differenze: della serie, del movimento, della congiunzione.

TOMMASEO, *Diz. dei Sinonimi.*

(1) *Mendum.*
(2) CICERONE: *Scripta emendare.*
(3) PLINIO: *Milonis athletha malum tenenti, nemo digitum corrigebat.*

ripere alicujus sententiam, ben tradurrebbesi in francese: *Rectifier l'avis de quelqu'un*. Un Latino: *Corriguntur quæ prava sunt; vitiosa emendantur*. — FERRI DI S. C.

— I Latini congiungevano talvolta le due voci. Livio: « *Si quid fecerim imprudentia lapsus, corrigi me ac emendari hac castigatione posse.* » Plinio, Paneg.: « *Corrupta disciplina castrorum, tu corrector emendatorque contigeres.*» Nel passo di Livio, *emendare* par che accenni a correzione ottenuta per via di gastigo; in quel di Plinio, a correzione più intera e perfezionamento più pieno. — POPMA.

Correggesi con la riprensione, o col consiglio, o col gastigo, o con l'esercizio.

1242.
Emendare, Rimendare.

— *Rimendare* ha sempre senso proprio; *emendare*, traslato. Si rimendano le calze, gli errori s'emendano. — ROMANI.

1243—1245.
CORREGGERE, EMENDARE, RIFORMARE. RIFORMA, RIFORMAZIONE, RIFORMAGIONE.

1243.
Correggere, Emendare, Riformare.

— La *correzione* toglie, o s'ingegna di togliere, un difetto, richiama al buon ordine persona o cosa che s'era sviata; l'*emenda* è cangiamento in bene, riparazione di male; *riforma* è ristabilimento della cosa nello stato o forma debita e sua. La correzione può essere o compiuta, o insufficiente, o inutile; l'emenda, più o men piena e soddisfacente; la riforma, più o meno intera, e vera: se vera, è quasi intera.

Un fanciullo può essere da' maggiori corretto, non correggere però sè stesso; uno scapestrato può in parte emendar la sua vita, e non essere ancora buono; chi riforma sè stesso, se veramente si riforma, fa un cangiamento intero, o quasi. — GUIZOT.

In italiano non usa *emendare* per *gastigare*, come diceva Pilato di buona memoria. Non può l'uomo essere emendato, se non si emendi da sè; la giustizia non è signora se non delle ammende, che è un altro pajo di maniche.

1244.
Riforma, Riformazione.

— *Riformazione* è, propriamente, l'azione del riformare; *riforma* è l'atto e l'effetto. La riforma d'un abuso, sovente, dura meno del tempo speso nella riformazione. — GIRARD.

1245.
Riforma, Riformagione.

Ambedue voci storiche; quella, da Lutero in poi; questa, dalle toscane repubbliche. Anco nella Chiesa, prima di Lutero, pensavasi a riformazioni, che, non fatte, diedero poi pretesto alla riforma (1). Le riformagioni furon troppo frequenti, e sformavano. Ne abbiamo gli archivii, i quali gioverebbe non tanto stamparli per disteso e ciascuno da sè, quanto in sunto e per ordine d'idee, meglio che di paesi o d'età, compararle. Non c'è vera scienza, nè politica nè altra, se non sia comparata; e questo vuol dire che noi siamo all'alfabeto della civiltà e del sapere.

---

(1) Caterina da Siena, in una lettera al papa: *Reformazione della sposa vostra; reformarla, dico, di buoni pastori e rettori.*

1246.
CORREGGERE, RIPRENDERE.

— Si *corregge* e con parole e con fatti e col silenzio; *riprendesi*, per lo più, con parole. La correzione può essere effetto della riprensione e può non essere. — ROMANI.

— Chi *corregge* mostra, o intende mostrare, il modo di togliere via il difetto; chi *riprende*, non fa che indicarlo, e non sempre in modo chiaro. Per ben correggere, bisogna sapere far meglio. Convien correggere con intelligenza, riprendere con amore. — BEAUZÉE.

— *Correggere* è l'atto, e anche la conseguenza dell'atto; nel primo senso è affine a *riprendere*; nel secondo, a *emendare* e a *riformare*.

Correggere è, talvolta, men d'*emendare*; ma chi veramente corregge l'animo proprio, quand'anche non arrivi a pienamente riformarlo, fa maggior cosa che s'egli emendasse con atti contrarii, ma non in tutto spontanei, i falli commessi. — CAPPONI.

1247.
CORREGGIMENTO, CORREZIONE.

— *Correggere* dicevano gli antichi per *reggere*; e sebbene il modo sia vieto, pure di due reggenti insieme non sarebbe forse inconveniente dire, in luogo opportuno, *correggere*. Il sostantivo sarebbe *correggimento*, distinto dalla *correzion* dello stile, delle stampe, dei costumi; dalla verga di *correzione*; e da altri usi simili. — GATTI.

1248—1249.
CORROMPERE, SEDURRE, SUBORNARE, INGANNARE.

1248.
Corrompere, Sedurre, Subornare.

— *Subornare* e *sedurre* non si dice che di persone; *corrompere*, anco di cose: corromponsi i costumi, il gusto, le idee; non si seducono, non si subornano.

Sedurre, da *se-ducere*, condur fuori di via, trarre in mala parte; *subornare*, da *sub-ornare* (apparecchiare e disporre sotto mano la persona a' proprii disegni), vale: guadagnar l'animo altrui con arti non buone, sì che servano a' tuoi mali fini; *corrompere*, da *cum-rumpere*, sconnettere l'unità, cominciare a disciogliere, viziare la cosa, fiaccarne le forze. Nel traslato: condurre l'uomo a tali errori o vizii, che lo stato dell'animo suo paja così maisano come cosa ch'è presso a cader putrefatta, e desti nell'anime pure quel senso che desta l'aspetto, il contatto, l'alito di cosa putrida.

L'idea comune de' tre verbi è: condurre a fare, a pensare, ad amare, a soffrire cose contrarie alla verità, alla virtù. Chi seduce, conduce al male con artifizii ed inganni; chi suborna, conduce al male per la via dell'utile, diretto o indiretto ch'e' sia; chi corrompe, insinua l'amore o la tolleranza del male, infettando la persona di mali sentimenti, di male opinioni.

Si seducono l'ignoranza, la buona fede, la gioventù, il sesso debole; chiunque si possa facilmente ingannare, menare attorno. Si subornano i vili, i deboli, gli uomini senza virtù e mezzo perversi; subornansi i testimonii, i servi, la gente peccante di qualche difetto da cui potería pigliare; si subornano con promesse, adulazioni, minacce, doni. Corromponsi le anime buone e pure, ma accessibili al vizio, troppo docili, e non forti da resistere al male; e corromponsi comunicando loro il contagio del male, o per seduzione, o per via più diretta.

Il sedotto non temeva l'inganno; il subornato, lo conosceva e acconsentì; il corrotto, lo conosceva, in parte almeno, o vi condiscese. Il sedotto è vittima del seduttore; il subornato è complice e strumento del subornatore; il corrotto è preda o vittima, ovver trastullo del corruttore. Il primo ha dato nel laccio; il secondo ha ceduto alla tentazione; il terzo non ha fuggito il pericolo.

La persona sedotta può detestare il seduttore, detestare il male disavvedutamente commesso. La persona subornata, rade volte è di buona fede; spesso conosce la viltà del condiscendere, ma prescegli all'onore il guadagno. La persona corrotta è stata indegnamente dominata dal seduttore; ma pur si compiace nel male, o non ne seppe diffidare abbastanza.

Si può sedurre una volta, senza corrompere; *subornare*, denota una specie di corruzione, quella che viene per la via dell'interesse; *corrompere* è il più generale. — ROUBAUD.

1249.
Sedurre, Ingannare, Subornare.

— *Sedurre*, propriamente, tirare in disparte; far cadere in errore. Si seduce col destare gli affetti; si suborna con l'oro. *Ingannare* è generico. Chi seduce, vuol tirare altrui dalla parte sua; l'ingannatore vuol farvi cadere nel laccio, e nulla più. Seducendo s'inganna; ingannare si può senza sedurre. Altro è ingannare la vigilanza delle guardie; altro, sedurle. Il seduttore va colle buone; l'ingannatore piglia tutte le forme. *Subornare* è più reo di *sedurre*. Può uno essere sedotto con tant'arte da non accorgersene quasi; il subornatore va per vie più dirette. Ingannare il tempo, la mattana, modi vivi (1). I sensi ingannano la mente; codesto è significato chiaramente distinto. — MEINI.

1250.
CORROMPERE, IMBASTARDIRE.

— *Imbastardire* è rendere più deboli le qualità proprie alla specie a cui l'ente appartiene, in modo ch'esso ente si riconosca men facilmente per di quella specie, e non possa, o mal possa, produrre altri enti forniti delle qualità che a lei son proprie. *Corrompere* è intaccare il composto delle parti d'un ente, per modo che l'una con l'altra, in luogo d'ajutarsi, si nocciano.

L'imbastardimento indebolisce, non toglie le qualità; la corruzione le vien distruggendo. Pianta imbastardita può produrre altre piante, men vegete, ma che pur vivano; pianta corrotta, è sul morire, o già morta.

Nel traslato, s'*imbastardisce*, infermando le proprietà della cosa; si *corrompe*, nocendo all'essere intero; lingua imbastardita è meno di lingua corrotta. Così di popolo e d'altre cose. — LAVEAUX.

1251.
CORROTTO, PERVERSO, DEPRAVATO, VIZIOSO.

— Il *depravato* trova piacere nel male; il *perverso* è più stravolto ancora; nel *corrotto*, l'abito del male ha guasti i germi del bene.

Il *vizio* sta nelle male inclinazioni abitualmente appagate; la *depravazione*, nel deviare da'sentimenti o dalle idee naturali; la *corruzione*, nel distruggimento de' buoni principii e sentimenti; la *perversità*, in una forza attiva di malignità o di malvagità. — LA BRUYÈRE.

---

(1) ORAZIO: *Semper austerum studio fallente Laborem.* Anco in italiano, ingannar la fatica, la noja, il dolore.

1252.
CORRUTTELA, CORRUZIONE.

Corruzione è l'atto; *corruttela*, l'effetto. Può un tristo governante tentare la corruzione d'un popolo, e può non ne seguire la corruttela.

Per questo appunto che corruttela è l'effetto, siffatta voce indica corruzione più abituale, più intima. La corruzione è nell'umana natura; ne'popoli inciviliti divien corruttela.

Corruzione ha sensi corporei; per esempio, dell'aria. *Corruttela*, no: corruttela, de'costumi, de'governi, de' popoli. Quel che ne'piccoli è corruzione, ne'grandi è sovente corruttela. La corruzione non penetra quasi mai tanto addentro ne'piccoli, quanto ne'grandi.

1253.
CORRUTTORE, SEDUTTORE.

— Il *seduttore* ha modi leggiadri, soavi e schietti; vi lusinga in ogni cosa, s'ingegna di non vi displacere in nessuna. Il *corruttore* adopra e modi delicati e grossolani, al bisogno; seduce, suborna, forza, tradisce. Il seduttore d'una fanciulla tende a vincerla per le vie dell'affetto; il corruttore, per quelle dell'utile, dell'orgoglio, della necessità, del piacere. Può la donna essere sedotta per poco, e può riaversi; ma guai alle corrotte! Si seducono le inesperte del male; si corrompono anche le già rotte al male, affondandovele sempre più. Ogni nuovo atto malvagio, è corruzione nuova; seduzione non è. La seduzione può dar cagione a un violento affetto; ma puro; v'è gran pericolo di cadere, ma non sempre si cade. Si seduce, d'ordinario, per sè; si corrompe anco per conto altrui. L'amante è vero seduttore; corruttore può essere il padre, l'amico, il mezzano.

La corruzione può venire da un esempio, da un libro. Molte che si dicono sedotte, non hanno lasciato agli uomini il tempo di sedurle; erano corrotte già. — BOINVILLIERS.

1254.
CORRUZIONE, DEPRAVAZIONE.
CORROTTO, DEPRAVATO.

La *depravazione* deforma; la *corruzione* scompone. Il primo dice alterazione forte della natura, delle proporzioni, in che già le qualità naturali stavano temperate; il secondo, alterazione de'principii, degli elementi.

— *Depravazione* dice la diversità della cosa dalla norma vera, dal principio buono, dall'ordine naturale; *corruzione*, il vizio, il deterioramento: è fermentazione maligna che stempera e scioglie. La prima viene da un male che disordina, svia le relazioni necessarie dell'oggetto con tutti gli altri; l'altra, da un male che lo contamina, lo fa perire. Ente depravato perde il suo miglior modo d'essere e d'operare; ente corrotto perde a poco a poco ogni vita. Convien raddrizzare quel ch'è depravato; quel ch'è corrotto, purificare, sanare. *Depravazione* denota bene le sregolatezze eccessive e visibili; *corruzione*, i vizii nascosti. Depravato è il contrario di *diritto* (1), di *regolato*, di *bello*; corrotto, il contrario di *sano*, di *puro*, d'*integro*. Ben diremo: depravazione di spirito, e corruzione di cuore; così come diciamo: spirito retto, cuore puro. La corruzione del cuore, dice l'Abadie, è causa, spesso, dell'incredulità; e l'incredulità

---

(1) ORAZIO: *Pravo vivere naso.*

è depravazione di spirito. La corruzione de' sentimenti produce la depravazione de' principii, e a vicenda. Corruzione della carne, non depravazione, diciamo; perchè carne pura, si dice, e non carne giusta. Diciamo: dottrina corrotta, ch'è il contrario di sana. Ben diciamo e depravazione, e corruzione del gusto; e la depravazione è piuttosto nelle teorie, la corruzione nel pratico sentimento. — ROUBAUD.

— Nella depravazione è più colpa, perchè più pensiero. Si corrompe il cuore, si deprava il cuore e la mente. Quando diciamo *depravato*, parlando del costume e del cuore, s'intende un male più profondo, più reo. Livio: « *Corrupti mores sunt depravatique admirationis divitiarum.* » La corruzione, parlando di danaro, o di lucro dato o promesso, per guadagnare il volere o il giudizio altrui, è cosa diversa, come ognun vede. — A.

1255.
CORSIERE, CORRIERE, CORRIDORE, CURSORE.

— *Corridore* è cavallo buono al corso; ed anco persona che corra bene, si dirà buon corridore. *Corsiere*, del cavallo soltanto, e, per estensione o per celia, di giumento. *Corriere*, chi porta lettere, avvisi; *cursore*, chi reca le notificazioni degli ordini di un Tribunale, e degli atti giudiziali (1). — GATTI.

1256.
CORSA (DI), DI CORSO, DI CARRIERA.

Di corso, e a cavallo e a piedi; *di carriera*, a cavallo: assalire di gran corso; correre di gran carriera, di tutta carriera.

Di corsa, dicesi e del cavallo e dell' uomo; ed è più comune nella lingua parlata che *di corso*. Ma questo secondo si lega meglio con un epiteto; e meglio suona: di gran corso, di tutto corso, che: di tutta corsa, e simili. Parlando poi di cavalli, ognun vede ch'e' possono venire di corsa, e non di carriera. Questa è corsa ben più violenta.

— D'altri animali che l'uomo e il cavallo, questo secondo non so che si dica. — GATTI.

1257—1258.
CORSO, CORSA, SCORSA, SCORRIMENTO.
- CORRERE, ACCORRERE.
. Ho corso, Son corso.

1257.
Corso, Corsa, Scorsa, Scorrimento.

— *Corso* ha sensi più varii: corso di pianeti, della natura, del tempo, degli studii. *Corsa* è un correre che l'uomo fa, o un animale, per certo spazio.

Scorsa è l'atto di scorrere, di passare rapidamente per varie cose: si dà una scorsa, andando, guardando, leggendo, parlando.

Scorrimento ha senso materiale; di carrucole, d'acqua e simili. — GATTI.

1258.
Correre, Accorrere.
Ho corso, Son corso.

— S'accorre correndo a un luogo uno o più; s'accorre correndo ad ajuto. *Ho corso*, diciamo, intendendo dello spazio percorso: ho corso di molto; quel cavallo ha corso

---

(1) Nel verso, *cursore* chi corre, o che già fece una corsa memorabile. Il PETRARCA: *Turba d'amanti e miseri cursori.* E il CASA, d'un vecchio seguace d'amore: *Nè fra la turba tua pronta e leggera, Zoppo cursore, omai vittoria spera.* — POLIDORI.

bene. *Son corso;* intendendo del movimento: son corso; non era più tempo; è corsa la gente.

Ho accorso, non si dice, ma sempre *sono*. — A.

1259—1260.
COSTANTE, DUREVOLE, STABILE.

1259.
Costante, Durevole.

Quel ch'è *durevole*, non cessa; quel ch'è *costante*, non muta: l'amore paterno è affetto durevole di natura sua; le amicizie più costanti son quelle che si fondano nella virtù. Negli affetti durevoli può non essere merito, o poco; e' posson essere effetto dell'abitudine, della naturale inerzia, e d'una certa tenerezza, come a dire, passiva; negli affetti costanti si riconosce la forza dell'animo. Molte amicizie nel mondo, che pajon durevoli, non sono costanti; durevoli sono, in quanto che apparentemente non finiscono; ma nel cuore, dov'è la vera costanza, non vivono. La durevolezza riguarda la sussistenza del tutto; la costanza, l'immutabilità delle parti: i governi non sarebbero a lungo durevoli se volessero essere costanti nelle menome cose.

1260.
Durevole, Stabile.

— La *durata* riguarda il tempo; la *stabilità* è una delle condizioni della durata; ma può cosa per sè stabile non durare, perchè soverchiata da forza straordinaria; e può cosa non molto stabile durare di molto. — GATTI.

1261.
COSTANTE, FERMO, STABILE, SALDO, IMMOBILE (nel traslato).

— Nella fermezza è coraggio. L'uomo dabbene è *costante* nell'amare i buoni; *fermo* incontro ai pericoli che tale amore ha con sè. — ENCICLOPEDIA.

— L'uomo non volubile può star fermo in suo proposito per alcun tempo; ma altro è essere *fermo* a questo modo, altro è l'essere *stabile* veramente.

La *costanza* è anch'essa abituale. È meno, se vuoi, della *stabilità*; ma in questo rispetto è più virtuosa. Una delle morali virtù è la costanza, non la stabilità.

Saldo s'adopra per indicare la fermezza, ch'è effetto della solidità de' principii e del volere, contro le opposizioni, gli ostacoli. *Immobile* si spiega da sè. — ROMANI.

1262.
COSTANZA, PERSEVERANZA.

Perseveranza è volontà di seguitare una serie d'atti mossi dal medesimo principio e tendenti al medesimo fine buono. *Costanza* è lo stato che dura ne' medesimi sensi ed atti. La costanza viene in parte dalle qualità naturali; la perseveranza è tutta merito del volere, ajutato da Dio. La perseveranza è costanza continua nel bene; può la costanza, volta al male, essere ostinazione, o peggio. In ogni menoma cosa s'esercita la costanza; la perseveranza, nelle grandi; e in tanto nelle piccole, in quanto sono congiunte alle grandi dall'unico comun fine. La costanza, inoltre, può essere breve. Si può aver amato costantemente di beni diversi. Il vincere pure una volta sola gli ostacoli, lo star contro loro, è costanza; il titolo di *perseverante* non s'acquista a sì poco prezzo.

1263.
CUCINARE, FAR DA CUCINA, CUOCERE.

— *Cucinare*, cuocere le vivande. Può uno saper cucinare il fritto, per esempio, o l'arrosto, e non gl'intingoli e altri manicaretti appetitosi. Chi *fa da cucina*, s'intende che sappia preparar tutto l'occorrente per il pranzo. Nel traslato, quando vogliamo levarci da un impiccio, usiamo dire: cucinatela a modo vostro; io non c'entro.

Cuocere ha usi più varii. Figuratamente: lasciar cuocere uno nel suo brodo; lasciarlo stare che faccia a modo suo. Degli altri sensi di questa voce non parlo. — MEINI.

1264.
CUCINIERE, CUCINATORE, CUOCO.

— *Cucinatore* dicesi l'uomo mentre che cucina, e talvolta di chi è appassionato a cucinare. Può il cucinatore non esser cuoco di professione, ma trovarsi a far da cucina per tale o tal caso. *Cuciniere* è, segnatamente, colui che nelle comunità religiose fa il cuoco; questa voce ha uso più raro. *Cuoco* è vocabolo più solenne; e per meritare questo nome bisogna sapere, almeno per pratica, la maggior parte delle ricette degli Apicii moderni. Un nobile avrebbe a male che il suo cuoco fosse chiamato *cuciniere*, voce più modesta. Ho detto che *cuoco* è titolo più solenne; e ciò è talmente vero, che, secondo le regole, si paga più un buon cuoco, che un buon letterato o scienziato. — MEINI.

1265—1274.
CUCITO, CUCITURA.

AGO, SPILLO.

AGO, INFILACAPPIO.

AGO, AGOCCHIA, AGUCCHIOTTO.

AGHETTO, QUADRELLO, PASSAMANO, SOVATTOLO, STRINGA.

CORREGGIA, CORREGGIOLO.

AGHINO, AGHETTO, SPILLINO, SPILLETTA, SPILLATICO.

AGORAJO, AGUGLIATA, GUGLIATA.

AGONE, SPILLONE, AGHI, FERRI.

AGATA, AGUGLIATA.

ANELLO, DITALE.

ANELLINO, ANELLETTO, ANELLUCCIO.

ANELLI, ANELLA.

1265.
Cucito Cucitura.

— *Cucito* è l'arte; s'insegna alle fanciulle il cucito; poi, gli è lo stesso lavoro. *Cucitura* è il lavoro, o il tempo che si mette a farlo; e s'unisce agli aggiunti di *forte, buono* e simili, meglio che l'altro — A.

— *Cucitura*, anche in traslato; onde il Salviati: « cucitura delle parole », che non è però bello. Maestra di cucito; non altrimenti. *Cucitura* riguarda il lavoro di tale o tal abito; però diciamo: questa giubba mi costa tanto di cucitura. *Cucito* è l'arte che insegna le varie cuciture, cioè i varii punti che s'usano nel cucire; i quali, per chi volesse sapere come si chiamano a Firenze, pongo qui sotto. *Soppunto*, quasi sotto punto; *punto torto*, così detto dalla sua forma; *punto cieco*, perchè nel disopra del tessuto non apparisce quasi; *punto a filza*, perchè si fanno più punti in una volta, maniera di cucire nelle cose di poco pregio, e nel far crespe a camicie e simili; *punto alla francese*, è mettere un punto ad ogni filo del tessuto, a differenza del *sopraggitto*, ove si comprendono più fili; *punto a strega*, è punto obliquo traversato da un altro punto, così che poi tutt'insieme pigliano la forma di un piccolo cancello; *punto a rosellina*, quello che nel rovescio del drappo somiglia al calice d'una rosa con in mezzo un piccolo foro; *impuntura* diconsi quei punti che si toccano l'un l'altro, perchè cucendo si ritorna sempre coll'ago nell'ultimo buco, la quale operazione si dice *rincrunare*, quasi metterci di nuovo la cruna; *punto addietro* è il contrario del precedente, cioè quando non si rincruna; *punto a sopraggitto*, quello col quale si uniscono due parti della roba; *punto in croce* (così detto dalla figura che serba nel disopra del tessuto) ha varie denominazioni, secondo la forma che piglia nel rovescio: 1.° *punto sudicio*, che da diritto ha forma di croce; da rovescio, irregolare. 2.° *punto pulito*, di sopra in croce, e di sotto a impuntura; 3.° *punto a occhiolino*, di sopra in croce, e di sotto circoscrive come un piccolo occhio; 4.° *punto a due ritti*, quello che somiglia a una croce da rovescio e da diritto. Finalmente, in diversi lavori v'è il *punt'unghero*, il *mezzo punto*, il *punto a giorno*, il *punto passato*, il *punto a smerlo*, il *punto buono*, il *punto a trina*, il *punto a rimendo*, il *punto a occhiello*, il *punto a catenella*, il *punto a tamburo*, il *punto a spina*: e qui fo punto. — MEINI.

Varie maniere di cucito, di ricamo, di maglia (1).

— *Lavori di maglia*, son quelli che si fanno intrecciando il filo con ferri, per modo che formino tanti anelli, uno attaccato all'altro. *Maglia dritta* e *maglia rovescia*. La maglia prende diversa forma, veduta davanti o di dietro; e il davanti si chiama *diritto*, e il di dietro *rovescio*. Talvolta nella calza si sogliono alternare le maglie dirette e le rovescie sul davanti, sia per una vaghezza, sia perchè le stringono più. *Maglia a filo doppio*, che si fa per principiatura della calza a fortezza maggiore; *maglia a filo scempio*, che si fa nel resto della calza. Costura della calza, che è *maglia rovescia*, affinchè si distingua il mezzo della calza per lungo, e da cui si piglia regola per istringere o allargare la calza stessa nel farla. *Cresciuto*, si dice, quando viene ripresa la maglia due volte, per allargare la calza; *stretto*, quando di due maglie se ne fa una, per istringere la calza. Però le mamme o le maestre si sentono spesso dire alle bambine, che imparano a far solette o calze: badate bene ai cresciuti, e agli stretti. *Incavalco*, è quando si lascia di fare una maglia, per metterla sopra a quella che vien dopo, e si fa per mandare la calza in un altro verso. *Maglia traforata*, è calza a trafori; *maglia piena*, il contrario. L'*intrecciatura* è una specie di maglia intrecciata, cioè l'una maglia buttata sull'altra per la terminatura della calza.

Lavori di punto son quelli che si fanno tirando il filo coll'ago sopra un panno qualunque. *Punto a toppa*, quando si rimbocca un pezzo di panno sopra un altro, facendo la costura; *punto a filzolina*, quando si tira il filo a filza, senza tornare col punto addietro sul punto fatto; *punto indietro*, quando col punto secondo si ripassa sul primo, ficcando l'ago sulla metà di questo, e andandone al di là con la metà del punto nuovo; *punto torto*, che serve, come le filzole, per unire i pezzi, ma con più precisione, e si fa coi *punti a serpe*; *punto a sopraggitto*, quando col punto si uniscono due vivagnoli insieme; *impuntura*, quando si ritorna col punto dove s'è levato l'ago.

---

(1) Talune delle cose dette qui sono nel precedente articolo del Meini: ma io non oso metter mano in questo gentile quasi ricamo; e si noti la conformità come le differenze giovano ad insegnamento e a diletto.

Punto buono, si dice nel ricamo; ed anco *punto a sopraggitto*, quando si tira il punto da un filo ad un altro del velo per rappresentare un fiore, o una foglia od altro oggetto; *punto a catenella*, o *ricamo a tamburo*, che si fa sopra un telajo, e i punti vengono a formare anelli di catena rientranti uno nell'altro; *punto a smerlo*, quando si cuce a ricamo la finitura del velo, dandole o il tondo o il quadro che si vogliono; *punto a centina*, che sono smerli con più smerlini intorno; *punt'unghero*, o *punto in croce*, quando si ricama sopra un panno tessuto con fili grossi e radi, e che, con parola francese, chiamasi *canevas*; e quel ricamo si fa con la lana o con la seta, e si rappresentano fiori, bestie, vedute e via discorrendo.

Ricamo a rammendo, si fa riempiendo i bucolini del velo per figurarvi cose diverse; *ricamo a impuntura*, ch'è, quando si ricama sulla mussolina riflccando l'ago dove s'è levato; *ricamo a rapporto*, quando sono due pezzi, l'uno di velo e l'altro di mussolina, e si ricamino insieme a disegno, e poi fatto il disegno, si taglia il disopra, che può essere il velo, o la mussolina, e resta il campo dell'una o dell'altro senza tagliare, come a uno gradisce. Si cuce anco *a rapporto* il ricamo, quando il fondo, che è scolorito, o sudicio, o lacero, vien tagliato, e il ricamo restato bello si rimette sopra un fondo nuovo.

Módano, ossia *retino*; che può essere a buco quadro e a buco tondo, e si fa con un aghino d'acciajo o d'ottone uncinato, formandone tele, vestiti, tende e altre cose.

Lavoro ad *ago torto*, che ha la figura del módano, con la differenza, che mentre si lavora il campo, si lavorano anco i florami od altri ricami, e non si torna sopra coll'ago a farvi altro. — AUGUSTO CONTI.

1266.
Ago, Spillo.

— *Ago*, sottil filo d'acciajo, con punta acuta dall'un de'capi, e cruna dall'altro, nella quale s'infila refe o seta per cucire. *Spillo*, sottil filo di rame, d'ottone o d'altro metallo, acuto in punta a guisa d'ago, e con capino tondo all'altra estremità, per fermare pezzuole in capo o sul collo alle donne, e a usi simili.

Dall'avere i Latini adoprato *acus* pe'due significati d'*ago* e di *spillo*, venne in alcuni dialetti l'abuso del confonderli nel comune discorso. Ognun vede però che coll'ago s'attacca una cosa ad altra mediante un filo; collo spillo s'attacca una ad altra cosa, ma collo spillo stesso; con l'uno si cuce, col secondo si ferma; l'ago passa, lo spillo rimane (1).

« Lo spilletto, dice il Caro, persuadendosi d'essere penetrativo anch'esso, disfidò l'ago a cucire; ma conoscendo poi la differenza ch'era dal forare al passare, e dall'aver cruna a non l'avere, conobbe allora d'essere assai più grosso di capo che aguzzo di punta. »

Ago, non già spillo, dicesi quel delle vespe, dell'api, de'calabroni (2); *ago*, il ferro calamitato della bussola (3); *ago*, il ferro della stadera, che, quand'è in bilico, mostra l'equilibrio. — GRASSI.

---

(1) *Spillo*, da *spinula*, che ne' bassi tempi dicevano *spina*. L'origine comprova l'uso, ch'è di fermare, non altro.
(2) DANTE: *Come vespa che ritragge l'ago...*
(3) DANTE.

Ago ha altri sensi: *ago* è il risalto dell'arpione che entra nell'anello della bandella, e così si chiama dall'infilarvisi appunto l'anello; ma più comunemente *maschietto*. *Ago* è quel ferro aguzzo ch'è attaccato alla *toppa*, ed entra nel buco della chiave, e la guida agl'ingegni della serratura, quando la chiave è femmina. Gli aghi crinali degli antichi, sebbene avessero la forma di spilli, converrà chiamarli così, perché l'uso è storico (1).

Coll'*ago* e si cuce e ricamasi, onde il bel modo latino *acu pingere* (2); con lo spillo s'appunta (3). L'ago ha cruna; lo spillo ha capocchia. Lo spillo può essere più o men ricco; e spilli son quelli che si portano al petto dagli uomini. L'ago non può non essere semplice; ed è la voce che quasi compendia tutti i lavori femminili (4). Il Lasca: « Ciocche di capelli, agora, spilletti. » Cavalca: « Stolto chi, per cercare un ago o uno spillo, ardesse un cero. »

Nelle novelle tedesche si racconta come l'ago e lo spillo scappassero dalla casa del sarto, e fuggissero insieme; come la pagliuccola e il ramuscello fanno naufragio nel passare un ruscello; come lo specchio, interrogato, risponde. Poesia bizzarra e fanciullesca; sfogo di fresche e giovani fantasie. Così l'Heyne, ma non il grecista: un Heyne ben diverso.

« Sentirsi tanti spilli nel petto, nel corpo » sentir trafitture di dolore, come spilli che pungano. *Ago* non ha cotest'uso.

1267.
Ago, Infilacappio.

— Coll'*ago* si cuce; l'*infilacappio* è ago di ferro, d'acciajo o d'argento, senza punta, ma con la cruna, di esso si servono le donne per mettere il filo nelle guaine delle camicie, della gonna. E perciò dicesi anche *infilaguaine*. — G. MEINI.

1268.
Ago, Agocchia, Agucchiotto.

— Che *agocchia* anticamente si scambiasse con *ago*, par che lo provino: *agucchiare*, registrato dal Vocabolario; *gocchiata* o *gucchiata* rimaste, in cambio di *gugliata*, in alcuni luoghi del Pietrasantino; e *agucchiotto* ch'è quell'ago grosso tre o quattro volte più dell'ordinario, triangolare in punta, che serve a cucire materasse e altre robe grossolane. Ma oggi per *agocchia*, che pur è di raro uso, s'intende l'infilacappio. — FREDIANI.

1269.
Aghetto, Quadrello, Passamano, Stringa, Correggia, Sovattolo, Correggiuolo.

Il *quadrello* è grosso ago a tre canti, di cui si servono i tappezzieri per cucir materasse, e i fiascai per mettere insieme la paglia da vestire i fiaschi.

Aghetti, quella sorta d'aghi con cui si stringono gli stivaletti a' bambini, le fascette alle donne, infilando ne' buchi dello stivale o della fascetta l'aghetto stesso con un cordoncino. Nella lingua parlata, l'aghetto è il cordoncino con insieme due punte; ma ognun vede che solo per estensione acquista tal senso (5).

---

(1) MARZIALE; GIOVENALE.
(2) VIRGILIO.
(3) SACCHETTI: *Questo becchetto ch'è appiccato al cappuccio con uno spillo.*
(4) DANTE: *...Lasciaron l'ago La spuola e'l fuso.*
(5) PULCI; LIPPI.

Il *passamano* è veramente l'aghetto insieme ed il nastro che s'infila; e nel passamano, il cordoncino è largo e schiacciatino, a forma appunto di nastro. Il passamano può essere d'oro (1), e d'oro può essere anco l'aghetto. I passamani, che usava una volta alle maniche de' vestiti da donna, non si direbbero aghetti.

Stringa, dice la Crusca, è pezzo di nastro o striscia di cuojo, comunemente di lunghezza di mezzo braccio, con punta d'ottone o d'altro metallo da ogni capo, e serve per allacciare. La stringa è di nastro, non è veramente di cuojo. Striscia di cuojo, quella con cui si allaccia la povera gente stivali o scarpe, dicesi anche *correggia* e *sovattolo* (2), e non ha punta metallica in cima.

La correggia usava un tempo anche alla vita, a modo di cintura (3); e ognun rammenta il *correggier*, con cui Dante voleva significare l'ordine del Santo « Benigno a' suoi ed a' nemici crudo. » E in ciò la *correggia* differisce dal *correggiuolo*, ch'è sempre, non una cintura, ma una striscia di cuojo a guisa di nastro (4), che usa, ripeto, segnatamente agli stivali o alle scarpe (5).

Tornando alla stringa, questo, in alcuni dialetti toscani, è il nome dell'aghetto. *Stringa*, propriamente, si chiama, in quanto che stringe la calzatura, il vestito (6), ed è anco fuor di Toscana più noto (7). L'aghetto dicesi *stringa* dal suo uffizio; la stringa dicesi aghetto, dalle due punte in cui termina. Dirò dunque: infilare l'aghetto, allentare la stringa. La stringa, per altro, può essere senza l'aghetto in cima, può infilarsi da sé.

1270.
Agorajo, Agugliata, Gugliata.
Aghino, Aghetto, Spillino, Spilletta, Spillatico.
Agone, Spillone, Aghi, Ferri.

Da *spillo*, *spilletto* (8) e *spillone*. Nel Lucchese e altrove, *spilla*, *spilletta*; spillona, no mai. Da *ago*, *aghetto* che, del resto, ha il senso notato; *aghino*, ch'è veramente diminutivo d'ago (9); *agone*, ago grosso; *agorajo*, il bocciuolo dove tengonsi gli aghi; *agugliata*, quel tanto di refe o di seta che s'infilerebbe nella cruna d'un ago (10); oggidì, più comunemente, *gugliata*.

L'agone, per quanto grande, non è da confondere con lo spillone. Spilloni d'argento vero o falso, o di stagno e d'altro, che usava in capo, e tuttodì usa nelle campagne. Ed è superstizione popolare, che se una strega giunge ad appuntarvi con uno di tali spilloni alcuna roba addosso, vo' non avete mai bene.

Un tanto al mese si passa da' mariti non poveri alle mogli per gli spilli: e dicesi *spillatico*.

Spillo, anco l'atto dell'uscire che fa l'acqua da fontana o da fonte (1); quando lo zampillo è sottile, non sarà illecito chiamarlo *spillino*; non mai, spilletto.

Notiamo, da ultimo, che quelli con cui si fa la calza, si lavora di maglia, che in altri dialetti son aghi anch'essi, in Toscana si chiaman *ferri da calza*.

1271.
Agáta, Agugliata.

— Non ho mai sentito *agáta* in iscambio di *gugliata*. Ma dunque si dice *agugliata* e *gugliata*, il primo d'uso meno frequente, e solamente da chi sta sul quinci e sul quindi; l'altro comunissimo. — FREDIANI.

1272.
Anello, Ditale.

L'anello da cucire dicesi anco *ditale*; ma ditale, ben nota la Crusca, è anco il dito che si taglia dal guanto, per difesa del dito malato. Il ditale può non esser tagliato dal guanto, ma sempre involge tutto o gran parte del dito; il che non fa quella specie di ditale che dicesi *anello* (2).

1273.
Anellino, Anelletto, Anelluccio.

Anellino è vezzeggiativo; *anelletto*, semplice diminutivo. Il piccolo anello d'una catena è anelletto, non anellino; un bell'anello da ornamento, fosse anco piccolo, è anellino. *Anelluccio* è anello di poco prezzo, fosse anco non piccolo; quindi il peggiorativo *anellucciaccio*.

1274.
Anelli, Anella.

Anella d'una catena, anella della capigliatura, anella di bachi (3); *anelli*, del dito. Gli antichi dicevano *anella* anche questi.

Il Pindemonte, in morte dell'astronomo Cagnoli, canta ch'e' potrà adesso *le spranghe toccar, toccar le anella della gran macchina mondiale;* immagine non senza grandezza, che rammenta il punto chiesto da Archimede alla sua leva per movere cielo e terra. Quelli de' pianeti dirannosi *anelli*.

1275.
CUCITURA, COSTURA, BASTA, IMBASTITURA, IMPUNTURA.
SPIANARE, RAGGUAGLIARE, RITROVARE, RAGGIUSTAR LE COSTURE.

Voci così chiaramente distinte nell'uso, che sarebbe più che superfluo notarne le differenze, se l'uso fosse ben conosciuto.

Basta, ben definisce la Crusca, « cucitura abbozzata con punti grandi. » S'imbastisce in digrosso, per unire i pezzi della roba, per vederne l'effetto; e si cuce poi. Ovvero si lascia imbastito così, per poter fare della roba altr'uso al bisogno. Per esempio: i vestiti che si fanno pe' bambini, s'imbastiscono in fondo per tenerli corti; cresciuti che sieno quelli, si leva la basta e s'allungano,

---

(1) CECCHI: *Ogni fornaja vuol fornir le vesti di passamani d'oro.*
(2) L'origine stessa di *soga*; come *sego* e *sevo*.
(3) NOVELLINO; G. VILLANI; BOCCACCIO.
(4) BOCCACCIO: *D'un cuojo di bue fece pigliare correggiuoli sottilissimi.* - GELLI: *Avere i correggiuoli delle scarpette al contrario.*
(5) *Correggiuolo* è anche una specie d'ulivo. DAVANZATI; VETTORI.
(6) BERNI; LASCA; BUONARROTI.
(7) SALVINI: *Gli aghetti, i Romani li domandano stringhe, dallo stringere.*
(8) BOCCACCIO; BERNI; REDI.
(9) I Latini avevano *acucula*.
(10) REDI.

---

(1) Non viene da *spinula*, credo; ma è voce di suono imitativo.
(2) L'anello da cucire, quale usa le donne del popolo, è aperto anco in cima, ed è perciò un vero anello. Gioverebbe al solo ditale di questa forma serbare il nome di *anello*; e l'altro chiuso in cima da una come cupoletta, chiamarlo *ditale*. — LAMBRUSCHINI.
(3) In Toscana: *un anello di seme di bachi*, quella quantità di uova che entra in un anello da cucire di mezzana grandezza; e che il peso si ragguaglia a un dodicesimo di oncia. I bachi nati da quel seme si chiamano *un anello di bachi*.

secondo che occorre. Questa specie d'imbastitura è detta *tessitura* in Firenze. Di qui ognun vede la differenza tra *basta* e *imbastitura*: questa è il lavoro, quella l'effetto del lavoro; l'imbastitura è riguardata in chi la fa; la basta, nella roba ov'è fatta: l'imbastitura m'è costata tanto tempo, tanta spesa; la basta è bene o mal fatta(1). Diremo anche: imbastitura ben fatta, ma non: tanto tempo di basta.

Impuntura è un modo di cucire, a punti molto fitti, sì che la cucitura stessa venga a soprastare un poco alla superficie del panno. Si fa l'impuntura per maggior decenza nelle parti del vestito che sono più in vista.

Costura, definisce la Crusca, « cucitura che fa costola. » La costura è sempre cucita di dentro, e sta quasi sotto alla superficie del drappo; l'impuntura è cucita di fuori, e sovrasta (2). La costura richiede doppia cucitura, ed è meno fitta. *Costura* dicesi anco quella lista di maglie a rovescio ch'è nel di dietro della calza. Di simili modi e voci, chi scrive di letteratura e di morale e di politica non ne sente il bisogno; ma chi venisse a trattare delle tante arti che riguardano i bisogni della vita, non le potrebbe senza danno ignorare.

Cucitura è il vocabolo generale. E nell'impuntire e nell'imbastire si cuce. In questi lavori la cucitura può costare più o meno di spesa, di tempo. Nella cucitura d'un vestito, d'un panno, si comprende imbastitura, impuntura e costura.

— L'impuntura si fa rimettendo l'ago indietro nel buco ove finisce il punto precedente. In questa guisa i punti rimangono al di sopra uno accanto all'altro, e la metà più piccoli che dalla parte del sotto. Con la costura si congiungono due pezzi e si fanno contigui; con la impuntura si cuciono insieme due pezzi sopapposti. La *costura* è nome d'attaccatura, non d'una maniera particolare di punto; essa ammette due cuciture, solamente nel caso in cui gli orli dei due pezzi riuniti si ribattano, cioè si spianino e si cucino di qua e di là; si dice allora *ribattuta*. Ma non sempre si fa. — LAMBRUSCHINI.

1276.
CUORE, ANIMA.

Il primo riguarda il sentire e l'affetto; l'altro, e il sentire e l'intendere ed il volere. Corneille: « *Votre cœur est trop bon, et votre âme trop haute. - Il déchire mon cœur sans partager mon âme.* »

1277.
CUORE (ME LO DICEVA IL), UN ANIMO ME LO DICEVA.

Il primo riguarda i presentimenti, dove ha parte un affetto; l'altro, i principii di giudizio, dove ha più luogo l'opinione. *Animo*, tiene qui dell'intelletto più che del cuore; della sentenza, più che del sentimento; sentenza però dubbia, o in germe quasi. All'incontro, quello che dice il cuore, sarà forse più dubitabile in sé, forse inverisimile, forse falso e impossibile; ma il cuore l'afferma più facilmente a sé stesso. Qui cade la sapiente parola del più morale tra tutti i romanzi: *che ne sa il cuore? appena un po' di quello che è stato.*

Né *un animo* è modo senza ragione. Nel dubbio, ch'è ben detto *in fra due*, pajon farsi quasi due uomini in uno; due e più. Dicesse *un'anima*, sarebbe falso; ma l'animo qui tiene dell'origine sua di *spirito*, e par come dire: uno spirito mi parlava nell'anima, e mi diceva. La favola, a certi mostri di forte vitalità, largisce, del resto, più anime, e in Virgilio e ne' canti di Serbia.

1278—1279.
CUORE (DI), CORDIALMENTE, CON TUTTO IL CUORE, DI SUO CUORE, DI VERO CUORE.
UOMO DI CUORE, UOMO DI BUON CUORE.

1278.
Di cuore, Cordialmente, Con tutto il cuore,
Di suo cuore, Di vero cuore.

Di cuore, si dice e si fa; *cordialmente*, si dice e s'accoglie. Non si direbbe: ricever di cuore, ma: trattare cordialmente, sì; non si direbbe: fare una cosa cordialmente, ma: di cuore, cioè con affetto, e di piena volontà. *Cordialmente*, insomma, esprime, d'ordinario, meglio un atto particolare; *di cuore*, l'abituale affetto.

Di cuore, vale: senza simulazione, con tutta l'anima; *dire cordialmente*, vale: con aria cordiale, aperta, espressione di cosa detta di cuore. In società pare che molti vi trattino cordialmente; ma di cuore noi fanno. Si può affettare ne' modi certa cordialità; ma le parole dette di cuore non si contraffanno. Si prega Dio di cuore, s'ama di cuore, non già cordialmente. Quest'ultimo, insomma, esprime piuttosto l'estrinseche forme d'un sentimento che viene dal cuore (1): piangere (diciamo), sospirare, rider di cuore; non già, cordialmente.

Con tutto il cuore, come ognun vede, dice più che *di cuore*. Se non che, alcune volte, questo secondo serve ad esprimer l'amore; l'altro, il semplice affetto; e in tal caso la differenza s'inverte. L'uomo veramente religioso prega con tutto il cuore ogni bene a' suoi più ingiusti nemici; ma prega di cuore per la persona ch'egli ama d'amor più profondo. L'uomo benefico fa con tutto il cuore, anco agl'indegni, del bene; agli afflitti delle sue stesse disgrazie lo fa di cuore (2). Odiar con tutto il cuore, non si direbbe, perché sarebbe falso; l'uomo per quanto odii, non può farlo con tutto il cuore mai, perché l'uomo è nato ad amare. Odiar di cuore, si dice; sebbene io non creda che giovi profanare locuzione sì bella; odiare cordialmente è modo quasi di cella (3).

Di suo cuore, vale: di moto proprio, ed è dell'uso; e

---

(1) *Imbastire* ha, talvolta, senso traslato, non nobilissimo, ma non dispregevole: *imbastire un discorso, farne la tessitura, lo scheletro*, o, come dicesi nel linguaggio delle scuole, *la selva*. S'imbastisce un lavoro di qualsiasi altro genere.

(2) Quindi: « *ritrovar le costure, spianarle, ragguagliarle, raggiustarle*, dicesi per *bastonare*; tratta la metafora dai sarti, che, dopo cucita la costura, la picchiano per ispianare il rilevato di essa. » Così egregiamente la Crusca. *Spianarle* o *ragguagliarle* pare più forte che *ritrovarle*; ma questo, richiedendo più cura, può nel traslato significare più accanimento nel battere e più fiero diletto. *Raggiustarle*, come più ironico, può sonar peggio ancora. De' due, *ragguagliare e spianare*, il primo direbbe battitura più potente. E questo traslato ne ha un altro in sé del riprendere e del vilipendere.

---

(1) S. GIO. CRISOSTOMO: *Amato di cuore.* - CASA: *Pregando di cuore il Signore Dio.* - GUITTONE: *Innamorati di cuore.* - REDI: *Ricevere cordialissimamente.* - *Uomo sincero e di schietta cordialità.* - *Con devota cordialità le auguro le bramate consolazioni.*

(2) CASA: *Io le bacio la mano con tutto il cuore.* - *Baciar la mano di cuore* non si direbbe per complimento. L'amore solo bacia di cuore.

(3) Altra volta aveva senso serio. Vedi la Crusca.

cordialmente non cade qui. *Di vero cuore* esprime il contrario di doppiezza. Quando, dunque, si tratterà d'indicare espressamente che nel tal atto o affetto è tutta la sincerità, la qual forse taluno sospetta non vi sia, s'userà propriamente la detta frase. Quando si chiede a Dio una grazia necessaria al nostro vero bene, ma contraria agli umani appetiti, pregar di vero cuore è difficile, ma conviene.

1279.
Uomo di cuore, Uomo di buon cuore.

Uomo di cuore, non solo l'uomo coraggioso, ma l'uomo che sente sincere e profonde le affezioni generose e gentili; *uomo di buon cuore*, quegli che sente in particolar modo il desiderio di far del bene e di sollevar gli altrui mali. Uomo di cuore abbraccia tutta, a dir così, l'anima; e a meritar questo titolo molte più qualità si richieggono.

1280.
CUORE (DI BUON), DI BUON GRADO, DI BUONA VOGLIA.

— Qui sarebbe superflua ogni distinzione, se si tenessero sempre presenti alla mente le differenze tra *grado*, *voglia* e *cuore*; ma perché troppa, nel senso vero de' vocaboli, è la negligenza degli odierni scrittori, giova brevemente notare le tre differenze.

Si fa *di buon grado*, quando nulla ci sforza, quando non è ingrato il fare; egli è 'l contrario di *malgrado*. Si fa *di buona voglia*, quando al pieno arbitrio congiungiamo il desiderio di fare, ch'è già disposizione a far bene. Si fa *di buon cuore*, quando c'entra l'affetto. Cosa fatta di buon grado, non è spiacevole; di buona voglia, è cara; di buon cuore, amata. Il vero cittadino sopporta di buon grado le necessarie gravezze, ubbidisce di buona voglia alle leggi, soccorre di buon cuore col sangue alla patria sua. — GRASSI.

— Sottomettetevi di buon grado alle leggi; accogliete di buon cuore gli amici. Molti ricevono di buon grado i benefizii, ma non di buon cuore. La virtù religiosa insegna a far di buon cuore anco gli atti che, secondo l'umano desiderio, non si saprebbero far di buon grado. — GIRARD.

1281.
CUORE (ESSERE A), STAR NEL CUORE, AVER NEL CUORE.

— *Essere a cuore*, vale: aver cura, sollecitudine, per le cose di qualcheduno. *Stare nel cuore* e *aver nel cuore* esprimono qualche affetto di gratitudine o anche di sdegno; qualche viva memoria di cosa grave, e indelebile nell'animo. — NERI.

1282.
CUORE (AVERE IN), AVERE A CUORE.

— *Avere in cuore* una cosa, è avervela fitta, impressa per affetto; sia odio, sia amore, anco senza intenzione di sfogarlo. Chi *ha a cuore* una cosa, vuole, intraprende, opera. Chi dice spesso: l'ho in cuore, costui non l'ha a cuore: la carità fa, non dice. — NERI.

1283.
CUORE (SOFFRIRE IL), DAR L'ANIMO, COME VI DÀ L'ANIMO, SE VI DÀ L'ANIMO, BASTAR L'ANIMO, BASTAR LA FRONTE. AVER CUORE, FEGATO.

Se vi basta l'animo: con questo modo il parlante provoca ad un'operazione, a una prova; *se vi dà l'animo*: con questo si volge all'altrui compassione, all'altrui lealtà. Provate (dirà l'innocente accusato all'avversario), provate, se vi basta l'animo, ch'io abbia commessa azione sì vile; e rivolto a' giudici, soggiungerà: condannate, se vi dà l'animo, un innocente sopra sì miserabili accuse.

E qui notiamo, che quando la frase *dar l'animo* è scompagnata da quel *se*, che le dà significato quasi di provocazione, allora acquista senso diverso; ed è affine a *dettare il cuore*, e simili (1). Si osservi pertanto la differenza che corre tra i modi: fate come vi dà l'animo, e: fatelo, se vi dà l'animo. Col primo, mi rimetto all'altrui libertà; col secondo, invoco l'altrui coscienza. Il primo si può accoppiare col *non*, e dire: non mi dà l'animo di far questo, indicando così certa ripugnanza dell'animo. In questo aspetto, diventa sinonimo a: non bastar l'animo, e a: non soffrire il cuore; ed eccone le differenze.

Chi vorrà confessare semplicemente la propria impotenza a ottenere un intento, dirà: non mi basta l'animo d'eseguirlo; e questa frase accoppiata col *non* (notisi singolare trasformazione e gradazione delicatissima di significati), questa frase accoppiata col *non*, non servirà più ad esprimere la mancanza di coraggio (come, quand'è positiva, n'esprime la presenza), ma solamente il difetto di potere. Mi spiego più chiaro. Chi dice: mi basta l'animo, indica con ciò e di potere e di volere; chi dice: non mi basta l'animo, indica, non già di non volere, ma solo di non potere. Questo del primo.

Quand'io vorrò confessare ripugnanza alla cosa da fare, dirò, propriamente: non mi dà l'animo; quando vorrò esprimere ripugnanza che viene da sentimento di delicata equità o di compassione o di simile affetto, dirò: non mi soffre il cuore. La prima, dunque, di queste locuzioni esprime impotenza; la seconda, ripugnanza in generale; la terza, ripugnanza che deriva da un particolar sentimento: a molti tiranni non è bastato l'animo di vincere la volontà d'uomini derelitti ed inermi; a molti principi si dà lode dell'aver risparmiato certi misfatti, della quale astinenza è ben poco il merito loro. E' nol fecero, non perché loro non soffrisse il cuore, ma perché in quel momento, o non ne bastava loro l'animo, o loro non ne dava l'animo. Basta l'animo a una donna di tradire dieci promesse amorose; ma ella rispetta l'undecima, non perché non le basti l'animo di violarla, ma non le dà l'animo di farlo, per un qualche tempo. E a questa donna, crudele con sé e più che con altrui, non soffrirà poi il cuore di dar la menoma offesa alle persone con le quali conversa; e ciò, non per ipocrisia di gentilezza, ma per vera bontà (2).

— *Bastar la fronte* differisce dai precedenti, in quanto che non riguarda la compassione, né l'equità, né il coraggio di affrontare i pericoli; ma quello piuttosto con che gl'induriti nell'errore o nel male affrontano il bia-

---

(1) ARIOSTO: *E di lei fèr ciò che lor diede L'animo.*
(2) *Aver cuore* è anch'esso dell'uso; e gli corrisponde la frase, propria sola dello stil famigliare, *aver fegato*. La prima ha senso più forte delle sopra notate. *Prova, se hai cuore; io ho cuore di...* dice un po' più che: *prova, se ti basta l'animo; a me dà l'animo di... Fegato*, come più materiale, riguarda anche ardire che si esercita in cose più materiali, o nelle spirituali in maniera più grossolana, almeno al sentire di chi parla. Né si dirà: *fegato di fare*, ma *da*. Il modo viene, non tanto dallo scambio giocoso dall'un viscere coll'altro, quanto dall'avere gli antichi nel fegato posta la sede degli appetiti.

simo altrui. Se vi basta la fronte, è dunque un rivolgersi all'altrui verecondia. Il Guicciardini: « A lui non bastava, non so se la fronte o l'animo, di sostenere... »
— POLIDORI.

1284.

CUORE DI (AVER), AVER CUORE DA.

Col *di* riguarda sensi d'umanità e compassione; col *da*, d'ardimento: non ho cuore di turbare la pace dell'amico coll'aprirgli i dolori dell'anima mia; l'amico non ha cuore da sostenere una contraddizione in difesa del mio onore che viene a essere il suo. Chi non ha cuore di recar dolore altrui, per questo appunto ha più cuore da temperare e fugare gli altrui dolori.

1285—1286.

CURA (AVERE), AVER LA CURA.
PIGLIARSI, PRENDERSI PENA, BRIGA, CURA, PENSIERO.
NON SE NE PIGLIARE, NON SE LA PIGLIARE.
PIGLIARSELA, PRENDERSELA.
PRENDERSI BRIGA DI, PRENDERE BRIGA CON.
NON SE NE PIGLIARE, NON SI SCROLLARE, NON SE NE FARE NÈ IN QUA NÈ IN LÀ.
SCROLLARSI, CROLLARE.

1285.

Aver cura, Aver la cura.
Pigliarsi, Prendersi pena, briga, cura, pensiero.

Ha la cura d'una cosa quegli a cui la cosa è affidata. Si può aver, dunque, *la cura* delle cose altrui, senz'averne però punto cura. Aver la cura delle proprie cose, non si direbbe.

Diciamo anco: *prendersi* e *pigliarsi pena, briga, cura, pensiero;* ed esprime volontà più spontanea, minore necessità. Molti si danno poco pensiero de' propri doveri, e se ne pigliano moltissimo degli altrui. Dei quattro modi, i due più comuni sono: *pigliarsi e prendersi pena e pensiero.* Gli altri, più volentieri si uniscono all'articolo, e dicesi: *pigliarsi la briga, la cura;* però si riservano ad esprimere un caso, un atto, un uffizio speciale; laddove i due primi possono riguardare un generale o abituale atto, o sentimento, o pensiero. Molti che si pigliano pena degli affari altrui così filantropicamente, non vorrebbero poi o non saprebbero prenderne, al bisogno, la cura. *Pigliarsi* è più famigliare, e può suonare anche biasimo più dell'altro; *prendersi*, in certi sensi, suona meglio. Il primo s'adopra con comoda elissi, e dicesi, d'uno che non si piglia pena o pensiero di ciò che dovrebbe: *non se ne piglia di nulla.*

1286.

Non se ne pigliare, Non se la pigliare.
Pigliarsela, Prendersela.
Prendersi briga di, Prendere briga con.
Non se ne pigliare, Non si scrollare,
Non se ne fare nè in qua nè in là.
Scrollarsi, Crollare.

Non se ne pigliare, ripeto, sottintende cura o pensiero o simile; *non se la pigliare*, sottintende stizza o lite o altro tale. La voce *briga* può accoppiarsi e all'un modo e all'altro, ma in senso diverso. Altr'è: pigliarsi briga d'una cosa, altr'è: pigliar briga con uno. Nel secondo c'è disposizione di contrarietà, che nel primo non è; il secondo riguarda più la persona, o le cose figurate come persone; il primo, esse cose. L'elissi *non se ne pigliare*, richiede il *non* sempre innanzi a sè; ma non così l'altra, *pigliarsela*. Don Ferrante ne' *Promessi Sposi*, dotto d'astrologia, muore come un eroe del Metastasio, pigliandosela con le stelle. Ecco un di quei tanti tratti sapienti di critica letteraria che sparge nella sua narrazione il Manzoni, egli che altrove innalza la critica letteraria a morale censura, a predicazione religiosa.

Non se ne pigliare porta il *di* dietro a sè, o lo sottintende; *pigliarsela*, il *contro*, o il *con*, che qui ha senso di *contro*. Non si dice, nell'uso, *non se ne prendere*; ma ben dicesi *prendersela*; ed è, al solito, un po' men grave di *pigliarsela*, e un po' men famigliare. Dicesi che uno *non se ne piglia* di nulla, o di tale o tal cosa; o assolutamente, che *non se ne piglia*.

Non si scrollare non porta il *ne* seco, ma può soffrire il *di*, sebbene stia più spesso da sè. Chi non si scrolla, mostra di non prendersi o pena o paura o altro affetto che perturbi; ma la dimostrazione esteriore può essere non essere conforme allo stato dell'anima. Poi, questo può dirsi soltanto dell'interno proposito, della tranquillità dello spirito, e rendere l'oraziano: *mente quatit solida*. Può anco riguardare l'esterno della persona e indicare la semplice immobilità contro gli urti. Altro è però *non crollare*, altr'è *non si scrollare; scrollarsi* dice ogni menomo muoversi dallo stato in che l'oggetto doveva stare o pareva volesse starsi; *crollare* è moto che più o meno minaccia caduta o dissesto.

Non se ne fare nè in qua nè in là, modo famigliare, che ben dipinge l'indifferenza dell'animo; e dicesi più dell'animo che del corpo. Indifferenza che può venire più da stupidità o da disprezzo, che da pensata e virtuosa costanza.

Non si scrollare, in questo rispetto, è il più nobile; *non se ne pigliare* può essere difetto, colpa, vizio, delitto.

Il Giusti disse: *Senza scrollarsi o muoversi di lì*. Meglio era, forse, preporre il secondo.

1287—1289.

CURA (DARSI), PENA, PENSIERO, BRIGA.
DAR PENA, DAR PENSIERO.
DARSI CURA, AVER CURA, AVER LA CURA.
PIGLIARSI, PRENDERSI PENA, BRIGA, CURA, PENSIERO.
DARSI CURA, AVER CURA.
DAR PENA, DAR PENSIERO, DAR BRIGA.

1287.

Darsi cura, pena, pensiero, briga.
Dar pena, Dar pensiero.
Darsi cura, Aver cura, Aver la cura.
Pigliarsi, Prendersi pena, briga, cura, pensiero.

Darsi pena e *pensiero* appartiene, più direttamente, al sentimento; *darsi cura* (1) e *briga*, all'azione. Uno può darsi pena degli altrui incomodi, darsi pensiero delle faccende altrui, ma non movere però nè piede nè mano per finir quelli, e questo aggiustare. Chi si dà cura o briga, lo fa o con l'opera, o con parole almeno.

Darsi pena esprime il dispiacere più o meno sincero; *darsi pensiero* esprime riflessione più o meno seria, più o meno affettuosa, che si fa sulle cose altrui; *darsi cura* esprime pensiero più o meno posto ad atto, e che può essere sgombro affatto di dispiacere, di pena; *darsi briga*

---

(1) BOCCACCIO: *Poca cura si dava di più meritarla. Darsi fatica* è più raro nell'uso.

esprime sollecitudine tutta attiva, nella quale può, talvolta, entrare più malignità, o altro malo affetto, che amore. *Darsi pena*, talvolta, s'intende anco dell'operazione esteriore; ma non viceversa (1), *darsi cura* e *darsi briga* si possono intendere del semplice sentimento.

Darsi pensiero e cura hanno buon senso; *darsi briga e pena*, specialmente il primo, possono averlo cattivo (2). L'uomo dabbene mal corrisposto, in qualche momento d'impazienza, grida ch'ell'è pazzia darsi pena degli altrui mali, darsi pensiero degli utili altrui. L'egoista, con la scusa dell'ingratitudine altrui, non solo non si dà pena di nulla, ma non si dà pensiero di soddisfare a' sociali doveri, nè si dà cura delle persone che gli appartengono più. Il faccendiere, all'incontro, col pretesto di consanguinità, d'amor patrio, di beneficenza, di carità, di pietà, si dà briga di ciò che non gli spetta; e mostrando di fare l'altrui bene, fa il proprio. Molti governanti si danno briga di cose accessorie, e non si danno pensiero delle essenziali all'umana felicità. Molti fingono di darsi pena delle sventure dell'umanità, e poi non si danno cura di sollevare i mali degli uomini con cui vivono. Datevi pensiero, ma non pena, del vostro avvenire; datevi cura, ma non briga, dell'avvenire della patria vostra.

Delle quattro locuzioni, *darsi pensiero* è la men forte. Chi non si dà pensiero di nulla, è certamente lontano dal darsene pena o cura o briga (3).

1288.

Darsi cura, Aver cura.

Aver cura è più semplice. Si può aver cura del proprio, senza darsi cura d'accrescerlo o di migliorarlo; e questo è difetto di certi buoni, che credono il bene cosa immobile. Molti governanti, non si può dire che non abbiano cura de' sudditi loro, ma non si danno cura di educarli a conoscere meglio i proprii diritti, nè quale è il segreto de' proprii doveri.

1289.

Dar pena, Dar cura, Dar pensiero, Dar briga.

Dar briga, in senso affine ai due notati, non usa; ma è piuttosto affine a *dar noja* (4). *Dar cura*, vale: affidare la cura (5), o porre cura (6). *Dar pena* e *dar pensiero* hanno bensì senso affine tra loro. Il secondo, come s'è detto, è men forte. Molte cose danno pensiero che non danno pena, anzi piacere; come gli affetti legittimi e nobili, i quali portano con sè doveri, e occupazioni molte, ma pure di veleno, e nobili anch'esso e tranquille, quantunque difficili. A buon principe, il bene amministrare dà pensiero e non pena; quel che gli dà pena, è il timore di non essere amato e ben conosciuto da tutti. A cattivo principe, ogni forza di mente e d'animo che sorga, dà pena più che i suoi proprii doveri non gli diano pensiero (1).

1290-1291.

CURA, SOLLECITUDINE, SOLLECITAZIONE.

1290.

Cura, Sollecitudine.

— *Sollecitudine* (latinismo non inusitato) è *cura* di male o d'incomodo che s'abbia o si tema; cura, anco di bene che si desideri e si cerchi ottenere. — UN INTERPRETE DI TERENZIO.

Le cure continue, acute, sono le sollecitudini che angustiano l'animo sollecitandolo forte, vale a dire, eccitandolo, sospingendolo, stimolandolo. Anco le cure possono essere dolorose, quando si tratti d'attenzione posta a far cosa difficile, pericolosa; ma c'è delle cure tranquille, anche dolci. Le sollecitudini han sempre dell'inquieto, vengono da affetto costante, alquanto penoso, da timore o d'amore. La cura è moto dell'animo che conduce all'azione, all'osservazione; la *sollecitudine* è movimento dell'animo che spinge a un'azione pronta, e, talvolta, affannosa (2), a una osservazione trepida e vigilante. Troppa prudenza mena con sè troppe cure; troppo zelo, troppe sollecitudini.

E *cura* e *sollecitudine* ha senso doppio: di attenzione e di pena. Nell'un senso, la sollecitudine è più attenta di cura; nell'altro, più affannosa. Le sollecitudini di pastore son più che le cure di buon magistrato; le sollecitudini di buon padre di famiglia caduto al basso son più che le cure di debitore vizioso. — A.

1291.

Sollecitudine, Sollecitazione.

— *Sollecitazione*, l'atto del pressare o invitare alcuno che faccia o compisca, e ha talvolta senso non buono. *Sollecitudine*, la cura del far presto, dell'avanzare, del finire la cosa. — A.

1292.

CURATORE, TUTORE, AMMINISTRATORE, ECONOMO, PROCURATORE.

— Il *curatore* ha cura d'un pubere, o di persona adulta che non può attendere a' proprii affari, come prodighi, furiosi, dementi, ammalati, lontani. I *tutori* son dati agl'impuberi, che per l'età non si posson difendere. Questi hanno di bisogno di chi li guardi, *tueatur*; gli altri, di chi prenda in cura le cose loro. — POPMA.

— Il *tutore* è dato ai pupilli maschi fino agli anni ventuno; il *curatore*, agl'interdetti, ai morti civilmente, all'eredità giacenti, alle donne, anche maritate, quando compariscono in giudizio; l'*economo*, alle chiese; l'*amministratore*, ai patrimonii da chi li possiede, non dall'autorità. Il *procuratore* opera o parla per altrui, in giudizio o altrove. — NEAL.

---

(1) Tanti sono i francesismi barbari insinuati per vezzo nella lingua italiana, che non mi farebbe maraviglia veder che pigli anche questo: *si dia la pena d'entrare, di sedersi*, che in italiano sarebbe ancora più assurdo per il contrapposto, dicendo: *si dia la pena d'accomodarsi*. Quand'io per primo l'intesi a Ginevra dal servitore che mi faceva entrare nella stanza del buon Sismondi, per onore della lingua francese, lo credetti un modo d'anticamera, e d'anticamera svizzera; ma Parigi corresse il mio sbaglio. *Darsi la pena di sedere* somiglia, in goffaggine, al *darsi una missione*, che è come dire un mandare sè stesso non si sa a qual paese. E troppi sono gli apostoli di soli sè stessi.

(2) CECCHI: *Dàtti pena de' tuoi cristei, e non del fatto mio*.

(3) CASA: *Chi di piacere o di dispiacere altrui non si dà pensiero, è zotico*.

(4) BOCCACCIO: *Nè mai più gli diedero briga*.

(5) DAVANZATI: *La cura dell'impresa diede ad Antonio*.

(6) BARBERINO: *A tre cose conviene ancor dar cura*.

---

(1) BOCCACCIO: *Più cose che gli danno afflizione e pena*.

(2) *Sollicitus* pei Latini avea senso di movimento, più espresso che gli altri vocaboli equivalenti. - VIRGILIO, per traslato ardito ma potente: *Mare sollicitum*.

1293-1295.

CUSTODIA, GUARDIA.
GUARDIA SENTINELLA.
RONDA, PATTUGLIA.

1293.
Custodia, Guardia.

— Le cose da guardare, suppongonsi visibili o sull'atto, o facilmente visibili all'occhio di chi fa la *guardia*. La *custodia* non richiede la presenza continua e lo sguardo vegliante, perchè le cose custodite si suppongono, d'ordinario, non esposte alla vista: Custodia del tesoro, delle reliquie, dell'armi. — ROMANI.

1294.
Guardia, Sentinella.

— *Sentinella*, la *guardia* fatta da un soldato a un certo posto (1). Ogni sentinella è guardia; non ogni guardia, sentinella (2). — ROMANI.

1295.
Ronda, Pattuglia.

— *Pattuglia*, guardia di più soldati o militi che gira la città per mantenere il buon ordine (3). *Ronda*, una guardia particolare che si fa dai soldati, o al bisogno, da' cittadini, passeggiando le mura della fortezza, visitando le sentinelle di notte (4). Una pattuglia può far la ronda. Far la ronda, diciamo, e fare pattuglia. — ROMANI.

---

(1) FIRENZUOLA: *In guisa di sentinella facevo buona guardia.* - ALLEGRI: *I buon soldati in campo e in cittadella Si stanno zitti in far la sentinella.*

(2) Chi sa non venga da *esercitarsi*, che altri dialetti dicono *sentarsi*? - E DANTE: *Lo bevero s'assetta far sua guerra.* Onde il senso d'*insidia* e d'*assedio*.

(3) BUONARROTI: *Nè sempre siam di guardia o di pattuglia.*

(4) BUONARROTI: *A travagliar tutta la notte in ronda.* - LAPPI: *Veloce a questo suon la ronda, Sovra le mura accostossi alla sponda.* Chi sa che *ronda* non venga, come il *rond* de' Francesi,

1296.
CUSTODIRE, AVERE CURA, AVERE IN CURA.

— Chi *ha cura* della persona o della cosa vi bada più o men sovente con piacere; chi l'*ha in cura*, l'ha affidata a sè, dee badarvi, e non sempre vorrebbe, non sempre lo fa. Il buon padre ha cura de' figliuoli; il cattivo li abbandona alla cura altrui; e sovente coloro che gli hanno in cura, non v'han cura punto.

Si *custodisce*, per difendere da danno o pericolo; la custodia è una parte quasi negativa di cura.

Chi s'*ha cura*, bada alla propria salute, per non pigliar malattia o per guarire; chi *si custodisce*, bada a star bene, a mangiar bene, a ingrassare. Quest' uso, dunque, fa eccezione alla distinzione generale ch'è sopra posta. — NERI.

1297.
CUSTODIRE, INVIGILARE, AVER OCCHIO, AVER UN OCCHIO.

— S'*invigila* su persone e su cose, *custodisconsi* cose; e delle persone, soli i carcerati, o pazzi, o ammalati; nè si direbbe: custodire un alunno. Invigilare sui ministri dello Stato, non già, custodirli. Custodia è diligenza piuttosto materiale; la vigilanza, è piuttosto dell'intelletto, e si esercita più sui fatti, che sugli operanti. Il governo, nel *custodire* i condannati, dovrebbe invigilare che nel mutuo consorzio non si corrompano più che mai.

L'*invigilare* è non sempre continuo, il *custodire* è continuo; s'invigila con la presenza, si custodisce anch'assente; posso custodire un tesoro, tenendone in custodia le chiavi. *Aver occhio*, può, talvolta, dir meno del *custodire*; e *aver un occhio*, meno ancora; ma c'è de' custodi di titolo, che non custodiscono altro che la propria pelle e sè stessi; e il fatto di costoro, non essendo un custodire davvero, è men dell'averci l'occhio. — NERI.

---

da *rotonda*, come dire, girare in tondo; al modo che *cercare* da *cerchio*.

D

1296-1299.

DA, A.
DAR DA, DAR A.
DAR CHE FARE, DAR DA FARE.

1298.
Da, A.
Dar da, Dar a.

— In genere (e questo è importante), l'*a* dice meglio l'obbligo; il *da*, la materia. Io ho a scrivere, vale, che debbo; io ho da scrivere, che ho o idee da mettere in carta, o scritti da copiare, per piacere o utile mio. Le due cose molti confondono, e usano sempre *da*; non la povera plebe toscana, che insegna agli scrittori e proprietà e dignità. Toccato appena il confine toscano la prima volta, io chiesi a un pover'uomo un bicchier d'acqua, e non ne avendo di spiccioli, porsi una moneta d'argento con dirgli: tenetevi quel che avete da avere. Egli con gentilezza e di sentimento e di parola: *ch' ho a avere?* Che il tutto era in sua bocca un trisillabo.

Quel che più moderatamente *dar da fare*, dicevasi in antico *dare a*, come appare dai due esempî del Villani e del Davanzati, che recansi qui di sotto. Ma potrebbe esserci una qualche differenza; e il *da* dee notare la materia e il soggetto nella sua quantità; l'*a*, l'obbligo, la necessità nella intensità sua. Si dà a fare a chi per proprio ufficio deve fare; si dà da fare a chi deve o è forzato, e anco a chi non ha questi vincoli, e dell'aver da fare riceverà benefizio e diletto.

1299.
Dar che fare, Dar da fare.

Tutt'e due valgono: dar occasione di operare, di faticare, e di soffrire, talvolta. Onde dicesi: i popoli quando cominciano a svegliarsi, danno molto che fare ai loro oppressori. La Polonia, o suddita o indipendente, darà sempre molto da fare alla Russia (1).

Ma *dar che fare* ha un uso suo proprio, quando trattasi semplicemente d'indicare il lavoro, la perdita di tempo, senza idea di pena o travaglio. Così diremo: un critico malevolo, con un solo periodo, può dar troppo che fare all'autore che volesse difendersi; tanto una censura sleale, raccozzando insieme le cose disparate, e facendone un tutto mostruoso, può pregiudicare o imbrogliare le questioni più semplici.

Dar da fare, poi, dicesi, come ognun sa, semplicemente per commettere molto da fare; e ha buon senso, o men cattivo degli altri finora notati. Il padrone dà da fare al suo servo, il principale al suo commesso, il negoziante all'artiere, il libraio al povero autore, che più o men che artiere è in quel caso. *Dar che fare* e *dar da fare*, in alcuni casi, si scambiano; ma più d'ordinario il *da* esprime materia; il *che*, soggetto, e non piccolo.

1300.
DA, DI.

DA SCELLERATO, DI SCELLERATO.

— Azione *di scellerato*, assegna all'uomo la proprietà quasi di scellerato; azione *da scellerato*, dice ch'ess'è degna d'uomo scellerato. E così *di galantuomo, di valentuomo*, e simili innumerabili.

1301.
DALLA, ALLA.

DALLA CIERA, ALLA CIERA.

— Diciamo: si vede *alla ciera*, si vede *dalla ciera*, che non istà bene, che non siete contento, e simili. *Alla* dice che la ciera è l'indizio sicuro; *dalla*, ch'ella è un segno più o men probabile. In *alla*, lo stato dell'animo si legge quasi; in *dalla* s'arguisce; il primo è intuitivo, il secondo induttivo.

Così si dica de' modi: al viso, agli occhi, al discorso, al colore, all'apparenza, e simili; e dei corrispondenti, congiunti all'altra particella notata. — LAVEAUX.

1302-1305.
DANARO, PECUNIA.

MUTUO, PRESTITO.

BORSA, BORSETTA, BORSELLINO, BORSELLO, BORSIGLIO.

BORSELLINA, BORSELLINO, BORSOTTO, BORSINA, BORSINO.

IMBORSARE, INSACCARE.

BORSINO, SOPRACCARTA, INDIRIZZO.

1302.
Danaro, Pecunia.

— Oggi, per *danaro* intendiamo la moneta coniata. *Pecunia* da *pecus*, ossia perchè le ricchezze in principio consistevano, più che in altro, in bestiami, o perchè (come piace a Plinio) Servio Tullio, che il primo battè moneta in Roma, vi fece fare l'impronta di pecore, di bovi, e simili; ma l'imprimervi l'imagine di quelle bestie, dice che quelle bestie erano stimate la prima ricchezza. Si può intendere anco non coniata; onde il Botta: • Si scarseggiava di pecunia non coniata. • Ma talvolta, per ischerzo, dicesi in senso di *danaro*. — MEINI.

---

(1) G. VILLANI: *Diedero loro molto a fare per più assalti, e furono in pericolo di essere sconfitti.* — DAVANZATI: *A Corbulone più dava da fare la poltroneria de' nemici.*

1303.
Mutuo, Prestito.

— I giureconsulti distinguono due idee, che l'uso comune confonde, nella voce di *prestito*. Il prestito, ch'essi chiamano *comodato*, si fa di cose da rendersi le medesime; nel *mutuo*, se ne rende altrettanta quantità simile, ma non la cosa stessa, ch'è già consumata nell'uso: prestito d'un arnese, d'un animale; mutuo di danari, d'una misura di vino, di commestibili. — POPMA.

1304.
Borsa, Borsetta, Borsellino, Borsello, Borsiglio.

Borsa è generico; *borsetta*, semplice diminutivo. Comunemente, sono per contenere il danaro, di forme e di materie diverse.

Borsellino, diminutivo in apparenza, ma nell'uso equivale a *borsa*, senonchè è parola più scherzevole e destinata ad alcuni modi proverbiali: avere il granchio al borsellino, ed altri.

Presso poco lo stesso è di *borsello*, che si chiamerà pingue, magro, o simile; poichè ambedue queste voci hanno senso indicante la possibilità, e talora la volontà di spendere.

Borsiglio pare che significhi, anzichè luogo o altro per contenere danaro, somma di danaro assegnato a certe spese insolite e proprie della persona. Così diciamo: la signora tale ha assegnato a una povera vedova una pensione sul proprio borsiglio. — CIONI.

1305.
Borsellina, Borsellino, Borsotto, Borsina, Borsino.
Imborsare, Insaccare.
Borsino, Sopraccarta, Indirizzo.

Borsellina non ha gli usi mezzo traslati di *borsellino*, ai quali è da aggiungere questo, di cui ci dà il saggio l'esempio del Davanzati: • ornamenti poetici non vieti, come que' d'Accio e di Pacuvio, ma tratti dal borsellino d'Orazio, Virgilio e Lucano. • In simile modo i Latini *crumena*, e più nobilmente *penu*. In Dante, s. Pietro, esaminandolo della fede: • Assai bene è trascorsa D'esta moneta già la lega e il peso. Ma dimmi se tu l'hai nella tua borsa. • E altrove disse dell'*imborsare la fiducia*, quasi moneta: ed è veramente tesoro; ma adesso la borsa stessa de' quattrini è fiducia, e il *talento*, nel senso romano, è nel francese i *talenti*. Sul conio di quello del Davanzati potrà meglio ancora dirsi: cotesta erudizione non è del tuo borsellino; che corrisponde all'altro proverbiale: non è del tuo sacco tanta farina. E Dante disse certe cocolle *sacca piene di farina ria*; e che la ripa infernale *insacca tutto il male dell'universo*; e che Firenze è sì piena d'invidia, che già il sacco trabocca. Altra figura simile è nel proverbio: *la botte getta di quel vin ch'ell'ha*; e più nobilmente nel Petrarca: *cercate fonte più tranquillo; Chè 'l mio d'ogni liquor sostiene tropia*.

Borsellina è borsa piccola non inelegante; o ben s'userebbe di bambini (1).

Borsotto è borsa non grande, ma che supponesi non vuota, o da dover riempire; e però serve a modi ove accennasi a avarizia o a cupidità, o a ricchezza non onorata nè splendida (2). Il suono ignobile se la dice con

---

(1) LOR. MED., canz. 90: *Ella non è sì fantina, Che chiede una coreggina, o chiede una borsellina.*

(2) PANDOLFINI: *Avendo tutto il dì a porgere il viso a rapina-*

la cosa. Certi ricchi panciuti sono metamorfosi di borsotti in uomini o d'uomini in borsotti.

Borsina e borsino non si dirà del contenuto (e però non avrà volentieri traslati) ma del contenente. La *borsina* non s'imagina di materia grossolana. Quelle che regalansi per memoria, lavorate gentilmente, sono *borsettine* e *borsine*. *Borsino* ancora più piccolo. Quello che i Francesi *enveloppe* (la carta tagliata e chiusa in forma da piegarvi entro una lettera) un Fiorentino del popolo lo diceva *borsino*; ma bisogna o suggiungerci qualche altra parola, o metterlo sotto gli occhi perchè s'intenda. Se l'uso non ha già destinata altra voce, mi pare che ci stia *sopraccarta*. I Toscani dicono *fare la sopraccarta*, scrivere sopra la lettera a chi la va, fare l'indirizzo (nè questo sarebbe barbaro, tutto chè rammenti l'*adresse*); ma ad ogni modo mi pare che *sopraccarta* possa dire anco la carta di sopra.

1306.
DANAROSO, PECUNIOSO, PECUNIARIO.

— *Pecuniario*, che appartiene a danaro; *pecunioso*, che ha danaro: pena pecuniaria; uomo pecunioso. — VOLPICELLA.

— *Pecunioso*, d'uomo, non è punto usato in Toscana; ma *danaroso* (1). — MEINI.

1307—1313.
DANAROSO, RICCO, RICCONE, RICCONA, RICCACCIO, SIGNORONA, SIGNORAZZA, STRARICCO, RICCHISSIMO, BENESTANTE, OPULENTO, CAPITALISTA, QUATTRINAJO.

BENI, PODERI.
CAPITALE, ASSEGNAMENTO.
ENTRATA, RENDITA, REDDITO, DERRATA, PROVENTO.
ENTRATA, RENDITA, PRODOTTO, PROFITTO, SALARIO, EMOLUMENTO, APPUNTAMENTO.
ASSEGNAMENTO, ASSEGNO.
ASSEGNO, ASSEGNAZIONE, ASSEGNAMENTO, ASSEGNAMENTI.
ASSEGNAMENTO, PROVVISIONE, MERCEDE, SALARIO, ENTRATA.
PROVVISIONE, PENSIONE, RETTA.

1307.
Danaroso, Ricco, Riccone, Riccona, Riccaccio, Signorona, Signorazza, Straricco, Ricchissimo, Benestante, Opulento, Capitalista, Quattrinajo.

— *Ricco*, chi ha quanto basta per vivere largamente. Il *capitalista* può essere tutt'altro che ricco; è spesso uno speculatore che dà tutto il suo all'arbitrio della fortuna, del mare e della fede altrui. Uno può essere ricco di idee, di parenti; un anello, ricco di gemme; una galleria, di quadri; una nave, di merci. — NERI.

— Può il ricco avere la sua ricchezza in istabili, in mobili, in gioje, e non essere *danaroso*. Poco danaro in certi paesi è ricchezza. — A.

Riccone l'uomo, *riccona* non così bene; di che le donne s'hanno a tenere come di privilegio. E *riccone* è sostantivo. Tale è anco *riccaccio*, che suona non solamente ricchezza grande, come l'altro, ma male usata (e il non la usare è già usarla male); ricchezza che fa l'ingegno goffo e l'animo e gli atti. Di donna, non usa; ma *signorona*, signora grande, non tanto di danari, quanto d'autorità vera o sognata (le signorie spesso sognansi e sognano), e di fasto fastidioso. Dicesi altresì *signorazza*; e non è *signoraccia*, ma vale: donna più ben nata che ricca, e più boriosa che ben nata, che vuol fare della ricca e della matrona, ma è corta a valore e d'animo e di quattrini.

Straricco, e di persona e di cosa; dice non solo eccesso biasimevole o pericoloso, ma semplicemente ricchezza di molta; ed è meno dispregiativo di *riccone*; ma *ricchissimo* ha senso migliore, e traslati più puri. Dante dice: arche ricchissime, le anime di coloro che quaggiù seminarono il bene e la verità. D'eloquenza vera direbbesi *ricco* e *ricchissimo*; di stile abbondante e splendido, *ricco* e *ricchissimo*; di troppo ornato, *straricco*. — Eloquenza straricca, non si dirà; che già più non sarebbe eloquenza.

Opulenza è più che ricchezza, più che molto danaro; è modo (1) di godere gli agi della vita, i vantaggi della società, o quelli che tali si credono; è modo di distinguersi dalla comune de' ricchi. Può l'opulento non essere danaroso; e può tutta l'opulenza sua essere appunto in contanti. Città opulenta, *dives opum*, come dice Virgilio; regno opulento, commercio opulento.

— *Quattrinajo* chiamasi dal popolo di Firenze chi di fuori non pare ricco nè capitalista, ma ha quattrini di molti, e gli adopera a negoziar d'usura in qualsivoglia modo, purchè la gli torni. Piaga non piccola, fra le tante! — A.

Ricco è più di *benestante*; il secondo ha da vivere con agiatezza, il ricco ha assai del superfluo. Può la ricchezza essere un buffo improvviso; ma al benestante il suo avere è stabilmente sicuro; a lui il fiume della ricchezza corre men largo, ma più equabile. Il gioco può far l'uomo ricco, di rado lo fa benestante. Così distinguevano i Greci πλούσιος da εὔπορος.

1308.
Beni, Poderi.

— *Beni* comprende ogni sorta di stabili, e anco di mobili; *poderi*, i fondi rustici solamente; e non orti o boschi, macchie e strisce di terra, ma campi di qualche ampiezza. — A.

1309.
Capitale, Assegnamento.

— *Capitale* è anche il credito e l'abilità. Ciò valga ad ispirare animo ad alcuni che si credono in debito di lasciarsi soverchiare da chi ha ottime rendite, quasi nulla essi possedessero, e a far sentir loro il diritto, anzi il dovere, di difendere capitali più preziosi di quelli che vengono da fortuna.

Assegnamento riguarda beni più determinati, e anche pochi. Infatti, si usa dal popolo: non ho un assegnamento di un paolo, per far sentire l'estrema miseria. Di più, *assegnamento* non soffre il traslato. Chi non ha ricchezze, può aver capitali; chi manca di capitali, può aver qualche assegnamento. — NERI.

---

tori, barattieri, spioni, detrattori, commettitori d'ogni scandalo e falsità, pure che se n'empiano il borsotto. - LOR. MED.: Trovasi contanti in borsotto duemila ducati.

(1) Storicamente, d'antico, ricco specialmente in danaro e non in robe o poderi, potrà forse dirsi; ma l'uso delle voci meramente storiche è ristretto poco meno che quello de' nomi proprii.

(1) Opes.

1310.

Entrata, Rendita, Reddito, Derrata, Provento.

— *Rendita*, l'utile o il frutto che si trae all'anno da poderi, censi, livelli, e simili; *entrata* è la rendita non netta di spese. Là dove le imposte son gravi, e ruinoso il lusso, le entrate pajono grandi, ma le rendite son tenui. *Derrata*, la rendita che si trae da poderi in natura; la derrata è una parte dell'entrata ne' frutti del suolo. *Provento* è più generale di *rendita*; è tutto ciò che rende utile in qualunque sia modo. Proventi, le rendite, le derrate, le entrate, perchè vengono, provengono a chi n'è padrone; proventi, le mercedi, le pensioni, il soldo, le mance, i premii. Però, nell'idea di provento si comprende, talvolta, il guadagno straordinario fortuito; e ben si dirà: oltre l'entrata degli stabili, oltre le derrate, egli ha i proventi dell'arte sua, che in tutto gli dà la rendita di cento mila ducati. — ROMANI.

— *Reddito* (1), cosa che torna regolarmente ciascun anno, come i frutti che si raccolgono dalla terra, *provento* (2) è cosa che viene, e produzione. Le imposte ordinarie sono i redditi dello Stato; le straordinarie, proventi. — FERRI DI S. C.

— *Entrata* si oppone ad *uscita*, e comprende tutte insieme le varie specie di rendite. Il tal podere mi dà tanto di rendita, mi rende tanto; non è lì tutta quanta l'entrata mia. *Derrata*, le rendite specialmente del suolo, e che servono alle prime necessità della vita. *Provento*, qualunque cosa produce guadagno qualsiasi, grande o piccolo, casuale o no. — VOLPICELLA.

1311.

Entrata, Rendita, Prodotto, Profitto, Salario.
Emolumento, Appuntamento.
Assegnamento, Assegno.

— L'*entrata* è quella parte di *prodotto* che uno ottiene nell'anno, sia lavorando, sia prestando i mezzi che possiede perch'altri lavori. Si dice *rendita* l'entrata che si ritrae da una proprietà fissa, o da danari prestati a interesse; *profitto*, segnatamente, se si riceve dai benefizii dell'industria; *salario*, quando è il prezzo del lavoro, e se questo lavoro è immateriale, il salario prende il nome di *emolumento, appuntamento;* che pare sappia di francese, e è da usare parcamente, ma dice rendita fermamente assegnata in compenso dell'opera, vera o supposta; dove l'*assegno* può essere anco gratuito. Assegno dice il compenso, e la sua quantità, e l'atto; *assegnamento*, più propriamente, l'atto, sebbene *assegnamenti* chiaminsi anco rendite, non assegnate da altri, ma fisse, almeno a un bel circa.

Coll'esame delle rendite, dei profitti e dei salarii, noi vedremo essere necessario, acciocchè bene siano distribuite le ricchezze, che nessuna delle entrate debba essere tanto piccola da far vivere male chi le riscuota, né tanto grande da pregiudicare agli altri. Onde viene la necessità della legge, della più equa possibile distribuzione de' beni.

La terra dà rendita ai proprietarii, prodotti ai coltivatori, salarii agli opranti. I frutti ora sono la rendita, ora la producono: sono la rendita, se si tratta di danaro dato a censo o ad altro titolo d'imprestito; possono produrre la rendita, se sono frutti dei terreni. *Frutto* è assai più generico; infatti si dice: frutto d'ingegno, di sudori, di misfatti.

L'*assegnamento* è, o può essere, rendita determinata, spesso gratuita, spesso legale, come quando si assegnano alimenti, prebende, e simili. — A.

1312.

Assegno, Assegnazione, Assegnamento, Assegnamenti.
Assegnamento, Provvisione, Mercede, Salario, Entrata.

— *Assegno*, per *mercede assegnata, provvisione*, ec. non è, ch'io sappia, molto in uso; meglio *assegnamento*, che, oltre i significati assegnati dalla Crusca (che non sempre è precisa nell'assegnazione de' significati), ha quello pure, nel plurale, di *averi, sostanze*. Un uomo che ha degli assegnamenti, è un uomo che se la passa assai bene, e che ha messo insieme assai da campare. Ma non si direbbe che ha degli assegnamenti un milionario; donde si vede ch'è meno di *ricchezza*.

In generale, *assegnamento* è la cosa assegnata, o che l'*assegnazione* venga da persona (e allora è *provvisione, mercede, salario*), o che la venga dai fondi, dal commercio (ed allora è il fruttato, l'*entrata*, ec.). L'*assegnazione* è l'atto dell'assegnare; onde si dice: assegnazione di dote, di salario, di uffizii, del giorno da comparire (*diei dictio*). Ma chi dicesse: il calendario de' preti è l'assegnazione degli uffizii divini a ciascun giorno dell'anno; non mi pare che parlerebbe male. Come nemmeno sarebbe, secondo me, da riprendere chi traducesse quel d'Ovidio, Fasti: *Non habet officium lucifer omnis idem*, non ogni giorno ha la medesima assegnazione. — E. BINDI.

1313.

Provvisione, Pensione, Retta.

— *Provvisione*, la paga che dà lo Stato agli impiegati che attualmente lo servono; *pensione*, a coloro i quali han servito, e ora son in riposo. Così l'uso. Dalle provvisioni mal giudichereste del merito degl'impiegati; le pensioni non dovrebbero darsi, se non a chi ha servito utilmente. *Retta* è quel tanto che pagano i collegiali o i seminaristi per convivere in collegio o in seminario. È voce che non si scambia mai con nessuna altra affine (1). *Pensione*, poi, è anche quell'aggravio che mette il vescovo su qualche benefizio. — MEINI.

1314—1316.

DANNO, DETRIMENTO, NOCUMENTO, SCAPITO, DISCAPITO, PERDITA, PREGIUDIZIO, SVANTAGGIO, AGGRAVIO, JATTURA.

PERDERE, SMARRIRE.

PERDERE, RIMANERE AL DI SOTTO, ESSERE AL DI SOTTO.

1314.

Danno, Detrimento, Nocumento, Scapito, Discapito, Perdita, Pregiudizio, Svantaggio, Aggravio, Jattura.

— *Danno*, da *demere*, dice qualunque privazione che soffre un ente, sia corpo o spirito; *detrimento*, da *deterere*, indica diminuzione fatta per lenta detrazione, per attenuazione. Cicerone: « Detrimenta atque damna. » *Nocumento*, da *nocere*, è privazione di bene prodotta per forza di male, senza idea di scemamento; *svantaggio*, il

---

(1) Affine a *rendita*, che viene da *reddeo* più probabilmente che non da *reddo*; gli antichi scrivevano *reddito* per ritorno.
(2) Pro-venio.

(1) Forse dal dare il necessario a regger la spesa.

danno che viene dalla privazione di un utile, è idea negativa; *jattura* è, propriamente, il gettare delle merci in mare, per alleggerire la barca pericolante (1), ma, in traslato, *jattura* vale: ogni danno che viene dal gettar via (2).

Discapito è, propriamente, danno di capitale in danaro ed in merci; ha sottintese le due idee relative del guadagno che se ne poteva attendere, e del fondo scemato (3). *Perdita* è la causa o una causa del danno. *Aggravio* è peso indebito che rechi danno alle facoltà, o nocumento al benessere. — ROMANI.

— *Danno* è più generale; *detrimento* è danno lento, e spesse volte insensibile; *jattura* è danno per getto, gettito, d'ordinario forzato. — A.

— *Pregiudizio* è nocumento che procede da giudizio anticipato, o come che sia erroneo, che altri porti sul conto nostro. E chi prima applicò questa voce a significare ogni altro danno, mostrò di ben conoscere quanto l'uomo possa essere danneggiato dalle false opinioni degli uomini. — POLIDORI.

— *Perdita* è danno men riparabile: la morte di persona cara è una perdita; perdita al giuoco, perdita di sangue che patiscon le donne. Lo *scapito* è perdita e diminuzione di parte del capitale, in roba o in danari; ha senso commerciale, economico. Quando l'ha meno materiale, dicesi, più comunemente, *discapito*; ma non c'è uso ben fermo. Diremo piuttosto: parlare a mio discapito, che a mio scapito; diremo: ingrandire la propria fama, a scapito, e a discapito dell'altrui; ma nel secondo, non foss'altro, con la particella più spiegata e col prolungato suono, par che possa significare un po' più. Il verbo *discapitare* però è men comune dello *scapitare*. — GATTI.

1315.
Perdere, Smarrire.

— *Perdere*, rimanere, per propria volontà o no, privo di cosa posseduta, o in fatto o colla speranza; privo, dico, con poca speranza, o nessuna, di riaveria; nello *smarrire*, l'idea di tale speranza è. Si perde il tempo, perché, passato, non torna; si perde la vita; perdonsi in un incendio o in un naufragio le robe: ma le robe si possono smarrire per via, poi trovare; come si può smarrire la strada. Si smarriscono i sensi, perché si può risensare; un accidentato perde un braccio, una mano. Si smarrisce il colore del volto, e di lì a poco ritorna; se per malattia o per malessere costante, si perde. I peccatori son chiamati pecorelle smarrite, per dimostrare che ad essi è pronto sempre il perdono; nell'Inferno, dice Dante, abita la gente perduta. Il Varchi fa dire ai Carnesecchi: « Accordando, si smarrisce, e non si perde, la libertà; dove, non accordando ed essendo vinti, non si smarrisce a tempo, ma si perde per sempre. » E il Machiavelli, in una lettera: « Mi pareva avere perduta no, ma smarrita la grazia vostra. » — GRASSI.

---

(1) DANTE, Paradiso. - BOCCACCIO: *Parrà dura cosa a' marinari dover fare jattura delle loro mercanzie.*
(2) BUONARROTI: *Ogni medicamento Tutto è gettato via, Ogni opra di spezial tutta è jattura. Jattura,* da *jacio*; ma gli è raro nell'uso.
(3) BRUNETTO: *Amerei più scapitare, che laidamente guadagnare.* - SEGNERI: *Pescar con un amo d'oro, il quale per unta reca tanto discapito, che non è compensabile colla preda.*

1316.
Perdere, Rimanere al di sotto, Essere al di sotto.

Perdere è più generico; e di perdite economiche, o fisiche, e morali, e intellettuali, e politiche, a qualunque modo si facciano o seguano. *Rimanere al di sotto,* dicesi d'inferiorità o di scapito: un popolo in una lotta politica può rimanere al di sotto, senza perdere altro che estimazione e credito; può perder molto, senza rimanere al di sotto. Un ingegno rimane al di sotto in una gara; eppure, non che perdere, acquista fama. In una disfida si può rimanere al di sotto per un momento, poi vincere. Si può rimanere al di sotto, senza perdere, allorché non si è gareggiato o scommesso di nulla, o nulla si è posto al cimento (1); così in un negozio si rimane al di sotto nel bilancio d'un anno, nell'altro s'equilibrano le partite, e non che perdere, ci si guadagna. Insomma, *rimanere al di sotto* può esprimere e inferiorità senza perdita, e perdita temporanea (2).

1317.
DANNO, PECCATO.

Di cosa che dispiaccia e che si vorrebbe altrimenti da quel ch'ell'è, dicesi: egli è un danno che...; egli è un peccato che... Ma la prima locuzione si reca più acconciamente a cosa ch'abbia del dannoso; la seconda, a un male considerato in sè stesso. Diremo: il tale scrittore ha forte ingegno, e maniera potente di dire; egli è proprio un danno che si perda in argomenti non degni di lui. E diremo: tanto giovane, tanto bella, tanto amorosa, tanto mal ricambiata: egli è un peccato! Qualunque piccolo inconveniente, per altro, può trarre di bocca questa seconda frase. Tanto si dice: peccato che l'uomo di mente guasti i suoi meriti con l'orgoglio! quanto: peccato che quel naso così lungo venga a sconsolare quella fisonomia sì gentile!

Peccato! anche solo a modo d'esclamazione; l'altro richiede la locuzione intera: egli è un danno!

1318.
DANNO (SUO), TAL SIA DI LUI.

Così SIA, SIA COSÌ.

Tal sia di lui vive nell'uso toscano: posto ch'egli così vuole, lo faccia; tal sia di lui. L'uomo nega la verità, e della imbecillità propria si vanta; tal sia di lui. Non Dio né gli uomini buoni cercano il male, ma gli è l'uomo stesso che lo fabbrica da sé; e Dio gli permette talvolta ottenere il suo miserabile intento (3).

Anche *tal sia,* così assoluto, non è grandemente usitato (4). Pure la poesia può giovarsene.

A *tal sia di lui* corrisponde *suo danno;* ma *suo danno* è più famigliare; e poi, chi dice *suo danno,* par che talvolta si compiaccia del danno che ad altri viene dalla propria follia. Questo sentimento può essere accompagnato, per dir vero, anche all'altro; ma l'altro modo pare un po' meno ostile. Per esempio: egli ha voluto strapazzarsi per amor del prossimo, s'è ammalato, è morto; suo danno! — Egli ha voluto impicciarsi a difen-

---

(1) MANZONI: *Uscite vittoriose da impegni, nei quali le più gran dame erano rimaste al di sotto.*
(2) Dicesi anco *essere al di sotto,* e nell'uso ha due sensi: essere inferiore in checchessia; ed essere in cattivo stato dell'avere.
(3) FIRENZUOLA; CARO.
(4) GIO. FIORENTINO.

dere i diritti altrui, ha perduto i proprii; suo danno! Questa crudele sentenza, più comunemente esprimesi con la detta frase che non con l'altra. Diremo similmente: a chi non piace Virgilio, a chi non piace Demostene, a chi non piace Dino Compagni, suo danno (1). Qui calzerebbe anche l'altro modo, ma non sarebbe tanto comune.

Tal sia di me, non usiamo; *mio danno*, sì: se non ci riesco, mio danno. — Mille profeti di sventura mi s'affollano intorno per gridare l'inutilità de' miei sforzi; non si piglino tanta briga; se i miei sforzi andranno a vòto, sarà mio danno.

Così sia è, come ognun sa, traduzione dell'*Amen*; è conclusione di tutte le cristiane preghiere; conclusione che le epiloga in una, e dà loro il suggello della ferma speranza. *Sia così* è modo di concessione piuttosto: voi dite che la bellezza è tutta raccolta negli antichi modelli; io non lo credo, ma sia pur così. Ne vien egli che noi dobbiamo servilmente imitarli? Non sarebb'egli meglio tacere?

1319.
DANNOSO, Nocivo, NOCENTE, PERNICIOSO.

— *Danno* è una specie di nocumento, ma può essere tanto leggiero da non nuocere quasi punto. *Nocente*, che nuoce; *nocivo*, che ha forza di nuocere. *Nocente* ha senso morale, quasi contrario d'*innocente*; non comune nell'uso, ma può caderci. In *nocivo* la volontà rea ha meno luogo. — VOLPICELLA.

— *Pernicioso* è più di *nocivo*; indica o distruzione, o pericolo grave di distruzione. — GUIZOT.

— Il *danno* scema il bene; la *pernicie* (2) porta gran male: febbre perniciosa (anco sostantivo: *una perniciosa, le perniciose*), perniciosi delitti. — GATTI.

— *Pernicioso*, che mette in pericolo la salute, o l'integrità dell'oggetto. Ogni bevanda non pura nel genere suo, è nociva; è perniciosa, se troppo se ne beva, e se contenga cose, non solo insalubri, ma quasi principio di veleno. — ROMANI.

1320 - 1323.
DEBOLE, FRAGILE.
FRAGILE, FRALE.
FRAGILE, FRIABILE.
FRAGILITÀ, DEBOLEZZA.

1320.
Fragile, Debole.

Fragile, che facilmente può essere franto, rotto, danneggiato; traslatamente, che ha poca solidità, poca forza: fragilità della carne, speranze fragili, fragile prosperità; e per estensione: facile a cadere in fallo, inclinato alle impressioni che vengono dal male, cedevole a quelle de' sensi, ai desiderii di dentro. Le cose fragili vanno serbate con cura, e messe fuor di pericolo: cuor fragile fugga le occasioni. La fragilità ha occasione nel temperamento, nelle cause esteriori, negli abiti.

— *Debole*, contrario di *forte*: braccio, occhio, rimedio debole; nel traslato: anima debole, spirito, ingegno. La debolezza del corpo non toglie la forza dell'animo; la forza de' muscoli può stare con un'anima fiacca. Può l'uomo esser debole, non fragile; tale Luigi decimosesto. — AUBERT.

— In generale, l'uomo è più *debole*, la donna più *fragile*; quello con minor difficoltà si piega, perchè ad un tempo vuole più cose, e varie impressioni in varie parti lo tirano; l'animo, i propositi di questa, piuttosto che torcere, si frangono. L'uomo, schivando l'intensità degli affetti o de' dolori, agevolmente declina; la donna regge a più lunga prova, sinchè ad un tratto si dà per vinta. — CAPPONI.

1321.
Fragile, Frale.

— La parola, medesima; ma il primo è più comune nell'uso (1). Poi, *fragile*, di cedevolezza alla tentazione, meglio di *frale*. Altre volte, *fragile* risponde bene al francese *fragile*, e *frale* a *frêle*. — ROMANI.

— Ciò ch'è *frale* si altera e scompone di leggeri, ma può talora essere ricomposto; cosa fragile, rotta che sia, più non serve ad uso veruno. *Frale*, un appoggio, un ajuto, più spesso che *fragile*; in senso differente da *fragile*: frale la vita umana. Molte cose di sostanza son fragili; frali non sono. L'umana fralezza ci fa suscettivi del dolore e della tentazione; la fragilità cede agl'impeti di questo e di quella. — A.

1322.
Fragile, Friabile.

— *Fragile*, che facilmente si frange; *friabile* (2), che si schiaccia, e si fa in polvere. I vetri son fragili; le materie calcinate, friabili. — ROMANI.

— *Friabile* è il corpo che, per poca coesione delle parti, si sminuzzola facilmente. Il corpo friabile è molto fragile, non ogni cosa fragile è friabile; senza parlare de' sensi traslati. — GATTI.

1323.
Fragilità, Debolezza.

— La *fragilità* suppone impressioni vive; la *debolezza* suppone inerzia dell'anima. Il fragile pecca contro i suoi proprii principii; il debole non ha principii; li abbandona più leggermente, se li ha. — ENCICLOPEDIA e BEAUZÉE.

1324.
DEBOLE, Fioco, Roco.
ROCO, ARROCHITO, RAUCO.
RAUCEDINE, ROCAGGINE.

Può essere *debole* la voce, non *fioca*; debole per l'età, per la struttura della persona, per la gracilità degli organi vocali, anco in corpo non debolmente costrutto, per passeggero malessere, o perchè volontariamente attenuata; o parere debole a orecchio duro, o assordato da altri rumori, o rispetto al luogo troppo ampio e alla moltitudine di quelli che odono.

Fioco denota, più sovente, difetto men relativo, e reale debolezza de' suoni; e che l'idea di debolezza sia qui principale, cel provano anco i traslati (3). *Roco* dice voce non chiara. Può la voce esser fioca, non roca; roca, non

---
(1) LIPPI.
(2) *Pernicie* (da *necare*) non è dell'uso; ma l'addiettivo indica sempre pericolo o nocumento grave. È così l'avverbio *perniciosamente*; e potrebbesi forse *perniciosità*. — ROMANI.

TOMMASEO, *Diz. dei Sinonimi*.

(1) Non però nelle campagne, ove dicesi *frale*, e s'intende facile a rompersi. — LAMBRUSCHINI.
(2) *Friabile* è voce scientifica, invece di che usa comunemente *troncativo*; che non dice per l'appunto il medesimo, ma degna d'essere aggiunta al Vocabolario. — LAMBRUSCHINI.
(3) DANTE: *Fioco lume*.

fioca. Il roco mormorare dell'onde (1), fioco non è (2).

Vero è che al verso di Dante *Chi per lungo silenzio parea fioco*, il Buti dichiara: «*Fioco*, cioè roco, la qual cosa addiviene quando l'uomo è stato lungo tempo tacente, che volendo parlare, l'organo vocale, per la disusanza, è impedito da alcuno rinchiudimento, che si fa in esso.» Ma più che al Buti, è da dar retta a Dante, che altrove usa *fioco* non in senso di *roco*. — *Un alto corno Tanto che avrebbe ogni tuon fatto fioco.* Il tuono non lascia d'aver rauco suono, anco comparato allo strepito di quel terribile corno; ma è fioco, perchè quello strepito avrebbe coperto il rumore del tuono. E dal trentunesimo dell'Inferno salendo al trentesimo terzo del Paradiso, dall'ultima laguna ghiacciata all'ultimo ardor della luce, troviamo: «*Oh quant'è corto il dire e come fioco Al mio concetto! E questo a quel ch'io vidi È tanto che non basta a dicer poco.*» Dove il *fioco* è illustrato dal *poco* e dal *corto*. Se *fioco* valesse *roco*, sarebbe inutile l'un de' due; ma l'origine stessa ne dice il divario, e quindi l'utilità. *Roco*, colla prima sua lettera, rende il suono aspro della voce; *fioco*, affine anco di suono a *fiacco* e a *fievole*, e al *faible* de' Francesi ch'era *foible*, suona appunto tenuità più o meno fievole. E che questo significhi il verso di Dante, lo dimostra il luogo di Virgilio al quale esso accenna; che delle ombre de' morti: *Tollere vocem exiguam.* E Dante stesso in una canzone, dipingendo visione fantastica: «*E un uom mi apparve scolorito e fioco, Dicendomi che fai? non sai novella? Morta è la donna tua.*» Dove nessuno si figura quell'uomo come *roco*. Il senso di questa voce è in Virgilio: *Et rauca assiduo longe sate saxa sonabant.* Può voce roca essere forte, anzi dalla rocaggine resa più forte; può voce fioca essere nel suo filo argentina; ma può la rocaggine cagionare fiochezza. Chi sta lungamente in silenzio, nel primo sciogliere la voce sente certa difficoltà nella gola, e mette un suono debole, che par quasi non possa articolare; e questa osservazione di natura è qui da Dante levata a potenza di simbolo.

Raucedine è latinismo usitato in altre parti d'Italia, ma non dal popolo. In Toscana anco il popolo dice *rocaggine*, e da *roco* deduce *arrochito*, come da parola che denota il diventare *roco*. Può uno per catarro arrochire, e non avere per solito voce roca. Anco attivamente si dirà, forse: un'infreddatura arrochisce. Ma per esprimere un suono più forte, segnatamente d'altro che della voce umana, cade tuttavia d'usare *rauco*.

1325.

DEBOLE, LABILE (della memoria).

— *Debole* la memoria che poche cose può ritenere; *labile* quella che per poco le conserva, e da cui presto sfuggono. — ZECCHINI.

— *Debole*, più propriamente, la memoria dell'uomo; che tale è, o pare, per natura, o si rende per età o infermità. *Labile* anco la memoria delle cose, quando duri poco, o sia tale che poco possa durare. Dante: «*Canti da dir la mia memoria labile...*» — A.

1326.

DEBOLE (SPIRITO), CUOR DEBOLE, UOMO DEBOLE.

— *Uomo debole*, che non si sa risolvere, se non è spinto da altrui, che agli impulsi non sa resistere; uomo di *cuor debole*, che facilmente s'intenerisce, che non resiste alla tentazione del piacere, alle lusinghe, alle preghiere, alle lagrime. Ma quest'uomo di cuor debole non sarà sempre uomo affatto debole; saprà resistere alle minacce, alle frodi, ai sofismi; saprà fortemente resistere, se non lo pigliano dalla parte del cuore. Uomo di *spirito debole* è chi riceve le idee altrui, senza giudicarle, chi è facile a credere, e per credulità soverchia temere.

L'uomo debole si mostra tale in tutte quasi le azioni; il cuor debole, negli affetti; lo spirito debole, nelle opinioni. E sebbene le tre cose diventino l'una dell'altra sovente causa ed effetto, si possono peraltro e si debbono ben distinguere. Può l'uomo essere debole, e non avere il cuor debole; cioè non avere né anco quella forza che si richiede a intenerirsi, a sentire pietà. Può un cuore debole essere, appunto per questa debolezza, e veemente e violento, se gli contrastano o se lo irritano. Può uno spirito debole nelle credenze superstiziose, essere sospinto ad atti ben diversi da quelli che fa l'uomo debole. — ENCICLOPEDIA.

1327.

DEBOLE, DEBOLEZZA.

Debole, quella specie di *debolezza* da cui l'uomo si lascia vincere; onde basta saperlo pigliare da quella parte, perch'egli, più o meno avvertitamente, s'arrenda. Non ogni debolezza può dirsi il debole dell'uomo; ma quelle che lo rendono docile più ch'e' non vuole, non sa, o non deve, a cose a cui non si piegherebbe, del resto, così facilmente.

Tutti gli uomini hanno la debolezza dell'amor proprio; ma questo amor proprio non è il debole di tutti gli uomini, bensì di coloro soltanto che se ne lasciano lusingare e sedurre in modo, da rinunziare per una vana lusinga a' propri doveri. Ciascun uomo ha di molte debolezze; il debole dell'uomo è un solo: d'altri, l'ambizione; d'altri, la vanità d'esser bello, o generoso, o ricco, o ben educato, o nobile, e simili; d'altri, la tema di parere debole.

Ma la debolezza può riguardar cose più biasimevoli. Molte, che dai più miti soglionsi chiamar debolezze, son tali che portano conseguenze un po' forti. Il debole nuoce sovente più a chi ne patisce, che ad altri. La debolezza degenera in vizio; il debole, in mania.

L'Enciclopedia: «Il debole è talvolta la causa; la debolezza, l'effetto;» il debole di quella persona lo fa cadere in molte e compassionevoli debolezze; quella donna commette di molte debolezze, non già perchè il suo debole sia la lascivia, ma la vanità. In questo senso, la *debolezza* è l'atto; il *debole* è l'abito o il sentimento. Ma la debolezza che viene da un debole, può essere anch'essa abituale; il debole di certe donne è di voler sempre piacere; questo le conduce sovente alla debolezza di mentire, di fingere.

Deboli, plurale, usato dal Salvini, non è tant'usitato quant'è *debolezze*.

1328.

DEBOLETTO, DEBOLUCCIO.

I deboletti spiriti miei, disse Dante; e nessuno in luogo simile direbbe l'altro. Gli ha, dunque, senso più grave; può averlo di vezzo o di pietà. *Deboluccio* attenua e dispregia: attenua in senso corporeo, quando del temperamento di persona dicesi *deboluccia*; dispregia in senso-

(1) PETRARCA.
(2) Nel dantesco *voci alte e fioche*, intendi voci alte che contrastano con altre fioche.

spirituale, quando dicesi d'opera dello ingegno; di discorso, o anco d'uomo e dell'animo suo, che non abbia la forza occorrente agli uffizi della vita.

1329.
DEBOLEZZA, DEBILEZZA.

Debilezza di mente non si direbbe, ma sì *debolezza;* debilezza di stomaco, d'occhi, e pur non frequente. Chi ha meno vizi, ha talvolta più debolezze; e le debolezze, sommate insieme, negli effetti, talvolta equivalgono a un vizio (1).

Famigliarmente, con modestia, che sotto sotto ha spesso la sua vanità e però tiene del ridicolo, taluno dice delle opere del suo ingegno o della mano, e anco di pregi più intrinseci, quando se ne sente lodato o cerca di venirne lodato: che vuole? le son debolezze; grazie ch'ell'abbia voluto gradire le mie debolezze.

Debolezza, diciamo, d'un sapore, d'un suono, d'una macchina, d'una muraglia, d'una dimostrazione, d'uno Stato; non già *debilezza. Debole,* non *debile,* un'ode, una musica, un acido (2).

1330.
DEBOLEZZA, INDEBOLIMENTO.

— Il secondo è il passaggio da stato forte a debole, e da debole a più debole. Il primo è lo stato più o men lungo. — A.

1331-1337.
DEBOLEZZA, FIACCHEZZA, FIACCONA, FIACCHERELLA, CASCAGGINE.
SNERVARE, INDEBOLIRE.
NERBO, NERVO.
NERVOSO, NERBORUTO.
FIBROSO, MUSCOLOSO.
SNERVARE, EFFEMINARE, AMMOLLIRE.
MOLLEZZA, SNERVATEZZA, EFFEMINATEZZA, EFFEMINAMENTO.
SNERVATO, SLOMBATO, DILOMBATO.

1331.
Debolezza, Fiacchezza, Fiaccona,
Fiaccherella, Cascaggine.

La *debolezza* è una causa della *cascaggine;* ma la *cascaggine* può anche venire da sonno; anzi questo è l'ordinario suo senso (3). Può, inoltre, la debolezza non esser sì grande da produrre cascaggine. Con questo nome si può intendere fors'anco quella fiacchezza che viene dallo scirocco o da malessere. Bartoli: « Parer debole e cascante. »

Fiacchezza, quel malessere corporeo ch'è contrario all'elasticità e vigore della fibra.

Può la debolezza essere più o meno nascosta; la fiacchezza più sovente è visibile; e però s'adopra per indicare un grado di debolezza maggiore. Quindi non è sinonimia inutile quella del Boccaccio: « Già divenuto debole e fiacco. » La debolezza di cuore viene talvolta da bontà; la fiacchezza, da viltà biasimevole. Discorso, stil debole non ha la forza opportuna, non è tanto forte

---

(1) REDI: *Avrò occasion di compatir di nuovo le mie debolezze.* - ALLEGRI: *Questo mio debolissimo sonetto.*
(2) BART. S. CONCORDIO: *Debolezza del vedere.* - FIOR. S. FRANC.: *Lasso e debole e infermo.* - REDI: *Fondamento.* - CELLINI: *Doratura.* - REDI: *Vino.*
(3) LIB. CUR. MAL.: *Si sentono addosso una gran cascaggine; dormirebbero volontieri.*

quanto potrebbe, sebbene di forza non manchi; discorso, stile fiacco serpeggia a terra, si trascina, è languido, fa languire. C'è delle menti non affatto impotenti che in qualche operazione son deboli; chi è fiacco di mente, è inetto a ogni cosa di bene.

Fiaccona, comune nella lingua parlata toscana, ha varii usi.

I.° Quando significa, come fiacchezza, quel malessere cagionato da rilassamento di fibra, allora è meno. La fiacchezza si pensa più durevole, e può essere morbosa; la fiaccona è, per lo più, passeggera e meno profonda. Quindi la moda d'affettar la fiaccona, specialmente le signore; perchè la buona salute e il buon colorito del viso sono oggidì cose da villani.

II.° *Fiaccona,* per celia, vale anco miseria (1); e si dice: costui, al vestito, mostra d'aver molta fiaccona, d'essere molto fiaccato, cioè trito.

III.° *Fiaccona* significa (sempre in celia però) lentezza; e talvolta maliziosa, nell'operare. Dicesi e d'operazioni corporee e d'incorporee; e c'è di quelli che colla loro fiaccona arrivano a conseguir cose che sfuggono alle persone più sollecite e più veloci; gente pericolosa.

IV.° Anco di chi parla adagio, pensando di molto, si dice: egli ha della fiaccona a discorrere.

V.° *Fiaccona* è pur soprannome che, scherzando, si dà alle persone agiate, cioè pigre. — MEINI.

1332.
Snervare, Indebolire.

— L'*indebolimento* può essere passeggero. Lo *snervamento* toglie la forza alla macchina; ed è difficilissimo ricuperarla: un salasso indebolisce, la libidine snerva. — LAVEAUX.

1333.
Nerbo, Nervo.
Nervoso, Nerboruto.

— *Nervi,* quelli del corpo umano; *nerbo,* quel che serve o serviva a picchiare: nerbata, e non nervata; malattie nervose, non nerbose; e uomo che ha molta forza, non: uomo nervoso, ma: nerboruto. — VOLPICELLA.

1334.
Fibroso, Muscoloso.

— Tessuto *fibroso* si compone di filamenti o di fibre sode e luccicanti, e forma i tendini che sono all'estremo de' muscoli, i ligamenti articolari, le aponevrosi, larghe membrane e dense, circondanti le membra. *Muscolose* sono le parti composte di fascetti insieme uniti di fibre rosse, molli, più o meno lunghe o numerose, formanti i muscoli, ministri ai movimenti volontarii dell'animale. — THIBAUT.

1335.
Snervare, Effeminare, Ammollire.
Mollezza, Snervatezza, Effeminatezza,
Effeminamento.

Guizot: « *Effeminare* specifica il grado di debolezza, quasi femminile; *ammollire* e *snervare,* più indeterminati, denotano solo diminuzione di forze.

• *Effeminare* non indica tanto lo scemamento delle forze, quanto il nuovo stato dell'uomo. *Ammollire* e *snervare* indicano più le forze scemate che il cangiar dello stato.

---

(1) In questo senso, e in quello di *debolezza,* dicesi pur *fiaccherella,* ch'è meno forte, e più gentilmente giocoso.

• *Effeminare* si riferisce a quel ch'uno diventa; *ammollire* e *snervare*, a quel che era, e non è. Diciamo che l'educazione morbida effemina i giovanetti; perchè qui si tratta di dipingere l'indole ch'essi prendono. Diciamo che la voluttà ammollisce l'anima, e snerva il coraggio; perchè qui si vuole accennare la forza che il voluttuoso ha perduta.

• L'effeminato si conosce al portamento, alla faccia; ogni cosa dimostra il suo debole. L'uomo ammollito non è atto a cose grandi e difficili; ha perduta l'elasticità morale; e si conosce alle azioni. Allo snervato è penoso ogni cosa; ogni suo movimento fa prova di debolezza. Il primo si compiace d'inezie; il secondo, di piaceri molli; il terzo, di nulla. Nell'effeminato gli abiti della vita morale corrompono la corporea; nell'ammollito, la morale e la corporea si guastano insieme; nello snervato, il guasto va dal corpo allo spirito. Il primo può, talvolta, mostrare coraggio; il secondo vede il pericolo, e per inerzia non lo previene; il terzo lo vede, vorrebbe fuggire, e non ha la forza. Ciò ch'effemina, sovente ammollisce; ciò che ammollisce, da ultimo snerva.

Boinvilliers: • I piaceri abusati ammolliscono l'anima, snervano il corpo, effeminano le razze. *Ammollire* e *snervare* indicano sottrazione di forze; *effeminare*, debolezza più intrinseca. L'amore ammollisce un cuore barbaro; lo effemina fino a cercar di piacere, con inette arti, alle donne; la voluttà lo snerva. •

Ammollire è men di *snervare*; *snervare* è meno d'*effeminare*, parlando dell'animo (1). Quindi il Borghini: • Le delicatezze che potevano snervare col tempo, ed effeminare quelli animi marziali. • La *mollezza* può essere causa dell'*effeminamento*. Boccaccio: • Per troppa mollezza effeminato. •

Ammollire ha però un senso buono suo proprio. Cuor duro si ammollisce per compassione o per tenerezza; questa, non che snervarlo, gli dona un'insolita forza vera. Ma l'epiteto *molle* non ha quasi mai buon senso, ed è veramente affine ad *effeminato* e *snervato*. Anima molle ha poca forza; anima snervata non ne ha quasi punto; anima effeminata non ne ha, perchè le sue abitudini e i suoi pensieri son più di donna che d'uomo (2). Quest'ultima voce indica e il male e la cagione del male. La sventura può avere ammollito un animo; l'educazione lo può avere snervato; nell'effeminatezza entra più direttamente la colpa dell'uomo stesso (3). Ognun vede che, di donna parlando, ben si potrebbe dire *ammollita*, *snervata*; *effeminata* non mai.

Parlando di stile, e' può essere molle, cioè morbido forse un po' troppo, e non però snervato. Il primo si può riguardar come pregio, l'altro è sempre difetto.

Nel senso corporeo, *effeminare* è men di *snervare*. C'è degli uomini effeminati che conservano ancora robustezza, ma non l'usano, se non per isnervarsi affatto. Corpo ammollito da vita soverchiamente morbida può non essere ancora effeminato; uomo effeminato può tuttavia aver del nerbo anche troppo.

La *mollezza* e l'*effeminatezza* possono consistere nelle abitudini esterne, nel vestire (1), nel camminare, nel mangiare; la *snervatezza* è nella costituzione del corpo.

1336.
Effeminamento, *Effeminatezza*.

Effeminamento è l'atto, il cambiamento di stato; *effeminatezza*, lo stato stesso, l'abitudine già formata. Nell'effeminamento degli animi han parte anco le lettere e le arti abusate; queste, poi, fomentano l'effeminatezza nelle nazioni corrotte.

1337.
Snervato, *Slombato*, *Dilombato*.

Snervato è meno. C'è degli uomini snervati da' vizii, che non son *dilombati*; potrebbero essere dilombati per malattia locale, senz'essere snervati però; ma di tal caso noi qui non parliamo. Così nel traslato, uno stile dilombato è più fiacco. Molti c'è dallo stile snervato, che dilombato non l'hanno: il Cesarotti assai volte è snervato, dilombato non è. Ce n'è che affettano un certo nerbo, e l'acquistano per esercizio e per arte, ma dilombati son di natura (2). Ingegno snervato, non dilombato, diremo.

Snervatello può dirsi; all'altro, il diminutivo manca: e ciò prova che l'essere dilombato è disgrazia peggiore. *Snervatezza* potremmo; l'altro non ha astratto simile.

Snervato è anche un vino, uno Stato (3).

Slombato dicesi e *dilombato*. Io starei sempre al secondo, perchè l'altro mi dà quasi l'idea d'uomo privato de' lombi. E dovendoci porre differenza, direi appunto per questo il secondo è più. Per male passeggero può l'uomo essere slombato; può in un componimento essere slombato il tale o tal verso. *Dilombato* pare che dica debolezza più abituale, o di natura, o fatta natura; d'uomo, a modo di sostantivo, meglio si chiamerà uno slombato.

1338.
DEDICA, DEDICATORIA, DEDICAZIONE, INTITOLAZIONE.
DEDICARE, INTITOLARE.

Dedicazione è l'atto del solennemente offrire al nome di Dio, o di una divinità, o ad un santo (secondo le religioni), statua, teatro, ginnasio, ponte, arnese, tempio, chiesa (4). *Dedicatoria* è la lettera che si mette avanti alle opere mandate alla stampa, per intitolarle a qualcuno che si creda, o si voglia far credere, o si finga di voler far credere degno di questo onore (5). La *dedica* può non essere una lettera dedicatoria, ma un'iscrizione, un cenno premesso al libro. Ormai dal buon gusto son riprovate quelle sguajate dedicatorie in cui l'adulazione faceva pompa d'incredibile semplicità o impudenza. La dedica che precede l'*Adelchi*, e altre poche simili, sono il modello di quelle testimonianze d'affetto e di stima che l'autore può rendere a coloro ch'egli ne degni.

---

(1) GELLI: *Effeminatezza d'animo.* - SENECA: *Molliter et effeminate ferre dolorem.* - CICERONE: *Ne quid humile... molle, effeminatum... faciamus.*

(2) *Molle* può riguardare un solo atto, o uno stato che dura poco. DANTE: *Come a quei fu molle Suo re.* Gli altri due, stato più abituale.

(3) BOCCACCIO: *Tra le delicatezze e gli odori arabici effeminati.*

(4) CICERONE: *Mollis et enervata oratio.*

(1) TASSO: *Dal troppo lusso effeminato.*

(2) DAVANZATI: *Cicerone parve a Bruto... fiacco e dilombato.* - CARO: *Dicono ch'io la guasto e che la snervo, levandone la veemenza delle riprensioni e l'orgia delle burle.*

(3) M. VILLANI: *La snervata repubblica. Snervate* chiamano i botanici le foglie senza nervi nè costole, come nel tulipano.

(4) ANNOT. VANG.: *Dedicazione della statua.* - MAESTRUZZO: *Dedicazione di santo Michele.*

(5) VIVIANI: *Ne dà qualche cenno nella dedicatoria di quelle sue considerazioni stampate.*

Si *dedica* l'opera premettendovi il nome della persona a cui si offre; la s'*intitola* indirizzando a questa persona il discorso nell'opera stessa. Cicerone intitola a Marco suo figlio il libro degli Uffizii; cotesta non si può chiamar *dedica*. A Mecenate Virgilio intitola le Georgiche. Quando la dedica è più segno d'affetto o di stima cordiale, dirla *intitolazione* non sarà forse improprio. Alcuni libri moderni sono con brevi parole offerti da' padri a' loro figli; chiamar *dedica* questa non converrebbe.

1339.

DEDICARE, CONSACRARE.

— *Consacrasi* facendo 'sacro quel ch'era profano, con parole solenni, con atti, con riti. Si dedica dicendo (1) di offrire un oggetto, un'azione, o alla divinità o a persona sacra, o almeno persona che si veneri, come avente in sè alcuna cosa di sacro. *Consacrare*, dunque, è più, sì nel proprio e sì nel traslato. — POPMA.

Non si consacra che a Dio, o ai ministri di Dio, in nome di Dio, o ad uno scopo che si creda essere conforme ai voleri di Dio, cioè Dio stesso. Agli uomini parlando, non si dovrebbe mai adoperare quell'alta parola.

Il *dedicare* è un dire che la tal cosa è del tale, dandogliene, in segno di onore o d'affetto, il titolo o il diritto, in parte o in tutto.

L'uomo dedica le sue cure, i pensieri, gli atti, la vita a tale o tal fine; le dedica a Dio, alla patria, alla scienza. Si dedica egli, dedica tutto sè stesso; e questo modo si accoppia anco all'infinitivo: io mi dedico a scrivere; e a patire per la verità ne' miei scritti annunziata. Che l'uomo si dedichi all'uomo, potrebbesi dire, ma sente quasi il biasimo, perchè pare troppo. Molto più poi il consacrarsi, quando nelle persone alle quali vi consacrate, non considerate il vero e il bene stesso, cioè Dio; ma il così incarnarlo, risica d'essere superstizione irreligiosa. Può l'uomo consacrare le sue cure e pensieri e parole anco a cosa tenuta sacra; ed è meno del consacrare sè stesso. Ma *consacrare* dice sempre voto più fermo; e si può dedicare per poco.

1340.

DEDICARSI, DARSI.

Dedicarsi è più. Io posso darmi a più studii insieme; dedicarmi a tutti non posso. Posso darmi a uno studio per sollievo, o per necessità, o per sussidio allo studio mio principale; cotesto non è dedicarsi.

Darsi, diciamo, e al bene e al male; *dedicarsi*, meglio al bene. *Darsi* porta con sè anco l'infinito; l'altro, meno: taluni si son dati a infamare le più sante cose, per condurre gli uomini alla libertà servile, nella quale ora si divincolano angosciando.

Darsi (diciamo), e dedicarsi a Dio; *darsi* nel fatto; *dedicarsi* con l'animo, con la preghiera.

1341.

DEDICAZIONE, SACRA, SAGRA, CONSACRAZIONE.

— *Sacra* (in altri dialetti *sagra*) la festa annuale in memoria della consacrazione d'una chiesa; e quindi anco altre solennità religiose insieme e popolari, la cui istituzione giovò non poco la civiltà, il commercio, le arti della manuale industria e le arti belle. La funzione solenne del consacrarla, che si fa ordinariamente dal vescovo, *consacrazione*; e *dedicazione* quando, inoltre, la s'intitola alla Divinità, alla Vergine, a qualche Santo: festa della dedicazione della chiesa di s. Pietro. *Dedicazione*, anco d'un solo altare, d'una statua, e simili. *Consacrazione*, de' vescovi, quando ricevono l'ordine del vescovato. E *consacrazione*, l'azione del consacrare che fa il prete quando dice la messa: le parole della consacrazione sono al credente argomento d'amore ineffabile. — MEINI.

1342.

DEFORMARE, DISFORMARE, SFORMARE.

— Il primo è imbruttire la forma; l'altro, alterarla e quasi distruggerla: un cattivo ritratto *deforma* un viso; il fuoco o la malattia lo *disforma*, se ne consuma alcuna parte. — ROMANI.

Ancorchè *disformare* sia poco in uso nella lingua parlata, giova tuttavia a denotare queste due cose: una bruttezza più relativa che assoluta, quasi di sconvenienza; e uno sconcio cagionato dall'alterazione delle forme principali, non da quell'altre minute cause che possono indurre bruttezza. Un mutare di colorito, un fignolo co' suoi effetti, deformano il viso, non lo disformano. *Sformare*, in questo senso, è affine a *disformare*, ma un po' meno; e può denotare, segnatamente, sconvenienza venuta dall'ingrossare d'una o più parti; dove il *disformare* quella che anco dal togliere o stravolgerne una o più. Quindi è ancora che il disformare può essere effetto più durevole dello sformare e del deformare.

1343 – 1348.

DEFORME, BRUTTO, SUDICIO, LAIDO.
IMBRUTTIRE, RIMBRUTTIRE.
BRUTTURA, BRUTTEZZA.
LAIDO, OSCENO.
LAIDEZZA, LAIDEZZE.
LAIDEZZA, LAIDUME.

1343.

Deforme, Brutto, Sudicio, Laido.

— *Brutto*, opposto di *bello*; e anche *sudicio*, che era il primo suo senso (1), perchè bellezza e nettezza stan bene insieme. *Deforme*, che non ha la debita forma; non ha senso di *sudicio*, e riguarda la forma soltanto, o cose dove, per traslato, si può a qualche modo applicare l'idea di forma. *Bruttezza* del vizio, dinota la macchia ch'esso imprime; *deformità*, la depravazione o perversione che porta.

Laido, sozzamente brutto, ha ora senso traslato di bruttezza morale; e dicesi specialmente di vizii contrarii al pudore. Un tempo avea il senso che oggi ha nel francese *laid*. — GATTI.

1344.

Imbruttire, Rimbruttire.

Il secondo, oltre a ripetizione, indica meglio la disgrazia compiuta. Si dirà: quella donna imbruttisce di giorno in giorno, e di giorno in giorno si crede più bella. E si dirà: com'è rimbruttita a un tratto! Nel secondo senso diremo *imbruttita*, non *rimbruttisce* nel primo.

Imbruttire ha, più volentieri dell'altro, il traslato. L'anima che si gloria della propria bellezza, di ciò solo imbruttisce.

---

(1) *Dico*. L'essere breve la prima, non fa che l'origine delle due voci non sia la stessa.

(1) DANTE: *Non di parente nè d'altro più brutto* (amore turpe). In alcuni dialetti *brutto* vale tuttavia *sudicio*.

1345.

Bruttura, Bruttezza.

— *Bruttura*, affine a sozzura; *bruttezza*, sproporzione di parti. Può la bruttezza del corpo essere monda da bruttura, e bruttura può essere in corpo bello. *Bruttura* (plurale più frequente che *bruttezze*) dicesi, non delle qualità, ma delle cose stesse, siano oggetti materiali, o opere o pensieri o parole (1). — A.

1346.

Laido, Osceno.

Quando nel sonetto del Monti io leggevo *nero teschio osceno*, io credevo modo poetico, anzi traslato efficace; ma andato in Toscana, di donna bruttissima sentii: è oscena, senz'altro. È forse l'*obscenum cruorem* dell'etrusco. Virgilio è meno antico di quest'uso serbatosi vivo sulle labbra toscane. Vale bruttezza quasi schifosa, ma senza idea morale congiuntavi, com'è ormai inevitabile congiungerla a *laido*, usato in senso corporeo.

1347.

Laidezza, Laidezze.

In senso corporeo, sempre il singolare, che è l'astratto della qualità; se non forse, per celia, *laidezze* chiamassersi le membra laide, come *bellezze*. Ma nel morale *laidezza* è la qualità generale d'atto interiore o esteriore non puro; *laidezze* gli atti stessi, compresovi e pensieri e parole. Non sempre le laidezze che certi o innocenti o idioti, o scapoli, o manesti, dicono sono indizio verace di laidezza dell'animo; come non ogni bestemmia, d'empietà. C'è chi bestemmia per parere vivacetto; e c'è chi col discorso si rivoltola fra laidezze per parere bellino: ipocrisia d'uomini e di tempi imbecilli.

1348.

Laidezza, Laidume.

Laidezza, in senso morale e corporeo; *laidume*, in morale; e in questa dice più, suona più spregio, e par che possa meglio appropriarsi a parole o a imagini (che sono un visibile parlare), che ad atti e pensieri. Laidezza, non *laidume*, del viso, della pelle. Anco in bella persona l'uso d'atti e pensieri laidi, laidisce le forme; e l'occhio esperto del bello e del bene non se ne accorge, e tutti se ne avveggono al sopravvenire d'infermità, o dell'età che a persone pure non toglie ogni aura del-dell'antica bellezza, e una nuova ne aggiunge più spirituale e più veneranda. Commettere, imaginare, dire laidezze, non laidumi; che non porta il plurale; ma sì: il laidume di certa poesia; vita ch'è tutta un laidume.

1349—1350.

DEFORME, BRUTTO, TURPE, CONTRAFFATTO.
CONTRAFFATTO, SCONTRAFFATTO, STORPIATO, STORPIO.
STORPIO, STROPPIO.

1349.

Deforme, Brutto, Turpe, Contraffatto.

La gradazione è: brutto, deforme, turpe, contraffatto. Si può anche con certa regolarità di forme essere brutto: Dante, buon'anima, era bruttino, ma non deforme; senonchè nel ritratto di lui giovane, scoperto dianzi, c'è una tal quale bellezza. La *deformità* è sproporzione troppa di forme; la qual peraltro può non essere turpe, non destar ribrezzo o orrore; ma turpe, più spesso, è traslato.

---

(1) Se ne fa *bruttino* e *bruttaccio*; i Latini *turpiculus*. Gli altri non hanno simili derivati.

Contraffatto dice deformità quasi violenta, e che tiene del mostruoso. Può l'uomo contraffarsi con arte, con istrumenti, con maschera; la deformità è naturale e rimane. Il vajuolo, dei tagli nel viso, bastano a contraffare; la deformità è, ripeto, nella sproporzione delle forme.

Turpe, nel traslato, è più di *brutto*; ogni sconvenienza morale è brutta; turpe non è se non la perversità vergognosa; brutta cosa trovarsi sotto signore sciocco, turpe cosa adulare la sua sciocchezza; l'ubriachezza è brutto vizio, se si marita ad altri, turpissimo; la gelosia letteraria è una brutta pecca, se calunniosa o delatrice, è turpissima.

1350.

Contraffatto, Scontraffatto, Storpiato, Storpio.
Storpio, Stroppio.

Scontraffatto (che dice un po' più di *contraffatto*, e ha senso sempre di bruttezza avvenuta nel corpo in modo più o men violento, laddove *contraffatto* può averne altri ancora) riguarda le fattezze deformi delle parti principali del corpo; *storpiato* riguarda la contorsione, mutilazione, alterazione grave delle membra più abili al moto. Onde il Segneri, per dimostrare l'esistenza di Dio, ragiona così: « Come può pertanto avvenire, che se la figura, scontraffatta ancora e storpiata, d'un animale non può lavorarsi senz'arte, possa senz'arte lavorarsi, a stupire, l'animale medesimo vivo e vero? (1) »

Storpiato può essere participio, e dire l'azione della storpiatura; *storpio* è la persona o nata così, o che il parlante riguarda in quello stato: storpiato alla guerra; bambino storpio. Può l'uomo con moti violenti, cadendo, o con vizii, storpiarsi da sè.

Alcuni dialetti, per una delle solite spostature che ne' grammatici diventano figure, dicono *stroppio*; ma *stroppia*, in Toscana, vale: impedimento e disordine che tronchi una operazione o sciupi una cosa. Petrarca: « Se Amore o Morte non dà qualche stroppio Alla tela novella ch'ora ordisco. » Anche questo però viene da storpiare, e lo dice il verso di Dante: « Ora era onde il salir non volea storpio. » L'origine è *piede* e *torto*, com'è *precipitare* da *præ* e da *caput*.

1351—1353.

DEFORME, DEFORMATO, INFORME, SFORMATO.
DISFORMARE, SFORMARE.
DISFORMATO, SFORMATO.
DISFORME, DIFFORME.

1351.

Deforme, Deformato, Informe, Sformato.

— *Informe*, cosa che non ha quella forma la qual dovrebbe o potrebbe aver dall'arte o dalla natura: pietra informe, pietra non lavorata; mole informe, è l'embrione, non bene svolto, nel ventre materno.

Deforme, cosa o persona che non ha la forma debita, le proporzioni usitate. *Deformato*, reso deforme, o per poco o per sempre, da cause non naturali.

Sformato, deforme per eccesso d'alcuna parte sproporzionata col tutto, o con altri oggetti co' quali dovrebbe far simmetria: grandezza sformata; naso sformato; occhi, piedi, orecchi sformati. — ROMANI.

— *Deforme*, cosa che non ha la forma conveniente;

---

(1) Incredulo, VII, 2.

sformata, sovente dicesi quella che l'ha perduta. Deformato si serba meglio per le forme ideali di oggetti incorporei, o per la espressione data al corpo dall'azione dello spirito. Direbbesi: faccia sformata da piaga, da caduta, e: deformata dall'ira. — LAMBRUSCHINI.

1352.
Disformare, Sformare.
Disformato, Sformato.

Cosa che *sforma*, toglie la forma propria dell'oggetto, la forma conveniente; cosa che *disforma*, la rende deforme. *Disformarsi* vale anco: differire di molto nella forma o anco in altre qualità.

Sformato vale, e che ha perduta la forma sua, e che ha perduta la forma sua più gentile; poi, per estensione, smisurato, eccessivo. E non sarà improprio dire: sformata avarizia, ambizione, e simili; primieramente, perchè questi vizii si possono imaginare quasi personificati, e aventi forma mostruosa; poi, perchè la voce *forma* ha sensi spiritualissimi. *Disformato* è mero participio; aggettivo non può diventare.

1353.
Difforme, Disforme.

Disforme, non comune nell'uso, può pur cadere a significare differenza di forma; grave differenza, se vuolsi, e con qualche sconvenienza, ma che non vada fino alla difformità. Dicevano certi pedanti chiarissimi che le novità (antichissime del resto) desiderate dal Manzoni nell'arte erano disformi dal fare italiano e dal latino e dal greco; ma non c'è cosa più disforme dal greco, e anco dalla virile semplicità de' Latini e di Dante, che il fare di certi cascamorti del trecento, e della greca bellezza.

Difforme è inutile, e così *difformare*, dacchè s'ha *informe* e *disforme* e *sformato*, e *disformare* e *deformare*; se forse non si volesse col semplice *di* denotare, non la differenza delle forme; non la loro sproporzione o sconvenienza, ma il semplice cessare delle forme di prima. L'uso non determina; nè arbitrio di scrittore privato ce ne può.

1354.
DEI, DIVI.
DEA, DIVA.
DIA, DIVINA.

— *Dei* chiamavano i Latini que'ch'e' credevano di natura divina; *divi*, gli ascritti al numero degli dei: gl'Imperatori eran divi, non dei. Così *divi*, latinamente, taluni chiamano i Santi; affettazione pagana.

Nel verso *diva* e *dea* si confondono; ma il primo ognun sa essere aggettivo; e Dante aggettivò *Dio*, nel femminino però. E laddove egli l'usa a valore distinto da divino, dice più quando riguarda Dio stesso, dice meno quando significa, che tiene delle perfezioni di Dio, o a quelle somiglia. — A.

1355.
DEIFICARE, DIVINIZZARE, FAR L'APOTEOSI.

Deificare gli antichi dicevano ascrivere al numero degli dei; e parmi voce che non meriti il bando. In altro senso S. Tommaso dice: « La grazia di Dio deifica l'uomo; cioè non lo fa Dio, ma più simile a Dio di prima. » *Divinizzare* ha due sensi: 1.° avvicinare alla dignità divina; II.° esaltare quasi cosa divina; molti popoli deificarono gli inventori di cose utili e grandi: gl'Imperatori romani erano da adulazione vilissima deificati; molti moderni tiranni furono divinizzati da un'adulazione, che forse, avuto riguardo alla ragione mutata de' tempi, è più vile (1).

« *Apoteosi*, dice il Girard, è la cerimonia con la quale gl'Imperatori romani erano, dopo la morte, collocati nel numero degli dei. Quindi, per estensione, *far l'apoteosi* diciamo per esaltare in modo straordinario, e attribuire a taluno non so che di divino. Gli uomini innanzi la redenzione deificavano fino i gatti e i porri. »

1356—1357.
DEITÀ, DIVINITÀ, NUME.
DIO, SIGNORE.

1356.
Deità, Divinità, Nume.

Deità è la persona divina; *deità*, i falsi dei; *deità*, l'essere divino. *Divinità*, dicesi, non bene, per il Dio vero; piuttosto: le false divinità. Poi, questa voce significa l'essere divino, e finalmente alcuna qualità nelle creature divine eccellenti, e che direttamente sveglia il pensiero di Dio. Quindi: la divinità dell'ingegno (2).

— *Nume*, è voce poetica; e significa Dio, considerato come potenza (3). Il Vico, dall'origine della parola che vale *cenno* e compendia l'imagine del Giove d'Omero e di quelli di Virgilio e d'Orazio, arguisce il sapiente concetto che gli antichi Italiani avevano della divina potenza. *Nume* potrebb'essere voce filosofica in questo senso. L'Ariosto, con modo insolito, disse nume, per *santo*, a S. Giovanni; Dante (4) usa più discretamente la stessa licenza. — A.

1357.
Dio, Signore.

Dio è più alto, più dolce vocabolo. Un Padre: « *Primum nomen naturae est, pertinet ad amorem; secundum potestatis, congruens ad timorem. Ex Dei vocabulo disce quid diligas; ex Domini appellatione cognosce quid metuas.* »

Un contadino toscano raccontava d'un tale che faceva debiti in testa di suo figliuolo, per non li pagare: il figliuolo morì, e così tolto l'appicco agli imbrogli, per dire questo il buon uomo uscì con parola degna di Mosè e de' Profeti — Disse Iddio: leviamolo di mezzo — Chi correggerebbe *il Signore*?

1358.
DETTA (A), AL DETTO.

A detta d'uno, dicesi, per solito, non *a detto*; e vale: secondo quel che uno dice (5). Starsene a detta, usiamo,

---

(1) *Divinizzazione* chiama il Salvini quella della chioma di Berenice. - SEGNERI: *Il Corpo di Cristo divinizzato per la persona del Verbo* (qui *deificare* non ha luogo). - GUIDO GIUDICI: *Che Bele fosse deificato*. - DITTAMONDO: *Castore e Polluce deificati.*

(2) Dal Giordani in poi, *divinità* pongono taluni per la scienza teologica; ma non son questi i fiori da cogliere nel trecento.

(3) E per l'emanazioni tutte di questa potenza o qualità che l'accompagnano, come in questi esempi raccolti dal Cantù: VIRGILIO: *Stabili fatorum numine.* - *Caelum terramque meo sine numine, venti, Miscere, et tantas audetis tollere moles!* - CARO, Eneide, I: *Bosco al mio nume additto.* - VI: *Di Giove stesso il nume, e degli Dei S'attribuiva il sacrosanto onore.* - VII: *Se con lui il mio nume non può.* - X: *O mia destra, o mio dardo... che dei mi siete, il vostro nume A questo colpo imploro.* - VI: *Non senza Nume divino un tal passaggio imprendi.* - VII: *L'odioso nume Della crudele e spaventosa Erinni.*

(4) Paradiso, XIII, t. 31.

(5) Il MAGALOTTI, dell'opinione d'un retore: *A detta sua.*

e: starsene al detto. Il primo è più generale. Chi sta al detto d'altri, crede e s'accheta a quel ch' uno ha attestato, narrato, affermato; chi sta a detta, è solito credere qualunque cosa altri attesti o affermi. Il primo è un'adesione attuale; l'altro, abituale; il primo può essere più o men cieco; l'altro suppone un po' di soverchia arrendevolezza e credulità. Chi sdegna di starsene al detto di persone autorevoli, è poi costretto e condannato a credere ai proprii sogni più strani. Chi nega starsene a detta di tutti gli storici, retori, viaggiatori, in sul primo è tenuto uomo sofistico e strambo. Le son due maniere diverse di credere, che nè lo scettico nè l'uomo del volgo (e non intendo i cenciosi), vogliono mai convenientemente distinguere (1).

1359.

DETTO, Predetto, Anzidetto, Suddetto, Prefato, Sopradetto, Sopracitato, Precitato, Succitato, Preallegato, Soprallegato, Prenarrato, Sopranarrato, Prenotato, Sopranotato, Premesso.

Preindicato, Sopraccennato, Sopraindicato, Sopratoccato, Premostrato, Antidetto.

Predetto usasi in senso di *suddetto*; ma giacchè abbiam tanti affini, meglio serbarlo al participio di *predire*. *Anzidetto* è men comune di *suddetto*, e talvolta può sonare più nobile, se non accennare a luogo e tempo più prossimo ancora. *Detto* è più semplice, e s'usa anco senza l'articolo, che dagli altri è richiesto. *Prefato* è latinismo non necessario, e alquanto affettato. *Sopradetto* non differisce punto da *suddetto*, se non che può parere, talvolta, men famigliare.

Sopracitato riguarda, come ognun vede, il libro, lo scritto, la sentenza, l'autore, il testimonio citato; *soprallegato*, il documento, l'autorità allegata sopra; che dicesi anco *preallegato* e *precitato*. Senonchè, questi due potrebbero indicare anteriorità di tempo, anziché di luogo, nel discorso; per esempio, chi dicesse del precitare o del preallegare tutte le prove di fatto, innanzi di computare le obbiezioni, o del non saltare a mover gli affetti innanzi di preallegare e di precitare le autorità necessarie a persuadere chi dubita. *Sopranarrato* e *prenarrato* riguarda il fatto esposto con qualche particolarità: e anche qui *prenarrato* può accennarsi dell'ordine più o meno opportuno; *sopranotato* e *prenotato*, l'osservazione, la dottrina, il fatto notato più sopra. Nè potrem dire *sopranarrata*, di dottrina parlando; nè *sopracitato*, di fatto esposto con molti particolari. *Premesso*, diciamo, non *sopramesso*; e dicesi di qualunque sia verità, o considerazione, o ipotesi, o fatto stabilito innanzi o dichiarato o accennato, dal quale poi s'abbia a trarre conseguenza diretta o indiretta. *La premessa, le premesse*, anche sostantivo; *premettere*, poi, di persona, ha altro senso.

Tra le particelle *pre* e *sopra*, nelle voci notate, possiam forse porre un'altra general differenza: che il *pre* giova meglio a far supporre un legame tra le cose precedenti e le susseguenti. Non sempre quest' osservazione s'avvera, ma talvolta sì.

Succitato ha mal suono, e non dice nulla di più.

Suddetto, talvolta ha senso di celia, anco di persona o cosa non nominata sì presto, ma che sia spesso o accennata o rammentata, o da tutti o da chi parla o a chi si parla: le spie suddette, la mangiatoja suddetta. *Antidetto* mi pare superfluo, e ambiguo col senso di *anti* che suona contrarietà. Tutte le forme sopra accennate (e ognun vede che questa voce che scrivo qui non ha luogo, se non dove si tratti di cenni o d'accenni, e che differisce dal *preaccennato*; e *preindicato*, d'indizii, *sopratoccato*, e non *pretoccato*, di cenno ancor più leggiero (1)) vogliono l'articolo seco; *detto* può farne senza: i bisnipoti di detto imperatore; in detto articolo della legge penale. Questo, massime nel linguaggio famigliare o scientifico; e quando il nome al quale si reca si è ripetuto più volte e bene noto.

1360—1363.

DIAVOLO, Demonio, Demone.

Ossesso, Energumeno, Indiavolato, Insatanassato.

Angelo, Angiolo.

Angioletto, Angiolino, Angioluccio, Angelicato, Angiolello.

1360.

Diavolo, Demonio, Demone.

— *Diavolo* ha sempre mal senso; gli è lo spirito tentatore e maligno. *Demonio* ha talora senso buono; è un genio potente or al bene, or al male. Un demonio (diciamo) di forza, di petulanza, di destrezza, in arte qualsiasi (2); il diavolo ci ha messo la coda, qui trattasi d'indicar la malizia; il demonio della gelosia lo possiede, qui la passione veemente. — GIRARD.

— *Demone* ha senso, per lo più, buono; quantunque possa averlo anche tristo, e gli antichi distinguessero i demoni buoni da'rei. Ma appunto per indicare le credenze pagane, *demone* diremo meglio che *demonio*. Poi diremo: il demone poetico; il demonio dell'invidia. Il malo spirito, secondo le credenze cristiane, con questo secondo vocabolo denoteremo. — A.

Il Sacchetti usa il femminino *demonia* e *diavola*; ma anco di donna dicesi comodamente *demonio*, per le solite usurpazioni del sesso forte, che da ultimo tornano in onore del debole. *Diavola* però si direbbe tuttavia, in senso più di vivacità molesta o maliziosa, che di malizia dannata; e più per ridere, *diavolessa*, e d'inquietudine e di bruttezza. E chi sa che, siccome *una fame del diavolo*, non si potesse: *una fame diavola* (*malesuada*).

1361.

Ossesso, Energumeno, Indiavolato, Insatanassato.

Energumeno è più scelto che *indemoniato*. Di persona infuriata dall'ira ho sentito dire dai ben parlanti: e' pareva un energumeno. *Ossesso* io credo termine di ecclesiastici; *insatanassato* lo dice il popolo, ma per celia, d'uomo agitato da passione irrequieta. Freddo indiavolato, e anco stile indiavolato, famigliarmente. — Spesso ho udito usare la parola *diavoleto*, in senso di gran quantità, come chi dicesse un subisso; o di gran rumore, o gridata, come direbbero fra loro i servi sgridati dal padrone: È tornato il padrone, e n'ha fatto un diavoleto. — BIANCIARDI.

---

(1) BUONARROTI: *Si stanno a detta di tutte le cose.* - LIPPI: *Io, che non ne ho gran cognizione, E sempre me ne sono stato a detta.* - AMBRA: *Lo dice monna Laura che 'l vide sola; e noi altri stiamoci al detto suo.*

(1) *Premostrato* ha piuttosto il senso d'ordine, cioè del premettere la mostra o la dimostrazione della cosa ad un fine.

(2) Un *diavolo d'ingegno*, o *di forza*, o *d'attività*, alcuna volta si direbbe, ma un po' meno sul serio. — A.

1362.

Angelo, Angiolo.

Il nome proprio è *Angelo* e *Angiolo*; *Agnolo* in Toscana; *Michelangelo* più comune che *Michelangiolo*. Nel femminino, *Angiola* e *Angiolina*; così nel maschile diminutivo, *Angiolino*. Non come nome proprio, *angiolino* diciamo un vezzoso, un innocente bambino; *angioletta*, piuttosto che *angiolina*; gli antichi *Angeletta*. Il Rucellai dice le api: « Vaghe angelette dell'erbose rive; » nè avrebbe detto *angiolette* e *angioline*.

1363.

Angioletto, Angiolino, Angioluccio, Angelicato, Angiolello.

— Nel proprio, non sono in uso che i primi due; ma il secondo, meno; se non che forse in ischerzo: me l'ha detto un angiolino; ho un angiolino che mi ridice ogni cosa all'orecchio. Bettina! par proprio un angiolino! dicendo *par proprio un angioletto*, c'è più severità. Il damo loda ne' Rispetti il *viso angelicato* della sua bella; ma fuor de' Rispetti l' *angelicato* non ha vita. *Angiolello* non dice mai il popolo; gli è una gentilezza solamente de' poeti che tirano al morbido. *Angiolino, angioletto* gli è continuamente in bocca delle mamme che fanno moine a' loro piccini: angiolino mio! oh il mio angioletto! Povero angiolino! E *angiolini*, non *angioletti*, nè *angiolucci*, si chiamano i morticini. E qua nelle campagne usa che gli *angiolini* si portino dalle ragazze; e nelle città usa di portare gli angiolini sur una bara o piuttosto barella contornata da fiori secchi che si chiama il *giardinetto*. Ed una mamma che ha fatto l'*angiolino*, non è a dire quanto si disperi, poveretta! — E. BINDI.

1364—1365.

DIAVOLO, DIAMINE, DOMINE, DIASCOLO.

CAPPERI, CAPPITA.

1364.

Diavolo, Diamine, Domine, Diascolo.

Ognun sa che *diamine* è esclamazione più mite, meno enfatica e più urbana di *diavolo*. Aggiungeremo che il *domine* de' trecentisti è vivo in Toscana, e che il *diamine* pare un composto di *diavolo* e di *domine*; transazione che ne conta molte di simili in questo mondo, in cui tutto par si voglia ridurre a transazioni, più o meno ingegnose.

Domine, del resto, non s'usa da sè, come *diamine* e *diavolo*; ma ha bisogno di qualche parola che lo sostenga (1), dove l'altre due possono essere esclamazioni (2). Anche *diascolo* è eufemia per evitare il nome del diavolo, delicatezza ch'io non saprei biasimare. Anche *diascolo* ha bisogno d'essere innestato in una interrogazione; esclamazione non è. Gli è però un po' più forte di *diamine*; questo può farsi l'espressione di placida maraviglia (3); l'altro può essere più stizzoso, o almen più severo.

Non si credano affatto inutili questi modi. Se in una commedia noi vorremo far parlare una buona donna del popolo, modesta e pia, questo *diamine* e questo *diascolo*, giungeranno opportuni.

---

(1) C'è *domin* anche e *domin mai*, come per dire: s'avrebbe a veder anco questa. — LAMBRUSCHINI.
(2) FIRENZUOLA: *E che domin di paese non abbiamo noi ormai rivoltato?*
(3) BUONARROTI: *Costei infine che diamine ha ella?* – Il MANZONI fa pensare al suo Renzo: *Diamine! non è luogo da pani quello?*

TOMMASEO, *Diz. dei Sinonimi.*

1365.

Capperi, Cappita.

Ambedue esclamazioni di meraviglia; ambedue del linguaggio famigliare, e, d'ordinario, in senso di celia; ma chi vorrebbe o chi avrebbe l'autorità di escluderle dallo stile epistolare e dal comico? La prima è più in uso; e ha una piccola differenza dall'altra, cioè che ha senso, d'ordinario, non ironico. Cosa che chiami veramente un po' l'attenzione, vi trarrà di bocca: *capperi!* cosa che non la merita quasi punto, ma pur vogliate affettar di darle certa importanza, od anche gliela diate veramente, ma non a diritto, vi fa dire: *cappita!* (1): capperi! questi Polacchi mostrano anche eglino d'esser vivi; — cappita! questi critici son pure terribili.

1366.

DIFENDERE, GIUSTIFICARE.

GIUSTIFICAZIONE, APOLOGIA.

— *Giustificare*, mostrare giusto un uomo, un atto (2). La *giustificazione* si fa e con parole e con documenti e con opere; l'*apologia*, con parole pronunziate o scritte. L'apologia è un modo di giustificazione; difende l'incolpato, il sospetto; non sempre a giustificarlo riesce.

L'apologia è più solenne. Io mi giustifico con poche parole, con una testimonianza, con un documento, coll'indicare un fatto, una circostanza non nota o falsata; il tempo, me tacente, giustifica le opere mie. L'apologia è discorso pensato, lungo, di proposito.

La giustificazione tende a lavare la macchia, il sospetto; l'apologia tende, inoltre, a lodare l'incolpato, come quella di Platone, e quella di Tertulliano, e degli altri difensori del cristianesimo, detti perciò *apologisti*.

Finalmente, mi giustifico o col provare di non aver fatto, o col provare che il fatto è bene, o che male non è; l'apologia non nega il fatto, ma lo difende e lo loda. — BEAUZÉE.

— *Difendere* è ancora meno di *giustificare*; si difende anco un reo di misfatti evidenti e gravissimi. La difesa cerca le circostanze attenuanti, tende a movere la pietà, a temperare la pena. L'incolpato si giustifica dell'accusa; si difende e dell'accusa, e delle conseguenze di essa accusa, e di quelle della condanna; l'innocente calunniato non si giustifica; si difende. — ENCICLOPEDIA.

1367—1369.

DIFENSORE, AVVOCATO.

ESERCITARE LA PROFESSIONE D'AVVOCATO, FAR L'AVVOCATO (e altre ancora).

PATROCINATORE, AVVOCATO.

AVVOCATO, AVVOCATESSA.

1367.

Difensore, Avvocato.

L'*avvocato* può essere difensore e offensore; può, difendendo, offendere il suo cliente, se non sa o non vuole

---

(1) MALMANTILE: *Capperi! può ben dir d'aver ventura Quegli a cui tocca così buon boccone.* - SALVINI: *Ed è possibile che tu possa esser vivo? Capperi!* - DAVANZATI: *Avrei detto scaraventatevi; ma cappita! il Muzio ci grida.* - REDI: *Cappita! Io ho fatto da medico daddovero.*
(2) *Giustificare*, applicato alle cose, non è della lingua pretta, ma dell'uso moderno. Gli antichi nostri lo applicavano sempre alle persone. Non già che questa ampliazione di senso oggidì giovi proscriverla, ma non sarà inutile ricordarlo perchè altri non ne abusi. — A.

o vuol fiacco. C'è de'difensori che non sono avvocati, non solo in campo e per tutto, ma anco nel foro. L'accusato può difendersi da sé stesso; il giudice giusto ed equo può e deve difenderlo dal suo stesso avvocato. Anche fuor di giudizio, chi difende altrui, o è invocato a difendere, può, secondo l'origine della voce e secondo l'uso, chiamarsi avvocato. Dicesi anco de'santi invocati ad intercessione; ma io temo che molti, e non tutti ignoranti, parlando de'santi avvocati, si figurino troppo materialmente la giustizia di Dio come un tribunale con giudici in toga nera o rossa, berretto tondo e facciuole; e me lo danno a sospettare le imagini troppo forensi che leggo e sento in predicatori anco de'più celebrati. Chi prende le difese altrui o per vanità o per picca o per loquacità o per secondi fini, chiamasi, non in senso di lode, *avvocato*; e chi parla troppo a discolpa propria più che d'altri, dicesi ch'è un *buon avvocato*. Quindi il fare avvocatesco, che non è reputato de'più persuasivi; il linguaggio avvocatesco, che non è de'più tersi. Si nasce avvocato più che poeta.

1368.
Esercitare la professione d'avvocato,
Far l'avvocato (e altre ancora).

Esercita chi n'ha diritto; *fa* chicchessia. Il primo è modo più degno. Tanti che non sono laureati, o sono ignoranti, benché laureati, fanno l'avvocato e il medico. Chi lavora per vivere, e non per altro, *fa*, non esercita.

1369.
Patrocinatore, Avvocato.
Avvocata, Avvocatessa.

In più paesi distinguesi il patrocinatore che tratta certe cause minori, dall'avvocato che dev'essere laureato. Può patrocinare anco chi non parla palesemente a difesa. E l'avvocato che scrive un consulto, patrocinatore non è. Per estensione, chiamiamo *avvocati* quelli che pigliano fuor di giudizio la difesa altrui, o anco la propria; onde il motto proverbiale: avvocato in causa propria; che a taluni è, a difendere caldamente, men facile dell'altrui. Questo nome diamo anco a'santi che invochiam protettori; e se ne fa il femminino, dal quale io però m'asterrei, così come da portare in cielo questa professione, a cui basta la terra. A ogni modo, donna che, pregata o no, prende le altrui difese con parole o con fatti, direbbesi *avvocata*; femmina che parla come avvocato, che ha smania di proteggere e di perorare, si dirà per celia *avvocatessa*.

Avvocato ha sovente, e non a torto, mal senso: stile avvocatesco; ciarlata, scena da avvocato; appetito da avvocati; lingua da avvocato; *avvocatescamente, avvocatuccio, avvocataccio*.

1370-1371.
DIFESA, Difensione, Schermo.
Antemurale, Antimuro, Propugnacolo.

1370.
Difesa, Difensione, Schermo, Propugnacolo.

— *Difensione* (raro nell'uso), l'atto; *difesa*, e l'atto e la cosa fatta a difesa. Le torri e le mura, *difese*, non *difensioni*. Stare sulle difese, prendere le difese, e modi simili, all'altra voce non vanno. — GATTI.

— La *difesa* ha due parti: il riparo di sè, o talvolta l'offesa che recasi all'assalitore. *Schermo*, soltanto la prima cosa. — POLIDORI.

— *Propugnacolo*, difesa guerriera di città, di fortezze, di navi. — ROMANI.

1371.
Antemurale, Antimuro, Propugnacolo.

— *Antemurale, antimuro* sono e mezzo e luogo di resistenza, con questa differenza: che il primo dice più del secondo, ed è più comune, anzi il solo che viva. *Propugnacolo*, luogo munito o per natura o per arte, sveglia in parte l'idea di offesa (1), perchè nel difendere forte è compreso l'offendere. E *propugnacoli* erano ai Latini i merli delle mura (2). — MEINI.

1372—1375.
DIGNITÀ', Merito, Merto.
Uomo di merito, Benemerito, Benemerente.
Meritevole, Degno.
Meritare, Esser meritevole.
Immeritato, Ingiusto.
Immeritato, Gratuito.

1372.
Dignità, Merito, Merto.
Uomo di merito, Benemerito, Benemerente.
Meritevole, Degno.

— La *dignità* è nell'uomo; il *merito*, ne' fatti. La dignità, nella persona intera; il merito, in tale o tal atto. Può il merito essere anco nella persona o umana o d'altro spirito, ma sempre in riguardo agli atti. Assolutamente, uomo di merito, mi sa di francese; meglio, *di gran meriti*, intendendo gli atti meritevoli di stima; ed è altro da *uomo benemerito*, che dice più propriamente l'utile altrui, massime in tale o tal caso. Se ne fa *benemeritissimo*. *Benemerente* riguarda ancor più l'attuale.

Degno, per sè, ha senso buono: uomo degno, cosa degna, degno modo. *Meritevole*, per sè solo, poco s'usa. — GATTI.

— Degnissima delle cure de' governanti è l'educazione della gioventù; i valorosi che muoiono per la patria, meritano riconoscenza e memoria immortale. — FAURE.

— *Merto* è del verso; ma neppure nel verso direbbesi *merto* per la sostanza della causa, e in alcuni altri sensi che *merito* ha. — VOLPICELLA.

1373.
Meritare, Essere meritevole.

Il secondo ha più sovente buon senso: il primo, e buono e reo. Si merita o la corona o la forca; esser meritevole della gogna, parrebbe strano.

1374.
Immeritato, Ingiusto.

Immeritato è meno; anco chi meritava una pena può gridare all'ingiustizia se la pena è soverchia, o dall'odio o dall'orgoglio aggravata.

— Immeritate le sventure de' buoni; ingiusto lo sdegno concepito per meri sospetti. Può essere immeritato anco il bene; dove *ingiusto* non cadrebbe. — POLIDORI.

1375.
Immeritato, Gratuito.

— Rimprovero, ingiuria *gratuita*, non pajono modi buoni, se valgono: rimprovero *non meritato*, ingiuria non provocata, non giustificata. *Gratuito*, propriamente, vale: dato per grazia, e, per estensione, senza ricompensa.

— Il simile di affermazione gratuita, cioè: non sostenuta da prove. — A.

---

(1) *Pro-pugno*.
(2) Isidoro.

1376.

DIGNITÀ, MAESTÀ.

— La *maestà* è più esteriore; anco la *dignità* può manifestarsi al di fuori, ma risiede nelle qualità intrinseche ed essenziali. La maestà si manifesta in certe condizioni e circostanze; la dignità ha luogo sempre (1). Un portamento maestoso può essere di mera apparenza; un re da scena si può presentare agli applausi con maestà. *Dignità* è cosa più seria e più grande. La dignità regia comprende i diritti regii fondati sui doveri; la regia maestà non riguarda che lo splendore del trono. — GUIZOT.

— La dignità può trovarsi negli uomini di tutti gli ordini e le condizioni; la maestà, non in tutti; ed è estrinseca. Il contegno è dignitoso quando convenientemente significa una nobile anima; la maestà è nella pompa. — BOINVILLIERS.

1377—1384.

DIRE, PROFFERIRE.
ARTICOLARE, PRONUNZIARE.
VOCALIZZARE, SOLFEGGIARE.
TONO DI VOCE, SUONO.
TONO, TUONO.
RIPETERE, RIDIRE.
RIPETERE, REPLICARE.
RISPOSTA, REPLICA.
RESCRIVERE, RISCRIVERE.
RISPOSTA, RESPONSO.
RESPONSO, RESPONSORIO, ANTIFONA.

1377.

Dire, Profferire.
Articolare, Pronunziare, Vocalizzare, Solfeggiare.

— *Pronunziare*, annunziar con la voce; *articolare*, pronunziare distintamente, cioè scolpir nette le sillabe. *Profferire* è meno; l'uomo turbato non può profferire parola; chi ha qualche impedimento di lingua o parla nel naso, non articola bene; si può profferire e articolar le parole, e non però pronunziarle nel debito modo. Le parole del sacramento, in genere, convien profferirle ad alta voce, come nel matrimonio; le parole della consacrazione, articolarle distintamente, in modo che ogni sillaba sia spiccata, ed insieme congiunta alla parola alla quale appartiene; ma queste parole basta pronunziarle sì che il prete le senta.

C'è varii modi di pronunziare; il profferire è assoluto. Diciamo: profferire una bestemmia; pronunziare un giudizio: la prima frase esprime il suono intelligibile della bestemmia; e l'altra, la solennità, se così può dirsi, di ciò che si vuol pronunziare. — ROUBAUD.

— *Profferire*, mandar fuori la voce in modo che dia suono intelligibile; *pronunziare* è mandar fuori suono che dica, annunzi un senso. Poi, *pronunziare* riguarda il modo dello scolpire le sillabe e le lettere, del posare l'accento; onde: la buona e la cattiva pronunzia, la dolce e l'aspra; le pronunzie de' varii dialetti; oratore che pronunzia male, e simili. *Articolare* è distinguere e congiungere gli elementi della voce in modo che renda chiaro il suono e il concetto. — VOLPICELLA.

---

(1) Onde *dignità*, per esprimere in astratto quegli uffici che onorano chi li sostiene: e *Maestà*, termine pittorico, a significare, l'Eterno Padre rappresentato, come meglio l'arte può, nella luce della sua gloria. — POLIDORI.

— *Vocalizzare*, in musica, è percorrere colla voce i varii suoni sopra una delle vocali, senza nominare le note; e in ciò differisce dal *solfeggiare*, ove le note si nominano. — MEINI.

— *Profferire* è *dire* in modo che altri c'intenda: « qualunque... vuole favellare perfettamente (insegna il retore fra Guidotto)... sappia bene e piacevolmente profferire (le parole) quando le dice. » Si pronunzia con grazia o senza; a ben profferire, convien pronunziare chiaro. — POLIDORI.

1378.

Tono di voce, Suono.

— Si riconosce la persona al *suono della voce*; al *tono* si riconoscono gli affetti e l'umore. Al suono si riconosce lo strumento; al tono, un'aria, un pensiero musicale. Il suono della voce viene da conformazione dell'organo, dolce od aspro, forte o tenue; il tono è inflessione che varia secondo l'affetto. — BEAUZÉE.

1379.

Tono, Tuono.

— *Toni*, i musicali (1); *tuoni*, quelli del cielo (2); *tuono* del cannone; rispondere a *tono*. Questa distinzione non è osservata scrivendo; ma giova che sia. Da *tuono*, *intronare* (3), *tonante*; dà *tono*, *intonare*, *tonare*, *tonico*, *diatonico*. In medicina: rimedii tonici, stare in tono, rimettere in tono; in pittura: tono, la tinta, il vigore del colorito. — GRASSI.

1380.

Ripetere, Ridire.

Ripetizione, figura rettorica, al dire di Napoleone, la più potente di tutte; quando non sia la più debole. Una parola ripetuta può essere una venere dello stile; dire e *ridire* è di ciarliero.

Si ridicono i medesimi fatti e pensieri; si ripetono e concetti e parole. Quando si tratta dell'intero discorso, *ripetere* è il proprio. Ripetere le lezioni, diciamo; quindi: la ripetizione nelle scuole, e l'uffizio de' ripetitori; ripetere le cose dette da altri, a pappagallo, così come le stanno. Ripetere a mente, ripetere un atto, una prova, un esame, un corso mal fatto: usi proprii di questo. In generale, di discorso, *ripetere* è più fedele; si può ridire in tutt'altre parole e forma.

— *Ridire* vale anco: rapportare a un terzo il detto o fatto da altri; *ripetere* non ha questo senso. — VOLPICELLA.

1381.

Ripetere, Replicare.

— *Ripetere*, secondo l'origine, domandare di nuovo. Quand'è più affine a *replicare*, differisce in questo: ch'è meno. Si ripete una parola, si replica un dramma intero; si può ripetere con grazia; replicare non chiesto, è affettato. Poi, *replicare* vale: rispondere alla risposta. Io fo una domanda al mio vicino, e' non la intende, io la ripeto. Io fo un'obbiezione, l'altro risponde, io replico. — GRASSI.

— *Ripetere*, per ridomandare cosa che uno creda a sè

---

(1) Τόνος.
(2) Tonitru.
(3) Gli antichi, *truono*; lo spagnuolo, *trueno*; il provenzale, *trom*; i dialetti piemontese, genovese, ferrarese, bolognese, milanese, bergamasco, *tron* e *tru*; il siciliano e il sardo, *trono*; *truono* nel Napoletano, nel Calabrese.

debita, non è da confonder coll'altro. Ripete, poi, chi dice o fa il medesimo di prima; replica è chi dice il medesimo, e chi risponde alle risposte, ed anco alle proposte altrui. In questo senso del *replicare* è l'idea di contraddizione, che in *ripetere* non è mai. — VOLPICELLA.

1382.
Risposta, Replica.

— Uno oppone o propone, l'altro risponde; il primo replica, l'altro soggiunge; quegli torna a replicare, questi replica dal suo canto. — ROMANI.

— Si risponde alla domanda; si replica alla risposta. La differenza è chiarissima; nè la noterei, se nell'uso corrotto, *replica* e *replicare* non s'usassero per *risposta* e *rispondere*. Si risponde alle interrogazioni, alle richieste, alle preghiere, agli argomenti, alle difficoltà, sin talvolta al silenzio. Si replica a risposta che contenga opposizione, di qualunque genere sia. — A.

1383.
Rescrivere, Riscrivere.

— *Rescrivere*, rispondere per iscritto, a uno scritto; e dicesi, più comunemente, di lettera o cosa simile, direttamente inviata. *Riscrivere*, scriver di nuovo; quindi, copiare.

Riscrivere, diremo anco il rispondere per iscritto; ma non *rescrivere* il copiare (1). — VOLPICELLA.

1384.
Risposta, Responso.
Responso, Responsorio, Antifona.

Responso, risposta d'oracolo; voce storica, e da non vivivere che in senso d'ironia. Certe risposte di letterati e di grandi e di servitori di grandi, paion responsi; certi responsi d'oracoli non volevano esser risposta, volevan anzi non essere.

— I *responsi* dell'uffizio divino o di quei della Vergine, non si dicono mai risposte. Ogni *responso* ha il suo versetto; e *responsi* chiamano perchè si cantano, quasi rispondendosi, tra il cantore ed il coro. *Responsorio*, più raro, vale lo stesso che *responso*; poi, *responsorio* chiamano un inno con intercalare, per lo più, che si canta in onore di qualche santo: responsorio di s. Antonio. *Antifona*, versetto che precede il salmo, il quale se è cantato, piglia il tono da essa antifona (2); *antifonario*, è chi dice l'antifona, e il libro che la contiene. Famigliarmente, dire delle antifone, vale: parlare quasi per allusione di cosa che non si vuol dire spiattellata, per paura ch'altri se ne offenda. — Discorrendo con quel tale del mio affare, ho sentito un'antifona che mi piace poco. — MEINI.

1385.
DIRE, CHIAMARE.

Parlando di *cose* appartenenti alla lingua, chi domanda come la tal cosa si *chiama*, vuol saperne il nome, perchè lo ignora; chi domanda come si *dice*, può non lo ignorare, ma esserne incerto. La prima è interrogazione che fa il forestiero, l'ignaro; la seconda cade spesso che l'abbia a fare lo scrittore italiano, che non sa propriamente di tante cose come con certezza si dica. La seconda, inoltre, riguarda e il nome e la frase; la prima, il nome soltanto. Lo scapulare, in Toscana e in altri dialetti, si chiama abitino; quello che a Venezia si dice vestito in crescere, a Firenze si dice in crescenza.

1386.
DIRE IL VERO, REGGERE.

Non dire il vero usasi parlando di parte del corpo o indebolita o incomodata, che non regga bene, non faccia l'uffizio suo: al vecchio le gambe non dicono il vero, non reggono; all'uomo stanco da un lavoro di mano, il braccio nello scrivere non dice il vero; a chi si sente, o per malattia, o per applicazione, o per età, aggravata o vuota la testa, il capo non dice più il vero, cioè, non solo non regge, ma non ha la forza necessaria a connettere. Questo modo adunque, oltre all'essere più famigliare (1), detto del capo, include un'idea di più che il semplice *reggere*.

1387.
DIR MESSA, CELEBRARE, CANTARE.

Il secondo, più nobile, e in qualche senso è l'unico proprio. Si celebra una messa solenne, si celebra la prima messa; un prelato dice la messa nel suo oratorio, la celebra pubblicamente la festa. Diciamo: celebrare il sacrifizio della messa, non già: dire il sacrifizio (2). D'un diacono ben si dice che: non ha ancora detto messa; non si dice: e' non l'ha celebrata. Usasi anco assolutamente *celebrare*; *dire* ha bisogno del quarto caso, di parola che dichiari di che cosa si tratti. Si celebra anco senza *cantare*. Messa mai cantata, o cantata con accompagnamento d'armonia profana, propriamente non si dirà celebrata. Cantano la messa anco gli assistenti; un solo la dice o la celebra.

1388.
DIRITTO, DRITTO, RITTO, DESTRO.

Se c'è sinonimi, certo son questi. Pure c'è da notar qualche caso, in cui l'uno cade meglio dell'altro: il Figlio siede alla destra del Padre; e non si direbbe altrimenti. Fianco, lato diritto, non si direbbe così comunemente come: destro.

Destra anche è sostantivo, per *mano*, senza che si sottintenda il contrapposto *sinistra*: *diritta* e *dritta* suppone un tal contrapposto.

Diritta s'usa, d'ordinario, ellitticamente, e sottintendesi *mano* o *parte*. Così diciamo: voltare, piegare a diritta; avere, dar la diritta, al passeggio, in carrozza, a sedere. Man diritta, piè diritto, è men dell'uso che: man dritta, piè dritto (3). Parte diritta, fianco diritto, non suonerebbe assai bene.

Ritto, in senso di *destro*, non soffre ellissi che molto di rado (4); e non s'accoppia a *mano*. Mano ritta, diciamo; non: piè ritto, nè: lato ritto.

Ritto, dritto, diritto, non si prepongono al sostantivo;

---

(1) Dei codici però da' quali i monaci facevano sparire la scrittura de' Pagani, per iscrivervi sopra altre cose, diciamo: codici *rescritti*, non *riscritti*. — POLIDORI. Non veggo però che sia male dirli *riscritti*.
(2) Ἀντιφωνία.

(1) LASCA: *Io sono invecchiato, e le gambe non mi dicono più il vero*. - E nel positivo, il LIPPI: *Fa prova... Se le gambe gli dicon meglio il vero*.
(2) G. VILLANI: *Celebrandosi il sacrifizio del corpo di Cristo*. - GUICCIARDINI: *Al papa celebrante la messa*.
(3) Il Crescenzio e il Novellino usano bensì *man diritta*: ma il Boccaccio stesso e l'elegantissimo d'Arquà, *man dritta*.
(4) Il Manzoni, per servire alla dolcezza del numero, disse: *da ritta, da manca*; ma in prosa non l'avrebb'egli detto.

destro, sì. Nessuno direbbe: ritta mano, dritta parte, diritto lato (1).

1389.

DIRITTO, RITTO, RIZZATO, ERETTO.
DIRITTURA, DIRITTEZZA.
RITTO RITTO, DRITTO DRITTO.

Eretto e *rizzato* son anche participii; *ritto* è, più d'ordinario, semplicemente aggettivo (2).

Come participii, differiscono in queste cose. I.° *Eretto*, di statua, di chiesa, di edifizio; *rizzato*, di bandiera, di baracca o di padiglione (3). II.° *Eretto* può indicare maggiore o minor grado di sollevamento (4); *rizzato* esprime, per lo più, quel sollevamento che fa star la persona o la cosa sopra di sè, in parte o in tutto (5). III.° *Eretto*, di tutta la persona parlando, come participio non s'usa; *rizzato*, sì.

Come addiettivi, ecco le differenze di tutti e tre; *eretto* può denotare una certa altezza (6) più che gli altri; *ritto* dipinge meglio la positura del non pendere da una o dall'altra banda (7); *rizzato*, l'atto del mettersi ritto, e la sua desinenza lo mostra; onde potrebb'essere anco passivo, e valere: fatto stare ritto da un altro. Uno può essere rizzato un momento, e non avere la forza di star ritto da sè; quindi chi si sente male, suol dire: non mi reggo ritto; c'è degli edifizii or ora eretti, che appena stan ritti; c'è degli uomini che per gravità si tengono tanto col capo eretto, che non l'hanno quasi più ritto, perchè lo buttano al di là delle spalle: la boria, anco nelle apparenze esteriori, nuoce a sè stessa.

Nell'uso toscano sento talvolta il diminutivo *rittino*, per indicare la grazia con cui vanno o stanno ritti sopra di sè un fanciullino, un animaletto gentile, come uccelli, canini; gli altri due non han certamente diminutivo. Musi ritti, diconsi per celia que' musi che si presentano così duri e sporgenti in fuori che mostrano l'inquieto o il capone.

Quanto a *diritto* e *ritto*, dice il Girard: « *diritto* vale: non inclinato nè curvo; *ritto*: non seduto nè a giacere. Chi è diritto si regge sulla persona, chi è ritto, sta su' suoi piedi; la civiltà insegna a stare diritto, il rispetto vuole che il minore stia ritto innanzi a' più vecchi di sè. »

Si può star diritto e non ritto, come quando uno è seduto in modo da non si sdrajare sull'una o sull'altra banda; o come un corpo non curvo che giaccia per terra. Si può essere ritto e non diritto, come una pertica alquanto torta che si sollevi sulla punta, o come un gobbo che s'alzi da sedere. *Diritto*, insomma, dice *dirittura*; *ritto*, *dirittezza*. Diritto riguarda la linea; *ritto*, la posizione (1). *Ritto*, con la sua formazione stessa, mostra d'essere più assoluto.

Ritto ritto, così replicato, ha maggior forza che *ritto*. *Diritto diritto* si replica anch'esso in altro senso, per lo più dell'andare, se è intensivo. Il ritto della medaglia; ogni ritto ha il suo rovescio, son frasi dove i Toscani non sogliono sostituire *diritto*. Così nel traslato: sia diritto nelle sue mire il governo che nei pericoli vuole star ritto; molti vogliono tenersi ritti coll'andar torti. Ridotte ad imagine corporea, certe verità morali acquistano salutare evidenza.

1390.

DIRITTURA, DIREZIONE, INDIRIZZO, DIRIZZATURA, DIRIZZONE.

Dirittura ha senso più ristretto; *direzione*, più largo e più vario. Dicesi: andare in una dirittura (cioè sempre in quella linea retta) (2); piantare nella medesima dirittura; scrivere in dirittura (3); guardare nella dirittura d'un punto, e simili. Andare in una direzione, dicesi non di pochi passi, ma di viaggio, di corso più lungo; per esempio: nella direzione di levante; nella direzione di tale o tal altro paese; direzione dell'ago magnetico (4).

Diremo: le piante si volgono nella direzione (non nella dirittura) della luce; e per giungere a libarne almen qualche raggio, si piegano, s'allungano, si distorcono. Questa voce ha pure senso traslato. L'ingegno rivolto sempre in una direzione, s'incapa, s'incocca, e arriva da ultimo a uno stato tra l'imbecillità e la mania. Anche *dirittura* ha traslato, quando dicesi dell'ingegno, del vedere, della mente (5).

Indirizzo è l'indizio, il segno qualunque che dà una direzione ai nostri passi, alle nostre ricerche; non si va in una indirizzo, ma con un indirizzo si va in una certa direzione (6); alcune volte il creduto indirizzo non serve che a più traviarci, altre, il solo indirizzo val più d'una continua direzione; nell'educazione taluni vogliono insegnare agl'ingegni la direzione per l'appunto, basterebbe dar loro un buono indirizzo: e' sarebbero più liberi insieme, più sicuri e più cauti.

Fare una *dirizzatura* ne' campi è acquistare o cedere

---

(1) DANTE: *Dal mio destro canto. - Dal destro fianco. - A destra mano.*

(2) Il MALMANTILE però: *Ha bell'e ritto quivi il suo scrittojo.* In poesia, e anco nella lingua delle campagne toscane, s'usa *ritto* per *rizzato*, come *cerco* per *cercato*, e simili; ma allora diventa mera sincope, e vuole il verbo *essere* e il *si*, o l'*avere*, non necessarii agli altri.

(3) SEGNERI: *Erezione d'un seminario, d'un chiostro, d'un monastero.* - CART. CARR.: *E la bottega qui vogliam rizzare.*

(4) DANTE: *E sta in su quel (piede), più che'n su l'altro eretto. - Ad un scaleo vie men che gli altri eretto. -* E' son due usi poetici: ma può forse caderne il destro anco in prosa.

(5) POLIZIANO: *Casca nel collo, e i satiri lo rizzano.*

(6) GALILEO: *Il qual moto giudicò sul principio farsi dal sole intorno ad un asse eretto al piano dell'eclittica.*

(7) G. VILLANI: *Si levò ritto.* - SERDONATI: *Ora si poneva a sedere, ora si rizzava.* - FIRENZUOLA: *Mi rizzai co' piedi dinanzi* (parla l'asino).

---

(1) *Droit* e *debout*, εὐθύς (diritto) e ὀρθός (ritto), portano a un dipresso le medesime differenze. *Erectus, rectus, directus* hanno altre differenze analoghe alle notate nelle voci italiane corrispondenti.

(2) Dirittura della strada, è quando una via cammina lungamente senza torcersi. — A.

(3) MOR. S. GREG.: *Si pensa l'uomo che il legno sia diritto innanzi che'l provi con la dirittura del regolo.* - VETTORI: *Che lo spazio tra gli ordini... debba essere almeno sessanta piedi; e nella medesima dirittura tra l'una pianta e l'altra, solo trentacinque.*

(4) MAGALOTTI: *Disvii la direzione della virtù magnetica.*

(5) Diciamo essere dirittura di mente in coloro, ne' quali il pensiero cammina diritto e sicuro al segno proposto, senza deviazioni o vacillamenti; ma poi la mente stessa può avere, in quella sua dirittura, o buona o cattiva direzione. La prima voce è astratto assoluto; la seconda, relativo, e chiede l'aggiunto della sua qualità, o del luogo a cui tende. — CAPPONI.

(6) SALVINI: *Guida, governo e indirizzo delle cose nostre.*

altrui, e l'uno e l'altro spesse volte, quel tanto di terreno vicino che basti a dar forma regolare al proprio podere; dargli, insomma, quell'angolo che, al dire d'Orazio, *denormat agellum.*

Dirizzatura è quel rigo che separa i capelli in due parti per mezzo la testa (1), che, con latinismo disusato, il Bembo chiama *discriminatura.*

Dirizzone è famigliare. Pigliare un dirizzone; mettersi in una via (per lo più in traslato), e alla cieca seguitar quella, senza sapere o voler mutare : certi ingegni caponi, afferrata ch'abbiano un'opinione, buona o rea, pigliano il dirizzone, e non solo non se ne lasciano stornare, ma tutto tirano a quello, e per non deviare dalla direzione presa, tormentano le cose, gli altri e sè; oratore mal pratico frantende l'argomentazione dell'avversario, si sbraccia a confutare quello che non è stato mai detto, piglia il dirizzone, ed è bravo chi arriva a disingannarlo o abbonirlo.

1391.

DIRIZZATO, Diretto, Indiritto, Indirizzato, Drizzato, Ritto, Rizzato, Raddrizzato, Ridirizzato, Addirizzato.

Dirizzato, nell'uso moderno, vale: reso diritto, non altro; ha perduti i sensi affini alle voci notate, e appena il bisogno del verso glieli potrebbe rendere qualche volta (2).

Ritto è il contrapposto di *seduto* o *sdrajato* o *chinato*; *rizzato* è colui che non è più a sedere o a giacere, che ora sta o è messo a stare in piedi (3). Detto di cose, ha senso diverso (4): rizzar bottega, rizzar baracca, rizzar la cresta; dirizzar le gambe ai cani, dirizzare una opinione torta. Quando si tratti di cosa tanto torta che non si possa addirizzare per bene, allora gioverà *raddrizzare*. Una testa mal fatta si può raddrizzare alla meglio con lungo studio e con buoni metodi; ma avrà sempre, se non delle opinioni torte, delle opinioni bislacche.

Ridirizzare, se si vorrà ritenere nell'uso comune (che c'è, ma raro), il suono suo stesso dice che servirà ad indicare non altro che: dirizzare di nuovo. Albero piegato dal vento si ridirizza; bacchetta torta si ridirizza; tronco che ha preso cattiva piega si raddrizza alla meglio.

Addirizzare ha usi suoi, oltre a quelli ch'ha comuni con le voci sorelle: s'addirizza una strada, il corso d'un fiume (5); non si dirizza, nè si raddrizza, nè si ridirizza; s'addirizza una faccenda mal guidata (6).

E *addirizzare* e *indirizzare* diciamo del mettere uno sopra una via, del dargli una traccia (7); che, con vocabolo più generico, dicesi anco *dirigere*. Ed ecco le differenze: *diretto* suppone influenza più immediata e continua; *indirizzato*, anco una semplice indicazione, un cenno; *addirizzato*; un'indicazione che mette veramente sulla diritta via. Il popolo ha di bisogno d'esser diretto; la gioventù, addirizzata; all'uomo di senno basta essere indirizzato come che sia, egli fa il resto da sè; tutti gli educatori indirizzano, a qualche modo, le tenere menti, pochi le addirizzano bene; pochi di quelli stessi che bene addirizzano le menti, sanno dirigere le volontà (1). *Addirizzare*, però, in questo senso, è più raro d'*indirizzare*. Lo noto perchè non mi pare improprio.

Le sillepsi, *addirizzare*, *drizzare*, *ridrizzare*, *indrizzare*, sono men facili a pronunziare, e forse meno usitate de' vocaboli interi. *Raddrizzare* è de' meno caduti dell'uso. *Drizzarsi* anch'esso s'usa per *volgersi*, specialmente nel verso (2). Ma se abbiamo il *volgersi* in questo senso, e in altri sensi affini il *rizzare*, il *dirizzare*; io non so a qual uso rimanga questo *drizzare*, altro che ai bisogni del ritmo.

Diretto, indiritto, indirizzato, si usano, non come participii passivi, ma come significanti il semplice atto. In quest'aspetto differiscono per ciò, che *diretto* e *indirizzato* hann'anche senso traslato; *indiritto*, o punto, o assai rado, nell'uso moderno (3). Diciamo: diretto, indiritto, indirizzato verso un luogo; e diciamo: l'uomo indirizzato nella via del bene, arriva a svolgere le forze dell'ingegno, in modo più efficace che non faccia l'uomo semplicemente diretto alla ricerca dell'astratta verità; qui *indiritto* sarebbe, per lo meno, affettato.

Dal recato esempio raccogliesi, inoltre, una differenza tra *indirizzato* e *diretto*: chè questo può indicare la sola tendenza della mente o dell'animo; quello suppone avviamento in atto. C'è delle anime che pajono naturalmente dirette alle belle azioni, ma che non vi si sanno con libera volontà indirizzare (4).

Nel senso materiale, e parlando della semplice tendenza a moversi verso un luogo, *diretto* si dirà di qualunque distanza anche minima, *indirizzato* e *indiritto*, di maggiore; *diretto*, della semplice intenzione di moversi; *indirizzato* e *indiritto*, del movimento già preso; *indirizzato* e *indiritto*, specialmente ove si tratti di un fine a cui l'uomo tenda; *diretto*, anche per semplice voglia di moversi, o di vedere.

1392 - 1393.

DISCEPOLO, Scolare, Scolaro, Allievo, Alunno, Studente, Studioso.

Scolarino, Scolaretto, Scolaruccio, Scolaraccio.

1392.

Discepolo, Scolare, Scolaro, Allievo, Alunno.

— *Discepolo*, che apprende dottrine (5) di religione, o di scienza teorica o pratica; *scolaro* (più comune di

---

(1) Firenzuola: *Raccolti i capelli un poco insieme...., se li aveva ritirati in sino in sulla sommità della dirizzatura.* - Manzoni: *I.... capelli, spartiti al di sopra della fronte con una bianca e sottile dirizzatura, si ravvolgevano dietro il capo.*

(2) Passavanti: *Il legno vecchio e torto, piuttosto si rompe o arde, che non si dirizza.* - Sacchetti: *Dirizzare il mondo.*

(3) Morgante: *In piè rizzato.*

(4) G. Villani: *Rizzar edifizii.*

(5) G. Villani: *Riferersi di nuovo le mura sopra la riva di Arno... per addirizzare il corso del fiume.*

(6) G. Villani: *Addirizzar l'imperio.* - Vite Plut.: *Nè che uomo ozioso possa bene addirizzare i suoi fatti.*

(7) Manzoni: *Il paese dove fra Cristoforo aveva indirizzate le due donne.*

(1) G. Villani: *Addirizzò quei popoli a vivere come genti umane.* - Questo porta meglio l'infinitivo.

(2) Dante: *Gli occhi drizzò ver me*: e altrove spesso. Ma laddove il Petrarca dice: *Drizzasi in piedi*, un poeta moderno, per conformarsi all'uso, dovrebbe (senza danno, anzi con vantaggio dell'armonia) dire rizzasi. E dove il Berni in una lettera: *Tutti coll'ajuto di Dio ci drizziamo alla volta di Roma*, oggidì direbbesi: *ci indirizziamo.*

(3) Ambra: *Verso la Spagna Dov'erano indiritti.* - Varchi: *Lettera indiritta a' signori Dieci. Libro indiritto a Commodo.*

(4) Dante, dell'amore: *Ne' primi ben diritto.* - Cocca in suo segno diritto. - Redi: *Parghe dirette ad aprire l'ostruzione* - Giornale Agrario: *Istruzioni dirette a' compagnuoli.*

(5) *Disco.*

scolare), discepolo che per apprendere frequenta una scuola (1): discepolo di Cristo, scolaro dell'università; discepolo di Platone, scolaro d'umanità.

Allievo, chi ne' prim' anni è allevato; può comprendere e le cure corporee, e le morali e le intellettuali istruzioni, e può restringersi quasi meramente alle corporee. *Allievo* pur dicesi chi convive molto tempo con un maestro e in un istituto, e da quello apprende il più di quello che sa, o pare che sappia, o che non sa; apprende, il meglio di tutto, la via di sapere.

Alunno è il giovine di collegio dove convive con altri, ed è istrutto. Il prim'anno ch'egli entra, è già alunno; non è allievo se non dopo essersi dimorato tanto da avere appreso almeno in parte, o creduto d'apprendere, una disciplina qualsiasi. D'animali parlando, *allievo* dicesi, non *alunno*; ma lo dicevano i Latini, e c'è degli animali meglio alunni che gli uomini. Virgilio, di Marcello canta che la terra di Romolo non si vanterà tanto mai d'altro alunno. *Alunno*, adunque, diremo e di città che veramente allievi uomini, e di terra che li alimenti. — ROMANI e GATTI.

1393.

Discepolo, Scolaro, Allievo, Studente, Studioso, Alunno.
Scolarino, Scolaretto, Scolaruccio, Scolaraccio.

— Il *discepolo* può esser tale anco leggendo le opere, o abbracciando le opinioni di non mai udito maestro; l'*allievo* lo ascolta, vive alcun tempo con esso (2). *Scolari*, per lo più, que' de' collegi, delle università, di maestri privati, di disciplina che non richiegga lunghissima convivenza. Un maestro di scherma ha scolari, un pittore allievi; alcuni filosofi ebbero discepoli illustri anche dopo la morte loro. — ENCICLOPEDIA.

— *Scolaro* suppone una serie di lezioni. Anco un vecchio può diventare scolaro; allievo, no. *Allievo* suppone istruzione più particolareggiata e più affettuosa, la quale prepari il giovine ad esercitare la professione, o insegnandola o praticandola. Tra molti scolari, il maestro sceglie pochi allievi, e li destina a suoi successori. *Discepolo* denota conformità delle opinioni e delle pratiche, senza indicare sempre il modo e le vie dell'apprenderle. Si hanno degli scolari, de' discepoli, degli allievi; si fa degli allievi: il *fare* non s'applica gli altri due. Il fare un allievo è creazione, se buona.

La condizione di scolaro è la più breve di tutte; quella dell'allievo dura parecchi anni; quella di discepolo può durare e poco, e tutta la vita. Chi sa, o gli par di sapere quel che voleva, o che gli era detto che dovesse imparare, o chi non istudia più, non è più scolaro. Questa voce fa *scolarino*, vezzeggiativo, di scolaro fanciulletto; *scolaretto*, di scolaro anche grande e grosso e barbogio, che fa libri e tragedie, ma non mai uscito dalle pastoje scolastiche; *scolaruccio*, grande o piccolo, ma meschino o per ingegno o per animo o per condizione. Gli scolarucci sono almeno modesti; gli scolaretti, impertinentelli e, se vi piace, serpentelli.

Scolaraccio è peggiorativo non tutto di dispregio; è come *bonaccia*. *Buon scolare* (e qui non *scolaro*) vale, per ironia, buon soggetto, e dicesi non di negligenza, ma di malizia scapata; anco d'adulti.

---

(1) VILLANI: *Qualunque scolajo anduss. a Bologna.*
(2) *E-levo.*

Studente intendesi, a' dì nostri specialmente, di liceo, d'università; studente di medicina; ma potrebbesi anco: studente medicina. Non tutti gli studenti sono studianti, e molto meno studiosi; taluni cominciano a studiare, finito d'essere studenti. *Studioso*, aggettivo, per lo più de' giovani; gli *studiosi*, sostantivo plurale, dicevasi degli uomini fatti. Adesso non c'è più studiosi; e anche il *benigno lettore* è bell'e morto; ma resta il *colto pubblico*, il *rispettabile pubblico* e l' *inclita guarnigione*.

Gli studenti di legge, finito il corso, in certi paesi diventano alunni, per avere l'impiego, che poi li alimenti. Questo senso d'*alunno*, Virgilio non lo sapeva, che tutto seppe. Chi è allievo d'un tale, rimane suo allievo, sebbene non dimori con lui; chi è discepolo, riman tale finattanto che si conforma alle opinioni o alle pratiche del maestro.

In fatto d'arte, chi non sa mai far di suo, rimane sempre scolaro. — BEAUZÉE.

1394.

DISCEPOLO, APOSTOLO.

Settandadue i *discepoli* di Gesù (dico i primi); gli *apostoli*, dodici. Sono discepoli suoi quanti imparano l'arte del sacrifizio; apostoli, quanti annunziano il vero, per amore di lui. Il mondo adesso formicola d'apostoli e di fratelli, e son quasi più quelli che questi.

1395.

DISCERNERE, DISTINGUERE.

— *Distinguere* (1), quasi segnare le cose con colore differente per meglio riconoscerle; *discernere* (2), osservare, giudicare, separare per mezzo de' segni che distinguono cosa da cosa.

Per distinguere vuolsi lume di mente, e attenzione; per discernere, critica, arte, scienza. (3). Per conoscere gli oggetti, conviene distinguerli; per iscegliere tra molti, bisogna discernerli. — ROUBAUD.

— Anche sola una cosa si può discernere; si distingue tra due. Si discerne anche tra cose differentissime, si distingue tra simili: tra varie persone discerno l'amico; tra due gemelli distinguo l'uno. — NERI.

1396—1397.

DISCERNERE, RICONOSCERE.
DISTINGUERE, CERNERE, SCERNERE.

1396.

Riconoscere, Discernere.

— Per *riconoscere* un oggetto, bisogna distinguerlo da que' che gli somigliano; però *discernere* pare talvolta affinissimo a *riconoscere*, ma dice piuttosto il modo del riconoscimento che l'atto.

Per riconoscere e per raffigurare, certo bisogna discernere. — ROMANI.

1397.

Distinguere, Cernere, Scernere.

— *Distinguere* vale o: percepire in noi medesimi, o anche: indicare e dichiarare agli altri la distinzione; distinguere con la vista e distinguere col discorso, non è tutt'uno. Ciò che nell'animo è *discernere*, nell'atto esteriore è (con voce un po' antiquata) *cernere*; d'onde, *cerna* per iscelta. *Scernere*, in questo senso, è più frequente. — CAPPONI.

---

(1) Tinguo, tingo.
(2) Cerno.
(3) Da κρίνω o cerno, e critica.

1398—1399.
DISCERNERE, Vedere, Intravvedere, Travedere.

1398.
Discernere, Vedere.

— *Discernere* è *vedere* chiaramente. Alcuni ciechi veggono un qualche barlume, non discernono; i pazzi sovente vedono, non discernono. Nel primo caso, al discernere s'oppone un vizio del corpo; nell'altro, un vizio della mente. Plinio: « Oculis videmus, animo cernimus. » Gellio: « De videndi ratione deque cernendi naturâ diversas esse opiniones philosophorum. » — POPMA.

1399.
Travedere, Intravvedere.

Travede chi vede male; *intravvede* chi vede in parte, chi vede quasi a traverso a un ostacolo che s'opponga alla vista. Si può travedere, senza intravvedere, guardando in piena luce; si può intravvedere, senza travedere, quando con un'occhiata si vede giusto; l'orgoglio travede, l'umiltà intravvede alte cose; molti intravvedendo, traveggono, perchè non badano alle cose osservate, e suppliscono di fantasia.

1400—1405.
DISCERNERE, Scorgere.
Riconoscere, Ravvisare, Raffigurare.
Riconoscere i falli, Pentirsi, Ripentirsene.
Riconoscenza, Riconoscimento, Ricognizione.
Conoscere, Riconoscere.
Riconoscere, Ravvisare.
Riconoscimento, Ricognizione.
Riconoscimento, Agnizione, Conoscenza.

1400.
Discernere, Scorgere.

— *Scorgere*, scoprire l'oggetto, accorgersi quasi di lui, e conoscerlo; indica veduta, d'ordinario, più sentita, più intelligente, per dir così, di *vedere*. — ROMANI.

1401.
Riconoscere, Ravvisare, Raffigurare.
Riconoscere i falli, Pentirsi, Ripentirsene.
Riconoscenza, Riconoscimento, Ricognizione.

— *Riconoscere* ha un uso proprio in questi modi: I.° Riconoscere da alcuno un male o un bene: l'Italia riconosce il suo funesto cerimoniale, e altri danni peggiori, dalla boria spagnuola. II.° Riconoscere alcuno; cioè rimeritarlo di bene ricevuto da lui. III.° Riconoscere i proprii difetti (1). Anche *ravvisare* ha i suoi usi, cioè *avvisare*, ed *imaginarsi*; ma il popolo non li conosce; raro gli scrittori li praticano. E *raffigurare* ha pure il suo in: rassomigliare alla forma dell'aspetto e del corpo, ed anche a qualche altro segno. Si riconosce alla voce, allo stile, al colorito, alle azioni. Ecco il terribile *agnosco fratrem* di Tieste, in Senera. Chi direbbe: raffiguro, ravviso il fratello, invece di: conosco, o, meglio: riconosco? Di più, *raffigurare* e *ravvisare* sono sempre corporei; gli altri due si usano spesso anche nel morale. — NERI.

----

(1) Gli antichi dicevano *riconoscersi*, per conoscere, non senza dolore, i falli proprii, ch'è il primo grado del pentimento. - DANTE: *E sè riconoscendo e ripentuti*. Il *pentirsi* è dunque più. *Ripentirsi* non è solo un pentirsi di nuovo, ma un pentirsi più vivo. In questo senso Dante usa *riconoscenza*, antiquato; ma resta *riconoscimento*, diverso da *ricognizione*, ch'è un conoscere o di nuovo o meglio.

1402.
Conoscere, Riconoscere.

Perchè il ripetere l'atto e lo agevola e lo rinforza, e rinforza la facoltà che l'esercita; però *riconoscere*, e altri verbi e nomi di simile forma, denotano non solo il conoscere di nuovo, ma il conoscere più chiaro e più a fondo; e quindi l'antico significato di *riconoscenza* per pentimento, come se il detto: conosci te stesso, suonasse avvediti e ravvediti; quindi il significato vivente (grazie al Dio vero e vivo), di riconoscenza, come primo grado alla gratitudine del bene avuto.

Chi dice: non vi conosco, intende talvolta: non vi voglio conoscere; massime con giunta d'altre parole: non lo conosce per figliuolo, non lo riconobbero per Italiano. Quando diciamo: non vi si riconosce, intendiamo: siete tutt'altro del viso, o delle maniere, o dell'animo, o dello stile. E può avere buon senso.

1403.
Riconoscere, Ravvisare.

Uso improprio e goffo è quello di molti che dicono ravvisare il conoscere non persona al viso, ma cosa che non può fingersi in verun modo personificata; e giungono fino a dire: *ravviso che*, come dicesi *conosco che*. Con proprietà piena di sapere e d'affetto il poeta: *Mai non l'avrei riconosciuto al viso; Ma nella voce sua mi fu palese Ciò che l'aspetto in sè avea conquiso. Questa favilla, tutta mi raccese Mia conoscenza alla cambiata labbia, E ravvisai la faccia di Forese.* — Dice *raccese*, perchè l'idea e la memoria son lume e luce; e la dimenticanza è ben figurata nell'acqua di Lete.

1404.
Riconoscimento, Ricognizione.

— *Ricognizione* e *riconoscimento*, per ricompensa con la quale si riconosce il merito ch'altri ha verso noi, con la quale ne mostriamo riconoscenza. *Ricognizione*, nel senso di quell'omaggio o tributo col quale l'inferiore riconosce il diritto del superiore, non si dirà *riconoscimento*. Così della ricognizione della scrittura, de' luoghi.

Ma, *riconoscimento*, non già *ricognizione*, dell'errore. E *riconoscimento*, per segnale al quale essere riconosciuto. — VOLPICELLA.

1405.
Riconoscimento, Agnizione, Conoscenza.

Agnizione è parte del dramma ove due o più personaggi si vengono a riconoscere. Gli è una specie di *riconoscimento*. E sopra questa i maestri del bello hanno lungamente disputato, insegnandone i modi e le forme, sì che una legge di dogana non è tanto minuta nè tanto difficile a eludere.

Applicato all'agnizione d'un dramma, *riconoscimento* indica l'atto dell'agnizione stessa. Si può dunque dire: che sebbene le leggi dell'agnizione non vi siano gran fatto rispettate, il riconoscimento di Cesira con Aristodemo non lascia di fare il suo effetto; e che l'agnizione è il segreto dei drammi del Federici, sebbene pochi de' suoi riconoscimenti appajano verisimili.

Riconoscimento s'applica a luoghi pure; *agnizione* non dicesi che di persone (1).

----

(1) Il Salvini confonde le due parole, spiegando l'una coll'altra: « Essendoci un' agnizione o riconoscimento di persona. » I Latini distinguevano *agnoscere* da *cognoscere* in questo, che il primo valeva: riconoscere cosa della quale si aveva un'idea; l'altro: cosa non conosciuta prima.

La *conoscenza* differisce dall'*agnizione* anche perchè questa si fa tra persone che prima più o meno si conoscevano, dove la conoscenza segue sempre tra incogniti, o almeno estranei.

1406.
DISCERNERE, SCOPRIRE.

Scopresi cosa coperta, *discernesi* cosa mista o unita ad altro, o che pareva tale. Per iscoprire bisogna discernere; si può discernere cose aperte. Talvolta il discernere cose aperte è più difficile dello scoprire le astruse; la curiosità, anco maligna o precipitosa, talvolta scopre; l'attenzione non discerne bene se non ajutata dalla retta coscienza. Chi si vanta di scoprire misfatti, e se ne fa delatore, o punitore, assai volte mal sa discernere il reo dall'innocente, e quella parte nel fatto che è rea, da quella che è innocente o scusabile. E questo discernere nel male stesso il bene e il men male, è logica che i codici non insegnano, come le arti retoriche non insegnano l'eloquenza.

1407—1419.
DISCORSO, DISSERTAZIONE.
RAGIONAMENTO, DICERIA.
SERMONE, ORAZIONE.
SERMONE, PREDICA.
ARINGARE, PERORARE, PARLAMENTARE.
ARINGA, SERMONE, DICERIA.
ARINGA, CONCIONE.
ARINGA, ARRINGA.
ARINGA, DISCORSO, ORAZIONE.
DISCORSETTO, DISCORSINO, DISCORSUCCIO, ORAZIONCINA, ORAZIONCELLA, SERMONCINO, PREDICOZZO, PARLATA, PARLATINA.
RINGHIERA, BIGONCIA, PERGAMO.
BIGONCIA, PULPITO, PERGAMO, CATTEDRA, BUGNOLA.
PREDICATORE, PREDICANTE.

1407.
Discorso, Dissertazione.

Il *discorso* è grave o famigliare, scritto o improvvisato, di qualsiasi genere, sopra qualsiasi argomento.

La *dissertazione* è grave, scritta, meditata, di genere erudito o scientifico; più disputativo o dogmatico, o dichiarativo, che oratorio ed ornato.

1408.
Ragionamento, Diceria.

— *Ragionamento* dicevano gli antichi per discorso famigliare e privato; *diceria*, per discorso composto retoricamente, e recitato in pubblico. Retor. Tull.: « È avuta per sozza cosa, quando altri si loda, se le sue lodi non sa temperare, e copertamente dir bene. Onde, secondochè ne' ragionamenti, così nelle dicerie, se ne debba guardare il dicitore. » Oggi, *ragionare* usasi anco per *corver voce* di tale o tal cosa; come: ragionasi tuttodì della probabilità di una guerra tra i governi assoluti e i non assoluti; ma coloro che meglio san leggere nella natura de' tempi, sostengono che, nel presente stato delle cose, la guerra è impossibile.

Ragionamento è discorso lungo, e per lo più stampato, intorno a soggetti scientifici o filologici; che quand'era di cose leggiere e scherzevoli, dicevasi *cicalata*; e oggi chiamerebbesi *diceria*. — POLIDORI.

1409.
Sermone, Orazione.

Orazione è meno dimessa. I *sermoni* possono tornare più utili delle magnifiche orazioni; ma certi predicatori non degnano abbassarsi ad ammaestrare, ad illuminare, a commovere; vogliono abbagliare, percuotere; e voglion essere oratori d'alto fusto, e diventano retori.

1410.
Sermone, Predica.

— Il *sermone* è predica più regolare e più d'arte. Agl'infedeli si predica; non si va a sermonare. Gli apostoli predicavano; non sermonavano. — GIRARD.

— Il *sermone* è più diretto a convincere la mente; la *predica*, a muovere la volontà. Anche la predica, quando non è sdolcinatura nè scalpor vano, si fonda in raziocinii; è sermone anche essa, ma più affettuoso. — POLIDORI.

1411.
Aringare, Perorare, Parlamentare.

— *Aringare*, parlare pubblicamente in ringhiera; ma dicesi anco de' discorsi e delle dicerie avvocatesche e delle esortazioni che volge il capitano a' soldati.

Perorare è, propriamente, conchiudere l'orazione con la mozion degli affetti. Ma siccome *orare* ha senso generale di tenere orazione; così *perorare*, di discorrere oratoriamente e con certo apparato.

Parlamentare valeva, un tempo, parlare alquanto a lungo. Oggidì dicesi del parlare per conciliare differenze di guerra, ovver di politica. — GATTI.

1412.
Aringa, Sermone, Diceria.

— *Aringa*, discorso da una ringhiera, o, più in generale, discorso pubblico di materia civile. *Sermone*, ragionamento sacro, o poesia famigliare, che tiene della satira, o (ma meno usitato) discorso in genere.

Poi, ogni sorta d'ammonizione che tenga di sermone religioso o morale, così si chiama; e in questo senso abbiamo altresì *sermoncino*. E sermonatore diremo di chi troppo si compiace nel fare predicozzi al prossimo.

Diceria avea già senso buono. Ora vale: discorso, pubblico o no, disadorno, prolisso, stucchevole. — GATTI.

1413.
Aringa, Concione.

— *Concione* è voce quasi storica, e vale: aringa solenne in luogo pubblico. S'aringa e al popolo, e in faccia a' giudici; in luogo chiuso, e anco d'umili cose, purchè civili o legali.

1414.
Aringa, Arringa.

La solita maledizione della lingua italiana, fa che il Dizionario non ci sappia e non ci voglia dire se quell'*arringa*, che non è pesce, e molto meno pesce salato, e più spesso non è nè carne nè pesce, abbia a essere dotata di due lettere canine o pur d'una sola. Certo è che il popolo toscano, il qual non conosce le aringhe sciocche ma le salate, e non le seccanti ma le secche, e non le fumose ma le affumicate, queste qui chiama *aringhe*. Alle altre dunque, per consolazione della loro miseria, doniamo la consonante doppia, a titolo di spillatico; e già troppo doppie le furono e le saranno nella loro scempiezza.

E così *arringo* raddoppi la sua, che avrà suono meglio conforme al senso.

1415.
Aringa, Discorso, Orazione.

— *Orazione*, discorso grave e con apparato di eloquenza. L'*aringa* può farsi improvvisa ed essere di poco

momento, il *discorso* può essere famigliare. *Discorsetto* di pochi minuti, anco pensato e solenne, non è orazione nè aringa. L'aringa vuol persuadere, o commuovere; l'orazione lodare, esortare, o riprendere: aringa giudiziaria; orazione panegirica, funebre; discorso accademico.
— GIRARD.

Discorso è il genere che comprende e l'orazioni e le aringhe. Specialmente di discorsi antichi usasi *orazione*.
— BEAUZÉE.

1416.
Discorsetto, Discorsino, Discorsuccio, Orazioncina, Orazioncella, Sermoncino, Predicozzo, Parlata, Parlatina.

Un *discorsetto* può essere non breve, e pensato e scritto, e avere il suo pregio. Sempre si pensa che uno sia che lo fa. Un *discorsino*, e dei *discorsini* si possono tenere fra due o più; e questo, talvolta, ha senso di biasimo o di celia. Anco il discorso d'un solo; e pensato e scritto, può dirsi *discorsino*, se breve e non tanto grave. *Discorsuccio*, misero e ineguale al soggetto.

Siccome *parlata* dicesi d'uno solo, e rivolta a uno o a più, d'ordinario, con aria d'importanza; così *parlatina* è parlata breve, ma più leggiera. Aringhe, dicerie, concioni chiamansi più modernamente *parlate*; e parlate quelle del dramma, che, se più lunghe e retoriche, i Francesi denominarono sapientemente *tirades*, vanto e peste della scena. La *parlatina* può essere d'ammonizione e di riprensione; ma in senso più morale dicesi *sermoncino*, e più per celia, *predicozzo*. Il *sermoncino* comincia già ad essere pesante; il *predicozzo* la batte tra il nojoso e il ridicolo. Può riuscire prolisso, ma, anco breve, dà nel troppo.

Le voci notate più sopra non hanno diminutivo, salvo che *orazione*; senonchè, *orazioncella* mi pare che direbbesi meglio di breve preghiera; *orazioncina*, e di preghiera e di ragionamento altresì.

1417.
Ringhiera, Bigoncia, Pergamo.

Aringavano i nostri antichi al popolo in piazza, in *ringhiera*; ne' consigli, in *bigoncia*, che era un pergamo di terra a forma di bigoncia.

Il Villani dice *aringhiera*, che così addita l'origine della voce, e la fraternità di *aringa* con *arringo*, che sono ambedue spesso cimenti e sfide e pugni e cozzi.

1418.
Bigoncia, Pulpito, Pergamo, Cattedra, Bugnola.

— *Pulpito*, più comune. Gli ornati delle sculture di Giovanni Pisano e di Mino da Fiesole son pulpiti; fabbricare, trasportare un pulpito; parlare dal pulpito. *Pulpitaccio*, pulpito misero. *Pergamo* è voce più scelta, se così posso dire.

I tavolati su cui recitavansi drammi, Orazio li chiamò pulpiti, e l'Ariosto. Modo disusato ora, ma dove *pergami* non istà. *Pergami* chiama il Villani, non pulpiti, alti tavolati, per veder gli spettacoli. — VOLPICELLA.

— *Cattedra*, delle scuole, dell'università e delle chiese, nella qual siede il sacerdote maggiore, pontefice, patriarca o vescovo; che un tempo s'intitolavano tutti vescovi. Quindi in senso quasi figurato: la Cattedra di s. Pietro; quindi: le cattedrali. *Bigoncia*, delle accademie, ma dicesi soltanto per ischerzo; *bugnola* ha senso affine a cattedra; e, bugnole, chiamansi in Firenze due pergami bellissimi in S. Lorenzo sotto gli ultimi archi della navata di mezzo. Son rette da quattro colonnette di marmo, e hanno nelle facciate bassirilievi in bronzo. Essere in bugnola per essere in collera, è modo del Lippi, ma non più dell'uso, ch'io sappia; e forse vien dall'imagine del montare in collera, in furia, e del farsi scorgere. Ma dicono: essere in bigoncia, trovarsi in grande imbroglio, come oratore che incespica e annaspica. E quando uno si mette a correggere altrui dei falli ne' quali cade egli stesso, gli dicono a Firenze: da che pulpiti si sentono queste prediche? — MEINI.

In senso simile, montare in pulpito vale: mettersi a far sermoni e predicozzi, e tutta sorta di declamazioni con poca autorità e poco garbo.

1419.
Predicatore, Predicante.

Predicanti dissero, dopo la Riforma, i predicatori di quella; ma ell'è ormai distinzione storica, che nell'uso moderno non s'intenderebbe così, e non porta seco la ragione di sè; dacchè Dante chiamò *nuovi predicanti* gli annunziatori del cristianesimo. E la poesia, anco più dimessa o più franca, non sempre comporterebbe *predicatore*. Coloro che non hanno professione o abito di predicare, più propriamente direbbersi *predicanti*. *Predicatore*, in certuni o a certuni, pare, se non mestiere, arte; e ne' meno mestieranti ha troppo artifizio. Onde è che in senso di biasimo o di celia dictamo: fare il predicatore, tono di predicatore, anco di chi parla fuor di pulpito e fuor di chiesa; di chi va sermonando, declamando. Se ne farebbe *predicatorello*.

1420—1421.
DISGRAZIA, DISASTRO, CALAMITÀ, INFORTUNIO, INFELICITÀ, AVVERSITÀ.

L'AVVERSITÀ, LE AVVERSITÀ.

1420.
Disgrazia, Disastro, Calamità, Infelicità, Infortunio.

— Il *disastro* riguarda specialmente la condizione sociale dell'uomo; la *disgrazia*, ogni cosa. Disgrazia perdere un capitale, un amico; impoverire è disastro; nè disastro direbbesi un'amicizia perduta. Il disastro dipende meno dall'umano volere; nella disgrazia può entrare colpa. E dicesi talvolta: m'è seguita una disgrazia, quando gli autori ne siam soli noi. La disgrazia può essere leggierissima; il disastro è sempre notabile. —
GIRARD.

— *Calamità* è male quasi sempre di molti. *Disgrazia*, e di molti e di pochi; ma sovente dicesi di privati piuttosto che di pubblici mali. L'*infortunio* è più durevole della *disgrazia*. La guerra è calamità che porta molte disgrazie nelle famiglie, molte trae in duri infortunii. La calamità cade sulle moltitudini; gli uomini singoli può la calamità pubblica minacciare, non cogliere. La disgrazia è male veramente patito; l'infortunio è male sentito, e riguarda più direttamente le cose ove dicesi aver luogo fortuna, o accenna più espressamente al contrario di sorte lieta. Un colpo d'accidente che tolga il senno, una malattia che faccia impazzare, è disgrazia; infortunio propriamente non è. La peste è grave calamità; la perdita d'un figliuolo che muoja di peste, al padre è disgrazia. — GUIZOT.

Può la calamità non rendere l'uomo *infelice*; può l'uomo essere infelice appunto perchè la calamità non l'ha mai visitato.

1421.
Avversità, Infortunio.
L'avversità, Le avversità.

Le avversità posson essere anco leggiere; ogni avvenimento che non vada a seconda de' nostri desiderii, importanti o no che siano, può esser chiamato *avversità*. L'*infortunio* è più grave. Poi, le avversità sono, piuttosto che un solo caso, una serie di casi contrarii. Onde sovente s'usa in plurale.

— Le *avversità* sono casi avversi; l'*avversità* è stato avverso al ben essere. Anco i fortunati possono avere le loro avversità. Dalle avversità grandi e continue viene l'avversità. — LAVEAUX.

1422—1423.
DISGRAZIA, DISDETTA, MALEDIZIONE.
DISDETTA, LA DISDETTA, UNA DISDETTA.

1422.
Disgrazia, Disdetta, Maledizione.

Avere una gran *disdetta* al giuoco; in tutte le cose della vita esser sempre in disdetta, vale: non vincer mai; non averne mai una buona (1). È *disgrazia* pertinace, continua; non una parziale disgrazia, ma quasi diffusa su tutto quel tempo e quella serie di operazioni di cui si ragiona; è disgrazia negativa piuttosto che positiva; consiste nel non riuscire a bene più sovente, che nell'essere oppresso da' mali. Molti si lamentano d'aver disdetta al giuoco del lotto, e i meno danno alla sorte la colpa della loro ignorante credulità; quasi tutti gli uomini somiglian, del resto, ai giuocatori del lotto.

Maledizione è una sola disgrazia grande, o una disdetta gravissima. Pare che certe persone, certi luoghi, certi tempi, abbiano la maledizione (2). Questa può essere disgrazia tutta volontaria, colpa insieme e pena. Il vizio del giuoco è una maledizione, forse più quando non ci si ha disdetta, che quando ci si ha. La maledizione delle discordie fece tanto più disgraziata l'Italia, quante più grazie le erano largite dal cielo.

Quando poi diciamo: dare, mandar la disdetta, s'intende o del padrone della casa che manda al pigionale avviso di sgomberarla, scorso che sarà il tempo fissato della pigione; o del pigionale che avvisa il padrone, che, scorso quel tempo, non intende di rinnovar la pigione; codesto è senso evidentemente distinto dal notato più sopra. E in contratti simili può aver luogo *disdetta*.

1423.
Disdetta, La disdetta, Una disdetta.

— Avere *disdetta* ne' negozii, nel giuoco, in qualsiasi cosa grande o piccola, non è così grave come aver *la disdetta*; perché l'articolo par che appropri e congiunga l'avversità a tutte e ciascuna delle cose delle quali si tratta, determina meglio, e quindi calca l'idea, giusta il suo uffizio ordinario. *Una disdetta* richiede l'aggiunto *gran, maledetta,* o simile; o lo sottintende, a modo d'esclamazione in ellissi: oggi ho avuto una disdetta! L'aggiunto può accoppiarsi anco al *la*; e pare dica più che con *una*; gli è pure la gran disdetta cospirare sempre e non ispirare mai. Ma quando trattasi di darla o mandarla, annunziando termine o risoluzione di contratto, il *la* solo richiedesi sempre.

Quel che accenniamo dell'*una* e del *la*, si distende a tutti gli accoppiamenti con altro aggiunto qualsivoglia. — A.

1424.
DISGRAZIA, ACCIDENTE, CATASTROFE.

— La causa della *disgrazia* può essere meglio nota, e essa disgrazia più preveduta. L'*accidente* ha più dell'improvviso e del casuale, o che tale sembra. La *catastrofe* è rivolgimento subito per lo più di bene in male, o di male in peggio; accenna grandi infortunii. Subito, dico; ma ben guardando si vede la connessione che essa ha co' fatti precedenti. — LAVEAUX.

1425.
DISPENSA, CREDENZA.
CREDENZIERE, DISPENSIERE.

Dispensa, propriamente, la stanza dove si tengono robe da mangiare, e poi l'armadio dove dette cose si pongono. *Credenza* è, propriamente, l'armadio, e sempre men grande della dispensa (1). Credenza dicesi anco la tavola apparecchiata per porvi su piatti, e altri vasi, e vivande a uso della mensa (2).

Credenziere, chi ha la cura della credenza, nelle case de' signori; *dispensiere*, negli spedali e ne' conventi. Ed è più voce storica (3); e dice più di *credenziere*, perché sottintende l'uffizio di far le spese necessarie a tener ben fornita la dispensa.

Dispensa, quando è posto per *camera*, non ha diminutivo se non in peggio, cioè *dispensuccia*: dispensa maghera e mal fornita; ma quando sta per *armadio*, l'ha in *dispensina*, affinissimo di *credenzina*.

— *Credenza*, e più comunemente *credenzina*, quell'altarino, posticcio, su cui si posano i paramenti e i vasi che occorrono nelle sacre funzioni. — MEINI.

1426.
DISPENSA, DISTRIBUZIONE, SCOMPARTIMENTO.

— *Dispensa* non porta espresse le idee nè del quanto si dà, nè a chi. *Distribuzione* dice divisione di parti. — GATTI.

— *Distribuzione* dice la proporzione della quantità della cosa distribuita col numero delle persone. *Scompartimento* è la distinzione del tutto in parti da distribuirsi; è l'atto che precede alla distribuzione, ma non la richiede di necessità. — ROMANI.

1427—1428.
DISPENSARE, COMPARTIRE, FAR PARTE, RIPARTIRE, SCOMPARTIRE, SPARTIRE, DISTRIBUIRE, DIVIDERE.

1427.
Dispensare, Compartire, Far parte, Ripartire, Scompartire, Spartire, Distribuire, Dividere.

— *Compartire*, distribuire con certa uguaglianza o equità. *Far parte*, chiamare altrui a parte di cosa che si possiede o s'adopera. Si può compartire altrui cosa della quale non si tenga parte alcuna per sè. Nel *far parte* è sempre l'idea della propria possessione o dell'uso.

Distribuire è più generico, e non suppone sempre il compartire. *Dispensare* è distribuire con certa misura.

---

(1) LIPPI. *Tui preghiere Mi furon, dopo così gran disdetta, Vincer.*
(2) G. VILLANI: *Pare una maledizione in quel paese, e ancora di quella casa... che volontieri sono traditori tra loro.* — M. VILLANI: *Durò quest'a maledizione in quell'isola parecchi anni.*

(1) LIPPI: *Piena di cibi... una credenza Vien pari pari aperta.*
(2) FIRENZUOLA: *Ciò ch'era su per la tavola e per la credenza.*
(3) F. VILLANI: *Dispensiere del re Arrigo.*

Ripartire è distinguere in parti un tutto (1). *Spartire* è ripartire le parti. *Scompartire* indica divisione o separazione di luogo (2). *Scompartire*, anco separare ed entrar di mezzo a due o più che fossero in rissa.

Dividere è più generico; si può dividere senza spartire, dividere mentalmente. Differisce adunque *dividere* da *compartire* e da *distribuire*, in quanto che questi suppongono più costante un'idea di attribuzione e d'azione non comune al primo; e differisce da *ripartire* e da *scompartire*, perché questi suppongono distinzione o più materiale o più regolare, non compresa così direttamente nell'idea del dividere. — ROMANI.

1428.
Distribuire, Dividere, Ripartire.

— Si *ripartisce* la cosa, assegnandola a varie persone od oggetti, a varii usi; la si *distribuisce* operando in effetto il ripartimento, dandone le parti a varie persone, oggetti o usi.

Dividesi quel che formava un tutto; si *ripartisce* anco quel ch'era diviso già o per natura o per arte; si distribuisce quel ch'è diviso, in modo che le parti sue possano andare in varii luoghi, a usi varii, fare un tutto da sè, oppur entrare in nuovi composti. Una somma si divide o col calcolo in dodici parti, o colla mano in dodici mucchi; si distribuisce anco alla cieca a chi primo capita. — GUIZOT.

1429.
DISPENSATORE, DISPENSIERE.

Dispensiere, oltre al senso di cui si è parlato, ha quello affine a *dispensatore*; se non che *dispensiere* par ch'indichi, talvolta, la facoltà di dispensare da altri concessa. Considerati anco gl'inferiori com'arbitri di un qualche bene, diconsi anch'essi *dispensatori*. Buon governante sarà sempre parco dispensatore di castighi, e largo di premii. In senso di celia, colui che ama dispensar facilmente i soggetti a sè dagli obblighi loro, si dirà: un gran dispensatore; non mai: dispensiere.

1430.
DISPENSIERE, DISPENSIERO.
CAVALIERE, CAVALIERO.
LIMOSINIERE, LIMOSINIERO, LIMOSINARIO.

L'uffizio, il titolo è *dispensiere*; come cameriere, cavaliere. Ma l'aggettivo, che dice atto o abito, è piuttosto *dispensiero*, e ha il femminino *dispensiera*. Nel noto verso: *Mente... Custode delle cose e dispensiera*, è da notare l'indeterminatezza solita a quello scrittore, non a torto notata dal Galilei e da altri che non erano oche nè vipere. Come fa ella la mente a dispensare le cose?

Il simile dicasi di *cavaliere*, ch'è l'uomo noto, così intitolato dall'animale noto; e *cavaliero*, che non si direbbe se non d'uomo che va o sta a cavallo; il simile di *limosiniere*, che può essere carica, od altro, che a distribuire vere elemosine (così come il cavaliere può essere più quadrupede che cavalcante), e *limosiniero*, che ama e sa fare elemosine vere. C'è di S. Giovanni col titolo di *elemosinario*, che io direi in italiano *limosinario*.

1431.
DISPERARE, DISPERARSI, DARSI ALLA DISPERAZIONE.

Il *disperare* può essere più o meno tranquillo; il di-sperarsi (quando non sia per celia) è con gran turbamento; il saggio dispera d'un bene, ma se ad ottenerlo non giunge, non però si dispera; il medico dispera della guarigione, la famiglia a tal nuova se ne dispera; il disperato, talvolta, non che disperarsi, assume dal suo misero stato ardimento e vigore (1); chi dispera di Dio, facilmente e inevitabilmente da ultimo si dispera, perché non v'è fuor di lui nè speranza nè pace.

Disperarsi è quindi passato a esprimere dolore, impazienza, furia simile a quella del disperato, ma da altra cagione; frase iperbolica (2).

Darsi alla disperazione dicesi, per lo più, del dolore. L'uomo si dispera anco per impazienza o per ira; per tali sentimenti non si dà alla disperazione; e delle bestie diciamo che si disperano, quando mostrano negli atti un senso sì vivo, che corrisponde ai segni della disperazione nell'uomo. La frase affine, di bestie parlando, non s'userebbe.

1432.
DISPERATAMENTE, ALLA DISPERATA, DA DISPERATO.

Dicesi e: combattere *disperatamente*, e: combattere *alla disperata*; - gridare disperatamente, e, alla disperata. Ma non si direbbe: rubare disperatamente; - alla disperata, bensì. E similmente: bere, mangiare, correre, scrivere alla disperata.

Chi combatte *disperatamente*, non sempre ha perduto la speranza; anzi così combatte, perché così spera di vincere. Chi combatte *da disperato* sente già che per lui l'unico trionfo è la morte.

Giocare *alla disperata* con accanita perseveranza, con ismania quasi rabbiosa; giocare *da disperato* mettere grosse somme alla cieca, com'uomo che ponga l'unica speranza in quel disperato cimento. Molti che giocano alla disperata al faraone (fucina di disperate speranze), finiscono con giocare da disperati.

1433.
DISPETTO (PER), A DISPETTO, A MARCIO DISPETTO.

A dispetto è meno. La cosa segue *a dispetto*; si fa *per dispetto*: a dispetto di certi medici e de' loro sistemi, talvolta si campa, non per dispetto; a dispetto delle malignità degli uomini, l'uomo è buono (3).

A dispetto anche si fa; ma sempre con animo meno ostile di chi fa *per dispetto*: a dispetto degli oziosi e degl'invidi e degl'impotenti, l'uomo forte d'ingegno e di volontà, opera e scrive e prosegue con alacrità il suo cammino; ma non lo fa per dispetto, che sarebbe piccolezza indegna di lui. Per dispetto operano i ragazzi, gli stizzosi, gli astiosi, le donnucciacce, i letteratoni.

Si fa una cosa a dispetto altrui, senza intendere di recare altrui il menomo dispiacere; son gli altri che se lo prendono. Chi fa per dispetto, tende a dare un dispiacere; non sempre però ci riesce (4).

---

(1) PETRARCA: *Per disperazion fatta sicura.* - G. VILLANI: *I Fiorentini però non si disperarono, nè si gettarono tra i vili.* Un antico grammatico attesta che *desperari* usavano un tempo i Latini per *desperare*. Ci avran posta una qualche differenza.
(2) Quindi *far disperare*, per far impazientire spirito debole, celiando o sbertando.
(3) REDI: *Volendo a dispetto del mondo guarir dall'ipocondria*.
(4) BERNI: *A suo dispetto, Partito s'è di Francia il buon Ruggiero*. - BOCCACCIO: *Impiccarlo per dispetto degli Orsini*. Impiccare uno per dispetto, vale: per far onta e dispiacere a uno; impiccarlo a dispetto, vale solamente: a malgrado.

---

(1) SEGNERI: *Ripartir la vita di Cristo in quattro misteri.*
(2) DAVANZATI: *Scomparti per le navi le legioni e gli ajuti. Pose alle trincee e porte le legioni scompartite.*

A mio dispetto diciamo; non *per mio dispetto*; Ma *per dispetto di me*, cioè per farmi dispetto. C'è del deboli, buoni a loro proprio dispetto, che arrossiscono di non saper esser peggiori; tre volte buoni, tre volte infelici!

A marcio dispetto è più forte, come ognun sente. Parlando di cose, non si direbbe; come: a marcio dispetto della natura. Chi lo pronunzia dimostra un sentimento ostile, un'aria di trionfo più o meno insultante; o, applicandolo a sè, un dispiacere ben vivo. Ma quel *marcio* talvolta ha senso di celia.

1434.
DISPETTO (A), A MALINCUORE.
— *A dispetto*, contro voglia; *a malincuore*, di mala voglia. — A.

1435–1438.
DISPREGIO, DISDEGNO, DISISTIMA, DISPETTO, NONCURANZA.
DISPREZZATO, NEGLIGENTE, SBADATO.
DISPREZZO, SPREZZO, SPREGIO, SPREZZATURA.
SPREGEVOLE, DISPREGEVOLE, DISPREZZABILE, DISPREGIABILE, SPREGIABILE, SPREZZABILE.
SPREZZANTE, DISPREZZANTE, DISPREZZATO.
SPREZZANTE, SPREGIOSA.

1435.
Dispregio, Disdegno, Disistima, Dispetto, Disprezzo, Spregio, Sprezzo.
Spregevole, Dispregevole, Disprezzabile, Dispregiabile, Spregiabile, Sprezzabile.
Sprezzante, Disprezzante.

Nel *dispregio* si reputa, o si fa le viste di reputare, la cosa dappoco; *disdegno* è dispregio con superbia, con risentimento o d'ira o d'orgoglio; *disistima* è men di *dispregio*. Nel dispregio è la disistima, o l'affettazione della disistima: non quello sempre in questa. Chi, anco per giuste ragioni, cessa di stimare, o stima meno, disistima. Questo si fa anco a malincuore e con rammarico; il dispregio è sempre ingiusto, per meritato che paja (dacchè nelle anime più dispregevoli è pur tuttavia alcuna cosa da pregiare), ed è volontario. Se l'avversione è con ingiuria e voglia d'offendere, il dispregio è *dispetto*.

— Si disistimano cose in cui non si vede valor grande, o quelle che troppo si stimavano già; si dispregiano cose che sono o credonsi vili o riprovevoli. — VOLPICELLA.

E *dispregio* e *disprezzo* sono dell'uso; il secondo, in tutta Italia; il primo, segnatamente in Toscana; ma nel plurale meglio *dispregi*. Dante: « Di sè lasciando orribili dispregi. » In questo senso dicesi anco: far degli spregi, e: fare uno spregio, ma d'atto che indichi il sentimento, non già del sentimento medesimo. Del sentimento parlando, nella lingua scritta, *spregio* è più comune che *sprezzo*; e se si avesse in una voce medesima a notare una qualche differenza, potrebbesi dire che *dispregio*, per l'aggiunta della particella, dice un po' più che *spregio*, e *disprezzo* dice ancora più, per la maggiore asprezza del suono. Fors'anco *disprezzo* dice più, perchè tutte le cose hanno un prezzo; non tutto hanno, o pare che abbiano, pregio; onde negare il prezzo, è più che negare il pregio.

Spregevole dicesi, e *dispregevole*; *disprezzevole* suonerebbe strano; e ancor più *sprezzevole*; piuttosto *disprezzabile*, ch'è più comune di *dispregiabile* e di *spregiabile*. *Sprezzabile* vive, ma non molto usitato; degli avverbi il più comune sarebbe *spregevolmente*. Il Caro disse: « disprezzata leggiadria, » cioè non affettata, agevole, franca: modo bello, ma ardito. Più comunemente dicesi: sprezzatura dello stile, delle maniere; nel qual senso, *spregiare* co' derivati suoi non ha luogo. *Sprezzante*, dicesi del fare o del dire; non *disprezzante*, nè altrimenti; e questo ha sempre mal senso.

1436.
Negligente, Disprezzato, Sbadato.

D'una maniera di scrivere o di dipingere, o d'altra opera d'arte; delle attitudini della persona, che appartengono insieme a moralità ed a bellezza, può dirsi: un fare *disprezzato*, che non è *negligente*, può anzi nascondere l'affettazione e la mostra della franchezza, della semplicità, del vigore. Certi ricchi, che veston con lusso ricercato, par ch'abbiano una maniera disprezzata di portare e usare la roba; e cotesta sprezzatura è in essi parte di galanteria e di grandigia.

Sbadato, è ancora più che *negligente*; e riguarda l'attenzione della mente, dove questo, la cura quasi affettuosa dell'animo; però da quello si fa *sbadataggine* e *sbadataccio*: l'Alfieri alle sue *sprezzature* ci badava anche troppo; quelle del Metastasio sono *negligenze*, talvolta; quelle del Casti *sbadataggini*, anzi *goffaggini*.

1437.
Spregiosa, Sprezzante.

— *Spregiosa* ha senso come di cella nelle campagne fiorentine; e l'ho sentito dire di donna che voleva fare la schizzinosa, figurando d'avere a male gli scherzi innocenti che le venivano detti (1). La *spregiosa* condisce lo spregio con due smorfie; la *sprezzante* è più sostenuta. Fare la sprezzante, aver l'aria sprezzante, par sia più forte. *Sprezzante*, s'intende anche d'uomo. — MEINI.

1438.
Noncuranza, Disistima.

Si può non curare cosa che pure non si cessò di stimare. Si può perdere la stima di persona o di cosa, senza però disprezzarla. La *disistima* è nel pensiero; la *noncuranza* è nel pensiero e nell'animo, e nella omissione di quegli atti, i quali attestano la cura che si ha o si vuol mostrare d'altrui: molte opere levan grido dapprima, poi cadono non curate; sovente alla noncuranza succede la disistima; sovente, l'ingiusto disprezzo: l'uomo probo deve non curare la maldicenza; disistimare le azioni non buone; non disprezzare veruno.

1439.
DISPREZZATO, NEGLETTO.
Negletto è meno, perchè la negligenza è men del disprezzo; quella vale non curare; questo, cercar d'avvilire. Tante cose sono neglette, che non son disprezzate; il pio talvolta pecca di negligenza, ma l'empio disprezza.

1440.
DISSIPAMENTO, DISSIPAZIONE.
Dissipare ha quattro sensi: disperdere quantità d'oggetti qualunque; disperdere una moltitudine d'uomini; consumare i danari, l'avere; traviare i pensieri, e lasciarli andare, quasi dissipati, fuor del diritto cammino.

---

(1) Ma io direi che se la non li avesse respinti con orgoglio, dimostrando di spregiare o gli scherzi o chi li faceva, non l'avrebbero chiamata *spregiosa*. L'uscita in *oso* denota qualità abituale. Può persona umile e mite, essere o parere sprezzante in un cipiglio, in un silenzio; lo spregioso è tale o sempre o spesso.

Nei tre primi casi, l'astratto è, d'ordinario, *dissipamento*; nell'ultimo, *dissipazione*: dissipamento d'un patrimonio; dissipazion della mente; il dissipamento delle sostanze è effetto di quella dissipazione di mente, che fa l'uomo prodigo e della propria felicità e dell'altrui.

1441.
DISSIPAMENTO, DISSIPATEZZA, DISSIPAZIONE.

L'atto del dissiparsi o del dissipare uomini o cose, non si chiamerebbe *dissipatezza*, che riguarda i pensieri e gli affetti, ed è abituale; ma l'attuale dissiparsi anco della mente o dell'animo, direbbesi *dissipazione*; e posson patirne anco quelli ch'hanno l'attenzione e il volere più intenso per uso.

D'uomini o di cose, se il dissipamento dura, o se si riguarda come operato da altri, direbbesi *dissipazione*: non sempre il dissipamento delle malacquistate ricchezze si fa per dissipazione degli eredi, ma per detrimenti inavvertiti, o per improvvisa jattura, per un'arcana maledizione.

1442—1446.
DISSIPARE, PRODIGALIZZARE, SCIALACQUARE, PROFONDERE, DILAPIDARE, DISPERDERE, SMAGARE.
SCIUPARE, SCIUPINARE, SCIUPIO, SCIUPINIO.
DONNA CHE SI SCIUPA, SCIUPATA.
SCIAMANNATO, SCIAMANNONE, SCIATTO, SCIATTINO, SCIATTONE.

1442.
Dissipare, Prodigalizzare, Scialacquare, Profondere, Dilapidare.

Dissipare, disperdere i beni, gli averi, le rendite loro. La *dissipazione* è spensierata più della *prodigalità*; sciupa, non gode né fa godere. La prodigalità spende senza misura; ma può essere volta a buon uso. Quindi i traslati buoni di *prodigo*: prodigo delle fatiche, della vita, del sangue; *dissipatore* ha sempre mal senso.

Scialacquare, far andar come l'acqua. Si può dissipare a minuto, e in certe cose, facendole grettamente; in questo modo dissipan anco gli avari che non sono mai scialacquatori né prodighi; si scialacqua alla larga.

La *profusione* può essere abbondanza grande, non prodigalità né scialacquo. La *dilapidazione* è prodigalità che dissipa patrimonii interi; il vizioso dilapida; lo scapestrato dissipa; il generoso profonde.

1443.
Dissipare, Dilapidare, Disperdere.

— Si *disperde* il proprio avere, per inavvertenza, per isbadataggine, lasciando fare agli altri, o al caso; si *dissipa*, buttandolo, quasi apposta, per il piacer di buttarlo; si *dilapida*, quasi come si farebbe d'un edifizio, dal quale si togliessero a una a una le pietre, per distruggerlo.

Si disperde anco una piccola somma; si dissipa somma alquanto notabile; si dilapida un patrimonio. A dissipare vuolsi deliberato volere; a dilapidare, un certo come accanimento.

Si possono disperdere i frutti d'alcuni capitali; si possono dissipare le rendite annue, non dilapidato però il patrimonio. Disperdendo, posso scemarlo; dissipando, ridurlo a pochissimo, senza che si possa dire ch'io l'abbia dilapidato. — ROUBAUD.

1444.
Disperdere, Smagare.

Il Buti definisce: « *Smagare* è minorare e mancare. » Nel Villani: « La schiera rinculò... ma però non si smagarono, né ruppono, » cioè, si dispersero. E nel Pataffio: « L'un dall'altro niente si smaga, » si rimove, si sperde.

Ora, nella campagna toscana dicesi tuttavia: smagar tutti i quattrini, per disperderli, farli sparire. E quest'uso vivente ci giova a segnare la principale idea d'un vocabolo che ha i suoi affini e nella lingua inglese e nella spagnuola; ma che dai commentatori di Dante non è ben dichiarato.

Lo *smagare*, adunque, nel toscano odierno, è un *disperdere* roba, disperderla in modo da non la poter più mettere insieme facilmente. E così nella plebe troviamo le perdute vestigia e di parole e di cose che alla più recente civiltà sono enimmi.

1445.
Sciupare, Sciupinare.
Sciupio, Sciupinio.
Donna che si sciupa, sciupata.

— *Sciupinare* e *sciupinio* sono frequentativi, e vivono anch'essi: sciupinare un vestito, logorarlo malamente; sciuparlo, si può in tante maniere. Il sarto vi sciupa il vestito tagliandolo male; non lo sciupina, perché per isciupinarlo bisogna portarlo. Alla tavola d'un ricco si fa gran sciupinio di vivande (1), non tanto per mangiare, quanto per lusso.

Sciupinarsi vale: darsi da fare dimolto; quasi sciuparsi da gran moto in qualsiasi faccenda. E' non c'è pericolo che tu ti sciupini: diceva una madre campagnuola a una figliuola piuttosto poltrona. — MEINI.

Sciùpasi, dunque, la roba o apposta o per trascurataggine; la roba si sciupa quasi da sé, a usarla anco con riguardo, anco a tenerla rinchiusa. Le fatiche sciupano le forze, la sanità; l'uomo si sciupa la salute, la mente, ogni sua facoltà. E assolutamente diciamo, s'è sciupato, intendendo o del corpo o dell'ingegno o dell'attitudine a un'arte o del cuore. Altr'è dire che una madre s'è sciupata a tirar su i suoi bambini poveri; altro, ch'ell'è una sciupata. Di donna, cotesta è macchia quasi d'infamia. Sciupasi il tempo consumandolo o nell'ozio o in negozi peggio che oziosi.

1446.
Sciamannato, Sciamannone, Sciatto, Sciattino, Sciattone.

— *Sciamannato*, quasi: male ammannato, chi va scomposto e del vestito e della persona (2). *Sciamannone*, oltre ad avere questo senso medesimo in grado più forte, indica disordinatezza, trascurataggine abituale in ogni cosa. E' va fuori tutto sciamannato; vale: arruffato, col vestito mal messo, e simili. Alla sciamannata, e: alla sciamannona, modi avverbiali, dell'uso anch'essi, che confermano le differenze notate, e talvolta hanno senso traslato. Uno scrive alla sciamannata (3), cioè, senza metterci importanza, senza caricatura; e questo modo di scrivere, per incolto che possa essere, può avere le sue eleganze; scrivere alla sciamannona, è peggio.

Lo *sciatto* confina addirittura col porco. Fra *sciatto* e *sciattone* c'è la medesima differenza che tra *sciamannato* e *sciamannone*. Può uno essere sciamannato, e non sciatto; vale a dire, disordinato, incolto, ma non sudicio,

---
(1) SALVINI, *Annot. alla Fiera*.
(2) LIPPI: *A bioscio nel vestire e sciamannato*.
(3) CARO: *Mi diletta oltre modo quel vostro scrivere alla sciamannata*.

Chi parla licenziosamente, è sciatto nelle parole; scalco che non sa ben trinciare le vivande, le sciatta. Dicono: cattivo sarto sciatta i vestiti o il panno. E chi sciatta checchessia, è uno sciattone. *Sciattino*, non ostante la sua desinenza diminutiva, può denotare dispregio poco men di *sciattone*. *Sciattone* diremo un che va sciatto; *sciattino*, un che sciatta. — MEINI.

1447.

DISSIPARE, SCIALACQUARE, PRODIGARE, DILAPIDARE, PROFONDERE, GETTAR VIA, SPERDERE.

DISPERDIMENTO, DISPERSIONE, SPERDIMENTO, SCIALACQUAMENTO, SCIALACQUO, SCIALACQUATORE, SCIALACQUONE.

— La prodigalità può non essere *dissipazione* del tutto, e può anco esser lode; ma d'ordinario, è l'eccesso biasimevole della liberalità.

Dilapidare, è il dar fondo a grossi patrimoni, dissiparli miseramente, senza pure la pompa che può essere nello scialacquo. *Profondere* è spender molto in bene, o talvolta in male; sottintende certa effusione di cuore (1). Anche quando ha mal senso, l'ha men forte degli altri (2). Si può profondere in certa occasione, e non più; ma la prodigalità è l'abito del profondere.

Profondere dice: consumo grande, soverchio; *prodigare*: spesa grande, soverchia o no. La profusione e la prodigalità possono essere viziose, non essere. Mediocre spesa può essere prodigalità rispetto alla povertà di chi spende; ma per profondere, bisogna che la spesa sia grande. Si può profondere per umanità, per dovere, per fasto, per avarizia; cioè per raccogliere il doppio poi. Potremo dire: profusione di prodigo.

Si può dilapidare anche l'altrui patrimonio: un tutore, un amministratore infedele, o anche inetto, diransi dilapidatori.

Gettar via, o più famigliarmente, *buttar via* il denaro, si dice di spesa mal fatta. — CAPPONI.

I derivati più usitati sono: *profusamente* e *profusissimo*; *prodigamente*, non *prodighissimo*. *Prodigalizzare* è pesante ed inutile, quando si ha *prodigare*. Nel senso affine ai notati, *disperdimento* è l'atto, *dispersione* l'effetto. Dicesi anco, in senso simile, *sperdere* e *sperdimento*; ma non pare che significhi atto tanto deliberato. *Scialacquamento* è l'atto; *scialacquo* è l'atto e l'effetto. *Scialacquatore* è più nobile, e suona men biasimo di *scialacquone*.

1448—1450.

DISSIPATO, DISCOLO, SCAPATO, SCAPESTRATO.

FARE IL DISCOLO, ESSER DISCOLO, ESSERE UN DISCOLO.

ESSERE TRISTO, UN TRISTO.

FARE IL DISCOLO, IL GAUDENTE, FARE LA VITA DEL GAUDENTE.

1448.

Dissipato, Discolo, Scapato, Scapestrato.

— *Discolo*, anticamente aveva senso di *litigioso*, *contenzioso* (3), e affine a *ignorante*, *idiota* (4); oggi dicesi a uomo di costumi poco lodevoli, e notoriamente scandalosi (5). Più ch'altro, l'usiamo parlando di giovani;

---

(1) SEGNERI: *Volle fare una profusione di tutte le ricchezze dell'amor suo.*
(2) SEGNERI: *Quando meno bisogna, profusissime nello spendere.*
(3) MAESTRUZZO.
(4) SACCHETTI.
(5) Δύσκολον, difficile a governarsi.

---

quindi, *discoli*, in Firenze, coloro che per forza sono arruolati tra i soldati, perché la militar disciplina li corregga, li domi.

Dissipato, quegli i cui pensieri vagano qua e là sparpagliati (1), senza che li raccolga e li fermi a ciò che importerebbe considerare, ad adempire i doveri suoi. *Scapestrato* (2), chi opera senza ritegno per seguire i suoi capricci, le sue inclinazioni. *Scapato*, quando ha senso vicino a *scapestrato*, dice molto meno; e però usasi anco in celia. Poi, dicesi di chi operando non ha il capo lì, ma fa le cose all'impazzata, quasi senza capo; e allora è piuttosto affine a *dissipato*; se non che il dissipato è tale per mala volontà; lo scapato manca della attenzione debita.

Il *discolo* offende il buon costume, ha il prurito di fare il male; il *dissipato* sfugge l'applicazione, il travaglio, cerca sempre di sollazzarsi; lo *scapestrato* ama il vivere licenziosamente; lo *scapato* pecca d'inconsideratezza. Anche *discolo*, talvolta, s'usa in celia; e: fare il discolo, è modo prossimo a: fare il gaudente, cioè darsi bel tempo, divertirsi. — MEINI.

1449.

Fare il discolo, Esser discolo, Essere un discolo.

Essere tristo, un tristo.

Fare ha il senso di celia; e anco sul serio, dice il provarsi a quella vita, il cominciarla; non l'abito nè lo stato. *Essere* è nota più grave: e *essere un discolo*, più grave che *essere discolo*; come *essere un tristo* è più che *essere tristo*. *Essere un tristo* è un appartenere alla greggia di coloro che sono o paiono non punto buoni; *essere tristo*, oltre al poter significare tristizia attuale e passeggera, può avere i sensi affini a malinconia o a furberie. Così di tanti altri aggiunti accoppiati o no all'*un*: è discolo anco un ragazzo sviato, perché abbandonato a sé stesso e che, curato, diventerà buono, e migliore di certi innocentini quietoni; è un discolo anco il figliuolo rispettato d'una rispettabile baronessa.

1450.

Fare il discolo, il gaudente.

Fare la vita del gaudente.

Fare il gaudente, in certo senso, può essere più grave del *fare il discolo*, quando questo adoprasi a modo di celia. Chi va a zonzo un po' più del solito e di quei che faccia comodo ad altri; chi lavora meno, o par che lavori meno di quanto potrebbe; chi fa una giterella di diporto e desiderasi che ritorni, gli si dice celiando: voi mi fate il discolo. Ma il gaudente fa quasi professione del non far nulla o del far poco, e con la meno fatica possibile; del ricercare i piccoli godimenti, quelli specialmente che son passatempi; ed è più prolungato dell'altro, e più prossimo all'abito. *Far la vita del gaudente* è abituale ancora più. Sono spesso i gaudenti che gastigano i discoli, e godono del fingersi addolorati sopra i disordini altrui. *Il gaudente* trova la regola del disordine, innalza a potenza di metodo il vizio, seminandolo in dosi omeopatiche.

1451.

DISSIPATORE, PRODIGO.

— Il *prodigo* spende più che non dovrebbe; il *dissipatore* spende a precipizio. La spesa del prodigo può

---

(1) *Sipo, Supo*, spandere, gettare.
(2) *Capestro*, vincolo, ritegno.

avere un intendimento non inutile in tutto; le spese del dissipatore son matte; ma il prodigo facilmente diventa dissipatore. Ogni spesa soverchia e non piccola, è prodigalità; ogni spesa distruttiva, è dissipazione. Può il prodigo esser tale per vanità; il dissipatore è tale per animo sregolato. — ROUBAUD.

— Chi spende alla spicciolata in ispese meschine e inette, sarà dissipatore, non prodigo. — A.

1452-1454.

DIVERTIMENTO, RICREAZIONE, SPASSO, PASSATEMPO, TRASTULLO, SOLLAZZO.
RICREARE, RISTORARE, RICONFORTARE.
RICRIO, RICREAZIONE, RITOCCHINO.

1452.
Divertimento, Ricreazione, Spasso, Passatempo, Trastullo, Sollazzo.

Ricreazione è più del *divertimento*; questo svia (1) la mente da occupazioni gravi o da pensieri faticosi; quella, ravviva, rifà la forza dello spirito stanco. La ricreazione vera non la gode chi non è stato occupato; ma il divertimento lo provano più o meno tutti, perché lo scuoter la noja con passatempi frivoli, è un divertirsi esso pure. Il disoccupato si diverte, ma non si ricrea; l'occupato si ricrea anche senza cercare divertimento.

Spasso è divertimento leggero (2) ma piacevole, e viene dall'uso di passeggiare dopo aver faticato; o forse dal passare che si fa da pensiero o opera più grave a men grave. Pigliarsi spasso d'un tale, non è ricreazione, ma inetto e tristo piacere.

Passatempo è cosa nella quale si passa con più o men piacere il tempo (3); gli è divertimento leggero; e si fa, non tanto per rifare le forze e distrarci da tristi pensieri, quanto per passare l'ora.

Trastullo, a' dì nostri, sempre o quasi sempre, ha senso di trattenimento fanciullesco (4); e se virile, leggero e talvolta colpevole. Il trastullo alla tenera età è occupazione continua (5).

Sollazzo, secondo l'origine, dovrebbe valere: divertimento che consoli (6) da noja o dolore. Ma nell'uso odierno è trastullo giulivo, o spasso molto piacevole (7).

— La *ricreazione* è, d'ordinario, più breve; indica il bisogno ch'ha lo spirito di riposo. C'è dei divertimenti che non valgono a ricreare. — ENCICLOPEDIA.

Divertimento è più generale, comprende ogni modo di distrarre il pensiero; *spasso*, divertimento gajo, o talvolta ingiurioso ad altri; *passatempo*, divertimento che

(1) *Verto.*
(2) VARCHI: *Combattimenti che si fanno per dare spasso al popolo.*
(3) FIRENZUOLA: *Darci un poco di passatempo d'una commedia o d'una canzone.*
(4) BOCCACCIO: *A guisa d'una fanciulletta con certi animaletti che in casa tiene, si trastulla.*
(5) In Dante ha senso di diletto che viene dalla bellezza, anco morale e civile: *Del ben richiesto al vero ed al trastullo.* Se venisse da *transfero, transtuli* (ma ne dubito), porterebbe imagine simile a *spasso* e *divertimento.*
(6) *Solor.*
(7) BOCCACCIO: *Andare a sollazzo per la terra. - Quinci levatici, nlquanto ci andrem sollazzando. - Per lo fresco levatici, per alcuna parte ci andrem sollazzando.* - PALLADIO: *Se l'andasse troppo sollazzando di fuori coll'api.* In Dante tiene della radice: *Io dico pena, e dovrei dir sollazzo.*

fa passare, o s'intende che debba far passare il tempo con piacere o senza noja, o con meno acre noja, o con noja variata, nel fare alcuna cosa o vederla o sentirla. Chi sente il valore e sa il fine della vita, ha divertimenti, non passatempi. *Sollazzo* (1), in genere, ogni ricreazione gaja; *trastullo*, diletto che viene da giuochi vani, o innocenti, o anche un po' maligni.

1453.
Ricreare, Ristorare, Riconfortare.

Nel senso corporeo, il primo è più del secondo; più il secondo del terzo. Cibo o bevanda che ristori di molto, è un ristoro; non si dirà ch'è un riconforto, e neanche un conforto. *Ricreare*, non tanto del gusto, del tatto e dell'odorato, quanto dell'udito e della vista; e di tutta la persona e del sentimento.

Nel traslato, *ricreare* riguarda, segnatamente, il diletto; *riconfortare*, il coraggio; *ristorare*, l'utile d'ogni maniera. Quel che piace, ricrea; quel che inanima, riconforta; quel che rende migliore lo stato nostro, ristora.

— *Ricreare*, sollevare il corpo o l'animo da fatiche o da noje; *riconfortare*, ridar forza al corpo o all'animo indebolito da stanchezza o dolore. Nel primo è rinnovamento piacevole; nel secondo, rafforzamento che scansa il male o il sentimento di quello. *Ristorare*, è riparare i danni, dar sollievo a' bisogni. — VOLPICELLA.

1454.
Ricrio, Ricreazione, Ritocchino.

— *Ricrio*, dell'uso famigliare, è ricreazione più piccola, ma più gaja e più materiale. L'ore di ricreazione possono occuparsi in cose anco un po' gravi; meno gravi però del solito; se no, *ricreazione* non si chiamerebbe (2). La lettura d'un libro può essere ricreazione a persone use a meditare da sè; nè questo si direbbe *ricrio*, ch'è, ripeto, più materiale: che ricrio a respirar l'aria di queste colline! Alle volte *ricreazione* intende il popolo l'andare più insieme a desinare alla locanda; e anco in questo senso il *ricrio* è più piccolo; fare un ricrio, s'intende desinare più alla buona che facendo una ricreazione. *Ritocchino* è mangiare qualche cosa dopo pranzo, a merenda, per lo più in compagnia. — MEINI.

1455-1456.

DIVERTIRE, DISTRARRE, STORNARE.
FRASTORNARE, DISTORNARE.

1455.
Divertire, Distrarre, Stornare.

— *Distrarre* è, il più sovente, men di *stornare*. Per *distrarre* basta interrompere un momento l'attenzione dell'animo dal lavoro; per *istornarnelo*, bisogna occuparlo alcun tempo a altra cosa (3); per *divertirnelo*, bisogna occuparlo in modo piacevole più o meno, sì che a quella e' si volga spontaneo.

L'uomo distratto può pur riandare la cosa che è soggetto del suo pensamento, quantunque la mente fugga e sia tratta altrove (4). Chi dal pensare è stornato, non pensa più a quella, ma può ripigliarla, perché il suo

(1) Pronunziasi con due *l*, come *candelliere* da *candela*, mentrechè *cavaliere* perde fino una zampa del cavallo suo padre.
(2) Così chiamasi ne' collegi o luoghi simili il tempo che nel ricrearsi è speso, e il luogo dove la ricreazione si fa. *Andare in ricreazione; perdere, per castigo, la ricreazione.*
(3) *Tornare, volgere.*
(4) *Dis-traho.*

volere non vi contrasta; anzi quasi sempre questa voce significa interruzione non voluta e poco piacente. Anco una causa, un'occasione leggera distrae; una sollecitudine, un impedimento forte distorna; un'attrattiva diverte. L'uomo leggero si distrae facilmente da sè; l'uomo curioso è stornato dal suo pensiero a ogni novità che gli si offre; l'uomo che poco ami l'occupazione presente, se ne lascia divertire alla prima impressione piacevole che lo assalga. Distrarsi è buono dalla troppo intensa applicazione, dai troppo mesti pensieri. Da un'alta impresa, da un pensiero generoso, non bisogna lasciarsi mai distornare. Anco il divertimento è condannabile, quando il minor bene c'involi a maggiore. Facciamo in modo che le più nobili cose ci divertano dalle men nobili. Chi non altro cerca che divertirsi, vive in distrazione continua. — ROUBAUD.

1456.
Frastornare, Distornare.

— Cosa che *frastorna*, si frammette fra noi e lo scopo nostro; cosa che *distorna*, non fa che sviarne o l'alto o il pensiero (1). — ROMANI.

— Si frastorna nel mezzo dell'opera; si distorna e da opera incominciata, e da non cominciata.

Il *frastornare* non vale sempre *interrompere*; *distornare* è un fare o un tentare almeno che l'opera sia smessa per poco tempo o per assai. *Frastornare* è un incomodo; *distornare* può esser male, ma può essere altresì beneficio. — GATTI.

1457 - 1458.
DIVOZIONE, RACCOGLIMENTO.
DIVOZIONE, DEVOZIONE.
DIVOTO A, DI, IN, PER.

1457.
Divozione, Raccoglimento.

— Il *raccoglimento* (bellissima parola, e tutta cristiana, e che contiene il segreto della vita virtuosa e della vita felice), il *raccoglimento* è nella mente (2); la *divozione*, nell'anima. Si potrebbe fors'anco dire col Cavalca: raccoglimento del cuore, intendendo del raccogliere i dissipati affetti, i quali sviano i pensieri; ma, comunemente, *raccogliersi* riguarda, in modo più diretto, il pensiero.

In questi casi, e il *raccogliersi* e il *raccoglimento* sono traslati, i quali derivano da quel significato di *raccogliere*, che vale: adunare o ristringere in poco spazio quel ch'era prima disteso o sparso o vagante: il pastore raccoglie la greggia, il marinaro le vele. E di qui: raccogliere le biade, suonare a raccolta, e simili. — CAPPONI.

La *divozione* può essere negli atti (3), ne' sospiri; ma sempre questi son segni dell'interno affetto (4). *Divozione* è, poi, il sentimento abituale. Si ha divozione a un santo, a un'imagine (5); ma si badi che tali ossequii non divengano irragionevoli.

La vera divozione non è tanto facile quanto credono certi uomini pii; non è tanto puerile quanto crede qualch'empio (1).

Divozioni, inoltre, le pratiche divote (2). *Divoto* chiamasi un luogo o che ispira divozione o ch'è consacrato ad opere di pietà (3). Non parlo della divozione a una casa reale, nè del: servitor divotissimo, modi che attestano, come l'uomo nel voler liberarsi dal giogo religioso, si rende ligio a ben più miserabili servitù.

La divozione concilia raccoglimento.

1458.
Divozione, Devozione.
Divoto a, di, in, per.

Nel senso latino, diciamo *devozione* e *devoto*, quando cioè significa: consacrato quasi in voto; e, per estensione: dedito, grandemente affezionato e sommesso. Quella de' Decii è devozione (4); e Orazio, il vigliacco, parlò di petti devoti a libera morte (5). Il medesimo de' Saguntini, di Curzio, de' Fabii, e di tutti coloro alla fede de' quali fu suggello la morte. E Virgilio, di Didone già prossima al suo terribile amore: « devota alla futura sciagura. » Nel senso cristiano (più nobile senso, perchè il vero Dio solamente è degno che a lui si offrano in voto gli affetti), diciamo e *devozione* e *divozione*, con gli altri derivati promiscui; ma meglio sarebbe il *di* sempre.

Nel senso cristiano, diciamo: *devoto a*, e *devoto di*. Nel senso antico, *a* solo ha luogo: devoto alla patria, all'onore, al dovere (6). *Divoto di*, segnatamente d'un santo, della Vergine; nè direbbesi: divoto di Dio, di Cristo, come: a Cristo, a Dio. *Divoto* dice l'abito della divozione, cioè delle pratiche pie che si fanno a un santo, alla Vergine. E però in simil senso direbbesi: divoto d'una chiesa, e anche: d'un convento; e in senso umano: divoto di tale o tal persona; suo divoto, quasi sostantivamente. *Divoto a* dice l'affetto dell'intimo cuore. Non tutti i divoti d'un santo sentono divozione a Dio.

Dicevasi anco *divoto in*, e significava più il sentimento che le pratiche; sentimento intenso e intimo. *Divoto e divozione per*, dice piuttosto disposizione che affetto profondo. Ambedue direbbersi anco di divozione meramente umana con differenze simili.

1459 - 1470.
DIVOZIONE, PIETÀ, RELIGIONE.
IPOCRISIA, IMPOSTURA.
IMPOSTURA, IMPOSTURE.
IPOCRITA, PINZOCHERO, BIGOTTO, BACCHETTONE.
IPOCRITONE, IPOCRITACCIO.
IPOCRITA, BACCHETTONE.
EMPIO, IRRELIGIOSO, INCREDULO.
GENTILE, PAGANO, IDOLATRA.

---

(1) BOCCACCIO: *Erasi il matrimonio per diversi accidenti frastornato.* - LIVIO: *Spaventar la plebe, e distornarla dall'intendimento della novella legge.*

(2) FRA GIORDANO: *Raccogliere la mente in Dio.*

(3) BOCCACCIO: *Divotamente si confessò.* DANTE: *Devotamente sospira.* - VITA DI S. MARIA MADDALENA: *Divotamente parlare.* - L. ANDREINI: *Devotissimamente andavano.*

(4) Onde il Boccaccio: *Con quella divozione, con quell'affezione che io posso maggiore.*

(5) Boccaccio: *Divotissimo vi conosco di s. Antonio.* - Venerabile uomo nel quale tutti i cittadini grandissima divozione avevano. - Ho avuto una special divozione al vostro ordine.

(1) BOCCACCIO: *Divote persone.*

(2) LIB. PRED.: *Passano la notte in certe divozioncelle.* - GR. S. GIROLAMO: *Dette le loro divozioni.*

(3) SEGNERI.

(4) PETRARCA: *Curzio con lor venia; non men devoto, Che di sè e dell'armi empii lo speco.*

(5) ALFIERI: *In alto stan gl'ignudi ferri. Accenna, accenna sol: già nei devoti petti Piombar li vedi, e a libertà dar via.*

(6) I Francesi distinguono ancor più nettamente le due idee con *dévotion* e *dévouement.*

GENTILE, PAGANO.
PAGANEGGIARE, PAGANIZZARE.
GENTILE, ETNICO, PAGANO.
GENTILITÀ, GENTILESIMO, PAGANESIMO.
SCISMATICO, ERETICO.
EMPIO, ATEO, MISCREDENTE, INFEDELE.
MISCREDENTE, INFEDELE.

1459.
Divozione, Pietà, Religione.

— *Religione*, il sentimento interno; *pietà*, il sentimento accompagnato da atti. — NESI.

— *Religione*, qui si considera come il sentimento dell'animo verso Dio, non già come il culto a lui dovuto dagli uomini. In questo senso, distinguendo, diremo che: l'uomo religioso adempie i doveri suoi verso Dio; l'uomo pio li adempie con rispetto e zelo; l'uomo divoto, con più compostezza e fervore.

Non è vera religione senza pietà. La *religione* è nel cuore; la *pietà* si manifesta con atti al di fuori; la *divozione* si manifesta ancor più vivamente, e può essere tutta estrinseca. — GIRARD.

La *pietà* sente l'amore e il rispetto debito a Dio, e fa gli atti a ciò convenienti; la *divozione* li fa con cuore più umile e più dato a Dio (1). Conoscevano anco i Gentili la pietà; non la divozione. Tullio: *Pietas, sanctitas, religio, quæ omnia pure et caste divino Numini tribuenda sunt.*

Nell'uso ascetico, *pietà* esprime la disposizione dell'animo, dimostrata nelle opere e nelle pratiche; *divozione*, specialmente l'intensità della preghiera, l'esterno raccoglimento. Menare vita divota è più che vivere con cristiana pietà. Si fanno atti di pietà con più o meno divozione: e può la divozione essere più o meno sincera. In senso simile usiamo: libro divoto; e: fare le sue divozioni, il confessarsi e ricevere l'Eucaristia.

Religione abbraccia tutti i vincoli che stringono (2) l'uomo a Dio: di credenza, di speranza, d'affetto. Si può avere una religione, ma fredda e superba, che sdegna gli atti di pietà, e crede cosa ridicola la divozione. C'è chi l'essenza della religione, e la sua filosofia, ripone nello sprezzare le pratiche di pietà.

1460.
Ipocrisia, Impostura.
Impostura, Imposture.

— *Ipocrisia*, arte d'ingannare sotto specie di virtù. *Impostura*, arte d'imporre in altrui stima o credenza di sè per titoli e parlari non veri. L'ipocrita vuol parere buono; l'impostore vuol parer buono o ingegnoso, o ricco, o autorevole; l'ipocrita nasconde sè; l'impostore, per mostrar sè in miglior luce, deprime altrui o diffama. L'ipocrisia è, per lo più, cupa, teme la luce; l'impostura è loquace, cerca le moltitudini da ingannare, dissemina il falso.

Imposture, in plurale, è più comune d'ipocrisie. — GRASSI.

Imposture dice non l'arte in genere, come il singolare, sì gli artifizii usati dall'arte, i tali o tali atti d'impostore o da impostore.

---

(1) *Voveo.*
(2) *Ligo.* Se si deriva da *lego* (e sarebbe meglio per il senso, ma non so se le norme filologiche lo concedano), religione, sarebbe come la scelta di quanto ha di più eletto la tradizione e l'istinto.

1461.
Ipocrita, Pinzochero, Bigotto, Bacchettone.
Ipocritone, Ipocritaccio.

Bigotto, che bada alle minute pratiche del culto con iscrupolo soverchio, e non sempre con vera pietà; *pinzochero*, che esercita queste pratiche senza intenderne bene lo scopo e il senso; *ipocrita*, che sotto il manto di fede, divozione, virtù, nasconde i suoi vizii; *bacchettone*, che bada troppo alle forme religiose, e vuole imporle ad altrui: idea di più che in *pinzochero* non è.

Anco nel femminino *pinzochera*; anzi di lì venne per beffa il titolo al maschile. Una bigotta, direbbesi; ma più comune è dell'uomo. E in questo titolo pare inchiusa l'idea di meticolosità superstiziosa. *Bigottismo* sa di francese; men male forse *bigotteria*; ma *bacchettoneria* par che basti. Se ne fa *bacchettoncino* col suo femminino. *Ipocrita* fa *ipocritone* e *ipocritaccio*; il secondo suona più dispregio ma il primo più odio, perchè sa meglio il mestiere, e rammenta *dottorone*. L'*ipocritaccio*, più sguaiato, è meno pericoloso.

1462.
Ipocrita, Bacchettone.

L'*ipocrita* copre il male coll'apparenza del bene. Molte le specie d'ipocrisia. Chi fa il santo, e ha in cuore affetti non puri, è ipocrita; ipocrita chi fa l'onest'uomo, e tende a gabbare; ipocrita, per estensione, chi si mostra più incredulo o più corrotto di quel ch'egli è, o per vanità o per interesse, o per debolezza di cuore o di mente.

Il *bacchettone* esercita affettatamente le pratiche religiose, o per angustia di spirito, o per vanità, o per ingannare il prossimo, e intanto e non opera il bene, o non l'opera quanto dovrebbe. C'è dunque de' bacchettoni ipocriti; ma i bacchettoni ipocriti sono i men da temere.

1463.
Empio, Irreligioso, Incredulo.

— *Irreligioso*, chi non ha religione o chi non rispetta le cose religiose; *empio*, chi si vanta di non aver religione, chi ne irride o ne insulta i riti e le massime. Proposizione non affatto religiosa, non si potrà però chiamare empia; anzi molti che si credono avere non poca religione, commettono atti irreligiosi, cioè irriverenti a contrarii all'essenza di quella. L'abuso delle verità religiose è irreligione anch'esso; empietà non è.

L'*incredulità* ha varii gradi; può andare fino alla negazione di Dio; l'*irreligione* può riguardare i dommi o le pratiche, o quelli e queste; l'*empietà* può essere irriverente alla religione, ma non la negare. L'incredulo non è empio, se rispetta la religione in altrui; e molti sono gli empii per burbanza, che increduli in cuore non sono. — GUIZOT.

1464.
Gentile, Pagano, Idolatra.

— Chi adorava un Dio solo, o, pur credendo a più Dei, non conosceva nè sperava il Redentore, era propriamente *gentile*, ma non *idolatra*. — ROMANI.

— Socrate era *pagano*, ma non idolatra, se crediamo alle accuse di Melito, alle lodi di molti moderni. Le nazioni che oggidì adorano imagini materiali per Dei, sono più propriamente idolatre. In relazione con la storia ebrea, diremo gli altri popoli gentili, non pagani; in relazione coi primi cristiani, pagani e gentili. — A.

1465.
Gentile, Pagano.
Paganeggiare, Paganizzare.

Pagani diremo i costumi di molti cristiani, non *gentili*, per evitare l'equivoco; *pagane* le dottrine, i sentimenti, le imagini di certi autori o scrittori. E non sarà barbaro il superlativo *paganissimo* dato al cardinal Bembo, e ad altri suoi pari. Ma *gentilissimo*, in questo senso, nessuno direbbe. Altri due derivati, che la Crusca non nota, si potrebbero da questa voce creare: *paganeggiare, paganizzare*; il primo, intransitivo; attivo il secondo. Paganeggiano molti nella poesia; alcuni ingegnosetti vorrebbero l'intera arte poetica e il cristianesimo stesso paganizzare.

1466.
Gentile, Etnico, Pagano.

Etnico, che appartiene ai popoli ignari del vero Dio; ed è il medesimo che *gentile*, poiché agli Ebrei dire *genti*, era come ignari di Dio.

Questo secondo è più comune; e ne venne *gentilità*: e il libro di s. Tomaso *contra gentes* si tradurrà: contro i Gentili; e i filosofi, gentili diremo, o pagani, non etnici. *Pagano*, perché ne' *pagi* la religione de' gentili più lungamente ebbe vita. Se ne fece *paganesimo*, che è il contrapposto di *cristianesimo*. Il *paganesimo* è la religione, la dottrina pagana, i riti; *gentilità*, la parte d'umanità, la collezione di persone che quella religione professano.

1467.
Gentilità, Gentilesimo, Paganesimo.

Gentilesimo, il rito, la religione, l'opinione; *gentilità*, la nazione, le nazioni che professano il gentilesimo, la terra da esse abitata. *Gentilità*, come *umanità*; *gentilesimo*, come *cristianesimo*. Il gentilesimo comprende tutte le credenze ed opinioni diverse dalla cristiana o dalla mosaica; il *paganesimo* riguarda le genti in rispetto al cristianesimo o nato o presso a nascere; il primo, dunque, è più generale. Gentili i Caldei, pagani i Romani. *Pagano* e *paesano* hanno la medesima origine. Tutte le cose o vengono di campagna, o in campagna finiscono; di campagna in città, le migliori; di città in campagna, le logore; la campagna alla città, fiori e frutte; la città alla campagna, concio e villeggianti.

1468.
Scismatico, Eretico.

Cristiano che non crede qualche domma dalla Chiesa insegnato dicesi *eretico*; se si separa dalla Chiesa è *scismatico*. Non tutti gli eretici sono scismatici; gli scismatici, per occasione di qualche eresia, si distaccano dalla Chiesa. E a questi e a quelli da taluni si dà a tutto pasto il titolo d'empii, e altri siffatti; ma specialmente in tal senso riceve per tradizione l'errore, quand'anco l'ignoranza sia più o meno vincibile, può non essere l'empietà: e tutti sappiamo, o dovremmo sapere e credere, che c'è de' Protestanti e de' Greci pii. Segnatamente la parola *scismatico* suona odiosa; e, giacché le parole non rifanno le cose, gioverebbe astenersene. *Eresia* ha senso quasi di colla, affine a *sproposito*. *Scisma*, secondo l'origine sua, dicesi anco di divisione non religiosa, ma o civile o anco letteraria, sempre però in senso serio. Il popolo l'infemminì, così come decapitò l'eresia, e ne fece *resia*.

1469.
Empio, Ateo, Miscredente, Infedele.

Infedele l'uomo educato in religione non vera, che il vero disprezza perché nol conosce. *Miscredente*, l'uomo cui il vero è noto e o nol crede, o male. *Ateo*, chi nega, o dice di negare Iddio. L'ateo è un empio, non ogni empio è ateo. Nessun infedele è ateo; ché i selvaggi più bruti hanno alcun sentimento di potenza superiore all'umana.

1470.
Miscredente, Infedele.

Infedeli quei che la vera fede non hanno; siano idolatri o musulmani o altro. È voce impropria in questo, che chiunque ha una fede, qual ch'ella sia, infedele non è: ma è propria in questo, che sola la fede in Dio spirito, è fede spirituale, e concorde con le opere, merita il fede il nome.

Miscredente, chi nato in credenza vera, quella, in tutto o in parte, rigetta con orgoglio e mal animo.

1471-1472.

DOCCIA, Doccio, Doccione, Canale, Acquedotto, Condotto.

Gronda, Grondaja.

1471.
Doccia, Doccio, Doccione, Canale,
Acquedotto, Condotto.

Doccia, canaletto di terra cotta o di legno, o di altra materia, per la quale si fa scorrere o scolare le acque. *Docce*, per esempio, quelle di su pe' tetti; e differiscono dalle *gronde* in ciò, che queste sporgono sempre in fuori e versano l'acqua nella strada; ma *docce* possono anco chiamarsi quelle che la conducono orizzontalmente lungo il tetto (1), che gronde non sono.

La gronda sporgente dicesi pure *doccio*. *Condotti* tutti quelli che conducono acque di lontano, e d'ordinario per canali segreti.

Condotto può essere vocabolo generale, che comprende sotto sé, come una specie, le docce. G. Villani: « Fece fare il condotto delle acque in docce, in arcora (2). »

Doccione, toscanamente, la gronda; e *doccione* anco quel dell'acquajo, che però si dice *condotto*. Ma ognun vede che una *doccia* piccola non ben si direbbe *doccione*.

Qualunque luogo dove passi acqua, o stia, è *canale*. Canali que' di Venezia, canale del fiume, canale del ruscello. Ogni condotto è a qualche modo canale; non ogni canale è condotto (3). Questa voce, inoltre, ha parecchi sensi traslati: canali vegetabili, o animali (4). Per arrivare alle orecchie d'un potente forza è talvolta passare per certi canali sudici e bassi. La differenza tra *canale*, *doccia* e *doccione* è fatta più visibile dall'esempio di Palladio: « Abbiano i canali i loro doccioni. »

Acquedotto è canal murato, e con più arte costrutto, per condurre l'acqua da certa distanza. La doccia, il con-

---

(1) TARGIONI: *Fatto un incavo nel tronco d'un albero fino alla midolla, e ricoperte le due superficie dell'incavo con una lamina di piombo ridotta a doccia, per raccogliere l'umore discendente e ascendente.*

(2) CRESCENZIO: *L'acque de' pozzi e de' condotti sono malvage per rispetto di quelle delle fontane.*

(3) BOCCACCIO: *Una finestra la quale sopra il maggior canal rispondea.* - DANTE: *Li ruscelletti che de' verdi colli Del Casentin discendon giuso in Arno, Facendo i lor canali e freddi e molli.*

(4) *Le fibre de' funghi non son vasi o canali, come nelle altre piante.*

dotto, il canale, il doccione, possono servire, per far passare l'acqua, per farla scorrere; l'acquedotto è destinato a condurla (1).

— *Docci* e non *docce* (detti anco *tegolini*), sono que' pezzi concavi di terra cotta che sovramettonsi agli orli delle tegole, e impediscono che l'acqua entri fra tegola e tegola. Le *gronde* sono tegole coi lati paralleli; cioè larghe tanto da piè che da capo, e si mettono all'orlo esterno del tetto. La *doccia* è quel canale, per lo più di latta, che riceve le grondaje, e conduce l'acqua in una cisterna o in una fogna, o la getta raccolta da un punto solo. — LAMBRUSCHINI.

1472.
Gronda, Grondaja.

— *Gronda*, la parte sporgente dei tetti, dove si raccoglie l'acqua piovana, che poi passando per la doccia, gronda nelle strade; incomodo ai cittadini. *Grondaja* è piuttosto l'acqua che cade, e il luogo dove cade spesso. Parlando, ambedue le voci si usano promiscuamente; ma pare la grondaja si possa imaginare più grande, e più abbondante d'acqua. Fuggire, o scansare l'acqua sotto le grondaje, è proverbio vivo, che vale: incontrare un maggior danno, fuggendo il minore. — MEINI.

1473.
DOCCIO, EMBRICE, TEGOLO, COPPO.

• *Embrice*, dice la Crusca, tegola piana, della lunghezza di due terzi di braccio, con un risalto per lo lungo da ogni lato; serve per copertura de' tetti, e si volta col risalto allo insù; sopra il quale si pongono tegole o tegolini, acciocché non trapeli l'acqua tra l'uno e l'altro (2). • Il *tegolo* è un pezzo di terra cotta più lungo che largo, convesso, e, d'ordinario, dall'un capo stretto più che dall'altro. Varchi: • Può essere differente di forma e non di materia, come un tegolo ed un embrice (3). • In alcuni luoghi gli embrici sottostanno ai tegoli, i quali coprono il sesso tra embrice ed embrice: in altri, il tetto è tutto di tegoli, i quali, essendo dall'un lato più stretti, entrano l'uno nell'altro. • Tali pezzi, dice il Romani, si dispongono sopra il tetto in tante linee rette dal comignolo alla gronda, poggiando il convesso sopra un suolo di asicelle, in modo che la parte più stretta entri alcune dita nella più larga; e quindi altri simili pezzi rivolti colla loro convessità ricoprano i labbri de' primi, congiungendo anco i secondi, nel modo additato.

— L'*embrice* si chiama oggi in Toscana comunemente *tegola*. Il *tegolo* si dice piuttosto *tegolino*, e più frequentemente *doccio*. Si usa bensì talvolta di mettere di tegoli per il convesso, e sovrapporre agli orli delle due file contigue una fila di docci per il concavo, sì che ricuoprano la committitura, come si fa degli orli delle tegole. — LAMBRUSCHINI.

• C'è, dice lo Chambers, de' tegoli piani, di cima, di tetto, di gronda, curvi, di cantone, da spiraglio, d'astragalo, da traversa, di rilievo. • Gli embrici hanno

---

(1) BERNI: *Un pezzo di frammento d'acquedotto.* Dell'altre, che ,non sono costruzioni architettoniche, non si direbbe il simile.

(2) F.ORTI: *Tutta la notte piovve oro sul tetto di questa donna, e tra embrice e embrice si calò nel suo letto.*

(3) L'*embrice* è sempre di terra cotta; il *tegolo* potrebbe forse essere d'altro. VAL. MASSIMO: *Un tegolo di marmo.*

sempre una forma (1). Una forma e due usi: da coprire i tetti, e da servire a chi lava, a modo di tavoletta su cui sgocciolare e stropicciare i panni.

Coppo, che in qualche dialetto vale *tegolo*, in alcuni dialetti di Toscana è *orcio* d'olio; né altro c'è di comune fra le due voci, se non ch'anco il coppo è di terra cotta. Ma nel Casentino, coppo dicesi quel cannone, pur di terra, che tiene insieme unite su' tetti le tegole. *Doccio* ha altrove lo stesso significato.

1474.
DOLCE, DOLCEZZA, DOLCIUME, SDOLCINATURA.
DOLCI, DOLCEZZE.

Dolce, sostantivo, è l'astratto: gli piace il dolce, il dolce ristucca (2). *Dolciume* esprime molte cose di sapor dolce, sull'analogia di *agrume* e altri tali; è anco lo stesso sapor dolce, assai grande e sensibile (3). *Dolcezza* è la qualità. Non si dice: la dolcezza ristucca; ma bensì: cosa pregevole per la molta dolcezza; dolcezza delle frutte, e simili.

Dolciume, di traslati non n'ha quanto l'altro: ma direbbesi: il dolciume delle adulazioni piace agli stomachi deboli, e li indebolisce sempre più; il dolciume metastasiano non va più a' nostri stomachi; ma c'è un acidume più fiacco e malsano di quel dolciume. *Dolciume* di scrivere, di maniere, d'educazione, è peggio che *sdolcinatura*. Il dolce dell'amore non ne compensa l'amaro. Un po' di dolce fra molto amaro della vita, non fa talvolta che rincrudire i dolori. Il dolce delle parole melate, talvolta nasconde veleno. Questa voce risveglia sempre, o quasi sempre, per contrapposto (altri direbbe per antidoto), l'idea d'amaro (4). *Dolcezza* dà idea più assoluta e più pura. Dolcezza del canto, del suono, della voce, della pronunzia, delle rime, de' versi, dello stile, della facondia, della preghiera (5), dell'accoglienza (6), del rimprovero, del conforto, del riso (7), delle lagrime, della gioia, degli amplessi, de' colloquii, della pace, dell'amore, d'un temperamento (8), d'un governo (9), della beneficenza, della virtù, della vita, della morte. Di cosa non buona, il piacere ch'essa risveglia non lo direi mai *dolcezza* (10). Il falso dolce de' mondani divertimenti non uguaglia la dolcezza d'una lagrima sparsa nella solitudine

---

(1) *Imbrex* anche pe' Latini differiva da *tegula*. Ma l'*imbrex*, per essi, era concavo, e somigliava al tegolo nostro: la *tegula* poi poteva avere altre forme parecchie. Nei secoli bassi li troviamo quasi sinonimi. SIDONIO: *Tegulis interjacentibus imbricarentur.* Così si spiega come *tegolo* sia venuto ad avere il senso di *imbrex*.

(2) BERNI: *Gli occhi avevano un dolce tanto vivo.*

(3) LIB. CUR. MAL.

(4) PETRARCA: *S'i' ho alcun dolce, è dopo tanti amari.* - FAZIO: *Il dolce si conosce per l'amaro.* - BERNI: *Nel tuo dolce metter molto amaro.*

(5) BOCCACCIO: *Pregar dolcemente.*

(6) DANTE: *Dolcemente . . . accolto.*

(7) PETRARCA: *Dolce parla e dolce ride.*

(8) COMM. INF.: *Uomo dolce.* - In questo e negli altri esempi che reco dell'aggettivo, parmi ch'e' possa derivarne l'astratto: non sempre però un nome aggettivo si può sostantivare francamente. Né si direbbe: *dolcezza di sale*, come dicesi: *uomo dolce di sale*; e così d'altri. Ma questo modo fa credere che gli antichi presentissero l'idea chimica moderna del sale.

(9) M. VILLANI: *Intendendo dolcemente rassettare il reame, fece gridare...*

(10) Ell'è un'eccezione del Petrarca: *La fera dolcezza... di pianger sempre.*

alla memoria di persona innocentemente amata. Il dolce d' una vita fastosa non è da paragonare, nemmen per sogno, alla dolcezza che il giusto prova morendo (1).

Dolcezza, al plurale, mai non s'usa nel proprio. *Dolci*, in plurale, ha altro senso; vale: robe dolci da mangiare, buccellato, confetti, panforte, pasticcini, brigidini, e simili cose, che se non fossero note, sarebbe meglio.

1475—1477.
DOLCE, SDOLCINATO, SMACCATO, DOLCIACCIO, DOLCIONE, DOLCIASTRO, DOLCIGNO, DOLCO.

DOLCE, ABBOCCATO, AMABILE, SOAVE (di vino).

1475.
Sdolcinato, Smaccato.

Sdolcinato: troppo dolce, ingratamente dolce. Buonarroti: « Del dolce egli ha 'n buon dato, O, per dir meglio, dello sdolcinato. » Un sapore è troppo sdolcinato (2); sdolcinato è uno stile dove la mollezza, la dolcezza, la grazia siano affettate, entrino, non come elemento; ma come ornamento. Sdolcinate certe lusinghe; sdolcinata una persona che ama le sdolcinature o nelle parole o negli atti. In molte cose il nostro secolo è sdolcinato, sebbene affetti la forza (3).

Smaccato non è lo stesso. Redi: « Quel cotanto sdolcinato, Sì smaccato, Scolorito, snervatello » (del vin di Bracciano). Un dolce smaccato ristucca, offende più il senso che lo sdolcinato. Le materie zuccherose fanno un cibo sdolcinato; lo zucchero cacciato in gran dose, fa un dolce smaccato, ristucca, e fa male allo stomaco. Soderini: « Per la troppa maturezza resta il vino torbidiccio, e lo fa troppo sdolcinato, e, per la sua troppo smaccata dolcezza, ristucchevole. » Nel traslato diciamo: lodi, adulazioni smaccate. Le lodi smaccate, le quali dovrebbero essere ricevute come uno smacco, son gradite da molti. Il Buonarroti dice che il dolce smaccato piace al popolo: ma non tanto al popolo quanto ad altri, ve lo so dir io.

1476.
Dolciastro, Dolcione, Dolciaccio, Dolcigno, Dolco.

Dolcigno, che ha un po' di dolce; *dolciastro*, che ha del dolce, ma ingrato; *dolcione*, dolce pieno, ma non ancora tanto da dirsi smaccato; *dolciaccio*, dolce non solo stucchevole, ma ributtante o malsano: più che smaccato, insomma. Nel masticar certe foglie si sente una vena di dolcigno; certi sali e metalli hanno un sapore dolciastro; il vino non istagionato è dolcione; certe vivande, passate che siano un poco, acquistano un dolciaccio, che non si possono mandar giù.

Dolco è tutt'altra cosa; dicesi del tempo, della stagione, quando non è nè caldo nè freddo (4), e la temperatura è tale da presagire piuttosto umidità che sereno. Altro è la *dolce* stagione di Dante; altro è un tempo dolco. L'aria, in certi climi, in certi paesi, è dolce, senza che faccia dolco. Il dolco è temperatura non molto favorevole a piena sanità. Voce d'uso.

Dolco è pure il materasso non duro.

---

(1) DANTE: *Di vita eterna la dolcezza*.
(2) REDI.
(3) *Sdolcinato* un carattere tragico.
(4) FAZIO. Sebbene in quell'esempio non si vegga, tal qual è, l'uso della lingua parlata.

1477.
Dolce, Abboccato, Amabile, Soave (di vino).

— Un vino qualsiasi è più o meno dolce; e questa è qualità del vino comune. Vin dolce è una specie di vino per distinguerla dal comune e da pasteggiare. Vino abboccato è vino dolce, svinato, giovanino, che non sarebbe buono per pasteggiare; ma in fine di tavola un vecchio ci fa una zuppettina e se la gode (1).

Vino soave non direi, se non parlando poeticamente.

Vino amabile è non troppo gagliardo o spiritoso, ma piacevole al gusto. Non si direbbe di vino squisito, o generoso. — BIANCIARDI.

1478.
DOLCE, DOLCO.

RADDOLCARE, ADDOLCARE.
RADDOLCIRE, ADDOLCIRE, INDOLCIRE.
METTERSI, BUTTARSI A DOLCO.
METTERSI, BUTTARSI (del tempo in genere).

— *Dolco*, del tempo quando si fa più dolce: il tempo si butta a dolco. Ellitticamente fa vece di sostantivo: oggi è dolco; i dolchi dimoiano il terreno.

Indolcire s'usa nel proprio; *addolcire* e *raddolcire*, piuttosto nel figurato: ulive, lupini indolciti; non, addolciti, nè raddolciti. Collo zucchero s'indolcisce il caffè. Il sugo di certe erbe addolcisce e raddolcisce il sangue. Tra *addolcire* e *raddolcire* la differenza mi pare, che *addolcire* significa far dolce; *raddolcire*, rendere nuovamente dolce, o far più dolce: la stagione si raddolcisce, cioè, si fa più temperata; la vera amicizia addolcisce le noje di questa vita; la religione raddolcisce l'anima amareggiata dalle prepotenze degli uomini, e l'innalza a Dio. — MEINI.

Il Meini attesta che *raddolcare*, del tempo che si fa dolco, non vive più. A me pare d'averlo sentito. *Mettersi a dolco*, poi, è men di *buttarsi*, che dice aria più di scirocco, e da indurre più lassezza che sollievo; e ciò per la ragione stessa che diciamo del tempo, *mettersi a buono*, non già, *buttarsi*.

1479—1481.
DOLCE, CARO, SOAVE, GRATO, GIOCONDO.

1479.
Dolce, Caro, Soave.

Dolce è più. *Caro*, vale: di pregio. *Dolce* porta una impressione più sensibile di piacere. Petrarca: « Caro, dolce, alto e faticoso poggio. — Caro, dolce, onesto sguardo. — Le dolci membra del tuo caro figlio. » Dante: « Ti prego, dolce padre caro. »

Corneille: *Voilà le jour Si doux à mes souhaits, si cher à mon amour*. L'amore, come più razionale del semplice desiderio, porta meglio il *caro*; il *dolce* sta bene con l'altra parola.

Soave è più di *dolce*. Perchè può il dolce essere soave, ed essere stomachevole. Del resto, non ogni cosa soave, materialmente parlando, è dolce; vino soave, anco un vino non dolce, ma di sapore gradevole, e mite allo stomaco e al capo.

---

(1) In altri dialetti, e anco in Toscana se crediamo alla Crusca, e se la memoria non m' inganna, *abboccato* è il vino che piace alla bocca, il cui gusto, cioè, non è nè ingrato, nè grave, e può bersene una certa quantità senza danno. Ma può essere abboccato e non amabile, perchè questo dice maggior soavità e meno spirito.

— Il dolce non sempre è caro. Quello denota una qualità generica; questo, un effetto sull'animo. Non tutti i sapori dolci son graditi; le dolci parole non sono, e non debbono tutte essere care. Ma cara può esserci anche cosa in tutto aliena da dolcezza. *Soave*, più che una qualità in sé, denota una gradazione, per cui la qualità stessa ci si rende più gentilmente piacevole: odore, venticello soave. Nella soavità de' costumi è una dolcezza più espressa e più fina. — CAPPONI.

1480.
Caro, Grato.

— Il primo è assai più; si estende fino a significare: amato con passione; l'altro può dire soltanto: veduto volentieri. Uno scrittore moderno: « Il principe di C...., grato e forse caro alla regina. » — POLIDORI.

1481.
Giocondo, Grato.

— *Grato* può essere anche l'annunzio di novella non lieta, che a noi però importi sapere. Cicerone: « *Ista veritas, etiamsi jucunda non est, mihi tamen grata est.* » — FERRI DI S. C.

1482—1483.
DOLCI, CHICCHE.
FOCACCIA, SCHIACCIATA.

1482.
Dolci, Chicche.

Chicca, voce puerile; comprende e i dolci e qualunque cosa da mangiare piaccia a' bambini. *Dolci* è generico, e dicesi non delle frutte, non de' cibi di cucina, come può l'altro, ma solo a ciambelle, a confetti, e simili.

Chicca, anco nel singolare, *dolce*, di rado, se non come aggettivo. La prima ha diminutivo in *ina*; l'altro, no. *Chicca* può essere anco un tozzo di pane a bambino poveretto; e certi ricchi desiderano i cibi più grossolani per chicche, appunto perché rimpinzati di dolci. *Chicca*, dunque, dà idea relativa al sentimento: si dà per chicca una mela acerba; quel Calabrese offriva ai bambini dell'ospite suo per chicche delle pere che, rifiutate, andavano a' porci. In traslato, una lettura piacente, o altra cosa desiderata, può dirsi *chicca*, di bambini parlando o d'uomini che trattinsi da bambini. Il Rousseau voleva a forza di chicche far imparare cento cose ai bambini; gli antichi, dal Rousseau amati tanto, insegnavano molte cose a forza non di godimenti, ma di sacrifizii.

1483.
Focaccia, Schiacciata.

— La *focaccia* è meno schiacciata di forma; l'altra si fa di farina ordinaria, con pochi ingredienti e semplici; tra' quali il grasso di majale; allora la chiamano *schiacciat'unta*. La focaccia è di pasta più fine, con ova e zucchero. — A.

1484—1486.
DOMANDA, QUESITO.
QUESITO, QUESTIONE.
QUESTIONE, PROBLEMA.

1484.
Quesito, Domanda.

— *Quesito*, per lo più, domanda che richiede la soluzione d'un dubbio (1). *Domanda* è più generale. La domanda richiede risposta o di parole, o di fatto. Può, dico, non chiedere risposta a parole, come quando si domanda una grazia.

Quesito è termine letterario e scientifico; la condizione sua principale è il chiedere soluzione. Si può fare anco una domanda letteraria, purché la risposta ch'essa richiede sia breve. Un'accademia propone un quesito a'concorrenti, il maestro fa una domanda allo scolaro. — ROMANI.

1485.
Questione, Quesito.

Questione agli antichi Italiani aveva senso anco di domanda o d'interrogazione, come l'ha nel francese tuttavia; comprendeva anco il problema e il quesito. *Quesito* è domanda posta dalla scienza, ma meno pratica del problema. Cotesto *problema*, che torna sì spesso nel linguaggio moderno a proposito delle cose più usuali, è francesismo marcio, che i Francesi stessi bene scriventi dovrebbero evitare come pedanteria e improprietà.

1486.
Questione, Problema.

— *Questione* è domanda che uno o più fanno a sé o l'uno all'altro; e la tratta o l'uomo seco stesso, o più persone disputando fra loro. — A.

Problema ha il noto senso geometrico; ma nel comune discorso vale: domanda dubbia che chiede ragionata soluzione. La *questione* può essere semplicissima, e può essere un complicato problema. Ma nella questione predomina la parte teorica (1); nel problema, la pratica (2). Sa d'esotico, e di quella affettazione di matematica e di *positivo*, ch'è una delle pedanterie dell'età.

1487.
DOMANDA, DOMANDITA, CHIESTA, RICERCA, RICHIESTA, PETIZIONE.

In molti luoghi in cui cade il verbo *chiedere*, l'uso a *chiesta* sostituisce *domanda*. *Domande* diciamo, non *chieste*, d'ajuto e simili.

Domandita, in alcuni dialetti toscani, è l'atto del domandare, non in quanto è affine a interrogare, ma a chiedere. Io qui lo noto pur per indicare che l'analogia delle voci in *andita* (tra le quali *accomandita* è noto e comune) prende origine dalla lingua parlata toscana, la quale ama sovente gli sdruccioli secondo l'indole dell'antico italico, e de' linguaggi più metrici, e quindi più armoniosi.

Chiesta ha qualche senso speciale: chiesta d'una fanciulla in isposa; chiesta, che fanno gl'impiegati al governo, della carta, della legna necessarie per gli uffizii. Ne' casi ordinarii, ripeto, si dice *domanda* o *richiesta*.

Richiesta è più forte. Domande replicate e calde diventan richieste (3). Nelle cose importanti ha luogo *richiesta* meglio che *domanda* (4). I compilatori del Giornale Agrario chiamano propriamente *domande*, quelle che vengono fatte alla Cassa di Risparmio per ottenerne dei capitali a frutto; e *richieste*, quelle che le vengono fatte per riavere le somme collocatevi. E sebbene tal-

---

(1) VARCHI: *Mi basterebbe per oggi che voi mi dichiaraste alcune dubitazioni e quesiti che vi proporrò.*

(1) *Quæro.*
(2) Βάλλω.
(3) COLL. SS. PP.: *Stimolato dalle tue richieste.*
(4) G. VILLANI: *Carlo Martello, a richiesta del papa de' Romani, passò in Italia.*

volta nel primo caso si possa *richiesta*, nel secondo nessuno userebbe *domanda*.

Aver richiesta, aver molte richieste, dicesi delle cose che sono in credito, desiderate o ricercate (1). Questo dicesi anco *ricerca*; se non che *ricerca* è più raro, e s'applica non a'diritti, alle persone e alle cose soltanto: gli uomini di sapere avevano un tempo molte ricerche dalle università più cospicue d'Italia, e fuori.

Ricerca, poi, dicesi delle indagini che si fanno di persone o di cose; le quali indagini suppongono di necessità molte domande e richieste, ma non son tutt'uno con esse.

Petizione ognun sa ch'è domanda presentata all'autorità giudiziaria o civile. *Petizioncella* e *petizioncina* (ma il secondo più raro) direbbesi; gli altri non soffrono diminutivo.

1488.

DOMANDARE, INTERROGARE.
DOMANDARE UNO, D'UNO.
DOMANDA, INTERROGAZIONE, INTERROGATORIO.

Girard: « *Interrogare* sta da sè: io interrogo il tale. *Domandare* ha, per lo più, bisogno di complemento: io domando qualcosa, domando intorno a qualcosa, domando a qualcuno. Il giudice interroga il reo; il soldato domanda l'ordine al capitano. » Lo scolaro interrogato dal maestro, domanda che voglia dire quella interrogazione; l'accusato domanda d'essere interrogato in modo non suggestivo (2). Saper interrogare è arte difficile, e parte di scienza.

Ogni *interrogazione* è in qualche modo *domanda*; non ogni domanda è interrogazione. Segneri: « Gli domandarono da mangiare.... Nel meglio del desinare si fecero ad interrogarlo se egli conoscesse un cert'Antimo. »

Domandasi anche con un lungo discorso; s'interroga con brevi parole. Si domanda non solo per sapere, ma anco per chiedere; alla domanda può essere sufficiente risposta un fatto (3); l'interrogazione richiede o parole e altri cenni.

S'interroga, talvolta, non tanto per sapere alcuna cosa, ma per conoscere l'altrui opinione, l'altrui sentimento; e per combatterlo ancora. Il passeggero domanda della via più diritta; l'avversario interroga l'avversario (4).

Si domanda di uno, vale a dire dell'esser suo, del suo stato, dov'egli sia. Uno è domandato per vederlo, per parlargli (5).

Domandasi uno per veder lui, per parlargli, per averlo; domandasi d'uno per sapere qual cosa de' fatti suoi, e quindi anco per domandarlo. Una Polizia do-

___

(1) Il dottor Vanni, in una Memoria inserita negli Atti de' Georgofili: *L'America settentrionale fa a noi tante richieste di drappi, che i fabbricatori non sono bastanti a soddisfarle.*
(2) Le *interrogazioni* che nei *Promessi Sposi* fa l'esaminatore di Geltrude, così sempre il Manzoni le chiama. Una sola volta egli usa *domanda*, con proprietà.
(3) DANTE: *La domanda onesta Si dee seguir con l'opera facendo.*
(4) CICERONE: *Interrogare non tam intelligendi causa, quam refellendi.*
(5) Boccaccio: *Che ha' tu a far di Lorenzo, che tu ne domandi così spesso?* - BORGHINI: *Digli che colui che ha fatta questa linea, il dimanda.*

manda all'altra del tale; ch'è il proemio del domandarglielo, lui in persona.

Punto interrogativo, diciamo, non, domandativo, come vuole il Salvini. *Interrogatorio* è quello che si fa dal giudice al reo, o a'testimoni. *Interrogazione*, agli antichi, era una figura retorica; qui non ha luogo *domanda*. Il Reid colloca fra le operazioni sociali quelle d'interrogare, attestare, promettere.

1489.

DOMANDARE, CHIEDERE.

Il *chiedere* è una delle specie del *domandare*. Dante: « Questa chiese Lucia in suo dimando. » Bartoli: « Tornato il chieditore a domandare d'avere, o se non più, di vedere il cavallo. » Si confonde talvolta l'uno con l'altro, come il genere con la specie; ma ciò non ne toglie la natia differenza.

Nell'uso toscano udrete: chiedere un favore, domandare che ora è. Se talvolta si dice: domandare una grazia, non si dirà mai: chiedere che cosa quel libro contiene (1). Voi chiedete del danaro; domandate se io possa darvi la tal somma domani. Quando la cosa di cui si domanda per saperne, è importante o carissima, allora si direbbe, con proprietà, *chiedere*, perchè si tratta di vero favore. Ma che nei casi ordinarii la differenza sia da osservare, lo prova quel modo comunissimo, quando a chi si offende o s'insospettisce d'una domanda vostra, voi soggiungete, per abbonirlo, o forse per irritarlo: domando, vale a dire: non mi oppongo, non rimprovero, non pretendo; non fo che domandare (2). *Chiedere*, anco quand'è affinissimo, è sempre un po'più. Diciamo, infatti, e: chiedere, e: domandare perdono; ma chiedesi perdono di fallo vero; si domanda perdono, famigliarmente, anche quando si vuol fare un'obiezione modesta all'altrui detto. Lo stesso dicasi di: domandare scusa, che s'usa in casi molto men gravi del chiedere (3).

— Quando usiamo il modo proverbiale: chiedete e domandate, intendiamo che in questo senso il *domandare* sia qualcosa più del *chiedere* (4); e lo dice la sua etimologia (5). *Domandare* è talvolta più insistente; Dante: « Pianger senti' fra 'l sonno i miei figliuoli Ch'eran con meco, e dimandar del pane. » A Dio si chiedono le grazie, non si domandano; perchè con Dio nissuno ha diritti, ma sì doveri (6). Quando però si chiede a Dio con la-

___

(1) DANTE: *Al poverello Che di subito chiede ove s'arresta.* Quest'uso assoluto del *chiedere* è vivo in Toscana; nè cade qui *domandare*. I pugoloni chiedono; i curiosi domandano.
(2) DANTE: *Senza vostra domanda io vi confesso* (qui *chiedere* non ha luogo). - Boccaccio: *La marchesana, che la domanda intese*... (Il re non le avea chiesto nulla, ma le avea domandato se nel suo paese facevano tutte galline, per quindi trarre occasione a chiederle qualcosetta.)
(3) Anche in cosa grave si domanda e scusa e perdono; ma in cose da poco non si chiede nè perdono nè scusa. - MANZONI: *Con una voce poco alta a rincuorare, le rispose che il perdono non bastava desiderarlo nè chiederlo.* - GOZZI: *Piange e gli chiede umilmente perdono.*
(4) MALMANTILE, 3, 9: *Insomma, quivi son genti e brigate D'ogni sorta; chiedete e domandate.*
(5) De *mandare*. Che ha, come ognun sente, la stessa origine di *comando*. Ma forse in questo modo proverbiale può essere semplice pleonasmo.
(6) MAGALOTTI.

crime di vero pentimento, avrà luogo la voce *domandare*, perchè Dio ha promesso d'esaudire l'uomo contrito, e la promessa di Dio è certezza (1). Anche d'un povero diremo che domanda la limosina, avuto riguardo non al supplichevole modo, ma quasi al diritto del chiedere, perchè l'uomo veramente bisognoso ha diritto d'esser ajutato da' suoi simili (2). I popoli tiranneggiati, prima di sollevarsi chiedono; sollevati, domandano (3). Insomma, nel *domandare*, parmi, ripeto, talvolta maggiore insistenza. Gli antichi, invece di *chiedere*, dicevano *cherere* da *quærere*, e questo da *quæsere* (4); quindi le voci *quæso*, *quæsumus*, nelle quali entra sempre l'idea di preghiera, e calda, esclusa però quella di pretesa, di diritto. Onde: domando scusa, diciamo, quando vogliam fare un'obiezione, una risposta convincente a chi sia d'opinione contraria alla nostra, a chi ci contraddica in cosa nella quale a noi sembri aver ragione. Chiede scusa chi sa d'avere offeso altrui. — MEINI.

1490 – 1492.

DOMANDARE, ADDOMANDARE, RICHIEDERE, CHIEDERE, ESIGERE.

DOMANDARE, CERCARE.

SI RICHIEDE, CONVIENE, FA DI BISOGNO.

ESIGERE, RISCUOTERE.

1490.

Domandare, Addomandare,
Richiedere, Chiedere, Esigere.
Domandare, Cercare.
Si richiede, Conviene, Fa di bisogno.

Richiedere è più forte di *chiedere* e di *domandare*. Si domanda anco con indifferenza; si chiede, d'ordinario, con umiltà; si richiede con premura, talvolta con forza. La differenza delle tre voci è sensibile, parmi, in questo passo del Boccaccio: « Molte cose altiere disse, di molte dimandò (5)..., e in ispezialità chiese di poter veder Ghino... Il domandò (6) dalla parte di Ghino come star gli pareva dello stomaco.... Con una lunga circoscrizion di parole la sua fede richiese, e poscia il consiglio e l'ajuto. »

La richiesta può essere fatta a modo di domanda, o altrimenti. Bartoli: « Risposta degna della domanda parmi quella che diedero gli Spartani a Filippo de' Macedoni, che mandò richiedendo di passare per lo bel mezzo di loro con l'esercito in ordinanza. »

Quindi è che *richiedere* ha inoltre senso affine a *ripetere*, a *ridomandare*. Si chiede l'altrui; si richiede anco il suo. I potenti sovente richiedono le grazie, non le chiedono; tanto son persuasi che tutto sia loro dovuto; e se il men forte domanda ad essi il suo, lo puniscono come se ne li avesse con pretensione richiesti (1). Tutte le richieste sono una specie di domanda; ma non ogni domanda è richiesta.

I modi: non domando altro, non chieggo altro, non richieggo altro, hanno anch'essi la lor differenza. Chi si contenta d'un bene reale, usa il primo; chi d'un bene minore o imaginario, il secondo; chi non pensa a perseguire, come potrebbe, i propri diritti, l'ultimo. Il povero non domanda altro che un pane, e anche questo gli è talvolta negato da chi è stato eletto dispensiere e ministro dei poveri. L'amante infelice non chiede altro se non che durino le sue care illusioni; vorrebbe potersi ingannare (2). Il creditore pietoso non richiede dal debitore onorato altro che quanto gli basti a non rovinare egli stesso.

Richiedere, dunque, è più forte che *domandare*, com'indica (in altro senso) l'esempio de' Morali di s. Gregorio tradotto dai salmi: « Una ne domandai al Signore, e questa ne richiederò (3); » dove il dire: « una ne richiesi, e questa ne domanderò, » sarebbe improprio. E quando impersonalmente diciamo: *si richiede*, intendiamo non tanto *conviene*, quanto poco meno che *fa di bisogno*. Senonché nel *richiedesi* si sottintende che la natura delle cose, quasi persona richiedente, voglia da noi quello di che si tratta; dove la convenienza è meno imperiosa, il bisogno è più relativo all'essere nostro che all'aggettiva bontà e verità.

Addomandare, raro ma non inusitato, ha senso traslato, il più. I fiori addomandano (4) un bel capo per fargli corona, e richieggono un clima non freddissimo per isbocciare; la bellezza addomanda amore, e richiede rispetto; lo spirito addomanda i conforti del bello, e richiede i nutrimenti del vero.

— *Esigere* ha il suo uso proprio, nel senso di riscuotere giuridicamente danari o altre cose. Si usa anche per: richiedere fuori di giudizio; ma sempre suppone un modo non tanto soave. Onde male l'adoperò il Filicaja, nel suo ragionamento per l'adunanza del 1704 (Opere inedite): « Questa generale adunanza... esige da me ammirazione e parole. » Oh come sarebbe stata modesta quell'adunanza! E mal direbbesi, per richiedere un tale d'un favore: esigere un favore. — NERI.

1491.

Riscuotere, Esigere.

— Si *esige* per *riscuotere*, non sempre s'ottiene. E si può riscuotere senza esigere. — ROMANI.

— Si *esige* domandando, volendo, facendo gli atti necessari ad ottenere il suo (5), o quel che suo si pretende. Si *riscuote*, veramente, ricevendo il valsente delle cose o somme ch'altri doveva. Taluni adoprano *esazione* ed *esatto* per *riscossione* e *riscosso*; ma impropriamente. — GATTI.

---

(1) PASSAVANTI: *Con lagrime domandiamo perdonanza a Dio.* - *Dirottamente piangendo, domandò misericordia.*
(2) MAGALOTTI.
(3) BOTTA, seg. Guicciard.: *Il popolo sollevato domandava gli stamenti, che altro non sono che gli Stati generali di Sardegna; domandava i patti giurati.*
(4) ENNIO.
(5) E *dimandare* dicesi, e *domandare*. Gioverebbe che l'uso dei migliori togliesse quest'inutile varietà. Parecchi dialetti e toscani e d'Italia pronunziano coll'o: io così scrivo.
(6) *Domandare*, col quarto caso, per *interrogare*, non è più dell'uso. Ben dicesi *domandare* uno per *volerlo vedere e parlargli*; in ciò è molto affine a *cercare*, se non che questo suppone un'indagine o meno determinata o più sollecita.

---

(1) VITE SS. PADRI: *Venendo a lui quel frate che gli aveva portato quel soldo, a richiedergliene.* - CAVALCA: *A chi più è dato, più è richiesto.*
(2) PETRARCA: *Che se l'error durasse, altro non chieggio.*
(3) PS. 83: *Unam petii a Domino, hanc requiram.*
(4) CRESCENZIO: *La forma dell'arte addomanda gli stromenti al suo fine convenienti.* - *Quel medesimo pesce, secondo la varietà del tempo dell'anno, diversi cibi addimanda.* Raro oggidì, e si può porre in sua vece *domandare*, se pure a taluno non paresse che l'*ad* sia un rincalzo.
(5) Ago.

1492.
Chiedere, Richiedere.

— « Richiedi », così un antico (1), « tant'è a dire quanto due volte chiedi e cerca. » E questo è vero, come in tutti quasi i composti colle particelle denotanti il ripetere dell'azione (2). Ma v'è di più: che *richiedere* si dice, e non *chiedere*, il ridomandare altrui le cose che ci appartengono. Si chiedono danari in prestito; si richiedono i danari prestati. Un tale vi chiede un libro ch'è vostro; voi, temendo la dimenticanza e altre cose, mandate tra pochi giorni a richiederlo. — POLIDORI.

1493.
DOMANDARE, CERCARE, RICERCARE.

Uno dei modi di *cercare* e di *ricercare* è *domandare*, ma non è certo il solo. Eppure in alcuni dialetti quelle due voci si fanno sinonime a *domandare*. Nel solo caso che si domandi per trovare persona o cosa, può questa voce usarsi invece di *cercare*. Così diciamo: ricercare il consiglio degli uomini maturi non è mai nociuto. Ricercare un magistrato valente per sapere il pensier suo sopra un'innovazione da tentarsi, è avvedimento che molti disprezzano come pericoloso. In questi e in simili casi, *ricercare*, chi ben osserva, non vuol dir mai *domandare*; vuol dir propriamente *ricercare*, e nulla più (3). Così, quando diciamo ad uno che troppo voglia sapere e insista nelle sue domande: non istà a cercar altro; anche qui noi intendiamo di porre un limite non tanto alle domande, quanto alla curiosità che le detta. Ognun vede poi che *ricercare* non è il medesimo di *cercare*. Io cerco un foglio smarrito; vengo a ricercare un foglio lasciato; e però dicesi: cerca e ricerca.

1494.
DOMINARE, PREDOMINARE.

— *Predominare*, dominare più, sopra. Possono più forze o persone *dominare*; una *predomina*. — VOLPICELLA.

1495.
DOMINARE, REGGERE.

Reggere è più dolce, e suppone, d'ordinario, il diritto; la *dominazione* è più assoluta, e può essere usurpata e tirannica. Così distinguevano i Greci ἄρχειν da κρατεῖν.

1496.
DOMINARE, PADRONEGGIARE.

— Moglie che domina il marito, cioè che lo tiene soggetto (4). Così, nel traslato: le fortezze che son dentro alle città capitali, servono a dominare i cittadini; altura che domina un luogo. *Padroneggiare* dicesi più volontieri riguardo a cose (5). Autore che ha chiare le idee concernenti il suo soggetto, che su quello scrive con franchezza, dicesi che n'è padrone, che lo padroneggia. — MEINI.

1497.
DOMINATORE, PADRONE.

— Talvolta il *padrone* è più assoluto del *dominatore*. Quegli possiede una proprietà, o fa come se la pos-

---
(1) ALBERTANO: ediz. di Firenze, 1832, cap. I.
(2) DANTE: *E se guardi al principio di ciascuno, Poscia riguardi là....*
(3) Con quest'avvertenza s'interpretino gli esempi dalla Crusca recati a *Ricercare*.
(4) In questo senso dicesi anco *padroneggiare*, ma è meno; e s'intende allora del maneggio delle faccende piuttosto che degli affetti.
(5) CRON. VELL.: *Avendo un legno il quale e' padroneggiava.*

TOMMASEO, *Diz. dei Sinonimi.*

---

sedesse; questi esercita una supremazia, anche non riconosciuta, o non confessata. La vita d'un uomo o d'un popolo è tutta mutata quando il dominatore diventa padrone. Si domina un'assemblea con farle credere d'essere libera. — CAPPONI.

1498.
DOMINAZIONE, DOMINIO.

Dominio, privato o pubblico; *dominazione*, pubblica. Il dominio d'una casa, o simile, non si direbbe *dominazione* mai.

Dominio è il diritto, talvolta; *dominazione*, l'atto. Però: pieno, alto dominio; non: dominazione. Può la dominazione essere scompagnata dal diritto; e in questo senso, diciamo che gli usurpatori mirano a stendere la loro dominazione al di là de' giusti dominii. Qui *dominio* vale la regione e gli uomini dominati; ma è uso di sinistre memorie e d'augurii sinistri. Lo fanno, per più lusso, anco il plurale: *i reali dominii*. *Dominazioni* non si dice che dei cori angelici.

Trattandosi di potere politico, la dominazione del governante può essere limitata; il dominio pare non so che più assoluto. I re hanno sui popoli dominazione; Dio solo ha dominio.

1499—1520.
DOMINIO, PROPRIETÀ, CONDOMINIO.

POSSEDERE, AVERE.
POSSEDERE, AVERE, TENERE.
PRENDER IL POSSESSO, ENTRARE IN POSSESSO.
PRENDER IL POSSESSO, PIGLIARLO.
PADRONEGGIARE, SPADRONEGGIARE, IMPADRONIRSI, IMPOSSESSARSI, PRENDER POSSESSO, ACQUISTAR POSSESSO.
IMPADRONIRSI, USURPARE, INVADERE.
INCURSIONE, IRRUZIONE.
FARLA DA PADRONE, FAR DA PADRONE, SPADRONEGGIARE.
PADRONE, SIGNORE.
EREDITÀ, RETAGGIO.
EREDITÀ, APPANNAGGIO.
LEGATO, LASCITO, LASCIO.
PADRONANZA, PATRONATO.
PADRONE DI CASA, PADRONE DELLA CASA.
PADRONCINO, PADRONCINA, PADRONELLA.
RICUPERARE, RISCATTARE, AFFRANCARE.
RISCATTARE, RICOMPRARE.
RICUPERARE, RIACQUISTARE.
RICUPERARE, RIAVERE.
PRESCRIZIONE, PERENZIONE.
PRESCRIZIONE, USUCAPIONE.
REDIBIZIONE, DEVOLUZIONE, RIVERSIBILITÀ.

1499.
Dominio, Proprietà, Condominio.

— Il *dominio*, nel linguaggio della giurisprudenza civile, è un diritto inerente alla cosa, il qual consiste nella facoltà di godere, e di disporre della medesima, sol che non se ne faccia uso vietato dalla legge. Se il diritto di godere e quello di disporre concorrono esclusivamente nella stessa persona, il dominio dicesi assoluto e pieno; se son disgiunti, dicesi talora comune, e talora men pieno. Dicesi comune, se una stessa cosa appartiene simultaneamente a più persone; ed ove ciò sia, prende la denominazione di *condominio*. Dicesi meno pieno, 1.° se in uno sta il diritto di disporre, e in un altro il diritto temporaneo di godere, senza che costui sia obbligato ad alcuna prestazione; ed ove ciò sia, il diritto del primo prende la denominazione di proprietà, e il diritto del secondo, di usufrutto, di uso, o di servitù attiva, secondo che più o meno ampia è in lui la facoltà di godere; II.° se in uno rimanga il diritto di disporre, e in un altro passi per convenzione il diritto di goderne, mediante una certa retribuzione, e per tempo non minore di dieci anni; e dove ciò sia, il diritto del primo, ossia del concedente, chiamasi dominio diretto, e quello del secondo, ossia del cessionario, utile.

Prossima e affine alla parola *dominio* è *proprietà*; ciò nondimeno tra l'una e l'altra vi è qualche differenza che è necessario fare avvertire. La voce *proprietà* talora è impiegata ad esprimere il diritto, che noi abbiamo, di disporre e di godere di una data cosa; e tal'altra, a significare la cosa stessa che abbiamo in nostro dominio. Inoltre, nel secondo senso, ella ha talora un più ampio, e tal'altra un più ristretto significato. Nel più ampio, comprende e i fondi immobili e i mobili, e così le cose immateriali come le materiali; nel minor senso, dinota le sole cose materiali.

E finalmente, fa d'uopo avvertire, I.° che ove occorra esprimere la facoltà di disporre disgiunta dall'usufrutto o dall'uso che in altri sia, si vuole adoperare la voce *proprietà*, e non *dominio*; II.° che ove si voglia significare quel che chiamano diritto eminente del principe, e l'àmbito dello Stato che egli governa, è forza dire *dominio*, e non *proprietà*. — DE TOMMASIS.

Condominio, proprietà comune. *Condominio*, oltre all'essere più forense e men dell'uso comune, può significare di più, non solo la proprietà in quanto concerne i diritti civili, ma il dominio in quanto comprende altre facoltà; e in parte la stessa dominazione può essere da questo vocabolo significata. C'è de' regnanti di razza diversissima che pretendono diritto sopra certi paesi; e questo con celia alquanto seria chiamerebbesi *condominio*; ce n'è che spadroneggiano parecchi insieme in paesi non redati e non governati da essi, paesi che hanno un erede e un governante in effigie; e è un'altra specie di condominio in fatto; ed è un brutto scherzo.

1500.
Possedere, Avere.

S'ha per caso, o in possesso, o di proprio; o per furto; si *possiede* di buona o mala fede, usando la cosa come propria.

Talvolta s'ha e non si possiede. I crediti non riscossi, i fondi usurpati da altrui, s'hanno, e non si posseggono.

Possedere riguarda le cose, o le persone trattate siccome cose. S'ha moglie e figli; non si posseggono: un sultano possiede tante donne; un prete del Brasile, tante schiave.

— *Possedere*, di persona parlando, dice avere in pieno, in troppo pieno potere. — VOLPICELLA.

Si può avere la cosa, e non l'avere come possessore, cioè non disporre di quella. Io ho dei crediti che non mi sono pagati; e poi, posseggo de' fondi. S'hanno le cose, talvolta, a metà con altri; si dice, per lo più, di possedere, quando le son tutte nostre. Altro è avere delle cognizioni, altro è possedere una scienza.

— Si ha una cosa in deposito, s'ha da vendere, s'ha da portare o da passare ad altrui, s'ha di proprietà, di possessione, di furto. Possiede la cosa chi se ne serve lungamente come padrone, o sia, o creda d'essere, o finga di crederlo. Solo l'uomo libero, dicevano i Romani, possiede. — POPMA.

1501.
Possedere, Avere, Tenere.

— Chi custodisce un tesoro, lo *tiene*, e l'*ha*; ma non lo *possiede*. Chi ha un ferrajuolo prestato, o tiene un sacco per portarlo al proprietario, non possiede. Nè al ladro basta il fatto unire la volontà di far proprio l'altrui, perché lo posseggia (1). Le qualità gli oggetti non le posseggono, ma le hanno, perché manca in essi potere e volontà a ritenere: Pietro ha sanità; non possiede sanità: può egli a suo arbitrio goderne? L'uomo che ha corpo ed anima, non sempre possiede modi di educar questa e quello. Quella campana ha un bel suono. Di più, si hanno cose, animali e persone; si posseggono cose e animali. Vero è però che gli Stati Uniti posseggono schiavi, perché con iniquo giudizio li tengono per cose. — NERI.

1502.
Prendere il possesso, Entrare in possesso.
Prendere il possesso, Pigliarlo.

I.° S'*entra in possesso* d'una eredità, d'un edifizio, d'una parrocchia, dell'esercizio d'un diritto; si prende il possesso d'un luogo, casa, campo, o simile (2). II.° S'entra in possesso legittimamente; si prende, talvolta, di forza, sebben questo sia forse meglio indicato da *pigliare*. III.° Quand'anco il prenderlo sia legittimo, suona meno tranquillo dell'entrarvi. Di chi con l'arme alla mano prende possesso d'un regno, il dir che n'entra in possesso sarebbe un po' debole. IV.° Il prendere è più solenne. S'entra anco tacitamente, e senza cerimonia nessuna; quello suppone almeno una certa pubblicità, un qualche atto estrinseco. Così d'una Chiesa si prende possesso, toccando, a quel che mi dicono, i candelieri, a dimostrazione del diritto acquistato di maneggiare le cose a quel sacro luogo attenenti.

1503.
Padroneggiare, Spadroneggiare,
Impadronirsi, Impossessarsi, Prender possesso,
Acquistar possesso.

Impadronirsi è l'atto non già di divenir padrone, ma di far da padrone, di pigliar padronanza, o a torto o a diritto. Il conquistatore s'impadronisce dell'altrui Stato, e se ne dice padrone, sovente con tanto diritto, con quanto n'aveva il primo possessore scacciato. Impadronirsi del campo, de' mobili altrui (3). Nel traslato, dell'animo, dell'affetto: impadronirsi della materia, conoscerla a fondo, per poterla trattare con tutta franchezza (4).

Padroneggiare è l'atto di far da padrone. Padroneggiasi una nave (5), una famiglia, uno Stato (6); si padroneggiano le vicende, le volontà, facendole servire a

---

(1) Fa eccezione a questa verità chi ruba della proprietà letteraria. — A.

(2) VARCHI: *Destinò nel palazzo, quasi pigliandone possessione.* Diciamo inoltre: *entrare al possesso*, e: *prender possesso*. *Pigliarlo* sarebbe da serbare a forma più risentita se non più violenta, e a titolo o men legittimo o più contrastato. Anco il Casa, del resto, parlando d'amicizia profferta ad uno, lo invita a *pigliarne possessione*. E il Bianciardi ben nota che *possesso* è più comune oggidì.

(3) DAVANZATI: *Cacciati gli abitatori, s'impadronirono di quelle terre.*

(4) GALILEO.

(5) BOCCACCIO: *La metà della nave ch'egli padroneggiava.*

(6) DAVANZATI.

proprii fini; e le si padroneggiano sovente, sapendo piegarsi ad esse, ne' tempi e modi opportuni.

Spadroneggiare ha sempre mal senso; è l'atto di far da padrone dove non tocca. Chi spadroneggia nelle case altrui, non s'impadronisce di nulla, ma vuol fare degli uomini e delle cose a suo piacere. Gli è un vizio intollerabile nelle piccole cure domestiche; e, talvolta, onorasi come virtù nelle grandi cure dello Stato. *Padroneggiare* porta quasi sempre il quarto caso dietro a sé; l'altro mai.

Dicon anco *spadronare*; è men bello; e forse un po' più dispregiativo o un po' più assoluto.

Impossessarsi è acquistare possesso o legittimo o no: impossessarsi della roba altrui, d'un cuore, d'un'idea; un male, un vizio, s'impossessa di noi (1).

Prender possesso è il primo passo; *acquistarlo* dice di più: *impossessarsi* può dire e il primo prenderlo e il raffermarsi nell'acquistato.

1504.

Impadronirsi, Usurpare, Invadere.

Impadronirsi denota l'atto del farsi propria la cosa, senza relazione al titolo in forza del quale se ne prende il possesso. Io mi posso impadronire del mio; l'atto allora è legittimo. Se m'impadronissi dell'altrui, questa voce diverrebbe affine ad *invadere* e ad *usurpare*. Ecco in tal caso le differenze osservabili.

L'impadronirsi dell'altrui è atto che si fa o perchè il vero padrone più non pensa alla cosa sua e la crede smarrita; o col cominciare a usar di cosa che per la lontananza o per la debolezza del padrone è facile, almeno in parte, appropriarsene; o coll'invadere la cosa di forza e poi fare in quella da padrone, come padrone servirsene. È atto che si fa con esercizio più o meno aperto di forza. L'usurpazione può farsi con forza, e può con frode.

Più: l'usurpazione si stende anco a diritti, a posti, a cose delle quali l'uomo non può propriamente chiamarsi padrone; giacchè non diremo con proprietà: impadronirsi d'un diritto o simile.

In terzo luogo, *impadronirsi* esprime meglio il primo atto del pigliare possesso; *usurpare*, riguarda anco gli atti susseguenti, l'uso che si fa della cosa (2).

Quindi è forse che *impadronirsi* non ha sostantivo verbale, non denotando che un primo atto; *usurpare* l'ha.

Quindi è ancora, che, dopo impadronitosi ingiustamente della cosa, l'uomo può ritirarsi, o acquistare per patto o per prezzo o per altrui concessione un diritto legittimo. E se non lo fa, allora merita il nome di usurpatore.

Invadere non denota che un atto. Si può invadere anco il bene proprio. L'invasione può, dunque, essere legittima, o tale apparire; l'usurpazione porta nel nome la propria condanna. Quand'anco ingiusta sia, può l'invasione essere fatta non per impadronirsi degli altrui possessi, ma per depredarli, o pure per passar oltre di forza. E quand'anco il fine dell'invasione sia l'usurpazione, restano sempre cose distinte; perché e si può invadere senza usurpare, e usurpare senza invadere.

---

(1) MAFFEI: *Il male internato già nelle vene e impossessato del sangue.*

(2) DANTE: *Colui che usurpa in terra il luogo mio.* - G. VILLANI: *Usurpatore delle loro ragioni.*

1505.

Incursione, Irruzione.

— *Incorrere*, correr dentro; *irrompere*, entrare, rompendo un ostacolo, o con tal forza da romperlo se vi fosse. L'*incursione* è rapida e non dura molto; l'*irruzione* è violenta, e può seguitar molto tempo, rotti gli argini, a distendersi sul paese. Popolo barbaro fa incursioni nel paese per saccheggiarlo; irruzione, per devastarlo a bell'agio, e dimorandoci divorarlo. I barbari che distrussero l'impero romano, cominciarono dalle incursioni. — ROUBAUD.

1506.

Farla da padrone, Far da padrone, Spadroneggiare.

Farla da padrone dicesi, per lo più, dell'arrogarsi padronanza fuor di diritto, e oltre al diritto. Di chi ha veramente il diritto e lo esercita, diresti meglio *far da padrone*.

Spadroneggia l'uomo anche con autorità vera, ma ostentandola o abusandone. Per non saper taluni far da padrone, lasciano il luogo agli entranti che la facciano da padroni. Lo spadroneggiare uggiosamente sul suo, talvolta, irrita i sottoposti più che non soglia il farla da padrone sull'altrui con prudenza e con garbo.

1507.

Padrone, Signore.

Ogni *padrone* è *signore* di chi gli serve: non ogni signore è padrone. La moglie dicendo al marito: signor mio; l'uomo che chiama Iddio suo Signore, non intendono dire, per l'appunto *padrone*. E quando il servo chiama *signore* il suo padrone, vuol nobilitare l'idea; riguarda più all'autorità che al dominio, più alla dignità che al diritto. A *padrone* fra' Greci corrisponde δεσπότης; κύριος a *signore*.

Dando oggidì del *signore*, per cerimonia, noi ci crediamo d'essere più liberali di que' vecchi che davano altrui del padron *colendissimo*: ma gli è il tono che fa la canzone; son le intenzioni e i fatti che ne costituiscono la dignità. Non solo la moglie al marito dava già del padrone, ma il marito alla moglie della *padrona*; nè *donna* significa altro. E l'amico intimo diceva all'amico con celia da senno: *il mio padrone*. E questo è il senso, anzi il sentimento, del titolo dato in Venezia dagl'inferiori alle Eccellenze; il gondoliere dicendo *paron* era forse meno schiavo di certi uomini della sinistra che danno titoli di cavaliere, e se li fanno dare, e il chieggono devotamente per sé, e si commendano e raccomandano per essere commendatori. Ma anco in antico, *padrone*, detto di governante, sapeva talvolta avere senso duro; e il Sacchetti: « Il comuni... sono guidati da sì giovani padroni, che altro non pajono li loro adunati consigli, che scuole di scolari. »

1508.

Eredità, Retaggio.

Della lingua viva ambedue, ma il primo ha plurale, l'altro no. Fare molte eredità, si direbbe, non di molti retaggi (1). Il primo è più nell'uso legale (2). *Retaggio* dice anco il passare non immediato, ma successivo dei

---

(1) BOCCACCIO: *Grandissime eredità.* - NEPOTE: *Multas hereditates.*

(2) FRA JACOPONE: *Perderia l'ereditate.* Onde i Latini: *hereditatem*, a dire, *tenere, capere, tradere.*

beni, di erede in erede, di casa in casa. Così diciamo, che tra i popoli virtuosi basta alle famiglie conservare intatto senz'aumentarlo il retaggio degli avi loro (1). L'eredità è la successione ai diritti e agli obblighi del defunto; il retaggio è la successione ai beni di quello. L'eredità può essere più di danno che d'utile; il retaggio indica l'acquisto di qualche possesso (2).

Retaggio vale l'avere, in generale, d'una famiglia, d'una persona, o l'abbiano acquistato per eredità, o in altro modo (3). Si disputa se il diritto d'eredità nelle monarchie temperate sia un bene; e da taluni si conchiude che sì. Poi si disputa, se il diritto di eredità in una camera di Pari valga a mantenerne la dignità, l'autorità; e da molti si conchiude che no. Checchè sia della questione politica, io come sinonimista, negherei al figlio del Pari tutt'altro retaggio d'autorità che quello de' personali suoi meriti, che gli daranno il diritto ad elezione novella. *Eredità* è modo biblico quando diciamo: l'eredità del Signore; o usiamo questa voce in uno di quei varii sensi che i salmi e i profeti le danno (4).

1509.
Eredità, Appannaggio.

— *Appannaggio* l'usa il Salvini per *patrimonio* o *eredità*, figuratamente. La Crusca lo rigetta tuttavia. Ma *appannaggio* ha un significato tutto suo, nel quale la nostra lingua non ha parola da sostituirgli, cioè: assegnamento fatto dai regnanti ai secondogeniti, o a principi del sangue. In questo significato l'usano i Francesi; mi pare che non sia da rigettarsi neppure dagli Italiani, per denotare idea che rimarrà sempre, speriamo, ad essi straniera.

Appannaggio, dunque, non è nè *eredità* nè *retaggio*: la prima, de' re parlando, suol essere del primogenito. — NERI.

1510.
Legato, Lascito, Lascio.

Legato è la voce più tecnica. Si fa un *lascio* a una chiesa (5), che dicesi più comunemente *lascito*; un lascio a una congregazione, a un istituto di carità; specialmente in plurale, parlando, *lasciti* è il più comune (6).

Il legato può essere un lascito più o men generoso. G. Villani: « Intra gli altri legati che fece, lasciò che a tutti i poveri fossono dati danari sei per uno. » Serdonati: « Lasciò per legato una lampana d'argento. » Non si direbbe: legò per lascito.

Le donazioni d'intere provincie fatte a' romani pontefici si direbbero forse meglio *lasciti* che *legati*; e provano qual fosse l'opinione che allora correva della sede romana. Il verbo *legare* non s'applica che a' legati: *lasciare*, non solo a' lasciti, ma all'intero testamento (7). *Legare* ha *legatario*, derivato che *lasciare* non ha.

---

(1) DANTE: *Del retaggio Li figli di Levi furono esenti.*
(2) *Erede* poi ed *ereditario*, ha, come ognun sa, varii sensi traslati: erede delle paterne vendette; malattia ereditaria...
(3) SEN. PIST: *Signori di gran retaggio.* — E nel traslato, PASSAVANTI: *Quando l'uomo sarà morto, il suo retaggio saranno i serpenti e le bestie e i vermini.*
(4) BORGHI: *Noi popolo redento, Eredità verace.*
(5) G. VILLANI: *Limosine profferte e lasci fatti.*
(6) FRA GIORDANO: *Si confidano molto ne' lasciti testamentarii che fanno al punto di morte.*
(7) CRON. VELLUT.; SACCHETTI.

Non sarà forse improprio dare a *legato* senso metaforico, dicendo: legato d'infamia; come dicesi: retaggio di gloria. Ma non è nè usitato nè chiaro.

1511.
Padronanza, Patronato.

Padronato, o forse meglio *patronato* (1), è il diritto di conferire certi benefizii ecclesiastici; e, in generale, con questo nome si può denotare qualunque protezione congiunta a superiorità si eserciti sopra un uomo o un ordine di persone. I patronati d'ogni sorta eran quelli che rendevano gli antichi patrizii veramente padroni del popolo. Essi hanno perduto la *padronanza*, perchè non seppero esercitare con umanità il patronato (2).

Padronanza significa, come ognun sa, l'essere o il far da padrone: aver la padronanza in una famiglia; esercitare in casa altrui atti di padronanza. Poi, nel traslato, aver molta padronanza dello stile, d'una lingua, d'una scienza, del tema.

E si consideri derivazione: il *patrono*, il difenditore de' diritti altrui, venne ad essere col tempo *padrone*, ch'è quanto dire, le più delle volte, soverchiatore degli altrui diritti. Quest'etimologia è una gran chiave del gius privato e del pubblico.

1512.
Padrone di casa, Padrone della casa.

— *Padrone di casa*, il capo della famiglia, anco in casa non sua. *Padrone della casa*, chi ha in proprio la casa, ci abiti o no. — NERI.

— *Padrone di* accenna spesse volte all'utile dominio; *della*, sempre al diretto. Chi vuol prendere a fitto uno stabile, un quartiere a pigione, va a visitarlo col beneplacito dei padroni di casa, e chiede a questi di essere indirizzato al padrone della casa. Questo, in somma, possiede, e fa altrui locazione del suo, quello può essere solamente il conduttore, o l'inquilino.

Padrone e *padrona* e *padroni* di casa, chiamansi dai dozzinanti, dagli alloggiati, anche quelli che appigionano stanze, anche locandieri. — POLIDORI.

1513.
Padroncino, Padroncina, Padronella.

Padronella, dicono i contadini Toscani, un padrone da poco; ell'è una di quelle parole disprezzative con le quali i minori si vendicano della lor dipendenza.

Padroncino (3), *padroncina*, è diminutivo di vezzo; o sia padrone giovine, o il figliuol del padrone; o sia padrona gentile.

Talvolta ha senso d'ironia; e: padroncino mio, padroncino garbato, si suol dire a chi non s'ha punto voglia di trattar da padrone.

1514.
Ricuperare, Riscattare, Affrancare.

— Si *ricuperano* le cose perdute o tolte o impegnate; si *riscattano* le cose impegnate, e le persone prigioni, o comechessia in altrui forza; si *affrancano* i beni in qualsiasi modo obbligati. — ROMANI.

1515.
Riscattare, Ricomprare.

— *Riscattare* (4), oggidì più comunemente, di persone

---

(1) BORGHINI.
(2) COMM. INF.
(3) DAVANZATI; BUONARROTI.
(4) Re-capio, capio.

cadute in potestà altrui, che si liberano, per lo più, con danaro (1). *Ricomprare*, propriamente, di cose che si riscattano o che si compran di nuovo, ovvero di persone riguardate come cose. — ROMANI.

1516.
Ricuperare, Riacquistare.

— *Riacquistansi*, conseguendo novellamente, cose alienate per vendita, donazione, violenza di leggi. Si *ricupera* anche cosa non sua — A.

1517.
Ricuperare, Riavere.

— *Riavere* è il più generale; si *ricupera* anche cosa deposta in pegno o a titolo simile, nelle mani altrui. — ROMANI.

1518.
Prescrizione, Perenzione.

— La *prescrizione* è un mezzo per acquistare un diritto, o liberarsi da un'obbligazione, mediante il trascorrimento di un tempo determinato, e sotto le condizioni stabilite dalla legge. Questa voce, dunque, si adopera ad esprimere un'eccezione che qualcheduno può opporre all'azione, sia d'un proprietario, sia d'un creditore, col fine di farla dichiarare estinta.

La *perenzione* è un'eccezione che estingue l'azione non già, ma sibbene la procedura giudiziaria, se in giudizio non sia stata proseguita fra il termine designato dalla legge. Ella non estingue l'azione, ma fa sì che in verun caso non si possa opporre alcun atto della procedura estinta, o valersene. — DE TOMMASIS.

1519.
Prescrizione, Usucapione.

— *Usucapione* riguarda più la cosa che il diritto, ed è specie di *prescrizione* che nasce dall'uso avuto di una cosa per tutto il tempo dalla legge stabilito. Il Butta scrive (2): « Le sue domande erano piuttosto perchè col tempo non venissero prescritte ed usucatte, che per ottener possessione presentemente. » Si prescrive il diritto anche per quelle cose in cui l'uso non entra. — POLIDORI.

1520.
Redibizione, Devoluzione, Riversibilità.

— *Redibizione*, voce del tutto latina, dice la restituzione della cosa che il compratore ha diritto di rendere al venditore, a cagione de' vizii occulti, de' quali essa era tocca al tempo del contratto. « *Redhibitio ejus quod vitiosum est emptum.* » Lib. II D. *de act. emp.*

La *devoluzione* denota il ritorno nel pieno dominio del concedente di un fondo dato in enfiteusi o a livello o a rendita perpetua, per lo inadempimento degli obblighi annessi ai contratti di tal natura. Talora però la stessa voce denota il passaggio di un diritto a conseguire un'eredità da uno ad un altro ordine di persone. — DE TOMMASIS.

— *Riversibilità* (termine, credo, una volta, del comune diritto ereditario, ma che divenne quasi proprio del jus pubblico) denota il ritorno condizionato di uno o più dominii politici alla famiglia degli agnati che se n'era un tempo spogliata a favore de' suoi discendenti o collaterali. Così Modena e Parma diconsi riversibili a Casa d'Austria (1). — POLIDORI.

1521.
DOMINIO, GIURISDIZIONE.

La *giurisdizione* è il diritto di giudicare; e perchè nel giudicare era compreso il massimo uffizio degli antichi governanti, però questa voce divenne affine a *dominio*, ch'è più moderno e men civile di molto; sebbene anch'esso abbia origine civilissima, anzi domestica (2). Ora, *giurisdizione* denota il limite del poter giudiziario, secondo la materia, il luogo, le persone, o altre simili circostanze: giurisdizione civile, ecclesiastica; fuori della sua giurisdizione, il giudice non è competente.

1522—1523.
DONNA, FEMMINA.
DAMA, MATRONA.
MASCOLINO, MASCHILE, MASCHIO, VIRILE.

1522.
Donna, Femmina.
Dama, Matrona.

Femmina, l'animale del sesso più debole; comune agli uomini e alle bestie. *Donna* è titolo d'onore; quindi *madonna*.

— Il Boccaccio, in quel libro ch'egli scrisse contro a questa metà dell'uman genere, a cui forse egli, come tanti altri, era più che all'altra debitore, « Che cosa le femmine sono, delle quali grandissima parte si chiamano e fanno chiamar donne, e pochissime se ne trovano? »

Donna è degradato nell'uso sino a dirsi: donna di servizio; ma chi dice, in questo senso, la mia donna, non sempre mente all'origine del vocabolo. — POLIDORI.

— *Femmina*, e d'animali, e di vegetabili, e di cose (3); *donna*, sempre d'animali (4). *Dama*, donna nobile; *matrona*, donna autorevole. — ROMANI.

1523.
Mascolino, Maschile, Maschio, Virile.

Mascolino, termine di grammatica, contrapposto al genere *femminino*. Dicesi anco: il *sesso mascolino*, ma meglio detto *maschile*.

Maschio s'adopera come sostantivo; aggettivamente, ha senso, sovente, figurato: maschile, cioè d'uomo; voce maschia, di forte accento, che scuote ed eccita; maschio viso, significante fermezza e ardimento; maschio aspetto, di guerriero; maschia indole, stile maschio, spiriti maschi. Anche di donna: ha del maschio.

Virile è sovente opposto non a *femminile*, ma sì ad *infantile* (5). Di voce non da femmina, maschile; di voce non da ragazzo, virile. Viso di donna bronzino, è *maschile* (6); viso di giovanetto barbato, è *virile*. Così nel traslato: stile maschio, non effeminato, non sdolcinato, non cascante; stile virile, stile non minuzioso, non ambizioso, non sopraccarico d'ornamenti.

---

(1) Come *accatto* ha senso di *compra*.
(2) Contin. del Guicc., lib. 55.

(1) La si usi con parsimonia, perchè voce troppo francese. — A.
(2) *Domus*.
(3) CRESCENZIO: *Chiave femmina*.
(4) *La donna della torma*, per dire *cavalla*, è poetico ardimento di Dante.
(5) S'eccettui *membro virile*.
(6) E tra' contadini è lode il dire d'una ragazza: l'è un omaccio; ed anche, più rozzamente: l'è un verro; volendo significare che la è robusta, operosa; qualità che per essi sono le più rilevanti. — A.

1524—1525.

DONNA, Moglie, Consorte.
Consorte, Compagno, Compagna, Conjuge.
Conjugio, Connubio.

1524.
Donna, Moglie, Consorte.

— *Consorte*, e alla moglie e al marito (1); maniera tutta cristiana d'intendere il matrimonio. Ma perchè forse non intendevasi generalmente a questo modo la bella voce, ambi divenire voce scelta, e con levarsi in signoria, venne a perdere popolarità; sicchè oggi la consorte pare una *moglie* in guardinfante. Io desidero che un giorno e il ciabattino e il senatore (2) dicano: la mia consorte, e sappiano e professino ciò che dicono.

Poichè la *donna* tra i signori venne a significare la serva, si vergognarono di chiamare a questo modo la moglie; eppur la *mia donna* era locuzione veramente signorile e di buon conto; ma dacchè l'Alfieri e altri l'adulterarono, a' soli mariti che non sappian leggere pare oggi onesto l'usarla. Tutti ora dicono: la mia moglie. E benchè *moglie* nell'origine latina fosse quasi donna senza dignità, mi piace questo modo più assai che non il chiamarla, come fanno i mariti oltramontani, *madame* col casato; usanza sguajata, che sembra togliere al matrimonio con l'intimità ogni grazia, e con la grazia ogni altezza; e per cui la signora di casa viene a confondersi con le altre che si radunano nel *salon*. Dicano dunque i mariti, così alla buona: la mia moglie, sinchè non tornino in credito e *donna* e *consorte*. — CAPPONI.

1525.
Consorte, Compagno, Compagna, Conjuge.
Conjugio, Connubio.

Secondo l'origine, *consorte* chi ha con noi comune la sorte della vita, o una sorte anco di durata men lunga purchè non brevissima e purchè d'importanza; onde nel Tasso l'uno chiede all'altro essere consorte nella gloria e nella morte; e in Dante *anime consorti* sono le insieme beate in cielo, quivi elette per eterna sorte, come dice altrove egli stesso. Bello, dunque, applicare al matrimonio questa parola; se non che in tempi di dissoluzione cercasi la sorte della ricchezza, e il consorzio pigliasi nel senso del jus civile, e si fa più vile ancora del consorzio delle acque; ma propriamente la voce *consorzio*, senz'altro, non dice la congiunzione di due consorti in vincolo conjugale.

Conjugi è quasi forense; ma di nobile origine, perchè non viene da *jugum*, anzi con esso da *jungo*. Il De Maistre aveva notato che i Russi chiamano *suprug* il marito, e l'hanno anco i Serbi, e corrisponde nella radice al *conjux* latino. *Conjugio*, latinismo non usato se non quasi per celia; ma vive *conjugale*, e *conjugalmente*; e rimane alla grammatica *conjugare* e *conjugazione*, che comprovano come la radice vera sia *jungo*, no *jugum*; così come *vinculum* non viene da *vimen*, ma e questo e quello da *vieo*, che ha suono e senso consimile nello slavo. *Connubio* da taluni usasi in traslato, ma è forma pedantesca.

Consorte, dunque, è più intimo che *compagno*, nel più comune senso; ma anche il marito e la moglie dicono l'un dell'altro: il mio compagno, la mia compagna; ed è modo d'affetto verecondo; nè un terzo direbbe la compagna del tale; ma d'animali parlando, specialmente se gentili, come colombe, uccellini, cerbiatti, *compagno* e *compagna* suona gentile (1).

1526—1527.
DONNA, Madonna, Madama, Dama.
Damina, Signorina, Madamigella, Madonnina.

1526.
Donna, Madonna, Madama, Dama.

Madama è del trecento, e non è punto più francese di tante altre voci simili che le due lingue hanno l'una con l'altra comuni; ma in antico si applicava a donna rispettabile per nobiltà o per bellezza, poichè la bellezza era allora titolo di rispetto (2). Oggidì *madama*, in iscritto, suol darsi a qualche signora; e parlando, se non si tratta di forestieri, ha senso quasi sempre di celia; molto più quando si fa *madamina*, ch'è o giovanetta che vuol già fare la signorina, o femminetta che contraffà donne d'altro affare, o donnuccia poco men che di mal affare.

Dama è serbato, come ognun sa, a donna nobile. Ma: pare una dama, far la dama, al vestire, al tratto, ai lussi affettati, vale: contraffare, più che le gentildonne, le ricche. D'ogni ragazza poi s'usa in Firenze, la qual si voglia o si dica di volere sposare. E in questo senso è il femminino di *damo*.

Madonna è rimasto nelle campagne toscane; ed è la madre di famiglia nelle case de' villici: come il nonno o il più vecchio della casa, in Toscana tuttavia dicesi, il *sere*. In alcuni dialetti, *madonna*, la suocera; e il suocero *messere*.

Esser *donna* e *madonna* vale: padrona assoluta, non avere sopraccapo, poter disporre de' beni della famiglia a suo modo (3).

1527.
Damina, Signorina, Madamigella, Madonnina.

A ragazza nobile o ricca, o, per compitezza, a qualunque siasi ragazza, dire *madamigella*, dove non si tratti proprio di francese, è superfluo quand'abbiamo *signorina*; questo, meglio di ragazza e di fanciulla; *damina* è donna nobile o ricca, maritata. Quando non si dica: far la damina, in senso di celia, o di biasimo, per affettare le apparenze delle condizioni più agiate.

Madonnina non è che l'imagine della Madonna; e di vergine, anco di donna con fattezze delicate e pure, dicesi che pare una Madonnina.

1528—1529.
DONNINA, Donnino, Donnetta, Donnuccia, Donniccina,
Donnaccina, Donnicciuola, Donnaccola.
Femminetta, Femminuccia.
Sennino, Assennatino.
Meretrice, Prostituta.

1528.
Donnina, Donnino, Donnetta, Donnuccia, Donniccina,
Donnaccina, Donnicciuola, Donnaccola.
Femminetta, Femminuccia,
Sennino, Assennatino.

— *Donnina*, piccola donna; è vero diminutivo: *donnetta*,

---

(1) *Consorti* però non si direbbe, per indicare insieme ambo i conjugi. *Consorti* ha il senso dichiarato sotto *parenti*.

(2) REDI: *La illustrissima signora marchesa sua consorte*.

(1) DANTE: *Il colombo si pone presso al compagno*.

(2) Usato dal Boccaccio, dal Pulci e da altri. I Napoletani dicono, e gli antichi Toscani dicevano *pátremo*, *mógliama*. E noi tutti, *madonna*.

(3) BOCCACCIO: *Sarei stata donna e madonna d'ogni lor cosa*. - CECCHI: *Ch'io faccia testamento, e ch'io ti lasci Donna e madonna d'ogni cosa*. Vive anco in altri dialetti.

donna leggiadra, aggraziata. Quand'ambedue hanno senso di vezzo, questo è il divario, che *donnina* desta per primo l'idea di amabilità, di modestia, di senno; la *donnetta* fa pompa di grazia, d'avvenenza, forse anco di civetteria. Nella prima possonsi riguardare le buone qualità morali non disgiunte da certa bellezza corporea; nella seconda, il pensiero si volta subito alla leggiadria delle forme. Così diciamo: cara donnina, e: bella donnetta. Però quest'ultima ha, talvolta, senso non buono, come in questo esempio di F. Giordano: « Trovandosi in compagnia di certe altre donnette di malo affare. »

Degli ultimi gentiluomini veneti, dico de' più degenerati, facevasi proverbialmente l'elogio in tre parole: *Messetta, bassetta, donnetta*.

Donnino, se di donna fatta, è più diminutivo e più di vezzo che *donnina*; come *cassettino* è più piccolo di *cassettina*. Un bel *donnino*, è più snello a dire e a vedere che *bella donnina*; e c'è donne non tanto piccine, che si diranno *donnine*, alludendo alle qualità loro più spirituali che corporee; *donnini* no. Quindi è che a bambina che abbia un fare da donna, dicesi ch'è un *donnino*: come di bambinetto maschio o femmina, che è un *sennino*; e è più del dirgli che è *assennatino*; ma quasi il senno stesso in persona. E così ne faceva persona Dante: *Fui sesto tra cotanto senno*.

Donnuccia, donna piccola o da poco; e se ne fa *donnucciaccia*, che dice, oltre a condizione abietta o a struttura misera, animo turpe. Ma *donnettuccia* dice peggio per il primo tristo senso di *donnetta*, e perchè l'uscita in *uccia* tempera un poco il disprezzo con la pietà.

Donnaccina, donna di poco cervello e di poco conto, che sta su tutti i chiacchiericci; e si dice pure, nell'uso, a uomo ch'abbia somiglianza con donne siffatte. D'uomo o pettegolo o effeminato, o ch'abbia altro dei difetti apposti alle femmine, dicesi altresì *donnicciuola* o *donnetta*. Donnetta è qui il men dispregiativo de' tre. Dell'effeminatezza meglio direbbesi *femminetta*. Donnicciuola, donna di bassa condizione, con de' pregiudizii. Donnaccola è il peggio di tutti, perchè, oltre al significare donna della plebe (e questo non sarebbe punto male), vale donna sudicia. Donnicciuola può intendersi della plebe, ma non dispregevole (1). — MEINI.

Il Manzoni, di femmina povera, ma venerabile e per la povertà e per la pietà, ben dice *femminetta*. *Femminuccia* ha sempre senso di spregio, e direbbesi anco d'animale debole o inetto all'uso.

1529.
Meretrice, Prostituta.

La prima guadagna del corpo suo, *mereo*; la seconda, per guadagno o per libidine, si mette in mostra, e provoca a sozzure, *prostat*: è più comune, più sfacciata.

Taide meretrice, Messalina prostituta. Ogni abbracciamento venale è meretricio, prostituzione non è; quelle che, non per mestiere ma per vizio, si danno al primo che capita, son prostitute. Le meretrici di caro prezzo non son prostitute; le prostitute da' genitori o da' mariti, che nulla guadagnano per sè, non meritano l'altro nome. Le prostitute nei templi pagani per atto di devozione, meretrici non erano; e si credevano far opera meritoria.

────────

(1) MALMANTILE, 7: *Qualsivoglia donnicciuola Porta la dote ed il corredo appresso.*

Dante chiamò le ricchezze *false* meretrici; e per esse prostituiscesi l'anima. Diremo *meretricii* gli ornamenti del dire, lisciati, affettati; e diremo prostituire l'ingegno ai potenti.

1530—1537.

DONO, PRESENTE.
DONARE, PRESENTARE, OFFRIRE.
OFFRIRE, PORGERE.
DARE, CONSEGNARE.
OFFRIRE, PROFFERIRE.
OFFERTA, OBLAZIONE.
RENDERE, RESTITUIRE.
RENDIMENTO, RESTITUZIONE.
DONARE, DARE.
DONARE, CONDONARE.

1530.
Dono, Presente.

Roubaud: « Non è vero quel che affermano alcuni, che il *presente* sia meno del *dono*: c'è de' presenti magnifici, dei doni dappoco.

» Dono (*donum*, δῶρον, *dan, dar, than*, voce comune ai Greci, agli Ebrei, a' Celti, a' Latini, agli Slavi) esprime l'azione del dare gratuitamente; ed è contrapposto a ciò che si dà per prezzo, per debito, per salario, a titolo oneroso. *Presente*, da *præsens*, è propriamente il dono che si presenta; e dicesi *presente* per il tempo presente. Così Plinio dice che i doni dati con mano, chiamavansi *munera*. La legge 18 *ff. de verb. signif.* distingue *munus* da *præsens*, dicendo che i doni son fatti dagli assenti; i *munera*, inviati; i presenti, offerti.

» Si fa, si manda, si porta, si offre un presente; si fa, si concede un dono. Si fa dono, non presente, del cuore. »

Il dono ha per fine principale il vantaggio di quello a cui si fa; però si dona cose utili. Il presente si fa per desiderio di piacere; però presentansi cose gradevoli.

I.° Il dono può essere interessato o oltraggioso o indegno (1); il presente dimostra più sincera e più gentile un'intenzione d'affetto e di stima. II.° Il presente si fa, d'ordinario, da minore a maggiore: o ogni modo, si fa senza pompa di superiorità, e per desiderio di piacere. Il dono può essere accompagnato da atti superbi o sprezzanti. Il povero non dona al ricco; il principe non fa un presente al suo suddito. III.° Si donano e cose immobili e mobili e immateriali; si fa, d'ordinario, presente di mobili. Si fa dono d'un affetto, d'un diritto, non già presente; si fa dono anco di poche parole (2). Dio non fa all'uomo presenti, ma doni (3); IV.° Il dono può, talvolta, non essere affatto gratuito; sia perchè i meriti del donato sono una specie di diritto, sia perchè

────────

(1) DANTE: *Il sangue ferrarese Che donerù questo... cortesi Per mostrarvi di parte; e cotai doni Conformi fieno al viver del paese.*

(2) DANTE: *Lo maggior don che Dio per sua larghezza Fésse creando... Fu della volontà la libertate.* - FRANCESCO DA BARBERINO: *Ti chieggo un dono: D'andare a quella per cui sono spento.* - OVIDIO, Pistole: *Non domino il loro amore.* - Troviamo in DANTE, egli è vero: *Le mie parole Di gran sentenza ti faran presente*; ma la locuzione è insolita, come ognun vede.

(3) BOCCACCIO: *Domeneddio, abondantissimo donatore.*

il dono stesso porta col favore qualch'obbligo o peso (1). La servilità de' piccoli, e la vile soperchieria di certi grandi, fa riguardar come dono fin la soddisfazione d'un debito. V.° Il dono, oltre all'esser gratuito, può essere smoderato, irragionevole, pazzo. Al presente s'associano, d'ordinario, le idee di convenienza, lontana dagli eccessi (2). VI.° Il dono, dice Labeone, è il genere; il presente (*munus*) la specie. Non ogni dono è presente: ogni presente è dono. Ultimi doni chiamavano i Latini l'esequie e le offerte pel morto. Del resto, anche il presente può essere mandato od offerto, comechessia, da persona lontana (3). Non è men vero però che, d'ordinario, il presente si faccia di presenza, come il vocabolo suona (4). Alle notate differenze si può ben trovare delle eccezioni nell'un caso e nell'altro, ma taluna di loro in qualunque caso s'avvera. Per esempio, quando il Buti definisce: « Il *presente* è il donare una cosa, ed è segno d'onoranza », con questa clausola aggiunta alla sua magra definizione (che la Crusca potrebbe non riportare per prima autorità), viene a indicare che da maggiore a minore non si fanno, d'ordinario, i presenti. Così; là dove il Sacchetti dice: « Pensando forse d'aver danari per lo presentato dono », dimostra anch'egli che si può offrire un dono senza presentarlo, e senza che questo possa chiamarsi *presente*.

1531.
Donare, Presentare, Offrire.

Girard: « *Donare* può essere più famigliare; *presentare* è più rispettoso; *offrire* è, talvolta, ancora più, è religioso: donare a domestici, presentare a maggiori, offrire a Dio (5).

Presentare e *offrire* può essere quasi il principio del *donare*; questo è l'atto compiuto. Così può dirsi che uno presenta donando, che dona presentando, che offre per donare; ma non si direbbe che dona per presentare, ovvero per offrire. Si donano i beni, il cuore; si presentano i complimenti, i simboli della cosa donata. Si dona, talvolta, per interesse; si presenta senza grazia; offresi per cerimonia.

1532.
Offrire, Porgere.

L'*offrire* è meno estrinseco del *porgere*; s'offre con l'anima, si porge con gli atti di fuori; si offre con parole, si porge con mano. Quel viso offre l'imagine del candore; non porge.

---

(1) CASA: *Nel dono della pensione*. - BOCCACCIO: *Donarti quella parte di ciò che tu riscuoterai, che convenevol sia*.
(2) BOCCACCIO: *Dove tesoriera aver mi credeva, donatrice e scialacquatrice avra*.
(3) COL. AB. ISAC.: *Gli presentò per un garzone due sporte di vivande, e mandogliele raccomandando*. Se non che, chi presenta per mezzo d'un altro, può dirsi che lo faccia quasi con la presente persona. Mandare per la posta o in altro modo simile, in dono, non credo possa mai dirsi presente, se non figurando in fantasia che chi manda sia lì a presentare. - Ai Latini *munus* e *donum* pare che si confondessero. - CICERONE: *Legem de donis et muneribus tulit*. - *Deorum dono atque munere*. - Ma che non sieno il medesimo lo dice quello di ULPIANO: *Ne donum vel munus procensul accipiat*.
(4) Il dono d'una casa o d'un podere, *presente* non si direbbe. — A.
(5) GRADI S. GIROLAMO: *Offre a Dio l'oro*. Questa dell'*offrire* è voce solenne in religione. Vedi la Crusca, § 1.

1533.
Dare, Consegnare.

— *Consegnasi*, per lo più, a mano: cosa, dunque, portatile, cosa della qual si tenga alcun conto. *Dare* ha senso più generale. — ROMANI.

1534.
Offrire, Profferire.

— Si *profferisce* con parole; si *offre* e con parole e con atti. Se io v'offro la mia casa ad ospitalità, vi profferisco d'entrarci. — ROMANI.

— Si *offre* a Dio una preghiera, non si profferisce. Si fa una profferta di negozio; che *offerta*, propriamente, non è. — VOLPICELLA.

1535.
Offerta, Oblazione.

— *Oblazione* non ha ormai altro senso che sacro; *offerta* ne ha varii. Ma quando anch'essa si adopera in senso religioso, differisce anch'allora in ciò che, a parlare propriamente, *oblazione* è l'atto d'offrire; *offerta* è sì l'atto e la cosa che s'offre.

Offerta, inoltre, è dono religioso; *oblazione* è, più propriamente, sacrifizio. Si fanno offerte anch'ai Santi, anche ai ministri di Dio; oblazioni a Dio solo. I doni dei fedeli a titolo di pietà, sono offerte. L'oblazione, da ultimo, è, d'ordinario, accompagnata con più solenni cerimonie, con più determinate formole; d'ogni menoma cosa, di un'annegazione, d'un pensiero si può fare offerta. — ROUBAUD.

1536.
Rendere, Restituire.
Rendimento, Restituzione.

— *Rendonsi* le cose prestate o date; *restituisconsi* le prestate, o rubate, o smarrite.

Nel traslato, *rendere*, usiamo parlando d'uffizii civili, di presenti, di favori, d'affetti. Si rende onore, si rende l'amore del quale altri ci ha dato segno od indizio; si rendono grazie. Quel che si fa, è reso; proverbio bello di concetto e di locuzione, il qual compendia e illustra la massima: *non fare ad altri quello che non vuoi fatto a te*. *Restituire* dicesi di cose più strettamente dovute. — GIRARD E NESI.

Rendimento è più semplice; la *restituzione* può avere più del solenne. Quella che si fa ai derubati o ai danneggiati, si chiama, più propriamente, *restituzione*.

Rendere, talvolta, è atto di convenienza; *restituire*, d'obbligo. Un tale vi presta un foglio di carta; renderla può essere più offesa che debito. Rendesi, per lo più, la cosa medesima, o simile; si restituisce anco l'equivalente (1), quasi sostituendo.

Resa, oltre al senso d'*arrendersi*, è comune nel modo: resa di conto, più breve, e meglio che: rendimento di conto. *Rendiconto* è non solo l'atto, ma il lavoro e lo scritto che contiene il conto e l'esposizione de' fatti. Questo dicesi anco di fatti, l'altro, specialmente, di

---

(1) I Latini gli accoppiavano insieme. - TERENZIO: *Suis cum restituam ac reddam*. - CICERONE: *Lucem salutemque redditam sibi ac restitutam, accipere debuit*. - LIVIO: *Captivos omnes quos tunc habuerit, restituisset ac reddidisset*. E forse anche qui sono differenze da noi non sentite: forse *reddo*, da *do*, diceva meglio l'atto, l'affetto del dare; *restituo* da *statuo*, la legalità e l'integrità della *resa*: e preponevasi l'uno all'altro, secondo che l'una delle due idee prevalesse.

conti. *I rendiconti*, plurale, suona meglio che *le rese di conto*.

— *Rendere* è dare indietro il dato: *restituire* è rimetter le cose nello stato che prima erano. Onde può dirsi: restituito in sanità, nella grazia d'alcuno, ne' beni già posseduti; ma non: renduto. — POLIDORI.

Rendere, ne' suoi tanti traslati, non è possibile che si confonda coll'altro. — A.

1537.
Donare, Dare.
Donare, Condonare.

Tutto ciò che *si dona si dà*, non tutto ciò che si dà, si dona; la cosa è chiarissima: si dà un giudizio, un pugno, una sorella in moglie; si dà rendendo, comprando, pagando un debito; si dà retta, notizia, accusa; cose che non si donano come ognun sa. Ma c'è de' casi che il *dare* è più affine al *donare*. *Donare*, però, riman sempre un po' più.

Il Salvini: « Dovendo io darle una protettrice autorevole mano, che quel peso e quel lustro le donasse, che essa per sé non giunge a possedere... »

Qui non si possono scambiar le due voci, sebbene affinissime. E questa è cosa da notare, perchè la famigliarità che tutti prendiamo con la lingua francese, conduce facilmente a confonderle nell' uso di dire col donare, sull'analogia del *donner*, ch'ha il duplice senso delle due voci italiane di cui parliamo.

Dunque, donare ajuto sarà più che darlo. Dà ajuto anche l'uomo ch'è in obbligo di darlo, che lo dà scarso, a malincuore; dona ajuto chi lo dà pieno e di cuore, a modo insomma di dono. Un padre si dà sua figlia in moglie; un rivale che ve la cede, e che crede d'aver de' diritti sopra di lei, ve la dona. Sposa sommessa, dà il cuore; amante, lo dona. Il servo si dà al padrone; l'amico si dona all'amico. Caro: « Mi vi do e dono per amicissimo » (1).

1538.
DONO, DONAZIONE, DONAGIONE, DÓNORA, DONATIVO.

Donazione è dono solenne, di cosa un po' rilevante, di beni immobili: è una specie di contratto, al quale provvedono le leggi civili. Nel medio evo, per salvare i beni dalle invasioni del forte, se ne faceva simulata donazione all'altare, ritirandoneli a titolo d'enfiteusi, acciocché il titolo religioso li guarentisse dalla violenza; tanto poteva la religione sugli animi.

Donagione è dell' uso toscano; è talvolta men solenne e legale della donazione, e più rilevante del dono. Fare una donagione di mobili, o di beni ch'abbiano poco prezzo, non si direbbe (2).

Dónora, plurale di *dono* (formato a similitudine di *prátora* e *cámpora*) (3), è usato anche oggi in Toscana nelle scritture de' computisti, e in alcune parti del contado, per quegli arnesi e altro, che, oltre la dote, davansi alla sposa, quand' ella andava a marito. Differisce da *corredo* in ciò, che il corredo lo suol fare la casa della fanciulla, e le dónora le dà lo sposo.

I.° *Donativo* è, talvolta, voce più famigliare di *dono*. II.° Tutti i sensi traslati di *dono*, *donativo* non li ha: né si direbbe: far donativo della libertà, della vita. III.° Il donativo non sempre è volontario; con questo nome chiama il Davanzati le enormi largizioni che davano ai soldati gl'imperatori novelli; largizioni tutt'altro che spontanee (1). IV.° Così chiamasi inoltre quell'offerta di danari che fanno talvolta i sudditi e in questo senso è tuttavia voce viva (2). V.° *Donativo* dicesi sempre di cosa o più o men utile, non di meramente piacevole, e molto meno di trista e funesta. C'è de' funesti e terribili doni, e Nesso ha lasciata più d' una camicia.

1539—1541.
DONO, REGALO.
MANCIA, STRENNA.
MANCIA, PARAGUANTO, RINCALZO, SOVVALLO.

1539.
Dono, Regalo.

I.° Il *regalo* è *dono* dato o per premio o per testimonianza d'affetto. Un grande regala a un artista una tabacchiera per mostrargli di esser contento dell'opera sua; coteste tabacchiere non provano sempre né il buon odore dell'artista, né il buon naso del grande. II.° Ho detto che il regalo suol essere segno d'affetto; e con questo fine si regalano cose che non si dicono, propriamente, doni: un ventaglio, una bestia, un piattello di frutte, un mazzo di fiori (3). III.° I regali sono spesso reciproci; e c'è dei giorni nell'anno, sacri un tempo a queste ingenue dimostrazioni di famigliarità (4), alle quali ora sottentrarono i biglietti da visita, stampati, per più comodo consegnati da un servitore a un altro, per provare che siamo in secolo di libertà. IV.° Chi fa una visita gradita, chi vi comunica una desiderata notizia, vi fa, voi dite, un regalo, questo non è presente, né dono. V.° *Regalo* ha senso ironico inoltre. Di chi vi porta in casa un malanno, di chi vi fa conoscere un cattivo soggetto, voi dite: e' m' ha fatto un bel regalo! (5)

1540.
Mancia, Strenna.

— *Strenna* non vive in Toscana. Così si son nominati certi almanacchi, non tanto per rinfrescare un'antica

---

(1) *Donare* ha senso suo proprio, affinissimo a *condonare*. Donare qualcosa all'età, alla debolezza del sesso: e pare ch'esprima più piena indulgenza, e voglia far meno sentire l'idea del perdono; idea che talvolta può ostarne.

(2) *Donagione*, oltre agli esempi dalla Crusca recati, n'ha uno nello *Scisma* del Davanzati, pag. 89 (cito l'edizione del Gamba).

(3) Si noti come il toscano conservi anche qui le vestigia dell'origine sua. Da *dona*, *dónora*; da *prata*, *prátora*; così *tella*, desinenza de' neutri latini.

(1) GIAMBULLARI: *Gli Ungheri assuefatti a quel donativo ch' e' solevano trarre ogni anno, se ne vennero alla Sassonia*. - *Donativi superbi* usa il Segneri parlando di ricompense date dal principe a' minori di sé.

(2) In questo senso ha *donativo* anche la lingua spagnuola. Anche quando si tratti in genere di presenti più o meno volontarii, ma dati a fine politico, è voce opportuna. Il signor Sauli, nella Storia della colonia di Galata: *Che i patti coi principi saraceni erano instabili e lievi, se tratto tratto non si rinfrescavano e confermavano co' donativi*. - *Gregorio XI confortava l'erario della repubblica col donativo di 25,000 scudi d'oro.* - *Tamerlano spedì donativi in Galata per impegnar gli abitanti...*

(3) BUONARROTI: *Quintessenza di fiori... lor regalerete.*

(4) SALVINI: *Contasi degli antichi una buona e bella usanza... il regalarsi e carezzarsi scambievolmente.*

(5) BUONARROTI: *Regalarli di fole.* - MANZONI: *Regalare ad un galantuomo una signorina che aveva dato tal saggio di sé.*

TOMMASEO, *Diz. dei Sinonimi.*

voce latina e italiana, quanto per imitare (solito vezzo, peste d'Italia) *les étrennes* francesi. Chechessia della cagione che rinfrescò questa voce, se l'uso generale l'accetta, ella rimarrà sempre distinta da *mancia*, in quanto che le strenne usitate ai Romani, con altro nome non si chiameranno. « Strenne (così l'Ottimo) sono cose donate in grande festa. » La mancia si dà in ogni tempo; quella del vetturino o del servitore si dirà sempre *mancia*. Il superiore dà all'inferiore la mancia; la strenna può essere offerta anco da inferiore. — CAMPI.

1541.
Mancia, Paraguanto, Rincalzo, Sovvallo.

— Che *mancia* e *paraguanto* non sien tutt'uno lo prova l'esempio del Lippi (c. 2): « Per buscar mance e paraguanti Andaron molti a darne al re gli avvisi. » Paraguanto è mancia più signorile; quindi è che la mancia si chiede; il paraguanto, no. A' birri (1), al cuoco (2), e simili, la mancia; a spia nobile, un paraguanto. Poi, *paraguanto*, è mancia più copiosa, appunto perche più da signori (3). Così si verifica il trito proverbio: « la roba va alla roba. »

Rincalzo, tutto ciò che serve a rincalzare, a sollevare l'altrui miseria. Un guadagno inaspettato, una fortuna qualunque può essere rincalzo (4). Una mancia, un paraguanto possono essere rincalzo, e non essere.

Sovvallo, vivo anch'esso, è affine a *mancia*, come si rileva dall'esempio della Fiera: « Chiede mance e sovvalli la plebe. » Ma *sovvallo*, ben dice la Crusca, e con la Crusca l'uso toscano, è qualunque cosa che viene senza spesa e, per lo più, da godersi in brigata. E lo prova il modo famigliare: mettere a sovvallo, che, parlando di danaro, vale mettere un tanto per uno, e poi goderselo insieme in qualche spesa geniale. — MEINI.

1542—1543.
DONO, LARGIZIONE.
REGALETTO, REGALUCCIO.
ELEMOSINA, CARITÀ.

1542.
Dono, Largizione.
Regaletto, Regaluccio.

Non ogni *dono* è *largizione;* questa è dono ricco, abondante, sovrabondante talvolta (5). È pleonasmo difettoso, almeno per la collocazione, quello del Passavanti: « I beni dell'anima, i quali Iddio liberamente, e non per nostro merito, largisce e dona. » Meglio il Lib. Amm.: « Largimento di doni. » E Coll. ss. Padri: « Per divina larghezza donata. »

Si fanno propriamente *largizioni* ai poveri, alle chiese, ai luoghi pii. Queste sono certe specie determinate di doni; e in tal senso la voce ha un qualch'uso nella lingua viva.

Largire è più raro, e vale, come il vocabolo suona: donare largamente; cosa notabile, ma in tutte le lingue frequente, che il verbo ha senso più largo del nome che ne deriva. Ben si direbbe: doni largiti da Dio, ma non:

---

(1) TANCIA.
(2) PULCI.
(3) Pare che mostri la mano che si tende a ricevere, o quella almeno che porge, coperta di guanto.
(4) CECCHI.
(5) TACITO: *Donaret sua, largiretur aliena.* - CICERONE: *Large effuseque donaret.*

largizioni di Dio. Questo nome non s'applica se non ai beni, ai danari, alle cose di prezzo largite; il verbo, a qualunque specie di liberal dono (1).

Largizione, dono, donagione, donativo non hanno diminutivi; s'ha bensì *presentuccio, regaletto, regaluccio*, e potrebbesi, forse, *donazioncella*. Il *regaluccio* è meschino, o almeno chi parla modestamente lo dà per tale: il *regaletto* può essere piccolo di mole, ma di grande prezzo.

1543.
Elemosina, Carità.

— *Carità*, e la virtù e l'atto; *elemosina*, l'atto. E perchè *carità* indica la virtù, però talvolta ha sensi più nobili. Si fa carità, o la carità, per alleggerire il dolore o la miseria de' fratelli; ma quell'elemosina che è fatta o per vanagloria, o per compassione quasi d'istinto, o per levarsi d'intorno una noja, o per fini più rei, non è carità. Dice il Rousseau: *Ne faites pas seulement l'aumône, faites la charité.* Certe madri insegnano a' bambini piccoli fare elemosina, non carità. L'elemosina del ricco è sovente insulto.

L'elemosina è, d'ordinario, di somme non grandi: si fa carità, anco a milioni alla volta. Elemosina, non carità per la chiesa. — FAURE.

1544.
DOZZINA, SERQUA.

— Sono sinonimi; c'è de' casi dove non si scambierebbero. Serqua d'ova, di limoni, di pantondi, di noci, e simili. Dozzina d'aringhe, di baccalà. Comunemente non si baratterebbe vocabolo. Una dozzina d'uccelli sono due mazzi.

Dozzina, quel tanto che si paga convivendo in casa altrui. Quindi: pagar la dozzina; stare, dare, tenere a dozzina; *dozzinante*, che sta a dozzina. Cose da dozzina, dozzinali, di poco pregio, perchè se ne trova a dozzine. — MEINI.

1545—1559.
DUBBIO, DUBBIOSO, INCERTO, NON CERTO, IRRESOLUTO.
IRRESOLUZIONE, IRRESOLUTEZZA.
ESITAZIONE, ESITANZA.
ESITANTE, SOSPESO.
TENERE SULLA CORDA, TENERE A BADA.
IN FORSE, INFRA DUE, PERPLESSO.
ESSERE, STARE, RESTARE IN FORSE.
DUBBIO, DUBBIOSO, INCERTO, NON CERTO, PROBLEMATICO, AMBIGUO, SOSPETTO, SOSPETTATO, EQUIVOCO, ANFIBOLOGICO, OSCURO.
DUBBIO, DUBBIEZZA, SOSPETTO, DUBITAZIONE, DUBBIETÀ.

Le voci notate riguardano ora lo stato della mente o dell'animo, ora l'oggetto ch'è causa di tale stato; in questi due differenti aspetti hanno differenze diverse. Cominciamo dallo stato della mente e dell'animo.

1545.
Dubbio, Dubbioso.

Star dubbio, diciamo del pari che: stare dubbioso; ma di stato abituale, forse meglio: *dubbioso*. Son dubbio s'io l'abbia o no a fare un passo, pensando alle conseguenze grandi che da un piccolo atto possono derivare; questa prudenza portata all'eccesso, rende l'uomo continuamente dubbioso, grave agli altri e a sè stesso. Si noti però che più comuni di: esser dubbio, sono le frasi: stare, essere, rimanere, trovarsi in dubbio.

---

(1) *Elargizione*, usato da taluni, è barbaro.

1546.
Dubbio, Incerto, Non certo.

Incerto è men lontano da quella pace a cui tende la mente, per riposarsi nel vero. Sono pur tante le cose di cui dobbiamo essere incerti! se dovessimo dubitare di tutte queste, la vita sarebbe un inferno. Il savio ha nella vita più incertezze degli altri; non dubita però della Provvidenza, nè della virtù.

Non certo è meno d'*incerto*; denota stato meramente negativo. *Incerto* dice meglio l'impressione che fa sull'animo il sentimento del mancare quella certezza che aver si vorrebbe. Di tutte le cose ch'io non posso sapere per l'appunto così come staranno, io non son certo; sono incerto di quelle alla cui non certezza io penso, e me ne vorrei accertare. Non son certo che il tal movimento di un corpo produca il tale effetto nè più nè meno; ma questa cosa non m'importando, io non ne sto punto incerto. Dell'esito d'una mia faccenda, d'un mio disegno, o di quello di persona a me cara, me ne sto incerto, perchè troppo vorrei potermene accertare.

— Incerti siamo assai volte per ignoranza, dubbii per inopia di volontà ferma. Ma *uomo incerto*, si dice d'uomo sempre dubbioso, perchè ad uomo *dubbio* s'è dato un altro e peggiore senso.

Incerto si oppone a *sicuro*, anche dove questa voce denota mancanza di fermezza risoluta: sguardo incerto, che non si fissa (Orazio: *incertos oculos*); moti incerti, per mancare di forza; stile incerto, che non ha forma determinata, che non coglie a dirittura le idee. — CAPPONI.

1547.
Dubbio, Incerto, Irresoluto.

— Il *dubbio* viene da insufficienza di prove, o dall'equilibrio delle prove e dall'un lato e dall'altro; l'*incertezza*, da difetto di cognizioni sufficienti a decidere; l'*irresoluzione*, da mancanza di motivi che conducano a risolvere, o da equilibrio de' motivi contrarii.

Il dubbio e l'incertezza riguardano in modo più diretto la mente; l'irresoluzione, più specialmente la volontà (1). — BEAUZÉE.

L'Enciclopedia: « *Dubbio* e *incerto*, si dice e di persone e di cose; *irresoluto*, di persone soltanto; o di cose in quanto riguardano a persone, come atti, parole, pensieri. Più: *irresoluto* può indicare una quasi abitudine. Il saggio deve saper rimanere incerto riguardo alle opinioni dubbie, non mai irresoluto nell'operare. »

1548.
Irresoluzione, Irresolutezza.

Il primo è stato men lungo; l'altro può essere abito, infermità di mente e d'animo, vizio. I più fermi, i più risoluti, quand'abbiano preso un partito, hanno, e sovente debbono avere, prima di prenderlo, un istante d'irresoluzione. L'*irresolutezza*, negli atti necessarii che richieggono moti provati, viene assai volte dal volersi leggermente risolvere prima del tempo.

---

(1) SEGNERI: *Irresoluzione di volontà*. E *irresoluto* dicesi, e *irrisoluto*. Il primo par più comune nell'uso, ed è di suono più dolce, perchè toglie lo scontro spiacevole de' due *i*; poi, più conveniente, perchè a prima vista *irrisoluto* risveglia alla mente l'etimologia d'*irriso*.

1549.
Esitazione, Esitanza.
Dubbio, Esitante.

Esitare, nel latino, è affinissimo a *dubitare*, ma non tutt'uno (1). Esita chi s'arresta nel cammino del pensiero o della risoluzione o dell'azione, chi non va franco e spedito. Il dubbio e l'incertezza possono essere causa della esitazione, non sempre però. L'irresoluzione è una specie di esitazione, ma può esitare anche l'uomo che non è irresoluto. Qualunque piccola renitenza o indugio che la mente o l'animo soffra o ponga a sé stesso, è esitazione. C'è dunque degli uomini incerti d'un fatto che senza esitazione ne parlano; c'è degli uomini irresoluti che senza esitazione confessano le ragioni della irresoluzione loro; c'è degli uomini prudenti che son certi della cosa, e pure ne parlano circospetti, e quasi esitando. L'incertezza, il dubbio, l'irresoluzione non hanno luogo, d'ordinario, in una risposta, in un'azione da poco; le menome cose si possono dire e fare esitando (2).

Ne' *Promessi Sposi* il Principe dice a Geltrude: « Ogni più piccola esitazione che si vedesse in voi, porrebbe a repentaglio il mio onore..... » E più sotto: « Restiam d'accordo che voi rispondereste con franchezza, in modo da non far nascere dubbii nella testa di quell'uomo dabbene. »

L'autore del *Saggio sull'origine delle idee*: « Per quanto la persuasione dell'errore sia profonda, ella è bene spesso piena di esitazioni; ripullulano i dubbii che parevano già sopiti, e una misteriosa inquietudine non abbandona giammai interamente gli uomini dall'errore occupati, sebbene l'inquietudine non abbia in sé vigore di convertirli alla pace della verità. » Chi nel primo luogo ponesse *dubbii*, nel secondo *esitazioni*, sentirebbe con l'improprietà del modo la differenza de' due vocaboli (3).

1550.
Dubbio, Esitante, Sospeso.

Il *dubbio* riguarda la mente; la *sospensione*, e la mente e l'animo. Io posso essere sospeso tanto fra due opinioni, quanto fra due consigli; non posso essere in dubbio, propriamente, che della verità o falsità d'una cosa. La *sospensione* suppone sovente maggior conoscenza della cosa, che il *dubbio*. Dopo molto meditare, dopo un lungo investigare, dopo un consigliare maturo, io posso rimanere sospeso nel dare un voto, nel venire a un atto. Nella sospensione entra un non so che della previdenza lontana, la qual non è dubbio, ma piuttosto principio di timore.

---

(1) CICERONE: *Dubitant, hæsitant, revocant se interdum.*

(2) *Hæsitantia linguæ* chiama Cicerone il balbettare. E altrove: *Qui timor! quæ dubitatio! quanta hæsitatio, tractusque verborum! Esitare*, con dietro le particelle *se, che*, in latino si direbbe, ma nella lingua nostra appena col *se*. Fors'anco potrebbesi: esitava, non forse dal suo atto buono seguissero altrui atti malvagi. — Ma qui è ellissi, e sottintendesi non pure il *se*, ma altro ancora.

(3) Un giureconsulto facondo, il signor POZZO: *Nè le decisioni invocate dal nostro contraddittore producono in noi il menomo dubbio, la menoma esitanza intorno a questo punto della controversia*. Nessuno qui posporrebbe la prima voce, la quale, dicendo più, in questo caso va collocata appunto per prima. *Esitanza* è usato da alcuni, ma non necessario. Volendolo ritenere, può serbarsi a significare l'atto momentaneo; *esitazione*, il più protratto, o lo stato e l'abito. Perchè *esitanza* si reca col suono al participio presente *esitante*.

L'uomo, la mente, l'animo sospeso non ha un punto fisso al quale appoggiarsi: l'uomo, la mente, l'animo in istato d'esitazione non sa andare spedito al suo fine. Chi rimane sospeso, non decide, non si risolve; chi esita, mostra di risolversi e poi si ritira, comincia a decidere e poi si ferma, esce della sospensione e poi ci ritorna. Tra due oggetti che vi tengono per qualche punto aderente a sè, voi rimanete sospeso; a ostacoli che rincontrate o credete rincontrare, vi dimostrate esitante. Nel primo caso, non sapete che pensare, che dire, che fare; nel secondo, non potete pensare o dire o far prontamente. Intanto ch'io rimango sospeso, non c'è forza di pensiero che mi dia la spinta; intanto ch'io me ne sto esitante, non c'è forza d'affetto che mi comunichi un moto continuato e spedito. L'uomo che non è già più sospeso, può, venendo all'atto, esitare. Nel primo, insomma, io veggo quasi un corpo che, attaccato a uno o più punti, non può o non sa staccarsene per prendere il moto, e ondeggia o dondola o oscilla; nell'altro, quasi un corpo che, già avviato ad un movimento, s'arresta, s'allenta.

Il prudente sa sospendere i suoi giudizii, i suoi detti, fino al debito tempo; ma poi sa risolvere senza esitare. L'*esitazione*, talvolta, ha per causa il non aver saputo sospendere una volontà o un giudizio precipitoso (1).

Si rimane sospeso non solo per dubbio, ma per attenzione o per curiosità o per timore o per maraviglia (2).

La sospensione può essere d'un istante; l'esitazione suppone, d'ordinario, spazio di tempo men breve, che il dubbio, l'incertezza (3).

La sospensione, finalmente, è dubbio che viene da aspettazione di cosa non certa (4). In questo senso la può venire accompagnata da più o meno ansiosa incertezza (5).

1551.
Tenere sulla corda, Tenere a bada.

Tenere sulla corda è tenere sospeso tra timore e speranza, o in qualsiasi altro stato di dubbio penoso; ma per tempo non breve, avuto almeno riguardo all'impazienza di chi soffre; *tenere a bada*, con promesse lunghe; e anco tenendo l'attenzione occupata, che non si volga dove più importerebbe a chi più si lagna dell'esser tenuto a bada; e in questo è più pericolo appunto perchè meno sentito il danno.

---

(1) Differenze analoghe pone il Roubaud tra *balancer* e *hésiter*.
(2) Dante: *In ammirar sospeso.* - Boccaccio: *Temendo stavan sospese a udire.* - Cicerone: *Suspensum metu.* - Manzoni: *Ascoltare con sospensione.*
(3) Berni: *Sospeso un poco sopra sè rimase.* - Ovidio: *Brevi spatio silet et dubitare videtur, Suspenditque animos ficta gravitate.*
(4) Caro: *Per trarla più presto che si può di sospensione, le fo intendere....* - Virgilio: *Dicam equidem, nec te suspensum tenebo.* - Cicerone: *Quam suspenso animo et sollicito scire averes.*
(5) Manzoni: *Il principe era stato fin allora in una sospensione molto nojosa.* - Cicerone: *Suspensam et incertam plebem obscura spe et cæca expectatione pendere.* - *Suspensus dubiusque vultus*, per esprimere sospensione e dubbio, sarebbe forse da non ripudiare anche nella lingua nostra. *Suspensam dubiamque noctem* di Plinio è molto più ardito. E più ancora il *suspensa silentia* di Claudiano. Non sempre l'ardimento della locuzione è bisogno del genio o istinto d'originalità. Ma i detti esempi dimostrano che *dubius, incertus, suspensus*, non erano a' Latini tutt'uno.

1552.
In fra due, In forse, Sospeso.

— L'uomo rimane *in forse* e *sospeso* anco nell'operare; *in fra due* riguarda piuttosto la dubbiezza precedente la scelta. — Neri.

1553.
Dubbio, Perplesso.

Perplesso significa *dubbio* che viene o da confusione d'idee, o da turbamento d'affetti. Il secondo senso, nell'uso è più frequente. *Perplesso*, insomma, è il più forte di tutti gli accennati finora. Lor. Medici: « Dubbioso e perplesso Fra timor lieto e timido diletto. » Guicciardini: « Certa irresoluzione e perplessità che gli era naturale. »

Perplesso, anche quando riguarda la mente, include l'idea di più o meno grave ansietà e turbamento. Le verità del mondo corporeo non ben percepite, lasciano dubbio; le religiose mettono perplessità negli spiriti retti: le prime sono un utile, un piacere; le seconde, un bene più vero, un bisogno (1).

1554.
Dubbio, In forse.

Essere, stare, rimanere *in forse*, dice propriamente *dubbio* che cade sopra cose eventuali, le quali possono essere e non essere; possono essere in un modo o in altro (2). L'uomo è necessariamente in forse sulle sue vicende avvenire, sui fatti del domani, sulle speranze che pone negli uomini e nelle cose volubili.

1555.
Essere, Stare, Restare in forse.

— *Essere*, dice lo stato presente; *stare*, stato più lungo; *restare*, ancor più, e indica il contrapposto all'uscire di quello stato, potendo o dovendo. — Neri.

Conchiudiamo. Il dubbio e la *non certezza* riguardano più propriamente la mente; l'*incertezza* e la *perplessità*, la mente e l'animo; l'*irresoluzione*, la volontà, l'atto; l'*esitanza* e la *sospensione*, anco le parole o i cenni; *in forse*, gli eventi avvenire. Dubbioso, irresoluto, perplesso, possono denotare stato abituale; gli altri, d'ordinario, durata men lunga; *sospeso*, poi, più breve di tutti. I men forti sono: *dubbio, dubbioso, esitante, non certo, incerto, in forse*; i più forti: *irresoluto, sospeso, perplesso*. Il dubbio, la non certezza, l'incertezza, l'in forse, sono talvolta inevitabili all'uomo; l'esitazione e la sospensione possono essere prudenza, dovere, virtù; l'irresoluzione e la perplessità son sempre difetto, disgrazia anche, e colpa. Chi è in forse, risica di passare alla sospensione affannosa; chi è incerto, all'esitazione minuziosa; chi è irresoluto, all'angosciosa perplessità.

Veniamo ora a considerare le dette voci come denotanti gli oggetti cagione dello stato della mente o dell'animo. Questi oggetti sono: o cose o parole o persone.

1556.
Dubbio (uomo), Sospetto, Ambiguo, Equivoco, Sospetto, Sospettato.

Persona dubbia, carattere, fisonomia dubbia; è un po' meno d'*ambigua. Ambiguo* è meno di *equivoco*; equi-

---

(1) *Perplesso* da *plecto*, dunque intricato. Le idee impacciate son quelle che rendono il dubbio più forte; quindi l'incertezza più penosa, e più procellosa talvolta dell'irresoluzione.
(2) Dante rimane *in forse* quando Virgilio lo lascia per parlare alle guardie di Dite. - Tasso: *Por la vittoria in forse.* Gli antichi, per estensione, dissero *in forse* di qualunque sia dubbio.

voce men di *sospetto*. L'uomo dubbio non si sa indovinare che cosa sia; l'uomo ambiguo non si sa quali sentimenti abbia; l'uomo equivoco si dubita che faccia qualche mestiere non molto onorevole; l'uomo sospetto si dubita che sia da fuggire, come tutt'altro che buono. I letterati a molta gente pajono persone dubbie, perch'e' non arrivano a indovinarli, nè a spiegare le loro stranezze, talvolta affettate, talvolta inevitabili. La moderna società conta molte persone ambigue, delle cui opinioni se voleste avere idea chiara, non vi consiglierei d'assistere ai colloquii che costoro tengono con due persone d'opinione diversa. Persona equivoca sarebbe (con riverenza parlando) una spia; ma questo modo sa dello straniero, e così fosse straniera sempre la cosa! Persona sospetta, uno sul cui conto non corrono soltanto dubbii, ma sospetti legittimi, o che tali pajono: ma questo secondo si dirà forse meglio persona sospettata, o simile. Le persone equivoche son, per lo più, persone sospette: ma c'è delle persone sospette meno spregevoli delle persone ambigue. Società diffidente, e avvilita dalla propria viltà, confonde l'uomo equivoco con l'uomo che par dubbio, e disprezza coloro che non è degna d'intendere.

1557.

Dubbia (cosa), Incerta, Non certa, Problematica, Sospetta.

Di cosa dicesi assai meglio *dubbio* che *dubbioso*: caso dubbio, andamenti dubbii, fisonomia dubbia (che ricade nel senso soprannotato di persona), vista dubbia, dubbio movimento; sostanza dubbia, chiamano i chimici quella di cui non ben conoscono la natura.

Dubbioso, laddove cade l'usarlo, par ch'abbia senso più affine ad *incerto*. Affare dubbio, diremo quello che dà qualcosa da dubitare; cosa dubbiosa, quella che senza aver nulla di sospetto, non è però chiara abbastanza. Se tutti i fatti dubbiosi li volessimo rigettar come dubbii, innanzi di por mente a avverarli, la critica sarebbe distruggitrice piuttosto ch'edificatrice.

Incerto riguarda, per lo più, l'avvenire; così a un dipresso l'Enciclopedia; *dubbio*, il passato, o il presente. Bene incerto, incerta sorte, incerta speranza. L'ora del morire è incerta, non dubbia (1). Molti beni sono incerti; ma l'uomo illuso non vuol dubitarne; quindi la crudele, ma meritata amarezza del disinganno. Minuzio Felice: « *Omnia in rebus humanis dubia, incerta, suspensa.* »

Incerto, del resto, può talvolta riguardare anco il passato e il presente: da chi sia stata trovata la stampa, la bussola, è incerto ancora (2).

Dicendo: la cosa non è certa, io sottintendo quasi, ch'essa può divenir tale. Dicendo: è incerta, io penso, più d'ordinario, alla incertezza assoluta. Incerto dice difetto di certezza, il quale viene, o si crede venire, dalla natura medesima della cosa. Un fatto chiarissimo può non essere ancora certo, ma non è incerto di sua natura: un sistema è incerto, perchè non ha solido fondamento.

---

(1) Passavanti: *Niuna cosa è più certa che la morte, nè è più incerta che l'ora della morte.* - Morali S. Gregorio: *Incertezza di questa vita.* - Varchi: *Fidarsi di cose incertissime.* Questi e altri esempi riguardano l'avvenire.

(2) Redi: *Incertezza del tempo in cui era stato inventato quello strumento.*

— Si cerca la soluzione di quello che è problematico; la verificazione di cosa dubbia; la conferma di cosa incerta.

Problematico è voce quasi scientifica e sa di francese. Di dubbii o incertezze spettanti a questioni filosofiche, può cadere opportuna. — A.

Cosa *sospetta* è quella di cui si dubita, ma aspettandone o temendone un male. Le altre voci affini riguardano la verità e la convenienza maggiore o minore; questa, come s'è detto, include l'idea di male o di danno.

1558.

Dubbio (discorso), Incerto, Ambiguo, Sospeso, Perplesso, Equivoco, Anfibologico, Oscuro.

Altri di questi aggiunti s'applicano al senso letterale; altri, al senso e all'intenzione dell'intero discorso. Nel primo caso usiamo: dubbio, incerto, ambiguo, perplesso, equivoco, anfibologico; nel secondo, incerto, equivoco, ambiguo, e sospeso. Si cominci dal primo.

Frase *dubbia* è quella che dà chiaro il significato materiale, ma lascia un dubbio sul senso ch'ha voluto darle nel contesto l'autore. Frase *incerta* è quella che rende chiaro un significato, un'idea, ma non la rende con quella forza che l'autore intendeva. Certi parlatori amano le frasi dubbie; certi scrittori di gusto corrotto amano le frasi incerte, perchè in quella indeterminazione si credono trovare il sublime. La stessa schiettezza non può talvolta evitare le frasi dubbie; l'ingegno potente teme le frasi incerte. Le frasi *perplesse* sono più imbrogliate che oscure, più contorte che dubbie; affettate o ricercate o incerte, impotenti. Il troppo studio di fuggire le frasi incerte può talvolta condurre alle frasi perplesse. Tali specialmente son quelle, la cui poca trasparenza (se così posso dire) deriva da collocazione forzata, dal vezzo di un periodo ad arte complicato, e ravvolto in sè stesso.

— L'*ambiguità* ha un senso che dà luogo a due interpretazioni diverse; l'*equivoco* ha veramente due sensi. — Girard.

Il Romani a un dipresso: « La frase ambigua è dubbia; fa nascere il dubbio nell'intenderla o nell'interpretarla; ma può bene esser dubbia senz'essere ambigua. *Ambiguo* dicesi, per lo più, del senso della proposizione; *equivoco*, della parola. Ambiguo indica doppio senso; l'equivoco può averlo triplice e più. »

Il Gatti: « Dal non si sapere in qual senso debbano essere interpretate le voci ambigue, nasce la dubbiezza. L'*ambiguità* è causa; la *dubbiezza*, effetto. »

L'equivoco dunque è nel senso grammaticale; l'ambiguità, nella stessa proposizione (1). L'equivoco può congiungersi coll'ambiguità, e può darsi ambiguità senza equivoco. Difesa Pac.: « Per ischifare ambiguità.... e doppio intendimento, per equivocazione... » Esp. Vang.: « Dubbiosa e sofistica ambiguezza. »

Lezione dubbia, in un codice, è quella che non si sa bene se sia retta o errata: ambigua, che presenta due interpretazioni diverse; equivoca, che presenta due interpretazioni diverse, a causa d'un vocabolo di doppio senso.

---

(1) Fra Giordano: *Ne' loro sermoni parlando ambiguamente.* I Latini antichi, non avendo *æquivocus* in questo senso, comprendevano sotto *ambiguus* i sensi de' due: ma ognun vede che nell'ambiguità d'una proposizione oratoria può non aver punto luogo l'equivoco.

Tra *equivoco* e *anfibologia* il Beauzée pone questo divario: « Quel che rende la frase equivoca è il senso indeterminato, o la collocazione non chiara di certe parole. L'anfibologia è una specie d'equivoco, ma più visibile. Nell'equivoco è dubbio, ma con un po' d'attenzione non è difficile il toglierlo. Il noto verso: *Ajo te, Æacida, Romanos vincere posse*, è anfibologia. Quando non si sa in un costrutto quale sia il primo caso e quale il quarto; ma e l'uno e l'altro può prendersi e pel quarto e pel primo, c'è anfibologia; quando, oltre al senso immediato della parola o della frase, io posso, o sottilizzando o non ci badando, trovarne o pigliarne un altro, c'è equivoco. L'equivoco sta sempre nel senso; l'anfibologia nel costrutto; in una sola parola può nascondersi equivoco; l'anfibologia è nella sintassi. Ne' trattati, ne' contratti, una parola equivoca è facile ad introdursi; non tanto una costruzione anfibologica. « Le lingue moderne danno men luogo alle anfibologie; hanno acquistato in chiarezza quel che perdettero in evidenza.

Ceint e *sein*, non bene pronunziati, avverte il Jaucourt, diventano equivoci; anfibologia qui non entra. Lo stesso dicasi di tante voci italiane che han suoni similissimi, e significati diversi. L'equivoco può venire anco dalla confusione del senso figurato col proprio, dall'accoppiamento di due vocaboli, dall'uso promiscuo di due voci sinonime; l'equivoco può essere unito all'anfibologia, ma può trovarsene separato. Troppo generica, dunque, è la definizione del Varchi: « L'anfibologia, cioè lo scuro e dubbio parlare. »

Il discorso intero può essere incerto, equivoco, ambiguo e sospeso. *Incerto*, se mostra vera o finta incertezza in chi parla; *sospeso*, se mostra vera o finta sospensione d'animo nel parlante stesso (1); *ambiguo*, se non si giunga a raccapezzare la vera intenzione di chi lo pronunzia; *equivoco* (ma questo è uso che sa di francese), se per mezzo alle parole coperte si giunge a conoscere la mala fede, e la mira d'ingannare o d'illudere.

— Dall'ambiguità del discorso nasce oscurità e dubbiezza; quella è una delle cause di questa. Anco l'oscurità può esser cagione di dubbiezza; ma, ripeto, non unica. — GATTI.

Veduti gli epiteti, vediamo gli astratti.

1559.
*Dubbio, Dubbiezza,
Sospetto, Dubitazione, Dubbietà.*

Dubbiezza è il sentimento del *dubbio* prolungato. Quand'io dico: in tale dubbiezza non so a che risolvermi; non esprimo un sol dubbio, ma o più dubbii insieme congiunti (2), o lo stato dell'animo agitato dal dubbio. Ben diciamo: nel dubbio sospendasi l'operare; perché qui si tratta dell'atto presente, si tratta del dubbio in sè, non rispetto al sentimento che desta nell'animo. Quindi è che il dubbio ha più dell'intellettuale; la dubbiezza riguarda, in parte almeno, il morale. In questo senso si dirà: l'ignorante non ha mai dubbii, l'ardito non ha mai dubbiezze. Il credente non ha mai dubbii circa la fede; il forte non ha mai dubbiezze circa l'adempimento dei primarii suoi doveri. Il *dubbio*, inoltre, può venir mosso a noi anche da altra persona; la dubbiezza è in noi stessi (1). Mille dubbii che muova al sapiente orgoglioso la dottrina modesta, non giungerà ad eccitare in esso dubbiezza veruna; o almeno l'orgoglio si sforzerà di sopprimerla e dissimularla.

Il *sospetto* è una specie di dubbio; non ogni dubbio è sospetto (2). Manzoni: « Non fate una faccia contrita e dubbiosa, che potesse dar qualche sospetto. » Chi dubita della fedeltà d'una donna, può non ne sospettar ancora; può, in generale, credere poco alla sua virtù, ma non credere però che alcun male sia presso a seguire.

Il dubbio riguarda al falso; il sospetto, al male. Il dubbio può essere freddo; il sospetto è più sollecito e ansioso. Il maligno dubita, l'amante sospetta (3).

Dubitazione è assai raro, e quasi disusato; si dice ora *dubbio*, ora *dubbiezza*.

Ne' pochi casi in cui potrebbe venire opportuno, è affine più a *dubbiezza* che a *dubbio*, in quanto esprime non so che d'abituale, o di frequentemente ripetuto; e più a *dubbio* che a *dubbiezza*, in quanto riguarda più le cose teoriche che le pratiche (4). Quelle dello scettico, per es., si chiamerebbero interminabili, incomode, ipocrite dubitazioni; non son dubbiezze le sue; egli ha l'animo risoluto già di negare ciò che al suo orgoglio non piace: dubbii non sono, perché quel dello scettico è un dubitare continuo.

Dubbietà è anch'esso raro, e in quasi tutti i casi può dirsi o *dubbio* o *dubbiezza*. Anch'esso però dice l'abito più che l'atto, o almeno una serie d'atti; un complesso di dubbii che s'intralciano tra loro; s'userebbe piuttosto nel plurale (5). Nessuno dirà: mi sorge una dubbietà nella mente, o cosa simile. Anche *dubbietà* riguarda i principii. Il vero teorico; ma è più sincera e più sentita della *dubitazione*, che può essere apparente o esagerata almeno.

1560.
DUBBIOSAMENTE, DUBITATIVAMENTE.

— *Dubbioso* riguarda il sentimento; *dubitativo*, l'espressione: animo dubbioso; aria dubitativa; operare dubbiosamente; dubitativamente rispondere. Ma questo secondo non è comune, né affatto necessario; e la sua lunghezza spaventa. A ogni modo, al Grammatico e al Logico cade di ragionare intorno alle forme dubitative. — GATTI.

---

(1) TACITO: *Tiberio etiam in rebus quas non occuleret, suspensa semper et obscura verba.*

(2) SAULI: *Dal che nacquero le dubbiezze dei principi e il discredito universale.*

(1) CINO: *Mille dubbii in un dì, mille querele Al tribunal dell'alta imperatrice Amor contro mi forma.*

(2) Autore francese: *Les regards du... restèrent fixés sur lui d'une manière qui prouvait qu'il avait des doutes et des soupçons.*

(3) L'ARIOSTO, della damma inseguita: *E trema di paura e di sospetto.* D'animali non si direbbe *dubbio*, molto meno irresoluzione. Incerto ben potrebbesi dire anco di bestia; ma non l'astratto, *incertezza*. Il TASSO, di fiera: *La dubbia coda restringendo al ventre*, che traduce egregiamente *caudam peritantem*.

(4) ROSMINI: *Costoro de' quali gli studii sembrano esser mai sempre rivolti a pensare si trovar si potesse che Dio non fosse, cavano sì tristo ed avvelenato frutto di loro scienza, che s'avvolgono in profonde tenebre di perpetue dubitazioni.*

(5) GUICCIARDINI: *Nella quale dubbietà poco mancò che non troncasse tutte le speranze dell'accordo la malattia del Pontefice.*

E

1561—1567.
E', Ei, Egli, Esso, Gli.
Egli, Esso, Desso.
Egli, Eglino.
Quegli, Queglino.
Egli è, È egli.
Egli, Lui.
Ella, Lei.
Lei, Dessa.
Ella, La.
Gli, Li.
Desso, Stesso, Medesimo.

1561.
E', Ei, Egli, Esso, Gli.

E' per *egli* vive in Toscana, e ha suoi usi, comodi non men che gentili.

Gli antichi annettevano questo pronome al verbo in modo quasi impersonale, e dicevano: egli mi pare, egli mi displace, mi duole. In Toscana il popolo all'*egli* sostituisce l'*e'*, dicendo: e' mi pare, e simili; e questo, che non è riempitivo ma comple l'elissi, famigliare anco a' buoni scrittori (1), dona alla locuzione certa morbidezza che piace.

L'*e'* si congiunge al plurale (2); l'*egli* non più, come un tempo, se non quando vocale gli segua, come: egli andavano, egli erano. Parlando di certi giudici incontentabili delle cose altrui, vien voglia di dire: e' son pure severi a lor proprio danno; *egli sono* parrebbe strano; l'*elli* del Perticari è affettazione inutile.

L'*e'* tien le veci e dell'*egli* e dell'*esso*; ha dunque uso più largo del primo, perché s'applica e a persona e a cosa. Nelle interrogazioni, dove il pronome va necessariamente posposto, l'*e'* non ha luogo; vi par egli? diciamo; e non si può dire altrimenti. Giova notarlo, perché taluni nell'interrogazione si dimenticano di posporre il caso retto al verbo; e, mettendolo innanzi, lasciano in dubbio il lettore se il periodo abbia forma d'interrogazione o no. Altr'è dire: egli è una spia; altro: è egli una spia?

L'*e'* torna in molti luoghi più comodo, perché l'*egli*, o l'*eglino*, o l'*esso*, toglierebbe al dire speditezza o grazia o armonia.

Ei converrebbe tralasciarlo al possibile, come inutile, e come alquanto affettato; giacché l'*e'* apostrofato è non men puro e più spedito, e comune al singolare e al plurale, e (ch'è il meglio) ammesso dall'uso vivente.

Qui giova notare che la lingua parlata ama molto, per più chiarezza, i pronomi egli, io, tu innanzi al verbo; e che l'ometterli, come fanno certi scrittori per certa fittizia dignità dello stile, moltiplica le ambiguità e toglie a quello la facilità e l'evidenza, che n'è il più bel pregio (1).

E così dicasi del *gli*, che, in luogo dell'*egli* e dell'*e'*, si prepone a vocabolo che cominci da vocale: gli è vero, gli è giusto. *Egli*, in questi casi, riuscirebbe talvolta un po' pesante; il verbo solo, un po' secco. *Gli* fa il dire più pieno e più snello (2).

Gli, sopporta anco il plurale, quando vocale gli segua: vedi boria matta che gli hanno!

1562.
Egli, Esso, Desso.
Egli, Eglino.
Quegli, Queglino.
Egli è, È egli.

Ognun sa ch'*egli* è proprio di persona, *esso* di cosa; ma che il primo talvolta s'applica a cosa, e il secondo a persona. Quando si dia al pronome la forza dell'*ipse* latino, un senso cioè poco men forte di *egli stesso*, l'*esso* ci cade (3). Così ne' casi obliqui talvolta può venire opportuno (4).

Egli, viceversa, s'applica ad altro oggetto che a persona, quando la cosa riguardasi come personificata. Facendo parlare certe bestie (5), ragionando figuratamente della virtù, dell'amore, non disdirà punto (6). Terribile cosa è il genio a sè stesso; egli, censore severo de' proprii difetti, la forza della coscienza rivolge sovente a suo tormento e a suo danno. *Egli*, quand'è riempitivo, preposto al verbo; *esso*, quand'è riempitivo, posposto al *son* o a *lungo* o al *sovra*, ognun vede non potersi scambiare (7).

---

(1) Il popolo, seguace fedele dell'uso antico, osserva, non meno dei Francesi, la regola del non usar mai, o quasi mai, verbo senza soggetto espresso, sia nome o pronome. Quindi il *la* nel femminino, usato come l'*e'* mascolino. *La mi piace, l'è bella, la ride.* — Lambruschini.
(2) Ariosto: *Gli è teco cortesia l'esser villano.* - Berni: *Gli è ben fornito.*
(3) Boccaccio: *Non a quella chiesa ch'esso aveva anzi la morte disposto, ma alla più vicina il portavano.* - Manzoni: *Comandare essi soli.*
(4) Nell'ode nota, se pur poetico fosse il dire *Esso fu*, non sarebbe nè logico nè grammaticale. Dante, nel XVII del Purgatorio: *Io sono essa che tutto.* Qui scorgi il vero significato dell'*esso*, che vale *lo stesso*. E risponde al latino *ego sum ipsa*: *ipsa ego*. Onde la frase: *quel desso, ille ipse.* — A.
(5) *Egli*, disse Dante, per *eglino*. Ma nel plurale sta più espressamente per *illi*, latino aggettivo; non è il semplice plurale dell'*egli*, come sarebbe *eglino*, che più propriamente riguarda persona. Così *queglino*, che adesso è più rado, non si direbbe che di persona, dove *quelli*, anco di cosa, segnatamente a mo' d'aggettivo.
(6) Varchi: *Il viso tuo favella egli.* - Conti: *Il cor meco s'adira ed io con lui.* - Petrarca: *Più veggo il tempo andar veloce e leve, E il mio di lui sperar fallace.*
(7) Sulle bocche de' contadini toscani è vivo tuttora ne' casi obliqui il pronome *ello* (che è in Dante e vive in tutto il ve-

---

(1) Boccaccio: *E' mi pare.* - Dante: *E' m'increase.*
(2) Boccaccio: *Chi c' fossero.*

— *Esso* richiama il pensiero all'idea dell'oggetto già nominato o indicato. *Desso* conferma la identità dell'oggetto; e dicesi, per lo più, di persona, o di cosa considerata siccome persona. *Esso* usasi in tutti i casi: *desso*, nel primo e nel quarto. *Esso*, con tutti i verbi, e con molte preposizioni: *desso* non va che co' verbi *parere* ed *essere*. Gli è desso, par desso, vale: egli è lui medesimo, par proprio lui. *Desso*, adunque, non si può adoperare, come taluni fanno, per il semplice *esso*. *Desso*, inoltre, ha bisogno d'un altro pronome vicino, espresso o sottinteso che sia (1). — GRASSI.

1563.
Egli, Lui.
Ella, Lei.

Spesso i Toscani dicono famigliarmente oggidì *lui* per *egli*, *lei* per *ella*; e un ingegno non toscano, altamente autorevole, ci persuaderebbe a attenerci a quest'uso. Ma si comincia che neanco in Toscana, neanco in Firenze tutti dicono sempre *lui* e *lei*: se il pronome è da preporre, fanno ora *e'*, ora *gli*, ora *egli*; e nel femminino, *la* ed *ella*. Che vuol ella? sentesi a tutto andare. Che vuole lei? ha altro senso, è un rivolgersi quasi con provocazione, o con impazienza, ovvero un distinguere determinatamente la persona a cui si parla, da altre che vogliono o possono voler altro, il medesimo in simile o in altro modo. Sente ella? è un semplice domandare se il tale senta. Sente lei? è un domandarlo quasi discernendolo da altri, o anco una forma di rimprovero o di minaccia. Dunque i due modi sono da ritenere e perchè dell'uso, e perchè utili a luogo ambedue. *Egli lo dice*, è un'affermazione semplice; *lui lo dice*, ferma più l'attenzione su quel tale; e ancora più ce la ferma *lo dice lui*, che può suonare: non altri che lui lo dice; egli ci ha le sue ragioni di dir no, e noi di non credere.

Dall'altro canto son troppo rigidi coloro che il *lui* e il *lei* rigettano e dannano. Il Petrarca: *Ciò che non è, Già per antica usanza odia e disprezza*. Dire ciò che non è *ella*, non si potrebbe. Così *è lui* vale: non è altri che lui; *par lui*, somiglia a quel tale: *non par egli, è egli*, che suonerebbe interrogazione. E in quel modo che dicesi *come te*, così si può, e in certi luoghi bisogna, *come lui*. *Faccia egli* suonerebbe affettato; *faccia lui*, più spedito.

Ma chi sbandisce l'*egli* e l'*e'*, non potendo poi cacciare il *lui* senza sconcio, dove pure un pronome si richiederebbe, taglia fuori il pronome; e per voler essere troppo fiorentino a suo modo, cessa d'essere italiano.

1564.
Ella, Lei.
Lei, Dessa.

Lei, nel caso retto, è fulminato da molti grammatici; ma il Monti condusse ad evidenza quello che prima era

---

neto), che la lingua scritta serba soltanto al verso. *Andar per elto, o per ella, o per elli, o per elle*, dicon, come nelle città *andar per esso, per essa*, e simili. — LAMBRUSCHINI.

Non si unirebbe l'*andare per* con altro pronome che l'*esso*, intendendo dell'andare a cercare o prendere persona o cosa. Vo per esso, vale dunque, vo per chiamarlo o vedere dov'è: vo per lui, vale: per sua cagione o comando, o colpa o merito; per amore o odio di lui, ci vo; vo per questo, suonerebbe, neutro: vo per questa ragione.

(1) DANTE: *Questi è desso*. - BOCCACCIO: *Parendomi voi pur desso*.

dubbio, essere la detta sgrammaticatura confermata da un esempio del Petrarca. Certo che dove può sostituirsi *ella* a *lei*, meglio è. Ma c'è de' casi ove il farlo è impossibile. Quand'io veggo una persona in lontananza, e mi pare di riconoscerla, e pur dubito se sia lei o non sia; come ho io a esprimere questo mio dubbio? Se sia *ella*? No certamente. Se sia *dessa*? Nemmeno. Tra i modi: *è lei, è dessa* corre differenza notabile. Questo secondo dice un'idea più chiara, più determinata, e molte volte accompagnata da desiderio; secondo la quale idea, nella tal figura io intendo conoscere la tale persona. La prima frase non mi dà che un sospetto determinato o un giudizio scompagnato da desiderio, col quale io affermo a me stesso non tanto di riconoscere, quanto di conoscere quella persona. Un uomo vede l'oggetto de' suoi desiderii travestito o trasfigurato, o mutato comunque sia, sì che non può ravvisarlo alla prima; ma guardando meglio lo ravvisa ed esclama: ella è dessa (1). Uno spettatore riguarda con attenzione un uomo che vien di lontano, e gli pare un suo conoscente: altri lo nega; egli afferma, e grida: è lui! è lui senz'altro! Qui *desso* non entra. Un erudito trova un vecchio ritratto di Beatrice Portinari, l'amata da Dante; lo confronta con le notizie che ne' versi di Dante ci rimangono di lei, e nella gioia della scoperta conchiude: è dessa! Qui *è lui* non cadrebbe, pare a me, così bene. È desso, insomma, dice un giudizio di riconoscimento; è un'esclamazione d'affetto. L'altra esprime un giudizio di semplice affermazione, o di un riconoscimento tranquillo e non rallegrato dal senso del desiderio soddisfatto.

Desso e quel *desso* dicesi ancora parlando dell'indole dell'uomo; onde: non esser quel desso, vale: cambiato d'animo, di costumi (2).

Lei per *ella*, parlando a persona, è modo usitato in Toscana, ma non dal popolo, il quale dice sempre: che fa ella?, non: che fa lei, tenace anche in ciò dell'uso migliore.

Nel plurale poi s'usa *loro* per *elleno*; e io confesso che, in qualche caso, questo error di grammatica mi parrebbe quasi richiesto dalla naturalezza del dire. Non è, del restante, più grave errore questo dell'altro, adottato da Dante, di *lei* per *colei* (3). E *colei* non è forse lo stesso che *quella*? E ambedue non vengono forse dall'*illa* latino?

1565.
Ella, La.

La per *ella* nel primo caso è condannato dalla Crusca, sebbene non ne manchino esempi. Ma l'uso vivente toscano lo adopra, e non veggo perchè si debba così rigettare. Da *ello* non facciamo forse *lo*? E questo *la* stesso non l'usiamo di continuo ne' casi obbliqui?

L'analogia, dunque, insieme con l'autorità e con l'uso, è per noi. Aggiungo, che il *la* è non solamente co-

---

(1) BOCCACCIO: *Parendomi voi pur desso, m'è venuto stassera forse cento volte voglia d'abbracciarvi. - Tu non mi par desso*.
- PETRARCA: *Ch'i' grido: ell'è ben dessa; ancora è in vita*.
(2) MALMANTILE: *E n'ho sì gran terror, che vi confesso Che mai più de' miei dì sarò quel desso*.
(3) *Lei che dì o notte fila Non gli aveva tratta ancora la conocchia*.

modo, ma necessario talvolta (1); e anche quando per la chiarezza non è, dà grazia al dire e pienezza.

Quand'*ella* poi è adoprato come elissi e vi si sottintende cosa, allora il sostituirvi *la* torna meglio il più delle volte: la va, la sta, la è (2). Voi non credete che un uomo religioso possa aver anima dignitosa e franca; ma la è proprio così.

Nel plurale *elle* non è più della prosa; *elleno* può in qualche senso riuscir troppo lungo; *le* cade dunque opportuno.

Le, inoltre, può far le veci di *esse*, ed ha uso però più generale di *elleno* (3).

Nè solo nel linguaggio famigliare, ma nello stile più dignitoso talvolta può venirne il destro. Al sentimento dello scrivente spetta discernere dove e quando.

1566.
Gli, Li.

In un'assai buona grammatica italiana-francese del secolo di Luigi XIV, lavoro di Lorenzo Ferretti, dedicato a una signora de la Villemabout, bella e ingegnosa al solito (della quale è detto: *les dames de la cour de Rome ou de celle de Florence, auraient un dépit extrême de vous entendre parler leur langue maternelle si correctement, et avec tant de mignardise, qu'on les prendrait pour des barbares si elles osaient ouvrir la bouche auprès de vous...*), nella grammatica del Ferretti è data una distinzione tra *mostrarteli* e *mostrargliti*, il primo de' quali, dic'egli, vale: mostrarli a te, l'altro: mostrarsi a loro od a lui. Sebbene l'uso in cotesto non sia costante, è in questo caso *gli* si serba, d'ordinario, al singolare dativo; *li*, all'accusativo plurale. Darmegli, dar me a lui; *darmeli*, darli a me. Che sebbene, talvolta, scriviamo *li* per *a lui*, e *gli* per *li, essi*, quest'uso è più letterario e antiquato, che comune e vivente. Vediamo di smettere.

1567.
Medesimo, Stesso, Desso.

Medesimo da *idem*; *stesso* da *iste ipse*. L'uno dice identità; l'altro, o con più forza dice l'idea d'identità; ovvero, senza direttamente fermarsi sopra quest'idea, tende a addirizzare con più intenzione il pensiero a un oggetto.

Nel primo senso distingueremo così: Il Galileo nacque nel medesimo giorno che morì Michelangiolo, e questa stessa Firenze li produsse ambedue. A questo modo sarà meglio detto, parmi, che: stesso giorno, e: Firenze medesima. Perchè? Perchè *stesso* calca più fortemente l'idea (1).

Questa distinzione non è osservata sempre (2); ma osservarla parmi che gioverebbe. Certo è che quand'io dico che un filologo non filosofo è la stessa noja in persona, non potrei dire: la medesima noja (3). E così *stessissimo*, e non *medesimissimo*. E: qui stesso, piuttosto che: qui medesimo, e: jeri, oggi stesso. E: uomo tutto di sè stesso; non mai: di sè medesimo (4).

Desso è della lingua scritta. Tanto diciamo, d'uomo che s'è mutato: non è più desso; quanto: non è più lo stesso. E s'intende: è il medesimo uomo, ma non ha lo stesso cuore, lo stesso umore, la forza stessa. Lo stesso par che indichi, col *non*, meno mutazione che *desso*. Poi, *non è lo stesso* diciam anco di cose, e nel neutro e altrimenti; dove l'altro non cade. Dire e fare non è lo stesso; ma più difficile, talvolta, è dire che fare, in bene e anco in male. Ma quando in atto di riconoscere una persona esclamiamo: gli è desso! mi par desso! non esclameremmo: è lo stesso! mi pare il medesimo!

1568—1570.
ECCEDENTE. Eccessivo, Soverchio.
Enorme, Smisurato, Eccessivo, Immenso, Sterminato, Infinito, Smoderato.

1568.
Eccedente, Eccessivo, Soverchio.

— *Eccedente*, ch'esce fuori de' limiti suoi; *eccessivo*, che sta fuori de' limiti suoi: eccedente rimprovero; caldo eccessivo. — LEOPARDI.

— *Soverchio*, che sovrabbonda alla necessità. Può la cosa o l'atto essere soverchio, e non eccessivo. — A.

1569.
Enorme, Smisurato, Eccessivo, Immenso, Sterminato, Infinito, Smoderato.

Enorme, fuori della misura solita e naturale; *smisurato*, ch'eccede le ordinarie misure. E perchè violare le norme è cosa più prossima al male, che eccedere le misure; però *smisurato* ha senso men reo. Smisurato amore, odio; enorme delitto; non già: enorme amore. Odio, sì, ma non è molto in uso. Così, nel senso corporeo, gli oggetti a cui conviene più direttamente l'idea di misura, non soffrono l'aggiunto d'*enormi*.

Smisurato, ripetiamo, ch'eccede le consuete misure; *sterminato*, che pare non abbia termini. Questo è più: spazio sterminato, ha non so che più di smisurato, perchè la misura non è che una specie di termine. E l'uno e l'altro riguardano la dimensione de' corpi; *immenso*, *infinito*, possono riguardare più direttamente lo spazio.

Enorme si può dire della mole; non *eccessivo*. Sasso enorme, non: sasso eccessivo. Questo riguarda meglio

---

(1) FIRENZUOLA: *Gli chiedeva sempre qualche cosettina, come la sapeva ch'egli andasse a città.* Levate il *e*, e sentirete scemato il sapore di questo membretto elegante. - MADIA: *La m'ha si concio...* *Che più non posso maneggiar marrone.* - CECCHI: *Non mi potevo certificare se la era madonna Oretta o no.* Il *la* in questo luogo mi par necessario.

(2) MANZONI: *La è proprio così.*

(3) MAESTR. ALDOBRANDINO: *Le fa uomo segnare e cuocere appresso che le sono tagliate.* - BOCCACCIO: *Chi facesse le macine, belle e fatte, legare in anella prima che le si forassero...* - NOVELLINO: *Il mulo gli mostrò il piè diritto di sotto, sì che gli chiovi pareano lettere. Disse il lupo: io non le veggio bene. Rispose il mulo: fatti più presso, chè le sono minute.* In questi esempi il pronome così troncato pare più necessario che comodo. E io credo in quel del Boccaccio: *Elle non sanno delle sette volte le sei quello che elle si vogliono elleno stesse*, si debba leggere: *che le si vogliono;* perchè l'amanuense scrivendo ch'*elle* fece agli editori pigliar quell'equivoco: *che le*, ivi, è assai più elegante e più dolce.

---

(1) BOCCACCIO: *In questa medesima sentenza parlando pervenne.* - DANTE: *E rivolgersi a me come davanti Basi medesimiche m'avean pregato.* - PETRARCA: *Esce D'un medesimo fonte Eufrate e Tigre.* - REDI: *Le vipere Lionesi sieno le stesse stessissime che le italiane. Non sono le medesime, ma hanno le medesime qualità.* - DANTE: *Sì come 'l sol che si cela egli stessi Per troppa luce.* (Dire del sole: *egli medesimo*, non parrebbe elegante.) - CAVALCA: *Perchè mi lodi tu a me stesso?* - PASSAVANTI: *Per esser tenuti umili, egli stessi si biasimano.*

(2) Vedi la Crusca.

(3) REDI: *Nel fior di giovanezza Parrai Venere stessissima.*

(4) CAVALCA: *Troppo amano sè stessi.*

l'intensione dell'atto o della qualità: forza, calore eccessivo, e simili. *Enorme*, inoltre, in certi sensi, è più d'*eccessivo*; si può eccedere in alcuna cosa senza passare ogni norma. Finalmente, *enorme*, nel morale, ha sempre mal senso; *eccessivo*, non tanto: peccato enorme, eccessiva allegrezza. *Smoderato*, che non ha modo; non s'applica all'estensione, perchè il modo riguarda le circostanze esterne, e gli effetti e le vie dell'esistere e dell'operare. Dicesi anco di cose corporee; come: caldo smoderato; ma per lo più di morali, come: smoderata ambizione, avarizia.

1570.
Smoderato, Smisurato, Eccessivo.

Il terzo e il primo son più manifesto biasimo del secondo; perchè *smisurato* può essere il bene anch'esso; l'eccesso nè la smoderatezza non son bene mai. Quel che tende agli estremi, è *smoderato*; quel che non ha proporzione debita con un oggetto, è *smisurato*; nello *smoderato* è forza o azione soverchia; nello *smisurato*, molta e anco soverchia grandezza; nell'*eccessivo*, soprabondanza o abuso.

Smoderato ammette più gradi; basta uscire dalla moderazione per meritar questo titolo. *Smisurato* non si riferisce che a gradi ultimi, e per meritar questo titolo, bisogna passare la misura di molto. Anco un bambino può mostrare vanità smoderata; smisurata, no. D'un movimento, d'un sentimento, d'atto qualsiasi, diremo: smoderato, eccessivo; non già: smisurato. Può essere anco nelle piccole cose; in cose soltanto di certa grandezza è dismisura. A uomo debole è fatica eccessiva quello che ad altro sarebbe cosa da poco o da nulla. L'eccedere, in somma, è più relativo.

Del caldo, del freddo: eccessivo, smoderato; smisurato, no; smisurato ingegno, non mai, smoderato, direbbe l'uso d'esso ingegno, non la capacità nè la forza; anzi gl'ingegni men grandi risican d'essere più smoderati.

1571 – 1573.
ECCESSIVO, Soverchio, Troppo.
Troppo, Pur troppo.
Abbastanza per, Assai da.
Avete parlato troppo, Troppo avete parlato.
Oltremodo, Fuor di modo, Oltre misura, Fuor di misura.

1571.
Eccessivo, Soverchio, Troppo.

Troppo è men di *soverchio*. Mi si offre una piccola quantità di roba; io ne accetto parte, e del resto ringrazio, dicendo: è troppo per me; ma gli è un troppo che non sarebbe soverchio.

Nell'idea di *soverchio* entra spesso quella d'inutilità; nell'idea di *troppo* entra quella di gravezza; in questo secondo senso il soverchio può essere meno del troppo. I prodighi e gli avari ne hanno di soverchio dei ben di Dio, non mai troppo. Questo è troppo!, esclamazione indicante disgusto o sdegno.

Eccessivo è più: caldo eccessivo; eccessiva allegrezza, dolore. Si può avere troppo e soverchio d'un piacere, d'un bene; l'eccesso è nel male o nel bene degenerato, e che non merita più questo nome.

1572.
Troppo, Pur troppo.
Abbastanza per, Assai da.
Avete parlato troppo, Troppo avete parlato.

Quel che diciamo sovente *pur troppo*, cioè quando il troppo è male, i Toscani dicono anco semplicemente *troppo*, aggiungendogli coll'accento vigore, e può essere più efficace, sì perchè più breve, e sì perchè più modesto. Egli ha avuta la croce? Troppo è così. *Crucem pretium tacit*. Ma quando rispondesi assolutamente *pur troppo*, sottintendendo il verbo e il restante, il solo *troppo* non ci va, e non direbbe nulla. E così dove l'Alfieri dice: anch'io ho fatti i miei sonettucci pur troppi (e ne ha di migliori di certe sue scene, e di troppi monologhi; e anco certe scene a due son monologhi), *troppi* non ci cadrebbe. Quasi sempre il *pur* aggiunge vigore, che ha qui senso di *bene*, *assai*. Esso Alfieri dice anco: *assai*, *troppo*; ma non sempre coteste gradazioni rincalzano; talvolta con la prolissità e coll'ostentazione della forza infiacchiscono. Quando poi diciamo: troppo avete fatto, troppo vi siete scomodato per me, non si potrebbe *pur troppo*, perchè non si tratta di male propriamente; come nel caso: *pur troppo è stato lodato; pur troppo è avanzato di grado*, ove parlasi di persone e di modi non degni. E notisi differenza fra troppo avete parlato, e *avete parlato troppo*. Il primo suona: adempiste il dover di parlare con pienezza abondante, e non accade che diciate di più a mio favore; l'altro: parlaste oltre il dovere, faceste più mal che bene; il avete rintocchi, m'avete seccato.

Qui cade del francesismo frequentissimo: voi siete troppo grande per abbisognare di lodi, o per accattarle. Italianamente direbbesi: tanto grande, che non abbisognate; ovvero: siete grande, e non... e però non, ossia vero: voi non abbisognate di lodi. Troppo siete grande. Italiano diventa a questo modo anche il *troppo*, ma senza la coda del *per*.

Così: voi siete abbastanza leale per credere alla altrui lealtà, renderebbesi più italiano dicendo: siete assai leale da credere, o: tanto da, o: assai da dover credere, o simile. Potrebbesi anco: abbastanza per, ma in senso diverso; quando la quantità del numero o della forza di cui si parla serve appunto al suo fine. Ho assai materia per fare un libro; avrei volumi da scrivere di cose non dette da altri per altri cent'anni. In questo secondo esempio è omesso l'*abbastanza* e l'*assai*, a dimostrare più chiaro che il valore della proposizione sta nel per denotante idea di mezzo e di fine.

1573.
Oltremodo, Fuor di modo, Oltre misura,
Fuor di misura.

Oltremodo può avere buon senso; non *fuor di modo*: oltremodo bella, fuor di modo brutta; oltremodo gentile, fuor di modo avaro. Alcuni sono oltremodo liberali con gli uni, con altri fuor di modo gretti (1).

Lieto oltremodo: non già fuor di modo (2); se non quando l'allegrezza sia biasimevole per sconvenienza. Piacere oltremodo; fuor di modo annojare. *Fuor di modo*, anco del piacere, quando sia biasimevole.

Oltremodo può avere senso non buono; l'altro non l'ha buono mai (3).

Oltre misura, sebbene s'applichi a cose alle quali non

---

(1) Boccaccio: *Si cominciarono ad avere 'n odio fuor di modo*. - Varchi: *Fuor di modo sospettosi e guardinghi*.
(2) Boccaccio: *Gli viene oltremodo a grado*. - *Oltremodo d'ammirazione pieno*.
(3) Boccaccio: *Oltremodo credulo*. - Alamanni: *Oltremodo sdegnoso*. - Sannazzaro: *Oltremodo doloroso*.

si può materiai misura applicare, sarebbe nondimeno più acconciamente adattato a indicare o materiale grandezza, o nel traslato, cose a qualche modo misurabili: naso oltre misura grande, edifizio alto oltre misura, discorso oltre misura prolisso. E doppiamente mi dispiaciono nel cardinal Bembo: « le due man belle oltre misura. »

Fuor di misura (1) differisce da *oltre misura* in quanto è più e in quanto può soffrire sottinteso l'epiteto: cosa fuor di misura, grandezza fuor di misura. Qui il detto modo fa esso medesimo vece d'aggiunto; ma il dire: grandezza oltre misura, non avrebbe senso intero. Così diciamo: mangiare, ciarlare, punire, spendere, lodare, deridere (che son talvolta sinonimi) fuor di misura.

1574.

ECCETTO, Fuorché.

— *Eccetto* separa per elezione; *fuorché*, per esclusione. Non diremo: tutti, da nessuno in fuori, ma: tutti, nessuno eccetto, o eccettuato. — GIRARD.

— Ogni cosa è permessa all'uomo libero, fuorché l'ingiustizia. L'ingiustizia è necessariamente fuori de' suoi diritti, nè questa è separazione arbitraria: un padre lascia ogni suo avere al figliuolo, eccetto una casa. L'eccezione ha più dell'arbitrario, e vuol essere dichiarata espressamente.

Fuorché distingue le cose in due ordini, uno posto fuori dell'altro; *eccetto* esclude uno o più individui da un numero qualunque sia. — ROUBAUD.

— *Eccetto* corrisponde alla significazione del verbo *eccettuare*; *fuorché*, a quella di *escludere*. — A.

1575.

ECCETTO, Eccettuato, Coll'eccezione.

Gli antichi accompagnavano anco l'*eccetto* al genere e al numero, facendo *eccetta, eccette, eccetti*; ma ora adoprasi come *salvo*, senza accordarlo col nome, a differenza di *eccettuato*. Poi, il primo sta quasi avverbio col *che* (2); *eccettuato che* sarebbe e inusitato e pesante. In genere, il primo è più alla mano; ma quando trattasi di eccezione fatta da uno, dell'azione proprio di eccettuare, questo *che* ha più evidente forma di participio passivo, determina meglio: gli lasciò tutto il suo, eccettuata la casa che legò ai poverelli; gli ha tutti i pregi del gran pensatore, eccetto il buon senso.

All'eccezione mi sa di francese. *Coll'eccezione* dice più espresso l'eccezione che si fa, quasi condizione acciocché il restante abbia valore; massime se si pigi dicendo: con questa eccezione che; e allora l'eccezione può riguardare non tanto il numero quanto l'essenza dell'oggetto a cui qualcosa detraesi; può avere il noto senso giuridico.

1576.

ECCETTUARE, Escludere, Esentare, Esimere.

— *Eccettuare*, propriamente, s'applica al numero; *escludere*, a luogo o ad idea che abbia affinità con le idee dello spazio; ma s'usa anco per eccettuare, ed è una eccezione più espressa, più forte.

Esentare, far esente da un peso, da un obbligo; è una specie d'eccezione che si fa da taluni. *Esimere* è grammaticalmente lo stesso vocabolo (1); ma di chi è fatto esente si dirà meglio: esentato; di chi vorrebbe essere, ma non è, diremo: si vorrebbe esimere. — GATTI.

— *Esimersi da sé stesso; esentare altrui da un obbligo, da un carico qualunque.* — A.

1577.

ECCO QUA, Ecco qui.

L'*ecco qui* è intensivo e calca più. Giova dunque a rinforzare la proposizione comechesia. Ha però sempre non so che di più famigliare. Ecco qua dove l'orgoglio di tanti va a finire: nell'umiliazione. Ecco qui dove va a finire l'umiltà di pochi: alla gloria.

Di cose lontane non si potrà, come ognun vede, mai dire: ecco qui. Il *qui* ha men veemenza del *qua*, epperò meno senso di dispetto e di vanto.

1578.

ECCOLO DI NUOVO, Rieccolo, Rieccolo.

Il secondo è in qualche dialetto toscano; composto dalla particella *ri*, dinotante, come ognun sa, ripetizione d'atto, e ai Toscani carissima; aggiuntavi per dolcezza la *d*, come suol farsi alla congiunzione *e*, ed alla preposizione *a* quando vocale le segua. Il detto modo, come più conciso e più franco, può cadere opportuno; senonché v'è quasi sempre bisogno del pronome *lo*, o del *mi*, col quale conchiuderlo. Quando si tratti d'accennare non il ritorno reale e immediato d'un oggetto, ma il ritorno d'una circostanza, d'un fatto, e anco di persone, ma che o non vengano materialmente, ovvero rivengano ma dopo lungo tempo, allora quella parola unica dovrà cedere il luogo alla frase affine. Diremo dunque: Ecco di nuovo un'invasione fatta in nome della libertà! Ecco di nuovo un nemico che si presenta col titolo di pacificatore! Quando una persona, allontanatasi, di lì a poco si fa di nuovo vedere, diremo: ridescolo! In altri dialetti toscani, rieccolo.

1579.

ECONOMIA, Risparmio, Parsimonia.

Il primo è più generale; l'*economia* regola gli affari domestici (2); e lo fa risparmiando, spendendo, amministrando, trafficando. Quindi l'uffizio dell'economo; quindi la scienza dell'economia pubblica; la quale considera, in certo modo, gli utili dello Stato come quelli d'una grande famiglia; e se le norme della privata economia si adattassero più spesso alla pubblica, le cose forse, in certi luoghi, andrebbero meglio.

Il *risparmio* è un atto, un mezzo, un dovere d'economia; ma c'è de' risparmii non economici; quelli che poi fanno spendere più di quanto s'era voluto serbare. I risparmii in fatto d'educazione, o di pubblica beneficenza, d'ordinario non son tali. Ma *economia* s'usa, inoltre, in senso più ristretto, e allora diventa più affine a *risparmio*. Diciamo: far economia, mettersi in economia, uomo economo, cibo, alloggio economico (3). La cassa di risparmio è una scuola di economia privata, un avvedimento d'economia pubblica.

Economie, nel plurale, usasi in Toscana. Fare molte economie egli è un fare molti risparmii; ma ragionati, e insieme disposti ad un fine generale di economia.

---

(1) Firenzuola.
(2) Orazio: *Excepto quod simul esses caetera laetus*. Sarebbe forse più chiaro scrivere *eccettoché*. Gli Statuti di Cecina: *In neuno altro luogo del Castello di Cecina, eccetto che nel cortile del Comune*.

---

(1) *Ex-emo*.
(2) Οἶκος-νόμος.
(3) Viviani: *Economica esecuzione dei lavori*.

Risparmio, poi, in certo senso, è più generale.

Risparmiare (dicesi) la propria salute, le forze non necessarie dello Stato; non risparmiare parole; non risparmiare a nessuno; non la risparmiare a nessuno (1). Il *la* chiede sempre il *non*, e sottintende *offesa* o simile. *Risparmiare*, assoluto, è anche positivo; e col *non* abbraccia non solo le speciali offese, ma la mancanza di tutta sorta riguardo o pietà. La morte non risparmia nessuno; il maledico non la risparmia a nessuno; il giusto non risparmia i rei ricchi.

Il Roubaud: • *Economia*, talvolta, indica la giusta distribuzione delle parti d'un tutto, il prudente e buon uso delle cose. Onde dicesi: sapiente economia del tempo, l'economia della natura, della Provvidenza, e simili; dove l'universo o il mondo sono considerati come una casa, una famiglia da amministrare e dirigere. Idea principale di questo vocabolo è dunque il reggimento; l'ordine (2).

• Il *risparmio* riguarda, propriamente, la cosa risparmiata o da risparmiare, e anche l'atto.

• *Parsimonia* è abito, cura speciale di risparmiare. Il risparmio riguarda, in genere, tutte le spese dalle quali si può sottrarre qualcosa; la parsimonia riguarda piuttosto le spese minute, quelle specialmente del vitto.

• L'economia riguarda interessi e affari, ogni spesa saggiamente conciliata col miglior godimento possibile, con la conservazione e col miglioramento della cosa. Il risparmio è una parte d'economia che consiste nel restringer le spese, o nell'astenersene, nel cercare in tutto il minor prezzo, di modo che la spesa non passi l'entrata, anzi ci rimanga un di più. La parsimonia è una economia più minuta insieme e più rigida e più virtuosa.

• L'economia sta bene anco alle grandi ricchezze; il risparmio, specialmente a' piccoli averi. L'economia è la ricchezza degli Stati; il risparmio fornisce i mezzi di raccogliere un fondo per gli straordinari bisogni. L'economia, sovente, consiglia spese forti; il risparmio sa contenersi nell'uso de' mezzi non grandi che s'hanno, e così ne prolunga il vantaggio. »

L'economia è un'arte, una scienza; il risparmio, un atto, un accorgimento; la parsimonia, un abito, una virtù. L'economia può essere più o meno sagace, più o meno innocente; il risparmio può essere più o men utile, più o men sordido; la parsimonia è lodevole sempre.

L'economia può non costare privazione nessuna; il risparmio è una privazione piccola; nella parsimonia si comprende una serie di piccole privazioni. Questa voce denota l'uso abitualmente discreto di cose che pur s'amano, ed è affine a *temperanza*. Si può vivere economicamente in casa, e splendidamente fuori; si può risparmiare nelle piccole cose, e buttar via nelle grandi; si può mantenere parcamente sè stessi, e liberalmente altrui.

Anco nel traslato, *parsimonia* ha sempre senso migliore. Questa è la lode bellissima che dà il Tasso allo stil di Virgilio. Risparmiar le parole, gli affetti, può essere talvolta o difetto o almeno severità; esserne parco è virtù, delicatezza, buon gusto (1). Si risparmia ad altri, o per altri; la parsimonia riguarda più direttamente chi l'usa (2). Quest'ultima voce ha sensi più eletti. Il virtuoso abito ch'essa esprime, la ingentilisce e nobilita.

1530.

ECONOMO, STILLINO, RABBATTINO, TIRCHIO, GRETTO, TIRATO, AGRO.

L'*economia* è un pregio; può essere virtù, se un virtuoso fine la nobiliti; e mi duole il vedere che l'economia pubblica troppo tende in taluni a far divorzio dalla morale.

Rabbattino, rabbattina, persona che tien da conto d'ogni minuzia, che rabbatte, detrae (3) il quattrino di dove lo può dibattere, che cerca guadagnare sopra ogni piccola cosa. Questo è abito delle donne di casa, degli uomini diligenti e non ricchi; non è vizio, ma talvolta difetto.

Stillino, colui che stilla, risparmia dovunque può, con più ingegno forse e con più delicatezza che non fa il rabbattino.

Grettezza è vocabolo generale, ch'indica minuzia, angustia d'idee, in qualsia cosa. Può dunque essere di solo l'ingegno, o del parlare o dell'operare. L'uomo gretto nello spendere teme sempre di spendere troppo: non bada alla qualità della roba, ma solo alla quantità della somma: non bada all'utile vero e durevole, ma al danno presente; non ha nè previdenza, nè avvedimento vero (4). Il rabbattino e lo stillino son parchi, ma non tanto meschini.

Il *tirchio* è più stretto, più sudicio ancora; fa fatica a metter fuori un quattrino, tiranneggia gli altri e sè; non è un avaro spaccato, ma ci tira però.

Nella società presente pochi sono i rabbattini, molti i gretti. V'è chi fa il prodigo con questi e il tirchio con quelli: tanto è vero che il tirchio non è il medesimo che l'avaro.

Da *gretto* si fa *grettamente* e *grettezza* e *grettino*; *rabbattino* non ha derivati; *tirchio* ha *tirchieria*, *tirchiaccio*, *tirchiaccia*; e tutti vengono da *tirare*: ma *tirato* è meno di *tirchio*; e: star sul tirato, dicesi non solo di spesa, ma d'ogni tenacità, ostinatezza, riserbo (5).

La grettezza può stare con la soverchia economia, può con la sordida avarizia (6), può anche con certa mania di far delle spese. La grettezza, insomma, è meschinità in ogni cosa (7). Il nostro secolo è gretto.

Agro, per celia, chi è duro a spendere; e chi spende, è più o meno dolce, secondo che sa farlo per dar gusto

---

(1) FIRENZUOLA: *Non si risparmiava*. - MALMANTILE: *Te l'ha voluta risparmiare*. - BOCCACCIO: *Non risparmiò* (la peste) *il contado*.

(2) Ma in questo senso sa troppo di francese; massime se parlasi dell'economia d'un lavoro letterario o scientifico.

---

(1) BARBIERI: *Parsimonia d'ornamenti*.

(2) Disse il VARCHI: *Richiedere parcamente i benefizi*. Qui risparmio non entra. - FEDRO: *Parce gaudere*. - PLINIO, Ep.: *Parce laudare*.

(3) *Rabbattere*, come il francese *rabattre*, valeva, in antico, *dibattere*.

(4) SEGNI: *Magnificenza è virtù ch'opera bene nelle spese grandi; e grettezza è quella che fa il contrario*.

(5) Il Lasca usa *tirchio*, e il Vannetti lo nota; ma l'interpreta male.

(6) ZIB. ANDREINI: *Si trattava con modi avari e grettissimi*. Il superlativo di *tirchio* suonerebbe strano.

(7) VARCHI: *D'animo piuttosto gretto e meschino, che avaro*.

altrui. L'agro non vuol regalare, non vuol parer liberale; non è però sempre gretto nè tirchio. Il gretto e il tirchio vorrebbero non parere agri; e in questo contrasto tormentoso, il ridicolo è il loro gastigo.

1581—1584.
EDUCARE, ALLEVARE, ALIMENTARE, RILEVARE.
INSEGNARE, AMMAESTRARE, ISTRUIRE, ADDOTTRINARE.
ADDOTTRINATO, DOTTO.
ILLUMINARE, ISTRUIRE.

1581.
Educare, Allevare, Alimentare, Rilevare.

— *Allevare*, prender le cure opportune a far crescere un ente animato. Uno de' modi dello allevare si è l'*alimentare*; non il solo però. *Educare* comprende e lo allevamento e l'istruzione e l'ammaestramento dell'animo. — GATTI.

— *Rilevare*, dicesi, e in Toscana e fuori, dell'allattare i bambini, cioè delle prime cure dello allevare (1). — CIONI.

1582.
Insegnare, Ammaestrare, Istruire.
Addottrinare.

Il più dotto *ammaestra* il men dotto; ma molte cose il men dotto può insegnare al maestro. Quindi ben si chiamarono le scuole del mutuo insegnamento, non, ammaestramento.

L'*insegnare* riguarda, talvolta, cose più pratiche e semplici: insegnare a camminare, a cucinare, e simili.

— Un'idea sola, una parola, una esperienza è insegnamento talvolta; l'istruzione, d'ordinario, richiede una serie d'idee, e pratiche. Per *insegnare*, la scienza serve; per *istruire* vuolsi di più esperienza. Si può, pur troppo, insegnare senza istruire. — GUIZOT.

— L'*istruzione* può informare, per dir così, tutto l'uomo, e ha in sé molte parti; l'*addottrinamento* risguarda una scienza o un'arte sola; ma in quella diremo addottrinato colui solamente che ne abbia conoscenza piena, che ne sia bene al possesso. — CAPPONI.

1583.
Addottrinato, Dotto.

Addottrinato, chi ha ricevuto da altrui la dottrina, e comincia a saper profittarne. Anco un giovanetto può essere addottrinato, non dotto. Ma può l'uomo essere dotto di suo senz'essere addottrinato; dotto in altre cose da quella in cui altri lo addottrinò. Può l'uomo addottrinarsi da sé, e non però essere dotto, cioè conoscere e usare le altrui dottrine, non farle proprie e fecondarle di suo.

Dotto, dicesi di discipline e d'esercizi, dove l'altro non cade o sarebbe affettato: dotto di guerra, di scherma, di cucina, di frodi. *Addottrinato* ha quasi sempre buon senso.

1584.
Illuminare, Istruire.

Non sarà improprio il dire non solo: illuminar gl'intelletti, ma: illuminar l'ignoranza. S'*illumina* istruendo, ma c'è certa istruzione che abbuja. S'*istruiscono* e dotti e indotti; e tanto è vero che i dotti stessi abbisognano d'istruzione, che tempo fa venne alla camera dei deputati di Francia una petizione acciocché s'istituisse una cattedra della scienza del rappresentare gli altrui diritti, alla qual cattedra dovessero assistere essi, gli onorevoli deputati. Checché sia della cattedra, certo è che la scienza del rappresentare gli altrui desiderii e diritti è fra tutte la più difficile.

1585—1586.
EDUCARE, ALLEVARE, AVVEZZARE, ISTRUIRE, TIRARE AVANTI, TIRAR SU.
ALLEVARE NEL, AL.

1585.
Educare, Allevare, Avvezzare,
Istruire, Tirare avanti, Tirar su.

Un fanciullo può essere bene allevato, e male educato; e così viceversa. L'*allevare* si fa sempre da sè, l'*educazione* può commettersi ad altri. La madre che allatta il proprio figliuolo e lo tien seco e gl'instilla i primi elementi del bene, questa lo alleva insieme e l'educa: quella che lo dà a balia (1), che lo tiene in ogni sorta d'agi, ma lontano da sè, non lo alleva.

Quando però si tratta di quella educazione che prestisi insieme coll'allevamento, e che tenga delle materne assidue cure di questo, *allevare* si usa con proprietà in cambio di *educare*. Onde diciamo: allevare i fanciulli nel timor di Dio è un educarli all'amore del prossimo. Così allevasi anco la mente, e l'effetto del bene o male allevarla è l'educazione buona o rea dell'ingegno. Allevasi anco nel male e nel falso (2).

Allievo, un giovane educato o istruito da un ajo, da un precettore (3), da un maestro, da un professore, da un uomo dell'arte.

Educare, di piante. Catullo: « *Ceu flos... quem educat imber.* » Foscolo: « Gli educava un lauro. »

— *Allevare* i figliuoli, dice il popolo, per nutrirli; *avvezzare*, non *educare*, per indirizzarli al bene, quando la negligenza o i modi meccanici di correzione non li avvezzino piuttosto al male. Dice anco *tirare avanti*, per condurli a quell'età in cui possano da sè guadagnarsi il pane. *Tirar su* per un'arte, per una professione, è il modo col quale denotano più di frequente l'educazione dell'intelletto. Io intesi una donna dire del suo figliuolo, che lo tira su per la penna; come diciamo pur troppo: vivere della penna, venderla, buona penna; e par di raccapricciarsi all'anima di quel poveretto tirata su, e stretta quasi in astuccio in una penna d'oca.

Allevare, propriamente, è dell'infanzia; *educare*, nel senso corporeo, dell'intera gioventù; *educare*, moralmente, e *istruire*; si distende a tutta la vita. — POLIDORI.

1586.
Allevare nel, al.

Si alleva *nella* povertà, negli agi, nella virtù, nel vizio, nelle brutture, nel disonore; quando tali sono gli oggetti e gli esempi e gli abiti fra cui cresce il fanciullo. Si alleva *al* quand'esso destinasi e preparasi a quella tal condizione di vita. Il primo dice lo stato e la causa; il secondo, lo scopo e l'effetto. Però diremo: allevare alla gloria, non: nella; perchè questa conviene meritarla da sè. Gli allevati nell'umilità, per ciò stesso meglio allevansi alla grandezza.

---

(1) *Rilevare* potrebbe dirsi fors'anco delle prime cure date all'ingegno per farlo venir su.

(1) BOCCACCIO: *Aveva i figliuoli fatti allevare in Bologna alla sua parente.*
(2) BOCCACCIO.
(3) CICERONE: *Si mihi tradatur educandus orator.*

1587.

EDUCATO (BEN), Educato bene.

Il primo riguarda le forme esteriori; il secondo, l'educazione della mente e dell'animo. Giovane *ben educato*, ha il sentimeno delle convenienze sociali; saprà non offendere con atti spiacevoli, con parole aspre o sconce; saprà rendere quel ch'è dovuto al titolo, al grado, alla nascita, alla bellezza, ai pregiudizii, alle debolezze de' pari suoi, ovver de' maggiori; saprà fare una riverenza, un complimento, una narrazione con garbo. Giovane *educato bene* avrà la ragione rafferma da buoni principii, l'intelletto illuminato da rette dottrine, la mente addestrata da utili e svariati esercizii, il cuore rafforzato dai precetti della religione e dalle pratiche di sincera e mansueta virtù. Il giovane educato bene, per non offendere appunto la religione e la morale, saprà talvolta parere mal educato: il giovane bene educato, per non contraddire alle consuetudini, per non dispiacere, metterà da parte i principii dell'educazione buona ch'egli ha ricevuta.

C'è de' padri che si credono d'aver educato bene i lor figli quando giungono a meritar loro il titolo di ben educati. Ce n'è che ripongono l'educazione buona in un metodo di vita solitario e austero, che i meglio da natura disposti alla sociabilità rende mal educati. E l'educato bene in società, quasi sempre deve cedere al ben educato. Nè il mondo, in giudicare così, ha sempre il torto. Per guadagnarsi l'amore, convien dimostrarlo; e le dimostrazioni d'amore, anche false, possono più delle significazioni o d'indifferenza o di spregio. L'amor proprio, sotto quelle apparenze, suppone sempre una particella almeno di sentimento sincero.

Anche dell'uomo fatto, si dice *ben educato*; *educato bene* non si dirà che del giovane. Questo è un participio, quello un epiteto; questo significa la qualità dell'educazione ricevuta; quello, una qualità dell'uomo provenutagli da certa specie di educazione.

1588-1589.

EDUCAZIONE, Istruzione.
Istituzione, Insegnamento.

1588.
Istruzione, Educazione.

L'*istruzione* riguarda la mente; l'*educazione* abbraccia tutto l'uomo; la prima ha per fine il vero; l'altra, il vero e il buono, e l'utile e il conveniente. L'istruzione senza l'educazione è inefficace, talvolta dannosa. Così si scioglie la questione di coloro che troppo lodano le cognizioni a' di nostri diffuse, e di coloro che incolpano la civiltà de' delitti cresciuti. L'educazione data da una povera donnicciuola può essere più proficua dell'istruzione data da un grande filosofo.

Se gl'istruttori non hanno la virtù, l'autorità, la cura di farsi, almeno indirettamente, educatori, la società è depravata.

L'educazione la riceve anche l'uomo maturo; è questo l'assunto d'un libro pregevole di madama Necker de Saussure: *De l'éducation progressive*.

L'istruzione può avanzare fino all'ultimo dì della vita.

1589.
Istituzione, Insegnamento.

L'*istituzione* è *insegnamento* che stabilisce le basi del sapere: è più lenta, ma appunto per ciò durevole. Riguarda la mente, il cuore, ogni cosa. Varrone: « *Instituit pedagogus, docet magister.* »

1590.

EFFETTO, Conseguenza, Sequela.

Tanto diciamo: gli effetti di una buona o mala azione, quanto: le conseguenze. Ognun vede però che dicendo *effetto*, lo considero l'azione come causa; dicendo *conseguenza*, la considero come principio. « Effetto della guerra, dice madama Faure, è la distruzione degli uomini; conseguenza n'è, per lo più, la desolazione delle famiglie e i pericoli dello Stato. Uno dei salutari effetti dello studio, è il calmare il bollore delle passioni, le cui conseguenze sono talvolta funeste. »

Non ogni conseguenza è effetto. La conseguenza, poi, d'una cosa può essere un effetto secondo, terzo, quarto, ultimo. L'effetto ci può parer buono, e portar seco conseguenze tristissime.

La conseguenza, sovente, riguarda la semplice occasione. L'effetto d'un capriccio conduce a rendere infelice una donna; e chi può prevedere le ultime conseguenze di un passo imprudente? Mille guai possono essere conseguenze d'una parola; non sono l'effetto. Talvolta all'autore d'un fallo conviene imputarne le ultime conseguenze, talvolta i prossimi effetti soltanto; secondo l'intenzione e la previdenza.

Nella voce *effetto* è quasi indicata la forza ordinaria, naturale, intrinseca della causa efficiente; nella voce *conseguenza*, la possibilità delle cause men prossime. Effetti del matrimonio sono la salute migliorata o peggiorata, l'animo serenato o turbato; conseguenze ne sono le spese, le cure dell'educazione, gl'incomodi dell'amministrazione domestica, le gioje inestimabili della domestica vita. Per *conseguenza*, in questo senso il Villani dice *sequela*, che non è voce morta, e denota specialmente la serie delle conseguenze, massime in senso non buono. Dicesi inoltre *sequela* anco d'una serie d'uomini, o di parole, o di fatti che propriamente non sono conseguenze.

1591.
EFFETTO, Risultamento, Risultato.

— *Risultato*, benchè rigettata da alcuni, è parola da altri accettata. *Risultamento* è l'atto del risultare, dice il Barbieri; *risultato* è l'*effetto*. Anche *risultato* ed *effetto* differiscono. Il risultato suppone nota la cosa da cui procede: non così sempre l'effetto. Quanti sono gli effetti de' quali non si posson trovare cause assegnabili! Non chiamerei *effetto* il risultato dei raziocinii, o delle operazioni delle scienze astratte. — NERI.

— In arimmetica il risultato d'una somma è l'aggregato di molte cifre. Così nelle cose della vita diciamo *risultato* invece d'*effetto*, quando l'effetto proviene da molte cause insieme operanti. — A.

1592-1596.
EFFETTUARE, Eseguire, Seguire, Porre in effetto,
Mandare ad effetto.
Dare effetto, Mettere ad effetto, Dare esecuzione, Mettere ad esecuzione.
Compire, Adempire, Osservare.

1592.
Effettuare, Eseguire, Porre in effetto,
Mandare ad effetto.

« *Effettuare*, dice il Beauzée, vale porre in atto, ad effetto un'idea, una parola; *eseguire* vale fare una cosa secondo il disegno, proprio o altrui. »

I.° Si eseguisce e un'idea propria, e un comando ricevuto: *effettuare* non ha questo secondo senso. Molti sanno meglio eseguire le risoluzioni altrui ch'effettuare le proprie.

II.° *Effettuare* suppone maggiore difficoltà. Di disegno facile, d'impresa dappoco non si dirà *effettuare*. Pensare il passaggio delle alpi ed effettuarlo: ecco il genio.

III.° *Eseguire* dicesi, inoltre, delle opere della mente o dell'arte; *effettuare*, no. Eseguire, diciamo, un disegno, sia poetico, sia scultorio: ed è propriamente detto; quasi seguitare le tracce che la mente ne aveva in sè disegnate.

IV.° *Effettuarsi* dicesi anco dell'ordine degli avvenimenti, indipendente dall'azione dell'uomo: *eseguire* suppone l'opera umana, o d'intelligenza somigliante all'umana. Ma perchè *effettuare* sia bene adoperato in tal senso, conviene che il caso di cui si tratta non sia de' comunissimi a vedere in effetto.

Porre in effetto non s'applica ai casi, ma solo all'operazione dell'uomo. *Mandare ad effetto*, ugualmente; ma s'usa meglio trattandosi di cosa più grave, o anche di cosa ch'io non possa fare sull'atto. Un disegno ch'io debbo tra brevi istanti porre in effetto, non dirò che lo mando. Di cosa lontana, e l'uno e l'altro; ma il *mandare* è più proprio (1).

1592.
Dare effetto, Mettere ad effetto, Dare esecuzione, Mettere ad esecuzione.

— Siccome *esecuzione* dipinge azione continuata (2) per alcuno spazio, così *dare esecuzione* dice qualcosa più di *dare effetto*; suppone maggior attenzione. *Dare effetto* accenna che in tal disegno si pone in atto; *dare esecuzione*, che seguonsi, operando, gli andamenti della cosa. Certuni coraggiosamente cominciano a dare effetto a disegni arditi ed alti, ma non hanno la costanza di volontà che l'esecuzione domanda. La costanza è più rara del coraggio. Ma perchè *dare effetto* richiama più pronta l'idea di causa, e *esecuzione* l'imagine di chi tien dietro; però, dare effetto denota meglio, talvolta, la forza e la libertà di chi opera.

Mettere ad effetto è un po' men forte di *dare*, perchè ora denota il primo grado dell'azione, ora azione men risoluta, men franca. *Dare effetto* abbraccia tutta in complesso la cosa di cui si parla. Nel primo caso si procede più maturamente; nel secondo, quasi di slancio: il primo modo è proprio dell'uomo prudente e del timido; il secondo, del grande o dell'impetuoso. In certi cambiamenti da fare giova attenersi quasi sempre al primo, perchè chi vuol cambiare le cose a un tratto, risica di ritardarne il progresso.

Lo stesso dicasi degli altri due modi affini: *dare* e *mettere ad esecuzione*; ove *dare* dipinge (ripeto) più spiccata, più franca l'azione; *mettere* è più lento, più pensato.

D'opere di belle arti, l'effetto è conseguenza dell'esecuzione buona. Verità, armonia, giudiziosa distribuzione degli accessorii, sì che tutti contribuiscano a far risaltare il soggetto principale senz'affogarlo, sono le parti più essenziali, che, bene eseguite, conducono al buon effetto. Ma questo senso d'*effetto* è chiaramente distinto da quello del modo che qui trattiamo (1). — MEINI.

1594.
Compire, Adempire, Eseguire, Effettuare.

— *Esecuzione* non significa pieno adempimento; onde *adempire* è più d'*eseguire*. *Adempire* suppone un dovere, un comando: possonsi eseguire anco cose non debite o non comandate.

Compire è condurre a fine in genere; se si tratta d'opera comandata, dice la fine dell'adempire, l'adempire compiuto. *Effettuare* è di per sè indipendente da idea di debito e di comando. — ROMANI.

1595.
Osservare, Adempire, Compire.

— *Osservare*, nel proprio: guardare con attenzione e alquanto a lungo; *adempire*, quasi empire. Osservasi la legge, attendendo a fare quel ch'ella impone; si adempie badando a operare secondo quella.

Osservare indica, propriamente, la fedeltà al dovere; *adempire*, l'eseguimento: si osserva il digiuno, si adempie un comando. Nel digiuno non è veramente cosa da adempire, poichè il digiuno è astinenza: un comando, all'incontro, osservarlo non basta, bisogna operare secondo quello. — ROUBAUD.

La buona intenzione basta a bene osservare; per adempire vuolsi la forza di fare.

Adempire è più comune in Toscana di *adempiere*, che però non è raro a sentirsi. E così *compire* nella lingua parlata, è più comune di *compiere*. Ma nel traslato, *compiere* pare talvolta che cada meglio: compiere il debito, compiere un lavoro.

Per indicare la fedeltà alla legge o al volere altrui, meglio è *adempire*; per indicare la piena esecuzione in atto, meglio è *compiere*. Nell'adempire riguardasi la relazione tra la norma e l'opera; nel compiere, la relazione tra il principio e la consumazione effettiva e efficace d'essa opera, tra il fine e l'affine. La creatura adempie; Dio compie veramente. Il minore adempie; anco il maggiore compie.

1596.
Seguire, Eseguire.

— Si *segue* una norma, un principio, un'opinione, un consiglio, pensando secondo quello, e parlando, e operando; si *eseguisce* operando. Molti seguono la legge di Cristo; quanti poi la eseguiscono?

Si segue anco nelle mere apparenze: seguonsi usi non creduti e non approvati. — FAURE.

1597—1598.
EFFICACE, EFFICIENTE, EFFETTIVO, OPERANTE, OPERATIVO.

1597.
Efficace, Efficiente, Effettivo.

I.° *Efficiente* non si dice che della causa, ed è termine scolastico (2); *efficace* è più generale. II.° *Efficiente* denota l'effetto attualmente prodotto; *efficace*, la potenza di produrre un effetto. Forza efficace può non essere, in certi casi, causa efficiente di un bene; forza minore può, talvolta, produrre più visibili effetti. Questo avviene

---
(1) Quel *mandare*, dipingendo la distanza ch'è tra l'atto e il pensiero, dipinge, meglio del *porre*, l'importanza dell'atto.
(2) Ex-sequor.

(1) Quando *eseguire* dicesi non solo d'opera simile a quella dell'artista, ma quasi nel senso di *fare*, in genere, è francesismo e goffaggine.
(2) BUTI: *Le cagioni... son quattro: cioè, materiale, formale, efficiente e finale.*

sovente nel mondo. III.° L'efficacia può essere nelle parole; l'efficienza è nell'atto (1). IV.° *Efficace* ha quasi sempre buon senso, ed è bello che il fare da vero e di molto credasi bene sempre, perchè veramente il male è difetto, mancanza di fatto, vuoto, vanità, niente.

Grazia efficace, è termine teologico, come: causa efficiente, è scolastico, e vale: la grazia che fa veramente operare il bene.

Alcuni moderni vorrebbero rinfrescare l'antiquato uso d'*effettivo* in senso d'*efficace*; ma giacchè quest'altro e più propriamente e più degnamente dice il medesimo, non veggo ragione di dipartirci senza pro dall'uso vivente. *Efficiente* sia dunque quel che fa; *efficace* quel che molto fa o molto può fare; *effettivo* quel che si vede in effetto.

1598.
Operante, Operativo.

— *Operante*, e degli uomini e delle cose; di persone può essere sostantivo (2). *Operativo*, se la virtù d'operare è abituale, o propria dell'oggetto; ma *operativo* non si dice, ordinariamente, se non delle cose: rimedio operativo. — A.

1599.
EGLOGHE, IDILLII, BUCOLICHE.
BUCOLICO, IDILLIACO.
BUCOLICA, VITTO.

Madama Faure: « L'*egloga* è pastorale, l'*idillio* è campestre: egloghe di Virgilio, idillii di Bione, di madama Deshoulières. Si dirà bene: idillii pastorali, non: egloghe campestri. »

Ma salghiamo all'origine delle voci.

Bucolica, da un verbo greco che vale: pascolar bovi (3). Le bucoliche dunque, propriamente, dovrebbero riguardare i bifolchi soli: pure *bucoliche* chiamansi quelle di Teocrito e di Virgilio (4), dove non sempre bifolchi vengono introdotti a parlare, o descritti. Questa è ormai voce dell'uso antico; nè un nuovo scrittore di poesie pastorali le vorrebbe chiamare *bucoliche*; ma è voce che comprende in sè tanto l'egloga quanto l'idillio.

Egloga, veramente, non vale in greco che *scelta* (5); poi, così si chiamarono le poesie brevi, scelte o quasi scelte, che un autore dava fuori; poi certa specie di poesie da taluni fu con tal nome distinta (6); e perchè così chiamaronsi le bucoliche di Virgilio, *egloga* per noi venne a dire poesia pastorale. Anche questa è voce che non s'userebbe forse più di poesie pastorali del secolo nostro. Ma comprende anco certe poesie pescatorie; nel che è più generale di *bucolica* e d'*idillio*. Rammentiamo l'egloghe del Sannazzaro e del Rota.

L'*idillio* è descrizione, pittura, veduta, secondo l'etimologia (7). Così chiamavano gli antichi ogni poesia non lunga: fra noi, gl'idillii di Teocrito, di Mosco e di Bione hanno determinato il senso di questa voce; nè si potrebbe cambiarlo dopo quelli del Gessner.

L'egloga, dunque, può essere un colloquio, un discorso; l'idillio è, propriamente, descrizione più o meno variata, pittura degli affetti e degli spettacoli della natura. L'idillio è poesia più vera: i tratti più belli dell'egloghe di Virgilio appartengono al genere dell'idillio; certi idillii di Teocrito, più propriamente, son egloghe; poesia descrittiva non v'è. L'egloga, nella moderna letteratura, ha perduto gran parte di pregio, perchè la vita pastorale non è più, nei luoghi più prossimamente noti a chi fa versi, vita d'innocenza insieme e di certa rusticana agiatezza; ma l'idillio, che dipinge in generale le bellezze dei campi, può avere tuttavia e verità ed importanza. Nell'egloga introdurre altri che pastori, parrebbe inconvenienza; non così nell'idillio (1). Insomma, l'etimologia della voce chiude in sè il germe della riforma del genere. Rendete l'idillio all'indole sua di pittura, di veduta, e ne trarrete nuova poesia. Potrebbe l'idillio esser anche drammatico, ma subordinando sempre il dialogo alla pittura. Potrebb'essere storico, e dar luogo ad accenni di grandi avvenimenti, o a descrizioni di fatti seguiti ne'campi, o a pitture di personaggi illustri che vissero nella solitudine. Potrebb'essere sacro, faceto, filosofico ancora (2).

1600 - 1602.
ELEGGERE, SCEGLIERE.
ELEZIONE, SCELTA.
ELEZIONE, LIBERO ARBITRIO.
PRESCEGLIERE, PREPORRE, PREFERIRE, ANTEPORRE, PREELEGGERE, PREDESTINARE.
PREELETTO, PRESCELTO.
PREELEZIONE, PRESCELTA, PRESCEGLIMENTO.
PRESCEGLIERE, SCEGLIERE, PREFERIRE.

1600.
Eleggere, Scegliere.
Elezione, Scelta, Libero arbitrio.

Si *elegge* uno o pochi (3); *scelgonsi* anco moltissimi.

— Si può eleggere senza scegliere; eleggere nominando, senza pensare se il nominato sia degno. La persona eletta può essere tutt'altro che persona scelta. — A.

Lo *scegliere* talvolta è forzato: lo prova l'Alfieriano: « scegliesti? » Io posso esser costretto a scegliere tra due mali. L'*elezione* è più intero esercizio della libertà; onde il modo: di mia elezione. Anzi *elezione* valeva libera scelta, l'atto della libera volontà, l'esercizio del *libero arbitrio*, e differisce appunto da questa facoltà per esserne l'esercizio. Quando le cose vi si offrono a *scelta*, vedete d'eleggier bene. Tra l'errore e la verità non c'è patto; convien

---

(1) ARIOSTO: *Efficace parla.*
(2) DANTE: *L'opra tanto è più gradita Dell'operante.*
(3) Βοῦς, bove; χόλον, cibo.
(4) GELLIO: *Quum leguntur utraque simul bucolica Theocriti et Virgilii.*
(5) Ἐκ-λέγω.
(6) PLINIO, epistole: *Sive epigrammata, sive edyllia, sive eclogas, seu, quod multi, poematia.... licebit voces; ego tantum hendecasyllabo praesto.*
(7) Da εἶδος, veduta.

---

(1) ROSMINI: *Ciò che assomiglierebbe i suoi idillii ai canti de' patriarchi....* - *L'idillio dipinge le delizie di una società di pastori.* - *Come la religione dell'umiltà e della mansuetudine possa mettere nell'idillio cert'aria di semplicissima innocenza.*
(2) *Idilliaco*, usato da taluni come aggettivo, è rado, ma non barbaro, e può cadere in trattati critici o estetici; se pare invece di pittura idilliaca, non piacesse, di idillio, o, da idillio; invece di, genere idilliaco, genere dell'idillio, o, più alla semplice, idillio. *Bucolico* è sostantivo e aggettivo. Poesia bucolica, raccolta di Bucolici. Ma la *buccolica* o *boccolica* per il vitto, è sproposito di celia, come accaticcia per accatto. Nondimeno facendo parlare gente del popolo, io non direi che non si possa, se non commendare, lasciar correre.
(3) VILLANI: *Elessero a re Numa.*

scegliere. S'elegge ordinariamente per noi; si sceglie e per noi e per altri. Si sceglie paragonando e prendendo delle persone, o delle cose, la più acconcia al nostr'uopo, o la men disacconcia. Per bene eleggere, bisogna scegliere, ma molti eleggono senza scelta (1).

Far le cose senza scelta, pensare, parlare, scrivere è difetto, può anche vizio; senza elezione, non significherebbe se non la mancanza di quel discernimento ch'è condizione all'uso della piena libertà.

1601.
Prescegliere, Preporre, Preferire, Anteporre,
Preeleggere, Predestinare.
Preeletto, Prescelto.
Preelezione, Prescelta, Prescegliménto.

Nel senso traslato di porre innanzi col paragone, più comunemente dicesi *anteporre*; onde sarebbe propriamente detto che nel *preporre* all'educazione e al governo degli uomini tale o tal altro, conviene *anteporre* non tanto il più ingegnoso e destro, quanto il più probo e di cuore. *Prescegliere* riguarda la elezione del libero arbitrio tanto nelle risoluzioni da prendersi, quanto nelle persone da eleggere. *Preeleggere* dicesi segnatamente della volontà di Dio che destina la sua grazia all'anima umana, per renderla atta a determinato ministero, in generale alla gloria; ma quest'ultima idea, più propriamente, significa *predestinare*. Il qual verbo gioverà serbarlo a Dio solo, dove *preeleggere* può essere anco dell'umana volontà o autorità; senonchè il *preeleggere* riguarda solo le persone; il *prescegliere*, e le persone e le cose. Nel preeleggere la persona, si può non avere riguardo a scelta fra due o più; nel prescegliere è paragone, ed è l'anteporre dell'uno. Anteporre nel fatto, non sempre nel giudizio; che pur troppo talvolta prescelgonsi a uffizii privati o pubblici persone che nè l'opinione comune nè la coscienza di chi sceglie antepongono a tutti gli altri. Un deputato o altro rappresentante de' diritti o voleri altrui, si dirà preeletto da una fazione o da una combriccola prima che gli elettori lo nominino; *prescelto* ha sempre buon senso. *Preelettore* non si direbbe, come forse potrebbesi, *presceglitore*; ma meglio e *preeleggente* e *prescegliente*. *Preelezione*, meglio che *prescelta*; forse più conveniente di questa, *prescegliménto*. *Preferire* è vocabolo recente, e soverchiamente usitato, al che fa dimenticare gli altri affini, e riduce l'italiano alla povertà del francese. Ove trattisi di giudizio, sarà più proprio *anteporre*; ove di elezione o di scelta, *preeleggere o scegliere*; laddove è un misto di deliberazione, di giudizio, di atto, forse cadrà *preferire*; chè la radice *fero* porta a qualche modo unito in sè quest'idee. Di qui *dare* la *preferenza*, che è cosa sovente pratica; e se non è punto pratica, il modo diventa improprio. Così: preferisco di fare, di stare, e simili, pare a me inelegante.

1602.
Prescegliere, Scegliere, Preferire.

— La preferenza precede alla scelta. Si può *preferire* teoricamente una cosa, e nel fatto *prescegliere* un'altra. L'uomo appassionato vede il bene e lo stima; presceglie il male, sebbene non lo preferisca. Apelle donava ad Aspasia quale de' quadri suoi le piacesse di *scegliere*; incerta qual fosse il più bello, ell'annunzia al pittore che il suo studio era in fiamme. « Salvate l'Amore », gridò: l'Amore, preferito da Apelle, fu da Aspasia prescelto. — FAURE.

1603.
ELEGGERE, FARE, CREARE.

Io non saprei dire se sia pleonasmo quel delle Vite de' ss. Padri: « Morto l'abate, da tutti fu eletto e fatto padre e abate di quel monistero. » E altrove: « Di comune concordia di tutti fu eletto e fatto vescovo di Antiochia. »

Non sempre *eleggere* è *fare*. Non tutti gli eletti re, sono stati fatti re; molti sono stati fatti re, senz'essere eletti, e ognun sa come. Il *fare* è l'effetto dell'*eleggere*, non è sempre causa necessaria; d'ordinario, è cerimonia. È però di quelle cerimonie che agli occhi di certa gente valgono come un diritto.

Creare è più nobile di *fare*; ma non è tanto proprio, se non in un caso che ora dirò. Si crea una dignità straordinaria, o in modo straordinario. Carlo Alberto crea Cesare Saluzzo cavaliere dell'ordine di Savoja, e lo crea nell'atto stesso che se ne crea gran maestro Carlo Alberto, egli stesso. Luigi Filippo è creato re dei Francesi; come, e da chi? spetta alla storia il narrarlo.

1604.
ELETTO, SCELTO.

Non participii, ma aggettivi, hanno usi proprii e speciali differenze. Non parlo di *eletti* a modo di sostantivo, che dicesi in senso religioso dei predestinati della grazia alla gloria (1). Il motto: *Molti i chiamati e pochi gli eletti*, può intendersi conforme alla misericordia, cioè della elezione ai gradi della gloria suprema.

Eletto, aggettivo, è sempre più. Cibo eletto può essere anco il semplice e non costoso, purchè sano, della migliore qualità, saporito, acconciamente condito; *scelti* diconsi quelli che son ricercati per lusso, o per ghiottoneria, e dove badasi troppe volte più alla rarità e al prezzo che al pregio della bontà. Onde il cercarli è biasimo più sovente che lode. Vestir maniere elette direbbesi, non già, scelte. Quello che il Foscolo disse: *Vestir semplice eletto mutò in mondo e negletto*, e suona a un dipresso il simile, perchè il *mondo* è *eletto*. Stile eletto è lode somma di Virgilio e d'altri pochi. Stile *scelto* comincia a esser difetto; i Toscani dicono per celia quasi ironica: parlare scelto è come dire affettato. Una locuzione, una parola pura può essere eletta, aggettivamente, scelta no.

1605—1606.
ELOCUZIONE, STILE, DIZIONE.
STILE, DETTATO, STESURA.

1605.
Elocuzione, Stile, Dizione.

— *Elocuzione* riguarda, più propriamente, l'arte oratoria; *stile* è più generale; *dizione* riguarda la lingua. Lo stile può essere felice; e la dizione iucorretta. — A.

— *Dizione* riguarda le qualità grammaticali del discorso: correttezza e chiarezza. Lo stile comprende la proprietà, l'eleganza, la facilità, la precisione, la nobiltà, l'armonia, la convenienza al soggetto. — ENCICLOPEDIA.

— *Dizione* riguarda la proprietà de' modi; *elocuzione*, la bontà della lingua, considerata e nelle proprietà minute, e nella più potente ricchezza; *stile*, ogni cosa. — GATTI.

---

(1) Il Petrarca oppone *elezione* a *destino*.

(1) DANTE: *Oh felice colui cui ivi eleggi* - Psal. 83: *Beatus quem elegisti*.

1606.
Stile, Dettato, Stesura.

— *Dettato* è come l'effetto della dizione o dello *stile*; della maniera del dettare, ossia del comporre. Voce oggidì, anche tra gli scriventi, poco in uso; alla quale, famigliarmente parlando, i Toscani sostituiscono *stesura*, che non è bello. In questo riguardo, il *dettato* è più che lo *stile*; è, come dice il Biondi (1), « tutto che pertiene alla tessitura di uno scritto per la parte di grammatica. » Ma non aggiungerei con lui: « e di rettorica; » perché le qualità più sostanziali di uno scritto, quelle che l'invenzione più che la forma riguardano, vengono indicate da *stile*. Troverete, spesso: bel *dettato*, puro o barbaro *dettato*; non mai: *dettato* forte, imaginoso, passionato, e simili. E se il Boccaccio può bene scrivere, come osserva lo stesso Biondi, « lo stile del dettato », altri parlerebbe male dicendo: il dettato dello stile. — POLIDORI.

1607—1614.

ELOQUENZA, FACONDIA.
ORATORIA, RETTORICA.
ORATORE, RÉTORE.
RÉTORE, RETTORICO.
UMANITÀ, LETTERATURA, RETTORICA.
RETTORICA, PARLANTINA.
PARLANTINA, LOQUACITÀ.
PARLATORE, BUONO, BEL PARLATORE.
PARLATORE, DICITORE.
GRAMMATICA, LINGUISTICA, FILOLOGIA.
GRAMMATICO, GRAMMATISTA, GRAMMATICUZZOLO.

1607.
Eloquenza, Facondia.

Facondia, prontezza e abondanza di dire; *eloquenza*, arte e potenza di persuadere, di movere. Chi ha forte la parola, alto il concetto, l'affetto vibrato, è uomo eloquente; chi ha la parola facile e piacente, è facondo. Dalla facondia, i be' parlatori o scrittori; dalla eloquenza, i grandi oratori. Nella facondia è facilità, chiarezza, proprietà; ma non forza di molta. L'eloquenza può più sull'animo a moverlo, a intenerirlo, a innalzarlo, a signoreggiarlo. Da gente idiota voi sentite alcune ispirazioni di eloquenza, ignote ai facondi retori delle scuole.

Si può tra queste due voci porre la differenza, a un dipresso, che Cicerone poneva tra *eloquens* e *disertus*.

« *Disertus est qui potest satis acute atque dilucide apud mediocres homines, communi quadam hominum opinione, dicere: eloquens vero qui mirabilius et magnificentius augere potest atque ornare quæ vult omnesque omnium rerum quæ ad dicendum pertinent fontes, animo ac memoria continet* (2). »

1608.
Oratoria, Rettorica.

L'*oratoria* è insegnata da Cicerone ne' libri dell'Oratore; la *rettorica*, in quelli dell'invenzione rettorica. La prima ammaestra per via d'osservazioni larghe, senza ceppi di regole; distingue, non divide; consiglia, non prescrive; conduce, non mena; spaventa la mediocrità col mostrare l'ampiezza dell'arte, non le dà baldanza con quelle minuzie delle quali l'intelligenza è facile esercizio de' piccoli ingegni. Gli oratori nascono, poi con l'arte si fanno; nessuno, per grazia di Dio, nasce rétore. In secoli di corruzione il rétore si confonde con l'oratore. Ma il popolo, miglior giudice de' letterati, distingue nel fatto cotesta sinonimia vergognosa. Il rétore guarda alle parti; l'oratore, all'intero. La parola del rétore è fredda, arida; quella dell'oratore ha idee con affetti.

L'eloquenza accattata, la troppo compassata collocazione de' vocaboli, la maniera, sono i vanti del rétore; all'oratore la bellezza è mezzo, non fine.

Gli antichi Greci e Latini, stando all'etimologia della voce, chiamavano rétore l'oratore; ma poi venne il tempo che bisognò trovare un nome per i dicitori mediocri, ammanierati, superbi della loro freddezza e piccolezza, e che non meritano nemmeno il titolo di declamatori, perché non hanno spirito bastante a corromper l'arte con un poco di forza.

1609.
Oratore, Rétore.

— *Oratore*, chi parla in pubblico con certa solennità; ed è titolo onorifico tanto, che non si darebbe mai a un parlatore triviale. Nè a meritarlo, la sola facondia basta; ma è necessaria quella eloquenza che ha sede nel cuore, educata dalla scienza, munita di forte e generoso sentire. Un avvocato che innalzi l'arte sua, diventa oratore; l'oratore sacro starà innanzi a tutti, se il proprio uffizio non avvilisca.

Rétore sarà colui che fa dell'arte fine a sé stessa, e la converte in mestiere; chi ripone l'eloquenza nella malizia d'un aggettivo, nel fulgóre d'un avverbio, dottamente collocati; che per amor d'una parola ambiziosetta o peregrina, ti fabbrica un periodo; poi addosso a quel periodo avvolge tutto un discorso, e sceglie argomenti miseri per intarsiarvi sentenze magre; studioso de' suoni, e anche troppo, ma senza raggiungere quella potenza che sta nel numero; incapace d'ogni grande affetto, perché egli sempre li cerca, e perché l'abito di coteste arti dà mala piega all'ingegno. Il rétore ha voglia d'essere oratore, ma piglia una falsa via. — CAPPONI.

1610.
Rétore, Rettorico.

Rettorico, chi insegna a voce o in iscritto i precetti rettorici (1): rétore ancora chi secondo i precetti rettorici scrive, e chi ha i difetti degli scriventi per arte, non per affetto. Gli antichi maestri di ben dire, propriamente rétori. Buon maestro di rettorica, forse si dirà buon rettorico senza biasimo. *Rétore* è voce di malaugurio quasi sempre. *Rettorico*, anco di cosa; *rétore*, di persona soltanto.

— *Rettorici* si chiamano in alcuni luoghi fino gli scolaretti di rettorica; che rétori al certo (né in dieci un solo) non diverranno e non sono. E a chi sa di rettorica molto (scienza non molto invidiabile), direbbesi: buon rettorico. — POLIDORI.

1611.
Umanità, Letteratura, Rettorica.

Umanità da' Latini s'intendeva in nobile senso, quella *letteratura* che rendeva l'uomo quasi più umano, facen-

---

(1) Ragionam. intorno le Dicerie di F. Ceffi.
(2) *Mirabilius.... augere.... ornare.... omnium rerum*. Oh retore!

(1) Il Sacchetti, nei Sermoni: *piangete, Rettorici*. Ma i rettorici piangon eglino?

done più degni i costumi e i pensieri; lo rendeva più degno del titolo d'uomo. In questo senso conserviamo il titolo di umane lettere. Ma *umanità* è adesso mera voce scolastica; ed è tanto caduta al basso questa umanità, che è da meno della *rettorica*. Similmente, *umanista* vale scolaruzzo inesperto; *rétore*, parolajo più o men bene esercitato. Così non era ai Latini (1). Inutile o superfluo avvertire, che questa umanità delle scuole distinta dalla *rettorica* è distinzione di pedanti; che l'educazione del bello dovrebbe ormai essere fatta altrimenti, non traducendo alla lettera gli autori vecchi, e imitandoli, cioè rifriggendo alla peggio le loro locuzioni, senza distinguere le più belle dalle meno, le imitabili dalle non imitabili, o dalle inimitabili.

1612.

Rettorica, Parlantina.
Parlantina, Loquacità.
Parlatore, Buono, Bel parlatore.
Parlatore, Dicitore.

D'uomo o donna senza studii di lettere, ma che abbia spedita la lingua e artifizi da persuadere non senza diletto, dicesi che ha di molta rettorica, che rettorica non le manca; e è ben detto, perchè suona tra lode e biasimo, fra il da meno e la celia. Non si sa se da senno o per celia, se per burlarsi del cardinal Bembo o di sè, o del cardinalato, o della rettorica, o se piuttosto per quella Nemesi che condanna gli uomini falsi a dire il vero quando più si studiano di falsarlo, il Guicciardini scrive al Veneziano, che falso non era: « Non ho saputo in tutta la mia rettorica trovar luoghi corrispondenti all'affetto del mio animo. » *Parlantina* concerne soltanto la facilità e la copia del parlare e la franchezza de' modi che lo accompagnano; ma piuttosto con buon effetto, o almeno senza il tedio e la stizza provocati dalla *loquacità*, la quale non è nè ingegnosa nè buona, più sforzo di natura che eccesso.

Chi ha della parlantina, una gran *parlantina*, non è però parlatore. Questo ha più senso di lode, e dice abituale abondanza che deriva da natura e da arte. Anco i taciturni, i saturnini, i bambini, possono in certi momenti avere della parlantina; *parlatore* è l'uomo maturo, che può parlare a lungo, facile, volontieri. Questo titolo, da sè, non denota i pregi del ben parlare; al che vuolsi un aggiunto; parlatore felice, buono, bel parlatore. Il *buon* parlatore ha cose, e forma conveniente d'esporle; il *bello* risalta più per la leggiadria della forma che per la sostanza. Ancor più cura pone alla forma il bel *dicitore* che è lode non solo di chi parla; ma di chi scrive altresì.

1613.

Grammatica, Linguistica, Filologia.

Grammatica, studio ragionato de' vocaboli e delle locuzioni d'una lingua; *linguistica* (voce esotica), studio di più lingue, insieme comparate; *filologia*, studio delle lingue nelle relazioni ch'elle hanno con gli usi e coi costumi che rappresentano. La filologia è alta letteratura nelle sue relazioni con la civiltà.

1614.

Grammatico, Grammatista, Grammaticonzolo.

— Gli antichi ci facevano una distinzione, che ora gioverebbe più che mai ritenere. Il *grammatico* è dotto di filologia; il *grammatista* è un materialone che sa o, per dir meglio, insegna le regole della grammatica. Svetonio: « *Sunt qui litteratum a litteratore ita distinguunt, ut Graeci grammaticum a grammatista, et illum quidem absolute, hunc mediocriter doctum existimant.* — POPMA.

Il bisogno del distinguere il buon grammatico dal pedante, che nella grammatica mette ogni cosa fuor che la stessa grammatica vera, era tanto dai Toscani sentito, che fecero *grammaticonzolo*, come *pretonzolo* e *mediconzolo*; e è peggio del vecchio *grammatista*. C'è un'altra parola d'ancor più tristo suono e di peggio odore; ma io la lascio a suo luogo.

1615.

EMPIERE, *Abboccare*.

— *Abboccare* è quella operazione colla quale l'attento canovajo riempie nuovamente di vino la botte sino al cocchiume per compensare quello che s'è succiato il legno, ond'essa è fatta scema.

Abboccare le bottiglie vale riempiere a sufficienza quelle che, col sifone o in altro modo, lo fossero state scarsamente, affinchè nel turarle non resti tropp'aria tra il vino e il tappo.

Abboccare dicesi pure quando si sovrappone la bocca di un vaso a quella d'un altro; e anco, il porsi una cosa alla bocca. — BASTIANELLO.

1616 - 1621.

EMPIRE, RIEMPIRE.
EMPIMENTO, RIEMPITURA.
RIEMPITURA, RIEMPITIVO.
EMPITO, EMPIUTO, PIENO, RIEMPITO, RIPIENO.
COLMO, PIENO, CALCATO, PINZO, ZEPPO.
IMPINZARE, RIMPINZARE.
ZEPPA, RIEMPITURA.
RINZEPPARE, METTERE, ZEPPE, SCANDALI.
SPESSO, GREMITO, FIORITO, FOLTO, DENSO, FITTO, FISSO.
SPESSO, DENSO.

1616.

Empire, Riempire.
Empimento, Riempitura.
Riempitura, Riempitivo.

Empire ama il toscano vivente, meglio ch'*empiere*; e così *riempire* (1); ma nell'indicativo fa *riempio, riempi*; nel congiuntivo, *riempia*, e simili; nel participio, *empiuto* ed *empito* son rari; *riempito* è meno infrequente; più comune è *pieno* e *ripieno*. *Riempire*, quando non indica raddoppiamento o ripetizione, ha più forza (2). Empire il cuore d'orgoglio, dice infatti un po' meno che: riempire; empire il ventre, di chi aveva fame e si è saziato (3): riempirlo, di chi ha già mangiato più che a sazietà (4).

---

(1) VARRONE: *Qui init literas, aliqua humanitate imbuitur.* - CICERONE: *Tu sine ulla bona arte, sine humanitate, sine ingenio, sine litteris, intelligis et judicas.* - *Patiamini de studiis humanitatis ac litterarum paullo loqui liberius* - *Homini non hebeti, neque inexercitato, neque communium litterarum et politioris humanitatis experti.*

(1) Si noti però che in certi casi anco la lingua parlata ha *riempiere*.
(2) MAGALOTTI: *Riempimento soverchio di roba penetratavi.*
(3) DANTE: *Non empie la bramosa voglia.* - LIB. ASTROL.: *Empimento di ventre.*
(4) VITE SS. PADRI: *Per moltitudine di cibi ti riempi il ventre.*

Parole ch'empion la bocca; millanterie che riempiono gli orecchi. Questi due modi non si potrebbero scambiare; e c'è una ragione indicatami acutamente da un uomo dotto. Il riempire par che denoti l'azione esteriore di chi riempie; ora, nelle parole ch'empion la bocca, quest'azione non v'è.

Empirsi i calzoni dalla paura, è in Toscana modo basso; riempirseli, non sarebbe nè anche ben vero (1), se non di disgrazia rinnovata.

Di roba messa tra i vestiti a modo d'ovatta per tener caldo, dicesi: riempire, e: il ripieno.

Riempire le piazze, la città, il popolo, il mondo d'una cosa, vale: divulgarla per tutto (2). In questo senso non si dice *empire* nel comune discorso: non sarebbe improprio però. Riempire la tela, vale: tesserla; non: empirla (3).

Riempitivo e riempitura, per particella o voce non necessaria; non mai *empitura*, *empitivo* (4).

Empimento è l'atto presente dell'empire; *empitura* è l'operazione dell'empire, riguardata come fattura fatta o da farsi. Diremo dunque: tanto mi costò l'empitura di quelle botti, o simile (5).

Riempitura non ha senso altro che traslato; di cosa posta per compenso, non necessaria e poco utile. Differisce da *riempitivo* in ciò, che il secondo dicesi delle particelle del discorso; il primo, di una voce, di un modo, d'un titolo. Il *mi*, il *si*, il *ne* sono talvolta o pajono riempitivi; molti epiteti degli scrittori mediocri sono riempitivi per fare canoro il periodo. Gli autori antichi amano più i riempitivi che le riempiture; i moderni, più queste che quelli. Ma quelli che i grammatici chiamano riempitivi, erano logicamente necessari o utili a compire il concetto, o il sentimento.

1617.
Empito, Empiuto, Pieno, Riempito, Ripieno.

Girard: « In ciò ch'è *pieno*, più non ne cape; in ciò ch'è *riempito* non se ne può mettere più. Il primo riguarda, più propriamente, la capacità del vaso; il secondo, la materia posta o da porsi dentro nella detta capacità. Nelle nozze di Cana i vasi furono riempiti d'acqua, e trovaronsi pieni di vino. »

Empito (che pur talvolta cade necessario) esprime l'atto; *pieno*, lo stato. C'è delle capacità naturalmente piene senz'essere empite. Il mondo è pieno di miserabili; io non so dire se certa politica storta ne l'abbia empito. Io trovo una bottiglia piena, e non penso a chi primo l'ha empita. Campo pieno (non empito) di fiori (6).

---

(1) Lippi: *Ognun per lo spavento Si rincantuccia ed empiosi i calzoni.*
(2) Davanzati: *Sparse voce... che Agrippa era vivo:... poi ne riempiè ogni gente.*
(3) Buonarroti: *Al lavor che ordito avea, Sendo venuta l'ora del riempierlo.*
(4) Salvini: *Particella oziosa, anzi riempitiva. - Puntelli per reggere il verso, e onorifiche riempiture.*
(5) Quad. Con.: *Fiorini 13 per empitura d'una giubba soltana.*
(6) Boccaccio: *Degli altri, che per tutto morivano, tutto pieno.* - Dante: *Chè le terre d'Italia tutte piene Son di tiranni.* L'esempio del Boccaccio rammenta la bella ellissi di Dante: *Dintorno a lui parea calcato e pieno Di cavalieri*; simile all'altro neutro elegante: *Sopra li fiori, onde laggiù è adorno.* E in una lettera di Donato Acciajuoli sugli anni ultimi del trecento: « E in piazza gridano *carne*; e alcuni qui dentro carne e sangue

Pieno ha traslati, che *empito* non ha: pieno d'invidia, d'amore, di pazienza, di stizza (1), d'anni, di malanni, di paura, di coraggio, di aspettazione, di lodi, di vento, di rassegnazione, di Dio. Ma non sarebbe forse illecito dire: testa empiuta di pregiudizii dall'educazione dei nobili genitori e de' maestri cortigiani. E specialmente ne' pochi usi traslati, *empiuto* mi par da prescegliere a *empito*.

Ripieno usasi e come participio e come addiettivo. Tanto dicesi: l'ho ripieno, quanto: è ripieno. Il ripieno d'un'ovatta, un pasticcio ripieno; non hanno che fare con *pieno*. Faccia piena (carnosa), ventre pieno; pien d'anni, piena adunanza, colpo pieno; modi dove l'altro non ha punto luogo. E così: plena testimonianza, esperienza, prova, contentezza, fede, speranza, fiducia. Testa piena d'imagini malinconiche, dicesi, e: testa ripiena; e il secondo è più. Ma diremo: cappone ripieno di tartufi; guanciale ripieno di crino; materassa ripiena di lana; non, piena. Diremo bene: questo guanciale è troppo pieno; questa materassa non è piena assai, perchè la parola *ripieno* indica l'atto del riempire; e *pieno*, l'effetto. Ora non sempre all'atto succede soddisfacente l'effetto. Il *pieno*, inoltre, ha gradi nel più e nel meno; *ripieno* essendo un po' più assoluto, non si può usare col *poco* e col *troppo*. Tanto è pol vero che *riempire* indica l'atto, ch'io dirò bene: conserva piena d'acqua; e poi domanderò: chi l'ha ripiena? Ripienezza del ventre; pieno o pienezza (2). Ne' discorsi di cerimonia gli oratori comuni molte cose pongono per ripieno; gli oratori valenti anche da tema meschino sanno trarre argomento di utili verità.

Il *riempitivo* (s'è detto) riguarda una particella; la *riempitura*, una voce o una frase; il *ripieno*, un concetto, un'idea, un tratto intero, od anche tutta la parte (come la chiamano, e sempre non è) ornativa del discorso.

1618.
Colmo, Pieno, Calcato, Pinzo, Zeppo.

— *Pinzo* è più di *pieno*. Lasca: « Era la chiesa piena e pinza per ogni verso di persone. » Ciò ch'è pinzo è *calcato* più o meno; ma calcato può essere anche dove pieno non è. Dante disse sostantivamente: « Dintorno a lui parea calcato e pieno Di cavalieri », appunto perchè delle due cose l'una può star senza l'altra. È calca in una chiesa d'intorno all'altare di un santo, sotto la cantoria spesse volte; e vuoto tutto il resto. D'un vaso che s'empia di materia cedevole, famigliarmente diciamo: pieno calcato.

Colmo suppone il pieno; non il calcato, nè il pinzo. Nella progressione, è come superlativo degli altri; nel figurato ha forza di grado supremo. Lib. Sonetti: « Calcato pinzo e colmo di veleno. »

Pieno, pinzo e *colmo* riguardano ciò che contiene; *calcato*, d'ordinario, il contenuto. — POLIDORI.

---

domandano, e hanno volontà di farne, e ècci pieno d'armati. » Eleganza vivente. Un giovane Toscano che poi divenne scrittore e ministro di Stato, era meco nel teatro di Pisa, e m'avvertiva badassi, perchè dietro è pieno di spie.

(1) Boccaccio: *Di miseria pieni. - D'inganni. - Asino pieno di case* (carico). - Dante: *Schiera larga e piena.*
(2) Buonarroti: *I mali Nati da ripienezza.... Si curan vacuando.*

— *Pieno*, dove naturalmente non c'entra più; *calcato*, compresso, perchè ciascun corpo, o parte del corpo, prenda meno spazio; *colmo*, pieno a soprabbondanza, sia o no calcato. Stajo colmo di grano è il contrario di raso. *Pinzo* dicesi, sovente, di persona che abbia mangiato di molto. Quindi, nell'uso, impinzare e impinzarsi (1), per empire o empiersi soverchiamente di cibo. Talvolta *pinzo* dicesi di persona grassa, ma di grassezza non floscia. E nel traslato, impinzare, rimpinzare citazioni, parole, e simili. *Zeppo* è più di tutti (2), e viene forse dal riempire che fa la zeppa gl'interstizii del corpo che pur tende a dividerle. Jersera il teatro era zeppo di gente: qui nè *colmo*, nè *calcato*, e nemmeno *pinzo*. Nel traslato: pieno zeppo di spropositi, d'eleganze affettate. *Inzeppare*, riempire a forza; e *zeppe*, le parole inutili ficcate da' poetastri per far tornare il verso. — MEINI.

1619.
Impinzare, Rimpinzare.
Zeppa, Riempitura.
Rinzeppare, Mettere zeppe, scandali.

Rimpinzare, dice o ripetizione dell'atto o maggiore intensità. S'impinza, chi mangia una volta di molto; si rimpinza chi rimangia sopra il bisogno. Anco chi mangia una volta sola, si rimpinza, se eccede di molto, e fa quasi forza allo stomaco e al ventre. Nel traslato, rimpinzare più spesso: un discorso di citazioni, un'aringa di ragionamenti che non fanno al proposito; una persona di discorsi inutili, d'idee superflue e tediose. In senso simile, assolutamente, senza il nome dopo: bada a rimpinzare!

Rinzeppare è più forzato, non si dice di cibi, ma in altri traslati, per intrudere quasi con violenza, o ragionamenti o allusioni e vocaboli che non ci vanno. Le zeppe nel verso (e c'è de' prosatori che mettono zeppe anco in prosa) è parola o accoppiamento di parole che cacciansi per bisogno del numero o della rima, o di una certa, secondo che pare, eleganza. La *zeppa*, adunque, è più da scolari che la *riempitura*, ma non sempre dà tanta noja, perchè l'ostentazione di forza ai deboli di mente e agli impeti dell'arte pare forza. *Mettere* una *zeppa* o delle *zeppe*, dicesi di chi con parole maligne, e talvolta anco spensierate, ma non senza malignità, divide, o tenta dividere, gli animi altrui. Ed è meno grave e nella intenzione e negli effetti che il *mettere scandali*, ma sovente pare peggio, perchè la malizia consumata sa ricuoprire sè stessa, e con meno rumore ottenere il suo intento.

1620.
Spesso, Gremito, Fiorito, Folto, Denso,
Fitto, Fisso.

— *Folto* dicesi di moltitudine d'oggetti sì poco da sè distanti che non vi penetra facilmente la vista, o agevolmente non passano altri corpi framezzo. Riguarda pertanto quantità discreta più che continua (3).

Denso dicesi di corpo unito in sè, stretto insieme con parti molto coerenti, come metallo o marmo, o simile: riguarda quantità continua (1). La densità non è solo de' corpi solidi (2).

Fitto è più di *folto*; esprime cosa sì prossima a cosa, e parte a parte, che pajono quasi affiggersi l'una all'altra (3).

· *Fitto* è più di *folto*; *fisso*, più di *denso*, ma dicesi di fluidi soli (4).

Spesso è tra il *fitto* e il *folto*; più di questo forse, e forse un po' men di quello (5). Ma *folto* è di quantità discreta; *denso*, di continua; *spesso*, e di questa e di quella. *Spesso* poi per *frequente* è traslato più proprio a questo vocabolo. — A.

— *Fitto* un tessuto le cui fila, sì dell'ordito che del ripieno, sono vicinissime tra loro; *rado* è l'opposto. — CIONI.

— *Gremito* è di quantità discreta, ed esprime prossimità d'oggetti più grande ancora degli altri; prossimità e moltitudine. — ROMANI.

— *Gremito* vale sì fitto o folto ch'empie lo spazio; ma meglio dicesi dello spazio stesso riempiuto. — GATTI.

— *Fiorito* ha significato affine a *gremito* nella lingua parlata toscana; affine ad un uso greco (6). Tanto diciamo: viso gremito, che: fiorito di bollicciattole. Ma *gremito* par che indichi prossimità maggiore e quasi contiguità. Poi, ognun vede che *fiorito* può avere usi più belli e più nobili. Discorso fiorito di belle sentenze è ben altra cosa che gremito. — MEINI.

1621.
Spesso, Denso.

— Le parti d'un liquido fitte lo fanno *denso* e *spesso*. *Denso* ha meno traslati dell'altro.

Nel proprio, di quel ch'è *spesso* si pensano le parti molto vicine tra sè; di quel ch'è *denso*, si pensa il peso, o la difficoltà che questa densità produce nell'uso del corpo.

La spessezza patisce intervalli, come: la spessezza d'un bosco (7). La densità suppone pochi pori o interstizii: densità, diciamo, non già spessezza dell'aria. — ROUBAUD.

1622—1624.
EMULARE, COMPETERE, CONTENDERE, GAREGGIARE, CONCORRERE.
GARA, LOTTA.
GAREGGIARE, FARE A.

1622.
Emulare, Competere, Contendere,
Gareggiare, Concorrere.

— *Competere* è il cercare che fanno più persone un medesimo fine, con qualche contrasto d'opinioni o di desiderii. Nel competere talvolta *contendono*, ma non sempre. Si può *gareggiare* senza tendere al fine medesimo (8).

---

(1) PATAFFIO; LIB. MASCALCIA.
(2) SALVINI: *Pinzo e zeppo.* - Più comunemente senza l'*e*: *pieno pinzo; pieno zeppo*. Pinzo di roba vale: ben fornito di biancheria, di masserizie, e simili. — A.
(3) BOCCACCIO: *Boschetto folto d'arboscelli.* - DANTE: *Sterpi folti.* - *Folto pelo.* - MIR. DI M. MADD.: *Là dove la battaglia era più folta.*

(1) DANTE: *Corpi rari e densi.*
(2) MAGALOTTI: *Aria più densa.*
(3) CRESCENZIO: *Seminar l'erbe più fitte.*
(4) REDI: *Fluido salsugginoso, fisso, tartareo.*
(5) SODERINI: *I gran pampani e spessi le soffocassero.*
(6) TUCIDIDE: ἕλκειν ἐξανθοῦντος, *fiorito di pustule.*
(7) *Spessezza* dicesi e d'un corpo composto di varie parti coerenti e anche di un aggregato di corpi diversi. Si usa tuttavia: *densità d'una folla*, ma rado.
(8) DAVANZATI: *Gareggiavano a rifar i danni dell'esercito.* - REDI: *Mi do vanto di gareggiare con Febo istesso.*

Emulare ha in sè più o men propria l'idea d'imitazione, che non ha *gareggiare* (1). *Concorrere* è più generico. Si può concorrere a un fine in tutta concordia, senza competere. — ROMANI.

1623.
Gara, Lotta.

— *Gara*, paragone non senza contrasto che nasce dall'appetito di lode, o d'altro bene, tra due o più persone di facoltà non molto disuguali a ottenere o fare una cosa.

Lotta, nel traslato, affine a *gara*, è contrasto e più forte. Si sostiene anche con ingegno e forze disuguali, anche a malgrado. Può procedere da dispetto, da odio, da prepotenza, da orgoglio. — FRIGNANI.

1624.
Fare a, Gareggiare.

La prima frase non indica sempre gara (2). Poi, quand'anco una specie di gara vi sia, la detta locuzione significa piuttosto un concorso di due operazioni contrapposte. Di due, marito e moglie, i quali, ciascun dal suo lato, fanno il possibile per comprovare la sentenza terribile dell'Alfieri, che il divorzio nella società colta è una pratica, un fatto, dicesi: *fanno a farsela*.

Questa locuzione denota inoltre non tanto gara reale quanto apparenza di gara. Di certe parti letterarie si potrebbe affermare, che per molto tempo fecero a chi dicesse più insolenze e meno ragioni.

1625—1626.
EMULAZIONE, CONCORRENZA, RIVALITÀ.
CONCORRENZA, CONCORSO.

1625.
Emulazione, Concorrenza, Rivalità.

— L'*emulazione* riguarda il merito; la *concorrenza*, gli uffici e gli utili; la *rivalità*, e il merito e gl'interessi, e sopratutto l'amore. Ciò nell'uso comune. Nei concorrenti è più invidia; nei rivali, gelosia e odio; negli emuli è stima, e talor anche affetto sincero. Gioverebbe poter cangiare la rivalità in onesta e pacifica concorrenza, e ogni concorrenza in leale e generosa emulazione. — POLIDORI.

1626.
Concorrenza, Concorso.

— *Concorrenza*, d'ordinario, ha senso affine di *competenza*. *Concorso* è il correre, l'andare insieme, per lo più in copia, uomini, animali, o anche cose. Poi, nel traslato, vale l'esperimento al quale si sottopongono gli aspiranti a un ufizio, a un grado, ad un premio da darsi al più meritevole. — AMBROSOLI.

— *Concorrenza* è l'atto di rivaleggiare insieme con altri per ottenere cosa qualsiasi: concorrenza mercantile, letteraria, e simile. — GATTI.

1627—1632.
EMULAZIONE, GARA, INVIDIA.
INVIDIA, GELOSIA.
INVIDIOSO, GELOSO.
GELOSO, ZELANTE, SOLLECITO.
SOLLECITO DI, PER.
INVIDIA, LIVORE.
INVIDIA, ASTIO, LIVORE.

---

(1) REDI: *Non meno emulatore che figlio del gran Ferdinando.*
(2) CECCHI: *Fecero a far poche parole, buoni fatti.*

INVIDIA, ASTIO.
ASTIARE, INVIDIARE.
INVIDIARE, ESSERE INVIDIOSO.

1627.
Emulazione, Gara, Invidia.

— La *gara* è competenza manifesta, concorrenza più animosa, non solo a fine d'emulare, ma e d'ottenere il bene ambito da più.

L'*emulazione* vorrebbe avere ciò ch'altri possiede, e ch'ella apprende come bene, ma senza spogliarne l'emulo: l'*invidia* non patisce vedere in altri del bene. — SCALVINI.

1628.
Invidia, Gelosia.

— *Gelosia*, del bene che s'ha e temesi perdere; *invidia* del bene altrui: geloso della propria autorità, della moglie.

Ma *geloso*, talvolta, riguarda il bene posseduto da altri: e allora è meno, ed è affine di *emulo*: due popoli, due principi, l'un dell'altro ingelosiscono. E attivamente, la grandezza dell'uno, le mostre di grandezza, spesso le parole vane, ingelosiscono l'altro.

L'invidia è vizio; la gelosia, sentimento; amor proprio che punisce sè stesso. — ENCICLOPEDIA.

La gelosia viene da senso della nostra inferiorità; se vi si aggiunge l'odio e la volontà di nuocere, diventa invidia.

1629.
Invidioso, Geloso.
Geloso, Zelante, Sollecito.
Sollecito di, per.

— Il *geloso* teme per lo zelo di cosa amata, o in se stesso o fuori di sè. L'uomo è geloso dell'onore proprio, dell'onore dell'amico, del figlio: teme, cioè, che la sventura, i proprii errori, la malevolenza gli nocciano. Il geloso tende a mantenere la cosa sua, e sta vigile per non errare, e per difendersi. L'invidioso brama la cosa amata, ma non la possede, e si consuma di non la possedere. — FRIGNANI.

Geloso può dunque avere quasi buon senso; ma allora sarà meglio detto *zelante*, se c'è vero zelo, se cara trepida, sollecita. In questo senso diciamo, per solito, *sollecito per*, se trattasi di difendere l'oggetto; *sollecito di*, se si teme per esso, anco senza sapere o potere operare. Assolutamente, *sollecito* vale pronto, ma sempre con più o men viva cura; e può congiungersi all'infinitivo, dicendo: sollecito di finire, di vedere, e simili. Certuni sono solleciti di vedere la fine d'un'operazione appunto perchè poco solleciti per il buon esito.

1630.
Invidia, Livore.

— *Livore* è l'*invidia* che apparisce come il lividore del volto. Poi, *livore* può dirsi non solo dell'invidia, ma dell'astio e del rancore. — A.

1631.
Invidia, Astio, Livore.

Astio, odio amaro, vile. *Invidia*, odio del bene altrui; non poter vedere il bene e chi l'ha. Che non siano il medesimo, Dante lo dice: « L'anima divisa Dal corpo suo per astio e per inveggia. » E le Fiorità: « Per astio e per invidia, a gran tradigione l'uccisero. »

Non può essere invidia senz'astio, ma può astio senza invidia: sebbene la divisione sia rara. L'invidia si rode del bene altrui; l'astio cerca l'altrui male. L'invidia si può a qualche modo dissimulare; l'astio è più visibile. L'invidia astiosa è più spregevole dell'invidia timida e vergognosa di sè.

Perchè *livore* è anche l'esteriore indizio dell'invidia; però nella Rett. Tullio: « Non essere offeso da alcun livore d'invidia. » Dante: *Fu'l sangue mio d'invidia si riarso, Che, se veduto avessi uom farsi lieto, Visto m'avresti di livore sparso.* E poichè l'invidia che si manifesta, appar più acre, perchè pare non si possa contenere; perciò *livore* dice invidia irrequieta che lacera e trasmuta l'uomo, e lo rende visibilmente infelice. Più: c'è un'invidia operosa o nell'impedire il bene o nell'ignobilmente gareggiare con quello; ma pur talvolta par simile alla buona emulazione: il livore è inerte, impotente, non fa che consumare sè stesso.

L'astio è de' superbi, il livore de' fiacchi avviliti. Il tiranno che incontra rivali, è astioso; il servo quando conosce uomini men vili di sè, li perseguita col suo livore, colla traditrice freddezza ed inerzia.

1632.
Invidia, Astio.
Astiare, Invidiare.
Invidiare, Essere invidioso.

Invidia talvolta ha senso più mite. Il Petrarca invidia la terra che copre l'adorata putredine della Francese. Nel verso specialmente dicono « bella, nobile invidia »; ma non è da ridire. L'uomo invidia a sè stesso il suo bene (1). *Astio* non ha tali sensi: è desiderio del male, ed è sempre rea cosa.

L'invidia si duole del bene altrui; l'astio desidera il male (2). *Astiare*, col quarto caso, dicesi della persona a cui s'ha astio; *invidiasi* e persona e cosa. Anco il verbo *invidiare* ha senso più mite; ma *essere invidioso* l'ha sempre grave, perchè dice l'abito dell'invidiare tale o tale persona, e in genere tutti e tutto. C'è chi è invidioso, com'altri è danaroso o biondo.

1633.
EMULO, EMULATORE, IMITATORE.

— L'*emulo* ha uno o più emuli; l'*emulatore* ha un modello. L'emulo vuol vincere; l'emulatore vuol pareggiare.

Gl'invidiosi talvolta si dicon emuli. La gloria de' grandi crea intorno a sè più ambiziosi che emulatori.

Per essere emulatori bisogna avere in sè il germe della grandezza. *Emulo* dicesi ad ogni concorrenza; *emulatore*, di cose sopra il comune. Uno scolare, un artiere, un soldato è l'emulo del suo pari. Un capitano, uno scrittore si fa emulatore d'una gloria già grande.

Emulatore può l'uomo essere anco de' trapassati; emulo, de' viventi. Nerone emulo degl'istrioni; Carlo XII emulo d'Alessandro. — ROUBAUD.

Emulatore può l'uomo essere anco di chi non è emulo suo, d'un morto, d'un lontano che non lo conosce, d'uno che è o si tiene incomparabilmente più grande. *Emulo* suppone un altr' emulo, o più, che sentano e facciano il somigliante. Quindi è che *gli emuli* sta da sè; *gli emulatori*, assoluto, non avrebbe quasi senso; e che *emulo* sottintendendo gara prossima tra due o più, suol congiungersi a sentimenti più passionati e men alti che *emulatore*.

— *Emulare* e *imitare* dicesi e del vizio e della virtù; *rivalità* prendesi spesso in cattiva parte. Cicerone: « Illa vitiosa æmulatio quæ rivalitati similis est. » — FERRARI DI S. C.

S'imita seguendo; s'emula per raggiungere, superare. L'imitazione è affettuosa, riverente; talvolta timida e vile; l'emulazione, altèra, ardita, generosa talvolta; talvolta superba, ostile.

1634.
EMULO, RIVALE, ANTAGONISTA.
EMULAZIONE, RIVALITÀ.

— Gli *emuli* battono la medesima via; i *rivali* vogliono togliersi l'uno all'altro il medesimo bene. Gli emuli vanno insieme; i rivali si fanno contro.

L'*emulazione* spinge a fare animosi sforzi per vincere o uguagliare (1) o seguire le opere altrui: la *rivalità* spinge a soverchiare, come che sia, chi contende con voi al medesimo scopo. Due corridori, che corrono il pallio, ecco l'imagine della emulazione; due belve che s'azzuffano per la preda, ecco l'imagine della rivalità. Quella eccita, questa irrita; quella va congiunta alla stima, questa, d'ordinario, all'invidia; quella è foco che scalda, questa è fiamma che divide; quella tende a meritare, questa a ottenere vittoria. L'emulazione riporta il premio, la rivalità lo rapisce. — ROUBAUD.

* — L'*antagonista* lotta, l'*emulo* gareggia: un emulo acre, operoso, che viene quasi a certame, è antagonista. C'è degli antagonisti accaniti, simili piuttosto a nemici che emuli.

Si può l'una cosa imaginare distinta dall'altra. Può l'uomo esservi antagonista per poco tempo, e per caso; e non essere perciò l'emulo vostro. Ma quella è voce troppo erudita. — A.

1635—1636.
ENFATICO, GONFIO, AMPOLLOSO.
ESAGERARE, AMPLIFICARE, AMPLIARE, MAGNIFICARE.

1635.
Enfatico, Gonfio, Ampolloso.

— Lo stile *enfatico* dà importanza sovente troppa alle cose; il *gonfio* le amplifica smodatamente; l'*ampolloso* le innalza con suoni. L'enfasi riguarda più specialmente i pensieri e i sensi; la gonfiezza, le frasi; l'ampollosità, le parole. Anco un buono scrittore può essere talvolta enfatico; e può l'enfasi esser chiesta dal soggetto e non eccedere: l'ampollosità e la gonfiezza son vizii de' mediocri. L'enfasi viziosa declama, sentenzia; la gonfiezza pompeggia in imagini: l'ampollosità sfoggia in paroloni sonanti.

Enfatico dicesi anco il tono della voce o l'accento. *Ampolloso* anco l'uomo che troppo vanti o prometta. *Gonfio* è, come enfatico e ampolloso, e l'uomo e il discorso o lo stile. Ma d'uomo, gonfio, assolutamente, denota superbia tra di boria e di vanità. — GUIZOT E A.

1636.
Esagerare, Amplificare, Ampliare, Magnificare.

Si può *amplificare* senza *esagerare*; cosa difficile, ma possibile. Si amplifica rettoricamente, ornando, illustran-

---

(1) DANTE.
(2) L'Ariosto li accoppia: *E menù astio ed invidia quel dolente A lei biasmare.*

(1) CICERONE: *Quasi quodam æmulo atque imitatore studiorum, et ludorum meorum.*

do, ponendo la cosa in varii prospetti, ripetendo con modi varii un concetto. Si esagera facendo la cosa parere più bella o più brutta, o più grande o più piccola di quel ch'ella è. *Amplificare* è trastullo; *esagerare*, difetto o vizio.

Amplificare, ingrandire a parole; *esagerare*, ingrandire sopra la convenienza del vero. S'amplifica e il bene e il male. *Ampliare* è far ampio nel fatto, non in parole: s'amplia uno Stato; si amplifica un tema.

— S'amplifica descrivendo, lodando, biasimando, imprecando; si magnifica con le lodi o co' fatti. — GATTI.

Anche parlando si può *ampliare*, ma il concetto, l'idea; cioè non farla parere più ampia di quel che l'è, ma renderla veramente più ampia che nell'altrui mente non era.

Il *magnificare* è, talvolta, una specie d'amplificazione; ma questa maniera di lode, che passa quasi sempre il merito, può farsi senza amplificazione rettorica, con poche parole.

In senso religioso, dalla traduzione latina de' salmi e del Vangelo è venuto che *magnificare* suonasse rendere lode a Dio; modo per verità non proprio, dacchè l'uomo non può far grande cosa nessuna, molto meno aggiungere alla grandezza di Dio, o pur conoscerla. Ma il linguaggio umano, parlando di Dio, non può non essere improprio; e il sentimento dee sempre aggiungere alla parola o correggerla.

1637—1646.

ENFIAGIONE, ENFIAMENTO, ENFIATURA, ENFIATO.
COCCIUOLA, FIGNOLO, TUBERCOLO, GAVOCCIOLO.
CICCIOTTOLO, NATTA, SCROFOLE, GAVINA, GONGA, NOCCIOLO.
TUMORE, POSTEMA.
IDROPISIA, IDROCEFALO, IDROTORACE (e simili).
GLANDULA, GANGOLA.
GLANDULOSO, GANGOLOSO, GLANDULARE.
GONFIO, SGONFIO.
DISENFIARE, SGONFIARE.
ENFIATO, GONFIATO, GONFIO, GONFIONE, GONFIANUVOLI.
TUMIDO, TURGIDO.

1637.
Enfiamento, Enfiagione, Enfiatura, Enfiato.

Enfiamento è l'atto dell'enfiare (1); *enfiagione*, lo stato (2); *enfiagione* ed *enfiatura* sono il crescimento visibile della parte (3); *enfiato* è quella forma che piglia la morbosa enfiagione (4). Un enfiamento può essere passaggero, l'enfiagione è più durevole. Nell'enfiato c'è un punto che sovrasta più o meno agli altri circostanti: enfiatura può essere di tutta una parte del corpo. Ma perchè *enfiato*, in plurale, non suona assai bene, si dice *enfiature*, per l'affinità grande de' due vocaboli (5). *Enfiagione* però, nell'uso, ricorre più frequente d'*enfiatura*, e si scambia con questo.

---

(1) LIB. CUR. MAL.: *Abbia gli occhi molto indentro per enfiamento delle palpebre.*
(2) CRESCENZIO: *Genera enfiagioni e dolor di fianco.* - BUONARROTI: *Più del solito son qui ricresciuta: Questa è tutta enfiagione.*
(3) SEN. PIST.: *L'enfiatura mostra il morso, e nell'enfiatura non appare punto di piaga nè di puntura.*
(4) GIOV. MORELLI: *Con un enfiato nel capo.*
(5) Usa *enfiati* il Villani: il Boccaccio, *enfiature.*

1638.
Cocciuola, Fignolo, Tubercolo, Gavocciolo.

Cocciuola è piccola enfiatura, per lo più, da morsicature di zanzare, o simili (1). Anche lo stropicciamento di corpo ruvido e pungente produce cocciuole; anco il ribollimento del sangue.

Il *gavocciolo* viene sul collo e altrove; il *fignolo*, nel viso, al sedere, nelle parti carnose. Gavoccioli chiamavansi nel trecento i tumori della peste bubbonica. Ora non pare ch'abbia più questo senso.

— Il *fignolo* è anche da qualcheduno detto *foruncolo*, forse perchè dalla sua punta che viene a suppurazione, si forma un piccolo foro assai profondo talvolta, da cui esce la marcia e il sangue viziato che racchiudeva, i quali cagionano dolori assai acuti, ben sovente per fino la febbre. — ZECCHINI.

Il *tubercolo* può essere più piccolo ancora d'un fignolo, come indica la sua forma grammaticale, che è di diminutivo (2). È più morboso del fignolo, perchè interno; dove il fignolo sfoga sempre al di fuori (3); i tubercoli, d'ordinario, son que' del polmone.

1639.
Cicciottolo, Natta, Scrofole, Gavina, Gonga, Nocciolo.

Cicciottolo, escrescenza di carne; può essere morbosa, può essere semplicemente deforme; e in questa sua doppia natura differisce dagli altri.

Natta, gonfiezza solida e permanente e non piccola, in bocca, sul viso, sul collo, in altre parti del corpo.
Natte, nel Lucchese, le scrofole; ma in altri, *scrofole* è voce generica delle malattie glandulari. Canti carnascialeschi: « Natte, nei, scrofe e gavine. »

Gavine, le glandule enfiate della gola; e le *gonghe*, le cicatrici delle gavine quando vengono a suppurare. Possono le gavine venire per effetto di spine ventose, o d'altro malanno; le gonghe son le rappiccicature e le strisce che fanno nel collo le dette gavine; e *gongosi* chiamansi chi ne patisce (4). Quindi *il gonga* è anco un soprannome dato a chi ne porta sul collo. In alcuni dialetti, *gavine* diconsi anco le strisce, effetto del male.

Nocciolo ogni piccolo tumore che abbia forma di nocella o di noce, e non tiri a suppurazione. Buonarroti: « Predite lor gavoccioli, Gavine, e in gola noccioli, Natte... »

1640.
Tumore, Postema.

Il *tumore* è sempre morboso, ed è più grave del fignolo e dell'enfiato; piglia inoltre più spazio, e tira a suppurare. Se si corrompe e diventa maligno, è *postema*. Ma *postema* dicesi più spesso ogni congestione di materie, quand'anche non abbia forma apparente e circoscritta, come: postema di catarro, e simili.

1641.
Idropisia, Idrocefalo, Idrotorace (e simili).

Idropisia è ogni raccolta di siero in una cavità del corpo, o nel tessuto cellulare sottocutaneo. Quando l'idro-

---

(1) CANT. CARN.: *Fa come l'ortica Cocciuole rilevate.* - LIPPI: *Pe' morsi egli è tutto cocciuole.*
(2) REDI: *Di quelle glandulette o tubercoli, ve n'erano ancora di più grossetti.*
(3) REDI: *I muscoli dell'addomine tempestati di glandulette e tubercoletti.*
(4) LIPPI: *Spine ventose e gonghe in più filari.*

pisia è del cervello, del torace, si chiama *idrocefalo*, *idrotorace*, e via discorrendo. — MOJON.

1642.
Glandula, Gangola.
Glanduloso, Gangoloso, Glandulare.

— *Gangola*, con voce corrotta i Toscani *glandula*. La lingua scientifica non deve certamente abbandonare la voce più intera, ma quando si tratti d'indicare quel malore a guisa di noccioletto che viene sotto il mento intorno alla gola, io non so se nello stil famigliare questa specie di glandule non sarà lecito chiamarle *gangole*, e *gangolosa* la parte, ovver la persona che l'ha (1). Certo è che, parlando d'uomo, io non posso chiamarlo *glanduloso*, come lo chiamerei *gangoloso*. E il poter con questa voce corrotta denotare cosa che non mi dice l'intera, ne scusi l'apparente stranezza. Del resto, non è punto più strano dir *gangola* per *glandula*, che *gabbia* per *cavea*.

Gangoloso, poi, il fegato di vitello, o altro, quand'ha ineguaglianze o punti bianchi che lo dimostrano non buono a mangiare. Altro è, ripeto, dire *gangoloso*, altro è *glanduloso*. Il primo vale: affetto di glandule; il secondo vale: di quella sostanza e natura di che sono le glandule (2). *Glandulare* non si dice che del sistema, come: sistema venoso, linfatico, glandulare; e della natura del male, come: malattia glandulare.

Glandula ha diminutivo; *gangola* non l'avrebbe molto gentile (3). Far *gangola*, è bel modo del volgo, e vale: far qualche dispetto in sugli occhi altrui; nè qui *glandula* ha luogo. — MEINI.

1643.
Gonfio, Sgonfio.

Gonfio è voce generica; dicesi e d'un enfiato e d'una gonga e d'un nocciolo e d'un tumore. Può dunque avere più o meno grandezza. Quindi il diminutivo *gonfietto* e *gonfiettino*, che manca ad *enfiato*. Non già che l'enfiato non possa esser piccolo anch'esso, ma i suoi diminutivi, *enfiatino*, *enfiatuzzo*, *enfiatuzzino*, son caduti ormai d'uso. *Enfiagione* potrebbe averlo bene in *enfiagioncella*.

I derivati più d'uso sarebbero: *fignoletto, tubercoletto, tumoretto, tumoraccio, postemaccia, impostemarsi, glanduletta, tumidetto, turgidetto*. I medici usan anco *turgore*, che direbbe lo stato presente, dove *turgidezza* è la qualità; e quand'anco passasse nell'uso, non avrebbe i traslati di *turgido* che ha *turgidezza*.

Gonfio, poi, dicesi anco di qualunque risalto di cosa diversa dall'animale, come prova l'esempio qui sotto (4).

Sgonfio non si dice che alle vesti. Si dirà che le donne alle quali la natura non fu liberale di muscoli rilevati, s'ingegnano di contentare almeno l'occhio di que' che pongono il bello in simili cose, contentarlo, dico, con lo sgonfio delle vesti. Si dirà che que' maniconi con tanto di sgonfio (che usava nel mill'e uno, cioè nel trentuno) sono un emblema del buon gusto del secolo, e di quella smania che abbiamo noi moderni di confondere il largo col grande. Ma che poi si dirà de' Gonfi del 1857, simbolo dei tumori che, quando a Dio piacerà, scoppieranno.

1644.
Disenfiare, Sgonfiare.

Il primo dicesi di enfiature morbose, tumori, nascenze, e simili; il secondo, di naturai gonfiamento: disenfia un piede; sgonfia un pallone (1).

Disenfiare è attivo e neutro assoluto; *sgonfiare*, attivo non è che di rado, nell'uso comune (2).

Sgonfiare ha qualche traslato, non proprio dell'altro (3). Più facile disenfiare un idropico, che sgonfiare l'orgoglio d'un pedante.

1645.
Enfiato, Gonfiato, Gonfio (addiettivi).
Gonfione, Gonfianuvoli.

Roubaud: « *Enfiato* dà l'idea d'un fluido penetrato nel corpo; *gonfiato*, l'idea della tensione prodotta dalla pienezza. *Gonfiato* par che signifìchi un corpo vuoto di dentro, e enfiato tanto che non può più. Lo stomaco, il ventre sono gonfiati, quando la pelle è molto tesa. Le mani, le cosce, le gambe, s'enfiano più spesso che gonfiarsi, perchè le non son come lo stomaco e il ventre, vuote in parte di dentro, e capaci a contenere materie diverse. »

Enfiato, in senso corporeo, è più comune nell'uso toscano, e tiene più dell'origine antica. *Gonfiato* ha più volontieri senso traslato. Ma gonfia il ventre per quantità di cibi, specialmente ventosi; gonfia una bolla, soffiandovi; gonfiano certi corpi messi in molle, o inumiditi (4); gonfia il mare per burrasca; le vele per vento; il fiume per le nevi sciolte (5): vene gonfie di sangue (6). Gonfia, poi, l'uomo, di superbia o di rabbia. Di due che vengono a parole e si rompono dopo lungo astio secreto, si dirà che gonfiavano da gran tempo. *Gonfianuvoli*, uomo vano, ampolloso.

Gonfiare ha poi uso attivo, e allora s'usa anco nel senso materiale. Un morso gonfia la faccia e fa venire un enfiato (7). Gonfiare il viso ad alcuno, vale: percuoterlo forte. E *gonfiare* anco per *lisciare, adulare* (8); come per insegnarci che tra lusinghe e busse non si sa qual sia peggio.

Gonfio denota lo stato della parte; *gonfiato* ed *enfiato*, il sopravvenire dell'enfiagione. Quando la gonfiezza è naturale, allora *enfiato* s'usa con men proprietà. C'è de' visi sì malamente grassi che pajono enfiati; non sono enfiati ma gonfi. *Gonfione*, famigliarmente, un grassaccio

---

(1) LIB. CUR. MAL. *L'anguinaja che sia gangolosa.*
(2) REDI: *Corpi glandulosi. - Le tuniche diventate grosse e di sostanza, per così dire, glandulosa.*
(3) REDI: *Minutissime glandulette.*
(4) REDI: *Foglie nelle quali nascono o vesciche… o gonfietti pieni di vermi.*

TOMMASEO, *Diz. dei Sinonimi.*

---

(1) BOCCACCIO: *Vescica sgonfiata.* - CRESCENZIO: *Il fomento… fa disenfiare l'enfiazion de' piedi.*
(2) M. ALDOBRANDINO: *Farne impiastro e porre caldo sopra le mammelle enfiate e dure…. si le disenfia.*
(3) MENZINI: *Che la superbia opprima e sgonfi.*
(4) M. VILLANI: *La polvere rievvesa e gonfia.*
(5) BOCCACCIO: *Il mare grossissimo e gonfiato. - L'Arno gonfiato.*
(6) LIB. MASCALC.: *Ha le vene gonfie sul collo e nella faccia.*
(7) BURSI: *La piaga il viso gli ha gonfiato.*
(8) DAVANZATI: *Gonfiandolo dell'aver bisavolo Pompeo.* - VARCHI: *L'orecchie gonfiar. - E nell'uso più recente, gonfiare per nojare, seccare. - Tu mi gonfi; tu m'aresti gonfio.* — MEIN.

sformato o schifoso (1); gonfio di vana speranza, di pazza gioja (2), di ira (3).

Nel traslato, uomo gonfio d'orgoglio, dice il vizio, l'abito; gonfiato, può non indicare che passeggera malattia dello spirito, o l'effetto delle adulazioni pessime.

1646.

Gonfio, Tumido, Turgido.

— Stile *turgido* è più di stil *gonfio*, nota il Romani. La gonfiezza di una metafora differisce dalla turgidezza dello stile intero. Si dirà gonfia e una frase e lo stile, ma tumida un frase non si dirà in prosa, ch'io creda. Al più: frasi turgide, nel plurale. Non c'è però norma certa.

Lo stile può essere turgido, non gonfio; la turgidezza essere nelle idee, ne' concetti, non nelle figure e ne' vocaboli. Lo stile de' giovani talvolta è turgido, anche quando è pacato; io conosco de' pedanti che peccano di turgidezza.

Tumido, rare volte nel senso proprio, ed allora è quasi poetico. Tumido ventre; tumidetto seno; occhi tumidetti di lagrime, dove *turgidi* non si affarebbe. Nel traslato, per lo più, vale superbo, ma superbia che si mostra di fuori (4) — CAPPONI e POLIDORI.

1647.

ENFIAGIONE, GONFIEZZA, ENFIATURA.

In molti dialetti *enfiagione* non è noto, e usa *gonfiezza*. Ma gonfiezza dice, più propriamente, l'effetto o la qualità, non il male e l'atto. Poi questo ha traslati: gonfiezza d'orgoglio, di parole, di metafore, d'eloquenza. La secchezza, tuttochè spiacente a vedere, può essere con sanità e nerbo; la gonfiezza è sempre morbo, o principio di morbo. Questo nello stile altresì; ma quanto all'animo, l'aridità è forse peggio della vanità, per tronfia che sia. C'è degli animi e degli stili secchi insieme e gonfi; perché l'ingegno e l'animo umano ha, con tanti privilegi del bene, anche quello delle contraddizioni con le quali punisce sè stesso.

Sebbene *enfiatura* non abbia senso altro che proprio, pure per celia si potrà dire della perpetua gonfiezza di certi parlatori e attori sul teatro del mondo, *enfiatura*. E la declamazione e ampollosità ne' personaggi drammatici e politici, anco che non sia con gonfiezza, quando trapassi il naturale e il convenevole, potrà chiamarsi *enfiatura*.

1648.

ENFIATO, ESCRESCENZA, NASCENZA.

— La *nascenza* e l'*escrescenza* può darsi senza che si dia l'*enfiato* o l'*enfiagione*, come nel naso bernoccoluto di un parasito; e così pure può esservi l'enfiato senza che vi sia la nascenza e l'escrescenza, come in una gota ingrossata per concorso di umori cagionato a un dente guasto. E forse vi è qualche divario anche tra *nascenza* ed *escrescenza* da discernersi da quello che corre tra *nascere* e *crescere*. — PAGANINI.

---

(1) E anco un uomo vanaglorioso, borioso: ed è forse titolo più dispregiativo di *gonfianuvoli*, che pur dicesi per celia a chi abbia specialmente grasse le gote. — MEINI.
(2) CICERONE: *Spe atque animis inflata. - Inflati laetitia et insolentia.*
(3) VIRGILIO: *Rabie fera corda tument.*
(4) ARIOSTO: *Non siate però tumide e fastose. Donne...*

1649.

ENTRANTE, PENETRANTE.
PENETRARE PER, IN.
IMPENETRABILE, CUPO.
CUPEZZA, CUPAGGINE.

Entrante, nel proprio, è semplice participio, dice l'atto dell'entrare; nel traslato, vale: uomo ch'entra con agevolezza franca, e talvolta sfacciata, nel cospetto e nel colloquio e nella casa altrui, o s'ingegna, con modi più o meno convenevoli o improntí, d'entrare nell'altrui buona grazia. *Penetrante*, nel proprio, non dice soltanto l'atto, ma l'attitudine e la qualità di cosa potente e acconcia a penetrare. Dante: *Chè la luce divina è penetrante Per l'universo... Sì che nulla le puote essere ostante*. E altrove adopera il *penetrare* col *per*, che dice penetrazione più piena e più per tutti i versi di *nel*. E il simile dicasi di *entrare* con le due particelle.

Penetrante, nel traslato, dicesi per lo più dell'occhio, dell'ingegno, figurato sovente sotto l'imagine della veduta. Quel frate che scrisse il *Cedrus Libani* ritrae l'occhio penetrante e il naso arcuato di Girolamo Savonarola. Ma *impenetrabile* dicesi l'animo e l'uomo che non lascia altrui leggere in sè nè vedere quel ch'egli pensi o che senta. Può essere però impenetrabile in bene, e per custodire segreti sacri. Uomo e animo *cupo*, ha sempre mal senso. E potrebb'essere cupo per abito e per vizio anche quando non gl'importi di non si lasciar penetrare. Può essere cupo il contegno, la faccia, che non si dicono impenetrabili. Delle parole cupe si può penetrare il senso, tanto da averne orrore e ribrezzo. *Impenetrabile*, non ha traslato.

Notiamo, da ultimo, che *cupezza* par dicasi piuttosto delle parole e dell'animo; *cupaggine*, dell'umore, dell'aspetto, o di tempo o di luogo cupo. Quando di tempo o di luogo dicesi *cupezza*, suona men tristo di *cupaggine*.

1650—1651.

ENTRARE, PENETRARE.
PENETRABILE, PERMEABILE.

1650.

Entrare, Penetrare.

— *Penetrare* è un *entrare* più interno; talvolta men facile; sovente volte più efficace. — ROMANI.

1651.

Penetrabile, Permeabile.

— *Permeabile* è un corpo che può ne' suoi pori dar luogo al passaggio d'un altro. Il cristallo è permeabile alla luce; la spugna, all'acqua; c'è tessuti impermeabili alla pioggia, o ad altro liquore.

Penetrabile, propriamente, sarebbe un corpo, se nello spazio medesimo da sè occupato, potesse collocarsene un altro senza spostar lui. Propriamente parlando, i corpi non sono penetrabili; ma, per approssimazione, così diconsi i corpi ne' cui pori o vani (naturali o fatti di forza) altro corpo può penetrare; permeabili quelli pe' cui pori o vani entri dall'un lato ed esca dall'altro il corpo esterno. — ROUBAUD.

1652.

ENTRATA, ENTRATURA, INGRESSO, INTROITO.

Quando *entratura* e *ingresso* significano l'atto non il luogo, differiscono in questo, che *entratura* si dirà di monaca nel convento; *ingresso*, di principe nella città, di vescovo o parroco ch'entra in possesso della sua chiesa.

I.° Quando si tratta di luogo, l'*ingresso* ha qualche cosa di più splendido, o almeno di più decente. Quindi, più spesso: magnifico ingresso, che: entrata magnifica. II.° *Ingresso*, anco il cortile; *entrata* è il luogo veramente che fa entrar nella casa, nell'edifizio (1). III.° Nel primo ingresso del discorso, non sarebbe forse mal detto, e la metafora risveglierebbe l'idea di edifizio regolare (2); nella prima entrata, non è tanto comune.

Questa voce ha un senso suo: *entrata* per *rendita*, e: libro d'*entrata e uscita*.

Entratura dicesi in Toscana più comunemente che *entrata*; nè io non consiglierei nemmeno agli scrittori di dire: quella casa ha due entrate. Nel plurale specialmente l'equivoco è manifesto. L'*entratura* poi differisce dall'*ingresso* in ciò, che una casa può avere due, tre, più entrature; non ha che un ingresso, ed è il più decente. C'è de' palazzi con due ingressi e con tre; ma porticina segreta non si potrà dire *ingresso*.

Ingresso, inoltre, dicesi anco di ciascuna parte dell'edifizio che metta a un appartamento separato; *entratura*, quella che mette dalla strada e alla strada riesce.

Entrata, però, non è inutile affatto, nè affatto il medesimo che *entratura*. Quand'io voglio indicare non l'adito per cui s'entra, ma il luogo o l'atto dell'entrare, dirò meglio *entrata*: l'entrata di Carlo VIII in Firenze (3). Nella prima entrata dell'Erebo, Enea trova il Lutto e le Cure ultrici e la Fame consigliera del male e la turpe Indigenza (4); quella cioè che l'uomo a sè fece o volle, facendo o permettendo il male.

Di città, fortezza, provincia, meglio *entratura* (5): entrata del giardino, della trinciera, del porto. Non sarebbe però improprio il chiamarla anche *ingresso*.

Chiudere l'ingresso, impedire l'entrata, diremo, non, l'entratura. Ma: chiuder l'ingresso, vale: murare la porta che serviva d'ingresso; - chiuder l'entrata, far sì che uno non entri. L'entrata del cuore, non sarà strana frase, in poesia specialmente (6).

Entratura ha un senso suo: avere entratura con uno, conoscerlo alquanto famigliarmente, in modo da poter entrare nella sua casa, e in parte nell'animo suo, senza taccia d'ardito. A molti è aperta l'entrata di certe case, e dicono d'avervi entratura; ma non è vero.

— *Entratura* ha, inoltre, due sensi che *entrata* non ha; e tutti due della lingua vivente. Pagar tanto d'entratura, di quella tassa che si paga nell'essere ammesso in una compagnia, in un'arte (7). Diritto d'entratura quel valore che si attribuisce ad un molino, a una fabbrica, a un fondaco per esser già avviati, già accreditati, o per la comodità del luogo, o per la bontà delle merci e del lavoro. Il qual diritto d'entratura è stimato separatamente quando si vende il fondo, ed è pagato da chi lo compra, ed entra perciò a godere di quell'avviamento, di quel credito, che ha la fabbrica o la bottega. — LAMBRUSCHINI.

Introito, quel della messa. E *introito* dicesi pure la somma ritratta in una serata teatrale, o dal mercante in una giornata di vendita; ma non è bel modo così.

1653-1655.
ENTRO, DENTRO.
DENTRO A, DENTRO DI, DENTRO IN.
ESTERNO, ESTERIORE, ESTRINSECO, ESTERO.
INTERIORE, INTIMO, INTERNO, INTRINSECO, INTESTINO.

1653.
Entro, Dentro.
Dentro a, Dentro di, Dentro in.

Dentro è il composto d'*entro* accoppiato col *di*. A' giorni nostri pare affatto sinonimo ad *entro*, se non che è più comune; nondimeno c'è da notare una qualche differenza.

Ove si tratti d'azione, di movimento che si faccia d'entro a fuori, o che almeno abbia relazione col di fuori; *d'entro*, così separato, parrà più evidente (1). *Entro*, avverbio, senza un nome dietro, non è più dell'uso, se non nel verso; il più comune è *dentro* (2): o dentro o fuori, di dentro, e simili, sono frasi dove *entro* non entra.

Dentro s'unisce al *di*, all'*a*, all'*in*, ora indifferentemente, ora con qualche differenza sensibile. Si dirà: parlare dentro di sè, non: dentro a sè. Si dirà: mi sentii dentro al cuore come una mortale percossa, non: dentro del cuore. Si dirà: dentro nel cuore si maturano i grandi pensieri, per indicare appunto che là entro e' si maturano, non altrove. Dentro di quell'armadio, diciamo, per indicar cosa che sia in qualche parte della detta cassa (3); dentro in quell'armadio, per indicar cosa ch'è in quell'armadio appunto, non fuori.

Nell'assedio di Gerusalemme dentro della città si spargeva il sangue cittadino, intanto che il nemico con le sue macchine dentro alla città scagliava la morte; onde quand'egli potè penetrare dentro nella città, non potè impedirne l'estrema rovina.

Entro s'unisce talvolta col quarto caso; *dentro*, quasi mai (4).

Per entro, quinci entro, non: dentro. Anche: là entro, qua entro, sarebbe più elegante di: qua dentro, e simili.

1654.
Esterno, Esteriore, Estrinseco, Estero.

Esteriore è più d'*esterno*. Altro è l'interno della casa, altro l'appartamento interiore. Ma talvolta si confondono nell'uso comune. Non però che le tenebre esteriori del Vangelo si possano chiamare esterne.

---

(1) Quindi la frase: nel primo ingresso.
(2) Anche l'etimologia giustifica questa metafora: *gradior*. - CICERONE: *Hanc primam ingressionem meam e media philosophia repetitam*.
(3) CASA: *L'entrata di loro Magnificenze in Roma*.
(4) BOCCACCIO: *Parendo loro nella prima entrata (il palagio) di maravigliosa bellezza*.
(5) DANTE: *Qui è l'entrata (di Dite). - Vedi l'entrata là (del Purgatorio)*.
(6) PETRARCA: *La memoria innamorata Chiude lor poi l'entrata*. - SALLUSTIO: *Intravit animos omnium militaris gloriæ cupido*.
(7) I Veneti dicono *buon ingresso*, come *buona mano*, la mancia. Meglio che a Vulcano poteva Giove rivolgersi a un dio che non è zoppo, e dirgli: Buon Mercurio, ajuta, ajuta.

---

(1) Io così spiego quel di DANTE: *D'entro una nuvola di fiori... Donna m'apparve...* (cioè io la vedeva non entro alla nuvola, ma essa m'appariva dentro a quella, attraverso quasi). - E così nel PETRARCA: *Ogni altra voglia d'entro al cor mi sgombra*; l'edizioni tutte scrivono dentro, che qui non ha senso.
(2) LASCA: *Costei c'è dentro*. - PETRARCA: *Dentro alle mura*.
(3) PASSAVANTI: *Dentro della porta*, cioè chiuso nella casa. Non avrebbe detto: dentro alla, nè dentro nella.
(4) PETRARCA: *Entro un diamante. - Entro l'orecchie*.

Estrinseco, non in senso materiale, ma astratto (1). — ROMANI.

Estero, di fuor del paese; *esterno*, di fuori del luogo in genere; *estrinseco*, contrario al rispetto intrinseco o intimo: paese estero, muro esterno, ragione estrinseca; commercio estero, malattia esterna, cortesia tutta estrinseca.

1655.

Interiore, Intimo, Interno, Intrinseco, Intestino.

— *Intimo*, più d'*interiore*; *interiore* è più di *interno*. Il primo è superlativo, il secondo è comparativo. Segneri: « Non dice le parti interne, non dice le parti intime, dice l'atrio. » Ma con tutto che superlativo, può dirsi *più intimo*, come dicevasi *molto bellissimo*.

Interiore, più comunemente, di cose spirituali; *intrinseco*, del valore, o d'altre qualità prodotte dall'essenza intima delle cose, senza badare alla stima degli uomini: divozione interiore, malattia interna, valore intrinseco. — A.

— *Interiore*, ch'è nella cosa, sotto la superficie di lei; all'opposto d'*esteriore*, ch'è apparente, e al di fuori. *Interno*, ch'è più o meno addentro nella cosa, e opera in essa; all'opposto d'*esterno*, che viene di fuori, e opera sul di fuori, o al di fuori. *Intrinseco*, ch'è proprio della cosa, ch'è più o men essenziale a quella; all'opposto d'*estrinseco*, che non è nella costituzione delle cose, che viene da esterne cagioni.

Interiore, che non è molto sensibile a' segni di fuori, o punto; *intrinseco*, che per vederlo bisogna quasi penetrar dentro alla cosa. Qualità intrinseche si distinguono dalle accidentali, accessorie, avventizie. — ROUBAUD.

Intimo dicesi meglio del sentimento; *interno*, del cuore, dello spirito; *interiore*, della coscienza: intimo senso, interno de' cuori, e anche: intimo, quand'è più addentro: foro interiore.

Intimo ha, più d'ordinario, senso traslato; gli altri due, anche corporeo: malattie interne, stanze interne, le interiora degli animali. — FAURE.

— Laddove non ha luogo comparazione, *interno* sarà più acconcio d'*interiore*, aggettivo. — A.

— *Intestino*, addiettivamente non s'usa se non di guerre, battaglie, discordie, mali che regnino in un popolo o in una città, e internamente lo rodano. — ROCCO.

Intima conoscenza, famigliarità, segretario intimo; conoscere intimamente ogni cosa, che è più del conoscere addentro. Dante dice: *Dacché tu vuoi saper cotanto addentro*. Così assoluto senza il nome poi, *intimamente* non sarebbe chiaro. Conoscesi addentro, *intus et in cute*, anche un tristo; de' buoni soltanto, e in bene dicesi di conoscersi intimamente, sì perché il bene ha profondità più che il male, profondità in ragione dell'altezza sua; sì perché dicendo *intimo*, par di vedere il conosciuto; e nessuno si vanterebbe d'immedesimarsi nel male. *Addentro*, poi, può riguardare la semplice conoscenza più o meno profonda. *Intimamente* richiede più o meno affetto.

1656.

ENTRO (PER), PER DI DENTRO.

Passare, penetrare per entro, vale: muoversi, senza l'idea diretta d'andare in altro luogo. Passare, venire *per di dentro*, vale: entrare di colà per riuscire; tenere quella via interiore a differenza d'un'altra. Si passa per di dentro la casa per riuscire nel giardino. Il seguace e l'avversario del Savonarola si sfidano a passare per entro le fiamme.

1657.

ERBA, ERBAGGIO.

Erbaggio, l'erbe da mangiare. *Erba* si dice o di quella de' campi, qualunque sia, o di tale o tal altra specie d'erba. In qualche terreno dove cert'erbe fanno pur bene, gli erbaggi forse non verranno sì allegri: gli erbaggi, diciamo, son cari quest'anno; meglio che: l'erbe (1). Verde erbaggio, erbaggio odorifero, seder sull'erbaggio salvatico, grano in erbaggio, nessuno direbbe. Prim'erbe, son quelle che spuntano prime alla nuova stagione; primi erbaggi, son le prime erbe mangiabili, e spuntano in certi luoghi anco prima che sia primavera. Far fascio d'ogni erba; essere in erba; questa non è erba del vostr'orto; la mal'erba cresce presto; mangiare il grano in erba (cioè spendere con isperanza di guadagno futuro), son proverbi vivi, dove *erbaggio* non ci ha punto che fare. *Erba*, talvolta, usasi per *erbaggio*; non *erbaggio* per *erba*. Gioverebbe in qualche istituto usare i fanciulli sin dal primo a nutrirsi d'erbaggi, e vedere qual differenza ne venga alle forze della fibra, e dello spirito ancora.

— *Erba*, tutta quella de' campi e de' prati; l'*erbaggio*, propriamente, è dell'orto. *Erba*, quella che, secca, diventa fieno: i cavalli a primavera mettonsi all'erba. *Erbe*, nel plurale, quella mescolanza d'erbucce minute che pongonsi per condimento e per odore nelle pietanze: minestra con l'erbe, soffritto con l'erbucce. Ma nel linguaggio delle cucine: un piatto d'erba, si dice, meglio che: un piatto d'erbaggi. — CAPPONI.

1658.

ERBACEO, ERBOSO.

Erbaceo, ch'è d'erba, sa d'erba; *erboso*, ch'è coperto d'erba, ch'ha di molt'erba: pianta erbacea, sapore erbaceo, terreno erboso. La prima non è voce notata dalla Crusca, ma ha l'analogia di *violaceo*, e tanti altri.

1659.

ERBAJUOLO, ORTOLANO, SEMPLICISTA.

Ortolano, a Firenze, anco quello che vende erbaggi. E ben sarà detto così quando quegli che li vende, è il medesimo che li ha coltivati. Ma chi, a modo di barullo, li compra da' contadini e va a rivenderli, dovrebbe propriamente chiamarsi *erbajuolo*. *Erbajuola, erbajuolo*, dicesi infatti in qualche dialetto (2). Coloro specialmente che tengono bottega d'erbaggi, con questo nome andranno chiamati (3). Quelli poi che vendono erbe medicinali, si chiamano, come a' tempi del Redi, erbajuoli; ortolani non sono.

A proposito d'erbe medicinali, l'uso toscano ha una voce più scelta ancora e più dotta; e quel pover'uomo che raccoglie, e va per le borgate vendendo semplici, o erbe medicinali, si chiama con tutta gravità *semplicista*.

---

(1) MAESTRUZZO: *Causa naturale intrinseca ovvero estrinseca*.

(1) M. VILLANI: *Il pesce e l'erbaggio vi furono in grande carestia*.

(2) Il LEOPARDI: *E l'erbajuol rinnova Di sentier in sentier Il grido giornaliero*.

(3) *Erbajuolo e erbajuola* dicesi anche chi va a fare l'erba ne' campi per seccarla e farne fieno. — LAMBRUSCHINI.

1660.

ERBETTA, Erbina, Erbolina, Erbuccia.

Erbetta, è più in uso nella lingua scritta, e denota la bella e giovine erba di cui si copre il terreno. Colta che sia, non è più erbetta, propriamente (1); né si dirà: presentare una erbetta. Allora in Toscana, s'è giovane e delicata, dicesi *erbina* o *erbolina*. Gli erbaggi da mangiare si diranno per vezzo *erbine*, o *erboline*, no: erbette. Dare (si dirà) un po' d'erbina a un animalino che ne sia ghiotto.

Erbolina, è diminutivo ancor più gentile. *Erbina* potrebbe denotare la piccolezza soltanto; *erbolina* ha il vezzeggiativo con seco. Ed è un po' più frequente nell'uso.

Erbucce son l'erbe da mangiare, che danno odore e sapore, e servono a condire altri cibi (2), come: prezzemolo, bietola.

1661—1669.

ERRANTE, Vagabondo, Ramingo, Vagante, Vago.
Avventuriere, Vagabondo, Girovago.
Errante, Errabondo, Erratico.
Vagabondare, Vagare.
Vagare, Divagare, Svagare.
Svagamento, Svago, Distrazione.
Vago stile, Stil vago.
Divagare, Divagarsi.
Divagazione, Divagamento.
Vago, Generico.

1661.

Vagabondo, Vagante.
Vagabondare, Vagare.

Vagante denota l'atto; *vagabondo*, lo stato o l'abito. Altro è uomo vagante in un campo; altro è vagabondo e fuggiasco (3); altro sono gli sguardi, i pensieri vaganti (4); altro, i pensieri vagabondi, lontan dalla meta a cui dovevano tendere (5): ape vagante sui fiori (6); pecora vagabonda, lontan dall'ovile (7).

Un *vagabondo*, sostantivamente, è titolo di dispregio; e se ne fa *vagabondaccio*. Ma non sempre i vagabondi son quelli che meritan più dispregio, e i vagabondi mostrano almeno d'essere semoventi (8).

I vapori, i suoni vaganti per l'aria non si diran vagabondi. Un movimento qualunque sia potrà chiamarsi *vagante* (9).

Quindi la differenza tra *vagabondare* (10) e *vagare*. *Vagabondare* è: fare il vagabondo; viver la vita del vagabondo, per elezione, per genio. I sensi di *vagare* son varii. Si va per il mondo vagando; si va per un luogo qualunque vagando senza direzione certa (1); la mente va di pensiero in pensiero vagando (2); un discorso va d'uno in altro soggetto svogliatamente vagando (3). Il vagare animoso della lirica ispirata segue mirabilmente un ordine logico che molti filosofi dovrebbero nelle loro vagabonde argomentazioni imitare.

L'uomo va vagando d'affetto in affetto, d'illusione in illusione, di teoria in teoria; e non vuol vedere che la libertà potrebbe congiungersi colla fermezza se obbedisse a una legge suprema. Il colera morbo se ne va vagando con molta libertà per provincie e per regni soggetti e a re legittimi e ad illegittimi; e non teme nessun divieto, il ribelle ch'egli è!

1662.

Avventuriere, Vagabondo, Girovago.

— L'*avventuriere* cerca ventura e fortuna per il mondo, ma può non essere vagabondo affatto; può il *vagabondo* essere sì miserabile da non gli si convenire titolo di avventuriere. *Girovago* dicono il mercante che va qua e là portando la sua mercanzia; ma gli è vocabolo di mal conio, e altri parecchi posson farne le veci. — ROMANI.

1663.

Errante, Errabondo.

Errabondo, latinismo raro, è quasi frequentativo; e non ha molti dei traslati d'*errante*. La Crusca non lo nota, ma nota altri simili.

1664.

Errante, Erratico.

Errante, che va qua e là senza che si vegga la legge che regola quell'andare: viaggiatore errante, spirito, anima, stelle, malattie. *Erratico*, non si dice oggi se non d'erbe che fanno senza coltura per tutto: brassica, papavero erratico. E d'un masso lo dicono i geologi, che non appartiene per sua natura al terreno sul quale si ritrova, onde disputano per quali commozioni e' sia stato colà trasportato.

— Si disse, ma più non si direbbe, degli astri (4). E in tal senso è contrario di *fisso*; giacché spiega il Varchi: « Pianeta non vuol dir altro che erratico. » Il Sannazzaro, a cui la rima sdrucciola pose tra mani anche il morto *erronico*, par ch'usi *erratico* a significare persona che non ha stabile domicilio (5). Ma il dir, pare, in simili cose, non è mai segno d'approvazione. — POMBORI.

1665.

Vago, Vagante.
Vago stile, Stil vago.
Vago, Generico.

Vagante dice moto ora più volontario, ora più visibile, e men leggero. Qualunque lievissimo ondeggiamento, può fare che possa dirsi all'oggetto: *vago*. La vaga auretta (6), le stelle vaghe (7), non si diranno: vaganti.

---

(1) NOVELLINO: *Trovaro lui che coglieva erbette.* - PETRARCA: *Or rime e versi, or colgo erbette e fiori.*
(2) BOCCACCIO: *Ogni cosa d'erbucce odorose e di bei fiori seminato.* Dicesi ancora *erbucci* nel dialetto lucchese, specialmente il prezzemolo. Vivanda fatta cogli erbucci. Ed erbucce diconsi, in burla non lodevole, certe devozioni che per lo più si recitano la sera in famiglia, quasi come un'aggiunta alle altre preghiere che credonsi più essenziali.
(3) BOCCACCIO: *Quasi della fortuna disperato, vagabondo andando.*
(4) DANTE: *L'occhio cupido e vagante Ver' me rivolso.*
(5) Cosc. S. BERNARDO.
(6) CICERONE: *Volucres huc et illuc passim vagantes.*
(7) DANTE.
(8) PASSAVANTI: *Non sia crudele, non rattore, non vagabondo.*
(9) GALILEO: *Movimenti accidentali, vaganti, irregolari.*
(10) MAESTRUZZO.

(1) BOCCACCIO: *Enea sbandito cominciò per lo mare a vagare.*
(2) CAVALCA.
(3) BOCCACCIO: *Nè mi pare che alcuna cosa restata sia a noi che abbiamo a dire, per la qual novellando vagar possiamo.*
(4) LIB. ASTROL.: *Stelle erratiche.* - BUTI: *Movimento... erratico... dall'occidente inverso l'oriente.*
(5) EGL. 9: *Guarda le capre d'un pastor erratico.*
(6) ARIOSTETTO: *Vago vento.*
(7) PETRARCA: *Or vedi insieme l'uno e l'altro polo, Le stelle vaghe; e lor viaggio torto* Ma è modo poetico.

Basta un cambiamento di stato per dare agli oggetti quest'aggiunto di *vaghi* (1).

Dall'idea di movimento ch'è in questo vocabolo, venne che *vago* passò a denotare il desiderio dell'uomo, desiderio non fervido ma vivace. Dall'idea medesima di movimento, venne che *vago* passò a denotare *leggiadro*, perchè la grazia non è cosa immobile: e però le Grazie furono imaginate danzanti. E siccome il movimento è varietà, così la varietà è essenziale all'idea di bellezza. Vedete dunque sapiente derivazione di significati che diede la nostra lingua a sì gentile parola! Parola tutta italiana; e degna in verità dell'Italia.

Ma perchè le cose vaghe non si possono coglier bene nè sempre osservare a bell'agio, non istanno ben ferme dinanzi agli altri occhi; però: discorso, idea, teoria vaga, venne a significare: indeterminata, incerta. In un secolo di patimenti e di dubbi si perde la vaghezza del dire, e sottentrano la sua vece le formole vaghe, che molto accennano e poco esprimono, che lasciano spazio all'imaginazione ed all'affetto; ma che, quando si vogliono affettare, rendono barbaro e impotente e oscuro lo stile. Quand'io vorrò intender *bello*, dirò, più chiaramente, un vago stile; quando vorrò intendere *indeterminato*, dirò: modo di dire vago.

Ma il vago non è il generico. Una parola generica è talvolta richiesta dall'argomento; parola vaga è difetto, quando non è accorgimento; e questo istesso accorgimento è ben raro che non sia difettoso, o anche peggio.

1666.

Vagare, Divagare, Svagare.
Svagamento, Svago, Distrazione.

Vagare è neutro; *divagare* e *svagare* sono attivi e neutri passivi. Uno studio mi svaga, mi divaga da un altro studio; io tento di svagarmi, di divagarmi da un pensiero con un altro pensiero. Io cerco un divagamento (2) al dolore, alla fatica. *Divagamento* indica meglio *distrazione* innocente, che importuna, biasimevole. *Svagare* può aver tristo senso, e può averlo buono.

Un giuoco vi svaga dalla lettura; una passione vi svaga dal bene (3). Un rumore svaga la vostra attenzione (4). Bisogna divagarsi, cercare un qualche svago, ma fuggire lo svagamento soverchio (5). Da questo passo vedete che *svago* ha sempre buon senso: *svagamento*, non sempre.

Lo *svagamento*, dunque, è tra la distrazione e il sollievo; può essere sollievo soverchio, distrazione inutile o pericolosa, perchè soverchiamente prolungata.

1667.

Svagare, Divagare.

— *Svagare* indica distrazione più varia e più lunga. Una persona attraversa la stanza ov'io sto leggendo, e mi divaga un momento; getto gli occhi sopra un quadro che mi sta davanti, mi fermo a guardarlo, e così mi svago e perdo il filo delle idee. Mi divago, o divago,

---

(1) Arrichetto: *Sempre instabile e vaga.*
(2) Salvini.
(3) Davanzati: *Dal trovar gli accusatori la svagava il nuovo amore di C. Silio.*
(4) Varchi: *Metta innanzi materia per isvagare i giudici.*
(5) Prose fior.: *Più lunghe dovessero essere le occupazioni, acciocchè gli uomini stessero intenti e da ogni svagamento lontani.*

---

scrivendo, dall'argomento se m'allontano da quello, se non sto al punto della questione. In questo senso credo non si direbbe: mi svago. — MEINI.

1668.

Divagare, Divagarsi.
Divagazione, Divagamento.

Non oserei dire che *divagare*, neutro assoluto, sia francesismo, giacchè neutro assoluto è anco *vagare*; e la forma corrisponde al *deerrare* latino: che anzi, se stessimo all'analogia, *divagarsi* parrebbe più strano, dacchè non diciamo *vagarsi*. Ma se ambedue sono da ritenere, certo è che *divagare*, assoluto, non si dice, per solito, se non dello sviare il pensiero e il discorso dal soggetto o dal propostosi; non già, come *divagarsi*, del divertire il pensiero dal soggetto debito, e dal propostosi, in maniera piacevole ed innocente. Nel primo senso diciamo anco: giovine divagato, mente divagata, cioè che patisce, per debolezza o per vizio, divagazioni più noiose forse che dilettevoli. In questo senso appunto *divagazione* è più grave che *divagamento*; sopporta il plurale.

Di discorso che non istà in carreggiata, e di chi lo fa, diciamo e che: divaga dal tema, o: si divaga in cose estranee al tema. Il primo pare a me che più volentieri s'accoppii a *dal*, l'altro a *in*; ma non è norma fissa. Più sicuramente direi che il *divagarsi* e del dire e del pensare e del volere ha più del deliberato, e quindi riprensibile, del *divagare*, che può essere involontario e forzato: dove il *si* denota l'azione dell'uomo sopra sè stesso.

1669.

Errante, Ramingo.
Errante, Vago, Vagante.

— *Vagare* è un errare senza restar neppure sulla via dell'errore, senza fermarvisi: errar senza scopo, senza ragione. Senza bussola, tu erri; spinto dal turbine, vai vagando. L'incostanza fa errare; la leggerezza, vagare. La mente erra di pensiero in pensiero; la fantasia va vagando di sogno in sogno. — ROUBAUD.

Si erra uscendo della via diritta; si vaga andando qua e là. Errasi da una linea; si vaga in più versi. Si può errare senza vagare, seguendo sempre una via stessa, ma erronea; si vaga senz'errare, quando si va qua e là, innanzi e indietro (1), ma senza perder di vista lo scopo. Pacuvio: *Vagus et exsul erraret atque undique exclusus.* Cicerone: *Quorum vagetur animus errore, nec habeat quidquam quod sequatur.* - *Errem et vager latius* (2).

Si vaga in un luogo aperto, nel mare (3), nel vano dell'aria (4). Il vagare suppone certa libertà di movi-

---

(1) Ab Eberno: *Volitabit et vagabitur toto foro.*
(2) Effetto del vagare può essere l'errore. Tratt. dello Stile. pag. 246. Anche dal seguente esempio apparisce che all'idea di *vagare* può accompagnarsi l'idea di viaggio a qualche meta determinata: a quella di *errare*, no. Pallavicini: « Si guardi bene egli da un vagamento smoderato, per cui sembri piuttosto errare che viaggiare. » Le parole hanno qui senso traslato, ma la differenza regge anche nel proprio. — Polidori.
(3) Tibullo: *Vagus navita.* - Ovidio: *Flumina vaga.* - Orazio: *Vaga luna.*
(4) Cicerone.

menti in più d'una parte (1): la fama va vagando, non: errando.

Ramingo viene da *ramo* (2). Denota non un grande vagare, nè un vero errare, ma solamente non avere luogo fermo ove posarsi, nè via certa da battere. I raminghi talvolta si confondono coi vagabondi: e di chi ha colpa se vagabondi diventano veramente?

L'uomo che va troppo vagando con la fantasia, corre men risico d'errare, che l'uomo il quale va troppo vagando col raziocinio. La fantasia crede; il raziocinio, abusato e scompagnato dall'affetto, non insegna che l'arte del dubbio.

Che siano le stelle erranti (3), i cavalieri erranti (4), i fantasmi che credevansi erranti per le ombre notturne, nessuno ignora.

Vaga fortuna (5), opinioni *vaghe* (6). Le vaghe donne son pur talvolta in doppio senso vaghe (7)! E che sia la venere vaga, è noto (8).

Vagante è l'opinione non ferma; *errante*, l'opinione sbagliata. Nulla è più vago dell'umano intelletto, abbandonato a sè stesso; senza religione, nessuna istituzione è durevole. Orme *erranti*, diremo (9); non già: vaganti. Case erranti, chiama le portatili degli Sciti un poeta (10).

Errare ammette il *da* (11), l'*in* (12), il *per* (13) dietro a sè; *vagare* non soffre il *da*.

Erra un fiume con lento e tortuoso corso (14); erra il rossore incerto sul viso di donna pudica (15); erra la fiamma su per il corpo che lambe e consuma (16); erra nelle vene il fuoco dell'amore, dell'odio (17); errano dinanzi agli occhi o al pensiero le imagini degli oggetti (18); erra nelle orecchie un suono confuso.

L'occhio errante è meno dell'occhio vagante; erra percorrendo un medesimo oggetto (19) o pochi; vaga trapassando dall'uno all'altro con rapidità. Erranti perciò diconsi, non vaganti, gli sguardi dell'uomo che muore.

1670.
ERRANTE, Traviato.

— *Traviato* fa pensare che la via vera sia stata presa, e poi smarrita o lasciata. Ma si può errare senza aver mai colto il diritto cammino. — ROMANI.

---

(1) CESARE: *Minus libere, minus audacter vagabuntur.*
(2) CRESCENZIO: *Se di nidio uscito, di ramo in ramo va seguitando la madre, si chiama ramingo.*
(3) TASSO; PLINIO.
(4) NOVELLINO; BERNI.
(5) CICERONE.
(6) MARZIALE.
(7) PROPERZIO: *Vagæ puellæ.*
(8) ORAZIO: *Concubitu vago.*
(9) VIRGILIO: *Errabunda bovis vestigia.*
(10) VIRGILIO; OVIDIO.
(11) IRZIO: *Navis una ab residua classe quum erravisset.*
(12) OVIDIO.
(13) GIUSTINIANO.
(14) VIRGILIO: *Tardis flexibus errat Mincius.*
(15) VIRGILIO: *Illius in vultu varios errare colores.*-VAL. FLACCO: *Roseo pudor errat in ore.*
(16) CLAUDIANO; STAZIO.
(17) OVIDIO.
(18) PLINIO.
(19) VIRGILIO: *Totum pererrat Luminibus tacitis.*

1671—1673.
ERRARE, DEVIARE, TRAVIARE, TRASVIARE, SVIARE.

1671.
Traviare, Trasviare, Deviare, Errare.

— *Deviare*, uscir dalla via; *traviare*, andare per via diversa dalla vera e sicura (1). Si può deviare dalla via retta per andar sulla buona. Il traviamento è errore lontano; la deviazione è minore allontanamento. *Trasviare* non so se sia in tutto il medesimo che *traviare*. Pare a me, che un po' meno. Chi va fuori dimolto dalla solita strada, trasvia (2); chi erra ed è affatto fuor di strada e perde la traccia, travia.

Chi trascura gli obblighi del proprio stato, devia; chi fa contro a quelli, trasvia; chi li sconosce affatto, travia (3). Ma forse questa distinzione ultima è troppo sottile. — A.

La scienza che non va diritta al vero, devia; quella che per lusingare le passioni cerca il falso, travia.

1672.
Traviare, Sviare.

Attivamente, si svia altri allontanando più o meno dalla via; si travia, mettendo in via diversa, opposta. *Traviare* è più, dunque (4).

Sviare è talvolta un bene (5); *traviare*, non mai. Ma anco se *sviare* è male, ripeto ch'è meno. Chi si lascia andare un po' all'ozio, alla negligenza, all'errore, si svia: chi corre al male alla menzogna, per diletto, per abito, è traviato. I giovani cominciano dallo sviarsi; a poco a poco traviano: ma gli è talvolta più difficile agli sviati il ravviarsi, che non a' traviati, perchè questi conoscono già per prova i tristi effetti del male; quelli per inesperienza non curano, e vi ricadono.

1673.
Deviare, Traviare, Sviare.

— Il *deviare* può, talvolta, essere buono per riuscire, o con più prestezza o con più efficacia, al punto prefisso, per ingannare l'avversario, per celargli le nostre intenzioni, per tirarlo suo malgrado, ove faccia a noi comodo. Chi travia, s'intende, come dicemmo, che perde la via retta, che corre or per una or per altra strada, senza sapere ove andrà a riuscire. Pindaro devia, non travia, dall'argomento; alcuni poetastri traviano, e pur si credono di scrivere alla pindarica. Chi abbrevia la strada, chi allevia la fatica, chi a rendere amabilmente variato il cammino senza mai perdere di mira la meta, quegli può e sa deviare. C'è però delle leggi così sacrosante che non è permesso deviare da quelle pur d'un capello. *Sviare* sta di mezzo tra *deviare* e *traviare*: è più del primo, men del secondo, e più volentieri ha senso attivo. Bottega sviata, cioè che ha perduto gli av-

---

(1) VILLANI: *Il traviarono per boschi di lunge bene trenta miglia.*
(2) BOCCACCIO: *Ragionando di diverse cose, per certe strade gli trasviò.*
(3) BOCCACCIO: *Non intendo deviare da' miei passati.*- Deviare s'unisce col da come sviare, o sta da sè. Errare, oltre a questi due usi, ne ha un terzo non usitatissimo e ardito ma non improprio, in una lettera dell'Acciajuoli ch'è della fine del trecento: *Errante contro il vero.*
(4) PETRARCA: *Sì traviato è 'l folle mio desio..., Che quanto richiamando più l'invio Per la sicura strada men m'ascolta.*
(5) TASSO: *Spiumdo il ferro.*

ventori, è modo vivo in Toscana, come il suo contrario: avviata. — MEINI.

1674—1680.
ERRORE, ABERRAZIONE, SBAGLIO, ABBAGLIO, ABBAGLIAGGINE, FALLO, EQUIVOCO.
ERRARE, SBAGLIARE, SCAMBIARE, FALLARE.
FALLARE, FALLIRE.

1674.
Errore, Aberrazione.
Errore, della via, della mente, del volere, dell'animo: *aberrazione*, della mente. L'aberrazione è errore più prolungato. Ma la voce non è molto italiana, nè pur necessaria.

1675.
Errore, Sbaglio.
L'*errore*, deviazione dal vero, viene da ignoranza, da passione, o da leggerezza; lo *sbaglio*, da poco osservare, da debolezza, abituale o momentanea, d'intelletto o di sensi.

Talvolta lo sbaglio è di sole parole. Si pone una parola invece dell'altra per isbaglio. Si sbaglia nel pronunziare o scrivere un nome, o nell'usare una locuzione.

Lo sbaglio viene, per lo più, dal prendere una cosa per l'altra, dal confondere due cose somiglianti. Ogni sbaglio è errore, ma non viceversa. Sbaglio è errore non grave; anco il peccato è una specie d'errore.

Poi, nello sbaglio non entra tanto la volontà; ha quasi sempre dell'accidentale e dell'imprevvisto. L'errore può essere conosciuto, amato, vagheggiato con lunghi pensieri.

— Nello sbaglio son quasi due errori: non conoscere l'oggetto del quale si tratta, e non conoscere quello che si scambia con esso.

Sbaglio, nell'uso, è talvolta errore di poco; sempre però errore nel quale si travede o frantende. — FAURE.

1676.
Errore, Sbaglio, Fallo.
— Lo *sbaglio* viene da inavvertenza inevitabile o no: l'*errore* è giudizio non vero, per lo più volontario. Il *fallo* è, in genere, negazione di bene o di vero più grave o meno. — GATTI.

1677.
Abbaglio, Abbagliaggine, Sbaglio.
Abbagliaggine non è nella lingua parlata d'ora, ch'io sappia; ma può significare lo stato dell'abbagliamento, o essere un frequentativo d'*abbaglio*.

Usa in Toscana e altrove, *abbaglio* in senso di *sbaglio*; e forse l'origine di *sbaglio* è *abbaglio*, come dire che l'occhio abbagliato non vede bene. Ma non so se convenga ritener le due voci nel senso medesimo. Checchè ne sarà, io dico l'uso. E l'uso vuole che *abbaglio* s'unisca col *prendere* o col *pigliare*; *sbaglio*, col *commettere* o col *fare*, o simile. Chi prende un abbaglio erra (pare) più leggermente di chi commette uno sbaglio. Si sbaglia, talvolta, in digrosso: e c'è degli sbagli che son falli e colpe. *Abbaglio* riguarda più direttamente la mente: l'abbaglio preso è talvolta cagione dello sbaglio fatto.

Diciamo inoltre, in modo assoluto: gli è stato uno sbaglio; nè è comune il dire: gli è stato un abbaglio.
Diciamo: per isbaglio, e non: per abbaglio. Sbaglio di lettura, sbagliare copiando. *Sbagliare* e *sbagliato* son derivati che *abbaglio* non ha in questo senso.

1678.
Errore, Equivoco.
— *Equivoco* è l'*errore* che si fa ponendo, in luogo della voce appropriata a significare un'idea, un'altra voce che nel suono le rassomigli, o paja approssimarlesi di senso, ma dica altra cosa; ed è anche l'errore in cui viene indotto chi ascolta l'equivoco da altri commesso (1). L'equivoco, dunque, è una specie d'errore, o cagione d'errore; e va errato chi chiama equivoci gli errori che procedono da tutt'altra cagione. La differenza si fa sentire in questo passo del Buommattei: « Mentre che uno si mette a trattar di una lingua, bisogna ch'e' si dichiari prima di qual lingua egli intenda, acciò che e' non si pigliasse poi errore nell'equivoco. » — POLIDORI.

1679.
Errore, Sbagliare, Scambiare, Fallare.
— Lo *sbaglio* può esser causa d'errore, perchè l'inconsideratezza può dare falsa idea della cosa.
Si *scambia* per isbaglio, e anche a posta.
Fallo è omissione d'atto buono, o inavvertenza volontaria d'idea vera; *errore* è idea falsa. — ROMANI.

1680.
Fallare, Fallire.
— *Fallare*, nell'uso moderno, vale: errare, sbagliare, peccare; *fallire*: mancare. In senso speciale, fallisce a chi manca il danaro per pagare i debiti, e continuare i negozii. — GATTI.

1681.
ERRORE, SVISTA, SBAGLIO.
FARE, COMMETTERE SVISTA, ERRORE, SBAGLIO.
FARE SVISTA, TRAVEDERE.
SBAGLIO, ERRORE GROSSO, GROSSOLANO.

Svista è l'atto del non veder bene, e quindi del non giudicare o del non fare a dovere; può essere causa d'errore o di fallo, e prendesi anco per il fallo stesso. Ma è, per lo più, fallo o errore non grave, come quello che par provenire da debolezza dell'occhio, l'occhio, dico, o del corpo o della mente. *Fare, commettere*, diciamo, *una svista*; ma il commettere par che concerna la negligenza del riguardare per ben vedere; il fare par che indichi talvolta il giudizio o l'atto non debitamente fatto senza colpa di negligenza per difetto della vista stessa o degli esterni ajuti che le son necessarii e de la lei non dipendono. Così: *commettere errore, sbaglio*, è talvolta più grave di farlo; se non che il commetterlo può meglio riguardare atti che non sono fatti. Dovunque non cade l'idea del vedere, non cade d'usare *svista*. Scrivendo, leggendo, giuocando si fa una svista; ma di sproposito detto parlando, o di verso che abbia una sillaba più o meno, non si può dire a scusa: è una svista. Pur troppo un ragionamento falso può essere una svista mentale; ma cotesta commettesi, non si fa, perchè c'entra sempre abuso di libera volontà, e non uso, che quì è pure abuso.

Fare svista è meno di *travedere*, che vale: veder malamente e torto, dove l'altro può non vedere appieno. Il travedere può essere vizio abituale dell'occhio o del pensiero; la svista riguarda gli atti speciali; così come lo sbaglio: ma *sbaglio* dicesi anco di parola, o d'altro dove l'imagine del vedere non paja aver luogo direttamente,

---

(1) Commette equivoco anco chi prende per equivoca qualche voce che tale non è. — A.

sebbene nell'origine del vocabolo si nasconda l'imagine del vedere. E c'è degli sbagli grossi e grossolani, più gravi che le sviste. Lo *sbaglio grosso* può essere tale in sè, per la natura delle cose che confonde o malmena senza tanta colpa di chi lo commette. *Sbaglio grossolano* denota organi e sentimenti, o ingegno, e forse animo grossolani. Diciamo, *dirle grosse, l'ho detta grossa,* anco di cosa non errata, ma che ecceda certi limiti anche nel bene. L'altro suona biasimo più grave sempre.

1682.

ESATTAMENTE, Precisamente, Rigorosamente, Rigidamente, Puntualmente.

Chi fa *esattamente*, fa tutto quel che dee fare. Chi fa *precisamente*, fa senz'eccedere i limiti, le norme. Si fa precisamente anche incominciando; esattamente, nel procedimento dell'opera.

Rigorosamente, denota l'eseguire secondo il prescritto, anche più che *precisamente*, com'è imposto da altrui, o come l'operante impone con rigore a sè stesso. Chi eseguisce rigorosamente, si fa un dover di eseguire, o glie n'è fatto un dovere.

Comandare *rigidamente* e *rigorosamente*, differiscono assai. Chi comanda con rigidezza può essere incorruttibile, severo, non crudele e inesorabile. Chi comanda rigorosamente, può essere l'uno e l'altro; perché un carattere rigido non è mai malvagio, anzi è severo anche con sè; il rigoroso può ostentare la virtù che non ha.

Puntualità è l'esattezza, la precisione, fino a un punto, fin ne' minimi punti. Può l'esattezza essere soverchia, la precisione arida; può l'esattezza avere troppi scrupoli e meticolosità; la precisione restringesi raglia il soverchio, senza por mente allo sconcio e allo scomodo che ne segue all'intero; la puntualità, quando merita questo nome, coglie sicuramente e appieno nel vero e nel buono e nel bello; ha amore con fiducia, sollecitudine con pazienza. Le si dà, d'ordinario, senso morale, dell'adempiere i doveri e uffizii nel debito modo, e così in un discorso; nè di questi che sono puntuali, se non quando l'uomo fa in punto la cosa, o fa per l'appunto secondo che ha detto. Pagasi puntualmente il debito alla scadenza, esattamente la quantità e la qualità dovuta giusta l'intrinseco valore del prestito. Chi rigorosamente richiede l'adempimento de' doveri altrui, rado ottiene la vera puntualità ch'è più libera; e neanco la coscienza rigida verso sè stessa è puntuale davvero, perchè il troppo zelo la turba, molto più se sia rigorosa.

1683—1689.

ESATTEZZA, Attenzione, Accuratezza, Vigilanza, Diligenza, Solerzia, Puntualità.

Accuratezza, Cura, Sollecitudine.
Applicazione, Applicatezza.
Distratto, Astratto, Alienato.
Alienazione, Astrazione.
Astrattezza, Astrattaggine.
Inavvertenza, Disattenzione.
Inavvertenza, Sbadataggine, Svista.
Inconsiderato, Spensierato.
Spensieratezza, Spensierataggine.

1683.

Esattezza, Attenzione, Vigilanza, Diligenza, Solerzia, Puntualità, Accuratezza, Cura, Sollecitudine.

Esattezza, da *ex-agere*; *attenzione* da *ad-tendere*. L'una è specialmente nell'opera, l'altra nel pensiero: senz'attenzione non si fanno le cose con esattezza; ma l'attenzione, a farle sempre esatte non basta. Poi, l'attenzione può essere tutta nel vedere, e nel pensare, non già nel fare (1). *Esattezza* può dirsi delle cose; *attenzione*, delle persone soltanto o degli atti loro: strumento, calcolo esatto.

La *vigilanza*, in senso traslato, è attenzione perseverante e sollecita in fare, o in vedere ciò che altri fa. Onde in certo senso è un po' più. Morali di s. Gregorio: « Debbe stare intenta e vigilante la mente a correggere sua vita. »

Accuratezza, da *cura*, specialmente nel fatto; cura si stende e al fatto e al pensiero e all'affetto e alla parola. L'attenzione, quando riguarda il pensiero solo, non è accuratezza; ma l'attenzione è dote necessaria all'accuratezza, ancorché non sempre sufficiente. Io posso attentamente osservare, e possono l'esperienze non riuscire accurate. L'accuratezza è la causa dell'esattezza.

Diligenza è cura amorevole e pronta (2), è più di *cura*. Onde il Villani: « Con diligente cura e sollecitudine vegghiate. » Nè avrebbe detto: diligenza accurata, se non quando *diligenza* avesse il diretto senso di *prestezza*; che allora potrebbe il volere far presto nuocere all'accuratezza dell'opera. La diligenza riguarda e la mente e l'opera: ma più questa che quella. La diligenza è cura amorevole, felice non sempre; l'esattezza è cura, d'ordinario, felice. La diligenza è cura assidua, ma può non essere sempre vigilante. Se non che la vigilanza più spesso può non essere accompagnata da diligenza.

Solerzia, latinismo della lingua scritta, dice l'esattezza e prontezza che viene dall'arte (3); ed è più della semplice diligenza. Cicerone: « *Non modo diligentiam, sed etiam solertiam ejus a quo essent illa dimensa atque descripta.* » Solerzia richiede e diligenza e attenzione, ma felicemente adoprata. E quanto più la solerzia cresce, tanto più la minuzia della diligenza, con lo sforzo dell'attenzione, possono talvolta scemare.

Puntualità s'è detto è più d'*esattezza*. Redi: « Spero d'averla servita con esattezza e con puntualità. »

1684.

Applicazione, Applicatezza.

Il primo è l'atto, il secondo l'abito dell'applicare.
— Quello che con modo oltramontano oggi direbbesi *spirito d'applicazione*, la nostra lingua chiama, con parola acconcia, *applicatezza*; cioè abito di forte e perseverante attenzione, il più virtuoso di tutti i mentali esercizii. — Lambruschini.

1685.

Distratto, Astratto, Alienato.
Alienazione, Astrazione.

— *Distratto* è chi soffre uno svagamento (4) che deriva da stanchezza di mente, o da svogliatezza: allora volano per la mente vaghi fantasmi senza associazione tra loro. *Astratto* è chi rivolgendo il pensiero a un oggetto, richiama tutta l'anima a quello. *Alienato* da' sensi, chi riceve le impressioni esterne senz'avvertirle con

---

(1) Vit. Crist.: *Considera attentamente.*
(2) Boccaccio: *Con gran diligenza e sollecitudine ogni cosa rimise in ordine.*
(3) *Solers*, come *iners*, da *ars*.
(4) Cavalca.

l'anima. *Alienazione* è talvolta malattia, inganno dell'anima, delirio. Nell'*astrazione* le facoltà sono chiamate tutte ad un centro solo.

Di più, *astrazione* è un abito; una frequente alienazione scomporrebbe la macchina umana. C'è tuttavia alcuni che, in modo mirabile, possono alienarsi in guisa da non sentire percosse nè scottature. Ma questa abitudine, se non è cosa soprannaturale, viene da malattia, o si produce per sforzo violento. Alcuni ostentano astrazione per sembrare inventori di nuovi modi, e finiscono coll'esser davvero alienati di mente. — A.

Astratto, chi non bada alle cose presenti, pensando ad altro; *distratto* chi non pensa ciò che dovrebbe o vorrebbe pensare, per ispensieratezza, o per altri pensieri che ne lo sturbano. Il distratto *sente* quasi sempre d'essere distratto: l'astratto non s'accorge degli sbagli che fa (1). — ROMANI.

— L'*astratto* si trae quasi al di fuori di quel che ha dinanzi per raccogliere il pensiero in altro; il *distratto* non attende a quel che dovrebbe. Gli studiosi sono astratti, gli studenti distratti. — GIRARD.

1686.
Astrattezza, Astrattaggine.

— L'*astrattezza* è lo stato dell'uomo abitualmente astratto; o meglio, il risultamento delle astrazioni nel pensiero o nelle dottrine. *Astrattaggine*, è astrazione grave e goffa, come dice la sua desinenza; e ancorché questa voce non sia nella Crusca, l'usò il Magalotti (2), e non inutilmente, parmi. — MEINI.

1687.
Inavvertenza, Disattenzione.

Inavvertenza è non aver volto lo sguardo della mente (3) all'oggetto; *disattenzione* è non ce l'avere fermato assai. Se per non ci aver ben badato, io do del capo in qualcuno, è inavvertenza; se conversando trascuro que' riguardi che il costume (non la moda) vuol dovuti alle donne, questa è disattenzione. Il secondo è dunque più. Nel primo caso si poteva evitare l'inconveniente, nell'altro dovevasi. L'inavvertenza è mezzo volontaria; nella disattenzione è più riprensibile negligenza. L'uomo astratto ne' suoi pensieri, commette inavvertenze frequenti; il distratto che vaga col pensiero qua e là, non può non essere disattento. Le menti vivaci non avvertono, perché miran pure allo scopo; i leggieri sono disattenti, perché non han bene finito di guardare a una cosa, che passano ad una nuova.

Le molte inavvertenze fanno l'uomo parere stordito; le troppe disattenzioni, incivile.

1688.
Inavvertenza, Sbadataggine, Svista.

— *Inavvertenza*, poi, è non solamente il vizio, ma l'atto. Diciamo commettere una inavvertenza, una sbadataggine, una svista; ma la *sbadataggine* può essere anch'essa disposizione abituale; la *svista* è sempre un atto, e momentaneo e involontario, o piuttosto omissione d'atto. — CAPPONI.

---

(1) MAGALOTTI: *Distratto da altre occupazioni, non ebbi tempo...* - CASA: *Non istà bene d'essere astratto là dove tu dimori.*
(2) *Lettere scientif.: Per una somma astrattaggine.* (Ma somma non è epiteto che ci cade.)
(3) *Verlo.*

1689.
Inconsiderato, Spensierato.
Spensieratezza, Spensierataggine.

Siccome la considerazione è qualcosa più che il semplice pensiero, così l'*inconsideratezza* è minor vizio della *spensieratezza*; che, quando è abituale e più grave, dicesi *spensierataggine*. Una parola inconsiderata può scappare agli uomini più prudenti.

1690.
ESATTO, PRECISO.

Preciso, quasi liberato da tutti gli elementi estranei, che ne vengono come tagliati fuori (1). La precisione recide dall'opera e dalla parola ogni cosa che può toglierne la libertà, la rapidità, la schiettezza (2).

Esattezza riguarda il corso dell'operare e del dire (3); *precisione*, il fine a cui questo o quello mirano, e la via da tenere per giungere. Discorso, computo esatto, quello che dal principio alla fine va senza sbaglio; preciso, quello che non ha, né equivoci, né dubbiezze, né ingombri, e va lucido in modo da appagare e convincere l'intelletto. Dire esatto; è quello che rende il concetto con fedeltà; preciso, che coglie l'essenziale dell'idea, in modo che gli accessorii inutili ne sian come tagliati fuora. Può il dicitore essere esatto, e prolisso; esatto e non chiaro; la precisione toglie insieme e l'oscurità e la lungaggine. Così nell'operare, può l'uomo essere esatto, e non preciso, perché gli manca la forza e l'avvedimento di dare nel segno, e preciderne ogni cosa inutile e inconveniente.

Dizione esatta, esclude la falsità; la precisa, l'inutilità. La proprietà che dà l'esattezza, impone la parsimonia, dalla quale viene precisione. Ma taluni affettano precisione, ed esattezza non hanno, perché non sanno la lingua, o con l'arte la forzano; e la precisione loro è tutta estrinseca. Taluni, all'incontro, affettando esattezza, offendono la precisione; e l'aggiustatezza pongono nel non dire appropriatamente, ma nel dire ogni cosa.

1691—1692.
ESATTO, CORRETTO (*dire*).
ESATTO, CORRETTO (*stile*).

1691.
Esatto, Corretto (dire).

— Dicesi del discorso, sia parlato, sia scritto. *Corretto* vale: conforme alle regole della lingua e all'indole sua; *esatto*, adeguato alle cose e alle idee. Il primo riguarda specialmente le voci e i modi; l'altro, i fatti e i concetti. — ENCICLOPEDIA.

1692.
Esatto, Corretto (stile).

Può lo stile essere scientificamente *esatto*, e non corretto, cioè non conciso, non puro, non vivo.

1693—1697.
ESEMPIO, ESEMPLARE, VITA ESEMPLARE, BUONA, PERFETTA, MODELLO, TIPO.
SEGUIRE, IMITARE.
COPIARE, IMITARE.
IMITARE, CONTRAFFARE.

1693.
Esempio, Esemplare, Vita esemplare, buona, perfetta.

L'*esempio* non solo è cosa che vien proposta, o ch'è

---

(1) *Cædo.*
(2) GALILEO: *Precisione scrupolosissima per li calcoli.*
(3) *Ago.*

degna d'esser proposta, o che uno propone a sè da imitare o da contemplare, ma è ancora un fatto, una particolarità addotta per dimostrare la verità d'una proposizione, per renderla meglio evidente. *Esemplare* non ha questo senso.

Io reco Virgilio come esemplare di poesia naturalissima insieme ed artifiziosissima; reco da Ovidio esempi non rari di naturalezza e di facilità.

L'*esempio*, è in bene e in male: l'*esemplare*, è sempre di bene. Quindi: cattivo esempio, non esemplare (1). Non è però che ad esemplare non si possa scegliere cosa cattiva, ma questa scegliesi credendola buona, o almen utile. Si fa impiccare un reo ad esempio; e intanto taluni lo pigliano ad esemplare.

L'*esempio* può essere cosa non perfetta, ma pure atta al caso; *esemplare* s'avvicina più all'idea del bello, del buono compito (2).

Non parlo d'*esemplare* (3) in senso di manoscritto o stampato, da cui si traggono o si possono trarre altre copie (4).

1694.
Modello, Tipo.

— *Tipo*, in greco, propriamente *impronta*; quindi, per estensione, figura o imagine; *modello*, da *modus* (maniera, modulo, norma, misura), è quella forma che serve di regola, è quell'oggetto che giova imitare, quella maniera che giova seguire operando. Il tipo ha l'impronta dell'oggetto; il modello ne porge la norma. Dal tipo traggonsi copie; il tipo imitato diventa modello.

Lo stampatore lavora sui tipi; lo scultore si fa il suo modello. Nelle arti della parola giova distinguere il modello dal tipo; molti si credono nella imitazione dover essere così servile che grandi scrittori diventino non già modelli a cui studiar la bellezza, ma tipi da trasportarne materialmente l'impressione nelle opere nuove.

Tipo, sovente, non indica altro che la verità della figura, senz'aver seco l'idea di regola o di modello. In questo senso, son tipi le figure simboliche, le quali, per le idee che risvegliano di somiglianza, non sono modelli, ma indizii dell'oggetto. — ROUBAUD.

— Il tipo, può essere buono o cattivo; il modello risveglia sempre l'idea d'esemplare che si prende a seguire per la sua bontà e la bellezza. E però, nel traslato, *tipo*, ha talvolta mal senso; *modello*, l'ha buono. Tipo de' bricconi, degli scellerati; modello di virtù, di pazienza. Cristo è il modello al quale deve conformarsi il cristiano. La natura è il modello delle arti. Omero e Virgilio sono grandi modelli. Modello di terra, di cera; modello d'un edifizio, d'un vascello. *Modellare*, fare il modello; e, nel traslato, *regolare*, *conformare*. Anche neutro passivo: modellarsi, gallico forse troppo. *Modello*, inoltre, chiamano i nostri artisti la persona che tengono a modello nel dipingere, nello scolpire: e ne fanno il femminino, *modella*: un bel modello, una bella modella. Onde: esser fatto come un modello, di chi è ben conformato.

I derivati, *modellatore*, *modellino*, *modelletto*, a *tipo* mancano (1). — MEINI.

1695.
Seguire, Imitare.

— Si segue l'esempio, imitasi l'esemplare. Si segue una guida, una norma; s'imita un tipo, un modello.

Può dirsi, e seguire un esempio, e imitare un esempio. Si segue per giungere più sicuramente, più direttamente allo scopo; imitasi per somigliare. Si segue per istima o rispetto; s'imita per rispetto, ma misto d'emulazione. La vita di Cristo è regola e modello al Cristiano; regola in quanto gl'insegna il da fare, mostrando gli esempi da seguire; modello, in quanto gl'insegna quel ch'egli debba essere, mostrandogli gli esempi ch'e' deve imitare. — ROUBAUD.

1696.
Copiare, Imitare.

— Il *copiare* è più materiale, chi copia ha sempre l'esemplare sugli occhi o in memoria, e lo segue punto per punto.

S'imita con più libertà; nell'imitazione è qualcosa dell'indole dell'imitatore, ma non nella copia. Chi imita, aggiunge o leva o muta. L'uomo imita talvolta senza avvedersene: il copiare è più volontario. Anco ne' grandi artisti scorgonsi vestigii d'imitazione, ma non son copie le loro. — SCALVINI.

Copiare vale anco imitare servilmente le opere dell'ingegno o del senno, o checchè altro; e in questo senso molti che nella letteratura classica son pigliati come esemplari, son copie belle sì, ma pur copie.

1697.
Imitare, Contraffare.

— *Imitare* è generico; *contraffare* ha senso non buono; vale o imitare per beffa, o per falsificare, o per trasfigurare deformando. — ROMANI.

1698.
ESEMPIO (PER), PER MODO D'ESEMPIO, A CAGION D'ESEMPIO, EXEMPLIGRATIA, VERBIGRAZIA.

Exempligratia è voce latina, che oramai non si userebbe senz'odore di pedanteria, se non come per celia. *Verbigrazia* è un po' più comune, ma famigliarmente, e quasi sempre anch'esso a modo di celia. Il secondo cadrà meglio ove trattisi di parole; il primo, anche d'esempi di fatto. *Verbigrazia* è anche modo d'interrogazione, e suona: come sarebbe a dire? *A cagion d'esempio* è traduzione letterale dell'*exempli caussa*: nè giova adoprarlo, poichè non dice punto più degli altri modi, e poichè alla voce *cagione* sono oramai dati altri sensi; quando l'esempio però fosse una specie di pretesto, non

---

(1) DAVANZATI: *Atto barbaro e di pessimo esempio.* - LASCA: *Dar loro di me così tristo esempio.*

(2) SEGNERI: *Come fa chi copia da un esemplare sicurissimo da ogni fallo.*

(3) *Esemplare di scritto o di disegno*, dicesi quello che il maestro propone a' fanciulli perchè s'addestrino in copiarlo, che nel dialetto corcirese dicesi *esempio* tuttavia. — CAPPONI.

(4) DANTE (Paradiso, 28) pone *esemplare* per archetipo o modello, ed *esempio* per la cosa che secondo quello è formata: *Udir convienmi ancor come l'esempio E l'esemplare non vanno d'un modo*. — POLIDORI.

Esemplare aggettivo, vale, degno d'essere proposto ad esempio, di farsi esempio imitabile: forma esemplare, costumi esemplari. Ha per lo più senso morale, segnatamente esemplarmente ed esemplarità. Vita esemplare è più che buona, ma meno che perfetta.

---

(1) *Modellino* e *modelletto*, in fatto d'arte, non si dice di persona che serva da modello, ma del disegno in piccolo che fa l'artista per preparare il lavoro.

sarà allora improprio. Restano i due, *per esempio*, *per modo d'esempio*. Il primo s'applica ad un esempio che adducasi, e che quadri o si creda quadrare al caso. Il secondo a un esempio quasi approssimativo, ad un fatto allegato a maniera d'esempio. Le cose che rischiarano l'idea non direttamente, perchè della medesima specie, ma per più o meno diretta analogia, si citano per modo d'esempio.

1699—1703.

ESILIARE, BANDIRE.
BANDO, OSTRACISMO, SFRATTO, ESILIO.
BANDO, SBANDEGGIAMENTO.
FUORUSCITO, BANDITO, CACCIATO.
CACCIATA, SCACCIAMENTO, ESPULSIONE.
ESULE, PROFUGO, RAMINGO.

1699.
Esiliare, Bandire.
Esilio, Bando.

Roubaud: «L'*esilio*, per lo più, viene da ordine dell'autorità; il *bando*, da sentenza del giudice. Il bando è, per lo più, pena data da' tribunali; l'esilio è disgrazia in cui si può incorrere senza vergogna. L'esilio vi allontana dalla patria, dal luogo del vostro soggiorno; il bando vi scaccia. I Tarquinii furono banditi; Ovidio, esiliato. *Bandito* è parola di vitupero; *esiliato*, quasi di commiserazione.

» Può uno in certa guisa esiliarsi da sè, non bandirsi, perchè non può da sè stesso scacciarsi infamemente, sebbene si possa allontanare spontaneo. Nondimeno d'uomo che fugge per evitare la pena, ben si direbbe che s'è bandito da sè.

» *Bandire* denota il cacciare da un luogo; *esiliare*, anco mandare per pena da un luogo in altro. Non si dirà: bandito da Roma a Firenze, ma si dirà: esiliati in Siberia.

» Finalmente, *bandire* vale: escludere dalla società in modo pubblico, solenne (1); *esiliare* non porta questa condizione come necessaria.»

Esilio, anco il luogo dov'uno è esiliato; *bando* non ha questo senso (2).

Esilio ha pure qualche traslato suo proprio (3); qualcuno ne ha *bando*, e più comune. L'Accademia de' Georgofili propose un quesito: «come siano riparabili gl'inconvenienti ch'hanno fatto bandire le capre dalla pastorizia toscana.»

Bando una volta comprendeva insieme la sentenza di morte, caso che il bandito fosse colto; e anch'adesso *banditi* diciamo quegli assassini, al cui capo, per pubblico bando, fu posta taglia.

Bando è anco legge, ordine o decreto di governo, o affisso, o gridato dal banditore; anzi questo è il significato d'origine.

1700.
Bando, Ostracismo, Sfratto, Esilio.
Bando, Sbandeggiamento.

I.° L'*ostracismo*, come ognun sa, era quel bando usitato in Atene che davasi non per colpa commessa, ma per sospetto della troppa potenza che un cittadino si fosse acquistata, o si potesse acquistare. II.° L'ostracismo era un bando che durava dieci anni (1). III.° votavasi scrivendo il nome del cittadino su un coccio (2), onde il bando stesso ebbe il nome; e perchè avesse effetto, si richiedevano sei mila voti. IV.° Era un bando nel quale i beni non erano nè venduti nè confiscati. V.° Nel quale il luogo dell'esilio era prefisso. Ostracismo, in senso traslato, diciamo di quel bando che la gelosia, l'invidia, la viltà, la politica stolta danno alla virtù coraggiosa, al merito raro, che sempre a certa gente è sospetto (3).

— *Esilio*, de' cittadini; *sfratto*, propriamente, de' forestieri. Si dà lo sfratto da un luogo per colpa commessavi, o per sospetto, o per natura inospitale degli stessi abitanti. Se accompagnato da proibizione di ritornarvi, è sfratto insieme ed esilio. — POLIDORI.

1701.
Fuoruscito, Bandito, Cacciato.

— Il *fuoruscito* ha lasciata la patria per volontà propria; il *bandito*, per altrui. Ma fuorusciti si chiamavano nel trecento anco i *cacciati*. Il bandito però è sempre cacciato con bando, o in modo simile, più o men solenne; e sovente per delitto ora politico ora civile; o vero o no ch'esso sia. — SCALVINI.

1702.
Cacciata, Scacciamento, Espulsione.

Cacciata ha, d'ordinario, senso politico: quello scacciamento che una città o una fazione di cittadini faceva di tiranno o d'altra fazione men forte; parola che nella storia fiorentina è troppo frequente (4).

Che sia la cacciata di sangue, lo sanno i medici, e meglio gli ammalati.

Scacciamento, vocabolo generale, qualunque siasi maniera dell'atto di scacciare, e sopra qualunque persona si faccia.

L'*espulsione*, in molti casi, è più vergognosa dello scacciamento: lo suppone accompagnato da segni di disonore più che da atti di violenza.

Abbiamo poi le *espulsioni* cutanee che il corpo caccia fuori da sè parte degli umori guasti per liberarsene.

1703.
Esule, Profugo, Ramingo.

Profugo, che fugge da chi lo persegue, o ch'egli teme lo persegua; *esule*, condannato ad andarsene, a saltar via (5). Il profugo fugge; se si ferma in luogo sicuro, profugo più non è. Profughi, quelli che l'autorità non vuole esuli, ma vorrebbe in sue mani.

— *Ramingo*, che non ha sede certa; e propriamente dell'uccello che comincia ad errare di ramo in ramo, e non è (come gli antichi lo chiamavano) *nidiace*. — GATTI.

---

(1) CICERONE: *Testarum suffragiis, quod illi ostracismum vocant, decem annorum exilio multatus est.*
(2) Ὄστρακον.
(3) *Ostracismi*, plurale, come *esilii*: bandi non mi pare da usarsi, che farebbe equivoco. Per più chiarezza potrebbesi in questo caso *sbandeggiamenti*, poco usitato del resto; e che non pare abbia il più vituperoso senso di *bando* e però cade proprio nelle discordie civili.
(4) BOCCACCIO: *La cacciata di Dante.* - BUTI: *La cacciata di Tarquinio Superbo.*
(5) *Ex salio*. Chi esilia fa ballare.

---

(1) Lo prova il senso di *bando*.
(2) DANTE: *Nell'eterno esilio.* - DAVANZATI: *Chiamato dall'esilio.*
(3) PETRARCA: *Esilio del cuore.* - ORAZIO: *Æternum exilium* (dell'altra vita). - PETRARCA: *Me di me stesso tiene in bando.* - DANTE: *Sbandita di paradiso.* - *Sbandita dalla mente.* - *Sbandito il sonno.*

1704—1705.

ESILIARE, Deportare, Relegare, Rilegare.
Confinare, Mandare a confine, a' confini.

1704.
Esiliare, Deportare, Relegare, Rilegare.

Deportati chiamavano i Romani quelli che perdevano la cittadinanza, il diritto patrio sui figli, e il diritto di testare; ed erano condannati in perpetuo ad abitare un luogo assegnato, a pena del capo se ne uscissero. Oggidì *deportati* diconsi i condannati (per lo più per delitti, o così chiamati delitti politici) a lasciare la patria; e veramente trasportati in altro luogo, non solo a titolo d'esilio, ma di pena.

Due specie di *relegati* (1) ammetteva il diritto romano: i *confinati* in un'isola, in luogo determinato; e gli espulsi da un luogo, senza assegnar loro determinato soggiorno. I relegati differivano dai deportati in quantochè non sempre perdevano (specialmente se relegati a tempo) il diritto di testare, nè la proprietà de' lor beni, almeno non sempre la perdevano tutti. Poi, il relegato se n'andava da sè; il deportato era condotto da' servi pubblici, e in ceppi. Anche oggidì la deportazione è pena più grave. Il signor Niccolini: « Gli abitanti di quell'isola le estorsioni, gli esilii, le carceri, le deportazioni avevano sofferto con timida pazienza; ma... »

L'esilio tra' Romani differiva dalla relegazione, inquantochè tre sorte ci era d'esilio: la deportazione, l'assegnazione di un luogo in cui rimanere, la espulsione da certi luoghi senza assegnar limite di soggiorno. La relegazione non riguardava che i due ultimi casi; l'esilio comprendeva dunque anco la deportazione (2).

Relegare, a noi è, d'ordinario, confinare in un luogo (3); è una specie d'esilio. Boccaccio: « L'uno a Linterno e l'altro a Pergamo in Asia, preso volontario esilio, sè medesimi relegarono. » Non ogni esilio però può chiamarsi relegazione.

1705.
Confinare, Mandare a confine, a' confini.

Mandare a confine o *a' confini* ha due sensi. Vale: fare uscir d'uno Stato, dei confini d'uno Stato, e allora è affine ad *esiliare*; ma l'esilio si suppone per cosa più grave, e in modo più grave. Anco la polizia può mandare a' confini; la polizia non esilia. Se non che la confusione che segue talvolta fra politica e polizia, potrebbe togliere in pratica la differenza accennata.

L'altro senso del *mandare a' confini* è prossimo a *relegare*. Solevasi un tempo in Toscana relegare un colpevole in luogo più o meno disagiato e insalubre, per esempio, in Maremma o a Volterra; l'uno era confine più grave, l'altro, meno. Dicesi anco *a confino*, ma *a confine* sarà più prossimo all'analogia degli usi odierni. Il singolare è più affine a *relegazione*; il plurale, ad *esilio* in genere. Uno è mandato a confine, in un luogo, o mandato a' confini perchè poi di là se ne vada con Dio.

Confinare vale: propriamente racchiudere per pena in certi confini (1). Si può esiliare uno, e poi confinarlo in un luogo; il bandito non si confina. Chi è mandato a' confini (nel primo senso di questa locuzione), si suppone che, giunto a' confini, sia libero de' suoi movimenti. *Confinare*, insomma, è più affine a *relegare* che agli altri; se non che, si può confinare anco in luogo vicino; la relegazione è in parte, per solito, più lontana. Si confina anco per lieve colpa; si confina in una villa, in una fortezza, in un convento; la relegazione si dà per cagione più grave. In ciò il *confinare* differisce più evidentemente dal *mandare a' confini*.

Nel traslato diciamo, e *confinarsi* e *relegarsi*, di chi si chiude, si restringe in un luogo volontariamente, e di lì non esce o mai o di rado. E anco in questo senso *relegare* è più forte: relegarsi in una solitudine; confinarsi in un chiostro; relegarsi in una lontana provincia, in un meschino villaggio. Confinarsi in una solitudine angusta vicina al romore del mondo, costa talvolta più all'uomo che visse nel mondo, del relegarsi in un deserto lontano.

1706—1707.

ESPERIENZA, Prova.
Esperimento, Prova.
A prova, Per prova.
Sperimentato, Specchiato.

1706.
Esperienza, Prova, Esperimento.

— L'*esperienza* può essere di sola veduta o d'udito; la *prova* è, più sovente, di fatto. — A.

— L'esperienza non è frutto di poche nè deboli prove. Altro poi sono i tempi di prova; altro l'età dell'esperienza. — POLIDORI.

— L'*esperimento* è più deliberato; si prova talvolta senza volerlo. Poi, la *prova* può essere un atto, un sentimento; l'esperimento è, d'ordinario, più lungo: onde: *vincer la prova*, *conoscere a prova*, che dicesi anco *per prova*, e pare un po' più. Dànnosi arnesi e bestie a prova, e anche persone, come se fossero bestie e cose; il *per* non s'accoppia col *dare*. — A.

1707.
Specchiato, Sperimentato.

Virtù, fede *sperimentata*, è men di *specchiata*. La virtù specchiata è più evidente, più pura.

— Uomo da molti sperimentato buono, e diviene, per la fama che ne corre, specchiato, cioè tale in chi altri può o dovrebbe specchiarsi (2). — POLIDORI.

1708.

ESPERIMENTO, Prova, Saggio, Assaggio.

— *Assaggio*, atto dell'assaggiare; *saggio*, è l'atto, e la materia data su cui fare la prova, e l'esperienza che viene dall'aver fatto il saggio.

Prova è l'atto del conoscere le qualità e la natura della cosa, per quindi approvarla o no. *Saggio*, come si è detto, è non solo la prova, ma la materia su cui si può fare la prova o si dee. Diciamo: vi do questo per saggio. Ed in senso simile, chiamiamo *saggio* un'opera non sempre assaggiabile.

---

(1) Io scriverei sempre *relegare*, serbando *rilegare* al significato di *legare di nuovo*.
(2) Ovidio: *Quippe relegatus, non exul, dicor.* - Livio: *Exilio et relegatione civium.*
(3) Salvini: *Relegati in un'isola qui vicina.*

(1) Salviati: *Confinati a Savona*.
(2) Da questo verbo fecesi certamente quel nome; e la terminazione in *ato* dovè usurparsi, per non esservene altra nella nostra lingua che si applichi a' verbi riflessivi. Un esempio consimile è nel modo proverbiale: *mangiare il pan pentito*, e in più altri anche d'uso erudito.

Esperimento è saggio o prova, d'ordinario, più complicata; include l'idea di strumenti, di mezzi parecchi. — GATTI.

1709.
ESPERIMENTO, ESPERIENZA, SAGGIO, PROVA, CIMENTO, TENTATIVO.
ESPERIENZUOLA, ESPERIENZUCCIA.
D'ESPERIENZA, DI MOLTA ESPERIENZA.

Esperienza, conoscimento acquistato per uso; *esperimento*, atto di sperimentare. L'esperienza è il risultato di molti esperimenti od osservazioni di fatti conformi (1). Talvolta *esperienza* si prende per l'atto; ma non del pari *esperimento* nel senso d'*esperienza* che ho sopra notato (2). *Saggio* è l'atto dell'esaminare l'oggetto per conoscerne le qualità (3). *Prova* è il risultato dell'esperimento, o il mezzo o il fine di quello. *Tentativo* è prova con isforzo o fatica. *Cimento*, prova d'esito sovente incerto, o almeno sopra qualità di cosa non ancora accertata.

— *Esperienza* è il più generale; comprende e gli sperimenti singoli che si fanno, e l'effetto loro; cioè l'agevolezza e sicurezza dell'operare e del giudicare. — GATTI.

— L'*esperienza* riguarda la verità della cosa; decide quel ch'elli è o non è, rischiara il dubbio, dissipa l'ignoranza. Il *saggio* riguarda l'uso che s'ha a fare della cosa, ajuta a giudicare dell'utile che se ne può trarre; la *prova* riguarda le qualità buone o ree; distingue il meglio, previene gl'inganni. — ENCICLOPEDIA.

— L'*esperienza* è madre della scienza; il *saggio* è norma al gusto, e lo affina; la *prova* ispira la fiducia e la rende legittima. — GIRARD.

— L'*esperienza* acquistasi cogli esperimenti, ma eziandio con quell'operare di cui le vicende della vita ci porgono occasione, e che noi non abbiamo premeditato e voluto innanzi a fine di acquistar cognizioni. L'*esperimento* è opera nostra volontaria, e da noi ordinata a scoprire l'ignoto. Non son dunque necessarii esperimenti per acquistare l'esperienza: basta l'operare anche non cercato e non preordinato. — LAMBRUSCHINI.

— Quando *esperienza* ed *esperimento* significano tutt'e due l'atto della prova, allora, parlando di chimica, fisica e simili, usiamo più volentieri *esperienza* e anco il diminutivo *esperienzuola*, che può essere di modestia e non denotare piccolezza, e molto meno esprimere il dispregio come *esperienzuccia*. Certi scienziati imbroglioncelli a forza d'esperienzucce si beccano il premio negato sovente alle grandi e utili invenzioni; di cose letterarie, *esperimento*; e molti di questi letterarii esperimenti non sono che giuchi da pappagalli. Dicesi anco comunemente *sperimento*.

Si sente sempre ripetere: date retta a'vecchi perch'hanno più esperienza; e: l'esperienza è la madre del sapere. Vero; ma v'è certi esperimenti che, a dar retta a'più de'vecchi, non si farebbero mai. Vi chiudon la bocca con dire: s'è fatto sempre così; siam vissuti finora così. — MEINI.

1710—1712.
ESPERTO, PERITO, PRATICO, VERSATO, DOTTO.
INESPERTO, INESERCITATO, IMPERITO.
ESERCIZIO, ESERCITAZIONE.

1710.
Esperto, Perito, Pratico, Versato, Dotto.

— *Pratico* riguarda specialmente il fare; *dotto*, il sapere; *perito*, quel sapere che viene dall'aver fatto. Può l'uomo essere perito in un'arte, e non dotto; dotto, ma non perito. *Esperto*, dice lunga pratica e varia e proficua; *versato*, affine d'*esperto* ove si tratti d'azione; quando riguarda l'intelletto, è meno di *dotto* e di *perito*, supponendo piuttosto la pratica, che l'eccellenza che per essa si acquista. — A.

1711.
Inesperto, Inesercitato, Imperito.

La perizia è esperienza pensata. *Imperito* è dunque più d'*inesperto*; perchè al difetto dell'esperienza può in qualche parte supplire la scienza. La gioventù si dice *inesperta*, e non *imperita*. Ciò che per la cognizione l'esperienza, per la pratica dà l'esercizio. Coloro che non hanno pratica delle cose, si diranno *inesercitati*, ma non *imperiti*. Possono essere periti ne'principii; nella pratica, inesercitati. Tale che in una facoltà era esercitatissimo, può, smettendone l'esercizio, rimanerne perito tuttavia. Chi nella prima età fu latinista valente, può poi diventare inesercitato, ma non imperito.

1712.
Esercizio, Esercitazione.

Esercitazione è esercizio più deliberato e più ordinariamente diretto a uno scopo. Non ogni esercizio è dunque esercitazione. Così talvolta chiamasi anco l'opera ch'è frutto dell'esercizio: quindi le esercitazioni rettoriche; quindi con questo titolo modesto notati parecchi libri assai gravi.

Negli statuti di Cécina il gramolare il lino è chiamato *esercizio*, che parrebbe a taluni saper di francese. Certe esercitazioni dell'ingegno sono esercizii ancora più materiali del gramolare.

1713.
ESPERTO, SPERIMENTATO, ESPERIMENTO, SPERIMENTO.
PERITO, PRATICO (sostantivo).

Direi sempre *esperimento* anzi che *sperimento*; direi, perchè più facile a profferire, *sperimentato* anzi che *esperimentato*; che diventa troppo pesante a volerne trarre il superlativo: ma questo è non norma, e neanco proposta; è semplice opinione; e tocca all'uso decidere; e voglia Dio che lo faccia presto e chiaro, e che tutti s'accordino nel seguirlo. Veramente il popolo toscano dice non solo *sperimentare* ma *spermentare*, con Dante. Chi sa che di cose pratiche parlando, non rimanga *sperimento*, come *Vangelo*: e tante altre apocopi, e che alla scienza non resti il suo *esperimento*?

Sperimentato non è solamente participio passivo, ma aggettivo di qualità, come *sensato*, e tanti altri che hanno attivo il significato, passiva la forma. Uomo sperimentato par che valga, chi acquistò assai esperienza da conoscere e giudicare cose e uomini, e secondo quel giudizio governarsi. Uomo *esperto* pare che dica di più, chi dall'esperienza ha imparato a bene operare in

---

(1) TACITO: *Princeps longa experientia*. — E QUINTILIANO: *Deprehendere experimentis. - Experimentis experticulam comparamus.* — FERRI DI S. C. - Onde: uomo *di molta esperienza*; o semplicemente, *d'esperienza*, che dico *molta*, se non più o meglio.

(2) BOCCACCIO: *La verità da lui, per lunga esperienza, potuta conoscere.* - TA. SEGR. DONN.: *Acciocchè questo sia manifesto, sia fatto questo esperimento.* — REDI: *Fare esperimento di sua virtù*.

(3) VILLANI: *Fecene far saggio, e trovogli di finissimo oro*.

quello di che si ragiona: *esperto* sta da sé, e si congiunge col *di* (1), con l'*a*, coll'*in*; l'altro non ha usi così variati.

Ognun sa che la perizia è segnatamente invocata a giudicare in modo autorevole; e che lo stesso giudizio dei periti, suol chiamarsi perizia, non so se con proprietà, ma certo con brevità intesa da tutti. È noto il detto: *Peritus in arte non debet mori*, ma poco ascoltato; giacchè, se non di laccio o di scure, i periti nell'arte sono spesso o fatti o lasciati morire di morte lenta. Come sostantivo, anzi come titolo d'uffizio, la voce, *perito* ha uso suo proprio; e dicesi anco: perito ingegnere, perito calligrafo, e simili. Sostantivamente, in plurale, dice i *pratici*, sottintendendo i medici, o gli uomini che praticano altra arte o scienza, per distinguerli dai teorici. Uomo pratico, a certi vigliacchi, oggidì vale: uomo che non sogna; e uomo che sogna, chiamano l'anima generosa. Ma l'uso sapiente della lingua ha le parole di beffe e di spregio, *praticone*, che non s'impiccia coll'idee, e sta ai fatti palpabili e alla materia, ed è poco più di *materialone*; e *praticaccia*, cioè mezza esperienza dozzinale, senza fondamento di scienza e neanche d'ingegno.

1714.
ESSERE, Esistere, Sussistere.

— *Essere*, talvolta s'usa in senso d'*esistere*; talvolta indica il modo o le qualità o gli attributi dell'esistenza, onde si usa per copula del giudizio. Nel primo senso diciamo: Dio è; nel secondo: Dio è giusto e buono. — NERI.

— *Essere*, nel primo degl'indicati sensi, è come una formola metafisica, la quale pronunziasi di Dio solo, per adombrare in una voce sola e brevissima, e l'esistenza assoluta di Dio, e l'assoluta pienezza delle perfezioni di lui. Ma agli altri enti ha altro senso. Quand'io dico: la cosa è, sottintendo ch'essa è così; quel modo è un'elissi. Ma quando io dico: la cosa esiste, esprimo un giudizio della sua realità. — CAPPONI.

— *Sussistere* è l'esistere in relazione alla durata dell'essere.

Tutto quel ch'è reale, esiste. Ciò che non è nè distrutto, nè grandemente alterato, sussiste. — GIRARD.

— *Essere* è, propriamente, il solo ed unico verbo, gli altri non sono che parafrasi d'esso. Così s'io dico: il tale vive, parla, scrive, non fo che compendiare la frase: è vivente, parlante, scrivente.

Spedito Mosé da Dio a Faraone, gli dice: Quegli che è, ti comanda di lasciar libero il popolo mio. Ognun vede che dicendo: quegli che esiste, s'avrebbe altro senso. — MEINI.

1715.
ESSERE, Ente.

Essere dai puristi sarà rigettato come francesismo inutile; e anch'io confesso che *ente*, in molti casi, non solo ne fa bene, ma meglio, le veci. Essere infelice, per: uomo, persona, creatura infelice, è barbaro; esseri ragionevoli, non dice nulla più d'enti.

Ma quando si tratta d'indicare non cosa che esiste,

---

(1) *Esperto* dicesi l'uomo non solo delle cose ma anco degli uomini. - DANTE: *Divenir del mondo esperto E delli vizii umani e del valore*. - SACCHETTI: *Avere esperienza di più paesi e genti*. - Pratica del vizio sarebbe biasimo. Potrebbesi praticare uomini e paesi senza acquistarne esperienza.

ma cosa che può esistere, cosa alla quale si può applicare l'idea d'esistenza in generale, *essere* sarebbe più proprio (1). *Ente*, con la forma di participio, indica quello che è, che sussiste; *essere*, con la sua forma d'infinitivo, vale a dire indeterminata, meglio s'adatta a denotare la mera possibilità.

Nel *Nuovo saggio sull'origine delle idee*, di tutte le idee si fa madre e centro l'idea dell'*essere*, perchè tale idea è generalissima appunto in questo che riguarda il possibile, non il tale ente o il tal altro, ma l'essere di tutti gli enti.

1716.
ESTINGUERE, Spegnere, Ammorzare, Smorzare.

Spegnere, nel toscano parlato, ricorre ben più frequente.

Estinzione, di voce; *estinguere* un debito (2), il fomite delle passioni (3); qui non ha luogo *spegnere*.

Di certi animali morti, si dirà, in certi casi, meglio *estinto* che *spento*, in prosa (4); dell'uomo, in prosa, talvolta può convenir meglio *spento* che *estinto*.

Estinguere ha il derivato *inestinguibile*; *spegnere* non ha l'analogo: sete, amore, memoria inestinguibile.

Spegnersi il seme, si dirà, non *estinguersi*. Spegnersi ed estinguersi una famiglia (e forse *estinguersi* meglio si dirà delle più illustri o più note; *spegnersi*, d'ogni generazione, anco di bestie e di piante) (5); spegnere la calcina. *Spegnitojo*, abbiamo; non già *estinguitojo*.

Ammorzare par che ammetta de' gradi; *spegnere* e *estinguere*, meno (6). Ma è voce della lingua scritta più che della parlata.

Smorzare per *spegnere* dicesi comunemente in molti dialetti d'Italia (7).

Estinguere, si dirà, meglio che: spegnere una congiura, una guerra; il calor della vita che si va grado grado estinguendo. Spegnere ed estinguere l'ira, la fame, la discordia, il vigore, la religione, il pudore (8).

— *Smorzare*, contro l'etimologia, dice nell'uso odierno qualcosa meno de' suoi affini. Smorzare la sete, non è estinguerla affatto. Smorzare la voce, uno de'più belli e più difficili artifizii del canto, vale: diminuirla gradatamente dal forte al pianissimo. Così, smorzare i colori, velarne la soverchia vivezza, e ben digradarli. — MEINI.

---

(1) AMBROSOLI: *Esseri ideali*.
(2) FRA GIORDANO: *Venire all'estinzione di questo debito che abbiamo colla morte*.
(3) BUTI: *Estintivo del fomite del male*.
(4) REDI: *Le mosche in così fatta maniera estinte, ritornano in vita*.
(5) G. VILLANI: *Tutto il poggio di Montughi fu loro: e oggi sono spenti*. In questo senso *spegnere* nella lingua parlata è più comune.
(6) POLIZIANO: *Per ammorzar alquanto il crudel foco*.
(7) Viene da *mors*; onde nel trecento si diceva *ammorzare*. Altri dialetti usano *stuar*, ch'è *stutare*, affine al toscano *attutare*.
(8) CICERONE, VIRGILIO, ORAZIO, LIVIO, CESARE, QUINTILIANO. Cito volontieri le locuzioni latine che l'uso italiano potrebbe accettare. *Estinguere*, come ognun sa, viene dal latino; *spegnere*, dal greco: e i Greci moderni dicono *spegnere* per cancellare, come i Toscani accesa una partita scritta al libro. Ne' traslati notati, secondo i luoghi, *estinguere* è ora meno ora più, ma il più spesso è più di *spegnere*. Gli atti d'allegrezza *spenti* non si direbbero *estinti*. La vista spenta per poco da un bagliore, estinta non è.

F

1717
FABBRICA, Manifattura, Officina.
Fabbrica, Fabbricato.
Fabbrica, Opera.

— La *manifattura* è, d'ordinario, più in grande; la *fabbrica* può essere cosa dappoco. — ROUBAUD.

— *Fabbrica* stava una volta anco per *officina*. G. Villani: « Una fabbrica dove si usa fare il ferro. »

Fabbrica, edifizio, e specialmente se sia d'uso pubblico o di grandiosa costruzione; come chiese, palazzi. G. Villani: « La fabbrica della detta Opera di s. Giovanni ebbono in guardia. » In questo caso la parola *opera* significa *uffizio, amministrazione*. Così la fabbrica, l'opera di s. Reparata. In Toscana, lo scrittojo delle fabbriche è un uffizio da cui dipendono le fabbriche pubbliche e regie.

Fabbricato, sostantivo, è voce viva in Toscana, ma indica piuttosto il modo della costruzione che la fabbrica stessa: bella fabbrica, ma di brutto fabbricato. — CIONI.

1718—1731.
FABBRICA, Edifizio, Fabbricato, Costruzione, Edificazione, Fabbricazione, Struttura.
Edifizio, Casa.
Muro, Mura, Muri.
Muro, Muraglia.
Muro, Parete.
Palco, Soffitto, Soffitta, Stuoja.
Palchetto, Piccolo palco.
Palchetto, Scaffale.
Suolo, Pavimento.
Pavimento, Solajo, Soffitto.
Palazzetto, Palazzina, Palazzuccio, Palazzotto.
Palagio, Palazzo.
Loggia, Loggiato, Portico.
Loggia, Galleria, Ringhiera, Portico, Peristilio, Ambulacro, Xisto.
Corridojo, Andito.
Vestibolo, Atrio, Portico.

1718.
Fabbrica, Edifizio, Fabbricato, Costruzione, Edificazione, Fabbricazione, Struttura.

I recati sostantivi hanno, oltre a quelli dei verbi loro, qualch'uso lor proprio, e però qualche particolar differenza.

Fabbrica ha doppio senso: il luogo dove lavoransi cose che servono all'arte o al commercio: fabbrica di panni, di sapone, di carta; e la costruzione incominciata o recente. Casa non finita di fabbricare, non si direbbe con proprietà un *edifizio*. Edifizio antico non si direbbe *fabbrica*. La fabbrica o non è compita, o è di fresco.

Fabbricato, voce dell'uso recentissimo, non ancora autenticata da esempi, dicesi tanto di edifizio recente, quanto d'antico. La fabbrica può essere meschina; il fabbricato è sempre di qualche rilievo. Non ha senso però così nobile come *edifizio*. Quindi la frase del Bartoli: « Fabbricar rovine più ch'edifizii. »

Edificazione e costruzione sono l'atto dell'edificare e del costruire; hanno traslati proprii, che si dirà poi (1). Il secondo ne ha uno suo, quando dicesi: costruzione del corpo umano buona o cattiva: più comunemente *struttura*; ma nella costruzione si può riguardare quasi l'atto del formarsi e del conservarsi così; nella struttura, l'effetto che ne viene ai sensi altrui, o al sentimento dell'uomo stesso al cui corpo si accende.

Fabbricazione è parimente l'atto del fabbricare. In una fabbrica, la fabbricazione di certi arnesi costa molto, perchè non ancora semplificati i processi dell'arte. Ogni scoperta buona è un metodo semplificante.

Fabbrica ha un traslato suo quando diciamo: la gran fabbrica dell'universo, la mirabile fabbrica del corpo umano (2). In simil senso può dirsi: l'edifizio stupendo dell'universo. Ma non si direbbe: edifizio, come direbbesi: fabbrica di tradimenti, d'inganni, parlando specialmente di luogo dove ciò si faccia, o di società che lo faccia.

Certe specie di costruzioni non si possono chiamare *fabbriche*. Non si diranno, per esempio, *fabbriche* i lavori che si fanno nell'interno degli edifizii, lavori di abbellimento e di lusso.

In una fabbrica può comprendersi più d'un edifizio (3).

1719.
Edifizio, Casa.

I.° L'*edifizio* può non essere atto all'abitazione; come portico, bastione, tempio (4). II.° Può non avere tetto. III.° È, d'ordinario, più grande e più sontuoso. Misera casa, edifizio non è (5). Ma può, come si è detto, una casa comprendere più edifizii.

1720.
Muro, Mura, Muri.

— *Mura*, plurale, abbraccia l'intero circuito d'un luogo. Dicendo: le mura della casa, ne intendiamo l'intero circuito; dicendo: il *muro*, intendiamo, il più sovente, un sol lato.

Diciamo: il muro, i muri, le mura della casa; le mura della città, del tempio, non il muro nè i muri. Così ai Greci τειχη eran le mura della città; τειχεα, ovvero τειχεὸ, della casa. — A.

---

(1) G. Villani: *Faremo menzione della edificazione delle dette mura.*

(2) Cicerone: *Admirabilis fabrica membrorum animantium. - Neque mundo quidquam pulcrius, neque ejus œdificatore præstantius.*

(3) Tesoro: *Quando la tua magione è compiuta e fornita delli suoi edifizii.* - Cicerone: *Domum tuam et œdificationem omnem perspexi.*

(4) Barbieri: *Un edifizio ad uso di caffè, di ridotto.*

(5) Plauto: *Domum nostram, agrum œdes.* L'etimologia qui conferma la differenza. *Ædes* ognun sa ch'era maggiore di *domus*.

1721.
Muro, Muraglia.

— *Muraglia*, talvolta è edifizio di per sè, come la muraglia della China. Si suppone più grossa del muro, e fatta a difesa, a fortificazione, dove il muro può essere a divisione o a recinto. — A.

1722.
Muro, Parete.

— *Muro*, della città, della fortezza, del tempio, della casa; *parete*, della parte interior della casa. Varrone: « *Parietes postici muris sunt scripti.* » Tacito: « *Nec communione parietum sed propriis quoeque muris ambiuntur.* » Può la parete essere di stuoja, o d'assi, o di graticci; il muro, propriamente, è sempre di pietra. — A.

1723.
Palco, Soffitto, Soffitta, Stuoja.

Tra gli altri sensi di *palco* ho detto esser questo, di legnami con travi che reggono il pavimento. Il palco stesso è pavimento nelle case più rozze; ma è pavimento in quanto si calca; è palco in quanto si guarda di sotto in su.

Se al palco configgonsi o canne o assi da coprire d'intonaco di calcina, che deve o rimaner così bianco o esser dipinto, quella dicesi *stuoja*. Se il piano di sopra non è abitato, come in una chiesa, in un'aula o in altro edifizio simile, quel palco è *soffitto*.

Soffitta è la stanza a tetto (1), e tutto il piano a tetto si chiama *soffitta*; ma ora anche le stanze a tetto sono con palco, stuojate, abitate.

1724.
Palchetto, Piccolo palco.
Palchetto, Scaffale.

Palchetto, un piccolo tavolato posticcio, levato da terra, per istarvi a vedere spettacoli (2) o per cantarvi (3). *Palchetto*, anco quell'asse che nelle case, e nelle cucine segnatamente, si configge al muro, per porvi sopra stoviglie o altri attrezzi (4) o abbia più ordini o no. *Palchetti*, quelli delle biblioteche, e ogni *scaffale* ha più palchetti.

Un palco non grande di teatro, un palco non grande composto di legnami commessi e confitti insieme per sostenere il pavimento (5), un palco di corna de' cervi, de' daini (6), se piccoli, non si diranno palchetti, nè palchettini, ma *piccoli palchi*.

1725.
Suolo, Pavimento,
Pavimento, Solajo, Soffitto.

— *Pavimento* è suolo lavorato dall'arte, più uguale e pulito. Dapertutto c'è il suolo. Questo è il vocabolo generale. — ROMANI.

— *Pavimento*, suolo di pietre, mattoni, o assi, per camminarci sopra. *Solajo*, il suolo che divide un piano dall'altro. *Soffitto*, la parte di sotto del solajo. — VOLPICELLA.

1726.
Palazzetto, Palazzina, Palazzuccio, Palazzotto.

Il primo è palazzo piccolo; il secondo, casa non grande ma elegante; il terzo, palazzo meschino. Al primo congiungesi l'idea di piccolezza, e può congiungervisi o no l'idea d'eleganza; il secondo non è, veramente, palazzo nemmeno piccolo, ma è casa bella; il terzo è palazzo, ma piccolo e gretto, o per forma o per povertà d'ornamenti.

Palazzina è d'uso moderno. Il tempo de' palazzi è passato; ora in molte cose s'amano i diminutivi, e femminili.

Il *palazzotto*, come ognun sa non è nè bello, nè grande; men piccolo del *palazzetto*, e tiene più del *palazzaccio* che del *palazzuccio*.

1727.
Palagio, Palazzo.

Palagio, rimasto al verso o alla prosa più scelta, vive ancora in Firenze nel titolo d'una contrada che dicesi *Via del Palagio*; perchè i nomi delle contrade e de' luoghi conservandosi per lungo corso di secoli, conservano le vestigia della lingua, della storia, delle tradizioni, delle consuetudini antiche.

Del resto, anco nella lingua scritta, ognun vede che i derivati di *palazzo*: *palazzina, palazzetto, palazzuccio, palazzone, palazzotto* (parola resa memorabile da un'opera di scrittor milanese più che dalla storia del Guicciardini), a *palagio* non si converrebbero. Nè il maestro del palazzo (1), nè il Conte del Sacro palazzo, nè l'andare a palazzo (al tribunale) si può scambiare con *palagio*.

Del resto, se il gentil Boccaccio, se il gentilissimo Petrarca non rifuggirono di usare *palazzo*, lo crederei sempre migliore attenermi, anco in poesia, all'uso più generale.

1728.
Loggia, Loggiato, Portico.

— La *loggia* è, per lo più, da sè, e la sua copertura è più spesso a volta, sostenuta da colonne o pilastri. Nelle logge convenivano gli antichi Fiorentini per trattare le loro faccende. Loggia de' Lanzi, Loggia de' Cavicciuli.

Loggiato è luogo coperto a guisa di loggia, con pilastri o colonne esso pure, e posto avanti o d'intorno a un edifizio, che serve d'abitazione o altro (2). *Portico*, presso a poco, equivale a *loggiato* (3), se non che questo, talvolta, è più nobile. Il portico dinanzi alle case de' contadini non si direbbe *loggiato*. — CIONI.

Dicesi però *loggia* in molti luoghi, e nelle provincie meglio parlanti, anche fuor di Toscana.

1729.
Loggia, Galleria, Ringhiera, Portico, Peristilio,
Ambulacro, Xisto.

— *Loggia*, edifizio aperto che si regge in su pilastri e colonne. La loggia può essere e a terreno e sopra; ha varie forme, usi varii. Può servire e di comunicazione e di passeggio, essere aperta dall'un lato e da due,

---

(1) VARCHI: *Si restrinsero in una soffitta del cardinale.*
(2) ARIOSTO: *Le vaghe donne gettano dai palchi Sovra i giostranti fior vermigli.*
(3) G. VILLANI.
(4) CRESCENZIO: *Vaso di terra da tenere acque nelle colombaje, il quale abbia un'asse sopra di sè con molti e spessi palchetti, infra i quali possono (i piccioni) porre il capo.*
(5) CRUSCA; VELLUTELLO; BOCCACCIO.
(6) REDI: *Corna di quattordici e di quindici e talvolta di più palchi.*

TOMMASEO, *Diz. dei Sinonimi.*

(1) VARCHI. — MAFFEI: *Questi favori dal palazzo (corte romana.)*
(2) NERI: *Un gran loggiato che circonda il cortile intorno intorno.*
(3) VILLANI: *Entrò nel portico di S. Pietro.*

Può servire per semplice punto di vista; può servire a pubbliche solennità, o ad ornamento di piazza o simile. *Logge*, da ultimo, son le aperture sopra le navate laterali d'un tempio; che guardano verso la navata di mezzo, dalle quali si può assistere alle funzioni sacre. Ma meglio che *logge*, si diranno *ringhiere*.

Ringhiera è tutto ciò che da più o men alto sporge e riguarda di sotto e diatorno. È anco la parte inferiore della loggia, la parte del parapetto. Ogni terrazzino o balcone ha o può avere ringhiera.

Galleria ha vari sensi. Così chiamasi: I.° quella serie di colonne che dentro a templi o altri grandi edifizii fanno quasi un portico. II.° Nell'architettura militare è cammino aperto e sotterraneo. E così nell'arte del minatore. III.° Nella civile, lunga stanza chiusa da ogni lato; e perché tali stanze sogliansi ornare di cose d'arte perciò una raccolta d'opere d'arte dicesi *galleria*.

Portico, luogo coperto intorno o davanti gli edifizii, da basso. Il suo primo fine è servir di difesa dalla pioggia e dal sole.

Peristilio, ordinanza semplice o doppia di colonne che forma un loggiato sul davanti de' templi e d'altri grandi edifizii.

Ambulacro e *Xisto*, voci d'uso romano. La prima vale luogo da passeggiare, e pare fosse scoperto. Certo lo distinguevan dal portico. Plauto: « *Balneum, ambulacrum, et porticum*. »

Xisto, portico molto largo, dove nel verno solevano esercitarsi gli atleti. Ma s'usava per *portico* in genere. — ROMANI.

1730.
Corridojo, Andito.

— *Andito* è passaggio, non largo, d'uno in altro luogo della casa; il *corridojo*, è più largo, e sovente più lungo; e serve a passeggio. Nei luoghi abitati da comunità, i corridoi son frequenti a vedere e necessarii. — ROMANI.

1731.
Vestibolo, Atrio, Portico.

— *Vestibolo*, nell'antica architettura, era un grande spazio aperto davanti alla porta principale di grande edifizio. Siffatto luogo coperto alla fronte dell'edifizio stesso, e sporgente nella via, presso i Romani antichi serviva per ricovero dalla pioggia e dalle ingiurie dell'aria. Ma tali costruzioni occupando parte delle strade pubbliche, le rendevano anguste e incomode, onde furono poste in disuso, e sostituironsi i portici. Questo per le case private; ma quanto agli edifizii pubblici, ai templi, ai teatri, alle curie, si mantenne lungamente l'uso dei vestiboli; e c'è tuttavia antiche chiese, anco moderni edifizii, che ne sono forniti. Tali in Milano i templi di s. Ambrogio, di s. Nazzaro Maggiore.

Atrio, presso i Romani, era la prima parte delle case, posta nel mezzo, laddove colava l'acqua da' tetti raccolta. L'atrio, dunque, era dapprima scoperto così come il nostro cortile; ma poi con questo nome s'indicò il primo ingresso coperto (1). Questo è il senso moderno. *Atrio*, a noi, è la prima parte interiore d'edifizio alquanto magnifico.

---

(1) OVIDIO: *Atria marmore facta.* - VIRGILIO: *Apparet domus intus, et atria longa patescunt.*

Vestibolo, dunque, differisce da *atrio* in ciò, che questo è nell'edifizio, quello fuori. Ne' teatri, per esempio, il vestibolo è quella parte ove si smonta di carrozza; atrio è il primo luogo d'ingresso che mette alla porta della platea.

Un portico può essere vestibolo; ma non ogni portico è vestibolo; né ogni vestibolo è a portici. I lati del vestibolo possono essere praticati, e il mezzo scoperto. — ROMANI.

Aulo Gellio: « Di parecchi vocaboli facciamo uso, e non sappiamo che propriamente significhino; come *vestibolo*, voce comune nel discorso, e non abbastanza pensata da que' che l'usano. Ho notato, certi uomini, non indòtti del resto, credere che il vestibolo sia la prima parte della casa, comunemente detta *atrio*.

« Aquilio Gallo, nel libro secondo della significazione delle parole che al diritto appartengono, dice il vestibolo non essere nella casa stessa nè parte di quella, ma lo spazio innanzi la porta della casa vuoto, al quale s'entra dalla strada alla casa. Que' che anticamente facevano case grandi, lasciavano uno spazio davanti la porta tra questa e la strada, quivi coloro che venivano a salutare il padron della casa, prima d'essere intromessi, si fermavano; ché non era né la via pubblica né la casa. »

1732—1736.
FABBRICARE, EDIFICARE, COSTRUIRE, MURARE.
COSTRUIRE, FORMARE.
COSTRUZIONE, FORMAZIONE.
COSTRUZIONE, STRUTTURA.
COSTRUZIONE, COSTRUTTO.
COSTRUTTO, UTILITÀ.

1732.
Edificare, Fabbricare, Costruire, Murare.

« *Costruire*, dice il Dumarsais, più generale: da *struere*. Si costruisce edifizio, macchina, capanna: è ben costrutto il corpo umano, un ordigno. *Fabbricare*, delle case, e di costruzioni simili da muratore, e delle arti. Fabbricansi case e stoffe. Questo secondo senso non l'ha *costruire*. »

« *Edificare*, soggiunge il sig. Guizot, appartiene al primo senso di *fabbricare*; ma è più nobile, e riguarda fabbriche più grandi e più sontuose. Si fabbrica una casuccia; si edifica un tempio, un palazzo. Fabbricare un tempio non si direbbe, se non della materiale opera de' muratori, o della spesa; non mai della erezione intera comprendente il disegno e gli ultimi ornati. L'artiere dà norma all'edifizio; l'artigiano lo fabbrica. »

In questo senso, anche *costruire* è più nobile di *fabbricare*. C'è delle cose che possonsi dire costruite e non fabbricate, come una sala da servire a spettacoli; molti degli interni miglioramenti che si fanno in un edifizio; monumenti postici, come archi di trionfo, vascelli, o simile.

Il Romani: « *Fabbricare* è opera manuale: si fabbricano mattoni, cannoni, istrumenti (1). *Edificare* dicesi di templi, case, palazzi, torri, altri grandi edifizii (2). »

---

(1) VILLANI: *Fabbrica di ferro.* - REDI: *Fabbricare orologi.* - MAGALOTTI: *Canna... Fabbricata in modo...* Quest'era in latino il senso primitivo di *fabbrica*; da *faber*.

(2) M. VILLANI: *Chiesa edificata.* - *Case edificate.* - G. VILLANI: *Edificazione delle mura.* - CICERONE: *Ædificare porticum.*

Costruire, alla lettera, vale unire insieme, in ordine e forma atta a qualch'uso, più oggetti. Si costruisce un argine, un bagno, una zattera. I materiali, gli arnesi fabbricati da altr'arti, servono alla costruzion della nave.

— *Costruire* differisce altresì da *edificare* e da *fabbricare*, perché gli edifizii non possono senza buona costruzione essere solidi e bene ordinati. Quindi diciamo: edifizio solidamente, elegantemente costrutto.

In un passo di Cicerone tutte e tre queste voci si trovano: « *Quibus oculis intueri potuit Pilato fabricam illam tanti operis, quâ construi a Deo atque ædificari mundum facit?* » Il Forcellini distingue: *costruire* è mettere insieme e ordinare le parti; *edificare* è conformare il tutto a bellezza. Ed infatti, l'idea di edifizio include qualcosa, se non di bellissimo, di decente.

La costruzione è più o men salda e sicura; l'edifizio più o men regolare o magnifico (1).

Si costruisce e si edifica o lavorando da sé, o dando il disegno e assistendo al lavoro; si fabbrica anche facendo ch'altri ci lavori e diriga. Il padrone che a proprie spese innalza una casa, si dirà che la fabbrica, che la fa costruire: non che la costruisce o la edifica. Diconsi propriamente dell'architetto, del maestro (2).

Il *fabbricare*, di casa, i Toscani dicono comunemente *murare*, ed è modo antichissimo: onde sublimemente l'Allighieri, della Chiesa parlando, la dice: « Tempio Che si murò di segni e di martìri. » Anco assolutamente: *egli mura*, senza né nome né particella dietro, vale: che fa fabbricare. Chi ha la smania di murare (com'altri d'intavolare liti), dicesi che ha il mal della pietra. L'edifizio del capo, per la pesante acconciatura del capo, è modo bello del Parini. Il cavallo trojano, che Virgilio dice edificato, è così chiamato per estensione; modo poetico anch'esso.

Si costruisce non solo una casa, ma qualunque sia piccolo oggetto, dove si tratti di mettere insieme parte con parte (3).

Si edifica di pianta; si fabbrica anco per restaurare (4).

Edificare ha poi un traslato religioso suo proprio, che ognun sa: e'pare strano, ma non è senza ragione (5). Chi con l'esempio o con la parola induce un buon sentimento nelle anime, mette quasi una pietra nel grande edifizio della Chiesa di Dio.

Fabbricare s'usa traslatamente parlando d'inganni (6). D'un turbo si dirà che di certe biadolerie e'ci ha la fabbrica in casa. Certuni non più che versificatori, hanno, per esempio, la fabbrica del verso sciolto. C'era già fabbriche di sonetti; e il venditore diceva: di quante lire lo volete voi? Povera lira d'Apollo. in men di Mercurio!

1733.
Costruire, Formare.

Costruire ha, come tutti sanno, un senso grammaticale, che prova anch'esso la latitudine a questa voce datagli. La quale è tanta, che *costruire*, sovente, diventa quasi affine a *formare*; se non che *formare* è sempre più generico, e abbraccia ogni specie di forma che diasi all'oggetto; dove il *costruire* è un mettere insieme varie parti formandone un tutto. Si forma una statua, non si costruisce.

1734.
Costruzione, Formazione.

La *costruzione* dell'universo, e d'altra opera più o meno complessa, riguarda il congegno delle parti; la *formazione*, il tutto, lo spirito che gli è vita, l'intendimento che muove esso spirito. Nella formazione, segnatamente, si riconosce la virtù creatrice, inventrice.

Nel senso filologico, *costruzione* riguarda l'intero periodo nella corrispondenza delle sue parti fra loro; *formazione*, i vocaboli in quanto ricevano varietà di forme dalla desinenza o dalle particelle congiuntevi, e in quanto il parlante e lo scrivente può dalla radice medesima formarne secondo l'analogia, e le già usitate applicare. Formazione del periodo, può avere altresì senso estetico, considerato esso periodo come un'opera d'arte, come quasi un'imagine dipinta o scolpita, un disegno che ha a avere la propria euritmia.

1735.
Costruzione, Struttura.

— *Costruzione* è l'atto; *struttura*, l'effetto della costruzione, il modo. Struttura anco di cose non costrutte per arte, come di un animale, d'una pianta, d'un monte. — ROMANI.

1736.
Costruzione, Costrutto.
Costrutto, Utilità.

Si fa la *costruzione*, traducendo da una lingua d'indole alquanto diversa, e disponendo i vocaboli secondo le norme della lingua in cui si traduce. La qual traduzione può farsi tutta in pensiero, che anzi, quando veramente s'intende una lingua, se ne fa sull'atto la costruzione nella lingua propria, al primo sentir le parole, e sovente prima d'averle sentite tutte; e quando una lingua possedesi, la si pensa di lancio con la costruzione sua propria. Questo non sanno coloro che scrivono il latino colla costruzione italiana, l'italiano cogli andamenti francesi.

Costrutto è in particolare il tale o tal composto di voci da cui risulta un senso compiuto. La costruzione grammaticale può essere senza fallo, e anche propria all'idioma; ma il costrutto essere perplesso, oscuro, zoppo, sgraziato. Di qui forse viene che non solamente di discorso, ma anco di fatto o serie di fatti dicesi che non v'è costrutto, cioè che non se ne vede ragione; e perché pur troppo l'utilità è a taluni ragione suprema, e il *quia* confondesi col *cum quibus*; però, trovarci o non ci trovare il suo costrutto, vale non ci trovare utilità, ma di quella utilità che risulta dal complesso di tutte le operazioni.

---

(1) BARBIERI: *Salva l'integrità e la sicurezza della costruzione. - Prima legge d'ogni architettonica costruzione si è quella di acconciamente servire agli usi.*

(2) I Greci distinguevano ὀικοδομέω, fabbricare, da ὀικοδομοῦμαι, ch'è fabbricare per sé. — VIRGILIO: *Mœnia... Neptuni fabricata manu.*

(3) CICERONE: *Aves cubilia sibi nidosque construunt.*

(4) CICERONE: *Tribus locis ædifico, reliqua reconcinno.*

(5) *Edificare*, in questo senso, indica la formazione dei sentimenti pii nel cuore della persona edificata; dal detto di Paolo: « Voi siete il tempio di Dio. » Ajuta a edificar questo tempio chiunque eccita ed insegna col suo esempio a ben fare. — LAMBRUSCHINI.

(6) PLAUTO: *Fabricare, finge quod lubet.*

1737—1743.

FACCIA, Viso, Aspetto, Volto.
Fattezze, Figura.
Fattezze, Lineamenti, Fisonomia.
Fisonomia, Aria, Cera.
Guancia, Gota, Mascella, Mandibola, Ganascia.
Smascellarsi, Sganasciarsi.

1737.
Faccia, Aspetto, Viso, Volto.

— *Faccia*, in senso speciale, è meno di *aspetto*. Quella denota la parte anteriore dell'uomo dalla sommità della fronte fino all'estremo del mento; l'*aspetto* è la parte tutta anteriore dell'uomo. Così dall'uso e dall'etimologia. Ma in senso generico, *faccia* è qualunque superficie: faccia di una casa, di un libro, di un dado, non: aspetto. *Viso* (dall'organo della vista che vi risiede) talvolta si usa per *faccia* in senso particolare, talvolta in senso di occhi: « Oimè il bel viso, oimè il soave sguardo! » nel primo significato; « Tantoché per ficcar lo viso al fondo, » nell'altro. Ma in questo è vieto. Dante non avrebbe detto: ficcar lo volto. *Volto* non è comune nella lingua parlata; se non il Santo Volto de' Lucchesi, ch'è in Dante, e il volto de' Veneziani per maschera, che sa di latino. *Vista* usasi per *aspetto*: « La vista che m'apparve d'un leone. » Qui nè *viso* nè *volto*. — NERI.

1738.
Volto, Faccia.

Faccia è la figura del viso, la superficie della parte anteriore del capo, che riman la medesima sempre. *Volto* è l'atto, l'abito della faccia; atto che varia secondo lo stato del corpo, dell'animo. Diremo: faccia brutta, grossolana, larga, e simile; e: volto allegro, ingrognato. Diremo bene: faccia allegra, ma non ordinariamente: largo volto, nè: volto grossolano. Bel volto, sì, in quanto la bellezza è tutt'insieme e spirituale e corporea; viene e dalle forme e dalla espressione del viso. Cicerone: « *Recordamini faciem, atque illos ejus fictos simulatosque vultus.* » Il plurale dice il mutare del volto. E notisi che questo plurale e l'altro di ora rammentano il modo ebraico, che fa sempre *faccie* plurale, quasi per indicare che in tutte le cose ciascuno de' lati può essere considerato in più rispetti.

1739.
Fattezze, Figura.

— Aurelia avvezzava i suoi figli ad usar parole nel discorso le meglio adatte a ciò ch'essi intendevano d'esprimere. L'ho riconosciuto alla figura no; s'ha a dire: alle fattezze. - Il porco rugge; egli è il leone che rugge, il porco grugnisce. Insomma, ella li esercitava a servirsi de' vocaboli meno generali, cioè più appropriati alle cose. Così, diceva, pare che le cose stesse si rechino in mezzo, e si mostrino. Così facendo, fra più altri danni, voi fuggirete ambiguità il più che si può; sarete intesi, e non fraintesi, come accade spesso a chi non pensa più che tanto al linguaggio ch'egli usa. In tal guisa vi diventano famigliari i modi urbani e schietti e sinceri. Oltrechè, se vi sarà difficoltà di pigliarvi nelle parole; e più facile vi riuscirà il discoprire chi cercasse con istudiati vocaboli d'ingannarvi. — TAVERNA.

1740.
Fattezze, Lineamenti, Fisonomia.

Fattezze par che riguardi l'intero del viso; *lineamenti*, le linee che ne sono il contorno, e dalla cui delicatezza si giudica la gentilezza e la bellezza del viso (1). Diciamo: riconoscere quelle fattezze; meglio: que' lineamenti (2); belle fattezze, più sovente che: be' lineamenti (3).

Nelle fattezze è la bellezza; ne' lineamenti, la grazia. Il pittore che studia il bello guarda all'armonia de' lineamenti (4); il pittore che cerca la somiglianza, studia le fattezze. Lo spirito e l'animo si conosce da' lineamenti in profilo, ben meglio che dalle fattezze. Certe donne hanno fattezze belle, e lineamenti non assai delicati.

Tanto è vero che le fattezze riguardano l'intero del viso, che per indicare un visone largo e grosso e ben rilevato, in Toscana usasi il femminino plurale *fattezzone*; accrescitivo non bello, ma che dipinge acconciamente la cosa. E così *fattezzine*, diminutivo non più strano di *carezzine*, e simili.

Le fattezze possono ingrossare e variare; i lineamenti rimangon sempre i medesimi, se non quando le grinze le sformano un poco. I lineamenti di Napoleone condottiero dell'esercito d'Italia contro gl'Italiani, e di Napoleone a Sant'Elena, danno la medesima fisonomia.

La *fisonomia* colle fattezze e co' lineamenti e coll'aria del volto dà a conoscere la natura intellettuale e morale degli uomini. Nell'uso prendesi per la stessa figura e aria del volto; sempre però in quanto detta aria o figura può essere indizio delle qualità dello spirito (5).

Fisonomia, dunque, comprende non solo le fattezze e i lineamenti, ma l'aria della testa, come dicono gli artisti; e sottintende sempre un indizio delle qualità interiori. Le belle fattezze non sempre fanno bella fisonomia; v'è una certa bellezza che fa paura.

Quando si tratta d'additare l'arte del fisonomista, non so se, scientificamente parlando, gioverebbe scrivere, secondo l'origine, *fisiognomonia* (6).

1741.
Aria, Fisonomia.

Ho detto che nell'idea di *fisonomia* comprendonsi quelle dell'aria e della figura del volto. *Fisonomia*, dunque, è più generale d'*aria* in quanto comprende anco le fattezze; *aria*, poi, è più generale di *fisonomia* in quanto l'aria è non solamente del viso, ma della persona, del portamento, degli atti, delle parole, del silenzio, dell'opere. La *fisonomia* ha sempre qualche relazione col giudizio morale che si fa dell'uomo: aria di pretensione, e simili.

Quando d'uno si dice ch'ha l'aria di uno sciocco,

---

(1) BOCCACCIO: *Occulta virtù destra in lei da alcuna rimemorazione de' puerili lineamenti del viso del suo figliuolo.* Nel bambino non erano svolte ancora le fattezze; però ben dice *lineamenti*.

(2) PETRARCA: *Raffigurato alle fattezze conte.* - CASA: *Perciò più acconciamente diremo: riconosciuto alle fattezze, che alla figura o all'immagine.*

(3) BOCCACCIO: *Parevano le sue fattezze bellissime.* - *Aven le fattezze del volto delicate molto e ottimamente disposte.* - BERNI: *Il naso, i labbri, i cigli, ogni fattezza Pareva fatta per le man d'Amore.*

(4) BUTI: *Disegnare e figurare immagini secondo le lineamenta corporali.*

(5) LIB. SEN.: *La tua fisonomia traditoresca... Danno notizia del tuo mal pensiero.*

(6) Φύσις-γιγνώσκω.

e' si giudica tale non solo dalla fisonomia, ma da tutte le apparenze (1).

Anche quando diciamo: aria del viso, che parrebbe allora tutt'uno con *fisonomia*, non intendiamo lo stesso. L'aria del viso non sono le fattezze o i lineamenti, non è nemmeno l'espressione; è quell'aura che spira dall'essere umano (2), quel non so che indefinibile che vi piace o vi dispiace, v'innamora o vi irrita. Fisonomia dolce, non è il medesimo che « l'aria dolce del bel viso umano », come direbbe il Petrarca. C'è delle fisonomie dolci che ispirano pietà o riverenza; dall'aria dolce spira grazia e amore.

La fisonomia esprime meglio l'indole, gli affetti costanti; l'aria, sovente gli affetti passeggeri (3). Così diciamo: aver dell'aria, far aria, per: montare in superbia; mi accolse con una cert'aria...; aria allegra, e simili. La fisonomia allegra spira ilarità per natura; l'aria allegra dice l'allegrezza o l'allegria del momento.

1742.
Fisonomia, Cera.

— I.° In simil senso diciamo anche *cera*; ma *cera* è più famigliare nella lingua moderna; *aria* è di tutti gli stili (4): si prende un'aria piuttosto che un'altra; si fa una cera o trista od allegra.

II.° La cera si muta per varii effetti, perchè nella cera è compresa l'idea del colore; la fisonomia non si muta (5) se non col mutare dell'animo.

III.° La cera esprime, più d'ordinario, queste tre sole cose: ira, tristezza, gioja (6); l'aria n'esprime infinite, appunto perch'è indefinibile.

IV.° Far buona o cattiva cera, diciamo; non: far buona o cattiv'aria. Brutta cera, non: brutta aria. Di buona cera, per: allegramente; non già: di buon'aria (7).

V.° Aver cera d'essere o di fare una cosa, vale: parer atto alla cosa (8). Aver l'aria, vale: aver l'apparenza, la somiglianza, l'aspetto. Diremo dunque: costui m'ha l'aria d'impostore; ma non: m'ha cera d'uomo che sappia sostenere le sue bugie con coraggio.

« *Cera*, nota a un dipresso il Romani, esprime l'aspetto esterno della faccia, allegra o mesta, sana o inferma. Le *fattezze* disegnano la material forma del viso in quanto è più o meno delicata o leggiadra. *Aria* è l'aspetto insieme di leggiadria e di bellezza, o di qualunque altro affetto che spira dal corpo umano, e specialmente dalla testa; esprime l'armonia delle membra tra sè, l'armonia delle membra con l'affetto dell'animo; poi, l'affetto che questa vista eccita ne' riguardanti. « Belle arie di teste, » è modo usitato dal Vasari. A chi si faccia a descrivere le pitture d'oggidì, verrà di rado opportuna. — CAPPONI.

1743.
Guancia, Gota, Mascella, Mandibola, Ganascia, Smascellarsi, Sganasciarsi.

Grassi: « *Mascella*, la parte interna della bocca degli animali, nella quale son fitti i denti (1): *guancia*, la parte esterna. La cosa principale rappresentata da *mascella* è il luogo de' denti; da *guancia* o da *gota*, la forma, il colore, l'esterna apparenza (2).

« Anche quando *mascella* non dice direttamente la detta idea, non è da confondere cogli altri vocaboli: 1.° Perchè la mascella distinguesi in superiore e inferiore; 2.° perchè tien sempre un po' di men nobile (3). »

Questa distinzione è confermata da un esempio di Dante. Bocca degli Abati, al Poeta che l'avea urtato col piede nel viso, dice: « Or tu chi se' che vai... Percotendo... altrui le gote? » E un altro dannato sentendolo gridare, ne lo rimprovera: « Non ti basta sonar con le mascelle (battendo i denti dal freddo), se tu non latri? » Non avrebbe detto: sonar con le gote, nè: percuotere le mascelle.

Dalla larghezza delle mascelle talvolta si distinguono le specie o le razze, non dalle gote.

Smascellarsi, diciamo, e *sganasciarsi* dal ridere (4): non già: sguanciarsi o sgotarsi.

Smascellarsi è meno ignobile, come *mascella* è men basso di *ganascia*.

Giova notare come questi modi, denotanti vero male corporeo, comprovino che il riso eccessivo è più penoso del pianto, produce uno slogamento e materiale e morale nelle umane facoltà; è una vera convulsione morbosa.

Mandibole son le parti della mascella con le quali si mastica: mandibola è la parte ossea. Quindi è che allo scheletro resta sempre la mandibola, non la mascella. È termine tecnico più dell'uso (5).

Denti mascellari, diciamo; non altrimenti. Abbiamo l'accrescitivo *mascellone*; come *gotone*. *Mascella*, però, manca di diminutivi (6).

Può conchiudersi: *ganasce*, propriamente degli uomini; *mascelle*, degli animali: e nel linguaggio scientifico, *mandibole*, comune agli uni ed agli altri. In certi casi, per estensione, *ganascia* e *mascella* si trovano invece di *gota* o di *guancia*.

---

(1) Non è francesismo. LASCA: *Poni mente s'egli non ha aria d'un'immagine.* - GELLI: *Egli aveano aria d'aver bisogno.* Quindi *arieggiare* per somigliare. - MANZONI: *Riconosciuti all'andare, all'aria sospettosa.*

(2) Onde il bel modo oraziano alla seduttrice: *Tua ne retardet Aura maritos.*

(3) BERNI: *L'aria di quel bel viso è fatta scura.* - ARIOSTO: *E ch'era stato all'aria del bel viso Un affanno di cuor tanto nocivo.*

(4) *Cera* dicevano gli antichi per *viso* in generale: e *cera* anco delle bestie. Il primo esempio che cita la Crusca parla della cera allegra d'un astore. Gli astori hanno sempre buona cera

(5) LIVIO: *Nè sempre mutò cera nè colore.*

(6) BOCCACCIO: *Con cera fosca.* - DANTE: *Cera gioiosa.* - VARCHI: *Cera brusca.*

(7) LIVIO: *Festeggiarono con lui di buona cera.* - LIB. SON. *Non ti fece buona cera.*

(8) CECCHI: *Il marito di lei non m'ha cera di valente cavaliere.*

---

(1) CRESCENZIO: *Gli si cavino della mascella di sotto quattro denti.* - MORALI S. GREGORIO: *La mascella attrita lo cibo.* - REDI: *Gli altri denti delle mascelle erano appena coperti da un... velo di gengia.*

(2) A *mascella* corrisponde *maxilla*.

(3) Non si potrebbe porre *mascella* per *guancia* negli esempi che seguono. PASTOR FIDO: *Fiorita guancia.* - ARIOSTO: *Battersi ancor del folle ardir la guancia.*

(4) BUONARROTI: *Per fare sganasciar chi l'era sotto.* - E a sganasciare incominciai sì forte.* - BOCCACCIO: *Avean tanto viso ch'eran creduti smascellare.* - MENZINI: *Si smascellò di risa.*

(5) VIRGILIO: *Mandaret, et trepidi tremerent sub dentibus artus - Manduat sub dentibus aurum.*

(6) BOCCACCIO: *Mascelloni che paiono d'asino.*

1744 — 1752.

FACCIA, Muso, Volto, Aspetto.
Viso, Fisonomia.
Muso, Ceffo, Grugno, Grifo, Mostaccio.
Niffo, Grifo, Grugno, Grinta.
Viso, Idea.
Ideina, Ideuccia.
Visino, Visetto, Visuccio.
Musone, Visaccio, Musaccio.
Visone, Facciaccia, Faccione.
Ceffone, Ceffaccio.
Ceffone, Mostaccione.

1744.
Faccia, Muso.

— *Faccia*, la parte dalla fronte al mento; esprime specialmente le qualità materiali e visibili di questa parte dell'umana figura (1).

Muso è proprio di certi animali (2). D'uomo, ha del dispregiativo, o dell'ignobile almeno. — ROMANI.

1745.
Faccia, Volto.

Volto, specialmente dell'uomo; *faccia*, del lato che primo e più diretto a noi presenti un oggetto qualsiasi. Tacito: *Non ut hominum vultus ita tuorum facies; mutantur.* D'uomo, *faccia* indica talvolta franchezza, audacia. In questo di Cicerone non apparisce distinzione notabile: « *In facie vultuque vecordia inerat*, » se *facies* non s'intenda dei lineamenti, e *vultus* degli atti del viso.

1746.
Faccia, Aspetto.

— *Aspetto*, dice più, perché significa bellezza, amabilità, dignità (o i loro contrarii), che risultano dall'insieme di tutta la figura umana. Ma riguardo alle fattezze del volto, dice meno, perché quegli a cui manca un bell'aspetto, non ha però sempre brutta faccia. Leggiamo nelle Vite di F. Villani: « Fu Guido di statura più che militare, faccia delicata, aspetto gentile. » — « Fu Niccola di mediocre statura, petto largo, ampia faccia, lineamenti virili, e membra convenientissimamente proporzionate, di bello aspetto. » — POLIDORI.

1747.
Viso, Fisonomia.

— La *fisonomia* è l'espressione degli affetti e degli abiti, in quanto si leggono ne'lineamenti del *viso*. Si può avere, con un viso non bello, una bella fisonomia; e a vicenda. Nella regolarità de'lineamenti sta la bellezza del viso; ma l'ingegno e l'animo forte sono sovente espressi da certe angolosità o sinuosità, o dal profilo, o dalla forma della fronte, o dagli occhi. — FAURE.

1748.
Ceffo, Muso, Grugno, Grifo, Mostaccio.

— *Ceffo*, di cani e altri animali (3). *Ceffo*, per dispregio, viso deforme o per natura, o per isconvenevole affetto che vi s'imprime (4).

Muso, meno dispregiativo di *ceffo*, parlando e di brutti e d'uomini: *Ceffo*, inoltre, ove s'intenda di faccia umana, può esprimere un momentaneo o passeggero accigliarsi, imbronciarsi, arrossare. *Muso* esprime il broncio soltanto; del resto significa, più d'ordinario, la costante attitudine e la naturale figura.

Grugno, propriamente, de'porci; *grifo*, e de'porci e d'altri animali che possono a qualche guisa ferire. Non si direbbe: grifo d'un asino.

Mostaccio, disprezzativo del volto umano soltanto (1). — ROMANI.

1749.
Niffo, Grifo, Grugno, Grinta.

— *Niffo*, dei porci, è rimasto forse in qualche luogo, ma non s'intende generalmente. *Grifo* è comune e proprio dei porci; e nel figurato è viso sudicio. *Grugno*, cioè viso brutto ed arcigno, può aversi anche naturalmente: la *grinta* si fa. — A.

1750.
Viso, Idea.
Ideina, Ideuccia.

Dal potersi dire: *idea del viso*, apparisce ch'ei non sono il medesimo. Ma *idea* non si dice che del viso, non già della testa e della persona, come *aria*. Ed è modo proprio e bello, perché l'origine greca d'*idea* richiama al senso del vedere; e gli alti significati di questa parola nobilitano l'aspetto del viso umano, ci fanno leggere in esso una verità, che non è corporea, una somiglianza che congiunge non solo tutte le forme umane, ma le forme e gli esseri degli enti tutti; ci fa ascendere al concetto della bellezza ideale. Quindi è che *idea*, in questo senso, dice l'espressione morale e intellettuale delle forme del viso, l'impressione che ne viene all'animo di chi riguarda. Ha per lo più senso buono, e dicesi anco *idea* senz'altro, intendendosi dal contesto che parliamo del viso. Bella idea, ideina gentile; *ideina* anche solo; dice fisonomia gracile ma piacente; *ideuccia* non ha senso simile; ma dicesi soltanto un concetto della mente o dell'ingegno, sia pensato o sia scritto, più meschino che piccolo. In significato affine *ideina* potrebbe esser lode. In un componimento di giovinetto può notarsi qualche graziosa ideina; delle *ideucce* ne hanno più certi grandi dottori e cospiratori, che i bimbi.

1751.
Visino, Visetto, Visuccio.

Visino, o di bambino o di donna gentile giovane, o di giovanetto, non d'uomo e di donna attempata ch'abbia il viso piccolo; e sempre dice cosa gentile, se non bellissima. *Visetto*, non di bambino, e anche viso non di piccole proporzioni ma gajo, piacente, vispo, furbetto; dice più l'espressione e l'impressione morale, che la bellezza. *Visetto* poco men che bruttino può avere grazia. *Visuccio* non diminuisce né spregia, ma quasi commisera. Anco donna e uomo fatto può avere, fare un visuccio patito. I due primi diconsi della persona stessa, come *figura*: non posso patire certi visi, certe figure etrusche. La tale è un visetto che piace; egli è innamorato d'un bel visino.

---

(1) REDI: *Faccia rubiconda*.
(2) BOCCACCIO: *Teschio d'asino col muso rivolto verso Firenze.* - DANTE: *Le pecorelle... alternando l'occhio e il muso.*
(3) DANTE.
(4) E anche (pronunciato coll'e larga) di viso grasso, e fiorente di salute. — LAMBRUSCHINI.

(1) CASA: *Non so a che io mi tenga che io non ti rompa cotesto mostaccio.*

1752.

Musone, Musaccio, Visaccio.
Visone, Facciaccia, Faccione.
Ceffone, Ceffaccio.
Ceffone, Mostaccione.

Musaccio è spregiativo della forma, e quindi indirettamente denota l'espressione non bella. *Musone*, più specialmente questa, anzi piuttosto l'espressione di dispetto o corruccio: fare il muso, un muso, tanto di muso, il musone. *Musone* anco la persona imbronciata o ingrognata.

Visaccio non si dice tanto della faccia che si ha da natura e per solito, nel qual senso usiamo *facciaccia*, quanto del viso che si fa, brutto o per affettazione o per celia o sul serio: fare un visaccio, de' visacci. Ma dicesi anco dell'aspetto umano o naturale o dipinto, per denotarne lo sconveniente e lo spiacevole in rispetto all'idea della vera bellezza. *Visone* potrebbe dire grandezza senza deformità, anzi un che di badiale e d'allegroccio, più propriamente indicato da *faccione*, che accoppiasi fin coll'aggiunto di *bello*. Anzi, brutto *faccione*, suonerebbe male: visone lungo lungo. Né usa *faccia lunga*, come *viso*; perché *faccia* par destinato a dipingere il largo. Se *ceffaccio* è peggiorativo di *ceffo, ceffone* non n'è accrescitivo, ma dice un colpo dato colla mano sul viso; *mostaccione*, più propriamente, di contro alla bocca.

Non so se *grifo* faccia mai nell'uso *grifaccio*; *grifone* no. Ungersi il grifo, modo famigliare, spacchiare con più bramosia e gusto che polizia e temperanza.

1753.

FACCIA (A) A FACCIA, DI FACCIA, DIRIMPETTO.

— *A faccia a faccia*, di persone che stanno l'una rimpetto all'altra e vicine; *di faccia*, dicesi di due oggetti, qualunque sieno, che stanno l'uno dicontro all'altro in qualunque si sia distanza. *Dirimpetto* ha il medesimo senso, ma par che supponga distanza minore. Pare, inoltre, che *di faccia* non si possa dire di cose delle quali né l'una né l'altra abbia superficie di certa larghezza. Una casa non è di faccia ad un albero, ma un albero è di faccia alla casa. Una colonna dirimpetto ad un'altra colonna, pare sia più propriamente detto che non chi dicesse: di faccia.

Di faccia, ripeto, può stare con molta distanza. In una gran sala due persone stanno l'una all'altra di faccia; se fossero a faccia a faccia si potrebbero parlare.

Ognuno rammenta e intende il modo: vedere Dio a faccia a faccia. — ROUBAUD.

1754—1755.

FACCIA, FACCIATA, PAGINA.

1754.

Faccia, Pagina.

Pagina, secondo l'origine, dovrebbe forse comprendere ambedue i lati del foglio (1). *Faccia* è una superficie sola; ma l'uso degli scrittori ormai chiama *pagina* anco la *faccia*. Nella lingua parlata toscana dicesi, e *faccia* e *pagina*, ma c'è de' casi che giova determinare la faccia.

---

(1) In questo senso i bibliografi dicono *carta*, e di libri parlando che hanno un solo numero per ogni due pagine, giova seguitare quest'uso. Manoscritto, edizione di carte ottanta avrà, dunque, facce centosessanta, perché per *carte* intenderemo sempre quelle che sono numerate da un lato solo, cioè nel *retto*; e dove il *verso* continua la stessa pagina. — POLIDORI.

Faccia si dirà certamente, non *pagina*, d'una lettera, d'un foglio volante: riempire intera una faccia o facciata; copista pagato tanto alla faccia. Ma volerlo dappertutto porre invece di *pagina*, sarebbe affettazione, e sconcezza talvolta, come chi dicesse: al piè della faccia; dove *faccia* e *piè* fanno a' calci.

Impaginare dicono gli stampatori. E tanto i compositori tipografi, quanto alcuni compositori letterati paganosi tanto la pagina; e non è raro che il compositore di stamperia sia il meglio compensato de' due.

I Latini avevano anco la *pagina marmorea*, la qual certo non era *faccia*; di che veggasi il Forcellini.

— *Pagina* chiamano i botanici una delle due superficie della lamina della foglia, e vi è la pagina inferiore e la superiore. Ottaviano Targioni la diceva più toscanamente *faccia*. — LAMBRUSCHINI.

1755.

Faccia, Facciata.

— L'uno e l'altro, di stampa e di scrittura; ma il primo, ordinariamente, per numerare, come: libretto di cinquanta facce; l'altro, per qualificare, più spesso. Facciata intera, lasciar di scrivere a mezza facciata, facciata venuta bene o tirata via, che mostra l'abilità o la negligenza. Diciamo: in un'altra facciata. Voltar facciata, non si direbbe. — POLIDORI.

1756.

FACCIA (VOLTAR), VOLTAR CARTA.

— Nel traslato, sono della lingua parlata, e significano saltare a bella posta da un discorso che non vi piaccia in un altro. Un ragazzuccio fiorentino chiedeva a suo padre, povero artigiano, il salario da portare al maestro. Il padre, non avendo danaro, mutava discorso saltando di palo in frasca, e mandava il ragazzo alla scuola. Di che accortosi il furbacchiolo: no, babbo, disse, la non volti carta, perché il maestro vuol esser pagato. In questo medesimo senso è comune, ripeto, anche *voltar faccia*. Anzi questo può avere usi più serii, come quando diciamo: il tale aveva promesso d'ajutarmi in quel mio affare, e poi ha voltato faccia, cioè: non ha mantenuto la parola. Quindi l'altro modo: fare un voltafaccia; e: voltafaccia, assolutamente, per significare un mancator di parola, uno che si volta sempre là dove trova il suo conto. Fare un voltafaccia; dicesi pur di cavallo che a un tratto si volti indietro. Ma questi modi s'hanno a considerare come traslati di *faccia* in senso affine a *viso, muso*. — MEINI.

1757.

FAINA, DONNOLA.

— Variano nel colore e nella grandezza e nella forma; più grande la prima, e più tremenda. — GUASTI.

1758.

FALDA, FALDELLA.
AFFALDELLARE, SFALDELLARE.
A' PIEDI, ALLE FALDE.
FALDA, FALDE, PALCO, PIEDE.
FALDE, CIGNE.

Falda, definisce la Crusca, materia distesa che agevolmente ad altra si soprappone; e potrebbesi aggiungere: alla quale altra materia simile facilmente si può soprapporre (1). *Falda*, poi, quella parte della giubba che scende

---

(1) PETRARCA: *O rose sparse in dolce falda Di viva neve.* -

dalla cintura al ginocchio; e: *mettersi in falda*, dicono in qualche parte di Toscana per mettersi in gala, dalle lunghe falde usate una volta. Poi: *falda della montagna, del colle*.

Non è però tutt'uno: *appiè del monte*, e: *alle falde*. La falda può imaginarsi anche un po' più su, dove l'erta comincia (1).

Appiè dicesi di molt'altre altezze; la *falda* è solo di monte: appiè dell'edifizio, della scala, del letto.

Faldella, di fila sfilate, per lo più di panno lino vecchio, dove i chirurghi distendono i loro unguenti. *Faldella*, pure in Toscana, quantità di lana scamatata, avanti che s'unga per pettinarla. *Faldella*, inoltre, piccola quantità di seta fatta a matasse, da incannarla le donne; quindi: *affaldellare* la seta, disporla, ridurla in faldelle (2).

Dicesi anco *sfaldellare*; ma non è, parmi, tutt'uno. Lo sfaldellare indica meglio l'atto del dividere in faldelle la seta o le fila; l'affaldellare, l'atto del ridurre in faldelle, specialmente la seta. Un cerusico piglia un battuffoletto di fila, e le sfaldella per i molti ammalati che ha da curare; non si dirà: le affaldella.

Faldellina, dicesi, e *faldelletta*. *Falda* non ha diminutivo; ha però accrescitivo. *Faldone*, una gran falda di giubbà o di soprabito. Quelle de' manichini che usava un tempo, le une sovrapposte alle altre, quelle che usa ancora in fondo a' vestiti di donna, quelle che nel seicento eran di moda attorno al collo degli uomini, si potrebbero chiamar *falde*: l'uso toscano le dice *palchi*. Onde: manichini a tre palchi, guarnizione a due palchi.

— *Falde*, inoltre, sono quelle strisce che s'attaccavano alla cintura de' bambini per sorreggerli quando incominciano a camminare. *Falde*, in alcuni dialetti, quelle che gli uomini portano incrociate sulle spalle per tener su i calzoni, ch'altri dicono *stracche* o *cigne*. *Falde* sarebbe il più elegante e il più proprio; chè *bretelle* è francese (3). — CAPPONI.

1759-1761.

FALDA, LEMBO, ORLO, BORDO, FIMBRIA, PISTAGNA.
LEMBO, GHERONE.
GHERONI, CHIAVI.
GHERONE, QUADRELLO.

1759.

Falda, Lembo, Orlo, Bordo, Fimbria, Pistagna.

— *Lembo*, la parte estrema del vestimento dappiedi; *orlo*, l'estremità qualunque di panno cucito (4). S'usano ambedue nel traslato; ma *lembo* indica estremità più lata che *orlo* (5).

Orlo, d'ordinario, estremità rilevata, rimboccata (6).

Bordo, la parte estrema del vascello che dai fianchi sta fuori dell'acqua (1). Per *estremità* in genere è gallicismo.

Fimbria è parola d'erudizione; ed era orlo con incisioni e frastagli, o ricami.

Falda è più che gli altri; di giubba, vale quella parte che dalle anche scende fin presso la gamba; di cappello, è l'ala di quello, che, più comunemente, dicesi *tesa*. E *falda* può dirsi qualunque parte del vestito sia soprammessa all'estremità e ricucitavi (2).

Pistagna, l'estremità dell'abito dalla parte di sopra, sorgente in collare. — ROMANI.

1760.

Lembo, Gherone.

Gheroni, Chiavi.

Gheroni, i pezzi che si mettono alle vesti, segnatamente delle donne, o alle camicie per allargarle (3); il *lembo* può essere il pezzo stesso, purchè sia 'n fondo: lembo della camicia, non si direbbe.

Il lembo è dappiede (4); i gheroni possono essere in altro luogo, come sotto alle ascelle; tra le gambe, quelli che i sarti chiamano *chiavi*, sono gheroni perch'ajutano a tener largo il vestito.

Lembo ha traslati suoi (5).

1761.

Gherone, Quadrello.

Quadrelli e *quadrelletti*, que' pezzetti di panno quadri che ripiegati si pongono alle camicie sotto alle braccia per allargarle; i gheroni scendono dalle braccia giù lungo l'intera camicia; i quadrelli, no. *Quadrello*, poi, non ha gli altri sensi di *gherone* notati. I gheroni, d'ordinario, si pongono alle camicie da donna, ch'han più bisogno di scendere larghe all'ingiù.

Si noti, a proposito di camicie, la singolar deviazione di certi vocaboli ch'hanno senso e religioso e profano; *camicia, camice; stola, pallio, cingolo, pileo*, e simili. Sarebbe materia di un trattato questa delle idee e delle consuetudini religiose che s'infusero nelle idee e nelle consuetudini della vita civile.

1762.

FALSIFICARE, FALSARE.

FALSIFICATORE, FALSATORE, FALSARIO.

Si *falsano* e si *falsificano* le monete (6); si falsifica

DANTE: *Piovean di fuoco dilatate falde*. - MAGALOTTI: *L'acqua tanto formata in ampie falde di ghiaccio, quanto rotta...*

(1) G. VILLANI: *Una falda della montagna di... per tremuoto scoscese più di quattro miglia.* Era dunque in alto.

(2) *Affaldarsi* usa l'Ariosto del viso, per *raggrinzarsi*; perchè le grinze pajono quasi falde l'una accosto all'altra. Non è modo d'uso.

(3) *Cigne* fa pensare a bestie da cavalcare; e di falde grossolane sarebbe pure proprio. Lo *stracche* in altri dialetti sono *tiracche*, che pare l'origine del vocabolo.

(4) PETRARCA: *Purpurea veste d'un ceruleo lembo.*

(5) GIAMBULLARI: *Fino al lembo estremo d'Europa.* - DANTE: *Sull'orlo che di pietra il sabbion serra.*

(6) BOCCACCIO: *Tenendo forte con ambedue le mani gli orli della cassa.* - Orlo, di panni cuciti, è propriamente non l'estremità, ma quel rimbocco o piega fatta all'estremità, e poi cucita perchè il panno tagliato non si sfili. *Orlo* chiamano in certi luoghi della Toscana la parte della camicia che fascia il collo, e che altri chiamano *golino*, e men toscanamente *solino*. — LAMBRUSCHINI.

(1) *Vascelli d'alto bordo*. - *Andare a bordo*, avviarsi per montare sul legno: *girar di bordo*: *Oh, del bordo!* (chiamando quelli del legno).

(2) *Faldiglia*. La credo merce spagnuola. Non si sente più questa voce, ma faceva l'effetto del gonfiare; come il *guardinfante* poi; e le crinoline e i cerchi oggi. — GUASTI.

(3) BOCCACCIO: *Alzandosi i gheroni della gonnella.* Il proverbio vivo: « Quel che non va nelle maniche va ne' gheroni », quello che non si consuma in una cosa, si consuma in un'altra; perchè nella larghezza ordinaria delle tele, n'escono, oltre le maniche, i gheroni.

(4) TASSO: *Scotendo del vel l'ultimo lembo.*

(5) GIAMBULLARI: *In tutta Europa fino al lembo estremo di quella.*

(6) DANTE: *Che falsai li metalli.* - G. VILLANI: *Fece falsificare le monete.*

l'oro, e si falsifica un colore, una scritta (1). Questo secondo ha senso un po' più generale nell'uso (2). Si falsa, non si falsifica un testo, interpretandolo a rovescio, contorcendolo perché dia un senso che da sè stesso non dà (3). Chi falsa le opinioni dettate da autorità rispettabile, ha nome talvolta di dotto; chi falsifica le monete ha la carcere, e in certi paesi la scure. Questo senso di *falsare* non è della lingua parlata.

Falsificazione diciamo: non falsazione. E *falsificatore* e *falsatore* e *falsario*.

Falsario, delle monete, di scritti (4); *falsificatore*, di cose materiali, come manifatture, come falsatori di testi, di leggi, di giustizia, di religione, della fede, del vero, non sarebbe improprio.

Falsario s'adopera assolutamente; agli altri due convien soggiungere la cosa falsificata o falsata. Certi giornalisti son falsatori dell'opinione pubblica; certi educatori per che assumono l'uffizio sacrilego di falsatori dello spirito umano. Dante usa falsatore nel senso non solo di falsario delle monete, ma di qualsiasi altra cosa materiale o spirituale. In questo senso sarebbe tuttavia la parola più propria, e userebbesi in modo assoluto, come *falsario*.

1763 — 1764.
FALSIFICARE, Fatturare, Contraffare.
Fatturare, Affatturare.

1763.
Falsificare, Fatturare, Contraffare.

Fatturare, propriamente, alterare con qualche mistura. Il vino s'affattura, o meglio: si fattura, non si falsifica. Si fattura un liquore quando s'altera come che sia, per farlo parere più pregiato. « Si fattura, dice il Romani, introducendo materie estranee; si falsifica, sostituendo cosa a cosa. Più: il *fatturare* non ha senso altro che materiale. »

Lo stesso: « Si *falsifica* la materia e la forma; si falsifica in senso corporeo e in senso morale. Si falsifica l'oro, le lettere, il cambio, le monete, le merci. » *Contraffare* è un modo di falsificare imitando la cosa legittima e vera, come: contraffare lo scritto. Il contraffare è un mezzo talvolta di falsificare; si falsifica una cambiale contraffacendo la sottoscrizione (5). Ma il *falsificare* è assai più generale.

Si contraffà la voce, i modi altrui; cotesto, falsificare non è (6). Si contraffà lo stile d'un autore, e la propria opera si dà per sua; si contraffà un'antica edizione coi tipi moderni. Queste si potrebbero, volendo, chiamare *falsificazioni*; ma l'altro è il vocabolo proprio. La contraffazione essendo imitazione fedele, ognun vede come questa somiglianza possa essere modo di falsificazione.

1764.
Fatturare, Affatturare.

Il primo è più comune, segnatamente nel senso corporeo, del fare nella materia qualche fattura che la rende migliore, o che tale la faccia parere. Affatturare potrebbesi dir tuttavia, quasi in traslato, dello stile, delle maniere, quando l'arte soverchia si adopra per migliorare più l'apparenza che l'intimo delle cose. Ha poi senso magico, e la magia dagli antichi dicevasi assolutamente *arte*; e l'arte pur troppo risica di farsi insidiosa è tentatrice agli altri e a sè ancora più.

1765.
FALSIFICARE, Alterare, Adulterare.

Ogni *falsificazione* è una specie d'*alterazione*; ma quest'ultima è cosa assai più generale. L'oggetto può alterarsi, non mai falsificarsi, da sè. Può alterarsi, senz'essere falsificato.

Adulterare ha senso affinissimo a *falsificare* o *affatturare*, ma è voce meno usitata (1). « Poi, soggiunge il Romani, fatturando si può migliorare, almeno nell'apparenza; adulterando, si peggiora sempre. »

1766 — 1767.
FALSO, Fallace.
Fallace, Falso, Erroneo.

1766.
Falso, Fallace.

— *Fallace*, contrario di *veritiero* o di *sicuro*; *falso*, contrario di *vero*. Quello denota l'attitudine o la possibilità ch'è nella cosa o nella persona d'ingannare altrui; questo, l'intrinseca falsità. V'è de' beni non falsi, e pure fallaci. — Romani.

1767.
Fallace, Falso, Erroneo.

— Cosa *fallace* conduce a opinioni *erronee*, creando speranze fallaci. Indizio, senso, immaginazione, guida, lingua fallace; dottrina, principio erroneo. Può la dottrina essere erronea; la cosa o il pensiero fallace, e non *falso* del tutto. — Gatti.

1768 — 1769.
FALSO, Favoloso, Finto.

1768.
Falso, Favoloso.

Il *favoloso* è misto di *falso* e di *vero*, o è simbolo e velo del vero. Anzi molte cose credute favolose si scoprono alla fine verissime.

1769.
Falso, Finto.

Falso è il contrario di *vero*. *Finto* si dice d'invenzione più o men simile al vero. La finzione è della fantasia; il falso è menzogna. Questo inganna o tira a ingannare; quello non mira a ingannare, ma piuttosto a piacere. Quando diciamo: uomo falso, uomo finto, col secondo

---

(1) G. Villani: *Lettere con lor suggelli fecero, ovvero furono falsificate.* — Ricett. Fior.: *Falsificasi (un colore) coll'ocra cotta.* — Lib. Viagg.: *Il balsamo fino pesa dieci volte più che'l falsificato.* — Pandolfini: *Spende soverchio, e sta a rischio d'aver cosa falsificata e non durabile e non buona.*

(2) Comm. Inf.: *Punisce i falsificatori, o prima coloro che falsificano i metalli.*

(3) Davanzati: *Falsificatore della Bibbia.* — Bart. da S. Concordio: *Non solamente è falsificatore di verità chi bugia per verità dice, ma eziandio colui che non dice la verità che bisogna dire.*

(4) In antico le dette distinzioni non sono per l'appunto osservate: ma sta per esse e il miglior uso de' moderni e il maggior numero degli esempi migliori.

(5) Ambra: *Contraffar la mano.* — Boccaccio: *Lettere contraffatte.*

(6) Boccaccio: *Con una voce contraffatta.* — Buti: *Contraffacitore degli atti degli uomini.*

---

(1) Ricett. Fior.: *Il zafferano adulterato non ha il colore chiaro.* — *Lo storace si adultera colla segatura del suo legno.* — Plinio: *Adulterationem odorum et unguentorum.*

intendiamo che non sempre dico quello che sento; col primo, che dice il contrario di quello che sente. L'uomo finto può essere talvolta sincero; l'uomo falso, fin col vero t'inganna.

1770-1772.
FAME, Appetito.
Appetito, Appetenza.
Disgusto, Disappetenza, Inappetenza.

1770.
Fame, Appetito.

Fame è il bisogno, o venga da digiuno o da voracità: *appetito* è il desiderio, e il piacere del soddisfarlo. La fame è più urgente, ma talvolta si contenta di poco; il secondo è più fiacco a un tempo e più sciupone. Ogni sorta di cibo serve a placare la fame, nessuno la irrita; ma c'è dei cibi che aguzzano l'appetito; e l'appetito di certa gente non d'ogni vivanda s'appaga.

1771.
Appetito, Appetenza.

Appetito è il presente desiderio di mangiare; *appetenza*, l'abituale disposizione, la possibilità di mangiar senza danno. Certe bevute vincono la disappetenza; certi cibi risvegliano l'appetito. L'appetenza è segno di benessere; l'appetito è indizio talvolta fallace. Le donne incinte perdono l'appetenza dei cibi nutritivi, e vengon loro nuovi appetiti bizzarri. Anche l'infermo che patisce di lunga disappetenza, può l'un giorno o l'altro mangiare con qualche appetito.

È inutile aggiungere, la voce *appetito* avere traslati che *appetenza* non ha.

1772.
Disgusto, Disappetenza, Inappetenza.

I.º Il *disgusto* è più forte. Si può avere una certa disappetenza senz'aver disgusto de' cibi. II.º Il disgusto può essere di certi cibi soltanto; la disappetenza, di tutti o quasi tutti. III.º Il disgusto, anco delle bevande (1).

1773.
FAME, Carestia.

— Può essere *carestia* d'un cibo, e d'altri abondanza; può carestia di tutti, e non *fame*. La carestia generale è, per lo più, cagion della fame. — GUIZOT.

1774-1775.
FANGO, Mota, Limo, Moticchio.

1774.
Fango, Mota, Limo.

Mota è il fango meno grasso e men fondo. Altr'è dire: vestito motoso; altro è: fangoso; il secondo è più. Quindi il proverbio, ch'io non credo più vivo: dar nel fango come nella mota, per: favellare (dice un anonimo) senza distinzione e senza riguardo de' grandi come de' piccoli. E *fangaccio*, diciamo per altro, e *motaccia*, sebbene questa non sia nella Crusca (2).

Mota ha traslati più radi. Cavar uno dal fango, met-

---

(1) Dicesi anco *inappetenza*; ma *disappetenza* pare un po' più comune, e che dica qualcosa di più; stia come tra *inappetenza* e *disgusto*.

(2) G. VILLANI: *Lasciando la città e tutte le vie, case e volte piene d'acqua, e di puzzolente mota*. - MALMANTILE: *Come a' fanciulli quando per la via fan la tura ai rigagnoli con la mota*. - VARCHI: *Le strade, per le continuate pioggie, rotte tutte e fangosissime*. - BEMBO: *Per cammino pien di neve e fangosissimo a Bologna pervenuto*.

ter nel fango (locuzione un po' fangosa, che gioverà, perché da tanti fangosi abusata, evitare), uscir del fango del peccato; far delle sue parole fango, son modi proprii di questa voce, non d'altre (1). Se ne vegga la Crusca.

Limo non è più dell'uso fuor che nel verso; la prosa ritiene *limaccioso*. Il limaccio, al dir della Crusca, è quel sudicio che generan le paludi o le gore povere d'acqua. Una qualche differenza tra *fango* e *limo* doveva correre, poiché 'l Crescenzio: « Se la terra è lotosa, ovvero umida, ovvero fangosa o limacciosa. » *Limo*, negli antichi esempi, dicesi quasi sempre di quel di padule (2). Diremo, dunque, acqua limacciosa quella che, stagnando in luogo impuro, porta con sé il sudiciume di corpi estranei.

1775.
Mota, Moticchio, Fango.

— Tra *mota* e *moticchio* (voce della lingua parlata) è la differenza a un dipresso, che tra *fango* e *fanghiglia*. Moticchio è quel delle strade quando cade pioggia minuta. È più liquido e più incomodo della mota. Questa può essere anco ne' torrenti ne' fiumi, presso alla proda però. Quindi il Berni, nel Cap. in lode dell'anguilla: « Sta nella mota il più del tempo ascosa. » *Mota* può, sebben raramente, aver traslato. Il Berni medesimo: « E caviti del fango e della mota », d'uomo pieno di debiti. — MEINI.

1776-1781.
FANGO, Loto, Fanghiglia, Poltiglia, Belletta, Melma.
Infangato, Fango (di persona).
Loto, Luto.
Loto, Lotume.
Pillacchera, Zacchera.
Zaccheroso, Inzaccherato, Pillaccheroso, Impillaccherato.
Zacchera, Incerti.

1776.
Fango, Loto, Fanghiglia.
Infangato, Fango (di persona).

Fanghiglia cade opportuno a denotare fango leggero, o formato artificialmente o da sé, non però molto spesso (3).

Il tempo umido, ma non piovoso, fa fanghiglia per le strade, non mota né fango (4).

Loto, in Toscana, quel sudiciume di fradicio mezzo rasciutto, e d'untuosità che si forma o per terra, o nelle case su per le scale, sugli acquai, nelle stanze. Quindi *loto* per *sudicio* in genere (5). Il loto nella quantità può essere meno del fango, ma nella sporcizia è più. Quello delle strade io non chiamerei *loto*, se non intendendo

---

(1) *Far un fango d'una cosa* si dice dell'infrangere e ridurre come in poltiglia cose delicate che contengono dell'umidità, o sono morbide, come le frutta, i bozzoli, e simili, quando uno li malmena o li pesta. Si dice pure delle cose stesse: *le sono diventate un fango; son tutte un fango*. — LAMBRUSCHINI.

(2) TASSO: *Palustre limo.*

(3) REPETTI: *Acqua convertita in densa fanghiglia* (nella operazione delle colmate di monte).

(4) Però *fanghiglia*, non *fango* né *mota*, quella che si fa sulle strade lastricate. A Firenze v'è fanghiglia, a Roma mota, a Parigi fango. - Ma *fango* e *mota* in alcuni luoghi si confondono, o almeno si chiama in tal luogo *mota* quello che altrove chiamasi *fango*. — LAMBRUSCHINI.

(5) S. GIO. CRISOSTOMO: *Riputava l'oro come loto*. - PALLADIO: *Siano sì costrutti i bagni che ogni lavatura e loto si scorra nell'orto*.

del suo sudiciume. *Loto* e *lotume* direbbesi anco il sudicio della persona (1).

Nel verso, *loto* e *limo terrestre*, per indicare la misera origine umana, e la corruzione dell'umana natura. *Fango*, solamente dei peccati più gravi; anzi dei vizj, e della macchia che ne viene all'onore. Nel qual senso direbbesi d'uomo corrotto e spregiato, che gli è fango: peggio cioè che infangato.

1777.
Belletta, Melma.

E la *belletta* e la *melma* (2) sono ne' paduli, ne' fossi, ne' fiumi, dovunque è acqua torbida. Belletta, talvolta, anche quel leggero strato d'umidità motosa che copre le lastre delle strade e le vie sterrate. Ma la belletta può rimanere mescolata con l'acqua; la melma è sempre quella del fondo (3). La belletta intorbida l'acqua del fosso (4); la melma è quella parte di belletta che non potendo sostenersi nell'acqua, fa posatura. Quando il fiume o il padule si ritira, quella che rimane dicesi *belletta*, piuttostochè *melma*.

La melma, del resto, alquanto più grave e più densa, si può riguardare anco distinta dal liquido e come cosa da sé (5). Ed è fors'anche perciò, che, trattandosi non di acqua corrente o morta, ma d'altri liquidi, usa *melma*; onde acquista in questo una nuova differenza. Quel plastriccino che sentesi in bocca per mala digestione o altra indisposizione, massime di levata, par come melma, e può dirsi così (6). Si noti però che *belletta* non avendo derivato, d'acqua piena di belletta si dice melmosa.

1778.
Fanghiglia, Poltiglia.

— *Fanghiglia*, acqua sudicia di minute cose solide in essa stemperate, e simile a fango. *Poltiglia*, qualunque imbratto o intriso di materie ridotte in liquido. — ROMANI.

1779.
Loto, Luto.

— *Loto*, la sacra pianta d'Egitto; *loto*, il fango denso. *Luto*, la terra molle di cui si servono gli scultori e i vasai e i chimici per turare vasi. Onde *lutare*. Ma questo non è del comune uso. — ROCCO.

1780.
Loto, Lotume.

L'uscita in *ume* abonda e dispregia. Poco loto non fa lotume; e loto anco di molto in fondo a padule, o in luogo dove non dia noja, o serva a qualche uso, non è *lotume*. Non il loto soltanto, ma ogni sudiciume di molto o fastidioso, dicesi *lotume*, anche quello di per le case, è alla vita.

Soffre anco traslati, dacchè il *loto* è materia paziente e applicabile.

1781.
Zacchera, Pillacchera.
Zaccheroso, Inzaccherato, Pillaccheroso, Impillaccherato.
Zacchera, Incerti.

Zacchera (1), schizzo di fango o di mota gettato, e che rimane, massime sulla parte inferiore del vestito. *Pillacchera* è il medesimo (2), ma può più minuta e più rada. Chi s'inzavarda di fango o strisciando la ruota d'un carro, o mettendo i piedi in una buca, n'esce tutto zaccheroso (3), piuttosto che impillaccherato. Pochi schizzi o leggeri si diranno *pillacchere*, meglio che *zacchere*.

Usiamo, però, e *inzaccherato* e *zaccheroso*; e *impillaccherato* e *pillaccheroso*. L'uscita in *ato* dice un po' meno; dice l'atto del ricevere gli schizzi; dove l'altro, gli schizzi stessi che rimangono sul vestito. Di poche gocciole, se piccole, si dirà *impillaccherato*; se più larghe e grosse, *inzaccherato*. L'uscita in *oso* ne fa vedere di più; è l'un e l'altro dicesi anco della persona che porta vestito concio a quel modo.

Zacchera, in senso di bagattella o di niente, e così *zaccherella* e *zaccheruzza*, son usi già spenti, e avevano pure la sua proprietà; poiché non v'è cosa più dappoco che uno schizzo di fango, se non forse....; ma non vo' dir l'eccezione.

Zacchera, in Firenze, gl'*incerti* degli operai (tintori segnatamente), che guadagnano oltre la giornaliera mercede; e consistono in qualche piccola tintura ch'e' fanno per conto proprio colla tinta del padrone, e ne son pagati da chi gliela commette; così chiamate dalla tenuità del guadagno; e forse per essere quasi poche gocce di tintura che rendono quel guadagno. Ma altri incerti di più ambigua origine son peggio che zacchere; infangano tutto il grugno.

1782—1783.
FANGO, BELLETTA, PANTANO.
IMPANTANARSI, INFANGARSI.

1782.
Fango, Belletta, Pantano.

« *Belletta*, dice un anonimo della Riccardiana, è terra molle e fangosa, lasciata da' fiumi alle rive, quando, dopo le piene, si ritirano nel loro ordinario letto (4); che poi si prende per lo fango. »

Pantano è propriamente il luogo dov'è molto fango e acqua ferma; Dante: « Vidi genti fangose in quel pantano. » E il Redi: « Acque piovane stagnanti ne' pantani più fangosi. » E il Caro: « In un pantan m'ascosi, Dove nel fango in fra la scarda e i giunchi Stava. » Quindi è che certi luoghi chiamansi *pantani*, e non si chiamerebbero *fanghi*. I fanghi medicinali sono cosa diversa, come ognun sa, dai pantani.

Pantano, dunque, ripetiamo, è il luogo dov'è molto fango. Può il fango esser poco da sé; ma nel pantano

---

(1) *Loto, limo, fango, pantano*, chiama Dante quel della stigia palude. I Latini anch'essi confondevano talvolta *limus* con *lutum*; ma questo s'intendeva, d'ordinario, che fosse più denso. — CICERONE: *Luta et Limum aggerebant.* — COLUMELLA: *Nimius humor agros limosos lutososque facit.*
(2) Il popolo toscano pronuncia, comunemente, *memma*.
(3) Prof. TANTINI: *Tutto il terreno adiacente abbonda di una melmetta nerastra formata dal deposito di quest'acque, delle quali contiene i principii.*
(4) DANTE: Degl'iracondi e degl'invidi sitti nella palude infernale: *Or ci attristiam nella belletta negra*. - BERNI: *Un fiume... Ben di pioggia e di neve e di belletta.*
(5) REDI: *Avendo stemprato un poco di terra nella suddetta bollitura, e ridottala in foggia d'una tenera e lunga melmetta.*
(6) REDI: *La materia, che nel canale degli alimenti si suol trovare, non è altra cosa che un liquido grossetto o melmoso.*

---

(1) SANNAZZARO.
(2) ALLEGRI.
(3) Boccaccio: *Per gli schizzi che i ronzini fanno coi piedi, tutti zaccherosi.*
(4) Questo è anch'oggi il senso di *melletta*, comunemente in vece di *belletta*, per lo scambio delle due labiali. — LAMBRUSCHINI.

se ne suppone di molto (1), e supponesi misto con acqua. Entrare in un pantano, impantanarsi, metafora, mettersi in affare non retto o non facile.

1783.
Impantanarsi, Infangarsi.

Impantanarsi, denota il cacciarsi nel pantano con la persona, piuttosto che il coprirsi persona e vesti di fango (2). L'Allegri: « Impantanarmi in simili fanghi (3). »

Impantanarsi, diremo, ne' vizii, ma vizii ch'hanno più del materiale, e che *riabilitano*, direbbe un San-Simonista, *la carne*. *Infangarsi* è in vizii (4) e in bassezze (5). E forse non sarebbe barbaro: lingua, stile infangato di barbarismi.

1784.
FANGOSO, LUTULENTO.

Lutulento è più (6); indica fango sudicio, tutto sozzura e lotume. Stile lutulento, disse Orazio, non so se a ragione, quel di Lucilio; e questo latinismo potrebbesi a miglior diritto ripetere ragionando di non pochi scrittori. Stile fangoso, nessuno dirà; fangosi vizii, fangosa vita, anima fangosa, piuttosto (7).

1785.
FANGOSO, INFANGATO.

Infangato, schizzato, intriso, coperto di fango; *fangoso*, che ha fango in sè. Strada, acqua fangosa rendono infangato chi ci va o chi la tocca. Tra i nomi degli Accademici, credo ci sia l'Infangato. Anco spente tutte le Accademie, rimarrebbe, temo, qualche letterato fangoso.

Eloquenza fangosa, direbbesi non delle negligenze dell'arte, ma della morale sudiceria: dicitura infangata di gallicismi, barbarismi. *Fangosa* direbbe più.

1786—1794.
FANTASIA, IMAGINAZIONE.
IMAGINATIVA, IMAGINAZIONE.
IMAGINARE, IMAGINARSI.
IMAGINARE, FIGURARE.
IMAGINARSI, FIGURARSI.
IMAGINARSI, FIGURARSI, FINGERE.
FINGERE, SUPPORRE.
SUPPOSIZIONE, IPOTESI.
IMAGINARIO, FITTIZIO.
IMAGINARIO, CHIMERICO.

1786.
Fantasia, Imaginazione.

Imaginazione è facoltà indivisibile della memoria e della percezione degli oggetti corporei. In quanto gli spirituali si rappresentano o vestiti d'imagine o confusi a imagini, o risvegliano per similitudine un'imagine qualsiasi, anch'essi esercitano l'imaginazione. La quale è perciò facoltà necessaria al matematico altresì; e il metafisico può regolarla e altamente giovarsene, abolirla non può. Ogni imagine d'oggetto sensibile dicevano nelle scuole *fantasmi*; ma forse potrebbesi in quella vece usare *imagine* sempre quando trattisi di rappresentazione conforme a verità, e che non turbi il sereno della intelligenza; *fantasmi* direi quelli che si frappongono tra la mente e l'idea.

A ritenere le impressioni provate richieggonsi imagini; e la memoria stessa di quel che provò il senso del tatto e dell'udito e dell'odorato e del gusto esercita a qualche modo l'imaginazione, poichè vi si congiunge l'impressione d'una forma misurata o coll'occhio o col tatto. Nei non veggenti, dal tatto viene l'imagine; ai veggenti stessi il tatto è guida e quasi luce dell'occhio per farsi rette imagini delle cose. Ma queste e tutte le altre imagini la fantasia le compone, le divide, le avviva col comporle appunto e col dividerle, cioè presentandole a sè in forma che più chiamino l'attenzione e più scuotan l'affetto. Nella fantasia è una specie d'astrazione; l'astrazione è una specie di fantasia. Differisce essa dunque dall'imaginazione e nella maggiore vivezza e nella potenza e fecondità. L'imaginazione è elettrico equabilmente distribuito, naturale e necessario elemento del mondo corporeo; la fantasia, elettrico condensato, che negli strumenti atti a rinchiuderlo e a sprigionarlo produce quelle composizioni e scomposizioni mirabili, ruinose o benefiche, che sappiamo.

1787.
Imaginativa, Imaginazione.

— La prima è più propriamente la facoltà; la seconda è la facoltà, e l'idolo dall'imaginativa creato o veduto. Le imaginazioni, non le imaginative, diciamo. — SCALVINI.

1788.
Imaginare, Imaginarsi.

— *Imaginare*, formare in mente un'imagine, quasi crearla, o almen scolpirla; *Imaginarsi*, presentarla allo spirito, e crederla. — BEAUZÉE.

— *Imaginare*, pensare, inventare, congetturare; *imaginarsi*, credere alla imaginazione, alle proprie idee, stare persuaso a quel che s'è imaginato, farsene un pregiudizio, pensarci e godere di questo pensiero.

Chi imagina, figura la cosa; chi se la imagina, e se la figura e la crede così.

Uomo d'imaginazione viva e di testa debole s'imagina tutto quello che imagina. Dopo imaginato un sistema, un filosofo non s'imagina che il suo sistema possa essere da qualche parte imperfetto. Io non posso imaginare un vero ateo: ma posso credere ch'altri s'imagini d'essere ateo davvero.

Chi ha letto di molto, sovente s'imagina d'imaginare cose nuove che non sono sue.

Per imaginarsi una cosa bisogna averne ricevuta una impressione profonda. Quel pazzo che s'imaginava d'essere padrone di tutte le navi ch'entravano nel Pireo, doveva aver molto pensato all'idea di ricchezza e di padronanza. Ma per imaginare una cosa, basta sovente un atto dell'umano pensiero.

L'imaginazione è più attiva in chi imagina; in chi s'imagina è più forte: si può imaginare e non credere; ma l'imaginarsi trae la persuasione seco, o almeno suppone atto più deliberato, e animo quindi più disposto a dare importanza alle cose imaginate. — ROUBAUD.

---

(1) DANTE: *Quel luogo ch'era forte Per lo pantan che aveva da tutte parti.*
(2) MAGN. R. B.: *Co' feltri infangati.* — M. BIN.: *Tutto infangato, imbrodolato.*
(3) BERNI: *Vide il prete caduto al fondo... Ove l'acqua il pantano appunto chiude, E impantanato in mezzo alla palude.*
(4) VITA DI S. MARGHERITA: *Vita... infangata e involta in tutte le brutture.*
(5) COM. INF.: *Meglio poco dirne, che infangarsi in sì brutto loto.*
(6) SEGNERI: *Di più lutulento, di più feccioso, di più fetido.*
(7) E questo, come più famigliare e più inteso, riesce più ingiurioso dell'altro, ch'è della lingua erudita. *Lutulento* poi, come in Orazio, può intendersi semplicemente dell'acqua torba d'un fiume. — CAPRONI.

1789.
Imaginare, Figurare.
Imaginarsi, Figurarsi.

Il poeta *imagina*, l'artista *figura*; quello è un creare l'idea; questo, la forma.

Imaginarsi e *figurarsi* ritengono la gradazione medesima. Io m'imagino una cosa, se la suppongo di pianta; e mi figuro i modi, gli andamenti, le condizioni di cosa o di fatto, ch'io già conoscevo in genere.

Altre volte il figurare riguarda un imaginare più prossimo a finzione che a imaginazione vera; altre volte un imaginare meglio determinato. Nel primo senso i Toscani dicono: gli è tutto un figurarselo; e così rispondono con eloquente ironia a chi si figura d'essere o bello o amato o grand'uomo o gran liberatore o cosa simile. Nel secondo, l'artista, dopo imaginato il concetto del suo lavoro, ne vien mano mano figurando i particolari; nè potrebbe figurarli in opera visibile o in parole se la sua imaginazione non gli figurasse dentro gli oggetti, siccome dotati ciascuno di sua propria vita.

1790.
Imaginarsi, Figurarsi, Fingere.

Si *figura* il vero; s'*imagina* il verisimile. Invece d'imaginare a fanfera, i poeti dovrebbero pensare e figurarsi le cose chiaramente così come sono.

Quando mi si narra un fatto a me ignoto, del quale però posso farmi un'idea, dico: me lo figuro. Quando uno mi racconta qualcosa di straordinario, comincia col dire: s'imagini che....

Fingere è più di *figurarsi*, sebbene abbiano la radice medesima. È difficoltà nell'imaginare, sovente, più che nel fingere.

I poeti finsero le Najadi; il poeta imagina la tragedia storica.

Molti confondono l'*imaginare* col *fingere*, e credono che là dove non è questo, quello non sia. Ma sovente nella finzione è meno imaginativa che nel dipingere la realtà, giacchè le finzioni possono essere o imitate o mal raccozzate o sparute; dove, all'incontro, imaginare la realtà, qual è stata, non si può, senza supplire di molti vuoti, indovinar molti fatti, molti sentimenti; senza veramente creare; creare meditando, componendo, esponendo.

Finzione indica talvolta l'espressione di non veri concetti o affetti, e dicesi dell'animo e delle parole e degli atti; l'*imaginare* è sempre della mente. Taluni fingono di sentire, e non sentono; molti s'imaginano d'aver ragione, e non l'hanno.

1791.
Supporre, Fingere.

— *Fingiamo, supponiamo*, sono nel discorso due modi d'esemplificazione e di concessione; ma *fingiamo* è più forte. *Supponesi* cosa che forse è, o che potrebb'essere; *Fingesi*, talora, anco l'impossibile, per rendere il proprio argomento più calzante. Il matematico dice *supponiamo* ne' suoi postulati. Il politico dice: *supponiamo*; ma le sue supposizioni son tali che dovrebbe piuttosto dire: *fingiamo*. Supponiamo (dirà l'economista) che il sistema dei divieti sia tolto da tutta Italia. Fingiamo (dirà il metafisico) che Dio non sia. — FAURE.

1792.
Supposizione, Ipotesi.

— L'*ipotesi* è *supposizione* ch'ha più dello scientifico.

Un sistema è fondato sopra un'ipotesi; si fanno supposizioni audaci sulle intenzioni dell'uomo.

L'*ipotesi* può essere una serie di supposizioni concatenate insieme e formanti sistema. *Per ipotesi* è modo che s'usa da taluni nel famigliare discorso; ma può riuscire affettato. — ROMANI.

1793.
Imaginario, Fittizio.

— Il *fittizio* suole simulare il vero; l'imaginario, no. Certi grandi hanno virtù fittizie, paure imaginarie. Gli ipocriti hanno virtù fittizie; gl'ipocondrici, malattie imaginarie. — SCALVINI.

1794.
Imaginario, Chimerico.

— *Imaginario* che non esiste se non nell'imaginazione o che da questa è alterato; *chimerico* che non ha nella realità fondamento. *Imaginario* è dunque meno. Un mondo imaginario è men falso d'un mondo chimerico. Ne' bisogni imaginarii è alcuna cosa di vero; nelle speranze chimeriche tutto è falso o falsamente giudicato. Molte cose ne' poeti sono imaginarie, che non sono chimeriche. — FAURE.

1795—1799.
FANTASIA, CAPRICCIO, BIZZARRIA, BIZZA, STRANEZZA.
IMBIZZARRIRE, INFURIARE, IMPENNARSI.
BIZZA, STIZZA.
FANTASIACCIA, BIZZACCIA, ESTRACCIO, IDEACCIA, CAPRICCIO.
FANTASIUCCIA, ESTRINO, CAPRICCETTO.

1795.
Fantasia, Capriccio.

« Il *capriccio*, nota il d'Alembert, viene piuttosto dal temperamento dell'uomo; la *fantasia* (in quanto non facoltà ma atto di pensiero e di volere), da un sentimento istantaneo, passeggero. L'uomo per natura strano, se fa una stranezza, la chiameremo un capriccio; l'uomo per natura assennato, se gli vien detto o pensato qualcosa di singolare, la non sarà che una fantasia. »

Questo secondo ha sempre senso più buono. Le fantasie del pittore pajono meno strane dei capricci, le quali possono essere più ardite o più singolari.

Fare spesa non necessaria, è fantasia se ha per impulso uno straordinario desiderio che vuol essere soddisfatto; e più propriamente capriccio se viene da inclinazione viziosa.

Diremo: le fantasie di un amante; i capricci d'una civetta.

Diciamo: i capricci della sorte, del caso; che certo non son fantasie. I capricci, inoltre, possono aggirarsi sopra cose più frivole; in atto solo, un cenno può talvolta sfogare il capriccio (1).

Fantasia, finalmente, è, come ognun vede, parola più nobile. E però il Varchi: « Come degli uomini o ingegnosi o' buoni solemo dire che hanno belli concetti o buoni o alti o grandi, cioè bei pensieri, ingegnose fantasie, diverse invenzioni ovvero trovati; e più volgarmente capricci, ghiribizzi, e altri cotali nomi bassi. »

Non è già che *capriccio* possa dirsi, per noi, voce bassa; e il Davanzati l'adopra insieme con *fantasia* molto bene: « Veggiamo in ogni professione e arte, fuori de' precetti

---

(1) DAVANZATI: *Per capriccio si inarpicò sopra un arbore.*

ordinarii, spesse volte di nuovi capricci e di bizzarre fantasie. •

1796.
Capriccio, Bizzarria, Bizza.
Imbizzarrire, Infuriare, Impennarsi.

La *bizzarria* può essere e abito e atto; il *capriccio* è, più d'ordinario, un atto. Tanto diciamo: raccontare una bizzarria, quanto: la bizzarria di quell'uomo. Son più singolari talvolta le bizzarrie di chi non ha la bizzarria per carattere: questi è monotono per lo meno, quando non sia studiosamente affettato (1).

La bizzarria è singolarità più o meno inconveniente, più o meno verace e franca; il capriccio, singolarità un po' più versatile. La bizzarria si manifesta specialmente nelle idee, nelle maniere e negli atti; il capriccio, nelle risoluzioni e nelle azioni. L'uomo bizzarro è straordinariamente vivo; l'uomo capriccioso, straordinariamente vario.

Il capriccio dispiace meno nelle donne che negli uomini, sebbene in esse abbia talvolta conseguenze più gravi; la bizzarria nelle donne è più ridicola che negli uomini, sebbene parrebbe più lecita a quelle. Questa differenza ha la sua ragione, ma troppo lungo sarebbe l'esporla.

Bizzarria può, per estensione, dirsi anco delle cose del mondo corporeo (2); non la fantasia nè il capriccio. Il Monti disse: *Le prime di natura vergini fantasie, che in piante, in fiori scherzano senza legge, e son più belle.* Ma nel linguaggio comune suonerebbe affettato. E così, capricciose potrebbersi dire certe singolarità di natura. Ma questi son modi come di eccezione, che non aboliscono l'intima proprietà del vocabolo.

La bizzarria, più che le altre due, può congiungersi allo sdegno, anche all'ira, purché non furente (3).

La bizzarria ed il capriccio possono essere due qualità della fantasia. Può questa essere più o men capricciosa, bizzarra. E specialmente questo secondo aggiunto sta bene con la detta voce. Davanzati: « Fare di quelle cose fantastiche per bizzarria dell'arte. - Bizzarre fantasie (4).

— *Bizze* chiama la madre gli sdegni e i pianti capricciosi del suo bambino. — CAPPONI.

1797.
Bizzarria, Capriccio, Stranezza.

— *Bizzarria* è singolarità inconveniente tra il vivace e l'impetuoso; *stranezza*, singolarità parte naturale e parte affettata, che troppo si scosta e vuole scostarsi dal comune uso; *capriccio* è singolarità più piacevole, d'ordinario; ch' ha del leggero, dell'inetto, del lascivo, talvolta del feroce; ma rado. — ROMANI.

1798.
Bizza, Stizza.

Entrare in bizza, montare la bizza, e simili, diconsi d'ira capricciosa, più o meno fantastica: è di bambini, e d'animali e d'uomini fatti.

I Greci, d'un più grave furore d'animali dicono λύσσα e gli Slavi *biest*; i quali due suoni accoppiati danno il suono e quasi il senso di *bizza*. La *stizza* è più sdegnosa e può essere un temperamento; e forse viene, come *attizzare*, dall'imagine del tizzo acceso.

1799.
Fantasiaccia, Bizzaccia, Estraccio, Ideaccia, Capriccio.
Fantasiuccia, Estrino, Capriccietto.

Fantasiaccia è la facoltà sregolata per abito, per vizio, per affettazione; è una concezione bislacca o deforme e moralmente inconveniente in fatto d'arte, e anco un pensiero, una deliberazione, nel colloquio e nella vita, che tenga non dello strano soltanto, ma dello sconcio e del biasimevole. *Bizzaccia* non riguarda che i moti d'impazienza e di sdegno, sfogati in atti o anco in parole (1). Così il *capricciaccio* riguarda più spesso cose morali e sociali, non atti meri della fantasia o della mente. Anco *ideaccia*, così peggiorativo, dicesi più di cose da fare, che di pensamenti da scrivere o da nutrire dentro di sé. *Estraccio* può avere due sensi: estro matto, spesso affettato, di certi che altro segno non hanno da parer poeti o artisti; o anco, nel muoversi e nel fare e nel dire, empito disordinato, uscita stravagante.

Estrino, al contrario, è moto che tiene del grazioso, nè si direbbe di scrittore o d'artista. *Capriccietto* ha quasi sempre mal senso, come *capricciuccio* l'ha meschino: capricciuccio di letterato piccoso, capriccietti di donna galante. *Fantasiuccia* è facoltà gretta, e anco concezione meschina, o sfogo di fantasia in cose da dirsi o da farsi, dappoco e per sè e per il fine.

1800—1801.
FANTASIA, GHIRIBIZZO, GRILLO.
GHIRIBIZZO, GHIRIBIZZAMENTO.
FANTASIA, CAPRICCIO, GRILLO.

1800.
Fantasia, Ghiribizzo, Grillo.
Ghiribizzo, Ghiribizzamento.

Ghiribizzo e *grillo* sono più famigliari. Il ghiribizzo è capriccio ch' ha dello strano più che del malizioso (2). Un originale ha i suoi ghiribizzi, una donna volubile ha i suoi capricci: i primi potranno, al più, movere ad impazienza; i secondi generano effetti più seri.

Ghiribizzo si dirà un concetto poetico che abbia del singolare; e in questo senso è affine non a *capriccio* ma sì a *fantasia*; se non che la fantasia è cosa men piccola, almeno di mole. L'epigramma può essere un ghiribizzo; c'è molti sonetti che altro nome non meritano (3).

---

(1) Si noti però che l'epiteto *capriccioso*, del par che *bizzarro*, denota l'abito.

(2) REDI: *Lumaconi terrestri che bizzarramente s'uniscono al collo in una maniera tutta differente dall'altre bestie.*

(3) PULCI: *Rinaldo gli montò la bizzarria, E dettegli nel capo.* In antico *bizzarro* valeva *iracondo*. - LAPPI: *Va sempre innanzi gli altri in trar di mano, Fiera e bizzarra come un capitano.* Quindi del cavallo, *imbizzarrire*, ch' è meno d'infuriare, e non è l'impennarsi, perchè questo e altri simili moti, può farli senza imbizzarrire, o può imbizzarrire o correndo alla diritta, o andando di traverso e non s'impennare.

(4) *Bizzarrie* si chiamano certi fiori o frutti (specialmente gli agrumi) i quali pigliano forme e colori strani, o proprii di piante diverse. Il Redi, in una lettera al cardinale Leopoldo de' Medici, del 15 gennajo 1665, descrive « *Una bizzarria esternamente fatta a strisce o a fette alternative irregolari di cedrato e d'arancia;* » la quale, conteneva un' arancia schietta, e l'arancia conteneva un cedratino. — LAMBRUSCHINI.

---

(1) Da *bizza* si fa *imbizzito* e *imbizzire*, non attivo ma neutro assoluto: e non pare usitato neanco *imbizzirsi*.

(2) BERNI: *A Mandricardo il ghiribizzo tocca D'udir se la campana aveva buon suono.*

(3) SALVINI: *Stampare ogni ghiribizzamento, ogni piccola insulsa leggenda.* Questo *ghiribizzamento*, che altrove sarebbe affettato, e che usitato non è, qui cade bene e aggiunge al bia-

In certe poesie tedesche abondano le fantasie stravaganti, se così piace, ma almeno feconde d'un qualche pensiero: i ghiribizzi di certi Francesi sono misera cosa.

Nel *ghiribizzo* può talvolta essere più studio, artifizio, stento; perchè il ghiribizzo è da ingegni piccoli, e gli ingegni piccoli usano l'affettazione in tutto. *Fantasia* sveglia sempre l'idea di cosa meno mendicata (1).

Ghiribizzo direbbesi anche un piccolo fregio di scultura o di pittura, o d'arte in genere (2); il *capriccio* riguarda non un tratto di penna o di pennello o di altro, ma un concetto, un'idea.

Le tre voci suddette vengono dall'Allegri raccolte in un solo membretto: « Le nove sorelle, madri e ghiribizzose nutrici di bizzarri capricci. »

1801.
Fantasia, Capriccio, Grillo.

Grillo, come ho detto, è voce famigliare; dicesi di capriccetti di poca importanza, e differisce da *ghiribizzo* nei seguenti rispetti:

I.° Diciamo: saltare e venire il grillo, meglio che: il ghiribizzo (3);

II.° Capo pieno di grilli, e simile; meglio che: di ghiribizzi (4);

III.° *Grillo* non si dice, come l'altro, d'operazione della mente e dell'arte; non è che una volontà, per lo più, spontanea, sempre vivace, e più o men capricciosa.

Fantasia, capriccio, grillo han per derivati *fantasiuccia, fantasiaccia, capriccetto, capricciaccio, grilletto, grillaccio*; *bizzarria* e *ghiribizzo* non hanno simili eleganze.

1802.
FANTASIA, ESTRO.

— *Fantasia* è l'apparizione subita e spontanea o d'un pensiero o d'un sentimento; chi più ne ha di queste apparizioni dicesi uomo di fantasia. Il capriccio ha sempre qualcosa di meno conveniente; la fantasia può essere bella.

L'*estro*, più impensato e più fugace del capriccio, sembra anche più innocuo. Io voglio torre importanza a un mio fatto o parola, quando dico: gli è un estro che m'è venuto. — CAPPONI.

1803—1808.
FANTASIA, FANTASTICHERIA.
UMORE, FISIMA.
BELL'UMORE, BUON UMORE.
IN UMORE, D'UMORE.
ESSERE DI BELL'UMORE, FARE IL BELL'UMORE.
IL BELL'UMORE, UN BELL'UMORE.
UMOROSO, UMORISTA.

1803.
Fantasia, Fantasticheria.

Siccome fantasticare è un abusare della fantasia in pensieri vani o troppo sottili, così *fantasticheria*, l'atto del fantasticare, ha senso sempre non buono; è un esercizio della fantasia, e anche dell'intelletto, in operazioni che nulla o poco hanno di solido e d'utile.

Fantasticheria dice ancora la tendenza, l'abito, il vizio; dove *fantasia* o è la facoltà della mente od è un atto della facoltà. La religione non conviene difenderla a forza di fantasticherie; troppo ell'è venerabile, troppo è salda, e degli umani sostegni punto non abbisogna.

La fantasticheria spesse volte è contraria ai liberi voli della fantasia. L'una è dei critici pedanti, l'altra degli intelletti creatori. Ma ne' tempi nostri è da notarsi come certi critici abondino di fantasia, e di fantasticheria certi autori (1).

1804.
Umore, Fisima.

— L'*umore* è gajo, tristo, buono, cattivo; gli è vario insomma. Onde il motto comune: varii sono gli umori, varii i cervelli.

Fisima (2), voce viva, è capriccio strano, fantastico. D'uomo stravagante di molto, dicono: gli ha certe fisime da fare scappar la pazienza a chichessia. — MEINI.

1805.
Bell'umore, Buon umore.

L'uomo più tetro può a qualche momento sentirsi di *buon umore*. E il buon umore e il cattivo si manifesterebbero più spesso se gli uomini fossero più sinceri: ma il più degli uomini mostra il cattivo quando ha il buono, e a vicenda.

Chi è di *bell'umore*, chi è un bell'umore, è quasi sempre tale nelle stesse sventure: sa trovarvi il lato piacevole, sa mostrarsi bell'umore anche quando non è di buonissimo umore. Anzi quello è più bell'umore e più originale, a chi le stesse scappate di mal umore sentono del piacevole.

1806.
In umore, D'umore.

In dice lo stato presente; *di* può denotare stato un po' più prolungato. Anche gli uomini d'umore tranquillo non sono sempre in umor di soffrire ogni soverchieria; anche gli uomini d'umore violento non son sempre in umore d'andare in bestia. Il primo avviso serve per i forti, il secondo pei deboli; vale a dire, coloro che si credono forti, e coloro che si credono deboli.

In umore s'usa più assolutamente. Volete voi giocare un poco? non mi sento in umore (qui *d'umore*, non sarebbe evidente); oggi mi sento d'umore di ridere.

1807.
Essere di bell'umore, Fare il bell'umore.
Il bell'umore, Un bell'umore.

L'uomo che è *di bell'umore*, ha uno spirito sereno, aperto, che guarda le cose dal lato piacevole, un po' dal lato ridevole, se non dal ridicolo; ama celiare, fugge quanto è malinconico, o troppo serio. Uomo tale, assolutamente, dicesi bell'umore (3).

Chi *fa il bell'umore*, lo fa in modo da provocare altrui (4); non è tanto un umore allegro quel suo, quanto

---

(1) VARCHI: *Ghiribizzare, fantasticare si dicono coloro i quali si stillano il cervello pensando a ghiribizzi, a fantasticherie... cioè... a trovati strani e straordinarii.* - *Certi ghiribizzatori sono tenuti uomini per lo più sofistici.* - *Ghiribizzare, co' suoi derivati, non è comune nella lingua parlata.*

(2) DAVANZATI: *Lettere stranamente variate per ghiribizzoso tratteggiare.*

(3) BERNI: *Gli salta il grillo, e di schiera si leva.* - *Gli venne il grillo di partire.*

(4) MORGANTE: *Tu ha' 'l capo pien di grilli, E fosti sempre pazzo.* - VARCHI: *Cava grilli del capo altrui.*

(1) MANNO: *Vestir d'argomenti fantastici una fantasticheria.*

(2) PATAFFIO; CRON. MORELLI; ALLEGRI.

(3) BUONARROTI: *Questo... Epigramma Fu fatto notte tempo Da qualche bell'umor celatamente.*

(4) LIPPI: *Sarebb'ito un po' a rilente Nel far con Calagrillo il bell'umore.*

bizzarro, fantastico; non rispetta i riguardi dovuti altrui; si piglia un po' gioco di cose che vanno rispettate, e se ne piglia gioco non solo in modo giocoso, ma più gravemente. Perchè siccome il sublime confina col ridicolo, così il ridicolo passa presto a diventare ben serio.

Altro è, dunque, fare il bell' umore, altro essere un bell' umore. *Fare* vuole l'*il*; *essere*, l'*un*; nè si direbbe: fare un bell' umore, essere il bell' umore.

Queste piccole variazioni mutano il senso, o lo tolgono affatto (1).

1808.
Umoroso, Umorista.

— *Umoroso*, che ha di molti umori, nel senso proprio. I grassi sono umorosi. *Umorista* ha senso retto e traslato. Nel primo, *umorista*, medico che s' attiene alla teoria dell' umorismo; teoria che oggi ha pochi seguaci; nel secondo, *umorista*, persona volubile, che ha diversi umori; ma più per ischerzo che altro, e non è modo gentile. — MEINI.

1809.
FANTASMA, OMBRA.

— *Ombra*, agli antichi, era l' anima separata dal corpo, conservante l' apparenza delle forme corporee: l' ombra di Creusa; il fantasma di Bruto.

Ombra è proprio di certi usi e credenze; *fantasma* risponde a un pregiudizio di tutti i tempi. — FAURE.

— L' ombra, l' anima del morto che apparisce ad un vivo. *Fantasma* è figura spaventosa. L' ombra, in quanto si mostra minacciosa, è fantasma. Ma può essere bella, arridente, mesta, se vuolsi, non terribile.

Il fantasma può non essere (cioè non essere creduto) ombra di morto. — A.

1810.
FANTASMA, SPETTRO, SIMULACRO.

— *Simulacro*, apparizione vana, la qual simula il vero essere, la vera imagine dell' oggetto; *fantasma*, l' apparizione qual si presenta alla fantasia ed all' occhio da quella abbagliato; *spettro*, forma straordinaria ed orribile. E però dicesi anco di persona magrissima e sfigurata.

Simulacro è non so che vago, e dicesi di qualunque sia oggetto vano, vuoto, falso, sia persona, sia cosa. Il *fantasma* ha forma determinata, ma fuor di natura o sopra natura, e dicesi d' oggetti che pajono veri. Lo *spettro* ha forma, ripeto, non pure strana ma terribile. — ROUBAUD.

1811—1814.
FANTASTICARE, ARZIGOGOLARE, ALMANACCARE, ARMEGGIARE, ABBACARE, ANNASPICARE, MULINARE.
ANNASPICARE, CONFONDERSI, IMBROGLIARSI.
LAMBICCARSI IL CERVELLO, STILLARSI, BECCARSI.
DARE, FARE LE SPESE AL SUO CERVELLO.
SCERVELLARSI, DICERVELLARSI, VUOTARSI IL CAPO, AVERE IL CAPO VUOTO, NON CI AVERE IL CAPO, FARCI IL CAPO, FAR TANTO DI CAPO.
CAPO VUOTO, TESTA, ZUCCA VUOTA.
STILLATO, DISTILLAZIONE.
ARMEGGIONE, CINCISCHIONE, ALMANACCONE, ARZIGOGOLONE, APPALTONE.

1811.
Fantasticare, Arzigogolare, Almanaccare.

Varchi: « *Fantasticare... arzigogolare*, si dicono di coloro i quali si stillano il cervello pensando a fantasticherie... ed arzigogoli, cioè a nuove invenzioni, e trovati strani e straordinarii, i quali o riescono o non riescono. » Questa definizione è più propria di *arzigogolare* che dell' altro (1). Anzi colui che arzigogola, lo fa, d'ordinario, per fine di scoprire qualche nuovo spediente del quale abbisogni. Per arzigogolare si fantastica; ma non ogni fantasticheria è arzigogolo. Il fantasticare ha usi più generali. Le cose dagl' increduli fantasticate contro la verità religiosa, son talvolta più meschine degli spedienti che lo scroccone arzigogolando ritrova per non pagare i suoi debiti.

Almanaccare ha senso affine ad *arzigogolare*; se non che cade meglio dove si tratti d' indovinare qualcosa, com' indica la radice del vocabolo stesso: ovvero di trovar pensiero o spediente tanto difficile che sia quasi da indovinare. Nell' arzigogolare si guarda piuttosto la sottigliezza; nell' almanaccare, la difficoltà.

Il primo, inoltre, par ch' indichi un pensiero meno lontano dal cogliere nel segno; il secondo può essere un pensamento più vano. L' impostore sa per arte arzigogolar con profitto; v' è di quelli che almanaccano giorno e notte per imbrogliare il prossimo, e non ci riescono. Bisogna nascere.

Fantasticare ammette anco il quarto caso, ma non gli altri due (2).

1812.
Armeggiare, Abbacare, Annaspicare.
Abbacare, Mulinare.
Annaspicare, Confondersi, Imbrogliarsi.

Abbacare, metter la mente in un' idea complicata, senza però smarrire la direzione del pensiero; o, come suol dirsi, la bussola (3). *Armeggiare*, nel traslato, andare con la mente aggirandosi quasi d' intorno a un pensiero senza coglierci (4). *Annaspicare*, vale: imbrogliarsi in un pensamento di modo che la stessa azione del pensiero accresca l' intrico (5). In queste dichiarazioni guardiamo le tre voci nel lato onde sono più affini; giacchè, se volessimo guardarle in altro, dovrebbe notarsi che *armeggiare* e *annaspicare* dicesi e dell' azione e del discorso, *abbacare*, del solo pensiero. Ma quando tutte e

---

(1) A modo però d' esclamazione direbbesi : voi siete pure il bell' umore! Gli è il gran bell' umore! Ma diventa altra locuzione.

---

(1) VARCHI: *l' ho fantasticato tutta notte Quel che si sia l' ambrosia che gli Dei Mangiano in cielo. Infin le son ricotte.*

(2) MANZONI: *Fantasticare le ragioni, le conseguenze di quel fatto.*

(3) FIRENZUOLA: *Ecco qua il Dormi: che va egli abbacando?* Questo esempio è stato dichiarato dal Monti. E se il Varchi afferma che si possa dire: *tu abbachi*, ad alcuno che « fa o dice alcuna cosa sciocca o da biasimevole a da non doverglisi per dappocaggine e tardezza sua riuscire », questo sarà stato vero al tempo del Varchi, ma non è più nella lingua vivente.

(4) *Armeggiare*, definisce la Crusca, si dice di chi o nell' azione o nel discorso s' avviluppa e confonde. Ciò sarà stato al tempo della compilazione del Vocabolario. *Armeggiare*, oggidì, nel traslato ha i sensi seguenti: I.° Di muoversi qua e là, e far atti senza un fine evidente, senz' ordine: un fanciullo, per es., *armeggia* con le sue bagattelle. II.° Di fare un movimento, e quindi un rumore di cui non sia ben noto il perchè nè il come a chi ascolta. Così diciamo: sentivo armeggiare nella stanza vicina. III.° Divagare un' idea, e far con la mente quasi que' movimenti indeterminati ch' indica la voce nel senso materiale: quindi talvolta, per estensione, d' avvilupparsi e confondersi.

(5) La Crusca nota *annaspare* per *confondersi: annaspicare*, è della lingua vivente: e trattandosi di traslato, pare più bello.

tre s'applicano al pensiero, differiscono in ciò, che l'*abbacare* è meno dell'*armeggiare*, e questo men dell'*annaspicare*; che a tutti è facile, fantasticando sopra una cosa, abbacare; che le teste deboli armeggiano, le confuse annaspicano. S'abbaca cacciandosi innanzi in un pensamento; si armeggia girandogli intorno; si annaspica aggirandovisi, a così dire, sopra. Un metafisico risica d'abbacare; un politico, d'armeggiare; un improvvisatore, d'annaspicare. S'abbaca per trovare un partito; s'armeggia anco semplicemente per esercitare il pensiero; s'annaspica per non saper continuare il corso delle idee. L'*abbacare* è una specie d'intensione della mente; l'*armeggiare* è un'azione vaga, rallentata, a caso, talvolta a sollazzo; annaspicare è azione impedita, scompigliata, stravolta.

Tutte e tre queste voci sono dello stil famigliare; ma non gioverebbe, cred'io, espellerle dalla lingua, giacchè un equivalente non hanno. *Abbacare* non è *mulinare*, che indica pensamento più sicuro, più determinato, e dicesi specialmente delle cose da farsi; non è *fantasticare*, che significa, come la voce suona, un pensamento aereo, meno pratico, meno diretto a ricercare, a indagare. Similmente, *armeggiare* non ha, ch'io sappia, vocabolo equivalente. *Annaspicare* non è sinonimo a *confondersi*, a *imbrogliarsi* e simili; perchè queste son voci generiche che comprendono non solo il pensiero e il discorso, ma il portamento, le azioni, il movimento de' corpi: senonchè *imbrogliarsi* è più famigliare di *confondersi*, e meno grave.

1813.
Lambiccarsi il cervello, Stillarsi, Beccarsi.
Dare, Fare le spese al suo cervello.
Scervellarsi, Dicervellarsi, Vuotarsi il capo,
Avere il capo vuoto, Non ci avere il capo.
Farci il capo, Far tanto di capo.
Stillato, Distillazione.
Capo vuoto, Testa, Zucca vuota.

Stillarsi è più nobile; e anco *lambiccarsi; beccarsi* ha uso più famigliare.

Stillarsi il cervello, in indagine più difficile e non inutile affatto (1); lambiccarselo in sofisticherie, in cose difficili, perchè la piccolezza della nostra mente tali le rende (2); beccarselo in pensieri piccoli, inconvenienti, colpevoli (3). Chi si stilla il cervello per conoscere il bene laddove non è; taluno se lo lambicca per dir bene di chi non n'è degno, e chi se lo becca per dir male. Non vi lambiccate il cervello per dimostrar cose chiare; non ve lo beccate per abbujare le cose evidenti; non ve lo stillate per rendere evidenti cose che non possono all'umano vedere riuscir mai chiare. L'uomo di ingegno profondo, forte, diligente, costante, si stilla volentieri il cervello; l'uomo d'ingegno accorto, tortuoso, frugatore, volentieri se lo lambicca; l'uomo d'ingegno gretto, impotente, invido se lo becca.

Le differenze non sono costanti. Talvolta diciamo *stillarsi*, di cose dappoco (1), e in mal senso; ma di cose gravi e in senso buono, nessuno userà gli altri due.

Veramente, nel proprio, lo *stillare* e il *distillare* è l'effetto del *lambiccare*; ma questo secondo richiamando addirittura l'imagine del lambicco, suona più materiale. E perchè quell'altro esprime operazione già riuscita, però può, talvolta, significare sforzo non impotente. Anco i grandi debbono un po' stillarsi il cervello per trarne il sugo del vero, per ridurre il molto in poco; ma il *lambiccarsi* o è de' deboli, o di coloro che per orgoglio o vana curiosità si fanno minori di sè.

In senso affine, nel proprio, dicesi *distillare*, e *stillare*; ma del cervello, più comunemente il secondo. Nel proprio, talvolta, *distillare* par che denoti meglio l'operazione che si viene facendo; *stillare*, l'esito. Onde lo *stillato*, dice il prodotto della distillazione; e nel traslato, il sugo migliore, la parte più sottile ed eterea. Lambiccare s'usa in Toscana anche assoluto: che state voi a lambiccare? E val sempre pensiero o cura soverchia, minuta, non senza stento.

Diciamo, poi, concetto, espressione lambiccata, troppo raffinata, ricercata, peccante di sottigliezza e di stento: difetto della nostra età comunissimo (2).

Dar le spese al suo cervello, vale: star sopra sè raccolto in un serio pensiero. Viene forse dal riguardare il pensiero come bisognoso di nutrimento, acciocchè possa operare; bisognoso che gli si facciano quasi le spese: ovvero dal riguardare il pensiero stesso come in atto di fare le spese alla mente, e nutrirla di sè.

Troverà poi ragione di ciò più profonda chi pensi che *spesa* e *pensiero* hanno comune origine da *penso*, *pendo*, *pesare*, onde il pensiero è una continua misura che fa l'anima di quanto sente con una verità che l'è norma; il pensiero è una spesa continua che fa l'anima per acquistare il necessario all'intima vita; nella quale spesa può essere e prodigalità ed avarizia; dev'essere economia provvida e generosa. Questi pensieri mi si offrono alla domanda che muove il signore Zecchini, biasimando quel modo toscano. I modi traviati da un popolo (dico dal vero popolo, non da' letterati nè da' ciambellani), hanno sempre un'intima ragione, che giova meditare anche quando non s'intenda approvarla.

Scervellarsi è più, e dicesi anco *dicervellarsi*. Ma *scervellato* vale altresì, di poco cervello, che non se lo può lambiccare, perchè non n'ha.

— Tra le frasi affinissime alle notate, è pure in uso *vuotarsi il capo*, che dice non tanto sottile esercizio come *lambiccarsi il cervello*; ma il molto e lungo esercizio della mente. — A.

L'uomo si vuota il capo anco a richiamare alla memoria cose che penano a venire a mettersi nella memoria, cose che penano a entrarci o a starci adagiate. Dunque il riempirsi la memoria può essere un vuotarsi il capo, e lo sanno gli eruditi. Così le indigestioni preparano gli scioglimenti.

Avere il capo vuoto significa varie cose; è vuoto perchè stanco dalla fatica di cui s'è detto fin qui, è vuoto perchè leggiero (che più propriamente dicesi *testa vuota*,

---

(1) Bzzzi: *Stare in su' libri a stillarsi il cervello.* - E scriveva e stillavasi il cervello. - Canti Carnascialeschi: *Stillati quelli (i cervelli) per voler troppo antivedere.*

(2) Redi.

(3) Bellincioni: *L'invida gente.... Sempre in dir male il suo cervel si becca.* - Varchi: *D'uno che fa i castellucci in aria, si dice: egli si becca il cervello.*

(1) Gelli: *Io vorrei dar loro i danari, e facessino da loro; e non mi vorrei stillare il cervello.*

(2) Buonarroti: *Un sol pensier d'un sol viglietto nostro Lambiccar....*

o, peggio, *zucca vuota*; e quest'ultimo dice, oltre a leggerezza, ignoranza); è vuoto perché dolente e male atto ad attendere. *Non ci avere il capo ad una cosa*, vale o non ci pensare davvero, o non ci poter pensare per istanchezza o indisposizione. *Farci il capo*, è averci pensato tanto o pensacchiato, o provatosi di pensarci, che non se ne intenda più nulla, neanco le cose chiare, e che vedevansi alla bella prima. *Fare tanto di capo*, sentirsi stordito o da pensieri nojosi o da malessere o da rumori. M'avete fatto tanto di capo, dicesi ad uomo parolajo, anco che non parli a voce alta, purché confonda e uggisca la mente.

I Toscani dicon anco: *dare e fare un poco di spesa al suo cervello*; e così vengono variando i medesimi modi secondo le convenienze richieggono; né è dizionario, per grande e minuto che si voglia, che possa numerare, non che dichiarare, siffatte delicatissime varietà.

1814.
Armeggione, Cincischione, Almanaccone, Arzigogolone, Appaltone.

— *Cincischione*, chi non esce di nulla, chi per tutto trova inciampi che lo fanno procedere lentamente. È meno d'*armeggione*; in questo entra più direttamente la volontà. Il cincischione, forse, non s'avvede d'esser tale; l'armeggione cerca a bella posta di perdere il tempo. I grassi son per natura cincischioni; gli svogliati, armeggioni. Un vecchio tormentato dalla gotta o da altri incomodi, in celia si chiamerà *cincischione*, *armeggione* no. Potrà chiamarsi con questo nome quando sia lento per natura.

Ma *armeggione* ha pure senso affine ad *almanaccone*, *arzigogolone*; cioè *imbroglione*. Allora *arzigogolone* è il più forte; poi ne viene *almanaccone*, e da ultimo *armeggione*. *Armeggione* fa pensare uno che mette a tortura il cervello per imaginare finzioni, inganni. *Almanaccone* sveglia l'idea di persona tanto avvezza a imbrogliare, che scorga quasi a colpo d'occhio la via più sicura per riuscirci. L'*arzigogolone* è più destro e più complicato; si dice d'uno che, fallendogli un'astuzia, ne trova un'altra e poi un'altra, finché non sia giunto al suo fine. Gli è un ragno che a forza di fila ordisce la tela, per acchiappare l'insetto e succiargli il sangue.

Appaltone ha senso un po' distinto de' precedenti. Denota l'abitudine di sopraffare altrui con parole, con bravate; per ingannare, o per soddisfare un soverchio amor proprio. I così detti *cavalocchi* meritano, per lo più, il titolo d'*armeggioni*, d'*almanacconi*, d'*arzigogoloni*. Ad alcuni letterati maldicenti, millantatori, che credono di farsi nome censurando sempre i migliori, sta bene il nome d'*appaltoni*. — MEINI.

1815-1816.
FANTASTICO, STRAVAGANTE, SOFISTICO.
PAZZO, STRAVAGANTE.

1815.
Fantastico, Stravagante, Sofistico.

Il secondo è sovente l'effetto del primo. Ma può l'uomo essere in certe cose fantastico, non già stravagante; e può essere sì goffamente stravagante da non meritare nemmeno il titolo di fantastico.

Fantastico, strano per movimenti di fantasia soprabbondante; può avere buon senso. *Sofistico*, uggioso per arguzia abusata d'ingegno, la qual tenda ad avviluppare, o aggravare altrui: uomo, domanda, obbiezione sofistica. *Stravagante*, che va fuori dello stabilito nell'uso, di quel che pare secondo le regole, in modo capriccioso, e sovente non lodevole: concetto, proposito, uomo, discorso, maniere stravaganti. *Fantastico* riguarda l'imaginazione; *sofistico*, il ragionamento; *stravagante*, ogni cosa.

1816.
Pazzo, Stravagante.

La pazzia, in senso più mite, come si suol nell'uso del mondo, è prossima alla stravaganza. Il *pazzo* fa delle stravaganze vere, e chi pensa stravagante, ha una vena di pazzo. Ma si può essere pazzo, e non fare stravaganze, e non ne dire se non sopra certi argomenti; si può essere stravagante, e non fare né dire pazzie. L'uomo che maltratta la gente fuor di ragione, che troppo pretende, e nulla vuole che gli altri richieggan da lui, che s'adira d'ogni cosa, è uno *stravagante* che non si sa da che banda pigliarlo. Colui che non bada, non isfonda, che si lascia andare a bizzarrie da muovere riso e da sorprendere (le quali però, conosciuto l'uomo, non offendono), è un *pazzo*. L'uomo stravagante v'offenderà persin col silenzio; il pazzo, più parla, e meno v'irrita.

1817.
FARSI, DIVENIRE.

— *Divenire* sordo, *farsi* ricco; non si direbbe: farsi sordo. Si può ben dire: divenir ricco; ma chi divien ricco, non ci mette tanto di suo, la fortuna lo ajuta; chi si fa ricco, si fa per industria e per ingegno. — NERI.

1818.
FARSI, DIVENIRE, DIVENTARE.

— *Divenire* ha tuttavia nella lingua toscana il senso di: venire da luogo a luogo. In questo, non fosse altro, distinguesi da *diventare*. — GATTI.

— Il primo par che denoti effetto più lento e più regolare. Il bambino, coll'andare degli anni, diviene ragazzo, poi giovane; la fanciulla innocente, per le altrui seduzioni, diventa cattiva presto. — POLIDORI.

— *Diventare* è frequentativo, come ai Latini era *ventare* e *ventilare*, rispetto a *venire* (1). Di cangiamento non tanto visibile nelle sue gradazioni, meglio *divenire*, che molte volte porta idea di accidentalità. Però gli antichi l'usavano in senso di *accadere*, *avvenire*. *Diventare* sarà più proprio là dove si voglia denotare cangiamento più visibile. Quindi quella maniera dell'uso: diventar di mille colori, per significare cangiamento di colore nel volto, cagionato o da paura o da altro affetto. *Divenire* non sarebbe sì proprio. Finalmente, siccome il frequentativo, d'ordinario, denota peggioramento; così, di mutazione in peggio, usiamo, più, *diventare*. Pandolfini: « Diventano ghiotti e lascivi. — Chi in cosa alcuna diventa stolto, gli è necessario in tutto essere stolto. »

Farsi, di persona parlando, accenna talvolta passaggio alquanto volontario da uno a altro stato.

Altro è dire: quel giovine così buono e studioso è diventato cattivo e dissipato, a forza di male pratiche; altro: s'è fatto. Nel primo, si riguarda più direttamente il cangiamento; nel secondo, piuttosto la cagione di quel cangiamento. — MEINI.

---

(1) *Festo.*

1819.

FASTIDIO, Sazietà.
Fastidito, Sazio.
Fastidire, Infastidire.

— Il primo è più. Testimonio quel Bireno di cui parla l'Ariosto « Non pur *sazio* di lei, ma fastidito N'è già così, che può vederla appena. » *Sazietà* può darsi senza *fastidio*; e c'è un fastidio procedente d'altro che da sazietà. Questa, effetto di copia; quello, d'abondanza e facilità tale che non solo ristucchi, ma irriti. Effetto di sazietà, l'inappetenza; del fastidio, l'avversione. A guarire dall'una basta astenersi; l'altro non è medicabile, per lo più, se non per l'opposto della sua causa: privazione e sventura. — POLIDORI.

Infastidito è più comune: e *infastidire* è attivo; onde Lorenzo il Parvitico insegna al figliuolo cardinale di non *infastidire il papa* col raccomandare troppi. *Fastidire*, latinismo inusitato in questo senso, col quarto caso varrebbe: avere in fastidio tale o tal cosa.

1820—1825.

FASTIDIO, Nausea, Schifo, Ribrezzo, Ripugnanza.
Fare, Dare fastidio.
Far nausea, Nauseare, Essere nauseante.
Nauseante, Nauseabondo.
Prender nausea, A nausea.
Schifarsi, Sdegnarsi lo stomaco.
Stomacare, Fare stomaco, Rivoltar lo stomaco.
Schifezza, Schifosità (*in singolare e in plurale*).
Puzzare, Essere a schifo, Essere in avversione.
Schifoso, Schifo, Schifiltoso, Schizzinoso.

1820.
Nausea, Fastidio.
Fare, Dare fastidio.
Far nausea, Nauseare, Essere nauseante.
Nauseante, Nauseabondo.
Prender nausea, a nausea.

Qualunque cosa non piaccia o faccia male allo stomaco, dicesi che fa nausea, che nausea, ch'è nauseante (1).

Fastidio, in senso affine a *nausea*, non è comune nell'uso toscano, come in altri dialetti. Il Redi: « Ricette così nauseose, che porterebbero fastidio ad uno stomaco di ferro. » Il fastidio è qui l'effetto della cosa nauseante. Ben direbbero anco i Toscani: mangiar tanto d'una cosa, da poi averla a fastidio.

Fastidio, in Toscana, tutta sorta di sporcizia (2), e in particolare di chi abbia indosso gran quantità di quegli animali che amano la parte più nobile del corpo umano, dicesi ch'è pien di fastidio (3).

Ad ogni modo, quand'anco questa voce si volesse adoprare in ogni senso di *nausea*, non avrebbe i derivati analoghi a *nauseare*, *nauseante*, *nauseato*, nè il modo corrispondente a *far nausea*, perchè *fare fastidio* dicesi, piuttosto che di male corporeo, di noja morale, o anco intellettuale, ed è meno di *darlo*. Così *far nausea* (che è più comune di *darla*), e nel proprio e nel traslato,

---

(1) *Nausea*, da *navis*, significava quel mal di stomaco che piglia segnatamente i naviganti quando il mare è agitato. - BUONARROTI: *Le dolcezze d'Ibla Gli corrono a far nausea*.

(2) CRESCENZIO: *Nettilsi da ogni fastidio*. - ISTOR. PISTOL.: *Era, per lo fastidio che vi si gettava, sì grande la puzza*.

(3) DAVANZATI. - S. BERNARDO N. A.: *Di tutte le mie dignità m'è rimaso vermini e fastidio in questo avello*.

---

dice più di *nauseare*; e questo ha altresì senso di *sentire nausea*, avere, prendere a nausea una cosa. *Essere nauseante* dice la qualità, l'attitudine, del cibo o della bevanda, e dell'odore non sempre seguita da effetti. *Nauseabondo* è più, ma nel comune uso più rado che in quel della scienza. *Fastidio* è poetico.

Nausea ha traslati noti: c'è un orgoglio, una vanità che fa nausea. Giova notare che un discorso può far nausea; il silenzio, no mai (1).

1821.
Nausea, Schifo.

Schifo è il primo senso che fa l'oggetto spiacevole; e dicesi non solo del cibo o della bevanda; ma di qualunque altra cosa: persona schifa, cucina schifa, cioè sudicia da non se ne giovare (2).

Fare schifo, e simile, dicesi dunque di cosa sudicia. Fa *nausea* la dolcezza o l'asprezza del cibo; può il cibo esser buono, e farci schifo il modo come viene preparato o condito od offerto.

Cibo che piaccia, ma che per una di queste ragioni faccia schifo, può eccitare la nausea.

Venire a schifo, e: venire a nausea, diciamo. Avere, prendere a schifo, più comunemente che a nausea; ma non: prendere schifo, come: prendere nausea.

Schifo ha più derivati: *schifezza* (3), *schifoso*: schifarsi d'una cosa, o non se ne giovare, o mostrare d'averla a schifo.

Nel traslato, avere a schifo, vale: sdegnarsi, mostrar disdegno, disprezzo (4); *nausea* non ha questo senso. Il ricco stolto ha a schifo il povero; il povero sapiente si nausea nella conversazione del ricco.

1822.
Puzzare, Essere a schifo,
Essere in avversione.

« Ad ognuno puzza questo barbaro dominio, » disse un antico. S'usa solo di male vecchio, perché cosa che non si rinnovi puzza (5).

Essere a schifo, s'applica al senso e dell'odorato e della vista e del gusto e del tatto; nel traslato dice maggior ribrezzo.

Avversione è più pensato: avere a schifo i vizii torpidi; in avversione, gli stolti e superbi.

1823.
Schifarsi, Sdegnarsi lo stomaco.

Diciamo anco: *sdegnarsi lo stomaco*. Se non che, uno si *schifa* (6) di cosa che non gli piaccia; si nausea di cosa che gli sollevi lo stomaco. Di cibo che senza rivol-

---

(1) SEGNI: *Gli ascoltatori ne prendon nausea*. - VARCHI: *Non credo che alcuno possa leggere queste cose o senza riso o senza nausea*. Prender nausea di cosa è deliberato sì, ma meno grave di prendere a nausea la cosa, che allora par non si possa più patire.

(2) CASA: *Non sono da fare in presenza degli uomini le cose laide o schife*.

(3) CAVALCA: *Il cibo rigettato è di più schifezza che qualunque altro cibo freddo e spiacevole*.

(4) DANTE: *Mettine giuso, e non ten venga schifo*.

(5) Anco d'uno che si strapazzi di molto o faccia molti stravizii, diciamo: a costui puzza la salute, cioè gli è venuto a noja lo star sano, e cerca tutti i modi di rovinarsi. In senso affine, uno puzza di furfante, di ladro, quando si hanno forti sospetti di tal genere sopra di lui. — MEINI.

(6) Gli antichi, in vece di *schifarsi del*, usavano *schifare il*.

tarle lo stomaco, e senza essere schifoso, le faccia male, una donna dirà: mi sono sdegnata lo stomaco.

Le medicine fanno sdegnare lo stomaco e mettono inappetenza; come certe mutazioni politiche aggiungono al mal essere il mal umore.

1824.
Nausea, Ribrezzo, Ripugnanza.

Ribrezzo è quel moto di nervi che si desta all'aspetto o al pensiero di cosa che disgusti forte o che impaurisca. Fa ribrezzo la vista di una piaga, d'un cadavere, del sangue di bestia orribile, della morte (1); fa ribrezzo l'idea d'una viltà al generoso, d'un glorioso pericolo al vile (2). Anche un cibo disgustosissimo fa ribrezzo; non perchè *schifoso* o *nauseante*, ma perchè amarissimo, agrissimo, o per timor di veleno o di male. Destare, mettere, fare ribrezzo, averne, sentirne; modi dell'uso, taluni non proprii di *nausea*.

La *ripugnanza*, ognun vede che può essere certa naturale avversione a un cibo, senza che questo però faccia schifo a vederlo, o nausea dopo preso. La ripugnanza può non essere così forte da destare ribrezzo.

1825.
Stomacare, Fare stomaco,
Rivoltar lo stomaco.
Schifezza, Schifosità (in sing. e in plur.).
Schifo, Schifoso, Schifiltoso, Schizzinoso.

— *Stomacare* è il meno; poi vengono gli altri due secondo l'ordine che sono scritti. Così nel traslato.

Schifoso dicesi di persona o di cosa sudicia e sporca di molto. Pare talvolta un po' più di *schifo*, ed è più comune in più parti d'Italia. *Schifo* ha senso quasi sempre corporeo: ma, avarizia, adulazione schifosa. Di oscenità sarà più frequente e più forte *schifosità* che *schifezza*. La schifezza e la schifosità, singolare, dice la qualità in astratto; il plurale, gli atti, le parole, le cose che fanno schifo. *Schifiltoso* e *schizzinoso*, di persona soltanto. Il primo è raro nell'uso, e dice men dell'altro ch'è comunissimo. Vi son certe donne che per affettar signoria, fanno le schifiltose. Ce n'è di quelle che fanno le schizzinose con gli uomini, e poi son peggio dell'altre. *Schifiltoso* può meglio denotare gl'interni moti; *schizzinoso*, gli esterni. E in generale, d'uno che si creda bramare una cosa, non ostante che si mostri svogliato, si dice celiando: eh via, la non faccia lo schizzinoso; non le parrebbe vero. — MEINI.

1826—1838.
FASTIDIO, UGGIA, NOJA, TEDIO, DISGUSTO, MOLESTIA, IMPORTUNITÀ, SECCATURA, SECCAGGINE.
UGGIOSO, IMPORTUNO, NOJOSO, MOLESTO.
UGGIOSO, STUCCO, UGGITO.
STUCCO, RISTUCCO, STUCCATO.
STUCCO, PIENO, RIPIENO.
STUFARE, SECCARE, NOJARE, ANNOJARE, STANCARE, INFASTIDIRE, FASTIDIRE, TEDIARE, STUCCARE, RISTUCCARE.
STUFO, STUFATO.
DARE, FAR NOJA.
PRENDERE, RECARSI, AVERE, VENIRE A NOJA.

---

(1) LIPPI: *Venga un serpente... e morda; Ch'ei non sente... ribrezzo.*
(2) BUONARROTI: *A ricordarmel n'ho ribrezzo.*

1826.
Uggia.
Uggioso, Stucco, Uggito.

Se quest'articolo t'uggisce, o lettore, sappi che tu non se' 'l solo.

Uggia, nel proprio, vale l'ombra non sana, gettata dagli alberi, che intristisce i sottoposti germogli (1). Di cosa che produca importuna tristezza, si disse e si dice in Toscana, che la fa uggia, che viene in uggia, che l'uomo l'ha in uggia (2), ch'è *uggiosa*. L'uggia, dunque, è una specie di tedio, congiunto a un principio di tristezza e di avversione alla cosa o alla persona o alla cosa. V'è chi s'uggisce a star solo; v'è chi s'uggisce a stare in compagnia; e l'uggia sociale è più grave; è una epidemia contagiosa, un *cholera morbus*. V'è de' giorni più uggiosi degli altri, o per la natura del tempo o per mala disposizione dell'uomo. V'è de' libri uggiosi, e non pochi; discorsi, uomini uggiosi. E gli uomini sono uggiosi o perchè sgarbatamente malinconici, o sgarbatamente allegri, o perchè impronti, o perchè impazienti, o perchè stucchi.

Stucco, in Toscana, uomo che di tutto si stucca, a cui nulla va a verso; soverchiamente delicato nel mangiare, nel vestire, nella pulizia di casa, e in altre simili cose. Chi è troppo stucco, con le sue pretensioni vi fa venir l'uggia; è uomo uggioso; ma non è uggioso di natura, sì che non si possa correggere.

1827.
Stancare, Annojare.

Discorso tedioso annoja; lungo e spiacevole, stanca; può stancare anche cosa che non annoja.

1828.
Stuccare, Ristuccare.
Stucco, Ristucco, Stuccato.

Stucca, nel proprio, un cibo che induce nojosa sazietà, che riempie. Stucca il cibo grasso (3); il dolce *ristucca* (e *ristuccare* pare un po' più); stuccano le quaglie piuttostochè le pernici. E tuttociò che nel mondo morale o nell'intellettuale produce simile senso di sazietà o ripienezza, stucca (4). Il troppo parlare, anche quando non è uggioso, ci stucca (5); la troppa erudizione stucca; stucca l'affettata eleganza, che però si dice *stucchevole*. Un uomo si stucca di star sempre bene; un popolo si stucca del re (6), e vuol mutare. I complimenti (7), le adulazioni (8) vi stuccano. Noi siamo già stucchi de' protocolli (9), diceva colui.

Se il buono stucca, molto più stucca il nojoso. Il Davanzati: « Sempre ch'ei ne fu stucco, si servì de' nuovi, e i vecchi nojosi si tolse dinanzi. »

Il participio, nel senso del quale parliamo, è *stucco*,

---

(1) Se non viene da *umbra*, dice il somigliante col suono.
(2) CIRIFFO CALVANEO.
(3) CASA.
(4) Il Davanzati traduce *satietatem* con *istuccare*.
(5) LOR. MEDICI: *Il troppo stucca pui.*
(6) DAVANZATI: *Quando stuccati furon de' re, vollero anzi le leggi.*
(7) BUONARROTI: *Chi 'n contegno Stuccherol scriva.*
(8) DAVANZATI: *Stuccherolli erano i padri nel pioggiare Augusta.*
(9) LOR. MEDICI: *Di promesse in son già stucco.*

più spesso che *stuccato*; questo, nel proprio, vale: riturato o attaccato con stucco (1).

Ristuccare ha, nel proprio, il senso di stuccare di nuovo (2), o di bene stuccare (3); nel traslato denota sazietà più vicina alla nausea (4).

Il dolce petrarchesco stucca un poco talvolta; il dolce del Lemene ristucca. Quindi il modo: *stucco e ristucco*. L'uomo si ristucca anco da sé di una cosa; quando, cioè, comincia a sentirne sazietà dispiacevole.

1829.
Stucco, Pieno, Ripieno.

Non so se *stucco* sia, come *stracco*, una variazione di *stanco*; ma direi piuttosto che venga dall'imagine di *stuccare*, che è turare e riempiere gl'interstizii sicché cosa non possa penetrare di lì. La noja e le altre affezioni di cui qui parliamo pare che riempiano in modo da non lasciare luogo a varietà d'impressioni e sentimenti e idee più gradevoli, da chiudere quasi il respiro dell'anima. E anco per questo forse, l'uomo annojato dice: *son pieno*, assolutamente, ovvero: *ne son pieno* di quella tal cosa o persona; e anche *ripieno*. Ma *ripieno*, oltre al dire di più, pare che significhi solamente l'impressione tediosa, dove *pieno* suol dirsi anco di sdegno e simili affetti che non sono la noja. Onde diciamo: *era pieno*, e si è sfogato. Nel qual senso non diremmo *ripieno*.

1830.
Seccare, Stuccare, Stufare.
Stufo, Stufato.

— *Stufare*, dell'uso anch'essa, è più di *seccare* e di *stuccare*. Canto senz'anima mi secca; una donna leziosa mi stucca; letterato che loda sempre sé stesso mi stufa.

Stufo (5) indica uno stato; *stufato* (lasciando stare la carne stufata) denoterà forse meglio l'effetto di una serie d'atti. — MEINI.

1831.
Dare, Far noja.
Prendere, Avere, Recarsi, Venire a noja.
Nojare, Annojare.

La noja può essere più passeggiera dell'uggia, può essere più leggera e non apparire. Ma v'è due sorte di noja: la noja che viene da indifferenza, e quella che viene da incomodo. In questo secondo senso dicevano gli antichi *nojare*, troppo più grave del moderno *annojare*; e in senso affine a questo, diciamo *dar noja*; non mai nel primo. V'è delle persone che, per passare la noja, si mettono a dar noja a tutto il mondo; e se taluno s'offende delle loro parole o de' loro atti, rispondono tranquillamente: chi vi dà noja (6)? Anche l'offendere, o per celia o davvero, è dar noja. Non dà noja a nessuno chi non fa cosa che possa dispiacere (1). Insomma, il *dar noja* abbraccia e le più serie cose o le più leggiere (2). E questa voce in antico aveva sensi più varii, che al presente ha perduti.

Per conoscere che serio male paresse ai nostri maggiori la noja, basta pensare che questa voce comprendeva ogni sorta di male: poi venne gradatamente a restringersi, tanto che al presente esprime, quasi per antonomasia, quella sola specie di noja che viene dalla mancanza di grandi dolori e piaceri, vale a dire dalla insensibilità a questi e a quelli. E veramente questa sorte di noja comprende tutti i possibili mali.

Prendere a noja persona, o cosa, è modo vivo, acconcio, perché dimostra come il mal essere che ci viene dagli altri, siamo noi il più delle volte che ce lo prendiamo con la nostra delicatezza soverchia. Si prende, dunque, a noja un oggetto, quando, per qualunque siasi o ragione o pretesto, non si può vedere volontieri, e della sua vicinanza o corrispondenza, o talora del suo benessere stesso, si sente non solo noja ma stizza. E in senso simile usiamo *avere a noja*; ma gli è un po' men vizioso del *prendere*, com'indica il significato stesso de' due verbi. La cosa che s'ha a noja, fa pena, fa dispetto, anche senza ragione nessuna.

Recarsi a noja, dicesi di persona piuttosto che di cosa; è parlato anch'esso: pare meno volontario del *prendere*, ma più dell'*avere* (3).

Diciamo: venire a noja, di cosa o di persona che comincia a piacerci un po' meno, a dispiacerci un po' più (4).

C'è degli uomini a cui lo star bene viene a noja; e tutti i veri mali del mondo vengono appunto dal non sapere apprezzare i beni che già si godono. C'è degli uomini che s'annojano di sé medesimi; e son quelli che cercano d'annojare anche gli altri (5).

L'uomo viene a noja anche a sé stesso; né si direbbe che si ha, che prende sé a noja; è molto meno, che si reca. Io uscivo di Pistoja per salire alla montagna; e rincontro un vecchio di cent'anni, che le donne della terra riguardavano con meraviglia festosa; e una di loro, voltando al suo modo l'esclamazione terribile del poeta: *Quæ lucis miseris tam dira cupido*, guardando in alto e sorridendo mestamente: Gesummio! mi ci verrei a noja. Ed è più profondo del *tædet animam meam vitæ meæ*.

Che voglia dire: nojose faccende, discorsi, pensieri (6), vita (7), molti, pur troppo, lo sanno.

1832.
Noja, Tedio.

Il *tedio* è più che la *noja*. Le cure nojose non sono sì gravi come le tediose (8). Anonimo: « Osservazione sempre nojosa e tediosissima.... »

Discorso non molto piacevole, diventa nojoso; discorso

---

(1) CRESCENZIO: *Stuccar le giunture con calcina viva.* - MAGALOTTI: *Campana di cristallo stuccata all'intorno sopra una tavola.*
(2) CANT. CARNASC.: *Se ne rompe assai: E con fatica a ristuccar po' gli hai.*
(3) RUCELLAI: *Le celle leggiermente empi e ristucca.*
(4) NOVELLINO: *La gente era ristucca, e non volevano più vedere.*
(5) MALMANTILE: *Di viver.... stufo.*
(6) BOCCACCIO: *Cominciano a dargli noja e a metterlo in novelle.* - *Far noja* non è più tanto usitato; ma potrebbesi forse con un aggiunto: m'ha fatto una noja da accademia. E sarebbe più che *m'ha dato*.

(1) BERNI: *Non gli dà noja, ma lo sta a guardare.*
(2) VARCHI: *Cesare comandò che non gli fosse dato noja.*
(3) BERNI: *Morir vuol ella quivi, ovver ch'ei muoja, Perché se l'è recato tropp'a noja.*
(4) DAVANZATI: *Quando non rimane più a quelli che dare né a questi che chiedere, si vengono a noja.*
(5) SEGNERI.
(6) BOCCACCIO.
(7) PETRARCA.
(8) TACITO: *Tædium curarum fessus.*

non piacevole e lungo, tedia (1). Non vo' tediarla, non vo' tenerla a tedio (2), sono complimenti dell'uso, de' più veraci forse tra i complimenti (3).

Al tedio va congiunto un dolore (4), talvolta così forte che non si può sopportare. Quel terribile tedio della vita (5) che si mostra anime forti ma traviate , è un argomento anch'esso che ci richiama a principii più consolanti e più saldi.

La noja talvolta è involontaria; e con certe persone, per quanto ingegno abbiate di trarre profitto da ogni discorso più sciocco, voi non siete padroni di non v'annojare. Il tedio più spesso noja covata, in parte volontaria, la quale almeno viene aggravata da certa pigrizia della mente e dell'animo (6). Il vizioso è còlto dal tedio della sua miseria (7); il virtuoso non mai.

Recar tedio (8), essere preso da tedio (9), languire di tedio (10), alleggerire il tedio (11), evitarlo (12); modi che questa voce ha comuni con *noja;* osservata sempre la proporzione d'intensità già notata.

1833.
Noja, Fastidio.

Buonarroti: « Infastidito, pieno e stucco E sopraffatto..., La fucina Tutta sua le lasciai. »

Fastidio anch'esso è più forte di *noja.* Fastidioso è l'uomo al quale tutto dà noja, e l'uomo inquieto; e tal uomo non può non essere uggioso (13).

Fastidiose sono le cose che recan fastidio. Certe caricature danno, più che noja, fastidio (14).

Ciò che viene in fastidio, è più che se venisse a noja; venire in fastidio, meglio che: a fastidio; venire a noja, meglio che: in noja (15). Stile fastidioso non ristucca, ma urta (16). La vita è piena di fastidii, non che di noje (17). Cosa ch'è a fastidio (18), non solo annoja ma quasi comincia a ributtare (19).

Gli uomini che affettano uno stile sdegnoso, sono, per lo più, fastidiosi uomini; e il loro stile stesso, a lungo andare, diventa nojoso.

Certa politica lenta, tenebrosa; certa prudenza timida, obliqua; certo spirito gretto, maligno, v'infastidiscono anche quando non v'annojano.

---

(1) Pulci; Casa. - Terenzio: *Taedet jam audire eadem millies.*
(2) Pulci.
(3) Altri dice *attediare:* inutile.
(4) Berni: *Pien di malinconia tutto e di tedio.*
(5) Cicerone: *Taedet me vitae.*
(6) Maestruzzo: *L'accidia importa alcuno tedio.*
(7) Minuz. Felice: *Quos prius taedescit impudicitiae suae quam pudescit.*
(8) Livio.
(9) Livio.
(10) Plinio.
(11) Quintiliano.
(12) Quintiliano.
(13) Berni: *Il re, ch'era.... fastidioso, Va via, rispose, per amor di Dio.*
(14) Boccaccio: *Disse tante cose di questa sua bellezza, che fu un fastidio a udire.*
(15) Ammaestr. Ant.
(16) Berni: *Voce fastidiosa ed ingrata.*
(17) Petrarca: *I fastidii onde la vita è piena.*
(18) Bembo.
(19) Lib. cur. mal.: *Sentono per la persona un formicolamento fastidiosissimo.*

1834.
Fastidio, Disgusto.

— Disgusta una brutta fisonomia, un tratto inconveniente; infastidisce un uomo loquace, querulo, detrattore, importuno. Il belletto può rendere disgustevole la donna; la civetteria può renderla fastidiosa. — A.

1835.
Noja, Molestia.

La *noja* è disgusto che viene dalla ripetizione d'impressione spiacevole, o dalla durata d'uno stato che rincresce per la sua insignificante uniformità; *molestia* è principio di turbamento e di dolore: è dunque un po' più di *noja.* Noja forte diventa molestia; molestia leggera e continua è una tra le cause della noja.

Molestia può essere un sentimento momentaneo, fuggevole; noja, è più prolungato.

Molestia può essere, per dir così, l'attentato, senza che ne segua sentimento spiacevole. Un nemico può tentar di recarmi molte molestie e non ci riuscire; ma se egli tenta di annojarmi, ci riesce pur troppo. Il mondo è pien di nemici.

La molestia ha molti gradi: mi molesta una mosca (1); una calunnia mi molesta; mi molestano i suoni inarticolati; mi molestano parole che hanno del senso anche troppo. Gli autori molestano i critici col domandar delle lodi; i critici molestano gli autori con censure maligne, e anche con lodi che vengono in contrario di quel che l'autore ha inteso di dire (2). Mi molesta un pensiero (3): non m'annoja. Pioggia molesta (4), molesto nemico (5), molesta impressione, sete molesta (6), molestissima malattia (7), giorno molesto, molesto stato, molesto soggiorno (8), ammonitore molesto (9), molesta arroganza (10).

Molesta è nello stile l'oscurità (11); nel discorso, la vanità. Sono moleste le ripetizioni; ma posson esser moleste anco le reticenze; le reticenze non sono nojose. E molto acconciamente *molestia* chiamavano i Latini ogni affettazione, sia di parole sia d'atti (12).

Certi matrimonii, anche quando non sono nojosi, posson essere cosa molesta (13); e molte sono le operazioni in cui non è noja, molestia sì. Ma conviene talvolta, anzi è dovere, affrontarle.

Si noti, del resto, che la noja stessa, quand'è grave, può tenersi come una specie di molestia; perchè questo è vocabolo molto più generale.

Che fosse la *tunica molesta,* vedetelo nel Forcellini; simile alle cappe degl'ipocriti in Dante.

---

(1) Cavalca: *Gli uccelli venivano, e faccevangli molestia.* - Fedro: *Molestis moribus.*
(2) Boccaccio.
(3) Tasso: *A lor... Nè molestate son le liete cene.*
(4) Dante.
(5) Dicerie D.; G. Villani.
(6) Redi.
(7) Redi.
(8) Cicerone.
(9) Dante; Ammaestr. Ant.
(10) Cicerone.
(11) Augusto.
(12) Ovidio; Quintiliano; Svetonio.
(13) Gellio: *Molestia et incommodum rei uxoriae.*

1836.
Noja, Importunità.

— Quegli è importuno che ci toglie a un'occupazione importante per noi; è nojoso chi ci toglie o ci scema un piacere. L'*importunità* può venire dalle circostanze; e l'uomo che in altro tempo vedrebbesi con piacere, in un momento di faccende può venire importuno. Chi è nojoso, è tale quasi sempre. Si può essere importuno con una parola, con un movimento; per riuscire nojoso ci vuole un po' più di tempo. L'importuno può accorgersi d'aver guastato; il nojoso è più difficile che capisca di venire a noja. — GUIZOT.

L'uomo è importuno nel chiedere (1), nell'imporre (2); ogni lunga insistenza diventa importuna (3). Anche quella d'un oppressore ostinato è importunità; la più dura di tutte.

C'è di coloro che a essere importunati non s'annojano; anzi ci prendon piacere, come d'un segno della propria potenza. Un chieditore importuno fa di tutto per non riuscire uggioso e per non tediare, ma è certamente molesto; molesto quando chiede, e più molesto quando avrà ottenuto, perchè delle umiliazioni sofferte si ricatterà sui minori di sè. Ma se tutti gl'importuni fossero stimati persone nojose, le cose andrebbero meglio. Petrarca: « Per la quale importunità il consolo riputandolo nojoso.... »

C'è, del resto, una gentile importunità di preghiere, di carezze amorose (4), di zelo; ma lo zelo specialmente deve molto temer di parere importuno. Tutto perdonasi a un moralista fuorché la noja.

Un avvenimento seguito fuor di tempo, è importuno anch'esso (5): vento, pioggia, caldo, sole importuno (6); luogo (7), tempo (8), suono (9), importuni.

Ed è da notare, come gl'insolenti, gl'ingiusti, i rotti al male, presso i Latini, fossero chiamati importuni: quasi per indicare che pregio della virtù è l'operare ogni cosa nel debito tempo. Di qui differenza tra *inopportuno*, ch'è meno, e dice semplice mancanza d'opportunità, e *importuno* che dice la molestia e il dolore che di li venne o poteva venire.

1837.
Seccatura, Seccaggine.

Seccagine (10) pare *seccatura* più forte. È una seccatura il rispondere a certe lettere; il rendere certe visite è una seccaggine. Tra una lettera e una visita nojosa, io sceglierei sempre il primo, *cæteris paribus*.

Discorso seccante può farlo anche un uomo d'ingegno quando non coglie il vero punto; bel discorso, in certe parti può parere un poco seccante. Quel ch'è seccagginoso, secca sempre, secca tutti, è seccante sul serio.

---

(1) TOLOM. LETT.: *Col chiedere e coll'importunare avere acquistato onori.*
(2) DIAL. S. GREGORIO: *Importunamente gli vietava.*
(3) CICERONE: *Importune insistere.* - PAOLO: *Repetere.*
(4) VIT. SS. PADRI: *Per la tanta importunità l'abate vinto benedissolo.* - CAVALCA: *Furono esauditi per la molta importunità e perseveranza.*
(5) BUONARROTI: *Importuna morte.*
(6) PETRARCA: *Importuna nebbia.*
(7) SALLUSTIO
(8) CICERONE; TACITO.
(9) VIRGILIO: *Importunæ... volucres Signa dabant.*
(10) BOCCACCIO; SACCHETTI; LASCA.

Agl'ignoranti e ai leggieri pajon seccanti certi studii, che seccagginosi in sè certamente non sono. *Seccante* indica l'impressione; *seccagginoso*, la qualità.

1838.
Annojare, Infastidire, Fastidire, Tediare, Stufare, Seccare.

— *Annojare* è meno d'*infastidire*; il fastidio è cosa più inquieta e più incomoda. *Fastidire*, è più raro; e s'usa non attivamente, non in senso di: dare fastidio; ma alla latina, di: avere in fastidio, col quarto caso, per lo più, dietro a sè. *Tediare* dice: noja grave che viene da rincrescimento.

Stufare dice: noja che vien da stanchezza, ed è famigliare.

Seccare, ancor più. La seccatura è noja minuta che vi toglie quasi gli umori necessarii per vivere bene. — GATTI.

1839.
FATTI (I), IL FATTO.

Diciamo: desidero novella de' fatti vostri, non: del fatto; e intendiamo in genere, di voi, di quanto a voi appartiene. Così: non s'impicciare de' fatti degli altri. *Il fatto* riguarda più specialmente un merito o demerito morale, e intellettuale, ma in rispetto a moralità. Ho sentito dire un gran bene del fatto vostro, vale: non di tale o tale cosa che voi faceste, ma di quel che solete o potete, o volete fare, della vita e dell'essere vostro considerati come un fatto solo, una verità messa o da mettersi in atto.

1840.
FATTI, IMPRESE.

FATTARELLO, ANEDDOTO, NOVITÀ.

Ai Latini *factum* valeva quel che *impresa* a noi, e agli antichi Italiani *gesta*; come se il far cose grandi fosse tanto ordinario quanto il fare checchè sia; e veramente chi fa davvero, fa almeno in germe e in intenzione cosa che può avere del grande. Ennio: *Qui vestrum panxit maxuma facta patrum.* In senso simile Dante: *Fiorian Fiorenza in tutti suoi gran fatti.* Oggidì *fatto* ha uso più generale, ma men alto; nè la donna che fa i fatti di casa è quella che faccia i minimi tra tutti i fatti; ch'anzi dalla casa ben governata si rifà la vera grandezza. Dicendo: i fatti d'un uomo, d'una repubblica, intendesi i felici e gl'infelici, e i grandi e i piccoli, e il fare e il patire.

Dal moderno uso viene il diminutivo *fattarello* (più comune forse di *fatterello*), che dicesi, per lo più, di fatto non grande narrato; quel che i Francesi *aneddoto*. L'aneddoto, come dire cosa inedita, cioè non divulgata, non nota a chi si racconta, potrebbe anco dirsi *novità*; ma l'annunzio della novità può non essere narrazione.

1841—1845.
FATTI, AZIONI.

AZIONI, IMPRESE, GESTE.
BUONE AZIONI, BUONE OPERE, OPERE VIRTUOSE.
AZIONE, ATTO.
IN ATTO, CON ATTO.

1841.
Fatti, Azioni.

— L'*azione* può non lasciare vestigio, può essere tutta interiore; il *fatto* lascia quasi sempre un vestigio. C'è delle azioni che cagionano i fatti, ma non da confonder a quelli. La differenza tra *facio* e *ago* è in varii sensi notabile nei Latini. Cicerone: *agere aliquid et facere etiam.* Il secondo dice più. Livio: *Cætera omnia agere et facere quæ ul e republica duceret.* Ulpiano: *Quæque per eum acta, facta gestaque sunt.* Varrone: *Propter similitudinem agendi et faciendi, et gerendi, quidem error his qui putant esse unum. Potest enim aliquis facere et non agere: ut poeta facit fabulam et non agit; contra actor agit et non facit. Qui quid administrat cujus opus non extat quod sub sensum veniat, magis agere quam facere putatur. Sed his magis promiscue quam diligenter consuetudo est usa translatitiis verbis. Nam et quidem facere verba dicimus, et qui aliquid agit non esse inficientem.* — POPMA.

1842.
Azioni, Imprese, Geste.

Le *azioni* appartengono alla vita privata e alla pubblica; le *geste*, azioni grandi e memorabili della pubblica vita. Ognuno ha le sue azioni da renderne conto, da complacersene, da arrossirne.

— Le *imprese* possono essere letterarie, civili, private affatto; le *geste*, sono guerriere o politiche.

Quando l'*impresa* è di guerra, differisce in ciò che le geste sono più e più fortunate. Grandi imprese ite a male, non si potranno, cred'io, chiamar geste. — A.

1843.
Buone azioni, Buone opere, Opere virtuose.

— *Buona azione*, opera fatta a fin di virtù; *buona opera*, che si fa per virtù di carità verso il prossimo. Ogni buon'opera è buon'azione; ma non viceversa, a parlar propriamente. Buona azione è il resistere al nemico che assale la patria; opera buona può dirsi, ma non è questo il vocabolo più accomodato. La buona azione riguarda i doveri dell'uomo verso Dio, verso sè. La buona opera, verso gli altri uomini: ajutare gl'infelici, visitare gli ammalati, consolare gli afflitti — BEAUZÉE.

Non tutte le opere buone sono *opere virtuose*; si può fare molte opere buone, e non essere virtuoso, perchè manca l'intenzione retta, o l'armonia della vita.

1844.
Azione, Atto.

« L'atto, dice l'abate Roubaud, è come il risultamento dell'azione. Diciamo: azione veemente, efficace; di potenza che resta senza moto o senza possibilità di operare diciamo che ha perduto la sua azione (meglio, l'attività); e diciamo: uno o più atti di tale o tal genere. L'*atto*, dunque, è l'esercizio della potenza; onde: atto di virtù, di magnanimità, di giustizia. »

L'*azione* è il modo della potenza; onde: azione virtuosa, magnanima.

« Noi facciamo atti di fede, di speranza, di carità; atti che non sono azioni. Pecchiamo in pensieri, in parole, in azioni. Anco in pensiero è un atto. » Distinzioni vere in gran parte, ma non chiaramente ordinate. L'azione è interna o esterna. Quando lo spirito pensa alla sensazione ricevuta, è attivo; quell'atto del riflettere è un'azione.

Azione, in questo senso, ha per opposto *passione, passività*; *atto* ha per contrapposto, nelle scuole, *potenza* (1), e spesso riguarda il presente. *Atto* sarà dunque anche quello del ricevere l'impressione esterna; azione non sarà. In questo senso l'azione si può distribuire in più atti, in più momenti: e la confusione di tali atti in una sola azione produce gli equivoci degli ideologi, e dà appicco alle obbiezioni de' sensisti. In questo senso, da ultimo, l'atto non dura propriamente se non quanto dura l'esercizio dell'azione, ed è misurato dal tempo (1).

Questo dell'atto e dell'azione interiore. Prima di venire all'esterna, notiamo un'altra distinzione: che l'azione, siccome opposta alla passione, riguarda qualunque operazione della mente, ideologicamente considerata; l'atto considerato non come momento ma come effetto, riguarda un'operazione della mente e della volontà. In questo senso diciamo: atto di fede, di amore.

Nell'esterno, anche *atto* può non esprimere che l'attualità dell'azione, e in questo senso n'è chiaramente distinto, ma può esprimere inoltre il risultato dell'azione. Così diciamo: atto giudiziario; l'atto pratico, e simili.

Ma più d'ordinario queste due voci nell'uso comune hanno senso morale; e in tal caso l'azione esprime l'operazione, in quanto riguarda gli altri uomini; l'atto, in quanto lo stesso operante. Diciamo: mala azione, indegna azione, azionaccia, trattandosi d'infedeltà, d'ingiustizia, di torto, di scortesia; diciamo: atto di generosità, e simile e s'intende del merito dell'operante.

1845.
In atto, Con atto.

— *In atto*, riguarda in genere l'atteggiarsi d'uno (2); *Con atto*, riguarda atto significativo di tale o tal cosa o affezione (3). — A.

1846.
FATTI, AFFARI.

Dir male de' *fatti* vostri vale: detrarre al vostro operare; dire dei vostri *affari* il maggior male possibile, vale: diffondere le più triste nuove che si possa dei vostri interessi. Molti s'hanno più a male che si sparli de' loro affari, che de' fatti loro. La taccia di povero o d'inesperto è ad essi più grave che quella di tristo (4).

1847—1848.
FATTI SUOI (FARE I), FARE I SUOI AFFARI.
FARE, TRATTARE GLI AFFARI.

1847.
Fare i fatti suoi, Fare i suoi affari.

Fare i fatti suoi, ha un senso suo proprio, e vale: pigliare il proprio vantaggio (5). *Fare i suoi affari*, non altro significa che attendere ai propri affari, senza che l'idea di vantaggio direttamente abbia luogo. Molti nel fare gli affari altrui pensano ai fatti loro, e questo talvolta anco nelle cariche le quali pajono più disinteressate; come di deputato o di pari.

1848.
Fare, Trattare gli affari.

— Si *fanno gli affari* economici, *trattansi* più gravemente e gli economici e i civili e i politici.

---

(1) DANTE: *Discende all'ultima potenza Giù d'atto in atto.*

(1) BUTI: *Gli atti che son dell'anima per mezzo de' sentimenti corporali sono limitati e terminati.*
(2) DANTE: *Nell'atto acerbo.*
(3) DANTE: *Con atto dolce di madre.*
(4) CAVALCA: *Il padre si lamenta del figliuolo, e si ne dice male e dispiacergli il fatto suo.* - BERNI: *Faceva de' fatti suoi molto più dire.*
(5) BERNI: *Che l'uom talvolta possa un altro farsi, Per fare il fatto suo, ma senz' inganno.*

Un amministratore farà i vostri affari; un amico li tratta. — A.

1849.
FATTI (GUASTARE I), GLI AFFARI.

Guastare i fatti suoi, dicesi e dello sconciare faccenda utile, e, meglio, del *romperla* con uno, in modo che ne segua pericolo, o inconveniente almeno. *Guastare gli affari*, dicesi semplicemente d'interessi. La malignità degli uomini più che il caso guasta i nostri affari; la nostra imprudenza, non men che l'altrui, guasta spesse i fatti nostri (1). Delle più tra le sventure di che l'uomo accagiona altrui, egli stesso è, se non colpa, occasione in gran parte.

1850—1852.
FATTIBILE, POSSIBILE.
INCOMPOSSIBILE, INCOMPATIBILE.
FACILE, PROBABILE.

1850.
Fattibile, Possibile.

Fattibile riguarda la possibilità dell'operazione dell'uomo; *possibile* comprende tutto ciò che non involge contraddizione in sè stesso.

Molte le cose possibili che pur non sono fattibili (2); questa verità la dimenticano e i potenti arroganti e i sudditi amici di novità, le quali e' non veggono a che debban da ultimo riuscire.

1851.
Incompossibile, Incompatibile.

— *Incompossibile*, che non può stare insieme con altra cosa; *incompatibile*, che non si può tollerare da un'altra cosa, e non può essere tollerato facilmente; che si distruggono. È incompossibile l'esistenza della materia da sè, e l'esistenza di Dio; è incompatibile l'idea di libertà, e la non esistenza della vita avvenire.

Il primo riguarda coesistenza di cose contrarie; il secondo, concorso d'opposte. — ROCCO.

1852.
Facile, Probabile.

— Diciamo comunemente: è facile che questo segua, e simili; dove *facile* è affine a *probabile*. Ma denota probabilità più prossima al fatto. Cosa probabile, è tale da potersi provare che seguirà: cosa facile, è tale da potersi vedere che avverrà facilmente. — A.

1853—1856.
FATTIBILE, FACILE.
FACILE, AGEVOLE.
DIFFICILE, MALAGEVOLE, ARDUO.
DIFFICOLTOSO, DIFFICILE.
DIFFICILE, INCONTENTABILE, INQUIETO, SOTTILE.

1853.
Fattibile, Facile.

La medesima parola, la medesima forma grammaticale; il senso differente. Cosa fattibile, è possibile che si faccia; o per meglio dire, non è impossibile; cosa facile si può fare senza grande sforzo. Chi si fa tutto facile, con la negligenza, col dispregio, moltiplica talvolta a sè le difficoltà tanto, che le più facili gli riescono appena fattibili.

1854.
Facile, Agevole.

Facile, più proprio dell'opera (1); *agevole*, del moto (2): volo agevole, lavoro facile.

Quando *agevole* dicesi d'opera, denota maggiore facilità, atteso appunto l'idea del moto ch'è in questo vocabolo. Dice opera che va quasi da sè. Ne' lavori dell'arte l'agevolezza è gran pregio, perchè attesta lucidità di concetto, franchezza d'affetto, e signoria dello strumento trattato; la facilità può, all'incontro, essere la dote degl'ingegni mediocri che non sanno il perfetto dell'arte. E' scivolano, non camminano, non lascian orma di sè; disegnano in nube, scolpire non sanno.

Dante, nel Convivio, parla dell'agevolezza della lingua italiana, che è altra cosa dalla facilità.

— L'agevolezza viene dalla natura della cosa stessa. L'entrata è facile, quando nessun vi si oppone; agevole, se larga e comoda. — GIRARD.

— Cosa facile di per sè, ben nota il signor Zecchini, può essere malagevole agli inetti, ai poco attivi.

Si dirà: cosa agevole, e: cosa facile ad intendere; non si dirà: fallo agevole ad espiare, ma facile; uomo che facilmente perdona; non: agevolmente.

Cavallo agevole, o altro animale, cioè, addomesticato, mansueto, trattabile; donna agevole, cioè, che soffra esser trattata con qualche domestichezza. Donna facile, è gallicismo di senso più forte. — MEINI.

1855.
Difficile, Malagevole, Arduo.

— *Difficile*, dicesi d'ogni atto; *malagevole*, d'operazione principalmente (3). Arduo denota difficoltà venente da altezza, o nel proprio o nel figurato. Un nodo si dirà difficile a strigare, non arduo. — ROMANI.

1856.
Difficoltoso, Difficile.
Difficile, Incontentabile, Inquieto, Sottile.

— Difficoltoso ha sensi men varii; dicesi delle operazioni complicate: lavoro difficoltoso, mestiere difficoltoso; arte difficile, stile difficile (dove si sente la difficoltà); latino difficile a intendere (4). — A.

Uomo difficile, non facile a contentarsi, a convenire con altri, a convivere. In questo e in altri sensi, *difficiletto*, che non diminuisce, ma attenua, per non dire e di più e di peggio, come il latino *turiusculus*. L'uomo difficile è meno dell'incontentabile o dell'inquieto. In qualche dialetto lo chiaman *sottile*, cioè uggioso per pretensioni minute, acuto a cavillosità litigiosa.

1857.
FATTO DI (IN), IN AFFARE DI.

Anche qui *fatto* è più generale: in fatto di giudizii morali conviene andare a rilento; in fatto di critica è

---

(1) Boccaccio: *Temendo egli di non venirne a peggio, e per costei guastar i fatti loro.*
(2) Non è propria la frase del BEMBO: *Amare senza amaro sentire non è più fattibile che...* - Nel *Filippo*, Isabella domanda a Carlo d'essere dimenticata; ed egli risponde: *O donna, ell'è impossibil cosa.* - Nell'*Adelchi*, Carlo Magno dice a' suoi d'aver tutto ottenuto da loro: *Perchè grandi io chiesi E fattibili cose.* Il Balbo saggiamente afferma che « solo dopo raccolte minute notizie ancora disperse, sarà fattibile una vera storia d'Italia. »

TOMMASEO, *Diz. dei Sinonimi.*

---

(1) *Facia.*
(2) *Ago.* - VILLANI: *Fiume agevole a passare.* - DANTE: *Agevolmente si sale.*
(3) Son difficili a investigare le forze d'amore. M. VILLANI: *Cammino aspro e malagevole.*
(4) ORAZIO: *Difficili bile.*

facile sognare bellezze e difetti. Taluni pensano che in fatto di politica il non avere opinioni sia l'ottima delle opinioni; ma costoro non sono né i più savi uomini del mondo, né i più coraggiosi.

In affari di commercio l'ardire è sovente necessario. In affari amorosi è tristo partito voler sanare l'innamorato col dirgli ogni male dell'amor suo. In affari politici il successo dipende dal caso ancor meno che in altri.

Affare, insomma, par che riguardi le cose pratiche; *fatto*, anco l'astrazione, il principio, o quella specie di pratica che non può dirsi *affare* (1).

1858.
FATTO (NON PARER SUO), NON ESSERE SUO AFFARE.
NON TOCCHI A LUI, NON SIA SUO FATTO.

Qui *fatto* abbraccia tutto ciò che a una cosa può in qualunque maniera appartenere; l'*affare* abbraccia, più propriamente, l'idea d'interesse, o l'obbligo di fare una cosa. Quindi diciamo: mostrar che non fosse fatto suo; e s'intende di qualunque atto, anche giocoso, dove l'uomo faccia cosa e mostri di non la fare o non se ne dare gran briga (2). Chi dice: mi adoperò come se non *fosse affare mio*, vuol indicare d'essere in quella operazione disinteressato, spassionato. La politica insegna a far le cose in modo che non paja vostro fatto, ma non a farle come se non fosse affar vostro. La differenza è grave; ci corre quanto dal furbo allo sciocco. Io parlo di quella politica, di quella furberia e di quella sciocchezza che tali sono reputate dal più.

Non parer suo fatto, ha un altro senso molto affine, e indica noncuranza di checchessia (3).

1859.
FATTO, ADULTO.
LA È DONNA FATTA, ELL'È FATTA.

I.° *Fatto* s'unisce con uomo o con donna, o con giovane o con ragazza o simile; *adulto* sta come aggettivo da sè (4). Non si direbbe: quella donna è fatta, ma sì: quella è donna fatta (5).

II.° *Adulto* è voce più scelta; *fatto*, più dell'uso comune.

III.° *Adulto* ha un traslato suo: ingegno adulto (6), o simile. In senso affine direbbesi: stile fatto, cioè d'ingegno adulto e maturo; ma non mai: stile adulto.

IV.° *Fatto* ha doppio uso; s'applica e alla gioventù e all'età matura: giovane fatto, uomo fatto. *Adulto* denota il passaggio dall'adolescenza alla gioventù più robusta (1). Pianta adulta, si dirà, e frutta fatta, strafatta; non: pianta fatta, né frutto adulto.

1860—1861.
FATTO, MATURO, STAGIONATO.
SON BELL'E FATTO, PER ME È BELL'E FATTA.

1860.
Fatto, Maturo.
Son bell'e fatto, Per me è bell'e fatta.

I.° *Fatto*, di frutte (2) o di biade o simili, è più famigliare.

II.° *Fatto* quasi sempre posponesi; l'altro si può preporre al nome. Le mature biade, non: le fatte mele.

III.° Del cavolo, delle civaje si dirà, comunemente, *fatte*; delle biade, *mature*.

IV.° *Fatto* può talvolta indicare maturità più avanzata. E però diciamo: strafatto, non già: stramaturo. Troppo fatto, non: troppo maturo. La maturità è il vero punto che si desidera; *fatto* dice che già questo punto è passato d'un poco.

V.° *Maturità e maturazione e maturamento e maturamente e maturante*, diciamo; *fatto* non ha sostantivo corrispondente, né avverbio.

VI.° *Maturo* ha più traslati (3). Quando diciamo: uomo fatto, non intendiamo il medesimo che: maturo. Il secondo indica e maggiore età e maggior senno. Giovanetta arrivata al punto del maggior crescimento delle membra sue, è donna fatta; ma le donne non ambiscono mai il titolo di mature. È egli modestia o vanità? È più modestia ch'esse stesse non credono (4).

Quando diciamo però d'una giovane ch'è matura al matrimonio (5), intendiamo altra cosa. Ma questo senso è determinato dal contesto.

VII.° *Maturo*, non *fatto*, dicesi delle posteme, e simili mali (6).

VIII.° *Maturarsi*, diciamo, e *maturare* (7); *farsi* è dell'uso; ma non *fare* attivo, in questo senso.

— Chi ha viaggiato in vettura disagiata e si sente sbattuto e macolo, dice: i' son maturo. Chi per grave fatica si sente stanco: maturo, e: fatto. Ma il secondo è più. A chi ha nociuto il vino, si dice: gli è bell'e fatto. Uno che dopo aver mangiato d'un piatto non si sente più appetito, dice: per me son bell'e fatto. — Per me l'è bell'e fatta e finita, è modo toscano ove l'altra voce non entra, e vale: sono spacciato, ovvero: non ci

---

(1) SALVIATI: *Che nel fatto del titolo a lor medesimi compiacciono gli scrittori.* - *Nel fatto dell'esser puro* (purità di stile).

(2) BERNI: *Dice le cose che non par suo fatto.* - FIRENZUOLA: *Senza che paresse lor fatto, la cominciarono a domandare.* - LIPPI: *Se la scantona, che non par suo fatto.* - MANZONI: *Renzo, al suo posto, senza che paresse suo fatto, dava mente più che nessun altro.*

(3) In questo senso si dice: starsene inoperoso come non toccasse a lui. - LIPPI: *Pigra si sta come non tocchi a lei.* — CIONI. Ma questo è men comune, dove l'altro è quasi proverbiale. E il *non tocchi* par che riguardi più direttamente obbligo o appartenenza; il *non sia suo*, affezione e interesse.

(4) BERNI: *Ma come un fanciullino adesso nato Può un uomo fatto di forza avanzare?* - *Fatto* adopra il Davanzati senz'uomo accanto; ma in altro senso, come spiega egli stesso.

(5) *È fatta*, invece (nota varietà che nascono dalla varia collocazione dei vocaboli) vorrebbe dire: è ubbriaca; o: casca morta dalla fatica o dal sonno. — A.

(6) DANTE: *Il cui ingegno Nella fiamma d'amor non è adulto.*

---

(1) ALLEGRI: *Uomini fatti.* - DAVANZATI: *Giovane fatto.* - SEGNERI: *Ai vostri figliuoli adulti.*

(2) LIB. CUR. MAL.: *Le frutte vogliono esser còlte al lor tempo e fatto; le acerbe saranno dannose.*

(3) GIAMBULLARI: *Considerando maturamente.* - BERNI: *Maturamente far dee... le cose....* - DANTE: *Spirto in cui pianger maturo Quel senza 'l quale a Dio tornar non puossi* (la giustificazione dell'anima). - BOCCACCIO: *Ne' pericoli usato, quasi maturato fra loro.* - FRA GIORDANO: *Maturità nelle parole.*

(4) BUONARROTI: *Mie triste e sole Lacrime sia maturo, s'affatica di porvi la medicina.* - LIB. CUR. MAL.: *Il sugo impiastrato sopra la postema ha virtù d'ajutare la loro maturazione.*

(5) GUIDO GIUDICE: *Già forse al maritaggio matura.*

(6) BOCCACCIO: *Innanzi che 'l malore sia maturo, s'affatica di porvi la medicina.* - LIB. CUR. MAL.: *Il sugo impiastrato sopra la postema ha virtù d'ajutare la loro maturazione.*

(7) CRESCENZIO: *Caldo maturante.*

ho più che vedere in quella tal cosa della quale è discorso. — MEINI.

1861.
Maturo, Stagionato.

Redi: « Pervenuti nell'autunno ad una stagionata maturezza. » Non sono dunque sinonimi:

I.° Perchè può il frutto maturare per caldo o piogge straordinarie o nel calor della stufa, senz'essere stagionato.

II.° Perchè nell'idea di *stagionato* entra non poche volte la cura dell'uomo (1); onde, attivamente: stagionare la cosa.

III.° Perchè *stagionato* dicesi anco il vino, che non si direbbe *maturo* (2).

IV.° *Stagionato*, del legno o della legna (3), quand'ha passato il tempo necessario perchè divenga atta a ben bruciare o ad essere adoprata in varii lavori (4).

1862.
FATTO, MEZZO (5).

Mezzo, soverchiamente maturo, vicino all'infracidare. Ricett.: « Quando son maturi; avanti che comincino a diventar mezzi. »

Non sempre, però, *mezzo* denota lo stato prossimo a corruzione, ma solo soverchia mollezza. Palladio: « Conoscesi loro maturitade al colore ed alla mollezza, che sono mezze. »

C'è delle frutte che, per essere *fatte* bene, conviene che siano un po' mezze (6); ce n'è che quando son mezze, sono più che strafatte; ce n'è che sono strafatte senz'essere mezze.

1863.
FATTO, PASSATO.

Fatte le feste (diciamo), fatto Pasqua, fatto Natale, e simili. Differisce da *passato*:

I.° Perchè questo è più generale e ha sensi varissimi, non proprii di *fatto*.

II.° Perchè *fatto*, propriamente, dicesi delle feste, di giorni o tempi solenni, o che in qualche modo si possono chiamare tali. Non si direbbe: fatto dicembre, ma: fatto carnevale, perchè il carnevale, per taluni, è ancora una specie di solennità. Non si direbbe: fatto l'inverno, ma: fatto l'autunno, giacchè le vacanze autunnali festeggiansi anch'esse.

III.° *Fatto* sottintende che il parlante, o quegli di cui si parla, abbia a passare quel giorno, quel tempo in un luogo (7). Onde: ci verrò, fatto Pasqua; fatte le feste, riapriremo il nostro corso; e simili.

---

(1) Si stagiona il legno ponendolo in luogo atto a ciò: v'è chi stagiona legne mettendole in forno. — A.

(2) PANDOLFINI: *La villa te lo dà (il vino) nuovo, stagionato, netto e buono.*

(3) CELLINI: *Debbe l'artefice per sè stesso andare alle cave a eleggerli bellissimi e bene stagionati (i marmi). Ora forse del marmo non si direbbe.*

(4) Perchè il lavoro non ci *muova* o non *imbarchi*, come dicono i Toscani. — A.

(5) Pronunziasi non con la e aperta e la z dolce, come *mezzo* (medius), ma con la e chiusa e la z aspra come *vezzo*.

(6) PALLADIO: *Le nespole, per serbare, si colgono che non siano mezze.*

(7) CASA: *Andare a Benevento adesso e star là fino a fatto Natale.*

1864—1865.
FATTORE, FACITORE.
FARE, CREARE.

1864.
Fattore, Facitore.

Facitore talvolta ha senso di spregio (facitore di tragedie lacrimevoli, d'inique odi); ovvero affatto materiale (facitore degli affari di casa). *Fattore* chi fa gli affari di un signore in campagna o in città (1); gli affari del padrone dopo gli affari suoi proprii, s'intende.

Dio era agli antichi *fattore*; adesso, in certi luoghi, l'hanno giubilato e fanno da sé.

1865.
Fare, Creare.

Dio *crea*, l'uomo *fa*; tutto quel che fa Dio è creazione, anco la conservazione degli enti. Quello che gli uomini fanno con potenza straordinaria di mente o d'animo, dicesi, a qualche modo, creazione.

1866.
FATTORINO, FATTORUCCIO.

Fattorino, ragazzo di cui si servono i padroni delle botteghe in minuti servigi; così la Crusca (2). *Fattoruccio* lo chiamerei un meschino fattore di campagna, un agente meschino; meschino, dico, o di capacità o per la miseria degli affari che tratta. Ma non è fattoruccio che in poco tempo non giunga a farsi fattore o fattorone. Gli amministratori hanno l'istinto dell'usurpazione, piccoli o grandi che siano, salvo le eccezioni debite, s'intende già.

1867—1868.
FAVORE, CREDITO.
DISGRAZIA, DISFAVORE.

1867.
Favore, Credito.

— *Credito* è la credenza che la parola, la promessa, le azioni nostre ispirano; la facilità d'indurre alcuno a seguire i nostri desiderii e pensamenti, in virtù della fiducia ch'egli ha in noi. *Favore* è la facilità che troviamo in persone disposte a farci cosa utile e grata, in virtù della benevolenza ispirata in quella da noi. — GATTI.

1868.
Disgrazia, Disfavore (3).

— Il *disfavore* è cominciamento e annunzio della *disgrazia* presso persone. Ma e può essere momentaneo dove la disgrazia è, d'ordinario, più durevole e ha segni più manifesti: è un castigo, o almeno l'allontanamento e la perdita di certe dignità, utilità, privilegi e piaceri. Il Fouquet cadde in disgrazia; il Fénelon non fu mai veramente in disgrazia, ma sempre fu in disfavore.

Cadere in disgrazia, dicesi anco parlando di persone private; il disfavore riguarda specialmente i potenti, o coloro che per altrui bonarietà o per ironia son finti potenti. — GUIZOT.

---

(1) Gli affari però sempre che riguardano la campagna, perchè quegli che fa gli affari di città, propriamente, è *maestro di casa*, non fattore. — LAMBRUSCHINI.

(2) CELLINI: *Presi un mio fattorino il quale era di dodici anni.* - VIT. PITT.: *I fattorini di Zeusi, che macinavano la terra melina, se ne ridevano (del re).*

(3) In questo senso per l'appunto non n'ha esempio la Crusca, ma in simili.

1869—1871.

FAVORE, Protezione.
Fautore, Aderente.
Sostenere, Proteggere.

1869.
Favore, Protezione.

— *Favore* è più generale; indica volontà di giovare, disposizione a fare cosa grata, manifestata con segni o con atti (1). *Protezione*, da *tegere*, è difendere da male o presente o possibile. E perchè conserva, in parte, la forza dell'origine, l'idea di coprire, perciò si congiunge alla preposizione *sotto* (2). — ROMANI.

— Anche quando il favore è abituale, è meno della protezione, che difende, custodisce la persona o la cosa. Il favore può essere tutto nel buon volere; la protezione è nel fatto, o si dice che sia. — GATTI.

1870.
Fautore, Aderente.

Gli *aderenti* appartengono, più o meno direttamente, alla persona, alle opinioni, alla parte. I *fautori* possono favorire o senza appartenere o senza entrare in tutte le opinioni del loro favoriti. Poi, gli aderenti sono uguali o minori; i fautori sono, d'ordinario, più forti o per autorità o per potenza.

1871.
Sostenere, Proteggere.

— Si *sostiene*, impedendo la caduta; *proteggesi*, coprendo d'ajuto. In questo aspetto, *proteggere* è più. Si può sostenere taluno nel pericolo senza proteggerlo. Diciamo: sostenere un'impresa; proteggere un'arte. I più forti proteggono; anco gli uguali possono sostenere.

La protezione si ha da altrui; l'uomo si sostiene anco da sè.

Proteggere suppone un potere, ma non richiede di necessità un'azione; *sostenere*, sì. — ENCICLOPEDIA.

1872—1873.

FAVOREVOLE, Propizio.
Propiziare, Render placabile, Placare.

1872.
Favorevole, Propizio.

— *Favorevole* dice disposizione a secondare, a soccorrere; *propizio*, ch'è quasi presso a noi (3) per proteggerci, per assisterci. Un'influenza più importante, più potente, più immediata distingue *propizio* da *favorevole* (4). — ROMANI.

— Nell'idea di *propizio* è l'idea di potenza, più che nell'altra parola; potenza, ripetiamo, più prossima. L'uomo favorisce l'altr'uomo; Dio ci è propizio.

Per essermi favorevole, basta che amiate gli utili miei; secondiate più o meno vivamente i miei desiderii. Il favore si può restringere alla disposizione dell'animo, o a leggeri servigi. Chi v'è propizio, è disposto a operare, e opera a vostro pro. — A.

(1) Fin col silenzio si può favorire, anzi meglio; e perchè chi tace conferma, e perchè le parole spesso impicciano. Onde il solenne *favete linguis*, e il nostro *favorisca di stare zitto*, d'andarsene pe' fatti suoi.
(2) Boccaccio: *Sotto la cui protezione sicuri vivete.*
(3) *Prope.*
(4) Mon. S. Greg.: *La limosina, la quale fa Iddio propizio.*
— Boccaccio: *A dovere il suo desiderio ottenere gli fosse favorevole.*

1873.
Propiziare, Render placabile, Placare.

Propiziare, rendere altrui propizio a sè con preghi e offerte, ha senso di pietà religiosa o quasi; ma certuni badano più a propiziarsi i potenti che l'Onnipotente, e dovrebbero propiziarsi i deboli più che i forti, e troppo tardi ci pensano. Gli è più del *render placabile*, come questo è più del *placare*.

1874.
FAVOREVOLE, Benigno.

Benigno indica la benevolenza intera; è ancor più che *favorevole*. Viso benigno, diciamo; parole e benigne e favorevoli; ma quelle esprimono l'affetto, queste la volontà di giovare. Viso, e: parole propizie, non si dice; occasione favorevole, meglio che: propizia; sebbene così dicano mercanti e notai. Le potenze celesti propizie, meglio che favorevoli.

1875.
FAVORIRE, Secondare.
Favorevole, Secondo.

— Si *seconda* seguendo il movimento più o meno spontaneamente, con più intelligenza o meno. Si *favorisce* agevolando altrui l'operare, o dimostrando il volere d'agevolarglielo.

Secondansi anco le intenzioni, i discorsi; favoriscono gli atti, le imprese. — A.

La stagione, il tempo, l'opportunità favorisce. Il vento è favorevole: vento secondo, latinismo del verso. Direbbesi che anco i tempi secondano gli sforzi e i desideri nostri; e suonerebbe ubbidienza più docile del favore.

1876.
FECCIA, Posatura, Sedimento.
Feccia, Feccie.

I.° *Feccia* è ne' liquidi la parte più grossa e peggiore, la quale, allorchè cade al fondo del vaso, dicesi *posatura*. Ma la feccia può anco imaginarsi nuotante nel liquido, può imaginarsi tolta dal liquido per spremitura, per colamento. La posatura, poi, può essere non tanto torba nè crassa. Non ogni posatura è feccia. Quindi con proprietà il Magalotti: « L'acqua, per pura che sia, in processo di tempo fa sempre qualche residenza o posatura di feccia. »

II.° *Sedimento* anch'esso è men grossolano di *feccia*. È voce più scientifica, e ha il derivato *sedimentoso*, che può cadere opportuno perchè men di *feccioso* (1).

III.° Dell'orine o simile, *sedimento*, non altro (2).

IV.° Poi, la feccia può imaginarsi separata affatto dal liquido, e adoprata in qualche uso suo proprio (3). Può imaginarsi che venga da corpi non liquidi.

V.° Feccia de' vizii, feccia della canaglia, diciamo; non: posatura. E ciò comprova che la prima voce de-

(1) Redi: *Orine grosse e sedimentose.*
(2) Poichè siamo a questo, noteremo che i medici e i poeti danno a *feccia* quel senso che apparisce dal verso dell'Ariosto: *Molta feccia 'l ventre lor dispensa*. In questo senso s'adopera più spesso il plurale. Il Foscolo accomoda a parodia il Virgiliano *jamque faces et saxa volant*, e di baruffe accademiche dice: *faces facesque*. Ma ne faceva anch'egli volare, accademico più che non volesse parere, e di quelle non paja a taluni della Nuova Accademia, che non sarà la novissima.
(3) Palladio: *Se la palma è inferma..., mettile ai piedi feccia di vino vecchio.*

nota qualche cosa di più grossolano e di peggio. Siccome ogni vino, per buono che sia, fa la sua posatura, così tutti gli ordini han la lor feccia; non la voler separare, è un intorbidare gli Stati. Ma come poi separarla? Qui sta il forte; e questa questione gli uomini savii e credenti dovrebbero decidere piuttosto che il boja.

VI.° *Feccioso* diciamo; *posatura* non ha derivato aggettivo. Ha bene il verbo *posare*, dal quale esso stesso deriva (1).

1877.
FECCIA, Fondata, Fondigliuolo, Fondaccio.
Fondigliuolo, Fondo di bottega.

Fondaccio ha sempre mal senso, ed è affine a *feccia*; se non che

I.° La feccia pare possa pensarsi mista di corpi estranei (2).

II.° Poca in paragone del fondaccio, che indica sempre tal quantità da formare un fondo.

III.° Il *fondaccio*, specialmente di vini; le *feccia*, anche d'altro.

E che non siano tutt'uno par che l'accenni l'esempio del Buonarroti: « Le mercanzie Messe si sono in piazza; e qui rimase Son le feccie e i fondacci (3). »

Fondigliuolo non può, come il suono dice, denotare, feccia o fondaccio; è posatura leggera. E quella delle bottiglie, dei fiaschi, meglio si dirà *fondigliuolo*; quella dei vini scelti altresì (4).

Fondata è generico; può essere più o meno densa; ma quel delle orine, che chiamasi *sedimento*, non si dirà *fondata*; quella d'un'acqua minerale, che chiamerebbesi *posatura*, non si dirà *fondaccio*. La posatura, il sedimento posson farsi per terra, in uno stagno, in un lago; ma i tre, *fondigliuolo*, *fondata*, *fondaccio*, suppongono un vaso nel cui fondo s'accolgano; con la differenza che non si dirà mai *fondaccio* quel d'un bicchiere, quello del vino di Cipro; e che quel d'una larga botte di vin comune, se non sarà così grosso da chiamarsi *fondaccio*, meglio sarà sempre porgli nome *fondata* che *fondigliuolo*.

---

(1) Magalotti: *Si lasci posare per lo spazio d'un'ora.*

(2) Soderini: *Ponendo i raspi della vinaccia riscaldati e infortiti sopra un residuo di vino che tu abbi lasciato nel fondaccio de' tini.*

(3) *Fondacci*, in Firenze, diconsi certe contrade che in antico dovevano rimanere in fondo alla città, non perchè contenessero la feccia del popolo (a que' tempi non c'era feccia civile, ma solo in senso morale): bensì perchè la povera gente che abita le estremità, ha casuccie maladatte a vie buje.

(4) Soderini: *Raccogliendo i fondigliuoli delle botti del vin greco.* — Nell'uso comune, *fondigliuolo* vale anche quel po' di liquore che rimane in fondo a'fiaschi e simili, senza che fondata veramente vi sia. E'm'è toccato il fondigliuolo. O ha lasciato il fondigliuolo. Poi, fondigliuolo, e più comunemente, *fondo di bottega*, chiamano un panno, un drappo, una mercanzia qualunque di poco pregio, per lo più, non potuta spacciare da un pezzo. E fors'anco di persona direbbesi per traslato: gli è un fondo di bottega; gli è un *fondigliuolo*. — nemi. Ma fondo di bottega, potrebbe comprendere molta più roba, e meno inutile, ma difficile a smaltire.

Nel senso di *fondigliuolo* per lo stesso liquore puro che copre il fondo, dicesi volgarmente *culaccino*, brutta imagine che fa rammentare i lagni del Voltaire sulle troppe locuzioni francesi avanti fondamento nella prima sillaba di quella voce.

1878—1879.
FECONDATO, Gallato.
Eunuco, Evirato, Castrato, Accapponato.
Evirare, Effeminare.
Castrato, Castrone.
Castrato, Bozzone.
Castroneria, Corbelleria.
Castratore, Norcino.

1878.
Fecondato, Gallato.

Gallato, l'uovo di gallina *fecondato* dal gallo; questa è una fecondazione speciale, sebbene il Redi, per estensione di senso, dicesse *gallate* le uova della vipera (1).

Gallare, per *cella*, si dice di donna; ma non è gran fatto decente.

1879.
Eunuco, Evirato, Castrato, Accapponato.
Evirare, Effeminare.
Castrato, Castrone.
Castrato, Bozzone.
Castroneria, Corbelleria.
Castratore, Norcino.

Eunuco è voce troppo storica, nè di quei dell'antica Asia e della moderna, direbbesi altrimenti; nè il titolo della comedia di Terenzio sarebbe da cambiare; tanto più che l'origine arcaica del vocabolo lo fa meno sguajato. Pare che la tirannide e nel traslato e nel proprio faccia a sè un bisogno degli eunuchi; e dal supposto bisogno generi il diritto d'averne, e dal diritto d'averne quello di farli. Tirannide è cosa logica.

Evirati cantori, cantò il Foscolo; ed è più comunemente aggettivo, che stante da sè; nè direbbesi: un evirato, come: un eunuco; ma questo secondo può essere anche aggettivo, e traslatamente anche femminino; onde non solo: uomo eunuco, stile eunuco, ma: politica, gente eunuca. *Evirare*, in quella vece, può star come verbo, ancorchè non nota della lingua parlata; e se ne fa anco *evirarsi*. Nel traslato dice più di *effeminare*, giacchè la femmina ha pure fecondità, e non è senza vigore nella sua debolezza.

Castrato, del cantante, che ormai appartiene agli animali fossili, è titolo passato tutt'intero fin nella lingua francese, come *allegro*, e altri vocaboli del linguaggio musicale; come nel greco e nello slavo il boja non ha altro nome che *tuno*. D'uomo è parola di spregio; delle bestie non si dice altrimenti (2). Se ne fa *castrataccio* e *castrone*, più dispregiativo ancora, parlando d'uomo, e denota fiacchezza morale e mentale, quasi imbecillità; onde il senso di *castroneria* che è troppo più di *corbelleria*, e simili amenità; se ne fa *castronaccio* al bisogno; ma ce n'è egli bisogno?

Della carne di castrato cattiva si dirà *castrataccio*, e i Veneti ne fanno *castratina* di quella salata, come i Latini *agnina* e *ferina*; i Toscani, *agnellina*, sottinteso la pelle. L'agnello già troppo fatto è *bozzone*.

---

(1) Redi: *Che quest'uova non fossero feconde e, per così dire, gallate.*

(2) L'eunuco può essere più imperfetto ancora del castrato; ma tanto basti di questa particolarità.

De' galli dicesi *accapponare*. E nel traslato questa voce varrebbe togliere vigore e mettere fiacchezza, nel dire famigliare però.

Chi fa mestiere di quella cosa da cui Castruccio degli Antelminelli prese il nome, dicesi anco *norcino*, dal paese di Norcia fecondo di castratori; come Scoto, Tedesco, Gallico, Etrusco, diventarono nomi appellativi. *Norcino*, traslatamente, chi taglia altrui idee e parole, che sono, o vorrebbero essere, o temesi che siano maschi: e similmente discorso, libro castrato, il tarpato così.

1880-1889.

FECONDAZIONE, GENERAZIONE.
GERME, GERMOGLIO.
FETO, EMBRIONE.
OVINO, OVUCCIO, OVICINO.
SEME, SEMENZA, SEMENTA, SEMENTE.
SEME, OSSO, NOCCIOLO.
SEMENZAJO, PIANTONAJO, VIVAJO.
GERMINARE, PRODURRE.
PRODUZIONE, PRODOTTO.
INCINTA, INGRAVIDATA, IMPREGNATA.
GRAVIDA, PREGNA, PIENA, PREGNANTE.
PREGNO, IMPREGNATO.

1880.
Fecondazione, Generazione.

— *Generazione*, l'atto per il quale gli enti viventi producono altri simili a sè. *Fecondazione*, denota più direttamente l'effetto, il passaggio del germe alla vita. Nella pianta, il seme dicesi fecondato allorchè gli elementi del germe contenuti nell'ovaja sottoposta al pistillo, diventano germe vero; atto anch'esso a generare altra pianta. Negli animali, fecondazione segue allorchè per l'atto della generazione, l'ovicino contenuto negli organi della femmina riceve il fomite della vita, quell'incognito moto che lo anima e lo conduce a più e più svolgersi, e rappresentar da ultimo nelle esterne forme e nell'intima testura l'intero animale.

Della generazione si conosce la parte più materiale ed estrinseca; la fecondazione è tuttora un mistero naturale. Possiamo determinare alcune delle condizioni ad essa necessarie; ma il punto della fecondazione è coperto a' nostri occhi di velo fin qui impenetrabile. — THIBAUD.

1881.
Germe, Germoglio.

— *Germe*, il primo embrione; *germoglio*, la prima messa del germe. Ma il germoglio può spuntare dal seme o dalla radice dei rami. — ROMANI.

— *Germe* ha varii traslati; *germoglio* meno; ma ben più *germogliare*. Germi di vizii, di virtù, meglio che: germogli. — Molti germi d'una civiltà ancor latente germoglieranno maschia virtù; cesserà finalmente questa decorata barbarie. — NERI.

1882.
Feto, Embrione.

— *Feto*, d'animale già vicino alla maturità del parto; *embrione*, germe vivente nei primi tempi del suo svolgimento. *Embrione*, e di vegetabile e d'animale; *feto* d'animale soltanto. — THIBAUD.

— *Embrione*, corpo informe dell'animale, prima che porti i lineamenti proprii della sua specie. Il *feto* ha le sue parti più discernibili. Dei concetti della mente, l'embrione è il primo e non bene determinato concetto. — GATTI.

— Nell'uso, *embrione* ha idea di piccolezza informe. — A.

1883.
Ovino, Ovuccio, Ovicino.

Ovino, vezzeggiativo; *ovuccio*, diminutivo quasi dispregiativo. *Ovino* si direbbe anche un uovo non piccolo, quando si volesse dare un certo garbo alla cosa, specialmente parlando a bambini, o a donne, che in molte cose vogliono essere trattate come bambini.

Le uova d'un uccellino si direbbero *ovino* o *ovicino*. Uovo piccolo di gallina non si direbbe *ovicino*; *ovuccio* quelle uova che dovrebbero o potrebbero essere grandi più che non sono; anco di più grossi animali che la gallina.

1884.
Seme, Semenza, Sementa, Semente.

— *Seme*, e degli animali e de' vegetanti; *sementa*, de' vegetanti più propriamente. La *semente* si affida alla terra per averne la messe (1). La *semenza* si raccoglie per seme dell'altre piante che vanno in semenza. — ROMANI.

1885.
Seme, Osso, Nocciolo.

— *Osso*, non molto usitato in Toscana, può essere sinonimo a *nocciolo*, quand'indica la parte dura interiore delle frutte. Ma l'osso fa pensare alla durezza; il nocciolo, al suo esser posto nel centro. Nelle frutte che hanno nocciolo, questo è la custodia del *seme*. — ROMANI.

— *Seme* è la mandorla o anima che sta dentro al nocciolo; detto anche *osso* alcune volte. — A.

1886.
Semenzajo, Piantonajo, Vivajo.

— Nel *semenzajo* si seminano le piante; le quali, quando son grandicelle, si trapiantano in altro luogo, dove son poste più rade e con qualche ordine; e quest'è il *piantonajo*. Dal piantonajo si trasportano nel luogo ove devono dare frutto. Io diceva già ai Georgofili (2): « Le scuole infantili saranno dunque per noi quello che i piantonaj sono per l'agricoltore: il quale rileva sane e diritte le pianticelle cavate dal semenzajo per darle poi robuste e fruttifere al pomajo e al vigneto. » *Vivajo* (che il popolo, potente d'elissi, dice ancora *vivo*), è un serbatojo di pesci, nel quale si radunano e si conservano vivi per il bisogno. Si chiama ancora, con termine meno proprio, il *serbatojo*. Per somiglianza, chiamasi *vivajo*, nel Pisano (e in altri luoghi d'Italia), il *piantonajo*. Dov'abito io, questi due termini non si scambiano. — LAMBRUSCHINI.

1887.
Germinare, Produrre.

— *Germinare* è produrre, mettendo il germe e svolgendolo. Ogni germinazione è produzione, ma non viceversa. — A.

1888.
Produzione, Prodotto.

— *Produzione* consideriamo qui non come l'atto del produrre, ma come la cosa prodotta.

Le produzioni della terra danno più o meno *prodotto*, secondo che se ne trae più frutto o guadagno. Non dire-

---

(1) LATINI: *Faceva la terra frutto senza nulla semente* - ALLMANNI: *Commette al terren la sua semente.*
(2) *Sulla cooperazione delle donne bennate al buon andamento delle scuole infantili.*

1889.

Incínta, Ingravidata, Impregnata.
Gravida, Pregna, Piena, Pregnante.
Pregno, Impregnato.

— *Incínta* è più gentile, perché tocca delicatamente un effetto della gravidanza, il dovere la donna o non portare cintura, o portarla più lenta o più su. *Incinta* e *ingravidata* delle donne soltanto; *gravida* e *impregnata*, anco delle bestie: e se di donne, *impregnata* è dispregiativo e basso. Quest'ultimo dicesi d'altre cose ancora in non ignobile senso. — ROCCO.

— *Incinta* non si usa se non così nel participio (1); nè, di certe o a certe persone, si direbbe: è gravida, ingravidò. *Ingravidare* e *impregnare* sono attivi, e prendono anco il senso di neutri e di neutri passivi. — ROMANI.

Pregna, nell'uso comune, ha del basso; ma scrittore valente potrà acconciamente adoperarlo. Nel verso, a Dante non parve ignobile dire: « Così fu fatta la Vergine pregna. » E rammenta il Vangelo: *Maria, desponsata sibi uxore pragnante.* Que' pedanti che riprendevano nel Manzoni una: pregnante annosa, se la prendevano, senza saperlo, come accade a costoro, con Dante; e dovevano, piuttosto che la bassezza, notare, nella attempata incinta, soverchia peregrinità.

Pregno ha traslato elegante. Dante dice l'aura di maggio impregnata dell'erbe e de' fiori; ed è forse meglio che nel Foscolo: « l'aure pregne di vita. » *Impregnato* è il corpo d'umore o d'altra sostanza quando l'abbia da altrui; *pregno*, anco della sostanza sua propria, da poter rifondere fuori, e quasi partorire. *Pregnante* suonerebbe tuttavia non basso anco in prosa, e sarebbe proprio a indicare quello che i medici dicono *gestazione* (2); non avrebbe i traslati d' *impregnato* e di *pregno*.

1890—1892.

FECONDO, FERTILE, FRUTTIFERO, UBERTOSO.
FRUTTIFERO, FRUTTIFICO.
INFRUTTIFERO, STERILE.
STERILE, IMPOTENTE INFECONDO.

1890.

Fecondo, Fertile, Fruttifero, Ubertoso.

— *Fertilità* denota gli effetti della fecondità. *Fruttifero* vale, come ognun sente, *fecondo* di frutti.

Fecondo, anche d'enti animati. — ROMANI.

— *Fecondo* dice, la facoltà innata di produrre, ed è più generico; *fertile* ch'è proprio della terra, si reca alla facoltà manifestata negli effetti; ma a questi soli penso allorché lo dico *fruttifero*. La virtù fecondatrice può anche non apparire; ma s'io veggo lussureggiare una campagna di piante spontanee, dirò fertile quella terra, che fruttifera diverrà per l'arte dell'uomo.

Ubertoso, propriamente, sta per indicare la pinguedine del suolo. Ma l'uso permette: raccolta ubertosa, come: ubertoso terreno, perché *uber* denota e la virtù della cosa, e l'effetto d'essa virtù. — CAPPONI.

---

(1) Disse DANTE: *Benedetta colei che in te s'incinse.* Ma non per questo a donna d'oggigiorno direbbesi: le auguro che la s'incinga; quand'ella s'incingerà, o simili.

(2) Onde il modo forense: *Curatore del ventre pregnante.* Infinita è la schiera dei curatori del ventre.

La fertilità dimostra quanta sia la fecondità; la dimostra con l'abbondanza de' frutti. Di fèmmina dicesi *feconda* (1), non *fertile*; e così: fecondare le ova. La natura in generale non si dirà *fertile*, ma *feconda*.

Le ova, le sementi, sono feconde quand'hanno virtù di produrre. Gl'ingrassi fecondano la terra, perché le aggiungono principii accrescenti la virtù di produrre. I lavori la rendono fertile, non feconda, perché non fanno che disporla a ricevere il principio fecondatore ed a svolgerlo. Il sole feconda la terra, perché col calore vivifico la rende meglio atta a produrre, non la rende però fertile. L'industria sa rendere fertili i terreni più ingrati, come sul Genovese; non li feconda.

La natura dà la fecondità; l'arte l'accresce, ed è causa della fertilità.

Nel traslato, *fecondo* è l'ingegno che crea: *fertile*, quel che produce di molto.

1891.

Fruttifero, Fruttifico.
Infruttifero, Sterile.

Albero fruttifero può valere, e che di natura sua porta frutti in uso dell'uomo, e che, oltre alla naturale proprietà di portare tali frutti, nel fatto ne porta. Nel primo senso gli si contrappone *infruttifero*; *sterile*, o simile, nel secondo. Può un albero fruttifero essere sterile; può un infruttifero avere la sua prima vita di rami e di fronde a bellezza e a lusso.

Fruttifico, che fa fruttare; *fruttifero* che dà frutti. Il secondo è più d'uso, e ammette traslati: opera infruttifera, lavoro che non ha valore reale o apprezzato. L'altro non fa composto di negazione; ma può dire di più in questo che la virtù fruttifica è cagione comune insieme a molti enti che li fa fecondi di frutto. Certi ingegni, non fruttiferi di per sé in lavori proprii, si rendono fruttifichi educando, ch'è quanto dire ispirando.

1892.

Impotente, Sterile, Infecondo.

— Impotenza è il non potere *habere rem*; la sterilità, il non trarne prole. L'*impotente* è sterile ma non viceversa sempre.

Può l'uomo diventare impotente, e non essere stato sterile. Impotente e sterile è l'uomo; sterile e infeconda la donna. Di donna non si direbbe *impotente*; nè d'uomo, *infecondo*, nel senso proprio.

Infeconda, la donna non abile a concepire per difetto di conformazione o altra causa; *sterile* dicesi anco donna cui manchi la fecondazione dell'uomo; o che, per non volere, non concepisca, o che non conduca a bene il parto. — ROCCO.

— *Infecondo* è meno. L'infecondo produce poco; lo sterile nulla, o poco meno che nulla. D'un'annata, meglio *sterile* che *infeconda* (2). Sterile o infeconda la terra, secondo il più o il meno.

Sterile indica lo stato naturale; *infecondo*, il fatto, venga anco da causa fortuita, dal non essere il suolo o il germe convenientemente fecondato. Così diciamo: ovo infecondo.

Sterile, nel traslato, ha usi forse più varii. — ROUBAUD.

— D'animali parlando: donna infeconda, e: sterile;

---

(1) *Fœtus* da φύω.

(2) GUICCIARDINI: *Anno sterilissimo.*

ma la donna che spesso abortisce, può dirsi sterile, e non infeconda. Poi la diventa infeconda con gli anni, dopo avere largamente procreato in sua gioventù. — ROMANI.

— Di vegetabili parlando, e *infecondo* e *sterile* usansi dai botanici. Con questa differenza, che *sterile* denota infecondità più costante; la causa è negli organi medesimi. *Infecondo* è meramente privo di fecondazione. — LAMBRUSCHINI.

1893-1900.

FEDE, CREDENZA.
CREDERE, PRESTAR FEDE.
CREDERE, STIMARE.
CREDERE, FARE.
CREDERE IN, CREDERE A.
CREDETE VOI CH'EGLI LO FARÀ? CREDETE VOI CH'E' LO FACCIA?
FAR CREDERE, DARE A CREDERE.
CREDULO, CORRIVO.

1893.

Fede, Credenza.

Fede è credenza in verità che tengonsi manifestate direttamente o indirettamente da Dio.

La credenza nella verità religiosa, è fede.

— *Credenza* è persuasione fondata sopra ragioni, valide o no; *fede* è persuasione fondata sull'autorità di chi parla.

La credenza che un filosofo pagano prestava all'esistenza di Dio, fede propriamente non era. — BEAUZÉE.

1894.

Credere, Prestar fede.

Il *credere* può essere quasi l'istinto, un primo moto dell'animo; nel *prestar fede* la volontà è più riposata, più piena.

Poi, si può prestar fede fino a un certo segno, e non credere come a parola infallibile.

1895.

Credere, Stimare.

— *Stimare* è un giudizio; *credere*, è insieme giudizio e sentimento. Onde, quel che si stima non è opinione tanto ferma, quanto quel che si crede. Nelle cose morali, sociali, religiose, dove trattasi della pratica e del più intimo senso, si crede; nelle cose letterarie e di mera opinione, si stima. Ma chi ne' minimi oggetti riconosce i grandi principii, tutte le proprie opinioni nobilita di credenza.

Dicendo: Io stimo, si suppone che sulla cosa ho pensato più o meno; ma posso credere un fatto, appena raccontatomi, senza portarne giudizio. — ROMANI.

1896.

Credere, Fare.

Fare esprime, talvolta, credenza ben ferma: Io lo facevo morto; egli lo faceva spedito (1). Dite: credevo, e sentirete la differenza. *Fare*, in questo senso, è modo che sarebbe piaciuto moltissimo al Kant e al Fichte; è credenza che sembra quasi creare il suo oggetto. Ma l'uomo non può creare altra cosa che l'errore, cioè nulla.

Fare, talvolta, è più affine a *credere*, e non ne differisce se non per la maggiore brevità ed eleganza. Di tale che voi non credevate di trovare in un luogo, e ve lo trovate, voi dite: non ce lo facevo qui. Il dire invece: non credevo che qui fosse, oltre che meno elegante, sarebbe men proprio. Il *non credere* è opinione; il *non fare* è l'assenza dell'opinione; ognuno può vederlo pensandovi un poco.

Fare, da ultimo, ha luogo nelle opinioni scientifiche (1). Elvezio fa l'amor proprio origine d'ogni umana virtù; confonde l'amor proprio con l'amore di sè. Un filosofo sistematico, fa; uno scrittore modesto, crede. Qual sia il modo di filosofare più bello, l'esperienza ce l dice.

1897.

Credere in, Credere a.

Cavalca: « Differenzia grande è fra credere *in* Dio; e credere *a* Dio; chè credere *a* Dio è credere che sia vero quel ch'egli dice; e questa fede avemo noi a molti uomini non solamente santi ma eziandio peccatori... ma credere *in* Dio è, credendo con affetto di vero amore, in lui andare e intrare, ed a lui ed alli suoi membri, cioè fedeli, congiungerci e incorporarci per nostro amore. »

Devesi credere all'uomo, se non s'abbia ragione e quasi debito di discredere; non mai credere nell'uomo. Chi non crede alla Chiesa, conservatrice della tradizione viva, non crede davvero neanco ne' libri Santi; ma crede nella propria ragione. Chi non crede nè in Dio nè a Dio, crede spesso alle apparenze e nelle apparenze.

1898.

Credete voi ch'egli lo farà? Credete voi ch'e' lo faccia?

— La prima è nel futuro, e in futuro contingente; la seconda proposizione fa quasi presente la cosa.

La prima indica: ch'io non so se egli farà o no la cosa; la seconda potrebbe essere un domandare l'altrui opinione su cosa che io pur credo probabile, o possibile almeno. Nel primo, non s'ha opinione nessuna; nel secondo, s'ha un principio d'opinione. Nel primo si teme, perchè non s'ha ragione di sperare; nel secondo si teme, perchè non s'hanno ragioni che assicurino.

La differenza è tenue, ma c'è. — ROUSSEAU.

1899.

Far credere, Dare a credere.

Far credere ha buono o mal senso; si fa credere il vero e il falso. *Dare a credere* l'ha più cattivo che buono. Si dà a credere cosa che s'abbia qualche vantaggio a far credere altrui.

Le persone sole danno a credere; anco le cose fan credere, quando sugl'indizii ch'esse danno, fondiamo le nostre credenze e le conformiamo con quelli. Le persone fanno credere il falso; le cose fanno credere falsamente.

1900.

Credulo, Corrivo.

— *Corrivo*, in generale, è tanto riguardo il credere, quanto il concedere, il contentarsi, il fare. La corrività nel credere è facilità, ma non sempre credulità; questa è più. — GATTI.

1901.

FEDE (DI BUONA), A BUONA FEDE, CON BUONA FEDE, IN BUONA FEDE.

Il primo s'accoppia anche ad un sostantivo; gli altri,

---

(1) SACCHETTI: *Li fu' perduti* (i fiorini). — LIPPI: *Vi facevam morto.*

(1) DANTE: *Con Epicuro tutti i suoi seguaci Che l'anima col corpo morta fanno.* — Quindi è che *fare* vale anco affermare asseverantemente: *Color che tu fai cotanto mesti.*

no. Diremo: l'uomo *di buona fede* onora sè stesso non dubitando ingiustamente degli altri (1).

Usasi e *operare* (2) e *parlare* di buona fede. A buona fede non s'userebbe che dell'operare o del credere (3) o del fidarsi. Usasi anco: tradire a buona fede, e: ingannare. C'è degli uomini di buona fede che non si lascerebbero vendere a buona fede, e c'è nel mondo certa semplicità che confina con la complicità.

Con buona fede s'associa, d'ordinario, all'idea d'azione, com'indica il *con*. Nè diremo: ragionare con buona fede, ma *di*. Letterato che scriva di buona fede, non è punto raro nè più comune di mercante che con buona fede negozii.

Diremo: andare a buona fede in un luogo credendo d'essere con buona fede trattato, e riceverne inganno è doppia delusione; e però Dante sprofonda nel suo inferno più quelli che tradirono chi si fidava in essi. *A buona fede*, insomma, dice sentimento, disposizione dell'animo; *con buona fede*, una maniera di operare, di trattare, d'amare. Il primo indica fiducia; il secondo, lealtà. Tutti gli uomini debbono sempre portarsi con buona fede; non sempre è necessario credere a buona fede.

In buona fede ha un senso suo proprio: s'applica all'atto di chi, credendo poter esercitare un diritto di possessione e quindi di proprietà, o altro simile, non s'accorge d'offendere un diritto altrui; e in generale di chi crede non avere offeso il vero od il giusto; e se meglio conoscesse le cose, non crederebbe così. In questo caso usasi ancora: possessore di buona, o: di mala fede; ma il modo col *di* non ammette che il sostantivo, e s'applica al solo possesso; coll' *in* ammette il verbo, e s'applica ad altre cose (4). Si può egli dubitare se in buona fede si possa talvolta trasgredire la legge di Dio? Come s'ha egli a intendere il passo: *Ab occultis meis munda me?*

In buona fede ha altresì senso affine ai tre sopra notati; ma questo è suo proprio.

1902.
FEDELE, LEALE.

Leale chi tien fede a persona verso cui legge di dovere lo lega. Lealtà e fedeltà nelle cose sociali; e perchè primo dovere dell'uomo leale è non tradire la verità, però *leale* ha senso di *schietto*.

L'uomo leale è *fedele* alla promessa, al giuramento, al dovere. Lealtà è parte di fedeltà. Poi, *leale* vale *sincero*, perchè l'uomo che dà peso e efficacia alle promesse e ai doveri suoi, comincia dall'evitare e abborrir la menzogna.

1903—1906.
FEDELE, FIDO.
INFEDELE, INFIDO, PERFIDO, SLEALE, DISLEALE.
TRADITORE, FELLO, FELLONE.
TRADIMENTO, DEFEZIONE.
1903.
Fedele, Fido.

I.° *Fido* il servo, l'amico, il compagno, il conduttore, per qualità naturale, abituale dell'animo; *fedele* può farlo l'occasione (1). Anco un assassino può essere fedele alla data promessa; non già ch'e' sia uomo fido. Molti si danno vanto d'un'abituale virtù per averne esercitato qualch'atto.

II.° *Fido*, inoltre, par che riguardi le cose più gravi; *fedele*, anco le meno importanti. Fedel compagno di viaggio, non: fido.

III.° La fedeltà par, talvolta, cosa più estrinseca. Meglio sarà fido amico, che amico fedele. La fedeltà è del servo, del suddito, del compagno. Ma quando la fedeltà vien da affetto sincero, allora il fedele merita lode di fido (2). In quanto è fida di cuore, la donna è veramente fedele al suo sposo. C'è una fedeltà materiale senz'affetto e senza merito, che somiglia alla fedeltà delle traduzioni salviniane.

Altro è la fede data, altro la fedeltà mantenuta.

IV.° *Fedele*, dice il Romani, chi sta alle promesse, chi mantiene la fede, sia data in modo tacito o espresso. *Fido* colui al quale si presta fede, del quale uno si può sicuramente fidare. *Fido*, tale da meritar fiducia; *fedele*, da confermarla co' fatti; *fido*, a chi devesi fede; *fedele*, chi la osserva e tiene: onde Plauto li accoppia, posponendo *fidelis*, come quello che aggiunge all'idea. — T. VALLAURI.

V.° *Fedele*, sostantivo usato, è voce storica del medio evo (3). *Fedele* è poi sinonimo a *cristiano*, perchè fondamento della religione vera è la fede; e chi, avendo modo di persuadersene, non crede a Dio nè agli uomini che annunziano un Dio, non merita che si dia fede a lui (4). *Fido* non ha questi sensi.

VI.° Fedeltà porta seco le idee d'ubbidienza, di sudditanza, d'alleanza (5); *fido* suppone un sentimento quasi da uguale ad uguale; perchè l'affetto vero adegua le disuguaglianze sociali. Però si direbbe: fedele a Dio, non mai fido (6).

VII.° *Fedele*, per la stessa ragione, porta seco sovente le idee d'*esatto, puntuale*: traduzione fedele; venir fedelmente alla tal'ora; eseguir fedelmente (7).

VIII.° *Fedele*, sostantivo, ha senso amoroso. Son poche le donne che leggono e che non sappiano che cosa sia: il tuo fedele (8). Dicesi anco, talvolta: il suo fido,

---

(1) BOCCACCIO: *Li benefizii che hai da me ricevuti ti debbono far fedele.*
(2) BOCCACCIO: *Una sua fida cameriera segretamente mandò.* - DANTE: *Fida sposa.*
(3) G. VILLANI: *Giurare fedeltà a santa Chiesa.*
(4) MAESTRUZZO: *Quando il fedele contrae con infedele.*
(5) CAVALCA: *Che gli sia fedele della persona sua, che nol tradisca..., che gli sia fedele di sè stesso, cioè che tenga le impromesse e li patti..., che gli sia fedele del suo; non solamente che non glie lo baratti, ma... Ecco tre sensi di fedeltà; fedeltà nel servire, nell'adempir le promesse, nel rispettare gli averi.* - FIRENZUOLA: *Sempre servire fedelissimamente.* - BOCCACCIO: *Fedelissimo servitore.*
(6) DANTE: *Degli angeli che non furon ribelli Nè fur fedeli a Dio.*
(7) VARCHI: *Allegheremo in pro e contra fedelissimamente tutto quello che ci sovverrà.* - BEMBO: *Conservatori fedelissimi.* - CICERONE: *Fidelius ad te litterae perferantur.*
(8) Dante fa dire di sè, per bocca della donna gentile, a Lucia: *Ora abbisogna il tuo fedele Di te...* Il Petrarca fa dire a Laura di sè, *un mio fedele amico*, più proprio qui di *fido* perchè non si tratta d'amicizia da uguale a uguale, ma di fedeltà nell'amore, fedeltà riverente, di soggetto, anzi schiavo.

---

(1) G. VILLANI: *Semplice uomo e di buona fede.*
(2) BEMBO: *Di buona fede a' provveditori, per adoperarsi in tutto quello che bisognasse, presti fossero.*
(3) CAVALCA: *Crediamo dunque a buona fede che la cagione della creazione d'ogni cosa, non è se non la bontà di Dio. Qui propriamente la locuzione non ha il senso che noi nell'uso le diamo, ma l'ha ben prossimo.*
(4) SEGNERI: *Il penitente ritrovisi in buona fede.*

ma allora s'intende, d'ordinario, non d'amante, ma sì di compagno, d'amico; e anche d'uomo con uomo.

IX.° *Fedele consiglio*, non: *fido* (1). *Fido ricetto*, meglio che: *fedele*. E *fido* cade opportuno dovunque si tratti di tenere un secreto (2). *Fido sguardo*, disse gentilmente il Petrarca.

X.° *Opera, cura, servigio fedele*, non: *fido* (3); *lagrime fedeli*.

XI.° *Fedele* ha per derivati, *fedeltà* e *fedelmente*; nome e avverbio che mancano a *fido*.

1904.
Infedele, Infido, Perfido, Sleale, Disleale.

— *Infedele*, che non osserva la fede; *perfido*, che colpevolmente la rompe. *Infedele*, che non solo non osserva la fede, ma non adempie i doveri del proprio stato, abusando della fiducia ch'altri in lui pose: *servo, moglie infedele*.

Infide si dicono le cose, meglio che *infedeli*; giacchè nella fedeltà si suppone un dovere, cioè un esercizio libero delle umane facoltà.

Sleale, chi rompe la fede dovuta per patti espressi o taciti, o per consuetudini. La slealtà offende piuttosto il diritto naturale applicato, che il mero diritto di natura; come fa propriamente l'infedeltà. — ROMANI.

Sleale è più comune di *disleale*; *misleale*, disusato. Segnatamente nei derivati sarà più spedito il primo: *slealtà, slealissimo, slealmente*. Ma il *dis* talvolta può aggiungere forza pur col numero delle sillabe accresciuto, che fa più fermare sulla parola la voce e il pensiero; e perchè la negazione, nel secondo, apparisce di più. In amicizia, nel consorzio della vita, col pur mancare punto punto di sincerità l'uomo può meritarsi taccia di *sleale*; nè *disleale* direbbesi se non per qualcosa di più. Sostantivo, meglio sarà *uno sleale* che *un disleale*.

— Donna infedele, se l'amante o il marito la conosce tale, è *infedele*; se la crede innocente, ed ella con arti false ajuta all'inganno, è *perfida*. — LA BRUYÈRE.

L'infedele può violar l'altrui fede anche per debolezza.

— *Perfidia* è infedeltà mascherata colle sembianze della fedeltà. Cesare: *Infidelitatem ejus sine ulla perfidia comprimi posse*. A ciò molti non badano; e volendo punire l'offesa, si fanno più rei dell'offensore stesso. — FERRI DI S. CONSTANT.

1905.
Infedele, Infido, Perfido, Traditore, Fello, Fellone.

— *Fellonia* era atto ingiurioso e violento di vassallo contro il signore; poi, *fellone* si disse di chi, costituito in carica militare o civile, tradisce il governo o la patria. *Fellone* è sostantivo per lo più; *fello*, sempre aggettivo. *Perfido* è più generico di *fellone*; vale: violatore di qualunque sia fede, data o debita. *Infido* è men di *perfido*; vale: di chi non possiamo fidarci. L'infido può divenire perfido, può non esser tale nell'atto. L'*infedele* non adempie il dovere della fede reciproca: è men di *perfido*. Nella perfidia sono modi insidiosi e ingannevoli che non sempre sono nella infedeltà.

Infedele s'usa anco parlando della mancanza di religiose credenze che noi teniamo per vere. Questa varietà d'usi proviene dalle tre significazioni di *fede*, che vale fiducia, osservanza, credenza. *Fido* e *infido* riguardano la fiducia; *fedele* e *infedele*, l'osservanza; e la credenza altresì, più direttamente compresa nelle voci *credente, credulo, incredulo*.

Il *traditore* usa frodi in colui che si fida, il *perfido* nuoce a quelli a cui aveva legata la fede, il traditore abusa dell'altrui buona fede per nuocere. — ROMANI.

— *Fello*, cattivo, orgoglioso, sdegnoso. I Toscani dicono come per proverbio: bello e fello. *Fellone*, chi tradisce il governante e la patria; ma denota in genere, malvagità manifesta e impudente. *Perfido*, che infrange la fede data. Non ogni perfido è fellone; perfidia in amore non è fellonia.

L'infedele ha offeso la fedeltà. L'infido può offenderla; si teme lo faccia. — GATTI.

1906.
Tradimento. Defezione.

Defezione è tradimento, quasi direi, negativo (1), che consiste nel mancare alla data promessa, agli obblighi contratti, de' quali l'adempimento era altrui necessario, o ad ogni modo aspettato. *Defezione* può essere tradimento, e può essere mero effetto di viltà, di falsa prudenza, di scrupolo sorto mal a proposito. Il tradimento, nuoce per reo timore, o per malvagia speranza, o per odio.

La defezione si fa da socio a socio, da alleato a alleato; il tradimento, da ogni sorta di gente. Il primo è latinismo che manca d'esempi nella Crusca; ma l'uso lo accetta, e accetta molti analoghi suoi.

1907.
FEDELE DI, FEDELE A.
FEDELE A, FEDELE IN.

Il primo modo ha senso storico; il secondo è il comune. Fedeli d'un signore, della Chiesa, dell'Impero, si chiamavano un tempo i vassalli, gli fossero o no fedeli. Il *di* significava la fedeltà materiale, teoretica (che in questo caso, come in molti altri, diventan sinonime); l'*a* significa la fedeltà reale, effettiva (2).

In altro senso, *fedele* congiungesi all'*a*, quando questo porta l'infinitivo, come in una lettera di Donato Acciajuoli confinato in Barletta sugli ultimi del trecento: *Fedelissimi a servire al Comune*. Ma allora l'*a* ha senso affine a *in*, colla differenza che porta l'ordinario valore delle due particelle; cioè, di questo caso parlando, che la fedeltà a servire denota disposizione di volere e d'affetto; la fedeltà nel servire o in servire, fermezza di proposito o d'abito.

1908—1915.
FEDELE, FIDATO, FIDO.
CONFIDARSI, FIDARSI.
CONFIDENZA, FIDUCIA.
CONFIDENZA, FIDUCIA, DOMESTICHEZZA.
FIDUCIA, SPERANZA.

---

(1) PETRARCA e BOCCACCIO: *Fedelmente consigliato*. - CICERONE: *Fidele consilium*. - CASA: *Consiglio fedele e buono*, di maggiore e minore: qui non si direbbe *fidato*: e sarebbe meno.

(2) PETRARCA: *Luoghi da sospirar riposti e fidi*. - BOCCACCIO: *Fidissimo guardatore d'un mio segreto*. - VIRGILIO: *Fida silentia sacris*. - OVIDIO: *Fida aures*, e: *Nox arcanis fidissima*.

(3) CICERONE: *Fidelis opera*. - OVIDIO: *Cura*. - *Lacrimæ*.

(1) De-facio.

(2) NOVELLINO: *Un fedele d'uno signore*. - BORGHINI: *Ne' contratti si vede, or coloni, or uomini, e talvolta fedeli*.

Diffidenza, Dubbio.
Diffidente, Ombroso, Permaloso, Sospettoso.
Diffidare, Non si fidare.

1908.
Fedele, Fidato, Fido.

I.° « *Fidato*, dice il Romani, par ch'indichi fede sperimentata (1). » Servo fidato, che non è capace di rubare, di tradire, che anzi con la sua fede v'ispira fiducia; persona fidata della quale voi potete fidarvi (2). Il Petrarca a Maria: « D'ogni fedel nocchier fidata guida. »

II.° Dunque *fidato* riguarda piuttosto quella fedeltà la qual vieta il far male, che quella la qual viene da affetto profondo. E anche quando diciamo: amico fidato, gli diamo minor lode che a dire: fido (3). Può la persona per sè esser fidata, senza ch'io l'abbia sperimentata fedele. Molti son creduti fedeli che non sono nè manco fidati. L'uomo è condannato a gastigare sè stesso delle proprie diffidenze con la troppo cieca fiducia ch'e' presta a chi meno duvrebbe.

III.° Fido e *fedele* e *fidato* dicesi anco di cosa inanimata che presti frequente o prezioso o segreto servigio: il fido specchio della donna; la fida spada del guerriero. Il fidato specchio, direbbesi; non: la fidata spada; bensì: le armi fidate. *Fedele*, in questo senso, ha usi più rari (4).

Strumento fedele, quello che corrisponde all'intenzione e al lavoro dell'artefice, dell'artista. Fido strumento, chiamerebbe un poeta, un sonatore, la sua cetra, il suo cembalo. Campo fedele, che rende la debita ricompensa ai sudori del padrone, del villico; fida solitudine, che offre confidente ricetto alle gioje, ai dolori.

1909.
Confidarsi, Fidarsi.

Fidarsi è meno. Si fida chi non diffida; confida e si confida chi fida di molto.

1910.
Confidenza, Fiducia.

La *fiducia* nelle proprie forze è dovere; chi non l'ha divien timido o vile; ma la confidenza in sè può essere imprudenza e superbia, può condurre a stolte e precipitevoli imprese. Aver fiducia in altrui è dovere; ma la confidenza troppa in altri può essere sventura e colpa.

1911.
Confidenza, Fiducia, Domestichezza.

Confidenza ha buono e mal senso; *fiducia*, buono: confidenze illecite; prendersi certe confidenze, e simili. La confidenza è nell'animo e ne' modi: la fiducia, nell'animo; è una specie di fede.

Può la confidenza essere scompagnata da fiducia, essere mera *domestichezza*. Confidenza cieca nelle forze proprie non ben si direbbe *fiducia* (1).

1912.
Fiducia, Speranza.

Fiducia, è credenza, speranza confidente, e tiene un po' della fede. S'ha speranza nelle promesse d'un grande; fiducia ne' consigli dell'amico.

La fiducia è talvolta abituale; è il sentimento per il quale crediamo in altrui, e che ci conforta a sperare tale o tal bene.

S'ha fiducia nelle persone o nelle cose. Tu hai speranza in una eredità, nella sorte, nel caso, non già fiducia.

La *speranza* in Dio è delle principali virtù cristiane; effetto n'è la fiducia che l'uomo ha in esso, e che col suono fa sentire unita alla speranza la fede, e dalla fede e dalla speranza procedere quella confidenza che è segno d'amore. Così i tre vocaboli, raccolti in *fede* (la cui radice è forse il verbo greco che val *vedere*, onde la visione di Dio, beatitudine somma, e Dio stesso vedente, e veggenti i profeti) dimostrano nell'uomo l'imagine della trina unità.

La fiducia è un sentimento generale, il quale si esercita anco senza nutrire speranza. Si può avere fiducia in un amico, senza sperare tale o tal bene da lui.

Fiducia, finalmente, riguarda non solo la certezza d'ottenere un bene, ma la certezza altresì di non incappare in un male. Io confido all'amico un deposito perchè ho fiducia in lui; fiducia che non mi tradisca. Cotesta non è speranza.

Per rendere più chiara quest'ultima differenza, avviciniamo i due termini al modo che segue: Io ho fiducia in te; però t'affido il segreto del mio cuore. — T'affido il segreto del mio cuore, spero non lo tradirai. La prima esprime certezza assoluta di non essere tradito; la seconda, se non dubbio, almeno un lontano sospetto.

1913.
Diffidenza, Dubbio.

Quando si dubita dell'altrui sincerità o probità, pare che *dubbio* dica in tutto il medesimo di *diffidenza*; ma il dubbio è nella mente, la diffidenza nell'animo. Si può dubitare, e non ancor diffidare. Alessandro, ricevuta la lettera delatrice, non poteva non dubitare del suo medico; non ne diffidò tuttavia.

1914.
Diffidente, Ombroso, Permaloso, Sospettoso.

— L'uomo *ombroso* vede le cose in nero, le esagera; il *permaloso* le vede contrarie a sè, se ne offende; il *diffidente* sta sempre sopra sè, e non s'abbandona all'affetto.

L'ombroso tormenta sè stesso, perchè giudica dalle apparenze; il sospettoso, perchè, non pago delle apparenze soddisfacenti, cerca il male laddove non è.

Il diffidente si tiene in guardia; non teme l'ombra, non sospetta mali celati, ma dubita che la persona o la cosa non sieno abbastanza sicuri. — ROUBAUD.

— Ombra, nel cavallo è vana paura: il cavallo ombroso suole avere, dicono i pratici, vista corta.

Ombroso è l'uomo che nel conversare piglia facilmente

---

(1) Boccaccio: *Se n'andò con molti de' suoi fidatissimi compagni.* — Da questo addiettivo si deriva *fidatezza*, assai comune nell'uso toscano. — A.

(2) Martini: *Occorrendo che Amerigo viene a servire V. E., mi è parso, poich'è persona fidata, scrivere....* - Lasca: *La serva ch'io tengo, per mille prove fidatissima la conosco.*

(3) M. Villani: *A' fidatissimi amici fare vergogna.*

(4) Dante: *M'accostai Tutto gelato alle fidate spalle* (non si potrebbe nè *fedeli* nè *fide*). - Manzoni: *Lontana dalla gonna fidata della madre.* - Petrarca: *Dicemi spesso il mio fidato speglio... Non ti nasconder più: tu se' pur veglio.* - *In dubbia via senza fidata scorta.* - Dante: *Scorta fida.* - Guido Giudice: *Il percosse di traverso... e se non fossero le fedeli armi, senza dubbio l'arebbe morto.* - Virgilio: *Portus fideles.* - *Duplici squama lorica fidelis.* - *Fidus ensis.* - Ovidio: *Fida pocula* (dove non è sospetto di veleno).

---

(1) Cicerone, Tuscul. III. - Orazio: *Confidens tumidusque.*

sospetto, ma non tenace, d'offesa o di danno. Il permaloso è abitualmente corrivo al credersi ingiuriato, o leso nell'amor proprio: o mal corrisposto dagli amici nelle dimostrazioni di affetto. — A.

1925.
Diffidare, Non si fidare.

Non sempre la particella negativa aggiunge al verbo, a cui s'accoppia, tanta forza, quanta n'ha l'idea negativa espressa da un verbo solo. Il *diffidare*, per esempio, è più forte del *non si fidare*. La prudenza insegna a non si fidare se non degli uomini conosciuti buoni. La virtù insegna a non diffidare se non degli uomini conosciuti cattivi. Il circospetto non si fida; il maligno o l'ignorante diffida (1).

Non si fidare (diciamo) al mare, al vento, al tempo, alla sorte; diffidare (più d'ordinario) degli uomini.

Diffidare, inoltre, esprime l'opinione, il sentimento, il sospetto; *non si fidare*, oltre a ciò, significa la repugnanza di venire ad un atto. Diciamo non fidarsi di dire, di fare...; e non si direbbe: diffidare di fare, di dire (2). In questo senso il *non si fidare* è conseguenza talvolta del *diffidare*.

Voi non vi fidate di palesare al vostro vicino un secreto, perché diffidate di lui (3).

Diffidare, diciamo, e *diffidarsi*. — *Non fidare* per *non si fidare* è appena dell'uso poetico.

1926.
FEDELE, Costante.

La costanza non inchiude l'idea d'impegno contratto; la fedeltà sì. *Costante* nel suo proposito; *fedele* alla data parola. Così: fedele in amore, costante in amicizia: perchè l'amore sembra un impegno più stretto. Così diciamo: amante fortunato e fedele; amante infelice e costante: perchè il primo ha una specie di vincolo; l'altro, o non l'ha, o pare non l'abbia così stretto.

— La fedeltà, più propriamente, è ne' fatti; la costanza, negli affetti. Un amante può essere costante e non fedele, se, continuando ad amare la prima per altri fini, e' corteggia altra donna; può essere fedele, non costante, se cessa d'amarla, ma non s'appiglia ad altra.

La fedeltà suppone certa dipendenza: suddito, servo, cane fedele. La costanza suppone forza d'animo. costante nel lavoro, nella fede, nella mansuetudine, nella sventura. — D'ALEMBERT.

L'amante vera vuole l'uomo costante; un'amante la qual non bada che a certa specie di fatti, vuol l'amico fedele.

Le prove di costanza soddisfanno meglio l'amante perchè toccano il cuore più addentro; le prove di fedeltà lusingano più l'amor proprio perchè più visibili.

Costante può indicare il sentimento d'un solo senza che la persona amata o vi corrisponda o ne sappia; *fedele* suppone un affetto se non comune, almeno approvato. L'amor costante che quel tale porta a donna virtuosa, non prova già ch'e' sarebbe stato fedele se l'avesse trovata più facile.

---

(1) PETRARCA: *Nulla è al mondo in ch' uom saggio si fidi.*
(2) CIRIFFO CALVANEO: *Gli par da non fidarsene col pegno.*
(3) BOCCACCIO: *Nè vogliendosi di questo amore in alcuna persona fidare.*

Fedele richiama più direttamente l'idea della persona amata; onde dicesi: costante in amore; fedele al tale, alla tale, ai damo, alla moglie.

Costante suppone un certo corso di tempo che non smosse l'amore; *fedele* suppone le tentazioni d'infedeltà, alle quali l'amante non cesse. Il tempo prova la costanza; le occasioni provano la fedeltà. — GIRARD e DUMOUARIE.

Differenze confermate dalla origine (1). L'amante vero mostra la sua costanza nel soffrire le contraddizioni; mostra la fedeltà nell'operare secondo quello ch'egli ha tacitamente o espressamente promesso. La donna è talvolta fedele per debolezza; l'uomo, per freddezza e per mancanza di tentazioni forti. Certa fedeltà conjugale non è sempre buono indizio di costanza d'affetto: il troppo dubitare dell'altrui fedeltà può talvolta mutar la costanza.

Per essere fedele a Dio conviene esser costante in fare il bene; l'una cosa è indivisibile dall'altra, perché con Dio non è distinzione tra la fedeltà del corpo e quella dell'animo.

C'è, del resto, d'amore parlando, anco una costanza materiale: costanza di corteggiamento, di visite, di dimostrazioni esterne d'affetto che poi si tradisce e si vilipende.

Può l'uomo esser costante nell'odio, nel disprezzo d'un amante fedele; costante nell'infedeltà.

Fedele (diciamo) alla propria vendetta, fedele allo studio e indica l'affetto più o men vivo che alla cosa ci lega.

Per celia, rade volte innocente, i Toscani adoprano l'accrescitivo *fedelone, fedelona*, che *costante* non ha.

1917 - 1924.
FELICE, Fortunato, Prospero.

SORTE, FORTUNA.
SORTE, DESTINO, FORTUNA.
SORTE, DESTINO.
DESTINARE, DEPUTARE, ASSEGNARE.
SORTE, CASO.
SORTE, CASO, FORTUNA.

1917.
Felice, Fortunato.

Felice riguarda la vita intera, o gran parte. La *fortuna* può versare sopra un solo evento: una vincita al lotto. I colpi di fortuna fanno l'uomo tutt'altro che felice. I men fortunati son più felici. Nella fortuna non entra (o meno) il merito; nella felicità, sì; perché l'uomo non può esser felice senza governare i suoi desiderii.

La fortuna è un mezzo di benessere; la felicità, un sentimento. La prima, dice il Roubaud, non comprende l'uomo intero; la seconda è più intima. Il fortunato è inquieto o esultante; il felice è tranquillo. Quelli che il mondo, o piuttosto la lingua francese, chiama *felici*, sono, al più, fortunati. Due amanti son fortunati se le cose van loro a seconda; se nell'amore trovano piacere durevole, cioè puro, felici.

E madamigella Faure: « La felicità essendo la piena contentezza dell'animo, non s'ha nel mondo; è cosa del cielo. Ma il quasi pieno appagamento delle voglie principali si chiama quaggiù con tale nome: dal che deduco-

---

(1) Con-sto: *Fides*.

ciamo che soli i beni dello spirito danno felicità; che l'uomo felice non ha punto bisogno d'essere fortunato.

1918.
Fortunato, Prospero.

— *Fortunato*, e degli uomini e degli eventi; *prospero*, degli eventi soltanto.

Prospero vento, non già: fortunato. Il viaggio prospero, fu agevole, senza inciampi, piacevole: il fortunato, apportò qualche fortuna. Insomma, *fortunato* è più. — A.

1919.
Sorte, Fortuna.

— *Sorte*, anco nelle piccole cose; *fortuna*, nelle più grandi. Vincere al lotto è una sorte; trovar buona moglie, una fortuna. — ROMANI.

1920.
Sorte, Destino, Fortuna.

— *Destino*, ha sensi più gravi: sorte d'un'intrapresa; destino d'un regno.

La *sorte* par cieca: nel *destino* si vede una legge. Si resiste alla sorte, si sfugge; il destino si crede inevitabile.

— La *fortuna* agli antichi era Dio; a Dante, intelligenza celeste, ministra degli splendori mondani. Sola da sé questa voce, senza epiteti, ha quasi sempre senso buono (1). — GATTI.

1921.
Sorte, Destino.

Destino, dicesi di molti avvenimenti che pajono fortemente e, a taluni, necessariamente collegati fra loro; *sorte*, di pochi, e secondo, l'apparenza, men collegati tra loro, e meno tendenti ad una fine.

1922.
Destinare, Deputare, Assegnare.

— *Destinare* dice la ferma intenzione di predisporre la cosa a fine determinato. È dunque più di *assegnare* e di *deputare*. *Assegnare* vale, per lo più, determinare la cosa disposta a favore di alcuno (2). *Deputare* vale: eleggere alcuno a qualche uffizio, carico od incumbenza. In senso simile dicesi altresì delle cose. — ROMANI.

Chi deputa alcuno a qualche ufficio, ve lo destina; ma non ogni destinare, come ognun sa, è deputare. E di deputazione breve o leggiera non si dirà *destinato*. Gli antichi usavano *deputare* in più largo senso, e un del trecento parla di *bovi a ciò deputati*; dov'è da avvertire, per la verità storica e a scanso d'interpretazioni oltraggiose, che *bove* è sostantivo, non già *deputato*. Laddove non sia la opinione degli eleggenti, e la riputazione dell'eletto, che guidi l'elezione; laddove si tratti di cosa più alta che l'opinione comune (come il volere di Dio), *deputare* non sarà forse usato con tutta proprietà.

Per catacresi diciamo: Mosè deputato da Dio alla liberazione del popolo; ma non diremo: la gloria deputata agli eletti; nè: gli eletti alla gloria. Nel modo di: Mosè deputato, consideriamo Dio come persona umana, e adoperiamo uno di quei tanti umani traslati, che l'imperfezione nostra rende più o meno necessarii; ma de' quali la fantasia spesso abusa, per rendere materiali ed anguste le idee più ampie e sublimi che sieno nell'umano intelletto.

---

(1) *Fortuna di mare*; e nel linguaggio dei naviganti *fortuna*, solo, vale *burrasca*.

(2) BOCCACCIO: *Gli assegnò buon salario.*

1923.
Sorte, Caso.

— Un antico novellatore: « La cui fortuna per infiniti casi incredibili, dopo lunghe e varie peregrinazioni, l'aveva ultimamente condotta alla presente sorte. » Il *caso* s'imagina sempre fortuito; nè porta seco, siccome *sorte*, l'idea della destinazione.

La contraddizione intrinseca e non avvertita, che pur è tra le parole *sorte* e *caso*, mostra l'incertezza in cui, senza il lume della fede, siam sempre, se la fortuna operi o no ciecamente i suoi effetti. — POLIDORI.

1924.
Sorte, Caso, Fortuna.

— La *sorte* non è sempre fortuita; se ne computano le probabilità. Poi diciamo: toccare in sorte, di cose alle quali congiungiamo l'idea di provvida distribuzione (1). — A.

Sorte fortunata, può stare, perchè *fortuna*, da sé, sottintende buona, provvida. E in altro senso: fortuna sortitami.

1925.
FELICE, FAUSTO, PROSPERO.

— *Fausto* gli è il primo grado (2), il contrario d'*infausto*; *prospero* indica ventura più lieta, o seguita o promessa: fausta nuova; salute prospera.

Felice è più, quantunque sovente abusato; e più generale. Gli augurii son fausti; l'evento, fausto, prospero; felici gli augurii, il principio, la fine (3). — A.

1926.
FELICE, BEATO, FORTUNATO.

— *Beato*, che ha idea religiosa, è sempre qualcosa di più spirituale, e più intimo: nella beatitudine è pienezza.

La beatitudine è contentezza e in qualche modo solitaria; ma nella vita, la felicità vuol compagnia. C'è degli uomini che si sentono qualche momento beati, e sono abitualmente miseri, forse perchè cercano in questa le gioje d'un'altra vita.

La felicità quaggiù è più continua, è meno intensa della beatitudine. L'amore può far beati alcuni giorni; e il matrimonio, felice la vita. Si dice infatti: amore beato, e matrimonio felice. Amore felice, come: impresa felice, stanno per indicare il buon successo, piuttosto che l'intimo godimento. — CAPPONI.

— *Beato*, chi è soddisfatto a pieno del suo stato, e riflette sulla pienezza del proprio benessere. *Felice*, chi ha il cuor disposto a gustare il piacere, ed è libero di quelle cure che ne turbano il godimento. Cicerone: « *Si quis reipublicæ sit infelix, felix esse non potest.* » *Fortunato*, chi è favorito dalla fortuna. Quindi fortunati, più d'ordinario, diconsi quelli che acquistano ricchezze e altri beni esteriori. — FERRI DI S. CONSTANT.

1927.
FELICITÀ, BEATITUDINE, CONTENTEZZA.

Girard: « *Felicità* è lo stato dell'animo disposto a gustare i veri diletti, e a trovarli nei beni ch'e' possiede

---

(1) DANTE: *Del sangue... che sua colpa sortille.* — *Il dolce loco Nel qual tu siedi per eterna sorte.* - VIRGILIO: *Sortiturque vices* (d'un giudice nell'inferno).

(2) FAVRO.

(3) Non con tutta proprietà forse TULLIO: *Ea res nobis fauste feliciter, prosperæque eveniret.*

e che può possedere (1). *Beatitudine* è lo stato dello spirito in Dio, o per isperanza vivissima o per godimento immortale. Conviene sapersi fare da sè la propria felicità, e cercare la beatitudine in Dio.

Bernardo Tasso: « Tutti i beni e le grazie che possono fare l'uomo felice in questo mondo, e beato nell'altro. » La beatitudine vera è il retaggio d'un mondo migliore; qualche stilla l'uom pio ne gusta anche in questa vita d'umiliazioni, di privazioni, di perdite.

La beatitudine è il sommo della felicità. Coloro che son beati, son anche felici, ma non viceversa. *Felicità* sola non basterebbe a esprimere il gaudio della vita avvenire. Trattato della coscienza, di S. Bernardo: « Aspirare alla felicità e beatitudine promessa. »

Quest'ultima voce s'adopra, talvolta, in senso iperbolico o ironico, per indicare gran *contentezza*, a ragione o no che sia. Così diciamo: vivere indipendente, senza necessità d'annojare, senza il dovere d'essere annojati, è beatitudine vera. Così d'uomo orgoglioso diciamo ch'egli nuota nella beatitudine dell'amor proprio, senza cosa che turbi la contentezza ch'egli ha di sè stesso.

È singolare a notarsi che l'addiettivo *beato* soffre, più che l'astratto *beatitudine*, d'essere applicato alle contentezze terrene; ond'è che quasi senza iperbole diciamo: vita beata, momenti beati (2), beata allegria, beata innocenza. E in questo senso quasi mai non si direbbe *felice*. Giorno beato; vale: passato con piena contentezza e piacere; giorno felice; apportatore di qualche gran bene. Così la beata innocenza è altra cosa dall'innocenza felice. E c'è chi fa vita beata senza che possa chiamarsi felice; e qui *beato*, come spesso, ha dell'ironico. Qui parliamo delle due voci nel senso profano, chè quanto al religioso, le si son già distinte di sopra.

Se non che anco nel senso profano, *beato* esprime, talvolta, più di *felice*. Quando diciamo comunemente: beati coloro! felici coloro!, intendiamo, d'ordinario, che *beati* sia un po' più di *felici*, o almeno applichiamo la prima frase a circostanze, a cui l'altra non si converrebbe (3).

1928—1930.
FERMARE, ARRESTARE, SOSTARE, RATTENERE.
RITENERE, TRATTENERE.

1928.
Fermare, Arrestare, Sostare.
— *Fermare* ha il senso d'*arrestare*: poi ha quello di fare star fermo un corpo attaccandolo. *Sostare* è neutro o neutro passivo. — GATTI.

1929.
Arrestare, Rattenere.
— *Arrestare*, sospendere il movimento.
Arrestare è l'effetto dell'azione; *rattenere* è l'azione stessa. Arrestare non si può senza rattenere in modo diretto o indiretto.

---

(1) BUTI: *Felice è colui che ha il desiderio suo quietato, sicchè niente desideri più, ma stia contento a quel ch'egli ha.*
(2) OVIDIO: *Beatum tempus.*
(3) Abbiamo il modo: pur *beato!* di cui vedi la Crusca, dove non si direbbe comunemente: pur *felice!* Così ne' seguenti di CICERONE: *Beata mors;* - o di VIRGILIO: *O terque quaterque beati, Queis ante ora patrum.... Contigit oppetere!* non reggerebbe *felici.* Quindi Cicerone (forse con pleonasmi) accoppia le due voci dicendo: *Qui felix beatusque futurus est..., veritatis particeps esse debet....*

Arrestare non ha gradi: o è, o non è; *rattenere* ha il più e il meno. *Arrestare* è istantaneo; l'altro può non essere.

Arrestarsi a mezzo discorso, è sospenderlo o troncarlo; rattenerlo, è andare più adagio, o nel tono o nell'impeto della pronunzia, o in quel dell'affetto.

Rattenersi, talvolta, denota atto più spontaneo e men dipendente dalle cose di fuori. *Arrestarsi* ha più del meccanico. — GUIZOT.

1930.
Ritenere, Trattenere.
Chi *trattiene*, ritiene per poco (1); e foss'anche lungo il trattenimento, non deve parer tale, o trattenimento non è. Chi trattiene, tiene a bada, occupa e ferma con qualche diletto. *Ritenere* per forza non è *trattenere*. — A.

1931.
FERMARSI, SOSTARE.

Fermarsi è assoluto; *sostare* è fermarsi per tempo non lungo (2). Fatto uno o due passi, io posso fermarmi: non direi *sostare* quello, ma sì il sospendere alquanto un andare più continuato. *Fermarsi* anche colla voce parlando, o col pensiero; *sostare* può aver questo senso, ma non l'ha tanto frequente.

1932—1933.
FERMO, STABILE, IMMOBILE, IMMOTO.
STABILIRE, COSTITUIRE, STATUIRE.

1932.
Fermo, Stabile, Immobile, Immoto.
— *Stabile*, ch'è atto a stare, a non si muovere. *Fermo*, che sta senza moversi, ch'ha la forza necessaria per non essere agevolmente mosso. *Fermo* ha, dunque, due sensi: l'uno è, che non si muove; e in ciò è meno di *stabile*, perchè le cose instabili anch'esse possono starsi ferme; l'altro è, che difficilmente potrebbesi movere; ed è più affine a *stabile*; se non che i beni stabili non si direbbero fermi. La stabilità è propriamente nella base; la fermezza, nella base e nel resto. *Immobile* è ancor più di *stabile*. *Immoto* differisce da *immobile*, in quanto l'uno vale: non mosso; l'altro: non possibile a muoversi. E sebbene talvolta *immobile* s'usi per *immoto*, questa deviazione dalle norme dell'analogia non fa legge. Beni immobili, comprende e le case e i poderi; stabili, dicesi meglio degli edifizii. — ROMANI.

1933.
Stabilire, Costituire, Statuire.
— *Costituire* è stabilire con più solennità, più fermezza. *Statuire* ha oramai sempre senso traslato; *stabilire*, anche proprio. Si costituisce una persona in dignità o grado qualsiasi; non si statuisce. — ROMANI.

1934.
FERMO, IMPALATO, DURO.
ESSERE, STAR DURO.
ESSERE, STARE FERMO.
STARE DURO, ALLE DURE.

Per dirsi *impalato*, la persona ha a essere ritta in piedi; *ferma* e *dura*, stare anco in altra attitudine. Di donna non si direbbe *impalato*, sì perchè ne' suoi atti la donna è sempre meno intirizzata e meno sgarbata, sì perchè l'imagine sconcia suonerebbe oltraggio e farebbe mal senso.

---

(1) *Intra-tenere.*
(2) *Sub.*

Questa voce non ha traslati, ma è traslato essa stessa. *Fermo e duro*, dicesi e dei propositi e delle opinioni. Nel proprio, si può stare fermi e non duri; duri anco su' due piedi, ma non tanto da dirsi impalati. D'opinione parlando e di volontà, la fermezza di per sé è pregio; la durezza, difetto o colpa o vizio. *Stare fermo* dice l'atto presente; *essere*, l'abito, o almeno la frequenza dell'atto. Essere duro, della mente, denota poca intelligenza; dell'animo, poca umanità; de' modi, gentilezza poca. Stare duro, vale: non cedere né in quel che si pensa, né in quel che si vuole o si fa. Stare alle dure, non si dice, per lo più, che del persistere o del negare in ciò che riguarda il da farsi.

1935.

FERMO, IMPALATO, IMPETTITO, INCORRENTITO, INCATORZOLITO, INTIRIZZITO.

Stare *impalato*, star ritto, duro e fermo. Chi sta fermo e seduto, chi sta ritto e non fermo, ma non diritto della persona, non si dirà che stia impalato.

Ognun vede che questa frase è di cella. La si può congiungere a *fermo*, come nel Lippi: « Ferma impalata... »

Sta *impettito* chi spinge il petto in fuori, il collo e la testa addietro, in aria di superbia ridicola, o per isgraziato vezzo; e l'atteggiarsi a quel modo, più comunemente, è *rimpettirsi*.

Altre voci affini a queste son del parlare famigliarissimo in Toscana. *Incorrentito* è meno che *impalato*. Correnti, i travicelli piccoli d'un palco. Uno che si senta il ventre teso, con piccole doglie che si sentono al piegarsi, dirà d'averlo *incorrentito*, quasi vi fosser dentro de' travicelli. *Incatorzolito* è positura somigliante a quella d'un torsolo di cavolo. Si può stare *intirizzito*, non solamente dal freddo, ma per abito, o per altra qualsiasi cagione. — CAPPONI.

1936.

FERRAJO, MAGNANO, FABBRO.

Magnano, il *fabbro* che fa toppe e chiavi (1). *Ferrajo*, che lavora ferro più in grande (2). Dicesi e *fabbro ferrajo*, e anche *fabbro*.

Fabbro si chiamerà Vulcano, e non *ferrajo* (3); fabbri i Ciclopi: *fabbro* prescegli, d'ordinario, la poesia (4). Quegli che primo lavorò il ferro, sarà meglio detto *fabbro* che altrimenti (5). E i lavoratori in ferro, di campagna, così si chiamano (6). Arte fabbrile (7).

Dicesi poi *fabbro ferrajo*, perchè *faber*, propriamente, non vale se non operatore in lavori specialmente meccanici; onde i Latini aggiungevano l'epiteto per indicare di quali lavori e di qual mestier parlassesi: *Faber tignarius, aurarius*.

Quindi, traslatamente, fu detto: fabbro di calunnie (8), fabbro di versi potenti (9); e c'è de' poeti che son pur tristi fabbri. Il: fabbro eterno, è latinismo (1) del verso, e raro anche in questo.

1937.

FERREO, FERRATO, DI FERRO, DEL FERRO.

Strada ferrata, ferrata zampa. *Ferrato*, talvolta, nel verso usasi per *ferreo*, come *aurato* per *aureo*; ma tali scambii sono da evitare, segnatamente laddove inducano ambiguità.

Dicesi: e cuore ferreo, e cuore di ferro; il secondo è più comune e evidente. Memoria ferrea, più comune, pare a me, che: di ferro. Uomo di ferro, per: robusto, forse meglio che: ferreo; il secondo par si convenga meglio al temperamento. Gli scrittori dell'età ferrea latina diconsi anco scrittori *del ferro*, e l'età stessa è *di ferro*, è *del ferro*. I Greci non ebbero scrittori *ferrei*, ma fin nel loro medio evo taluni conservarono dell'antica schiettezza; corruppersi le idee e i costumi più che il linguaggio e lo stile. Nelle età del mondo distinguesi l'età ferrea o del ferro, quando s'accenna al passato; se s'intendesse di un'età simile avvenire, direbbesi, meglio forse: età di ferro. Ma tali differenze variano secondo indeterminabili casi; e giova soltanto accennare che le ci sono.

1938.

FERREO, FERRIGNO, FERRUGINEO, FERRUGINOSO.

— *Ferreo*, di ferro, o quasi di ferro; *ferrigno*, simile al ferro nel colore o in altro (2). *Ferruginei* chiamò Virgilio certi fiori; nè si potrebbero chiamare *ferrigni*. — ROMANI.

Ferreo ha traslati: memoria ferrea, che afferra e ritiene; temperamento ferreo, che resiste a fatiche e disagi; età ferrea. Stile ferreo, direbbesi il duro con forza. Dante disse: una pietra di colore *ferrigno*; Virgilio chiamò *ferruginea* la barca di Caronte, l'antica prora di Dante. Colore ferrugineo, suonerebbe strano; piuttosto: materia ferruginea, quella qualunque siasi che somigliasse al ferro nell'apparenza o in alcuna qualità. *Ferrugigno* per *ferrugineo* al verso non si disdirebbe. *Ferruginoso* è il corpo che ha in sé particelle di ferro: acqua, terra ferruginosa.

1939-1940.

FERRI, CATENE.

CATENINA, CATENELLA, CATENUZZA.

1939.

Ferri, Catene.

— I *ferri* son tutte insieme le *catene*, e quel che le stringe, o le tiene al muro. L'uomo nei ferri può portar più catene. E le catene possono essere d'altro metallo che di ferro; poi, servire a molti usi. Si tiene alla catena anco un animale; ne' ferri, l'uomo.

Catena può esprimere un dolce legame: *ferri*, no. I cortigiani portano una catena luccicante.

Catena, per serie d'oggetti uniti tra sè; s'usa in sensi assai miti: catena di fiori di pezzuole. Nel traslato, *Catena* può denotare schiavitù quasi volontaria: i *ferri*, sempre forzata. L'uomo può imporre a sé una catena; i ferri gli vengono da forza esterna. Liberarsi da una catena può l'uomo talvolta con piccolo sforzo; a rompere i ferri vuolsi forza e costanza. — GUIZOT.

---

(1) BOCCACCIO; LORENZO MEDICI; LIPPI.
(2) DIAL. DI S. GREGORIO. Anco i Latini dicevano e *ferrarius*, e *faber ferrarius*.
(3) DANTE: *Se Giove stanchi il suo fabbro*. - PETRARCA: *L'antichissimo fabbro siciliano*.
(4) DANTE; BERNI; BUONARROTI.
(5) GIAMBONI: *Tubalcaim fu il primo fabbro del mondo*.
(6) RICCI: *Andar dal fabbro per rinnovare i ferri*.
(7) COM. PURGATORIO.
(8) TASSO. - BALLOSTIO: *Fabrum esse quemque fortunae suae*.
(9) DANTE: *Miglior fabbro del parlar materno*.

---

(1) DANTE.
(2) REDI: *Ferrea gabbia*. - DANTE: *Di pietra o di color ferrigno*.

1940.

Catenina, Catenella, Catenuzza.

Quell'ornamento che si suol portare al collo, d'oro o d'altra materia, dicesi e *catenella*, e *catenina*; ma la catenina si può immaginare più piccola. Quella che gli uomini portano o a tracolla o all'oriuolo, non è catenina. È *catenella*, non *catenina*, un ricamo sui vestiti a forma di catena.

Catenella, certa specie di molla nelle spore delle piante agame.

Catenuzza è meno frequente; qualcosa meno di *catenella*. E inoltre, laddove il Segneri parla di una *catenuzza*, come d'istrumento di penitenza (si osservi il contrasto che fa il senso di *catenuzza* con quello di *catenina*) io non saprei qual vocabolo porre invece (1).

Catena, quel ferro a cui ne' camini s'appendono pajuoli o altro; e anche quello che, posto negli edifizii, ne tiene unite le parti per maggior fortezza. A queste due sorta di catene non pare si convenga diminutivo.

1941—1942.

FERRIERA, MAGONA.

CAVA, FODINA.

1941.

Ferriera, Magona.

Magona, in Toscana, è il luogo dove conservasi e vendesi il ferro (2). V'è la magona del governo, dove per conto di lui vendesi il ferro (3), e ve n'è delle private, che diconsi pur *magoncine*. La ferriera è luogo dove si raffina piuttosto che conservare il ferro: non è mai un uffizio.

Poi, per estensione, *magona* vale: luogo dove è grande abondanza di checchessia, e l'abondanza medesima; modo che indica l'antica minerale ricchezza della terra toscana. Casa dove si trovi d'ogni ben di Dio, suol dirsi ch'è una *magona*; ma in simili casi il ben di Dio non è sempre ne' debiti modi adoprato.

1942.

Cava, Fodina.

— *Fodina* per *cava* adoperò il Galilei, e non ha la Crusca. Latinismo fuor d'uso; ma può essere proprio a denotare le cave aperte con lavoro di fossa (4). Nè cava di pietre o di marmi direbbesi forse *fodina*. — A.

1943.

FESTA, FESTIVITÀ.

FESTIVITÀ, PIACEVOLEZZA, FACEZIA.

— Le grandi feste sono *festività*. Certe feste di santi non noti, non sono festività se non in certi paesi.

La *festività* può essere civile per celebrare civili trionfi; può dunque cadere in dì non festivo. Ma questa è voce non frequente nell'uso (5). — A.

1944.

FESTE (FARE LE), FAR FESTA, FAR LA FESTA, ACCAREZZARE.

— *Accarezzasi* l'uomo, la passione, il difetto di lui. *Far le feste* è accarezzare con espansione di gioja; questa voce esprime specialmente le carezze fatte nell'accogliere o incontrare taluno; anco le bestie vi fanno le feste, vi *fanno festa*.

Questo secondo pare un po' meno. Poi, si fa festa a una lettera, a un libro, a una nuova. Poi *far festa* vale: riconoscere la festa non lavorando, e anche: non lavorare quando pur si dovrebbe.

Far la festa è tagliare la testa, o distruggere una creatura comechessia. — NERI.

1945.

FESTEGGIARE, FAR FESTA.

FESTEGGIARE IL GIORNO, NEL GIORNO.

Festeggiare un dì, una memoria, un fatto. Si *fa festa* in un dì; si festeggia in modo solenne anche più dì, nonché una parte d'un solo dì. Si fa festa pure col cessar dal lavoro per istanchezza o svogliatezza.

Festeggiasi un dì già stabilito a cotesto: si fa festa anco a capriccio. E *far festa* diciamo, per mostrarsi lieto, godere; far festa a uno, per accoglierlo con dimostrazioni d'allegrezza, e d'onore. Questo dicesi da taluni gallicamente *festeggiare*. Il tal letterato, festeggiato una volta in una città, ci ricasca sperando d'essere rifesteggiato. Più italiano è *far festa*. Nel proprio, *festeggiare* sta da sè, e col nome dopo, e con particelle. Oggi la città festeggia; io festeggio il dì di natalizio di persona cara; l'erede festeggia per la dolorosissima morte del ricco carissimo. Festeggiasi, e il giorno e il Santo; e la solennità e la commemorazione; e per cosa seguita da secoli e per avvenimento recente.

1946.

FESTEGGIARE, FAR FESTA, CELEBRARE LA FESTA.

Si *fa festa* pure non lavorando; si *festeggia* facendo atti d'allegrezza solenni, o non ordinarii; si *celebra la festa* con gioja pia, col raccoglimento, colle opere religiose. Si festeggiano anco i dì dedicati a feste profane; si fa festa anco in dì di lavoro, o si fa festa per uso o a malincuore; si celebrano le feste con atti spontanei d'amore a Dio, e agl'immortali beati in lui.

Far festa significa, ripeto, semplicemente cessare dall'opera, dal lavoro. Molti artigiani il lunedì fanno festa; e così rendono onore al precetto religioso, anche strapazzandolo.

1947.

FESTEVOLE, FESTIVO.

— *Festevole*, dice maniere esprimenti allegrezza (1), o allegria. *Festivo* denota specialmente la piacevolezza del dire; festività è la grazia del discorso condita di motti innocenti e leggiadri. — ROMANI.

1948.

FESTOSO, FESTANTE.

Festante dice gli atti esterni di gioja o allegria: il far le feste, non già: il far festa o il festeggiare. Possono essere festanti moltitudini d'uomini, un uomo solo, un animale; e per estensione, anco gli oggetti della natura che chiamasi morta. *Festante* dice l'atto, e lo prova anco la sua forma attiva; *festoso* dice lo stato o la qualità: un fare festoso, non già: festante; un popolo festante, meglio che, festoso, se non quando intendasi della continuazione dell'atto, che diventa così qualità. *Festoso* dicono i Toscani per *piacevole*, in senso di: quasi ridi-

---

(1) I Latini non pare che avessero la *catenina*.
(2) BOCCACCIO; DAVANZATI.
(3) LOD. MARTELLI.
(4) *Fodio, effodio*.
(5) *Festività* dello stile, delle maniere, è più che piacevolezza, e men che facezia; la *piacevolezza* può essere più dignitosa; la *facezia* tende più a eccitare il sorriso. I modi sono festivi non faceti; la persona è faceta, non festiva

(1) BOCCACCIO: *Tutto festevole incominciò.* - BEMBO: *Il più festevole de' suoi compagni.*

cuto, come: ell' è cosa festosa vedere certi nemici della potestà, entrati in quella, farsi più baldanzosi e più insofferenti, che non fossero, o almeno non paressero, i detestati e soppiantati da loro.

1949—1950.

FICCARE, Figgere, Conficcare.
Fitto, Confitto, Fisso, Conficcato.
Fisso, Fiso, Fissato.
Affisso, Infisso.

1949.

Ficcare, Figgere, Conficcare.
Fitto, Confitto, Fisso, Conficcato.
Fisso, Fiso, Fissato.

Ficcare, che suonerebbe ora a molti basso, Dante sovente, e in non ignobile senso, l'adopra (1). Gli è come un frequentativo di *figgere*; e i frequentativi latini passarono nell'italiano a denotare il semplice atto; perdettesi *salire* nel più generale suo senso, e *saltare* rimase. In questo rispetto il linguaggio s'è impoverito; e la confusione tra il semplice atto e il suo più o men frequente ripetersi prova dall'un lato che lo sforzo confusesi con la forza, ma prova dall'altro che nell'atto è il germe dell'abito, che chi fa una volta, dà saggio di poter fare di nuovo; e che la pienezza dell'atto non si ha senza la potenza dell'abito. Inoltre, il frequentativo latino indicava attenuazione dell'atto, era quasi un diminutivo del verbo, perchè la frequenza, se non moderata e non ragionata, rischia d'indebolire il vigore dell'atto, e forse quello della potenza stessa. E però dal frequentativo deducevano un secondo diminutivo; *cano, canto, cantito, dico, dicto, dictito*.

Figgere agl' Italiani è ormai quasi meramente poetico; non già ch'anco in prosa non possa denotare atto puro di quel senso d'inconvenienza che ha, a noi moderni, *ficcare*. Se non inconvenienza più o meno ridevole, *ficcare* dice più o meno sforzo. Traslatamente, del mettersi in faccende, o fra persone che non conveniva, diciamo *ficcarsi* non mai *figgersi*. Figgere gli occhi, lo sguardo, dice intensità, ficcare, sconvenienza o sforzo.

Confìggere non è comunissimo, ma meno inusitato di *figgere*, più comune di *mobile*. Ogni cosa che facciasi stare in un luogo o volta ad un luogo per alcun tempo, è *fissa*; ma può essere fissa, e non *fitta*, molto meno *confitta*. *Fiso* dicesi dell'occhio del corpo e della mente, non d'altro. *Fisso* ha usi più varii; e anche dello sguardo e dell'attenzione, è più comune oggidì. *Fisso*, traslatamente, suona: stabilito, determinato per volere d'un solo o per patto di più. In questo senso è più comune *fissato*, massime parlando di patti. Avere un *fissato*, dicono i Toscani quel ch'altri *un appuntamento*.

1950.

Affisso, Infisso.

— *Affisso*, attaccato di fuori, alla superficie, a una parte. *Infisso*, dentro: foglio affisso al muro; ferro infisso. — ROMANI.

1951—1953.

FIGURA, Forma, Conformazione.
Ben formato, Ben tagliato.
Taglio, Statura.

---

(1) *Ficca mo l'occhio per entro l'abisso Dell'eterno consiglio.*

Tommaseo, *Diz. dei Sinonimi.*

1951.

Figura, Forma, Conformazione.

— *Figura*, superficie qualsiasi compresa da linee; *forma*, superficie che circoscrive un corpo: figura d'un triangolo; forma d'un cono. — ROMANI.

La *figura* disegna i confini del corpo: figura quadrata, rotonda. La *forma* segna le disposizioni delle parti tra loro: belle forme, armoniche, o simile. Due corpi di figura rotonda possono variare forma nel mezzo. La figura del corpo in tutti gli uomini della medesima razza è, a un bel circa, la stessa; le forme variano all'infinito. Può donna avere bella figura e forme non belle. Può avere belle le forme del viso e del seno, e la figura del corpo intero essere disavvenente. Cicerone: « *Formam nostram reliquamque figuram in qua esset species honesta, eam posuit in promptu.* Lucrezio: *Ordine formarum certo certisque figuris. - Ut sæpe ex aliis formis variusque figuris Efficitur quiddam quadratum unæque figuræ.* » — POPMA.

— La figura risulta dai contorni; la forma, dalla disposizione delle parti. *Conformazione* dicesi specialmente della forma in quanto è acconcia all'uso al quale è destinata la cosa; o, più direttamente, del corrispondersi che fanno le forme delle parti con la forma del tutto.

Figura geometrica; forma d'uomo; conformazione degli organi buona o cattiva. Quest'ultimo non s'usa, per lo più, che nel proprio; gli altri due hanno molti sensi figurati. — GIRARD.

1952.

Ben tagliato, Ben formato.

Ben tagliato dicesi di tutta la persona, intendendo specialmente del petto, de' fianchi; *ben formato*, della persona intera o d'una parte, come il piede, il viso, le braccia. Fronte ben formata, dice all'anima più che un corpo ben tagliato; perchè nella fronte, più che altrove, è l'anima.

— Può uno essere ben tagliato, e non ben formato; cioè, possono le parti del suo corpo essere tra loro armonicamente disposte, e poi ciascuna da per sè mancare di quella giusta pienezza che fa bello il corpo. *Ben formato* si riferisce spesso alla complessione. — MEINI.

1953.

Taglio, Statura.

Può la persona essere di bella *statura*, di statura vantaggiata, e non di troppo bel taglio. *Taglio* comprende e l'altezza e la proporzion delle forme. Donna alta e grassa non è d'un bel taglio (1). Bel taglio di donna, sogliam dire. E anche in materia di donne, il vizio corrompe il gusto.

Taglio dice la grandezza, la figura, la forma, il disegno della persona, la statura, l'altezza: alta, bassa, mezzana statura, e bel taglio. Si direbbe: bella statura, intendendo statura conveniente; ma non: alto taglio. *Taglio* comprende tutte insieme le dimensioni, e per conseguenza, la proporzione dell'intero; *statura* non disegna che la dimensione in altezza.

1954—1955.

FIGURA, Imagine.
Trasfigurato, Trasfigurito,
Trasfigurazione, Trasfiguramento.
Essere imagine, Alla imagine.

---

(1) Salvini: *Femmina di bel taglio e di buona presenza.* Taglio, non taglia, come dicono alcuni.

1954.

Figura, Imagine.
Trasfigurato, Trasfigurito.
Trasfigurazione, Trasfiguramento.

Figura ha variissimi sensi; indica il contorno del corpo, e la forma che viene al corpo intero dal detto contorno. Tanto diciamo: figura matematica, quanto: figura umana. Tutti i corpi hanno una figura; e questa, rappresentata o dalla luce riflessa o dall'arte, è *imagine*. La figura, dunque, è il reale, rispetto all'imagine, ch'è la rappresentazione. *Trasfigurato*, di chi cambia, in meglio od in peggio, l'ordinaria figura; ma in peggio dicesi, parlando, piuttosto *trasfigurito*. *Trasfigurazione* è la nota apparizione, e la festa che la commemora, e il quadro che la rappresenta; nè in senso profano l'userei. *Trasfiguramento* è generico, e tanto in brutto quanto in bello, giacchè da *trasfigurirsi* io non so che si faccia *trasfigurimento*, nè mi suonerebbe bene.

Figura, non *imagine*, dicesi di cosa che non si sa ben che sia, ma che somiglia ad oggetto animato od a forma umana (1). E: figura sospetta (2), e: bella, brutta figura, in senso e morale e civile, e d'opinione qualsiasi che l'uomo faccia concepire di sè, quasi imagine ideale di lui.

Figura, poi, anco la rappresentazione dell'oggetto; come: figura di cera, di marmo, di gesso (3), di metallo. Figura rettorica, figurante di teatro, figurarsi coll'imaginazione, canto figurato: sensi di quest'unica voce.

1955.

Essere imagine, Alla imagine.

— Un trecentista di sottile ingegno (4): « Noi siamo non imagine, ma siamo alla imagine. Altro è dire *essere imagine*, e altro è dire *essere alla imagine*. » Il primo dice più somiglianza: l'esterior somiglianza che può nascere anche dal caso o dalla natura; il secondo sottintende il verbo *fare*, o altro esprimente la volontà che concorse a produrla. La forma che appare nello specchio, è imagine dell'oggetto. Iddio creò l'uomo, non come sua imagine, ma ad imagine sua. Questi modi possono servir di norma ad altri somiglianti. — POLIDORI.

1956—1962.

FIGURA, IMAGINE, EFFIGIE, RITRATTO, SIMULACRO.
DIPINTO, PITTURA.
IMAGINE, SIMULACRO, STATUA.
STATUA, SIMULACRO, RITRATTO.
SCULTURA, STATUARIA.
SCULTORE, STATUARIO.
SCARPELLINO, MARMISTA, SCARPELLATORE.

1956.

Figura, Imagine, Effigie, Ritratto, Simulacro.

Anonimo: « Tutte le *effigie* sono *imagini*; ma non viceversa. »

— L'*effigie* si fa talvolta per tener luogo della cosa stessa; l'*imagine*, per risvegliarne un'idea; la *figura*, per mostrarne l'attitudine e il disegno; il *ritratto*, per darne la somiglianza. Impiccasi in effigie un fuggitivo; si dipingono le imagini de' sacri misteri; stampansi libri storici con figure; s'incidono i ritratti degli uomini illustri.

Effigie e *ritratto*, in senso proprio, più comunemente dicesi di persona; *figura* e *imagine*, anco di cose. *Ritratto*, nel figurato, di descrizioni oratorie o poetiche, o di persone, o di caratteri o d'azioni. *Imagine* ha senso simile; ma delle imagini poetiche il fine principale è muovere l'imaginazione; delle oratorie, illuminare l'intelletto.

Imagine anco, figuratamente, l'impressione che lasciano nello spirito le cose che vengono di fuori. — ENCICLOPEDIA.

— Il *ritratto* oratorio, o poetico, è una descrizione delle parti che si voglion dipingere: l'*imagine* non è che una pennellata più o meno vivace. Quello è un quadro fatto a bella posta; questo è un lineamento di somiglianza ben colto ma rapido. Il La Bruyère fa ritratti; il La Fontaine colora le sue favole d'imagini che le avvivano. — BEAUZÉE.

— *Effigie*, la rappresentazione fedele delle forme d'oggetto, specialmente animato, col mezzo della pittura, della scultura, e simile (1): *imagine* somiglianza in genere d'oggetto ad oggetto (2); le imagini ottiche, le poetiche. *Ritratto* è la figura umana dipinta o scolpita, somigliante alla meglio tale o tale persona. *Imagine*, dunque, è più generico di *ritratto* (3).

Simulacro (4) ai Latini valeva imagine d'un oggetto; comprendeva dunque i ritratti e le effigie e le imagini. — ROMANI.

Aggiungiamo alle altrui osservazioni le nostre.

1957.

Imagine, Effigie, Ritratto.

Si riflette l'umana *imagine* nello specchio (5). Ogni rappresentazione è *imagine*. Nell'uso toscano, *imagini* più specialmente quelle della Vergine, de' Santi; e quando dicesi: ha il viso che pare un'imagine (bello, gentile, composto), tutti intendono senz'altro soggiungere (6).

Effigie è la sembianza umana e l'imagine di quella, rappresentata dall'arte. Nel primo senso, di persona trasfigurita o a bella posta o dai patimenti, diciamo: non se ne conoscer l'effigie (7); nel secondo diciamo: effigie in marmo, in colori; bella effigie; effigiare. Boccaccio: « In molti luoghi si vede la sua imagine effigiata (di Dante). »

Effigie, dunque, differisce da *imagine* in quanto denota non solo l'imagine imitata dall'arte, ma la natural forma stessa del viso; e in quanto non si dice,

---

(1) DANTE: *Io vidi per quell'aer grosso e scuro Venir nuotando una figura in suso.* - *Mi si nascose Dentro al suo raggio la figura santa.*
(2) CECCHI: *Io ben so che figura ch'egli è.* - *Abbiamo in casa figura di sospetto.* - FIRENZUOLA: *Il terzo ... era una certa figuraccia.*
(3) BOCCACCIO: *Per una figura la quale gettava tant'acqua.* ZIB. ANDREINI: *Figurette di legno vestite di panno.*
(4) FRA GIORDANO.

---

(1) Da *effingere*.
(2) LATINI, TESOR.: *Fece Adamo alla imagine e similitudine sua.*
(3) Il Del Rosso in SVETONIO: *Sendomi venuto alle mani una piccola imagine del suo ritratto quand'era fanciullo.* — POLIDORI.
(4) Da *simile*, *simulo*.
(5) DANTE: *Al vostro guizzo Guizza dentro allo specchio vostra image.*
(6) G. VILLANI: *Imagine di marmo consacrata al dio Marte.* - BOCCACCIO: *Imaginetta di nostra Donna.*
(7) MORALI S. GREGORIO: *In Anticristo apparirà l'effigie .... umana.* - BOCCACCIO: *Ottimamente la sua effigie raccolta, chi egli fosse .... mi ricordai.*

d'ordinario, che del viso umano (1); *imagine* è, come ho detto, generalissimo.

Ritratto è imagine di persona, imitata con l'arte, ma sì che somigli. Abbiamo le effigie di molti Santi tanto tra loro certo diverse non possono essere tutti insieme ritratti. In tanti ritratti che nelle nostre modestissime mostre d'arti si veggono di giovanastri, di donne, d'uomini senza nome e senza fisonomia, non si direbbe effigie.

Ritratto da *ritrarre*; da *effigie* e da *figura*, *figurare*, *effigiare*: *imagine*, *simulacro*, non hanno oggidì derivati nel senso di cui qui si tratta.

Effigie, comunemente, ha traslati rari, ma ben diciamo: presentare in parole un'imagine delle cose, e farne ritratto, ritrarle. Il ritrarre è più lungo e minuto, non sempre però più fedele: e lo provano i romanzi storici. Presentare un'effigie direbbe cosa più languida che: imagine.

1958.
Dipinto, Pittura.

I.° *Pittura* è l'arte e l'opera dell'arte; *dipinto* è l'opera sempre. II.° *Pittura* ha traslati; *dipinto*, nessuno. III.° Pittura a fuoco, diciamo, non: dipinto a fuoco.

Buon dipinto, può essere trista pittura de' costumi del secolo in cui vive il pittore, può essere bella pittura dell'animo dell'artista. Una bella pittura poetica può ella sempre tradursi in bel dipinto? È egli sempre vero il noto detto d'Orazio?

1959.
Imagine, Simulacro, Statua.

Roubaud: « *Imagine* è la rappresentazione dell'oggetto, e dicesi, più propriamente, della pittura; *statua* è la rappresentazione in rilievo; *simulacro* è rappresentazione, o imperfetta o falsa od informe, di cosa che non può bene rappresentarsi o perchè non ha corpo o perchè non esiste: simulacro degli dei. »

« *Simulacro*, dice un grammatico latino, specialmente degli dei o di persone tenute per sacre; *statua*, degli uomini (2). »

Simulacro, in senso di *statua*, è ormai voce storica o meramente poetica. Oggidì, e le profane imagini in rilievo e le sacre, si chiamano statue.

Simulacro ben direbbesi, un'ombra che somiglia all'oggetto, ma non è lui (3). Gli uomini adorano spesso vani simulacri di religione, ai quali sacrificano umane vittime, e libano sangue.

Da *statua*: *statuario*, *statuaria*; *imagine* e *simulacro* non hanno derivati analoghi a questi.

1960.
Statua, Simulacro, Ritratto.
Scultura, Statuaria.

— Pausania, parlando d'imagini degli dei o di statue d'uomini, adopera nel primo caso la voce ἄγαλμα invece di ἀνδριάς; e Cicerone, *simulacrum* o *signum*, invece di *statua*: quegli, γλύμμα per distinguere un ritratto da una statua; questi, *imago*, *effigies*, in luogo di *statua*.

Così *statuaria* era detta dai Latini l'arte di fondere in bronzo; e gli artefici, non scultori ma statuarii; *sculptura* o *ars sculptoria*, quella di lavorare in sasso. — CIAMPI.

1961.
Scultore, Statuario.

— L'arte moderna usa *scolpire* tanto per indicare ἐργάζειν (lavorare a scalpello), quanto per ἐξεργάζειν (lavorare a rilievo sopra un piano). *Scultore* vale anco *statuario*, che i Greci dissero ἀγαλματοποιός, per artefice di simulacro, o di altre figure del culto e d'ornamento. Ἀνδροποιός, *virosfaciens*, statuario d'uomini illustri; ἀνθρωποποιός, statuario, in generale, d'uomini. Il linguaggio moderno delle arti confonde *statuario* e *scultore*. — CIAMPI.

— Ma di scultore che lavori di fogliame, frutte, ornati, vasi e simili, non si dirà *statuario*, e neppure di chi faccia figurine piccole, o bassirilievi, che propriamente non sono statue. — POLIDORI.

1962.
Scarpellino, Marmista, Scarpellatore.

— Scultoruccio di poca vaglia si potrebbe chiamare *scarpellatore*, voce usata dal Berni (1) a modo di spregio. *Scarpellino*, chi lavora le pietre per comporre o per ornare edifizii, e simili. Chi lavora i marmi non per farne statue; ma in servizio dell'architettura, come cornici, colonne e simili, è *marmista*. — CAPPONI e MEINI.

1963—1969.
FIGURA, Traslato, Tropo.
Metafora, Allegoria, Parabola.
Parabola, Simbolo.
Figurato, Figurativo.
In, Per, Sotto figura, Con figure.
Figuro, Figura.
Metaforaccia, Figuraccia, Figuraccio.
Favola, Allegoria, Parabola.
Favola, Parabola, Apologo.
Allegoria, Metafora.
Allegoria, Simbolo.
Segno, Simbolo.
Simbolo, Emblema, Geroglifico, Mito.

---

(1) Pur si dice, anco parlando di imagini o somiglianze pretese di oggetti diversi dal viso umano: non ne ha l'effigie; o: ne ha un'effigie. — LAMBRUSCHINI.
(2) Vitæ SS. Padri: *Come sacrificate a' simulacri insensibili?*
(3) Cicerone: *Simulacra virtutis.* - Lamennais: *Une église entièrement asservie, un simulacre de ministère pastoral, un vil mannequin de sacerdoce, aveugle, sourd, sans autre mouvement que celui qu'on lui sait jouant lui imprimeraient les derniers commis de l'administration.* - *Simulacro da simulo;* onde Cicerone: *Statuæ et imagines, non animorum simulacra sed corporum.* E lo stesso accoppia *simulacro* ad *effigie*, indicando per questa la faccia dell'uomo, per l'altro il monumento innalzatogli: *Vix convenire videretur, quum ipsum hominem cuperent evertere, ejus effigiem simulacrumque servare.* - E Tacito: *Simulacrum deæ non effigie humanâ.* - Ovidio: *Repetitaque mortis imago Aunam plangoris peragel simulamina nostri.* — E barbaramente Venanzio Fortunato: *Imagineis simulatilis umbra figuris.* Così tra *effigie* e *simulacro*, tra *effigie* e *figura*, *effigie* ed *imagine*. — Cicerone: *Deus, effigies hominis et imago.* - Sidonio:

Quem Græcia effigiavit imaginibus. - Apuleio: *Imagines variis artibus effigiata.* - Cicerone: *Xenophontis libellos in eo rege laudando facile omnes imagines omnium, statuasque superavit.* - *Si imaginem judiciorum aut simulacrum aliquod futurum in civitate reliquum credidisset.* - Virgilio: *Infelix simulacrum atque ipsius umbra Creusæ Visa mihi... et nota major imago.*

(1) Rime burlesche.

1963.
Figura, Traslato, Tropo.
Metafora, Allegoria, Parabola.
Parabola, Simbolo.
Figurato, Figurativo.
In, Per, Sotto figura, Con figure.
Figuro, Figura.
Metaforaccia, Figuraccia, Figuraccio.

Tropo, che nel greco suona *volgere*, e in quella lingua passò a denotare modo e maniera, giacchè i modi dell'essere sono i meno essenziali, e vengono dall'atteggiarsi delle meno essenziali qualità. In senso affine a *figura* è voce delle scuole, e sa troppo di rettorica, onde oggidì di leggieri prende senso quasi di celia. Senonchè il senso tropologico delle parole della Scrittura rimane nell'uso degli interpreti, nè con brevità e con chiarezza potrebbesi dire altrimenti.

Traslato, dice da sè che la voce o il modo è trasportato dal senso suo proprio ad altro per ragione di somiglianza; e questa denominazione è un traslato essa stessa. Per proprio non intendo solamente il senso corporeo, giacchè c'è dei modi e dei vocaboli che dal morale al corporeo son trasportati, come il rallegrarsi della campagna, e l'*animosum pectus*, e i tanti altri delle Georgiche, pe' quali nella materia è infusa moralità e coscienza. *Traslato* è men generale di *figura*, perchè versione dal greco *metafora*; dove *figura* comprende non solo il trasporto de' sensi dall'uno all'altro uso, ma ogni speciale atteggiarsi e della parola e del costrutto, e de' concetti e dell'intero discorso a una forma notabile per sè stessa. Questo viene dal senso latino di *fingere*, incompiutamente reso dall'astratto *finzione*, ma che valeva quasi *atteggiare*, e s'accostava al τρόπος dei Greci. Onde Virgilio: *Aude hospes contemnere opes, et te quoque dignum Finge deo*. L'allegoria, la personificazione, l'ironia son figure. Dionigi d'Alicarnasso ragiona delle figure che comprendono intera l'orazione o gran parte. Onde dicesi: parlare in figura, ch'è altro dal parlar figurato: questo riguarda le figure di voci e di modi qua e là sparse; quello, l'intera allusione o adombramento di cosa per cosa. Nella storia sacra un fatto, una persona è figura d'altre persone e fatti; e così sarebbe bello considerare e uomini e cose nella storia tutta quanta, e tutta fecondarla inesauribilmente, e in sempre nuovi modi innovarla. Ma quando il figurato concerne oggetti religiosi, è più propriamente simbolo; simbolo almeno son le figure di più rilevante significato. Il parlare in figura dicesi anco *figurativo*; e sono figurative però le arti visibili, o almeno dovrebbero essere; il figurato spetta all'arte del dire; ma è più grave del parlar metaforico, che talvolta ha senso di biasimo o di celia: e *metaforico* scherzosamente chiamasi ogni dire imbrogliato. *Metaforacce* potrebbersi chiamare le metafore sconce e sguajate; *figuraccia* non ha questo senso, ma sì di brutta figura nel proprio, o reale o rappresentata dall'arte, e di azioni che rappresentino la persona in aspetto disonorevole; e anco della stessa persona che faccia o paja poter fare di coteste figuracce. E questo, d'uomo, dicesi anco: un *figuro*, un *figuraccio*; ma il figuro può essere o parere più vile che tristo.

Traslato non soffre peggiorativo; *simbolo*, molto meno. Dicesi e, parlare per figura, e, sotto figura: il secondo è più velato e riposto. Con *figure* riguarda solamente i vocaboli e i modi.

1964.
Favola, Allegoria, Parabola.

— Le *parabole* son frequenti nel Vangelo, le *favole*, nella pagana teologia; le *allegorie*, nei poeti. L'allegoria, sotto l'imagine di un oggetto ne adombra un altro; la parabola è una specie di allegoria: parabola del Figliuol prodigo in san Luca; favola delle rane in Fedro; allegoria della nave in Orazio. — FAURE.

1965.
Favola, Parabola, Apologo.

— *Parabola* è la narrazione di fatto verisimile, fondato sugli avvenimenti reali, a fine di ammaestrare e di persuadere. In essa parlano e operan uomini; e la moralità di lei è applicabile agli uomini. C'è delle parabole anco tra le favole esopiane; ma l'uso ha serbato questa voce a sole quasi le parabole sacre.

Favola, in generale, è qualsiasi azione inventata. Son favole, in questo senso, e tragedie e commedie e parabole e novelle e apologhi e molti miti pagani.

Apologo è una specie di favola dove parlano od operano piante e animali e uomini. — ROMANI.

Quand'anco la favola avesse a perire, la parabola rivivrebbe sotto nuove forme e più grandi.

1966.
Allegoria, Metafora.

L'*allegoria* è metafora prolungata; è una specie di parabola. Nella *metafora* una parola ha senso proprio; l'altra o l'altre, traslato; nella allegoria l'intera proposizione o l'intera composizione veste il velo della figura; altra cosa dice, altra accenna.

1967.
Allegoria, Simbolo.

Col *simbolo* disegnasi cosa che comprende più sensi in uno (1); *allegoria* (2) dice una cosa intendendo un'altra. Il simbolo abbraccia tutti gli oggetti della natura e dell'arte; l'allegoria non è che in parole. C'è delle frasi, dei gesti, de' disegni simbolici; gli oggetti della natura sono simboli di più alta verità.

Il simbolo raccoglie varie idee in una; l'allegoria si diffonde intorno a un'idea per accennarne un'altra.

Il simbolo può significare ad un tempo più cose; l'allegoria, sola una, oltre a quella che è come il pretesto ed il velo del concetto. Il simbolo, anche in parole, differisce dall'allegoria, in quanto egli è più sacro, più concettoso, più arguto; quello è mistico; questa, rettorica.

La Bibbia ha allegorie che sono simboli, perchè, oltre alla cosa allegoricamente rappresentata, accennano ad altre più lontane, più grandi. Il simbolo è come il germe d'una o di più allegorie; le allegorie sono simboli più artifiziosamente spiegati.

1968.
Segno, Simbolo.

Il *segno* è semplice; il *simbolo* più complicato, il segno più chiaro; il simbolo, sovente, più arcano, sempre più solenne e più sacro. Ogni simbolo è segno; non ogni segno è simbolo. Un segno si fa anche col capo,

---

(1) σύν βάλλω.
(2) Ἄλλος ἀγορεύω.

con la mano; il simbolo o è scritto o è scolpito o è nella rappresentazione di più movimenti: ma può essere anco con parole adombrate.

1969.
Simbolo, Emblema, Geroglifico, Mito.

— *Simbolo*, segno, indizio, rappresentazione di cosa indicante l'imagine d'altra cosa. Il leone, simbolo della forza; il serpente, della prudenza.

Emblema, simbolo di parole o di cose, che sta da sé, senza bisogno d'altro comento; per lo più rappresentato in imagine visibile.

Geroglifico, simbolo sacro, proprio dei monumenti egizii. — ROMANI.

— Il *mito* raffigura, per lo più, qualche fatto dell'antichissima storia, eroica, favolosa, la quale non giunse fino a noi che sotto l'involucro di figure e di simboli; ma a chi ben vi guarda, la verità, o gran parte di essa, si fa palese. Il mito di Ercole rappresenta la giustizia civile esercitata con forte braccio; quello di Castore e Polluce, l'amore fraterno. — ZECCHINI.

1970.
FILA, LINEA.

— *Fila*, serie d'oggetti posti nella medesima dirittura. Si può fare una fila di linee. Nel senso militare, *linea* è la fronte della schiera; *fila*, l'ordine de' soldati che stanno l'un dietro l'altro. — BOCCO.

1971.
FILA, ORDINE.

— *Fila*, serie in linea continua e, per lo più, retta. Ma l'ordine può essere in tutt'altra forma che in quello di fila. — ROMANI.

1972-1974.
FILA, LINEA, RIGA.
LINEA, VERSO, RIGA.
LINEA, FREGO.
LINEETTA, FREGHETTA.
RIGA, RIGO.

1972.
Fila, Linea, Riga.

— La *linea* può essere retta e curva; la *riga* e la *fila* imaginansi diritte. Se non che quando la linea è retta, la dirittura di lei è più esatta e più matematica. *Riga* è linea retta, segnata con segno visibile; la traccia di una direzione della linea, in colore, o in rilievo, o incavata: carta rigata, drappo rigato. Nella riga, oltre la dirittura, si considera una certa larghezza; la può essere più o meno stretta, sottile.

Fila è serie di cose che seguitan l'una all'altra per la medesima dirittura: fila d'alberi, di soldati. La fila ha l'idea, dunque, della dirittura; poi, di certa larghezza, sempre più della riga; poi, di serie discreta; dove la linea e la riga presentano, d'ordinario, estensione continua. — ROMANI.

1973.
Linea, Verso, Riga.
Linea, Frego.
Lineetta, Freghetta.

Verso, quel tanto di scritto ch'empie una linea del foglio (1), che in Lombardia chiamano *riga*; ma *riga* sarà meglio detto la linea che tirasi per iscrivere diritto,

---

(1) Da *verto*; voltare un'altra linea.

o il foglio rigato a tale uso, o l'istrumento di legno o altro da rigare il foglio.

Linea è lunghezza astratta dalla larghezza; questo nel senso matematico. Nel comune, è striscia più lunga che grossa. Ma nel linguaggio tipografico s'usa per *verso*; e dicono: *interlineato, tante linee per faccia*, e simile. E talvolta, per evitare l'equivoco del verso poetico, gioverà usare *linea*. E il Berni l'usa: *contentarvi di quattro mie linee*. Il Pieri, pedantuzzo arrabbiatello, che amava la lingua vivente toscana d'amore infelice e un po' buffo, com'erano tutti gli amori suoi, si stizziva che una giovanetta fiorentina usasse altra parola invece. Io non dico che le signorine toscane non possano parlare e scrivere più italiano di quel che fanno le più, e nobilitarsi e ingentilirsi facendosi popolo, di volgo che sono; ma dico che i non Toscani toscaneggiano sovente un po' troppo. E le *lineette* che indicano una citazione, o quelle che tiransi tra periodo e periodo, tra inciso ed inciso per distinguere le parole di più interlocutori, o per fermar l'attenzione del lettore o la voce, con questo nome, e anche *freghi* e *freghetti*, si chiamano. Forse le orizzontali per congiungere o separare parole, quelle in principio del capoverso, o tra l'un capoverso e l'altro, meglio direbbersi *freghi* e *freghetti*; e *lineette* quelle a coppie, fatte a mo' di virgole rovesciate, in capo e in fine alla citazione o alla parlata, e in principio d'ogni linea di stampa o di scritto.

1974.
Riga, Rigo.

— *Riga*, verso di scritto, più comunemente che *rigo*. *Rigo*, il segno fatto nel foglio, più comunemente che *riga*. I cinque righi della musica, e i righi finti, in Toscana non si chiamano altrimenti. *Riga*, poi, indica segno più largo di *rigo*. Una riga di sangue, è più che rigo, mi pare. Quindi i diminutivi *righino*, *rigolino*. Una riga di luce, disse il Boccaccio; un rigo di luce, sarebbe spiraglio più piccolo. Da *riga*, *falsariga* dicesi al foglio rigato che si pone sotto a quello che si vuole scrivere per andar diritto. Rigare un foglio col lapis; e nel traslato: rigar diritto; modo vivo, per significare contegno irreprensibile. — MEINI.

1975-1976.
FILA, FILIERA, FILARE.
INFILARE, INFILZARE.

1975.
Fila, Filiera, Filare.

— *Filiera*, fila più o meno lunga, molto diritta, considerata nella sua superficie più larga. *Fila*, di cose che stanno ferme e ordinate: filiera di cannoni (1). Non credo di questa voce di frequente uso.

Poi, *filiera* dicevasi per *trafila*, in senso proprio e traslato. — ROMANI.

1976.
Infilare, Infilzare.

Infilare, far passare filo o altro in cosa che abbia foro, o fare il foro, trapassando; *Infilzare*, mettere in filza. S'infila l'arrosto; s'infilzano le ricette. — T'infilo, è minaccia, come dire: ti sventro, ti sbuzzo, ti divido, ti freddo.

---

(1) BUONARROTI: *Per filiera vi son, volti alle porte, Molti archi, e sempre tesi, e molti schioppi.* D'alberi parlando, oggi s'usa comunemente *filare*, e nel plurale *filari*. — LAMBRUSCHINI.

— S'infilza fandonie o bugie che abbiano più vanità che malizia; s'infila pastocchie con animo d'ingannare altrui. — CAPPONI.

1977—1979.

FINESTRA, BALCONE, TERRAZZA, TERRAZZINO, VERONE, POGGIOLO, LOGGETTA.
FINESTRINO, FINESTRINA, FINESTRETTA, FINESTRELLO, FINESTRUCOLA.
ABBAINO, FINESTRA SUL TETTO, FRATE.
FERITOJA, CADITOJA, BÒDOLA.

1977.
Finestra, Balcone, Terrazza,
Terrazzino, Verone, Poggiolo, Loggetta.
Finestrino, Finestrina, Finestretta, Finestrucola.

— *Balcone* e *finestra*, apertura per la quale si dà lume e aria a una stanza. Balcone è più grande di finestra. *Finestra* anco l'invetriata da chiuderia. Le case di più umile costruzione hanno finestre, non balconi. Nè balconi ma finestre le aperture di capanna, di meschina casa, di carcere. *Finestra* fa *finestrina* e *finestrino*; la prima, più grande. *Finestrino*, in Firenze, quella piccola apertura o nel muro o nella imposta di un uscio per comodo di vendere il vino, dalla qual passi un fiasco, e paghisi. Aprire un finestrino, vale: aprire vendita di vino. *Balconcino* qui non si dirà mai. Il Petrarca e il Tasso dicono: balcone sovrano, il luogo donde si affaccia il sole, e l'aurora; nè qui si direbbe *finestra*, se non in poesia burlesca.

Terrazzo, parte di una casa, per lo più posto in alto, coperto, ed aperto da una o più parti. *Terrazza*, quando non sia coperto.

Terrazzino, apertura come una finestra, ma aperta fino al pavimento, con piccola ringhiera o no, sporgente o no fuori. *Verone*, specie di terrazza scoperta, con spalletta, e che sporge in fuori dalla parete di una casa, al quale si ha accesso da una o più stanze (1). Quando sia di piccola estensione, si chiama anco *poggiolo* e *loggetta*. — CIONI.

In altri dialetti il *terrazzino* dicesi *poggiuolo*; e quando ci sia ringhiera o altro sostegno da appoggiarvisi, parrebbe uso più conforme all'origine della voce. Ma può rispettarsi l'uso toscano e conciliarsi con gli altri, chiamando *terrazzino*, segnatamente, quel ch'è aperto infino al pavimento e che sporge un po'; *poggiuolo* quello che, sporga o no, abbia appoggio dove posare le braccia, cioè a altezza d'uomo. La *loggetta* pare abbia a essere un po' più grande, tra il poggiuolo e il verone, e più difesa da' lati.

La *finestretta* potrebb'essere non tanto piccola quanto la *finestrina*, e dirsi così quasi per vezzo. Segnatamente se opera gentile d'arte.

La *finestrucola* non è tanto piccola quanto meschina e disadorna.

1978.
Finestrino, Finestrina, Finestretta,
Finestrello, Finestrucola.
Abbaino, Finestra sul tetto, Frate.

— *Abbaino*, finestrina sul tetto, foggiata col rialto come bocca di cane che abbaja, fatta per dar luce e aria a un soffitto, senza bisogno di alzare un muro.

Finestrino è più piccolo che *finestrina*; forse era un finestrino il *breve pertugio* della torre del conte Ugolino. Non chiamerei finestrino un'apertura, anche piccola trasversale, ma beensi o quadra, o verticalmente bislunga. Ho sentito dal popolo chiamar per soprannome *Finestrino* un tale a cui mancava un incisivo della mascella superiore.

Finestrella ho udito nel Senese, e si trova in una delle canzoni dell'Amiata; in Firenze, mai.

Finestretta, finestra mediocre non troppo grande nè piccola, ma è poco usato.

Finestrucola, è diminutivo dispregiativo, come *finestruccia*; ci farei la differenza che corre fra *casuccia* e *casupola*; *pretuccio* e *pretucolo*; *poetuccio* e *poetucolo*.

Fare una finestra sul tetto vale: soverchiare, supplantare; nè credo che *finestra sul tetto*, al proprio e così staccato, si usi altro che dai muratori.

Ad abbaino aggiungerei la parola *frate*, che è quella specie di finestrello a guisa appunto di abbaino, ma con vetro solo per lo più fisso, e che sporge di sul tetto a guisa di cappuccio: donde il suo nome. — BIANCIARDI.

Finestrello, men piccolo del *finestrino*; può essere men misero della *finestrucola*, men gajo o elegante della *finestrina*.

1979.
Feritoja, Caditoja, Bòdola.

— *Feritoja*, piccola apertura e stretta fatta nelle muraglie per lanciar dardi e ferire, per vedere da lontano, o per dare aria.

Caditoja, buca che si faceva nelle volte sopra le torri, o ne' ballatoj, per dove si piombavano sassi addosso a' nemici. Non è dell'uso.

Bòdola, buca coperta con cateratta, per la qual buca si scende nei fondi delle case (1). — MEINI.

1980.
FINESTRA, IMPANNATA.

Impannata è la chiusura di panno lino o di carta che si fa alle *finestre* (2). S'usa sostantivo, ma sottintendesi *finestra* (3).

L'impannata è poi veramente la difesa del panno o del foglio. Può l'impannata esser rotta, e il telajo della finestra buono; e al contrario.

Finestre impannate, cucina nel salotto, scranne invece di seggiole, eran gli arredi delle più tra le case cittadine; ma non mancava un lenzuolo per la malattia, una tovaglia pe' dì di festa, una sommerella pe' bisogni e per la vecchiaja. Oggi la civiltà ha ripulito ogni cosa, e le tasche sopra tutto. Civiltà che non insegna la moderazione dei desiderii, è barbarie.

1981.
FINESTRA, OCCHIO.

L'*occhio* è *finestra* tonda o ovale; s'usa e nelle chiese e altrove. Poi, sugli usci, sull'usciale a capo della scala, *occhi* son que' vani tondi con vetro che rendon visibili gli oggetti di fuori a chi è dentro, e a vicenda.

---

(1) BOCCACCIO: *Io farei volontieri fare un letticello in sul verone che è allato alla sua camera... e quivi mi dormirei.*

(1) La Crusca nota *bètola*; ma il commutarsi della *t* colla *d* rincontrasi anche ne' dialetti toscani.
(2) ALLEGRI: *Il vento che dibatta un'impannata.*
(3) GELLI: *Finestre bene impannate.*

1982–1986.

FINE (SULLA), Sull'ultimo, Da ultimo.
Finalmente, Alla fine, Al fine, Alfine.
In fine, Infine, Po' poi, Finalmente.
Ultimo, Estremo.
Estremo, Supremo.
Estremo, Estremità.
All'estremità, Nell'estremità.
Agli estremi, In agonia.

1982.
Alla fine, Sulla fine.
Sull'ultimo, Da ultimo.
Da ultimo, Finalmente, In fine, Infine.

Finalmente può indicare certa stanchezza in chi parla (1), o almeno aspettazione prolungata, serie alquanto lunga di cose: finalmente il mio lavoro è compito; dopo quarant'anni di guerre, finalmente il mondo respira; come potete vedere. Finalmente il secol d'oro è arrivato. *Aurea nunc vere sunt sæcula.*

Da ultimo non indica altro che il tempo vicino a quel tal fine, a quel tal compimento di cui si ragiona (2). Chi non crede da principio al bene, crede da ultimo al male.

In fine ha più sensi. È in fine chi sta per morire (3). In fine è uno stato che non può più reggere: ma i medici politici, di questo non se n'avveggono mai, e gli amici mai non ne parlano.

Infine è modo di conchiudere un discorso, di conchiuderlo con qualche asseveranza, o talvolta di troncarlo (4): infine vedremo; non giova contendere sopra questioni che il fatto può sciogliere domani, e scioglierà certo diversamente da quel che noi presumiamo; in questo senso possiamo anco ripetere: infine infine.

Infine ha, poi, senso sinonimo a *finalmente* (5).

Sulla fine vale: verso la fine; e differisce da *infine*, come *sull'ultimo* dal sopranotato *da ultimo*. I mali si manifestano sull'ultimo, non sempre da ultimo; e allora gli ultimi momenti dell'operazione o della vita dell'uomo, sono di tal torbidi e procellosi, che scontano le dolcezze di un intero corso di vita passato con pace.

Sulla fine del giuoco, *sulla fine* del discorso, non è il medesimo che *alla*. V'è de' predicatori che piacciono perch'hanno finito; questi non incontrano che alla fine. L'arte di eccitare gli affetti sulla fine dell'orazione è stata tanto profanata da' retori, che, per fuggire la taccia di declamatore, giova quasi finire il discorso un po' seccamente.

1983.
Finalmente, Alla fine, Alfine.

— *Alla fine*, si dice degli avvenimenti e dei fatti; *finalmente*, e di questi, e anco dell'ordine nel quale le cose o le idee sono disposte, o si vuole che siano: alla fine la menzogna si scopre; dirò finalmente; vengono finalmente.

---

(1) Casa: *Finalmente ho ottenuto il mandato contro lui e i suoi beni.*
(2) Magalotti: *Da ultimo, quando si perfeziona l'agghiacciamento, diventi colma.*
(3) Cron. Morelli.
(4) Firenzuola: *Salta in collera come uno gli vuol favellare: infine non si può più con lui.*
(5) G. e M. Villani.

Finalmente, in certi luoghi, indica il seguire di cosa o il venire di persona desiderata con impazienza, o, se non desiderata, aspettata per ragione qualsiasi.

Alfine è men di *alla fine*, e più raro; perché ora *finalmente* fa le sue veci, ed ora *alla fine* calza meglio. Quand'io dico: alla fine la vincerò, se dicessi: alfine, l'espressione sarebbe assai meno evidente. Forse perché *fine* in senso di *termine* essendo più comunemente femminino, l'*alla* pone più chiara agli occhi della mente l'imagine della cosa. — A.

1984.
Po' poi, Finalmente.

— Tutt'e due son maniere di concludere un discorso, ma il primo è più mite; l'altro più risoluto; quello più riflessivo; questo più risentito. Col primo s'accenna, che sebbene possa essere qualcosa di vero nel discorso altrui, nondimeno, tirando la somma, la ragione sta dal canto nostro; col secondo, bene o male, si vuol troncare la quistione addirittura. Voi biasimate tale scrittore che a me po' poi non mi par de' cattivi. Finalmente che pretendete di dire? Ponete *finalmente* nel primo esempio, e *po' poi* nell'altro, calzeranno meno. Finalmente, nessun può dir nulla de' fatti miei; è più brusco che: po' poi. Così d'altri simili. — MEINI.

1985.
Ultimo, Estremo.
Estremo, Supremo.
Estremo, Estremità.
All'estremità, Nell'estremità.

— *Estremo*, propriamente, riguarda il luogo, la qualità continua; *ultimo*, il numero, la discreta. — ROMANI.

Ultimamente, in senso di *recentemente*, non si scambierà mai con *estremamente*. *Estremo*, gli è vero, anco di tempo; ma è modo non molto comune; e *supremo*, ancora meno (1). Ma *estremo* può dire più d'*ultimo*, *supremo* ancora più.

Laddove si tratti d'ordine (2) o di gradazione, *ultimo* è il proprio. Tutti dal primo all'ultimo gli uomini hanno in sé qualche cosa di rispettabile. Dai principii alle ultime conseguenze guidar le menti è impossibile: basta una conseguenza per volta. — Dalle prime cause agli ultimi effetti, ogni cosa è legata in modo non necessario ma provvido. Narrare tutto sino all'ultimo (3), non è sempre esattezza lodevole né lodevole sincerità.

Ultimo vale, talora, anche *sommo*. L'ultimo sforzo di un secolo, è il primo passo d'un altro. Noi poveretti siamo all'alfabeto della civiltà, e ci crediamo già meritevoli della laurea. Ve n'è tante specie delle laure!

E qui notate differenza fra *estremo* ed *estremità*. L'estremità d'un corpo non è l'estremo; l'estremo dell'orgoglio non è l'estremità. Chi è per morire è *agli estremi* (4), non nelle estremità. Il povero si trova in un'estremità dolorosa, si trova all'estremo, non all'estremità, né in estremo. *All'estremità* dicesi sempre di luogo; *nella*, di stato civile o economico. Le *estremità* plurale, sempre di luogo, non di condizione.

---

(1) Foscolo: *Udrò sonar la tua ora suprema.*
(2) Boccaccio: *Piero, che attentamente aveva ogni cosa guardata, veggendo quest'ultima....*
(3) Boccaccio: *Cominciandosi dallo spago infino all'ultimo di ciò che trovato e fatto aveva, narrò loro....*
(4) Curzio: *Ad extrema perventum est.*

Altro è essere agli estremi, che vale: aver poco ormai più di vita; altro è: l'ultima volontà (1), che può scriversi anco da persona sanissima.

Così, gli ultimi anni della vita possono essere dieci o dodici (2). *Ultimo*, dunque, ha, parlando di vita, tutti i sensi d'*estremo*, ma non viceversa.

Una sola eccezione credo ci sia, ed è il Sacramento dell'Estrema Unzione (3). Ultima unzione è modo tutto secolaresco e può dirsi anco delle unzioni mercuriali: che se estreme non sono, possono affrettare l'estrema.

Tanto diciamo, del resto: essere agli estremi della vita e delle sostanze, quanto: essere all'ultimo (4); non mai però agli ultimi, se non forse per ellissi, intendendo di danari, o simili. Diciamo inoltre, del pari, e l'ultimo (5), e l'estremo supplizio.

E parlando d'altro che del termine della vita, *ultimo* si dirà, non estremo. Ultima recita, ultimo giorno di carnevale, dall'anno, d'operazione qualsiasi (6); ultimo piatto in un pranzo (7).

Senonché *ultimo* può voler dire *infimo* (8); e in questo senso, chi si crede essere ultimo di giù in su, talvolta è ultimo di su in giù. L'ultimo anello d'una catena può essere il primo contando dal basso, l'infimo contando dall'alto (9). Gli ultimi soldati, gli ultimi servi (10): modi notissimi. *Non ultimo* è locuzione modesta che, talvolta, vuol dire poco meno che *primo* (11).

Di persone parlando, gli ultimi, si dirà, non gli estremi. La divina profezia, che gli ultimi saranno primi, s'avvera per tutto ed in tutto.

Dar l'ultima mano ad un'opera, l'ultima stanza d'un appartamento (12); l'ultima, la rimotissima antichità (13); l'ultima origine (14), la morte, ultima linea delle cose, come la chiama Orazio, o piuttosto la prima.

Abbiamo notato le differenze; ora diremo che c'è degli usi promiscui: ma *ultimo* è sempre un po' più comune.

Ultimi (15) ed estremi uffizii; ultimo ed estremo soggiorno (16), la tomba (16).

Estremo, dunque, ripetiamolo, è più proprio di luogo, di spazio. Il lato estremo (17), l'orlo estremo, l'estremità d'una riva, d'una stanga, quelle del corpo umano. Quest'astratto ad *ultimo* manca. Le estremità d'un corpo sono due, e possono essere dieci (18). Estremità diconsi, assolutamente quelle del corpo animale (19).

---

(1) Boccaccio.
(2) Sacchetti.
(3) Maestruzzo; Bellincioni.
(4) M. Villani.
(5) Cesare.
(6) Boccaccio: *Domani è l'ultimo di ch'io debbo esser aspettato*.
(7) Alamanni: *L'ultime mense*.
(8) Fra Giordano: *Queste cose ultime e più vili*.
(9) *Ultimo da ultra*.
(10) Livio: *Labore cum ultimis militum certare*.
(11) Livio: *Non in ultimis laudum ei fuerit*.
(12) Terenzio.
(13) Cicerone; Giustino.
(14) Nepote.
(15) Ovidio: *Ultima plorato subdita flamma rogo*.
(16) Properzio: *Ultimus lapis*.
(17) Dial. di S. Gregorio: *L'estrema parte del vestimento*. - Dante: *Suole il fiammeggiar delle cose unte, Moversi pur su per l'estrema buccia*.
(18) Tesoro.
(19) Plinio: *Cum frigore extremitatum*.

Quindi, nel traslato, disse il Petrarca: «L'estremo del riso assaglia il pianto,» traducendo, maestrevolmente: *extrema gaudii luctus occupat*; verità terribile ma irrepugnabile. Quindi, estremo acquista senso di eccesso; senso che l'altro non ha tanto chiaro: odio estremo (1). In ogni faccenda convien fuggire gli estremi: cosa che gli stolti fanno, talvolta, assai meglio de' saggi (2).

Si noti però, ch' *estremo*, più propriamente, denoterà l'eccesso d'un male; e, mi sia lecito questo modo, l'eccesso d'un difetto. Direi, per esempio: estrema povertà, fame, miseria, bisogno, necessità (3). Non direi: estrema dolcezza, felicità, se non sia modo confermato da qualche esempio, ma raro. Direi: estrema stoltezza, pazzia (4), scelleraggine (5). Quindi è che *estremità* suolsi usare, assolutamente, per *calamità, malessere, eccesso di male* (6); bel modo e acconcio. In senso simile diciamo altresì: ultima miseria (7); ma è men comune. Quando voi cadete in un'estremità di dolore, non dovete sperare che quella sia l'ultima.

Parlando di bene o di piacere, invece d'*estremo*, io crederei migliore *supremo* (8); perché 'l bene giova imaginarlo in alto piuttosto che 'n fondo.

Ma il moderno vezzo di dire estrema ogni grandezza, deriva forse da due verità troppo amare: che il grande da molti si suole collocar nell'eccesso, e che l'altezza da molti confondesi con l'estrema profondità.

Estremissimo, forse per celia non sarebbe strano (9); *ultimissimo* nessuno direbbe, perché già ultimo è come un superlativo. Bensì penultimo (10), antepenultimo (11), ch'è più comune di *antipenultimo*.

1986.
Agli estremi, In agonia.

— Può l'ammalato essere *agli estremi*, e non ancora *in agonia*. Molti dì può durare quel primo stato.

Si può morire senza agonia, come i tisici spesso, e que' che periscono di morte violenta. Questi non hanno, propriamente, agonia; ma, presso a morire, si può dire che siano agli estremi. — A.

1987.
FINIRE, Cessare.

— Si *finisce*, per lo più, laddove s'intende di finire; si *cessa* anche omettendo a un tratto. Sappiate finir un discorso prima d'annojare i vostri disgraziati fratelli; sappiate cessar da un discorso se vedete che offende. — Girard.

---

(1) Alamanni.
(2) Lippi: *Ogni estremo è vizio*.
(3) Buti: *Estremamente povero*. - Boccaccio: *Essendo così Federigo divenuto all'estremo (di povertà). - Poverissimo e in estrema miseria posto*.
(4) Sallustio.
(5) Cicerone: *Improbus homo, sed non ad extremum perditus*.
(6) Boccaccio: *Tolga Iddio che voi in siffatta estremità venute siate, che... G. Villani: La cittade era in ultima estremità di vittuaglia*.
(7) Bruto.
(8) Casa: *Supremamente cara*.
(9) Volg. Mesue.
(10) Dante.
(11) Varchi; Salvini.

1988—1993.
**FINIRE, CESSARE, DESISTERE, LASCIARE, RESTARE.
DISMETTERE, SMETTERE, OMETTERE.
DISMESSO, SMESSO, INTERMESSO, OMESSO.**

1988.
Cessare, Desistere.

— *Desistesi* non insistendo più a fare, a cercare. L' ente libero solo desiste. *Cessa* e l' ente libero e il materiale dal fare: cessa un ente di esistere, d' essere cioè nella forma di prima. Cessa il vento, la febbre, la pioggia (1). — GATTI.

1989.
Cessare, Restare.

— *Restare*, più comunemente di cosa. *Cessare*, e di persona e di cosa. *Restare*, inoltre, par che denoti, d'ordinario, cessazione istantanea. — ROMANI.

1990.
Cessare, Finire.

— La cessazione è fine, e non è. Quando si finisce, compiendo l' azione, allora si finisce insieme e si cessa. Ma si può cessare e non finire. Diciamo: cessò di vivere. Finì la vita, direbbesi più proprio che: finì di vivere, perchè non solo la fede e la ragione, ma l' istinto e il linguaggio fanno a questa presente succedere un' altra vita. — A.

1991.
Lasciare, Desistere.

— Si lascia di fare anche ciò che non si era cominciato; desistesi da cosa in cui l'azione, o almeno il pensiero, s'erano alquanto inoltrati. Il *lasciare* può essere per causa esterna, violenta; il *desistere* pare che più immediatamente dipenda dall'umana volontà. — ROMANI.

1992.
Dismettere, Smettere, Omettere.

Molti usi del *dismettere* la lingua viva ha trasportati allo *smettere*: roba, usanza, serva smessa. Ma direbbesi: legge dismessa, e smessa; consuetudine pubblica smessa, e dismessa.

Smettere, poi, s'usa assolutamente, e dicesi ad uno: smettete, per dire: cessate, tacete; che nel Piemonte certuni barbaramente dicono: prescindete.

Lo *smettere*, dunque, riguarda l'immediato restar di dire o di fare; il *dismettere*, no. Dismettere potrebbe adoperarsi a significare abbandono più intero. I viziosi smettono per qualche tempo, ma non dismettono, perchè ci tornano da lì a poco.

Si smettono, del resto, molte cose nelle quali il dismettere non ha luogo. Un ch'abbia aperta bottega, se gli affari piegano male, smette. Chiunque si accinga a un'impresa, se poi ne desiste, e' smette.

Omettesi scrivendo, o parlando, deliberatamente o no, una parola, un concetto, un tratto lungo. Gli altri verbi denotan sempre atto più o meno deliberato. Ognun sa quel che siano i peccati d' omissione; ma quanto siano gravi non sa, o per dir meglio omette di pensarvi, perchè vedrebbe che da omissioni del bene incominciano i mali tutti.

1993.
Dismesso, Smesso, Intermesso, Omesso.

— Si *smette* per alcun tempo o per sempre; si *dismette* per sempre. Si dismette cosa non più atta all'uso (2);

---

(1) *Cedo.*
(2) BERNI: *Barcaccia vecchia dismessa.*

opera non più creduta opportuna; si smette anche per altra ragione.

Intermesso suona frapposizione di tempo fra opera e opera (1). Indica interrompimento, non abbandono. Non molto comune nell'uso.

Omessa dicesi cosa che si avea a fare, e pur non s'è fatta. Si smette un uso: si omette un atto. Si può omettere, senza però dismettere. Per dismettere o smettere, bisogna avere impreso; si può omettere senza aver cominciato. *Intermettere* suppone, d'ordinario, l'intenzione di riprendere quando che sia (2). — ROMANI.

1994.
FINIRE, COMPIRE.

— *Finire* riguarda propriamente il tempo; *compire*, l'atto e la cosa. Può essere finita la cosa, ma non compita. — ROMANI.

1995.
FINIRE, FORNIRE.

— *Fornire* è *finire*, in quanto provvedesi di ciò che manca in certo modo, ed è necessario a complemento d'uso, di comodo, d'ornamento. — CIONI.

1996.
FINIRE, SPEDIRE.

Spedire dicesi di faccende più o meno impedite; *finire* ha sensi più varii e più generali.

1997—2005.
**FINIRE, ULTIMARE, COMPIRE, TERMINARE.
ESTREMITÀ, FINE, TERMINE, CAPO.
IL FINE, LA FINE.
PORRE, IMPORRE FINE.
BUON TERMINE, BUON FINE.
COMPITO, COMPIUTO, COMPLETO.
INCOMPIUTO, INCOMPLETO, SCOMPLETATO.
COMPITO, COMPIUTO, PERFETTO.
COMPIUTO, INTERO.
INTERAMENTE, PER INTERO.
MEZZO, METÀ.
COMPIMENTO, COMPLEMENTO, SUPPLEMENTO.
FINE, FINIMENTO.
INFINITO, INTERMINABILE.
INFINITO, INNUMERABILE, INTERMINABILE, STERMINATO, SMISURATO, IMMENSURABILE, IMMENSO.**

1997.
Finire, Ultimare.
Termine, Fine.
Porre, Imporre fine.
Fine, Finimento.
Buon termine, Buon fine.
Il fine, La fine.
Infinito, Interminabile.

Ultimare è sempre per attivo. Dicesi, per l'ordinario, di faccende: ultimare un processo, una lite, un bilancio, un trattato. Nè si direbbe: ultimare un discorso, un amore, la vita.

Finire ha usi e d'attivo e di neutro. Diamone prima le distinzioni notate da altri.

— Gli antichi imaginavano che la terra terminasse alle colonne d'Ercole: credevano, come noi, che le gioje e le pene dell'altra vita debbon essere senza fine (3).

---

(1) ANN. VANGELI: *Senza intermessione orale.*
(2) GIAMBULLARI: *Non intermettendo il preso viaggio.*
(3) DANTE dice, è vero: *Senza termine si doglia.* Ma non è

Da questa prima distinzione procede l'idea di tempo o di misura, che in *terminare* è sempre più precisa; in *finire*, meno.

Il mondo finisce, non termina; onde derivò *finimondo*. L'uomo finisce o bene o male, secondo che la sua vita è stata buona o cattiva. L'opera in musica termina a mezza notte; ma quando è cattiva, tutti dicono che non finisce e non termina mai (1).

Una terza differenza risulta da un bel significato di *finire*, che vale: dare perfezione ad un'opera. Ond'abbiamo l'addiettivo *finito*, che, parlando d'arte, vale: perfetto. Un lavoro di grande artista, dagli altri si giudica terminato quand'egli non l'ha ancora finito a suo modo. — GRASSI.

Da questo senso venne quel della voce *finimento*, che non val più *fine* o *termine*, come in antico, ma *formimento*, *ornamento*: un finimento di gioje, di perle (2), e simili; ultimo finimento dato a un lavoro dell'arte.

Da questo medesimo significato venne un altro senso della voce *finito*, allorché diciamo: galantuomo finito, birbante finito, e simili; e vale *omnibus numeris absolutus*.

— *Termine* è men generale; è fine dello spazio, e, per estensione, del tempo e dell'atto.

Termine dà idea (come suona il vocabolo) meglio determinata. — A.

Termine, presso i Latini, aveva senso di *confine*: e ognuno rammenta il dio Termine; il più immobile e il più instabile di tutti gli dei, secondo i luoghi e i tempi. E perché la cosa la qual giunge al suo fine, tocca quasi il confine postole dalla natura o dagli uomini, oltre al quale non deve o non può spingersi innanzi, perciò *termine* acquistò senso di *fine*.

Si può porre, stabilire, prescrivere un termine all'azione o al discorso; non s'impone il fine, ma piuttosto si pone (3). Una cosa si trae (4) a fine, non, a termine; si conduce a termine, e a fine (5). Si fa fine, non termine (6); si dà fine (7), e anche termine. « Tutto viene a fine (8). » Questo è modo quasi proverbiale; e potrebbe dirsi anco *termine*: ma sarebbe assai meno usitato.

Si può *terminare* alla peggio, pur per uscirne fuori: il *finire* è meno imperfetto, più conforme, in certi casi, alla natura ed all'arte.

Si termina di dire quando si compisce il discorso (9): terminano le feste; termina una funzione, un colloquio. Termina naturalmente, quand'è compiuta, ogni cosa (10); può finir bruscamente, perché troncata.

---

modo comune; e poi non si direbbe *aspro senza termine*, come *senza fine*, il Boccaccio.

(1) BOCCACCIO: *Di sollecitarlo non finiva giammai.*
(2) MAGALOTTI.
(3) DANTE: *Posto avea fine al suo ragionamento.* - TACITO. *Imporre fine*, potrebbe avere altro senso; imporre ad altri che finisca.
(4) SACCHETTI.
(5) LUCREZIO.
(6) G. VILLANI; CICERONE.
(7) VIRGILIO.
(8) G. VILLANI.
(9) PASSAVANTI: *Delle quali cose con debito ordine, nostro trattato proseguendo, sufficientemente si terminerà la dottrina della vera penitenza.*
(10) DANTE: *Ove ogni ben si termina e s'inizia.*

Termina uno spazio (1) là dov'ha l'estremo suo termine: e che, di spazio parlando, meglio sia *termine* che *fine*, lo dice l'origine del vocabolo stesso.

Gli accademici della Crusca congiungono le due voci, ma in modo non lodevole forse: « Finito appena il termine ch'egli medesimo s'aveva proposto. » Egli è ben vero che, parlando d'un termine alquanto largo di tempo, questo termine ha un principio, un mezzo ed un fine; ond'è che si fissa ad un pagamento, ad una sentenza il termine di due, di tre mesi, d'un anno; ma di questo termine si dirà: scorrere, scadere, passare, forse meglio che: finire.

Notate, a ogni modo, che il termine di tempo non si potrebbe dir *fine*. E notate, in genere, che se gli usi talvolta si scambiano, v'è una ragione dello scambiarli, non già che promiscuità di senso conceda cotesta licenza.

Una di tali ragioni, nella nostra lingua anche troppo frequenti, si è l'eufonia. Per non dire: finendo, il poeta e il prosatore vi dirà: terminando. Potrebbe rivolgere in altro modo il costrutto, talvolta, non sempre però. E che *termine* abbia senso più materiale di *fine*, cel provano anche queste proprissime parole del Rosmini: « Zenone represse i timori del tartaro e della morte, col dire fine dei dolori il termine della vita, gli dei innocui.... »

E la indeterminazione del senso di quel vocabolo ce la mostrano i derivati o gli analoghi: *finalmente*, *fintantoché*, *fin d'adesso*, *finora*.

Sul finir della notte, del giorno (2), meglio che: sul terminare. Sulla fine della predica (3), del pranzo (4), e simili. Giudizio finale. *Fine*, assoluto, in senso di morte (5). Finitela una volta; modo comunissimo (6). La finirò io, dicesi di qualunque cosa dolorosa od incomoda a cui si voglia assolutamente, ed anche violentemente, dar fine (7). Farla finita, vale: non tornar più sopra un discorso o un affare, riguardarlo come veramente finito.

Ho finito, è modo di conchiudere il proprio discorso (8).

Finito significa, inoltre, rifinito, stanco, abbattuto.

Quando nell'azione o nel discorso non si considera solo il material termine ma l'esito, massime se buono; allora, meglio che *termine*, useremo *fine*: lieta fine (9), fine onorata.

E vedete la differenza da *buon fine* a *buon termine*. La cosa che si trova in *buon termine* può essere a mezzo, può essere cominciata appena; e vale, che si trova in buono stato, ch'è bene avviata. La cosa condotta a *buon fine*, o c'è già, o c'è molto presso. Anonimo: « Se l'interesse delle nostre buone opere è a buon termine con-

---

(1) DANTE: *Appiè del colle... Là ove terminava quella valle.* - Anche *finisce* si dirà, ma più rado.
(2) CRESCENZIO.
(3) DANTE.
(4) ORAZIO: *Finire prandia morís.*
(5) PETRARCA: *Bel fine fa chi ben amando muore.* - PASSAVANTI: *Mal vivendo non meritiamo di bene finire.* - Questo dicesi altresì *terminare*, ma più rado.
(6) VARCHI: *Finite una volta di riguardare con maraviglia le cose vili.*
(7) OVIDIO: *Gladio finire dolorem.*
(8) OVIDIO: *Finieral Pœna.* - QUINTILIANO: *Denique ut semel finiam.*
(9) BOCCACCIO.

dotto, affrettiamoci, nel nome del Signore, di recarlo a fine.

Qui notiamo che là dove *fine* sta da sè senza epiteto, meglio s'accorda col femminino, nella prosa almeno (1), perchè il mascolino si destina a *fine* in senso di scopo. E anche quando vi si aggiunge l'epiteto, meglio sarà farlo sempre femminino, per distinguere i due sensi diversi della medesima voce. Sulla fine della settimana, dicon sempre i Toscani; non: sul fine. Chi nella coltura delle lettere ha la gloria per unico fine, troverà, più pronta che non teme, la fine di questa stessa sua gloria.

Una voce finisce in una lettera (2); qui *finire* ha più comune uso che *terminare*. Il cardinal Bembo non vuole che i periodi o gl'incisi finiscano spesso con parole sdrucciole, cosa che toglie al dire gravità; ma di sdruccioli abonda pur Cicerone, e la gravità del cardinal Bembo non è cosa da ambire.

Ma sebbene dell'ultima lettera o sillaba, o delle ultime lettere o sillabe d'una parola, dicesi che la parola *finisce* in quelle; pure questa desinenza dal Salviati è chiamata *terminazione;* vocabolo non disusato.

Ho detto che della vita avvenire più spesso diciamo: senza fine, che: senza termine: ma *interminabile* ben si dice (3): e differisce da *infinito*, perchè *interminabile* non riguarda la durata. Finita è la natura dell'uomo; interminabile la sua beatitudine in Dio. In Dio tutto è infinito.

1998.
Compire, Finire.
Compito, Compiuto, Completo.
Incompiuto, Incompleto, Scompletato.
Complemento, Compimento.
Complemento, Supplemento.

— Compito, finito in modo che nulla del necessario vi manchi. — ROMANI.

Potremmo dunque dire: compiutamente finito, come il Boccaccio: compiutamente fornito.

Si compisce un'età, di dieci, di venti, di cent'anni (4). Tanti anni compiti, vale: finiti di scorrere affatto. Compire gli studi (5) (che finir si potrebbero alla meglio senza veramente compirli); compire un'impresa, un corso (6), un viaggio, non si direbbe propriamente quando l'impresa andò a vuoto, il viaggio non riuscì. Compimento è fine piena (7), e non infausta.

E *compiere* diciamo, e *compire*. Si compisce e si comple un affare, un viaggio (8), un uffizio (9); un edifizio si compisce (1). E in generale, *compire*, nella lingua parlata, cade assai più frequente.

Compito, poi, ha un senso suo (2). Uomo compito, chi nel suo tratto non lascia nulla a desiderare: obbligante, decoroso, piacente. Questo pregio chiamasi *compitezza;* che, come ognun vede, nulla ha che fare col *compimento*. E io serberei l'avverbio *compitamente* a questo senso della gentilezza delle maniere; e *compiutamente*, a indicare cosa compiuta, a cui nulla manchi (3). Così *compitissimo*, io serberei sempre al tratto, e a quelle doti morali (4) che richiede la vera gentilezza del cuore (poichè la morale entra in tutto). A *compiuto*, in senso di: pienamente finito, non darei superlativo, se non come per celia, poichè parmi una specie di superlativo esso stesso.

Dal senso originario di *compito* venne che qualunque cosa nel suo genere s'avvicina al supremo suo bene, compita si chiami (5): compita gioia, bontà (6), benefizio (7). Notate però che *compito* ha sempre buon senso; nè si direbbe: compito birbante, se non per ironia, come dicesi: birbante finito.

Avvertirò, da ultimo, che *completo* dicesi di cosa composta di più parti e alla quale nessuna parte manchi: edizione completa; completare un'opera; opera che rimane incompleta, scompletata. L'*incompleta* è lasciata in tronco dall'autore o dall'editore; la *scompletata* (parola inelegante, ma che dice brevemente e chiaro la cosa) non ha tutti i suoi volumi, che pure ci sono. Ma quando in luogo di: gioia, affare compito, diciamo: completo, quando parliamo di completare un lavoro, una somma, cotesta mi pare inutile eleganza.

— Incompiuto riguarda il tempo dell'operazione; incompleto, l'atto. Cosa incompiuta, non è compiuta per anco, ma forse sarà; cosa incompleta rimane così forse per lungo tempo o per sempre.

Può la cosa essere incompiuta, cioè non finamente lavorata in tutte le parti; ma completa, perchè nessuna parte le manca.

Incompiuta rimane un'opera se l'autore non la finisce; se lo stampatore non la stampa intera, incompleta; incompleta, se il compratore non ne ha tutti i volumi: scompletati ha il librajo quegli esemplari ai quali uno o più volumi o quaderni o fogli manchino. — A.

Complemento ha qualche vita anch'esso: non indica, come *compimento*, tanto la fine dell'atto, quanto quel soprappiù che si richiede a rendere compita la cosa (8). Nella scienza de'numeri, *complemento* è voce tecnica.

---

(1) Boccaccio; Albertano; Petrarca.
(2) Bembo; Quintiliano.
(3) Città di Dio; Varchi.
(4) Dante: *Mille dugento con sessantasei Anni compiér, che qui la via fu rotta.* - Cicerone: *Centum et septem complevit annos.* Questo del latino è l'uso vivente; quello di Dante è spento. Non si dice comunemente: gli anni compirono, ma appena: compie ora l'anno, onde il *compleanno;* il comune è: egli ha compiti tanti anni d'età; tanti anni si sono compiti.
(5) Gellio.
(6) Vite ss. Padri: *Il sole non compiette il suo corso e non declinò tutto.* - Cicerone: *Solis lustrationem annuam menstruo spatio luna complet.*
(7) Co-impleo.
(8) Petrarca: *La mia favola breve è già compita.*
(9) Dino: *L'uffizio degli altri non era compiuto.*

---

(1) Pecorone: *Per lo comune di Firenze si compì la chiesa.*
(2) Berni: *Avea... una sorella: Se alcuna fu compita ella fu quella.*
(3) Boccaccio: *La fece compiutamente ammaestrare nella fede. - Niuna festa compiutamente è lieta.*
(4) Salvini: *Principessa per ogni parte compitissima.*
(5) *Compiute esequie*, disse il Boccaccio, ed è uno de' pochi luoghi dove *compiuto* sta bene anco a' dì nostri, in luogo di *compito*.
(6) Dante da Maiano: *D'ogni valor compita Fora vostra bontade.*
(7) Varchi: *Nessun benefizio è tanto compito che i maligni non trovino da biasimarlo.*
(8) Cicerone: *Inania quædam verba, quasi complementa numerorum.* - Tacito: *Addito majestatis crimine quod tum omnium accusationum complementum erat.*

Un buon indice è complemento d'un'opera: un buon indice rende utile doppiamente anche un'opera mediocre.

Il *complimento* fu giudicato anch'esso un complemento della gentilezza dell'animo; ma n'è il supplemento. Il supplemento compensa a qualche modo il difetto, non empie perfettamente il vuoto, non fa un tutto con la cosa alla quale supplisce.

1999.
Compito, Compiuto, Perfetto.

— La cosa *compita* si suppone, d'ordinario, più perfetta. Si può aver *compiuta* una cosa senza che riesca compita. In questo senso, *compiuto* è participio, e *compito*, aggettivo. — A.

— *Compito* dice interezza delle qualità necessarie o utili a tale o tal uopo. *Perfetto*, interamente fatto, a tale o a tal fine; fatto con cura e con arte. A cosa compita non c'è d'aggiungere; in cosa perfetta non c'è più da fare. Un tutto è perfetto se ha tutte le parti sue regolarmente accordate; e compito se serve a tutti gli usi a cui si destina. — ROUBAUD.

— L'oggetto può essere compito, e non perfetto; rimanergli alcun difetto tuttavia.

Uomo compito, chiamasi in società chi ha maniere che piacciono, e costoro son sovente i meno perfetti. — FAURE.

2000.
Compiuto, Intero.

— La cosa è *intera* se non è mutilata, se niuna delle sue parti le manca; *compiuta*, se nulla le manca di quel che fa di bisogno. Si può avere un'intera casa, e non un appartamento compiuto. Molte cose sono intere che compiute non sono. — BLAIR.

2001.
Interamente, Per intero.

— Interamente (diciamo) mutar d'opinioni; non già per intero. Non: trascrivere interamente; ma meglio: per intero. *Interamente* riguarda l'azione espressa dal verbo; *per intero*, la cosa e l'effetto.

Più: *per intero* indica meglio l'istantaneità dell'atto. Città interamente distrutta, può essere stata distrutta a poco alla volta; città distrutta per intero, par ch'indichi la distruzione essere stata cagionata da una sola cagione continua. — A.

2002.
Mezzo, Metà.

— *Metà*, della quantità in genere; *mezzo*, dello spazio, comunemente. Alla metà del viaggio (1) troviamo un'osteria; nel mezzo della strada, i ladroni, i gabellieri, una fenditura del suolo, un sasso rotolato dall'alto, e simili impedimenti e malanni. — POLIDORI.

2003.
Fine, Estremità, Termine, Capo.

— *Estremità*, propriamente, di luogo; *fine*, opposto di *principio*; e dicesi, specialmente, di tempo. L'estremo, nel tempo, è quasi l'orlo della fine. Nell'idea di termine è compresa or l'idea di meta, or di riposo da una azione e da un movimento, or di tempo determinato. — ROMANI.

— *Capo* dice l'ultima parte del corpo, e lo fa riguardare come principio insieme e come fine; *estremità* determina il più lontano punto della cosa; *fine*, il punto là dove la cosa cessa o ristà.

L'un capo risponde all'altro; l'estremità al centro; la fine al principio. Capo del ponte; estremità del regno; fine della via, della vita. Percorresi la cosa dall'un capo all'altro; si va dal mezzo all'estremità; si segue l'oggetto dall'origine, dal principio alla fine.

Venire a capo, dicesi, per: venire a fine; ma par che denoti sovente: fine dove lo spirito trovi soddisfatte le idee e i desiderii proprii.

Venire a fine, può dirsi anco di trista e prematura riuscita.

Fine ha traslati che gli altri non hanno; ma quando s'usa nel proprio, disegna estensione alquanto lunga. Così: strada che non ha fine, senza fine; essere alla fine d'un lungo viaggio, d'opera lunga.

Estremità, dicesi di qualunque sia piccolo spazio. Il corpo d'un pigmeo ha le sue estremità; le ha fin l'atomo, se non che la imperfezione del senso nostro ci toglie discernerle. — GIRARD.

2004.
Infinito, Innumerabile, Interminabile, Sterminato, Smisurato, Immensurabile, Immenso.

Infinito, che non ha fine o confine; dicesi dello spazio e del tempo. *Innumerabile*, come il vocabolo suona, del numero. E quando un numero di persone o di cose si considera come un solo ente collettivo, acquista quasi l'idea di spazio grandissimo, e però gli si può in certo modo attribuire la qualità d'infinito, per iperbole familiare al comune discorso. *Immenso* riguarda piuttosto l'estensione; e indica o grandezza senza limiti, o grandezza che veramente non si è misurata (1). *Immensurabile*, che non può misurarsi.

Diremo: linea infinita, non già: linea immensa. E iperbolicamente si dirà: corpo immenso, meglio che: corpo infinito. Si dirà: lunghezza infinita, meglio che immensa.

Infinito dice ben più. L'immensità di Dio significa solo un attributo della divina natura; l'infinità, tutti quanti. Infinita, poi, meglio che immensa, diremo la bontà, la giustizia, la potenza divina.

Interminabile dicesi, più comunemente, del tempo: non già che non si possa, avvedutamente usato, dire di spazio che non ha termini, o li ha lontanissimi. *Sterminato* è più proprio della estensione, ma sovente in senso iperbolico; ed in ciò differisce da *immenso*, ch'ha usi più serii e più sinceri.

Smisurato è meno d'*immenso*, perché denota piuttosto estensione la cui misura eccede le solite, che non estensione da non si poter misurare.

2005.
FINIRE, PERIRE.
FINITO, PERITO.

Si *finisce* o di fine naturale o d'altra: si *perisce* per infortunio; come per incendio, per naufragio, per fame. Molti per non avere il coraggio di perire gloriosamente a pro della patria, dopo essere a lei sopravvissuti, periscono di fine vile.

---

(1) DANTE: *Nel mezzo del cammin di nostra vita*; qui riguarda lo spazio di tempo.

(1) Ma in questo senso sarebbe modo poetico. *Immensurato*, che dice questo per l'appunto, non è fuori d'uso. — A.

— D'un uomo, in ogni caso, non si direbbe ch'egli è *finito*, a significare assolutamente ch'è morto. Direbbesi per annunziare la morte allorché cessa l'agonia. *Perito*, all'incontro, di chi sia morto da un tempo più o men lungo: perita una famiglia, una discendenza; chè di molti insieme si dice meglio che d'uno solo. — CAPPONI.

2006.
FINIRE, FARLA FINITA.

Far finito, ha due sensi: del credere, del dire una cosa finita, spacciata, disperata; e del porre fine da sè ad atto o a discorso. Nel primo senso, diversifica chiaramente da *finire*, e s'accorda e col maschile e col femminile: altri faceva dianzi finito il regno delle parrucche, altri quello delle teste tosate. Ma quando diciamo: *fatela finita*; sempre gli ha a essere femminile, perchè sottintende cosa o simile, e vale più del semplice *finire*, perchè dice l'atto deliberato e non inefficace di voler metter fine a cosa ch'è per lo più tediosa. Chi nelle faccende e private e pubbliche non sa farla finita a tempo, verrà chi gliela farà finire bruscamente, e finirà male egli stesso.

2007.
FINITO (E'), È FINITA.

Il secondo ha senso più forte, o buono o cattivo. Io vo' per sentir un discorso accademico, una predica più o meno che accademica; se chi esce, mi dice: è *finito*, o: l'oratore ha *finito*, intendo, innocentemente, che non c'è più da sentire nulla. Ma se dice: è *finita*, o: l'ha *finita*, sottintende, la faccenda più seria per gli uditori che per lui; la guerra con l'altrui ragione o con la pazienza; e, per raccogliere in una parola tutta la capacità del vaso di Pandora, la noja. Dire assolutamente è *finita*, è sentenza di disperazione data ad altri o a sè stesso, e vale: non c'è più rimedio, non c'è riparo.

Così: *finite*, può essere consiglio o preghiera amorevole, rispettosa; *finitela*, ha del dispetto, dell'impazienza, del biasimo più o meno imperioso. *Finire* s'accorda col *di*; *finirla* non lo comporta, ma o sta da sè, o con qualche altra particella. Finitela una volta con cotesto voler fabbricare civiltà sulle ruine della fede, perchè quelle ruine v'impediranno i passi e il lavoro, vi schiacceranno la testa.

2008.
FODERA, FODERO.
RIFODERARE, RINFODERARE.

La *fodera* è de' vestiti; e' si foderano di pelli, di drappo, di tela, e simili (1): costa tanto la foderatura.

Nel traslato: aver foderati gli occhi, vale: vederci poco; foderar le parole, dicesi di coloro che ripetono, parlando, alcuna delle parole già dette: I' l' ho veduto, l' l' ho.

Fodero, della spada, d'armi da taglio (2). Riporre nel fodero, si direbbe *rinfoderare* (3); mettere di nuovo la fodera, *rifoderare*.

2009—2010.
FODERA, FEDERA, SOPPANNO.
FEDERA, GUSCIO.

---

(1) ARIOSTO: *Le fodere Riversan di scarlatto*.
(2) TAV. RIT.: *Fodero di spada*.
(3) Il SALVINI, figuratamente (ma in modo alquanto strano): *Lumache nella vagina delle membra rinfoderabili*.

2009.
Fodera, Federa, Soppanno.

Federa, la sopraccoperta di panno lino o di drappo a guisa di sacchetto, nella qual mettonsi i guanciali (1). La *fodera* è dunque interna, la *federa* esterna.

Soppanno è la parte della fodera che guarda il petto e la vita; può comprendere anco l'imbottito (2); nè mai si direbbe *soppanno* la fodera dappiede al vestito (3). Ben soppannato, dicesi di chi è ben coperto.

2010.
Federa, Guscio.

— *Guscio*, quell'involglio di panno a spina, e di due o più colori, che ricopre e dà forma alle materasse, a' guanciali, e simili; trapunto, e che non si può levare senza che quelli si guastino.

Federa è sacchetto di tela bianca, da coprire il guscio stesso de' guanciali, e che mutasi per pulizia. Le materasse, i cuscini da sedere, i sacconi, le coltrici, hanno gusci; non federe. Queste diconsi ancora *federette*, e in alcuni luoghi *foderette*; e questa è forse l'origine della voce; ma per distinguere la fodera sotto da quella di sopra, s'è forse mutata una lettera.

Guscio, talvolta, quel sacco assai grossolano che involge le merci, come lana o cotone, e che nessuno al certo chiamerebbe *federa*. — POLIDORI.

2011.
FODERO, GUAINA, VAGINA, ASTUCCIO.
SGUAINARE, SFODERARE.

Fodero è più comune nella lingua parlata; anche *guaina* però non è rado.

Quel delle forbici o arnesi simili, si dirà piuttosto *guaina* che *fodero*. Quello de' ferri chirurgici, delle posate, delle gioje, degli occhiali, è *astuccio* (4).

Guaine chiama il Redi quelle ove tien quasi riposti i suoi denti la vipera (5). *Guaina*, in Toscana, quel cucito attraverso al quale si passa un nastro, e col nastro si stringe o allargasi il vestito per meglio assettarlo alla vita.

Sguainare è più nobile di *sfoderare*; s'usa assolutamente, sottinteso il quarto caso; l'altro non così (6).

Sguainare i denti (7), non già: sfoderare; sguainare

---

(1) BELLINCIONI: POLCI.
(2) VARCHI: *Il qual lucco portano foderato di pelli, o soppannato di velluto e talvolta di dommasco: e di sotto chi porta un saio, chi altra vesticciuola di panno soppannato*. - Soppannato si dice di vestiti gravi. Un vestito da donna non si direbbe soppannato, neppure dai contadini, i quali però dicono *soppannare la carniera*. L'esempio del Varchi fa pur conoscere che il soppannò deve essere di materia che possa dirsi *panno*: delle pelli non gli è potuto venir detto. Ma *soppanno* e *soppannare* sono termini serbati soltanto dal popolo che parla più all'antica: *fodera* e *foderare* hanno scacciato le prime due dalle bocche civili. — LAMBRUSCHINI.
(3) FIRENZUOLA: *Queste parti si possono aiutare colle bambage o col soppanni (il seno delle donne, per parere più pieno)*. Cotesta specie di soppanni non si potrebbe dir fodera. E in altri casi la voce rimasta nel contado potrebbe tornare opportuna anco nelle gentili scritture.
(4) BUONARROTI: *Astuccio... dove aguzze... Sian cesuie e lancette E lime e punteruoli*.
(5) *Nel fondo di quelle guaine in cui tien riposti i suoi denti la vipera, stagna un umore...*
(6) DAVANZATI: *Chi grida, chi sguaina*.
(7) LIPPI: *Sguaina l'ugna*. - REDI: *Co' denti cannini sguainati*.

l'ugne, che l'Ariosto dice: spiegare. Sfoderare una cattiva poesia, un argomento potente, è metafora non dell'uso comune, ma propria. I versi e le argomentazioni di certuni son arme micidiali; che pure il mostrarle fa venire i brividi a un pover'uomo (1).

Rinfoderare abbiamo, non già: ringuainare.

Sfoderare, per levar la fodera, è senso tutto proprio di questo verbo.

Vagina, anco in poesia non è comune, perché *guaina* ne fa bene le veci (2). Il senso medico di *vagina* è ben noto; e a questo solo senso riserbasi tale vocabolo.

Mancano poi a questo nome, come caduto dall'uso, i derivati e i traslati ch'ha il comune *guaina*.

2012-2021.
FORO, APERTURA, PERTUGIO.
BOCCA, APERTURA, ORIFIZIO.
BUCA, BUCO.
BUCHERINA, BUCOLINO, BUCHERELLA, BUCHINO.
BUCO, FORO, FORAME, APERTURA.
IMBUCARE, RIMBUCARE, INFOSSARE.
IMBUCARE, INTANARE, RINTANARE.
SBOCCARE, SBUCARE.
IMBOCCATURA, FOCE.
PORO, MEATO.

2012.
Foro, Apertura, Pertugio.

— *Pertugio*, buco da parte a parte (3), ma, per lo più, non grande. — ROMANI.

— Il *foro* è più piccolo; l'*apertura* può esser grande assai, e il *pertugio* appena visibile. — A.

2013.
Bocca, Apertura, Orifizio.

— *Orifizio*, apertura a guisa di bocca; *bocca*, d'ordinario, è apertura men piccola: orifizio di un cannellino; bocca del forno, del pozzo. *Apertura* è più generale: apertura di un muro.

Si può, oltre all'orifizio e alla bocca, fare un'apertura in un corpo, buona a qualch'uso o no; ma sempre men regolare. — ROMANI.

2014.
Buca, Buco.

La *buca* è cavità; il *buco* apertura: la buca, è nel solido; il buco è un vano. Si fa una buca in terra, un buco in un abito; una buca nell'arena, e proverbialmente, a significar cosa inutile, un buco nell'acqua. Si fa la buca scavando; il buco, forando, sfondando, stracciando (4).

— La differenza delle cose da questi vocaboli significate è anche nell'ampiezza e nella forma loro. Il buco è piccolo e, per lo più, tondo; la buca, grande (1), è di qualunque figura. — A.

2015.
Bucherina, Bucolino, Bucherella, Buchino.

Bucherina, piccola buca; *bucolino*, picciol buco. Hanno le medesime differenze che le voci da cui son derivati.

Bucherella è quella piccola buca in cui per gioco si esercitano a buttare col calcio una palla i fanciulli. Onde: giuocare alle bucherelle, che dicesi pure: a buchetta, o: alle buchette.

Buchino, meno gentile degli altri, fors'anco per questo dicesi comunemente de' buchi ne' vestiti e altre robe d'uso; onde il proverbio: chi non cuce buchino, cuce bucone; e ha senso di generale verità, traducendo il *principiis obsta*. Se ne fa anco *bucaccio*. Da *bucherello*, *bucherellato*, non solo di corpo che abbia buchi da banda a banda, ma semplici cavità in forma di buche, o anco puntolini che pajono traccie di bucherelli fatti già.

2016.
Buco, Foro, Forame, Apertura.

Il *buco* non è grande, per lo più, e può aprire da solo un lato: se passa da banda a banda, dicesi anche *foro*: se fatto con l'arte, o più grande, *forame*. *Apertura* è generico.

2017.
Imbucare, Rimbucare, Infossare.

S'*imbuca* il grano; uno s'imbuca per nascondersi; e traslatamente, di chi non si trova né si sa dove sia, sogliam dire: dove s'è egli imbucato?

Il grano imbucato cavasi per dargli dell'aria, poi si *rimbuca*.

— Perché il luogo dove il grano vien riposto, ha nome, secondo i paesi, di buca e di fossa, *infossare* è lo stesso che *imbucare*. Della operazione contraria, *sfossare*, si dice: sbucare, non già; ma bensì: cavare dalle buche. — CAPPONI.

Sbucare ha uso neutro: uscir di buco o di buca. Nel traslato vale: uscire di nascondiglio, o, anche non nascosto prima, comparire improvviso, minaccioso, o, gravissima delle minacce, importuno.

Rimbucarsi, diciamo (2), e: stare rimbucato, meglio che: stare imbucato.

2018.
Imbucare, Intanare, Rintanare.

Sebbene tana, talvolta, non sia più grande di buca, nondimeno, perché essa può essere anco di bestia grossa e di fiera, *intanare* dice più, e ha più sovente congiunte idee di fierezza, o almeno di spregio. Dacché il buco o la buca può essere anco dell'uomo, tana è sempre di bestia; onde dicendolo d'uomo, gli è un dargli della bestia, se non della fiera. Dove s'è egli intanato? dice per lo meno più impazienza che: dove imbucato? Traslatamente, un foglio, un libro, una notizia s'*imbuca*, non si sa dove trovarla. La verità pare che talora s'imbuchi; pare all'uomo, che non merita di discernerla, così cospicua come sempre è; l'errore s'intana.

---

(1) E *sfoderare*, assolutamente, di chi facendo qualche cosa voglia distinguersi, o di chi superi l'opinione che di lui si aveva. Al sentire, per es., una bella predica da un predicatore mediocre, si dice: oggi gli ha sfoderato. Oggi i' vo' sfoderare. — MEINI.

(2) MONTI: *E tu dalla vagina Esci, ferro di morte.* Ma *guaina* non avrebbe guastato. - DANTE, per pelle: *Marsia traesti Dalla vagina delle membra sue.*

(3) DANTE: *Breve pertugio.... M'avea mostrato per lo suo forame, Più lune.*

(4) Quindi: *buca del sepolcro*; *buca*, luogo da conservare grano: *far una buca*, servirsi del danaro affidato; tutti modi dell'uso. Quindi: *buco della chiave; cercare ogni buco*.

(1) SACCHETTI: *Spelonche è buche che sono ne' monti.* Dante chiama l'ultimo giro d'inferno: *Il tristo buco Sovra 'l qual pontan tutte l'altre rocce*, riguardando la cavità dello spazio.

(2) SACCHETTI: *Vedendosi rimbucare e non veggendo dove...* - *Stette rimbucato più di.*

Rintanare è più comune, e, quando non significhi ripetizione, più intenso.

2019.
Sboccare, Sbucare.

— *Sboccare*, escire d'una bocca; *sbucare*, d'una buca. Si sbocca, per lo più, di forza; si sbuca di queto (1). Sbocca un fiume, sbuca una fiera (2); sboccano i nemici aperti e in numero (3); sbucano i traditori, o anco nemici appiattati, alle insidie, anche pochi o uno.

Sboccare, dicesi meglio di molti perché richiama l'imagine di versamento abondante. — ROMANI.

2020.
Imboccatura, Foce.

La *foce* è de' fiumi; l'*imboccatura* può essere di strada, di canale o simile (4).

Di fiume, diciamo anco *foci*, plurale; *imboccature* è più rado: le sette foci del Nilo.

Metter foce, non: mettere imboccatura (5).

Imboccare, ben si dice de' fiumi; *foce* non ha verbo analogo (6). Imbocca anche uno strumento nell'altro, un pezzo della macchina nell'altro pezzo.

Foce, come più breve, alla poesia s'è accomodato finora meglio che *imboccatura*.

Siccome all'imboccatura de' fiumi l'arena del mare, respinta, s'ammonta e fa retrocedere le acque; così que' tributi che sono con violenza riscossi, risospingono addietro l'affetto de' popoli, e innalzano nuovi limiti all'insolente potenza.

2021.
Poro, Meato.

— *Meato*, sottil canaletto per cui passa o penetra il liquido o il fluido. *Poro*, meato minutissimo per cui gli animali o i vegetanti svaporano o trasudano della loro sostanza, o attraggono o assorbiscono dell'altrui. Tutti i corpi hanno pori; meati non tutti. — GATTI.

2022.
FORTE, VEGETO, ROBUSTO, RUBIZZO, GAGLIARDO, PROSPEROSO, VIGOROSO.

Vegeto di tutti i corpi organici, in pieno vigore: uomo, pianta. Non può l'uomo essere veramente forte, gagliardo, robusto, senz'essere vegeto; ma può essere vegeto, senz'essere forte, gagliardo, robusto. C'è uno stato di sanità piena, congiunto a certa naturale delicatezza di fibra. Le donne son più vegete degli uomini; non più forti. *Vegeto*, insomma, esprime il benessere, non la potenza.

— *Gagliardo* è più di *rubizzo* (7). A *rubizzo* s'accompagna l'idea di certo vigore e brio. Dicesi, più ch'altro, di bambini e di vecchi, che in molte cose somigliano ai bambini. Il vecchio rubizzo gli è un vecchio improsciuttito dagli anni; che conserva della forza, e ama l'allegria.

Gagliardo, anco di cose: vino, vento gagliardo. *Rubizzo*, di sole persone, e talvolta d'animali; cavallo rubizzo, vale: robusto e brioso. — MEINI.

Prosperoso pare un po' più di *vegeto*. Chi è vegeto è sano; chi è prosperoso, è sano in modo visibile, in modo, per dir così, rallegrante. *Prosperoso* dice bel colore, bella cera, sufficiente pienezza. Si può essere vegeto e secco: uomo secco, forse non si dirà *prosperoso*.

— *Vegeto* dice salute; *vigoroso*, salute con forza. Il primo, del corpo soltanto; il secondo, e del corpo e dell'animo. — A.

Vigoroso, dunque, è più di *vegeto*: è quasi l'effetto e l'incremento di quello. *Forte* è ancor più. Un temperamento vigoroso non soffre d'ogni menomo incomodo; un temperamento forte sostiene anco i mali.

Nella gagliardia pare abbia parte anche l'animo, desio a adoprare nel miglior modo e più efficace la forza del corpo.

Robusto dice quella forza che viene dalla sodezza delle membra, dalla durezza della complessione, dal *robur*. Uomo troppo grasso o troppo magro, sarà forte, se vuolsi, ma non robusto.

Insomma, *vegeto* denota il benessere; *prosperoso*, benessere più manifesto e più gajo; *forte*, l'effetto del benessere, il qual si dimostra nel sostenere gl'incomodi e nel vincere i mali. *Vigoroso* esprime l'alacrità della forza; *gagliardo*, la forza del corpo ajutata sovente dalla volontà; *robusto*, la forza in sè raccolta e visibile. Quello che *prosperoso* è rispetto a *vegeto*; *robusto* è rispetto a *vigoroso*: la significazione sensibile, se così può dirsi, dell'essere e del potere interno.

Prosperoso può, talvolta, non indicare se non l'esterna apparenza. Può un vecchio essere prosperoso, senz'essere vegeto.

Robusto, forte, vigoroso, gagliardo hanno, inoltre, senso traslato. Nel Petrarca lo stile ha forza, ma non gagliardia. Lo stil forte è quello dove la forza è nascosta; nello stile robusto è visibile. Anche nella dolcezza è la forza.

Le piante, son vegete quando viva è la vegetazione. Anche un'erba può dirsi vegeta; *vigore* è più.

Pianticella non grossa può dirsi forte quand'ha tutta la forza richiesta per viver bene. La robustezza non è se non di quegli alberi che hanno tronco massiccio (1).

2023.
FORTIFICATO, MUNITO.

— Si munisce d'armi, di torri, di gente, di vittuaglia; si fortifica, specialmente, con edifizii da guerra.

Un luogo può essere da natura *munito, munitissimo*; e *fortificato* dall'arte. Può essere munito dall'arte, e non fortificato, cioè non tanto munito da doversi tenere per forte. — A.

2024.
FORZA, FORZE.

— *Forza*, talvolta, vale violenza; *forse* ha sempre buon senso. *Forze* è più relativo. Così diciamo d'un ammalato, che le forze lo abbandonano; ed egli già da gran tempo non ha più forza. — A.

— *Forze* suole avere senso più indeterminato, come quando diciamo: non ho forze bastanti; le mie forze non ci arrivano: e intendiamo di danaro o d'altro mezzo qualunque. *Forze* diconsi pure i giochi di destrezza, d'agilità, di forza, nel movere maestrevolmente il corpo, nel cavalcare, nell'alzar pesi, e simili. E chi ne fa professione si chiama *forzatore*. Bella forza! ironicamente a

---

(1) CECCHI: *Lo fo sbucare di casa.*
(2) TASSO: *Di non so donde un lupo sbuca.*
(3) CHIBR. CALVANEO.
(4) REDI: *I polmoni sono in foggia d'una vescica situata all'imboccatura di questo forame.*
(5) G. VILLANI: *Il Tanai, che mette foce in sul mar maggiore.*
(6) DAVANZATI: *Dove l'Adda imbocca nel Po.*
(7) PULCI, Morgante: *Più rubizzo e più gagliardo.*

---

(1) DANTE: *Robusto cerro.*

chi si crede d'aver fatto una bella cosa. D'un ricco tirchio che desse un quattrino di limosina, direbbesi: gli ha fatto una bella forza! — MEINI.

2025.
FORZA, LENA.

— *Lena*, quand'ha senso affine a *forza*, è quella specie di forza che vale a reggere la fatica, come l'origine accenna, a durare, ad andare (1). — ROMANI.

2026.
FORZA, VIGORE, ROBUSTEZZA.

Il *vigore* pare più pronto al fare; la *forza*, e al fare e al patire. Il Manzoni chiama *vigoroso* il Redentore risorto. *Forte*, in quel luogo sarebbe languido.

La forza che non s'esercita, non è vigore. Tutti hanno un qualche grado di forza e di corpo e d'animo; vigore, non tutti.

Robustezza è forza più sensibile, più ferma, più dura, se così posso dire (2); e si riferisce, per lo più, alla potenza del corpo, o dell'ingegno e del dire.

2027.
FORZA, FERMEZZA, INTREPIDEZZA.

Può essere *forza* senza intrepidezza, quando convenga esercitare essa forza contro a difficoltà materiali, o contro minuti ostacoli, che sono i più tediosi. Poi, può la forza durare alcun tempo; e a un tratto, di contro al pericolo, trepidare.

L'*intrepidezza* può essere senza forza vera, quando viene da stupidità, o da audacia pazza, o da furor disperato. Vediamo intrepida al pericolo gente che non lo conosce. E però intrepido diciamo colui che sostiene senza rossore il biasimo o l'infamia meritata. *Intrepidezza*, insomma, non è che il contrario di *trepidazione*; può essere atto virtuoso, può essere biasimevole, può non essere nè questo nè quello.

L'intrepidezza è segno della fermezza. Ma può l'uomo trepidare di moto corporeo, e avere l'anima ferma, così come Abramo, ed il Tell.

La *fermezza* è forza o fortezza perseverante. Molti che in un frangente son forti, contro i menomi impedimenti non sanno stare fermi. La fermezza nella vita è più necessaria della forza; è anzi la forza vera.

Ma quando la fermezza piega al male, all'errore, forza non è. L'ostinazione, ch'è una specie di fermezza, dimostra spirito debole.

— Si dirà bene: intrepido ne' pericoli, o contro a' dolori; fermo ne' propositi, e forte nelle opere. Volontà ferma che intenda a scopo non accessibile, rimarrà sterile e senza forza; e dove non è cimento, intrepidezza non è. Ingegno forte, diciamo, e non già: fermo, nè: intrepido; le altre qualità che sono dell'ingegno conviene cercarle tra quelle che s'appartengono a strumento, perchè l'ingegno è strumento il cui motore è nell'animo. A definire una voce astratta (sin dove ci sia concesso il definire la cosa) basta, opera semplicissima, raccogliere li aggiunti ch'essa riceve nell'uso. E voi, chiarissimi filosofanti, che traducete gli astratti generici per via di astratti generici, voi (scusatemi) non fate altro che imbrogliare le cose e falsare le idee; le definizioni vere e comprensibili, l'uomo, cioè il popolo, le sapeva innanzi e meglio di voi. — CAPPONI.

2028.
FORZA, VIOLENZA.

— La *violenza*, forza eccessiva che si sfoga in effetti dannosi. Buti: « Violenza è forza fatta a danno e male altrui. » — ROMANI.

2029.
FORZOSO, FORZUTO.

— *Forzuto*, di molta forza. *Forzoso* non ha più questo senso, come in antico, ma vale fatto di forza, a forza: prestito, comando forzoso. — ROMANI.

2030.
FRANCHEZZA, LIBERTÀ.

— *Franchezza* è libertà di parlare e fare senza dissimulazione; la franchezza dice quello che sente; la *libertà* lo dice colla coscienza del proprio diritto. — ROUBAUD.

— Libertà, nelle parole e ne' sentimenti; franchezza, più propriamente, nelle parole e ne' segni esterni. Questa è talvolta simulata per malizia o per vanto. Può parlar francamente anche l'uomo dominato da un pregiudizio, venduto a una fazione, prezzolato da un tiranno.

Franchezza per franchigia o per stato franco, cioè libero, sono sensi che pendono all'antico e da usarsi con parsimonia.

C'è una franchezza tutta esteriore e quasi meccanica. La non libertà nella scelta del soggetto o del modo di trattarlo, fa la mano dell'artista nell'eseguire men franca. Certi autori scrivono con franchezza, che non pensano con libertà, nè liberamente possono nè vorrebbero parlare. — POLIDORI.

2031.
FRANCHEZZA, FIDANZA, BALDANZA.

Può l'uomo fidare non tanto in sè, quanto nelle cose e in altrui, e non essere baldanzoso, ch'è l'esterna manifestazione inconveniente di *fidanza* soverchia. Può l'uomo avere *baldanza* negli atti, e poca fidanza nelle forze proprie; e parecchi ce n'è di cotesti. La *franchezza* è d'uomo libero da timore, da riguardi, o da vani sospetti. E anche *baldanza* è franchezza piena d'alacrità, compagna ora al bene ora al male; ma spesso ha mal senso.

2032.
FRANCHEZZA, LEALTÀ.

— *Lealtà* è franchezza di atti e di parole ispirata da sentimenti puri; senz'affettazione, senza sforzo. L'uomo franco è retto e animoso: l'uomo leale è franco, ove bisogni, con generosità; ove bisogni, prudente; non solo non dissimula nulla, ma nulla ha da dissimulare per essere rispettato e benvoluto.

Sleale è chi non ha la franchezza necessaria per mantenersi fedele a' propri doveri. — ROUBAUD.

2033—2034.
FRANCO, SCHIETTO, SINCERO, INGENUO.
CANDIDAMENTE, SCHIETTAMENTE.

2033.
Franco, Schietto, Sincero, Ingenuo.

Schietto, chi dice con semplicità non sciocca quello che sente, chi non simula; *franco*, chi dice e opera con libertà, non dissimula. *Sincero*, chi non altera la verità; *ingenuo*, chi la dice nella pienezza natia, con nobile prontezza.

---

(1) *Haleine, halitus.* - BERNI: *A voler esser buon combattitore.... lena ci bisogna.*
(2) *Robur.*

L'ingenuità è spontanea, abondante. La franchezza è talvolta dovere. La sincerità non è mai difetto, ma talvolta pericolo non necessario. La schiettezza è dovere sempre, perchè l'opposto di lei è un vizio disprezzabile: la doppiezza.

L'uomo franco, sovente dispiace; se franco al bene, lodasi, ammirasi, ma non si cerca. L'ingenuo pare un po' ridicolo ai corrotti, ma i savii l'amano. Il sincero dispiace talvolta, ma dalla coscienza anco degli offesi egli è rispettato. Lo schietto non può non piacere a chiunque non sia cattivo. La schiettezza tempera quello che nell'ingenuità è troppo infantile, e nella franchezza tropp'aspro.

La franchezza viene dalla dignità e dalla forza dell'animo; invano la chiedi al tiranno e allo schiavo. La sincerità vien dal cuore; se il labbro tace, la traspare dagli occhi.

2034.
Candidamente, Schiettamente.

Il candore è schiettezza più tranquilla, più innocua. Chi ha qualcosa di spiacevole da dirvi, e ve lo dice senza molti riguardi, vi parla *schiettamente*; ma questa schiettezza può essere poco piacente: il candore è limpido sempre e amorevolmente sincero. C'è un candore timido che non giunge alla schiettezza; anzi consiste più nel far sentire e intravedere, che nell'esprimere chiaro il proprio sentire. Il candore è proprio della donna innocente; la schiettezza, dell'uomo virtuoso, se schiettezza leale. Il furbo simula schiettezza; la civettuola affetta candore. La schiettezza non sa dissimular la nerezza del male; il candore dà al male stesso di cui è costretto parlare una tinta della propria bontà. La schiettezza non è unita al candore se non negli uomini vergini delle miserie della odierna vita sociale.

2035—2036.
FRANCO, Sincero, Ingenuo, Verace, Schietto.

2035.
Franco, Sincero, Ingenuo.

— La sincerità mi vieta parlare altrimenti da quel ch'io penso; la franchezza mi fa parlare com'io penso e sento; l'ingenuità muove a dire tutto quanto uno sente o sa. La sincerità è necessaria all'affetto; la franchezza fa sicuro il sociale commercio; l'ingenuità talvolta fa contro ai dettami della prudenza. — GIRARD.

2036.
Verace, Sincero, Schietto.

— Veracità è la conformità delle parole co' fatti, quali noi li vediamo o quali sono; sincerità è la conformità de' sentimenti e de' pensieri con le parole e con gli atti che li significano. La sincerità è un specie di verità; ma questa è idea assai più generale. Non basta essere sincero per essere verace; conviene ch'io dica il vero qual è; sappia intenderlo, cioè, e sappia esprimerlo. Se non conosco bene le cose e le giudico con passione, sarò sincero anche troppo; verace non sarò. Chi non dice tutto il vero qual è per l'appunto, non è *verace*; chi simula, non è *sincero*. Può il narratore essere verace nel racconto del fatto, e non sincero se lo giudica contro l'intimo senso. La veracità può tacere alcune delle cose da dirsi; la sincerità, no. — FAURE.

L'uomo *verace* si conosce alla prova; lo *schietto*, al viso. L'uomo verace dice la cosa com'è; lo schietto, quale la pensa. Il primo espone il fatto; il secondo apre

TOMMASEO, *Diz. dei Sinonimi.*

il suo sentimento. L'uomo verace non sa mentire; lo schietto non sa fingere.

2037—2044.
FRANCO, Entrante, Impaccioso, Intrigante.
Manieroso, Disinvolto.
Entrare, Immischiarsi, Cacciarsi.
Insinuarsi, Ficcarsi, Intrudersi, Impacciarsi.
Ficchino, Fiutino, Fiutone, Caccianaso.
Immischiarsi, Inframmettersi.
Introdurre, Intromettere.
Interporre, Frammettere, Intramettere, Inframmettere, Intermettere.
Interporsi, Intercedere, Intervenire.
Intercessione, Mediazione.
Mediatore, Mezzano.

2037.
Franco, Entrante, Impaccioso, Intrigante.

Entrante dice la franchezza di chi sa introdursi nella conversazione e nella famigliarità di gente non nota. Ogni uomo entrante è *franco*, sebbene talvolta ne' modi dissimuli la franchezza e si faccia moglo; ma non ad ogni uomo franco può darsi nome d'*entrante*. Certa franchezza è troppo dignitosa o troppo ruvida; per essere entrante, convien avere piacevolezza, cortesia, talvolta un po' troppa (1). Egli è perciò che l'uomo entrante può non parer tanto franco; appunto perché, a bene introdursi, a' giorni nostri, la franchezza è più impedimento che ajuto.

Franco, del resto, indica un pregio; *entrante* può indicare difetto, anche vizio. Gl'importuni sono entranti pur troppo, entranti gli scrocconi, entranti le spie.

La franchezza è abituale cogli ignoti e co' noti. L'uomo entrante non ha già l'occasione di esercitare a ogni tratto la sua abilità.

— *Entrante* aveva già buon senso; quello, cioè, di persona che con bel garbo sa introdursi presso alcuno, o insinuarsi nel di lui animo. Nell'uso odierno, vale; uomo indiscreto, che metta bocca o si ingerisca in ciò che non lo riguarda. È meno d'*impaccioso*, e questo è meno d'*intrigante*.

Entrante dice franchezza inopportuna, insistente; un fare contrario a delicatezza e a modestia. Questo è difetto anche di certi signori, quando per caso si trovano a conversar con de' poveri, ai quali credono fare un bel regalo interrogandoli di mille cose; e i poveri inesperti li soddisfanno, credendo che di tali interrogazioni sia causa tutt'altro che una sterile curiosità. E' non sanno i meschini, che, generalmente parlando, non v'è persona più incivile di un signore in mezzo alla povera gente.

Ragazzo che interrompe i discorsi de' maggiori, pigliando la parte di questo o di quello, ha il titolo d'*entrante* e quel d'*impaccioso*. Quest'ultima voce ha pure usi più gravi.

Intrigante è tutt'altro che epiteto da ragazzi o da indiscreti. L'intrigante, è uno sfrontataccio, un raggiratore, che, per arrivare al suo fine, si fa lecito di calunniare, di soppiantare. Gli ambiziosi, per lo più sono intriganti.

Entratura non ha significato sinistro. Avere o non avere entratura, vale: conoscenza, più o meno famigliare. — MEINI.

---

(1) SEGNERI: *Nel trattar manieroso, entranti.*

2038.
Manieroso, Disinvolto.

— Nel primo si considera segnatamente la dolcezza e la grazia del parlare e del conversare; nel secondo, l'agilità e la prontezza. — ROMANI.

2039.
Immischiarsi, Cacciarsi, Insinuarsi, Ficcarsi,
Intrudersi, Impacciarsi, Entrare.
Ficchino, Fiutino, Fiutone, Caccianaso.

Entrare è il meno di tutti, e non esprime biasimo se non per accompagnamento d'altre parole, o almeno per l'idea e il sentimento sottintesi. *Insinuarsi* può essere bene; ma quand'è male, denota frode, non forza, ond'è più sprogevole. *Impacciarsi* dice entrare in maniera da essere d'impaccio non solo ad altrui, ma a sè stesso. Nè l'uomo s'impaccia solamente in cose altrui, ma in brighe da sè. *Cacciarsi* ha sempre mal senso, ed è più violento del *ficcarsi*, che in quella vece è più importuno. I Toscani ne fanno *ficchino*, ch'è quasi una professione, più o meno liberale secondo i tempi, come *imbianchino, aguzzino*. Il ficchino chiamavasi *inframmettente*, parola più lunga, e che però tiene del caudatario, ma che non dice per l'appunto il medesimo. L'inframmettente fa l'opera sua pur per metterci qual cosa del suo, per vanità più o men petulante: il ficchino si ficca, non tanto per vanità, quanto per proprio interesse o curiosità.

Di curioso che pettegoleggia per annusare i fatti altrui e sparlarne, dicesi anche *fiutino*, e per più dispregio *fiutone*; la maggiore importunità è denotata da *caccianaso* che sveglia imagini ancora più basse.

Intrudersi può essere tanto violento quanto il *cacciarsi*, e può essere un misto di forza e di frode; ma l'idea sua propria è l'ingiustizia, l'illegittimità. Chi s'intrude, vuol rimanere entro, fa per prendere stabilmente possesso: onde dicesi non tanto dell'inframmettersi ne'discorsi e nelle liti, dell'immischiarsi nelle faccende, dell'insinuarsi negli animi o nelle pratiche, del *ficcarsi* nelle famigliarità o negl'interessi come discorsi, del *cacciarsi* dove nessuno lo chiede o lo vuole; ma dell'entrare nella proprietà o nella potestà non debite a lui. Anco nelle altre cose ha luogo l'intrudersi, e dice sempre men diritto e più pertinacia; ma le voci *intrusione* e *intruso* serbansi più propriamente alla proprietà dell'avere e all'autorità del potere. Proprietà e autorità sono idee che si scambiano ora rettamente ora no; e il padrone d'un terreno si tiene un frammento di governante, e il governante sovente tiene sè padrone e de'terreni e de'corpi e dell'anima. Ma l'intrusione non sempre è di forza; anco per via d'elezioni, o carpite o corrotte, intrusione può esserci. *Detruso*, bella parola di Dante, è antiquato. Perchè?

2040.
Immischiarsi, Inframmettersi.

— L'*immischiarsi* è più ardito; l'*inframmettersi* più artifizioso.

Ma l'uomo si mischia anco in cosa che gli appartenga, se lo fa in modo non conveniente. Chi s'inframmette, è importuno, e non ci ha punto che fare. Onde diciamo, anche di cose ove abbiamo un diritto: non mi ci voglio immischiare nè punto nè poco. Nè qui si direbbe: inframmettersi. S'immischia l'uomo negli affari per consigliare e per fare; s'inframmette anco per sentenziare, anco per mera curiosità.

S'immischiano anco le cose; solo gli uomini s'inframmettono. *Frammettere* ha altro senso che qui non è necessario dichiarare. — A.

2041.
Introdurre, Intromettere.

Introdurre par che dica qualcosa di più delicato; *intromettere*, di meno opportuno. S'introduce un cannello, una siringa e simili; non s'intromette.

S'introduce presso qualcuno una persona; *intromettere*, in questo senso, ha eccezione non buona. S'intromette un seccatore, una spia. Parlando, s'introduce tale o tale discorso; se il discorso è male a proposito, sarà ben detto *intromesso*, ch'è però sempre meno d'*intruso*, *ficcato*, *cacciato*.

2042.
Interporre, Frammettere, Intramettere,
Inframmettere, Intermettere.

— *Intramettere*, metter dentro. *Intermettere*, lasciare a mezzo (1); latinismo non molto usitato. *Interporre*, porre fra mezzo, porre tra persona e persona, cosa e cosa (2), tra cosa e persona. *Interporsi* ha il noto traslato di mediazione.

Inframmettere vale: interporre in modo importuno e nojoso; e differisce da *frammettere*, in quanto che quasi sempre è traslato. Chi s'interpone fra due che la mediazione non amano, costui s'inframmette. — ROMANI.

2043.
Interporsi, Intercedere, Intervenire.
Intercessione, Mediazione.

Intercedere, con parole; *interporsi*, co'discorsi e con l'opera, e con le preghiere e co'consigli, e più a buono che a mal fine; *intervenire*, con le parole e con l'opera a buono e a mal fine.

Interporsi, per altri sempre, *intervenire*, anche per sè. A una lite, a un contratto intervengono tutte le parti interessate; e allora ha senso legale. Ma interporsi nelle faccende altrui, suona meglio che intervenire in esse: le intervenzioni o gl'interventi hanno sempre qualcosa di meno schietto. *Intervento* ha uso oggidì più propriamente politico; troppo frequente da trent'anni in qua, troppo e come promessa e come minaccia, ma più come speranza.

Intercessione ha seco l'idea di preghiera più o meno aperta; *mediazione* è più generale. L'amico s'interpone mediatore tra due corrucciati. Il padre intercede per il figliuolo; la mediazione ha luogo anco ne'contratti, nelle negoziazioni, e simili; l'intercessione, là dove si tratti di grazia, di perdono.

2044.
Mediatore, Mezzano.

— *Mezzano*, il sensale e il ruffiano; *mediatore*, e mezzano a fine d'intercedere nelle conciliazioni, o mezzano in faccende più nobili. — AMBROSOLI.

2045.
FREDDEZZA, FREDDURA.

Freddura, talvolta, s'usa per freddo non piccolo. *Freddezza* può indicare gradi variissimi; poi soffre i traslati.

Freddura ne ha un solo, tutto di lei: cosa o motto o

---

(1) PASSAVANTI: *Penitenze che si possono intermettere.*
(2) GALILEO: *Cominciando la terra a interporsi tra Giove e il sole.* - BOCCACCIO: *Non molto tempo s'interpose.*

discorso di poco conto; e segnatamente que' motti che vorrebbero esser facezie, che sono insieme stiracchiature e meschinità.

2046 - 2053.

FREDDO, Ghiaccio, Agghiacciato, Ghiacciato, Gelato, Gelido.
Agghiacciare, Gelare, Ghiacciare.
Ghiaccio, Gelo.
Intormentire, Intorpidire, Aggranchiare.
Aggranchiato, Intormentito, Rattrappito, Rattratto, Contratto.
Intormentito, Intirizzito, Assiderato.
Intormentito, Indolenzito.
Agghiacciare, Assiderare.
Ghiacciuolo, Gelone.
Gelone, Pedignone.

2046.
*Freddo, Ghiaccio, Agghiacciato,
Ghiacciato, Gelato, Gelido,
Agghiacciare, Gelare, Ghiacciare.
Ghiaccio, Gelo.*

Ghiaccio, aggettivo, è della lingua parlata (1): acqua ghiaccia, mani ghiacce; sudor ghiaccio; sono tutto ghiaccio. *Agghiacciato*, oltre all'esprimere, come participio, il passaggio dell'umore di liquido a solido (2), ha usi più varii. Diremo dunque: l'acqua s'è agghiacciata, non s'è ghiaccia. - Anima agghiacciata dalla vanità, dal sospetto, dall'incredulità, dalla noja, dalla solitudine o dalla società, da studii inetti, da occupazioni abbiette, da troppo fervide passioni (3). Il passaggio s'indicherà meglio con *agghiacciato*, participio; lo stato, con *ghiacciato*, aggettivo, che talvolta direbbe un po' più (4). *Gelare* è più forte. Quando gelano le estremità, la circolazione si rallenta, s'arresta (5). Ecco dunque i gradi. *Freddo* è la negazione del calore, poi viene *ghiaccio*, che talvolta, nell'uso, esprime freddo alquanto sensibile, ma non quello dell'agghiacciamento; come quando dicesi: mani ghiacce. Poi viene *agghiacciato*, poi *ghiacciato*, poi *gelido*, poi *gelato*.

S'agghiaccia l'acqua in terra e si solidifica; gela nell'aria e cade in grandine.

Direbbesi: stanotte vuol gelare; e anche: ghiacciare (6).

Il gran freddo gela; che il gelo freddi, sarebbe ridicolo a dire (7).

Ghiaccio è acqua gelata di più o meno grossezza. Pezzi di gelo, non si direbbe, come: di ghiaccio (8).

---

(1) Poliziano: *L'acqua viva, chiara e ghiaccia.* - Vita di S. Maria Maddalena: *Diventò ghiaccia come neve.*
(2) Magal.: *La rarefazione dei fluidi fortemente agghiacciati.*
(3) Berni: *Agghiacciati dentro, e di fuor caldi.* - Petrarca: *L'ingegno... Nell'operazion... s'agghiaccia.*
(4) Alamanni: *Sopra i ghiacciati monti.* - Poliziano: *Ivi non osa entrar ghiacciato verno.* I Fiorentini pronunziano *diacciato* e *diaccio*. Come da *diurnus* s'è fatto giorno, così viceversa *diaccio* da *glacies*. Non è maggior idiotismo mutare il *d* in *g*, che il *g* in *d*. Ma l'uso è voce illustre, l'altro no. Perchè mai? Pensateci.
(5) Pallado: *A piedi scalzi vi possono andur senza gelare i piedi.* - M. Aldobrandino: *Doglia, gelamento o enfiamento.*
(6) Com. Purg.: *Non possono passare la seconda region dell'aere, e quivi si gelano e caggiono.* - Petrarca: *Vapor gelati.*
(7) Pallado: *Geli per la freddura.*
(8) Boccaccio: *Come il ghiaccio al fuoco si consuma per voi.* - Redi: *Che ghiacciate, pel caldo si sciolgono in acqua.*

Rompere il ghiaccio, per cominciar a imprendere, a trattar cosa non facile, e agevolar la strada agli altri ed a sè; questo modo dell'uso non ammette scambio con *gelo* (1).

Sentirsi gelare il sangue, diciamo più comunemente che: agghiacciare. Ma e: agghiacciare, e: gelar di paura, d'ira, d'amore, e: sentirsi nell'anima il ghiaccio del terrore, il gelo del sospetto. In questo senso però *gelo* è un po' più comune (2).

2047.
Gelato, Gelido.

— *Gelato*, indurito dal freddo; *gelido*, che ha gelo, che induce gelo. — Prignani.

— *Gelido* (voce non volgare) dice talvolta meno di *gelato*. — Lambruschini.

— *Gelato*, participio, denota il passaggio, il diventare; *gelido*, aggettivo, lo stato, la qualità. — A.

2048.
Intormentire, Intorpidire, Aggranchiare.

Il granchio è una specie d'intorpidimento; può una parte del corpo *intormentire* dal dolore, dal freddo, senz'essere aggranchiata però; può la parte (od il corpo tutto) essere *intorpidita*, men agile ai moti naturali o chiesti dalla volontà, e pur non essere intormentita. Questo è torpore grave e, per lo più, doloroso.

Dicesi poi *aggranchiato* un corpo o parte di quello, che sta rattrappito, raccolto in sè, come aggranchiato fosse o non si potesse tutto snodare. Io, per esempio, scrivendo tengo la mano aggranchiata, e scrivo aggranchiato.

2049.
*Aggranchiato, Intormentito, Rattrappito,
Rattratto, Contratto.*

Il più o men breve intormentirsi, segnatamente di mano o di piede, è *aggranchiarsi*; ma può l'intormentimento venire da gelo, da malattia, non da momentaneo allentarsi o irrigidire delle parti che servono al moto. Poi l'intormentirsi può essere del capo o della persona tutta. L'effetto o dell'intormentire, o d'altro impedimento o infermità, può essere il rimanere aggranchiato nelle mani o ne' piedi. Può questo secondo denotare l'atto che prendono e in cui rimangono dette parti. Onde, per estensione, dicesi di chi scrivendo non distende le dita lungo la penna in modo da tenerla e maneggiarla debitamente, le ha aggranchiate, o assolutamente: che scrive aggranchiato. E traslatamente, aggranchiata, non intormentita, direbbesi la mano dell'uomo avaro o tenace: aggranchiata la mente, se non agile ne' suoi moti; intormentita, se percossa di più grave torpore.

Rattrappito può essere e meno e più d'*aggranchiato*. Dante dipinge colui che scende per una fune nel mare a sciogliere ancora o altro, e poi torna su, *Che in su si stende* con le braccia aggrappate alla fune, e *da' piè si rattrappa*. Non è dell'uso rattrappare; ma cotest'atto si

---

(1) Borghini: *Se non mi fosse stato rotto il ghiaccio innanzi da giudiziosi e valent'uomini.*
(2) Petrarca: *Da' begli occhi mosse il freddo ghiaccio Che mi passò nel core.* - *Pensier gelati.* - *Nel cor vie più freddo che ghiaccio.* - *L'ombra sua sola fa 'l mio cuore un ghiaccio.* Non direbbe *un gelo*. - Dante: *Onde mi prese un gelo Qual prender suol colui che a morte vada.* Qui non direbbe *un ghiaccio*. - *Tremar d'un amoroso gelo.*

dirà *rattroppire*; e può la persona rattrapirsi per anzi meglio compiere i suoi movimenti o per collocarsi meno a disagio. In questo senso, *aggranchiato* è più. Ma quando il rattrapirsi viene da infermità o malattia che colga gli organi del movimento, può essere più grave e più lungo dell'aggranchiarsi. Il *rattratto* dicesi famigliarmente *rattrappito*: ma quello si può meglio usare come sostantivo assoluto a indicare il genere della infermità; può dirsi che Cristo alluminava i ciechi, sanava i rattratti. Poi, *rattratto* può dirsi anco delle parti interne, e comporta traslati più nobili: ingegno, anima, facondia rattratta.

Dante dice *contratti* coloro che andavano curvi sotto grandi pesi in pena della superbia con cui gonfiando e sollevandosi premevano i fratelli. Questa attitudine non sarebbe dipinta da *rattratti*. Ogni scorcio è contrazione. Quindi i traslati del contrarre parole e suoni. Gli accenti circonflessi attestano la contrazione di più suoni in uno; e l'*ita* e l'*omega* greci non sono già vocali da sè, ma suoni doppi raccolti in uno, che l'antica pronunzia più fina insieme e più forte, discerneva e faceva discernere.

Ognuno poi sa che la contrazione e la contrattilità della fibra è segno, uffizio, condizione della vita.

2050.
Intormentito, Intirizzito, Assiderato.

Assiderato, in origine, diacciato, per essere stato all'aperto (1); denota freddo intenso. *Intirizzito* dice l'irrigidimento, effetto del freddo; ed è meno. Poi dicesi *intirizzito*, d'irrigidimento qualunque si sia, o per convulsione, o per immobilità momentanea, o per mera goffaggine.

Intormentito, diciamo, e per freddo e per granchio e per altro qualsisia torpore.

2051.
Intormentito, Indolenzito.

— *Indolenzito*, ben dice la Crusca, « è quegli al quale, per essere stato in positura sconcia, o per lungo stroppicciamento, s'addormenta quasi il senso delle membra; che diciamo anco *intormentito*. » Ma *intormentito* usasi, generalmente, di dolore passeggiero, e anche di un principio come di paralisia; o talvolta, dove non entri idea di fatica durata, di male; mentre *indolenzito* può denotare malessere e cattiva disposizione del corpo; ma non gravissima. S'intormentisce e s'indolenzisce un piede a chi è stato assai in positura scomoda; in una scalmana indolenziscono le gambe, le braccia. Qui non tornerebbe *intormentire*. — MEINI.

2052.
Agghiacciare, Assiderare.

— *Agghiacciare* dicesi di liquido che divien solido; *assiderare*, di corpo che, esposto al freddo, o per altra cagione, irrigidisce, e di flessibile ch'era, diviene meno maneggevole, e men agile al moto. — GATTI.

— Si assiderano alcuni animali quasi per sospensione di vita che avviene in loro, come le serpi, i ghiri, le rondini, le quali ritornano in vita a primavera. — CIONI.

2053.
Ghiacciuolo, Gelone.
Gelone, Pedignone.

Ghiacciuoli, strisce agghiacciate dell'umor che stava per grondare da' tetti (1). *Geloni* que' gonfiettini che vengono sulle estremità prese dal freddo: mani, piedi, orecchi.

Quelli de' piedi, propriamente, *pedignoni*, e per estensione, quelli altresì delle mani, come podagra venne ad abbracciar la chiragra. Ma delle mani, *gelone* sarà meglio detto.

2054
FREDDO, GELIDO, ALGENTE, FRIGIDO.

— *Gelido*, più di freddo; *algente*, ancor più di gelido (2). — ROMANI.

— *Frigido*, il temperamento, il suolo. *Freddo*, il clima, il tempo, un corpo qualunque sia, per accidental cagione ed estrinseca.

Freddo il cuore, lo stile, il discorso, l'accoglienza, la festa; non: frigida. *Algente* dice il massimo grado del freddo, e della sensazione di quello. — GATTI.

2055—2056.
FREDDO, FRIGIDO, FRESCO.
RINFRESCARE, REFRIGERARE, SCALORIRE.
REFRIGERANTE, RINFRESCANTE.
RINFRESCO, REFRIGERIO.

2055.
Freddo, Frigido, Fresco.

— *Freddo*, indica stato; *frigido*, abitual qualità: frigidità del temperamento; freddezza dell'aria. *Fresco*, non troppo caldo o non caldo (3). — ROMANI.

2056.
Rinfrescare, Refrigerare, Scalorire.
Refrigerante, Rinfrescante.
Rinfresco, Refrigerio.

— *Refrigerare* è recar fresco soave; *rinfrescare* può dirsi di fresco anche spiacevole. Si refrigera cosa ch'è calda, persona che ha caldo; si rinfresca anco facendo sempre più fresco quel ch'era già.

Refrigerante, cibo o bevanda che scema il soverchio calore; *rinfrescante*, cibo o bevanda che scema non il riscaldamento momentaneo, ma il calore del corpo dentro; e lo tiene ubbidiente e previene le infiammazioni. Bevanda refrigerante, quella che ristora il corpo riscaldato o dal caldo soverchio o da soverchia fatica; rinfrescante, quella che lentamente purga gli umori viziati. Per le fomentazioni, poi, che si fanno esternamente sopra le parti infiammate, usiamo famigliarmente il verbo *scalorire*. Lo usiamo quando l'applicazione che si faccia è intesa non ha a correggere chimicamente il morbo in sè stesso, ma solamente a temperare l'esterno calore.

Un *rinfresco*, e *rinfreschi*, si dicono bevande e dolci portati per fare accoglienza a chi viene, e veramente refrigerarlo, sebbene in tali rinfreschi entrino bevande non punto rinfrescanti. *Refrigerio* ha i traslati ben noti, che sono suoi. *Rinfrescare* vale: rinnovare in tutto o in parte; sensi che *refrigerare* non ha. — A.

---

(1) RICETT. FIOR.: *Si congela sopra la terra, e nelle volte a modo di ghiacciuoli.* - Ghiacciuolo, diacciuolo, è anco aggettivo. *Mele diacciuole* son certa qualità di mele che hanno la polpa (i contadini dicono *pasto*) verdognola e trasparente. *Denti diacciuoli*, i denti che a sentire corpi diacci, dolgono. — LAMBRUSCHINI.

(2) DANTE: *Per l'algente freddo l'acqua diventa pietra.*

(3) CARO: *Secondo che le acque s'allontanavano dal caldo, così tiepide, fresche e fredde s'invoravano.*

---

(1) Da *sidus*, similmente i Francesi per dire all'aperto, dicono · à la belle étoile.

2057-2058.
FREDDURA, Gelura, Gelo.
I geli, Il gelo.
Invernale, Vernino, Jemale.

2057.
Freddura, Gelura, Gelo.
I geli, Il gelo.

— A *calura*, o *caldura* il popolo contrappone *gelura* (1). Però dice il proverbio: San Lorenzo gran calura (il 10 di agosto): Sant'Antonio gran gelura (il 17 di gennajo), l'uno e l'altro poco dura. — AUGUSTO CONTI.

Gelura non si direbbe se non della stagione che corre così; ed è tanto più di *freddura*, quanto *gelo* di *freddo*. Le *gelure*, plurale, non credo s'userebbe in italiano come, i *geli*; ma i *geli* possono essere a nottate, a giornate, quasi a momenti: la *gelura* dura di più, e in essa fanno più o meno *geli*, più o men forti. Il *gelo*, dunque, è l'acqua o l'altro liquore gelato, ed è l'atto e il tempo del gelare e l'effetto: i *geli*, non ha il primo senso.

2058.
Invernale, Vernino, Jemale.

— Stagione *invernale*, non già *vernina*. Popone vernino, non *invernale*.

Jemale è fuor d'uso; e s'adopra di rado nella lingua scritta.

Frutto o uccello *invernale*, od anche *jemale*, si direbbe, sebbene il più comune di frutte e d'uccelli sia *vernino*. Non così: stagione, freddo vernino. Ma del popone specialmente, *vernino* gli è proprio. — VINCENZO MEINI.

2059-2062.
FREMERE, Fremire.
Digrignare, Srugginire, Dirugginire.
Rabbrividire, Raccapricciare, Inorridire.
Rabbrivido, Brivido, Brividio.

2059.
Fremere, Fremire.

— Il secondo è dell'uso poetico; ma, nel verso stesso, direbbesi del suono, o dell'increspamento dei corpi, non già del moto di rabbia e di sdegno, che *fremere* esprime. — GATTI.

2060.
Digrignare, Srugginire, Dirugginire.

Srugginire è più duro, e meno dell'uso. Ma se vorrò dire che qualche reagente, disossidando il ferro, gli toglie la ruggine, Io non dirò che il ferro s'è dirugginato, o dirugginia, ma che: rimane srugginito, o che srugginisce. Insomma, nel neutro assoluto (2), e quando si tratti d'indicare srugginimento assai pronto, prescegllierò sempre questo. All'incontro, l'azione dell'uomo ben si dirà che dirugginia il metallo; e: dirugginare i denti, non già: srugginirli, stropicciarli e arrotarli in atto d'ira (3) o per vizio.

Quindi la differenza tra *dirugginare* e *digrignare*. I.° Quello si fa anche per mal vezzo contratto, e condannato in un libro che l'Alfieri lodò forse troppo altamente (1); questo, per ira sempre, ed esprime non il movere o arrotare i denti, ma solamente il mostrarli, aprendo la bocca. II.° Quello in argomento serio non si direbbe. III.° *Digrignare* sta da sè, sottinteso il quarto caso; l'altro, non mai (2). IV.° Delle bestie parlando, *dirugginare* non si direbbe (3).

2061.
Rabbrividire, Raccapricciare, Inorridire.

• *Capricciare*, dice il Buti, è levare i capelli irti..., cioè caporicciare; e però si dice: Io ebbi uno caporiccio, cioè uno arricciamento dei capelli del capo, che significa paura. • Ma questo è antiquato.

Raccapricciare denota, poi, l'orrore dell'intera persona; ma Io non so se sia proprio il modo del Firenzuola: • *Raccapricciarsi* le membra. • Meglio, Lorenzo De Medici: Mi si raccapricciano tutti i capelli. •

Raccapricciare è dunque l'effetto dell'interno orrore o spavento; effetto visibile e istantaneo, per lo più. In Toscana dicono anche *raccapriccio*, che non è necessario, e risveglia l'idea dell'*incapriccire*, che ha tutt'altro senso. Forse *raccapricciare* potrebbe serbarsi a uso quasi traslato, o d'estensione, per denotare l'impressione interiore, anco meramente morale; *raccapriccire*, l'effetto esterno di questa impressione nelle parti del corpo visibili. Ma faccia l'uso.

Inorridire può esprimere sentimento tutto interiore. I misfatti che leggonsi nelle storie, fanno inorridire; fanno raccapricciare i misfatti presenti, quantunque minori. Nell'orrore, talvolta, la riflessione ha più luogo.

Raccapricciarsi, usiamo (4); *inorridirsi*, più rado (5); Dante usa *raccapricciare* attivo. • Un fiumicello Lo cui rossore ancor mi raccapriccia; • usa anco *accapricciarsi*, che è morto; e ancora più morto nell'attivo, che la Crusca notò.

Rabbrividire è sentire de' brividi; e perchè lo spavento e l'orrore diffonde un gelo nelle membra dell'uomo, però questo verbo passa a denotare l'affetto in sè stesso, od almeno nell'impressione sua. Ma il brivido non è raccapriccio. Si può sentire un brivido di terrore senza che i capelli s'arriccino in capo. Onde l'Alfieri: • Rabbrividir, raccapricciar mi fai. •

Ognun vede, da ultimo, che il rabbrividire ha senso meramente corporeo. Non si raccapriccia dal freddo; dal freddo si rabbrividisce.

In Toscana usan anche *rimbrividire*, che pare dica un po' meno in certi luoghi, e ha suono più snello. La Crusca non nota che *abbrividare*, antiquato.

2062.
Rabbrivido, Brivido, Brividio.

Brivido ha senso corporeo e semimorale; *rabbrivido* non l'ha mai meramente morale. Diremo: il brivido della febbre; un brivido di terrore; e: il rabbrivido che viene dalla paura. Non: Io rabbrivido dal freddo, o simili. Diciamo nondimeno: rabbrividito dal freddo. Que-

---

(1) Altrove *freddura*.
(2) BUONARROTI: *E fare srugginir quelle armi vecchie*. Nè in verso nè in prosa si direbbe: *far dirugginare*, cred'Io. Nella lingua parlata usasi anco *dirugginire*, attivo.
(3) MORGANTE: *D'ira dirugginia i denti*. - Gozzi: *Stringe i denti, li dirugginia, smania*.

(1) CASA: *Il dirugginare i denti, il zufolare spiace agli orecchi*.
(2) DANTE: *Vedete l'altro che digrigna*.
(3) ARIOSTO: *Due can mordenti... Avvicinarsi digrignando i denti*.
(4) FIRENZUOLA: TASSO.
(5) SEGNERI: *Sarebbonsi inorriditi*. - FRA GIORDANO: *Chi è di voi che non inorridisca alla memoria di tanti strazi?*

sto dell'ammettere un verbo, e non il nome corrispondente, ha in tutte le lingue esempi non pochi.

Ma quando e l'una e l'altra voce esprimono impressione prodotta dal sentimento dell'animo, differiscono in ciò: I.° Che il *rabbrivido* è più forte, come indica la formazione stessa del vocabolo. Il brivido può essere leggerissimo. Si dirà bene: un leggier brivido; non: un piccol rabbrivido. II.° Che il *brivido* può essere anco di piacere; il *rabbrivido* è sempre d'orrore. III.° Che un senso d'orrore continuato si dirà *rabbrivido* più spesso e meglio che *brivido*. IV.° Che *brivido* soffre meglio il plurale. I brividi della febbre, i brividi delle prime frescure autunnali (1); mi sento i brividi addosso. V.° Quest'ultimo esempio prova che *brivido* sta da sé, e s'intende; l'altro vuole un contorno di parole che lo dichiari o determini.

— *Brividio* è un brivido più forte, più determinato, continuato. — CAPPONI.

2063 - 2065.

FUGGIRE, SFUGGIRE.
SFUGGIRE, ELUDERE.
SGUSCIARE, SGUIZZARE, SGUITTIRE.

2063.
Fuggire, Sfuggire.

— Si può *fuggire*, ma non si da *sfuggire* al nemico. Fugge chi tenta sottrarsi; sfugge chi si sottrae.

Si può sfuggire senza fuggire. E molte cose sfuggono alla mente, mentre che ci stan sempre dinanzi; sfuggono per la nostra inavvertenza, o per la lor piccolezza. — A.

2064.
Sfuggire, Eludere.

— Eludesi rendendo vane le intenzioni o istituzioni altrui, con diversione più o meno ingegnosa. Nello eludere è un po' di dolo, non però sempre malo. Si *sfugge* e eludendo, e evitando con aperta sincerità, e anche a caso. — ROMANI.

2065.
Sgusciare, Sguizzare, Sguittire.

— Tutti e tre dell'uso, e adoprati da buoni autori. *Sguizza* di mano un pesce dando de' guizzi, delle scosse, e sguizza saltando fuor dell'acqua o a fior d'acqua (2). Sguizza qualunque cosa fugga o schizzi via. Uno sguizza in piedi, sguizza di qua e di là, saltando, slanciandosi o per difesa o per gioco (3).

Sgusciare, che nel proprio vale, come ognun sa, cavare o uscire del guscio, nel traslato significa: sfuggire dalla presa, scorrendo, sdrucciolando (4), con empito simile a granello o chicco che, pigiato, scatti dal baccello o dal guscio. È men forte dell'altro. Un corpo che vi sguizza di mano, salta, si scuote; se vi sguscia, n'esce di mano scivolando. Così diciamo: sguizzare, e: sgusciare da letto; ma i solleciti sguizzano via; i poltroni non trovano il verso di sgusciare. Un bambino per isfuggire alle busse, sguscia pian pianino di sotto al letto o al tavolino. Uno sguscia o gli sguscia il piede nel camminare, e così sdrucciolando cade. In questo senso dicono anco *sguittire*, che è più forte. Può sgusciare il piede a chi cammini a suo bell'agio; sguittisce nel fare alla lotta, al pallone, nel correre.

Sguittisce di mano quel che si teneva forte; sguittisce agitandosi, dimenandosi; sguizza, ripeto, saltando; sguscia, strisciandosi per isfuggire. Sguscia di mano lo scaldino a un povero letterato preso dal sonno, mentre che legge un romanzo storico o il *Journal des Débats*: qui né sguizzare, né sguittire ci starebbero. E traslatamente, il Magalotti nelle *Lettere scientifiche*, parlando de' raggi di luce disse: « Sguittiscono per essi pori, siccome anguilla, e ritornano in sua libertà. » — MEINI.

2066.
FUGGIRE, SCHIVARE.

— *Fuggire*, di pericoli parlando, è andarne più o men lontano; *schivare* è cansarli. Si schivano i pericoli prossimi; fuggonsi e i prossimi e i remoti. Fra Guidotto: « Troverai i rimedii onde quello danno si possa fuggire o schifare. » — POLIDORI.

2067 - 2069.

FUGGIRE, SCAPPARE, SFUGGIRE.
SGAMBARE, SGAMBETTARE, SPULEZZARE.
ZAMPETTARE, SGAMBETTARE, CIAMPICARE, INCIAMPICARE.

2067.
Fuggire, Scappare, Sfuggire.

— Si *scappa* dal male che ci ha colti già, o quasi colti; si *fugge* il male temuto. Si fugge da certi paesi per non andare in carcere, dalla quale scappare è difficiletto. Non sempre chi fugge, scappa. — SCALVINI.

— *Scappare*, anche quando è più affine a *fuggire*, sempre è più famigliare. *Sfuggire* di mano, in senso proprio, è un cadere di mano, ma lento e meno immediatamente sensibile. Nel traslato dicesi di quelle cose, delle quali a poco a poco ci va mancando la potestà. L'occasione ti sfugge di mano: la dominazione delle armi, e quella, più durevole, del pensiero, sfuggono con l'andar del tempo dalle mani in cui prima erano. Di tale nazione che ha lungamente esercitato, e sembra anch'oggi esercitare grande potenza sulle opinioni, direi, se l'osassi, che siffatta potenza le sfugge di mano: chi sia per raccoglierla, ancora non veggo. — CAPPONI.

2068.
Sgambare, Sgambettare, Spulezzare.

— Mi *sono sgambato*, dice chi ha camminato di molto, e si sente bene stanco; *sgambetta*, chi cammina lesto e forte. Chi sgambetta bene, non è facile a sentirsi sgambato, perché l'esercizio è il miglior de' rimedi contro la stanchezza. Gli uomini che non fanno nulla, si stancan di tutto.

In altro senso, *sgambasi* una pera, un limone, troncandone il gambo, staccato ch'è il frutto dall'albero.

Spulezzare è sgambettare per fuggirsene, per andarsene via. Chi sgambetta passeggiando, non ispulezza (1). — A.

2069.
Zampettare, Sgambettare, Ciampicare, Inciampicare.

— *Zampeggiare* non è usato. *Zampettare* si dice del muo-

---

(1) *Brivido, brezza, frigus, fresco*, e simili, dicono col suono la cosa. - ORAZIO con modo potente: *Mobilibus veris inhorruit Adventus foliis*. L'*adventus* è quasi persona, come nell'ardito ed elegante di VIRGILIO: *Adventusque virum fremitusque ardescit equorum*.
(2) FRA JACOPONE; BUONARROTI.
(3) PULCI; BERNI.
(4) SERDONATI; ALLEGRI.

---

(1) DAVANZATI: *Spulezzare, volar via come la pula al vento.* - PULCI: *Tutto 'l campo a furia spulezzare*. Dice fuga più pronta e onorata, e non d'uno solo.

ver lesto che fanno i bambini le gambe; ma più usato è *sgambettare*. *Ciampicare* o *inciampicare* è camminare a stento inciampando spesso. — LAMBRUSCHINI.

Chi ciampica, non sempre inciampica: e si può inciampicare andando lesto, cioè senza ciampicare.

2070—2075.
FUGGIRE, SFUGGIRE, SCAPPARE, EVITARE, SCANSARE, SCAMPARE.
SCANSARE, GUARDARSI.
SCAMPARE, SVIGNARE, SVIGNARSELA.
SVIGNARE, SCAPPARE, FUGGIRE (col *via* e senza).
SCANSARE, CANSARE.
SCAMPARE, CAMPARE.
CAMPARE, VIVERE.
SCAMPARE, SCAPPARE.

2070.
Fuggire, Sfuggire, Scappare, Evitare,
Scansare, Scampare.

— *Fuggire*, partirsi con prestezza; *sfuggire*, per lo più, sottrarsi (volontariamente o no) senza saputa di taluno, o senza ch'egli lo avverta (1); *scappare*, fuggir di luogo ove si temeva dolore o pericolo (2), *fuggire* più o men prestamente.

Evitare è più generale di *scansare*; vale: sottrarsi a ogni sorta d'incontri, prossimi o no (3); *scansare*, di prossimi.

Scampare, uscir di pericolo grave, in salvo, fuggendo o no; gli è più di *scappare*; e può scampare anco chi non iscappa (4), anzi meglio. L'uno è il contrario d'*incappare*, l'altro suona: uscire dal campo, quasi da cimento estremo. *Scampare* è anco attivo, l'altro no. — ROMANI.

2071.
Guardarsi, Scansare.

Guardarsi indica l'attenzione della mente e anche l'atto; *scansare*, è l'atto soltanto. Per potere scansare a tempo un pericolo, sappiamo guardarcene. Simile differenza avevano i Latini tra *vitare* e *cavere*. *Guardarsi*, dunque, è sempre volontario, deliberato; *scansare* può essere atto meccanico. Tale che non ha saputo guardarsi colla prudenza dal male, lo scanserà per istinto. Il guardarsi, essendo atto talvolta interiore, può essere non sensibile ad altri; lo scansare è ben manifesto. Io posso guardarmi dalle dottrine d'un uomo, e non mostrar di scansare la sua persona. Seneca: « *Nocituram potentiam vitat, hoc primum cavens, ne vitare videatur.* » Plauto: « *Qui potest mulierem vitare, vitet, ut quotidie, Pridie caveat ne faciat quod se pigeat postridie.* »

Scansare dice, talvolta, il buon esito delle cure. Alcuna volta per iscansare il pericolo basta sapersene guardare; alcun'altra non basta. Cicerone: « *Cavendo vitare possit.* »

2072.
Scampare, Svignare, Svignarsela.
Svignare, Scappare, Fuggire (col *via* e senza).

Scappa chi è preso, o chi è già per essere colto.
Svignare, andar via presto e di nascosto. Viene forse da *vigna*, come *scampare* da *campo*. *Svignar via*, dice più che il semplice svignare, come *scappar via* e *fuggir via*, più de' verbi soli. Dice non solo la lontananza, ma la tendenza a andare lontano, o almen tanto da essere in salvo. *Svignarsela* (in altri dialetti *sbignarsela* per la commutazione delle lettere affini), dice fuga più quatta quatta, più sollecita, forse più timida.

2073.
Scansare, Cansare.

Scansare è comune in tutta Italia, e anco in Toscana è più frequente. Una canzonetta più che storica, in quanto ritrae e le borie e le gare municipali, fa dire ai Lucchesi: *Il cannon di San Paolino, Che tira un miglio e un pochino, Se trova un Pisano l'ammazza; Se trova un Lucchese, lo scansa* (e taluna delle parole qui entro troncasi al modo veneto, acciocchè sia documento insieme delle consanguinità italiane e delle discordie sanguinose).

Quando dicesi *a scanso d'equivoci* o simile, che non è bel modo ma è pure usitato, non ci sarebbe verso di piegare a quella forma il verbo *cansare*, che pure in Toscana si dice. Non ispetta a uno o a pochi scrittori lo sbandirlo; ma debbo avvertire che l'averlo usato, a me costò caro, perchè lo stampatore scambiando una lettera mi fece *causare* i malanni ch'io intendevo *cansare*. La forma *scansare* in qualche luogo parrebbe, col suono almeno, poter essere più efficace. E quando diciamo *scansarsi* per ritirar la persona in modo da non rintoppare o rasentare persona o cosa, non credo che *cansarsi* sarebbe altrettanto evidente. Ma gli altri sensi disusati di *cansare*, l'altra forma non li ha.

2074.
Scampare, Campare.
Campare, Vivere.

Quando *campare* ha senso affine di *vivere*, dice e la vita del corpo con sanità sufficiente, e il vitto necessario quanto serva per l'appunto alla vita. A chi domanda d'uno: come sta egli? che fa?, a rispondere: *campa*, non è un dire di molto. Il ricco non campa; altri celiando potrebbe soggiungere, che certi ricchi non vivono. Ma costoro dicono all'incontro, che il povero non vive, che è grazia grande s'è lasciato campare; e col suo vivere intendono, vivere lautamente, far vita galante, fare il porco. Chi campa delle braccia, chi della penna, chi degli orecchi, chi del parlare e chi del tacere. Un tale chiamato alla polizia per intendere di che campasse (o voleva dire se non fosse un furfante), rispose: *campo di rosbiffe*.

Campare, affine a *scampare*, dice meno. L'uomo che campa nel primo senso notato è come se appena scampasse alla morte o alla fame, morte lenta. In quest'altro senso, si campa da un pericolo anco senza fare atto per iscamparlo. Chi esce di malattia mortale, può essere campato senza che il medico ne lo scampasse. Talvolta le nazioni, a dispetto di certi liberatori che per iscamparle dal male raggravano il male, campano.

2075.
Scampare, Scappare.

Scampare, è più; e può scampare anco chi non iscappa, anzi meglio. L'uno e il contrario d'*incappare*, l'altro suona uscire dal campo, quasi da cimento estremo.

Scampare è anco attivo. Chi scappa, si raccomanda alle gambe sue che lo scampino. Chi non iscappa, può

---

(1) MAGALOTTI: *Sfuggisse l'occhio di chi l'osservava.*
(2) Boccaccio: *Non mi scapperai dalle mani.* - DAVANZATI: *L'appiccavano se, travestito da schiavo, di notte cheto non scappava.*
(3) Di prossimi, ORAZIO: *Meta.... evitata rotis.* Di men prossimi: *interfusa nitentes Vites aequora Cycladas.*
(4) Un Toscano: « *Le nostre campagne offrono in quest'anno liete speranze, essendo scampate dalle innondazioni....* »

raccomandarsi all'amico che lo nasconda, che interceda, che lo difenda di viva forza, e in uno di questi modi lo scampi.

Scappa detto una parola che non si voleva dire, scappa un sorriso, un moto di stizza, un rumore indecente. Di taluna di queste cose dicesi anco, che sfugge; ma l'altro è più famigliare, e suol essere più evidente. Scappa dalla memoria parola o cosa da rammentare, da dire, da fare. In questo senso sfuggire cade più acconcio e più nobile, e dice più il lento e quasi graduato dimenticarsi. Fuggire dalla memoria e dall'animo, è più rapido e più grave; e questo dicesi anco delle ricordanze, cioè degli affetti; sfuggire e scappare, delle reminiscenze piuttosto, cioè de' pensieri e de' uomini. Colla negazione non s'accompagna che sfuggire nello speciale significato del latino nec me fugit; e vale, non solo che la cosa non è dimenticata, ma che ci è presente e bene si sa. Può congiungersi anco col che; ma non è molto frequente.

Diciamo altresì, scappar fuori con una interrogazione, una bizzarria, un rimprovero, una risata; e dipinge il subito atto, subito ma avvertito e deliberato, e quasi lo scatto. Ma scattare, che nel proprio è di molla che, toccata, si muova e sospinga, nel traslato dice maggiore impeto che scappar fuori, e più serio ed efficace. La lirica, l'eloquenza ha i suoi scatti: un accademico scappa fuori con uno sproloquio pieno d'insolenze contro altre insolenze d'un altro, provocate da altre sue anteriori insolenze. Solite vivacità.

Da scappare si fa scappatoja, spediente per uscire d'impiccio o in faccenda o in disputa; più minuto che il sotterfugio; non nobile neanch'esso, ma forse men reo.

2076.
FUGGIRE, DARLA A GAMBE.

I.° Darla a gambe è modo più famigliare e festivo. II.° Indica, d'ordinario, fuga veloce. III.° Fuga cagionata da viltà più che da altro (1). IV.° Dicesi dell'uomo solo. V.° Non ha i traslati ch'ha la prima.

Il nocchiero che fugge la tempesta, il savio che fugge i deboli quasi non meno che i cattivi, il virtuoso che fugge le occasioni del male, le forze che fuggono con l'età, il dappoco che fugge la colpa pur per fuggire vergogna, la fiamma che fugge in alto, il fiume che fugge verso il mare, le glorie del mondo che fuggono chi più le cerca, gli animali che fuggon la luce, le rive che fuggono allo scostar della nave: son modi propri di questo vocabolo, non del modo suddetto.

2077.
FUGGIRE, BATTERSELA, BATTERE IL TACCO.

Laddove il Berni usa truccar via, modo famigliare che non pare vivente (e ha forse origine comune a strizzare, che altri dicono struccare; così come lo scappar via è detto squisciare, imagine simile), il Biancardi dichiara, battersela, che è comunemente usitato, e dice andarsene più prestamente che nobilmente, non per fuggire soltanto, ma per sottrarsi a noja, a briga qualsiasi; anco senza viltà, ma sempre cautela che non è nè carità nè coraggio. Lo dice anco il si congiuntivi, che confessa soverchia cura di sè. Ed è da notare come sogliasi dire: se l'è battuta, con tuono di biasimo; me la batto, in tuono di celia; ma nessuno direbbe ce la batteremo, sul serio e con vanto.

Battere il tacco è modo troppo pedestre, e vale andarsene in genere, con fuga precipitosa, ma senza se non quel che ci vuole a far prova che se ne ha poco. E l'ardimento necessario a ciò non è poco.

2078 -- 2079.
FUGGITIVO, FUGGIASCO, FUGGENTE, FUGACE.
ALLA SFUGGIASCA, ALLA SFUGGITA.

2078.
Fuggitivo, Fuggiasco, Fuggente, Fugace.

Romani: « Fuggitivo è più generale; fuggiasco dicesi di chi, perseguitato, fugge nascosamente. »

Guizot: « Fuggitivo, che ha preso la fuga, ch'è già scappato. Fuggiasco, ch'è in fuga, che fugge per iscappare da chi lo perseguita. Fuggitivo dice lo stato di colui ch'è fuggito; fuggiasco, lo stato di colui ch'ora fugge. Uomo scappato di carcere, che fugge in un paese vicino, è fuggitivo; uomo che ora corre, ora si nasconde per iscappare, è fuggiasco. »

Fuggente, esprime l'atto proprio del fuggire (1). Nel traslato, direbbesi: acqua fuggente per florito declivio (2). Fuggente, dunque, è proprio anco di cose insensibili.

Fuggitivo dicevano i Latini colui ch'è fuggito già, specialmente de' servi. In questo senso è voce storica, nè si può scambiare (3).

Si può essere fuggitivo fuggendo all'aperta; chi si nasconde, ripetiamo, è fuggiasco. Si può esser fuggiasco senza fuggire lontano, ma appiattandosi in qualche ripostiglio della medesima città, del paese medesimo.

Fuggitive, poi, si dicono le cose del mondo perché poco durano, e più fuggono innanzi a chi più ansioso le segue; traslato bellissimo (4).

In questo senso direbbersi anco fugaci; anzi meglio: fugace bellezza, gioja, che: fuggitiva (5). Ma quando si tratti di minore durata e uno sparir più leggero, meglio forse fuggitivo.

2079.
Alla sfuggiasca, Alla sfuggita.

Alla sfuggiasca, di nascosto, di fuga, per timore di non esser veduto; alla sfuggita, di fretta. Il primo indica sospetto; il secondo, precipitazione. Facendo le cose alla sfuggiasca, le si fanno alla sfuggita; ma non tutto ciò che si fa alla sfuggita è fatto alla sfuggiasca. Parlando di operazioni lunghe, alla sfuggiasca non ha luogo; si può scrivere una lunga opera tutta alla sfuggita, senza meditazione, senza cura veruna (6).

---

(1) FIRENZUOLA: Forzáti, per tema d'essere sopraggiunti, a darla a gambe. - DAVANZATI: Gli ajuti Ubii e Treveri bruttamente la diedono a gambe per quelle pianure.

(1) BOCCACCIO: Le reti stese ne' passi de' fuggenti animali.
(2) ALAMANNI: Ove un natio ruscello Possa il fuggente piè drizzare indarno.
(3) S'usa anco sostantivamente. CICERONE: Vivebat cum fugitivis.
(4) MORALI DI S. GREGORIO: Abbandonavano queste cose vane e fuggitive.
(5) FRA GIORDANO: Fugacissima è la felicità mondana. Questa soffre il superlativo; fuggitivo nol soffre.
(6) VARCHI: Si leggerebbon solamente di nascosto ed alla sfuggiasca. - Certi ringraziamo nascosamente chi ti benefica e alla sfuggiasca. - FIRENZUOLA: Avendo veduta questa giovine così alla sfuggita.

2080—2082

FULMINE, Folgore.
Folgorante, Fulmineo.
Folgorare, Sfolgorare, Folgoreggiare, Fulminare.
Lampo, Baleno.
Lampo, Lampeggio.

2080.
Folgore, Fulmine.
Folgorante, Fulmineo.
Folgorare, Sfolgorare, Folgoreggiare, Fulminare.

Agli antichi *folgore* era anco il lampo; *fulmine*, la materia ignita scaricata dalle nubi sulla terra, o dalla terra alle nubi. Cicerone: • *Tum et fulgura et tonitrua existere; si autem nubium conflictu ardor expressus se emiserit, id esse fulmen.* • Seneca: • *Nubes mediocriter elisæ fulgurationes efficiunt; majore impetu pulsæ, fulmina.* • Questa distinzione notata dal Popma, nella lingua nostra omai non s'avvera; riman però che segnatamente nel verso, *folgore* potrà chiamarsi talvolta un lampo vivo, il qual non è fulmine; e che un fulmine il quale non folgori, sarà detto *fulmine*, non già *folgore*. E una tempesta potrà avere di molte folgori, senza fulmine alcuno.

C'è de' fulmini che vengon da terra; le folgori son dall'alto.

— *Folgore*, lampo; s'usa per *fulmine*, dal baleno che precede il fulmine stesso. Folgore è quindi anco il detto baleno; ma lampo a cui fulmine non segua, folgore non si dirà.

Il folgorare, lo sfolgorare di corpo lucido, non è fulminare. Ma sguardo *fulmineo* dice più che *folgorante*, nel primo è minaccia, o luce che esprime la potenza dell'animo o della mente; nell'altro, non più che luce vivissima. Fulminare una sentenza, correre come un fulmine; ma, e: fulmine, e: folgore di guerra. Ho sentito un fulmine, diciamo; non: sentito una folgore; questa si vede. — Neri.

Il Manzoni, di Napoleone: *Di quel sicuro il fulmine Tenea dietro al baleno*: qui non cadrebbe *la folgore*. E però quando diciamo *folgore di guerra*, intendiamo più bagliore rapido che potenza veloce a distruggere o anco a rifare. E di guerriero e d'altri dicesi assolutamente, ch'è un fulmine, no una folgore. Le folgori stesse del cielo possono spaventare più che ferire; il fulmine cade, coglie. Vero è che nel Tasso *Il folgor piomba*, ma nel sostantivo è usitato, e il *piombare*, è più proprio del fulmine.

Dante, traducendo il vangelico, *Satanam, sicut fulgur, de cœlo cadentem: Giù dal cielo Folgoreggiando, scendere...* Quest'uso di *folgoreggiare* non è comune, ma nè improprio nè oscuro. E d'ordinario significa quasi frequentativo di luce viva, continuata. Il *folgorare*, può essere un lampo. *Sfolgorare* è più; e ha senso attivo. *Sfolgorato* ha traslati suoi propri, non comuni ma non senza efficacia.

2081.
Lampo, Baleno.

Romani: • *Baleno*, più propriamente, il lampo che precede al tuono; *lampo*, in genere, subita corruscazione (1). • Dante: • *Un lampo Subito e spesso a guisa di baleno.* • Ariosto: • *Dietro lampeggia a guisa di baleno, Dinanzi scoppia (del fucile).* • •

Quindi è che *lampo*, nel traslato, ha senso d'innocuo splendore: *baleno*, dice non so che funesto (1).

Lampeggia la state a ciel sereno; e questo si chiamerà *baleno*; e il popolo, difatti, dice comunemente: e' balena. Occhi lampeggianti d'amore; lampeggiare d'un riso (2); idea che lampeggia alla mente.

In un baleno, è comune assai più che: in un lampo, per dire rapidità grande. I Toscani usan anche volgarmente: in un bacchio baleno (3). Ma ben si dirà, più veloce del lampo, e non, del baleno (4).

Ed è dell'uso: sentir prima lo scoppio che si vegga il baleno; vale: trovar compiuta la cosa, prima d'averne avuta notizia o sentore (5).

Nel proprio, del resto, ognun sa che della tempesta dicesi e *lampo* e *baleno*; ma, trattandosi d'altri fiammeggiamenti o terrestri o celesti, *lampo* è assai più frequente.

2082.
Lampo, Lampeggio.

Il *lampeggio* è lampeggiare continuato o frequente (6): analogo a *dimenio, lavorio, fracassio*; e a quel *singhiozzio*, che con bell'ardimento usò Samuele Biava nella melodia intitolata: *la Patria*.

2083—2084.

FUMATA, Suffumigio, Fumajolo, Fumacchio, Fumo.
Nappa, Cappa.
Cappa, Gola, Focolare, Fusto.

2083.
Fumata, Suffumigio,
Fumajolo, Fumacchio, Fumo.

Fumata, segno o cenno fatto con fumo per avvisare i lontani.

Il *fumo* può essere mandato da uno di quei che chiamansi *fumajoli*, ch'è un legnuzzo o carbone mal cotto che tra l'altra brace fa fumo, e che diciamo, anco semplicemente, un fumo.

Fumacchi, i vapori che s'alzano da certi luoghi presso Volterra.

Far dei fumacchi, nell'uso più famigliare, vale: fare fumigazioni che ajutino la traspirazione o che giovino in altro modo. I medici le chiamano *suffumigi*.

Suffumigio è l'atto del far fumo, non tanto alle cose quanto alle persone; e un tempo avea usi magici (7).

---

(1) Com. Purg.: *Fa balenamenti e tuoni.* - Petrarca: *Col ba-*
lenar tuona in un punto. - Dante: *In quella croce lampeggiava Cristo.* - Buti: *Tremolava un lampo; cioè dibatteasi uno folgore come ne vengono li lampi.* - Magalotti: *Il lampo che fa la polvere nell'allumare il pezzo.*

(1) Petrarca: *Dolci stanno Nel mio cuor le faville e il chiaro lampo.* - Boccaccio: *Il lampeggiar degli occhi.*

(2) Dante.

(3) Dante: *In men che non balena.* - Firenzuola: *Ve lo darei guarito in un baleno.* - Allegri: *In un bacchio balen la Dea ritrova.* Più comune è però: *In un batti baleno.* — Lambruschini. - *Bacchiare e battere*, l'imagine stessa.

(4) *Lampo*, diciamo, altresì, d'apparenza splendida ma fugace, e anco di parola o d'un cenno che a un tratto riveli, o lasci intravedere un qualche arcano. — Capponi.

(5) Gelli: *Vo' darle stassera l'anello, acciocchè fuora si senta prima lo scoppio che si vegga il baleno.*

(6) Ed è dell'uso anche balenio. — Lambruschini.

(7) Ariosto: *I demonii industri, Da suffumigi tratti e sacri carmi.*

La luce è così degna imagine di Dio, che le potenze a Dio nemiche ben si figurano con cose delle quali gli effetti sieno alla luce contrarii.

2084.
Nappa, Cappa.
Cappa, Gola, Focolare, Fusto.

In alcuni dialetti, quella che in Toscana chiamasi *cappa* del camino, dicesi *nappa*. *Nappa*, in Toscana, come altrove, per celia chiamasi il naso, e ha l'accrescitivo *nappone*.

La cappa del camino è quella che sporge in fuori e copre il focolare per impedire al fumo che si sparga per casa, perchè ha in certa guisa la forma di quel vestito che chiamasi *cappa*. Quella, poi, per la quale il fumo sale, è la gola del camino. Può la gola essere stretta, la cappa larga, e a vicenda; può la cappa esser pulita, la gola generar pericolo d'incendio. I caminetti nelle stanze hanno gola, non cappa. I più antichi avevano cappa, perchè maggior legna vi si bruciava; e tutti gli usi della vita portavano allora i comodi e gl'incomodi della grande larghezza.

Ecco dunque i termini proprii. Il luogo del camino ove il fuoco s'accende è il *focolare*; sopra al focolare è la *cappa*, sopra la cappa la *gola*, e il *fusto* della gola riesce all'aperto. Il professor Taddei: « Suppongasi tirata una linea che partendosi dal piano del focolare sia protratta sino al di fuori della casa; ed altra linea che passando per le aperture della sommità della gola e del così detto fusto di essa, si prolunghi al di là della gronda. » E più sotto: « Crede taluno che sia troppo angusta la gola... tal altro, giudicando esser poche di numero o troppo ristrette le feritoje per le quali il fumo esce dalla sommità del fusto. »

2085.
FUMO, Fumosità.
Fumo, Fumi.

— Il primo è più sensibile. Dileguatosi il *fumo*, rimane un poco di *fumosità*, meno visibile all'occhio che sensibile all'odorato.

Fumosità s'usa, inoltre, per qualsivoglia esalazione; e anche per gli effetti di quella gravezza, la quale par che dallo stomaco salga e offuschi il capo. — SCALVINI.

Quelli che montano al capo sono anche fumi, ed è fumo. Ma del vino o d'altro liquore inebbriante, forse più comune è *fumo*; e in questo senso, come nel proprio, pare più della *fumosità*. Dell'ambizione, della vanità, forse meglio, *fumi*, perchè in un male si condensano parecchi, e l'uno in parecchi si svolge. Non già che non si dica anco: il fumo della nobiltà, de' titoli; far fumo; molto fumo e poco arrosto: ma allora riguarda non tanto l'interiore sentimento dell'uomo, quanto le significazioni esterne; o la vanità fumosa del bene stesso, di cui menasi vanto.

2086.
FUSTO, Torsolo, Tallo.
Tallire, Accestire.
Torso, Torsolo.
Tallo, Tallone.

Il *fusto* è degli alberi, del grano, della saggina. Quindi la frase: alberi d'alto fusto. Ma quello de' cavoli chiamasi propriamente *torsolo*. *Tallo* è quello dell'erbe che non han fusto, quel ch'esse mettono quando si lasciano star sulla terra, e sono per andare in semenza. Talliscono (1) lattughe, cipolle, e erbe simili.

Dep. Decam.: « Un bel cesto di lattuga, si dice quando si allarga in terra e fa come una grossa pina di foglie; ma quando s'innalza per far il seme, si dice con voce, come si crede, cavata da' Greci: *tallire* (2). »

Quindi la differenza tra *accestire* e *tallire*. Accestisce la pianta per divenire più grossa e più buona; tallisce per far semenza.

Nel traslato: mettere un tallo sul vecchio, dicesi, in due sensi; di chi in età avanzata dopo una malattia si riha, e ripiglia fiato; di chi, già vecchio, ha un figliuolo, questo figliuolo si dice: un tallo sul vecchio.

Hanno il *torsolo* anco le pere, le mele, ed è quello che resta nel mezzo, levata la polpa (3). Dicesi anche *torso*, men comunemente però (4); ma *torso*, poi, come tutti sanno, è la statua a cui manchino il capo, le braccia, le gambe (5). Nè il torso delle statue si chiamerà *torsolo*. Torsolo chiamasi per celia un buono a nulla.

Un grosso tallo è *tallone*: ma *tallone* è anche l'osso del piede sotto quel della tibia (6).

2087—2089.
FUSTO, Tronco, Pedale, Stipite, Gambo.
Gambo, Picciuolo, Stelo.
Ceppatello, Cepperello, Ceppatella.

2087.
Fusto, Tronco, Pedale, Stipite, Gambo.

— *Tronco*, la parte dell'albero che comincia dal ceppo e va sino a' rami. *Pedale* è la base del tronco. Il *fusto* chiamasi *stipite* nelle piante grosse; *gambo*, nell'erbe e ne' fiori. — ROMANI.

— *Tronco*, fusto dell'albero, con rami o senza; per similitudine, la parte del corpo umano a cui s'attaccano le braccia e i piedi. *Fusto* è il tronco dell'albero, ed anco il gambo di pianta minore. Quindi diciamo: alberi d'alto fusto. E traslatamente: fusto delle colonne. *Stipite* è tronco antico e formato; e dicesi anco di pietre. E *stipite*, un uomo stupido. — GATTI.

2088.
Gambo, Picciuolo, Stelo.

— *Gambo* è lo stelo sul quale si reggono le foglie, i fiori, e da cui pendono i frutti: gambo d'una foglia, d'un fiore, del cavolo, d'una ciliegia, d'una mela.

Picciuolo, proprio di alcune frutte, ed è, per lo più, della sostanza e natura stessa della buccia, della quale pare il principio e la continuazione. Propriamente, *picciuolo*, quello de' fichi (7) e dell'uva (8).

Stelo è gambo di erbe e di fiori. Il gambo del cavolo è, propriamente, stelo. I fioretti che si aprono in loro stelo, in Dante; la rosa rimossa dallo stelo materno, nell'Ariosto. — CIONI.

---

(1) Firenzuola: *Lattugacce tallite, ch'era come mangiar scope.* - Palladio: *Svellere i talli ancora mezzi secchi col seme.*
(2) Θάλλειν.
(3) Palladio: *Torso delle mele cotogne.* - Berni: *Torso della pera.*
(4) G. Villani: *Vivessero di cavoli e' lor cavagli de' torsi.*
(5) Pulci; Borghini; Lippi.
(6) Villani; Petrarca; Alamanni.
(7) Burchiello: *To' fichi castagnuoli, Còlti senza picciuoli.*
(8) Gli antichi chiamavano *picciuoli* anco il gambo delle pere e di altri frutti. Il Redi, di alcune coccole.

2089.
Ceppatello, Cepperello, Ceppatella.

I due primi significano: piccol ceppo; vale a dire, piede d'albero tagliato per ardere. Ma il *ceppatello* pare si possa imaginare un po' più grosso. Quel donativo che si suol dare la festa di Natale a' fanciulli, e che dicesi *ceppo* (1), se vorrà avere un diminutivo, avrà *cepperello*.

È dell'uso bensì *ceppatello*, per indicare quella parte dell'orecchio de' vitelli o de' manzi che rimane attaccata alla pelle, e ch'è incerto de' conciatori a' quali le pelli si vendono (2).

— *Ceppatella*, poi, è quella parte o quel ramo dell'albero che si trapianta. Per esempio: ceppatelle d'ulivi. — A.

2090—2095.
FUSTO, BUSTO, CASSO, TRONCO, TORSO.
CARCASSA, BUSTO.
SENO, GREMBO.
PETTO, TORACE.
MAMMELLE, POPPE, TETTE, ZINNE, ZIZZE, POME.
MAMILLULE, PAPILLE.

2090.
Fusto, Busto, Casso, Tronco, Torso.

— *Busto*, la parte del petto; *fusto*, la struttura del petto; *casso*, il petto con le costole; *tronco*, dal collo alle cosce; *torso*, il busto delle statue mutilate, a cui mancano la testa, le braccia, le gambe. *Fusto* è più generale di *busto*. *Casso* è inusitato oggidì. — ROMANI.

2091.
Carcassa, Busto.

— Il *busto* dei polli è quando gli sono spiccati i piedi, il capo, e levati gl'interiori. *Carcassa* è quando, per di più, è stata levata la carne del petto. (3) — G. MEINI.

2092.
Seno, Grembo.

— *Seno*, dal collo alle costole. *Grembo*, dalla cintura a' ginocchi. Ma *seno*, talvolta, comprende anco parti inferiori; sempre però indica non so che intimo. Recarsi in seno una cosa, tenerla stretta in seno, portare in seno. Tenere in grembo, dice l'atto di persona seduta che tiene persona o cosa a posare sopra di sè.

Seno, pertanto, ha senso quasi traslato, e indica l'interior parte dell'uomo. *Grembo* dice, in certa guisa, la capacità di contenere; dice lo spazio che circonda e richiude, che sostiene e ricinge. — A.

— Degli affetti dicesi: portarli, averli, nutrirli, in seno; ma non in grembo. — POPMA.

Al seno, diciamo, e in seno; - in grembo, non al. *Seno* è spazio, talvolta, meno ristretto. Seno di mare, grembo non è. Nè il seno della veste.

Laddove Virgilio dice del Nilo, dopo la sconfitta di Cleopatra: « *Pandentemque sinus, et tota veste vocantem Cœruleum in gremium latebrosaque flumina victos* (1), » *seni* s'intenda del manto allargato per accogliere i fuggenti (perchè il Nilo quivi è personificato); *grembo*, della stessa persona.

— Il cristiano è nato in grembo e muore in seno alla Chiesa. — A.

2093.
Petto, Torace.

— Denotano la cavità del corpo compresa tra la base del collo e l'addome. Ma la superficie esterna anteriore, più comunemente, chiamasi petto, e opponesi a dorso. Il *torace* comprende e questo e quello. I sensi varii di *petto*, notissimi, *torace* non ha. — MOJON.

2094.
Mammelle, Poppe, Tette, Zinne, Zizze, Pome.

Le *poppe*, più proprie delle donne; il μαστός de'Greci: hanno le *mammelle* anco gli uomini; in greco μαζός.

— *Mammelle* è il più decente e, nel linguaggio medico, più usitato. *Tette*, delle bestie più spesso, e può indicare anche soltanto il capezzolo. *Zinna* non pare che possa concepirsi se non piena di latte; *zizza* (2)(voce oggidì fanciullesca), se non quando il bambino la succhia. *Pome*, del verso; e dice piuttosto la bellezza, che il fine a cui son fatte dalla natura. Traslato ch'è anco ne' canti popolari di Grecia. — A.

2095.
Mamillule, Papille.

Mamillule, per capezzoletti e *papille*, ha Galileo, e non ha il Vocabolario: « Gli altri (corpicciuoli) che ascendono, entrando per le narici, vanno a ferire in alcune *mamillule*, che sono lo strumento dell'odorato. » E questo vocabolo ritiene la gentilezza del vocabolo *mammelle*, e la rende maggiore. — AUGUSTO CONTI.

Papilla è veramente il capezzolo della mammella; e in un luogo di Plinio discernonsi le due cose. Ma Virgilio usa *papilla* per l'intera mammella, come qui il Galilei pone il diminutivo di *mammella* (esso stesso diminutivo di *mamma*) per quel che più comunemente nel linguaggio scientifico è detto *papilla*. Se ne fa *papillula* e *papilletta*, diminutivi di *papula*, e questo stesso ognun vede essere diminutivo di una voce che accenna a *pasco* e all'italiano *pappare*, come a *mándere* e *mangiare*, *mamma*. La *papilla*, del resto, pare ancor più minuta della *mamillula*, e le minime papille nervee non si chiamerebbero col vocabolo usato dal Galilei.

---

(1) En., VIII.

(2) Il Bianciardi, interrogato da me se *zezzolo* usi come affine a *capezzolo*, mi risponde: « Ho domandato a due donne della parola *zezzolo*, e nessuna ha saputo dirmi cosa fosse: era termine per loro nuovo. So però che a Lucca vezzeggiando dicono *zezzolino* o *zizzolino* a bambino o bambina, e forse là quel termine usa; qui, no. »

Zezzolo ha l'origine di *zizze* e *zinne*; e rende col suono di vezzo quasi infantile più il sentimento che la cosa stessa. Di lì forse l'altro senso di *zezzolo* qui sopra notato, confondendosi per intima comunicazione di vita il figliuolo alla madre; come pupilla fu detta quella dell'occhio, e la mamma dice al bambino cuor mio, e nel Veneto *mie radici*. Questa direi l'origine vera, più che l'idea di piccolezza gentile, che potesse far correre il pensiero da un capezzolo a un bimbo. Non so poi se il veneziano *zizzolotto* per uomo vivace e ardito anche troppo, abbia che fare col *zezzolo* de' Toscani.

---

(1) In molte parti d'Italia e fuori, la vigilia di Natale s'arde tuttavia il ceppo, consuetudine certamente simbolica.

(2) *Ceppo*, infatti, dicesi comunemente la base, per dir così, su cui sorge l'orecchio.

(3) Ma che non sappia di francese? *Carcassa* è nella Crusca per *carcame*, che ha l'origine stessa; quasi il carico della spoglia che pesava già sullo spirito.

G

2096—2098.
GABBARE, FARSI GABBO, PRENDERE A GABBO.
FARSI GIOCO, PRENDERSI GIOCO, PRENDERE A GIOCO, RIDERSI, RIDERE.

2096.
Gabbare, Farsi gabbo, Prendere a gabbo.

Gabbare vale e ingannare (1) e burlare; *farsi gabbo*, vale solamente burlare. Il gabbare può essere prossimo a tradimento; il farsi gabbo, può essere quasi per chiasso; ma perché l'uomo che si vede gabbato (nel primo senso) può almeno gridare al tradimento, e chi sente altri farsi gabbo di lui si deve tacere per non eccitare le risa, però sovente il secondo pesa più che il primo all'uomo gabbato.

Farsi pare un po' meno: il *prendere a gabbo* par ch'esprima atto fatto più di proposito, con più malizia o con più leggerezza: cose più spesso che non si creda congiunte nel mondo.

Con una parola o con un atto può l'uomo farsi gabbo d'altrui (2); prendersi a gabbo, con più lungo discorso, con opera continuata.

Farsi, per altro, può denotare più direttamente l'insulto; *prendere*, la noncuranza: il primo corrisponderebbe in tal caso al *contemptui habere*, l'altro, al *parvipendere* (3).

2097.
Farsi gioco, Prendere a gioco, Prendersi gioco.

Gioco è più comune di *gabbo*: dice derisione piuttosto che noncuranza o insulto (4). Si dirà: pigliare a gabbo un'impresa, un impegno; farsi gioco d'una persona, d'un consiglio. Il *farsi gioco* degli uomini si concilia, talvolta, nel mondo con le regole dell'urbanità; tanto è vero che urbanità e carità sono cose distinte.

Tra il *farsi* e il *prendere* giova la differenza notata più sopra, che il secondo significa scherno fatto più di proposito.

Tra il *prendere a gioco* e il *prendersi gioco* la sottile differenza par questa, che il secondo dice più direttamente il piacere che prova l'uomo in quell'atto; il primo riguarda l'atto in sè stesso. L'incredulo prende a gioco le cose più sante; ma, sebbene ne faccia le viste, non se ne può prender gioco, perchè troppo serie le conosce, e perchè l'amaro suo riso non è accompagnato da piacere dell'animo (1).

2098.
Farsi gioco, Ridersi, Ridere.

— *Farsi gioco* indica, oltre il disprezzo, il potere di servirsi della cosa o della persona in modo non onorevole nè utile a quella, a sè bassamente proficuo, o bassamente piacevole. *Ridersi* non denota se non disprezzo con gioja maligna. Il potente si fa gioco del povero oppresso, si fa gioco delle promesse strappategli dalla necessità; l'adulatore si ride della gloria e della vanità del potente.

Farsi gioco è sempre più colpevole e più vile del *ridersi*. Il primo indica sovente non l'atto, ma la derisione in parole; e anche allora differisce dal *ridersi*, perchè più amaro. — FAURE.

Il semplice *ridere* può essere meno di *ridersi*. Può l'uomo ridere innocentemente, con pietà, con affetto, con riverenza per moto quasi involontario, per cerimonia, quasi a suo dispetto; ma il *ridersi* è sempre maligno o malizioso, forse più ostile di molti atti ostili.

2099—2105.
GABBARE, SCHERNIRE, INGANNARE.
GABBAMONDO, GABBADEO, GABBASANTI.
FALLACIA, INGANNO.
INGANNARE, BURLARE.
INGANNARE, ILLUDERE, ELUDERE, DELUDERE.
ILLUSIONE, DELUSIONE.
LACCI, LACCIUOLI, INSIDIE.
LACCI, RETI (traslato).
LACCI, INSIDIE, FRODI, AGGUATI.

2099.
Gabbare, Schernire, Ingannare.
Gabbamondo, Gabbadeo, Gabbasanti.

Gabbare, avendo senso affine ora a *schernire* ora a *ingannare*, in questo è più generale de' due. Ma così attivo assoluto com'è qui, tiene più dell'ingannare che dello schernire (2). Se non che I.° l'uomo può ingannarsi da sè (3); da sè non si gabba. Bene si potrà dire ch'egli ha fatto gabbo a sè stesso, mai però ch'egli prenda a sè gabbo. II.° Possono le apparenze esteriori ingannarlo (4),

---

(1) G. VILLANI: *Vedendosi com'erano stati gabbati e traditi villanamente.* - M. VILLANI: *Il marchese, cui vedevano dai Tedeschi gabbato e tradito.*
(2) NOVELLINO: *Disseglì il fatto. Il signore se ne fece gabbo.*
(3) DANTE: .... *Non è impresa da pigliare a gabbo, Descriver fondo a tutto l'universo.* Dicesi anco *prendersi gabbo*, e significa più derisione che noncuranza.
(4) CECCHI: *I giovani Si facciano di te gioco e trastullo.*

(1) VARCHI: *Pigliandosi gioco delle contese altrui, si stanno da un canto a ridere. Pigliarsi* e *prendersi* in questo senso è promiscuo; ma forse *pigliarsi* un po' più grossolano, o più leggiero, che spesso è tutt'uno.
(2) A ogni modo, usandolo anco in senso affine a *schernire*, sarebbe sempre più forte del *ridersi*. BOCCACCIO: *Cominciò fare le maggiori risa del mondo; e gabbando, il domandò se l'imperatore gli aveva questo privilegio conceduto.*
(3) PETRARCA: *Chi m'inganna Altri ch'io stesso?* - Quindi *ingannarsi*, ma non *gabbarsi* in questo senso.
(4) DANTE: *Non t'inganni l'ampiezza dell'entrare.*

non lo gabbano queste. L'amor proprio, la speranza, il gioco, ci gabbano. III.° L'inganno può essere mero error della mente; il gabbato rimane ingannato in modo più immediatamente dannoso, perchè nel gabbare entra la frode. IV.° Può l'ingannato non s'accorgere dell'inganno: il gabbato non così. V.° Ingannarsi ha nella sua famiglia ingannatore, ingannatrice, ingannevole. Gabbare ha gabbatore, gabbamondo, gabbadeo, gabbasanti; gli altri son disusati. Quest'ultimi due significano ipocrita, che con dimostrazioni di pietà illude gli uomini e tenta d'illudere il cielo. Il primo de' due denota più biasimo.

Son pochi gli uomini gabbati a paragone di quelli che, ingannandosi da sè, a viva forza si perdono; e pure tutti si lamentano della malizia altrui, pochissimi della propria.

2100.
Fallacia, Inganno.

— La *fallacia* è inganno più artifizioso: l'*inganno* può non essere colpa se non di colui che v'incorre. Questa è voce di senso più generale, chè un indizio, un'apparenza posson essere inganno, o occasione d'inganno. — A.

2101.
Ingannare, Burlare.

— L'*inganno* ha sempre seco del danno; nella *burla* può essere anco un vantaggio. Si fanno burle piacevoli agli amici, ai parenti; non inganni. — A.

2102.
Ingannare, Illudere, Eludere, Deludere.
Illusione, Delusione.

— S'*elude* con frode; s'*illude* con offesa più o men velata. — ROMANI.

— Chi è ingannato da falsa apparenza, da cosa che paja e non sia, rimane *illuso*; chi da cosa che paja più o meno di quel ch'ell'è, e quel parere dia speranza ingannevole, è *deluso*; chi è ingannato nella sua aspettazione o diritto dagli uomini, *eluso*. L'imaginazione, la passione c'illudono; le cose umane deludono sovente le folli speranze; i tristi eludono le cautele de' buoni. — GATTI.

— *Ingannare*, indurre in errore; *deludere*, ingannare l'aspettativa, la speranza, la credenza, la fede. Voi siete ingannato s'altri vi dà per vero il falso, il cattivo per buono; siete deluso quand'altri lusinghi i vostri affetti, e poi non li soddisfaccia. Sarete sempre deluso se crederete leggermente quel che vi piace; se leggermente v'abbraccerete a tutto ciò che vi vada a genio. Tutti possono essere ingannati e ingannarsi. Sono delusi coloro che credono alle apparenze, ch'amano lusingarsi. Chi si lascia leggermente persuadere, è ingannato; chi si lascia speranzare, è deluso. Chi delude, inganna: non ogni inganno è delusione; però *deludere* richiede arte più meditata, e forse più rea, che *ingannare*. Una parola può trarre in inganno; non basta a deludere. L'inganno può essere tutto dell'intelletto; la delusione riguarda le opinioni pratiche, le speranze d'un bene. — ROUBAUD.

— Nasce l'*illusione* al primo aspetto di cosa che inganni; e i sensi o la ragione correggono la illusione fugace. La *delusione* è conseguenza conosciuta d'inganno già consumato. — CAPPONI.

2103.
Lacci, Lacciuoli, Insidie.

Nel proprio, *lacciuolo*, come ognun vede, è men grande di *laccio*. Tendonsi lacci anche a volpi, a grossi animali (1); lacciuoli agli uccelli (2).

Nel traslato, *laccio* è più comune, sebbene anche *lacciuolo* sia d'uso; ed ha senso di insidia, ma men gravi.

Laccio amoroso, diremo, non: insidie amorose; se non quando la persona di cui l'uomo s'innamora abbia teso veramente un'insidia per gabbare, per nuocere. Molti innamorati, dopo essere caduti volontarii nel laccio, dopo strettoselo di propria mano, se ne lamentano come d'insidia che loro sia stata tesa: e quanto più l'uomo è complice del proprio male, più grida forte.

L'errore è laccio a cui si lascia prendere l'umana mente, insidiando miseramente a sè stessa (3).

Mettere il laccio alla gola, nel traslato, costringere l'uomo a danneggiarsi da sè, o lasciarsi danneggiare.

Lacci quei della vita mortale a chi se ne lascia inviluppare, e non sa farne ala al bene.

Uscir del laccio, diremo, e uscir delle insidie. Porre insidie, apparecchiare, collocare, disporre, meditare (4). Diremo: tendere lacci; ma anche: porre e mettere, e disporre e preparare. Comune è anco: tendere insidie.

Colto al laccio, preso al laccio.

Insidie, s'adopera assolutamente meglio (5).

Tendonsi insidie con parole, con fatti; tendonsi insidie per togliere l'onore, la vita. Qui l'altra voce potrebbe parer troppo mite (6). Se non che vive tuttavia il modo biblico: lacci di morte. Le leggi in alcuni luoghi son lacci tesi alla semplicità e alla debolezza, che rimangon preda della frodolenta prepotenza (7). La libertà lasciata all'operare e al parlare, talvolta è laccio teso alla credula fiducia degli inesperti.

Insidie del diavolo, più comunemente che: lacci.

Insidiare, insidiatore, insidioso, insidiosamente, tutti dell'uso; *laccio*, non ha che *allacciare*.

Insidiose parole (diciamo), occhi insidiosi, insidiosa clemenza (8).

2104.
Lacci, Reti (traslato).

— *Lacci* ha sensi più varii: dice insidie più sottili, e anche men complicate. Un sofisma può essere laccio alla mente: con un tessuto di sofismi si pigliano quasi con *rete* le menti credule o disattente. La bellezza è laccio di per sè: la bellezza ingannatrice tende le sue reti a incalappiare gl'incauti. — ROUBAUD.

2105.
Lacci, Insidie, Frodi, Agguati.

C'è de' lacci e delle insidie tese senza frode, di nascosto soltanto. L'*insidia*, i *lacci* tirano alla vita, all'onore, alla pace dell'animo; la *frode*, spesso all'interesse (9). Si può, è vero, tendere un'insidia con frode, ma le son due cose distinte.

---

(1) VIRGILIO: *Laqueis captare feras.*
(2) BART. S. CONC.: *I pesci son presi all'amo, e gli uccelli al lacciuolo.*
(3) REDI: *Ne' lacci delle fallacie colta ed inviluppata.*
(4) BOCCACCIO: *Alla tua vita nè alle tue cose insidie porre.* - CICERONE: *Insidias parare.* - *Collocare.* - VIRGILIO: *Meditari.*
(5) BOCCACCIO: *Le inimicizie, le insidie, gli odii.*
(6) SEGNERI: *Calunniato, insidiato, tracciato a morte.*
(7) CICERONE: *Laquei legum.*
(8) CICERONE: *Insidiosa clementia.* - OVIDIO: *Facies Verba.*
(9) G. VILLANI: *La misura dello stajo.... perchè vi s'usa frode.* - Quindi il modo latino *fraudi esse*, per esser di danno.

— Colla frode si oltraggia la fede reciproca; l'insidia è l'atto di star celato osservando il momento di nuocere (1).

S'insidia all'onore, alla pace altrui; uno si pone in *agguato* per ispogliare, ferire, uccidere, o solamente per osservare le altrui mosse, sempre però con intenzione maligna (2).

Si mette in agguato un drappello di soldati per cogliere all'improvvista il nemico (3). Porsi in agguato, diciamo, non: porsi in insidia.

Il mediocre sta sempre in agguato osservando le debolezze de' grandi, per coglierli all'improvvista, e trionfarne in quell'unico modo che a lui di trionfare è concesso.

2106—2110.

GABBARE, Abbindolare, Bindolare, Accalappiare, Incalappiare, Acchiappare, Infinocchiare, Carrucolare.

Frodare, Defraudare.

Frodare, Trappolare.

Bollare, Frecciare, Far scrocchi.

Bollato, Scottato.

Scottato, Abbauciato.

2106.

Gabbare, Abbindolare, Bindolare, Accalappiare, Incalappiare, Acchiappare, Infinocchiare, Carrucolare.

L'*abbindolare* è aggirare con simulate parole, con sotterfugi, e indica nell'ingannatore più versatilità che profondità d'artifizio; più mariuoleria che scelleratezza. Il *bindolo* è un gabbatore, ma in cose di non grande importanza. Anco il mancar di parola può essere un abbindolare. Il *bindolo* è strumento che rende il suo servigio aggirandosi sempre (4). Di qui venne che coloro che aggirano gli altri, che con raggiri tendono ad ingannare, a frodare, chiamansi bindoli.

Bindolare, dunque, dice l'abito, la disposizione di fare il bindolo, d'aggirare in genere; *abbindolare* dice l'atto speciale di aggirare un tale, di fare il bindolo seco. Quindi la prima voce s'usa assolutamente, la seconda richiede dopo sé il quarto caso. Si dirà: c'è degli uomini che amano di bindolare a ogni occasione, anco quando potrebbero operare da galantuomini con vantaggio. V'è di quelli che non temono d'abbindolare un amico, e poi pretendono d'avergli fatto servigio. Pochi son quelli che tirino a bindolar per mestiere; parecchi abbindolano gl'incauti, perché l'occasione li tenta.

Il *gabbare* sta sempre ne' fatti, e tira al solido degl'interessi. Società più impicciolita e degradata che depravata, abonda di bindoli, che la rendono dispregevole ancora più che odiosa.

Calappio o *galappio*, come suol dirsi in Toscana (5),

vale: laccio insidioso; ha senso e proprio e traslato. *Accalappiare* o, più comunemente, *incalappiare*, è ingannare in modo che l'uomo si trova colto e allacciato senza che se ne avvegga. Può uno incalappiarsi da sé, non gabbarsi (1). Può l'uno incalappiar l'altro mettendolo in cimenti o imbrogli; insomma, in condizione difficile, senza che danno, almeno immediato, ne segua. Il *gabbare* ha più sovente seco idea più o men diretta di danno.

L'*incalappiare*, da ultimo, suppone certo artifizio, certa orditura d'inganno. Il *gabbare* può essere frode più spiattellata, o almeno un inganno men fine.

Nota, a un di presso, il Romani: « Nell'abbindolare, l'inganno proviene da false apparenze; nell'incalappiare, da vera insidia. In quello si denota la volontà e l'opera dell'ingannatore; in questo, l'effetto che ne consegue.

« *Acchiappare* vale, per lo più, pigliar con inganno improvviso, e ingannare per sorpresa (2).

Uno s'incalappia da sé, non s'acchiappa. I gonzi si lasciano incalappiare in affari involuti; onde poi facile diventa il gabbarli; anche i furbi si lasciano qualche volta acchiappare.

Questo verbo può esprimere più il principio dell'inganno che l'inganno medesimo. Molti nel mondo sono stati acchiappati da un tristo, che non ha però avuto il tempo di gabbarli insino all'ultimo. I tristi non son poi tanto furbi né tanto fortunati quanto da molti si crede.

Anco in cose di poca importanza si può acchiappar uno. Si può acchiapparlo col semplicemente trargli di bocca un assenso (3), una sottoscrizione di mano.

Chi è stato già bollato altra volta, suol dire: eh non mi lascerò più così facilmente acchiappare! Un'altra volta acchiappami! (4). — Qui non cadrebbe con tanta grazia né *accalappiare*, né altro.

Infinocchiare è dare ad intendere cose non vere (5), o non certe, per vere e per certe: fin qui la differenza è ben chiara. Ma si può infinocchiare a fin di gabbare; e allora quel vocabolo indica un mezzo del gabbare (6).

Si può infinocchiare, e con ciò condurre l'uomo a incalapparsi da sé.

Questo *infinocchiare* indica troppa semplicità, credulità soverchia, che il mondo tiene per ridicola, perché nel mondo si ride di tutti i mali.

Carrucolare denota anch'esso inganno che viene da altr'uomo; né certamente v'è modo di carrucolarsi da

---

Quesito da proporsi a un'accademia di bindoli se ce ne fosse. Ma non ce n'è.

(1) Salvini: *Egli è per ingalappiarsi nella ragna Da sé. - Incalapparsi* meglio che *accalapparsi;* ma accalappiare uno denoterebbe forse men grave inganno che incalapparlo; e ciò per il differente valore delle due particelle.

(2) Ambedue sensi traslati; perché nel proprio, *acchiappare* si usa in senso affine a *chiappare:* corruzione di *capio.* — Lambruschini.

(3) Alleri: *Sono acchiappati in parole.*

(4) Firenzuola: *Innanzi ch'io mi lasci più acchiappare a queste baie, tosami.*

(5) Varchi: *Quando alcuno vuol mostrare di conoscere che quelle cose le quali s'ingegna di fargli credere sono ciance, bugie..., usa dirgli: tu m'infinocchi, o: non pensare d'infinocchiarmi.* — Berni: *Infinocchiar ben Carlomano Ed una per un'altra dargli a bere.*

(6) Buonarroti: *Tempo è che tu ti faccia onore Vie più che mai, che aggiri e che infinocchi E questo e quel.*

---

(1) Buti: *Frode, inganno occulto alla vicendevole fede.*

(2) *Guatare* e *agguato* han comune origine.

(3) Tratt. Sap.: *I ladroni che agguatano il cammino.* - G. Villani: *Segretamente misero agguato di lor gente armata da più parti di Fiesole.*

(4) Del *bindolo* si servono principalmente in Toscana per attingere l'acqua da' pozzi. Un animale col suo moto fa girare questa piccola macchina; le cassette piene di acqua appese alla fune, e annesse alla circonferenza d'un gran cerchio, si sollevano dal pozzo, e giunte all'orlo si rovesciano ne' sottoposti canali. La definizione che qui dà la Crusca è troppo generica.

(5) Chi mi sa dire se venga da *laqueus, illaqueo,* o da *capio?*

se. Vale: ingannare adagio adagio, senza che uno se n'accorga; e suppone certa avvedutezza e renitenza in colui ch'è ingannato. È assai meno di *gabbare*; e anco quando più gli è affine, non è che un mezzo, una preparazione di inganno. Non è, credo, voce del comune uso.

2107.
Frodare, Defraudare.

Ambedue, valgono: togliere, rubare con frode; ma il primo si fa più apertamente, il secondo suppone astuzia più nascosta. Si defrauda l'operajo delle sudate mercedi. Si froda il socio in una quantità di danari, o di merci messe in combutta. Si defrauda negando di rendere; si froda mostrando di rendere, e non rendendo (1).

Defraudare ha anche un traslato che l'altro non ha. Diremo: defraudare la modesta dottrina del premio dovutole, è colpa talvolta maggiore del frodare al ricco parte della sua non sudata ricchezza (2).

Defraudato esprime anche l'effetto che produce nell'animo il vedersi privato d'un qualunque oggetto che si credeva a noi dovuto, o che s'aspettava (3). In questo senso diciamo: rimaner defraudato d'una legittima speranza è cento volte più grave che rimanere deluso nei più cari interessi; perchè la speranza chiede più del diritto in certe anime ardenti. Nell'idea di *frodare*, come s'è detto, è più esplicita quella del nascondere. Però, di sottrazione fatta agli altrui diritti, o pretesi diritti, in modo che altri non se ne accorga, si dice *frodare*. Per esempio: frodare i gabellieri, celando la cosa che dovrebbe pagare gabella. Questo non si dice, con proprietà, defraudare. *Defraudare* corrisponde a *frode*; *frodare*, talvolta, a *frodo*.

Defraudare sè stesso, diremo, di ciò che la natura richiede; non mai frodare (4).

Defraudasi l'uomo (5), defraudare una somma non si direbbe, ma bensì: di una somma. Ben si dice: frodargli una certa somma, e: frodarlo di certa somma.

2108.
Frodare, Trappolare.

Trappolare è ingannare con dimostrazioni di bene: e ha parecchi derivati.

2109.
Bollare, Frecciare, Fare scrocchi.

— Persona poco solvente che ottenga danaro a imprestito, e poi non lo renda; ottenga, dico, o per imprudenza di chi presta o per improntitudine o per modo simile non evidentemente colpevole, o almeno non civilmente punibile, *freccia* o *bolla*. *Fare scrocchi* inchiude l'idea di modo più apertamente disonesto, cioè frode o altra arte vile. Freccia e bolla un disperato; fa scrocchi un birbante. — LAMBRUSCHINI.

Frecciare può denotare il tentativo più o meno seguito da effetto; *bollare* dice l'effetto netto. L'una imagine è tolta dall'avventar frecce per assalire, le quali possono cogliere, ma non toccare la pelle nè far sangue; l'altra, dal segno che lascia il bollo e fa che la memoria se ne risvegli anche troppo.

2110.
Bollato, Scottato.
Scottato, Abbruciato.

Non solo a chi furon levati di sotto danari, ma chiunque abbia patito danno o dolore o vergogna da ricordarsene per un pezzo, suol dirsi *bollato*. Anche *scottato*; ma questo è meno: perchè il bollo è rovente e lascia più segno. Cane scottato dall'acqua calda, ha paura della fredda; proverbio vero e non vero, come tutti i proverbi, che guai se non si sanno intendere a discrezione. Certo men vero degli uomini che de' cani.

Bruciare dicono sovente in Toscana nel senso di *scottare*, cioè con calore senza fuoco vivo, come lo slavo *vruce*, vale *caldo*, e viene da *vriti, fervere*, che dicesi d'acqua che bolla, e d'acqua che scorre commossa, appunto come il latino *fervere*, e l'*æstuare*. Ma quando diciamo *abbruciato* a danari, intendiamo che non ne ha, non perch'altri l'abbia bollato o scottato, ma per la ragione semplice che non ne ha.

2111.
GALA, GALE.
VESTIRE IN GALA, VESTIRE IN ABITO DI GALA.

La *gala* è quella striscia di trina o tela o altro che le donne portano sulla baverina o a' fazzoletti o in fondo al vestito; e gli uomini allo sparo della camicia; ed è distinta da quella specie di gale che portansi a' polsini delle maniche, e che dicousi *manichini*; e in questo senso *gale* non è che il semplice plurale, non ha con sè differenza. Ma *gala*, inoltre, significa abbellimento più elegante o diverso dall'ordinario, e dicesi: essere in gala; andare o mettersi in gala; abito di gran gala.

Allora il plurale di *gala* denota non tanto il festivo sfoggiato vestire in una o in altra occorrenza, ma l'amore smoderato e l'affettazione di tali ornamenti. Può l'uomo, anco modesto e non curante del lusso, venir costretto a mettersi in gala; la donna vana ama sempre le gale; è vizio in lei lo star sulle gale (1). Amar la gala, star sulla gala, non si direbbe così comunemente, nè: abito di gale, o simile.

Di chi la colpa, se la donna pone nelle gale e nelle spese e nei pericoli che ne seguono, tanta parte de' suoi pensieri? Dell'educazione. Un contadino tutto in gala pare più ridicolo di donna matura tutta gale, e non è.

Quando diciamo: gala a corte, gran gala, intendiamo non solo del vestire, ma della festa pure che richiede la gala ed è occasione di quella. Senso che il plurale non ha. Giorni di gala, son quelli ne'quali bisogna presentarsi con abiti non di moda, ma d'uso un poco an-

---

(1) G. VILLANI: *Tolse a' suoi mallevadori cinquemila cinquecento quindici fiorini d'oro, apponendo che gli avea frodati al Comune di Lucca.* - *Avea frodato il Comune falsando la misura.*

(2) ARIOSTO: *Col rozzo stil, duro e mal atto, Gran parte della gloria io vi defraudo.* - REDI: *Per non defraudare V. S. della dovuta cognizione... le mando...* - LIVIO: *Defraudare fructu victoriæ suæ.*

(3) MARTELLI: *Contra la volontà mia vi troverete defraudato.* - CICERONE: *Ne brevitas (periodi) defraudasse aures videatur, neve longitudo obtundisse.*

(4) PLAUTO: *Egomet me defraudavi geniumque meum: nunc eo alli lætificantur meo malo et damno.*

(5) ALBERTANO: *La limosina del povero, non la frodare.* - VARCHI: *Non intende frodarvi di cosa alcuna.* - DANTE: *La verità nulla menzogna frodi.*

(1) VARCHI: *Sono in pregio le gale e le attillature, e si bada solo a ornare la bellezza del corpo, manifesto argomento della bruttezza dell'animo.* - CECCHI: *Stanno più... sulle gale e sulle usanze che... Quelle delle gran doti.*

tiquato per il taglio e la forma; e questi abiti si chiamano da gala, o di gala.

2112—2117.

GALA, Lusso, Sfoggio, Sfarzo, Pompa.
Pompeggiare, Pompeggiarsi.
Lusso, Fasto, Fastosità, Sontuosità, Magnificenza.
La magnificenza, Le magnificenze.
La pompa, Una pompa.
Lussuriare, Lussureggiare.
Lussurioso, Lussuriante, Lussureggiante.

2112.

Gala, Lusso, Sfoggio, Sfarzo, Pompa.
Pompeggiare, Pompeggiarsi.

Si può esercitare il lusso in mille cose; e in ciò quella che chiamasi civiltà, è ingegnosissima e docilissima; aborre da molte tirannidi; ma questa accarezza (1).

Pranzo dato con lusso; lusso negli arredi; nel vestire. Le gale riguardano i soli vestiti.

E anco ne' vestiti si possono amar le gale senza gran lusso, perchè l'eleganza non è inseparabile dalla ricchezza. Si può, viceversa, sfoggiare in lusso e non in gale, quando gli abiti siano più sfarzosi che belli, e usitati da quello che una volta si diceva bel mondo. Di uno che d'ordinario veste alla semplice e che un giorno si metta vesti nuove o più belle del solito, dicesi: s'è vestito, s'è messo in gala. Il *lusso* del vestire comprende le gemme, gli ori e simili abbigliamenti; la *gala*, gli abiti più propriamente che altro.

Il lusso è anco ne' vestiti da uomo, non le gale. La vanità sposata all'orgoglio ama il lusso. Qual cosa è più da compiangere? Un manto tempestato di gemme addosso a un potente, o una ricca cintura addosso a un povera contadinella sedotta? Ardua questione.

La *gala* è nella forma; lo *sfoggio*, il *lusso*, lo *sfarzo*, nella spesa ed in certa magnificenza; la *pompa*, in quella magnificenza che si conviene a' potenti (2). Altro è dire: pomposamente vestito; altro è: vestito in gala. Il secondo s'applica meglio a donna, a uomo galante; il primo, a principessa o a donna o ad uomo (come dicono) d'alto affare (3).

Abito pomposo, potrebb'anco significare semplicemente: abito di grandezza, indicante dignità anco non vera (4); ma se si tratterà di semplice ricchezza del vestire privato, diremo meglio: sfarzoso.

Nel traslato, si fa *pompa* di ciò ch'è bene o che tale si crede; e nella pompa è più affettazione che nello *sfoggio* (5). Si fa pompa di dottrina per farsi ammirare; si fa sfoggio talvolta per farsi compatire, perchè la quantità abbaglia i molti, e una citazione che paja recondita vale ai lor occhi più che un pensiero profondo.

Diremo: far pompa di virtù, più comunemente che: sfoggio. E *pompeggiarsi*, neutro passivo; non mai *sfoggiarsi* (1).

2113.

Gala, Sfoggio.

Gala, nota a un dipresso il Romani, è ogni genere d'abbellimento, alle persone, alle stanze; ma indica, più comunemente, quegli ornamenti di cui si fa mostra in occasione festiva o solenne: vestito di gala, carrozza di gala. *Sfoggio* è sontuosità di vestire o d'altro, ma in qualunque siasi occasione, non in certe ch'è proprio di *gala*.

I.° *Gala*, dunque, è straordinario; lo *sfoggio* può essere di tutti i giorni.

II.° La gala è negli ornamenti, lo sfoggio in ogni sorta di spese, pranzi ed altro (2).

III.° La gala consiste nell'eleganza; lo sfoggio nella sontuosità (3).

Il Magalotti, in senso traslato, dice che non ama far gala di certe toscanerie non utili; ma a' giorni nostri si veggono autori che fanno sfoggio di certe toscanerie viete, e poi di queste addobbati, disprezzano come sudiciume le vive toscane eleganze. In questo senso, *sfoggio* è più usitato; ma *gala* dice non so che più scelto nella qualità, dove *sfoggio* abonda nella quantità.

IV.° *Sfoggio* ha più varii i traslati: sfoggiare in facezie, sfoggiare nel canto (4). Quando la moda viene, si fa sfoggio nel male, e il bene nascondesi agli occhi del mondo come vergogna.

V.° *Sfoggiato, sfoggiatamente, sfoggiare*, son dell'uso comune; *gala* non ha simili derivati.

2114.

Sfarzo, Sfoggio.

Sfarzo, s'applica anch'esso e al vestire e ad altre cose, e riguarda più direttamente la magnificenza che la sontuosità (5). C'è degli ornamenti sfarzosi dove non entra idea di *sfoggio*, come la larghezza o lunghezza di certi vestiti; ce n'è di sfoggiati che non si possono chiamare sfarzosi, come le gioje o altre cose di gran prezzo ma di piccola mole. Lo sfarzo tiene più dell'ampollosità; lo sfoggio è di men falso gusto. Il secento amava lo sfarzo; ne' secoli dell'impero romano corrotto, lo sfoggio teneva luogo di grandezza e di gloria. Può lo sfoggio, talvolta, essere non dico necessario, ma scusabile; lo sfarzo dimostra quasi sempre un misto d'orgoglio e di vanità che disgusta.

---

(1) *Immaginando che l'essere re stesse nel vivere con gran lusso*. Gli è il Davanzati che parla, non mica il signor Cormenin.

(2) *Pompa* (da πέμπω) presso ai Latini in origine era l'apparato di comitive raccolte e procedenti a celebrare memoria religiosa o civile, avvenimento fausto o infausto. Lo splendore in tali pompe mostrato, rese più generale il vocabolo.

(3) Caro: *Dame nobili assai, belle molto, e pomposissime tutte*.

(4) Boccaccio: *Trovò Natan, il qual senz'alcun abito pomposo andava a suo diporto*.

(5) C'è degli usi speciali che non si possono notare tutti, ma che giova avvertire. Per esempio, il Compagni: *Di queste due pompe* (del carroccio e della martinella) *si reggea la superbia de' nostri antichi*. — Qui non han luogo al certo i vocaboli affini, e l'uso è proprio.

---

(1) Esp. Vang.: *Nè da lisciarsi nè da pompeggiarsi*. È dell'uso. Potrebbersi fors'anco *pompeggiarsi* assoluto coll'in, o anche senza: ma il pompeggiarsi s'approssima al pavoneggiarsi, e più sa di boria; il pompeggiare può essere ostentazione necessaria in parte, certo men biasimevole, di grandezza e ricchezza, nel proprio e nel traslato anche vera.

(2) Pandolfini: *Vestire sfoggiato*. — Buonarroti: *Far gran sfoggi in sulla fiera. — Moglie altera.... È vana che fa troppi sfoggi*.

(3) Buonarroti, Tancia: *Che fanno tanti sbraci e sfoggi, Che sono a specchio poi col rigattiere*.

(4) Allegri: *Nel dir mal... Si sbraca e sfoggia*. — *Nel cantar sfoggia*.

(5) Salvini: *Gli strascichi son sempre sfarzosi e magnifici*.

Sfarzo, poi, non ha sensi traslati; né si dirà: fare sfarzo d'insolenze, di facezie (che per molti è tutt'uno), come dicesi: sfoggio. Stile sfarzoso, però, non sarà forse improprio a denotare splendore affettato, accattata magnificenza.

2115.
Sfoggio, Lusso.

Il *lusso* è abitudine personale e sociale, al dir di taluni, con gran bene dello Stato; al dir d'altri, con male grande; e certo, assai maggior male che bene. Quando l'artigiano o il mercante benedice quel ricco che lo fa lavorare in cose di lusso, non sa quel che si dica.

Si può sfoggiare con più o men lusso; nel lusso è sempre di molto sfoggio. Onde il Segneri: « Sfoggia con tanto lusso. »

E: sfoggio, diciamo, e: lusso d'erudizione, di citazioni, di dottrina; ma non si direbbe: lusso di maldicenze, di facezie. E anco d'erudizione parlando, c'è differenza: lo sfoggio indica affettazione; il lusso, più che necessaria ricchezza. Anco l'ignorante e il leggero può fare sfoggio di sapere, per poco ch'ei sia; il lusso è dell'erudito.

2116.
Lusso, Fasto, Fastosità.
Sontuosità, Magnificenza.
La magnificenza, Le magnificenze.
La pompa, Una pompa.

— Nel *lusso*, la spesa è oltre al bisogno o all'utile: nel *fasto* è ad apparato e pompa; la *sontuosità* vuol far vedere che c'è spesa di molta, ma può essere a fine degno; la *magnificenza* è sempre a fine nobile e grande. *Lusso* e *fasto* hanno senso (presso i bene ragionanti) non buono; *sontuosità* è determinato dagli aggiunti di lode o di biasimo. La *magnificenza* è atto o abito grande in sé; ma può facilmente trascendere nel lusso o nel fasto. Il lusso è d'animo immoderato; il fasto, di vano; la sontuosità, di liberale o di prodigo; la magnificenza, d'animo che, se grande non è, tende al grande.

Lusso persiano, fasto romano, sontuosità dei monumenti egizii, magnificenza dei templi.

Il lusso può essere anco de' poveri, può entrare in tutta sorta spesa; il fasto è de' benestanti e de' potenti; negli edifizii, negli arredi, nel vestire, nel corteggio, specialmente in certi luoghi solenni.

La sontuosità riguarda, specialmente, i monumenti e le feste. — ROUBAUD.

— Nel lusso la spesa si vede, ma non sempre quant'è; nel fasto si fa perchè sia veduta. — AMBROSOLI.

I *fasti*, non si direbbe per non fare equivoco coll'altro senso noto di questo plurale. Le *fastosità*, si direbbe, per atti di fasto che s'attengono all'abito. Perchè *fastosità* è abituale nel suo singolare, come *sontuosità*. Anco di questo però, se si dice le *sontuosità*, intendesi d'atti ripetuti, che vengono dall'abituale pendenza. Si dice talvolta anco *lussi*; come: fare certi lussi, certa gente, è segno di prossimo a fallimento o a fallo, e sovente di tutti e due. Ma *lussi* plurale ha più biasimo ancora. C'è un lusso che le convenienze del mondo pare che impongano, e anco gli onesti e i modesti vi si credono condannati, come a una delle tante noje e pericoli dell'agiatezza o di certe cariche pubbliche. Un Franklin, inviato oggi giorno alle corti d'Inghilterra o di Francia, sarebbe sforzato a spese di lusso. Può ricusare d'andarvi, ma, quando c'è, il fare lusso è una quasi morale obbligazione. E può farsi con animo astinente, distaccato, alieno; umile, anzi mortificato, e per sé e per questo povero teatro di maschere. Le *magnificenze*, dicesi d'atti anco astratti dall'abito; e vale: largizioni magnifiche a altrui beneficio che a semplice spesa (1). Di edifizio, di spettacolo, anco di bellezza naturale magnifica, potrà dirsi: è una magnificenza a vedere. Una *pompa*, non significa se non una cerimonia più o meno pomposa, secondo l'origine. In una pompa ogni cosa essere modesta nel decoro, anzi pia e veneranda.

2117.
Lussuriare, Lussureggiare.
Lussurioso, Lussuriante, Lussureggiante.

— *Lussureggiare*, non si dice del peccare in lussuria, ma dell'abbondare per eccesso di vita, come le piante che mettono di molti germogli e foglie; *lussuriare* potrebbesi forse dire del peccato, ma non è del comune uso. Chi pecca, o tende a peccare in lussuria, *lussurioso*; cosa che lussureggia, è *lussuriante* e *lussureggiante*. Il secondo ha nell'uso scritto più forma di verbo, del primo. Si dirà: egli lussureggia, tu lussureggi, e simili; non: egli lussuria, io lussurio o lussurio. — A.

2118.
GALA, TRINA, GUARNIZIONE, GALLONE.

La *trina* può essere d'oro (2), di seta, di refe, di cotone, di lino; più ordinariamente, di cotone; la *gala* è di cotone o d'altro filo che si trae da materie vegetabili.

La trina può dalle donne adoprarsi per berretta o altro; non è gala cotesta.

Non ogni *guarnizione* è gala. Quella da collo non è, propriamente, guarnizione; ma sì quelle dappiede o alle maniche o all'orlo del vestito.

La guarnizione può esser di pelle o d'altra roba, o della roba stessa del vestito; non la gala (3).

— *Gallone* è una specie di guarnizione a liste d'oro, d'argento o di seta. Le pianete, i piviali e altri paramenti di chiesa hanno il gallone. A' setini i paratori appiccano il gallone, per ornamento. Anco le livree hanno il gallone, che quanto è più bello, tanto più dimostra la servitù di chi ne va grave. Da *gallone* si fa *gallonare*, *gallonato* e *gallonajo*, cioè venditore e fabbricator di galloni. *Trinare* non è dell'uso; *trinajo* e *trinaja* (che vende o fa trine), sì. *Gala*, dopo *galante*, è rimasta infeconda, per grazia dell'Altissimo. E così sia. — MEINI.

2119.
GALANTE, AMANTE.

Queste due voci, di senso così chiaramente distinte, l'uso sociale talvolta rende sinonime; perchè società depravata genera distinzioni e somiglianze nuove, che meritano di esser notate, non foss'altro, per istudiarvi la storia delle umane miserie. Dice dunque l'abate Girard: « L'*amante* ama, il *galante*, corteggia; l'amante vuol esser amato, il galante essere secondato. Ma si può far l'amante o il galante anco senz'amare o desiderare davvero, per interesse o per altro. Una ragazza brutta

---

(1) DANTE: *Le sue magnificenze conosciute saranno.*
(2) SALVINI: *Trine d'oro.*
(3) BUONARROTI: *Guarnelletto bianco, ed a guarnizioni azzurre e d'oro.*

non manca di tali amanti, e una vecchia può trovar di siffatti galanti.

« Gli amanti lusingano la vanità delle donne, che per ciò solo li soffrono; i galanti danno materia a dicerie non sempre piacevoli alla vanità.

« L'amore è più vivo, tende a una determinata persona, e il suo fondamento è la stima. La galanteria tende non tanto alla persona, quanto alla bellezza in genere; ama sè stessa più ch'altri; cerca il piacere, non l'affetto; riguarda i pregi corporei con più minuta osservazione che non soglia l'amore. L'amante ama tutte le persone amate dall'oggetto del suo desiderio, purchè non siano tali da dar gelosia; il galante si serve delle persone care all'oggetto de' suoi desiderii per più soddisfarli. L'amore riempie il cuore d'un solo oggetto; la galanteria lascia luogo a parecchi. L'amore non teme gli ostacoli; la galanteria vorrebbe evitarli e ama il facile. L'amore è di buona fede e serio; la galanteria, maliziosa, e prende ogni cosa in burla. Costa più il disinganno, dell'amore; la galanteria ha più vergogne che dolori profondi.

« Nelle donne maritate la galanteria da una società corrotta è giudicata men ridicola dell'amore. L'amore, talvolta, conduce a passi più dolorosi, laddove la donna galante può conservar le apparenze della virtù (1). »

L'Enciclopedia: « L'amore vuol ricambio d'amore; la galanteria vuol piacere. La galanteria suol essere vizio; l'amore, passione più o meno tenace. La galanteria tende a quella ch'è da lei chiamata *conquista*; l'amore è or più franco ora più rispettoso. La galanteria è in tutti uguale e di natura e di forme; l'amore varia secondo i temperamenti: furioso in Medea, nel Petrarca loquace, sfacciato in Paride, in Giacobbe sofferente e operoso. Ovidio è galante, Tibullo amante. L'amore è, talvolta, freno al vizio; la galanteria è un vizio di cuore, di mente, di imaginazione, di senso. La galanteria rende inetto, nojoso, dispregevole il sociale commercio. La galanteria, talvolta, si muta in amor vero; ma il vero amore non sa prendere le forme della galanteria. »

— Questa specie di galanteria, chi guardi bene addentro, è velo a sentimenti grossolani. — A' dì nostri però ci sembra vedere ch'ella sia meno apertamente professata, e con minore studio inorpellata di quel che fosse in addietro. Qualcosa di buono c'è anche nel secol nostro. — CAPPONI.

2120—2123.
GALANTE, CIVETTINO.
ESSERE GALANTE, FARE IL GALANTE.
CIVETTA, FRASCA, LUSINGHIERA.
CIVETTARE, ACCIVETTARE,
CIVETTINO, CIVETTONE.
CIVETTINA, CIVETTUOLA.

2120.
Galante, Civettino.
Essere galante, Fare il galante.

I.° *Galante*, così sostantivo, vale e chi fa il galante con le donne, e chi veste galante per piacere ad esse. Il *galante* è più franco, meno pesante, e più fortunato (mi si perdoni il vocabolo) del *civettino*. Questi della galanteria non ha che l'inezia e la ridicolaggine. Ma verrà giorno, lo spero, che *civettino* e *galante* significheranno ambedue persona inetta e spregevole.

II.° Ad età nella quale non è ancora lecito aspirare al titolo di *galante*, si può bene ottenere quello di *civettino*; e a' dì nostri che ogni cosa è precoce, troppo lo vediamo.

III.° *Essere*, diciamo, e *fare il galante*; il primo denota meglio l'arte un po' consumata; il secondo, lo sforzo per giungere alla palma dell'arte. Un vecchio fa il galante, non si dirà che è galante. Ma: fare il civettino, nessuno direbbe con proprietà, perchè questo non è titolo a cui veruno aspiri.

IV.° *Civettino*, dicesi di donna; non si direbbe: donna che fa la galante. - Donna galante, assolutamente, ha altro senso, e vale: donna che all'aria, al vestire, al contegno, ai saggi che diede di sè, promette ai galanti, forse molto più che non voglia attenere. Perchè la speranza è leggera; e certe speranze, quando si parla di donne, diventano leggermente calunnie.

Beausée: « La civetteria stuzzica gli altrui capricciosi desiderii: la galanteria tende a soddisfare a' desiderii propri. »

La Bruyère: « Una donna galante vuol essere soddisfatta; una civetta vuol essere corteggiata. La galante passa d'amore in amore; la civetta ha di molte corrispondenze ad un tempo. La galante ha per movente la passione, la voluttà, l'interesse; la civetta, la vanità, la leggerezza, la falsità. Le donne nascondono più la galanteria che la civetteria; e questa fa loro sovente più torto di quella. *Civettone* è peggio che: uomo galante. »

E qui mi si lasci porre un'altra distinzione ancora tra *essere* e *fare il galante*. Si può al vestire, all'aria, esser galante, si può menar vita galante, senza fare il galante con questa o con quella. Si può fare il galante con una senza farlo con altre (1). Si può fare il galante con dimostrazioni d'amore, senz'affettar galanteria nel vestire o nel portamento.

2121.
Civetta, Frasca, Lusinghiera.

— *Civetta*, così detta dallo allettare gl'inesperti a mal fine; *frasca*, forse dalla leggerezza e dal continuo tremolio. Questo dicesi più alle ragazze giovanette, e ha men grave senso.

La *lusinghiera* (ma non è comune nell'uso) è più vile della civetta, perchè richiede da altrui più viltà. La civetta ha amori freddi e brevi; la lusinghiera, molti e lunghi e crudeli.

La civetta ha la testa vuota; la lusinghiera, il cuore guasto; sorridesi di quella, questa si teme. — GRASSI.

2122.
Civettare, Accivettare.

Accivettare è un po' meno. Le donne scaltre accivettano per avere uno o più adoratori; le capricciose civettano per aver degli amanti, o per mero capriccio. Accivettare è furberia; *civettare*, sguajateria. Accivettare con promesse, con ambigue dimostrazioni d'affetto; civettano pur con lo sguardo, pur col farsi vedere. Accivettano per interesse, per orgoglio; per vanità, per

---

(1) Non ho tradotto alla lettera, perchè certe proposizioni del Girard non mi parvero degne nè d'abate nè d'uomo di senno.

(1) BERNI: *Orlando par che sia 'n Levante, E là è innamorato e fa il galante.*

impudenza civettano. V'é delle donne che accivettano i gonzi, e poi civettano con gli sguajati. Ve n'è che hanno tanto civettato, che non san più accivettare. L'accivettare s'accorda con cert'aria di raccoglimento, di compunzione, di malinconia; il civettare va più gagliardo è più franco. Il civettare può non avere altro fine che la semplice civetteria; l'accivettare tira al cuore, alla borsa, al giudizio dell'uomo. Quelle che civettano in palese, hanno più cattivo nome di quelle che soavemente e virtuosamente accivettano; non sempre però le prime son le peggiori.

Civettare, dicesi anche degli uomini; *accivettare*, delle donne, per solito e più propriamente. *Civettare* è assoluto, o s'adopra unito al *con*; *accivettare* richiede, per lo più, il quarto caso, e quando non l'abbia, lo sottintende (1).

2123.
Civettino, Civettone.
Civettina, Civettuola.

Del *civettino* la principal nota è la leggerezza; del *civettone*, la pertinacia; il primo non è senza grazia; il secondo, non senza goffaggine. A'dì nostri, sbarbati ancora, cominciano a fare il civettino; e v'è de' civettoni canuti, barbogi.

La *civettuola* è un po' più sguajata; la *civettina* si può imaginar modesta. Per titolo di spregio o di rimprovero, *civettuola* si dice, e non *civettina*. C'è però delle civettine più scaltre che le civettuole; quelle accivettano, queste civettano; quelle tirano a beccarsi un marito che faccia a modo loro; queste, pare che faccian di tutto per perderne la speranza.

2124.
GALANTE, VAGHEGGINO, VAGHEGGIATORE, CICISBEO, GANZO.

Vagheggino è della lingua parlata, ed è bello. Nè inutile; perché significa bene quella galanteria che s'appaga del vagheggiare e del corteggiare (2). I vagheggini son vani, più ch'altro; e la vanità è i difetti più ridicoli, ma non de' più gravi. E' son uomini che preparano le premesse, e non sempre pensano alle conseguenze. Anco la politica d'amore ha il suo giusto mezzo.

Non è già che un vagheggino si contenti sempre del semplice vagheggiare; ma la principale idea risvegliata dal vocabolo è questa.

Può uno essere *vagheggiatore* di tale o tale bellezza nell'atto, non *vagheggino* per abito; può essere *vagheggiatore* sul serio e senza intenzioni turpi; può essere vagheggiatore della bellezza in quanto corrisponde all'idea d'ogni bello e sensibile e intellettuale e morale. Può in questi rispetti la donna essere vagheggiatrice, che mai non dicesi *vagheggina*.

Cicisbeo dicesi, in alcuni dialetti toscani, quello che i Fiorentini *ganzo*; e la *ganza*, o anche la dama, è cicisbea; ma il femminino è più raro. Con le dette voci s'esprime non solo la galanteria preparatoria; ma l'effetto ordinario di quella. *Cavalier servente* e *cicisbeo* sono ormai titoli più di derisione che d'altro.

---

(1) *Accivettato* dicesi anche di uccello scaltrito dal pericolo corso per le insidie della civetta e de' cacciatori; e, in senso traslato, uomo reso accorto dal proprio pericolo.
(2) FIRENZUOLA: *Vi fariene intorno mauro cianca i vagheggini.*

Abbiamo: *cicisbeare* (1), *civettare, vagheggiare; galante* non ha verbo.

2125 - 2126.
GALANTE, DAMERINO, ZERBINO, ZERBINETTO, ZERBINOTTO, CICISBEO, CINEDO.

2125.
Galante, Damerino, Zerbino,
Zerbinetto, Zerbinotto.

Si può fare il vagheggino e il galante e il civettino anche con donne le quali non abbiano addosso quelle pretensioni che mette sì spesso nell'anima e nel corpo la nobiltà e la ricchezza. *Cicisbeo* e *damerino* indicano, più sovente, commercio d'affetti, o di quelle cerimonie che sottintendono o compensano in qualche modo, o fanno nascere o fanno morire gli affetti, tra persone nobili o per sangue o per grazie.

Il damerino, inoltre, si suppone meno pesante del cicisbeo, meno inetto del civettino, si suppone disinvolto, attillato, leggiadro. È questa la parola che nell'uso sociale ha senso meno disprezzativo; non però che, moralmente, abbia senso meno spregevole.

Che *damerino* e *zerbino* non sia il medesimo lo prova anco il verso del Buonarroti: « Non dico gli zerbini, Non dico i damerini. » *Zerbino* ha senso, anco nell'uso sociale, che lo rende titolo meno desiderabile; e lo prova il suo derivato *zerbinotto*, ch'è il più usitato, e che vale: giovane di alquanto licenziosi costumi, e vanerello.

Lo zerbino, dunque, lo zerbinetto, lo zerbinotto (2), deve essere giovane; il damerino si può supporre anche un poco maturo; lo zerbino affetta l'amore; il damerino, quella leggiadria che in certa razza di gente fa strada all'amore. Il damerino è più disinvolto; lo zerbino, più ardito.

2126.
Damerino, Zerbino, Cicisbeo, Cinedo.

— *Damerino* chi fa il vagheggiatore di questa e quella, sia per capriccio, sia per moda. *Zerbini* coloro che (per dirla col Lippi) si credono con un solo sguardo « Di sbriciolar tutto il femmineo sesso (3); » tanto sono persuasi della loro bellezza. Stanno su tutte le usanze, camminano a passi misurati, non soffrirebbero che un bruscolo offendesse la loro lindura. Questa voce, che forse ci viene da quel Zerbino cui l'Ariosto descrisse, differisce dall'altra in ciò, che lo zerbino è più ricercato. Il damerino tira a far conquiste; lo zerbino pretende d'essere conquistato e vagheggiato. *Cicisbeo*, l'ente indefinibile, chiamato in Italia *cavalier servente*, l'accompagnatore assiduo di donna non sua; e il più si dice de' vecchi; e ce n'è di barbogi, di squarquoi, massime tra' nobili, cui non importa farsi deridere, purché stieno ancora sull'amorosa vita. *Cinedo* è il peggio; significa molle, effeminato (4) nel più turpe senso (5), ma è proprio soltanto della lingua scritta (6). — MEINI.

---

(1) *Zerbinetto* più gentilmente dell'*otto*. Un giovane di bosco sarà *otto*, non *etto*. A ventotto anni potete ancora esser *otto*; *etto* non più.
(2) MAGALOTTI: *Per cicisbeare alla moda.*
(3) Canto VI.
(4) Veggasi il Forcellini.
(5) ἀπὸ κινεῖν τὰ αἰδοῖα.
(6) BOTTA, seguito al Guicciardini, libro 14: *Mariti cinedi.*

2127—2128.

GALLACCIO, Gallione, Gallone, Gallonaccio.
Galletto, Gallaccio, Gallo (traslato).
Pollo d'India, Tacchino, Tacco.

2127.
*Gallaccio, Gallione, Gallone, Gallonaccio.
Galletto, Gallaccio, Gallo (traslato).*

Gallaccio, accrescitivo peggiorativo, che dice o grandezza o vecchiezza o fierezza soverchia. *Gallione*, cappone mal capponato. *Gallone*, accrescitivo semplice, senza le idee di fierezza o di vecchiezza che ha *gallaccio*.

Gallo vecchio o fiero, sebbene non grande, si potrà chiamare *gallaccio*; *gallonaccio* sempre dice grandezza.

Gallaccio dicesi, inoltre, e d'uomo e di donna che si rivolta contro altrui, in senso affine ma più forte di *galletto* (1). *Fare il galletto* direbbesi di chi, debole e inferiore, resiste e contrasta; *gallaccio*, forse, non s'accoppierebbe col *fare*. *Fare il gallo*, anco di semplice boria e alterigia.

2128.
*Pollo d'India, Tacchino.
Tacco, Tacchino.*

Il *pollo d'India*, nel Veneto chiamasi *dindio*, e *dindia* la femmina; nel Milanese, *pollino*; il primo per ellissi; il secondo, pare, per una specie d'ironia; a Napoli, *gallo d'India, gallinaccio*; in Toscana, *tacchino* (2), che sente dell'illirico *tucas*, se non che questo corrisponde meglio al suono che fa l'animale lodato; trattandosi della specie, gioverà ritenere *pollo d'India*; ma se in una commedia, in un'opera medica, cadrà il nominare: lesso di tacchino, brodo di tacchina, due libbre di tacchina, un *tacchinotto* un *tacchinuccio* stento, un *tacchinaccio* vecchio, duro, alido, tiglioso, stopposo, il *pollo d'India* non ci potrà, credo, entrare con grazia. Per quanto si disprezzino le parole e le cose del popolo, bisogna pure ricorrerci qualche volta.

2129.
GALLETTO, Gallettino.

Nel proprio non han differenza, se non in quanto il secondo può essere più vezzeggiativo; indica animale più piccolo.

Ma il primo ha un traslato suo proprio quando diciamo: rivoltarsi come un galletto, ribattere l'altrui rimprovero o avvertimento con vivacità impaziente, con indocilità e impertinenza. La frase nello stil famigliare può cadere opportuna; in quello stile che negli scritti moderni è sì povero e sì scolorito (3).

---

(1) *Gallo*, in traslato, s'usa nel proverbio che ne indica il significato: *Gallo di mona Fiora, di tutte le donne s'innamora.*

(2) È anche *tacco*, che però non genera *tacca*; ma, giovane, non si dirà forse *tacco.*
— Quello che qui chiamano *tacchino*, in altri luoghi della Toscana so che si chiama *gallinaccio* e io l'ho sentito chiamare a Poggibonsi *lucio*, e nelle montagne senesi, *billo*. Là chi dicesse *tacco*, intenderebbero quel delle scarpe; chi dicesse *tacca* (così chiamano qui la femmina del tacchino), o riderebbero, o crederebbero che significasse quelle che si fanno nei coltelli, o qualche piccola incisione che suol farsi nelle taglie. E al contrario, chi qua *billo* parrebbe forse dar nell'osceno. — BIANCIARDI.

(3) *Galletti*, in Firenze, pezzi di pasta fritta che vendonsi per colazione alla povera gente.

2130—2131.
GALLETTO (FARE IL), Fare il gallo.
Ringalluzzarsi, Ringalluzzolarsi, Ringarzullirsi.

2130.
Fare il galletto, Fare il gallo.

— *Fare il gallo, il galletto*, d'uso frequente nella lingua parlata, significano, per lo più, persona che imbaldanzisce allorché si vede o si crede non aver bisogno degli altri. Diciamo: costui fa il gallo (o il galletto) perch'è lontana la burrasca, ma s'e' comincia a tonare, abbasserà la cresta. — MEINI.

2131.
*Ringalluzzarsi, Ringalluzzolarsi,
Fare il Gallo, Ringarzullirsi.*

— Uno *si ringalluzza* per allegrezza o anco per stizza, facendo atti simili a quelli del gallo, cioè, salticchiando, agitandosi (1). *Ringalluzzolarsi* è come il frequentativo o il diminutivo di *ringalluzzarsi*, e parlando di bambini e di ragazzi, ci cade bene (2).

Fare il gallo, procedere con alterezza dispettosa. Anco a parole si fa il gallo; a parole uno non si ringalluzza. *Fare il gallo* dicesi, per lo più, di giovani o di donnette che ricusino star soggette, comechessia. Poi, *ringalluzzarsi* è, per lo più, un atto, fors'anco un sentimento interiore, appena espresso; *fare il gallo* può essere una serie d'atti.

Ringarzullirsi vale: rianimarsi, riscuotersi al sentire o vedere cosa che piaccia. Questo riguarda più il sentimento, ma più di brio materiale che d'altro. Di fatti diciamo: sentirsi ringarzullire. - Sentirsi ringalluzzare, non avrebbe senso. Certi pecoroni muffati si senton tutti ringarzullire quando si trovano imbrancati con donne (3). — MEINI.

Il *ringarzullirsi*, del resto, può essere allegria o alacrità innocente, non impertinente punto; il *ringalluzzarsi* rado è che sia senza offesa altrui, o che non dispiaccia. Di bambino, nè di donna giovane, *ringarzullire* non si direbbe, forse (4).

2132—2133.
GALLINAJO, Pollajolo.
Gabbia, Stia.

2132.
Gallinajo, Pollajolo.

— *Gallinajo*, che tien le galline vive; *pollajolo*, che tiene galline e polli, vivi e morti, per vendere (5). — A.

2133.
Gabbia, Stia.

— *Gabbia* è da fiere selvagge (6), e da uccelli e da uomini (7); *stia*, de' capponi, delle galline e di pollame simile (8). — ROMANI.

2134.
GALLINELLA, Gallinina.

Quando sono diminutivi ambedue di *gallina*, non han

---

(1) FIRENZUOLA: *E' se ne ringalluzzava tutto.*

(2) SACCHETTI.

(3) FAGIUOLI, Commed.: *La conversazione di queste donne mi ha fatto ringarzullire.*

(4) Chi sa che non venga da *gars*, origine di garzone?

(5) *Gallinajo* è più frequentemente anco il luogo.

(6) Lat. CAVEA. - PETRARCA: *Or dentro ad una gabbia Fiere selvagge e mansuete gregge S'annidan sì....*

(7) VILLANI: *Lui misero in una gabbia di ferro.*

(8) FIRENZUOLA: *Stia di capponi ben grassi.*

differenza; se non che il primo è più della lingua scritta, e, inoltre, può essere più vezzeggiativo che semplice diminutivo (1), come *pecorella* e simili.

Ma *gallinella* è anco una specie d'uccello che sta intorno all'acque; e *gallinelle* chiamano i contadini una costellazione, che sono le Plejadi. In Lombardia, *gallinetta*. Nel Veneto, *gallinelle*, un'erba da fare insalata.

2135 – 2136.

GAMBE (STAR BENE IN), AVER BUONA GAMBA.

BUONA GAMBA, BUONE GAMBE.

MALE IN GAMBA, CATTIVE GAMBE.

GOTTA, PODAGRA, CHIRAGRA.

2135.

Star bene in gambe, Aver buona gamba.
Buona gamba, Buone gambe.
Male in gamba, Cattive gambe.

Stare denota la forza del piede e della persona; *avere*, la buona disposizione a camminare. Chi *sta bene in gambe*, si regge bene, cammina franco, può fare un passo forzato, un salto sicuro; chi *ha buona gamba* può far, senza incomodo, un lungo cammino, può correre, darsi con piacere e con vantaggio a siffatti esercizii. Si può star bene in gambe e non aver buona gamba; si può, cioè, non essere debole e essere non molt'agile. Chi ha buona gamba, è, d'ordinario, bene in gamba; ma non viceversa.

Ho detto, d'ordinario; perchè la frase : star bene in gamba, può anco applicarsi all'arte del ballerino; in questo senso si può avere buona gamba per correre, e non essere bene in gamba per fare un balletto (2).

Male in gamba (3), diciamo, ma non *cattiva gamba*. Bensì nel plurale: *cattive gambe*, e vale non solo deboli, ma talor anco malsane; senso proprio di questo modo.

E qui notiamo differenza tra *buone gambe* e *buona gamba*. Il secondo non si dice che dell'attitudine al correre. D'uno a cui non costa fatica il far passi, che non ha incomodo né debolezza che lo impedisca d'andare, dicesi : egli ha buone gambe, può andar da sé (4).

Essere bene in gamba, vale, per estensione, sentirsi robusto, atto a lavorare di forza; e quindi, figuratamente, si dice della forza conjugale, o della ricchezza, ma famigliarmente e quasi per celia. Uno può sentirsi benissimo in gambe per brigare un posto, e malissimo in gambe per sostenerne l'uffizio.

2136.

Gotta, Podagra, Chiragra.

— *Gotta* è delle mani e de' piedi; *podagra*, de' piedi; delle mani, *chiragra*. *Gotta* è più comune, e *gottoso*. — ROMANI.

E perchè *gotta* è da *gocciola*, quasi umore condensato che impedisce i moti delle articolazioni; però porta plurale (5) quando sia in più parti del corpo. Nodosa dice Orazio la chiragra, e potrebbesi la podagra; la gotta no, per l'imagine della goccia. Gli altri due non hanno traslato. *Aver la gotta* potrebbesi dire di chi è lento a fare qualcosa; dell'avaro, che ha le mani gottose, come dicesi che ha il granchio al borsellino.

Altri disse: stile gottoso, il lento per sconvenevole gravità; e certi ammiratori del bello greco agilissimo, patiscono di cotesta gotta.

2137 – 2138.

GAMBETTA, GAMBINA, GAMBUCCIA.

COSCIA, COSCIO, COSCETTO, FEMORE, ANCA, LACCA, COSCINA.

2137.

Gambetta, Gambina, Gambuccia.

Gambetta, io gli darei senso di vezzo o di celia (1); *gambina*, diminutivo; *gambuccia*, diminutivo un po' di dispregio. Gambina di bambino; gambetta di zoppo; gambuccia, gamba troppo sottile (2). Può la gambina essere piena nella sua piccolezza, e non meritar il titolo di gambuccia; può la gambetta esser agile e forte. Di qui *sgambettare*.

2138.

Coscia, Coscio, Coscetto, Femore, Anca, Lacca, Coscina.

Lacca, propriamente, la parte inferiore della coscia di quadrupede (3); nè direbbesi di persona, se non per disprezzo o per celia.

Anca, l'osso tra il fianco e la coscia. Volg. Ras.: «Le concavitadi dell'anche, nelle quali entrano i capi delle ossa che sono nelle cosce (4).

Quindi è che Dante: «battersi l'anca» in segno di dolore a dipingere l'atto dell'uomo che levando le mani le lascia ricadere o le appoggia con forza sulla parte della persona che è tra la coscia ed il fianco. I poeti di società non corrotte prendono sovente il segno dell'affetto per l'affetto stesso, perchè questo segno in tempi non vili è verace. Ma ai giorni nostri, con la sincerità dell'animo, è insieme perduta la poesia dell'affetto.

Di buon camminatore suol dirsi : egli ha buon'anca.

Coscia, definisce la Crusca, la parte del corpo dal ginocchio all'anguinaja. Anca, dell'animale si dice; *coscia*, dell'animale e dell'uomo; coscia di pollo, di grù (5); cosce di leone; accosciarsi; e dell'uomo, male alla coscia (6); e d'animale e d'uomo, scosciato, accosciato; e traslatamente, coscia del ponte, la parte che si appoggia alla riva (7); coscia del carro, la sponda (8).

---

(1) BOCCACCIO: *Qual fanno le .... gallinelle Quand' elle son dalle volpi assaltate*. I Latini non avevano che *gallinula*, a quanto si sa.

(2) SACCHETTI: *Il ballerino ch'era bene in gambe*. - LIPPI: *E chi non era in gambe nè in quattrini*.

(3) SEGNERI: *Vi esorteranno ad ascendervi con piè franco, quando ancor vi conoscano male in gambe*.

(4) Quindi: *Chi non ha cervello abbia gambe*; chi non si rammenta a tempo di fare o pigliare una cosa, convien che rifaccia la strada.

(5) Michele Guinigi in un sonetto al Sacchetti: *Perdonate alle gotte che m'han giunto*.

(1) CARO: *Gambetta falsa che si strascica dietro, un Vulcano*.

(2) SACCHETTI: *S'andava colle gambucce spenzolate a mezze le barde*.

(3) BURCHIELLO (d'un cane): *Stese le lacche*. In qualche dialetto toscano, *dar le lacche* è picchiar sulla più carnosa parte della persona.

(4) Dante, di Virgilio che lo portava lungo l'argine infernale: *Dalla su' anca Non mi dipose*. Propriamente, perchè sorreggendo uno alto da terra, ei si tiene appoggiato in gran parte sull'osso che è sotto il fianco, per portarlo meno disagiatamente.

(5) BOCCACCIO: *Sentendo l'odor della grù, pregò Chichibio che le ne desse una coscia*.

(6) BOCCACCIO: *Cadde e ruppesi la coscia*.

(7) G. VILLANI: *Volgendosi dov'è oggi la coscia del ponte Rubaconte. Lacca* usa Dante per ripa con rialzo: *In fianco dalla lacca*.

(8) DANTE: *Ferma in sulla destra coscia Del carro stando*.

Lacca, dunque, è da quadrupedi; *coscia*, anco d'altri animali. *Coscio*, d'agnello e di bestia simile, ma tagliato per vendere e cuocere; *coscetto* d'agnello, di vitello, di manzo. Il coscetto è sempre di bestia grossa; la *coscina*, anche di pollo, d'uccello, o, per vezzo, pur di persona. Si dirà: dar la carne, tagliarla, compraria, servir nel coscetto, anziché nel coscio; e: comprarne un coscio intero.

Femore è l'osso della coscia. Quelle fascie che gli antichi chiamavano *femorali*, io non saprei come chiamare altrimenti.

2139.
GAMBETTO (DARE IL), Dar gambone, Dar la gambata.

Dare il gambetto o la gambata è dar con la gamba o col piede nel piede di chi cammina per farlo cadere (1). Dar gambone: dare orgoglio (2), baldanza, licenza troppa.

Dicesi anco, nel primo senso: avere o fare il gambetto; e nel secondo: pigliare il gambone, d'un figlio, d'un servitore che si fa troppo ardito.

Dar la gambata ha due traslati: d'uomo che soppianta l'altr'uomo, e di donna che si sgabella di chi non le faceva piacere.

2140.
GANCIO, Uncino, Rampino, Graffio.
Uncinato, Uncinuto.
Uncinetto, Uncinello.

Affinissimi. Ma il *gancio* entra ne' vestiti delle donne, e non il *rampino*. Il *gancio*, poi, si ferma al muro, a un uscio, a un arnese; il *rampino* è movibile per pigliare o ritenere qualcosa. Al gancio s'attacca; col rampino s'afferra. Co' rampini s'stacca il ghiaccio dalle ghiacciaje; co' rampini si ripescano secchie cadute ne' pozzi; e questi si dicono pure *graffi*; ma più comunemente *uncini*. Quando s'abbia a dipingere o sottintendere uncino o rampino che graffiando laceri e strazii, *graffio* ci cadrà. Quello che *ungola* dicevano i Latini e il carnefice non usava su i martiri, era *graffio*: graffii chiama Dante quelli de' Diavoli per pigliare i barattieri che mettessero il capo fuor della pece in bollore, e li paragona agli uncini de' cuochi. Questi non direbbe egli graffii.

Uncino dipinge la forma adunca del rampino, del gancio, d'altre cose simili. Quindi dicesi: fatto a uncino, anco quell'arnese che non è destinato all'uso del rampino e del gancio. Quindi è che i rampini o i ganci son di metallo o di altra materia dura (3); son fatti a uncino corpi anche molli.

Abbiamo *uncinato*, *uncinuto* (che è più), perché dice uncino più grande o più uncini del medesimo corpo. *Uncinetto*, *uncinello*: e questo secondo dice forma e materia più grave d'*uncinello*. Gli altri due non han derivati (4) nel comune uso.

Ma perché *uncino* è voce più generica, può avere usi più nobili (4), ed è di tutti gli stili. Questa affinità del generico al nobile fa talvolta agl'inesperti scrittori confondere l'una cosa con l'altra; e per la gravità perdono la proprietà e l'evidenza.

2141—2143.
GANGHERARE, Aggangherare.
Gangherella, Gangherino.
Ingangherare, Sgangherare, Sbellicarsi dalle risa.
Maglia, Maglietta, Magliolina.
Fermaglio, Fibbia.

2141.
Gangherare, Aggangherare,
Gangherella, Gangherino.
Ingangherare, Sgangherare, Sbellicarsi dalle risa.

Gangherare un uscio; *aggangherare* un vestito. Si ganghera l'uscio mettendolo ne' gangheri (2); s'aggangherare un vestito infilando negli occhielli o gangherelle (femmina del ganghero) i corrispondenti gangheri di metallo che vi sono attaccati (3). *Gangherella*, dunque, non è *gangherino*.

Non si dirà mai: aggangherare un uscio, nè: gangherare un vestito. Le donne che portano i vestiti aggangherati in modo da aver bisogno della mano altrui che glieli aggangheri e sgangheri, colla lor piccola vanità comprovano una verità grande, ed è: che l'uomo più pretende l'altrui servigio, e più si fa schiavo altrui.

— I due verbi hanno per contrario il solo *sgangherare*: sgangherare un uscio, e: sgangherare un vestito. E i Toscani dicono *sgangherato* ad uomo disadatto, senza garbo né grazia. — Meini.

Riso sgangherato, sgangheratamente ridere, ch'è più sguaiato ma più spontaneo e meno convulso dello sbellicarsi dalle risa. Ma e questo e lo: scoppiare, e il: morir dalle risa, son modi appena leciti allo stile famigliarissimo, e da usarsi piuttosto per condannare quella maniera d'indecente allegria.

2142.
Maglia, Maglietta, Magliolina.

Maglietta, piccola maglia (4); *maglia*, piccolissimo cerchietto di metallo, dei quali cerchietti concatenati si formano l'armadure dette di maglia. *Magliette*, poi, quelle dove s'infilano i gangheri del vestito, sian fatte di metallo o di refe, di cotone o di seta (5); *magliette* quelle a cui s'appendono i quadri.

Magliolina usa il Pulci nel senso di macchia dell'occhio (6); non è comune, ma è bello. Nè quella si direbbe *maglietta*.

2143.
Fermaglio, Fibbia.

— *Fermaglio*, arnese in genere, da fermare vestito o

---

(1) Pataffio: *Ebbi il gambetto.* - Lib. Son.: *Dare i gambetti.* Questo dunque ammette anco il plurale, non l'altro.
(2) Varchi: *Dare il gambone è, quando egli dice o vuol fare una cosa, non solamente acconsentire, ma lodarlo e mantenerlo in sull'opinione... sua, e dargli animo a seguitare.*
(3) Redi: *La testa armata di quattro cornetti, o, per dir meglio, di rampini duri e forti.*
(4) Il Redi fa sinonimo *uncinetto* e *rampino*, come se rampino fosse piccolo *uncino*. Questo però non è sempre.

(1) Boccaccio: *Ficcarsi sotto il mento un uncino, e nudo per lo loto convolgersi.*
(2) Crescenzio: *Uscinolo gangherato per modo che si possa dentro alzare e non uscir fuora. Dicesi anco ingangherare; ed è forse più comune per denotare l'adatta e ferma inserzione ne' gangheri.*
(3) Varchi: *Ove s'affibbia alla forcella della gola con uno e due gangheri dentro.*
(4) Cellini: *Il ferro ha a restare in guisa d'una piccola maglietta.*
(5) Lorenzo Medici: *O uncinelli o magliette o bottoni.*
— La maglietta dove s'infila il ganghero, s'è di metallo, comunemente si chiama gangarella in Toscana. — Meini.
(6) *Nell'occhio han tutte una tal magliolina...*

altro (1). *Fibbia*, strumento di metallo o d'osso, è una specie di fermaglio. Ma la fibbia delle scarpe fermaglio non è. — ROMANI.

2144.
GANGHERO, CARDINE.
GANGHERO, ARPIONE, BANDELLA.
ARPIONCINO, ARPIONCELLO.

Il *ganghero* può essere più piccolo che non è il *cardine*. *Cardine* è voce più nobile. Ha un traslato suo. Il cardine della vera politica è la fiducia. E perchè i preti della chiesa antica di Roma erano reputati quasi cardini dell'edifizio ecclesiastico, ebbero il titolo di *cardinali*. L'Alfieri ne trasse il dispregiativo *cardinalume*. Le virtù cardinali si sa quei che siano almeno in idea.

Ganghero è più famigliare, e ha per traslato: uscir dei gangheri, arrabbiarsi o turbarsi in modo da uscir mezzo di sé; e: ritornare ne' gangheri, usato dal Firenzuola (2).

Ganghero, poi, come ho detto più sopra, è quello da aggangherare il vestito; e ha *gangherino*, diminutivo. Senso non proprio di *cardine*.

Ganghero, definisce la Crusca: strumento di ferro con piegatura simile a un anello; e inanellati insieme, servono per congiungere i coperchi delle casse e degli armadii, e simili arnesi che sopr'essi si volgono. Il *ganghero*, dunque, è comune agli usci e altri arnesi: l'*arpione* è degli usci e delle finestre. Sull'arpione si giran le bandelle delle imposte, di questi e di quelle (3).

Gli arpioni si conficcano anche nel muro per tenere attaccato chechessia (4).

Bandella, come ben definisce la Crusca, è: spranga di lama di ferro da conficcar nelle imposte d'usci o finestre, che ha nell'estremità un anello il quale si mette nell'arpione che regge l'imposta. La bandella, dunque, da capo è infilata nell'arpione; e i due arpioni dell'uscio diconsi anco *gangheri*. Mettesi in gangheri un uscio infilando le bandelle negli arpioni. Eneide: « Gli arpioni delle bandelle. » Buonarroti: « Alle cui bandellacce... Fan gli allentati arpion chino sostegno. »

2145—2154.
GARRIRE, CICALARE, CHIACCHIERARE, CIANCIARE, CIARLARE, GRACCHIARE, ABBAJARE, DIR BAJE.
CIARLA, CIANCIA.
DAR CHIACCHIERE, DAR PAROLE, DAR CIANCE, VENDER CIANCE.
DAR PAROLE, PAROLINE, BELLE PAROLE.
CIARLERIA, CIARLATA, CICALATA.
CIARLIERE, CIARLONE.
CICALATA, CICALECCIO, CICALIO, CICALAMENTO.
CICALATORE, CICALONE.
CHIACCHIERA, CHIACCHIERAMENTO, CHIACCHIERATA, CHIACCHIERE.
CHIACCHIERA, PARLANTINA.

---

(1) M. VILLANI: *In sul petto gli si trovò il fermaglio papale.* L'Astrologia: *Ferma li due capi con gangheri e con fermagli di legno o con colla.*
(2) Asino d'oro: *Ritornato Diofane pure alla fine ne' gangheri, s'accorse della sua castroneria.*
(3) Son dell'uso e *arpioncino* e *arpioncello*; il secondo paro possa essere un po' più grandetto.
(4) BOCCACCIO: *Quello appiccano ad un arpione.* - Quindi la frase viva: *attaccar le voglie a un arpione.*

2145.
Garrire, Cicalare, Chiacchierare, Cianciare, Ciarlare, Gracchiare.

Garrire, nel proprio, segnatamente nella lingua scritta, sovente dicesi degli uccelli (1). Nel traslato è parlare inetto, con istrepito, più vano che molto; e talvolta vale: riprendere con acri e troppe parole. *Ciarlare* è parlare assai e invano e con fini non sempre buoni. C'è de' letterati che ciarlano senza garrire; e ve n'è che garriscono, sebbene non si possa dire che ciarlino; ce n'è che ora garriscono ed ora ciarlano (2). Il Varchi nota che *ciarlatore* e *ciarlone* si pigliano sempre in cattiva parte. *Garrire* non ha tanta idea di dispregio.

— *Chiacchierare* denota discorsi alquanto prolissi, fatti senza dar loro di molta importanza, più per leggerezza che per isciocchezza (3). *Cianciare*, ciarle da poco, ma senza malignità, e non sempre lunghe così come le chiacchiere (4). *Cicalare* viene, come ognun sente, da *cicala*; dice chiacchierio che stanca, come il suono continuo della cicala. *Gracchiare* è affine a *garrire*, ma stanca più; come il gracchiare di corvo è peggio che il garrire d'uccellino anco de' più comuni. — ROMANI.

— *Chiacchierare*, è quel parlare non istudiato e abondante, che viene da famigliarità. Nelle chiacchiere non cade vizio, fuori che di eccesso. *Una chiacchiera*, dicesi di una voce o notizia sparsa ad un tratto e assai ripetuta, ma non per anco verificata.

Nel ciarlare è meno scusa di bonarietà. Diremo: le sono chiacchiere, di cose poco sicure: le sono ciarle, d'un discorso poco schietto, o maligno, o impertinente.

Cianciare suppone più spensieratezza, e più allegra famigliarità: gli amanti, quando sono di buon umore, fanno insieme un gran cianciare. *Cianci*, inoltre, dicesi, come *chiacchiere*, di cose poco fondate, ma è peggio.

Il cicalare non ha peccato, fuorché d'intemperanza stucchevole: cicalio delle comari, cianci de' giornalisti, ciarle degli avvocati.

Gracchiano, propriamente, i corvi; poi, si dice di un parlare con vano strepito, senza frutto. Gracchiare al vento, e: lasciare che altri gracchi, son modi d'uso comune. — CAPPONI.

2146.
Cicalare, Chiacchierare, Abbajare, Dir baje.

Abbajare (nel traslato) è riprendere o minacciare a torto ed invano. *Cicalare*, favellare troppo, senza considerazione. *Chiacchierare*, di coloro che mai non rifinano di cinguettare o dir baje. Così il Varchi a un dipresso.

Abbajare è più di dir baje; si può abbajare anco senza altrui riprensione o minaccia, alzando la voce o badando a dire oltre al bisogno e alla convenienza.

---

(1) APULEJO: *Luscinia garriunt.* - VIRGILIO: *Garrula hirundo.* - PETRARCA: *Garrir Progne.*
(2) CICERONE: *In gymnasiis philosophi garrire coeperunt.* - BOCCACCIO: *Mai di ciarlare non ristà.*
(3) CECCHI: *Sarei un barbagianni a stare adesso a chiacchierar con voi.*
(4) PULCI: *Se l'autore della storia non ciancia.* Quindi in Dante *prendere a ciancia per in beffa*, che non è modo vivo. È una ciancia, dicesi di novella sparsa anco in poche parole; ma è meno grave che chiamarla una ciarla.

2147.
Chiacchierare, Gracchiare.

— *Chiacchiera* chi parla troppo e vanamente; chi parla importuno e spiacevole, *gracchia*. — GATTI.

2148.
Ciarla, Ciancia.

— *Ciancia*, discorso vano; *ciarla*, vana e importuna; e, talvolta, è fama maledica, o anche solamente falsa, che corre intorno a taluno. — GATTI.

2149.
Dar chiacchiere, Dar parole, Dar cance,
Vender ciance.
Dar parole, paroline, belle parole.

Dar parole è più nobile e più adattato in certi argomenti. Inoltre, si può dar parole, si può con parole tenere a bada, lusingare, acquietare l'altrui impazienza, senza dar chiacchiere, senza discendere a sutterfugi e a loquaci cavillazioni. *Dar ciance* (men frequente nell'uso) è peggio di *dar chiacchiere*, perché suppone l'intento non solo di tenere a bada, ma d'ingannare o d'illudere. Un avvocato sovente dà parole; un debitore dà chiacchiere; una donna scaltra dà ciance. Talvolta l'uomo prudente si trova o si crede costretto a dar parole agl'indiscreti, per non tradire un segreto importante, per non nuocere altrui. Dà chiacchiere il parabolano; dà ciance il vano (1).

Vender ciance è più comune di *darle*, ma ha senso diverso. Si dà ciance per tenere a bada, e intanto fare il fatto suo; si vende ciance per ingannare a dirittura; e il venderle denota meglio inganno consumato, la vendita quasi bell'e fatta.

2150.
Ciarleria, Ciarlata, Cicalata.

Ciarleria (raro nell'uso), vizio di parlare cose vane e non buone. *Ciarlata*, discorso di niuna o poca importanza, fatto da uno o da più.

Cicalata, discorso ancor più vano e stucchevole; sebbene tra le cicalate accademiche de' Florentini ve ne sia di più notabili che molti discorsi dei deputati di Francia.

2151.
Ciarliere, Ciarlone.

Ciarliere ha senso men tristo; dicesi di chi perde il tempo in ciarle inutili; *ciarlone*, di chi lo perde in ciarle nojose e dannose. Le donne sono ciarliere; di ciarloni ve n'è più fra gli uomini che fra le donne. C'è degli scrittori ciarlieri; la semplice prolissità non li rende ciarloni, ma sì l'animosità e l'importunità. Gli autori ciarlieri son, talvolta, le più innocenti creature del mondo, e lontani dal meritare titolo di ciarloni.

Un ciarliere, talvolta, vi diletta; un ciarlone v'opprime. I ciarlieri vanno corretti sul principio; i ciarloni, repressi. In società i ciarlieri sono fuggiti; i ciarloni fanno fortuna.

2152.
Cicalata, Cicaleccio, Cicalio, Cicalamento.

Cicalata dicesi, per lo più, delle cose dette; *cicaleccio*, dell'atto; *cicalio*, del suono. Fa una gran cicalata chi discorre di molto; si trattiene in cicalecci chi perde in essi il suo tempo; due ciarliere quando si mettono insieme, se parlan forte, fanno un gran cicalio. Quindi *cicalate* si chiamavano que' discorsi soverchiamente faceti che usava gli accademici; *cicalecci* i discorsi inutili; il *cicalio* è più forte o meno. Si può fare una cicalata, in tale o tale occasione, senz'amare per indole i cicalecci. Può taluno perdersi in cicalecci senza far cicalio. Le donnicciuole in chiesa fanno cicaleccio e non cicalio. I letterati tra loro fanno cicalate e non cicalecci, se senza senno ragionano di cose dell'arte; se poi si danno a ciarlare de' loro avversarii, annacquando ingiurie e calunnie, allora sono e cicalecci i loro, e cicalate (1).

— *Cicalamento*, l'atto; *cicalata*, il discorso. C'è de' cicalamenti sì vani da non ne potere strizzare nemmeno una cicalata. *Cicalamento* è meno di *cicaleccio* e nella vanità e talor anche nella lunghezza. — A.

2153.
Cicalatore, Cicalone.

Nel secondo è più spregio; e se ne fa *cicalonaccio*.

Chi parla di molto una volta fra mille, può per modestia dire d'essere stato, quella volta, un grande, un terribile *cicalatore*. Il *cicalone* è tale per vizio; e lo fa senza garbo. I vecchi sono per indole cicalatori; onde Omero li assomiglia a cicale. Il cicalone è più d'una cicala; come il bestione è più e men della bestia.

2154.
Chiacchiera, Chiacchieramento,
Chiacchierata, Chiacchiere.
Chiacchiera, Parlantina.

Chiacchieramento è l'atto, *chiacchiera* è l'atto e il discorso. Anche la prima voce, però, significa il discorso; e suol dirsi: perdere il tempo in inutili chiacchieramenti, dar retta ai chiacchieramenti de' pettegoli, e simili. La differenza è questa, che le chiacchiere posson essere brevi; il chiacchieramento, più prolisso e meno innocente (2).

La *chiacchierata* ha senso di meno dispregio. Due amici si trovano e fanno una chiacchierata insieme; discorrono e di cose grandi e di piccole, e di piacevoli e di serie, senza soggezione, senza pretensione, con quella moderata abondanza che la confidenza ispira e richiede. V'è certe chiacchierate che son tutt'altro che chiacchiere. Un autore, parlando d'un suo discorso, lo chiamerà per modestia una *chiacchierata*. Non si potrebbe mai chiamare discorso scritto o improvvisato una *chiacchiera*. Si fanno

---

(1) ARIOSTO : *Se così prodigo Sarai nel darmi ber, com'ora, chiacchiere, La cosa anderà gaja.* - Questa debbe essere qualche *ciancetta* che colui gli dà... con isperanza di trarne guadagnetto. - MANZONI: *Guadagnar tempo, dando ciance a Renzo.* - VARCHI: *Dar parole; cioè trattenere e non venire a' fatti, cavato dai Latini, che dicevano dare verba.* - Dicesi ancora: *dar paroline*, o *belle parole*. Ognun vede che *dar paroline* sarebbe dello stil famigliare, e servirebbe a denotare una dolcezza affettata che nel semplice *dar parole* non è. *Dar belle parole* dico non solo lusinga di promesse o d'adulazione, ma di qualunque discorso tenda a soddisfare piacendo. Dà parole anco chi si vanta di propria forza o grandezza per attutare o abbagliare altrui : non è un dare belle parole cotesto. Si noti che il *verba dare* dei Latini è più forte del *dar parole*: quello è sinonimo ad *ingannare*; questo può, talvolta, servire ad inganno, non sempre però.

---

(1) REDI : *Bast. de' Rossi in una sua cicalata.* - M. FRANZESI: *Si trattien con diversi cicaleggi.* - *Sì discordante cicalio.*

(2) Nel *Promessi Sposi* (Don Rodrigo è che parla): *Di bei chiacchieramenti faranno questi mascalzoni in tutto il contorno.*

quattro chiacchiere, non si fa una chiacchiera. Si sta all'altrui chiacchiere, non alle chiacchierate.

Notiamo la distinzione tra *chiacchiera* e *chiacchiere*. Le *chiacchiere* son discorsi frivoli, inutili; la *chiacchiera* è un rumore non vero che si sparga sul conto di questa o quella persona o cosa. A chi sulla fede di testimoni non autorevoli annunzia un fatto, rispondesi: l'è una chiacchiera. A chi dice e promette e minaccia e si millanta, si risponde: le son chiacchiere. Si fanno delle chiacchiere, poche chiacchiere; una chiacchiera non si fa, come ho detto (1).

S'io dirò: far quattro chiacchiere, indicherò un discorso innocente e non senza grazia. S'io dico: far delle chiacchiere, intendo cosa più grave. Le questioni letterarie son lunghi chiacchieramenti il più delle volte; le questioni politiche molte volte son chiacchiere; vale più una buona chiacchierata fatta con un uomo di mente, che molte letture.

2155—2156.
GARRULO, LOQUACE, PAROLAJO, VERBOSO.
GARRULITÀ, LOQUACITÀ.

2155.
Garrulo, Loquace, Parolajo, Verboso.

— *Garrulo*, dal garrir degli uccelli, dicesi di loquacità stridula, ma senza scopo nè efficacia molta. *Loquacità* è più generale, e par che dica uso e smania di parlare più a lungo, che non dica *garrulità*; e in modo ancor più stucchevole. — A.

— Nell'uso, *loquace* dice soltanto intemperanza di lingua. *Garrulo* è voce onomatopeica che si reca anzi al suono che alla parola. Detto degli uccelli, non suona difetto: così dell'acque; ma dicesi anco d'uomo che per prurito di ciarlare trova sempre da ridire e da opporsi. Il loquace ciarla di molto; il garrulo ciarla e alterca. Quindi *garrire*, per *riprendere*, *sgridare*. *Garrulo* e *loquace*, anco di cose inanimate. *Parolajo*, d'uomo soltanto. *Parolajo* è affine a *verboso*; ma un ciarlone di professione, uno che ammazza colle parole voi lo chiamereste un *parolajo*, non un *verboso*. Questa voce ha bisogno del sostantivo. Un discorso, ognun sente doversi chiamare *verboso*, non *parolajo*. Di scrittore importunamente prolisso, diciamo *parolajo* e *verboso*. Il primo può aver compagni, ad intervalli, un po' di brio che compensi in parte la lungaggine; il secondo usa più gravità nel seccarvi. Ma, del resto, sono entrambi di coloro che si credono di riempire il vuoto del pensiero colla moltitudine delle parole. — MEINI.

I rètori meglio diconsi parolai per la troppa cura che pongono nelle parole troppe. I tristi avvocati, verbosi. Se ne fa *verbosamente*, *verbosissimo*, *verbosità*; *parolajo* è sterile, e basta bene a sè stesso. *Parolaja* non si dice la donna, perchè questa voce sottintende sempre artifizii uggiosamente dotti: ma per celia direbbesi aggettivamente: eleganza, libertà parolaja.

2156.
Garrulità, Loquacità.

— Quella, meno importuna, non è senza sale, ma spiace perchè sente d'impertinenza; questa, importuna e ristucca con la vanità sua. — FRIGNANI.

2157—2158.
GATTA, MUCIA.
MIAGOLIO, MIAGOLATA.

2157.
Gatta, Mucia.

— *Mucia* è gatta domestica e mansueta; nè avrebbe proprio luogo nei noti proverbii che alludono alla fierezza e malizia del gatto. Il Caro, di sè medesimo: « Egli è piuttosto mucia che gatta », benchè fosse non fosse.

Il simile potrebbe dirsi del diminutivo *mucino* (1), e de' vezzeggiativi *gattino*, *gattuccio*. — POLIDORI.

2158.
Miagolio, Miagolata.

La *miagolata* può essere tutta di fila, e non più ripetuta; il *miagolio* è ripetuto. La *miagolata* pare più forte; quel de' mucini, meglio *miagolio*. Nel traslato, certi piagnistei prolungati d'amore, o anche di melensa moralità, si direbbero *miagolate*; quei de' bambini che piagnucolano e pugolano, *miagolio*.

2159—2182.
GIOJA, ALLEGREZZA, ALLEGRIA, ALACRITÀ, GODIMENTO, PIACERE, LETIZIA, CONTENTO, CONTENTEZZA, GIOCONDITÀ, ILARITÀ, GAUDIO, GIUBILO, ESULTAZIONE, ESULTANZA, TRIPUDIO.
CONTENTO, CONTENTAMENTO, CONTENTATURA.
GIOIRE, GODERE.
ALLEGRO, GAJO.
CONSOLARSI, CONGRATULARSI, RALLEGRARSI.
CONGRATULARSI, CONGRATULARE.
CONGRATULAZIONE, GRATULATORIA, FELICITAZIONE.
CONSOLAZIONE, CONFORTO.
CONSOLATRICE, CONSOLANTE, CONSOLATORIA.
CONFERMARE, CORROBORARE, CONFORTARE.
RACCONSOLARE, RICONSOLARE, CONSOLARE, CONFORTARE.
GIOCONDITÀ, GIOVIALITÀ.
GODIMENTO, DOLCEZZA.
GODERE IL, DI, IN.
GODERE, GODERSI, GODERSELA.
GODERSELA, PATULLARSI.
RALLEGRARSI, RIALLEGRARSI, ALLEGRARSI, RALLEGRIRE.
RALLEGRARSI, CONGRATULARSI.
SODDISFATTO, CONTENTO, CONTENTARSI, ESSER CONTENTO.
MALCONTENTO, SCONTENTO.
SODDISFATTO, PAGO, CONTENTO.

2159.
Allegrezza, Allegria.

L'*allegrezza* può essere più o meno intensa, può manifestarsi più o meno chiaramente di fuori (2); l'*allegria* è più esteriore, più viva; è, propriamente, dimostrazione di allegrezza, sincera o no; viene, d'ordinario, dal temperamento, dall'umore; è quindi più abituale. Ecco dunque le differenze:

1.° L'allegria è più rumorosa, ama la compagnia, senz'essa non vive; ma l'allegrezza si può imaginar anche mutola e solitaria (3).

---

(1) *Chiacchiera* si usa anco per intemperanza di parole, bisogno eccessivo di discorrere; il quale se più involontario e quasi morboso, ha famigliarmente nome di *parlantina*. D'un malato si dirà: egli oggi ha troppa chiacchiera; ha una parlantina che mi piace poco. Ma *parlantina* è qui meno. — CAPPONI

(1) Nell'uso odierno, però, son più comuni *micia*, *micina*, *micino*. — A.
(2) PETRARCA: *Onde il cor lasso ancor s'allegra e teme.*
(3) DAVANZATI: *Nell'allegria delle mense.*

II.° L'allegria può essere tutta di fuori; si può vivere in allegria senz'avere speciale cagione d'allegrezza; può l'uomo affettare allegria per distorre la mente da imagini triste, per sopire i rimorsi, per celare gli affetti che l'agitano.

III.° L'allegrezza è un sentimento; l'allegria è una tendenza, uno stato. Gli uomini che più vivono in allegria non son quelli che sentono più vivamente le vere allegrezze. Stare allegro è allegria; essere allegro è allegrezza. L'allegria non è già una continua serie d'allegrezze, cosa impossibile; è la continua o frequente ripetizione de' segni d'allegrezza più materiali e più grossolani. In questo senso l'*allegria* è affine, ma men nobile, della *giovialità*, della *ilarità* e simili.

2160.
Allegrezza, Alacrità.

— *Alacrità* è la prontezza che viene da animo volonteroso e contento. Chi è *allegro* può fare le cose con più alacrità; ma non ogni alacrità è con *allegrezza*. — ROMANI.

2161.
Allegro, Gajo.

— *Gajo* ha in sé del leggiadro e del piacente; *allegro*, non sempre. Tutti gli uomini sono allegri a momenti; non a tutti è dato essere gai. La gajezza può in parte procedere da educazione; l'allegria è naturale.

Può la musica essere *allegra* per vivacità di numeri concitati, eppure sì nobile che non meriti il nome di *gaja* (1). — SCALVINI.

— *Allegro* chi comincia a essere avvinazzato: e' non è cotto ancora, ma gli è bazzotto. *Gajo* non ha questo senso. Gajo il canto degli uccelli. Poi: color gajo, diciamo, è: colore allegro; il secondo è più. — RUBINI.

Borsa gaja, ben fornita di danari. Luogo allegro, luminoso e aperto, e che disponga alla gioja. Cosa gaja è un de' modi velati d'indicare cosa tra strana e ridicola. E anco assolutamente: ell'è gaja.

2162.
Rallegrarsi, Riallegrarsi, Allegrarsi, Allegrire.

Rallegrarsi è un allegrarsi di nuovo, o un allegrarsi più vivo (2), o un allegrarsi negli atti esterni. Quindi, *rallegrarsi* per *congratularsi*; quindi, *rallegratura*, il serenarsi del viso (3), e anco l'abituale e naturale aspetto di viso bellamente sereno. Onde di donna si dice, ch'ha una bella rallegratura; cioè lieta la fronte e lo sguardo, e i lineamenti gioviali con gentilezza. Raro dono, e in compenso anche a non belle concesso.

Una bella vista rallegra una casa; il sole, i campi; un narratore rallegra gli ascoltanti co' motti (4). *Allegrarsi* è quasi poetico.

Allegrire è nel Salvini, che certo l'avrà attinto alla fonte del popolo; ed è allegra parola, e col suono dice sentimento più vivo, ma non più profondo. Si rallegrisce l'uomo ne' pensieri, nell'aria del viso; nell'intima anima si rallegra.

Riallegrarsi è, più propriamente, rallegrarsi di nuovo.

---

(1) Può l'uomo esser gajo a parole, e non punto allegro nel cuore. - Nota d'un letterato chiarissimo, mesto e gajo.

(2) DANTE: *Come da più letizia pinti e tratti, Alla fiata, quei che vanno a ruota, Levan la voce e rallegrano gli atti.*

(3) TRATT. SEGR. COS. DONN.: *Mostrano in volto un'improvvisa rallegratura.*

(4) BOCCACCIO: *La brigata rallegrare con alcuna novella da ridere.*

2163.
Rallegrarsi, Congratularsi.

Me ne rallegro è più usato nel comune discorso; ed esprime *congratulazione* più viva (1). Io potrei congratularmi del bene altrui, dimostrando ch'esso mi è grato, senza rallegrarmene. Le congratulazioni di cerimonia non vengono da allegrezza consenziente, né allegrezza spirano. Posso del bene altrui rallegrarmi senza congratularmi. Ma qui, come ognun vede, *rallegrarsi* ha altro senso. Del *mi rallegro* i Toscani fecero un comodo sostantivo, bello quasi come l'*addio* (2).

2164.
Consolarsi, Congratularsi, Rallegrarsi.
Congratularsi, Congratulare.
Congratulazione, Gratulatoria, Felicitazione.

In parecchi dialetti dicesi, in senso simile: me ne consolo con voi, come dire che il bene altrui ci è non solamente grato e ci rallegra, ma ci consola de' proprii nostri dolori, ci fa consolata la vita. E sarebbe proprio anco nello stile più eletto, quando dall'altrui bene ci venga davvero consolazione. Se non che questo modo non porta che il *con* dietro a sé, non l'*a*, come il *rallegrarsi* e il *congratularsi*; né può farsene sostantivo, come il *mi rallegro* e la *congratulazione*; giacché *consolazione* ha altro senso. Indirizzasi a uno lettera o parole di consolazione o consolatorie per consolarlo de' suoi dolori, non già per consolarsi delle consolazioni ch'egli ha.

In senso simile usa nel linguaggio semi-dotto: orazione o lettera *gratulatoria*; ma è latinismo superfluo, e troppo risveglia col suono l'idea di *grattare*; e troppo spesso le gratulatorie grattavano gli orecchi al lodato, e il ventre al lodatore cieca. Ma il troppo grattare irrita.

Felicitazione e *felicitare*, in questo senso, è francesissimo non solo inutile ma improprio, dacché vale alla lettera: render felice. Quegli Italiani che ci ricorrono pare che siano gente straricca o di gratitudine o di felicità. Vero è che certuni non sarebbero felici se non fossero felicitati nel senso gallico; la loro felicità è nel parere; i convenevoli li beatificano. E gli schiavi e i parassiti che troppo lo sanno, nel profondere le congratulazioni sciocche per riscuoterne salario, sentono d'essere arnesi necessarii all'altrui contentezza e grandezza, e però non credono debita gratitudine al salario che riscuotono, parendogli dare che non ricevano; e danno infatti di molto, la propria dignità.

Dante disse: « E come augelli surti di riviera, Quasi congratulando a lor pasture, Fanno di sé or tonda or lunga schiera. » Qui non cadrebbe *congratulandosi*; ché non si congratulano della pastura l'uno dell'altro, ma si rallegrano della propria siccome grata: senso non dell'uso, ma chiaro e proprio.

2165.
Consolazione, Conforto.
Consolatrice, Consolante, Consolatoria.
Confermare, Corroborare, Confortare.

Più frequente che consolarsi o rallegrarsi de' piaceri altrui, cade dover consolare gli altrui dolori. Si può e

---

(1) Perché, dice Innone, *lætamur de nostris, congratulamur de amicorum bonis*; onde il rallegrarsi è un riguardar come proprie il bene altrui.

(2) Se vedete il tale, dategli il *mi rallegro* per il suo matrimonio. Si fa anco plurale.

dir parole di consolazione, e scrivere *consolazioni* (titolo di più libri), e lettere consolatorie che non siano consolatrici. Si può dire *consolanti* anco a chi non è addolorato nè mesto, consolanti a sè stesso, nutrire l'anima d'affetti e d'idee consolanti. *Consolante*, insomma, può non supporre l'idea di dolore, ma di piacere che s'aggiunga a piacere, o almeno a stato che doloroso non era. Si può altresì dir parole di conforto o fare atti che intendano confortare, senza confortare davvero. In questo, pur troppo, non differiscono punto *consolazione* e *conforto*.

Ma differiscono in quanto il conforto, col suono stesso, dice la forza che ne viene allo spirito. Si può confortare anco oggetto materiale, ma anche allora la voce ha senso quasi traslato, come può averlo altresì *consolare*. La pioggia consola la campagna, il sole conforta le piante. La prima imagine sottintende uno stato quasi doloroso che preceda; la seconda, una forza che giunga. Confortare di ragioni un assunto, non è modo comunissimo, ma non improprio; sebbene sia più semplice dire, nel primo grado, *confermare*; nel secondo, *corroborare*.

Consolasi e il dolore e la persona dolente; confortasi la persona, giacché confortare il dolore parrebbe che significhi dar più forza e intensità ad esso dolore. Persona consolata può sentire il dolore men vivamente, ma non ne rimanere tuttavia confortata. In questo rispetto il conforto è più: in altro è meno, cioè in quanto *consolazione* dice non solo temperamento di dolore, ma piacere e principio di gioja (1).

Dicendo io a una sorella che la buona memoria lasciata da suo fratello doveva esserle consolazione, ella rispose: è un conforto. Rispose bene in quanto che questo a lei non bastava: io non avevo in questa volta detto male, giacché intendevo che tale pensiero avesse a esserle, più che conforto, consolazione vera.

2166.
Racconsolare, Riconsolare, Consolare, Confortare.

— *Racconsolare* parrebbe dover significare: offrire nuova consolazione; ma non si usa che per dare consolazione, o prenderla. Così noi leggiamo: « credevalo racconsolare in quel modo; » e così: « le venia fatto che incontanente il fanciullo si racconsolava (2); » e troviamo: « io non me ne posso in tuo servizio racconsolare. » Per: consolar di nuovo, è adoperato *riconsolare*, che però si usa pure per: ricevere consolazione.

Consolare, temperare il dolore altrui con buone parole e con fatti. *Confortare*, non solo render più lieve il dolore, ma significa esortazione e incitamento; e anco ristorare col riposo, con cibi, e simili. — T. PENDOLA.

2167.
Allegrezza, Giocondità, Ilarità.

Giocondità è della lingua scritta più che della parlata: ha senso d'allegrezza mite, nella quale, d'ordinario, la ragione ha parte non meno del sentimento. E appunto perché gli effetti che vengono da ragione sono insieme sereni e temperati, perciò *giocondità*, quasi sempre, ha seco pace e serenità d'animo, con piacere più modesto che vivo, sia dell'animo direttamente, sia dell'animo col mezzo de' sensi (1).

Giocondità, dunque, è allegrezza più tranquilla, più innocente; e può essere più pensata e non tanto fuggevole (2). I veri piaceri e degni dell'uomo, producono soave giocondità; la giocondità che vien dagli studii è men nobile di quella che dalla virtù.

Queste parole ha il Manzoni adoperate con proprietà nel suo Inno: « Lunge il grido e la tempesta De' tripudii inverecondi: L'allegrezza non è questa Di che i giusti son giocondi; Ma pacata in suo contegno, Ma celeste, come segno Della gioja che verrà. »

Ilarità ha senso d'abito e d'atto; qui non parliamo che del sentimento in atto. *Ilarità*, in questo senso, è quasi l'effetto, la dimostrazione della giocondità. Qualità di lei sono la modestia, la serenità, la schiettezza. Avvi un'allegrezza incerta o mutola, una giocondità raccolta in sè stessa; l'ilarità non solo è mite e serena, ma inoltre si manifesta al di fuori; quindi non si dà a divedere che nelle relazioni da uomo a uomo; e per estensione di senso, da uomo a Dio. Faccia ilare, fare ilare, si sente dir tutto giorno.

E tanto è vero che l'ilarità è cosa estrinseca sempre, almeno in parte, ch'essa può stare anco senza interna cagione di allegrezza (3). Noi lodiamo l'ilarità del giusto in mezzo alle pene; faccia ilare è tale anco in mezzo al dolore.

2168.
Giocondità, Giovialità.

— La *giovialità* è nel temperamento; la *giocondità*, nell'atto; può l'uomo non gioviale per natura, essere talvolta giocondo. — ROMANI.

2169.
Allegrezza, Letizia, Gaudio.

Letizia è voce ormai quasi meramente del vezzo; ma *lieto* è più d'uso. *Lieto* può denotare stato più tranquillo che allegro; dice, d'ordinario, un sentimento più vivo insieme, e talvolta meno visibile che *ilare*. Il colpevole, l'ambizioso avrà, de' momenti d'allegria, sentirà l'allegrezza, potrà simulare ilarità; ma gli sarà negata la giocondità della mente; e' non sarà mai veramente lieto nel cuore (4). Varie cagioni permanenti d'allegrezza rendono l'uomo lieto; l'*allegrezza* può essere appunto l'oggetto da cui spira un tal sentimento; e *letizia*, l'effetto. Dante: « Per tanti rivi s'empie d'allegrezza La mente mia, che di sè fa letizia. » Ma talvolta è promiscuo.

Gaudio, nella prosa, è ormai raro, e pare possa considerarsi come un'allegrezza interiore; e quindi l'allegrezza della beatitudine eterna, o l'allegrezza del giusto, ch'è come precorritrice di quella. Il *gaudio*, insomma, pare oggidì serbato ai sentimenti religiosi, alle opere di pietà, di virtù (5).

(1) SALVINI: *Diletti giocondamente gli occhi.* - VIRGILIO: *Coeli jucundum lumen.*
(2) CICERONE: *Jucunde vivere.*
(3) *Hi sunt inimici pessumi, fronte hilari, corde tristi.*
(4) *Lieto*, come *allegro* e *giocondo*, dicesi, talvolta, non solo del sentimento dell'animo, ma della causa che lo produce: *lieto giorno, gioconda vista, luogo allegro.*
(5) Misteri gaudiosi diconsi, nel linguaggio della pietà, quelli che commemorano le allegrezze della Vergine, in contrapposto ai dolorosi e ai gloriosi.

Nell'uso latino il *gaudio* par forse più modesto ma più con-

---

(1) DANTE: *Nella vista lui conforta.* (Un re conforta un imperatore che riman tuttavia dolente del non aver fatto il suo debito.) - *L'ajuta sì, ch' i' ne sia consolato.*
(2) MANNI. Vita S. G. B.

2170.
Gioja, Allegrezza.

La *gioja* è più viva; comprende quant'ha di più intenso l'allegrezza, la giocondità, la letizia. Quindi è che diciamo: lieto di fiera gioja, ma non si direbbe: gioir di letizia. E anche nell'uso quotidiano non si dirà così sovente: le allegrezze del cielo, come: i gaudii, o: le gioje. E Dante: « Come da più letizia pinti e tratti, Alla fiata, quei che vanno a ruota, Levan la voce e rallegrano gli atti; Così all'orazion pronta e devota Li santi cerchi mostrar nuova gioja Nel torneare e nella mira nota ». Chi dicesse: tratti da gioja, mostrarono nuova letizia, fanno più lieti gli atti, scemerebbe d'assai l'evidenza (1).

Quindi è che *allegrezza* pare contrapposto a *tristezza*, a *malinconia*; *gioja*, a *dolore*. Bartoli: « Ogni allegrezza volta in malinconia; ogni gioja, in dolore. »

La gioja può essere innocente o rea; può essere razionale o tutta sentimento; può essere uno stato, ovvero un affetto attuale. La gioja che fa morire, non può essere certamente uno stato permanente dell'anima. Quella del padre che vede un figliuolo desiderato è gioja, cioè grande allegrezza; quella del giusto che gode nella contemplazione dell'unica verità, nell'adempimento degli eterni precetti, è gioja anch'essa, è somma giocondità.

2171.
Allegrezza, Godimento, Contento, Contentezza.
Gioire, Godere.

Quello che i Latini chiamavano *gaudium*, noi l'esprimiamo in parte con la voce *godimento*; ma *godimento* dicesi, d'ordinario, il piacere che si trae dal possesso del bene presente; e in tal caso, del godimento posson essere effetti l'allegrezza, la letizia, la gioja, la giocondità, secondo che il bene è più grande o più stabile.

E la differenza tra *godimento* e *gioja* dà chiarissima la differenza tra *godere* e *gioire*. Si gioisce con l'animo; godonsi i beni dell'animo e quelli del corpo. Ma siccome il godimento (quando s'intende dell'animo) è men vivace della *gioja*, così *godere* è men di *gioire*. Il maligno gode dell'altrui male, l'invido ne gioisce.

---

tinuo; la *letizia*, più istantanea e più viva. SENECA: *Imperfectis adhuc inter scinditur lætitia, sapienti vero contexitur gaudium*. - CICERONE: *Gaudere decet; lætari non decet*. - Letizia, inoltre, non aveva plurale: in italiano potrebbe sostenerlo, tuttochè rado ancora più del suo singolare. - TERENZIO: *Gaudia sua si omnes homines conferant unum in locum, tamen mea exsuperet lætitia*. - SALLUSTIO: *Variis per omnem exercitum lætitia, mæror, luctus atque gaudia agitabantur*. - Ma nella lingua nostra non cade la distinzione posta da TULLIO, Tusc. IV, 6: *Quum ratione animus movetur placide atque constanter, tum illud gaudium dicitur; quum autem inaniter et effuse animus exsultat, tum illa lætitia gestiens vel nimia dici potest, quam ita definiunt: sine ratione animi elationem*. Anco agl'Italiani *gaudii* è men raro oggidì che *letizie*. - MANZONI: *E il cuor diverte ai placidi Gaudii d'un altro amor* (celeste).

(1) Nella lingua parlata, *gioja* cade assai raro, e *allegrezza* ne tiene le veci. Onde dicesi morir d'allegrezza. Nella lingua scritta io non crederei quest'uso imitabile; e' c'insegna però che varii sono i gradi dell'allegrezza, dal primo movimento all'ultimo, ch'è vicino alla gioja. Certo è, ad ogni modo, che nessuno direbbe: *morire d'ilarità, di letizia, di gaudio, di giocondità, d'allegria*.

Inoltre (e appunto perciò), il *gioire* è più visibile del *godere* (1).

Contento, sebbene, a badare all'origine, non pare possa riguardarsi come sinonimo d'*allegrezza* (2), tale è infatti nell'uso e della lingua antichissima e della vivente; della scritta, però, più che della parlata. Differisce da *allegrezza* in ciò ch'esprime piacere prodotto da desiderio soddisfatto; dove il sentimento d'allegrezza può non essere preceduto da desiderio del bene. L'uomo pienamente contentato sente un pieno contento.

E in questo senso, *contento* differisce da *contentezza*: l.° Che la contentezza può essere meno viva; ll.° Ch'ella è il sentimento d'uomo lieto o ilare perchè si contenta, non allegro perch'è contentato. Si può godere anco nelle miserie la contentezza, ma non propriamente il contento.

La contentezza (sogliam dire) della pura coscienza, e non si direbbe: il contento. Il *contento*, insomma, è più vivo; la *contentezza*, è più abituale, più stabile.

Ma stabile o no, può, ripeto, consistere in assai poco. Bartoli: « Ma sempre in uno stesso tenor d'allegrezza nell'animo... Or di quest'uomo, una delle sue maggiori contentezze era di portarsi a passi piani e corti per su e giù le strade d'Atene. »

2172.
Godimento, Dolcezza.

— La *dolcezza* è, per dir così, nella cosa; il *godimento*, nel senso che dalla dolcezza deriva. I due usi si scambiano; ma alcuna volta almeno gli è buono discernerli.

Talora, *dolcezza* è godimento più grande, più delicato, più nobile. — FAURE.

2173.
Godere il, di, in.

Gode *del* bene altrui chi s'allegra di quello; gode *il* bene chi lo gusta per sè. Il godere della felicità de' fratelli è la vera via di godere stabile felicità. Si gode *del* piacere dei giusti, godendo perch'essi godono; si gode *il* piacere de' giusti, godendo un piacere conforme, conforme al piacere che godon essi. Il vecchio gode il passato perchè vive in esso; anco il giovane può godere del passato, o arrossirne.

Gode *del* cielo aperto e *del* sole una pianta. L'uomo gode *il* sole, l'aria libera, aperta; e ne gode.

Chi gode l'amore, sente nell'amor quel che c'è di dolce e di nobile, non quello che di abietto e di torbido; chi gode *del* suo amore (3), ne gusta i piaceri, così come si trovano, misti con più o meno d'affanni o di noje, e se ne appaga. Chi gode *nell'*amore, ripone in esso tutto il suo godimento; e però se l'oggetto dell'amore sia indegno, questi è quegli dei tre che riceve più pronto e più spiacevole il disinganno. Gode l'amore un giovanetto inesperto che ancora non ne sente i guai; gode *nell'*amore un'anima passionata la quale d'altro che d'amore non vive; gode più o meno *dell'*amor suo chi più o meno se ne contenta. Goder *nell'*amore del vero è molte volte più dolce che goder l'amore di creatura la qual non viva se non per amarci. Chi gode l'amore è sovente troppo pieno del suo desiderio, e non pensa

---

(1) Anche i Greci distinguevano l'εὐφραίνεσθαι, esprimente il piacere dell'animo, da ἥδεσθαι, il piacere de' sensi.
(2) Con-tentus, con-teneo.
(3) BOCCACCIO: *Lungamente goderono del loro amore*.

ai modi di godere *dell'* amore più sicuramente e più a lungo.

Gode *la* ricchezza chi ne approfitta; gode *della* ricchezza chi ne gusta i frutti e gli effetti; gode *nella* ricchezza chi nel saper d'esser ricco si contenta e si cróginola. Gode *nella* ricchezza l'avaro; *della* ricchezza anco il prodigo; *la* ricchezza il superbo, il quale per essa ottiene soddisfazioni da ultimo acerbe, che non potrebbe per proprio merito conseguire.

Gode *i* danari chi li spende in cosa piacevole (1); gode *nei* danari chi vi mette dentro il suo cuore; gode *dei* danari chi ne riceve buon frutto. Il primo è più proprio del prodigo; il secondo, dell'avaro; il terzo, del negoziante avveduto.

Gode *un* podere chi ne ha le rendite o l'usufrutto; gode *d'un* podere chi gode parte delle rendite o de' diritti; gode *in un* podere chi ci vive contento.

Gode *dei* piaceri chi 'ne partecipa; gode *i* piaceri chi li gusta per sé; gode *nei* piaceri chi ci trova soddisfazione grande, e se ne fa quasi un abito (2). Molti che godono *nei* piaceri per abito, perdono poi l'abito di godere *i* piaceri.

2174.
Godere, Godersi, Godersela.

Il giusto gode ch'altri goda, e solo compiange quand'altri crede di *godere*, e s'inganna. Quì gli altri due modi non hanno luogo. E così nei seguenti: La natura umana gode della bellezza, perchè bellezza è verità (3). A me gode l'animo in vedere che qualche giovane sorga caldo di generose speranze in secolo di diffidente timidità. Goder salute, godere un onore, un podere; godere un amico, il suo colloquio (4).

Godersi, esprime godimento più solitario, più intimo, o contrapposto, talvolta, al danno o dolore altrui. *Godersi* il frutto de' non proprii sudori, è vergogna in parole; in fatti, a taluno è decoro. Chi nella solitudine si gode la memoria del bene operato, del bene sperato, il consorzio dei grandi antichi e della lontana posterità, sarà egli infelice?

Quando diciamo: godersi un buon pranzo, una bella villa, e simili, intendiamo più che *godere*; intendiamo *godimento* che tien più o dell'interessato o del vero piacere (5).

Godersela non dice che di piacere estrinseco, rumoroso, materiale, che appena merita il nome di *piacere*: godersela negli agi, nelle voluttà, nella stemperata allegria. Coi godersela, il mondo gode assai meno di colui che si gode di poco.

2175.
Godersela, Patullarsi.

— Di persona che senza pensieri passa il tempo ne' divertimenti, si dice e che se la gode, e che si patulla. Ma *godersela* esprime godimento più indeterminato; *patullarsi*, più determinato e più basso. Chi se la gode, carpisce qua e là il piacere; chi si patulla, ad uno si ferma e sovr'esso si stende, se così posso dire (1). Può uno godersela per un poco, ma non perder di mira i proprii doveri. Chi si patulla, è talmente assorto nel piacere, che non guarda più là. Inoltre, il godimento può essere di cose oneste; il patullo tien sempre del pericoloso. Di due ricchi uno se la gode alla campagna circondato da' suoi libri e da gente fidata, ed è tranquillo; l'altro, nato per uggirsi tra le ricchezze, si patulla nell'ozio. — MEINI.

2176.
Contento, Contentamento, Contentatura.

— *Contento* è il sentimento di ben essere che viene all'uomo dal sentire ch'egli ha assai di bene. *Contentamento* è l'atto del contentarsi, dell'acconsentire; onde diciamo: cosa fatta con pieno contentamento delle parti. *Contentatura* dice la disposizione più o meno grande all'appagarsi delle cose: uomo di facile o di difficile contentatura. Il contentamento, dunque, è ancor meno della contentezza, come questa è men del contento — GATTI.

2177.
Gioja, Giubilo.

Giubilo è, d'ordinario, effusione di gioja, o è il colmo della gioja: ora si manifesta negli atti esterni più vivaci che mai; ora (e più spesso) si spazia nel cuore, e lo dilata, lo solleva, lo accende (2). Il *giubilo*, insomma, è un po' più che la *gioja* (3). E qui si noti che a *giubilo* s'applica quel che di *gaudio* notano i filologi latini, che nè l'uno nè l'altro possono avere mal senso. Può l'ilarità essere simulata, la gioja crudele, l'allegrezza stolta, insensata l'allegria; il gaudio, il giubilo, la giocondità non si accoppierebbero convenientemente ad aggiunti di dispregio o di biasimo. Quello de' tristi non è mai giubilo: tanto è vero che i sommi piaceri son serbati alla sola virtù.

In un passo del Taverna vedete congiunti tre dei detti vocaboli: « Non so ben dire gli eccessi di giubilo a cui s'abbandonarono que' fanciulli: balzi d'allegria, carezze, sollecitudini, voci di gioja. » Il Cavalca: « Giubilo si è quando si ineffabil gaudio si concepe, che colla lingua non si può esprimere, ma tacere non si puote, e però si manifesta per certi segni e atti, avvegnachè per nulla proprietade si possa esprimere. »

2178.
Gioja, Esultazione, Esultanza, Tripudio.

Esultazione è atto di giubilo esterno, manifestato co' segni più palpabili, se così posso dire: con la commozione gradevole di tutta la persona (4). Per estensione poi esprime la *gioja*, il *giubilo* interno; nel qual caso queste tre voci differiscono d'intensità solamente.

Differiscono poi in altro aspetto: che l'*esultazione* in origine non essendo che un segno dell'affetto, dicesi talvolta anco di sentimenti che non sono propriamente di gioja. Così diciamo: esultare nella speranza, nella vendetta, e simili; dove una gioja è sempre, ma non è il sentimento dominante.

---

(1) BOCCACCIO: *Vendilo e godiamci i danari.* - DANTE: *Quivi si... gode del tesoro.... (in cielo).*
(2) CAVALCA: *Godere nelle delizie e nelli beni del mondo.*
(3) REDI: *La natura gode della semplicità.*
(4) REDI: *Godono buona sanità. - Goderò almeno l'onore d'aver contratta servitù con un personaggio....*
(5) PETRARCA: *Del presente mi godo.*

(1) *Patulus.*
(2) *Jubilum* a' Latini era canto.
(3) V. MAGALOTTI: *È gioja italiano? Basti dire che egli è rimasto graduato a vocabolo significativo d'un estremo giubilo; gioja e gioioso essendo molto più che allegria; e allegria e allegro, verisimilmente dall'arabo giaiular, sustanza, perfezione, eccellenza. - Se non forse da alacer.*
(4) *Ex-sulto, salto.*

L'uso moderno ammette anco *esultanza*, non necessaria, a dir vero, quando *esultazione* è ancor vivo; tanto più che non son troppe, al vedere, nè troppo varie le cagioni dell'esultare nel mondo. Pure, se l'uso li mantenesse ambedue nella lingua, potrebbe serbarsi *esultazione* a indicare l'atto esteriore; *esultanza*, il sentimento dell'animo: l'atto che può essere indizio non solo della gioia ma d'altri affetti, come abbiamo accennato; il sentimento, ch'è tutto interno; e dalla gioia non d'altro differisce, ripeto, che nella intensità.

Tripudio (1), esultazione di gioia clamorosa. Al tripudio s'unisce sovente l'idea di material godimento, come feste, balli, conviti, o simile; e in ciò segnatamente differisce dagli altri (2). Borghini: « *Tripudiare*, voce traportata da' Romani a festa ed allegrezza. »

2179.
Soddisfatto, Contento.

— È *soddisfatto* chi giunge al fine de' suoi desiderii; è *contento* chi, o nel soddisfacimento d'un desiderio, o in altro, ritrova pace. Chi ha quanto desiderava, è soddisfatto; chi non desidera più di quel ch'egli abbia, è contento. Il primo giunge a possedere; l'altro gode già del possesso. L'uomo può essere contento anco di cosa minore del desiderio, che noi soddisfaccia pienamente.

Chi è soddisfatto, può non essere contento, può aver ottenuto senza goder del bene ottenuto. Il contento aggiunge alla soddisfazione del desiderio un'altra soddisfazione più piena, veguente dalla coscienza e dalla conoscenza del bene. Soddisfarsi è nulla; tutto sta essere contento. Il vizioso soddisfà alle sue voglie; sarà egli forse contento? Il virtuoso nega a sè molte soddisfazioni; e s'e'lo fa di buon animo è più contento che mai.

Gli uomini fanno di molto per soddisfarsi; per vivere contenti, poco.

Contento riguarda, più propriamente, l'affetto pensato; *soddisfatto*, il desiderio più o meno voglioso. Il piacere soddisfà, non contenta. — ROUBAUD.

Si soddisfà al desiderio, quale è sentito nel momento di cui si ragiona. La contentezza è la pace del desiderio, la quale non sempre succede alla soddisfazione presa. Talvolta il non soddisfare ai capricci è modo di vivere più contento.

2180.
Contentarsi, Esser contento.

Chi sa *contentarsi* del desiderio, si contenta; a chi il desiderio è pago, colui *è contento*. Nel contentarsi è virtù; nell'essere contento, no. A chi riesce bene un lavoro, dicesi che n'è contento. Giudicando dei lavori altrui, bisogna saper contentarsi anco del poco. All'incontro, i più non solo si contentano facilmente delle cose proprie, ma ne sono pienamente contenti; delle altrui non si sanno contentare mai.

2181.
Malcontento, Scontento.

Malcontento è più. La stessa formazione delle parole lo insegna. La lettera aspra indica mera negazione; *mal*, ci aggiunge. Poi, *malcontento* riguarda talvolta mal umore politico. I malcontenti cercan le vie di menar rumore, e non sempre le trovano.

2182.
Soddisfatto, Pago, Contento.

— Si può *soddisfare* e non *pagare*, giacchè *pago* deriva da *pagato*, come *tronco* da *troncato*, e tant'altri similmente. Si paga quando si sborsa il danaro; si soddisfà anche dando mallevadoria o pegno equivalente (1). Ma siccome la paga da molti più gradita è pur troppo il danaro, però, nel figurato, *pago* dice qualcosa più di *soddisfatto*. *Contento* è più generale e più forte di tutt'e due l'altre voci. Onde il Varchi, nelle Lezioni: « Pago e contento. » — MEINI.

CONCLUSIONE.

Dovunque si tratti d'affetti dell'animo, i quali nè parole nè mente umana può per l'appunto segnare, nè quegli stesso che li prova misurarne l'intensità, le voci destinate ad esprimerli sogliono, più ch'altre, promiscuamente adoprarsi. L'inesperienza del cuore, che fa parere leggieri affetti fortissimi, e fortissimi sentimenti passeggieri; l'abito, del dissimulare, del simulare, dell'adulare, del mentire a sè stesso e ad altrui, affettando ora calore, or freddezza; il tristo bisogno d'illudere la ragione o la coscienza quanto alla gravità del proprio stato o alle conseguenze della propria passione, fanno scambiare alle voci l'originario lor senso: delle più forti temperan l'efficacia rendendole quasi trite per uso; nelle più deboli imprimono il suggello di certa convenevolezza e decenza che le rende atte a velare ogni sentimento soverchiamente vivace, e quindi più frequenti nel parlare della colta società. Quindi alcune delle parole esprimenti gli affetti più forti, rese ridicole, perchè troppo sincere; altre rese triviali, perchè troppo abusate: quindi la sinonimia alterata, perchè alterate le idee, perchè corrotti i cuori e le menti. Cotesto non ha luogo così chiaramente come in altre, nelle parole delle quali ho qui dette le differenze: ma pure noi sentiamo troppo spesso chiamar *contento* le gioie men atte ad appagar il cuore; sentiamo vantare la loro esultanza per ottenuta vittoria, sudditi che il giorno dopo esulteranno con pari impeto per la disfatta del potente quest'oggi adulato. Quindi le voci *contento* ed *esultanza* sì miseramente abusate nei libretti d'opera, ne' sonetti encomiastici, e in altre occasioni men frivole.

A ciò s'aggiungano le licenze della poesia e della prosa poetica; che, o per bisogno del numero (2) o per negligenza o per deplorabile affettazione o per amore di peregrinità o per la molta affinità de' vocaboli, li scambiano, li addossano uno all'altro, pospongono il più debole, prescelgono il più caricato. Queste negli occhi di molti saranno scuse a più negligente disprezzo d'ogni proprietà de' vocaboli; ma a' veri scrittori sarà più potente ragione a tentar di determinare quel ch'è tuttora incerto, e di porre l'eleganza in quel pregio stesso, nel quale è posta la perspicuità e l'efficacia.

In somma, se riguardasi l'intensità del sentimento, le notate parole tengono questa gradazione: *contentezza*,

---

(1) Da *terri-pudium*. CICERONE: *Tot jam funeribus reipublicae exultantem et tripudiantem*.

(2) BUTI: *Tripudiano, cioè fanno festa e ballo.* - F. GIORDANO: *Carnevaleschi tripudii e parchiamenti.* - FOSCOLO: *I boschi sacri al tripudio di Diana.*

---

(1) *Satis-facio*. - ULPIANO. Dig. lib. 13: *Satisfactum autem accipimus, quemadmodum voluit creditor, licet non sit solutum.*

(2) DANTE stesso: *Oh gioja, oh ineffabile allegrezza!* - Quest'autorità non toglie che *gioja* non sia molto più di *allegrezza*.

godimento, ilarità, giocondità, letizia, contento, allegrezza, allegria, gaudio, gioja, giubilo, esultazione. Se si riguardi la maggiore o minore disposizione a manifestarsi di fuori, il *godimento*, la *contentezza*, il *contento*, la *giocondità*, la *letizia*, l'*allegrezza*, il *gaudio*, la *gioja*, possono rimaner chiusi nel cuore, o almeno non ispandersi tanto quanto l'*ilarità*, l'*allegria*, il *giubilo*, l'*esultazione*, il *tripudio*, i quali possono essere più negli atti di fuori che nel sentimento dell'anima. Se si riguardi la purezza e la nobiltà dell'affetto, il *godimento*, il *contento*, l'*allegria*, la *gioja*, l'*esultazione*, il *tripudio* possono essere più o men torbide, accompagnarsi ad ignobili affetti; l'*allegrezza*, la *contentezza*, l'*ilarità*, la *giocondità*, la *letizia*, il *gaudio*, il *giubilo* sono più sovente serbati all'anime buone. Di tutti questi movimenti è causa, come ognun vede, il *piacere*. Ma può il piacere stare scompagnato da essi. Onde il signor Venanzio:
« E nella gioja e nella malinconia è piacere. »

2183—2184.
GIORNALE, Diario, Gazzetta.
Lunario, Calendario, Almanacco, Effemeridi.

2183.
Giornale, Diario, Gazzetta.

Il *giornale* esce o compilasi giorno per giorno; e sarebbe contraddizione ne' termini dire: giornale d'ogni settimana, mensuale, se l'uso così non volesse.

Diario è latinismo ormai storico; ma Roma tuttavia la sua *gazzetta* chiama *Diario*.

Da *giornale*: giornalista, giornaletto, giornaluccio, giornalaccio, giornalettaccio, giornalucciaccio. Diario non ha simili derivati.

Il giornale de' negozianti ognun sa che sia. E parecchi giornali letterarii non son punto cosa più nobile; più ignobile sì.

— Il giornale s'intende, ordinariamente, più ampio della gazzetta; e tratta di cose non solamente politiche e sociali, ma di tutta sorta materie; ed è censore e difensore, buono o cattivo, secondo che dotto e franco, o ligio e ignorante. — FRIGNANI.

2184.
Lunario, Calendario, Almanacco, Effemeridi.

— *Lunario*, tavola dove stanno registrati i giorni dell'anno solare, a cui si fanno corrispondere quelli dell'anno lunare; coi nomi dei giorni della settimana, delle feste de' Santi, la cui commemorazione cade a ciascun dì, l'ora del levare e del tramontare del sole, i fenomeni straordinarii, ma previsibili, di natura; e simili.

Il *lunario*, per l'uso civile; il *calendario*, propriamente, per l'ecclesiastico; non accenna i fenomeni naturali, ma le pratiche del culto che cadono nei giorni dell'anno.

L'*almanacco*, oltre alle cose nel lunario comprese, abbraccia anco delle osservazioni astronomiche, e altre notizie.

Effemeridi, nell'uso moderno, vale anco quel libro dove registransi giorno per giorno i calcoli astronomici delle apparenze e moti dei corpi celesti. — ROMANI.

2185.
GIORNALI, Fogli.
Gazzetta, Giornale, Diario.

Fogli diconsi i *giornali* dalla forma loro; nè giornale in quaderni direbbesi *foglio*. I derivati sarebbero: fogliuccio, fogliaccio, foglietaccio; da *gazzetta* in alcuni luoghi si fa *gazzettino mercantile*, che annuncia i prezzi. Il giornale tenuto da' naviganti o da' viaggiatori non si direbbe senza affettazione *diario*.

2186.
GIORNALIERO, Diurno, Quotidiano.

— *Diurno*, che ricorre ogni giorno, e dura tutto il dì, o intere le ventiquattr'ore, o il corso del sole. *Quotidiano*, che ricorre ogni giorno, ma che non dura il dì intiero. *Giornaliero*, che può ricorrere ogni giorno, e può non ricorrere, e dura or più or meno. Rivoluzione diurna del sole; pane quotidiano; febbre quotidiana; esperienza, fatica giornaliera. — BEAUZÉE.

2187.
GIORNO, Dì.

— *Giorno*, opposto a *notte*, indica lo spazio della rivoluzione diurna della terra, nel quale ell'è illuminata dal sole. Se si pensa una delle sette o delle trenta parti o delle trecentosessantacinque in cui si divide la settimana, il mese, l'anno, diciamo più sovente *dì*: addì tanti del mese; lunedì, martedì, e simili; il dì di Natale, i dì delle feste.

Gli usi si scambiano, ma le osservazioni dette, in molti casi, son vere. — ROMANI.

Nel luogo del Boccaccio: *In sul dì del seguente giorno*, *giorno* denota tutto lo spazio che il sole è visibile, di l'apparire della luce. Ed è proprio anco secondo l'origine, perchè *Die* rammenta col suono stesso le parole greche e latine che accennano a *Dio*, e il Verbo è luce.

2188—2190.
GIORNO, Giornata.
Nottata, Nottolata.
Nottetempo, Di notte, A notte.

2188.
Giorno, Giornata.

— Differiscono come *anno* da *annata*. Il giorno è una determinata divisione del tempo; denota un punto, se così posso dire, nello spazio del tempo. *Giornata* è il giorno comprendente un avvenimento, un'azione, o una serie di azioni o d'avvenimenti. Onde *giornata* si chiama anco il fatto che la riempie e distingue.

La settimana ha sette giorni, il mese trenta. La vita chiamasi *giornata*, e parte della vita dell'uomo o di popoli è indicata co' modi: i bei giorni della giovanezza; giorni tristi; a' nostri giorni.

Bella giornata, o: buona, quel giorno che il tempo è bello e sereno, quel giorno che s'è passato bene, che s'è guadagnato. *Giornata*, una battaglia che prende buona parte del giorno, o che rende memorabile il giorno; *giornata*, il lavoro dell'operajo in un giorno, e il salario che per esso gli spetta; il cammino che in un giorno si fa (1). Giornate, le partizioni di certi drammi; giornate, quelle del Decamerone, che sono per verità giornatacce. Questa parola dice, per solito, gli avvenimenti spiacevoli, i fatti tristi nella giornata seguiti. — BEAUZÉE.

2189.
Nottata, Nottolata.

Nottata, spazio della notte; *nottolata*, notte vegliata in tale o tal modo. Diremo: piovve tutta la nottata; il malato ebbe cattiva nottata; consuma le nottate intere

---

(1) SACCHETTI: *Vengon di lungi cento giornate.* - Così: luogo tante giornate lontano.

sui libri; e diremo: far nottolata, vegliarla in gozzoviglie, o altrimenti (1).

2190.
Nottetempo, Di notte, A notte.

— *Nottetempo*, di chi cerca il segreto della notte, è lo stesso che *di notte*, ma non si direbbe: la tal cosa è avvenuta *nottetempo*. *A notte*, quando è già fatta notte; così, *a notte avanzata*. — A.

2191.
GIORNO (IL), A GIORNO, DI GIORNO, NELLA GIORNATA, IN TUTTO IL GIORNO.
LA NOTTE, A NOTTE, DI NOTTE.

Il giorno s'associa con l'idea di atti ripetuti una o più volte per certo spazio di giorni (2). *Il giorno*, inoltre, s'intende d'atto che si faccia o di cosa che segua durante il giorno: e in tal caso è contrapposto alla notte (3).

A giorno, vale: sul far del giorno.

Di giorno, intanto che dura il giorno (4). Talvolta è affatto sinonimo all'altra: *il giorno, talvolta*, ne differisce in quanto si unisce ad alcuni epiteti, che l'*il* non comporta, come: I.° di bel giorno, di chiaro giorno, e simili (5). II.° Si replica nel modo: di giorno in giorno, che ha senso suo proprio e notissimo. III.° Non sarebbe lo stesso: lavori da farsi il giorno, come: lavori da farsi di giorno. Il primo vuol dire che quei lavori occupano tutto o gran parte del giorno; il secondo, che son lavori da farsi prima che venga la notte, da non farsi di notte. Giova lavorare piuttosto il giorno che la notte; ma taluni lavoran poco di giorno e fanno le loro gran faccende la notte. Il Byron non amava lavorare di giorno; e i suoi versi ci dicon perchè.

In tutto il giorno e *nella giornata*, significano: nello spazio del giorno del quale si parla: in tutto il giorno verrò da voi; finirò questo lavoro nella giornata. Ma il primo vale: in una o altra ora del giorno verrò; il secondo: non passerà il giorno ch'io non abbia finito il lavoro. Il primo denota piuttosto la latitudine dello spazio di tempo; il secondo riguarda quello spazio come un limite che non si debba oltrepassare.

Similmente, *d'inverno* esprime il tempo che dura l'inverno; *a inverno* (più raro), vale: verso il cominciar dell'inverno; *l'inverno*, esprime la stagione invernale per contrapposto all'altre.

Così, *di notte*, vale: in tempo di notte, e si oppone alle ore diurne; *la notte*, vale: lo spazio di tutta o quasi tutta la notte. Altro è lavorare di notte, altro è lavorare la notte. Chi lavora di notte, non ci spende già tutta la notte; chi lavora la notte, lavora gran parte della notte, o lavora piuttosto la notte che il giorno (1).

A notte, vale: sul far della notte, o: appena cominciata la notte. Quando s'accoppia a un'altra parola, può prender senso più largo: a notte avanzata, e simile.

2192.
GIORNO (DI) IN GIORNO, ALLA GIORNATA.

Alla giornata denota progresso più sensibile; l'altro, più misurato. Di giorno in giorno il mondo va crescendo in civiltà, siano buoni i tempi o sian rei. Gli Stati d'America prosperano, materialmente, alla giornata.

— Dicesi e: vivere di giorno in giorno, e: vivere alla giornata; pare però che il primo significhi un campar più incerto, più misero. — POLIDORI.

2193.
GIORNO (A), A GIORNATA, ALLA GIORNATA.

A giorno, allo spuntare del giorno (2); *a giornata*, a un tanto il giorno; *alla giornata*, giornalmente, ovvero di giorno in giorno; e: levarsi a giorno; lavorare, pagare a giornata; cose che seguono alla giornata (3); uomo che vive alla giornata, cioè senza volere o senza aver molto da pensare al domani.

2194—2195.
GIORNO (AL) D'OGGI, OGGI, OGGIDÌ, QUEST'OGGI, AL DÌ D'OGGI, OGGIGIORNO, NELLA GIORNATA D'OGGI, IN OGGI.
JERI L'ALTRO, L'ALTR' JERI.

2194.
Al giorno d'oggi, Oggi, Oggidì,
Quest'oggi, Al dì d'oggi, Oggigiorno,
Nella giornata d'oggi, In oggi.

Oggi, nel giorno, nel tempo presente; *oggidì*, nel tempo presente. *Oggi* non va più in là d'un giorno; *oggidì* abbraccia spazio più lungo: oggi in figura, domani in sepoltura (4); oggi in gala, domani in galera (cioè, oggi si sciupa e domani si tribola); oggi a me, domani a te; oggi l'una, domani l'altra; oggi è un mese (5); da oggi in poi (6); da jeri a oggi; cavami d'oggi e mettimi in domani (7); d'oggi in domani (8): modi dell'uso, proprii di questo avverbio solamente.

Oggidì le cose del mondo sono disposte in maniera, che dall'una parte i buoni son troppo timidi, dall'altra i cattivi troppo coraggiosi; e che la virtù de' buoni è congiunta a taluno di que' pregiudizii de' quali approfittano troppo bene per accreditare le loro brighe i cattivi (9).

Nel medesimo senso diciamo ancora *oggigiorno*; ma questo avverbio meglio s'addatta là dove si tratti di far quasi confronto tra il presente e il passato. Se quarant'anni fa il mondo pareva imbrogliato, oggigiorno par

---

(1) *Nottolata*, in Toscana, è dell'uso campagnolo soltanto; altrove, più ampio. — A.
(2) CRESCENZIO: *Si muti due volte il giorno*.
(3) BOCCACCIO: *Nocivo il troppo dormire il giorno*. - PETRARCA: *Sospirando vo... La notte e 'l giorno*. - Nell'uso toscano, *il giorno* vale come: dopo mezzogiorno; e nel medesimo senso si dice anche *oggi*. Lunedì il giorno verrò da voi, oggi verrò da voi. Anzi *oggi* nel senso di *hodie*, in questo giorno, il popolo fiorentino non l'usa. — LAMBRUSCHINI.
(4) PETRARCA: *Non credo che pascesse mai.... Sì aspra fera o di notte o di giorno*. - BOCCACCIO: *Di dì e di notte finivano (morivano)*. - STAT. DI CÉCINA: *Gramolare lino.... o di dì o di notte*.
(5) CAVALCA.

(1) Simile differenza i Latini ponevano tra *noctu* e *nocte*.
(2) DAVANZATI: *A giorno appari nuova foggia di combattere*.
(3) SEGNERI: *Quelle occasioni di patire che ti accadono alla giornata*.
(4) BOCCACCIO: *Oggi l'una e doman l'altra vendendo..., al niente venuti*.
(5) PETRARCA: *S' al contar non erro, oggi ha sett'anni*.
(6) VITA S. GIROL.: *Mi seguiterai da oggi a venti dì*.
(7) DEP. DECAM.
(8) M. VILLANI: *Stando d'oggi in domane a speranza dell'ajuto degli Italiani*.
(9) BOCCACCIO: *Oggidì in rapportar male dall'uno all'altro... s'ingegnano il lor tempo di consumare*. - GIAMBONI: *Oggidì si trovano molte delle ossa in quel luogo ove fu la battaglia*.

più che mai. E pure tutte le questioni, in teorica, sono avanzate d'un qualche passo (1).

Anche *al dì d'oggi* ha senso affinissimo. Ma non si dirà, per esempio: oggidì languisce il commercio, perchè la fiducia negli uomini e nelle cose è scemata, e perchè molte nazioni cominciano a bastare a sè stesse. Qui cadrà bene *al dì d'oggi*. Questa frase par che s'applichi meglio a un tempo men lungo che *oggidì*, e pare che non supponga, come *oggigiorno*, un confronto tra il presente e il passato (2). S'adopra anche meglio con altre preposizioni: dalla caduta dell'impero francese fino al dì d'oggi il mondo ha sofferto più grande cambiamento che non dal testamento di Luigi XVI all'abdicazione di Fontainebleau.

Al giorno d'oggi dice il medesimo; ma è meno snello. Altro è, poi, *al giorno d'oggi*; altro: *nella giornata d'oggi*. Il primo abbraccia, ripeto, tempo maggiore d'un giorno; abbraccia l'epoca, lo stato presente; il secondo determina lo spazio dentr'oggi.

E dicesi pure: *quest'oggi*, *in quest'oggi* (3), *fino a quest'oggi*, con qualche differenza, però. Dicendo nella giornata d'oggi, io limito il tempo entro il quale ha a farsi o a seguire una cosa; dicendo: quest'oggi, penso a determinare il giorno, non le cose che seguono o si fanno nel giorno. Nella giornata d'oggi sarà compiuto il lavoro; quest'oggi è piovuto. La seconda frase s'applica, dunque, anco al passato (4); la prima, no certo.

E quand'io dico: infino a quest'oggi, non intendo lo stesso che: fino a oggigiorno. Da un mese a quest'oggi le cose d'Europa hanno preso un nuovo aspetto; dai tempi di Brenno insino a oggigiorno i Galli amarono le migrazioni, ma sempre in paesi civili; egli è però che in Algeri difficilmente prenderan piede i Galli.

Oggi, da ultimo, nell'uso toscano significa la parte del giorno dal mezzodì al tramonto del sole; ma gli esempi quivi recati dalla Crusca non han proprio questo senso.

Oggi medesimo, vale: in questo medesimo giorno. Il *medesimo* non si congiunge agli altri modi notati.

2195.
Jeri l'altro, L'altr'jeri.
— *Jeri l'altro*, due giorni indietro. *L'altr'jeri* può dire più remoto. — G. MEINI.

2196 – 2199.
GIUDICARE, DECIDERE, RISOLVERE.
DECISIONE, RISOLUZIONE.
CONDANNARE, SENTENZIARE.
CONDANNARE, DANNARE.
DANNAZIONE, CONDANNA.

2196.
Giudicare, Decidere, Risolvere.
— *Giudicare*, in generale, dice atto della mente affer-

mante o negante una cosa (1). Cotesto non è *decidere*. Nella decisione non sempre è compreso l'esame. — ENCICLOPEDIA.

— Si giudica pensando, parlando, operando; si giudicano persone e cose; persone, siano accusate o no, siano o no litiganti. Decidonsi liti, questioni, differenze, dubbi. — GATTI.

— Si decide tra due cose; si giudica dell'essere o del modo d'essere pur di sola una. Risultato della decisione è un giudizio, ma non viceversa sempre. — NERI.

— *Decidere* riguarda, più propriamente, il dubbio della mente; *risolvere*, la pratica delle cose: questione indecisa; affare risoluto. — NESI.

2197.
Decisione, Risoluzione.
— La *decisione* è, più propriamente, atto della mente; la *risoluzione*, della volontà. Quella recide il dubbio; questa vince l'incertezza. Non può essere risoluzione senza decisione; questa può senza quella. Si può tardar di risolvere intorno a cosa decisa, quando il timore o altro impediscono l'operare. — GIRARD.

2198.
Condannare, Sentenziare.
— *Sentenziasi* dando sentenza qualsiasi; ma talvolta questa voce usasi in mal senso. Il critico sentenzia, ma non per lodare. *Sentenziato* vale: condannato alla morte. — ROMANI.

2199.
Condannare, Dannare.
Dannazione, Condanna.
Dannare, nei sensi usuali di *condannare*, è quasi del verso soltanto. Ma della condanna di Dio alla pena avvenire, è il più proprio.

Per estensione può dirsi: poeta che cerca le frasi prima che il pensiero, è poeta dannato.

— La spiegazione de' due verbi trovasi ne' due nomi astratti che se ne formano: *dannazione* e *condanna*. Quando il primo si pone abusivamente, o per iperbole, indica fatica, o pena, o dolor grave. La noja è una dannazione; servire a indegni, una dannazione. La condanna può essere di pochi soldi, di pochi giorni di carcere. — POLIDORI.

2200 – 2204.
GIUDICE, ARBITRO.
LODO, ARBITRIO.
ARBITRALE, ARBITRARIO.
POTERE ARBITRARIO, ASSOLUTO.
ARBITRIO, DISCREZIONE.

2200.
Arbitro, Giudice.
— *Arbitro* presso i Romani era il giudice dato dal pretore, o eletto per convenzione de' litiganti; *giudice* è colui che per propria giurisdizione o per comando del supremo magistrato giudica le cause e di diritto e di fatto. Il giudice deve conoscere delle cause portateali; l'arbitro può sottrarsi all'incarico. Questi ha libertà di

---

(1) REDI: *Oggigiorno nella sola città di Firenze se ne consumeranno ogni anno, per fare l'olio contro i veleni, 400 libbre.* – *Avessero più particolare virtù di quella che si abbia ogni uomo più triviale d'oggigiorno.*

(2) GUIDO GIUDICE: *Al dì d'oggi tutta l'Africa e l'Europa è quasi soggetta alla Grecia.* – ALLEGRI: *Esser bello spirito e poeta Al dì d'oggi non val.*

(3) Non dicevano *in oggi* a' tempi migliori, per la ragione stessa che non dicevano in *stamane*; e se in Toscana si usano adesso, quando abbiamo *oggidì*, ch'è più proprio e chiaro a tutti, dagli usi superflui, e che però imbrogliano, è buono astenersi.

(4) BOCCACCIO: *Questo dì d'oggi è stato dato a re e a soldani.*

TOMMASEO, *Diz. dei Sinonimi*.

---

(1) *Giudicare*, che ha tanta solennità nelle sentenze legali, è in altri casi l'espressione modesta di un'opinione che può essere erronea. Io giudico quella distanza un miglio, è poco più che dire: *mi sembra*. Il nome *giudizio* ha senso men umile quando non sia accompagnato da un aggiunto: debole, scarso giudizio, o simile. — CAPPONI.

stabilire ciò che, secondo la coscienza sua, gli pare equo: quegli giudica secondo le leggi, e non se ne può dipartire. Seneca: « *Melior videtur conditio causae si ad judicem quam si ad arbitrum mittatur; quia illum formula includit, et certos, quos non excedat, terminos ponit; hunc libera et nullis adstricta legibus religio; et detrahere aliquid potest et adjicere, et sententiam suam non prout lex et justitia suadet, sed prout humanitas et misericordia impulit, regere.* » Cicerone: « *Judicium est certa pecunia; arbitrium, incerta. Ad judicium hoc modo venimus ut aut totam litem vincamus aut amittamus: ad arbitrium hoc modo adimus, ut neque nihil, neque tantum quantum postulavimus consequamur.* » Ne'seguenti esempi le due voci sono accoppiate, ma l'una dice un po' più. Livio: « *Ne penes unum hominem judicium arbitriumque de famá ac moribus senatoris fuerit.* » Svetonio: « *Jus arbitriumque omnium rerum illi permissum est.* » — POPMA.

Quindi è che *arbitrio*, nell'uso della vita comune, è giudizio più libero. L'arbitrio s'estende anco al fare. Certi giornalisti giudicano all'impazzata, e ad arbitrio alterano i fatti per poi censurarli. Altro è giudicare a capriccio le cause; altro è fare ad arbitrio eseguire la sentenza.

— Giudice giusto, arbitro discreto: ecco i veri epiteti delle due voci. Ma siccome, dice Festo, nell'arbitrio sta il pieno potere intorno alla cosa di che si questiona, così questa voce acquistò senso più largo. Quindi Orazio chiamò l'austro: arbitro dell'Adratico (1); quindi il: potere arbitrario. — MEINI.

2201.
Lodo, Arbitrio.

— *Lodo*, sentenza pronunziata da uno o più arbitri eletti a ciò col consenso de' litiganti.

Arbitrio è la facoltà agli eletti data di giudicare, e anche l'atto del giudicare. Ci può essere arbitrio senza lodo quando gli arbitri non danno finale sentenza. — ROMANI.

2202.
Arbitrale, Arbitrario.

Arbitrario, fatto ad arbitrio; *arbitrale*, appartenente ad uno o più arbitri. Sentenza arbitraria può essere data e da arbitri e da giudici, ed è o ingiusta o data in modo non legale, non equo. La sentenza arbitrale è data dagli arbitri eletti a ciò dalle parti o dall'autorità, e può essere più o meno giusta. Quest'addiettivo indica l'origine della sentenza, non le sue qualità. E ognuno intende che altro è il potere arbitrale, altro il potere arbitrario.

2203.
Potere arbitrario, assoluto.

Potere assoluto è quello che per istituzione non ha, quanto all'autorità legislativa o all'amministrativa, limite alcuno di legge. *Arbitrario*, quello che per abuso o per violenza o per frode tende a non essere contenuto da limite alcuno. Il potere assoluto non s'esercita, dunque, che nella sommità dello Stato. Se non che per estensione dicesi *assoluto* ogni potere che non abbia sopraccapo nella sfera sua (2); il potere arbitrario s'esercita anco da' magistrati minori. Il potere assoluto diventa di leggieri arbitrario nelle mani d'un avido, d'un superbo; il potere arbitrario è in certo senso men tristo dell'assoluto, perchè quello è abuso, questo è istituzione: di quello si risentono i sudditi più facilmente; questo passa inosservato e quasi rinvolto nella propria maestà.

2204.
Arbitrio, Discrezione.

— Nell'*arbitrio* c'è esercizio assoluto della volontà, buona o cattiva che la sia; nella *discrezione* tale esercizio è regolato da conoscenza e da giudizio. Onde chi si rimette nell'altrui arbitrio, dice: fate di me quello che volete. Ma chi si rimette nell'altrui discrezione, dice: fate di me ciò che conoscete più conveniente. Nell'arbitrio vi può esser capriccio e volontà senza ragione, ma non già nella discrezione. I vinti rendonsi sempre a discrezione: all'arbitrio non vorrebbero. — E. BINDI.

2205—2207.
GIUNGERE, ARRIVARE, PERVENIRE, CAPITARE.
ARRIVARE A UNA COSA, UNA COSA.

2205.
Giungere, Arrivare, Pervenire, Capitare.

S'*arriva*, propriamente, dall'acqua alla riva; ma la voce oramai ha senso terrestre affatto, se vuolsi: da Roma a Napoli s'arriva in tante ore; io non arrivo con la mano (1) quel ramo; non arrivo ad intendere; non ci arrivo; nessuna cosa arriva alla dolcezza del bello congiunto con onestà. Diciamo in molti di questi modi anche *giungere*, ma non diremmo assolutamente: non ci giungo, nè: giungere alla dolcezza, o simile; ma convien ricomporre la frase, dicendo: non giungo ad intendere; non giunge ad uguagliar la dolcezza.

Nel senso ordinario, *giungere*, dicesi, a meta determinata, quasi congiungersi al punto al quale si tende.

Capitare è, talvolta, arrivare per caso: talvolta, dare del capo per l'appunto nel luogo desiderato, o nel solito. Si capita là dove ha ricapito.

Pervenire dicesi meglio dell'ultima meta del cammino, considerati i mezzi o gli spazi per i quali chi perviene passò.

2206.
Pervenire, Arrivare.

— *Pervenire* suppone talvolta lungo cammino, è non facile. S'*arriva* a fare, a conoscere anco a prima vista; e diciamo ellitticamente: ci arrivo, che indica facilità. — A.

2207.
Arrivare a una cosa, una cosa.

Arrivare, col quarto caso, vale raggiungere o con mano, o col corso, o con istrumento maneggiato che tocchi la cosa. *Arrivare a* ha sensi più varii, e può non significare il raggiungere proprio fino a toccare, o ad essere in pari. Il bambino vuole una mela ch'è in alto, non l'arriva con la mano, prende una seggiola, monta, e l'arriva; prende una mazzettina, e l'arriva con quella per farla cadere. Uno correndo arriva un altro. Viaggiando, io arrivo o no al tal luogo; in una gara, io non arrivo ai vantaggi, al valore dell'emulo, io non

---

(1) Libro I, Ode 3.
(2) SEGNI: *Essere più onesta cosa vedersi nella patria un principe assoluto e col nome e col fatto, che..*

---

(1) E si dice anche *arrivare una cosa*, senza che bisogni aggiungervi con la mano. Anzi si ode comunemente: *arrivatemi la tal cosa*, per dire prendetemela. — LAMBRUSCHINI.

arrivo col mio intendimento a un concetto, a un'obbiezione che mi si presenta. E dell'intendere, dicesi ellitticamente arrivarci o no. Taluni appunto, perchè non arrivano all'intendimento dell'avversario, si credono d'averlo vinto. Beati!

2208.
GIURAMENTO, Giuro.

— Si fa *giuro* per promettere a sè o ad altri di fare una cosa. Il *giuramento* si fa, si dà, imponesi: è atto più solenne, giudiziale, religioso, politico. *Far giuro* è modo quasi iperbolico per proporre a sè fermamente. Nè si dirà: fare un giuro, ma: fare giuro. — A.

2209.
GIURARE, Prestar giuramento.

— Si *presta giuramento* di fedeltà, o simile; si *giura* anche come testimone, si giura invano. Prestar giuramento è atto più solenne e deliberato. — A.

2210.
GIURARE IL FALSO, Spergiurare.

Spergiura chi sa il vero e giura il falso, *giura il falso* anche colui che, ingannato dalle apparenze o dalle affermazioni altrui, giura vero quel che non è.

Giura il falso, direi, non: spergiura, chi mente per salvare un uomo innocente (1).

2211.
GIUSTIZIA, Equità.

— Quel ch'è *giusto*, si fonda sopra un diritto pieno ed espresso, si può esigere; cosa riguardante la mera *equità*, non ha sanzione diretta e materiale nella legge scritta; è affidata alla coscienza, alla convenienza, all'umanità. — BEAUZÉE.

— La *giustizia* umana è rigida, talvolta crudele; e ci fa da altri ripetere il nostro come se fossero nemici. L'*equità* è conciliatrice, unitrice. La giustizia lascia tra gli uomini molte ineguaglianze, e le mantiene; l'equità ne tempera le cagioni e gli effetti. La giustizia ripara i mali sofferti dal mal volere degli uomini (e non tutti i mali); l'equità ripara anco i danni venuti indirettamente dalle cose. — ROUBAUD.

L'equità più direttamente si reca alla legge naturale, e all'intimo sentimento; dipende meno dall'arbitrio degli uomini. La giustizia, giudicando con norme immutabili, urta più volte l'equità; quella non guarda che ai fatti esterni, cioè all'apparenza de' fatti; l'equità prende a considerare le intenzioni, e tutte le circostanze, pur nella possibilità, attenuanti la colpa.

La giustizia chiede soddisfazione dell'oltraggio; l'equità ci passa sopra, quando la soddisfazione debba essere male maggior dell'oltraggio.

2212—2213.
GIUSTIZIA, Equità, Rettitudine, Rettezza. Dirittura. Rettitudine, Dirittura.

2212.
Giustizia, Equità, Rettitudine, Rettezza, Dirittura.

— *Rettezza* non s'usa; ma nel senso corporeo può forse tornare opportuno, come: la rettezza della linea; se pur non si voglia dire *dirittura*, che sarebbe più semplice.

Rettitudine è la conformazione del pensiero e del volere alla norma del vero, ch'è insieme il buono ed il bello. *Equità* è l'osservanza di quelle leggi naturali che riguardano quant'è dovuto ai nostri simili nel sociale commercio. Onde, *equità* da' giuristi fu detta la massima e l'abito di temperare il soverchio rigor della legge.

La rettitudine è virtù personale insieme e sociale; l'equità è sociale, principalmente.

Giustizia è l'adempimento della legge naturale insieme e della civile, in quanto la civile alla naturale non fa contro. L'equità insegna appunto a discernere i casi che cadono sotto la legge, dalle eccezioni. — ROMANI.

2213.
Rettitudine, Dirittura.

— *Rettitudine* ha sempre senso morale; *dirittura* l'ha ora spirituale, ora materiale: dirittura di mente; rettitudine d'animo.

La rettitudine è nella volontà; la dirittura è nell'intelletto. La rettitudine d'un giudizio è nella sua giustizia; la dirittura è nella giustezza.

Dirittura segna la conformità della cosa, con una regola, con una norma.

Rettitudine riguarda il buon sentimento del mezzo morale che direttamente conduce a buon fine. La rettitudine è nell'intenzione, nel disegno, nel consiglio; la dirittura è nel modo di vedere ovver d'operare.

E quando diciamo: rettitudine di giudizio, consideriamo il giudizio nel lato morale in quanto ci ha parte la volontà. — ROUBAUD.

2214.
GIUSTIZIA, Giustezza, Aggiustatezza.

— La *giustizia* è virtù morale, la qual vuole che si renda a ciascuno il suo, e che si rispettino i diritti altrui.

Giustezza è qualità di ciò ch'è giusto, esatto, convenevole: giustezza d'un'espressione, d'una metafora, d'un raziocinio, d'una bilancia, d'un oriuolo (1).

C'è la giustizia commutativa e distributiva. Ognun sa che cosa fosse l'alta e la bassa giustizia. E quando d'una virtù si fanno tante divisioni, gli è segno ch'e' c'è dell'imbroglio. *Giustizia* si chiamano i tribunali e i ministri che rendono o render dovrebbero giustizia; la giustizia è chiamato anco il boja; io non so, se così chiami sè, perchè non l'ho sentito mai ragionare di queste cose.

Nelle scritture sante, *giustizia* significa l'adempimento perfetto dei doveri religiosi: camminate nelle vie di giustizia; fate opere di giustizia.

La *giustezza* riguarda più da vicino l'intrinseco delle cose; l'*aggiustatezza*, piuttosto le forme e il garbo. E *aggiustato* si chiama l'uomo che, operando, non esce dalle regole di giusta misura e convenevolezza. — MEINI.

— Si dirà *giustezza* e *aggiustatezza* di mente, de' quali il primo è più; *giustizia* non si direbbe mai.

Giustizia si chiama anche la pena che dà la legge, ma più sovente la capitale, e l'atto di essa e il luogo e gli esecutori. Palazzo di giustizia, quel del bargello. — A una compagnia di birri armati domandate: chi è? rispondono: la giustizia. Questi son modi d'un tempo avvezzo a vedere la giustizia sotto l'aspetto di pena, o almeno di forza.

---

(1) Così Crispino distingue ἐπιορκεῖν da ψευδορκεῖν.

(1) MACALOTTI.

Un contadino di verso Arezzo, chiamato a casa dalla moglie, andava lento e svogliato. La massaja gli grida: e' pare che tu vadi a giustizia; e intendeva: alla forca. Quella buona donna non poteva con più evidenza significare il suo concetto. — CAPPONI.

2215.
GIUSTO, RETTO.

— Uomo *retto* non solamente quello che ha l'intelletto ben fatto, ma quello ancora che non si diparte dalle regole della giustizia e dell'onestà. Uomo *giusto* dice di più; vale: uomo che ha tutte le virtù, e segnatamente, nel senso biblico, le virtù religiose. Era giusto Abramo; Catone il Censore aveva fama di retto. — LAMBRUSCHINI.

2216 - 2217.
GOCCIA, GOCCIOLA, A GOCCIA A GOCCIA, A GOCCIOLE, GOCCIOLO.
GOCCIOLINA, GOCCIOLINO, GOCCIOLETTA, GOCCIOLONE, GOCCIOLONI, PALLINI.
GOCCIOLA, STILLA.

2216.
Goccia, Gocciola, A goccia a goccia,
A gocciole, Gocciolo.
Gocciolina, Gocciolino, Goccioletta
Gocciolone, Goccioloni, Pallini.

Goccia è molto usitato: una goccia di sangue, di veleno (1), di balsamo.

A goccia a goccia diciamo, piuttosto che: a gocciola a gocciola (2); ma in plurale: a gocciole, che dice stillare meno lento e un po' più abondante.

Gocciola è più comune nell'uso toscano; egli è, come ognun vede, il diminutivo; e ben s'usa dove si tratti d'attenuare l'idea il più possibile. Gl'imitatori, attingendo poche gocciole di gran fiume, si credono d'averne fatto un fiume non meno largo ed ameno (3). Di scarsa pioggia si dirà: poche gocciole. Non so perchè, ma: una gocciola d'argento vivo, mi suonebbe meglio che: goccia (4).

Gocciola, non goccia, è: accidente di gocciola, diciamo quel che apporta l'apoplessia (5). *Gocciolone* grossa gocciola, non goccione (6); e dicesi di lagrime e di sudore, ma è modo famigliare. *Gocciolone*, poi, ha senso di bacchillone, d'inetto (7); ma non è dell'uso vivente. *Goccioloni* bensì per munizione da fucili, più grossa de' *pallini.*

Gocciolo, d'ordinario, quel da bere (8); e così *goccio-lino*: un gocciolin di vino, una *gocciolina*, di pioggia (1). *Goccioletta*, è men comune; ma quelle che veggonsi rapprese sull'erbe, sui fiori, meglio che gocciolin, forse si diran goccioletti (2); gocciolini, no certo.

Una gocciolina, poi, s'usa per una minima parte del liquido di cui si tratta.

2217.
Gocciola, Stilla.

— La *gocciola* e cade e sta; la *stilla* cade o è per cadere.

Gocciola, di pioggia, è: goccia, più comune di: stilla. La stilla vien, d'ordinario, da più basso. Onde *stillicidio, distillazione.* — A.

— Le stille, per lo più, intendonsi e più minute e più frequenti: stille, non gocce, della rugiada; e ne' poeti: rugiadose stille. *Gocciola* e *goccia* ridestano più chiara l'idea della forma; somigliarsi come due gocce d'acqua, non come due stille. — POLIDORI.

2218 - 2222.
GOCCIARE, GOCCIOLARE, SGOCCIOLARE, FILARE.
COLARE, SCOLARE.
COLAMENTO, COLATURA, COLIO.
COLINO, COLA, COLATOJO.
COLA, CALZA.
GONORREA, BLENNORREA, SCOLAZIONE.

2218.
Gocciare, Gocciolare, Sgocciolare, Filare.

Tutti quattro dell'uso; ma *gocciare*, un po' meno. Se non che, dove si tratti non di minute gocciole, ma di gocce vere, *gocciare* è il più proprio.

E similmente, dove non di liquore gentile o di cosa piacevole, il positivo *gocciare* potrà forse parer meglio acconcio (3).

Gocciola, non goccia, il naso; gocciola da' sassi l'umore che si raccoglie in ruscelli (4).

Sgocciolare, più d'ordinario, è attivo: far gocciolare fino all'ultimo. Si sgocciola un fiasco scotendolo a bocca in giù; o meglio, si sgocciola una bottiglia, un bicchiere (5), bevendone fino in fondu (6).

Quando da ferita o puntura il sangue gocciolando fa

---

(1) ARIOSTO: *Se di sangue vedessero una goccia.* - REDI: *Due gocce di balsamo del Perù. - Sei gocce di spirito di vetriolo. - In medicina e in farmacia sempre gocce.*
(2) DANTE: *La gente che fonde a goccia a goccia Per gli occhi il mal che tutto 'l mondo occupa (piangendo espia l'avarizia).*
(3) CAVALCA: *Contenti di questa gocciola, lasciano la fontana.* - COLL. SS. PADRI: *Gocciole delle piove.* - LATINI: *Della rugiada.*
(4) MAGALOTTI: *Nelle gocciole dell'argento vivo e d'ogni altro fluido. - E la ragione è forse in questo, che goccia denota più la piccola quantità, gocciola la forma: e questa forma è più che in altro visibile nel mercurio che si fa in globettini.* — LAMBRUSCHINI.
(5) GUICCIARDINI: *Morì d'accidente di gocciola.*
(6) LIPPI: *Mentr'ella scriveva, Gettava gocciolon di questa posta.* - BUONARROTI: *Versar dal petto e dalle tempie gocciolon si fatti.*
(7) BOCCACCIO: *Andate, goccioloni che voi siete.*
(8) BOCCACCIO: *Un fiaschetto di vernaccia senza avervi entro gocciol d'acqua.* - DANTE: *Un gocciol d'acqua bramo.*

(1) FRA GIORDANO: *Alcuna gocciolina di quel mare.* - REDI. *Una minutissima e quasi invisibile gocciolina d'acqua.*
(2) REDI, in altro senso: *Dalla caruncola dell'occhio gemevano goccioletti d'un liquore aspro e pungente. Non so perchè, ma goccioline qui non m'avrebbe bel suono. I Latini non avevano che guttula.*
(3) DANTE: *Una fessura che lagrime goccia, Le quali, accolte, foran quella grotta. - Gli occhi lor ch'eran pria pur dentro molli, Goccior su per le labbra; e il gelo strinse Le lagrime. - Gocciava il pianto e sanguinosa bava. - Ma di lagrime abondanti, meglio sarà gocciolare.* - VARCHI: *Le gocciolavano a quattro a quattro.*
(4) ENEIDE: *Membri gocciolanti con iscura marcia (altro membra fluentia tabo).* Qui *gocciare* sarebbe troppo. - CARRERUCCIO: *Fanno a modo d'acqua gocciolare l'umore per le nari.*
(5) FAV. ESOP.: *Sgoccioli il latte nella vostra bocca.* - BERCHIELLO: *Sgocciolava gli orciolini. Onde l'Allegri fa tutt' un nome: sgoccialaboccali.*
(6) *Sgocciolo*, quell'ultimo rimasuglio: *essere allo sgocciolo del fiasco; gli ultimi sgoccioli della pioggia.* - CAPPONI. - Anco traslato, *essere allo sgocciolo* vale all'estremo d'avere, di vita, di qualsiasi bene.

quasi una striscia, dicesi che il ferito o la parte offesa *fila* sangue (1).

Gocciare usa il *Libro di mascalcia* (2) per: ispargere a gocce; modo non comune, ma che può tornar comodo.

2219.
Colare, Scolare.

— Lo *scolare* è più libero ed abondante. L'umore *cola* a gocciole attraverso a qualche corpo che ne ritenga parte: cola il sudore; scolano le acque piovane.

Scolare dicesi dell'umore: *colare*, e dell'umore e del luogo ond'esso cola, e dell'oggetto che lo cola: colano gli occhi, il naso, e simili. — ROMANI.

— Anche nell'attivo, *scolare* dice azione diversa: si scola un vaso, una casseruola; si cola un liquido, un decotto. — A.

2220.
Colamento, Colatura, Colio.

Colamento è l'atto del colare; *colatura* è l'azione del far colare, e la materia colata (3). *Colamento*, inoltre, è un gocciolamento qualunque; la colatura si fa, d'ordinario, per filtrazione. *Colio* (4) è continuo o frequente colamento, come indica la desinenza; ma nel senso di gocciolare, non di colare propriamente.

2221.
Colino, Cola, Colatojo,
Cola, Calza.

— *Colino*, arnese da cucina, di latta o rame, traforato, quasi conico, con manico, per passarvi brodo, e broda di fagiuoli, pomodoro, e simili (5). *Cola*, strumento in forma d'un quadro bislungo, con lama di ferro in un fondo traforata a guisa di grattugia, a uso di colare la calcina spenta. *Cola* è pure, in alcuni luoghi di Toscana, una specie di sacchetto di tela per colare il vino; che anche si chiama *calza* (6). *Colatojo*, catino e piccolo oreinuolo con foro al basso, che s'emple di cenere, per la quale passando l'acqua, ne scioglie i sali e diventa ranno o lisclvia. Nel traslato diciamo che uno ha de' colatoi, o molti colatoi, occasione da dissipare il danaro. — MEINI.

2222.
Gonorrea, Blennorrea, Scolazione.

— *Gonorrea*, scolo involontario di sperma. *Blennorragia* o *blennorrea*, scolo morboso di muco cistico e uretrale, o di un liquido viroso speciale. A questa risponde il comune *scolazione*. — MOJON.

2223.
GOCCIOLARE, GRONDARE, STILLARE, GEMERE.

Stillare, in questo senso, ha uso attivo (7). Il sudore abondante *gronda*; men copioso, *gocciola*. La vite, la mirra gocciolano le lagrime loro, non grondano; ma si può dire che stillino, avuto riguardo alla lentezza del gemere, e all'interiore lavoro quasi di distillazione che si fa nella pianta. *Gemere*, poi, è di per sé meno di *stillare*, e dicesi del terreno; e d'umore che esca a traverso a un ostacolo; gronda dalle uve espresso il vino.

Dell'acqua diconsi *gocce* e *gocciole*; raccolte in docce o canali, diventano *gronde* o *grondaje*: gronda l'acqua dai tetti; gronda la pioggia. Nel traslato: lingua *stillante* dolcezza.

Il sangue gocciola dal naso, non istilla.

Le corone de' conquistatori grondano sangue: gocciolano, poco sarebbe a tante vittime.

— *Stilla* ha più traslati che *gocciola*; e *grondare*, più che *gocciolare* o *gocciare*. *Stillare* ne ha uno tutto proprio, e vale: ingegnarsi sottilmente. Intende forse il trar profitto dalle menome cose, come da' raspi *distillando* si trae l'acquavite. *Stillare*, in questo senso, è attivo e frequente nell'uso famigliare, che dà nome di *stillino* a un economo minuto. — CAPPONI.

2224.
GRADINO, SCALINO, SCAGLIONE, GRADO.

Il Grassi a un dipresso: «L'uso, quel perpetuo dominatore delle lingue vive.... ha nobilitato il *gradino*, destinandolo alle opere d'arte o di pompa, e lasciando *scalino* ad ogni specie di scala. Diciamo: i gradini di San Pietro, delle scale del duomo; ma farebbe ridere chi dicesse: i gradini della scala di casa, i gradini che menano alla cantina, e simili. Camminando in Firenze, tutto assorto nelle fiere memorie che risvegliavano dentro di me quelle strade, quei palazzi e quei monumenti della toscana grandezza, urtai col piede in uno scaglione, che dalla porta d'una bottega sporgea sulla via, e risentitomi pel dolore, gridai: maledetto gradino! il linguacciuto padrone, che stava a sportello, ghignando mi ripiglió: La dica pure scalino, perché qui non siamo in chiesa.»

Scaglione è scalino di pietra o di marmo; più grosso degli ordinarii (1).

Non si dirà: scalini dell'altare, del trono; ma sì: gradini. *Scaglione* è anch'esso vivente; ma non s'usa mai di scale interne di casa o di privato edifizio (2); sempre di quegli scalini che mettono alle porte di casa o di palagio, o nell'ingresso d'altro edifizio simile.

Gradini, ho detto, quelli dappiè dell'altare; *gradi* quelli dove posano i candellieri.

Grado ha poi senso traslato: l'umiltà e la pazienza sono i gradi per cui si sale alla gioia e alla gloria (3).

2225.
GRANDE, AMPIO, VASTO.

— *Grande* abbraccia le tre dimensioni di lunghezza, larghezza, profondità; *vasto*, specialmente della lunghezza e della larghezza, e di questa più specialmente ancora. — A.

Vasto è: ben grande. Non ogni ampiezza è vastità. Ampia fossa, abito ampio, non son vasti. Vasto, un edi-

---

(1) BOCCACCIO: *Graffiandolo, la facea filar sangue.* - VIT. CRISTO: *Filano tutte sangue* (le piaghe).
(2) *Pesta la lattuga, e gocciavi sopra a poco a poco latte di cavalla.*
(3) MAESTR. ALDOBR.: *Colatura di crusca.*
(4) Analogo a *ronzio, calpestio.*
(5) Quando serve soltanto a passare il brodo, lo chiamano comunemente *cola-brodo.*
(6) VIRG.: *Cola præ torum.... Huc ager ille malus, dulcesque à fontibus ibunt undæ, Ad plenum calcentur: aqua eluctabitur omnis Scilicet, et grandes ibunt per vimina guttæ.* Qui hai la ragione perché la *cola* dicasi *calza.*
(7) PETRARCA: *Il mio (fonte) d'ogni liquor sostiene inopia, Salvo di quel che lagrimando stilla.*

---

(1) *Scaglion' santi* dice Dante quelli dell'aspra montagna del Purgatorio.
(2) BELLINCIONI: *Scalino... d'una scala.*
(3) Il SEGNERI dà a *gradino* un senso quasi traslato che non è riprensibile: *Il lume del sole.... cala.... non però scende, perché non vien quasi a gradino a gradino, vien tutto insieme.*

fizio, se molto grande; meglio forse che ampio. Ampio recipiente, e simili; perch'*ampio* esprime meglio la capacità; *vasto*, l'estensione assoluta, senza riguardo diretto alle cose che vi si possono contenere. Ampio può essere anco un piccolo spazio in relazione all'oggetto che deve in esso capire ; *vasto*, all'incontro, indica grandezza un po' men relativa.

Vasto è il contrapposto di : conforme alle proporzioni ordinarie ; *ampio*, d'angusto; *grande*, di piccolo. Grandezza, è idea generale. Ciò ch'è vasto è grande ; ciò ch'è ampio è grande : non tutto ciò ch'è grande, è ampio e vasto.

La grandezza è misura ; l'ampiezza, capacità ; la vastità, estensione che passa l'ordinaria misura.

Quand'io considero un luogo com'ampio, penso al suo uso ; quando lo considero come vasto, penso all'effetto che fa su me l'estension sua; quando lo considero come grande, penso a determinare l'estensione stessa.

Queste differenze si conservano anche nel senso traslato. *Ampio* riguarda specialmente l'uso, l'utilità ; *vasto*, grandezza che passa l'ordinaria, che in certo modo rimane indeterminata ; *grande*, misura di merito o di demerito, di bene o di male. Diremo dunque : ampie promesse, eredità, licenza; perchè qui si considera l'uso, la capacità, la sufficienza, l'attitudine della cosa. Vaste idee, mente, disegni ; perchè qui si tratta d'alcuna cosa di straordinario. E perchè lo straordinario può essere tale anche in mal senso, però *vasto* può essere, talvolta, aggiunto di biasimo. *Grande*, così nel proprio come nel traslato, ha usi più generali. Ampie promesse, promesse che si stendono a molte cose; le grandi promesse, possono essere indeterminate. Le grandi promesse della Redenzione non le diremo ampie perchè sono infinite.

L'idea vasta è tale in estensione ; l'idea grande è in estensione e in profondità e in verità ed in bellezza.

L'idea vasta può essere pregevole perch'estesa; ma può non meritare lode di grande, perchè non esatta, non feconda, non pratica. Molti poeti confondono il vasto col grande.

Certi legislatori avevano idee vaste e piccole insieme. Chi ha desiderii superiori alle forze, ha idee vaste ; un negoziante per idee troppo vaste si può rovinare.

Talvolta la grandezza dell'idea consiste appunto nel circoscrivere la soverchia vastità. La grandezza morale può rinvenirsi nelle angustie stesse. Ma badisi che quest'uso di vasto non tiri troppo al francese.

2226.

GRANDE, MAGNO.
Stare in sul grande, Fare il grande, Farsi grande. Grandicello, Grandetto, Grandettino.

Anco in antico pare che *magno* non fosse tutt'uno con *grande*. Cron. Morelli : « La festa vi fu grande e magna. » Vita di S. M. Maddalena : « La cena fu grande e magna (1). »

Oggidì *magno* non s'usa che come antonomasia: Carlo magno, Alessandro magno, San Leone il magno, il magno Dottore. Fuori dei pochi usi divenuti ormai quasi storici, diciamo *grande*. Leopoldo il grande, Federico il

grande, e simili grandezze. La poesia stessa non l'ammetterebbe che con molto riserbo (1).

Ben vive *magno* nel Pistojese ; e : fare (dicesi) un vestito magno a un bambino, cioè largo, in crescenza. Poi l'uso toscano l'ammette per celia, e dice : cosa magna, intendendo cosa a cui si voglia dare celiando una qualche importanza, o si voglia mostrare che altri le ne dia : magna cena, magne maniche, naso magno. La gran cena, chiama Dante la mensa celeste; magna cena, è cosa terrena anche troppo.

Tutti i traslati di *magno* son vieti ; e ognun vede che dicendo : grand'uomo, grande per potente o magnate ; far. del grande (2), farsi grande (3), in grande, grande statura, gran colpo, gran podere, gran potere, gran fiume, gran tempo, gran perfezione, gran delizia, gran mercato, gran versificatore, gran bevitore, gran gioja, gran noja, gran superbo, grande sciocco (che sono sovente sinonimi), gran famiglia, lettera grande, gran sentenza, gran nemico (4), grande età (5), grandemente adirarsi, grandetto (6), grandettino, grandezza d'animo (7), grandicello (8); *magno* in tutti questi usi non ci ha che fare. **2227 — 2229.**

GRANDEZZA, Larghezza, Lunghezza, Altezza.
Minore, Inferiore.
Mezzano, Mediocre.

2227.
Grandezza, Larghezza, Lunghezza, Altezza.

— Galilei : « In ciascun corpo sono tre dimensioni, senza le quali non si può determinare l'intera sua quantità ; e sono... *lunghezza, larghezza* ed *altezza*: e sono necessarie tutte insieme per determinare l'intera grandezza di ciascun corpo. Perchè, essendo noi dimandati quanto sia grande qualche corpo, se diremo esser tanto lungo, diremo imperfettamente, potendo alla medesima lunghezza esser congiunta maggiore o minore larghezza, ed avere maggiore o minore altezza. Nè si sarà risposto sufficientemente dicendo essere tanto lungo e tanto largo, senza dire essere tanto alto. »

Grandezza, dunque, è quantità indeterminata ; ma le tre misure dette la determinano ; e però *grandezza* s'adopra per lunghezza di tempo; *larghezza*, di spazio; *altezza*, d'oggetto. Queste differenze giova rispettare anco ne' sensi traslati. — GRASSI.

---

(1) *Turba magna*, che in Dante accenna al noto della Bibbia, e *spiriti magni*, son modi che forse tuttavia ne potrebbero avere di somiglianti.

(2) Varchi : *Stare in sul grande, che si chiama in Firenze, massimamente de' giovani, fare il grande. Fare il dice più affettazione e grandezza men vera che stare in sul. E questo secondo dicesi anco del linguaggio e de' modi. Farsi grande*, poi, vale e diventare davvero, e credersi tale, e voler con le apparenze fare ch'altri lo creda.

(3) Bellincioni: *Ognun con li disegni si fa grande (si presume).*

(4) *Gran sentenza* chiama Dante la sentenza novissima, e il *gran nemico*, Pluto.

(5) Redi.

(6) Redi. — *Grandicello*, specialmente di persona ; grandetto e di cosa : se di persona, anco di non bambino ; e se di bambino, ha men vezzo, e si può dire età e statura maggiore : e per questo se ne fa il sotto diminutivo *grandettino*.

(7) Dante.

(8) Boccaccio; Davanzati.

---

(1) *Magna* qui forse indica la magnificenza; *grande*, la quantità delle vivande, il numero dei convitati, la lunga durata.

2228.
Minore, Inferiore.

— *Inferiore*, di grado, di dignità, di forza: prezzo, qualità inferiore. *Minore* è più generale; minore d'età, più sovente che: inferiore; e sta come sostantivo; poi: fratello minore; e: il minore, sottinteso, fratello.

Minore dicesi meglio della quantità; l'altro, di qualità.
— NERI.

2229.
Mezzano, Mediocre.

Mezzano, aggettivo, non ha il senso di dispregio che ha l'altro. Onde taluni, l'aurea mediocrità, dissero: mezzanità, per non la confondere con la mediocrità, intollerabile agli dei e alle pietre.

Mediocre diciamo, e: mezzana statura; *mezzana* pare che dica meglio misura giusta; *mediocre* par che cominci a declinare nel piccolo. Tenere una mezzana via, non: mediocre. E fratello mezzano, quel ch'è tra due; minore dell'uno, maggiore dell'altro.

Per essere l'idea di *mezzano* quasi sempre più in bene, non se ne fa *mezzanissimo*, che sarebbe contraddizione col senso; ma troppo si fa *mediocrissimo*.

2230—2232.
GRANDEZZA D'ANIMO, MAGNANIMITÀ.
MAGNANIMO, GENEROSO.
EGREGIO, ESIMIO.

2230.
Grandezza d'animo, Magnanimità.

— L'altezza e bellezza de' sentimenti nell'animo dell'uomo, fanno l'*animo grande*; nelle opere, fanno l'uomo *magnanimo*. — POLIDORI.

2231.
Magnanimo, Generoso.

— *Generoso* è colui che per indole naturale sa non abusare de' proprii vantaggi, sa condonare; talvolta, nell'esercizio dei proprii diritti, posporre al bene altrui l'utile proprio.

Magnanimo è chi, guidato dalla propria ragione, segue le cose grandi in tutto. La magnanimità comprende la generosità, ma non ogni atto generoso è magnanimo. — ROMANI.

— Il generoso cede ai proprii diritti, opera in altrui pro, con iscapito e incomodo proprio. Il magnanimo fa le grandi cose senza sforzo, con l'agevolezza che il comune degli uomini fa le cose comuni. Il generoso è umano, benefico; il magnanimo è semplice ed alto. — ROUBAUD.

2232.
Egregio, Esimio.

Indicano ambedue distinzione dalle cose comuni. *Egregio*, significando idea più compiuta (1), è più dell'uso, ed è lode più bella. *Esimio* è più raro; e d'uomo, più raro assai che di cosa. Diciamo: esimio lavoro, opera, lode.

Uomo esimio, che si toglie dal comune (2) per qualunque sia pregio; uomo egregio indica, per lo più, qualità essenziale dell'animo. L'opera esimia è non volgare; l'egregia è buona.

Nell'uso toscano, *esimio* ha pur senso sinistro, e dicesi d'uomo che si distingue nel male. Ladro esimio, birbante esimio. — MEINI.

---

(1) *Ex-grex.*
(2) *Ex-emo.*

2233.
GRANELLO, VINACCIUOLO, ACINO, CHICCO.

— *Vinacciuolo*, quel granelletto sodo che si trova entro gli acini dell'uva, ed è il seme della vite. Soderini: «I vinacciuoli netti e vagliati dagli acini.» *Acino* comprende il vinacciuolo, la polpa e la buccia di sopra. *Granello*, per lo più, dicesi l'acino, e si dice anche *chicco*, ma chicco di riso, di caffè, e simili.

Meglio diremo: mangiare un granello d'uva, e: spremere gli acini, che spremere le granella, o mangiare un acino. — ROMANI.

2234—2237.
GRANO, GRANELLO, CHICCO.
GRANELLI, GRANELLA.
GRANELLO, GRANELLINO.
MIGLIO, PANICO.
PAGLIUZZA, PAGLIUCA, PAGLIUCOLA, PAGLIOLINA, PAGLIUOLA.
VAGLIO, CRIVELLO.
VAGLIARE, CRIVELLARE, CRIBRARE.

2234.
Grano, Granello, Chicco.
Granelli, Granella.
Granello, Granellino.

— *Grano*, il frutto e il seme delle biade. Agli orefici e agli armajuoli è quel pezzettino di metallo, per lo più d'oro o d'acciajo, che si mette ne' buchi per ristringerli; la quale operazione chiamano *ringranare*. *Grano*, per peso: un grano d'oro.

Granello è, come ognun vede, diminutivo di *grano*. Quelli d'animale che si mangiano per frittura, son granelli. Ed è da notare la differenza tra *granelli* e *granella*; chè *granelli* son quelli, come ho detto, dell'animale; *granella*, dell'uva piuttosto. Quindi *sgranellare* usato dal Soderini, e vivo in Toscana.

Dell'uva anche *chicco*, ch'è più famigliare. Chicco di grano, di perle, di corallo; non altrimenti. Nel traslato, per significare una minima particella di checchessia, si dice: un grano, un granello, un granellino, e anche chicco (1) dal volgo. — MEINI.

2235.
Miglio, Panico.

— Due biade molto simili; onde a qualche dialetto l'una delle due voci è sconosciuta. Ma il *panico* è più minuto del *miglio*; cibo, per l'ordinario, da piccoli uccelli. Il miglio, da colombi, da pollame; buono ancora da far pani, e da cuocere per minestra. Pan di miglio, miglio brillato; nè mi ricorda in questi casi d'aver sentito dire: *panico*.

Fazio degli Uberti e il Crescenzio pongono le due voci come indicanti cose differenti. E il Gozzi nell'Osservatore: «Ci par... essere sopra i campanili, e che tutte le genti sotto di noi sieno piccine come un granello di panico e di miglio.» Meglio era porre panico poi. — POLIDORI.

Più comunemente la piccolezza è denotata da *miglio*. È proverbio: meno passere e più panico, che vale: meno

---

(1) *Chicco* porta anco il diminutivo in *ino*; ma è suono di vezzo quasi infantile. *Granellino* si dirà più comunemente d'uva, ma per denotare minima quantità di checchessia, in senso quasi traslato, o almeno estensivo; *granellino* meglio che *granello*.

2236.
Pagliuzza, Pagliuca, Pagliucola, Pagliolina, Pagliuola.

Pagliuca e *pagliucola* e *pagliuzza* e *pagliolina*, un minuzzolo di paglia; *pagliuola*, pezzetto minutissimo d'oro o d'argento, quali si soglion trovare ne' fiumi (1). Quest'ultimo non è della lingua parlata, ma l'analogia del latino ne rende ragione.

Degli altri quattro, *pagliuzza* e *pagliuca* sono i meno usitati nella lingua parlata (2). *Pagliolina* è più gentile; *pagliuca* e *pagliucola* dicon semplice piccolezza.

Gesù Cristo esclama contro coloro che veggono la pagliucola (3) nell'occhio altrui, non la trave nel proprio. Al venire della tempesta veggonsi le pagliuche (4) volanti per l'aria, come al sovrastare d'una rivoluzione i primi a dimenarsi sono sovente gli spiriti più leggieri, il grosso vien poi. La pagliolina adoprata pe' cappelli toscani, è ella un privilegio della terra toscana, com'è l'eleganza?

2237.
Vaglio, Crivello. Vagliare, Crivellare, Cribrare.

Vaglio da *vannus*; *crivello* da *cribrum*, *cribellum*. Il mistico vaglio di Bacco non si direbbe crivello (5). Col *vannus* gli antichi mondavano le biade dalla pula; coi crivello, da altre immondizie. Del resto, promiscui: se non che, *vaglio* è più comune in Toscana, specialmente ne' suoi derivati.

Il grano si vaglia (6), e chi fa questo mestiere chiamasi *vagliatore* (7), e l'operazione e la materia vagliata, *vagliatura* (8). La vagliatura si dà beccare alle galline.

Da vaglio si fa *vaglietto* (9). *Crivello* non ha diminutivo, esso stesso è diminutivo di cribro (10).

Forato come un vaglio dalle ferite, o simile, è modo dell'uso (11); ma si dirà, non vagliato dalle ferite, bensì *crivellato*.

Vagliare, esaminar bene uomo, principio, partito. E gli uomini conviene vagliarli bene prima di fidarvisi affatto (12).

Con latinismo ancor meno usitato, diciamo *cribrare*; ma non tanto di persona, quanto di idea, di giudizio (13).

---

(1) M. POLO: *In questo fiume si trova una quantità d'oro di pagliuola.*
(2) LIB. CUR. MAL.; CECCHI.
(3) COLL. AB. ISAAC.: *Quando sono esaminati nelle tentazioni, caggiono come pagliucole.*
(4) CARO.
(5) VIRGILIO.
(6) ALAMANNI; BUONARROTI.
(7) SACCHETTI.
(8) SACCHETTI: *Polverosi di vagliatura.*
(9) NERI: *Vaglietto fitto.*
(10) PETRARCA.
(11) PULCI; LIPPI.
(12) COLLEZ. SS. PADRI: *Ecco Satanas che v'ha addimandati per vagliarvi come grano.* - CANTI CARNASCIALESCHI. *Vaglian gli amanti lor come le biade.*
(13) REDI: *Là ove l'etrusche voci cribra e affina La gran maestra.*

2238-2240.
GRASSO, PINGUE, ADIPOSO, OBESO, PAFFUTO.
PAFFUTELLO, GRASSETTO, GRASSINO, GRASSETTINO, GRASSOCCINO.
GRASSOCCIO, GRASSONE, GRASSACCIO.
PINGUEDINE, PINGUEZZA, ADIPOSITÀ.
PAPPAGORGIA, GIOGAIA.

2238.
Grasso, Pingue, Obeso, Adiposo, Paffuto. Paffutello, Grassetto, Grassino, Grassettino, Grassoccino. Grassoccio, Grassone, Grassaccio. Pinguedine, Pinguezza, Adiposità.

Grasso ha due sensi: ben fornito di materia adiposa, e ben fornito di carne. *Pingue* dice il primo, ma in modo men famigliare. Può il viso essere grassoccio, e il corpo no. C'è delle donne, de' bambini *grassocci*, *grassoccini*, *grassini*, che pingui non sono. La *pinguedine* è in ogni parte del corpo; l'*adiposità*, più propriamente, nel ventre. Una membrana dagli anatomici è detta *adiposa*. Anco nel traslato, *pingue* è più eletto. E pingui e grassi campi, e pingue e grassa raccolta. - Pingue di danaro, di roba, diciamo: non grasso.

Obeso denota la gravità, l'impaccio della grassezza corpacciuta. *Paffuto*, grasso e grosso e tondo nel viso, di grassezza non floscia nè paida, ma florida e tronfia. Di bambino e di giovanetto dicesi *paffutello*; ma più di maschio che di femmina; chè in maschio è quasi bellezza, in femmina comincia a esser sconcio. *Grassino*, di bambino, e anco di persona fatta, per vezzo quasi bambinesco. È anche sostantivo nel senso che poi diremo di *grasso*; quasi contrapposto a *grassaccio*. Quanto l'aggettivo *grassaccio* diversifichi da *grassoccio*, ognuno sel sente. Questo, sul fare di *belloccio*, dice pienezza che quasi comincia a essere troppa, ma non è; onde se ne fa *grassoccino*, ch'è vezzo. *Grassone* è men di *grassaccio*, e non si dice se non di persona; dove l'altro, anco d'una parte del corpo soverchiamente grassa.

Grassone è sostantivo quasi sempre. *Grassetto* vale: un po' grasso, anco di carne da mangiare: e non è punto vezzeggiativo, come talvolta *grassettino*, che dice meno pienezza di *grassoccino*.

Obeso e *pingue* usasi per denotare stupidità, e il primo è più. Questo senso ha l'astratto *pinguedine*, detto altresì della terra. Terreno pingue può però essere non sano; onde Dante: *palude pingue*.

Terra grassa, ha senso migliore. Dell'uomo, e *pinguezza* e *pinguedine*; quello, la semplice qualità; questo l'abito, il temperamento, il vizio, l'infermità.

2239.
Obeso, Adiposo, Paffuto, Grasso.

— *Obeso*, grasso in guisa sconcia e incomoda. *Adiposo*, pien d'adipe, cioè non solamente pieno, ma floscio. *Paffuto*, grassoccio, pienotto in viso. — VOLPICELLA.

Paffuto, delle gote soltanto; *obeso*, anche del collo, o del ventre più volontieri; *adiposo*, del torso e degli arti (1); *grasso*, di tutto il corpo.

2240.
Pappagorgia, Giogaia.

Giogaja, la pelle che pende dal collo de' bovi: pap-

---

(1) Il PARINI: *Adipose piante* (di piedi). - Il MONTI. *Adipose polpe.*

pagorgia, la pelle e il grasso pendenti dal collo umano, che in qualche dialetto distinguesi con l'imagine di mento doppio. *Gorgia, gargiera, gorge* francese, *gorgo*, hanno la medesima origine; e al latino *ingurgitare*, corrisponde *ingollare* e *ingojare*.

2241.
GRASSO, Fatticcio.
Fatticcione, Fatticciotto.

Fatticcio, ben complesso, di solide membra (1): chi è fatticcio dev'essere grassoccio; ma non ogni grassezza sta bene con quell'aggiunto. Nelle razze degenerate i *grassi* son più che i *fatticci*. L'è una grassezza mencia e fiacca e cascante.

Fatticcione e *fatticciotto* sono anch'essi dell'uso: il secondo dice un po' meno, è tra il diminuire e l'accrescere, non sai qual più.

2242.
GRASSO, Crasso.
Aria crassa, grossa.

A *grasso* si oppone magro; a *crasso*, sottile: terra grassa, popolani grassi, risa grasse, grassa promessa, grasso vivere; ignoranza, errore crasso; intestino crasso, dicono gli anatomici. *Grassi*, dicono gli artefici, il ferro spugnoso, l'oro o l'argento non brunito. Aria crassa, oggidì, piuttosto che con Dante: aer grasso; ed è più d'aria grossa. Anco in paesi d'aria grossa nascono ingegni fini; e nessuno dirà *crassa* quella che Alessandro Manzoni respirava a Brusuglio, quando l'infelice grand'uomo aveva Brusuglio. — GATTI.

2243.
GRASSO, Sego, Sugna.
Rassegarsi, Rappigliarsi.

— *Grasso*, sostanza animale che trovasi in tutti i tessuti, e specialmente sotto la pelle, presso i reni, nel grande omento, alla base del cuore. Per lo più gli è giallastro e senza odore. Raccogliesi a uso del mangiare o ad altri, il grasso di montone, di majale, di bove, d'oca. *Sego* è, specialmente, il grasso di montone e di bove, da far sapone o candele, o ugnere i baffi. Il grasso di majale, *sugna*. Da *sego*, *rassegarsi*, ch'è un rappigliarsi di grasso o d'altro liquore, a modo di sego; è dunque una specie del rappigliarsi, e non desiderabile nè piacente. — A.

2244—2248.
GRAVE, Peso.
Gravezza, Gravità.
Grave, Gravoso.
Grave, Aggravato.
Gravare, Aggravare.
Gravarsi, Appoggiarsi, Sdrajarsi.
Aggravio, Aggravamento, Aggravazione.
Pesare, Soppesare.
Spiombare, Spiombinare.

2244.
Grave, Peso.
Gravezza, Gravità.
Grave, Gravoso.
Grave, Aggravato.

Un *grave*, sostantivo; i *gravi*, termine della scienza, ma inteso comunemente, sottintende *corpo*, e lo riguarda in quanto dotato di gravità, cioè tendente al suo centro. Così: la caduta de' gravi. Dante, con la parola comune: « il punto Al qual si traggon d'ogni parte i pesi. »

Ma *peso*, se non abbia aggettivo che lo dica leggiero, sottintende qualche cosa non pure gravità ma gravezza, relativa almeno; cioè, non pare sensibile, ma più o men gravosa a chi deve sostenerla (1).

Ed è già qui segnata la differenza tra *gravezza* e *gravità*. Questa, la proprietà in genere d'ogni corpo; quella, la gravità sentita o sensibile come molesta. La gravità del contegno, delle parole, non è gravezza se non in quanto è o pare molesta ad altrui. La gravità del male diventa gravezza in quanto sentita dallo stesso malato; ma può sentirsi gravezza da' mali di poca gravità; e possono malattie di gravità pericolosa non portare altrettanta gravezza. La gravezza del capo o d'altra parte del corpo non si direbbe gravità.

A questo senso di *gravezza* corrisponde *gravoso*; che non indica mai la semplice proprietà dell'essere il corpo grave, ma la qualità e l'effetto del gravare e dell'aggravare. Quindi i suoi sensi traslati più frequenti che i proprii. Certe gravezze che pesano sui cittadini, sono più gravose spesso a chi ne patisce meno. Il patire insegna a soffrire, e lo alleggerisce.

Mi sento il capo grave, si dirà; non: gravoso. Malato grave, è forma quasi assoluta; quando diciamo che il male o l'ammalato stesso s'è aggravato, riguardiamo il passaggio da male a peggio.

2245.
Gravare, Aggravare.
Gravarsi, Appoggiarsi, Sdrajarsi.

Aggravare, oggidì ha usi più frequenti e più varii; ma nel proprio diciamo tuttavia: gravarsi sopra persona o cosa, cioè abbandonarvisi col proprio peso in modo da farlo sentire; e anche gravarsi sopra sè stesso. E traslatamente potremmo: gravarsi sopra un tema, cioè trattarlo in modo pesante per affettata dignità o profondità, per lunghezza importuna. Nel proprio, ognun vede che *gravarsi* è più d'*appoggiarsi*, men di *sdrajarsi*. Ma si può l'uomo o la bestia sdrajare senza troppo gravarsi su quel che è sottoposto. E può gravarsi senza cercare o trovare un appoggio.

Nè anco in antico *gravare* aveva tutti gli usi proprii d'*aggravare*. E oggidì anco nel verso, questo secondo direbbe qualcosa di più, e di più deliberatamente voluto.

2246.
Aggravio, Aggravamento, Aggravazione.

— L'*aggravio* è nell'onore e nella borsa; l'*aggravamento*, nelle malattie. E il Segneri, che disse: reputerò miei tutti gli aggravii, miei tutti gli affronti, non avrebbe detto: miei tutti gli aggravamenti, ec., e molto meno: miei tutte le aggravazioni. *Aggravazione* è raro nell'uso. — GUASTI.

Ma aggravazione di malattia, di tirannia, mi pare potrebbesi usare tuttavia.

2247.
Pesare, Soppesare.

Quando un corpo prendesi con mano per sentirne il

---

(1) DAVANZATI: *Appaiansi robusti e fatticci: tali vengono i figliuoli.*

TOMMASEO, *Diz. dei Sinonimi.*

(1) DANTE: *Voltando pesi per forza di poppa* (di petto). - VIRGILIO: *Tormento ponderis acti.*

peso, e per questo la mano e il braccio si muovono più d'una volta un po' di sotto in su, dicesi *soppesare*. Gli è sempre attivo: soppesare una cosa. Pesasi, d'ordinario, con arnese che dia la misura del peso. Poi, *pesare* è anche assoluto, e dicesi: pesate, senz'altro; pesatore, chi ha l'uffizio di pesare. Anche neutro assoluto: corpo che pesa; faccenda, cura che mi pesa. L'altro non ha traslati.

2248.
Spiombare, Spiombinare.

— *Spiombare*, contrario d'*impiombare*. Poi, di cosa assai grave, diciamo: la pesa che la spiomba. *Spiombinare*, calare il piombino (che è un grosso pezzo di piombo attaccato a una corda) nella buca de' necessarii, o simile, per istazarli. — MEINI.

2249—2262.
GRAVE, PESANTE, PONDEROSO, GRAVOSO, ONEROSO.
SGRAVARE, ALLEGGERIRE.
CARICO, PESO, SOMA, FARDELLO.
CARICO, FARDELLO, SOMA.
CARICO, FASCIO, SOMA, SALMA, SALMERIA.
FASTELLETTO, FASTELLINO.
FASCIO, MAZZO.
FASCINA, FASCINOTTO, FASTELLO.
CARICO, ONUSTO.
SOLLIEVO, ALLEVIAMENTO, ALLEGGERIMENTO.
DISCARICO, SCARICO, SCARICA.
CARICO, PESO.

2249.
Grave, Pesante, Ponderoso.

Nell'uso comune i corpi non poco pesanti, son *gravi*; nello scientifico tutti i corpi son gravi, e i più gravi sono *pesanti*. Dicendo: la caduta de' gravi, tra' gravi comprendono anco le piume. Nell'uso comune dicon che: ad uomo di fibra debole par grave anco un corpo che pesi poco.

Ponderoso è peso grave a tutti in genere; ha meno del relativo.

Nel traslato, *grave* ha buono e mal senso; *pesante*, sempre non buono; stile, discorso, uomo pesante; grave portamento, orazione, ragione; grave pericolo, malattia, cibo. La gravità inopportuna degli atti o del dire è grave vizio, e diventa pesante; la gravità d'un fanciullo, d'un mascalzone, fa ridere. La gravità del dire in argomenti tenui, o in argomenti gravi, ma malamente trattati, fa stomacare.

2250.
Pesante, Oneroso, Gravoso.

— Un'imposizione *onerosa* pesa molto; può essere *gravoso* un atto più semplice, e che costa ben meno (1).

Oneroso, in lingua legale, è contrario di *gratuito*. *Oneroso*, non ha senso altro che traslato, e anche quivi ristretto; giacchè fuori delle cose politiche, commerciali, economiche e simili, non avrebbe luogo. *Gravoso* ha sensi più varii.

Pesante dice piuttosto il molto peso, che l'effetto del peso in chi lo sopporta; ma quando la voce si prende in questa relazione al soggetto, anche allora differisce da *gravoso*, perchè dice meno. Persona, discorso pesante;

---

(1) FRA GIORDANO: *A tutto quel popolo era onerosa molto l'imposizione.*

pesante un lavoro, una gita, un governo; dove *gravoso* sarebbe un po' forte. — ROMANI.

2251.
Pesante, Oneroso, Ponderoso.

Oneroso è traslato; dicesi di cura, di cariche, d'obbligazioni, di contratti. *Pesante*, e proprio e traslato. Nel traslato è più d'*oneroso*. Di cosa pesante, il peso si sente con noja. Contratto oneroso può non pesare, anzi essere utile. *Ponderoso* dice peso grave, importante, ma non dice la noja che dice *pesante*; d'uomo, di discorso, di stile si dice *pesante*, non già *ponderoso*. - Ponderoso tema, assunto; non mica: pesante. Un volume può essere ponderoso a fare, non pesante a leggere; *ponderoso* per il peso, cioè valore delle materie e delle idee. Ponderosi versi, che hanno gravità e forza e impeto e risonanza; contrario di leggeri e vuoti, che saltellano, canterellano, scappano. Cosa gravosa è più che pesante: il tedio basta a far pesante; nell'altro è molestia, è principio di dolore. *Pesante* dicesi e cosa e uomo; *gravoso*, massimamente di cosa: e così *ponderoso*. Ma può l'uomo pur troppo essere gravoso anch'esso, più per leggerezza che per gravità.

2252.
Carico, Peso, Soma, Fardello.

— *Carico*, il peso che si porta, o si deve, o può portare; è dunque idea relativa al trasporto. E possiam dire: carico molto pesante. — GIRARD.

— *Peso* ha due sensi: o vale l'effetto della gravità, cioè la proprietà che hanno tutti i corpi di far sentire la loro pressione ai corpi sottoposti, o vale: la massa pesante (1). In questo senso ancora *peso* differisce da *carico*, è quantità di materia posta sopra o dentro un corpo che serve al trasporto.

Nel traslato, così come nel proprio, *peso* è il generico (2); *carico* riguarda uffizio, azione, e serie d'azioni da compiersi (3); *soma* è peso grave e talvolta non molto onorevole; può essere uffizio e può essere mero incomodo. — ROMANI.

E perchè un dovere porta con sè la condanna di chi non l'adempie bene, però *carico* s'usa per quel peso di riprovazione e di pena, il quale cade sugli uomini obbligati di fare una cosa, e che non la fanno.

2253.
Carico, Fardello, Soma.

— *Carico* è generale d'uomini, di bestie, di navi. *Fardello* è quel che l'uomo porta o può portare per uso suo o per altri. *Soma*, carico quanto ne può portare una bestia atta a tal uso. — GATTI.

2254.
Carico, Fascio, Soma, Salma, Salmeria.

— *Fascio*, carico in forma di fascio o simile; *soma*, carico di giumenti, un tempo, *salma*. Ora salma ha senso traslato, e in quel di Napoli è una misura. *Salmeria*, molte some caricate, e i carri e gli animali che le portano; non comune nell'uso. — VOLPICELLA.

2255.
Fastelletto, Fastellino.

Di piccol fastello d'erbe, o di paglia, o di legnuccia

---

(1) BOCCACCIO: *Portar pesi a prezzo.*
(2) NOVELLINO: *Porterà il peso della battaglia.*
(3) BOCCACCIO: *Il primo a cui la reina tal carico impose* (di novellare). - *Provò che carico sia l'aver donne a reggere.*

2256.
Fascio, Mazzo.

— *Mazzo*, d'erbe, di fiori, di spighe, di carte, di chiavi, di tordi (1), congiunti da un filo.

Nel *fascio* le cose son sempre circondate o da filo o da fune, o da altro corpo qualsiasi che lo tiene. Ed è più grave; e il corpo che lo tiene, d'ordinario, è più grosso; e fa pensare al suo peso, perchè, d'ordinario, il fascio si fa per portare da luogo a luogo. — ROMANI.

Il *mazzo* è, generalmente, con ordine, con simmetria; *fascio* dice piuttosto confusione. Quindi i modi vivi: far d'ogni erba un fascio, e: dar un fascio di nerbate, ch'è il metodo di coloro che vorrebbero far entrare la sapienza per le schiene. Metter tutti in mazzo, vale, nella lingua parlata, non far distinzione dall'uno all'altro. — MEINI.

2257.
Fascina, Fascinotto, Fastello.

Fascina, bén definisce la Crusca, fascio di legne minute e di sermenti; *fastello*, piccol fascio non solo di legne, ma e di paglia e d'erbe e di fieno (2). La fascina, è di sermenti, o d'altri rametti o virgulti, soltanto (3). Fascine quelle che si oppongono per riparo all'impeto de' fiumi innondanti; quelle che negli assalti adoperansi per riempire le fosse (4). Quelli che si bruciano in un caminetto son *fascinotti* e *fascine*; quelle di scopa, *fastella* e *fastellina*. Si chiama *fascinotto* un fascio di legna sottile più grande del fastellino, ch'è, per lo più, di sermenti. Il fascinotto è più piccolo della fascina in quanto è meglio accomodato; la fascina è più sparta perch'ha seco le fronde e i ramicelli traversi che la fanno maggiore.

Il *fastello* (non dell'uso comune ma della lingua scritta) può essere più grosso della fascina; ma il fastello può anche non esser fatto, come la fascina è fatta sempre, per ardere (5).

2258.
Carico, Onusto.

— *Onusto*, voce poetica, vale: carico di peso grave. *Carico* a malapena giusto, e molto men se leggiero, non fa la persona o la bestia o la nave onusta. — VOLPICELLA.

2259.
Sgravare, Alleggerire.

Chi si *sgrava* d'un peso, lo pone giù tutto; chi se ne *alleggerisce*, può restargliene parte. Se non che alleggerirsi denota viemeglio il senso di miglior essere che allo alleggerimento consegue. Lo sgravarsi scema il dolore, l'incomodo; l'alleggerirsi, scemando l'incomodo, dà piacere. L'uomo alleggerito, anche prima che s'alleggerisse poteva non essere aggravato; onde diciamo: alleggerirsi d'un abito, non già: sgravarsi. In questo senso *alleggerirsi* è assoluto. Ma *sgravarsi*, d'un parto, di cosa grave. E del parto è pure assoluto (1).

2260.
Sollievo, Alleviamento, Alleggerimento.

• *Sollievo* ha senso traslato. Il malato, il dolente, il dolore trova un sollievo. *Alleviamento* può avere senso meramente corporeo. Alleviamento d'un peso, non: sollievo: senonchè anco l'alleviamento corporeo può portare sollievo, e questo allora è l'effetto.

Se traslato, differisce nel meno. Può il male ricevere un passeggero e tenue alleviamento che non rechi sollievo. Il sollievo è l'effetto di notabile alleviamento. Lo studio è alleviamento ai dolori; la preghiera, sollievo.

Alleggerire ha usi suoi: alleggerirsi de' panni; alleggerire i peccati, i tributi; alleggerito di cervello. S'allevia un fallo, scusandolo; l'uomo s'alleggerisce del fallo espiandolo. Alleviare la via, dice Dante e Virgilio; direbbesi alleggerire la gravezza della via, non la via.

2261.
Discarico, Scarico, Scarica.

Discarico, non tanto l'atto di levare il carico da un corpo che lo portava, quanto, in traslato, della tranquillità o sicurezza che viene dall'avere adempito un dovere, dall'essersi liberati da un obbligo.

Diciamo: a discarico di coscienza; ciò sia a mio discarico (2).

S'usa altresì *scarico*, ma non tanto comune. Parlando però di coscienza, sempre meglio: a scarico; parlando di obbligazione umana, anche: a discarico. Non s'userà, del resto, mai: per iscarico, ma sì: a scarico; nè: a mio scarico, ma sì: a mio discarico. In questo senso può dirsi che nel mondo molte cose si fanno non a scarico di coscienza, ma a proprio discarico; non già per non meritar la pena, ma per non la soffrire.

Questa voce ha due altri significati. Scarico de' calcinacci, delle pietre o altre materie, il luogo dove le si portano, gettano, ammontano (3).

Scarica delle artiglierie d'ogni specie, e scarica elettrica, e scarica del ventre; e in traslato consimile: scarica di complimenti.

---

(1) Un mazzo di tordi o altri uccelli s'intende, per lo più, di sei. — A.

(2) FRA GIORDANO: *Il fastello della paglia.*

(3) Fascine, per esempio, di querciuolo e di castagno, che si fanno o nel ripulire le ceppaje lasciando poche messe ben venienti (il che si dice *sterzare*), o nel tagliare le frasche ai querciuoli da catasta, e ai polloni di castagno per pali. — LAMBRUSCHINI.

(4) DAVANZATI: *Scassano i fossi, riempiendoli di fascine; inarpicano sullo steccato.* - Un trecentista li chiama *fastelli*.

(5) *Scaldarsi a una cattiva fascina*, modo vivo: porre la speranza in persone o in cose fallaci. A uno ch'aspettasse di vincere al lotto per pagare i suoi debiti, si direbbe: e' si scaldava a una bella fascina! — MEINI.

(1) DANTE: *Mia madre... s'alleviò di me.* Modo poetico. Ma *sgravarsi d'un figliuolo* pare a me troppo prosaico.

(2) DAVANZATI: *Per discarico di coscienza avere impetrato dal pontefice questi giudici.* - BOCCACCIO: *Per mio discarico il meglio è di dirlo al re.*

(3) DANTE: *Prendemmo via giù per lo scarco Di quelle pietre.* A questa voce, altrimenti interpretata dal Buti, io do il significato della lingua vivente, che mi pare più proprio e più chiaro.

L'altro giorno passeggiando in Lungarno, mi trovai lì presso il Ponte alle Grazie, dove hanno guastato la strada per rifare, credo, la fogna; v'è una buca larga e profonda, e da una parte un alto mucchio di terra. Ero con un bambino mio di otto anni che mi domandò: Babbo, e perchè questo mucchio?

Ed io, da buon pedago, risposi: è la terra che hanno cavata dalla buca, e buttata qui, per poi rimettercela.

Un uomo sciamanciato e sudicio, ch'era dietro a me, con un bambinetto per la mano, alla medesima dimanda rispose: Non vedi? Egli è lo *scarico* della buca. — BIANCIARDI.

2262.
Carico, Peso.

— Il *peso* è una delle misure del carico, e una delle proprietà de' corpi. *Carico* dicesi degli animali, de' carri, delle navi, di tutti i modi di trasporto. Può l'uomo portare un peso, e questo non essere assai da doversi chiamare *carico*, ovvero non essere di tal natura che tal nome gli cada. Pietra portata con mano è peso, non carico. Il posto per il carico è sulle spalle. — A.

2263—2265.
GRAZIA, GARBO.
UOMO DI GARBO, DI PROPOSITO.
SGARBATO, SENZA GRAZIA, SGRAZIATO.
SGRAZIATO, DISGRAZIATO.
È DISGRAZIATO, È UN DISGRAZIATO.
SGARBO, SGARBATEZZA.
GARBACCIO, SBERLEFFO.

2263.
Grazia, Garbo.
Uomo di garbo, di proposito.
Sgraziato, Disgraziato.
È disgraziato, È un disgraziato
Sgarbo, Sgarbatezza.

Garbo è voce famigliare ai Toscani. Varchi: « Non abbia grazia o, come noi diciamo volgarmente, garbo in tutte le cose. » Ma che non dicano il medesimo, lo prova il modo famigliare del pari ai Toscani: senza garbo nè grazia; non avere nè garbo nè grazia.

Garbo pare un po' meno. Si può dire o fare cosa con garbo, cioè con certa disinvoltura, avvedutezza, delicatezza, senza giungere ancora alla grazia. La *grazia* comprende il garbo, ma non viceversa. Il garbo s'addice a ogni condizione, a ogni età; la grazia non è propria, veramente, de' vecchi, degli uomini gravi. Ce n'è che affettan la grazia, e perdono intanto quel certo garbo che avrebbero da natura. Si dà con garbo una lavata di capo, e qui non entra la grazia. Il garbo viene da certa compostezza non senz'arte; la grazia è nativa, spontanea (1).

In un atteggiamento immobile (2), in un guardar fiso può esser grazia; il garbo è nei movimenti, nelle maniere, nel tratto (3).

Uomo di garbo, l'uomo negli atti compito, decente, nobile, osservante di quel ch'è dovuto a ciascuno (4). E perchè l'esteriore portamento è spesso verace indizio dell'animo, perciò *uomo di garbo* venne a significare uomo onesto e d'onore. E così *donna di garbo*. Tutti sanno che non ogni persona fornita di grazia può chiamarsi: persona di garbo.

Quindi è che *garbato* venne anco a significare *gentile*;

il contrario d'*incivile*, di *strano*. In questo senso c'è una grazia che non è punto garbata, perchè piena tutta di sè, de' suoi miseri vantaggi, e pare diretta ad offendere questi, mentre s'ingegna di guadagnare il cuore di quelli (1). E ciò segue spesso nel mondo.

Nelle opere del bello ha più luogo la grazia che il garbo. Il dir cose con garbo non fa bellezza; a ciò basta un po' d'arte. Ma tristo elogio d'una poesia lirica, d'un quadro storico, sarebbe il trovarvi del garbo. Nè si direbbe: garbato, bensì: grazioso pensiero (2). Nella lingua, nello stile, nelle idee risiede la grazia (3); il garbo nel modo di volgere e maneggiare certe idee, dall'un lato mostrandole più che dall'altro (4).

Grazietta è dell'uso più che *garbino*, diminutivo che non ha bel suono; ma da' Toscani, talvolta, parlando s'adopra, specialmente ove trattasi di fanciulli: parla e siede o lavora con un garbino!

2264.
Sgraziato, Senza grazia, Sgarbato.

— *Senza grazia* è meno. Chi recita, canta, opera senza grazia, non sempre è *sgraziato*.

Dicesi anche *sgraziato* il disgraziato, chi è nelle disgrazie, e chi è in disgrazia d'alcuno; ed è più forte che dire: avere disgrazie, o: essere nella disgrazia altrui. *Disgraziato* ha talvolta senso più grave, e intacca il morale decoro. In questo senso accoppiasi all'un: ma quando dicesi del cader dalla grazia, allora non è aggettivo ma participio, e l'un non ci calza.

Sgarbato è peggio, perchè 'l garbo è più necessario della grazia (5). Usare uno sgarbo, una sgarbatezza, è contrario a civiltà. *Garbo* è l'atto; *sgarbatezza* è l'atto e l'abito. — MEAI.

2265.
Sberleffo, Garbaccio.

— *Sberleffo* è segno sul viso, che rimane per colpo dato; e può essere, ma più di rado, anche sfregio fatto coll'imbrattare altrui la faccia, comechessia.

Altre volte, e in alcuni paesi d'Italia, *sberleffo* è atto che si fa col viso per beffare altrui; forse vien da *beffa*. *Garbaccio*, spiacevole modo, ma può essere senza beffa. — LAMBRUSCHINI e A.

2266—2269.
GRAZIA, GARBO, LEGGIADRIA.
GENTILEZZA, CORTESIA.
GENTILEZZA, URBANITÀ.
GENTILEZZA, GENTILEZZE.

---

(1) FIRENZUOLA: *Il garbo, la maniera, la gentilezza.*
(2) POLIZIANO: *Grazioso sguardo.* - DAVANZATI: *Faccia graziosissima.*
(3) REDI: *Guarda come tu tieni sbadatamente le mani nel manicotto; tienvele con un po' più di garbo.* - Dicesi *fare un garbo*, non solo di gesto o d'atto, ma di cenno della bocca o del capo che esprima un qualche affetto o una qualche intenzione; e perchè l'affetto o l'intenzione e il modo d'esprimerla non sono sempre gentili, però s'usa *garbaccio*.
(4) ALLEGRI: *Non m'accompagna Con uom di garbo.* - Oggi però in Toscana *uom di garbo* non vale soltanto *galantuomo*; ma dice un po'più, e s'accosta all'*uomo di proposito*. Così *donna di garbo*. — A.

(1) REDI: *Gli ho consegnato un paniere con due fiaschetti di claretto di tutta perfezione . . . . : or non son io garbato?* - FRA GIORDANO: *Trattano con grande garbatezza e maniera.*
(2) REDI: *Epigene fa un graziosissimo lamento intorno a . . .*
(3) BOCCACCIO: *La grazia della sua lingua si potrebbe agguagliare alla dolcissima eloquenza di Cicerone.*
(4) FIRENZUOLA: *La grazia non è altro che uno splendore il quale si eccita per occulta via da una certa particolare unione di alcuni membri che non sappiam dire; e son questi con quelli insieme, con ogni consumata bellezza, ovvero perfezione, accozzati e ristretti e accomodati insieme.* - La definizione non è delle più appropriate, ma è meno ridicola che quella del VARCHI: *La grazia è una qualità la quale risplende nelle cose graziose ovvero graziate.* - Quante definizioni scientifiche ancor più vuote di questa!
(5) Notate però che tra il *non essere uomo di garbo* e l'*essere sgarbato*, è gran differenza. Potenza del modo di accompagnare le parole! — A.

2266.
Grazia, Garbo, Leggiadria.

La *grazia* può consistere nella forma del viso o della persona; la *leggiadria*, d'ordinario, nei movimenti di questa o di quello. La leggiadria è più vivace del garbo, più varia, più propria alla giovine età. C'è de' vecchi leggiadri, ma non è pregio questo.

Quanto all'arte del bello, la leggiadria è più nello stile, nella maniera, nell'ordine delle idee, o nell'insieme del disegno; la grazia, nelle particolarità, e in certo spirito che viene di quando in quando ad avvivare il lavoro. Però si dice: leggiadro scrittore, più che: grazioso, e: grazioso pensiero, e: leggiadro (1).

Graziosa può essere la facezia, non: leggiadra, se non quando è leggiadramente espressa; ma sul fondo della facezia, sul concetto non cade, parmi, la leggiadria. Altro è: graziosa commedia; altro è: della commedia lo stile più o meno leggiadro.

Il Firenzuola unisce queste voci in modo da far sentire che nella leggiadria si può comprendere e il garbo e la grazia. « La leggiadria è una osservanza d'una tacita legge data dalla natura a voi, donne, nel muovere e portare... cosi tutta la persona insieme come le membra particolari con grazia, con modestia, con gentilezza, con misura, con garbo. »

Nel garbo si suppon sempre la compostezza; la grazia può imaginarsi un po' effeminata. Con garbo parla Teano; anche Aspasia e Laide, talvolta, con grazia.

2267.
Garbo, Grazia, Gentilezza, Leggiadria.

Gentile, nel senso corporeo, è il contrapposto di rozzo, ruvido, rustico; e ognuno intende quanta distanza sia in questo senso dalla *gentilezza* alla *grazia*. Fisonomia gentile, dice un cuore ben fatto; c'è una grazia che annunzia tutt'altro. Gentili sono le carni, una mano, il sangue d'una stirpe; non già: graziosi (2).

Nel senso morale, la gentilezza è grazia dignitosa ed eletta. Quella d'una semplice contadinella, più che gentilezza, è grazia. La *gentilezza* è più raccolta e più posata della *leggiadria*: e che i due aggiunti non siano tutt'uno lo prova l'esempio del Boccaccio: « Belli, gentili e leggiadri giovani (3). » Nella gentilezza è garbo; ma a quella l'educazione aggiunge molte altre condizioni che in questo non sono. Quella, insomma, è voce di senso più generale e più vario. Si possono dire con garbo cose amarissime; e questa, d'ordinario, è l'arte degli uomini che credonsi a torto gentili.

---

(1) Dep. Decam.: *Prosa leggiadrissima.* - *Leggiadrissimo scrittore.*

(2) *Gentile* è anche contrapposto di *gagliardo*; chi non regge a fatiche, a patimenti. Oggi si direbbe piuttosto *delicato*. Ma il popolo usa tuttavia *gentile* in questo senso, che è notato nella Crusca, ma solamente come aggiunto di *complessione*, e senza esempi. Eccone uno di Dino Compagni (Lib. 6): « Tedeschi e Lombardi assai v'infermarono. Perchè l'assedio durò fino a di 18 settembre, e il luogo era disagiato, il caldo grande, la vittuaglia venia di lunge, e i cavalieri erano *gentili* ». E questo senso proprio spiega più chiaramente il metaforico, quando *gentile* si dice dell'animo. Animo gentile è quello che sente i più teneri affetti, ed è offeso da affetti duri, grossolani, violenti. — LAMBRUSCHINI.

Gentili, cred'io, in Dino vale *gentiluomini*, come nel VI del Purg.; ma appunto perchè tali, più delicati.

(3) Anche qui forse *gentile* è affine a *nobile*.

La gentilezza dell'animo, dell'affetto, ognun vede come sia distinta dal garbo, dalla leggiadria, dalla grazia (1).

Ove si tratta di stile, la gentilezza è più pensata, più arguta, più artifiziosa della grazia; più pregevole e più difficile del garbo; più grave e più varia della leggiadria. Altro è dare garbo a una discussione severa, altro è infondervi quella gentilezza che appaghi la mente e ispiri l'affetto. Si può vestire di modi leggiadri anco un'idea sudicia e bassa; la gentilezza vera richiede la nobiltà del pensiero e del sentimento. Ovidio nell'*Arte* è leggiadro sovente; Tibullo è gentile.

Gentilmente ha un senso suo proprio, e vale: bel bello, con delicatezza (2); riguarda l'agiatezza e la soavità d'una operazione meccanica, non la grazia.

2268.
Gentilezza, Cortesia.

La *cortesia* non è de' movimenti nè dello stile, come le voci notate; è de' modi. L'uomo può esser cortese senz'essere assai grazioso, e molto meno leggiadro; le cose ch'egli dice e fa, possono essere volte a far del piacere e bene altrui, senza ch'egli le faccia con leggiadria nè con grazia.

Petrarca: « Gentil parlar, in cui riluce Con somma cortesia somma onestate. » *Gentile* è molto affine a *cortese*; ma la cortesia è più estrinseca; la gentilezza viene più direttamente dall'animo. Queste due cose si confondono facilmente nel mondo, il quale è ormai avvezzo a tenere conciliabile la cortesia co' sentimenti più avversi, quasi per legittimare l'origine del vocabolo (3).

E questa origine ci dimostra perchè *cortese* più comunemente si dica di persona non povera e non plebea (4); perchè *cortesia* s'accoppii sovente all'idea di liberalità (5).

Vincere di cortesia, domandare in cortesia, e simili, son frasi proprie di questa, non delle altre voci. Ma in antico aveva senso più lato, e dicevasi anco di Dio.

2269.
Urbanità, Gentilezza.
Gentilezza, Gentilezze.

— Dall'essere nelle città gli uomini più cortesi che nelle campagne, *urbanità* venne a significar *gentilezza*. Dall'essere gli uomini nobili (tale era il senso antico di *gentile*), o dal parere a sè meglio educati, *gentilezza* venne a dire *cortesia*. Ma siccome l'educazione estrinseca del cittadino cede, generalmente parlando, a quella del cittadino nobile, così *urbanità* pare un po' meno di *gentilezza*. L'urbanità è dover sociale; la gentilezza, pregio maggiore. L'urbanità può conciliarsi con certa alienazione d'animo male dissimulata; la gentilezza vera vien proprio dal cuore. — ROMANI.

Gentilezza del viso, della persona, ne' lineamenti e nella carnagione e nelle movenze: gentilezza delle parole e

---

(1) PETRARCA: *Gentile spirto.*

(2) REDI: *S'irrori gentilmente con aceto.* - MAGALOTTI: *Sollevarla e abbassarla gentilmente.* Altro senso proprio di questa voce è nel passo del REDI: *Acqua gentilmente salata.*

(3) BOCCACCIO: *Sentendosi cortesemente pungere.* - *Cortese da corte.*

(4) Dep. Decam.: *Certo importava quelle feste che facevano i signori, cavalieri e gentiluomini...: e per avventura di qui si guadagnò questo nome la cortesia.* - REDI: *La reale cortesissima affabilità.*

(5) G. VILLANI: *Cortesissimo e largo donatore.* - *La sua cortesia, è voce carissima ai chieditori di mance.*

degli atti. Chiedesi una gentilezza, cioè un atto che signifìchi o paia significare affetto gentile, anco a chi non abbia anima e cuor gentile; e costoro di coteste gentilezze ne fanno appunto per simulare gentilezza o scusarsene. Lorenzo De Medici raccomanda al figliuolo che si compiaccia non in arnesi di lusso vano, ma *in qualche gentilezza di cose antiche*; consiglio e parola elegante.

2270.

GRAZIA, Graziosità.

Graziosità non si dice in Toscana, oggidì, che delle maniere e degli atti. Io non oso nè difendere questo vocabolo nè accusarlo. A me basta attestare ch'è vivo; faccia la sua fortuna da sè.

Può la *grazia* essere ne' lineamenti senza la graziosità del tratto; la grazia nelle cose, senza la graziosità nel modo di proferirle.

Fare una graziosità, vale quasi il medesimo che: una gentilezza; ma, ripeto, è voce più del volgo che delle colte persone.

2271.

GRAZIA, Eleganza.

— Può l' *eleganza* restringersi ad evitare quel che dispiace. La *grazia* piace ed alletta. — Pinheiro.

L'eleganza è più dell'arte; da natura, la grazia. Grazia affettata è contraddizione nei termini; ma c'è pur troppo un'affettata eleganza.

2272.

GRINZA, Ruga, Crespa.

Grinzoso, Aggrinzato, Raggrinzato, Rugoso.
Crespo, Increspato, Ricciuto, Riccioluto.
Rughettina, Grinzettina.

Crespe dell'abito; barba crespa; mare che s'increspa, son modi dove ognun sa nè *ruga* nè *grinza* potere aver luogo. Ma: s'increspa la fronte e si corruga; e in questo senso *increspare* pare un po' meno. Così, per estensione, anco del mare diremo che a leggier venticello s'increspa, a vento più fresco si corruga, quasi fronte d'uomo accipigliato. *Crespo* in senso di *rughe*, indica rughettine più leggiere, se pure differenza è a porre tra le due voci. Le grinze vengono dall'età, e similmente le rughe; ma si può corrugare per passeggero affetto faccia giovanissima che non ha grinze.

Crespi, specialmente di capelli, di peli d'animale, o di vegetanti. *Increspato* il mare dal vento: increspata per maraviglia o altro affetto la fronte, non crespa, e non ancora corrugata. Della pelle diciamo *aggrinzata*; se è di molto, *raggrinzata*. E la persona che ha pelle tale, e la pelle di lei diciamo *grinzosa*. Diciamo ancora: raggrinzare la fronte, e differisce dall'increspare, nel più. Anco un bambino la increspa, ma non la raggrinza.

Rugosa è la fronte e la pelle. Le grinze son rughe più o meno visibili. E ridendo si fanno nel viso le grinze, non le rughe. Rugosa (come grinzosa) anco la persona; ma la persona non si dirà raggrinzata. E: corrugare la fronte, è modo più grave di: raggrinzare. In passioni forti e serie questo secondo non s'userebbe senza certa disconvenienza. Il dispetto, la rabbia meschina, la gelosia raggrinzano; il furore, il dolore, la meditazione corrugano.

De' capelli, e crespi e ricciuti; ma *ricciuto* è più. Basta che sieno non affatto lisci i capelli perché si dicano crespi; i ricciuti sono attorti in anella. Di peli di cani o altre bestie, meglio *ricciuto*, che *crespo*. E *riccioluto*, di capigliera, d'uomo parlando, è più gentile, per il diminutivo *ricciolo* che porta in sè. Ma anco di bestie, *riccioluto*.

Ricciolato non ha diminutivo simile a *ricciutello*; che sta anco per sostantivo, e allora non si direbbe di bambino, ma di giovanotto affettatamente molle: certi ricciutelli, come, uno sbarbatello. *Grinzettina* e *rughettina* potrebbesi, e *rughetta* forse e *grinzetta*, men bene però. Una rughettina può essere vezzo, se la fronte si contras per pensiero passeggiero, o il viso per riso. *Grinzettina* non così.

2273.

GRINZO, Grinzoso, Rugoso, Floscio, Vizzo, Avvizzito, Passo, Mencio.

— Flosci i corpi di natura tigliosa o fibrosa o nervosa, ch'hanno perduto la natural consistenza (1). Il *floscio* è tale per difetto di tensione; il *vizzo*, per difetto d'umore (2). *Vizzo*, per lo più, di tessuti animali o vegetali; *floscio*, d'ogni cosa. Nel vizzo, inoltre, si suppone sovente l'effetto del tempo; nel floscio, non tanto.

Passo indica difetto d'umore cagionato dal tempo o da troppo calore o secchezza; ma s'applica a' vegetabili più sovente che a' corpi animali. Ha poi senso men dispregevole di *vizzo* (3).

Grinzo riguarda la forma, ed è più cosa soggetta all'occhio che al tatto. — Romani.

— *Avvizzito* riguarda un tempo già passato di maggiore freschezza: viso, poppe avvizzite. *Rugoso* riguarda la superficie. Dicesi e di persona e di parte del corpo: vecchio rugoso; fronte, volto, pelle, mani rugose. Dice e il passeggiero corrugarsi, e l'abituale incurabile rugosità. — Gatti.

— *Grinzoso*, pieno di grinze. *Mencio*, che non ha consistenza. La grinza è un solco sulla superficie. Il corpo mencio non ha più quell'elasticità, quella fresca morbidezza che lo fa resistere al tatto. Il mencio è morbido, ma mordido che cede subito, e non ripiglia la sua forma al cessare della compressione. La grinza viene, per lo più, da vecchiezza; la menciosità è sovente indizio di poca sanità o di rilassatezza di fibre. Molte giovani donne paiono mence al pur vederle! D'un vestito ognuno vede che si direbbe grinzoso, ed anche mencio, cioè senza salda; non mai passo, floscio, nè gli altri. — Meini.

2274—2276.

GROSSO, Massiccio, Solido.
Massiccio, Massello.
Massello, Interiglio.
Interiglio, Pedagnolo.
Solido, Sodo, Saldo.
Solidità, Sodezza.

2274.

Grosso, Massiccio, Solido.
Massiccio, Massello.
Massello, Interiglio.
Interiglio, Pedagnolo.

— *Massiccio*, riguarda la densità della massa solida, senza rispetto alla lunghezza e larghezza; *grosso*, la lar-

---

(1) Redi: *Pelle floscia.*
(2) Commenti: *Vizze poppe.* - Passavanti: *Le mani e le braccia per la grande etade vizze.*
(3) Crescenzio: *Uve passe e senza umore* - Boccaccio: *Erbe per lo sole passe.*

ghezza, senza riguardo alla densità. Un muro grosso può non essere dentro di pietra massiccia. *Solido*, il corpo non fluido, nè liquido: dice l'aderenza delle parti, senza riguardo allo spazio da esse parti occupato. — VOLPICELLA.

— Invece di: cosa massiccia, in Firenze dicesi frequentemente *di massello* (1): oro di massello; massello di ciliegio, di noce, e vuolsi intendere che la cosa è fatta di metallo o di legno pieno, non d'assi o d'assicine, nè di lamina o di foglia. Ma di legno parlando, *massello* è più frequente; e ne' sensi traslati di *massiccio*, l'altra voce non potrebbe aver luogo. — POLIDORI.

— Invece di *massello*, nel Val d'Arno dicon anco *interiglio*. Ma per *interiglio* s'intende eziandio quel che altrimenti si chiama *pedagnolo*; cioè un piccolo tronco non squartato, che conserva la sua anima, ed è più forte.

Massello, pure una massa pietrosa artificiale, in forma di parallelepipedo, composta di smalto (calcina e rena), che si getta in forme convenienti di lamiera senza fondo poste in una fossetta, dalla quale si cavano dopo assodato lo smalto. — LAMBRUSCHINI.

2275.
Solido, Sodo, Saldo.

— *Solido*, contrario di *liquido*; *sodo*, di *cedevole*; *saldo*, di *facile a smuovere*. Corpo solido può non essere nè sodo nè saldo. Corpo sodo è, almeno in parte, solido; ma non sempre saldo. Corpo saldo, è solido e sodo. — ROMANI.

2276.
Solidità, Sodezza.

Hanno la medesima origine; ma nell'uso differiscono, per ciò che *sodezza*, più spesso, usasi nel traslato: solidità di fabbricare; sodezza di pensare o di ragionare.

Quando ambedue nel proprio, *solidità* vale il contrario di *liquidità*; *sodezza* dice solidità più ferma e più resistente. Tutti i corpi non liquidi chiamansi *solidi*; ma un corpo solido che regge agli urti o alla pressione, è *sodo*. Anco la spugna è solida; non è soda.

Liquido che s'addensa, dicesi, nell'uso, che s'assoda, ch'è assodato, fatto sodo. - Ova sode; assodare due ova. Di ragazzo cattivo e capone dicesi: e' fa come l'ova, che più bollono, e più assodano. Ma d'ova sode o di liquido che comincia a diventare solido, non s'userebbe l'astratto *sodezza*: e questo senso dell'ova o simile è un'eccezione alla differenza notata tra solido e sodo, che qui *sodo* è meno.

Quando tutti e due s'usano nel traslato, *sodezza* esprime il contrario di *leggerezza*; *solidità*, il contrario di *vuoto*, cioè consistenza, pienezza. Religione, scienza, mente soda, non: leggera; sincera, non: petulante: scienza solida; scienza di cose. Si può in un discorso avere sodezza di stile senza solidità di dottrine.

Sodezza, inoltre, ha un senso suo; sedatezza, serietà di modi, moderazione, gravità.

2277 — 2279.
GROSSO, MADORNALE, BADIALE, MASSICCIO, SBARDELLATO, STEMPIATO, SOLENNE, SPERTICATO.

2277.
Grosso, Madornale, Badiale, Massiccio.

Carciofi madornali, naso madornale, error madornale,

(1) *Massiccio*, addiettivo sempre; *massello*, sostantivo. - Io direi *massello* diminutivo di *massa*. Un massello, un masselletto d'oro, vale: un pezzetto d'oro sodo. E il modo delle officine: oro, argento *di massello*, significa oro e argento a tutta sostanza. — MEINI.

modi dell'uso (1). È meno scherzevole di *badiale*, sebbene s'adopri quasi scherzosamente anch'esso allor che parlasi d'errore, o simile. Non si dirà, per altro: pugno, vaso madornale, come: badiale; non si dirà: frutta badiale, come dicesi: madornale. Si dirà: badialone; l'altro non ha accrescitivo.

Sproposito badiale, ha del goffo: madornale, è più grave, più grande. Molti ne dicono de' madornali, e passano per oracoli; verrà un pover' uomo che ne dirà uno un po' badiale, e sarà preso a fischiate. Così va nel mondo; non si bada alla sostanza delle cose, ma al modo. Diremo anco: grossa sproposito, e: dirle grosse; dirne o farne di grosse. Potrebbesi anco: dirne di badiali, o solenni; ma non è tanto comune.

Quando diciamo: grossa terra, paese, castello (2); grossa paga, guadagno, salario (3); grosso esercito, il grosso dell'esercito, qui, madornale non entra.

Massiccio porta seco due idee, di grosso e di solido (4). Cosa d'oro o d'argento massiccio (5), a distinzione di cosa che, dentro vuota, abbia una semplice foglia o superficie di que' metalli. Diciamo altresì: sproposito massiccio, e intendiamo: tale che pesa troppo. Se ne possono dire di madornali e di grossi con arte; i massicci dimostrano più ignoranza crassa.

2278.
Grosso, Sbardellato, Stempiato.

— *Sbardellato* e *stempiato* son più di *grosso*, e lo provano i modi vivi: grosso sbardellato, grosso stempiato (6). Poi, *sbardellato* vale: più goffamente grosso. *Stempiato* par che accenni solamente l'eccesso della grandezza o grossezza. Si dice che uno di statura è grande stempiato; non si direbbe: sbardellato.

Sbardellato, di cose incorporee parlando, più frequente che *stempiato* (7), il quale cade meglio ove si tratti di grandezza materiale. Ma questa non è differenza costante. — MEINI.

2279.
Badiale, Solenne, Sperticato.

Tanto diciamo: sproposito, pugno badiale, quanto: sproposito, pugno solenne. Ma il primo è più familiare. Inoltre: viso, naso, aria badiale (8); e *solenne* non ha questo senso. Ben si dirà: solenne mangiatore, poltrone (9).

Ma quando ambedue s'applicano al medesimo oggetto;

---

(1) *Madornale* da *madre*: e l'idea di madre, svegliando quella di cosa principale, ha dato molti traslati che a questo s'accostano.
(2) M. VILLANI.
(3) BOCCACCIO: *Grossi salarii*. - *Usura*. - CASA: *Spese*.
(4) STOR. RINALDO: *Torri massicce*.
(5) DAVANZATI: VARCHI.
(6) PROSE FIORENTINE: *Ficca carote sì madornali e stempiate*.
(7) VARCHI: *Piacere sbardellato*. - LIPPI: *Voglia sbardellata*.
- PULCI: *Pazzo sbardellato*.
(8) MALMANTILE: *Fantoccion sì badiale*. - Pare che venga da *badia*, dacchè *abate* è dignità non pur monacale, ma in Genova anco civile, e in origine vale *padre*; onde *badiale* corrisponde in radice a *madornale*, idee entrambi di generazione; e gli spropositi sono fecondi, e anco i pugni. Oltre all'idea di dignità, *padre abate* e *badessa* hanno quelle di venerabilità corporale, d'agi e d'agiatezza; e anco questo può esser ragione del senso traslato di *badiale*.
(9) BOCCACCIO: *Bevitore solenne*.

differiscono in ciò, che lo sproposito solenne è più grosso; il badiale è più ridicolo; il pugno solenne par che sia più sonante; il pugno badiale, più forte.

— *Badiale* è risibilmente vasto; *solenne*, è forte assai, e però memorando; e si applica non che alle serie cose, alle nobili e venerande.

Sperticato, sconciamente lungo; quindi anche: sconcio ne' modi, come soglion esser gli uomini soverchiamente grandi di statura. — CAPPONI.

2280.
GROSSO, CRASSO.
— Aria *crassa* è più d'aria *grossa*. A Milano l'aria è grossa; a Tebe dicevasi che fosse crassa. Grosso, l'ingegno non dirozzato, sebbene non ebete; crassa è la mente naturalmente tarda. — A.

2281—2285.
GROSSOLANO, MATERIALE, OTTUSO.
ROZZO, GROSSOLANO.
ROZZO, RUVIDO, SCABRO.
RUVIDO, SCABRO.
GOFFO, LANZO.

2281.
Grossolano, Materiale, Ottuso.
Può la mente essere *ottusa*, cioè non acuta, e non essere *grossolana*. Taluni, dotati di un certo acume, si credono con le lor grossolane furberie incalappiare la gente.

Materiale dicesi di gente non raffazzonata dall'arte; ma costoro son forse meno materiali di quelli che abusarono dello spirito per volere e difendere il male. Certo, son meno ottusi.

2282.
Rozzo, Grossolano.
— *Grossolano*, di forma e di materia; non fine, ordinario. *Rozzo*, dice propriamente, non liscio; e di qui è passato ad indicare lo stato de' corpi non perfezionati, o, come che sia, non raffazzonati dall'arte. Marmo non lavorato è rozzo, non mai grossolano.

Nel traslato, *rozzo* indica manco d'educazione; *grossolano*, goffaggine. — ROMANI.

— L'uomo chiamasi rozzo, perchè manca di quegli artifizii che la società impone; grossolano è per istinto, o per abito corrotto. Si può avere pulitezza negli atti esteriori, e grossolano l'ingegno, l'animo, i costumi. I piaceri più grossolani sono invenzioni della raffinatezza. — CAPPONI.

2283.
Rozzo, Ruvido, Scabro.
Ruvido, che non ha superficie pulita o liscia (1); *rozzo*, che non ha il pulimento dell'arte. Ambedue da *rudis*. La ruvidezza è nella superficie; la rozzezza può essere nella forma e nell'interno. La ruvidezza può essere naturalmente tale che l'arte non la possa togliere via; la rozzezza, si. Questa è difetto; l'altra può essere condizione necessaria a certi usi.

Stile ruvido, vale: scabro con forza; negletto, ma non senza nerbo. Può essere rozzo e fiacco. Dante è talvolta ruvido, non rozzo: il Casti è rozzo, non ruvido. Taluni pongono il bello della ruvidezza, e questa scambiano con la rozzezza.

---
(1) BOCCACCIO: *Guance per crespezza ruvide*. - TASSO: *Quercia ruvida*.

2284.
Ruvido, Scabro.
Il corpo *scabro* ha prominenze più grandi che non ha il corpo *ruvido*; sensibili non pure al tatto, ma benanche alla vista. Così è ruvida la pelle di chi non abbia un bel carnato; ma la pelle scabra è chiazzata per morbo cutaneo. *Scabra*, però, diciamo per iperbole anche la pelle d'alcuni pesci, e la stessa cute dell'uomo quando è irrigidita da febbre o da qualsivoglia altra causa. *Ruvido* si contrappone a *morbido*, e a *liscio* talvolta; *scabro*, a *levigato*.

2285.
Goffo, Lanzo.
Lanzo valeva: soldato tedesco a piedi, il medesimo che *lanzichenecco* (1); oggidì *lanzo* vale uom goffo e sporco: e il titolo di *lanzo*, di *lanzone* non è il più desiderabile complimento del mondo. Ma *goffo* ha usi più generali e più varii. Giovava nondimeno osservare questa sinonimia, come cosa storica.

Più comune in Firenze è il proverbio: star ad aspettar come un lanzo; far la guardia come un lanzo, e vien da lanzi, Svizzeri che alle porte de' principi stavano facendo la guardia.

Dicesi anco: bevere come un lanzo; prova storica che que' soldati tedeschi non erano astemii.

Ne' *Canti carnascialeschi* è un ditirambo di cotesti lanzi che fa più piangere che ridere, rammentando quanta parte di storia contagasi ne' nomi stranieri, fatti già troppo italiani. E i lanzi forse (se non i canti dell'aureo secolo d'Ottone) portarono in Firenze il pècchero, ch'è nel ditirambo del Redi (così vedete che i ditirambi sono poesia storica, anche fatti per chiasso), ed è nel dialetto lombardo. Avete in Firenze la Loggia de Lanzi (povero Orcagna e povere statue antiche!), che Dio non voglia, dopo certi rumori che ella echeggiò, non diventi la loggia de goffi.

2286.
GUANCIA, GOTA, GANASCIA.
Ganascia è men nobile (2). Mangiare a due ganasce, a ganasce piene; nè si direbbe: a gote, a guance, a mascelle piene.

Gota e *guancia* dicesi anco di bestia; *ganascia* no (3).

Gota, d'uomo, differisce da *guancia* ne' seguenti rispetti: I.° Di chi ha grasso il viso, si dirà che ha le gote piene, o simili (4); non le guance. II.° Di chi l'ha gonfio, si dirà che: ha fatto tanto di gota, non: di guancia. III.° Far le gote, nella lingua parlata, s'usa di chi le ha grosse e colorite, in segno di bene stare. IV.° *Gotone, gotino, gotina* s'usa parlando; derivati che mancano a *guancia* (5). V.° Bagnar le gote di lagrime, può talvolta parer più gentile che: guance (6). VI.° Ove si

---
(1) Da due voci tedesche che valgono: soldato dalla lancia.
(2) ALLEGRI: ... *Non feci altro mai fin dalle fasce Che appuntellar co' polsi le ganasce*. È forse come peggiorativo di *gena* per la solita trasmutazione della *e* nella *a*. - SALVINI: *Quella fata, quella apritura delle due a a, non mette a leva le ganasce?*
(3) Sebbene odasi talvolta in contado. — A.
(4) BOCCACCIO: *L'aver ben le gote gonfiate e vermiglie e grosse*.
(5) *Gotaccia* non è tanto comune, nè *gotellina*; ma il secondo in poesia può cadere opportuno, e il primo specialmente nello stile faceto.
(6) PETRARCA: *Umida gli occhi e l'una e l'altra gota*. Abbia-

tratti d'indicare l'affetto che leggesi nel viso dell'uomo, *gola* è più gentile e più proprio. VII.° La parte più vicina alla bocca pare meglio compresa nel vocabolo *gota*, che in *guancia* (1). VIII.° I derivati *guanciale, guancialino, guancialetto* pare indichino tutta la parte dagli occhi al mento (2), materialmente presa, ch'è meglio espressa da *guancia* (3). IX.° *Guanciata* è dell'uso più che *gotata*.

D'animale, usasi e *gola* e *guancia*; se non che, per esempio, del majale, il popolo fiorentino dirà: comprarlo, mangiarne dalla parte della gota.

Guancia, anco di cose inanimate; e dicesi di quella parte di ciglio o di lavoro campestre che si presenta per prima a chi la riguarda (4). Quest'uso toscano scusa la frase, tanto acremente notata dal Cesarotti, d'Omero che canta le navi dalle guance dipinte di minio. Qual sia la sottilissima linea che l'audacia divide dall'ardimento, e l'affettazione dall'eleganza, il popolo assai meglio lo sente che i letterati nella lor magra rettorica.

2287.
GUARDARE, RIGUARDARE.
RIGUARDEVOLE, RAGGUARDEVOLE.

Riguardare vale, prichieramente: guardar di nuovo (5). Talvolta ha senso affinissimo al positivo *guardare*; ma par che esprima attenzione più viva (6), secondo la forza della particella *ri*, ch'è ripetuta sovente. Quando però diciamo, sostantivamente o a modo di participio, *riguardante* (7), l'usiamo in senso di *guardante*; che non s'usa mai. Così *riguardatore*, meglio che *guardatore* (8).

Riguardare ha, poi, senso di: guardare la cosa e custodirla in modo che non si manometta nè sciupi (9); è un guardare con diligenza.

Così *riguardarsi*, per: aversi cura, pare un po' più di *guardarsi* (10). E *riguardarsi*, assolutamente, vale: aver cura della propria salute, allontanar tuttociò che potrebbe nuocerle. Onde la formola solita dirsi a un malaticcio: la si riguardi.

Riguardato ha quindi senso d'uomo cauto: e molti uomini detti pratici sogliono essere più riguardati che riguardevoli.

Riguardare vale anche: aver riguardo, avere rispetto (1); onde il derivato che ho detto già: ond'anche e *riguardo* (2) e *riguardoso* e *riguardevole* (3), che ha senso ancora di: notabile per grandezza; cosa, cioè, che merita d'essere guardata, o che non si può non vedere. In questo senso diremo, che c'è de' libri riguardevoli per mole più che per merito, e viceversa. Ma in generale i libri più grossi sono i meno cattivi, per molte ragioni. Io non ne dirò che una sola, ed è: fra moltissime cose che dicono, è difficile al più corto degli uomini non azzeccarne qualcuna.

Siccome *riguardare* vale anco: aver cura, cautela; così *riguardo* significa non solamente sospetto, ma diligenza meticolosa o timidità; e: stare in riguardo, vale: star sempre vigilante, usar riguardi (4): uomo pieno di riguardi; casa di troppo riguardo, e simili. Non sono i riguardi sociali sempre in armonia co' morali doveri; e quest'è che rende certa società tanto uggiosa all'uomo di cuore.

Riguardare, finalmente, indica la posizione del luogo volto a tale o tal parte del cielo, a tale o tal direzione d'oggetti (5). In questo senso usasi anco *guardare*. Ma se la vista di cui ragioniamo è spazio notabile per gli oggetti che presenta, non semplicemente una direzione di plaga o di vento, *riguardare* sarà forse più proprio. La finestra guarda a levante e riguarda il giardino. Guarda la tramontana, e riguarda la piazza.

Ragguardare non ha usi vivi, tranne il derivato *ragguardevole*, che pare un po' più usitato di *riguardevole* (6). Specialmente ove trattisi di oggetto notabile per pregi intellettuali o morali.

2288.
GUARDARE, MIRARE, RIMIRARE.
MIRARE IN, A.

Mirare, se stiamo all'origine, significherebbe: guardare con maraviglia. E certo se si tratterà d'esprimere uno sguardo di maraviglia tranquillo e piacevole, userei volentieri *mirare* (7). Ma il guardare fiso e a lungo, dicesi *mirare* anch'esso (8). Quindi: mirare a uno scopo per coglierlo; e: porre la mira (9), e simili modi. Quindi *mirare col di* (10) e *coll'a* (11) e *coll'in dietro a sè* (12).

---

mo esempi anco di *guancia*, ma, se non erro, meno gentili. - DANTE, di due dannati: *A cui tanto distilla... Dolor giù per le guance.*

(1) PECORONE: *Quando... ridea, facea in quelle sue gote vermiglie due fossorelle....*

(2) PETRARCA: *La guancia che fu già piangendo stanca, Riposate.* - DANTE: *Ha fatto alla guancia, Della sua palma, sospirando, letto. - Gli addentò e l'una e l'altra guancia.*

(3) *Guancia* par corrisponda al μῆλον de' Greci e al *mala* latino; *gota* a *gena* e a παρειά. *Gena* per i Latini era la parte superiore; *mala*, la inferiore: distinzione non sempre osservata.

(4) O più precisamente, delle due parti laterali, della porca dei campi lavorati. — LAMBRUSCHINI.

(5) BOCCACCIO: *Una volta ed altra cautamente riguardatala.*

(6) BOCCACCIO: *Vedendolo stare attento a riguardar le dipinture.*

(7) BOCCACCIO: *Non celle di frati, ma botteghe d'unguentarii appaiono a' riguardanti.*

(8) BOCCACCIO: *Iddio, giusto riguardatore degli altrui meriti.*

(9) CRON. MORELLI: *Non riguardate nè serbate le lor povere scritture.* - BOCCACCIO: *Mostrando sè tenere riguardatrici di quelli dov'esse dissipatrici desideran d'essere.*

(10) CASA: *Della qual cosa pochi son che si riguardino.*

TOMMASEO. *Diz. dei Sinonimi.*

(1) BOCCACCIO; DAVANZATI.

(2) BOCCACCIO: *Non avendo alcun riguardo all'amore da lei portatogli.* - DANTE: *Sempre con riguardo Di non uscir....* - MAGALOTTI: *Avere riguardo di posare ogni ferro che avesse indosso.*

(3) FRA JACOPONE; BEMBO.

(4) MANZONI.

(5) BEMBO: *Un verone il quale sopra un bellissimo giardino riguardava.*

(6) BOCCACCIO: *Le quali cose il renderono tanto ragguardevole e sì famoso.* - *Camera di liete dipinture ragguardevole.*

(7) DANTE: *Mira, mira: ecco il barone.* - TASSO: *La tempra, la ricchezza e il fregio Sottilmente da lui mirati foro.*

(8) BOCCACCIO: *Vidi il pallido giovane, me con tutto lo intendimento mirante fiso.* - DANTE: *Mirate la dottrina che s'asconde Sotto 'l velame degli versi strani.*

(9) GALILEO: *V'avessi dirizzata la mira d'un archibuso.* - VARCHI: *Presa la mira.* - MAGALOTTI: *Preso di mira.*

(10) LIVIO: *Ma è raro.*

(11) CAVALCA.

(12) BEMBO: *Mirano in quegli esempi, e di rassomigliarli procacciano.*-*Mirare in* par che dica sguardo più intenso e più penetrante.

Rimirare vale non solo: mirare di nuovo (1), ma: mirare ancor più fisamente, e in questo senso è voce ancor viva in Toscana (2). Talora, per altro, diventa sinonimo al semplice *guardare*; come quando diciamo: non si poteva rimirare in viso (3). Ma non è comunissimo.

Talvolta gli usi accennati si scambiano, come ognun sa. Ma in que' luoghi stessi dove la sinonimia pare intera, v'è qualche leggera differenza. Per esempio, nel Boccaccio: « Ma da alcuno non fu riguardata, chè ogni disonesta volontà da coloro cacciava che la miravano, » chi dicesse: non fu mirata, che la riguardavano, direbbe men bene; e la ragione se ne trova pensandoci. E nel *Tratt. cose. s. Bernardo*: « Miri l'anima, e sollecitamente si guardi, che le membra sue non discordino insieme, cioè la ragione, la volontà e la memoria, » ognun vede che non si potrebbe dire: si miri.

2289.
GUARDARE, GUATARE.
GUARDIA, GUARDIANO, GUARDIOLO.
GUARDARE IN CAGNESCO, A STRACCIASACCO, A TRAVERSO, TORTO.
GUARDARE, VEDER TORTO.

Guardare, rivolgere deliberatamente la vista all'oggetto. Quindi, *guardare* ha senso di *custodire* (4); quindi: guardia, guardia del corpo (5), esser di guardia (6), far la guardia, guardia del fuoco (oggi detti *pompieri*) (7); il guardia d'un podere, il guardia tra gli sbirri (8), il guardia nello spedale (9); guardiano di frati; guardiolo di sbirri (10); guardacoste (colui che ne' luoghi marittimi ha l'uffizio di badare alle coste); quindi, *guardare* in senso di: avvertire, aver occhio, porre cura (11); *guardare* in senso di *difendere* (12); *guardare* in senso di avere riguardo (13); *guardarsi* in senso di astenersi (14); *guardarsi* in senso di diffidare (15). Quindi: *guardar le feste*, onorarle (16); *non guardare a spesa*, non risparmiare (17); *guardarla in pochi quattrini*, per cagion di risparmio (18). Modi che provano come l'attenzione è sempre unita al guardare.

----

(1) ANONIMO: *Appena gli concedè una lucerna, e gliela concedè perché mirasse e rimirasse il tristo suo stato.*
(2) DANTE: *Stupido si turba Lo montanaro, e rimirando ammuta, Quando rozzo e selvatico s'inurba.*
(3) PETRARCA: *Appena rimirarla ardisco.*
(4) TESORO; VARCHI; FIRENZUOLA.
(5) SEGNI. — REDI: *Alabardiere della guardia a piede.*
(6) BUONARROTI.
(7) BUONARROTI.
(8) BUONARROTI.
(9) LIPPI.
(10) BUONARROTI.
(11) BOCCACCIO: *Guarda che tu non facci motto.* - DANTE: *Dicendo: guarda, guarda | Mi trasse a sè.*
(12) BOCCACCIO: *Dio guarderà voi e me da questa noia.* - VITE SS. PADRI: *Iddio me ne guardi.*
(13) BOCCACCIO: *La benignità di Dio non guarda a' nostri errori.* - Di male, meglio *guardare*; di bene, *riguardare*.
(14) BOCCACCIO: *Vivere modestamente, e guardarsi da ogni superfluità.*
(15) BOCCACCIO: *L'un si guardava dall'altro.*
(16) CAVALCA. Vive in qualche dialetto, ma non è comune.
(17) CECCHI.
(18) CECCHI.

Guardare a traverso (1), *in cagnesco* (2), *a stracciasacco* (3), son modi anch'essi che mancano a squadrare, sbirciare, adocchiare.

Guatare è sguardo d'ira o di terrore o di maraviglia (4); sguardo, insomma, ch'esprime più del solito: è voce viva in Toscana ma più non ha senso del semplice *guardare*, come aveva in antico. Si dirà: guatare torvo, non mai: guatare tenero.

Guatare, però, è meno di guatare torto, a traverso, in cagnesco, a stracciasacco. Si guata, convien ripeterlo, per terrore o per maraviglia; gli altri esprimono ira o odio. Si guarda di traverso, per odio, per poco amore; in cagnesco, per ira; a stracciasacco, è un guardare facendo gli occhiacci in segno di risentimento, ma più visibile e strano nell'atto esterno. Uomo che disapprova la vostra condotta e non sa le vere vie di correggervi, nè vuole offendervi apertamente, vi guarda a traverso (5); un uomo a cui dispiacete, vi guarda in cagnesco; un ragazzo dispettoso, al quale avete fatto un piccolo torto, a stracciasacco. E in tali cose gli adulti sono dispettosi e piccosi ancor più de' ragazzi.

Diciamo anco: stare in cagnesco (6); stare a stracciasacco, no certo.

Guardar torto, pare un po' meno che: a traverso. Di marito e moglie che si sien sempre rispettati, si dice: che l'uno dall'altro non ebbe mai uno sguardo, una parola torta.

Guarda torto, nel proprio, chi è losco; vede torto, e nel proprio e nel traslato, chi non vede a dovere (7).

2290.
GUARDARE, VEDERE, OSSERVARE.

— Frontone. — *Videmus natura, spectamus voluntate, intuemur cura, animadvertimus sensibus præsenti animo scientibus.* » Al latino *videre* corrisponde il *vedere* nostro; a. *spectare*, il *guardare*; ad *animadvertere*, fino a un certo segno, l'*osservare*. — A.

2291.
GUARDARE, MIRARE, ADOCCHIARE, OSSERVARE, GUATARE.

— *Guardare* è l'atto del dirizzare la vista verso l'oggetto che vuolsi vedere (8). Si può vedere una cosa senza guardarla; si può guardare senza vedere. Un prelato in corte di Francia, interrogato se avesse vista una tal dama scollacciata, *vista, non guardata*, rispose. Meglio era non si mettere nel caso neppur di vederla, e di sfoggiare proprietà di linguaggio in siffatta materia.

Mirare è fisamente guardare, come quando si prende la mira di qualche oggetto: è un guardare continuato ed attento (9).

Adocchiare è vedere (d'ordinario in un'occhiata) cosa che prema o che piaccia (10).

----

(1) BUONARROTI.
(2) BOCCACCIO.
(3) SACCHETTI.
(4) BOCCACCIO: *Rimaser tutti guatandosi l'un l'altro.* - PULCI: *Guatatura strana e torta.* - MANZONI: *Si univano ai già ragunati, guatando tutti al padrone.*
(5) MANZONI: *Gli altri cortigianelli pari suoi eran mostrati a dito e guardati a traverso.*
(6) FIRENZUOLA; DAVANZATI.
(7) PETRARCA: *Amor ch'occhio ben sen fa veder torto.*
(8) DANTE: *Guarda' in alto e vidi.*
(9) DANTE: *A questo segno Molto si mira e poco si discerne.*
(10) AMBRA: *Conoscendolo buon pastaccio, adocchiai tre pezze di raso e una borsa piena di ducati.*

Osservare è riguardare l'oggetto per riconoscerne le proprietà, la natura, gli effetti (1); quasi per conservare ne' sensi e nella memoria l'impressione.

Guatare è guardare con ira (2) o con timore (3) o con maraviglia (4). — ROMANI.

2292—2294.
GUARDARE, SQUADRARE, SBIRCIARE, AOCCHIARE, ADOCCHIARE, OCCHIEGGIARE.
SPECCHIARE, SPERARE.
AVER L'OCCHIO A, POR L'OCCHIO ADDOSSO, FICCARE, CACCIARE, TENERE GLI OCCHI ADDOSSO.
PORRE, METTERE L'OCCHIO.

2292.
Guardare, Squadrare, Sbirciare, Aocchiare, Adocchiare, Occhieggiare.

Squadrare, guardare con attenzione da alto in basso ed in tutti i versi, misurare con l'occhio, quasi come la mano farebbe con la squadra. Pulci: « Riguardava e squadrava Morgante La sua grandezza e una volta e due. »

Si squadra per ben conoscere (5); si squadra per riconoscere (6); si squadra per esplorare con aria maligna (7); si squadra con aria di superiorità o di disprezzo, perché la credenza della propria superiorità troppo spesso si congiunge al disprezzo (8).

Sbirciare, da *bircio,* di corta vista (9). Sbirciare, dunque, vale: socchiudere gli occhi o abbassarli verso l'oggetto per veder meglio, come suol fare chi ha vista corta (10). Si sbircia per vedere meglio gli oggetti, per leggere un foglio, per trovare uno spillo, per conoscere una persona. Sbircia anco chi non è bircio.

Lo squadrare, e anche lo sbirciare, è proprio degli uomini, non delle bestie.

Aocchiare è un veder cosa che dia nell'occhio (11); esprime bene quasi il prim'atto del vedere: aocchiare una donna (12). Il ladro aocchia un oriuolo (13).

Aocchiare pronunziano i Toscani; altri dialetti, *adocchiare;* né questa è forma di voce ai Toscani ignota.

---

(1) REDI: *Fattomi più curioso osservatore, vidi che tra quelle uva rosse e queste nere non v'era che qualche differenza di figura.*
(2) TASSO: *Con occhi di drago par che guati.*
(3) DANTE: *Uscito fuor del pelago alla riva, Si volge all'acqua perigliosa, e guata.*
(4) DEP. DECAM.: *Guatare ha una cotal forza che dipinge uno che per maraviglia non parli, ma si resti, come chi ode cosa molto nuova o ne vede una molto strana, stupefatto.*
(5) GIAMBULLARI: *Considerato il tutto con diligenza, e squadrato bene ogni cosa.*
(6) LIPPI: *Ben ben lo squadra e dice: egli è pur desso.*
(7) LIB. PRED.: *Aveva intorno molti squadratori della sua virtù.*
(8) DAVANZATI: *Molti che misurano gli uomini dall'apparenza, vedendo Agricola sì rimesso e squadrandolo, non rinvenivano in che stesse tanta gran fama.* — Il Latino: *Viso adspectoque.*
(9) FRANZESI. - CARO: *Con quel suo occhio bircio.* - GUADAGNOLI: *E adesso ch'è fra noi comune usanza, Birci o non birci, di portar gli occhiali Per darsi una cert'aria d'importanza.*
(10) LIPPI: *Sbirciandolo un po' meglio e più dappresso.* - *Sbirciando sempre in qua e 'n là se vede Donna di viso bianco.*
(11) SACCHETTI: *Egli ebbe aocchiato un porco di smisurata grassezza.*
(12) DAVANZATI: *Fu aocchiata da Ottone.*
(13) CELLINI: *Un ladro, aocchiando quelle gioie sott'ombra di dire ch'era orefice, disegnò rubarmele.*

Gioverà forse prescegliersela negli scritti; se non che quel l' *aocchiare,* nel linguaggio famigliare, ha certa vivezza e snellezza sua propria.

Adocchiare, in esempi antichi, s'applica ad oggetto non tanto veduto alla prima, quanto contemplato con gli occhi e riconosciuto; vale anche gittare frequenti occhiate (1). Io non credo che questi due usi sien vivi, massime il primo (2).

— *Aocchiare* dice la prima occhiata, o almeno atti men ripetuti, che non dica *occhieggiare.* Poi, questo secondo denota occhiate d'affetto o di compiacenza. — ROMANI.

2293.
Specchiare, Sperare.

— Uno si *specchia* nella spera, o in altro corpo che rifletta l'imagine. Narciso si specchiava nel rio; il Petrarca, nelle rose e nella viva neve di Laura, e poi scriveva a Cola di Rienzo.

Nel traslato, specchiarsi in alcuno, vale: prenderlo ad esemplare quanto all'opere. Specchiatevi nel Re mansueto, o violenti della terra.

Sperare ha senso attivo. Si spera un drappo, un panno, per vedere se sia fitto o no: si spera un brillante, o simile, per vederne la lucentezza. Sperasi un ovo per indovinare se fresco. — MEINI.

2294.
Aver l'occhio a, Por l'occhio addosso,
Ficcare, Cacciare, Tenere gli occhi addosso.
Porre, Mettere l'occhio.

Ha l'occhio a un oggetto chi non lo perde di vista; o, nel traslato, chi lo considera, chi ci pensa; *pon l'occhio addosso* chi si mette a guardarlo con intenzione di spiarlo, o di possederlo (3). Allorché lo sguardo è intenso, diciamo: *ficcar gli occhi addosso.* Allor ch'è impudente, inconveniente: *cacciare.*

Si *pongono* gli occhi addosso a una ragazza per farla felice o infelice (4); si *ficcano,* per guardarla con curiosità pertinace; si *cacciano,* per guardarla con invereconda impertinente. La polizia *pone* l'occhio addosso a uno per indagare i suoi movimenti; si *ficca* l'occhio in luogo oscuro per vederci qualcosa (5); *cacciansi* gli occhi sui fogli altrui per leggere quello che non va letto.

Il *porre,* il *ficcare,* il *cacciare,* son atti, principii d'atto; l'*avere* è la continuazione dell'atto. Chi non ha l'occhio alla religione d'un popolo, non saprà giudicare la sua politica. Abbiate l'occhio ai difetti intellettuali nell'educazione, se volete correggere efficacemente i difetti morali.

Tener gli occhi addosso dice anch'esso lo sguardo continuato (6), ma non si direbbe che dell'atto di guardare persona. S'ha l'occhio e a persone e a cose; anco a sé

---

(1) FRA GIORDANO: *Avvedutosi degli adocchiamenti di quella femmina.*
(2) TRATT. SEGR. COS. DON.: *Mirano con frequenti e fissi adocchiamenti.*
(3) LIB. SONETTI: *Abbi l'occhio e sta desto Che e' non ti desse.* - FIRENZUOLA: *Abbili l'occhio, guardati diligentissimamente dalle cattive arti....*
(4) BOCCACCIO: *Postole l'occhio addosso, tanto fece che egli le accese nella mente quel medesimo desiderio.*
(5) DANTE: *Per ficcar lo viso a fondo, I' non vi discerneva veruna cosa.*
(6) ARIOSTO: *Tener gli occhi Continuamente.*

medesimi: a sè non si pone. *Mettere* è un po' più famigliare o materiale o intenso di *porre*.

2295.
GUARDARE, BADARE, ABBADARE, DAR RETTA.
GUARDARSI, BADARSI.

— *Abbadare*, lo stesso che *badare*, ma più rozzo. *Badar le pecore*, dicono i contadini maremmani; non direbbero *abbadare*.

In molti casi, *guardare* è più gentile che *badare*, ma non sempre potrebbero sostituirsi uno all'altro; il *badare* ha più idea di attenzione. Quando Creonte dice nell'Antigone: « L'avrai, Ma bada... » non ci starebbe bene *guarda*: nè quando 'l Allighieri: non ragioniam, ma *guarda*... credo che *bada* starebbe bene. Anche il: tenere a bada, significa un po' d'indugio e di pausa quale l'attenzione richiede. — Il popolo nostro usa: *E bada a tre!* per significare: e, nonostante, continua.

Badarsi da un pericolo materiale; *guardarsi* da uno morale. *Si badi*, griderà uno spazzino che manda innanzi il carretto; guardatevi dai cattivi compagni, dirà il vecchio al giovane: al primo si bada subito, al discorso del secondo, per lo più, si dà *poca retta*.

Dar retta suppone un consenso, una adesione della volontà. — Il modo usuale famigliarissimo: *Dà retta*, significa *bada a me che ti parlo*. — BIANCIARDI.

2296—2297.
GUARDATURA, GUARDO, GUARDATA, OCCHIATA, SGUARDO.
UN'OCCHIATA, UN BATTER D'OCCHIO.

2296.
Guardo, Sguardo, Occhiata.
Un'occhiata, Un batter d'occhio.

— L'*occhiata* si dà a uno scopo, per vedere o per significare qualche cosa. Lo *sguardo* è l'atto in genere dell'affisar l'occhio sopra un oggetto. Nello sguardo è un'espressione; nell'occhiata è un'intenzione. Uno sguardo amoroso si volge anche ad oggetto non mai veduto, ma che nel primo aspetto può infondere amore; un'occhiata amorosa è sguardo diretto a esprimere non un affetto di benevolenza o di tenerezza, ma di ciò che propriamente si nomina: amore.

Sguardo è il volger degli occhi verso l'oggetto; *guardatura* è la maniera abituale di guardare. *Occhiata* dipinge l'occhio che prima guardava altrove, e che si volge all'oggetto, ma per tempo non lungo. Lo sguardo può essere intenso o fermo. — ROUBAUD.

— *Occhiata* vale anco tanto spazio di luogo quanto l'occhio arriva. Un prato ch'è un'occhiata, disse il Lippi, e tuttora si dice in Toscana. Anco in plurale: praterie che sono occhiate. Le altre voci affini non han questo senso. — MEINI.

Bella occhiata, sentii dire a un contadino al vedere i fuochi di san Giovanni, e Arno in festa; che corrisponde al *coup d'œil*, brutto modo. Si dà un'occhiata, si danno delle occhiate (1); si dà uno sguardo; degli sguardi, non si danno; si rivolge, si getta, si ha, si ottiene (2) e un'occhiata e uno sguardo (3). Si posa, si pone, si ferma, si tende, si spinge lo sguardo verso un oggetto (1): frasi non proprie ad *occhiata* nell'uso ordinario. *Sguardo* non ha derivati simili ad *occhiatina* (2) e *occhiataccia*. Si dà un'occhiata a un libro, a una casa, a un podere, ad un uomo, per vedere, rammentarsi, conoscere, giudicare (3): lo sguardo si gira anche a caso, o almeno non suole aver fine così determinato. Le donne in un'occhiata, alla prima occhiata (4), formano il giudizio della persona, conoscono que' difetti della persona che sfuggono sovente all'attenta osservazione dell'uomo. Questa agilità di percezione potrebbesi meglio porre a profitto.

In un'occhiata, suppone però sempre l'atto del guardare; in un batter d'occhio, è modo piuttosto indicante in astratto un piccolissimo spazio di tempo (5).

Lo *sguardo*, propriamente, è il guardare in genere. Quindi nel Petrarca: « Il bel guardo sereno » di Laura (6). Quindi: tener lo sguardo raccolto; dove nè *occhiata* nè *guardatura* troverebbero luogo di certo. Quindi: abbagliare lo sguardo (7).

Sguardo è più comune di *guardo*. Ma nel verso stesso non si direbbe *i guardi*, che con gran parsimonia, e forse mai. Nè potendo dire: al primo sguardo, un solo sguardo, altri vorrà usare: il primo guardo, in un solo guardo (8).

E si noti come *sguardi* par che comporti epiteti da non congiungersi a *guardo*. Bel guardo, si dirà, e: dolce sguardo; dolci sguardi (9), ma non: belli sguardi. - Lieti sguardi, meglio che: lieto guardo. E così d'altri. La ragione della differenza può essere questa: che *guardo* par ch'esprima unicamente il modo del guardare; *sguardo*, è il modo e l'atto. Onde il secondo sostiene il plurale meglio del primo.

Laddove il Petrarca dice: « E l'amoroso sguardo in sè raccolto », il più acerbo nemico d'ogni distinzione di vocaboli non potrebbe confondere questo amoroso sguardo con un'occhiata amorosa. Il Petrarca rivolgeva le sue tenere occhiate a quegli sguardi; e sarebbe stato ben pago d'ottenerne un'occhiata non dispettosa. E parlando al bel guardo, dimenticava omai di parlare alle piaghe mortali d'Italia.

2297.
Guardatura, Guardata.

Guardatura è sempre il modo del guardare. Non tutte le persone che han brutta guardatura hanno l'anima feroce o abietta (10).

Guardatura anco di bestia (11), non mai *sguardo*.

Guardata è l'atto del guardare. Dare una guardata, una guardatina di soppiatto, alla fuggiasca, è sempre

---

(1) SEGNERI: *Chiunque pone il guardo in figliuoli si costumati, ne lodi il padre.*
(2) ALLEGRI.
(3) REDI: *Dare un'occhiata all'interno ordine e positura delle viscere.*
(4) BORGHINI: *Le cose che a un'occhiata si veggono.*
(5) M. VILLANI: *Racchetà la furia del popolo in un batter d'occhio.*
(6) PETRARCA: *Ma fui ben fiamma ch' un bel guardo accese.*
(7) DANTE: *Folgorò nel mio sguardo.*
(8) *Al primo guardo usò il Segneri; ma ora suonerebbe strano.*
(9) PETRARCA.
(10) RETTORICA T.: *Con una guardatura rabbiosa.* - BERNI: *Una guardatura tanto grata Ch'ogni più fiero cor con essa piglia.*
(11) CRESCENZIO.

---

(1) AMBRA: *Dia un'occhiata alla casa.* - SEGNERI: *Dare un guardo al numero di coloro.*
(2) BOCCACCIO: *Mai un solo sguardo da te aver non potei.*
(3) PASSAVANTI: *Gittava inverso 'l servo di Dio un pudico sguardo.*

2298 – 2299.
GUERREGGIARE, Combattere.
Guerra, Campagna.

2298.
Guerreggiare, Combattere.
— Combattere è parte del *guerreggiare*. Questo secondo comprende tutto il tempo che dura la guerra, gran parte del quale può consumarsi senza combattimenti. Si può combattere senza che guerra sia dichiarata.
Nel traslato, *guerreggiare*, similmente dice contrasto più lungo. — AMBROSOLI.

2299.
Guerra, Campagna.
— Guerra dapprima vuol dire stato opposto a quello di pace; una *guerra*, poi, è il complesso di tutti i fatti ostili seguiti dal rompere la pace al rifarla. Una guerra può durare molti anni; può avere più campagne. Una *campagna* è l'insieme di tutti i combattimenti piccoli e grandi succeduti dopo la sortita dai quartieri d'inverno fin al ritorno in quelli; talvolta è l'intero periodo d'una guerra, e prende il nome la guerra dal luogo ove è combattuta. — ZECCHINI.

2300.
GUERRIERO, Bellicoso, Militare, Marziale.
— *Bellicoso*, che ama la guerra; *guerriero*, che la fa, che c'è adatto; *marziale*, che dimostra, al portamento e all'aspetto, indole e abiti bellicosi; *militare*, che riguarda in genere la milizia.
Principe bellicoso; coraggio guerriero; aspetto marziale; arte, scienza militare. Principe bellicoso può amare la guerra, e non la fare: principe guerriero la comanda da sè. C'è dei principi bellicosi che non sono mai stati guerrieri, e de' guerrieri che non avevano aspetto marziale. — BOINVILLIERS.

Si suol dire anco: valor marziale, e: guerriero, e: militare; allora la differenza è nei gradi, e viene dall'origine delle tre voci. *Militare* denota lo stato, ed è men di *guerriero*, che riguarda l'atto; *guerriero*, poi, è meno di *marziale*, perchè Marte è la guerra in persona. Il valor militare aspetta la prova per far mostra di sè; il valore guerriero è pronto sempre ad affrontare il pericolo, è già esercitato in quello; il valor marziale si vede nel volto, è scolpito negli atti.

2301.
GUERRIERO, Milite, Militare, Soldato.
Milizia, Soldatesca.
— *Militi*, i Romani primi; *soldati*, quelli di Braccio. Soldati, le milizie moderne; gli Svizzeri in casa loro, militi; soldati fuori.
Militare (dicono però) di s. Stefano; soldato di Cristo. — NERI.
Militare, sostantivo, non è dagli scrittori buoni adottato sinora; ma quando fosse, e' sarebbe men di *guerriero*. Il militare si conosce all'abito; il guerriero, al portamento; guerrieri, si chiamano que' del medio evo. C'è de' militari che non son punto guerrieri; i paesi montuosi hanno guerrieri valenti che vorrebbero diventar militari.
Soldatesca ha senso di più dispregio, e lo merita il *soldo* onde nasce. Diremo: gli ordini della *milizia*, milizia cittadina; e: l'insolenza, l'avarizia della soldatesca. Molta può essere la soldatesca in un paese, e le forze militari fiacche. L'Alfieri: « Duro a soffrirsi il soldatesco orgoglio! » Orgoglio militare, non sarebbe proprio qui, nè efficace.

2302.
GUERRIERO, Guerreggiatore.
— *Guerriero*, uomo atto alla guerra, e della guerra esperto; *guerreggiatore*, quasi frequentativo, che fa sovente la guerra, l'ama, n'ha pratica. — GHIGLIONE.

I

2303.
IGNORANTACCIO, Ignorantone.
Ignorantone, dicesi anche a colui che pur sa qualche cosa, ma male o non quanto si converrebbe al suo uffizio (1). C'è egli paese in Europa nel quale siffatti ignoranti son destinati a fugare l'ignoranza? Prete ignorantone non è che ridicolo al nostro tempo; ma la ignoranza di lui è ben più che un titolo di dispregio; è scandalo.
L' *ignorantaccio* nulla sa, e nell'ignoranza poltrisce (2). In paese non rozzo, dove le cariche municipali fossero occupate da ignorantacci, il buon costume correrebbe più grave pericolo che taluno non pensa.

(1) CANT. CARN.: *Questi che non par lor potere errare Son... re de' pazzi e ignorantoni.*
(2) SEGNERI: *Invece di scusarli quand'hanno fallito, li fanno comparire per ignorantacci.*

2304 – 2306.
IGNORANTE, Ignaro, Insciente.
Consapevole, Conscio.
Far lo gnorri, l'indiano, il nesci, lo snesci.

2304.
Ignorante, Ignaro, Insciente.
Inscienza è quasi l'astratto d'*ignaro*, che non ha l'astratto suo proprio. E giova notare che quando trattasi dell'*ignoranza* d'un fatto particolare, di notizia che giovava sapere; quando, insomma, l'ignoranza non è colpa nè vizio, ma inconveniente, difetto, disgrazia, allora cade più propriamente il vocabolo *ignaro*.
Gridare contro l'ignoranza superba è permesso talvolta, anzi utile. Ma l'inscienza di un fatto può accadere a qualunque si sia più dotto e più diligente. C'è degl'ignoranti di cose necessarie, che, forti della scienza o piuttosto saputa di fatterelli, di particolarità materiali, di numeri, adottarono sè per uomini *positivi*.

2305.
Consapevole, Conscio.

— Siamo consci di quelle cose che noi stessi facciamo, o che avvengono dentro a noi stessi; *consapevoli* di ciò che gli altri fanno, o agli altri interviene. Di quelle cose di cui l'uomo è conscio, può farne consapevoli gli altri; ma non di quanto egli è fatto consapevole sarà conscio egualmente. *Conscio*, adunque, non ammette dubitazione; *consapevole* sì, perchè quello di che siamo informati, può non essere che una menzogna. La differenza medesima (e più forte) è tra *coscienza* e *consapevolezza* (1). — POLIDORI.

2306.
Far lo gnorri, l'indiano, il nesci, lo snesci.

— *Far lo gnorri, l'indiano, il nesci, lo snesci.* Il primo vive, ma è raro; il secondo, frequente; gli altri, dell'uso, ma un po' bassi, specialmente l'ultimo. — BIANCIARDI.

Far l'indiano riguarda il fingere non solo insciensa di tale o tal fatto, ma o ignoranza o inesperienza di un ordine di fatti o d'atti; fingere, quindi, maraviglia goffa, o impaccio. *Lo gnorri* concerne più propriamente quella nescienza che tocca l'ignoranza. Interrogato d'un fatto per minimo che sia, d'una minima circostanza d'esso fatto, l'uomo fa *il nesci*. Notisi anco qui, che le donne, proverbiate per finte e per false, qui vengon privilegiate; e che la lingua non soffre si dica *l'indiana, la gnorri, la nesci.* Dante ben fece femminina quest'ultima voce, ma in aggettivo; e canta non so che d'una *vigilia nescia.*

2307.
IGNORANTE, IMPERITO.

— L'*ignoranza* riguarda la cognizione; l'*imperizia*, la pratica. L'imperizia, massime negli esercizii che richieggono dottrina, è figlia sovente dell'ignoranza, ma ci può essere un'ignoranza perita. Il muratore ch'è consultato dal giudice come perito, può essere, fuori dell'arte propria, ignorante. Trattandosi d'arti, di lavori, *imperito* è proprio (2); di dottrina, è meglio *ignorante* (3). *Ignorante*, insomma, è chi non conosce o conosce male: *imperito*, chi non sa fare nè giudicare, o mal giudica e fa. — ROMANI.

2308.
IGNORANTE, ASINO, IDIOTA.

— *Idiota*, ignorante di lettere (4); dice una specie d'ignoranza. Non ha senso così di disprezzo come *ignorante* (5). Un idiota può essere valente nell'arte sua; un ignorante, nella scienza che insegna può non essere un idiota.

Tu se' un ignorante, è ingiuria; tu se' un idiota, non si dice. — ROMANI.

— *Asino*, un po' per natura; *ignorante*, per poca istruzione. Il primo stenta ad apprendere; l'altro non ha appreso. Parlare agli asini è quasi inutile; agl'ignoranti, non sempre. Gli asini non sentono il pregio del sapere; gl'ignoranti lo pongono, talvolta, laddove non è. — GIRARD.

— *Idiota,* se badiamo all'origine del vocabolo, è chi vive lontano da ogni civil commercio (1). Poi ebbe senso opposto di *letterato*. Nell'uso, vale: persona senza sapere alcuno e, per estensione, di corto intendimento (2): *ignorante* dicesi pure a chi sa qualche cosa ancorchè malamente, che può essere peggio del non saper nulla. *Ignorante* ha, nell'uso toscano, un altro significato; di zotico, disamorato, ingrato. Uso bellissimo, perchè chi non intende gratitudine, è ignorante davvero. — RRINI.

2309—2310.
IGNORANZA, INSCIENZA, NESCIENZA.

2309.
Inscienza, Ignoranza.

— L'*inscienza* si suppone innocente, cioè che venga da impossibilità di sapere; l'*ignoranza* può essere ed è sovente colpevole. Inscienza della legge, dovrebbesi dire, piuttosto che ignoranza, se non quand'è volontaria. — POPMA.

— Fra Giordano: « *Ignoranza* importa vizio, ma *nescienza* è senza vizio. Ignoransa è detta nell'uomo quando non sa quello che è tenuto di sapere; *nescienza* è non saper quello ch'è sopra loro natura. » La distinzione non è propriissimamente espressa, ma regge. — CAMPI.

2310.
Inscienza, Nescienza.

— L'*inscienza* può cadere sopra alcuna parte del vero; la *nescienza* cade, ordinariamente, sulle parti principali, sul tutto. Uno che sa il fatto, può essere inscio di qualche piccola circostanza. Fare il nescio e, volgarmente, il nesci, è fingere di non saper nulla d'una tal cosa. — A.

Inscienza può anco valere mancanza di cognizioni d'una scienza propriamente detta; *nescienza*, di qualsiasi cosa. Distinzione non fermata dall'uso, ma utile ad assegnare un valore proprio a ciascuno de' due vocaboli, s'egli hanno a vivere tutti e due.

2311.
IGNORANZA, IGNORANTAGGINE.

L'*ignoranza* può essere di tale o tal fatto o principio. In questo senso può dirsi che molti più che non si creda peccano per ignoranza; e in molti più che non si creda l'ignoranza è colpevole (3). L'uomo dotto confessa la propria ignoranza; l'ignorante si pavoneggia della sua *ignorantaggine.*

Questa seconda è l'ignoranza crassa, indolente, superba.

2312.
IGNORARE, NON SAPERE.

Nel *non sapere* si riguarda la mancanza di una cognizione qualunque sia; nell'*ignorare* riguardansi anco le cagioni, le circostanze, gli effetti di tale mancanza. Quando si vuol indicare che il non sapere è difetto o danno o inconveniente, è più proprio *ignorare.* Onde a chi ci domanda: la sapete voi la gran novità? - Non la so; rispondiamo. E sarebbe affettato: la ignoro. Ma diremo:

---

(1) *Conscio*, talvolta, dicesi in senso di *consapevole*; ma allora pure significa maggior sicurezza. — A.
(2) BUONARROTI: *Imperiti nell'arte.*
(3) BOCCACCIO: *Del tutto ignoranti, niuna cosa più oltre sanno che quanti passi ha dal fondaco alla bottega.*
(4) BOCCACCIO: *Parole le quali lo Spirito Santo sopra la lingua dell'uomo idiota poneva.*
(5) PETRARCA: *Taccia il volgo ignorante.*

(1) Ἴδιος
(2) Ma la può essere un'estensione corta, un giudizio d'uomini ignari del vero e del buono; e può l'idiota le poche cose che sa, saperle in coscienza, utilmente; averle *in proprio*; e anche questo senso è conforme all'origine della parola. Però gl'idiotismi, sprezzati da rètori, sono ai pensatori e agli artisti gemme e misteri.
(3) BOCCACCIO: *Hai peccato per ignoranza.*

bestemmiano cose che ignorano; vuol parlare di quel ch'egli ignora (1).

— *Non sapere*, dicesi, più propriamente, delle cose; *ignorare*, e di queste, e, latinamente, delle persone. Cicerone: « *Nescire latine*; » Terenzio: « *Ignorat patrem suum*. » A *ignorare* corrispondono *ignoransa* e *ignorante*; a *non sapere*, *inscienza* ed *ignaro*. Un Latino dice: « *Nescire, inscientis est et imperiti: ignorare, imprudentis aut negligentis* ». — FERRI DI S. CONSTANT.

2313.
IL, I, LA, LE.

Secondo che io dico *i* poeti, *il* poeta, varia, se non il senso della proposizione, la forza di quella.

Il dice astrazione assoluta, la totalità dell'idea collettiva senza restrizione nessuna; cosa convenientemente espressa dal singolare, il quale dice unità. Il plurale è più proprio a denotare generalità quasi approssimativa, non l'universalità, la regola soggetta ad eccezioni, non la legge immutabile (2).

Il è più proprio laddove la qualità, che dalla proposizione è indicata, è propria; *i*, più proprio laddove la qualità è contingente, e attributo. Diremo: l'uomo è ragionevole, perchè questa è proprietà che distingue l'uomo dal bruto; che appartiene agli uomini tutti. Diremo: *gli* uomini sono più deboli che malvagi, perchè questo giudizio non cade sugli uomini tutti quanti. Così: *la* donna è una creatura debole, perchè tutte *le* donne son tali, e più quelle che vogliono parere più forti. Ma io non direi del pari: *la* donna è volubile, perchè non credo la volubilità indivisibile dalla donna, come la debolezza. Lascerei dire: *le* donne son volubili, la qual sentenza ha eccezioni innumerabili.

2314.
IL, IN.

IN, CON.

Pallida *il* viso, scomposta *i* capelli, e siffatti modi, segnatamente il linguaggio poetico, li ama. Ben si potrebbe: pallida *in* viso, ma non già: sciolta ne' capelli, o altro simile. E però la prosa può talvolta ammettere questo gentile grecismo (3), ch'è pur dell'uso toscano; nel quale si può sentir tutto giorno: era pieno le tasche, per dire, aveva le... Giacchè non sempre può con grazia invertirsi la frase, e invece di sciolta *i* capelli, lacerata *le* vesti, dire: co' capelli sciolti, con le vesti lacerate.

E questo direbbe altra cosa, sarebbe riguardare la circostanza di cui si tratta, come meno importante. Smorto il viso, o smorto in viso, mette quest'imagine in rilievo; col viso smorto, ci lascia passar come sopra per riguardare più direttamente quello che la persona fa o dice.

---

(1) Ne' seguenti esempi non si vedrà bene la differenza: e' par pleonasmo. SVETONIO: *Impunitates, supplicia largitus est, et quidem inscius plerumque et ignarus*. - ARNOBIO: *Hoc ipsum ignorans et nesciens*. - *Confitemur nos ignorare, nescire*.

(2) Un modo veramente carioso d'alcuni scrittori è quello di appiccicare il segno e la desinenza del plurale a nomi de' grandi uomini: così un letterato si fa diventare un'accademia, e molti insieme ti fanno come un'oste poderosa. Ma questo modo ritiene pur sempre del dozzinale. *I Danti, i Galilei*, non si disse mai, ch'io sappia; *i Bruti e i Camilli*, col farsi plurali non so che abbiano guadagnato. — CAPPONI.

(3) VIRGILIO: *Nodoque sinus collecta fluentes*. - MANZONI: *Rorida di morte il bianco aspetto*.

2315.
IL, OGNI.

Diciamo e: due volte *il* giorno, e: due volte *ogni* giorno. Ma di pochissimi giorni, ovvero non di una serie continua ma interrotta di giorni, il primo è più proprio. Di medicina da prendere per due giorni soli, non si dirà: devo prenderla due volte ogni giorno. E nemmeno di medicina da prendersi un giorno sì e un giorno no.

Sette volte il giorno cantava Davide lodi al Signore; ma per l'uomo pio quella preghiera ch'esce in una invocazione, in un sospiro, è bisogno di tutti gl'istanti.

2316.
IL GRANDE ALESSANDRO, ALESSANDRO IL GRANDE.

Posponendo l'articolo al sostantivo, io distinguo la persona con una specie di titolo: preponendolo, non fo che attribuirle una qualità. *Alessandro il grande* non è che un solo, il Macedone; io posso chiamare *il grande Alessandro* qualunque Alessandro mi piaccia di chiamar grande, o sul serio o per celia o per ironia, foss'anche Alessandro di Fera, fosse l'imperator delle Russie.

Così quand'io dico: Carlo il Semplice, intendo quel re di Francia ch'ebbe dai posteri questo nome; il semplice Carlo, potrebb'essere Carlo I, Carlo X.

2317.
IL MEGLIO, MEGLIO.

Meglio che io saprò, *il meglio* possibile; così, d'ordinario, si accoppiano le due locuzioni. Ben direbbesi anco: il meglio che tu saprai; ma non mai: meglio possibile, senza l'aggiunta dell'articolo.

Quando la proposizione è assoluta, l'*il* ci cadrà. Per esempio: adoperatevi in tutte le cose il meglio che voi potete; e certo sarete virtuoso e benemerito, e grande ancora. Quando la proposizione non istà da sè, l'*il* non regge. Per esempio: meglio che voi difenderete i diritti altrui, e più saranno rispettati e durevoli i vostri. In questo luogo nessuno direbbe: il meglio. Nel primo si può anco senza l'*il*; ma è meno elegante e meno evidente; e forse perchè meno evidente, però meno elegante; giacchè l'eleganza ha sempre una ragione di sè.

2318—2324.
IMBROGLIO, IMBARAZZO, INTRIGO, IMPICCIO, IMPACCIO.
SPACCIARE, SPICCIARE.
INTRIGO, INTRICO.
DISTRIGARE, STRIGARE.
INTRIGO, BRIGA.
INGOMBRO, IMBARAZZO.
CABALA, IMBROGLIO.
CABALONE, IMBROGLIONE.
CABALARE, IMBROGLIARE.
CABALISTA, CABALONE.

2318.
Imbarazzo, Imbroglio.

L'*imbarazzo* è impedimento o turbamento che viene da disordine o da eccesso (1). Un esercito s'imbarazza in luoghi pantanosi (2); un uomo s'imbarazza nel cam-

---

(1) LIPPI: *Dopo aver mille imbarazzi, Porta addosso una gerla*. - DAVANZATI: *Questa lingua, sebbene nata dalla latina, è oggi allevata, e va senza l'appoggio di quelle lettere che, non si pronunziando più, sono imbarazzo da levar via*.

(2) DAVANZATI: *In quei luoghi aspri imbarazzare la cavalleria*.

minare con abiti soverchiamente lunghi (1). Ogni cosa inutile è imbarazzo a chi cerca il bene. Egli è perciò che una certa letteratura è più imbarazzo che ajuto.

Uno si trova imbarazzato in un affare, vi s'imbarazza da sé; s'imbarazza nel parlare: perché in tutte queste cose, non sa tenere quell'ordine da cui viene l'agilità e la leggiadria, che n'è, d'ordinario, compagna.

Imbroglio significa non solo disordine ma confusione: ciò che imbroglia, fa più che imbarazzare; non solo rallenta le operazioni, ma le difficulta, o mescola le cose in modo da non ne trovare il bandolo di leggieri. Scrittore inesperto è imbarazzato a esprimere certe cose; scrittore venale si trova imbrogliato a palliare cert'altre.

S'imbroglia il cervello, la testa (2); s'imbarazza o in senso materiale, d'intasamento, d'infreddatura, o in senso traslato, s'ha la testa imbarazzata da mille pensieri.

Non s'imbrogliare in un affare, vale: non ci volere perdere la pazienza ed il tempo (3). Molti credono sbrogliare le cose col non s'imbrogliare in esse, e le imbrogliano sempre più. La maniera di sbrogliarle è talvolta l'imbrogliarvisi un poco.

Affare imbrogliato, piuttosto che: imbarazzato, diciamo (4).

Tutto ciò che ha vista di cosa involuta o sospetta, o comechessia non piacevole, si suol chiamare un'imbroglio. E in questo senso diciamo: non vo' imbrogli; che imbroglio è questo? (5)

Imbroglio, da ultimo, vale: frode tramata per ingannare e danneggiare altrui; ma frode che abbia sempre non so che d'involuto (6). In questo senso s'usa *imbrogliare* attivo ora col quarto caso espresso, ora col sottinteso; e *imbroglione, imbroglioncello, imbroglionaccio, imbrogliuccio, imbrogliaccio*; derivati che mancano ad *imbarazzo*; il quale ha *imbarazzante*: né si direbbe *imbrogliante*.

2319.
Imbarazzo, Intrigo.
Intrigo, Intrico.
Distrigare, Strigare.

Intrigo, intrighi, occupazioni, che impacciano, ma piccole e di poca importanza (7). Un affare grave può dare imbarazzo: avere mille intrighi alle mani, s'intende quasi sempre d'affari dappoco. Si può avere molti intrighi, e non v'essere grandemente imbarazzato dentro. L'intrigo con la sua stessa minutezza è un ostacolo; perché non c'è cosa più nojosa e insieme più terribile degli uomini e delle cose minime.

S'intriga e s'imbroglia anco materialmente una matassa, un filo, o simile. *Imbarazzo* potremmo anco dire, ma non è 'l proprio né il comunemente usitato (1).

L'*imbarazzo* è un impedimento, e convien superarlo; l'*imbroglio* è una confusione, e convien diradarla; l'*intrigo* è un inviluppo, e conviene scioglierlo. Non s'imbarazzare in discussioni pericolose, non s'imbrogliare in discussioni infruttuosamente sospette, non s'intrigare in discussioni minute (2), sono i tre accorgimenti dello scrittore che voglia far del bene a' suoi simili il più sicuramente che si possa; accorgimenti senza la virtù, difficili a praticarsi.

Intrighi amorosi, intrighi di corte; frase propria.

Strada intricata (3); parlare intricato, non chiaro, non semplice (4).

Di discorso o di qualunque cosa involuta e difficile, l'direi: intrico, intricato; o di cosa più incomodi con la sua piccolezza, o di maneggio più o meno frodolento, direi intrigo, intrigare, intrigante. Nessuno infatti chiamerebbe intricante l'intrigante. Né si direbbe: pieno d'intrichi, così comunemente come suol dirsi: d'intrighi.

Intrico, co' suoi derivati, è men frequente nell'uso; ma non può per questo sbandirsi dalla lingua (5); giova soltanto determinar bene i casi ne' quali più convenientemente adoprarlo.

A *imbrogliare* si contrappone *sbrogliare*; a *intrigare, distrigare*, o *districare* o *strigare*; a *imbarazzare, sbarazzare*. Si sbarazza una strada, uno spazio col togliere le cose che lo ingombravano (6); e questo prova che l'imbarazzo può essere impedimento cagionato da quantità di materia non disposta a suo luogo. Si sbroglia, ripeto, rischiarando, diradando (7); si distriga, svolgendo, sciogliendo.

Strigare e *distrigare* son della lingua parlata, e diconsi o di materia intrigata o d'affari; *districare* è più della scritta, e meglio si dirà di discorso che d'altro.

Nello sbarazzare la via da que' piccoli impedimenti morali che si oppongono al ben essere privato, si sbrogliano talvolta i grandi imbrogli degli Stati. Nel districare certe questioni metafisiche, si strigano certi nodi morali.

Distrigare pare che dica talvolta più cura e fatica che *strigare*.

2320.
Intrigo, Briga.

— L'*intrigo* è più complicato; la *briga* si fa, d'ordinario, più alla scoperta. — BOINVILLIERS.

---

(1) SALVINI: *Con una maestosa aggiustatezza di vesti, con una comoda e non imbarazzante portatura.* Frase moderna e da usare con parsimonia.
(2) FIRENZUOLA: *Penso avergli assai bene imbrogliato il cervello.*
(3) LIPPI: *Io che negli studii non m'imbroglio.*
(4) REDI: *Nuove ed imbrogliatissime malattie. - Decozionacce imbrogliate.*
(5) BUONARROTI: *Non vo' imbrogli. -* LIPPI: *Amor, al primo, è un certo imbroglio Che alletta e piace; ma nel fin ti voglio. -* FRA GIORDANO: *Liberarsi dagli imbrogli del secolo.*
(6) CAVALCA: *Appellando e imbrogliando aveva damnificato altrui.*
(7) Lo prova l'origine: *tricæ*.

(1) SACCHETTI: *Il laccio che per sé s'intrica. -* CRESCENZIO: *Zolla sufficiente a coprirsi coll'intrigamento della sua gramigna.*
(2) REDI: *Se ciò veramente avvenga, non voglio intrigarmi e favellarne.*
(3) REDI: *Istasare gl'intrigatissimi canali e andirivieni de' lor corpi.*
(4) VARCHI: *Procedendo nella sua risposta in un modo tanto confusamente intricato e tanto intricatamente confuso. Ma le imagini di confusione e d'intrico non si convengono insieme.*
(5) ALAMANNI: *E'l cielo avverso i miei disegni intrica. -* PETRARCA: *Fortuna con più visco intrica Il mio volere.*
(6) BUONARROTI: *Vo innanzi A sbarazzare, ove bisogni, il passo. - La dogana si sbarazza per dar luogo alle vostre mercanzie.*
(7) SALVINI: *Un cammino... pieno di balze... se questo viene sbrogliato dalle spine che l'impacciavano.*

2321.
Imbarazzo, Impaccio.

Impaccio dicesi, più sovente, d'incomodo o impedimento al maneggio degli affari, al cuore, alla mente. È meno d'*intrigo* in quanto non suppone confusione di cose; e più, in quanto suppone disturbo maggiore portato a chi si dà o da chi è dato l'impaccio.

Impaccio può essere più grave d'*intrigo*; e c'è de' brutti, e serissimi impacci, come ce n'è di minuti (1).

Impaccio è ora semplice impedimento, ora impedimento che dà pena e dolore.

Pigliarsi un impaccio, non: un intrigo (2); dar impaccio altrui non intrigo.

Impacciarsi, diciamo, in faccenda che a noi non ispetta; *intrigarsi*, o che a noi spetti o no, ma che porti con sè degli intrighi. Molti per impacciarsi negli altrui affari, intrigano i propri: anzi questa è la solita cagione de' più gravi inconvenienti che seguono al mondo (3).

Impacciarsi con uno, vale anco: trattare, aver che fare, ma sempre con persone dalle quali è pericolo d'aver qualche impaccio o male (4). Impacciarsi con certi letterati è il mezzo più sicuro d'imbrogliarsi la testa.

2322.
Imbarazzo, Impiccio, Impaccio.
Spacciare, Spicciare.

Romani: « *Imbarazzo* è superflua o incomoda interposizione di cose estranee a un oggetto, che rende faticoso o difficile l'uso di quello. *Impaccio* è implicazione d'un soggetto in un altro. *Imbroglio* è impaccio che proviene da confusione, sia casuale o sia preparata. *Intrigo* è inordinato congiungimento o avvicinamento di più cose non grandi nè importanti. *Impiccio* è affine ad *impaccio*, ma pare meno. »

Cosa che abbiam tra le mani o portiamo addosso e non sappiamo dove posarla e che ne fare, dà impiccio, è un impiccio.

Quelle piccole cure che non sono tanto involute nè richieggono tanta opera da potersi chiamare *intrighi*, si chiamano *impicci* (5).

Quelle piccole commissioni o raccomandazioni o simili che si danno altrui, sono impicci (6), se l'amicizia nell'eseguirle non le nobilita e rende soavi.

Quegli impacci che non tirano a fine sinistro e non portano con sè pensieri gravi, si possono anch'essi distinguere con quell'altro nome (7).

Impicci son anco piccoli intrighi riguardanti, per lo più, affari d'interesse; quindi: negoziante impiccione.

L'impicciarsi in questioni letterarie che non si sanno nè chiarire, nè conciliare, non è minore imprudenza dell'impacciarsi ne' fatti altrui non chiamato.

I contrapposti *spacciare* e *spicciare* dimostrano ancor meglio la differenza intrinseca dei due verbi. *Spicciarsi* (diciamo) per: far presto, non perdere il tempo, perchè l'impiccio è talvolta perditempo, più ch'altro: spacciarsi da un affare (1); spacciare le merci (2).

2323.
Ingombro, Imbarazzo.

— L'*ingombro* viene da incomoda posizione d'un oggetto o di più; l'*imbarazzo*, anco da dispersione d'oggetti varii che ingombrare non possono. — ROMANI.

2324.
Cabala, Imbroglio.
Cabalone, Imbroglione.
Cabalare, Imbrogliare.
Cabalista, Cabalone.

— *Cabala* (che nel proprio vale: complicata operazione arimmetica per trovare i numeri del lotto), quando è affine a *imbroglio*, dice cosa più maliziosa, più tenebrosa. Così *cabalare* è più d'*imbrogliare*, come *cabalone* più d'*imbroglione*. Imbrogliare poi e imbroglione si dice, in altro senso, di chi, parlando o leggendo, non specifica bene le parole.

Cabalista, chi fa le cabale per trovare i numeri. *Cabalone*, raggiratore solenne. — G. MEINI.

2325—2327.
IMBROGLIO, VILUPPO.
IMBROGLIATO, IMPELAGATO.
INTRIGARE, IMPLICARE, AVVILUPPARE, IMPACCIARE.
SVILUPPARE, SVOLGERE.

2325.
Imbroglio, Viluppo.
Imbrogliato, Impelagato.

— Che *imbroglio* è questo? Che razza d'imbrogli mi fate voi? diciamo anche parlando di semplice disordine. Il *viluppo* cade, per lo più, in cose più grandi. Nel viluppo c'entra spesso mala intenzione; l'*imbroglio* può essere effetto pur di poca accortezza, di mente disordinata.

Impelagato (3), o dice imbroglio grave, imbroglio del quale uno non sappia come sbrigarsi, o quantità d'imbrogli. I' mi trovo impelagato in un mare d'imbrogli. Perchè andarvi a impelagare in questa faccenda? E ora come farete a spelagarvi (4)? Gli è un linguaggio de' nostri campagnuoli, e anco de' cittadini. — MEINI.

2326.
Intrigare, Implicare, Avviluppare, Impacciare.

— *Intrigare* dice più d'*implicare*, ed è più nell'uso. *Avviluppare* è meno d'*intricare*. *Impacciare* è talvolta l'effetto dell'avviluppare o dell'intrigare. Uno può essere avviluppato, intrigato, senza sentirsi impacciato. — ROMANI.

2327.
Svolgere, Sviluppare.

Si *svolgono* le cose involte o rinvolte, si svolgono i germi della vita; si *sviluppano* le inviluppate. Là dove non è inviluppo o viluppo, ivi *sviluppare* non ha luogo proprio.

Lo sviluppare è meno facile dello svolgere. Proposizione chiara per sè, si può svolgere con dichiarazioni e commenti; proposizione veramente astrusa, si sviluppa con applicazioni, esemplificazioni, idee nuove. I filosofi pen-

---

(1) PETRARCA: *Nè mi trae d'impaccio* (amoroso).
(2) CASA: *Non si dovria pigliare impaccio di voler far conchiudere i nostri disegni.*
(3) BOCCACCIO: *Di niuno nostro fatto s'impaccino.*
(4) LIP. SONETTI: *Con ladri s'impaccia. - Non t'impacciar con medici e notai.*
(5) VARCHI: *S'ella cava noi di questo errore e di tanti impicci, buon per lei.*
(6) REDI: *Scusi s'io le dò quest'impicci.*
(7) DAVANZATI: *Gli era caro il vederlo impicciato coi Tedeschi.*

(1) FIOR. S. FRANC.: *Più tosto che potea si spacciava da lui.*
(2) BOCCACCIO: *Trovato modo di spacciar le sue pietre.*
(3) FRA JACOPONE; STOR. SEMIFONTE.
(4) FRA JACOPONE. - CARO: *Lasciatelo un poco spelagar da sè.*

sano piuttosto a svolgere con amplificazioni le proprie dottrine, che a svilupparle, togliendo quel ch' hanno d'imbrogliato o d'ambiguità.

2328.

IMPETO, **Impetuosita'**.

L'*impeto* è l'atto; onde porta plurale, e accoppiasi a particelle che concernono l'atto. *Impetuosità*, la qualità più o meno abituale; e se talvolta pare che riguardi l'atto, o lo fa in relazione coll'abito, o par che significhi impeto più forte e più prolungato; e ciò con la stessa lunghezza della parola. Un impeto può essere momentaneo, può dell'intimo pensiero; l'*impetuosità* ha più effetti di fuori. Chi doma via via i primi impeti dell'affetto e dell'ira, muta quella impetuosità che pareva naturale e invincibile. Taluni si contentano di frenare gl'impeti dell'ira; e permettono a sè, anzi fomentano, l'impetuosità degli umori.

2329.

IMPETO, **Empito**.

Empito è corruzione d'*impeto*, ma adottato da illustri scrittori, e vivo in Toscana. Non ogn'impeto si può dir *empito*; l'impeto violento, o continuato con foga, da rapir seco i corpi che incontra, è il solo a cui questo nome si convenga (1).

L'*impeto*, inoltre, non suppone sempre, come l'altro, un corso continuo e più o men prolungato; si può cominciare con impeto e poi allentare.

L'impeto della guerra, della battaglia (2); l'impeto dell'affetto; l'impeto della caduta (3); impeto d'ira (4), di temperamento; impeto di vento (5): modi dov'*empito* non ha luogo. A questo mancano, come a spurio, i derivati legittimi che seguono l'altro.

2330.

IMPETO, **Foga**.

Correr di foga, dicesi ancora in Toscana (6).

Basta talvolta la continuità d'un movimento alquanto veloce, perch'abbia luogo la *foga*: per l'*impeto* si richiede forza maggiore (7). Il Machiavelli, avvicinando le due voci, mostra che le stimava ben distinte di senso: « Riserbando l'*impeto* suo nell'ultimo, e quando il nemico avesse perduto il primo ardore del combattere, e, come noi diciamo, la sua *foga*. »

Io crederei non improprio il dire anco: nella foga del discorso, quando si tratti d'esprimere tanto l'impeto quanto il corso continuato del dire. Demostene va con più impeto; Cicerone, talvolta, va più di foga. Questo secondo genere d'eloquenza può più sugli animi non ardenti. Si dirà foga l'impeto delle passioni; ma meglio che *foga*, impeto degli affetti. Napoleone nelle sue più fortunate conquiste andava di foga; anche nelle più infelici andava con impeto.

---

(1) Borghini: *Dopo ch'è ito fra i monti parecchie miglia, riceve tutto il primo empito e furia dell'acqua.*
(2) Cavalca: *A impeto gli corsono addosso.*
(3) Boccaccio: *Impetuosamente caggiono senza ritegno.* Del cadere giù abbandonatamente non avrebbe detto con empito.
(4) Boccaccio: *Giudice impetuoso.* - Vit. Cr.: *Impetuosità di furore.*
(5) Dante; Boccaccio.
(6) Buti: *Foga è andamento senza trattenersi, e operamento senza tramezzare riposo.*
(7) Dante: *Foga de'pensieri.* - *Foga del montar rompesi... per le scalee.*

2331.

IMPETO, **Furia**.

A furia, in furia.

Furia è più precipitoso, ma talvolta men forte veramente d'*impeto*. Può andare di furia, muoversi in furia, con furia anche un corpo che non ha forza in sè da far impeto (1).

Diciamo: levarsi in furia, fuggire in furia, o a furia: e qui l'impeto non ha luogo, perchè quel modo non esprime allora se non la gran fretta, la quale, sebbene sia spesso accompagnata da impeto, non è però sempre. *A furia*, però, dice più d'*in;* dice fretta non senz'impeto e forza.

La furia nel parlare è più scomposta dell'impeto; è sempre difetto, e però non si suol dire che della rapida pronunzia, non della forza delle idee e delle espressioni e del numero. Si può avere furia a dire anco un calcolo d'algebra, o cosa più fredda, come sarebbero certi discorsi da Parlamento. Molti confondono la furia con l'impeto; ma l'impeto veramente efficace, non è mai precipitoso nè concitato troppo. Quindi è che *furia* si fece sinonimo ad *ira*. Non è già che *furia* non si possa applicare a passione che tenga dell'amore, e *impeto* a passione che tenga dell'odio; ma l'impeto può essere meno rinchiuso dentro; la furia non sa contenere.

Furiaccia, segnatamente per fretta precipitosa, ch'è disordinata e disordina. Impeto non ha forma simile.

2332.

IMPETO, **Violenza**, **Veemenza**.

Roubaud: « Il vigore dello scatto e la rapidità dell'azione danno l'*impeto*; la forza e la costante rapidità de' movimenti, la *veemenza*; l'eccesso, l'abuso della forza danno la *violenza*.

« Stile impetuoso è rapido, talvolta anche troppo; discorso veemente va diritto al suo fine con rapidità potente ad accelerare il successo; satira audace, che non rispetta riguardo nessuno, è violenta.

« *Impetuoso* e *veemente* s'usano e in buono e in mal senso; *violento*, sempre in mal senso, tranne qualch'eccezione rara. »

Romani: « Nell'idea di *violento* non è direttamente compreso, come in quella d'*impetuoso*, lo slancio della forza e il rapido movimento. »

Veemente, da *veho*. La veemenza sta nella forte rapidità. *Violento*, da *vis*. La violenza sta nella forza soverchia, messa in moto. *Impetuoso* da *in-peto*. L'impetuosità consiste non tanto nella forza del corpo, quanto nella forza dell'impulso o del movimento. Moto veemente è meno di moto impetuoso, perchè vi può essere la rapidità e la forza che danno la veemenza, e non v'essere l'impeto.

Moto impetuoso è ora più ora meno di violento. È meno, perchè violenza può significare impeto nocivo, o almeno non senza pericolo. È più, in quanto che un moto anche non grande, ma forzato, può dirsi violento; e l'idea di violenza è relativa allo stato dell'oggetto che opera.

La veemenza del moto si misura, d'ordinario, dall'efficacia dell'azione; l'impeto, dalla rapidità; la violenza,

---

(1) Magalotti: *Si vedrà l'argento risalire con grandissima furia.*

dagli effetti dannosi. Io veggo l'atto d'uomo che sta per sospingere un corpo lontano da sè, e dalla mossa m'accorgo della veemenza del suo movimento; veggo la corsa d'un altro, e dalla rapidità del moto lo giudico impetuoso; veggo i danni cagionati dal rapido passaggio d'un corpo, e dico che quel passaggio è violento. Un cavallo corre impetuosamente, scosta da sè con veemenza ogni ostacolo oppostogli, e nella violenza de' suoi moti calpesta quanto gli si para dinanzi.

Moto innocuo io non lo chiamerò violento, moto dove non veggo straordinaria dimostrazione di forza non lo dirò veemente; moto veemente, ma non molto rapido, non lo dirò impetuoso.

Così, nel traslato, un parlar veemente è pieno di forza ne' concetti e ne' modi; un parlare impetuoso è avventato ne' sentimenti o nella maniera del pronunziare; un parlar violento eccita gli affetti più passionati e più ostili. Certa veemenza del dire può bene conciliarsi con la gravità; l'impeto può essere tutto nel modo di porgere o nella successione delle idee, non nella malignità e nell'acrimonia de' sentimenti; la violenza ha in sè il germe del male.

Veemente è l'eloquenza di Demostene; nelle Filippiche di Cicerone è impeto; in certi discorsi di rivoluzione spira la violenza. Può essere violento un discorso, del resto scipito e fiacco. Può essere impetuoso un discorso, e non veemente; affettare, cioè, l'impeto della passione, e non aver poi la forza del vero affetto.

Guizot: « L'indole violenta si dissimula più facilmente del temperamento impetuoso. I tiranni son più violenti che impetuosi; anzi la crudeltà è sempre fredda. L'impetuosità è talvolta utile; la violenza è sempre vizio. Pietro il Grande era non solo impetuoso e collerico, ma violento ne' suoi disegni di civiltà.

« L'impeto produce il suo effetto o subito o mai: la violenza ha conseguenze anco tarde e lontane. »

Impetuoso può riguardare semplicemente un giudizio dell'intelletto (1); gli altri due riguardano la volontà.

Rimedio violento, dicesi, non altrimenti. Violenta preda, cioè, tolta con violenza; e simili.

E quel che diciamo delle parole s'applichi ai fatti.

Napoleone era veemente ne' suoi movimenti bellici; impetuoso talvolta nelle risoluzioni politiche; talvolta negli atti violento.

2333.
IMPETO, Slancio.
Moto, Mossa, Scatto.

Slancio rammenta troppo l'*élan* de' Francesi, e, massime nel traslato, è da scansare, o da usare con cautela. Quando dicesi: slancio di passione, di immaginazione, può dirsi, secondo il più o men vigore e rapidità, *moto*, *impeto*, *scatto*. Il *moto* ognun vede che è meno di tutti; la *mossa*, un po' più. Lo *scatto*, nello stile segnatamente poetico, è il primo passo dell'estro. Stile poetico, oratorio, che non abbia scatto, non ha potere sugli animi, nè lo scatto lo sa dare l'arte.

Uomo che ha dello slancio, e simili, non è modo elegante, nè usitato in Toscana o da buoni scrittori, ch'io sappia. Ma l'atto dello slanciare, e massime dello slanciarsi, e il primo impeto di quest'atto, non sarà impropriamente da questa parola indicato.

2334.
IMPORTANZA, Peso, Momento.

— *Importanza* riguarda il bene e il male che può tale o tale uomo sperare. *Peso* indica gli effetti gravi (assolutamente) che può la cosa produrre. *Momento*, l'intrinseca efficacia di lei. Una cosa è importante a me, ad altri dappoco. Ma d'affare piccolo, è importante per sola relazione, non si direbbe, parmi, affare di grande momento. Consiglio, discorso, negozio di peso, fa pensare piuttosto alle conseguenze che ne vengono, che all'importanza datagli o ch'esso abbia in sè. — A.

2335.
IMPORTANZA, Interesse, Valore.
Interessante, Importante.

— *Interessante*, cosa o persona, in quantochè ha qualità o relazioni di utilità con la persona che ne può o vuole usare. L'*interesse* è o l'affetto destato dalla cosa interessante, oppure il motivo di omettere, o fare una data azione. Voci da usare assai parcamente, e da evitare al possibile.

Importanza dice quelle qualità o relazioni delle cose le quali fanno sì ch'esse possono più o meno sul benessere umano, e riescano motivi per l'uomo a fare o soffrire qualche cosa. Quindi si dice: non m'importa di conoscere; importa sapere; questa è cognizione importante. Il soggetto che può sul benessere umano, dicesi *importante*. L'importanza significa anche prezzo e valore; ma è un'idea più estesa perchè esprime un poco meglio il sentimento, o l'affezione del soggetto che conosce o cerca o adopera l'oggetto importante.

Persona d'importanza, che può molto sopra affari rilevanti; e: darsi l'aria d'importanza, vale: ostentare autorità sopra cose rilevanti, o che voglionsi far credere tali.

Differisce *importanza* dal *valore* d'affezione, perchè questo deriva spesso da capriccio. Così sono apprezzati più i brillanti del ferro, più le perle del pane. Ma c'è de' momenti che al maggior valore si dà la maggiore importanza. Se un principe balzato dall'onde batte a una capanna, venderà una gemma per un bicchiere di latte e uno strato di paglia. Sarebbe desiderabile, per il bene dell'umanità, che la vera importanza delle cose fosse sempre la misura della stima; e così non si anteporrebbe un lembo di porpora ad un aratro, lo sfoggio di merci straniere ai cotoni tessuti dalla propria nazione. — NERI.

2336.
IMPORTARE, Fare.

Fare, anche quando si considera come affine a *importare*, ha usi più varii. Che mi fa a me cotesto? vale, e: che m'importa? e: che può importarmi? e: che può può sopra di me in bene o in male? Il *fare*, in questo senso, è quasi la ragione dell'importare (1). Ma gli è causa di molt'altri simili effetti. Molti fanno le viste che gl'importi assaissimo delle loro nulla fanno, o nulla dovrebbero fare. E però là dove si tratta d'esprimere non tanto l'importanza quanto la ragione del dover

---

(1) CASA: *Sforzati d'essere un poco più considerato e meno impetuoso.*

(1) BOCCACCIO: *Che vi fa egli perchè ella sopra quel verone si dorma?*

dare importanza alla cosa, diciamo: che fa questo? Non fa nulla, e simili (1).

Un ministro odiato da' suoi soggetti, disprezzato, combattuto, risponderà: non fa nulla. Egli stesso non potrebbe dire: non importa nulla.

Quando la proposizione sia senza il *non* o senza l'interrogazione, *importare* cade, comunemente, più opportuno di *fare*. Dicono taluni: quel che importa più, e che importa meno negli Stati è il danaro; *fa più*, non reggerebbe, o avrebbe altro senso.

In senso ironico, però, diciamo, talvolta, importa di moltoi e anche: fa di moltoi ma il primo è più d'uso.

2337.
IMPORTARE, PREMERE, CALÉRE.

Importare riguarda, talvolta, gli effetti possibili delle cose; *premere*, sempre l'impressione che l'animo ne riceve o dovrebbe ricevere. Non m'importa, non mi preme, s'ode ripetere ogni momento nelle società corrotte: prudenza d'uomini istupiditi. Ma ciò che importa all'alveare importa anco all'ape, ha detto un antico; e guai se all'uomo non premono le cose che all'umanità importano!

Di *calére* alcune forme non sono affatto fuor d'uso. Non mi cale, par ch'indichi più incuranza che gli altri notati; e viene da *calore*, come a dire: non mi fa né caldo né freddo. — CAPPONI.

2338.
IMPOSTA, IMPOSIZIONE, GRAVEZZA, TRIBUTO, TASSA, CONTRIBUZIONE, TAGLIA.

— *Gravezza* è generico: abbraccia, oltre le imposizioni, ogni peso che il governante mette addosso a' sudditi, l'uomo all'uomo. — ROMANI.

— *Imposta*, l'obbligazione che s'impone sulle rendite private per formare una rendita pubblica, destinata alle spese necessarie (o che tali sien credute, o sien fatte credere), necessarie alla sicurezza o prosperità dello Stato. *Imposizione* è una specie d'imposta, una porzione della rendita pubblica, stabilita in certi tempi e modi: e dicesi per lo più, delle gravezze accessorie, aggiunte all'imposta ordinaria.

Tributo è quel che i soggetti danno al principe o al vincitore, secondo certi trattati e norme, o secondo il capriccio del più forte. *Contribuzione* è una somma o un valore qualsia, che si paga da più persone, o da un ordine intero, al medesimo fine. Può la contribuzione farsi anco tra uguali, anco a fine privato. È, d'ordinario, più spontanea, o meno forzata: o tale vuolsi che paja.

Tassa, imposta in somma determinata, ordinaria o straordinaria, messa sopra persone o cose. La *taglia*, in origine, è imposta sul capo; ma dicesi anco delle imposte messe a titolo di particolar dipendenza sul popolo; o delle contribuzioni popolari, ripartite sotto forma di tasse.

L'imposta è pagata dal cittadino; il tributo, da' vassalli, da' vinti popoli o principi; le tasse, da' sudditi o da un ordine di sudditi obbligati a tale o tal cosa d'uso a tale o tal titolo speciale; le taglie, dal popolo considerato come vassallo, servo, che le paghi in certa guisa a titolo fittizio di affrancamento dalla schiavitù e dalla pena. — ROUBAUD.

---

(1) UBERTI: *Questo che fa?* - CECCHI: *A voi non fa niente, e al padrone assai, che lo vuol vendere.*

2339—2340.
IMPOSTA, DAZIO, TASSA, CENSO, RENDITA, TAGLIA, CONTRIBUZIONE, TRIBUTO.
SGABELLARE, SDOGANARE.

2339.
Imposta, Dazio, Tassa, Censo, Rendita, Taglia, Contribuzione, Tributo.

— *Tributo* quel che si paga dal vassallo al sovrano; *contribuzione* l'atto del prestare un tributo diviso sopra molti, com'indica la particella *con*.

Contribuzione, in certo senso, è più generico di *tributo*, perché si contribuisce anco a una spesa che non è propriamente tributo (1).

Tassa è l'imposta in danaro a cui si assoggettano certe azioni, o atti, o persone (2).

Dazio è l'imposta pagata al comune, o al principe, sopra le cose che si vendono o si trasportano. — ROMANI.

— *Imposta*, ogni peso pecuniario posto sulle persone o sulle cose dai governanti. Il censo è misura dell'imposta. E talvolta *imposta* usasi per la somma pagata. Ed è quasi sempre in danaro.

Tributo è quello che il suddito dà al signore, o popolo o principe a popolo o a principe più forte, per segno di sua dipendenza. Differisce dal *censo* in quanto che non serba la proporzione de' beni.

Rendita è più generale. Il *censo* è la rendita computata (3) dall'amministrazione pubblica, per farne norma alle imposte o ai diritti politici.

Taglia, imposta sugli schiavi o i cattivi, la quale pagando si riscattino; o prezzo messo sul capo d'un condannato dalla giustizia, o da quella che giustizia si chiama. Nel senso affine ai notati, *taglia* è imposta grave, e spesso umiliante. — GATTI.

2340.
Sgabellare, Sdoganare.

Si sdoganano le merci pagando la gabella; lo *sgabellare* è il mezzo dello *sdoganare*. Ma dove non è dogana, si sgabella, e non si sdogana (4); dove non c'è da pagare gabella o siasi pagata già, si sdogana, non si sgabella.

Sgabellarsi ha poi senso traslato, affine a *liberarsi, disimpegnarsi*; è dell'uso famigliare, ma non è da sprezzare (5). Diremo dunque: sgabellarsi d'un invito nojoso; sgabellarsi di nojosa compagnia, ch'è la più grossa gabella che mai si possa pagare in società diventata tutta una grande dogana.

Gabella ha senso, come per eella di gravezza tediosa. C'è chi vorrebbe metter gabella fino sopra i pensieri. Tributo, per estensione, d'altre cose che di danaro. Pagare alla natura il tributo con la morte, pagarlo alla debolezza umana con quei difetti che negli uomini singolari pajono più ridicoli e odiosi de' misfatti e de' vizii.

---

(1) GUICCIARDINI: *Offrendo cinquecento lancie e grossa contribuzione di danaro.*
(2) VILLANI: *Fatta l'imposta a tutti i cittadini e cortigiani: la quale era una certa tassa per case, per famiglie, per botteghe.*
(3) Censo.
(4) AMBRA: *Diedemi Tele di rensa..., e di subito l'andammo a sgabellar.* - FIRENZUOLA: *Due balle di fogli che sien messe in dogana a sgabellare.*
(5) VARCHI: *Se n'era sgabellato, scusandosi con dire....*

Quel che sia tributare *gli omaggi*, *la servitù*, e altri simili modi meno indulgenti che abbietti, troppo si sa.

2341—2342.

IN, A.
VERSO, A.

2341.
In, A.

— Egli è a Firenze, è modo che fa riguardare Firenze come un punto determinato; ma quando lo spazio si vuole o si deve indicare più largo, diciamo *in*; per esempio: essere, andare in Italia.

Quand'io dico: egli è a Parigi, intendo determinare Parigi come il punto dove quel tale si trova; e quando dico: in Parigi, intendo che Parigi è lo spazio che lo contiene. Chi è a Parigi, non è nella Stiria (1); chi è in Parigi, non è fuor di Parigi. — LAVEAUX.

2342.
Verso, A.

— *Venire verso*, dice: venire nella dirittura ove io sono; *venire a* può indicare un venire più presso. Vieni a me, vale anco: vieni nelle mie braccia. Verso me, gli è un avvicinarsi, ma non accosto accosto. — LAVEAUX.

2343.

INCITAMENTO, ECCITAMENTO.
INCENTIVO, PROVOCAZIONE.

L'*incitamento* può essere e a male e a bene, tuttoché rado a bene; l'*incentivo*, a male sempre. E l'uno e l'altro possono venire all'animo o dal suo proprio affetto o passione, o da oggetti di fuori. L'incitamento e l'incentivo, quando sono estrinseci, possono venire anco da oggetti irragionevoli e inanimati, o da anime che non intendono produrre tale effetto sull'anime nostre. La *provocazione* viene da uomo ad uomo, e con intenzione d'offendere, e trarre lo sdegno altrui ad atti nemici, i quali diventino pretesto a vendetta. L'animo pronto al bene riceve da tutte le cose incitamento a ben fare (che però meglio si dirà *eccitamento*). Gli animi mal disposti traggono da ogni cosa più pretesto al male che incitamento; e gl'incentivi peggiori li trovano e cercano in sé. La provocazione altrui dovrebb'essere eccitamento ad amare e beneficare; dovrebb'essere interpretata come un'invocazione.

2344—2345.

INCITARE, ECCITARE.
ECCITAMENTO, ECCITAZIONE.

2344.
Incitare, Eccitare.

Galateo: « I piacevoli modi e gentili hanno forza di eccitare la benevolenza; i zotici e rozzi incitano altrui ad odio e a disprezzo di noi. » Ottima distinzione. La benevolenza s'*eccita*; l'odio s'*incita*. Potrebbesi dire, è vero: eccitare odio; ma non: incitare benevolenza, poiché la particola *in* qui suona contrarietà.

2345.
Eccitamento, Eccitazione.

— *Eccitamento* riguarda più direttamente chi eccita; *eccitazione*, colui ch'è eccitato. Può l'eccitamento non cagionare eccitazione. — P. LEOPARDI.

---

(1) E nè anche in Siena. Pur troppo! — A.

2346—2349.

INCITARE, ECCITARE, SPINGERE, STIMOLARE, AIZZARE, ISTIGARE, IRRITARE, INNASPRIRE, PROVOCARE, STUZZICARE, SFIDARE, DISFIDARE.
SFIDARE, AFFRONTARE.

2346.
Eccitare, Incitare, Spingere, Stimolare, Istigare, Aizzare, Irritare, Provocare, Stuzzicare.

— *Incitare* è più forte.

Stimolare, nel proprio, è pungere con lo stimolo i bovi; gli è un modo d'incitare o d'eccitare, al quale non sempre segue effetto (1).

Istigare è uno stimolare più forte; e più al male che al bene (2).

Aizzare è un istigare a sensi di rabbia più che d'altro. Dicesi, specialmente, dei cani (3).

Irritare è un eccitare ire o collera direttamente; consegue dunque l'effetto. Si può, talvolta, aizzare senza irritare. Si può, da un'altra parte, irritare senza aizzare, quando l'uomo è irritato o da chi non vorrebbe irritare, o dall'umore suo caustico.

Provocare è generico. Ma dicesi specialmente di chi aizza, o stimola l'ira altrui, non contro un terzo, ma contro sè stesso.

Stuzzicare è un provocare, per lo più, leggermente (4). — ROMANI.

— *Eccitare*, muovere, promuovere da...: eccitare il fuoco dalle pietre, il calore da' corpi mossi. *Incitare*, muovere a...: incitare al corso i cavalli. Nell'uso, talvolta, e' si confondono; se non che l'incitare è più; *spingere* è meno de' due. Può la spinta sul primo essere violenta, ma non bastare alla continuazione del moto. *Stimolare* è eccitare con pungolo, o con modi che di pungolo, più o men acre, facciano vece. — GATTI.

— Si può stuzzicare e aizzare anco per celia; si provoca daddovero. S'aizza con suggestioni; si stuzzica con parole burlevoli, beffarde, che irritano dolcemente. Si provoca con insulto o con calunnie.

Stuzzicare ha, talvolta, senso più grave; non mai però quanto l'altro.

L'altro non l'ha mai burlevole. — A.

2347.
Irritare, Innasprire.

— *Irritare*, nel traslato, ha senso di sdegno, d'ira; *innasprire*, d'amarezza, di doloroso corruccio. L'uomo generoso non s'irrita contro nemico debole; le anime più dolci son talvolta innasprite da dolori acuti.

Il male, veduto ingiustamente soffrire, irrita; il male, ingiustamente sofferto, innasprisce. — FAURE.

2348.
Sfidare, Disfidare.

Disfidare e *sfidare*, chiamar l'avversario a battaglia. E *sfida*, dicesi il duello, e *disfida*. Si sono sfidati, s'usa più che: si son disfidati.

Parlando del gioco, dicesi comunemente *disfida*. La frase: sfido io, non ammette lo scambio. Diceva un in-

---

(1) BOCCACCIO: *Stimolato da ambasciate....*
(2) MONS. S. GREGORIO: *Istigò la moglie contro a lui.*
(3) BOCCACCIO: *Aizzando gli acuti denti de' feroci cani.*
(4) FIRENZUOLA: *Stuzzicò il veleno dell'invidia.*

gegno bizzarro: si vuole che i grassi sien gente buona: li sfido io a esser cattivi.

Sfidare uno, vale: pronosticare disperata la sua guarigione. *Sfidato*, uomo che non si fida. *Disfidato* non ha questi sensi.

2349.
Sfidare, Affrontare.

Affrontare denota ardire, audacia; *sfidare*, fiducia nelle forze proprie, e orgoglio. Affrontasi il pericolo andandogli incontro, quasi di fronte; si sfida mostrando di averlo per nulla. Affrontare la morte, è cercarla, o non la fuggire; sfidarla, è quasi provocarla che venga, riceverla come se nulla fosse.

2350.
INCITARE, ECCITARE, ANIMARE, SOSPINGERE.

— *Eccitare* è dare il primo impulso, (1); *animare* è sempre più muovere all'atto e impedire il rallentamento dell'opera. — GIRARD.

Animare è quasi ispirare animo maggiore, o animo nuovo.

— S'*eccita* chi non pensa alla cosa, chi non è risoluto, chi opera languidamente. S'*incita* chi è già disposto, ma per raffrettarlo e incalzarlo. Si *sospinge* chi dubita, indugia. Si *anima* chi non ha spirito assai. — ROUBAUD.

2351.
INCITARE, IRRITARE.

L'incitamento è impulso; l'irritazione è un più lungo sollecitare o stuzzicare. L'incitamento è più manifesto. *Incitare* è destare una disposizione, mettere una voglia, un movimento nell'animo; *irritare* è promuovere un'inquietudine dolorosa, la qual porti a dire o operare. S'incita sempre deliberatamente; anco non volendo, s'irrita. L'iracondo, l'appassionato, a volerlo calmare, s'irrita. L'incitamento è sempre dell'animo; l'irritamento può essere della fibra.

2352.
INCITARE, AIZZARE, ISTIGARE.

— S'*aizza*, istigando a sdegno, a ira, ad atti che da quelle passioni muovono; anco a impeti di bizzarria o vivacità eccedente. S'*istiga*, a cosa non buona, per lo più. S'*incita* anco al bene, di rado però. — GATTI.

2353.
INDIETREGGIARE, ANDARE INDIETRO, RETROCEDERE, RETROGRADARE, ARRETRARSI, RINCULARE.

— *Arretrarsi* è del verso, e vale: trarsi addietro anco un po'. *Retrocedere*, andare addietro (2). *Rinculare* ha senso alquanto basso, nè giova adoperarlo così sovente come nelle descrizioni guerriere fanno. Ma pare ormai proprio o inevitabile ad esprimere quel moversi che fanno addietro violentemente le artiglierie nella scarica.

Retrogradare, termine propriamente astronomico, s'applica bene al corso delle cose, al muovere della civiltà, e simili, che son soggette a leggi non men regolari, sebbene più ascose che quelle de'pianeti e de'cieli. *Indietreggiare* sarà buono a denotare certa destrezza nel moto; e ben si dirà di cavallo, d'uomo che si schermisce dall'avversario assalente; d'esercito, o parte di quello, che retrocede non per timore o debolezza, ma per meglio prendere il suo vantaggio. — GATTI.

---

(1) *Cico, Cito*: voleva chiamare.
(2) *Cedo*, dice moto.

— *Rinculare* dipinge direzione contraria alla naturale, *retrocedere* suppone passi fatti avanti, e altri poi fatti addietro. Quello del granchio non è un rinculare nè un retrocedere; è un andare indietro.

Retrogradare dicevansi certi pianeti, quando nell'eclittica pajono andare indietro piuttosto che innanzi, e muoversi in direzione contraria agli altri segni. Ancora potrebbe adoprarsi ad esprimere quest'apparenza, o ad altro uso simile. — ROUBAUD.

2354—2357.
INDIETRO, ADDIETRO, DIETRO, DI DIETRO.
A RITROSO, ALLA RITROSA.
RITROSO, RICALCITRANTE, RESTIO.
RITROSIA, RITROSAGGINE, RUSTICHEZZA.

2354.
Indietro, Addietro, Dietro, Di dietro.

Di due che corrono, l'uno rimane addietro, non indietro; quegli che vince, si lascia gli altri non indietro, ma addietro. Ma d'un lavoro che non sia condotto tant'oltre quanto converrebbe, diremo: essere molto indietro, trovarsi indietro.

Diciamo: ne' tempi addietro; non: ne' tempi indietro (1).

Dove si tratta di movimento, meno determinato, *indietro* sarà più proprio; dove, di spazio più lontano da un dato punto, sta meglio *addietro*. Si torna addietro, quando deliberatamente si riviene al punto donde si partì; si torna indietro, quando, invece di procedere innanzi per qualunque siasi ragione, si ricalca in parte la via misurata.

Chi fugge, torna indietro, non addietro. Chi insegue, grida al nemico non: addietro! ma: indietro!

Quindi è che si torna indietro anche col viso rivolto alla parte opposta a quella a cui tende il passo, ch'è quel che dicono i verbi *indietreggiare*, *rinculare* (2).

Si guarda *dietro* a uno, quando si cammina innanzi, e noi seguitiamo a guardarlo. Si guarda *addietro* o *indietro* quando ci volgiamo col viso alla parte opposta a quella a cui abbiam volta la persona per guardare qualcosa.

Nelle scienze giova spesso tornar addietro col pensiero, perchè le tradizioni son sempre rispettabili, e la storia di quel che fu fatto giova a meglio indicare il da farsi; non giova però tornare indietro, come pretendono molti. E perchè molti confondono l'*addietro* con l'*indietro*, la letteratura e il mondo van poco innanzi. In religione si va spesso indietro col non tornare addietro; e la riforma degli abusi sarebbe tenersi a' precetti e agli esempi del Vangelo, degli Apostoli e della Chiesa prima.

Tirarsi, farsi indietro, e in senso proprio e in traslato (3); rendere indietro (4); indietro indietro (5): modi da non si scambiare.

---

(1) Bene però nella lettera senese del 1860, stampata dal signor Fanfani: *Come avemo costumato di fare da qui indietro*. Altro notabile, anzi terribile, esempio dell'uso di *dietro* è nella lettera stessa: *Fiorenza acconceremo noi si che giammai non ce ne miraremo drieto*. (Non ci volteremo a guardarla, sicuri e iti innanzi.) Dal 1860 al 1857 siamo per verità poco innanzi.

(2) PETRARCA: *Il piè va innanzi e l'occhio torna indietro*.

(3) BOCCACCIO: *Non per tanto da amare il re indietro si voleva tirare*.

(4) BOCCACCIO: *Già venduta indietro la borsa... alla femminetta*. - *Prendendo di questi (pesci), alle giovani cortesemente gli gittava indietro*.

(5) DANTE: *Come la navicella esce di loco Indietro indietro*.

— *Indietro* dice distanza minore, e talora men volontaria di *addietro*.

Dietro, come ognun vede, è più indeterminato che non *di dietro*. *Dietro* vale anche *dopo*. Dante: « Continuò come colui che dice, E 'l più caldo parlar dietro riserva. » Precetto bellissimo di serbare da ultimo il più forte, perchè l'uditore se ne vada più scosso.

Dar volta addietro (1); fare stare uno indietro, cioè tenerlo a dovere, a segno (2); correr dietro a chi fugge, cioè affaticarsi per conseguire cosa difficile o impossibile (3); stare indietro; stare un tantino, un passettino indietro, per significare minore di pregio; non avere il viso volto di dietro, cioè non essere brutto (4); esser indietro, parlando di studii, di scienza o di vantaggio qualsiasi; esser o andare perso, perdersi dietro a chechessia (5); star dietro a uno, cercarlo con premura; andar il guadagno dietro alla cassetta, scapitar nella vendita (6); tornare un passo addietro, ripigliare il discorso da più alto; perdere o sperdere il tempo dietro a qualsiasi persona o cosa (7); voltarsi indietro, pensare agli anni passati, e anche guardare a chi sta peggio di noi; tirar dietro una cosa a qualcuno, pressarlo perchè l'acquisti, che dicesi anco di persone, in fatto però di matrimonii (8); modi vivi anche in Toscana, che non soffrono scambio. — MEINI.

2355.
A ritroso, Alla ritrosa.

I.° *A ritroso* esprime l'atto; *alla ritrosa*, l'abito o atto più prolungato: si fa anche un sol passo a ritroso, si cammina alla ritrosa.

II.° *A ritroso* s'accoppia anco col *di*; *alla ritrosa* sta da sè.

III.° *A ritroso* ha traslato; *alla ritrosa*, non tanto. Fare a ritroso di quel che gli altri fanno, si dice; non: fare alla ritrosa.

IV.° Si pone una cosa a ritroso; alla ritrosa si va (9). Il primo, anche dello stato; il secondo significa movimento.

2356.
Ritroso, Ricalcitrante, Restio.

— *Restio*, che risità, che non vuole ire innanzi; *ritroso*, che va a retro, *retrorso* (10); *ricalcitrante*, che tira calci per non andare innanzi, o per non obbedire in nessuna maniera. Il terzo, dunque, è più del secondo; il secondo, più del primo.

Restio e *ricalcitrante* dicesi di bestia (11); *ritroso* non tanto. Nel traslato, uomo lento al bene, è restio; uomo svogliato dal bene e tendente al male, ritroso; uomo che resista alle correzioni e allo stimolo, ricalcitrante. — ROMANI.

— Il *restio* resiste per forza d'inerzia; il *ritroso* ha volontà contraria; il *ricalcitrante* combatte, con atti più o meno ostili, il movimento al quale si vorrebbe avviare. — VOLPICELLA.

2357.
Ritrosia, Ritrosaggine, Rusticchezza.

Ritrosia è l'abito e l'atto e il sentimento: *ritrosaggine* è l'abito, e non buono nè bello. *Ritrosaggine* dice volontà spesso avversa al piacere degli altri; la ritrosia a cosa non buona o non conveniente, può essere necessaria, lodevole. Può nel pudore, nella modestia, nella moderazione essere una gentil ritrosia (1); la ritrosaggine è dispettosa. La rusticchezza è ritrosaggine goffa e spiacevole.

E questa ha sensi più varii: e può anco denotare naturale rozzezza che non sia colpa, e abbia co'difetti congiunti de' pregi.

2358.
INDIFFERENTE, NEUTRALE, IMPARZIALE.

— *Neutrale*, chi non si dichiara nè per l'una nè per l'altra parte; *indifferente*, che non sente piegare l'opinione o l'affetto nè all'una parte nè all'altra, che non rinviene fra le due differenza di merito o d'amabilità o di verità o d'importanza. Si può non essere indifferente in una disputa, in una guerra; si può amare una parte piuttosto che l'altra, eppure non dichiarare il proprio favore. Inoltre, la voce *indifferente* ha sensi più varii. Si può essere indifferente o no, non solo laddove si tratti di due partiti che contendono, ma in tutte quante le cose che tocchino l'opinione e l'affetto, o si tratti d'altri o di noi; neutrale non potete essere se non nella discordanza degli altri. — ROMANI.

— *Neutrale*, chi ha risoluto o fa mostra di non voler appartenere nè a questo nè a quel partito: *indifferente*, chi non pende nè da questa parte nè da quella; chi non iscorge differenze notabili di bene che lo movano a prescegliere questa cosa o quella; chi, per conseguente, non si turba se l'una cosa segua o l'altra contraria. — VOLPICELLA.

— L'indifferenza riguarda il bene e il male, e può essere, nell'operar l'uno o l'altro, quasi una mancanza di elezione. L'imparzialità è ne' giudizii. — A.

2359.
INDIFFERENTE, INSENSIBILE, IMPARZIALE, INDOLENTE.

— L'*indifferente* sente, ma non è commosso; l'*insensibile* non sente punto. L'indifferenza può essere un bene; l'insensibilità, mai. — FAURE.

— L'*imparziale* sente, ma gli affetti di lui sono governati dalla giustizia. Di scrittori o dicitori parlando, l'imparziale distingue le buone e le ree qualità come dell'amico così del nemico, ne parla in modo esplicito, con tranquillità, con franchezza; l'indifferente non discerne o mostra di non discernere nè il bene nè il male; nasconde l'uno e l'altro, o ne parla come se per lui fossero tutt'uno. « Si conviene alla storia (dice un critico oltramontano) essere imparziale, non però indifferente. »

---

(1) MALMANTILE.
(2) CORTIGIANA.
(3) TANCIA.
(4) TANCIA.
(5) DRAMMI RUSTICALI.
(6) FIERA.
(7) FIERA.
(8) FIERA: *Tor moglie e quella tor ch'io ti proposi, T'offersi, ti mostrai, ti trassi dietro.*
(9) G. VILLANI: *Le insegne del Comun di Firenze a ritroso in sul detto carro.* - DANTE: *Il giglio Non era ad asta mai posto a ritroso.* - DITTAMONDO: *Pensa ch'io giva bene alla ritrosa.*
(10) DANTE.
(11) F. BARBERINO: *Cavallo uman divenuto restio.* - MON. S. GREGORIO: *Buoi recalcitranti.* - *Incominciava lo cavallo a recalcitrare.*

---

(1) Onde di donna parlando, è lode il dirla col Tasso (Aminta): *Oimè! quando ti porto i fior novelli, Tu li rifiuti ritrosetta.* — POLIDORI.

Indifferenza e *imparzialità* si dicono del bene e del male, del giusto e dell'ingiusto; *insensibilità*, del piacere e del dolore; *indolenza*, di quest'ultimo specialmente. Cérta indolenza è colpevole, non che spregevole; quando cioè riguarda quelle cure di cui il nostro stato c'impone. C'è una imparzialità fallace; una indifferenza affettata; l'insensibilità e l'indolenza sono quasi sempre per temperamento o per abito. — POLIDORI.

2360—2363.
INGEGNARSI, INDUSTRIARSI, STUDIARSI, SFORZARSI, ADOPRARSI.
STUDIARE, IMPARARE.
STUDIO, DISCIPLINA.
INDUSTRIOSO, INDUSTRE, INGEGNOSO.

2360.
Ingegnarsi, Industriarsi, Studiarsi,
Sforzarsi, Adoprarsi.

— Nell'*ingegnarsi* è più artifizio: nello *studiarsi*, più cura; nello *sforzarsi*, maggior fatica, ma l'esito sovente incerto o scarso. L'*adoprarsi* suol supporre la buona riuscita. L'uomo s'adopra per sè e per altri. L'*industriarsi*, nell'uso più comune, ha fine più speciale di utilità e di bisogni materiali. — A.

2361.
Studiare, Imparare.

— Si *studia* per imparare o per fare; s'*impara* studiando e ascoltando e facendo e fallando. Talvolta, chi più studia, meno impara. Si può imparare una lingua senza studiarla proprio: da bambino o ne' viaggi. — GIRARD.

2362.
Studio, Disciplina.

— *Studio* riguarda, più direttamente, la disposizione e attenzione dell'animo e dell'ingegno; *disciplina*, la pratica e l'arte. — FRONTONE.

2363.
Industrioso, Industre, Ingegnoso.

— *Industre*, e la persona e la cosa fatta con industria: *industriosa*, la persona. — ROMANI.

— L'*ingegnoso* pensa il da fare; l'*industrioso* trova modo di fare. Può l'uomo essere poco ingegnoso nella industria molta; può essere ingegnoso e indolente. L'uomo nasce ingegnoso; industrioso può diventare. — GUIZOT.

2364—2366.
INGEGNO, GENIO, TALENTO, TALENTI,
TALENTONE, TALENTACCIO.
UN GENIO, UN UOMO DI GENIO.
INGEGNETTO, INGEGNINO, INGEGNUCCIO, GENIETTO.

2364.
Genio, Talento, Talenti.
Un genio, Un uomo di genio.

I puristi concedono che si dica *talenti*; a *talento* non danno il passo: tanto è vero che in tutte le cose di questo mondo, dove passa il più, non può molte volte passare il meno. Ma dicono essi: *talenti*, plurale, sta bene perchè accenna ai cinque, ai dieci talenti del Vangelo. E se *danaro* per *danari* è voce ormai consacrata, sebbene un solo danaro (se stiamo all'etimologia) non faccia somma, perchè non dunque *talento*? E il Vangelo, non parla egli anche d'un solo talento? E il talento non conta egli per dir molte monete? (cioè, contava: scusate). Fatto è che questa voce ha tanti usi e si comodi, che proscrizione nessuna potrà discacciarla, per ora, fuor della lingua.

Quanto al *genio*, ognuno rammenta la disputa del Napione col Cesarotti, il quale voleva fosse lecito dire non solo ch'egli era *un genio*, ma che era *un uomo di genio*. E per dir vero, questa seconda frase non è tutt'uno con l'altra; dice un po' meno. L'uomo di genio n'ha più o meno, del genio; il genio è tutto genio. Dante è un genio; il Petrarca un uomo di genio. L'Ariosto ha più genio del Tasso. Il Foscolo non era un genio, ma aveva del genio forse più del Monti. San Tommaso è un genio; il Voltaire ha il genio dello scherno. Ma il Voltaire è un miserabile quando vuol porre in ridicolo il genio: segnatamente quello della virtù, ch'è il più sacro di tutti.

2365.
Genio, Ingegno.

— Il *genio* s'applica, segnatamente, all'arti e alle scienze; l'*ingegno*, a ogni cosa. — TURPIN DE CRISSÉ.

— Il *genio* è eccellente in una o in poche arti teoriche o pratiche; l'*ingegno* può possedere variissime cognizioni. — D'OLIVET.

— *Genio*, nel senso moderno, è la forza dell'ingegno che crea: la forza dell'animo motrice di grandi azioni.

Ingegno è la forza dello spirito a percepire le cose, a discernerle, a giudicarle. L'*ingegno* può essere piccolo. *Genietto*, o simile, non si direbbe mai in questo senso, ma sì d'una disposizione ad amare con più debolezza che merito certe cose che non ispirano il genio. — ROMANI.

Il genio genera; chi confronta, raccozza, non è un genio. C'è anche il genio della critica; se non che quella è critica che non giudica solamente, ma apre altresì nuove vie.

Il genio, per dir così, non ha gradi; l'ingegno almeno non può misurarli, e il genio suo pari non vuole. Quindi questa voce non ha accrescitivo nè diminutivo usitato. Chi dicesse del tal poeta, del tal maestro di musica: *un genietto*, verrebbe a dargli e a togliergli insieme la dote del genio. Ben si direbbe *ingegnetto* (1), *ingegnino*, *ingegnuccio*.

D'un bambino parlando, siccome diciamo *sennino*, così nulla vieta dire *ingegnino*.

L'*ingegnetto* e l'*ingegnino* posson essere vispi, acuti; l'*ingegnuccio* è piccolo e meschino: l'ingegnetto di un artefice, l'ingegnuccio di un pedante. Certi ingegnini quanto più si assottigliano, tanto credono parere più forti.

Tutti, nascendo, ricevono da natura un ingegno (2), più o meno acuto, più o meno alto (3). C'è degli ingegni forti alle cose maggiori, e deboli alle minori.

Hanno ingegno, in certo modo, anco le bestie (4); ingegnosissima nelle sue operazioni dicesi la natura; ingegnose si dicon le cose fatte con certo ingegno (5). Ingegno dicesi pure un accorgimento ingegnoso (6), e un'opera materiale che richiegga un certo congegno di parti.

Da *ingegno* si fa, in varii sensi, *ingegnarsi*, *ingegnere* (7), *ingegnosissimo*; e questi derivati provano anch'essi

---

(1) DAVANZATI.
(2) BUTI: *Ingegno lo naturale intendimento che l'uomo ha.*
(3) BOCCACCIO; DANTE: *Alto.*
(4) L. AMORE.
(5) PETRARCA: *Chiavi.* - REDI: *Correzioni.*
(6) LIVIO: *Per tale ingegno fu la legge gabbata.* - PETRARCA: *Tuo' ingegni ritentare.*
(7) SERDONATI.

che l'ingegno ha varii gradi e varie qualità. Specialmente l'*ingegnarsi* si applica anche ai più tenui esercizii dell'ingegno (1).

2366.

Talento, Talenti.
Talentone, Talentaccio.

— *Talento* è l'inclinazione naturale dell'ingegno ad applicarsi a tale o tal cosa, quella inclinazione che assicura ed agevola la riuscita. — ROMANI.

Questa è voce delle tante venuteci col cristianesimo. Ognuno rammenta la parabola del servo ch'ebbe cinque talenti; e ne guadagnò cinqu'altri; di colui che tre n'ebbe e tre ne lucrò; di colui che ne ebbe un solo, e lo sotterrò per paura, e fu punito. Guai a chi sotterra il talento! Di qui venne che ogni grazia donataci dal cielo, e quella segnatamente dell'ingegno, fu chiamata talento, per onore non alla mente umana, ma alla verità che la illumina. Di qui segue che il plurale *talenti* dice un po' più. Un uomo di talento fa bene la cosa alla quale s'è dedicato. Per pochi talenti ch'uno abbia, ha pure anch'egli il talento suo; può riuscire a qualche cosa nel mondo.

L'uomo che ha de' talenti è certamente uomo d'ingegno; ma un ingegno grosso, pesante, non è un uomo di talento.

Il genio non è sempre unito a quello che volgarmente si chiama *talento*. C'è qualche uomo di genio, che in certi momenti ragiona e opera peggio d'uno sciocco.

Talentino, talentone, talentaccio, sfasciato, spaccato, son modi dell'uso. I due ultimi han senso di celia. Il secondo dice, scherzando, l'abuso del non molto ingegno in cose dappoco; *talentone* dice ironicamente il non molto ingegno.

2367.

INSEGNA, BANDIERA, STENDARDO, IMPRESA, GONFALONE.

Una *bandiera*, un' *impresa* può essere insegna (2). Ma *insegna* è più generale.

Bandiera è drappo attaccato ad asta con colori o figure, e portasi in battaglia (3) e altrove.

Stendardo è drappo steso sopra uno o due regoli, retto da un'asta; portasi nelle processioni, e vi stanno dipinte imagini sacre (4). La milizia anch'essa aveva, e può avere stendardi (5).

Impresa è una specie d'insegna che dichiara simbolicamente o con parole l'oggetto a cui tendevano le belliche imprese del cavaliero; ed era dipinta sull'arme o sugli abiti o sulle bandiere. Si trasportò quindi ad insegne non belliche, ma gentilizie o scientifiche.

Gonfalone è stendardo del Comune, che soleva portarsi anche in guerra; onde *gonfaloniere* fu detto il capo del Comune, altrove *podestà*, dacchè nel Comune è il punto a cui s'accentrano i diritti insieme e i doveri, e domestici e pubblici (1).

2368.

INSEGNA, BANDIERA, VESSILLO, PENNONE.
BANDIERUCCIA, BANDERUOLA.
BANDIERA DA OGNI VENTO, BANDERUOLA.
INSEGNA D'OSTERIA, SERVIR D'INSEGNA.

— *Bandiera*, insegna, per lo più, militare; *insegna*, voce generale, indicante qualunque sia contrassegno posto a un oggetto per denotare l'ufficio suo o per distinguerlo come che sia: insegna d'osteria, di bottega, di locanda; insegne militari, reali. *Vessillo* era l'insegna militare ai Latini, ma mobile (2). È voce d'uso eletto. Una *banderuola* leggiera, una *bandieruccia* stracciata, vessillo non è. Ogni meschina setta inalbera la sua bandiera; il vessillo è più rispettabile. Onde la Chiesa sublimemente della croce canta: « S'avanzano i vessilli del re. »

Pennone è la banderuola posta in cima alla lancia, o all'albero delle navi; e se ne fa *pennoncello*.

Bandiera da ogni vento, uomo che muta opinioni e affetti e portamenti e linguaggio a seconda de' casi. *Banderuola*, assolutamente, uomo ancora più volubile; ma questo può essere per incostanza o debolezza, non, come l'altro, per cupidità e con tradimento. *Insegna d'osteria* o *servir da insegna*, chi dà, o è fatto dare senza sua saputa o a mal grado, il proprio nome e l'autorità per servire ad altrui fini vili. — GATTI.

2369.

INSEGNA, STEMMA, ARME.

— *Stemma*, lo scudo o altro in cui sono dipinte le insegne e le distinzioni simboliche d'una famiglia. Lo stemma porta dunque l'*insegna*. E non ogni insegna è stemma. *Arme* è più generale, perchè comprende anco le insegne de' principi e delle nazioni (3). — ROMANI.

2370.

INSEGNA, INTRASEGNA.

— *Insegna* semplice non è *intrasegna* (4), perchè *intrasegne* sono le figure o segni varii di cui si compone un'insegna. Malespini, capitolo 48: « Per lo suo amore portavano e ritenuono la sua insegna addogata bianca e rossa con diverse intrasegne. » — POLIDORI.

2371.

INTERROTTO, INTERCETTO, INTERCETTATO.

— *Intercetto*, di cosa che nell'essere o innanzi d'essere spedita da luogo a luogo, è ritenuta, e non più mandata laddove l'inviante intendeva (5). Cosa *interrotta* nel suo corso, primieramente si suppone che sia già in cammino; poi, che dopo l'interrompimento riprenda o possa riprendere il corso suo. Questo non sempre, ma sovente o talora. All'incontro, la cosa intercetta, quasi sempre intendesi che non arrivi più al suo destino. Usasi *intercettato*, ma è più pesante; se non che il verbo non si può fare altrimenti. — ROMANI.

---

(1) DANTE: *S'ingegna indarno di riducerlasi a mente.* - Per apparir ciascun s'ingegna. - PETRARCA: *Pur ch'io m'ingegni Che di lagrime pregni Sien gli occhi miei.*
(2) DANTE: *Io portava nel viso tante delle sue insegne che questo non si potea ricoprire.* - VILLANI: *Insegna reale.*
(3) VILLANI: *Con sue bandiere e tende si accampò.*
(4) DAVANZATI: *Calici, croci, stendardi, paramenti.*
(5) ARIOSTO: *Porta in campo giallo un drago nero Nello stendardo.*

TOMMASEO, *Diz. dei Sinonimi.*

(1) VILLANI: *E diedero per insegna al gonfalone mezza l'arme del Comune e mezza quella del popolo di Firenze.*
(2) Vedi.
(3) SACCHETTI: *L'arme del giglio del Comun di Firenze.*
(4) Non è dell'uso odierno, ma fa notar cosa non avvertita da'compilatori de'nostri vocabolarii.
(5) GIAMBULLARI: *Lettere intercette.*

2372.
INTERVALLO, INTERRUZIONE.

— L'*interruzione* è una specie d'intervallo; non ogni *intervallo* è interruzione. — ROMANI.

— *Intervallo* è distanza da un punto all'altro. *Interruzione* è non continuazione di quel che continuare doveva. Quello si dice, più propriamente, del tempo, dello spazio; questo, e del tempo e dello spazio e dell'opera. — MEINI.

2373.
INTERVALLO, SPAZIO.

Parlando del tempo, *spazio* è sempre indeterminato; e siccome nel luogo denota una certa ampiezza, così nel tempo, lunghezza. E rappresentando durata non fermamente circoscritta, vale talvolta: agio d'operare. L'*intervallo* è più breve, e segna i due termini. Spazio (non: intervallo) dell'eternità, della vita; ma: intervallo tra il nascere ed il morire. Lucidi intervalli, que' lampi di ragione che balenano al pazzo o al mentecatto: senonché questi infelici hanno in sè più luce di mente assai volte, che non paja a noi, più smemorati e più insani di loro, e matti, non foss'altro, dal crederci savi troppo.

Intervalli, le pause periodiche d'ogni movimento.

Spazio, come generico, si può, talvolta, adoprare in luogo d'*intervallo, distanza*; questi in luogo di quello più raro assai.

2374.
INTERVALLO, SPAZIO, DISTANZA.

Ogni estensione è *spazio*; questa è voce indeterminata che indica l'estensione senza circoscriverla. *Distanza* è intervallo determinato fra due punti. Lo spazio si può dire immenso, infinito; la distanza non si può dire così senza iperbole; l'intervallo, in modo nessuno.

Quel tratto di cielo nel quale i pianeti si muovono è *spazio*; gli astronomi misurano le distanze da pianeta a pianeta. *Distanza* desta l'idea di più o men lontananza, *intervallo*, di più o meno prossimità.

Diciamo: fra gl'intervalli, e non: fra le distanze; perché *intervallo* avendo due termini estremi, ha pure un mezzo per il quale si passa.

Nell'arte militare, *intervallo*, dice il Montecuccoli, è da spalla a spalla; *distanza*, da petto a schiena. Due battaglioni schierati nella medesima linea, son separati da un solo intervallo, ch'è quella via che si lascia aperta fra la sinistra del primo e la destra del secondo; ma ognuno di essi han più distanze, e son quelle che separano una spalla dall'altra, quella che li separa dai battaglioni schierati dietro su altra linea. Questi battaglioni poi camminando in colonna, non sono separati da alcun intervallo, ma da una distanza; ch'è quel vuoto che riman tra la coda del primo e la testa del secondo.

2375.
INTERVALLO, INTERSTIZIO.

Interstizio, breve intervallo. I piccoli spazi vuoti, disseminati nella massa de' corpi, sono interstizi. *Intervallo*, in origine, significava lo spazio frapposto tra i pali che formavano il vallo del campo: ma, per similitudine, si disse di qualunque siasi spazio interposto fra due corpi o luoghi o tempi (1).

---

(1) VARCHI. *Case con sì grande intervallo separate*. - VILLANI: *In questo intervallo di tempo*. - BERNI: *Era senza intervallo il lor ferire*.

2376—2378.
INVIARE, MANDARE.
SPEDIRE, ESPEDIRE.
LICENZIARE, ACCOMIATARE, CONGEDARE.

2376.
Inviare, Mandare.

— *Inviare*, propriamente, mettere in via, indirizzare; *mandare* dice commissione, e comando talvolta; vale: comandare e raccomandare che si vada.

Nel neutro passivo diremo *inviarsi*, e non *mandarsi*. Mandar via, non: inviar via. Molti traslati ha *mandare*, suoi proprii. — ROCCO.

2377.
Spedire, Espedire.

— Il secondo è latinismo, raro; ma nel senso di rendere spedito, di togliere gl'impedimenti, può, talvolta, aver luogo; *spedire* è più comune nel senso affine a *inviare*. — GATTI.

2378.
Licenziare, Accomiatare, Congedare.

— Chi *congeda*, permette ch'altri se ne vada, per poi forse tornare a suo tempo. *Accomiatare*, nell'uso, è più nobile, come: prender comiato; e non dicesi che d'alte persone. *Licenziare* è congedare per sempre, sebbene l'origine della voce paja più mite (1). Licenziare un servitore, un colono dicendo si provvegga altrove. La licenza della miseria e dell'abbandono concedesi nel mondo anche troppo largamente; e poi si corrucciano s'altri la piglia, come se fossero essi gli abbandonati.

S'accomiata in modo onorevole o amorevole; si congeda anco male. Poi si dà congedo ai soldati, che vadano per qualche tempo alle case loro; congedasi un impiegato, o gli si toglie l'uffizio, lasciandogli pensione o no.

Si licenzia in forma non sempre amorevole e rispettosa.

2379.
INVIATO, LEGATO, AMBASCIATORE, DEPUTATO, AGENTE, NUNZIO.

— Gli *ambasciatori* e gl'*inviati* parlano ed operano in nome della nazione o del principe che li manda; i primi rappresentano la nazione o la corte; i secondi son semplici ministri, autorizzati ma non propriamente rappresentanti.

I *deputati* parlano e trattano in nome d'una società, d'un corpo, d'un popolo. L'ambasciatore e l'inviato sono rappresentanti ministri; il deputato è rappresentante agente e, talvolta, deliberante. — GIRARD.

— Così l'*ambasciatore* come l'*agente* sono inviati da principe o da repubblica ad altro governo per affari politici, ordinarii o straordinarii: ma l'agente non ha veste pubblica; tratta gli affari del governo che l'invia, in modo quasi privato; l'ambasciatore rappresenta il mandante o i mandanti; ha lettere credenziali, e l'altro ha solo lettere di raccomandazione; è ricevuto in udienza, laddove l'altro si volge a tale o tale ministro. — LAVEAUX.

— L'ambasciatore parla e tratta in nome del governo, del principe suo; l'inviato è un semplice ministro di secondo ordine, che tratta con meno solennità, ed or con eguali poteri, or con minori. Può l'inviato esser mandato da private persone a private persone, o da governo a privati: questo, insomma, è vocabolo assai più generale. Il deputato mandasi o soltanto per manifestare i sensi

---

(1) *Licet*.

d'un governo, d'un popolo, di parte di quello; o per trattare le faccende, e aver parte alla deliberazione delle leggi.

Legato e *nunzio* erano voci di senso generale: oggidì si restringono ad ambascerie ecclesiastiche. Rimangono però nella memoria degli uomini i nunzii di certa dieta; e *legazione* ha senso tuttavia pur troppo profano. — GATTI.

2380—2384.

INVIATO, LEGATO, AMBASCIATORE, NUNZIO, DELEGATO, DEPUTATO, CONSOLE, MINISTRO.
IMBASCIATA, AMBASCIATA.
MANDATO, MESSO.
MESSAGGIERO, NUNZIO.
MESSO, NUNZIO.

2380.

Inviato, Legato, Ambasciatore, Nunzio, Delegato, Deputato, Console, Ministro.

— *Legato* era a' Romani nome generico, equivalente ad ambasciatore; ma l'uso l'ha ristretto a significare ambasciatore di corte, e segnatamente i prelati dalla sede romana mandati al governo delle provincie o in corte di principi (1).

Delegato, aggettivo, vale persona alla quale dall'autorità competente è commessa civil commissione; sostantivo, indica dignità provinciale od urbana. Il delegato di Venezia, cioè della sola città co' dintorni, il delegato d'Ancona, cioè di tutta la provincia d'Ancona.

Ambasciatore è persona mandata ad altre corti a difendere gli utili e quella che tiensi dignità del principe suo.

Se l'ambasciatore avesse per fine soltanto il fare un complimento, il perorare una causa ed andarsene, dicevasi un tempo *oratore*.

Nunzio, la persona inviata dal papa a altre corti.

Inviato, persona spedita a tempo da repubblica o da altra signoria per faccende o per complimento (2).

Deputato è colui ch'è mandato a nome di qualche corpo della società a rappresentarne i diritti o i bisogni, o nelle assemblee civili o politiche, o presso il Sovrano.

Il *console* è mandato o eletto a vegliare in paese forestiero alla difesa de' diritti de' cittadini dello Stato mandante, che in altro Stato passano o vi dimorano.

Ministro chiamasi oggidì, anco l'ambasciatore; perchè *ministro* è vocabolo generalissimo.

Questi vocaboli hann' anche senso privato: ma sì chiaramente distinto, che lo spiegarli è superfluo. — ROMANI.

2381.

Imbasciata, Ambasciata.

Si fa, si porta, si passa un'*imbasciata* ridicendo, a nome di colui che ci manda, le cose ch'egli commise di dire (3). Quest'è il senso vivo della parola; nè *imbasciadore, imbasceria, imbasciatrice* direbbesi più. Ambasciatore amoroso, ha senso di celia.

Quando si tratta di cosa pubblica, allora si scrive coll'*a*: segretario d'ambasciata, ambasciata solenne (4).

Ben dicesi *ambasciata* anco l'imbasciata (1), ma non viceversa. Gli scrittori antichi non facevano questa distinzione. Ma gioverebbe o stabilirla, o scegliere l'un de' due, e smettere l'altro.

2382.

Mandato, Messo.

— E *messo*, e *mandato*, adiettivi sostantivati: ma il primo ha, nell'uso, più espressa forma di sostantivo. Ed è ancora più generico; laddove l'altro ha non so che di più nobile, significa, più direttamente, la commissione ricevuta. Chi va per trattare negozii politici è *mandato*, non *messo*, oggidì: messo, chi porta un fardello, una lettera; nè si direbbe così senz' altro: un mandato.

Diciamo, per iscusarci recando ambasciata non aggradevole: io sono messo mandato; cioè, che viene per altrui comando. L'ambasciatore di sè stesso non è mandato. Dei sensi traslati o poetici di *messo* (2) quì non accade parlare. — POLIDORI.

Messo vive nel senso di donzello o famiglio di comunità, di commissariati. Quello che porta il foglio della tassa della comunità, per esempio, gli è il messo. Ho perso il messo e il mandato; non torna nè il messo nè il mandato, diciamo famigliarmente quando non torna nè la persona incaricata di portare un' imbasciata, nè quegli cui l' imbasciata era diretta.

2383.

Messaggiero, Nunzio.

— *Messaggiero*, nome generico di chi porta messaggi privati o pubblici. Il *nunzio* nelle tragedie antiche si sa qual uffizio avesse, e quale lo abbia nel governo pontificio. — ROMANI.

2384.

Messo, Nunzio.

— *Nunzio* non è a dire solamente *messo*, dice Fra Giordano (3). Messo, chi reca la lettera forse senza saperlo; *nunzio*, chi di viva voce. — CAMPI.

2385—2386.

IO, I'
MECO, CON ME.

2385.

Io, I'.

I' vive in Toscana, e non è punto più ignobile di *de'* per *dei, dugento* per *duecento*, e simili altri in gran numero; non è da usare a caso, ma può cadere opportuno. Io ero sarà certo men dolce che *i'* ero. E ogni uomo di buon gusto vedrà la convenienza del ritener quest'apocope (4) che è un idiotismo di Dante.

2386.

Meco, Con me.

Meco par che, talvolta, dica relazione di compagnia più che d'altro: sta meco, lo porto meco. L'affetto mio combatte con me; meglio che: meco. Il mio segreto verrà nel sepolcro a riposare con me. Pietro amava Gesù: era

---

(1) BOCCACCIO: *Nella Marca d'Ancona essere per legato del papa venuto un cardinale.*
(2) REDI: *Viene a Parigi coll'illustre inviato del serenissimo granduca mio signore.*
(3) SERDONATI: *Tornasse a' suoi con questa imbasciata.*
(4) G. VILLANI: *Non si ricorda ai nostri dì sì ricca ambasciata che uscisse di Firenze.*

(1) Boccaccio: *Giunto il famigliare e date le lettere e fatta l'ambasciata.*
(2) DANTE; PETRARCA; TANSI: *Messi d'amore.* - DANTE: *Il messo di Giuno* (l'arco baleno). - *Del ciel messo* (un angelo).
(3) Manoscritti della Biblioteca R. di Parigi.
(4) DANTE: *I' era tra color che son sospesi. Se invece di Dirò dell'altre cose ch' i' v'ho scorte, leggessimo ch'io v'ho scorte, ogni orecchio non sordo sentirebbe la differenza.*

venuto seco al pretorio; pure, interrogato, rispose: che ha egli che fare con me? (1).

I Toscani usano tuttora: con meco, che può tornar comodo specialmente nel verso.

Si lagnava con me, vale che l'uno si lagnava all'altro di qualche suo male; si lamentava meco, può valere che tutti e due si lamentassero insieme.

2387.
IRA, INDIGNAZIONE.

Indignazione è men forte d'*ira*; ha, d'ordinario, buon senso (2). Desta indignazione al buono l'aspetto della viltà prepotente; egli sente quanto tal cosa sia indegna, e se ne turba: non se ne adira, non se ne sdegna nemmeno, perchè lo sdegno ha un po' del superbo e dell'inquieto; ma l'indignazione, e' non potrebbe vincerla senza rinnegar l'amore del bene. Egli è ben vero che dall'indignazione allo sdegno è assai lubrico il passo, e che da molti, indignazione virtuosa si chiama lo sdegno superbo, l'ira insofferente, l'invida rabbia. Male adunque il Fior di Virtù: « Dall'ira nasce la indignazione. »

Indignarsi è meno usitato; non è però morto affatto.

2388.
IRA, SDEGNO.

Dopo l'indignazione viene lo *sdegno*, ch'è movimento dell'animo per cui si reputa indegna di stima, degna di riprensione, persona o cosa. Nello sdegno è disprezzo misto a principio d'*ira*; ira di cosa da cui l'animo aborra, siccome da indegna.

Lo sdegno può venire più direttamente dalla tempera dell'animo; onde il titolo con che Dante benedice sè stesso: « alma sdegnosa »; titolo che per qualch'anno s'affettava da' nostri giovani lettori dell'Alfieri, e si cercava di meritarlo guardando in cagnesco tutti coloro che non potevan far male.

Soavi sdegni, disse il Petrarca: tanto è lontano lo sdegno dall'ira. Si sorride di sdegno, non di rabbia (3); *sdegnosetti* si chiamano i fanciulli e le donne.

Si sdegna lo stomaco d'un cibo (4); si sdegna una pianta, se, dopo aver preso in un terreno, non cresce e vien meno (5); si sdegna una rondine che trova disfatto il suo nido, e più non ritorna ad appenderlo al medesimo tetto; *sdegnoso*, con ardita ma non impropria metafora, chiama il Magalotti un termometro delicato ad ogni menoma alterazione di temperatura: modi a questo vocabolo proprii. « *Freta indignantia*, » dice Ovidio; « *equor indignatum: Pontem indignatus Araxes...*, » Virgilio; e: sdegno del mare, anco in italiano, starebbe.

2389—2392.
IRA, DISDEGNO, CORRUCCIO.
CORRUCCIARSI, SCORRUCCIARSI.
CRUCCIATO, CRUCIATO.
CORRUCCIATO, CRUCCIOSO.

---

(1) Il popolo usa un modo simile: Non ho che ne fare, intendendo, non sono suo parente. — A.
(2) VIT. CRIST.: *Gesù Cristo con grande indignazione cacciò del tempio coloro che vendevano...* - BOCCACCIO: *Quello che giusta indignazione mi fa dire.* - GIOVENALE: *Facit indignatio versum.* - ORAZIO: *Liberrima indignatio.*
(3) BERNI: *Sorrise... sdegnosamente.*
(4) VIT. SS. PADRI.
(5) DAVANZATI: *L'abete e il cipresso, rimondi, sdegnano, e non vanno innanzi.*

SI SON CORRUCCIATI, SONO CORRUCCIATI.
SDEGNARSI, CRUCCIARSI, ADIRARSI.
IMBESTIALIRE, ENTRARE, SALTARE, ANDARE, MONTARE, ESSERE IN BESTIA, USCIR DE'GANGHERI, INFURIARE, ENTRARE, ESSERE, MONTARE IN FURIA, ESSERE, MONTAR SULLE FURIE, MONTAR LA FURIA, LA RABBIA, LA STIZZA, LA COLLERA, DAR NELLE FURIE, MONTAR IN COLLERA, IN RABBIA, IN IRA, IN FURORE, DARE IN ESCANDESCENZE.
ENTRARE, ANDARE, ESSERE IN COLLERA, INCOLLERIRSI, INCOLLERIRE.
INCOLLERIRE, INFIERIRE.

2389.
Ira, Disdegno, Corruccio.
Corrucciarsi, Scorrucciarsi.
Crucciato, Cruciato.
Corrucciato, Cruccioso.

Disdegno ha senso più affine a *disprezzo* che ad *ira*, e però nel senso notato di *sdegnosetto*, non si direbbe *disdegnosetto*; nè dello stomaco o del terreno o delle rondini, *disdegnarsi*. G. VILLANI: « O disdegniamo, o maggiormente indegniamo, noi degni membri di patir quelle cose. »

Il *corruccio* è men torbido, e sovente più innocente dell'ira.

Di due amici o amanti che siano in collera, dicesi ch'ei son corrucciati (1). Onde la canzone popolare: « Lo mio amore è corrucciato meco. » Il corruccio, talvolta, esprime piuttosto l'esterna significazione del mal umore che l'agitazione interna.

— Uno dei modi di mostrare il disdegno gli è appunto quello di nascondere il corruccio, anche quand'altri lo senta. I superbi disdegni de' ricchi, delle donne vanesie, a' quali il saggio povero è sempre esposto, sono tanto diversi dal corruccio quanto un'affettata indolenza da un'affezione ch'è costretta a manifestarsi. Il primo finge di negar la stima; l'altro, di necessità la suppone. — POLIDORI.

Corruccio ha poi sotto di sè come un senso di dolore; e ciò viene forse dall'origine della voce (2), sebbene tutti quanti gli affetti che non sono d'amore temperato, riescan da ultimo dolorosi.

Anche *cruciare* è dell'uso; ed ha pure senso attivo, che *corrucciare* non ha. A forza di cruciar gl'infelici, li farete corrucciare (3). Scrivo *cruciare* per distinguere il senso di: tormentare, dal senso di: far montare in collera.

Io, del resto, direi sempre *corrucciato*: direi *cruccioso* piuttosto che *corruccioso*. Serberei *corrucciato* ad esprimere il corruccio presente; e *cruccioso* ad esprimere corruccio o abituale o più risentito (4). S'avverta però che il vocabolo non è molto comune, e che la distinzione tra *cruciare* e *crucciare* è mia, non dell'uso.

---

(1) E anche *scorucciato* e *scorucciarsi*; che talvolta è più famigliare, talvolta dice un po' più. Altro è: *si son corrucciati*, o, l'uno s'è corrucciato con l'altro: e altro è: *sono corrucciati*, o l'un de' due è corrucciato; quello dice il primo atto, che può essere passeggero; questo, lo stato prolungato dell'essere in collera.
(2) *Crucio; Crux.*
(3) BOCCACCIO: *Chichibio, per non crucciar la sua donna.*
(4) BOCCACCIO; G. VILLANI.

2390.
Sdegnarsi, Crucciarsi, Adirarsi.

L'uomo *si sdegna* di cosa che crede indegna di sè; *si cruccia* di cosa che lo molesta o tormenta; *si adira* di cosa che l'eccita all'odio: la ragione si sdegna, l'animo s'adira, il sentimento si cruccia. L'ira è un breve furore; lo sdegno, una febbre lenta; il cruccio, una malattia ora fugace ora durevole. L'ira è più attiva; il cruccio più inerte; lo sdegno riguarda più la natura delle cose che l'indole delle persone. Lo sdegno può essere buono o almeno aver pretesto in una ragion di bene; ma l'ira non può non essere colpevole.

2391.
Imbestialire,
Entrare, Saltare, Andare, Montare, Essere in bestia,
Uscir de' gangheri, Infuriare,
Entrare, Essere, Montare in furia,
Essere, Montar sulle furie,
Montar la furia, la rabbia, la stizza, la collera,
Dar nelle furie, Essere in furia,
Montare in collera, in rabbia, in ira, in furore,
Dare in escandescenze.

Entrare in bestia dice il momento primo della collera, la qual si manifesta con atti forti, ma non tanto bestiali quanto allora che l'uomo *imbestialisce* proprio (1).

Saltare in bestia dipinge meglio la vivacità del primo impeto, che non farebbe *andare*; *essere in bestia*, lo stato (2). Ma può l'uomo essere in bestia, e non essere imbestialito. Questo è l'ultimo grado dell'ira, o almeno è lo sfogo più clamoroso e più sconvenevole.

C'è chi, nel vedere altri saltare in bestia, gode di farlo a dirittura imbestialire; e questi si credono, e son creduti da molti, gente faceta.

Una moltitudine furibonda imbestialisce nel tumulto; un guerriero imbestialisce nell'ebbrezza del sangue; un filosofo imbestialisce nell'azzuffarsi col suo avversario confondendo le cavillazioni colle declamazioni, le calunnie con gli scherni. Qui non cadono i modi affini.

Imbestialire pare più scelto, gli altri più famigliari. Famigliarmente dicesi anco, omesso l'*essere*: trovare uno in bestia, o simile, per: trovarlo fortemente adirato.

Infuriare è meno d'*imbestialire*, perchè può il furore essere grande, ma non bestiale.

Infuriano anco le bestie (3); *imbestialire*, di queste no.

Infuria il mare, il vento, il turbine, la procella; non imbestialiscono (4).

Infuriato chi cammina, o comechessia si move in gran furia.

Il nemico infuria in battaglia contro il nemico (5). Demostene infuria contro Filippo; la persecuzione che infuria contro la verità, non fa che purgare l'aria dei vapori stagnanti, e renderla più vivace e più sana.

Infuriato ha il superlativo *infuriatissimo* (1), *imbestialitissimo*, nessuno direbbe.

Entrare in furia indica, ripeto, il primo movimento; *montare*, il progresso. Superfluo il dire che ambedue rispettivamente son meno di *entrare* e *montare in bestia*. Dicesi ancora: entrar nelle furie, entrar per le furie, dar nelle furie. *Dare* par ch'esprima furia accompagnata da atti di più o men disperato furore.

Montare, dar nelle furie, essere sulle furie (2), meglio si direbbe d'uomo che di bestia: *essere in furia*, e dell'uno e dell'altro (3).

La furia mi monta ben dicesi; *montare la bestia* ha tutt'altro senso.

Così diciamo, piuttosto, *montare la stizza* che *montare in istizza* (4); piuttosto *montare in ira*, che *montar l'ira* (5); piuttosto *in furore*, che *il furore* (6); e sebbene non sia strano il dire *montar la collera*, è più comune *in collera* (7). Tanto poi diciamo *montar in rabbia*, quanto *montare la rabbia*.

La è più famigliare. Di tigre ferita (8) non si direbbe che le monta la rabbia; ma sì, che monta in rabbia. Così d'un guerriero, e simile.

Montar la par ch'esprima piuttosto il progresso dell'ira; *montare in*, l'ira, direi quasi, matura.

La mi monta, sottinteso *collera*, o simile, è ancor più famigliare; ma bella ellissi.

Uscir de' gangheri dice meno, in certo senso, di tutti: esprime piuttosto la convenienza offesa dagli atti dell'ira, che l'eccesso dell'ira. Chi esce de' gangheri, dimostra la sua alterazione con parole e con atti sconvenienti più che ostili o nocivi. E ad un minore si perdona talvolta meno l'uscire de' gangheri che l'entrar per le furie, perchè questo non sempre richiama in dubbio i pretesi diritti di chi sovrasta; ma affinchè i minori comincino ad essere rispettati, conviene che si cominci a contendere o a dubitar de' diritti.

Uscire de' gangheri dicesi, dunque, non solo dell'adirarsi in modo sconveniente, ma dell'impazientire, del non reggere un discorso a fil di ragione, del deviare come che sia da quel ch'è retto e decente.

Dare in escandescenze, locuzione indicante ira impaziente più che bestiale, ira di dolore piuttosto che di furore.

2392.
Entrare, Andare, Essere in collera,
Incollerirsi, Incollerire.
Incollerire, Inferire.

Entrare dice non so di più risoluto. S'entra in collera a un tratto; ci si va anch'adagio.

Entrare dice bene l'atto; *andare*, l'abito. D'un collerico si dirà: va sempre in collera, va in collera per

---

(1) DAVANZATI: *Que' discordi animi s'imbestialivano per più conti.*
(2) LASCA: *Non s'adiri al primo e salti in bestia.* - CECCHI: *Mogliama è così montata in bestia, ch'ella...* - LIPPI: *S'egli è in bestia dicavelo questo.* - *Montare* dice l'eccesso, come *saltare*, l'impeto.
(3) POLIZIANO: *I tigri infuriati.* - REDI: *Ogni volta che la vipera mordeva, se le dava occasione d'incollerirsi a suo dispetto e infuriarsi.*
(4) REDI: *E s'infurian tuttavia Venti e mare.*
(5) SERDONATI: *Avesser dato materia d'infuriare al nemico.*

---

(1) TR. SEGR. COS. DONN.: *Infuriatissima tigre.*
(2) GALILEO: *Mentr' è imbizzarrito e sulle furie.*
(3) DANTE, del minotauro: *Mentre ch'è in furia.*
(4) T. CALCIO: *Non dee ad alcuno d'essi la stizza montare.*
(5) CRON. VELLUTI: *Montato in ira, uccise il ragazzo.*
(6) BOCCACCIO: *In furore montato, tirata fuori una spada...*
(7) FIRENZUOLA: *Siete troppo presto montato in collera.*
(8) TASSO: *Orsa che senta Duro spiedo nel fianco, in rabbia monta.*

nulla (1); d'uno che nella tale occasione abbia perduta la pazienza, si dirà: è entrato in collera perchè gli si disse... Distinzione suggeritami da Giuseppe Montani.

S'entra in collera, per lo più, provocati da un discorso o da atto di persona presente; si va in collera anco alla memoria, al pensiero di cosa che irritò. Io conosco degli uomini che per molti strapazzi diretti a loro non entrerebbero in collera; e alla lettura d'un'ingiuria lanciata contro un amico, vanno in collera davvero, e ne fremono.

Essere in collera denota disgusto permanente più che un movimento d'ira o di sdegno. Dopo entrati o andati in collera, si può non essere in collera, passando questa subito; certi amanti sono in collera spesso senza andar proprio in collera. Quella dell'amore è una collera speciale. Due persone sono in collera senza che vi sia stata collera veramente, ma solo un dolore, un dispiacere, una picca. Sono in collera con voi, è talvolta un lamento amichevole detto più per celia che da senno.

Incollerirsi direbbesi, più propriamente, di collera che uno prenda senza gran ragioni dategli di fuori, ma per disposizione collerica, o per proprio difetto (2). C'è degli uomini che non vanno in collera se non provocati: c'è di quelli che, non si sa perchè, hanno la smania d'incollerirsi contro il prossimo, e che tanto più s'incolleriscono, quanto meno riescono a far entrare in collera gli altri. Ve n'è d'ogni specie degli uomini in questo povero mondo!

Ad ogni modo (m'avverte il Montani), l'*incollerirsi* denota sempre collera più grave che *andare* ed *entrare*.

Incollerirsi, come ho detto, indica il primo movimento: *incollerire*, poi, la collera prolungata; fors'anco gli atti in cui la si sfoga. Incollerire contro un colpevole disgraziato è colpa. Può l'uomo incollerirsi contro sè medesimo per impazienza o per vergogna, o per pentimento; incollerire contro sè, avrebbe senso affine, men grave però, d'infierire, cioè sfogarsi in atti nocivi a sè stesso.

2393.

IRA, DISPETTO, CRUCCIO, CORRUCCIO, SDEGNO.

A DISPETTO, CON DISPETTO.

Il *dispetto* è risentimento sdegnoso che viene da poca stima della persona, o d'un atto di lei (3); è stizza superba, disdegno gretto e insolente, qualche volta rabbietta tormentosa; non mai nobile indignazione nè ira franca nè furor violento. *Dispetto* è una di quelle voci ch'esprimono un complesso d'idee varie, e or ne abbracciano alcune, or altre; onde una definizione generale e costante è impossibile daria.

Si piange e si ride di dispetto (4); si mostra il dispetto e col palesarlo e col simularlo a forza, e con le parole e con gli atti (5).

Quando *dispetto* è l'atto dispettoso; quando si fa un dispetto, un dispettuccio; quando si fa qualche cosa a dispetto o per dispetto, a marcio dispetto, a dispettaccio d'altrui; questi son modi di manifestare il dispetto interno; ma si può fare una cosa per dispetto senz'essere indispettito, solo per fare indispettire qualcuno. Altro è, dunque, fare a dispetto, fare per dispetto; altro è: fare con dispetto, dispettosamente. Chi fa dispettosamente o dispettosamente parla, fa e parla o con disprezzo affettato (1) o con astio crucioso (2). Onde Fra Giordano: « Di sua natura crucioso e dispettosissimo. »

Il dispetto si congiunge sempre con cert'orgoglio (3); questa è l'idea dominante del vocabolo. Un fanciullo dispettoso, dispettuccio; una donna dispettosa (4), dispettosaccia; un letterato dispettoso, son dispettosi perchè il loro amor proprio non soffre superiorità; e dell'altrui superiorità si vendica coll'arrabbiucchiarsi, e mostrare questa rabbietta in un certo modo provocatore.

Il Costa: « Quella avversione la quale, generandosi per lo sopravvenire d'avvenimento che si opponga ai nostri desiderii, con certo improvviso impeto occupa le potenze dell'anima, e si manifesta nel volto con segni che in altrui mettono timore, è denominata *ira*. » La manifestazione degli atti nel volto, e l'altrui timore, non son sempre, a dir vero, compagni all'ira; ma il resto della definizione mi pare accettabile.

L'*ira* è tra' peccati mortali, e come tale comprende in sè dal primo moto d'impazienza all'estremo furore. I filosofi comprendono gli umani affetti sotto i due rami del concupiscibile e dell'irascibile (5); quelli, d'amore e d'attrazione; d'odio e di ripulsione, questi: ma gli affetti, a ben guardarli, son tutti d'amore. Anco la vendetta di sangue è un amore, traviato, terribile come la morte; amore però.

Gli esempi seguenti provano anch'essi che *cruccio*, *ira* e *sdegno* non son tutt'uno. Petrarca: « Dolci ire, dolci sdegni e dolci paci. » Boccaccio: « Lo scolare sdegnoso cercò dentro al petto... e con voce sommessa, senza punto mostrarsi crucciato, disse.... » Bart. s. Conc.: « Gastigare l'adirato, e crucciarti contra di lui, non è altro che adirario più. »

Quest'ultimo esempio, segnatamente, dimostra che *ira* è più di *corruccio*; e l'ira, come ho notato, è, d'ordinario, più colpevole e più violenta.

Il Niccolini, con proprietà: « L'ira superba che si fa dispetto; Sicchè sdegnoso.... » Altrove: « Ai Frigi vinti Spettacolo gradito offrono i vostri Sdegni. Deh non costò lagrime assai L'ira d'Achille? - Agli sdegnati flutti L'ira s'accresca del presente Achille. »

Il corruccio è misto al rammarico; l'ira, all'odio, più o men forte; lo sdegno, al disprezzo. L'ira turba la mente (6), accende il sangue, dispone a vendicarsi, ad offendere (7). Questi movimenti dell'ira possono essere espressi dalle particelle che accompagnano il verbo *adirarsi*. Per esempio: adirarsi con, sarà meno che adirarsi

---

(1) FRA GIORDANO: *Alcuni vanno in collera per ogni leggier piccolezza.*

(2) ALLEGRI: *Di me stesso mi duol, m'incollerisco.* - *Cantan così, spesse volte (i poeti) incolleriti per la fame.*

(3) Da *de-spicio*, guardar da alto cosa che tiensi più bassa.

(4) PETRARCA: *Rise fra gente lagrimosa e mesta Per isfogare il su' acerbo dispitto.*

(5) DANTE: *S'ergea col petto e con la fronte Com' avesse lo 'nferno in gran dispitto.*

---

(1) LIVIO: *Faceano tutte cose neghittosamente, dispettosamente.*

(2) G. VILLANI: *Risposono i Pisani dispettosamente e per invidia.*

(3) DANTE: *Chi è quel grande che non par che curi Lo 'ncendio, e giace dispettoso e torto?* - TASSO: *Con dispettoso atto superbo.*

(4) BOCCACCIO; DANTE.

(5) BUTI; GELLI.

(6) GIARDINO C.: *Ira è turbazion di mente senza ragione.*

(7) QUESTIONI P. S.: *Ira è accensione d'offendere altrui.*

contro (1). L'amico s'adira con l'amico, il padrone col servo, il padre sta adirato col figliuolo; il nemico s'adira contro il nemico, il re contro il popolo, ch'è la più colpevole e incauta dell'ire. Può l'uomo adirarsi con una bestia (2); non, propriamente, contro, se non sia uomo bestiale.

Adirarsi a esprime meglio il primo movimento dell'ira che si volge a un oggetto; ma è più raro (3).

L'ira di Dio (4), è modo della versione della Bibbia; più forte assai del corruccio, ma non da usarsi ormai più. I poeti dipingono il cielo irato, quando tuona o fulmina (5).

L'ira del morbo, usò Graziano; ed è frase ardita, ma non impropria. Irato, dissero il mare (6) i poeti latini, e chiamavano nato in ira agli dei un uomo o sventurato o malvagio (7); come il Barbieri disse, del Salvini: nato in ira alle Grazie.

« L'irato ventre placare col cibo: » con molta vivezza Orazio.

S'adirano anco le bestie: non si corrucciano (8).

2394—2396.

IRA, STIZZA.
STIZZITO, STIZZOSO.
STIZZA, CUCCUMA.
INTRISTIRE, INCIPRIGNIRE, RINCIPRIGNIRE.
STIZZARE, ATTIZZARE.

2394.

Ira, Stizza.
Stizzito, Stizzoso,
Stizzare, Attizzare.

Il Buti interpreta *stizza* come tutt'uno con *cruccio*: « Stizzosamente, cioè crucciosamente. » Ma c'è differenza: I.° La stizza, più visibile negli atti esterni (9). II.° Questi atti dimostrano impazienza, smania, dispetto, piuttosto ch'*ira* violenta. III.° Quindi è che *stizza* ha molti usi famigliari suoi proprii: avere stizza (10), stizzirsi, stizzire. IV.° Quindi è che quella de' fanciulli (11), dei deboli, ben dicesi *stizza*. E quella di molti che credonsi forti, è più stizza che sdegno; perché molti di coloro che si credono forti, son più deboli di tutti gli altri.

L'uomo *stizzoso* non è iracondo, perché la sua stizza non si manifesta in modi così violenti; versa sempre in piccole e meschine cose.

E *stizzarsi* usiamo e *stizzirsi* (12), ma il primo è più rado. Nel proprio, *si stizza* il fuoco scuotendo dal tizzo la parte bruciata; *s'attizza* facendol più vivo col soffio o con altro. E di qui forse venne il traslato di cui ragioniamo.

Stizzoso, poi, come ognun vede, dice l'abito, il vizio; *stizzito*, e l'atto.

2395.

Stizza, Cuccuma.

— *Cuccuma*, talvolta vale stizza; e c'è chi vuole che il bollire dell'acqua, che con facilità s'alza nella cuccuma, abbia dato origine a questa metafora famigliare, colla quale si vuol significare il repentino movimento del sangue eccitato da tale affetto. La *stizza* è più impetuosa della *cuccuma*, non può celarsi, e si vede nel volto di chi n'è compreso; la cuccuma induce, d'ordinario, taciturnità; ma è più difficile ad esser vinta; la stizza ha bisogno di versarsi addosso ad altrui; la cuccuma si contenta, per lo più, di spegnere l'allegria in chi ella assale. *Stizza* ha molti derivati; *cuccuma*, nessuno. — MEINI.

2396.

Intristire, Inciprignire, Rinciprignire.

— *Intristire* significa (fra gli altri usi) il principio di quella stizza minuta, se così posso dire e inquieta, che non sa celarsi, cagionata, per lo più, da persona che infastidisca, e a poco a poco alteri l'altrui allegrezza; e in questo senso dicesi più spesso di bambini e di bestie. Ci son di molti che si divertono a far intristire un bambino col fargli de' dispettuzzi che lo rendono a poco a poco d'animo irritabile ed inquieto. Costoro non sono la miglior gente del mondo. Dicesi inoltre di pianta che cominci a imbozzacchire; ma questo è altro senso.

Inciprignire e *rinciprignire* denota il rincrudelire di piaga, fignolo o altro malore; e il secondo, oltre al dire ripetizione, può dire qualcosa di più. S'usano transitivamente e intransitivamente: il freddo inciprignisce le piaghe. Col troppo stuzzicarla, una ferita rinciprignisce.

Nel traslato, uno è inciprignito o rinciprignito (colla notata differenza) quando qualche cosa di dispiacente spegne in esso l'allegria, e turba la serenità del viso. Onde, fra *intristire* e *inciprignire* c'è questo divario: che, intristita è la persona la qual dà a divedere che vorrebbe sfogare il conceputo dispetto; rinciprignita, quando si concentra cupamente in sè stessa, e dagli atteggiamenti fa trasparire l'interior turbamento. Il primo vocabolo indica collera più estrinseca e passeggiera; il secondo, più profonda, e però più durevole. — MEINI.

2397—2398.

IRA, RISENTIMENTO.
RISENTIMENTO, SCALPORE.

2397.

Ira, Risentimento.

Il *risentimento* è quello sdegno che s'eccita nel ricevere un'ingiuria, o vera o che tale si creda (1). Può l'uomo, per impazienza, per intolleranza, per ferocia, montare in *ira*; il risentimento non viene, ripeto, che dall'ingiuria. È più o men vivace, ma non trascorre, finché rimane risentimento, alla rabbia, al furore. Può l'uomo risentirsi di vero affronto, e dimostrare il suo risentimento;

---

(1) TRATT. PECC. MORT.: *Ira è peccato veniale quando desidera la persona vedere alcuna piccola punizione di quello contro 'l quale è adirato.*
(2) CRESCENZIO: *Nè si dee giammai il domatore con lui (col cavallo) gravemente adirare.*
(3) DICERIE D.: *Agli altri forte fue irato.*
(4) DANTE.
(5) PETRARCA.
(6) ORAZIO.
(7) FEDRO.
(8) ALBERTANO: *Adirosissime sono le api.*
(9) BOCCACCIO: *Pieno di stizza, gliele tolsi di mano.* — LIPPI: *Farsi per la stizza e pel rovello Buttar a' piè la forma del cappello.*
(10) LIPPI: *Non ho stizza con nessuno.*
(11) BERNI: *Sendo tu grande, l'esser stizzoso assai ti disconviene.*
(12) ESP. VANGEL; M. VILLANI.

---

(1) SEGNERI: *Questa diversità di procedere si conosce ai due segni di sopra accennati; al risentimento delle ingiurie, ed al riscaldamento negl'interessi.*

può l'uomo fingere di risentirsi, come segue spesso nel mondo, che simula il male così come il bene.

Parole risentite (1); rispondere risentitamente (2); parlar risentito (3) (avverbialmente), vale in modo che, nell'atto di offendersi dell'ingiuria altrui, la si ribatta con cert'aria d'offesa. E l'umana sensibilità si è a' giorni nostri in gran parte raccolta nel risentimento.

Un popolo si risente della violenza (4) che soffre, non già coll'adirarsi, ma col far *sentire* che *sente* l'ingiustizia: e basta questo sentimento in un popolo per fare prodigi, perché dimostra che l'idea di giustizia non è affatto spenta negli animi.

Uomo risentito è chi, per temperamento o per abito, è pronto a risentirsi pur dell'apparenza d'un'offesa, e a manifestare il risentimento in modi alquanto acri (5).

2398.
Risentimento, Scalpore.

— *Scalpore* è risentimento grande e rumoroso (6). Anche scrivendo risentitamente si fanno i suoi risentimenti; scalpore si fa, per lo più, risentendosi a voce. Cosa che fa dello scalpore, s'intende, nell'uso, che fa parlar molto, per lo più in male; ma qualche volta anche in bene. Predicatore che ha fatto dello scalpore, vuol dire ch'ha levato di sè certo grido: ma non è cotesta la lode più desiderabile a oratore sacro. Il risentimento si fa sempre lamentandosi, richiamandosi. Lo scalpore può accennare divulgazione della cosa: questa novità ha fatto molto scalpore. Poi, scalpore anco di cosa che non riguardi noi direttamente; il risentimento riguarda più da vicino la persona che lo fa. *Scalpore* dicono anco delle cose: malattia che fa poco scalpore, cioè, non grave. — MEINI.

2399—2400.
IRA, COLLERA.
MONTARE, ESSERE IN COLLERA, INCOLLERIRSI.

2399.
Ira, Collera.

Collera, in origine, è l'umore (7) che rende l'uomo irritabile e pronto allo sdegno, al risentimento, all'*ira*. Onde diciamo: temperamento collerico, e non: temperamento iracondo; perché l'iracondia è il vizio già formato, è il temperamento sempre più guasto dall'abito (8). Non è già che quando diciamo d'un tale, ch'egli è collerico, non intendiamo che al temperamento si aggiunge anche l'abito; ma sempre *collerico* è men d'*iracondo*. Può il collerico sfogarsi in semplici impazienze, e non trascendere all'ira.

2400.
Montare, Essere in collera, Incollerirsi.

Montare in collera, andare (9), *entrare*, son frasi che esprimono forte risentimento; *essere*, molto meno. Un amico è in collera con l'amico per non aver ricevuta risposta, per una parola torta. Che siano le collere degli amanti è difficile l'ignorarlo.

Incollerirsi esprime l'atto dell'andare in collera: ed è collera più grave di quella ch'è espressa dalla frase a cui s'accoppia il verbo *essere*. L'Allegri dice che i poeti talvolta incolleriscono per la fame. Sarà; ma la collera monta più spesso a chi ha il ventre pieno; e la ragione n'è chiara.

Il Redi parla della vipera incollerita. E a questo proposito noterò che dei vocaboli qui trattati, delle bestie dicesi: rabbia, furia, furore; in certi casi: sdegno e stizza; quasi mai: bile e cruccio; mai: adiramento, risentimento, indignazione, iracondia.

Noterò, inoltre, che dei detti vocaboli, quelli che meglio soffrono il plurale, sono: ire, sdegni, corrucci, furie; che non sarà strano il dire: che colui ha le sue stizze, le sue collere, le sue rabbiette; ma che dare un plurale a indignazione, a bile, e ancor meno a iracondia, il più delle volte non ben si potrebbe. Famigliarmente però sentiam dire al popolo: m'ha fatto pigliar certe bile...

E si noti, che il plurale di *collera* ha sempre senso più mite. Non diremo, dunque: le collere d'un furibondo; ma: alle collere degli amanti non va dato retta. Ariosto disse: *L'ire e i furori* d'un re; ma il secondo ha plurale assai rado.

2401.
IRA, BILE.

Bile si piglia per collera, e *bilioso* suol chiamarsi un temperamento grandemente collerico (1). Bilioso è dunque più.

Muover la collera, è meno che muover la bile (2). L'estrema collera è bile. Si va in collera per poco; uno stravaso di bile può cagionare la morte.

Uomo pieno di bile, scritti dettati da nera bile (3), venir la bile, muover la bile (4), e altri modi simili, esprimono tutti *ira* più o meno sfogata, ma sempre acre, come tutti gli affetti d'odio doloroso. Gli uomini che presto montano in collera, non sogliono aver gran bile: si sfogano, e poi la gli passa. L'ira lambiccata, gustata a sorso a sorso dallo scrittor maligno, quella è bile; nè si chiamerebbe altrimenti. Siffatta bile fa venire la stizza agli uomini dabbene; eccita la loro indignazione, lo sdegno; talvolta anche montare la rabbia; e qui cominciano a avere torto.

La bile, dunque, è più acre, e può avere più lunghi effetti dell'ira. L'ira può venire da indignazione esasperata, da riflessione dell'intelletto; la bile è tutta nel cuore.

Bile, indica sovente un abito, un vizio (5); ira può essere uno straordinario movimento.

Atra bile è, come ognun vede, ancor peggio; è una collera nera, e di rado innocente.

---

(1) DAVANZATI.
(2) VIT. PITTORI.
(3) DAVANZATI: *Parlo risentito*.
(4) DAVANZATI.
(5) Il Redi in senso simile.
(6) PECORONE: *Fu grande scalpore per tutta Roma, veggendo la morte di tanti buoni uomini*.
(7) Χολή.
(8) TESORO: *Sono i collerici meno prosperosi che i flemmatici*.
(9) SEGNERI.

(1) BUONARROTI.
(2) ORAZIO.
(3) PLINIO: *Cui sententiæ tantum bilis, tantum amaritudinis inest*.
(4) ORAZIO.
(5) Quando diciamo: *che bile!* di cosa che nelle faccende o ne' discorsi ci muova ad impazienza, gli è un modo d'iperbole, che non nega la proprietà ordinaria dell'uso.

2402-2405.
IRA, Rabbia.
Rabbia, Mania, Smania.
Smaniante, Smanioso.
Arrabbiare, Sbuffare, Mangiarsi, Mordersi, Gettarsi via.
Mangiarsi, Mangiarsi l'anima.
Rabbiosetto, Rabbiosuccio, Arrabbiatello.

2402.
Ira, Rabbia.
Rabbiosetto, Rabbiosuccio, Arrabbiatello.

Qualche distinzione tra la rabbia e gli altri movimenti notati apparirà dagli esempi che seguono. Fra Giordano: « Le loro stizze, o, per dir meglio, arrabbiamenti contro il nemico, trapassano in peccato mortale. » Boccaccio: « Fu presso a convertire in rabbia la sua gran d'ira. » Petrarca: « L'ira Tideo a tal rabbia sospinse, Che morendo ei, si rose Menalippo. » Varchi: « Crucciati in vista, e pien di rabbia il core. » Bentivoglio: « Dall'ira passati alla rabbia, e dalla rabbia all'immanità. » Cicerone: « *Nihil ne in ipsa quidem pugna iracunde rabioseve fecerunt. — Vide ne fortitudo minime sit rabiosa sitque iracundia tota levitatis.* » Seneca: « *Rabida concitus ira.* » Corneille: « *Mais quel ressentiment en témoigne mon père? Une secrète rage, un excès de colère.* »

La rabbia è più dell'ira; un'ira bestiale, che si sfoga in atti simili a quelli d'animale arrabbiato (1). La rabbia si manifesta nel fremere, nel battere, nell'uccidere (2), ne' modi più irragionevoli e più violenti. Anche quando la rabbia è compressa nell'animo, è sempre più tormentosa (3).

Ogni affetto d'invidia impotente, di gelosia sfrenata, d'amore brutale, di avarizia vorace, d'ambizione insaziabile, di sordida gola, suol chiamarsi *rabbia*; perchè con atti d'uomo quasi rabbioso si manifesta, e perchè tali passioni ardenti, contraddette che siano, montano in rabbia. E a questo segno della rabbia si conoscono le altre umane passioni e le debolezze, secondo che la rabbia s'accende a questo o a quell'incentivo (4).

I Toscani hanno il diminutivo *rabbietta*; ed è rabbia vicina alla stizza, un misto di rancore e di sdegno e di risentimento; risentimento alquanto durevole. Hanno *rabbiosetto*, *rabbiosuccio*; questo dice l'impotenza anco nella veemenza, quello la meschinità e tenacità della rabbia. C'è altresì *arrabbiatello*, che dice l'atto, e non è diminutivo tanto della passione, quanto della forza di nuocere.

Qualunque operazione fatta con impeto ostinato, anco senza ira, si dice rabbiosa (5); correre, mangiare arrabbiato; rabbiosa fame (6), rabbiosa facondia (7), rabbiosa guerra (8), rabbiosa canicola (9), rabbiosa podagra (10).

---

(1) Cavalca: *Rabbia di fiera pessima è dilettarsi di sparger sangue.*
(2) Boccaccio: *La rabbia con la quale la donna avea battuta.*
(3) Dante: *Consuma dentro te con la tua rabbia.*
(4) Segneri: *Arrabbiar d'invidia.* - Cicerone: *Omnia rabide appetentem.* - Properzio: *Rabida nequitia.*
(5) Dante: *Menava.... il morso Dell'ugne sopra sè per la gran rabbia Del pizzicor.*
(6) Dante; Virgilio.
(7) Gellio.
(8) Silio.
(9) Lucano; Orazio.
(10) Sereno Samm.

Tommaseo, *Diz. dei Sinonimi.*

La rabbia de' venti è, come ognun vede, più forte dell'ira (1).

Arrabbia la terra (2); e le cagioni dell'*arrabbiaticcio* sono ingegnosamente spiegate dal Lambruschini. Cotte arrabbiate, diconsi le vivande quando son cotte in fretta e con troppo fuoco, che le brucia anzichè penetrarle. Secco arrabbiato, di chi è secco troppo, e quasi più che magro.

2403.
Rabbia, Mania.

Diciamo e la *mania* e la *rabbia* de' versi, e la mania e la rabbia dell'ambizione; il secondo è più forte. La galanteria è una mania; la libidine è una specie di rabbia. *Mania* pare concerna più la mente; *rabbia*, l'animo.

2404.
Smania, Rabbia.
Smaniante, Smanioso.

Rabbia vale anco veemente cupidità, irrequieta, o perchè non soddisfatta o perchè insaziabile; il traslato vien forse dalla sete tormentosa d'animale arrabbiato. Ogni desiderio smodato divien rabbia; onde, quella rabbia che è propriamente iraconda, è il segno di desiderii sfrenati e impotenti. Diremo dunque: rabbioso amore (3), fame (4), cupidigia dell'oro (5). E di ragazza che non trova il suo laccio, dicesi che: arrabbia di marito; bella ellissi, che forse attesta nel popolo italiano la tradizione d'una verità, di cui come de scoperta si vanta la scienza moderna, cioè che la rabbia di certi animali derivi dall'istinto della generazione non isfogato.

Chi arrabbia d'un desiderio qualunque (6), certo ne smania; ma la *smania* può essere più negli atti esteriori che nell'ardore interno. Poi, si smania e di dolore e d'altro affetto men vivo, di brama ardentissima (7). Si smania anco di non ignobile amore.

Smania ha per derivati: smaniare, smanioso, smaniante; rabbia, in questo senso, fa rabbioso e arrabbiare. *Smaniante* è l'atto, il sentimento, comprende anco i segni della smania; *smanioso* dice l'abito, l'interno sentimento prolungato. Smanioso di vezzi, stile smanioso d'affettata eleganza: modi che denotano come smania sia brama e ricerca molesta a sè e ad altri; come le smanie dell'ira non siano che una specie delle diverse irrequietezze che questa parola può esprimere.

2405.
Arrabbiare, Sbuffare, Mangiarsi, Mordersi, Gettarsi via.
Mangiarsi, Mangiarsi l'anima.

— Se un uomo dice parole o fa atti che mostrino lui aver preso il grillo e avere una cosa per male, si dice: egli *sbuffa*, e soffia. E se continova nella stizza, e mostra segni di non volere e non poter star forte e aver pazienza, si dice: egli *arrabbia*, e' vuol dar del capo, o

---

(1) Petrarca.
(2) Davanzati: *La terra arrabbia, lavorata tra molle ed asciutta, e la mattina alle guazze.*
(3) Fra Giordano: *Per questo fuoco, per questa rabbia ch'è in te, vai cercando le femmine.* - Redi: *Per soverchio, e, per dir così, rabbioso amore che portano al capo della loro scuola, non vogliono udire opinioni contrarie a quella.*
(4) Dante.
(5) S. Gio. Grisostomo: *Rabbiosa cupidità di congregar pecunia.*
(6) Lippi: *Arrabbiar dalla fame.*
(7) Coll. A. Isaac.: *Smania di ridere.*

battere il capo nel muro.... e' vuol *gettarsi via* (1), rinnegar la pazienza. E se ha animo di volersi, quando che sia, vendicare, stralunando.... gli occhi verso il cielo, e' *si morde il dito*, e' minaccia. E più stizzosamente: *mordersi* o *mangiarsi le mani* per rabbia (2). — VARCHI.

2406.
IRA, RABBIA, ESCANDESCENZA, IRACONDIA.
ESCANDESCENZA, ESCANDESCENZE.

Cicerone: « *Ira, libido puniendi ejus qui videatur læsisse injuria: escandescentia, ira nascens, et modo desistens, quæ θύμωσις græce dicitur.* »

— *Iracondia* è l'abito dell'adirarsi. Onde Svetonio, in Claudio: *Iræ atque iracundiæ conscius sibi, utramque excusavit edicto, distinxitque, alteram quidem brevem et innoxiam, alteram non injustam fore.* » Riguardata com'atto, può esser men forte dell'ira.

L'*escandescenza* (3), nell'uso italiano, è, più propriamente, atto che abito. Di tutti questi la rabbia è il più. Quindi il Bentivoglio: « Pieno più di rabbia che d'ira, lo fece crudelmente ammazzare. » — POLIDORI.

2407—2409.
IRA, FURORE, RABBIA, ACCANIMENTO.
FURIA, FURIE, FURORE, SFURIATA.
FURIOSO, FURIBONDO, INFURIATO, FURENTE.
INFURIARE, INFURIARSI.

2407.
Ira, Furore, Rabbia, Accanimento.

— *Accanimento*, dal furore del cane nell'inseguire la preda. È dunque, furore ostinato contr'altri. Il *furore* può essere momentaneo, può essere chiuso in sè, può non si stendere a far male altrui.

Rabbia è un po' più d'accanimento. Quando l'accanimento s'apre di fuori, e' vuole l'altrui danno e dolore. Perchè la rabbia potrebbe essere chiusa in sè, e non cercare di far male, e in piccol tempo aver fine. — LAVEAUX.

Per estensione, dicesi *accanimento* ogni cura smaniosa e pertinacemente bramosa del fare o del dire checchessia, sebbene non in altrui odio. Accanito pedante è non solo chi s'avventa sovr'altri, ma chi con studii minuziosi e coll'imperiosa boria di regole servili molesta altri e sè.

2408.
Furia, Furie, Furore, Sfuriata.

Furia è ira impetuosa (4). Quindi è che la furia turba ed acceca la mente ancor più dell'ira. Pulci: « ... Durlindana con grand'ira afferra; Che mai non furiò sì tigre od orso. » Boccaccio: « Sopraggiunse l'adirato marito, e cominciollo a pregare che gli dovesse piacere di non correre furiosamente a volere, nella sua vecchiezza, della figliuola divenir micidiale, e ch'egli altra maniera trovasse a soddisfare l'ira sua. » Quella di popolo concitato, bene si dirà furia (5).

Boccaccio: « La rabbiosa furia della concupiscenza » (non avrebbe detto: furiosa rabbia, perch'ogni rabbia ha più o meno della furia, ma non viceversa).

Le *furie*, in plurale, dice ancora più. *Furia* ha anco senso di veemente corso di corpo inanimato o animato.

E *furia* e *furie*, in senso di gran fretta: aver furia, aver le furie. Il secondo pare un po' più forte e più famigliare (1).

Guido: « Con tutto furore si mosse contro Telamone, e furiosamente l'assaltò. » Qui *furore* esprime l'interna passione; *furia*, l'atto esterno.

Furore pare ancor più di *furia*: è rabbia che toglie di senno, che tiene della mania. Petrarca: « Ira è breve furor; e, chi noi frena, È furor lungo: » commento dell'oraziano: « *Ira furor brevis est.* » Boccaccio: « In tanta ira, e, per conseguente, in tanto furor trascorse, che s'avvisò colla morte di Restagnone l'onta vendicare. » Fra Giordano: « Si voltò a lui furiosamente acceso d'ira peccaminosa. » Non bene il Buti: « Furiosa, cioè irosa. »

« *Furor de' venti*, è rabbia veementissima; più che *furia*. *Furore d'un fiume che scende*, è modo poetico (2).

Furore di popolo, è più che *furia* anch'esso. Furia di gente, vedesi anco in un mercato; quello d'una sollevazione è furore; ma non saprei dire, se più furibondo sia chi fomenta col mal governo le rivoluzioni, o chi le consuma.

Sfuriata è lo sfogo della furia, dell'ira. Pigliare una sfuriata, vale: andare in collera per bene; ma è furia che dura poco, furia che tende a far un po' di rumore, e poi si racqueta (3).

Due cani *infuriati* si mordono con furore (4), sebbene arrabbiati non siano; corrono a furia, sebbene non sian furibondi.

Poichè siamo a *furore*, distinguiamo i quattro epiteti che ne derivano.

2409.
Furioso, Furibondo, Infuriato, Furente.
Infuriare, Infuriarsi.

— *Furioso* esprime o alienazione di mente, o grande veemenza di movimenti, o grande impetuosità d'animo; impetuosità più abituale che d'atto. *Furibondo*, grand'ira, con segni esterni violenti. Un pazzo furioso è sempre pazzo furioso; ancorchè un qualche istante non sia per le furie, non sia furibondo.

Quando tutt'e due le voci esprimono l'atto, *furibondo* è un po' più. Denota l'eccesso della furia, dimostrato con segni minacciosi. — ROUBAUD.

Infuriato esprime l'atto ancor meglio di *furibondo*; ma infuriato è anco l'uomo che corre, che ne' suoi movimenti dimostra fretta o impazienza grande.

Furente riguarda l'atto anch'esso, ed è affinissimo a *furibondo*. Ma furibondo si direbbe anche de' venti (5), o

---

(1) Oggidì più comune *buttarsi*.
(2) Anco *mangiarsi* senz'altro. E allora intendesi, non delle mani, ma del consumarsi dentro; che più famigliarmente dicono, *mangiarsi l'anima*; ma questo è anco di stizze minute; il *mangiarsi* assoluto, dà cruccio più grave; e in ambedue entra dolore.
(3) *Escandescenze*, plurale, dice non ripetizione, o moltitudine, ma sentimento più forte espresso in atti più forti.
(4) BUTI: *Furia tant'è quanto perturbazione di mente.*
(5) G. VILLANI.

(1) ABBRA: *Che furia è questa? Dunque è impossibile indugiar qualche giorno?*
(2) ARIOSTO: *Con quel furor che il re de' fiumi altiero, Quando rompe talvolta argini....*
(3) Dicesi non solo d'ira, ma d'impeto qualsiasi. Una sfuriata di pioggia, e poi spiove. Una sfuriata di coraggio e di lavoro o di studio operoso, e poi ricascare fiacchi.
(4) DANTE: *Con quel furore e con quella tempesta Ch'escono i cani addosso al poverello.*
(5) BURCHIELLO.

di simile forza; *furente*, di persona soltanto. Armi furibonde (1), furibonda contesa, non: furente. Viso (2), occhi furibondi. Questo, tranne le eccezioni poetiche.

Può l'uomo esser furente, e non lasciarsi andare ad atti di furibondo. V'è degli infuriati che non sono furenti. Si fanno furiosamente alcuni atti, e colui che li fa, non è però furibondo (3).

Furibondi io chiamerei certi stili che voglion parere bironiani, e non somigliano al Byron che nelle bestemmie.

Pioggia furiosa, furioso dolore, usarono il Crescenzio e Arrighetto. Può l'uomo essere infuriato nel dolore; non mai furibondo, se al dolore non s'aggiunge l'ira. Furiosa cupidigia (4), impresa (5), amore (6).

Infuria una persecuzione, un flagello; infuriano il mare, i venti (7); infuria il nemico contro il nemico (8), il forte contro il debole, il superbo contro il pacifico, il critico contro l'autore, l'autore contro il critico; e in questo infuriare si mostrano più o meno infuriati, ma talora dissimulano bellamente il rancore, perché la dissimulazione è l'ipocrisia di taluni di quelli che aborrono la simulazione.

Notiamo, da ultimo, che *infuriare*, neutro assoluto, tanto s'applica a cose inanimate quanto a persona; *infuriarsi*, a persona soltanto, o ad altri enti animati. Redi: « Ogni volta che la vipera mordeva, se le dava occasione d'incollerirsi a suo dispetto, e infuriarsi. »

L'uomo s'infuria (9) contro la sventura che infuria, e con questo infuriarsi divien pazzo o imbecille: imbecille fino a negare, pazzo fino a bestemmiare la Provvidenza.

2410.
IRACONDO, IRASCIBILE.

Gli antichi distinguevano nell'uomo l'irascibile e il concupiscibile, gli affetti cioè che tengono dell'amore, e quei che dell'odio. A questo modo gli è sostantivo; dicesi anco: la parte irascibile, o simile.

Irascibile, poi, chi facilmente s'adira; ed è affine a iracondo; ma l'irascibile, che si sente per temperamento portato all'ira, può vincersi; l'iracondo lascia le redini alla passione, e con isfogarla l'infiamma. C'è degli uomini irascibili che pajono mansueti; c'è degl'iracondi ch'eran nati per essere dolci dolci, e iracondi diventano per dabbenaggine.

Cicerone: « *Iracundia ab ira differt; estque aliud iracundum esse, aliud iratum, ut differt anxietas ab angore. Neque enim omnes anxii anguntur aliquando, neque anxii semper anguntur. Ut inter ebrietatem et ebriositatem interest.* »

Iracondo, insomma, denota l'abito vizioso (10); *irato*, l'atto. Iddio non è iracondo; ma può dirsi irato, sebbene sia meglio il non lo chiamare così. L'uomo iracondo non può, nè anche volendo, essere sempre irato; iracondo, rimane anche quando dorme. Boccaccio: « Uom nerboruto e forte, sdegnoso, iracondo e bizzarro. »

Adria iracondo, disse il Berni con audace traslato oraziano; ma: il cielo iracondo, non si direbbe; nè: gl'iracondi fulmini d'Orazio predicante la virtù, mi pajono cosa bella.

2411—2412.
IRATO, ADIRATO, SDEGNOSO, SDEGNATO.
ADIRAMENTO, IRA.

2411.
Irato, Adirato.
Adiramento, Ira.

Adirato può significare cosa men violenta. Due amanti sono adirati, non irati tra loro. Stanno imbronciati, si fanno de' dispetti, non si parlano, non si veggono; ma non sentono ira proprio l'un contro l'altro. Amanti adirati è un po' più che corrucciati.

Adirato fa *adiramento*; *irato* non ha nome analogo; e l'adiramento esprime non l'ira momentanea e veemente, ma l'atto dello stare adirati (1). *Adiratissimo* suona meglio assai che *iratissimo* (2).

2412.
Sdegnoso, Sdegnato.

Il primo esprime meglio l'inclinazione e la facilità di sdegnarsi (3); il secondo, l'atto presente. Ma talvolta *sdegnoso* s'applica all'atto stesso, e pare modo più del linguaggio poetico. In prosa, io chiamerei *sdegnato* l'uomo che si sdegna; *sdegnoso*, l'uomo che sdegna; *sdegnato* esprimerebbe una specie, un grado di collera, mossa dall'indegnità d'una cosa; *sdegnoso*, non tanto la collera quanto il disprezzo, od almeno una collera dalla quai più traspare il disprezzo (4).

Lo sdegnarsi è proprio d'ogni uomo (5); il mostrarsi sdegnoso è più proprio agli uomini alteri.

CONCLUSIONE AI NUMERI 2387—2412.

Tra i gradi d'affetto qui esaminati, i men forti sono: *indignazione*, *sdegno*, *risentimento*, *corruccio*, *stizza*; i più forti: *collera*, *adiramento*, *ira*, *iracondia*, *bile*, *rabbia*, *furia*, *furore*. I men forti passano di leggeri a essere a poco a poco più forti; ed è difficile che nell'indignazione non entri un po' di collera; che lo sdegno non trascorra in ira; che lo sdegno frequente non diventi abituale iracondia; che il corruccio non si muti in adiramento; che il risentimento sia puro da bile; che dalla stizza non si vada alla rabbia; e che l'irascibilità soverchio irritata, non monti in furia, non divenga furore.

E si noti, di grazia, come nella società urbana l'indignazione dell'uomo probo sia giudicata sovente bile maligna; mentre gli eccessj dell'ira sono stimati sfoghi legittimi dell'onore oltraggiato. Si noti come la stizza ai più paja uggiosa, e come più facilmente si perdoni la rabbia; come il furor dell'orgoglio non paja inconve-

---

(1) BOCCACCIO.
(2) ARIOSTO.
(3) BOCCACCIO: *Gisippo furiosamente ne menarono preso.*
(4) CICERONE.
(5) LIVIO.
(6) OVIDIO.
(7) REDI.
(8) SERDONATI.
(9) BELLINCIONI: *S'io m'infuria.*
(10) BITI: *Gl'iracondi mostrano nell'abito del volto lo vizio.*

---

(1) VARCHI: *Una parola sarà stata cagione di tutto questo adiramento, e l'avrà fatto pigliare il broncio.*
(2) FRA GIORDANO.
(3) SEGNERI: *Sdegnosissima di natura è la donna.*
(4) DANTE: *Guardommi un poco, e poi quasi sdegnoso Mi domandò: Chi fur gli maggior tui?*
(5) BOCCACCIO: *Il famigliare, forse sdegnato perchè niuna volta bere aveva potuto del vino.*

niente nel più forte, e nel più debole ogni corruccio sia delitto; come, chi si risente delle offese andando in collera, è sovente deriso, e chi se ne risente con modi violenti, è stimato e ammirato. Questi pregiudizii sociali hanno però un fondamento nel vero; e a pensarci, e' si trova.

2413 — 2417.
ITALIANI, Italioti.
Siciliano, Siciliota.
Picente, Piceno.
Gallo, Gallico.
Spagnuolo, Ispano, Ispaniense, Ispanico.

2413.
Italiani, Italioti.
— *Italiani*, d'origine italica; *italioti*, Greci venuti a soggiornare in Italia. — A.

2414.
Siciliano, Siciliota.
— *Siciliano*, nato in Sicilia; *Siciliotti* dicevansi gli abitanti in Sicilia, ma quivi non nati. — A.

2415.
Picente, Piceno.
— *Picente*, l'abitante, il nativo del Piceno, è sostantivo. *Piceno*, aggettivo; campo (1), vaso e simili.
Piceno, sostantivo, il paese delle picene provincie. — Ilenio.

2416.
Gallo, Gallico.
— *Gallo*, uomo della nazione de' Galli. *Gallico*, che viene dalla Gallia, che appartiene alla Gallia. Le discese dei Galli in Italia sono due gallica più vera e più sozza dell'altra, che forse a torto è loro imputata.

2417.
Spagnuolo, Ispano, Ispaniense, Ispanico.
— *Spagnuolo* diremo parlando de' nati della Spagna moderna, o degli Americani oriundi di quella. *Ispano*, della Spagna antica tutt'al più: e in verso, anco della presente; sebbene sarà sempre meglio *Spagnuolo*, che non è punto prosaico, se Dante usò *Romagnuolo*. *Ispanico* è ancor più raro, di cosa meglio però che di persona. *Ispaniensi* dicevano gli antichi quelli che la Spagna abitavano, in essa non nati: uso storico, ma non da dimenticare al bisogno — Caristo.

2418.
ITALIANO, Italico, Italo.
— *Italiano*, più sovente, della prosa; *italico*, di questa e della poesia; *italo*, del verso soltanto. Itala terra, itali eroi: lingue, costumi, governi italiani; italiche glorie, sventure. Che l'antico valore Negl' italici cor... — Polidori.

Qui un erudito straniero, dopo *morto* faceva punto d'interrogazione.

L

2419.
LACERARE, Scindere.
Scissione, Scissura.
— *Scindere* non ha sensi omai che traslati. *Scissura, scissione*, nel traslato, vale: divisione forte con iscandali e odii. *Scissura* è più usitato, e dice scissione più grave e più lunga; e dice gli effetti della prima scissione. Quest'ultimo può avere anche il senso di *scindere*, che soggiungiamo, ma rado. *Lacerare*, traslato, val: mordere con parole, accusare, calunniare. Si scinde una materia, una causa, trattando separatamente cose che trattare insieme meglio conveniva. — A.

2420 — 2422.
LACERARE, Stracciare, Squarciare, Sbranare, Strambellare, Sdrucire, Strappare, Rompere.
Sdrucio, Sdrucito.

2420.
Lacerare, Stracciare.
Lacerare è più scelto; sebbene anche l'altro sia proprio di tutti gli stili. Ma famigliarmente si dirà piuttosto *stracciare* un foglio, un vestito.
Si stracciano, non si lacerano i capelli (2). Stracciansi col pettine i bozzoli della seta; e chi fa quest'operazione, in Toscana dicesi *stracciajuolo*. *Straccio* è la rottura della cosa stracciata, è un pezzo della cosa stracciata, è un panno intero stracciato o di poco valore. *Straccione*, guardare a straccia sacco, e simili, modi dove *lacerare* non ha punto luogo.

Ma diciamo assai meglio: lacerato dai flagelli (1); fama lacerata da' morsi de' tristi (2). Quelli che lacerano col fiele sul labbro sono talvolta men tristi di que' che lacerano col sorriso alla bocca.

In una parte della pelle, con l'ugna, con un ferro si fa una leggera *lacerazione*, che poi produce mal grave o nojoso (3). Le lacerazioni son sempre di mal augurio.

2421.
Sbranare, Strambellare, Sdrucire, Strappare, Rompere.
Sdrucio, Sdrucito.

Per lo più, *sbranare* dicesi del lacerare e dividere che si fa carne d'animale o d'uomo (4). Ben diciamo anco: Se l'Italia stette per tanti secoli sbranata in tanti piccoli Stati, ell'è colpa non solo di quegli odii antichi che la lacerarono sì duramente, ma della forma geografica, e delle diverse razze che l'abitano (5).

---

(1) Dante.
(2) Ariosto: *Le man si caccia Ne' capei d' oro e a ciocca a ciocca straccia.*

(1) Mrn. Mad. In.: *Con battiture la percosse e la lacerò.*
(2) Szadonati: *Con calunnie lacerano ogni dì la fama dell'innocente giovane.*
(3) Redi: *Difficilmente si possono staccare senza lacerazione e dell'intestino e de' vermi stessi.*
(4) Firenzuola: *Ritrovate tutte le membra dello sbranato corpo.*
(5) Borghini: *Sbranandole (a Capua) una bella partita di territorio.*

Ma parlando di panni, non si dirà mai *sbranato*, bensì *strambellato* (1), e dice insieme il rotto e il disordine de' vestiti.

Questa e altre voci di tal fatta non sono veramente della lingua universale, ma talune se le forma con l'intercalare o con l'aggiungere ad una parola nota qualcuno de' tanti diminutivi o peggiorativi che ha la lingua nostra, od anche la sillaba caratteristica d'un'altra parola, della quale vogliasi in qualche modo fare un innesto. E il popolo è ingegnosissimo nel dare evidenza a siffatte modificazioni, sicché ciascuno le intende; e le donne, più che altri, ne sono inventrici. E sogliono queste alterazioni più spesso cadere sui verbi ch'esprimono l'azione; perché nell'azione è vita; dunque varietà infinita di modi e sottigliezza di differenze, alle quali niuna lingua basta, ma il pensiero vi supplisce raccozzando gli sparsi elementi con improvvisa composizione. — CAPPONI.

Sdrucire è, propriamente, disfare le cuciture, e non ha mai significato di *stracciare*, e molto meno di *sbranare*. Si può sdrucire un vestito, ed essere bell'e nuovo. Il Buonarroti: « Rimendare Stracci e sdruciti quanto si vuol grandi (2) ». Canti Carnascialeschi. « Ogni dì si straccia e sdruce Una cosa trassinata. »

Si sdruce una nave, cioè se ne separano e si scompaginano le tavole ond'è formata; non si straccia (3).

E *rotto* diciamo un vestito, e *sdrucito*. Ma delle scarpe il primo; delle calze o de' calzoni, ambedue, quando però le calze siano cucite, come a' tempi del Boccaccio, non tessute o fatte a maglia. Boccaccio: « Alle sue scarpette tutte rotte, e alle calze sdrucite. »

E de' vestiti, *rotto* è diverso da *sdrucito*, sebbene sia men di *stracciato*. Bottone rotto, costura sdrucita; giubba rotta sul dinanzi, sdrucita sotto le braccia; vestito rotto in un luogo, stracciato tutto. Si sdruce roba staccando i punti del cucito, si rompe di più gran forza.

Quand'uno cadendo urta in cosa che gli lacerò più o meno la pelle, diciamo che s'è fatto uno sdrucio; s'è sdrucito, nel luogo dov'ha il male.

In certe campagne toscane chiamano sdrucio del majale l'atto dell'ammazzarlo e aprirlo per trarne le interiora e salare il resto, e invitano gli amici allo sdrucio: giorno di solennità a quella magra gente.

Altr'è, dunque, lo *sdrucio*, altro lo *sdrucito*, sostantivo, ch'è il luogo dove la cosa è sdrucita, anzi il vano. Onde, uscire per lo sdrucito; e se rotto è, per il rotto. E anco entrare, ché ogni inconveniente ha i suoi comodi, e viceversa. Questi non portano diminutivo; ma da *strappo* si fa *strappettino*, e l'atto, e la parte strappata, e quella dove è strappato.

2422.
Stracciare, Squarciare.

— *Squarciare*, far taglio grande, violento, non regolare, per lo più. *Stracciasi* non pur tagliando, ma strappando, o altrimenti. Nello squarciare è più forza; nello stracciare men cura. — GATTI.

---

(1) LIPPI: *Gente... Piena di sudiciume e di strambelli.*
(2) Malgrado l'esempio del Buonarroti, gli sdruciti più spesso si ricuciono, non si rimendano.
(3) BOCCACCIO: *Sopra la sdrucita nave si gittarono.* - L' usa il Lampredi nell'*Arato*.

2423.
LACERATO, LACERO, STRAPPATO.

Di vestiti parlando, può persona avere, per caso o per altrui violenza, *lacerato* in qualche parte il vestito, e non *lacero*. Questo secondo significa insieme stracciato, consumato e misero. Nè lacero direbbesi abito nuovo, quantunque lacerato o stracciato in più luoghi.

Vestito attaccato a un chiodo, si straccia; arrotandolo, si consuma e si logora, divien lacero.

Vestito lacero si potrà forse chiamar lacerato, ma non viceversa. Ma se il vestito è in una parte sola rotto e rovinato, dicesi, più comunemente, *strappato*. Strappato, in genere, di vestiti, di carte, di cose staccate a forza da un tutto: strapparsi i capelli, strappato un braccio. Strappasi anche un capello, o pochi, e strappansi a ciocche; stracciansi nel secondo senso. Strappasi un pelo; i peli non si stracciano.

Strappo e *strappettino* denota la cosa non ancora strappata affatto. Lo strappo in un vestito è incominciamento dello stracciare.

Poi, *strappare* dicesi della corda, del filo, che troppo disteso si rompe. Chi troppo tira, la corda si strappa, è proverbio, ed è più proprio, e più che: si rompe. Questo non è né stracciare né lacerare.

C'è de' cani che lacerano chi va lacero; quest'è ingiustizia; ma se i maligni lacerano con calunnie un popolo che lacera sè stesso con gli odii, questo è gastigo crudele, e che sarà punito in chi lo esercita, ma tuttavia meritato.

2424—2425.
LACERO, LOGORO, FRUSTO, TRITO, CONSUNTO. TRITINO, TRITUCCIO. CONSUMATO, CONSUNTO.

2424.
Lacero, Logoro, Frusto, Trito, Consunto. Tritino, Trituccio.

— *Logoro* dicesi de' corpi che per lungo uso perderono alcuna parte della superficie, in modo da non poter più comodamente servire al loro uso.

Lacero, de' corpi divisi con più violenza in più parti, attaccate ancora per qualche brano. Un vestito può essere molto logoro, e non lacero. Un foglio, un libro logori dall'uso, non laceri; laceri, all'incontro, non logori.

Le carni si diranno lacere, o, meglio, lacerate, non logore, se non da fatica o da abuso o da età. *Logora* la persona dalle dette cause, o anco da' dolori; non lacera, se non ne' vestiti. Arnese di legno, logoro, non mai lacero. - Denti logori (1); ma che possono tuttavia lacerare. Piante lacere (2).

Frusto vale, talvolta, logoro per lungo e non delicato uso. Non è però molto frequente nella lingua parlata. Non si dirà frusto un corpo logorato dalle lente forze del tempo. Un libro potrà essere frusto di fuori, e non logoro dentro.

Trito ha senso affine a *logoro*, e dicesi, per lo più, di vestiti logori, sicché e' si veda la miseria di chi li porta. *Trito*, e per celia *tritone*, anche l'uomo coperto di tali vestiti. *Tritino*, tra vezzo e compassione, ragazzo o donnetta, che può pur nella povertà esser pulita: *trituccio*,

---

(1) BOCCACCIO.
(2) CRESCENZIO.

con meno vezzo e anche meno decenza, d'uomo fatto, specialmente di quella razza che si dicevan poeti. Anzi poeta, trito e matto erano più sinonimi che povero e tribolato. Cinzia e Diana. Adesso i poeti brillano e fumano.

Consunto è più generale di *logoro*, perchè comprende non solo il danno della superficie, danno venuto da attrito, ma ogni diminuzione o distruzione interna o esterna, da qualunque cagione provenga. Quando s'intende di sola superficie, è più di *logoro*, e s'avvicina a *frusto*; se non che *frusto* indica consunzione un po' più violenta. — ROMANI.

2425.
Consumato, Consunto.

Consumato, termine di perfezione; *consunto*, termine di distruzione. Consumato nell'arte; consunto dal male. Consumazione del matrimonio; consunzione causata dall'esercizio dei diritti che il matrimonio dà. Esperienza consumata; arso e consunto. Consumare il sacrifizio; consumazione de' secoli.

— Fin qui di *consumato*, addiettivo; ma quand'è participio, differisce da *consunto*, in quanto che una cosa è consumata allorchè si è tutta adoperata; consunta può essere ancorchè non se ne sia fatto mai uso: carta consumata nello scrivere; consunta dai tarli, da umidità, da vecchiezza.

E il tempo dicesi consumato, non consunto. Nel traslato altresì *consunto* è più di *logoro*. Le fatiche, le cure, l'età logorano la salute; le malattie, i vizii la consumano. Uomo logoro di salute può vivere lunghi anni, e non malato; consunto da tisi può essere il giovane prima del logorarsi. Gli uomini si sovente si logorano; le donne si consumano; ma gli uomini troppo delicati di sentire si consumano anch'essi, e le donne troppo poco delicate si logorano. — CAPPONI.

2426—2428.
LAGRIMARE, PIANGERE.
PIANGERE, BELARE.
PIANTO, PIAGNISTEO, LUTTO.
PIAGNOLOSO, PIAGNONE.
PIANTO, PIANTI.
PIANGERE, RIMPIANGERE.
DESIDERARE, RAMMENTARE.

2426.
Lagrimare, Piangere.
Piagnone, Piagnoloso.
Pianto, Pianti.
Piangere, Rimpiangere.
Desiderare, Rammentare.

— *Lagrima*, l'umore che esce dall'occhio; *pianto*, abbondanza di lagrime con segni di dolore, e suon di lamento. Si lagrima anco per lo sforzo del riso (1), per male degli occhi (2); si piange con segni di turbamento esterno, con frequente respirazione, e simile. *Piangere*, dunque, è più. La compassione, l'affetto muovon le lagrime; la collera, la disperazione, la passione violenta piangono. — ROUBAUD.

— *Piangere* è lagrimare con suon di singulto, di sospiro o di lamento (1); onde si può lagrimar senza piangere (2). In certo senso si può anco piangere senza lagrimare, quando per piangere s'intenda il dolersi. In questo modo diciamo: persona la cui partenza, la cui morte fu pianta da tutti (3). — ROMANI.

Il Boccaccio: « Con lagrime e con pianto di tutti. - Dopo molti sospiri e rammarichii, amaramente cominciai, non a lagrimare solamente, ma a piangere. - I pietosi pianti e le amorose lagrime de' suoi congiunti. » Tratt. Consc. s. Bern.: « Con altissimo rumore fuori mandò le finte lagrime, e in molto pianto moltiplicando. » Albertano: « Non dee pianger gridando, ma temperatamente lagrimare. » Vite ss. Padri: « Con molte lagrime, e con molto pianto gridò. - Stette dinanzi alla badessa con amaro pianto, e i suoi occhi abbondavano di lagrime. » F. Guido: « Piangeva, e le sue belle gote tutte di lagrime rigava. » Passavanti: « Tante lagrime soprabbondano con doloroso pianto. » Il Boccaccio sale all'origine della voce, e definisce bene: « Pianto è quello che con rammarichevole voce si fa, quantunque il più i volgari lo intendano ed usino per quel pianto che si fa con lagrime (4). »

E si dirà bene: lagrimar di compassione, mentre che altri piange d'ambascia. Ma parrebbe debole e improprio: piangere di pietà, mentre ch'altri lagrima di dolore.

Dante unisce spesso *lagrimar* con *vedere*, e *piangere* con *udire*: « Poi che lagrimar mi vide. - Non odi tu la pietà del suo pianto? - Gli occhi lucenti lagrimando volse. - Sospiri, pianti... Risonavan... - Secondo che per ascoltare Non avea pianto, ma che di sospiri. - Molto pianto mi percuote. - Con voce di pianto Mi disse. - Parlare e lagrimar mi vedrà' insieme. »

Ognun vede poi che le lagrime dell'incenso (5), della vite (6), que' vini che son detti lagrime (7), le fistole lagrimali (8), la morbosa lagrimazione degli occhi, son tutti modi dove il *pianto* non entra. *Lagrimoso, lagrimevole, lagrimetta*, diciamo, che mancano al derivati da *piangere*. Questo ha *piagnisteo, piagnucolare, piagnone*, e *piangoloso* più rado. Il *piagnone* ha per vizio di lagnarsi, di fiottare, e affetta anco mestizia e dolore senza sentirlo. *Piagnoloso*, è aggettivo, e direbbesi non tanto

---

(1) Boccaccio: *A cui per soperchio riso non fossero le lagrime venute in sugli occhi.*
(2) LIB. CUR. MAL.: *Per cotale lagrimazione di occhi s'usa l'acqua rosata.* - È in Plinio.

(1) Da *plango*, πληγή, che vale *percossa*; e perchè l'addolorato si picchia il petto e la faccia, però fin da' tempi di Tibullo e d'Ovidio il quarto caso fu omesso, e serbato *piangere* alle lagrime, un de' segni del dolore. I Francesi ne han fatto *plainte, se plaindre*, ch' ha altro senso.
(2) Come fa la Lucia ne' *Promessi Sposi*.
(3) Boccaccio; PETRARCA: *Piango il mio bene.* - DANTE: *Di cui è l'invidia tanto pianta*.
(4) E nel latino similmente. CICERONE: *Non modo lacrymulam sed multas lacrymas et fletum videre potuisti.* - SENECA: *Lacrymandum est, non plorandum*. E appunto perchè a *piangere* si congiunge sempre l'idea di suono; il PETRARCA: *Rotte dal vento piangon l'onde*.
(5) DANTE; OVIDIO.
(6) CRESCENZIO: *Quando le viti lacriman con umore spesso e non acquoso.* - RICETT. FIOR.: *Le cose che distillano dalle piante, sono lagrime, gomme, ragie.* - MAGALOTTI: *Quella lagrima che comunemente sangue di drago si chiama*.
(7) *Lacryma Christi* è una sorta di vino, così chiamato con profanazione barbarica. - REDI: *Le lacrime d'Ischia, di Pozzuolo...*
(8) VOLG. MESUE.

della persona quanto delle parole, della voce, del tono; quasi sempre in senso o di celia o di biasimo, come l'altro. Non già ch'anche l'altro talvolta non possa farsi aggettivo, e dire: voce, sermone, poesia piagnona. E allora dice di più.

Versar molte lagrime, si dirà; e non: versare, ma far molti pianti. Nel singolare bensì: versar molto pianto. Perché questa voce nel plurale acquista senso più affine a lamento che a lagrime. - Bagnar di pianto, non: di pianti (1). Una lagrima, poche lagrime: non uno o pochi pianti, ma con aggettivo in mezzo: fare un gran pianto, di gran pianto. - Pioggia di lagrime, meglio che: di pianto (2); ma anche quella, esagerazione da non ripetere se non per celia.

Il Duvivier: « Nasconder le lagrime, meglio dicesi che: nascondere il pianto. - Il pianto eterno, quel de' dannati, non: le lagrime eterne (3). Si dirà bene e: piangere, e: lagrimare di gioja; ma: lagrime di gioja, sarà meglio detto che: pianti. »

Racine: « *Vos yeux de larmes moins trempés A pleurer vos malheurs étaient moins occupé.* » Voltaire: « *Pardonnez, dans l'état où vous êtes, Si je mêle à vos pleurs mes larmes indiscrètes.* » In questo tristo verso sono propriamente distinte le lagrime della commiserazione dal pianto del dolore profondo.

Piangere, ripeto, può in senso traslato non indicare che l'espression del dolore, o anco l'interno dolore dell'animo. Onde Guido: « Traendo piangolosa vita con continue lagrime. » Farebbe piangere i sassi; modo enfatico proprio di questo verbo (4).

Fare il pianto di chechessia, vale: deporne il pensiero, come si fa di persona la cui morte per dovere di convenienza si pianga, e poi per freddezza di cuore si dimentichi, appena finita di piangere (5). Una canzone popolare toscana, forse a riprendere l'instabilità dell'amore, comincia: « Sento sant'Anna che suona a distesa: Ahi, credo che sia morto l'amor mio! » E finisce: « Campane mie, non suonate tanto: Il morto è sotterrato; è fatto il pianto. » Di danno ricevuto, di dispiacere avuto, di cosa che si è dovuta o vendere per poco o cedere per forza, suol dirsi: ormai il pianto è fatto; non ci penso più (6).

---

(1) PETRARCA: *Quante lagrime ho già sparte.*
(2) PETRARCA.
(3) DANTE: *La regina dell'eterno pianto.*
(4) PETRARCA: *Farebbe Romper le pietre e pianger di dolcezza.*
(5) LIPPI: *Fatto il pianto Di patria e beni, di morir presaga.*
(6) All' opposto, *piangere una cosa* vuol dire dolersi d'averla perduta, e desiderarla, e corrisponde al *regretter* de' Francesi, al quale suol dirsi che la lingua italiana non ha equivalente. *Io la piango*, si dice in Toscana di cosa che non si ha più. Ed è modo bellissimo che pare ignorato dagli scrittori. — LAMBRUSCHINI.

Potrebbesi anco: io desidero persona o cosa, secondo il latino: *desiderium tam cori capitis*; e direbbe memoria men dolorosa del *piangere*. Ancora men doloroso, e corrisponde a un altro senso del *regretter*, è *rammentare*. E sentesi dire in Toscana: verrà giorno che mi rammenterete. Là non usa *rimpiangere* che alcuni scrittori ravvivarono; e per tradurre appunto questo *regretter*, che certi Lucchesi, non so se appreso da' figurinai che girano il mondo, dicono *rigrettare*, e fanno il nome *rigretto*; e chi sa non sia vecchio italiano come pur troppo è *gibetto*?

2427.
Piangere, Belare.

— *Belare*, dello stil famigliare, è *piangere* ad alta voce, lamentandosi quasi col suono del belare delle pecore, e si suol dire di uno special modo di piangere puerile. Si può belar senza piangere. Ma dicesi altresì, per celia, di piagnucolare anco d'adulti, anco di verseggiatori, se adulti non so. — ROMANI.

2428.
Pianto, Piagnisteo, Lutto.

— *Piagnisteo*, pianto lungo, nojoso, affettato, irragionevole. Si fa in parole, in iscritto, un piagnisteo senza pianto; cioè una lamentazione che stucca.

Lutto è pianto e dolore, o segni di dolore nella perdita de' più cari (1). — ROMANI.

2429 — 2430.

LAGRIME (PIANGERE A CALDE), A CALD'OCCHI, DIROTTAMENTE, AMARAMENTE, A LAGRIME DI SANGUE.

2429.
Piangere dirottamente, a calde lagrime, a cald'occhi.

Il primo denota l'abondanza delle lagrime, il secondo l'amarezza del pianto. Si può *piangere dirottamente*, senza *piangere a calde lagrime*, e viceversa. Fanciullo battuto piange dirottamente; una donna tradita, a calde lagrime. Il pianto dirotto si finge talvolta, l'altro è troppo sincero. Il primo è il pianto del dispiacere, della pietà, del dolore men profondo, della gioventù; il secondo è il pianto dell'ira, del rimorso, del pentimento, dell'amore ineffabile, del disinganno (2).

Dicesi anco *a cald' occhi*; ma è modo men proprio, meno evidente, meno efficace (3).

2430.
Piangere dirottamente, amaramente,
a lagrime di sangue.

Piangesi *dirottamente* anco di tenerezza consolata, sebbene ciò sia di rado; *amaramente*, di dolore, nel qual può anco essere sdegno. Poche lagrime tratte di forza da un cuore arido possono essere amare; quello non è piangere dirotto.

A lagrime di sangue dice ancor più che *a calde*; dice, per lo più, pentimento tardo misto a rimorso.

2431.
LAGRIMEVOLE, LAGRIMOSO, FLEBILE.
LAGRIMEVOLE, LAGRIMABILE.
PIAGNONE, PIAGNUCOLONE, FIOTTONE.

1.° *Flebile* non si dice più che della voce e del suoni (4); *lagrimevole*, e de' suoni e de' sensi e de' fatti (5).

---

(1) CICERONE: *Luctus, aegritudo ex ejus qui carus fuerit interitu acerbo.* - ALBERTANO: *Il lutto del morto è di sette dì.* - MED. ALB. CROC.: *Brigasi di far pianto e lutto amaro, come colui che ha perduto il suo figliuolo unigenito.* - Giorni, tempo, vestito di lutto. Dicesi *luttuoso*, non più *luttare* con Dante, che teneva vece di *lugere*, come *gettare* di *jacere*.
(2) BOCCACCIO: *Sopra lui cominciarono dirottamente, secondo l'usanza nostra, a piangere e a dolersi.*
(3) Nel noto sonetto sulla barba di Domenico d'Ancona, il mondo è invitato a piangere *A caldi occhi e a spron battuti.*
(4) TASSO: *In queste voci languide risuona Un non so che di flebile e soave.*
(5) SALVINI: *Grande perdita e lacrimabilissima.* - GUIDO GUIDI: *Singhiozzi lacrimabili.* - GUICCIARDINI: *Lacrimabile stato.* - FIRENZUOLA: *Lacrimabile principio.*

II.° Quando *lagrimevole* dicesi di voce, o simile, è più di *flebile*. Voce flebile ha suono di pianto; voce lagrimevole eccita al pianto.

III.° *Flebile*, dunque, può non significare che un tono di pronunzia o di canto. Flebilmente canta la Chiesa certi inni; flebile è il tono con cui si recitano nella settimana santa i Treni di Geremia; e non so dire perchè in questo tono si canti anco l'*Aleph* e il *Beth*, lettere dell'alfabeto, non altro.

IV.° *Flebile*, ripeto, anco di suono tristo ch'esca di cosa inanimata, o d'animale bruto; *lagrimevole*, d'ordinario, della voce umana soltanto (1).

V.° *Flebile* ha senso talvolta quasi ridicolo, perchè l'uomo incivilito ride di tutto, e torce a significato giocoso le parole più serie. Però, voce, maniera flebile, d'un tono uggioso e prolisso, che annoja, appunto come il linguaggio della sventura annoja i fortunati del mondo.

Non sarebbe improprio, in poesia specialmente, dare alla voce l'epiteto di *lagrimoso*; e varrebbe: voce d'uomo che veramente piange, o sta lì per piangere; o interrotta, impedita, soffocata dal pianto (2).

2432—2434.

LAMENTARSI, LAGNARSI.
GEMERE, PIANGERE, DEPLORARE.
TAPINARSI, IMPAZIENTIRSI.

2432.
Lamentarsi, Lagnarsi.
Gemere, Deplorare.

— *Lamentarsi* è più. La moglie si lagna d'uno sgarbo, si lamenta d'un pugno. — ROMANI.

---

(1) GUARINI: *Selve...*, *Se sospirando in flebili susurri Al nostro lamentar vi lamentaste.* - DANTE: *Pose fine al lacrimabil suono.* - VIRGILIO: *Gemitus lacrymabilis.* - OVIDIO: *Flebile nescio quid resonat lyra, flebile lingua Murmurat exanimis; respondent flebile ripae.*

Lacrimabile, meno usitato, ha più direttamente senso di atto a far lagrimare: *lagrimevole* dice suono confuso di lagrime; ma il più comune è: degno d'esser compianto con lagrime; o, per estensione: d'esser commiserato. Onde alcune volte, per mezza ironia (giacchè gli uomini scherzano col dolore), acquista senso quasi affine a *ridevole*, che *lacrimabile* certamente non ha. Drammi *lagrimosi*, per non dire *piagnoni*, chiamerebbersi quelli che trovò il Diderot; i quali pare in mezzo alle affettazioni portate dal secolo, significavano il bisogno d'un genere nuovo di commedia non buffonesca, e di tragedia non regia, genere che sorgerà.

Di persona direbbesi *lagrimoso* per celia quando si volesse indicare l'abito e il vezzo: ma sul serio, se il semplice atto. In questo senso: occhi, faccia lagrimosa. Dall'abito e dall'affettazione, abbiamo più famigliarmente *piagnone*, che ha senso storico terribilmente noto. E abbiamo *piagnucolone*, che dicesi non solo de' bambini e delle femminette, ma anche d'uomo, il quale senza piangere, si dolga e lamenti d'ogni minima cosa. Queste due voci usansi anche aggettivamente; e potrebbesi dire: voce piagnona, verso piagnucolone.

E perchè il lamentarsi tra il pianto e il mormorio a bassa voce, i Toscani dicono *flottare*, ne fanno *flottone*, detto e di bambino e d'uomo; e viene forse dal suono del flutto che si frange, e come nel recato del Petrarca: « Ove rotte dal vento piangon l'onde. »

(2) PASSAVANTI: *Lacrimosa orazione.* Ma qui forse vale il senso delle parole dolenti. Usa e *lagrima* e *lacrima*: meglio attenersi al primo, più comune in tutta Italia e anco in Toscana, credo. *Lagrimevolmente* e *lagrimevolissimo*, forse più usato o usabile che *lagrimabilmente* e *lagrimabilissimo*: *lagrimosamente* e *flebilmente*; ma *lagrimosissimo* e *flebilissimo* suonerebbero strani.

— *Deploriamo* le nostre sciagure, e, più spesso, le altrui; ci lamentiamo delle proprie e di quelle che riguardiam come proprie. Nel *deplorare* è la compassione e il dolore umile; nel *lamentarsi* è un principio di risentimento e di cruccio. Si può deplorare anco nel segreto dell'animo. Il gemito si sente di fuori, sebbene compresso; il dolore è allora simile quasi a umore che geme, e esce in istille. Deplorasi l'altrui cecità anche tacendo; se ne geme, sommessamente in accento di pietà e di dolore. Nel deplorare è molte volte l'idea della superiorità di chi deplora; superiorità, se non di potere, d'idee o di sentimenti, vera o imaginata. Il *gemere* è, per lo più, nel dolore impotente, o che tale si crede.

Gemere, poi, differisce chiaro da *lamentarsi* in quanto che è voce più tenue, quasi appena articolata, ch'esce di cuore angustiato ed oppresso; il lamento è effusione d'animo che non si può contenere; significa volontà apertamente contraria al male su cui s'aggira il lamento: la colomba, la tortora gemono. Il gemito può essere un modo di lamento, ma non l'unico: e l'uomo si può lamentare flottando, borbottando, gridando, strillando, schiamazzando, mettendo sossopra ogni cosa. — ROUBAUD.

2433.
Piangere, Deplorare.

— *Piangere*, e il proprio male e l'altrui; *deplorare*, specialmente l'altrui. Si deplora con meno affetto di quel che si pianga. Molti deplorano, che non sanno piangere. Molti piangon troppo sè stessi, ond'altri non li deplora. — ROUBAUD.

2434.
Tapinarsi, Impazientirsi.

Si tapina l'uomo arrabbiandosi, e si tapina affliggendosi: son questi i due sensi della lingua vivente. Il secondo pare più antico, perchè più conforme alla greca origine (1). Il *tapinarsi* è un affliggersi chiamandosi quasi tapino (2), dimostrando con atti esterni il dolore. E quella smania che non rabbia ma dolorosa impazienza potrebbe chiamarsi, quella par bene espressa dal detto verbo. Ma l'*impazientirsi* di ragazzo o di principe debole, di donnicciuola o di letterato, non si chiamerà *tapinarsi*.

Si tapina anche l'uomo che stenta molto a guadagnarsi da vivere, che travaglia come misero e tapino.

2435.
LAMENTAZIONE, LAMENTO, GEMITO.

— La *lamentazione* è più querula del *lamento*. Il gemito, dice Cicerone, talvolta concedesi agli uomini; la lamentazione non si addice neanco alle femmine. Il *gemito* è l'accento o l'atto di chi sente il dolore; la *lamentazione* dice la debolezza dell'animo che patisce. Il lamento però, e talor anco la lamentazione, sui mali altrui, quando giovi davvero, non è cosa ignobile. — ROUBAUD.

2436.
LAMENTI, QUERELE, GUAI.
LAMENTARSI DI, A.

— *Lamento* è anche mite rimprovero. Lamentarsi d'uno, è imputargli i nostri danni, i nostri dolori; lamentarsi *a* uno, è come andare a ricorrere: una specie di denunzia. *Querela* è assai più: querelarsi, quando non è fortemente gemere, è un muovere accusa più espressa e

---

(1) Ταπεινός. Tapino vive ancora in Toscana.
(2) SALVINI: *Era venuta per ugnerlo e imbalsamarlo: e si, noi trovando, si lapinava.*

più grave; e *querele*, benché s'usi anche semplicemente come voce del dolore, è, con maggior proprietà, una espressione di que' dolori che ci vennero per fatto d'altri (1). Da *guajo*, che in senso di pianto sonoro è quasi poetico, deriva *guaire*, che si dice de' cani; e degli uomini, è dispregiativo. — CAPPONI.

2437 - 2440.
LAMENTI, GUAI.
Oh, Ah, O.
Ohi, Ahi, Hui.
Oh, Ohe.

2437.
Lamenti, Guai.

— I *lamenti* possono farsi con voce sommessa; i *guai* sono sempre un po' clamorosi. Dante: « Luogo è laggiù non tristo da martiri, Ma di tenebre solo, ove i lamenti Non suonan come guai ma son sospiri. » — POLIDORI.

2438.
Oh, Ah, O.

O, voce forte, piena, sonora, naturale a chi grida, chiama, invoca, si maraviglia, si sdegna, gioisce. Il detto suono dà nell'alto del palato, e si ripercuote per tutta la bocca; quindi esce dalle labbra raccolte; e però ha tanta forza. Ben serve, dunque, a destar l'attenzione, a denotare impressione non ordinaria. S'usa e con l'aspirazione e senza; ma l'aspirazione allunga la sillaba e prolunga il grido; è più forte.

Ah! pronunziasi coll'aprir la bocca, e quasi coll'espansione dell'anima; e rende il sentimento nel modo più schietto. S'usa nel dolore, nella gioja, in ogni senso che esca libero e nativo dal cuore, senza quasi pensare ad altrui. *Oh* par che chiami intorno a sè testimoni, che ecciti l'attenzione; par meno involontario. *Ah* ha non so che di più tenero; *Ah me misero!* par che dica più di: *Oh me misero! Ah foss'io morto allora!* è più affettuoso di: *oh fossi!*

Oh son pure contento! esprime maraviglia quasi del proprio stato, può essere un'esaltazione tutta di testa o tutta estrinseca. *Ah* vien sempre un po' più dal cuore.

2439.
Ohi, Ahi, Hui.

Il simile d'*ahi* e d'*ohi*. *Ohi*, per solito, è grido di dolore corporeo; *ahi*, e di corporeo e di morale, ma più vivo e profondo. Mi brucio un dito: *ahi*. *Ohi* può essere quasi scherzevole.

Hui è di dolore più chiuso, o corporeo o morale che sia. Esprime il disgusto, e un chiudersi quasi del senso all'impressione spiacevole.

Sento un verso che m'urta gli orecchi: *hui!* Un poeta non mediocre m'esce fuor del semiuato: *hui!* Un poeta mediocre me ne fa una grossa: *ohi!* Un uomo ch'io amo vuol fare, a dispetto del cielo, il poeta: *ahi!*

È noto l'epigramma del Boileau contro due tragedie del buon Cornelle, che nelle più scadenti ha però più calore che non il Boileau nelle sue cose più calde. *J'ai vu Agésilas - Hélas! - Quand j'ai vu Attila - Holà.*

2440.
Oh, Ohe.

Oh, esclama per ira, per amore, per qualsia sentimento; *ohe*, chiama in modo famigliare o di rimprovero.

---

(1) ARIOSTO: *Aspro concento, orribile armonia D'alte querele, d'ululi e di strida Della misera gente che perìa Nel fondo per cagion della sua guida.*

TOMMASEO, *Diz. dei Sinonimi.*

2441.
LANCIARE, SLANCIARE.

Lanciare ama l'attivo; *slanciare* porta meglio il neutro passivo: lanciar l'asta (1), slanciarsi verso il nemico (2). Diciamo, del resto, *lanciarsi* e *slanciare*; ma par che *slanciare* suoni impulso o movimento più forte. La differenza è tenue; ma in certi casi riesce evidente, e giova osservarla.

Lanciata, per colpo di lancia; non già: slanciata.

Fare un grande slancio, far grandi avanzamenti negli studii, nelle cariche.

Di primo slancio, vale: subito, a prima giunta; e anche: di primo lancio, che par più comune e certo è più snello. Coloro che vogliono ottenere gran beni di primo lancio, perderanno anco i piccoli. In poco tempo si può distruggere, ma non si riedifica.

2442.
LANCIARE, BUTTARE, GETTARE.
BUTTARE IN FACCIA, RIBUTTARE, RAFFACCIARE.
BUTTARE, METTERE, GERMOGLIARE.
BUTTARE, GETTAR POLVERE.
BUTTAR ACQUA, GETTARE.
GETTARE, BUTTAR LÀ, BUTTAR VIA PAROLE.
BUTTAR GIÙ, GETTAR GIÙ.
GETTARE, BUTTAR DELLA PENNA.
GETTO, GETTITO.

Buttare è più famigliare, ma nessuno stile, per alto che sia, può sdegnarlo, se Dante sì bene l'adopra.

Buttarsi per terra, in acqua (3), da una finestra; buttar via spazzatura, danari, tempo. *Buttare, ributtare in faccia*, per *raffacciare*, ch'è raffaccio men grave, ma talvolta più grossolano; e ributtare può essere il rispondere al raffaccio avuto. *Buttar delle piante e de' fiori*, in senso di *mettere* e *germogliare*; che dice vegetazione più mossa e più innanzi; dove il *mettere* par che tra il germogliare e il buttare stia di mezzo. Buttar polvere negli occhi (4). Buttar sangue, marcia, usi dove sta anco *gettare*, con qualche varietà. Nessuno però direbbe *buttare* in quel petrarchesco: « I naviganti.... Gettan le membra.... sul duro legno. » Buttarsi sul letto, per le terre, a nuoto, a precipizio (questo è nel proprio e nel traslato), dice più abbandonatezza e del corpo e dell'animo, o più sconvenienza.

Comunemente diciamo che il tempo si butta a freddo, a pioggia, a' vento, a buono; che l'uomo si butta a male, al barone, al sudicio; si butta al buono, cioè si rabbonisce; che la persona, sedendo o cavalcando o camminando, si butta tutta da una parte (5); che un drappo lavato butta un color nuovo (6).

Di piaga, diremo assolutamente che *butta*, sottinteso marcia o altro; non così assolutamente che *getta*. Dire-

---

(1) TASSO: *La percossa lanciata all'elmo giugne.*
(2) SEGNERI: *Si slancia per arrivare la preda.*
(3) DANTE: *Laggiù il buttò*. - LAMPREDI: *Scalciandosi l'un l'altro ributta* (degli agnelli). - BOCCACCIO: *Le si gettò davanti.* - *Se spacciar volle le cose sue, glie le convenne gettar via.* - VARCHI: *Gettar via il beneficio.* - *Gettar via la fatica.*
(4) VARCHI: *Non era uomo da doverseyli gettar polvere negli occhi. Buttare qui è con men arte e meno insidia.*
(5) MAGALOTTI: *I fili servono come di falsa redine alla palla, acciò non si butti sur una mano più che sull'altra.*
(6) MAGALOTTI: *I gigli paonazzi preparati con mistura di calcina, buttano un verde assai bello.*

mo che una fonte getta acqua, e che butta; ma di gentile zampillo meglio il primo; onde i getti d'acqua.

È meglio: gettarsi un vestito indosso alla peggio, e: buttarlo via da sè; gettare un grido (1), cattivo odore (2); gettare una parola di checchessia, per cominciare a trattarne (3); gettare a terra un'edifizio (4); gettare la colpa addosso altrui; gettare le fondamenta; come la penna getta (5); gettare in carta alcuni pensieri; far getto di merci in mare (6), e più propriamente *gettito*; gettare uno strale (7).

Quando parlasi di metalli, di gessi e simili, *gettare*, *getto*, *gettatore* hanno evidentemente altro senso.

Ritorno al modo: gettare una parola di checchessia; e avverto che si suole anco dire: buttar là una parola; ma questo secondo ha senso un po' più furbesco. Si butta là una parola avvedutamente, la quale si prevede che debba fare il suo effetto. Si getta una parola anche con tutta semplicità, per accennare la cosa della quale si tratterà poi; o la si getta perchè si crede che la cosa non meriti per ora più lungo discorso.

Diremo bene: buttar là un'insolenza così come non fosse suo fatto; e sarà meglio che: gettarla.

Gettarsi in orazione, gettarsi nelle braccia, sempre sarà più gentile. Un affetto potente ma nobile fa che l'uomo si getti nelle braccia ad altr'uomo: un non so che d'incomposto, d'inconveniente, par si sottintenda in *buttarsi*.

Uno si getta dal mar procelloso sulla riva, e si salva; si butta dalla riva nel mare per affogarvi. Gli usi si possono, è vero, scambiare; ma così come li ho posti ne' due recati esempi, mi pajon più proprj (8).

2443 — 2444.
LANCIARE, AVVENTARE, SCAGLIARE, SCARAVENTARE. AVVENTARSI; SLANCIARSI.

2443.
Lanciare, Avventare.
Avventarsi, Slanciarsi.

Avventare par che indichi, talvolta, l'impulso di più lungo movimento che *lanciare*.

E *avventarsi* e *slanciarsi* contr'uno. Pr. fior.: « Plutone, con quell'avventataggine da diavoli lanciandosele addosso... » Ma, in senso traslato, di que' letterati che s'avventano contro chi ardisce dubitare della loro infallibilità; di que' principi che s'avventano sul colpevole come contro una preda; di que' prepotenti che s'avventan sul debole come sopra un pasto alla lor cupidigia dovuto, io non dirò che si lanciano.

Il mare che s'avventa al lido, alla nave, allo scoglio (9); il contagio che mena strage e s'avventa a ricchi e a poveri, conducendo con la morte quell'uguaglianza che molti aborrono quanto la morte (1); traslati belli.

Avventarsi a una faccenda, a un piacere, con brama impaziente d'indugio (2); avventarsi affamato a una ricca imbandigione; avventataggine nell'operare, nel giudicare (che talvolta è non meno difficile dell'operare) (3); modi proprj di quest'unico verbo.

Colore che avventa, ragionamento che avventa, che fa gradita e viva impressione, ch'è di bella apparenza, sebbene all'apparenza non sempre la realtà corrisponda (4).

2444.
Scagliare, Scaraventare.

— *Scaraventare* è più furioso e più dispettoso di *scagliare*. Poi si scaglia un dardo, un sasso, anco dirizzandolo più di proposito a un dato punto; idea che *scaraventare* non suole mai portar seco. Voi scagliate una pietruzza per divertimento, non la scaraventate. Scagliarsi addosso a uno, è meno di scaraventarsi, sia con parole sia con fatti; ma gli ha usi più nobili. E di parole è più proprio.

Scagliare i pesci (tor via la scaglia), ha senso evidentemente distinto. — MEINI.

Scaraventare è quasi sempre di peso maggiore, e per fare o male o dispetto. Proponeva un tale che ne' parlamenti e nelle accademie si fosse una macchina la quale quando l'oratore avesse sermonato per una mezz'ora, se costui non si chetasse, ed ella scattando gli scaraventasse un ceffone.

2445.
LANCIARE, TIRARE.

Tirare non ha uso di neutro passivo in senso affine ai verbi notati, nè si direbbe *tirarsi*, come *lanciarsi*. Poi nell'attivo stesso, ci corre (5).

Ben diremo: tirar l'arco, una schioppettata, e non: lanciarla (6). E così: tirare di spada, tirar colpi, tirar a segno (7).

In antico, *trarre* aveva con *tirare* assai usi comuni; ch'anzi la Crusca confonde insieme i due verbi. Ora ne ha meno, anco per questo che *trarre* è un po' meno usitato.

2446.
LANGUE, LANGUISCE (8).

Il primo è più prediletto a' poeti; ma nè i poeti sdegnano il secondo, nè a' prosatori è vietato il primo. Io

---

(1) BOCCACCIO; DANTE: *Gittò voce di fuori.*
(2) DANTE: *Del puzzo che il profondo abisso gitta.* — VIRGILIO: *Jactari odorem.*
(3) Parole, sospiri, fatiche, robe buttati via, buttati al vento; più inutili che gettati, e con dono sovente men voluto.
(4) DANTE: *Penestrino a terra getti.* — BENNO: *Gettare il muro della città.* S'usa altresì gettar giù: e unito al *giù* dicesi anco *buttare*; ma questo par da men alto.
(5) LIPPI: *La penna non butta materialmente quando l'inchiostro non corre o non ce n'è assai.*
(6) COM. PAR.; REDI.
(7) VILLANI: *Al gittar d'un balestro.*
(8) BOCCACCIO: *Gittarono un paliscalmo.... e sopra quello si gittarono.* — DANTE: *Si gittàr tutti in sulla piaggia.*
(9) DANTE.

(1) BOCCACCIO: *Per lo comunicare insieme s'avventava a' sani, non altrimenti che faccia il fuoco alle cose unte.*
(2) VARCHI: *Ci saltò nell'animo l'ammirazione d'altre cose, ed a quelle ci avventammo addosso.*
(3) REDI: *Stima vivezza di spirito gli sgarbi e le avventataggini della sua fanciullesca età.* - SALVINI: *Colui appare veramente dicitore che non a caso nè avventatamente, ma con serie ragiona.* - *Inconsideratamente o avventatamente decidere, non è della lingua parlata, ma proprio e bello. Avventatezza dice più l'atto che l'abito e il vizio; e di movimenti del corpo forse cadrebbe meglio.*
(4) Si dice che *avventano* ancora quelle cose, materiali o no, le quali appunto perchè danno troppo nell'occhio, anco a prima giunta dispiacciono o non riescono credibili. — A.
(5) ARIOSTO: *E ferro e fuoco e sassi di gran pondo Tirar...*
(6) PETRARCA: *L'arco d'Amor che indarno tira.* - DANTE: *L'arco tiro.* - CELLINI: *Essendomi io.... dilettato di tirare d'archibuso.*
(7) BERNI.
(8) *Langueo, Languesco.*

dirò: l'uomo che *languisce* nella miseria non sempre ha tutta la forza conveniente all'esercizio delle sociali virtù. Dunque il ben essere corporeo si collega cogli uffizii morali e co' religiosi. Ben si dirà: fior che langue. Fior che languisce, in prosa mi suonerebbe men bene. Un discorso, una tragedia a certi passi languisce, più comune che: langue.

Non si dirà mai: languo, che di rado nel verso, ma: languisco; nè: ch'io langua, tu langua, egli langua. È però dell'uso il proverbio: quando il capo duole, tutte le membra languono.

L'uscita, in somma, in *isce* è più in uso.

2447.
LANGUIDEZZA, LANGUORE.

Languidezza di fibra, di stomaco; e senz'altro: sentirsi una languidezza (1), sottinteso: allo stomaco. Languore di forze (2), di stile; meglio di *languidezza*.

Chi volesse tradurre il sublime *languores nostros ipse tulit,* non direbbe: le languidezze (3). Gesù Cristo sanava col tocco da tutti i languori (4); e, presa anco nel morale questa espressione, egli è vero che nella religione è una virtù sanatrice del terribile languore dell'umana natura.

Languor d'amore, diremmo, e non: languidezza (5). Gli era languor d'amore che dettava quelle parole, tra le più poetiche di tutti i secoli: *Fulcite me floribus, stipate me malis, quia amore langueo.*

Morir di lento languore (6); il languore della vedova natura ne' lunghi mesi d'inverno; il languore dell'affetto, dello spirito; il languore degli occhi; il languore dell'ozio (7); modi non proprii di *languidezza*.

La languidezza può essere tutta interiore; il languore si manifesta con segni. La languidezza dello stomaco non è visibile, ma sibbene il languore della persona.

2448.
LANGUIDO, LANGUENTE.

Languente indica meglio l'atto, e l'altro lo stato. Malato languente, fibra languida (8). Affetto languente, che comincia a languire; languido, per sua natura o per abito. Fuoco languente, se prima era vivo; poi meno; languido assolutamente, se debole (9); lume di pianeta languido (10).

---

(1) REDI: *Non le vien mai appetito, ma bensì languidezza.*
(2) LIB. CUR. MAL.: *Sentono per tutta la vita un.... noioso languidore.* - *Languidore* è antiquato. - ORAZIO: *Aquosus albo Corpore languor.*
(3) FRA GIORDANO: *Volle portare sopra di sè tutti i nostri languori.*
(4) L. DICERIE: *Sanasse tutti i nostri languori.* - BOCCACCIO: *Che i languori corporali... si curino.*
(5) VOLG. ORIGENE: *Era sì languida dell'amor di Gesù e sì s'ardea, che questo languore e desiderio avea.* - FRA JACOPONE: *Di desio i' langueggio.* Ben direbbesi, forse in senso contrario, languidezza nell'orazione, negli esercizii di pietà, negli studii, nella carità della patria.
(6) BOCC.: *Abbandonati... langueno.* - G. VILLANI: *Languendo gli fece morire.* - DANTE: *Dove l'affetto nostro langue.* - TACITO: *Attonitus... terrore mentis falsum gaudium in languorem vertit.*
(7) CICERONE: *Otium et solitudo languorem afferunt.*
(8) LIB. CUR. MAL.: *Sollievo a' miseri infermi languenti.* - FRA GIORDANO: *Povera femmina languente* (nessuno direbbe qui languida).
(9) BOCCACCIO: *Con aure lievi e continue il fuoco languente recai in chiara luce.*
(10) GALILEO: *Più languido è il lume di Giove.* - PLINIO: *Carbunculi languidius lucent.* - OVIDIO: *Languidus color.* - PLINIO GIOV.: *Quasi languidus dies.*

In altri casi, *languido* par più di *languente*: fior languido (1), languido calore, meglio che: languente. Languido soffio di vento (2).

Occhi languenti d'amore, meglio che: languidi; occhi languidi per debolezza, e: languenti, ma meglio il primo (3). Voce languente, per lo sforzo fatto, o per mal'essere in quel punto; languida, di natura (4). Coraggio languente (5), cuor languente (6); languido sonno (7), lavoro (8), sapore (9), moto (10), polso (11).

Languido ha languidetto; non ha derivati *languente*.
— Si può non essere languente davvero, e mostrarsi languido o per inerzia o per affettazione di delicatezza o per segno di passione tenera.

Sguardo languente, dice vero languor naturale; sguardo languido, può venir da persona che non languisce, ma vuol esprimere affetto delicato e vivo, lo senta o no.

Un ammalato è languente; un sano può per temperamento essere languido. — ROUBAUD.

2449.
LANGUIRE, BASIRE, VENIR MENO.

Basire è più di *languire; venir meno* è più di *basire*. Uomo di stomaco debole si sente una continua languidezza. Un sonno fortissimo e da lungo tempo non soddisfatto fa basire; uno si sente basire per estrema debolezza, per dolore grave, per fame (12). Chi si sente venir meno, è vicino a perdere il sentimento, a svenire (13). Tra *languire* e *venir meno* è dunque, a un dipresso, la differenza ch'è tra la languidezza e lo svenimento (14). *Basire* sta di mezzo tra l'uno e l'altro, e secondo i varii casi ora s'accosta a questo, ora a quello.

2450.
LANGUIRE, ILLANGUIDIRE.

Il languore par male più stabile e più forte; la languidezza può essere passeggiera, e sensibile appena. *Languire* denota lo stato; *illanguidire*, il passaggio da uno stato di forza a debolezza, o di minor debolezza a maggiore.

---

(1) MENZINI, di fiore: *Se languidetta in sull'erbetta...* - PETRARCA: *I fior... ch'el verno dovria far languidi e secchi.* - VIRGILIO: *Languentis hyacinthi.* Ma qui significa il primo languire.
(2) OVIDIO.
(3) PETRARCA: *G'i occhi languidi volgo.* - TASSO: *Apre i languidi lumi.* - V. FLACCO: *Languentia lumina somno.*
(4) TASSO: *Va un languido oimè proruppe....*
(5) CICERONE: *Senatum jam languentem et defessum ad primam virtutem recreavi.* - CESARE: *Languentes atque animo remissi.*
(6) CATULLO: *Quantos illa tulit languenti corde timores!*
(7) CATULLO: *Languiduli somni.* - VIRGILIO: *Oculos.... languida pressit Nocte quies.*
(8) COLUMELLA: *Familia cunctanter et languide procedat.* - CICERONE: *Languidiore studio.*
(9) PLINIO: *Languide dulces.*
(10) CICERONE: *Tarda et languida pecus.* - ORAZIO: *Flumine languido Cocytus errans.*
(11) PLINIO: *Venarum languidus ictus.*
(12) *Basire* nota la Crusca per *morire*, che non è più dell'uso comune. Ma questo senso antico della voce indica bene che basire dev'essere più forte assai di *languire*. Oggidì basito dicesi anche d'uomo mezzo sbalordito di mente, o per attuale o per abituale difetto. Dicon anco *sbasito*.
(13) Nel Valdarno superiore dicesi anco *abbasire*.
(14) BOCCACCIO: *Pel grave affanno era sì stanco, Che quasi tutto si venìa manco.* - M. VILLANI: *Venne meno e perdè la favella.*

Altro è un affetto che languisce; altro un affetto che viene mano mano illanguidendosi, senza che l'animo se n'avvegga.

Può essere una forza illanguidita da quel che era prima, non languida ancora.

L'uomo languisce del bisogno, d'amore, di fame; qui *illanguidirsi* non entra.

Illanguidire, poi, può aver senso attivo, non l'altro. L'abuso della forza la illanguidisce e la lima: questa è verità sacra in medicina, in morale, in letteratura, in politica.

Languire dicesi, d'ordinario, d'oggetti dotati di certa vita; *illanguidire*, anco delle forze brute (1).

2451.

LANGUORE, ABBATTIMENTO.

Abbattimento è più che *languore*; ma può essere men lungo. Nel traslato, l'animo si sente abbattuto dopo un vivo affetto più o men violento. L'animo illanguidisce se non sente speranza di soddisfare al suo desiderio.

L'abbattimento può essere momentaneo; il languore è più lungo. — LAVEAUX.

2452.

LANGUORE, PROSTRAZIONE, ABBATTIMENTO.

Prostrazione è men comune, ma tutti lo intendono; può essere l'effetto del colpo che produce il primo *abbattimento*, e quasi la continuazione di questo; può essere l'effetto e l'aggravamento del lento languore. Dicesi assolutamente: abbattuto, languente, prostrato; dicesi: abbattuto di forze, prostrato di forze, non: languente di forze; ma: forza e forze languenti.

Anco nel traslato *prostrazione* è più. *Languore* dicesi anco dell'ingegno, della parola, dello stile, del commercio, della vita degli Stati; *abbattimento*, non delle cose intellettuali o commerciali, ma della vita civile o morale e dello stato dell'anima; *prostrazione* della mente o dell'animo. Dell'animo parlando, ha vario senso; vale: tristezza e timidità e tutta sorta di viltà. Gli animi non si prostrano del coraggio se non siano già prima prostrati da abiti viziosi o ignobili.

2453.

LARGHEZZA, LARGO.

IN LUNGO IN LARGO, PER LUNGO E PER LARGO.

FAR LARGO, FARSI LARGO, FARSI FAR LARGO.

Larghezza, una delle tre dimensioni de' corpi. Usiamo però in questo senso: *per lungo e per largo*, e in proprio e in traslato.

Chi dice di conoscere un tale per lungo e per largo, non ne conosce forse il meglio, non ne vede il fondo. Si può trattare un argomento *in lungo e in largo*, e lasciarne l'essenziale, che sta appunto nel fondo.

Trattare in lungo e in largo un tema, vale: prendere il suo soggetto con certa vastità, e dare al discorso una certa lunghezza (2). Molti credono di allargare il soggetto allungandolo (3).

---

(1) MAGALOTTI: *Illanguidita quell'energia di freddo che gli vien dal sale.*

(2) *In lungo e in largo* porta idee e di quiete e di moto; *per lungo e per largo*, più specialmente idee di moto. Conoscere, vedere, misurare, distendersi in lungo, in largo; correre, scorrere per lungo e per largo. Quando il primo dicesi di moto, pare che serva a denotarlo un po' più regolare.

(3) BOCCACCIO: *Ne parlo alquanto largo ad utilità di voi.*

Esserci di molto largo, vale: molto luogo vuoto, e dove persone o cose possono stare a bell'agio.

Larghezza per liberalità (1) non è dell'uso comune, ma non può dirsi spento. Nè meno: larghezza d'una licenza, d'un patto (2), d'una legge, d'un'idea, d'un diritto. Nel proprio: larghezza del viso (3).

Far largo (4), *farsi largo*, *farsi far largo* (5), e nel proprio e nel traslato, in senso di: farsi avere riguardo. - Voltar largo ai canti, per iscansare le difficoltà e i pericoli (6); largo, in senso di lontano (7); tenersi al largo, girar largo; modi che non si scambiano.

2454.

LARGHEZZA, LATITUDINE.

Latitudine è della lingua scritta, ma non manca d'usi suoi proprii. Ha il noto senso geografico ed astronomico (8). Poi, quando diciamo: intendere in senso lato, prendere l'idea in tutta la sua latitudine, latitudine di poteri, non sarebbe *larghezza*, che qui direbbe di più.

2455.

LARGHEZZA, LARGURA.

— *Larghezza*, una delle tre dimensioni della quantità estesa; *largura*, luogo largo che lascia spazio al passare o allo stare d'altri corpi. Ogni corpo, per piccolo che s'imagini, ha la sua lunghezza, larghezza e profondità; *largura* è larga dimensione dello spazio. Questo non ha senso se non corporeo, l'altro ha traslati. — ROMANI.

2456.

LARGHEZZA, LARGURA, LARGURE.

— *Largura*, voce viva a significare spaziosità. Buti, Purg. 9, 1: « La fessura gli diventa porta, cioè la strettezza gli pare largura. » Nastro a una o a due larghezze, è modo dove non torna *largura*, che denota non una dimensione, ma uno spazio. *Larghezza*, dunque, de' corpi; *largura*, dello spazio.

Largure, plurale, ha nella lingua parlata senso affine a *liberalità*, ma prende altresì un senso ironico suo. Di chi spendesse più che non può, diremmo: costui fa di molte largure; convien distendersi quanto il lenzuolo è lungo; al levar delle tende e' se n'avvedrà. — MEINI.

2457.

LARGHEZZA, LIBERALITÀ, MUNIFICENZA, CORTESIA.

— La *larghezza* o è l'uso di donare di molto, o il dono stesso abbondante. La larghezza è parte di *liberalità*; liberalità che dona senza troppo contare né misurare.

La liberalità è sempre gratuita; la larghezza può essere profusione di spesa. Si può pagare largamente senz'acquistare però lode o merito d'uom liberale. Può la larghezza essere l'adempimento d'un dovere, non più. Può l'uomo essere largo per necessità, per arte o per avarizia.

---

(1) DANTE; COLL. SS. PADRI; CR. MORELLI.

(2) STOR. SEMIF.: *Promettono larghi patti.*

(3) M. VILLANI: *Il viso larghetto.*

(4) CANTI CARNASC.: *Perchè possan giocar, largo ne fate.*

(5) FIRENZUOLA: *Coloro che per le corti colla virtù e colla fedeltà si fanno far largo.* - CECCHI: *Se non vi fate largo col donare.*

(6) SACCHETTI; PULCI; CECCHI.

(7) DAVANZATI: *Largo da terra, per l'alto vada in Soria.* Ma non si direbbe di via di terra.

(8) GALILEO.

La liberalità è più modesta, si esercita verso un povero, verso un amico; si fanno larghezze in dì solenne, a moltitudine più o meno scelta.

Munificenza è liberalità che si dimostra nei doni. — ROUBAUD.

— *Liberale*, disposto a donar largamente e spontaneo. La *cortesia* può essere di mere parole, o di benefizii minori. — ROMANI.

2458.

LARGO (FAR), FARSI LARGO, FARSI FAR LARGO.

Ritorno ai tre modi accennati (1). *Far largo*, allargare, agevolare la strada altrui, e nel traslato e nel proprio. *Farsi largo*, in ambedue i sensi, allargarsi, agevolarsi la strada.

Farsi far largo, nel proprio, aver dinanzi chi ci faccia largo; nel traslato, avere i mezzi di farci rispettare, e di avanzar presto nella via che prendiamo.

C'è degli uomini che non sanno farsi largo da sé, ma sanno far largo agli altri sulle vie della fama, e di quella che si chiama grandezza. E questi non sono i meno ambiziosi.

Farsi largo (diciamo) colle chiacchiere, coll'ingegno. C'è chi nell'animo altrui si fa largo donando, chi domandando, chi piangendo, chi ridendo; chi promettendo, chi minacciando; chi predicando, chi bestemmiando; insomma, chi facendosi amabile, e chi terribile, chi nojoso, chi buono e chi tristo. Per farsi far largo, poi, la buon'arte è il mostrare grand'opinione di sé, il prevenire la stima altrui col supporla; il richiederla al bisogno, ma sempre mostrandosene legittimi possessori come di naturale diritto. Il farsi largo è de' piccoli; il farsi far largo, di quelli che si chiamano grandi. I primi sono più sovente disprezzati; i secondi, più miserabili.

2459-2460.

LARGO (FAR), FAR PIAZZA, FAR PIAZZA PULITA. PIAZZA, PIAZZALE, PLATEA, LARGO.

2459.

Far largo, Far piazza, Far piazza pulita.

— Il secondo indica spazio maggiore del primo; e quindi suppone maggiore sforzo. Voi adagio adagio vi *fate un po' largo* in una folla. Un guerriero infuriato si *fa piazza* all'intorno colla spada alla mano. Ariosto: « E ben si fece far subito piazza, Chè lor si volse e durindana prese. »

Far piazza pulita ha altro senso. Di chi al gioco, vincendo la posta, tira tutti i danari scommessi, si dice: gli ha fatto piazza pulita; così come diciamo: gli ha ripulito, spolverato ogni cosa. Per esprimere l'amputazione di certe parti del corpo guaste da sporca malattia, far piazza pulita, è di marcio uso ; e dell'uso comune. Anco di casa spogliata, o da forza o da frode o da prodigalità, si dice che: ci è stato fatto piazza pulita (2). — MEINI.

2460.

Largo, Piazza, Piazzale, Platea.

Largo, a Napoli, vale *piazza, piazzale*; e il piazzale è di larghezza men ampio; e anco su un ponte possono trovarsi piazzali, che mai non si direbbero *largo* e *larghi*.

---

(1) Vedi il num. 2455.
(2) *Faire place nette, faire place, se faire place*, de' Francesi, corrispondono ai modi notati.

• *Platea*, il piano del fondamento, ove posano le fabbriche • dice la Crusca: poi, così si chiama la parte più bassa del teatro ove stanno gli spettatori; che nessuno direbbe *piazza*.

2461.

LARGO, AMPIO.

— *Largo* denota una delle tre dimensioni della grandezza. Può la larghezza essere di poche linee, nè quella è *ampiezza*. Dante chiama il cielo « ampio luogo »; e il Guicciardini: « l'ampliazione dell'impero », che non si direbbe bene qui: allargamento; ma potestà cresciuta in spazio più che in forza, si dirà meglio: allargamento, che: ampliazione.

Di tavola, di spada, di nastro, *largo*, non *ampio*. - Ampia eredità, patrimonio. - Larghe promesse, può avere mal senso; ampie, no. Quando la larghezza è male o inconveniente, non si può dire *ampiezza* se non per mo' d'ironia. E perchè la larghezza può essere di poco, soffre diminutivo, *larghetto*.

Largo riguarda, talvolta, l'uso della cosa, e di qui *largheggiare*; o l'agevolezza del movimento, e di qui *farsi largo*. — ROMANI.

2462-2464.

LARGO, GENEROSO, PRODIGO, ELEMOSINIERE, SPLENDIDO, BENEFICO, BENIGNO, LIBERALE.

PRODIGO, PROFUSO.

2462.

Largo, Generoso, Prodigo, Elemosiniere, Splendido, Benefico, Benigno, Liberale.

— Largo donatore, spenditore, son d'uso frequente, e affini agli altri; ma *largo* sta anco per abondante, generoso. Dante, Volg. Eloq.: « Veramente ciascuna di queste tre parti con largo testimonio si difende. » Vuol dire, talvolta, anco: schietto, franco.

Generoso è chi opera a nobil fine: largo donatore, non generoso, era Giugurta, che comprava l'impunità dei misfatti. Così molti che gli han somigliato. La generosità minore poi è quella dei doni. Anche il povero che perdona, che salva il nemico, è generoso. *Largo*, dunque, ha men nobile e men ampia significazione. *Prodigo*, differisce da *generoso*, perchè anche chi è prodigo per far del bene, lo fa più per impeto che per sano intelletto. Nè veramente è utile agli altri chi dà il suo per alimentare l'inerzia, o il vizio.

Lo stesso può dirsi, talvolta, dell'*elemosiniere*, che può alimentare l'arte impudente del vivere senza fatica. Ma non follia, riflessione muove l'elemosiniere; differisce dunque dal prodigo. È riflessione anche nello *splendido*; ma lo splendido dà apparato e pubblica pompa a' suoi atti.

Il *benefico* fa del bene e vuol farlo; e qui differisce sempre dallo splendido. Poi, non solo fa del bene co'danari, ma anche con promuovere il bene fatto da altri, e col consiglio più pregiabile di mille tesori. *Liberale* e *benigno* è la specie; *benefico*, il genere (Cic. Off. L. 1. 6). Il benigno non dà talvolta, ma piange al pianto altrui; non maligna sulle intenzioni; ama i miseri. — NERI.

2463.

Generoso, Liberale, Benefico.

— Il *liberale* dona liberamente, gratuitamente e copiosamente, senza profusione o disordine. La liberalità è dunque effetto e parte della generosità.

Generoso, il vincitore che dona la vita al nemico; liberale, il ricco che paga l'opera commessa non secondo il prezzo corrente, ma secondo il merito vero o le buone intenzioni dell'operante.

Benefico è chi fa del bene altrui. Si può far del bene in altri modi, oltre a quelli dalla liberalità adoperati. — ROMANI e GATTI.

2464.
Prodigo, Profuso.

Prodigo, l'uomo o l'oggetto personificato; *profuso*, l'atto. Spese, liberalità, largizioni, grazie profuse, profusissime. - Uomo profuso, fu detto, ma non pare bello. Scrittore profuso, in prove, in declamazioni, in citazioni, piuttosto.

2465.
LASCIVO, OSCENO, DISONESTO, LUBRICO.

— L'*oscenità* è più immodesta e impudente che non sia talvolta la *disonestà* (1). *Lascivia* è forte inclinazione a'placeri del senso, espressa con movimenti o con segni. Dicesi pur delle bestie, ma in senso più mite (2). Lascivia è anco negli occhi; non disonestà, oscenità (3). Lascivia è la tendenza o i segni che la manifestano.

Lubrico, nel proprio, vale: sdrucciolevole, ovvero contrario di *stitico*. Nel traslato, dice pericolo grave d'oscenità, pericolo accresciuto dalla tendenza che ha l'uomo a tali cose, e accresce la tendenza stessa. — ROMANI.

2466—2469.
LASCIVO, IMPUDICO, LUSSURIOSO, LIBIDINOSO, INCONTINENTE.
LIBIDINE, CONCUPISCENZA.
VOLUTTÀ, DISSOLUTEZZA.

2466.
Lascivo, Impudico.

— Il *lascivo* si lascia trasportare alla vista, al pensiero dell'oggetto che solletica i sensi suoi, lo desidera mollemente, ne gode abbandonatamente; l'*impudico* si lascia andare al placer suo senza freno di pudore. La lascivia viene in parte da temperamento irritabile al solletico de'sensi: l'impudicizia, da sentimenti e da costumi disordinati e corrotti.

Lo sguardo di fanciulla che senta il primo moto della voluttà, sebbene nol pensi, si può dire lascivo: e lascivo l'atteggiamento della femmina depravata. Questo vocabolo può, dunque, denotare e il primo passo all'impudicizia, e l'ultimo grado di quella: la lascivia può essere la manifestazione di variissimi gradi di corruzione. Un atto impudico può meritare pena civile; un lascivo, o rado o mai. — ROUBAUD.

2467.
Lussurioso, Libidinoso, Incontinente.

— *Lussuria*, abito colpevole ai colpevoli piaceri del senso.

Libidine, smoderata cupidità di piaceri non puri. Pulci: « Libidinoso padre di lussuria (4). »

Incontinenza è mancanza di virtù; *libidine* è vizio. Anco ne'legittimi piaceri può l'uomo essere incontinente. In-

---

(1) FRA GIORDANO: *La rea femina se gli fece incontro con atti baldanzosamente osceni*.
(2) OVIDIO: *Fuga lascivit agnus*. - COLUMELLA: *Satietate verni pabuli pecudes exhilaratæ lasciviunt*.
(3) CAVALCA.
(4) In altro senso diciamo: *libidine di ciarlare, libidine del comando*. Ma in questo senso, più di rado direbbesi *libidinoso*.

continenza d'orina, incontinenza di parole, di riso, di scritti. Anco nel traslato, *libidine* è più. — ROMANI.

2468.
Libidine, Concupiscenza.

Concupiscenza, il primo movimento della volontà degradata verso piaceri non leciti; o se leciti, tendenti con la frequenza loro ad avvilire la nobiltà dello spirito. *Libidine*, abito di cedere alla concupiscenza, con deliberato e cercato desiderio, e di rattizzarla. Questa si restringe ai più materiali piaceri del senso; la concupiscenza abbraccia ogni pericoloso amore delle cose sensibili. Onde l'Apostolo: « La concupiscenza degli occhi. »

2469.
Voluttà, Dissolutezza.

— Il *voluttuoso* sceglie gli oggetti de'suoi piaceri, e ne usa in modo da poter prolungare essi piaceri e rinnovarli senza male o disagio. Il *dissoluto* ha meno moderazione e men cura nel suo godimento. La voluttà può accordarsi con certo contegno che paja onesto. Anco i leciti piaceri possono, per l'amore soverchio o per la soverchia importanza che loro si dia, essere voluttuosamente goduti. — GIRARD.

2470.
LASCIVO, IMPUDICO, DISONESTO, OSCENO, LUBRICO, LIBIDINOSO, LUSSURIOSO.

— *Impudico*, che senza riguardo al pudore si imbratta nelle sensuali sozzure. *Disonesto* vale: persona o cosa contraria alla purezza; in questo senso è men d'*impudico*. *Osceno* è più; dice bruttura; *lascivo* dice licenza negli atti o nelle parole, sregolatezza ne'moti. *Lubrico*, che spinge, che sdrucciolare in disonestà; dicesi di cose, non di persone; gli altri, e di persone e di cose. *Lussurioso*, che si dà a'piaceri per impeto di temperamento mal frenato, anzi fomentato dall'abito. *Libidinoso*, che si compiace nella venere con soverchia voluttà. — A.

2471—2472.
LASCIVO, LUBRICO, LUSSURIOSO, LICENZIOSO.
OSCENO, DISONESTO, LICENZIOSO.

2471.
Lascivo, Lubrico, Lussurioso, Licenzioso.

— *Lascivo* a'Latini valeva: vivace sino alla petulanza, e dicesi, per lo più, di bestiuole che folleggiano per vivezza di sangue e di gioventù (1). *Lubrico*, secondo l'origine, sdrucciolevole, fuggevole, pendente al basso, facile a correre o a essere corso.

Nel traslato, *lascivo* vale: licenzioso negli atti e nelle parole, sregolato ne'moti che incitano a disonestà o la fomentano. Dicesi e di persona e di cosa. *Lubrico* vale: inchinevole a disonestà, facile a condurre ad atti o parole disoneste. *Lussurioso*, uomo inclinato a carnali brutture. *Lascivo* è meno, così come l'apparenza e la dimostrazione della cosa è men della cosa.

Lascivia è scala o insegna di lussuria: andare, canto lascivo; pagine, danza lasciva (2).

Il lubrico è pericoloso, ma può essere quasi innocente.

---

(1) DANTE: *Agnel che lascia il latte Della sua madre, e semplice e lascivo Seco medesmo a suo piacer combatte*.
(2) FIRENZUOLA: *Diciamo: la tale è vaghetta, quando parliamo d'una che ha un certo lascivetto e un certo ghiotto con la onestà mescolato*.

Lubriche diciamo le materie che non si possono trattare senza grande riserbo (1). — GRASSI.

— *Licenzioso* è meno di tutti, ed è più generico. Chiunque si fa lecito ciò che non è lecito veramente, è licenzioso, commette atti licenziosi, pecca di licenziosi voleri: eloquenza, pennello licenzioso. Nel senso affine ai notati diremo: vita, libro, discorso licenzioso; non osceno affatto, ma neanche puro. — ROMANI.

2472.
Osceno, Disonesto, Licenzioso.

— *Disonesto* è men d'osceno: l'*osceno* è quasi la pompa del disonesto. Ciò si comprende dalle origini stesse: il primo non indica che il contrario dell'onestà; e perché gl'italiani con questa parola significavano la virtù che contiene ogni eccesso nel piacere de' sensi, e ne' desiderii e negli atti che a ciò riguardano, però *disonesto* divenne affine ad *osceno*. Ma *osceno*, in origine vale *sozzo* (2); onde *osceno* dicono tuttavia i Fiorentini per bruttissimo.

Licenzioso indica soverchia libertà che finisce in licenza. È il primo grado della lascivia, e conduce alla perdita del pudore. Le parole licenziose possono non essere colpevoli; ma son biasimevoli, e religiosamente considerate e moralmente, ed anco per rispetti sociali. — ROMANI.

— I pensieri disonesti tentano, talvolta, le anime più pure; i modi osceni dimostrano corruzione profonda.

Osceni sono i pensieri quando siano imagini vagheggiate; ma i pensieri possono essere disonesti anco quando la fantasia non vi si riposa a bell'agio. — ROUBAUD.

2473—2475.
LASTRA, PIASTRA, LAMA; LAMINA, LAMIERA, FERRO.
LAMINETTA, LAMETTINA.
CALAMITATO, MAGNETIZZATO.

2473.
Lastra, Piastra, Lama, Lamina, Lamiera, Ferro.

La *lama* di metallo può imaginarsi più stretta e più sottil della *piastra* (3). Con piastre di piombo copronsi interi edifizii. Lama e lamina e *lastra* d'oro, piuttosto che *piastra*. Piastre di ferro od altro metallo eran quelle che coprivano l'elmo e il corpo degli antichi guerrieri (4). Noi moderni siamo alleggeriti e d'arme e del resto: ci moviamo più facilmente, ma facilmente ci lasciamo anche muovere.

Piastra di piombo, non: lama (5); lama di spada, di coltello, di sega (6); venire a mezza lama (7).

Lamiera, lama sottile di ferro o di rame, non d'altro; da vestire porte di città, finestre; da farne toppe per gli usci, o vassoi; e un tempo, da difendere la persona.

---

(1) SEGNERI: *Non particolarizzare eccessivamente in materie lubriche.*
(2) Da non mostrarsi per deformità e bruttezza. Da *ob-scena*. — VARRONE.
(3) REDI: *Adizzai lo scorpione... ad avventar molte punture sopra una lama di ferro.*
(4) ARIOSTO: *Che trovi tua piastra e tua maglia, E che l'aspetti a far seco battaglia.*
(5) M. VILLANI: *La quale (nave della chiesa) essendo coperta di piombo, conveniva che con ferri roventi le congiunture delle piastre si congiungessero.* - CELLINI: *Intagliare in certe piastre di rame.*
(6) BERNI: *Lama affilata.* - VIRGILIO: *Lamina serrae.*
(7) CARO: *L'occasione del dialogo si potesse dire un poco più strettamente, che si potesse venire dopo pochi colpi (come si dice) a mezza lama.*

Quel della spada dicesi anche *ferro*; ma quel della lancia è ferro, non lama; quella della sega è lama, non ferro.

Piastrone, grossa piastra (1); *piastra*, moneta, di Turchia, di Firenze, di Spagna.

Lama ha i diminutivi *lametta*, *lamettina*; *piastra* ha *piastrella*; ma di tutt'altro senso. Se ne vegga la Crusca.

In alcuni luoghi gli sbirri e i mendicanti portano al petto o al cappello una piastra che li dia a conoscere; non tutti però quelli che accattano, e non tutti quelli che fanno gli sbirri, s'intende. Altri la chiama *placca*: francesismo.

2474.
Lama, Lamina, Lastra.
Laminetta, Lamettina.

Lamina è più latino; e nelle scienze naturali frequente, più che nell'uso toscano. Nessuno direbbe: lamina della spada.

La lamina si può supporre più larga, e più lunga o meno della *lama*; anche più grossa. Quelle che adopransi nelle esperienze fisiche e chimiche, si diranno *lamine*, non lame, e una *laminetta* d'oro non si confonderà mai colla *lamettina* d'un coltello, d'un temperino (2).

Lamina di vetro, usò il Magalotti, e parmi acconciamente; certo non avrebbe potuto dire: lama.

Laminoso, disse un antico, in senso di divisibile in parti a foggia di lamine, o avente aspetto di lamina (3). L'usano i mineralogisti. Lamine ardenti solevansi un tempo a' corpi de' condannati accostare; supplizio che si potrebbe difendere con gli stessi argomenti che si difende la pena di morte (4).

La *lastra* di ferro è più grossa della lamiera, e serve a usi varii: è più grossa e più larga e più pesante altresì della lamina e della lama. Dicesi: lastra d'oro, ma s'intende sempre più grossa di lama e di lamina.

Poi: lastre di pietra (5), e: lastrone, e: lastrico delle strade, e: lastricatore, e: lastricare, e: lastricato; poi: lastra di ghiaccio (6).

2475.
Calamitato, Magnetizzato.

Si magnetizza con mezzi artificiali, o anche per vie naturali. Quando dico *calamitato* suppongo, d'ordinario, l'azione di quella che dicesi calamita. Il magnetismo opera anco sugli animali. Non è calamitato che il ferro. — A.

2476—2477.
LASTRICARE, ACCIOTTOLARE, CIOTTOLARE.
CIOTTOLARE, LAPIDARE.
ACCIOTTOLARE, FAR SONARE.

2476.
Lastricare, Acciottolare, Ciottolare.

La strada *lastricata* è coperta di lastre, di larghi pezzi di pietra; la strada *acciottolata* è a ciottoli. A Firenze, a Venezia, le strade son tutte lastricate: a Milano i marciapiedi lastricati, acciottolato il resto.

---

(1) PULCI: *Gli passò lo scudo... e il piastron sotto, molto duro e grosso.*
(2) LIB. ASTROLOG.: *Passi il regolo per lo centro della lamina.*
(3) VOLG. MESUE: *Il migliore fra' nitri si è il laminoso, frangibile.*
(4) PLAUTO: *Stimulos, laminas, crucesque.*
(5) G. VILLANI; FRA GIORDANO.
(6) MAGALOTTI; PLINIO: *Ossa in laminas secare.*

Si dirà: lastricar di mattoni, per estensione (1); non mai: acciottolare di mattoni. E ancor meglio: lastricare di marmo (2). E appunto perchè le lastre possono essere di materia diversa, non è pleonasmo *lastricare di pietra* (3), come sarebbe *acciottolare di sassi*.

Usa adesso lastrichi di bitume. Una stanza a Genova, dice il signore Zecchini, è lastricata di scudi. Non ben disse il Tasso: via lastricata di sangue, chè il liquido non è lastra; nè pur: lastricato di cadaveri sarebbe proprio. I Latini avevano *stratus*, di senso più generale, e però appropriabile a più varii casi.

2477.
Ciottolare, Acciottolare.
Ciottolare, Lapidare.
Acciottolare, Far sonare.

Ciottolare non è più tutt'uno con *acciottolare*, come una volta. Questo vale: coprir di ciottoli una strada, quello: tirar de' ciottoli contro. *Ciottolare* è più raro, ma è bello ed utile.

Il *ciottolare* può essere un modo di *lapidare*; ma questo è più grave e nella mole e negli effetti. E dice una maniera di supplizio, e ha traslati. Chi vi assale con modi di dispregio violento e d'abominazione non coraggiosa, vi lapida. A lapidare, per solito, vuolsi di molta gente; e qui come altrove, la prima pietra è spesso quella che tira dietro a sè tutte le altre. *Acciottolare* quattrini, vale maneggiarli sì che il suono del metallo si senta; e c'è chi lo fa per sentire quel suono lui, o per far sentire che ne ha. Onde in proverbio dicesi che chi mostra i quattrini, mostra il giudizio; al rovescio, che n'ha tanto meno di questo quanto più fa sonare quelli. Viene dall'imagine de' ciottoli che, smossi, dan suono. E invero con gli scudi si lapida e si ferisce peggio che co' sassi. *Far sonare* i quattrini può essere figurato, del vantarli parlando con promesse o minacce. Dicesi anco, acciottolare piatti, armeggiare con essi sì che il suono se ne senta.

2478.
LASTRICATO, LASTRICO.

Di cortile o altro luogo chiuso, meglio forse *lastricato* che *lastrico*. Fare, rifare il lastrico d'una strada, d'una piazza, meglio che: il lastricato; l'operazione è meglio indicata da *lastrico* (4).

In Firenze il più comune è *lastrico*.

Rimanere sul lastrico, lasciare sul lastrico, vale: senza casa nè campamento.

Laddove è mattoni si dirà *ammattonato*; laddove ciottoli, per estensione, *sul lastrico*; il plurale può fare *lastrichi*; più rado, *lastricati*; mai, ch'io creda, *ammattonati*.

2479 – 2480.
LASTRICATORE, SCARPELLINO.
SCARPELLINO, TAGLIAPIETRE, SCARPELLATORE.
SCARPELLO, UGNETTO.

2479.
Lastricatore, Scarpellino.
Scarpellino, Tagliapietre, Scarpellatore.

Lastricatore è il mestiere di chi lastrica le strade, o fa altra maniera di lastrichi. *Acciottolare* non avendo derivato analogo, io non so se nei paesi dove le strade si acciottolano, questo mestiere si possa indicare col nome di lastricatore (1). Quanti sono i mestieri senza nome ? Pochi e troppi.

Lavora alle strade anche lo *scarpellino*, in quanto che accomoda le pietre con cui le strade si lastricano; ma gli uffizii dello scarpellino sono, come ognun sa, molto più generali; nè l'unirsi in un solo operajo l'arte di lastricare e quella dello scarpellino toglie la differenza.

Scarpellino è tra il *tagliapietre* e lo *scultore*; ai primi lavori di scultura richiegonsi gli scarpellini. Tagliapietre a Venezia chiamavansi, ne' tempi belli dell'arte, non solo scarpellini, ma e intagliatori e scultori. Un tagliapietre vi faceva una chiesa. I titoli modesti sono indizio d'eccellenza; i pomposi, di ruina. *Scarpellatore* non è dell'uso toscano d'adesso: il Berni l'usò di scrittore dappoco; e molto dice potrebbesi dello scultore che tira via.

2480.
Scarpello, Ugnetto.

Non differiscono se non in quanto l'*ugnetto* è *scarpello* più piccolo e sottile, ai lavori più delicati, alle minime scanalature. *Ungues exprimet*. Ma forse viene dall'essere quasi ugna che intacca leggermente la pietra, e ci fa tenui solchi.

2481.
LATO, FIANCO.
A LATO, A FIANCO, A' FIANCHI.

Fianco sta per *grembo materno*; onde il famoso verso, in tanti modi rivoltato dall'Alfieri: « I figli che usciranno dal tuo fianco — Quei che uscir denno dal tuo fianco figli »; che non è il solo passo di tragedia che rammenti le commedie del Molière e d'altri. Traslatamente: fianchi della nave, fianco del poggio, della fortezza, della città, dell'esercito. Il lato buono o tristo delle cose umane non si dirà *fianco*. - Prendere di fianco, e altri simili ha traslati noti. A prendere gli uomini a corpo a corpo, così nel proprio come nel figurato, non s'ha sovente vantaggio, quanto, di fianco.

A lato può indicare certa distanza; *a fianco* è più accosto. Tiensi a lato una mazza, anche appoggiata alla parete; a fianco, la spada. Chi vi sta a lato può essere discosto più passi; onde *a fianco* dicendo più prossimità, dice talvolta più importunità. Certi uomini *ad latus* sono messi a fianco a certe altre persone più per ispiare e rattenere, che per guidare e sorreggere. A' fianchi dice ancora più importunità, anzi minaccia. Gli adulatori stanno a' fianchi a' potenti; i corteggiatori, alle donne; i cani, alla preda.

2482.
LATO, FIANCO.

— *Lato* è la parte destra o sinistra del corpo; *fianco*, la parte compresa tra le coscie e le costole, là dov'è l'anca. *Fianco* dicesi del corpo umano principalmente; degli altri, per estensione; *lato*, di tutti, e però anche del corpo dell'uomo. Ha più traslati che *fianco*. — ROCCO.

---

(1) G. VILLANI. - Il verbo comune è *ammattonare*.
(2) LEGG. ASC. S. BERNARDO.
(3) CRESCENZIO.
(4) LIPPI: *Spese D' acconci, tasse, lastrichi di strade*.

(1) La Crusca definisce *lastricare*: *coprire il suolo della terra con lastre congegnate insieme, mattoni o simili*. E ben dicono i dotti uomini *suolo della terra*, perchè *suolo* è voce generica nell' origine; onde DANTE: *Il marin suolo*. Di ciò fa colpa alla Crusca un tale, come fa colpa a me dell'aver proposto *selcino*, che non era ne' miei Sinonimi neppur nominato.

2483—2489.

LATO, PARTE, BANDA, CANTO.
LATO, LUOGO.
LÁTERESE, COSTOLA, ROSTICCIANA.
DA BANDA A BANDA, DA PARTE A PARTE.
DA PARTE MIA, PER PARTE MIA, IN MIO NOME.
DA MIA PARTE, A MIO NOME.
A PARTE, DA PARTE, IN DISPARTE.
A SPARTE, DA SÈ.
DAL CANTO MIO, DAL MIO LATO, DALLA MIA PARTE.
QUANTO A ME, PER ME.
IN OGNI PARTE, IN OGNI BANDA, IN OGNI LATO, IN OGNI CANTO.
DA TUTTI I LATI, DA TUTTE LE PARTI.
METTERE DA PARTE, DA BANDA, IN UN CANTO, DA UN LATO.
A PARTE, DA PARTE, IN DISPARTE.
DA UN CANTO, DALL'ALTRO CANTO, D'ALTRONDE, DEL RESTO.

2483.
Lato, Parte, Banda, Canto.
Dal canto mio, Dal mio lato, Dalla mia parte.
In ogni parte, In ogni banda, In ogni lato, In ogni canto.
Da tutti i lati, Da tutte le parti.

Parte indica spazio più ampio e meno determinato. Quand'io dico: dalla parte sinistra (giacchè qui non riguardiamo queste voci se non come indicanti posizione relativa a quella d'un altro oggetto), intendo non solo lo spazio prossimo al luogo di cui si tratta, ma uno spazio indefinitamente esteso e lontano, purchè sia da sinistra. Così diciamo: dalla parte sinistra del fiume è il tal paese; e il paese sarà distante dal fiume più miglia. Così: alla parte d'oriente, nelle parti d'America.

Parte, dunque, è generico affatto: di persona e di cosa, di qualunque forma e misura. Tanto diciamo: un dolore dalla parte del cuore, quanto: la parte sinistra della casa; ed è parte tanto un *canto* quanto un *lato*, cioè tanto un angolo, quanto uno spazio disteso.

Banda, per lo più, d'una parte all'estremità, com'indican anco molti de' sensi francesi e italiani di questa voce. Così diremo: dalla banda del fosso, dalla banda dell'acqua. Quand'è largo lo spazio ch'io voglio indicare, dirò *parte*; quando è minore, e può riguardarsi quasi come l'estremità dello spazio, dirò *banda*. - Dalla parte del fiume è un campo vastissimo; un precipizio è dalla banda del fiume. Così per indicare semplicemente una derivazione qualunque sia, dirò: venuto dalle parti del levante, per indicare un paese quasi estremo; per affettare non so che di disprezzo, dirò: non si sa da che banda venuto. E simili.

Così nel traslato: dalla parte dei veri grandi non mai insofferenza delle contraddizioni; i dispetti vengono dalla banda opposta, cioè da gente ch'è mediocre e vuol parer grande.

La *banda* è quasi un limite, la *parte* è uno spazio, il *lato* è una linea. La parte va in lunghezza e in larghezza, il lato va piuttosto in lunghezza.

Dalla parte sinistra del fiume è un boschetto: significa che da quella parte è il bosco, senza indicare che linea esso segna, senza indicare che gli è vicino o lontano; laddove *lato* suppone maggiore prossimità, e che il corpo o lo spazio segna per alcun tratto la dirittura del corpo al quale il discorso accenna.

Canto porta la sua dichiarazione con sè; canto è un angolo. In una estensione aperta, io non potrò dunque mai, per indicare la parte o il lato, usare *canto*, perchè quivi non è canto alcuno. In una stanza, casa, caverna, si potrà ben dire: dal destro, dall'altro canto.

Così, nel traslato, *dal canto mio* è locuzione quasi di modestia, o almen di riserva; e dice non solamente che la cosa di cui si tratta non dipende da un solo, ma ancora che quegli che parla, conosce di non essere sufficiente a far tutto da sè. Il magistrato dice al colpevole: *dalla parte mia* voi sarete trattato con tutta equità; l'avvocato gli dice: io *dal mio lato* farò il possibile; l'amico alle sue preghiere risponde: io *dal canto mio* non mancherò di prestarmi di tutto cuore.

In ogni parte, in ogni banda, in ogni lato, in ogni canto, usansi promiscuamente da'più. Quali differenze segnare? Dedotte dalle osservazioni precedenti.

In ogni parte è più generico; *in ogni banda* indica una certa parte dello spazio; *in ogni lato*, una certa dimensione o relazione dello spazio; *in ogni canto*, una menoma parte di spazio. La fama d'una bella azione può sonare in ogni parte, e non però in ogni canto; la parte massima della nazione, ignara delle cose del mondo, può affatto ignorarla. Ma perchè non è difficile nè anche ad essa il saperlo, però si dice che quella fama suona in ogni parte. Cercasi d'un fuoruscito in ogni banda; c'è delle parti troppo scoperte nelle quali si crede di non lo dover trovare; e sapendo questo, egli s'appiatta appunto all'aperto: lo cercano dunque nelle estremità d'uno spazio, ne'luoghi men prossimi. Io considero un argomento in ogni lato, lo prendo a riguardare in tutti i suoi aspetti; se lo pigliassi a riguardare in ogni parte, l'osservazione sarebbe più minuziosa e meno potente. Chi vuol riguardare le cose in ogni parte, non ha più il tempo di conoscerne nemmen tutti i lati. Molti che si credono pensatori, osservano nel primo modo; e sfugge loro intanto il prospetto di certe relazioni generali che sono le più rilevanti. Finalmente, cercando di cosa nascosta, ne cerco in ogni canto, perchè ne'canti suol essere, per lo più, il nascondiglio.

— *Da tutti i lati* riguarda la cosa di cui si parla; *da tutte le parti* riguarda gli oggetti che attorniano essa cosa. Si vede una cosa da tutti i lati, quando la si osserva in ogni aspetto; si vede da tutte le parti, quando tutti gli occhi intorno la veggono, ciascuno dalla parte sua. — GIRARD.

Non si direbbe comunemente: da tutti i lati vengono ajuti all'uomo che d'ajuti non ha di bisogno, nè: da tutti i canti; ma o: da tutte le bande, o: da tutte le parti.

Ora scendiamo a qualche particolarità.

2484.
Lato, Luogo.
Láterese, Costola, Rosticciana.

Un lato d'un corpo è una delle sue dimensioni; *lato* è voce tennica in geometria. Porta laterale, lateralmente, usi proprii (1). Possono in un lato solo essere più angoli, e quindi più canti; onde il Magalotti: « Negli angoli laterali. »

Lato, parlando di persona, è affine a *fianco* (2). Vol-

---
(1) GUITTONE; MAGALOTTI.
(2) PETRARCA: *Colla man destra il manco lato M'aperse.* - BOCCACCIO: *Dogliendogli il lato in sul quale era, in sull'altro volger vogliendosi.* - Qui sarebbe a notare un singolar latinismo

tarsi or dall'uno or dall'altro lato, e proprio degli ammalati di mal corporeo e di mal morale.

Ma *fianco* è più proprio, più determinato, e non si stende a tanta parte di corpo a quanta può il senso di *lato*.

Lato, del resto, parlando di corpi, presenta una certa lunghezza (1).

Cercare in ogni lato, andare in un lato (in un luogo), non andare in nessun lato, son modi vivi in qualche dialetto toscano (2).

Si dirà bene: schiere poste da' lati (3), edifizii da' lati, e simili. Parlando, dicesi altresì: dalle parti. Ma: da'canti, non sarebbe modo gentile.

Così diciamo: parenti da lato, o da parte, di padre o di madre. La prima frase è più scelta, ed anco più tennica perché più conforme a *collaterale*; certo è però che non si direbbe: da banda di madre (4).

Le due voci *parte* e *lato* ci pajono usate propriamente da Frate Giordano: « Provasi la verità della fede quanto è dalla parte di Dio; e questo è quanto di tre virtudi che sono in Dio, cioè potenza, sapienza e bontà. Da tutti questi lati hae Iddio provata questa sua fede. Ché dal lato della sua potenza l'ha provata... » - Dalla parte della sua potenza, non sarebbe stato elegante; dal lato di Dio, inelegante ed improprio. La differenza si sente; e se ne sente anco la ragione, ma lungo sarebbe volerla spiegar con parole.

Così tra *lato* e *banda*, chiara è la distinzione che porge il bell'esempio del Vasari: « Siccome le braccia stanno dai lati dell'uomo, le finestre stan dalle bande dell'edifizio. »

2485.
Banda.

Da banda a banda, Da parte a parte.

Che tutti i sensi di *parte*, *banda* non gli abbia, è chiaro. Segneri: « Radunò tutta la preda, e ne fe' due parti. Pose da una banda.... »

Banda, ripeto, oltre ai sensi affinissimi a *parte*, serve meglio a indicare parte lontana (5).

Andare alla banda, dicesi e delle navi e delle persone e di qualunque sia corpo che, movendosi, penda da una delle parti (6).

Passare da banda a banda (1), e: da parte a parte. Da parte a parte, è il più comune dei due.

E: tirarsi da banda, e: tirarsi da parte; ma il primo pare che possa essere un po' più in là.

2486.
Canto.

A canto, da canto, o, più comunemente, accanto, daccanto, son modi nell'uso toscano più comuni che: a lato. Sedersi a canto, abitare lì accanto, passare daccanto, e simili.

Ogni parte, se non riposta, almeno non molto esposta, si dirà meglio *canto* (2); e questa è la proprietà più distinta di detta voce.

2487.
Parte.

Da parte mia, Per parte mia, In mio nome.
Da mia parte, A mio nome.
A parte, Da parte, In disparte.
A sparte, Da sé.
Mettere da parte, da banda, in un canto, da un lato.

D'ogni parte, può, talvolta significare altro che: d'ogni lato. I lati dell'oggetto son due o quattro (qui parlo di corpo riguardato non matematicamente, ma così ingrosso, come si suole nel comune discorso). A ogni modo, il lato è sempre una certa estensione; la parte può essere quasi un punto. Se dirò, dunque, raggiante in ogni lato, intenderò luce diffusa in tutti i versi del corpo; se dirò raggiante in ogni parte, intenderò che questa luce esce non solo da tutti i lati, ma è in ciascuna parte di ciascun lato (3).

Parte, poi, come ho notato più sopra, comprende spazio più indeterminato e più largo (4).

Salutare, dire una cosa, raccomandare da parte o per parte d'uno, è usitatissimo; né si può scambiare (5). *Da parte*, in questo senso è più comune; ma trattandosi d'imbasciata che contenga cose importanti, e dove chi fa dire senta d'aver proprio una parte, l'altro modo *per parte mia* sarà più calzante, parmi.

Notate che si dirà bene: raccomandar dalla parte d'alcuno, non mai: per la parte; sempre per, senza l'articolo. Ho detto più sopra la differenza tra: dalla mia parte, e: dal canto mio. Dal mio lato, è di poco uso; da banda mia, di nessuno (6).

Da parte mia, dicesi non solamente di saluto o d'ambasciata in parole, ma di commissione qualsiasi. Diremo: salutatelo in mio nome; ditegli a nome mio; e diremo:

---

rimasto a' contadini del Val d'Arno superiore, derivante, come sembra, dalla terminazione plurale *latera*. *I laterest* si chiamano da quelli le false costole di majale salate; cioè le costole unite insieme. Dicesi anco nel singolare, un *laterese*. Le costole vere non si salano: mangiansi arrostite sulla gratella, e perciò si chiamano *rosticciane*. Sarebbe dunque tra quelle genti improprietà il dire *laterese arrostito*, o *rosticciana salata*. — LASTRUCCINI.

(1) BOCCACCIO: *Le latora delle vie tutte di rosai... erano quasi chiuse.*
(2) GUIDO GIUDICE: *Mandoe in ogni lato per li fabbri.* - DANTE: *Questo vero è scritto in molti lati.* Ma, per generale che facciasi l'uso di *lato*, non ha mai la generalità di *luogo*: dice sempre a qualche modo la dirittura e la direzione, non lo spazio in astratto.
(3) DAVANZATI: *Le legioni poste alle latora.*
(4) BOSCHINI.
(5) CACCHI: *Mi venne fantasia di rimpatriarmi, e me ne tornai dalle bande di qua.*
(6) BERNI: *Va la galea stranamente alla banda.*

(1) VARCHI: *Ti passerò con questo coltello da banda a banda.* - MAGALOTTI: *Sfondati da parte a parte.* Il primo è più famigliare, e par che denoti meglio le due estremità direttamente opposte, e l'una dall'altra più lontano.
(2) DANTE: *Mostrocci un'ombra dall'un canto sola.* - VASARI: *Una nicchia in un canto del giardino.*
(3) DANTE: *D'ogni parte ad esso m'apparìo Un non sapea che bianco.*
(4) PETRARCA: *Begli occhi, che l'imprese Del mio signor vittoriose fanno In ogni parte, e più sovra 'l mio fianco.* - BOCCACCIO: *Se io potuto avessi per altra parte menarvi a quello che desidero, che per così aspro sentiero* - *Nelle parti orientali.* - BARTOLI: *Non v'è stata parte del mondo che....*
(5) BOCCACCIO: *Pregolli per parte di tutte.* - CASA: *Le faccia reverenza da mia parte.* - REDI: *Gli dica da parte mia che...*
(6) BOCCACCIO: *Era dalla sua parte presto a dover fare ciò che ella gli comandasse.*

salutatelo, ditegli da parte mia; fategli una visita da parte mia, meglio che: a mio nome.

A mio nome, talvolta, è più rispettoso. Mandando a riverire un superiore: *a nome mio*, pare si convenga più. La ragione di questa tenue differenza pare sia che dicendo: a mio nome, io intendo che il nome mio sia rammentato ad esso; desiderio modesto, perchè suppone che il mio nome non meriti d'esser tenuto a mente da lui. Quando dico: da parte mia, par ch'io m'arroghi quasi una certa autorità di poter da mia parte mandare un saluto.

Chiamar a parte, mettere una cosa da parte, parlare a parte (e i più degli *a parte* delle nostre tragedie son cosa comica), ellissi proprie di *parte*. Diciamo ancora: *metter da parte*, e in tal senso gli sono affini: *metter in un canto, da una banda, da un lato*. Ma c'è differenza.

Si mette da parte, per riporre, per serbare, per discernere; si mette in un canto, per non ne voler pensare, per non curanza o dispregio; si mette da un lato o da una banda, per un fine qualunque si sia.

Diciamo ancora: lasciar da parte (1), ch'è più scelto di: lasciar da banda. Nessuno direbbe: lasciare da lato o da canto, bensì: da un lato o da un canto, modi meno comuni e men rapidi de' primi.

Così di discorso dispiacevole o pericoloso o comecchessia inopportuno, lasciamo da parte, è il modo dell'uso (2).

Star da parte, vale: non si confondere con altri (3); tirare da parte, è affine a: tirare in disparte (4).

Ma tra l'a parte, il da parte e l'in disparte, è qualche divario. Sta a parte chi non istà confuso con gli altri; sta da parte, e ancor più forte, in disparte, chi non solamente non istà confuso, ma separato di qualche intervallo (5).

Si dirà: tener conto a parte, far cucina a parte, avere servizio a parte, e non altrimenti (6).

I Toscani dicono anco *a sparte*, e *da sè*: nel dizionario, fare di un modo in un articolo a sparte, non si direbbe: in disparte; e pare un po' più che: a parte. E ad ogni modo quest'ultimo ha sensi più varii. *Da sè* dice cosa partita per forma che stia veramente da sè. Non tutte le cose che stanno a parte stanno da sè. Il vizio de' popoli non usi a concordie civili, è voler fare ciascuno da sè, e poi dolersi che taluni facciano qualcosa a sparte, o che si tengano in disparte.

2488.
Quanto a me, Per me.

— La seconda frase è più modesta; la prima indica una relazione più diretta che l'uomo ha o crede aver con la cosa. Si può ben dire timidamente e dubitando: io *per me* farei, crederei... Si dice con fermezza e risolutamente: *quanto a me*, io fo così, io la penso a questo modo.

---

(1) Bembo: *Ma lasciando questo da parte, se io credessi....*
(2) Varchi: *Posti da parte tutti i comodi nostri.*
(3) Varchi: *Quello che già è passato, si sta da parte tra le cose sicure.*
(4) Boccaccio: *Tratto Pirro da parte, l'ambasciata gli fece.*
(5) Petrarca: *Tristo standosi in disparte.* - Boccaccio: *Chiamate l'altre donne da una parte.*
(6) Borghini: *Ci teneva offiziali a parte.*

La Fontaine: « *Phèdre sur ce sujet dit fort élégamment: Il n'est rien tel que l'œil du maître. — Quant à moi, j'y mettrais encore l'œil de l'amant.* » Voltaire: « *Pour moi, qui de l'état embrassant la défense, Laissai toujours aux cieux le soin de leur vengeance, On ne m'a jamais vu, surpassant mon pouvoir, D'une indiscrète main profaner l'encensoir.* » — ROUBAUD.

2489.
Da un canto, Dall'altro canto, D'altronde, Del resto.

D'altronde, sull'analogia del francese *d'ailleurs*, s'usa per accennare a un'idea o sentimento alquanto diverso, od opposto a quello di cui si parlava. Così diciamo: gli uomini dicono della infedeltà delle donne; ma d'altronde, che faranno essi per renderle più costanti? La locuzione non è barbara, perchè quasi di ellissi, presa d'altronde (dall'altro lato) a riguardare la cosa. Si noti però che *d'altronde* indica propriamente moto, come il latino *aliunde*, o derivazione la quale porta idee affini a quella di moto. Poi, per la cosa che con quel francesismo indichiamo, i Toscani hanno tre modi: da un canto, dall'altro canto, del resto. E dicono, per esempio: ha ragione da un canto chi dice che la guerra è una espurgatrice della corrotta umanità. Voi dite bene che un popolo deve amare il proprio ben essere; ma dall'altro canto, gli avete voi insegnato, sapete voi insegnargli in che consista il ben essere? Molti sono mormoratori, calunniatori, che del resto pajono buona gente e si credono; e cattivi non sono; ma l'educazione pessima tali li rende. In questi tre casi, che non si possono scambiare l'uno coll'altro, i moderni, per lo più, pongono *altronde*, inutile se non barbaro (1). Il primo de' tre modi è una specie di concessione; il secondo, d'obiezione; il terzo, d'eccezione.

2490—2492.
LATO, Luogo, Posto, Sito, Parte, Banda, Fianco, Canto.

2490.
Luogo, Posto.

— *Luogo* è più generale; *posto* è luogo d'ordine. Luogo di dimora; posto a tavola. Sono in un luogo; occupo, prendo un posto, prendo posto. — GIRARD.

— *Posto* è il luogo dov'è collocato o si può collocare un oggetto; *luogo* in genere, una parte dello spazio atta a contenere gli oggetti. — ROMANI.

— *Posto*, parte di luogo determinata; *luogo*, nozione generica di parte dello spazio (2). — VOLPICELLA.

2491.
Sito, Posto, Luogo.

— *Sito*, affine a *posto*, in cui l'uso di Toscana comunemente lo traduce. Se non che il posto può essere arbitrario o casuale; il sito suol essere più secondo natura, o scelto con ragione. Buti: « *Sito* è luogo dovuto alla cosa per natura. » Poi, *sito* fa pensare alle circostanze del luogo più che altro termine non faccia. Quindi ne' buoni scrittori troviamo spesse volte accompagnate quelle due voci. Ottimo (3): « Ha descritta l'asprezza del bosco...

---

(1) I Latini in casi simili avevano *ceterum, ceteroquin, e alias*, alquanto affine al moderno *d'altronde*. Però l'ho chiamato non barbaro.
(2) *Posto* invece di *luogo*, è idiotismo fiorentino. Sono andato in un posto, dice una donnicciuola che non voglia far sapere il dove: modo al certo non imitabile. — CAPPONI.
(3) COMM. DANTE.

quanto al sito del luogo, e a quelle piante che v'erano. » Nardi (1): « De' siti, de' luoghi, e d'ogni qualità e circostanza di quelli, sapeva minutamente discorrere. » Segneri (2): « Porta il pregio mettere avanti agli occhi i siti di questi luoghi. » — POLIDORI.

2492.
Parte, Banda, Lato, Fianco, Canto.

— *Parte*, porzione di luogo e di corpo determinato: *banda*, parte a destra o a sinistra, innanzi o indietro, sempre verso i limiti dell'oggetto o dello spazio; dunque men generale. *Lato*, un de' limiti che determinano la figura in lunghezza o larghezza. *Fianco*, parte a destra o a sinistra di corpo animato, ma, per estensione, di tutti. *Canto*, parte dell'angolo. — VOLPICELLA.

2493—2497.
LATRARE, ABBAJARE, GUAIRE, GUATTIRE, GUAJOLARE.
ABBAJAMENTO, ABBAJATURA, LATRATO.
GUAIRE, UGGIOLARE.
CANINO, CUCCIOLO, CUCCIOLINO, CUCCIOLETTO, CUCCIOLOTTO.

2493.
Latrare, Abbajare.

Latrare è più forte; un cagnolino abbaja, non latra (3).

Così nel traslato, *latrare* dice stizza e rabbia, esprime villania e maldicenza; *abbajare* dice smania di ciarlare, cicalecci senza senno, impotenti. Chi abbaja non sa quel che si dica (4); chi latra troppo, lo sa. Ai latrati dei pochi seguitano sovente le abbajature de' molti. Queste danno più noja di quelli. Io non consiglierei alcuno scrittore a far uso frequente di così forti traslati. Per quanto paja disprezzabile un censore o un nemico, non c'è necessità nè utilità grande, che io sappia, a paragonarlo ad un cane.

Tanto è vero che *abbajare* è meno, che Fra Giordano creò la bella voce *abbaiatorello*; *latratorello* nessuno direbbe.

Can che abbaja, poco morde; abbajare alla luna; fare come i cani da pagliajo che abbajan da lontano; proverbi dove *latrare* non ha luogo. E nel traslato: abbajar dalla sete, dicesi d'uomo che di sete si senta venir meno.

———

(1) VIT. GIACOM.
(2) STOR. FIAN.
(3) FAV. ESOP.: *Uno catello che dì e notte lo svegliasse col suo abbaiamento.* - FRA GIORDANO: *Le abbaiature de' piccoli cagnolini.* - BOCCACCIO: *Cominciarono a latrare due grandissimi cani.* - *Alto latrato.* - DANTE: *Cerbero.... Con tre gole caninamente latra.* - CRESCENZIO: *Il lor latrar sia grave.* - FRA GIORDANO: *Demonio latratore a guisa d'un cane.* Non sempre la differenza è osservata, ma in questi esempi è ben chiara.
(4) VARCHI: *Quando uno non sa che, nè perchè si dica; egli non sa ciò che egli s'abbaja.* - FIRENZUOLA: *O lasciatela abbajare, o faicevene beffe.* - E il VARCHI stesso: *Abbaiatori si chiamano coloro i quali abbaiano ma non mordono; cioè riprendono a torto e senza cagione coloro che non temendo... non gli stimano.* - *Il latrare è più forte e ostile.* - DANTE, d'un dannato: *Latrando lui.* - Differenza simile nota il Forcellini tra *baubari* e *latrare: Latrant canes quum irati sunt; baubantur sine ira, sed potius quam quaeruntur.* Così nel greco, Βαΰζειν, de' cagnolini. LUCREZIO: *Irritata canum quum.... Magna Molossum Ricta fremunt.... Longe alio sonitu rabies distracta minantur,/et quum jam latrant et vocibus omnia complent; at catulos blande quum lingua lambere tentant... Longe alio pacto gannitu voces adulant, Et quum desertis baubantur in ædibus.*

E famigliarmente: ho una fame che abbajo; ci si abbaja dal caldo.

Abbajare, attivo ardito ma proprio: come *cantare*, da sè e col quarto caso. *Latrare*, attivo, sarebbe un po' più strano (1).

Abbajare è il più comune usitato nella lingua parlata; *latrare* ha un sol uso: di persona che recitando o declamando o parlando, gridi sconciamente, suol dirsi che latra come un cane. Ma anco in questo senso è più comune *abbajare*. Ed è doloroso che troppo spesso di certi predicatori cada si brutto traslato.

2494.
Guaire, Guajolare, Guattire.

Guajolare col suono dice *guaire* più sommesso, e però più pietoso, o anco più sprezzevole e ridicolo, secondo l'animo di chi sente. Può nel guaire essere ira o smania di ricattarsi; nel guajolare è debolezza più piagnolosa, e sovente dolore affettato. E ciò nel traslato segnatamente. Certi verseggiatori vanno guajolando, che non si può dire che abbaino. Anco d'altri animali che del cane direi guajolare; guaire, non tanto.

— *Guaire* col suono imita la voce de' cani percossi. *Guattire* è un verso che fanno i cani da caccia quando senton l'odore dell'animale. I cani da caccia non tutti, ma alcuni di quelli che seguitan le lepri, perciò detti *segugi*, e più comunemente *da corsa*; a differenza di quelli che braccano agli uccelli e che si dicono *da fermo* o *da penna*. Cane che guattisce la passata è stimato dai cacciatori. *Guattire* vive in alcune parti della Toscana, segnatamente in Mugello, ed esprime cosa dagli altri vocaboli non espressa. Il cane che abbaja al povero il quale picchia al palazzo del ricco, è l'imagine di certi cani vestiti da uomo che danno sempre addosso ai poveri.... Qui nè *guaire* nè *guattire* avrebbe luogo. — MEINI.

2495.
Abbajamento, Abbajatura, Latrato.

Abbajatura, se avessesi a usare, direbbe atto continuato e suono più cupo. *Latrato* ha più spesso il traslato morale: dell'invidia, della calunnia, del fisco. Nè, siccome dicesi abbajar dalla fame, direbbesi abbajamenti dalla fame; ma ben si potrebbe: il latrato o i latrati, della fame, del ventre (2). D'animali altri che il cane, direbbesi meglio *latrato* che *abbajamento*, come dei lupi.

2496.
Guaire, Uggiolare.

— Il cane *guaisce* picchiato, guaisce con più acuto grido; *uggiola* sommesso e cupo, per mostrare scontento, quasi com'uomo che fiotta. Questo tiene del *uhi*, quello del *ahi*, con una forte aspirata in principio e una in fine. Per estensione, d'altre bestie, forse, direbbesi che uggiolano; ma no che guaiscono, se non han grido strillante. — A.

2497.
Canino, Cucciolo.
Cucciolino, Cuccioletto, Cucciolotto.

— Può il *canino* esser finito di crescere, e rimanere

———

(1) DANTE: *La voce lor chiaro l'abbaja.* - VARCHI: *Queste cose dappoichè... ebbi latrate.*
(2) HORAT., Sat. 2.: *Latrantem stomachum.* - I Greci la fame stessa chiamano lupo, e chetare il lupo, vale sdigiunarsi con poco cibo. Modo più potente che il mal della lupa, e dipinge gli appetiti quasi nemici molesti alla libera vita dell'anima.

sempre canino, perchè tale per natura; il cucciolo ha tuttora da crescere (1). Nel figurato dicesi *cucciolo* a persona inesperta e semplice; onde il proverbio toscano: Gente astuta e gente cucciola, Nel fango di Cupido ognun vi sdrucciola.

Cucciolino, piccolo e grazioso; *cuccioletto*, leggiadro cucciolo, e di mezzana grandezza; *cucciolotto*, cucciolo grossotto e ben tarchiato. Anche questi diminutivi, e segnatamente i due primi, hanno il senso metaforico del positivo. — MEINI.

2498.

LEGALE, LEGITTIMO, LECITO.

— *Legale*, riguarda le forme, le osservanze prescritte dalla legge, sotto minaccia o di nullità dell'atto, o di pena. *Legittimo* dicesi di cose essenzialmente giuste; conformi alle leggi naturali; e se altro senso può darsi a questa voce, gli è senso non proprio. *Lecito*, di cose che legge non vieta.

La forma rende gli atti legali; il diritto, legittimi; la facoltà, leciti. Un'elezione è illegale se non s'adempiono le condizioni prescritte; una potenza è illegittima se si esercita in modo contrario agli altrui diritti; un commercio illecito, sebbene naturalmente innocente, quando la legge lo vieti. Si possono avere ragioni legittime di querela, ma, per negligenza di forme, renderle destitute di legalità. Ne' giorni tristi il legittimo s'oppone al lecito, il legale ammazza il legittimo. — ROUBAUD.

2499—2500.

LEGGE, DECRETO.

SENATO CONSULTO, DECRETO DEL SENATO, PLEBISCITO.

2499.

Legge, Decreto.

— *Legge* è l'espressione della volontà sovrana, che obbliga tutti i sudditi a fine di pubblico bene.

Decreto è atto rappresentante della volontà sovrana, diretto ad applicare la legge, a temperarla, ad estenderla. Non solamente il sovrano, ma le inferiori autorità, quando trattasi di semplicemente applicare la legge, fanno decreti. — ROMANI.

— Fa decreti anche un monarca il cui potere sia limitato dalla legge in modo che solo da sè far leggi e' non può. — GATTI.

2500.

Senato consulto, Decreto del senato, Plebiscito.

IL *senato consulto* era più generale; riguardava un ordine intero di persone o di fatti; il *decreto*, un uomo o un fatto solo; come quando a taluno si concedeva un onore, una carica o simile. Elio Gallo: « *Senatus decretum est particula quædam senatus consulti, ut quum provincia alicui decernitur, quod tamen ipsum senatus consulti est.* »

— *Decreto* chiamasi una deliberazione presa dal senato, ma non in numero sufficiente, o in adunanza non tenuta in giorno e in luogo legittimo, o per qualunque fosse la cagione che infermasse la validità o la solennità del partito preso. Quando poi esso partito fosse ne' modi legittimi rato, chiamavasi *senato consulto*. Cesare: « *Senatus decretum de removendo Cœlio; quod impedientibus tribunis, non esset factum senatus consultum.* » Ma spesso gli storici e i giureconsulti trascurano la differenza. — POPMA.

---

(1) Dicono anche *cuccio*, ma più di rado.

Plebiscito era la legge fatta dalla plebe, e dicevasi *scitum*, o perchè si pensava che la plebe allora sapesse quello che la si faceva e voleva, o per indicare che, fattole sapere quel ch'altri volesse, ella poi deliberando pareva dire: anch'io lo sapevo e volevo il medesimo. Questa voce, con inaspettata risurrezione, riapparisce in Francia, il paese delle novità vecchie.

2501—2503.

LEGGE, DECRETO, CANONE.

COSTITUZIONE, STATUTO.

ISTITUZIONE, ISTITUTO.

2501.

Legge, Decreto, Canone.

I *canoni* d'un concilio riguardano il dogma e la fede; i *decreti* regolano la disciplina ecclesiastica. I primi obbligano tutti i fedeli; gli altri possono patire eccezione secondo i paesi e gli Stati.

2502.

Statuto, Costituzione.

— *Statuto* è legge o corpo di leggi municipali (1). *Costituzione*, oltre all'indicare collezione di regolamenti stabiliti da un corpo o da' deputati di quello per regolare un istituto qualunque, vale, oggidì, quella collezione di leggi, massime e consuetudini politiche, stabilite dai rappresentanti della nazione o date dal capo del potere esecutivo, per conservare i diritti della sovranità e di ciascun cittadino. Questo dicesi anco *statuto*, e *costituzioni* in antico dicevansi le municipali. Ma gli statuti di private società nessuno direbbe *costituzioni*. — ROMANI.

2503.

Istituzione, Istituto.

Istituzione, l'atto; *istituto*, la cosa. D'un istituto di carità può l'istituzione essere più o meno antica, sapiente, savia, generosa.

2504.

LEGGE, DIRITTO.

DIRITTO, DIRITTI NATURALI.

La legge naturale, in quanto scientificamente trattata, dà origine al diritto naturale. Nel plurale, i diritti naturali dell'uomo sono le conseguenze di quella legge. Ma non si direbbe: le leggi naturali, perchè tutti i dettati di quella legge si riducono ad un principio la cui forma netta è una rivelazione del Vangelo, l'amore.

La *legge* è parte del diritto, espressione di esso, fedele o infedele. Il *diritto* comprende e i fondamenti della legge e l'ultime sue conseguenze, la pratica e la teoria. Il diritto serve a giudicare la legge.

Tutti i diritti son naturali, anco i civili, in quanto che fondati in natura; se no, non sarebbero veri diritti. Il diritto applicato a una società data, e a tale o a tal serie di casi, e sancito dalla volontà degl'imperanti, è legge.

Il diritto può essere non iscritto, e non racchiuso in formole; la legge, quando pure non sia scritta, è più determinata, e serve alle applicazioni dell'uso.

Diritto dicevasi anco il complesso delle leggi e lo studio loro; per indicare che la legge deve sempre avere a fondamento il diritto.

2505.

LEGGERMENTE, ALLA LEGGERA.

— *Leggermente* indica un modo in genere; alla *leg-*

---

(1) MAESTRUZZO: *Provinciali statuti*.

gera, un modo più proprio. Leggermente armato, vale: che porta armi non gravi, o armi che non difendono assai: armato alla leggera, vale: coperto di una speciale armatura che lo distingue da altri soldati.

Nel traslato, *leggermente* può aver miglior senso; e diciamo: passarsene leggermente, di un argomento, che vale: sflorarlo; e può essere cosa conforme a convenienza e a bellezza. Parlar d'una cosa alla leggera, è sempre male. Toccare leggermente i difetti altrui, può essere adulazione, timidità, prudenza, gentilezza, bontà; non è mai un parlare alla leggera, anzi richiede artifizio (più o men retto) di sentimento o di spirito. Anco quando *leggermente* prendesi in mala parte, gli è sempre più mite, e dice piuttosto il difetto di tale o tal atto, che l'abito. Anco l'uomo grave può fare qualcosa o dire leggermente, ma il fare alla leggera è proprio de' frivoli.
— ROUBAUD.

2506 - 2508.
LEGGERO, INSTABILE, INCOSTANTE, VOLUBILE.
FARFALLINA, FARFALLINO.

2506.
Leggero, Instabile, Incostante, Volubile.

— *Leggero*, disposto quasi per natura a lasciarsi trasportare facilmente qua e là. *Instabile*, che non ha forza o volontà di star fermo in un luogo, in un sentimento. Può l'uomo essere instabile e non leggero. La leggerezza è la facilità, la cagione dell'incostanza. Può l'amante essere di sua natura leggero, e pure per qualche tempo serbarsi costante. Può diventare incostante senza che gli si convenga taccia di leggerezza.

Così differisce *incostante* da *instabile*: che il primo indica l'atto, e l'altro il pericolo. Ma anche quando *instabile* s'usa nel traslato, appropriasi, piuttosto che all'animo, alle cose di fuori. Si dirà meglio: incostante in amore, che: instabile. Meglio: mondo instabile, che: incostante.

Volubile suona letteralmente la facilità di rivolgersi in un verso o in più. Può dunque essere volubile una cosa e non assolutamente leggera, ma tale diventare per il pernio su cui si posa o per la forma propria. Può un corpo essere volubile insieme, e, in certo modo, stabile, cioè star fermo imperniato su un asse, e volgersi sopra sè.

Ma quando si tratta d'esprimere quella volubilità che viene da leggerezza senza idea di pernio o d'altro, *volubile* dice un po' più d'*instabile*. Nel traslato, la volubilità è peggior difetto dei tre dichiarati. Nella volubilità entra quasi il piacere e un certo vezzo di cambiar volontà. Chi non istà ben fermo e tentenna, può dirsi instabile; non già volubile. L'incostanza in amore può essere preparata da causa quasi involontaria; la volubilità è incostanza quasi continua.

L'uomo instabile è chi, quand'anche non si ritrae da un proposito e non si cangia, pur vorrebbe cangiare; leggero è chi, per non aver abbastanza pensato il suo proposito, non sa ritenerlo, e lo abbandona o mostra d'abbandonarlo per ogni piccolo ostacolo, e sovente per mero capriccio. L'instabilità viene da poca forza di cuore; la leggerezza, da poca forza di mente. L'uomo instabile tituba anche dopo averci molto pensato; l'uomo leggero comincia a titubar troppo tardi, appunto per non ci avere pensato bene prima.

L'incostanza si manifesta anche con un cambiamento; la volubilità, con cambiamenti più frequenti e più facili.

Meglio diremo: cuore incostante; animo, temperamento volubile; cuore incostante, chi non sa durar negli affetti concepiti; uomo volubile, chi ora mette in cielo, ora manda all'inferno; ora brilla tutto, ora fa cipiglio e s'imbroncia.

La volubilità può venire da leggerezza di mente; e può da umore; l'incostanza è effetto di un cangiamento nel cuore, cangiamento quasi sempre manifestato con gli atti. — ROMANI.

2507.
Incostante, Leggero.

— *Incostante*, che non istà fermo; *leggero*, che si move facile. Incostante, chi più non ama; leggero, chi ama e disama per poco. — LA BRUYÈRE.

2508.
Farfallina, Farfallino.

Il diminutivo di farfalla oggidì è *farfallina*, nell'uso ordinario (1). *Farfallino* è traslato (2), e vale: uomo leggero. La leggerezza moderna è tanto affettata e pesante che più non merita un traslato sì semplice e sì gentile.

2509—2510.
LEGGERO, INSTABILE, MUTABILE, VOLUBILE, VARIABILE.

2509.
Mutabile, Leggero, Instabile.

— *Mutabile* dice un difetto, proprio alla natura di tutte le umane cose. La *leggerezza* e gli altri difetti notati son tutti o mutazione o causa di mutazione; non ogni mutazione, per altro, è prova di natura leggera, instabile, volubile od incostante.

La persona leggera è, in certa guisa, immutabile nella sua leggerezza; gli uomini instabili non sapranno starsene sempre fermi in un proposito, non però muteranno.

Anche nel senso materiale, altro è leggerezza o volubilità, altro è mutabilità; le cose più leggiere, come certi fluidi aeriformi, son le meno mutabili. — ROMANI.

2510.
Volubile, Instabile, Variabile.

Volubile, che gira; *instabile*, che non sta fermo. Molte cose sono instabili, non volubili. La ruota è volubile, non instabile, propriamente.

Uomo instabile è chi non ha fermezza; volubile, chi si volge dall'una parte all'opposta per ogni leggier motivo.

L'uomo che rimasg'anco nel medesimo pensiero, dubita, tituba, è instabile; chi si piega ad altri pensieri per leggeri motivi e a brevi intervalli di tempo è volubile. La fanciulla che ha data la sua fede e poi dubita se debba osservarla, è instabile pur del pensiero; la donna che cangia affetto sovente, è volubile.

Variabile, chi cambia non risoluzione nè desideri, ma modi di pensare e di fare. L'uomo debole è instabile; la donna vana è volubile; l'ambizioso è variabile. L'uomo instabile ha poca mente; il volubile, poco affetto; il variabile, poca coscienza. Tempo (diciamo) instabile, se non dura assai; variabile, se passa dalla pioggia al sereno, dal sereno alla pioggia.

---

(1) L. MEDICI: *Io son di te più, Nencia, innamorato Che non è il farfallin della lucerna*. Nel verso l'eccezione può aver luogo con grazia; ma è sempre eccezione.

(2) *Farfallino*, nel proprio, è la farfalla maschio de' bachi da seta. — LAMBRUSCHINI.

2511.

LETTERA, EPISTOLA.
LETTERINO, LETTERINA, LETTERUCCIA.

Epistole di Cicerone, epistole di s. Paolo, di s. Pietro, di s. Giovanni. Quindi: epistola della messa: stile epistolare. Ecco gli usi di questo latinismo, che, per gli altri, cesse il luogo a *lettera* (1); la quale, come più giovane, ha figliato *letteraccia, letterina, letterino, letterone, letteruccia*.

La *letteruccia* è meschina d'idee, di sentimenti, di stile; può anco denotarsene così la meschinità della forma e del foglio. *Letterina*, dice soltanto brevità; *letterino*, insieme colla brevità, accenna alla non inelegante piccolezza del foglio.

Una raccolta di lettere, poi, o antiche o talor anco moderne, dicesi *epistolario*. L'epistolario d'un letterato mediocre, per tristo che sia, è senza fallo la miglior opera di lui.

Beauzée: « Lettera ad un amico; epistola dedicatoria. Lettera in prosa; epistola in versi. »

« Epistole d'Orazio, del Boileau. L'epistola dedicatoria sarà forse stata, dice un autore, invenzione dell'affetto o della stima; ma certo è divenuta strumento di vile cupidigia, o di paura. E l'epistola in versi e la lettera in prosa non hanno determinata materia; il loro stile, secondo l'argomento, s'abbassa e s'innalza.

Lettera dedicatoria, in italiano, è più comune d'epistola, ma anche questo non è fuori d'uso. E: lettere, diciamo, ed: epistole di Cicerone, di Plinio, di Seneca; ma più comunemente nell'uso: epistole quelle del primo, e lettere quelle degli altri due. Epistole d'Ovidio, non: lettere.

2512—2514.

LETTERA, CARATTERE, ELEMENTO.
ABBICI, ALFABETO, ABBECEDARIO.

2512.

Lettera, Carattere, Elemento.

— Di scrittura parlando, *lettera* è segno intero, ma scempio; il *carattere* può esser doppio, cioè significare più lettere, come i nessi della lingua greca, e tutte le forme d'abbreviazione che s'usano anco dai moderni. *Elemento* è parte del carattere e della lettera, quando questi sieno formati di più linee; le cui varie piegature perciò diconsi elementi.

Poi, *carattere* dice cosa che vien sotto gli occhi; *lettera* dice anco il suono che a voce si profferisce. Guicciardini: « Appena gli furono cogniti i caratteri delle lettere. » Mancano agli scilinguati certe lettere, non certi caratteri: diremo che l'*acca* è una lettera (non un carattere) che non si sente; i punti, le virgole sono caratteri, lettere non sono.

Qualcuno fece *elemento* sinonimo a *sillaba*, non già scritta, ma soltanto pronunziata. Buonmattei: « Elemento del parlare è una semplice voce che si forma dagli uomini con un solo spingimento di fiato. » Nessuno ignora gli altri sensi che questo vocabolo può ricevere. — POLIDORI.

2513.

Carattere, Lettera.

— *Carattere*, come termine collettivo, comprende le lettere e i segni tutti a' quali il nome di lettere non si conviene. *Lettera*, singolare, può far le veci di *carattere*, quando a certi aggiunti si accompagni; come: scritto di bella lettera, stampato in buona, in cattiva lettera, e simili.

D'un *carattere da stamperia* sono elementi anco quo' pezzi che non lasciano impronta di sè nell'impressione. — POLIDORI.

2514.

Abbici, Alfabeto, Abbeccedario.

— *Abbici* è più popolare; *Alfabeto*, più scientifico. Il primo non si dice che dell'alfabeto italiano; l'altro, di tutte le lingue, sebbene l'origine della voce sia greca.

Abbeccedarii, i libri dove s'insegna l'abbici. In ordine alfabetico si può disporre una scienza, tutte le scienze.

Le arti, i mestieri hanno degli abbeccedarii; per esempio, l'abbeccedario pittorico. — A.

2515—2516.

LETTERALMENTE, ALLA LETTERA.
AVVERBIO, MODO AVVERBIALE.

2515.

Letteralmente, Alla lettera.

Alla lettera dice ancor più fedeltà. Si ripete alla lettera le cose intese o lette; si traduce alla lettera, cioè quasi lettera per lettera. *Letteralmente* parrebbe un po' più largo; certi passi si possono anco in verso tradurre letteralmente, cioè serbando il senso, e il più possibile la giacitura delle parole.

Il pedante traduce alla lettera; tradurre letteralmente è proprio, talvolta, degli scrittori più sommi. Dante rende talvolta letteralmente Virgilio.

Interpretare letteralmente, diciamo, meglio che: alla lettera; cioè, senza dipartirsi dal senso primo e più vero, senza trascendere nell'allegorico. Anco da ciò si conosce che questa voce ha migliore significato.

— *Letteralmente* indica il senso ovvio e proprio dell'espressione; *alla lettera*, il senso più stretto. *Letteralmente* riguarda il significato grammaticale; *alla lettera*, il più preciso significato della parola materialmente intesa o tradotta. I passi della Scrittura, delle leggi, tutte le parole autorevoli, s'hanno a intendere letteralmente; non sempre alla lettera. — ROUSAUD.

Al proposito di questa e d'altre simili differenze, diamo la generale distinzione tra avverbio e modo avverbiale.

2516.

Avverbio, Modo avverbiale.

L'*avverbio* è una sola parola: caramente, altamente; il *modo avverbiale* è composto di una proposizione con dietrole un sostantivo: con amore, a guisa, alla lettera.

L'avverbio determina il modo o la misura dell'azione espressa dal verbo, e fa al verbo quello che fa l'aggettivo al sostantivo. L'avverbio modifica l'idea del verbo, e s'incorpora, per così dire, a quello; il modo avverbiale è più accessorio all'idea dal verbo annunziata. Dell'uomo che operò saviamente, l'operazione fu savia, fu tutta savia; non si può separare l'idea dell'opera sua dall'idea di saviezza. Dell'uomo che operò con saviezza, l'operazione fu accompagnata da saviezza in meno o in più quantità.

---

(1) D'uno però che t'abbia scritto un letterone lungo, grave e pesato, potresti dire: costui mi ha scritto un'epistola — CAPPONI.

E perchè il modo avverbiale indica relazione diretta o indiretta; e l'avverbio relazione costante; però l'avverbio, è più proprio a denotare l'abito; il modo avverbiale, l'atto. Può l'arte esporre le cose con un certo candore; esporle candidamente non può che l'affetto.

2517—2525.
LETTO (RIFARE IL), Sprimacciarlo, Abballinarlo, Spiumacciarlo.
Guanciale, Capezzale, Cuscino, Origliere, Piumino.
Coltre, Coperta.
Coltrice, Materassa.
Pagliericcio, Saccone, Pagliaccio.
Pagliaccio, Paglione.
Pagliajo, Pagliericcio.
Cortinaggio, Cortina, Tende.
Padiglione, Baracca, Tenda.
Tendina, Tenduccia.
Balza, Cielo.
Letto parato, a padiglione, Zanzariera.
Parato, Paramento.

2517.
Rifare il letto, Sprimacciarlo,
Abballinarlo, Spiumacciarlo.

— *Rifare il letto*, sollevar le foglie del saccone, *sprimacciare* le materasse, *spiumacciare* (1) non l'ho mai sentito dire; quindi accomodarvi sopra le lenzuola colla debita rimboccatura in modo che sia pronto per chi vuol mettervisi a dormire. La rimboccatura chiamasi anche *rivolta*, o *rovescina*; ma il primo è più comune e più proprio e più bello.

Nota che dicesi volgarmente *sprimaccione* un picchio dato sulle spalle colla palma della mano. — Una volta durai fatica a tener le risa quando una giovanetta inglese mi disse con affetto: « Io vi vorrei esprimacciare la mia gratitudine. » — BIANCIARDI.

2518.
Guanciale, Capezzale, Cuscino, Origliere, Piumino.

— *Guanciale*, da dormire; *cuscino*, e da dormire e da sedere e da altri usi. — ROMANI.

— *Origliere* più affine a *guanciale* che a *cuscino*, da *orecchia*, come *guanciale* da *guancia*. Ma origliere è cuscino da tenere su pe' lettucci ov' altri s'adagia o si distende il giorno senza spogliarsi; ove i guanciali con fodera, ov' altri posa il capo la notte, si direbbero, famigliarmente, origlieri. — POLIDORI.

— Il *capezzale* è guanciale che sta a capo del letto e tutta ne piglia la larghezza. Il guanciale ha la federa; il capezzale, no (1). Il *piumino* somiglia al guanciale solo nella forma; del resto, è di drappo ripieno di piuma, e si tiene su' piedi. — MEINI.

2519.
Coltre, Coperta.
Coltrice, Materassa.

— La *coperta* si tiene sul letto; la *coltre*, nell' uso odierno toscano, copre i morti specialmente; è di seta, di panno, di tela.

Poi, coperta de' libri, coperta delle barche; coperta per pretesto. *Coltre*, per misura di terreno, non si usa più, credo. — MEINI.

— *Coltre* significa anco copertura del letto. Dante: « seggendo, in piuma in fama non si vien, nè sotto coltre. » Ne' quali versi taluno ha mal creduto che sotto coltre, volesse dire sotto il baldacchino. — CIONI.

— *Coltrice* è sacco da letto, ripieno di piume, sopra il quale si giace. Differisce da *materassa*.

I.° Perchè questa è fatta di tessuto diverso dalla coltrice, che è pure nome d'un altro particolare tessuto.
II.° Perchè la coltrice, si riempie di piume; la materassa, di lana, di capecchio, di crino.
III.° Perchè la coltrice non è cucita che negli orli; la materassa di più ha varie impuntiture nel di sopra che fanno risaltare il ripieno. Nel traslato, *coltrice*, uomo che usa molta affettazione nel vestire e nell' abbigliarsi. — MEINI.

2520.
Pagliericcio, Saccone, Pagliaccio.

Pagliericcio è anco il saccone da letto che mettesi sotto le materasse. Ma il *saccone* comprende la paglia e il panno che la contiene; il pagliericcio porta più prossima la prima idea. Onde diciamo: vuotare, riempire il saccone (2); non il pagliericcio. Bensì pagliericcio più o men duro (3). E sempre a *pagliericcio* si congiunge idea di minor comodità che a *saccone*.

Più: il saccone è, d'ordinario, riempito di foglie di gran siciliano; il pagliericcio, propriamente, di paglia.

Saccone ha derivati *sacconcino* (4), e *sacconaccio* (5), *pagliericcio* non ne ha. Ben si dice *pagliaccio*, ch' è più dispregiativo o meno; ma oltre a questo ha altro senso. Giacchè, per non parlar della maschera del pagliaccio, ogni uomo che vesta o vada con mal garbo, e ogni abietto buffone così suol chiamarsi. E s' ha derivato, pur troppo opportuno, *pagliacciata*.

Tutti quasi i traslati presi da *paglia* portan seco idee più di biasimo che di lode: eppure la paglia vive più lunghi anni del grano!

2521.
Pagliaccia, Paglione.

Pagliaccia, paglia cattiva (6); *paglione*, paglia che si mette sotto a' piedi delle bestie nelle stalle, chè vi si riposino.

---

(1) — Mi dicono che nelle campagne vive *spiumacciare* per quelle materasse di piuma, che dopo averci dormito, si agitano e si scuotono perchè rimescolandosi la piuma, sieno poi più sofficì.

Non direi che letto *abballinato* è contrario di rifatto, ma diverso perchè nell'uso vive, contrario a rifatto, disfatto e buttato all'aria. Nè il letto si abballina per render soffici di nuovo le materasse, ma perchè prenda aria, e più che altro quando si prevede che per qualche notte rimarrà vuoto. — BIANCIARDI.

Il letto è buttato all'aria o quando chi ci giaceva, levandosi, lascia le coperte e le lenzuola scomposte; o anche quando le materasse siano in disordine, ma non sollevate come suolsi nell'abballinare. È disfatto e quando non è ancor fatto e rifatto, e quando o le materasse o anco il fusto siano spostati per raccomodare o per altro.

(1) *Guanciale* e *capezzale*, voci più comuni, s'adoprano anche figuratamente. *Essere al capezzale, essere in punto di morte.* — CAPPONI.

(2) SACCHETTI: *Lasciata la paglia ch'e' porta in seno, nel saccone di ser Tinaccio.*
(3) ALLEGRI: *Un pagliericcio e due panche.*
(4) SACCHETTI.
(5) BERNI.
(6) SODERINI: *Fiamma di pagliaccia.*

Un mucchio di pagliaccia fa più fiamma d'un legno, perchè i corpi e gli spiriti leggeri sono i più leggermente infiammabili.

2522.
Pagliajo, Pagliericcio.

Pagliericcio, paglia trita (1) che resta in fondo alla paglia migliore; *pagliajo*, massa di paglia in covoni, che finisce restringendosi a guisa di cono o di cupola. Can da pagliajo (2), è modo notissimo.

2523.
Cortinaggio, Cortina, Tende,
Padiglione, Baracca, Tenda.
Tendina, Tenduccia.
Balza, Cielo.

« Il *padiglione* è arnese di panno o drappo, che nelle camere cala sopra il letto e lo circonda; all'aperto, si regge sopra alcuni legni, e difende dall'aria o dal sole. » Così la Crusca.

Il padiglione, dunque, all'aperto, serve di difesa; nelle camere, d'ornamento: e talor anche all'aperto è arnese di semplice addobbo.

Tendesi un padiglione in una piazza per sciennità religiosa, o simile (3); nelle barche per parare il sole; lungo la via, per accogliere viaggiatori illustri (e quando dice *illustri*, ognuno intende di che lustro si parli); s'adorna di padiglione il di sopra d'un trono, d'una ringhiera, intorno al cornicione d'un arco, o altro simile.

E tutto quello che ha forma di padiglione, cioè stretto in su e che poi viene allargando, dicesi fatto a padiglione (4).

Può un letto non essere a padiglione, ed esservi il suo cortinaggio (5). *Cortinaggio* tutto ciò che cinge il letto e lo chiude. *Cortine* le parti da' lati del cortinaggio (6). Il *cielo* del cortinaggio o del padiglione, cioè la parte più alta e più solida, non è cortina nè tenda. La *balza* che pende dal padiglione o dal cielo della carrozza, non è cortina nè anch'essa.

La *tenda* è più semplice; per lo più di tela. Si tende orizzontale o a traverso, non mai a padiglione; si tende sempre allo scoperto (giacchè qui non parliamo delle tende che usa alle finestre), o per riparare dal sole, dall'aria, dalla pioggia, o per parare o per coprir chechessia. La *Madonna della tenda*, quadro di Raffaello, così chiamasi da una tenda dipintavi nel di sopra.

Tende, per lo più, diconsi le militari. Levare, piantar le tende, la tenda reale, la tenda d'Achille, ritirarsi nella sua tenda, attendarsi (7).

---

(1) VETTORI: *Deonsi coprire (le messe delle ulive) con un poco di pagliericcio e letame grosso.*

(2) REDI. - *Fare come il cane da pagliajo, che da lontano abbaja, e da vicino scappa. Dar fuoco al pagliajo*, nel proprio, vale: *abbruciare*; e nel traslato: *arrischiare ogni cosa*. Di giocatore ostinato si dice, che per giocare o' darebbe fuoco al pagliajo. — MEINI.

(3) G. VILLANI.

(4) SEGNERI: *Letti fatti a padiglione.* - FOSCOLO: *Sotto l'etereo padiglion rotarsi le stelle.* - Imagine piccola.

(5) M. FRANZESI.

(6) BOCC.: *Nascondersi alquanto dietro alla cortina del letto.*

(7) G. VILLANI; PULCI; ARIOSTO. - *E questi, parlando d'alloggiamenti militari, ricorda le tende e i padiglioni come cose diverse: Vôti frascati, padiglioni e tende* (C. 17, st. 36). Queste pe' poveri soldati; quelli, per capitani e signori. — POLIDORI.

TOMMASEO, *Diz. dei Sinonimi.*

Che sia la *cortina* d'Apollo, veggasi nel Forcellini. *Cortine* delle mura d'una città chiamasi una parte delle mura medesime che si distende da un baluardo all'altro.

Anco la *baracca*, per coprirsi e difendersi: ma è di legno, per lo più bassa, e può essere coperta o con legni, o con tende. E si fa non solo pe' militi, ma per ciarlatani, per venditori di merci o di commestibili (1).

Meschina tenda militare, o ad altr'uso, è *tenduccia*; piccola tenda da finestra, di quelle che non iscendono da' ferri sovrapposti, ma sono applicate a' vetri stessi, è *tendina*. *Tendone* è accrescitivo che vive.

2524.
Letto parato, a padiglione, Zanzariera.

— *Zanzariere* o *zanzariera* credo non differiscano punto; sono ambedue quella specie di parato del letto di tessuto rado e fine che lasciando libera la circolazione dell'aria impedisca le zanzare. *Padiglione*, che non farei mai sinonimo di *zanzariera*, è un parato che rende più o meno l'imagine d'un padiglione militare, e si mette sopra una porta, in un intercolunnio, finestra o terrazza. Dicesi *letto a padiglione* quello parato in maniera da sembrare, come dicevo, paglion militare. Il padiglione ha per lo più festoni o pendoni; il parato ha il falpalà o la frangia. — BIANCIARDI.

2525.
Parato, Paramento.

— *Parato*, che soprastà a letto o porta o finestra: il *paramento* è di chiesa. — A.

2526.
LIBERARE, FRANCARE, AFFRANCARE.

— *Francare* è liberare da dipendenza, da gravezza, da spesa (2). *Liberare* è più generale.

Affrancare è atto d'autorità, di potenza; *liberare*; denota il fatto, non la cagione (3). Si affranca lo schiavo proprio, dandogli la libertà; si libera lo schiavo altrui, ricomprandolo, o togliendol di forza. — ROUBAUD.

L'uso non è ben fermo; ma pare che di lettera o altra cosa da spedirsi franca di spesa, il più comune sia *affrancare*; sebbene usato anche l'altro: chè di popolo, il qual si tolga da sè un peso di dosso, meglio si dirà che: si franca; se poi si tratta del rivendicarsi in franchigia politica, forse meglio, che: s'affranca. Io franco altri d'un carico; il padrone d'un negro affranca il suo schiavo; non però sempre lo libera, se a libertà l'infelice non è preparato.

Affrancamento, sempre; no *francamento*.

2527.
LIBERARE, SALVARE.

— *Salvare* è trarre di pericolo; *liberare*, trar di vincolo, sia di dolore o di schiavitù o d'altro — ROMANI.

Liberando da morte, o da male amaro come la morte, si salva; ma non sempre chi vi salva la vita, vi libera.

---

(1) *Rizzar baracca*, nell'uso toscano, vale: romperla con uno o con più, o venire a contesa. Famigliarmente, anche troppo, *baracca* in traslato: ogni impresa o cosa che accennisi con dispregio o per celia. *Cotesta baracca non istà ritta*; fare una baracca, mandarla all'aria. Anco certi imperi possono essere baracche.

(2) VILLANI: *Il re li fece franchi d'ogni gravezza per dieci anni.*

(3) Affrancarsi da una servitù qualunque, da un'obbligo pecuniario. Diciamo poi comunemente: *affrancare una rendita, un livello*, quando se ne paga il capitale. — CAPPONI.

2528.

LIBERO ARBITRIO, LIBERA VOLONTÀ.

Tutti gli uomini hanno il *libero arbitrio*, la *volontà* loro è *libera*. *Libertà* ha senso e morale e civile; *libero arbitrio* l'ha solamente morale.

La libertà può essere in alcune cose limitata dagli oggetti esterni, scemata dalle passioni; il libero arbitrio, in quanto potenza, si considera come assoluto. Ma, per estensione, i due modi servono a indicare i gradi, più o meno, di libertà; e differiscono allora in ciò, che l'arbitrio riguarda non solo l'indipendenza e la potestà dell'anteriore deliberazione, ma ancora degli atti esterni; la libera volontà consiste, più propriamente, nell'animo.

2529.

LIBERO, INDIPENDENTE.

— L'uomo è *libero* perchè può scegliere tra due atti contrarii o diversi, ma non è mai *indipendente*, inquantochè molti motivi possono piegare la sua volontà. Nessuno è indipendente da' proprii doveri; ciascuno è libero dell'adempirli.

Popolo libero, quello che si governa con leggi ch'egli ha date a sé stesso, o ch'egli ha di sua volontà confermate, o che può mutare o distruggere. Popolo indipendente, che non è soggetto al reggimento, all'armi, al volere d'altro popolo o re (1). Se per indipendenza s'intende il non dipendere in nulla nè da legge nè da uomo alcuno, l'indipendenza non può durare in istato di civiltà. E dall'aver confuso libertà con indipendenza, vennero i mali che ognun sa.

Parlando d'un uomo solo, lo scapolo è libero, in certo senso; indipendente non è; ha anch'egli i suoi vincoli di figliuolo, di cittadino, d'amico. Mente libera, vale: sciolta da pensieri, da cose importune: spirito indipendente, non servo a pregiudizii, o a quelli che tali ài credono. Ma questo sa di francese.

Il forte, tutto che angariato, è libero; indipendente, no. *Libertà* riguarda l'intero della vita, e le azioni più gravi; *indipendenza*, i particolari atti. Si può perdere la libertà e noi sentire: c'è degli schiavi contenti. Ma la dipendenza è catena che si sente sonare a ogni passo. — GUIZOT.

— Indipendenza quasi piena non si ha se non nello stato selvaggio. Libertà vera non si ha se non in società di credenti. Per avere libertà bisogna rinunziare all'indipendenza assoluta.

Gli Stati d'America guerreggiavano per l'indipendenza, ma potevano ottener questa senza salire a libertà; e ciò sarebbe accaduto se il popolo era men virtuoso. Chiamiamo indipendente l'uomo che non ha vincoli d'autorità che lo tengano troppo legato; indipendente, chi non si sottomette all'altrui tirannico o servile giudizio.

In senso similmente ristretto, diciamo: avere la sua libertà, cioè poter fare un po' quel che piace; stare in libertà, cioè senza soggezione; godere in casa la sua libertà. Donna libera di sè, del suo cuore, non legata da amore. — FAURE.

2530.

LIBERO, IN LIBERTÀ.

Libero è l'uomo non ciecamente soggetto al volere altrui; *in libertà* è l'uomo, anche soggetto che sia, ma che in quell'atto, di cui si parla, si trova sciolto da' suoi vincoli in diritto o in fatto. Molti si credono diventar liberi se si trovano in libertà, e allora appunto sono sulla via di diventar più schiavi che mai.

2531.

LIBERTÀ, FRANCHIGIA.

— *Libertà* è poter esercitare tutte le proprie facoltà; *franchigia*, esenzione da condizioni onerose imposte all'esercizio d'una facoltà. La libertà richiede il potere di far la cosa; la franchigia agevola l'eseguimento compiuto, levando gli ostacoli.

Libertà, è voce di senso più largo: libertà corporea, morale, civile, politica. La *franchigia* non ha luogo se non nell'ordine politico e nel civile.

Popolo libero è quello che sceglie i suoi governanti, impon loro le condizioni del governare, ha parte diretta o indiretta nella deliberazione delle leggi; franco, se libero da tale o tale gravezza.

Libertà riguarda il diritto naturale ed il positivo; *franchigia*, questo secondo. La libertà è nella norma generale, la franchigia nelle eccezioni. Assentire con liberi voti alle imposte, è libertà; non essere gravato da certe imposte, è franchigia. La libertà o è comune alla nazione intera, o libertà non è: la franchigia è per poche persone o per un ordine di cittadini, o per qualche paese o provincia.

Il commercio è libero in tutti i porti, è franco ne' porti privilegiati a ciò. — ROUBAUD.

2532—2533.

LIBERTÀ, FRANCHIGIA, ESENZIONE, IMMUNITÀ, PREROGATIVA, PRIVILEGIO.

LA LIBERTÀ, LE LIBERTÀ.

2533.

Esenzione, Immunità, Franchigia, Libertà, Prerogativa, Privilegio.

La libertà, Le libertà.

Esenzione, da qualunque sia peso (1); *immunità*, dai pesi personali (2) o quasi personali. Non immunità dalle imposte, ma esenzione; non esenzioni, ma immunità ecclesiastiche. Ogni immunità è esenzione, ma non viceversa.

L'esenzione può essere temporanea; l'immunità, d'ordinario, si fonda sopra istituzioni.

L'esenzione può avere per causa la bontà gratuita del concedente, i meriti dell'esente, le sue forze, le sue incapacità, i suoi difetti. L'immunità è un privilegio. I miopi sono esenti dal servizio militare, nè questa è immunità.

— L'immunità dispensa da un carico o civile o fiscale. L'esenzione eccettua dal comune dovere. Ma l'esenzione comprende ogni genere di doveri e di pesi; la immunità stessa è una specie d'esenzione. Ell'è un titolo che sottrae persona o cosa a certi pesi e gravezze; titolo dato o occasionato dalla qualità delle cose e delle persone immuni. L'esenzione è privilegio concesso o per ragioni speciali, o per mero favore. Le immunità ecclesiastiche erano un titolo; l'esenzione degli ordini monastici dalla giurisdizione dei vescovi è concessione del Papa. L'immunità ha, o par ch'abbia, in sè qualcosa di più ri-

---

(1) MAUGUIN (adunanza dei Deputati di Francia, 9 aprile 1836): *Avant que d'être libre, il faut qu'un pays soit indépendant; la nationalité doit précéder la liberté.* — A.

(1) *Ex-emo.*
(2) *Munus, munio.*

spettabile; l'esenzione può avere dell'odioso. Le immunità sono specialmente date a città, a comunità, a ordini di persone. L'esenzione è privilegio, per lo più, dato a individui.

Immunità s'usa in modo assoluto, e ognun intende che vogliano dire le immunità de' conventi. *Esenzione* richiede dopo sé l'indicazione della cosa da cui l'uomo è fatto esente; dalle imposte, da servizio militare, e da altro.

Nell'uso, s'adopera promiscuamente immunità, libertà, esenzione, franchigia. Ma le libertà e le franchigie vengono da istituzioni che più tengono del politico; le immunità e le esenzioni, da privilegi più o meno incorporati alle istituzioni ed alle consuetudini. — ROUBAUD.

Nel senso notato, *franchigia* è più generale di *libertà* e comprende questa, ma d'ordinario è men atta. Certe franchigie de' Comuni, a chiamarle libertà, sarebbe un ammiserire questo nome; e pur troppo le due cose confusersi dalla credula boria de' piccoli, e dalla insidiosa ambizione de' grandi; per l'esca delle franchigie si lasciò ire la libertà; per le franchigie del proprio guscio, la comune libertà fu venduta. Ognun sente di qui distinzione che è a farsi tra *le libertà* e *la libertà*; vocabolo che non dovrebbe aver plurale, e il darglielo tagliuzza l'unico corpo vivente, cioè lo uccide.

La centuria, che ne' comizii romani dava prima il suo voto quando si faceva la rogazione per la elezione de' magistrati, dicevasi *prærogare* alle altre; onde *prerogativa* venne a indicare ogni preminenza che un ordine di persone o una persona ha sull'altre.

Privilegio, privo lex, eccezione alla legge in favore di una persona o d'un ordine. Dapprincipio era un'eccezione anche a danno; ora non più. Il privilegio è un vantaggio; a prerogativa è una distinzione onorifica. Esenzione è privilegio, per dir così, negativo. — ROMANI.

2533.
Esenzione, Prerogativa, Privilegio.
— *Prerogativa*, preferenza che alcuna persona o corpo morale gode in società, piuttosto di diritto che d'utile. *Privilegio* è d'utile e di diritto. *Esenzione*, specie di privilegio che dispensa da spesa o servizio o altra cosa gravosa. — VOLPICELL.

2534.
LIBERTO, LIBERTINO.
— *Liberto* era il servo liberato; *libertino*, il figliuolo di liberto. Ma da un esempio di Cicerone pare che *libertino* si chiamasse anco liberto; se non che riman sempre una differenza. *Liberto* dicevasi rispetto al patrono che l'aveva emancipato: liberto di Cesare, non: libertino di Cesare. *Libertino* riguardavasi da sè come una condizione, uno stato (1). —

2535.
LIBRERIA, BIBLIOTECA.
— *Biblioteche*, a pubblico uso; *librerie*, quelle de' privati. Il primo nome ha certa solennità sua propria. La biblioteca di un principe poco amico degli studii, o una sontuosa e gran collezione di libri che serve soltanto a coloro che la possiedono, non si dice libreria. La libreria di un povero convento di frati, benchè molti vi abbiano accesso, non direbbesi biblioteca. Libreria, inoltre, è la bottega ove vendonsi libri, usati o nuovi.

Anche allora che queste voci sono adoperate per similitudine, e, direi quasi, per iperbole, una raccolta d'opere celebri e di molti volumi non verrà dal tipografi intitolata: libreria, ma si: biblioteca classica, storica, delle scienze mediche, ecc. Quando però si accozzano insieme operette leggieri, trattatelli anonimi o d'autori poco conosciuti, il primo vocabolo par loro più a proposito: libreria economica, di famiglia.

Un uomo di lettere non toscano andava a visitarne un altro di Firenze, ricco di libri siccome di cortesia nel farne parte agli amici. Ciò forse pensando, il visitante chiese al portiere se il suo padrone fosse in biblioteca. In libreria, rispose il servo, v'è stato stamane, ma ora non c'è. Sentirsi così correggere (non per boria ma per istinto) dai Fiorentini del popolo, è cosa, chi vi bada, assai frequente e gradevolissima ai forestieri che sanno trarne profitto. — POLIDORI.

— *Biblioteca*, gran raccolta di libri a uso di lettura. *Libreria* o per uso di lettura o da vendere, confusi, se vuolsi e non ordinati, come biblioteca richiede. Pochi scaffali faranno libreria, non già biblioteca. — A.

— L'Alessandrina, la Vaticana, sono biblioteche, e non librerie. Quindi *bibliografo*, *bibliomania*.

Libreriuccia è usato; l'altro, diminutivo non ha. — NERI.

2536.
LIBRINO, LIBRETTO, LIBRETTACCIO, LIBRETTUCCIACCIO, LIBRETTINO, LIBRUCCIO, LIBRUCCIACCIO, LIBRICCINO, LIBERCOLO, LIBELLO, LIBERCOLETTO, LIBERCOLUCCIO, LIBERCOLETTUCCIO, LIBERCOLUCCIUCCIO.

Libretto ha usi non di diminutivo semplice, come: libretto d'opera, libretto d'un operaj (ch'è meno bracciante del cucitori di libretti d'opera), libretto della cassa de' risparmii; ma poi può essere semplice diminutivo di libro, e quanto alla mole e alla forma esteriore, e quanto a lunghezza e sostanza di cose. *Librino* riguarda la mole e la forma, purchè non sia troppo rozza. Il libretto può essere legato alla rustica, e mal fatto e stracciato: però *librettaccio* e *librettucciaccio*; se non chè quest'ultimo segnatamente accenna alle cose contenute più che all'apparenza. *Librino* non soffre uscita di dispregio; ma il *librettino*, all'incontro, può essere bello di fuori e buono di dentro. Il *libruccio* è meschino più nella forma che nella sostanza. Costa poco e val pochi soldi; ma le cose che ha dentro possono valere di molto. Il *libriccino* è piccolo più ancora del *libruccio*, ma può essere non inelegante (onde da *libruccio* si fa *librucciaccio*, che può dire piccolezza e brevità non bella congiunta a goffaggine e perversità) e men bello del *librino* al quale sarebbe lecito dare senso di mero vezzo. *Libercolo* può aver senso di spregio, non come *libello*, che vale: e libro piccolo e grande, e parte di libro e foglio volante macchiato di vituperi dove la calunnia è confusa all'accusa; ma suona libro leggiero d'idee e d'affetti ancor più che di mole, e che pretende soppiantare opere valide, e trattare cose che non vanno leggermente discorse. *Libercoletto* ha senso più mite, e riguarda piuttosto la misura estrinseca; più piccolo del libretto, men comodo e adorno del librino, men misero del *libercoluccio*; e quest'ultimo torna a portare giudizio di disistima sul pregio intellettuale o morale delle cose scritte. Può farsene

---

(1) CICERONE: *Trebonius fecit hæres libertum suum.* — E poco appresso: *Equiti romano libertino homo sit hæres.*

anco *libercolettuccio* e *libercolucciaccio*; e il primo suonare spreglo delle estrinseche, il secondo delle intrinseche qualità!

2527.

LIBRO, VOLUME.

— *Volume*, diciamo, del *libro*; e: opera voluminosa; e intendiamo della materiale grossezza e del peso. Ma *volume* anco quantità di fogli legati insieme; e in questo senso molti libri possono essere in un volume, e molti volumi può avere un libro. — A.

— Si dice che una biblioteca ha tante migliaja di volumi; d'una bottega diciamo che ha molti libri, ricca di libri. Il secondo nome convien meglio a significare le opericciuole di piccola mole: e il diminutivo *volumetto* non dice mai cosa sì tenue e sì meschina come *libretto*, *librino*, *libriccino*, *libercolo*, *libercoletto*, *libercolettuccio*, *librettino*, *librettuccio*, *libretlucciaccio*, *libruccio*, e simili. — POLIDORI.

2528—2558.

LIBRO, VOLUME, TOMO, OPERA, CODICE.
SCRITTORE, AUTORE.
SCRIVERE, FARE.
ISCRIZIONE, EPIGRAFE.
ISCRIZIONE, EPITAFFIO.
SCARABOCCHIARE, SCICCHERARE.
COPIARE, TRASCRIVERE.
COPIA, ESEMPLARE.
QUADERNO, QUINTERNO.
QUADERNO, QUADERNA.
TACCUINO, PORTAFOGLIO.
MANUALE, ENCHIRIDIO.
MATERIA, SOGGETTO.
MATERIA, SELVA, SOGGETTACCIO, CATTIVO SOGGETTO.
PER DIGRESSIONE, PER INCIDENZA.
PROEMIO, PREAMBOLO, PROLOGO, PREFAZIONE, PROLEGOMENO, ESORDIO, PRELIMINARE.
PROEMIO, PRELUDIO, PREAMBOLO.
CITARE, ALLEGARE.
CITAZIONE, CHIAMATA.
TRADURRE, RECARE, VOLGARIZZARE, VOLTARE, VOLGERE, RENDERE.
VOLGARIZZARE, POPOLARIZZARE.
RECARE AL FATTO, DEDURRE NE' FATTI.
TRADURRE, TRASLATARE.
TRADUZIONE, VERSIONE.

2528.

Libro, Volume, Tomo, Opera, Codice.

— Un *tomo* può contenere più volumi; un *volume*, più tomi; ma la legatura distingue propriamente i volumi; la divisione dell'opera, i tomi. — GIRARD.

— Un'*opera* può essere in un volume o in più; un volume può contenere più scritti. Più volumi possono formare un tomo; un tomo può aver due volumi.

Tomo è divisione più rispondente, d'ordinario, alla partizione delle materie.

Là dove siffatta partizione non ha luogo, possonci essere volumi; non tomi. Un dizionario è diviso in volumi. I volumi grossissimi, però, nell'uso si dicono *tomi*.

Volume riguarda la forma esteriore; onde: volume elegante, bene stampato, mal legato.

Codice, volume di manoscritti antichi, per lo più.

Libro (qui non parliamo nè di libro come opera della mente, nè come divisione dell'opera, ma della forma materiale), *libro* dice e lo stampato e il manoscritto e il bianco da scriverci dentro. I bibliografi badano al libro, se antico o moderno, dove stampato e come; i librai fanno commercio di libri: in tali casi non hanno luogo i vocaboli affini. — ROMANI.

2529.

Scrittore, Autore.

Il Grassi : « *Autore* è l'inventore, il facitore di qualunque sia cosa o opera o effetto; quegli dal quale alcuna cosa trae la sua prima origine: Dio autor d'ogni bene (1). *Scrittore* è quegli che scrive o le cose proprie o le altrui. *Autori* son anche gli artisti (2).

» In opere dell'ingegno, il titolo di *scrittore* riguarda le qualità dello stile; quello d'*autore*, le cose. »

L'Enciclopedia: « *Scrittore* riguarda la forma dello stile. Il Descartes e il Newton son celebri autori; l'autore della Ricerca della verità è uno scrittore valente. »

Quando le due voci significano il compositor d'uno scritto, hanno alcuni usi affini, ed hanno le differenze seguenti:

Chiunque scrive di suo è autore insieme e scrittore. Tutti gli scritti hanno un autore, il quale è scrittore buono o cattivo, esercitato o inesperto. *Autore* porta con sè le idee della materia trattata, dell'indole morale o della condizione sociale di chi scrive, della sua autorità. *Scrittore* porta le idee dell'ordine, dello stile (3). In un passo d'autore si cerca quello ch'egli, l'autore, abbia inteso di dire (4); e se l'autore è scrittore inesperto, il raccapezzarlo non è sempre facile. Similmente diamo: gli autori disputano; trovo negli autori; e sim. (5).

Una delle idee che può diventar dominante nel senso della voce *autore*, è quella d'origine. Quindi si cerca, senza pensare alla materia e allo stile, chi sia l'autore; buono o cattivo scrittore ciò non fa al caso. Quando si cerca l'autor dello scritto, si cerca l'origine dello scritto, non la sua autorità ed il suo pregio. In questo senso diciamo: libro senza nome d'autore (6), libro d'incerto autore, pseudonimo.

Dal senso primo della voce *scrittore* viene una terza differenza; ed è che, siccome l'atto dello scrivere non suppone di necessità l'esercizio dell'invenzione o del raziocinio, così scrittori si chiaman coloro che ne' loro scritti non creano, non inventano nulla. Quindi è che diciamo, propriamente, scrittor di storia (7) autore d'un'opera filosofica, scrittore d'una vita, autor d'un poema. — Autor d'una vita, scrittore d'un poema, suonerebbe, non so che strano. Quindi il Boccaccio si dice scrittore delle sue novelle, e non inventore. Quindi le frasi: scrittor delle imprese, scrittor della guerra (8); laddove *autore* non si dice che dell'opera in questo senso. Egli è ben vero che noi sogliamo chiamare *autori* anco gli

---

(1) BUTI: *Autrice d'un consiglio*. - TERTULLIANO: *Anima autrix operum carnis*.
(2) PLINIO: *Statua auctoris incerti*.
(3) CICERONE: *Subtilis scriptor atque elegans*.
(4) DANTE.
(5) SVETONIO: *Evolvere auctores*. - LIVIO: *Invenio apud auctores*.
(6) SVETONIO: *Evulgare nomine auctoris*.
(7) PLINIO: *Callisthenes historiarum scriptor*.
(8) In questo senso anco d'un poeta direbbesi. ORAZIO: *Trojani belli scriptorem*. - CICERONE: *Multos scriptores rerum suarum Alexander habuisse dicitur*.

storici; ma per denotare o l'origine della storia considerata com'opera, o la sua critica autorità (1). In questo senso diciamo anche: Dante è il mio autor prediletto (2).

L'uso abituale, inoltre, fa gli scrittori. Non si dirà: il Machiavelli, scrittore di due commedie, ma piuttosto autore; si dirà: Goldoni scrittore e autor di commedie. Chi fa un epigramma, è l'autore di quello; chi ne fa di molti, è autore insieme e scrittor d'epigrammi (3).

Si domanderà perché autori si chiamino i grandi scrittori, se *autore* riguarda la materia più ch'altro. Perché non sola la dottrina scientifica è l'idea dominante nel senso d'*autore*, ma qualunque specie di creazione, di forza, d'aumento (4), o sia della fantasia, o sia del raziocinio, o sia dell'affetto. I Classici, dunque, chiamansi scrittori pel magistero dello stile; autori per la potenza del concetto, per l'autorità dell'esempio.

Anche tra' classici, molti sono gli scrittori valenti; pochissimi i grandi autori. Omero, Erodoto, Demostene, Virgilio, Dante, il Bossuet, e gli altri pochi che a questi somigliano.

Quando diciamo che il tale è scrittore, intendiamo ch'egli sa l'arte dello scrivere. C'è degli autori che scrittori non sono. Ma tale distinzione svanirà, speriamo, col tempo. Gli autori di forte ingegno impareranno a scrivere tutti; gli scrittori s'accorgeranno che, per aver fama durevole, conviene non solo sapere scrivere, ma scrivere o cose nuove, o le note in modo accomodato ai nuovi bisogni dello spirito umano.

Diciamo: gli scrittori del Lazio, gli scrittori della Grecia, intendendo la lingua in cui scrissero, e l'arte del dire, non le materie trattate (5).

Ognun vede, del resto, che volendo indicare l'atto dello scrivere o del comporre, o anche l'origine dello scritto, non già con un nome ma con un verbo, non v'è da usar altro che *scrivere*. Scrivere un trattato filosofico; quegli che scrisse dell'anima...

Autore ha il femminino *autrice* (6). *Scrittore* ha *scrittorello*, *scrittoruzzo*, *scrittoruccio*, *scrittoraccio*; derivati che dati ad *autore* suonerebbero strani. Di donna, dicono taluni *scrittrice*, ma non è bello; s'ella sa scriver davvero, chiamiamola addirittura *scrittore*.

Ognun vede poi, che quando *scrittore* vale semplicemente *copista* (7), nulla ha di comune con *autore*; sebbene molti autori celebrati non facessero altro talvolta, che il mestier de' copisti senza avvedersene.

2540.
Scrivere, Fare.

Ognun vede che d'opera non scritta, *fare* gli è proprio. Omero fece l'Iliade; non la scrisse.

E quando l'invenzione non è punto dello scrittore, *scrivere* si dirà meglio che *fare*. Di molti poeti epici e tragici non si può dire che fanno, ma sì che scrivono.

---

(1) G. VILLANI: *Ritrarre ... da più antichi libri, e cronache e autori, le gesta e i fatti de' Fiorentini.*
(2) DANTE: *Tu se' lo mio maestro e 'l mio autore.* - CICERONE: *Ille dicendi gravissimus, auctor et magister Plato.*
(3) QUINTILIANO: *Scriptores iamborum et veteris comediæ.* - ORAZIO: *Satyrorum scriptor.*
(4) *Da augeo.*
(5) GELLIO: *Utriusque linguæ scriptores.*
(6) VIT. PITTONI.
(7) BOCCACCIO.

Donato: « *Scribit qui verba adhibet tantum; facit qui etiam argumentum componit.* »

2541.
Iscrizione, Epigrafe.

— L'*epigrafe* apposta ad un libro, iscrizione non è; ma può essere fatta a modo e in istile d'iscrizione. — BEAUZÉE.

2542.
Iscrizione, Epitaffio.

Epitaffio, iscrizione posta o da porsi su tomba (1). Un'*iscrizione* anche funebre, se appesa al feretro o posta sulla porta della chiesa, od in casa, o altrove, non è un epitaffio.

L'epitaffio, poi, da' poeti si scrive in versi, e si suppone di scolpirlo sulla tomba di quello che forse non è ancora morto. Un bell'ingegno roveretano si divertiva così a rivedere le bucce ai vivi, mettendoli a giacere sotterra.

Ogni epitaffio posto sulla tomba è un'iscrizione; non ogni iscrizione è epitaffio. Può essere l'iscrizione posta sopra una tomba, e non essere epitaffio tuttavia; può, cioè, consistere in una sentenza morale, in un motto.

2543.
Scarabocchiare, Schiccherare.

Si *scarabocchia* imbrattando; si *schicchera* scrivendo o delineando in fretta e male. Scarabocchiansi anco due versi; per ischiccherare bisogna scrivere un po' più alla distesa.

Schiccherando, cioè scrivendo o dipingendo in fretta, si fanno degli scarabocchi; ma l'uno può star senza l'altro. Redi: « Di que' rozzi scarabocchi che schiccherava co' suoi pennelli l'antico Margheritone d'Arezzo. »

Schiccherare, poi, dicesi dello scrivere non in informe scritto, ma in istile inornato (2); ed anche del tirar giù senza fatica rapidamente.

2544.
Copiare, Trascrivere.

— *Trascrivere*, alla lettera, trasportare da foglio a foglio. Si trascrive per mettere al pulito lo scritto, si copia per averne più d'un esemplare.

Il mercante trascrive ogni giorno le sue partite sul libro maestro. Innanzi la stampa conveniva copiare le opere a mano.

Io trascrivo un'iscrizione con le divisioni di linee, colla punteggiatura, con gli errori qual è, ma posso anco trascrivere un mio lavoro correggendolo, rimutandolo. La *copiatura* è opera più manuale.

Non noto come differenza quell'uso comunissimo che applica *copiare* ai disegni, ai quadri, ai modi, alle azioni; mentre che *trascrivere* dicesi solo di cosa scritta. — ROUBAUD.

2545.
Copia, Esemplare.

Di manoscritto, *esemplare* è quello da cui possono trarre o si traggono *copie*. Può essere, ed è spesse volte, copia esso stesso; ma chiamandolo esemplare, io lo riguardo come norma alla copia che ne traggo, all'edizione che fo.

---

(1) ΕΠΙ-τάφος. - GIORDANO: *A che giovano gli epitaffi delle marmoree sepolture?*
(2) MENZINI: *Rettoricuzzo, schiccherar presume Le carte intorno a vizii.*

Di libro stampato, *esemplare* dicesi meglio di *copia*. *Copia* vale anco la cosa copiata (1). Si prende copia, si fa una copia, si prende la copia; non si piglia, nè si leva, nè si fa l'esemplare.

Nella *copia* si può riguardare semplicemente la scrittura più o men chiara, elegante (2), insomma un materiale lavoro (3); nell'*esemplare*, piuttosto la sicurezza, la fedeltà, la bellezza della lezione.

Copia, anco di pitture, scolture, disegni, incisioni; *esemplare* non mai.

Copia ha i derivati *copiatore*, *copiatura*, *ricopiare* e *copista*, che mancano ad *esemplare*.

2546.
Quaderno, Quinterno.

Il *quaderno* è composto di alquanti fogli uniti insieme, per iscriverci conti, memorie, e simili. Quindi il Quaderno antico de' conti, scritto con più eleganza che i trattati diplomatici del nostro bel secolo dotto (4).

Ogni libruccio manoscritto può chiamarsi *quaderno*; e *quaderni* anco i fascicoli d'un giornale stampato; quaderni che non sempre hanno l'importanza e l'amenità del Quaderno antico dei conti.

Quaderno ha i derivati: *quadernaccio* (5), *quadernetto* (6), *quadernuccio* (7); diminutivi proprii allorchè *quaderno* ha senso di libro da scrivere o scritto, non allorchè significa venticinque fogli messi l'uno nell'altro senza cucire.

Quinterno son soli cinque fogli, e non ha di diminutivo usitato che *quinternetto* (8). Talvolta si prende per libretto da scriverci memorie, nel senso medesimo che *quaderno* (9); ma l'altro par più comune. Altri dice *quiderno*, sul fare appunto di *quaderno*; ma in tutta Italia è più comune *quinterno* e *quinternetto*; e l'origine essendo *quinto*, *quinqus*, l'altro diventa storpiatura, non necessaria se l'uso arbitro non la impone.

2547.
Quaderno, Quaderna.

Quaderna non è nella Crusca, perchè la civiltà non aveva ancor fatto succedere il lotto all'astrologia giudiziaria e alla pietra filosofale. Ma converrà, per onor della specie, che i compilatori del Vocabolario insegnino ai posteri quante volte la speranza d'una quaderna abbia fatto riempire di calcoli quaderni interi di fogli.

---

(1) M. VILLANI: *Molte copie se ne sparsero tra' Cristiani*. - REDI: *La copia della lettera ch'ella si è degnata di farmi mandare*.

(2) REDI: *Fatta copiare di buona mano*.

(3) REDI: *Copiata nella stessa forma nella quale sta scritta*.

(4) BUTI: *Fu commesso falsità in un libro di mercatanzia, tramutato e cambiato carte dal quadernetto*. - DANTE: *Era sicuro il quaderno* (delle ragioni pubbliche, cioè non falsificate); il quaderno delle entrate e spese della repubblica di Firenze non sarebbe *quinterno*.

(5) ALLEGR.: *Va attorno un quadernaccio Che lacera il Boccaccio*.

(6) LIB. CUR. MAL.

(7) BONCHINI: *Simili giornaletti e quadernucci e come stracciafogli di spese minute, non si conservano*. - *Quadernuccio* chiamano segnatamente le tessitore quel libretto ove il mercante appunta la quantità della roba che loro consegna. E la povera gente chiama quello che il padrone di casa fa le ricevute della pigione o degli acconti della pigione. — MEINI.

(8) BONCHINI: *M'abbattei in un quinternetto senza principio*.

(9) ZIB. ANDREINI.

2548.
Taccuino, Portafoglio.

Quel ch'ora chiamasi *portafoglio* (e dovrebbesi dire *portafogli*), un tempo era *taccuino*: e così lo chiamano tuttavia molta buona gente (1). Ma sul taccuino si scrive; nel portafoglio e si scrive e si tengono cambiali, lettere, fogli. Un portafoglio di ministro non si dirà taccuino. Chi dicesse: il taccuino degli affari esteri, che profanazione, Dio buono! Ma *portafogli*, in questo senso, è modo estero; ma tanto più proprio, dirà taluno: Avete voi letto o sentito il dramma di Kotzebue: Il Portafoglio?

2549.
Manuale, Enchiridio.

— *Enchiridio* è parola più dotta, in cui vece, nell'uso, quasi sempre dicesi *manuale*. *Manuale* dicesi l'Enchiridio di Epiteto. E *manuali*, non *enchiridii*, i compendii pratici ed usuali delle scienze e delle arti. Quand'anco si volesse in alcun raro caso usare *enchiridio*, certo è che questa voce mal soffrirebbe il plurale, nè si direbbe convenientemente: gli enchiridii. — A.

Il Vangelo dovrebbe al cristiano essere manuale, o meglio tenerselo egli scritto nel cuore. Ma taluni ne armano la mano come di mazza.

2550.
Materia, Soggetto.
Materia, Selva, Soggettaccio,
Cattivo soggetto.

Materia, ciò di che la cosa è formata, composta; *soggetto*, ciò su cui s'esercita l'azione di persona o di cosa. La materia, in quanto l'animo la contempla come soggetta all'azione delle cose e degli enti ragionevoli, è sempre *soggetto*; ma non ogni soggetto è *materia* (2). L'animo tocco dall'impressione delle cose esterne, in questo riguardo è *soggetto*, non è *materia*.

Materia e *soggetto* riguardan le cose interne su cui versano i nostri discorsi o pensieri. *Materia* è più generale. La giurisprudenza è la materia d'un trattato; i testamenti ne sono lo speciale soggetto. Opera che tratta una materia può abbracciar più soggetti.

— Talvolta la materia è il genere; il soggetto, la specie o l'individuo. Un'opera versa su tale o tal materia, e ne tratta parecchi soggetti. Per ben trattare il menomo soggetto, convien possedere tutta quanta la materia. — ROUBAUD.

— La *materia* è cosa adoperata nel lavoro; il *soggetto*, la cosa sulla quale il lavoro s'esercita. — GIRARD.

— *Soggetto*, delle cose metafisiche; *materia*, delle corporee più spesso. E quand'anche *materia* s'usi a indicar quelle cose che non han corpo propriamente, come pensieri o parole, la forza di questo nome fa considerarle

---

(1) *Taccuino*, nel 400, si chiamò anche *tavoletta*, ch'è notabile per la somiglianza col francese *tablettes*. - G. CAVALCANTI, *Ist. fior.* (Appendice), tom. II, pag. 529 e 530: *Veduto il giovine* (Castruccio Castracane) *la tanta cortesia usatagli da quel rustico, tolse lo stile e una sua tavoletta, e in quella scrisse il nome dell'oste*. - *Castruccio il domandò del nome, per lo quale guatò nella sua tavoletta, per la quale riconobbe il suo oste*. — CAPPONI.

(2) METASTASIO: *Tutto ciò che può spiegarsi in parole sottoposte alla legge de' metri, tutto è materia del poeta. Da questa generale materia il poeta trae, e tratta, tale o tale speciale soggetto*.

nel tempo o nello spazio che, per forma che loro sia data, esse possono occupare. — POLIDORI.

Per trattare un soggetto si ha, si raccoglie di molta materia; e i Greci dinotavano le due idee con la figura di *selva*; onde venne che *selve* dirsersi gli argomenti e fin le imagini messe insieme con qualche ordine o apparenza d'ordine per formare un ragionamento. Facendo la selva del discorso, disponesi già la materia: può uno raccogliere la materia: l'altro, fare o dare la selva. Ma adesso non si fanno più selve; discorsi e libri sono o siepe o lago.

Materiaccia, in senso di materia o discorso, non si direbbe se non quando la sia inconveniente e importuna. *Soggettaccio* non è il tema vile o reo di discorsi o di pensieri; ma l'uomo che ne è l'oggetto può pur troppo essere un soggettaccio, ch'è talvolta non grave ma più spregiato, di *cattivo soggetto*. I poveri sono soggettacci, solt i poveri: se tra i ricchi e grandi non ci sia mai stati de' cattivi soggetti, la cronaca non lo giura.

2551.
Per digressione, Per incidenza.

— *Per incidenza* (quasi per accidente, per occasione) si tocca di cosa che ci cada in acconcio, ma in breve. La *digressione* è più deliberata e men breve della materia principale a soggetto accessorio. — ROCCO.

2552.
Proemio, Preambolo, Prologo, Prefazione,
Prolegomeno, Esordio, Preliminare.

Proemio (1) I Greci dicevano le prime prove che i citaredi facevano innanzi di cominciare la sinfonia; ora si dice di discorso premesso a un trattato, e non estraneo alla trattata materia. *Esordio*, il cominciamento d'un discorso, fa parte di quello, non è, come il proemio, cosa distinta. Nè i brevi discorsi han, propriamente, proemio.

Preambolo o de'discorsi brevi e d'opere lunghe; ma *proemio* ed *esordio* hanno sempre buon senso; *preambolo* può avere senso di derisione e di spregio, può significare introduzione lunga, stiracchiata (2). Poi, *preambolo*, e di cosa scritta e di parlata; *proemio*, di scritta, o almeno preparata con maggiore artifizio; questo è cosa più elaborata e più grave. Da ultimo, il proemio sta sempre nel principio dell'opera; e un preambolo si può preporre a ciascuna parte di quella.

La *prefazione* premettesi a opera lunga o corta, per preparare ad essa il lettore. Vi si può parlare di cose quasi estranee all'opera; dove il proemio riguarda, più direttamente, le cose trattate nell'opera stessa. Ogni qualunque sia libro può avere la sua prefazione; sian prose, sian versi, sia leggero, sia grave; il proemio è di serio trattato.

Prologo è il breve discorso premesso alle rappresentazioni drammatiche. I trecentisti l'usavano in senso di *proemio*, e simile: non imitabili in ciò.

Prolegomeni, que'principii fondamentali che si premettono a trattato scientifico, necessarii a bene intenderlo e giudicarlo e adoprarlo (3).

Preliminari, sostantivo, è il medesimo, quasi, che prolegomeni; ma dicesi di cose più elementari o men dotte.

---
(1) Προοίμιον.
(2) Ambulo.
(3) SALVINI: *I prolegomeni del vocabolario*

il discorso preliminare anch'esso vi mette come sulla soglia delle dottrine che l'opera tratterà.

2553.
Proemio, Preludio, Preambolo.

— Quel che i Greci chiamavan *proemio*, oggi dicesi *preludio*, cioè quelle ricercate che si fanno prima d'incominciare a suonare, o prima che il canto cominci. Figuratamente, ciò che precede una cosa e le serve come di preparazione, d'introduzione, chiamasi *preludio*. Diciamo: buono, cattivo preludio. Anco un discorso fatto a voce può essere buono o cattivo preludio; e il *preambolo* ancora può essere a voce. Ma oltre ad essere più lungo e più indeterminato, fa pensare sempre alla persona cui è rivolto il discorso.

Il preludio ha più stretta relazione al soggetto principale; il preambolo, talvolta, s'aggira qua e là, e non si vede ove andrà a cascare. Il preludio è, sovente, indizio sicuro; il preambolo mette in sospetto. Certi imbroglioni, quando vogliono chiedere del danaro, fanno preamboli lunghissimi; e i preamboli di costoro soglion essere cattivo preludio per chi presta. — MEINI.

2554.
Citare, Allegare.

— *Citansi* segnatamente autori; s'*allegano* fatti, documenti, ragioni. L'allegazione prova; la citazione comprova. — GIRARD.

2555.
Citazione, Chiamata.

Chiamata, non solo il segno che si fa nello scritto per indicare il luogo dove s'ha a riportare un'aggiunta, o correzione, o annotazione, o per memoria qualsivoglia; ma si ancora una specie di citazione con cui si rimanda il lettore a un'altra parte del volume o dell'opera. Se non che la citazione è d'altro autore, d'altra opera; la chiamata, del libro stesso.

In altro senso dicesi: avere una chiamata dinanzi all'autorità; che è diverso dall'essere citato.

La *citazione* si fa a tribunali civili; la *chiamata*, alla Polizia, al Criminale, non mai per parte dell'attore, come suole, d'ordinario, la citazione, ma in nome dell'autorità stessa. Un paese dove molte sono siffatte chiamate di polizia, è più guasto e più schiavo, che non dove molte citazioni.

2556.
Tradurre, Recare, Volgarizzare,
Voltare, Volgere, Rendere.
Volgarizzare, Popolarizzare.
Recare al fatto, Dedurre ne' fatti.

Nel 300 dicevasi *volgarizzare*, sì perchè la voce *tradurre* sapeva troppo di latino, e allora scansavano i latinismi, come poi li cercarono nel 400, e taluni li cercano nell'800; sì perchè que' buoni traduttori facevano le cose per farle, e trasportando da lingue ignote il pensiero in lingua nota, intendevano renderlo intelligibile ai più. *Volgare*, era vocabolo non già profano, ma nobilitato e dal cristianesimo e dalle istituzioni popolane che il cristianesimo consacrava. Onde, *volgare* dicevasi la lingua italiana, e l'aggettivo (come suole in tutti i grandi rivolgimenti) era diventato sostantivo; onde dicesi tuttavia *in volgare* per contrapposto a lingua men nota, e traslatamente a linguaggio men chiaro. E Dante, il Ghibellino sdegnoso, intitola un suo libro *Del volgare eloquio*; e con ciò smentisce la rabbia degli ultimi suoi anni, e dimostra come gl'ingegni più grandi obbediscono ai sentimenti del tempo e della nazione in cui vivono, ed appunto per questo abbiano fama e valore di grandi. Adesso le più delle traduzioni non si potrebbero, se non per ironia, nominare *volgarizzamenti*, dacché recano da lingua antica, che al suo tempo era chiarissima e popolare, in linguaggio mezzo morto, che non è di tempo nessuno; e la loro traduzione avrebbe di bisogno d'un nuovo volgarizzamento; anzi certi passi latini, alle donnicciuole che di latino non indovinano se non quel che sentono in chiesa, sarebbero meno buje di certe traduzioni penosamente eleganti. *Volgarizzamenti* non si potrebbero dire cotesti se non in quanto son fatti da ingegni per troppa squisitezza volgari, o fatti per servire ai volgari pregiudizii della scuola. In altro senso il buon Cesari volgarizzava Terenzio e Cicerone, esponendo i concetti loro non in linguaggio piano al popolo, ma con maniere volgari che talvolta non s'addicono né a lettere famigliari né a commedie. In senso più generale possono e debbono volgarizzarsi le idee di scrittori o oscuri nel linguaggio, o tanto fecondi di concetti che tutti non li potettero svolgere, e ad altri lasciarono quest'uffizio; il quale è uffizio di creazione, adempito che sia degnamente. La civiltà ha di bisogno della parola *volgarizzare* in tal senso, giacché *popolarizzare* sarebbe inelegante. E il mancare finora alla lingua vocabolo a ciò, è mal segno. Né temasi la radice di *volgo*, che abbiamo pure nel cortigiano vocabolo *divulgare* e nel sacro *vulgata*: e *vulgus*, ai Latini era quel che ora dicesi *pubblico*, e che il Machiavelli e altri men bene chiamano *universale*. Sia il volgo ribattezzato in cristianità come la plebe, da cui nacque la *pieve*, cioè il municipio nel vincolo della religione.

Recare è più generale: recasi d'una in altra lingua; specialmente delle lingue moderne questo sarà men pesante che *tradurre*; recasi d'uno in altro dialetto; recasi l'un modo in un altro della medesima lingua, per meglio spiegarlo. L'imagine offerta dal *recare* dipinge il vigore necessario al traduttore per levare di peso l'idea e la parola originale, e portarla in altra lingua ad uso d'altri uomini, senza che il peso suo scemi con frode o cresca con fatica e noja. Dal francese moderno venne a certi italiani una metafora pedantesca; che dicono: tradurre in fatti l'idea, e cose simili, ad ogni tratto; ma sarà meglio, *recare*, se trattasi d'operazione che illustri e compia la parola; *dedurre*, o simile, se trattasi d'atti parte mentali e parte pratici.

Per *recare*, gli antichi dicevano anco *voltare*, che corrisponde a *versione*; ma è men bello, perchè dice lavoro più penoso, e perchè *voltare*, non solo non indica il ben volgere un'idea od una voce, ma, talvolta, il renderla diversa da quel ch'ell'è ed anco perversa. Meno pesante sarebbe *volgere*, perchè il frequentativo *voltare* ha più del materiale; e di tali frequentativi, adoperati nel senso semplice la lingua italiana abbonda, seguendo in ciò l'indole della latina, che da *cano, salto*, fece *canto, salto*, usitati poi non a modo di frequentativi, ma de' verbi da' quali hanno origine. Se non che, a ben guardare, negli scrittori accurati, *canto, salto* e altri siffatti, non dicono per l'appunto quello che il *canere* ed il *salire*.

Ove trattisi dell'esprimere con una voce o modo altra idea od altro modo, usasi altresì *rendere*; ma questo si dice non solamente del tradurre, sibbene dell'esprimere l'idea originale. Il grande scrittore per forza d'osservazioni sul dire altrui, di meditazioni sul proprio e d'atti virtuosi di sincerità, perviene a trovare, o di lancio, o dopo breve indagine, la parola che rende per l'appunto la piega del suo pensiero, il grado del suo sentimento. Senza pensare a traduzione, dicesi che la parola o il modo d'una lingua rende quelli d'un'altra, li rende alla lettera, li rende nello spirito, li rende nella radice intima.

2557.
Tradurre, Traslatare.

— Il secondo è meno usitato, e dicesi quasi sempre parlando di lingua antica e dotta. Non si direbbe, senz'affettazione: *traslatare* in francese, o dal francese in italiano. — ROMANI.

2558.
Traduzione, Versione.

— La *versione* s'intende che sia, d'ordinario, più letterale, che segua passo passo la costruzione. La *traduzione* bada al senso, e s'ingegna di renderlo nel modo più conveniente all'indole della lingua nella qual si traduce. Quella che s'usa nelle scuole è versione, piuttosto.

Versioni si chiamano, più comunemente, quelle della Bibbia in latino, in greco, in siriaco, in arabo. Chi rendesse la Bibbia in modo più libero, tradurrebbe. — ENCICLOPEDIA.

2559 – 2560.
LIMITARE, CIRCOSCRIVERE.
CIRCOSCRIVERE, PRESCRIVERE.

2559.
Limitare, Circoscrivere.

Si limita anco da un lato; si circoscrive tutto intorno. *Limitare* suppone sempre un più o men prossimo trascendimento, oltre alle norme del conveniente o del giusto; *circoscrivere* può essere atto di mera prudenza, di severità o di giustizia: limitare gli esercizii dell'umana mente può giovare talvolta a consolidarne le forze; circoscriverli è sempre pedanteria.

2560.
Prescrivere, Circoscrivere.

— *Prescrivesi* assegnando il punto in cui l'azione deve cessare; *circoscrivesi* assegnando i punti entro cui l'azione deve contenere sé stessa. — ROMANI.

— Prescrivesi un limite (1); si circoscrive luogo o cosa. Luogo circoscritto è confinato con precisione, è, per lo più, angusto. — CAPPONI.

2561.
LIMITARE, RESTRINGERE.

— *Limitare* è porre un confine al moto, all'azione; scemare lo spazio, l'estensione. Ogni cosa finita, è di necessità limitata; cosa limitata più che la natura e l'uso suo non comporti, è *ristretta*. Molte cose che la credula superbia stima illimitate, sono ristrettissime; come la forza della mente e dell'animo umano, i rinfranchi della

---

(1) Gli antichi accoppiavano questo verbo coll'idea della persona o cosa a cui il moto era prescritto. - PETRARCA dice dell'alloro: *La fronda che prescrive l'ira del ciel.* - DANTE: *Sì mi prescrisser le parole sue, Ch'io lasciai la quistione.*

ricchezza, l'autorità de' potenti. Molti si credono limitare la libertà restringendola. — FAURE.

2562.

LIMITE, CONFINE, TERMINE.

— *Termine*, il punto fino al quale si va o si può ire; *limite*, la linea che non si vuole o non si può passare o altri vuole che non si passi; *confine* è lo spazio entro al quale è rinchiuso un movimento o un'estensione. I confini del mondo la romana superbia credeva essere dov'era il limito delle romane conquiste. Le alpi e i Pirenei sono il natural confine di Francia.

Allora suol giungere il termine delle prosperità quando l'uomo non conosce più limiti al suo potere, né al suo desiderio confini. — GIRARD.

— Il *termine* dice il punto, la linea, lo spazio dove finisce l'estensione o l'atto: e si riferisce a un principio.

Limite, è la linea da non passare. Però s'usa in traslato: porre un limite a'desiderii, agli eccessi.

Il *confine* offre l'idea di doppio limite, perchè segna una linea comune in cui vanno a finire due limiti (1). — A.

2563.

LINGUA, IDIOMA, DIALETTO, GERGO.

Quando in una lingua si considera la particolare indole sua, in quanto ell'ha di proprio o differente dall'altre, si dice meglio *idioma*. *Idioma* (2) è men generico di *lingua*, perchè riguarda la proprietà d'una lingua in paragone d'un'altra. Però *idiotismi* i modi proprii d'una lingua, che sono, più specialmente, della nativa indole sua, che fanno talvolta, o pare che facciano, anomalia dalla grammatica generale.

Dialetto è particolare linguaggio parlato da uomini d'una o più provincie, che, per la differenza d'alcuni vocaboli o modi o costrutti o desinenze o pronunzie, si scosta dall'uso delle altre provincie che parlano la lingua stessa. Rossi: « Que'dialetti che distinguevano la lingua greca. »

Gergo, parlare oscuro, per figure strane o lontane allusioni; lingua d'arbitrio, intesa da pochi.

2564.

LINGUA, FAVELLA, LOQUELA, LOCUZIONE, LINGUAGGIO, PARLATA, PRONUNZIA.
LOCUZIONE, MODO DI DIRE, DIZIONE, FRASE.
DIZIONE, DICITURA.

Loquela, propriamente, la potenza o facoltà di parlare (3), ma dicesi anco del modo del pronunziare (4). Dante chiama *loquela* l'uso acquistato coll'età dal fanciullo di pronunziare franco.

Favella par che comprenda e la lingua, e il modo del pronunziarla, e il suono della voce; ma talvolta si prende per *lingua* in genere (5).

Locuzione, dovrebbe, per la sua desinenza, esprimere l'atto del parlare; ma questo senso è anticato; ora vale: frase, modo di dire.

Locuzione significa un semplice modo di dire e, talvolta, una semplice parola. *Locuzioni* proverbiali, diciamo; nè qui starebbe: dizioni. La *dizione* può essere un modo di dire, o più modi, o la serie loro, dal cui andamento e dall'indole viene a farsi la *dicitura*. Il modo di dire può consistere o nell'uso di particelle che da sè locuzione non fanno, o in accoppiamento di parole usato da tale o tale scrittore che non sia locuzione comune della lingua, o nella maniera propria a taluno di scrivere, o di parlare, o di pronunziare le voci. *Frase* è locuzione più composta, e talvolta trita anche troppo dall'uso; onde il senso di *frase rettorica*, di *frasario*.

Casa: « Noi costumiamo di dire: il mutolo ha riavuto la favella; e diciamo, e non senza ragione: io non le chieggo sua dolce favella; e non: il suo dolce linguaggio; e: alcuno ha perduto il linguaggio, senza perdere la favella; e: tutti gli uomini favellano, ma non favellano tutti di un linguaggio. Per la qual cosa, noi possiamo agevolmente conoscere, che *linguaggio* e *favella* sono due cose diverse, e non una stessa, come alcuno forse crederebbe; perocchè *favella* è proprietà di ciascun uomo o dell'uomo, e *linguaggio* è proprietà d'una nazione o della nazione.... *Favella* è adunque quando alcuno espone il suo concetto con voce articolata; e *linguaggio* è quando alcuno espone il suo concetto con una forma e modo certo e fermo... »

Favellare e, più comunemente, parlare un linguaggio, diciamo; non potremmo invertere questa frase. Varchi: « Che tutti gli uomini favellassero un linguaggio solo e con le medesime parole..... » Salvini: « A' linguaggi restringendosi che si favellano popolarmente, e si scrivono. »

— *Loquela* non s'userebbe mai di lingua scritta. *Favella*, più propriamente, riguarda il modo del parlare, la pronuncia (1). — ROCCO.

2565.

LINGUAGGIO, LINGUA.

Linguaggio comprende tutti i possibili modi di significare un concetto o un sentimento. Linguaggio de'gesti, degli occhi, de'simboli; linguaggio della musica; linguaggio degli amanti, de'poeti; linguaggio de'filosofi, delle bestie; traslatamente: linguaggio della natura.

Lingua è la serie di quelle parole che sono adoprate nel medesimo senso, o al medesimo modo costrutte da una società d'uomini.

Lingua, dunque, è men generico di *linguaggio*; ma talvolta usasi nel senso generale che è dato a *linguaggio*.

2566—2567.

LUCENTE, NITIDO, TRASPARENTE, DIAFANO.

2566.

Lucente, Nitido.

Nitido dice quel lustro che viene dalla naturale purezza o dall'artificial pulimento. È men di *lucente*. — ROMANI.

---

(1) VILLANI: *Confini tra il nostro Comune e quello di Bologna.*
(2) Ἴδος.
(3) VILLANI: *N'ebbe la vista degli occhi e la loquela.*
(4) DANTE: *La tua loquela ti fa manifesto Di quella nobil patria natio.* Nel senso di *pronunzia* in Toscana dicono: si conosce alla *parlata* di che luogo è: ed è men grave di *pronunzia*, che può riguardare questa o quella voce o accento; dove *parlata* comprende tutta la serie de' suoni, e anche un po' di sensi.
(5) BOCCACCIO: *S'aveva messo alcune pietruzze in bocca acciocch'esse alquanto la favella gl' impedissero.* - DANTE: *E comincioommi a dir soave e piana Con angelica voce in sua favella.*

TOMMASEO, *Diz. dei Sinonimi.*

(1) *For*, *faris*. - Con proprietà l'ARIOSTO: *Onde (dal mirto d'Astolfo) con mesta e flebil voce uscia Espedita e chiarissima favella.* — POLIDORI.

2567.

Trasparente, Diafano.

— *Diafano*, il corpo da' cui pori passa la luce: *trasparente*, quello a traverso del quale appariscono le figure degli oggetti. L'acqua è naturalmente diafana. L'acqua limpida che lascia vedere il fondo di sè, è trasparente.

Certi veli o tessuti sono trasparenti, non diafani; lasciano vedere il corpo, ma tra gl'interstizii delle fila.

Trasparente ha qualch'uso figurato; *diafano* non l'ha che proprio. — ROUBAUD.

2568-2573.

LUCENTE, LUMINOSO, BRILLANTE, LUCIDO, LUSTRO, FULGIDO, FULGENTE, RIFULGENTE.
RAGGIANTE, RADIOSO.
CHIARO, SMAGLIANTE.
LUCCICARE, SCINTILLARE, BRILLARE.
SCINTILLA, FAVILLA.

2568.

Lucente, Luminoso, Brillante, Lucido, Lustro.

— *Lucido*, il corpo lucente, che dà o riflette la luce; *luminoso*, quello che riceve gran lume. Un luogo non si dice, comunemente, lucido, ma luminoso.

Brillante è più di *lustro*. Uno stivale lustra, non brilla. I colori chiari brillano più che gli scuri; i recenti lustrano più de' vecchi.

Brillante ha varii traslati; *lustro*, non tanti. — A.

— Lucido, non: lucente intervallo. — ROCCO.

2569.

Fulgido, Fulgente, Rifulgente.

— Il primo dice la qualità; il secondo, l'atto, l'impressione, l'effetto. *Rifulgente* denota o luce più viva, o fors'anco ripetuta o riflessa, non però languida mai. Comporta meglio il traslato, ch' è *fulgente*, e anche un po' più di *fulgido*. — GATTI.

2570.

Raggiante, Radioso.

— Il corpo *radioso* è cinto di raggi; il *raggiante* ne manda. Il sole è raggiante; corpo illuminato dal sole è raggiante se vibra luce vivissima; è radioso, se cinto di luce bella. *Raggiante* può essere di tetra e di minacciosa.

Radioso diciamo un volto che esprima allegria vana, e contentezza di sè medesimo. — A.

2571.

Chiaro, Smagliante.

Smagliante non ha traslato. Dice chiarezza splendida, quasi abbagliante. Sole smagliante, che smaglia; giornata smagliante; cielo smagliante, cioè, senza vapori, purissimo, chiarissimo. Voce viva. — G. MEINI.

2572.

Scintillare, Brillare, Luccicare.

— *Brillare* è splendore vivace delle stelle, delle gemme, del vino, degli occhi. E di chi la gioja dimostra con atti, dicesi: e' brilla; brilla tutto. *Scintillare*, gettare scintille, o per estensione, di splendor vivo che si spande all'intorno. — GATTI.

— *Brillare* è meno di *scintillare*. L'aria di Maremma si dice che brilla, quando vi si veggono dentro nuotare i vapori sparsi. Gli occhi brillano di gioventù, di sanità, di piacere. Scintillano d'ira, o di gioja intensa, o anche d'un forte pensiero. Nei discorsi e negli scritti lo spirito (nel senso francese) brilla; il vero ingegno scintilla, perchè allo splendore s'aggiunge il calore.

Luccicare è riflettere luce debole e affogata. Gli occhi del febbricitante e dell'ubriaco luccicano; quelli dell'avvinazzato brillano (1); quello del talco è *luccichio*. — CAPPONI.

2573.

Scintilla, Favilla.

Favilla, di fuoco; *scintilla*, di luce (2). La prima dice e splendore e ardore (3); la seconda, la luce.

Quindi *scintillare* s'adopera per: risplendere tremolando, quasichè nel tremolare apparisca escir del corpo scintille di luce. Così a un dipresso il Romani.

Faville d'amore escono, dice l'amante, dagli occhi dell'amata donna: e l'amata donna avrà il cuore freddo più della selce (4).

Una favilla (diciamo) d'affetto, di gentilezza, d'estro, per indicarne un elemento, un minimo che (5): e direbbesi anco scintilla, specialmente parlando d'affetto o d'ingegno.

Sfavilla propriamente la luce del sole; le stelle scintillano (6). Le stelle di maggiore grandezza non sarà forse improprio chiamarle sfavillanti (7).

Sfavillamento, diciamo, non già *sfavillazione*; ma: *scintillazione* e *scintillamento*.

Sfavillare potrebbe tuttavia forse, specialmente nel verso, avere uso attivo: non così *scintillare*.

2574-2576.

LUCENTE, LUCIDO, LUSTRO, TERSO, NETTO, CHIARO, LIMPIDO, NITIDO, FORBITO, SPLENDIDO.
LUSTRO, LUSTRATURA, LUSTRATA, BRUNIMENTO.
LUSTRENTE, LUSTRO.

2574.

Lucente, Lucido, Lustro, Terso, Splendido.

— *Lucente* è più di *lucido*; *splendido* è più di *lucente*. *Lustro* dice la lucidezza che vien da liscezza di superficie o da strofinio.

Terso, da *tergere*, dice mondata la superficie da ogni corpo estraneo che ne tolga il liscio ed il lustro. *Terso*

---

(1) Di qui potrebbe anche essere venuta la voce *brillo*.
(2) M. VILLANI: *Della quale surse, come di piccola favilla, fuoco di smisurata grandezza.* - BUTI: *Favilla è reliquia del fuoco onde si ripara e accende il fuoco...* - COM. INF.: *Così fatti scintillamenti vedea splendere nell'ottava bolgia.*
(3) BOCCACCIO: *Quello, niente meno che il bollente ferro tratto dall'ardente fucina, vide d'infinite faville sfavillante.* - M. VILLANI: *Uno vapore grande, infocato e sfavillante.* - VIRGILIO: *Silicis scintillam excudit.*
(4) DANTE: *Occhi pieni Di faville d'amor.* Bell'uso di questa voce, e di lei sola proprio è il petrarchesco: *Ch'io veggo... Fredda una lingua e due begli occhi spenti Rimaner dopo noi pien di faville* (di gloria). E così nell'altro non potresti dire scintilla. *E il ciel di vaghe e lucide faville S'accende intorno, e in vista si rallegra.*
(5) DANTE: *Parran faville della sua virtute* (parla d'un giovanetto). - BOCCACCIO: *Avendo in sè, quantunque avaro fosse, alcuna favilluzza di gentilezza.* - REDI: *Ha qualche residuo di moto, e, per così dire, qualche favilluzza di vita.*
(6) DANTE: *E, come stella in cielo, in me scintilla.*
(7) T. MISTICA: *Il cui movimento sarebbe simile alla stella che sfavilla i raggi suoi.*

indica la prima preparazione di *lustro*. Può il corpo essere terso, e non lustro. — ROMANI.

2575.
Chiaro, Limpido, Nitido, Terso, Netto,
Splendido, Forbito.

— *Chiaro*, opposto ad *oscuro*; *limpido*, a *torbido*. *Chiaro*, illuminato d'assai luce; *limpido*, puro, trasparente. *Nitido*, lucente, nella superficie, di lume piacente. *Terso*, senza macchia, e con colore più o men chiaro, quasi cosa detersa. *Netto*, contrario di *sudicio*, sparso cioè o misto a corpi estranei, e non confacenti. — GATTI.

— *Chiaro*, di liquori parlando, è opposto a *torbido*; *limpido*, più di *chiaro*. — LAMBRUSCHINI.

Splendido, di cose intellettuali, dice altro. La chiarezza riguarda la comprensione; lo splendore riguarda l'effetto che viene dalla vivacità delle imagini. Il Pallavicini, nel trattato dello stile: « Cicerone..... illumina le morali speculazioni con una luce temperata, che le fa essere non solo più splendide, ma più chiare; » accennando a quel convenevole ornamento che accresce non pur la bellezza, ma facilita altresì l'intelligenza delle cose. — POLIDORI.

— *Forbito* dicesi di superficie lucente, atta a riflettere la luce: forbito acciaro. Si sente questa voce anco in bocca del popolo fiorentino, in luoghi ove *netto, terso, pulito* non sarebbero così evidenti. — CIONI.

2576.
Lustro, Lustratura, Lustrata, Brunimento.
Lustro, Lustrente.

Brunìsconsi metalli (1). **Lustransi** metalli, marmi, panni, stivali, mecenati, qualunque corpo stropicciato e ripulito può, o si crede, o si vuol far credere che possa, acquistare maggior lucentezza (2). Il brunire è uno dei modi varii del lustrare.

Brunimento è lustro dato ad alcuni metalli ai quali si schiaccia in certo modo col brunitojo la superficie appannata. Così un lavoro d'oro e d'argento può avere delle parti brunite, e altre no, le quali si dicono appannate; e col proprio termine dell'arte, si dice oro, argento *matto*, come il francese *mat*.

Lustratura è l'operazione; *lustro*, l'effetto. *Lustrata* è atto non molto prolungato. Dar una lustrata ad un corpo, suppone che l'uomo non vi si metta di proposito. Una lustratina leggera dà bene il lustro a certi corpi; ad altri non basta un lungo stropiccio per farli lustrare, per farli venir lustri, lustrenti (questo secondo dice più, ma finora è del linguaggio famigliare); appunto come un tocco basta a tale ingegno, a tal altro non basta un discorso. L'appannamento dell'intelletto, non s'è ancora ridotto ad arte il modo di toglierlo; ed è arte senza cui non s'avrà mai politica forte.

Il lustro della fama, della prosapia, ognun sa non potersi confondere con quel delle scarpe; sebbene moltissime delle cose e degli uomini illustri non si levino più alto della polvere calcata dall'innocente e dal saggio.

---

(1) CANTI CARN.: *Brunito di spade e stocchi e d'armi arruginite.*

(2) LIPPI: *Dare il lustro ai marmi coi ginocchi*, vale star a pregare più che i proprii doveri non comportino. - REDI: *Pietre lustre come se avessero la vernice*. - MAGALOTTI: *Piastra di metallo lustrata bene*. - LIPPI: *Si muriti o si lustri le cucfa.*

2577—2580.
LUCERE, ILLUMINARE.
ILLUMINARE, ALLUMINARE, LUMEGGIARE.
ILLUSTRARE, RISCHIARARE, SCHIARARE.
SCHIARIRE, CHIARIFICARE, CHIARIRE.
ILLUMINAZIONE, ILLUSTRAZIONE.
SFOLGORARE, RIFULGERE.

2577.
Lucere, Illuminare.

— *Lucere* non s'accoppia, come *illuminare*, al quarto caso. Nel traslato, *lumi* e *luci*, in verso, son gli occhi: *lume*, tuttociò che fa effetto simile al rischiarare; *luce*, quel ch'ha forza simile allo splendore. — ROCCO.

2578.
Illuminare, Alluminare, Lumeggiare.
Illustrare, Rischiarare, Schiarare.
Schiarire, Chiarificare, Chiarire.

Illuminare dice tanto di lume quanto serva a veder bene o male; ma può denotare lume pienissimo ed abbagliante.

Alluminare non s'usa più, ma di chi ci vede, per opposto di cieco, dicono a Firenze, è illuminato, è alluminato tuttavia. *Allumare* è poetico.

Nel traslato diciamo *illuminare*, per dare o rendere la vista, e illuminare l'intelletto; e il Petrarca: « Illuminare le carte, » disse del Salvatore che viene con la sua presenza e parola a far chiari i vaticinii de' profeti. Illuminato da Dio, illuminazioni interne dello spirito.

Lumeggiare è termine della pittura, e vale: porre colori più chiari ne' luoghi che rappresentano le parti de' corpi più luminose. Nel traslato, *lumeggiare* è per simile, distribuire la luce della descrizione o della dimostrazione, come e quanto e dove si conviene.

Illustrare è più: anche coperto di nuvole, il sole illumina gli oggetti, non l'illustra però. Le illustrazioni apposte agli scrittori, diffondono o promettono diffondere sulle parole di quelli tanto lume quanto basti ad intenderle e a compiacervisi. Una parola, un piccolo fatto può illuminare l'uomo, in quanto l'ajuta a conoscere il vero. Nè questo è illustrare.

Rischiarare vale togliere l'oscurità con più o meno luce: dopo la notte, dopo la tempesta, il cielo si vien rischiarando. *Schiarare* è quasi disusato nè ha omai i sensi traslati di *rischiarare*; come: rischiarare un dubbio, un passo, un' espressione, o commentandola, o correggendola; *rischiarare* l'ignoranza. Questo verbo porta sempre seco l'idea della oscurità preceduta, idea che è meno congiunta a *illuminare*.

Schiarire, nel proprio, par che dica meglio il momento e i gradi del passaggio da meno chiarezza a più; nel traslato pare che dica un po' meno di *rischiarare*. Schiarire le difficoltà, le parole non chiare, e simili. Poi, dove si tratti, per esempio, di mutazione che rischiari un passo dell'autore, in questo senso non diremmo *schiarire*. L'altrui commento schiarisce; l'autore egli stesso, correggendo, rischiara.

Chiarificare, di liquori torbi, che a poco a poco fan posatura, e diventano limpidi. È attivo e neutro passivo.

— In questo senso usa in Toscana *chiarire*, invece di *chiarificare*, che comincia a essere antico: zucchero chiarito, e simili. — MEINI.

Chiarire per risplendere è antico. Chiarire, diciamo,

taluno de' dubbii che aveva. E chiarire un fatto per conoscer chiaro s'egli è, e come gli è.

Ognun vedo, poi, che *rischiarare* dice e il farsi chiaro di nuovo, e il farsi sempre più chiaro (1). Ognun vede che dove diciamo: rischiarare il colorito d'un quadro, e: rischiararsi in viso, per rasserenarsi, quivi non ha luogo *schiarire*, nè altro.

Rischiarire è del Segneri, ma non molt'utile in tanta abbondanza. Può forse aver senso di: schiarire di nuovo.

2579.
Illuminazione, Illustrazione.

« Quantunque Dio da sè solo possa nelle anime semplici supplire ad ogni illustrazione esteriore che loro manchi, con la sua pura illuminazione interiore, con tuttociò (di legge almeno ordinaria) non lo vuole fare... Mercecchè Dio, tanto soave in ogni sua opera, quanto forte, vuole che la sua religione non sia credibile solo per fede divina a tutte le genti, ma ancora per fede umana (2). »

L'*illuminazione*, dunque, in questo senso, ha più del divino; l'*illustrazione* può farsi coi mezzi penosi dell'arte umana.

Illustrazioni ben diconsi talvolta eziandio le divine; ma l'altro è più; nelle *illustrazioni* la grazia rischiara la vista dello stato presente o passato delle anime; le *illuminazioni* si spandono anche al futuro. Grazia illuminante, è in Dante, ed è proprio del linguaggio teologico. Quella de' beati è illuminazione, non semplice illustrazione.

2580.
Sfolgorare, Rifulgere.

— Nel proprio differiscono, perchè *sfolgorare*, è risplendere vivissimamente a modo di folgore; *rifulgere* (meramente poetico) è uno splendere men vivo e più comune. Onde, andò lungi dal vero il Bondi che il *refulsit* di Virgilio (Lib. I, v. 402) tradusse: sfolgorò. Il Leoni, meglio: rifulse. *Sfolgorare* ha anche altri due significati metaforici: dissipare, e, spacciare con fretta. Ma raro, e non popolarmente, è usato in questi significati. *Rifulgere* non può aver questi usi, perchè l'altro lo trae dall'origine propria. — NERI.

2581—2583.
LUCERNA, LUMIERA, LAMPANA, LUME, TEDA, DOPPIERO, TORCIA, FIACCOLA, FACE.
FIACCOLA, MOCCOLAJA.
LAMPANA, LAMPA, LAMPIONE, LAMPADA.
LAMPANINO, LAMPANINA, LAMPANETTA, LAMPANUCCIA.
CANDELABRO, CANDELLIERE.
CANDELETTA, CERINO, STOPPINO.
CANDELINA, CANDELUCCIA, MOCCOLO, CANDELUZZA.
FANALE, LANTERNA, LANTERNETTA, LANTERNINO, LANTERNINA, LANTERNUCCIA, LAMPIONE, FARO.

(1) *Rischiarare* si usa anche oggi in Toscana in questo bel modo: *rischiarare le carni*, prendere un colore meno terreo, più sano nella carnagione, far la pelle più trasparente; che perciò lascia intravedere il sangue sottostante; giacchè il popolo usa *chiaro* per *trasparente*. Così, *chicri* i bachi maturi, cioè vicini ad andare al bosco, quando il loro corpo è divenuto diafano; e *chiari*, i liquidi non torbidi e però trasparenti. — LAMBRUSCHINI.

(2) SEGNERI, Incredulo, P. I, Cap. I, IV.

2581.
Lucerna, Lumiera, Lampana, Lume,
Teda, Doppiero, Torcia, Fiaccola, Face.
Fiaccola, Moccolaja.

— *Lume* è più generale (1). Cosa lucente che rischiari gli oggetti a qualunque modo, è lume, sia da natura o da arte. *Lucerna*, vaso di varie forme nel qual si mette olio e lucignolo per far lume (2).

Lumiera è arnese, per lo più, di forma rotonda con più lumi all'intorno, di cera, o d'olio, o di altro, e s'appende al soffitto.

Lampana, vaso senza piede, nel quale si tiene acceso lume d'olio, e per lo più si sospende (3).

Face è poetico: a'Latini valeva *fusto intriso di materia accensibile da far lume*. *Fiaccola* corrisponde a *face* nell'uso. E *fiaccola* dicesi la fiamma d'una candela o d'una lampana, in ispecie quand'è molta e crassa (4).

Teda è da usare anco nel verso; ma per tradurre dal latino, o per accennare ad antico costume, può essere voce propria. La usavano in certe solennità, o, anche per appiccare il fuoco. Par fosse più grande della face (5).

Doppiero, ma più spesso *doppiere*, cero composto di due o più candele, ciascuna col suo lucignolo, attaccate in modo da fare un sol pezzo; che quando si componga di quattro candele riunite, dicesi *torcello*, quasi *torchietto*.

Torcia, secondo l'origine, caprimerebbe ancor meglio le candele spiralmente attorte, dai liturgici chiamate *intortitia*. Del resto, doppiere a vento, non si direbbe, come dicesi: torcia a vento. Più, *doppiere* è voce più nobile, e pare serbato a lume di cera: *torcia*, anche d'altra materia. — ROMANI.

2582.
Lampana, Lampa, Lampione,
Lampada.
Lampanino, Lampanina,
Lampanetta, Lampanuccia.

La *lampana*, sospendesi, per lo più, innanzi agli altari, alle imagini (6). *Lampa*, voce poetica che vale e *lampana* e *luce* in genere. Lampa diurna, il sole; notturna, la luna (7). *Lampione*, da illuminare le strade.

Il primo ha diminutivi *lampanino* e *lampanina* (quello più piccolo), e *lampanetta* (più grandetta), e *lampanuccia*, (misera); il terzo ha *lampioncino*.

---

(1) BOCCACCIO: *La camera aperta, e il lume preso e occultato.* - *Accender lume per vederlo.*

(2) BOCCACCIO: *Aver tant' olio che n' arda la nostra lucerna.*

(3) BOCCACCIO: *Lampana accesa davanti alla figura di N. D.*

(4) Questa non è da confondere con la *moccolaja*, specie di bottone o fungo che si fa sul lucignolo, e toglie la chiarezza del lume. Un lume fa fiaccola; non se ne leva la fiaccola, ma la moccolaja, smoccolando o scuotendo. A un Francese pareva parola smisurata, per sì piccola cosa, *smoccolatojo*. Qualche dialetto *mocchetta*.

(5) CICERONE: *Perterreri furiarum tædis ardentibus.* - CESARE: *Completas onerarias naves tædis et pice et stupa, aliisque rebus quæ sunt ad incendia.*

(6) L'usano Fra Giordano, il Boccaccio, il Sacchetti ed il Magalotti.

(7) VIRGILIO: *Phœba lampadis.* - CARO: *Quel ch' unico avea Di targa o di febea lampade in guisa... Occhio.*

Lampada è più etimologico, ma l'uso toscano non lo prescieglie; e certo nemmeno nella lingua scritta sarebbe leggiadrissimo, *lampadino*. A ogni modo, dalla lingua scritta non si può escludere *lampada*, segnatamente parlando d'usi storici. Accendere quaranta lampane all'altare d'un santo, una all'altare del Sagramento, non è ossequio ragionevole; nè la pietà sta ne'lumi.

2583.

Candelabro, Candelliere.

Candelabro è più scelto; *Candelliere*, dell'uso comune. Il Monti in un sonetto nomina i sette candelabri veduti dall'apostolo dell'amore. Quel del tempio di Salomone era un candelabro. Anco nelle chiese nostre i più grandi e ornati così si chiamano tuttora in Toscana. Ma quello che si usa nelle case private, candelabro non è certamente, se non quando è molto lavorato, e ha più viticci.

2584.

Candeletta, Cerino, Stoppino.
Candelina, Candeluccia,
Moccolo, Candeluzza.

Lo *stoppino* è lucignolo di candela più o meno grande, e dicesi anche quella sottile candeletta di cera che si tiene ravvolta sopra di sé, o diritta per portarla qua e là di notte per casa sopra la così detta bugia, o meglio stoppiniera.

Cerino ha altresì questo senso, ma non ha l'altro di lucignolo; e dicesi, d'ordinario, dello stoppino ravvolto sopra di sè a forma quasi di gomitolo quadro. La *candeletta* o *moccolo* può essere un po' più grossa dello stoppino; ed ha forma diritta, a differenza del cerino, che è sottile anche esso, e può essere raggomitolato.

Candelette, inoltre, quelle che, di qualunque materia composte (per esempio, di gomma elastica), hanno forma di sottili candele; il quale senso non ha *candelina*, che del resto le è affatto sinonimo.

Candelino è dell'uso, e non ha differenza notabile se non forse che il maschile, come in *boccettino*, lo fa essere più sottile. *Candeluccia*, è candela misera all'uso a cui si destina, e potrebbe essere grossetta di per sé.

Il Sacchetti usa *candeluzza*, candela di poco pregio, contrapposto a *torchio*, ora *torcia*: o in più dialetti toscani questa desinenza vive, e pare suoni più meschinità. Quelle di certe luminare per le feste pubbliche, svogliate o contro voglia, saranno *candeluccie*, no *candeluzze*.

2585.

Fanale, Lanterna,
Lanternetta, Lanternino,
Lanternina, Lanternuccia,
Lampione, Faro.

Fanale, definisce la Crusca, « quella lanterna nella quale si tiene il lume la notte in sulle navi o in sulle torri de'porti (1). » Qualunque fuoco posto per segno è fanale. *Fanale*, per estensione, si chiama una fiamma un po' grossa. E, per esempio, quand'arde troppo od è troppo fuori il lucignolo della lucerna, dicesi: vedete fanale che fa.

Quello che in altre parti d'Italia si chiama *fanale*, in Toscana è *lanterna* o *lampione*; lampione, se si appende per le strade o alle scale; se più piccolo, *lanternino, lampioncino*.

Lanterna, dice la Crusca, « strumento ch'è in parte di materia trasparente, nel quale si porta il lume per difenderlo dal vento. » La lanterna è di foglio, di vetro, di metallo altresì, quale la famosa del Davy per i cavatori delle miniere.

La lanterna, dunque, portasi a mano; il fanale, no. Lanterna cieca, diciamo; non altrimenti.

La lanterna magica, un lanternino di carta, non è fanale. La *lanternetta* non è di carta; la *lanternina* sta di grandezza tra questa e quello.

Lanterna anco la cima delle cupole, dove sono i finestroni da cui viene il lume.

Anco il fanale de'porti può chiamarsi *lanterna* quand'ha questa forma; e così chiamasi a Genova. Ma non ogni fanale è lanterna, e non ogni lanterna è fanale.

Si dice anco *faro*, voce più scientifica e più scelta, nota alla geografia e alla storia.

Il faro, inoltre, è inalzato solamente per guida de'naviganti; il fanale può essere o per guida e per cenno. Oggigiorno i fari si costruiscono a forma di lanterne; ma tali non erano i fari antichi.

Lanterna ha i derivati: *lanternone* e *lanternuccia*, oltre ai notati; gli altri ne mancano. *Fanalone* direbbesi forse, ma non corre nell'uso se non nel senso di grosso lume di lucerna, come ho detto più sopra.

Lanternoni, poi, in Toscana quelli sull'aste per accompagnare il Sacramento, o nelle processioni o nel portare il viatico agli ammalati.

— Nella lingua parlata, di persona secca diciamo ch'egli: è come una lanterna, quasi vogliam significare: che s'egli avesse un lume dentro, trasparirebbe come da lanterna; onde, in senso simile, *allampanato*, che con la lunghezza e col suono par che dipinga magrezza più trasparente. — MEINI.

2586.

LUME, Luce.

— *Luce* è la sostanza; *lume*, l'effetto; la luce è al lume quello che il calorico è al calore. Il raggio che move dal corpo lucente, dicesi luminoso, non lucido. Più comunemente diciamo: lume di luna, perchè riflesso; e: luce di sole. I pittori chiamano *lume* la chiarezza che viene dalla riflession della luce. E quando diciamo: la luce del giorno, intendiamo usare un vocabolo di più ampio significato che *lume* non è. La luce risplende, il lume rischiara: però chiamiamo *lume* una lampana, una candela. Però: far lume, dicesi; non: far luce. Anco l'origine della voce comprova la distinzione: *lumen*, quasi *lucimen*, effetto di *lux*.

Così nel traslato: dar lume a una materia, è men che: dar luce. Così, per cercare notizia d'una cosa, dicesi: pigliar lume, non, luce. — GRASSI.

Casa (Rime): « Ma lo palustre augel, che poco s'erge Sull'ale, sembro, o luce inferma, o lume Che a lieve aura vacilli e si consume. »

— *Luce* è ciò che illumina; *lume*, lo splendore tramandato; dai poeti però prendesi l'uno per l'altro. — FORCELLINI.

---

(1) G. VILLANI: *Le torri ch'erano in mare alla guardia del porto e 'l fanale della Meloria.* — BUONARROTI: *Il fanale acceso Che a' naviganti la dogana addita.*

2587—2589.

LUME, Chiarezza, Splendore, Fulgore.
Chiaro, Chiarore.

2587.
Lume, Chiarezza, Splendore.

— *Chiarezza* è più di *lume*; *splendore*, più di *chiarezza*. Il *lume* rende gli oggetti visibili, o almeno sè stesso; la *chiarezza* è lume un po' più che sufficiente a vedere le cose; lo *splendore* è lume puro, chiarezza viva. Così nel traslato, lo spendore dello stile è più della semplice chiarezza. — ROUBAUD.

2588.
Chiaro, Chiarore.

Chiaro è men di *chiarore*. Il primo indica luce; il secondo, luce viva. Il primo albóre fa chiaro: quello non è chiarore (1). Si vede un gran chiarore nelle tenebre; basta per far chiaro un piccolo lumicino.
Il chiaro è più quieto, ma serve meglio a distinguere gli oggetti; il chiarore è più vivo, ma la sua luce può essere più abbagliante che altro. Il chiarore dell'incendio nella oscurità della notte non fa in ogni parte tanto chiaro che basti a scampare dal pericolo.
Chiarore ha, per lo più, senso corporeo (2); ma chi dicesse: il chiarore che viene alla mente da un grande principio, di cui s'intravveggono le applicazioni, è un piacere e della mente e dell'animo: non direbbe male, a mio credere.

2589.
Splendore, Fulgore.

— *Splendore* par che sia luce più chiara e diffusa; *fulgore*, più concentrata, penetrante. — POLIDORI.

2590.
LUMINARA, Illuminazione, Falò.

— *Falò*, fuochi di gioja; *luminara*, illuminazione di intere contrade, come quella di Pisa. *Illuminazione* d'uno o pochi edifizii non è luminara. — GATTI.

2591—2594.

LUMINARIA, Falò, Baldoria, Fuoco, Fiammata.
Far fuoco, I fuochi.
Focherello, Focolino, Fochino, Fochetto, Focuccio.
Catasta, Pira, Rogo.

2591.
Luminaria, Falò, Baldoria, Fuoco, Fiammata.
Far fuoco, I fuochi.

— *Falò*, fuoco che faccia gran fiamma, ma di durata breve. In traslato, uno ha fatto un falò delle sue entrate, delle sue possessioni; cioè, che le ha in breve consumate. *Baldoria* ha, presso a poco, lo stesso significato; se non che pare sia fiamma anco di più breve durata, ma più allegra in occasione di allegrezza. Anco in significato di rallegrarsi di alcun prospero avvenimento, diremo: far baldoria, o: le baldorie; fuoco o fuochi. - Fare i fuochi, equivale a: fare falò, in segno di letizia; tanto in senso proprio quanto in figurato, far fuoco è semplicemente accenderlo o renderlo più vivo aggiungendo materia che arda. Fare i fuochi, poi, dicesi degli artifiziali. *Fuochi* diconsi ancora quelle fiamme che si accendono per dar segnali; e chiamansi ancora *luminarie* se non siano piccoli.
Fiammata è fiamma passeggera e momentanea; e sebbene manchi al vocabolario, è di uso comunissimo (1). — CIONI.

2592.
Focherello, Focolino, Fochino, Fochetto, Focuccio.

Affinissimi. Ma il *focherello* pare possa essere un po' più grande; pare possa prendersi più come diminutivo vezzeggiativo, che come diminutivo semplice (2). Io posso dipingere una famigliuola raccolta intorno al focherello domestico, in atto di lodar Dio o con la preghiera o col lavoro, ch'è una preghiera anch'esso, o è una bestemmia secondo l'intenzione e l'affetto che lo accompagna. Posso imaginare un *focolino* tenue (3), vicino a spegnersi, ma tuttavia capace (come le vecchie passioni) di suscitare con le sue faville un incendio.
Fochino e *fochetto* sono men belli; ma nella lingua parlata direbbesi forse anco d'un fuoco di braciere o di veggio; dove gli altri due pare indichino sempre più o meno di fiamma. *Fochetti*, i piccoli fuochi artifiziali.
Focuccio dice, come ognun vede, piuttosto insufficienza che semplice piccolezza.
— Gli altri tutti denotano, come s'è detto, più o meno scarsezza; ma *focolino* può essere quasi un vezzeggiativo per indicare un fuoco gustoso. Assiderato dal freddo, trovai un focolino che tutto mi riebbe. — A.

2593.
Catasta, Pira, Rogo.

— *Catasta*, quantità di legne, disposte con un cert'ordine; e anco misura di legne. D'altre cose ammontate in quantità e di non piccola mole, dicesi *accatastate*.
Pira, catasta di legne più o meno grande, usata già per bruciare i cadaveri (4). *Rogo*, la pira accesa. — GATTI.

2594.
Pira, Rogo.

Il *rogo* ai morti; la *pira* ai sacrifizii: distingue Isidoro. Ma anco la pira era pe' morti; se non che, mai pe' sacrifizii il rogo, ch'io sappia.

2595.
LUNGAMENTE, Lungo tempo.

— *Lungamente*, e di tempo e di spazio; ma quando si dice del tempo, differisce anch'allora dall'altro in quanto denota lunghezza maggiore o più sentita. Si può parlar

---

(1) BOCCACCIO: *I sorgenti raggi per tutto il nostro emisferio avean fatto chiaro.* - LATINI: *Chiaror del giorno.*
(2) *Chiarore* d'un padule, dicesi in Toscana quella parte di esso dove l'acqua è fonda e limpida e sgombra d'impedimenti, dove il padule diventa lago. — A.

---

(1) *Torre o pigliare una fiammata* dicesi ogni giorno in senso di: far bruciare un fascinotto sul caminetto per iscaldarsi un momento, o per asciugarsi. — CAPPONI.
(2) FIRENZUOLA: *Avvegnaché questo focherello sia piccolo e fabbricato da umana operazione, egli è ricordevole di quel maggiore e celeste sole... Focherello lo chiama a paragon del sole, non già che fosse un focolino.* - E il VITTORELLI in senso vezzeggiativo: *La quai sedendo al focherello tepido.*
(3) LIB. CUR. MAL.: *Scaldarsi ad un focolino ben ritirato e difeso dall'aria.*
(4) πύρ.

lungo tempo, e dilettare; chi parla *lungamente*, fa sentire ch'è lungo. Si può parlare breve tempo, e pur lungamente, per la nojosa prolissità. — ROUBAUD.

2596—2597.
LUNGAMENTE, A LUNGO.
PROLUNGARE, ALLUNGARE.

2596.
Lungamente, A lungo.

— *Lungamente* è più d'*a lungo*. Casa: « Pregando il Signore che la conservi lungamente felice. » Chi dicesse *a lungo*, farebbe un complimento non bello. — MEINI.

2597.
Prolungare, Allungare.

— Allungasi un vestito; si prolunga da sè, o prolungasi da noja apposta un affare. *Prolungare* riguarda il tempo; *allungare*, e questo, e, più spesso, la dimensione. — A.

2598.
LUNGO (A), ALLA LUNGA, LUNGAMENTE, A LUNGO ANDARE, A DILUNGO.

A lungo è affine a *lungamente*, come: parlare a lungo, e simili. *Alla lunga* è affine di *a lungo andare*, come: alla lunga si scopre il torto là dov'egli è.

A lungo indica, nell'azione o nello stato del quale si tratta, una certa continuità; *lungamente* può indicare semplicemente lo spazio dall'azione occupato, ma con molti intervalli di mezzo.

Alla lunga differisce da *a lungo andare* in ciò che questo secondo non indica quel tempo e quella quasi stanchezza che suole il primo. Inoltre, *alla lunga* suppone spazio più o men d'azione; *a lungo andare* denota assolutamente la lunghezza del tempo (1). Alla lunga, anco i buoni si stancano di beneficare gl'ingrati. (A lungo andare, qui non avrebbe altrettanta evidenza.) Un frutto anche sano, a lungo andare marcisce; anco un cuore innocente, a lungo andare, si contamina col mal esempio.

A dilungo vale: senza interruzione, alla distesa. - Sonare a dilungo, il contrario di: sonare a rintocchi o a martello.

2599—2604.
LUNGO, PROLISSO, DIFFUSO.
DIFFUSAMENTE, ESTESAMENTE, DISTESAMENTE, PER DISTESO.
CIRCONLOCUZIONE, PERIFRASI.
CANTAFERA, CANTAFAVOLA, TIRITERA, TANTAFERA, TANTAFERATA, FILASTROCCA, FILASTROCCOLA.
PER DISTESO, DISTESAMENTE, A DISTESA, ALLA DISTESA, A DILUNGO.

2599.
Lungo, Prolisso.

Prolisso, soverchiamente, nojosamente lungo. Può un discorso essere *lungo*, non prolisso; prolisso, non lungo. La lunghezza è, talvolta, inevitabile; la prolissità, mai.

2600.
Prolisso, Diffuso.

— L'uscire senza proposito dal soggetto rende lo stile *diffuso*; i soverchi particolari, *prolisso*. Il diffuso accumula gli accessorii; il prolisso, le circonlocuzioni. — VOLPICELLA.

— Il diffuso si distende in superficie, il prolisso si strascina in lunghezza (1). Le digressioni fanno il dire diffuso; le ripetizioni o i soverchi particolari, prolisso. L'uno annacqua il concetto, l'altro la frase. Il primo, ciarliere; il secondo, parolajo. Lo stile diffuso è pesante; il prolisso è fiacco. — ROUBAUD.

2601.
Diffusamente, Estesamente, Distesamente, Per disteso.

Estesamente, talvolta, dice più che *distesamente*. Si narra *distesamente*, o per *disteso*, quando si espone l'intero fatto; si discorre estesamente una cosa, quando il discorso vien corredato di tutto ciò che possa convalidarlo. — CAPPONI.

Si può trattare *estesamente* un argomento, e non *diffusamente*, ch'è sempre difetto; si può, cioè, misurare l'estensione di quello, ma non passare le proporzioni proprie a ciascuna sua parte.

L'estensione sta piuttosto nelle cose trattate; la diffusione, nel modo del dire.

2602.
Circonlocuzione, Perifrasi.

— Ambedue consistono nel dire con più parole cosa che si poteva con meno.

Perifrasi è voce rettorica. La *circonlocuzione* è espressione alquanto artificiata, lontana dall'uso comune, con giro diverso o per ornamento o per convenienza, o perchè manchi l'espressione propria, o perchè la non si voglia ripetere o che si voglia studiatamente evitarla. La circonlocuzione è perifrasi in comune; la perifrasi è circonlocuzione oratoria e poetica, per rendere più piacente e più delicato il discorso.

Nella conversazione famigliare usiamo la circonlocuzione per far intendere cosa che noi non vogliamo o non possiamo esprimere più chiaramente. — ROUBAUD.

2603.
Cantafera, Cantafavola, Tiritera, Tantafera, Tantaferata, Filastrocca, Filastroccola.

Filastrocca, serie lunga e nojosa di parole o non convenienti, o non vere (2); filastrocca di bugie, di citazioni, di nomi; discorso pieno d'enumerazioni, d'ampollosità, filastrocca. Dicono anche *filastroccola*, che vale il medesimo; se non che attenua col suono la cosa, o a soggetti meno odiosi o più minuti, meglio s'adatterà (3). Dicevasi un tempo in senso affine *filatera* e *filatessa*, con alcune differenze che io accennerei se le due voci fossero vive.

---

(1) PETRARCA: *Quest'opere son frali A lungo andar: ma il nostro studio è quello Che fa per fama gli uomini immortali.* - *Alla lunga*, fosse anche poetico, qui non sarebbe proprio.

(1) *Fundere, laxare.*
(2) ALLEGRI: *Canterellar di Flora e Fille, vogliono ... queste filastrocche.* - LIPPI: *Perchè non gli moria la lingua in bocca, Rincominciò quest'altra filastrocca..*
(3) FIRENZUOLA: *Egli non era mica povero di parole; con certe sue filastrocche la fece rimaner tutta soddisfatta. - Non mi dicesti tu... e mille altre filastrocche?* - In senso più mite, cioè di cosa meramente nojosa, CANTI CARN.: *Questi vostri dappochi commediai Certe lor filastrocche vi fanno, Lunghe e piene di guai, Che rider poco e manco piacer danno.* - REDI: *Voglion che nel nostro cervello si faccia tutta questa filastrocca di nomi.*

Cantafera, è cantilena nojosa, o in versi o in prosa canora, e cantata da chi la recita: cantafera accademica. Non è, credo, comune nella lingua parlata, o è meno di *cantafavola*, che è lungheria non vera (1).

Tiritera, discorso non breve, pieno di locuzioni e idee che (come il suono dice) si strascinano l'una dopo l'altra, e di piccolezze. La cantafavola è un po' mendace; la filastrocca, talora mendace, è sempre nojosa; la tiritera, nojosa e inetta (2). *Tantafera*, discorso informe e male commesso, pensato sì, ma poco o non bene. Può essere il discorso vero e non inetto, ed essere tantafera (3).

Le faccezie di certa gente son filastrocche d'impertinenza, e filastrocche di freddura; le dottrine di certi politici, cantafavole; l'armonia di certi verseggiatori è una cantafera prolissa. La filosofia di certi moralisti, una fredda tiritera; l'eloquenza di certi accademici, *tantaferate* vere (4). Questo lusso di vocaboli dispregiativi indica il bisogno che se n'è sentito in Italia; e il sentimento del male è già principio di medicina.

Un pezzo di statistica mal digerito è una filastrocca nggiosa, ma non inutile: ai letterati vuoti di sapere dilettano più le lor tantafere, e le lor cantafere ai verseggiatori mestieranti, e ai filosofi dozzinali le loro tiriterc.

La cantafera è de' pedanti in verso; la tantafera, de' pedanti in prosa e di tutte le teste confuse, la tiritera, delle teste confuse e deboli. Può un ragionamento avere qua e là de' buoni concetti, ed essere tiritera; può poesia qua e là mostrare di belle imagini, ed essere cantafera; può un'enumerazione esser fatta in be' versi, ed essere una filastroccola.

2604.
Per disteso, Distesamente, A distesa,
Alla distesa, A dilungo.

Per disteso può avere senso quasi meramente letterale: scrivere un nome per disteso, senza abbreviature; scrivere per disteso il proprio pensiero, senza che ci si abbia a sottintendere nulla con sforzo, anche leggero, di mente. Credo potrebbe dirsi anco de' corpi: metterli per disteso, cioè non ritti né a sdrajo né raccolti in sé. *Distesamente* non si dice che in traslato, per lo più dell'esporre le proprie idee con discorso parlato o scritto. Non so se nel proprio potrebbesi: correre distesamente, cioè senza interruzione per spazio non breve; ma meglio, *alla distesa*. *A distesa* suol dirsi segnatamente di suono continuato; e pare che comprenda meno spazio di operazione e di tempo che *a dilungo*. Una campana può suonare a distesa anco per un solo minuto, purché la non suoni a rintocchi. Questo così breve atto, non lo direi *a dilungo*.

Trattandosi di discorso, *per disteso* par che significhi meglio il non ci essere omesso nulla del più importante, il non essere compendiato o quasi contratto; *distesamente* pare che dica un po' più; ma non forse tanta pienezza quanta *estesamente*.

2605—2607.
LUSINGARE, BLANDIRE, ACCAREZZARE, VEZZEGGIARE, ADULARE.
VEZZEGGIARE UNO, CON UNO.
ADULATORE, PIAGGIATORE, PIALLONE.
ADULARE, PIAGGIARE, PIALLARE, PALPARE.

2605.
Lusingare, Blandire, Accarezzare, Vezzeggiare, Adulare.
Vezzeggiar uno, con uno.

— *Accarezzare* è più generale. *Vezzeggiare* è un accarezzare più molle. Accarezzasi dimostrando tenerezza o amicizia; si vezzeggia dimostrando tenerezza, e di quella più languida. Si accarezza con parole o con atti; si vezzeggia, più propriamente, con atti (1).

Lusingare è allettare con parole più dolci del bisogno, o con atti; ma c'è sempre del vizio, è un principio d'inganno (2). Boccaccio: « Con tue carezze infinte lusingare. » Seneca, Pist.: « Senza troppe lusinghe e troppi vezzi. »

Si *blandisce* e con carezze e con lusinghe e con vezzi.

Adulare, lodar falsamente, o soverchiamente a indegno fine, condiscendere alle altrui debolezze. Gli è uno dei modi di *lusingare*. — ROMANI.

— *Blandire* dimostra l'affetto e la stima con parole e con atti: può essere sincero, ed è sempre meno artifizioso del lusingare; perché la lusinga, con lodi, e dolcezze simili a lodi, vuol trarre il lusingato a cosa utile più al lusingatore che a lui. La carezza è amorevolezza più o meno cordiale, la qual dimostra, o vuol far parere, che la persona accarezzata ci è cara. — CAMPI.

2606.
Adulatore, Piaggiatore, Piallone.
Adulare, Piaggiare, Piallare.

A Prato compresi il vero senso della voce *piaggiare*. Un libraio, osservando che nelle presenti angustie e' non conviene gettarsi a imprese grandi: « bisogna (diceva) piaggiare. » E vale, non tentare l'alto, ma rader la piaggia; ed è il senso del noto verso di Dante; senso che d'altri esempi mancava. Novella prova, tra le mille, dell'utilità che alla lingua comune può venir dallo studio delle vive eleganze di questa Toscana, ch'è tutta eleganza.

Ed ecco chiara la differenza tra *l'adulare* e il *piaggiare*. Piaggiasi non osando dire il vero: si adula falsandolo; si piaggia per timore, per fiacca prudenza; si adula per ismania d'onore o di lucro, per prurigine di viltà. Col silenzio stesso si piaggia; con le parole si adula. Lo schiavo adula; piaggia chi teme diventare schiavo, ed è perciò schiavo già: piaggiano i deboli; adulano anche coloro che potrebbero essere forti. Il piaggiare è più modesto; l'adulare più inverecondo e più meretricio. Si adula per rendersi grazioso; si piaggia per non parere molesto. Tale

---

(1) SALVINI: *Con quella sua cantafavola mi tenne a pajuolo per du'ore*. - CECCHI: *Tutte cantafavole*. - CARO: *È necessario che io ve ne faccia così lunga cantafavola*.
(2) VARCHI: *Lunga tiritera*. - ALLEGRI: *Venutogli a noia questa ricadiosa tiritera*.
(3) BERNI: *Io non v'accoppierò come le pere e come le uova fresche, e come i frati, Nelle mie filastrocche e tantafere*. - SALVINI: *Questa tantafera non mi piace punto, e non mi posso immaginare ove diavolo ella sia per battere*.
(4) BUONARROTI: *Né che i procuratori m'infinocchino Con lor tantaferate*. - *Quante tantaferate e quanti aggnindoli*.

---

(1) *Vezzeggiare uno*, diciamo, si dirà non solo *vezzeggiarlo*, ma anco, *vezzeggiare con esso*; e questo varrebbe non tanto; fargli vezzi per piacere a lui, quanto mostrarsi vezzoso per soddisfare a sé prima che ad altri.
(2) PETRARCA: *Amor con sue promesse lusingando, Mi ricondusse alla prigione*.

che sospetta de' piaggiatori, degli adulatori sovente s'innamora.

L'adulatore ammira ogni cosa, loda e il bene e il male. Chi piaggia non è tant'abietto; vuol piacere, e a tal fine si serve, talvolta, anco dell'adulazione; non sempre però.

L'adulatore loda impudentemente cosa manifestamente cattiva; il piaggiatore s'ingegna di palliare il mal della cosa.

L'adulatore si sforza di lodare anche a sproposito; il piaggiatore discerne il luogo opportuno. S'adula, per lo più, con parole; si piaggia pur col silenzio.

Non sempre il piaggiare è viltà, ma non è mai coraggio. L'adulare è cosa abbietta sempre. Chi piaggia, mira a non offendere (come chi navigando segue l'andar della piaggia, temendo e allargarsene e urtarvi); e per timore di offendere, tace o simula: ma il proprio di lui è secondare peritosamente, fin quasi a viltà. Chi adula, vuole a ogni costo piacere, perchè questo reputa suo vantaggio.

— *Piallare* è adulare con modi più abietti. Adulasi pur per servire all'orgoglio di chi le adulazioni assapora; si pialla per fini più indiretti, ordinariamente (1). Certe volpi di corte sanno sì ben mascherare l'adulazioni, ch'anco al più onesto possono sembrar lodi vere. Il *piallone* non è tanto raffinato; gli è un adulatore più grossolano. Il Magalotti usò il femminino *piallona* (2) come aggettivo. *Piallone* e *piallona* mancano alla Crusca, ma sono dell'uso come *piallare*, pur troppo. — MEINI.

2607.

Palpare, Adulare.

Dall'uso latino è venuto, nella lingua scritta, a *palpare* un senso affinissimo di *adulare*; onde il Salvini, con pleonasmo inutile: « I poeti, nazione vana, e, siccome degli altri, così di sè stessa palpatrice e adulatrice. »

Ma il palpare è un adulare più accorto. Palpasi in maniera ch'altri non s'avvegga di essere adulato; l'adulazione non è sempre così delicata. Specialmente a' dì nostri, la finezza tanto dell'adulare quanto del censurare è perduta; e questo è bene, perchè non è da bramare che le cose dispregevoli pajano degne d'amore.

E il *palpare* si noti che può essere meno abietto dell'*adulare*. Voi palpate certi uomini (3), non già per secondare le loro debolezze, ma per conoscerle.

2608—2609.

LUSINGARE, ADULARE, PIAGGIARE, ANDARE A VERSI, SECONDARE, ACCAREZZARE, FAR VEZZI.
BLANDIRE, LENIRE, ACCAREZZARE, VEZZEGGIARE.

2608.

Lusingare, Adulare, Piaggiare, Andare a versi, Secondare, Accarezzare, Far vezzi.

Quello che dicono i Latini *obsequi*, si dice *andare a versi*, o veramente, in una parola sola, *secondare*. E quello che dicono *blandiri*, diciamo noi *lusingare*, o, in senso

---

(1) COR. INF.: *Sodducitore, così chiamato perchè lenisce e pialla.*
(2) Lettere: *La dedicatoria mi par molto piallona.*
(3) CICERONE: *Palpabo æcquonam modo possim, voluntate ejus nullam reipublicæ partem attingere.*

TOMMASEO, *Diz. dei Sinonimi.*

più innocuo e più tenero, *accarezzare*, il che diciamo anche *far vezzi*. — VARCHI.

— Il *lusingare* è, propriamente, delle parole; l'*accarezzare*, degli atti. — A.

La *lusinga* va al cuore, l'*adulazione* alla mente. Il lusinghiero non disapprova, giustifica il male; l'adulatore loda il male, assente al falso. La lusingheria pasce le passioni; l'adulazione, la vanità. — GIRARD.

— L'adulatore è un lusinghiero vile e impudente. La lusinga è men rea. — ROUBAUD.

2609.

Blandire, Lenire, Accarezzare, Vezzeggiare.

— *Lenire*, latinismo non comune, e delle cose corporee e d'altro: venire l'ira; il dolore ha bisogno di lenitivo. *Blandire*, dell'animo. Ciò che blandisce, serve talvolta a lenire; ma si lenisce in altro modo che coi blandimenti, i quali talvolta irritano. Si blandiscono quelli a cui vogliamo piacere, o per placarli, o per meglio disporli a pro nostro.

S'*accarezza* mostrando che la cosa o la persona ci è cara, cercando di renderci cari alla persona.

Accarezzare è più di *blandire*, e, preso solo da sè, ha meno mal senso. Si blandisce con parole assai più che con atti.

Vezzeggiare è più, e sovente più lezioso, di *accarezzare*; si fa con più arte e con meno affetto. Poi *vezzeggiare* vale anco fare il vezzoso, volersi dimostrare vezzoso, senza punto accarezzare la persona. — GATTI.

Vezzeggiare ha doppio senso: Adescare co' vezzi (onde il Machiavelli scriveva: « vezzeggiare e spegnere »); e anche: guardare con desiderio e compiacenza. Si dice: vezzeggiare un'idea; o, degli scrittori, ch'essi vezzeggiano tale o tal modo, quando l'adoprano spesso e volentieri. *Vezzeggiare*, per denotare l'atto di fare un vezzo, o pochi vezzi, non sarebbe abbastanza proprio; la desinenza dice frequentativo. *Blandire* è adulare senza vizio. *Lenire* è mitigare, addolcire: o l'ira o il dolore. Si blandisce un uomo, si lenisce un affetto. Di cose corporee parlando, dicesi: lenire la foga, non già nel senso di scemare il moto, sì però di rallentar l'impeto che lo produce. — CAPPPONI.

2610.

LUSINGARSI, CONFIDARSI.

— *Lusingarsi*, acciocchè non sia barbaro, deve sempre avere un mal senso, perchè *lusinga* è sempre parola o atto che piace più di quel che dovrebbe, e può trarre in errore l'animo lusingato. *Lusingarsi*, dunque, è lasciarsi prendere da non vera speranza; e là dove l'amor proprio adula in certa guisa l'animo, e così lo fa sperare, ivi segnatamente questo vocabolo cade. *Confidarsi* è aver fede in cosa o in persona per ragioni o valide o no.

Non si dirà dunque: io mi lusingo di poter partire il tal dì, ma si dirà: egli si lusingava di poter ottenere il tal posto, e non l'ebbe. — GRASSI.

2611—2619.

LUSINGHE, CAREZZE, MOINE.
ACCAREZZARE, FAR CAREZZE.
SMORFIE, DADDOLI, LEZII, MOINE, SMANCERIE.
DADDOLOSO, DADDOLONE.
SMORFIA, AFFETTAZIONE.
CARICATURA, AFFETTAZIONE.

SMORFIE, LEZII.
LEZII, LEZIOSITÀ, LEZIOSAGGINE.
SMORFIE, LEZII, SMANCERIE.
SMORFIE, SMANCERIE, MOINE, LEZII.
SVENIE.

2611.
Lusinghe, Carezze, Accarezzare,
Far carezze.

— *Carezze*, modi che dimostrano quanto abbiam caro l'oggetto, sian parole, sian cenni, sian fatti. *Lusinghe*, modi che tendono a far piacere all'amor proprio altrui. Le carezze dimostrano affetto; le lusinghe, stima più o meno affettuosa, ma sempre alquanto esagerata, se pure non è menzognera.

Accarezzansi i figliuoli, le donne, gli amici, anco le bestie; ogni ente che s'ami o si finga d'amare. Lusingasi chi può giovare o può nuocere. — ROUBAUD.

— Le *carezze*, propriamente atti materiali, rade volte hanno que' traslati che si trovano più frequenti in *accarezzare*. Le carezze si fanno a soddisfazione di affetto sentito; le lusinghe, per conciliarsi l'affetto o il favore altrui. — CAPPONI.

2612.
Moine, Carezze.

— Si fa le *moine* per ottenere un intento, anche con un poco d'inganno; le *carezze* son, d'ordinario, più affettuose. Quelle che sono più propriamente carezze si fanno a' fanciulli. — NERI.

2613.
Smorfie, Daddoli, Lezii, Moine, Smancerie.
Daddoloso, Daddolone.

— *Daddoli* (voce fiorentina), caricature puerili, sì in atti come in parole. Le *smorfie*, i *lezii*, le *smancerie* soprattutto, le fanno le donne, più ch'altri; le *moine*, e le donne e gli uomini; perchè le moine si fanno pure accarezzando, lusingando, lisciando, piaggiando. Non far più daddoli, si dice a ragazzuccio daddolone, che ostenta mal essere per destar compassione, per essere vezzeggiato, e simili. Anco le donne languide e gli sbarbatelli appassionati hanno i daddoli loro. C'è chi parla daddoloso, a daddolo, per dimostrare sensibilità pur col tono della voce; c'è chi cammina daddolescamente, a daddolo cioè, agitandosi languidamente, volteggiandosi, lasciando andare il capo or da una parte or dall'altra, per dimostrare una certa stanchezza che a molti è vezzo. E certe signore son sempre stanche e malaticcie; e io le compatisco (1). — MEINI.

Daddolone, daddolona, è l'uomo, la donna. Del bambino non si direbbe, giacchè, per daddoli ch'egli faccia, il vizio tanto da finire in *one* ancora non ce l'ha. E bambino e persona fatta parla daddoloso; e questo è aggettivo avverbiale alla greca, non già preso da' Greci; giacchè di simili n'ha il popolo a tutto andare, e ne fa. Il primo de' due dice il vizio, il secondo, anco gli atti.

2614.
Smorfia, Affettazione.

— Egli è da por mente che la grazia non diventi smor-

fia, appunto come l'eleganza può diventare affettazione. — CARRER (1).

2615.
Caricatura, Affettazione.

I.° *L'affettazione* può essere modesta, timida, o almeno non tanto goffa quanto la *caricatura*. L'affettazione non è nelle donne vane infrequente. La caricatura è più propria agli uomini vani. Veggonsi più caricature tra gli uomini che tra le donne galanti. II.° L'affettazione si trova in cose dove la caricatura non ha luogo sì spesso. Quella dello stile è affettazione; quella delle maniere può essere affettazione e può essere caricatura, secondo i gradi. Anche nello stile però l'affettazione estrema può dirsi caricatura. Quella di certi puristi è caricatura; caricatura quella di certi imitatori del Byron. III.° La caricatura può essere fatta apposta, per celia, per beffa; l'affettazione è sul serio; è vero difetto. Ci son de' ritratti, vere caricature; ci son delle maschere, da chiamarsi anch'esse con questo nome; in una satira si può mettere in burla cert'affettazione di stile altrui, caricandolo. Il Fortis, per burlarsi degli ossianeschi, incominciava un capitolo con questo verso: « Dammi gli occhiali miei, figli del naso. » Questa è caricatura; quella del Cesarotti era affettazione.

2616.
Smorfie, Lezii.
Lezii, Leziosità, Leziosaggine.

Smorfia, caricatura d'affetto, d'amabilità o di scontento: qualunque segno di soverchia mollezza, delicatezza importuna, gentilezza affettata, schizzinosità stucchevole. Si può far delle smorfie accarezzando, essendo accarezzato, o per desiderio d'essere, o per dispetto di non essere accarezzati (2).

Lezio è caricatura d'amabilità solamente (3). Le smorfie possono offendere; i lezii si fanno a fin di piacere. La smorfia è più sgarbata; i lezii possono essere non senza grazia.

Poi, le smorfie stan tutte negli atti della persona e del viso, e, per estensione soltanto, riguardano le parole: ma la leziosità si stende più direttamente alle parole ed agli atti. Onde: stile lezioso, di manierata dolcezza, di piacevolezza affettata.

Dello stile, se il difetto è abituale o frequente, ben dicesi *leziosità*; *lezii* dello stile, sono i tali o tali atti o modi o esempi della leziosità. Questa direbbesi anco delle maniere; ma lezii è più comune e più famigliare. Non pare che ami il singolare; così come l'altro non ammette il plurale se non quando trattisi d'atti che si rechino all'abito.

Il simile dicasi di *leziosaggine*; che però dice vizio più frequente e più uggioso.

2617.
Smorfie, Lezii, Smancerie.

Smanceria è caricatura d'amore, come il *lezio*, è d'a-

---

(1) *Daddoli* fa *daddolini*, oltre ai derivati sopra notati. Da *smorfie*, *smorfiette*, *smorfettine*; ma rado. Da *lezii*, *leziosità*, *leziosaggine*. Da *moine*, nulla; peccato!

(1) Vedi nel volume III, pag. 300, le sue molte leggiadre osservazioni che distinguono *grazia* da *eleganza*.
(2) Forse da μορφή, in quanto difforma.
(3) MACHIAVELLI: *Quanti lezzi ha fatto questa mia pazza!* — LOR. MEDICI: *Sempre mai questa sazievole È in su lezii e smancerie.*

mabilità, e la *smorfia*, di sensitività (1). Le smancerie sono meno spiacevoli e men grossolane delle smorfie, ma ristuccano forse più. Abbracciano atti e parole; non i soli atti, come le smorfie; ma non si stendono (nell'uso odierno) agli scritti e allo stile, come i lezii e la leziosaggine. I lezii possono avere un po' di sincerità; la smanceria è sempre finta, od almeno più affettata di molto. Co' lezii, da ultimo, si tenta di piacere; colle smancerie, di far credere ch'altri piaccia.

2618.
Smorfie, Smancerie, Moine, Lezii.

Moina è caricatura d'amore e d'affetto; *smancerie*, pur d'amore. *Moine*, non già smancerie, quelle delle madri a' figliuoli (2), dei falsi amici, de' lusinghieri (3). Nelle moine, nelle smorfie, ne' lezii, quantunque affettati, può esserci del sincero; le smancerie sono più false.

Le *moine* differiscono da' lezii, inquantochè sono carezze che dimostrano affetto; non sono vezzi che dimostrano brama di parer degno d'affetto. Le moine posson essere e di parole con atti, e di parole soltanto; i lezii, di sole parole non sono mai, se non quando, per traslato s'applica questa voce allo stile.

Differiscono poi dalle smorfie, è per la ragione detta, e perchè men grossolane; tendono a tenere allegro, a rabbonire; non a indisporre o ad offendere, come le smorfie talvolta. Si fa smorfie, si fa lo smorfioso, anco per affettare dispregio, o paura puerile e muliebre, o delicatezza che abbia a schifo la gente.

---

(1) Boccaccio: *A niuna pare esser bella se non tanto quant'elle ne' modi, nelle smancerie e ne' portamenti somigliano le pubbliche meretrici.* - Passavanti: *Tutta piena di smancerie postaglisi presso a sedere.*
(2) Canti Carn.: *Le troppe moine delle madri.*
(3) Cron. Morelli.

Lezii, smancerie, moine, sempre nel plurale; *smorfia*, anco nel singolare.

I lezii pajono cosa più biasimevole. L'amico all'amico, il quale ricusi un presente cordialmente offerto, dirà: non fate smorfie. La madre dice alla figliuola, correggendola: non fate lezii. Nè le moine d'una fanciulla sono ridicole come i lezii: e certi burberi permalosi bisogna, talvolta, pigliarli colle moine.

2619.
Svenia.

— *Svenia*, forse derivato da *svenirsi* (1), è atto lezioso di femminetta che voglia parere eccessivamente delicata, o eccessivamente (Iddio ci scampi da tali donne) sensibile. Diciamo: fare la svenia, e: le svenie; e questa è forse la più staccchevole di tali false dolcezze, in quanto sembra piuttosto ipocrisia che adulazione. — CAPPONI.

2620.
LUSINGHERIA, Lusinga.

Lusinga, l'atto; *lusingheria*, serie d'atti, abito, vizio. Può la lusinga essere lode vera, almeno in parte, o altro atto piacente, almeno in parte sincero: la lusingheria sempre è più falsa e più vile: anco dalla lode vera tende a ritrarre utile a sè; e nella stessa affezione sincera insinua o passione o debolezza di colpevole connivenza. Lusinga fatta a bello studio, già comincia a essere *lusingheria*.

---

(1) O da *invenia*, che vale, come egregiamente definisce la Crusca, umile dimostrazione di devoto affetto; e aveva senso religioso, e veniva dal chiedere *venia*, perdono de'falli, che nel trecento dicevasi *invenia*. Poi, storpiando la voce per farla più burlevole e per contraffare la smorfiosità, se ne sarà fatto *svenia*, sul fare di *sproloquio*; parola profonda e necessaria oggidì come il pane.